J.B. METZLER

ENZYKLOPÄDIE PHILOSOPHIE UND WISSENSCHAFTSTHEORIE

Band 2: C–F

2., neubearbeitete
und wesentlich ergänzte
Auflage

Unter ständiger Mitwirkung von Gottfried Gabriel,
Matthias Gatzemeier, Carl F. Gethmann, Peter Janich,
Friedrich Kambartel, Kuno Lorenz, Klaus Mainzer,
Peter Schroeder-Heister, Christian Thiel, Reiner Wimmer

in Verbindung mit Martin Carrier
herausgegeben von

Jürgen Mittelstraß

Verlag J. B. Metzler
Stuttgart · Weimar

Bibliografische Information Der Deutschen Bibliothek
Die Deutsche Bibliothek verzeichnet diese Publikation in der
Deutschen Nationalbibliografie;
detaillierte bibliografische Daten sind im Internet über
<http://dnb.ddb.de> abrufbar

Gedruckt auf chlorfrei gebleichtem, säurefreiem und
alterungsbeständigem Papier.

Band 2:
ISBN 13: 978-3-476-02101-4
ISBN 10: 3-476-02101-7

Gesamtwerk:
ISBN 13: 978-3-476-02108-3
ISBN 10: 3-476-02108-4

Dieses Werk einschließlich aller seiner Teile ist urheber-
rechtlich geschützt. Jede Verwertung außerhalb der engen
Grenzen des Urheberrechtsgesetzes ist ohne Zustimmung des
Verlages unzulässig und strafbar. Das gilt insbesondere für
Vervielfältigungen, Übersetzungen, Mikroverfilmungen und
die Einspeicherung und Verarbeitung in elektronischen
Systemen.

© 2005 J. B. Metzlersche Verlagsbuchhandlung
und Carl Ernst Poeschel Verlag GmbH

www.metzlerverlag.de
info@metzlerverlag.de

Einbandgestaltung: Willy Löffelhardt
Satz: Dörr + Schiller GmbH, Stuttgart
Druck und Bindung: Kösel, Krugzell
www.koeselbuch.de

Printed in Germany
September/2005

Verlag J. B. Metzler Stuttgart · Weimar

Vorwort zur 2. Auflage

Die Artikel der Buchstabenbereiche C–F waren in der ersten Auflage Teil des ersten Bandes. Sie bilden nun den zweiten Band der neuen, wesentlich überarbeiteten und ergänzten Auflage der Enzyklopädie. Die Artikel des Buchstabenbereichs G, in der ersten Auflage ebenfalls Teil des ersten Bandes, werden den ersten Teil des neuen dritten Bandes bilden. Über die Konzeption der zweiten Auflage informiert das neue Vorwort in Band 1.

Konstanz, im Frühjahr 2005   Jürgen Mittelstraß

Abkürzungs- und Symbolverzeichnisse

1. Autoren

A. F.	André Fuhrmann, São Paulo	K. B.	Klaus Barner, Kassel
A. G.-S.	Annemarie Gethmann-Siefert, Hagen	K. H. H.	Karlheinz H. Hülser, Konstanz
A. H.	Andreas Hüttemann, Bielefeld	K. L.	Kuno Lorenz, Saarbrücken
A. K.	Anette Konrad, Ludwigshafen	K. M.	Klaus Mainzer, Augsburg
A. V.	Albert Veraart, Konstanz	M. B.	Margret Blasche, Erlangen
B. B.	Bernd Buldt, Konstanz	M. C.	Martin Carrier, Bielefeld
B. G.	Bernd Gräfrath, Essen	M. G.	Matthias Gatzemeier, Aachen
B. P.	Bernd Philippi, Völklingen	M. R.	Manfred Riedel, Halle
B. U.	Brigitte Uhlemann (jetzt Parakenings), Konstanz	M. W.	Martin Warnke, Hamburg
		N. R.	Neil Roughley, Konstanz
		O. S.	Oswald Schwemmer, Berlin
C. B.	Christopher v. Bülow, Konstanz	P. B.	Peter Borchardt, Berlin
C. F. G.	Carl F. Gethmann, Essen	P. J.	Peter Janich, Marburg
C. S.	Christiane Schildknecht, Bonn	P. M.	Peter McLaughlin, Heidelberg
C. T.	Christian Thiel, Erlangen	P. S.	Peter Schroeder-Heister, Tübingen
D. G.	Dietfried Gerhardus, Saarbrücken	P. S.-W.	Pirmin Stekeler-Weithofer, Leipzig
D. H.	David Hyder, Ottawa	R. Kn.	Rolf Knippers, Konstanz
D. T.	Dieter Teichert, Konstanz	R. W.	Rüdiger Welter, Tübingen
E. F.-H.	Elke Franke-Heubach, Konstanz	R. Wi.	Reiner Wimmer, Tübingen
E. K.	Eckard König, Paderborn	S. B.	Siegfried Blasche, Bad Homburg
E.-M. E.	Eva-Maria Engelen, Konstanz	S. H.	Stephan Hartmann, London
F. K.	Friedrich Kambartel, Frankfurt	S. M. K.	Silke M. Kledzik, Koblenz
F. Ko.	Franz Koppe, Berlin	T. G.	Thorsten Gubatz, Freiburg
F. T.	Felix Thiele, Bad Neuenahr-Ahrweiler	T. R.	Thomas Rentsch, Dresden
G. G.	Gottfried Gabriel, Jena	V. G.	Volker Gerhardt, Berlin
G. H.	Gerrit Haas, Aachen †	V. L.	Volker Leppin, Jena
G. He.	Gerhard Heinzmann, Nancy	V. P.	Volker Peckhaus, Paderborn
G. K.	Georg Kamp, Bad Neuenahr-Ahrweiler	W. J. M.	Wolfgang J. Meyer, Hamburg
G. N.	Gert Naundorf, Würzburg	W. L.	Weyma Lübbe, Leipzig
G. S.	Gottfried Seebaß, Heidelberg	W. S.	Wolfgang Spohn, Konstanz
G. Se.	Gottfried Seebaß, Konstanz		
G. Si.	Geo Siegwart, Greifswald		
G. W.	Gereon Wolters, Konstanz		
H. H.	Hansgeorg Hoppe, Saarbrücken		
H. J. S.	Hans Julius Schneider, Potsdam		
H.-L. N.	Heinz-Ludwig Nastansky, Bonn		
H. R. G.	Herbert R. Ganslandt, Erlangen †		
H. S.	Hubert Schleichert, Konstanz		
H. V.	Helmolt Vittinghoff, Köln		
H. W.	Harald Wohlrapp, Hamburg		
J. M.	Jürgen Mittelstraß, Konstanz		

2. Nachschlagewerke

ADB	Allgemeine Deutsche Biographie, I–LVI, ed. Historische Commission bei der Königlichen Akademie der Wissenschaften (München), Leipzig 1875–1912.
DHI	Dictionary of the History of Ideas. Studies of Selected Pivotal Ideas, I–IV u. 1 Indexbd., ed. P. P. Wiener, New York 1973 (Indexbd. 1974).

DL	Dictionary of Logic as Applied in the Study of Language. Concepts/Methods/Theories, ed. W. Marciszewski, The Hague/Boston Mass./London 1981.	ERE	Encyclopaedia of Religion and Ethics, I–XIII, ed. J. Hastings, Edinburgh/New York 1908–1926, Edinburgh 1926–1976 (repr. 2003).
DNP	Der neue Pauly. Enzyklopädie der Antike, I–XVI, ed. H. Cancik/H. Schneider, ab Bd. XIII mit M. Landfester, Stuttgart/Weimar 1996–2003 (engl. Brill's New Pauly. Encyclopaedia of the Ancient World, ed. H. Cancik/H. Schneider, Leiden/Boston Mass. 2002 ff. [bisher erschienen: Bde I–VI]).	Flew	A Dictionary of Philosophy, ed. A. Flew, London/Basingstoke 1979, ²1984, ed. mit S. Priest, London 2002.
		FM	J. Ferrater Mora, Diccionario de filosofia, I–IV, Madrid ⁶1979, erw. I–IV, Barcelona 1994.
		Hb. ph. Grundbegriffe	Handbuch philosophischer Grundbegriffe, I–III, ed. H. Krings/C. Wild/H. M. Baumgartner, München 1973–1974.
DSB	Dictionary of Scientific Biography, I–XVIII, ed. C. C. Gillispie, New York 1970–1990 (XV = Suppl.bd. I, XVI = Indexbd., XVII–XVIII = Suppl.bd. II).	Hb. wiss. theoret. Begr.	Handbuch wissenschaftstheoretischer Begriffe, I–III, ed. J. Speck, Göttingen 1980.
EI	The Encyclopaedia of Islam. New Edition, I–XII u. 5 Glossar- u. Indexbde, Leiden 1960–2005 (XII = Suppl.bd.) (2 Glossar-/Indexbde 1997/2000, 3 Indexbde 2002/2003/2005).	Hist. Wb. Ph.	Historisches Wörterbuch der Philosophie, I–XII, ed. J. Ritter, mit Bd. IV fortgeführt v. K. Gründer, ab Bd. XI mit G. Gabriel, Basel/Stuttgart 1971–2004.
EJud	Encyclopaedia Judaica, I–XVI, Jerusalem 1971–1972.	Hist. Wb. Rhetorik	Historisches Wörterbuch der Rhetorik, ed. G. Ueding, Tübingen, Darmstadt 1992 ff. (bisher 7 Bde).
Enc. filos.	Enciclopedia filosofica, I–VI, ed. Centro di studi filosofici di Gallarate, Florenz ²1968–1969, erw. I–VIII, Rom 1982.	IESS	International Encyclopedia of the Social Sciences, I–XVII, ed. D. L. Sills, New York 1968, Nachdr. 1972, XVIII (Biographical Supplement), 1979, IX (Social Science Quotations), 1991.
Enc. Jud.	Encyclopaedia Judaica. Das Judentum in Geschichte und Gegenwart, I–X, Berlin 1928–1934 (bis einschließlich ›L‹).		
Enc. Ph.	The Encyclopedia of Philosophy, I–VIII, ed. P. Edwards, New York/London 1967 (repr. 4 Bde 1996).	KP	Der Kleine Pauly. Lexikon der Antike, I–V, ed. K. Ziegler/W. Sontheimer, Stuttgart 1964–1975.
Enc. philos. universelle	Encyclopédie philosophique universelle, ed. A. Jacob, I–IV, Paris 1989–1998 (I L'univers philosophique, II Les notions philosophiques, III Les oeuvres philosophiques, IV Le discours philosophique).	LAW	Lexikon der Alten Welt, ed. C. Andresen u. a., Zürich/Stuttgart 1965, Nachdr. in 3 Bdn., Düsseldorf 2001.
		LMA	Lexikon des Mittelalters, I–IX u. 1 Reg.bd., München/Zürich 1977–1998 (Reg.bd. Stuttgart/Weimar 1999).
Enz. Islam	Enzyklopaedie des Islām. Geographisches, ethnographisches und biographisches Wörterbuch der muhammedanischen Völker, I–IV u. 1 Erg.bd., ed. M. T. Houtsma u. a., Leiden, Leipzig 1913–1936 (Erg.bd. 1938).	LThK	Lexikon für Theologie und Kirche, I–X u. 1 Reg.bd., ed. J. Höfer/K. Rahner, Freiburg ²1957–1965 (Reg.bd. 1967), ed. H. S. Brechter u. a., Suppl. I–III, Freiburg/Basel/Wien, 1966–1968 (I–III Das Zweite Vatikanische Konzil), I–XI, ed. W. Kasper u. a., ³1993–2001 (XI Nachträge, Register, Abkürzungsverzeichnis).
EP	Enzyklopädie Philosophie, I–II, ed. H. J. Sandkühler, Hamburg 1999.		
ER	The Encyclopedia of Religion, I–XVI, ed. M. Eliade, New York/London 1987 (XVI = Indexbd.), Nachdr. in 8 Bdn. 1993.	NDB	Neue Deutsche Biographie, ed. Historische Kommission bei der Bayerischen Akademie der Wissenschaften, Berlin 1952 ff. (bisher 22 Bde).

ODCC	The Oxford Dictionary of the Christian Church, ed. F. L. Cross/E. A. Livingstone, Oxford ²1974, Oxford/New York ³1997, 2005.
Ph. Wb.	Philosophisches Wörterbuch, I–II, ed. G. Klaus/M. Buhr, Berlin, Leipzig 1964, ⁶1969, Berlin ¹⁴1987.
RAC	Reallexikon für Antike und Christentum. Sachwörterbuch zur Auseinandersetzung des Christentums mit der antiken Welt, ed. T. Klauser, ab Bd. XIV fortgeführt v. E. Dassmann u. a., Stuttgart 1950 ff. (bisher 21 Bde u. 1 Suppl.bd.).
RE	Paulys Realencyclopädie der classischen Altertumswissenschaft. Neue Bearbeitung, ed. G. Wissowa, fortgeführt v. W. Kroll, K. Witte, K. Mittelhaus, K. Ziegler u. W. John, Stuttgart, 1. Reihe (A–Q), I/1–XXIV (1893–1963); 2. Reihe (P–Z), IA/1–XA (1914–1972); 15 Suppl.bde (1903–1978); Register der Nachträge und Supplemente, ed. H. Gärtner/A. Wünsch, München 1980, Gesamtregister, I–II, Stuttgart 1997/2000.
REP	Routledge Encyclopedia of Philosophy, I–X, ed. E. Craig, London/New York 1998 (X = Indexbd.).
RGG	Die Religion in Geschichte und Gegenwart. Handwörterbuch für Theologie und Religionswissenschaft, I–VII, ed. K. Galling, Tübingen ³1957–1962 (VII = Reg.bd.), unter dem Titel: Religion in Geschichte und Gegenwart. Handwörterbuch für Theologie und Religionswissenschaft, ed. H. D. Betz, ⁴1998 ff. (bisher 7 Bde).
Totok	W. Totok, Handbuch der Geschichte der Philosophie, I–VI, Frankfurt 1964–1990, ²1997 ff. (bisher 1 Bd.).
TRE	Theologische Realenzyklopädie, ed. G. Krause/G. Müller, ab Bd. XIII fortgeführt v. G. Müller, Berlin 1977 ff. (bisher 36 Bde, 1 Reg.bd. u. 1 Abkürzungsverzeichnis).
WbL	N. I. Kondakow, Wörterbuch der Logik [russ. Moskau 1971, 1975], Leipzig, Berlin 1978, ed. E. Albrecht, Leipzig ²1983.
Wb. ph. Begr.	Wörterbuch der philosophischen Begriffe, I–III, ed. R. Eisler. Vierte, völlig neubearb. Aufl., ed. K. Roretz, Berlin 1927–1930.
WL	Wissenschaftstheoretisches Lexikon, ed. E. Braun/H. Radermacher, Graz/Wien/Köln 1978.

3. Zeitschriften

Abh. Gesch. math. Wiss.	Abhandlungen zur Geschichte der mathematischen Wissenschaften (Leipzig)
Acta Erud.	Acta Eruditorum (Leipzig)
Acta Math.	Acta Mathematica (Uppsala)
Allg. Z. Philos.	Allgemeine Zeitschrift für Philosophie (Stuttgart)
Amer. J. Math.	American Journal of Mathematics (Baltimore Md.)
Amer. J. Philol.	The American Journal of Philology (Baltimore Md.)
Amer. J. Phys.	American Journal of Physics (New York)
Amer. J. Sci.	The American Journal of Science (New Haven Conn.)
Amer. Philos. Quart.	American Philosophical Quarterly (Pittsburgh Pa.)
Amer. Scient.	American Scientist (Champaign Ill.)
Anal. Husserl.	Analecta Husserliana (Dordrecht)
Analysis	Analysis (Oxford)
Ancient Philos.	Ancient Philosophy (Pittsburgh Pa.)
Ann. int. Ges. dialekt. Philos. Soc. Heg.	Annalen der internationalen Gesellschaft für dialektische Philosophie Societas Hegeliana (Mailand)
Ann. Math.	Annals of Mathematics (Princeton N. J.)
Ann. Math. Log.	Annals of Mathematical Logic (Amsterdam)
Ann. math. pures et appliqu.	Annales de mathématiques pures et appliquées (Paris)
Ann. Naturphilos.	Annalen der Naturphilosophie (Leipzig)
Ann. Philos. philos. Kritik	Annalen der Philosophie und philosophischen Kritik (Leipzig)
Ann. Phys.	Annalen der Physik (Leipzig); seit 1899: Annalen der Physik und Chemie (Leipzig)
Ann. Phys. Chem.	Annalen der Physik und Chemie (Leipzig)
Ann. Sci.	Annals of Science. A Quarterly Review of the History of Science and Technology since the Renaissance (London)
Appl. Opt.	Applied Optics (Washington D. C.)

Aquinas	Aquinas. Rivista internazionale di filosofia (Rom)	Bull. Amer. Math. Soc.	Bulletin of the American Mathematical Society (Providence R. I.)
Arch. Begriffsgesch.	Archiv für Begriffsgeschichte (Bonn)	Bull. Hist. Med.	Bulletin of the History of Medicine (Baltimore Md.)
Arch. Gesch. Philos.	Archiv für Geschichte der Philosophie (Berlin)	Can. J. Philos.	Canadian Journal of Philosophy (Alberta)
Arch. hist. doctr. litt. moyen-âge	Archives d'histoire doctrinale et littéraire du moyen-âge (Paris)	Class. J.	The Classical Journal (Chicago Ill.)
		Class. Philol.	Classical Philology (Chicago Ill.)
Arch. Hist. Ex. Sci.	Archive for History of Exact Sciences (Berlin)	Class. Quart.	Classical Quarterly (London)
		Class. Rev.	Classical Review (London)
Arch. int. hist. sci.	Archives internationales d'histoire des sciences (Paris)	Communic. and Cogn.	Communication and Cognition (Genf)
Arch. Kulturgesch.	Archiv für Kulturgeschichte (Köln/Wien/Berlin)	Conceptus	Conceptus. Zeitschrift für Philosophie (Innsbruck)
Arch. Math.	Archiv der Mathematik (Basel)	Dialectica	Dialectica. Internationale Zeitschrift für Philosophie der Erkenntnis (Lausanne/Neuchâtel)
Arch. math. Log. Grundlagenf.	Archiv für mathematische Logik und Grundlagenforschung (Stuttgart)		
		Dt. Z. Philos.	Deutsche Zeitschrift für Philosophie (Berlin)
Arch. Philos.	Archiv für Philosophie (Stuttgart)	Elemente Math.	Elemente der Mathematik (Basel)
Arch. philos.	Archives de philosophie (Paris)	Eranos-Jb.	Eranos-Jahrbuch (Zürich)
Arch. Rechts- u. Sozialphilos.	Archiv für Rechts- und Sozialphilosophie (Berlin)	Erkenntnis	Erkenntnis (Leipzig, seit 1975 Dordrecht/Boston Mass., Hamburg)
Arch. Sozialwiss. u. Sozialpolitik	Archiv für Sozialwissenschaft und Sozialpolitik (Tübingen)	Ét. philos.	Les études philosophiques (Paris)
Astrophys.	Astrophysics (New York)	Ethics	Ethics. An International Journal of Social, Political and Legal Philosophy (Chicago Ill.)
Australas. J. Philos.	Australasian Journal of Philosophy (Sydney)		
Austral. Econom. Papers	Australian Economic Papers (Adelaide)	Found. Phys.	Foundations of Physics (New York)
		Franciscan Stud.	Franciscan Studies (St. Bonaventure N. Y.)
Beitr. Gesch. Philos. MA	Beiträge zur Geschichte der Philosophie [später: und Theologie] des Mittelalters (Münster)	Franziskan. Stud.	Franziskanische Studien (Münster)
		Frei. Z. Philos. Theol.	Freiburger Zeitschrift für Philosophie und Theologie (Freiburg, Schweiz)
Beitr. Philos. Dt. Ideal.	Beiträge zur Philosophie des deutschen Idealismus. Veröffentlichungen der Deutschen Philosophischen Gesellschaft (Erfurt)		
		Fund. Math.	Fundamenta Mathematicae (Warschau)
Ber. Wiss.gesch.	Berichte zur Wissenschaftsgeschichte (Wiesbaden)	Fund. Sci.	Fundamenta Scientiae (Oxford etc.)
		Giornale crit. filos. italiana	Giornale critico della filosofia italiana (Florenz)
Bibl. Math.	Bibliotheca Mathematica. Zeitschrift für Geschichte der mathematischen Wissenschaften (Stockholm/Leipzig)		
		Götting. Gelehrte Anz.	Göttingische Gelehrte Anzeigen (Göttingen)
Bl. dt. Philos.	Blätter für deutsche Philosophie (Erfurt)	Harv. Stud. Class. Philol.	Harvard Studies in Classical Philology (Cambridge Mass.)
Brit. J. Hist. Sci.	The British Journal for the History of Science (London)	Hegel-Jb.	Hegel-Jahrbuch (Meisenheim am Glan)
Brit. J. Philos. Sci.	The British Journal for the Philosophy of Science (Edinburgh)	Hegel-Stud.	Hegel-Studien (Bonn)

Hermes	Hermes. Zeitschrift für klassische Philologie (Wiesbaden)	J. Engl. Germ. Philol.	Journal of English and Germanic Philology (Urbana Ill.)
Hist. and Philos. Log.	History and Philosophy of Logic (Turnbridge Wells, Kent; seit 1922 London/Washington D. C.)	J. Hist. Ideas	Journal of the History of Ideas (New York)
		J. Hist. Philos.	Journal of the History of Philosophy (Claremont)
Hist. Math.	Historia Mathematica (Toronto)		
Hist. Philos. Life Sci.	History and Philosophy of the Life Sciences (Florenz)	J. math. pures et appliqu.	Journal de mathématiques pures et appliquées (Paris)
Hist. Sci.	History of Science (Cambridge)	J. Mind and Behavior	The Journal of Mind and Behavior (New York)
Hist. Stud. Phys. Sci.	Historical Studies in the Physical Sciences (Philadelphia Pa.)	J. Philos.	The Journal of Philosophy (New York)
Hist. Theory	History and Theory (The Hague)	J. Philos. Ling.	The Journal of Philosophical Linguistics (Evanston Ill.)
Hobbes Stud.	Hobbes Studies (Assen)		
Human Stud.	Human Studies (Dordrecht)	J. Philos. Log.	Journal of Philosophical Logic (Toronto/Dordrecht)
Idealistic Stud.	Idealistic Studies (Worcester Mass.)		
Indo-Iran. J.	Indo-Iranian Journal (Dordrecht/Boston Mass.)	J. reine u. angew. Math.	Journal für die reine und angewandte Mathematik (Berlin)
Int. J. Ethics	International Journal of Ethics. Devoted to the Advancement of Ethical Knowledge and Practice (Chicago Ill.); seit 1938: Ethics. An International Journal of Social, Political, and Legal Philosophy (Chicago Ill.)	J. Symb. Log.	The Journal of Symbolic Logic (Providence R. I.)
		J. Value Inqu.	The Journal of Value Inquiry (The Hague)
		Kant-St.	Kant-Studien (Berlin)
		Kant-St. Erg.hefte	Kant-Studien. Ergänzungshefte (Berlin)
Int. Log. Rev.	International Logic Review (Bologna)	Linguist. Ber.	Linguistische Berichte (Braunschweig)
Int. Philos. Quart.	International Philosophical Quarterly (New York)		
		Log. anal.	Logique et analyse (Brüssel)
Int. Stud. Philos.	International Studies in Philosophy (Atlanta Ga.)	Logos	Logos. Internationale Zeitschrift für Philosophie der Kultur (Tübingen)
Int. Stud. Philos. Sci.	International Studies in the Philosophy of Science (London/New York)	Math. Ann.	Mathematische Annalen (Berlin)
		Math.-phys. Semesterber.	Mathematisch-physikalische Semesterberichte (Göttingen); seit 1981: Mathematische Semesterberichte (Göttingen)
Isis	Isis. International Review Devoted to the History of Science and Its Cultural Influences (Boston Mass./Cambridge Mass.)		
		Math. Semesterber.	Mathematische Semesterberichte (Göttingen; seit 1992 Berlin)
Jahresber. Dt. Math.ver.	Jahresbericht der Deutschen Mathematikervereinigung (Berlin)	Math. Teacher	The Mathematics Teacher (New York; seit 1957 Menasha Wisc.)
Jb. Antike u. Christentum	Jahrbuch für Antike und Christentum (Münster)	Math. Z.	Mathematische Zeitschrift (Berlin)
Jb. Philos. phänomen. Forsch.	Jahrbuch für Philosophie und phänomenologische Forschung (Halle)	Med. Aev.	Medium Aevum (Oxford)
		Medic. Hist.	Medical History (London)
J. Aesthetics Art Criticism	Journal of Aesthetics and Art Criticism (Louisville Ky.)	Med. Ren. Stud.	Medieval and Renaissance Studies (London)
J. Brit. Soc. Phenomenol.	The Journal of the British Society for Phenomenology (Manchester)	Med. Stud.	Mediaeval Studies (Toronto)
		Merkur	Merkur. Deutsche Zeitschrift für Europäisches Denken (Köln)
J. Chinese Philos.	Journal of Chinese Philosophy (Honolulu Hawaii)		

Metaphilos.	Metaphilosophy (Oxford)	Philos. Hefte	Philosophische Hefte (Prag, bis 1936)
Methodos	Methodos. Language and Cybernetics (Padua)	Philos. Hist.	Philosophy and History (Tübingen)
Mh. Math. Phys.	Monatshefte für Mathematik und Physik (Wien); seit 1965: Monatshefte für Mathematik (Wien)	Philos. J.	The Philosophical Journal. Transactions of the Royal Society of Glasgow (Edinburgh/London)
		Philos. Jb.	Philosophisches Jahrbuch (München)
Mh. Math.	Monatshefte für Mathematik (Wien)	Philos. Mag.	The London, Edinburgh and Dublin Magazine and Journal of Science (London)
Midwest Stud. Philos.	Midwest Studies in Philosophy (Morris Minn.)		
Mind	Mind. A Quarterly Review for Psychology and Philosophy (Oxford)	Philos. Math.	Philosophia Mathematica (Memphis Tenn.)
Monist	The Monist (La Salle Ill.)	Philos. Nat.	Philosophia Naturalis (Meisenheim am Glan)
Mus. Helv.	Museum Helveticum. Schweizerische Zeitschrift für klassische Altertumswissenschaft (Basel/Stuttgart)	Philos. Pap.	Philosophical Papers (Grahamstown)
Naturwiss.	Die Naturwissenschaften. Organ der Max-Planck-Gesellschaft zur Förderung der Wissenschaften (Berlin/Heidelberg)	Philos. Phenom. Res.	Philosophy and Phenomenological Research (Buffalo N. Y.)
		Philos. Quart.	The Philosophical Quarterly (St. Andrews)
Neue H. Philos.	Neue Hefte für Philosophie (Göttingen)	Philos. Rdsch.	Philosophische Rundschau (Heidelberg/Tübingen)
Nietzsche-Stud.	Nietzsche-Studien (Berlin/New York)	Philos. Rev.	The Philosophical Review (Ithaca N. Y.)
Notre Dame J. Formal Logic	Notre Dame Journal of Formal Logic (Notre Dame Ind.)	Philos. Rhet.	Philosophy and Rhetoric (University Park Pa.)
Noûs	Noûs (Bloomington Ind.)	Philos. Sci.	Philosophy of Science (East Lansing Mich.)
Organon	Organon (Warschau)		
Osiris	Osiris. Commentationes de scientiarum et eruditionis historia rationeque (Brügge); Second Series mit Untertitel: A Research Journal Devoted to the History of Science and Its Cultural Influences (Philadelphia Pa.)	Philos. Soc. Sci.	Philosophy of the Social Sciences (Toronto/Aberdeen)
		Philos. Stud.	Philosophical Studies (Dordrecht)
		Philos. Studien	Philosophische Studien (Berlin)
		Philos. Top.	Philosophical Topics (Fayetteville Ark.)
Pers. Philos. Neues Jb.	Perspektiven der Philosophie. Neues Jahrbuch (Hildesheim)	Philos. Transact. Royal Soc.	Philosophical Transactions of the Royal Society (London)
Phänom. Forsch.	Phönomenologische Forschungen (Freiburg/München)	Phys. Bl.	Physikalische Blätter (Weinheim)
Philol.	Philologus (Wiesbaden)	Phys. Rev.	The Physical Review (Lancaster Pa.)
Philol. Quart.	Philological Quarterly (Iowa City)	Phys. Z.	Physikalische Zeitschrift (Leipzig)
Philos.	Philosophy (London)	Praxis Math.	Praxis der Mathematik. Monatsschrift der reinen und angewandten Mathematik im Unterricht (Köln)
Philos. and Literature	Philosophy and Literature (Baltimore Md.)		
Philos. Anz.	Philosophischer Anzeiger. Zeitschrift für die Zusammenarbeit von Philosophie und Einzelwissenschaft (Bonn)	Proc. Amer. Philos. Ass.	Proceedings of the American Philosophical Association (Newark Del.)
		Proc. Amer. Philos. Soc.	Proceedings of the American Philosophical Society (Philadelphia Pa.)
Philos. East and West	Philosophy East and West (Honolulu Hawaii)	Proc. Arist. Soc.	Proceedings of the Aristotelian Society (London)

Proc. Brit. Acad.	Proceedings of the British Academy (London)	Riv. crit. stor. filos.	Rivista critica di storia della filosofia (Mailand)
Proc. London Math. Soc.	Proceedings of the London Mathematical Society (Oxford etc.)	Riv. filos.	Rivista di filosofia (Turin)
		Riv. filos. neo-scolastica	Rivista di filosofia neo-scolastica (Mailand)
Proc. Royal Soc.	Proceedings of the Royal Society (London)	Riv. mat.	Rivista di matematica (Turin)
Quart. Rev. Biol.	The Quarterly Review of Biology (Baltimore Md.)	Riv. stor. sci. mediche e nat.	Rivista di storia delle scienze mediche e naturali (Florenz)
Ratio	Ratio (Oxford)	Russell	Russell. The Journal of the Bertrand Russell Archives (Hamilton Ont.)
Rech. théol. anc. et médiévale	Recherches de théologie ancienne et médiévale (Louvain)	Sci. Amer.	Scientific American (New York)
Rel. Stud.	Religious Studies (Cambridge)	Sci. Stud.	Science Studies (London)
Res. Phenomenol.	Research in Phenomenology (Pittsburgh Pa.)	Scr. Math.	Scripta Mathematica. A Quarterly Journal Devoted to the Expository and Research Aspects of Mathematics (New York)
Rev. ét. anc.	Revue des études anciennes (Bordeaux)		
Rev. ét. grec.	Revue des études grecques (Paris)	Sociolog. Rev.	The Sociological Review (Keele, Staffordshire)
Rev. hist. ecclés.	Revue d'histoire ecclésiastique (Louvain)	South. J. Philos.	The Southern Journal of Philosophy (Memphis Tenn.)
Rev. hist. sci.	Revue d'histoire des sciences (Paris)	Southwest. J. Philos.	Southwestern Journal of Philosophy (Köln)
Rev. hist. sci. applic.	Revue d'histoire des sciences et de leurs applications (Paris); seit 1971: Revue d'histoire des sciences (Paris)	Sov. Stud. Philos.	Soviet Studies in Philosophy (New York)
		Spektrum Wiss.	Spektrum der Wissenschaft (Heidelberg)
Rev. int. philos.	Revue internationale de philosophie (Brüssel)	Stud. Gen.	Studium Generale (Berlin)
Rev. Met.	Review of Metaphysics (Washington D. C.)	Stud. Hist. Philos. Sci.	Studies in History and Philosophy of Science (London)
Rev. mét. mor.	Revue de métaphysique et de morale (Paris)	Studi int. filos.	Studi internazionali di filosofia (Turin)
Rev. Mod. Phys.	Review of Modern Physics (Minneapolis Minn.)	Studi ital. filol. class.	Studi italiani di filologia classica (Florenz)
Rev. néoscol. philos.	Revue néoscolastique de philosophie (Louvain)	Stud. Leibn.	Studia Leibnitiana (Wiesbaden)
Rev. philos. France étrang.	Revue philosophique de la France et de l'étranger (Paris)	Stud. Log.	Studia Logica (Warschau)
		Stud. Philos.	Studia Philosophica (Basel)
Rev. philos. Louvain	Revue philosophique de Louvain (Louvain)	Stud. Philos. (Lemberg)	Studia Philosophica. Commentarii Societatis Philosophicae Polonorum (Lwów [Lemberg])
Rev. quest. sci.	Revue des questions scientifiques (Paris)		
Rev. sci. philos. théol.	Revue des sciences philosophiques et théologiques (Paris)	Stud. Philos. Hist. Philos.	Studies in Philosophy and the History of Philosophy (Washington D. C.)
Rev. synt.	Revue de synthèse (Paris)		
Rev. théol. philos.	Revue de théologie et de philosophie (Lausanne)	Stud. Voltaire 18th Cent.	Studies on Voltaire and the 18th Century (Oxford)
Rev. thom.	Revue thomiste (Toulouse)	Sudh. Arch.	Sudhoffs Archiv für Geschichte der Medizin und der Naturwissenschaften (Wiesbaden)
Rhein. Mus. Philol.	Rheinisches Museum für Philologie (Frankfurt)		

Synthese	Synthese. Journal for Epistemology, Methodology and Philosophy of Science (Amsterdam)
Technikgesch.	Technikgeschichte (Düsseldorf)
Technology Rev.	Technology Review (Cambridge Mass.)
Theol. Philos.	Theologie und Philosophie (Frankfurt/Pullach/Freiburg)
Theoria	Theoria. A Swedish Journal of Philosophy and Psychology (Lund)
Thomist	The Thomist (Washington D. C.)
Tijdschr. Filos.	Tijdschrift voor Filosofie (Louvain)
Transact. Amer. Math. Soc.	Transactions of the American Mathematical Society (New York)
Transact. Amer. Philol. Ass.	Transactions and Proceedings of the American Philological Association (Lancaster Pa.)
Transact. Amer. Philos. Soc.	Transactions of the American Philosophical Society (Philadelphia Pa.)
Universitas	Universitas. Zeitschrift für Wissenschaft, Kunst und Literatur, seit 2001 mit Untertitel: Orientierung in der Wissenswelt (Stuttgart)
Vierteljahrsschr. wiss. Philos.	Vierteljahrsschrift für wissenschaftliche Philosophie (Leipzig); seit 1902: Vierteljahrszeitschrift für wissenschaftliche Philosophie und Soziologie (Erlangen)
Vierteljahrs-zeitschr. wiss. Philos. u. Soz.	Vierteljahrszeitschrift für wissenschaftliche Philosophie und Soziologie (Erlangen)
Wien. Jb. Philos.	Wiener Jahrbuch für Philosophie (Wien)
Wiss. u. Weisheit	Wissenschaft und Weisheit. Zeitschrift für augustinisch-franziskanische Theologie und Philosophie in der Gegenwart (Freiburg)
Z. allg. Wiss. theorie	Zeitschrift für allgemeine Wissenschaftstheorie (Düsseldorf)
Z. angew. Math. u. Mechanik	Zeitschrift für angewandte Mathematik und Mechanik (Berlin)
Z. math. Logik u. Grundlagen d. Math.	Zeitschrift für mathematische Logik und Grundlagen der Mathematik (Berlin)
Z. Math. Phys.	Zeitschrift für Mathematik und Physik (Leipzig)
Z. philos. Forsch.	Zeitschrift für philosophische Forschung (Meisenheim am Glan)
Z. Philos. phil. Kritik	Zeitschrift für Philosophie und philosophische Kritik (Halle)
Z. Phys.	Zeitschrift für Physik (Berlin)
Z. Semiotik	Zeitschrift für Semiotik (Wiesbaden)
Z. Soz.	Zeitschrift für Soziologie (Stuttgart)

4. Werkausgaben

(Die hier aufgeführten Abkürzungen für Werkausgaben haben Beispielcharakter; Werkausgaben, deren Abkürzung nicht aufgeführt wird, stehen bei den betreffenden Autoren.)

Descartes

Œuvres	R. Descartes, Œuvres, I–XII, ed. C. Adam/P. Tannery, Paris 1897–1910 (Suppl.bd. Index général 1913), nouvelle présentation, I–XI, 1964–1974, 1996.

Diogenes Laertios

Diog. Laert.	Diogenis Laertii Vitae Philosophorum, I–II, ed. H. S. Long, Oxford 1964.

Feuerbach

Ges. Werke	L. Feuerbach, Gesammelte Werke, I–XXII, ed. W. Schuffenhauer, Berlin (Ost) 1969 ff. ab XIII, ed. Berlin-Brandenburgische Akademie der Wissenschaften, Berlin 1999 ff. (bisher erschienen: Bde I–XXI).

Fichte

Ausgew. Werke	J. G. Fichte, Ausgewählte Werke in sechs Bänden, ed. F. Medicus, Leipzig 1910–1912 (repr. Darmstadt 1962).
Gesamtausg.	J. G. Fichte-Gesamtausgabe der Bayerischen Akademie der Wissenschaften, ed. R. Lauth/H. Jacob, Stuttgart-Bad Cannstatt 1962 ff. (bisher erschienen: [Werke]: I/1–I/9; [Nachgelassene Schriften]: II/1–II/13 u. 1 Suppl.bd.; [Briefe]: III/1–III/6; [Kollegnachschriften]: IV/1–IV/4; u. 1 Bibliographiebd.).

Goethe

Hamburger Ausg. J. W. v. Goethe, Werke, Hamburger Ausgabe, I–XV, ed. E. Trunz/W. Kayser, Hamburg 1961–1965.

Hegel

Ges. Werke G. W. F. Hegel, Gesammelte Werke, in Verbindung mit der Deutschen Forschungsgemeinschaft ed. Rheinisch-Westfälische Akademie der Wissenschaften, Hamburg 1968 ff. (bisher erschienen: Bde I, III–IX, XI–XIII, XV–XXI).

Sämtl. Werke G. W. F. Hegel, Sämtliche Werke (Jubiläumsausgabe), I–XXVI, ed. H. Glockner, Stuttgart 1927–1940.

Kant

Akad.-Ausg. I. Kant, Gesammelte Schriften, ed. Königlich Preußische (heute: Berlin-Brandenburgische) Akademie der Wissenschaften (zu Berlin), Berlin 1902 ff. (bisher erschienen: Abt. 1 [Werke]: I–IX; Abt. 2 [Briefwechsel]: X–XIII; Abt. 3 [Handschriftlicher Nachlaß]: XIV–XXIII; Abt. 4 [Vorlesungen]: XXIV/1–2, XXV/1–2, XXVII/1, XXVII/2.1–2.2, XXVIII/1, XXVIII/2.1–2.2, XXIX/1–2).

Leibniz

Akad.-Ausg. G. W. Leibniz, Sämtliche Schriften und Briefe, ed. Königlich Preußische (heute: Berlin-Brandenburgische) Akademie der Wissenschaften (zu Berlin), Darmstadt/Leipzig (später: Berlin/Leipzig) 1923 ff. (bisher erschienen: Reihe 1 [Allgemeiner politischer und historischer Briefwechsel]: 1.1–1.18, 1 Suppl.bd.; Reihe 2 [Philosophischer Briefwechsel]: 2.1; Reihe 3 [Mathematischer, naturwissenschaftlicher und technischer Briefwechsel]: 3.1–3.6; Reihe 4 [Politische Schriften]: 4.1–4.5; Reihe 6 [Philosophische Schriften]: 6.1–6.4 [in 4 Teilbdn.], 6.6 [Nouveaux essais] u. 1 Verzeichnisbd.; Reihe 7 [Mathematische Schriften]: 7.1–7.3).

C. G. W. Leibniz, Opuscules et fragments inédits de Leibniz, ed. L. Couturat, Paris 1903 (repr. Hildesheim 1961).

Math. Schr. G. W. Leibniz, Mathematische Schriften, I–VII, ed. C. I. Gerhardt, Berlin/Halle 1849–1863 (repr. Hildesheim 1971).

Philos. Schr. Die philosophischen Schriften von G. W. Leibniz, I–VII, ed. C. I. Gerhardt, Berlin 1875–1890 (repr. Hildesheim 1960).

Marx/Engels

MEGA Marx/Engels, Historisch-kritische Gesamtausgabe: Werke, Schriften, Briefe, Frankfurt/Berlin/Moskau 1927–1935, Neudr. Glashütten i. Taunus 1979 (erschienen: Abt. 1 [Werke u. Schriften]: I–VII; Abt. 3 [Briefwechsel]: I–IV), unter dem Titel: Gesamtausgabe (MEGA), ed. Institut für Marxismus-Leninismus, ab III/9, ed. Internationale Marx-Engels-Stiftung, Berlin 1975 ff. (bisher erschienen: Abt. I [Werke, Artikel, Entwürfe]: I/1–I/3, I/10–I/14, I/18, I/20, I/22, I/24–I/27, I/29, I/31; Abt. II [Das Kapital und Vorarbeiten]: II/1.1–II/1.2, II/2, II/3.1–II/3.6, II/4.1–II/4.2, II/5–II/10, II/14–II/16; Abt. III [Briefwechsel]: III/1–III/10, III/13; Abt. IV [Exzerpte, Notizen, Marginalien]: IV/1–IV/4, IV/6–IV/9, IV/31–IV/32).

MEW Marx/Engels, Werke I–XXXIX, 2 Erg.bde u. 1 Reg.bd., ed. Institut für Marxismus-Leninismus beim ZK der SED, Berlin (Ost) 1956–1989.

Nietzsche

Werke. Krit. Gesamtausg. Nietzsche Werke. Kritische Gesamtausgabe, ed. G. Colli/M. Montinari, weitergeführt v. W. Müller-Lauter/K. Pestalozzi, Berlin/New York 1967 ff. (bisher erschienen Bde I/1–I/5, II/1–II/5, III/1–III/4, III/5.1–III/5.2, IV/1–IV/4, V/1–V/3, VI/1–VI/4, VII/1–VII/3, VII/4.1–VII/4.2, VIII/1–VIII/3, IX/1–IX/4).

Schelling

Hist.-krit. Ausg. — F. W. J. Schelling, Historisch-kritische Ausgabe, ed. H. M. Baumgartner/W. G. Jacobs/H. Krings/H. Zeltner, Stuttgart 1976 ff. (bisher erschienen: Reihe 1 [Werke]: I–VIII u. 1 Erg.bd.; Reihe 3 [Briefe]: I).

Sämtl. Werke — F. W. J. Schelling, Sämtliche Werke, I–XIV, ed. K. F. A. Schelling, Stuttgart 1856–1861, repr. in neuer Anordnung: Schellings Werke, I–VI, Erg.Bde I–VI, Suppl. Bd. I, ed. M. Schröter, München 1927–1959 (repr. 1958–1962).

Sammlungen

CAG — Commentaria in Aristotelem Graeca. Academia Litterarum Regiae Borussicae, I–XXIII, Berlin 1882–1909.

CCL — Corpus Christianorum. Series Latina, Turnhout 1954 ff..

CCM — Corpus Christianorum. Continuatio mediaeualis, Turnhout 1966 ff..

FDS — K. Hülser, Die Fragmente zur Dialektik der Stoiker. Neue Sammlung der Texte mit deutscher Übersetzung und Kommentaren, I–IV, Stuttgart-Bad Cannstatt 1987–1988.

MGH — Monumenta Germaniae historica inde ab anno christi quingentesimo usque ad annum millesimum et quingentesimum, Hannover 1826 ff..

MPG — Patrologiae cursus completus, Series Graeca, 1–167 (mit lat. Übers.), ed. J.-P. Migne, Paris 1857–1912.

MPL — Patrologiae cursus completus, Series Latina, 1–221 (218–221 Indices), ed. J.-P. Migne, Paris 1841–1864.

SVF — Stoicorum veterum fragmenta, I–IV (IV: Indices v. M. Adler), ed. J. v. Arnim, Leipzig 1903–1924 (repr. Stuttgart 1964).

VS — H. Diels, Die Fragmente der Vorsokratiker. Griechisch und Deutsch (Berlin 1903), I–III, ed. W. Kranz, Berlin ⁶1951/1952 (seither unveränderte Nachdrucke).

5. Einzelwerke

(Die hier aufgeführten Abkürzungen für Einzelwerke haben Beispielcharakter; Einzelwerke, deren Abkürzung nicht aufgeführt wird, stehen bei den betreffenden Autoren. In anderen Fällen ist die Abkürzung eindeutig und entspricht den üblichen Zitationsnormen, z. B. bei den Werken von Aristoteles und Platon.)

Aristoteles

an. post. — Analytica posteriora
an. pr. — Analytica priora
de an. — De anima
de gen. an. — De generatione animalium
Eth. Nic. — Ethica Nicomachea
Met. — Metaphysica
Phys. — Physica

Descartes

Disc. méthode — Discours de la méthode (1637)
Meditat. — Meditationes de prima philosophia (1641)
Princ. philos. — Principia philosophiae (1644)

Hegel

Ästhetik — Vorlesungen über die Ästhetik (1842–1843)
Enc. phil. Wiss. — Encyklopädie der philosophischen Wissenschaften im Grundrisse/System der Philosophie (^{3}1830)
Logik — Wissenschaft der Logik (1812/1816)
Phänom. des Geistes — Die Phänomenologie des Geistes (1807)
Rechtsphilos. — Grundlinien der Philosophie des Rechts oder Naturrecht und Staatswissenschaft im Grundrisse (1821)
Vorles. Gesch. Philos. — Vorlesungen über die Geschichte der Philosophie (1833–1836)
Vorles. Philos. Gesch. — Vorlesungen über die Philosophie der Geschichte (1837)

Kant

Grundl. Met. Sitten — Grundlegung zur Metaphysik der Sitten (1785)
KpV — Kritik der praktischen Vernunft (1788)
KrV — Kritik der reinen Vernunft (^{1}1781 = A, ^{2}1787 = B)

KU	Kritik der Urteilskraft (1790)	Ausg.	Ausgabe
Proleg.	Prolegomena zu einer jeden Metaphysik, die als Wissenschaft wird auftreten können (1783)	ausgew.	ausgewählt(e)
		Bd., Bde	Band, Bände
		Bearb., bearb.	Bearbeiter, Bearbeitung, bearbeitet
		Beih.	Beiheft
Leibniz		Beitr.	Beitrag, Beiträge
Disc. mét.	Discours de métaphysique (1686)	Ber.	Bericht(e)
Monadologie	Principes de la philosophie ou Monadologie (1714)	bes.	besondere, besonders
		Bl., Bll.	Blatt, Blätter
		bzw.	beziehungsweise
Nouv. essais	Nouveaux essais sur l'entendement humain (1704)	c	caput, corpus, contra
		ca.	circa
Princ. nat. grâce	Principes de la nature et de la grâce fondés en raison (1714)	Chap.	Chapter
		chines.	chinesisch
Platon		ders.	derselbe
Nom.	Nomoi	d.h.	das heißt
Pol.	Politeia	d. i.	das ist
Polit.	Politikos	dies.	dieselbe(n)
Soph.	Sophistes	Diss.	Dissertation
Theait.	Theaitetos	dist.	distinctio
Tim.	Timaios	d. s.	das sind
		dt.	deutsch
Thomas von Aquin		durchges.	durchgesehen
De verit.	Quaestiones disputatae de veritate	ebd.	ebenda
		Ed.	Editio, Edition
S. c. g.	Summa de veritate catholicae fidei contra gentiles	ed.	edidit, ediderunt, edited, ediert
		Einf.	Einführung
S. th.	Summa theologiae	eingel.	eingeleitet
		Einl.	Einleitung
Wittgenstein		engl.	englisch
Philos. Unters.	Philosophische Untersuchungen (1953)	Erg.bd.	Ergänzungsband
		Erg.heft(e)	Ergänzungsheft(e)
		erl.	erläutert
Tract.	Tractatus logico-philosophicus (1921)	erw.	erweitert
		ev.	evangelisch
		F.	Folge
		Fasc.	Fasciculus, Fascicle, Fascicule, Fasciculo
		fol.	Folio
		fl.	floruit, 3. Pers. Sing. Perfekt von lat. florere, blühen
6. Sonstige Abkürzungen		franz.	französisch
a. a. O.	am angeführten Ort	gedr.	gedruckt
Abb.	Abbildung	Ges.	Gesellschaft
Abh.	Abhandlung(en)	ges.	gesammelt(e)
Abt.	Abteilung	griech.	griechisch
ahd.	althochdeutsch	H.	Heft(e)
amerik.	amerikanisch	Hb.	Handbuch
Anh.	Anhang	hebr.	hebräisch
Anm.	Anmerkung	Hl., hl.	Heilig-, Heilige(r), heilig
art.	articulus	holländ.	holländisch
Aufl.	Auflage		

i. e.	id est		trans., Trans.	translated, Translation
ind.	indisch		u.	und
insbes.	insbesondere		u. a.	und andere
int.	international		Übers., übers.	Übersetzung, Übersetzer, übersetzt
ital.	italienisch		übertr.	übertragen
Jh., Jhs.	Jahrhundert(e), Jahrhunderts		ung.	ungarisch
jüd.	jüdisch		u. ö.	und öfter
Kap.	Kapitel		usw.	und so weiter
kath.	katholisch		v.	von
lat.	lateinisch		v. Chr.	vor Christus
lib.	liber		verb.	verbessert
			vgl.	vergleiche
mhd.	mittelhochdeutsch		vollst.	vollständig
mlat.	mittellateinisch		Vorw.	Vorwort
Ms(s).	Manuskript(e)		z. B.	zum Beispiel
Nachdr.	Nachdruck			
Nachr.	Nachrichten			
n. Chr.	nach Christus			
Neudr.	Neudruck			
NF	Neue Folge			
nhd.	neuhochdeutsch			
niederl.	niederländisch			
NS	Neue Serie			
o. J.	ohne Jahr			
o. O.	ohne Ort			
österr.	österreichisch			
poln.	polnisch			
Praef.	Praefatio			
Préf., Pref.	Préface, Preface			
Prof.	Professor			
Prooem.	Prooemium			
qu.	quaestio			
red.	redigiert			
Reg.	Register			
repr.	reprinted			
rev.	revidiert, revised			
russ.	russisch			
s.	siehe			
schott.	schottisch			
schweiz.	schweizerisch			
s. o.	siehe oben			
sog.	sogenannt			
Sp.	Spalte(n)			
span.	spanisch			
spätlat.	spätlateinisch			
s. u.	siehe unten			
Suppl.	Supplement			
Tab.	Tabelle(n)			
Taf.	Tafel(n)			
teilw.	teilweise			

7. Logische und mathematische Symbole

Zeichen	Name	in Worten
ε	affirmative Kopula	ist
ε'	negative Kopula	ist nicht
$\leftrightharpoons$	Definitionszeichen	nach Definition gleichbedeutend mit
ι_x	Kennzeichnungsoperator	dasjenige x, für welches gilt
$\neg$	Negator	nicht
$\wedge$	Konjunktor	und
$\vee$	Adjunktor	oder (nicht ausschließend)
$\rightarrowtail$	Disjunktor	entweder … oder …
$\rightarrow$	Subjunktor	wenn …, dann …
$\leftrightarrow$	Bisubjunktor	genau dann, wenn
$\dashv$	strikter Implikator	es ist notwendig: wenn …, dann …
Δ	Notwendigkeitsoperator	es ist notwendig, daß
∇	Möglichkeitsoperator	es ist möglich, daß
X	Wirklichkeitsoperator	es ist wirklich, daß
$\overline{X}$	Kontingenzoperator	es ist kontingent, daß
O	Gebotsoperator	es ist geboten, daß
V	Verbotsoperator	es ist verboten, daß
E	Erlaubnisoperator	es ist erlaubt, daß
I	Indifferenzoperator	es ist freigestellt, daß
$\wedge_x$	Allquantor	für alle x gilt
$\vee_x$	Einsquantor, Manchquantor, Existenzquantor	für manche [einige] x gilt

Zeichen	Name	in Worten
$\underset{x}{\vee}^{1}$	kennzeichnender Eins-(Manch-, Existenz-)quantor	für genau ein x gilt
$\underset{x}{\wedge}$	indefiniter Allquantor	für alle x gilt (bei indefinitem Variabilitätsbereich von x)
$\underset{x}{\vee}$	indefiniter Eins-(Manch-, Existenz-)quantor	für manche [einige] x gilt (bei indefinitem Variabilitätsbereich von x)
$\curlyvee$	Wahrheitssymbol	das Wahre (verum)
$\curlywedge$	Falschheitssymbol	das Falsche (falsum)
$\prec$	[logisches] Implikationszeichen	impliziert (aus ... folgt ...)
$\asymp$	[logisches] Äquivalenzzeichen	gleichwertig mit
$\models$	semantisches Folgerungszeichen	aus ... folgt ...
$\Rightarrow$	Regelpfeil	man darf von ... übergehen zu ...
$\Leftrightarrow$	doppelter Regelpfeil	man darf von ... übergehen zu ... und umgekehrt
$\vdash \vdash_K$	Ableitbarkeitszeichen (insbes. zwischen Aussagen und Aussageformen: syntaktisches Folgerungszeichen)	ist ableitbar (in einem Kalkül K), aus ... ist ... ableitbar (in einem Kalkül K)
$\sim$	Äquivalenzzeichen	äquivalent
$=$	Gleichheitszeichen	gleich
$\neq$	Ungleichheitszeichen	ungleich
$\equiv$	Identitätszeichen	identisch
$\not\equiv$	Nicht-Identitätszeichen	nicht identisch
$<$	Kleiner-Zeichen	kleiner als
$\leq$	Kleiner-gleich-Zeichen	kleiner als oder gleich
$>$	Größer-Zeichen	größer als
$\geq$	Größer-gleich-Zeichen	größer als oder gleich
$\in$	(mengentheoretisches) Elementzeichen	ist Element von
$\notin$	Nicht-Elementzeichen	ist nicht Element von
$\{\ \}$	Mengenklammer	die Menge mit den Elementen ...
$\in_x$ $\{x\vert\ \}$	Mengenabstraktor	die Menge derjenigen x, für die gilt
$\subseteq$	Teilmengenrelator	ist Teilmenge von
$\subset$	echter Teilmengenrelator	ist echte Teilmenge von
$\emptyset$	Zeichen der leeren Menge	leere Menge
$\cup$	Vereinigungszeichen	vereinigt mit
$\bigcup$	Vereinigungszeichen (für beliebig viele Mengen)	Vereinigung von
$\cap$	Durchschnittszeichen	geschnitten mit
$\bigcap$	Durchschnittszeichen (für beliebig viele Mengen)	Durchschnitt von
$\complement\ \complement_M$	Komplementzeichen	Komplement von ... (in M)
$\mathfrak{P}$	Potenzmengenzeichen	Potenzmenge von
$\imath$	Funktionsapplikator	(die Funktion ...,) angewandt auf ...
$\imath_x$	Funktionsabstraktor	die Funktion von x, abstrahiert aus ...
$\rightarrow$	Abbildungszeichen	(der Definitionsbereich) ... wird abgebildet in (den Zielbereich) ...
$\mapsto$	Zuordnungszeichen	(dem Argument) ... wird (der Wert) ... zugeordnet

Klammerung: Es werden die üblichen Klammerungsregeln angewendet. Zur Klammerersparnis bei logischen Formeln gilt, daß ¬ stärker bindet als alle anderen Junktoren, ferner ∧, ∨, ⊰ stärker als →, ↔.

C

Cabanis, Pierre-Jean-Georges, *Cosnac (Corrèze) 5. Juni 1757, †Rueil (Val d'Oise) 5. Mai 1808, franz. materialistischer Physiologe, Psychologe und Philosoph in der Nachfolge E. B. de Condillacs und P. H. T. d'Holbachs. Wahlspruch: »Les nerfs – voilà tout l'homme!« (↑Materialismus, französischer). 1777–1783 Studium der Medizin in Paris, Promotion 1784. 1785–1789 Mitglied des Freundeskreises um die Witwe C. A. Helvétius'. Trotz einer politisch inopportunen Freundschaft mit M. J. A. N. C. Marquis de Condorcet wurde C. 1793 Mitglied der »Commission de réforme des hôpitaux« und Prof. der Hygiene in Paris, bald darauf Titularprofessor für Medizingeschichte. C. unterstützte zunächst Napoleon Bonaparte, wandte sich dann aber gegen ihn und mußte sich deswegen ins Privatleben zurückziehen. Für C. bilden Physik und Physiologie die beiden Grundlagendisziplinen der Wissenschaft. In seinem Hauptwerk »Rapport du physique et du moral de l'homme« (1802) identifiziert C. Philosophie und Medizin und bemüht sich um eine physiologische Erklärung aller psychologischen Vorgänge, ferner aller philosophischen Ideen. Radikaler als Condillac führt er menschliches Verhalten, auch insofern es Gegenstand von Moral- oder Sozialwissenschaften ist, generell auf organische Vorgänge und Bedürfnisse zurück. Das Gehirn ist ein Verdauungsorgan wie der Magen: es verdaut Sinneseindrücke mit Hilfe von Gedankensekreten. Entsprechend strebt C. über die gezielte Verbesserung der medizinischen Versorgung eine Erhöhung der geistigen Gesundheit und Vernünftigkeit des Menschen an.

Werke: Œuvres complètes de C., I–V, ed. F. Thurot, Paris 1823–1825; Œuvres philosophiques de C., I–II, ed. C. Lehec/J. Cazeneuve, Paris 1956. – Observations sur les hôpitaux, Paris 1790, ferner in: Du degré de certitude de la médicine [s.u.], ²1803, 163–228; Journal de la maladie et de la mort d'Honoré-Gabriel-Victor Riquetti Mirabeau, Paris 1791, ferner in: Du degré de certitude de la médicine [s.u.], ²1803, 229–318, Bari 1996; Du degré de certitude de la médicine, Paris 1798, ²1803, ³1819 (dt. Ueber den möglichen Grad der Gewißheit in der Arzneiwissenschaft, Göttingen 1799); Rapport fait au Conseil des Cinq-Cents sur l'organisation des Ecoles de Médicine, [Paris] 1798 (repr. Paris 1989); Rapports du physique et du moral de l'homme, I–II, Paris 1802, ⁸1844 (repr. Paris 1980) (dt. Über die Verbindung des Physischen und Moralischen in dem Menschen, I–II, Halle/Leipzig 1804; engl. On the Relations between the Physical and Moral Aspects of Man, I–II, Baltimore Md. 1981); Coup d'œil sur les révolutions et sur la réforme de la médicine, Paris 1804 (engl. Sketch of the Revolutions of Medical Science, and Views Relating to Its Reform, London 1806); Observations sur les affections catarrhales en général et particulièrement sur celles connues sous les norms de rhumes de cerveau et rhumes de poitrine, Paris 1807, ²1813; Lettre, posthume et inédite de C. à M. F*** sur les causes premières, ed. F. Bérard, Paris 1824.

Literatur: E. H. Ackerknecht, Medicine at the Paris Hospital 1794–1848, Baltimore Md. 1967; F. Azouvi, L'Institution de la raison. La révolution culturelle des idéologues, Paris 1992; S. Besançon, La philosophie de C.. Une réforme de la psychiatrie, Le Plessis-Robinson 1997; G. Canguilhem, Études d'histoire et de philosophie des sciences, Paris 1968, 129–138; ders., C., DSB III (1971), 1–3; F. Colonna d'Istria, C. et les origines de la vie psychologique, Rev. mét. mor. 19 (1911), 177–198; ders., Les formes de la vie psychologique et leurs conditions organiques d'après C., Rev. mét. mor. 20 (1912), 25–47; ders., L'influence du moral sur le physique d'après C. et Maine de Biran, Rev. mét. mor. 21 (1913), 451–461; ders., La religion d'après C., Rev. mét. mor. 23 (1916), 455–471; ders., La logique de la médicine d'après C., Rev. mét. mor. 24 (1917), 59–73; L. G. Crocker, C., Enc. Ph. II (1967), 3–4; A. Guillois, Le salon de Madame Helvétius. C. et les Idéologues, Paris 1894, New York 1971; J. Lefranc, Schopenhauer lecteur de C., Rev. mét. mor. 88 (1983), 549–557; F. C. T. Moore, C., REP II (1998), 166–168; A. Role, G. C., le médecin de Brumaire, Paris 1994; M. S. Staum, C.. Enlightenment and Medical Philosophy in the French Revolution, Princeton N. J. 1980. R. W.

Caitanya (Kṛṣṇa C. Deva, eigentlich: Viśvambhara-miśra Gaurāṅga), 1486–1533, Brahmane aus Nadiā/Bengalen (heute: Nabadwīp). C. ist ein bis heute einflußreicher geistlicher Lehrer und der letzte bedeutende Gründer einer ↑Vedānta-Schule, nämlich des dem Dvaitādvaita Nimbārkas (13. Jh.) nahestehenden Acintya-bhedābheda (= die unfaßliche Unterschiedenheit und Unterschiedslosigkeit). Als ekstatisch auftretender Visionär und Organisator von Tanz- und Singprozessionen zu Ehren Kṛṣṇas, der die Hingabe an Gott (↑bhakti) bei gleichzeitig geübter Menschenliebe ohne Rücksicht auf Kaste oder Klasse lehrte, gehört C. zu den Vaiṣṇava (= Viṣṇu-Anhänger); bis auf eine sechsjährige Pilgerreise zu dem dem Kṛṣṇaismus heiligen Plätzen Indiens verbrachte er sein ganzes Leben im Gebiet des heutigen Orissa. – Die für C.s Schule maßgebenden philosophisch-theologischen Schriften stammen nicht von C. selbst; sie wurden ohne Ausnahme von Schülern – den sechs ›Meistern‹ (gosvāmin), darunter den Brüdern Rūpa und Sanātana (in einem Kommentarwerk zum Bhāgavata-↑Purāṇa) und deren Neffen Jiva – und Anhängern späterer Generationen verfaßt; von besonderer Bedeutung ist dabei das Govindabhāṣya von Baladeva (18. Jh.), ein den Acintyabhedābheda charakterisierender Kommentar zum Vedānta-sūtra. Daneben gibt es zahlreiche dichterische Darstellungen seines Lebens und Wirkens, unter denen sich der C.-caritā-mṛta (= Leben und Tod C.s) des Bengali Kṛṣṇadāsa Kavirāja aus dem Jahre 1582 besonderer Wertschätzung erfreut. In der Gegenwart berufen sich auf C. unter anderen die in der Gesellschaft für Kṛṣṇa-Bewußtsein zusammengeschlossenen Anhänger Swami Bhaktivedāntas.

Literatur: D. N. Acharyya, The Life and Times of Śrīkṛṣṇa-C., Kalkutta 1984; Swami A. C. Bhaktivedānta Prabhupada, Śrī C.-caritāmṛta, of Kṛṣṇadāsa Kavirāja Gosvāmi. With the Original Bengali Text, Roman Transliteration, English Equivalents, Translation, and Elaborate Purports, I–XI, Los Angeles etc. 1973 (dt. Śrī C.-caritāmṛta, mit original Bengali, und Sanskrittext, lateinischer Transliteration, deutschen Synonymen, Übersetzung und ausführlichen Erläuterungen, New York 1977–1987); N. N. Bhattacharyya (ed.), Medieval Bhakti Movements in India. Śri C. Quincentenary Commemoration Volume, Delhi 1989; S. Chakravarti, C. et sa théorie de l'amour divin, Paris 1934; A. N. Chatterjee, Śrīkṛṣṇa C.. A Historical Study on Gauḍīya Vaiṣṇavism, Neu Delhi 1983; E. C. Dimock Jr., C. Caritāmṛta of Kṛṣṇadāsa Kavirāja. A Translation and Commentary, Cambridge Mass. 1999 (Harvard Oriental Ser. LVI); M. Dube, Conceptions of God in Vaiṣṇava Philosophical Systems, Benares 1984; W. Eidlitz, Die indische Gottesliebe, Olten 1955; ders., Kṛṣṇa-C.: Sein Leben und seine Lehre, Stockholm 1968; C. Isherwood, Vedānta for the Western World, Hollywood Calif. 1945, 1993 (dt. Vedānta und Wir, Zürich 1949, 1963); O. B. C. Kapoor, The Philosophy of Religion and Śrī C.. The Philosophy of the Hare Krishna Movement, Delhi 1977; M. T. Kennedy, The C. Movement, A Study of Vaiṣṇavism of Bengal, Kalkutta etc. 1925, Neu Delhi 1993; A. K. Majumdar, C.. His Life and Doctrine. A Study in Vaiṣṇavism, Bombay 1969; B. B. Majumdar, Lord C., A Biographical Critique, I–II, Kalkutta 1997–1999; N. Sanyal, Sree Krishna C. I, Madras 1933; J. N. Sarkar, C.'s Life and Teachings, London 1988; S. S. Sen (ed.), Gaurāṇyavijaya. An Early Biography of C. Written in Middle Bengali, Cūḍāmaṇidāsa, Kalkutta 1957 (Bibliotheca Indica 283, NS 1576); O. Stursberg, Das C.caritāmṛta des Kṛṣṇadāsa Kavirāja. Eine altbengalische Lebensgeschichte des C., Diss. Berlin 1907; E. Weber/T. R. Chopra (eds.), Śrī Krishna C. and the Bhakti Religion, Frankfurt etc. 1988. K. L.

Cajetan (ital. Gaetano), Thomas, eigentlich Jacobus de Vio, *Gaeta 20. Febr. 1469, †Rom 9. (oder 10.) Aug. 1534, ital. Philosoph und bedeutender katholischer Theologe der Reformationszeit. 1484 Dominikaner, Studium in Neapel, Bologna und Padua, 1494–1496 Prof. der Philosophie und Theologie in Padua, 1497–1499 in Pavia, später in Rom. 1500–1508 Generalprokurator, 1508 Generaloberer seines Ordens, 1517 Kardinal, 1519 Bischof von Gaeta. 1518–1519 war C. Legat in Deutschland und verhandelte 1518 nach dem Reichstag in Augsburg mit M. Luther. – C. gilt mit seinem (erstmals vollständigen) Kommentar zur »Summa theologiae« des Thomas von Aquin (geschrieben 1507–1509) als Begründer des ↑Neuthomismus. Er schrieb gegen Skotisten (↑Skotismus) und Averroisten (↑Averroismus), so gegen A. Nifo und P. Pomponazzi, vertrat humanistische Orientierungen in der Bibelexegese und hielt 1494 eine Aufsehen erregende Disputation mit G. Pico della Mirandola in Ferrara. Unter seinen streng an Aristotelischen Positionen orientierten Arbeiten, darunter zahlreiche Aristoteles-Kommentare und ein Kommentar zur »Isagoge« des Porphyrios, ist vor allem seine Analyse unterschiedlicher Analogiebegriffe (De nominum analogia, 1498; ↑Analogie) und sein Eintreten für den systematischen Primat der Proportionalitätsanalogie gegenüber der Attributionsanalogie (↑analogia entis) von Bedeutung. In diesem Punkte stellt sich C. gegen Thomas von Aquin, dessen Position später vor allem von F. Suárez vertreten wird.

Werke: Opuscula omnia, I–III, Venedig 1542, Lyon 1545, 1581, Bergamon 1590, Antwerpen 1612; Opera omnia. Quotquot in sacrae scripturae expositionem reperiuntur, I–V, Lyon 1639 (repr. Hildesheim 2002), Leiden 1987 [Mikrofiche]; Scripta theologica, I–II, I, ed. V. M. Pollet, Rom 1936, II, ed. F. A. von Gunten, Rom 1962. – Commentaria subtilissima super tractatum de ente et essentia sanctissimi doctoris Thomae de Aquino, Venedig 1496, unter dem Titel: In »De ente et essentia« d. Thomae Aquinatis Commentaria, ed. M.-H. Laurent, Turin 1934 (engl. Commentary on Being and Essence, Milwaukee Wisc. 1964); Commentaria in Isagogen Porphyrii, o. O. 1497, unter dem Titel: Scripta philosophica. Commentaria in Porphyrii Isagogen ad Praedicamenta Aristotelis, ed. I. M. Marega, Rom 1934; Commentaria in Praedicamenta Aristotelis, Padua 1498, unter dem Titel: Scripta philosophica. Commentaria in Praedicamenta Aristotelis, ed. M.-H. Laurent, Rom 1939; De nominum analogia, Padua 1498, unter dem Titel: Scripta philosophica. De nominum analogia. De conceptu entis, ed. P. Zammit, Rom 1934, 1952 (engl. The Analogy of Names and the Concept of Being, Pittsburgh Pa. 1953, 1959; franz. De l'analogie et du concept d'être, Montréal 1963); De subjecto naturalis philosophiae, Padua 1499, ed. C. de Koninck/R. P. E. Gandron, Quebec 1939; In libros Posteriorum Analyticorum Aristotelicos additamenta, Venedig 1505; Commentaria in primam partem Summae theologiae S. Thomae de Aquino, Venedig 1508, 1514, 1518, Bologna 1528, Paris 1649, Lyra 1892; Commentaria in libros Aristotelis de anima, Florenz 1509, Venedig 1618, unter dem Titel: Scripta philosophica. Commentaria in De Anima Aristotelis, I–II, ed. P. I. Coquelle, Rom 1938/1939; Super duo de conceptu entis quaesita, Rom 1519, unter dem Titel: Scripta philosophica. De nominum analogia et de conceptu entis, ed. P. Zammit, Rom 1934; De divina institutione pontificatus Romani Pontificis super totam ecclesiam, Rom 1521, ed. F. Lanchert, Münster 1925 (Corpus catholicorum X); Opuscula omnia, quibus accessere ad objecta aliqua responsiones. Item tractatus quidam contra modernos M. Lutheri sectatores, et eorum praecipuos errores, Antwerpen 1576, Lyon 1588; Commentaria in reliquum libri secundi peri Hermeneias, Paris 1646; Scripta philosophica. Opuscula oeconomico-socialia, ed. P. Zammit, Rom 1934. – M.-J. Congar, Bio-bibliographie de C., Rev. thomiste 39 (1934), 3–49; Totok III (1980), 186–195.

Literatur: R. Bauer, Gotteserkenntnis und Gottesbeweise bei Kardinal Kajetan, Regensburg 1955; A. Bodem, Das Wesen der Kirche nach Kardinal C.. Ein Beitrag zur Ekklesiologie im Zeitalter der Reformation, Trier 1971; S. N. Bosshard, Zwingli, Erasmus, C.. Die Eucharistie als Zeichen der Einheit, Wiesbaden 1978; V. J. Bourke, C., Enc. Ph. II (1967), 5–6; B. A. R. Felmberg, Die Ablaßtheologie Kardinal C.s (1469–1534), Leiden 1998; J. Giers, Gerechtigkeit und Liebe. Die Grundpfeiler gesellschaftlicher Ordnung in der Sozialethik des Kardinals C., Düsseldorf 1941; E. Gilson, C. et l'existence, Tijdschr. Filos. 15 (1953), 267–286; M. Grabmann, Die Stellung des Kardinals C. in der Geschichte des Thomismus und der Thomistenschule, Angelicum 11 (1934), 547–560; J. F. Groner, Kardinal C.. Eine Gestalt aus der Reformationszeit, Fribourg 1951; B. Hallensleben, Communicatio. Anthropologie und Gnadenlehre bei Thomas de Vio C., Münster 1985; F. R. Harrison, The C. Tradition of Analogy, Franciscan Stud. 23 (1963), 179–204; J. Hegyi, Die Bedeutung des Seins bei den klassischen Kommentatoren des heiligen Thomas von Aquin. Capreolus, Silvester von Ferrara, C., Pullach 1959; G. Hennig, C. und Luther. Ein historischer Beitrag zur Begegnung von Thomismus und Reformation, Stuttgart 1966; E. Iserloh/B. Hallensleben, C. de Vio, TRE VII (1981), 538–546; M. D. Koster, Zur Metaphysik C.s Ergebnisse jüngster Forschung, Scholastik 35 (1960), 537–551; A. Krause, Zur Analogie bei C. und Thomas von Aquin. Eine Analyse, Halle 1999; E. P. Mahoney, C., REP II (1998), 171–175; M. Nieden, Organum Deitatis. Die Christologie des Thomas de Vio C., Leiden/New York/Köln 1997; M. O'Connell, Cardinal C.. Intellectual and Activist, New Scholasticism 50 (1976), 310–322; H. T. Schwartz, Analogy in St. Thomas and C., New Scholasticism 28 (1954), 127–144; G. Soleri, De Vio, Enc. filos. II (1967), 403–405; J. Wicks, C. Responds. A Reader in Reformation Controversy, Washington D. C. 1978; ders., C. und die Anfänge der Reformation, Münster 1983. J. M.

Cajetan von Thiene (Gaetano da Tiene, Caietanus Thienaeus), *Gaeta 1387, †Padua 1465, ital. Philosoph, bedeutender Vertreter der sogenannten Schule von Padua (↑Padua, Schule von). Studium in Padua, Promotion 1418 und 1428 (Medizin), Schüler und Nachfolger von Paulus Venetus. 1422–1430 Prof. der Logik, 1430–1465 auch Prof. der Naturphilosophie in Padua. Auf dem Boden eines averroistischen ↑Aristotelismus (↑Averroismus) vertrat C. die Annahme einer von den (sterblichen) Einzelseelen getrennten Gesamtseele und, davon ausgehend, die Annahme einer überindividuellen Unsterblichkeit dieser Gesamtseele (Super libros de anima Aristotelis, Venedig 1514, lib. III 5, qu. 2). Im Rahmen der Methodendiskussion des Paduaner Aristotelismus diskutiert C. die (seit etwa 1350 in Padua bekannten) kinematischen Arbeiten der ↑Merton School (R. Swineshead, W. Heytesbury, zu dessen »Regule solvendi sophismata« C. einen Kommentar schrieb) ebenso wie die dynamischen Arbeiten der sogenannten doctores parisienses, insbes. Nikolaus von Oresmes, deren ↑Impetustheorie er übernimmt. Mit Blasius von Parma, der in Grundlagenfragen der Physik die Entwicklungen in Oxford und Paris vertritt, führt C., ausgehend von den »Calculationes« Swinesheads, eine Methodenkontroverse, in deren Mittelpunkt Argumente für und gegen eine mathematische Physik bzw. für und gegen die qualitative Physik (des Aristotelismus) stehen (in metaphysischer Terminologie: ob die erste Eigenschaft der Substanz die Quantität oder die Qualität sei). Diese Kontroverse bestimmt die physikalische Grundlagendiskussion in Italien bis zum Ende des 16. Jhs. und wird erneut zwischen G. Galilei und C. Cremonini aufgenommen.

Werke: Expositio in libros Aristotelis de anima (Einheitssachtitel), Padua 1475 (repr. Vatikan 1959 [Mikrofiche]), Venedig 1481, 1514; In quattuor libros meteororum Aristotelis, Padua 1476 (repr. Vatikan 1959 [Mikrofiche]), unter dem Titel: Commentaria super quatuor libros metheororum Aristotelis, Venedig 1491; Recollectae super octo libros physicorum Aristotelis [auch unter dem Titel: Recollectae super physica Aristotelis], o. O. 1477, Vicenza 1487, Venedig 1496, 1502; Expositio in libros Aristotelis de caelo et mundo, Padua 1480 (repr. Vatikan 1959 [Mikrofiche]), Venedig 1484, 1502; Quaestio de perpetuitate intellectus, Venedig 1481, 1514; Tractatus de reactione, Pavia 1482, zusammen mit: Tractatus de intentione et remissione formarum, Venedig 1491 (repr. New York 1965 [Mikrofiche]); Expositio regularum et sophismata Hentisberi, Pavia/Venedig 1483, Venedig 1494; Recollectae super consequentias Strodii, Venedig 1488, 1493; Expositio regularum solvendi sophismata, Venedig 1493 (repr. Vatikan 1961, 1975 [Mikrofiche]); Recollectae super consequentias Ricardi de Ferabrich, Venedig 1493, 1507.

Literatur: I. Boh, Epistemic Logic in the Later Middle Ages, London/New York 1993; ders., Four Phases of Medieval Epistemic Logic, Theoria 66 (2000), 129–144; M. Clagett, Giovanni Marliani and Late Medieval Physics, New York 1941, New York/London 1967, bes. 23–25, 41–42, 51–56, 95–96; ders., The Science of Mechanics in the Middle Ages, Madison Wisc. 1959, 1979, bes. 651–652; G. di Napoli, L'immortalità dell'anima nel rinascimento, Turin 1963, bes. 97–105; B. Nardi, Saggi sull'aristotelismo padovano dal secolo XIV al XVI, Florenz 1958; J. H. Randall, The School of Padua and the Emergence of Modern Science, Padua 1961; G. Saitta, Il pensiero italiano nell'Umanesimo e nel Rinascimento I, Bologna 1949, Florenz ²1961, bes. 435–472; S. Da Valsanzibio, Vita e dottrina di Gaetano di Thiene. Filosofo dello studio di Padova (1387–1465), Verona 1948, Padua ²1949; ders., Gaetano di Thiene, Enc. filos. II (1967), 1557–1559. J. M.

Calcidius (Chalcidius), um 400 n. Chr., röm. Neuplatoniker (↑Neuplatonismus) griechischer Herkunft. Verfasser einer kommentierten lateinischen Teilübersetzung (bis 53c) von Platons »Timaios«. Dieses Werk, das in seinen kommentierenden Teilen (31c–53c) auf Vorarbeiten Theons von Smyrna, Adrastos' von Aphrodisias und Porphyrios' zurückgreift, stellt die wichtigste Quelle der mittelalterlichen Kenntnis der Kosmologie Platons dar. Noch M. Ficinos bis ins 18. Jh. hinein einflußreiche kommentierte Timaios-Übersetzung (die z. B. G. Galilei benutzt) fußt auf dem Kommentar des C..

Ausgabe: Timaeus a Calcidio translatus commentarioque instructus, ed. J. H. Waszink, London/Leiden 1962, ²1975 (Plato latinus IV, ed. R. Klibansky).

Literatur: B. Bakhouche, Le difficile commentaire du »Timée« 38D par C., Pallas. Rev. d'études antiques 36 (1990), 134–144; J. den Boeft, C. on Fate. His Doctrine and Sources, Leiden 1970; ders., C. on Demons (Commentarius Ch. 127–136), Leiden 1977; L. Brisson, C., Enc. philos. universelle III/1 (1992), 87; J. Dillon, The Middle Platonists. 80 B. C. to A. D. 220, Ithaca N. Y. 1977, 1996, 401–408; ders., C., REP II (1998), 175–176; FM I (1994), 465 (Calcidio); S. Gersh, Middle Platonism and Neoplatonism. The Latin Tradition, I–II, Notre Dame Ind. 1986, II, 421–492; E. Hiller, De Adrasti Peripatetici in Platonis »Timaeum« commentario, Rhein. Mus. Philol. 26 (1871), 582–589; E. Mensching, Zur C.-Überlieferung, Vigiliae Christianae 19 (1965), 42–56; W. S. Stahl, C., DSB III (1971), 14–15; B. W. Switalski, Des Ch. Kommentar zu Plato's »Timaeus«. Eine historisch-kritische Untersuchung, Münster 1902; W. Theiler, Vitalis vigor bei C., in: W. den Boer u. a. (eds.), Romanitas et Christianitas. Studia Iano Henrico Waszink […], Amsterdam/London 1973, 311–316; J. H. Waszink, Studien zum Timaioskommentar des C. I (Die erste Hälfte des Kommentars [mit Ausnahme der Kapitel über die Weltseele]), Leiden 1964; ders., C.. Nachträge zum Reallexikon für Antike und Christentum (RAC), Jb. Antike u. Christentum 15 (1972), 236–244; M. Wesche, C., LMA II (1983), 1391–1392; J. C. M. van Winden, C. on Matter. His Doctrine and Sources. A Chapter in the History of Platonism, Leiden 1959 (repr. Leiden 1965); F. Zaminer, C., NP II (1997), 934–935. J. M.

calculus ratiocinator, ↑calculus universalis.

calculus universalis (auch: calculus ratiocinator, calculus logicus, calculus rationalis), bei G. W. Leibniz ein ↑Logikkalkül zur formalen Beherrschung logischer Schlußregeln als Teil einer ebenfalls kalkülsprachlich konzipierten universellen Wissenschaftssprache (↑ars characteristica, auch ↑lingua universalis) (↑Leibnizsche Charakteristik). K. L.

Calvus (lat., der Kahlköpfige, Übers. des griech. ὁ φαλακρός), Bezeichnung eines auf Eubulides von Milet zurückgehenden ↑Fangschlusses bei der Erörterung der Frage, wie viele Haare man jemandem ausreißen müsse, damit er als Kahlkopf gelten könne. Die Form dieses Fangschlusses stimmt überein mit der des ↑Acervus.

Literatur: Diog. Laert. II, 108; C. Prantl, Geschichte der Logik im Abendlande I, Leipzig 1855 (repr. Graz/Darmstadt 1955, Berlin 1957), 55. C. T.

Cambridge, Schule von, von B. Whichcote (1609–1683) begründete, vor allem von R. Cudworth (1617–1688), R. Cumberland (1631–1718), H. More (1614–1687), J. Smith (1618–1652) und (zeitweilig) J. Glanvill (1636–1680) weitergeführte philosophische Richtung in England, die unter Einfluß des ↑Rationalismus R. Descartes' und in Auseinandersetzung mit F. Bacon und T. Hobbes Traditionen des christlichen ↑Platonismus erneuerte (daher auch die Bezeichnung ›Cambridger Platonisten‹). Charakteristisch für die S. v. C. ist die Auffassung, daß sich Offenbarungs- und Vernunftwahrheiten miteinander verbinden, wobei die Vernunft als visionäre Kraft gedeutet wird, die von der göttlichen Gnade erleuchtet ist. Auf dieser Grundlage ist auch das ↑Gute bestimmbar. Kennzeichnend für die erkenntnistheoretische Orientierung ist die Verteidigung des ↑Rationalismus gegen den ↑Empirismus; J. Lockes Argumentation gegen die Annahme angeborener Ideen (↑Idee, angeborene) richtet sich gegen die Position der S. v. C.. Für die ↑Naturphilosophie bedeutsam – und von prägendem Einfluß auf I. Newton – ist die Zurückweisung der mechanischen Philosophie (↑Mechanismus). Neben Druck und Stoß müssen danach spirituelle Kräfte treten, die für die Entstehung von Bewegung und für Wachstum verantwortlich sind.

Literatur: F. Beiser, C. Platonism, REP II (1998), 182–185; E. Cassirer, Die Platonische Renaissance in England und die S. v. C., Leipzig/Berlin 1932 (engl. The Platonic Renaissance in England, Austin Tex., Edinburgh 1953, New York 1970); R. L. Colie, Light and Enlightenment. A Study of the Cambridge Platonists and the Dutch Arminians, Cambridge 1957; G. R. Cragg (ed.), The Cambridge Platonists, Lanham Md. 1968; D. Großklaus, Natürliche Religion und aufgeklärte Gesellschaft. Shaftesburys Verhältnis zu den Cambridge Platonists, Heidelberg 2000; G. R. Guffey (ed.), Traherne and the Seventeenth-Century English Platonists (1900–1966), London 1969; M. Jammer, Concepts of Force. A Study in the Foundation of Dynamics, Cambridge Mass. 1957, bes. 147–157; J. Klein, Astronomie und Anthropozentrik. Die Copernicanische Wende bei John Donne, John Milton und den Cambridge Platonists, Frankfurt etc. 1986; B. L. Mijuskovic, The Achilles of Rationalist Arguments. The Simplicity, Unity, and Identity of Thought and Soul from the Cambridge Platonists to Kant. A Study in the History of an Argument, The Hague 1974; J. Passmore, Cambridge Platonists, Enc. Ph. II (1967), 9–11; C. A. Patrides (ed.), The Cambridge Platonists, Cambridge Mass. 1970; G. P. H. Pawson, The Cambridge Platonists and Their Place in Religious Thought, London 1930 (repr. New York 1974); M. Piquet, C. (platonisme de), Enc. philos. universelle II/1 (1990), 256–257; F. J. Powicke, The Cambridge Platonists. A Study, London/Toronto 1926 (repr. Hildesheim/New York 1970); S. Weyer, Die Cambridge Platonists. Religion und Freiheit in England im 17. Jahrhundert, Frankfurt 1993. J. M.

Campanella, Tommaso, *Stilo (Süd-Kalabrien) 5. Sept. 1568, †Paris 21. Mai 1639, ital. Philosoph, Utopist und Revolutionär. 1583 Dominikaner, 1588 Studium der Theologie in Cosenza, 1589 Aufenthalt in Neapel. Wohl auch schon wegen seines Eintretens für die Lehre B. Telesios sowie die Veröffentlichung der Schriften »De investigatione rerum« (1586, nicht erhalten) und »Philosophia sensibus demonstrata« (1589, erschienen 1591) wurde C. zunächst 1591, dann erneut 1592 unter Häresieverdacht in Rom von der Inquisition festgenommen.

Während mehrerer Prozesse Veröffentlichung politischer Schriften: »De monarchia Christianorum« (1593), »De regimine ecclesiae« (1593), »Discorsi ai principi d'Italia« (1595) und »Dialogo politico contra Luterani, Calvinisti ed altri eretici« (1595). C. propagierte gegenreformatorische ›religiöse Erneuerung‹ des Menschen unter europäischer kurialer Herrschaft und spanischer Administration. Nach Freilassung 1598 Initiator eines Aufstandes in Kalabrien gegen die spanische Vorherrschaft (im August 1599 verraten). Von den Spaniern 1599–1626 in Neapel in Kerkerhaft gehalten, 1626–1629 in Rom. Verfaßte in Gefangenschaft sein berühmtes Werk »La città del sole« (1602, lat. unter dem Titel: Civitas Solis, 1612), sein philosophisch bedeutendstes Werk »Metafisica« (lat. Universalis philosophiae seu Metaphysicarum rerum iuxta propria dogmata partes tres, 1638) und die »Theologia« (1624). 1634 Flucht über Aix-en-Provence, wo er mit dem Astronomen N. C. F. de Peiresc und P. Gassendi zusammentrifft, nach Paris.

C. übernahm von Telesio einen erkenntnistheoretischen ↑Sensualismus. Seine Metaphysik basiert auf drei ›Primalitäten‹: Macht, Weisheit, Liebe. Die ↑Utopie des »Sonnenstaates« ist das idealisierte Programm der eigenen politischen Vorstellungen und Aktionen: Herrschaft priesterlicher Philosophen und Wissenschaftler. Wie bei T. Morus ist Privateigentum als Grundübel der Gesellschaft abgeschafft, alles, selbst die Verbindung der Geschlechter und die Zeugung, staatlich organisiert. Es herrscht Weibergemeinschaft und unterschiedslose Erziehung beider Geschlechter. Oberster Priester und Herrscher ist der Weiseste; Wissenschaft und Technik stehen im Dienste des allgemeinen Wohlergehens. Trotz starker Astrologiegläubigkeit hält C. die Geschichte für nur durch menschliches Handeln veränderbar; er betont den freien ↑Willen und tritt für G. Galileis Vorstellungen von der Richtigkeit des Kopernikanischen Systems und der Autonomie des physikalischen Wissens ein (Apologia pro Galileo, 1622). Ob die Jesuiten während ihrer Herrschaft in Paraguay (1588–1768) versucht haben, C.s Utopie zu realisieren, ist umstritten.

Werke: Opere, I–II, ed. A. d'Ancona, Turin 1854; Tutte le opere, ed. L. Firpo, Mailand 1954. – Philosophia sensibus demonstrata, Neapel 1591, ed. L. de Franco, Neapel 1992; Discorsi ai principi d'Italia (1595), ed. L. Firpo, Turin 1945; La città del sole (1602), lat. unter dem Titel: Civitas solis (1612), Frankfurt 1623, ed. E. Solmi, Modena 1904, ed. T. Tornitore, Mailand 1998 (dt. Der Sonnenstaat, München 1900, unter dem Titel: Der utopische Staat, Reinbek b. Hamburg 1960, 2001; engl. The City of the Sun, Berkeley Calif. etc. 1981); Prodomus philosophiae instaurandae, idest, Dissertationis de natura rerum compendium secundum vera principia, ed. T. Adami, Frankfurt 1617; De sensu rerum et magia libri quatuor, ed. T. Adami, Frankfurt 1620, Paris 1636 (repr. mit: Apologia pro Galileo, Leipzig 1979) (ital. Del senso delle cose e della magia, ed. A. Bruers, Bari 1925); Apologia pro Galileo, ed. T. Adami, Frankfurt 1622 (repr., mit ital. Übers., Mailand 1971) (engl. The Defense of Galileo, ed. G. McColley, Northampton Mass. 1937 [repr. New York 1975], unter dem Titel: A Defense of Galileo, the Mathematician from Florence, Notre Dame Ind./London 1994); Realis philosophiae epilogisticae partes quatuor, ed. T. Adami, Frankfurt 1623; Theologia (1624), ed. R. Amerio, Mailand 1936, Rom 1955; Astrologicorum libri VII in quibus astrologia omni superstitione Arabum & Iudaeorum eliminata physiologice tractatur, Lyon 1629, Frankfurt 1630; Atheismus triumphatus, seu reductio ad religionem per scientiarum veritates, Rom 1631, Paris 1636; Medicinalium iuxta propria principia libri VII, ed. J. Gaffarel, Lyon 1635; Disputationum in quatuor partes suae philosophiae realis libri quatuor, Paris 1637; Philosophia rationalis, I–V, Paris 1637–1638; Universalis philosophiae seu Metaphysicarum rerum iuxta propria dogmata partes tres, Paris 1938, Turin 1961; De monarchia Hispanica discursus, Amsterdam 1640, ^{2}1641, ^{3}1653; De libris propriis et recta ratione studendi syntagma, ed. G. Naudé, Paris 1642; Mathematica, ed. R. Amerio, Arch. Fratrum Praedicatorum 5 (1935), 194–240; Epilogo magno. Fisiologia italiana, ed. C. Ottaviano, Rom 1939. – L. Firpo, Bibliografia degli scritti di T. C., Turin 1940; ders., C. nel settecento, Rinascimento 4 (1953), 105–154; ders., Cinquant'anni di studi sul C. (1901–1950), Rinascimento 6 (1955), 209–348; ders., C. nel secolo XIX, in: Calabria nobilissima 6–10 (1952–1956, Nachdr. Neapel 1956); ders., Un decennio di studi sul C. (1951–1960), Studi secenteschi 3 (1960), 125–164; F. Grillo, T. C. in America. A Critical Bibliography and a Profile, New York 1954, Suppl. I, New York 1957, Suppl. II, Cosenza 1968; Totok III (1980), 210–222.

Literatur: R. Ahrbeck, Morus, C., Bacon. Frühe Utopisten, Köln 1977; L. Amabile, Fra T. C., La sua congiura, i suoi processi e la sua pazzia, I–III, Neapel 1882; ders., Fra T. C. ne'castelli di Napoli, in Roma e in Parigi, I–II, Neapel 1887; R. Amerio, C., Brescia 1947; ders., Il sistema teologico di T. C., Mailand/Neapel 1972; N. Badaloni, T. C., Mailand 1965; E. A. Baldini, Luigi Firpo e C.. Cinquant'anni di ricerche e di pubblicazioni, Pisa/Rom 2000; L. Blanchet, C., Paris 1920 (repr. New York 1964); G. Bock, T. C., Politisches Interesse und philosophische Spekulation, Tübingen 1974; L. Bolzoni, T. C. e le donne. Fascino e negazione della differenza, Annali d'Italianistica 7 (1989), 193–216; B. M. Bonansea, T. C.. Renaissance Pioneer of Modern Thought, Washington D. C. 1969; A. Corsano, T. C., Bari 1961; G. Ernst, Religione, ragione e natura. Ricerche su T. C. e il tardo Rinascimento, Mailand 1991; L. Firpo, Ricerche campanelliane, Florenz 1947; ders., C., Dizionario biografico degli Italiani XVII (1974), 372–401; FM I (1994), 471–472; R. Hagengruber, T. C.. Eine Philosophie der Ähnlichkeit, Sankt Augustin 1994; J. M. Headley, T. C. and the Transformation of the World, Princeton N. J. 1997; ders., C., REP II (1998), 186–191; F. Hiebel, C., der Sucher nach dem Sonnenstaat. Geschichte eines Schicksals, Stuttgart 1972, ^{2}1980; M.-P. Lerner, Le »livre vivant« de Dieu. La cosmologie évolutive de T. C., Actes de la Xe session internationale d'étude du Baroque, 10.1983 (1987), 111–129; M. Mönnich, T. C.. Sein Beitrag zur Medizin und Pharmazie der Renaissance, Stuttgart 1990, ^{2}1998; G. di Napoli, T. C.. Filosofo della restaurazione catholica, Padua 1947; C. B. Schmitt, C., DSB XV, Suppl. I (1978), 68–70; T. C. (1568–1639). Miscellanea di studi nel 4° centenario della sua nascita, Neapel 1969. H.-L. N./J. M.

Campbell, Norman Robert, *Colgrain, Dumbarton (Schottland) 7. März 1880, †Nottingham 18. Mai 1949, engl. Experimentalphysiker und Wissenschaftstheoretiker. Während seines Physikstudiums in Cambridge (1899–1910) arbeitete C. besonders bei J. J. Thomson über Ionisation von Gasen und veröffentlichte mit A. Wood eine Untersuchung über die Radioaktivität von Kalium. Nach Tätigkeit in den »National Physical Laboratories« arbeitete C. ab 1919 in der Forschungsabteilung der »General Electric Company«, wo er sich unter anderem mit elektrischen Entladungen in Gasen, photoelektrischer Photometrie und der Theorie photoelektrischer Zellen beschäftigte. In dieser Weise experimentalphysikalisch ausgewiesen, wandte sich C. den theoretischen und philosophischen Aspekten der Physik zu (Orientierung an Thomson, M. Faraday und J. C. Maxwell, Auseinandersetzung mit E. Mach, P. Duhem, H. v. Helmholtz und H. Poincaré).

Grundlegend ist für C. die Unterscheidung von physikalischen *Gesetzen* und *Theorien*. Gesetze sind nach C. durch Experiment und Beobachtung bestätigte Sätze, deren Terme erst im Gesetzeskontext eine physikalische Bedeutung erhalten. So erhält z. B. der Term ›elektrischer Widerstand‹ nach C. seine Bedeutung im Ohmschen Gesetz, das als empirisch bestätigt gilt. Daher behaupten physikalische Gesetze auch keine Relationen zwischen einfachen Wahrnehmungen, sondern zwischen in diesem Sinne gedeuteten Termen (›concepts‹). Eine physikalische Theorie begreift C. demgegenüber als ein System von Sätzen, das aus der Hypothesenmenge der Theorie und ihrem ›Wörterbuch‹ (dictionary) besteht. Dabei stellen die Sätze des Wörterbuchs eine Beziehung her zwischen den Termen der Hypothesen und den Termen empirisch bestätigter Gesetze, die C. auch ›Analogie‹ (analogy) der Theorie nennt. Solche Analogien sind für C. zentraler Bestandteil von Theorien. C. zieht dabei mechanische Analogien wegen ihres hohen Bestätigbarkeitsgrades und ihrer Anschaulichkeit vor. Die Leistungsfähigkeit einer Theorie hängt nach C. von ihrer ›Erklärungskraft‹ (explanatory power) zur Erklärung von empirisch bestätigten Gesetzen ab. Allerdings gesteht C. in der Auseinandersetzung mit Mach auch andere Kriterien zur Beurteilung einer Theorie zu, z. B. ihre Einfachheit oder Allgemeinheit (↑Einfachheitskriterium). Die Erklärungskraft einer Theorie und die Auswahl ihrer Analogiemodelle werden nach C. auch vom Interesse der Wissenschaftler und Wissenschaftlergruppen (↑scientific community) bestimmt. Damit zeichnen sich bereits Konzepte ab, die in der neueren ↑Wissenschaftstheorie und ↑Wissenschaftsforschung diskutiert werden.

Werke: Modern Electrical Theory, Cambridge 1907, ²1913, mit Untertitel: Supplementary Chapters, Cambridge 1921 (dt. Moderne Elektrizitätslehre, Dresden 1913); The Principles of Electricity, London/Edinburgh 1912); Physics. The Elements, Cambridge 1920, Neudr. unter dem Titel: Foundations of Science. The Philosophy of Theory and Experiment, New York 1957; What Is Science?, London 1921, New York 1952, ³1953; An Account of the Principles of Measurement and Calculation, London/New York/Toronto 1928; (mit D. Ritchie) Photoelectric Cells. Their Properties, Use, and Applications, London/New York 1929, ³1934.

Literatur: C. G. Hempel, Aspects of Scientific Explanation. And Other Essays in the Philosophy of Science, New York/London 1965, bes. 206–210, 442–447; H. E. Kyburg, Theory and Measurement, Cambridge/London/New York 1984; J. Losee, A Historical Introduction to the Philosophy of Science, London/Oxford/New York 1972, bes. 135–143, Oxford/New York 1993, bes. 141–148 (dt. Wissenschaftstheorie. Eine historische Einführung, München 1977, bes. 129–135); D. H. Mellor, C., REP II (1998), 193–194; S. Moller, C., in: S. Brown/D. Collinson/R. Wilkinson (eds.), Biographical Dictionary of Twentieth-Century Philosophers, London/New York 1996, 123–124; J. Nicholas, C., DSB III (1971), 31–35.   K. M.

Camus, Albert, *Mondovi (Algerien) 7. Nov. 1913, †Villeblevin (Yonne) 4. Jan. 1960 (durch Autounfall), franz. Schriftsteller, ab 1940 in Paris. 1932–1936 Studium der Philosophie in Algier. Ab 1938 mehrfach Journalist (am »Alger Républicain«, während der deutschen Besetzung und bis 1947 am Résistance-Blatt »Combat«), 1947 Prix des Critiques für den Roman »La peste« (1947), 1952 Bruch mit J.-P. Sartre aus Anlaß der Essaysammlung »L'homme révolté« (1951), weil die in ihrer Zielsetzung begrenzte Revolte einer total konzipierten Revolution nicht gleichwertig ist; Vorwurf des Verrats an der Arbeiterklasse. Ab 1954 Versuche einer Vermittlung im Algerienkonflikt, 1957 Nobelpreis für Literatur aus Anlaß des ›Berichts‹ »La chute«.

Der Gedankengang von C.' Werk, das dem französischen Existentialismus (↑Existenzphilosophie) zugezählt wird, jedoch besser als eine Vorführung der *condition humaine* zu bezeichnen ist, enthält drei Schritte: vom *Absurden* über die *Revolte* zum *Maß*, jeweils verknüpft mit Gestalten antiker Mythen: Sisyphos, Prometheus und Nemesis. Zu jedem Schritt gehört ein Triptychon von Roman, philosophischem Essay und Theaterstücken, begleitet von literarischen Essays, politisch-philosophischen Stellungnahmen (gegen die Todesstrafe, über die Diktatur, zur Verteidigung von Vernunft und Freiheit, zur Stellung des Künstlers in seiner Zeit etc.) und Tagebuchaufzeichnungen. Das Triptychon zum Absurden umfaßt »L'étranger«, »Le mythe de Sisyphe« und die Stücke »Caligula« und »Le malentendu«; dasjenige zur Revolte »La peste«, »L'homme révolté« und die Stücke »L'état de siège« und »Les justes«; das Triptychon zum Maß existiert wegen des frühen Todes nur als Plan: aus dem Nachlaß das Romanfragment »Le premier homme« und Notizen zu einem Stück über Don Juan. An die Stelle des fehlenden philosophischen Essays darf man jedoch »La chute« setzen. C. beginnt historisch und systematisch mit der Darstellung des Absurden (↑absurd/das Absurde): der Mensch verlangt nach einer sinnvollen Welt, findet aber keinen Sinn vor. Gegen dieses Absurde revoltiert er. In der Revolte erfährt der Mensch, daß seine Einsamkeit von allen geteilt wird: die Revolte macht solidarisch. Der sinnstiftende Freiheitsspielraum, den es gerecht, niemanden auszeichnend, zu erringen gilt, plädiert für eine Grenze, setzt ein Maß, diesseits dessen die Einwilligung in Knechtschaft, jenseits dessen die Anmaßung der Herrschaft steht. Dem Nein an Gott – und an den Selbstmord (die Einsicht des Absurden) – und dem Nein an die Geschichte – und an den Mord (die Einsicht der Revolte) – liegt ein Ja zum Leben (die Einsicht des Maßes) zugrunde, das als ›mittelmeerisches Denken‹ von C. in vielfältigen Bildern (Sonne, Meer, Glück, Mittag, Sand etc.) luzid und mit klassischer Einfachheit des Stils gestaltet wird. Der Mensch muß leben und sterben lernen, resümiert C. auf der Grundlage des von ihm abgewandelten, das Denken durch die Tat der Revolte ersetzenden Cartesischen Schlusses: Ich empöre mich, also sind wir (»Je me révolte, donc nous sommes«, L'homme révolté, 36).

Werke: Œuvres complètes, I–VI, Paris 1962, I–IX, Paris 1983; Cahiers A. C., I–VIII, Paris 1971–2002. – Métaphysique chrétienne et néoplatonisme. Diplôme d'études supérieures de philosophie, Dipl.arbeit Algier 1936 (dt. Christliche Metaphysik und Neoplatonismus, ed. M. Laube, Reinbek b. Hamburg 1978); L'envers et l'endroit, Algier 1937, Paris 1958, 2001, ferner in: Œuvres complètes VII [s.o.], 103–156 (dt. Licht und Schatten, in: Kleine Prosa, Reinbek b. Hamburg 1961, 1997, 29–71); Noces, Algier 1938, Paris 1950, ferner in: Œuvres complètes VII [s.o.], 157–194 (dt. Hochzeit des Lichts, in: Hochzeit des Lichts. Impressionen am Rande der Wüste, Zürich 1954, 1995, 5–61, ferner in: Hochzeit des Lichts. Heimkehr nach Tipasa. Impressionen am Rande der Wüste, Zürich/Hamburg 2000, 7–46); L'étranger, Paris 1942, 2002, ferner in: Œuvres complètes I [s.o.], 11–118 (dt. Der Fremde, Boppard/Bad Salzig 1948, Düsseldorf 1957, 1963, Reinbek b. Hamburg 1961, 1994 [neue Übers.], 2002, Frankfurt 1980, ³1988); Le mythe de Sisyphe. Essai sur l'absurde, Paris 1942, 2002 (dt. Der Mythos von Sisyphos. Ein Versuch über das Absurde, Bad Salzig/Düsseldorf 1950, Hamburg 1959, Reinbek b. Hamburg 1963, 1999 [neue Übers.], 2001); Caligula, Paris 1944, ferner in: Le malentendu. Suivi de »Caligula«, Paris 1958, 2001, 151–244, Nachdr. in: Œuvres complètes I [s.o.], 253–337, ferner als: Cahiers A. C. IV [s. o.] (dt. Caligula, in: Dramen, Hamburg 1959, 1960, 15–91, Reinbek b. Hamburg 1962, 1999, 15–73); Le malentendu, Paris 1944, 2001, ferner in: Le malentendu. Suivi de »Caligula«, Paris 1958, 2001, 9–150, Nachdr. in: Œuvres complètes I [s.o.], 339–395 (dt. Das Mißverständnis, in: Dramen, Hamburg 1959, 1960, 92–146, Reinbek b. Hamburg 1962, 1999, 75–116); Lettres à un ami allemand, Paris 1945, 1993, ferner in: Œuvres complètes V [s.o.], 11–41 (dt. Briefe an einen deutschen Freund, in: Kleine Prosa, Reinbek b. Hamburg 1961, 1997, 73–93); La peste. Chronique, Paris 1947, 1996, ferner in: Œuvres complètes III [s. o.], 11–292 (dt. Die Pest, Innsbruck 1948, Bad Salzig/Düsseldorf, Zürich 1949, Reinbek b. Hamburg 1960, 2002 [neue Übers.], Frankfurt 1982, 2002); L'état de siège, Paris 1948, 1998, ferner in: Œuvres complètes III [s.o.], 293–382 (dt. Der Belagerungszustand, Wien/München/Basel 1955, 1969, ferner in: Dramen, Hamburg 1959, 1960, 147–238, Reinbek b. Hamburg 1962, 1999, 117–186); Les justes, Paris 1950, 2002, ferner in: Œuvres complètes III [s.o.], 383–448 (dt. Die Gerechten, in: Dramen, Hamburg 1959, 1960, 239–301, Reinbek b. Hamburg 1962, 1999, 187–234); Actuelles I–III, Paris 1950–1958, 1985–1989 (I Chroniques 1944–1948, II Chroniques 1948–1953, III Chroniques algériennes 1939–1958); L'homme révolté, Paris 1951, 2001, ferner in: Œuvres complètes II [s.o.], 11–339 (dt. Der Mensch in der Revolte, Hamburg 1953, Reinbek b. Hamburg 1961, 1997, Frankfurt/Wien 1997); L'été, Paris 1954, 1967, ferner in: Œuvres complètes II [s.o.], 341–431 (dt. Heimkehr nach Tipasa, in: Hochzeit des Lichts. Heimkehr nach Tipasa. Impressionen am Rande der Wüste, Zürich/Hamburg 2000, 47–112); La chute, Paris 1956, 1999, ferner in: Œuvres complètes IV [s.o.], 11–100 (dt. Der Fall, Hamburg 1957, Reinbek b. Hamburg 1961, 1996, Frankfurt 1963, 1979); L'exile et le royaume. Novelles, Paris 1957, 2000, ferner in: Œuvres complètes IV [s.o.], 101–244 (dt. Das Exil und das Reich, Hamburg 1958, Reinbek b. Hamburg 1960); (mit A. Koestler) Réflexions sur la peine capitale, Paris 1957, ²1979, 2002; Discours de Suède, Paris 1958, 2001, ferner in: Œuvres complètes VIII [s.o.], 11–47 (dt. Rede anläßlich der Entgegennahme des Nobelpreises am 10. Dezember 1957 in Stockholm, in: Kleine Prosa, Reinbek b. Hamburg 1961, 1997, 5–10); Les possédés, Paris 1959, 1971, ferner in: Œuvres complètes IX [s.o.], 11–157 (dt. Die Besessenen, Reinbek b. Hamburg 1960, ferner in: Dramen, Reinbek b. Hamburg 1962, 1999, 235–346); Carnets d'A. C., I–III, Paris 1962–1989 (dt. Tagebuch, I–III, Reinbek b. Hamburg 1963–1991); Le premier homme, als: Cahiers A. C. VII [s.o.] (dt. Der erste Mensch, Reinbek b. Hamburg 1995, 2001). – R. Bollinger, C.. Eine Bibliographie der Literatur über ihn und sein Werk, Köln 1957; S. Crepin, A. C.. Essai de bibliographie, Brüssel 1961; B. T. Fitch/P. C. Hoy, A. C.. Essai de bibliographie des études en langue française consacrées à A. C., I–III, Paris 1965–1972 (Calepins de bibliographie I); P. C. Hoy, C. in English. An Annotated Bibliography of A. C.'s Contributions to English and American Periodicals and Newspapers (1945–1968), Wymondham 1968, Paris ²1971; F. di Pilla, A. C. e la critica. Bibliografia internazionale (1937–1971) con un saggio introduttivo, Lecce 1973; R. F. Roeming, C.. A Bibliography, Madison Wisc./Milwaukee Wisc./London 1968. – M. Sprissler (ed.), A. C.. Konkordanz zu den Romanen und Erzählungen, I–II, Hildesheim/New York 1988.

Literatur: J. Améry, Geburt der Gegenwart. Gestalten und Gestaltungen der westlichen Zivilisation seit Kriegsende, Olten/Freiburg 1961, 46–49; A. J. Ayer, A. C. (Novelist Philosophers VIII), Horizon 75 (1946), 155–168; E. Barilier, A. C.. Philosophie et littérature, Lausanne 1977; G. Bataille, Le temps de la révolte, Critique 7 (1951), 1019–1027, 8 (1952), 29–41; O. F. Bollnow, »Der Mythus von Sisyphus«, Sammlung 2 (1947), 660–666; ders., »Die Pest«, Sammlung 3 (1948), 103–113; ders., Von der absurden Welt zum mittelmeerischen Denken, Antares 2 (1954), 3–13 (franz. Du monde absurde à la pensée de midi, Rev. lettres modernes 4 [1963], 41–72); G. Brée, C., New Brunswick N. J. 1959, ²1961, 1972 (dt. A. C.. Gestalt und Werk, Reinbek b. Hamburg 1960); dies. (ed.), A. C.. A Collection of Critical Essays, Englewood Cliffs N. J. 1962; dies., C. and Sartre. Crisis and Commitment, New York 1972, London 1974; J.-J. Brochier, A. C.. Philosophe pour classes terminales, Paris 1970, 1979; S. E. Bronner, Portrait of a Moralist, Minneapolis Minn./London 1999 (dt. A. C.. Porträt eines Moralisten, Berlin 2002); J. Cruickshank, C. and the Literature of Revolt, London/New York 1959, 1968, New York 1960, Westport Conn. 1978; I. Di Méglio, Antireligiosität und Kryptotheologie bei A. C., Bonn 1975; J. Gassin, L'univers symbolique d'A. C.. Essai d'interprétation psychanalytique, Paris 1981; R. Gay-Crosier, C., Darmstadt 1976; P. Ginestier, C., in: D. Huisman, Dictionnaire des Philosophes I, Paris ²1993, 490–498; J.-M. Heimonet, De la révolte à l'exercice. Essai sur l'hédonisme contemporain, Paris 1991, bes. 105–169; J. Hengelbrock, A. C.. Ursprünglichkeit der Empfindung und Krisis des Denkens, Freiburg/München 1982; J. C. Isaac, Arendt, C., and Modern Rebellion, New Haven Conn./London 1992; P. Kampits, Der Mythos vom Menschen. Zum Atheismus und Humanismus A. C.', Salzburg 1968; M. Lauble (ed.), Der unbekannte C.. Zur Aktualität seines Denkens, Düsseldorf 1979; ders., Sinnverlangen und Welterfahrung. A. C.' Philosophie der Endlichkeit, Düsseldorf 1984; M. Lebesque, A. C. par lui-même, Paris 1963, unter dem Titel: C., 1987, 1990 (dt. A. C. in Selbstzeugnissen und Bilddokumenten, Reinbek b. Hamburg 1960, 1992); K. Lorenz, Moralphilosophische Argumentation bei C., in: J. Mittelstraß/M. Riedel (eds.), Vernünftiges Denken, Berlin/New York, 387–406; H. R. Lottman, A. C.. A Biography, London, Garden City N. Y. 1979, London 1997 (dt. C.. Das Bild eines Schriftstellers und seiner Epoche, München 1988; franz. A. C., Paris 1978); R. de Luppé, A. C. (Artistes et écrivains du temps présent), Bruxelles/Paris 1951; ders., A. C. (Classiques du XXe siècle), Paris 1952, ¹¹1963, 1972 (engl. A. C., New York, London 1966, New York 1969); W.-D. Marsch, Philosophie im Schatten Gottes. Bloch, C., Fichte, Hegel, H. Marcuse, Schleiermacher, Gütersloh 1973; P. McCarthy, C., New York 1982, unter dem Titel: C.. A Critical Study of His Life and Work, London 1982; M. Mélançon, A. C.. Analyse de sa pensée, Fribourg 1976 (engl. A. C.. An Analysis of His Thought, Ottawa Ont. 1983); R. Neudeck, Die politische Ethik bei Jean-Paul Sartre und A. C., Bonn 1975; C. C. O'Brien, C., London/Glasgow 1970, 1979 (franz. C., Paris 1970; dt. C., München 1971); A. Pieper, C., München 1984; F. di Pilla, A. C., Lecce 1974; L. Pollmann, Sartre und C.. Literatur der Existenz, Stuttgart/Berlin/Köln 1967, ³1976; R. Quilliot, La mer et les prisons. Essai sur A. C., Paris 1956, ²1970, 1980 (engl. The Sea and Prisons. A Commentary on the Life and Thought of A. C., Tuscaloosa Ala. 1970); B. Rosenthal, Die Idee des Absurden. Friedrich Nietzsche und A. C., Bonn 1977; B. Sändig, A. C., Reinbek b. Hamburg 1995, ³1999, 2000; J.-P. Sartre, Explication de »L'étranger«, Cahiers du sud 253 (1943), 189–206, ferner in: ders., Situations I, Paris 1947, 1973, 99–121 (dt. in: ders., Situationen. Essays, Hamburg 1956, Reinbek b. Hamburg 1965, 44–58); ders., Réponse à A. C., Les temps modernes 82 (1952), 334–353, ferner in: ders., Situations IV, Paris 1964, 1980, 90–125 (dt. in: ders., Portraits und Perspektiven, Reinbek b. Hamburg 1976, 73–101); ders., A. C., France-Observateur 505 (7. 1. 1960), 17 (dt. A. C., Der Monat 137 [1960], 5–6); A. A. Schillinger-Kind, A. C. zur Einführung, Hamburg 1999; H. R. Schlette (ed.), Wege der deutschen C.-Rezeption, Darmstadt 1975; ders., A. C.. Welt und Revolte, Freiburg/München 1980; T. Simons, A. C.' Stellung zum christlichen Glauben, Königstein 1979; P.-F. Smets (ed.), A. C.. Textes réunis à l'occasion du 25e anniversaire de la mort de l'écrivain, Bruxelles 1985; D. A. Sprintzen, C.. A Critical Examination, Philadelphia Pa. 1988; ders., C., REP II (1998), 194–196; P. Thody, A. C.. A Study of His Work, New York, London 1957, New York 1959; ders., A. C.. 1913–1960, London, New York 1961, London 1973 (dt. A. C., Frankfurt/Bonn 1964); ders., A. C., Basingstoke/London, New York 1989; O. Todd, A. C.. Une vie, Paris 1996, ²1996 (dt. A. C.. Ein Leben, Reinbek b. Hamburg 1999; engl. A. C.. A Life, London 1997, 1998); F. H. Willhoite Jr., Beyond Nihilism. A. C.'s Contribution to Political Thought, Baton Rouge La. 1968; Yale French Studies 25 (1960). K. L.

Candrakīrti, ca. 600–650, buddhistischer Philosoph aus Südindien, hatte sich zum Ziel gesetzt, Lehre und Verfahren Nāgārjunas (ca. 120–200) wiederherzustellen, und dieses Ziel mit seinem Werk in der Nachfolge von Buddhapālita (ca. 470–540) auch erreicht. C. hat so dem Prāsaṅgika-Zweig der ↑Mādhyamika-Schule im Mahāyāna-Buddhismus (↑Philosophie, buddhistische) zur orthodoxen Richtung des Mādhyamika verholfen und gilt seither zusammen mit Śāntideva (ca. 690–750) als Autor der definitiven, vor allem in Tibet einflußreich gewordenen Lesart des Mādhyamika. C. erklärt allein das Widerlegen, also das Argumentieren gegen eine These (pratijñā) durch Aufzeigen innerer Widersprüchlichkeit mithilfe der Methode der ↑reductio ad absurdum unter ausschließlicher Verwendung von Annahmen des Opponenten ohne Inanspruchnahme eigener Annahmen für zulässig. Damit ist ebenfalls ausgeschlossen, daß es auf diese Weise zur Annahme der jeweils gegenteiligen These kommt. Er weist das den Svātantrika-Zweig von Bhāvaviveka (ca. 500–570) charakterisierende positive Eintreten für eine eigenständige Position des Mādhyamika zurück, indem er Bhāvavivekas Einwände gegen Buddhapālita entkräftet, und wendet sich ebenfalls gegen die Weiterführungen des Mādhyamika in beiden Schulen des Yogācāra. Es bleibt bei der für das Mādhyamika charakteristischen Lehre von den zwei Ebenen der Wahrheit in der Fassung der Prāsaṅgika: Allein auf der Ebene konventioneller Wahrheit (saṃvṛti [= verhüllte] satya), auf der sich relative Wahrheit und Falschheit unter Bezug auf die gewöhnlichen Regeln zwischen Zeichen und Bezeichnetem ermitteln läßt, kann sich die vom Wissen um die gegenseitige Abhängigkeit auch von Zeichen und Bezeichnetem und damit um deren Substanzlosigkeit bzw. ›Fehlen von Eigennatur‹ (asvabhāvatā) oder ›Leerheit‹ (↑śūnyatā) gespeiste höchste Wahrheit (paramārtha satya) zeigen; konventionelle Wahrheit ist das Mittel (upāya) zur Gewinnung höchster Wahrheit.
Unter den überlieferten Werken C.s sind am wichtigsten: eine eigenständige, auf dem zum Avataṃsaka (= Blumenkranz)-Sūtra gehörenden Daśabhūmika (= [von den] zehn Stufen [des Weges eines Bodhisattva handelnde])-Sūtra fußende ›Einführung in das Mādhyamika‹ (Mādhyamakāvatāra), bestehend aus Merkversen (kārikā) mit ausführlichem Prosakommentar (bhāṣya), und ein nachweislich später verfaßter umfangreicher Kommentar (vṛtti) zum Hauptwerk Nāgārjunas, der Madhyamakakārikā, deren Gliederung in 27 Kapitel auch dieser ›Kommentar der Madhyamakakārikā in klaren Worten‹ (Prasannapadā Madhyamakavṛtti) folgt. Beide Werke sind in guten tibetischen Übersetzungen erhalten, wobei von der Prasannapadā im Unterschied zum Madhyamakāvatāra, von dem nur Sanskritfragmente existieren, auch die Sanskritfassung vollständig

überliefert wurde, so daß auch Nāgārjunas Madhyamakakārikā selbst, eines der bedeutendsten Werke der buddhistischen Philosophie, in Sanskrit erhalten ist. Die ebenfalls bedeutende Ṭīkā zum Catuḥśataka von Āryadeva (ca. 150–230), dem Mitbegründer des Mādhyamika, ist in Sanskrit nur teilweise, tibetisch hingegen vollständig überliefert. Zu den kleineren Arbeiten C.s gehören Kommentare zu weiteren Werken Nāgārjunas sowie ein selbständiges Prakaraṇa über die ›fünf Aneignungsgruppen‹ (pañcaskandha), aus denen nach buddhistischer Lehre jeder Mensch besteht.

Werkausgaben und Übersetzungen: Madhyamakāvatāra, Introduction au traité du milieu de l'Ācārya C., avec le commentaire de l'auteur traduit d'après la version tibétaine, übers. L. de La Vallée Poussin, Le muséon 8 (1907), 249–317, 11 (1910), 271–358, 12 (1911), 235–328, Delhi 1992; Mūlamadhyamakakārikās de Nāgārjuna avec la Prasannapadā, commentaire de C., L. de La Vallée Poussin, St. Petersburg 1903–1913 (repr. Osnabrück 1970, Delhi 1992); Catuḥśatakaṭīkā, ed. H. Shastri, in: Memoirs of the Asiatic Soc. Bengal 3 (1914), 449–514 [Sanskritfragmente]; The Clearworded. A Comment upon Nāgārjuna's Treatise on Relativity, in: F. I. T. Stcherbatsky, The Conception of Buddhist Nirvāṇa, Leningrad 1927, 79–212 [engl. Übers. der Kārikās I u. XXV, 63–78], mit Untertitel: With Sanskrit Text of Madhyamaka-Kārikā, ed. J. Singh, Delhi etc. 1996, 85–222 [engl. Übers. der Kārikās I u. XXV, 72–84, als Anhang: Sanskrit Text]; Ausgewählte Kapitel aus der Prasannapadā, V, XII, XIII, XIV, XV, XVI, Einleitung, Übersetzung und Anmerkungen, übers. S. Schayer, Krakau 1931; S. Schayer, Feuer und Brennstoff. Ein Kapitel [Kap. X] aus dem Mādhyamikaśāstra des Nāgārjuna mit der Vṛtti des C., Roznik Orientalistyczny 7 (1931), 26–52; E. Lamotte, Le Traité de l'acte de Vasubandhu. Karmasiddhiprakaraṇa, Mélanges chinois et bouddhiques 4 (1936), 151–228 [enthält Übers. von Kap. XVII der Prasannapadā, 265–228]; Cinq chapitres de la Prasannapadā, ed. u. übers. J. W. De Jong, Leiden/Paris 1949 [Kap. XVIII–XXII mit tibetischem Text]; C. Prasannapadā Madhyamakavṛtti. Douze chapitres traduits du sanscrit et du tibétain, accompagnés d'une introduction, de notes et d'une édition critique de la version tibétaine par J. May, Paris 1959 [Kap. II–IV, VI–IX, XI, XIII–XXIV, XXVI, XXVII]; Madhyamakaśāstra of Nāgārjuna with the Commentary Prasannapadā by C., ed. P. L. Vaidya, Darbhanga 1960; La Madhyamakaśāstrastuti de C., ed. J. W. de Jong, Oriens Extremus 9 (1962), 47–56; C.'s Pañcaskandhaprakaraṇa, I–II, Tibetan Text, ed. C. Lindtner, Acta Orientalia 39 (1978), 87–145, 40 (1979), 89–145; Lucid Exposition of the Middle Way. The Essential Chapters of the Prasannapadā of C., übers. M. Sprung/T. R. V. Murti/U. S. Vyas, London 1979; C. Madhyamakāvatāraḥ and Madhyamakāvatārabhāṣyam, Kapitel VI, Vers 166–266, übers. H. Tauscher, Wien 1981; Catuḥśatakavṛtti, in: Materials for the Study of Āryadeva, Dharmapāla and C.. The Catuḥśataka of Āryadeva, Chapters XII and XIII. With the Commentaries of Dharmapāla and C., Introduction, Translation, Sanskrit, Tibetan and Chinese Texts, Notes, I–II, ed./trans. T. J. F. Tillemans, Wien 1990, I, 115–134, 175–199, II, 1–127; Die Śūnyatāsaptati des Nāgārjuna und die Śūnyatāsaptativṛtti, Verse 1–32, unter Berücksichtigung der Kommentare C.s, Parahitas und des 2. Dalai Lama, ed. u. übers. F. R. Erb, Diss. Hamburg 1990; Yuktiṣaṣṭikavṛtti [Text u. Komm.], übers. C. A. Scherrer-Schaub, Brüssel 1991; Śūnyatāsaptativṛtti. C.'s Kommentar zu den ›Siebzig Versen über die Leerheit‹ des Nāgārjuna, Kārikās 1–14, Einleitung, Übersetzung, Textkritische Ausgabe des Tibetischen und Indizes, ed. u. übers. F. R. Erb, Stuttgart 1997; B. Weber-Brosamer/D. M. Black, Die Philosophie der Leere. Nāgārjunas Mūlamadhyamaka-Kārikās. Übersetzung des buddhistischen Basistextes mit kommentierenden Einführungen, Wiesbaden 1997. – H. Tauscher, Verse-Index of C.'s Madhyamakāvatāra, Tibetan Versions, Wien 1989.

Literatur: D. Arnold, How to Do Things with C.. A Comparative Study in Anti-Scepticism, Philos. East and West 51 (2001), 247–278; J. Duerlinger, C.'s Denial of the Self, Philos. East and West 34 (1984), 261–271; P. Fenner, C.'s Refutation of Buddhist Idealism, Philos. East and West 33 (1983), 251–261; ders., The Ontology of the Middle Way, Dordrecht etc. 1990; E. Frauwallner, Die Philosophie des Buddhismus, Berlin 1956 ⁴1994, 243 ff.; C. W. Huntington, The Emptiness of Emptiness. An Introduction to Early Indian Mādhyamika, Honolulu 1989, 1994; J. W. de Jong, Text Critical Notes on the Prasannapadā, Indo-Iran. J. 20 (1978), 25–59, 217–252; J. May, Āryadeva et C. sur le permanence I, in: Indianisme et bouddhisme. Mélanges offertes à Mgr. E. Lamotte, Louvain 1980, 215–232; ders., Āryadeva et C. sur le permanence II, Bulletin de l'école française d'extrême-orient 69 (1981), 75–96; T. R. V. Murti, The Central Philosophy of Buddhism. A Study of the Mādhyamika System, London 1955, 1980 (ital. La filosofia centrale del Buddismo, Rom 1983); D. S. Ruegg, A History of Indian Literature VII/1 (The Literature of the Madhyamaka School of Philosophy in India), Wiesbaden 1981; L. de La Vallée Poussin, Bouddhisme. Opinions sur l'histoire de la dogmatique, Paris 1909, 1935; K. Yotsuya, The Critique of Svātantra Reasoning by C. and Tson-Kha-Pa. A Study of Philosophical Proof According to Prāsaṅgika Madhyamaka Traditions of India and Tibet, Stuttgart 1999. K. L.

Canguilhem, Georges, *Castelnaudary (Aude) 4. Juni 1904, †Marly-le-Roi (Yvelines) 11. Sept. 1995, franz. Wissenschaftshistoriker und Wissenschaftstheoretiker. Studium der Philosophie an der Sorbonne (bei L. Brunschvicg) und Absolvent der École Normale Superieure (1924–1927), 1929–1941 Gymnasialprofessor für Philosophie in Charleville, Albi, Valenciennes, Béziers und Toulouse. In Toulouse Studium der Medizin (später Tätigkeit als Arzt in der Résistance), 1941–1948 Lehrtätigkeit in Logik und Philosophie an der Universität Straßburg (die sich 1940–1945 in Clermont-Ferrand befand), 1943 dort medizinische Promotion, 1948–1955 Oberaufsicht (Inspecteur Général) über das französische Schulwesen, 1955 Doctorat d'Etat an der Sorbonne, Übernahme des Lehrstuhls für Wissenschaftsgeschichte und Wissenschaftstheorie (bis 1971) und Direktor des Instituts für Wissenschafts- und Technikgeschichte an der Université de Paris (bis 1972), beides als Nachfolger G. Bachelards.

Den antipositivistischen und nicht bloß phänomenologischen mathematikhistorischen Bestrebungen von J. Cavaillès nahestehend entwirft C. eine wissenschaftshistorische Methodologie der Bildung von Grundbegriffen (›concepts‹) in den Wissenschaften vom Leben (Biologie, Medizin). So etwa am Beispiel des Begriffs der Norm und des Normalen in Physiologie und Medizin und der, methodologisch von G. Bachelard beeinflußten, Untersuchung des bis zur Neurophysiologie A. Sherringtons wichtigen Reflexbegriffs. Dabei verfolgt C. den Weg dieses Begriffs von der Cartesischen Physiologie aus, die er einem neuen Verständnis zuführt. ↑Wissenschaftsgeschichte ist in dieser Sichtweise in erster Linie ↑Begriffsgeschichte. C.s Arbeiten, die sich vor allem auf die französische und die deutsche Physiologie sowie auf das Werk A. Comtes und C. Bernards beziehen, verfolgen, dem Stand der Biologie angemessen, generell die methodologische Absicht, eher Begriffe bzw. begriffliche Konzeptionen als ganze Theorien zu untersuchen. Diese Untersuchung kann nach C. nicht getrennt werden von der Analyse der jeweils zeitgenössischen Philosophie.

In C.s Konzeption kann ein und derselbe wissenschaftliche Begriff in unterschiedlichen theoretischen Kontexten auftreten. Die in der Theoriendynamik T. S. Kuhns auftretende Inkommensurabilität (↑inkommensurabel/Inkommensurabilität) von Begriffen besteht folglich für C. nicht. An Kuhns Konzeption kritisiert C. ferner die Auffassung, daß die Übereinstimmung der Wissenschaftlergemeinschaft (↑scientific community) bereits hinlängliche normative Kraft für rational gerechtfertigte Theoriewahlentscheidungen biete. C.s Schüler M. Foucault wurde von dessen begriffszentrierter Wissenschaftskonzeption stark beeinflußt, etwa in seinen Werken »Die Geburt der Klinik« (1963) und »Die Ordnung der Dinge« (1966).

Werke: Essai sur quelques problèmes concernant le normal et le pathologique, Strasbourg 1943, ²1950, erw. unter dem Titel: Le normal et le pathologique, Paris 1966, ⁷1998 (dt. Das Normale und das Pathologische, München 1974, Frankfurt/Berlin/Wien 1977; engl. The Normal and the Pathological, Dordrecht 1978, New York 1991); La connaissance de la vie, Paris 1952, ²1965, 1992; La formation du concept de réflexe aux XVIIe et XVIIIe siècles, Paris 1955, ²1977; Besoins et tendances, Paris 1962; L'idée de médecine expérimentale selon Claude Bernard, Paris 1965; Études d'histoire et de philosophie des sciences, Paris 1968, ⁷1994 (dt. [teilw.] Wissenschaftsgeschichte und Epistemologie. Gesammelte Aufsätze, ed. W. Lepenies, Frankfurt 1979, ²2001); (mit M. Foucault) Jean Hyppolite (1907–1968), Rev. mét. mor. 74 (1969), 129–136; Vie et mort de Jean Cavaillès, Paris 1976, 1996; Idéologie et rationalité dans l'histoire des sciences de la vie. Nouvelles études d'histoire et de philosophie des sciences, Paris 1977, ²1981, 1993 (dt. [teilw.] Wissenschaftsgeschichte und Epistemologie. Gesammelte Aufsätze, ed. W. Lepenies, Frankfurt 1979, ²2001; engl. Ideology and Rationality in the History of the Life Sciences, Cambridge Mass. 1988); (mit F. Dagognet) Anatomie d'un épistémologue, Paris 1984; Der Tod des Menschen im Denken des Lebens. G. C. über M. Foucault, M. Foucault über G. C., ed. M. Marques, Tübingen 1988; Grenzen medizinischer Rationalität. Historisch-epistemologische Untersuchungen, ed. G. Hermann, Tübingen 1989; A Vital Rationalist. Selected Writings from G. C., ed. F. Delaporte, New York 1994, 2000.

Literatur: F. Dagognet, G. C.. Philosophie de la vie, Le Plessis-Robinson 1997; M. Foucault, Naissance de la clinique. Une archéologie du regard médical, Paris 1963, ⁵1997 (dt. Die Geburt der Klinik. Eine Archäologie des ärztlichen Blicks, München 1973, Frankfurt 1996); ders., Les mots et les choses. Une archéologie des sciences humaines, Paris 1966, 1997 (dt. Die Ordnung der Dinge. Eine Archäologie der Humanwissenschaften, Frankfurt 1971, ¹⁴1997); C. Grond-Ginsbach, G. C. als Medizinhistoriker, Ber. Wiss.gesch. 19 (1996), 235–244; G. Le Blanc, C. et les normes, Paris 1998; D. Lecourt, Pour une critique de l'épistémologie. Bachelard, C., Foucault, Paris 1972, 1978 (dt. Kritik der Wissenschaftstheorie. Marxismus und Epistemologie (Bachelard, C., Foucault), Berlin 1975; engl. Marxism and Epistemology. Bachelard, C., Foucault, London 1975); P. Macherey/L. Althusser, La philosophie de la science de G. C.. Épistémologie et histoire des sciences, La pensée, n. s. 113 (1964), 50–74; G. Renard, l'épistémologie chez G. C., Paris 1996. – Actes du Colloque (6–7–8 Décembre 1990), G. C.. Philosophe, historien des sciences, Paris 1993 (Bibliothèque du Collège International de Philosophie); Actes du Xᵉ Colloque de la Société internationale d'histoire de la psychiatrie et de la psychanalyse, actualité de G. C., Le Plessis-Robinson 1998; G. C. et son temps, Paris 2000, Rev. mét. mor. 90 (1985), 3–105 (mit Bibliographie, 99–105). G. W.

Cantor, Georg Ferdinand Ludwig Philipp, *Petersburg 3. März 1845, †Halle 6. Jan. 1918, dt. Mathematiker. 1862 Studium in Zürich, ab 1863 in Berlin, vor allem bei K. Weierstraß. 1867 Promotion über ein Thema der Zahlentheorie; 1872 a. o. Prof., 1879–1913 o. Prof. der Mathematik in Halle. C. begründete in seinen Abhandlungen »Über unendliche lineare Punktmannichfaltigkeiten« die als Theorie des aktual Unendlichen (↑unendlich/Unendlichkeit) gedachte transfinite Mengenlehre (↑Mengenlehre, transfinite) durch nicht-konstruktive Anwendung des Diagonalprinzips (↑Cantorsches Diagonalverfahren). Er formulierte als erster die ↑Kontinuumhypothese und entdeckte den seiner Zeit paradox scheinenden Sachverhalt, daß Kontinua verschiedener ↑Dimension (durch unstetige Abbildungen) eineindeutig (↑eindeutig/Eindeutigkeit) aufeinander abbildbar sein können, z. B. das zweidimensionale Kontinuum (Ebene oder Quadrat) auf die Gerade. Große Verbreitung hat die von ihm im Anschluß an seine frühen Arbeiten über Fourierreihen entwickelte Theorie der Irrationalzahlen (↑Zahl) gefunden. C. beschäftigte sich mit der scholastischen Philosophie (↑Scholastik), um seine Vorstellungen über das aktual Unendliche gegen seine Kritiker zu verteidigen, unter denen L. Kronecker mit seinen den ↑Intuitionismus antizipierenden Argumenten besonders einflußreich war. Die ↑Antinomien der Mengenlehre haben die C.sche Fassung der Mengenlehre, die heute als ›naiv‹ bezeichnet wird, als unhaltbar erwiesen, aber zur Entwicklung der axiomatischen Mengenlehre (↑Mengenlehre, axiomatische) geführt, welche die C.s Arbeiten zugrunde liegende Vorstellung, alle Mathematik sei letztlich Mengenlehre, auf veränderter Grundlage aufrechterhält (↑Cantorismus).

Werke: Über unendliche, lineare Punktmannichfaltigkeiten, Math. Ann. 15 (1879), 1–7, 17 (1880), 355–358, 20 (1882),

113–121, 21 (1883), 51–58, 545–586, 23 (1884), 453–488 [unvollendet], Nachdr. in: Über unendliche, lineare Punktmannigfaltigkeiten. Arbeiten zur Mengenlehre aus den Jahren 1872–1884, ed. G. Asser, Leipzig 1984, 45–156; Beiträge zur Begründung der transfiniten Mengenlehre, Math. Ann. 46 (1895), 481–512, 49 (1897), 207–248 (engl. Contributions to the Founding of the Theory of Transfinite Numbers, New York 1955); Gesammelte Abhandlungen mathematischen und philosophischen Inhalts, mit erläuternden Anmerkungen sowie mit Ergänzungen aus dem Briefwechsel C. – Dedekind, nebst einem Lebenslauf C.s von A. Fraenkel, ed. E. Zermelo, Berlin 1932 (repr. Hildesheim 1962, 1966, Berlin 1980). – Briefwechsel C. – Dedekind, ed. E. Noether/J. Cavaillès, Paris 1937; G. C., Briefe, ed. H. Meschkowski/W. Nilson, Berlin etc. 1991.

Literatur: H. Bandmann, Die Unendlichkeit des Seins. C.s transfinite Mengenlehre und ihre metaphysischen Wurzeln, Frankfurt etc. 1992; J.-P. Belna, La notion de nombre chez Dedekind, C., Frege. Théories, conceptions et philosophie, Paris 1996; J. W. Dauben, G. C.. His Mathematics and Philosophy of the Infinite, Cambridge Mass. 1979, 1990; J. Ferreirós, On the Relations between G. C. and Richard Dedekind, Hist. Math. 20 (1993), 343–363; FM I (1994), 477; A. Fraenkel, G. C., Jahresber. Dt. Math.ver. 39 (1930), 189–266; M. Hallett, Cantorian Set Theory and Limitation of Size, Oxford 1984; ders., C., in: R. Audi (ed.), The Cambridge Dictionary of Philosophy, Cambridge/New York/Melbourne ²1999, 116–117; B. Kerry, Über G. C.s Mannigfaltigkeitsuntersuchungen, Vierteljahrsschr. wiss. Philos. 9 (1885), 191–232; U. Majer, C., REP II (1998), 196–199; H. Meschkowski, Probleme des Unendlichen. Werk und Leben G. C.s, Braunschweig 1967, unter dem Titel: G. C.. Leben, Werk und Wirkung, Meisenheim am Glan 1983; ders., C., DSB III (1971), 52–58; W. Purkert/H. J. Ilgauds, G. C., 1845–1918, Leipzig 1985, Basel/Boston Mass./Stuttgart 1987; A. Schoenflies, Zur Erinnerung an G. C., Jahresber. Dt. Math.ver. 31 (1922), 97–106; ders., Die Krisis in C.s mathematischem Schaffen (mit Anmerkungen von G. Mittag-Leffler), Acta Math. 50 (1928), 1–26; P. Tannery, Le concept scientifique du continu. Zénon d'Elée et G. C., Rev. philos. France étrang. 20 (1885), 385–410; M. Tiles, The Philosophy of Set Theory. An Introduction to C.'s Paradise, Oxford 1989; dies., C.'s Theorem, REP II (1998), 199–200; E. Wolff, Spinoza et C., Rev. synth. 75 (1954), 161–163. C. T.

Cantor, Moritz Benedikt, *Mannheim 23. Aug. 1829, †Heidelberg 9. April 1920, dt. Mathematikhistoriker. Nach Studium der Mathematik unter anderem bei K. F. Gauß, J. P. G. L. Dirichlet und J. Steiner 1853 Privatdozent in Heidelberg, 1863 a. o. Prof., 1877 Honorarprof., 1908 Ordinarius bis zur Emeritierung 1913. C. war Mitherausgeber mathematischer Zeitschriften und 1877–1899 Herausgeber (danach Mitherausgeber) der »Abhandlungen zur Geschichte der mathematischen Wissenschaften«; er schrieb ferner die meisten Mathematikerbiographien in der »Allgemeinen Deutschen Biographie«. Seine »Vorlesungen über Geschichte der Mathematik« (I–III, 1880–1901, IV über die Zeit 1759–1799 unter Mitarbeit zahlreicher weiterer Gelehrter) sind das bislang umfangreichste Werk über Mathematikgeschichte; heute in historischen Details und in der Methodik überholt, hat es für die Mathematikgeschichtsschreibung gegen Ende des 19. und zu Anfang des 20. Jhs. nicht nur zahlreiche Quellen erschlossen, sondern auch wichtige Anregungen gegeben.

Werke: Mathematische Beiträge zum Kulturleben der Völker, Halle 1863 (repr. Hildesheim 1964); Die römischen Agrimensoren und ihre Stellung in der Geschichte der Feldmesskunst. Eine historisch-mathematische Untersuchung, Leipzig 1875 (repr. Wiesbaden 1968, Vaduz/Liechtenstein 1993); Vorlesungen über Geschichte der Mathematik, I–IV, Leipzig 1880–1908 (I Von den ältesten Zeiten bis zum Jahre 1200 n. Chr., II Von 1200–1668, III Von 1668–1758, IV Von 1759–1799 [von V. Bobynin, A. v. Braunmühl, F. Cajori u.a., ed. M. C.]), I ³1907, II ²1900, III ²1901, IV 1908 (repr. Stuttgart, New York 1965); Politische Arithmetik oder die Arithmetik des täglichen Lebens, Leipzig 1898, ²1903. – M. Curtze, Verzeichnis der mathematischen Werke, Abhandlungen und Recensionen des Hofrat Professor Dr. M. C., Z. Math. Phys. Suppl. (1899), 625–650 (= Festschrift zum siebzigsten Geburtstage M. C.s).

Literatur: K. Bopp, M. C. †, Sitz.ber. Heidelberger Akad. Wiss., math.-naturwiss. Kl. Abt. A, 1920, 14. Abh.; ders., M. C., Dt. Biogr. Jb. II (1928), 509–513; J. E. Hofmann, C., NDB III (1957), 129; ders., C., DSB III (1971), 58–59; J. Lützen/W. Purkert, Conflicting Tendencies in the Historiography of Mathematics. M. C. and H. G. Zeuthen, in: E. Knobloch/D. E. Rowe (eds.), The History of Modern Mathematics III, Boston Mass./London 1994, 1–42. C. T.

Cantorismus (nach G. Cantor), innerhalb der Grundlagenproblematik der Mathematik Bezeichnung für die Auffassung, nach der sich Logik und Mathematik mit Gegenständen einer ›idealen Seinssphäre‹ befassen. Insbes. schließt dieser Standpunkt die Anerkennung des aktual Unendlichen (↑unendlich/Unendlichkeit), die nicht-konstruktive Deutung des ↑Cantorschen Diagonalverfahrens und damit die Behauptung der Existenz transfiniter Mächtigkeiten (↑Menge) sowie die Zulassung imprädikativer Verfahren (↑imprädikativ/Imprädikativität) ein. Die üblichere Bezeichnung des C. als ›Platonismus‹ (↑Platonismus (wissenschaftstheoretisch)) beruht auf einer philosophiegeschichtlich fragwürdigen Assoziierung der im Sinne des C. ›idealen‹ Existenz mathematischer Gegenstände mit der ↑Ideenlehre Platons.

Literatur: L. E. J. Brouwer, Over de Grondslagen der Wiskunde, Amsterdam/Leipzig 1907, mit Untertitel: aangevult met ongepubliceerde Fragmenten, ed. D. van Dalen, Amsterdam 1981 (engl. On the Foundations of Mathematics, in: Collected Works I, ed. A. Heyting, Amsterdam/Oxford/New York 1975, 11–101); C. Thiel, Grundlagenkrise und Grundlagenstreit. Studie über das normative Fundament der Wissenschaften am Beispiel von Mathematik und Sozialwissenschaft, Meisenheim am Glan 1972. C. T.

Cantorsche Antinomie (engl. Cantor's antinomy, Cantor's paradox), Bezeichnung für die von G. Cantor 1899 R. Dedekind brieflich mitgeteilte (aber erst 1932 veröffentlichte) mengentheoretische Antinomie der Menge aller Mengen (↑Antinomien der Mengenlehre). Bezeichnet man diese Menge als M, so gilt nach einem von

Cantor bewiesenen Satz von der zugehörigen Potenzmenge $\mathfrak{P}M$, daß die Mächtigkeit (↑Menge) von $\mathfrak{P}M$ größer ist als die von M: $|\mathfrak{P}M| > |M|$. Andererseits muß $\mathfrak{P}M$ als eine Menge von *gewissen* Mengen (nämlich aller Teilmengen von M) Teilmenge der Menge M sein, die ja die Menge *aller* Mengen ist, also $\mathfrak{P}M \subseteq M$ und daher $|\mathfrak{P}M| \leq |M|$ im Widerspruch zum eben bewiesenen $|\mathfrak{P}M| > |M|$.

Eine verbreitete Variante der C.n A. ist ihre Formulierung als Antinomie der größten ↑Kardinalzahl: Nach einer von Cantor schon 1883 veröffentlichten Überlegung hat die Menge der Kardinalzahlen kein größtes Element. Andererseits zeigt man, daß es zu jeder Menge K von Kardinalzahlen, die kein größtes Element hat, eine Kardinalzahl gibt, die größer ist als jedes Element von K. Wendet man dies auf die Menge A *aller* Kardinalzahlen an, muß eine Kardinalzahl A^+ existieren, die größer ist als alle Elemente von A, also – da A^+ selbst Kardinalzahl ist und somit zu A gehört – größer als sie selbst: $A^+ > A^+$, im Widerspruch zur Ordnungseigenschaft der Kardinalzahlen. B. Russell entdeckte bei der Analyse dieser Cantorschen Überlegung und des von Cantor erstmals allgemein eingesetzten Diagonalverfahrens (↑Cantorsches Diagonalverfahren) sowohl die C. A. als auch die damit in methodischer Hinsicht verwandte ↑Zermelo-Russellsche Antinomie.

Literatur: G. Cantor, Brief an R. Dedekind vom 28.7.1899, erstmals veröffentlicht in: ders., Gesammelte Abhandlungen mathematischen und philosophischen Inhalts, mit erläuternden Anmerkungen sowie mit Ergänzungen aus dem Briefwechsel Cantor-Dedekind, ed. E. Zermelo, Berlin 1932, 1980, 443–447; R. J. Diamond, Each and All, Brit. J. Philos. Sci. 13 (1963), 278–286; A. A. Fraenkel/Y. Bar-Hillel/A. Levy, Foundations of Set Theory, Amsterdam/London 1958, ²1973, 1984, 7–8 (Chap. 1, § 2.2 Cantor's Antinomy); W. Heitsch, Zum Problem der logischen Antinomien in Cantors Mengenlehre, Dt. Z. Philos. 17 (1969), 182–195; S. C. Kleene, Introduction to Metamathematics, Amsterdam/Groningen 1952, ¹⁰1991; F. v. Kutschera, Antinomie II, Hist. Wb. Ph. I (1971), 400–401; C. Menzel, Cantor and the Burali-Forti Paradox, Monist 67 (1984), 92–107; W. V. O. Quine, Set Theory and Its Logic, Cambridge Mass. 1963, rev. 1969, 1980 (dt. Mengenlehre und ihre Logik, Braunschweig 1973, Frankfurt/Berlin/Wien 1978); B. Russell, The Principles of Mathematics, Cambridge 1903, London ²1937, 1992; K. Simmons, The Diagonal Argument and the Liar, J. Philos. Log. 19 (1990), 277–303; M. Tiles, The Philosophy of Set Theory. An Introduction to Cantor's Paradise, Oxford/New York 1989; dies., Cantor's Theorem, REP II (1998), 199–200; J. Tucker, An Outline of a New Programme of the Foundation of Mathematics, Philos. Math. 6 (1969), 28–37. C. T.

Cantorsches Diagonalverfahren, Bezeichnung für zwei grundverschiedene Verfahren in Mathematik bzw. Metamathematik, die man daher als ›erstes‹ bzw. ›zweites‹ C. D. unterscheidet. Als *erstes* C. D. bezeichnet man ein Verfahren zur Umordnung einer Doppelfolge in eine einfache Folge. Wichtige Anwendungen hat dieses Verfahren z. B. beim Beweis der Abzählbarkeit (↑abzählbar/Abzählbarkeit) der rationalen Zahlen und beim Beweis der Vollständigkeit (↑vollständig/Vollständigkeit) der reellen Zahlen. Von diesem lediglich einer Abzählung dienenden Verfahren, das man zur Unterscheidung mit einem ebenfalls gebräuchlichen Ausdruck besser als ›Cauchysches Diagonalverfahren‹ bezeichnet, unterscheidet sich das sogenannte *zweite* C. D. als *Konstruktionsprinzip.* Dieses auch ›Diagonalprinzip‹ genannte Verfahren wurde erstmals 1874 von G. Cantor angewandt, um zu zeigen, daß es zu jeder effektiv abzählbaren Menge M reeller Zahlen eine weitere reelle Zahl gibt, die in M nicht vorkommt. Stellt man nämlich die Elemente von M eindeutig durch unendliche nicht-abbrechende Dezimalbrüche $k + 0, a_1 a_2 a_3 \ldots$ dar, wobei k eine ganze Zahl ist und die a_i Ziffern 0, 1, ..., 9 sind und für jede natürliche Zahl n noch Indizes $i \geq n$ mit $a_i \neq 0$ existieren (was immer möglich ist, indem man z. B. für 0,1 die gleichwertige Darstellung 0,0999... verwendet), und ordnet diese entsprechend der angegebenen Abzählung in ein Schema

$k_1 + 0, a_{11} a_{12} a_{13} \ldots ,$
$k_2 + 0, a_{21} a_{22} a_{23} \ldots ,$
$k_3 + 0, a_{31} a_{32} a_{33} \ldots ,$

usw.,

so ist z. B. der Dezimalbruch $0, b_1 b_2 b_3 \ldots$, der durch $b_n = a_{nn} + 1$ für $a_{nn} \neq 9$ und $b_n = a_{nn} - 1$ für $a_{nn} = 9$ erklärt ist, nicht Element von M. Gehörte er nämlich zu M, müßte er in der Abzählung vorkommen, etwa an m-ter Stelle, und damit gleich $k_m + 0, a_{m1} a_{m2} a_{m3} \ldots$ sein. Nach der Definition unterscheidet sich $0, b_1 b_2 b_3 \ldots$ jedoch von $0, a_{m1} a_{m2} a_{m3} \ldots$ an der m-ten Stelle nach dem Komma, da b_m entweder gleich $a_{mm} + 1$ oder gleich $a_{mm} - 1$ sein sollte. Daraus folgt insbes., daß es keine Abzählung aller reellen Zahlen gibt: Auch für eine solche Abzählung würde das Diagonalverfahren (so benannt, weil es sich der ›Diagonalelemente‹ a_{nn} bedient) eine nicht von der Abzählung erfaßte reelle Zahl liefern, im Widerspruch dazu, daß die Abzählung *alle* reellen Zahlen erfassen sollte. Die Klasse der reellen Zahlen ist also nicht-abzählbar.

Die damit von Cantor entdeckte Eigenschaft der Indefinitheit (↑indefinit/Indefinitheit) kommt nicht nur der Klasse der reellen Zahlen zu, sondern vielen anderen in der Mathematik wichtigen Gegenstandsbereichen. Während Cantor glaubte, mit diesem Diagonalverfahren die höhere Mächtigkeit (↑Menge) der Klasse der reellen Zahlen gegenüber der Menge der natürlichen Zahlen gezeigt zu haben, ist später klargeworden, daß der von ihm gefundene Unterschied von abzählbaren Mengen einerseits, überabzählbaren Klassen (↑überabzählbar/

Überabzählbarkeit) andererseits stets relativ zu den verwendeten Ausdrucksmitteln ist. Je nach diesen Ausdrucksmitteln kann ein und derselbe Gegenstandsbereich abzählbar oder nicht-abzählbar sein, nämlich mit den gegebenen Ausdrucksmitteln abgezählt werden oder nicht. Von den Vertretern der konstruktiven Mathematik (↑Mathematik, konstruktive) wird eine auf das Diagonalverfahren gestützte transfinite Arithmetik (↑Arithmetik, transfinite) der ↑Kardinalzahlen deshalb ebenso abgelehnt wie die auf ähnliche Weise aufgebaute transfinite Mengenlehre (↑Mengenlehre, transfinite). Das Diagonalverfahren selbst erweist sich jedoch bei den verschiedensten Diagonalkonstruktionen auch in der konstruktiven Mathematik als sehr nützlich. Anwendungen hat es ferner bei der Analyse von ↑Antinomien sowie bei den Unvollständigkeits- und Unentscheidbarkeitsbeweisen (↑unvollständig/Unvollständigkeit; ↑unentscheidbar/Unentscheidbarkeit) in der ↑Metamathematik gefunden.

Literatur: G. Cantor, Über eine Eigenschaft des Inbegriffs aller reellen algebraischen Zahlen, J. f. d. reine u. angewandte Math. 77 (1874), 258–262; W. K. Essler, Aufzählbarkeit und C. D.. Untersuchungen zu Grundfragen der Logik, Diss. München 1964; A. Fraenkel, Zum Diagonalverfahren Cantors, Fund. Math. 25 (1935), 45–50; E. M. Kobler, Theoreme und Paradoxien. Eine Untersuchung des C. D.s, Diss. München 1964; P. Lorenzen, Einführung in die operative Logik und Mathematik, Berlin etc. 1955, ²1969; ders., Differential und Integral. Eine konstruktive Einführung in die klassische Analysis, Frankfurt 1965; W. M. Rust, An Operational Statement of Cantor's Diagonalverfahren, Scr. Math. 2 (1933/1934), 334–336; C. Thiel, The Continuum as a Conundrum. Poincaré's Analysis of Cantor's Diagonal Procedure, in: J.-L. Greffe/G. Heinzmann/K. Lorenz (eds.), Henri Poincaré. Science et philosophie (Congrès International, Nancy, France, 1994), Berlin/Paris 1996, 379–387. C. T.

Caraka, um 100 n. Chr., ind. Mediziner und Philosoph, nach der Überlieferung brahmanischer Leibarzt des Kuṣāṇa-Königs Kaniṣka. Die beiden Sammlungen medizinischer Schriften, die von C. redigierte C.-saṃhitā und die in dieselbe Zeit gehörende Suśruta-saṃhitā des ebenso berühmten Arztes Suśruta – der dritte an Bedeutung gleichrangige Mediziner, Vāghbaṭa, Autor unter anderem des Aṣṭāṅgasaṃgraha, lebte erst in der Mitte des ersten Jahrtausends –, sind die ältesten überlieferten, dem Atharvaveda (↑Veda) angegliederten Texte der indischen Medizin, dem ›Wissen vom Leben‹ (↑Āyurveda). Vermutlich beruhen beide auf einer gemeinsamen wesentlich älteren, mit dem Namen Bharadvāja verbundenen Quelle; im Ṛgveda ist Bharadvāja ein Protégé des Gottes Indra, der ihm das medizinische Wissen offenbart. In der C.-saṃhitā wird ein Agniveśa als ihr Verfasser genannt; darüber hinaus wurde sie noch vor dem Ende des ersten Jahrtausends Überarbeitungen durch den Kaśmīri Dṛḍhabala unterzogen und von da an bis in die Gegenwart immer wieder kommentiert. In acht Abteilungen (sthāna) wird in einem dem System des ↑Sāṃkhya zugehörigen begrifflichen Rahmen das bis heute in seinen Grundzügen unverändert gebliebene medizinische Wissen des Āyurveda dargestellt. Es fußt auf der schon in den Upanischaden (↑upaniṣad) entwickelten Entsprechung des Aufbaus von Mensch und Kosmos: Beide bestehen aus Verbindungen von fünf Elementen (dhātu), dem Leeren (↑ākāśa), dem Wind (vāyu), dem Feuer (agni), dem Wasser (jala) und der Erde (bhūmi). Nur die drei Elemente Wind, Feuer und Wasser gelten als aktiv; sie werden, falls ihr Gleichgewicht gestört ist, zu den drei Übeln (doṣa). Makrokosmisch erscheint der Wind als Luft, das Feuer als die Sonne und das Wasser als der Mond; mikrokosmisch ist der Wind (vāta) in fünf ›Lebenskräfte‹ oder Atemfunktionen im weiteren Sinne (prāṇa) gegliedert und das Feuer (pitta, d. i. Galle) entsprechend in fünf verschieden lokalisierte ›innere Feuer‹, darunter die Verdauung in den dafür zuständigen Organen und in Milz und Leber die Verwandlung der inneren Säfte in Blut, aber auch im Herzen (hṛdaya), dem Sitz des Verstandes (cetanā, ↑citta), die Erzeugung des Begehrens. Auch das Wasser (kapha, d. i. Schleim) ist fünffach funktionell lokalisiert und dabei übergreifend zuständig für das Funktionieren der flüssigen Bestandteile des Körpers und für den Zusammenhalt der verschiedenen Körperteile. Physiologie und Psychologie des Āyurveda, so wie sie in der C.-saṃhitā überliefert sind, haben vor allem in den Systemen des Sāṃkhya und des ↑Vaiśeṣika bestimmenden Einfluß gehabt.

Texte u. Übersetzungen: C.-Saṃhitā, I–V, übers. A. C. Kaviratna, Kalkutta 1890–1911, Delhi ²1996–1997; The C.-Saṃhitā with an Original Sanskrit Commentary, I–II, ed. J. Sen/V. Kaviraj, Kalkutta 1920–1922 [Sanskrit-Text]; Agnivesha's C. Saṃhitā. Text with English Translation and Critical Exposition Based on Cakrapāṇidatta's Āyurveda Dīpikā, I–III, ed. P. K. Sharma/ B. Dash, Delhi etc. 1976–1988; C.-Saṃhitā, Agniveśa's Treatise Refined and Annotated by C. and Redacted by Dṛḍhabala. Text in English Translation, ed. P. Sharma u. a., I–IV, Benares etc. 1981–1994.

Literatur: D. M. Bose (ed.), A Concise History of Science in India, Neu Delhi 1971; A. Chattopadhyay, Studies in the C.-Saṃhitā, Benares 1995; C. G. Kashikar/S. G. Vartak, Āyurvediyapadārthavijñāna. The Philosophy of Āyurveda Based on the Philosophies of Vaiśeṣika, Nyāya, and Sāṃkhya, Bombay 1953; B. L. Raina, Health Science in Ancient India, Neu Delhi 1990; P. Ray/H. N. Gupta, C.-Saṃhitā. A Scientific Synopsis, Neu Delhi 1965, 1980. K. L.

Cardano, Geronimo (= Girolamo, lat. Hieronymus Cardanus), *Pavia 24. Sept. 1501, †Rom 20. Sept. 1576, ital. Mathematiker, Naturphilosoph und Arzt. Nach Studium in Pavia und Padua (1526 Promotion in Medizin) und (ab 1534) Tätigkeit als (alsbald berühmter) Arzt und Mathematiker in Mailand, 1543–1560 Prof. der Medizin in Pavia, 1562–1570 in Bologna. – In seiner

»Ars Magna, sive de regulis algebraicis« veröffentlichte C. 1545 neben eigenen Sätzen über den Zusammenhang von Wurzeln und Koeffizienten algebraischer Gleichungen die bereits 1535 von S. del Ferro und N. Tartaglia gefundenen Lösungsverfahren für Gleichungen 3. Grades, die zur Darstellung der Wurzeln durch die sogenannten Cardanischen Formeln führen, sowie die von L. Ferrari gegebenen Lösungsmethoden für algebraische Gleichungen 4. Grades. C. befaßte sich als erster mit dem Begriff der mathematischen ↑Wahrscheinlichkeit, beschrieb die schon von Philon von Byzanz erwähnte Cardanische Aufhängung (Kompaß) und machte das heute ebenfalls nach ihm benannte, aber schon vor ihm erfundene Kardangelenk bekannt. Er suchte der Medizin eine von der Galenischen und Hippokratischen Tradition unabhängige wissenschaftliche Grundlage zu geben und sie als theoretische Disziplin der zu seiner Zeit fast ausschließlich geübten praktischen Heilkunde an die Seite zu stellen. Bemerkenswert und ihrer Zeit voraus sind auch C.s Beiträge zur Geologie. Als Naturphilosoph vertrat er einen ↑Hylozoismus.

Werke: Opera omnia, I–X, ed. C. Sponius, Lyon 1663 (repr. Stuttgart-Bad Cannstatt 1966). – De libris propriis, Mailand 1543, Basel ⁴1562 (Opera omnia I, 55 a–150 b); Artis Magnae, sive de regulis algebraicis [...], Nürnberg 1545, ²1570 (Opera omnia IV) (engl. The Great Art. Or, The Rules of Algebra, Cambridge Mass. 1968, unter dem Titel: Ars magna, or, The Rules of Algebra, New York 1993); De subtilitate [...], Nürnberg 1550, erw. Basel 1554, ³1560 (Opera omnia III, 353–672 b) (dt. [teilw.] Von der Natur und dem Temperament des Menschen, Diss. München 1941 [Übers. des 12. Buches]; engl. [teilw.] The First Book of Jerome Cardan's »De subtilitate«, Williamsport Pa. 1934); De varietate rerum [...], Basel 1557, 1581 (Opera omnia III, 1 a–351 b) (dt. Offenbarung der Natur unnd natürlicher Dingen auch mancherley subtiler Würckungen [...], Basel 1559, 1591); Encomium Neronis, Basel 1562 (Opera omnia I, 179 a–220 b), Neudr. in: N. Eberl, C.s Encomium Neronis. Edition, Übersetzung und Kommentar, Frankfurt etc. 1994, 24–270 (dt. Lobrede auf Nero, in: N. Eberl, C.s Encomium Neronis [s.o.], 25–271); De propria vita liber, ed. G. Naudé, Paris 1643, Amsterdam ²1654 (Opera omnia I, 1 a–54 b) (dt. Des G. C. von Mailand [Buergers von Bologna] eigene Lebensbeschreibung, Jena 1914, München 1969; engl. The Book of My Life. De vita propria liber, New York 1930, London 1931, New York 1962; franz. Ma vie, Paris 1936, ed. É. Wolff, Paris 1993); Liber de ludo aleae, in: Opera omnia I, 262 a–276 b (engl. The Book on Games of Chance. Liber de ludo aleae, New York 1961).

Literatur: M. Baldi/G. Canziani (eds.), G. C.. Le opere, le fonti, la vita. Atti del convegno internazionale di studi, Milano (11–13 dicembre 1997), Mailand 1999; A. Bellini, G. C. e il suo tempo (sec. XVI), Mailand 1947; J. Ceard/C. S. Roero, Cardan Jérôme, Enc. philos. universelle III/1 (1992), 464–466; J. Crossley, The Life and Times of C., London 1836; M. Fierz, G. C. (1501–1576). Arzt, Naturphilosoph, Mathematiker, Astronom und Traumdeuter, Basel/Stuttgart 1977 (engl. G. C., 1501–1576. Physician, Natural Philosopher, Mathematician, Astrologer, and Interpreter of Dreams, Boston Mass./Basel/Stuttgart 1983); M. Gliozzi, C., DSB III (1971), 64–67; A. Grafton, C.'s Cosmos. The World and Works of a Renaissance-Astrologer, Cambridge Mass./London 1999 (dt. C.s Kosmos. Die Welten und Werke eines Renaissance-Astrologen, Berlin 1999); E. Keßler (ed.), G. C.. Philosoph, Naturforscher, Arzt, Wiesbaden 1994; ders., C., REP II (1998), 202–204; J.-C. Margolin, Cardan, in: D. Huisman (ed.), Dictionnaire des philosophes I, Paris ²1993, 511–513; C. J. Mendelsohn, Cardan on Cryptography, Scr. Math. 6 (1939), 157–168; A. Mondini, G. C.. Matematico, medico e filosofo naturale, Rom 1962; H. Morley, Jerome Cardan. The Life of G. C. of Milan, Physician, I–II, London 1854; M. Mulsow/F. Cassinari, C., in: F. Volpi (ed.), Großes Werklexikon der Philosophie I, Stuttgart 1999, 270–272; O. Ore, C.. The Gambling Scholar, Princeton N. J. 1953, New York 1965; I. Schütze, Die Naturphilosophie in G. C.s »De subtilitate«, München 2000 (mit Bibliographie, 175–193); A. Simili, G. C. nella luce e nell'ombra del suo tempo, Bologna 1941; N. G. Siraisi, The Clock and the Mirror. G. C. and Renaissance Medicine, Princeton N. J. 1997.   C. T.

Carlyle, Thomas, *Ecclefechan (Dumfries) 4. Dez. 1795, †London 5. Febr. 1881, schott. Essayist, Biograph und Historiker. Nach Abbruch eines Theologiestudiums in Edinburgh 1809 Tätigkeit als Lehrer. Ab 1816 Freundschaft mit dem späteren Sektengründer E. Irving. Ein Jurastudium blieb ebenfalls ohne Abschluß. 1822–1824 Tätigkeit als Hauslehrer und erste schriftstellerische Produktionen. Übersetzung von J. W. v. Goethes »Wilhelm Meister« (William Meister's Apprenticeship. A Novel, 1824). Bis zur Übersiedlung nach Chelsea (1834) lebte C. zurückgezogen in Craigenputtock. Hier entstand sein berühmtestes Werk »Sartor Resartus. The Life and Opinions of Herr Teufelsdröckh« (1833).

C. machte, beeinflußt vor allem durch Goethe, mit dem er korrespondierte, die deutsche klassische und romantische Literatur in England bekannt. Seine Grundeinstellung ist konservativ-elitär, moralphilosophisch orientiert am normativen Freiheitsbegriff des Deutschen Idealismus (↑Idealismus, deutscher). Sein Werk ist zeitkritisch gegen die die moderne Gesellschaft definierende ›Egoizität‹ gerichtet, die ihren theoretischen Niederschlag im ↑Utilitarismus (J. Bentham) und in der Nationalökonomie (A. Smith) gefunden hat. C. bestreitet die soziale und politische Tragfähigkeit der demokratischen und parlamentarischen Organisationsformen und erwartet von einer funktionsgebundenen Elite, die glaubensmäßig verankerte allgemeine Orientierungen vermittelt, eine Überwindung gesellschaftlicher Desorganisation. Im Rückgriff auf moderne naturrechtliche Traditionen (↑Naturrecht) und J. G. Fichte vertritt er eine strikte Arbeitsethik und formuliert ein allgemeines Recht auf Arbeit. Ökonomische Eigentums- und politische Machtansprüche erhalten allein durch die Arbeit eine Legitimation. Die Trennung von Arbeit und ↑Eigentum hat nach C. wildwüchsig den Rückfall des Arbeiters auf seine tierischen Funktionen zur Folge. Es ist die Aufgabe des Staates, durch eine dem Führerprinzip verwandte soldatische Organisation der Arbeit ein gerechtes ökonomisches System zu installieren (dabei Garantie der sozialen Fürsorge). Mit seiner Einschätzung der Überlegenheit der westeuropäischen, insbes. der englischen Zivilisation, legitimiert C. die imperialistischen Züge der englischen Politik. Naturphilosophisch orientiert C. sich an Goethe und an der dynamischen Naturauffassung von Novalis, geschichtsphilosophisch an Fichte. Die menschliche Geschichte wird als Offenlegung des Göttlichen aufgefaßt; die sich in der Geschichte jeweils durchsetzenden Kräfte verfügen über die größere Legitimation (Identität von Macht und Recht). Ihre Repräsentanz haben diese Kräfte in den großen historischen Gestalten (biographischer Rahmen der Geschichtsschreibung). Werke über O. Cromwell und Friedrich den Großen sind in diesem Sinne als Paradigmen einer biographisch verfahrenden Geschichtsschreibung angelegt.

Werke: The Works of T. C.. Uniform Edition, I–XVI, London 1857–1858; The Works of T. C.. Library Edition, I–XXX, London, New York 1869–1871, I–XXXVII, New York 1876; The Works of T. C.. People's Edition, I–XXXVII, London, New York 1871–1874; The Works of T. C.. Centenary Edition, I–XXX, ed. H. D. Traill, London 1896–1899 (repr. New York 1969, 1974), New York 1896–1901. – William Meister's Apprenticeship. A Novel, I–III, Edinburgh 1824, Boston Ill. 1828, unter dem Titel: William Meister's Apprenticeship and Travels, London 1839, New York 1840 (auch als: Cent. Ed., XXIII–XXIV [1898]); Sartor Resartus, Fraser's Magazine 8 (London 1833), 581–592, 669–684, 9 (1834), 177–195, 301–313, 443–455, 664–674, 10 (1834), 77–87, 182–193, separat mit Untertitel: In Three Books, Boston Ill. 1836, Philadelphia Pa./Pittsburgh Pa. 1837, mit Untertitel: The Life and Opinions of Herr Teufelsdröckh. In Three Books, London 1838, ²1841, ⁵1869 u. ö., Edinburgh 1995, Berkeley Calif. etc. 2000 (auch als: Cent. Ed. I [1896]) (dt. Sartor Resartus oder Leben und Meinungen des Herrn Teufelsdröckh, in drei Büchern, in: ders., Ausgewählte Schriften v., übers. v. A. Kretzschmar, Leipzig 1855, übers. v. T. A. Fischer, 1882, ²1903, übers. v. P. Staengle, Zürich 1991); The French Revolution. A History, I–III, London 1837, Boston Ill. 1838, London 1839, New York/Boston III./Philadelphia Pa. 1841, London 1842, New York 1846, 1851, 1855, 1859, 1861, 1867, 1870, 1873 u.ö. (auch als: Cent. Ed., II–IV [1896]) (dt. Die französische Revolution. Eine Historie, I–III, übers. v. P. Feddersen, Leipzig/Paris 1844, Leipzig 1849, 1906, I–II, ⁵1907, ¹⁴1927, Berlin 1948); On Heroes, Hero-Worship, and the Heroic in History. Six Lectures, London, New York 1841, ²1842, 1846, 1852 u. ö., Berkeley Calif. etc. 1993 (auch als: Cent. Ed. V [1897]) (dt. Über Helden, Heldenverehrung und das Heldenthümliche in der Geschichte. Sechs Vorlesungen, übers. v. J. Neuberg, Berlin 1853, Berlin 1898, 1912, 1917); Oliver Cromwell's Letters and Speeches, with Elucidations, I–II, London, New York 1845, I–III, London ²1846, I–IV, ³1850 (auch als: Cent. Ed., VI–IX [1897]); History of Frederick II. of Prussia, called Frederick the Great, I–VI, London 1858–1865, New York 1858–1866, 1874–1876 (auch als: Cent. Ed., XII–XX [1897–1898]) (dt. Geschichte Friedrichs II. von Preußen, genannt Friedrich der Große, I–VI, übers. J. Neuberg, Berlin 1858–1869, 1863–1869, 1916–1918, ed. G. Dittrich, Meersburg 1928]; T. C.. Arbeiten und nicht verzweifeln. Auszüge aus seinen Werken, ed. M. Kühn/A. Kretzschmar, Düsseldorf/Leipzig 1902, 1905, 1913, Königstein/Ts. 1916, 1919, 1922; A C. Reader. Selections from the Writings of T. C., ed. G. B. Tennyson, New York 1969, Cambridge etc. 1984, 1988. – The Correspondence of T. C. and Ralph Waldo Emerson, 1834–1872, I–II, ed. C. E. Norton, Boston Mass., London 1883, in einem Bd. unter dem Titel: The Correspondence of Emerson and C., ed. J. Slater, New York/London 1964, 1965; Early Letters of T. C., 1814–1826, I–II, ed. C. E. Norton, London/New York 1886, in einem Bd., London/New York 1886 (repr. Boston Mass. 1973, Hildesheim/New York 1976, Boston Mass. 1977); Correspondence between Goethe and C., ed. C. E. Norton, London/New York 1887 (repr. New York 1970); Goethe's und C.'s Briefwechsel, ed. H. Oldenberg, Berlin 1887, unter dem Titel: Goethes Briefwechsel mit T. C., ed. G. Hecht, Dachau 1913; Letters of T. C.. 1826–1836, I–II, ed. C. E. Norton, London/New York 1888 (repr. Freeport N.Y. 1972, Hildesheim 1977), in einem Bd., London/New York 1889 (repr. St. Claire Shores Mich. 1973); New Letters of T. C., I–II, ed. A. Carlyle, London/New York 1904 (repr. Hildesheim 1969, St. Clair Shores Mich. 1970); The Collected Letters of T. and Jane Welsh Carlyle, I–XXVIII, ed. C. R. Sanders u.a., Durham N. C. 1970–2000. – I. W. Dyer, A Bibliography of T. C.'s Writings and Ana, Portland Maine 1928 (repr. New York 1968); R. L. Tarr, T. C.. A Bibliography of English-Language Criticism 1824–1974, Charlottsville Virginia 1976; ders., T. C.. A Descriptive Bibliography, Oxford 1989.

Literatur: A. Ballmer, C.s Stellung zu Theorie und Praxis des modernen Kapitalismus, Basel 1940; H. Bloom (ed.), T. C., New York/New Haven Conn./Philadelphia Pa. 1986; G. J. Calder, The Writing of Past and Present. A Study of C.'s Manuscripts, New Haven Conn. 1949; J. S. Collis, The C.s. A Biography of T. and Jane C., London 1971, New York 1973; J. Crichton-Browne/A. Carlyle, The Nemesis of Froude. A Rejoinder to James Anthony Froude's »My Relations with C.«, New York/London 1903; W. H. Dunn, Froude and C.. A Study of the Froude-C. Controversy, London/New York 1930, Port Washington N.Y 1969; T. Fasbender, T. C.. Idealistische Geschichtssicht und visionäres Heldenideal, Würzburg 1989; J. A. Froude, T. C.. A History of the First Forty Years of His Life (1795–1835), I–II, London, New York 1882, London 1890, 1891, 1903, 1908, 1914, New York, St. Clair Shores Mich. 1970; ders., T. C.. A History of His Life in London (1834–1881), I–II, London 1884, 1890, 1897, 1902, 1919, St. Clair Shores Mich. 1970 (dt. Das Leben T. C.s, I–III, ed. T. A. Fischer, Gotha 1887); ders., My Relations with C., London/New York 1903; C. F. Harrold, C. and German Thought (1819–1834), New Haven Conn./London 1934, Hamden Conn. 1963, New York 1978; S. Heffer, Moral Desperado. A Life of T. C., London 1995, 1996; P. Hensel, T. C., Stuttgart 1901, ³1922; R. Jessop, C. and Scottish Thought, Basingstoke etc., New York 1997; F. Kaplan, T. C.. A Biography, Cambridge etc. 1983, Berkeley Calif./London 1993; J. Kedenburg, Teleologisches Geschichtsbild und theokratische Staatsauffassung im Werke T. C.s, Heidelberg 1960; A. J. La Valley, C. and the Idea of the Modern. Studies in C.'s Prophetic Literature and Its Relation to Blake, Nietzsche, Marx and Others, New Haven Conn. 1968; A. L. Le Quesne, C., REP II (1998), 205–206; K. Lotter, C. und die deutsche Romantik, Nürnberg 1931; J. P. Seigel (ed.), T. C.. The Critical Heritage, London, New York 1971, London etc. 1995; J. Symons, T. C.. The Life and Ideas of a Prophet, New York, London 1952, Freeport N.Y. 1970; G. B. Tennyson, »Sartor called Resartus«. The Genesis, Structure, and Style of T. C.'s First Major Work, Princeton N. J. 1965; D. J. Trela/R. L. Tarr (eds.), The Critical Response to T. C.'s Major Works, Westport Conn./London 1997; W. Waring, T. C., Boston Mass. 1978; D. A.

Wilson, Life of T. C., I–VI, London, New York 1923–1934, I (C. till Marriage), New York 1973; L. M. Young, T. C. and the Art of History, Philadelphia Pa./London 1939, New York 1971; N. Young, C.. His Rise and Fall, London 1927.   S. B.

Carnap, Rudolf, *Ronsdorf (heute zu Wuppertal gehörig) 18. Mai 1891, †Santa Monica (Los Angeles County, USA) 14. Sept. 1970, dt.-amerik. Philosoph, Mitbegründer und Hauptvertreter des Logischen Empirismus (↑Empirismus, logischer) innerhalb der Analytischen Philosophie (↑Philosophie, analytische). Nach einem Studium der Mathematik, Physik und Philosophie an den Universitäten Jena und Freiburg i. Br. (1910–1914) sowie Kriegsdienst während des Ersten Weltkriegs 1921 Promotion mit der Dissertation »Der Raum. Ein Beitrag zur Wissenschaftslehre« bei B. Bauch in Jena, wo C. auch Vorlesungen G. Freges besucht hatte und sich seit 1919 mit den »Principia Mathematica« (I–III, Cambridge 1910–1913) von B. Russell und A. N. Whitehead vertraut machen konnte; Freundschaft mit H. Reichenbach. Nach Vorträgen in Wien auf Veranlassung M. Schlicks 1926 Habilitation ebendort mit einer frühen Fassung der 1928 unter dem Titel »Der logische Aufbau der Welt« erschienenen Monographie, die C. ersten wissenschaftlichen Ruhm bescherte. Er wurde das neben Schlick bedeutendste Mitglied des ↑Wiener Kreises, dessen Aktivitäten er mit denen der maßgeblich von Reichenbach geprägten Berliner Gesellschaft für wissenschaftliche Philosophie koordinierte; C. behielt diese Rolle auch nach seiner Berufung als a. o. Prof. für Naturphilosophie an der Naturwissenschaftlichen Fakultät der Deutschen Universität Prag (1931–1935). Ein nach einem Gastaufenthalt in Harvard (1935) an ihn ergangener Ruf als Professor für Philosophie an die University of Chicago (1936–1952) erlaubte C. die rechtzeitige Emigration nach den USA, wo es ihm, vor allem dank der Unterstützung durch C. W. Morris ebendort, als einem der ersten aus Europa stammenden Vertreter einer sich als Wissenschaft verstehenden Philosophie möglich wurde, dem Logischen Empirismus und dabei insbes. dem Programm einer ↑Einheitswissenschaft eine neue wissenschaftliche Heimat zu bereiten. Ein erneuter Gastaufenthalt an der Harvard University (1940/1941) gehört unter anderem zu den Belegen einer bis an sein Lebensende intensiv und kritisch geführten wissenschaftlichen Auseinandersetzung insbes. mit W. V. O. Quine. Nach einer Professur am Institute for Advanced Study in Princeton N. J. (1952–1954) wurde C. als Nachfolger von Reichenbach schließlich Professor an der University of California in Los Angeles (1954–1961).

C. wendet die formale Logik (↑Logik, formale) in ihrer auf Frege und Russell zurückgehenden, auch die Mathematik als Teil der Logik begreifenden Gestalt erstmals auf die empirischen Wissenschaften an, insbes. auf die Physik, für deren Satzbestand er eine formalsprachliche (↑Sprache, formale) Darstellung sucht. Die dabei beachtete strenge Trennung in empirischen Gehalt (↑Gehalt, empirischer) und logischen Rahmen für dessen sprachliche Fassung klingt schon in seiner Dissertation über die verschiedenen Möglichkeiten an, den Begriff des ↑Raumes zu bestimmen. So lasse sich der physikalische Raum nur empirisch ermitteln; der mathematische Raum hingegen sei eine ausschließlich logische Größe – geometrische Sätze gelten, physikalisch gelesen, empirisch oder ↑synthetisch und damit a posteriori. Sie gelten hingegen, mathematisch gelesen, logisch oder ↑analytisch und damit ↑a priori. Es ist die gemeinsame Überzeugung aller Vertreter des Wiener Kreises, daß es kein synthetisches Apriori im Sinne I. Kants geben könne.

C. versteht seine Habilitationsschrift als ›rationale Nachkonstruktion‹ (↑Rekonstruktion) gebrauchssprachlich verfaßter Wissenschaft: »Unter rationaler Nachkonstruktion ist (…) das Aufsuchen neuer Bestimmungen für alte Begriffe verstanden (…). Die neuen Bestimmungen sollen den alten in Klarheit und Exaktheit überlegen sein und sich vor allem besser in ein systematisches Begriffsgebäude einfügen. Eine solche Begriffsklärung, heute oft ›Explikation‹ genannt, scheint mir immer noch eine der wichtigsten Aufgaben der Philosophie zu sein« (Der logische Aufbau der Welt [1998], XVII). Die dabei vorgenommene formalsprachliche Darstellung (↑Sprache, formale) ist zunächst auf den Ausdrucksbestand mit Hilfe eines begrifflichen Konstitutionssystems beschränkt und sucht noch nicht auch den Satzbestand der empirischen Wissenschaften zu erfassen. Der zugrundegelegte Gegenstandsbereich besteht aus ganzheitlichen ›Elementarerlebnissen‹, über denen lediglich eine zweistellige undefinierte Grundrelation mit bestimmten Eigenschaften partiell erklärt ist. Es ist die ↑Ähnlichkeitserinnerung zwischen den eigenpsychischen Elementarerlebnissen, aus denen auch die ↑Sinnesdaten, als Ersatz für die durch eine direkte Analyse nicht erreichbaren Bestandteile der nach Voraussetzung nicht weiter zerlegbaren Elementarerlebnisse, erst durch von C. ›Quasianalyse‹ genannte Abstraktionsprozesse gewonnen werden sollen – ein von C. auf der Basis allein der Ähnlichkeitserinnerung später als undurchführbar eingesehenes Unterfangen –, wobei nur mit Hilfe der Ähnlichkeitserinnerung weitere Begriffe verschiedener logischer Stufen, darunter auch ›Ding‹ und ›Eigenschaft‹, explizit logisch konstruiert werden. Nur angedeutet wird, wie sich grundsätzlich jeder wissenschaftstaugliche Begriff in entsprechender Weise gewinnen lasse.

Die gewählte phänomenalistische (↑Phänomenalismus) Sprache ist vor allem dem ↑Empiriokritizismus E. Machs und der damals sensualistischen Position Russells (z. B. in: Our Knowledge of the External World, Chicago Ill. 1914) verpflichtet. Erst unter dem Einfluß E. Neuraths und auch L. Wittgensteins geht C. um 1930 zu einer dem älteren Positivismus (↑Positivismus (historisch)) nahestehenden physikalistischen Sprache über, in der die Grundbegriffe Ding- und Ereignisklassen repräsentieren (↑Protokollsatz). Eine umfassende kritische Behandlung beider Ansätze unter Berücksichtigung von mittlerweile erzielten Fortschritten im logischen Instrumentarium – z. B. durch Hinzufügen eines Individuenkalküls (↑Mereologie) und die Ersetzung der ungeeigneten Ähnlichkeitserinnerung zwischen Elementarerlebnissen durch die Relation ›is affiliated with‹ zwischen ↑Qualia – findet sich in N. Goodmans Monographie »The Structure of Appearance« (^{3}1977). Im übrigen war mit dem Übergang vom ↑Phänomenalismus zum ↑Physikalismus eine ausdrückliche Beschränkung des philosophischen Interesses auf die Sprache der Wissenschaften verbunden, da Welt nur als sprachlich artikulierte theoretisch zugänglich ist.

Es gibt nach C. keinen anderen theoretischen Zugang zur Welt als den wissenschaftlichen. Überall dort, wo von eigenständigen theoretisch-philosophischen Problemen die Rede ist, wie häufig in der philosophischen Tradition, handle es sich um ↑Scheinprobleme, die sich in der Regel schon dadurch auflösen lassen, daß auf die deutliche Unterscheidung zwischen formaler Redeweise (↑Redeweise, formale) und inhaltlicher Redeweise (↑Redeweise, inhaltliche) und damit zwischen metasprachlicher (↑Metasprache) und objektsprachlicher (↑Objektsprache) Rede geachtet wird. Konsequent wird daher die selbständige Untersuchung formaler Sprachen, die durch zahlreiche Beiträge, auch Lehrbücher, zur mathematischen Logik (↑Logik, mathematische) und zu den Grundlagen der Mathematik dokumentiert ist, zu einem weiteren Arbeitsgebiet C.s. Solche Untersuchungen bedienen sich einer Metasprache, die C. als ›Syntaxsprache‹ bezeichnet (↑Syntax, logische), und machen das Wesen philosophischer Arbeit aus. Philosophie ist in ihrem theoretischen Teil – und nur dieser läßt sich ebenfalls wissenschaftlich abhandeln – nichts anderes als *Theorie der Wissenschaftssprache* oder ↑*Wissenschaftslogik*. Dabei ist die Wahl einer formalen Sprache als ↑Wissenschaftssprache nicht ihrerseits theoretisch begründbar; sie folgt pragmatischen Kriterien, etwa der Zweckmäßigkeit oder, als wichtigstes Kriterium, der ›Einfachsheit‹, und verlangt größtmögliche Toleranz (↑Toleranzprinzip): »This neutral attitude toward the various forms of language, based on the principle that everyone is free to use the language most suited to his purpose, has remained the same throughout my life« (Intellectual Autobiography, 1963, 18). Auch die Frage nach der Wahrheit von Sätzen läßt sich nur relativ zu einer gewählten Wissenschaftssprache beantworten und ist als eine sprachunabhängige sinnlos. Viele vermeintlich wissenschaftliche Streitfragen beruhen nach C. auf unterschiedlichen logischen Rahmenbedingungen – die (metatheoretische) Frage, ob eine bestimmte Wissenschaft ein physikalistisches oder ein phänomenalistisches Begriffssystem verlange, gehört ebenfalls dazu – und erlauben daher keine sinnvolle Antwort.

Unter dem Einfluß von A. Tarskis Arbeiten mit dem Ziel einer adäquaten Wahrheitsdefinition (↑Wahrheitsdefinition, semantische) für formale Sprachen erweitert auch C. seine Wissenschaftslogik um die semantischen und sogar pragmatischen Komponenten einer formalen Sprache: Der Begriff der ↑Syntax bei C. schließt künftig nicht nur die Syntax der Objektsprache ein, sondern auch die Syntax von ebenfalls als formale Sprachen aufgebauten Metasprachen, mit deren Hilfe sich eine ↑Semantik (und ↑Pragmatik) der Objektsprache und damit auch die Unterscheidung zwischen intensionaler und extensionaler Bedeutung (↑extensional/Extension, ↑intensional/Intension) objektsprachlicher Ausdrücke definieren lassen. Damit werden auch die Begriffsbildungen der ↑Modallogik zugänglich, wobei es C. mit der bis heute einflußreichen Monographie »Meaning and Necessity« (1947) gelingt, im zeitgenössischen Streit um die Entbehrlichkeit von Intensionen für formale Sprachen, z. B. zwischen A. Church und Quine, eine vermittelnde Position einzunehmen. Als Bedingung an eine für empirische Wissenschaften taugliche formale Sprache war schon früh im Wiener Kreis formuliert worden, daß jede echte Objektaussage, also unter Ausschluß der Syntaxaussagen, ein *empiristisches Sinnkriterium* (↑Sinnkriterium, empiristisches) zu erfüllen habe, kraft dessen die Kontrollierbarkeit der nicht-logischen Aussagen, die im übrigen durch Bedeutungspostulate (↑Analytizitätspostulat) für die in ihnen vorkommenden prädikativen Ausdrücke analytisch verknüpft sein können, gesichert ist. Die Diskussion um eine methodisch einwandfreie und adäquate Formulierung dieses Kriteriums dauert bis heute an. Insbes. hat die Entdeckung der ↑Dispositionsbegriffe als nicht definierbar durch reine Beobachtungsbegriffe C. dazu geführt, eine Wissenschaftssprache zweiteilig aufzubauen: aus der ↑*Beobachtungssprache* als ihrer empirischen Basis und aus der *theoretischen Sprache* (↑Theoriesprache), deren Grundbegriffe nicht sämtlich aus der Beobachtungssprache definierbar sind, also bloß axiomatisch bestimmt werden. Die Abgrenzung der beiden Teile einer Wissenschaftssprache und damit die vom Logischen Empirismus ursprünglich geleugnete Existenz synthetischer Urteile a priori ist seither wieder strittig.

C.s Beiträge zur ↑Wahrscheinlichkeitstheorie und zu deren methodischen Grundlagen (↑Logik, induktive) gehören ins Zentrum der Arbeit in den letzten drei Jahrzehnten seines Lebens. C. versteht sie als eine Ausarbeitung der in den empirischen Wissenschaften, insbes. bei induktiver Verallgemeinerung aus Einzelfällen, auftretenden Abschwächung des logischen Schließens: Mit der Erklärung einer logischen Wahrscheinlichkeit dafür, daß in einer formalen Sprache eine Hypothese H relativ zum verfügbaren Wissen, der Evidenz E, gilt – E impliziert induktiv H (in einem bestimmten Grad zwischen 0 und 1) –, soll ein Kontinuum von Möglichkeiten zwischen der Unverträglichkeit von Hypothese und Evidenz – die Wahrscheinlichkeit ist 0 – und der logischen Folgerung der Hypothese aus der Evidenz – die Wahrscheinlichkeit ist 1 – eröffnet werden. Die für die jeweilige Hypothese ermittelte Wahrscheinlichkeit läßt sich als Grad ihrer (induktiven) ↑Bestätigung relativ zur Evidenz auffassen. Zwar ist es C. gelungen, für endliche Sprachen, d. h. Sprachen mit endlich vielen Konstanten und endlich vielen Prädikatsymbolen, in Weiterführung von Ideen Wittgensteins im »Tractatus« (4.46–4.4661) zum ↑Spielraum von Sätzen die klassische Wahrscheinlichkeit als eine logische Wahrscheinlichkeit einer Hypothese relativ zum verfügbaren Wissen, das sind die als wahr bereits bekannten Sätze, zu rekonstruieren, jedoch ist weiterhin umstritten, ob und, wenn ja, wie sich unter den unbegrenzt vielen Möglichkeiten der Zuschreibung einer Wahrscheinlichkeit (↑Bestätigungsfunktion) adäquate logische Wahrscheinlichkeiten auszeichnen lassen, von den zusätzlichen Problemen beim Übergang zu unendlichen Sprachen ganz abgesehen. C. war bis zuletzt davon überzeugt, daß die Entwicklung einer der Metasprache zugehörigen logischen Wahrscheinlichkeitstheorie neben der Weiterführung der zur Objektsprache gehörenden statistischen Wahrscheinlichkeitstheorie von vergleichbarem Nutzen ist und jeder Versuch, beide gegeneinander auszuspielen, ihren verschiedenen Status verkennt, also sinnlos bleibt.

Werke: Der Raum. Ein Beitrag zur Wissenschaftslehre, Diss. Jena 1921, Berlin 1922, Vaduz/Liechtenstein 1978, 1991 (Kant-St. Erg.hefte 56); Über die Aufgaben der Physik und die Anwendung des Grundsatzes der Einfachheit, Kant-St. 28 (1923), 90–107; Physikalische Begriffsbildung, Karlsruhe 1926 (repr. Darmstadt 1966); Der logische Aufbau der Welt, Berlin 1928, [erw.] mit Untertitel: Scheinprobleme in der Philosophie, Hamburg ²1961, ³1966, ⁴1974, 1998 (engl. The Logical Structure of the World. Pseudoproblems in Philosophy, Berkeley Calif./London 1967, 1969); Scheinprobleme in der Philosophie. Das Fremdpsychische und der Realismusstreit, Leipzig/Berlin 1928, Neudr. in: ders., Der logische Aufbau der Welt [s. o. ²1961], 293–336; Abriss der Logistik mit besonderer Berücksichtigung der Relationstheorie und ihrer Anwendungen, Wien 1929; Die alte und die neue Logik, Erkenntnis 1 (1930), 12–26; Überwindung der Metaphysik durch logische Analyse der Sprache, Erkenntnis 2 (1932), 219–241, Neudr. in: E. Hilgendorf (ed.), Wissenschaftlicher Humanismus. Texte zur Moral- und Rechtsphilosophie des frühen logischen Empirismus, Freiburg/Berlin/München 1998, 72–102; Die physikalische Sprache als Universalsprache der Wissenschaft, Erkenntnis 2 (1932), 432–465; Psychologie in physikalischer Sprache, Erkenntnis 3 (1932), 107–142; Über Protokollsätze, Erkenntnis 3 (1932), 215–228 (engl. On Protocol Sentences, Noûs 21 [1987], 457–470); Die Aufgabe der Wissenschaftslogik, Wien 1934; On the Character of Philosophical Problems, Philos. Sci. 1 (1934), 5–19; Logische Syntax der Sprache, Wien 1934, Wien/New York ²1968 (engl. The Logical Syntax of Language, London/New York 1937, London 1949, 2000); Philosophy and Logical Syntax, London 1935, New York ²1979, Bristol ³1996; Testability and Meaning, Philos. Sci. 3 (1936), 419–471, 4 (1937), 1–40, separat Indianapolis Ind. 1936, New Haven Conn. 1950, 1954; Logical Foundations of the Unity of Science, in: O. Neurath u. a. (eds.), International Encyclopedia of Unified Science I/1, Chicago Ill. 1938, 1965, 42–62; Foundations of Logic and Mathematics, Chicago Ill. 1939, 1965 (= International Encyclopedia of Unified Science I/3) (dt. Grundlagen der Logik und Mathematik, München 1973, ²1975); Introduction to Semantics, Cambridge Mass. 1942, 1948, Neudr. in: ders., Introduction to Semantics and Formalization of Logic, Cambridge Mass. 1943, 1975; Formalization of Logic, Cambridge Mass. 1943, 1947, Neudr. in: ders., Introduction to Semantics and Formalization of Logic [s. o.]; The Two Concepts of Probability, Philos. Phenom. Res. 5 (1944/1945), 513–532; On Inductive Logic, Philos. Sci. 12 (1945), 72–97; Remarks on Induction and Truth, Philos. Phenom. Res. 6 (1945/1946), 590–602; Meaning and Necessity. A Study in Semantics and Modal Logic, Chicago Ill./Toronto/London 1947, (erw.) Chicago Ill./London ²1956, 1988 (dt. Bedeutung und Notwendigkeit. Eine Studie zur Semantik und modalen Logik, Wien/New York 1972); Probability as a Guide to Life, J. Philos. 44 (1947), 141–148; On the Application of Inductive Logic, Philos. Phenom. Res. 8 (1947/1948), 133–148; Empiricism, Semantics and Ontology, Rev. int. philos. 4 (1950), 20–40, Neudr. in: ders, Meaning and Necessity [s. o. ²1956], 205–221; Logical Foundations of Probability, Chicago Ill., London 1950, ⁴1971; The Nature and Application of Inductive Logic. Consisting of Six Sections from Logical Foundations of Probability, Chicago Ill. 1951; The Continuum of Inductive Methods, Chicago Ill./London/Toronto 1952; Inductive Logic and Science, Proc. Amer. Acad. Arts Sci. 80 (1953), 189–197; Einführung in die symbolische Logik. Mit besonderer Berücksichtigung ihrer Anwendungen, Wien 1954, ⁴1973 (engl. Introduction to Symbolic Logic and Its Applications, New York 1958); Meaning and Synonymy in Natural Language, Philos. Stud. 6 (1955), 33–47, Neudr. in: ders., Meaning and Necessity [s. o. ²1956], 233–247; Induktive Logik und Wahrscheinlichkeit, ed. W. Stegmüller, Wien 1959; The Aim of Inductive Logic, in: E. Nagel/P. Suppes/A. Tarski (eds.), Logic, Methodology and Philosophy of Science. Proceedings of the 1960 International Congress, Stanford Calif. 1962, 303–318; Intellectual Autobiography, in: P. A. Schilpp (ed.), The Philosophy of R. C., La Salle Ill./London 1963, 3–84 (dt. Mein Weg in die Philosophie, Stuttgart 1993); Philosophical Foundations of Physics. An Introduction to the Philosophy of Science, ed. M. Gardner, New York/London 1966, unter dem Titel: An Introduction to the Philosophy of Science, New York ³1995 (dt. Einführung in die Philosophie der Naturwissenschaft, München 1969, Frankfurt 1986); (mit R. C. Jeffrey [eds.]) Studies in Inductive Logic and Probability I, Berkeley Calif./Los Angeles/London 1971; Two Essays on Entropy, ed. A. Shimony, Berkeley Calif./Los Angeles/London 1977; A Basic System of Inductive Logic II, in: R. C. Jeffrey (ed.), Studies in Inductive Logic and Probability II, Berkeley Calif./Los Angeles/London 1980, 7–144; Untersuchung zur allgemeinen Axiomatik, ed. T. Bonk/J. Mosterin, Darmstadt 2000; Frühe Schriften, Frankfurt 2001. – R. Creath (ed.), Dear C., Dear Van. The Quine-C. Correspondence and Related Work. W. V. Quine and R. C., Berkeley Calif./Los Angeles/London 1990.

Literatur: P. Achinstein, R. C., Rev. Met. 19 (1966), 517–549, 758–779; V. Batitsky, Measurement in C.'s Late Philosophy of Science, Dialectica 54 (2000), 87–108; D. Bell/W. Vossenkuhl, Wissenschaft und Subjektivität. Der Wiener Kreis und die Philosophie des 20. Jahrhunderts, Berlin 1992; E. Brendel, C., in: J. Nida-Rümelin (ed.), Philosophie der Gegenwart in Einzeldarstellungen. Von Adorno bis v. Wright, Stuttgart 1991, 98–105, ²1999, 127–135; R. C. Buck/R. S. Cohen (eds.), PSA 1970. In Memory of R. C.. Proceedings of the 1970 Meeting. Philosophy of Science Association, Dordrecht/Boston Mass. 1971; R. Butrick, C. on Meaning and Analyticity, The Hague/Paris 1970; J. A. Coffa, The Semantic Tradition from Kant to C. to the Vienna Station, ed. L. Wessels, Cambridge/New York/Melbourne 1991, 1998; R. Creath, C., REP II (1998), 208–215; ders., C.'s Move to Semantics. Gains and Losses, in: J. Woleński/E. Köhler (eds.), Alfred Tarski and the Vienna Circle. Austro-Polish Connections in Logical Emipiricism. Dordrecht/Boston Mass./London 1999 (Vienna Circle Institute Yearbook IV), 65–76; M. Friedman, Epistemology in the »Aufbau«, Synthese 93 (1992), 15–57; ders., Overcoming Metaphysics. C. and Heidegger, in: R. N. Giere/A. W. Richardson (eds.), Origins of Logical Emipiricism, Minneapolis Minn./London 1996, 45–79; ders., C. and Wittgenstein's »Tractatus«, in: W. W. Tait (ed.), Early Analytical Philosophy. Frege, Russell, Wittgenstein. Essays in Honor of Leonard Linsky, Chicago Ill./La Salle Ill. 1997, 19–36; ders., Reconsidering Logical Positivism, Cambridge/New York/Melbourne 1999; ders., A Parting of the Ways. C., Cassirer, Heidegger, Chicago Ill. 2000; G. Gabriel, C. und Heidegger. Zum Verhältnis von analytischer und kontinentaler Philosophie, Dt. Z. Philos. 48 (2000), 487–497; A. George, On Washing the Fur without Wetting It. Quine, C., and Analyticity, Mind 109 (2000), 1–24; W. Goldfarb/T. Ricketts, C. and the Philosophy of Mathematics, in: D. Bell/W. Vossenkuhl (eds.), Wissenschaft und Subjektivität [s. o.], 61–78; N. Goodman, The Structure of Appearance, Cambridge Mass. 1951, Dordrecht/Boston Mass. ³1977 (Boston Stud. Philos. Sci. LIII); G. Gottlob, Remarks on a C.ian Extension of S5, in: J. Woleński/E. Köhler (eds.), Alfred Tarski and the Vienna Circle [s. o.], 243–259; P. M. S. Hacker, Wozu Philosophie? Antworten des 20. Jahrhunderts in der Diskussion. Zu R. C.s Überwindung der Metaphysik durch logische Analyse der Sprache, Dt. Z. Philos. 48 (2000), 469–486; R. Haller, Neopositivismus. Eine historische Einführung in die Philosophie des Wiener Kreises, Darmstadt 1993; ders./F. Stadler (eds.), Wien, Berlin, Prag. Der Aufstieg der wissenschaftlichen Philosophie. Zentenarien R. C., Hans Reichenbach, Edgar Zilsel, Wien 1993; A. Hausman/F. Wilson, C. and Goodman. Two Formalists, Iowa City 1967; R. Hegselmann, Die Korrespondenz zwischen Otto Neurath und R. C. aus den Jahren 1934 bis 1945. Ein vorläufiger Bericht, in: H.-J. Dahms (ed.), Philosophie, Wissenschaft, Aufklärung. Beiträge zur Geschichte und Wirkung des Wiener Kreises, Berlin/New York 1985, 276–290; J. Hintikka (ed.), R. C.. Logical Empiricist. Materials and Perspectives, Dordrecht/Boston Mass. 1975; D. Howard, Relativity, Eindeutigkeit, and Monomorphism. R. C. and the Development of the Category Concept in Formal Semantics, in: R. N. Giere/ A. W. Richardson (eds.), Origins of Logical Emipiricism [s. o.], 115–164; B. H. Kazemier/D. Vuysje (eds.), Logic and Language. Studies Dedicated to Professor R. C. on the Occasion of His 70. Birthday, Dordrecht 1962; D. Koppelberg, Die Aufhebung der analytischen Philosophie. Quine als Synthese von C. und Neurath, Frankfurt 1987; L. Krauth, Die Philosophie C.s, Wien/New York 1970, ²1997; T. Mormann, Idealistische Häresien in der Wissenschaftsphilosophie. Cassirer, C. und Kuhn, J. General Philos. Sci. 30 (1999), 233–271; ders., R. C., München 2000 (mit Bibliographie, 215–225); B. G. Norton, Linguistic Frameworks and Ontology. A Re-Examination of C.'s Metaphilosophy, The Hague/New York/Paris 1977; M. A. Notturno, Popper's Critique of Scientific Socialism. Or C. and His Co-Workers, Philos. Soc. Sci. 29 (1999), 32–61; T. Oberdan, Protocols, Truth, and Conventions, Amsterdam/Atlanta Ga. 1993; P. O'Grady, C. and Two Dogmas of Empiricism, Philos. Phenom. Res. 59 (1999), 1015–1027; M. Ouelbani, Le projet constructionniste de C.. Ses origines et ses problèmes, Tunis 1992; J. Proust, Questions de forms. Logique et propositions analytique de Kant à C., Paris 1986 (engl. Questions of Form. Logic and the Analytic Propositions from Kant to C., Minneapolis Minn. 1989); W. V. O. Quine, C. and Logical Truths, Synthese 12 (1960), 350–374, Neudr. in: P. A. Schilpp (ed.), The Philosophy of R. C. [s. u.], 385–406; N. Rescher (ed.), The Heritage of Logical Positivism, Lanham Md./London 1985; A. W. Richardson, From Epistemology to the Logic of Science. C.'s Philosophy of Empirical Knowledge in the 1930s, in: R. N. Giere/A. W. Richardson (eds.), Origins of Logical Emipiricism [s. o.], 309–332; ders., C.'s Construction of the World, Cambridge/New York/Melbourne 1998 (mit Bibliographie, 230–238); T. Rikketts, C.'s Principle of Tolerance, Empiricism, and Conventionalism, in: D. Clark/B. Hale (eds.), Reading Putnam, Cambridge Mass./Oxford 1994, ²1995, 176–200; ders., C.. From Logical Syntax to Semantics, in: R. N. Giere/A. W. Richardson (eds.), Origins of Logical Emipiricism [s. o.], 231–250; E. Runggaldier, C.'s Early Conventionalism. An Inquiry into the Historical Background of the Vienna Circle, Amsterdam 1984; W. Salmon/G. Wolters (eds.), Logic, Language, and the Structure of Scientific Theories. Proceedings of the C.-Reichenbach Centennial. University of Konstanz 21–24 May 1991, Pittsburgh Pa./ Konstanz 1994; S. Sarkar (ed.), C.. A Centenary Reappraisal, Synthese 93 (1992); ders. (ed.), Decline and Absolescence of Logical Empiricism. C. vs. Quine and the Critics, New York/ London 1996; P. A. Schilpp (ed.), The Philosophy of R. C., La Salle Ill./London 1963, ⁴1991; W. Spohn (ed.), Erkenntnis Orientated. A Centennial Volume for R. C. and Hans Reichenbach, Dordrecht/Boston Mass./London 1991; W. Stegmüller, Moderner Empirismus. R. C. und der Wiener Kreis, in: ders., Hauptströmungen der Gegenwartsphilosophie. Eine historisch-kritische Einführung I, Wien, Zürich 1952, mit Untertitel: Eine kritische Einführung, Stuttgart ²1960, ⁷1989, 346–428; ders., R. C.. Induktive Wahrscheinlichkeit, in: J. Speck (ed.), Grundprobleme der großen Philosophen. Philosophie der Gegenwart I, Göttingen 1972, 45–97, 1985, 47–99; D. Wandschneider, Formale Sprache und Erfahrung. C. als Modellfall, Stuttgart-Bad Cannstatt 1975; J. Woleński, Semantic Revolution. R. C., Kurt Gödel, A. Tarski, in: ders./E. Köhler (eds.), Alfred Tarski and the Vienna Circle [s. o.], 1–15; U. Wolf, Warum sich die metaphysischen Fragen nicht beantworten, aber auch nicht überwinden lassen, Dt. Z. Philos. 48 (2000), 499–504.   K. L.

Carnot, Sadi (Nicolas Léonard), *Paris 1. Juni 1796, †Ivry 24. Aug. 1832, franz. Physiker, Sohn des Mathematikers und Politikers Lazare C.. 1812–1814 Studium der Mathematik und der Naturwissenschaften an der École polytechnique in Paris, 1814–1816 des Militäringenieurwesens an der École du génie in Metz, anschließend Militärdienst. 1819–1827 Urlaub und Leben als Privatgelehrter in Paris, dabei insbes. Forschungen zur

Thermodynamik. Nach kurzfristiger Rückkehr zum Militär 1828 dauerhaftes Ausscheiden aus dem Dienst. Eine Choleraepidemie führte zu seinem frühen Tod. – C.s Bedeutung gründet sich auf seine einzige zu Lebzeiten erschienene Abhandlung, die »Réflexions sur la puissance motrice du feu et sur les machines propres à développer cette puissance« (1824). Darin zog C. die seinerzeit verbreitete Wärmestofftheorie (↑Thermodynamik) für die Analyse der Dampfmaschine heran. Nach dieser Theorie ist Wärme eine gewichtslose, unzerstörbare Substanz, so daß sie einem ↑Erhaltungssatz unterliegt. Der Wärmestoffanteil in einem Körper bestimmt dessen Temperatur; der Wärmestoffübergang zwischen Körpern drückt sich als Erwärmung oder Abkühlung aus.

In diesem Rahmen faßte C. die Wirkungsweise einer Wärmekraftmaschine nach dem Vorbild eines Wasserrads auf. Arbeit wird danach durch den ›Fall‹ von Wärmestoff von der hohen Temperatur des Kessels auf die niedrige Temperatur des Kondensators erzeugt. Im Gegensatz zu der Auffassung von Wärmekraftmaschinen im Rahmen der späteren klassischen (›phänomenologischen‹) Thermodynamik wird also für C. keineswegs Wärme in Arbeit umgewandelt; Arbeit entsteht vielmehr aus dem Übergang von Wärmestoff vom warmen zum kalten Körper. Die geleistete Arbeit ergibt sich dabei aus der Wärmemenge als dem Quantum des beteiligten Wärmestoffs (analog der Masse fallenden Wassers) und der Temperaturdifferenz (analog der Fallhöhe). Daraus zog C. den Schluß, daß eine Wärmekraftmaschine Arbeit nur aus Temperaturunterschieden zu erzeugen vermag.

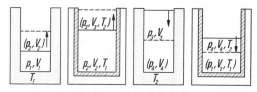

Abb. 1: Arbeitstakte im C.schen Kreisprozeß, aus: C. Gerthsen/H. Vogel, Physik, Berlin etc. [20]1999, 231.

C. stellte die Wirkungsweise von Wärmekraftmaschinen durch einen Zyklus von Phasen dar (›C.scher Kreisprozeß‹). Dabei dehnt sich ein Gas zunächst bei konstanter Temperatur aus: isotherme Expansion von $p_1 V_1$ nach $p_2 V_2$. Das Gas verrichtet Arbeit, behält aber seine Temperatur durch anhaltenden Kontakt mit einem Wärmebad bei. In der zweiten Phase des Zyklus setzt sich die Ausdehnung des Gases unter Wärmeabschluß fort: adiabatische Expansion von $p_2 V_2$ nach $p_3 V_3$. Dabei wird weiterhin Arbeit erzeugt, die aber nun aus dem Wärmeinhalt des Gases selbst stammt und daher mit dessen Abkühlung verbunden ist. In der dritten und vierten Phase werden die genannten Prozeßschritte umgekehrt. Das Gas wird also zunächst isotherm (von $p_3 V_3$ nach $p_4 V_4$) und anschließend adiabatisch komprimiert, so daß der Ausgangszustand $p_1 V_1$ wieder angenommen wird. Arbeit entsteht daraus, daß Wärme bei hoher Temperatur aufgenommen wird und die Ausdehnung des Gases bewirkt, während Wärme bei niedriger Temperatur wieder abgegeben wird. Die für die isotherme Kompression aufzuwendende Arbeit fällt daher geringer aus als die aus der isothermen Expansion gewonnene Arbeit.

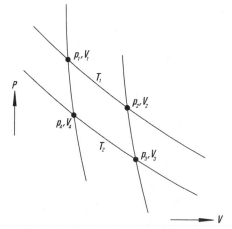

Abb. 2: Gasdruck und Gasvolumen im C.schen Kreisprozeß, aus: C. Gerthsen/H. Vogel, Physik, Berlin etc. [20]1999, 231.

Die Analogie zwischen der bewegenden Kraft der Wärme und der fallenden Kraft des Wassers legt eine Obergrenze für die Wirksamkeit der Wärmekraftmaschine fest. Dieser Wirkungsgrad η ergibt sich als Verhältnis der erhaltenen Arbeit W zu der dem Wärmebad entnommenen Wärmemenge Q: $\eta = W/Q$. Auf der Grundlage seiner Analyse bestimmte C. den maximalen Wirkungsgrad von Wärmekraftmaschinen als Verhältnis der Temperaturdifferenz ΔT zwischen Wärme- und Kältebad und der Temperatur T des Wärmebads: $\eta = \Delta T/T$. Die Folge ist, daß der Wirkungsgrad von der Wahl des Betriebsmittels unabhängig ist. C. setzte sich damit in Gegensatz zu der zeitgenössischen Auffassung, daß die Effizienz von Wärmekraftmaschinen durch den Einsatz von Luft statt Wasserdampf als Betriebsmittel gesteigert werden könne. Auf C.s Ausdruck für den Wirkungsgrad des C.-Prozesses stützte W. Thomson (Lord Kelvin) 1849 die Definition der absoluten Temperaturskala.

C. gelang auf dem Boden der Wärmestofftheorie (die er allerdings gegen Ende seines Lebens zunehmend in Zweifel zog) der Durchbruch zu begrifflichen Innovationen (wie ›Kreisprozeß‹, ›Reversibilität‹ und ›Wirkungsgrad‹), die auch für die nachfolgende klassische Thermodynamik prägend blieben. C.s Ausdruck für den Wirkungsgrad ist aus der Perspektive der klassischen Thermodynamik eine Konsequenz des sog. Zweiten Hauptsatzes, demzufolge bei allen Energieumwandlungen ein gewisser Anteil in Wärme überführt wird. Allerdings sprengt der Zweite Hauptsatz wegen dieser vorgesehenen Erzeugung von Wärme den Rahmen der Wärmestofftheorie.

Methodologisch stellt C.s Abhandlung zur bewegenden Kraft des Feuers eines der frühen Beispiele für eine Verzahnung von Wissenschaft und Technik dar. Zuvor waren umfassende wissenschaftliche Theorien (wie die Newtonsche ↑Mechanik) für den technischen Fortschritt weitgehend ohne Belang geblieben. Insbes. war die Dampfmaschine ohne einen Beitrag systematischer Wissenschaft, allein durch Versuch und Irrtum entwickelt worden. C.s gleichzeitige Vertrautheit mit dem Ingenieurswesen und der Wissenschaft seiner Zeit läßt ihn als einen der ersten die Brücke zwischen Theorie und Technologie schlagen. Dabei bringt er nicht allein die Thermodynamik für eine Analyse der Wirkungsweise der Dampfmaschine zum Tragen, sondern führt die Theorie auch in begrifflicher und inhaltlicher Hinsicht weiter. C. prägt damit ein Muster reziproker Förderung vor, das seitdem für das Verhältnis weiter Teile von Wissenschaft und Technik charakteristisch ist: einerseits ergeben sich technische Neuerungen aus der Anwendung wissenschaftlicher Erkenntnisse, andererseits wird im Zuge technischer Innovationen auch ein Erkenntnisfortschritt erzielt.

Werke: Réflexions sur la puissance motrice du feu et sur les machines propres à développer cette puissance, Paris 1824, 1878 [mit Biographie v. Hippolyte Carnot, 71–87], Sceaux 1990 (dt. Betrachtungen über die bewegende Kraft des Feuers und die zur Entwickelung dieser Kraft geeigneten Maschinen, ed. u. übers. W. Ostwald, Leipzig 1892, Thun ³1995 [Ostwalds Klassiker der exakten Wiss. XXXVII]; engl. Reflections on the Motive Power of Fire, by S. C., and other Papers on the Second Law of Thermodynamics, by É. Clapeyron and R. Clausius, ed. E. Mendoza, New York 1960, unter dem Titel: Reflexions on the Motive Power of Fire. A Critical Edition with the Surviving Scientific Manuscripts, ed. u. übers. R. Fox, Manchester/New York 1986); Biographie et manuscrit. Avec une introduction de É. Picard, Paris 1927; Un manuscrit inédit, ed. W. A. Gabbey/ J. W. Herivel, Rev. hist. sci. applic. 19 (1966), 151–166.

Literatur: E. Ariès, L'oeuvre scientifique de S. C., introduction à l'étude de la thermodynamique, Paris 1921; D. S. L. Cardwell, Power Technologies and the Advance of Science, 1700–1825, Technology and Culture 6 (1965), 188–207; ders., From Watt to Clausius. The Rise of Thermodynamics in the Early Industrial Age, London, Ithaca N. Y. 1971, Ames Iowa 1989; H. Carnot, Notice biographique sur S. C., Atti della Reale Academia delle scienze di Torino 4 (1868), 151–170; J. F. Challey C., DSB III (1971), 79–84; R. Fox, The Caloric Theory of Gases: from Lavoisier to Regnault, Oxford 1971; A. Fridberg, S. C., physicien et les »C.« dans l'histoire, Paris 1978; U. Hoyer, Theoriewandel und Strukturerhaltung. Das Beispiel der Thermodynamik, Philos. Nat. 16 (1976/1977), 421–436; M. Kerker, S. C. and the Steam Engine Engineers, Isis 51 (1960), 257–270; T. S. Kuhn, C.'s Version of ›C.'s Cycle‹, Amer. J. Phys. 23 (1955), 91–95; ders., The Caloric Theory of Adiabatic Compression, Isis 49 (1958), 132–140; ders., Engineering Precedent for the Work of S. C., Arch. int. hist. sci. 13 (1960), 251–255; J.-P. Maury, C. et la machine à vapeur, Paris 1986; P. Redondi, L'accueil des idées de S. C. et la technologie française de 1820 à 1860. De la légende à l'histoire, Paris 1980. – Table ronde du Centre national de la recherche scientifique, S. C. et l'essor de la thermodynamique. Paris, École Polytechnique 11–13 juin 1974, Paris 1976.   M. C.

Carroll, Lewis, Pseudonym für Charles Lutwidge Dodgson, *Daresbury/Cheshire 27. Jan. 1832, †Guildford/Surrey 14. Jan. 1898, engl. Schriftsteller und Logiker. Ab 1850 Studium im Christ Church College, Oxford, 1854 B. A., 1857 M. A., 1855–1881 Lecturer für Mathematik am Christ Church College in Oxford. Weltruhm erlangte C. nicht durch seine Arbeiten zur formalen Logik (↑Logik, formale) und zur ↑Euklidischen Geometrie, sondern durch die Bücher »Alice in Wonderland« (1865) und »Through the Looking-Glass« (1871), die er zunächst nicht zur Veröffentlichung, sondern als Kinderbücher zur Unterhaltung für die mit C. befreundete Tochter Alice Liddell des damaligen Dekans des Christ Church College geschrieben hatte. Dabei verwertet C. bizarre Konstruktionen der natürlichen Sprache, Widersprüchlichkeiten des Sprachgebrauchs und logisch-semantische ↑Paradoxien in so meisterhafter Weise, daß Charaktere und Zitate aus diesen Büchern nicht nur populär und in England geradezu Teil der Folklore geworden sind, sondern auch ihren festen Platz in der logischen und philosophischen Literatur gefunden haben. Während die Alice-Bücher nicht als surrealistische Literatur gedacht waren, gilt C.s »The Hunting of the Snark« (1876) heute als Paradigma ›seriöser‹ Nonsensedichtung. Als geistreich und scharfsinnig haben sich auch zahlreiche Rätsel und Denkaufgaben aus »Pillow Problems« (1893) und »A Tangled Tale« (London 1885) erhalten, deren Autorschaft meist ebenso wenig bekannt ist wie C.s Kunst der Porträtfotografie und auf wissenschaftlichem Gebiet seine originellen Beiträge zur ↑Entscheidungstheorie.

Werke: The Complete Works of L. C., ed. A. Woollcott, New York 1936, London 1977, 1994; The Works of L. C., ed. R. L. Green, London 1965. – Alice's Adventures in Wonderland, London 1865, New York 1866, rev. London/New York 1887, Neudr. in: Alice's Adventures/Through the Looking-Glass, London/New York 1887, Neudr. in: The Annotated Alice. Alice's Adventures in Wonderland and Through the Looking-Glass, ed. M. Gardner, New York 1960, rev. 1970, Neudr. in: The Philosopher's Alice, ed. P. Heath, London 1974 [mit Komm. zu logisch-philosophischen Implikationen], Neudr. in: More Annotated Alice. Alice's Adventures in Wonderland and Through the Looking-Glass and What Alice Found There, ed. M. Gardner, rev. New York 1990, unter dem Titel: The Annotated Alice. The Definitive Edition.

Alice's Adventures in Wonderland and Through the Looking-Glass, rev. London etc., New York 2000 (Bibliographie der unterschiedlichen Editionen, in: S. H. Williams u. a., The L. C. Handbook, Folkestone 1979, 235–250) (dt. Alice's Abenteuer im Wunderland, London, Leipzig 1869, Neudr. in: Alice im Wunderland. Alice hinter den Spiegeln, ed. H. M. Enzensberger, Frankfurt 1963, Neudr. in: Alles über Alice. Alices Abenteuer im Wunderland und Durch den Spiegel und was Alice dort fand, Hamburg 2002 [mit Bibliographie der dt. Übers., 335–336]; franz. Aventures d'Alice, London 1869 [repr. New York 1972]); (unter dem Namen C. L. Dodgson) An Elementary Treatise on Determinants, with Their Application to Simultaneous Linear Equations and Algebraical Geometry, London 1867; Through the Looking-Glass, and What Alice Found There, London 1872 [erschienen 1871], Boston Mass., New York 1872, rev. London/New York 1887, Neudr. in: Alice's Adventures/Through the Looking-Glass, London/New York 1887 [weitere Ausg. in: S. H. Williams u. a., The L. C. Handbook [s. o.], 242–253] (dt. Alice im Wunderland. Alice hinter den Spiegeln, ed. H. M. Enzensberger, Frankfurt 1963, Neudr. in: Alles über Alice. Alices Abenteuer im Wunderland und Durch den Spiegel und was Alice dort fand, Hamburg 2002); A Discussion of the Various Methods of Procedure in Conducting Elections, Oxford 1873; The Hunting of the Snark. An Agony in Eight Fits, London 1876, unter dem Titel: The Annotated Snark, ed. M. Gardner, New York, Harmondsworth 1962, Harmondsworth etc. 1984 (dt. Die Jagd nach dem Schnark. Agonie in acht Krämpfen, Frankfurt 1968, 1982); (unter dem Namen C. L. Dodgson) Euclid and His Modern Rivals, London 1879, ²1885, Nachdr. New York 1973; Alice's Adventures Under Ground. Being a Facsimile of the Original MS. Book Afterwards Developed into »Alice's Adventures in Wonderland«, London/New York 1886 (repr. New York/Toronto/London 1965) [mit Illustrationen von C.]; The Game of Logic, London, New York 1886, ²1887, Nachdr. in: ders., Mathematical Recreations of L. C. II (Symbolic Logic and The Game of Logic [Both Books Bound as One]), New York 1958 (dt. Das Spiel der Logik, ed. P. Good, Köln, Stuttgart-Bad Cannstatt 1998, 1999); Curiosa Mathematica, I–II, London 1888/1893 (I A New Theory of Parallels, II Pillow Problems. Thought out during Sleepless Nights), II mit Untertitel: Thought out during Wakeful Hours, rev. London 1893, II Nachdr. in: ders., Mathematical Recreations of L. C. I (Pillow Problems and A Tangled Tale [Both Books Bound as One]), New York 1958; Symbolic Logic. Part I (Elementary), London, New York 1896, rev. 1896, Nachdr. in: ders., Mathematical Recreations of L. C. II (Symbolic Logic and The Game of Logic [Both Books Bound as One]), New York 1958, ed. W. W. Bartley III, New York, Hassocks 1977, 1986 [mit erstmals publiziertem Part II]; The Diaries of L. C., I–II, ed. R. L. Green, London 1953, Westport Conn. 1971; L. C.s Diaries, I–VI, ed. E. Wakeling, Luton 1993–2001. – The Letters of L. C., I–II, ed. M. H. Cohen, London 1979. – S. H. Williams, A Bibliography of the Writings of L. C. (Charles Lutwidge Dodgson), London 1924; W. Weaver, Alice in Many Tongues. The Translations of »Alice in Wonderland«, Madison Wisc. 1964; S. H. Williams u. a., The L. C. Handbook, Folkestone 1979; E. Guiliano, L. C.. An Annotated International Bibliography (1960–77), Charlottesville Va. 1980; R. Fordyce (ed.), L. C.. A Reference Guide, Boston Mass. 1988; C. C. Lovett/S. B. Lovett, L. C.'s Alice. An Annotated Checklist of the Lovett Collection, Westport Conn./London 1990; ders., L. C. and the Press. An Annotated Bibliography of Charles Dodgson's Contributions to Periodicals, New Castle Del., London 1999.

Literatur: P. Alexander, Logic and the Humour of L. C., Proc. Leeds Philos. Literary Soc. 6 (1951), 551–566; M. Bakewell, L. C.. A Biography, London, New York 1996, London 1997; R. B. Braithwaite, L. C. as Logician, Math. Gazette 16 (1932), 174–178; A. Clark, L. C.. A Biography, London, New York 1979; M. N. Cohen, L. C.. A Biography, London, New York 1995, New York 1996; ders., Reflections in a Looking Glass. A Centennial Celebration of L. C., Photographer, New York 1998 (dt. L. C.. Reflexionen im Spiegel. Ein Pionier der Fotografie, München 1999); S. D. Collingwood, The Life and Letters of L. C., London, New York 1898, New York 1899 (repr. Detroit Mich. 1967); P. Engel, La logique peut-elle mouvoir l'esprit?, Dialogue. Can. Philos. Rev. 37 (1998), 35–53; J. Gattegno, C., in: D. Huisman, Dictionnaire des philosophes I, Paris ²1993, 529–530; H. Gernsheim, L. C.. Photographer, London/New York 1949, New York 1969, mit Untertitel: Victorian Photographer, London 1980; R. L. Green, L. C., London 1960; E. Guiliano (ed.), L. C.. A Celebration. Essays on the Occasion of the 150th Anniversary of the Birth of Charles Lutwidge Dodgson, New York 1982; P. L. Heath, C., Enc. Ph. II (1967), 36–37; ders., Dodgson, Charles Lutwidge, REP II (1998), 107–109; R. W. Holmes, The Philosopher's Alice in Wonderland, Antioch Rev. 19 (1959), 133–149, Neudr. in: R. Phillips (ed.), Aspects of Alice [s. u.], 199–216; D. Hudson, L. C., London 1954, 1995; T. Kleinspehn, L. C., Reinbek b. Hamburg 1997; E. Kreutzer, L. C.: »Alice in Wonderland« und »Through the Looking-Glass«, München 1984; J.-J. Lecercle, Philosophy Through the Looking Glass. Language, Nonsense, Desire, London, La Salle Ill. 1985; E. Nagel, Symbolic Notation, Haddock's Eyes and the Dog-Walking Ordinance, in: J. R. Newman (ed.), The World of Mathematics […] III, New York 1956, 1878–1900, bes. 1886–1890; R. Phillips (ed.), Aspects of Alice. L. C.'s Dreamchild as Seen Through the Critics' Looking-Glass 1865–1971, New York 1971, Harmondsworth 1974; J. Roberts, L. C., and Seeing Through the Looking Glass, Australas. J. Philos. 76 (1998), 426–438; H. Sarlet, C., Enc. philos. universelle III/1 (1992), 1653–1654; D. Thomas, L. C.. A Portrait with Background, London 1996; W. Weaver, L. C.: Mathematician, Sci. Amer. 194 (1956), 116–128. C. T.

Cartan, Élie Joseph, *Dolomieu 9. April 1869, †Paris 6. Mai 1951, franz. Mathematiker. 1888–1891 Studium der Mathematik und der Physik an der École Normale Supérieure, 1894 Promotion in Mathematik mit einer Arbeit über Gruppentheorie, 1894–1896 Maître de conférences an der Universität Montpellier, 1896–1903 in Lyon, 1903–1909 Prof. an der Universität Nancy, 1909–1912 Maître de conférences und 1912–1940 Prof. an der Universität Paris, zudem 1910–1941 Prof. an der École de Physique et de Chimie industrielle von Paris. – In C.s Werk werden mathematisch invariante Strukturen durch gruppentheoretische Methoden bestimmt. Bereits C.s Dissertation »Sur la structure des groupes de transformations finis et continus« wurde grundlegend für die moderne Gruppentheorie (↑Gruppe (mathematisch)). C. klassifizierte vollständig alle einfachen Lie-Algebren über dem Körper der komplexen Zahlen und dem Körper der reellen Zahlen. Für einfache Gruppen bestimmte er vollständig alle Darstellungen als Gruppen linearer Gleichungen. Dadurch wurde C. zur Entdeckung der Spinoren geführt, deren Theorie er geometrisch entwickelte. Spinoren finden physikalische Anwendung z. B. in

Vereinigungstheorien der Physik. Auch C.s Beiträge zur Theorie der Differentialgleichungen stellen gruppentheoretische Invarianten (z. B. Integralinvarianten von äußeren Differentialgleichungssystemen) heraus, die sowohl in der Allgemeinen Relativitätstheorie (↑Relativitätstheorie, allgemeine) als auch in einheitlichen Feldtheorien angewendet werden. Aus C.s Untersuchungen zur ↑Differentialgeometrie sind seine Weiterentwicklungen der Riemannschen Geometrie (↑Riemannscher Raum) bis hin zur Theorie der symmetrischen Räume (↑symmetrisch/Symmetrie (geometrisch)) hervorzuheben, die er vollständig klassifizierte. In der modernen ↑Kosmologie werden sie zur Beschreibung der Homogenität und der Isotropie des Universums verwendet (↑symmetrisch/Symmetrie (naturphilosophisch)).

Werke: Œuvres complètes, I/1–III/2, Paris 1952–1955 (repr. Paris, Berlin etc. 1984). – Sur la structure des groupes de transformations finis et continus, Paris 1894, ²1933, Neudr. in: Œuvres [s. o.] I/1, 137–287; Les groupes de transformations continus, infinis, simples, Ann. Sci. École Norm. 26 (1909), 93–161, Neudr. in: Œuvres [s. o.] II/2, 857–923; Leçons sur les invariants intégraux, Paris 1922, ²1958, 1971; Leçons sur la géométrie des espaces de Riemann, Paris 1928, ²1946, 1988 (engl. Geometry of Riemannian Spaces, Brookline Mass. 1983); Leçons sur la géométrie projective complexe, Paris 1931 (repr. in: Leçons sur la géométrie projective complexe/La théorie des groupes finis et continus et la géométrie différentielle traitées par la méthode du repère mobile/Leçons sur la théorie des espaces à connexion projective, ed. J. Gabay, Sceaux 1992), ²1950; Notice sur les travaux scientifiques, Paris 1931, Neudr. in: Œuvres [s. o.] I/1, 1–98; Les espaces métriques fondés sur la notion d'aire, Paris 1933; La méthode du repère mobile, la théorie des groupes continus et les espaces généralisés, Paris 1935, Neudr. in: Œuvres [s. o.] III/2, 1259–1320; Leçons sur la théorie des espaces à connexion projective, Paris 1937 (repr. in: Leçons sur la géométrie projective complexe/La théorie des groupes finis et continus et la géométrie différentielle traitées par la méthode du repère mobile/Leçons sur la théorie des espaces à connexion projective, ed. J. Gabay [s. o.]); Leçons sur la théorie des spineurs, I–II, ed. A. Mercier, Paris 1938 (engl. The Theory of Spinors, Paris, Cambridge Mass. 1966, New York 1981); Les systèmes différentiels extérieurs et leurs applications géométriques, Paris 1945, 1971; Théorie des groupes finis et continus et la géométrie différentielle. Traitées par la méthode du repère mobile. Leçons professées à la Sorbonne, Paris 1951 (repr. in: Leçons sur la géométrie projective complexe/La théorie des groupes finis et continus et la géométrie différentielle. Traitées par la méthode du repère mobile/Leçons sur la théorie des espaces à connexion projective, ed. J. Gabay [s. o.]). – É. C. – Albert Einstein. Letters on Absolute Parallelism. 1929–1923, ed. R. Debever, Princeton N. J. 1979.

Literatur: M. A. Akivis/B. A. Rosenfeld, É. C. (1869–1951), Providence R. I. 1993 (mit Bibliographie, 241–261, 303–317); G. Eisenreich, C., in: S. Gottwald/H.-J. Ilgauds/K.-H. Schlote (eds.), Lexikon bedeutender Mathematiker, Leipzig, Thun/Frankfurt 1990, 92–93; S. Helgason, Differential Geometry and Symmetric Spaces, New York 1962, Providence R. I. 2001; W. V. Hodge, É. C. (1869–1951), J. London Math. Soc. 28 (1953), 115–119; J. H. C. Whitehead, Obituary: É. J. C. (1869–1951), Obituary Notices Royal Soc. London 8 (1952), 71–95. – É. C.. 1869–1951. Hommage de l'Academie de la Republique Socialiste de Roumanie à l'occasion du centenaire de sa naissance, Bukarest 1975; É. C. et les mathématiques d'aujourd'hui. The Mathematical Heritage of É. C.. Lyon, 25–29 juin 1984, Paris 1985.   K. M.

Cartesianismus, durch den Anschluß an Lehrstücke R. Descartes' (latinisiert: Cartesius) bestimmte philosophische Richtung im 17. und 18. Jh.. Schwerpunkte bilden die Weiterführung der Cartesischen *Methodologie*, besonders im Rahmen der sogenannten *Logik von Port-Royal* (A. Arnauld/P. Nicole, ↑Port-Royal, Schule von), der Cartesischen *Physik*, besonders durch das einflußreiche Lehrbuch von J. Rohault (Traité de physique, Paris 1671), und der Cartesischen *Zwei-Substanzen-Lehre* (↑Dualismus), die ursprünglich eine physische Verbindung von Leib und Seele (↑Leib-Seele-Problem) vorsah, bis hin zum sogenannten ↑Okkasionalismus (G. de Cordemoy, A. Geulincx, N. Malebranche). Neben der Logik von Port-Royal wirkt ferner die sogenannte *Grammatik von Port-Royal* (A. Arnauld/C. Lancelot), der ebenfalls Unterscheidungen der theoretischen Philosophie Descartes' zugrunde liegen, im Bereich der Bemühungen um eine rationale ↑Grammatik (semantische Erörterungen über die Relation von Sprachzeichen und ›Idee‹) traditionsbildend (Cordemoy, N. Beauzzée, C. C. du Marsais). Nahezu alle erkenntnistheoretischen Systeme des 17. und 18. Jhs. (Malebranche, B. Pascal, B. Spinoza u. a.) bleiben direkt oder mittelbar, selbst innerhalb kritischer Auseinandersetzungen (T. Hobbes, G. W. Leibniz, J. Locke), von der Cartesischen Philosophie im C. abhängig, sofern sie von deren fundamentalen Unterscheidungen ausgehen. In seiner naturphilosophischen (↑Naturphilosophie) Orientierung bildet der C. neben dem von P. Gassendi wiederbelebten ↑Atomismus die zweite Spielart der mechanistischen Philosophie, wobei er sich vom Atomismus durch die Verpflichtung auf die unendliche Teilbarkeit der Materie und durch die Kritik an der Konzeption des Vakuums (↑horror vacui, ↑Leere, das) abgrenzt.

In der Physik wird die Cartesische Tradition vor allem von C. Huygens fortgeführt. Schulbildend wirken hier die zusammenfassenden Darstellungen des Cartesischen Systems durch Rohault, dessen »Traité de physique« (Paris 1671) die Naturlehre am Ende des 17. Jhs. in ganz Europa prägte. Kennzeichnend für den C. in der Physik ist die Vorstellung, daß alle ↑Wechselwirkung durch Druck und Stoß vermittelt wird. Entsprechend stellen die von Descartes formulierten und von Huygens wesentlich verbesserten ↑Stoßgesetze die fundamentalen ↑Naturgesetze (↑Gesetz (exakte Wissenschaften)) dar; sie bilden die vereinheitlichte Theorie sämtlicher physikalischer Wirkungen. Die Newtonsche Gravitationskraft (↑Gravitation) wird im C. wegen des Fehlens eines korpuskularen Übertragungsmechanismus zurückgewiesen. Stattdessen wird eine ↑Wirbeltheorie vertreten, die in der Bewegung eines subtilen Mediums die Ursache der Schwere sieht.

Im Verlauf des 18. Jhs. wird der C. allmählich von seiten der Physik überwunden. Mit dem aufkommenden Newtonianismus verbreitet sich insbes. die Vorstellung der Gravitation als Fernwirkung (↑actio in distans). Immerhin spricht Voltaire noch 1733 davon, daß man bei der Reise von Paris nach London in eine andere Welt eintrete. In Frankreich sei die Welt von Wirbeln erfüllt, in England sei sie beinahe leer; in Frankreich geschehe alles durch Stoß, in England durch die Attraktionskraft (Lettres philosophiques, Amsterdam 1734, 14. Brief). – Mit der Newtonschen Mechanik setzt sich von Holland aus (P. van Musschenbroek, W. J. S. 'sGravesande) auch eine neue methodologische Orientierung mit empiristischen Tendenzen durch (offenkundig in J. le Rond d'Alemberts Einleitung in die französische Enzyklopädie); der C. in Form fester Schulbildungen, mit Zentren in Frankreich, Holland und Deutschland (J. Clauberg, dessen »Ontosophia« 1647 in Groningen erscheint), weicht dem Einfluß des englischen ↑Empirismus, bleibt jedoch weiterhin im Rahmen der Empirismuskritik rationaler Systeme bis hin zu E. Husserl (Méditations Cartésiennes, Paris 1931; dt. Cartesianische Meditationen, Den Haag 1950) wirksam.

Literatur: F. Alquié, Le cartésianisme de Malebranche, Paris 1974; J.-M. Bai, Cartésianisme, Enc. Philos. universelle II/1 (1990), 267–269; A. Beelmann, Die Krisis des Subjekts. C., Phänomenologie und Existenzialanalytik unter anthropologischen Aspekten, Bonn 1990; F. C. Bouillier, Histoire de la philosophie cartésienne, I–II, Paris/Lyon 1854, ³1868 (repr. Brüssel 1969); V. Carraud, The Relevance of Cartesianism, Philosophy 21 (1987), 69–81; J. Cottingham, Cartesianism, in: J. Dancy/ E. Sosa (eds.), A Companion to Epistemology, Oxford 1994, 57; E. J. Dijksterhuis u. a., Descartes et le cartésianisme hollandais, Paris/Amsterdam 1950; M. Esfeld, Holism in Cartesianism and in Today's Philosophy of Physics, J. General Philos. Sci. 30 (1999), 17–36; A. Fix, Balthasar Bekker and the Crisis of Cartesianism, Hist. of European Ideas 17 (1993), 575–588; FM I (1994), 489–491 (Cartesianismo); T. M. Lennon/J. M. Nicholas/J. W. Davis (eds.), Problems of Cartesianism, Kingston/ Montreal 1982; P. Mouy, Le développement de la physique cartésienne, Paris 1934; S. Nadler, Cartesianism and Port Royal, Monist 71 (1988), 573–584; ders. (ed.), Causation in Early Modern Philosophy. Cartesianism, Occasionalism, and Preestablished Harmony, Pennsylvania Pa. 1993; T. M. Schmaltz, What Has Cartesianism to Do with Jansenism?, J. Hist. Ideas 60 (1999), 37–56; R. Specht, Commercium mentis et corporis. Über Kausalvorstellungen im C., Stuttgart 1966; ders., C., Hist. Wb. Ph. I (1971), 969–970; C. L. Thijssen-Schoute, Nederlands Cartesianisme, Amsterdam 1954, Utrecht 1989; R. A. Watson, The Downfall of Cartesianism (1673–1712). A Study of Epistemological Issues in Late 17th Century Cartesianism, The Hague 1966.   J. M.

Cartwright, Nancy, *New Castle Pa. 24. Juni 1944, amerik. Wissenschaftstheoretikerin. 1966 BSc. in Mathematik an der University of Pittsburgh, 1971 Promotion an der University of Illinois in Chicago bei R. Marcus und B. Skyrms über »Philosophical Analysis of the Concept of Mixture in Quantum Mechanics«, 1971–1973 Prof. an der University of Maryland, 1973–1991 an der University of Stanford, seit 1991 an der London School of Economics, 1993–2001 Direktorin des Zentrums für Philosophie der Natur- und der Sozialwissenschaften an der London School of Economics, seit 1998 auch Prof. an der University of California in San Diego. – C.s Anliegen ist es, wissenschaftstheoretische Positionen zu entwickeln, die die Praxis wissenschaftlichen Erklärens, Vorhersagens und Experimentierens verständlich machen. Zentral ist ihre Kritik an Konzeptionen, die davon ausgehen, daß ↑Theorien oder Gesetze (↑Gesetz (exakte Wissenschaften)) universell wahr oder gültig sind. In »How the Laws of Physics Lie« (1983) argumentiert sie, daß physikalische Gesetze nicht wahr sind, d. h. keine zutreffenden Beschreibungen der Wirklichkeit liefern. Das Verhalten realer Systeme wird vielmehr zunächst durch Idealisierungen einer mathematischen Beschreibung zugänglich gemacht. Diese idealisierten ↑Modelle, nicht die realen Systeme selbst, werden durch physikalische Gesetze angemessen beschrieben. Auch wenn die Gegenstände oder Systeme, von denen die Theorien oder Gesetze handeln, existieren, sind doch die Gesetze oder Theorien im allgemeinen nicht wahr. C. vertritt einen Entitätenrealismus, lehnt aber einen Theorienrealismus ab (↑Realismus, wissenschaftlicher).

In »The Dappled World« (1999) konzediert C., daß Theorien oder Gesetze wahr sein können, insistiert aber darauf, daß ihr Anwendungsbereich sehr eingeschränkt ist. Die Gesetze der Physik (und insbes. der Wirtschaftswissenschaften) sind Ceteris-paribus-Gesetze (↑ceteris-paribus-Klausel). Reale Systeme werden durch sie nur dann angemessen beschrieben, wenn bestimmte Bedingungen vorliegen. Solche Umstände nennt C. ›nomologische Maschinen‹. Dabei handelt es sich z. B. um Laborsituationen oder (relativ) ungestörte natürliche Systeme wie das Planetensystem. Die Gültigkeit der Gesetze der Physik (und der Wirtschaftswissenschaften) ist auf nomologische Maschinen beschränkt. Die weitaus meisten natürlichen Phänomene unterliegen nach C. keinen Gesetzen. Weiter argumentiert C., daß sich der eingeschränkte Gültigkeitsbereich von ↑Naturgesetzen am besten verstehen läßt, indem man unterstellt, ihnen lägen kausale Vermögen zugrunde (Nature's Capacities and Their Measurement, 1989), die sich in Abhängigkeit von den Umständen unterschiedlich ausprägen. Extrapolationen von einer Art von Umständen auf andere Umstände sind unzulässig. Als Folge der kontextabhängigen Ausprägung dieser Vermögen gibt es statt universeller Gesetze nur ein Flickwerk von Gesetzen.

Werke: Measuring Position Probabilities, in: P. Suppes (ed.), Studies in the Foundations of Quantum Mechanics, East Lansing

Mich. 1980, 109–118; How the Laws of Physics Lie, Oxford/New York 1983, 1991; Nature's Capacities and Their Measurement, Oxford/New York 1989, 1994; Probabilities and Experiments, London 1994; (mit J. Cat/L. Fleck/T. E. Uebel) Otto Neurath. Philosophy Between Science and Politics, Cambridge 1996; (mit M. Del Seta) The Myth of Universalism. Theories of Science and Theories of Justice, London 1997; The Dappled World. A Study of the Boundaries of Science, Cambridge/New York 1999.

Literatur: E. Eells, C. on Probabilistic Causality. Types, Tokens, and Capacities, Philos. Phenom. Res. 55 (1995), 169–175; B. C. van Fraassen, Armstrong, C., and Earman on »Laws and Symmetry«, Philos. Phenom. Res. 53 (1993), 431–444; G. Irzik, C., Capacities, and Probabilities, in: D. Hull/M. Forbes/K. Okruhlik (eds.), Proceedings of the 1992 Biennial Meeting of the Philosophy of Science Association I, East Lansing Mich. 1992, 239–250; R. Laymon, C. and the Lying Laws of Physics, J. Philos. 86 (1989), 353–372; S. Moller, C., in: S. Brown/D. Collinson/R. Wilkinson (eds.), Biographical Dictionary of Twentieth-Century Philosophers, London/New York 1996, 132; P. Needham, Duhem and C. on the Truth of Laws, Synthese 89 (1991), 89–109; M. Paul (ed.), N. C.. Laws, Capacities and Science. Vortrag und Kolloquium in Münster 1998, Münster 1999; H. Putnam, Answer to a Question from N. C., Erkenntnis 16 (1981), 407–410; M. Stöckler, On the Unity of Physics in a Dappled World. Comment on N. C., Philos. Nat. 35 (1998), 35–39. A. H.

Carus, Carl Gustav, *Leipzig 3. Jan. 1789, †Dresden 28. Juli 1869, dt. Mediziner, Naturwissenschaftler, Maler und Philosoph. Ab 1804 naturwissenschaftliches und philosophisches Studium in Leipzig, 1811 Promotion. Magister legens in Leipzig, seit 1814 Prof. in der Akademie für Chirurgie und Medizin in Dresden. Freundschaft mit L. Tieck und C. D. Friedrich, Briefwechsel mit J. W. v. Goethe. – In seiner romantischen Naturphilosophie (↑Naturphilosophie, romantische) steht C. Goethe nahe; beeinflußt ist er außerdem durch I. Kant, dessen Definition der Materie als des ›Beweglichen im Raume schlechthin‹ er übernimmt, F. W. J. Schellings Organismusbegriff (Weltseele) und L. Okens genetisch-naturphilosophische Methode. Im Zentrum seiner organistischen (↑Organizismus) Weltsicht steht das Leben, das weder kausal noch teleologisch noch deskriptiv erfaßt werden könne. Hier greift nur die genetische Methode, die die Erscheinung als individuelle Realisierung eines Prinzips (Urbild, Idee, Gesetz), das seinerseits nicht unabhängig von seinem Erscheinen verstanden werden kann, rekonstruiert. Die ↑Naturphilosophie geht dem ›Allgemeinen aller Naturerscheinung‹ nach, »um das *eigenthümlich Göttliche* desselben immer vollständiger zu erkennen und nachzuweisen«; sie ist auf den Aufschluß der ›Harmonie der Dinge‹ gerichtet und streng von der Naturwissenschaft zu unterscheiden, die »zum Zwecke der Vervollkommnung menschlicher Erkenntnis und Existenz« die Einzelerscheinungen für den Umgang, »das *menschlich Wichtige* der Welterscheinung«, folgerecht ordnet (Natur und Idee, 13). Die Erscheinungen sind naturphilosophisch als ›individuelle Ideen‹ eines genetischen Formwandels (Metamorphose) zu verstehen.

C. hat den Begriff des ↑Unbewußten in die Philosophie und in die Psychologie eingeführt und damit besonders auf E. V. Hartmann gewirkt. »Das Unbewußte selbst ist [...] nur der subjektive Ausdruck für *Das*, was objektiv wir als ›Natur‹ anzuerkennen haben« (Natur und Idee, 12). Naturphilosophie ist so insgesamt im Unterschied zur ›Geistes-Philosophie‹ eine Philosophie des Unbewußten. Mit der Einführung des Begriffs des Unbewußten in die Psychologie wird die Möglichkeit einer entrationalisierten Seelenlehre eröffnet. C. definiert die Seele als das Unbewußte, das bewußtseinsfähig ist. Darüber hinaus sieht er in der ›Region des Unbewußtseins‹ den »Schlüssel zur Erkenntnis des bewußten Seelenlebens« (Psyche, 1). Zu unterscheiden ist das ›relativ Unbewußte‹, das Gegenstand des Bewußtseins war und wieder werden kann, vom ›absolut Unbewußten‹, das als Leib-Seele-Einheit in voneinander unterscheidbaren ›Lebenskreisen‹ existiert. In ganzheitlicher Sicht wird dabei der Leib als die äußere Erscheinungsweise der ↑Seele bezeichnet, so daß aus dessen Ausdrucksformen (Physiognomik) auf Charaktermerkmale geschlossen werden kann.

Werke: Analekten zur Naturwissenschaft und Heilkunde. Gesammelt auf einer Reise durch Italien im Jahre 1828, Dresden 1829; Vorlesungen über Psychologie. Gehalten im Winter 1829–1830 zu Dresden, Leipzig 1831, ed. E. Michaelis, Erlenbach-Zürich/Leipzig 1931, ed. F. Arnold, Darmstadt, Erlenbach-Zürich etc. 1958; Briefe über Göthe's Faust, Leipzig 1835, ed. H. Kern, Hamburg 1937; System der Physiologie. Umfassend das Allgemeine der Physiologie, die physiologische Geschichte der Menschheit, die des Menschen und die der einzelnen organischen Systeme im Menschen, I–III, Dresden/Leipzig 1838–1840, I–II, Leipzig 1847–1849; Zwölf Briefe das Erdleben, Stuttgart 1841, ed. C. Bernoulli/H. Kern, Celle 1926, ed. E. Meffert, Stuttgart 1986; Göthe. Zu dessen näherem Verständniss. Beigegeben ist eine Reihe bisher ungedruckter Briefe Göthe's an den Herausgeber, Leipzig 1843, ed. K. K. Eberlein, Dresden 1927, ed. R. Marx, Leipzig 1931, 1933, ed. H. F. Wöhrmann, Herford 1948, ed. E. Merian-Genast, Zürich 1948, ed. H. Krey, Dresden 1948, [4]1955; Ludwig Tieck. Zur Geschichte seiner Vorlesungen in Dresden, Hist. Taschenbuch NF 6 (1845), 193–238; Psyche. Zur Entwicklungsgeschichte der Seele, Pforzheim 1846, erw. 1860 (repr. Darmstadt 1964, 1975), ed. L. Klages, Jena 1926, ed. R. Marx, Leipzig 1931, Stuttgart 1941 (engl. Psyche. On the Development of the Soul, New York 1970, Dallas Tex. 1989); Physis. Zur Geschichte des leiblichen Lebens, Stuttgart 1851, Pforzheim 1860; Symbolik der menschlichen Gestalt. Ein Handbuch der Menschenkenntnis, Leipzig 1853, erw. [2]1858 (repr. Darmstadt, Hildesheim 1962, Hildesheim 1977, 1997), neu bearb. u. erw. v. T. Lessing, Celle [3]1925; Organon der Erkenntnis der Natur und des Geistes, Leipzig 1856; Über Lebensmagnetismus und über die magischen Wirkungen überhaupt, Leipzig 1857, ed. C. Bernoulli, Basel 1925, ed. K. Dietzfelbinger, Andechs 1986; Natur und Idee. Oder das Werdende und sein Gesetz. Eine philosophische Grundlage für die specielle Naturwissenschaft, Wien 1861 (repr. Hildesheim/New York 1975, 1990); Lebenserinnerungen und Denkwürdigkeiten, I–IV, Leipzig 1865–1866, V, ed. R. Zaunick, Dresden 1931, I–II, ed. E. Jansen, Weimar

1966, ²1969; Vergleichende Psychologie oder Geschichte der Seele in der Reihenfolge der Thierwelt, Wien 1886 (repr. Hildesheim/Zürich/New York 1986); Reisen und Briefe, I–II, ed. E. V. Sydow, Leipzig 1926; Natur und Seele, ed. H. Kern, Jena 1939; Geheimnisvoll am lichten Tag. Von der Seele des Menschen und der Welt, ed. H. Kern, Leipzig 1944; Grundzüge allgemeiner Naturbetrachtung, Darmstadt 1954; Denkwürdigkeiten aus Europa, ed. M. Schlösser, Hamburg 1963; C. G. C. und Carl Fr. Ph. von Martius. Eine Altersfreundschaft in Briefen, ed. G. Schmid, Halle 1939. – W. Keiper, Ein Gesamtverzeichnis der Werke von C. G. C., Berlin 1934.

Literatur: R. Abeln, Unbewußtes und Unterbewußtes bei C. G. C. und Aristoteles, Meisenheim am Glan 1970 [mit Bibliographie, 95–100]; S. v. Arnim, C. G. C.. Sein Leben und Wirken, Dresden 1930; C. Bernoulli, Die Psychologie von C. G. C. und deren geistesgeschichtliche Bedeutung, Jena 1925; P.-H. Bideau/L. Briou-Guerry, C., Enc. philos. universelle III/1 (1992), 1654–1655; FM I (1994), 491–492; W. Genschorek, C. G. C.. Arzt, Künstler, Naturforscher, Leipzig 1978, ⁵1988, Frankfurt 1989; R. Gotsky, C., Enc. Ph. II (1967), 42–43; A. Häse, C. G. C.. Zur Konstruktion bürgerlicher Lebenskunst, Dresden 2001; H. Kern, Die Philosophie des C. G. C.. Ein Beitrag zur Metaphysik des Lebens, Celle 1926, unter dem Titel: C. G. C.. Persönlichkeit und Werk, Berlin 1942; W. Kloppe, Erinnerung an C. G. C. (1789–1869), Berlin 1969; E. Meffert, C. G. C.. Sein Leben – seine Anschauung von der Erde, Stuttgart 1986; ders., C. G. C.. Arzt, Künstler, Goetheanist. Eine biographische Skizze, Basel 1999; G. F. W. Müller, Die Anthropologie des C. G. C., Berlin 1937; J. Müller, Das Bild vom Menschen bei C. G. C., Diss. Köln 1938; J. Müller-Tamm, Kunst als Gipfel der Wissenschaft. Ästhetische und wissenschaftliche Weltaneignung bei C. G. C., Berlin/New York 1995 [mit Bibliographie, 224–248]; M. Prause, C. G. C.. Leben und Werk, Berlin 1968; E. Wäsche, C. G. C. und die romantische Weltanschauung, Düsseldorf 1933.   S. B.

Cārvāka (sanskr.), Bezeichnung für einen Anhänger des heterodoxen, also die Autorität des ↑Veda verwerfenden Systems des ↑Lokāyata innerhalb der klassischen indischen Philosophie (↑Philosophie, indische), einen indischen ›Materialisten‹. Traditionell wird das Lokāyata in Analogie zu den orthodoxen Systemen auf einen Schulgründer zurückgeführt, den sagenhaften Bṛhaspati, und dessen Schüler, wenn nicht Bṛhaspati selbst, sei ein Mann mit dem Namen ›C.‹ gewesen.

Literatur: D. Chattopadhyaya/M. K. Gangopadhyaya (eds.), C., Lokāyata. An Anthology of Source Materials and Recent Studies, Neu Delhi 1990, 1994; E. Franco, Studies in the Tattvopaplavasiṃha, J. Indian Philos. 11 (1983), 147–165; P. P. Gokhale, The Philosophical Position of Jayarāśibhaṭṭa, Indian Philos. Quart. 5 (1977/1978), 489–498; ders., The C. Theory of ›Pramāṇas‹. A Restatement, Philos. East and West 43 (1993), 675–682; B. Gupta, Scepticism Ancient ›East‹ and Modern ›West‹, Indian Philos. Quart. 9 (1981), 29–44; S. A. Joshi, Lokāyata. A Critical Study. Indian Spiritualism Reaffirmed, Delhi 1995; J. M. Koller, Scepticism in Early Indian Thought, Philos. East and West 27 (1977), 155–163; D. R. Shastri, C. Philosophy, Calcutta 1967.   K. L.

Cassiodorus, Flavius Magnus Aurelius, *Bruttium (bei Scylacium, heute Squillace, Süditalien) um 490, †Vivarium um 580, Politiker, Literat, Historiker, Geheimsekretär Theoderichs des Großen. 507 Quaestor, 514 Consul, 523–527 Magister officiorum, 533–537 Praefectus praetorio. Die Versöhnung von Goten und Römern ist vermutlich das Anliegen seiner »Historia Gothorum« und seiner »Chronik«, die mit Adam beginnt und mit dem Jahr 519 endet. Die für das von C. 555 bei Scylacium für Kleriker und Laien gegründete Doppelkloster Vivarium verfaßten »Institutiones« enthalten eine bis ins Mittelalter fortwirkende Konzeption der artes liberales (↑ars). Durch die Gleichstellung des Studiums (der Schrift, der Väter und der klassischen Antike) mit dem Arbeits- und Gebetsleben der Mönche und durch den Auftrag an das Kloster, sorgfältige Abschriften der Klassiker herzustellen, trug C. wesentlich zur Erhaltung des geistigen Erbes der Antike bei und legte den Grundstein für die spätere geistige Blüte der Klöster. Seine unter dem Titel »Variae« zusammengefaßten offiziellen Schreiben galten lange als Vorbild amtlichen Kanzleistils.

Werke: Opera omnia, MPL 69–70 (1847/1848); Magni Aurelii Cassiodori Senatoris Opera I–II/2, ed. Å. J. Fridh/J. W. Halporn (I)/M. Adriaen (II/1–2), Turnholti 1958/1973 (Corp. Christ., Ser. Lat 96–98) (II/1–2 Expositio psalmorum) (engl. II/1–2 C.. Explanation of the Psalms, I–III, New York/Mahwah N. J. 1990–1991). – Complexiones in Epistulas et Acta apostolorum et Apocalypsin, MPL 70, 1321–1422; Chronica, in: T. Mommsen (ed.), Chronica Minora II (Saec. IV, V, VI, VII), Berlin 1894, 1961 (Monumenta Germaniae historica. Auct. ant. 11), 109–161; Variae, in: Cassiodori Senatoris Variae, ed. T. Mommsen, Berlin 1894, 1961 (Monumenta Germaniae historica. Auct. ant. 12), 1–385, ferner in: Magni Aurelii Cassiodori Senatoris Opera I [s. o.], 1–499 (engl. The Letters of C.. Being a Condensed Translation of »Variae Epistulae« of M. A. C. Senator, ed. T. Hodgkin, London 1886, unter dem Titel: The »Variae« of M. A. C. Senator [...], Liverpool 1992; Institutiones, ed. R. A. B. Mynors, Oxford 1937, ²1961 (engl. An Introduction to Divine and Human Readings, New York 1946, 1969); De anima, ed. J. W. Halporn, Traditio 16 (1960), 39–109, ferner in: Magni Aurelii Cassiodori Senatoris Opera I [s. o.], 501–575 (dt. Vom Adel des Menschen, Einsiedeln 1965). – Bibliographia Selecta, in: Magni Aurelii Cassiodori Senatoris Opera I [s. o.], XV–XXXII.

Literatur: J. M. Alonso-Núñez/J. Gruber, C., LMA II (1983), 1551–1554; J. J. van den Besselaar, C. Senator, en zijn Variae [...], Nijmwegen/Utrecht 1945, unter dem Titel: C. Senator. Leven en werken van een Staatsman en monnik uit de zesde eeuw, Haarlem 1950; W. Eder, C., DNP II (1997), 1004–1007; A. M. Franz, A. C. Senator, Breslau 1872; Å. Fridh, Cassiodor, TRE VII (1981), 657–663; S. Krautschick, Cassiodor und die Politik seiner Zeit, Bonn 1983; G. Ludwig, Cassiodor. Über den Ursprung der abendländischen Schule, Frankfurt 1967; J. J. O'Donnell, C., Berkeley Calif. 1979; E. K. Rand, The New C., Speculum 13 (1938), 433–447; E. Schwartz, Zu C. und Prokop (Sitz.ber. Bayer. Akad. Wiss., philos.-hist. Kl. 1939, 2), München 1939; P. D. Thomas, C., DSB III (1971), 109–110; A. van de Vyver, C. et son œuvre, Speculum 6 (1931), 244–292; ders., Les institutions de C. et sa fondation à Vivarium, Rev. Bénédictine 53 (1941), 59–88.   M. G.

Cassirer, Ernst, *Breslau 28. Juli 1874, †New York 13. April 1945, dt. Philosoph, Schüler der Marburger Neukantianer (↑Neukantianismus) H. Cohen und P. Natorp. Nach Studium der Rechtswissenschaften, Philosophie, Deutschen Sprach- und Literaturwissenschaft 1899 Promotion in Marburg 1899, 1906 Habilitation in Berlin, 1919 o. Professur an der neu gegründeten Universität Hamburg, wo C. unterstützt von A. Warburg, seine systematische Philosophie entwickelt und eine bedeutende Wirkung als humanistischer und demokratischer Intellektueller entfaltet. 1933 Emigration, 1933–1935 Prof. in Oxford, 1935–1941 in Göteborg (1939 schwedische Staatsbürgerschaft), 1941–1944 Gastprofessur an der Yale University, 1944 bis zu seinem Tode an der Columbia University in New York. C.s Werk ergänzt die ↑Transzendentalphilosophie I. Kants durch eine Fülle von historischen, wissenschaftstheoretischen und anthropologischen Studien und Reflexionen. In den drei Abschnitten von C.s akademischer Wirksamkeit hat es (1) eine wissenschaftsphilosophische (Berlin), (2) eine kultur- und symboltheoretische (Hamburg) und (3) eine politisch-anthropologische (Exil) Schwerpunktsetzung erfahren.
(1) Ausgehend von Kants ↑Erkenntniskritik befaßt sich C. zunächst mit der Entwicklung der Philosophie seit Beginn der Neuzeit und legt eine umfangreiche Darstellung der neueren Philosophiegeschichte als Evolution des Erkenntnisproblems vor. Analog zu Kant, der sich auf I. Newtons ↑Mechanik als fortgeschrittenste Gestalt des Wissens seiner Zeit bezogen hatte, orientiert sich C. für seinen Erkenntnisbegriff an den Wissenschaften des beginnenden 20. Jhs., und zwar sowohl der mathematisch-physikalischen als auch der biologischen und historischen Disziplinen. Nach C. hat sich die begriffliche Gestalt des Wissens vom Dingbegriff (↑Ding) zum Relationsbegriff (↑Relation) fortentwickelt; die Substanzmetaphysik (↑Substanz) der aristotelischen und neuzeitlichen Wissenschaft sei durch ein funktionales und pragmatisches Denken ersetzt worden. Aus einem ›absoluten Apriori‹ (↑a priori), d.h. einem Typ von Erkenntnisformen, die jeder besonderen Erkenntnis als Bedingung ihrer Möglichkeit vorauszusetzen sind, wird ein ›relatives Apriori‹ als Signum derjenigen Begriffe, die bei einem bestimmten theoretischen System vorausgesetzt sind. Es zeichnet sich damit bei C. schon in der Berliner Zeit eine Sichtweise ab, bei der Erkenntnis, ohne relativistischen (↑Relativismus) oder skeptizistischen (↑Skeptizismus) Tendenzen zu verfallen, in einer plural gestalteten Theorienlandschaft fortschreiten kann.
(2) Nachdem die Kantischen Erkenntnisformen dergestalt konkretisiert und historisiert sind, entwickelt sie C., beeinflußt durch Elemente des Denkens J. W. v. Goethes, weiter zu *symbolischen Formen,* in denen nicht mehr allein das begriffliche Wissen, sondern alle für das menschliche Leben relevanten Inhalte repräsentiert werden können. Die symbolische ↑Repräsentation wird dann zur wesentlichen Funktion des Bewußtseins; ihre mannigfaltigen Formen sind mit dem Begriff der ↑Vernunft nicht mehr ausreichend charakterisiert, weshalb an die Stelle des substantiellen Begriffs vom Menschen als Vernunftwesen der funktionale Begriff des *animal symbolicum* tritt. ↑Symbole bilden eine polare Einheit mit dem Symbolisierten, ihre Formen sind (analog zur Funktion der ↑transzendentalen Erkenntnisformen für die Welterfassung des Naturwissenschaftlers) konstitutiv für die Welt des Menschen als Kulturwesens (↑Kultur). Die Kulturwelt ist vielfältig und prägt, relativ zur Art der Symbolverwendung, unterschiedliche Funktionen aus, die C. in drei Ebenen der symbolischen Repräsentation zu begreifen vorschlägt. (a) Die *Ausdrucksfunktion,* bei der Zeichen und Bezeichnetes unmittelbar ineinander übergehen. So ›ist‹ etwa das Lächeln die Freundlichkeit, Donner der Zorn eines Gottes, ein Bild die Person (bzw. ein Teil davon). Die so konstituierte Welt ist die des ↑Mythos und der ↑Religionen. (b) Die *Darstellungsfunktion,* bei der das Zeichen auf ein Bezeichnetes verweist, das als unabhängige Substanz besteht und mit anderen Substanzen in örtlichen und zeitlichen Beziehungen steht. Dies ist die Welt der alltäglichen Sprache, des ↑common sense und der vormodernen Wissenschaft. (c) Die *reine Bedeutungsfunktion,* bei der der Sinn in begrifflichen Symbolsystemen vermittelt wird. Hier gewinnt das Zeichen (↑Zeichen (semiotisch)) Selbständigkeit; Zeichensysteme generieren eigene Wirklickeitsbereiche. So wird die moderne wissenschaftliche Welt konstituiert, die nicht aus Substanzen, sondern aus Relationen besteht. Exemplarisch dafür sind ↑Mathematik und formale Logik (↑Logik, formale).
(3) In den anthropologischen und kulturkritischen Arbeiten der letzten Periode zeichnet C. den Kulturprozeß als ein dynamisches Geschehen, in dem Mythos, Religion, Sprache, Kunst, Geschichte, Wissenschaft (eigenartigerweise bleiben Recht und Moral ausgespart), zusammen-, neben-, und gegeneinander wirkend eine gegenstrebige Harmonie bilden. In dieser Spannung ergeben sich zwei opponierende Kulturtendenzen, eine formwahrend-beharrende und eine Formen auflösende, kreative Tendenz, die gemeinsam einen ›Prozeß der fortschreitenden Selbstbefreiung des Menschen‹ hervorbringen. Durch den Faschismus betroffen, ergänzt C. in seinen späten Schriften diese Sichtweise um die Einsicht, daß die Emanzipation des Kulturwesens Mensch nicht irreversibel ist, daß vielmehr die primitiveren Schichten weiterhin aktiv bleiben und unter Umständen wieder die Oberhand gewinnen können. Der Erfolg des Totalitarismus verdankt sich für C. einer bewußt eingeleiteten Remythisierung des Bewußtseins, die sich in drei Merkmalen verdichtet: in der Dominanz der magischen über die semantische Funktion der Sprache, in der Ein-

führung neuer Riten und in der Prophetie. – Seit dem Ende des 2. Weltkrieges gehen von C.s Werk vielfältige Impulse aus, die sich bisher insbes. in der ↑Semiotik (N. Goodman, U. Eco), in der Kunstphilosophie (S. K. Langer, E. Wind) und in der Kulturanthropologie (C. Geertz) als fruchtbar erwiesen haben.

Werke: Gesammelte Werke [geplant: I–XXVI], ed. B. Recki, I–XX, Darmstadt, Hamburg 1998–2005; Nachgelassene Manuskripte und Texte, I–III [geplant: I–XX], ed. K. C. Köhnke/ J. M. Krois/O. Schwemmer, Hamburg 1995–2002 (I Zur Metaphysik der symbolischen Formen, II Ziele und Wege der Wirklichkeitserkenntnis, III Geschichte. Mythos). – Leibniz' System in seinen wissenschaftlichen Grundlagen, Marburg 1902 (repr. Darmstadt 1962, ferner als: Ges. Werke I); Das Erkenntnisproblem in der Philosophie und Wissenschaft der neueren Zeit I, Berlin 1906, Darmstadt 1995, ferner als: Ges. Werke II (engl. The Problem of Knowledge. Philosophy, Science and History since Hegel, New Haven Conn./London 1950, ⁶1969), II, Berlin 1907, ³1922, Darmstadt 1995, ferner als: Ges. Werke III, III (Die nachkantischen Systeme), Berlin 1920, ²1923, Darmstadt 1995, ferner als: Ges. Werke IV (engl. The Problem of Knowledge. Philosophy, Science and History since Hegel, New Haven Conn./London 1950, ⁶1969), IV (Von Hegels Tod bis zur Gegenwart [1832–1932], Zürich 1950, Stuttgart ²1957 repr. Darmstadt 1973), ferner als: Ges. Werke V (engl. The Problem of Knowledge. Philosophy, Science and History since Hegel, New Haven Conn./London 1950, ⁶1969); Substanzbegriff und Funktionsbegriff. Untersuchungen über die Grundlagen der Erkenntniskritik, Berlin 1910, ²1923, Darmstadt 1995, ferner als: Ges. Werke VI (engl. in: Substance and Function, and Einstein's Theory of Relativity, Chicago Ill./London 1923 [repr. New York 1953], 1–346); Freiheit und Form. Studien zur deutschen Geistesgeschichte, Berlin 1916, ³1922, Darmstadt 1994, ferner als: Ges. Werke VII; Kants Leben und Lehre, Berlin 1918, ²1921, Darmstadt 1994, ferner als: Ges. Werke VIII; Zur Einsteinschen Relativitätstheorie. Erkenntnistheoretische Betrachtungen, Berlin 1921, ²1922, ferner als: Ges. Werke X (engl. in: Substance and Function, and Einstein's Theory of Relativity, Chicago Ill./London 1923 [repr. New York 1953], 347–456); Philosophie der symbolischen Formen I (Die Sprache), Berlin 1923, Darmstadt 1953, 1997, ferner als: Ges. Werke XI (engl. The Philosophy of Symbolic Forms I, New Haven Conn./London 1953, 1985), II (Das mythische Denken), Berlin 1925, Darmstadt 1953, 1997, ferner als: Ges. Werke XII (engl. The Philosophy of Symbolic Forms II, New Haven Conn./London 1955, 1985), III (Phänomenologie der Erkenntnis), Berlin 1929, Darmstadt 1954, 1997, ferner als: Ges. Werke XIII (engl. The Philosophy of Symbolic Forms III, New Haven Conn./London 1957, 1987); Individuum und Kosmos in der Philosophie der Renaissance, Leipzig 1927, Darmstadt 1994, ferner in: Ges. Werke XIV, 1–220 (engl. The Individual and the Cosmos in Renaissance Philosophy, Oxford 1963, New York 1964 [repr. Minneola N. Y. 2000], Philadelphia Pa. 1972); Die Philosophie der Aufklärung, Tübingen 1932, ³1973, Hamburg 1998 (engl. The Philosophy of the Enlightenment, Princeton N. J. 1951, 1979), ferner als: Ges. Werke XV; Das Problem Jean-Jacques Rousseau, Arch. Gesch. Philos. 41 (1932), 177–213, 479–513, separat: Darmstadt 1970, 1975, ferner in: Ges. Werke XVIII, 3–82 (engl. The Question of Jean-Jacques Rousseau, New York 1954, New Haven Conn./ London 1989, Bloomington Ind. 1963, ²1967); Determinismus und Indeterminismus in der modernen Physik. Historische und systematische Studien zum Kausalproblem, Göteborg 1937, ferner in: Zur modernen Physik [s. u.], 1–125, auch als: Ges. Werke IXX (engl. Determinism and Indeterminism in Modern Physics. Historical and Systematic Studies of the Problem of Causality, New Haven Conn./London 1956, 1966); Descartes. Lehre – Persönlichkeit – Wirkung, Stockholm 1939, Hamburg 1995, ferner als: Ges. Werke XX; Zur Logik der Kulturwissenschaften. Fünf Studien, Göteborg 1942, Darmstadt 1994 (engl. The Logic of Humanities, New Haven Conn./London 1961, unter dem Titel: The Logic of the Cultural Sciences. Five Studies, New Haven Conn./London 2000); An Essay on Man. An Introduction to a Philosophy of Human Culture, New Haven Conn./London 1944, 1992 (dt. Was ist der Mensch? Versuch einer Philosophie der menschlichen Kultur, Stuttgart 1960, unter dem Titel: Versuch über den Menschen. Einführung in eine Philosophie der Kultur, Frankfurt 1990, Hamburg 1996); The Myth of the State, New Haven Conn./London 1946, 1974, Westport Conn. 1979 (dt. Der Mythos als politische Waffe [Auszug], Amer. Rdsch. 11 (1943), 30–41, vollständig unter dem Titel: Vom Mythus des Staates, Zürich 1949 [repr. Hamburg 2002]); Wesen und Wirkung des Symbolbegriffs, Darmstadt 1956, 1997. – C. H. Hamburg/W. M. Solmitz, Bibliography of the Writings of E. C. to 1946, in: P. A. Schilpp (ed.), The Philosophy of E. C., Evanston Ill. 1949, La Salle Ill. 1973, 881–910 [bis 1949] (dt. Bibliographie, in: P. A. Schilpp [ed.], E. C., Stuttgart/Berlin/Köln 1966, 614–633); Zur modernen Physik, Darmstadt 1957, ⁷1994; R. Klibanski/W. Solmitz, Bibliography of E. C.'s Writings, in: R. Klibansky/H. J. Paton (eds.), Philosophy and History. Essays Presented to E. C., New York 1963, 338–353; D. P. Verene, E. C.. A Bibliography, Bulletin of Bibliography and Magazine Notes 23–24/5 (1964), 103–106; R. Nadeau, Bibliographie des textes sur E. C., Rev. int. philos. 28 (1974), 492–510; R. Klibansky, Bibliografia di E. C., in: E. C., Filosofia delle forme simboliche III/2, Florenz 1966, 335–378; W. Eggers/S. Mayer, E. C.. An Annotated Bibliography, New York/London 1988.

Literatur: H. J. Braun/H. Holzhey/E. W. Orth (eds.), Über E. C.s Philosophie der symbolischen Formen, Frankfurt 1988; D. Frede/R. Schmücker (eds.), E. C.s Werk und Wirkung. Kultur und Philosophie, Darmstadt 1997; M. Friedmann, A Parting of the Ways. Carnap, C. und Heidegger, Chicago Ill./La Salle Ill. 2000, bes. 87–159; T. Goller, E. C. über Geschichte und Geschichtswissenschaft, Z. philos. Forsch. 45 (1991), 224–248; A. Graeser, E. C., München 1994; C. H. Hamburg, Symbol and Reality. Studies in the Philosophy of E. C., The Hague 1956; M. Heidegger, Das mythische Denken von E. C., Dt. Lit.zeitung 21 (1928), 1000–1012; J. C. Kapumba Akenda, Vielfalt und Objektivität der Kulturformen. Zur Wissenschaftstheorie der Kulturwissenschaften bei E. C., Münster 1998; J. M. Krois, C.. Symbolic Forms and History, New Haven Conn./London 1987; T. Leinkauf (ed.), Dilthey und C.. Die Deutung der Neuzeit als Muster von Geistes- und Kulturgeschichte, Hamburg 2003; D. R. Lipton, E. C.. The Dilemma of a Liberal Intellectual in Germany 1914–1933, Toronto 1978 [mit Bibliographie, 197–207]; H. Lübbe, C. und die Mythen des 20. Jahrhunderts, Göttingen 1975; W. Marx, C.s Symboltheorie als Entwicklung und Kritik der Neukantianischen Grundlagen einer Theorie des Denkens und Erkennens. Überlegungen zur Struktur transzendentaler Logik als Wissenschaftstheorie, Arch. Gesch. Philos. 57 (1975), 188–206, 304–339; E. W. Orth, Von der Erkenntnistheorie zur Kulturphilosophie. Studien zu E. C.s Philosophie der symbolischen Formen, Würzburg 1996; H. Paetzold, E. C. – Von Marburg nach New York. Eine philosophische Biographie, Darmstadt 1995; H. J. Paton/R. Klibansky (eds.), Philosophy and History. Essays Presented to E. C., Oxford 1936, New York

²1964; B. Recki, Kultur als Praxis. Eine Einführung in E. C.s Philosophie der symbolischen Formen, Berlin 2004; I. Rill, Symbolische Identität. Dynamik und Stabilität bei E. C. und Niklas Luhmann, Würzburg 1995; E. Rudolph, E. C. im Kontext. Kulturphilosophie zwischen Metaphysik und Historismus, Tübingen 2003; ders./I. O. Stamatescu (eds.), Von der Philosophie zur Wissenschaft. C.s Dialog mit der Naturwissenschaft, Hamburg 1997; P. A. Schilpp (ed.), The Philosophy of E. C., Evanston Ill. 1949, La Salle Ill. 1973 (dt. Die Philosophie E. C.s, Stuttgart/Berlin/Köln 1966); O. Schwemmer, E. C.. Ein Philosoph der europäischen Moderne, Berlin 1997; K. Sundaram, C.'s Conception of Causality, New York/Bern/Frankfurt 1987; M. Tomberg, Der Begriff von Mythos und Wissenschaft bei E. C. und Kurt Hübner, München 1996; D. P. Verene, C., REP II (1998), 223–227; T. Vogl, Die Geburt der Humanität. Zur Kulturbedeutung der Religion bei E. C., Hamburg 1999; K. Willems, Das neue Erkenntnisproblem. Erkenntniskritische Überlegungen zum ›anthropologischen Prinzip‹ in der neueren Physik, Kant-St. 85 (1994), 179–197; D. A. Wisner, E. C.. Historian of the Will, J. Hist. Ideas 58 (1997), 145–161; G. Wolandt, C.s Symbolbegriff und die Grundlegungsproblematik der Geisteswissenschaften, Z. philos. Forsch. 18 (1964), 614–626; L. Wurmser, Is Psychoanalysis a Separate Field of Symbolic Forms?, Humanities in Society 4 (1981), 263–294. H. W.

Castañeda, Hector-Neri, *San Vicente (Guatemala) 13. Dez. 1924, †Bloomington 7. Sept. 1991, amerik. Philosoph. Nach Studium und Tätigkeit als Linguist sowie als Lehrer in Guatemala 1945–1949 Studium der Philosophie (als Schüler von W. Sellars), Linguistik und Mathematik sowie des Griechischen an der University of Michigan, 1954 Promotion in Philosophie an der University of Minnesota. Nach Lehrtätigkeiten an den Universitäten von San Carlos (Guatemala) und North Carolina sowie an der Duke University 1957–1969 Professor für Philosophie an der Wayne State University, ab 1969 an der Indiana University in Bloomington, 1966 Gründung und Herausgabe der Zeitschrift »Noûs«. – Die analytisch (↑Philosophie, analytische) ausgerichteten Forschungen C.s insbes. zur ↑Sprachphilosophie, Philosophie der Logik, ↑Handlungstheorie, Praktischen Philosophie (↑Philosophie, praktische) und ↑Ontologie zeichnen sich insgesamt aus durch ihren Rekurs auf das ↑›Selbst‹ als den in logischer und ontologischer Hinsicht relevanten Garanten der Verbindung von ↑Erfahrung, ↑Denken und ↑Welt. Dementsprechend ist es C.s Theorie sprachlicher (indexikalischer) Bezugnahme (↑Referenz), insbes. in Form von Selbstzuschreibungen, die im Zentrum seiner Überlegungen zu einer Logik der Subjektivität (↑Subjektivismus) steht.
Besondere Beachtung hat die Analyse der von C. als Quasi-Indikatoren bezeichneten, in indirekter Rede stehenden Ausdrücke gefunden, mit deren Hilfe sich Überzeugungen, die man sich selbst aus der Ich- oder Erste-Person-Perspektive zuschreibt, unter Erhalt der semantischen Irreduzibilität derartiger Selbstbeziehungen auch aus der Fremd- oder Dritte-Person-Perspektive zuschreiben lassen (›Martha weiß, daß sie* [sie selbst] das Spiel gewinnen wird‹) und die sich damit als zentrale Bestandteile von Aussagen über die Bewußtseinszustände anderer erweisen. Seine Überlegungen zur indexikalischen und quasi-indexikalischen Referenz, einschließlich des Aufweises einer die ↑Semantik natürlicher Sprachen (↑Sprache, natürliche) auszeichnenden, nicht eliminierbaren Ich-Perspektive, führen C. zu einer ontologisch basierten Theorie intentionaler Einstellungen. Diese Theorie ersetzt den Bezug derartiger Einstellungen auf ↑Propositionen durch der Irreduzibilität des ↑Selbstbewußtseins gemäße und den Vorrang der Intension (↑intensional/Intension) gegenüber der Extension (↑extensional/Extension) markierende intensionale Objekte in der Form einer endlichen Menge von ↑Eigenschaften (›ontologische Gestaltungen‹): der ›Guise-Theory‹. Die die Handlungstheorie C.s auszeichnende, umfassende deontische Logik (↑Logik, deontische) und die dieser zugrundeliegende Autonomie praktischen Denkens beruhen ihrerseits auf einer fundamentalen Trennung von Propositionen und Praktiken als den für das praktische Denken maßgeblichen propositionalen Gehalten.

Werke: »He«. On the Logic of Self-Consciousness, Ratio 8 (1966), 130–157 (dt. »Er«. Eine Studie zur Logik des Selbstbewußtseins, in: M. Frank [ed.], Analytische Theorien des Selbstbewußtseins, Frankfurt 1994, 172–209); Indicators and Quasi-Indicators, Amer. Philos. Quart. 4 (1967), 85–100; The Structure of Morality, Springfield Ill. 1974; Thinking and Doing. The Philosophical Foundations of Institutions, Dordrecht/Boston Mass. 1975; On Philosophical Method, Bloomington Ind. 1980; Sprache und Erfahrung. Texte zu einer neuen Ontologie, Frankfurt 1982; Self-Profile, in: J. E. Tomberlin (ed.), H.-N. C., Dordrecht/Boston Mass./Lancaster Pa. 1986, 3–137; Self-Consciousness, Demonstrative Reference, and the Self-Ascription View of Believing, Philos. Perspectives 1 (1987), 405–454 (dt. Selbstbewußtsein, demonstrative Bezugnahme und die Selbstzuschreibungstheorie der Überzeugungen, in: M. Frank [ed.], Analytische Theorien des Selbstbewußtseins [s. o.], 335–390); The Self and the I-Guises. Empirical and Transcendental, in: K. Cramer/H. F. Fulda/R.-P. Horstmann (eds.), Theorie der Subjektivität, Frankfurt 1987, 105–140; Thinking, Language and Experience, Minneapolis Minn. 1989; Self-Consciousness, I-Structures and Physiology, in: M. Spitzer/B. A. Maher (eds.), Philosophy and Psychopathology, Berlin/Heidelberg/New York 1990, 118–145 (dt. Selbstbewußtsein, Ich-Strukturen und Physiologie, in: M. Frank [ed.], Analytische Theorien des Selbstbewußtseins [s. o.], 210–245); Die Reflexivität des Selbstbewußtseins. Eine phänomeno-logische Untersuchung, in: B. Kienzle/H. Pape (eds.), Dimensionen des Selbst – Selbstbewußtsein, Reflexivität und die Bedingungen der Kommunikation, Frankfurt 1991, 85–136. – G. Landini, Philosophical Bibliography of H.-N. C., in: J. E. Tomberlin (ed.), H.-N. C. [s. o.], 395–434.

Literatur: T. Grundmann, Attribution oder Proposition?, in: M. Frank (ed.), Analytische Theorien des Selbstbewußtseins [s. o., Werke], 321–334; K. Jacobi/H. Pape (eds.), Das Denken und die Struktur der Welt. H.-N. C.s epistemische Ontologie in Darstellung und Kritik, Berlin 1990; F. Orilia/W. J. Rapaport (eds.), Thought, Language and Ontology. Essays in Memory of H.-N. C., Dordrecht/Boston Mass./London 1998; H. Pape, Die Gestalten des Ichs, in: M. Frank (ed.), Analytische Theorien des Selbstbewußtseins [s. o., Werke], 155–171; G. Soldati, Die Auseinandersetzung mit C., in: M. Frank (ed.), Analytische Theorien des Selbstbewußtseins [s. o., Werke], 398–401; D. Sturma, H.-N. C., in: J. Nida-Rümelin (ed.), Philosophie der Gegenwart in Einzeldarstellungen. Von Adorno bis v. Wright, Stuttgart 1991, 105–109, ²1999, 135–138; J. E. Tomberlin (ed.), Agent, Language, and the Structure of the World. Essays Presented to H.-N. C. with His Replies, Indianapolis Ind. 1983; ders. (ed.), H.-N. C., Dordrecht/Boston Mass./Lancaster Pa. 1986; ders., C., H.-N., in: R. Audi (ed.), The Cambridge Dictionary of Philosophy, Cambridge/New York/Melbourne 1995, 106–107. C. S.

Castillon, Friedrich Adolf Maximilian Gustav von, *Lausanne 22. Sept. 1747, †Berlin 27. Jan. 1814, Sohn des Mathematikers J. Castillon, Prof. der Philosophie an der Berliner Militärakademie, seit 1800 Direktor der philosophischen Klasse der Königl. Akademie der Wissenschaften zu Berlin. – C. wies als einer der ersten Pioniere der mathematischen Logik (↑Logik, mathematische) auf die Rolle von Kalkülregeln (↑Kalkül) und einer geeigneten Notation (↑Notation, logische) für die Logik hin und entwickelte unter dem Einfluß von J. H. Lambert eine an G. W. Leibniz anknüpfende intensionale Logik (↑Logik, intensionale).

Werke: Éloge de M. de Castillon, père, in: Mémoires de l'Académie Royale des Sciences et des Belles-Lettres 1792–1793, Berlin 1798, 38–60; Réflexions sur la logique, in: Mémoires de l'Académie Royale des Sciences et des Belles-Lettres. Classe de Philosophie Speculative 1802, Berlin 1804, 29–49; Mémoire sur un nouvel algorithme logique, ebd., 1803, Berlin 1805, 3–24.

Literatur: C. I. Lewis, A Survey of Symbolic Logic, Berkeley Calif. 1918, New York 1960, bes. 32–36; A. T. Shearman, The Development of Symbolic Logic. A Critical-Historical Study of the Logical Calculus, London 1906 (repr. Bristol 1990), bes. 94–134; N. I. Styazhkin, History of Mathematical Logic from Leibniz to Peano, Cambridge Mass./London 1969, bes. 134–136; C. Thiel, Zur Beurteilung der intensionalen Logik bei Leibniz und C., in: K. Müller/H. Schepers/W. Totok (eds.), Akten des II. Internationalen Leibniz-Kongresses [...] IV, Wiesbaden 1975, 27–37; J. Venn, Symbolic Logic, London 1894 (repr. New York 1971); ders. (unbetitelte Notiz über C.s »Sur un nouvel algorithme logique«), Mind 6 (1881), 447–448. – C.. Biographische Enzyklopädie deutschsprachiger Philosophen, München 2001, 66. C. T.

Castillon, Johann (eigentlich: Giovanni Francesco Melchiore Salvemini), *Castiglione (im oberen Arnotal, Toskana) 15. Jan. 1708, †Berlin 11. Okt. 1791, ital. Mathematiker und Philosoph. Der Name ›C.‹ geht zurück auf den Beinamen ›Castilloneus‹, den der 1729 in Pisa zum Doktor der Rechte promovierte C. bei Aufnahme einer Lehrtätigkeit in der Schweiz unter Bezug auf seinen Geburtsort angenommen hatte und der seiner Familie als ›de Castillon‹ verblieben war. 1754 wurde C. Doktor der Philosophie, 1755 Prof. der Mathematik und Philosophie in Utrecht, 1758 Rektor der Universität. 1763 ging C. als Professor an das Artilleriekorps nach Berlin, 1764 an die mathematische Sektion der Berliner Akademie (etwa gleichzeitig Ernennung zum Mitglied der Royal Society in London und der Göttinger Akademie der Wissenschaften). 1765 Berufung zum Astronomen am Königlichen Observatorium in Berlin, 1787 zum Nachfolger J. L. Lagranges an der mathematischen Sektion der Akademie. In der Philosophie wandte sich C. gegen die Lehren J.-J. Rousseaus und propagierte solche der englischen ↑Aufklärung, was sich auch in seiner Übersetzung von J. Lockes »Elements of Natural Philosophy« (Glasgow 1751) ins Französische spiegelt. Beachtung verdienen vor allem sein Kommentar zu I. Newtons »Arithmetica universalis« (Amsterdam 1761) und seine Editionen des Briefwechsels Leibniz – Bernoulli ([mit G. Cramer] Lausanne 1745), der Eulerschen »Introductio in analysin infinitorum« (Lausanne 1748) und der Newtonschen »Opuscula« (I–III, Lausanne/Genf 1744).

Werke: De curva cardioide, Philos. Transact. Royal Soc. 41 (1741), 778–781; Discours sur l'origine de l'inégalité parmi des hommes. Pour servir de réponse au discours que M. Rousseau a publié sur le même sujet, Amsterdam 1756; Observation sur le livre intitulé Système de la nature, Berlin 1771, Neuchâtel ²1772; Sur une nouvelle propriété des sections coniques, Nouveaux Mémoires Acad. Royale Sci. Belles-Lettres (1776), 284–311; Mémoire sur la règle de Cardan, et sur les équations cubiques, avec quelques remarques sur les équations en général, Nouveaux Mémoires Acad. Royale Sci. Belles-Lettres (1783), 244–265; Examen philosophique de quelques principes de l'Algèbre, 1–2, Mémoires Acad. Royale Sci. Belles-Lettres (1790/1791), 331–363; Essai d'une théorie métaphysico-mathématique de l'expérience, Mémoires Acad. Royale Sci. Belles-Lettres (1790/1791), 364–390.

Literatur: R. S. Calinger, C., DSB III (1971), 119–120; F. v. Castillon, Eloge de M. de C., père, Mémoires Acad. Royale Sci. Belles-Lettres Berlin (1792/1793), 38–60; C. Thiel, Zur Beurteilung der intensionalen Logik bei Leibniz und C., in: K. Müller/H. Schepers/W. Totok (eds.), Akten des II. Internationalen Leibniz-Kongresses [...] 1972 IV, Wiesbaden 1975, 27–37. C. T.

Cauchy, Augustin-Louis, *Paris 21. Aug. 1789, †Sceaux (bei Paris) 22. (oder 23.) Mai 1857, franz. Mathematiker und Astronom. Ab 1805 Studium der Mathematik an der École Polytechnique; 1807–1810 Ingenieurstudium an der École des Ponts des chaussées. 1816 Prof. an der École Polytechnique und Mitglied der Académie. C. verweigerte nach der Julirevolution 1830 als militanter Katholik und Monarchist den Eid auf die neue Regierung und ging über Fribourg zunächst auf den für ihn neu geschaffenen Lehrstuhl für mathematische Physik nach Turin, dann 1833 als Erzieher des Sohnes von Charles X. nach Prag. 1838 Rückkehr nach Paris, 1848 Prof. der Astronomie an der Sorbonne.

C. bewirkte die sogenannte erste Reform der Analysis im 19. Jh. durch strengere Definitionen der ↑analytischen Grundbegriffe und Begründung sowohl der analytischen

Sätze (genauere Analyse ihrer Voraussetzungen) als auch der Lehre von den unendlichen ↑Reihen und ihren Konvergenzbedingungen. Durch J. le Rond d'Alembert angeregt, aber ohne Kenntnis verwandter Ansätze schon bei J. Wallis tat C. den ersten Schritt zu einer ›Arithmetisierung‹ der Analysis (↑Arithmetisierungstendenz), indem er deren Sätze und schon die Definition z. B. des ↑Grenzwerts, seine Verallgemeinerung zum Häufungswert und die Definition der ↑Stetigkeit in zunehmendem Maße nicht mehr unter Bezug auf ›unendlich kleine Größen‹, sondern als Aussagen über alle Werte (↑Wert (logisch)) einer ↑Variablen unterhalb beliebig klein zu wählender Werte $\delta, \varepsilon, \ldots$ formulierte (↑Epsilontik). C. untersuchte die Grundeigenschaften der heute so genannten C.-Folgen oder ↑konzentrierten Folgen (↑Folge (mathematisch)) und gab zahlreiche nach ihm benannte Konvergenzkriterien (↑konvergent/Konvergenz) an. Er verwendete das (auch) nach ihm benannte Diagonalverfahren (↑Cantorsches Diagonalverfahren), führte erstmals das ↑Integral unabhängig von der Differentiation (also nicht als Antiderivierte) ein, wobei er die Beziehungen von Integral und Antiderivierter mit Hilfe von Mittelwertsätzen herstellte (↑Infinitesimalrechnung). Er bewies den ›Verdichtungssatz‹ für Reihen mit positiven Gliedern und gab den ersten strengen Beweis des Taylorschen Lehrsatzes durch die C.sche Restabschätzung für Taylor-Reihen. In der von ihm in Gang gebrachten komplexen Funktionentheorie, in die er die Methode der Residuen einführte, bewies er den C.schen Integralsatz und die Geltung der C.schen Integralformeln; er fand ferner, daß eine komplexe Funktion $f(z) = u(x,y) + iv(x,y)$ genau dann differenzierbar ist, wenn sie stetige partielle Ableitungen

$$\frac{\partial u}{\partial x}, \frac{\partial v}{\partial y}, \frac{\partial u}{\partial y}, \frac{\partial v}{\partial x}$$

hat und zwischen diesen die (schon L. Euler und d'Alembert bekannten) C.-Riemannschen Differentialgleichungen

$$\frac{\partial u}{\partial x} = \frac{\partial v}{\partial y}, \quad \frac{\partial u}{\partial y} = -\frac{\partial v}{\partial x}$$

bestehen.

In der Lehre von den ↑Differentialgleichungen erkannte C. die Wichtigkeit von Existenzbeweisen für Lösungen und entwickelte das C.-Lipschitzsche Approximationsverfahren. In der ↑Algebra hat C. die erste geschlossene Darstellung der Determinantentheorie gegeben, als erster die Bedeutung des Gruppenbegriffs (↑Gruppe (mathematisch)) erkannt und die Fundamentalsätze über Substitutionsgruppen gefunden, darunter auch den nach ihm benannten Satz, daß es zu jeder Primzahl p, welche die Ordnung einer Gruppe teilt, ein Gruppenelement der Ordnung p gibt. In der ↑Zahlentheorie ist der Beweis des Fermatschen Satzes über Polygonalzahlen, in der ↑Wahrscheinlichkeitstheorie der Begriff der C.-Verteilung als auf ihn zurückgehend zu nennen. Man hat gesagt, daß mehr mathematische Sätze und Begriffe nach C. benannt sind als nach irgendeinem anderen Mathematiker. Zu Unrecht weniger bekannt sind demgegenüber C.s bedeutende Beiträge zur Elastizitätstheorie und zur Wellenoptik sowie seine Verbesserungen von Berechnungsmethoden der Himmelsmechanik, die ihre Bedeutung erst seit der Möglichkeit des Einsatzes elektronischer Großrechenanlagen verloren haben.

Werke: Œuvres complètes, I/1–12, II/1–15, ed. Académie des Sciences, Paris 1882–1974. – Note sur l'intégration des équations aux différences partielles du premier ordre à un nombre quelconque de variables, Bull. de la Société Philomatique 1819, 10–21, Nachdr. in: ders., Œuvres complètes II/2 [s.o.], 238–252 (dt. Ueber die Integration der partiellen Differentialgleichungen erster Ordnung in einer beliebigen Zahl von Veränderlichen, in: J. L. de Lagrange/A. L. C., Zwei Abhandlungen zur Theorie der partiellen Differentialgleichungen erster Ordnung, ed. G. Kowalewski, Leipzig 1900 [Ostwalds Klassiker der exakten Wiss. 113], 30–44); Cours d'analyse de l'École Royale Polytechnique I (Analyse algébrique), Paris 1821 (repr. Darmstadt 1968, Bologna 1992), Nachdr. als: Œuvres complètes II/3 [s.o.] (dt. Lehrbuch der algebraischen Analysis, Königsberg 1828); Résumé des leçons données à l'Ecole Polytechnique sur le calcul infinitésimal, Paris 1823, Nachdr. in: Œuvres complètes II/4 [s.o.], 5–261; Mémoire sur les intégrales définies, prises entre des limites imaginaires, Paris 1825, Nachdr. in: Œuvres complètes II/15 [s.o.], 41–89 (dt. Abhandlung über bestimmte Integrale zwischen imaginären Grenzen, ed. P. Stäckel, Leipzig 1900 [Ostwalds Klassiker der exakten Wiss. 112]); Leçons sur le calcul différentiel, Paris 1829, Nachdr. in: Œuvres complètes II/4 [s.o.], 263–572 (dt. Vorlesungen über die Differenzialrechnung. Mit Fouriers Auflösungsmethode der bestimmten Gleichungen verbunden, Braunschweig 1836); Nouveaux exercises de mathématiques, Prag 1835, unter dem Titel: Mémoire sur la dispersion de la lumière, Prag 1836, Nachdr. in: Œuvres complètes II/10 [s.o.], 185–464.

Literatur: B. Belhoste, C., 1789–1857. Un mathématicien légitimiste au XIXe siècle, Paris 1985 (engl. A.-L. C.. A Biography, New York etc. 1991); E. T. Bell, Mathematics and Windmills. C. (1789–1857), in: ders., Men of Mathematics, London 1937, 306–331 (dt. Mathematik und Windmühlen. C. [1789–1857], in: ders., Die großen Mathematiker, Düsseldorf/Wien 1967, 264–285); S. R. Bell, The C. Transform, Potential Theory, and Conformal Mapping, Boca Raton Fla. 1992; A. Dahan Dalmedico, Mathématisations. A.-L. C. et l'École Française, Paris 1993; dies., C., in: D. Huisman, Dictionnaire des Philosophes I, Paris ²1993, 540; J. Dhombres, C., Enc. philos. universelle III/1 (1992), 1656; H. O. Fattorini, The C. Problem, Reading Mass. 1983, Cambridge 1999; H. Freudenthal, C., DSB III (1971), 131–148; C. Gilain, C. et le »Cours d'analyse de l'École Royale Polytechnique«, Bull. de la Société des Amis de la Bibliothèque de l'École Polytechnique 5 (1989), 3–46; P. E. B. Jourdain, The Origin of C.'s Conceptions of a Definite Integral and of the Continuity of a Function, Isis 1 (1913/1914), 661–703; G. Kowalewski, A.-L. C., in: ders., Große Mathematiker. Eine Wanderung durch die Geschichte der Mathematik vom Altertum bis zur Neuzeit, München/Berlin 1938, ²1939, 273–292; J. Lützen,

Grundlagen der Analysis im 19. Jahrhundert, in: H. J. Jahnke (ed.), Geschichte der Analysis, Heidelberg/Berlin 1999, 191–244, bes. 193–217, 230–234 (mit Bibliographie, 505–541, bes. 511–513); C. Müller, Local C. Problems and the Finite Laplace Transform, Aachen 2000; T. M. Rassias (ed.), Topics in Mathematical Analysis. A Volume Dedicated to the Memory of A. L. C., Singapur/Teaneck N. J. 1989; F. Smithies, C. and the Creation of Complex Function Theory, Cambridge/New York 1997; J.-P. Sutto, C., in: D. Lecourt (ed.), Dictionnaire d'histoire et philosophie des sciences, Paris 1999, 145; C. A. Valson, La vie et les travaux du baron C., membre de l'Académie des sciences, I–II, Paris 1868 (repr., in einem Bd., 1970). – Sonderheft: Rev. hist. sci. 45 (1992), H. 1, 3–133 (mit Bibliographie, 129–133). C. T.

Cauchy-Folge, ↑Folge (mathematisch).

causa (lat., Ursache), gemäß der Aristotelischen Definition des Prinzips (↑Archē) als eines ersten, von dem das Sein (c. *essendi*) oder die Entstehung (c. *fiendi*) oder die Erkenntnis (c. *cognoscendi*) eines Dinges ausgeht (Met. Δ1.1013a18–19), verwendeter scholastischer Terminus. Entsprechend den vier Ursachen (αἰτία) des Aristoteles unterscheidet die Scholastik die beiden causae *internae*: die c. *materialis*, das, woraus ein Ding entsteht, und die c. *formalis*, das, wodurch ein Ding seine Eigenschaften erhält, und die beiden causae *externae*: die c. *efficiens* (Wirkursache), das, was durch sein (äußeres) Wirken ein Ding hervorbringt, und die c. *finalis*, das, um dessentwillen ein Ding hervorgebracht wird. Ferner ist in der ↑Scholastik die Platonische c. *exemplaris* bedeutsam, das Muster, nach dem ein Ding durch eine (vernünftige) c. efficiens hervorgebracht wird.
Nach scholastischer Terminologie sind Ursache und Verursachtes immer verschieden, so daß der auf neuplatonische (↑Neuplatonismus) Traditionen (αἴτιον ἑαυτοῦ; Plotin, Enn. VI 8, 14, 41) zurückgehende Ausdruck c. *sui* (Ursache seiner selbst) kein erlaubter Terminus ist (vgl. Thomas von Aquin, S.c.g. I, 22; de ente et essentia IV; S.th. I–II qu. 20 art. 3 ob. 3; qu. 75 art. 2 ob. 2). R. Descartes verwendet diesen Terminus, um auszudrücken, daß Gottes Wesen auch seine Existenz einschließt (ontologisches Argument, ↑Gottesbeweis); G. W. F. Hegel, der wiederholt auf die cartesische Definition der c. sui bei B. Spinoza (Ethica, Def. 1) hinweist (vgl. Verhältnis des Skeptizismus zur Philosophie [1802], Sämtl. Werke I, 253), übernimmt ihn zur Charakterisierung der begrifflichen Arbeit (Enz. phil. Wiss. im Grundrisse § 112).

Literatur: P. Hadot, c. sui, Hist. Wb. Ph. I (1971), 976–977; R. Specht, c. cognoscendi, [...], Hist. Wb. Ph. I (1971), 973–976; R. Willvonseder, C., DNP II (1997), 1041–1042. O. S.

Cavaillès, Jean, *Saint-Maixent (bei Niort) 15. Mai 1903, †Arras 22. Jan. (?) 1944, franz. Philosoph, Logiker und Wissenschaftstheoretiker. 1920 Studium der Philosophie an der Sorbonne; 1923 Aufnahme in die École Normale Supérieure als Jahrgangsbester; ab 1928 Sekretär am Centre de Documentation Sociale; 1938 Habilitation in Paris mit zwei Arbeiten zur Axiomatik und Mengenlehre, danach Dozent in Straßburg. C. gerät 1940 in deutsche Gefangenschaft, entkommt und geht wieder an die Universität Straßburg, die sich nach Clermont-Ferrand zurückgezogen hat; Co-Initiator der Zeitung »Libération« und der Widerstandsbewegung »Libération-Sud« (März 1941); 1942 von der Vichy-Polizei verhaftet; verfaßt im Gefängnis »Sur la logique et la théorie de la science«; Flucht in den Untergrund. C. schreibt auf deutsch für Deutsche bestimmte Propagandaschriften; Gründer des militärischen Nachrichten- und Sabotage-Dienstes »Cohors«; im August 1943 von der deutschen Gegenspionage verhaftet und trotz Intervention der französischen Delegation bei der Wiesbadener Waffenstillstandskommission 1944 erschossen. Später Beisetzung in der Kapelle der Sorbonne.

Gegen den hypothetisch-deduktiven Zugang zur Mathematik nach Art des Bourbaki-Kreises sucht C. mit seiner nur in Ansätzen vorliegenden, als *modifizierter* ↑*Formalismus* bezeichneten Position in den Grundlagen der Mathematik zwischen D. Hilbert und L. E. J. Brouwer zu vermitteln. In Übereinstimmung mit Brouwer hält er am anschaulichen Charakter mathematischer Tätigkeit fest und sucht diese mit der axiomatischen Methode (↑Methode, axiomatische), die er um eine pragmatisch aufgefaßte Zeichentheorie ergänzt, zu versöhnen. Mittels eines an Ideen von F. Gonseth und G. Bachelard angelehnten Abstraktionsprozesses (↑Abstraktion), in dem eine simultane Erweiterung des mathematischen Gegenstandsbereichs – als Beispiel dient das Zahlensystem – und des damit verknüpften Anschauungsbegriffes angestrebt ist, betrachtet er einerseits, unter dem Einfluß der Resultate von K. Gödel, den für den strikten Formalismus notwendigen ↑Widerspruchsfreiheitsbeweis als überflüssig und andererseits die vom ↑Intuitionismus der Logik und Mathematik auferlegten Restriktionen als unnötig. In seiner posthum 1947 erschienenen Schrift »Sur la logique et la théorie de la science« analysiert C. – in Aufnahme der Traditionen Kant-Husserl und Bolzano-Carnap – die Spannung zwischen mathematischer Erkenntnis in Verbindung mit Bewußtsein(sakten) und der Wissenschaft als autonomem, vom Beweis regierten System, in dem Fortschritt durch Reorganisation und Revision stattfindet. In seinem Ringen um den Zusammenhalt von formaler Sprache (↑Sprache, formale) und ↑Ontologie betrifft C.' Kritik gleichermaßen den ↑Psychologismus und die Verkennung der Technizität des logischen Instrumentes der einen, A-Historizität oder die Postulierung undurchlässiger kategorialer Unterscheidungen (z. B. analytisch – synthetisch) der anderen. Trotz seiner kurzen Lehrtätigkeit ist C. als Bindeglied zwischen den großen französischen Wissenschaftstheoretikern des ausgehenden 19. Jhs. (P. Duhem, J. H. Poincaré), den wissenschaftstheoretischen Ansätzen im deutschen Sprachraum der 30er Jahre und der gegenwärtigen franz. Wissenschaftstheorie (G. G. Granger, J. Vuillemin) von großer Bedeutung. Seine Habilitationsschrift zur Begründung der Cantorschen Mengenlehre (1938) von ihrer ›Vorgeschichte‹ (B. Bolzano) bis zum ↑Zermelo-Fraenkelschen Axiomensystem gilt noch heute als Standardwerk.

C.' Widerstandstätigkeit bezieht ihre theoretisch-moralische Legitimation nicht zuletzt aus der *dialektischen Theologie* K. Barths. Das Aufkommen des Nazismus führt ihn von pazifistischen Gedanken zum Patriotismus und vom theoretischen Moralismus zum Realismus. Während dieselbe Wandlung bei seinen Freunden von der École Normale Supérieure, J.-P. Sartre und R. Aron, auf einer theoretisch-politischen Ebene bleibt, zieht der Logiker C. als praktische Konsequenz die des militärischen Widerstandes.

Werke: Œuvres complètes de philosophie des sciences, Paris 1994 (suivi de ›In memoriam‹ de G. Canguilhem). – Un mouvement de jeunesse en Allemagne, Annales de l'Université de Paris 7 (1932), 148–174, Neudr. in: Philos. Scientiae [s. u.], 1–21; Briefwechsel Cantor-Dedekind, ed. J. C. Noether/E. Noether, Paris 1937 (franz. Correspondance Cantor-Dedekind, in: Philosophie mathématique [s. u.], 177–251); Remarques sur la formation de la théorie abstraite des ensembles. Étude historique et critique, Paris 1937, Neudr. in: Philosophie mathématique [s. u.], 23–176; Méthode axiomatique et formalisme. Essai sur le problème du fondement des mathématiques, Paris 1938, 1981; Transfini et continu, Paris 1947, Neudr. in: Philosophie mathématique [s. u.], 253–274; Sur la logique et la théorie de la science, Paris 1947, ²1960 (engl. On Logic and the Theory of Science, in: T. J. Kisiel/J. J. Kockelmans [eds.], Phenomenology and the Natural Sciences. Essays and Translations, Evanston Ill. 1970, 353–409), Neudr. Paris 1997 (Nachw. v. J. Sebestik, 91–142); Philosophie mathématique, Paris 1962, ²1984; Chroniques d'Allemagne, Philos. Scientiae 3 (1998), 1–64. – P. Cortois, Bibliographie de J. C., Philos. Scientiae 3 (1998), 157–174.

Literatur: A. Aglan/J.-P. Azéma (eds.), J. C. résistant ou la pensée en actes, Paris 2002; H. Benis-Sinaceur, Structure et concept dans l'épistémologie mathématique de J. C., Rev. hist. sci. 40 (1987), 5–30; ders., Lettres inédites de J. C. à Albert Lautman, Rev. hist. sci. 40 (1987), 117–128; ders., J. C.. Philosophie mathématique, Paris 1994; P. Cassou-Noguès, De l'expérience mathématique. Essai sur la philosophie des sciences de J. C., Paris 2001; J. C.. Philosophe, résistant. Colloque d'Amiens, septembre 1984, Amiens 1985; P. Cortois, J. C.' aanloop tot de wetenschapstheorie, Tijdschr. Filos. 52 (1990), 100–120; ders., Quelques aspects du programme épistémologique de C., Dialectica 48 (1994), 125–141; ders., The Structure of Mathematical Experience According to J. C., Philos. Math. 3 (1996), 18–41; G. Ferrières, J. C., philosophe et combattant. (1903–1944), Paris 1950 (avec une étude de son œuvre par G. Bachelard), unter dem Titel: J. C.. Un philosophe dans la guerre, 1903–1944, Neuausg. Paris 1982, 2003 (engl. J. C.. A Philosopher in Time of War, 1903–1944, Lewiston N. Y./Lampeter 2000); FM I (1994), 521–522; G. G. Granger, J. C. ou la montée vers Spinoza, Êt. philos. NS 2 (1947), 271–279; ders., J. C. et l'histoire, Rev. hist. sci. 49 (1996), 569–582; G. Heinzmann, La position de C. dans le problème des fondements en mathématiques, et sa différence avec celle de Lautman, Rev. hist. sci. 40 (1987), 31–47; ders., J. C. und seine Beziehungen zu Deutschland, in: M. Bock/R. Meyer-Kalkus/M.Trebitsch (eds.), Entre Locarno et Vichy. Les relations culturelles franco-allemandes dans les années 1930 I, Paris 1993, 405–416; R. Jacumin, J. C.. Alla ricerca di una fondazione dell'operare matematico, Udine 1967; S. Ramirez, J. C. and the Vienna Circle, Grazer Philos. Stud. 27 (1986), 155–176; R. Schmit, Zur Phänomenologiekritik und Wissenschaftstheorie bei J. C. (1903–1944), in: E. W. Orth, Phänomenologische Forschungen XV (Studien zum Problem der Technik), Freiburg 1983, 124–147; P. Soula, J. C. 1903–1944, in: D. Huisman (ed.), Dictionnaire des philosophes I, Paris 1984, 497–502, ²1993, 541–546. – Philos. Scientiae 3 (1998), 65–156 (50ᵉ anniversaire de la mort de J. C., journée de souvenir et de réflexion). G. He.

Cavalieri, B[u]onaventura Francesco, *Mailand 1598 oder 1591, †Bologna 30. Nov. 1647, ital. Mathematiker und Astronom. Ab 1615 Studium der Philosophie und Theologie an der Universität Pisa; Kontakt mit B. Castelli, der ihn in das Studium der Geometrie einführt; ab 1629 Prof. in Bologna, Mitglied des Ordens der Jesuaten (nicht der Jesuiten, wie meist fälschlich behauptet). C.s »Geometria indivisibilibus« (Bologna 1635) wurde zu einem der einflußreichsten Bücher der Mathematikgeschichte. In ihm entwickelte C. in Anknüpfung an Infinitesimalmethoden von Archimedes, J. Kepler und G. Galilei, als dessen Schüler er sich verstand, eine mit ↑Indivisibilien arbeitende Methode der Flächen- und Rauminhaltsberechnung, mit der er zahlreiche von Kepler aufgestellte Probleme lösen konnte. Als guter Kenner der scholastischen Indivisibiliendiskussion hat C. zumindest in seinen späteren, auf Grund von Kritiken P. Guldins präziser als die frühen Schriften verfaßten Werken nirgends behauptet, daß das ↑Kontinuum aus unendlich kleinen Größen zusammengesetzt sei, insbes. auch nicht, daß Figuren und Körper aus unendlich vielen unendlich dünnen Linien bzw. Schichten aufgebaut seien, sondern nur, daß ihr Flächeninhalt bzw. Volumen durch die Hilfsannahme des ›Fließens‹ von Schnittgeraden bzw. Schnittebenen durch die betreffenden Inhalte berechnet werden könnten – eine später von I. Newton sogar terminologisch übernommene Vorstellung (↑Fluxion).

C. formulierte das folgende *Cavalierische Prinzip:* Gibt es eine Lage zweier stetig begrenzter geometrischer Körper K_1, K_2 und einer Ebene E derart, daß jede zu E parallele Ebene, die K_1 und K_2 überhaupt trifft, sie in Flächen mit dem konstanten Inhaltsverhältnis $F_1 : F_2$ schneidet, so verhalten sich auch die Volumina von K_1 und K_2 wie F_1 zu F_2. Daraus folgt insbes. die in der heutigen Schulmathematik übliche Formulierung, daß K_1 und K_2 gleiches Volumen haben, wenn für jeden Schnitt der genannten Art F_1 und F_2 flächengleich sind. Ersetzt man K_1 und K_2

durch zwei Flächen F_1 und F_2, E durch eine Gerade g, ›Inhalt‹ durch ›Fläche‹ und ›Fläche‹ durch ›Strecke‹, so ergibt sich das C.sche Prinzip für die ebene Geometrie. Diese Aussagen entsprechen in moderner Fassung den Feststellungen, daß zwei ↑Integrale gleich sind, wenn ihre Integranden und die Integrationsgrenzen gleich sind, und daß ein vor dem Integranden stehender konstanter Faktor vor das Integral gezogen werden kann.

Mit Hilfe der Indivisibilienmethode gab C. den ersten befriedigenden Beweis des (schon bei Pappos und Kepler unkritisch verwendeten) Guldinschen Satzes über das Volumen von Rotationskörpern. Aus C.s bedeutenden Arbeiten zur Trigonometrie und zur Kegelschnittlehre gingen seine Berechnung der Brennweiten gekrümmter Spiegel und seine Erfindung des Spiegelteleskops vor J. Gregory und Newton hervor.

Werke: Directorium generale uranometricum, in quo trigonometriae, logarithmicae fundamenta, ac regulae demonstrantur, astronomicaeque, Bologna 1632; Lo speccio ustorio overo trattato delle settioni coniche, Bologna 1632, 1650; Geometria indivisibilibus continuorum nova quadam ratione promota, Bologna 1635, erw. ²1653 (ital. Geometria degli indivisibili, Turin 1966); Compendio delle regole de' triangoli con le loro dimostrationi, Bologna 1638; Tavola prima logaritmica. Tavola seconda logaritmica, Bologna o.J. [1638]; Centuria di varii problemi, per dimostrare l'uso e la facilità de'logariti nella gnomonica, astronomia, geograffia, alimetria, planimetria, stereometria, & aritmetica prattica, Bologna 1639; Nuova prattica astrologica di fare le direttioni secondo la via rationale e conforme ancora al fondamento di Kepplero per via di logaritmi, Bologna 1640; Appendice della nuova prattica astrologica, Bologna 1640; Trigonometria plana, et sphaerica, linearis et logarithmica, Bologna 1643; Trattato della ruota planetaria perpetua e dell'uso di quella principalmente per ritrouare i luoghi de'pianeti alla Lausbergiana, Bologna 1646; Exercitationes geometricae sex, Bologna 1647 (repr. 1980).

Literatur: C. B. Boyer, The Concepts of the Calculus. A Critical and Historical Discussion of the Derivative and the Integral, New York 1939, 1949, unter dem Titel: The History of the Calculus and Its Conceptual Development, New York 1959; ders., C., Limits, and Discarded Infinitesimals, Scr. Math. 8 (1941), 79–91; E. Carruccio, C., DSB III (1971), 149–153; G. Cellini, Gli indivisibili nel pensiero matematico e filosofico di B. C., Periodico di matematice 44 (1966), 1–21; ders., Le dimostrazioni di C. del suo principio, a.a.O., 85–105; F. Conforto, L'opera scientifica di B. C. e di Evangelista Torricelli, Atti del Convegno di Pisa (23.–27. Sept. 1948), 35–56; E. Giusti, B. C. and the Theory of Indivisibles, Bologna 1980; J. E. Hofmann, Geschichte der Mathematik, I–II, I Berlin 1953, ²1963, II 1957; A. Masotti, Commemorazione di B. C., Rendiconti dell'Istituto Lombardo di Scienze e lettere, parte generale e atti ufficiali 81 (1948), 41–86; G. Piola, Elogio di B. C., Mailand 1844; F. Predari, Della vita e delle opere di B. C., Mailand 1843. C. T.

Cavendish, Henry, *Nizza 10. Okt. 1731, †London 24. Febr. 1810, engl. Naturwissenschaftler mit Arbeiten zur Chemie, Meteorologie und Physik. 1749–1753 Studium in Cambridge (ohne Abschluß), Einrichtung eines Laboratoriums in London, 1760 Mitglied der Royal Society. C., der keine Bücher und nur einige Artikel veröffentlichte, verstand seine Arbeit als Fortführung der Arbeiten I. Newtons. 1766 stellte er fest, daß bei der Lösung von Metallen in Säuren ein von ihm als neuartig erkanntes Gas entwich, der später so genannte Wasserstoff. C. gelangte dabei zu der Überzeugung, daß das Gas aus dem Metall entwich, und kam aufgrund der guten Brennbarkeit des Gases und seiner rückstandsfreien Verbrennung zu der Auffassung, es handele sich um reines Phlogiston. Mit C.s Identifikation des Phlogiston im Labor beginnt die späte Phase der ↑Phlogistontheorie. Darüber hinaus führte C. empirische Untersuchungen zur Brennbarkeit und zum spezifischen Gewicht von Gasen durch.

Angeregt durch seine Kenntnisse über Gase beschäftigte sich C. seit 1771 mit Elektrizität, deren Spannungszustand in einem Körper er mit der zusammengepreßten Luft in einem Behälter verglich. Seine Untersuchungen über elektrische Anziehung und Abstoßung von Partikeln, seine Berechnungen von ›Elektrizitätsmengen‹ wurden erst von J. C. Maxwell in ihrer Bedeutung erkannt und teilweise 1879 publiziert. 1776 folgte eine Untersuchung über elektrische Fische. Seit 1781 beschäftigte sich C. wieder mit Gasen und entdeckte die Reaktion von Wasserstoff und Sauerstoff zu Wasser. Diesem Befund suchte er durch eine Anpassung seiner zuvor formulierten Auffassungen zur Phlogistontheorie Rechnung zu tragen. Wasserstoff wird nicht mehr mit Phlogiston identifiziert, sondern als Verbindung von Wasser und Phlogiston gedeutet. Sauerstoff gilt hingegen als Wasser mit einem besonders geringen Phlogistonanteil, so daß bei einer Reaktion von Wasserstoff und Sauerstoff Phlogiston ausgetauscht wird und Wasser entsteht. A. L. de Lavoisier schloß aus C.s Experimenten, daß Wasser kein Element, sondern eine Verbindung von Wasserstoff und Sauerstoff ist. – Bei Arbeiten mit Stickstoff fand C. die Salpetersäure, deren Gefrierpunkt er ebenso untersuchte wie z.B. den von Vitriolsäure und Quecksilber. Berühmt wurde seine Bestimmung der Gravitationskonstante der Erde mit der Torsionswaage von J. Michell.

Werke: Experiments on Air, Philos. Transact. Royal Soc. 74 (1784), 119–169, 75 (1785), 372–384, separat unter dem Titel: Experiments on Air. Papers Published in the »Philosophical Transactions«, Edinburgh 1893, 1899; The Electrical Researches of the Honourable H.C., F. R. S.. Written between 1771 and 1781 [...], ed. J.C. Maxwell, Cambridge 1879 (repr. London 1967), Neudr. als: The Scientific Papers I [s.u.]; The Scientific Papers of the Honourable H.C. [...], I–II, ed. J. C. Maxwell u.a., Cambridge 1921.

Literatur: W. R. Aykroyd, Three Philosophers. Lavoisier, Priestley and C., London 1935, Westport Conn. 1970 (mit Bibliographie, 218–221); A. J. Berry, H.C.. His Life and Scientific Work, London 1960; M. Carrier, C.s Version der Phlogistonchemie, oder:

Über den empirischen Erfolg unzutreffender theoretischer Ansätze, in: J. Mittelstraß/G. Stock (eds.), Chemie und Geisteswissenschaften. Versuch einer Annäherung, Berlin 1992, 35–52; J. G. Crowther, Scientists of the Industrial Revolution. Joseph Black, James Watt, Joseph Priestley, H.C., London 1962; G. Cuvier, H.C., in: E. Farber (ed.), Great Chemists, New York/London 1961, 227–238; C. Jungnickel/R. McCormmach, C., Philadelphia Pa. 1996, unter dem Titel: C., The Experimental Life, Cranbury N. J. 1999 (mit Bibliographie 747–790); G. Lockemann, C., in: G. Bugge (ed.), Das Buch der großen Chemiker I, Berlin 1929, Nachdr. Weinheim 1984, 253–262; R. McCormmach, C., DSB III (1971), 155–159; G. Wilson, The Life of the Honorable H.C. Including Abstracts of His More Important Scientific Papers [...], London 1851 (repr. New York 1975). K. M.

Cayley, Arthur, *Richmond (Surrey) 16. Aug. 1821, †Cambridge 26. Jan. 1895, engl. Mathematiker und Astronom. 1838–1842 Studium am Trinity College, 1842–1845 Fellow in Cambridge, 1846–1849 Studium der Rechte in Lincoln's Inn. Nach 14 Jahren als Anwalt 1863–1895 Prof. der Mathematik in Cambridge, begründete mit J. J. Sylvester die Theorie der algebraischen Invarianten. Im Zusammenhang damit stehen seine Entwicklung der Matrizentheorie in der algebraischen Fassung, die analytische Einführung n-dimensionaler Geometrien, die Klärung des Begriffs der abstrakten Gruppe (↑Gruppe (mathematisch)), die Darstellung von Gruppen durch Multiplikationstafeln (Gruppentafeln oder ›C.sche Tafeln‹) und der Fundamentalsatz, daß jede endliche Gruppe einer Permutationsgruppe isomorph ist (Satz von C.). C.s Zurückführung der metrischen Geometrie auf die projektive durch eine schon innerhalb dieser gültige Maßbestimmung (C.-Kleinsche Metrik) regte F. Klein zur Erweiterung auf die ↑nicht-euklidischen Geometrien und damit die Aufstellung des ↑Erlanger Programms an. Unter den Ergebnissen der C.schen Arbeiten über algebraische Formen oder Quantiken ist vor allem die Konstruktion einer nicht-assoziativen Algebra mit acht Basiselementen über dem Körper der reellen Zahlen zu nennen, die ›C.sche Algebra‹ mit den ›C.schen Zahlen‹ oder Oktaven als Elementen. Nicht weniger bedeutend sind C.s Beiträge zur abzählenden Geometrie, zur Theorie der algebraischen Kurven, über elliptische Funktionen und konforme Abbildung sowie seine Beschäftigung mit dem ↑Vierfarbenproblem, die einen der wichtigsten Anstöße zur Entwicklung der kombinatorischen ↑Topologie lieferte.

Werke: The Collected Mathematical Papers of A. C., I–XIV, Cambridge 1889–1898 (repr. New York 1963). – An Elementary Treatise on Elliptic Functions, Cambridge 1876, London ²1895, New York 1961.

Literatur: E. T. Bell, Invariant Twins. C. and Sylvester, in: ders., Men of Mathematics, London 1937 (repr. New York 1961, 1986), 424–453, Nachdr. New York 1965, 378–405 (dt. Zwillinge der Invarianz. C. und Sylvester, in: ders., Die großen Mathematiker, Düsseldorf/Wien 1967, 364–388); E. Carruccio, C., Enc. filos. I (1967), 1324; T. Crilly, The Young A. C., Notes and Records Royal Soc. London 52 (1998), 267–282; G. Eisenreich, C., in: S. Gottwald/H.-J. Ilgauds/K.-H. Schlote (eds.), Lexikon bedeutender Mathematiker, Thun/Frankfurt 1990, 96–97; A. R. Forsyth, Obituary Notice of A. C., Proc. Royal Soc. 58 (1895), 1–43, Neudr. in: The Collected Mathematical Papers of A. C. [s. o.] VIII, IX–XLIV; A. Macfarlane, Lectures on Ten British Mathematicians of the Nineteenth Century, New York 1916; M. Noether, A. C., Math. Ann. 46 (1895), 462–480; J. D. North, C., DSB III (1971), 162–170; L. Novy, A. C. et sa définition des groupes abstraits-finis, Acta historiae rerum naturalium necnon technicarum, Sonderheft 2 (Prag 1966), 105–151; C. A. Scott, On C.'s Theory of the Absolute, Bull. Amer. Math. Soc. 3 (1896), 235–246. C. T.

Celarent, in der traditionellen ↑Syllogistik Merkwort für das Schlußschema (↑Schluß, den syllogistischen ↑Modus) MeP, $SaM \prec SeP$ (›kein M ist P‹ und ›alle S sind M‹ impliziert ›kein S ist P‹), in moderner quantorenlogischer (↑Quantorenlogik) Schreibweise:

$$\bigwedge_x(M(x) \to \neg P(x)), \quad \bigwedge_x(S(x) \to M(x)) \prec \bigwedge_x(S(x) \to \neg P(x)).$$

Es handelt sich um einen der vier Modi vollkommener Syllogismen (↑Syllogismus, vollkommener) der ersten syllogistischen Schlußfigur. P. S.

Celsus, ↑Kelsos.

Certismus, innerhalb des Kritischen Rationalismus (↑Rationalismus, kritischer) insbes. von H. F. Spinner verwendeter Terminus für alle ›begründungsorientierten‹ philosophischen Konzeptionen, in Unterscheidung zu den ›widerlegungsorientierten‹, von K. R. Popper ›fallibilistisch‹ (↑Fallibilismus) genannten Positionen. Nach Spinner läßt sich die gesamte Geschichte der theoretischen Philosophie als Kampf zwischen certistischer und fallibilistischer Rationalitätskonzeption verstehen (Begründung, Kritik und Rationalität I, 1977). Die certistische ›Rechtfertigungsrationalität‹ hält Spinner, im Gegensatz z. B. zu H. Albert, der sie im Anschluß an Popper als ›Offenbarungsmodell der Erkenntnis‹ kritisiert (Traktat über kritische Vernunft, 15 ff.), für ein »auf Erkenntnisfragen angewandtes Rechtsdenken« (a. a. O., VIII), das sich schon in der frühen griechischen Erkenntnistheorie (vor allem bei Parmenides) zeige.

Ob ›C.‹ geeignet ist, alle nicht-fallibilistischen philosophischen Ansätze in einem Schlagwort zusammenzufassen, ist bezweifelbar. Der Ausdruck ›C.‹ unterstellt nämlich mit seiner Herkunft vom lateinischen ›certus‹ (›sicher‹) eine Verknüpfung von Begründungsorientiertheit mit Sicherheitsstreben. Dagegen zeigt z. B. die Entwicklung der Konstruktiven Wissenschaftstheorie (↑Wissenschaftstheorie, konstruktive) ein Abrücken von der von H. Dingler noch für wesentlich erachteten

Forderung nach absoluter Sicherheit und Eindeutigkeit wissenschaftlicher Systeme, ohne dabei die Forderung nach ↑Begründung oder Rechtfertigung wissenschaftlicher Aussagen fallenzulassen (vgl. J. Mittelstraß 1974).

Literatur: H. Albert, Traktat über kritische Vernunft, Tübingen 1968, erw. ⁵1991; J. Mittelstraß, Wider den Dingler-Komplex, in: ders., Die Möglichkeit von Wissenschaft, Frankfurt 1974, 84–105, 230–234; H. F. Spinner, Pluralismus als Erkenntnismodell, Frankfurt 1974; ders., Begründung, Kritik und Rationalität. Zur philosophischen Grundlagenproblematik des Rechtfertigungsmodells der Erkenntnis und der kritizistischen Alternative I (Die Entstehung des Erkenntnisproblems im griechischen Denken und seine klassische Rechtfertigungslösung aus dem Geiste des Rechts), Braunschweig 1977. P. S.

ceteris-paribus-Klausel, Bezeichnung für die der Formulierung einer Rechts- oder Moralnorm (↑Norm (handlungstheoretisch, moralphilosophisch), ↑Norm (juristisch, sozialwissenschaftlich)) bzw. einer empirischen Verallgemeinerung (↑Gesetz (exakte Wissenschaften)) manchmal ausdrücklich beigefügte, in der Regel aber stillschweigend mitverstandene Klausel ›unter sonst gleichen Bedingungen oder Umständen‹ (engl. ›other things being equal‹). Bei der Anwendung von Normen artikuliert die c.-p.-K. den Situationsbezug unter Rückgriff auf Paradigmen und Standardsituationen. Die Einbeziehung der c.-p.-K. trägt der Tatsache Rechnung, daß sich nie alle Bedingungen der Norm vollständig artikulieren lassen und es keine Anwendung einer Regel ohne Bezug auf Beispiele und ohne Erfahrung in der Beurteilung der relevanten Gleichheiten bzw. der entscheidenden Unterschiede in den konkreten Anwendungssituationen gibt. In der ↑Wissenschaftstheorie wird im Rahmen der ↑Zweistufenkonzeption die Anwendung theoretischer Begriffe (↑Begriffe, theoretische) auf die Erfahrung an eine c.-p.-K. gebunden, die den Ausschluß störender Umstände zum Ausdruck bringt. Ein theoretischer Zustand manifestiert sich nur bei Fehlen maskierender Einflüsse in den zugeordneten beobachtbaren Größen (R. Carnap, C. G. Hempel). Dieser Befund wird dahingehend verallgemeinert, daß die Anwendung jedweder Theorie eine derartige c.-p.-K. enthält (I. Lakatos). Eine Verschärfung dieser Position besagt, daß Theorien oder fundamentale ↑Naturgesetze ohne c.-p.-K.n den konkreten Daten nicht Rechnung zu tragen vermögen, während sie durch Hinzufügung solcher Klauseln derart spezifisch und in ihrem Anwendungsbereich eingeschränkt werden, daß übergreifende, vereinheitlichende ↑Erklärungen verfehlt werden (N. Cartwright).

Im Vergleich zwischen einem System explizit ausformulierter Regeln und den in vielen Aspekten unausdrücklichen Normen etwa eines Fallrechts verweist die c.-p.-K. in ↑Ethik und ↑Rechtsphilosophie darauf, daß es sich bei der Normartikulation um ein bloß allgemein artikuliertes Prinzip handelt, das die Kenntnis der paradigmatischen Fälle weiterhin voraussetzt. Eine solche *schwach* formulierte *prima-facie*-Norm begründet für eine konkrete Situation nur dann *eine gültige* Verpflichtung, wenn diese in den relevanten Gesichtspunkten mit den paradigmatischen Fällen übereinstimmt und keine konkurrierende Norm, die auf die konkrete Situation ebenfalls anwendbar sein mag, den Vorrang vor der fraglichen Norm hat. Damit verlangen Normen mit c.-p.-K.n in der Anwendung auch Klugheit (↑Phronesis) im Sinne der Beurteilung des Situationstyps und des Vorrangs der schwachen Normen oder allgemeinen Prinzipien untereinander. Daher können sich schwache Normen in der Formulierung sogar widersprechen, wenn nur die zugeordneten Paradigmen und situationsabhängigen Bewertungen des Vorrangs praktisch hinreichen für eine klare Orientierung im Urteil. Eine Norm ist um so *stärker* (formuliert oder expliziert), je unabhängiger sie von expliziten oder impliziten c.-p.-K.n ist. Im Idealfall gelten die in der Norm artikulierten Verpflichtungen also für praktisch alle von ihr spezifizierten Situationen. Ein System starker Normen ist daher auch auf artikulatorische Konsistenz zur Vermeidung von sich widersprechenden Orientierungen verpflichtet. – Auch in den Sozialwissenschaften verweist die c.-p.-K. darauf, daß soziale Phänomene immer in Abhängigkeit von unterstellten Standardbedingungen untersucht werden. Wie weit diese durch explizierbare Bedingungen, zunächst vage vertreten durch sogenannte Variablen, ans Tageslicht gebracht werden können, ist ebenso offen wie die Einschränkung unbestimmt ist, die einen gleichbleibenden Einfluß der explizit gemachten Bedingungen und die hinreichend eindeutige Identifizierbarkeit der Situationstypen unterstellt. Im Unterschied zur Physik, wo die technische Herstellungspraxis störungsfreier Versuchsbedingungen ein reales Fundament für eine situationstypengerechte Deutung von theoretischen Regeln oder Gesetzen bereitstellt, verdecken ökonomische c.-p.-K.n in der Regel die Offenheit der relevanten Situationen, insbes. wenn die Variablen bloß auf fiktive Modelle bezogen sind. Ihr Mangel an strengem Realbezug wird daher großenteils zu Recht als ↑Modellplatonismus kritisiert.

In der neueren Diskussion werden auch psychologische Regularitäten als *Ceteris-paribus-Gesetze*, also als mit einer c.-p.-K. versehene Naturgesetze, rekonstruiert. Psychologische Regularitäten drücken danach Beziehungen zwischen intentionalen (↑Intentionalität) Zuständen aus, deren Anbindung an Verknüpfungen zwischen neurophysiologischen Zuständen einer c.-p.-K. unterliegt. Diese (umstrittene) Rekonstruktion besagt, daß es sich bei psychologischen Regularitäten trotz Einschränkungen des Geltungsbereichs und der Existenz von Ausnahmen um Naturgesetze handelt.

Literatur: H. Albert, Marktsoziologie und Entscheidungslogik. Ökonomische Probleme in soziologischer Perspektive, Neuwied/Berlin 1967, mit Untertitel: Zur Kritik der reinen Ökonomik, Tübingen ²1998; K. Baier, The Moral Point of View. A Rational Basis of Ethics, Ithaca N. Y. 1958, 1966, bes. 102–105, 193–195 (dt. Der Standpunkt der Moral. Eine rationale Grundlegung der Ethik, Düsseldorf 1974, bes. 101–104, 183–185); J. van Brakel, C. P. Laws, Behavioral and Brain Sciences 15 (1992), 584–585; R. Carnap, The Methodological Character of Theoretical Concepts, in: H. Feigl/M. Scriven (eds.), The Foundations of Science and the Concepts of Psychology and Psychoanalysis, Minneapolis Minn. 1956, 1997 (Minnesota Stud. Philos. Sci. I), 38–76 (dt. Theoretische Begriffe der Wissenschaft. Eine logische und methodologische Untersuchung, Z. philos. Forsch. 14 [1960], 209–233, 571–584); M. Carrier, In Defense of Psychological Laws, Int. Stud. Philos. Sci. 12 (1998), 217–232; N. Cartwright, The Truth Doesn't Explain Much, in: dies., How the Laws of Physics Lie, Oxford/New York 1983, 2002, 44–53; dies., ›C. P.‹ Laws and Socio-Economic Machines, Monist 78 (1995), 276–294; A. Drewery, Dispositions and C. P. Laws, Brit. J. Philos. Sci. 52 (2001), 723–733; J. Earman/J. Roberts, ›C. P.‹. There Is No Problem of Provisos, Synthese 118 (1999), 439–478; J. A. Fodor, You Can Fool Some of the People All of the Time, Everything Else Being Equal. Hedged Laws and Psychological Explanations, Mind 100 (1991), 19–34; M. Guarini, Horgan and Tienson on C. P. Laws, Philos. Sci. 67 (2000), 301–315; S. O. Hansson, What Is C. P. Preference?, J. Philos. Log. 25 (1996), 307–332; C. G. Hempel, Provisoes. A Problem Concerning the Inferential Function of Scientific Theories, Erkenntnis 28 (1988), 147–164; D. H. Hodgson, Consequences of Utilitarianism. A Study in Normative Ethics and Legal Theory, Oxford 1967, 9–10, 19–20; A. Jacob, c. p., Enc. philos. universelle II/1 (1990), 299; I. Johansson, C. P. Clauses, Closure Clauses and Falsifiability, Z. allg. Wiss.theorie 11 (1980), 16–22; I. Lakatos, Falsification and the Methodology of Scientific Research Programmes, in: ders./A. Musgrave (eds.), Criticism and the Growth of Knowledge, London 1970, 91–105 (dt. Falsifikation und die Methodologie wissenschaftlicher Forschungsprogramme, in: ders./A. Musgrave [eds.], Kritik und Erkenntnisfortschritt, Braunschweig 1974, 89–189); D. Lyons, Forms and Limits of Utilitarianism, Oxford 1965, 1978, 19–22; J. Persky, Retrospectives. C. P., J. Economic Perspectives 4 (1990), 187–193 (vgl. Antwort v. E. Kaufer, J. Economic Perspectives 11 [1997], 190–191); P. M. Pietroski, Prima Facie Obligations, C. P. Laws in Moral Theory, Ethics 103 (1993), 489–515; ders./G. Rey, When Other Things Aren't Equal. Saving ›C. P.‹ Laws from Vacuity, Brit. J. Philos. Sci. 46 (1995), 81–110; S. Schiffer, C. P. Laws, Mind 100 (1991), 1–17; G. Schurz, Pietroski and Rey on C. P. Laws, Brit. J. Philos. Sci. 52 (2001), 359–370; S. R. Smith, Violated Laws, C. P. Clauses, and Capacities, Synthese 130 (2002), 235–264; J. K. Whitaker, C. P., in: J. Eatwell/M. Milgate/P. Newman (eds.), The New Palgrave. A Dictionary of Economics I, London/Basingstoke 1987, 396–397. – Sondernummer: Erkenntnis 57 (2002), 281–450. F. K./M. C.

c-Funktion, ↑Bestätigungsfunktion.

Chaijām, al-, auch Omar Chaijām oder Omar Gheiasoddin Abul Fath (›Hilfe des Glaubens‹, in späteren Lebensjahren erhaltener Ehrenname), *Nīšāpūr (Iran) 15. Mai 1048 (?), †ebd. 4. Dez. 1123 (?), persischer Gelehrter und Dichter. Über das Leben C.s liegen nur spärliche Nachrichten vor. Um 1070 hält sich C. am Hof der Seldschuken in Samarkand auf und wird dort später Leiter des Observatoriums zu Isfahan; 1092 fällt er – wegen ihm zugeschriebenen Freidenkertums – in Ungnade. Einige Jahre später verläßt er Isfahan und lebt am neuen seldschukischen Hof in Merv (heute Turkmenistan), bevor er in seine Geburtsstadt zurückkehrt. C. war ein bedeutender Astronom; seine Kalenderreform (beginnend mit dem 15. 3. 1079, Anfang der Seldschukendynastie) war genauer als die spätere Gregorianische Reform, galt aber nur kurze Zeit.

C.s wissenschaftliche Hauptleistungen liegen auf dem Gebiet der Mathematik. Die wichtigsten Werke sind seine beiden algebraischen Traktate und sein Euklid-Kommentar, die C.s Ruf als einer der besten Mathematiker des Mittelalters begründen. In der Algebra ragt insbes. seine Methode der geometrischen und algebraischen Lösungen kubischer ↑Gleichungen durch Reduktion auf Produkte quadratischer und linearer Gleichungen hervor. Er verbindet damit die erst 1837 bewiesene Vermutung, daß diese Gleichungen geometrisch nicht mit Zirkel und Lineal allgemein lösbar sind (algebraisch: durch quadratische Radikale). In C.s Euklid-Kommentar ist der Beweisversuch des ↑Parallelenaxioms besonders wichtig. Sowohl die Fragestellung als auch die Figur, an der der Beweisversuch durchgeführt wird, werden später – in Unkenntnis der Arbeiten C.s – von G. Saccheri und J. H. Lambert wieder verwendet und bilden bei Lambert den Übergang zu (ungewollten) Sätzen der ↑nicht-euklidischen Geometrie. C.s philosophische Werke, die meist auf Geheiß von Herrschern geschrieben wurden, sind entsprechend vorsichtig und lassen eigene philosophische Standpunkte schwer erkennen. Sie dürften auch der Verteidigung gegen den Vorwurf des Freidenkertums dienen, die ihm seine berühmten und populären, später vielfach abgewandelten und erheblich vermehrten Vierzeiler eingebracht haben.

Von C. selbst, der einen großen Ruf als Dichter genießt, dürften kaum mehr als 100 der ihm zugeschriebenen über tausend Vierzeiler stammen. Insgesamt ist C.s Philosophie stark vom platonisierenden ↑Aristotelismus Avicennas abhängig, während er hinsichtlich des Universalienproblems (↑Universalien) eine derjenigen Abaelards verwandte konzeptualistische (↑Konzeptualismus) Position vertritt.

Werke: Omar Khayyam. Traktaty, ed. V. S. Segal/A. P. Youschkevitch, Moskau 1961 [repr. der Handschriften beinahe aller wissenschaftlichen und philosophischen Arbeiten C.s, mit russ. Übers.]. – Risāla fī l-barāhīn 'alā masā'il al-jabr wa 'l-muqābala (= Abhandlung über den Beweis von Problemen der Algebra und Almuqabala), Text in: L'algèbre d'Omar Alkhayyâmî, ed. F. Woepcke, Paris 1851, ferner in: C. H. Mossaheb, Hakim Omare Khayyam as an Algebraist, Teheran 1960, 7–52 (franz. L'algèbre d'Omar Alkhayyâmî, ed. F. Woepcke, Paris 1851; engl. The Algebra of Omar Khayyam, ed. u. übers. D. S. Kasir, New

York 1931 [repr. 1972], unter dem Titel: The Algebra of Umar Khayyam, übers. H. J. J. Winter/W. 'Arafat, J. Royal Asiatic Soc. Bengal Sci. 16 [1950], 27–70, persisch in: C. H. Mossaheb, Hakim Omare Khayyam as an Algebraist, Teheran 1960, 159–250); Rubāiyāt (= Vierzeiler), Text unter dem Titel: Rubāiyāt-i hakîm Khayyām, ed. Sanjar Mirza, Teheran 1861 (engl. The Rubāiyāt of Omar Khayyam, übers. E. Fitzgerald, London 1859, 1868, 1872, 1879, übers. A. J. Arberry, London 1949, unter dem Titel: Rubāiyāt, A New Version Based upon Recent Discoveries, übers. A. J. Arberry, London 1952, unter dem Titel: E. Fitzgerald. Rubāiyāt of Omar Khayyám. A Critical Edition, ed. C. Decker, Charlottesville N. C./London 1997 [enthält alle Übers. Fitzgeralds]; dt. Die Sinnsprüche Omars des Zeltmachers, ed. u. übers. F. Rosen, Stuttgart/Leipzig 1909, Wiesbaden 1955, Frankfurt 2003, unter dem Titel: Die Vierzeiler O. C.s in der Auswahl und Anordnung E. Fitzgeralds aus dem Persischen, übers. C. H. Rempis, Tübingen 1933, Dessau/Leipzig 1940, unter dem Titel: Wie Wasser strömen wir. Die Rubaijat des Omar Chajjam, übers. C. Atabay, Düsseldorf 1984); Erster algebraischer Traktat [Handschrift ohne Titel], Text in: C. H. Mossaheb, Hakim Omare Khayyam as an Algebraist, Teheran 1960, 59–74 (persisch a. a. O., 251–291; engl. A Paper of Omar Khayyam, übers. A. R. Amir-Moéz, Scr. Math. 26 [1961], 323–337); Sharḥ mā ashkala min musāradat kitāb Uqlīdis (= Kommentare über die Schwierigkeiten in den Einführungen zu Euklids Buch), unter dem Titel: Omar Khayyam. Explanation of the Difficulties in Euclid's Postulates [Text arab.], ed. A. I. Sabra, Alexandria 1961 (engl. [unvollst.] Discussion of Difficulties in Euclid, übers. A. R. Amir-Moéz, Scr. Math. 24 [1959], 275–303). – G. Potter, A Bibliography of the »Rubáiyát« of Omar Khayyam. Together with Kindred Matter in Prose and Verse Pertaining thereto, London 1929 (repr. Hildesheim/Zürich/New York 1994).

Literatur: J. A. Boyle, Omar Khayyam. Astronomer, Mathematician and Poet, Manchester 1969; A. Fadil, The Fame of Omar Khayyam (Between Science and Literature), Muslim World 50 (1960), 259–268; C.-H. de Fouchécour/B. A. Rosenfeld, Umar Khayyām, EI X (2000), 827–834; F. K. Ginzel, Handbuch der mathematischen und technischen Chronologie I, Leipzig 1906, bes. 300–305; G. Jacob/E. Wiedemann, Zu Omer-i-Chaiiam (Chajjâm), Der Islam 3 (1912), 42–62; K. Jaouiche, On the Fecundity of Mathematics from Omar Khayyam to G. Saccheri, Diogenes 57 (1967), 83–100; H. Lamb, Omar Khayyam. A Life, New York 1934, 1936 (dt. Omar Chajjam. Das abenteuerliche Leben des persischen Dichters und Astronomen, Leipzig 1939, unter dem Titel: Omar der Zeltmacher. Das abenteuerliche Leben des persischen Dichters und Astronomen Omar Chajjam, Berlin/Darmstadt 1953); V. Minorsky, 'O. Khaiyām, Enz. Islam III (1936), 1064–1068; C. H. Mossaheb, Hakim Omare Khayyam as an Algebraist, Teheran 1960; R. Rashed/B. Vahabzadeh, Al-Khayyam mathématicien, Paris 1999 (engl. Omar Khayyam, the Mathematician, New York 2000); B. A. Rosenfeld/A. P. Youschkevitch, Omar Chaiiam (Chajam), Moskau 1965 [russ., mit ausführlicher Primär- und Sekundärbibliographie]; I. Sahid, Omar Khayyam, the Philosopher-Poet of Medieval Islam. Inaugural Lecture of the Sultanate of Oman Chair in Arabic and Islamic Literature, Washington D. C. 1982; G. Sarton, Introduction to the History of Science I, Washington D. C. 1927 (repr. Baltimore Md. 1968), bes. 759–761; P. Seghers, Omar Khayyâm. Sa vie et ses quatrains Rubâiyât, Paris 1987; D. E. Smith, Euclid, Omar Khayyâm, and Saccheri, Scr. Math. 3 (1935), 5–10; S. G. Tirtha, The Nectar of Grace. 'Omar Khayyáms's Life and Works, Allahabad 1941 [mit Übers. philos. Texte u. Vierzeiler]; P. Yogananda, The »Rubaijat« of Omar Khayyam Explained, Nevada City Calif. 1994 (dt. Die spirituelle Lehre der »Rubaijat« von Omar Chajjam, Basel 1995, Kreuzlingen/München 1999); A. P. Youschkevitch, Istorija matematiki v srednie veka, Moskau 1961 (dt. Geschichte der Mathematik im Mittelalter, Leipzig 1964); ders./B. A. Rosenfeld, Al-Khayyâmî, DSB VII (1973), 323–334. G. W.

Chalcidius, ↑Calcidius.

Chamberlain, Houston Stewart, *Southea (b. Portsmouth) 9. Sept. 1855, †Bayreuth 9. Jan. 1927, engl. Kulturphilosoph und Rassentheoretiker, einer der Hauptautoren der sogenannten ›Konservativen Revolution‹. 1879–1885 naturwissenschaftliches Studium in Genf, 1885–1889 Aufenthalt in Dresden, 1889–1909 in Wien. 1909 Heirat mit R. Wagners Tochter Eva und Übersiedlung nach Bayreuth. – Nach C. ist das Leben als gestaltbildende und identifizierende Kraft die Basis, von der aus sich der Geltungsrahmen wissenschaftlicher und insbes. philosophischer Erkenntnis ergibt. Die ganzheitliche Vermittlung von Kultur und Natur leistet die ↑Weltanschauung, die Wertigkeit des Lebens verdankt sich seiner spezifischen rassischen Eigenart, die durch Züchtung entwickelt werden kann. Die germanische Rasse ist in kulturschöpferischer Hinsicht allen Rassen überlegen. Die Besinnung der Deutschen auf den Rassegedanken ist die Voraussetzung für die Rettung vor überfremdenden Orientierungen; der Hauptgegner ist das Judentum. C.s Vorstellungen haben die Ideologie des Nationalsozialismus beeinflußt.

Werke: Hauptwerke, I–IX, München 1923. – Das Drama Richard Wagners, Leipzig 1892, Walluf 1973; Richard Wagner, München 1896, [11]1942; Die Grundlagen des neunzehnten Jahrhunderts, I–II, München 1899, [28]1942 (engl. Foundations of the Nineteenth Century, London 1910, New York 1968); Arische Weltanschauung, Berlin 1905, München 1997; Immanuel Kant. Die Persönlichkeit als Einführung in das Werk, München 1905, [5]1938; Goethe, München 1912, [9]1939; Kriegsaufsätze, München 1914, [12]1916; Demokratie und Freiheit, München 1917, [6]1918; Lebenswege meines Denkens, München 1919, [3]1942; Mensch und Gott. Betrachtungen über Religion und Christentum, München 1921, [6]1943; Rasse und Persönlichkeit. Aufsätze, München 1925, [4]1942; C. der Seher des Dritten Reiches. Das Vermächtnis H. S. C.s an das deutsche Volk, in einer Auslese aus seinen Werken, ed. G. Schott, München 1934, [4]1941. – Briefe 1882–1924 und Briefwechsel mit Kaiser Wilhelm II., ed. P. Pretzsch, I–II, München 1928; Cosima Wagner und H. S. C. im Briefwechsel 1888–1908, ed. P. Pretzsch, Leipzig 1934.

Literatur: H. Ballmann, H. S. C. und das Deutschtum. Die Beziehung H. S. C.s zur deutschen Geistesgeschichte, Düsseldorf 1939; W. Eckhard, H. S. C.s Naturanschauung, Leipzig 1941; G. G. Field, Evangelist of Race. The Germanic Vision of H. S. C., New York 1981; W. Nielsen, Der Lebens- und Gestaltbegriff bei H. S. C.. Eine Untersuchung seiner Lebenslehre. Unter besonderer Berücksichtigung ihrer geisteswissenschaftlichen Grundlagen und Beziehungen, Diss. Kiel 1938; J. Schmidt, Richard Wagners Schwiegersohn in Deutschland. H. S. C.s »Grundlagen des 19. Jahrhunderts«, in: ders., Die Geschichte des Genie-

Gedankens in der deutschen Literatur, Philosophie und Politik II, Darmstadt 1985, 222–227; G. Stutzinger, Die politischen Anschauungen H. S. C.s, Diss. Berlin 1938; W. Vollrath, Thomas Carlyle und H. S. C.. Zwei Freunde Deutschlands, München 1935. S. B.

Chang Tsai (Zhang Zai), 1020–1078, chines. Philosoph, Wegbereiter des rationalistischen Neokonfuzianismus (↑Konfuzianismus). Im Mittelpunkt seiner Lehre steht die ›konstellierte Energie‹ ch'i, der das ↑Tao und alle moralischen Werte innewohnen. Macht den Lehrsatz ›das Universum ist eins, seine Manifestationen sind viele‹ zur metaphysischen Grundlage der neokonfuzianischen Ethik. Hauptwerke sind das »Hsi-ming« und das »Cheng-meng« (Rechtes Auflichten = Cheng-meng).

Werke: Rechtes Auflichten = Cheng-meng, ed. u. übers. M. Friedrich/M. Lackner/F. Reimann, Hamburg 1996.

Literatur: A. D. Birdwhistell, The Concept of Experiential Knowledge in the Thought of C. T., Philos. East and West 35 (1985), 36–60; J. P. Bruce, Chu Hsi and His Masters. An Introduction to Chu Hsi and the Sung School of Chinese Philosophy, London 1923, New York 1973; W.-T. Chan, A Source Book in Chinese Philosophy, Princeton N. J. 1963, 1973 (Chap. 30); ders., Reflections on Things at Hand. The Neo-Confucian Anthology, New York/London 1967; ders., C., in: H. Franke (ed.), Sung Biographies I, Wiesbaden 1976 (Münchener Ostasiat. Stud. 16/1), 39–43; C. Chang, The Development of Neo-Confucian Thought I, New York 1957 (Nachdr. Westport Conn. 1977), 159–183; K.-W. Chow, Ritual, Cosmology, and Ontology. C. T.'s Moral Philosophy and Neo-Confucian Ethics, Philos. East and West 43 (1993), 201–228; W. Eichhorn, Die Westinschrift des C. T.. Ein Beitrag zur Geistesgeschichte der nördlichen Sung, Abh. f. d. Kunde d. Morgenlandes 22 (1937), H. 7, 1–85; H. van Ess, Von Ch'eng I zu Chu Hsi. Die Lehre vom Rechten Weg in der Überlieferung der Familie Hu, Wiesbaden 2003; A. Forke, Dschang Dsai, 1020–1070, Sinica Sonderausg. (1935), 128–140; S.-C. Huang, C. T.'s Concept of Ch'i, Philos. East and West 18 (1968), 247–260; ders., The Moral Point of View of C. T., Philos. East and West 21 (1971), 141–156; P. J. Ivanhoe, C., in: R. Audi (ed.), The Cambridge Dictionary of Philosophy, Cambridge/New York/Melbourne ²1999, 130; C. Jochim, Naturalistic Ethics in a Chinese Context. C. T.'s Contribution, Philos. East and West 31 (1981), 165–177; I. E. Kasoff, The Thought of C. T. (1020–1077), Cambridge/New York 1984; W. Ommerborn, Die Einheit der Welt. Die Qi-Theorie des Neo-Konfuzianers Zhang Zai (1020–1077), Amsterdam/Philadelphia Pa. 1996; C.-I. Tang, C. T.'s Theory of Mind and Its Metaphysical Basis, Philos. East and West 6 (1956/1957), 113–136; K. O. Thompson, Zhang Zai, REP XI (1998), 856–857. H. V.

Chaos (griech. χάος, eigentlich: klaffende Leere des Weltraums), in der antiken Vorstellung der mit ungeformtem, ungeordnetem und unbegrenztem Urstoff gefüllte, noch nicht die Gliederung der Dinge enthaltende Raum als Vorstufe des endlichen und wohlgeordneten ↑Kosmos. Für Hesiod (Theog. 116 ff.) Ausgangspunkt der Weltentstehung, der ↑Urgrund allen Seins und Werdens. Bei Platon und Aristoteles ist in der Verwendung des Begriffs eine deutliche (schon im ↑Apeiron-Begriff des Anaximander erkennbare) Entwicklung vom kosmogonischen Mythos einerseits zur Kosmologie (↑materia prima), andererseits zur Erkenntnistheorie hin festzustellen: der Urstoff wird nicht als real vorgestellt, sondern dient als gedankliche Konstruktion einer keinerlei Unterscheidungen aufweisenden Vorstufe der Gegenstände (↑creatio ex nihilo). – In den ästhetischen Theorien bei F. C. Oetinger und J. J. Bodmer wird C. als Kraft zur Hervorbringung der Welt verstanden. F. W. J. Schelling sieht das C. als ›metaphysische Einheit der Potenzen‹, F. Nietzsche als ›Grundcharakter der Welt‹ an. C. G. Jung verwendet den Begriff in seiner Theorie des ↑Unbewußten. – Im politischen Bereich noch bei T. Hobbes üblich als Bezeichnung eines von ungeordneter Gewalt beherrschten Urzustandes der Gesellschaft, wird ›C.‹ ab Mitte des 17. Jhs. durch das Wort ›Anarchie‹ verdrängt (synonym bei J. Milton).

Unter der ↑›Chaostheorie‹ der modernen Naturwissenschaften versteht man mathematische Strukturmodelle, mit deren Hilfe allgemeine Aussagen über das zeitlich komplexe Verhalten deterministischer Systeme (↑Determinismus) möglich sind. Dabei geht es insbes. um die Abhängigkeit dynamischer Prozesse von minimalen Änderungen der Anfangsbedingungen, was an dem sogenannten ›Schmetterlingseffekt‹ (der Flügelschlag eines Schmetterlings könnte einen Wirbelsturm auslösen) veranschaulicht wird.

Literatur: E. Angehrn, Die Überwindung des C.. Zur Philosophie des Mythos, Frankfurt 1996; F. Börtzler, Zu den antiken C.-Kosmogonien, Arch. Rel. Wiss. 28 (1930), 253–268; G. A. Caduff, C., DNP II (1997), 1093–1094; L. A. Cordo, C.. Zur Ursprungsvorstellung bei den Griechen, Idstein 1989; H. Cunkel, Schöpfung und C. in Urzeit und Endzeit, Göttingen 1895 (repr. 1921); M. Duponthieux, C., Enc. philos. universelle II/1 (1990), 304–305; J. S. C. Egg, Plato's Vision of C., Class. Quart. 26 (1976), 52–61; M. L. Gemelli-Marciano, ›C.‹–›chora‹. Eine akademische Interpretation Hesiods. Von Aristoteles bis zum Neuplatonismus, Prometheus 17 (1991), 218–234; J. Gleick, C.. Making a New Science, New York 1987 (dt. C.. Die Ordnung des Universums, München 1988, ²1990); R. Hedrich, C. (III, naturwissenschaftlich), LThK I (1990), 1008; M. Helzle, Ovid's Cosmogony. Metamorphoses 1.5–88 and the Traditions of Ancient Poetry, in: F. Cairns/M. Heath (eds.), Roman Poetry and Prose, Greek Rhetoric and Poetry, Leeds 1993, 123–134; A. V. Holden, C., Princeton N. J. 1986; H. Krapp, Komplexität und Selbstorganisation. C. in den Natur- und Kulturwissenschaften, München 1997; T. Kratzert, Die Entdeckung des Raums vom hesiodischen ›C.‹ zur platonischen ›chora‹, Amsterdam/Philadelphia Pa. 1998 (Bochumer Stud. Philos. XXVI); G. Kueppers, C. und Ordnung. Formen der Selbstorganisation in Natur und Gesellschaft, Stuttgart 1997; M. Kurdzialek/U. Dierse/R. Kuhlen, C., Hist. Wb. Ph. I (1971), 980–984; F. Lämmli, Vom C. zum Kosmos, I–II, Basel 1962; K. Mainzer, Quanten, C. und Dämonen. Erkenntnistheoretische Aspekte der modernen Physik, Mannheim 1994; R. Mondi, Χάος and the Hesiodic Cosmogony, Harv. Stud. 92 (1989), 1–41; I. Prigogine, Die Gesetze des C., Frankfurt/New York 1995; ders./I. Stengers, Das Paradox der Zeit. Zeit, C. und Quanten,

München 1993; H. J. Rose, C., in: S. Hornblower/A. Spawforth (eds.), The Oxford Classical Dictionary, Oxford/New York 1996, 317; T. Schabert, Strukturen des C., München 1994; H. G. Schuster, Deterministic C., Weinheim 1984, ²1988, erw. ³1995 (dt. Deterministisches C.. Eine Einführung, Weinheim 1994 [erw. Fassung der 2. engl. Aufl.]); G. Sfameni, C. e dualismo. La dialettica c.-kosmos nell'ermetismo e nel manicheismo, Cassiodorus 1 (1995), 11–28; F. Solmsen, C. und Apeiron, Studi ital. filol. class. 24 (1950), 235–248; S. Sparrow, The Lorenz Equations. Bifurcations, C. and Strange Attractors, Berlin/Heidelberg/New York 1982; M. Stöckler, C./chaotische Systeme, EP I (1999), 203–204; J. Ternus, C., RAC II (1954), 1031–1040; J. Young, How Chaotic Is Plato's C.? Prudentia 10 (1978), 77–83.   M. G.

Chaostheorie (engl. chaos theory), Bezeichnung für die mathematische oder physikalische Theorie chaotischer Systeme. Bei derartigen Systemen ist das Verhalten der Komponenten durch deterministische (↑Determinismus) Gesetze festgelegt; gleichwohl erscheint das Systemverhalten regellos und ist nicht vorhersagbar. Auf der empirischen Ebene stellt sich dieses Verhalten nach allen gängigen Maßstäben als genuin zufällig (↑zufällig/Zufall) dar, obgleich an seiner Erzeugung keinerlei Zufallsprozesse beteiligt sind. Vielmehr besteht die ↑Ursache für dieses *deterministische Chaos* in der extremen Empfindlichkeit oder Sensitivität der Systementwicklung gegen Schwankungen in den ↑Anfangsbedingungen. Deshalb können zwei Systeme, deren ↑Zustände sich zu einem Zeitpunkt nicht merklich voneinander unterscheiden, gänzlich verschiedene und im einzelnen nicht vorsehbare Entwicklungen durchlaufen. Die Vorhersage scheitert, selbst wenn die Gesetze der Systementwicklung vollständig und präzise bekannt und die betreffenden Systemzustände mit jeder beliebigen Genauigkeit gegeben sind. Die C. befaßt sich damit lediglich mit einer spezifischen Form von Regellosigkeit und schöpft nicht den Bedeutungsgehalt des hergebrachten Chaosbegriffs aus. Die Verbindung von Determinismus und Irregularität hat dazu geführt, daß die herkömmliche ↑Explikation von ›Determinismus‹ durch ›Vorhersagbarkeit‹ inzwischen aufgegeben wurde.

Die extreme Abhängigkeit zeitlicher Entwicklungen von präzisen Anfangsbedingungen wurde Anfang des 20. Jhs. von H. Poincaré und J. Hadamard für Systeme mit fester Gesamtenergie (konservative Systeme) wie einen auf der Spitze balancierenden Kegel oder drei Körper in gravitativer (↑Gravitation) Wechselwirkung (↑Dreikörperproblem) aufgewiesen. Neben stabile Bewegungsformen treten dabei regellose Bewegungsabläufe. Im letzteren Fall bleibt eine Steigerung der Genauigkeit bei der Ermittlung des Systemzustands ohne Nutzen, da eine Störung noch so geringen Ausmaßes erhebliche Auswirkungen haben kann. Ein in der Gegenwart intensiv analysierter Beispielfall ist das ebene Doppelpendel, bei dem ein Pendel am Ende eines anderen schwingt. Auch dabei treten in bestimmten Parameterbereichen (Auslenkungswinkel, Winkelgeschwindigkeiten) chaotische Bewegungen auf.

Chaotische Folgen von Zahlenwerten können durch einfache mathematische Funktionen erzeugt werden. Ein Beispiel ist die nicht-lineare logistische Abbildung $x_{n+1} = ax_n(1 - x_n)$, die unter anderem chaotische Größenschwankungen biologischer Populationen wiedergibt. Der lineare Term ax_n drückt bei $a > 1$ ein Wachstum der Population aus, der nicht-lineare Term $-ax_n^2$ deren Verringerung. Während für kleine Populationsgrößen lineares Wachstum dominiert, bestimmt bei weiterer Zunahme die nicht-lineare Extinktionsrate das Gesamtverhalten (etwa durch Erschöpfung der Nahrungsressourcen oder durch den Ausbruch von Krankheiten als Folge zu hoher Populationsdichten). Der Parameter a drückt die Stärke der Nicht-Linearität aus; für bestimmte Wertebereiche dieses Parameters bilden die Funktionswerte der logistischen Abbildung eine scheinbar regellose Abfolge. Dieses Charakteristikum schlägt sich in abrupten Schwankungen von Populationsgrößen nieder, wie sie nicht selten in der Natur beobachtet werden (Abb. 1).

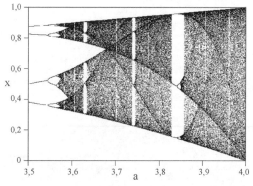

Abb. 1: Bifurkationsdiagramm der logistischen Abbildung für Parameterwerte a zwischen 3.5 und 4. In den schattierten Bereichen sind die Funktionswerte kontinuierlich verteilt. Es liegt chaotisches Verhalten vor (aus: Amer. Scient. 75 [1987], 173).

Allgemein wird der Zustand eines Systems durch Angabe eines Zustandsraums gekennzeichnet, dessen Dimensionen durch die relevanten Zustandsgrößen gebildet werden (bei mechanischen [↑Mechanik] Systemen etwa durch die Orts- und Impulskomponenten aller Freiheitsgrade). Der Zustand eines Systems zu einem Zeitpunkt wird entsprechend durch einen Punkt im Zustandsraum vollständig wiedergegeben, seine Zeitentwicklung durch eine Trajektorie. Deterministische Systeme sind durch die Bedingung charakterisiert, daß sich zwei Trajektorien niemals überschneiden (bzw. sich bei einem Zusammentreffen nicht wieder trennen). In dieser graphischen Repräsentation wird die Empfindlichkeit für Störungen durch die Bedingung ausgedrückt, daß es in jeder beliebigen Umgebung um einen Punkt des Zustandsraums eine Trajektorie gibt, die aus dieser Umgebung hinausführt.

In der C. der Gegenwart stehen sog. dissipative Systeme im Vordergrund, bei denen ein Energieaustausch mit der Umgebung stattfindet und deren Verhalten durch nicht-lineare Gleichungen wiedergegeben wird. Dazu zählen etwa Fluidströmungen unter dem Einfluß von Temperaturgradienten, wie sie auch für die Entwicklung des Wetters charakteristisch sind. Entsprechend wird der Ursprung der modernen C. in Untersuchungen des Meteorologen E. Lorenz (1963) gesehen, die bei stark vereinfachten, mit nur wenigen Freiheitsgraden operierenden Modellen atmosphärischer Luftströmungen scheinbare Regellosigkeiten in der Zeitentwicklung und eine große Empfindlichkeit gegenüber Schwankungen der Anfangsbedingungen zutage förderten. Dafür prägte Lorenz das Schlagwort vom ›Schmetterlingseffekt‹: Schon der Flügelschlag eines Schmetterlings könnte von prägendem Einfluß auf das Wettergeschehen sein.

Chaos bei dissipativen Systemen ist durch das Auftreten von Attraktoren bestimmter Beschaffenheit charakterisiert. Als Attraktor wird ein Zustandsbereich bezeichnet, auf den sich ähnliche Zustände einschlägiger Systeme hinbewegen. Z. B. ist thermisches Gleichgewicht ein solcher Attraktor: Temperaturunterschiede gleichen sich aus. Ein Attraktor läßt sich als ein Ausschnitt des Zustandsraums darstellen, auf den alle Trajektorien der Umgebung zulaufen und in dem sie verbleiben. Ein stabiler Gleichgewichtszustand wird als punktförmiger Attraktor beschrieben, andere Attraktoren stellen (periodische oder quasiperiodische) Oszillationen zwischen unterschiedlichen Systemzuständen dar (sog. Grenzzyklen). Spezifisch für Chaos bei dissipativen Systemen ist das Auftreten sog. seltsamer Attraktoren (↑Attraktor, seltsamer), innerhalb derer sich das System chaotisch bewegt. Auch im Attraktor bleiben die Bewegungen aperiodisch; die Systemzustände wiederholen sich niemals. Bei dem von Lorenz untersuchten System tritt ebenfalls ein seltsamer Attraktor auf, der heute so genannte Lorenz-Attraktor.

In einem seltsamen Attraktor divergieren nahe beieinander liegende Zustandsraumtrajektorien mit exponentieller Rate, bis sich ihr Abstand der Ausdehnung des Attraktors nähert. Da sich in jeder beliebigen Umgebung eines Punkts im Zustandsraum solche divergenten Trajektorien finden, ist jede mögliche Bestimmung des Systemzustands nicht präzise genug für eine Vorhersage der Systementwicklung. Zwar haben bei chaotischen Systemen gleiche Ursachen stets gleiche Wirkungen, aber ähnliche Ursachen nicht auch ähnliche Wirkungen. Seltsame Attraktoren sind selbstähnlich und besitzen eine fraktale Dimension (↑Attraktor, seltsamer).

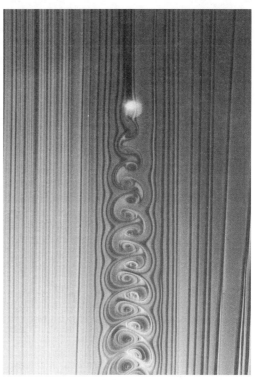

Abb. 2: Geordnete Wirbel in einer Rauchströmung (aus: R. Breuer [ed.], Der Flügelschlag des Schmetterlings, 57).

Traditionell wurde angenommen, daß Regellosigkeit durch die verwickelte Wechselwirkung vieler Einflußgrößen zustandekommt. Nur die Komplexität des Systems oder die Einwirkung nicht genau ermittelbarer Kausalfaktoren schienen die Vorhersage der weiteren Entwicklung zu vereiteln. Die C. bezieht sich hingegen auf einfache Systeme mit nur wenigen Freiheitsgraden, die keinen unbekannten Kausaleinflüssen unterliegen. Bei chaotischen Systemen mitteln sich die Störungen nicht heraus, sondern treiben diese Systeme in eine bestimmte Richtung.

Allerdings bringt das Auftreten von Attraktoren eine Beschränkung der möglichen Systemzustände zum Ausdruck, so daß bestimmte Vorhersagen der langfristigen Systementwicklung durchaus möglich sind. Die C. konzentriert sich entsprechend auf Systeme, die die beiden Charakteristika der extremen Störungssensitivität und der Eingrenzung auf bestimmte Zustandsraumbereiche miteinander verbinden. Diese Eingrenzung drückt sich insbes. im Auftreten von regelmäßigen und stabilen Mustern aus. Darüber hinaus sinkt der Einfluß chaotischer Schwankungen, wenn die Zahl der Freiheitsgrade des Systems wächst. Dabei liegt jeweils die Ursache zugrunde, daß verschiedenartige Mikrozustände dem gleichen Makrozustand entsprechen können und sich daher die radikale Unordnung im Mikrobereich unter Umständen nicht in entsprechende Schwankungen der Makrogrößen umsetzt. Ein Beispiel ist das Auftreten von Wirbeln beim Umströmen eines Hindernisses. Dabei findet man unter Umständen stabile Muster, die sich auch nach dem zeitweisen Auftreten von Störungen wieder einstellen. Doch diese Wirbel führen leichte Zitterbewegungen aus und stimmen in den Einzelheiten nie präzise überein (Abb. 2).

Es ist diese Verbindung von stabilen Mustern und unvorhersagbaren Schwankungen, die ein typisches Merkmal chaotischer Systeme bildet. Entsprechend besteht in diesen Systemen in der Regel keine gänzliche Irregularität. Insbes. findet sich auch im Wettergeschehen eine Vielzahl von festen Strukturen und wiederkehrenden Mustern (wie das Azorenhoch oder die Omega-Lage). Chaos im Kleinen kann Ordnung im Großen ergeben. Die Bezeichnung ›Schmetterlingseffekt‹ gilt daher inzwischen als irreführend.

Literatur: J. H. Argyris/G. Faust/M. Haase, Die Erforschung des Chaos. Studienbuch für Naturwissenschaftler und Ingenieure, Braunschweig/Wiesbaden 1994, 1995; R. Batterman, Defining Chaos, Philos. Sci. 60 (1993), 43–66; P. Bergé/Y. Pomeau/C. Vidal, L'ordre dans le chaos, Paris 1984, 1988 (engl. Order within Chaos, Paris 1984); K. S. Birdi, Fractals in Chemistry, Geochemistry, and Biophysics. An Introduction, New York/London 1993; J. Briggs/F. D. Peat, Turbulent Mirror. An Illustrated Guide to Chaos Theory and the Science of Wholeness, New York/Grand Rapids Mich./London 1989, 1998 (dt. Die Entdeckung des Chaos. Eine Reise durch die Chaos-Theorie, München/Wien 1990, 1999); A. B. Çambel, Applied Chaos Theory. A Paradigm for Complexity, Boston Mass. etc. 1993; J. P. Cangemi u. a., Chaos Theory, Catastrophic Theory and Topological Theory. Examples and Perspectives, Psychology 36 (1999), 11–20; F. Cramer/W. Kaempfer, Die Natur der Schönheit. Zur Dynamik der schönen Formen, Frankfurt/Leipzig 1992; J. Crutchfield u. a., Chaos, Sci. Amer. 255 (1986), H. 12, 46–57 (dt. Chaos, Spektrum Wiss. 2 [1987], 78–90); M. Deege, Heraklit. Der erste Fraktaltheoretiker des Abendlandes, Prima Philos. 12 (4) (1999), 77–84; J. Earman, A Primer on Determinism, Dordrecht etc. 1986; J. Ford, What Is Chaos that We Should Be Mindful of It?, in: P. Davies (ed.), The New Physics, Cambridge 1989, 1990, 348–371; J. W. Garson, Chaos and Free Will, Philos. Psychology 8 (1995), 365–374; J. Gleick, Chaos. Making a New Science, New York etc. 1987 (dt. unter dem Titel: Chaos – die Ordnung des Universums. Vorstoß in Grenzbereiche der modernen Physik, München 1988); V. Gorgé/R. Moser (eds.), Begegnungen mit dem Chaos. Referate einer Vorlesungsreihe des Collegium generale der Universität Bern, Bern/Stuttgart/Wien 1994; S. Großmann, Chaos. Unordnung und Ordnung in nichtlinearen Systemen, Phys. Bl. 39 (1983), 139–145; ders., Selbstähnlichkeit. Das Strukturgesetz im und vor dem Chaos, Phys. Bl. 45 (1989), 172–180; R. Hedrich, Die Entdeckung der Komplexität. Skizzen einer strukturwissenschaftlichen Revolution, Frankfurt 1994; G. Heinrichs, Chaos. Einführung in eine neue physikalische Theorie, Köln 1992, ²1993; J. Hobbs, Chaos and Indeterminism, Can. J. Philos. 21 (1991), 141–164; ders., Ex Post Facto Explanations, J. Philos. 90 (1993), 117–136; G. M. K. Hunt, Determinism, Predictability and Chaos, Analysis 47 (1987), 129–133; R. V. Jensen, Classical Chaos, Amer. Scient. 75 (1987), 168–181; H. Jürgens, Chaos und Fraktale, Heidelberg 1989; S. H. Kellert, A Philosophical Evaluation of the Chaos Theory »Revolution«, in: D. Hull/M. Forbes/K. Okruhlik (eds.), Proceedings of the 1992 Biennial Meeting of the Philosophy of Science Association II, East Lansing Mich. 1993, 33–49; ders., In the Wake of Chaos. Unpredictable Order in Dynamical Systems, Chicago Ill./London 1993; ders., Chaos Theory, REP II (1998), 276–280; G. Koch, Kausalität, Determinismus und Zufall in der wissenschaftlichen Naturbeschreibung, Berlin 1994; H. Krapp/T. Wägenbaur, Komplexität und Selbstorganisation. ›Chaos‹ in den Natur- und Kulturwissenschaften, München 1997; W. Krieglstein, Philosophical Implications of Chaos Theory. Toward a Meta-Critique of Action, Dialectics and Humanism, 17 (1990), 151–156; ders., Chaos Theory Can Close the Gap between the Sciences and the Humanities, Dialogue and Humanism 3 (1993), 96–99; W. Krohn/H.-J. Krug/G. Küppers (eds.), Konzepte von Chaos und Selbstorganisation in der Geschichte der Wissenschaften Berlin 1992 (Jahrb. Selbstorganisation III); G. Küppers (ed.), Chaos und Ordnung. Formen der Selbstorganisation in Natur und Gesellschaft, Stuttgart 1996; T. Leiber, Kosmos, Kausalität und Chaos. Naturphilosophische, erkenntnistheoretische und wissenschaftstheoretische Perspektiven, Würzburg 1996; ders., Deterministic Chaos and Computational Complexity. The Case of Methodological Complexity Reductions, Z. allg. Wiss.theorie 30 (1999), 87–100; H. Lenk (ed.), Neue Realitäten – Herausforderung der Philosophie (16. Deutscher Kongreß für Philosophie Berlin 20.–24. September 1993, Vorträge und Kolloquien), Berlin 1995 [Beiträge von: R. Hegselmann, Die C. – Eine Herausforderung für Philosophie und Wissenschaftstheorie, 157–159; B. Kanitscheider, Die Relevanz der C. für die Philosophie, 169–184]; O. Loistl/I. Betz, C.. Zur Theorie nichtlinearer dynamischer Systeme, München/Wien 1993, ³1996; E. Lorenz, The Essence of Chaos, Seattle 1993; K. Mainzer/W. Schirmacher (eds.), Quanten, Chaos und Dämonen. Erkenntnistheoretische Aspekte der modernen Physik, Mannheim etc. 1994; K. Meier/K.-H. Strech (eds.), Tohuwabohu. Chaos und Schöpfung, Berlin 1991; W. Metzler, Nichtlineare Dynamik und Chaos. Eine Einführung, Stuttgart/Leipzig 1998; H. Nagashima/Y. Baba, Introduction to Chaos. Physics and Mathematics of Chaotic Phenomena, Bristol etc. 1999; E. Ott, Chaos in Dynamical Systems, Cambridge 1993, ²2002; F. D. Peat, The Philosopher's Stone, Chaos, Synchronicity, and the Hidden Order of the World, New York 1991 (dt. Der Stein der Weisen. Chaos und verborgene Weltordnung, Hamburg 1992); H.-O. Peitgen, Chaos in der Ordnung – Ordnung im Chaos. Gedanken zur Chaos-Forschung, 160–168; I. Prigogine, Le leggi del caos, Rom/Bari 1993, 1994 (franz. Les lois du chaos, Paris 1994; dt. Die Gesetze des Chaos, Frankfurt/New York/Paris 1995, 1998); ders., La fin des certitudes. Temps, chaos et les lois de la nature, Paris 1996 (engl. The End of Certainty. Time, Chaos and the New Laws of Nature, New York/London 1997); S. N. Rasband, Chaotic Dynamics of Nonlinear Systems, New York/Chichester/Brisbane etc. 1990; R. Robert, Das Ende des Schmetterlingseffekts, Spektrum Wiss. 11 (2001), 66–75; D. Ruelle, Chance and Chaos, Princeton N. J. 1991 (dt. Zufall und Chaos, Berlin/Heidelberg/New York etc. 1992, ²1994); A. E. Scheidegger, Heilige Kühe. Chaos-Theorie der Human-Evolution, Frankfurt/Berlin/Bern etc. 1997; J. Schopman, Chaos Theory, the End of Physicalism?, Z. allg. Wiss.theorie 26 (1995), 135–142; H. G. Schuster, Deterministic Chaos, Weinheim 1984, ⁴2003 (dt. Deterministisches Chaos. Eine Einführung, Weinheim 1994); S. K. Scott, Chemical Chaos, Oxford/ New York 1991, 1993; C. Seiter, Chaos Theory. Collapse of Our Complex Society or a New Equilibrium?, J. of Thought 30 (1995), 83–105; M. Shermer, Exorcising Laplace's Demon. Chaos and Antichaos, History and Metahistory, Hist. Theory 34 (1995), 59–83; P. Smith, Explaining Chaos, Cambridge/New York/Oakleigh (Australien) 1998; J. Snell u. a., The New Science. Chaos Theory, Catastrophe Theory, and Topological Theory, Psychology 36 (1999), 24–29; M. Stöckler, Chaos/chaotische Systeme, EP I (1999), 203–204; M. A. Stone, Chaos, Prediction, and Laplacean Determinism, Amer. Philos. Quart. 26 (1989), 123–131; B. Thoma, C., Wirtschaft und Börse, München/Wien 1996, ²1997; H. Thomas/T. Leiber, Determinismus und Chaos in der Physik, in: K. Mainzer/W. Schirmacher (eds.), Quanten, Chaos und Dämonen [s. o.], 147–207; K. Toifl, Chaos im Kopf. C. – ein nichtlinearer Weg für Medizin und Wissenschaft, Wien/München/Bern 1995; ders. (ed.), C. und Medizin. Selbstorganisation im komplexen System Mensch, Wien/München/ Bern 1999; H. Walter, Die Freiheit des Deterministen. Chaos und Naturphilosophie, Z. philos. Forsch. 50 (1996), 364–385; P. Weingartner/G. Schurz (eds.), Law and Prediction in the Light of Chaos Research, Berlin/Heidelberg 1996.   M. C.

characteristica universalis, ↑Leibnizsche Charakteristik.

charity, principle of (dt. Prinzip der Nachsicht, Prinzip der wohlwollenden Interpretation, auch: Benevolenzprinzip), methodisches Prinzip der hermeneutischen (↑Hermeneutik) Interpretations- und Rekonstruktionslehre (↑Interpretation, ↑Rekonstruktion), in der jüngeren Analytischen Philosophie (↑Philosophie, analytische) insbes. im Zusammenhang mit dem Versuch D. Davidsons diskutiert, eine wahrheitskonditionale (↑Wahrheitsbedingung) Theorie der ↑Bedeutung für natürliche Sprachen (↑Sprache, natürliche) nach dem Gedankenmodell der radikalen Interpretation bzw. radikalen ↑Übersetzung zu formulieren. Die zahlreichen varianten Formulierungen des p. o. c., die in der Tradition der Texthermeneutik und in den aktuellen bedeutungstheoretischen Debatten vorgeschlagen und diskutiert werden, zielen dabei immer auf die Bereitstellung von Kriterien, mit denen sich angebotene Interpretationen als (noch) nicht angemessen zurückweisen lassen oder mit denen zwischen alternativen Interpretationsangeboten ausgewählt werden kann. Als Kriterien werden dabei in der Hauptsache genannt (1) das – gegebenenfalls gegenüber alternativen Interpretationsangeboten *höhere* – Maß an Wahrheit in der Menge der als Interpretationsresultat ermittelten Aussagen (dem Interpretat) oder (2) das – gegebenenfalls gegenüber alternativen Interpretationsangeboten *höhere* – Maß an Vernunft, das dem Autor unterstellt werden kann, wenn man ihm die als Interpretationsresultat ermittelten Aussagen als Überzeugungen zuschreibt. Je nach Art des Interpretationsgegenstandes (Interpretandum) und der Interpretationsabsicht steht dabei in hermeneutischen Zusammenhängen das p. o. c. in Konkurrenz zu weiteren Interpretationsprinzipien, die etwa die ›inhaltliche Nähe‹ des Interpretats zum Interpretandum fordern, eine möglichst hohe Harmonie zwischen dem Interpretat und anderen einschlägigen Äußerungen des Autors oder die Angemessenheit der Interpretation im Lichte der historischen Bedingungen der Genese des Interpretationsgegenstandes.

(1) *Hermeneutische Tradition:* Die Bezeichnung ›p. o. c.‹ knüpft an die auf A. Augustinus zurückgehende und in der Tradition der Hermeneutik immer wieder erhobene Forderung an, der Interpret habe sich in seinen Auslegungsbemühungen von der (christlichen) Caritas (engl. charity, ↑Liebe) leiten zu lassen. Augustinus selbst formuliert diese Forderung zunächst mit Blick auf die angemessene Auslegung der Heiligen Schrift, die der Darlegung der christlichen Botschaft durch die vermittelnden Prediger vorausgehen muß. Der Interpret soll sich dabei nicht mit Deutungsvorschlägen zufrieden geben, die nicht dem Gebot der Liebe zu Gott und den Mitmenschen gerecht werden. Insbes. seien solche Textstellen, die ihrem Wortsinn nach nicht mit der Wahrheit des Glaubens in Übereinstimmung zu bringen sind, als figürliche Rede zu deuten und ›so lange sorgfältig zu wenden, bis die Erklärung zum Reiche der Liebe gelangt‹ (Augustinus, De doctrina christiana III 15, 23). In P. Abaelards Ansätzen zur Entwicklung einer methodischen Auslegekunst, die später maßgeblich wird für die scholastische Methode (↑Scholastik), nämlich widersprüchlich erscheinende Äußerungen der (kirchlichen oder philosophischen) ↑Autoritäten einander gegenüberzustellen und als gegen den Anschein doch verträglich und vernunftgemäß zu erweisen, wandelt sich die Forderung, dem Dogma gemäß auszulegen, bereits in eine Maxime der wohlwollenden Interpretation: Bei offensichtlichen Ungereimtheiten oder gar Widersprüchen, die in der Auslegung eines bestimmten Textkorpus auftreten, sei es der Demut und der Liebe geschuldet, nicht Fehler oder gar Täuschungsabsichten bei den Autoren zu vermuten. Vielmehr sei entweder die Quelle, der er entnommen ist, als verderbt zu betrachten, oder die Auslegung wenigstens eines Textes als (noch) nicht korrekt anzuzweifeln. Erst wenn nach gründlicher Überprüfung Überlieferungs- oder Interpretationsfehler auszuschließen sind und ein Widerspruch auf diese Weise nicht als bloß scheinbar zu erweisen ist, ist nach Maßgabe bestimmter theologischer Kriterien zwischen den Autoritäten zu wählen und also gegen eine der Autoritäten zu entscheiden (MPL 178, 1339–1349, ↑sic et non). In den neuzeitlichen Bemühungen um die Ausbildung einer nicht-dogmatischen, allgemeinen und systematischen Texthermeneutik tritt an die Stelle der Wahrheit des Glaubens oder der Autoritäten das bewährte Wissen über die vom zu interpretierenden Text thematisierten Zusammenhänge (Sachverhalte). So soll etwa dem Text nicht ein Sinn unterstellt werden, der in

offensichtlicher Weise gegen die Logik oder gegen bewährtes empirisches Wissen verstößt. In diesem Sinne empfiehlt J. Clauberg (ähnlich später A. G. Baumgarten, G. F. Meier und andere), sich dann, wenn bei ansonsten fachgerecht durchgeführter Auslegung zweifelhafte Ergebnisse entstehen, nach dem Prinzip der christlichen Caritas zu verfahren und dem gedeuteten Textkorpus denjenigen Sinn zu unterstellen, der am wenigsten Absurditäten enthält und dem Autor am ehesten zur Ehre gereicht (Opera omnia philosophica, 862).

(2) *Analytische Philosophie:* Mit der Übernahme des p. o. c. in die Debatten der analytischen Bedeutungstheorie gehen zumeist Bemühungen um die Präzisierung des Prinzips mit dem methodischen Instrument der wahrheitskonditionalen ↑Semantik einher. Insbes. wird die Anwendung des p. o. c. auf solche Texte beschränkt, die (a) eindeutig in wohlunterscheidbare ↑Äußerungen gegliedert werden können, (b) durchgängig in einem deskriptiven Modus geäußert werden oder doch wenigstens als deskriptive Äußerungen interpretierbar sind (↑deskriptiv/präskriptiv, ↑Fehlschluß, deskriptivistischer, ↑Deskriptivismus), so daß (c) die ↑Wahrheitsbedingungen einer jeden der in der Interpretation angebotenen Aussagen erkennbar sind und einer jeden eindeutig ein ↑Wahrheitswert zugeordnet werden kann.

Eine Ausnahme bildet W. V. O. Quine, für den zwar aus methodischen Gründen auch diese Beschränkungen gelten, der aber nicht durchgängig die angeführten Unterstellungen teilt. Quine weist dem p. o. c. im Zusammenhang mit dem ↑Gedankenexperiment der sogenannten radikalen ↑Übersetzung eine ähnliche Rolle zu, wie sie bereits durch die aufklärerischen Vertreter der hermeneutischen Tradition formuliert ist: Für die Aufgabe einer Übersetzung aus einer bisher völlig unbekannten Sprache, für die nicht die Kenntnisse eines bilingualen Sprechers oder etwa historische Querverbindungen zur Verfügung stehen, kann ein Interpret *I* nur die beobachtbaren Daten über das Verhalten des Sprechers und die Äußerungsumgebung heranziehen. *I* wird daher die ersten Anhaltspunkte für die Erstellung eines Wörterbuchs an Hand von Gelegenheitssätzen zu gewinnen suchen – solchen Sätzen, von denen er vermuten darf, daß ein Sprecher *S* der radikal fremden Sprache, indem er sie äußert, Gegenstände in der Äußerungsumgebung thematisiert. Quines Beispiel ist der berühmte Gelegenheitssatz ›Gavagai‹, geäußert durch *S*, während ein Kaninchen im mutmaßlichen Blickfeld von *S* vorbeihüpft. Über das Zustimmungs- und Ablehnungsverhalten von *S* kann *I* seine Übersetzungshypothesen prüfen (indem etwa *I* ›Gavagai‹ äußert, wenn ein Kaninchen durch das mutmaßlich gemeinsame Blickfeld hüpft und wenn ein anderes Tier vorbeiläuft). Das p. o. c. kommt nun im Zusammenhang mit möglichen grammatisch komplexen Verknüpfungen von bereits ins Handbuch eingetragenen Übersetzungshypothesen zum Einsatz: Ist etwa für ›Gavagai‹ die Übersetzungshypothese ›dies ist ein Kaninchen‹ gut bestätigt und für ›tok *p*‹ (mit ›*p*‹ für einen beliebigen Gelegenheitssatz) die Übersetzungshypothese ›nicht *p*‹ gut bestätigt, indem *S* immer ›tok *p*‹ zustimmt, wenn er ›*p*‹ ablehnt und umgekehrt, dann soll eine ablehnende Reaktion auf ›tok tok Gavagai‹ angesichts eines vorbeihüpfenden Kaninchens nicht zwingend die bisherigen Übersetzungshypothesen verwerfen. Auch ist nicht vom Fehlen logischer Regeln (hier des ↑duplex negatio affirmat) in der radikal fremden Sprache oder *S*'s Unkenntnis derselben auszugehen. In Fällen wie diesen darf vielmehr bis auf weiteres eine andere oberflächengrammatische Form des Negierens vermutet werden, gerechtfertigt durch Quines (probabilistische) Variante des p. o. c., wonach – quasi bis zum Beweis des Gegenteils – eine solche Einfältigkeit des Sprechers als weniger wahrscheinlich zu gelten habe als die Möglichkeit einer fehlerhaften Übersetzung.

Trotz der offenkundigen Ähnlichkeit scheint Quine mit der Bezeichnung ›p. o. c.‹ jedoch nicht auf die hermeneutische Tradition anzuspielen. Er verweist vielmehr auf N. L. Wilson, der den Ausdruck 1959 erstmalig in die Debatten der Analytischen Philosophie einführt und unter diesem Titel eine Interpretationsmaxime für einen explizit beschränkten Einsatzbereich entwickelt. Mit dieser Maxime antwortet Wilson auf die im Zusammenhang mit der Semantisierung formaler Sprachen (↑Sprache, formale, ↑Interpretationssemantik) aufgeworfene Frage nach der angemessenen Zuordnung einer ↑Bedeutung (im Sinne des bezeichneten Gegenstandes) zu einer von einem Autor *A* in problematischer Weise verwendeten ↑Individuenkonstanten: Spricht *A* in einer komplexen Äußerung einem α die durch $\varphi_1, \ldots, \varphi_n$ thematisierten Eigenschaften zu, wobei *i* Elemente der durch $\varphi_1(\alpha), \ldots, \varphi_n(\alpha)$ gebildeten Aussagenmenge wahr wären (und alle anderen nicht), sofern etwa der historische *Sokrates* der durch α bezeichnete Gegenstand wäre, jedoch $k < i$ Aussagen wahr wären (und alle anderen nicht), wenn der historische *Platon* oder irgendetwas sonst als die Bedeutung von α unterstellt würde, dann ist nach Wilson *A*'s Verwendung von α nicht so zu deuten, daß seine Äußerungen sämtlich einen nichtexistenten Gegenstand mit allen Eigenschaften φ_1 bis φ_n thematisieren; vielmehr ist α diejenige Bedeutung zuzuordnen, die die größte Zahl der Aussagen $\varphi_1(\alpha), \ldots, \varphi_n(\alpha)$ in wahre Aussagen überführt. Im Beispielfalle wäre also im Sinne dieses Wilsonschen p. o. c. der historische Sokrates als Gegenstand von *A*'s Rede zu unterstellen, die falsche Aussage $\varphi_m(\alpha)$, etwa ›Sokrates ist Vater des Platon‹, aber als irrige Behauptung von *A* zu werten.

Besondere Aufmerksamkeit hat das p. o. c. im Zusammenhang mit wahrheitskonditionalen Bedeutungskonzeptionen für natürliche Sprachen (↑Sprache, natürliche) gefunden, wie sie vor allem Davidson ausgearbeitet hat. Dabei wird die Bedeutungsermittlung und Bedeutungszuweisung nach Quines Gedankenmodell der radikalen Interpretation konzipiert: Der Interpret I, der zunächst Gelegenheitssätze des zu interpretierenden Sprechers einer radikal fremden Sprache L_{rf} sammelt, um sie mit den Daten der von ihm beobachteten Äußerungsumgebung in Beziehung zu setzen, ist dabei jedoch Davidson zufolge auch berechtigt, dem Sprecher bestimmte Einstellungen zu seinen Äußerungen zu unterstellen, insbes. diejenige, daß der Sprecher (bei gegebener Beschränkung auf Äußerungen im behauptenden Modus) die von ihm behaupteten Aussagen für wahr hält (in einer schwächeren, relationalen Variante: eher für wahr hält als andere, ↑konträre oder kontradiktorische Aussagen [↑kontradiktorisch/Kontradiktion]). Äußert ein L_{rf}-Sprecher S einen L_{rf}-Gelegenheitssatz Γ in einer bestimmten Äußerungsumgebung, dann kann I damit auch diejenigen Bedingungen nennen, unter denen S Γ für wahr hält (die S-Wahrheitsbedingungen für Γ). Kann nun I in einer Interpretationssprache L_i angeben, unter welchen Bedingungen bestimmte L_i-Aussagen wahr sind (↑Wahrheitsbedingung) und ferner unter Verweis auf die erhobene Datenbasis die S-Wahrheitsbedingungen für bestimmte L_{rf}-Aussagen Γ, Δ, E, ... angeben, dann sollen S's Äußerungen gerade so durch die L_i-Aussagen interpretiert werden, daß sich die Wahrheitsbedingungen für die L_i-Aussagen und die S-Wahrheitsbedingungen für die L_{rf}-Aussagen maximal decken. Mit Hilfe dieses Maximierungsprinzips – dem Davidsonschen p. o. c. – und unter Heranziehung weiterer Prinzipien, insbes. des Kompositionalitätsprinzips, dem zufolge sich die Bedeutung einer korrekt gebildeten Aussage als ↑Funktion der Bedeutung ihrer atomaren Ausdrücke ergibt, soll sich dann die vollständige Ausdrucksbedeutung aller von S verwendeten L_{rf}-Ausdrücke erschließen und in einer rekursiven (↑rekursiv/Rekursivität) Wahrheitsdefinition für L_{rf} bzw. den L_{rf}-Idiolekt von S erfassen lassen (↑Wahrheitsdefinition, semantische, ↑Interpretationssemantik). Insofern das Verstehen der Äußerungen einer radikal fremden Sprache nur ein Modell ist, an dem Davidson das Äußerungsverstehen generell, also auch das Verstehen von Äußerungen anderer Sprecher der eigenen Sprache, explizieren will, ist die Anwendung des p. o. c. für alle ↑Kommunikation konstitutiv. Entsprechend breiten Raum nimmt dessen Erörterung in seiner Bedeutungstheorie ein.

Literatur: P. Abaelard, Sic et Non, ed. B. B. Boyer/R. McKeon, Chicago Ill. 1976; G. Abel, Interpretationswelten. Gegenwartsphilosophie jenseits von Essentialismus und Relativismus, Frankfurt 1993, 1995, bes. 395–426 (Kap. 19 Nachsichtigkeit im Sprach- und Zeichenverstehen); Augustinus, De doctrina christiana, Paris 1887 (= MPL 32); A. L. Brueckner, C. and Skepticism, Pacific Philos. Quart. 67 (1986), 264–268; ders., The Omniscient Interpreter Rides Again, Analysis 51 (1991), 199–205; M. Carrier/J. Mittelstraß, Geist, Gehirn, Verhalten. Das Leib-Seele-Problem und die Philosophie der Psychologie, Berlin/New York 1989, bes. 113–118 (engl. [erw.] Mind, Brain, Behavior. The Mind-Body Problem and the Philosophy of Psychology, Berlin/New York [2]1995, bes. 107–111); J. Clauberg, Opera omnia philosophica, I–II, Amsterdam 1691 (repr. Hildesheim 1968); D. Davidson, Inquiries into Truth and Interpretation, Oxford 1984, [2]2001 (dt. Wahrheit und Interpretation, Frankfurt 1986, [3]1999); ders., The Structure and Content of Truth, J. Philos. 87 (1990), 279–328; ders., Subjective, Intersubjective, Objective, Oxford 2001; D. C. Dennett, Brainstorms. Philosophical Essays on Mind and Psychology, Hassocks 1979, Cambridge Mass. 1987; ders., Making Sense of Ourselves, Philos. Topics 12 (1981), 63–81, ferner in: J. I. Biro/R. W. Shahan (eds.), Mind, Brain, and Function. Essays in the Philosophy of Mind, Norman Okla., 1982, 63–81; ders., The Intentional Stance, Cambridge Mass. 1987; R. Feldman, C., P. o., REP II (1998), 282–285; R. Foley/R. Fumerton, Davidson's Theism?, Philos. Stud. 48 (1985), 83–90; C. Gauker, The P. o. C., Synthese 69 (1986), 1–25; D. Glidden, Augustine's Semantics and the P. o. C., Ancient Philos. 17 (1997), 135–157; K. Glüer, Donald Davidson zur Einführung, Hamburg 1993, bes. 63–80 (Kap. 3 Das ›P. o. C.‹); T. Govier, Problems in Argument Analysis and Evaluation, Dordrecht/Providence R. I. 1987, bes. 133–158 (Chap. 7 A New Approach to Charity); R. E. Grandy, Reference, Meaning, and Belief, J. Philos. 70 (1973), 439–452; I. Hacking, Why Does Language Matter to Philosophy?, Cambridge/London/New York 1975, 1995, bes. 146–150 (Charity and Humanity) (dt. Die Bedeutung der Sprache für die Philosophie, Königstein 1984, Berlin [2]2002, bes. 133–137 [Nachsicht und Menschlichkeit]); D. K. Henderson, The P. o. C. and the Problem of Irrationality. Translation and the Problem of Irrationality, Synthese 73 (1987), 225–252; ders., Winch and the Constraints of Interpretation. Versions of the P. o. C., South. J. Philos. 25 (1987), 153–173; ders., The Importance of Explanation in Quine's P. o. C. in Translation, Philos. Soc. Sci. 18 (1988), 355–369; ders., An Empirical Basis for Charity in Interpretation, Erkenntnis 32 (1990), 83–103; W. Künne, Prinzipien der wohlwollenden Interpretation, in: Forum für Philosophie (ed.), Intentionalität und Verstehen, Frankfurt 1990, 212–236; E. LePore (ed.), Truth and Interpretation. Perspectives in the Philosophy of D. Davidson, Oxford/New York 1986; D. Lewis, Radical Interpretation, Synthese 27 (1974), 331–344; G.-L. Lueken, Inkommensurabilität, radikale Interpretation und die ›P. o. C.‹, in: G. Meggle (ed.), Analyomen 2. Proceedings of the 2nd Conference ›Perspectives in Analytical Philosophy‹ III (Philosophy of Mind, Practical Philosophy, Miscellanea), Berlin/New York 1997, 500–509; J. E. Malpas, The Nature of Interpretative Charity, Dialectica 42 (1988), 17–36; W. V. O. Quine, Word and Object, Cambridge Mass. 1960, 2001, bes. 59, 69 (dt. Wort und Gegenstand, Stuttgart 1980, 1998, bes. 114–115, 130–131); O. R. Scholz, Verstehen und Rationalität. Untersuchungen zu den Grundlagen von Hermeneutik und Sprachphilosophie, Frankfurt 1999, [2]2001; N. Sesardic, Psychology without P. o. C., Dialectica 40 (1986), 229–240; G. Sundholm, Brouwer's Anticipation of the P. o. C., Proc. Arist. Soc. 85 (1984/1985), 263–276, bes. 264–268; U. Tietz, Rationalität des Verstehens. Zu Davidsons Sprach-Logos, in: K.-O. Apel/M. Kettner (eds.), Die eine Vernunft und die vielen Rationalitäten, Frankfurt 1996, 373–403; ders., Nachsichtigkeitsprinzip, in: P. Prechtl/F.-P. Burkard (eds.), Metzler Philosophie Lexikon. Begriffe und

Definitionen, Stuttgart/Weimar ²1999, 386–387; ders., Das ›P. o. C.‹ und die ethnozentristische Unterbestimmung der hermeneutischen Vernunft, in: T. Schäfer/ders./R. Zill (eds.), Hinter den Spiegeln. Beiträge zur Philosophie Richard Rortys mit Erwiderungen von Richard Rorty, Frankfurt 2001, 77–106; B. Vermazen, General Beliefs and the P. o. C., Philos. Stud. 42 (1982), 111–118; N. L. Wilson, Substances without Substrata, Rev. Met. 12 (1959), 521–539, bes. 531–532. G. K.

Charron, Pierre, *Paris 1541, †ebd. 16. Nov. 1603, franz. Philosoph und Theologe. Nach Studium der Philosophie, des Griechischen und Lateinischen an der Sorbonne, der Rechte, später auch der Theologie, in Orléans und Bourges, 1571 juristische Promotion an der Universität von Montpellier. Hofprediger der Königin Margarete von Navarra und (ab 1599) Domherr in Condom. Stand unter Wiederaufnahme von Gedanken Plutarchs und L. A. Senecas dem Skeptizismus M. E. de Montaignes nahe (De la sagesse, 1601) und schrieb eine gegen die Hugenotten gerichtete Apologie des katholischen Glaubens (Les trois veritez, 1593).

Werke: Toutes les œuvres, I–II, Paris 1635 (repr. Genf 1970). – Les trois veritez contre les athées, idolâtres, juifs, mahumétans, hérétiques et schismatiques […], Bordeaux 1593, ²1595, Paris 1625; De la sagesse. Trois livres, Bordeaux 1601 (repr. Paris 1986), Paris ²1604, ³1607, I–III, ed. A. Duval, 1824 (repr. Genf 1968) u. ö. (dt. Das Liecht der Weißheit. Zu Erforschung deß Ursprungs und wahrer Eigenschafften aller Dinge den Weg zeigend, Ulm 1668, unter dem Titel: Die wahre Weisheit. Oder, Sittenlehre des Weltbürgers, München 1779, 1780, unter dem Titel: Drei Buecher von der Weisheit. Aus dem Alt-Franzoesischen frei uebersetzt und abgekuerzt, Frankfurt 1801, 1803; engl. Of Wisdom. Three Books, I–II, London 1697, 1707 [repr. (Mikrofilm) Woodbridge Conn. 1983], I–III, London 1729, Amsterdam etc. 1971); Discours chrestien. Qu'il n'est permis ny loisible à un subject, pour quelque cause et raison que se soit, de se liquer, bander, et rebeller contre son roy, Paris 1606. – J. D. Charron, Bibliography, in: ders., The »Wisdom« of P. C.. An Original and Orthodox Code of Morality, Chapel Hill N. C. 1961, Westport Conn. 1979, 147–153; Totok III (1980), 447–448.

Literatur: M. Adam, Études sur P. C., Talence 1991; C. Belin, L'œuvre de P. C. (1541–1603). Littérature et théologie de Montaigne à Port-Royal, Paris 1995; D. Bosco, C. moralista. Temi e problemi di »La sagesse«, Riv. filos. neo-scolastica 69 (1977), 247–278; H. Busson, La pensée religieuse française de C. à Pascal, Paris 1933; J. D. Charron, The »Wisdom« of P. C.. An Original and Orthodox Code of Morality, Chapel Hill N. C. 1961, Westport Conn. 1979; FM I (1994), 529–530; M. C. Horowitz, P. C.'s View of the Source of Wisdom, J. Hist. Philos. 9 (1971), 443–457; dies., Natural Law as the Foundation for an Autonomous Ethic, P. C.'s ›De la sagesse‹, Stud. in the Renaissance 21 (1974), 204–227; R. Kogel, P. C., Genf 1972; B. de Negroni/J.-L. Margolin, C., Enc. philos. universelle III/1 (1992), 471–473; R. H. Popkin, The History of Scepticism from Erasmus to Descartes, Assen 1960, rev. 1964, rev. New York 1968, erw. unter dem Titel: The History of Scepticism from Erasmus to Spinoza, Berkeley Calif./Los Angeles Calif./London 1979; ders., C., Enc. Ph. II (1967), 81–83; ders., C., REP II (1998), 287–290; E. F. Rice, P. C. and the Triumph of Wisdom as a Moral Virtue, in: ders., The Renaissance Idea of Wisdom, Cambridge Mass. 1958, Westport Conn. 1973, 178–207; J. B. Sabrié, De l'humanisme au rationalisme. P. C. (1541–1603). L'homme, l'œuvre, l'influence, Paris 1913, Genf 1970; A. Soman, Methodology in the History of Ideas. The Case of P. C., J. Hist. Philos. 12 (1974), 495–501. J. M.

Chartier, Émile-Auguste, ↑Alain.

Chartres, Schule von, Ende des 10. Jhs. von Fulbert von Chartres gegründet, einflußreich im 12. Jh. vor allem unter der Leitung von Bernhard und Thierry von Chartres. Sie zeichnet sich durch Pflege klassischer und arabischer Texte (Constantinus Africanus, Adelard von Bath), durch Beschäftigung mit ↑Naturphilosophie und Naturwissenschaft sowie durch die Forderung aus, nicht ↑Autoritäten, sondern nur ›notwendige Gründe‹ gelten zu lassen. Dies führt zu einer Theologie ↑›more geometrico‹ (Nicolaus von Amiens), teilweise mit Zahlenspekulationen verbunden (Thierry von Chartres). Starke Tendenzen zum ↑Pantheismus, wobei Gott zum einen als ↑›Weltseele‹ (d. i. der Heilige Geist bei Bernhard Silvestris von Tours) aufgefaßt wurde, zum anderen als Form alles Seienden (Amalrich von Bene) oder als noch formlose Materie (↑materia prima, David von Dinant). Ihren geistigen Höhepunkt findet die S. v. C. in den wissenschaftstheoretischen Überlegungen Gilbert de la Porrées, die auch über die Schule hinaus wirken, z. B. in den Schriften Ottos von Freising und Johannes' von Salisbury. Bedeutende Mitglieder der Schule waren ferner Wilhelm von Conches (Naturphilosophie), Walter von Mortagne (Erkenntnistheorie), Clarenbaldus von Arras, Joachim von Fiore (Geschichtsmystik).

Literatur: G. Bonafede, C., scuola di, Enc. filos. II (1982), 219–221; M.-D. Chenu, La théologie au douzième siècle, Paris 1957, ³1976 (engl. Nature, Man, and Society in the Twelfth Century. Essays on New Theological Perspectives in the Latin West, Chicago Ill. 1968, Toronto 1997); A. Clerval, Les ècoles de C. au moyen âge du Vᵉ au XVIᵉ siècle, Paris 1895, Nachdr. Frankfurt 1965, Genf 1977; M. Dal Pra, Amalrico di Bène, Mailand 1951; H.C. van Elswijk, Gilbert Porreta. Sa vie, son œuvre, sa pensée, Leuven 1966; FM I (1994), 530–531; T. Gregory, Anima mundi. La filosofia di Guglielmo di Conches e la scuola di C., Florenz 1955; H. Grundmann, Neue Forschungen über Joachim von Fiore, Marburg 1950; N. M. Häring (ed.), Life and Works of Clarenbald of Arras. A Twelfth-Century Master of the School of C., Toronto 1965; E. Jeauneau, »Lectio philosophorum«. Recherches sur l'Ecole de C., Amsterdam 1973; D. Luscombe, C., School of, Enc. Ph. II (1967), 84; L. MacKinney, Bishop Fulbert and Education at the School of C., Notre Dame Ind. 1957 (franz. L'Évêque Fulbert et l'éducation à l'école de C., Notre Dame Ind. 1999); J. Marenbon, C., School of, REP II (1998), 290–292; C. Mazzantini, Il platonismo della scuola di C., Turin 1958; J. M. Parent, La doctrine de la création dans l'École de C., Paris 1938. O. S.

Châtelet, Gabrielle-Émilie Le Tonnelier de Breteuil, Marquise du, *Paris 17. Dez. 1706, †Lunéville 10. Sept.

1749, franz. Naturwissenschaftlerin und Philosophin, Freundin Voltaires, mit dem sie 1734–1748 auf Schloß Cirey (Champagne) zusammenlebte. Unter dem Einfluß P. L. M. de Maupertuis' befaßte sich Mme. du C. insbes. mit dem Werk I. Newtons; sie war an der Ausarbeitung der »Éléments de la philosophie de Newton« (1738) Voltaires beteiligt (angeregt durch einen Besuch F. Algarottis, des Autors von »Il newtonianismo per le dame« [1737], 1735 auf Schloß Cirey), schrieb zur Unterstützung dieses Voltaireschen Werkes (Lettre sur les éléments de la philosophie de Newton, 1738) und übersetzte 1745–1747, unterstützt durch den Mathematiker und Astronomen A. C. Clairaut, Newtons »Principia« ins Französische (Principes mathématiques de la philosophie naturelle, Paris 1759). 1737 beteiligte sie sich (erfolglos) an einem von der »Académie des Sciences« ausgeschriebenen Wettbewerb mit einer Arbeit über das Feuer (Dissertation sur la nature et la propagation du feu, publiziert, zusammen mit den Arbeiten der drei Preisträger, unter ihnen L. Euler, und der ebenfalls erfolglosen Arbeit Voltaires, Paris 1739). 1740 erschienen ihre »Institutions de physique«, die, beeinflußt durch Joh. Bernoulli und Maupertuis, Partei für den Kraftbegriff G. W. Leibnizens in der sogenannten vis-viva-Kontroverse (↑vis viva) ergreifen. Ihre privaten Affairen machten Mme. du C. in Europa zeitweise ebenso bekannt wie die bedeutende Rolle, die sie bei der Durchsetzung der Newtonschen Physik und der Leibnizschen Philosophie spielte.

Werke: Lettre sur les éléments de la philosophie de Newton, J. des sçavans (1738), 534–541; Dissertation sur la nature et la propagation du feu, Paris 1739, 1744, 1752; Institutions de physique, Paris 1740, London 1741, Amsterdam ²1742 (repr. Hildesheim/New York 1988) (ital. Instituzioni di Fisica, Venedig 1743); Principes mathématiques de la philosophie naturelle, Paris 1759 (mit Mme. du C.s Kommentaren und Clairauts Supplementen; Teiledition zuvor Paris 1756); Discours sur le bonheur, ed. R. Mauzi, Paris 1961, ²1997 (dt. Rede vom Glück, Berlin 1999). – Les lettres de la marquise du C., I–II, ed. T. Besterman, Genf 1958.

Literatur: W. T. Barber, Mme du C. and Leibnizianism. The Genesis of the Institutions de physique, in: W. H. Barber u. a. (eds.), The Age of the Enlightenment. Studies Presented to T. Besterman, Edinburgh/London 1967, 200–222; I. B. Cohen, The French Translation of Isaac Newton's Philosophiae Naturalis Principia Mathematica (1756, 1759, 1966), Arch. int. hist. sci. 21 (1968), 261–290; R. Debever, La Marquise du C. traduit et commente les »Principia« de Newton, Acad. Roy. Belg. Bull. Cl. Sci. 73 (1987), 509–527; E. Ehrman, Mme du C., Oxford 1986; F. Hamel, An Eighteenth Century Marquise. A Study of Emilie du C. and Her Times, London 1910; C. Iltis, Madame du C.'s Metaphysics and Mechanics, Stud. Hist. Philos. Sci. 8 (1977), 29–48; U. Klens, Mathematikerinnen im 18. Jahrhundert. Maria Gaetana Agnesi, G.-E. du C., Sophie Germain, Pfaffenweiler 1994, bes. 177–258; A. Maurel, La marquise du C., amie de Voltaire, Paris 1930; R. Taton, Madame du C., traductrice de Newton, Arch. int. hist. sci. 22 (1969), 185–210; ders., C., in: DSB III (1971), 215–217; G. J. Tee, C., in: L. S. Grinstein/P. J. Campbell (eds.), Women of Mathematics. A Biobibliographical Sourcebook, New York/Westport Conn./London 1987, 21–25; M. Terrall, E. du C. and the Gendering of Science, Hist. Sci. 33 (1995), 283–310; I. O. Wade, Voltaire and Mme. du C.. An Essay on the Intellectual Activity at Cirey, Princeton N. J. 1941, New York 1967; ders., Studies on Voltaire with some Unpublished Papers of Mme. du C., Princeton N. J. 1947, New York 1967; J. P. Zinsser, E. du C.. Genius, Gender and Intellectual Authority, in: H. L. Smith (ed.), Women Writers and the Early Modern British Political Tradition, Cambridge 1998, 168–190. J. M.

Chemie, neben ↑Physik und ↑Biologie eine der drei Hauptdisziplinen der experimentellen (↑Experiment) Naturwissenschaften. Die frühe Entwicklung der C. ist durch zwei Denkschulen bestimmt, deren eine Gestalt und Bewegung von Korpuskeln als grundlegend ansetzt, während die andere einen Primat von Eigenschaften annimmt und meist die ↑Materie als ein Kontinuum auffaßt.

Der korpuskulare Ansatz wurde von Demokrit und Epikur entworfen (↑Atomismus), in der Neuzeit von P. Gassendi aufgegriffen und von R. Boyle und anderen zu Versuchen chemischer Erklärungen verdichtet. In dieser sog. strukturellen C. ist es die geometrische Passung von Teilchen, die die Beschaffenheit von Stoffen und Reaktionen festlegt. Die eigenschaftsbasierte C. geht auf die vier ↑Elemente des Empedokles zurück (Erde, Wasser, Feuer, Luft), die jeweils eine spezifische Verknüpfung von Qualitäten verkörpern (Wasser etwa die Verbindung von feucht und kalt, Feuer die Verbindung von trocken und heiß). In der Folge wurde dieser Ansatz zur sog. Prinzipienchemie ausgearbeitet. Als Elemente oder Prinzipien galten nicht-stoffliche Eigenschaftsträger, deren Präsenz für die Beschaffenheit der gewöhnlichen Substanzen verantwortlich war. Dabei wurde jeweils nur eine kleine Zahl von Prinzipien akzeptiert, darunter auch das Ende des 17. Jhs. von G. E. Stahl eingeführte Phlogiston (↑Phlogistontheorie), Träger der Eigenschaft der Brennbarkeit. Die chemische Theorie strebte die Rückführung der Vielzahl beobachtbarer Eigenschaften und Eigenschaftsveränderungen auf die Natur und die Übertragung weniger solcher Prinzipien an.

In der Chemischen Revolution (ca. 1775 bis 1790) bildete A. L. de Lavoisier die C. grundlegend um. Er ersetzte zunächst die herkömmliche Sicht der Verbrennung als Abgabe von Phlogiston durch die Auffassung, es werde Sauerstoff gebunden, führte aber weitergehend die Preisgabe des gesamten prinzipienchemischen Erklärungsansatzes herbei. An die Stelle weniger Eigenschaftsträger trat eine Vielzahl stofflicher Elemente mit einer Taxonomie von Elementen und Verbindungen, die im Grundsatz der heutigen entspricht. Charakteristisch ist auch Lavoisiers Einsatz quantitativer Verfahren und der

Rückgriff auf Wägungen (die traditionell der ↑Physik zugerechnet und als für die C. irrelevant betrachtet wurden).

Zu Beginn des 19. Jhs. formulierte J. Dalton eine neuartige, von der Korpuskularmechanik abweichende Fassung der Atomtheorie, in deren Rahmen ↑Atome als qualitativ verschieden und nicht ineinander umwandelbar galten und Moleküle als Verbindung einer kleinen Zahl von Atomen (wie CO_2 oder N_2O) aufgefaßt wurden (statt wie zuvor als komplexe Kombinationen einer Vielzahl von Teilchen). Dalton erschloß überdies einen – wenn auch zunächst unsicheren – empirischen Zugang zu einschlägigen Kenngrößen, insbes. den Atomgewichten und den Molekularformeln. J. J. Berzelius führte die Bindung von Atomen im Molekül auf elektrische Kräfte zurück. Aufgrund von Anomalien und Erklärungslücken trat der Atomismus im zweiten Drittel des 19. Jhs. in den Hintergrund.

Im 19. Jh. rückte auch die organische C. stärker in den Mittelpunkt. 1828 gelang F. Wöhler die Harnstoffsynthese, die die Möglichkeit der künstlichen Herstellung von Stoffen eröffnete, die von Natur aus nur in Organismen vorkamen. Wöhlers Entdeckung leitete den Niedergang des ↑Vitalismus ein. – Als zentrale Herausforderung stellte sich die Systematisierung und Ordnung organischer Stoffe dar. Weite Verbreitung fand die sog. Typentheorie, derzufolge alle Substanzen eines Typs in ihrem Kern übereinstimmen, sich aber hinsichtlich weiterer gebundener Stoffe unterscheiden. Z.B. stellte der ›Wassertypus‹ das Wassermolekül (H_2O) ins Zentrum. Ersetzung eines Wasserstoffatoms durch eine Methyl- (CH_3) oder Äthylgruppe (C_2H_5) führt auf Methylalkohol (CH_3OH) oder Äthylalkohol (C_2H_5OH) – mit dem Resultat, daß die Alkohole zum Wassertypus gehören. Die Typenformeln wurden dabei im allgemeinen nicht als Strukturformeln aufgefaßt; sie galten nicht als Ausdruck der Zusammensetzung von Molekülen. Vielmehr stellten sie ein bloßes Schema der Klassifikation von Substanzen und Reaktionen dar (↑Instrumentalismus). – Ins 19. Jh. fällt ferner die Ausbildung einer Chemieindustrie, in der Stoffsynthese in großtechnischem Maßstab betrieben wurde. Eine der bedeutenden frühen Errungenschaften war die künstliche Herstellung von Soda (Natriumcarbonat), das bei der Produktion von Seife sowie beim Bleichen und Färben Verwendung fand. Später trat unter anderem die Herstellung von Mineraldünger hinzu. Die Fokussierung auf Anwendungen und insbes. auf die Synthese von Stoffen mit vorgegebenen Eigenschaften bestimmt das Bild der C. bis in die Gegenwart.

1927 gelang W. Heitler und F. London die Behandlung des Wasserstoffmoleküls auf der Grundlage der ↑Schrödinger-Gleichung, was die quantenmechanische Erklärung der sog. kovalenten Bindung bedeutete. Diese Analyse der chemischen Bindung im Rahmen der ↑Quantentheorie wurde von L. Pauling zur sog. Orbitaltheorie weitergeführt. Erklärungsleistungen dieser Art wurden als wesentlicher Beitrag zu einer Rückführung der C. auf die Physik aufgefaßt (↑Reduktionismus).

Trotz der unbestrittenen Bedeutung der C. im Spektrum der Wissenschaften, als Hochschuldisziplin, für die moderne technische Zivilisation und volkswirtschaftlich für die industrielle Produktion ist sie philosophisch und kulturwissenschaftlich im Vergleich zu Physik und Biologie lange vernachlässigt worden (sieht man von der kleinen Spezialdisziplin C.geschichte ab). In der ↑Wissenschaftstheorie liegt dies historisch vor allem an der Verbindung der These der ↑Einheitswissenschaft mit dem ↑Physikalismus im Programm des ↑Wiener Kreises (↑Empirismus, logischer), der die C. nur als Appendix der Physik behandelt. Unbeachtet ist dabei geblieben, daß die C. in vielen, historisch wirksamen Hinsichten eine Sonderrolle spielt.

Die etymologische Herkunft der Bezeichnung ›C.‹ ist kontrovers. Diese Bezeichnung wird unterschiedslos (im Gegensatz etwa zu den Trennungen zwischen ›physisch‹ und ›physikalisch‹ oder zwischen ›psychisch‹ und ›psychologisch‹) auf den Gegenstand und auf das Wissen über diesen angewandt. Der Gegenstand der C. ist der Bereich der Stoffe, ihrer Eigenschaften und Umwandlungen, die Wissenschaft C. umfaßt die Praxis der theoretischen und technischen Beherrschung dieser Stoffeigenschaften und Stoffumwandlungen. Im ersten Sinne des Wortes ist C. so alt wie die stoffliche Welt, im zweiten Sinne (je nach angelegten Kriterien der Wissenschaftlichkeit) nicht älter als die menschliche Kulturleistung der praktischen und theoretischen Beherrschung von Stoffeigenschaften, also einige hundert Jahre.

Wissenschaftstheoretisch gesehen hat die C. nicht nur eine eigene, etwa von der physikalischen oder der biologischen Fachsprache verschiedene Terminologie ausgebildet, sondern auch einen eigenen Methodenkanon (z. B. in der analytischen C.), eigene Qualitätsmerkmale technisch wissenschaftlichen Erfolges (z. B. den chemisch reinen Stoff), und ein eigenes Verhältnis zu Natur und Technik.

Wo in der mechanistischen Tradition der Physik Parameter des einzelnen Objekts wie Größe, Form, Masse, Lage oder Geschwindigkeit eines Körpers betrachtet werden, spielen in der experimentellen C. nicht objekt-, sondern stoffbezogene Parameter wie spezifisches Gewicht, Schmelz- und Siedepunkt, Farbe, Geruch, Geschmack oder elektrische Leitfähigkeit eine primäre Rolle. Im Rahmen eines sich historisch ausdifferenzierenden Systems von Verfahren der Aufspaltung oder Umwandlung natürlich vorgefundener Stoffe bilden sich operativ bestimmte Begriffe wie Gemisch, Suspension, Lösung, (chemische) Verbindung und andere aus. Leitend ist hierfür das Programm, in ›analytischen‹ (wörtlich: auflösenden) Verfahren zu letzten Grundstoffen (Elementen) zu kommen, die ihrerseits mit chemischen Verfahren nicht weiter zerlegt werden können. Letztlich ist dabei das spekulative antike Konzept von ↑Elementen bzw. des antiken ↑Atomismus Vorbild, wonach die Vielfalt natürlicher Erscheinungen in stofflicher Hinsicht auf einen Kanon von Elementarstoffen zurückzuführen ist. Ergebnis dieser systematischen Suche ist das Periodensystem der Elemente, das mit dem Anspruch verknüpft ist, eine vollständige Übersicht über alle in der Natur vorkommenden Stoffe anzugeben, die um künstliche, teilweise sehr kurzlebige und mit physikalischen Methoden erzeugte Elemente erweitert wird. Seinen Namen hat dieses System von der periodischen Wiederkehr chemisch ähnlicher Eigenschaften (z. B. ein reaktionsträges Edelgas oder ein Salzbildner zu sein), wenn Elemente nach ihren relativen (z. B. auf Wasserstoff als Einheit bezogenen) Atommassen angeordnet werden.

Methodisch geht die Gewinnung des chemischen Periodensystems einer physikalischen Bildung von Atommodellen und später deren theoretischer Beherrschung durch die ↑Quantentheorie voraus. Damit wird die Wechselbeziehung von C. und Physik einerseits dadurch bestimmt, daß nach heutigem Verständnis erst physikalische Meßverfahren von Gewicht, Volumen, Druck, Temperatur, elektrische Leitfähigkeit usw. der C. den Charakter einer modernen quantitativen Experimentalwissenschaft gegeben haben, andererseits die C. durch Darstellung der Elemente eine Grundlagenwissenschaft für die Atom- und die Quantenphysik ist.

Komplementär zu den analytischen Verfahren, in denen anerkannte Gesetze wie das der konstanten und der multiplen Proportionen (Stoffe spalten sich auf oder reagieren unter bestimmten experimentellen Rahmenbedingungen in festen, etwa durch das Gewicht bestimmten Mengen zueinander) als technisch und definitorisch normierende Prinzipien verwendet werden, dienen synthetische (zusammensetzende) Verfahren der technischen Produktion von Stoffen, die auch in der Natur vorgefunden werden (was das Problem der Kriterien einer Gleichheit von natürlichen und künstlichen Stoffen, z. B. Vitaminen aufwirft: sogenannter ›naturidentischer‹ Stoffe), und darüber hinaus von Kunststoffen, die kein natürliches Äquivalent haben, sondern nach technisch erwünschten Eigenschaften entwickelt und produziert werden.

Während nach üblicher Einschätzung Physik und Biologie weltbildstiftende Wissenschaften sind (Physik als ↑Kosmologie, Biologie als Physiologie und Naturgeschichte verantwortlich für Menschenbilder), ist der weltbildstiftende Beitrag der C. für einen naturwissenschaftlichen Materialismus (↑Materialismus (historisch), ↑Materialismus (systematisch)) lange unterschätzt worden. Heutige Reduktionismusprogramme (↑Reduktionismus) führen etwa in den Bereichen der molekularbiologischen Genomforschung und der zeitgenössischen Hirnforschung auf C. zurück. Auch der paradigmatische Charakter der C. in wissenschaftstheoretischer Hinsicht setzt der Biologie als Naturgeschichtsschreibung und der Physik als Programm der Zusammenführung und Vereinheitlichung anerkannter Theorien (klassische ↑Mechanik, ↑Elektrodynamik, Relativitätstheorie [↑Relativitätstheorie, spezielle, ↑Relativitätstheorie allgemeine] und Quantenphysik) ein eigenes Konzept entgegen, das in einer Synthese von Klassifizierung (nämlich aller natürlichen bzw. möglichen Elemente, mit einer gewissen Ähnlichkeit zu taxonomischen Einteilungen des Lebendigen in der biologischen Systematik) mit der Aufstellung so genannter ↑Naturgesetze unter dem Anspruch einer Beschreibungs- und Erklärungsvollständigkeit besteht.

Wissenschaftstheoretisch wird in der ↑Protochemie geklärt, wie (historisch und methodisch) lebensweltliche Praxen wie Produktion und Konservierung von Lebens-, Heil- und Genußmitteln, Gerben und Färben, Abdichten und Kleben, Metallscheidekunst oder die Erzeugung von Stoffen für Beleuchtung, Heizung, Explosion und andere Praxen zu einem einheitlichen Gebiet C. zusammengeführt und Grundbegriffe einer wissenschaftlichen C. operativ bestimmt werden. Werk-, Wirk- und Brennstoffe in technischer und theoretischer Beherrschung beschreiben auch heute die technischen Zwecke der C., gegenüber denen ältere, vermeintlich natürliche Einteilungen der C. etwa in organische und anorganische (wegen gelungener Synthetisierung organischer Stoffe) aufgegeben wurden. Einteilungen in Spezialdisziplinen wie Analytische C., Theoretische C., Biochemie und andere richten sich einerseits nach Methoden als geeigneten Mitteln für bestimmte Forschungsziele, andererseits nach den wichtigsten Anwendungsgebieten und interdisziplinären Kooperationsfeldern. In den Nanowissenschaften ist C. die Leitdisziplin, wenn auch je nach Verfahren (z. B. Mikroskopierverfahren) oder Anwendungen (z. B. in Pharmazie und Medizin) die Grenzen zu Physik und Biologie verschwimmen.

Die Vernachlässigung der C. durch Wissenschaftstheorie und Philosophie ist erst seit wenigen Jahrzehnten und noch von einem relativ kleinen Personenkreis durch eine Philosophie der C. zu überwinden versucht worden. In gesellschaftlichen Auseinandersetzungen z. B. um ökologische Probleme spielen nicht nur die chemischen Disziplinen eine technisch wichtige Rolle, sondern auch philosophische C.verständnisse für die Auffassung von natürlichen, technisch-zivilisatorischen und wissenschaftlichen Zusammenhängen.

Literatur: M. Beretta, The Enlightenment of Matter. The Definition of Chemistry from Agricola to Lavoisier, Canton Mass. 1993; W. Böhm, Die Naturwissenschaftler und ihre Philosophie.

Geistesgeschichte der C., Wien/Freiburg/Basel 1961; J. van Brakel, Philosophy of Chemistry. Between the Manifest and the Scientific Image, Leuven 2000 (mit Bibliographie, 203–233); W. H. Brock, The Fontana History of Chemistry, London 1992, unter dem Titel: The Norton History of Chemistry, New York/London 1993 (dt. Viewegs Geschichte der C., Braunschweig/Wiesbaden 1997); P. Bulthaup, Systematische Kategorien und historische Entwicklung einer Naturwissenschaft dargestellt an der C. als Modell, in: ders., Zur gesellschaftlichen Funktion der Naturwissenschaften, Frankfurt 1973, 6–83; S. Dittus/M. Mayer, Bibliographie C. und Geisteswissenschaften, in: J. Mittelstraß/G. Stock (eds.), C. und Geisteswissenschaften [s. u.], 217–333; H. E. Fierz-David, Die Entwicklungsgeschichte der C.. Eine Studie, Basel 1945, ²1952; J. F. Gmelin, Geschichte der C.. Seit dem Wiederaufleben der Wissenschaften bis an das Ende des 18. Jahrhunderts, I–III, Göttingen 1797–1799 (repr. Hildesheim 1965); A. Greenberg, A Chemical History Tour. Picturing Chemistry from Alchemy to Modern Molecular Science, New York etc. 2000; G. Hanekamp, Protochemie. Vom Stoff zur Valenz, Würzburg 1997; H. Hartley, Studies in the History of Chemistry, Oxford 1971; P. Janich, C. als Kulturleistung, in: J. Mittelstraß/G. Stock (eds.), C. und Geisteswissenschaften [s. u.], 161–173; ders., C. und Geisteswissenschaften aus der Sicht des Philosophen, C. heute (1993/1994), 6–9; ders., Protochemie. Programm einer konstruktiven C.begründung, J. General Philos. Sci. 25 (1994), 71–87; ders., Wozu Philosophie der C.?, C. in unserer Zeit 28 (1994), 139–146; ders. (ed.), Philosophische Perspektiven der C.. 1. Erlenmeyer-Kolloquium der Philosophie der C., Mannheim inc. 1994; ders./N. Psarros (eds.), Die Sprache der C.. 2. Erlenmeyer-Kolloquium zur Philosophie der C., Würzburg 1996; ders./C. Rüchardt (eds.), Natürlich, technisch, chemisch. Verhältnisse zur Natur am Beispiel der C., Berlin/New York 1996; ders./N. Psarros (eds.), The Autonomy of Chemistry. 3rd Erlenmeyer Colloquy for the Philosophy of Chemistry, Würzburg 1998; ders./N. Psarros/P. C. Thieme (eds.), Chemische Grenzwerte. Eine Standortbestimmung von Chemikern, Juristen, Soziologen und Philosophen, Weinheim 1999; U. Klein, Verbindung und Affinität. Die Grundlegung der neuzeitlichen C. an der Wende vom 17. zum 18. Jahrhundert, Basel/Boston Mass./Berlin 1994; dies. (ed.), Tools and Modes of Representation in the Laboratory Sciences, Dordrecht/Boston Mass./London 2001 (Boston Stud. Philos. Sci. 222); dies., Experiments, Models, Paper Tools. Cultures of Organic Chemistry in the Nineteenth Century, Stanford Calif. 2003; D. Knight, Ideas in Chemistry. A History of the Science, London etc. 1992; N. Koertge, Chemistry, Philosophical Aspects of, REP II (1998), 294–300; H. Kopp, Geschichte der C., I–IV, Braunschweig 1843–1847 (repr. Hildesheim 1966); ders., Die Entwicklung der C. in der neueren Zeit, München 1873 (repr. New York/London, Hildesheim 1965); A. Ladenburg, Vorträge über die Entwicklungsgeschichte der C. von Lavoisier bis zur Gegenwart, Braunschweig 1869, erw. 1887, ⁴1907 (repr. Darmstadt 1974) (engl. Lectures on the History of the Development of Chemistry since the Time of Lavoisier, Edinburgh 1900, 1905; franz. Histoire du développement de la chimie depuis Lavoisier jusqu'à nos jours, Paris 1909, 1911); H. Laitko/W.-D. Sprung, C. und Weltanschauung. Standpunkte der marxistischen Philosophie zu einigen philosophischen Problemen der modernen C., Leipzig etc., Schwerte 1970, Leipzig etc. 1973; H. M. Leicester/H. S. Klickstein (eds.), A Source Book in Chemistry (1400–1900), Cambridge Mass. 1952, 1968; ders. (ed.), Source Book in Chemistry (1900–1950), Cambridge Mass. 1968; J. Mittelstraß/G. Stock (eds.), C. und Geisteswissenschaften. Versuch einer Annäherung, Berlin 1992; R. P. Multhauf, The Origins of Chemistry, London 1966, Langhorne Pa. 1993; M. J. Nye, Before Big Science. The Pursuit of Modern Chemistry and Physics, 1800–1940, New York etc. 1996; W. Ostwald, Leitlinien der C.. Sieben gemeinverständliche Vorträge aus der Geschichte der C., Leipzig 1906, unter dem Titel: Der Werdegang einer Wissenschaft. Sieben gemeinverständliche Vorträge aus der Geschichte der C., Leipzig ²1908 (franz. L'évolution d'une science. La chimie, Paris 1909); J. R. Partington, A History of Chemistry, I–IV, London/New York 1961–1970, New York 1996; L. Pauling, General Chemistry. An Introduction to Descriptive Chemistry and Modern Chemical Theory, San Francisco Calif. 1947, ³1970 (dt. Grundlagen der C., Weinheim 1973); P. J. Plath, C., in: H. J. Sandkühler (ed.), Europäische Enzyklopädie zu Philosophie und Wissenschaften I, Hamburg 1990, 459–466; N. Psarros, Die C. und ihre Methoden. Eine philosophische Betrachtung, Weinheim etc. 1999; ders./K. Ruthenberg/J. Schummer (eds.), Philosophie der C.. Bestandsaufnahme und Ausblick, Würzburg 1996; ders./K. Gavroglu (eds.), Ars Mutandi. Issues in Philosophy and History of Chemistry, Leipzig 1999; J. Schummer, Realismus und C.. Philosophische Untersuchungen der Wissenschaft von den Stoffen, Würzburg 1996; G. Simon, Kleine Geschichte der C., Köln 1980, ²1981; E. Ströker, Denkwege der C.. Elemente ihrer Wissenschaftstheorie, Freiburg/München 1967; I. Strube/R. Stolz/H. Remane, Geschichte der C.. Ein Überblick von den Anfängen bis zur Gegenwart, Berlin 1986, ²1988; F. Szabadváry, Az analitikai kémia módszereinek kialakulása, Budapest 1960 (dt. Geschichte der analytischen C., Braunschweig, Budapest 1966); E. Winter (ed.), Selbstbilder und Fremdbilder der C.. Dokumentation eines Werkstattgesprächs, 15. bis 17. September, Schloß Reisensburg, Günzburg, Essen 1994; G. Wünsch, Einführung in die Philosophie der C.. Studienbuch für Chemiker und an C. Interessierte, Würzburg 2000. P. J.

Chemismus, seit dem 18. Jh. (verbunden mit der Entwicklung der ↑Chemie zu einer eigenständigen wissenschaftlichen Disziplin) auftretender Begriff. Im C. werden Veränderungen insgesamt, insbes. die organischen Prozesse, in chemischen Begriffen interpretiert. In seiner methodenreduktionistischen Konsequenz entspricht der C. dem ↑Physikalismus und dem ↑Biologismus, deren wirkungsgeschichtliche Relevanz jedoch größer ist.
Für G. W. F. Hegel ist C. eine dialektisch-logische Kategorie (Logik II, Sämtl. Werke V, 200–208). Er steht zwischen dem ↑Mechanismus und der ↑Teleologie. Das ›chemische Objekt‹ ist eine selbständige Totalität, die in ihrer ›Unmittelbarkeit und Existenz‹ durch eine ›Beziehung auf Anderes‹ definiert ist, mit dem es von sich aus einen ruhenden Ausgleich anstrebt. Die chemischen Objekte stehen im Verhältnis der ›Verwandtschaft‹ zueinander und unterscheiden sich hierin insbes. von den mechanischen Objekten. Insofern sie sich in einem ruhenden ›Produkt‹ ausgleichen, unterscheiden sie sich von den lebendigen Organismen, die ›perennierend‹ tätig sind (Enc. phil. Wiss., Sämtl. Werke IX, 444). Der C. ist nicht nur der ›elementarischen Natur‹ eigentümlich, deren Übergang zum Organischen er darstellt (Enc. phil. Wiss., Sämtl. Werke IX, 448), sondern auch die

»formale Grundlage für die geistigen Verhältnisse der Liebe, Freundschaft u.s.f.« (Logik II, Sämtl. Werke V, 201). In dieser Fassung des Begriffs des C. befindet sich Hegel in der Gefolgschaft der Goetheschen modellartigen Interpretation affiner personaler Verhältnisse in den »Wahlverwandtschaften«. S. B.

Ch'eng Hao (Cheng Hao), 1032–1085, chines. Politiker und Philosoph, gemeinsam mit seinem jüngeren Bruder Ch'eng I Begründer der rationalistischen Richtung des Neokonfuzianismus (↑Konfuzianismus); betont in besonderem Maße die meditative Selbstkultivierung.

Literatur: W.-T. Chan, A Source Book in Chinese Philosophy, Princeton N.J. 1963, 1973 (Chap. 31); ders., C., Enc. Ph. II (1967), 85; ders., C., in: H. Franke (ed.), Sung Biographies 1, Wiesbaden 1976 (Münchener Ostasiat. Stud. 16/1), 169–174; C. Chang, The Development of Neo-Confucian Thought I, New York 1957 (Nachdr. Westport Conn. 1977), 185–205; H. van Ess, Von Ch'eng I zu Chu Hsi. Die Lehre vom Rechten Weg in der Überlieferung der Familie Hu, Wiesbaden 2003; O. Graf, Tao und Jen. Sein und Sollen im sungchinesischen Monismus, Wiesbaden 1970; A. C. Graham, Two Chinese Philosophers. Ch'êng Ming-Tao and Ch'êng Yi-Ch'uan [C. H. u. Ch'eng I], London 1958, 1978, mit Untertitel: The Metaphysics of the Brothers Ch'êng, La Salle Ill. 1992; P. J. Ivanhoe, C., Ch'eng Yi (1033–1107), in: R. Audi (ed.), The Cambridge Dictionary of Philosophy, Cambridge/New York/Melbourne ²1999, 131–132; H.C. Tillman, C., REP II (1998), 300–302; F. Youlan, Cheng H. and Cheng Yi, Chinese Stud. Philos. 13 (1981/1982), 127–182. H. V.

Ch'eng I (Cheng Yi), 1033–1107, chines. Politiker und Philosoph, jüngerer Bruder des Ch'eng Hao und Neffe des Chang Tsai, Mitbegründer der rationalistischen Richtung des Neokonfuzianismus (↑Konfuzianismus). Im Mittelpunkt seiner Philosophie steht li, ein umfassendes, dynamisches Prinzip, das in seinen Manifestationen zu ergründen, eine Hauptforderung der Neokonfuzianer wird. Die gewonnenen Erkenntnisse sollen dabei zur Grundlage der Selbstkultivierung gemacht werden.

Werke: I Ching, the Tao of Organization, übers. v. T. Cleary, Boston Mass./Shambhala 1988, mit Untertitel: The I Ching for Group Dynamics, 1995 [I chuan].

Literatur: A.M. Alpert, Knowledge and Cosmos in the Philosophies of Mach and C. I. An Analysis of the Cognitive Structures of Empiricism in Two Cultures, Philos. East and West 30 (1980), 163–179; W.-T. Chan, A Source Book in Chinese Philosophy, Princeton N.J. 1963, 1973 (Chap. 32); ders., C., Enc. Ph. II (1967), 85; ders., C. I, in: H. Franke (ed.), Sung Biographies I, Wiesbaden 1976 (Münchener Ostasiat. Stud. 16/1), 174–179; ders., Patterns for Neo-Confucianism. Why Chu Hsi Differed from C. I, J. Chinese Philos. 5 (1978), 101–126; C. Chang, The Development of Neo-Confucian Thought I, New York 1957 (Nachdr. Westport Conn. 1977), 207–230; H. van Ess, Von Ch'eng I zu Chu Hsi. Die Lehre vom Rechten Weg in der Überlieferung der Familie Hu, Wiesbaden 2003; A.C. Graham, Two Chinese Philosophers. Ch'êng Ming-Tao and Ch'êng Yi-Ch'uan [C'eng Hao u. C. I.], London 1958, 1978, mit Untertitel: The Metaphysics of the Brothers Ch'êng, La Salle Ill. 1992; P. J. Ivanhoe, Ch'eng Hao (1032–85), C., in: R. Audi (ed.), The Cambridge Dictionary of Philosophy, Cambridge/New York/Melbourne ²1999, 131–132; H.C. Tillman, C., REP II (1998), 302–303; Y.-C. Ts'ai (ed.), The Philosophy of C. I. A Selection of Texts from the »Complete Works« (Ann Arbor University Microfilms), Ann Arbor Mich. 1950. H. V.

Ch'en Liang (Chen Liang), 1143–1194, chines. Philosoph, zählt zu den Neokonfuzianern (↑Konfuzianismus), bestreitet aber im Gegensatz zu diesen die Eigenständigkeit der Metaphysik und betrachtet sie als bedeutungslosen Anhang der Physik; entwickelte eine utilitaristische (↑Utilitarismus) Ethik. Nachhaltige Wirkung durch seinen geschichtsphilosophischen Briefwechsel mit Chu Hsi.

Literatur: C. Chang, The Development of Neo-Confucian Thought, I–II, New York 1957/1962 (Nachdr. Bd. I Westport Conn. 1977); H. Wilhelm, The Heresies of C. L., Asiat. Stud. 11 (1957/1958), 102–112. G. N.

Cheyne, George, *Aberdeenshire (Schottland) 1671, †Bath (England) 12. April 1743, engl. Mediziner, Mathematiker und Theologe. Nach Abbruch der Vorbereitung auf das geistliche Amt studierte C. in Edinburgh Medizin und eröffnete 1702 eine Praxis in London, wo er (als Mitglied der Royal Society) Anschluß an die gebildete Gesellschaft fand (so gehörte der Romancier S. Richardson zu seinen Patienten). 1720 zog er sich nach Bath zurück. – C. arbeitete zunächst in der Medizin nach dem Vorbild der Newtonschen Physik. Danach sollen die Bewegungen von Organen und Körperflüssigkeiten mit den Mitteln von Mechanik und Hydrodynamik mathematisch beschrieben werden. In der Unableitbarkeit der Anziehungskraft in der Newtonschen Theorie sah C. den Beweis für die Existenz Gottes; seine Schrift »Philosophical Principles of Natural Religion« (1705) verschaffte diesem Argument einige Popularität. Die zweite Phase seiner Arbeit ist bestimmt von der fast ausschließlichen Beschäftigung mit medizinischen Einzelproblemen, wobei philosophische Spekulationen praktischen ärztlichen Ratschlägen weichen. Bis zuletzt befaßte sich C. allerdings intensiv mit dem ↑Leib-Seele-Problem.

Werke: A New Theory of Continual Fevers [...], London 1701, unter dem Titel: A New Theory of Acute and Slow Continu'd Fevers [...], London 1702, ⁵1740, 1753; Fluxionum methodus inversa, sive quantitatum fluentium leges generaliores [...], London 1703; Philosophical Principles of Natural Religion. Containing the Elements of Natural Philosophy, and the Proofs for Natural Religion, Arising from Them, London 1705 (repr. Woodbridge Conn. 1986 [Mikrofilm]), unter dem Titel: Philosophical Principles of Religion. Natural and Revealed. In Two Parts [...], London 1715 (repr. Woodbridge Conn. 1990 [Mikrofilm]), ⁵1736 (repr. Woodbridge Conn. 1986 [Mikrofilm]); Observations Concerning the Nature and Due Method of Treating the Gout), London 1720, unter dem Titel: An Essay on the Gout. With an Account of the Nature and Qualities of the Bath Waters, London 1720, unter dem Titel: An Essay of the True Nature and Due Method of Treating the Gout [...], London ⁴1722 (repr. Woodbridge Conn. 1986 [Mikrofilm]); An Essay on Health and Long Life, London 1724, ¹⁰1745 (repr. Woodbridge Conn. 1997 [Mikrofilm]); The English Malady. Or a Treatise of Nervous Diseases of all Kinds [...], London 1733 (repr. Delmar N. Y. 1976, ed. R. Porter [ohne Untertitel], London/New York 1991); An Essay on Regimen. Together with Five Discourses, Medical, Moral, and Philosophical [...], London 1740 (repr. Woodbridge Conn. 1986 [Mikrofilm]), ³1753 (repr. Woodbridge Conn. 1986 [Mikrofilm]); The Natural Method of Cureing the Diseases of the Body and the Disorders of the Mind Depending on the Body, London 1742, 1753. – The Letters of Dr. G. C. to the Countess of Huntingdon, ed. C. F. Mullett, San Marino Calif. 1940, Folcroft Pa. 1976, Philadelphia Pa. 1977; The Letters of Doctor G. C. to Samuel Richardson (1733–1743), ed. C. F. Mullett, Columbia Mo. 1943.

Literatur: T. M. Brown, C., DSB III (1971), 244–245; C. Daremberg, Histoire des sciences médicales II, Paris 1870 (repr. Graz 1974), bes. 1207–1214; R. Eberwein, Samuel Johnson, G. C., and the Cone of Being, J. Hist. Ideas 36 (1975), 153–158; A. v. Haller, Bibliotheca medicinae practicae IV, Bern, Basel 1788 (repr. Hildesheim/New York 1968), bes. 435–438; W. G. Hiscock (ed.), David Gregory, Isaac Newton and Their Circle. Extracts from David Gregory's Memoranda 1677–1708, Oxford 1937; H. Metzger, Attraction universelle et religion naturelle chez quelques commentateurs anglais de Newton, Paris 1938; K. Sprengel, Histoire de la médicine, Paris 1815; H. R. Veits, G. C. (1673–1743), Bull. Hist. Med. 23 (1949) 435–452.   R. W.

Chia I (Jia Yi), ca. 200 – ca. 169 v. Chr., chines. Staatsmann und Philosoph. C. folgte synkretistischen Zeitströmungen und beteiligte sich entscheidend daran, den Anspruch des ↑Konfuzianismus auf Durchsetzung seiner Staatsideologie zu formulieren. Gehört zu den Wegbereitern des klassischen konfuzianischen Staates. Hauptwerk ist das »Hsin-shu« (nicht in allen Teilen echt).

Literatur: M. Csikszentmihalyi, C. I's »Techniques of the Tao« and the Han Confucian Appropriation of Technical Discourse, Asia Major 3. Ser. 10 (1997), parts 1–2, 49–67; A. Forke, Geschichte der mittelalterlichen chinesischen Philosophie, Hamburg 1934, ²1964; M. Nylan, Jia Yi (201–169 BC), REP V (1998), 102–103; L. Shu-hsien, Chia Yi, in: R. Audi (ed.), The Cambridge Dictionary of Philosophy, Cambridge/New York/Melbourne 1995, ²1999, 132; C. Ssu-ma, Records of the Grand Historian of China I, übers. B. Watson, New York/London 1961, 1968; R. Svarverud, Methods of the Way. Early Chinese Ethical Thought, Leiden/Boston Mass. 1998.   G. N.

Chiffre (arab. sifr, engl. cipher, franz. chiffre), von arab. ›sifr‹ für ›leer‹, ›Zahlzeichen ohne Wert‹, ›Null‹, im 13. Jh. von romanischen und germanischen Sprachen übernommen, jedoch in dieser Bedeutung durch das ital. ›nulla‹ verdrängt, ab 1400 als ›ziffer‹ in der dt. Sprache belegt, als ›chiffre‹ aus dem Französischen zur Bezeichnung von Geheimzeichen der Kryptologie übernommen. – Nach DIN 44300 versteht man heute unter ↑Kodierung eine eindeutige Zuordnungsvorschrift (Abbildung) der Zeichen eines Zeichenvorrats zu denjenigen eines anderen Zeichenvorrats. Die Bildmenge einer Kodierung heißt allgemein Kode. Sind die Bilder einer Kodierung sämtlich Einzelzeichen, heißt die Abbildung ›Chiffrierung‹; die Bilder heißen ›C.n‹. Liegt eine kryptographische Absicht vor, heißt die Umkehrung der (eindeutigen) Abbildung ›Dekodierung‹ bzw. ›*Dechiffrierung*‹.

Bereits G. I. Caesar verwendete nachweislich zur Chiffrierung von Nachrichten einfache *Substitutionen*, d. h. Ersetzungen der Buchstaben eines Alphabets durch andere, z. B. in ›JDOOLD HVW RPQLV GLYLVD‹ für ›GALLIA EST OMNIS DIVISA‹, wobei als C. eines Buchstabens der Nachricht jeweils der drittnächste des Alphabets gewählt ist. Einfachster Fall einer *Transposition* ist der Krebs, bei dem eine Nachricht rückwärts gelesen wird, wie in ›Lirpa‹ für ›April‹, und der historisch bereits in Griechenland durch einen Stab realisiert wurde, um den man einen Pergamentstreifen band (σκυτάλη). Die Unterscheidung von Substitutionen und Transpositionen geht auf G. B. Porta (1535–1615) zurück. Das älteste erhaltene Werk über Kryptologie verfaßte L. B. Alberti um 1466. 1518 erschien das erste gedruckte Buch über Kryptologie des Würzburger Abtes Trithemius für eine polyalphabetische Verschlüsselung mit einem fortlaufenden festen Schlüssel als einer periodischen Folge von Cäsar-Substitutionen. Seit dem 15. und 16. Jh. hielten sich z. B. der päpstliche Hof, der englische und der französische König eigens Dechiffrierer für den diplomatischen Dienst. So arbeitete der Mathematiker F. Viète für Heinrich IV. von Frankreich; J. Wallis (↑Euklidizität) erhielt 1649 seine Oxforder Professur auf Grund seiner Verdienste als Dechiffrierer. G. W. Leibniz bemühte sich bereits um die mathematischen Grundlagen der Kodierung, wie sie im 20. Jh. in der formalen Logik (↑Logik, formale) bedeutsam wurde. Im 19. Jh. wurden grundlegende Werke zur militärischen Kryptologie verfaßt, so 1863 vom preußischen Infanteriemajor F. W. Kasiski, der ein allgemeines Verfahren zur Dechiffrierung von polyalphabetischen Substitutionsverschlüsselungen mit periodisch wiederholtem Schlüsselwort entwickelte, und 1883 von A. Kerckhoff in »La cryptographie militaire«, in der polyalphabetische Verschlüsselungen auch mit langem Schlüssel gebrochen werden. Im 20. Jh. wurden Chiffrier- und Dechiffriermaschinen entwickelt, die sowohl ökonomischen Zwecken dienten (z. B. der Nachrichtenkürzung zur billigeren Fernschreibübermittlung) als auch im 2. Weltkrieg von zum Teil kriegsentscheidender Bedeutung waren. C. E. Shannon ging bei der Begründung der ↑Informationstheorie von mathematischen Methoden zur Sicherung militärischer Chiffrierverfahren aus. In der mathematischen Logik (↑Logik, mathematische) und Informatik, z. B. in der ↑Algorithmentheorie, sind

Kodierungstheorien von grundlegender Bedeutung. Die Kryptologie ist unverzichtbar für die Sicherheit von Nachrichtenübertragungen im Internet. Dabei werden ↑Algorithmen verwendet, die von praktisch unlösbaren mathematischen Problemen wie z. B. der Primzahlzerlegung sehr großer Zahlen abhängen. Allerdings würden Quantencomputer wegen ihrer massiven Parallelverarbeitung und darauf gründender Rechenkapazität auch solche Chiffrierverfahren in Frage stellen.

Literatur: F. L. Bauer, Kryptologie. Methoden und Maximen, Berlin/Heidelberg/New York 1993, ^{2}1994; ders., Entzifferte Geheimnisse. Methoden und Maximen der Kryptologie, Berlin/Heidelberg/New York 1995, ^{3}2000 (engl. Decrypted Secrets. Methods and Maxims of Cryptology, Berlin/Heidelberg/New York 1997, ^{2}2000); ders./G. Goos, Informatik. Eine einführende Übersicht I, Berlin/Heidelberg/New York 1971, ^{4}1991; E. R. Berger, Nachrichtentheorie und Codierung, in: K. Steinbuch (ed.), Taschenbuch der Nachrichtenverarbeitung, Berlin/Heidelberg/New York 1962, ^{2}1967, 56–83; A. Beutelspacher, Kryptologie, Braunschweig/Wiesbaden 1994, ^{6}2001; V. I. Bityutskov, Ciphers, in: M. Hazewinkel (ed.), Encyclopaedia of Mathematics II, Dordrecht/Boston Mass./London 1988, 141; Deutscher Normenausschuß, Informationsverarbeitung. Begriffe, Berlin 1972; G. Drosdowski (ed.), Duden. Herkunftswörterbuch. Etymologie der deutschen Sprache, ed. (Der Duden VII), Mannheim 1963, 94, ^{2}1997, 110; W. Franz, Konstruktion und Entzifferung von Geheimschriften, Sitz.ber. wiss. Ges. J.-W.-Goethe-Universität Frankfurt a. M. XXIV (1987/1988), 141–171; D. Kahn, The Codebreakers. The Story of Secret Writing, New York 1967 (repr. 1996) (ital. La guerra dei codici. La storia dei codici segreti, Mailand 1969); J. Köbler, Kryptologie, Heidelberg 1998; M. A. Pei, The Story of Language, Philadelphia Pa. 1949, London ^{2}1966; F. B. Wrixon, Codes, Ciphers, and Secret Languages, London/New York 1989, erw. unter dem Titel: Codes, Ciphers, and Other Cryptic and Clandestine Communication. Making and Breaking Secret Messages from Hieroglyphs to the Internet, New York 1998 (dt. Codes, C.n und andere Geheimsprachen. Von den Hieroglyphen bis zur Computercryptologie, Köln 2000). K. M.

Chiliasmus (von griech. χίλιοι, tausend), auch Millennarismus (von lat. millennium, Zeitraum von tausend Jahren), der auf Apk. 20,4 beruhende, vor allem in montanistischen Traditionen (Irenäus, Q. S. F. Tertullian, Hippolyt) verbreitete Glaube an ein tausendjähriges Friedensreich auf Erden als Vorstufe des ewigen Reiches Gottes in der Transzendenz. Mit Hoffnung und Furcht verbundene chiliastische Endzeiterwartungen, häufig begleitet von ↑Zahlenmystik und Zahlenspekulation, finden sich in fast allen Religionen der Welt. Der C. wird von S. E. Hieronymus und A. Augustinus unter Hinweis auf die Existenz der Kirche als irdischen Reiches Gottes als Häresie verworfen, desgleichen von der ↑Scholastik, insbes. von Thomas von Aquin, bewahrt aber auch später, vor allem in sozialrevolutionären (T. Münzer) und pietistischen (J. Spener) Kreisen, einen kontinuierlichen Einfluß auf kirchliches und säkulares Denken (↑Eschatologie, ↑Utopie).

Unter dem Gesichtspunkt eines philosophisch begründeten ↑Fortschritts unterscheidet I. Kant einen theologischen C., »der auf des ganzen Menschengeschlechts vollendete moralische Besserung harret«, von einem philosophischen C., »der auf den Zustand eines ewigen, auf einen Völkerbund als Weltrepublik gegründeten, Friedens hofft« (Die Religion innerhalb der Grenzen der bloßen Vernunft B 31 [Akad.-Ausg. VI, 34]).

Literatur: R. Bauckham, Millenarianism, in: P. B. Clarke/A. Linzey (eds.), Dictionary of Ethics, Theology and Society, London/New York 1996, 565–569; H. M. Baumgartner, C., LThK II (1994), 1045–1049; W. Biesterfeld/W. E. Mühlmann, C., Hist. Wb. Ph. I (1971), 1001–1006; O. Böcher u. a., C., TRE VII (1981), 723–745; B. Brentjes, Der Mythos vom Dritten Reich. Drei Jahrtausende Sehnsucht nach Erlösung, Hannover 1997; M. Bull (ed.), Apocalypse Theory and the Ends of the World, Oxford/Cambridge Mass. 1995; N. Campion, The Great Year. Astrology, Millenarianism and History in the Western Tradition, London 1994; P. Clifford, A Brief History of End-Time, Oxford 1997; N. Cohn, The Pursuit of the Millennium. Revolutionary Messianism in Medieval and Reformation Europe and Its Bearing on Modern Totalitarian Movements, London 1957 (dt. Das Ringen um das tausendjährige Reich. Revolutionärer Messianismus im Mittelalter und sein Fortleben in den modernen totalitären Bewegungen, Bern/München 1961, unter dem Titel: Die Sehnsucht nach dem Millennium. Apokalyptiker, Chiliasten und Propheten im Mittelalter, Freiburg/Basel/Wien 1998); T. Daniels, Millennialism. An International Bibliography, New York etc. 1992; J.-L. Dumas, Millénarisme, Enc. philos. universelle II/2 (1990), 1635; S. Heid, C. und Antichrist-Mythos. Eine frühchristliche Kontroverse um das Heilige Land, Bonn 1993; G. List, Chiliastische Utopie und radikale Reformation. Die Erneuerung der Idee vom Tausendjährigen Reich im 16. Jahrhundert, München 1973; K. Löwith, Meaning in History. The Theological Implications of the Philosophy of History, Chicago, London, Toronto 1949 (dt. Weltgeschichte und Heilsgeschehen. Die theologischen Voraussetzungen der Geschichtsphilosophie, Stuttgart etc. 1953, ^{7}1979, Stuttgart 1983 [Sämtl. Schriften II]); W. E. Mühlmann (ed.), C. und Nativismus. Studien zur Psychologie, Soziologie und historischen Kasuistik der Umsturzbewegungen, Berlin 1961, ^{2}1964; H. Schwartz, Millenarianism, in: M. Eliade (ed.), The Encyclopedia of Religion IX, New York/London 1987, 521–532. M. G.

chinese room argument (dt. Argument des chinesischen Zimmers), in der Philosophie des Geistes Bezeichnung für ein 1980 von J. Searle formuliertes Gedankenexperiment zur Widerlegung der Symbolverarbeitungstheorie des Geistes und des Funktionalismus (↑Funktionalismus (kognitionswissenschaftlich), ↑philosophy of mind). Searle richtet sich gegen die Vorstellung, mentale Operationen beinhalteten die Transformation ↑formal bestimmter interner Zustände nach formalen Regeln. Für die Symbolverarbeitungstheorie bestehen mentale Operationen (nach dem Vorbild eines von-Neumann-Computers) aus dem Durchlaufen solcher uninterpretierter (›syntaktischer‹) Symbolfolgen und erfordern keine inhaltliche Deutung der zugehörigen Zustände.

Searles Gedankenexperiment schließt sich an die Entwicklung von formal operierenden Computerprogrammen an, die auf der Grundlage bestimmter Hintergrundinformationen aus einschlägigen Daten einfache Schlüsse ziehen und Fragen beantworten können. Solche Leistungen stützen zunächst die Auffassung der Symbolverarbeitungstheorie, die dafür herangezogenen Verfahren gäben Aufschluß über mentale Prozesse auch beim Menschen. Searle geht es um die Widerlegung dieses Anspruchs: Da solche Programme bloß formale Operationen ausführen, finden sie keinen Zugang zu Inhalten, die menschliches Denken gerade ausmachen. Der ↑Intentionalität läßt sich auf diesem Wege nicht Rechnung tragen, so daß die Symbolverarbeitungstheorie unzulänglich ist.

Das c. r. a. stellt eine des Chinesischen unkundige Person in einem abgeschlossenen Zimmer vor, die auf chinesische Fragen chinesische Antworten geben soll. Dieser Person werden in einer Eingabe chinesische Zeichen präsentiert, denen sie nach einer Liste von Instruktionen (die in einer anderen, internen Sprache formuliert ist) andere chinesische Zeichen zuordnet und als Antworten ausgibt. Diese Instruktionen nehmen allein Bezug auf die formalen Eigenschaften der Zeichen (deren Gestalt und Aussehen), nicht auf deren (unbekannte) Bedeutung. Obwohl die Person demnach keinen Zugang zu der Bedeutung der Symbole findet, mit denen sie umgeht, erweckt sie durch ihre angemessenen Reaktionen den Eindruck, sie verstünde chinesisch.

Auch von-Neumann-Computer übertragen Eingabegrößen nach vorgegebenen Regeln in ihre interne Sprache, verknüpfen die Ausdrücke nach formalen Regeln und übersetzen das Resultat zurück in die Ausgangssprache. Alle diese Prozesse sind unabhängig von der Bedeutung der betreffenden Größen. Im Computer und im chinesischen Zimmer wird mit uninterpretierten Symbolen nach formalen Regeln hantiert, die eben – wie das c. r. a. verdeutlicht – keine Grundlage für Verständnis bereitstellen. Im Gegensatz dazu hat der Mensch Zugang zu ↑Bedeutungen und ↑Inhalten, so daß seine mentalen Prozesse durch die Symbolverarbeitungstheorie nicht erfaßt werden. Searle argumentiert, dieser Gegensatz bestehe auch dann, wenn man das gesamte System (das Zimmer, die Instruktionen, die Person) und nicht allein die Person im Zimmer betrachtet. Dies soll anhand einer Variante des ↑Gedankenexperiments deutlich werden, bei der sich die Person die Liste der Instruktionen eingeprägt hat und nicht auf Aufzeichnungen zurückgreifen muß. Auch unter solchen Bedingungen wird kein Verständnis erreicht.

Dem c. r. a. liegt der Umstand zugrunde, daß formale Strukturen auf mehrfache Weise inhaltlich deutbar sind. Diese multiple Interpretierbarkeit zeigt sich unter anderem daran, daß abstrakte Gleichungssysteme in ganz unterschiedlichen Gegenstandsbereichen Anwendung finden können. So kann man die mathematische Beschreibung von Oszillationen in gleicher Weise auf Schwingungen unterschiedlicher physikalischer Beschaffenheit beziehen, etwa auf mechanische Federn oder elektrische Schwingkreise. Die formalen mathematischen Größen sind in jeder dieser Anwendungen anders interpretiert; insbes. unterscheidet sich jeweils der Gegenstandsbezug derselben formalen Größe (und stellt sich etwa als mechanische Reibung oder als elektrischer Widerstand dar). Da die formale Struktur aber sämtliche dieser Interpretationen umfaßt, kann sie keine von ihnen auszeichnen. Umstritten ist, ob die Vergrößerung der Zahl der verknüpften Symbole – also der Übergang vom chinesischen Zimmer zur ›chinesischen Turnhalle‹ – etwas an diesem Ergebnis ändert. So wird geltend gemacht, daß die multiple Interpretierbarkeit formaler Strukturen mit wachsender Komplexität tendenziell abnimmt. Je größer die Zahl von Beziehungen ist, die eine Interpretation eines solchen Systems zu respektieren hat, desto geringer ist die Zahl der Gegenstandsbereiche, in denen sich diese Beziehungen finden. Es schiene daher denkbar, daß hinreichend komplexe formale Systeme (↑System, formales) Bedeutung und Gegenstandsbezug der in ihnen vorkommenden Größen eindeutig festlegen. Searle besteht demgegenüber darauf, daß zwischen ↑Syntax und ↑Semantik eine kategoriale Differenz besteht und jene diese niemals zu erzeugen vermag. Diese Differenz soll selbst dann Verstehen unmöglich machen, wenn das chinesische Zimmer gleichsam mit Fenstern ausgestattet und eine Interaktion mit der Außenwelt möglich gemacht wird. Selbst unter solchen Umständen würden nämlich die betreffenden Informationen von formaler Beschaffenheit sein und daher Bedeutungen verfehlen. Dabei wendet sich Searle gegen die funktionalistische Auffassung der realisierungsübergreifenden Beschaffenheit mentaler Prozesse und betrachtet diese als an neurobiologische Prozesse gebunden. Zwar soll damit künstliche Intelligenz (↑Intelligenz, künstliche) nicht grundsätzlich ausgeschlossen sein, doch müßte jedes künstliche mentale System das spezifische kausale Vermögen des menschlichen Gehirns besitzen.

Literatur: M. A. Boden, Escaping from the Chinese Room, Brighton 1987; M. Carrier/J. Mittelstraß, Geist, Gehirn, Verhalten. Das Leib-Seele-Problem und die Philosophie der Psychologie, Berlin/New York 1989, 1995, 203–217 (Intentionalität und Kognitionswissenschaft) (engl. Mind, Brain, Behavior. The Mind-Body Problem and the Philosophy of Psychology, Berlin/New York 1991, 1995, 189–208 [Intentionality and Cognitive Science]); P. M. Churchland/P. S. Churchland, Could a Machine Think?, Sci. Amer. 262 (1990), 26–31 (dt. Ist eine denkende Maschine möglich?, Spektrum Wiss. 3 (1990], H. 3, 47–54]; T. Crane, C. R., in: T. Honderich (ed.), The Oxford Companion to Philosophy, Oxford/New York 1995, 132; R. van Gulick, Consciousness, Intrinsic Intentionality and Self-Understanding Machines, in: A. Marcel/E. Bissiach (eds.), Consciousness in Contemporary Science, Oxford/New York/Toronto 1988, ²1992, 1994, 78–100; ders., C. R. A., REP II (1998), 328–329; L. Hauser, Searle's Chinese Box. Debunking the C. R. A., Minds and Machines 7 (1997), 199–226; A. Narayanan, The C. R. A.. An Exercise in Computational Philosophy of Mind, in: I. Mahalingam/B. Carr (eds.), Logical Foundations. Essays in Honour of D. J. O'Connor, London etc. 1991, 106–118; J. Preston/N. Bishop (eds.), Views into the Chinese Room. New Essays on Searle and Artificial Intelligence, Oxford/New York 2002; J. R. Searle, Minds, Brains, Programs, The Behavioral and Brain Sci. 3 (1980), 417–424 [Commentary, 424–450, Author's Response, 450–475]; ders., Is the Brain's Mind a Computer Program?, Sci. Amer. 262 (1990), 20–25 (dt. Ist der menschliche Geist ein Computerprogramm?, Spektrum Wiss. 3 [1990], H. 3, 40–47); ders., The Rediscovery of the Mind, Cambridge Mass. 1992, 1999 (dt. Die Wiederentdeckung des Geistes, München 1993, Frankfurt 1996); N. Y. Teng, A Cognitive Analysis of the C. R. A., Philos. Psychol. 13 (2000), 313–324; T. A. D. White/S. C. Giess, On Understanding in Communicating Systems and the Error in the Chinese Room Thought-Experiment, Malvern 1990.   M. C.

Chinesisches Zimmer, ↑chinese room argument.

Chisholm, Roderick Milton, *North Attleboro, Mass. 27. Nov. 1916, †Rhode Island 19. Jan. 1999, amerik. Philosoph. Studium an der Brown University, B. A. 1938, und an der Harvard University, M. A. 1949, Promotion 1942. Nach Militärdienst als klinischer Psychologe sowie kurzer Tätigkeit an der Barnes Foundation und an der University of Pennsylvania kehrte C. 1947 an die Brown University zurück. Die Schwerpunkte der Arbeit C.s bilden die ↑Erkenntnistheorie und die ↑Metaphysik, ferner die ↑Ethik. Charakteristisch für seine Vorgehensweise ist der Gebrauch eines Systems von Definitionen, um die Schlüsselbegriffe eines philosophischen Gebiets unter Rückgriff auf eine möglichst kleine Anzahl von undefinierten Grundbegriffen zu bestimmen. Die Konsequenzen der Definitionen werden dann im Hinblick auf philosophische Probleme entwickelt, um die Erklärungskraft und Angemessenheit der Definitionen zu beurteilen. In der dritten Auflage der »Theory of Knowledge« (1989) spielt die Relation der vergleichsweisen Rechtfertigbarkeit die Rolle eines undefinierten Grundbegriffs. Darauf definiert C.: eine Aussage p ist *jenseits vernünftigen Zweifels* ⇌ es ist gerechtfertigter, p zu behaupten, als sich einer Behauptung p zu enthalten; eine Aussage p ist *gewiß* ⇌ keine Behauptung ist gerechtfertigter als die Behauptung, daß p. Es folgen weitere Definitionen dieser Art: p ist evident, wahrscheinlich, unentschieden, etc..

C. unterscheidet in seiner Evidenzkonzeption (↑Evidenz) zwischen solchen Überzeugungen, die unmittelbar und solchen, die nur mittelbar evident sind. Wenn p unmittelbar evident ist, dann ist p gewiß; wenn die Überzeugung, daß p darüber hinaus auch wahr ist, dann darf sie als Wissen gelten. Das Programm C.s besteht darin, diese These auf bloß mittelbar evidente Überzeugungen zu erweitern. Er verteidigt damit eine Version der These, daß ↑Wissen wahre und gerechtfertigte Überzeugung ist; außerdem muß jede gelungene Rechtfertigung letztlich ein Element unmittelbarer Evidenz enthalten. Jedoch spielen auch kohärentistische Aspekte in seinem Rechtfertigungsbegriff eine wichtige Rolle. Die Frage, ob eine Überzeugung durch bloße Reflexion auf das Überzeugungssystem gerechtfertigt ist und die Evidenzlage prinzipiell entscheidbar sein muß, weist seine Position als die einer intensionalistischen Erkenntnistheorie aus. Zugleich greift C. auf Positionen F. Brentanos zurück. Während in seiner Erkenntnistheorie der Brentanosche Begriff der Evidenz eine Schlüsselrolle spielt, ist es in der Ethik der Begriff eines intrinsischen Wertes und in der Philosophie des Geistes (↑philosophy of mind) und der ↑Ontologie die These vom Primat des Intentionalen (↑Intentionalität). Reflexion auf das Selbst und auf das Denken, darin folgt C. Brentano, ist der Schlüssel zum Verständnis der fundamentalen Kategorien der Realität. So gründet sich C.s System ontologischer Kategorien auf einigen sparsam gewählten intentionalen Begriffen, insbes. dem Begriff der direkten Attribution, einem zumeist reflexiven Überzeugungszustand. Davon ausgehend definiert C. objektive oder de re Attributionen und befaßt sich rekonstruierend mit traditionellen ontologischen Kategorien wie ↑Ding, ↑Eigenschaft und ↑Zustand.

C.s Ethik ist stark mit seiner Erkenntnistheorie verflochten. Ein Überzeugungssystem führt bestimmte normative Verpflichtungen mit sich. Dabei gehört es zum Begriff der epistemischen Rechtfertigung, daß das, was jenseits vernünftigen Zweifels ist, geglaubt werden sollte. So schließt ein Überzeugungssystem notwendig immer auch ein normatives System epistemischer Verpflichtungen ein. Diese epistemischen Verpflichtungen gründen sich nach C. auf einem Vergleich des intrinsischen Wertes verschiedener Überzeugungssysteme: ist p nicht vernünftig bezweifelbar, dann ist ein Überzeugungssystem, zu dem auch p gehört, intrinsisch besser als eines, das p ausschließt. Der hier benötigte Begriff eines intrinsischen Wertes wird in »Brentano and Intrinsic Value« (1986) entwickelt.

Werke: Sentences about Believing, Proc. Arist. Soc. 56 (1955/1956), 125–148 (dt. Sätze über Glauben, in: P. Bieri [ed.], Analytische Philosophie des Geistes, Königstein 1981, Weinheim ³1997, 145–161); Perceiving. A Philosophical Study, Ithaca N. Y. 1957, ⁶1969; Human Freedom and the Self (The Lindley Lecture), Kansas City Mo. 1964 (dt. Die menschliche Freiheit und das Selbst, in: U. Pothast [ed.], Seminar. Freies Handeln und Determinismus, Frankfurt 1978, 71–87); Theory of Knowledge, Englewood Cliffs N. J. 1966, erw. ²1977, ³1989 (dt. Erkenntnistheorie, München 1979); Freedom and Action, in: K. Lehrer (ed.), Freedom and Determinism, New York 1966, 11–44 (dt.

Freiheit und Handeln, in: G. Meggle, Analytische Handlungstheorie I (Handlungsbeschreibungen), Frankfurt 1977, 354–387); Person and Object. A Metaphysical Study, London, La Salle Ill. 1976, La Salle Ill. ²1979; The Agent as Cause, in: M. Brand/D. Walton (eds.), Action Theory (Proceedings of the Winnipeg Conference on Human Action, Held at Winnipeg, Manitoba, Canada, 9.–11. May 1975), Dordrecht/Boston 1976, 199–211 (dt. Der Handelnde als Ursache, in: H. Lenk [ed.], Handlungstheorien interdisziplinär II/2, München 1987, 399–415); The First Person. An Essay on Reference and Intentionality, Brighton, Minneapolis Minn. 1981 (dt. Die erste Person. Theorie der Referenz und Intentionalität, Frankfurt 1992); The Foundations of Knowing, Brighton, Minneapolis Minn. 1982, Minneapolis Minn. ²1983; Brentano and Meinong Studies, Amsterdam, Atlantic Highlands N. J. 1982; Self-Profile, in: R. J. Bogdan, R. M. C. [s. u., Literatur], 3–77; Brentano and Intrinsic Value, Cambridge etc. 1986; On Metaphysics, Minneapolis Minn. 1989; A Realistic Theory of Categories. An Essay on Ontology, Cambridge/New York/Melbourne 1996.

Literatur: D. Benfield, C., REP II (1998), 332–335; R. J. Bogdan (ed.), R. M. C., Dordrecht/Boston Mass./Hingham Mass. 1986; F. R. Bohl, Davidson, and C. on Events, Ann Arbor Mich. 1973; L. E. Hahn (ed.), The Philosophy of R. M. C., Chicago Ill./La Salle Ill. 1997; K. Lehrer (ed.), Analysis and Metaphysics. Essays in Honor of R. M. C., Dordrecht/Boston 1975; M. Longeart-Roth, C., Enc. philos. universelle III/2 (1992), 3122–3123; P. J. Markie, C.'s »A Realistic Theory of Categories«, Noûs 33 (1999), 304–315; M. Nida-Rümelin, C., in: J. Nida-Rümelin (ed.), Die Philosophie der Gegenwart in Einzeldarstellungen. Von Adorno bis v. Wright, Stuttgart 1991, 109–115, erw. ²1999, 138–144; B. Schuwey, C. über Intentionalität. Kritik und Verteidigung von C.s Explikationen der sogenannten psychologischen These Brentanos, Bern/Frankfurt/New York 1983; E. Sosa (ed.), Essays on the Philosophy of R. M. C., Amsterdam 1979; ders., C., in: H. Burkhardt/B. Smith (eds.), Handbook of Metaphysics and Ontology I, München/Philadelphia Pa./Wien 1991, 147–149.   A. F.

Chisholmsche Paradoxie, auch: Paradox of Derived Obligation (Paradox der abgeleiteten Verpflichtung), Paradox of Contrary-to-Duty Imperatives (Paradox der Imperative im Falle des Verstoßes gegen Pflichten), eine ↑Paradoxie der deontischen Modallogik (↑Logik, deontische), die R. M. Chisholm im Zusammenhang mit der Fragestellung nach der adäquaten Rekonstruktion bedingter Normen formuliert: Normensysteme, die eine Norm enthalten, die regelt, was getan werden soll, falls eine andere Norm verletzt wird (etwa daß jemand bestraft werden soll, wenn er sich etwas widerrechtlich angeeignet hat – der contrary-to-duty-Imperativ), lassen sich weder nach dem Rekonstruktionsvorschlag

(a) $O(p \rightarrow q)$

noch nach dem Rekonstruktionsvorschlag

(b) $p \rightarrow O(q)$

für bedingte Normen paradoxienfrei formalisieren (mit ›O‹ für den deontischen Sollensoperator).

Während die Menge gemeinsprachlicher Aussagen

(1) A stiehlt,
(2) A soll nicht stehlen,
(3) Wenn A stiehlt, dann soll A bestraft werden,
(4) A soll nicht bestraft werden, wenn A nicht stiehlt,

widerspruchsfrei erscheint, enthält die von Chisholm in enger Anlehnung an die oberflächengrammatische Erscheinung dieser Aussagen gewählte Rekonstruktion unter Verwendung der Darstellung von (3) nach dem Schema (b) und von (4) nach dem Schema (a) einen deontischen Widerspruch: A soll zugleich bestraft und nicht bestraft werden.

Zunächst werden (1) und (2) in naheliegender Weise reformuliert als

(1′) A stiehlt,
(2′) $O(\neg A$ stiehlt).

Einerseits folgt aus (1′) und

(3 b) A stiehlt $\rightarrow O(A$ wird bestraft)

mit der standardlogischen ↑Abtrennungsregel, daß es geboten ist, A zu bestrafen. Aus

(4 a) $O(\neg A$ stiehlt $\rightarrow \neg A$ wird bestraft)

folgt mit Hilfe des deontischen Axioms $O(p \rightarrow q) \prec O(p) \rightarrow O(q)$ die Aussage $O(\neg A$ stiehlt) $\rightarrow O(\neg A$ wird bestraft). Daraus ergibt sich – wiederum auf dem Wege der Abtrennung – mit (2′), daß es andererseits gerade geboten ist, A nicht zu bestrafen bzw. daß die Bestrafung von A verboten ist.

Bei durchgängiger Wahl der Rekonstruktionsalternative (a) für bedingte Normen läßt sich die gleiche Konsequenz allein aus den beiden Prämissen (1′) und (2′) herleiten, ohne daß auf die Setzung von (3) und (4) zurückgegriffen wird: Bereits in der intuitionistischen Logik (↑Logik, intuitionistische) ist ›$\neg \Gamma \rightarrow (\Gamma \rightarrow \Delta)$‹ eine beweisbare Variante des ↑ex falso quodlibet – ›Δ‹ steht dabei für eine beliebige Aussage (quodlibet). Damit gilt aus logischen Gründen (i) ›$\neg A$ stiehlt $\rightarrow (A$ stiehlt $\rightarrow A$ wird bestraft)‹ zugleich mit (ii) ›$\neg A$ stiehlt $\rightarrow (A$ stiehlt $\rightarrow \neg A$ wird bestraft)‹. Unter Heranziehung der deontisch logischen Regel $(p \rightarrow q)$ $(O(p) \rightarrow O(q))$ folgt entsprechend sowohl (i) ›$O(\neg A$ stiehlt) $\rightarrow O(A$ stiehlt $\rightarrow A$ wird bestraft)‹ als auch (ii) ›$O(\neg A$ stiehlt) $\rightarrow O(A$ stiehlt $\rightarrow \neg A$ wird bestraft)‹. Da nach Voraussetzung mit (2′) gilt: ›$O(\neg A$ stiehlt)‹, folgt damit ferner sowohl (i) ›$O(A$ stiehlt $\rightarrow A$ wird bestraft)‹ als auch (ii) ›$O(A$ stiehlt $\rightarrow \neg A$ wird bestraft)‹. Mit Voraussetzung (1′) ›A stiehlt‹ folgt unter Verwendung der speziellen deontischen Abtrennungsregel ›$p, O(p \rightarrow q) \Rightarrow O(q)$‹ einerseits (i) ›$O(A$ wird bestraft)‹, andererseits (ii) ›$O(\neg A$ wird bestraft)‹ – ein und dieselbe Handlung ist zugleich geboten und verboten. Rekonstruiert man hingegen – wie etwa auch P. Lorenzen im Rahmen der konstruktiven deontischen Logik – bedingte Normen durchgängig nach dem Schema (b), lassen sich zwar noch immer paradoxe Resultate erzeugen – so gilt z.B. unter der Prämisse (1) – ›A stiehlt‹ –, daß A bestraft werden soll, auch wenn er nicht stiehlt; daß irgendein B bestraft werden soll, wenn A nicht stiehlt und ähnliches mehr. Diese Resultate stellen jedoch sämtlich Varianten der auch aus den nicht-modalen Standardlogiken bekannten ↑Paradoxien der Implikation dar und sind bei näherer Betrachtung als ebenso (wenig) harmlos zu bezeichnen wie nicht-deontische Beispiele (›gesetzt, A stiehlt, dann ist er König von Frankreich, sofern er nicht stiehlt‹): Daß aus Widersprüchlichem Beliebiges folgen soll (und die kontrafaktische Annahme, daß A nicht stiehlt, erzeugt einen Widerspruch zur als faktisch unterstellten Prämisse (1) ›A stiehlt‹), wird durch die klassische oder intuitionistische Verwendungsreglementierung des ↑Subjunktors ›→‹ und des ↑Negators ›¬‹ relativ zu systematischen Interessen festgelegt, ist aber nicht Bestandteil der Verwendungsintuitionen bezüglich des gemeinsprachlichen ↑›wenn – dann‹ bzw. ↑›nicht‹.

Für G. H. v. Wright, der in seinen ersten Entwürfen zur deontischen Logik bedingte Normen stets nach dem Schema (a) rekonstruiert hatte, war die Entdeckung der C.n P. Anlaß, eine so genannte dyadische deontische Logik vorzuschlagen, in der solche Normen unter Verwendung eines zweistelligen Operators ›/‹ rekonstruiert werden – ›$O(p/q)$‹ wäre danach etwa zu lesen: ›geboten p, unter der Bedingung, daß q‹. Insofern für diesen ↑Operator andere Verwendungsbestimmungen gelten als für den Subjunktor ›→‹, werden zwar die Varianten der C.n P. vermieden, allerdings nur um den Preis neuer Adäquatheitsprobleme.

Literatur: R. M. Chisholm, Contrary-to-Duty Imperatives and Deontic Logic, Analysis 24 (1963/1964), 33–36; G. Kamp, Logik und Deontik. Über die sprachlichen Instrumente praktischer Vernunft, Paderborn 2001, bes. 271–279; F. v. Kutschera, Einführung in die Logik der Normen, Werte und Entscheidungen, Freiburg/München 1973, bes. 24–28 (Kap. 1.3); P. Lorenzen, Normative Logic and Ethics, Mannheim 1969, ²1984; ders./ O. Schwemmer, Konstruktive Logik, Ethik und Wissenschaftstheorie, Mannheim 1973, ²1975; A. N. Prior, The Paradoxes of Derived Obligation, Mind 63 (1954), 64–65; G. H. v. Wright, A Note on Deontic Logic and Derived Obligation, Mind 65 (1956), 507–509; ders., A New System of Deontic Logic, in: R. Hilpinen (ed.), Deontic Logic. Introductory and Systematic Readings, Dordrecht 1971, 105–120. C. F. G./G. K.

Chladenius (eigentlich Chladni), Johann Martin, *Wittenberg 17. April 1710, †Erlangen 10. Sept. 1759, dt. Philologe, Rhetoriker, Theologe und Philosoph (erst seit dem 20. Jh. als bedeutender Hermeneutik- und Geschichtswissenschaftstheoretiker der ↑Aufklärung entdeckt). Ab 1725 Studium der Klassischen Philologie, Philosophie und Theologie in Wittenberg, 1731 Magister, 1742–1744 a. o. Prof. für ›Kirchenaltertümer‹ in Leipzig, 1744–1747 Leiter des Coburger Gymnasiums, 1748–1759 o. Prof. der Theologie, Beredsamkeit und Dichtkunst in Erlangen. Philosophisch orientiert an der ↑Leibniz-Wolffschen Philosophie hat C. in seinen beiden Hauptwerken »Einleitung zur richtigen Auslegung vernünftiger Reden und Schrifften« (Leipzig 1742) und »Allgemeine Geschichtswissenschaft […]« (Leipzig 1752) den Entwurf einer historischen Hermeneutik vor dem Hintergrund einer allgemeinen ↑Hermeneutik unternommen. Nach J. Wach (Das Verstehen III, 21–22) gilt C. mit dieser historischen Hermeneutik, die sich gegen den zeitgenössischen Rationalismus und historischen Pyrrhonismus richtet, als ›Begründer der neueren Historik‹, die unter anderem durch eine Theorie des ›Sehepunktes‹ spätere Überlegungen zum perspektivischen Verstehen vorwegnimmt.

Werke: Dissertatio de sublimi in scientiis, Wittenberg 1734; Opuscula academica, ante separatim edita, nunc vero in unum volumen collecta […], Leipzig 1741, unter dem Titel: Opuscula academica varii generis, I–II, Leipzig 1750; Dissertatio de sententiis et libris sententiosis, Leipzig 1741; Logica praktica […], Leipzig 1742; Einleitung zur richtigen Auslegung vernünfftiger Reden und Schrifften, Leipzig 1742 (repr., ed. L. Geldsetzer, Düsseldorf 1969), Teilabdr. [181–205] in: H.-G. Gadamer/ G. Böhm (eds.), Seminar. Philosophische Hermeneutik, Frankfurt 1976, 69–79; Logica sacra sive introductio in theologiam systematicam, Koburg 1745; Von dem Fehler der Geschichtsschreiber, sich zu sehr an das Böse zu halten, Koburg 1747; Vernünftige Gedanken von dem Wahrscheinlichen und desselben gefährlichen Missbrauche, ed. U. G. Thorschmid, Greifswald/Leipzig/Stralsund 1748 (repr., ed. D. Fleischer, Waltrop 1989); Dissertatio de religione naturali figmentis purgata, Erlangen 1749 (dt. Das Blendwerk der natürlichen Religion, Leipzig/Wittenberg 1751); Nova philosophia definitiva […], Leipzig 1750; Allgemeine Geschichtswissenschaft, worinnen der Grund zu einer neuen Einsicht in allen Arten der Gelahrtheit geleget wird, Leipzig 1752 (repr., ed. K. Acham, Wien/Köln/Graz 1985).

Literatur: W. Alexander, Hermeneutika Generalis. Zur Konzeption und Entwicklung der allgemeinen Verstehenslehre im 17. und 18. Jahrhundert, Stuttgart 1993, bes. 244–271; A. Coreth, J. M. Chladni, NDB III (1957), 206–207; W. Dilthey, Das natürliche System der Geisteswissenschaften im siebzehnten Jahrhundert, Arch. Gesch. Philos. 6 (1893), 60–127, bes. 69–75 [Auszug aus »Preisschrift über die Hermeneutik Schleiermachers«], Neudr. in: ders., Ges. Schriften II, Leipzig 1914, Göttingen ¹⁰1977, 90–245, bes. 115–120; G. W. A. Fikenscher, Vollständige akademische Gelehrtengeschichte der Kgl. preuß. Friedrich-Alexanders-Universität zu Erlangen von ihrer Stiftung bis auf gegenwärtige Zeit I, Nürnberg 1806, 37–58; C. Friedrich, Sprache und Geschichte. Untersuchungen zur Hermeneutik von J. M. C., Meisenheim am Glan 1978; ders., J. M. C.. Die allgemeine Hermeneutik und das Problem der Geschichte, in: U. Nassen (ed.), Klassiker der Hermeneutik, Paderborn etc. 1982, 43–75; F. Gaede, C. und die Folgen. Einwände zur hermeneutischen Diskussion, in: G. Frühsorge/K. Manger/F. Strack (eds.), Digression. Wege zur Aufklärung, Heidelberg 1984, 71–78; L. Geldsetzer, Einleitung, in: J. M. C., Einleitung zur richtigen Auslegung vernünfftiger Reden und Schrifften, ed. L. Geldsetzer, Düsseldorf 1969, IX–XXIX; ders., C., in: F. Volpi (ed.), Großes Werklexikon der Philosophie I, Stuttgart 1999, 294–295; C. Henn, ›Sinnreiche Gedanken‹. Zur Hermeneutik des C., Arch. Gesch. Philos. 58 (1976), 240–264; S. Henze, Die Vor-Struktur des Verstehens in der Hermeneutik des J. M. C., Magisterarbeit Konstanz 1991; H. Müller, J. M. C. (1710–1759). Ein Beitrag zur Geschichte der Geisteswissenschaften, besonders der historischen Methodik, Berlin 1917 (repr. Vaduz 1965); P. H. Reill, The German Enlightenment and the Rise of Historicism, Berkeley Calif. etc. 1975; P. Szondi, Einführung in die literarische Hermeneutik, ed. J. Bollack/H. Stierlin, Frankfurt 1975, 27–97; R. Thiele, Verstehen und Intention. Untersuchungen zur hermeneutischen Einordnung der Sprecherintention im Anschluß an die Auslegungslehre von C., Diss. Aachen 1984; P. Tricoire, C., Enc. philos. universelle III/1 (1992), 1041–1043; R. Unger, Zur Entwicklung des Problems der historischen Objektivität bis Hegel. Eine prinzipiengeschichtliche Skizze, Dt. Vierteljahrsschr. Literaturwiss. u. Geistesgesch. 1 (1923), 104–138; J. Wach, Das Verstehen. Grundzüge einer Geschichte der hermeneutischen Theorie im 19. Jahrhundert, I–III, Tübingen 1926–1933 (repr., in einem Bd., Hildesheim 1966), bes. III, 21 f., 23–32 [Exkurs: Die hermeneutische Lehre des J. M. C.]; D. v. Wille, C., RGG I (1999), 164. A. V.

Chomsky, Avram Noam, *Philadelphia 7. Dez. 1928, amerik. Linguist und Sprachphilosoph. 1945–1951 Studium der Linguistik, Mathematik, Philosophie und Sprachwissenschaft an der University of Pennsylvania, seit 1955 Prof. am Massachusetts Institute of Technology (M.I.T.) in Cambridge Mass., 1966–1976 als Ferrari P. Ward-Professor für moderne Sprachen und Linguistik, zahlreiche auswärtige Gastvorlesungen, z. B. John Locke Lectures in Oxford 1969. – C.s Bedeutung geht auf die Konstruktion eines Systems der generativen ↑Transformationsgrammatik zurück, mit der ein entscheidender Durchbruch in der Entwicklung der modernen strukturellen ↑Linguistik, insbes. in bezug auf die Formalisierung der Grammatiktheorie (↑Grammatik) und – mit dem Schritt von »Syntactic Structures« (1957) zu den »Aspects of the Theory of Syntax« (1965) – die konsequente Trennung der (empirischen) ↑Oberflächenstruktur von einer (rationalen) Tiefenstruktur (↑Tiefengrammatik) der Sprache, erzielt wurde.
Die strukturalistische (↑Strukturalismus (philosophisch/wissenschaftstheoretisch)), vom Primat der grammatischen Form, d. i. ↑Syntax, bestimmte Orientierung in der Linguistik verdankt C. seinem der Bloomfield-Schule angehörenden Lehrer Z. Harris, während der ihn bis heute leitende grundsätzlich nominalistisch (↑Nominalismus) orientierte erkenntnistheoretische Ansatz – auch in der Linguistik machen, wie in den Naturwissenschaften, letztlich nur partikulare ↑Gegenstände den Gegenstandsbereich der Theorien aus – auf seine Lehrer W. V. O. Quine und N. Goodman zurückgeht. Allerdings könne man sich dabei nicht, wie in streng empiristischen (↑Empirismus) Theoriebildungen – die deskriptive Linguistik L. Bloomfields, die behavioristische Psychologie B. F. Skinners oder andere –, auf allein in der sinnlichen Wahrnehmung gegebene Partikularia beschränken. Auch Programme, z. B. Regelsysteme, die aktiviert potentiell unendlich viele Partikularia generieren, diesen gegenüber also den Status eines Zeichens (↑Zeichen (logisch), ↑Zeichen (semiotisch)) besitzen und daher schematischer bzw. sprachlicher Natur sind (↑Schema, ↑Programmiersprachen), gehören zu den (logisch höherstufigen) partikularen und gerade für die Linguistik charakteristischen Untersuchungsgegenständen. Dabei bleibt Linguistik grundsätzlich linguistische ↑Syntaktik oder Grammatiktheorie, so daß ↑Semantik und ↑Pragmatik nur in dem Maße als Bestandteile der Linguistik gelten, als sie syntaktisch ausgedrückt sind; den Einsatz der modelltheoretischen Verfahren der logischen Semantik (↑Semantik, logische), insbes. der Mögliche-Welten-Semantik (↑Welt, mögliche), hält C. wegen ihrer mangelnden empirischen Plausibilität in einer als empirische Wissenschaft auftretenden Grammatiktheorie für verfehlt. Vielmehr ist es deren erste Aufgabe, ›deskriptiv adäquate‹ Grammatiken zu erstellen, also die auch auf noch nie gehörte oder gesprochene Sätze sich erstreckende Sprachfähigkeit oder grammatische Kompetenz eines Sprachverwenders mit Hilfe von Regelsystemen zu modellieren, die keineswegs aufgrund einer sukzessiven Speicherung der nur endlich vielen aktuellen Hör- und Sprechereignisse, d. i. der Performanz eines Sprechers, induktiv zu gewinnen sind, wie vom radikal-behavioristischen Ansatz behauptet: »A grammar (...) is *descriptively adequate* to the extent that it correctly describes the intrinsic competence of the idealized native speaker« (Aspects of the Theory of Syntax, 1965, 24). Daran schließt sich die zweite Aufgabe der Linguistik an, eine auch ›explanatorisch adäquate‹ Grammatiktheorie zu liefern, nämlich ein als *Universale Grammatik* geeignetes Schema von Grammatiken, aus dem aufgrund des Kontextes primärer Sprachdaten, denen ein Mensch als Kind ausgesetzt ist, das seine Sprache schließlich regierende Regelsystem im Zuge seines (kognitiven) Wachstums ausgewählt wird: Über die *Sprachkompetenz* hinaus soll so auch der *Spracherwerb* (language acquisition) modelliert und verstanden werden.
Diese Ideen haben C. dazu geführt, die gesuchte Universale Grammatik für eine durch die genetische Ausstattung der Spezies Mensch bestimmte mentale Struktur zu halten (↑Mentalismus) und nach einer historischen Verankerung dieser Überzeugung Ausschau zu halten, die er in den Ansichten über angeborene Ideen (↑Idee, angeborene) im ↑Rationalismus des 17. und 18. Jhs., insbes. in der Grammatik von Port-Royal (↑Port-Royal, Schule von), unter ausdrücklicher Berücksichtigung von Korrekturen, die J. G. Herder und W. v.

Humboldt beigesteuert haben, auch gefunden zu haben glaubt (»Cartesian Linguistics« erscheint bereits ein Jahr nach den »Aspects«). Das erlaubt es C., seine Arbeit ohne Umweg über die moderne Logik als eine Verschmelzung der vorangegangenen empirisch orientierten deskriptiven Grammatik mit der historisch älteren logisch orientierten philosophischen Grammatik aufzufassen.

Auch die weiteren Stadien von C.s Arbeit am Zusammenhang zwischen Universaler Grammatik und Grammatik eines individuellen Sprecher/Hörers – auseinandergesetzt insbes. in »Rules and Representations« (1980) und »Lectures on Government and Binding« (1981), am fortgeschrittensten in »The Minimalist Program« (1995) – sind von dem Interesse bestimmt, das Ineinandergreifen der verschiedenen Regelsorten, die schließlich als zugehörig zu grundsätzlich unabhängig voneinander aktivierten Teilsystemen oder ›Modulen‹ begriffen werden, besonders durchsichtig zu gestalten. C. insistiert darauf, daß Menschen unter Einschluß ihrer Fähigkeiten zur Natur gehören, es daher unangemessen sei, zwischen der Untersuchung des Mentalen und des Physischen einen methodologischen Unterschied zu machen. Er berücksichtigt dabei nicht, daß gerade die Sprachkompetenz das Paradigma dafür ist, sich die Natur auch zum Gegenstand machen zu können. Nur die Zeichen*träger* sind tatsächlich der Natur zugehörige partikulare Gegenstände; die Zeichen*rolle*, der man Laute, z. B. sprechend, unterwerfen kann, ist es nicht mehr. Der von C.s Mentalismus implizierte Subjektivismus zwingt ihn, allein ›Ich-Sprachen‹ (I-language) in Gestalt einer mental repräsentierten individuellen Realisierung der Universalen Grammatik (↑Repräsentation, mentale) als eigentlichen Gegenstand linguistischer Untersuchungen anzusehen; Sprachen als öffentlich geteilte Kompetenzen (E[xternal]-language) sind für ihn Epiphänomene, die höchstens den Status spekulativer Setzungen auf der Basis einer Ich-Sprache haben. – Dieser Subjektivismus steht auch im Hintergrund seines ausgedehnten politischen Engagements, das C. mit dem Eintreten für sozialistische und anarchistische Ideen zu einem scharfen und weltweit führenden Kritiker US-amerikanischer Politik gemacht hat und weiter macht.

Werke: The Logical Structure of Linguistic Theory, o. O. [Cambridge Mass.] 1955, New York/London ²1975, 1978, Chicago Ill. 1985; Syntactic Structures, The Hague 1957, The Hague/Paris ⁴1964, 2002 (dt. Strukturen der Syntax, Den Haag/Paris 1973); Review of »Verbal Behavior« by B. F. Skinner, Language 35 (1959), 26–58; Current Issues in Linguistic Theory, The Hague/Paris 1964, ⁶1975; Aspects of the Theory of Syntax, Cambridge Mass. 1965, 1994 (dt. Aspekte der Syntax-Theorie, Frankfurt 1969, ⁴1987); Topics in the Theory of Generative Grammar, The Hague/Paris 1966, 1978 (dt. Thesen zur Theorie der generativen Grammatik, Frankfurt 1974, Weinheim ²1995); Cartesian Linguistics. A Chapter in the History of Rationalist Thought, New York/London 1966, Lanham Md. 1966, 1983 (dt. Cartesianische Linguistik. Ein Kapitel in der Geschichte des Rationalismus, Tübingen 1971); The Formal Nature of Language, in: E. H. Lenneberg, Biological Foundations of Language, New York/London/Sydney 1967, Malabar Fla. 1984, 397–442 (dt. Die formale Natur der Sprache, in: E. H. Lenneberg, Biologische Grundlagen der Sprache, Frankfurt 1972, ³1996, 483–539); Language and Mind, New York 1968, ²1972 (dt. Sprache und Geist, Frankfurt 1970, ⁶1996); American Power and the New Mandarins, New York, Harmondsworth/London 1969, 1971 (dt. Amerika und die neuen Mandarine, Frankfurt 1969); At War with Asia. Essays on Indochina, I–II, New York 1970, London 1971 (dt. Im Krieg mit Asien, I–II, Frankfurt 1972); Problems of Knowledge and Freedom. The Russell Lectures, New York 1971, London 1972, ²1973 (dt. Über Erkenntnis und Freiheit. Vorlesungen zu Ehren Bertrand Russells, Frankfurt 1973); Studies on Semantics in Generative Grammar, The Hague/Paris 1972, ³1980 (dt. Studien zu Fragen der Semantik, Frankfurt 1978); For Reasons of State, New York 1973 (dt. Aus Staatsraison, Frankfurt 1974); Introduction to Logical Structure of Linguistic Theory, Trier 1974; Questions of Form and Interpretation, Lisse 1975; Reflections on Language, New York 1975, London 1976 (dt. Reflexionen über Sprache, Frankfurt 1977, ⁴1998); Dialogues. N. C. avec Mitsou Ronat. Traduit de l'américain et présenté par Mitsou Ronat, Paris 1977 (engl. Language and Responsibility. Based on Conversations with Mitsou Ronat, Hassocks, New York 1979; dt. Sprache und Verantwortung. Gespräche mit Mitsou Ronat, Frankfurt 1981); Essays on Form and Interpretation, New York/Amsterdam 1977, ²1979; (mit E. S. Herman) The Political Economy of Human Rights, I–II, Boston Mass. 1979; Rules and Representations, New York, Oxford 1980, Belfast 1993 (dt. Regeln und Repräsentationen, Frankfurt 1981); Radical Priorities, Montreal 1981, ²1984, 1988; Lectures on Government and Binding, Dordrecht/Cinnaminson N. J. 1981, mit Untertitel: The Pisa Lectures, ²1982, Berlin/New York ⁷1993; Some Concepts and Consequences of the Theory of Government and Binding, Cambridge Mass. 1982, 1992; The Fateful Triangle. The United States, Israel and the Palestinians, London 1983, ²1999, Boston Mass. 1983, 1991, Boston Mass. ²1984; Knowledge of Language. Its Nature, Origin, and Use, New York/Westport Conn. 1985, 1986; Barriers, Cambridge Mass./London 1986; On Power and Ideology. The Managua Lectures, Boston Mass. 1987 (dt. Die fünfte Freiheit. Über Macht und Ideologie. Vorlesungen in Managua, Hamburg 1988); The Culture of Terrorism, London, Boston Mass. 1988, London 1989; Language and Politics, Montréal 1988, 1989 (dt. Sprache und Politik, Berlin/Bodenheim 1999, ²2000); Language and Problems of Knowledge. The Managua Lectures, Cambridge Mass. 1988, 1997 (dt. Probleme sprachlichen Wissens, Weinheim 1996); (mit E. S. Herman) Manufacturing Consent. The Political Economy of the Mass Media, New York 1988, 2002, London 1994; Necessary Illusions. Thought Control in Democratic Societies, London, Boston Mass. 1989, London 1999; Deterring Democracy, London 1991, 1992, New York 1992; A Minimalist Program for Linguistic Theory, Cambridge Mass. 1992; Language and Thought, Wakefield 1993, 1997; Rethinking Camelot. JFK, the Vietnam War and U. S. Political Culture, Boston Mass., London 1993; Year 501. The Conquest Continues, Boston Mass./Montréal, London 1993, Boston Mass. 1999 (dt. Wirtschaft und Gewalt. Vom Kolonialismus zur Neuen Weltordnung, Lüneburg 1993, ²2001; franz. L'an 501. La conquête continue, Montréal, Brüssel 1995); World Orders, Old and New, London, New York 1994, London 1999; The Minimalist Program, Cambridge Mass.

1995, 1997; (mit H. Dieterich) La sociedad global, México 1995 (dt. Globalisierung im Cyberspace. Globale Gesellschaft, Märkte, Demokratie und Erziehung, Bad Honnef 1996, ²1999); Powers and Prospects. Reflections on Human Nature and the Social Order, London, Boston Mass. 1996, London 1997; Some Observations on Economy in Generative Grammar, Cambridge Mass. 1996; The Cold War and the University. Toward an Intellectual History of the Postwar Years, New York 1997; Perspectives on Power. Reflections on Human Nature and the Social Order, Montréal 1997; Minimalist Inquiries, Cambridge Mass. 1998; On Neoliberalism, New York 1998; The New Military Humanism. Lessons from Kosovo, Monroe Me., London 1999 (dt. Der neue militärische Humanismus. Lektionen aus dem Kosovo, Zürich 2000); Profit over People. Neoliberalism and Global Order, New York/London 1999 (dt. Profit over People. Neoliberalismus und globale Weltordnung, Hamburg/Wien 2000, ⁷2002); New Horizons in the Study of Language and Mind, Cambridge/New York 2000; Die politische Ökonomie der Menschenrechte. Politische Essays und Interviews, Grafenau 2000; Rogue States. The Rule of Force in World Affairs, Cambridge Mass., London 2000 (dt. War against People. Menschenrechte und Schurkenstaaten, Hamburg/Wien 2001, ⁵2001); A New Generation Draws the Line. Kosovo, East Timor and the Standards of the West, London/New York 2000 (dt. People without Rights. Kosovo, Ost-Timor und der Westen, Hamburg/Wien 2002); The Architecture of Language, ed. N. Mukherji/B. N. Patnaik/R. K. Agnihotri, Neu-Delhi/Oxford 2000, 2001; 9–11, New York 2001 (dt. The Attack. Hintergründe und Folgen, Hamburg/Wien 2002); On Nature and Language, ed. A. Belletti/L. Rizzi, Cambridge/New York 2002. – L. S. Ramaiah/T. V. Prafulla Chandra, N. C.. A Bibliography, Gurgaon (Haryana) 1984; K. Koerner/N. Tajima, N. C.. A Personal Bibliography. 1951–1986, Amsterdam/Philadelphia Pa. 1986.

Literatur: M. Achbar, N. C.. Wege zur intellektuellen Selbstverteidigung. Medien, Demokratie und die Fabrikation von Konsens, München, Grafenau 1996; R. F. Barsky, N. C.. A Life of Dissent, Cambridge, Toronto Ont. 1997, Cambridge 1998 (dt. N. C.. Libertärer Querdenker, Zürich 1999); R. P. Botha, Challenging C.. The Generative Garden Game, Oxford 1989, 1993; H. M. Bracken, Mind and Language. Essays on Descartes and C., Dordrecht/Cinnaminson N.J. 1984; B. Collinder, N. C. und die generative Grammatik. Eine kritische Betrachtung, Uppsala 1970; V. Cook, C.'s Universal Grammar, Oxford/Cambridge Mass. 1988, ²1997; F. D'Agostino, C.'s System of Ideas, Oxford 1986, 1988; A. Edgley, The Social and Political Thought of N. C., London/New York 2000; U. Egli/R. Egli-Gerber, Sprachsysteme. Logische und historische Grundlagen der erweiterten Phrasenstrukturgrammatik, Konstanz 1991, ²1992; C. J. Fillmore, The Position of Embedding Transformations in a Grammar, Word 19 (1963), 208–231; J. Fox, C. and Globalisation, Duxford/Cambridge 2001; T. J. Gardner, Hauptströmungen der modernen Linguistik. C. und die generative Grammatik, Göttingen 1973; A. George, Reflections on C., Oxford/Cambridge Mass. 1989, 1992; J. Greene, Psycholinguistics. C. and Psychology, Harmondsworth/London 1972, 1979; M. Haegeman, Introduction to Government and Binding Theory, Oxford/Cambridge Mass. 1991, ²1996; M. C. Haley/R. L. Lunsford, N. C., New York 1993, 1994; G. H. Harman (ed.), On N. C.. Critical Essays, Garden City N. Y. 1974, Amherst Mass. ²1982; R. A. Hartmann, Grundlagenprobleme der Sprachwissenschaft. Kritische Analyse und Abwägung der allgemeinen Ansichten über Sprache von Saussure, C. und Piaget, Konstanz 1998, bes. 72–121; F. Hermanns, Die Kalkülisierung der Grammatik. Philologische Untersuchungen zu Ursprung, Entwicklung und Erfolg der sprachwissenschaftlichen Theorien N. C.s, Heidelberg 1977; R. Hildebrandt, Cartesianische Linguistik. Eine Analyse der Sprachauffassung N. C.s, Frankfurt/Bern 1976; F. Hiorth, N. C.. Linguistics and Philosophy, Oslo 1974; A. Hornstein, C. and His Critics, Oxford 2002; G. J. Huck/J. A. Goldsmith, Ideology and Linguistic Theory. N. C. and the Deep Structure Debates, London 1995, 1996; J. Leiber, N. C.. A Philosophical Overview, New York 1974, 1980, Boston Mass. 1975; F. LoPiparo, Linguaggio, macchine e formalizzazione. Sugli aspetti logico-matematici della grammatica generativo-trasformazionale di N. C., Bologna 1974; J. Lyons, N. C., London 1970, ³1991 (dt. N. C., München 1971, ⁴1976); J. MacGilvray, C.. Language, Mind, and Politics, Cambridge/Malden Mass. 1999, 2000; L. D. Mayhew, A Critical Comparison of the Philosophies of Language of C. and Quine, Diss. Nashville Tenn. 1976; S. Modgil/C. Modgil (eds.), N. C.. Consensus and Controversy, New York/London 1986; C. P. Otero (ed.), N. C.. Critical Assessments, I–IV, London/New York 1994; B. D. den Ouden, Language and Creativity. An Interdisciplinary Essay in C.an Humanism, Lisse 1975; J. Piaget, Théories du langage, théories de l'apprentissage. Le débat entre Jean Piaget et N. C., ed. M. Piattelli-Palmarini, Paris 1979, 1982; I. Robinson, The New Grammarian's Funeral. A Critique of N. C.'s Linguistics, Cambridge 1975, 1979; R. Salkie, The C. Update. Linguistics and Politics, London/New York 1990, 1992; H.-W. Scharf, Das Verfahren der Sprache. Humboldt gegen C., Paderborn/München 1994; M. Seabrook, N. C., America's Conscience. The Man and His Works, London 1997; N. V. Smith, C.. Ideas and Ideals, Cambridge/New York 1999, 2000; ders./D. Wilson, Modern Linguistics. The Results of C.'s Revolution, Bloomington Ind./London 1979, 1990; G. Webelhuth (ed.), Government and Binding Theory and the Minimalist Program, Oxford/Cambridge Mass. 1995, 1996; H. Weydt, N. C.s Werk. Kritik, Kommentar, Bibliographie, Tübingen 1976; P. Wilkin, N. C.. On Power, Knowledge and Human Nature, Houndmills/Basingstoke/London 1997, 1998 (mit Bibliographie, 185–199); M. Winston, On C., Belmont Calif. 2002.   K. L.

Chorismos (griech. χωρισμός, Trennung), vor allem von Philosophiehistorikern des ↑Neukantianismus (E. Cassirer, E. Hoffmann, P. Natorp) verwendeter Begriff zur Kennzeichnung des Verhältnisses der Ideen (↑Ideenlehre, ↑Idee (historisch)) zu den Einzeldingen in der Philosophie Platons. Die Begriffsbestimmung fußt weitgehend auf der Kritik des Aristoteles, der Platon vorwirft, das ↑Allgemeine, die Ideen, von den Einzeldingen getrennt zu haben, was die Unerkennbarkeit der Sinnenwelt zur Folge habe. Die Platonischen Dialoge »Phaidon«, »Timaios« und »Parmenides« geben zu dieser Deutung Anlaß, doch wird der Ausdruck ›C.‹ in dieser terminologischen Bedeutung weder von Platon noch von den Neuplatonikern (↑Neuplatonismus) Plotin und Proklos verwendet (↑Methexis, ↑Dritter Mensch).

Literatur: C.-H. Chen, Das C.-Problem bei Aristoteles, Berlin 1940; H. Cherniss, Aristotle's Criticism of Plato and the Academy, Baltimore 1944, New York ²1962; N. Fischer, Augustins Philosophie der Endlichkeit. Zur systematischen Entfaltung seines Denkens aus der Geschichte der C.-Problematik, Bonn 1987 (Mainzer Philos. Forsch. 28); E. Hoffmann, Platon, Zürich 1950;

ders., Platonismus und christliche Philosophie, Stuttgart 1960; H. Meinhardt, Teilhabe bei Platon, München 1968; ders., C., Hist. Wb. Ph. I (1971), 1007–1008; H. Viemann, Hans-Georg Gadamers Denken zwischen Plato und Aristoteles. Zum Versuch einer Überwindung des C., Diss. Hannover 1998. M. G.

Chou Tun-i (Zhou Dun-yi), 1017–1073, chines. Staatsmann und Philosoph, Begründer des Neokonfuzianismus (↑Konfuzianismus), suchte mit einer systematisch gegliederten Synthese der Zeitströmungen die konfuzianische Antwort auf Buddhismus (↑Philosophie, buddhistische) und ↑Taoismus zu geben; beeinflußt durch die alten Bücher »I-ching« (I Ging. Das Buch der Wandlungen, dt. v. R. Wilhelm, Jena 1924, München ²⁵2000) und »Chung-yung«. Sein Hauptwerk »T'ai-chi-t'u shuo« dient den späteren Neokonfuzianern als Grundlage ihrer kosmologischen Spekulationen. Im Mittelpunkt des Werkes »T'ung-shu« steht der Begriff ch'eng, der sowohl ethisches Verhalten als auch funktionsgerechte Entsprechung im transzendentalen Weltprinzip beinhaltet.

Werke: Thai-kih-thu, des Tscheu-Tsï. Tafel des Urprinzipes, mit Tschu-Hi's Commentare nach dem Hoh-pih-sing-li, chinesisch mit mandschuischer und deutscher Übersetzung, Einleitung und Anmerkungen, ed. u. übers. G. v. der Gabelentz, Dresden 1876.
Literatur: K. Bounghown, A Study of C. T.-i's (1017–1073) Thought, Diss. Tucson Ariz. 1996; J. P. Bruce, Chu Hsi and His Masters. An Introduction to Chu Hsi and the Sung School of Chinese Philosophy, London 1923, New York 1973; W.-T. Chan, A Source Book in Chinese Philosophy, Princeton N. J. 1963, 1973, 460–480 (Chap. 28); ders., C., in: H. Franke (ed.), Sung Biographies I, Wiesbaden 1976 (Münchener Ostasiat. Stud. XVI/1), 277–281; C. Chang, The Development of Neo-Confucian Thought I, New York 1957, Nachdr. Westport Conn. 1977, 137–158; Y. C. Chow, La philosophie morale dans le néoconfucianisme (Tcheou Touen-yi), Paris 1954; W. Eichhorn, C. T.-i. Ein chinesisches Gelehrtenleben aus dem 11. Jahrhundert, Berlin 1936, Nachdr. Nendeln 1966; H. van Ess, Von Ch'eng I zu Chu Hsi. Die Lehre vom Rechten Weg in der Überlieferung der Familie Hu, Wiesbaden 2003; W. Grube, Ein Beitrag zur Kenntnis der chinesischen Philosophie. T'ung-Šu des Ceu-Tsï mit Cu-Hi's Commentar nach dem Sing-Li Tsing-í. Chinesisch mit mandschuischer und deutscher Übersetzung und Anmerkungen, Wien 1880 (Übers. d. Kap. 1–20), mit W. Eichhorn, Leipzig 1932, 1–91 (Kap. 1–20), 93–162 (übers. W. Eichhorn) (Kap. 21–40), Kap. 21–40 separat mit erstem Untertitel: T'ung-Šu des Ceu-Tsï mit Cu-Hi's Kommentar nach dem Sing-Lì Tsing-í, Asia Major 8 (1932/1933), 23–104; P. J. Ivanhoe, C., in: R. Audi (ed.), The Cambridge Dictionary of Philosophy, Cambridge/New York/Melbourne ²1999, 138; K. O. Thompson, Zhou Dunyi, REP IX (1998), 862–863. H. V.

Chronometrie (von griech. χρόνος [Zeit] und μέτρον [Maß], Zeitmessung), im Rahmen des protophysikalischen Programms (↑Protophysik) Bezeichnung für die Theorie der Zeitmessung (↑Zeit) mit ↑Uhren, in denen künstlich in Gang gesetzte Standardvorgänge ablaufen. Während die im Alltag und in der Technik gebräuchliche Zeitmessung durch ihren jeweiligen Zweck auf bestimmte Standardvorgänge Bezug nimmt und einem vom Verwendungszweck abhängigen technischen Gütekriterium unterliegt (so muß z. B. eine zu Navigationszwecken auf Schiffen mitgeführte Uhr optimal die Erdrotation simulieren), ist die Verwendung von Uhren in den Naturwissenschaften auf die bestmögliche Realisierung eines durch Meßnormen bestimmten Standardvorganges angewiesen (↑Norm (protophysikalisch)). Solche Meßnormen orientieren sich an dem Postulat, daß sogenannte ↑Naturgesetze *situationsinvariant* gelten sollen, was im Falle der Zeitmessung unter anderem bedeutet, daß physikalische Sätze bezüglich des Zeitparameters einheiteninvariant und unabhängig von der Wahl des Nullpunktes der Zeitskala formuliert sein müssen. Würden also bereits Standardvorgänge für die Zeitmessung ausgezeichnet sein, so entsprächen die Meßnormen für zwei Uhren mit den Skalen t und t' (für Zeitmessung am selben Ort) der Skalentransformation

$$t' = at + \Delta t$$

mit einem konstanten Faktor a. Die für einen zirkelfreien, operativen Aufbau der Physik zu leistende Aufgabe besteht dann darin, solche Normen (verstanden als Vorschriften zur Herstellung von Standardvorgängen) zu formulieren, die weder Zeitmessung als bereits verfügbar definitorisch voraussetzen noch von der Geltung physikalischer Sätze, in denen der Zeitparameter vorkommt, ausgehen, die aber die gewünschte logische Struktur der Zeitmeßresultate (z. B. Gleichheit von Zeitdauern muß eine ↑Äquivalenzrelation sein) implizieren. Mit Hilfe der (↑operativ begründeten) Geometrie allein lassen sich uhrenfrei Vergleichsverfahren für gleichzeitige Bewegungen angeben und eine Terminologie einer uhrenfreien ↑Kinematik bestimmen. Damit kann als Auswahlnorm formuliert werden, sich auf solche (künstlich, d. h. an Geräten vom Menschen in Gang gesetzte) Abläufe zu beschränken, die bei Wiederholungen relativ zueinander gleich ablaufen (d. h. in Abhängigkeit von den Orten der bewegten Körper jeweils bei Wiederholung das gleiche momentane Geschwindigkeitsverhältnis haben). Für solche Klassen von Abläufen wird dann Homogenität (↑Homogenitätsprinzip) im Sinne der (relativen) Ununterscheidbarkeit beliebiger Teilvorgänge gefordert, d. h., die verglichenen Bewegungen (die dann als Zeigerbewegungen von Uhren zu betrachten sind) sollen bei Wiederholung gleiches, zueinander konstantes und von Verschiebungen des Anfangspunktes einer der Vergleichsbewegungen unabhängiges Geschwindigkeitsverhältnis haben. Das Homogenitätspostulat als technisches Herstellungsziel für Standardvorgänge zur Zeitmessung, fiktiv als Behauptungssatz gelesen, impliziert logisch, daß Bewegungspaare, die das Homogenitätspostulat erfüllen, auch untereinander bei Wiederholung gleiches und konstantes Geschwindigkeitsverhältnis haben. Dieser Eindeutigkeitssatz (↑eindeutig/Eindeutigkeit) der C., der anschaulich beinhaltet, daß alle Uhren (im Sinne der Definition durch das Homogenitätspostulat) untereinander gleich gehen, erlaubt dann, elliptisch von einer gleichförmigen Bewegung zu sprechen, ohne Vergleichsbewegungen zu nennen. Die Eindeutigkeit des Homogenitätspostulats erlaubt ferner, bei Geräten, die aus einem Uhrenpaar stammen, jedoch zu Geräten aus anderen Uhrenpaaren kein konstantes Gangverhältnis zeigen, per definitionem von gestörten Uhren zu sprechen. – Die gewählte Sprachebene, sich auf logische Implikationen von (als Aussagen gelesenen) Normierungen von Herstellungszielen zu beschränken, bildet das Ideationsverfahren (↑Ideation). Um zu verdeutlichen, daß hier nicht deskriptiv über tatsächlich hergestellte Geräteeigenschaften gesprochen wird, sondern mit der Unterstellung, als ob die erwünschten Eigenschaften (Gang des Uhrenzeigers) vollständig (›ideal‹) realisiert wären, treten an die Stelle prädikativer Ausdrücke aus der Herstellungspraxis, d. h. Uhrmacherpraxis, ideative Ausdrücke (z. B. ›gleichförmig‹, ›Uhr‹).

Die C. als Teilgebiet der Protophysik schließt die für die Vollständigkeit physikalischer Theorien entscheidende Lücke in den traditionellen Ansätzen, nach denen (wo nicht auf Uhrendefinitionen vollständig verzichtet wird) entweder definitorisch zirkulär die Trägheitsbewegung (↑Trägheit) von Körpern als Standardvorgang für die Zeitmessung gewählt wird (zirkulär, weil ↑›Kraft‹ oder ↑›Inertialsystem‹ nicht ohne Zeitparameter definiert werden können) oder definitorisch defizitär periodische Bewegungen den Zeitstandard bilden (defizitär, weil die Definition von ›periodisch‹ ohne den – zirkulären – Zusatz, daß die Perioden gleich lang dauern, nicht den Gleichgang von Uhren impliziert). Der konventionalistische (↑Konventionalismus) Ausweg, beliebige wiederholbare Vorgänge als periodisch zu bezeichnen und deren Wahl durch die möglichst große Einfachheit physikalischer Theorien einzuschränken, leistet weder ein angemessenes Verständnis der Physikgeschichte (in der man sich naiv der Uhren im alltäglichen und technischen Sinne bedient hat), noch erlaubt er die für die Experimentalpraxis zentrale Unterscheidung zwischen funktionierenden und defekten Uhren, für die ja gleichermaßen empirische Sätze der Physik als Erklärung zugelassen sind.

Die C. wird häufig kritisiert, weil sie nach Auffassung ihrer Kritiker im Widerspruch zur relativistischen Physik (↑Relativitätstheorie, allgemeine, ↑Relativitätstheorie, spezielle) steht. Dies ist aber ein Mißverständnis sowohl des Status protophysikalischer Sätze, die als *Normen* zur Ermöglichung von Messung nicht mit Meßresultaten in Widerspruch treten können, als auch von Sätzen der relativistischen Physik, die als *empirische Sätze* über Uhren nicht deren Funktionskriterien festsetzen. – Zu Theorien der Zeitmessung, die einen anderen Anspruch als die C. erheben, ↑Zeit.

Literatur: G. Böhme (ed.), Protophysik der Zeit – eine nichtempirische Theorie der Zeitmessung?, Philos. Rdsch. 20 (1973), 94–111, Neudr. in: ders., Protophysik. Für und wider eine konstruktive Wissenschaftstheorie der Physik, Frankfurt 1976, 276–299; T. Ehlert, Zeitkonzeptionen, Zeiterfahrung, Zeitmessung. Stationen ihres Wandels vom Mittelalter bis zur Moderne, Paderborn etc. 1997; P. Janich, Die Protophysik der Zeit und das Relativitätsprinzip, Z. allg. Wiss.theorie 9 (1978), 343–347; ders., Die Protophysik der Zeit. Konstruktive Begründung und Geschichte der Zeitmessung, Frankfurt 1980 (engl. Protophysics of Time. Constructive Foundation and History of Time Measurement, Dordrecht/Boston Mass./Lancaster Pa. 1985 [Boston Stud. Philos. Sci. XXX]); ders., Protophysik der Zeit, in: ders., Das Maß der Dinge. Protophysik von Raum, Zeit und Materie, Frankfurt 1997, 131–268; P. Rohs, Ist eine ausweisbare Zeitmessung möglich? Zur Protophysik der Zeit, Philos. Rdsch. 33 (1986), 133–151. P. J.

Chrysippos, 281/277–208/204 v. Chr., Philosoph aus Soloi in Kilikien, kam 260 nach Athen, studierte in der ↑Akademie bei Arkesilaos und vor allem in der ↑Stoa bei Kleanthes, lehrte Philosophie einige Zeit außerhalb der Stoa, übernahm deren Leitung aber nach dem Tod des Kleanthes (232/231). Anscheinend war C. relativ arm. Für seinen Unterricht nahm er Gebühren und brauchte sich daher nicht bei einem Monarchen zu verdingen, konnte vielmehr politisch neutral bleiben. Er soll mehr als 705 Schriften verfaßt haben, von denen aber nur Fragmente erhalten sind. Es handelte sich teils um Lehrschriften, teils um Untersuchungen, des öfteren auch zu demselben Thema; ihr Stil war allerdings dürftig, und ihre Fülle kam oft nur durch ausgiebige Zitation zustande.

Als Schulhaupt hat C. viel für die Einheit und Konsolidierung der Stoa getan und sie nachhaltig geprägt, indem er angesichts verschiedener Einwände vor allem von akademischer Seite Aussagen Zenons von Kition neu deutete, das System der stoischen Philosophie reformulierte und es voll entwickelte. Von daher galt er als der zweite Gründer der Schule. Von den Kritikern wurde er gern als ihr maßgeblicher Repräsentant angesehen; die nächsten Schulhäupter waren alle Schüler und Anhänger von ihm. Was als stoische Philosophie überliefert ist, fällt mit C.' Philosophie also weitgehend zusammen (↑Logik, stoische, ↑Stoizismus). Trotzdem stieß C. einerseits auch innerhalb der Stoa auf Kritik (Antipater, Poseidonios) und wurde nicht immer als Autorität anerkannt. Außerdem läßt sich inzwischen die Vorgeschichte der chrysippeischen Logik differenzierter nachzeichnen (Diodoros Kronos, ↑Megariker), so daß die

Geschichte der Schule, das Denken C.' und das anderer Stoiker sich heute in manchem profilierter voneinander abheben lassen.

C.' Leistungen betreffen nahezu alle Gebiete der stoischen Philosophie. Sein besonderes Interesse galt der Logik, als deren (neben Aristoteles) bedeutendster Vertreter er in der Antike angesehen wird. Die heute unter dem Titel ›stoische Logik‹ rekonstruierten Untersuchungen (↑Logik, stoische) beziehen sich im wesentlichen auf das Werk C.'. Da die Logik bei den Stoikern neben der ›Dialektik‹ (einer Sprachtheorie einschließlich formaler Logik und Semantik) auch die Rhetorik, die Erkenntnistheorie und die Definitionslehre umfaßt, war es offenbar C., der Erkenntnistheorie und formale Logik erstmals deutlich trennte, indem er von einem Beweis nicht mehr verlangte, daß er von Bekanntem zu Unbekanntem führe, sondern nur noch von mehr Bekanntem zu weniger Bekanntem. In der Erkenntnistheorie selbst bezeichnete C. die Vorstellung ($\varphi\alpha\nu\tau\alpha\sigma\iota\alpha$), die im führenden (vernünftigen) Seelenteil ($\dot{\eta}\gamma\epsilon\mu o\nu\iota\kappa\acute{o}\nu$) hervorgerufen wird, nicht mehr wie Zenon und Kleanthes plastisch als ›Abdruck‹ ($\tau\acute{u}\pi\omega\sigma\iota\varsigma$) in einer ↑tabula rasa, sondern nur noch als ›Veränderung‹ ($\dot{\alpha}\lambda\lambda o\acute{\iota}\omega\sigma\iota\varsigma$) des vernünftigen Seelenteils. Ansonsten vertrat C. dasselbe Konzept wie seine Vorgänger: Die Vorstellungen müssen geprüft werden und Zustimmung finden (↑Synkatathesis), damit daraus Erkenntnisse und Wissenschaft entstehen können. Zustimmung verdienen jedoch nur die Vorstellungen, die Objektivität verbürgen. Sie allein sind ›erkenntnistaugliche‹ (kataleptische) Vorstellungen (↑Katalepsis); und wer weise ist, wird keiner anderen Vorstellung, nicht einmal ›schwach‹ zustimmen‹ (↑Meinung).

Wie die anderen großen Stoiker, so hat auch C. eine eigene Formulierung für die stoische Interpretation des Lebenszwecks vorgelegt. Die Maxime, ›nach der Natur zu leben‹, legt er so aus, daß darin ›Natur‹ vor allem die spezifisch menschliche Natur bedeutet, also die Vernunftnatur. Große Aufmerksamkeit fand C.' Lehre von der Willensfreiheit, weil er die Fatumlehre seiner Vorgänger aus kosmologischen Gründen zu einem umfassenden Determinismus ausbaute und dennoch an der Idee einer Verantwortung des Menschen festzuhalten verstand. Bis heute anregend ist auch seine Analyse der Leidenschaften. C. bestritt ebenso wie Zenon und Kleanthes, daß die menschliche Seele dualistisch aus vernünftigen und unvernünftigen Fähigkeiten bestehe; er betrachtete vielmehr die Vernunft als das maßgebliche menschliche Vermögen. Die Leidenschaften sah er im Gegensatz zu guten als schlechte Gefühle an, stufte sie als Exzesse ein und beschrieb sie als falsche Urteile, für die wir ebenso verantwortlich sind wie für den Zustand der Vernunft insgesamt. Poseidonios unterstützte demgegenüber wieder den platonischen Dualismus.

Texte: SVF II, III 1–205.
Literatur: J. Annas, C., in: S. Hornblower/A. Spawforth (eds.), The Oxford Classical Dictionary, Oxford/New York 1996, 329; C. Atherton, The Stoics on Ambiguity, Cambridge 1993; J. Barnes, The Catalogue of Chrysippus' Logical Works, in: K. A. Algra/J. Mansfeld (eds.), Polyhistor, Leiden/New York/Köln 1996, 169–184; J. M. Bocheński, Formale Logik, Freiburg/München 1956, ³1970; E. Bréhier, Chrysippe et l'ancien stoïcisme, Paris 1910, ²1951, 1971; K. Döring/T. Ebert (eds.), Dialektiker und Stoiker. Zur Logik der Stoa und ihrer Vorläufer, Stuttgart 1993; T. Ebert, Dialektiker und frühe Stoiker bei Sextus Empiricus. Untersuchungen zur Entstehung der Aussagenlogik, Göttingen 1991; H. Flashar/O. Gigon (eds.), Aspects de la philosophie hellénistique. Neuf exposés suivis des discussions, Vandœuvres/Genève, 26–31 août 1985, Vandœuvres 1986 (Entretiens sur l'Antiquité Classique XXXII); M. Frede, Die stoische Logik, Göttingen 1974; B. Galand, C., in: D. Huisman, Dictionnaire des philosophes I, Paris 1984, 585–588; J. B. Gould, The Philosophy of Chrysippus, Albany N. Y./Leiden 1970; B. Inwood, C., stoischer Philosoph, DNP II (1997), 1177–1183; W. Kneale/M. Kneale, The Development of Logic, Oxford 1962, 1968, 113–158 (Chap. III); M. Lapidge, $\dot{\alpha}\rho\chi\alpha\iota$ and $\sigma\tauo\iota\chi\epsilon\tilde{\iota}\alpha$. A Problem in Stoic Cosmology, Phronesis 18 (1973), 240–278; A. A. Long/D. N. Sedley, The Hellenistic Philosophers, I–II, Cambridge/New York 1987 (I Translations of the Principal Sources with Philosophical Commentary, II Greek and Latin Texts with Notes and Bibliography) (dt. I Die hellenistischen Philosophen. Texte und Kommentare, Stuttgart/Weimar 2000); B. Mates, Stoic Logic, Berkeley Calif. 1953, Berkeley Calif./Los Angeles/London ²1961, 1973; M. Pohlenz, Die Stoa. Geschichte einer geistigen Bewegung, I–II, Göttingen 1948/1949, ⁴1970/1972; ders., Zenon und C., Nachr. Ges. Wiss. Göttingen, philol.-hist. Kl., Fachgr. 1, NF II/9 (1938); J. M. Rist, The Stoics, Berkeley Calif./Los Angeles/London 1978; R. T. Schmidt, Die Grammatik der Stoiker. Einf., Übers. u. Bearb. v. K. H. Hülser. Mit einer kommentierten Bibliographie zur stoischen Sprachwissenschaft (Dialektik) v. U. Egli, Braunschweig 1979; A. Schubert, die stoischen Vorstellungen, in: K. Döring/T. Ebert (eds.), Dialektiker und Stoiker [s. o.], 271–289; ders., Untersuchungen zur stoischen Bedeutungslehre, Göttingen 1994; D. Brunschwig/M. C. Nussbaum (eds.), Passions and Perceptions. Studies in Hellenistic Philosophy of Mind. Proceedings of the Fifth Symposium Hellenisticum, Cambridge 1993, 313–331; ders., C., REP II (1998), 345–346; G. Watson, The Stoic Theory of Knowledge, Belfast 1966. – Les Stoïciens et leur logique. Actes du colloque de Chantilly 18–22 septembre 1976, Paris 1978.   K. H. H./M. G.

Chuang Tzu (Zhuang Zi), ca. 370–300 v. Chr., chines. Philosoph, neben Lao Tzu der bedeutendste Vertreter des ↑Taoismus. C. war ein sehr belesener, kritischer Geist, verachtete das politische Streben und lehnte Ämter ab. In seinem Werk wird häufig Bezug genommen auf andere philosophische Schulen seiner Zeit; mehrfach ist von Diskussionen die Rede, die er mit dem Sophisten Hui Shih führte. Nach traditioneller Auffassung stammen die ersten sieben Bücher des C. zugeschriebenen Werkes von C. selbst, der Rest von späteren Verfassern. Das Werk des C. ist in bilderreichem, gleichnishaftem, äußerst lebendigem und künstlerischem Stil geschrieben.

C. ist Mystiker, glaubt an eine unmittelbare, sprachlich nicht faßbare Erkenntnisweise. Doch ist es keine religiöse Mystik; das ↑Tao ist kein Gott. Irdisch-soziale Probleme behandelt C. nicht, sein Hauptthema ist das Leben und die richtige Weltauffassung des Einzelmenschen. Er verlacht die mühsam zu erlernende konfuzianische (↑Konfuzianismus) Moral, vertritt einen erkenntnistheoretischen ↑Relativismus, lobt (entgegen der staatstragenden Auffassung der Konfuzianer) das Unnütze, Unbrauchbare, Häßliche. Anhand von Schilderungen der ›Menschen der Vorzeit‹ zeichnet er sein Menschenideal: jene Menschen seien ohne Emotionen, ohne Nachdenken, ohne Bemühen durchs Leben gegangen, ihr Schlaf sei traumlos und ihr Atem tief gewesen (Letzteres eine Anspielung auf Atemtechniken). Ohne Lust seien sie ins Leben gekommen, ohne Furcht seien sie gestorben. – Der Zentralbegriff ›Tao‹ wird auch von C. nur indirekt bestimmt, nicht präzise definiert oder erklärt. Tao ist vor Himmel und Erde, ist auch noch in der kleinsten Ameise, ist nicht durch Nachdenken zu erlangen. Wer es erlangt hat, dessen Herz wird frei von Wünschen und Sorgen, Fragen und Problemen. Er wird zum Spiegel aller Dinge, er schaut die Dinge direkt, ohne von ihnen beeindruckt zu werden. – Einige Stellen, in denen vom ›Auffahren gen Himmel‹, vom ›Reiten auf den Wolken‹ etc. die Rede ist, haben starke Ähnlichkeit mit den berühmten Elegien von Ch'u (Chu); sie scheinen auf die damals wohlbekannten Phänomene der Entrückung und Ekstase zu verweisen.

Werke (Übersetzungen): The Complete Works of C., ed. B. Watson, New York/London 1968. – F. H. Balfour, The Divine Classic of Nan-Hua, Shanghai/London 1881; H. A. Giles, Chuang-tzu. Taoist Philosopher and Chinese Mystic, London 1889, ²1926 (repr. London 1961); J. Legge, The Sacred Books of China. The Texts of Taoism, Oxford 1891 (repr. Neu Delhi 1966); R. Wilhelm, Dschuang Dsi, Jena 1912 (Neudr. o. O. 1974, 1977); Y. L. Fung, C.. A New Selected Translation with an Exposition of the Philosophy of Kuo Hsiang (Kap. 1–7), Shanghai 1933.

Literatur: L. Bungartz, Der Gedanke des »Nicht-Handelns« bei Chuang-Tse. Ein Beitrag zu den staatsphilosophischen Spekulationen des chinesischen Altertums, Diss. Köln 1956.   H. S.

Chu Hsi (Zhu Xi), 1130–1200, chines. Philosoph, wichtiger Vertreter des Neukonfuzianismus (↑Konfuzianismus). Seine umfassenden Kommentare zu den konfuzianischen Klassikern und zum ↑I-Ching wurden als offizielle Interpretation Grundlage der staatlichen chinesischen Prüfungen bis zu deren Abschaffung (1905). C. vertritt einen objektiven Idealismus (↑Idealismus, objektiver), der stark an die Platonische ↑Ideenlehre erinnert. Jedem Ding der irdischen Welt entspricht ein Prinzip (›li‹, der Terminus ist übernommen von Ch'eng I) als dessen Urbild. Die Prinzipien existieren unabhängig davon, ob sie in der Materie realisiert sind oder nicht. Als letztes Höchstes, das alle Prinzipien umfaßt, besteht ein mystisches, körperloses Etwas, das Platons Idee des Guten ähnelt. Das Bewußtsein hält C. für verschieden von der Natur (Materie). Im Politischen war das Prinzip des richtigen Regierens nur durch die legendären Urkaiser verwirklicht; das Prinzip selbst gilt weiterhin, ist aber seither nie mehr verwirklicht worden. Zur Pflege der geistigen Einsicht, wie sie der Buddhismus (↑Philosophie, buddhistische) in China propagiert hat, hat man nicht mit den metaphysischen Prinzipien zu beginnen, sondern mit der Betrachtung ihrer physischen Realisierungen in dieser Welt. Wird dies mit großer Achtsamkeit betrieben, so winkt als Ziel, daß man eines Tages die Erleuchtung über die Gesamtheit aller Dinge gewinnt.

Werk: The Philosophy of Human Nature, ed. J. P. Bruce, London 1922 (repr. New York 1973).

Literatur: K. M. Au, Paul Tillich and C. H.. A Comparison of Their Views of Human Condition, New York/Washington D. C./ Baltimore Md. 2002; J. H. Berthrong, Concerning Creativity. A Comparison of C. H., Whitehead, and Neville, Albany N. Y. 1998; J. P. Bruce, C. and His Masters, London 1923 (repr. New York 1973); W.-T. Chan (ed.), Reflections on Things at Hand Compiled by C. and Lü Tsu-ch'i'en, New York 1967; ders., C. H.s Completion of Neo-Confucianism, in: F. Aubin (ed.), Etudes Song In Memoriam Etienne Balazs II, 1, The Hague/Paris 1973, 59–90; J. Ching, The Religious Thought of C. H., Oxford etc. 2001; H.-S. Choi, Spinoza und C. H.. Die absolute Natur als der Grund des menschlichen Seins in der Ethik Spinozas und der neokonfuzischen Lehre C. H.s, Frankfurt etc. 1998; Y. S. Kim, The Natural Philosophy of C. H. (1130–1200), Philadelphia Pa. 2000; H. C. Tillman, Utilitarian Confucianism. Ch'en Liang's Challenge to C. H., Cambridge Mass. etc. 1982. – The Philosophy of C., J. Chinese Philos. 5 (1978), Heft 2 (Beiträge von W.-T. Chan u. a.).   H. S.

Church, Alonzo, *Washington 14. Juni 1903, †Hudson Ohio 11. Aug. 1995, amerik. Mathematiker und Logiker. Studium in Princeton unter anderem bei O. Veblen; 1924 B. A., 1927 Ph. D.. Nach der Promotion ein Jahr Forschungsaufenthalt an der Harvard University, ein halbes Jahr in Göttingen und ein halbes Jahr in Amsterdam, wo C. mit L. E. J. Brouwer zusammenarbeitete. Ab 1929 Assist. Prof., ab 1939 Assoc. Prof., 1947–1967 o. Prof. der Mathematik (1961–1967 auch der Philosophie) an der Princeton University, 1967–1990 an der University of California, Los Angeles. C. bewies 1936 die Unentscheidbarkeit der klassischen ↑Quantorenlogik (Unentscheidbarkeitssatz (↑Identität)) und stellte im gleichen Jahr die sogenannte ↑Churchsche These als Vorschlag zur Präzisierung der Begriffe des ↑Algorithmus und der Berechenbarkeit (↑berechenbar/Berechenbarkeit) auf. Außer Arbeiten zur kombinatorischen Logik (↑Logik, kombinatorische) verdient die »Bibliography of Symbolic Logic« besondere Erwähnung, deren Hauptteil, zunächst 1936 und 1938 in dem von C. herausgegebenen »Journal of Symbolic Logic« erschienen, 1984 auch separat gedruckt wurde und seither in unregelmäßiger Folge laufend in der genannten Zeitschrift ergänzt wird.

Werke: A Set of Postulates for the Foundation of Logic, I–II, Ann. Math. 33 (1932), 346–366, 34 (1933), 839–864; The Richard Paradox, Amer. Math. Monthly 41 (1934), 356–361; An Unsolvable Problem of Elementary Number Theory, Amer. J. Math. 58 (1936), 345–363, Nachdr. in: M. Davis (ed.), The Undecidable. Basic Papers on Undecidable Propositions, Unsolvable Problems and Computable Functions, Hewlett N. Y. 1965, 89–107; A Note on the Entscheidungsproblem, J. Symb. Log. 1 (1936), 40–41 [Berichtigung, ebd., 101–102], Nachdr. in: M. Davis (ed.), The Undecidable [s. o.], 110–115; A Bibliography of Symbolic Logic, J. Symb. Log. 1 (1936), 121–218, Additions and Corrections to »A Bibliography of Symbolic Logic«, J. Symb. Log. 3 (1938), 178–212, separat: A Bibliography of Symbolic Logic (1666–1935), Providence R. I. 1984; A Formulation of the Simple Theory of Types, J. Symb. Log. 5 (1940), 56–68; The Calculi of Lambda-Conversion, Princeton N. J./London 1941, 1951, New York 1965; Introduction to Mathematical Logic I, Princeton N. J. 1944, erw. 1956, 1996; On Carnap's Analysis of Statements of Assertion and Belief, Analysis 10 (1950), 97–99; Special Cases of the Decision Problem, Rev. philos. Louvain 49 (1951), 203–221; A Formulation of the Logic of Sense and Denotation, in: P. Henle/M. Kallen/S. K. Langer (eds.), Structure, Method and Meaning. Essays in Honor of Henry M. Sheffer, New York 1951, 3–24; Special Cases of the Decision Problem. A Correction, Rev. philos. Louvain 50 (1952), 270–272; Intensional Isomorphism and Identity of Belief, Philos. Stud. 5 (1954), 65–73; Outline of a Revised Formulation of the Logic of Sense and Denotation, I–II, Noûs 7 (1973), 24–33, 8 (1974), 135–156; Set Theory with a Universal Set, in: L. Henkin u. a. (eds.), Proceedings of the Tarski Symposium. An International Symposium Held to Honor Alfred Tarski on the Occasion of His Seventieth Birthday, Providence R. I. 1974, 297–308, ferner in: Int. Log. Rev. 15 (1977), 11–23; Russell's Theory of Identity of Propositions, Philos. Nat. 21 (1984), 513–522; Intensionality and the Paradox of the Name Relation, in: J. Almog/J. Perry/H. Wettstein (eds.), Themes from Kaplan, New York/Oxford 1989, 151–165; A Revised Formulation of the Logic of Sense and Denotation. Alternative (1), Noûs 27 (1993), 141–157; A Theory of the Meaning of Names, in: V. Sinisi/J. Woleński (eds.), The Heritage of Kazimierz Ajdukiewicz, Amsterdam/Atlanta Ga. 1995 (Poznań Stud. Philos. Sci. and the Humanities XL), 69–74.

Literatur: C. A. Anderson, A. C.'s Contributions to Philosophy and Intensional Logic, Bull. Symbol. Log. 4 (1998), 129–171; ders./M. Zelëny, Logic, Meaning, and Computation. Essays in Memory of A. C., Dordrecht/Boston Mass./London 2001; P. Dolník, C., REP II (1998), 346–349; FM I (1994), 541–542; H. B. Enderton, In memoriam: A. C.: 1903–1995, Bull. Symbol. Log. 1 (1995), 486–488; M. Manzano, A. C.. His Life, His Work and Some of His Miracles, Hist. and Philos. Log. 18 (1997), 211–232; J. Porte/M. Crabbé, C., Enc. philos. universelle III/2 (1992), 3125–3126; K.-D. Schulz, Die These von C.. Zur erkenntnistheoretischen und sprachphilosophischen Bedeutung der Rekursionstheorie, Frankfurt etc. 1997; W. Stegmüller, Die Unentscheidbarkeit der Quantifikationstheorie (Theorem von C.), in: ders., Unvollständigkeit und Unentscheidbarkeit. Die metamathematischen Resultate von Gödel, C., Kleene, Rosser und ihre erkenntnistheoretische Bedeutung, Wien/New York 1959, ³1973, 44–57. C. T.

Churchsche These (engl. Church's Thesis, franz. thèse de Church), die erstmals von A. Church 1936 ausgesprochene Annahme, daß jede effektiv berechenbare (↑berechenbar/Berechenbarkeit) Funktion (allgemein-)rekursiv sei (↑Funktion, rekursive). Diese in zahlreichen Unlösbarkeitsbeweisen als gültig unterstellte These sucht die intuitive ›Berechenbarkeit‹ als Rekursivität zu präzisieren und ist implizit auch in A. M. Turings Begriff einer allgemeinen Rechenmaschine enthalten (↑Algorithmus). Da somit der eine der beiden in Beziehung gesetzten Begriffe vage ist, kann es einen strengen Beweis dieser These nicht geben. In der mathematischen Praxis wird sie gegenwärtig akzeptiert, da für ihre Plausibilität spricht, daß sich bisher noch alle anderen, von zum Teil stark abweichenden Ausgangspunkten her unternommenen Präzisierungsversuche derselben Grundbegriffe später als gleichwertig erwiesen haben (z. B. λ-Definierbarkeit, Turing-Berechenbarkeit [↑Turing-Maschine], algorithmentheoretische Normalisierbarkeit [↑Algorithmentheorie], Programmierbarkeit). Trotz dieser Erfahrungstatsache und der weiteren, daß sich alle in neuerer Zeit vorgebrachten ›Gegenbeispiele‹ zur C.n T. als Mißverständnisse des Begriffs des algorithmischen Verfahrens herausgestellt haben, rechnen einige führende Fachleute der rekursiven Funktionentheorie nach wie vor damit, daß die C. T. eines Tages widerlegt werden könnte. Ein solches Ereignis würde insofern wesentliche Auswirkung auf die mathematische Praxis haben, als diese auch in der Rekursivitäts- und Berechenbarkeitstheorie selbst informelle Überlegungen und Beweise letztlich auf die Geltung der C.n T. stützt, so wie man bei ›informellen‹ Überlegungen und Beweisen in der Mathematik davon ausgeht, daß sich diese bei Bedarf auch ›streng‹ in einem voll kontrollierbaren Formalismus darstellen ließen.

Literatur: J. Berg/C. Chihara, Church's Thesis Misconstrued, Philos. Stud. 28 (1975), 357–362; R. Black, Proving Church's Thesis, Philos. Math. 3. Ser. 8 (2000), 244–258; G. L. Bowie, An Argument against Church's Thesis, J. Philos. 70 (1973), 66–76; A. Church, An Unsolvable Problem of Elementary Number Theory, Amer. J. Math. 58 (1936), 345–363, Nachdr. in: M. Davis (ed.), The Undecidable. Basic Papers on Undecidable Propositions. Unsolvable Problems and Computable Functions, Hewlett N. Y. 1965, 110–115; R. R. Dipert, Peirce, Frege, the Logic of Relations and Church's Theorem, Hist. Philos. Log. 5 (1984), 49–66; J. Folina, Church's Thesis. Prelude to a Proof, Philos. Math. 3. Ser. 6 (1998), 302–323; L. Kalmár, An Argument against the Plausibility of Church's Thesis, in: A. Heyting (ed.), Constructivity in Mathematics. Proc. of the Colloquium Held at Amsterdam 1957, Amsterdam 1959, 72–80; S. C. Kleene, Introduction to Metamathematics, Amsterdam/Groningen 1952, 1974; ders., Mathematical Logic, New York/London/Sydney 1967; E. Mendelson, On Some Recent Criticism of Church's Thesis, Notre Dame J. Formal Logic 4 (1963), 201–205; J. R. Moschovakis, Can there Be No Nonrecursive Functions?, J. Symb. Log. 36 (1971), 309–315; R. J. Nelson, Church's Thesis and Cognitive Science, Notre Dame J. Formal Logic 28 (1987),

581–614; R. Péter, Rekursivität und Konstruktivität, in: A. Heyting (ed.), Constructivity in Mathematics [s. o.], 226–233; F. Richman, Church's Thesis without Tears, J. Symb. Log. 48 (1983), 797–803; H. Rogers Jr., Theory of Recursive Functions and Effective Computability, New York/London 1967, Cambridge Mass. 1987, 20–21 (§ 1.7 Church's Thesis); D. Ross, Church's Thesis. What Its Difficulties Are and Are Not, J. Philos. 71 (1974), 515–525; S. Shapiro, Understanding Church's Thesis, Again, Acta Analytica 11 (1993), 59–77; ders., Church's Thesis, REP II (1998), 351–355; A. S. Troelstra, Aspects of Constructive Mathematics, in: J. Barwise (ed.), Handbook of Mathematical Logic, Amsterdam/New York/Oxford 1977, 973–1052, bes. 986–992 (Chap. 4 Realizability and Church's Thesis).   C. T.

Chwarismi, al- (auch al-Charizmi, al-Huwarizmi, mlat. Algorismi, eigentlich Mohammed Ibn Musa), *Chorism (Chiwa, im heutigen Usbekistan) ca. 780, †Bagdad ca. 850, einflußreicher persischer Mathematiker und Astronom aus der Zeit des Kalifats von al-Ma'mun und al-Mutasim. Al-C. vermittelte in enzyklopädischer Form der arabischen Welt die wissenschaftlichen Kenntnisse der Antike sowie der babylonischen und indischen Kultur. Während seine astronomischen Tafeln als wissenschaftliches Standardwerk galten, das im 12. Jh. ins Lateinische übersetzt und im Westen mehrfach neu bearbeitet wurde, verdankt seine Schrift »Kitab al jabr wa'l muqabala« (aus deren Titel sich das Wort ›Algebra‹ herleitet) die weite Verbreitung dem elementaren und praktischen Charakter der in ihr enthaltenen Regeln zur Lösung linearer und quadratischer ↑Gleichungen, den Anwendungen der Proportionsrechnung auf Erbschaftsprobleme und der praktisch relevanten Elementargeometrie. Hier wie in einem weiteren (nur unvollständig und in lateinischer Übersetzung erhaltenen) Werk propagiert al-C. das von ihm aus der indischen Mathematik übernommene Positionssystem der Zahlnotation. Beide Werke kamen im Westen zu weiter Verwendung, woran nicht zuletzt der bis ins 18. Jh. übliche, aus ›al-Chwarismi‹ verballhornte Name ›Algorismus‹ für das Rechnen im ↑Dezimalsystem erinnert; mit veränderter Bedeutung ist der Terminus noch heute in Gebrauch (↑Algorithmus).

Werke: The Algebra of Mohammed ben Musa [arab./engl.], ed. u. übers. F. Rosen, London 1831, Nachdr. Hildesheim/Zürich/New York 1986; Die Astronomischen Tafeln des Muhammed Ibn Musa [lat.], ed. H. Suter, Kopenhagen 1914 (engl. The Astronomical Tables of A., ed. O. Neugebauer, Kopenhagen 1962); Robert of Chester's Latin Translation of the Algebra of al-Khowarizmi [lat./engl.], ed. L. C. Karpinski, New York 1915, unter dem Titel: Robert of Chester's Latin Translation of Al-Khwarizmi's Al-Jabr, ed. B. B. Hughes, Stuttgart 1989; L. C. Karpinski, Two Twelfth Century Algorisms, Isis 3 (1920), 396–413; Mohammed Ibn Musa Alchwarizmi's Algorismus. Das früheste Lehrbuch zum Rechnen mit indischen Ziffern, nach der einzigen Handschrift (Cambridge Univ. Lib. Ms. Ii. 6.5.) in Faksimile mit Transkription und Kommentar [Titel der Handschrift: De numero Indorum per novem literas] [lat.], ed. K. Vogel, Aalen 1963; Muhammad Ibn Mûsâ Al-Khwârizmî, le Calcul Indien (Algorismus). Histoire des textes, édition critique, traduction et commentaire des plus anciennes versions latines remaniées du XIIe siècle, ed. A. Allard, Paris 1992.

Literatur: C. E. Bosworth, A Pioneer Arabic Encyclopedia of the Sciences. Al Khwarizmi's Keys of the Sciences, Isis 54 (1963), 97–111; C. B. Boyer, A History of Mathematics, New York/London/Sydney 1968; S. Brentjes, al-H., in: S. Gottwald/H.-J. Ilgauds/K.-H. Schlote (eds.), Lexikon bedeutender Mathematiker, Thun/Frankfurt 1990, 218; C. Brockelmann, Geschichte der arabischen Literatur I, Leiden 1943, bes. 239–240; J. Frank, Die Verwendung des Astrolabs nach A., Erlangen 1922; S. Gandz, The Sources of al-Khowarizmi's Algebra, Osiris 1 (1936), 263–277; ders., The Algebra of Inheritance. A Rehabilitation of A., Osiris 5 (1938), 319–391; A. P. Juschkewitsch, Geschichte der Mathematik im Mittelalter, Leipzig 1964, bes. 204–220; E. S. Kennedy, Al-Khwarizmi on the Jewish Calendar, Scr. Math. 27 (1964–1966), 55–59; G. Sarton, Introduction to the History of Science I (From Homer to Omar Khayyam), Baltimore Md. 1927, 1968; M. Simon, Zu Hwariznu's hisab al gabr wal muqäbala, Arch. Math. u. Physik 18 (1911), 202–203.   C. T.

Chwistek, Leon Kazimierz Antoni, *Zakopane 1884, †Berwisza (b. Moskau) 20. Aug. 1944, poln. Logiker, Philosoph und Wissenschaftstheoretiker, ferner Maler, Kunstkritiker und Kunstphilosoph (Freund von K. Witkacy). Zunächst Dozent an der Universität Krakau, hatte er, bevor er nach Rußland flüchten mußte, 1930–1940 den Lehrstuhl für Logik an der Mathematisch-Naturwissenschaftlichen Fakultät in Lemberg (= Lwów) inne, den er in Konkurrenz zu A. Tarski erhielt. Zwar zählt er trotz seines Wirkens in Lemberg nicht zur Lemberg-Warschauer Schule (↑Warschauer Schule), doch übte er nicht unbeträchtlichen Einfluß auf manche ihrer Mitglieder aus. So war er – nicht, wie gemeinhin angenommen, J. Łukasiewicz – der eigentliche Vater der polnischen Notation (↑Notation, logische; vgl. J. Woleński, Logic and Philosophy in the Lvov-Warsaw School, Dordrecht/Boston Mass./London 1989, 97), und er war es, der den Mill-Anhänger S. Leśniewski vom Nutzen formaler Methoden überzeugte (vgl. S. Leśniewski, Collected Works I, ed. S. J. Surma/J. T. Srzednicki/D. I. Barnett, Dordrecht/Boston Mass./London 1992, 181 versus 364). C. fand mit seinen Beiträgen zur ↑Logik und ↑Mengenlehre einerseits einige Beachtung, konnte sich aber andererseits mit seinen – gemeinhin als zu idiosynkratisch angesehenen und zum Teil nur schwer lesbaren – Schriften nie wirklich durchsetzen. Erschwerend kommt hinzu, daß er und seine Schüler (W. Hetper, J. Herzberg, J. Skarzenski) den Krieg nicht überlebten.

Als Philosoph vertrat C. in Arbeiten über die ›Pluralität der Realitäten‹ (1921, 1925) die Auffassung, daß man vier Realitätsebenen zu unterscheiden habe. Die Existenz der natürlichen Dinge fordert der gesunde Menschenverstand, die physikalischen Objekte eine instrumentell gestützte Theorie; daneben gibt es die Ebenen der Wahrnehmungs- und Phantasiewelt. Diesen vier Realitätsebenen ordnet C. in ästhetisch-kunsttheoretischer Hinsicht die primitive Kunst, den Realismus, Impressionismus und Futurismus zu. Dabei gilt, daß in jedem Kunststil die Formgebung das ist, was Kunst ausmacht (Formismus). 1919–1920 war C. Mitherausgeber der Zeitschrift »Formiści« (Die Formisten). – Als Logiker galten C.s Bemühungen – dem Geist der Zeit entsprechend – einer Grundlegung der Mathematik. Er vertrat einen ↑Logizismus (↑Zahlen sind Klassen [↑Klasse (logisch)], Klassen sind ↑Aussageformen, also ist die Mathematik Teil einer Theorie der Aussageformen) mit formalistischen Zügen (nicht jeder wohlgeformte Ausdruck seines formalen Systems [↑System, formales] muß bedeutungsvoll sein können, ↑Formalismus); in der Durchführung seines Programms war er Konstruktivist (keine imprädikativen Schlußweisen, ↑imprädikativ/Imprädikativität, ↑Konstruktivismus) mit einer possibilistischen Deutung des Existenzquantors (›$\bigvee_x Fx$‹ meint, es ist möglich, ein F-Objekt zu konstruieren, ↑Einsquantor); sein ↑Nominalismus zeigt sich darin, daß bereits die physikalische Welt die ↑Axiome wahr machen und es keine weiteren Existenzverpflichtungen durch die logische Theorie geben soll.

Ausgehend von der Antinomiendiskussion (1921, 1922) und in kritischer Distanz zur Mengenlehre (1926) erkannte C. als erster das Hinreichen einer einfachen im Gegensatz zur verzweigten ↑Typentheorie B. Russells (1921, eine Einsicht, die gewöhnlich F. Ramsey zugeschrieben wird). Doch bietet seine eigene, konstruktive Typentheorie (1924) eine ›verkehrte Welt‹: Elemente sind von höherem Typus als Mengen; das dahinterstehende Bild ist das von konzentrischen Kreisen, wobei der Typus 0 durch den äußersten Kreis repräsentiert wird und der Typus $n+1$ innerhalb des Typus n zu liegen kommt. Sein Ziel war, ein prädikatives System ohne ↑Reduzibilitätsaxiom oder ↑Extensionalitätsaxiom zu entwickeln, das dennoch zur Herleitung der klassischen Mathematik hinreichen und nachweislich widerspruchsfrei (↑widerspruchsfrei/Widerspruchsfreiheit) sein sollte. Dieses Projekt durchlief verschiedene Stadien, gelangte jedoch nie zur befriedigenden Ausführung. Die Definitionstheorie seines ersten Versuchs wurde von Leśniewski als inkonsistent nachgewiesen (S. Leśniewski, Collected Works II, ed. S. J. Surma/J. T. Srzednicki/D. I. Barnett, Dordrecht/Boston Mass./London 1992, 488, 665), seine letzten Bemühungen erfolgten unter dem Titel ›rationale Metamathematik‹ (1933) und wurden von J. Myhill aufgegriffen und weitergeführt. Auch wenn einzelne Bemerkungen zur Mengenlehre und Kritiken an der Russellschen Typentheorie durchaus Resonanz fanden, blieben seine eigenen Versuche doch stets zu torsohaft, um in ernsthafte Konkurrenz mit etablierteren Ansätzen treten zu können; Myhills Arbeiten dagegen fanden Beachtung. – Eine Gesamtdarstellung seiner Lehren enthält »Granice Nauki« (1935), ein Werk, das sich von der postumen Ausgabe »The Limits of Science« (1948) jedoch deutlich unterscheidet (»It is so different from the Polish original that it may be regarded as a new work«, J. Myhill, Review of ›Limits of Science‹, J. Symb. Log. 14 [1949], 120).

Werke: Zasada sprzeczności w świetle nowszych badań Bertranda Russella [Der Satz vom Widerspruch im Lichte neuerer Untersuchungen Bertrand Russells], Krakau 1912; Antynomie logiki formalnej [Antinomien der formalen Logik], Przegląd Filozoficzny 24 (1921), 164–171; Wielość rzeczywistości [Die Pluralität der Realitäten], Krakau 1921 (franz. Pluralité des réalités, in: G. della Valle [ed.], Atti del V Congresso Internazionale di Filosofia Napoli 5–9 Maggio 1924, Neapel 1925, Nachdr. Nendeln/Liechtenstein 1968, 19–24); Über die Antinomien der Prinzipien der Mathematik, Math. Z. 14 (1922), 236–243; Zasady czystej teorji typów [Prinzipien der einfachen Typentheorie], Przegląd Filozoficzny 25 (1922), 359–391; Zastosowanie metody konstrukcyjnej do teorii poznania [Die Anwendung der konstruktiven Methode in der Erkenntnistheorie], Przegląd Filozoficzny 26 (1923), 175–187, 27 (1927), 296–298; The Theory of Constructive Types (Principles of Logic and Mathematics), Ann. Soc. Polonaise de Math. 2 (1923/1924), 9–48, 3 (1924/1925), 92–141; Sur les fondements de la logique moderne, in: G. della Valle (ed.), Atti del V Congresso Internazionale di Filosofia Napoli 5–9 Maggio 1924 [s. o.], 24–28; Über die Hypothesen der Mengenlehre, Math. Z. 25 (1926), 439–473; Neue Grundlagen der Logik und Mathematik, Math. Z. 30 (1929), 704–724 und (Zweite Mitteilung) 34 (1932), 527–534; Die Nominalistische Grundlegung der Mathematik, Erkenntnis 3 (1932/1933), 367–388; (mit W. Hetper/J. Herzberg) Podstawy metamatematyki racjonalnej = Fondements de la métamathématique rationnelle (Grundlagen der rationalen Metamathematik), Bull. Int. Acad. Polonaise Sci. Lett., Class. sci. math. et nat., Serie A, sci. math., Krakau 1933, 253–264, 265–275 [Text franz.]; Zagadnienia kultury duchowej w Polsce [Probleme der intellektuellen Kultur in Polen], Krakau 1933; Granice Nauki; zarys logiki i metodologii nauk ścisłych (Grenzen der Wissenschaft. Grundzüge der Logik und Methodologie der exakten Wissenschaften), Lwów/Warschau 1935 (engl. [wesentlich erw.] The Limits of Science. Outline of Logic and of the Methodology of the Exact Sciences, ed. H. C. Brodie, London 1948, ²1949, London 2000); Überwindung des Begriffsrealismus, Stud. Philos. 2 (Leopoli 1937), 1–18; Krytyka pojęcia zmiennej w systemie semantyki racjonalnej [Kritik des Variablenbegriffs im System der rationalen Semantik], Lwów 1938; (mit W. Hetper) New Foundation of Formal Metamathematics, J. Symb. Log. 3 (1938), 1–36; A Formal Proof of Gödel's Theorem, J. Symb. Log. 4 (1939), 61–68; La méthode générale des sciences positives. L'esprit de la sémantique, Paris 1946; Wielość rzeczywistości w sztuce [Die Pluralität der Realitäten in der Kunst], Przegląd Współczesny 9 (1924) 79–95, Neudr. in: Wielość rzeczywistości w sztuce i inne szkice literackie, ed. K. Estreicher, Warschau 1960, 51–73; Pisma filozoficzne i logiczne [Philosophische und logische Schriften], I–II, Warschau 1961/1963.

Literatur: K. Estreicher, L. C.. Biografia artysty (1884–1944), Krakau, 1971; FM I (1994), 542–543; A. A. Fraenkel/Y. Bar-Hillel/A. Levy, Foundations of Set Theory, Amsterdam/London 1958, ²1973, 1984, bes. 203–205 (Chap. III, § 11.2); H. Hiz, C., Enc. Ph. II (1967), 112–113; J. J. Jadacki, L. C. – Bertrand Russell's Scientific Correspondence, Dialectics and Humanism 13 (1986), 239–263; G. Józefczuk, The Idea of Common Sense in the Philosophy of L. C., Ann. Universitatis Mariae Curie-Sklodowska. Sectio I. Philosophia-Sociologia 11 (1986), 221–232 [Zusammenfassung engl.]; W. Kaczocha, Kultura. Studia z historii myśli. Krzywicki, Abramowski, Czarnowski, C., Warschau 1991; T. Kostyrko, Leona Chwistka filozofia sztuki [L. C.s Philosophie der Kunst], Warschau 1995 [Zusammenfassung engl.]; J. Myhill, Review of ›Limits of Science‹, J. Symb. Log. 14 (1949), 119–125; ders., Report on some Investigations Concerning the Consistency of the Axiom of Reducibility, J. Symb. Log. 16 (1951), 35–42; ders., Towards a Consistent Set-Theory, J. Symb. Log. 16 (1951), 130–136; B. van Rootselaar, C., DSB III (1971), 278–279. B. B.

Cicero, Marcus Tullius, *Arpinum (heute Arpino) 3. Jan. 106, †bei Caieta (heute Gaeta) 7. Dez. 43, röm. Staatsmann, Redner und Schriftsteller. 75 Quaestor, 69 Ädil, 66 Praetor, 63 Konsul. Am Vorabend der beginnenden Kaiserzeit suchte C. als konservativer Erneuerer altrömischer Werte die römische Republik zu retten und widersetzte sich energisch allen Bestrebungen monarchischer Machtkonzentration. Daß er als Politiker scheiterte, ist weniger politischer Unfähigkeit zuzuschreiben (so entdeckte und vereitelte er den Putschversuch L. S. Catilinas und durchschaute und verhinderte G. J. Caesars Plan, mit Hilfe eines neuen Ackergesetzes zur Macht zu gelangen), als der Hausmacht seiner Gegner sowie seiner Einstellung zu den Prinzipien der Staatsführung, die eine radikale Parteinahme für eine der herrschenden Gruppen verbot. Auf Betreiben des Clodius wurde C. 58/57 verbannt; im selben Jahr triumphale Rückkehr. Durch Caesars Aufstieg in seiner politischen Wirksamkeit eingeschränkt, widmete er sich ganz der literarischen Tätigkeit; nach Caesars Ermordung (44) wandte er sich wieder der aktiven Politik zu. Von den Häschern des Caesarfreundes Antonius, den er in seinen »Philippicae« genannten Reden angegriffen hatte, wurde C. 43 auf der Flucht getötet.

Das umfangreiche Schrifttum C.s dokumentiert seine umfassende Bildung; seine elegante Diktion und sein glänzender Stil beeinflußten nachhaltig die abendländische Kunstprosa. Er gilt als Repräsentant der klassischen Latinität. Neben einer Fülle von Briefen und zahlreichen politischen und Gerichtsreden sind mehr als 20 Schriften zur Philosophie und Rhetorik erhalten. Erwähnung verdienen unter anderem: »De re publica« (eine aus monarchischen, aristokratischen und demokratischen Elementen bestehende Mischverfassung wird als Ideal hingestellt; »De legibus« (Theorie des Rechtes und der Gesetze; enthält im 1. Buch die stoische Grundlegung des Naturrechts); »De finibus bonorum et malorum« (die ethischen Theorien Epikurs, der Stoa und der alten Akademie werden referiert und aporetisch kritisiert); »De officiis« (über Sittlichkeits-, Erkenntnis- und Nützlichkeitspflichten sowie über die vier Kardinaltugenden); »Tusculanae disputationes« (popularphilosophische Erörterung über Tod, Schmerz, Leidenschaften); »De natura deorum« (Existenz, Natur und Wirkungsweise der Götter aus epikureischer, stoischer und skeptischer Sicht dargestellt und kritisiert); »De oratore« und »Orator« (Lehrschriften über die Redetheorie und Redepraxis).

C. war in erster Linie nicht systematischer Philosoph, sondern Politiker. Philosophie stellte für ihn eine ernstzunehmende Mußetätigkeit dar, die jedoch von politischer Arbeit nicht abhalten durfte (den größten Teil seiner theoretischen Schriften verfaßte C. in den Zeiten politischer Isolierung: 56–51 und 47–44). Unmißverständlich trat er für den Primat der vita activa (↑vita contemplativa) ein. Sein Ideal ist die Verbindung von Philosophie und Beredsamkeit im Dienste des Staates, wobei Philosophie als Kontrollinstanz für politische Entscheidungen und rhetorische (↑Rhetorik) Beeinflussung gedacht ist. Da C. in erster Linie philosophische Richtungen darstellt und kritisch prüft, ohne selbst ein System zu entwerfen, ist seine eigene Position schwer bestimmbar. Am ehesten könnte man ihn der Skepsis (↑Skeptizismus) der neueren ↑Akademie zurechnen, die zwar die Möglichkeit objektiver Erkenntnis leugnet, aber die sorgfältige Prüfung jedes Urteils durch Berücksichtigung aller Gegenargumente verlangt. Dogmatismus lehnt C. entschieden ab (erkennbar z. B. in der Definition der ›Weisheit‹ als unabschließbarer ›Wahrheitssuche‹, nicht als ›Wahrheitsfindung‹). Unter den philosophischen Disziplinen bevorzugt C. die Ethik und die Dialektik (Logik) gegenüber der Physik. Seine philosophischen Lehrer waren die Stoiker Diodotos und Poseidonios, die Epikureer Phaidros und Zenon sowie die Akademiker Philon von Larissa und Antiochos von Askalon. – C. sorgte für den Durchbruch der griechischen Philosophie in Rom, der man damals noch so ablehnend gegenüberstand, daß C.s Redelehrer L. Crassus und M. Antonius es vermieden, ihre Griechischkenntnisse öffentlich zu erkennen zu geben. Als Übersetzer und Vermittler griechischer Philosophie führte C. einen großen Teil der heute noch geläufigen philosophischen Termini ins Lateinische ein.

Mehr als 16 Jahrhunderte hat C. die europäische Philosophie beeinflußt. A. Augustinus, Ambrosius und A. T. Macrobius berufen sich auf ihn, im ↑Humanismus bringt Erasmus von Rotterdam C.s Philosophie und Bildungskonzeption erneut zur Geltung, und in der Zeit des beginnenden aufklärerischen, liberalen und demokratischen Denkens werden die pädagogischen, ethischen (bes. die Pflichtenlehre in »De officiis«) und politiktheoretischen Passagen seiner Werke herangezogen. Von besonderem Interesse und großer Wirkung sind vor allem seine Definitionen des Staates und des natürlichen Rechtes: Den Staat (res publica) bestimmt er als ›Sache des Volkes‹ (res populi), wobei er (ähnlich wie es später in Theorien des ↑contrat social geschieht) unter ›Volk‹

›nicht jede Vereinigung von Menschen‹ versteht, sondern nur eine solche, die ›auf der Grundlage einer Rechtsvereinbarung und einer Gemeinsamkeit von Interessen erfolgt‹ [De re publica I 25 (39)]. Vor das positive Recht (ius) setzt C. ein ›natürliches‹ (↑Naturrecht), auf der natürlichen Gemeinschaft der Menschen untereinander und mit Gott beruhendes, ausschließlich aus Vernunftgründen abgeleitetes allgemeines Recht (lex), das zugleich den Weg zum höchsten Gut und zu den sozialen und individuellen Pflichten des Menschen weist (De legibus I 5–21).

Werke: M. T. Ciceronis Orationes, I–VI, ed. A. C. Clark/W. Peterson, Oxford 1905–1918; M. T. Ciceronis scripta quae manserunt omnia Fasc. 42, Leipzig 1914 ff.; Discours I–XX, ed. H. de la Ville de Mirmont u. a., Paris 1918 ff.; Sämtliche Reden, I–VII, ed. M. Fuhrmann, Zürich/Stuttgart/München 1978–1985. – De re publica, ed. K. Ziegler, Leipzig 1915, ⁷1969 (dt. Vom Gemeinwesen, ed. K. Büchner, Zürich 1952, ³1973, unter dem Titel: Der Staat, ed. H. Merklin, Düsseldorf/Zürich 1999); De finibus bonorum et malorum, ed. T. Schiche, Stuttgart 1915, 1993 (dt. Über die Ziele menschlichen Handelns, ed. O. Gigon, München/Zürich 1988); Tusculanae disputationes, ed. M. Pohlenz, Leipzig 1918, Stuttgart 1967 (dt. Gespräche in Tusculum, ed. O. Gigon, München 1951, München/Zürich ⁶1992); De officiis, ed. C. Atzert, Leipzig 1923, ⁵1971 (dt. Vom rechten Handeln, ed. K. Büchner, Zürich 1953, München/Zürich ⁴1994); De natura deorum, ed. W. Ax, Leipzig 1933, Stuttgart 1968 (dt. Vom Wesen der Götter, ed. W. Gerlach/K. Bayer, München 1978, München/Zürich ³1990); De legibus, ed. K. Ziegler, Heidelberg 1950, Freiburg/Würzburg ³1979; Orator, ed. O. Seel, Heidelberg 1952 (dt. Orator, ed. B. Kytzler, München 1975, München/Zürich ⁴1998); De oratore. Über den Redner [dt./lat.], ed. H. Merklin, Stuttgart 1978, ⁴2001. – Atticus-Briefe, ed. H. Kasten, München 1959, München/Zürich ⁴1990; Epistulae ad familiares. An seine Freunde [dt./lat.], ed. H. Kasten, München 1964, München/Zürich ⁴1989); An Bruder Quintus. An Brutus, ed. H. Kasten, München 1965, ²1976. – Totok I (1964), 296–310.

Literatur: K. Bringmann, Untersuchungen zum späten C., Göttingen 1971; K. Büchner, C., Heidelberg 1964; W. Burkert, C. als Platoniker und Skeptiker. Zum Platonverständnis der ›Neuen Akademie‹, Gymnasium 72 (1965), 175–200; A. E. Douglas, C., Oxford 1968; M. Fuhrmann, C. und die römische Republik, Düsseldorf/Zürich 1991, ⁴1997; G. Gawlick/W. Görler, C., in: H. Flashar (ed.), Die Philosophie der Antike IV, Basel 1994, 991–1168; M. Gelzer, C., Wiesbaden 1969; O. Gigon, C., LAW 627–632; J. Glucker, C.'s Philosophical Affiliations, in: J. Dillon/A. A. Long (eds.), The Question of ›Eclecticism‹, Berkeley Calif. 34–69; G. Görler, Untersuchungen zu C.s Philosophie, Heidelberg 1974; M. Griffin/J. Barnes (eds.), Philosophia Togata. Essays on Philosophy and Roman Society, I–II, Oxford 1989/1997; H.-J. Hartung, C.s Methode bei der Übersetzung griechischer philosophischer Termini, Hamburg 1970; W. Heilmann, Ethische Reflexion und römische Lebenswirklichkeit in C.s Schrift »De officiis«, Wiesbaden 1982; A. Laks/M. Schofield (eds.), Justice and Generosity. Studies in Hellenistic Social and Political Philosophy, Cambridge 1995; J. Leonhardt, C.s Kritik der Philosophenschulen, München 1999; A. Michel, Rhétorique et philosophie chez Cicéron, Paris 1960; ders./R. Verdière (eds.), Ciceroniana, Leiden 1975; G. Patzig, C. als Philosoph, am Beispiel der Schrift »De finibus«, Gymnasium 86 (1979), 304–322; O. Plasberg, C. in seinen Werken und Briefen, Leipzig 1926; V. Pöschl, Römischer Staat und griechisches Staatsdenken bei C., Berlin 1936; J. G. F. Powell, C. the Philosopher, Oxford 1995; G. Radke (ed.), C., Berlin 1968; E. Rawson, C., London 1975; D. Schlichting, C. und die griechische Gesellschaft seiner Zeit, Bonn 1975; P. L. Schmidt, C.'s Place in Roman Philosophy. A Study of His Prefaces, Class. J. 74 (1978/1979), 115–127; C. B. Schmitt, C. Scepticus. A Study of the Influence of the ›Academica‹ in the Renaissance, The Hague 1972; O. Seel, C., Stuttgart 1953; W. Suess, C.. Eine Einführung in seine philosophischen Schriften, Wiesbaden 1966; D. Taylor, C. and Rome, London 1973, 1980; A. Weische, C. und die neue Akademie. Untersuchungen zur Entstehung und Geschichte des antiken Skeptizismus, Münster 1961; S. A. White, C., REP II (1998), 355–360; N. Wood, C.'s Social and Political Thought, Berkeley Calif. 1988; T. Zielinski, C. im Wandel der Jahrhunderte, Leipzig 1897, Darmstadt 1973. M. G.

Cieszkowski, August Graf, *Sucha (Podlachien) 12. Sept. 1814, †Posen 12. März 1894, poln. Philosoph und Ökonom. C. studierte Philosophie in Krakau, ab 1832 in Berlin, wo er sich den Hegelianern anschloß, 1838 Promotion in Heidelberg, anschließend Reisen nach Frankreich und Italien. 1843 mit C. L. Michelet Begründer der »Philosophischen Gesellschaft« in Berlin, später Aufenthalt in Warschau (Mitbegründer der Zeitschrift »Biblioteka Warszawska«). 1847 Übersiedlung nach Posen und Annahme der Preußischen Staatsbürgerschaft; 1849–1862 Abgeordneter im Preußischen Landtag, wo C. vergeblich die Gründung einer Universität in Posen forderte. – Das Studium der Hegelschen ↑Geschichtsphilosophie (↑Hegelianismus) führte C. zur Annahme einer dreistufigen Geschichtsentwicklung nach dem Schema These (Altertum), Antithese (christlich-germanische Welt), Synthese (Gegenwart und zukünftiges vollkommenes Leben). Diesem Schema entsprechen die Begriffe Fühlen, Denken und Wollen. Als Ökonom beschäftigte C. sich als Folge der Auseinandersetzung mit den Theorien von C.-H. de Saint-Simon und F. M. C. Fourier insbes. mit dem Sparkassen- und Kreditwesen.

Werke: Selected Writings of A. C., ed. A. Liebich, Cambridge/New York 1979 (mit Bibliographie, 156–165). – Prolegomena zur Historiosophie, Berlin 1838 (repr. Nendeln 1976, Hamburg 1981); Du crédit et de la circulation, Paris 1839, ²1847, ³1884; Gott und Palingenesie, Berlin 1842; De la pairie et de l'aristocratie moderne, Paris 1844, ²1908; Ojcze nasz I, Paris 1848, I–III in einem Bd., Posen 1922–1923 (engl. [gekürzt] The Desire of all Nations, London 1919; franz. Notre père, I–IV, Paris 1906–1930; dt. Vater unser, I–III, Stuttgart 1996).

Literatur: J. Hellwig, C., Warschau 1979; M. N. Jakubowski, The Meaning of History in A. C.. Between Hegel and Romantic Historiosophy, Dialectics and Humanism 8 (1981), 145–155; J. Keller, Czyn jako wyraz postawy moralnej A. C., Lublin 1948; W. Kühne, Graf A. C., ein Schüler Hegels und den deutschen Geistes. Ein Beitrag zur Geschichte des deutschen Geisteseinflusses auf die Polen, Leipzig 1938 (repr. Nendeln 1968); S. Leber, A. v. C. – Ausgleich und Evolution, in: ders., »... es mußten neue Götter hingesetzt werden.« Menschen in der Entfremdung: Marx und Engels, C., Bauer, Hess, Bakunin und Stirner, Stuttgart 1987, 215–239; A. Liebich, Between Ideology and Utopia. The Politics and Philosophy of A. C., Dordrecht/Boston Mass./London 1979; L. S. Stepelevich, A. v. C. From Theory to Praxis, Hist. Theory 13 (1974), 39–52; ders., Making Hegel into a Better Hegelian. A. v. C., J. Hist. Philos. 25 (1987), 263–273; ders., C., REP II (1998), 360–362; H. Stuke, A. C. und die Begründung der Philosophie der Tat im absoluten Spiritualismus, in: ders., Philosophie der Tat. Studien zur »Verwirklichung der Philosophie« bei den Junghegelianern und den Wahren Sozialisten, Stuttgart 1963, 83–122; A. Zóltowski, Graf A. C.'s ›Philosophie der Tat‹. Die Grundzüge seiner Lehre und der Aufbau seines Systems, Posen 1904.   P. B.

circulus vitiosus (lat., fehlerhafter Kreis) (engl. vicious circle, franz. cercle vicieux), in der traditionellen Logik (↑Logik, traditionelle) ein Beweisfehler (↑Beweis): der *Zirkel* oder der *Zirkelschluß*, bei dem die zu beweisende Aussage (eventuell in versteckter Form) für den Beweis bereits vorausgesetzt wird. In der modernen formalen Logik (↑Logik, formale) seit B. Russell wird auch von einer zirkulären (↑zirkulär/Zirkularität) Definition, bei der im Definiendum schon das Definiens vorkommt, gesagt, daß sie das *Zirkelprinzip* (↑Vicious-Circle Principle) verletze und in diesem Sinne einen c. v. enthalte. Ganz allgemein liegt bei der expliziten ↑Definition eines Zeichens A ein c. v. dann vor, wenn sie das Definitionsschema $A \leftrightharpoons C(A)$ erfüllt. Insbes. sind die – genauegenommen zu den ↑Paradoxien zählenden – *grammatischen Antinomien* (↑Antinomien, semantische) solche, die auf einer Verletzung des Zirkelprinzips beruhen. Diese Verletzung kann *direkt* sein, wie bei der schon aus der Antike überlieferten ↑Lügner-Paradoxie, etwa in der einfachen Gestalt:

$$\underbrace{\underbrace{\text{dieser Satz}}_{A}\text{ ist falsch}}_{C(A)}$$

oder aber *indirekt* auf dem Wege über nicht einlösbare ↑Kennzeichnungen, wie bei der Quineschen Fassung der Lügner-Paradoxie, nämlich in Gestalt des Satzes »›yields a falsehood when appended to *its own quotation*‹ yields a falsehood when appended to its own quotation«. Der kursiv markierte Teilausdruck ›*its own quotation*‹ ist eine Kennzeichnung, die im zweiten Teil des Satzes vorkommt und gebraucht wird, im ersten Teil hingegen, weil dieser in ↑Anführungszeichen steht, sinnlos bleibt, obwohl nach Ausführung der im Satz hypothetisch ausgesagten Konstruktion genau dieser erste sinnlose Teilausdruck dann außerhalb der Anführungszeichen einen Sinn bekommt.
Auch die Verletzung des *Diagonalprinzips* (↑Cantorsches Diagonalverfahren) kann als eine Verletzung des Zirkelprinzips aufgefaßt werden, weil das bei der Verletzung fälschlich als (eindeutig) existierend behauptete Objekt derart durch eine quantorenlogisch (↑Quantorenlogik) zusammengesetzte Aussage definiert ist, daß das fragliche Objekt zum ↑Variabilitätsbereich eines der vorkommenden Quantoren gehört (↑imprädikativ/Imprädikativität). Das die Nicht-Existenz eines schematisch charakterisierten ›Diagonalobjekts‹ formulierende Diagonalprinzip ist dann verletzt, wenn man es negiert, also das sogar logisch falsche Aussageschema

$$\bigvee_y \bigwedge_x . \, a(x,y) \leftrightarrow \neg a(x,x) .$$

für eine beliebige Wahl des Aussageformschemas $a(x,y)$ als vermeintlichen Nachweis der Existenz eines Objekts n mit der Eigenschaft $\bigwedge_x . \, a(x,n) \leftrightarrow \neg a(x,x)$. verwendet. Auf dieser Verletzung beruhen insbes. die *logischen Antinomien* (↑Antinomie, logische), und zwar einerseits *objektsprachlich*, wie im Falle der ↑Zermelo-Russellschen Antinomie, wenn man $a(x,y) \leftrightharpoons x \in y$ oder, in der Quineschen Verallgemeinerung, $a(x,y) \leftrightharpoons \bigvee_z . \, x \in z \wedge z \in y$. wählt, und andererseits *metasprachlich*, wie im Fall der, des metasprachlichen Charakters wegen meist zu den semantischen Antinomien gezählten, ↑Grellingschen Antinomie, wenn man $a(P,Q) \leftrightharpoons$ ›$P \varepsilon Q$‹ wählt, wobei der Prädikator ›Q‹ (gelesen: heterologisch) auf dem gesamten Bereich der Prädikatoren definiert sein soll durch: ›$P \varepsilon Q \leftrightharpoons \neg$ ›$P \varepsilon P$.   K. L.

citta (sanskr., Geist, Denken, Intellekt, Denkvermögen, Absicht; Part. Prät. von der Wurzel *cit*: wahrnehmen, verstehen, wissen; davon abgeleitet *cetanā*: Bewußtsein, Verstand), Grundbegriff der klassischen indischen Philosophie (↑Philosophie, indische), insbes. im ↑Yogācāra, einer der beiden großen Schulen des Mahāyāna-Buddhismus (↑Philosophie, buddhistische). Das c. ist im Yogācāra das Charakteristikum der ›Daseinsfaktoren‹ (↑dharma), aus denen jeder einzelne Gegenstand, ein Partikulare (↑partikular), nach Form und Stoff (↑nāmarūpa) aufgebaut ist, weil es den schematischen und damit darstellenden Anteil an den mit Partikularia umgehenden Handlungen, ihren ›Bildaspekt‹, betrifft und nicht ihren, weil ↑singular, einer Darstellung entzogenen Vollzugsaspekt. Als Darstellungs- oder Zeichenhandlung ist c. auch selbst ein Daseinsfaktor, ebenso wie das logisch höherstufige Um-das-Darstellen-Wissen, d. i. das Bewußtsein (↑vijñāna), auch wenn es auf der Ebene der Vollzüge zwischen einem Denkvollzug und einem bewußten Denkvollzug keinerlei Unterschied gibt. Bereits in der ↑Hīnayāna-Schule des Sautrāntika wurden deshalb die Termini c. (= Geist) und vijñāna (= Bewußtsein) – ebenso ↑manas (= Denken als Tätigkeit eines Sinnesorgans) – korreferentiell gebraucht; allein ihr (semantischer) ↑Sinn ist verschieden.

Wenn im Yogācāra oder Vijñānavāda (= Lehre vom Bewußtsein, d. i. Philosophie des Geistes, ↑philosophy of mind) gleichwohl zwischen den Positionen des c.-mātra (= [Alles-ist-]nur-Geist), z. B. bei Maitreyanātha und bei Vasubandhu dem Jüngeren, und des vijñaptimātra (= [Alles-ist-]nur-Intentionales-Bewußtsein), z. B. bei Asaṅga und Vasubandhu dem Älteren, unterschieden wird, liegt das an folgendem: Die Vijñaptimātratā lehrt, daß das Erkennen mit einem der sechs Sinne – d. s. die üblichen fünf und der Denksinn – als seinerseits von einem dieses Erkennen erinnernden Erkennen zweiter Stufe erkannt und damit schematisiert auftritt. Diese Schematisierungen aber gehören allein der zweiten Stufe an; auf der ersten Stufe gibt es nur singulare Erkenntnisvollzüge, nicht aber universale (mentale) Repräsentationen (ākāra), in Übereinstimmung mit der schon das ↑Mādhyamika, die andere große Schule des Mahāyāna, charakterisierenden Lehre von der Leerheit (↑śūnyatā): Objekt und Subjekt des Erkennens sind beide, weil vergegenständlicht, leer. Die dem Sautrāntika nahestehende c.-mātratā hingegen lehrt, daß das Erkennen mit einem der sechs Sinne stets zusammen mit einem Wissen um das Erkennen in Gestalt eines singulären (mentalen) Repräsentationsvollzugs (ebenfalls: ākāra) auftritt. Dabei führt nur das Erkennen mit dem Denksinn, also das Denkbewußtsein, Schematisierungen mit sich, die das Subjekt des Erkennens und das Objekt des Erkennens (jñātṛ und jñeya) an den Erkenntnisleistungen aller sechs Sinne zu unterscheiden erzwingen: Das Subjekt des Erkennens ist einerseits wie sein Objekt (universal) vergegenständlicht und damit leer, andererseits zugleich (singulär) tätig und damit im Moment des Vollzugs um sich wissenden Erkennens wirklich. An die Stelle einer Hierarchisierung des Erkennens in logischen Stufen in der Vijñaptimātratā tritt die Stratifizierung des Erkennens auf der Ebene der Erkenntnisvollzüge in der c.-mātratā, weil Singularia sich nicht nach logischen Stufen ordnen lassen. Die Befreiung auch vom c. in der Erleuchtung (↑bodhi) durch reines Tätigsein auf den Ebenen des Denkens, Redens und Tuns ohne jede Schematisierung schließlich wird in paradoxer Formulierung durch ›bodhi-c.‹ (= Geist der Erleuchtung) wiedergegeben.

Literatur: H. V. Guenther, Philosophy and Psychology in Abhidharma, Lucknow/Calcutta 1957; L. Schmithausen, Ālayavijñāna. On the Origin and the Early Development of a Central Concept of Yogācāra Philosophy, I–II, Tokio 1987. K. L.

clare et distincte, ↑klar und deutlich.

Clarke, Samuel, *Norwich 11. Okt. 1675, †Leicester 17. Mai 1729, engl. anglikanischer Theologe und Philosoph. 1690 Gonville and Caius College, Cambridge, 1691 B. A., 1698 M. A., 1696–1700 Junior Fellow of Gonville and Caius College, 1698 bischöflicher Kaplan in Norwich, 1704/1705 Boyle Lectures, 1707 Hofprediger (St. James, Westminster). C. galt in seiner Zeit als der bedeutendste Anhänger I. Newtons. 1697 übersetzt er J. Rohaults »Traité de physique« (I–II, Paris 1671, ^{2}1672, ^{3}1675, Neuausg. 1730), ein Standardlehrbuch zur Cartesischen Physik, ins Lateinische, versehen mit umfangreichen Anmerkungen zur Newtonschen Physik (Jacobi Rohaulti Physica, London 1697, ^{2}1702, ^{3}1710, ^{4}1718, Leiden 1729; engl. [von C.s Bruder John] Rohault's System of Natural Philosophy Illustrated with S. C.'s Notes Taken Mostly out of Sir Isaac Newton's Philosophy, I–II, London 1723 [repr. New York 1969], ^{2}1728/1729, Neudr. New York 1987, ^{3}1735). Damit war angesichts der außerordentlichen Popularität dieser Übertragungen der kuriose Umstand gegeben, daß man Newtons Physik aus einem Cartesischen Lehrbuch lernte. C. übertrug ferner Newtons »Opticks« (1704) ins Lateinische (Optice. Sive de reflexionibus, refractionibus, inflexionibus & coloribus lucis libri tres, London 1706, ^{2}1719, Lausanne 1740) und gab Caesar (1712) und die ersten 12 Bücher der »Ilias« heraus (1729). In seinen vielbeachteten ›Boyle-Lectures‹ 1704/1705 vertrat C. die Thesen, daß sich die Existenz Gottes mit nahezu mathematischen Mitteln beweisen lasse (A Demonstration of the Being and Attributes of God, 1705) und daß die Sätze der Ethik auf gleiche Weise (mit vernünftigen Mitteln) ›demonstrierbar‹ seien wie die Sätze der Mathematik (A Discourse Concerning the Unchangeable Obligations of Natural Religion, 1706). Theologisch wandte sich C. gegen den ↑Deismus (zugunsten eines ↑Supranaturalismus). Wegen seiner Schrift »The Scripture-Doctrine of the Trinity« (1712) wurde er zeitweilig des Arianismus verdächtigt (also der auch von Newton heimlich akzeptierten Lehre von der Wesensverschiedenheit von Gottvater und Gottsohn und der damit verbundenen Absage an die Trinität).

Wissenschafts- und philosophiehistorisch bedeutsam ist vor allem C.s Briefwechsel mit G. W. Leibniz (1715/1716), in dem C. Newtons Konzeptionen des absoluten Raumes (↑Raum, absoluter) und der absoluten Zeit (↑Zeit, absolute) gegen die Auffassung Leibnizens vertritt, daß Raum und Zeit nur Ordnungsrelationen von Körpern bzw. Ereignissen sind. Ausgangspunkt war der Vorwurf Leibnizens (in einem Brief vom 10.2.1711 an N. Hartsoeker, von dem Newton durch ein Schreiben R. Cotes' vom 18.3.1713 erfuhr), Newton führe mit seinem Gravitationsbegriff (↑Gravitation) erneut ›okkulte Qualitäten‹ in die Physik ein, und eine an die Adresse Leibnizens gerichtete kritische Bemerkung in dem von R. Cotes verfaßten Vorwort zur 2. Auflage der »Principia« (1713). Beide Seiten werfen sich atheistische Tendenzen vor; Leibniz argumentiert im wesentlichen erkenntnistheoretisch, C. beschränkt sich vor allem darauf, Newtons Konzeptionen gegen die erkenntnistheoretische Kritik ihrer Voraussetzungen zu verteidigen. Die Stärke der Argumente C.s liegt (neben Schwächen gegenüber den methodischen Intentionen Leibnizens) in der Berufung auf Newtons Dynamik. In dieser ist die Unterscheidung zwischen beschleunigten und unbeschleunigten Bewegungen anhand der auftretenden ↑Kräfte möglich. Beschleunigte Körper können ohne Bezug auf andere, äußere Körper als bewegt eingestuft werden und sind daher in ›absoluter Bewegung‹ (↑Eimerversuch). Gegen diese dynamisch begründete Unterscheidung von Bewegungszuständen kann Leibniz die durchgehende Relativität von Bewegungen nicht überzeugend verteidigen. Umgekehrt scheitern Newton/C. bei der Auszeichnung eines ruhenden Bezugssystems, so daß die von Leibniz betonte kinematische Relativität (als Äquivalenz von ↑Inertialsystemen) ihren Rang behält.

Werke: Works, I–XXI, London 1711–1734; The Works of S. C., I–IV, ed. J. Clarke, London 1738 (repr. New York/London 1978); Sermons, I–X, London 1730–1731, ²1731–1732, ³1731–1735, ⁶1743–1744, I–XI, ⁷1749, I–VIII, ⁸1756. – A Demonstration of the Being and Attributes of God. More Particularly in Answer to Mr. Hobbs, Spinoza, and Their Followers. Wherein the Notion of Liberty is Stated, and the Possibility and Certainty of It Proved, in Opposition to Necessity and Fate. Being the Substance of Eight Sermons Preach'd at the Cathedral-Church of St. Paul, in the Year 1704, at the Lecture Founded by the Honourable Robert Boyle Esq., London 1705 (repr. Stuttgart-Bad Cannstatt 1964), ²1706, Woodbridge Conn. 1997 (Mikrofilm), ferner in: A Demonstration of the Being and Attributes of God and Other Writings, ed. E. Vailati, Cambridge/New York/Melbourne 1998, 1–92; A Discourse Concerning the Unchangeable Obligations of Natural Religion, and the Truth and Certainty of the Christian Revelation. Being Eight Sermons Preach'd at the Cathedral Church of St. Paul, in the Year 1705, at the Lecture Founded by the Honourable Robert Boyle Esq., London 1706 (repr. Stuttgart-Bad Cannstatt 1964), ²1708, ³1711; alle Sermons unter dem Titel: A Discourse Concerning the Being and Attributes of God, the Obligations of Natural Religion, and the Truth and Certainty of the Christian Revelation. In Answer to Mr. Hobbs, Spinoza, the Author of Oracles of Reason, and other Deniers of Natural and Revealed Religion. Being Sixteen Sermons Preach'd at the Cathedral Church of St. Paul, in the Years 1704 and 1705, at the Lecture Founded by the Honourable Robert Boyle, Esq. […], London ⁴1716, ¹⁰1767; The Scripture-Doctrine of the Trinity. In Three Parts, wherein all the Texts in the New Testament Relating to the Doctrine, and the Principle Passages in the Liturgy of the Church of England, are Collected, Compared, and Explained, London 1712, ²1719, ³1732 (dt. Die Schrift-Lehre von der Dreyeinigkeit, worinn jede Stelle des Neuen Testaments, die diese Lehre angeht, besonders betrachtet und erklärt wird […], ed. J. S. Semlers, Frankfurt/Leipzig 1774); A Collection of Papers, which Passed between the Late Learned Mr. Leibnitz, and Dr. C., in the Years 1715 and 1716, Relating to the Principles of Natural Philosophy and Religion, London 1717, unter dem Titel: G. W. Leibniz and S. C.. Correspondence, ed. R. Ariew, Indianapolis Ind. 2000 (dt. Der Briefwechsel mit G. W. Leibniz von 1715/1716, ed. E. Dellian, Hamburg 1990; Der Leibniz-C.-Briefwechsel, ed. V. Schüller, Berlin 1991); The Leibniz-C. Correspondence. Together with Extracts from Newton's »Principia« and »Opticks«, ed. H. G. Alexander, Manchester 1956. – C. Julii Caesaris quae extant. Accuratissime cum libris editis et MSS optimis collata, recognita et correcta, London 1712; Homeri Ilias Graece et Latine. Annotationes in usum serenissimi principis Gulielmi Augusti, Ducis de Cumberland, etc., I–II, London 1729/1732 [Vol. II: Ed., atque imperfecta supplevit S. C. filius], ²1735, ³1740.

Literatur: R. Attfield, C., Collins and Compounds, J. Hist. Philos. 15 (1977), 45–54; ders., C., Independence and Necessity, Brit. J. Hist. Philos. 1 (1993), 67–82; S. Brown, C., in: A. Pyle (ed.), The Dictionary of Seventeenth-Century British Philosophers I, Bristol/Sterling Va. 2000, 183–188; H. M. Ducharme, The Moral Self, Moral Knowledge and God. An Analysis of the Theory of S. C., Diss. Oxford 1984; ders., Personal Identity in S. C., J. Hist. Philos. 24 (1986), 359–383; J. P. Ferguson, The Philosophy of Dr. S. C. and Its Critics, New York 1974; S. Gaukroger, C., REP II (1998), 378–380; J. H. Gay, Matter and Freedom in the Thought of S. C., J. Hist. Ideas 24 (1963), 85–105; H. Hecht, C., in: F. Volpi (ed.), Großes Werklexikon der Philosophie I, Stuttgart 1999, 307–309; M. Heller/A. Staruszkiewicz, A Physicist's View on the Polemics between Leibniz and C., Organon 11 (1975), 205–213; E. J. Khamara, Hume ›versus‹ C. on the Cosmological Argument, Philos. Quart. 42 (1992), 34–55; J. Mittelstraß, Rationalismus – Empirismus (Leibniz – C.), in: H. Rombach (ed.), Wissenschaftstheorie I (Probleme und Positionen der Wissenschaftstheorie), Freiburg/Basel/Wien 1974, 29–32; D. A. Pailin, C., TRE VIII (1981), 90–92; B. Peach, C., in: V. Ferm (ed.), Encyclopedia of Morals, New York 1956, 99–105; T. C. Pfizenmaier, The Trinitarian Theology of Dr. S. C. (1675–1729). Context, Sources, and Controversy, Leiden/Köln/New York 1997; F. E. L. Priestley, The C./Leibniz Controversy, in: R. E. Butts/J. W. Davis (eds.), The Methodological Heritage of Newton, Oxford 1970, 34–56; C. Ray, Time, Space and Philosophy, London/New York 1991, 99–115 (Chap. 5 Newton and the Reality of Space and Time); J. M. Rodney, S. C. and the Acceptance of Newtonian Thought, Res. Stud. 36 (1968), 351–360; ders., C., DSB III (1971), 294–297; G. Sarton, The Study of Early Scientific Textbooks, Isis 38 (1947/1948), 137–148, hier 145; J. Seidengart/M. Malherbe, C., Enc. philos. universelle III (1992), 1045–1046; M. Sina, L'apologétique de S. C., Rev. philos. France étrang. 187 (1997), 33–44; E. Sprague, C., Enc. Ph. II (1967), 118–120; L. Stewart, S. C., Newtonianism, and the Factions of Post-Revolutionary England, J. Hist. Ideas 42 (1981), 53–72; E. Vailati, Leibniz and C.. A Study of Their Correspondence, New York/Oxford 1997, 1998; J. W. Yolton, Thinking Matter. Materialism in Eighteenth-Century Britain, Minneapolis Minn. 1983, Oxford 1984, 29–48 (Chap. II The Automatical Man). J. M.

Clauberg, Johannes, *Solingen 24. Febr. 1622, †Duisburg 31. Jan. 1665, dt. Philosoph. Lehrte nach Studium der Philosophie und der Theologie in Groningen und Leiden in Herborn (1649–1650) und Duisburg (ab 1651, Rektor 1655) beeinflußt durch den ↑Cartesianismus, den C. 1648/1649 bei Johan de Raey in Leiden kennengelernt hatte. Vorläufer des ↑Okkasionalismus (Unterscheidung zwischen causa libera, d. h. Gott, und causae procatarcticae, d. h. bestimmte Vorstellungen in der Seele bei gegebenem Anlaß weckende körperliche Ursachen). Sein 1647 in Groningen erschienenes Hauptwerk »Elementa Philosophiae sive Ontosophia«, eine Verteidigung der aristotelischen ↑Metaphysik gegen den ↑Ramismus, erschien 1660 erneut mit cartesischen Ergänzungen. In der Logik (Logica vetus et nova, 1654) suchte C. traditionelle aristotelische mit cartesischen Konzeptionen zu verbinden.

Werke: Opera omnia philosophica, I–II, Amsterdam 1691 (repr. Hildesheim 1968). – Elementa Philosophiae sive Ontosophia, Groningen 1647, Duisburg ²1660; Defensio Cartesiana, Amsterdam 1652; Logica vetus et nova, Amsterdam 1654, ²1658; Initiatio philosophi sive Dubitatio Cartesiana. Ad metaphysicam certitudinem viam aperiens, Leiden 1655; De cognitione Dei et nostri [...], Duisburg 1656, Harlingen 1685; Paraphrasis in Renati Des Cartes meditationes de prima philosophia [...], Duisburg 1658; Ars etymologica Teutonum e philosophiae fontibus derivata [...], Duisburg 1663; Physica quibus Rerum Corporearum vis & natura, Mentis ad Corpus relatae proprietates, denique Corporis ac Mentis arcta et admirabilis in Homine conjunctio explicantur, Amsterdam 1664; Metaphysica de ente quae rectius Ontosophia [...], Amsterdam 1664; Differentia inter Cartesianam et alias in scholis usitatam philosophiam, Groningen 1679, Berlin 1680.

Literatur: P. Brosch, Die Ontologie des J. C.. Eine historische Würdigung und eine Analyse ihrer Probleme, Diss. Greifswald 1926; D. Garber, C., REP II (1998), 380–382; W. Hübener, Descartes-Zitate bei C.. Zum Quellenwert frühcartesianischer Kontroversliteratur für die Descartesforschung, Stud. Leibn. 5 (1973), 233–239; U. G. Leinsle, Reformversuche protestantischer Metaphysik im Zeitalter des Rationalismus, Augsburg 1988, bes. 88–105; R. Specht, Commercium mentis et corporis. Über Kausalvorstellungen im Cartesianismus, Stuttgart 1966; C. L. Thijssen-Schoute, Nederlands Cartesianisme, Amsterdam 1954, mit Untertitel: Avec sommaire et table des matières en francais, Utrecht 1989; F. Trevisani, Descartes in Germania. La ricezione del cartesianesimo nella Facoltà Filosofica e Medica di Duisburg (1652–1703), Mailand 1992; T. Verbeek (ed.), J. C. (1622–1665) and Cartesian Philosophy in the Seventeenth Century, Dordrecht/Boston Mass./London 1999 (mit Bibliographie, 187–194); E. Viola, Scolastica e cartesianesimo nel pensiero di J. C., Riv. filos. neo-scolastica 67 (1975), 247–266; J. T. Waterman, J. C.s Ars etymologica Teutonum (1663), J. Engl. Germ. Philol. 72 (1973), 390–402; W. Weier, Der Okkasionalismus des J. C. und sein Verhältnis zu Descartes, Geulincx, Malebranche, Stud. Cartesiana 2 (1981), 43–62.   J. M.

Clausius, Rudolf (Julius Emmanuel), *Köslin (Pommern) 2. Jan. 1822, †Bonn 24. Aug. 1888, dt. Physiker. Ab 1840 Studium der Mathematik und der Physik in Berlin, 1850 Privatdozent ebendort. Es folgen Professuren in Zürich (1855) (ETH, später auch Universität), Würzburg 1867 und Bonn 1869. – C.' wichtigste Arbeiten betreffen die ↑Thermodynamik, zu deren Mitbegründern er zählt, und die kinetische Gastheorie, zu deren Ausbau er wesentlich beitrug. C. stellte als erster (1850) den 2. Hauptsatz der Thermodynamik (Entropiesatz) auf, zu dessen Formulierung er 1865 den Begriff der ↑Entropie einführte.

Werke: Ueber die bewegende Kraft der Wärme und die Gesetze, welche sich daraus für die Wärmelehre selbst ableiten lassen, Ann. Phys. 79 (1850), 500–524, ed. M. Planck, Leipzig 1898 (engl. On the Motive Power of Heat, and on the Laws which Can Be Deduced from It for the Theory of Heat, New York 1960); Die Potentialfunction und das Potential. Ein Beitrag zur mathematischen Physik, Leipzig 1859, ²1867, ³1877, ⁴1885 (franz. Introduction à la physique mathématique. De la fonction potentielle et du potentiel, ed. F. Folie, Paris 1870); Abhandlungen über die mechanische Wärmetheorie, I–II, Braunschweig 1864/1867 (I Abhandlungen, welche die Begründung der mechanischen Wärmetheorie, nebst ihrer Anwendung auf die in die Wärmelehre gehörigen Eigenschaften der Körper und auf die Dampfmaschinentheorie enthalten, II Abhandlungen über die Anwendung der mechanischen Wärmetheorie auf die elektrischen Erscheinungen, nebst einer Einleitung in die mathematische Behandlung der Elektricität. Abhandlungen über die zur Erklärung der Wärme angenommenen Molecularbewegungen und eine auf die allgemeine Theorie bezügliche Abhandlung), unter dem Titel: Die mechanische Wärmetheorie, I–II, Braunschweig ²1876/1979 (I Entwickelung der Theorie, soweit sie sich aus den beiden Hauptsätzen ableiten lässt, nebst Anwendungen, II Anwendung der der mechanischen Wärmetheorie zu Grunde liegenden Principien auf die Electricität) (engl. The Mechanical Theory of Heat. With Its Applications to the Steam-Engine and to the Physical Properties of Bodies, ed. T. A. Hirst, London 1867, ohne Untertitel, ed. W. R. Browne, London 1879). – Royal Society of London (ed.), Catalogue of Scientific Papers I (1800–1863), London 1867, 945–947, VII (1864–1873), London 1877, 400–401, IX (1874–1883), London 1891, 533–534, XIV (1884–1900), London 1915, 259–260 (repr., alle Bde, Metuchen N. J. 1968).

Literatur: G. Bierhalter, C.' mechanische Grundlegung des zweiten Hauptsatzes der Wärmelehre aus dem Jahre 1871, Arch. Hist. Ex. Sci. 24 (1981), 207–220; S. Brush, The Development of the Kinetic Theory of Gases III: C., Ann. Sci. 14 (1958), 185–196; ders., Gadflies and Geniuses in the History of Gas Theory, Synthese 119 (1999), 11–43; D. S. L. Cardwell, From Watt to C.. The Rise of Thermodynamics in the Early Industrial Age, Ithaca N. Y./London 1971, Ames Iowa 1989; E. E. Daub, C., DSB III (1971), 303–311; F. Folie, R. C.. Sa vie, ses traveaux et leur portée métaphysique, Rev. quest. sci. 27 (1890), 419–487; J. W. Gibbs, R. Julius Emmanuel C., Proc. Amer. Acad. Arts Sci. 16 (1889), 458–465; C. Jungnickel/R. McCormmach, Intellectual Mastery of Nature. Theoretical Physics from Ohm to Einstein, I–II, Chicago Ill./London 1986 (I The Torch of Mathematics 1800–1870, II The now Mighty Theoretical Physics); M. J. Klein, Gibbs on C., Hist. Stud. Phys. Sci. 1 (1969), 127–149; J. Meheus, Adaptive Logic in Scientific Discovery. The Case of C., Log. anal. 36 (1993) 359–391; ders., C.' Discovery of the First Two Laws of Thermodynamics. A Paradigm of Reasoning from Inconsistencies, Philosophica 63 (1999), 89–117; G. Ronge, Die Züricher Jahre des Physikers R. C., Gesnerus 12 (1955), 73–108; I. Schneider, C.' erste Anwendung der Wahrscheinlichkeitsrechnung im Rahmen der atmosphärischen Lichtstreuung, Arch. Hist. Ex. Sci. 14 (1974), 143–158; ders., Rudolph C.' Beitrag zur Einführung wahrscheinlichkeitstheoretischer Methoden in die Physik der Gase nach 1856, München 1976; H.-G. Schöpf, R. C.. Ein Versuch, ihn zu verstehen, Ann. Phys. 41 (1984), 185–207.   G. W.

Clavius (latinisierte Form des Familiennamens ›Klau‹, nicht aus ›Schlüssel‹ oder ›Nagel‹, wie in der Literatur oft behauptet), Christoph, *Bamberg 1537, †Rom 6. Feb. 1612, dt. Mathematiker und Astronom, Kardinal. C. trat 1555 in Rom in den Jesuitenorden ein. Um 1560 studierte er in Coimbra (Portugal); seine schon während seines Theologiestudiums seit 1565 gehaltenen Mathematikvorlesungen machten ihn bald zum gefeierten Lehrer am Collegium Romanum, an dem er, mit Ausnahme der Jahre 1595/1596 in Neapel, von da an wirkte. Den von seinen Zeitgenossen gebrauchten Ehrentitel ›Euklid des 16. Jhs.‹ verdankt C. seiner Euklid-Ausgabe, die nicht nur eine Übersetzung, sondern vor allem eine Sammlung älterer und neuer eigener Kommentare zu den Definitionen, Postulaten und Sätzen der »Elemente« Euklids ist, wobei ein neuer Versuch zum Beweis des Parallelpostulats (↑Parallelenaxiom) Erwähnung verdient.

In einem Scholion zu Euklid Elem. IX 12 betont C. die Priorität von Euklid und Theodosius von Bithynien (der sich oft, so auch bei C. selbst, fälschlich als Theodosios von Tripolis bezeichnet findet) gegenüber G. Cardano bezüglich des Schlußverfahrens, eine These A durch Herleitung von A aus $\neg A$ zu beweisen, ein Beweisverfahren, dessen Bezeichnung als ›admirabilis [...] demonstratio‹ (Opera mathematica I, 1611, 365) möglicherweise der Ursprung des im 17. Jhs. dafür auftauchenden Terminus ↑›consequentia mirabilis‹ und jedenfalls der heute üblichen Benennung ↑Claviussches Gesetz ist. In der Fachmathematik zeichnete sich C. auch durch eine (freilich noch ganz ›kossistische‹) Algebra, durch Beiträge zur Trigonometrie (vor allem zur sphärischen Trigonometrie) und durch Neuerungen der mathematischen Symbolik aus.

Als Astronom war C. Anhänger des Ptolemaiischen Systems und äußerte sich als Gegner des N. Kopernikus (aus kosmologischen wie theologischen Gründen) in seinem sehr verbreiteten »In Sphaeram Ioannis de Sacro Bosco Commentarius« (1570), der freilich weniger ein Kommentar zu J. de Sacrobosco, als vielmehr ein eigenes Kompendium der Astronomie ist. Trotz seiner antikopernikanischen Haltung unterhielt C. fast freundschaftliche Beziehungen zu G. Galilei, dessen Beobachtungen der Jupitermonde C. 1611 in einem Bericht an R. F. Bellarmin bestätigte, ohne Galileis Folgerungen aus ihnen zu akzeptieren. Die neben dem genannten Lehrwerk bedeutendste astronomische Leistung des C. ist die Verbesserung des Julianischen Kalenders durch seinen der von Papst Gregor XIII. durchgeführten (›Gregorianischen‹) Kalenderreform von 1581 zugrunde gelegten, unter den zeitgenössischen Experten nicht unumstrittenen Vorschlag zur Korrektur der Differenz des tropischen und des julianischen Jahres.

Werke: Christophori Clavii Bambergensis, ex Societate Iesu, in Sphaeram Ioannis de Sacro Bosco commentarius, Rom 1570, 1581, 1585, Venedig 1591, 1596, 1601, Lyon 1618; Euclidis Elementorum libri XV. Accessit XVI. de solidorum Regularium cuiuslibet intra quodlibet comparatione. Omnes perspicuis demonstrationibus, accuratisque scholiis illustrati, I–II, Rom 1574, 1589; Theodosii Tripolitae Sphaericorum libri III. A Christophoro Clauio Bambergensi Societatis Iesu perspicuis demonstrationibus ac scholiis illustrati, Rom 1586; Algebra Christophori Clavii Bambergensis e Societate Iesu, Rom 1609; Christophori Clavii Bambergensis e Societate Iesu Opera mathematica, V Tomis distributa Ab auctore nunc denuo correcta, et plurimis locis aucta, Mainz 1611–1612. – Bibliothèque de la Compagnie de Jésus I/2 (Boulanger-Desideri), ed. C. Sommervogel, Brüssel/Paris 1891 (repr. Mansfield Centre 1998), 1212–1224.

Literatur: H. L. L. Busard, C., DSB III (1971), 311–312; E. Lamalle, C., NDB III (1957), 279; W. Killy (ed.), Deutsche Biographische Enzyklopädie (DBE) II, München etc. 1995, 338; J. M. Lattis, Between Copernicus and Galileo. C. C. and the Collapse of Ptolemaic Cosmology, Chicago Ill./London 1994; O. Meyer, C. C. Bambergensis, Fränkisches Land 9 (1962), 1–8; ders., C. C., in: G. Pfeiffer/A. Wendehorst (eds.), Fränkische Lebensbilder VIII, Neustadt 1978, 80–92; P. Schreiber, C., in: S. Gottwald/H.-J. Ilgauds/K.-H. Schlote (eds.), Lexikon bedeutender Mathematiker, Thun/Frankfurt 1990, 107. C. T.

Claviussches Gesetz (engl. law of Clavius, Clavius' law), Bezeichnung für das von dem deutschen Euklidkommentator Clavius (d. i. Christoph Klau) in einer Erläuterung zu Euklid (Elem. IX, 12) aufgewiesene Beweisprinzip, die Wahrheit einer Aussage A durch Ableitung von A aus $\neg A$ zu beweisen. Spätestens im 17. Jh. taucht es in Jesuitentraktaten unter der Bezeichnung ↑›consequentia mirabilis‹ auf. G. Saccheri versuchte mit seiner Hilfe, Euklids Parallelenpostulat zu beweisen, und stützte auf das Prinzip ein neues Begründungsverfahren für kategorische Syllogismen (↑Syllogismus, kategorischer). Seine mathematik- und logikgeschichtliche Bedeutung hat erstmals G. Vailati gewürdigt. J. Łukasiewicz prägte den Ausdruck ›law of Clavius‹ für die junktorenlogische Formel $(\neg A \rightarrow A) \rightarrow A$, die er grundsätzlich sogar schon bei Sextus Empiricus finden wollte, da die bei diesem genannten Zusatzprämissen $A \rightarrow A$ und $A \vee \neg A$ ›trivial‹ seien. Es besteht jedoch ein Unterschied: Während $(A \vee \neg A) \rightarrow ((\neg A \rightarrow A) \rightarrow A)$ konstruktiv logisch wahr ist (die Prämisse $A \rightarrow A$ ist überflüssig), gilt $(\neg A \rightarrow A) \rightarrow A$ nur klassisch, nicht konstruktiv (↑Logik, klassische, ↑Logik, konstruktive).

Literatur: C. Clavius, Euclidis elementorum libri XV, Rom 1574; J. Łukasiewicz, Philosophische Bemerkungen zu mehrwertigen Systemen des Aussagenkalküls, Comptes Rendus des Séances de la Société des Sciences et des Lettres de Varsovie, Classe III, 23 (1930), 51–77, bes. 67 (engl. Philosophical Remarks on Many-Valued Systems of Propositional Logic, in: S. McCall [ed.], Polish Logic [1920–1939], Oxford 1967, 40–65, ferner in: J. Łukasiewicz, Selected Works, ed. L. Borkowski, Amsterdam/London/Warschau 1970, 153–178); G. Saccheri, Logica Demonstrativa, Turin 1697 [anonym] (repr. Hildesheim/New York 1980), Pavia ²1701, Köln ³1735; ders., Euclides ab omni naevo vindicatus, Mailand 1733 (dt. Der von jedem Makel befreite Euklid, in: P. Stäckel/F. Engel [eds.], Die Theorie der Parallellinien von Euklid bis auf Gauss. Eine Urkundensammlung zur Vorgeschichte der nichteuklidischen Geometrie, Leipzig 1895 [repr. New York/London 1968], 41–136); Sextus Empiricus,

Adversus mathematicos VIII (= Adversus dogmaticos II), 292; G. Vailati, A proposito d'un passo del Teeteto e di una dimostrazione di Euclide, in: ders., Scritti, Leipzig/Florenz 1911, 516–527, Nachdr. in: ders., Scritti II, ed. M. Quaranta, Sala Bolognese 1987, 226–237. C. T.

Clemens Alexandrinus (eigentlich Titus Flavius Clemens), *Athen ca. 140/150, †in Kappadokien ca. 216/217. C. unternahm zahlreiche Reisen und hielt sich 175–202 in Alexandrien auf. Er soll nach dem Tode seines Lehrers, des christlichen Stoikers Pantainos, die alexandrinische Katechetenschule geleitet haben. C.' (nur unvollständig erhaltene) Schriften sind eine wichtige Quelle der griechischen Philosophie. »Protreptikos«: apologetisch-polemisch gegen den Polytheismus; »Paidagogos«: praktische Ratschläge für die christliche Lebensführung im Anschluß an eine Darstellung Christi als Erziehers; »Stromateis« (›buntgewirkte Teppiche‹): Einführung in christliche Erkenntnislehre, gegen ethischen Determinismus; »Quis dives salvetur«, »Eklogae Propheticae« und »Hypotyposeis« sind exegetischen und homiletischen Inhalts. C. übte großen Einfluß auf die griechischen Kirchenväter des 4. Jhs. und auf A. Augustinus aus.

C. bemüht sich, den christlichen Glauben für die geistige Elite seiner Zeit akzeptabel zu machen. Ein großer Teil seiner Schriften ist der ↑Apologetik gegen Nicht-Christen und in seinen Augen irregeleitete Christen gerichtet. Dem Vorwurf der Gebildeten, das jüdisch-christliche Denken sei ›barbarischen‹ Ursprungs und Charakters, setzt er die Behauptung entgegen, die Griechen hätten vieles aus jüdischen und christlichen Quellen ›gestohlen‹, worauf schließlich die große Übereinstimmung beider Traditionen zurückzuführen sei. Sein Anliegen, Philosophie und Christentum miteinander zu versöhnen, geht von der Überzeugung aus, daß die Philosophie lediglich eine Vorstufe der Wahrheit darstelle, die erst im christlichen Glauben ihr eigentliches Ziel und ihre Vollendung erreiche. Dabei versteht er das Christentum als Geheimlehre, deren tieferer Kern nicht jedermann zugänglich sei bzw. gemacht werden dürfe; die eigentlichen Wahrheiten des Glaubens dürften nur verhüllt ausgesprochen werden. Christlichen Gnostikern und Skeptikern, die die Philosophie als eine Erfindung des Teufels verurteilen, stellt er – selbst der ↑Gnosis verdächtigt – seine ›wahre‹ Gnosis (= Erkenntnis) gegenüber. Für seine aus AT und NT herangezogenen Argumente greift er auf Vorarbeiten von Philon von Alexandrien zurück und benutzt dessen allegorische (↑Allegorie) Interpretationsmethode.

Werke: C. Alexandrinus [Gesamtwerk], I–IV, ed. O. Stählin, Leipzig 1905–1936, I Leipzig ²1936, ed. U. Treu, Berlin ³1972, II Leipzig ²1939, ed. L. Früchtel, Berlin ³1960, III, ed. L. Früchtel, Berlin ²1970, IV, ed. U. Treu, Leipzig ²1980 (= Die Griechischen christlichen Schriftsteller der ersten 3 Jahrhunderte 12, 15, 17, 39); Des C. von Alexandreia ausgewählte Schriften aus dem Griechischen übersetzt von O. Stählin, München 1934–1938 (= Bibliothek der Kirchenväter 7, 8, 17, 19, 20).

Literatur: G. Apostolopoulou, Die Dialektik bei Klemens von Alexandria. Ein Beitrag zur Geschichte der philosophischen Methoden, Frankfurt/Bern 1977; J. Bernard, Die apologetische Methode bei Klemens von Alexandrien. Apologetik als Entfaltung der Theologie, Leipzig 1968; C. Bigg, The Christian Platonists of Alexandria, Oxford 1886 (repr. Hildesheim/New York 1981); H. Chadwick, Clement of Alexandria (AD 150–215), REP II (1998), 383–385; M. Farantos, Die Gerechtigkeit bei Klemens von Alexandrien, Diss. Bonn 1972; J. Ferguson, Clement of Alexandria, New York 1974; E. Früchtel, Klemens von Alexandrien, LThK VI (1997), 126–127; ders., Einige Bemerkungen zum Platonismus in den sogenannten Excerpta ex Theodoto des C. Alexandrinus, Pers. Philos. 24 (1998), 45–63; A. van den Hoek, Clement of Alexandria and His Use of Philo in the Stromateis. An Early Christian Reshaping of a Jewish Model, Leiden etc. 1988; R. Hoffmann, Geschichte und Praxis. Ihre prinzipielle Begründung durch Klemens von Alexandrien. Ein Beitrag zum spätantiken Platonismus, München 1979; S. R. Lilla, Clement of Alexandria. A Study in Christian Platonism and Gnosticism, London 1971; A. Méhat, C. von Alexandrien, TRE VIII (1981), 101–113; R. Mortley, Connaissance religieuse et herméneutique chez Clément d'Alexandrie, Leiden 1973; E. F. Osborn, The Philosophy of Clement of Alexandria, Cambridge 1957, Nendeln/Liechtenstein 1978; M. Pohlenz, Klemens von Alexandreia und sein hellenistisches Christentum, Nachr. Akad. Wiss. Göttingen, philol.-hist. Kl. 3 (1943), 103–180; U. Schneider, Theologie als christliche Philosophie. Zur Bedeutung der biblischen Botschaft im Denken des C. von Alexandria, Berlin/New York 1999 (mit Bibliographie, 304–327); W. Völker, Der wahre Gnostiker nach C., Berlin/Leipzig 1952; D. Wyrwa, Die christliche Platonaneignung in den Stromateis des C. von Alexandrien, Berlin/New York 1983. M. G.

Clifford, William Kingdon, *Exeter 4. Mai 1845, †Madeira 3. März 1879, engl. Mathematiker und Philosoph. C. lehrte ab 1868 am Trinity College, Cambridge, ab 1871 als Prof. der Mathematik am University College, London; ab 1874 Fellow der Royal Society. In der Mathematik ist C. wichtig für die Rezeption der ↑nichteuklidischen Geometrie in England, insbes. des Werkes von B. Riemann. Neben seinem Hauptarbeitsgebiet, der projektiven Geometrie, legte C. wichtige Ergebnisse unter anderem zur Topologie Riemannscher Flächen vor, so zur Definition und Anwendung des Parallelenbegriffs und zur Theorie der Biquaternionen (Verallgemeinerung der Hamiltonschen Quaternionen). C. vertrat eine, sich vor allem auf H. Spencer stützende evolutionäre Erkenntnistheorie (↑Erkenntnistheorie, evolutionäre, ↑Evolution), in die er auch die auf I. Kant zurückgehende Unterscheidung von Form und Inhalt der Erkenntnis einpaßte. Die ↑Axiome der Geometrie stammen aus der Erfahrung, wenn sie auch durch die gattungsgeschichtliche Entwicklung des Menschen zu Formen möglicher Erfahrung geronnen sind. In seinen Auffassungen zum ↑Raum nahm C. Ansichten Riemanns zur Beeinflussung der physikalischen Geometrie durch Materie und Kräfte auf (B. Riemann, Über die Hypothesen, welche der Geometrie zugrunde liegen [1854], in: H. Weyl, Das Kontinuum und andere Monographien, New York 1960, 1973, 1–22) und vertrat die Auffassung, physikalisches Geschehen sei eine Manifestation der veränderlich gedachten Krümmung des Raums (The Common Sense of the Exact Sciences, 1885; On the Space-Theory of Matter, 1876). Bewegung von Materie sollte sich danach als wellenartige Fortpflanzung der Raumkrümmung darstellen. Mit der These des ontologischen Primats der Raumes vor der Materie begründete C. das Programm der »Geometrodynamik« (J. A. Wheeler 1962), das in der zweiten Hälfte des 20. Jhs. als eine Weiterführung der allgemeinen Relativitätstheorie (↑Relativitätstheorie, allgemeine) verfolgt wurde.

Werke: On the Nature of Things-On-Themselves, Mind 3 (1878), 57–67 (dt. Von der Natur der Dinge an sich, Leipzig 1903); Elements of Dynamic. An Introduction to the Study of Motion and Rest in Solid and Fluid Bodies I, London 1878, II, ed. R. Tucker, London 1887; Seeing and Thinking, London 1879, London/New York 1890 (repr. unter dem Titel: Three Lectures on Psychology, London 1993); On the Aims and Instruments of Scientific Thought, in: ders., Lectures and Essays I, ed. F. Pollock, London 1879, ³1901, 124–157 (dt. Über die Ziele und Werkzeuge des wissenschaftlichen Denkens, München 1896); Lectures and Essays, I–II, ed. F. Pollock, London 1879, ³1901 (repr. der Seiten: I, 75–108 [On Some of the Conditions of Mental Development], II, 31–70 [Body and Mind], in: ders., Three Lectures on Psychology, London 1993); Mathematical Fragments. Being Facsimile of His Unfinished Papers Relating to the Theory of Graphs, London 1881; Mathematical Papers, ed. R. Tucker, London 1882 (repr. New York 1968); The Common Sense of the Exact Sciences, ed. and in part written by K. Pearson, London/New York 1885, ²1886 (repr. London 1996), New York 1946 (repr. 1955) (dt. Der Sinn der exakten Wissenschaft, in gemeinverständlicher Form dargestellt, Leipzig 1913); The Ethics of Belief, and Other Essays, ed. L. Stephen/F. Pollock, London 1947, Amherst N. Y. 1999 (dt. Wahrhaftigkeit, Berlin, Frankfurt 1893, Frankfurt 1905); Three Lectures on Psychology, London 1993.

Literatur: J. E. Adler, The Ethics of Belief. Off the Wrong Track, Midwest Stud. Philos. 23 (1999), 267–285; A. S. Eddington, The Nature of the Physical World, Cambridge 1928, Ann Arbour Mich. 1968; R. Farwell/C. Knee, The End of the Absolute. A Nineteenth-Century Contribution to General Relativity, Stud. Hist. Philos. Sci. 21 (1990), 91–121; S. J. Holmes, The Two Sides of Reality, Philos. Rev. 51 (1942), 383–396; P. van Inwagen, It Is Wrong, Everywhere, Always, and for Anyone, To Believe Anything upon Insufficient Evidence, in: J. Jordan/D. Howard-Synder (eds.), Faith, Freedom, and Rationality. Philosophy of Religion Today, Lanham Md./London 1996, 137–154; A. E. Johanson, »The Will to Believe« and the Ethics of Belief, Transactions of the Charles S. Peirce Society. A Quarterly Journal in American Philosophy 11 (1975), 110–127; P. Kerszberg, C., Enc. philos. universelle III/1 (1992), 1672; H. Koch, C., in: S. Gottwald/H.-J. Ilgauds/K.-H. Schlote (eds.), Lexikon berühmter Mathematiker, Thun/Frankfurt 1990, 108; T. J. Madigan, The Virtues of »The Ethics of Belief«. W. K. C.'s Continuing Relevance, Free Inquiry 17/2 (1997), 29–33; G. I. Mavrodes, James and C. on »The Will to Believe«, The Personalist 44 (1963), 191–198; L. Nathanson, Nonevidential Reasons for Belief. A Jamesian View, Philos. Phenom. Res. 42 (1982), 572–580; J. R. Newman, W. K. C., Sci. Amer. 188/2 (1953), 78–84; J. D. North, C., DSB III (1970), 322–323; M. Ruso, C., in: T. Honderich (ed.), The Oxford Companion to Philosophy, Oxford/New York 1995, 137; H. E. Smokler, W. K. C.'s Conception of Geometry, Philos. Quart. 16 (1966), 244–257; ders., C., Enc. Ph. II (1967), 123–125; M. Steup, C., in: R. Audi (ed.), The Cambridge Dictionary of Philosophy, Cambridge etc. ²1999, 146.   M. C./P. J.

Code, genetischer, Terminus der Molekularbiologie zur Bezeichnung des Zusammenhangs zwischen Abschnitten der ↑DNA und den von diesen kodierten Proteinen. Im einzelnen stehen jeweils drei Basenpaare oder Nukleotide der DNA für eine Aminosäure; die Nukleotidsequenz legt die Abfolge von Aminosäuren im Protein fest. Dabei ist der g. C. insofern redundant, als unterschiedliche Tripletts dieselbe Aminosäure kodieren können. Hinzu treten Start- und Stop-Codons, die Anfang und Ende einer Kodierungsfolge festlegen. Die Folge kodierender Tripletts mit dem Start-Codon an dem einen und einem Stop-Codon am anderen Ende wird als offenes Leseraster (ORF, ›open reading frame‹) bezeichnet, manchmal synonym zu ↑Gen gebraucht.

Der g. C. ist ›universell‹, d. h., er stimmt für alle Lebensformen auf der Erde überein. Das gilt als starkes Argument für die Evolution des Lebendigen aus einer gemeinsamen Urzelle oder aus einer gemeinsamen vorzellulären Struktur (↑Evolutionstheorie). Allerdings gibt es einige Ausnahmen von der Universalität des g.n C.s: einige Codons in den Genomen von Einzellern, auch von Mitochondrien, unterscheiden sich vom Standard-Code. Möglicherweise haben sich diese Genome früh vom Hauptweg der ↑Evolution getrennt.

Literatur: H. F. Judson. The Eighth Day of Creation. Makers of the Revolution in Biology, New York 1979, Plainview N. Y. ²1996 (dt. Der 8. Tag. Sternstunden der neuen Biologie, Wien/München 1980); L. E. Kay, Who Wrote the Book of Life? A History of the Genetic Code, Stanford Calif. 2000 (dt. Das Buch des Lebens. Wer schrieb den g.n C.?, München 2001, 2002); B.-O. Küppers, Der Ursprung biologischer Information. Zur Naturphilosophie der Lebensentstehung, München 1986, ²1990 (engl. Information and the Origin of Life, Cambridge Mass. 1990); S. Osawa, Evolution of the Genetic Code, Oxford, 1995. – Cold Spring Harbor Symposia on Quantitative Biology XXXI (1966).   R. Kn.

cogito ergo sum (lat., ich denke, also bin ich), Grundsatz der theoretischen Philosophie R. Descartes' (Princ. Philos. I, 7, franz.: je pense, donc je suis, Disc. méthode IV, 3). Methodisch das Ergebnis eines radikalen, der Form nach Argumentationen A. Augustins (De trinit. X 10, 1–16) aufnehmenden ↑Zweifels an allem bisherigen Wissen (Meditat. II) und als Ausdruck der Selbstgewißheit des Denkenden Basis der Cartesischen Erkenntnistheorie (›le premier principe de la philosophie‹, Disc. méthode IV); darin die sogenannte Subjektivität der neuzeitlichen Vernunft begründend (↑Subjektivismus).

Die Frage, ob es sich beim c. e. s. um einen *Schluß* handelt (nahegelegt durch ›ergo‹ bzw. ›donc‹), der dann den allgemeinen Satz ›alles, was denkt, ist (existiert)‹ voraussetzte, oder um eine *Evidenz*, ist bei Descartes nicht völlig geklärt. Der methodologischen Intention nach muß es sich um zwei voneinander unabhängige ↑Evidenzen (›cogito‹ und ›sum‹) handeln, wobei es in einer entsprechenden logischen Rekonstruktion entscheidend darauf ankommt, das ›esse‹ (›sein‹, ›existieren‹) in ›sum‹ nicht als ein ↑Prädikat (↑Prädikator), sondern als Darstellung des ↑Einsquantors (Existenzquantors) zu verstehen (›es gibt etwas, das gerade denkt‹). Von der Möglichkeit einer logisch befriedigenden Rekonstruktion des c. e. s. bleiben jedoch die inhaltlichen Schwierigkeiten unberührt, die sich an die Behauptung Descartes' knüpfen, aus seinem ›premier principe‹ könnten weitere Sätze, z. B. der Satz ›sum res cogitans‹ (›ich bin ein denkendes [als solches auch fühlendes, vorstellendes etc.] Ding‹), hergeleitet und damit Maßnahmen zum Wiederaufbau des zuvor mit einem radikalen Zweifel belegten philosophischen Wissens auf methodische Weise begonnen werden.

Literatur: A. J. Ayer, C., e. s., Analysis 14 (1953), 27–31; R. Bernoulli, Überlegungen zu Descartes' ›Ego c., e. s.‹, Gesnerus 36 (1979), 266–276; E. W. Beth, ›C. e. s.‹ – raisonnement ou intuition, in: Logica. Studia Paul Bernays dedicata, Neuenburg (Schweiz) 1959, 19–31; W. Boos, A Self-Referential ›Cogito‹, Philos. Stud. 44 (1983), 269–290; H. Dörr, Genealogisches zum ›Cogito‹. Über ein Motiv des Cartesischen Denkens, Conceptus 18 (1984), H. 44, 104–115; FM I (1994), 581–585; J. Hintikka, ›C., e. s.‹. Inference or Performance?, Philos. Rev. 71 (1962), 3–32, Neudr. in: W. Doney (ed.), Descartes. A Collection of Critical Essays, New York, Garden City N. Y. 1967, London, Notre Dame Ind. 1968, London 1970, 108–139; M. Hofmann-Riedinger, Das Rätsel des ›C. e. s.‹, Stud. Philos. 55 (1996), 115–135; J. J. Katz, Cogitations. A Study of the Cogito in Relation to the Philosophy of Logic and Language and a Study of Them in Relation to the Cogito, New York/Oxford 1986, 1988; A. Kemmerling, Eine reflexive Deutung des Cogito, in: K. Cramer/H. F. Fulda/R.-P. Horstmann (eds.), Theorie der Subjektivität. Dieter Henrich zum 60. Geburtstag, Frankfurt 1987, 1990, 141–166; P. J. Markie, The Cogito Puzzle, Philos. Phenom. Res. 43 (1982), 59–81; ders., The Cogito and Its Importance, in: J. Cottingham (ed.), The Cambridge Companion to Descartes, Cambridge/New York/Melbourne 1992, 1999, 140–173; J. Mittelstraß, Neuzeit und Aufklärung. Studien zur Entstehung der neuzeitlichen Wissenschaft und Philosophie, Berlin/New York 1970, 382–391; W. F. Niebel, Das Problem des ›c., e. s.‹, Frankfurt 1972; M. Pillin, Descartes et la première certitude, Ét. philos. 39 (1984), 23–36; L. Pompa, The Incoherence of the Cartesian ›Cogito‹, Inquiry 27 (1984), 3–21; W. Röd, Zum Problem des premier principe in Descartes' Metaphysik, Kant-St. 51 (1959/1960), 176–195; D. Savatovski, Cogito, Enc. philos. universelle II (1990), 344; H. Scholz, Über das c., e. s., Kant-St. 36 (1931), 126–147, Neudr. in: ders., Mathesis universalis. Abhandlungen zur Philosophie als strenger Wissenschaft, ed. H. Hermes/F. Kambartel/J. Ritter, Basel/Stuttgart, Darmstadt 1961, ²1969, 75–94; J. Stone, C. e. s., J. Philos. 90 (1993), 462–468; R. Trapp, »Credo me cogitare ergo scio me esse«. Descartes' ›C. e. s.‹ Reinterpreted, Erkenntnis 28 (1988), 253–267; A. Ulfig, C. e. s., in: ders., Lexikon der philosophischen Begriffe, Eltville 1993, 71–72; P. Willemsen, Cartesiaans geloven. Een verhandeling over het ›c. e. s.‹, Leende 2000; M. Yrjonsuuri, The Scholastic Background of ›C., e. s.‹, Acta Philos. Fennica 64 (1999), 47–70. J. M.

Cohen, Hermann, *Coswig (Anhalt) 4. Juli 1842, †Berlin 4. April 1918, dt. Philosoph. 1865 Promotion in Halle, 1873 Habilitation in Marburg bei F. Lange, 1875 a. o. Prof., 187 o. Prof. der Philosophie in Marburg (als Nachfolger F. Langes), nach seiner Emeritierung 1912 Lehrer an der Lehranstalt für Wissenschaft des Judentums in Berlin. Als Begründer und Hauptvertreter des ↑Neukantianismus der Marburger Schule besaß C. großen, bis heute nachwirkenden Einfluß auf die zeitgenössische Kant-Auffassung.

Für C. hat die Philosophie die Aufgabe, im Ausgang vom ›Faktum der Wissenschaft‹ in der Anwendung der ›transzendentalen Methode‹ (↑Methode, transzendentale) die apriorischen Voraussetzungen der Erfahrung und des Handelns zu klären. In der Erkenntnistheorie als der systematischen Zusammenstellung der Prinzipien der mathematischen Naturwissenschaft weicht C. von I. Kant insofern ab, als er sich in seiner Konzeption eines schöpferischen ›Denkens des Ursprungs‹ gegen die Kantische Unterscheidung zwischen der Spontaneität (↑spontan/Spontaneität) des Denkens und der Rezeptivität der ↑Anschauung wendet und im Zusammenhang damit auch Kants Annahme des ↑Dinges an sich verwirft. C.s Ethik ist als Prinzipienlehre der Rechts- und Staatswissenschaft Darstellung und Explikation des Begriffs des ›reinen Willens‹, der nach C. auf die Verwirklichung der Idee der Menschheit und eines ethischen Sozialismus abzielt. Seine Ästhetik geht vom reinen Gefühl aus, das seinerseits ›reine Liebe zur Natur des Menschen‹ ist. In seinen religionsphilosophischen Untersuchungen, mit denen er sich vor allem gegen Ende seines Lebens beschäftigt, geht es C. – wie schon in seiner Auseinandersetzung mit dem Antisemitismus – um die Rechtfertigung der (jüdischen) Religion auf der Grundlage des Kantischen ethischen ↑Idealismus. Dabei sucht C. die Religion als Ausdruck des (moralischen) Vernunft-Glaubens an die Ewigkeit des kulturellen Fortschritts zu erweisen.

Werke: Werke, I–XVI, ed. H.-C.-Archiv Zürich (H. Holzhey), Hildesheim/Zürich/New York 1977 ff. – Kants Theorie der Erfahrung, Berlin 1871, ⁴1925, Hildesheim/Zürich/New York ⁵1987 (Werke I); Kants Begründung der Ethik, Berlin 1877, mit Untertitel: Nebst ihren Anwendungen auf Recht, Religion und Geschichte ²1910; Das Princip der Infinitesimal-Methode und seine Geschichte. Ein Kapitel zur Grundlegung der Erkenntnisskritik, Berlin 1883, Nachdr. Hildesheim/Zürich/New York ⁴1984 (Werke V), unter dem Titel: Das Prinzip der Infinitesimal-Methode und seine Geschichte. Ein Kapitel zur Grundlegung der Erkenntniskritik, Frankfurt 1968; Kants Begründung der Ästhetik, Berlin 1889; Logik der reinen Erkenntnis (System der Philosophie I), Berlin 1902, ²1914, Nachdr. Hildesheim/Zürich/New York ⁴1997 (Werke VI); Ethik des reinen Willens (System der Philosophie II), Berlin 1904, ²1907, Nachdr. Hildesheim/Zürich/New York ⁵1981 (Werke VII); Ästhetik des reinen Gefühls (System der Philosophie III), I–II, Berlin 1912, Nachdr. Hildesheim/Zürich/New York ³1982 (Werke VIII–IX); Der Begriff der Religion im System der Philosophie, Giessen 1915, Nachdr. Hildesheim/Zürich/New York 1996 (Werke X); Religion der Vernunft aus den Quellen des Judentums, Leipzig 1919, Frankfurt ²1929, Nachdr. Wiesbaden ³1995 (engl. Religion of Reason out of the Sources of Judaism, New York 1972, Atlanta Ga. ²1995; franz. Religion de la raison. Tirée des sources du judaïsme, Paris 1994).

Literatur: R. Brandt/F. Orlik (eds.), Philosophisches Denken – Politisches Wirken. H.-C.-Kolloquium Marburg 1992, Hildesheim/Zürich/New York 1993; J. Ebbinghaus, C., Enc. Ph. II (1967), 125–128; G. Edel, Von der Vernunftkritik zur Erkenntnislogik. Die Entwicklung der theoretischen Philosophie H. C.s, Freiburg/München 1988; FM I (1994), 585–586; H. Günther, Philosophie des Fortschritts. H. C.s Rechtfertigung der bürgerlichen Gesellschaft, München 1972; H. Holzhey, C. und Natorp, I–II, Basel/Stuttgart 1986; ders. (ed.), H.C., Frankfurt etc. 1994; ders./G. Motzkin/H. Wiedebach (eds.), »Religion der Vernunft aus den Quellen des Judentums«, Tradition und Ursprungsdenken in H.C.s Spätwerk, Hildesheim/New York 2000; I. Kajon, Ebraismo e sistema di filosofia in H.C., Mailand/Padua 1989; W. Kluback, The Idea of Humanity. H.C.'s Legacy to Philosophy and Theology, Lanham Md./New York/London 1987, Atlanta Ga. 1989; K.-H. Lembeck, Platon in Marburg. Platonrezeption und Philosophiegeschichtsphilosophie bei C. und Natorp, Würzburg 1994; H. van der Linden, C., in: R. Audi (ed.), The Cambridge Dictionary of Philosophy, Cambridge/New York 1995, 132–133; S. Moses/H. Wiedebach (eds.), H.C.'s Philosophy of Religion. International Conference in Jerusalem 1996, Hildesheim/Zürich/New York 1997; P. Natorp, H.C.s philosophische Leistung unter dem Gesichtspunkte des Systems, Berlin 1918; H.-L. Ollig, Aporetische Freiheitsphilosophie. Zu H.C.s philosophischem Ansatz, Philos. Jb. 85 (1978), 359–371; A. Poma, La filosofia critica di H.C., Mailand 1988 (engl. The Critical Philosophy of H.C., Albany N.Y. 1997); W. Ritzel, Studien zum Wandel der Kantauffassung. Die »Kritik der reinen Vernunft« nach Alois Riehl, H.C., Max Wundt und Bruno Bauch, Meisenheim am Glan 1952, Nachdr. 1968; P. A. Schmid, Ethik als Hermeneutik. Systematische Untersuchungen zu H.C.s Rechts- und Tugendlehre, Würzburg 1995; W. de Schmidt, Psychologie und Transzendentalphilosophie. Zur Psychologie-Rezeption bei H.C. und Paul Natorp, Bonn 1976; D.-U. Seo, Logik und Metaphysik der Erkenntnis. Kritischer Vergleich von H.C.s und Nicolai Hartmanns philosophischen Grundpositionen, Frankfurt 1993; J. Stolzenberg, Ursprung und System. Probleme der Begründung systematischer Philosophie im Werk H.C.s, Paul Natorps und beim frühen Martin Heidegger, Göttingen 1995; H. Wiedebach, Die Bedeutung der Nationalität für H.C., Hildesheim/Zürich/New York 1997; Y. Xie, Korrelation. Der zentrale Begriff in C.s Religionsphilosophie, Frankfurt/ New York 1996; M. Zank, C., REP II (1998), 398–403, ders., The Idea of Atonement in the Philosophy of H.C., Providence R.I. 2000. H. H.

Cohen, Paul Joseph, *Long Branch N.J. 2. April 1934, amerik. Mathematiker. Der Sohn jüdischer Emigranten aus Rußland eignete sich schon früh autodidaktisch Kenntnisse der Mathematik an. 1950 schloß er seine Schulbildung vorzeitig ab und begann ein Studium am Brooklyn College (New York), das er 1952 an der Universität Chicago, unter anderem bei A. Zygmund, fortsetzte. 1958 Ph. D. University of Chicago, 1958–1959 Lehrtätigkeit am Massachusetts Institute of Technology, 1959–1961 Institute for Advanced Study, ab 1964 Prof. der Mathematik an der Stanford University. C. erhielt 1966 die Fields Medal für seinen mit Hilfe des von ihm entwickelten metamathematischen Verfahrens des ↑›forcing‹ geführten Beweises der Unabhängigkeit (↑unabhängig/Unabhängigkeit (logisch)) sowohl des ↑Auswahlaxioms als auch der verallgemeinerten ↑Kontinuumhypothese von den anderen Axiomen der Zermelo-Fraenkelschen Mengenlehre (↑Zermelo-Fraenkelsches Axiomensystem) – die Verträglichkeit (↑verträglich/Verträglichkeit) von Auswahlaxiom und Kontinuumhypothese mit den übrigen Axiomen der Mengenlehre war schon 1938 von K. Gödel bewiesen worden. C. löste damit das schon seit G. Cantors Aufstellung der genannten Hypothese 1884 bestehende Kontinuumproblem, das D. Hilbert in einem berühmt gewordenen Vortrag von 1900 als das wichtigste der damals ungelösten mathematischen Probleme bezeichnet hatte. C.s Lösung scheint zu einer Vielzahl gleichberechtigter Mengenlehren zu führen und ist deshalb geeignet, die Besinnung von den axiomatischen Mengenlehren (↑Mengenlehre, axiomatische) auf die den axiomatischen Ansätzen zugrunde liegenden, ursprünglich konstruktiven Intentionen der Mengenlehre (↑Mengenlehre, konstruktive) und damit auf die Grundlegungsproblematik zurückzulenken.

Werke: A Note on Constructive Methods in Banach Algebras, Proc. Amer. Math. Soc. 12 (1961), 159–163; A Minimal Model for Set Theory, Bull. Amer. Math. Soc. 69 (1963), 537–540; The Independence of the Continuum Hypothesis, I–II, Proc. Nat. Acad. Sci. USA 50 (1963), 1143–1148, 51 (1964), 105–110; Set Theory and the Continuum Hypothesis, New York/Amsterdam 1966; (mit R. Hersh) Non-Cantorian Set Theory, Sci. Amer. 217 (1967), 104–116, Neudr. in: M. Kline (ed.), Mathematics in the Modern World, San Francisco Calif./London 1968, 212–220.

Literatur: D.J. Albers/C. Reid, P.C., in: D.J. Albers/G.L. Alexanderson/C. Reid (eds.), More Mathematical People. Contemporary Conversations, Boston/San Diego/New York 1990, 43–58; A. Church, P.J.C. and the Continuum Problem, in: I.G. Petrovsky (ed.), Proceedings of International Congress of Mathematicians/Berichte des internationalen Mathematiker-Kongresses (Moskau 1966), Moskau 1968, 15–20; S. Gottwald, C., in: ders./H.-J. Ilgauds/K.-H. Schlote (eds.), Lexikon bedeutender

Mathematiker, Thun/Frankfurt 1990, 108; N. I. Kondakow, C., in: ders., Wörterbuch der Logik, ed. E. Albrecht/G. Asser, Leipzig 1983, 106–107; A. Mostowski, Widerspruchsfreiheit und Unabhängigkeit der Kontinuumhypothese, Elemente Math. 19 (1964), 121–125; R. M. Smullyan, The Continuum Hypothesis, in: ders., The Mathematical Sciences. A Collection of Essays, Cambridge Mass./London 1969, 252–260. C. T.

Cohn, Jonas, *Görlitz 2. Dez. 1869, †Birmingham 12. Jan. 1947, dt. Philosoph, Psychologe und Pädagoge. Nach Studium der Biologie und Philosophie in Leipzig, Heidelberg und Berlin (im Anschluß an die Promotion) Studium der Philosophie, Psychologie und Pädagogik in Leipzig (unter anderem bei W. Wundt) und Freiburg; 1892 Promotion in Botanik, 1897 Habilitation in Philosophie, 1901 a. o. Prof., ab 1919 Ordinarius für Philosophie und Pädagogik in Freiburg, 1933 Zwangspensionierung durch die Nationalsozialisten und Emigration nach England. – Bereits in der frühen Schrift zur Geschichte des Unendlichkeitsproblems sowie in der unter dem Einfluß von W. Windelband und H. Rickert entstandenen Habilitationsschrift zur ↑Wertphilosophie spiegeln sich die Grundthemen der Philosophie C.s: werttheoretischer Kritizismus einerseits und Theorie der ↑Dialektik andererseits. Dabei markiert die 1901 veröffentlichte, in Abgrenzung von psychologischen Konzeptionen auf die Geltung ästhetischer Wertungen gerichtete »Allgemeine Ästhetik« die Abkehr C.s vom Wertrelativismus und weist ihn als Mitglied der südwestdeutschen (badischen) Schule des ↑Neukantianismus aus. Erkenntnistheoretisch zentral für C. ist die Bindung jeglichen Erkennens an das Logik und Dialektik ebenso wie Ethik, Kulturphilosophie und Religion bestimmende überindividuelle Subjekt sowie an eine Urteilstheorie, die sich durch die Dualität von Denkform und Denkfremdem (Utraquismus) auszeichnet. Gemeinsam mit der Prävalenz des Positiven oder Gegebenen bildet der Utraquismus die Grundlage für das auf das ↑Absolute hin gerichtete dialektische Denken, dessen Unabgeschlossenheit für C.s Philosophieverständnis insgesamt bestimmend ist. In seiner lebensphilosophische Aspekte einschließenden Kulturphilosophie argumentiert C. für die Grundlegung einer dem mechanistischen Naturverständnis entgegenstehenden und von diesem unabhängigen ↑Axiologie, während seine pädagogischen Schriften auf die Erziehung zur autonomen Mitgliedschaft in der jeweiligen Kulturgemeinschaft gerichtet sind. Die Wende C.s zur Dialektik in den 20er Jahren ist grundlegend für seine 1932 erschienene, eine allgemeine Wertlehre (Axiotik) ebenso wie eine Systematik der Werte und eine Lehre von der Wertverwirklichung (Ergetik) umfassende ›Wertwissenschaft‹, die in ihrem Versuch einer systematischen Darstellung der Einheit aller Werte (↑Wert (moralisch)) das Ende des wertphilosophischen Neukantianismus markiert.

Werke: Geschichte des Unendlichkeitsproblems im abendländischen Denken bis Kant, Leipzig 1896 (repr. Darmstadt, Hildesheim 1960, Hildesheim 1983) (franz. Histoire de l'infini. Le problème de l'infini dans la pensée occidentale jusqu' à Kant, Paris 1994); Allgemeine Ästhetik, Leipzig 1901; Führende Denker. Geschichtliche Einleitung in die Philosophie, Leipzig 1907, ⁵1928; Voraussetzungen und Ziele des Erkennens. Untersuchungen über die Grundfragen der Logik, Leipzig 1908; Der Sinn der gegenwärtigen Kultur. Ein philosophischer Versuch, Leipzig 1914; Religion und Kulturwerte, Berlin 1914; Geist der Erziehung. Pädagogik auf philosophischer Grundlage, Leipzig/Berlin 1919; Erziehung zu sozialer Gesinnung, Langensalza 1920; Theorie der Dialektik. Formenlehre der Philosophie, Leipzig 1923 (repr. Darmstadt 1965) (franz. Théorie de la dialectique. Doctrine des formes philosophiques, Lausanne 1993); Die Philosophie im Zeitalter des Spezialismus, Leipzig/Berlin 1925; Befreien und Binden. Zeitfragen der Erziehung überzeitlich betrachtet, Leipzig 1926; Wertwissenschaft, Stuttgart 1932; Wirklichkeit als Aufgabe, ed. J. v. Kempski, Stuttgart 1955; Selbstüberschreitung. Grundzüge der Ethik – entworfen aus der Perspektive der Gegenwart. Aus dem Nachlaß, ed. D.-J. Löwisch, Frankfurt 1986.

Literatur: M. Heitmann, J. C. (1869–1947). Das Problem der unendlichen Aufgabe in Wissenschaft und Religion, Hildesheim/Zürich/New York 1999 (mit Bibliographie, 261–264); I. Idalovichi, Grundprinzipien einer kritischen Dialektik zwischen Kant und Hegel. Bemerkungen zu J. C.s kritisch-dialektischer Philosophie, Kant-St. 80 (1989), 324–344; ders., Die Dialektik des Utraquismus, Frankfurt etc. 1991; R. Klockenbusch, Husserl und C.. Widerspruch, Reflexion, und Telos in Phänomenologie und Dialektik, Dordrecht/Boston/London 1989; M. Kühn, C., in: S. Brown/D. Collinson/R. Wilkinson (eds.), Biographical Dictionary of Twentieth-Century Philosophers, London/New York 1996, 153–154; D.-J. Löwisch (ed.), Vom Sinn der Erziehung. Ausgewählte Texte, Paderborn 1970; ders./H. E. Lück (eds.), Der Briefwechsel zwischen William Stern und J. C.. Dokumente einer Freundschaft zwischen zwei Wissenschaftlern, Frankfurt etc. 1994; S. Marck, Am Ausgang des jüngeren Neu-Kantianismus. Ein Gedenkblatt für Richard Hönigswald und J. C., Arch. Philos. 3 (1949), 144–164. C. S.

coincidentia oppositorum (lat., Zusammenfall der Gegensätze), Grundbegriff im Rahmen des als ↑docta ignorantia, d. h. als Einsicht in die Unangemessenheit unserer Erkenntnisweisen, charakterisierten philosophischen Wissens bei Nikolaus von Kues (De coniecturis II, Kap. 1–2). Gegensätze und Widersprüche (c. contradictoriorum), in denen sich das Unbegreifliche (der Gegenstand der Philosophie) der ›über sich selbst belehrten Unwissenheit‹ zeigt und symbolisch formulierbar wird, gelten als im Unendlichen (in Gott) aufgelöst (De docta ign. I 4, II 2). Beispiel: der Kreis fällt bei unendlich werdendem Durchmesser mit der Geraden (seinem ›Gegensatz‹) zusammen (De docta ign. I 13). Der Begriff der c. o. wird bei G. Bruno im pantheistischen Sinne (↑Pantheismus) weitergeführt und gewinnt später z. B. bei J. G. Hamann unter dem Gesichtspunkt der Überwindung einer Antithetik der Vernunft (gegen I. Kant) und bei F. W. J. Schelling in dessen identitätsphilosophischer Konzeption (↑Identitätsphilosophie) erneut eine gewisse spekulative Bedeutung.

Literatur: J. Barion, Das Prinzip der C. o. in der Philosophie des Nicolaus von Cues, Prima philosophia 3 (1990), 44–51; I. Bertoni, Coincidenza, Enc. filos. II (1982), 334; G. v. Bredow, C. o., Hist. Wb. Ph. I (1971), 1022–1023; E. zum Brunn, Présupposés éthiques et ›coïncidence des opposés‹, Frei. Z. Philos. Theol. 33 (1986), 111–128; A. Calcagno, Giordano Bruno and the Logic of Coincidence. Unity and Multiplicity in the Philosophical Thought of Giordano Bruno, New York etc. 1998, bes. 30–33, 109–123; E. Cousins, Bonaventure and the Coincidence of Opposites, Chicago Ill. 1978, bes. 1–18, 199–228; K. Emery Jr., Mysticism and the Coincidence of Opposites in Sixteenth- and Seventeenth-Century France, J. Hist. Ideas 45 (1984), 3–23; R. Haubst, Streifzüge in die cusanische Theologie, Münster 1991, 23–26, 117–140; B. H. Helander, Die ›visio intellectualis‹ als Erkenntnisweg und -ziel des Nicolaus Cusanus, Uppsala 1988, 81–105; K. Jacobi, Die Methode der Cusanischen Philosophie, Freiburg/München 1969, bes. 133–136; K. Jaspers, Nikolaus Cusanus, München 1964, 1987, 23–34; E. Kanitz-Huber, Die C. o. als Grenzbegriff, Biberach 1954; D. Mahnke, Unendliche Sphäre und Allmittelpunkt, Beiträge zur Genealogie der mathematischen Mystik, Halle 1937 (repr. Stuttgart 1966), bes. 76–90; E. Meffert, Nikolaus von Kues. Sein Lebensgang, seine Lehre vom Geist, Stuttgart 1982, bes. 136–152; S. Meier, Von der Koinzidenz zur C. o.. Zum philosophiehistorischen Hintergrund der Cusanischen Koinzidenzgedankens, in: O. Pluta (ed.), Die Philosophie im 14. und 15. Jahrhundert, Amsterdam 1988, 321–342; S. Meier-Oeser, Die Präsenz des Vergessenen. Zur Rezeption der Philosophie des Nicolaus Cusanus vom 15. bis zum 18. Jahrhundert, Münster 1989, 20–122 (Die Rezeption der C. o.); D. P. Norford, Microcosm and Macrocosm in Seventeenth-Century Literature, J. Hist. Ideas 38 (1977), 409–428; L. Peña, Au-delà de la coïncidence des opposés. Remarques sur la théologie copulative chez Nicolas de Cuse, Rev. théol. et philos. 121 (1989), 57–78; H. Schwaetzer, ›C. o.‹ in der metaphysischen Erzeugung des Kreises. Johannes Keplers Lösung eines cusanischen Problems, Frei. Z. Philos. Theol. 46 (1999), 184–213; J. Stallmach, Ineinsfall der Gegensätze und Weisheit des Nichtwissens. Grundzüge der Philosophie des Nikolaus von Kues, Münster 1989; M. Thiemel, Coincidentia. Begriff, Ideengeschichte und Funktion bei Nikolaus von Kues, Aachen 2000; J. Valk, The Concept of the C. o. in the Thought of Mircea Eliade, Rel. Stud. 28 (1992), 31–41; K. Volkmann-Schluck, Nicolaus Cusanus. Die Philosophie im Übergang vom Mittelalter zur Neuzeit, Frankfurt 1957, ³1984, 12–24; N. Winkler, Die Entwicklung der Grundidee von der C. o. in der Philosophie des Nikolaus von Kues, Diss. Berlin 1988; S. Wollgast, C. o., in: H. Hörz u.a. (eds.), Philosophie und Naturwissenschaften. Wörterbuch zu den philosophischen Fragen der Naturwissenschaften I, Berlin ³1991, 172–173. J. M.

Collingwood, Robin George, *Coniston (Lancashire) 22. Febr. 1889, †ebd. 9. Jan. 1943, engl. Philosoph, Archäologe und Historiker. 1908–1912 Classical Scholar am University College, Oxford, 1912 Fellow of Pembroke College, Oxford, 1927–1935 University Lecturer, 1935–1941 Waynflete Professor of Metaphysical Philosophy am Magdalen College (Oxford). Langjähriger Schwerpunkt seiner Lehrtätigkeit war neben römischer Geschichte die theoretische Archäologie nach seinem Lehrer F. J. Haverfield.

C. setzt sich früh sowohl von den ›Realisten‹ (J. Cook Wilson, H. A. Prichard) als auch von den ›Idealisten‹ (F. H. Bradley, T. H. Green) ab. Über B. Croce und G. Gentile, die zeitweilig C. stark beeinflussen, sowie über J. Ruskin wird C. mit den Werken G. Vicos und G. W. F. Hegels bekannt. Die Entwicklung seiner Philosophie wird gemeinhin als ein allmähliches Abrücken vom ↑Idealismus beschrieben, bis zu dessen entschiedener Zurückweisung in den letzten Jahren. In keiner Phase ist C. einer Strömung oder Lehrmeinung in der sich stetig wandelnden philosophischen Landschaft seiner Zeit zuzuordnen. Seine Wirkung beruht in erster Linie auf dem Versuch einer angemessenen Verbindung von Geschichte und Philosophie zu einer ›Metaphysik‹, welche die jeweiligen ›absoluten Voraussetzungen‹ aller bisherigen Weltbilder und kognitiven Systeme herausarbeitet und damit den in der Totalität menschlicher Erfahrung begegnenden ›absoluten Geist‹ zu Bewußtsein bringt. Im Hintergrund steht die Annahme, daß die Wissenschaft nicht mehr in der Lage sei, geschichtliche Vorgänge zu erfassen und zu organisieren. Die Verwandtschaft von C.s Entwicklungsgeschichte fundamentaler Weltkonzepte (bis zu ihrer Selbstbewußtheit in der historischen Tiefenhermeneutik der Philosophie) mit Hegels ↑»Phänomenologie des Geistes« ist auffällig, aber nicht intendiert.

↑Erkenntnisfortschritt vollzieht sich für C. in Form der Prüfung von ↑Hypothesen, die in den ↑Geisteswissenschaften jedoch anders zu verfahren hat als in den vom ↑Objektivismus dominierten ↑Naturwissenschaften. Der frühe C. identifiziert eine Stufenfolge von vier ›Formen der ↑Erfahrung‹, nämlich Kunst, Religion, Naturwissenschaft und Historie, deren spezifische Einseitigkeiten schließlich in der ↑Philosophie (als rein reflexiver fünfter Form) kritisiert und überwunden werden. Später spricht er der Philosophie qua ↑Metaphysik ein eigenes, genuines Objekt zu, das ›ens realissimum‹, dessen ↑Erscheinungen in den vier Erfahrungsformen begegnen und zu Gegenständen des historischen ↑Verstehens werden. Menschliche Lebensäußerungen sollen generell durch zutreffende Rekonstruktion des ihnen zugrunde liegenden Denkens nachvollziehbar gemacht werden; philosophische Lehren machen Sinn als Antworten auf Daseinsfragen, die es erst noch aus dem historischen Kontext heraus zu ermitteln gilt. Alles Tun und Denken, vergangenes wie gegenwärtiges, auch eigenes, ist letztlich nur vor dem Hintergrund (unbewußter) ›absoluter Voraussetzungen‹ angemessen interpretierbar (↑Interpretation), die für C. in ihrer Lebensbedeutsamkeit gleichwertig sind. Darin berührt sich seine ↑Geschichtsphilosophie nicht nur mit der (französischen) Mentalitätsgeschichtsschreibung, sondern auch mit der Sichtweise J. G. Herders; in Funktionsweise und Ablösungsmodi deuten C.s ›absolute Voraussetzungen‹ auf T. S. Kuhns

↑Paradigmen voraus. – Neben weiteren Überlegungen zu logischen Unterschieden der Sprachen von Wissenschaft und Philosophie und deren methodologischen Konsequenzen für beide Erfahrungsformen stehen Arbeiten zur Philosophie der Religion, der Kunst und des Geistes (↑philosophy of mind). Vor allem C.s Ästhetik und seine langjährige Auseinandersetzung mit der Kunstphilosophie Croces (den C. ins Englische übersetzt) sind von systematischer Bedeutung. C. bestimmt wahre Kunst als originären Ausdruck authentischen ↑Gefühls durch die individuelle ↑Einbildungskraft des Künstlers, als kommunikative Gestaltung von ↑Unbewußtem.

Werke: Religion and Philosophy, London etc. 1916 (repr. Ann Arbor Mich. 1981, Bristol 1994); Ruskin's Philosophy. An Address Delivered at the Ruskin Centenary Conference [...] 1919, London 1922 (repr. Chichester 1971); Speculum Mentis. Or the Map of Knowledge, Oxford 1924 (repr. Westport Conn. 1982), ²1946, 1970; Outlines of a Philosophy of Art, London etc. 1925 (repr. Bristol 1997); Faith and Reason. A Study of the Relations Between Religion and Science, London etc. 1928; The Philosophy of History, London etc. 1930; An Essay on Philosophical Method, Oxford 1933, 1950, Bristol 1995, South Bend Ind. 2000; (mit J. N. L. Myres) Roman Britain and the English Settlements, Oxford 1936, ²1937 ³1941, New York 1975; The Principles of Art, Oxford 1938, ²1950, ³1958, ⁴1963, London etc. 1977; An Autobiography, London etc. 1939, Harmondsworth 1944, London etc. ⁷1991 (dt. Denken, Stuttgart 1955); An Essay on Metaphysics, Oxford, London etc. 1940, Chicago Ill. 1972, Lanham Md. 1984, ed. R. Martin, Oxford 1998, 2002; The New Leviathan. Or, Man, Society, Civilization and Barbarism, Oxford 1942, 1947, ed. D. Boucher, Oxford/New York 1992, 2000; The Idea of Nature, Oxford etc. 1945, 1964, Westport Conn. 1986; The Idea of History, ed. T. M. Know, Oxford etc. 1946, 1967 [mit Vorwort des Hrsg., V–XXIV], ed. W. J. van der Dussen, Oxford 1993, 1994 [mit Einführung des Hrsg., IX–XLVIII] (dt. Philosophie der Geschichte, Stuttgart 1955); Essays in the Philosophy of Art, ed. A. Donagan, Bloomington, Ind./London 1964, 1966; Essays in the Philosophy of History, ed. W. Debbins, Austin Tex. 1965, New York/London 1966, 1985; Faith and Reason. Essays in the Philosophy of Religion, ed. L. Rubinoff, Chicago Ill. 1968. – I. M. Richmond, R. G. C.. Bibliography of Writings on Ancient History and Archaeology, Proc. Brit. Acad. 29 (1943), 481–485; D. S. Taylor, R. G. C.. A Bibliography. The Complete Manuscripts and Publications, Selected Secondary Writings, with Selective Annotation, New York, 1988.

Literatur: S. Blackburn, C., REP II (1998), 411–415; D. Boucher, The Social and Political Thought of R. G. C., Cambridge etc. 1989; ders. (ed.), Philosophy, History and Civilization. Interdisciplinary Perspectives on R. G. C., Cardiff 1995; A. Donagan, The Later Philosophy of R. G. C., Oxford 1962; ders., C., Enc. Ph. II (1967), 140–144; W. H. Dray, History as Re-Enactment. R. G. C.'s Idea of History, Oxford etc. 1995, 1999; W. J. van der Dussen, History as a Science. The Philosophy of R. G. C., La Hague, 1981; M. Hinz, Self-Creation and History. C. and Nietzsche on Conceptual Change, Lanham Md. 1994; P. Johnson, R. G. C.. An Introduction, Bristol 1998; W. M. Johnston, The Formative Years of R. G. C., The Hague 1967; K. L. Ketner, An Emendation of R. G. C.'s Doctrine of Absolute Presuppositions, Lubbock Tex. 1973; T. M. Knox, Notes on C.'s Philosophical Work, Proc. Brit. Acad. 29 (1943), 469–475; M. Krausz (ed.), Critical Essays on the Philosophy of R. G. C., Oxford/London 1972; R. B. McCallum, R. G. C., Proc. Brit. Acad. 29 (1943), 462–468; L. O. Mink, The Philosophy of R. G. C., Bloomington Ind./London 1969; ders., Mind, History and Dialectic. The Philosophy of R. G. C., Bloomington Ind. 1969; J. Newman, Metaphysics and Absolute Presuppositions, Man and World 6 (1973), 280–292; I. A. Richmond, Appreciation of R. G. C. as an Archaeologist, Proc. Brit. Acad. 29 (1943), 476–480; N. Rotenstreich, History and Time. A Critical Examination of R. G. C., Jerusalem 1960; L. Rubinoff, C. and the Reform of Metaphysics. A Study in the Philosophy of Mind, Toronto 1970; A. Russel, Logic, Philosophy and History. A Study in the Philosophy of History Based on the Work of R. G. C., Lanham Md. 1984; P. Shagestad, Making Sense of History. The Philosophies of Popper and C., Oslo/Atlantic Highlands N. J. 1975; A. Shalon, R. G. C. philosophe et historien, Paris 1962; S. Stern-Gillet, C., Enc. philos. universelle III/2 (1992), 2337–2338; H. R. Walpole, R. G. C. and the Idea of Language, Wichita 1963. H.-L. N./R. W.

Collins, Anthony, *Heston 21. Juni 1676, †London 13. Dez. 1729, engl. Freidenker und Deist. 1693–1694 Studium am King's College, Cambridge, 1703–1704 Freundschaft mit J. Locke (umfangreicher Briefwechsel vom Mai 1703 bis Oktober 1704), 1711 und 1713 Reisen nach Holland. C. vertrat in Bibelkritik (A Discourse of the Grounds and Reasons of the Christian Religion, 1724) und Institutionenkritik (Priestcraft in Perfection, 1710 [anonym]) die Selbständigkeit des den Glauben begründenden Denkens gegenüber den dogmatischen Ansprüchen der Religion. Seine erkenntnistheoretisch an Locke anschließenden Erörterungen über Möglichkeit und Verpflichtung zu einem freien, d. h. institutionell und dogmatisch nicht eingeschränktem, Denken (A Discourse of Free-Thinking, 1713) tragen, gegen zum Teil heftige Kritik (R. Bentley, Remarks upon a Late Discourse of Free-Thinking, Cambridge 1713, ⁸1743), wesentlich zur Durchsetzung der als Radikalisierung des ↑Deismus aufgefaßten Position der ↑Freidenker bei. In diesem Zusammenhang suchte C. auch deterministische Positionen zu verteidigen (A Philosophical Inquiry Concerning Human Liberty, 1717).

Werke: An Essay Concerning the Use of Reason in Propositions, the Evidence whereof Depends upon Human Testimony, London 1707 (Neudr. New York/London 1984), ²1709; Priestcraft in Perfection. Or, a Detection of the Fraud of Inserting and Continuing this Clause (The Church hath Power to Decree Rites and Ceremonys, and Authority in Controversys of Faith) in the Twentieth Article of the Articles of the Church of England, London 1710, ²1710, ³1710, 1865; A Discourse of Free-Thinking, Occasion'd by the Rise and Growth of a Sect Call'd Free-Thinkers, London 1713 (repr., mit dt. Paralleltext, ed. G. Gawlick, Stuttgart-Bad Cannstatt 1965) (Neudr. New York/London 1984), ferner in: Atheism in Britain I, Bristol 1996 (franz. Discours sur la liberté de penser. Écrit à l'occasion d'une nouvelle secte d'esprits forts, ou de gens qui pensent librement, London 1714, I–II, 1766); A Philosophical Inquiry Concerning Human Liberty, London 1717, Glasgow ⁴1749, Birmingham 1790 (repr. Bristol 1990), unter dem Titel: Determinism and Freewill. A. C.'

»A Philosophical Inquiry Concerning Human Liberty«, ed. J. O'Higgins, The Hague 1976; A Discourse of the Grounds and Reasons of the Christian Religion, London 1724 (Neudr. New York 1976), ²1737, 1741 (franz. Examen des prophéties qui servent de fondement à la religion chréti, London 1768); An Historical and Critical Essay on the Thirty-Nine Articles of the Church of England. Wherein it is Demonstrated, that this Clause, the Church has Power to Decree Rites and Ceremonies, and Autority in Controversies of Faith, Inserted in the 20th Article, is Not a Part of the Articles, as they Were Established by Act of Parliament in the 13th of Eliz. or Agreed on by the Convocations of 1562 and 1571; London 1724; A Discourse Concerning Ridicule and Irony in Writing. In a Letter to the Reverend Dr. Nathanael Marshall, London 1729, ohne Untertitel Los Angeles Calif., New York 1970; A Dissertation on Liberty and Necessity. Wherein the Process of Ideas, from their First Entrance into the Soul, until Their Production of Action, is Delineated, London 1729.

Literatur: R. Attfield, Clarke, C. and Compounds, J. Hist. Philos. 15 (1977), 45–54; D. Berman, A History of Atheism in Britain. From Hobbes to Russell, London/New York/Sydney 1988, 70–92 (Chap. 3 A. C.'s Atheology); ders., C., in: T. Honderich (ed.), The Oxford Companion to Philosophy, Oxford/New York 1995, 141; FM I (1994), 594; U. Horstmann, Die Geschichte der Gedankenfreiheit in England. Am Beispiel von A. C.. A Discourse of Free-Thinking, Königstein 1980; E. C. Mossner, C., Enc. Ph. II (1967), 144–146; J. O'Higgins, A. C.. The Man and His Works, The Hague 1970; J. M. Robertson, A Short History of Freethought. Ancient and Modern, London 1899 (Neudr. New York 1957, 1972), I–II [erw.], London ²1906, mit Untertitel: Ancient and Modern to the Period of the French Revolution, I–II, London ⁴1936, 1969; W. L. Rowe, Causality and Free Will in the Controversy Between C. and Clarke, J. Hist. Philos. 25 (1987), 51–67; P. Taranto, Du déisme à l'athéisme. La libre-pensée d'A. C., Paris 2000; N. L. Torrey, Voltaire and the English Deists, New Haven Conn. 1930, Hamden Conn. 1967; K. P. Winkler, C. (1676–1729), REP II (1998), 415–419.   J. M.

Comenius, Johann Amos (eigentlich Jan Amos Komenský), *Nivnice (Südmähren) 28. März 1592, †Amsterdam 15. Nov. 1670, tschechischer Pädagoge und Theologe. Nach Studium an den reformierten Universitäten Herborn – wo er J. H. Alsted, den von P. Ramus, R. Lullus und G. Bruno beeinflußten Verfasser der »Encyclopaedia« (Herborn 1630) kennenlernte – und Heidelberg kehrte C. 1616 als Priester der Böhmischen Brüder in seine Heimat zurück. Es folgten eine langjährige Tätigkeit als Gymnasialdirektor in Leszno (Polen) und ein Aufenthalt in London (1641/1642). Auf dem Weg nach Schweden begegnete C. 1642 R. Descartes. Er kehrte 1648 aus Schweden zurück, bemühte sich vergeblich um die Gründung einer *schola pansophica* in Transsylvanien und floh nach der Zerstörung von Leszno 1656 (bei der er seine Bücher und Manuskripte verlor) nach Amsterdam, wo er bis zu seinem Tode 1670 im Hause von Lorenz de Geer wohnte.

C.' pädagogische Lehren und Tätigkeit sind vor dem Hintergrund seiner theoretischen Konzeption einer *Pansophie* zu verstehen. Der Mensch soll durch umfassende Bildung (formatio) die Schöpfung, in deren Mittelpunkt er steht, von den Folgen des Sündenfalls erlösen und das ursprüngliche Friedensreich wieder herstellen. C. sah es als sicher an, daß seine Zeit als letztes Weltalter vor Christi endgültiger Rückkehr und Herrschaft die Reform der Welt zu bewerkstelligen habe. Auf Grund seiner besonderen Stellung im Kosmos ist nach C. der Mensch befähigt, die Natur, sich selbst und das Wort Gottes vollständig zu begreifen. Diese universale Weisheit oder Pansophie muß Gegenstand der Bildung sein. Auf der Folie seines pansophistischen Programms übte C. eine erfolgreiche Tätigkeit als Schulreformer und Sprachlehrer aus. Zu den diese Tätigkeit leitenden Einsichten gehört insbes. die Forderung nach Anschaulichkeit der Lehrgegenstände (Verfasser der ersten Bilderfibel, des berühmten »Orbis sensualium pictus«, 1658). Im Hinblick auf eine Reform des Fremdsprachenunterrichts und eine (pansophistisch orientierte) philosophische ↑Universalsprache entwickelte C. Ansätze, die im Rahmen einer Prädikationstheorie (↑Prädikation) rekonstruierbar sind. Der Umstand, daß seine Reform der Pädagogik als Vorbereitung einer kosmischen Reform angelegt ist, erklärt die chiliastischen Elemente (↑Chiliasmus) dieser pädagogischen Theorie.

Werke: Dílo Jana Amose Komenského/Johannis Amos Comenii Opera omnia, I–, ed. A. Škarka u. a., Prag 1969ff. (erschienen Bde I–IV, IX/1, XI–XV/3, XVII, XVIII, XXIII). – Janua linguarum reserata sive seminarum linguarum et scientiarum omnium, o. J. o. O. (Leszno 1631), Neudr. in: ders., Opera didactica omnia I, Amsterdam 1657 (repr. Prag 1957), 250–302, ed. J. Červenka, Prag 1959 [lat./tschech.], ferner in: Opera omnia [s. o.] XV/1, 261–301 (engl. The Gate of Tongues Unlocked and Opened, London 1633; dt. Janua linguarum reserata, Leipzig 1932 [dt./lat.]); Physicae ad lumen divinum reformatae synopsis, Leipzig 1633, Amsterdam 1643, Neudr. in: Veškeré spisy Jana Amosa Komenského I, ed. J. Reber/J. V. Novák, Brno 1914, 131–304 (engl. Naturall Philosophie Reformed by Divine Light. Or a Synopsis of Physicks, London 1651; dt. Des Johann Amos C. Entwurf der nach dem göttlichen Lichte umgestalteten Naturkunde [...], ed. J. Reber, Giessen 1896); Conatuum Comenianorum praeludia, Oxford 1637, unter dem Titel: Pansophiae prodromus, London 1639, Leiden 1644, Neudr. in: ders., Opera didactica omnia I, Amsterdam 1657 (repr. Prag 1957), 403–454, ferner in: Veškeré spisy Jana Amosa Komenského I, ed. J. Reber/J. V. Novák, Brno 1914, 305–388 (engl. A Reformation of Schooles, Designed in Two Excellent Treatises, London 1642; dt. Vorspiele. Prodromus Pansophiae. Vorläufer der Pansophie, ed. H. Hornstein, Düsseldorf 1963 [dt./lat.]); Janua rerum reserata [...], Leszno 1643 [unvollst.], Leiden 1681 [vollst.] (repr. unter dem Titel: Janua rerum, München 1968), Neudr. in: Opera omnia [s. o.] XVIII, 147–236 (dt. Pforte der Dinge, ed. E. Schadel, Hamburg 1989 [mit Bibliographie, LXXXVI–CVI]); Pansophiae diatyposis, ichnographica et orthographicâ delineatione. Totius futuri operis amplitudinem, dimensioni, usus, adumbrans, Danzig 1643, Amsterdam 1645, Neudr. in: Opera omnia [s. o.] XIV, 169–234 (engl. A Patterne of Universal Knowledge Shadowing Forth the Largenesse Dimension and Use of the Intended Worke, London 1651); Novissima Linguarum Methodus, Fundamentis Didacticis solidè superstructa [...], Leszno 1648, Neudr. in: Veškeré spisy Jana Amosa Komenského II, ed. J. Reber/J. V. Novák, Brno 1911, 183–530, ferner in: Opera omnia [s.o.] XV/2, 91–402 (dt. [teilw.] Analytische Didaktik und andere pädagogische Schriften, ed. F. Hofmann, Berlin [Ost] 1959); Didactica magna, in: ders., Opera didactica omnia I, Amsterdam 1657 (repr. Prag 1957), 5–196, Neudr. als: Veškeré spisy Jana Amosa Komenského IV, ed. J. V. Novák, Brno 1913, ferner in: Opera omnia [s.o.] XV/1, 5–209 (engl. The Great Didactic of J. A. C., ed. M. W. Keatinge, London 1896, New York 1967; franz. La grande didactique, Paris 1952, 1992, 2002; dt. Große Didaktik, ed. A. Flitner, Düsseldorf 1954, Stuttgart 1982, 1992, 2000); Orbis sensualium pictus, Nürnberg 1658 [lat./dt.] (repr. Osnabrück 1964, Dortmund 1979], Neudr. in: Opera omnia [s.o.] XVII, 53–271 [lat./dt.] (engl. C.'s Visible World. Or a Picture and Nomenclature of All the Chief Things That Are in the World, and of Mens Employments Therein, London 1659 [repr. Oxford 1968]) (Bibliographie: K. Pilz, J. A. C.. Die Ausgaben des Orbis Sensualium Pictus, Nürnberg 1967); De rerum humanarum emendatione consultatio catholica [...], ed. J. F. Buddaeus, Halle 1702 [unvollst.], I–II, ed. T. Miškovská/J. Červenka, Prag 1966 [erste vollst. Ausg.] (dt. [teilw.] Pampaedia, ed. D. Tschizewskij/ H. Geissler/K. Schaller, Heidelberg 1960, [2]1965 [lat./dt.], unter dem Titel: Pampaedia/Allerziehung, ed. K. Schaller, Sankt Augustin 1991, Auswahl unter dem Titel: Allgemeine Beratung über die Verbesserung der menschlichen Dinge, ed. F. Hofmann, Berlin [Ost] 1970, teilw. unter den Titeln: Allverbesserung [Panorthosia], ed. F. Hofmann, Frankfurt etc. 1998, Allermahnung [Pannuthesia], ed. F. Hofmann, Frankfurt etc. 2001, Allerleuchtung [Panaugia], ed. F. Hofmann, Frankfurt etc. 2002; engl. [teilsweise], C.'s Pampaedia, or, Universal Education, Dover 1986, Panaugia, or, Universal Light, Shipston-on-Stour 1987, Panglottia, or, Universal Language, Shipston-on-Stour 1989, Panegersia, or, Universal Awakening, Shipston-on-Stour 1990, Pannuthesia, or, Universal Warning, Shipston-on-Stour 1991). – Ausgewählte Werke, ed. D. Tschižewskij/K. Schaller, I–IV, Hildesheim/New York 1971–1983; J. A. C.. Leben, Werk und Wirken. Autobiographische Texte und Notizen, ed. G. Michel/J. Beer, Sankt Augustin 1992. – J. Brambora/H. Bethke, Eine Bibliographie des Gesamtwerkes, in: H. J. Heydorn (ed.), J. A. C.. Geschichte und Aktualität 1670–1970 II, Glashütten (Taunus) 1971; Totok IV (1981), 384–419; G. Michel (ed.), C.-Bibliographie. Deutschsprachige Titel 1870–1999, Sankt Augustin 2000.

Literatur: H. Aarsleff, C., DSB III (1971), 359–363; M. Blekastad, C.. Versuch eines Umrisses von Leben, Werk und Schicksal des Jan Amos Komenský, Oslo/Prag 1969 (mit Bibliographie, 728–798); G. Britschgi, Naturbegriff und Menschenbild bei C.. Zur Begründung der Bildungsidee im universalen Rationalismus, Zürich 1964; J. V. Dieterich, J. A. C.. Mit Selbstzeugnissen und Bilddokumenten, Reinbek b. Hamburg 1991, 1999; H. Geissler, C. und die Sprache, Heidelberg 1959; R. Golz/W. Korthhaase/ E. Schäfer (eds), C. und unsere Zeit. Geschichtliches, Bedenkenswertes und Bibliographisches, Baltmannsweiler 1996; H. J. Heydorn (ed.), J. A. C.. Geschichte und Aktualität 1670–1970 I (Abhandlungen), Glashütten (Taunus) 1971; F. Hofmann, Jan Amos Komenský, Berlin (Ost) 1963; H. Hornstein, Weisheit und Bildung. Studien zur Bildungslehre des C., Düsseldorf 1968; E. Krotky, C., in: D. Huisman, Dictionnaire des philosophes I, Paris [2]1993, 627–632; J. Patočka (ed.), Jan Amos Komenský. Gesammelte Schriften zur C.forschung, Bochum 1981; J. Pešková/J. Cach/M. Svatoš (eds.), Homage to J. A. C., Prag 1991; R. Pozzo, C., in: F. Volpi (ed.), Großes Werklexikon der Philosophie I, Stuttgart 1999, 322–325; J. E. Sadler, J. A. C. and the Concept of Universal Education, London 1966; K. Schaller, Die »Pampaedia« des J. A. C.. Eine Einführung in sein pädagogisches Hauptwerk, Heidelberg 1957, [4]1967; ders., Die Pädagogik des J. A. C. und die Anfänge des pädagogischen Realismus im 17. Jahrhundert, Heidelberg 1962, [2]1967; ders., Die Pädagogik der »Mahnrufe des Elias«. Das Lebenswerk des C. zwischen Politik und Pädagogik, Kastellaun 1978; G. H. Turnbull, Hartlib, Dury and C.. Gleanings from Hartlib's Papers, London 1947, 1968; U. Voigt, Das Geschichtsverständnis des J. A. C. in »Via lucis« als kreative Syntheseleistung. Vom Konflikt der Extreme zur Kooperation der Kulturen, Frankfurt etc. 1996; J. Zumr, C., Enc. philos. universelle III/1 (1992), 1053–1054; ders., C., REP II (1998), 438–440. R. W.

common cause, ↑Ursache.

common sense (lat. sensus communis, franz. bon sens), der allgemeine Sinn, Gemeinsinn, im Deutschen meist mit ›gesunder Menschenverstand‹ wiedergegeben. Grundbegriff der von der ↑Schottischen Schule vertretenen ›realistischen‹, an der Erfahrung des ›Mannes auf der Straße‹ orientierten Erkenntnistheorie. Bei T. Reid treten I. Newtons ↑›regulae philosophandi‹ als Maximen des c. s. auf (An Inquiry into the Human Mind. On the Principles of C. S., Edinburgh 1764). Die Begriffsbildung geht auf Aristoteles ($\alpha \ddot{\imath} \sigma \theta \eta \sigma \iota \varsigma$ $\kappa o \iota \nu \dot{\eta}$, de an. Γ1.425a27) und die ↑Stoa (↑communes conceptiones, ↑consensus gentium) zurück. Zuletzt wurde sie von C. S. Peirce, G. E. Moore (A Defence of C. S., in: J. H. Muirhead [ed.], Contemporary British Philosophy. Personal Statements, 2nd Series, London 1925, 193–223) u. a. wieder aufgegriffen und mit modernen (zum Teil sprachphilosophischen, zum Teil ethischen) Positionen verbunden.

Literatur: M. J. Adler, The Time of Our Lives. The Ethics of C. S., New York/Chicago Ill./San Francisco Calif. 1970; H. Albersmeyer-Bingen, C. s.. Ein Beitrag zur Wissenssoziologie, Berlin 1986; C. R. Brown, C.-S. Ethics, REP II (1998), 448–451; E. Castelli, I paradossi del senso comune, Padua 1970; R. Elio (ed.), C. s., Reasoning, and Rationality, New York/Oxford 2002; H. Feilke, C. s.-Kompetenz. Überlegungen zu einer Theorie des ›sympathischen‹ und ›natürlichen‹ Meinens und Verstehens, Frankfurt 1994; L. Forguson, C. S., London/New York 1989; S. A. Grave, The Scottish Philosophy of C. S., Oxford 1960 (repr. Westport Conn. 1973); ders., C. S., Enc. Ph. II (1967), 155–160; F. van Holthoon/D. R. Olson (eds.), C. S.. The Foundations for Social Science, Lanham Md./New York/London 1987; C. Hookway, Critical Common-Sensism and Rational Self-Control, Noûs 24 (1990), 397–411; J. Horty, C.-S. Reasoning, Theories of, REP II (1998), 451–453; N. Isaacs, The Foundation of C. S.. A Psychological Preface to the Problems of Knowledge, London 1949; F. Jacques, Sens commun, lieu commun, sens communicable, Rev. int. philos. 40 (1986), 207–220; J. Kekes, A New Defence of C. S., Amer. Philos. Quart. 16 (1979), 115–122; H. Kimmerle/H. Oosterling, Sensus communis in Multi- and Intercultural Perspective. On the Possibility of Common Judgments in Arts and Politics, Würzburg 2000; E. E. Kleist, Judging Appearances. A Phenomenological

Study of the Kantian sensus communis, Dordrecht/London 2000; W. Kluback, C. S. and Communicability. Two Sources of Political and Moral Life, Rev. int. philos. 40 (1986), 259–275; H. Körver, C. S.. Die Entwicklung eines englischen Schlüsselwortes und seine Bedeutung für die englische Geistesgeschichte vornehmlich zur Zeit des Klassizismus und der Romantik, Bonn 1967; S. H. Lee, Die realistische Perspektive. Die Rehabilitierung der C.-S.-Weltanschauung in der Realismusdebatte, Frankfurt 1999; N. M. Lemos, C. S. and ›a priori‹ Epistemology, Monist 81 (1998), 473–487; H. Lübbe, Die Wissenschaft und ihre kulturellen Folgen. Über die Zukunft des c. s., Opladen 1987; E. H. Madden, C. S. School, REP II (1998), 446–448; T. Martin, The Instructed Vision. Scottish C. S. Philosophy and the Origins of American Fiction, Bloomington Ind. 1961 (repr. New York 1970); A. v. Maydell/R. Wiehl, Gemeinsinn, Hist. Wb. Ph. III (1974), 243–247; K. H. Miskotte, Gemeinsinn, RGG II (³1958), 1374–1375; A. Musgrave, C. s., Science and Scepticism. A Historical Introduction to the Theory of Knowledge, Cambridge/ New York 1993, 1996; J. D. Newell (ed.), Philosophy and C. S., Washington D. C. 1980; R. Olson, Scottish Philosophy and British Physics 1750–1880. A Study in the Foundations of the Victorian Scientific Style, Princeton N. J./London 1975; H. Pust, C. s. von der zweiten Hälfte des 17. Jahrhunderts bis zum Beginn des 18. Jahrhunderts, in: J. Knobloch u. a. (eds.), Europäische Schlüsselwörter. Wortvergleichende und wortgeschichtliche Studien II/1 (Kurzmonographien. Wörter im geistigen und sozialen Raum), München 1964, 105–140; J. D. Schaeffer, Sensus communis. Vico, Rhetoric, and the Limits of Relativism, Durham N. C./London 1990; T. T. Segersted, The Problem of Knowledge in Scottish Philosophy. Reid – Stewart – Hamilton – Ferrier, Lund 1935. M. G. Singer, Ethics and C. S., Rev. int. philos. 40 (1986), 221–258; M. A. Slote, C.-S. Morality and Consequentialism, London etc. 1985; T. Sprigge, Philosophy and C. S., Rev. int. philos. 40 (1986), 195–206. J. M.

communes conceptiones (communes notiones), gemeinsame Begriffe, gemeinsame Vorstellungen, von griech. κοιναὶ ἔννοιαι. In der ↑Stoa galten solche Begriffe als c. c., die bei jedermann vorausgesetzt werden durften (z. B. der Begriff des Guten), bei Euklid eine Gruppe axiomatischer Sätze, die wie die Sätze über die Gleichheit (z. B. Satz 3: Gleiches von Gleichem abgezogen ergibt Gleiches) ›allgemein‹, d. h. nicht nur bezogen auf geometrische Größen, gelten (bei Aristoteles: τὰ κοινά, d. h. in allen Wissenschaften geltende Sätze). Diese Sätze sind bei Euklid von den ↑Postulaten zu unterscheiden, die im Falle der Geometrie Konstruktions- oder Existenzforderungen für (geometrische) Figuren darstellen. Die c. c. spielen im Anschluß an A. M. T. S. Boethius (Communis animi conceptio est enuntiatio quam quisque probat auditam, De Hebdomadibus, in: The Theological Tractates/The Consolation of Philosophy, ed. H. F. Stewart/E. K. Rand/S. J. Tester, London/Cambridge Mass. ²1973, 40) in der mittelalterlichen Tradition (P. Abaelard, Thomas von Aquin) eine bedeutende Rolle, ferner bei R. Descartes (↑Idee, angeborene) und G. W. Leibniz, der unter Hinweis auf stoischen und mathematischen Sprachgebrauch erneut ihren methodischen Sinn (Unterscheidung zwischen empirischen und nicht-empirischen Elementen der Wissensbildung) betont (Nouv. essais, Preface und I 1, § 2 ff.). Sachliche Verbindungen lassen sich zur Philosophie des ↑common sense herstellen. J. M.

Comte, (Isidore) Auguste (Marie François Xavier), *Montpellier 19. Jan. 1798, †Paris 5. Sept. 1857, franz. Mathematiker, Wissenschaftsforscher und Soziologe. Ab 1814 Studium an der »École Polytechnique«, 1816 im Zuge bourbonischer Restauration als Republikaner der Anstalt verwiesen, ab 1817 Schüler, Sekretär und Freund C.-H. de R. Saint-Simons. Unterschiedliche wissenschaftstheoretische Positionen führten 1824 zum Bruch und zur eigenständigen Weiterentwicklung der Schulen des ↑Saint-Simonismus und des Positivismus (↑Positivismus (historisch)). C. lebte zeitlebens von Einnahmen als Examensrepetitor, aus öffentlichen Vorträgen und von der Unterstützung durch Freunde. 1830 begründete er die »Polytechnische Vereinigung« zur Förderung der Arbeiterbildung, 1848 die »Positivistische Gesellschaft« zur Verbreitung des Humanitätskultes.

Den sich auf das gesamte Spektrum der wissenschaftlichen Disziplinen erstreckenden Arbeiten C.s liegt ein gemeinsames wissenschaftssoziologisches Erkenntnisinteresse zugrunde (↑Wissenschaftssoziologie). C. beschäftigte sich vor allem mit Fragen der Genese, der Natur, der Struktur und der Funktion von Wissen in der Gesellschaft. Die Frage, wie Erkenntnis möglich sei, ließ sich für ihn nicht ↑a priori beantworten. Vom transzendentalphilosophischen (↑Transzendentalphilosophie) wie vom psychologistischen Ansatz der Erkenntnis- und Wissenschaftstheorie des ↑Sensualismus unterschied er sich grundsätzlich durch die Behauptung, eine Analyse des Wissens sei nur über die Beschreibung historischer Stadien gesellschaftlichen Kollektivwissens möglich. Diese Annahme bildete den Ausgangspunkt für das von C. im Anschluß an M. J. A. N. C. Condorcet und Saint-Simon im »Plan der wissenschaftlichen Arbeiten, die für eine Reform der Gesellschaft notwendig sind« 1822 erstmals entwickelte und für die Positive Philosophie (↑Philosophie, positive) zentrale ↑Dreistadiengesetz. Es besagt, daß menschliches Wissen vermöge der Natur des Geistes in seiner Entwicklungsgeschichte notwendig drei verschiedene theoretische Zustände durchläuft: den theologischen oder fiktiven Zustand, den metaphysischen oder abstrakten und den wissenschaftlichen oder positiven Zustand. Die verschiedenen Wissenschaftszweige haben eine eigene, dem historischen Bewußtseinsstand der Gesellschaft entsprechende Entstehungs- und Entwicklungsgeschichte, die mit Hilfe der von C. im 4. Band des »Cours de Philosophie Positive« explizierten ›historischen Methode‹ erkannt und erklärt werden soll, um sodann exakte Voraussagen – das eigentliche Ziel aller Wissenschaft – über ihre

Entwicklung zuzulassen. Aus der eindeutigen Richtung der Wissenschaftsentwicklung ergibt sich als zentrales Thema der Positiven Philosophie die Klassifizierung der einzelnen Disziplinen unter dem Gesichtspunkt des erreichten Positivitätsgrades. Das wiederum führt zur Aufstellung einer Hierarchie der Disziplinen in der Reihenfolge: Mathematik, Astronomie, Physik, Chemie, Biologie und Sozialphysik oder Soziologie. Volle Positivität sprach C. nur der Mathematik und in den empirischen Wissenschaften der Astronomie zu, solange diese sich nicht als Astrophysik auf die ungewisseren Methoden der Physik einzulassen gezwungen ist. Die jeweils auf den Ergebnissen der logisch und historisch vorausgehenden Wissenschaften aufbauenden Wissenschaftszweige können nach C. nur einen Teil des von diesen entwickelten methodischen Instrumentariums übernehmen und sind somit gezwungen, disziplinenspezifische Methoden zu entwickeln, deren Wissenschaftlichkeit dem komplexer werdenden Untersuchungsgegenstand entsprechend abnimmt. Das bedeutet für C. insbes. die zunehmende Unanwendbarkeit mathematischer Verfahren. Lebensprozesse hält C. für zu komplex, um sie mit quantitativen Mitteln adäquat zu erfassen.

Im Zusammenhang mit der Wissenschaftstheorie der Physik erörtert C. Natur und Funktion von ↑Hypothesen, die sich nicht auf die Entstehung von Erscheinungen, sondern nur auf die Regelmäßigkeit ihres Auftretens beziehen dürfen und deshalb unabhängig von Theorien, in denen sie auftreten, überprüft werden können. Die Forderung nach empirischer Überprüfung von Hypothesen ist das Kriterium für den Übergang einer Wissenschaft aus dem metaphysischen Stadium in das positive. Dem ↑Empirismus warf C. vor, die Rolle des ↑Experiments in den empirischen Wissenschaften erkenntnistheoretisch und methodologisch mißverstanden zu haben. Sie bestand für C. weder in der Rückführung wissenschaftlicher Aussagen auf das unmittelbar und deshalb vermeintlich objektiv gegebene Sinnesdatum, noch in der Generierung von Hypothesen, sondern allein in deren Überprüfung. Im Gegensatz zu dem im 20. Jh. eine ähnliche Position vertretenden Kritischen Rationalismus (↑Rationalismus, kritischer) lehnte C. jedoch eine Übernahme naturwissenschaftlicher Methoden auf die Sozialphysik oder Soziologie ab, der er im Rahmen der empirischen Wissenschaften eine Sonderstellung zuschrieb. Für sie entwickelte er eine eigenständige Komparatistik, die er ›historische Methode‹ nannte. Vom Ganzen zum Einzelnen fortschreitend sollte mit ihrer Hilfe der fundamentale Einfluß vorausgehender Generationen und ihrer institutionalisierten Lebensformen auf die nachfolgenden Generationen faßbar werden, auf den sich die direkte Untersuchung sozialer Entwicklung konzentrieren muß, um deren prozeßhaften Charakter adäquat auszudrücken. Die traditionelle Sozialstatik und die von C. entwickelte Sozialdynamik als zwei notwendig aufeinander bezogene Methoden sollten den sich gleichfalls wechselseitig bedingenden Kategorien der Ordnung und des ↑Fortschritts in der Gesellschaft entsprechen.

In den beiden letzten Jahrzehnten seines Lebens entwickelte C. auf der Grundlage der Soziologie eine der neuen industriellen Gesellschaft entsprechende positive Religion mit sozialem Charakter, deren Verbreitung dazu beitragen sollte, die gesellschaftlichen Klassengegensätze (↑Klasse (sozialwissenschaftlich)) und deren ↑Ideologien aus der Erkenntnis der historischen Kontinuität und der sozialen Solidarität zu überwinden. Diese in Form einer ›positiven Kirche‹ organisierte Gesellschaftsmoral stand im Dienste eines Staates, dessen Aufgabe es war, ohne Rücksicht auf die obsolet gewordenen Institutionen der historisch übewundenen Gesellschaftsstufe eine der wissenschaftlich erkannten Entwicklung entsprechende gesellschaftliche und staatliche Verfassung herzustellen, um Ordnung und Fortschritt für das kommende Entwicklungsstadium zur Deckung zu bringen.

Werke: Œuvres, I–XII, ed. S. Pérignon, Paris 1968–1971 (repr. verschiedener Ausgaben des 19. Jhs.). – Sommaire appréciation de l'ensemble du passé moderne, Paris 1820, ed. A. Kremer-Marietti, Paris 1971; Plan des travaux scientifiques nécessaires pour réorganiser la société, Paris 1822, 1970 (dt. Entwurf der wissenschaftlichen Arbeiten, welche für die Reorganisation der Gesellschaft erforderlich sind, Leipzig 1914, unter dem Titel: Plan der wissenschaftlichen Arbeiten, die für eine Reform der Gesellschaft notwendig sind, München 1973); Considérations sur le pouvoir spirituel, Paris 1825; Cours de philosophie positive, I–VI, Paris 1830–1842 (repr. Brüssel 1969), ²1864, ⁵1893–1894, 1968/1969, I–III unter dem Titel: Philosophie première, ed. M. Serres/F. Dagognet/A. Sinaceur, Paris 1975, ²1998, IV–VI unter dem Titel: Physique sociale, ed. J.-P. Enthoven, Paris 1975 (dt. Die Soziologie. Die positive Philosophie im Auszug, Leipzig 1933, Stuttgart ²1974; engl. The Positive Philosophy of A. C., I–II, ed. H. Martineau, London/New York 1853, ²1875, ³1893, I–III, 1896); Traité philosophique d'astronomie populaire. Précédé du Discours sur l'esprit positif, Paris 1844 (repr. Paris 1985) (engl. Preliminary Discourse on the Positive Spirit. Prefixed to the »Traité philosophique d'astronomie populaire«, London 1883); Discours sur l'esprit positif, Paris 1844 (repr. Brüssel 1969), 1995 (dt. Rede über den Geist des Positivismus, Hamburg 1956, ²1966, ³1979, 1994); Discours sur l'ensemble du positivisme, Paris 1848, 1907, 1998 (engl. General View of Positivism, London 1865, New York 1957, 1975); Calendrier positiviste. Ou système générale de commémoration publique, Paris 1849 (repr. Brüssel 1969); Système de politique positive. Ou traité de sociologie, instituant la religion de l'humanité, I–IV, Paris 1851–1854 (repr. Osnabrück 1967, Brüssel 1969, Paris 1970), ⁵1929, 1996 (engl. System of Positive Polity or Treatise on Sociology. Instituting the Religion of Humanity, London 1875–1877 [repr. New York 1973]); Catéchisme positiviste. Ou sommaire exposition de la religion universelle, en onze entretiens systématiques entre une femme et un prêtre de l'humanité, Paris 1852, ²1874, ³1890, 1891 (repr. Rio de Janeiro 1957), 1909, 1966 (dt. Katechismus der positiven Religion, Leipzig 1891; engl. The Catechism of Positive Religion, London 1858, ²1883, ³1891, Clifton N. J. 1973); Appel aux conservateurs, Paris 1855, ²1901 (engl. Appeal to Conservatives, London 1889; dt. Aufruf an die Konservativen, Neufeld 1928); Synthèse subjective, ou système universel des conceptions propres à l'état normale de l'humanité, Paris 1856 (repr. Brüssel 1969, Paris 1971), ²1900, 2000; La philosophie positive, I–II, ed. J. Rig, Paris 1880/1881 (dt. Die positive Philosophie, I–II, ed. J. H. von Kirchmann, Leipzig 1883/1884); Testament d'A. C., Paris 1884, ²1896 (engl. Confessions and Testament, ed. A. Crompton, Liverpool 1910); Politique d'A. C., ed. P. Arnaud, Paris 1965; Écrits de jeunesse 1816–1828. Suivis du mémoire sur la cosmogonie de Laplace, ed. P. E. de Berrêdo Carneiro/P. Arnaud, Paris 1970. – Lettres d'A. C. à M. Valat 1815–1844, ed. P. Laffitte, Paris 1870; Lettres d'A. C. à John Stuart Mill 1841–1846, Paris 1877; Correspondance inédite d'A. C., I–VI, ed. Soc. Positiviste, Paris 1903/1904; Correspondance générale et confessions, I–VIII, ed. P. E. de Berrêdo Carneiro/P. Arnaud, Paris 1973–1990.

Literatur: M. Bock, C., in: D. Kaesler (ed.), Klassiker der Soziologie I, München 1999, 39–57; J. Delvolvé, Réflexions sur la pensée comtienne, Paris 1932; W. Fuchs-Heinritz, A. C.. Einführung in Leben und Werk, Opladen 1998; H. Gouhier, La vie d'A. C., Paris 1931, ²1965; ders., La jeunesse d'A. C. et la formation du positivisme, I–III, Paris 1933–1941, ²1964; J. Grange, La philosophie d'A. C.. Science, politique, religion, Paris 1996; F. v. Hayek, The Counter-Revolution of Science. Studies on the Abuse of Reason, Glencoe Ill. 1952, Indianapolis Ind. ²1979; D. M. Hesse, George Eliot and A. C.. The Influence of C.an Philosophy on the Novels of George Eliot, Frankfurt etc. 1996; A. Kremer-Marietti, A. C. et la théorie sociale du positivisme. Présentation, choix des textes, bio-bibliographie, Paris 1970; dies., Le concept de science positive. Ses tenants et ses aboutissants dans les structures anthropologiques du positivisme, Paris 1983; dies., C., REP II (1998), 456–504; dies., L'anthropologie positiviste d'A. C.. Entre le signe et l'histoire, Paris 1999; J. Lacroix, La sociologie d'A. C., Paris 1956, ²1961, ⁴1973; M. Larizza, Bandiera verde contro bandiera rossa. A. C. e gli inizi della société positiviste (1848–1852), Bologna 1999; L. Laudan, C., DSB III (1971), 375–380; L. Lévy-Bruhl, La philosophie d'A. C., Paris 1900 (dt. Die Philosophie A. C.'s, Leipzig 1902; engl. The Philosophy of A. C., New York 1973); I. Lins, L'œuvre d'A. C. et sa signification scientifique et philosophique au XIXᵉ siècle, Cahiers d'histoire mondiale 11 (1969), 675–711; E. Littré, A. C. et la philosophie positive, Paris 1863 (repr. Westmead 1971); F. E. Manuel, The Prophets of Paris. A Study of Five French Thinkers: Turgot, Condorcet, Saint-Simon and His School, Fourier, and C.. With Portraits and a Bibliography, Cambridge Mass. 1962, mit Untertitel: Turgot, Condorcet, Saint-Simon, Fourier, and C., New York 1965 (ital. I profeti di Parigi, Bologna 1979); O. Massing, Fortschritt und Gegenrevolution. Die Gesellschaftslehre C.s in ihrer sozialen Funktion, Frankfurt 1964, Stuttgart 1966; ders., C., in: D. Käsler (ed.), Klassiker des soziologischen Denkens I (Von C. bis Durkheim), München 1976, 19–61 (mit Bibliographie, 365–368); J. S. Mill, A. C. and Positivism, London 1865 (repr. Ann Arbor Mich. 1961, Bristol 1993]; J. Muglioni, A. C.. Un philosophe pour notre temps, Paris 1995; M. Pickering, A. C.. An Intellectual Biography, Cambridge 1993; B. Plé, Die ›Welt‹ aus den Wissenschaften. Der Positivismus in Frankreich, England und Italien von 1848 bis ins zweite Jahrzehnt des 20. Jahrhunderts. Eine wissenssoziologische Studie, Stuttgart 1996; R. Repplinger, A. C. und die Entstehung der Soziologie aus dem Geist der Krise, Frankfurt 1999; R. C. Scharff, C. after Positivism, Cambridge Mass. 1995; A. Sernin, A. C., prophète du XIXe siècle. Sa vie, son œuvre et son actualité, Paris 1993; B. Sokoloff, The ›Mad‹ Philosopher A. C., New York 1961, Westport Conn. 1975; M. Steinhauer, Die politische Soziologie A. C.s und ihre Differenz zur liberalen Gesellschaftstheorie Condorcets, Meisenheim am Glan 1966; K. Thompson, A. C.. The Foundation of Sociology, London/New York 1976; G. Wagner, A. C. zur Einführung, Hamburg 2001; A. Wernick, A. C. and the Religion of Humanity. The Post-Theistic Program of French Social Theory, Cambridge 2001; R. Wright, The Religion of Humanity. The Impact of C.an Positivism on Victorian Britain, Cambridge Mass. 1986. H. R. G.

conatus (lat. Vorhaben, Wagnis, Versuch, lat. Übers. von griech. ὁρμή), in der Philosophie: Streben, Trieb, Tendenz. Bis in die frühe Neuzeit hinein nicht in strikt terminologischer Weise gebraucht: ausgehend von Aristoteles (Met. Δ23.1023a8 ff.) wird das Bedeutungsfeld des naturgemäßen Strebens und des Handelns nach in der Natur liegenden Antrieben angesprochen. Terminologische Bedeutung erhält ›c.‹ bei B. Spinoza als die ›wirkliche Wesenheit‹ (actualis ↑essentia), die das Beharren eines jeden Dinges in seinem Sein ausmacht (Eth. III, Prop. VI f.). ›C.‹ fungiert hier als Oberbegriff für ›voluntas‹ als dem nur geistigen c. und ›appetitus‹ als dem körperlich-geistigen c., der als solcher das Wesen des Menschen ausmache (a. a. O., Schol. zu Prop. IX). T. Hobbes ordnet den c.-Begriff der Physik zu (De corpore 15). Im Umfeld des späteren Kraftbegriffs (↑Kraft) bedeutet c. nun eine infinitesimale Bewegung, d. h. eine Bewegung im infinitesimalen Raum und in infinitesimaler Zeit. Die Größe dieser Bewegung (Geschwindigkeit) nennt Hobbes ›impetus‹. Die physikalische Bedeutung von c. geht ferner in die mechanistische Wahrnehmungstheorie von Hobbes ein, insofern der Wahrnehmungsvorgang mit Hilfe verschiedener c. zwischen den Sinnesorganen und dem Gegenstand unter Vermittlung des Herzens erklärt wird. Auch Teile der politischen Philosophie werden von Hobbes in der c.-Terminologie formuliert. G. W. Leibniz übernimmt c. als physikalischen Terminus, versteht jedoch darunter die Geschwindigkeit eines Körpers samt seiner Richtung, wogegen ›impetus‹ nunmehr das Produkt von Masse und Geschwindigkeit ($m \cdot v$) bezeichnet (Specimen dynamicum [1695], Math. Schr. VI, 237). Später wird der c.-Begriff unter Bezug auf Hobbes' infinitesimale Anschauungen zur Behandlung des Kontinuumproblems und in der ↑Monadentheorie verwendet.

C. Huygens und I. Newton verwenden ›c.‹ in der Hauptsache zur Bezeichnung der Zentrifugal- und Zentripetalkräfte (c. a centro bzw. recedendi und c. accedendi, engl. endeavour of recess and endeavour of approach). Infolge der begrifflichen Klärung der verschiedenen Kraftbegriffe in der neuzeitlichen Physik wird der c.-Begriff (bereits beim späten Newton) nicht mehr verwendet. Im Umkreis des ↑Cartesianismus tritt der Ausdruck ›c.‹ im Hobbesschen Sinne auf (S. Chauvin, Lexicon Philosophicum, Leeuwarden ²1713, 124–125).

Literatur: H. R. Bernstein, C., Hobbes, and the Young Leibniz, Stud. Hist. Philos. Sci. 11 (1980), 25–37; E. Chauvin, C., in: ders., Lexicon Philosophicum, Leeuwarden 1692, ²1713 (repr. Düsseldorf 1967), 124–125. G. W.

conclusio, der Schlußsatz eines Schlusses (↑Schluß).

concursus Dei, auch: *concursus divinus* (lat., Mitwirken Gottes), entsprechend der theologischen Lehre, daß Gott die Welt nicht nur geschaffen habe (↑Schöpfung), sondern sie auch in ihrer Existenz erhalte und in ihrer Entwicklung lenke, Bezeichnung für das Mitwirken Gottes bei jedem Geschehen in der Welt, insbes. beim menschlichen Handeln und Wollen. Die Annahme eines c. D. auch für das menschliche Wollen bringt das besondere Problem mit sich, dieses Mitwirken mit der menschlichen Willensfreiheit (↑Wille) zu vereinbaren. Außerdem ist zu klären, warum Gott trotz seines Mitwirkens nicht zur Ursache für die Sünde wird. Im Anschluß an L. de Molina (1535–1600) wird dieses Problem durch das Postulat einer ↑*scientia media* für Gott zu lösen versucht, nämlich eines Wissens der Entscheidungen, die die Menschen unter bestimmten Bedingungen treffen werden. In diesem Wissen vermag Gott eben die Bedingungen zu schaffen, unter denen ein jeder entsprechend der göttlichen Mitwirkung seine eigenen Entscheidungen frei treffen kann. F. Suárez fügt dieser Lehre hinzu, daß der c. D. als *gratia congrua*, d. h. als eine den individuellen Verhältnissen und Fähigkeiten der jeweiligen Person angepaßte Mitwirkung, den einzelnen zur Annahme der göttlichen Wirkung bringt. Demgegenüber bildet sich im Anschluß an D. Báñez (1528–1604) eine Interpretation des c. D. heraus, nach der der menschliche Wille durch Gottes (Gnaden-)Wirken vorherbestimmt wird, aber eben auch zu der Möglichkeit, sich frei zu entscheiden. Während die banezianische Interpretation des c. D. an der Annahme der Willensfreiheit damit nur noch verbal festhält, sieht sich die molinistische Interpretation (vor allem in der Differenzierung durch Suárez) gezwungen, das göttliche Wirken unter die Bedingungen der menschlichen (Eventual-)Entscheidungen zu stellen und damit als eigene Ursache des Wollens im Grunde auszuschalten.

Literatur: R. Busa, concorso divino, Enc. filos. II (1982), 417–426; M. Plathow, c. d., RGG II (1999), 444; L. Rasolo, Le dilemme du concours divin. Primat de l'essence ou primat de l'existence?, Rom 1956. O. S.

Condillac, Étienne Bonnot de, *Grenoble 30. Sept. 1714, †Beaugency 3. Aug. 1780, franz. Philosoph. Ab 1733 philosophisch-mathematische Studien an der Universität von Paris, ab 1735 Theologiestudium ebendort; 1741 zum Priester geweiht. Freund J.-J. Rousseaus und D. Diderots, 1768 Mitglied der französischen Akademie, 1758–1767 Erzieher des späteren Herzogs von Parma, Ferdinand I..

C. spielt in der ↑Aufklärung eine wesentliche Rolle bei der Durchsetzung der empiristischen Erkenntnistheorie gegenüber dem kontinentalen ↑Rationalismus (R. Descartes, N. Malebranche, B. Spinoza, G. W. Leibniz). Er ergänzt den ↑Empirismus J. Lockes, dessen »Essay« ihm in der französischen Übersetzung von P. Coste vorlag (Essai philosophique concernant l'entendement humain, 1700), um eine an I. Newtons Methodologie orientierte Wissenschaftstheorie (Klassifikation verschiedener Systembegriffe: Traité des sistèmes, où l'on en démêle les inconvéniens et les avantages, 1749) und eine Rekonstruktion des Lockeschen Begriffs der inneren Wahrnehmung (›internal sense‹). Nach C. handelt es sich bei dieser Wahrnehmung um eine sprachliche Transformation der äußeren Wahrnehmung (Locke: ›external sense‹), nicht um eine separate Erkenntnisquelle (Essai sur l'origine des connoissances humaines, I–II, 1746; Traité des sensations, I–II, 1754). C.s erkenntnistheoretisch bedeutsame, wenn auch noch einseitig an einen sensualistischen (↑Sensualismus) Erfahrungsbegriff gebundene These lautet, daß die ›Sprache‹ den ›Ideen‹ (↑Idee (historisch)) vorausgeht, Ideen eine sprachliche Konstruktion über einzelnen ↑Sinnesdaten sind. Entsprechend wird von C. auch der ↑Fortschritt in den Wissenschaften von Fortschritten im Rahmen ihres sprachlichen (begrifflichen) Instrumentariums abhängig gemacht; gefordert wird auf dem Boden der analytischen Methode (↑Methode, analytische) im Sinne Newtons eine an der Algebra orientierte Präzisierung der ↑Wissenschaftssprachen (La logique, 1780; La langue des calculs, 1798). In der Ökonomie wandte sich C. gegen die Physiokraten (↑Physiokratie) (Le commerce et le gouvernement, I–II, 1776); in den Grenzen einer philosophischen Theologie vertrat er eine deistische (↑Deismus) Position.

Werke: Œuvres philosophiques, I–V, Paris 1795, I–III, ed. G. Le Roy, Paris 1947–1951; Œuvres, I–XXIII, ed. G. Arnoux/Mousnier, Paris 1798; Œuvres complètes, I–XXXI, Paris 1803, I–XVI, ed. A.-F. Théry, Paris 1821–1822 (repr. I–VIII, Genf/Paris 1970). – Essai philosophique concernant l'entendement humain, Amsterdam 1700; Essai sur l'origine des connoissances humaines. Ouvrage où l'on réduit à un seul principe tout ce qui concerne l'entendement humain, I–II, Amsterdam 1746, Paris 1777 (repr. 1998) (dt. Versuch über den Ursprung der menschlichen Erkenntnis, Leipzig 1870, unter dem Titel: Essai über den Ursprung der menschlichen Erkenntnisse. Ein Werk, das alles, was den menschlichen Verstand betrifft, auf ein einziges Prinzip zurückführt, ed. U. Ricken, Leipzig 1977); Traité des sistèmes, où l'on en démêle les inconvéniens et les avantages, La Haye 1749, ed. F. Markovits, Paris 1991; Traité des sensations, à Madame la Comtesse de Vassé, I–II, London/Paris 1754, Paris 1798 (repr. 1984) (dt. C.'s Abhandlung über die Empfindungen, ed. E. Johnson, Berlin 1870, unter dem Titel: Abhandlung über die Empfindungen, ed. L. Kreimendahl, Hamburg 1983); Le commerce et le gouvernement, considérés relativement l'un à l'autre, I–II, Amsterdam/Paris 1776 (repr. Rom 1968), Paris 1795 (repr. 1980); Cours d'étude pour l'instruction du Prince de Parme, aujourd'hui S. A. R. l'infant D. Ferdinand, I–XII, Genf 1779–1780, I–XVI, 1789, Paris 1795 (repr. Stuttgart-Bad Cannstatt 1986); La logique, ou les premiers développemens de l'art de penser, Paris 1780, 1796 (repr. 1981); La langue des calculs, posthum Paris 1798, ed. A.-M. Chouillet, Lille 1981 (zus. dt. Die Logik oder Die Anfänge der Kunst des Denkens. Die Sprache des Rechnens, ed. G. Klaus, Berlin [Ost] 1959). – J. Sgard (ed.), Corpus C. (1714–1780), Genf/Paris 1981; L. Kreimendahl, Bibliographie des Schrifttums zu C. (1840–1980), Z. philos. Forsch. 38 (1984), 311–321.

Literatur: S. Auroux, C., Enc. philos. universelle III (1992), 1054–1057; ders., C., in: D. Huisman, Dictionnaire des philosophes I, Paris ²1993, 642–647; C. Avossa, C. e il processo cognitivo, Neapel 1975; J. Borek, Sensualismus und Sensation. Zum Verhältnis von Natur, Moral und Ästhetik in der Spätaufklärung und im Fin de siècle, Wien/Köln/Graz 1983, 36–52 (»Cet affreux C.«. Imagination, Ästhetik und Moral); G. Capone Braga, C., Enc. filos. II (1982), 429–434; D. Cardinal, C. and the Language of Sensation, Diss. Warwick 1995; J. Derrida, L'archéologie du frivole. Lire C., Paris 1973, 1990 (dt. Die Archäologie des Frivolen, Berlin 1993); F. Duchesneau, C. critique de Locke, Studi int. filos. 6 (1974), 77–98; M. Edler, Der spektakuläre Sprachursprung. Zur hermeneutischen Archäologie der Sprache bei Vico, C. und Rousseau, München 2001; S. Gearhart, The Open Boundary of History and Fiction. A Critical Approach to the French Enlightenment, Princeton N. J. 1984, 161–199 (The Limits and Conditions of Empirical Knowledge or the Theaters of Perception); C. C. Gillispie, C., DSB III (1971), 380–383; P. P. Hallie, C., Enc. Ph. II (1967), 180–182; E. M. Hine, A Critical Study of C.'s »Traité des systèmes«, The Hague/Boston Mass./London 1979; P. F. Johnson, C., REP II (1998), 522–527; D. K. Kim, Sprachtheorie im 18. Jahrhundert. Herder, C. und Süßmilch, Sankt Ingbert 2002; G. Klaus, Philosophiehistorische Abhandlungen. Kopernikus, D'Alembert, C., Kant, ed. M. Buhr, Berlin (Ost) 1977; I. F. Knight, The Geometric Spirit. The Abbé de C. and the French Enlightenment, New Haven Conn./London 1968; A. Lebeau, C., économiste, Paris 1903 (repr. New York 1970); G. Le Roy, La psychologie de C., Paris 1937; M. Lieber, C., in: F. Volpi (ed.), Großes Werklexikon der Philosophie I, Stuttgart 1999, 329–330; R. McRae, The Problem of the Unity of the Sciences. Bacon to Kant, Toronto Ont. 1961, 89–106; F. Réthoré, C. ou l'empirisme et le rationalisme, Paris 1864 (repr. Genf/Paris 1971); N. Rousseau, Connaissance et langage chez C., Genf 1986; R. Salvucci, Sviluppi della problematica del linguaggio nel XVIII secolo. C., Rousseau, Smith, Rimini 1982; Z. Schaupp, The Naturalism of C., Lincoln Neb. 1926; J. Sgard (ed.), C. et les problèmes du langage. Travaux présentés au colloque de Grenoble (9–11 octobre 1980) pour le bi-centenaire de la mort de C., Genf/Paris 1982; I. Torrigiani, Lo specchio dei sistemi. Batteux e C., Palermo 1984; A. Vila, C., in: M. Kelly (ed.), Encyclopedia of Aesthetics I, New York/Oxford 1998, 427–428; G. A. Wells, The Origin of Language. Aspects of the Discussion from C. to Wundt, La Salle Ill. 1987. J. M.

conditio sine qua non (lat., Bedingung, ohne welche nicht), synonym zu *notwendige* ↑*Bedingung.*

Condorcet, [Marie Jean] Antoine [Nicolas de Caritat], Marquis de, *Ribemont (bei St. Quentin) 17. Sept. 1743, †Clamart (Hauts-de-Seine) 29. März 1794, franz. Mathematiker, Philosoph und Politiker. Am Jesuitenkolleg in Reims erzogen; trat 1758 in das Collège de Navarre in Paris ein, wo er (unter Mitwirkung von J. le Rond d'Alembert als Prüfer) 1759 in Philosophie graduierte. In der Mathematik und in den exakten Wissenschaften machte sich C. 1765–1768 einen Namen durch Werke zur ↑Analysis und zum ↑Dreikörperproblem (zusammengefaßt in: Essais d'analyse, 1768); 1769 Aufnahme in die Pariser »Académie royale des sciences«, 1776 Sekretär der »Académie« auf Lebenszeit. Hauptsächlich in deren »Memoires«, aber auch in anderen Periodica, publizierte C. zahlreiche Abhandlungen vor allem zur Analysis und ↑Wahrscheinlichkeitstheorie, außerdem Lexikonartikel zur Analysis, Algebra, Geometrie und Wahrscheinlichkeitstheorie in den Supplementbänden der »Encyclopédie« (1776/1777) (↑Enzyklopädie) und in der »Encyclopédie methodique« (1784–1789). A. R. J. Turgot ernannte C. 1776 zum Generalinspekteur der Staatsmünze. Mit d'Alembert und C. Bossut Arbeit an hydrodynamischen Berechnungen eines von Turgot geplanten Kanalnetzes (Nouvelles expériences sur la résistance des fluides, 1777). 1782 wurde C. in die »Académie Française« aufgenommen. Letztes größeres zu C.s Lebzeiten erschienenes wissenschaftliches Werk war 1785 der »Essai sur l'application de l'analyse à la probabilité des decisions rendues à la pluralité des voix«. Als C.s beste literarische Leistungen gelten die Werke »Vie de Turgot« (1786) und »Vie de Voltaire« (1789).

1789 schloß C. sich der Revolution an, wurde Mitglied des Gemeinderates von Paris und gründete mit E. J. Sieyès die »Société de 1789«. September 1791 Pariser Abgeordneter in der Gesetzgebenden Nationalversammlung, Sekretär der Legislative, seit Februar 1792 deren Präsident. C. widmete sich besonders dem Erziehungswesen und forderte als Sprecher der Unterrichtskommission mit seinem Entwurf einer »Nationalerziehung« im April 1792 die Beseitigung der Klassenunterschiede (↑Klasse (sozialwissenschaftlich)) im Bildungswesen, dessen Autonomie gegenüber Staat und Kirche sowie eine Erwachsenenfortbildung. Im Dezember 1792 gehörte C. zu den maßgeblichen Verfassern verschiedener Aufrufe an die europäischen Großmächte (z. B. »Aux Germains«), sich der Revolution anzuschließen. C. nahm im September 1792 die Wahl des Departements Aisne in den Konvent an und unterstützte dort zunächst die Politik G. Dantons. Ab Oktober 1792 Mitglied des Verfassungsausschusses. Im Prozeß gegen Ludwig XVI. stimmte er im Januar 1793 gegen dessen Hinrichtung. Am 15./16. Februar 1793 legte C. einen den Girondisten nahestehenden Verfassungsentwurf vor. Nach dem Sturz der Girondisten und der Annahme einer eilig ausgearbeiteten neuen Verfassung am 10. Juni 1793 wandte sich C. mit seiner Schrift »Aux citoyens français sur la nouvelle constitution« an die Öffentlichkeit und wurde daraufhin von F. Chabot am 8. Juli vor dem Konvent denunziert. Auf der Flucht verfaßte er die »Esquisse d'un tableau historique des progrès de l'esprit humain«. Verhaftung am 27. März 1794; Tod wenig später in Gefangenschaft. 1795 Rehabilitierung durch den Konvent mit der Herausgabe seiner »Esquisse«.

Der Einfluß der mathematischen Werke C.s war nicht groß; jedoch finden sich in ihnen eine Reihe origineller Äußerungen zur philosophischen Interpretation des Wahrscheinlichkeitsbegriffs (↑Wahrscheinlichkeit). C. unterscheidet klar zwischen der objektiven (Wahrscheinlichkeit als Eigenschaft von Versuchsanordnungen oder Zufallsexperimenten) und der subjektiven Deutung (Wahrscheinlichkeit als Grad des Glaubens an eine Hypothese); letztere Deutung vertritt er selbst. Beim Übergang von beobachteten Häufigkeiten zu subjektiven Wahrscheinlichkeiten spielt bei C. das ↑Bayessche Theorem (wie auch heute im wahrscheinlichkeitstheoretischen Subjektivismus, ↑Bayesianismus) eine wichtige Rolle. – Vor allem auf Grund des »Essai sur l'application […]« (1785) muß C. als ein Vorläufer der modernen Wirtschafts- und Sozialwissenschaften angesehen werden. Unter dem Titel ›mathématique sociale‹ propagiert C. die wissenschaftliche Behandlung gesellschaftlicher Phänomene mit mathematischen, vor allem wahrscheinlichkeitstheoretischen und statistischen Methoden. So stellt C. in diesem Werk erstmals Überlegungen dazu an, wie sich individuelle Präferenzen zu darauf basierenden kollektiven Mehrheitswahlentscheidungen verhalten. Er macht dabei auf die paradoxe Situation aufmerksam, wonach aus *transitiven* Einzelpräferenzen eine *intransitive* Mehrheitsentscheidung von *A* gegen *B* und *B* gegen *C*, jedoch *C* gegen *A* resultieren kann. Daraus leitet er die Forderung ab, daß ein adäquates Mehrheitswahlsystem denjenigen (heute ›C.-Gewinner‹ genannten) Vorschlag auswählen muß, der zugleich *alle* Rivalen schlägt. Mit solchen und ähnlichen Überlegungen wurde C. zu einem Wegbereiter moderner Theorien von Wahlverfahren (›voting procedures‹) und sozialer (kollektiver) Wahl (›social choice‹).

C.s philosophische Leistung im engeren Sinne beruht auf der »Esquisse«. Anhand der Darstellung der historischen Stufen der Entwicklung der Gesellschaft (vom einfachen Stammesleben über Hirten- und Ackerbauvölker zur griechischen Philosophie, von dort zu R. Descartes und der französischen Revolution) in 9 Kapiteln stellt er in einem 10. Kapitel die Erwartungen zukünftiger Fortschritte des menschlichen Geistes dar. Neben theoretischem Können soll sich dabei auch das technische und praktische Können unabsehbar erweitern. Die Gesetze, die diesem Prozeß zugrunde liegen, versteht C. analog den ↑Naturgesetzen. Sie werden durch die Untersuchung der Geschichte gewonnen. Die drei wichtigsten Ziele kontinuierlicher Verbesserungen sind: 1. Abbau der Ungleichheit zwischen den Nationen, 2. Fortschritte der Gleichheit (↑Gleichheit (sozial)) unter den Menschen innerhalb eines Volkes, 3. Vervollkommnung der menschlichen Natur selbst (geistig, moralisch und physisch). Die Verbesserung des allgemeinen Unterrichts und die Durchsetzung einer eindeutigen und herrschaftsfreien ›↑Universalsprache‹ sind die Mittel, die unter anderen zur Erreichung der Ziele eingesetzt werden müssen. Die Grenzen des ↑Fortschritts fallen mit den Grenzen von Wissenschaft und Technik zusammen. Bedeutend an diesem Konzept sind die historische Verfahrensweise und die Eschatologiefeindlichkeit (↑Eschatologie). C. war Vorläufer des Positivismus (↑Positivismus (historisch)) und beeinflußte C.-H. de Saint-Simon und A. Comte.

Werke: Œuvres complètes, I–XXI, ed. M. L. S. de Condorcet u. a., Paris 1804 [ohne die wissenschaftlichen Werke]; Œuvres, I–XII, ed. A. Condorcet-O'Connor/F. Arago, Paris 1847–1849 (repr. I–XII, Stuttgart-Bad Cannstatt 1968) [ohne die wissenschaftlichen Werke C.s]. – Essais d'analyse, Paris 1768; (mit J. le Rond d'Alembert/C. Bossut) Nouvelles expériences sur la résistance des fluides, Paris 1777; Essai sur l'application de l'analyse a la probabilité des décisions rendues à la pluralité des voix, Paris 1785 (repr. New York 1972); Esquisse d'un tableau historique des progrès de l'esprit humain. Ouvrage posthume de C., Paris 1795 (repr. Hildesheim 1978), ed. Y. Belaval, Paris 1970 (engl. Sketch for a Historical Tableau of the Progress of the Human Mind, New York, London 1955; franz./dt. Entwurf einer historischen Darstellung der Fortschritte des menschlichen Geistes, ed. W. Alff, Frankfurt 1963, dt. ed. W. Alff, Frankfurt 1976); Eléments du calcul des probabilités, et son application aux jeux de hasard, à la loterie et aux jugements des hommes; par feu m. de C.. Avec un discours sur les avantages des mathématiques sociales et une notice sur m. de C., ed. F. J. M. Fayolle, Paris 1805; Bericht und Entwurf einer Verordnung über die allgemeine Organisation des öffentlichen Unterrichtswesens, Weinheim 1966. – Für weitere, nicht in der Werkausgabe von 1847–1849 enthaltene Abhandlungen und Artikel (vor allem in den »Memoires de l'Academie royale des sciences«, dem »Supplément à l'encyclopédie« und der »Encyclopédie méthodique. Mathématiques«) vgl. die Bibliographie in K. M. Baker 1975, 485–523 [s. u.].

Literatur: M. Arning, Die Idee des Fortschritts. Der sozialphilosophische Entwurf des Marquis de C. als alternative Synthesis-Vorstellung zum Konzept der politischen Tugend, Frankfurt etc. 1998; K. M. Baker, C.. From Natural Philosophy to Social Mathematics, Chicago Ill./London 1975, 1982 (franz. C.. Raison et politique, Paris 1988); D. Baxmann, Wissen, Kunst und Gesellschaft in der Theorie C.s, Stuttgart 1999; J. Bouissounouse, C.. Le philosophe dans la révolution, Paris 1962; E. Brian, La mesure de l'état. Administrateurs et géomètres au XVIIIe siècle, Paris 1994 (dt. Staatsvermessungen. C., Laplace, Turgot und das Denken der Verwaltung, Wien/New York 2001); L. Cahen, C. et la Révolution Française, Paris 1904, Genf 1970, New York 1971; A. Cento, C. e l'idea di progresso, Florenz 1956; P. Crépel/C. Gilain (eds.), C.. Mathématicien, économiste, philosophe, homme politique, Paris 1989; FM I (1994), 639–640; J. G. Frazer, C. and the Progress of Human Mind, Oxford 1933; E. Goodell, The Noble Philosopher. C. and the Enlightenment,

Buffalo N. Y. 1994; G.-G. Granger, La mathématique sociale du Marquis de C., Paris 1956, 1989; ders., C., DSB III (1971), 383–388; J.-M. Headley, On the Rearming of Heaven. The Machiavellism of T. C., J. Hist. Ideas 49 (1988), 387–404; C. Henry, Sur la vie et les écrits mathématiques de J. A. N. C. Marquis de C., Bullettino di bibliografia e storia delle scienze matematiche e fisiche 16 (1883), 271–291; F. Lebrecht, Der Fortschrittsgedanke bei C., Frankfurt 1934, Wiesbaden 1974; R. Reichardt, Reform und Revolution bei C.. Ein Beitrag zur späten Aufklärung in Frankreich, Bonn 1973; J.-F. Robinet, C.. Sa vie, son œuvre (1743–1794), Paris 1893, Genf 1968; L. C. Rosenfield (ed.), C. Studies I, Atlantic Highlands N. J. 1984; E. Rothschild, Economic Sentiments. Adam Smith, C., and the Enlightenment, Cambridge Mass./London 2001, 2002; J. S. Schapiro, C. and the Rise of Liberalism, New York 1934 (repr. 1963, 1978); I. Todhunter, A History of the Mathematical Theory of Probability. From the Time of Pascal to that of Laplace, New York 1949, ³1965, 351–410; F. Vial, C. et l'éducation démocratique, Paris 1903, Genf 1970; D. Williams (ed.), C. Studies II, New York etc. 1987; ders., C., REP II (1998), 527–532.   H.-L. N./P. S.

consensus gentium (lat., auch: consensus omnium, Übereinstimmung der Völker bzw. aller), Schluß von der allgemeinen Geltung eines Satzes auf dessen begründeten Charakter. Der c. g. geht als Beurteilungsprinzip auf stoische Lehren (↑Stoa) zurück (↑communes conceptiones) und spielt seit M. T. Cicero eine bedeutende Rolle in der Geschichte der politischen Theorie (der c. g. als ›Naturgesetz‹, lex naturae, in der Gesellschaft) und der Theologie, besonders der ↑Gottesbeweise. In der Neuzeit schließt an diese Begriffsbildung die Philosophie des ↑common sense an.

Literatur: R. M. Chisholm, Commonsensism, REP II (1998), 453–455; P. Edwards, Common Consent Arguments for the Existence of God, Enc. Ph. II (1967), 147–155; B. Grant, The Virtues of Common Sense, Philos. 76 (2001), 191–209; S. A. Grave, Common Sense, Enc. Ph. II (1967), 155–160; J. Horty, Common-Sense Reasoning, Theories of, REP II (1998), 451–453; M. M. Marzano Parisoli, Lo ›ius gentium‹, Riv. Int. di Filos. del Diretto 77 (2000), 59–87; L. Meierding, The ›C. G.‹ Argument, Faith and Philos. 15 (1998), 271–297; W. H. O'Briant, Is There an Argument ›C. G.‹?, Int. J. Philos. Religion 18 (1985), 73–79; K. Oehler, Der Consensus omnium als Kriterium der Wahrheit in der antiken Philosophie und Patristik. Eine Studie zur Geschichte des Begriffs der Allgemeinen Meinung, Antike und Abendland 10 (1961), 103–129; G. Sauter, Consensus, TRE VIII (1981), 182–189; S. Schwöbel, Konsens, RGG IV (2001), 1610–1613; E. Shils/L. Lipsitz, Consensus, Int. Enc. Soc. Sci. 3 (1968), 260–271; L. P. Thiele, Common Sense, Judgement, and the Limits of Political Theory, Political Theory 28 (2000), 565–588.   J. M.

consequentiae (lat., Folgerungen), Terminus der mittelalterlichen Logik (↑Logik, mittelalterliche). Die Theorie der c. wurde im wesentlichen von Logikern des 14. Jhs. (insbes. Pseudo-Scotus, Wilhelm von Ockham, W. Burleigh, J. Buridan, Albert von Sachsen) entwickelt. Gelegentlich in eigenen Traktaten (»De consequentiis«) vorgetragen, handelt es sich dabei um eine Theorie der wahren ↑Konditionalsätze, die wenigstens aus zwei kategorischen Sätzen (↑propositio), dem ↑Antezedens und dem ↑Konsequens, sowie aus der ↑synkategorematischen Verknüpfung ↑›wenn – dann‹ (bzw. deren Äquivalenten) bestehen. Die Lehre von den c. läßt sich – im Unterschied zur heutigen ↑Junktorenlogik – als eine deskriptive Theorie allgemein anerkannter Argumente verstehen (↑Argumentationstheorie). Für eine intuitiv gelingende Argumentationspraxis werden allgemeine Regeln gesucht, die sodann zur Erklärung der Gültigkeit der Argumente herangezogen werden. Mittelalterliche Logiker waren keine Kalkülbauer; sie setzen vielmehr eine geordnete Sprache und Begriffswelt voraus. Die mittelalterliche Logik ist eine ↑Termlogik (↑Term). In diesem Sinne bestehen bei ↑Konjunktion, ↑Disjunktion und ↑Subjunktion – anders als in der Junktorenlogik – inhaltliche Beziehungen zwischen den Termen. Die Lehre von den c. ist im Ansatz keine formal-synthetische, wahrheitswertfunktionale, (↑Wahrheitswert) Theorie der logischen Verknüpfungen, sondern eine Art Sammlung bewährter Argumentationsregeln. Die wichtigste Unterscheidung der c. ist diejenige in c. formales und c. materiales.

C. *formales* sind gültig unabhängig vom Inhalt der auftretenden Terme, wenn die gleiche syntaktische Form vorliegt (bona de forma). Hierzu gehören etwa bei Buridan (Consequentiae, 1493) syllogistische (↑Syllogistik) Gesetze wie Konversion (↑konvers/Konversion) und Subalternation (↑subaltern (logisch), ↑Quadrat, logisches) und Regeln, die sich in Form von Sätzen der heutigen Junktorenlogik darstellen lassen, wie (von den mittelalterlichen Autoren nicht in Formeln ausgedrückt):

(1)
$$p \wedge q \to p,$$
$$p \wedge q \to q,$$
$$p \to p \vee q,$$
$$q \to p \vee q,$$

(2)
$$p \wedge (p \to q) \to q,$$
$$\neg q \wedge (p \to q) \to \neg p,$$
$$(p \to q) \wedge (q \to r) \to (p \to r),$$

(3)
$$p \wedge \neg p \to q,$$
$$p \to q \vee \neg q,$$
$$(p \vee q) \wedge \neg p \to q.$$

Ferner waren den Logikern des 14. Jhs. unter anderem die ↑De Morganschen Gesetze bekannt. Bedeutend ist, daß, beginnend mit Burleigh und Albert von Sachsen, die ↑Syllogistik systematisch der Junktorenlogik untergeordnet wird. Danach handelt es sich bei Syllogismen um c., bestehend aus einem konjunktiven Antezedens und der Konklusion als Konsequens.

C. *materiales* sind alle gültigen c. $p \to q$, die nicht auf Grund der Form gültig sind. Sie müssen die ↑Wahrheitsbedingung $\neg(p \wedge \neg q)$ erfüllen. Diese Wahrheitsbedingung ist eine ↑Wahrheitsfunktion der ↑Wahrheitswerte von *p* und *q*. Letztere sind vom Inhalt (›Materie‹) von *p* und *q* abhängig. Im wesentlichen sind die c. materiales die ↑Subjunktionen der Junktorenlogik (deren [irreführende] Bezeichnung als ›materiale Implikationen‹ sich vermutlich aus ihrem mittelalterlichen Ursprung als ›c. materiales‹ herleitet) oder die strikten Implikationen (↑Implikationen, strikte). Entsprechend handelt es sich bei den betreffenden c. formales um Schlußregeln für Subjunktionen oder strikte Implikationen. Die Lehre von den c. als Lehre der logischen Verknüpfung von Elementarsätzen und der entsprechenden Schlußregeln, mit anderen Worten: als *Junktorenlogik*, gehört zu den bedeutsamsten Leistungen der mittelalterlichen Logik, auch wenn sie noch nicht in eine vollständig systematische und kalkülmäßige Form gebracht wurde.

Die Ursprünge der Lehre von den c. sind wenig erforscht. Sie dürften zum einen in einer Fortführung und Verallgemeinerung der Aristotelischen ↑Topik, zum anderen in der Entwicklung von Ansätzen bei A. M. T. S. Boethius liegen, der, allerdings noch nicht im Sinne des späteren terminologischen Gebrauchs, den Aristotelischen Ausdruck ›ἀκολούθησις‹ mit ›consequentia‹ wiedergibt. Ob ein direkter Bezug zur megarisch-stoischen Logik (↑Logik, stoische) vorliegt, ist ungewiß, aber eher unwahrscheinlich.

Literatur: E. J. Ashworth, The Theory of Consequence in the Late Fifteenth and Early Sixteenth Centuries, Notre Dame J. Formal Logic 14 (1973), 289–315; dies., Andreas Kesler and the Later Theory of Consequence, Notre Dame J. Formal Logic 14 (1973), 205–214; J. M. Bocheński, De consequentiis scholasticorum earumque origine, Angelicum 15 (1938), 92–109; P. Boehner, Medieval Logic. An Outline of Its Development from 1250 to c. 1400, Manchester 1952, Westport Conn. 1979; J. Buridan, Consequentiae, Paris 1493, 1499, unter dem Titel: Tractatus de Consequentiis, ed. H. Hubien, Louvain 1976; J. Etchemendy, The Concept of Logical Consequence, Cambridge Mass./London 1990; N. J. Green-Pedersen, Walter Burley, De consequentiis and the Origin of the Theory of Consequence, in: H. A. G. Braakhuis/C. H. Kneepkens/L. M. de Rijk (eds.), English Logic and Semantics. From the End of the Twelfth Century to the Time of Ockham and Burleigh. Acts of the 4th European Symposion on Mediaeval Logic and Semantics, Leiden – Nijmegen 23–27 April 1979, Nijmegen 1981, 279–304; K. Jacobi, Die Modalbegriffe in den logischen Schriften des Wilhelm von Shyreswood und in anderen Kompendien des 12. und 13. Jahrhunderts. Funktionsbestimmung und Gebrauch in der logischen Analyse, Leiden/Köln 1980; ders. (ed.), Argumentationstheorie. Scholastische Forschungen zu den logischen und semantischen Regeln korrekten Folgerns, Leiden 1993; W. Kneale/M. Kneale, The Development of Logic, Oxford 1962, 1991, bes. 274–297; E. A. Moody, Truth and Consequence in Medieval Logic, Amsterdam 1953; E. Morscher, Der Begriff »consequentia« in der mittelalterlichen Logik, Arch. Begriffsgesch. 15 (1971), 133–139; O. Narbutt, De quelques problèmes de la logique médiévale, Notre Dame J. Formal Logic 17 (1976), 361–374 (mit Bibliographie, 370–374); W. v. Osma, De consequentiis (Über die Folgerung), [lat./dt.] ed. F. Schupp, Hamburg 1991; J. Pinborg, Logik und Semantik im Mittelalter. Ein Überblick, Stuttgart-Bad Cannstatt 1972, bes. 168–177; L. Pozzi, Le c. nella logica medievale, Padua 1978; G. Schenk, Zur Geschichte der logischen Form I (Einige Entwicklungstendenzen von der Antike bis zum Ausgang des Mittelalters), Berlin (Ost) 1973, bes. 346–356. G. W.

consequentia mirabilis, eine von J. Łukasiewicz in Traktaten des Jesuitenordens im 17. Jh. nachgewiesene Bezeichnung für das ↑Claviussche Gesetz $(\neg A \to A) \to A$ bzw. $\neg A \to A \prec A$ (eine Nebenform ›consequentia mirifica‹ zitiert ohne Nachweis A. Dumitriu, History of Logic IV, Turnbridge Wells, Kent 1977, 34). Es ist bemerkenswert, daß die schon um 1300 formulierte Schlußregel ›omnis propositio includens oppositum infert suum oppositum‹ (W. Burleigh) sowohl das Prinzip der ↑reductio ad absurdum $(A \to \neg A) \to \neg A$ als auch die c. m. einschließt, sofern die dabei genannte ›Inklusion‹ als ↑Subjunktion gedeutet werden kann.

Literatur: I. Angelelli, On Saccheri's Use of the ›C. M.‹, Akten des II. Internationalen Leibniz-Kongresses Hannover 1972 IV (Logik, Erkenntnistheorie, Methodologie, Sprachphilosophie), Wiesbaden 1975 (Stud. Leibn. Suppl. XV), 19–26; F. Bellissima/P. Pagli, C. m.. Una regola logica tra matematica e filosofia, Florenz 1996; W. Burleigh, De puritate artis logicae. Tractatus longior. With a Revised Edition of the »Tractatus brevior«, ed. P. Boehner, St. Bonaventure N. Y./Louvain/Paderborn 1955 (dt./lat. Von der Reinheit der Kunst der Logik. Erster Traktat »Von der Eigenschaft der Termini«, ed. P. Kunze, Hamburg 1988; engl. On the Purity of the Art of Logic. The Shorter and Longer Treatises, New Haven Conn./London 2000); C. A. Dufour, Neue Untersuchungen zu Saccheris »Via nobolior«, in: Leibniz. Werk und Wirkung. IV. Internationaler Leibniz-Kongress (Hannover, 14. bis 19. November 1983). Vorträge, Hannover 1983, 135–142; C. F. A. Hoorman, A Further Examination of Saccheri's Use of the ›c. m.‹, Notre Dame J. Formal Logic 17 (1976), 293–247; W. Kneale, Aristotle and the C. m., J. Hellenic Stud. 77 (1957), 62–66; ders./M. Kneale, The Development of Logic, Oxford 1962; A. K. Krasnodebski, Philosophia Aristotelis explicata, Warschau 1678; J. Łukasiewicz, Philosophische Bemerkungen zu mehrwertigen Systemen des Aussagenkalküls, Comptes rendus des séances de la Société des Sciences et des lettres de Varsovie, Classe III, 23 (1930), 51–77, bes. 67 (engl. Philosophical Remarks on Many-Valued Systems of Propositional Logic, in: S. McCall [ed.], Polish Logic [1920–1939], Oxford 1967, 40–65, ferner in: J. Łukasiewicz, Selected Works, ed. L. Borowski, Amsterdam/London/Warschau, 153–178); ders., Aristotle's Syllogistic from the Standpoint of Modern Formal Logic, Oxford 1951, [2]1957, bes. 50–51, 80; I. Miralbell, La ›c. m.‹. Desarrollo historico e implicaciones filosoficas, Thémata 4 (1987), 79–95; T. Młodzianowski, Praelectiones theologicae de poenitentiae virtute et sacramento, Krakau 1670 (Tract. I, disp. I qu. I diff. I); G. Nuchelmans, A 17th Century Debate on the c. m., Hist. Philos. Log. 13 (1992), 43–58, Neudr. in: ders., Studies on the History of Logic and Semantics, 12th–17th Centuries, ed. E. P. Bos, Aldershot/Brookfield Vt. 1996, Chap. XV; R. Purtill, c. m., in: R. Audi (ed.), The Cambridge Dictionary of Philosophy, Cambridge/New York/Melbourne [2]1999, 177. C. T.

contradictio in adiecto (lat., Widerspruch im Beigefügten), das Vorliegen eines begrifflichen Widerspruchs durch Konjunktion zweier ↑konträrer Termini, z. B. ›eckiger Kreis‹. K. L.

contrat social (franz., Gesellschaftsvertrag), sozialwissenschaftlicher Begriff, meist bezogen auf die von J.-J. Rousseau in »C. s., ou principes du droit politique« (1762) entwickelte normative Staatstheorie, die eine Position im Rahmen der naturrechtlich (↑Naturrecht) begründeten Lehre vom ↑Gesellschaftsvertrag der ↑Aufklärung darstellt. Grundgedanke der Rousseauschen Konzeption ist, daß der einzelne die natürliche Freiheit des ↑Naturzustandes gegen eine bürgerliche Freiheit eintausche, indem er als Staatsbürger an der Souveränität teilhat, sich dafür aber dem Gemeinwillen (↑volonté générale) unterwirft. M. G.

Cooper, Anthony Ashley, (third) Earl of Shaftesbury, ↑Shaftesbury, Anthony Ashley Cooper, (third) Earl of.

Copernicus, Nicolaus, ↑Kopernikus, Nikolaus.

Cordemoy, Géraud de, *Paris 6. Okt. 1626, †ebd. 15. Okt. 1684, franz. Philosoph. Zunächst Advokat, Anhänger der Philosophie R. Descartes', 1675 Mitglied der »Académie Française«. C. war Lehrer des Kronprinzen (des späteren Ludwig XV.) und schrieb in dieser Eigenschaft die »Histoire de France« (I–II, 1685/1689). Mit seiner Theorie der Bewegung, nach C. hervorgerufen durch eine immaterielle Kraft (Discours de l'action du corps, 1664) und seiner Erklärung des Wirkungszusammenhangs zwischen Seele und Körper (Le discernement du corps et de l'ame, 1666) begründete C., von Unterscheidungen Descartes' ausgehend und von Cartesianern (↑Cartesianismus) heftig kritisiert, den französischen ↑Okkasionalismus. Mit seinen sprachphilosophischen Untersuchungen (Discours physique de la parole, 1668) gilt C. seit N. Chomsky (1966) als einer der Begründer der so genannten ›rationalen ↑Linguistik‹.

Werke: Œuvres, ed. L. G. de Cordemoy, I–II, Paris 1704; Œuvres philosophiques, avec une étude bio-bibliographique, ed. P. Clair/F. Girbal, Paris 1968 (mit Bibliographie, 3–12). – Discours de l'action du corps, Paris 1664; Le discernement du corps et de l'âme en six discours, pour servir à l'éclaircissement de la physique, I–II, Paris 1666, ²1671, 1679, unter dem Titel: Dissertations physiques sur le discernement du corps et de l'âme, sur la parole, et sur le système de monsieur Descartes, I–II, Paris ³1689/1690; Discours physique de la parole, Paris 1668 (repr. Genf 1973), ²1677 (repr. Stuttgart 1970) (engl. A Philosophical Discourse Concerning Speech, Savoy 1868 [repr. New York 1974]); Histoire de France, I–II, ed. L. G. de Cordemoy, Paris 1685/1689; Divers traitez de métaphysique, d'histoire et de politique, Paris 1691, 1704.

Literatur: A. G. A. Balz, Cartesian Studies, New York 1951, 1987; J.-F. Battail, L'avocat philosophe G. de C. (1626–1684), La Haye 1973; G. Boas, C., Enc. Ph. II (1967), 222–223; F. Bouillier, Histoire de la philosophie cartésienne, I–II, Paris 1854, ³1868,

Brüssel 1969; N. Chomsky, Cartesian Linguistics, New York/London, Lanham Md. 1966, 1983 (dt. Cartesianische Linguistik. Ein Kapitel in der Geschichte des Rationalismus, Tübingen 1971); W. Hübener, Marginalien zu einer neuen C.-Präsentation, Stud. Leibn. 4 (1972), 271–279; P. Mouy, Le développement de la physique cartésienne 1646–1712, Paris 1934, Nachdr. New York 1981; S. Nadler, C., REP II (1998), 672–674; J. Prost, Essai sur l'atomisme et l'occasionalisme dans la philosophie cartésienne, Paris 1907; A. Scheib, Zur Theorie individueller Substanzen bei G. de C., Frankfurt 1997. J. M.

Cornelius, Hans, *München 27. Sept. 1863, †Gräfelfing (b. München) 23. Aug. 1947, dt. Philosoph und Kunstpädagoge. Studium der Mathematik und der Naturwissenschaften in Berlin, Leipzig und München, wobei K. Weierstraß, F. Klein und C. Stumpf zu seinen Lehrern gehörten, 1886 Promotion in Chemie, 1894 Habilitation im Fache Philosophie, 1903 a. o. Prof. für Philosophie in München, 1910 o. Prof. in Frankfurt am Main. Beeinflußt durch den ↑Empiriokritizismus (E. Mach, R. Avenarius) versuchte C. im Ausgang von den Tatsachen des Bewußtseinsverlaufs eine metaphysikfreie Psychologie zu begründen, die als Grundwissenschaft aller weiteren Erfahrungswissenschaften gelten sollte. Dieser Ansatz trug C. von E. Husserl den Psychologismusvorwurf ein, obwohl er selbst sein Anliegen eher als ›reine Phänomenologie‹ in Übereinstimmung mit Husserl verstanden wissen wollte (↑Phänomenologie). C. war der Ansicht, daß das Verständnis aller Begriffe letztlich nur durch ›deiktische Bestimmungen‹ (sonst auch ›Hinweisdefinitionen‹ oder ›exemplarische Bestimmungen‹ genannt) erfolgen könne, die er als Aufweis des ›Unmittelbargegebenen‹ verstand. Dennoch unterschied er sich vom positivistischen ↑Phänomenalismus dadurch, daß er an einer unabhängig von der Wahrnehmung bestehenden Welt der Dinge festhielt. Diese Welt der Dinge sah er im Kantischen Sinne durch den Übergang von der bloßen Wahrnehmung zur Erfahrungserkenntnis in Anerkennung gebracht. – Starke künstlerische Neigungen führten C., durch A. Hildebrand und C. Fiedler beeinflußt, nicht nur zu kunsttheoretischen Arbeiten, sondern auch zu einer zeitweiligen kunstpädagogischen Tätigkeit an der Münchner Kunstgewerbeschule. Zu seinen Schülern gehören T. W. Adorno und M. Horkheimer.

Werke: Versuch einer Theorie der Existentialurteile, München 1894; Psychologie als Erfahrungswissenschaft, Leipzig 1897; Einleitung in die Philosophie, Leipzig 1903, ²1911, 1921; Elementargesetze der bildenden Kunst. Grundlegung einer praktischen Ästhetik, Leipzig 1908, ³1921; Transcendentale Systematik. Untersuchungen zur Begründung der Erkenntnistheorie, München 1916, unter dem Titel: Grundlagen der Erkenntnistheorie. Transcendentale Systematik, München ²1926; Kunstpädagogik. Leitsätze für die Organisation der künstlerischen Erziehung, Erlenbach-Zürich/München 1920; H. C. Leben und Lehre (Selbstdarstellung), in: R. Schmidt (ed.), Die deutsche Philo-

sophie der Gegenwart in Selbstdarstellungen II, Leipzig 1921, 81–99; Kommentar zu Kants Kritik der reinen Vernunft, Erlangen 1926; Das philosophische System. Eigene Gesamtdarstellung, Berlin 1934.
Literatur: C. A. Emge, H.C.. 27. September 1863 bis 23. August 1947, Z. philos. Forsch. 3 (1948/1949), 264–270; FM I (1994), 696; R. D. Rollinger, Husserl and C., Husserl Stud. 8 (1991), 33–56.   G. G.

Cornutus (lat. gehörnt, griech. κεράτινος), auch ›cornuta quaestio‹ (griech. κερατίνη ζήτησις), die ›Hörnerfrage‹, eine als ↑Fangschluß verwendete sophistische Frageweise, die nach Diogenes Laertios (VII, 187) sowohl dem Chrysipp als auch dem Eubulides zugeschrieben wurde (Gellios, Noct. Att. XVI, 2, 9; Seneca, epist. 45, 8). Den Namen verdankt sie dem klassischen Beispiel: Eubulides fragt seinen Gesprächspartner: »Hast du deine Hörner verloren?« Verneint der Partner, so folgert Eubulides: »also hast du sie noch«, bejaht er, so schließt Eubulides: »also hast du Hörner gehabt«. Der Fehlschluß entsteht nur bei der (von den ↑Megarikern verlangten) Beantwortung der Frage mit Ja oder mit Nein, da die gestellte Frage bereits die Teilantwort präsupponiert, daß der Gefragte Hörner gehabt habe (↑Präsupposition). Daneben findet sich die Bezeichnung ›C.‹ auch als Kurzform für ›syllogismus c.‹, eine fehlerhafte, wohl durch Hinweis auf die beiden ›Hörner‹ eines Dilemmas entstandene und unter anderem durch A. G. Baumgarten (Acroasis logica, Halle ²1765, § 383) verbreitete Bezeichnung für das ↑Dilemma.
Literatur: H. Barge, Der Horn- und Krokodilschluß, Arch. Kulturgesch. 18 (1928), 1–40; FM I (1994), 696–697; N. I. Kondakov, C., in: E. Albrecht/G. Asser (eds.), Wörterbuch der Logik, Leipzig 1983, 108; C. Prantl, Geschichte der Logik im Abendlande I, Leipzig 1855 (repr. Graz, Darmstadt 1955); A. Regenbogen/U. Meyer (eds.), C., Wörterbuch der philosophischen Begriffe, Hamburg 1998, 130; T. Ziehen, Lehrbuch der Logik auf positivistischer Grundlage. Mit Berücksichtigung der Geschichte der Logik, Bonn 1920 (repr. Berlin 1974).   C. T.

Cotes, Roger, *Burbage 10. Juli 1682, †Cambridge 5. Juni 1716, engl. Mathematiker. 1705 Fellow of Trinity College, Cambridge, 1706 M. A. und Prof. der Astronomie und Naturphilosophie am Trinity College, Cambridge, 1711 Mitglied der Royal Society. – C. edierte 1713 nach vierjährigen Vorbereitungen und einem umfassenden Briefwechsel mit dem Autor die zweite Auflage der Newtonschen »Principia« (Cambridge 1713). Deren von C. stammendes Vorwort entwickelt auf einflußreiche Weise die methodologischen und naturphilosophischen Grundlagen des Newtonianismus. Die meisten seiner von I. Newton hochgeschätzten mathematischen Arbeiten blieben durch den frühen Tod von C. fragmentarisch und wurden erst postum veröffentlicht. In der Theorie der Einheitswurzeln bildet der ›C.sche Lehrsatz‹ die Grundlage der Behandlung der binären Gleichungen. Einem Kreis vom Radius r sei ein regelmäßiges n-Eck einbeschrieben; durch eine Ecke A sei ein Durchmesser gezogen und auf ihm im Abstand a von A ein Punkt P gelegen. Dann besagt C.' Lehrsatz, daß das Produkt der Abstände des Punktes P von den Ecken des n-Ecks gleich $|a^n - r^n|$ ist. Wichtig sind ferner Arbeiten zur Methode der kleinsten Quadrate und zur Integration (↑Infinitesimalrechnung) rationaler Funktionen (C.sche Formeln). ›C.sche Spiralen‹ heißen die durch Inversion (↑invers/Inversion) der Rosenkurven entstehenden Kurven. C. antizipierte 1714 in der Form $\ln(\cos\varphi + i\sin\varphi) = i\varphi$ den exponentiell geschriebenen, heute nach L. Euler benannten Satz.
Werke: Logometria, Philos. Transact. Royal Soc. 29 (1714), 5–45; Harmonia mensurarum, sive analysis et synthesis per rationum et angulorum mensuras promotae. Accedunt alia opuscula mathematica, per Rogerum Cotesium [...], I–II, ed. R. Smith, Cambridge 1722; Hydrostatical and Pneumatical Lectures, London 1738, ³1775; Correspondence of Sir Isaac Newton and Professor C.. Including Letters of Other Eminent Men, ed. J. Edleston, London 1850.
Literatur: A. M. Clarke, C., in: L. Stephen/S. Lee (eds.), The Dictionary of National Biography IV, Oxford 1917, 1207–1209; J. M. Dubbey, C., DSB III (1971), 430–433; R. Gowing, R. C. – Natural Philosopher, New York 1983; ders., A Study of Spirals. C. and Varignon, in: P. M. Harman/A. E. Shapiro (eds.), The Investigation of Difficult Things. Essays on Newton and the History of the Exact Sciences. In Honour of D. T. Whiteside, Cambridge/New York 1992, 371–381; ders., Halley, C. and the Nautical Meridian, Hist. Math. 22 (1995), 19–32; J. E. Hofmann, Weiterbildung der logarithmischen Reihe Mercators in England III. Halley, Moivre, C., Dt. Math. 5 (1940), 358–375.   C. T.

Cournot, Antoine Augustin, *Gray (Garonne) 28. Aug. 1801, †Paris 31. März 1877, franz. Nationalökonom, Mathematiker und Philosoph. Nach Privatunterricht 1809–1816 Besuch des Gymnasiums in Gray, 1820–1821 Collège Royal in Besançon, 1822–1823 Studium der Mathematik an der Sorbonne (vor allem bei S. F. Lacroix und L. Hachette). 1829 Promotion im Fache Mathematik, 1823–1833 Sekretär und Mitarbeiter des Marquis Gouvion Saint-Cyr. 1834 Prof. der Mathematik in Lyon, 1835–1838 Rektor der Akademie (und Prof. der Mathematik) in Grenoble, 1854–1862 in Dijon. – C. arbeitete mathematisch auf den Gebieten der ↑Analysis und der ↑Wahrscheinlichkeitstheorie, in der er die Häufigkeitsdeutung der Wahrscheinlichkeit anregte. Die Wahrscheinlichkeitstheorie wandte er auf Physik, Astronomie und Nationalökonomie an. C. gilt als Begründer der mathematischen Schule der Nationalökonomie, insbes. der Ökonometrie. Dabei untersuchte er vor allem die Preisbildung im Monopol (›C.scher Punkt‹ = Punkt des Gewinnmaximums), Dyopol (›C.sche Lösung‹ des Dyopolproblems) und Oligopol und führte als erster die Nachfragefunktion und den Begriff des unvollkommenen Wettbewerbs ein. In der ↑Geschichtsphilosophie lehrte C. den Fortschritt der Rationalität mit der Entwicklung der Zivilisation auf einen Zustand der verwirklichten Vernunft hin (›posthistoire‹).

Werke: Œuvres complètes, I–XI, ed. A. Robinet, Paris 1973–1984 (erschienen Bde I–X). – Recherches sur les principes mathématiques de la théorie des richesses, Paris 1838 (repr. Düsseldorf 1991), ed. L. Walras u. a., Paris 1938 (= Œuvres complètes VIII) (dt. Untersuchungen über die mathematischen Grundlagen der Theorie des Reichtums, Jena 1924); Exposition de la théorie des chances et des probabilités, Paris 1843 (repr. Rom 1968), ²1857 (= Œuvres complètes I) (dt. Die Grundlehren der Wahrscheinlichkeitsrechnung, leichtfasslich dargestellt für Philosophen, Staatsmänner, Juristen, Kameralisten und Gebildete überhaupt, Braunschweig 1849); Essai sur les fondements de nos connaissances et sur les caractères de la critique philosophique, I–II, Paris 1851 (repr. Rom 1969), ³1922 (= Œuvres complètes II); Considérations sur la marche des idées et des événements dans les temps modernes, I–II, Paris 1872, ed. F. Mentré, Paris 1934 (= Œuvres complètes IV); Matérialisme, vitalisme, rationalisme. Études sur l'emploi des données de la science en philosophie, Paris 1875 (repr. Rom 1969), 1923 (= Œuvres complètes V); Souvenirs (1760–1860), ed. E.-P. Bottinelli, Paris 1913.

Literatur: M. Blaug (ed.), Johann von Thünen (1783–1850), A. C. (1801–1877), Jules Dupuit (1804–1866), Aldershot/ Brookfield Vt. 1992, bes. 176–483; E.-P. Bottinelli, A. C.. Métaphysicien de la connaissance, Paris 1913; E. Callot, La philosophie biologique de C., Paris 1960; J.-P. Chrétien-Goni, C., in: D. Huisman, Dictionnaire des philosophes I, Paris ²1993, 678–683; J. Creedy, C. on the ›Communication of Markets‹, Parkville Vic. 1988; ders., Demand and Exchange in Economic Analysis. A History from C. to Marshall, Aldershot/Brookfield Vt. 1992; A. Darbon, Le concept du hasard dans la philosophie de C., Bordeaux 1910, Paris 1911; I. Fisher, C. and Mathematical Economics, Quart. J. Economics 12 (1897/1898), 119–138; FM I (1994), 708–709; G. Granger, C., DSB III (1971), 450–454; J. de la Harpe, De l'ordre et du hasard. Le réalisme critique d'A. A. C., Neuchâtel 1936; G. Ménard, La formation d'une rationalité économique. A. A. C., Paris 1978; G. Milhaud, Études sur C., Paris 1927; M. H. Moore, The Place of A. A. C. in the History of Philosophy, Philos. Rev. 43 (1934), 380–401; H. O. Mounce, C., REP II (1998), 688–690; L. Niethammer, Posthistoire. Ist die Geschichte zu Ende?, Reinbek b. Hamburg 1989; P. Nolfi, Das Prinzip von C., Dialectica 8 (1954), 142–144; H. Reichardt, A. A. C.. Sein Beitrag zur exakten Wirtschaftswissenschaft, Tübingen 1954 (mit Bibliographie, 114–118); A. Robinet, Leibniz dans l'œuvre de C., Stud. Leibn. 13 (1981), 159–191; ders./J. Brun (eds.), A. A. C.. Études pour le centenaire de sa mort (1877–1977), Paris 1978; J. Rostand, C. et la biologie, Rev. hist. sci. applic. 6 (1953), 150–160; R. Roy, C. et l'école mathématique, Econometrica 1 (1933), 13–22; C. T. Ruddick, C.'s Doctrine of Philosophical Probability, Philos. Rev. 49 (1940), 415–423; R. Ruyer, L'humanité de l'avenir d'après C., Paris 1930; B. Saint-Sernin, Crises et révolutions scientifiques selon A. A. C., Rev. mét. mor. 98 (1993), 331–346; ders., C.. Le réalisme, Paris 1998; R. D. Theocharis, The Development of Mathematical Economics. The Years of Transition. From C. to Jevons, Houndmills/Basingstoke/London 1993; B. Valade/P. Thiry, C., Enc. philos. universelle III/1 (1992), 1689–1692; F. Vatin, Économie politique et économie naturelle chez A.-A. C., Paris 1998. – Sondernummer: Rev. mét. mor. 13 (1905), 293–543; Sammelbd.: C. nella economia e nella filosofia, Padua 1939. C. T.

Cousin, Victor, *Paris 28. Nov. 1792, †Cannes 13. Jan. 1867, franz. Philosoph und Politiker, Schüler Maine de Birans und P. P. Royer-Collards. Zwischen 1817 und 1825 mehrere Reisen nach Deutschland, wo C. mit G. W. F. Hegel und F. W. J. Schelling bekannt wurde, machte seinerseits die deutsche idealistische Philosophie (↑Idealismus, deutscher) in Frankreich bekannt. 1830 Mitglied der Akademie, 1834 Direktor der École Normale, 1840 kurzfristig Unterrichtsminister im Kabinett A. Thiers. Philosophisch steht C. zwischen dem schottischen ↑Sensualismus und dem absoluten Idealismus (↑Idealismus, absoluter). Die psychologische Methode bildet die Grundlage der philosophischen Forschung. C. regte durch seine Übersetzungen und Editionen der Werke Platons, Proklos', P. Abaelards und R. Descartes' die Beschäftigung mit Philosophiegeschichte in Frankreich entscheidend an.

Werke: Œuvres de V. C., I–III, Brüssel 1841. – Fragments philosophiques, Paris 1826, mit Untertitel: Pour servir à l'histoire de la philosophie, I–V, Paris 1866 (repr. Genf 1970) (dt. [teilw.] Über französische und deutsche Philosophie, Stuttgart/Tübingen 1834); Nouveaux fragments philosophiques, Paris 1828, Brüssel 1841; Cours de l'histoire de la philosophie. Introduction à l'histoire de la philosophie, Paris 1828, rev. 1841, Neudr. als: Cours de l'histoire de la philosophie moderne. Deuxième série I, Paris 1847 (engl. Introduction to the History of Philosophy, Boston Mass. 1832); Cours de l'histoire de la philosophie. Histoire de la philosophie du XVIIIe siècle, I–II, Paris 1829, Neudr. als: Cours de l'histoire de la philosophie moderne. Deuxième série, II–III, Paris 1847 (engl. Course of the History of Modern Philosophy, I–II, Edinburgh, New York 1852, New York 1866); Cours d'histoire de la philosophie morale au dixhuitième siècle, professé à la Faculté des Lettres, en 1819 et 1820, I–III, Paris 1839–1842; Jacqueline Pascal, Brüssel 1845, mit Untertitel: Premières études sur les femmes illustres et la société du XVIIe siècle, Paris ³1856, ¹⁰1894 (engl. Jacqueline Pascal. Or a Glimpse of Convent Life at Port Royal, New York 1854); Du vrai, du beau et du bien, Paris 1853, 1926; Cours de l'histoire de la philosophie moderne. Première série, I–V, Paris 1946.

Literatur: J. E. Alaux, La philosophie de M. C., Paris 1864; C. Bernard, V. C. ou la religion de la philosophie. Avec une anthologie des discours à la Chambre des pairs (avril-mai 1844), Toulouse 1991; W. V. Brewer, V. C. as a Comparative Educator, New York 1971; A. Cornelius, Die Geschichtslehre V. C.s. unter besonderer Berücksichtigung des Hegelschen Einflusses, Genf/ Paris 1958; J.-P. Cotten, Autour de V. C.. Une politique de la philosophie, Paris 1992; E. Fauquet (ed.), V. C.. Homo theologico-politicus. Philologie, philosophie, histoire littéraire, Paris 1997; C. E. Fuchs, Die Philosophie V. C.'s. Ihre Stellung zur früheren französischen und zur neueren deutschen Philosophie. Ein historisch-kritischer Versuch, Berlin 1847; P. A. R. Janet, V. C. et son œuvre, Paris 1885, 1893; B. Knoop, V. C., Hegel und die französische Romantik. Einflüsse und Wirkungen, Oberviechtach 1932; J. Lefranc, C., Enc. philos. universelle III/ 1 (1992), 1692–1693; ders., C., in: D. Huisman (ed.), Dictionnaire des philosophes I, Paris ²1993, 685–689; D. Leopold, C.,

REP II (1998), 690–692; H. J. Ody, V. C.. Studien zur Geschichte des französischen Bildungswesens und seiner Beziehungen zu Deutschland in der ersten Hälfte des 19. Jahrhunderts, Karlsruhe 1933; ders., V. C.. Ein Lebensbild im deutsch-französischen Kulturraum, Saarbrücken 1953; P. Vermeren, V. C.. Le jeu de la philosophie et de l'état, Paris 1995 (mit Bibliographie, 359–385); F. Will, Intelligible Beauty in Aesthetic Thought. From Winckelmann to V. C., Tübingen 1958; ders., Flumen historicum. V. C.'s Aesthetic and Its Sources, Chapel Hill N. C. 1965. S. B.

Couturat, Louis, *Paris 17. Jan. 1868, †zwischen Ris-Orangis und Melun bei Paris 3. Aug. 1914, franz. Logiker und Philosoph. 1887–1890 Studium der Philosophie, 1891 der Mathematik an der École normale supérieure, ab 1892 Studium der Mathematik an der Faculté des Sciences. Nach der Promotion 1886 lehrt C. 1887–1899 Philosophie an den Universitäten von Toulouse und Caen. Aufgabe der Lehrtätigkeit zugunsten seiner Forschungsarbeit. Nach Aufenthalten in Paris und Hannover arbeitet C. 1905–1906 als Assistent bei H. L. Bergson am Collège de France. – Nach Arbeiten über den Unendlichkeitsbegriff (↑unendlich/Unendlichkeit) der Mathematik und über die Mythen in Platons Dialogen wandte sich C. der Leibnizforschung zu und publizierte erstmals zahlreiche Fragmente G. W. Leibnizens zur Logik und Sprachphilosophie. Auf Leibnizens Vorstellung einer ↑lingua universalis gehen C.s Bemühungen um die Entwicklung und Durchsetzung einer künstlichen internationalen Verkehrs- und Wissenschaftssprache zurück; auch seine intensive Mitarbeit an A. Lalandes »Vocabulaire technique et critique de la philosophie« (I–II, Paris 1926) gehört in diesen Zusammenhang. Von B. Russell und den ↑»Principia Mathematica« beeinflußt sind C.s spätere Arbeiten zur Philosophie der Mathematik, in denen er die Thesen des ↑Logizismus und ↑Cantorismus durch präzise Formulierung zu stützen versucht.

Werke: De l'infini mathématique, Paris 1896 (repr. New York 1969, Paris 1973), 1995; De Platonicis mythis, Paris 1896; La logique de Leibniz d'après des documents inédits, Paris 1901 (repr. Hildesheim 1961, 1969, Hildesheim/New York 1985); Opuscules et fragments inédits de Leibniz. Extraits des manuscrits de la Bibliothèque royale de Hanovre, Paris 1903 (repr. Hildesheim 1961, Hildesheim/New York 1988); (mit L. Léau) Histoire de la langue universelle, Paris 1903, ²1907 (repr. Hildesheim/New York 1979, Hildesheim/Zürich/New York 2001); La philosophie des mathématiques de Kant, Rev. mét. mor. 12 (1904), 321–383, ferner in: Les principes des mathématiques, Paris 1905 [s. u.], 237–308 (dt. Kants Philosophie der Mathematik, in: Die philosophischen Prinzipien der Mathematik [s. u.], 247–325); L'algèbre de la logique, Paris 1905, ²1914 (repr. Hildesheim 1965), 1980 (engl. The Algebra of Logic, Chicago Ill./London 1914); Les principes des mathématiques. Avec un appendice sur la philosophie des mathématiques de Kant, Paris 1905 (repr. Hildesheim 1965, Hildesheim/New York 1979), 1980 (dt. Die philosophischen Prinzipien der Mathematik, Leipzig 1908); La correspondance inédite entre Bertrand Russell et L. C., ed. A.-F. Schmid, Dialectica 37 (1983), 75–109; Lettere di L. C. a Paul Natorp (1901–1902), ed. M. Ferrari, Riv. stor. filos. 44 (1989), 115–139.

Literatur: E. Cassirer, Kant und die moderne Mathematik. Mit Bezug auf Bertrand Russells und L. C.s Werke über die Prinzipien der Mathematik, Kant-St. 12 (1907), 1–49; M. Centrone, Il dibattito epistemologico agli inizi del secolo sulla ›Revue de métaphysique et de morale‹ (1893–1914), Ann. fac. lett. filos. 29 (1986), 351–407; C. C. Dassen, Vida y obras de L. C., Anal. acad. nac. cienc. exact., fis. nat. Buenos Aires 4 (1939), 73–204; C. Eisele, C., DSB II (1971), 455–457; M. Fichant, C., in D. Huisman, Dictionnaire des philosophes I, Paris ²1993, 689–691; A. Korcik, Metoda C.a rozwiazania problemu ›Leibniza‹ dotyczacego ilosci podmiotow i orzecznikow w zdaniach, Roczniki filozoficzne 4 (1954), 79–86; A. Lalande, L'œuvre de L. C., Rev. mét. mor. 22 (1914/1915), 644–688 (mit Bibliographie, 682–688); M. Loi, C. méconnu, Scientia 111 (1976), 683–688; ders./D. Tiffeneau, C., Enc. philos. universelle III (1992), 2342–2346; G. H. Moore, The Origins of Russell's Paradox. Russell, C., and the Antinomy of Infinite Number, in: J. Hintikka (ed.), From Dedekind to Gödel. Essays on the Development of the Foundations of Mathematics, Dordrecht/Boston Mass./London 1995, 215–239; V. Peckhaus, Logik, Mathesis universalis und allgemeine Wissenschaft. Leibniz und die Wiederentdeckung der formalen Logik im 19. Jahrhundert, Berlin 1997, 60–63; U. Sanzo, L'artificio della lingua. L. C., 1868–1914, Mailand 1991; J. Schnippenkötter, Die Bedeutung der mathematischen Untersuchungen C.s für die Logik, Philos. Jb. Görres-Ges. 23 (1910), 447–468. – L'œuvre de L. C. (1868–1914). ... de Leibniz à Russell ... [Communications faites au Colloque international consacré à l'œuvre de L. C. qui s'est tenu en juin 1977 à l'École Normale Supérieure], Paris 1983. C. T.

Covering-Law-Modell, ↑Erklärung.

Craig's Lemma, ein nach dem amerikanischen Logiker W. Craig benannter und erstmals 1953 formulierter Satz, der besagt, daß es zu jeder ableitbaren (↑ableitbar/Ableitbarkeit) Formel $A \rightarrow C$ der (konstruktiven oder klassischen) ↑Quantorenlogik eine Formel B gibt von der Art, daß auch die beiden Formeln $A \rightarrow B$ und $B \rightarrow C$ ableitbar sind und B nur solche freien Eigennamen- und Prädikatorenvariablen enthält, die zugleich in A und in C auftreten. Dieses ↑Lemma, wegen des Einschubs von B zwischen A und C auch als ›Interpolationssatz‹ bezeichnet, hat zahlreiche Anwendungen in ↑Modelltheorie und ↑Beweistheorie gefunden und enge Beziehungen zwischen beiden hergestellt.

In der Analytischen Wissenschaftstheorie (↑Wissenschaftstheorie, analytische) liefert C. L. den Nachweis, daß eine axiomatisch aufgebaute empirische Theorie T, die bestimmte formale Voraussetzungen erfüllt und theoretische Begriffe (↑Begriffe, theoretische) enthält, durch eine axiomatische Theorie (↑System, axiomatisches) T' im wesentlichen gleichen empirischen Gehalts (↑Gehalt, empirischer) ohne theoretische Begriffe ersetzt werden kann. Diese Ersetzung ist jedoch nur von formalem Wert und bringt keine Lösung des Problems von

Theorie und Erfahrung, da sie unter anderem den faktischen Gebrauch theoretischer Begriffe nicht überflüssig macht, zu einer intuitiv paradoxen Struktur führt und keinen Beitrag zum Bedeutungsproblem theoretischer Begriffe liefert. Als unmittelbare Folgerung ergibt sich aus C. L. das ›Kriterium von Beth‹ über die ↑Definierbarkeit nichtlogischer Symbole in der (konstruktiven oder klassischen) Quantorenlogik. Danach wird ein Symbol P ›versteckt‹ (implizit) mittels einer Theorie T genau dann definiert, wenn aus T ein Bisubjungat abgeleitet werden kann, das einer expliziten Definition von P mittels anderer Ausdrücke von T entspricht (Ersetzung des Bisubjunktors durch das Definitionssymbol).

Literatur: M. Black, Craig's Theorem, Enc. Ph. II (1967), 249–251; W. Craig, On Axiomatizability Within a System, J. Symb. Log. 18 (1953), 30–32; ders., Replacement of Auxiliary Expressions, Philos. Rev. 65 (1956), 38–55; ders., Linear Reasoning. A New Form of the Herbrand-Gentzen Theorem, J. Symb. Log. 22 (1957), 250–268; ders., Three Uses of the Herbrand-Gentzen Theorem in Relating Model Theory and Proof Theory, J. Symb. Log. 22 (1957), 269–285; ders., Logic in Algebraic Form. Three Languages and Theories, Amsterdam/London/New York 1974; H.-D. Ebbinghaus/M. Ziegler, Interpolation in Logiken monotoner Systeme, Arch. math. Log. Grundlagenf. 22 (1982), 1–17; W. Felscher, On Interpolation When Function Symbols Are Present, Arch. math. Log. Grundlagenf. 17 (1976), 145–158; H. Hermes, Einführung in die mathematische Logik. Klassische Prädikatenlogik, Stuttgart ²1969, ⁴1976, 1991, bes. 190–191; S. Maehara, On the Interpolation Theorem of Craig, Sugaku 12 (1960), 235–237; J. Schulte-Mönting, Interpolation Formulae for Predicates and Terms Which Carry Their Own History, Arch. math. Log. Grundlagenf. 17 (1976), 159–170; K. Schütte, Der Interpolationssatz der intuitionistischen Prädikatenlogik, Math. Ann. 148 (1962), 192–200; ders., Proof Theory, Berlin/Heidelberg/New York 1977, 51–54; W. Stegmüller, Probleme und Resultate der Wissenschaftstheorie und Analytischen Philosophie II (Theorie und Erfahrung), Berlin/Heidelberg/New York 1970, bes. 375–399; Z. Swijtink, Beth's Theorem and Craig's Theorem, REP I (1998), 760–764.   C. T./G. W.

creatio ex nihilo (lat., Schöpfung aus dem Nichts), eine der Grundannahmen der christlichen Religion, verbunden mit der Vorstellung Gottes als Schöpfers, Erhalters und allmächtigen Regenten der Welt sowie dem Theorem von der ›Geschöpflichkeit‹ des Menschen. Der biblische Schöpfungsbericht (Gen. 1, 1–2), der zwar nicht explizit von einer c. e. n. spricht, aber in diesem Sinne schon in den Paulus-Briefen und von den frühen Kirchenvätern verstanden wurde, hat sein Vorbild in der altorientalischen Mythologie, die allerdings nicht ein ›Nichts‹, sondern ein ungeordnetes ↑Chaos kosmischer Elemente und Kräfte an den Anfang der ↑Kosmogonie stellt. Ähnlich verfährt die griechische Philosophie (↑Apeiron), die seit Melissos (um 440 v. Chr.) an dem Satz festhält, daß aus nichts nichts werden könne (↑ex nihilo nihil fit; Aristoteles, Phys. A4; vgl. Lukrez, de rer. nat. 150–214). Aus diesem Grund verwirft Aristoteles die Annahme einer c. e. n. und vertritt die These von der ↑Ewigkeit der Welt; Platons ↑Demiurg (im »Timaios«) erschafft den ↑Kosmos nicht aus dem Nichts, sondern gestaltet ihn als ›Weltbaumeister‹ aus der ihm bereits vorliegenden ungeformten Materie, wobei auch die Ideen (↑Idee (historisch)) als Gestaltungsprinzipien bereits vorhanden sind. Plotin läßt die materielle Welt durch ↑Emanation aus dem ›höchsten Einen‹ entstehen. – Innerhalb der Konzeption einer c. e. n. tritt die Alternative zwischen einer Schöpfung innerhalb oder außerhalb der Zeit und einer einmaligen oder einer kontinuierlich-permanten Kreation auf (C. Crescas).

Literatur: D. Baqué, Création, Enc. philos. universelle II/1 (1990), 503–506; D. B. Burrell, Freedom and Creation in Three Traditions, Notre Dame Ind. 1993; J. D. Colditz, Kosmos als Schöpfung. Die Bedeutung der c. e. n. vor dem Anspruch moderner Kosmologie, Regensburg 1994; M. Doerne, Christlicher Schöpfungsglaube, Berlin 1950; A. Flew/D. M. MacKinnon, Creation, in: A. Flew/A. MacIntyre (eds.), New Essays in Philosophical Theology, London 1955, 170–186; T. Haecker, Schöpfer und Schöpfung, Innsbruck 1934; W. Hasker, Creation and Conservation, Religious Doctrine of, REP II (1998), 695–700; W. Kranz, Kosmos, Bonn 1958 (Arch. Begriffsgesch. II, H. 1 u. 2); N. Kretzmann, Ockham and the Creation of the Beginningless World, Franciscan Stud. 45 (1985), 1–31; G. May, Schöpfung aus dem Nichts. Die Entstehung der Lehre von der c. e. n., Berlin 1979; E. McMullin, Evolution and Creation, Notre Dame Ind. 1985; N. J. Torchia, ›c. e. n.‹ and the Theology of St. Augustine. The Anti-Manichaean and Beyond, New York/Washington D. C./Baltimore Md. 1998; C. Westermann, Schöpfung, Stuttgart 1971 (engl. Creation, Philadelphia Pa. 1974).   M. G.

credo quia absurdum (lat., ich glaube, weil es widersinnig ist), häufig Tertullian zugeschriebene, in dieser Form aber nicht bei diesem, sondern erst seit dem 17. Jh. nachweisbare programmatische Wendung, die sich gegen den Versuch richtet, mit Vernunftgründen Glaubensinhalte zu beweisen oder auch nur zu erläutern. Während die Formulierungen Tertullians, z. B. daß der Tod Jesu ›prorsus credibile quia ineptus‹ (›völlig glaubwürdig, weil töricht‹) sei, dabei die Autorität der (Amts-)Kirche in Glaubensdingen über den einzelnen, insbes. seine kritische oder begründende Vernunft, sichern sollen, richtet sich die nach-reformatorische Verwendung dieser Formel gerade gegen eine amtskirchliche Glaubensfestlegung und macht die Unvernünftigkeit im Sinne des individuellen Verzichts auf eine kluge, am (aufgeklärten) Eigennutz orientierte Lebensführung, wie sie zum Prinzip auch der (Amts-)Kirche geworden sei, zum Grunde des Glaubens.   O. S.

credo ut intelligam (lat., ich glaube, damit ich einsehen kann), durch Anselm von Canterbury, im Anschluß an Augustinische Formulierungen, geprägte Wendung, mit der das Verhältnis von Glauben und argumentativer

(›dialektischer‹) Wissensbildung für die ↑Scholastik programmatisch geklärt werden sollte. Während Anselms Verständnis dieser Formel in Glauben und Vernunft noch nicht zwei Quellen von Einsicht oder Erkenntnis, sondern in der Vernunft ein Mittel zur Auslegung (nicht aber zur Begründung oder Kritik) der Glaubensinhalte, im Glauben die Quelle unserer Einsichten oder Erkenntnisse sieht, dient der Bezug auf die Anselmische Formel seit der Hochscholastik zur Abgrenzung und Hierarchisierung der beiden Erkenntnisquellen Glauben und Vernunft. Die Erkenntnisse der Vernunft, der (wie Thomas von Aquin unterscheidet) nur die ›praeambula fidei‹, die für den Glauben vorbereitenden Dinge, zugänglich sind, werden durch den Glauben, dem allein die ›articula fidei‹, die Glaubensinhalte selbst, zugänglich sind, erweitert. Durch den Glauben können daher Einsichten erworben werden, die der in ihrem Bereich autonomen (↑Autonomie), aber auch auf diesen Bereich beschränkten, Vernunft nicht erreichbar sind. O. S.

Cremonini, Cesare, *Cento (Ferrara) 1550 (1552), †Padua 1631, ital. Naturphilosoph, Nachfolger G. Zabarellas und letzter Vertreter des Paduaner ↑Aristotelismus (↑Padua, Schule von). 1573–1590 Prof. der Philosophie in Ferrara, dann Prof. der Philosophie und der Medizin in Padua; bekannt als Lehrer, wenig gelesener Autor. C. vertrat (unter anderem gegen G. Galilei) einen orthodoxen Aristotelismus auf averroistischer Basis (↑Averroismus), auf den sich die Gegner Galileis vielfach beriefen. Im Mittelpunkt seiner Naturphilosophie steht noch einmal die gegen neuere ›mathematische‹ Entwicklungen in Oxford (↑Merton School) und Paris (J. Buridan, Nikolaus von Oresme, Albert von Sachsen) geltend gemachte Analyse des Aristotelischen Begriffs der Erfahrung (Tractatus de paedia, 1596). Wegen seiner antiklerikalen Haltung (erfolgreicher Widerstand gegen die Gründung einer Jesuitenschule in Padua), aber wohl auch wegen seiner trotz sachlicher Gegnerschaft freundlichen Verbindung mit Galilei (der selbst 1592–1610 als Prof. der Mathematik in Padua lehrte), geriet C. zeitweise in Konflikt mit der Inquisition.

Werke: Explanatio prooemii librorum Aristotelis de physico auditu, Padua 1596 (II Tractatus de paedia); De formis quatuor corporum simplicium, quae vocantur elementa, disputatio, Venedig 1605; Disputatio de coelo, Venedig 1613; Introductio ad naturalem Aristotelis philosophiam, Venedig 1613; De quinta coeli substantia, Venedig 1616; Apologia dictorum Aristotelis de origine, et principatu membrorum adversus Galenum, Venedig 1627, unter dem Titel: De calido innato et semine, pro Aristotele adversus Galenum, Leiden 1634; De imaginatione et memoria, Venedig 1644; Tractatus tres. De sensibus externis, de sensibus internis, de facultate appetitiva, Venedig 1644, ²1664; Le orazioni [lat./ital.], ed. A. Poppi, Padua 1998.

Literatur: D. Berti, Di C. C. e della sua controversia con la Inquisizione di Padova e di Roma, Rom 1878; T. Bocian, Póz- norenesansowy arystotelizm włoski. C. C. (1550–1631) jako przedstawiciel heterodoksyjnego arystotelizmu padewskiego, Wrocław 1984; D. Bosco, C. e le origini del libertinismo, Riv. filos. neo-scolastica 81 (1989), 255–293; F. Fiorentino, C. C. e il »Tractatus de paedia«. Con la traduzione italiana del »Tractatus«, Lecce 1997; FM I (1994), 726–727; L. A. Kennedy, C. C. and the Immortality of the Human Soul, Vivarium 18 (1980), 143–158; H. C. Kuhn, Venetischer Aristotelismus im Ende des aristotelischen Welt. Aspekte der Welt und des Denkens des C. C. (1550–1631), Frankfurt/Berlin/Bern 1996; G. F. Pagallo, Filosofia y política en la defensa de la ›naturalis contemplatio‹ en un aristotélico del renacimento. C. C. (1550–1631), Apuntes filosóficos 15 (1999), 43–78; J. H. Randall Jr., The School of Padua and the Emergence of Modern Science, Padua 1961, 63–65; M. Schiavone, C., Enc. filos. II (1982), 605–608; C. B. Schmitt, C. C.. Un aristotelico al tempo di Galilei, Venedig 1980; M. A. del Torre, La cosmologia di C. e l'inedito »De coeli efficientia«, Riv. crit. stor. filos. 21 (1966), 373–397; dies., Studi su C. C.. Cosmologia e logica nel tardo aristotelismo padovano, Padua 1968. – C. C. (1550–1631). Il suo pensiero e il suo tempo. Convegno di studi, Cento, 7 aprile 1984, Cento 1990. J. M.

Crescas, Chasdai (Hasdai bzw. Chisdai, auch: Chasdai ben Abraham), *Barcelona um 1340, †Saragossa um 1410, jüd. Religionsphilosoph. C.' wichtigstes Anliegen ist die Wiederherstellung einer genuinen, von fremdem, inbes. aristotelischem Gedankengut gereinigten jüdischen Theologie. In seinem Hauptwerk »Or Adonai« (Licht Gottes) setzt sich C. kritisch mit dem religiösen Intellektualismus des Maimonides und dem ↑Aristotelismus des Averroës auseinander: Gegen M. Maimonides und Levi Ben Gerson (rationale Gotteserkenntnis) tritt C. für einen auf der Liebe und Güte Gottes basierenden Offenbarungsglauben (↑Offenbarung) ein; als konsequenter Determinist (↑Determinismus) lehnt er die Lehre vom freien ↑Willen des Menschen ab, ohne allerdings einen ↑Fatalismus zu vertreten. Er bekämpft die physikalischen Theorien (z. B. der Zeit, des Raumes, der natürlichen Bewegung der Elemente) des Aristoteles, den er nur über Maimonides und Averroës kennt, und deutet die Entstehung der Welt neuplatonisch (↑Neuplatonismus) als ↑Emanation Gottes, die ↑creatio ex nihilo als nur kausale Abhängigkeit der Welt von Gott. Sie kann von Ewigkeit an geschaffen sein. Es wäre aber auch möglich, daß Gott eine unendliche Zahl von Welten erschaffen hat, womit unsere Welt einen bestimmten zeitlichen Anfang haben könnte. C. hält es außerdem für nicht ausgeschlossen, daß Gott diese Welt zerstören könnte, um eine andere, vollkommenere zu erschaffen; in diesem Falle würde Gott nur die Erde, nicht auch die Gestirne zerstören. G. Pico della Mirandola und B. Spinoza sind von C. beeinflußt.

Werke: Bittul 'Iqqarei ha-Notzrim (1398) [Kritik der christlichen Dogmen], Hebr. v. J. v. Schemtob, ed. E. Deinard, Carney 1904, Jerusalem 1972 (engl. The Refutation of Christian Principles by Hasdai C., Albany N. Y. 1992); Sefer or Adonai [Licht des Herrn], Ferrara 1555, Nachdr. Farnsborough 1969, ed. S. Fischer, Jerusalem 1990; Die Willensfreiheit von C. Kreskas (hebr./dt.), ed. P. Bloch, München 1879.

Literatur: Y. Baer, A History of the Jews in Christian Spain II, Philadelphia Pa. 1966; S. Feldman, The Theory of Eternal Creation in Hasdai C. and Some of His Predecessors', Viator 11 (1980), 289–320; ders., C., Hasdai, REP II (1998), 700–704; FM I (1994), 727; H. Greive, C., TRE VII (1981), 703–705; J. Guttmann, C. C. als Kritiker der aristotelischen Physik, in: Festschrift zum 70. Geburtstage Jakob Guttmanns, ed. Vorstand der Gesellschaft zur Förderung der Wissenschaft des Judentums, Leipzig 1915, 28–54; ders., Die Philosophie des Judentums, München 1933, Berlin 2000 (engl. The Philosophy of Judaism, Nortvale N. J. 1988); W. Z. Harvey, Physics and Metaphysics in Hasdai C., Amsterdam 1998; M. Ifergan/M. Tobiass, C.. Un philosophe juif dans l'espagne médiévale, Paris 1995; M. Joël, Don Chaisdai C.' religionsphilosophische Lehren in ihrem geschichtlichen Einflusse, Breslau 1866, Nachdr. in: ders., Beiträge zur Geschichte der Philosophie II, Breslau 1876 (repr. Hildesheim 1978); J. Maier, Chasdai ben Abraham, LThK II (1994), 1029; S. Pines, Scholasticism after Thomas Aquinas and the Teachings of Hasdai C. and His Predecessors, Jerusalem 1967; A. Ravitzky, C.' Sermon on the Passover and Studies in His Philosophy, Jerusalem 1988; T. M. Rudavsky, C. Hasdai, in: R. Audi (ed.), The Cambridge Dictionary of Philosophy, Cambridge/New York/Melbourne ²1999, 193; H. A. Wollson, C.' Critique of Aristotle. Problems of Aristotle's Physics in Jewish and Arabic Philosophy, Cambridge Mass. 1929, 1971.   M. G.

Croce, Benedetto, *Pescasseroli 25. Febr. 1866, †Neapel 20. Nov. 1952, ital. Philosoph, Historiker und Politiker. Ab 1883 Studium der Rechtswissenschaften in Rom (ohne Abschluß), 1887–1892 Bildungsreisen in Europa, später Privatgelehrter in Neapel, Autor und Verleger, seit 1901 aktive politische Tätigkeit, 1910 Senator, 1920–1921 Unterrichtsminister, 1925 Verfasser eines antifaschistischen Manifests, 1943 Neubegründer der Liberalen Partei und deren Vorsitzender bis 1947, 1944 Minister. – C. vertritt unter dem Einfluß J. F. Herbarts und G. W. F. Hegels eine antinaturalistische Geistphilosophie. Die Geistkategorie ist historisiert. Im philosophischen System ergibt sich der Ort der Disziplinen aus der Eigentümlichkeit der jeweiligen geistigen Leistung. Zu unterscheiden sind das theoretische (Erkennen) und das praktische (Wollen) Verhalten. Einen besonderen Schwerpunkt bildet die Ästhetik, die C. als Theorie der Intuition entwickelt, in der der Geist das Individuelle vergegenwärtigt und im Ausdruck wiedergibt. Der Ästhetik korrespondiert die begrifflich-intellektuelle philosophische Erkenntnis. Geschichte ist die Entfaltung virtuell je schon enthaltenen Seins. Der praktische Geist ist als Wollen des Individuellen auf einer niederen Stufe ›Ökonomik‹, in allgemeiner Orientierung ›Ethik‹.

Werke: Saggi filosofici, I–XIV, Bari 1910–1952; Scritti di storia letteraria e politica, I–XLIV, Bari 1911–1954; Gesammelte philosophische Schriften in deutscher Übertragung, I–VII, ed. H. Feist, Tübingen 1927–1930; Edizione nazionale delle opere di B. C., Neapel 1991 ff.. – Estetica come scienza dell'espressione e linguistica generale. Teoria e storia, Mailand 1902, Bari ¹⁰1958, Mailand 1990 (dt. Ästhetik als Wissenschaft des Ausdrucks und allgemeine Linguistik. Theorie und Geschichte, Leipzig 1903, ²1905; engl. Aesthetic as Science of Expression and General Linguistic, London 1909, ²1922, New York 1995); Logica come scienza del concetto puro, Bari 1905, ²1909, ⁷1947 (engl. Logic, London 1909, ²1922; dt. Logik als Wissenschaft vom reinen Begriff, Tübingen 1930); Cio che è vivo e cio che è morto nella filosofia di Hegel. Studio critico seguito da un saggio di bibliografia hegeliana, Bari 1907 (dt. Lebendiges und Totes in Hegels Philosophie. Mit einer Hegel-Bibliographie, Heidelberg 1909; engl. What Is Living and what Is Dead in the Philosophy of Hegel, London 1915 [repr. Lanham Md. 1985]); Filosofia come scienza dello spirito, I–IV, Bari 1908–1917; Filosofia della pratica. Economica ed etica, Bari 1909, ⁷1963 (engl. Philosophy of the Practical, London 1913; dt. Philosophie der Praxis. Ökonomik und Ethik, Tübingen 1929); La filosofia di Giambattista Vico, Bari 1911, ⁵1953 (engl. The Philosophy of Giambattista Vico, London 1913; dt. Die Philosophie Giambattista Vicos, Tübingen 1927); Breviario di estetica. Quattro lezioni, Bari 1913, 1988 (dt. Grundriß der Ästhetik. Vier Vorlesungen, Leipzig 1913; engl. The Essence of Aesthetic, London 1921); Contributo alla critica de me stesso, Neapel 1918 [Privatdruck] (dt. Beitrag zur Kritik meiner selbst, in: R. Schmidt [ed.], Die Philosophie der Gegenwart in Selbstdarstellungen IV, Leipzig 1923, 1–46; engl. Autobiography, Oxford 1927); Elementi di politica, Bari 1925, Rom 1974; Storia d'Europa nel secolo decimonono, Bari 1932 (engl. The History of Europe in the Nineteenth Century, New York 1933; dt. Geschichte Europas im neunzehnten Jahrhundert, Zürich 1935, Frankfurt 1993); La critica e la storia delle arti figurative. Questioni di metodo, Bari 1934, ²1946; La poesia. Introduzione alla critica e storia della poesia e della letteratura, Bari 1936, Mailand 1994 (dt. Die Dichtung. Einführung in die Kritik und Geschichte der Dichtung und der Literatur, Tübingen 1970). – F. Nicolini (ed.), Bibliografia Vichiana, I–II, Neapel 1947/1948; E. Cione, Bibliografia Crociana, Mailand 1956; S. Borsari, L'opera di B. C., Neapel 1964.

Literatur: K. Acham, B. C.. Die Grundprobleme des Historismus, in: K. Faßmann (ed.), Die Großen der Weltgeschichte XI, Zürich 1978, 540–557; C. Antoni, Commento a C., Venedig 1955; R. Bellamy, Between Economic and Ethical Liberalism. B. C. and the Dilemmas of Liberal Politics, Hist. Human Sci. 4 (1991), 175–195; ders., C., REP II (1998), 728–735; B. Bosanquet, C.'s Aesthetic, London 1919, Nachdr. Folcroft Pa. 1974; E. Cione/F. Laterza, L'opera filosofica, storica e letteraria di B. C.. Saggi di scrittori italiani e stranieri e bibliografia dal 1920 al 1941, Bari 1942; E. Cione, B. C., Mailand 1944, ²1963; N. Fausto, B. C., Turin 1962; FM I (1994), 737–740; A. M. Fränkel, Die Philosophie B. C.s und das Problem der Naturerkenntnis. Eine Naturphilosophie unter besonderer Berücksichtigung der modernen Naturwissenschaft, Tübingen 1929; R. Franchini, C. interprete di Hegel e altri saggi filosofici, Neapel 1967; G. Galasso, C. e lo spirito del suo tempo, Mailand 1990; A. A. de Gennaro, The Philosophy of B. C.. An Introduction, New York 1961; H. S. Harris/L. M. Palmer (eds.), Thought, Action and Intuition as a Symposium on the Philosophy of B. C., Hildesheim 1975; K. E. Lönne, B. C. als Kritiker seiner Zeit, Tübingen 1967; W. Mager, B. C.s literarisches und politisches Interesse an der Geschichte, Köln/Graz 1965; M. E. Moss, B. C. Reconsidered. Truth and Error in Theories of Art, Literature and History, London 1987; F. Nicolini, B. C., Turin 1962; G. N. G. Orsini, B. C. Philosopher of Art and Literary Critic, Carbondale Ill. 1961; T. Osterwalder, Zur Philosophie B. C.s, Frauenfeld 1950; ders., Die Philosophie

B. C.s als moderne Ideenlehre. Versuch einer kritischen Stellungnahme, Bern 1954; A. Parente, C. per lumi sparsi. Problemi e ricordi, Florenz 1975; D. D. Roberts, B. C. and the Uses of Historicism, Berkeley Calif./Los Angeles/London 1987 [mit Bibliographie, 413–439]; W. Rossani, C. e l'estetica, Mailand 1976; C. Sprigge, B. C.. Man and Thinker, New Haven Conn. 1952; D. P. Verene, C., in: R. Audi (ed.), The Cambridge Dictionary of Philosophy, Cambridge ²1999, 195–196.   S. B.

Crusius, Christian August, *Leuna (bei Merseburg) 10. Jan. 1715, †Leipzig 18. Okt. 1775, dt. Theologe und Philosoph. 1744 o. Prof. der Philosophie, 1750 o. Prof. der Theologie in Leipzig. In der Nachfolge von A. Rüdiger und dessen Schüler A. F. Hoffmann (1703–1741), theologisch beeinflußt von dem Pietisten J. A. Bengel, nimmt C. gegenüber dem Rationalismus C. Wolffs eine kritisch-differenzierende, zum Teil auf Unterscheidungen I. Kants vorweisende Position ein (etwa in der Beurteilung aposteriorischer und apriorischer Elemente (↑a priori) der Erfahrungskonstitution), die auch J. H. Lambert und M. Mendelssohn beeinflußt. C. sieht das menschliche Erkenntnisvermögen, auch hinsichtlich der ↑Naturgesetze, als beschränkt an, da es die (von ihm logisch und psychologisch subtil analysierte) ↑Wahrscheinlichkeit induktiv (↑Induktion) gewonnener ↑Hypothesen allenfalls spekulativ überschreiten kann. Seine auf dem Primat sinnlicher Gewißheit fußende Methodologie des Wissens ist daher Beschäftigung mit dem Wirklichen, Greifbaren oder zumindest widerspruchsfrei Denkbaren (Prinzip der ›cogitabilitas‹). In der Ethik vertritt C. den Gedanken der Willensfreiheit gegen die Konzeption einer ›prästabilierten Harmonie‹ (↑Harmonie, prästabilierte): Der freie ↑Wille befindet sich im Einklang mit dem göttlichen Willen, wenn er dem ↑Gewissen folgt. Die in diesem Kontext ausdifferenzierte moralphilosophische Terminologie wirkt deutlich noch auf Kants Begriffsapparat. Der unkritische biblische Prophetismus von C.' späterer Geschichtstheologie hingegen bezieht Stellung gegen die aufgeklärtere Bibelphilologie etwa eines J. A. Ernesti.

C. war ein entschiedener Gegner der insbes. von Wolff und seiner Schule vertretenen Methode, die Philosophie ↑more geometrico aufzubauen. Statt dessen entwirft er im Anschluß an J. Locke eine psychologisierende Methode der Begriffszergliederung; diese legt als Fundament des Wissens eine Pluralität gleichrangiger Prinzipien und irreduzibler Grundbegriffe frei (darunter ↑Raum, ↑Zeit, ↑Kausalität, Existenz (↑Existenz (logisch)), ↑Substanz, ↑Kraft), von denen wir keine unmittelbare und umfassende Kenntnis haben, sondern nur ›symbolische‹, gewonnen aus der Analyse ihres Fungierens für die Erfahrung. In diesem Zusammenhang unterscheidet C. drei Stufen der Erkenntnisdeutlichkeit: die ›gemeine Deutlichkeit‹ der sinnlichen Empfindungen, die ›abstrakte Deutlichkeit‹ der wissenschaftlichen Begriffsbildungen und, wiederum im Anschluß an den ↑Sensualismus Lockes, die ›logikalische Deutlichkeit‹ als Ergebnis der Zergliederung komplexer Sinnesdaten. Logikalisch deutliche Resultate sind nach C. eben die ›einfachen (primitiven) Begriffe‹ wie ›Raum‹ und ›Zeit‹ (↑Begriff, einfacher), ebenso die Farbwörter. Mit der Unterscheidung zwischen einer kausalen Ursache-Wirkungs-Beziehung und einer logischen Grund-Folge-Beziehung wendet C. sich gegen das in der Wolffschen Schule herrschende Verständnis des Satzes vom Grunde (↑Grund, Satz vom).

Werke: Die philosophischen Hauptwerke, I–IV, I–III ed. G. Tonelli, Hildesheim 1964–1969, IV/1, ed. S. Carboncini/R. Finster, Hildesheim/Zürich/New York 1987. – De praecipuis cognoscendae veritatis obstaculis commentatio logica, Leipzig 1737 (repr. in: Hauptwerke IV/1, 1–23); Dissertatio philosophica de corruptelis intellectus a voluntate pendentibus, Leipzig 1740, ferner in: Opuscula philosophico-theologica [s. u.], 1–70 (repr. in: Hauptwerke IV/1, 31–100); Dissertatio philosophica de appetitibus insitis voluntatis humanae, Leipzig 1742, ferner in: Opuscula philosophico-theologica [s. u.], 71–151 (repr. in: Hauptwerke IV/1, 101–181); Dissertatio philosophica de usu et limitibus principii rationis determinantis, vulgo sufficientis, Leipzig 1743, ferner in: Opuscula philosophico-theologica [s. u.], 152–237 (repr. in: Hauptwerke IV/1, 182–267); Anweisung, vernünftig zu leben. Darinnen nach Erklärung der Natur des menschlichen Willens die natürlichen Pflichten und allgemeinen Klugheitslehren im richtigen Zusammenhange vorgetragen werden, Leipzig 1744 (repr. = Hauptwerke I), ³1767; Entwurf der nothwendigen Vernunft-Wahrheiten, wiefern sie den zufälligen entgegen gesetzet werden, Leipzig 1745 (repr. = Hauptwerke II), ²1753 (repr. Darmstadt 1963), ³1766; Weg zur Gewißheit und Zuverlässigkeit der menschlichen Erkenntniß, Leipzig 1747 (repr. = Hauptwerke III), ²1762; Anleitung, über natürliche Begebenheiten ordentlich und vorsichtig nachzudenken, I–II, Leipzig 1749 (repr. I, Cap. 1–2 in: Hauptwerke IV/1, 447–648), in einem Bd. ²1774; Opuscula philosophico-theologica. Antea seorsum edita nunc secundis curis revisa et copiose aucta, Leipzig 1750 (teilw. repr. in: Hauptwerke IV/1, 25–324); Epistola ad perillustrem et generosissimum dominum Ioannem Ernestum L. B. ab Hardenberg [...] de summis rationis principiis speciatim de principio rat. determinantis [...], Leipzig 1752 (repr. in: Hauptwerke IV/1, 327–444); Einleitung in die wahre und vollständige Cosmologie, Leipzig, 1774.

Literatur: L. W. Beck, Early German Philosophy. Kant and His Predecessors, Cambridge Mass., London 1969, Bristol 1996; M. Benden, C. A. C.. Wille und Verstand als Prinzipien des Handelns, Bonn 1972; S. Carboncini, C. A. C. und die Leibniz-Wolffsche Philosophie, in: A. Heinekamp (ed.), Beiträge zur Wirkungs- und Rezeptionsgeschichte von Gottfried Wilhelm Leibniz, Stuttgart 1986, 110–125; dies., Die thomasianisch-pietistische Tradition und ihre Fortsetzung durch C. A. C., in: W. Schneiders (ed.), Christian Thomasius 1655–1728. Interpretationen zu Werk und Wirkung, Hamburg 1989, 287–304; E. Cassirer, Das Erkenntnisproblem in der Philosophie und Wissenschaft der neueren Zeit II, Berlin 1907, ²1911, ³1922 (repr. Hildesheim/New York 1971, Hildesheim/New York, Darmstadt 1974, Darmstadt 1994), 527–534, Darmstadt 1999 (= Ges. Werke III), 443–448; J. E. Erdmann, Versuch einer wissenschaftlichen Darstellung der Geschichte der neuern Philosophie IV, Leipzig 1842 (repr. Stuttgart 1932, 1977), 460–480; R. Finster, Zur Kritik von C. A. C. an der Theorie der einfachen Substanzen bei Leibniz und Wolff, Stud. Leibn. 18 (1986), 72–82; H. Heimsoeth, Metaphysik und Kritik bei C. A. C.. Ein Beitrag zur ontologischen Vorgeschichte der Kritik der reinen Vernunft im 18. Jahrhundert, Berlin 1926; D. Koriako, C. über die Unmöglichkeit einer Letztbegründung der Logik, Stud. Leibn. 31 (1999), 99–108; M. Krieger, Geist, Welt und Gott bei C. A. C.. Erkenntnistheoretisch-psychologische, kosmologische und religionsphilosophische Perspektiven im Kontrast zum Wolffschen System, Würzburg 1993; J. B. Schneewind, C., in: R. Audi (ed.), The Cambridge Dictionary of Philosophy, Cambridge/New York/Melbourne ²1999, 196–197; M. J. Seidler, C., REP II (1998), 736–739; G. Tonelli, C., Enc. Ph. II (1967), 268–270; M. Wundt, Die deutsche Schulphilosophie im Zeitalter der Aufklärung, Tübingen 1945 (repr. Hildesheim 1964, 1992), 254–264. R. W.

Cudworth, Ralph, *Aller (Somersetshire) 1617, †Cambridge 26. Juni 1688, engl. Philosoph, neben H. More der bedeutendste Vertreter der Schule von Cambridge (↑Cambridge, Schule von). Dort 1639 Fellow of Emmanuel College, 1644 Master of Clare Hall, 1645 Regius Prof. of Hebrew, 1654 Master of Christ's College. – C. vertritt in Auseinandersetzung mit T. Hobbes' Materialismus (↑Materialismus (historisch)), des ↑Atheismus verdächtigt, und dem puritanischen Dogmatismus (Fatalismus) eine rationale Theologie (die Übereinstimmung von Vernunft und Glauben) im Sinne eines um Positionen R. Descartes' ergänzten christlichen ↑Platonismus (↑Neuplatonismus). Er verteidigt die Willensfreiheit (↑Wille), argumentiert, ähnlich wie G. W. Leibniz, im Sinne der These von der besten aller möglichen Welten (↑Welt, beste) und bemüht sich um einen ↑Gottesbeweis unter Rekurs auf einen ↑consensus gentium und physikotheologische Argumente (↑Physikotheologie). In der ↑Naturphilosophie bildet der Begriff einer plastischen Natur, dem Platonischen Begriff der ↑Weltseele nahestehend, das Verbindungsglied zwischen Gott und Natur; erkenntnistheoretische Erwägungen schließen an Platons Anamnesistheorie (↑Anamnesis) und Konzeptionen der ↑Stoa (↑communes conceptiones, ↑Prolepsis) an.

Werke: Works, I–IV, ed. T. Birch, Oxford 1829; Collected Works, I–II, ed. B. Fabian, Hildesheim/New York 1977/1979. – A Discourse Concerning the True Notion of the Lord's Supper, London 1642, ²1670, ³1676; The True Intellectual System of the Universe, London 1678 (repr. Stuttgart 1964, 1978), Nachdr. als: Collected Works [s. o.] I, 1845 (repr. Bristol 1995) (lat. Systema intellectuale huius universi, I–II, Jena 1733, Leiden 1773); A Treatise Concerning Eternal and Immutable Morality, London 1731 (repr. in: Collected Works [s. o.] II), New York 1976, Neudr. in: ders., A Treatise Concerning Eternal and Immutable Morality [s. u.], 1–152; A Treatise of Freewill, London 1838 (repr. in: Collected Works [s. o.] II, separat: London 1992), I–III, Bristol 1995, Neudr. in: ders., A Treatise Concerning Eternal and Immutable Morality [s. u.], 153–209; A Treatise Concerning Eternal and Immutable Morality. With a Treatise of Freewill, ed. S. Hutton, Cambridge 1996.

Literatur: G. Aspelin, R. C.'s Interpretation of Greek Philosophy. A Study in the History of English Philosophical Ideas, Göteborg 1943; E. Cassirer, Die platonische Renaissance in England und die Schule von Cambridge, Leipzig/Berlin 1932, 1970 (ital. La rinascenza platonica in Inghilterra e la scuola di Cambridge, Florenz 1947, 1968; engl. The Platonic Renaissance in England, Edinburgh/London 1953, 1970); L. Gysi, Platonism and Cartesianism in the Philosophy of R. C., Bern 1962, 1966; W. B. Hunter, The Seventeenth-Century Doctrine of Plastic Nature, Harvard Theol. Rev. 43 (1950), 197–213; S. Hutton, Lord Herbert of Cherbury and the Cambridge Platonists, in: S. Brown (ed.), British Philosophy and the Age of Enlightenment, London/New York 1996 (Routledge Hist. Philos. V), 20–42; dies., C., REP II (1998), 739–744; W. R. Lowery, John Milton, Henry More and R. C.. A Study in Patterns of Thought, Evanston Ill. 1970; J. A. Passmore, R. C.. An Interpretation, Cambridge 1951, Bristol 1990; ders., C., Enc. Ph. II (1967), 271–273; P. M. Rattansi, C., DSB III (1971), 492; D. B. Sailor, C. and Descartes, J. Hist. Ideas 23 (1962), 133–140; D. Scott, Platonic Recollection and Cambridge Platonism, Hermathena 149 (1990), 73–97; D. P. Walker, Il concetto di spirito o anima in Henry More e R. C., Neapel 1986. J. M.

Curry, Haskell Brooks, *Millis Mass. 12. Sept. 1900, †State College Pennsylvania 1. Sept. 1982, amerik. Mathematiker und Logiker. Ab 1920 Studium am Massachusetts Institute of Technology (MIT), Cambridge, ab 1922 an der dortigen Harvard University. 1930 Promotion bei D. Hilbert in Göttingen mit einer Dissertation über »Grundlagen der kombinatorischen Logik«. C. war 1933–1941 Assoc. Prof., 1941–1960 Prof., 1960–1966 Evan Pugh Research Prof. an der Pennsylvania State University in State College, unterbrochen von einer Abordnung an die Johns Hopkins University, Baltimore, während des 2. Weltkriegs. 1966–1970 Direktor am Institut voor Grondslagenonderzoek en Filosofie der exakte Wetenschappen in Amsterdam; zahlreiche Ehrungen und Gastprofessuren, insbes. im Zusammenhang mit seinen Verdiensten um funktionale ↑Programmiersprachen. Deren Grundlagen beruhen auf dem ↑Lambda-Kalkül, dessen enger systematischer Zusammenhang mit der von ihm und M. Schönfinkel begründeten kombinatorischen Logik (↑Logik, kombinatorische) in den 30er Jahren des 20. Jhs. herausgearbeitet wurde. C. zu Ehren trägt eine 1990 entwickelte rein funktionale Programmiersprache den Namen HASKELL; die in solchen Sprachen auftretende Abbildung n-stelliger Funktionen auf $(n-1)$-stellige Funktionen mit einstelligen Funktionen als Werten heißt ›currying‹; ›curried functions‹ sind dann solche mehrstelligen Funktionen, deren Werte auf dem Wege einer nacheinander vorgenommenen Berechnung von Werten für je eines ihrer Argumente in einer festgelegten Reihenfolge ermittelt werden. Mit seiner Auffassung der Mathematik als einer Theorie beliebiger ↑Kalküle (bei C.: ›formal systems‹ in einem nicht auf formale Systeme im engeren Sinn eingeschränkten Verständnis, ↑System, formales) verbindet C. in der Philosophie der Mathematik den Standpunkt eines extremen ↑Formalismus. Bei seiner Beschäftigung mit Problemen der Widerspruchsfreiheit (↑widerspruchsfrei/ Widerspruchsfreiheit) fand C. die nach ihm benannte ↑Antinomie (↑Currysche Antinomie), eine negationsfreie Variante der ↑Zermelo-Russellschen Antinomie.

Werke: Grundlagen der kombinatorischen Logik, Diss. Göttingen 1929, Neudr. Amer. J. Math. 52 (1930), 509–536, 789–834; An Analysis of Logical Substitution, Amer. J. Math. 51 (1929), 363–384; A Theory of Formal Deducibility, Notre Dame Ind. 1950, ³1966; Outlines of a Formalist Philosophy of Mathematics, Amsterdam/London 1951, 1970; Leçons de logique algébrique, Paris 1952; (mit R. Feys) Combinatory Logic I, Amsterdam 1958, ²1968; Foundations of Mathematical Logic, New York 1963, ²1977; Combinatory Logic, in: R. Klibansky (ed.), Contemporary Philosophy. A Survey I (Logic and Foundations of Mathematics), Florenz 1968, 295–307; The Purposes of Logical Formalization, Log. anal. 11 (1968), 357–366; (mit J. R. Hindley/J. P. Seldin) Combinatory Logic II, Amsterdam/London 1972.

Literatur: M. Coppo/M. Dezani-Ciancaglini/B. Venneri, Functional Characters of Solvable Terms, Z. math. Logik u. Grundlagen d. Math. 27 (1981), 45–58; R. K. Meyer, C.'s Philosophy of Formal Systems, Australas. J. Philos. 65 (1987), 156–171; J. P. Seldin/J. R. Hindley (eds.), To H. B. C.. Essays on Combinatory Logic, Lambda Calculus and Formalism, London/New York/ Toronto 1980; S. Thompson, Haskell. The Craft of Functional Programming, Harlow/Reading Mass. 1996, ²1999, 2001. K. L.

Currysche Antinomie (engl. Curry's paradox), eine 1942 von H. B. Curry konstruierte negationsfreie Variante der ↑Zermelo-Russellschen Antinomie, bei der die ›Klasse aller Klassen mit der Eigenschaft, sich selbst nicht als Element zu enthalten‹ ersetzt wird durch die ›Klasse aller Klassen mit der Eigenschaft, daß, falls sie sich selbst als Element enthalten, eine beliebige Aussage wahr ist‹.

Literatur: S. Akama, Curry's Paradox in Contractionless Constructive Logic, J. Philos. Log. 25 (1996), 135–150; J. C. Beall, Completing Sorensen's Menu. A Non-Modal Yabloesque Curry, Mind 108 (1999), 737–739; H. B. Curry, The Inconsistency of Certain Formal Logics, J. Symb. Log. 7 (1942), 115–117; F. B. Fitch, Symbolic Logic. An Introduction, New York 1952, bes. 107–108; A. A. Fraenkel/Y. Bar-Hillel/A. Levy, Foundations of Set Theory, Amsterdam/London ²1973, bes. 205; L. Goddard, The Nature of Reflexive Paradoxes II, Notre Dame J. Formal Logic 25 (1984), 27–58; L. Goldstein, Epimenides and Curry, Analysis 46 (1986), 117–121; J. P. Laraudogoitia, On Paradoxes in Naive Set Theory, Log. anal. 32 (1989), 241–245; G. Priest, Everett's Trilogy, Mind 105 (1996), 631–647; A. N. Prior, Curry's Paradox and 3-valued Logic, Australas. J. Philos. 33 (1955), 177–182; J. P. Seldin, Currry's Program, in: ders./J. R. Hindley (eds.), To H. B. Curry. Essays on Combinatory Logic, Lambda Calculus and Formalism, London etc. 1980, 3–33; ders., A Relevant Validity in Curry's Foundations, Bull. Section Logic 16 (1987) 68–70; R. Sylvan, A Relevant Invalidity in Curry's Foundations, Bull. Section Log. 16 (1987), 51–53; I. Urbas, Curry's Paradox and ›Modus Ponens‹, J. Non-Classical Log. 8 (1991), 35–38. C. T.

Cusanus, ↑Nikolaus von Kues.

Cuvier, Georges, später Baron de, *Montbéliard im Herzogtum Württemberg 23. Aug. 1769, †Paris 13. Mai 1832, franz. Zoologe, vergleichender Anatom, Paläontologe, Wissenschaftsadministrator. Der aus einer verarmten protestantischen Offiziersfamilie stammende C. wurde zwar auf den Namen Jean-Léopold-Nicolas-Frédéric getauft, aber immer mit dem Namen seines in seinem Geburtsjahr verstorbenen Bruders Georges gerufen. C. nahm später auch noch die Vornamen seines Patenonkels, des ehemaligen Kommandanten seines Vaters, Crétien-Frédéric-Dagobert Cmt. De Waldner an. So hieß er als Erwachsener: Georges Léopold Crétien Frédéric Dagobert C.. Als seine Bewerbung am Tübinger Stift erfolglos blieb, schrieb sich C. mit 15 Jahren an der Hohen Karlsschule in Stuttgart ein, um Kameralistik zu studieren – was unter anderem Chemie, Mineralogie und Bergbau einschloß. Nach Abschluß der Ausbildung 1788–1795 Hauslehrer bei einer Adelsfamilie in der Normandie. Nach den Wirren der Revolution suchte C. Kontakte nach Paris und wurde 1795 von É. Geoffroy Saint-Hilaire ans Naturhistorische Museum geholt, wo er bis zu seinem Lebensende blieb. Zunächst als Mitarbeiter, dann als Konkurrent von Geoffroy entfaltete C. eine beispiellose Produktivität. Er wurde bald zum Meinungsführer der französischen Zoologie. C.s Einfluß blieb nicht nur auf seine fachlich herausragende Arbeit beschränkt. Er übernahm zunehmend administrative und wissenschaftsplanerische Aufgaben, zuerst unter Napoleon und verstärkt nach der Restauration der Monarchie; die Amterhäufung blieb auch nach der Absetzung des Königs 1830 unangetastet. C. war grundsätzlich konservativ und dem jeweiligen Herrscher treu. Bei seinem Tod 1832 war C. fachlich und politisch die dominante Figur der französischen Wissenschaft; nach seinem Tode wurde er in Frankreich zum Sinnbild des Naturwissenschaftlers. Weil die Ärzte bei seiner Autopsie ein außerordentlich großes Gehirn entdeckten, wurde C. im 19. Jh. häufig als Beispiel der Bestimmung der Intelligenz durch Gehirngröße angeführt; spätere Nachforschungen legten allerdings als Grund dafür eher die pathologische Folge einer Jugendkrankheit nahe.

C.s Arbeit in Paris stellt von Anfang an einen Gegenentwurf zu den Theorien von Geoffroy dar. Er sammelte Tatsachen, Ähnlichkeiten, Regelmäßigkeiten, vermied es, Theorien über die kausalen Prozesse, die organische Formen hervorbrachten, aufzustellen und polemisierte gegen spekulative Systeme. C. war ein konsequenter Vertreter teleologischer (↑Teleologie) Vorstellungen in der Biologie und der Unterordnung von Form unter Funktion und Endursachen. Er legte seiner Forschung zwei Grundgesetze der Natur zugrunde: das Gesetz der Korrelation der Merkmale und das Gesetz der Subordination der Merkmale. Nach seiner Ansicht hat jeder ↑Organismus die Organe und Eigenschaften, die er für seine Lebensbedingungen (›conditions d'existence‹) braucht. Die Ursachen der organischen Form ließ C. im Dunkeln; er neigte sogar zur alten Präformationslehre, vermied es aber, darauf einzugehen. Die Notwendigkeit der funktionalen Kohärenz der Teile macht die Form eines jeden Organs von der Form der anderen abhängig, so daß ausgehend von einem einzigen Organ (etwa ein Raubtierzahn) begründete Schlußfolgerungen über die Form anderer Organe (etwa Klauen oder Verdauungstrakt) gezogen werden konnten. Diese Subordination praktizierte C. mit großem Erfolg auch in der Rekonstruktion von Fossilien und stellte so die Paläontologie auf eine neue Grundlage. Die Konsequenz aber war, daß viele mögliche Formen im Kontinuum der großen Kette des Seins ausscheiden mußten: es gab Lükken in der Natur. C. lehnte gradualistische und transformistische Vorstellungen ab. – Die radikale Einschränkung der Beliebigkeit der Merkmalskombinationen hatte auch Auswirkungen auf C.s Arbeit in der zoologischen ↑Systematik, wo es ihm zum ersten Mal gelang, ein natürliches System durch begründete (mittels der Subordination der Merkmale) Unterscheidungskriterien für die höheren taxonomischen Klassen aufzubauen. C. stellte auch zunehmend fest, daß die fossilen Organismen starke Unterschiede zu den entsprechenden rezenten Formen aufwiesen. Er konstatierte das Aussterben vieler Arten, das er auf Katastrophen zurückführte. Aus der Korrelation zwischen der zunehmenden Verschiedenheit der Form der Organismen und der Tiefe der geologischen Schichten gewann er ein Mittel zur Schätzung des Alters geologischer Schichten.

C. und seine Anhänger lagen im Dauerstreit mit der idealistischen Morphologie Geoffroys, die die Einheit des Typus zur Grundlage machte und die Diversität der Organismen durch allmähliche Modifikationen der Grundformen erklärte. C.s zunehmend polemische Rivalität mit Geoffroy kulminierte in einer öffentlichen direkten Konfrontation, dem berühmten ›Akademienstreit‹ (1830) um die richtige Methode in ↑Taxonomie und Paläontologie, der sich als sehr fruchtbar für die Biologie in Frankreich erwies, da in ihm deutlich wurde, daß beide Schulgründer einseitige Positionen bezogen hatten.

Werke: Tableau élémentaire de l'histoire naturelle des animaux, Paris 1797, Nachdr. Brüssel 1969 (dt. Elementarischer Entwurf der Naturgeschichte der Thiere, I–II, Berlin 1800); Leçons d'anatomie comparée, I–II, ed. C. Duméril, Paris 1799, 1805, III–V, ed. G. L. Duvernoy, Paris 1805, III–VIII, ed. C. Duméril, Paris ²1835–1846, Nachdr. in 5 Bdn., Brüssel 1969 (dt. Vorlesungen über vergleichende Anatomie, I–II, ed. C. Duméril, Braunschweig 1801–1802, ed. C. Duméril/G. L. Duvernoy, I–V, Leipzig 1809–1824); (mit A. Brongniart) Essai sur: la géographie minéralogique des environs de Paris, Ann. muséum d'hist. naturelle de Paris 11 (1808), 293–326, separat: Paris 1811, erw. unter dem Titel: Description géologique des environs de Paris, Paris ²1822, Nachdr. Brüssel 1969, ³1835; Rapport historique sur les progrès des sciences naturelles depuis 1789, et sur leur état actuel, Paris 1810, Nachdr. Brüssel 1969; Discours préliminaire, in: Recherches sur les ossemens fossiles de quadrupèdes [s. u.] I, 1–116, separat unter dem Titel: Discours sur les révolutions de la surface du globe, Paris 1825, 1985 (engl. Essay on the Theory of the Earth, Edinburgh 1813, ³1817, Nachdr. New York 1978; dt. J. J. Nöggerath [ed.], Die Umwälzungen der Erdrinde in naturwissenschaftlicher und geschichtlicher Beziehung, I–II, Bonn 1830); Recherches sur les ossemens fossiles de quadrupèdes, I–IV, Paris 1812, Nachdr. Brüssel 1969, II–III, New York 1980; (ed.) Dictionnaire des sciences naturelles, I–LXI, Straßburg/Paris 1816–1845; Le Règne animal distribué d'après son organisation, pour servir de base à l'histoire naturelle des animaux et d'introduction à l'anatomie comparée, I–IV, Paris 1817, Nachdr. Brüssel 1969 (dt. Das Thierreich. Eingetheilt nach dem Bau der Thiere als Grundlage ihrer Naturgeschichte und der vergleichenden Anatomie, I–IV, Stuttgart/Tübingen 1821–1825, unter dem Titel: Das Thierreich geordnet nach seiner Organisation, I–VI, Leipzig 1831–1843; engl. The Animal Kingdom, Arranged After Its Organization, Forming a Natural History of Animals, and an Introduction to Comparative Anatomy, I–IV, London 1827–35, in einem Bd., New York 1969, Abbildungen aller Bde unter dem Titel: C.'s Animals. 867 Illustrations From the Classic Nineteenth-Century Work, Mineola N.Y./London 1996); Mémoires pour servir à l'histoire et à l'anatomie des mollusques, Paris 1817, Nachdr. Brüssel 1969; Recueil des éloges historiques, I–III, Strasbourg/Paris 1819–1827, Nachdr. Brüssel 1969; Histoire des progrès des sciences naturelles depuis 1789 jusqu'à ce jour, I–V, Paris 1826–1836, unter dem Titel: Histoire des sciences naturelles, depuis leur origine jusqu'à nos jours, chez tous les peuples connus, ed. T. M. de Saint-Agy, I–III, Paris 1841, IV–V, Paris 1843–1845, Nachdr. Westmead 1970 (dt. Geschichte der Fortschritte in den Naturwissenschaften seit 1789 bis auf den heutigen Tag, I–IV, Leipzig 1828–1829); (mit M. Valenciennes) Histoire naturelle des poissons, I–XXII, Paris 1828–49, Paris 1862 (engl. [Teilübers. Band I/1: »Tableau historique des progrès de l'ichtyologie, depuis son origine jusqu'à nos jours«], ed. T. W. Pietsch, Historical Portrait of the Progress of Ichthyology. From Its Origins to Our Own Time, Baltimore Md./London 1995); Anatomie comparée. Recueil de planches de myologie, ed. C. L. Laurillard, Paris 1850; Chimie et sciences de la nature, ed. Y. Laissus, Paris 1989; Rapports à l'Empereur sur le progrès des sciences, des lettres et des arts depuis 1789, ed. Y. Laissus, Paris 1989. – G. C.'s Briefe an C. H. Pfaff aus den Jahren 1788–1792, ed. W. F. G. Behn, Kiel 1845; Lettres de G. C. à C. M. Pfaff, sur l'histoire naturelle, la politique et la littérature, 1788–1792, Paris 1858; Lettres inédites de G. C. à Georges Duvernoy, ed. J Viénot, Dole 1905. – F. O. Lietzau (ed.), Alphabetisches und systematisches Register zu C.'s Vorlesungen über vergleichende Anatomie, Leipzig 1824; H. Dehérain, Catalogue des manuscrits du fonds C.. Travaux et correspondance scientifiques, conservés a la Bibliothèque de l'Institut de France, Paris 1908; D. Outram (ed.), The Letters of G. C. A Summary Calendar of Manuscript and Printed Materials Preserved in Europe, the United States of America, and Australasia, Lancaster Pa. 1980; J. C. Smith, G. C.. An Annoted Bibliography of his Published Works, Washington D. C. 1993.

Literatur: T. A. Appel, The C.-Geoffroy Debate. French Biology in the Decades Before Darwin, New York/Oxford 1987; P. Ardouin, G. C.. Promoteur de l'idée évolutionniste et créateur de la biologie moderne, Paris 1970; M.-L. Bauchot/J. Daget/ R. Bauchot, L'ichtyologie en France au début du XIXe siècle. L'histoire naturelle des poissons de C. et Valenciennes, Paris 1990; F. Bourdier, C., DSB III (1971), 521–528; T. Cheung, Die Organisation des Lebendigen. Zur Entstehung des biologischen Organismusbegriffs bei C., Leibniz und Kant, Frankfurt 2000; W. Coleman, G. C., Zoologist. A Study in the History of Evolution Theory, Cambridge Mass. 1964; H. Daudin, C. et Lamarck. Les classes zoologiques et l'ideé de série animale ›1790–1830‹, I–II, Paris 1926/1927, Montreux 1983; R. Dujarric de La Riviere, C., sa vie, son oeuvre, Paris 1969; G. L. Duvernoy, Notice historique sur les ouvrages et la vie de M. le baron C., Paris 1833; P. M. Flourens, Analyse raisonnée des travaux de G. C. précédée de son éloge historique, Paris/Leipzig 1841, unter dem Titel: Histoire des travaux de G. C., ³1858; M. Foucault, La Situation de C. dans l'histoire de la biologie, Rev. hist. sci. 23 (1970) 63–69; S. J. Gould, Wide Hats and Narrow Minds, Nat. Hist. 88 (1979), H. 2, 34–40; U. Kistner, G. C.. Founder of Modern Biology (Foucault), or Scientific Racist (Cultural Studies)?, Configurations 7 (1999) 175–190; M. T. Lacordaire (ed.), Mémoires du Baron G. C.. Sur les documents fournis par sa famille, Paris 1833; G. Laurent, Paléontologie et évolution en France de 1800 à 1860. Une histoire des idées de C. et Lamarck à Darwin, Paris 1987; C. L. Laurillard, Éloge de M. le Baron C., Paris 1833; R. Lee, Memoirs of Baron C., New York 1833; W. Lefèvre, Die Entstehung der biologischen Evolutionstheorie, Frankfurt/Wien 1984; D. Outram, G. C.. Vocation, Science and Authority in Post-Revolutionary France, Manchester 1984; É. D. de Pasquier, Éloge de M. le Baron G. C., Paris 1832; M. J. S. Rudwick, G. C., Fossil Bones, and Geological Catastrophes. New Translations and Interpretations of the Primary Texts, Chicago Ill./London 1997; J. Viénot, G. C.. 1769–1832. Le Napoléon de l'intelligence, Paris 1932; A. Wigand, Der Darwinismus und die Naturforschung Newtons und C.s Beiträge zur Methodik der Naturforschung und zur Speciesfrage, I–III, Braunschweig 1874–1877. – Ausstellung C. und Württemberg. Zum 200. Geburtstag des Naturforschers G. C. 1769–1832. Vom 13. November bis 12. Dezember 1969, Stuttgart 1969; Actes du Symposium Paléontologique G. C.. Montbéliard, France, 1982. Communications données à l'occasion du 150. anniversaire de la mort de G. C. du 25 oct. au 28 oct. 1982 au Musée du Château, Montbéliard 1983; Dinosaurs and Other Fossil Reptiles of Europe. Second G. C. Symposium, Montbéliard, France, September, 8. 11. 1992, Genf 1994. P. M.

Czolbe, Heinrich, *Katzke (b. Danzig) 30. Dez. 1819, †Königsberg 19. Febr. 1873, dt. Arzt und Philosoph. Ab 1840 Studium der Medizin in Breslau, Heidelberg und Berlin, 1844 Promotion mit einer Arbeit »De principiis physiologiae«, 1859 Stabsarzt in Spremberg, 1860–1867 Garnisonsarzt in Königsberg. – C. vertrat, vom Materialismus L. Feuerbachs und B. Bauers (↑Materialismus (historisch)) ausgehend, zunächst eine sensualistische Erkenntnistheorie (↑Sensualismus), da nur die volle sinnliche Anschaulichkeit aller hypothetischen Ergänzungen der Wahrnehmung zu einem klaren Bild der Zusammenhänge der Dinge führen könne. Die Mathematik, die solche volle Anschauung erreiche, müsse deshalb Vorbild aller anderen Disziplinen werden. C. begründete seinen Sensualismus von der moralischen Überzeugung aus, daß der Mensch mit der vorgefundenen Wirklichkeit zufrieden sein sollte, woraus er erkenntnistheoretisch die Ablehnung jeder Annahme einer ›übersinnlichen‹ Wirklichkeit, ethisch eine eudämonistische Haltung (↑Eudämonismus) ableitete. Später versuchte C. eine ›extensionale‹ Psychologie zu entwickeln, welche die räumliche Ausdehnung der Empfindungen annimmt und mit ihrer philosophischen Vorstellung ›zweckhafter Formen‹ und ursprünglicher Empfindungen einer ›Weltseele‹ einen empiristischen ↑Spinozismus darstellt.

Werke: Neue Darstellung des Sensualismus. Ein Entwurf, Leipzig 1855; Entstehung des Selbstbewußtseins. Eine Antwort an Herrn Professor Lotze, Leipzig 1856; Die Grenzen und der Ursprung der menschlichen Erkenntniss im Gegensatze zu Kant und Hegel. Naturalistisch-teleologische Durchführung des mechanischen Princips, Jena/Leipzig 1865 (repr. Frankfurt 1977); Die Mathematik als Ideal für alle andere Erkenntniss und das Verhältniss der empirischen Wissenschaften zur Philosophie, Z. exacte Philos. 7 (1867), 217–286; Grundzüge einer extensionalen Erkenntnistheorie. Ein räumliches Abbild von der Entstehung der sinnlichen Wahrnehmung, ed. E. Johnson, Plauen 1875 (= Teil eines unveröffentlichten Werkes: Raum und Zeit als die eine Substanz der zahllosen Attribute der Welt, oder ein räumliches Abbild von den Principien der Dinge im Gegensatz zu Herbarts Philosophie des Unräumlichen […]).

Literatur: F. Austeda, C., Enc. Ph. II (1967), 288–289; F. Barone, C., Enc. filos. II (1967), 228–229; FM I (1994), 768; P. Friedmann, Darstellung und Kritik der naturalistischen Weltanschauung H. C.s, Bern 1905; E. Johnson, H. C., Königsberg 1873; H. Saring, C., NDB III (1957), 463; G. J. Stack, C., in: R. Audi (ed.), The Cambridge Dictionary of Philosophy, Cambridge etc. ²1999, 201–202; F. Ueberweg, Grundriß der Geschichte der Philosophie des neunzehnten Jahrhunderts, ed. M. Heinze, Berlin ⁹1902, 262–264; H. Vaihinger, Die drei Phasen des C.schen Naturalismus, Philos. Monatsh. 12 (1876), 1–31; R. Zapata, C., in: D. Huisman, Dictionnaire des philosophes I, Paris ²1993, 718–719. – Biographische Enzyklopädie deutschsprachiger Philosophen, München 2001, 76.   C. T.

d'Alembertsches Prinzip, ein nach J. le Rond d'Alembert benanntes Prinzip, das in der ↑Mechanik dazu dient, ↑Bewegungsgleichungen von Körpern unter Einfluß äußerer ↑Kräfte auf einfache Weise durch Betrachtung eines dynamischen Gleichgewichts zu ermitteln, das sich formal wie ein statisches (↑Statik) behandeln läßt. Sei also (m_i) ein System von Massenpunkten, an das Kräfte (P_i) angreifen, die den freien Massenpunkten gewisse Bewegungen erteilen. Sind die Massenpunkte verbunden, so treten im allgemeinen andere Bewegungen als bei den freien (m_i) auf, die durch die Kräfte (W_i) (›wirkliche Kräfte‹) bewirkt werden. Nach dem von d'Alembert vorausgesetzten Prinzip des Kräfteparallelogramms kann daher jede angreifende Kraft in $P_i = W_i + V_i$ mit der ›Verbindungskraft‹ V_i zerlegt werden:

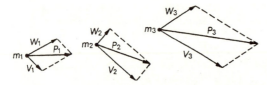

Nach dem d'A.n P. sind die Verbindungskräfte (V_i) im Gleichgewicht, d.h., nach dem statischen Prinzip der virtuellen Verrückungen von Joh. Bernoulli ist

$$\sum_i V_i p_i = \sum_i (P_i - W_i) p_i = 0$$

für virtuelle Verrückungen p_i. Im 3-dimensionalen Raum der analytischen Mechanik erhält man daraus nach J. L. Lagrange die Differentialgleichung

$$\sum_i \left(\left(X_i - m_i \frac{d^2 x_i}{dt^2}\right) \delta x_i + \left(Y_i - m_i \frac{d^2 y_i}{dt^2}\right) \delta y_i + \left(Z_i - m_i \frac{d^2 z_i}{dt^2}\right) \delta z_i \right) = 0,$$

die in der kräftelosen Mechanik von H. Hertz die folgende Gestalt erhält:

$$\sum_i m_i \left(\frac{d^2 x_i}{dt^2} \delta x_i + \frac{d^2 y_i}{dt^2} \delta y_i + \frac{d^2 z_i}{dt^2} \delta z_i \right) = 0.$$

In der Lagrangeschen Form ist das d'A. P. aus C. F. Gaußens Prinzip des kleinsten Zwanges durch Differenzieren ableitbar. Andererseits zeigte bereits d'Alembert die Ableitung des Prinzips der Erhaltung der lebendigen Kräfte aus seinem Prinzip.

Literatur: J. Le Rond d'Alembert, Traité de dynamique. Dans lequel les loix de l'équilibre [...], Paris 1743 (repr. Brüssel 1967), ²1758 (repr. Sceaux 1990) (dt. Abhandlung über Dynamik, Leipzig 1899, Nachdr. Ostwalds Klassiker der exakten Wissenschaften 106, Frankfurt ²1997); Fachredaktion für Naturwissenschaften und Technik des Bibliographischen Instituts (ed.), Meyers Physik-Lexikon, Mannheim/Wien/Zürich 1973, 167; H. Goldstein, Classical Mechanics, Reading Mass. 1950, ²1980 (dt. Klassische Mechanik, Frankfurt 1963, Wiesbaden ¹¹1991); W. Greulich (ed.), Lexikon der Physik in sechs Bdn I, Heidelberg/Berlin 1998, 469–470; H. Hertz, Die Prinzipien der Mechanik. In neuem Zusammenhange dargestellt, Leipzig 1894 (repr. Darmstadt 1963), unter dem Titel: Die Prinzipien der Mechanik in neuem Zusammenhang dargestellt. Mit drei Arbeiten von H. Hertz [...], Leipzig 1984, ferner in: H. Hertz, Gesammelte Werke III, ed. P. Lenard, Leipzig 1884, Liechtenstein ²1984, unter dem Titel: Die Prinzipien der Mechanik in neuem Zusammenhang dargestellt. Drei Beiträge (1891–1894), Frankfurt ²1996 (engl. The Principles of Mechanics. Presented in a New Form, London/New York 1899 [repr. New York 1956]); F. Kuypers, Klassische Mechanik, Weinheim 1983, 11–21, Weinheim/New York/Basel ³1993, 13–25; J. L. Lagrange, Mécanique analytique, Paris 1788, I–II, ⁴1965 (repr. Paris 1989) (dt. Analytische Mechanik, Göttingen 1797, Berlin 1887; engl. Analytical Mechanics. Translated From the ›Mécanique analytique‹, nouvelle édition de 1811, Dordrecht/Boston Mass./London 1997 [Boston Stud. Philos. Sci. 191]); R. Lenk/W. Gellert (eds.), Fachlexikon ABC Physik I, Frankfurt ²1989, 136; E. Mach, Die Mechanik in ihrer Entwickelung. Historisch-kritisch dargestellt, Leipzig 1883, ⁹1933 (repr. Berlin 1988, Darmstadt 1991) (engl. The Science of Mechanics. A Critical and Historical Exposition of Its Principles, Chicago Ill./London 1893, mit Untertitel: The Science of Mechanics. A Critical and Historical Account of Its Development, La Salle Ill. ⁶1974); P. Mittelstaedt, Klassische Mechanik, Mannheim 1970, 110–111, Mannheim/Leipzig/Wien ²1995, 144–145; J. Naas/H. L. Schmid (eds.), Mathematisches Wörterbuch I. Mit Einbeziehung der theoretischen Physik, Berlin/Stuttgart ³1965 (repr. Berlin 1972), 43; J. N. Pappas, Alembert, Jean Le Rond D', Enc. Ph. I (1967), 68–69; M. Päsler, Prinzipe der Mechanik, Berlin 1968, 30–34; R. M. Rosenberg, Analytical Dynamics of Discrete Systems, New York/London 1977 (repr. New York/London 1991), 121–128; P. W. Schmidt, D'A.'s Principle, in: S. P. Parker (ed.), McGraw-Hill Encyclopedia of Physics, New York, San Francisco Calif./Washington D. C. ²1993, 269; K. Simonyi, Kulturgeschichte der Physik, Thun/Frankfurt 1990, ²1995; H. Stephani/G. Kluge, Grundlagen der theoretischen Mechanik, Berlin (Ost) 1975, 76–78, unter dem Titel: Theoretische Mechanik. Punkt- und Kontinuumsmechanik, Heidelberg/Berlin/Oxford 1995, 68–70; H. Volz, Einführung in die theoretische Mechanik I (Mechanik der Kräfte), Frankfurt 1971. K. M./P. J.

Dalgarno, George, *Aberdeen ca. 1626, †Oxford 28. Aug. 1687, schott. Sprachtheoretiker. Nach Lehrtätigkeit (Grammatik) in Oxford, 1662–1672 Master of Elizabeth School, Guernsey, 1672 Rückkehr nach Oxford. – D. suchte eine methodische Klassifikation aller sinnvollen Begriffe und ein von den verschiedenen natürlichen Sprachen unabhängiges Zeichensystem für sie zu entwickeln. Die Darstellung dieser ›philosophischen‹ Universalsprache in D.s »Ars signorum« hat G. W. Leibniz bei seinen Versuchen zu einer characteristica universalis (↑Leibnizsche Charakteristik) zur Kritik veranlaßt, aber auch stark beeinflußt. Unter dem Titel »Didascalocophus« verfaßte D. ferner eines der ersten Werke über den Unterricht für Taubstumme, in dem er unter anderem eine Fingersprache darstellte.

Werke: The Works, ed. T. Maitland, Edinburgh 1834; G. D. on Universal Language. »The Art of Signs« (1661), »The Deaf and Dumb Man's Tutor« (1680), and the Unpublished Papers, ed. D. Cram/J. Maat, Oxford 2001. – Ars signorum, vulgo character universalis et lingua philosophica, London 1661 (repr. Menston 1968); Didascalocophus. Or the Deaf and Dumb Man's Tutor, to which Is Added a Discourse of the Nature and Number of Double Consonants, Oxford 1680.

Literatur: A. Bausani, Geheim- und Universalsprachen. Entwicklung und Typologie, Stuttgart/Berlin/Köln 1970, 99–100; J. Cohen, On the Project of a Universal Character, Mind 63 (1954), 48–63; L. Couturat/L. Léau, Histoire de la langue universelle, Paris 1903 (repr. Hildesheim/Zürich/New York 2001), 15–18; R. De Giosa, »Ars signorum« di G. D.. Le contraddizioni di un progetto, Ann. fac. lett. filos. 27/28 (1984/1985), 285–314; U. Eco, La ricerca della lingua perfetta nella cultura europea, Rom/Bari 1993, ³2002, 245–254 (dt. Die Suche nach der vollkommenen Sprache, München 1994, ³1995, 2002, 236–244); G. Goodwin, D., Dictionary of National Biography V, Oxford 1963/1964, 398–390; M. Greengrass, D., in: A. Pyle (ed.), The Dictionary of Seventeenth-Century British Philosophers I, Bristol/Sterling Va. 2000, 233–234; J. Knowlson, Universal Language Schemes in England and France, 1600–1800, Toronto/Buffalo N. Y. 1975; J. Maat, The Logic of D.'s »Ars Signorum« (1661), in: K. R. Jankowsky (ed.), History of Linguistics 1993. Papers from the Sixth International Conference on the History of the Language Sciences (ICHoLS VI) Washington D. C., 9–14 August 1993, Amsterdam/Philadelphia Pa. 1995, 157–166; ders., Philosophical Languages in the Seventeenth Century. D., Wilkins, Leibniz, Amsterdam 1999; ders./D. Cram, D. in Paris, Hist. Épistémologie Langage 20/2 (1998), 167–179; J. Mittelstraß, Neuzeit und Aufklärung. Studien zur Entstehung der neuzeitlichen Wissenschaft und Philosophie, Berlin/New York 1970, 432–435; V. Salmon, The Evolution of D.'s »Ars Signorum«, in: M. Brahmer/S. Helsztyński/J. Krzyżanowsky (eds.), Studies in Language and Literature in Honour of Margaret Schlauch, Warschau 1966, New York 1971, 353–371, ferner in: dies., The Study of Language in 17th-Century England, Amsterdam 1979, 157–175 (Postscript December 1978, 175); dies., Language and Society in Early Modern England, Amsterdam 1996. C. T.

Dalton, John, *Eaglesfield (Cumberland) 6. Sept. 1766, †Manchester 27. Juli 1844, engl. Naturwissenschaftler mit Arbeiten zur Chemie, Meteorologie und Physik. D. bildete sich im wesentlichen durch Selbststudium der Werke I. Newtons, R. Boyles, G. L. L. Buffons und anderer aus. 1792–1800 Lehrer für Mathematik und Naturwissenschaften am New College, Manchester. In diese Zeit fällt seine Untersuchung über die Rotgrünblindheit (Daltonismus) und sein erstes Buch über Meteorologie (1793), in dem er sich mit Fragen des Luftdrucks, der Luftfeuchtigkeit, Regen etc. und einer Theorie der Passatwinde beschäftigte. Wichtig wurden seine Beobachtungen über Wasserdampf in der Atmosphäre, bei denen D. zum ersten Mal erkannte, daß der Gesamtdruck eines Gasgemischs gleich der Summe der Partialdrucke der einzelnen Gase ist. Diese zunächst meteorologische Beobachtung verallgemeinerte D. 1801 zu seinem Gasgesetz der Partialdrucke. Dabei übt ein jedes Gas des Gasgemischs den Druck aus, den es haben würde, wenn es für sich allein den ganzen Raum erfüllte. 1803 äußerte D. in einer Untersuchung über die Absorption von Gasen durch Wasser zum ersten Mal den Gedanken, daß bei Gasgemischen das Gewicht und die Anzahl kleinster Partikel (›ultimate particles‹) eine Rolle spielt. D. wird dadurch zum Urheber der chemischen Atomtheorie. Chemische Elemente bestehen danach letztlich aus ↑Atomen, die von D. als ausgedehnt, wesentlich voneinander verschieden und nicht ineinander umwandelbar aufgefaßt werden. Zu ihren zentralen Eigenschaften gehört das Gewicht, so daß das Atomgewicht zu einem charakteristischen Kennzeichen jeder Art von Atomen wird. Moleküle (›compound particles‹) werden als Verbindungen einer nur kleinen Zahl von Atomen betrachtet. Zuvor waren die chemisch wirksamen Teilchen als komplexe, hierarchisch strukturierte Zusammenballungen einer großen Zahl anderer Teilchen aufgefaßt worden (nicht unähnlich den heutigen Biomolekülen). D. setzte dagegen die Vorstellung des nur wenige Atome umfassenden Moleküls.

D.s herausragender Beitrag zur Atomtheorie bestand in der Angabe einer Methode zur Bestimmung von Atomgewichten. Aus der Messung der Reaktionsgewichte sind nämlich bei bekannter Molekularformel die relativen Atomgewichte zu erschließen. Bilden etwa zwei unterschiedliche Atome A und B ein Molekül (also AB), dann entspricht das Verhältnis der Atomgewichte genau dem Verhältnis der Reaktionsgewichte; entsteht hingegen ein dreiatomiges Molekül (etwa AB_2), so ist das Atomgewicht des doppelt vertretenen Atoms *B* nur halb so groß wie im vorherigen Fall usw.. Allerdings verlief für D. der einzige Weg zu den Molekularformeln über eine Bestimmung der Reaktionsgewichte. Die beiden theoretischen Größen ›Atomgewicht‹ und ›Molekularformel‹ sind demnach durch die empirisch zugänglichen Reaktionsgewichte unterbestimmt. D.s Lösungsvorschlag bestand in der so genannten Einfachheitsregel: Wenn nur eine einzige Verbindung zwischen zwei Elementen bekannt ist, dann ist das Molekül biatomar; sind zwei Verbindungen bekannt, so ist ein Molekül bi- und eines triatomar usw.. Daraus erhielt D. weitgehend eindeutige, wenn auch häufig falsche Molekularformeln, die zu ebenfalls irrtümlichen Atomgewichten führten. Bezogen auf das Gewicht des Wasserstoffatoms als Einheit erhielt D. den Wert 5 für Stickstoff (tatsächlich 14), 7 für Sauerstoff (tatsächlich 16), 38 für Eisen (tatsächlich 56) und 95 für Blei (tatsächlich 207). Für Wasser gab D. (in moderner Notation) die Molekularformel HO an (tatsächlich H_2O), für Ammoniak NH (tatsächlich NH_3) und für Stickstoffoxid den korrekten Ausdruck NO.

Eine wichtige empirische Stütze für D.s Theorie war die erfolgreiche Vorhersage des Gesetzes der multiplen Proportionen. Wenn zwei Substanzen mehrere Verbindungen miteinander bilden, dann sollten Stoffe mit Molekularformeln wie AB, AB_2 oder AB_3 entstehen. Die Reaktionsgewichte der gleichen Substanz sollten sich dabei folglich wie kleine ganze Zahlen verhalten. Da die Zusammensetzung von Stoffen zuvor stets in Anteilen am Gesamtgewicht angegeben worden waren, war dieser Zusammenhang vor D. nicht beobachtet worden. D.s Bestätigung dieser Gewichtskorrelation in einigen Fällen stellte einen wesentlichen frühen Erklärungserfolg der Theorie dar.

D.s Verfahren zur Bestimmung von Atomgewichten wurde später durch eine Methode ersetzt, die auf A. Avogadros doppelter Hypothese fußte. Danach enthalten alle Gase unter gleichen Bedingungen die gleiche Teilchenzahl pro Volumen, und chemische Elemente bestehen ebenfalls aus Molekülen. Auf dieser Grundlage ließen sich beobachtete Volumenteile bei der Reaktion gasförmiger Stoffe in Molekularformeln übertragen und entsprechend eine von der Einfachheitsregel unabhängige Bestimmung von Atomgewichten erreichen.

Werke: Meteorological Observations and Essays, London 1793, Manchester ²1834; Experimental Essays. On the Constitution of Mixed Gases, on the Force of Steam, on Vapour from Water and Other Liquids in Different Temperatures, Both in a Toricellian Vacuum and in Air, on Evaporation, and on the Expansion of Gases by Heat, Memoirs of the Literary and Philos. Soc. Manchester 5 (1802), 535–602 (dt. [Auszug, Seiten 595–602] Ueber die Ausdehnung der elastischen Flüssigkeiten durch Wärme, in: Gay-Lussac u. a., Das Ausdehnungsgesetz der Gase. Abhandlungen, ed. W. Ostwald, Leipzig 1894, 26–30 [Ostwald's Klassiker d. exakten Wiss. XLIV]); On the Absorption of Gases by Water, Memoirs of the Literary and Philos. Soc. Manchester NS 1 (1805), 271–287 (dt. Ueber die Absorption der Gasarten durch Wasser und andere Flüssigkeiten, in: ders./W. H. Wollaston, Die Grundlagen der Atomtheorie. Abhandlungen, ed. W. Ostwald, Leipzig 1889, 1–13 [Ostwald's Klassiker d. exakten Wiss. III]); A New System of Chemical Philosophy, I/1–II/1, London/Manchester 1808/1827 (repr. London 1953) [II/2 nicht erschienen], I/1–2, Nachdr. New York 1964 (dt. Ein neues System des chemischen Theiles der Naturwissenschaft, I–II, Berlin 1812/1813, ed. M. Lindner/U. Messerer, Stuttgart/Düsseldorf/Leipzig 1997 [Auswahl]). – A. L. Smyth, J. D. (1766–1844). A Bibliography of Works by and about Him, Manchester 1966, mit Untertitel: A Bibliography of Works by and about Him with an Annotated List of His Surviving Apparatus and Personal Effects, Manchester/Aldershot 1997, Aldershot/Brookvield Vt. 1998.

Literatur: W. H. Brock, The Norton History of Chemistry, New York/London 1993, bes. 128–172 (dt. Viewegs Geschichte der Chemie, Braunschweig/Wiesbaden 1997, bes. 84–111); D. S. L. Cardwell (ed.), J. D. and the Progress of Science. Papers Presented to a Conference of Historians of Science [...], Manchester/New York 1968; F. Greenaway, The Biographical Approach to J. D., Manchester 1958; ders., J. D. and the Atom, London, Ithaca N. Y. 1966; W. C. Henry, Memoirs of the Life and Scientific Researches of J. D., London 1854; J. J. McDonnell, The Concept of an Atom from Democritus to J. D., Lewiston N. Y. 1992; L. K. Nash, The Atomic-Molecular Theory, Cambridge Mass. 1950, 1973; W. Ostwald, D., in: G. Bugge (ed.), Das Buch der großen Chemiker I, Berlin 1929, Nachdr. Weinheim 1984, 378–385; E. C. Patterson, J. D. and the Atomic Theory. The Biography of a Natural Philosopher, Garden City N. Y. 1970; H. E. Roscoe, J. D. and the Rise of Modern Chemistry, New York/London 1895, 1901; ders./A. Harden, A New View of the Origins of D.'s Atomic Theory. A Contribution to Chemical History [...], London/New York 1896 (repr. New York/London 1970) (dt. Entstehung der D.schen Atomtheorie in neuer Beleuchtung. Ein Beitrag zur Geschichte der Chemie [...], Leipzig 1898 [repr. Leipzig 1970]); A. Thackray, Atoms and Powers. An Essay on Newtonian Matter-Theory and the Development of Chemistry, Cambridge Mass. 1970; ders., D., DSB III (1971), 537–547; ders., J. D.. Critical Assessments of His Life and Science, Cambridge Mass. 1972. K. M./M. C.

Damaskios, *Damaskus um 458, †nach 533, Neuplatoniker, letztes Schulhaupt der ↑Akademie in Athen ab etwa 510/515. D., dessen Versuch, die Akademie nach ihrer Schließung durch Justinian (529) in Persien weiterzuführen (531–533), scheiterte, verfaßte mehrere Kommentare zu Schriften Platons (»Philebos«, »Phaidon«, »Parmenides«, »Timaios«) und Aristoteles' (von denen keiner erhalten ist). Systematisch bestreitet D. die Möglichkeit objektiver Erkenntnis, leitet daraus aber nicht die Verwerfung von Philosophie und Wissenschaft ab, sondern die Mahnung zur Vorsicht gegenüber der Unzulänglichkeit der Vernunft. Das neuplatonische (↑Neuplatonismus) ›höchste Eine‹ hält D. für absolut unaussagbar. Die Grenzen begrifflichen Denkens glaubt er durch Intuition und Mystik überwinden zu können.

Werke: Quaestiones de primis principiis, ed. J. Kopp, Frankfurt 1826; Dubitationes et solutiones de primis principiis, in Platonis Parmenidem, I–II, ed. C. H. Ruelle, Paris 1889 (repr. Amsterdam 1966); Damascius, le diadoque. Problèmes et solutions touchant les premiers principles, ed. A.-E. Chaignet, Paris 1898, Brüssel ²1964; Das Leben des Philosophen Isidoros von Damaskios aus Damaskos. Wiederhergestellt, übersetzt und erklärt, ed. R. Asmus, Leipzig 1911; Lectures on the Philebus. Wrongly Attributed to Olympiodorus. Text, Translations, Notes and Indices [griech./engl.], ed. L. G. Westerink, Amsterdam 1959; Damascii vitae Isidori reliquiae, ed. C. Zintzen, Hildesheim 1967; The Greek Commentaries on Plato's Phaedo. Text, Translation [griech./engl.], ed. L. G. Westerink, Amsterdam 1973; Traité des premiers principes, I–III [griech./franz.], ed. L. G. Westerink/J. Combès, Paris 1986–1991; Des premiers principes. Apories et résolutions. Text, Comm., Trad. [griech./franz.], ed. M.-C. Galpérine, Lagrasse 1987.

Literatur: L. Brisson, D., DNP III (1997), 291–293; A. Cameron, The Last Days of the Academy at Athens, Proc. Cambridge Philol. Soc. 15 (1969), 7–29; J. Combès, Négativité et procession des principes chez D., Rev. ét. augustin. 22 (1976), 114–133; ders., Damascius, in: D. Huisman (ed.), Dictionnaire des philosophes I, Paris 1984, 722–725; ders., Études néoplatoniciennes, Grenoble 1989, ²1996; J. Dillon, Damascius, REP II (1998), 771–772; S. Gersh, From Iamblichus to Eriugena. An Investigation of the Prehistory and Evaluation of the Pseudo-Dionysian Tradition, Leiden 1978; S. Sambursky/S. Pines, The Concept of Time in Late Neoplatonism, Jerusalem 1971; C. Steel, The Changing Self. A Study on the Soul in Later Neoplatonism. Iamblichus, Damascius and Priscianus, Brüssel 1978; R. Strömberg, D., Eranos 14 (1946), 175–192; J. Trouillard, La notion de dynamis chez D., Rev. ét. grec. 85 (1972), 353–363. M. G.

Dammbruchargument (engl. slippery slope argument; franz. argument de la rupture de digue), Oberbegriff für eine Familie verwandter Argumentationsformen, die der moralischen Beurteilung einer Handlungsoption unter Hinweis auf Risiken dienen, die mit dem Ausführen dieser Handlung verbunden sind, wobei die mit einer gewissen Wahrscheinlichkeit eintretenden unwillkommenen Folgen der Handlung oft erst in zeitlicher Ferne liegen, über weitere, durch das Ausführen der Handlung bedingte (Folge-)Handlungen vermittelt sind und in ihrem Schadensausmaß den mit dem Ausführen der Handlung intendierten und in zeitlicher Nähe erwarteten Nutzen deutlich übertreffen. D.e sind mithin Teil des moralischen Folgenräsonnements; sie werden etwa in konsequentialistischen Ethikkonzeptionen bzw. in der rationalen Risikoabwägung modelliert und finden insbes. im Zusammenhang mit Fragen der angewandten Ethik (↑Ethik, angewandte) Verwendung, etwa dort, wo der verantwortliche Umgang mit wissenschaftlich-technischen Entwicklungen zur Debatte steht (↑Technikfolgenabschätzung). Sie sind entsprechend insbes. im Umfeld der öffentlichen Diskussion über wissenschaftlich-technische Risiken und der wissenschaftlichen Politikberatung anzutreffen. In aller Regel werden dabei die D.e in inexpliziter Form und unter Verwendung der namensgebenden Metapher formuliert: Das Ausführen einer in Frage stehenden Handlung H – wie immer die Beurteilung der nahen, intendierten Folgen ausfallen möge – sei ein Dammbruch hin zu einer Entwicklung, an deren Ende die Aufhebung von als akzeptiert unterstellten, durch den ›Damm‹ bisher gehaltenen Tabus oder die Herbeiführung von als katastrophal empfundenen Zuständen stünde – die Handlung H wäre daher moralisch nicht akzeptabel. Variante Formulierungen machen etwa von der Metapher des ›Dominoeffekts‹, des ›Fußes in der Tür‹, oder des ›Geratens auf eine schiefe Bahn‹ (vgl. engl. ›slippery slope‹) und ähnlichen Gebrauch.

In expliziter Rekonstruktion und unter Auflösung der Metaphern bieten sich Darstellungen an, denen zufolge D.e wenigstens Prämissen der folgenden Art enthalten: Erstens wird eine normative Prämisse benötigt, derzufolge der Vollzug einer Handlung H verboten (verwerflich, unzulässig, unmoralisch etc.) ist, wenn er (mit ↑Wahrscheinlichkeit p) mit einer so-und-so qualifizierten Folge(nmenge) F bzw. mit einem so-und-so quantifizierten Risiko R einhergeht. So etwa soll H die entsprechende normative Qualität (etwa ›verboten‹) zugesprochen werden, wenn die durch H herbeigeführte (Menge von) Folge(n) als katastrophal gilt oder aus prinzipiellen Gründen ›um jeden Preis‹ zu verhindern ist, oder deren Herbeiführung kategorisch und unabhängig vom Schadensausmaß untersagt ist. Eine solche Prämisse mag aus einem konsequentialistischen Moralprinzip oder etablierten Regeln des Umgangs mit Risiken erschlossen sein, aber etwa auch aus Rechtsprinzipien oder übergeordnetem positiven Recht hergeleitet. Zweitens wird eine Menge von Prämissen benötigt, mit deren Hilfe der Zusammenhang zwischen der in Frage stehenden Handlung und dem Eintreten der Folgen bzw. deren Risikobehaftetheit hergestellt wird. Für D.e ist dieser Zusammenhang typischerweise über Zwischensätze vermittelt, die – als spezifische Differenz zu anderen Formen des Folgenräsonnements – jeweils wiederum Handlungen als Folgen (von Folgen) der in Frage stehenden Handlung anführen. Prämissen dieser Art ließen sich etwa reformulieren in Form der folgenden Sequenz: Vollzieht ein Akteur A die Handlung H zum Zeitpunkt t, dann wird (mit Wahrscheinlichkeit p_1) ein Akteur A' die Handlung H' zum Zeitpunkt t' vollziehen. Vollzieht ein Akteur A' die Handlung H' zum Zeitpunkt t', dann wird (mit Wahrscheinlichkeit p_2) ein Akteur A'' die Handlung H'' zum Zeitpunkt t'' vollziehen, ... dann wird (mit Wahrscheinlichkeit p_{n-1}) ein Akteur A^* die Handlung H^* zum Zeitpunkt t^* vollziehen. Schließlich: Vollzieht ein Akteur A^* die Handlung H^* zum Zeitpunkt t^*, dann geht H^* (mit Wahrscheinlichkeit p_n) mit der so-und-so qualifizierten (etwa katastrophalen) Folge(nmenge) F bzw. mit dem so-und-so quantifizierten Risiko R einher. Über die Transitivität (↑transitiv/Transitivität) der (kausalen) Folgen-Relation darf entsprechend der Zusammenhang zwischen der in Frage stehenden Handlung H und der

Folge(nmenge) F direkt hergestellt werden: Vollzieht ein Akteur A die Handlung H zum Zeitpunkt t, dann geht H (mit Wahrscheinlichkeit $p_1 \cdot p_2 \cdots p_{n-1} \cdot p_n$) mit der so-und-so qualifizierten (etwa katastrophalen) Folge(nmenge) F bzw. mit dem so-und-so quantifizierten Risiko R einher. Hieraus kann mit der ersten Prämisse nun gefolgert werden, daß die Handlung H verboten (verwerflich, unzulässig, unmoralisch etc.) ist.

Die schematische Rekonstruktion unterstellt dabei nicht die paarweise Verschiedenheit von $A, A', \ldots$, bzw. $H, H', \ldots$, bzw. $t', t'', \ldots$, vielmehr lassen sich gerade mit Blick auf die Gleichheit oder Verschiedenheit der Handelnden oder der Handlungstypen verschiedene Varianten von D.en unterscheiden: Der Dammbruch besteht etwa darin, daß das Vollziehen von H durch einen Akteur das Vollziehen derselben Handlung H durch viele oder durch alle Akteure einer Gemeinschaft bedingt (die anderen reklamieren etwa gleiche Rechte unter Hinweis auf den Präzedenzfall); oder er besteht darin, daß der einmalige Vollzug von H durch A dazu führt, daß A immer wieder Handlungen desselben Typs vollzieht (der Vollzug von H verursacht etwa ein Suchtverhalten); oder das Vollziehen der prima facie ›harmlosen‹ Handlung H zieht Vollzüge anderer Handlungen von zunehmend weniger ›harmloser‹ Art nach sich, die bisher als inakzeptabel galten, aber etwa auf Grund von Gewöhnungseffekten oder allmählicher Korrumpierung des Willens nach und nach ›verharmlost‹ werden (der Handelnde gerät in eine ›Drogenkarriere‹, eine Gemeinschaft gleitet durch Gewöhnungseffekte in eine moralische Dekadenz etc.).

Die Triftigkeit eines D.s hängt entsprechend den investierten Prämissen ab einerseits von der Angemessenheit der Beurteilung der Folgen relativ zu akzeptierten Maßstäben (katastrophal etwa ist eine Folge[nmenge] immer nur *für jemanden*), andererseits vom erfolgreichen Nachweis des unterstellten Zusammenhangs zwischen der Handlung und ihren Folgen. Die Sätze, die diesen Zusammenhang herstellen, haben wesentlich prognostischen Charakter (↑Prognose). Da dabei das zu Prognostizierende zukünftiges *Handeln* von Individuen oder Kollektiven betrifft, sind die Prognosen stets auch abhängig von den normativen Bedingungen, unter denen diese Handlungen stehen: So etwa wird man unterstellen, daß die Wahrscheinlichkeit eines Vollzugs einer Handlung H^* sinkt, wenn der Vollzug von H^* durch staatliche Gesetzgebung unter Androhung von Strafe verboten wird – dies jedenfalls dann, wenn H^* in die Kategorie freien Handelns fällt und nicht, wie etwa beim angeführten Beispiel der Drogensucht, lediglich determiniertes Verhalten ist. Insofern D.e Verwendung im Kontext von angewandter Ethik, Technikfolgenbeurteilung und politischer Beratung finden, kommt ihnen eine heuristische Bedeutung zu, wenn es darum geht, die erwünschten Effekte der in Frage stehenden Handlung H nutzbar zu machen und die mit H verbundenen Risiken (die Wahrscheinlichkeit des Eintretens des mit dem Eintritt der Folgen verbundenen Schadens) zu minimieren. Gerade im Zusammenhang mit der politischen Beratung zielen D.e typischerweise darauf, die Folgen gerade des *legislativen* Handelns abzuwägen – die in Frage stehende Handlung H ist dabei gerade eine regulative Redehandlung (↑Sprechakt), etwa eine, mit der ein Gesetzgeber einer bestimmten Gruppierung den Einsatz einer neuen Technik erlaubt. Triftige D.e werden entsprechend rationale Gründe bereitstellen, die erwogene Erlaubnis in bezug auf den Adressatenkreis oder die Handlungsbedingungen zu modifizieren oder der erlaubenden Norm weitere Regelungen für andere Handlungen an die Seite zu stellen, die das Risiko unerwünschten bzw. moralisch nicht akzeptablen Folgeverhaltens hinreichend minimieren.

Literatur: W. van der Burg, The Slippery Slope Arguments, Ethics 102 (1991), 42–65; T. Govier, What's Wrong with Slippery Slope Arguments?, Can. J. Philos. 12 (1982), 303–316; B. Guckes, Das Argument der schiefen Ebene. Schwangerschaftsabbruch, die Tötung Neugeborener und Sterbehilfe in der medizinethischen Diskussion, Stuttgart etc. 1997; G. Kamp, D., in: W. Korff (ed.), Lexikon der Bioethik I, Gütersloh 1998, 453–455; D. Lamb, Down the Slippery Slope, in: D. Braine/H. Lesser (eds.), Ethics, Technology and Medicine, Aldershot 1988, 76–94; ders., Down the Slippery Slope. Arguing in Applied Ethics, London/New York 1988; D. J. Mayo, The Role of Slippery Slope Arguments in Public Policy Debates, Philos. Exchange 22 (1990), 81–97; F. Schauer, Slippery Slopes, Harvard Law Rev. 99 (1985/1986), 361–383; D. Walton, Slippery Slope Arguments, Oxford 1992; B. Williams, Which Slopes Are Slippery?, in: M. Lockwood (ed.), Moral Dilemmas in Modern Medicine, Oxford/New York 1985, 126–137. G. K.

dann und nur dann [, wenn] (engl. if and only if, abgekürzt: iff), auch: genau dann [, wenn] (abgekürzt: gdw), eine vor allem in Logik und Mathematik gebräuchliche fachsprachliche Wendung, mit der sowohl objektsprachlich (↑Objektsprache) der ↑Junktor ↔, das ↑Bikonditional zur Herstellung einer ↑Äquijunktion (auch ↑Bisubjunktion) aus zwei Aussagen, wiedergegeben wird, als auch metasprachlich (↑Metasprache) die ↑Relation ›impliziert und wird impliziert von‹ zwischen zwei ↑Aussagen (↑Implikation), wobei es vom Einzelfall abhängt, ob dabei eine *logische* ↑Äquivalenz ausgedrückt werden soll oder andere, z. B. kausale Äquivalenzen, gemeint sind. K. L.

Dante Alighieri, *Florenz Mai oder Juni 1265, †Ravenna 13./14. Sept. 1321, ital. Dichter, Philosoph und Politiker. Dem niederen städtischen Adel entstammend, erhält D. seine Ausbildung zunächst wohl bei Privatlehrern; später beeinflußt ihn unter anderem der um die Ciceronische ↑Rhetorik verdiente Gelehrte und Dichter B. Latini (ca.

1225–ca. 1294). Wahrscheinlich besucht er auch das studium generale der franziskanischen Klosterschule von Santa Croce oder der dominikanischen von Santa Maria Novella. Gemeinsam mit dem averroistisch (↑Averroismus) orientierten Dichter und Philosophen G. Cavalcanti (ca. 1255–1300) zählt der junge D. zu den Begründern des ›dolce stil nuovo‹ in der toskanisch-bolognesischen Poesie. Auf Seiten der ›Weißen Guelfen‹ gegen den Machtanspruch des Papstes und des französischen Königshauses politisch tätig – unter anderem ab 1295 als Ratsmitglied, 1300 als Prior –, wird D. nach dem Sieg der ›Schwarzen‹ (Ende 1301) aus seiner Heimatstadt verbannt. Bis zum Tode lebt er vorwiegend als Gast an italienischen Fürstenhöfen, engagiert für die Erneuerung von Papst- und Kaisertum unter Restauration der imperialen Autorität in Italien.

So wenig wie D.s poetisches Werk von seinem – wohl weitgehend außerhalb von Universitäten oder Ordensschulen entstandenen – philosophischen und theologischen Werk zu trennen ist, sind auch seine epistemische und seine ethisch-politische Motivation voneinander trennbar. D.s größtenteils im Exil geschaffenes Gesamtwerk charakterisiert daher die Problematik des Verhältnisses der Poesie zur Philosophie und dieser zur Theologie im ethisch-politischen Kontext. Die Summe seiner stilnovistischen Jugenddichtung, die als Prosimetrum (d. h. als eine Mischung von Vers und Prosa) noch in D.s Florentiner Zeit verfaßte »Vita nuova« (ca. 1292–1295), stellt – gemäß dem Ideal der ›gentilezza‹, eines sittlich-geistigen Adels – in der Erinnerung an die geliebte, verstorbene und zur Mittlerin zwischen lyrischem Ich und Amor allegorisierte Beatrice den Weg von der Empfindung sinnlicher ↑Liebe zur Anschauung göttlicher Liebe dar. Durch den Trost, den D. angesichts ihres Todes etwa in M. T. Ciceros »De amicitia« und A. M. T. S. Boethius' »De consolatione philosophiae« (Nürnberg 1473) gefunden habe, motiviert er – durch Auslegung einer Passage der »Vita nuova« (XXXV–XXXVIII) – in seinem philosophischen Fragment »Convivio« (ca. 1303–1307) seine Hinwendung zu einer anderen ›donna gentile‹, nämlich der Philosophie (Convivio II, xii). Beatrice aber wird in seinem Hauptwerk, dem großen Terzinengedicht der »Commedia« (ca. 1307–1321), schließlich zur ↑Allegorie der Glaubenswahrheit im Unterschied zu Vergil als jener der ratio humana (↑ratio), die D. als Repräsentanten der menschlichen Seele auf der Wanderung zurück zu Gott (vgl. Convivio IV, xii, 14–15) durch die drei Jenseitsreiche Hölle (Inferno), Läuterungsberg (Purgatorio) und Paradies (Paradiso) nur bis ins irdische Paradies (am Gipfel des Läuterungsberges) geleiten kann.

D.s im toskanischen Dialekt verfaßtes »Convivio« ist ein ›Gastmahl‹ nicht im Sinne des Platonischen »Symposion«, sondern als Austeilung des ›Brots der Engel‹, d. h. der Wissenschaft, an alle, die an ihr zwar interessiert, doch des Lateinischen nicht mächtig sind (Convivio I, i). Dieses wiederum als Prosimetrum, nämlich in Gestalt von Interpretationen eigener philosophischer Kanzonen, angelegte, aber – abgesehen vom Prolog – nur in drei von 14 Teilen ausgeführte enzyklopädische Projekt steht im Zeichen eines christlich-aristotelischen epistemischen ↑Eudämonismus, den D. auch seiner politischen Philosophie zugrunde legt (Convivio IV, iv), und einer systematischen Klassifikation der sieben artes liberales (↑ars) in ↑Analogie zu den ersten sieben Himmelssphären des vereinfachten eudoxisch-ptolemaiischen Modells. Darüber hinaus stellt D. die Moralphilosophie analog zum als primum mobile (↑Beweger, unbewegter) aufgefaßten Kristallhimmel dank ihrer Hinordnungsfunktion auf alle anderen Wissenschaften auch über Physik und ↑Metaphysik, die er beide mit dem Fixsternhimmel vergleicht. Über ihr, entsprechend dem Feuerhimmel (Empyreum), ruhe aufgrund der unübertrefflichen Gewißheit ihres Gegenstands allein die Theologie im strengen Sinne von ›divina scienza‹ (Convivio II, xiii–xiv). Dem korrespondiert die letztliche Überordnung der ↑vita contemplativa über die vita activa (Convivio IV, xvii, 9–12).

In praktischer Hinsicht findet die Problematik des Verhältnisses von Philosophie und Theologie bei D. ihre Entsprechung in seiner Konzeption desjenigen von weltlicher und geistlicher Macht. Insbes. aufgrund der Bestimmung des Menschen als Doppelnatur von Vergänglichkeit und Unvergänglichkeit, der dessen Streben zugleich nach irdischer und himmlischer Glückseligkeit (↑Glück (Glückseligkeit)) entspreche, verteidigt er in der »Monarchia« (ca. 1308–1318) die Eigenständigkeit und Gottesunmittelbarkeit der weltlichen Macht (Monarchia III, xv). Die irdische Glückseligkeit bestehe in der vollständigen Aktualisierung des intellectus possibilis (↑intellectus); diese setze das Zusammenleben aller Menschen in einer friedlichen (↑Frieden (historisch-juristisch)) Gemeinschaft voraus; der Weltfrieden aber erfordere die ›ordinatio ad unum‹ aller Einzelwillen durch weltliche Herrschaft, also die Weltmonarchie (Monarchia I, iii–xvi).

Die umfassende und autoritative Darstellung der göttlichen Weltordnung (↑ordo) sowohl in irdischer als auch in überirdischer, sowohl in theoretischer als auch in praktischer Hinsicht steht für D. letztlich weder der Philosophie noch der Theologie zu, sondern der poetischen Gesamtschau des ›poema sacro‹ (Paradiso XXV, 1). Ihre oberste Motivation erhält sie durch D.s volkserzieherische Mission, die religiös-epistemisch-politische Sorge ›in pro del mondo che mal vive‹ (Purgatorio XXXII, 103; vgl. Epistola XIII, 39–41). Ihretwegen bemüht er sich um die Entwicklung einer italienischen Literatursprache, die einer solchen Aufgabe, mithin –

wie bislang nur das Lateinische, das D. allerdings aufgrund seiner künstlichen Funktion als ›gramatica‹ für weniger edel befindet als die ohne explizite Regelkenntnis erlernte ›locutio vulgaris‹ – allen, auch den erhabensten Gegenständen, angemessen und zugleich doch allgemeinverständlich sei (›vulgare illustre‹). In seinem ebenfalls Fragment gebliebenen Traktat »De vulgari eloquentia« (ca. 1303–1305) – wie die »Monarchia« noch in lateinischer Sprache verfaßt, um ihm das Vertrauen der Gebildeten zu sichern – sucht D. diese Bemühung im Sinne einer spekulativen ↑Grammatik zu fundieren, wobei das ›vulgare illustre‹ als normative Synthese aus den verschiedenen italienischen Dialekten konzipiert wird (↑Sprachphilosophie).

In seiner wichtigsten Probe der ›vulgaris eloquentia‹ hingegen, der »Commedia«, verwirklicht D. diese Synthese hauptsächlich auf der Basis des toskanischen Dialekts. Der Titel ›Commedia‹ meint hier ein volkssprachliches Werk vorwiegend epischen Charakters, das inhaltlich von einem schrecklichen Anfang zu einem glücklichen Ende führt und sich dementsprechend auf verschiedenen stilistischen Niveaus bewegt (Epistola XIII, 28–31). Dem universalen Darstellungsanspruch des ›poema sacro‹ entspricht dabei nicht nur seine enzyklopädische Themenbreite mit einer außerordentlichen Entfaltung mittelalterlichen allgemeinen Wissens im Rahmen von Allegorie und numerologischer Ordnung (↑Zahlenmystik), sondern darüber hinaus die Untrennbarkeit des poetischen vom theoretischen Moment. Seine hierarchische, ontisch-epistemisch-moralische Weltordnung begründet D. in einer lichtmetaphysisch (↑Lichtmetaphysik) allegorisierten ↑Emanation des dreieinigen Gottes als im unbewegten Beweger (Feuerhimmel) ausgestrahlte, über Engel (↑Engellehre) vom primum mobile (Kristallhimmel) weitergegebene und im Fixsternhimmel ausdifferenzierte Kraft (Paradiso I, 1–3, 103–135, II, 112–148, XIII, 52–87, XIX, 40–90, XXVII, 106–120, XXVIII, 106–114, XXIX, 13–36; vgl. Convivio II–III). Das Intelligible wird als Helligkeit des Lichtes vom Sensiblen als von dessen Wärme unterschieden (Paradiso XV, 73–84). Der Mensch als zugleich mit ›intelletto‹ (oder ›senno‹) und ›amore‹ (oder ›affetto‹) begabtes sterbliches Geschöpf ist zwar unfehlbar durch ›amore naturale‹ auf den Schöpfer hingeordnet, aber kraft des freien ↑Willens vermag er sich – trotz des Einflusses der Gestirne in gewissem Maße indeterminiert – durch ›amore d'animo‹ auch vorwiegend aufs Irdische zu richten. Disponiert die eine Art der Liebe ihn zur vita contemplativa, so die andere zur vita activa und durch Unmaß oder falsche Wahl des Gegenstands zur Sünde (Purgatorio XVII, 91–XVIII, 75; Paradiso V, 19–24). Durch den Sündenfall wird die irdische Welt zum Ort der Entscheidung und die überirdische zu jenem des Gerichts. Aufgrund der göttlichen Liebe aber ist ↑Universalgeschichte Heilsgeschichte nach den zwei Prinzipien von Gerechtigkeit und Gnade, so daß den Menschen durch tätige Reue die Möglichkeit zur Läuterung von ihren sündhaften Dispositionen offensteht (Paradiso VII, 25–148). Dem entsprechen die drei Jenseitsreiche, im allgemeinen die Hölle als Ort der reulosen Sünder, der Läuterungsberg als jener der reuigen und das Paradies als jener der reinen Seelen, im besonderen ihre einzelnen Bezirke und die Stellung der Menschen darin. In politischer Hinsicht ordnet D. die weltliche Macht in den göttlichen Heilsplan ein, ohne ihre strenge Unterscheidung von der (idealen) Kirche aufzugeben; dementsprechend wird die Konstantinische Schenkung zwar noch nicht bezweifelt, aber verurteilt (Inferno XIX, 115–117; Purgatorio XXXII, 124–160; Paradiso XX, 55–60; vgl. Monarchia III, x).

Dem universalen Darstellungsanspruch der »Commedia« entspricht auch die Mehrdeutigkeit des poetischen Texts. Ähnlich wie im »Convivio« (II, i) entwirft D. in einem Brief an Fürst Cangrande della Scala (Epistola XIII) hinsichtlich ihrer eine Deutungslehre analog zur Auslegung der Bibel nach dem vierfachen Schriftsinn (↑Allegorese), unterscheidet im »Convivio« jedoch poetische und theologische Allegorie. Zur Mehrdeutigkeit der »Commedia« trägt überdies die Position des philosophisch-theologischen Laien D. bezüglich der geistigen Hauptströmungen seiner Zeit bei, insbes. im Gegensatz von franziskanischer Orthodoxie und Spiritualentum, von ↑Aristotelismus und ↑Neuplatonismus oder von ↑Thomismus und lateinischem ↑Averroismus. So stellt er die wichtigsten Vertreter oder Vorbilder der widerstreitenden, zumindest divergierenden Tendenzen gleichberechtigt und in gegenseitiger Wertschätzung dar: Im Limbus stehen Sokrates und Platon neben Aristoteles und dessen Kommentator Averroës (Inferno IV, 130–144), im Sonnenhimmel des Paradieses Bonaventura neben Joachim von Fiore, Thomas von Aquin mit seinem Lehrer Albertus Magnus neben Siger von Brabant (Paradiso X–XII).

Insbes. aufgrund des »Commedia«-Kommentars seines Sohnes Pietro wird D. auch eine »Questio de aqua et terra« (eigentlich: De forma et situ duorum elementorum aque videlicet et terre) zugeschrieben, nämlich als Beitrag zu einer Disputation in Verona am 20.1.1320. Ihre naturphilosophische Begründung für das teilweise Hereinragen der Erd- in die Wassersphäre durch den Vorrang der natura universalis (↑Natur) vor der natura particularis (Questio de aqua et terra, 44–58) unterscheidet sich jedoch von der schöpfungstheologischen Kosmologie der »Commedia« (Inferno XXXIV, 121–126). Da von D.s Werken keine Autographen überliefert sind und die Quellenlage für die »Questio« zudem besonders problematisch ist, wird D.s Autorschaft von manchen Interpreten angezweifelt; Ähnliches gilt für den Brief an Fürst Cangrande della Scala.

Im Auftrag des Lorenzo di Pierfrancesco de' Medici vollendet Sandro Botticelli in den 1490er Jahren eine Serie von Illustrationen zu D.s »Commedia«. Sein Blatt zu Paradiso II stellt Beatrice mit D. im Mondhimmel dar, links oben das vereinfachte eudoxisch-ptolemaiische Sphärenmodell (Staatliche Museen zu Berlin – Kupferstichkabinett; Foto: Jörg P. Anders/bpk).

In Folge seiner Wiederentdeckung durch Dichtung, Philologie und Philosophie der ↑Romantik widmen sich unter anderem die Deutsche D.-Gesellschaft (seit 1865), die D. Society of America (seit 1881) und die Società Dantesca Italiana (seit 1888) der Pflege von D.s Werk. Letztere edierte 1921 dessen »Testo critico«, ab 1932 überdies die noch unabgeschlossene »Edizione nazionale«.

Werke: Le opere di D.. Testo critico, ed. Società Dantesca Italiana, Florenz 1921, ²1960; Le opere di D. A.. Edizione nazionale, I–XV, ed. Società Dantesca Italiana, Florenz 1932, Mailand 1965–1984, Florenz 1995–2002 (erschienen Bde I–III [von IV nur Appendixbd.], V, VII–VIII); Opere di D.. Nuova edizione, I–XII, ed. M. Barbi, Florenz 1934–1938, ed. V. Branca/F. Maggini/B. Nardi, Florenz 1953–1969 (erschienen Bde II–VI, VIII); Opere minori, I–II, ed. D. De Robertis u. a., Mailand/Neapel 1979–1988 (dt. [teilw.] Philosophische Werke, I–IV, ed. R. Imbach, Hamburg 1993–2004 [erschienen Bde I–II, IV]). – Rime (ca. 1283–1308), Erstdr. [mit 86 D. teilw. fälschlich zugeschriebenen Gedichten], in: Sonetti e canzoni di diversi antichi autori toscani in dieci libri raccolte, Florenz 1527 [»Giuntina«] (repr., I–II, ed. D. De Robertis, Florenz 1977), ed. M. Barbi, in: Le opere (Testo critico) [s. o.], 55–144, ²1960, 51–142, ed. D. De Robertis, als: Le opere (Edizione nazionale) [s. o.] II, ed. M. Barbi/F. Maggini/V. Pernicone, als: Opere (Nuova edizione) [s. o.] II–III, ed. G. Contini, Turin 1939, ²1946, 1995, ferner in: Opere minori [s. o.] I/1, 298–548 (ital./dt. Rime liriche/Lyrische Gedichte, übers. R. Zoozmann, in: D.s poetische Werke IV, Freiburg 1908, ²1912, 129–319; ital./engl. D.'s Lyric Poetry, I–II, übers. K. Foster/P. Boyde, Oxford 1967); Vita nuova (ca. 1292–1295), Erstdr. [vollst.] Florenz 1576 (mit Anhang: 15 Kanzonen D.s, und: G. Boccaccio, Vita di D. [s. u., Lit.]), ed. M. Barbi, Mailand 1907, ferner in: Le opere (Testo critico) [s. o.], 1–53, ²1960, 1–49, auch als: Le opere (Edizione nazionale) [s. o.] I, ed. D. De Robertis, in: Opere minori [s. o.] I/1, 27–247, separat: Mailand/Neapel 1980, unter dem Titel: Vita nova, ed. G. Gorni, Turin 1996, 1997 (ital./dt. La vita nuova/Das neue Leben, übers. R. Zoozmann, in: D.s poetische Werke [s. o.] IV, 1–127; dt. Neues Leben, übers. S. Hildebrandt, Frankfurt 1934, ital./dt. Neuausg. unter dem Titel: Vita nuova/Neues Leben, Köln/Graz ²1957); De vulgari eloquentia (ca. 1303–1305), Erstdr. in ital. Übers. unter dem Titel: De la volgare eloquenzia, ed. G. G. Trissino, Vicenza 1529, lat. ed. I. Corbinelli, Paris 1577, ed. P. Rajna, Florenz 1896 (repr. als: Le opere [Edizione nazionale] [s. o.] IV), 1897 [Edizione minore], ferner in: Le opere (Testo critico) [s. o.], 317–352, ²1960, 295–327, ed. A. Marigo, als: Opere (Nuova edizione) [s. o.] VI (lat./ital.), ed. P. V. Mengaldo, Padua 1968 (lat.), ferner in: Opere minori [s. o.] II, 26–237 (lat./ital.) (dt. Über das Dichten in der Muttersprache, übers. F. Dornseiff/J. Balogh, Darmstadt 1925 [repr. 1966]; lat./engl. De vulgari eloquentia, übers. S. Botterill, Cambridge/New York/Oakleigh [Australien] 1996); Convivio, auch unter dem Titel: Convito (ca. 1303–1307), Erstdr. Florenz 1490, ed. E. G. Parodi/F. Pellegrini, in: Le opere (Testo critico) [s. o.], 145–315, ²1960, 143–293, ed. F. Brambilla Ageno, als: Le opere (Edizione nazionale) [s. o.] III, ed. G. Busnelli/G. Vandelli, als: Opere (Nuova edizione) [s. o.] IV–V, ed. C. Vasoli/D. De Robertis, als: Opere minori [s. o.] I/2 (dt. Das Gastmahl, übers. C. Sauter, Freiburg 1911, Neuausg. München 1965; engl. Il convivio [The Banquet], übers. R. Lansing, New York/London 1990; ital./dt. Das Gastmahl, übers. T. Ricklin, als: Philosophische Werke [s. o.] IV); Epistole (ca. 1304–1320), Erstdr. [teilw.] unter dem Titel: Dantis Alligherii epistolae quae exstant, ed. K. Witte, Padua 1827, vollst. unter dem Titel: Epistole di D. Allighieri edite e inedite, ed. A. Torri, Livorno 1842, ed. E. Pistelli, in: Le opere (Testo critico) [s. o.], 413–446, ²1960, 383–411, ed. A. Frugoni/G. Brugnoli, in: Opere minori [s. o.] II, 522–643 (lat./ital.) (dt. Briefe, in: D. A.'s prosaische Schriften mit Ausnahme der »Vita nuova« II, übers. K. L. Kannegießer, Leipzig 1845, 159–226; lat./engl. Dantis Alagherii Epistolae/The Letters of D., übers. P. Toynbee, Oxford 1920, ²1966; [Epistola XIII] lat./dt. Das Schreiben an Cangrande della Scala, übers. T. Ricklin, als: Philosophische Werke [s. o.] I); Commedia (ca. 1307–1321), Erstdr. Foligno 1472 (repr. Turin 1911), seit der Ausg. Venedig 1555 (ed. L. Dolce) auch unter dem Titel: Divina Commedia, I–IV, ed. G. A. Scartazzini, Leipzig 1874–1890, I–III in einem Bd., Mailand 1893 [Edizione minore], ed. G. Vandelli, in: Le opere (Testo critico) [s. o.], 481–836, ²1960, 443–798, separat [als überarb. Neuaufl. d. v. G. A. Scartazzini ed. Ausg.] Mailand ⁹1928, ²¹1989, 2000, unter dem Titel: La »Commedia« secondo l'antica vulgata, ed. G. Petrocchi, als: Le opere (Edizione nazionale) [s. o.] VII, unter dem Titel: Commedia, I–III, ed. E. Pasquini/A. E. Quaglio, Mailand 1982–1986 u. ö., in einem Bd., Mailand 1987, unter dem Titel: Commedia, I–III, ed. A. M. Chiavacci Leonardi, Mailand 1991–1997, Bologna 1999–2001, in einem Bd. mit CD-ROM, 2001, unter dem Titel: La Commedìa. Nuovo testo critico secondo i più antichi manoscritti fiorentini, ed. A. Lanza, Anzio 1995, ²1996 (dt. [teilw.] in: A. W. v. Schlegel, Sämmtl. Werke III, ed. E. Bökking, Leipzig 1846 [repr. Hildesheim/New York 1971], 230–381, [vollst.] Göttliche Komödie, übers. K. Witte, Berlin 1865 u. ö., unter dem Titel: Die Göttliche Komödie, übers. K. Vossler, Berlin 1942 u. ö.; ital./dt. Die Göttliche Komödie, I–VI, übers. H. Gmelin, Stuttgart 1949–1957 [repr. München 1988], ²1966–1975, dt. überarb. in einem Bd., Stuttgart 1954, Neuausg. 2001, dt. Die Göttliche Komödie, übers. I. v. Wartburg/W. v. Wartburg, Zürich 1963, ²1963, 1995, unter dem Titel: Die Divina Commedia, übers. G. P. Landmann, Würzburg 1997, ²1998; ital./engl. The Divine Comedy, übers. C. S. Singleton, I–III, Princeton N. J. 1970–1975, London 1971–1975); Monarchia (ca. 1308–1318), Erstdr. unter dem Titel: De monarchia libri tres, ed. B. J. Heroldt, Basel 1559 [als Anhang zu: A. Alciato, De formula Romani Imperii libellus], ed. E. Rostagno, in: Le opere (Testo critico) [s. o.], 353–412, ²1960, 329–381, ed. G. Vinay, Florenz 1950 (lat./ital.), ed. P. G. Ricci, als: Le opere (Edizione nazionale) [s. o.] V, ed. B. Nardi, in: Opere minori [s. o.] II, 280–503 (lat./ital.) (lat./dt. Monarchia, übers. R. Imbach/C. Flüeler, Stuttgart 1989, 1998; engl. Monarchy, übers. P. Shaw, Cambridge/New York/Oakleigh [Australien] 1996); De forma et situ duorum elementorum aque videlicet et terre (1320), Erstdr. unter dem Titel: Questio florulenta ac perutilis de duobus elementis aquae et terrae […], ed. G. B. Moncetti, Venedig 1508 (repr. Florenz 1905), unter dem Titel: Questio de aqua et terra, ed. E. Pistelli, in: Le opere (Testo critico) [s. o.], 465–480, ²1960, 429–442, unter dem Titel: De situ et forma aque et terre, ed. G. Padoan, als: Opere (Nuova edizione) [s. o.] VIII (lat./ital.), unter dem Titel: Questio de aqua et terra/Disputa intorno l'acqua e la terra, ed. F. Mazzoni, in: Opere minori [s. o.] II, 744–773 (lat./ital.) (lat./dt. Abhandlung über das Wasser und die Erde, übers. D. Perler, als: Philosophische Werke [s. o.] II). – G. A. Scartazzini, Enciclopedia Dantesca, I–III, Mailand 1896–1905; P. Toynbee, A Dictionary of Proper Names and Notable Matters in the Works of D., Oxford 1898, ²1968; E. S. Sheldon/A. C. White (eds.), Concordanza delle opere italiane in prosa e del canzoniere di D. A., Oxford 1905 (repr. New York 1969); E. K. Rand/E. H. Wilkins/A. C. White (eds.), Dantis Alagherii operum latinorum concordantiae, Oxford 1912 (repr. New York 1970); E. H. Wilkins/T. G. Bergin (eds.), A Concordance to the »Divine Comedy« of D. A., Cambridge Mass. 1965; U. Bosco (ed.), Enciclopedia Dantesca, I–VI [VI Appendixbd.], Rom 1970–1978, ²1984, ³1996; L. Lovera (ed.), Concordanza della »Commedia« di D. A., I–III, Turin 1975; R. Merlante, Il dizionario della »Commedia«, Bologna 1999, 2000 (mit Bibliographie, 287–316); R. Lansing (ed.), The D. Encyclopedia, New York/London 2000. – T. Ostermann, D. in Deutschland. Bibliographie der deutschen D.-Literatur 1416–1927, Heidelberg 1929; E. Esposito (ed.), Bibliografia analitica degli scritti su D. 1950–1970, I–IV, Florenz 1990 (Dantologia I).

Literatur: K.-O. Apel, Die Idee der Sprache in der Tradition des Humanismus von D. bis Vico, Bonn 1963, ³1980 (Arch. Begriffsgesch. 8), bes. 104–123 (Kap. 3); M. Apollonio, D.. Storia della »Commedia«, I–II, Mailand 1951, I ³1964, II ³1965; M. Asín Palacios, La escatología musulmana en la »Divina Comedia«, Madrid 1919, Madrid/Granada ²1943 (mit Anhang: Historia y crítica de una polemica, 469–609), Madrid ⁴1984 (dt. [auszugsw.] Die muselmanische Eschatologie und die »Divina Comedia«, Dt. D.-Jb. 7 [1923], 21–38; engl. [gekürzt] Islam and the »Divine Comedy«, London 1926 [repr. 1968]; franz. [vollst.] L'eschatologie musulmane dans la »Divine Comédie«. Suivi de »Histoire et critique d'une polémique«, Mailand 1992; ital. D. e l'Islam, I–II, Parma 1994, Mailand 1997); E. Auerbach, D. als Dichter der irdischen Welt, Berlin/Leipzig 1929 (repr. Berlin 1969), ed. K. Flasch, Berlin/New York ²2001; ders., Neue D.studien, Istanbul 1944, ferner in: ders., Gesammelte Aufsätze zur romanischen Philologie, Bern/München 1967, 21–26, 43–92; ders., Mimesis. Dargestellte Wirklichkeit in der abendländischen Literatur, Bern 1946, ²1959, Tübingen/Basel ¹⁰2001, bes. 169–196, ²1959, 167–194 (Kap. 8); ders., Literatursprache und Publikum in der lateinischen Spätantike und im Mittelalter, Bern 1958, bes. 165–176, 225–244; ders., Gesammelte Aufsätze zur romanischen Philologie, Bern/München 1967, bes. 21–183; D'A. S. Avalle, Modelli semiologici nella »Commedia« di D., Mailand 1975; M. Bambeck, »Göttliche Komödie« und Exegese, Berlin/New York 1975; Z. G. Barański, D. e i segni. Saggi per una storia intellettuale di D. A., Neapel 2000; M. Barbi, D.. Vita, opere e fortuna. Con due saggi su Francesca e Farinata, Florenz 1933, unter dem Titel: Vita di D., Florenz 1963, 1996 (dt. D.. Leben, Werk und Wirkung, Regensburg 1943); R. Baum/M. Hirdt (eds.), D. A. 1985. In memoriam Hermann Gmelin, Tübingen 1985; R. R. Bezzola u. a., D., LMA III (1986), 544–563, ferner in: G. Bretscher-Gisiger (ed.), Lexikon Literatur des Mittelalters II, Stuttgart/Weimar 2002, 125–137; H. Bloom (ed.), D., New York/New Haven Conn./Philadelphia Pa. 1986; G. Boccaccio, Trattatello in laude di D., auch unter dem Titel: Vita di D. (ca. 1351–1355/ca. 1357–1362), in: Tutte le opere III, ed. P. G. Ricci, Mailand 1974, 437–496 [Prima redazione], 497–538 [Seconda redazione, auch »Compendio« genannt, Testo A] (dt. [nur »Prima redazione«] Das Leben D.s, übers. O. v. Taube, Leipzig 1909, Frankfurt ⁵1987, übers. E. T. Kauer, Berlin 1931); ders., Esposizioni sopra la »Commedia« di D. (1373–1375), als: Tutte le opere VI, ed. G. Padoan, Mailand 1965; U. Bosco/G. Iorio (eds.), Antologia della critica dantesca, I–III, Mailand 1971; P. Boyde, D. Philomythes and Philosopher, Man in the Cosmos, Cambridge/New York/Middle Park 1981; ders., Perception and Passion in D.'s »Comedy«, Cambridge/New York/Oakleigh (Australien) 1993; ders., Human Vices and Human Worth in D.'s »Comedy«, Cambridge/New York/Oakleigh (Australien) 2000; ders./V. Russo (eds.), D. e la scienza, Ravenna 1995; A. Buck, D. als Dichter des christlichen Mittelalters, Hamburg 1949; ders., D., TRE VIII (1981), 349–353; ders. (ed.), Die italienische Literatur im Zeitalter D.s und am Übergang vom Mittelalter zur Renaissance, I–II, Heidelberg 1987/1989 (Grundriß der romanischen Literaturen des MA X); G. Busnelli, Cosmogonia e antropogenesi secondo D. A. e le sue fonti, Rom 1922; M. Caesar (ed.), D.. The Critical Heritage 1314(?)–1870, London/New York 1989, 1999; F. Cheneval, Die Rezeption der »Monarchia« D.s bis zur editio princeps im Jahre 1559. Metamorphosen eines philosophischen Werkes. Mit einer kritischen Edition von Guido Vernanis »Tractatus de potestate summi pontificis«, München 1995 (Humanistische Bibliothek I/47); ders., Quelques remarques sur l'universalisme politique de D. et de Kant. Une relation énigmatique, Frei. Z. Philos. Theol. 42 (1995), 291–309; G. Contini, Un'idea di D.. Saggi danteschi, Turin 1976, 2001; M. Corti, D. a un nuovo crocevia, Florenz 1981, 1982 (Società Dantesca Italiana, Quaderno I), ferner [teilw.] in: dies., Scritti su Cavalcanti e D.. »La felicità mentale«, »Percorsi dell'invenzione« e altri saggi, Turin 2003, 312–347; dies., La felicità mentale. Nuove prospettive per Cavalcanti e D., Turin 1983, ferner [erw.] in: dies., Scritti su Cavalcanti e D. [s.o.], 3–175; dies., Percorsi dell'invenzione. Il linguaggio poetico e D., Turin 1993, ferner [gekürzt] in: dies., Scritti su Cavalcanti e D. [s.o.], 177–298; dies., La »Commedia« di D. e l'oltretomba Islamico, Belfagor 50 (1995), 301–314, ferner in: dies., Scritti su Cavalcanti e D. [s.o.], 365–379; B. Croce, La poesia di D. (Scritti di storia letteraria e politica XVII), Bari 1921, ¹¹1966 (dt. D.s Dichtung, Zürich/Leipzig/Wien 1921); E. R. Curtius, D. und das lateinische Mittelalter, Romanische Forsch. 57 (1943), 153–185, ferner in: H. Friedrich (ed.), D. A. [s.u.], 409–444; ders., Neue D.-Studien I, Romanische Forsch. 60 (1947), 237–289, ferner in: ders., Gesammelte Aufsätze zur romanischen Philologie, Bern/München 1960, 305–345; ders., Europäische Literatur und lateinisches Mittelalter, Bern 1948, bes. 219–232, 327–334, 352–383, ²1954, Tübingen/Basel ¹¹1993, bes. 221–234, 329–335, 353–383; F. De Sanctis, Storia della letteratura italiana I (1870), ed. B. Croce, Bari 1912, ⁶1958, bes. 51–71, 136–255, ferner als: Opere VIII, ed. N. Gallo, Turin 1958, ⁴1971, bes. 59–81, 152–283 (dt. Geschichte der italienischen Literatur I [Von den Anfängen bis zur Renaissance], Stuttgart 1941, bes. 57–81, 158–305); ders., Lezioni e saggi su D. (1854–1869), als: Opere V, ed. S. Romagnoli, Turin 1955, ²1967; G. Di Scipio/A. Scaglione (eds.), The »Divine Comedy« and the Encyclopedia of Arts and Sciences. Acta of the International D. Symposium, 13–16 November 1983, Hunter College, New York, Amsterdam/Philadelphia Pa. 1988; P. Dronke, The Medieval Poet and His World, Rom 1984, bes. 357–475; ders., D. and Medieval Latin Traditions, Cambridge/New York/Oakleigh (Australien) 1986; P. Duhem, Le système du monde. Histoire des doctrines cosmologiques de Platon à Copernic IX, Paris 1958, bes. 155–163 (La question de l'eau et de la terre attribuée à D. A.); U. Eco, L'epistola XIII, l'allegorismo medievale, il simbolismo moderno, in: ders., Sugli specchi e altri saggi, Mailand 1985, ³2001, 215–241, gekürzt unter dem Titel: D. e la nuova concezione del poeta, in: ders., Arte e bellezza nell'estetica medievale, Mailand 1987, ⁶1999, 159–166 (Kap. 11/6) (dt. D. und die neue Auffassung vom Dichter, in: ders., Kunst und Schönheit im Mittelalter, München/Wien 1991, München 1993, ⁵2000, Darmstadt 2002, 179–186); ders., La ricerca della lingua perfetta nella cultura europea, Rom/Bari 1993, ³2002, bes. 41–59 (Kap. 3) (dt. Die Suche nach der vollkommenen Sprache, München 1994, ³1995, 2002, bes. 47–64); ders., Lettura del »Paradiso«, in: ders., Sulla letteratura, Mailand 2002, 23–29 (dt. Lektüre des »Paradiso«, in: ders., Die Bücher und das Paradies. Über Literatur, München/Wien 2003, 25–31); E. Esposito (ed.), Dalla bibliografia alla storiografia. La critica dantesca nel mondo dal 1965 al 1990, Ravenna 1995; H. Felten, Wissen und Poesie. Die Begriffswelt der »Divina Commedia« im Vergleich mit theologischen Lateintexten, München 1972 (Freiburger Schr. zur romanischen Philol. XXIV); ders., D., in: M. Greschat (ed.), Gestalten der Kirchengeschichte IV, Stuttgart/Berlin/Köln 1983, 1993, 102–123; M. Ficino, Prohemio [...] sopra la »Monarchia« di D. [...] (ca. 1467/1468), ed. P. Shaw, Studi danteschi 51 (1978), 327–408 (mit Einl. der Herausgeberin, 289–324); H. Friedrich, Die Rechtsmetaphysik der »Göttlichen Komödie«. Francesca da Rimini, Frankfurt 1942; ders., Odysseus in der Hölle (D., Inferno XXVI), Geistige Überlieferung 2 (1942), 154–200, ferner in: ders., Romanische Literaturen. Aufsätze II (Italien und Spanien), Frankfurt 1972, 71–118; ders., D., Wiesbaden 1956, mit Untertitel: Das Gefüge der »Göttlichen Komödie«, ²1967 (Inst. europ. Gesch. Mainz, Vorträge X), unter dem Titel: Das Gefüge der »Göttlichen Komödie«, in: ders., Romanische Literaturen. Aufsätze II [s.o.], 46–70; ders., Epochen der italienischen Lyrik, Frankfurt 1964, bes. 84–156; ders. (ed.), D. A.. Aufsätze zur »Divina Commedia«, Darmstadt 1968 (Wege d. Forschung 159); G. Galilei, Due lezioni all'Accademia Fiorentina circa la figura, sito e grandezza dell'Inferno di D. (ca. 1587/1588), in: Le opere (Edizione nazionale) IX, Florenz 1899, 1968, 29–57 (dt. Vermessung der Hölle D.s, in: ders., Sidereus nuncius/Nachricht von neuen Sternen. Dialog über die Weltsysteme [Auswahl]. Vermessung der Hölle D.s. Marginalien zu Tasso, ed. H. Blumenberg, Frankfurt 1965, 2002, 239–250); G. Gentile, Studi su D., als: Opere XIII, ed. V. A. Bellezza, Florenz 1965, ed. C. Vasoli, Florenz 1990; G. Getto, Aspetti della poesia di D., Florenz 1947, ²1966; P. Giannantonio, D. e l'allegorismo, Florenz 1969; É. Gilson, D. et la philosophie, Paris 1939, ⁴1986 (Ét. philos. médiévale XXVIII) (dt. D. und die Philosophie, Freiburg 1953); ders., D. et Béatrice. Études dantesques, Paris 1974 (Ét. philos. médiévale LXI); S. A. Gilson, Medieval Optics and Theories of Light in the Works of D., Lewiston N. Y./Queenston Ont./Lampeter 2000; C. Gizzi, L'astronomia nel poema sacro, I–II, Neapel 1974; G. Gorni, Lettera, nome, numero. L'ordine delle cose in D., Bologna 1990; M. Grabmann, Die Wege von Thomas von Aquin zu D.. Fra Remigio de' Girolami O. Pr.. Festvortrag, gehalten bei der Hauptversammlung der Neuen Deutschen D.-Gesellschaft am 21. September 1924, Dt. D.-Jb. 9 (1925), 1–35, ferner in: H. Friedrich (ed.), D. A. [s.o], 201–235; ders., Studien über den Einfluß der aristotelischen Philosophie auf die mittelalterlichen Theorien über das Verhältnis von Kirche und Staat, München 1934 (Sitz.ber. Bayer. Akad. Wiss., philos.-hist. Abt. 1934/2), bes. 80–96; ders., Thomas von Aquin und die D.-Auslegung. Mit besonderer Berücksichtigung von Gerhard Ledigs »D.s Göttliche Komödie, in den einzelnen Gesängen aus mittelalterlichem Denken erläutert«, Dt. D.-Jb. 25 (1943), 4–24; ders., Mittelalterliches Geistesleben. Abhandlungen zur Geschichte der Scholastik und Mystik III, ed. L. Ott, München 1956 (repr. Hildesheim/New York 1975, 1984), bes. 180–212; R. Guardini, Der Engel in D.s »Göttlicher Komödie«, Leipzig 1937, als: D.-Studien I, München ²1951, Mainz/Paderborn ³1995; ders., Landschaft der Ewigkeit (D.-Studien II), München 1958, Mainz/Paderborn ²1996; ders., D.s »Göttliche Komödie«. Ihre philosophischen und religiösen Grundgedanken (Vorlesungen), ed. H. Mercker, Mainz/Paderborn 1998; M. Hardt, Die Zahl in der »Divina Commedia«, Frankfurt 1973; ders., Geschichte der italienischen Literatur. Von den Anfängen bis zur Gegenwart, Düsseldorf/Zürich 1996, Frankfurt 2003, bes. 78–130; S. Harwood-Gordon, A Study of the Theology and the Imagery of D.'s »Divina Commedia«. Sensory Perception, Reason and Free Will, Lewiston N.Y./Queenston Ont./Lampeter 1991; F.-R. Hausmann, Die Funktion der Naturvergleiche in D.s volkssprachlichen Dichtungen, Dt. D.-Jb. 62 (1987), 33–54; ders., D.s Kosmographie – Jerusalem als Nabel der Welt, Dt. D.-Jb. 63 (1988), 7–46; W. Hirdt, Wie D. das Jenseits erfährt. Zur Erkenntnistheorie des Dichters der »Göttlichen Komödie«, Bonn 1989; E. Hölter, ›Der Dichter der Hölle und des Exils‹. Historische und systematische Profile der deutschsprachigen D.-Rezeption, Würzburg 2002; R. Imbach, Laien in der Philosophie des Mittelalters. Hinweise und Anregungen zu einem vernachlässigten Thema, Amsterdam 1989 (Bochumer Stud. Philos. XIV), bes. 66–71, 132–142; ders., D. und die Naturphilosophie, in: W. Haug/B. Wachinger (eds.), Literatur, Artes und Philosophie, Tübingen 1992, 44–62; ders., Die politische Dimension der menschlichen Vernunft bei D., in: O. Höffe (ed.), Der Mensch – ein politisches Tier? Essays zur politischen Anthropologie, Stuttgart 1992, 26–42; ders., D., la philosophie et les laïcs, Fribourg (Schweiz)/Paris 1996; R. Jacoff (ed.), The Cambridge Companion to D., Cambridge/New York/Oakleigh (Australien) 1993, 1997; H. R. Jauss, Erleuchtete und entzogene Zeit. Eine Lectura Dantis, in: W. Haug/R. Warning (eds.), Das Fest, München 1989 (Poetik und Hermeneutik XIV), 64–91, ferner in: ders., Wege des Verstehens, München 1994, 147–180; E. H. Kantorowicz, The King's Two Bodies. A Study in Mediaeval Political Theology, Princeton N. J. 1957, ²1966, 1997, bes. 451–495 (Kap. 8) (dt. Die zwei Körper des Königs. Eine Studie zur politischen Theologie des Mittelalters, München 1990, ²1994, bes. 444–486, Stuttgart 1992, bes. 451–493); H. Kelsen, Die Staatslehre des D. A., Wien/Leipzig 1905 (Wiener staatswiss. Stud. VI/3); R. Lansing, From Image to Idea. A Study of the Simile in D.'s »Commedia«, Ravenna 1977; ders. (ed.), D.. The Critical Complex, I–VIII, New York/London 2003; J. Le Goff, La naissance du purgatoire, Paris 1981, 1996, bes. 449–479, ferner in: ders., Un autre Moyen Âge, Paris 1999, bes. 1175–1202 (Kap. 10) (dt. Die Geburt des Fegefeuers, Stuttgart 1984, Darmstadt 1989, mit Untertitel: Vom Wandel des Weltbildes im Mittelalter, München 1990, ²1991, bes. 407–434); U. Leo, Sehen und Wirklichkeit bei D.. Mit einem Nachtrag über das Problem der Literaturgeschichte, Frankfurt 1957 (Analecta Romanica IV); K. Ley, D. als Wissenschaftler. Die »Quaestio de aqua et terra«, Dt. D.-Jb. 58 (1983), 41–71; A. de Libera, Penser au Moyen Âge, Paris 1991, 1996, bes. 268–298, 334–337 (dt. Denken im Mittelalter, München 2003, bes. 202–222, 247–249); O. Lieberknecht, Allegorese und Philologie. Überlegungen zum Problem des mehrfachen Schriftsinns in D.s »Commedia«, Stuttgart 1999; D. Lüddecke, Das politische Denken D.s. Überlegungen zur Argumentation der »Monarchia« D. A.s, Neuried 1999; E. Malato, D., Rom 1999; M. Mansen, »Denn auch D. ist unser!« Die deutsche D.rezeption 1900–1950, Tübingen 2003; J. A. Mazzeo, Structure and Thought in the »Paradiso«, Ithaca N.Y. 1958, New York 1968; ders., Medieval Cultural Tradition in D.'s »Comedy«, Ithaca N.Y. 1960, New York 1968; P.V. Mengaldo, Linguistica e retorica di D., Pisa 1978; E. Moore, Studies in D., I–IV, Oxford 1896–1917 (repr. 1968–1969); B. Nardi, Saggi di filosofia dantesca, Mailand 1930, Florenz ²1967; ders., D. e la cultura medievale. Nuovi saggi di filosofia dantesca, Bari 1942, ²1949, ed. P. Mazzantini, Rom/Bari 1983, ²1990; ders., Nel mondo di D., Rom 1944; ders., Dal »Convivio« alla »Commedia« (Sei saggi danteschi), Rom 1960 (Istituto Storico Italiano per il Medio Evo, Studi Storici XXXV–XXXIX) (repr. 1992 [Istituto Storico Italiano per il Medio Evo, Nuovi Studi Storici XVIII]); ders., Saggi e note di critica dantesca, Mailand/Neapel 1966; ders., »Lecturae« e altri studi danteschi, ed. R. Abardo, Florenz 1990 (Quaderni degli »Studi danteschi« VI); A. F. Ozanam, D. et la philosophie catholique au treizième siècle, Paris 1839, erw. ²1845, Löwen 1847, als: Œuvres complètes VI, Paris ³1855, ⁷1895 (dt. D. und die katholische Philosophie des dreizehnten Jahrhunderts, Münster 1844, 1858); R. Palgen, Werden und Wesen der »Komödie« D.s, Graz/Wien/Köln 1955; E. Pasquini, D. e le figure del vero. La fabbrica della »Commedia«, Mailand 2001; J. Pépin, D. et la tradition de l'allégorie (Conférence Albert-le-Grand 1969), Montréal/Paris 1970 [ersch. 1971]; D. Perler, D., REP I (1998), 181–185; G. Petrocchi, Itinerari danteschi, Bari 1969, ed. C. Ossola, Mailand 1994; ders., Vita di D., Rom/Bari 1983, ³1990, 2001; A. Pézard, Le »Convivio« de D.. Sa lettre, son esprit, Paris 1940; ders., ›La rotta gonna‹. Gloses et corrections aux textes mineurs de D., I–III, Florenz/Paris 1967–1979; ders., Dans le sillage de D., Paris 1975; M. Picone (ed.), D. e le forme dell'allegoresi, Ravenna 1987; M. P. Pozzato (ed.), L'idea deforme. Interpretazioni esoteriche di D., Mailand 1989 (mit Einleitung v. U. Eco, 9–37); U. Prill, D., Stuttgart/Weimar 1999 (mit Bibliographie, 203–233); G. Rabuse, Der kosmische Aufbau der Jenseitsreiche D.s. Ein Schlüssel zur »Göttlichen Komödie«, Graz/Köln 1958; ders., Gesammelte Aufsätze zu D.. Als Festgabe zum 65. Geburtstag des Verfassers, ed. E. Kanduth/F. P. Kirsch/S. Loewe, Wien/Stuttgart 1976; A. Renaudet, D. humaniste, Paris 1952; P. Renucci, D. disciple et juge du monde gréco-latin, Clermont-Ferrand, Paris 1954; ders., D., Paris 1958, 1963; H. Rheinfelder, D.-Studien, ed. M. Roddewig, Köln/Wien 1975; T. Ricklin, L'image d'Albert le Grand et de Thomas d'Aquin chez D. A., Rev. thom. 105 (1997), 129–142; E.v. Roon-Bassermann, D. und Aristoteles. Das »Convivio« und der mehrfache Schriftsinn, Freiburg 1956; A. Rüegg, Die Jenseitsvorstellungen vor D. und die übrigen literarischen Voraussetzungen der »Divina Commedia«. Ein quellenkritischer Kommentar, I–II, Einsiedeln/Köln 1945; V. Russo, Saggi di filologia dantesca, Neapel 2000; F. W. J. Schelling, Über D. in philosophischer Beziehung (1803), in: Werke III, ed. M. Schröter, München 1927 (repr. 1958), 572–583, ferner in: H. Friedrich (ed.), D. A. [s.o.], 16–26; A. W. Schlegel, Über die »Göttliche Komödie« (1791), in: Sämmtl. Werke III, ed. E. Böcking, Leipzig 1846 (repr. Hildesheim/New York 1971), 199–230; C. Segre, La sintassi del periodo nei primi prosatori italiani (Guittone, Brunetto, D.), Atti della Accad. Nazionale dei Lincei. Memorie, cl. di scienze morali, storiche e filologiche, ser. 8/4 (1952), 41–193, bes. 154–189, ferner in: ders., Lingua, stile e società. Studi sulla storia della prosa italiana, Mailand 1963, erw. ²1974, 79–270, bes. 227–270; C. S. Singleton, An Essay on the »Vita nuova«, Cambridge Mass. 1949, Baltimore Md./London 1977; ders., »Commedia«. Elements of Structure (D. Studies I), Cambridge Mass. 1954, Baltimore Md./London 1977; ders., Journey to Beatrice (D. Studies II), Cambridge Mass. 1958, Baltimore Md./London 1977; L. Spitzer, Bemerkungen zu D.s »Vita nuova«, İstanbul Üniversitesi Edebiyat Fakültesi yayınlarından/Publications de la faculté des lettres de l'Université d'Istanbul 2 (1937), 162–208; ders., The ›Ideal Typology‹ in D.'s »De vulgari eloquentia«, Italica 32 (1955), 75–94; ders., Romanische Literaturstudien 1936–1956, Tübingen 1959, bes. 544–595; J. Splett (ed.), Höllenkreise – Himmelsrose. Dimensionen der Welt bei D., Idstein 1994; T. Spoerri, D. und die europäische Literatur. Das Bild des Menschen in der Struktur der Sprache, Stuttgart 1963; K. Stierle, Selbsterhaltung und Verdammnis. Individualität in D.s »Divina Commedia«, in: M. Frank/A. Haverkamp (eds.), Individualität, München 1988 (Poetik und Hermeneutik XIII), 270–290; ders., Der Schrecken der Kontingenz – Ein verborgenes Thema in D.s »Commedia«, in: B. Greiner/M. Moog-Grünewald (eds.), Kontingenz und Ordo. Selbstbegründung des Erzählens in der Neuzeit, Heidelberg 2000, 29–46; R. Stillers, Trecento, in: V. Kapp (ed.), Italienische Literaturgeschichte, Stuttgart/Weimar 1992, ^{2}1994, 30–87, bes. 34–45; T. Suarez-Nani, D. ou la convergence des arts et de la science, in: I. Craemer-Ruegenberg/A. Speer (eds.), ›Scientia‹ and ›ars‹ im Hoch- und Spätmittelalter I, Berlin/New York 1994 (Miscellanea Mediaevalia XXII/1), 126–142; P. Toynbee, D. Studies and Researches, London 1902; A. Vallone, D., Mailand 1971, ^{2}1981; ders., La critica dantesca nel Novecento, Florenz 1976; ders., Storia della critica dantesca dal XIV al XX secolo, I–II, Padua 1981; C. Vasoli, Otto saggi per D., Florenz 1995 (Quaderni degli »Studi danteschi« IX); K. Vossler, Die »Göttliche Komödie«. Entwicklungsgeschichte und Erklärung, I–II, Heidelberg 1907/1910, überarb. ohne Untertitel: Heidelberg ^{2}1925; H. Weinrich, D. und Faust, in: G. Smith/H. M. Emrich (eds.), Vom Nutzen des Vergessens, Berlin 1996, 105–131; ders., Lethe. Kunst und Kritik des Vergessens, München 1997, ^{3}2000, bes. 40–57 (Kap. II/5); C. Wetzel, D. A., Salzburg 1979 (Die großen Klassiker II); K. Witte, D.-Forschungen, I–II, Heilbronn 1869/1879; N. Zingarelli, La vita, i tempi e le opere di D., I–II, Mailand ^{3}1931, 1948. – Letture dantesche, I–III, ed. G. Getto, Florenz 1955–1961 u. ö., in einem Bd., 1964; Nuove letture dantesche, ed. Casa di D. in Roma, I–VIII, Florenz 1966–1976; Letture Classensi, I–XXXI, ed. Comune di Ravenna, Opera di D., Ravenna 1966 ff.; Lectura Dantis Scaligera (Centro Scaligero di Studi Danteschi), I–III, ed. M. Marcazzan/S. Pasquazi, Florenz 1967–1968; Lectura Dantis Turicensis, ed. G. Güntert/M. Picone, I–III, Florenz 2000–2002. – Annual Report of the D. Society (seit 1882) [darin seit 1896: American D. Bibliography], später in: D. Studies. With the Annual Report of the D. Society (seit 1966); Bull. della Società Dantesca Italiana (1890–1921); Jb. Dt. D.-Ges. (1867–1877), fortgesetzt in: Dt. D.-Jb. (seit 1920) [darin seit 1973: Dt. D.-Bibliographie]; L'A. (1889–1893), später unter dem Titel: Giornale dantesco (1894–1943); L'A.. Rassegna bibliografica dantesca (seit 1960), seit 2002 unter dem Titel: L'A.. Rassegna dantesca; Studi danteschi (seit 1920). T. G.

Danto, Arthur Coleman, *Ann Arbor Mich., 1. Jan. 1924, amerik. Philosoph. 1949–1952 Studium der Philosophie an der Wayne State University und an der Columbia University, seit 1952 Member of Faculty, seit 1975 Prof. der Philosophie an der Columbia University. In der ↑Handlungstheorie (What We Can Do, 1963; Basic Actions, 1965; Analytical Philosophy of Action, 1973) definiert D. ↑Basishandlungen als Handlungen, die nicht durch die Ausführung einer anderen Handlung der gleichen Person verursacht werden. Sie stellen handlungstheoretische Analoga zu den Referenten von Basissätzen in der Erkenntnistheorie dar: ohne das Gegebensein von Basishandlungen gäbe es gar keine Handlungen, so wie ohne unmittelbare Gegebenheiten der Erfahrung der Erkenntnisprozeß nicht in Gang komme. Gegen D.s Definition wurde zwar eingewandt, er habe den Begriff zu Unrecht an die Abwesenheit eines *kausalen* Verhältnisses gebunden, da manche komplexe Handlungen durch Relationen anderer, etwa konventioneller, Art konstituiert würden. Doch die Grundidee einer analytisch isolierbaren, von allen anderen Beschreibungen vorausgesetzten Schicht des Handelns wurde in vielen Varianten der Handlungstheorie, sowohl in ihrer ›intentionalistischen‹ Variante (G. H. v. Wright, Explanation and Understanding, 1971) als auch in ihrer kausalen Version bei A. J. Goldman (A Theory of Human Action, 1970) und D. Davidson (Agency, 1971) aufgenommen. Sie wirft in prägnanter Form die Frage nach dem ontologischen Status von Handlungsbeschreibungen auf: ob die Unterscheidung in Basis- und komplexe Handlungen zwei ontologisch gleichrangige Kategorien benennt oder ob nicht erstere die einzigen wahren Handlungen, letztere lediglich deren Folgen seien.

Am nachhaltigsten hat D. die neuere Ästhetik (↑ästhetisch/Ästhetik) geprägt. Seine in »The Transfiguration of the Commonplace« (1981) entwickelte Kunsttheorie nimmt die Herausforderung auf, die die moderne Kunst von M. Duchamp bis A. Warhol für die Ästhetik darstellt. ›Ready-Mades‹ und Pop-Art lassen es unplausibel erscheinen, daß sich Kunst durch Bedingungen definieren läßt, die den Inhalt der Werke oder die Erfahrung der Rezipienten betreffen. Gegen die Familienähnlichkeitstheorie von M. Weitz (The Role of Theory in Aesthetics, J. Aesthetics Art Criticism 15 (1956), 27–35 [dt. Die Rolle der Theorie in der Ästhetik, in: W. Henckmann (ed.), Ästhetik, Darmstadt 1979, 193–208]) und die institutionelle Theorie von G. Dickie (Defining Art, Amer. Philos. Quart. 6 (1969), 253–256; ders., Art and the Aesthetic. An Institutional Analysis, Ithaca N. Y./London 1974) argumentiert D., daß zur Kunst wesentlich die Eigenschaft der ›aboutness‹ gehört. Kunstwerke haben notwendigerweise ein Sujet, auch bei modernen, inhaltsleer erscheinenden Werken, deren Gegenstand sich als die semantische Struktur der Kunst selbst erweist. Solche reflexiv gewordene Kunstwerke lassen die Kunst philosophisch werden. Diese Bestimmung hat ontologische Folgen: Objekte werden erst durch Interpretationen, in erster Linie durch die ›künstlerische Identifikation‹ eines Fokus und einer im Ausgang davon konstruierten Struktur, zu Kunstwerken. Ein Werk umfaßt daher nur gewisse auf diese Weise herausgegriffene Elemente seines Trägers. Schließlich sind Kunstwerke von anderen Repräsentationen dadurch unterschieden, daß sie Formen des ›Ausdrucks‹, d. h. metaphorische Gebilde sind, zu denen die Bezugnahme auf ihre eigene Darstellungs*form* gehört. Der notwendig historische Charakter künstlerischer Darstellungsmittel erklärt den kognitiven Aufwand, den das Verstehen eines Kunstwerkes erfordert. Später gibt D. seiner Ontologie des Kunstwerks eine geschichtsphilosophische Wende und betrachtet Reflexivität als ein historisches Indiz für das ›Ende der Kunst‹. Eine zentrale, ursprünglich auf die ↑Romantik angewandte Figur aus G. W. F. Hegels Ästhetik aufgreifend, beschreibt D. die Pop-Art der 1960er Jahre als Verwirklichung des wahren philosophischen Wesens der Kunst, nach der nur noch die Beliebigkeit der Gegenwartskunst bzw. der ↑›Postmoderne‹ übrig bleibt. Mit Warhols Brillo-Boxes habe die Kunst ein Stadium ihrer Entwicklung erreicht, das ihr erlaubt, die für die Philosophie konstitutive Frage nach dem Unterschied zwischen perzeptuell ununterscheidbaren Gegenständen zu stellen. Damit hebt sich die Kunst in Philosophie auf. Für D. ist Philosophie, wie er in »Connections to the World« (1989) ausführt, im wesentlichen Metaphysik, die immer neu – ob in der Cartesischen Erkenntnistheorie in Gestalt der Unterscheidung zwischen Traum und Realität oder in der Kantischen Moralphilosophie in Gestalt der Unterscheidung zwischen pflichtgemäßem Handeln und Handeln aus Pflicht – die Frage nach dem Unterschied zwischen Sein und Schein stellt.

Werke: What We Can Do, J. Philos. 60 (1963), 435–445; The Artworld, J. Philos 61 (1964), 571–584, Neudr. in: J. Margolis (ed.), Philosophy Looks at the Arts. Contemporary Readings in Aesthetics, Philadelphia Pa. 1978, 132–144, 1987, 154–167; Analytical Philosophy of History, Cambridge 1965, Cambridge/London 1968, rev. unter dem Titel: Narration and Knowledge, New York 1985 (dt. Analytische Philosophie der Geschichte, Frankfurt 1973, 1980); Nietzsche as Philosopher, New York 1965, 1980 (dt. Nietzsche als Philosoph, München 1998); Basic Actions, Amer. Philos. Quart. 2 (1965), 141–148 (dt. Basis-Handlungen, in: G. Meggle [ed.], Analytische Handlungstheorie I (Handlungsbeschreibungen], Frankfurt 1977, 1985, 89–110); Analytical Philosophy of Knowledge, Cambridge/London 1968; What Philosophy Is. A Guide to the Elements, New York 1968, Harmondsworth 1971; Mysticism and Morality. Oriental Thought and Moral Philosophy, New York 1972, 1988 (dt. Mystik und Moral. Östliches und westliches Denken, München 1999); Analytical Philosophy of Action, Cambridge 1973 (dt. Analytische Handlungsphilosophie, Königstein 1979); Jean-Paul Sartre, New York 1975, unter dem Titel: Sartre, Glasgow 1975, London ²1991 (dt. Jean-Paul Sartre, München 1977, Göttingen 1986, 1997); An Answer of Two for Sparshott, J. Aesthetics Art Criticism 35 (1976/1977), 80–82; The Transfiguration of the Commonplace. A Philosophy of Art, Cambridge Mass. 1981 (dt. Die Verklärung des Gewöhnlichen. Eine Philosophie der Kunst, Frankfurt 1984, ²1993); The Philosophical Disenfranchisement of Art, New York 1986 (dt. Die philosophische Entmündigung der Kunst, München 1993); The State of the Art, New York 1987; Santayana's »The Sense of Beauty«. An Introduction, in: G. Santayana, The Works II (The Sense of Beauty. Being the Outlines of Aesthetic Theory), ed. H. J. Saatkamp Jr. u. a., Cambridge Mass./London 1988, XV–XXVIII; Connections to the World. The Basic Concepts of Philosophy, New York 1989, Berkeley Calif. 1997 (dt. Wege zur Welt. Grundbegriffe der Philosophie, München 1999); Encounters & Reflections. Art in the Historical Present, New York 1990, Berkeley Calif. 1997 (dt. Reiz und Reflexion, München 1994); Beyond the Brillo Box. The Visual Arts in Post-Historical Perspective, New York 1992, Berkeley Calif. 1998 (dt. Kunst nach dem Ende der Kunst, München 1996); Metaphor and Cognition, in: F. R. Ankersmit/J. J. A. Mooij (eds.), Knowledge and Language III (Metaphor and Knowledge), Dordrecht/Boston Mass./London 1993, 21–35; Embodied Meanings. Critical Essays & Aesthetic Meditations, New York 1994; Playing with the Edge. The Photographic Achievement of Robert Mapplethorpe, Berkeley Calif. 1996; After the End of Art. Contemporary Art and the Pale of History, Princeton N. J. 1997 (dt. Das Fortleben der Kunst, München 1999); Philosophizing Art. Selected Essays, Berkeley Calif. 1999; The Body/Body Problem. Selected Essays, Berkeley Calif. 1999.

Literatur: A. Baier, The Search for Basic Actions, Amer. Philos. Quart. 8 (1971), 161–170 (dt. Auf der Suche nach Basis-Handlungen in: G. Meggle [ed.], Analytische Handlungstheorie I [Handlungsbeschreibungen], Frankfurt 1977, 1985, 137–162); G. Borradori, Conversazioni americane con W. O. Quine, D. Davidson, H. Putnam, R. Nozick, A. C. D., R. Rorty, S. Cavell, A. MacIntyre, Th. S. Kuhn, Bari 1991 (engl. The American Philosopher. Conversations with Quine, Davidson, Putnam, Nozick, D., Rorty, Cavell, MacIntyre, and Kuhn, Chicago Ill./London 1994); M. Brand, D. on Basic Actions, Noûs 2 (1968), 187–190; D. Carrier (ed.), D. and His Critics. Art History, Historiography and After the End of Art, Middletown Conn. 1998; N. Carroll, D.'s New Definition of Art and the Problem of Art Theories, Brit. J. Aesth. 37 (1997), 386–392; D. Chateau, La question de la question de l'art. Note sur l'esthétique analytique. D., Goodman et quelques autres, Saint-Denis 1994; D. Davidson, Agency, in: R. Binkley/R. Bronaugh/A. Marras (eds.), Agent, Action and Reason, Toronto 1971, 3–25, Neudr. in: ders., Essays on Actions and Events, Oxford 1980, 43–62 (dt. Handeln, in: G. Meggle [ed.], Analytische Handlungstheorie I [s. o.], 298–307); A. I. Goldman, A Theory of Human Action, Englewood Cliffs N. J. 1970, Princeton N. J. 1976; M. Hauskeller, Was ist Kunst? Positionen der Ästhetik von Platon bis D., München 1998; D. Herwitz, Making Theory/Constructing Art. On the Authority of the Avant-Garde, Chicago Ill./London 1993; B. Lang (ed.), The Death of Art, New York 1984; J. Margolis, Ontology Down and Out in Art and Science, J. Aesthetics Art Criticism 46 (1987/1988), 451–460; J. R. Martin, Basic Actions and Simple Actions, Amer. Philos. Quart. 9 (1972), 59–68 (dt. Basis-Handlungen und einfache Handlungen, in: G. Meggle [ed.], Analytische Handlungstheorie I [s. o.], 111–136); M. Rollins (ed.), D. and His Critics, Oxford/Cambridge Mass. 1993; C. Sartwell, Aesthetic Dualism and the Transfiguration of the Commonplace, J. Aesthetics Art Criticism 46 (1987/1988), 461–467; W. Schiffer, Theorien der Geschichtsschreibung und ihre erzähltheoretische Relevanz (D., Habermas, Baumgartner, Droysen), Stuttgart 1980; F. E. Sparshott, Some Questions for D., J. Aesthetics Art Criticism 35 (1976/1977), 79–80; F. Stoutland, Basic Actions and Causality, J. Philos. 65 (1968), 467–475; A. Thommes, Was ist Kunst? Ein philosophisches Gespräch über Aristoteles, Leonardo, D. und andere(s), St. Augustin 1998; G. H. v. Wright, Explanation and Understanding, London, Ithaca N. Y. 1971, Ithaca N. Y. 1993 (dt. Erklären und Verstehen, Frankfurt 1974, 1991). N. R.

Darii, in der traditionellen ↑Syllogistik Merkwort für das Schlußschema (↑Schluß, den syllogistischen ↑Modus) *MaP, SiM* ≺ *SiP* (›alle *M* sind *P*‹ und ›einige *S* sind *M*‹ impliziert ›einige *S* sind *P*‹), in moderner quantorenlogischer (↑Quantorenlogik) Schreibweise:

$$\bigwedge_x(M(x) \to P(x)), \bigvee_x(S(x) \land M(x)) \prec \bigvee_x(S(x) \land P(x)).$$

Es handelt sich um einen der vier Modi vollkommener Syllogismen (↑Syllogismus, vollkommener) der ersten syllogistischen Schlußfigur. P. S.

darśana (sanskr., Sehen, Schau, Prüfung, Auffassung, Lehre), der indische Terminus für ›Philosophie‹ (↑Philosophie, indische), oft auch enger für ›philosophischer Standpunkt‹, ›Lehrmeinung‹ oder für eines der in der üblichen Zählung sechs orthodoxen, d. h. den ↑Veda anerkennenden, Systeme der klassischen indischen Philosophie: die Mīmāṃsā, den Vedānta, das Sāṃkhya, den Yoga, den Nyāya und das Vaiśeṣika. Im Jainismus (↑Philosophie, jainistische) ist der auf Erkenntnis bezogene, wenngleich vor der Erlösung noch durch eingedrungenes ↑karma an seiner Verwirklichung behinderte Anteil des ein Einzelwesen (↑jīva) charakterisierenden Bewußtseins in d. (= intuitives Schauen) und jñāna i. e. S. (= diskursives Wissen) eingeteilt. Rechtes Schauen (samyag d.), das ohne Subjekt-Objekt-Unterschiedenheit auftritt, geht dabei dem stets sowohl auf sich als auch auf den Erkenntnisgegenstand bezogenen rechten Wissen voraus. Daneben artikuliert d. auch die Erfahrung der Identität von ↑ātman und ↑brahman auf der vierten Stufe des ›Weges des Wissens‹ (jñāna-mārga) im Advaita-↑Vedānta, wie sie im Zustand der Tieftrance (↑samādhi) erreicht ist.

Literatur: K. K. Banerjee, The Nature of Philosophy. An Analysis of the Concept of d.. Proceedings of the Delhi Philosophical Colloquium Oct. 10–19, 1962, 89–95; I. K. Watson, Hindu Metaphysics and Its Philosophies. Śruti and d., Int. Philos. Quart. 18 (1978), 413–432. K. L.

darstellbar/Darstellbarkeit, ↑Darstellung (logisch-mengentheoretisch).

Darstellung (logisch-mengentheoretisch), Bezeichnung für die Grundbeziehung der Abstraktionstheorie. Durch den als ↑Abstraktion bezeichneten Übergang von Aussagen $A(a)$, ... über Objekte $a, b, c, ...$ mit einer zwischen ihnen erklärten ↑Äquivalenzrelation ~ zu Aussagen $A(\bar{a})$, ... mittels des ↑Abstraktionsschemas

$$A(\bar{x}) \leftrightharpoons \bigwedge_y(x \sim y \to A(y))$$

wird die Rede über die ›abstrakten Objekte‹ $\bar{a}, \bar{b}, \bar{c}, ...$ eingeführt. Stehen zwei Objekte a, b des Ausgangsbe-reichs in der Beziehung $a \sim b$, so dürfen die entsprechenden abstrakten Objekte $\bar{a}$ und $\bar{b}$ nach der Frege–Leibnizschen Erklärung der ↑Identität ›gleich‹ heißen; man sagt, daß a und b dasselbe Objekt $\bar{a}$ (oder gleichwertig: $\bar{b}$) ›darstellen‹, d. h. ›D.en‹ von $\bar{a}$ bzw. $\bar{b}$ sind. In diesem Sinne werden (bezüglich der logischen Äquivalenz) ↑Sachverhalte durch Aussagen und ↑Tatsachen durch wahre Aussagen dargestellt, ferner (bezüglich Synonymität [↑synonym/Synonymität] in einem gegebenen Regelsystem) ↑Begriffe und Beziehungen durch ein- bzw. mehrstellige Aussageformen, schließlich (bezüglich der durch

$$R(A, B) \leftrightharpoons \bigwedge_x(A(x) \leftrightarrow B(x))$$

gegebenen Relation) ↑Mengen durch einstellige Aussageformen.
Die D.sbeziehung ist entscheidend für die Präzisierung der Konstruktivität (↑konstruktiv/Konstruktivität) von Mengen, Begriffen, Beziehungen usw.: Eine Menge (ein Begriff, eine Beziehung) ist dann und nur dann konstruktiv zulässig, wenn eine D. effektiv angegeben werden kann. – Abweichend von diesem Sprachgebrauch bezeichnet man in der ↑Metamathematik als ›arithmetische D.‹ einer Menge M von Zahlen eine einstellige Aussageform $A(x)$ des ↑Peano-Formalismus von der Art, daß für jedes n in der konstruktiven Arithmetik (↑Arithmetik, konstruktive) $A(n)$ genau dann gilt, wenn $n \in M$ ist. Entsprechend heißt eine Formel $A(x_1, ..., x_r)$ des Peano-Formalismus eine arithmetische D. einer Relation R unter Zahlen, wenn

$$\bigwedge_{n_1, ..., n_r}(n_1, ..., n_r \in R \leftrightarrow A(n_1, ..., n_r))$$

konstruktiv gilt.

Literatur: P. Lorenzen, Gleichheit und Abstraktion, Ratio 4 (1962), 77–81, Neudr. in: ders., Konstruktive Wissenschaftstheorie, Frankfurt 1974, 190–198; ders., Metamathematik, Mannheim 1962, Mannheim/Wien/Zürich ²1980 (franz. Métamathématique, Paris/La Haye, 1967). C. T.

Darstellung (semiotisch) (lat. repraesentatio), Vollzug von Zeichenhandlungen oder deren Ergebnis. Demnach sind D.shandlungen *semiotische Handlungen,* als deren Realisat entweder der unmittelbare *Vorgang* der semiotischen Handlung selbst (performance) auftritt oder das *Ergebnis* der D.shandlung als ein beständiger, dinglicher Gegenstand, als eine ↑Marke. Insofern D.en eigens produziert und rezipiert werden und damit einen Bezug auf ihre Verwender haben, sind sie als *pragmatisch* zu bezeichnen; *semantisch* nehmen sie Bezug auf etwas (nicht allein außerhalb ihrer selbst), auf das Dargestellte, sie haben ↑Bedeutung; *syntaktisch* sind D.en Handlungen eigenen Rechts. Sie stiften also einen Zusammenhang, versehen mit Sach- und Personenbezug; ihrer

Struktur nach läßt sich eine D. aus Zeichen (↑Zeichen (semiotisch)) als ihren Teilen aufbauen. Zu unterscheiden sind künstlerische, technische und wissenschaftliche D.en. Ihre jeweiligen Verfahren sind unterschiedlich funktionsbestimmt. Hinsichtlich ihrer transsubjektiven (↑transsubjektiv/Transsubjektivität) Verwendbarkeit für eine *vollziehende Praxis* werden technische wie wissenschaftliche D.sverfahren in der Regel (teil-)normiert; künstlerische dagegen dienen vornehmlich dem Erkunden auf dem gesamten Gebiet der D. und sind in diesem Sinne für eine *aneignende Praxis* als explorativ zu bezeichnen.

Als wissenschaftliche Tätigkeit wird D. von ↑Forschung unterschieden (z.B. bei K. Marx, M. Weber, O. Külpe, K. Bühler): ›Allerdings muss sich die D.sweise formell von der Forschungsweise unterscheiden‹ (Marx); der Beginn der Forschung ist zufällig und beliebig, der Beginn der D. notwendig. In der neueren wissenschaftstheoretischen Diskussion wird die Gegenüberstellung von Forschung und D. als ›Entdeckungszusammenhang‹ (context of discovery) und ›Rechtfertigungszusammenhang‹ (context of justification, ↑Entdeckungszusammenhang/Begründungszusammenhang) im Anschluß an G. Frege, der an die Leibnizsche Unterscheidung von ↑ars inveniendi und ↑ars iudicandi anknüpft, von H. Reichenbach, K. R. Popper und C. G. Hempel aufgenommen und von W. V. O. Quine kritisiert. Darüber hinaus wird die Unterscheidung von D. und Forschung zur Auflösung des hermeneutischen Zirkels (↑Zirkel, hermeneutischer) und zur Kennzeichnung wissenschaftstheoretischer Positionen herangezogen.

Im technisch-wissenschaftlichen wie künstlerischen Bereich zeigt sich, daß die Verfahren der D. zeitlichen Veränderungen unterworfen sind, die sich der Voraussagbarkeit weitgehend entziehen. Dies heiße der *historisch-genetische* Aspekt; die Forschung über die D. selbst im Hinblick auf ihren Aufbau heiße der (*logisch-*)*systematische* Aspekt der D.. Um D.sformen (modi) geht es in der Kunstwissenschaft etwa dann, wenn invariante Rede über D.en hergestellt werden soll unter Absehung ihrer thematischen, individuell-künstlerischen und speziell-nationalen Unterschiede. Solche abstraktiv gewonnenen ›Grundformen‹ (H. Wölfflin) in der Malerei sind z.B. linear/malerisch. In diesen Zusammenhang fügen sich die Analysen E. H. Gombrichs über die Rolle von Konventionen in der Herstellung und beim Verstehen bildlicher D.en ein. In den semiotisch und zugleich historisch im weiteren Sinne orientierten Wissenschaften hat sich eine einheitliche Terminologie bisher nicht durchsetzen können. Die in den 1970er Jahren in den Kognitionswissenschaften einsetzende Imagery-Debatte belegt die Notwendigkeit einer wissenschaftstheoretischen disziplinübergreifenden Klärung des D.s- bzw. Repräsentationsbegriffs (↑Repräsentation, mentale).

Geht man davon aus, daß es keine zeichenfreie Datenbasis und keine medienfreie Zeichenbasis gibt und daß somit nicht die Wirklichkeit über die Geltung (z.B. Wahrheit) von D.en, sondern deren Geltung (z.B. Wahrheit) darüber entscheidet, was wirklich ist, so werden Ausdrücke wie ›realistische D.‹ verständlich, mit denen D.sverfahren zu kennzeichnen und zu beurteilen sind. Da bei der D. z.B. eines Mannes niemals die Gesamtheit seiner Eigenschaften dargestellt werden kann, diese D. vielmehr vom D.sinteresse, vom gewählten Medium wie von den D.sverfahren abhängt, bleibt die Forderung nach ›Wirklichkeitsnähe‹ in der Diskussion um den semiotischen Realismus – vor allem im 19. und 20. Jh. – auf einen verbindlichen Begriff der Wirklichkeit und damit auf die Norm für das, was als realistisch gelten soll, bezogen. Statt einen von semiotischen Handlungsmitteln im wesentlichen freien Zugang zur Wirklichkeit erreichen zu können, sind wir darauf angewiesen, uns erst mit Hilfe bestimmter *handlungsmäßig orientierter* Umgangsformen Wirklichkeit zur Verfügung zu stellen und dann darauf mit bestimmten *semiotischen* Formen als D.smedien aufzubauen.

Literatur: E. Auerbach, Mimesis. Dargestellte Wirklichkeit in der abendländischen Literatur, Bern 1946, erw. ²1959, Bern/Stuttgart ⁸1988, Tübingen ⁹1994; D. G. Bobrow/A. Collins (eds.), Representation and Understanding. Studies in Cognitive Science, New York/San Francisco Calif./London 1975; K. Bühler, Sprachtheorie. Die D.sfunktion der Sprache, Jena 1934, Stuttgart ²1965, 1999 (engl. Theory of Language. The Representational Function of Language, Amsterdam/Philadelphia Pa. 1990); P. M. Churchland, A Neurocomputational Perspective. The Nature of Mind and the Structure of Science, Cambridge Mass./London 1989, 1993; R. Cummins, Meaning and Mental Representation, Cambridge Mass. 1989, 1995; ders., Representation, in: J. Dancy/E. Sosa (eds.), A Companion to Epistemology, Oxford/Cambridge Mass. 1992, 441–445; L. Danneberg/J. Niederhauser (eds.), D.sformen der Wissenschaften im Kontrast. Aspekte der Methodik, Theorie und Empirie, Tübingen 1998; C. Z. Elgin, With Reference to Reference, Indianapolis Ind./Cambridge Mass. 1983; dies. (ed.), Nelson Goodman's Philosophy of Art, New York/London 1997; dies. (ed.), Nelson Goodman's Theory of Symbols and Its Applications, New York/London 1997; L. Embree, The Phenomenology of Representational Awareness, Human Stud. 15 (1992), 301–311; H. R. Fischer/S. J. Schmidt (eds.), Wirklichkeit und Welterzeugung. In memoriam Nelson Goodman, Heidelberg 2000; J. Fodor, Psychosemantics. The Problem of Meaning in the Philosophy of Mind, Cambridge Mass./London 1987, 1993; B. Freed/A. Marras/P. Maynard (eds.), Forms of Representation. Proceedings of the 1972 Philosophy Colloquium of the University of Western Ontario, Amsterdam/Oxford 1975; G. Gabriel, Zwischen Logik und Literatur. Erkenntnisformen von Dichtung, Philosophie und Wissenschaft, Stuttgart 1991; H. G. Gadamer, Wahrheit und Methode. Grundzüge einer philosophischen Hermeneutik, Tübingen 1960, erw. ²1965, erw. ⁵1986, 1999 (engl. Truth and Method, London/New York 1975, London ²1989, New York ²1991, 1994; franz. Vérité et méthode. Les grandes lignes d'une herméneutique philosophique, Paris 1976 [unvollst.], 1996 [vollst.]); P. Gehring (ed.), Diagrammatik und Philosophie, Amsterdam 1992; A. Goldmann/D. M. McIver Lopes/G. Sakamoto, Representation, in: M. Kelly (ed.), Encyclopedia of Aesthetics IV, Oxford etc. 1998, 137–148; E. H. Gombrich, Art and Illusion. A Study in the Psychology of Pictorial Representation, London/New York 1960 (dt. Kunst und Illusion. Zur Psychologie der bildlichen Darstellung, Köln 1967, Berlin ⁶2002); ders., The Image and the Eye. Further Studies in the Psychology of Pictorial Representation, Oxford 1982, 1999 (dt. Bild und Auge. Neue Studien zur Psychologie der bildlichen Darstellung, Stuttgart 1984); ders./J. Hochberg/M. Black, Art, Perception, and Reality, Baltimore/London 1972, 1994 (dt. Kunst, Wahrnehmung, Wirklichkeit, Frankfurt 1977, 1994); N. Goodman, Languages of Art. An Approach to a Theory of Symbols, Indianapolis Ind. 1968, ²1976, 1992 (dt. Sprachen der Kunst. Ein Ansatz zu einer Symboltheorie, Frankfurt 1973, mit Untertitel: Entwurf einer Symboltheorie, 1995, 1998); B. J. Hafner, D.. Die Entwicklung des D.sbegriffs von Leibniz bis Kant und sein Anfang in der antiken Mimesis und der mittelalterlichen Repraesentatio, Düsseldorf 1974; C. L. Hart Nibbrig (ed.), Was heißt ›Darstellen‹?, Frankfurt 1994; M. B. Helfer, The Retreat of Representation. The Concept of ›D.‹ in German Critical Discourse, Albany N. Y. 1996; G. Hermerén, Representation and Meaning in the Visual Arts. A Study in the Methodology of Iconography and Iconology, Lund 1969; G. Heyer/J. Krems/G. Görz (eds.), Wissensarten und ihre Darstellung. Beiträge aus Philosophie, Psychologie, Informatik und Linguistik, Berlin etc. 1988; R. Hopkins, Picture, Image and Experience. A Philosophical Inquiry, Cambridge 1998; R. D. Hopkins, Depiction, REP II (1998), 892–896; P. Köhler, Der Begriff der Repräsentation bei Leibniz. Ein Beitrag zur Entstehungsgeschichte seines Systems, Bern 1913; H. Koller, Die Mimesis in der Antike. Nachahmung, D., Ausdruck, Bern 1954; O. Külpe, Die Realisierung. Ein Beitrag zur Grundlegung der Realwissenschaften, I–III, Leipzig 1912–1923; ders., Vorlesungen über Logik, Leipzig 1923; D. Lopes, Understanding Pictures, Oxford 1996; J.-F. Lyotard, Le différend, Paris 1983, 1994 (dt. Der Widerstreit, München 1987, ²1989; engl. The Differend. Phrases in Dispute, Manchester, Minneapolis Minn. 1988); S. Mahrenholz, Musik und Erkenntnis. Eine Studie im Ausgang von Nelson Goodman's Symboltheorie, Stuttgart/Weimar 1998, ²2000; E. Marbach, Mental Representation and Consciousness. Towards a Phenomenological Theory of Representation and Reference, Dordrecht/Boston Mass. 1993; ders., Re-Presentation, in: L. Embree u. a. (eds.), Encyclopedia of Phenomenology, Dordrecht/Boston Mass./London 1997, 603–609; C. F. Nodine/ D. F. Fisher (eds.), Perception and Pictorial Representation, New York 1979; D. Novitz, Pictures and Their Use in Communication, The Hague 1977; D. Papineau, Reality and Representation, Oxford 1987; H. Putnam, Representation and Reality, Cambridge Mass./London 1988 (franz. Représentation et réalité, Paris 1990; dt. Repräsentation und Realität, Frankfurt 1991, 1999); K. Sachs-Hombach (ed.), Bilder im Geiste. Zur kognitiven und erkenntnistheoretischen Funktion piktorialer Repräsentationen, Amsterdam/Atlanta 1995; H. J. Sandkühler (ed.), Repräsentation und Modell. Formen der Welterkenntnis, Bremen 1989; E. Scheerer u. a., Repräsentation, Hist. Wb. Ph. VIII (1992), 790–853; D. Schlenstedt, D., in: K. Barck (ed.), Ästhetische Grundbegriffe (ÄGB). Historisches Wörterbuch in sieben Bänden I, Stuttgart/ Weimar 2000, 831–875; H. Schnelle, Zeichensysteme zur wissenschaftlichen Darstellung. Ein Beitrag zur Entfaltung der Ars characteristica im Sinne von G. W. Leibniz, Stuttgart-Bad Cannstatt 1962; M. Seel, Die Kunst der Entzweiung. Zum Begriff der ästhetischen Rationalität, Frankfurt 1985, 1997; G. Sörbom, Mimesis and Art. Studies in the Origin and Early Development of an Aesthetic Vocabulary, Stockholm 1966; U. Theissmann, D. (exhibitio, Hypotypose), Hist. Wb. Ph. II (1972), 11–14; S. Toulmin, Human Understanding I (The Collective Use and Evolution of Concepts), Oxford 1972, 1977 (dt. Menschliches Erkennen I [Kritik der kollektiven Vernunft], Frankfurt 1978, 1983); K. Twardowski, Zur Lehre vom Inhalt und Gegenstand der Vorstellungen. Eine psychologische Untersuchung, Wien 1894 (repr. München 1982); E. Utitz, Bemerkungen zur altgriechischen Kunsttheorie, Berlin 1959. – Begriff der Repraesentatio im Mittelalter. Stellvertretung, Zeichen, Symbol, Bild (Vorträge der 17. Mediaevistentagung des Thomas-Institutes der Universität Köln 9.–12. September 1970), Berlin/New York 1971 (Miscellanea Mediaevalia VIII). B. P./D. G.

Darwin, Charles (Robert), *The Mount (bei Shrewsbury, England) 9. Febr. 1809, †Down (heute London-Bromley) 19. April 1882, engl. Naturforscher, Begründer der modernen ↑Evolutionstheorie. D. entstammte väterlicherseits einer Familie von Naturforschern und Ärzten, aus der vor allem sein Großvater Erasmus D. hervorragte, der bereits eine Theorie des organischen Wandels entworfen hatte (Zoonomia. Or the Laws of Organic Life, I–II, 1794/1796), wonach Gott die Organismen so erschaffen hatte, daß sie sich im Laufe ihres Lebens in Anpassung an die Umweltbedingungen fortentwickeln und die so erworbenen Eigenschaften an ihre Nachkommen vererben. Das auf Wunsch seines Vaters 1825 in Edinburgh begonnene Medizinstudium brach D. 1827 ab und studierte dann, ohne großes Interesse, wiederum auf väterlichen Wunsch, in Cambridge bis zum Bakkalaureat (1831) Theologie. Schon während des Theologiestudiums an naturwissenschaftlichen, insbes. geologischen und biologischen Problemen interessiert, verschaffte ihm die Empfehlung des Cambridger Botanikprofessors J. S. Henslow einen Platz auf dem Forschungs- und Vermessungsschiff »Beagle«. Die fünfjährige Reise (1831–1836) führte über die Kap-Verdischen Inseln an die Ost- und Westküste des südlichen Amerika, von dort über die Galapagos-Inseln und Tahiti nach Neuseeland; schließlich über Mauritius, Kapstadt, St. Helena und Ascension nach England zurück. Auf dieser Reise erwarb D. umfangreiche naturgeschichtliche Kenntnisse und entwickelte die Grundgedanken seiner Evolutionstheorie. Nach England zurückgekehrt lebte D., gesundheitlich geschwächt, als Privatgelehrter zunächst in Cambridge, dann (ab 1837) in London und schließlich (ab 1842) auf seinem Landsitz Down House in Kent. D. war Mitglied zahlreicher wissenschaftlicher Gesellschaften und Inhaber vieler Auszeichnungen, unter anderem des Ordens Pour le mérite, und erhielt ein Ehrengrab in Westminster Abbey. D.s auf umfassende naturgeschichtliche Kenntnisse gestützte Arbeiten betreffen die Geologie, wo er der von C. Lyell vertretenen Schichtentheorie der Erde (›Uniformitarismus‹) gegenüber der bis dahin akzeptierten ›Katastrophentheorie‹ zum Durchbruch verhalf, ferner die Botanik und Insektenkunde, die ihm die Beschreibung einer Fülle bis dahin unbekannter Arten und wichtige spezielle Untersuchungen verdankt.

Diese an sich schon bedeutenden Arbeiten werden durch die Begründung und Entwicklung der modernen Evolutionstheorie (↑Darwinismus) in den Schatten gestellt. D. hatte seine Forschungsreise im Glauben an die Konstanz der einmal von Gott geschaffenen Arten angetreten. Insbes. zwei Beobachtungen regten ihn zu neuen Überlegungen an: (1) die ungeheure Variation der Arten, die den bisherigen Artbegriff überhaupt in Frage stellte, (2) die Überproduktion an Nachkommen bei gleichzeitiger Konstanz der Individuendichte einer Art in einem Lebensraum. Die Lektüre von T. R. Malthus' »An Essay on the Principle of Population« (London 1803), in dem die Zusammenhänge zwischen Bevölkerungsgröße, Nahrungsmitteln und Elend und die unterschiedlichen Strategien zur Bevölkerungsreduzierung dargestellt werden, brachte bei D. den schon vorher gefaßten Gedanken der ›natürlichen Auslese‹ (natural selection) zur systematischen Ausformung. Vor der sexuellen Selektion (günstige Wahl der Fortpflanzungspartner) und der Fortpflanzung erworbener Eigenschaften (als Theorie heute widerlegt) bildet die natürliche ↑Selektion den Angelpunkt der Evolutionstheorie D.s wie auch ihrer modernen Ausformungen: Danach haben die hinsichtlich Umweltbedingungen und Nahrungsbeschaffung vorteilhaften, vererbbaren Variationen einen Überlebens- und damit Fortpflanzungsvorteil bei Überproduktion von Nachkommen und Konstanz der Nahrungsmittel und Individuendichte vor nicht oder nachteilig variierten Artgenossen, der letztlich zu deren Verdrängung (Aussterben) führen kann. Die von dem Philosophen H. Spencer vorgeschlagene und später von D. übernommene Kennzeichnung dieser Verläufe als ↑›survival of the fittest‹ ist aus biologischer Sicht unglücklich, da es nicht primär auf das *Überleben* von Individuen, sondern auf *Fortpflanzungserfolg* der Art ankommt und die superlativische Formulierung die irrige Ansicht absoluter, weit vom ›Normalen‹ liegender Fitneßkriterien suggeriert, während in Wirklichkeit der Evolutionsprozeß über unscheinbare erbliche Variationen (deren Mechanismus [↑Mutation] D. unbekannt war) mit großer Langsamkeit verläuft. Methodologisch ist an dieser Formulierung zu kritisieren, daß ›survival of the fittest‹, wenn dies ex post, d. h. an der Tatsache des Überlebens, festgestellt wird, tautologisch ist.

Eine erste Fassung seiner Evolutionstheorie trug D. gleichzeitig mit A. R. Wallace, der ähnliche Gedanken entwickelt hatte, erst 20 Jahre nach ihrer Konzeption, der »Linnean Society« vor (1. 7. 1858); 1859 erschien schließlich in London »On the Origin of Species by Means of Natural Selection, or the Preservation of Favoured Races in the Struggle for Life«. D.s weitere Arbeiten zur Evolutionstheorie vertieften die einmal gewonnenen Gesichtspunkte und erweiterten sie auf den Menschen und seine intellektuelle, soziale und moralische Entwicklung.

D.s evolutionstheoretische Forschungsergebnisse und methodologische Ansätze revolutionierten nicht nur die Biologie. Sie enthielten insbes. Sprengstoff für religiöse Dogmen und philosophische Auffassungen, das Leben und die Schöpfung betreffend. Als bezeichnend für alsbald ausbrechende schwere Kontroversen insbes. mit Theologie und Kirche, die auf seiten des Darwinismus in England vor allem von T. H. Huxley und H. Spencer, in Deutschland von E. Haeckel (↑Monismus) ausgetragen wurden und an denen sich D. kaum beteiligte, kann man ansehen, daß in der ersten deutschen Ausgabe des »Origin of Species« D.s Ankündigung »Licht wird auch fallen auf den Menschen und seine Geschichte« fortgelassen wurde. Die innere Dynamik der D.schen Theorie führte zu bedeutsamen Verschiebungen und Veränderungen in Weltbildern und Weltanschauungen – ein Prozeß, der bis heute nicht abgeschlossen ist und immer wieder, vor allem in den USA, für erbitterte politische Kontroversen sorgt. Darüber hinaus beeinflussen evolutionäre methodische Kategorien und Denkmodelle nahezu alle Wissenschaften und das politische Handeln; sie finden neuerdings auch in der Technologie vermehrt Anwendung (↑Evolution).

Werke: C. D.'s gesammelte Werke, I–XVI, Stuttgart 1875–1888, ²1899, 1910; The Collected Papers of C. D., I–II, ed. P. H. Barrett, Chicago Ill./London 1977, 1980; The Works of C. D., I–XXIX, ed. P. H. Barrett/R. B. Freeman, New York, London 1986–1989. – Narrative of the Surveying Voyages of His Majesty's Ships Adventure and Beagle [...] III. Journal and Remarks, ed. R. Fitzroy, London 1839 (repr. New York 1972), separat unter dem Titel: Journal of Researches into the Geology and Natural History of the Various Countries Visited by H. M.S. Beagle [...], London 1839 (repr. Brüssel 1969), unter dem Titel: Journal of Researches into the Natural History and Geology of the Countries Visited during the Voyage of H. M.S. Beagle [...], London ²1845, I–II, New York 1846, unter dem Titel: A Naturalist's Voyage. Journal of Researches [...], London 1879, 1928, unter dem Titel: Journal of Researches, als: The Works of C. D. [s. o.], II–III, gekürzt unter dem Titel: Voyage of the Beagle. C. D.'s Journal of Researches, London/New York 1989 (dt. Reise eines Naturforschers um die Welt, Brunswick 1844, Nachdr. als: Gesammelte Werke [s. o.] I, separat: Stuttgart ²1892, 1899, Leipzig 1909, Leipzig Stuttgart 1962, Frankfurt 1980, Nördlingen 1988); On the Origin of Species by Means of Natural Selection. Or, the Preservation of Favoured Races in the Struggle for Life, London 1859 (repr. Cambridge Mass. 1964, 1966, Brüssel 1969, Cambridge Mass. 1994, 2003, London 2003), ²1860 (repr. London 1947), New York 1860, London ³1861, ⁶1872, New York 1873, rev. London 1876, 1929, ed. G. de Beer, Oxford etc. 1951, unter dem Titel: The Origin of Species, Nachdr. der 1. Aufl. 1859 als: The Works of C. D. [s. o.] XV, Nachdr. der 6. Aufl. 1876 als: The Works of C. D. [s. o.] XVI, Oxford etc. 1998 (dt. Über die Entstehung der Arten im Thier- und Pflanzenreich durch natürliche Züchtung, oder Erhaltung der vervollkommneten Rassen im Kampfe um's Daseyn, Stuttgart 1860, ²1863, unter dem Titel: Über die Entstehung der Arten durch natürliche Zuchtwahl. Oder, die Erhaltung der begünstigten Rassen im Kampfe um's Dasein, ³1867, ⁵1872, Halle, Leipzig 1892, Nachdr. als: Gesammelte Werke [s. o.] II, Leipzig 1909, Stuttgart ⁹1920 [repr. Darmstadt 1988, 1992], unter dem Titel: Die Entstehung der Arten durch natürliche Zuchtwahl, Stuttgart 1963, 2001; franz. De l'origine des espèces. Ou des lois de progrès chez les êtres organisés, Paris 1862, unter dem Titel: L'Origine des espèces au moyen de la sélection naturelle. Ou la lutte pour l'existence dans la nature, Paris 1887, 1997); The Variation of Animals and Plants under Domestication, I–II, London, New York 1868 (repr. Brüssel 1969), London ²1875, New York ²1876, 1883 (repr. Baltimore Md./London 1998), ed. F. Darwin, London 1905, New York 1928, Nachdr. als: The Works of C. D. [s. o.] IX–XX (dt. Das Variiren der Thiere und Pflanzen im Zustande der Domestication, I–II, Stuttgart 1868, ²1873, Nachdr. als: Gesammelte Werke [s. o.] III–IV; franz. De la variation des animaux et des plantes sous l'action de la domestication, I–II, Paris 1868, 1879/1880); The Descent of Man, and Selection in Relation to Sex, I–II, London 1870/1871, London, New York 1871 (repr. Brüssel 1969, Princeton N.J. 1981), separat in 1 Bd.: London ²1874, New York 1875 (repr. New York 1974), I–II, London 1888, Nachdr. als: The Works of C. D. [s. o.] XXI–XXII, New York 1998, London 2004 (dt. Die Abstammung des Menschen und die geschlechtliche Zuchtwahl, Stuttgart 1871, Nachdr. als: Gesammelte Werke [s. o.] V/VI, Leipzig 1895, in 1 Bd. Leipzig 1952, Neudr. unter dem Titel: Die Abstammung des Menschen, Stuttgart 1966, Wiesbaden 1986, 1992, Stuttgart 2002; franz. La descendance de l'homme et la sélection sexuelle, I–II, Paris 1872, ³1881 [repr. Brüssel 1981], 1891); The Expression of the Emotions in Man and Animals, London, New York 1872 (repr. Brüssel 1969), ed. F. Darwin, London, New York ²1890, New York 1955 (repr. Westport Conn. 1969), Chicago Ill. 1965, 1986, Nachdr. als: The Works of C. D. [s. o.] XXIII (mit Vorwort von K. Lorenz), ed. P. Ekman, London, Oxford etc. ³1998, 1999 (dt. Der Ausdruck der Gemüthsbewegungen bei dem Menschen und den Thieren, Stuttgart 1872 [repr. Nördlingen 1986], ²1874, Nachdr. als: Gesammelte Werke [s. o.] VII, unter dem Titel: Der Ausdruck der Gefühle bei Mensch und Tier, ed. U. Beer, Düsseldorf 1964, unter dem Titel: Der Ausdruck der Gemütsbewegungen bei den Menschen und den Tieren, ed. P. Ekman, Frankfurt 2000; franz. L'expression des émotions chez l'homme et les animaux, Paris 1874, ²1890 [repr. Brüssel 1981, Paris 1998], Neudr. Paris 2001); The Foundation of the »Origin of Species«. Two Essays Written in 1842 and 1844 by C. D., ed. F. Darwin, Cambridge 1909 (repr. New York 1969), Nachdr. als: The Works of C. D. [s. o.] X (dt. Die Fundamente zur »Entstehung der Arten«. Zwei in den Jahren 1842 und 1844 verfasste Essays, Leipzig/Berlin 1911); (mit A. R. Wallace) Evolution by Natural Selection, Cambridge 1958 (repr. New York 1971) (dt. Dokumente zur Begründung der Abstammungslehre vor 100 Jahren, ed. G. Heberer, Stuttgart 1959); C. D./T. H. Huxley, Autobiographies, ed. G. de Beer, London etc. 1974, Oxford etc. 1983; C. D.'s Natural Selection. Being the Second Part of His Big Species Book Written from 1856 to 1858, ed. R. C. Stauffer, London/New York 1975, Cambridge etc. 1987; C. D.'s Notebooks. 1863–1844. Geology, Transmutation of Species, Metaphysical Enquiries, ed. P. H. Barrett/P. J. Gautrey/S. Herbert, Cambridge etc., London, Ithaca N. Y. 1987; D.'s Early and Unpublished Notebooks, ed. P. H. Barrett, in: H. E. Gruber, D. on Man [s. u., Lit.], 259–474, separat unter dem Titel: Metaphysics, Materialism and the Evolution of Mind. Early Writings of C. D., ed. P. H. Barrett, Chicago Ill. 1980. – The Life and Letters of C. D.. Including an Autobiographical Chapter, I–III, ed. F. Darwin, London 1887, 1888 (repr. New York 1969), London ²1902, 1908, New York/London 1911, New York 1925, I–II, New York 1959, 1960, Nachdr. als: The Works of C. D. [s. o.] XVII–XVIII (dt. Leben und Briefe von C. D.. Mit einem seine Autobiographie enthaltenden Capitel, als: Gesammelte Werke [s. o.] XIV/2–XVI); The Autobiography of C. D.. With Original Omissions Restored, ed. N. Barlow, London, New York 1958, New York 1969, 1993 (dt. Mein Leben. 1809–1882, Frankfurt/Leipzig 1993); A Calendar of the Correspondence of C. D.. 1821–1882, ed. F. Burkhardt/S. Smith, New York/London 1985, Neudr. Cambridge/New York 1994; C. D.s Briefwechsel mit deutschen Naturforschern. Ein Kalendarium mit Inhaltsangaben, biographischem Register und Bibliographie, ed. T. Junker/M. Richmond, Marburg 1996; The Correspondence of C. D., I–XIII, ed. F. Burkhardt/S. Smith, Cambridge etc. 1985–2002. – Handlist of D. Papers at the University Library Cambridge, Cambridge 1960; R. B. Freeman, The Works of C. D.. An Annotated Bibliographical Handlist, London 1965, Folkestone, Hamden Conn. ²1977.

Literatur: M. Allan, D. and His Flowers. The Key to Natural Selection, London, New York 1977 (dt. D.s Leben für die Pflanzen. Der Schlüssel zur ›Entstehung der Arten‹, Wien/Düsseldorf 1980, Herrsching 1989); D. Amigoni/J. Wallace (eds.), C. D.'s »The Origin of Species«. New Interdisciplinary Essays, Manchester/New York 1995; P. Appleman (ed.), D., New York 1970, ²1979, mit Untertitel: Texts, Commentary, New York ³2001; C. Aydon, C. D., London 2002, 2003; G. R. de Beer, C. D.. Evolution by Natural Selection, London etc. 1963, Westport Conn. 1976; ders., D., DSB III (1971), 565–577; H. J. Birx, Interpreting Evolution. D. and Teilhard de Chardin, Buffalo N. Y. 1991; P. J. Bowler, D., REP II (1998), 795–799; E. J. Browne, C. D.. A Biography, I–II, London, New York 1995/2002, Princeton N. J. 1996/2003 (I Voyaging, II The Power of Place); I. N. Bulhof, The Language of Science. A Study of the Relationship between Literature and Science in the Perspective of a Hermeneutical Ontology. With a Case Study of D.'s »The Origin of Species«, Leiden/New York/Köln 1992; J. Chancellor, C. D., London 1973, New York 1976; R. W. Clark, The Survival of C. D.. A Biography of a Man and an Idea, New York, London 1984, 1985 (dt. C. D.. Biographie eines Mannes und einer Idee, Frankfurt 1984, 1990); E. Darwin, Zoonomia. Or the Laws of Organic Life, I–II, London, Dublin 1794/1796 (repr. New York 1974), London, New York ²1796, London ³1801 (repr. Bristol 2004), Boston Mass. 1803, 1809, Philadelphia Pa. 1818 (dt. Zoonomie. Oder Gesetze des organischen Lebens, I–IV, Hannover 1795–1799, Pesth 1801; franz. Zoonomie ou lois de la vie organique, Gand 1807); A. Desmond/J. Moore, D., London 1991, 1992 (dt. D., München/Leipzig 1992, Reinbek b. Hamburg 1994, München/Leipzig ²1995); A. Ellegård, D. and the General Reader. The Reception of D.'s Theory of Evolution in British Periodical Press. 1859–1872, Göteborg 1958, Chicago Ill. 1990; R. B. Freeman, C. D.. A Companion, Folkestone 1978; H. E. Gruber, D. on Man. A Psychological Study of Scientific Creativity. Together with D.'s Early and Unpublished Notebooks (ed. P. H. Barrett), New York, London 1974, gekürzt [um D.'s Early and Unpublished Notebooks] Chicago Ill. 1981; G. Heberer, C. D.. Sein Leben und sein Werk, Stuttgart 1959; J. Hemleben, C. D. in Selbstzeugnissen und Bilddokumenten, Reinbek b. Hamburg 1968, 1990 (mit Bibliographie, 172–180); M. J. S. Hodge, D., the Respectable, Dissident, Subversive Gentleman, Hist. Philos. Life Sci. 14 (1992), 329–342; ders./G. Radick (eds.),

The Cambridge Companion to D., Cambridge/New York 2003; D. L. Hull, D. and His Critics. The Reception of D.'s Theory of Evolution by the Scientific Community, Cambridge Mass. 1973, 1974, Chicago Ill./London 1983; J. S. Huxley/H. B. D. Kettlewell, C. D. and His World, London 1965, 1974; I. Jahn, C. D., Köln, Leipzig/Jena/Berlin 1982; K. Keitel-Holz, C. D. und sein Werk. Versuch einer Würdigung, Frankfurt 1981, ²1982; J. G. Lennox, D. Was a Teleologist, Biology and Philos. 8 (1993), 409–421; E. Manier, The Young D. and His Cultural Circle. A Study of Influences which Helped Shape the Language and Logic of the First Drafts of the Theory of Natural Selection, Dordrecht/Boston Mass. 1978; E. Mayr, One Long Argument. C. D. and the Genesis of Modern Evolutionary Thought, Cambridge Mass. 1991, London 1992 (franz. D. et la pensée moderne de l'évolution, Paris 1993; dt. Und D. hat doch recht. C. D., seine Lehre und die moderne Evolutionsbiologie, München/Zürich 1994, 1995); D. R. Oldroy, C. D.'s Theory of Evolution. A Review of Our Present Understanding, Biology and Philos. 1 (1986), 133–168; M. Ruse, D. and Philosophy Today, in: D. Oldroy/I. Langham (eds.), The Wider Domain of Evolutionary Thought, Dordrecht/Boston Mass./London 1983, 133–158; W. Schaumann, C. D. – Leben und Werk. Würdigung eines großen Naturforschers und kritische Betrachtung seiner Lehre, Landsberg 2002; L. R. Stevens, C. D., Boston Mass. 1978; G. Wichler, C. D.. The Founder of the Theory of Evolution and Natural Selection, Oxford/New York 1961 (dt. C. D.. Der Forscher und der Mensch, München/Basel 1963). G. W.

Darwinismus, Bezeichnung für (1) biologische und (2) allgemeinphilosophische Anschauungen, die auf die ↑Evolutionstheorie von C. R. Darwin zurückgehen. In der Biologie werden Darwins Selektionstheorie (↑Selektion) der ↑Evolution und alle an Darwin anschließenden Theorien als D. bezeichnet. ›Neodarwinismus‹ wurde die Evolutionstheorie von A. Weismann genannt, die unter anderem die noch von Darwin vertretene Vererbung erworbener Eigenschaften ausschloß. In der Folge wurde die Bezeichnung ›Neodarwinismus‹ auf nahezu alle neueren Arbeiten in der Tradition Darwins ausgedehnt. Da aber auch diese Arbeiten wesentliche Begriffe und Impulse von Darwin erhalten haben, hat sich der Vorschlag G. G. Simpsons, die Bezeichnung ›Neodarwinismus‹ gänzlich zu vermeiden, inzwischen weitgehend durchgesetzt.

Der biologische D. zeigte alsbald Auswirkungen in anderen Bereichen des wissenschaftlichen, religiösen und sozialen Lebens. Für die *wissenschaftliche* Rezeption ist die konsequente *Historisierung der* ↑*Natur* von besonderer Wichtigkeit. In extrapolierender Konsequenz fordert diese dazu auf, Normen, Werte, Institutionen und Anschauungen in ihrem kompetitiven Gewordensein und unter dem Gesichtspunkt ihrer möglichen Änderung oder Abschaffung zu betrachten. Diese Tendenzen wurden insbes. im ›Evolutionismus‹ von H. Spencer und bei H. Bergson ausgearbeitet. In der *Politischen Ökonomie* formierten sich solche Anschauungen als ↑›Sozialdarwinismus‹. Vor allem K. Marx, der den ersten Band des »Kapital« Darwin zu widmen gedachte, glaubte sich in Übereinstimmung mit dem D.. Doch nicht nur sozialrevolutionäre und reformerische Positionen berufen sich auf den D.. Noch direkter ist der Anschluß der konservativen Variante des Sozialdarwinismus, der die Wirtschaft im wesentlichen als Kampf ums Dasein (›struggle for life‹) ansieht, der mittels quasi-natürlicher Auslese zum Überleben der Tüchtigsten (›survival of the fittest‹) führe. Allgemein verstehen sozialdarwinistische Theorien die soziale Entwicklung nicht als Produkt rationaler Entscheidungen und zielgeleiteter Prozesse, sondern als Resultat quasi-naturwüchsiger Abläufe. Konsequenterweise werden staatliche Interventionen (wie etwa das Verbot der Kinderarbeit) abgelehnt. Sozialdarwinistische Positionen werden heute nicht mehr ernsthaft vertreten, waren jedoch im 19. und in den ersten Jahrzehnten des 20. Jahrhunderts vor allem in den USA weit verbreitet und hatten bedeutenden politischen Einfluß.

In der *Theologie* war vordergründig durch den D. zunächst nur die Frage der Erschaffung des Menschen durch Gott betroffen. Die auf die Parole ›der Mensch stammt vom Affen ab‹ verkürzte Diskussion hatte jedoch alsbald Weiterungen, die die Autorität von Bibel und Kirche in allen wissenschaftlichen Fragen bezweifelten und letztlich untergraben haben. In manchen amerikanischen Bundesstaaten war der Schulunterricht der Evolutionstheorie als mit der Bibel unvereinbar noch in den 1970er Jahren verboten. Seit den 1980er Jahren geht die Tendenz dahin, für den bibelgläubigen ›Kreationismus‹ die gleiche Unterrichtszeit (›equal time‹) wie für die Evolutionstheorie zu verlangen, oder letztere – als angeblich wissenschaftlich ›unbewiesen‹ – aus dem Unterricht zu verbannen.

Für die *philosophische* Rezeption, die in Deutschland vor allem durch die Werke E. Haeckels gefördert wurde (im anglophonen Raum durch T. H. Huxley), ist besonders die *antiteleologische* Tendenz des D. von Bedeutung. Die Elimination teleologischer Aspekte bei der Erklärung struktureller und funktionaler Zweckmäßigkeiten und ihre Ersetzung durch kausale Evolutionsfaktoren raubte teleologischen Auffassungen eine ihrer stärksten Stützen und brachte den Gedanken der ↑Teleologie überhaupt in Mißkredit (↑Physikotheologie).

Starken Einfluß übte auch die dem D. inhärente *Fortschrittsidee* (↑Fortschritt) auf das Denken der 2. Hälfte des 19. Jhs. aus. So ist z. B. F. Nietzsches Konzeption des ↑Übermenschen vor dem Hintergrund darwinistischer Konzeptionen zu sehen. Die Erkenntnistheorie und die Ethik der Zeit erhielten ebenfalls darwinistische Impulse (↑Biologismus). Auch die Ideologie des Monistenbundes (↑Monismus) ist darwinistisch orientiert. Neuerdings wird in der ↑Soziobiologie eine Reihe ethischer Begriffe unter evolutionstheoretischem Gesichtspunkt untersucht. – In der ↑Wissenschaftstheorie wird im Zusammenhang mit der Diskussion um die Auswahl alternativer wissenschaftlicher Theorien von einem ›faktischen ↑Wissenschaftsdarwinismus‹ gesprochen.

Literatur: G. Altner (ed.), Der D.. Die Geschichte einer Theorie, Darmstadt 1981; B. M. Baumunk/J. Rieß (eds.), Darwin und D.. Eine Ausstellung zur Kultur- und Naturgeschichte, Berlin 1994; M. O. Beckner, Darwinism, Enc. Ph. II (1967), 296–306; D. Becquemont, Darwin, darwinisme, évolutionnisme, Paris 1992; P. J. Bowler, The Eclipse of Darwinism. Anti-Darwinian Evolution Theories in the Decades around 1900, Baltimore Md./London 1983, 1992; ders., Darwinism, New York/Oxford/Singapur 1993; L. Büchner, Sechs Vorlesungen über die Darwin'sche Theorie von der Verwandlung der Arten [...], Leipzig 1868, erw. ³1972, unter dem Titel: Die Darwin'sche Theorie von der Entstehung und Umwandlung der Lebewelt [...], ⁵1890; ders., D. und Sozialismus. Oder der Kampf um das Dasein der modernen Gesellschaft, Leipzig 1894 (repr. Wildberg 1992 [Mikrofiche]), ³1910; Y. Conry (ed.), De Darwin au darwinisme. Science et idéologie. Congrès international pour le centenaire de la mort de Darwin [...], Paris 1983; R. Dawkins, The Selfish Gene, Oxford etc. 1976, rev. 1998 (dt. Das egoistische Gen, Berlin 1978, Reinbek b. Hamburg 1996, 2002); ders., The Blind Watchmaker, New York, Harlow 1986, mit Untertitel: Why the Evidence of Evolution Reveals a Universe without Design, New York 1996, ohne Untertitel: London 2000 (dt. Der blinde Uhrmacher. Ein neues Plädoyer für den D., München 1987, rev. 1996); D. J. Depew/B. H. Weber, Darwinism Evolving. Systems Dynamics and the Genealogy of Natural Selection, Cambridge Mass. 1995, 1997; J. Dewey, The Influence of Darwin on Philosophy and Other Essays in Contemporary Thought, New York/London 1910, Bloomington Ind. 1965, unter dem Titel: The Influence of Darwin on Philosophy and Other Essays, Amherst N. Y. 1997; J. Fiske, Darwinism and Other Essays, London/New York 1871, Boston Mass./New York 1969; J. Gayon, What Does ›Darwinism‹ Mean?, in: Ludus Vitalis. Revista de Filosofia de las Ciencias de la Vida 2/3 (1994/1995), 105–118; ders., Darwin et l'après-Darwin. Une histoire de l'hypothèse de sélection naturelle, Paris 1992 (engl. Darwinism's Struggle for Survival. Heredity and the Hypothesis of Natural Selection, ed. M. Ruse, Cambridge/New York/Melbourne 1998); T. F. Glick (ed.), The Comparative Reception of Darwinism, Austin Tex. 1974, Chicago Ill. 1988; M. Grene (ed.), Dimensions of Darwinism. Themes and Counterthemes in 20th-Century Evolutionary Theory, Cambridge Mass./London/New York 1983, 1986; E. Haeckel, Der Monismus als Band zwischen Religion und Wissenschaft. Glaubensbekenntnis eines Naturforschers, Bonn 1892, Leipzig 1922; ders., Der Kampf um den Entwickelungsgedanken. Drei Vorträge, gehalten am 14., 16. und 19. April 1905 im Saale der Sing-Akademie zu Berlin, Berlin 1905; E. E. Harris, Darwinism and God, Int. Philos. Quart. 39 (1999), 277–290; E. V. Hartmann, Wahrheit und Irrthum im D.. Eine kritische Darstellung der organischen Entwicklungstheorie, Berlin 1875; ders., Philosophie des Unbewussten III (Das Unbewusste und der Darwinismus), Leipzig ¹²1923; T. H. Huxley, Evidence as to Man's Place in Nature, London 1863, 1964, New York 1871, 1880 (dt. Zeugnisse für die Stellung des Menschen in der Natur, Stuttgart 1963, ²1970); ders., Evolution and Ethics. The Second Romanes Lecture, London 1893, ohne Untertitel, London 1894, Neudr. in: ders., Evolution and Ethics and Other Essays, London 1898, 1–319, ferner in: ders., Collected Essays (1893–1894) IX (Evolution and Ethics and Other Essays), London 1894, 1–319 (repr. Hildesheim/New York 1970), ferner in: J. Paradis/G. C. Williams, Evolution and Ethics. With New Essays on Its Sociobiological Context, Princeton N. J. 1989, 57–174; S. Kirschke (ed.), D. in Vergangenheit und Gegenwart. Zum Erscheinen von Darwins Hauptwerk vor 130 Jahren, Halle 1989; N. Macbeth, Denkmuster des D., München 1997; J. Mittelstraß, Prolegomena zu einer konstruktiven Theorie der Wissenschaftsgeschichte, in: ders., Die Möglichkeit von Wissenschaft, Frankfurt 1974, 106–144, 234–244; G. Montalenti, Darwinism Today, in: Scientia. An International Review of Scientific Synthesis 118 (1983), 21–30; J. R. Richards, Human Nature after Darwin. A Philosophical Introduction, London/New York 2000; R. J. Richards, Darwin and the Emergence of Evolutionary Theories of Mind and Behavior, Chicago Ill. 1987, 1994; A. Rosenberg, Darwinism in Philosophy, Social Science and Policy, Cambridge/New York 2000; M. Ruse, Darwinism Defended. A Guide to the Evolution Controversies, Reading Mass./London 1982, 1983; P. T. Saunders/M. W. Ho, Is Neo-Darwinism Falsifiable? And Does It Matter?, Nature and System 4 (1982), 179–196; A. R. Wallace, Darwinism. An Exposition of the Natural Selection with some of Its Applications, London/New York 1889 (dt. Eine Darlegung der Lehre von der natürlichen Zuchtwahl und einiger ihrer Anwendungen, Braunschweig 1891); G. Wolters, Darwinistische Menschenbilder, in: A. K. Reichardt/E. Kubli (eds.), Menschenbilder, Bern etc. 1999, 95–115; F. M. Wuketits, Eine kurze Kulturgeschichte der Biologie. Mythen, D., Gentechnik, Darmstadt 1998. G. W.

Dasein, in der deutschen Aufklärungsphilosophie (↑Aufklärung) (z. B. durch C. Wolff und A. G. Baumgarten) als Übersetzung von ›existentia‹ verwendeter Terminus zur Bezeichnung der Wirklichkeit bzw. Verwirklichtheit eines Gegenstandes im Unterschied zu seinem Möglichsein. Während die gedankliche Vorstellung eines möglichen Gegenstandes durch weitere Bestimmungen dieses Gegenstandes ergänzt werden kann, erhält ein Gegenstand durch sein D. eine vollständige Bestimmung. Daß mögliche Gegenstände wirklich werden bzw. ihr D. erhalten, verdanken sie einer (für das Denken) äußeren Ursache. Mit dieser Konzeption des D.s eines Gegenstandes wird dieses bzw. die Wirklichkeit dem Denken einerseits zwar als etwas vom Denken Unabhängiges und in diesem Sinne Eigenständiges entgegengesetzt, andererseits aber diese Eigenständigkeit darauf reduziert, daß das D. eines Gegenstandes als ein besonderer Fall des ↑Allgemeinen, nämlich der Bestimmungen eines Gegenstandes, angesehen wird. Im D. wird zwar eine denkend nicht antizipierbare Verbindung von Bestimmungen verwirklicht, doch ist das D. selbst keine eigene Bestimmung und bleibt daher lediglich der unvorhersehbare Fall möglicher Bestimmungen. Damit enthält der D.sbegriff eine Spannung, die die weiteren Bemühungen um ihn vorantreibt: Für den Rationalisten (↑Rationalismus) bleibt die ›entsetzliche Kluft‹ (M. Mendelssohn) zwischen Denken und D. ein Ärgernis, für den Anti-Rationalisten bzw. (modern gesagt) den Existentialisten gilt es, mit dem D. eine eigene Bestimmung des Gegenstandes, und zwar seine entscheidende, zur Geltung zu bringen. Dabei formuliert sich die anti-rationalistische

Position zunächst nur reaktiv (etwa in der Philosophie F. H. Jacobis, J. G. Herders, J. G. Hamanns, des späten F. W. J. Schelling) und findet erst in der ↑Existenzphilosophie zu einer eigenen D.skonzeption.

Der rationalistischen Bemühung zur Überbrückung der Kluft zwischen Denken und D. bereitet die Vernunftkritik I. Kants den Weg. Auch für Kant bleibt zwar das D. eines Dinges unerschließbar aus seinem eigenen Begriff und nur durch Wahrnehmung feststellbar (KrV B 272). Aber sowohl durch seinen Versuch, die (konstitutiven) Bedingungen möglicher ↑Erfahrung (↑Anschauung, ↑Verstandesbegriffe, reine) aufzuweisen, als auch durch seinen Hinweis auf die (regulative) Verwendung der ↑Analogien der Erfahrung bei der Darstellung von Erfahrungen (in empirischen Theorien) und damit für die Erkenntnis (Erklärung oder Voraussage) des D.s aus empirischen Gesetzen (KrV B 272–274), gibt für Kant das Denken dem möglichen D. einen Rahmen vor und dem wirklichen D. eine Ordnung hinzu. Während somit Kants Konzeption für den Empiriker sowohl (durch den ↑transzendentalen Rahmen des D.s) die Möglichkeit von Erfahrungswissen sichert, als auch (durch die empirische Ordnung des D.s) die Herstellung von Erfahrung erforderlich bleiben läßt, bedeutet sie für den Rationalisten ein Stehenbleiben auf halbem Wege. Denn wie kann das Denken die Form des D.s erzeugen und dem D. eine Ordnung geben, wenn das D. gleichwohl unbegreifbar bleibt, nämlich in dem Sinne, daß es keinen Übergang vom Begriff eines Dinges zu dessen D. gibt?

G. W. F. Hegels Logik (↑Hegelsche Logik) läßt sich als der Versuch lesen, den in den Augen des Rationalisten von Kant eingeschlagenen Weg zu Ende zu gehen und das D. begreifbar zu machen. Während Kant noch mit der Entgegensetzung von Denken und D. beginnt und damit von einer lebensweltlichen (↑Lebenswelt) Orientierung ausgeht, der gemäß uns das D. vorgegeben und das Denken aufgegeben, von uns erst noch zu leisten ist, verlegt Hegel diesen Anfang aus der lebensweltlichen Orientierung in einen *vor-subjektiven* und *vor-objektiven* Einheitspunkt von Denken und D., von dem her die lebensweltliche Orientierung mit ihrer Gegenüberstellung von denkendem Subjekt und daseiendem Objekt erst als Ergebnis einer *begrifflichen Entwicklung* erzeugt wird. Diese begriffliche Entwicklung ist nicht eine den Subjekten verfügbare Leistung (in der sich das Denken um die Erkenntnis des vorgegebenen D.s bemüht), sondern (negativ) das Aufgeben dieses Willens zur Eigenleistung und damit zugleich das Absehen von den Bestimmtheiten des D.s: sie ist (positiv) für Hegel die für das Subjekt zugänglich gemachte und darin die ›Anstrengung des Begriffs‹ erfordernde Selbsterzeugung des D.s, die dem Subjekt dadurch erfaßbar wird, daß es sich ihrer Bewegung überläßt. Die Wirklichkeit der begrifflichen Entwicklung (d. i. der mit dieser Entwicklung durch deren innere Stimmigkeit erzeugte Zwang zur Einsicht in sie) belegt für Hegel auch, daß nun nicht mehr nur *mögliches* D., sondern das *wirkliche* D. begriffen wird. Die Einlösung dieses Anspruchs auf das Begreifen des D.s steht vor der Aufgabe, die begriffliche Entwicklung des D.s überhaupt in einer Entwicklung von Begriffen für die besonderen Bereiche des D.s (d. i. für die daseienden Gegenstände) weiterzuführen. An der Lösung dieser Aufgabe, also am Ende der begrifflichen Entwicklung, wird so der Sinn des (aus der lebensweltlichen Orientierung des Subjektes) verlegten Anfangs dieser Entwicklung deutlich: nämlich mit der dann möglichen Antwort auf die Frage, welche Orientierungen für unser D. (d. i. für unser konkretes Erleben und Handeln) nun ermöglicht worden sind.

Der seit S. Kierkegaard erhobene Protest gegen die Hegelsche Logik nicht nur des Denkens, sondern auch des D.s stützt sich auf die Erklärung, daß mit der Hegelschen Verbegrifflichung des D.s über dieses D., wie wir es vorfinden und in dem wir auch uns selbst vorfinden, überhaupt nicht mehr gesprochen und also für unser D. auch keine mögliche Orientierung angeboten wird. Kierkegaards Wort, daß über dem Denken bei Hegel der Denker vergessen worden ist, kritisiert, daß an die Stelle des D.s, aus dem sich unsere Nöte und Fragen, aber auch die Möglichkeiten zu deren Überwindung ergeben, eine *Konstruktion* gesetzt worden sei; der Anspruch, die Kluft zwischen Denken und D. überbrückt zu haben, läßt sich nur über den Verzicht auf das Ernstnehmen der unmittelbaren, nicht erst durch das Denken bedingten Probleme des D.s aufrechterhalten. Wo Hegel (mit dem Sein und dem Nichts) das völlig Unbestimmte zum Unmittelbaren (↑Unmittelbarkeit) erklärt, mit dem die begriffliche Entwicklung anzufangen habe, also auch die Unberührtheit von aller konkreten und sehr bestimmten Problematik, besteht Kierkegaard auf der Unmittelbarkeit des völlig Bestimmten als dem Anfang des Denkens, das sich um das Verstehen des D.s bemüht: auf dem Beginn mit eben den konkreten Problemen in unserem D., deren Ausklammerung Hegel für die Bedingung des Begreifens von D. hält. Gleichwohl ist auch diese kritische Wendung gegen Hegel in gewissem Sinne eine Weiterführung des Hegelschen Ansatzes, insofern nämlich auch Kierkegaard nicht mit der lebensweltlichen Orientierung beginnt, in der das Subjekt mit seinem Denken als einer sinnerzeugenden Eigenleistung das vorgegebene D. vor allem in dessen Fremdheit zu begreifen sucht, sondern gerade im Verzicht auf eine solche eigene Sinnerzeugung die Bedingung dafür sieht, das D. geistig zu bewältigen: sich dessen Problem zu stellen wie auch überhaupt dessen Probleme erst bewußt zu machen. Damit bleibt zwar (im Unterschied zu Hegel) das D. in seiner Bestimmtheit der Anfang des Denkens, dem dieses sich durch begriffliche Konstruktionen weder entziehen kann noch soll, doch werden die Bestimmungen des D.s in ihrer Kontingenz und Labilität reflektiert und bieten daher weder eine Ausgangsbasis für die Überlegungen des um eine Orientierung bemühten Subjekts noch den fundierungsfähigen Endpunkt begrifflicher Entwicklungen.

Was bei Kierkegaard Hinweis auf den Charakter des D.s als ernstzunehmende und doch kontingente und labile Bestimmtheit (Hinweis aus Protest gegen die Hegelsche Logik) bleibt, wird über die Vermittlung der ↑Phänomenologie bei M. Heidegger zum Entwurf einer philosophischen Konzeption. Diese ergibt sich sozusagen als Wiederholung des Hegelschen Ansatzes vom Protest Kierkegaards her. Denn die Thematisierung der Kontingenz und Labilität, die die Bestimmungen des D.s im Unterschied zu denen des Denkens charakterisiert, führt auch Heidegger wieder zur Rede vom Sein und Nichts als dem Anfang für das Verständnis des D.s. Doch mit der Aufnahme dieser Tradition wird zugleich deutlich gemacht, daß Hegel bei dem Versuch, die Kluft zwischen Denken und D. zu überbrücken, ebenfalls auf halbem Wege stehenbleibt. Denn das Hegelsche Sein (›das unbestimmte Unmittelbare‹) ergibt sich über das Weg-Denken aller Bestimmungen des D.s, von denen beim Denken auszugehen dem unkritischen Sich-Ausliefern an die faktische Entwicklung des D.s gleichkäme. Über dieses Weg-Denken erreichen wir das Sein als das Nichts an Bestimmungen, als ›vollkommene Leere‹, und durch das Wegräumen aller Vorbestimmungen des Denkens braucht dieses (als das Erzeugen begrifflicher Entwicklungen) nur noch seinen eigenen, von ihm selbst gesetzten, Gesetzen zu gehorchen: es kann seine Wirklichkeit für die Wirklichkeit schlechthin, auch für die des D.s halten. Mit Kierkegaard versucht Heidegger dabei nicht, irgendwelche Bestimmungen des D.s wegzudenken. Er betont und analysiert vielmehr die im D. gegebenen Vorbestimmungen des Denkens und sieht dadurch die Kontingenz und Labilität von D. *und* Denken. Da auch das Weg-Denken ein Denken ist, führt ihn diese Einsicht statt zum Weg-Denken vom Denken (im Sinne der Erzeugung begrifflicher Entwicklungen) weg. Für Heidegger wird es damit zu Hegels Halbherzigkeit, daß dieser die Überwindung der subjektiven Eigenmächtigkeit, nämlich des Denkens als einer verfügbaren Eigenleistung, im Denken, also eigenmächtig, versucht. Heideggers Verzicht auf dieses Denken läßt sich so als Konsequenz aus dem Hegelschen Ansatz lesen. Da dieser Verzicht auf begriffliche Entwicklungen positiv als das Offenwerden für die Kontingenz und die Labilität des D.s in den reflektierten Erfahrungen dieses D.s besteht, wird dabei das Sein als dasjenige, dem sich das D. wie dessen reflektierte Erfahrung verdanken, offenbar. Denn dadurch, daß D. als nicht in sich oder aus sich notwendig oder stabil erscheint, verweist es für Heidegger auf das Sein als seinen Grund, wobei dieser Grund aber nicht begrifflich bestimmbar und daher auch nicht mit den Kategorien von Notwendigkeit oder Stabilität (Substanz) darstellbar ist. Mit Hegel gesprochen, ergäbe sich zur Erfassung des D.s als des Bestimmten das Sein als das unbestimmbare Bestimmende des D.s.

Da das Verhältnis von D. und Sein sich erst in der Reflexion auf die Erfahrungen erschließt, die der Mensch in seinem Leben und Handeln macht, nennt Heidegger den Menschen selbst (in seinen früheren Werken wie »Sein und Zeit«) D. und definiert dies als die ›Erschlossenheit des Seins‹. Insofern diese Bestimmung des D.s mit der Fähigkeit zur Verständnisbildung über sich selbst und die Dinge und Geschehnisse der Welt noch eine Hegelsche Rest-Betonung der Subjektivität des Menschen, seiner Eigenleistung, enthält, ist es konsequent, wenn Heidegger in seinen späteren Schriften immer stärker den Verzicht auf begriffliche Entwicklungen und auf eine damit intendierte Erzeugung von Sinn betont und statt dessen den passiven Charakter der ›Erfahrung‹ von Sein hervorhebt. D. wird ihm zum ›Da des Seins‹, damit zum unbegreifbaren Ergebnis eines ›Seinsgeschicks‹ (↑Seinsgeschichte). Die Kluft zwischen Denken und D. ist so wieder unüberbrückbar geworden, weil mit den Überbrückungsversuchen am Ende auf das Denken zu verzichten ist. Daß mit diesem Verzicht eine gewisse Beliebigkeit der Ziele für das Leben und Handeln und der Meinungen darüber verbunden ist, zeigt ein Vergleich der verschiedenen Konzeptionen des D.s, wie sie im Strom der rekonstruierten geistigen Entwicklung vorgetragen worden sind. So steht die Konzeption von K. Jaspers, der D. als das ›Sichfinden des Seins‹ bestimmt, im Rahmen konservativer Interpretationen von Sinnerfüllung, während J.-P. Sartre mit seiner Auffassung, daß das D. (l'existence) dem Wesen (l'essence) vorangehe, darauf hinweisen will, daß der Mensch der Schöpfer seiner selbst, seines ›Wesens‹ und seiner Geschichte ist und daher auch nur selbst Sinn schaffen, ihn jedenfalls nicht einer vorgegebenen Ordnung entnehmen kann.

Literatur: S. W. Anderson, D. as Self. Some Implications of Heideggerian Ontology, Kinesis 14 (1985), 106–129; K.-O. Apel, D. und Erkennen. Eine erkenntnistheoretische Interpretation der Philosophie M. Heideggers, Diss. Bonn 1949; O. Becker, Para-Existenz. Menschliches D. und Dawesen, Bl. dt. Philos. 17 (1943), 62–95, Neudr. in: ders., D. und Dawesen. Gesammelte philosophische Aufsätze, Pfullingen 1963, 67–102, ferner in: O. Pöggeler (ed.), Heidegger. Perspektiven zur Deutung seines Werks, Köln/Berlin 1969, ²1970, Königstein 1984, Weinheim/Berlin ³1994, 261–285; W. Biemel, Heideggers Begriff des D.s, Stud. catholica 24 (1949), 113–129; R. Brandom, D., the Being that Thematizes, Epoche 25 (1997), 1–38; J. D. Caputo, D., in: L. Embree/E. A. Behnke/D. Carr (eds.), Encyclopedia of Phenomenology, Dordrecht/Boston Mass./London 1997, 133–137; C. F. Gethmann, Verstehen und Auslegung. Das Methodenproblem in der Philosophie Martin Heideggers, Bonn 1974 (Kap. 2.2, bes. 68–85 Der methodische Charakter der Fundamentalontologie); ders., D.. Erkennen und Handeln. Heidegger im phänomenologischen Kontext, Berlin/New York 1993; R. Grimsley, Existentialist Thought, Cardiff 1955, ²1960, 1967; F.-W. v. Herrmann, Subjekt und D.. Interpretationen zu »Sein und Zeit«, Frankfurt 1974, erw. ²1985, ³2004; K. Jaspers, Philosophische Logik, I (Von der Wahrheit), München 1947, München, Darmstadt ³1983, München 1991, bes. 53–64; P. Lübcke, Die Zweideutigkeit der ›D.s-Formel‹ beim jungen Heidegger, Danish Yearbook Philos. 18 (1981), 97–124; J.-L. Marion, L'ego et le D.. Heidegger et la ›destruction‹ de Descartes dans »Sein und Zeit«, Rev. mét. mor. 92 (1987), 25–53; W. Marx, Heidegger und die Tradition. Eine problemgeschichtliche Einführung in die Grundbestimmungen des Seins, Stuttgart 1961, Hamburg ²1980, bes. 207–237 (Das Wesen des Menschen); M. Müller, Existenzphilosophie im geistigen Leben der Gegenwart, Heidelberg 1949, ³1964, unter dem Titel: Existenzphilosophie. Von der Metaphysik zur Metahistorik, Freiburg/München ⁴1986, bes. 22–81; G. Piller, Bewußtsein und D.. Ontologische Implikationen einer Kontroverse. Zur Relation von Sein und Denken im Ausgang von Husserl und Heidegger, Würzburg 1996; O. Pöggeler, Der Denkweg Martin Heideggers, Pfullingen 1963, ⁴1994, bes. 46–66 (Kap. 3 Fundamentalontologie als Gründung der Metaphysik); T. Räber, Das D. in der »Philosophie« von Karl Jaspers. Eine Untersuchung im Hinblick auf die Einheit und Realität der Welt im existentiellen Denken, Bern 1955; W. J. Richardson, D. and the Ground of Negativity. A Note on the Fourth Movement in the »Beiträge«-Symphony, Heidegger Stud. 9 (1993), 35–52; J.-P. Sartre, L'être et le néant. Essai d'ontologie phénoménologique, Paris 1943, 1976, 1999 (dt. Das Sein und das Nichts. Versuch einer phänomenologischen Ontologie, Hamburg 1952 [gekürzt], Reinbek b. Hamburg 1962 [vollst.], 1976 [neuübers.], 1998, Berlin 2003); ders., L'existentialisme est un humanisme, Paris 1946, 2000 (dt. Ist der Existentialismus ein Humanismus?, Zürich 1947, 1957, ferner in: Drei Essays [Ist der Existentialismus ein Humanismus? Materialismus und Revolution. Betrachtungen zur Judenfrage], Frankfurt/Berlin/Wien 1960, 1973, erneut unter dem Titel: Ist der Existentialismus ein Humanismus? Materialismus und Revolution. Betrachtungen zur Judenfrage. Drei Essays, Frankfurt/Berlin/Wien 1989, 7–51; H. Seidl, Vom D. zum Wesen des Menschen. Erörterungen zur philosophischen Anthropologie zwischen Tradition und Gegenwart, Hildesheim/Zürich/New York 2001; W. Stegmüller, Hauptströmungen der Gegenwartsphilosophie. Eine historisch-kritische Einführung, Wien/Stuttgart, Zürich 1952, erw. unter dem Titel: Hauptströmungen der Gegenwartsphilosophie. Eine kritische Einführung, I–IV, Stuttgart ²1960, ⁷1989 (I Kap. 4 Existenzialontologie. Martin Heidegger, 135–194, bes. Abschn. 2 Die Ontologie des endlichen D.s, 160–176 u. Kap. 5 Existenzphilosophie. Karl Jaspers, 195–242, bes. Abschn. 2 Die Weisen des Umgreifenden und die Wahrheit, 212–230); R. M. Steward, Intentionality and the Semantics of ›D.‹, Philos. Phenom. Res. 48 (1987), 93–106; J. Wahl, Existence et pensée. De Kierkegaard à Sartre et de Valéry à Claudel. Entretiens sur les philosophies et sur quelques poètes de l'existence, Montréal 1963; W.-S. Wang, Das D. und das Ur-Ich. Heideggers Position hinsichtlich des Problems des Ur-Ich bei Husserl, Frankfurt/Berlin/Bern etc. 1994, bes. 109–121 (Kap. 6 Das D. als das Zentrum der Fundamentalontologie, 109); C. F. White, D., Existence and Death, Philos. Today 28 (1984), 52–65; U. Wienbruch, D., Hist. Wb. Ph. II (1972), 15–22. O. S.

Daseinsanalyse, Bezeichnung für ein psychologisches Verfahren im Anschluß an die Philosophie M. Heideggers. Angeregt durch Heideggers Analytik des ↑Daseins als methodischen Gehalt der ↑Fundamentalontologie hat L. Binswanger unter dem Titel der D. eine eigenständige psychologische Forschungsrichtung und Therapiekonzeption entwickelt. Gegenüber der kausalistisch verfahrenden, naturwissenschaftlich orientierten ↑Psychologie sucht Binswanger eine verstehend-interpretierende Freilegung der Strukturen des ↑In-der-Welt-seins zu erreichen. Damit setzt sich D. auch von der die individuelle Psyche isolierenden Betrachtungsweise S. Freuds ab. – Die Fortführung der Heideggerschen Intentionen in der D. widerspricht Heideggers ausdrücklichen Hinweisen, daß die Analytik des Daseins fundamentalontologisch-methodische und keine anthropologisch-psychologischen Absichten verfolgt.

Literatur: L. Binswanger, Grundformen und Erkenntnis menschlichen Daseins, Zürich 1942, München/Basel ⁵1973, ferner als: ders., Ausgewählte Werke II, ed. M. Herzog/H.-J. Braun, Heidelberg 1993; ders., Über die daseinsanalytische Forschungsrichtung in der Psychiatrie, Schweiz. Arch. f. Neurologie u. Psychiatrie 57 (1946), 209–235, ferner in: ders., Ausgewählte Werke III, ed. M. Herzog/H.-J. Braun, Heidelberg 1994, 231–257; W. Blankenburg, D., Hist. Wb. Ph. II (1972), 22–23; ders., Die D., in: D. Eicke (ed.), Die Psychologie des 20. Jahrhunderts III, Zürich 1977, 941–964; M. Boss, Existential Analysis (D.), in: B. B. Wolman (ed.), International Encyclopedia of Psychiatry, Psychology, Psychoanalysis, and Neurology IV, New York 1977, 395–400; ders., Von der Psychoanalyse zur D.. Wege zu einem neuen Selbstverständnis, Wien/München/Zürich 1979; G. Condrau, D.. Philosophisch-anthropologische Grundlagen. Die Bedeutung der Sprache, Freiburg (Schweiz), Bern/Stuttgart 1989, mit zusätzlichem Untertitel: Psychotherapieforschung aus daseinsanalytischer Sicht, Dettelbach ²1998; H. Helting, Heideggers Auslegung von Hölderlins Dichtung des Heiligen. Ein Beitrag zur Grundlagenforschung der D., Berlin 1999; J. J. Kokkelmans, Daseinsanalysis and Freud's Unconscious, Rev. Existential Psychology and Psychiatry 16 (1979), 21–42; R. May, Origins and Significance of Existential Psychology, in: ders./K. J. Schneider, The Psychology of Existence. An Integrative, Clinical Perspective, New York 1995, 82–88; R. J. McCall, Phenomenological Psychology. An Introduction, Madison Wisc. 1983; C. E. Scott, Daseinsanalysis. An Interpretation, Philos. Today 19 (1975), 182–197. C. F. G.

Davidson, Donald, *Springfield Mass. 6. März 1917, †Berkeley Calif. 30. Aug. 2003, amerik. Philosoph, führender Vertreter der Analytischen Philosophie (↑Philosophie, analytische). 1949 Promotion in Philosophie (Harvard), 1951–1967 Assistant Prof., dann Prof. an der Stanford University, 1967–1970 Prof. an der Princeton University, 1970–1976 an der Rockefeller University, 1976–1981 an der University of Chicago. – Nach seiner Dissertation über Platons »Philebos« beschäftigte sich D. in seinen frühen Arbeiten mit Problemen der modernen ↑Entscheidungstheorie. Erst Anfang der 1960er Jahre begann er mit der Veröffentlichung einer Reihe einflußreicher Schriften zur ↑Handlungstheorie, zur Bedeutungstheorie (↑Semantik, ↑Semantik, logische) und zur Philosophie des Geistes (↑philosophy of mind). D.s Philosophie, vor allem sein sprachtheoretischer ↑Holismus, rührt von der Philosophie W. V. O. Quines her, wobei die semantischen Arbeiten A. Tarskis und die Philosophie L. Wittgensteins einen signifikanten Einfluß ausübten.

Entgegen der herrschenden, auf Wittgenstein zurückgehenden Meinung vertritt D. in »Actions, Reasons, and Causes« (1963) die Auffassung, daß Handlungsgründe als Ursachen zu verstehen seien. Nach der von D. kritisierten Position sind ↑Ereignisse nur dann kausal erklärt, wenn sie nomologisch beschrieben werden. Eine ↑Handlung rational begründen, hieße dagegen, diese in ein rationales Verhaltensmuster einzubetten. Dies soll zur Folge haben, daß ↑Erklärungen in kausalen und rationalen Fällen inkompatibel seien. Für D. sind kausale Erklärungen hingegen notwendig zur Bestimmung dessen, was er als ›primären Grund‹ einer rationalen Handlung bezeichnet. Aus den verschiedenen möglichen Beschreibungen desselben Ereignisses (den Lichtschalter betätigen, den Raum beleuchten, einen Einbrecher auf meine Anwesenheit aufmerksam machen) ist genau diejenige als Grund ausgezeichnet, unter der die Handlung beabsichtigt wurde. Der Handlungsgrund, *aus* dem gehandelt wurde, ist zugleich Ursache der Handlung. Diese Argumentation nimmt wichtige Themen der Philosophie des Geistes D.s vorweg, vor allem seinen ›anomalen Monismus‹ (Mental Events, 1970), wonach die Unterscheidung zwischen mentalen und physischen Ereignissen nicht ontologisch begründet, sondern verschiedenen Beschreibungsweisen zugewiesen wird. Jedes Ereignis ist nach D. ein Einzelding (particular). Falls solche miteinander kausal verknüpft sind, muß es wenigstens möglich sein, sie als Fälle eines Gesetzes, d. h. ›nomologisch‹, zu beschreiben. Doch läßt die Partikularität jener Ereignisse auch andere Beschreibungsweisen zu. Dieselbe Ereigniskette könnte zugleich mental und physisch beschrieben werden, während sich nur im zweiten Fall ein allgemeines Gesetz angeben ließe. Deshalb folgt aus der Tatsache, daß jedes Einzelereignis kausal erklärbar ist, nicht, daß dasselbe Ereignis, als Gedanke oder rationale Handlung konzipiert, in ein nomologisches System eingeordnet werden kann. Weil es keine strikten psychophysischen Gesetze gibt, kann der kausale Charakter intentionaler Zustände nur im Rahmen einer ↑Identitätstheorie garantiert werden.

Dieses Argument setzt eine Sprachtheorie voraus, nach der die metaphysische Unterscheidung zwischen ›Physischem‹ und ›Mentalem‹ als von unserer Ausdrucksweise abhängig angesehen werden darf. Eine solche Theorie, deren Bedeutung über den oben genannten Themenkomplex hinausgeht, liefert die von D. mit Rückgriff auf Tarskis Semantik entworfene Theorie der ›radikalen Interpretation‹ (Truth and Meaning, 1967). Nach Tarski muß jede Wahrheitstheorie einer gegebenen ↑Objektsprache dazu in die Lage versetzen, jedem der unendlich vielen Sätze dieser Sprache den ihm zugehörigen, metasprachlich (↑Metasprache) formulierten ›*T*-Satz‹ zuzuordnen, z. B. »›Snow is white‹ ist *T* genau dann, wenn Schnee ist weiß«, wobei ›Snow is white‹ und ›Schnee ist weiß‹ Sätze der Objekt- bzw. der Metasprache sind, und ›*T*‹ das Wahrheitsprädikat bezeichnet. Dieser metasprachliche Satz drückt die Wahrheitsbedingungen des objektsprachlichen Satzes aus. Im Gegensatz zu Tarski deutet D. solche *T*-Sätze nicht aus wahrheitsdefinitorischer Sicht, sondern betrachtet sie als Interpretationskriterien. Tarski setzt voraus, daß die Übersetzungen objektsprachlicher Ausdrücke in der Metasprache schon bekannt sind, und definiert dadurch den Umfang seines Wahrheitsprädikates. Für D. dagegen stellen solche *T*-Sätze die empirischen Daten dar, die jede gültige Interpretation der Objektsprache (d. h. eine ihr angemessene Bedeutungstheorie) implizieren soll und muß.

Eine vollständige Interpretation der englischen Sprache würde es ermöglichen, jedem Satz eine Übersetzung aus einer anderen (z. B. der deutschen) Sprache zuzuordnen. Die Existenz der *T*-Sätze, die jene Zuordnungen ausdrücken, ist sowohl Ausgangspunkt als auch letzte Kontrollinstanz einer jeden gültigen Interpretation. Um überhaupt *T*-Sätze aufstellen zu können, muß davon ausgegangen werden, daß die Sprecher der Objektsprache selber auf Wahrheit zielen, und daß ihre Aussagen im Normalfall von dem Interpreten zugänglichen Sachverhalten *verursacht* werden; deren Ursachen werden mittels dessen Metasprache bestimmt. In diesem Sinne sind sowohl der Wahrheitsbegriff als auch die der Metasprache implizite Ontologie Bedingungen der Interpretation einer jeden Objektsprache, ohne daß diese Ontologie einen Anspruch auf absolute Gültigkeit hätte.

Diese Interpretationstheorie, deren Relativität wesentlich auf Quines ›Unbestimmtheit der Übersetzung‹ zurückgeht, ist zugleich Quines starkem ↑Holismus verpflichtet. Beim Aufstellen von *T*-Sätzen können wir auf keine unabhängigen Bedeutungs- oder Übersetzungskriterien zugreifen, da solche Kriterien erst durch die Bedeutungstheorie bestimmt werden sollten. Dabei läßt die bloße Äquivalenzrelation des *T*-Satzes logisch zu, daß z. B. »›Snow is white‹ genau dann, wenn Gras ist grün« unter Umständen als adäquater *T*-Satz gelten könnte. Wir können durch eine gegenseitige (holistische) Anpassung der *T*-Sätze bestenfalls versuchen, die Übereinstimmung beider Sprachen zu optimieren, damit sich ein Maximum fremder Sprachhandlungen unter der eigenen Interpretation als wahr ergibt. Von einer ›richtigen‹ Interpretation im absoluten Sinne kann nicht die Rede sein.

In späteren Arbeiten setzte sich D. mit der Privatheit des Mentalen (First Person Authority, 1984), der Idee des

Begriffsrahmens (On the Very Idea of a Conceptual Scheme, 1973/1974) und mit der Realismus/Anti-Realismus Debatte (↑Realismus (ontologisch), ↑Anti-Realismus) auseinander. Die Argumentation geht im allgemeinen von den oben diskutierten Theorien aus, insofern D.s holistisches Interpretationsmodell sowohl gegen eine fundierungsorientierte Erkenntnistheorie (im Falle des Cartesischen Subjekts) als auch gegen eine strikte Trennung zwischen ›objektiven‹ und ›subjektiven‹ Komponenten des Wissens gerichtet ist.

Werke: (mit P. Suppes/S. Siegel) Decision Making. An Experimental Approach, Stanford Calif. 1957, Westport Conn. 1977; Actions, Reasons, and Causes, J. Philos. 60 (1963), 685–700, Nachdr. in: ders., Essays on Actions and Events [s.u.], 3–19 (dt. Handlungen, Gründe und Ursachen, in: ders., Handlung und Ereignis [s.u.], 19–42); Truth and Meaning, Synthese 17 (1967), 304–323, Nachdr. in: ders., Inquiries into Truth and Interpretation [s.u.], 17–36 (dt. Wahrheit und Bedeutung, in: ders., Wahrheit und Interpretation [s.u.], 40–67); Mental Events, in: L. Foster/J. W. Swanson (eds.), Experience and Theory, Amherst Mass. 1970, 79–101, Nachdr. in: ders., Essays on Actions and Events [s.u.], 207–225 (dt. Geistige Ereignisse, in: ders., Handlung und Ereignis [s.u.], 291–317); On the Very Idea of a Conceptual Scheme, Proc. and Addresses Amer. Philos. Ass. 47 (1973/1974), 5–20, Nachdr. in: ders., Inquiries into Truth and Interpretation [s.u.], 183–198 (dt. Was eigentlich ist ein Begriffsschema?, in: ders., Wahrheit und Interpretation [s.u.], 261–282); Essays on Actions and Events, Oxford/New York 1980, 1990, ²2001 (dt. Handlung und Ereignis, Frankfurt 1985, 1990); First Person Authority, Dialectica 38 (1984), 101–111; Inquiries into Truth and Interpretation, Oxford/New York 1984, ²2001 (dt. Wahrheit und Interpretation, Frankfurt 1986, 1999); Plato's Philebus, New York 1990 (Harvard Diss. 1949); Der Mythos des Subjektiven. Philosophische Essays, Stuttgart 1993; Subjective, Intersubjective, Objective, Oxford/New York 2001.

Literatur: G. Borradori, Conversazioni americane con W. O. Quine, D. D., H. Putnam, R. Nozick, A. C. Danto, R. Rorty, S. Cavell, A. MacIntyre, Th. S. Kuhn, Bari 1991 (engl. The American Philosopher. Conversations with Quine, D., Putnam, Nozick, Danto, Rorty, Cavell, MacIntyre, and Kuhn, Chicago Ill./London 1994); J. Brandl/W. L. Gombocz (eds.), The Mind of D. D., Grazer philos. Stud. 36 (1989); U. Bruderer, Verstehen ohne Sprache. Zu D. D.s Szenario der radikalen Interpretation, Bern/Stuttgart/Wien 1997; F. Buekens, Kritiek van de interpreterende rede. Grondslagen van D. D.s filosofische project, Leuven 1996; R. W. Dasenbrock (ed.), Literary Theory after D., University Park Pa. 1993; M. De Caro, Dal punto di vista dell'interprete. La filosofia di D. D., Rom, 1998; P. Engel, D. et la philosophie du langage, Paris 1994; ders. (ed.), Lire D.. Interprétation et holisme, Combas 1994; S. Evnine, D. D., Stanford Calif. 1991; K. Glüer, D. D. zur Einführung, Hamburg 1993; L. E. Hahn (ed.), The Philosophy of D. D., Chicago Ill. 1999; M. Hernández Iglesias, La semántica de D.. Una introducción crítica, Madrid 1990; W. R. Köhler (ed.), D.s Philosophie des Mentalen, Paderborn etc. 1997; E. LePore (ed.), Truth and Interpretation. Perspectives on the Philosophy of D. D., Oxford/New York 1986; ders., D., REP II (1998), 800–806; ders./B. P. McLaughlin (eds.), Actions and Events. Perspectives on the Philosophy of D. D., Oxford/New York 1985, Oxford 1988; B. H. Letson, D.s Theory of Truth and Its Implications for Rorty's Pragmatism, New York etc. 1997; J. E. Malpas, D. D. and the Mirror of Meaning. Holism, Truth, Interpretation, Cambridge 1992; C. Mottas, Eine Kohärenztheorie der Rechtfertigung? Zu D. D.s Erkenntnistheorie, Bern/New York 1989; E. Picardi/J. Schulte (eds.), Die Wahrheit der Interpretation. Beiträge zur Philosophie D. D.s, Frankfurt 1990; D. Pollard, D., in: S. Brown/D. Collinson/R. Wilkinson (eds.), Biographical Dictionary of Twentieth-Century Philosophers, London/New York 1996, 169–171; G. Preyer/F. Siebelt/A. Ulfig (eds.), Language, Mind, and Epistemology. On D. D.'s Philosophy, Dordrecht/Boston Mass./London 1994; B. T. Ramberg, D. D.'s Philosophy of Language. An Introduction, Oxford/New York 1989; M. Schaedler-Om, Der soziale Charakter sprachlicher Bedeutung und propositionaler Einstellungen. Eine Untersuchung zu D. D.s Theorie der radikalen Interpretation, Würzburg 1997; D. Sparti, Sopprimere la lontananza uccide. D. D. e la teoria dell'interpretazione, Florenz 1994; R. Stoecker (ed.), Reflecting D.. D. D. Responding to an International Forum of Philosophers, Berlin/New York 1993; K. Stüber, D. D.s Theorie sprachlichen Verstehens, Frankfurt 1993; B. Vermazen/M. B. Hintikka (eds.), Essays on D.. Actions and Events, Oxford 1985; U. M. Zeglen (ed.), D. D. Truth, Meaning and Knowledge, London/New York 1999. D. H.

Dedekind, (Julius Wilhelm) Richard, *Braunschweig 6. Okt. 1831, †ebd. 12. Febr. 1916, dt. Mathematiker, einer der Begründer der modernen ↑Algebra. D. wurde in Göttingen bei C. F. Gauß als dessen letzter Schüler promoviert, befaßte sich dann mit den Ergebnissen der Algebra seit N. H. Abel und É. Galois und habilitierte sich 1854 in Göttingen, wo er als Gaußens Nachfolger neben J. P. G. L. Dirichlet lehrte. 1857 folgte er einem Ruf an das Eidgenössische Polytechnicum in Zürich, 1862 einem Ruf an das Collegium Carolinum (die spätere TH) in Braunschweig.

D. lieferte wichtige Beiträge zur Idealtheorie und zur Theorie der algebraischen Zahlen, Disziplinen, in denen heute noch wichtige Begriffsbildungen und Sätze nach D. benannt sind (D.scher Ring, Körper, Verband; ›Satz von D.‹ in der Idealtheorie und in der Gruppentheorie). Berühmt wurden seine Grundlagenschriften »Was sind und was sollen die Zahlen?« (1888) und »Stetigkeit und irrationale Zahlen« (1872), in denen er seine auf den Begriff des ↑Dedekindschen Schnittes aufgebaute Theorie der reellen Zahlen entwickelt. Vielleicht im Zusammenhang seiner Diskussionen mit G. Cantor, die auf dessen mengentheoretische Arbeiten vielfach eingewirkt haben, gab D. auch eine (von ihm und C. S. Peirce unabhängig entdeckte) Definition der Endlichkeit einer Menge (↑endlich/Endlichkeit (mathematisch)), welche diese Eigenschaft mit Hilfe des allgemeinen Abbildungsbegriffs vom Zahlbegriff unabhängig, dafür allerdings (wie sich erst später herausstellte) von den Ausdrucks- und Beweismitteln des zugrunde gelegten Systems abhängig werden läßt. Unveröffentlicht ließ D. die ihm ebenfalls bekannten sogenannten ↑Peano-Axiome der Arithmetik, die mit Recht neuerdings häufig als Peano-D.sches Axiomensystem bezeichnet werden.

Werke: Gesammelte mathematische Werke, I–III, ed. R. Fricke u. a., Braunschweig 1930–1932 (repr. I–II, New York 1969). – Über die Theorie der ganzen algebraischen Zahlen, in: P. G. Lejeune-Dirichlet, Vorlesungen über Zahlentheorie, ed. u. mit Zusätzen versehen v. R. Dedekind, Braunschweig 1863, erw. ^{4}1893 (corr. repr. New York 1968), 434–657, separat: Berlin (Ost), Braunschweig 1964 (mit einem Geleitwort von B. L. van der Waerden); Stetigkeit und irrationale Zahlen, Braunschweig 1872, ^{7}1965 (zus. mit der 10. Aufl. von »Was sind und was sollen die Zahlen?«) (Nachdr. 1969) (engl. Continuity and Irrational Numbers, in: Essays on the Theory of Numbers, La Salle Ill. 1901 [repr. New York 1963], 1–27); Was sind und was sollen die Zahlen?, Braunschweig 1888, Braunschweig, Berlin (Ost) ^{10}1965 (Nachdr. 1969), Berlin (Ost) ^{11}1967 (engl. The Nature and Meaning of Numbers, in: Essays on the Theory of Numbers, La Salle Ill. 1901 [repr. New York 1963], 29–115, separat unter dem Titel: What Are Numbers and What Should They Be?, ed. H. Pogorzelski u. a., Orono Me. 1995); Briefwechsel Cantor – D., ed. E. Noether/J. Cavaillès, Paris 1937 (franz. Correspondance Cantor-D., in: J. Cavaillès, Philosophie mathématique, Paris 1962, 177–251); Vorlesung über Differential- und Integralrechnung 1861/62, ed. M.-A. Knus/W. Scharlau, Braunschweig/Wiesbaden 1985; Briefwechsel Lipschitz – D., in: R. Lipschitz, Briefwechsel mit Cantor, D., Helmholtz, Kronecker, Weierstrass, ed. W. Scharlau, Braunschweig/Wiesbaden 1986, 47–106.

Literatur: E. T. Bell, Men of Mathematics, London 1937, New York ^{3}1986, 613–639 (dt. Die großen Mathematiker, Düsseldorf/Wien 1967, 518–538); J.-P. Belna, La notion de nombre chez D., Cantor, Frege. Théories, conceptions et philosophie, Paris 1996; K.-R. Biermann, D., DSB IV (1971), 1–5; J. Cavaillès, Remarques sur la formation de la théorie abstraite des ensembles. Étude historique et critique (D. et la chaîne. Les axiomatisations), Paris 1937, 97–137, Neudr. in: ders., Philosophie mathématique, Paris 1962, 1984, 119–164; J. Dieudonné, D., Encyclopaedia Universalis France V (Paris 1968), 373–375; P. Dugac, R. D. et les fondements des mathématiques (avec de nombreux textes inédits), Paris 1976; D. A. Gillies, Frege, D., and Peano on the Foundations of Arithmetic, Assen 1982, 50–70; M. Hallett, D., in: R. Audi (ed.), The Cambridge Dictionary of Philosophy, Cambridge/New York/Oakleigh (Australien) 1995, 182–183, ^{2}1999, 210–211; R. Haubrich, Zur Entstehung der algebraischen Zahlentheorie R. D.s, Diss. Göttingen 1992; J. Hintikka, From D. to Gödel. Essays on the Development of the Foundations of Mathematics, Dordrecht 1995; P. E. B. Jourdain, R. D. (1833–1916), Monist 26 (1916), 415–427, Nachdr., Modern Logic 3 (1993), 207–214; E. Landau, R. D. – Gedächtnisrede, gehalten in der öffentlichen Sitzung der Königl. Ges. der Wissenschaften zu Göttingen am 12. Mai 1917, Nachrichten von der Königl. Ges. der Wissenschaften zu Göttingen, Geschäftl. Mitteilungen 1917, 50–70 (repr. in: ders., Collected Works VI, ed. P. T. Bateman u. a., Essen 1988, 449–465); J. Pla i Carrera, D. y la teoría de conjuntos, Modern Logic 3 (1993), 215–305; G. Prasad, Some Great Mathematicians of the Nineteenth Century. Their Lives and Their Works, I–II, Benares 1933/1934; W. Scharlau (ed.), R. D. 1831/1981. Eine Würdigung zu seinem 150. Geburtstag, Braunschweig/Wiesbaden 1981; H. Stein, D., REP II (1998), 840–842; U. Wannagat (ed.), Festschrift der Braunschweigischen Wissenschaftlichen Gesellschaft und der Technischen Universität Carolo Wilhelmina zu Braunschweig zur 150. Wiederkehr des Geburtstages von R. D., Göttingen 1982 (Abhandlungen der Braunschweigischen Wissenschaftlichen Gesellschaft Bd. XXIII). C. T.

Dedekindscher Schnitt, Bezeichnung für jede Einteilung einer geordneten Menge $\langle M; \prec \rangle$ (↑Ordnungsrelation) in zwei nicht-leere Klassen X und Y (›Unterklasse‹ und ›Oberklasse‹) von der Art, daß Y kein bezüglich der Ordnungsrelation $\prec$ erstes Element besitzt, jedes Element von M entweder zu X oder zu Y gehört und je zwei Elemente x von X und y von Y stets in der Relation $x \prec y$ stehen. R. Dedekind erkannte 1858, daß man in der durch die Kleinerrelation geordneten Menge $\langle \mathbb{Q}; < \rangle$ der rationalen Zahlen zwischen solchen Schnitten Rechenoperationen so erklären kann, daß das erhaltene System dem – z. B. durch Cauchyfolgen (↑Folge (mathematisch)) oder Intervallschachtelungen (↑Zahl) bestimmten – Körper der reellen Zahlen isomorph ist, und schlug deshalb vor, die reellen Zahlen unmittelbar als Schnitte in der Menge der rationalen Zahlen zu erklären. *Konstruktiv* kann diese Definitionsweise nur heißen, wenn alle zur Definition reeller Zahlen verwendeten Unter- und Oberklassen durch darstellende Aussageformen (↑Darstellung (logisch-mengentheoretisch)), z. B. im Falle der reell-algebraischen Zahlen durch darstellende Polynomgleichungen, gegeben werden.

Literatur: R. Dedekind, Stetigkeit und irrationale Zahlen, Braunschweig 1872, ^{7}1965 (zus. mit der 10. Aufl. von »Was sind und was sollen die Zahlen?«) (Nachdr. 1969) (engl. Continuity and Irrational Numbers, in: Essays on the Theory of Numbers, La Salle Ill. 1901 [repr. New York 1963], 1–27); H. Heuser, Lehrbuch der Analysis I, Stuttgart 1980, ^{11}1994, 26–35; L. D. Kudryavtsev, Dedekind Cut, in: M. Hazewinkel (ed.), Encyclopaedia of Mathematics III, Dordrecht/Boston Mass./London, 1989; E. Landau, Grundlagen der Analysis (Das Rechnen mit ganzen, rationalen, irrationalen, komplexen Zahlen). Ergänzung zu den Lehrbüchern der Differential- und Integralrechnung, Leipzig 1930 (repr. Darmstadt 1963, 1970) (engl. Foundations of Analysis. The Arithmetic of Whole, Rational, Irrational and Complex Numbers. A Supplement to Text-Books on the Differential and Integral Calculus, New York 1951, ^{3}1966). C. T.

de dicto/de re, ↑Modus.

Deduktion, Bezeichnung für die Ableitung einer Aussage (These A) aus anderen Aussagen (Hypothesen $A_1, \ldots, A_n$) kraft logischer Schlußregeln (die hypothetische Ableitbarkeit von A aus $A_1, \ldots, A_n$ wird symbolisiert durch $A_1, \ldots, A_n \vdash A$). Sind die Hypothesen wahre Aussagen (z. B. ↑Axiome), so heißt die D. ein (deduktiver) ↑*Beweis* der These. In axiomatischen Theorien (↑System, axiomatisches) bilden D.en das einzige Beweisverfahren; sie sind also durch die *deduktive Methode* (↑Methode, axiomatische, ↑Methode, deduktive) charakterisiert. K. L.

Deduktion, transzendentale, Terminus der Philosophie I. Kants, zentrales Stück der »Kritik der reinen Vernunft« (KrV A 84–130, B 116–169). Kant greift hinsichtlich der Bedeutung von ›Deduktion‹ auf den juristischen Sprachgebrauch zurück, demgemäß eine Deduktion die Frage der Rechtfertigung (›quid iuris‹) im Unterschied zur schlichten Tatsachenfrage (›quid facti‹) betrifft. Das ›quid iuris‹ bezieht sich im Rahmen der ↑Transzendentalphilosophie auf diejenigen Begriffe, die Anspruch auf Erfassung von Objektivem erheben, jedoch nicht durch Abstraktion aus der Erfahrung gewonnen werden, nämlich die ›reinen Verstandesbegriffe‹ (↑Verstandesbegriffe, reine). Entsprechend definiert Kant: »Ich nenne daher die Erklärung der Art, wie sich Begriffe a priori auf Gegenstände beziehen können, die t. D. derselben« (KrV B 117). Demgegenüber heißt die Aufgabe der Rechtfertigung für Begriffe, die durch Abstraktion aus der Erfahrung zustande kommen, ›empirische Deduktion‹. Das Prinzip der t.n D. liegt für Kant in dem Nachweis, daß durch einen reinen Verstandesbegriff eine Bedingung der Möglichkeit von objektiver Erfahrung bezeichnet ist. Die Grundlage solcher Verstandesbegriffe ist die ursprünglich synthetische Einheit der ↑Apperzeption. Die Verstandesbegriffe erstrecken sich dadurch lediglich auf den Bereich der Gegenstände möglicher Erfahrung; darüber hinaus kann eine t. D. nicht geliefert werden. Mit dieser Konzeption hat Kant zwar die allgemeine Kennzeichnung reiner Verstandesbegriffe geliefert, doch orientiert sich die inhaltliche Entwicklung der Kategorientafel an der traditionellen Logik.

In der modernen, an Kant orientierten Philosophie und Wissenschaftstheorie ist die Konzeption der t.n D. vielfach reformuliert worden. Für die konstruktive Wissenschaftstheorie (↑Wissenschaftstheorie, konstruktive) erfolgt die Rechtfertigung apriorischer Rede- und Herstellungsnormen durch den Nachweis, daß die lebensweltliche Rede- und Herstellungspraxis – wenn auch unbegriffen – durch Befolgung dieser Normen ermöglicht ist (↑Lebenswelt, ↑vorwissenschaftlich).

Literatur: M. Baum, Die t. D. in Kants Kritiken. Interpretationen zur kritischen Philosophie, Köln 1975; ders., Deduktion und Beweis in Kants Transzendentalphilosophie. Untersuchungen zur »Kritik der reinen Vernunft«, Königstein 1986, ²2000; P. Baumanns, Kants t. D. der reinen Verstandesbegriffe (B). Ein kritischer Forschungsbericht, Kant-St. 82 (1991), 329–348, 436–455, 83 (1992), 60–83, 185–207; ders., Kants Philosophie der Erkenntnis. Durchgehender Kommentar zu den Hauptkapiteln der »Kritik der reinen Vernunft«, Würzburg 1997; W. Becker, Selbstbewußtsein und Erfahrung. Zu Kants t.r D. und ihrer argumentativen Rekonstruktion, Freiburg/München 1984; E. Förster (ed.), Kant's Transcendental Deductions. The Three ›Critiques‹ and the ›Opus postumum‹, Stanford Calif. 1989; Forum für Philosophie Bad Homburg (ed.), Kants t. D. und die Möglichkeit von Transzendentalphilosophie, Frankfurt 1988 (darin: A. Wüstehube, Bibliographie. Neuere Literatur zur theoretischen Philosophie Kants (1976–1986), 303–322); H. F. Klemme, Kants Philosophie des Subjekts. Systematische und entwicklungsgeschichtliche Untersuchungen zum Verhältnis von Selbstbewußtsein und Selbsterkenntnis, Hamburg 1996; D. Henrich, The Proof-Structure of Kant's Transcendental Deduction, Rev. Met. 22 (1968), 640–659 (dt. Die Beweisstruktur von Kants t.r D., in: G. Prauss [ed.], Kant. Zur Deutung seiner Theorie von Erkennen und Handeln, Köln 1973, 90–104); ders., Identität und Objektivität. Eine Untersuchung über Kants t. D., in: Sitz.ber. Heidelberger Akad. Wiss., philos.-hist. Kl. 1976, 1; ders., Die Identität des Subjekts in der t.n D., in: H. Oberer/ G. Seel (eds.), Kant. Analyse – Probleme – Kritik, Würzburg 1988, 39–70; ders., Kant's Notion of Deduction and the Methodological Background of the First ›Critique‹, in: E. Förster (ed.), Kant's Transcendental Deductions [s. o.], 29–46; M. Hossenfelder, Kants Konstitutionstheorie und die t. D., Berlin etc. 1978; F. Kaulbach, Immanuel Kant, Berlin/New York 1969, ²1982; J. Klein, D., t., Hist. Wb. Ph. II (1972), 28–29; S. Körner, The Impossibility of Transcendental Deductions, in: L. W. Beck (ed.), Kant Studies Today, La Salle Ill. 1969, 230–244; P. Stekeler-Weithofer, D., t., EP I (1999), 209–210; F. Tenbruck, Die t. D. der Kategorien nach der zweiten Auflage der »Kritik der reinen Vernunft«, Diss. Marburg 1944; B. Tuschling (ed.), Probleme der »Kritik der reinen Vernunft«. Kant-Tagung in Marburg 1981, Berlin etc. 1984; H. J. de Vleeschauwer, La déduction transcendentale dans l'œuvre de Kant, I–III, Antwerpen etc. 1934–1937 (repr. New York etc. 1976); H. Wagner, Der Argumentationsgang in Kants D. der Kategorien, Kant-St. 71 (1980), 352–366; R. Zocher, Kants t. D. der Kategorien, Z. philos. Forsch. 8 (1954), 161–194. — C. F. G.

Deduktionsregel (engl. rule of deduction, deductive rule, franz. schéma de dérivation), eine Regel für die Ausführung eines deduktiven ↑Schlusses von gewissen, als ↑Prämissen (Antezedentien, Vordersätze) bezeichneten Aussagen auf eine weitere Aussage, die ↑Konklusion, deren Struktur in bestimmter, durch die D. angegebener Weise von der Struktur der Prämissen abhängt. In den D.n werden die als Prämissen bzw. Konklusion gewählten Aussagen durch ↑Aussageschemata P_i ($i = 1, 2, 3, \ldots$) bzw. C vertreten, so daß D.n gewöhnlich in der Gestalt

$$P_1, \ldots, P_i, \ldots \Rightarrow C \quad \text{oder} \quad \frac{P_1, \ldots, P_i, \ldots}{C}$$

notiert werden, z. B.

$$\frac{A}{A \vee B}, \quad \frac{A, A \rightarrow B}{B} \quad (\uparrow \text{Abtrennungsregel}),$$

$$\frac{A, \neg A}{C} \quad \text{(eine Form des } \uparrow \text{ex falso quodlibet)}.$$

Die Anwendung einer D. kann unter Umständen durch metasprachlich (↑Metasprache) formulierte Zusatzbedingungen an die Struktur der Prämissen oder der Konklusion eingeschränkt sein, z. B.

$$\frac{A(t)}{\bigwedge_x A(x)} \quad \text{falls } t \text{ in keiner Annahme vorkommt, von der } A(t) \text{ abhängt,}$$

oder

$$\frac{\bigwedge_x A(x)}{A(u)} \quad \text{falls } u \text{ im } \uparrow \text{Variabilitätsbereich von } x \text{ liegt.}$$

In jedem Falle muß effektiv entscheidbar sein, ob ein gegebener Ausdruck nach einer gegebenen D. aus gegebenen Ausdrücken als Prämissen gewonnen werden kann. Im Falle von mehr als endlich vielen Prämissen, z. B. in der ω-Regel (↑Induktion, unendliche)

$$\frac{A(1),\ A(2),\ A(3),\ \ldots}{\bigwedge_n A(n)},$$

erfordert dies die Überschaubarkeit des unendlichen Prämissenbereichs z. B. durch die Angabe eines Strukturschemas, dem alle Prämissen genügen (im angeführten Beispiel das Schema ›$A(v)$‹) und auf das die Struktur der Prämisse zurückzubeziehen ist. Da die ↑Deduktion der Gewinnung von ↑Folgerungen aus den Prämissen dient, muß jede D. korrekt sein, d. h. von wahren Aussagen als Prämissen stets wieder auf eine solche als Konklusion führen. Die Axiome und die deduktiv, d. h. nach D.n (aus Axiomen und/oder bereits durch Deduktion erhaltenen Ausdrücken), herleitbaren Ausdrücke bilden die beweisbaren (↑beweisbar/Beweisbarkeit) Sätze eines formalen Systems (↑System, formales).

Literatur: A. Avron, Gentzenizing Schroeder-Heister's Natural Extension of Natural Deduction, Notre Dame J. Formal Logic 31 (1990), 127–135; R. Carnap, Abriss der Logistik mit besonderer Berücksichtigung der Relationstheorie und ihrer Anwendungen, Wien 1929; ders., Logische Syntax der Sprache, Wien 1934, Wien/New York ²1968 (engl. The Logical Syntax of Language, London/New York 1937, London 1949, 2000); ders., Introduction to Semantics. Studies in Semantics I, Cambridge Mass. 1942, Neudr. in: ders., Introduction to Semantics and Formalization of Logic, Cambridge Mass. 1943, 1959, 1961, separat ²1948; ders., Formalization of Logic. Studies in Semantics II, Cambridge Mass. 1943, Neudr. in: ders., Introduction to Semantics and Formalization of Logic [s. o.], separat ²1947; H. B. Curry, Foundations of Mathematical Logic, New York 1963, ²1977; J. Czelakowski, Algebraic Aspects of Deduction Theorems, Stud. Log. 44 (1985), 369–387; D. M. Gabbay/C. J. Hogger/J. A. Robinson, Handbook of Logic in Artificial Intelligence and Logic Programming II (Deduction Methodologies), Oxford 1994; I. Hacking, What is Logic?, in: D. M. Gabbay (ed.), What is a Logical System?, Oxford, New York, 1994, 1–33; S. C. Kleene, Introduction to Metamathematics, Amsterdam/Groningen, New York/Princeton N. J. 1952, 1991, 1996, 2000; J. Lambek, What is a Deductive System?, in: D. M. Gabbay (ed.), What is a Logical System? [s. o.], 141–159; E. G. K. López Escobar, Global Discharge Conditions for Natural Deduction Systems, J. Non-Class. Log. 8 (1991), 39–44; W. Markwald, Einführung in die formale Logik und Metamathematik, Stuttgart 1972, 1974; J. M. Méndez, Deduction Theorems, Reports Math. Log. 22 (1988), 9–13; S. W. P. Steen, Mathematical Logic with Special Reference to the Natural Numbers, Cambridge/London 1972; A. Tarski, Fundamentale Begriffe der Methodologie der deduktiven Wissenschaften I, Mh. Math. Phys. 37 (1930), 361–404.   C. T.

Deduktionstheorem (engl. deduction theorem), auf A. Tarski und J. Herbrand zurückgehender Satz in der Theorie der ↑Logikkalküle, der besagt, daß die (hypothetische) Ableitbarkeit (↑ableitbar/Ableitbarkeit) einer Formel A aus Formeln $A_1, \ldots, A_n$ in einem Logikkalkül K, formal:

$$A_1, \ldots, A_n \vdash_K A,$$

die Ableitbarkeit von $A_n \to A$ aus $A_1, \ldots, A_{n-1}$ in K, formal:

$$A_1, \ldots, A_{n-1} \vdash_K A_n \to A,$$

impliziert. Die Umkehrung dieser Behauptung – oft als ↑Ableitbarkeitstheorem bezeichnet – ergibt sich sofort durch Anwendung des ↑modus ponens auf $A_n \to A$ und die Annahmeformel A_n. Das D. gilt, falls es sich bei K um eine quantorenlogische Sprache (↑Quantorenlogik) handelt, jedoch nur unter der Voraussetzung, daß die in der Ableitung von A angewendeten Quantorenregeln sich nur auf nicht in A_n vorkommende freie ↑Variablen beziehen. Diese Bedingung ist trivialerweise erfüllt, wenn man das D. nur für ↑Aussagen (d. h. ↑Formeln ohne freie Variablen) formuliert. Aus der iterierten Anwendung des D.s ergibt sich – unter der entsprechenden Variablenbedingung – die Ableitbarkeit von $(A_1 \wedge \ldots \wedge A_n) \to A$, formal:

$$\vdash_K (A_1 \wedge \ldots \wedge A_n) \to A.$$

Das D. ist ein wichtiges Hilfsmittel, die Gleichwertigkeit von ↑Hilberttypkalkülen mit ↑Kalkülen des natürlichen Schließens zu zeigen. Für letztere ist die Behauptung des D.s trivialerweise erfüllt auf Grund der Formulierung der $\to$-Einführungsregel; die obige Variablenbedingung geht dort schon in die Formulierung der Quantorenregeln ein. Für manche nicht-klassischen Logiken (↑Logik, nicht-klassische), z. B. Systeme der ↑Relevanzlogik oder der ↑Logik des ›Entailment‹, gilt auf Grund der gegenüber klassischer und intuitionistischer Logik (↑Logik, klassische, ↑Logik, intuitionistische) andersartigen Deutung der ↑Subjunktion das D. nur in eingeschränkter oder modifizierter Form.

Literatur: Alle Lehrbücher der ↑Quantorenlogik, z. B. S. C. Kleene, Introduction to Metamathematics, Groningen, Amsterdam/London 1952, ¹³2000, bes. 86–102 [§§ 20–23]; F. v. Kutschera, Elementare Logik, Wien/New York 1967, bes. 86–88, 151–153.   K. L./P. S.

Deduktivismus, nach K. R. Popper Kennzeichnung einer ↑Methodologie, nach der wissenschaftliche Erkenntnis dadurch entsteht, daß aus allgemeinen ↑Hypothesen mit Hilfe der deduktiven Logik ↑Prognosen abgeleitet werden, die dann einem geeigneten Bewährungsverfahren (↑Bewährung) unterzogen werden (↑Methode, deduktive). Z. B. kann aus der gesetzesartigen Aussage

›Kupfer leitet Elektrizität‹ und der Konstatierung ›dieser Draht besteht aus Kupfer‹ die Aussage ›dieser Draht leitet Elektrizität‹ deduziert werden, die anschließend im ↑Experiment verifiziert bzw. falsifiziert wird. Je nach Verlauf des Experiments ist das Resultat eine Bewährung oder eine Prima-facie-Falsifikation (↑Falsifikation) der gesetzesartigen Aussage (wobei im letzteren Falle keineswegs eine sofortige Aufgabe der Theorie gefordert ist, ↑Theoriendynamik).

Der eng mit dem methodischen Konzept des Falsifikationismus verbundene D. stellt eine Reaktion auf das Humesche Problem der ↑Induktion dar: Der Übergang von einer beliebig langen Folge von Einzelbeobachtungen $F(a_1)$, $F(a_2)$, ..., $F(a_n)$ zur Allaussage $\bigwedge_x F(x)$ ist deduktiv inkorrekt. Während der im Umfeld des Wiener Kreises vertretene Verifikationismus (↑Verifikation, ↑Verifikationsprinzip) versucht, diesem Problem durch die Ausarbeitung einer eigenen induktiven Logik (↑Logik, induktive) beizukommen (vor allem R. Carnap, C. G. Hempel, ↑Induktion), bestreitet der D., daß eine Verifikation wissenschaftlicher Aussagen überhaupt das methodische Ziel darstellt: Gesetzesartige Aussagen werden demnach niemals verifiziert, sie erreichen vielmehr einen mehr oder weniger hohen Grad an Bewährung, indem sie einer großen Zahl von Falsifikationsversuchen mittels der hypothetisch-deduktiven Methode widerstehen. – Für die Konstruktive Wissenschaftstheorie (↑Wissenschaftstheorie, konstruktive) gehört die deduktivistische Methodologie (wie die induktivistische) zur philosophischen Rahmenkonzeption einer Methodologie ›von oben‹, die wesentliche Theoriestücke methodisch unbegriffen als gegeben hinnimmt. Im Falle des D. sind hierzu vor allem die Fähigkeit, Hypothesen zu bilden, und die Geltung der deduktiven Logik zu rechnen (↑Protologik).

Literatur: J. Fox, Deductivism Surpassed, Australas. J. Philos. 77 (1999), 447–464; K. Gemes, Horwich, Hempel, and Hypothetico-Deductivism, Philos. Sci. 57 (1990), 699–702; ders., Schurz on Hypothetico-Deductivism, Erkenntnis 41 (1994), 171–181; ders., Hypothetico-Deductivism: The Current State of Play. The Criterion of Empirical Significance: Endgame, Erkenntnis 49 (1998), 1–20; A. Grünbaum, Is Falsifiability the Touchstone of Scientific Rationality? Karl Popper versus Inductivism, in: R. S. Cohen/P. K. Feyerabend/M. W. Wartofsky (eds.), Essays in Memory of Imre Lakatos, Dordrecht/Boston Mass. 1976, 213–252; ders./W. C. Salmon (eds.), The Limitations of Deductivism, Berkeley Calif./Los Angeles/London 1988; H. Hållsten, Deductive Chauvinism, Synthese 120 (1999), 49–59; P. Janich/F. Kambartel/J. Mittelstraß, Wissenschaftstheorie als Wissenschaftskritik, Frankfurt 1974; G.-L. Lueken, Prämissenergänzung, Dialektik (1999), 95–113; K. R. Popper, Replies to My Critics, in: P. A. Schilpp (ed.), The Philosophy of Karl Popper II, La Salle Ill. 1974, 961–1197; G. Schurz, Relevant Deduction and Hypothetico-Deductivism. A Reply to Gemes, Erkenntnis 41 (1994), 183–188; C. K. Waters, Relevance Logic Brings Hope to Hypothetico-Deductivism, Philos. Sci. 54 (1987), 453–464; weitere Literatur: ↑Falsifikation, ↑Popper, ↑Rationalismus, kritischer, ↑Wahrheitsähnlichkeit. C. F. G.

Dee, John, *London 13. Juli 1527, †Mortlake (Surrey) 26. März 1608 (1609?), engl. Mathematiker, Alchemist und Astrologe. Ab 1542 Studium der Mathematik, Philosophie und der alten Sprachen am St. John's College, Cambridge; 1546 B. A. und Fellow of St. John's College sowie Gründungsmitglied des Trinity College, Cambridge. Auf Studienreisen, die ihn 1547–1551 nach Löwen (wo er 1548–1550 studierte) und Paris führten, pflegte D. freundschaftliche Kontakte unter anderem zu dem Kosmographen G. Frisius und dessen Schüler, dem Geographen G. Mercator. D. stand unter der Patronage von Elizabeth I, die seine Dienste als Astrologe in Anspruch nahm und seine alchemistischen Experimente unterstützte. An seinem Wohnsitz in Mortlake baute D. eine der größten Bibliotheken des elisabethanischen England auf. Seine alchemistischen und magischen Forschungen führten ihn auf Auslandsreisen, so 1583–1589 nach Polen, Böhmen und Deutschland, wo er allerdings immer wieder Vorwürfen der Scharlatanerie ausgesetzt war. Nach Rückkehr in sein von seinen Gegnern, die ihn der Zauberei bezichtigten, zerstörtes Haus in Mortlake lebte er in großer Armut, bis er 1596 Warden von Christ's College, Manchester, wurde, ein Amt, das er bis 1604 ausübte.

Als Pionier der Kartographie in England und Experte für Navigation beriet D. Schiffsexpeditionen. Angenommen wird, daß er maßgeblich an der durch H. Billingsley veranstalteten ersten englischen Euklid-Ausgabe (1570) beteiligt war, für die er ein »Mathematicall Praeface« verfaßte. Seine Neigung zum Okkulten fand schon in der 1564 veröffentlichten hermetischen (↑hermetisch/Hermetik) »Monas hieroglyphica« Ausdruck, die eine symbolische Repräsentation des Kosmos bespricht. Bald nach der 1582 von Gregor XIII. verkündeten Kalenderreform wurde D. mit der Überprüfung des Kalenders beauftragt; seiner Empfehlung auf Übernahme wurde allerdings nicht entsprochen. Danach widmete er sich fast ausschließlich, auch unter dem Einfluß seines zwielichtigen Mediums E. Kelley, alchemistischen (↑Alchemie) und spiritistischen Experimenten, der Suche nach dem Stein der Weisen und dem Versuch, mit Engeln und Geistern in Kommunikation zu treten (›Entdeckung‹ der Engelssprache Enochisch). D. gilt als einer der Begründer des Rosenkreuzer-Ordens und diente als eines der Vorbilder für C. Marlowes Dr. Faustus.

Werke: Propaedeumata aphoristica, London 1558, 1568, unter dem Titel: J. D. on Astronomy. Propaedeumata aphoristica (1558 und 1568), ed. W. Shumaker, Berkeley Calif. 1978; Monas hieroglyphica Ioannis D., Antwerpen 1564, Frankfurt 1591 (repr. Stjärnhov 1995) (franz. La monade hiéroglyphique, ed. E. A. Grillot De Givry, Paris 1925 [repr. Mailand 1975]; engl. The Hieroglyphic Monad, London 1947 [repr. New York 1975]; dt. Die Monas-Hieroglyphe, ed. A. Klein, Interlaken 1982); Mathematisches Vorwort zu: The Elements of Geometrie of the Most Auncient Philosopher Euclid of Megara, ed. and trans.

H. Billingsley, London 1570, separat als: The Mathematicall Praeface to the Elements of Geometrie of Euclid of Megara (1570), New York 1975; Parallaticae commentationis praxeosque [...], London 1573; The Perfect Art of Navigation, London 1577 (repr. Amsterdam 1968); A True and Faithful Relation of what Passed for Many Years Between Dr. J. D. ... and some Spirits, ed. M. Casaubon, London 1659; Diary, for the Years 1595–1601 [...], ed. J. E. Bailey, London 1880; The Diaries of J. D., ed. E. Fenton, Charlbury 1998.

Literatur: R. Baier, D., in: F. W. Bautz/T. Bautz (eds.), Biographisch-Bibliographisches Kirchenlexikon XXI (Ergänzungen VIII), Nordhausen 2003, 322–330; J.-P. Brach, D., Enc. philos. universelle I/1 (1992), 495–496; N. H. Clulee, Astrology, Magic, and Optics. Facets of J. D.'s Early Natural Philosophy, Renaissance Quart. 30 (1977), 632–680; ders. J. D.'s Actions with Spirits. 22 December 1581 to 23 May 1583, New York 1988; ders., J. D.'s Natural Philosophy. Between Science and Religion, London/New York 1988 (mit Bibliographie, 302–335); C. H. Cooper/T. Cooper, D., in: dies., Athenae Cantabrigienses II (1586–1609), Cambridge 1861, Nachdr. Farnborough 1967, 497–510 (mit Bibliographie, 505–510); R. Deacon (ed.), J. D.. Scientist, Geographer, Astrologer and Secret Agent to Elizabeth I, London 1968; J. B. Easton, D., DSB IV (1971), 5–6; P. French (ed.), J. D.. The World of an Elizabethan Magus, London 1972, 1987; G. James (ed.), The Enochian Evocation of Dr. J. D., Gillette N. J. 1984; K. J. Knoespel, The Narrative Matter of Mathematics. J. D.'s Preface to the Elements of Euclid of Megara (1570), Philol. Quart. 66 (1987), 26–46; J. Roberts/A. G. Watson (eds.), J. D.'s Library Catalogue, London 1990; W. H. Sherman, J. D.. The Politics of Reading and Writing in the English Renaissance, Amherst Mass. 1995; C. F. Smith, J. D. (1527–1608), London 1909 (repr. Thame 1992); G. W. Williams (ed.), Welsh Wizard and British Empire. Dr. J. D. and a Welsh Identity, Cardiff 1980; B. Woolley, The Queen's Conjurer. The Science and Magic of Dr. J. D., Adviser to Queen Elizabeth I, New York 2001; F. A. Yates, Renaissance Philosophers in Elizabethan England. J. D. and Giordano Bruno, in: H. Lloyd-Jones u. a. (eds.), History and Imagination. Essays in Honour of H. R. Trevor-Roper, London 1981, 104–114, Nachdr. in: dies., Lull and Bruno. Collected Essays I, London/Boston Mass./Henley 1982, 210–221 (dt. Renaissancephilosophen im Elisabethanischen England. J. D. und Giordano Bruno, in: dies., Giordano Bruno in der englischen Renaissance, Berlin 1989, 69–82). V. P.

deep ecology, Bezeichnung für eine Position der ökologischen Ethik (↑Ethik, ökologische), die im ausgehenden 20. Jh. als Reaktion auf die als dramatisch eingeschätzte ›ökologische Krise‹ eine tiefgreifende Neuorientierung im Verhältnis von Mensch und Umwelt fordert. Als Begründer der d. e. gilt der norwegische Philosoph und Bergsteiger A. Næss (*1912), der sich seinerseits auf philosophische, religiöse, naturwissenschaftliche und literarische Vorläufer beruft. – Die Charakterisierung der eigenen ökologisch-ethischen Position als ›tief‹ (›deep‹) soll dabei als Kennzeichen einer ›ganzheitlichen‹ Philosophie (›ecosophy‹) dienen, deren Prinzipien insbes. auf einen jedem Lebewesen zukommenden Eigenwert abstellen und ein umfassendes, kohärentes System bilden sollen. Damit will sie sich absetzen von der etablierten ›flachen‹ (›shallow‹) ↑Ökologie, die für den Umgang mit der Natur lediglich ↑anthropozentrische Nutzen- und Klugheitsregeln formuliere, insoweit sie diesen Eigenwert nicht anerkenne. Ferner sei die ›flache Ökologie‹ durch ihre kurzsichtige und kritiklose Haltung gegenüber dem Wirtschafts- und Bevölkerungswachstum außerstande, der ›ökologischen Krise‹ angemessen zu begegnen. Um die unterstellte Krise zu überwinden, halten die Anhänger der d. e. einen radikalen sozialen Wandel, der den Lebensstil vor allem der Bewohner reicher Länder tiefgreifend verändert, für unausweichlich.

Häufig geht das Bekenntnis zur d. e. einher mit antirationalistischen Haltungen (↑Rationalität, ↑Rationalismus) und hat eher appellativen Charakter. Die verschiedenen, als ›tiefenökologische Bewegung‹ zusammengefaßten Versuche, die Lehre der d. e. in die Praxis umzusetzen, finden ihren Niederschlag in einem weiten Spektrum alternativer Lebenskonzeptionen. Oft lassen sich hierbei nur lockere Beziehungen zur ›philosophischen‹ d. e. ausmachen.

Literatur: F.-T. Gottwald/A. Klepsch (eds.), Tiefenökologie. Wie wir in Zukunft leben wollen, München 1995; A. Næss, The Shallow and the Deep, Long Range Ecology Movement. A Summary, Inquiry 16 (1973), 95–100; ders., Økologi, samfunn og livsstil, Oslo 1976 (engl. Ecology, Community and Lifestyle. Outline of an Ecosophy, Cambridge, New York, Oakleigh 1989, 1993); ders., The Deep Ecological Movement. Some Philosophical Aspects, Philos. Inquiry 8 (1986), 10–31 (dt. Die tiefenökologische Bewegung. Einige philosophische Aspekte, in: A. Krebs [ed.], Naturethik. Grundtexte der gegenwärtigen tier- und ökoethischen Diskussion, Frankfurt 1997, 182–210); G. Sessions (ed.), D. E. for the Twenty-First Century, Boston Mass./London 1995; C. Talbot, D. E., in: R. F. Chadwick (ed.), Encyclopedia of Applied Ethics I, San Diego etc. 1998, 747–753. F. T.

definierbar/Definierbarkeit, ein k-stelliger Prädikator (im Falle $k > 1$ auch ↑Relator genannt). $P(x_1, \ldots, x_k)$ heißt d. in einer Theorie T genau dann, wenn es in T eine Formel D mit den folgenden Eigenschaften gibt:

(1) die Variablen $x_1, \ldots, x_k$ sind sämtlich voneinander verschieden,

(2) D enthält keine anderen freien Variablen als $x_1, \ldots, x_k$,

(3) D enthält außer Grundzeichen und bereits definierten Zeichen der Theorie T keine nicht-logischen Konstanten (↑Konstante, logische),

(4) $P(x_1, \ldots, x_k) \leftrightarrow D$ (bzw. die zugehörige allquantifizierte Formel) ist in T ableitbar.

Unterscheidet man in der Theorie T deren (außerlogisches) Vokabular V und das System W ihrer (außerlogischen) Axiome, so erweist sich ›d.‹ als ein dreistelliger ↑Metaprädikator $\mathfrak{D}(P, V, W)$, der aussagt, daß der ↑Prädikator P durch Ausdrücke aus dem Vokabular V auf der Basis des Axiomensystems W d. ist; das Vokabular und der Satzbestand der (im allgemeinen klassischen) ↑Quantorenlogik mit Identität sind dabei stets als Bestandteil von T vorausgesetzt.

D. wird für elementare Prädikatoren (und nicht sogleich für sie enthaltende zusammengesetzte Ausdrücke) festgelegt, um die an korrekte Definitionen zu stellenden Forderungen der Eliminierbarkeit (↑Elimination) und Nicht-Kreativität (↑Definition) zu erfüllen. Entsprechend erklärt man die D. von k-stelligen Verknüpfungen (Operationen) durch die D. eines $(k+1)$-stelligen Prädikators

$$P(x_1, \ldots, x_k, y) \rightleftharpoons O(x_1, \ldots, x_k) = y$$

mit einer zusätzlichen Variablen y, auf die sich dann die Forderungen (1) bis (4) ebenfalls erstrecken und für die zum Zwecke der Eindeutigkeit (↑eindeutig/Eindeutigkeit) der definierten Verknüpfung überdies gelten muß, daß die Formel $\bigvee_y D$ (eventuell unter Rückgriff auf vorausgegangene Definitionen) aus den Axiomen von T ableitbar ist. Definitionen dieser Art vereinfachen sich, wenn man eine größere Kompliziertheit der zugrundegelegten Logik durch ihre Erweiterung um eine eigene Kennzeichnungstheorie (↑Kennzeichnung) in Kauf nimmt.

Analog zur Abhängigkeit (↑abhängig/Abhängigkeit) oder Unabhängigkeit (↑unabhängig/Unabhängigkeit (logisch)) von Aussagen stellt sich das Problem der gegenseitigen Abhängigkeit oder Unabhängigkeit der Grundzeichen einer Theorie T als die Frage, ob eines (oder mehrere) dieser Grundzeichen mit Hilfe der übrigen d. ist. Da die Bedingung (4) der unentscheidbaren allgemeinen Quantorenlogik (eventuell mit Identität) angehört (↑Unentscheidbarkeitssatz), ist das Problem der wechselseitigen D. selbst unentscheidbar im Sinne der Unmöglichkeit eines allgemeinen (algorithmischen) Verfahrens, eine solche Entscheidung herbeizuführen. Von besonderem Interesse sind daher D.skriterien. Ein schon 1900 von A. Padoa angegebenes Nichtdefinierbarkeitskriterium fußt auf der Einsicht, daß ein k-stelliger Prädikator $R(x_1, \ldots, x_k)$ von den übrigen Prädikatoren einer Theorie T sicher dann unabhängig ist, wenn man zwei Interpretationen (↑Interpretationssemantik) I_1 und I_2 von T finden kann, die beide den gleichen Individuenbereich B haben, für alle von R verschiedenen Prädikatoren der Theorie übereinstimmen, aber von der Art sind, daß für mindestens ein k-tupel $\langle a_1, \ldots, a_k \rangle$ von Individuen aus B die Aussage $R(a_1, \ldots, a_k)$ bei I_1 wahr, bei I_2 dagegen falsch ist. Das Verfahren läßt sich verdeutlichen, wenn man in einer Theorie mit dem Vokabular V und dem Axiomensystem W einen k-stelligen Prädikator $P(x_1, \ldots, x_k)$ genau dann ›versteckt d. mittels V auf der Basis von W‹ nennt, wenn man aus den Formeln von W durch Ersetzung von $P(x_1, \ldots, x_k)$ durch einen vorher nicht in ihnen enthaltenen ebenfalls k-stelligen Prädikator $P^*(x_1, \ldots, x_k)$ ein System W^* von Formeln mit der Eigenschaft erhält, daß

$$(*) \quad \bigwedge_{x_1, \ldots, x_k} (P(x_1, \ldots, x_k) \leftrightarrow P^*(x_1, \ldots, x_k))$$

aus $W \cup W^*$ ableitbar ist. Mit dieser Begriffsbildung läßt sich das Kriterium von A. Padoa, das von diesem als Schluß von der Existenz zweier im genannten Sinne verschiedener Interpretationen auf die Unableitbarkeit der soeben angegebenen Äquivalenz (*), d. h. von der damit gezeigten Unmöglichkeit der versteckten Definition von $P(x_1, \ldots, x_k)$ auf die Nichtdefinierbarkeit, formuliert wurde, als Schluß von der D. auf die versteckte D. ausdrücken. Der umgekehrte Schluß, das nach seinem Erfinder benannte ›Kriterium von Beth‹, ist mit modelltheoretischen (semantischen) Überlegungen von A. Robinson, mit beweistheoretischen (syntaktischen) Methoden von W. Craig unter Verwendung von ↑Craig's Lemma bewiesen worden. Verallgemeinerungen der Begriffsbildungen und Sätze über D. und Erweiterungen ihrer Reichweite gehen auf K. L. de Bouvère, C. C. Chang, J. C. C. McKinsey, M. Makkai, L. Svenonius und A. Tarski zurück.

Literatur: J. Barwise, Model-Theoretic Logics. Background and Aims, in: ders./S. Feferman (eds.), Model-Theoretic Logics, New York/Berlin/Heidelberg 1985, 3–23; H. Benis-Sinaceur, Définissabilité, Enc. philos. universelle II (1990), 564–566; E. W. Beth, On Padoa's Method in the Theory of Definition, Indagationes Mathematicae 15 (1953), 330–339; ders., The Foundations of Mathematics. A Study in the Philosophy of Science, Amsterdam 1959, ²1965, 1968, New York 1966, bes. 87–88, 288–293, 568–571 (§§ 34, 94, 207); K. L. de Bouvère, A Method in Proofs of Undefinability, with Applications to Functions in the Arithmetic of Natural Numbers, Amsterdam 1959; C. C. Chang, Some New Results in Definability, Bull. Amer. Math. Soc. 70 (1964), 808–813; W. Craig, Linear Reasoning. A New Form of the Herbrand-Gentzen Theorem, J. Symb. Log. 22 (1957), 250–268; H.-D. Ebbinghaus, Extended Logics. The General Framework, in: J. Barwise/S. Feferman (eds.), Model-Theoretic Logics [s. o.], 25–76, bes. 68–76 (§ 7 Interpolation and Definability); Y. L. Ershov, Definability and Computability, New York/London/Moskau 1996; W. K. Essler, Wissenschaftstheorie I (Definition und Reduktion), Freiburg/München 1970; S. Feferman, Kurt Gödel. Conviction and Caution, Philos. Nat. 21 (1984), 546–562, ferner in: G. S. Shanker (ed.), Gödel's Theorem in Focus, London/New York/Sydney 1988, 96–114; J. H. Fetzer/D. Shatz (eds.), Definitions and Definability. Philosophical Perspectives, Dordrecht/Boston Mass./London 1991 (Synthese Library 216); H. Heikkilä, Definability and Infinitely Deep Languages, Helsinki 1993 (Ann. Acad. Sci. Fennicae Ser. A I. Math. Diss. 89), bes. 8–14; R. Kleinknecht, Grundlagen der modernen Definitionstheorie, Königstein 1979; M. Makkai, On a Generalization of a Theorem of E. W. Beth, Acta Math. Acad. Sci. Hungaricae 15 (1964), 227–235; J. C. C. McKinsey, On the Independence of Undefined Ideas, Bull. Amer. Math. Soc. 41 (1935), 291–297; U. Metschl, D., in: P. Prechtl/F.-P. Burkard (eds.), Metzler Philosophie Lexikon. Begriffe und Definitionen, Stuttgart/Weimar ²1999, 97; A. Padoa, Essai d'une théorie algébrique des nombres entiers, précédé d'une introduction logique à une théorie déductive quelconque, in: É. Boutroux (ed.), Bibliothèque du congrès international de philosophie III (Logique et histoire des sciences), Paris 1901, 309–365 (engl. [teilw.] Logical Introduction to Any Deductive Theory, in: J. van Heijenoort [ed.], From Frege to Gödel. A Source Book in Mathematical Logic, 1879–1931, Cambridge Mass. 1967, 118–123); V. Rantala, Aspects of Definability, Amsterdam 1977 (Acta philos. Fennica IXXX, 2/3); A. Robinson, A Result on Consistency and Its Application to the Theory of Definition, Indagationes Mathematicae 18 (1956), 47–58; ders., Introduction to Model Theory and to the Metamathematics of Algebra, Amsterdam 1963, ²1965, 1986, London/New York 1974 (Studies in Logic and the Foundations of Mathematics); J. R. Shoenfield, Mathematical Logic, Reading Mass./Menlo Park Calif./London 1967, 1973 (repr. Natick Mass. 2001), bes. 80–82; P. Suppes, Introduction to Logic, Princeton N. J./New York/London 1957 (repr. Minneola N. Y. 1999), 1964, 151–173 (Chap. 8 Theory of Definition); L. Svenonius, A Theorem on Permutations in Models, Theoria 25 (1959), 173–178; A. Tarski, Sur les ensembles définissables de nombres réels I, Fund. Math. 17 (1931), 210–239, ferner in: ders., Collected Papers I, ed. S. R. Givant/R. N. McKenzie, Basel/Boston Mass./Stuttgart 1986, 517–548 (engl. [erw.] On Definable Sets of Real Numbers, in: A. Tarski, Logic, Semantics, Metamathematics. Papers from 1923 to 1938, Oxford 1956, ed. J. Corcoran, Indianapolis Ind. ²1983, 110–142); ders., Z badań metodologicznych nad definiowalnoscą terminów, Przegląd filozoficzny 37 (1934), 438–460 (dt. [gekürzt] Einige methodologische Untersuchungen über die D. der Begriffe, Erkenntnis 5 [1935], 80–100, ferner in: ders., Collected Papers I [s. o.], 637–659, engl. [erw.] Some Methodological Investigations on the Definability of Concepts, in: ders., Logic, Semantics, Metamathematics [s. o.], 296–319); ders., Der Wahrheitsbegriff in den formalisierten Sprachen, Stud. Philos. 1 (Lemberg 1935), 261–405, ferner in: K. Berka/L. Kreiser (eds.), Logik-Texte. Kommentierte Auswahl zur Geschichte der modernen Logik, Berlin (Ost) 1971, 447–559, ⁴1986, 445–546, ferner in: A. Tarski, Collected Papers II [s. o.], 51–198; ders./A. Lindenbaum, Sur l'indépendance des notions primitives dans les systèmes mathématiques, Ann. Soc. Polon. Math. 5 (1927), 111–113; ders./A. Lindenbaum, Über die Beschränktheit der Ausdrucksmittel deduktiver Theorien, in: K. Menger (ed.), Ergebnisse eines mathematischen Kolloquiums VII, Leipzig/Berlin 1936 (repr. Wien/New York 1998), 15–22, ferner in: A. Tarski, Collected Papers II [s. o.], 203–212 (engl. On the Limitations of the Means of Expression of Deductive Theories, in: ders., Logic, Semantics, Metamathematics [s. o.], 384–392). C. T.

definit/Definitheit, in der mathematischen Grundlagendiskussion des 20. Jhs. (↑Grundlagenkrise) in verschiedenen Bedeutungen verwendeter Terminus zur Charakterisierung von Forderungen an unbedenkliche Begriffsbildungen, um das Auftreten der logischen und mengentheoretischen ↑Antinomien zu vermeiden. E. Zermelo verwendet ihn in Vorlesungen seit 1900, in Publikationen erstmals 1908 (»Untersuchungen über die Grundlagen der Mengenlehre«) in der Formulierung des ↑Aussonderungsaxioms seiner Axiomatisierung der ↑Mengenlehre (in der nur Monate früher erschienenen Abhandlung »Neuer Beweis für die Möglichkeit einer Wohlordnung« benutzt Zermelo noch den Ausdruck ›wohldefiniert‹). Nach Zermelo heißt d. »eine Frage oder Aussage 𝔈, über deren Gültigkeit oder Ungültigkeit die Grundbeziehungen des Bereiches vermöge der Axiome und der allgemeingültigen logischen Gesetze ohne Willkür entscheiden« (Untersuchungen über die Grundlagen der Mengenlehre, 1908, 263); die D. einer Aussageform wird durch die D. ihrer Anwendungen auf alle Elemente eines vorgegebenen Bereiches definiert. Dabei läßt Zermelo offen, was ›ohne Willkür entscheiden‹ heißen soll; außerdem wird in der Definition von ›d.‹ schon auf die Axiome der Mengenlehre Bezug genommen, obwohl der Begriff der D. in die Formulierung des Aussonderungsaxioms eingeht. Jedenfalls ist bei Zermelo der Begriff ›d.‹, wie seine Verwendung zeigt, weiter als der von H. Poincaré eingeführte Begriff der Prädikativität (↑imprädikativ/Imprädikativität). Zermelo benutzt in vielen Beweisen imprädikative Begriffsbildungen, die er jedoch für d. hält. Vorschläge zur Präzisierung des Begriffs ›d.‹ haben A. A. Fraenkel (1922, 1923), T. Skolem (1922/1923, 1929) und Zermelo selbst (1929) gemacht. Skolems Definition, wonach jede aus ↑Elementaraussagen der Gestalt $x \in y$ mit Hilfe von ↑Junktoren und ↑Quantoren zusammengesetzte Aussage d. ist, hat sich durchgesetzt, nachdem Skolem (1930) auch von Zermelos Vorschlag nachweisen konnte, daß dieser nicht wesentlich darüber hinausgeht. Da danach alle innerhalb eines formalen mengentheoretischen Systems syntaktisch korrekt gebildeten Aussagen d. sind, kommen die heute geläufigen Formulierungen des ↑Zermelo-Fraenkelschen Axiomensystems ohne den Begriff der D. aus (vgl. A. A. Fraenkel/Y. Bar-Hillel/A. Levy, Foundations of Set Theory [s. u., Lit.], ²1973, 36–38). Zermelos unveröffentlichte Versuche ab 1930, eine verbesserte Fassung des D.sbegriffs zu entwickeln, waren nicht erfolgreich (vgl. H.-D. Ebbinghaus, Zermelo. Definiteness and the Universe of Definable Sets, 2003).

In Untersuchungen zu Begründungsfragen der ↑Analysis benutzt H. Weyl den Terminus ›umfangsdefinit‹ zur Kennzeichnung eines solchen Begriffs, für den »es einen Sinn hat, von den unter ihn fallenden *existierenden* Gegenständen als einem an sich bestimmten und begrenzten, ideal geschlossenen Inbegriff zu sprechen« (Der circulus vitiosus in der heutigen Begründung der Analysis, 1919, 43). Umfangsdefinite Begriffe liegen insbes. dann vor, wenn sie durch gewisse nicht-zirkuläre Konstruktionsprinzipien aus anschaulich aufgewiesenen Grundrelationen aufgebaut sind; solche Prinzipien gibt Weyl in seinem System der Arithmetik 2. Stufe (Das Kontinuum, 1918), dem einfachsten System prädikativer Analysis, an (wo er von ›finiten‹ im Unterschied zu ›transfiniten‹ Urteilen spricht, ebd. 21 Anm.). An diesen, im wesentlichen mit ›prädikativ‹ synonymen Gebrauch von ›umfangsdefinit‹ schließt P. Lorenzen 1955 in seinem Versuch einer ›operativen‹ Begründung von Logik und Mathematik an (↑Logik, operative). Die Klasse der d.en Aussagen ist für Lorenzen eine echte Erweiterung der entscheidbaren Aussagen (↑entscheidbar/Entscheidbarkeit), schließt jedoch die imprädikativen Begriffsbildungen aus (vgl. Über eine Erweiterung des finiten methodischen Rahmens, 1954/1955; Einführung in die operative Logik und Mathematik, 1955, Einleitung). Insbes. sind auch quantifizierte Aussagen d., weil für sie ein d.er Beweis- bzw. Widerlegungsbegriff existiert; allerdings nur dann, wenn für die gebundenen Variablen in d.er Weise ein ↑Variabilitätsbereich festgelegt worden ist. Das sieht Lorenzen 1955 noch als Bedingung für den sinnvollen Gebrauch eines Quantors überhaupt an – ebenso wie Weyl, der die D. eines Begriffs mit der Möglichkeit der Existenzquantifikation verknüpft hatte. In seiner stufenfreien Begründung der Analysis (Differential und Integral, 1965) führt Lorenzen jedoch neben diesem Begriff des ›d.en‹ Quantors den des ›indefiniten‹ Quantors (↑Quantor, indefiniter) ein, dessen Variable sich auf einen ›unabgegrenzten‹, durch vorgegebene Konstruktionsverfahren nicht ausschöpfbaren Bereich bezieht. Lorenzen will damit neue logisch-mathematische Ausdrucksmittel einführen, ohne allerdings imprädikative Begriffsbildungen zuzulassen; die zulässige ›indefinite‹ Erweiterung eines Bereichs von Objekten kann sich nicht auf solche Gegenstände beziehen, die nur mit indefiniten Quantoren definierbar sind (z.B. ↑Komprehensionen über indefinite Quantoren enthaltende Aussageformen). Deshalb ist es zumindest fraglich, ob mit der Einführung ›indefiniter‹ Aussagen und Aussageformen überhaupt eine *echte* Erweiterung des Prädikativitätsbegriffs geleistet wird, ob also z.B. das darauf aufbauende Lorenzensche System der Analysis nicht nur technisch einfacher zu handhaben ist, sondern auch stärkere Resultate liefert als die bisher bekannten Systeme prädikativer Analysis.

Ein dritter (gegenüber dem Zermeloschen und Weyl-Lorenzenschen Gebrauch der eingeschränkteste) Sinn von ›d.‹ findet sich z.B. bei R. Carnap und H. B. Curry. Nach Carnap ist eine Eigenschaft natürlicher Zahlen d., »über deren Vorliegen oder Nichtvorliegen für eine beliebige Zahl stets in endlich vielen Schritten nach festem Verfahren entschieden werden kann« (Logische Syntax der Sprache, 10). D. ist danach synonym mit Entscheidbarkeit (↑entscheidbar/Entscheidbarkeit). Eine entsprechende Definition, ohne die Einschränkung auf zahlentheoretische Prädikate, findet sich bei Curry (Outlines of a Formalist Philosophy of Mathematics, 14). Curry überträgt den Begriff ›d.‹ auch auf formale Systeme (↑System, formales), für die die Begriffe der Formel, des Axioms und die Relation der unmittelbaren Folgerung d. sind. In verwandter Weise werden in der dialogischen Logik (↑Logik, dialogische) die Begriffe ›wahrheitsdefinit‹ (↑wahrheitsdefinit/Wahrheitsdefinitheit), ›beweisdefinit‹ (↑beweisdefinit/Beweisdefinitheit), ›widerlegungsdefinit‹ (↑widerlegungsdefinit/Widerlegungsdefinitheit) und ›dialogdefinit‹ (↑dialogdefinit/Dialogdefinitheit) für das Vorliegen eines entscheidbaren Wahrheits-, Beweis-, Widerlegungs- bzw. Dialogbegriffs verwendet (P. Lorenzen, Metamathematik, 18–21). Allgemeiner wird in nicht-klassischen Logiken (↑Logik, nicht-klassische), z.B. in konstruktiver (intuitionistischer) Logik (↑Logik, konstruktive, ↑Logik, intuitionistische) oder ↑Quantenlogik, von D. gesprochen, wenn Aussagen einen bestimmten Wahrheitswert haben (↑wertdefinit/Wertdefinitheit).

In der Theorie vager Begriffsbildungen bedeutet D. als ›Bestimmtheit‹ (↑Unbestimmtheit) den Gegensatz zu ↑Vagheit. Die philosophische Theorie der ↑Kennzeichnungen wird in der englischsprachigen Literatur in Anlehnung an die linguistische Verwendung von ›D.‹ (z.B. in ›definiter Artikel‹) unter ›definite descriptions‹ abgehandelt. Daneben wird ›D.‹ als Terminus in verschiedenen Kontexten in Mathematik und Spieltheorie verwendet.

Literatur: R. Carnap, Logische Syntax der Sprache, Wien/New York 1934, ²1968, bes. 40–41 (§ 15) (engl. The Logical Syntax of Language, London 1937, 1967, bes. 44–46); H. B. Curry, Outlines of a Formalist Philosophy of Mathematics, Amsterdam 1951, 1970; H.-D. Ebbinghaus, Zermelo. Definiteness and the Universe of Definable Sets, Hist. and Philos. Log. 24 (2003), 197–219; A. A. Fraenkel, Einleitung in die Mengenlehre, Berlin 1919, ³1928 (repr. Walluf/b. Wiesbaden 1972), erw. ³1946; ders., Der Begriff ›d.‹ und die Unabhängigkeit des Auswahlaxioms, Sitzber. Preuss. Akad. Wiss., physikal.-math. Kl. 21 (1922), 253–257; ders./Y. Bar-Hillel/A. Levy, Foundations of Set Theory, Amsterdam/London 1958, ²1973; P. Lorenzen, Über eine Erweiterung des finiten methodischen Rahmens, Actes du deuxième congrès international de l'union internationale de philosophie scientifique, Zürich 1954, II, Neuchâtel 1955, 128–134; ders., Einführung in die operative Logik und Mathematik, Berlin/Göttingen/Heidelberg 1955, Berlin/Heidelberg/New York ²1969; ders., Metamathematik, Mannheim 1962, ²1980; ders., Differential und Integral. Eine konstruktive Einführung in die klassische Analysis, Frankfurt 1965 (engl. Differential and Integral. A Constructive Introduction to Classical Analysis, Austin Tex. 1971); G. H. Moore, Zermelo's Axiom of Choice. Its Origins, Development, and Influence, New York/Heidelberg/Berlin 1982; T. Skolem, Einige Bemerkungen zur axiomatischen Begründung der Mengenlehre, Conférences faites au cinquième congrès des mathématiciens scandinaves, Helsinki 1923, 217–232, Neudr. in: ders., Selected Works in Logic, ed. J. E. Fenstad, Oslo/Bergen/Tromsö 1970, 137–152; ders., Über einige Grundlagenfragen der Mathematik, Skrifter utgitt av det Norske Vitenskaps-Akademi i Oslo I, mat.-naturv. Kl. 1929, No. 4, Oslo 1929, 1–49, Neudr. in: ders., Selected Works in Logic [s.o.], 227–273; ders., Einige Bemerkungen zu der Abhandlung von E. Zermelo: »Über die D. in der Axiomatik«, Fund. Math. 15 (1930), 337–341, Neudr. in: ders., Selected Works in Logic [s.o.], 275–279; H. Weyl, Das Kontinuum. Kritische Untersuchungen über die Grundlagen der Analysis, Leipzig 1918, Neudr. in: ders./E. Landau/B. Riemann, Das Kontinuum und andere Monographien, New York o.J.; ders., Der circulus vitiosus in der heutigen Begründung der Analysis, Jahresber. Dt. Math.ver. 28

(1919), 85–92, Neudr. in: ders., Gesammelte Abhandlungen II, ed. K. Chandrasekharan, Berlin/Heidelberg/New York 1968, 43–50; E. Zermelo, Neuer Beweis für die Möglichkeit einer Wohlordnung, Math. Ann. 65 (1908), 107–128; ders., Untersuchungen über die Grundlagen der Mengenlehre I, Math. Ann. 65 (1908), 261–281; ders., Über den Begriff der D. in der Axiomatik, Fund. Math. 14 (1929), 339–344. P. S.

Definition (griech. *ὁρισμός*, lat. definitio, ursprünglich: Umgrenzung), im weitesten Sinne jede Art der Feststellung oder Festsetzung einer Zeichenverwendung. Das zu definierende (oder definierte) Zeichen heißt *Definiendum* (oder *Definitum*), das definierende Zeichen *Definiens*. Man unterscheidet zwischen *syntaktischen* und *semantischen* D.en. Syntaktische D.en lassen die inhaltliche (semantische) Interpretation der Zeichen zunächst unberücksichtigt und regeln lediglich deren Gebrauch in formalen ↑Kalkülen. Bedeutungsvoll werden diese Kalküle dann im nachhinein dadurch, daß die Zeichen einer semantischen Interpretation in Form bestimmter *Zuordnungsdefinitionen* (↑Korrespondenzregel) unterworfen werden. Insofern haben syntaktische D.en immer vorläufigen Charakter und gehen letztlich in semantische, die Bedeutung berücksichtigende D.en über. Im folgenden ist daher nur noch von semantischen D.en die Rede.

Die semantischen D.en lassen sich einteilen in solche, die die Bedeutung eines Zeichens *feststellen*, und solche, die die Bedeutung eines Zeichens *festsetzen*. Feststellende D.en sind ↑Aussagen über den faktischen Sprachgebrauch und können daher wahr oder falsch sein. Da man sie vor allem in Wörterbüchern und Lexika findet, heißen sie meist *lexikalische* D.en. Festsetzende D.en sind keine Aussagen und können daher auch nicht wahr oder falsch sein. Als ↑Sprechakte betrachtet reichen sie von Willensbekundungen (z. B. in einem Vortrag ein bestimmtes Wort stets in einem bestimmten Sinne zu gebrauchen) und Selbstverpflichtungen – soweit der private Sprachgebrauch betroffen ist – über Aufforderungen und Empfehlungen bis zu verbindlichen Wortverwendungsnormen (z. B. in Form juristischer D.en) – soweit der öffentliche Sprachgebrauch betroffen ist. Entsprechend ihrem Status als Sprechakt kann eine festsetzende D. unterschiedlichen Bewertungen unterzogen werden. Die (negativen) Bewertungen reichen von ›unzweckmäßig‹ und ›irreführend‹ über ›inadäquat‹ und ›unbegründet‹ bis zu ›manipulativ‹ und ›unmoralisch‹ (wenn z. B. eine bestimmte Personengruppe *per definitionem* von bestimmten Rechten ausgeschlossen ist). Die in der ↑Wissenschaftstheorie verbreitete Ansicht, daß festsetzende D.en ›willkürlich‹ und daher lediglich nach Zweckmäßigkeitsgesichtspunkten beurteilbar seien, ist demnach nicht haltbar. Sofern in D.en grundlegende Unterscheidungen eingehen, kommt ihnen sogar ein (vor-propositionaler) Erkenntniswert zu. Zwar ist die Willkürlichkeitsthese meist nur für die so genannten exakten Wissenschaften formuliert worden, in denen sie noch am ehesten Berechtigung hat; ein Blick in die Wissenschaftsgeschichte zeigt jedoch, daß zumindest die Rahmendefinitionen, die das Vorgehen in diesen Wissenschaften bestimmen, wegen der wissenschaftspolitischen Interessen und deren Konsequenzen häufig umstritten waren. Beispiel: die Kritik G. Freges, der selbst ein Vertreter der Willkürlichkeitsthese war, an D. Hilberts Gebrauch des Ausdrucks ›Axiom‹ in der Mathematik (Geometrie) (G. Frege, Nachgelassene Schriften und Wissenschaftlicher Briefwechsel, I–II, ed. H. Hermes/F. Kambartel/F. Kaulbach, Hamburg 1969/1976, II [Wissenschaftlicher Briefwechsel], ed. G. Gabriel u. a., insbes. die Briefwechsel mit D. Hilbert und H. Liebmann). D.en, für die die Adäquatheit des Definiens (mit Bezug auf ein vorgegebenes Definiendum) zu fordern ist, werden meist ↑Explikationen genannt.

Ein direkter Zusammenhang von D.en und ↑Interessen besteht in den Sozialwissenschaften (Beispiel: D. von ›Intelligenz‹) und in der Politik (Beispiel: D. von ›Demokratie‹). Hier vor allem treten die von C. L. Stevenson so genannten *persuasiven* D.en auf (Ethics and Language, New Haven Conn./London 1944 [repr. New York 1979]). Dies sind D.en, deren Definiendum neben einer deskriptiven (wertneutralen) Bedeutungskomponente eine emotive (wertende) besitzt und deren Definiens die deskriptive Bedeutungskomponente verändert, die emotive aber beibehält, um so die emotive Bewertung auf den neuen Bedeutungsgehalt zu übertragen.

Die hier behandelten Fälle zeigen, daß D.en nicht nur im Rahmen des Aufbaus von ↑Wissenschaftssprachen eine Rolle spielen, sondern der Verständigung bis in lebenspraktische Bereiche dienen oder ihr, falls sie manipulativ verwendet werden, schaden. Die D.lehre ist demnach nicht einfach ein Teil der ↑Wissenschaftstheorie, sondern gehört auch zur ↑Argumentationstheorie. Dieser Zusammenhang geht auf die griechische Logiktradition und ihre Verbindung zur ↑Rhetorik zurück, wie sie uns z. B. in Platons Dialogen und der »Topik« des Aristoteles begegnet. Die Verfeinerung der D.slehre und die Entwicklung verschiedenster D.smethoden ist allerdings erst im Rahmen der Wissenschaftstheorie erfolgt. Notwendigkeit oder Zulässigkeit verschiedener D.sarten waren häufig umstritten, wobei der Streit die unterschiedlichen wissenschaftstheoretischen Grundpositionen zum Ausdruck brachte. Diese Auseinandersetzung beginnt bereits mit der Unterscheidung von *Nominal-* und *Realdefinitionen*. Nominaldefinitionen wurden als *Worterklärungen* verstanden, während Realdefinitionen das ↑*Wesen* einer Sache anzugeben hätten. Trennt man die ›Wesensfrage‹ ab (↑Wesensdefinition), so reduziert sich der Unterschied darauf, daß Nominaldefinitionen Zeichenverwendungsregeln, Realdefinitionen (z. B. die D.

des Wassers als H_2O) dagegen wahre Aussagen sind, die im Aufbau einer wissenschaftlichen Theorie eine zentrale Stellung einnehmen. In diesem Sinne war z. B. Frege der Ansicht, daß nicht-nominale D.en ↑Axiome seien (vgl. G. Frege, Nachgelassene Schriften und Wissenschaftlicher Briefwechsel, I–II, ed. H. Hermes/F. Kambartel/F. Kaulbach, Hamburg 1969/1976, I [Nachgelassene Schriften], 227). Obwohl sich Wortgebrauchs- und Sachfragen nicht grundsätzlich trennen lassen (was in einem wissenschaftlichen Aufbau als Sprachregel enthalten ist, kann in einem anderen als Sachaussage auftreten), ist es für den jeweiligen Aufbau notwendig, Sprachregeln und Sachaussagen sauber zu trennen, so daß nur Nominaldefinitionen der Status einer D. zugebilligt werden sollte.

Bei G. W. Leibniz und in dessen Tradition (C. Wolff, G. B. Bilfinger) wird mit den Realdefinitionen noch ein anderer Gedanke verbunden. Sie sollen die ›Möglichkeit‹ der definierten Sache garantieren. Die Realdefinitionen enthalten somit eine *Existenzbehauptung* und übernehmen die Funktion von ↑Postulaten. Zur bevorzugten Art der Realdefinition wurde die *genetische* D., die eine Sache durch Angabe ihrer Entstehung definiert, z. B. einen Kreis durch die Angabe entsprechender Konstruktionsvorschriften. Dieser Gedanke wurde in der konstruktiven Mathematik (↑Mathematik, konstruktive) weiterentwickelt.

Ein erstes Ergebnis wissenschaftstheoretischer Verfeinerung der D.slehre war, daß die in der philosophischen Tradition übliche Beschränkung der D.en auf die Angabe des ↑Oberbegriffs (genus proximum) und der unterscheidenden Merkmale (↑differentia specifica) aufgehoben wurde. Nachdem unter anderem Leibniz darauf hingewiesen hatte, daß die Unterscheidung von Oberbegriff und unterscheidenden Merkmalen nicht berechtigt sei, weil beide miteinander vertauschbar seien, ging man dazu über, neutral von ↑Merkmalen zu sprechen, aus denen ein ↑Begriff zusammengesetzt sei. In einem nächsten Schritt wurde die Notwendigkeit der D. nicht nur von Begriffen (↑Prädikatoren), sondern auch von Größen erkannt. Das Definiens einer solchen D. besteht dementsprechend nicht aus einem Merkmalkomplex, sondern aus einem Produkt (Beispiel: $K \leftrightharpoons m \cdot b$), einer Summe (Beispiel: $2 \leftrightharpoons 1 + 1$) oder einer anderen Verbindung bereits bekannter Größen. Im Zuge des Aufbaus von Wissenschaftssprachen galt es, sämtliche verwendeten Zeichen entweder als undefinierte Grundzeichen auszuzeichnen oder definitorisch zu erfassen. So sind die D.en logischer ↑Junktoren mit Hilfe anderer Junktoren weitere Beispiele von nicht auf Merkmalzusammensetzungen beruhenden D.en (Beispiel: die D. des ›wenn – so‹ mit Hilfe des ›nicht‹ und des ›und‹ als ›$a \rightarrow b \leftrightharpoons \neg(a \wedge \neg b)$‹ in der klassischen Logik [↑Logik, klassische]).

Die hier betrachteten D.en genügen der Forderung der Explizitheit. Danach darf das Definiendum außer dem zu definierenden Zeichen nur noch Hilfszeichen wie Variable und Klammern enthalten (das Definiendum für die D. des ›$\rightarrow$‹ enthält z. B. die Aussagenvariable ›a‹ und ›b‹), nicht aber logisch einfache Grundzeichen oder bereits definierte Zeichen, weil es sonst eines gesonderten Nachweises bedürfte, daß die Bedeutung des zu definierenden Zeichens eindeutig bestimmt ist. D.en, die der Forderung der Explizitheit genügen, nennt man *explizite* D.en. Die nicht-expliziten D.en faßt man häufig als *implizite* D.en zusammen, ohne sich allerdings immer dessen bewußt zu sein, daß diese ›Restklasse‹ sehr verschiedene D.sarten wie Kontextdefinitionen und sogenannte D.en durch Axiome enthält (↑Definition, implizite).

Mit der Forderung, daß D.en (in ↑Kalkülen) explizit zu sein haben, ist gegeben, daß das Definiendum durchgehend durch das Definiens ersetzt werden kann. Dieses auf B. Pascal zurückgehende Kriterium der *Eliminierbarkeit* (↑Elimination) besagt, daß zu jeder Formel des betrachteten Kalküls, in dem das Definiendum vorkommt, eine gleichwertige Formel existiert, die es nicht mehr enthält. Mit der Eliminierbarkeit des Definiendum ist die *Nicht-Kreativität* der D. gegeben, wonach die Hinzunahme einer D. zum Kalkül nur solche Formeln zusätzlich ableitbar macht, die das Definiendum statt des Definiens enthalten. Semantisch formuliert heißt dies, daß keine neuen Wahrheiten gewonnen werden können.

Spezielle D.smethoden sind die vor allem in der Mathematik vorkommenden *induktiven* (↑Definition, induktive) und *rekursiven* D.en (↑Definition, rekursive) sowie die von P. W. Bridgman (The Logic of Modern Physics, New York 1927) so genannten *operationalen* D.en (Beispiel: die D. von ›Länge‹ durch Angabe der Operationen, die bei der Längenmessung ausgeführt werden). Mit den operationalen D.en verbunden wurde später das Programm des ↑Operationalismus, die Verwendung von Begriffen überhaupt zu ›operationalisieren‹. Im Rahmen dieses Programms wird der Begriff der Operation über Messungen hinaus im Sinne eines allgemeinen Begriffs der Handlung erweitert und somit auch für die Sozialwissenschaften fruchtbar zu machen versucht. Vor allem die D. so genannter ↑Dispositionsbegriffe im Natur- und Sozialbereich (Beispiele: ›magnetisch‹, ›löslich‹, ›intelligent‹, ›aggressiv‹ usw.) erfolgt operational, indem angegeben wird, daß einem Gegenstand oder einer Person eine bestimmte Disposition zukommt, wenn er (sie) unter bestimmten Bedingungen in bestimmter Weise reagiert (handelt). Solche D.en haben z. B. die Form: ›wenn x in die Situation S gebracht wird, hat x die Disposition D genau dann, wenn x die Handlung H ausführt‹. Die Disposition D ist also nur für solche Fälle definiert, für die die Situationsbedingung erfüllt ist. So kann jemandem Intelligenz nicht bloß deshalb abgesprochen werden, weil er sich weigert, an einem Intelligenztest teilzunehmen. D.en, deren Anwendung von der Erfüllung einer Bedingung abhängig ist, heißen *bedingte* D.en. Sie haben (wie bereits Frege kritisch bemerkte, vgl. F. v. Kutschera 1967, 366–369) den Nachteil, daß die Eliminierung des Definiendum, also die Ersetzung des Definiendum durch das Definiens, nur dann möglich ist, wenn die Bedingung erfüllt ist.

Eine aus alltäglichen Situationen bekannte D.sart ist die *ostensive* D. (*Hinweisdefinition, exemplarische Bestimmung*). Sie erläutert die Verwendung eines Prädikators durch Hinweis auf geeignete ↑Beispiele, denen der Prädikator zukommt. Dieses Verfahren wird häufig dadurch erweitert, daß zur Abgrenzung auch auf Gegenbeispiele hingewiesen wird. Sind geeignete Beispiele und Gegenbeispiele nicht ›vor Augen‹, so daß man nicht auf sie zeigen kann, erfolgt die D. durch deren Nennung. Beispiele und Gegenbeispiele sind hier stets einzelne Exemplare. In einem weiteren Sinne kann die Angabe von Beispielen auch als Aufzählung von Unterbegriffen (Unterklassen) verstanden werden. So läßt sich der Prädikator ›Europäer‹ definieren als ›Deutscher oder Engländer oder Italiener oder …‹. Dieses seit der Antike bekannte Verfahren ist nichts anderes als eine *Einteilung* (griech. διαίρεσις, lat. divisio, ↑Dihairesis).

In der Geschichte der D.slehre hat es wiederholt Auseinandersetzungen darum gegeben, welche der verschiedenen D.sarten *eigentliche* D.en seien. Man sollte sich daran gewöhnen, daß eine Entscheidung hierüber vom Gegenstand und vom Zweck einer Untersuchung abhängig zu machen ist. »Um deswillen«, so meinte z. B. I. Kant, »läßt sich die Methode der Mathematik im Definieren in der Philosophie nicht nachahmen« (KrV B 760).

Literatur: R. Abelson, D., Enc. Ph. II (1967), 314–324; G. A. Antonelli, D., REP II (1998), 845–849; N. Belnap, On Rigorous Definitions, Philos. Stud. 72 (1993), 115–146; R. Borsodi, The Definition of Definition. A New Linguistic Approach to the Integration of Knowledge, Boston Mass. 1967; W. Dubislav, Über die D., Berlin 1926, unter dem Titel: Die D., Leipzig ³1931 (Nachdr. Hamburg 1981, mit einer Einl. v. W. K. Essler); W. K. Essler, Wissenschaftstheorie I (D. und Reduktion), Freiburg/München 1970, ²1982; J. H. Fetzer/D. Shatz/G. N. Schlesinger (eds.), Definitions and Definability. Philosophical Perspectives, Dordrecht/Boston/London 1991; G. Gabriel, D.en und Interessen. Über die praktischen Grundlagen der D.slehre, Stuttgart-Bad Cannstatt 1972; ders., Wissenschaftliche Begriffsbildung und Theoriewahldiskurse, in: B. Badura (ed.), Seminar: Angewandte Sozialforschung. Studien über Voraussetzungen und Bedingungen der Produktion, Diffusion und Verwertung sozialwissenschaftlichen Wissens, Frankfurt 1976, 443–455; D. P. Gorski, O widak opredelenij i ik snačenij w nauke, in: P. V. Tavanec (ed.), Problemy logiki naučnogo poznanija, Moskau 1964 (dt. Über die Arten der D. und ihre Bedeutung in der Wissenschaft, in: G. Kröber [ed.], Studien zur Logik der wissenschaftlichen Erkenntnis, Berlin 1967, 361–433; engl. On the Types of Definition and Their Importance for Science, in: P. V. Tavanec [ed.], Problems of the Logic of Scientific Knowledge, Dordrecht 1970, 312–375); ders., Opredeljenije. Logiko-metodologičeskije problemy, Moskau 1974 (engl. Definition. Logico-Methodological Problems, Moskau 1981); C. G. Hempel, Fundamentals of Concept Formation in Empirical Science, Chicago/London 1952, 1969 (Int. Encyclopedia of Unified Science II/7) (dt. Grundzüge der Begriffsbildung in der empirischen Wissenschaft, Düsseldorf 1974); J. F. Horty, Frege on the Psychological Significance of Definitions, Philos. Stud. 72 (1993), 223–263; R. Kleinknecht, Grundlagen der modernen D.theorie, Königstein 1979; F. v. Kutschera, Elementare Logik, Wien/New York 1967; H. Lübbe, Der Streit um Worte. Sprache und Politik, Bochum 1967 (Bochumer Universitätsreden 3); H. M. Nobis/G. Gabriel, D., Hist. Wb. Ph. II (1972), 31–42; A. Pap, Theory of Definition, Philos. Sci. 31 (1964), 49–54; T. Pawlowski, Methodologische Probleme in den Geistes- und Sozialwissenschaften, Warschau 1975, 1–12 (Kap. I Überredende D. und Argumentation) (engl. Concept Formation in the Humanities and the Social Sciences, Dordrecht/Boston/London 1980, 55–73 [Chap. III Persuasive Function of Language]); ders., Begriffsbildung und D., Berlin/New York 1980; H. Rickert, Zur Lehre von der D., Freiburg 1888, Tübingen ³1929; R. Robinson, Definition, Oxford 1954 (repr. 1965); J. L. Rößler, Die operationale D., Frankfurt etc. 1998; E. V. Savigny, Grundkurs im wissenschaftlichen Definieren. Übungen zum Selbststudium, München 1970, ⁵1980; G. Tamás, Die wissenschaftliche D., Budapest 1964; S. Yablo, Definitions. Consistent and Inconsistent, Philos. Stud. 72 (1993), 147–175.   G. G.

Definition, axiomatische (auch: Definition durch Axiome), ↑Definition, implizite, ↑System, axiomatisches.

Definition, bedingte, ↑Definition.

Definition, explizite, ↑Definition.

Definition, genetische, ↑Definition.

Definition, implizite (engl. implicit definition), für drei verschiedene Definitionsarten verwendeter logischer Terminus. J. D. Gergonne, auf den der Sprachgebrauch zurückgeht (Essai sur la théorie des définitions, Ann. math. pures et appliqu. 9 [1818/1819], 1–35, insbes. 23), verstand unter i.n D.en Aussagen, in denen Ausdrücke mit unbekannter und Ausdrücke mit bekannter Bedeutung gemeinsam so vorkommen, daß die unbekannten aus den bekannten Bedeutungen erschlossen werden können. In Analogie zu Gleichungssystemen mit mehreren Unbekannten sah er vor, daß die Anzahl der unbekannten Bedeutungen mit derjenigen der Aussagen übereinzustimmen habe. Darüber hinaus schien er die eindeutige ›Lösbarkeit‹, d. h. die eindeutige Bestimmbarkeit, der unbekannten Bedeutungen zu fordern. Die Bezeichnung ›i. D.‹ kam dann für die sogenannten *Definitionen durch Axiome* in D. Hilberts »Grundlagen der Geometrie« in Gebrauch. Bei dieser Übertragung ging man davon aus, daß die ↑Axiome Hilberts in ihrer

Gesamtheit die Bedeutungen der geometrischen Grundbegriffe (›Punkt‹, ›Gerade‹, ›zwischen‹ usw.) festlegen und damit im Sinne der i.n D.en Gergonnes definieren könnten. Dies war jedoch ein Irrtum, was man schon daran sehen kann, daß in Hilberts Axiomensystem die Anzahl der Axiome nicht mit derjenigen der Grundprädikatoren übereinstimmt. Genauer betrachtet handelt es sich bei Hilberts Axiomen (worauf bereits G. Frege hingewiesen hat) nicht um ↑Aussagen, sondern um ↑Aussageformen. Die in den Axiomen vorkommenden Grundprädikatoren sind nur scheinbar ↑Prädikatoren, die eine Bedeutung haben sollen; tatsächlich sind sie ↑Variable für ein- und mehrstellige Prädikatoren. Die sogenannten Definitionen durch Axiome definieren also gar nicht irgendwelche Grundbegriffe, sondern bestimmen, wie man sich heute ausdrückt, eine ↑Struktur. Entsprechend kann (soll) ein Axiomensystem im Hilbertschen Sinne im Unterschied zu den i.n D.en Gergonnes ausdrücklich mehrere ›Lösungen‹, das sind ↑Modelle, zulassen.

Eine dritte, weniger verbreitete Verwendung hat der Terminus ›i. D.‹ als Bezeichnung für *Kontextdefinition* (auch *Gebrauchsdefinition*) gefunden (vgl. W. Dubislav, Die Definition, Leipzig ³1931, 39). Kontextdefinitionen definieren den Gebrauch eines Zeichens im ↑Kontext, indem sie angeben, wie eine Zeichenverbindung, die das zu definierende Zeichen neben anderen enthält, in eine Zeichenverbindung umgeformt werden kann, die das zu definierende Zeichen nicht mehr enthält, so daß die Eliminierbarkeit dieses Zeichens gesichert ist. Das bekannteste Beispiel einer Kontextdefinition ist B. Russells Definition des Kennzeichnungsoperators (↑Kennzeichnung). Eine Verwandtschaft der Kontextdefinitionen mit den i.n D.en im Sinne Gergonnes ist insofern gegeben, als in beiden Fällen die Bedeutung des zu definierenden Zeichens nicht explizit bestimmt wird. Ein wesentlicher Unterschied besteht jedoch darin, daß Gergonnes Definitionen (zumindest dem Anspruch nach) die Bedeutung der *einzelnen* zu definierenden Zeichen bestimmen sollen, während die Kontextdefinitionen darauf verzichten und lediglich die Bedeutung von Zeichen*komplexen* festlegen, die das zu definierende Zeichen enthalten.

Literatur: G. Gabriel, I. D.en. Eine Verwechselungsgeschichte, Ann. Sci. 35 (1978), 419–423; P. Horwich, Implicit Definition, Analytic Truth, and Apriori Knowledge, Noûs 31 (1997), 423–440; F. Kambartel, Erfahrung und Struktur. Bausteine zu einer Kritik des Empirismus und Formalismus, Frankfurt 1968, ²1976, 165–170; F. v. Kutschera, Elementare Logik, Wien/New York 1967, 376–378; M. H. Otero, Gergonne on Implicit Definition, Philos. Phenom. Res. 30 (1969/1970), 596–599; E.Schwartz/J.-P. Ginisti, Définition (explicite vs. implicite), Enc. philos. universelle II/1 (1990), 568–572. G. G.

Definition, induktive, Bezeichnung für ein mathematisches Definitionsverfahren (↑Definition), das einen Bereich von Gegenständen in drei Schritten herzustellen bzw. zu bestimmen gestattet. (1) Man legt einen Bereich von Ausgangsgegenständen fest (›Induktionsbasis‹); (2) man gibt Regeln an, um aus bereits definierten Gegenständen weitere zu definieren (›Induktionsschritt‹); (3) man formuliert eine Abschlußbedingung, wonach sich die induktiv definierten Gegenstände auf die durch Induktionsbasis und Induktionsschritt spezifizierten beschränken (›Induktionsabschluß‹). In elementaren Fällen kann eine i. D. durch Angabe eines geeigneten ↑Kalküls erfolgen. Hierfür bietet die i. D. von Ausdrücken einer formalen Sprache (↑Sprache, formale), wie z. B. in der ↑Junktorenlogik, ein einfaches Beispiel:

A1: Jede Aussagevariable p_i, mit $i \in \mathbb{N}$, ist ein Ausdruck.
A2: Ist φ ein Ausdruck, dann auch $\neg\varphi$.
A3: Sind φ und ψ Ausdrücke, dann auch $(\varphi \circ \psi)$, mit $\circ \in \{\wedge, \vee, \rightarrow, \leftrightarrow\}$.
A4: Nichts sonst ist ein Ausdruck.

In diesem Beispiel fungieren A1 als Induktionsbasis, A2–3 als Induktionsschritt und A4 als Induktionsabschluß (zu weiteren Beispielen ↑Ableitung, ↑Ausdruckskalkül, ↑Herleitung, ↑Logikkalkül, ↑Strichkalkül, ↑Termkalkül, ↑Wahrheitsdefinition, semantische, ↑well-formed formula).

I. D.en bieten viele Vorteile. (1) Durch die Verwendung von ↑Schemata, die unendlich viele Instanzen zulassen, lassen sich Definitionen, die somit extensional durch eine unendlich-lange Aufzählung erfolgen müßten, durch endlich-angebbare Definitionen ersetzen. (2) Für induktiv definierte Gegenstände bzw. ihre Eigenschaften gilt das Schlußprinzip der vollständigen Induktion (↑Induktion, vollständige). So lassen sich Gegenstandsbereiche mittels einer i.n D. einer streng-mathematischen Behandlungsweise zuführen. (3) I. D.en lassen sich ↑transfinit fortsetzen, womit auch unendliche Bereiche gleichermaßen streng definierbar werden. Schließlich besteht (4) ein enger Zusammenhang zwischen i.n D.en und rekursiven Definitionen (↑Definition, rekursive), womit induktiv definierte Gegenstandsbereiche den Begriffen und Techniken der Rekursionstheorie zugänglich sind.

Zwar hat das Studium i.r D.en seinen historischen Ursprung einerseits in R. Dedekinds Begründung der natürlichen Zahlen, andererseits in L. E. J. Brouwers Schriften zur intuitionistischen ↑Analysis (↑Intuitionismus), doch wurde es erst seit Mitte der 1960er Jahre systematisch betrieben, vor allem in der ↑Beweistheorie und in der Rekursionstheorie. Neben ihrem Charakter als bloßem Handwerkszeug, gewähren i. D.en auch inhaltliche Einsichten. So zeigte sich etwa im Streit um die sogenannten imprädikativen Begriffsbildungen (↑imprädikativ/Imprädikativität), daß die iterierten i.n D.en ihrer

Stärke nach genau zwischen den prädikativen und den gänzlich imprädikativen Definitionen liegen.

Zwei Ansätze zur allgemeinen Erfassung i.r D.en herrschen vor. Hierzu sei, in Anlehnung an das Beispiel A1–A4, M eine gegebene Grundmenge, etwa die Menge aller Zeichenreihen über einem zugrundegelegten ↑Alphabet, und $A \subseteq M$ die durch einen Kalkül induktiv definierte Menge wohlgeformter Ausdrücke. Dann kann man entweder betonen, daß jeder Ausdruck aus A durch geeignete Instanzen der entsprechenden Kalkülregeln aufgebaut bzw. hergeleitet werden kann; in diesem Falle wird die Menge A als Vereinigung aller einzeln hergeleiteten Ausdrücke gesehen. Oder man betont den schematischen Charakter dieser Regeln, in welchem Falle A kumulativ durch Schichten von Ausdrücken erzeugt wird; hierbei enthält jede Schicht diejenigen Ausdrücke, die sich durch alle Instanzen der Kalkülregeln aus der vorhergehenden Schicht erhalten lassen. Entsprechend kommt man auf verschiedene, wenn auch nachweislich äquivalente, allgemeine Fassungen der i.n D..

Erste Definition: (1) Eine Regel über M ist ein Paar $\langle X, y \rangle$ mit $X \subseteq M$ und $y \in M$. (2) Ist Φ eine Regelmenge über M, so heißt eine Menge $A \subseteq M$ abgeschlossen unter Φ (›Φ-abgeschlossen‹; engl. ›Φ-closed‹) genau dann, wenn für jede Regel $\langle X, y \rangle$ aus Φ gilt: Ist $X \subseteq A$, dann ist $y \in A$. Mit anderen Worten, eine Menge A ist Φ-abgeschlossen genau dann, wenn keine Regelanwendung in A über A hinausführt. (3) Ist Φ eine Regelmenge, so heißt der Durchschnitt aller Φ-abgeschlossenen Mengen die durch Φ induktiv definierte Menge $\mathrm{Ind}(\Phi)$, d.h. $\mathrm{Ind}(\Phi) \leftrightharpoons \bigcap \{A \subseteq M \mid A \text{ ist } \Phi\text{-abgeschlossen}\}$. $\mathrm{Ind}(\Phi)$ ist dann die kleinste unter Φ abgeschlossene Menge. (4) Eine Menge $A \subseteq M$ heißt induktiv definierbar genau dann, wenn es eine Regelmenge Φ über M mit $A = \mathrm{Ind}(\Phi)$ gibt. Bemerkungen: Werden Regeln durch schematische Kalkülregeln angegeben, so entspricht dem, was in (1) eine Regel genannt wird, die Instanz einer Kalkülregel. X heißt die Prämissenmenge (↑Prämisse, ↑Antezedens) und y die ↑Konsequenz (↑Sukzedens) der Regel. Übliche Schreibweisen für Regeln sind: $X \to y$, $X \Rightarrow y$, X/y. Ist X die leere Menge (↑Menge, leere), so heißt die Regel eine prämissenlose oder ↑Anfangsregel; statt ›$\emptyset \Rightarrow y$‹ schreibt man auch ›$\Rightarrow y$‹ und statt ›$\{x\} \Rightarrow y$‹ meist ›$x \Rightarrow y$‹. Damit entsprechen die Regeln $\langle X, y \rangle$ mit $X = \emptyset$ der Induktionsbasis und die mit $X \neq \emptyset$ einem Induktionsschritt.

Zweite Definition: (1′) Es sei $\varphi: \mathfrak{P}(M) \to (M)$ ein Operator, der monoton ist, d.h., aus $X \subseteq Y \subseteq M$ folgt $\varphi(X) \subseteq \varphi(Y)$. Die Monotonie von φ garantiert, daß es eine kleinste φ-abgeschlossene Menge gibt. (2′) Eine Menge $A \subseteq M$ heißt abgeschlossen unter dem Operator φ (›φ-abgeschlossen‹) genau dann, wenn gilt: $\varphi(A) \subseteq A$. (3′) Ist φ ein monotoner Operator, so heißt der Durchschnitt aller φ-abgeschlossenen Mengen die durch φ induktiv definierte Menge $\mathrm{Ind}(\varphi)$, d.h. $\mathrm{Ind}(\Phi) \leftrightharpoons \bigcap \{A \subseteq M \mid A \text{ ist } \Phi\text{-abgeschlossen}\}$. (4′) Eine Menge $A \subseteq M$ heißt induktiv definierbar genau dann, wenn es einen monotonen Operator φ auf $\mathfrak{P}(M)$ mit $A = \mathrm{Ind}(\varphi)$ gibt.

Die vielleicht bekannteste i. D. ist die der natürlichen Zahlen $\mathbb{N} = \{0, 1, 2, \ldots\}$ als der kleinsten Menge, die $0 \leftrightharpoons \emptyset$ enthält und unter der Nachfolgeroperation $x \mapsto x \cup \{x\}$ abgeschlossen ist, d.h., $\mathbb{N} = \mathrm{Ind}(\Phi_{\mathbb{N}})$, wobei $\Phi_{\mathbb{N}}$ die Regeln $\Rightarrow \emptyset$ und $x \Rightarrow x \cup \{x\}$ für alle Mengen x enthält. Diese i. D. von $\mathbb{N}$ rechtfertigt auch das Beweisprinzip der vollständigen Induktion. Trifft nämlich eine Eigenschaft E auf 0 zu, und gilt $E(n \cup \{n\})$, wann immer $E(n)$ für ein $n \in \mathbb{N}$ gilt, so ist die Menge $\{n \in \mathbb{N} \mid E(n)\}$ $\Phi_{\mathbb{N}}$-abgeschlossen und $\mathbb{N} \subseteq \{n \in \mathbb{N} \mid E(n)\}$. Analog ergibt sich für jede Regelmenge Φ ein Prinzip der Φ-Induktion: Gilt für alle Regeln $\langle X, y \rangle$ aus Φ, daß eine Eigenschaft E auf y zutrifft, d. h. $E(y)$, wann immer $E(x)$ für alle $x \in X$, so gilt $E(x)$ für alle $x \in \mathrm{Ind}(\Phi)$.

Eine Regelmenge Φ heißt deterministisch genau dann, wenn für alle ihre Regeln gilt: Aus $\langle X_1, y \rangle$ und $\langle X_2, y \rangle$ folgt $X_1 = X_2$. Demnach ist z.B. der ↑Ausdruckskalkül deterministisch, nicht jedoch Herleitungskalküle (da es gewöhnlich für ein Theorem verschiedene formale Beweise gibt). Ist eine Regelmenge Φ deterministisch, so lassen sich auf der Menge $\mathrm{Ind}(\Phi)$ Funktionen rekursiv definieren; so etwa Addition und Multiplikation auf $\mathbb{N}$ oder Substitution und modelltheoretische Belegungen auf einer induktiv definierten formalen Sprache.

Zu den beiden genannten Arten, i. D.en zu präzisieren, treten weitere äquivalente Charakterisierungen, etwa durch Spiele, wie auch Erweiterungen derselben, z. B. iterierte i. D.en, i. D.en durch nicht-monotone Operatoren etc.. Auch lassen sich Beweise durch Induktion und Definitionen durch Rekursion transfinit fortsetzen; bei einer transfiniten Iteration monotoner Operatoren – wo jeder induktiv definierten Schicht als Index eine ↑Ordinalzahl zugeordnet wird, und diese Indizes durch eine Klasse transfiniter Ordinalzahlen laufen – entspricht $\mathrm{Ind}(\varphi)$ dem kleinsten Fixpunkt von φ, d.h. $\mathrm{Ind}(\varphi)$ ist die kleinste Menge $X \subseteq M$ mit $\varphi(X) = X$.

Literatur: P. Aczel, An Introduction to Inductive Definitions, in: J. Barwise (ed.), Handbook of Mathematical Logic, Amsterdam/New York/Oxford 1977, Amsterdam etc. 1993, 739–782; K. K. Chakrabarti, Definition and Induction. A Historical and Comparative Study, Honolulu Hawaii 1995; R. Dedekind, Was sind und was sollen die Zahlen?, Braunschweig 1888, Neudr. in: ders., Gesammelte mathematische Werke III, ed. R. Fricke, Braunschweig 1932, 335–390, separat: [10]1965 (engl. What Are Numbers and What Should They Be?, ed. H. Pogorzelski/W. Ryan/W. Snyder, Orono Maine 1995); S. Feferman/W. Sieg, Inductive Definitions and Subsystems of Analysis, in: W. Buchholz u.a., Iterated Inductive Definitions and Subsystems of Analysis. Recent Proof-Theoretical Studies, Berlin/Heidelberg/New York 1981, 16–77; R. O. Gandy, Inductive Definitions, in: J. E. Fenstad/P. G. Hinman (eds.), Generalized Recursion Theory. Proceedings of the 1972 Oslo Symposium, Amsterdam/London/New York 1974, 265–299; S. C. Kleene, Introduction to Metamathematics, Groningen, Amsterdam/London 1952, ^{13}2000; P. Lorenzen, Einführung in die operative Logik und Mathematik, Berlin/Göttingen/Heidelberg 1955, Berlin/Heidelberg/New York ^{2}1969; M. McDermott, Inductive Definitions, Log. Anal. 24 (1981), 315–330; Y. N. Moschovakis, Elementary Induction on Abstract Structures, Amsterdam/London/New York 1974; K. Schütte, Beweistheorie, Berlin/Göttingen/Heidelberg 1960 (engl. Proof Theory, Berlin/Heidelberg/New York 1977); G. Takeuti, Proof Theory, Amsterdam/Oxford/New York 1975, Amsterdam etc. ^{2}1987; J. I. Zucker, Iterated Inductive Definitions, Trees and Ordinals, in: A. S. Troelstra (ed.), Metamathematical Investigation of Intuitionistic Arithmetic and Analysis, Berlin/Heidelberg/New York 1973, 392–453. B. B.

Definition, operationale, ↑Definition.

Definition, rekursive, Bezeichnung für ein schrittweise bestimmendes Definitionsverfahren (↑Definition), in dem bei einem Definitionsschritt auf die vorangehenden Schritte zurückgegriffen wird. R. D.en im weiten Sinne beziehen sich auf ↑Prädikate, r. D.en im engen Sinne auf mathematische Ausdrücke wie ↑Funktionen und ↑Relationen. Diese Größen werden in einem geeigneten, etwa durch induktive Definition (↑Definition, induktive) festgelegten Gegenstandsbereich durch Bedingungen (Regeln oder Gleichungen) bestimmt, die es gestatten, die betreffenden Werte (bei Prädikaten den ↑Wahrheitswert, bei Funktionen den Funktionswert) für beliebige Argumenttupel nach einer eindeutigen Vorschrift zu ermitteln. Dazu werden (1) die Werte (↑Wert (logisch)) für gewisse Anfangsargumente (in der Ordnung der natürlichen Zahlen) bzw. eine zur Gewinnung dieser Werte hinreichende Vorschrift, (2) ein Verfahren zur Ermittlung der Werte für (in dieser Ordnung) nachfolgende Argumente angegeben, eventuell unter Verwendung jeweils vorangehender Argumente. Je nach Art der für die Definitionen benutzten Anfangsfunktionen und Definitionsmethoden unterscheidet man zwischen primitiv-rekursiven, allgemein-rekursiven und partiell-rekursiven Prädikaten bzw. Funktionen (↑Funktion, rekursive, ↑rekursiv/Rekursivität). Diese Einteilung liefert zugleich eine Unterscheidung zwischen ›Graden‹ der Entscheidbarkeit (↑entscheidbar/Entscheidbarkeit) von Prädikaten bzw. der Berechenbarkeit (↑berechenbar/Berechenbarkeit) von Funktionen.
Aristoteles' Einführung des Beweisbegriffs (↑Beweis) ist ein Beispiel einer r.n D. im weiten, auf Prädikate bezogenen Sinne. Danach muß für eine Definition von ›Beweis‹ zunächst ›Syllogismus‹ (↑Syllogistik) definiert sein; für dessen Definition ist die Definition von ↑›Prämisse‹ erforderlich, die wiederum die Definition von ↑›Aussage‹ voraussetzt, was endlich die Definition von ↑›Begriff‹ verlangt (an. pr. A1.24a10 ff.). Ein Beispiel für eine r. D. im engen, auf mathematische Ausdrücke bezogenen Sinne liefert die Definition der Addition (↑Addition (mathematisch)) auf den natürlichen Zahlen unter Rückgriff auf die Nachfolgerfunktion (↑Nachfolger, engl. ›successor‹) S, die natürlichen Zahlen jeweils die nächstgrößere zuordnet. Die Addition wird dabei durch die beiden folgenden Rekursionsgleichungen festgelegt:

(A1) $a + 0 = a$,
(A2) $a + Sn = S(a + n)$.

Für 2 + 1 ergibt sich danach die rekursive, d. h. schrittweise abbauende, Berechnung:

$$2 + 1 \stackrel{(\text{def.})}{=} 2 + S0 \stackrel{(A2)}{=} S(2+0) \stackrel{(A1)}{=} S2 \stackrel{(\text{def.})}{=} 3.$$

Dabei wurden neben (A2) und (A1) noch die definitorischen Fakten verwendet, daß 1 der Nachfolger von 0 und 3 der Nachfolger von 2 ist.
Rekurrierende Algorithmen zur Lösung mathematischer Aufgaben sind seit der Antike und r. D.en (z. B. Fibonacci-Zahlen) seit dem Mittelalter bekannt; H. Grassmann (Lehrbuch der Arithmetik für höhere Lehranstalten, Berlin 1861) gibt wohl als erster eine r. D. für die Grundrechenarten. Doch erst R. Dedekind (Was sind und was sollen die Zahlen, 1881) begründet das systematische Studium r.r D.en auf induktiv definierten Bereichen. Nach den Pionierarbeiten T. Skolems (1923) und K. Gödels (1931) zur rekursiven Definierbarkeit arithmetischer Funktionen und Relationen, beginnt mit S. C. Kleenes Arbeiten zur Grundlegung der Rekursionstheorie in den 1930er und 1940er Jahren die klassische Periode des Studiums r.r D.en.
Paradigmatisch für r. D.en im engen Sinne sind diejenigen auf den natürlichen Zahlen. Setzt man die Menge der natürlichen Zahlen ℕ als durch die Nachfolgerfunktion induktiv definiert voraus, lassen sich r. D.en auf ℕ wie folgt allgemein fassen: (1) Man definiert eine Funktion f zunächst durch Angabe ihres Funktionswertes für die Induktionsbasis 0:

(PR1) $f(x, 0) = g(x)$,

wobei ›x‹ je nach Stelligkeit von f fehlen, für eine Variable ›x‹ oder ein Variablen-n-tupel ›$x_1, \ldots, x_n$‹ stehen kann und ›g‹ eine Funktion bezeichnet, die als bereits bekannt vorausgesetzt wird (ist g 0-stellig, so ist g eine Konstante). (2) Im Induktionsschritt wird $f(x, Sn)$ unter Rückgriff auf $f(x, n)$ definiert. Mit x wie oben lautet die allgemeine Bedingung:

(PR2) $f(x, Sn) = h(x, n, f(x, n))$,

wobei h eine als bekannt vorausgesetzte Funktion ist. (3) Die induktive Definition von ℕ sichert dann die Wohl-

definiertheit von f (vgl. Dedekind, a. a. O., § 9, Satz 126).
– Die Theorie der r.n D.en gewann unter anderem durch die in ihr vorgenommene Präzisierung der Begriffe ›Entscheidbarkeit‹ (↑entscheidbar/Entscheidbarkeit) und ›Berechenbarkeit‹ (↑berechenbar/Berechenbarkeit) zunehmend an Bedeutung sowohl für die Grundlagendiskussion der Mathematik als auch für die angewandte Mathematik.

Literatur: M. Davis, Computability and Unsolvability, New York/Toronto/London 1958, 1982; R. Dedekind, Was sind und was sollen die Zahlen?, Braunschweig 1888, Neudr. in: ders., Gesammelte mathematische Werke III, ed. R. Fricke, Braunschweig 1932, 335–390, separat: ^{10}1965 (engl. What Are Numbers and What Should They Be?, ed. H. Pogorzelski/W. Ryan/W. Snyder, Orono Maine 1995); J. E. Fenstad/P. G. Hinman (eds.), Generalized Recursion Theory. Proceedings of the 1972 Oslo Symposium, Amsterdam/London/New York 1974; K. Gödel, Über formal unentscheidbare Sätze der ›Principia Mathematica‹ und verwandter Systeme I, Mh. Math. Phys. 38 (1931), 173–198, Neudr. [dt./engl.] in: ders., Collected Works I, ed. S. Feferman u. a., New York etc. 1986, 144–195 (engl. On Formally Undecidable Propositions of ›Principia Mathematica‹ and Related Systems I, New York 1962, 1992, ferner in: M. Davis [ed.], The Undecidable. Basic Papers on Undecidable Propositions, Unsolvable Problems and Computable Functions, Hewlett N. Y. 1965, 5–38, ferner in: J. v. Heijenoort [ed.], From Frege to Gödel. A Source Book in Mathematical Logic, 1879–1931, Cambridge Mass. 1967, 596–616); H. Hermes, Aufzählbarkeit, Entscheidbarkeit, Berechenbarkeit. Einführung in die Theorie der rekursiven Funktionen, Berlin etc. 1961, ^{3}1978 (engl. Enumerability, Decidability, Computability. An Introduction to the Theory of Recursive Functions, Berlin etc. 1965, 1969); A. S. Kechris/Y. N. Moschovakis, Recursion in Higher Types, in: J. Barwise (ed.), Handbook of Mathematical Logic, Amsterdam/New York/Oxford 1977, Amsterdam etc. 1993, 681–737; S. C. Kleene, Introduction to Metamathematics, Groningen, Amsterdam/London 1952, ^{13}2000; P. Odifreddi, Classical Recursion Theory, I–II, Amsterdam etc. 1989/1999; R. Péter, Rekursive Funktionen, Budapest 1951, Budapest, Berlin ^{2}1957 (engl. Recursive Functions, Budapest, New York 1967); H. Rogers, Theory of Recursive Functions and Effective Computability, New York 1967, Cambridge Mass. 1992; R. A. Shore, α-Recursion Theory, in: J. Barwise (ed.), Handbook of Mathematical Logic [s. o.], 653–680; T. Skolem, Begründung der elementaren Arithmetik durch die rekurrierende Denkweise ohne Anwendung scheinbarer Veränderlichen mit unendlichem Ausdehnungsbereich, Skrifter utgit av Videnskapsselskapet i Kristiania I, Matematisk-Naturvidenskabelig Kl. 1923, H. 6, Neudr. in: ders., Selected Works in Logic, ed. J. E. Fenstad, Oslo/Bergen 1970, 153–188 (engl. The Foundations of Elementary Arithmetic Established by Means of the Recursive Mode of Thought, without the Use of Apparent Variables Ranging over Infinite Domains, in: J. van Heijenoort (ed.), From Frege to Gödel [s. o.], 302–333). Weitere Literatur: ↑Arithmetik, rekursive, ↑Funktion, rekursive. B. B./G. H.

Definitionsbereich, auch ›Argumentbereich‹, in der Mathematik häufig ›Definitionsmenge‹ oder ›Argumentmenge‹ (engl. domain, franz. domaine bzw. ensemble de définition), der Bereich der Argumente (↑Argument (logisch)) einer ↑Funktion, für die also der Wert der Funktion definiert ist. In Kontexten, wo statt von Funktionen von ↑Abbildungen gesprochen wird, nennt man den D. einer Abbildung $\Phi(x_1, \ldots, x_n)$ die Urbildmenge von $\Phi(x_1, \ldots, x_n)$:

$$\in_{x_1,\ldots,x_n} (\vee_y y = \Phi(x_1, \ldots, x_n)).$$

Auch bei einstelligen Funktionen $f(x)$ fällt der D. im allgemeinen nicht mit dem ↑Variabilitätsbereich der Variablen x zusammen; ist dieser etwa die Menge $\mathbb{Q}$ der rationalen Zahlen, so ist z. B. die Funktion $\iota_x 1/x$, in üblicher Schreibweise $y = 1/x$, für $x = 0$ nicht definiert, so daß man als D. dieser Funktion nur $\mathbb{Q}\setminus\{0\}$ hat. C. T.

deiktisch (von griech. δείκνυμι, zeigen; engl. deictic, ostensive), in Linguistik und Sprachphilosophie Bezeichnung zur Charakterisierung derjenigen einfachen oder komplexen sprachlichen Ausdrücke, deren ↑Referenz vom ↑Kontext oder auch nur (sprachlichen) ↑Kotext ihrer Verwendung abhängt, also im allgemeinen erst durch das Hinzutreten einer ↑Zeigehandlung bestimmt ist. Ein d.er Ausdruck wird deshalb zumindest im Falle einfacher Ausdrücke auch als *indexikalischer Ausdruck* (engl. indexical expression [Y. Bar-Hillel]) oder *Zeigwort* (K. Bühler) bezeichnet. Bei d.en Ausdrücken ist nicht durch deren Typ bereits ihre Referenz bestimmt, vielmehr ändert sich diese grundsätzlich von ↑Äußerung zu Äußerung. Z. B. sind unter den insbes. der ↑Benennung von Partikularia (d. s. [einzelne] Dinge, Ereignisse, Handlungen etc.) dienenden ↑Nominatoren die d.en ↑Kennzeichnungen der Form ›ιP‹ (gelesen: dies P) d.e Ausdrücke, ↑Eigennamen im logischen Sinn hingegen nicht. Man nennt allerdings die Ausdrücke ›ιP‹ im allgemeinen erst dann d.e Kennzeichnungen, wenn der ↑Artikulator ›P‹ einen Gegenstand[styp] artikuliert, der bereits semantisch in individuelle Einheiten gegliedert und damit ein ↑Individuativum ist (z. B. im Falle ›dieser Baum‹ und nicht im Falle ›dieses Holz‹). Im allgemeinen Falle werden die Einheiten durch den Kontext der Äußerung nicht bloß identifiziert, sondern überhaupt erst bestimmt, und man spricht deshalb dann von *Individuatoren* ›ιP‹ (↑Zwischenschema). (Wird in einer natürlichen Sprache zwischen substantivischen und adjektivischen Artikulatoren ›P‹ unterschieden, so muß man im Falle eines Adjektivs, z. B. ›rot‹, auf die Zweideutigkeit von ›dies Rot‹ achten: mit diesem d.en Ausdruck kann – ›Rot‹ substantivisch gelesen – ein konkretes Rot-Partikulare benannt sein, aber auch, und dann ist ›dies Rot‹ gleichwertig mit ›so ein Rot‹, ein abstrakter Einzelgegenstand, eine *Eigenschaft* als logisch höherstufiger partikularer Fall des Begriffs |Rot| [↑type and token].) Der d.e Charakter des Ausdrucks ›dies P‹ wird allein vom Demonstrativum ›dieses‹ artikuliert, wobei zu beachten ist, daß im Deutschen (und anderen indoeuropäischen Sprachen) auch im Demonstrativpronomen ›dieses‹ wegen der Opposition zu ›jenes‹ noch ein prädikativer Anteil, nämlich ›näherliegend‹, enthalten und ›dieses‹ deshalb mit ›dies Näherliegende‹ gleichwertig ist.

Das in einer logischen Grammatik (↑Grammatik, logische) benötigte ›reine‹ Demonstrativum wird wiedergegeben durch den zur Bildung eines ↑Kennzeichnungsterms verwendeten Jota-Operator ›ι‹ (↑Kennzeichnungsoperator), dem umgangssprachlich gewöhnlich das Demonstrativpronomen oder der bestimmte Artikel entspricht, je nachdem, ob die Bedeutung vom Kontext oder nur vom Kotext abhängt (z. B. ›dieser Baum‹ im Falle von Kontextdeixis und ›der Baum im Vorgarten‹ im Falle von Kotextdeixis; bei Kotextdeixis kann der Kotext, z. B. ›im Vorgarten‹, zur Bildung eines komplexen prädikativen Ausdrucks, z. B. ›Baum im Vorgarten‹, herangezogen und durch Voranstellen des Jota-Operators vor das Ganze die Standardform einer bestimmten Kennzeichnung gewonnen werden). In einer logischen Grammatik muß vom reinen Demonstrativum ›ι‹ der in der Regel ebenfalls durch ›dies‹ wiedergegebene ↑Demonstrator ›δ‹ unterschieden werden: Dieser Operator überführt einen sowohl eine in Bezug auf Sprecher und Hörer prädikative als auch eine in Bezug auf Gegenstände ostensive Rolle spielenden Artikulator ›P‹ in einen allein der *Ostension* dienenden Ausdruck ›δP‹, nämlich einen ↑Index, und nicht etwa einen logisch gar nicht möglichen Nominator, für eine in der Situation der Äußerung von ›P‹ vollzogene ↑singulare Aktualisierung des Umgehens mit P. Das Anzeigen mithilfe eines *logischen Indikators* ›δP‹ und das Benennen mithilfe eines Individuators ›ιP‹ sind streng zu unterscheiden. Das ist um so wichtiger, als für die besonderen d.en Ausdrücke, die erst im 20. Jh. zur systematischen Untersuchung des Phänomens der *Deixis* geführt haben, d. s. die durchaus der Benennung und nicht nur dem Anzeigen dienenden grammatischen ↑Indikatoren, wegen ihres eigentümlichen Bezugs auf die durch ihre Äußerung erst konstituierte Situation, so daß sich Sprechsituation und besprochene Situation nicht voneinander abgrenzen lassen, hinsichtlich ihrer Semantik noch immer keine allgemein anerkannte logische Analyse gefunden worden ist. Es handelt sich dabei insbes. um die Personal- und Possessivpronomina der 1. und 2. Person, im Deutschen also ›ich‹, ›du‹, ›mein‹, ›dein‹, und vor allem um die Orts- und Zeitadverba, wie etwa ›hier‹, ›dort‹, ›jetzt‹, ›gestern‹ und andere. Darüber hinaus ist Deixis unentbehrlich, wenn es darum geht, einen ↑Prädikator als ↑Klassifikator auf einem schon vorliegenden Gegenstandsbereich zur Verfügung zu stellen, also durch ↑Beispiele und Gegenbeispiele und damit *exemplarisch einzuführen* statt nur zu verwenden (hinweisende ↑Definition, engl. ostensive definition). In einem solchen Falle geschieht auch der Nachweis der Geltung einer klassifizierenden Aussage, z. B. ›dieser Baum ist eine Fichte‹, sofern ›Fichte‹ exemplarisch auf dem Bereich der Bäume eingeführt wurde, ›durch Augenschein‹, also d. bzw. ostensiv.

Literatur: Y. Bar-Hillel, Indexical Expressions, Mind 63 (1954), 359–379; K. Bühler, Sprachtheorie. Die Darstellungsfunktion der Sprache, Jena 1934, Stuttgart ²1965, 1999 (engl. Theory of Language. The Representational Function of Language, Amsterdam/Philadelphia Pa. 1990); K. Ehlich, Verwendungen der Deixis beim sprachlichen Handeln. Linguistisch-philologische Untersuchungen zum hebräischen deiktischen System, I–II, Frankfurt etc. 1976; C. J. Fillmore, Lectures on Deixis, Stanford Calif. 1997; K. Green (ed.), New Essays in Deixis. Discourse, Narrative, Literature, Amsterdam/Atlanta Ga. 1995; R. Harweg, Studien zur Deixis, Bochum 1990; W. Kamlah/P. Lorenzen, Logische Propädeutik. Vorschule des vernünftigen Redens, Mannheim 1967, erw. ²1973, 1990, Stuttgart/Weimar 1996; S. Körner, Conceptual Thinking. A Logical Inquiry, Cambridge 1955, New York ²1959; W. Künne/E. Sosa, Deixis und Selbstbezug/Deixis and Self-Reference, in: M. Dascal u. a. (eds.), Sprachphilosophie. Philosophy of Language. Philosophie du langage. Ein internationales Handbuch zeitgenössischer Forschung II, Berlin 1995 (Handbücher zur Sprach- und Kommunikationswissenschaft VII/2), 1152–1175; K. Lorenz, Elemente der Sprachkritik. Eine Alternative zum Dogmatismus und Skeptizismus in der Analytischen Philosophie, Frankfurt 1970, 1971; R. D. Perkins, Deixis, Grammar, and Culture, Amsterdam/Philadelphia Pa. 1992; G. Rauh (ed.), Essays on Deixis, Tübingen 1983. K. L.

Deismus (von lat. deus, Gott), durch Herbert von Cherbury (De veritate, Paris 1624; De religione gentilium errorumque apud eos causis, Amsterdam 1663) begründete Religionsauffassung, nach der nur Vernunftgründe, nicht die ↑Autorität der ↑Offenbarung zur Legitimation theologischer Rede zugelassen werden. Der D. stellt im Unterschied zum ↑Theismus das Kernstück einer philosophischen Theologie dar. Er ist gekennzeichnet (1) durch die Propagierung einer ›natürlichen‹ Religion (↑Religion, natürliche) und die Ablehnung des christlichen Ausschließlichkeitsanspruchs, (2) die Bestreitung der Möglichkeit, daß Gott, insbes. durch Wunder, in der Geschichte wirksam werde, und (3) teilweise durch das Verständnis von ↑Religion als einer (mythisch formulierten) Ethik.

Der D. wird zunächst in England zu einer eigenen Bewegung, vor allem durch C. Blount, J. Toland, der – mit J. Locke – nicht nur gegen das Widervernünftige, sondern – gegen Locke – auch gegen das Übervernünftige in der Religion argumentiert, beides auf den Herrschaftswillen der Priester zurückführt und Religion als Ethik versteht, A. Collins und M. Tindal, ferner durch W. Wollaston, T. Woolston, T. Chubb, T. Morgan, Henry St. John Viscount Bolingbroke und P. Annet. Hauptgegner des englischen D. war J. Butler (The Analogy of Religion Natural and Revealed, to the Constitution and Course of Nature, London, Dublin 1736). In England gehörte der D. bald zum üblichen Bildungsgut aufgeklärter Kreise (A. A. C. Earl of Shaftesbury, E. Gibbon); in Frankreich wurde er zur Grundlage aufklärerischer Religionskritik (Voltaire, D. Diderot, P. H. T. d'Holbach und in anderer, stärker auf Religionsgefühle eingehender Weise J.-J. Rousseau); in Deutschland lieferte er Anstöße zur Bibelkritik (H. S. Reimarus, G. E. Lessing, J. S. Semler) und wird bei I. Kant Teil der Konzeption einer transzendentalen Theologie (KrV B 659); in den USA beschränkte er sich im wesentlichen auf intellektuelle Kreise (B. Franklin, T. Jefferson, T. Paine). In der zweiten Hälfte des 18. Jhs. verschwindet der D. als eine eigenständige Position, nachdem er in Form einer Toleranzbewegung (↑Toleranz) seine Ziele weitgehend erreicht hatte und in der französischen Aufklärung und in der deutschen Vernunft- und Bibelkritik aufgenommen und weitergeführt worden war.

Literatur: P. Byrne, Natural Religion and the Nature of Religion. The Legacy of Deism, London/New York 1989, 1991; ders. u. a., D., RGG II (1999), 614–623; G. Capone Braga, Deísmo, Enc. filos. II (1982), 751–760; G. R. Cragg, From Puritanism to the Age of Reason. A Study of Changes in Religious Thought within the Church of England 1660 to 1700, Cambridge 1950, ²1966; J. M. Creed/J. S. B. Smith (eds.), Religious Thought in the Eighteenth Century, Cambridge 1934; FM II (1994), 801–802; C. Gestrich, D., TRE VIII (1981), 392–406; P. Hazard, La pensée européenne au XVIIIe siècle de Montesquieu à Lessing, I–III, Paris 1946, ²1963, ³1979 (dt. Die Herrschaft der Vernunft. Das europäische Denken im 18. Jahrhundert, Hamburg 1949); W. K. Jordan, The Development of Religious Toleration in England, I–IV, London 1932–1940, Gloucester Mass. ²1965; G. V. Lechler, Geschichte des englischen D., Stuttgart/Tübingen 1841 (repr. Hildesheim 1965); J. Leland, A View of the Principal Deistical Writers that Have Appeared in England in the Last and the Present Century, I–III, London 1754–1756, London/New York ³1757, I–II, London ⁵1766 (dt. John Lelands Abriss der vornehmsten deistischen Schriften [...], I–II, Hannover 1755/1756; G. Mensching/I. T. Ramsey/M. Schmidt, D., RGG II (1958), 57–69; E. C. Mossner, Deism, Enc. Ph. II (1967), 326–336; W. L. Rowe, Deism, REP II (1998), 853–856; C. Stroppel, Edward Herbert von Cherbury. Wahrheit – Religion – Freiheit, Tübingen/Basel 2000. O. S.

Dekonstruktion (Dekonstruktivismus), von J. Derrida geprägte Bezeichnung für eine Lektüre insbes. philosophischer Texte, die deren innere Spannungen, Gegensätze und Aporien ins Zentrum rückt und die Interpretation entsprechend nicht auf das Aufdecken der Intentionen des Autors verpflichtet. Der Ausdruck ›déconstruction‹ wurde von Derrida zunächst als Übersetzung von M. Heideggers Terminus ›Destruktion‹ vorgeschlagen. Derrida sucht damit ein Mißverständnis der von Heidegger beabsichtigten Destruktion der ↑Metaphysik als Zerstörung oder Vernichtung abzuwenden. Der Ausdruck wird häufig (auch in der Variante ›Dekonstruktivismus‹) zur Kennzeichnung einer durch Derrida angeregten Interpretationsweise, Sprachkonzeption oder Form der Textproduktion verwendet. Derrida selbst sperrt sich gegen eine genauere Definition von D.; er spricht dem Ausdruck den Status eines Begriffs und einer Bezeichnung einer Analyse, einer Kritik, einer Methode, einer Handlung oder Operation ab (Lettre à un ami japonais, in: Psyché – Inventions de l'autre, Paris 1987, 387–393). Ungeachtet dessen läßt sich D. als eine Form der Interpretationsweise oder eine theoretische Position bestimmen, in der eine Bedeutungs- und Sinnkonstitution nicht mehr durch Bezug auf ein intentionales Bewußtsein verstanden wird. Im Gegensatz zum Strukturalismus (↑Strukturalismus (philosophisch, wissenschaftstheoretisch)) begreift die D. Bedeutung aber auch nicht als Resultat formaler Differenzen und distinktiver Oppositionen innerhalb eines geschlossenen ahistorischen Zeichensystems, sondern als einen genuin textuellen Prozeß, in dem Bedeutungen durch nicht eindeutig geregelte und nicht endliche Ketten der Verweisung (›différance‹) konstituiert werden. Der in Absetzung vom strukturalistischen Begriff der differentiellen Relation geprägte Neologismus ›différance‹ nutzt die Zweideutigkeit des lateinischen Verbums ›differre‹, das die Bedeutungen ›sich unterscheiden‹ und ›aufschieben‹, ›verschieben‹ besitzt. Nach Derrida wird Bedeutung gleichermaßen durch die Unterschiedlichkeit der Zeichen und den nie einholbaren temporalen Aufschub des Signifikats ermöglicht.

Die D. als Kritik der abendländischen Metaphysik vollzieht sich in Form einer Arbeit an den Texten der philosophischen Tradition. In minutiösen Lektüren werden Inkonsistenzen und Paradoxien, besonders in Form von Widersprüchen zwischen den expliziten Behauptungen einerseits und den verdeckten Motiven und Implikationen der Begrifflichkeit andererseits aufgedeckt. Die dekonstruktive Arbeit richtet sich auf den gesamten Begriffsapparat der Philosophie. Den Ausgangspunkt bildet häufig der Befund, daß gegensätzliche Begriffe durch die Tradition in Form einer Unterordnung eines minderwertigen Elements unter ein positiv gewertetes Konzept begriffen werden (Sein: Nichts/Nicht-Sein; Wahrheit: Falschheit; Logos: Mythos; Präsenz: Absenz; Seele/Geist: Körper; Intelligibilia: Sensibilia; essentielle: akzidentelle Eigenschaft; Identität: Differenz; Subjekt: Objekt; Denken: Sprechen; Sprechen: Schreiben; Bedeutung/Signifikant: Ausdruck/Signifikat; buchstäbliche: metaphorische Bedeutung; gut: schlecht/böse; transzendental: empirisch; männlich: weiblich; Kultur: Natur): »Man könnte auf diese Weise alle Gegensatzpaare wieder aufgreifen, auf denen die Philosophie aufbaut und von denen unser Diskurs lebt, um an ihnen nicht etwa das Erlöschen des Gegensatzes zu sehen, sondern eine Notwendigkeit, die sich so ankündigt, daß einer der Termini als *différance* des anderen erscheint, als der andere, in der Ökonomie des Gleichen unterschieden/aufgeschoben (*différé*), das Intelligible als von dem Sinnlichen sich unterscheidend (*différant*), als aufgeschobenes Sinnliches (*différé*); der Begriff als unterschiedene/aufgeschobene – unterscheidende/aufschiebende Intuition (*différée-différante*); die Kultur als unterschiedene/aufgeschobene – unterscheidende/aufschiebende Natur (*différée-différante*); jedes Andere der Physis – *techne, nomos, thesis*, Gesellschaft, Freiheit, Geschichte, Geist, etc. – als aufgeschobene Physis (*différée*) oder als unterscheidende Physis (*différante*)« (J. Derrida, Die différance, in: P. Engelmann [ed.], Postmoderne und D.. Texte französischer Philosophen der Gegenwart, Stuttgart 1990, 76–113, 98). Der Dekonstruierende behauptet, daß die fixen traditionellen Oppositionen gewaltsam sind, wobei eine exemplarische Bedeutung der Neuinterpretation des traditionell gegensätzlichen Verständnisses von gesprochener Sprache und Schrift zukommt. Anders als in der ›Metaphysik der Präsenz‹ (›Logozentrismus‹) seit Aristoteles üblich, wird die Sprache nicht nach dem Modell des sinnerfüllten gesprochenen Wortes (›Phonozentrismus‹), sondern als ›Ur-Schrift‹ oder als Spur gedacht, in der das Signifikat ›immer schon‹ entzogen ist. Die Schrift ist nicht länger ein minderwertiger Ersatz der mündlichen Rede, sondern die grundlegende Struktur der Sprache, somit auch des mündlichen Sprachgebrauchs. Das Aufzeigen der Gegensätze und die Neubewertung der Oppositionsglieder ist nicht das Ziel der D.; vielmehr werden die Konzepte in neue diskursive Praktiken eingebracht und damit verändert (J. Derrida, Positions, Paris 1972, 56–58). Die mit der D. einhergehende Verabschiedung der Standards rationaler Argumentation (Klarheit und Deutlichkeit der Begriffe) ist Gegenstand teilweise vehementer Kritik und Polemik: »Die Arbeit der D. läßt die Schutthalde der Interpretationen, die sie abtragen will, um die verschütteten Fundamente freizulegen, immer weiter anwachsen« (J. Habermas, Der philosophische Diskurs der Moderne, Frankfurt 1985, 216).

Literatur: J. Arac/W. Godzich/W. Martin (eds.), The Yale Critics. Deconstruction in America, Minneapolis Minn. 1983, 1993; R. Barthes, Le plaisir du texte, Paris 1973, 1982 (dt. Die Lust am Text, Frankfurt 1974, 2002; engl. The Pleasure of the Text, London 1976, New York ²²1997); H. Bloom u. a. (eds.), Deconstruction and Criticism, New York, London 1979, New York 1999; J. Culler, On Deconstruction. Theory and Criticism after Structuralism, Ithaca N. Y., London 1983, London 1998 (dt. D.. Derrida und die poststrukturalistische Literaturtheorie, Reinbek b. Hamburg 1988, 1999); ders. (ed.), Deconstruction. Critical Concepts in Literary and Cultural Studies, I–IV, London/New York 2003; J. Derrida, De la grammatologie, Paris 1967, 1997 (dt. Grammatologie, Frankfurt 1974, ⁷1998; engl. Of Grammatology, Baltimore Md./London 1976, 1998); ders., L'écriture et la différence, Paris 1967, 2001 (dt. Die Schrift und die Differenz, Frankfurt 1972, 2002; engl. Writing and Difference, London 1978, 1997); ders., La dissémination, Paris 1972, 2001 (engl. Dissemination, Chicago Ill., London 1981, 1993; dt. Dissemination, Wien 1995); ders., Marges de la philosophie, Paris 1972, 1997 (engl. Margins of Philosophy, Chicago Ill. 1982, ⁵1990; dt. Randgänge der Philosophie, Frankfurt 1976, Wien ²1998); ders., Limited Inc., Evanston Ill. 1988, 1997 (franz. Limited Inc., Paris 1990; dt. Limited Inc., Wien 1993, 2001); V. Descombes, Le même et l'autre. Quarante-cinq ans de philosophie française (1933–1978), Paris 1979, 1993 (engl. Modern French Philosophy, Cambridge 1980; dt. Das Selbe und das Andere. 45 Jahre Philosophie in Frankreich. 1933–1978, Frankfurt 1981, ²1987); S. Felman, La folie et la chose littéraire, Paris 1978 (engl. Writing and Madness, Ithaca N. Y. 1985, 1994, Palo Alto Calif. 2003); M. Frank, Was ist Neostrukturalismus?, Frankfurt 1983, 2001 (engl. What Is Neostructuralism?, Minneapolis Minn. 1989; franz. Qu'est-ce que le neo-structuralisme?, Paris 1989); H.-D. Gondek, D., EP I (1999), 213–215; J. Habermas, Der philosophische Diskurs der Moderne. Zwölf Vorlesungen, Frankfurt 1985, 2001 (engl. The Philosophical Discourse of Modernity, Boston Mass. 1987, Cambridge 1995); J.-F. Lyotard, Discours, figure, Paris 1971, ⁵2002; ders., Le différend, Paris 1983, 2001 (dt. Der Widerstreit, München 1987, ²1989; engl. The Differend, Minneapolis Minn. 1988); P. de Man, Blindness and Insight. Essays in the Rhetoric of Contemporary Criticism, New York 1971, London, Minneapolis Minn. ²1983, Minneapolis Minn. 1997; ders., The Epistemology of Metaphor, Critical Inquiry 5 (1978), 13–30; ders., Allegories of Reading. Figural Language in Rousseau, Nietzsche, Rilke and Proust, New Haven Conn./London 1979 (dt. Allegorien des Lesens, Frankfurt 1988, 1998; franz. Allégories de la lecture, Paris 1989); C. Norris, Deconstruction. Theory and Practice, London/New York 1982, ³2002; ders., The Deconstructive Turn. Essays in the Rhetoric of Philosophy, London/New York 1983, 1989; ders., Paul de Man. Deconstruction and the Critique of Aesthetic Ideology, New York/London 1988; ders., Deconstruction, REP II (1998), 835–839; B. Readings, Introducing Lyotard. Art and Politics, London/New York 1990, 1992; R. G. Renner, Die postmoderne Konstellation. Theorie, Text und Kunst im Ausgang der Moderne, Freiburg 1988; J. R. Searle, Reiterating the Differences. A Reply to D., Glyph 1 (1977), 198–208; P. V. Zima, Die D.. Einführung und Kritik, Tübingen/Basel 1994 (engl. Deconstruction and Critical Theory, London/New York 2002). D. T.

Deleuze, Gilles, *Paris 18. Jan. 1925, †Paris 4. Nov. 1995, franz. Philosoph. 1944–1948 Studium der Philosophie an der Sorbonne bei F. Alquié, J. Hyppolite und M. de Gandillac, 1948 Agrégation, 1948–1957 Gymnasiallehrer in Amiens, Orléans und Paris (Lycée Louis-le-Grand). 1957–1969 Assistent an der Sorbonne und Forschungsarbeit am CNRS. 1968 Promotion, 1969–1987 Prof. an der Universität Paris-VIII–Vincennes (später Saint-Denis). Nach langjähriger schwerer Krankheit beendet D. 1995 sein Leben. – Das umfangreiche Werk D.s besteht (1) aus monographischen Studien zu einzelnen Autoren der Philosophiegeschichte (B. Spinoza, G. W. Leibniz, D. Hume, I. Kant, H. Bergson, F. Nietzsche); (2) aus Schriften zur Kunst und zur philosophischen Bedeutung des Kinos (Marcel Proust et les signes [1964], Cinéma I. L'image-mouvement [1983], Cinéma II. L'image-temps [1985]); (3) aus Untersuchungen zur Metaphysik, Rationalitäts- und Subjektphilosophie (Différence et répétition [1968], Logique du sens [1969]); (4) aus in Zusammenarbeit mit dem Psychoanalytiker F. Guattari entstandenen Schriften.

»Capitalisme et schizophrénie I« (1972) ist als Dokument der Aufbruchsstimmung der Protestbewegung der 1960er Jahre zu verstehen, die mit großer Emphase ein ›neues Denken‹ und die Befreiung von überkommenen Anschauungen mit dem Ziel einer gesamtgesellschaftlichen Neuorientierung propagierte. Von philosophischer Seite werden diese Texte aufgrund ihrer »bewußt dadaistischen und karnevalesken Schreibweise« (M. Frank, Was ist Neostrukturalismus?, 402) ignoriert und selten argumentativ behandelt. Ein Leitmotiv bildet die Kritik an den Begriffen des (identischen) Subjekts und der Vernunft, die in Form einer fundamentalen Attacke gegen die in Allianz mit der kapitalistischen Ordnung gesehene ↑Psychoanalyse vorgetragen wird. Das Psychoanalyse als letzte Bastion der Subjektphilosophie angreifende und in Verbindung mit der Anti-Psychiatrie-Bewegung stehende ›neue Denken‹ bedient sich hauptsächlich zweier Leitmetaphern: (1) die *Wunschmaschine* tritt an die Stelle des ödipalen Subjekts und funktioniert ohne Telos oder Einheitsprinzip als urwüchsige, von der Gewalt der Rationalität erlöste und dem familialen Terror der ›Papa-Mama-Ich-Triangulation‹ entzogene, freie Produktivität; (2) das *Rhizom* (Terminus der Botanik, der den Wurzelsproß bezeichnet) wird als Leitbild gegen die Stammbaummetaphorik der Metaphysik und ihres Ordnungsdenkens eingesetzt. Das Rhizom ist eine dezentrale Entität, die durch ungeordnete Vielfalt und produktive Vernetzung charakterisiert ist.

In den monographischen Studien »Différence et répétition« (1968) und »Logique du sens« (1969) entwirft D. eine Differenzphilosophie, die einheitslose, anarchische und unfixierbare Vielheiten konzipiert und in detaillierten Analysen die Aporien, Inkonsistenzen, Aus- und Unterlassungen aufzeigt, aufgrund derer die Grundbegriffe der Philosophie seit Platon (Identität, Einheit, Allgemeinheit, Repräsentation, Substanz, Subjekt, System) als problematisch erscheinen. Die nicht aus der Identität abgeleitete *Differenz*, das *Ereignis* als propositionaler Referenz unzugängliches Geschehen und die nicht als Qualität erfaßbaren *Intensitäten* rücken in den Vordergrund. Differenz wird bei D. nicht länger als Unterschied auf der Basis einer vorgegebenen Allgemeinheit (↑›differentia specifica‹) gedacht, sondern als Vielfalt, Dezentriertheit und Entgrenzung. Epistemologisch impliziert dieses Konzept den Verzicht auf die Begriffe des Widerspruchs, der Negation und den Abschied von der Dialektik. Die differente Differenz führt zu einer Affirmation eines Denkens ohne Regeln, ohne Unterwerfung unter allgemeingültige und notwendige logische Prinzipien, d. h., sie verstößt gegen grundlegende Standards der Philosophie.

Werke: (mit A. Cresson) David Hume, sa vie, son œuvre, avec un exposé de sa philosophie, Paris 1952; Empirisme et subjectivité. Essai sur la nature humaine selon Hume, Paris 1953, ⁵1993 (engl. Empiricism and Subjectivity. An Essay on Hume's Theory of Human Nature, New York 1991; dt. David Hume, Frankfurt 1997); Nietzsche et la philosophie, Paris 1962, ⁹1994 (dt. Nietzsche und die Philosophie, München 1976, 2002; engl. Nietzsche and Philosophy, London 1983); La philosophie critique de Kant. Doctrines des facultés, Paris 1963, 1997 (engl. Kant's Critical Philosophy. The Doctrine of the Faculties, London, Minneapolis Minn. 1984, London 1995; dt. Kants kritische Philosophie, Berlin 1990); Marcel Proust et les signes, Paris 1964, 1996 (engl. Proust and Signs, New York 1972, London, Minneapolis Minn. 2000; dt. Proust und die Zeichen, Frankfurt 1978, Berlin 1993); Le bergsonisme, Paris 1966, ⁵1994 (engl. Bergsonism, New York 1988; dt. Bergson zur Einführung, Hamburg 1989, ²1997); Différence et répétition, Paris 1968, ⁹1997 (dt. Differenz und Wiederholung, München 1992, ²1997; engl. Difference and Repetition, New York 1994); Spinoza et le problème de l'expression, Paris 1968, 1990 (engl. Expressionism in Philosophy. Spinoza, New York 1990, 1997; dt. Spinoza und das Problem des Ausdrucks in der Philosophie, München 1993); Logique du sens, Paris 1969, 1997 (engl. The Logic of Sense, London, New York 1990; dt. Die Logik des Sinns, Frankfurt 1993, 1999); (mit F. Guattari) Capitalisme et schizophrénie I. L'Anti-Œdipe, Paris 1972, 1995 (dt. Anti-Ödipus, Frankfurt 1974, 2000; engl. Anti-Oedipus. Capitalism and Schizophrenia, New York 1977, 1996); (mit F. Guattari) Capitalisme et schizophrénie II. Mille plateaux, Paris 1980, 1989 (engl. A Thousand Plateaus. Capitalism and Schizophrenia, Minneapolis Minn. 1987, 1996; dt. Kapitalismus und Schizophrenie. Tausend Plateaus, Berlin 1992, 1997); Spinoza. Philosophie pratique, Paris 1981, 1989 (dt. Spinoza. Praktische Philosophie, Berlin 1988; engl. Spinoza. Practical Philosophy, San Francisco Calif. 1988); Francis Bacon. Logique de la sensation, Paris 1981 (dt. Francis Bacon. Logik der Sensation, München 1995); Cinéma I. L'image-mouvement, Paris 1983 (engl. Cinema I. The Movement-Image, London 1986, 1992; dt. Das Bewegungs-Bild, Frankfurt 1989, ²1990); Cinéma II. L'image-temps, Paris 1985 (engl. Cinema II. The Time-Image, London, Minneapolis Minn. 1989; dt. Das Zeit-Bild, Frankfurt 1991, 1999); Foucault, Paris 1986 (dt. Foucault, Frankfurt 1987, ³1997; engl. Foucault, London, Minneapolis Minn. 1988); Le pli. Leibniz et le baroque, Paris 1988, 1994 (engl. The Fold. Leibniz and the Baroque, London, Minneapolis Minn. 1993; dt. Die Falte. Leibniz und der Barock, Frankfurt 1995, ²1996); Pourparlers, Paris 1990, 1997 (dt. Unterhandlungen 1972–1990, Frankfurt 1993, 1996; engl. Negotiations, New York 1995); (mit F. Guattari) Qu'est-ce que la philosophie?, Paris 1991 (engl. What Is Philosophy?, London, New York 1994; dt. Was ist Philosophie?, Frankfurt 1996, 2001). – T. S. Murphy/C. V. Boundas, Selected Critical References to G. D. and His Works, in: C. V. Boundas/D. Olkowski (eds.), G. D. and the Theatre of Philosophy, London, New York 1994, 305–336; ders., Bibliography of the Works of G. D., in: P. Patton (ed.), D.. A Critical Reader, Cambridge Mass. 1996, 270–300.

Literatur: F. Balke, Die Abenteuer des Denkens. G. D. und die Philosophie, Philos. Rdsch. 45 (1998), 1–27; J. A. Bell, Philosophizing the Double-Bind. D. Reads Nietzsche, Philosophy Today 39 (1995), 371–390; V. Berger, L'ontologie de G. D., Paris/Montréal/Budapest 2001 (mit Bibliographie, 775–789); R. Bogue, Deleuze and Guattari, London, New York etc. 1989, 1996; C. V. Boundas, Introduction, in: ders. (ed.), The D. Reader, New York 1993, 1–23; ders./D. Olkowski (eds.), G. D. and the Theatre of Philosophy, London, New York 1994; ders. (ed.), G. D. (1925–

1995), Man and World 29 (1996), 233–341; V. Descombes, Le même et l'autre. Quarante-cinq ans de philosophie française (1933–1978), Paris 1979, 1993 (engl. Modern French Philosophy, Cambridge 1980; dt. Das Selbe und das Andere, Frankfurt 1981, ²1987); M. Foucault, Theatrum philosophicum, Critique 282 (1970), 885–908 (engl. in: D. F. Bouchard [ed.], Language, Counter-Memory, Practice. Selected Essays and Interviews, Oxford, Ithaca N. Y. 1977, 165–196; dt. in: G. D./M. Foucault, Der Faden ist gerissen, Berlin 1977, 21–58); M. Frank, The World as Will and Representation. D.'s and Guattari's Critique of Capitalism as Schizo-Analysis and Schizo-Discourse, Telos 57 (1983), 166–176; ders., Was ist Neostrukturalismus?, Frankfurt 1983, 2001 (engl. What Is Neostructuralism?, Minneapolis Minn. 1989; franz. Qu'est-ce que le neo-structuralisme?, Paris 1989); R. Girard, Système du délire, Critique 306 (1972), 957–996; P. Goodchild, D. and Guattari. An Introduction to the Politics of Desire, London 1996; ders., Deleuzean Ethics, Theory, Culture and Society 14 (1997), 39–50; P. Hallward, D. and the »World without Others«, Philos. Today 41 (1997), 530–544; M. Hardt, G. D.. An Apprenticeship in Philosophy, London, Minneapolis Minn. 1993; C. Jäger, G. D.. Eine Einführung, München 1997; T. Lange, Die Ordnung des Begehrens. Nietzscheanische Aspekte im philosophischen Werk von G. D., Bielefeld 1989; J.-F. Lyotard, Capitalisme énergumène, Critique 306 (1972), 923–956 (dt. Energieteufel Kapitalismus, in: ders., Intensitäten, Berlin 1978, 93–151); J.-C. Martin, Variations. La philosophie de G. D., Paris 1993; B. Massumi, A User's Guide to Capitalism and Schizophrenia. Deviations from D. and Guattari, London, Cambridge Mass. 1992; P. Mengue, G. D. ou le système du multiple, Paris 1994; D. Olkowski, Difference and the Ruin of Representation in G. D., in: D. M. Levin (ed.), Sites of Vision. The Discursive Construction of Sight in the History of Philosophy, Cambridge Mass./London 1997, 467–491; dies., D., REP II (1998), 856–861; P. Patton (ed.), D.. A Critical Reader, Oxford 1996; M. Payne, D.. Philosophy, Psychoanalysis, and Capitalism, in: ders., Reading Knowledge. An Introduction to Barthes, Foucault and Althusser, Malden Mass./Oxford 1997, 102–115; A. Sokal/J. Bricmont, Impostures intellectuelles, Paris 1997 (engl. Intellectual Impostures. Postmodern Philosophers' Abuse of Science, London 1998; dt. Eleganter Unsinn. Wie die Denker der Postmoderne die Wissenschaften mißbrauchen, München 1999, 2001). D. T.

Delisches Problem, zentrales Konstruktionsproblem der griechischen Geometrie, das erst mit Hilfe der seit É. Galois (1811–1832) sich durchsetzenden algebraischen Behandlung geometrischer Probleme entschieden werden konnte. Apollon forderte der Sage nach die Volumenverdopplung eines würfelförmigen Altars unter Beibehaltung der Würfelgestalt. Ist a die Seite des gegebenen Würfels, so gilt für die Seite x des gesuchten Würfels $x^3 : a^3 = 2 : 1$. Hippokrates von Chios (um 440 v. Chr.) führte die Aufgabe auf die Bestimmung zweier mittlerer Proportionale x und y für zwei Strecken a und b mit $a : x = x : y = y : b$ zurück. Aus der Proportionengleichung folgt nämlich $x^2 = ay$ und $xy = ab$, also $x^3 = axy = a^2b$, also $x^3 : a^3 = b : a$, also das D. P. für $b = 2a$.
Durch räumliche Erweiterung der elementaren Konstruktionsmittel mit Zirkel und Lineal gelang Archytas von Tarent (um 400 v. Chr.) folgende Bestimmung von x und y. Für x und y als mittlere Proportionale zu gegebenen Strecken $a < b$ muß nach dem Strahlensatz ein rechtwinkliges Dreieck ABC über b als Hypotenuse so angegeben werden, daß das Lot vom Höhenfußpunkt F auf BC gerade die Strecke $GC = a$ abschneidet (Abb. 1):

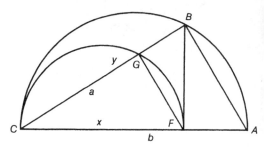

Abb. 1

Zur Bestimmung des rechtwinkligen Dreiecks ABC genügt nach Thales die Bestimmung von B auf einem Halbkreis über b. Archytas bestimmt nun B als Schnittpunkt dreier räumlicher Körper. Über einer Strecke $A'C = b$ werde zunächst ein Halbkreis errichtet und auf diesem Halbkreis der Punkt D mit $DC = a$ bestimmt (Abb. 2). Senkrecht zu der Ebene $DA'C$ beschreibe ein Halbkreis über $A'C$ um C eine Vierteldrehung, so daß A' in die Lage A kommt. Dieser rotierende Halbkreis ist nach Thales (Abb. 3) der 1. geometrische Ort von B. Sei F der Schnitt von CA mit dem Halbkreis $A'CD$, so daß CF während der Vierteldrehung von b bis Null variiert (Abb. 2):

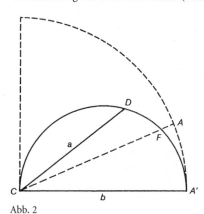

Abb. 2

Bezüglich der Ebene $A'CD$ senkrecht über F, also auf dem über $A'CD$ senkrecht errichteten Zylinder, liegt der 2. geometrische Ort von B (Abb. 3). Da der Punkt G in der Ebene ABC liegt, und da der Winkel $\sphericalangle FGC$ ein rechter ist (Abb. 1), liegt G nach Thales auf dem Halbkreis über CF (Abb. 2), d. h. räumlich auf einer Kugel mit dem Durchmesser $A'C$ (Abb. 3). Damit $CG = a$ ist, muß G auf dem Kegel liegen, der durch Rotation von CD um CA' entsteht.

Der 3. geometrische Ort von B, der sich mit den beiden anderen schneidet, ist dieser Kegel, da G und B auf einer Geraden liegen (Abb. 3).

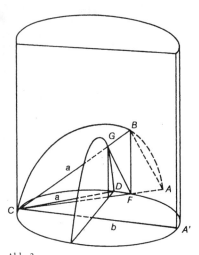

Abb. 3

Offenbar erweiterte Archytas bei seinem Beweis die elementaren ebenen Konstruktionen (z. B. Kreis durch ebene Rotation des Radius) auf räumliche Bestimmungen (z. B. Kegel durch räumliche Rotation um Kegelachse). Beschränkt man sich auf die Konstruktion mit Zirkel und Lineal, so erweist sich das D. P. aus algebraischen Gründen als unlösbar. Dabei besteht eine Konstruktion mit Zirkel und Lineal aus einer endlichen Anzahl folgender Konstruktionsschritte (↑Algorithmentheorie) in einer fest gegebenen Ebene: (1) Wahl eines beliebigen Punktes auf der Ebene, (2) Konstruktion der Verbindungsgeraden zweier bereits konstruierter Punkte, (3) Konstruktion eines Kreises aus vorher konstruiertem Mittel- und Peripheriepunkt, (4) Konstruktion des Schnittpunktes zweier konstruierter Geraden oder einer bereits konstruierten Geraden mit einem bereits konstruierten Kreis oder zweier bereits konstruierter Kreise. Eine Lösung mit Zirkel und Lineal besteht dann darin, zu einem vorgegebenen Objekt mit vorgegebenen Streckenangaben $a_1, \ldots, a_r$ (z. B. Würfel mit Kantenlänge $a_1 = 1$) ein gesuchtes Objekt mit Strecken $x_1, \ldots, x_t$ (z. B. Würfel mit Kantenlänge $x_1 = \sqrt[3]{2a_1}$) in endlich vielen Schritten zu konstruieren. Führt man in der Ebene ein cartesisches Koordinatensystem (↑Koordinaten) ein, so lassen sich die vorausgesetzten Strecken $a_1, \ldots, a_r$ als Zahlenkoordinaten der positiven x-Achse interpretieren. Da Strecken mit rationalen Koordinaten als konstruierbar vorausgesetzt werden können, entspricht der geometrischen Voraussetzung der Konstruktion algebraisch ein Zahlenkörper (↑Körper (mathematisch)) $K_0 = \mathbb{Q}(a_1, \ldots, a_r)$, dessen Elemente sich als Quotienten von Polynomen in $a_1, \ldots, a_r$ mit rationalen Koeffizienten aus $\mathbb{Q}$ ausdrücken lassen. Konstruierten Geraden und Kreisen über der vorausgesetzten Punktmenge entsprechen lineare und quadratische Polynome mit Koeffizienten in K_0. Einer geometrischen Konstruktion der gesuchten Strecken $x_1, \ldots, x_t$ aus $\mathbb{Q}(a_1, \ldots, a_r)$ in n Schritten entspricht dann algebraisch eine schrittweise *Körpererweiterung*

$$K_0 \subseteq \cdots \subseteq K_i \subseteq K_{i+1} \subseteq \cdots \subseteq K_n$$

mit $x_1, \ldots, x_t \in K_n$. Die Konstruktion gilt als ausgeführt, wenn die Strecken $x_1, \ldots, x_t$ auf der positiven x-Achse abgetragen werden können. Bei der Körpererweiterung ist $K_i = K_{i+1}$ für die Konstruktionsschritte (2), (3) und auch (1), da bei der Punktwahl nach (1) rationale Koordinaten eingeführt werden können. Für Konstruktionsschritt (4) über K_i können bei der Berechnung von Schnittpunktkoordinaten mit Kreisen Quadratwurzeln von Elementen aus K_i auftreten, so daß für den Grad (K_{i+1}/K_i) der Körpererweiterung $K_i \subseteq K_{i+1}$ (d. h. für die ↑Dimension des Vektorraumes K_{i+1} über dem Körper K_i) gilt: $(K_{i+1}/K_i) = 2$. Daher ist der Grad (K_n/K_0) der Körpererweiterung $K_0 \subseteq K_n$ immer eine Potenz von 2.

Allgemein gilt nach der Theorie von N. H. Abel (1802–1829) und Galois, daß ein geometrisches Problem mit vorausgesetzten Bestimmungsgrößen $a_1, \ldots, a_r$ und gesuchten Bestimmungsgrößen $x_1, \ldots, x_t$ genau dann mit Zirkel und Lineal lösbar ist, wenn (a) die gesuchten Größen Wurzeln von Polynomen mit Koeffizienten aus $K_0 = \mathbb{Q}(a_1, \ldots, a_r)$ sind und (b) die (kleinste normale) Körpererweiterung E von K_0 mit $x_1, \ldots, x_t \in E$ als Grad eine Potenz von 2 hat.

Der Delischen Konstruktion eines Würfels mit Kante $x_1 = \sqrt[3]{2}$ aus einem Würfel mit Kante $a_1 = 1$ würde algebraisch eine Körpererweiterung von $K_0 = \mathbb{Q}(1) = \mathbb{Q}$ auf $\mathbb{Q}(\sqrt[3]{2})$ entsprechen. Da jedoch das Polynom $x^3 - 2$ über $\mathbb{Q}$ nicht weiter in ein Produkt zweier Polynome positiven Grades zerlegt werden kann, ist der Grad der Körpererweiterung $(\mathbb{Q}(\sqrt[3]{2})/\mathbb{Q}) = 3$. Da 3 keine Potenz von 2 ist, kann das D. P. nicht mit Zirkel und Lineal gelöst werden.

Literatur: E. Artin, Galois Theory. Lectures Delivered at the University of Notre Dame [...], ed. A. N. Milgram, Ann Arbor Mich. 1942, ²1944, Mineola N. Y. 1998 (dt. Galoissche Theorie, Leipzig 1959, Thun/Frankfurt 1988); ders., Algebra. Ausarbeitung der von E. Artin im SS 1961 und WS 1961/1962 gehaltenen Vorlesung, I–II, Hamburg 1961/1962; O. Becker, Grundlagen der Mathematik in geschichtlicher Entwicklung, Freiburg/München 1954, ²1964, Frankfurt 1975, 1990; L. Bieberbach, Theorie der geometrischen Konstruktionen, Basel 1952; P. Lorenzen, Die Entstehung der exakten Wissenschaften, Berlin/Heidelberg/Göttingen 1960; K. Mainzer, D. P., in: ders., Geschichte der Geometrie, Mannheim/Wien/Zürich 1980, 37–40; ders., Ausblick auf die Galoissche Theorie, in: ders., Geschichte der Geometrie [s. o.], 40–41; H. Meschkowski, Ungelöste und unlösbare Probleme der Geometrie, Braunschweig 1960, Mannheim/Wien/Zürich ²1975 (engl. Unsolved and Unsolvable Problems in Geometry, New York, Edinburgh 1966); H.-J. Reiffen/G. Scheja/U. Vetter, Algebra, Mannheim/Wien/Zürich 1969, ²1984, 1991; B. L. van der Waerden, Moderne Algebra, Berlin 1930/1931, unter dem Titel: Algebra. Unter Benutzung von Vorlesungen von E. Artin und E. Noether, I–II, Berlin etc. 1936, I ⁹1993, II ⁶1993 (engl. Modern Algebra. In Part a Development from Lectures by E. Artin and E. Noether, I–II, New York 1949/1950, mit Untertitel: Based in Part on Lectures by E. Artin and E. Noether, I–II, New York 1970, Berlin etc. 1991); ders., Ontwakende wetenschap. Egyptische, Babylonische en Griekse wiskunde, Groningen 1950 (engl. Science Awakening. Egyptian, Babylonian, and Greek Mathematics, Groningen 1954, New York/Oxford 1961, Dordrecht/Boston Mass. 1988; dt. Erwachende Wissenschaft I [Ägyptische, babylonische und griechische Mathematik], Basel/Stuttgart 1956, ²1966, II unter dem Titel: Die Anfänge der Astronomie, Groningen 1966, unter dem Titel: Erwachende Wissenschaft II [Die Anfänge der Astronomie], Basel/Stuttgart 1968, ²1980). K. M.

Demiurg (griech. δημιουργός, Grundbedeutung: ›Diener der Allgemeinheit‹), bei Homer (Od. 17, 383; 19, 135) als Bezeichnung für Berufe wie Arzt, Wahrsager, Herold, Baumeister; später allgemein: Handwerker; philosophisch: ›Weltbaumeister‹ (Platon, Tim. 28aff.). Im Unterschied zum christlichen Schöpfergott bewirkt der D. nach Platon keine ↑creatio ex nihilo, sondern gestaltet aus der vorhandenen ungeordneten Materie (↑Chaos) nach vorgegebenen Ideen (↑Idee (historisch)) die sinnlich wahrnehmbare Welt zu einem wohlgeordneten, beseelten und vernunftbegabten ↑Kosmos; die ↑Weltseele und die Seelen der Menschen werden als eine Mischung aus ewig Seiendem (Idee) und Werdendem (Körper), die Einzeldinge im Auftrag des D.en von Göttern hergestellt. Plotin (Enn. II 9) identifiziert den D.en mit der Weltseele und deutet dessen Tätigkeit als Metapher für das außerzeitliche und somit anfangslose Werden der Welt. Die ↑Gnosis sieht im D.en einen Mittler zwischen Gott und Welt, bisweilen mit bösartigem Charakter. In der christlichen Tradition wird D. mitunter als Bezeichnung für den Schöpfergott übernommen, zum Teil sogar in der von Platon eingeführten Funktion.

Literatur: M. Baltes, Numenios von Apamea und der Platonische Timaios, Vigiliae Christianae 29 (1975), 241–270; ders., Die Weltentstehung des Platonischen Timaios nach den antiken Interpreten I, Leiden 1976 (Philosophia Antiqua XXX); ders., Demiurgos. Der demiurgisch schaffende Gott, DNP III (1997), 447–448; R. Bambrough, Demiurge, Enc. Ph. II (1967), 337–338; A. Baudart, Démiurge, Enc. philos. universelle II/1 (1990), 577–578; E. E. Benitz, The Good of the Demiurge. Causation and the Unity of Good in Plato, Apeiron 28 (1995), 113–140; L. Brisson, Le même et l'autre dans la structure ontologique du Timée de Platon. Un commentaire systématique du Timée de Platon, Paris 1974; F. M. Cornford, Plato's Cosmology, London 1937; W. Deuse, Der D. bei Porphyrios und Jamblich, in: C. Zintzen (ed.), Die Philosophie des Neuplatonismus [s. u.], 238–278; J. M. Dillon, The Middle Platonists. 80 BC to AD 220, Ithaca N. Y. 1977; G. C. Field, The Philosophy of Plato, London 1949; C. Flanders, Demiurge tussen chaos en kosmos, Gent 1981 (Oostvlaamse literaire monografieen XXII); I. Hadot, Le démiurge comme principe dérivé dans le système ontologique d'Hiéroclès, Rev. ét. grec. 103 (1990), 241–262; ders., A propos de la place ontologique du démiurge dans le système philosophique d'Hiéroclès le néoplatonicien. Dernière réponse à M. Aujoulat, Rev. ét. grec. 106 (1993), 430–459; W. Hasker, Creation and Conservation, Religious Doctrine of. 2. Creator or Demiurge?, REP II (1998), 695–696; H. J. Krämer, Der Ursprung der Geistmetaphysik. Untersuchungen zur Geschichte des Platonismus zwischen Platon und Plotin, Amsterdam 1964, ²1967; K. J. Lee, Platons Raumbegriff. Studien zur Metaphysik und Naturphilosophie im »Timaios«, Würzburg 2000; H. Leisegang, Plato, RE XX/2 (1950), 2505–2512; K. Murakawa, D., Historia 6 (1957), 385–415; E. D. Perl, The Demiurge and the Forms. A Return to the Ancient Interpretation of Plato's Timaeus, Ancient Philos. 18 (1998), 81–92; P. J. Rhodes, Demiurgos/Demiurgoi, DNP III (1997), 446; T. M. Robinson, Demiurge and World Soul in Plato's »Politicus«, Amer. J. Philol. 88 (1967), 57–66; F. Solmsen, Plato's Theology, Ithaca N. Y. 1942; W. Theiler, Demiurgos, RAC III (1957), 694–711; ders./C. Markschies, D., LThK III (1995), 82–83; W. Ullmann, D., Hist. Wb. Ph. II (1972), 49–50; F. W. Walbank/P. J. Rhodes, Demiourgoi, in: S. Hornblower/A. Spawforth (eds.), The Oxford Classical Dictionary, Oxford/New York ³1996, 451; C. Zintzen (ed.), Die Philosophie des Neuplatonismus, Darmstadt 1977 (Wege der Forschung 436). M. G.

Demokrit, *Abdera (Thrakien) um 470 v. Chr., †zwischen 380 und 370 v. Chr., griech. Philosoph, Hauptvertreter des von Leukipp (seinem Lehrer) begründeten griechischen ↑Atomismus. D.s Werke sind sämtlich verloren, doch lassen sich seine Auffassungen aus sekundären Darstellungen gut erschließen. – Im Anschluß an Leukipp arbeitete D. konsequent eine Atomtheorie aus, die zwischen dem Monismus der Eleaten (↑Eleatismus) und dem Qualitätenpluralismus von Anaxagoras und Empedokles vermittelt (↑Atom). Obwohl in den überlieferten Fragmenten nicht vorkommend, geht die Bezeichnung ›Atom‹ (ἄτομος) für elementare Teilchen der Materie wohl auf D. zurück. Alle Qualitäten werden auf Form, Lage und Größe solcher inkompressibler, undurchdringlicher (↑Undurchdringbarkeit), unsichtbarer, unveränderlicher und unendlich vieler Teilchen zurückgeführt, die sich im leeren Raum bewegen. Atome und leerer Raum (↑Leere, das) sind die einzigen Grundbestandteile der Wirklichkeit. Die Verschiedenheit der Gewichte verschiedener Körper führt D. auf den größeren bzw. kleineren Anteil von Atomen (und damit entsprechend kleineren bzw. größeren Anteil des leeren Raumes) an diesen Körpern zurück. Materie und Bewegung sind unvergänglich, ↑Werden und Vergehen nur Umordnen von Atomen. Nicht zufällig, sondern nach mechanischen Gesetzen infolge der Eigenschaften der Atome selbst, d. h. auf Grund einer ↑Kausalität, die nicht durch einen äußeren Beweger bestimmt ist, kommt es aus einem Urzustand regelloser Atombewegung durch Wirbelbildung zur Entstehung des sphärisch vorgestellten Kosmos von Erde und Himmelskörpern. Auch die ↑Seele wird als aus über den ganzen Körper eines Lebewesens verteilten Atomen bestehend angenommen, die, in ihrer Beweglichkeit denen des Feuers vergleichbar, in den verschiedenen Organen des menschlichen Körpers verschiedene Wirkungen wie Vernunft und Gefühl hervorrufen. D. versucht ferner, auch Wahrnehmungen atomistisch zu erklären (↑Bildchentheorie). So wird die Farbempfindung durch vom Bild eines Gegenstandes hervorgerufene Veränderungen des Auges erklärt, wobei das Bild des Gegenstandes dem Sinnesorgan dadurch vermittelt wird, daß es der Luft gleichsam ›aufgeprägt‹ wird und die so ›geprägte‹ Luft das Sinnesorgan erreicht. Wie D. seine Unterscheidung von Sinneswahrnehmung und einer nicht durch sie geleiteten ›höheren‹ Erkenntnisform atomistisch begründete, ist nicht überliefert. Die Götterlehre seiner Zeit aufklärerisch und in historisierender Weise erklärend, formuliert D. eine Ethik, deren Grundbegriffe Genuß und Heiterkeit eher pragmatisch als theoretisch bestimmt werden. Epikur knüpft hier an D.s Ethik an (↑Epikureismus). Auf D. gehen auch Anfänge einer Theorie der Kulturentwicklung zurück: Kultur entsteht in Auseinandersetzung mit Mangel- und Notsituationen und wird nach deren Überwindung als Einsicht in das, was not tut (τὸ χρὴ ἐόν) bewahrt. Der Beiname ›der lachende Philosoph‹ tritt zuerst bei Horaz (epist. 2.1, 194) auf. In der antiken Tradition wird die Bedeutung D.s derjenigen Platons und Aristoteles' gleichgesetzt.

Fragmente: VS 68 B 1–298.

Literatur: C. Bailey, The Greek Atomists and Epicurus. A Study, Oxford 1928, New York 1964; I. Barnea/T. Heinze, D., DNP III (1997), 455–458; J. Barnes, The Presocratic Philosophers II, London/Henley/Boston Mass. 1979, ²1982, 530–535, 559–564; ders., Early Greek Philosophy, Harmondsworth etc. 1987, 244–288; P. J. Bicknell, Two Notes on Demokritos, Apeiron 9 (1975), 40–41; FM I (1994), 807–808; H. J. Folse, A Reinterpretation of Democritan Atomism, Man and World 9 (1976), 393–417; K. v. Fritz, Philosophie und sprachlicher Ausdruck bei D., Plato und Aristoteles, New York etc. 1938 (repr. Darmstadt 1963, 1966); D. Furley, The Greek Cosmologists I, Cambridge etc. 1987, 115–168; D. W. Graham, D., in: R. Audi (ed.), The Cambridge Dictionary of Philosophy, Cambridge/New York/Melbourne ²1999, 217–218; W. K. C. Guthrie, A History of Greek Philosophy II, Cambridge 1965, 1996, 386–507; A. Henrichs, Two Doxographical Notes. Democritus and Prodicus on Religion, Harvard Stud. Class. Philol. 79 (1975), 93–123; G. B. Kerferd, D., DSB IV (1971), 30–35; G. S. Kirk/J. E. Raven, The Presocratic Philosophers. A Critical History with a Selection of Texts, Cambridge etc. 1957, (mit M. Schofield) ²1966, 402–433 (dt. Die Vorsokratischen Philosophen. Einführung, Texte und Kommentare, Stuttgart/Weimar 1994, 2001, 439–472); G. E. R. Lloyd, Leucippus and D., Enc. Ph. IV (1967), 446–451; R. Löbl, D.s Atome. Eine Untersuchung zur Überlieferung und zu einigen wichtigen Lehrstücken in D.s Physik, Bonn 1976; ders., D.s Atomphysik, Darmstadt 1987; ders., D.. Texte zu seiner Philosophie, Amsterdam/Atlanta Ga. 1989; L(ouis) Löwenheim, Die Wissenschaft D.s und ihr Einfluß auf die moderne Naturwissenschaft, ed. L(eopold) Löwenheim, Berlin 1914; S. Luria, Zur Frage der materialistischen Begründung der Ethik bei D., Berlin (Ost) 1964; R. D. McKirahan Jr., Philosophy before Socrates. An Introduction with Texts and Commentary, Indianapolis Ind., Cambridge Mass. 1994, 303–343; P. Natorp, Die Ethika des Demokritos. Text und Untersuchungen, Marburg 1893 (repr. Hildesheim/New York 1970); S.-M. Nikolaou, Die Atomlehre D.s und Platons Timaios. Eine vergleichende Untersuchung, Stuttgart 1998; E. Rindone, Rivalutazione dell'etica democritea, Aquinas 18 (1975), 335–357; J. Salem, Démocrite. Grains de poussière dans un rayon de soleil, Paris 1996; H. Schmitz, Der Ursprung des Gegenstandes. Von Parmenides bis D., Bonn 1988; C. C. W. Taylor, Pleasure, Knowledge, and Sensation in Democritus, Phronesis 12 (1967), 6–27; ders., D., in: T. Honderich (ed.), The Oxford Companion to Philosophy, Oxford/New York 1995, 185; ders., D., REP II (1998), 872–878; G. Vlastos, Ethics and Physics in Democritus, Philos. Rev. 54 (1945), 578–592, 55 (1946), 53–64; F. K. Voros, The Ethical Theory of Democritus. On Duty, Πλάτων 26 (1974), 113–122; ders., The Ethical Theory of Democritus. What Is the »Criterion«?, Πλάτων 27 (1975), 20–26; ders., Democritus' Educational Thought, Paedagogica Hist. 15 (1975), 457–470.   P. J.

demonstratio propter quid/demonstratio quia (lat., Beweis, warum [etwas so ist, wie es ist]/Beweis, daß [etwas so ist, wie es ist]), beweistheoretische Formeln, mit denen die mittelalterliche Philosophie (↑Scholastik) die Aristotelischen Unterscheidungen zwischen (1) dem ›der Natur nach Früheren‹ (πρότερον φύσει) und dem ›für uns Früheren‹ (πρότερον πρὸς ἡμᾶς) (an. post. A2.71b33–72a5, ↑hysteron – proteron) und (2) einer Begründung, die angibt, warum (διότι) etwas so ist, wie es ist, und dem Aufweis, daß (ὅτι) etwas so ist, wie es ist, rekonstruiert. Auf das ›der Natur nach Frühere‹ bezieht sich demnach eine Begründung, die von den ↑Ursachen (Gründen) zur ↑Wirkung (Folge) fortschreitet (demonstratio procedens ex causis ad effectum), auf das ›für uns Frühere‹ eine Begründung, die von den Wirkungen (Folgen) auf die Ursachen (Gründe) schließt (demonstratio procedens ab effectibus ad causas). Im ersten Falle handelt es sich dabei um eine *demonstratio a priori*, im zweiten Falle um eine *demonstratio a posteriori*, ohne daß bereits eine Festlegung der demonstratio a posteriori auf empirische Zusammenhänge erfolgt. Bei Thomas von Aquin wird diese Unterscheidung zwischen einer demonstratio a priori und einer demonstratio a posteriori ausdrücklich mit der Unterscheidung zwischen d. p. q. (cur ita sit) und d. q. (quod ita sit) verbunden (S.th. I qu. 2 art. 2 c); bei Albert von Sachsen werden die zugehörigen Beweisverfahren gleichgesetzt. Die Unterscheidung zwischen d. p. q. und d. q. gehört damit zur Begriffsgeschichte von ↑a priori.

Literatur: J. Mittelstraß, Changing Concepts of the a priori, in: R. E. Butts/J. Hintikka (eds.), Historical and Philosophical Dimensions of Logic, Methodology and Philosophy of Science (Part Four of the Proceedings of the Fifth International Congress of Logic, Methodology and Philosophy of Science, London, Ontario, Canada – 1975), Dordrecht/Boston Mass. 1977 (Univ. Western Ontario Ser. Philos. Sci. XII), 113–128; H. Schepers, A priori/a posteriori, Hist. Wb. Ph. I (1971), 462–467.   J. M.

Demonstrator (von lat. demonstrare, zeigen), in der logischen Grammatik (↑Grammatik, logische) Bezeichnung für einen ↑Operator ›δ‹, der dazu dient, die kommunikative (= Satz-)Funktion eines ↑Artikulators abzublenden, so daß nur seine signifikative (= Wort-)Funktion erhalten bleibt. Der D. überführt einen Artikulator ›P‹ in einen allein der Ostension dienenden Ausdruck ›δ P‹ (gelesen: dies P), und zwar in einen ↑Index für eine in der Sprechsituation, also der Situation, in der ›P‹ geäußert wird, vollzogene (singulare) ↑Aktualisierung des durch ›P‹ artikulierten ↑Gegenstands[schemas] (↑Handlungsschema, ↑Ding): Mit ›δ P‹ wird die Zugehörigkeit zum P-Schema *angezeigt*.
Der zum D. komplementäre Operator, mit dem die signifikative Funktion eines Artikulators abgeblendet wird, ist die ↑Kopula ›ε‹. Mit ›ε P‹, einem allein der ↑Prädikation dienenden Ausdruck (gelesen: ist P), einem eigentlich eine ↑Aussageform bildenden ↑Prädikator, wird eine (universale) Schematisierung vorgenommen, also *ausgesagt*, daß es sich bei der in der Sprechsituation vollzogenen Aktualisierung um eine Aktualisierung des P-Schemas handelt. Eine getrennte Darstellung des Anzeigens mithilfe des D.s und des Aussagens mithilfe der Kopula ist erst dann erforderlich, wenn der Bereich einfacher Artikulatoren verlassen und die Zusammensetzung von Artikulatoren, insbes. durch Relativierung (↑relativ/Relativierung) und durch ↑Spezialisierung (↑Prädikation), in die logische Grammatik eingeführt wird. Dann reicht es auch nicht mehr, Gegenstände P allein unter den komplementären Gesichtspunkten von (universalem) Schema (= Gegenstandstyp) und zugehörigen (singularen) Aktualisierungen zu behandeln. Vielmehr sind auch Untergliederungen in Gestalt von ↑Zwischenschemata erforderlich, die durch pragmatisch bestimmte (in natürlichen Sprachen z. B. bei einem ↑Kontinuativum ›P‹) oder semantisch bestimmte (in natürlichen Sprachen z. B. bei einem ↑Individuativum) *Individuatoren* ›ιP‹ (ebenfalls gelesen: dies P) artikuliert sind. Jedes Zwischenschema ιP fungiert als ein Teilschema von P relativ zu seinen Aktualisierungen und zugleich als eine individuelle Gegenstandseinheit, ein *Partikulare* (= Einzelgegenstand oder token, ↑type and token), relativ zum Gesamtschema P, das es instantiiert. Im zweiten Fall tritt der Individuator ›ιP‹ als ein deiktischer ↑Nominator auf, dient daher der ↑Benennung eines Partikulare. Anzeigen mithilfe des D.s und Aussagen mithilfe der Kopula sind dann nicht einfache begriffliche, sondern relationale Bestimmungen:

man zeigt *an* Partikularia etwas an, und man sagt *von* Partikularia etwas aus. In einer *Anzeigeform* ›δ P__‹ ebenso wie in einer *Aussageform* ›__ε P‹ – den modernen Rekonstruktionen der traditionellen Anschauungsformen und Denkformen – sind die leeren Stellen jeweils durch einen Nominator für ein Partikulare zu besetzen, um eine (elementare) Anzeige, die sprachliche Artikulation einer Ostension bzw. eine (elementare) Aussage (↑Elementaraussage), die sprachliche Artikulation einer Prädikation, zu erhalten. Der Umgang mit Partikularia ι Q geschieht einerseits *theoretisch* oder schematisierend, insbes. *gegenstandsbeschreibend*, wenn man von ι Q sagt, daß es Träger der *Eigenschaft* σ P ist (σ P wird von ι Q mithilfe des schematisierenden ›ε P‹ ausgesagt: ι Q ε P). Andererseits erfolgt dieser Umgang *praktisch* oder aktualisierend, insbes. *gegenstandskonstruierend*, wenn man an ι Q einen Teil von ι Q als eine Erscheinung der *Substanz* κ P, also einen P-Teil, zeigt (κ P wird an ι Q mithilfe des aktualisierenden ›δ P‹ angezeigt: δ P ι Q) (↑Teil und Ganzes).
In natürlichen Sprachen (↑Sprache, natürliche) wird in der Regel zwischen dem D. ›δ‹ und dem zur bestimmten oder auch nur ↑deiktischen ↑Kennzeichnung und damit der ↑Benennung dienenden Kennzeichnungsoperator ›ι‹ nicht unterschieden, weil bei der umgangssprachlichen Wiedergabe beider Operatoren durch ein Demonstrativum, z. B. im Deutschen ›dies‹, auch die Unterscheidung zwischen einem (weil unwiederholbar nicht benennbaren, vielmehr nur indizierbaren) Singulare (↑singularia) und einem Partikulare, auf das wiederholt Bezug genommen werden kann, unterbleibt. Doch unterscheidet schon Aristoteles zwischen dem die Substanz-Kategorie (↑Substanz) anzeigenden τόδε τι (dies-da) und dem auf einen (beliebigen) Einzelgegenstand Bezug nehmenden ἕκαστον, was in erster Näherung als Unterscheidung zwischen D. und Jota-Operator bestimmt werden kann. Dabei ist isolierter Gebrauch nur des D.s als elliptisch für den Indikator ›δ Gegenstand‹ mit dem uneigentlichen Artikulator ›Gegenstand‹ (↑Gegenstand) anzusehen; im Falle der umgangssprachlichen Wiedergabe des D.s durch das Demonstrativum ›dies‹ allerdings wird in der Regel auch der nicht nur für den bestimmten Artikel eintretende Jota-Operator intendiert sein. Zur Identifizierung des mit ›dies‹ bzw. ›dieser Gegenstand‹ benannten Partikulare und damit zur Bestimmung der Referenzleistung (↑Referenz) des deiktischen ›dies‹ ist man im Unterschied zur Referenzleistung von bestimmten Kennzeichnungen völlig auf den nicht-sprachlichen ↑Kontext der Äußerung angewiesen, wenn man davon absieht, daß ›dies‹ noch den prädikativen Anteil ›näher liegend‹ enthält, also mit ›dieses Näherliegende‹ gleichwertig ist, und im Deutschen nicht rein deiktisch verwendet wird. Erst durch schrittweise genauer werdende Kennzeichnung – zu Beginn durch einen deiktischen

Nominator, z. B. ›dieser Mensch‹, dann eine bestimmte Kennzeichnung, z. B. ›der Mensch, von dem ich sprach‹, und zum Schluß durch Vereinbarung eines ↑Eigennamens – kann die Identifizierung des Benannten schließlich in den sprachlichen ↑Kotext bzw. den Namen selbst verlegt werden. Meist werden die mit dem D. gebildeten Ausdrücke ›δ P‹, die *logischen* ↑*Indikatoren*, von den mit einem Demonstrativpronomen gebildeten indexikalischen Ausdrücken, zu denen man im weiteren Sinn auch die grammatischen Indikatoren, z. B. ›ich‹, ›jetzt‹, ›hier‹ und andere trotz fehlendem Demonstrativum in ihrer Referenzleistung vom Kotext oder Kontext der Äußerung abhängigen Nominatoren zählt (↑Indikator), begrifflich nicht unterschieden. Dabei ist es ersichtlich wesentlich, etwa im Falle von ›jetzt‹ (= [in] dies[er/em] Augenblick), zu wissen, ob es sich um einen singularen, im strengen Sinne unwiederbringlichen Moment handelt oder um einen solchen, auf den mehrfach, z. B. in der Erinnerung, als denselben zurückgegriffen wird, es sich also um einen partikularen, durch Summation oder Identifikation aller singularen Bezugnahmen auf ihn gebildeten Augenblick handelt (↑Ding). K. L.

De Morgan, Augustus, *Madura/Madras (Indien) 27. Juni 1806, †London 18. März 1871, engl. Mathematiker und Logiker. 1823–1827 Studium am Trinity College, Cambridge, 1828–1866 (mit Unterbrechung 1831–1836) Prof. der Mathematik am University College, London; Mitbegründer und erster Präsident der »Mathematical Society« 1865, einer der Begründer der ↑Algebra der Logik. Von D. M. stammt einer der ersten Versuche, die ↑Quantifikation des Prädikats in die Logik einzuführen, wobei er in einen Prioritätsstreit mit W. Hamilton verwickelt wurde. D. M. lieferte den ersten nennenswerten Beitrag zu einer Logik der Relationen (um 1860) und gilt deshalb als ›Vater der ↑Relationenlogik‹; ferner führte er die Auffassung der Syllogismen als ↑Relationenmultiplikationen ein, die in neuerer Zeit von P. Lorenzen weiterentwickelt wurde (↑Syllogistik). Nach D. M. benannt sind die ↑›De Morganschen Gesetze‹

$$\overline{A \wedge B} \equiv \bar{A} \vee \bar{B},$$
$$\overline{A \vee B} \equiv \bar{A} \wedge \bar{B},$$

in denen entweder $\wedge$ und $\vee$ als Durchschnitt bzw. Vereinigung von Mengen, die Überstreichung als Komplementbildung und $\equiv$ als mengentheoretische Gleichheit, oder aber $\wedge$ und $\vee$ als Konjunktion bzw. Adjunktion, die Überstreichung als Negation und $\equiv$ als Bisubjunktion oder logische Äquivalenz zu deuten sind. Bei der letztgenannten logischen Deutung gelten die *De Morganschen Gesetze* in der klassischen ↑Junktorenlogik, während in der konstruktiven Junktorenlogik bei der zweiten Formel die Richtung von links nach rechts nicht gilt.

D. M. war ein erfolgreicher Lehrbuchautor; er lieferte auch wesentliche Beiträge zur ↑Analysis, wobei er als erster eine einwandfreie analytische Definition des Cauchyschen Grenzwertbegriffs (↑Grenzwert) gegeben zu haben scheint. Außer dem Ausdruck ›mathematical induction‹ stammt von ihm die Rede von einem ↑›universe of discourse‹ als der Gesamtheit der in einer Untersuchung diskutierten Objekte einer ganz bestimmten angebbaren Art. Auch als Mathematikhistoriker ist D. M. hervorgetreten.

Werke: An Essay on Probabilities and on Their Application to Life Contingencies and Insurance Offices, London 1838 (repr. New York 1981), [2]1841; The Differential and Integral Calculus [...], London 1842, Chicago Ill./London 1909, 1943, Boston Mass. 2002; Formal Logic. Or, the Calculus of Inference, Necessary and Probable, London 1847, ed. A. E. Taylor, [2]1926; A Budget of Paradoxes, I–II, London 1872, ed. D. E. Smith, Chicago Ill./London [2]1915 (repr. Freeport N. Y. 1969), New York 1954; On the Syllogism, and Other Logical Writings, ed. P. Heath, London 1966. – (mit G. Boole) The Boole-D. M. Correspondence 1842–1864, ed. G. C. Smith, Oxford 1982.

Literatur: F. Beets, D. M., Enc. philos. universelle III (1992), 1993–1994; S. E. De Morgan, Memoir of A. D. M.. With Selections from His Letters, London 1882, Ann. Arbor. Mich. 1983; J. M. Dubbey, D. M., DSB IV (1971), 35–37; G. B. Halsted, D. M. as Logician, J. Speculative Philos. 18 (1884), 1–9; L. M. Laita, Influences on Boole's Logic. The Controversy between William Hamilton and A. D. M., Ann. Sci. 36 (1979), 45–65; C. I. Lewis, A Survey of Symbolic Logic. The Classic Algebra of Logic. Outline of Its History, Its Content, Interpretations and Applications, and Relation of It to Later Developments in Symbolic Logic, Berkeley Calif. 1918, New York [2]1960, 37–51 (D. M.); A. Macfarlane, Lectures on Ten British Mathematicians of the Nineteenth Century, New York 1916; D. D. Merrill, A. D. M. and the Logic of Relations, Dordrecht/Boston Mass./London 1990; G. Schenk, D. M., in: E. Lange/D. Alexander (eds.), Philosophenlexikon, Berlin 1982, 184–187; G. C. Smith, D. M. and the Laws of Algebra, Centaurus 25 (1981), 50–70. C. T.

De Morgansche Gesetze, Bezeichnung für die junktorenlogischen (↑Junktorenlogik) ↑Äquivalenzen

(J_1) $\neg(a \vee b) \prec\!\!\succ \neg a \wedge \neg b,$
(J_2) $\neg(a \wedge b) \prec\!\!\succ \neg a \vee \neg b$

und ihre quantorenlogischen (↑Quantorenlogik) Entsprechungen

(Q_1) $\neg \bigvee_x a(x) \prec\!\!\succ \bigwedge_x \neg a(x),$
(Q_2) $\neg \bigwedge_x a(x) \prec\!\!\succ \bigvee_x \neg a(x).$

Außer den ↑Implikationen von links nach rechts in (J_2) und (Q_2), die nur klassisch gelten, sind alle auftretenden Implikationen auch innerhalb der konstruktiven Logik (↑Logik, konstruktive) gültig. Benannt sind sie nach A. De Morgan, der (J_1) und (J_2) bei seiner Formulierung der Junktorenlogik innerhalb eines elementaren ↑Klassenkalküls 1847 zum zweiten Mal ›entdeckte‹, nachdem die scholastische Formulierung dieser junktorenlogischen Schlußschemata, die sich schon um 1325 bei Wilhelm von Ockham findet, im 19. Jh. in Vergessenheit geraten war.

Literatur: A. De Morgan, Formal Logic. Or, the Calculus of Inference, Necessary and Probable, London 1847, ed. A. E. Taylor, ²1926; N. I. Kondakow, De Morgansche Regeln, in: ders., Wörterbuch der Logik I, ed. E. Albrecht/G. Asser, Berlin 1978, 122–123, Leipzig ²1983, 118–119; W. von Ockham, Summa logicae II, ed. P. Boehner, St. Bonaventure N. Y./Löwen/Paderborn 1957, 316–317. C. T.

Denken (griech. *νοεῖν*, lat. cogitare), in der Alltagssprache eine Bezeichnung für sogenannte ›innere‹ oder *mentale Handlungen* im Unterschied zu gewöhnlichen ›äußeren‹ Handlungen: D. und Tun stehen einander gegenüber. Dabei tritt D. vielfältig in Arten differenziert auf: So bedeutet ›nachdenken‹ soviel wie ›erwägen‹, ›dünken‹ soviel wie ›vermuten‹, ›an etwas denken‹ soviel wie ›sich erinnern‹ oder auch ›[sich etwas] vorstellen‹, ›vorausdenken‹ soviel wie ›planen‹, ›bedenken‹ soviel wie ›berücksichtigen‹, ›denken‹ oft nichts anderes als ›meinen‹. Die umgangssprachlich übliche Aufforderung zu denken bzw. nachzudenken, ergeht sowohl an den Vergeßlichen als auch an den Examenskandidaten, sie wird in jeder wissenschaftlichen und nicht-wissenschaftlichen Praxis akzeptiert und gilt zugleich in einer wissenschaftlichen Praxis, bei der man weiß, was man tut, stets als befolgt. Diesem alltagssprachlichen Verständnis liegt die tradierte grundsätzliche Zweiteilung (↑Dualismus) dessen, was es gibt, in Seelisches/Geistiges und Körperliches/Materielles zugrunde, ohne deren Verankerung in der Bipolarität des Umgangs mit ↑Gegenständen, einem ›theoretisch-betrachtenden‹ und einem ›praktisch-tätigen‹, noch einmal aufzusuchen. Das Umgehen mit einem Gegenstand, sei er ein ↑Ding, eine ↑Handlung(-sinstanz = ein Akt), ein ↑Ereignis oder die Instanz eines anderen Gegenstandstyps (↑type and token), geschieht stets sowohl *schematisierend* (↑Schema) als auch *aktualisierend* (↑Aktualisierung), eben durch D. *und* durch Tun. Dabei übernehmen sowohl D. als auch Tun eine (ikonische bzw. indexische) Zeichenfunktion gegenüber den Gegenständen, während bei der schematisierend und aktualisierend erfolgenden Handlung des Umgehens, für sich selbst genommen, weder die (Handlungs-)Schemata noch die (Handlungs-)Aktualisierungen ihrerseits (partikulare) Gegenstände sind, an denen sich teilhaben ließe oder die sich benennen ließen: Handlungen in Verfahrensrolle und nicht in Gegenstandsrolle sind ausschließlich ›verstanden‹, und das heißt soviel wie ›eine Handlung denken [= ein Handlungs*bild* ist verstanden]‹, und sie sind schlicht ›vorhanden‹, was wiederum soviel heißt wie ›eine Handlung tun [= ein Handlungs*vollzug* ist vorhanden]‹. Da aber derart von Handlungen zu reden, ihnen die Verfahrensrolle nimmt und sie in die Gegenstandsrolle überführt – die Verfahren sind von der Gegenstandsebene auf die Sprachebene verlagert worden –, sind auch (schematisierendes) D. unter Einschluß seines Resultats, eines ↑*Gedankens*, und (aktualisierendes) Tun ebenfalls unter Einschluß seines Resultats, einer *Tat*, nurmehr in Handlungen des Umgangs mit ihnen zugänglich, insbes. den (verbalen) ↑Sprachhandlungen des (Aus-)*Sagens* in einer ↑Prädikation und des (An-)*Zeigens* in einer Ostension (↑Demonstrator), wie sie mit einer (symbolischen) ↑Artikulation einer Handlung einhergehen.

Die Herkunft des (schematisierenden) D.s aus einer den Zugang zu Gegenständen ermöglichenden Umgangsweise mit ihnen bleibt erkennbar in der traditionellen Auszeichnung des D.s als ›auf Gegenstände gerichtet‹ oder *intentional* (↑Intention), wobei ›bloß gedachte‹ Gegenstände des aktualisierenden Umgangs entbehren und daher nicht ›stoffbezogen‹, sondern allein ›formbezogen‹ auftreten: D. richtet sich auf Allgemeines im Sinne von Universalem; Aristoteles (de an. *Γ*4.429a27 ff.) spricht von der ›denkenden (oder vernünftigen) Seele‹ ($\psi\upsilon\chi\dot{\eta}\ \nu o\eta\tau\iota\kappa\dot{\eta}$) als dem ›Ort der Formen‹ ($\tau\acute{o}\pi o\varsigma\ \epsilon\dot{\iota}\delta\tilde{\omega}\nu$). Das Angewiesensein eines in gegenständlicher Rolle auftretenden D.s auf Zugangsweisen wiederum, und damit auf eine (nicht notwendig verbalsprachliche) Artikulation, wird mit dem ebenfalls traditionellen Begriff der ↑*Reflexivität* (↑reflexiv/Reflexivität, ↑Reflexion) eines Denkaktes erfaßt, nämlich dem Wissen beim D., daß man denkt, also einem ↑Bewußtsein vom D., wobei symbolische Artikulation einen Gedanken in propositionales (↑Proposition) Wissen überführt. Allerdings wird in diesem Falle, wegen der ebenfalls durch die Tradition vermittelten Verschmelzung des auf dem ontologischen Dualismus von Seele/Geist und Körper/Materie beruhenden Gegensatzes von D. und Tun mit dem erkenntnistheoretischen Dualismus (↑Subjekt-Objekt-Problem) von erkennendem Subjekt und erkanntem Objekt und damit von ↑Aussage (über einen Gegenstand) und Gegenstand (einer Aussage), das D. alltagssprachlich auf ›stilles‹ Aussagen beschränkt, als ob Handlungen, gleichgültig welcher Art, noch Handlungen genannt werden dürften, würden sie gedankenlos vollzogen, nämlich ohne zu wissen, um was es sich handelt bei dem, was man tut.

Sofern ›D.‹ als Bestandteil einer wissenschaftlichen Terminologie auftritt, wird darunter in der Regel eine selbständige Fähigkeit bzw. Tätigkeit (als aktualisierte Fähigkeit) des Menschen verstanden und diese oft als höchste Form ›psychischer‹ Fähigkeit bzw. ›psychischer‹ Tätigkeit bezeichnet, wobei in der Regel verschiedene Stufen des D.s – darunter: *vorsprachliches*, *anschauliches*, *sprachliches* – voneinander unterschieden werden. Eine derartige Begriffsbildung erfolgt in der ↑Psychologie, ist aber auch für den Gebrauch von ›D.‹ in denjenigen philosophischen Terminologien kennzeichnend, die in der einen oder anderen Weise den Dualismus von Seele/Geist und Körper/Materie teilen. Dem ›subjektiven‹ D. steht dann eine ›objektive‹ Wirklichkeit gegenüber, und zwar so, daß im D., je nach den gewählten erkenntnistheoretischen Ausgangsunterscheidungen, die Wirklichkeit noch einmal, zumindest teilweise, etwa strukturell, wiederholt wird und deren Erkenntnis ausmacht (↑Abbildtheorie). Die Wirklichkeit gilt im D. dabei als ›vorgestellt‹, auch wenn erst das Schema empirischer Vorstellungen und damit eine rationale Vorstellung und keine einzelne empirische Vorstellung ein Gedanke ist, an dem andere Subjekte teilhaben können. Seit I. Kant (Logik, Einl. V), der D. begrifflich scharf vom Erkennen unterscheidet, weil es dazu auch der Anschauung bedarf, wird D. auf der obersten sprachlichen Stufe an die methodische Schrittfolge der *Begriffsbildung*, des *Urteils* und des *Schlusses* gebunden. In diesem Sinne heißt D. *logisch*, ferner *diskursiv* (↑diskursiv/Diskursivität), sofern sich für das Ergebnis eines Denkaktes eine logische ↑Genese angeben läßt, *intuitiv*, sofern dies nicht möglich ist (↑Intuition).

Als konkurrierende oder kooperierende Fähigkeit tritt in diesem Zusammenhang die ↑Sinnlichkeit auf; in empiristischen Systemen (↑Empirismus) schränkt sie die Selbständigkeit des D.s durch den erkenntnistheoretischen Primat der sinnlichen ↑Erfahrung ein, in rationalistischen Systemen (↑Rationalismus) gilt sie wegen des erkenntnistheoretischen Primats des reinen ↑Bewußtseins (oder des reinen D.s) ihrerseits als unselbständig. In seiner Kritik der reinen Vernunft hat I. Kant demgegenüber ein kooperatives Verhältnis von D. (bzw. ↑Verstand) und Sinnlichkeit bei gegenseitiger Abhängigkeit beider ›Erkenntnisformen‹ voneinander unterstrichen: »Ohne Sinnlichkeit würde uns kein Gegenstand gegeben und ohne Verstand keiner gedacht werden. Gedanken ohne Inhalt sind leer, Anschauungen ohne Begriffe sind blind« (KrV B 75). Im Rahmen der Praktischen Philosophie (↑Philosophie, praktische) sichert die Möglichkeit, daß sich die praktische Vernunft (↑Vernunft, praktische) »in eine Verstandeswelt hinein *denkt*« (Grundl. Met. Sitten BA 118, Akad.-Ausg. IV, 458), die Rationalität auch praktischer Orientierungen. Im übrigen sind für den philosophischen Sprachgebrauch weniger begriffliche Bestimmungen von D. im allgemeinen als die das D. und seine Orientierungs- und Konstitutionsleistungen differenzierenden Bestimmungen z.B. von ↑Bewußtsein, ↑Geist, ↑Vernunft, ↑Verstand charakteristisch. Das gilt auch schon für den griechischen und lateinischen Sprachgebrauch, in dem der Begriff des D.s mehrfach differenziert auftritt. Neben *νοεῖν*, auch in substantivischer Verwendung, erscheinen *διάνοια* als diskursives D. und darüber hinaus die auch in den modernen philosophischen Sprachgebrauch übernommenen ↑Logos (*λόγος*), ↑Noesis (*νόησις*) und ↑Nus (*νοῦς*); in der lateinischen Tradition spielen neben *cogitare* und seinen Verwandten, z.B. *contemplari, meditari, ratiocinari*, vor allem die Substantive *cogitatio, ratio* und *intellectus* eine bedeutende Rolle.

Neben der Auffassung des D.s als einer selbständigen ›inneren‹ Tätigkeit (J. Locke: »Thinking is the Action and not the Essence of the Soul«, Essay II 19,4) und seiner in der Regel, unter Vernachlässigung der Eigenständigkeit praktischer Rationalität bei den ›äußeren‹ Handlungen, umstandslosen Gleichsetzung mit den verschiedenen Erscheinungsformen von ↑Rationalität überhaupt, wobei Philosophie schließlich als ›das D. des D.s‹ (G. W. F. Hegel, Vorles. Gesch. Philos., Sämtl. Werke XVIII, 331, im Anschluß an Aristotelische Begriffsbildungen) bezeichnet wird, ist immer wieder auf die Abhängigkeit des D.s von der ↑Sprache hingewiesen worden. Platon bezeichnet das D. als ein ›Gespräch der Seele mit sich selbst‹ (Soph. 263e3–5, Theait. 189e–190a), Kant nennt das D. ›ein Sprechen‹ (Akad.-Ausg. XXI, 103), nach J. G. Hamann beruht »das ganze Vermögen zu denken […] auf Sprache« (Werke III, ed. J. Nadler, 286). In den modernen sprachphilosophischen Bemühungen (↑Sprachphilosophie) radikalisiert sich seit L. Wittgenstein die Kritik der reinen Vernunft (Kant) zu einer Kritik der sprachlichen Vernunft (↑Sprachkritik). ›D.‹ wird in diesem Zusammenhang gern als ↑Abstraktum zu ›Reden‹ aufgefaßt (↑abstrakt), auch wenn die Einbeziehung nonverbaler Artikulationen, etwa durch Zeichnen, Tanzen etc., für ein hinreichend allgemeines Verständnis von D. unerläßlich sein dürfte. Jedenfalls darf ein Reden, über das unter Berücksichtigung von dessen argumentativer (logischer) Form invariant bezüglich der besonderen sprachlichen Ausdrucksweisen wiederum geredet wird, als D. bezeichnet werden. Das bedeutet dann, daß in vielen Kontexten der Philosophie und anderer wissenschaftlicher Disziplinen, in denen von D. geredet wird, der Begriff des (vernünftigen) D.s durch den Begriff des (vernünftigen) Redens ersetzt werden kann, da das, was kritisch über das D. gesagt werden kann, zuvor schon über das (nach herkömmlicher Terminologie: das D. artikulierende) Reden gesagt werden muß. In jedem Falle bedarf es zur kritischen Bestimmung von ›D.‹ im Zusammenhang einer wissenschaftstauglichen Terminologie nicht nur des Mittels der ↑Definition, sondern auch des Mittels der ↑Abstraktion. Zu D. als *Form* der Selbstgewißheit ↑cogito ergo sum, ↑Subjektivismus, zur Einbettung in moderne erkenntnistheoretische und kognitionswissenschaftliche Kontexte ↑philosophy of mind.

Literatur: C. v. Bormann/R. Kuhlen/L. Oeing-Hanhoff, D., Hist. Wb. Ph. II (1972), 60–102; A. Burri (ed.), Sprache und D.. Language and Thought, Berlin/New York 1997; J. Erpenbeck,

D., in: H. J. Sandkühler (ed.), Europäische Enzyklopädie zu Philosophie und Wissenschaften I, Hamburg 1990, 533–537; W. Franzen, Die Sprachen und das D.. Kleine Bestandsaufnahme zum linguistischen Relativismus (Sapir-Whorf-Hypothese), Conceptus 24 (1990), H. 62, 3–31; J. König, Sein und D.. Studien im Grenzgebiet von Logik, Ontologie und Sprachphilosophie, Halle 1937, Tübingen ²1969; H. Lenk, Das D. und sein Gehalt, München 2001; K. Lorenz, Rede zwischen Aktion und Kognition, in: A. Burri (ed.), Sprache und D.. Language and Thought [s. o.], 139–156; P. Lorenzen, Methodisches D., Frankfurt 1968, 1975, 1988; H. H. Price, Thinking and Experience, London/New York, Cambridge Mass. 1953, London ²1969, 1977, Neudr. als: The Collected Works of Henry H. Price III, Bristol 1996; G. Ryle, The Concept of Mind, New York/London, Chicago Ill. 1949, London etc. 2000 (dt. Der Begriff des Geistes, Stuttgart 1969, 1997); G. Seebaß, Das Problem von Sprache und Denken, Frankfurt 1981; W. Stegmaier, ›D.‹. Interpretationen des D.s in der Philosophie der Moderne, Stud. Philos. 57 (1998), 209–228; ders., D., EP I (1999), 225–229; L. S. Vygotskij, Myštenie i rec', Moskau 1934 (engl. Thought and Language, Cambridge Mass. 1962, 1997; dt. D. und Sprechen, Berlin 1964, ed. J. Helm, Frankfurt 1969, 1993); B. L. Whorf, Language, Thought and Reality. Selected Writings, ed. J. B. Carroll, Cambridge Mass. 1956, ²⁴1998 (dt. Sprache, D., Wirklichkeit. Beiträge zur Metalinguistik und Sprachphilosophie, ed. P. Krausser, Reinbek b. Hamburg 1963, 1999). J. M/K. L.

Denkgesetz, philosophischer Terminus, mit dem der Status der logischen Regeln vor allem in der Tradition des ↑Psychologismus des 19. Jhs. erläutert wurde (F. E. Beneke, J. S. Mill, W. James, W. Wundt, C. Stumpf, C. Sigwart u. a.). Die Denkpsychologie versteht unter D.en den invarianten Regelcharakter des Denkens, der in allgemeinen Sätzen artikuliert werden kann. Hierzu gehören auch die von O. Selz im Blick auf das reproduktive Denken formulierten Gesetze der Komplexergänzung und der Wissensaktualisierung, nach denen ein Komplexstück oder ein Schema die Reproduktion des ganzen Komplexes hervorruft. Nach dem Psychologismus, der an die Assoziationspsychologie des ↑Empirismus vor allem D. Humes anknüpft, stellt die ↑Logik nichts anderes als die Naturgesetze des ↑Denkens dar.

Schon J. Locke bindet die Gültigkeit einer Erkenntnis an ihre Herkunft aus der Erfahrung. Mill begreift die Logik in diesem Sinne als eine induktive Wissenschaft und ordnet sie als Teildisziplin der Psychologie zu, insofern die unumstößliche Gültigkeit ihrer Gesetze auf der gegenwärtigen ›Konstitution unserer Natur‹ beruht. Auch wenn die logischen Grundgesetze so den Status allgemeingültiger Erfahrungssätze erhalten, bewahrt die Logik gegenüber der Psychologie, die den tatsächlichen Ablauf der Gedanken thematisiert, eine gewisse Autonomie, da sie als normative Wissenschaft vom wahren und richtigen Denken begriffen wird. Dieser Verhältnisbestimmung von Logik und Psychologie schließt sich Wundt an, für den die Psychologie die Grundlage der Geisteswissenschaften darstellt; er hebt hervor, daß die Logik das Denken untersucht, wie es durchgeführt werden soll, um wissenschaftliche Erkenntnisse hervorzubringen. Sigwart unterscheidet in diesem Sinne die Logik als eine Ethik des Denkens von der Psychologie, die eher eine Physik des Denkens darstellt. Bei Mill, wie auch bei Wundt und Sigwart, erhält die Logik damit den paradoxen Status einer sowohl empirischen als auch normativen Disziplin.

G. Frege (Die Grundlagen der Arithmetik, Breslau 1884) spricht sich für eine klare Grenzziehung zwischen Logik und Psychologie aus, wobei er der Logik die Aufgabe zuweist, die Gesetze des Wahrseins zu finden, nicht die psychologischen Gründe des Fürwahrhaltens. Er strebt damit eine deutliche Trennung zwischen der Genese der Gedanken bzw. den psychischen Bedingungen, unter denen Menschen Gedanken hervorbringen, und den Gedanken selbst bzw. ihren Verknüpfungen an. Ebenso unterscheidet E. Husserl (Logische Untersuchungen I [Prolegomena zur reinen Logik], Halle 1900) die realen psychischen Erlebnisse, die in der Zeit ablaufen und als solche Thema der Psychologie als Tatsachenwissenschaft sind. Davon abgehoben sind die gemeinten idealen Gehalte und Bedeutungseinheiten, welche in einem überzeitlichen Sinne identisch in den mannigfaltigen empirischen Erlebnissen bleiben, in denen sie gegeben sind. Husserl hat in seiner Kritik an den psychologistischen Logikkonzeptionen dem Begriff des D.es eine noematische (ideale) Bedeutung zu geben versucht.

Literatur: J. Corcoran, Laws of Thought, in: R. Audi (ed.), The Cambridge Dictionary of Philosophy, Cambridge/New York/Melbourne 1995, ²1999, 489; G. Frege, Die Grundlagen der Arithmetik. Eine logisch mathematische Untersuchung über den Begriff der Zahl, Breslau 1884, ed. J. Schulte, Stuttgart 1995 (engl. The Foundations of Arithmetic. A Logico-Mathematical Enquiry into the Concept of Number, Oxford 1950, ²1959, 1986); K. Foppa, D., Hist. Wb. Ph. II (1972), 108; E. Husserl, Logische Untersuchungen I (Prolegomena zur reinen Logik), Halle 1900, Hamburg 1992 (Ges. Schriften II), II (Untersuchungen zur Phänomenologie und Theorie der Erkenntnis, 1. Teil), Halle 1901, Hamburg 1992 (Ges. Schriften IV) (engl. Logical Investigations, I–II, London, New York 1970, in einem Bd., Amherst N. Y. 2000), bes. II, Teil I Abschnitt I u. II, Teil I Abschnitt VI; C. Kirwan, Laws of Thought, in: T. Honderich (ed.), The Oxford Companion to Philosophy, Oxford/New York 1995, 476; H. Kornblith, The Laws of Thought, Philos. Phenom. Res. 52 (1992), 895–911; S. Körner, Laws of Thought, Enc. Ph. IV (1967), 414–417; J. S. Mill, A System of Logic, Ratiocinative and Inductive. Being a Connected View of the Principles of Evidence and the Methods of Scientific Investigation, I–II, London 1843, ed. J. M. Robson, London 1996 (Collected Works, VII–VIII); O. Selz, Über die Gesetze des geordneten Denkverlaufs I (Eine experimentelle Untersuchung), Stuttgart 1913; C. Sigwart, Logik I, Tübingen 1873 (engl. Logic I, London 1895, ²1895, Neudr. New York 1980); W. Wundt, Logik. Eine Untersuchung der Principien der Erkenntnis und der Methoden wissenschaftlicher Forschung, I–II, Stuttgart 1880/1883. C. F. G.

Denkökonomie, Bezeichnung für eine im ↑Empiriokritizismus entwickelte erkenntnispsychologische Theorie, nach der menschliches Denken dem Prinzip folgt, Tatsachen mit möglichst geringem Aufwand zu erklären. Gelegentlich bezeichnet ›D.‹ aber auch ein normatives Ökonomieprinzip. Bekannt ist vor allem ↑›Ockham's razor‹: entia non sunt multiplicanda praeter necessitatem. Diese Forderung wurde in der Folge auch von G. Galilei, J. Kepler, I. Newton, M. J. A. N. C. Marquis de Condorcet und I. Kant vertreten. Wenn für Kant »die Ersparung der Prinzipien nicht bloß ein ökonomischer Grundsatz der Vernunft, sondern inneres Gesetz der Natur« ist (KrV B 678/A 650), so meint er damit die regulative Idee der Einheit, »nach welcher jedermann voraussetzt, diese Vernunfteinheit sei der Natur selbst angemessen« (KrV B 681/A 653).

Auch für E. Mach ist das ökonomische Prinzip zunächst eine normative Regel, nach der die Wissenschaft vorgehen soll. In seinen ›erkenntnispsychologischen Skizzen‹ betrachtet Mach dann aber auf zweideutige Weise das lebensweltliche und das von diesem nur durch gesteigerte Aufmerksamkeitsleistung unterschiedene wissenschaftliche Denken als eine biologische und organische Einheit. Sehr viel weiter geht R. Avenarius, der in seinen gegen die »Kritik der reinen Vernunft« gerichteten »Prolegomena zu einer reinen Erfahrung« (1876) die Geschichte des menschlichen Denkens mit Hilfe des Prinzips des kleinsten Kraftmaßes, das bei ihm zum empirischen Entwicklungsprinzip wird, zu erklären sucht. H. Cornelius bezeichnet in »Psychologie als Erfahrungswissenschaft« (1897) das denkökonomische Einheitsprinzip im Sinne einer empirisch-psychologischen Begründung der Erkenntnistheorie als allgemeines psychologisches Grundgesetz. Der deskriptiven Erkenntnistheorie der D. widerspricht innerhalb des ↑Wiener Kreises bereits M. Schlick, der das ökonomische Prinzip wieder nur als logisches Prinzip innerhalb eines Systems von Sätzen zuläßt. Vom Standpunkt der Apriorität der Logik kritisiert E. Husserl in den »Logischen Untersuchungen« (1900) das psychologistisch aufgefaßte Prinzip der D., ohne ihm die Fruchtbarkeit auf der Darstellungsebene abzusprechen. Auch H. Lotze will das ›simplex sigillum veri‹ nur als wissenschaftstheoretische Regel gelten lassen, vorhandene Daten mit Hilfe des einfachsten mehrerer in Betracht kommender Gesetze zu erklären. Heute wird die Brauchbarkeit eines nicht bloß darstellungstechnisch verstandenen Einfach(st)heitsprinzips auch innerhalb der ↑Wissenschaftstheorie bestritten.

Literatur: R. Avenarius, Philosophie als Denken der Welt gemäß dem Prinzip des kleinsten Kraftmaßes. Prolegomena zu einer Kritik der reinen Erfahrung, Leipzig 1876 (repr. in: Abu Hamid Mohammed ibn Ahmed Al-Gazali, Logica et Philosophia, Hildesheim/Zürich/New York 2001), Berlin ²1903, ³1917; M. Bunge, The Myth of Simplicity. Problems of Scientific Philosophy, Englewood Cliffs N. J., 1963; M. Cekic, D., in: H. J. Sandkühler (ed.), Europäische Enzyklopädie zu Philosophie und Wissenschaften I, Hamburg 1990, 537–539; H. Cornelius, Psychologie als Erfahrungswissenschaft, Leipzig 1897; H. Dingler, Über den Begriff der ›Einfachstheit‹ in der Methodik der Physik und der exakten Wissenschaften, Z. Phys. 3 (1920), 425–436; E. Husserl, Logische Untersuchungen I (Prolegomena zur reinen Logik), Halle 1900, ²1913, Tübingen ⁵1968, ⁶1980, Neudr. in: ders., Husserliana. Gesammelte Werke XVIII, ed. E. Holenstein, Den Haag 1975 [Text für 1. u. 2. Aufl.], ferner als: ders., Gesammelte Schriften II, ed. E. Ströker, Hamburg 1992 [Text nach Husserliana XVIII] (franz. Recherches logiques I [Prolégomènes à la logique pure], Paris 1959, ²1969, 1994; engl. Logical Investigations I [Prolegomena to Pure Logic. Expression and Meaning. The Ideal Unity of the Species], London, New York 1970, 2001); F. Kallfelz, Das Ökonomieprinzip bei Ernst Mach. Darstellung und Kritik. Das Prinzip der Maximalleistung des Denkens, Diss. München 1929; E. Mach, Die Mechanik in ihrer Entwickelung. Historisch-kritisch dargestellt, Leipzig 1883, ⁹1933 (repr. unter dem Titel: Die Mechanik in ihrer Entwicklung. Historisch-kritisch dargestellt, Darmstadt 1988), bes. 469–471; ders., The Forms of Liquids, in: ders., Popular Scientific Lectures, La Salle Ill. 1893, ⁵1943, Neudr. 1986, 1–16 (dt. Die Gestalten der Flüssigkeit, in: ders., Populär-Wissenschaftliche Vorlesungen, Leipzig 1896, ⁴1910, ⁵1923 [repr. Wien 1987], 1–16); ders., On the Economical Nature of Physical Inquiry, in: ders., Popular Scientific Lectures [s. o.], 186–213 (dt. Die ökonomische Natur der physikalischen Forschung, in: ders., Populär-Wissenschaftliche Vorlesungen [s. o.], 217–244); G. Wolters, Mach I, Mach II, Einstein und die Relativitätstheorie. Eine Fälschung und ihre Folgen, Berlin/New York 1987, 33 u. ö.. H. R. G.

Dennett, Daniel Clement, *Boston 28. März 1942, amerik. Philosoph mit Schwerpunkt in der Philosophie des Geistes und der Kognitionswissenschaft. 1963 B. A. in Philosophie Harvard University, 1965 Promotion bei G. Ryle in Oxford, 1965–1971 Assist. Prof. Univ. of California at Irvine, seitdem Prof. für Philosophie und ab 1985 auch Direktor des Center for Cognitive Studies an der Tufts University, Medford Mass.. D.s Position war von weittragendem Einfluß in der Diskussion über die ↑Intentionalität mentaler Zustände und die Rolle des ↑Bewußtseins. In jüngerer Zeit steht seine These im Vordergrund, daß Darwinistische Mechanismen natürlicher ↑Selektion eine Erklärung für die Entstehung einer großen Zahl geordneter Strukturen bereitstellen.

D. ist einer der Vertreter der *Symbolverarbeitungstheorie des Geistes* (↑Funktionalismus (kognitionswissenschaftlich), ↑philosophy of mind). Für ihn sind Gehirne syntaktische Maschinen, die gleichsam mit einer semantischen Benutzeroberfläche ausgestattet sind. Semantische Operationen stellen die bloße Emulation von ↑Algorithmen zur Transformation von Symbolfolgen dar, die ihrerseits durch konnektionistische (↑philosophy of mind) Systeme umgesetzt werden. Im einzelnen sind mentale Gehalte (↑Intentionalität), also bewußte, inhaltlich (↑Inhalt) gedeutete Zustände, nicht in dem betreffenden kognitiven System explizit repräsentiert, sondern werden diesem System zum Zwecke der Verhaltenserklärung bloß zugeschrieben (›Askriptivismus‹ oder ↑›Instrumentalismus‹ mentaler Gehalte). Intentionalität ist keine Eigenschaft eines kognitiven Systems; im Gehirn gibt es keine Überzeugungen und Absichten, die als Ursachen des Verhaltens wirkten.

Statt dessen faßt D. Intentionalität als den methodischen Ansatz auf, durch Zuschreibung von mentalen Gehalten eine Beschreibung oder Erklärung von Verhalten zu erreichen. Ein solcher ›intentionaler Standpunkt‹ (intentional stance) empfiehlt sich deshalb, weil er unter Umständen – etwa für Schachcomputer oder für Menschen – die besten Verhaltensvorhersagen liefert. Diese Umstände liegen vor, wenn von der Konstruktion oder der Organisation des betreffenden Systems zu wenig bekannt ist, um den physikalischen (physical stance) oder den funktionalen Standpunkt (design stance) einnehmen zu können, oder wenn die betreffenden Beziehungen und Abhängigkeiten zu komplex und undurchschaubar sind. Wird der intentionale Standpunkt eingenommen, schreibt man dem System den Besitz gewisser Informationen und die Verfolgung bestimmter Ziele zu und unterstellt, daß es das unter diesen Bedingungen optimale Verhalten zeigt. Ein solcher Rückgriff auf Rationalitätsannahmen ist auch dann erfolgreich, wenn das System (wie der Schachcomputer) anerkanntermaßen keine repräsentationalen Zustände besitzt.

Allerdings bringt die Einnahme des intentionalen Standpunkts nur für bestimmte Systeme einen Erklärungsgewinn. Dem Verhalten eines Kühlschranks kann auch ohne Zuschreibung des Wunsches, die Lebensmittel frisch zu halten, Rechnung getragen werden; hier ist ein Verlassen des physikalischen Standpunkts nicht erforderlich. Bei komplexen Systemen wie Lebewesen werden hingegen erst von intentionaler Warte aus bestimmte Gemeinsamkeiten erkennbar. Z. B. können gleiche Körperbewegungen Teil unterschiedlicher ↑Handlungen und umgekehrt gleiche Handlungen durch unterschiedliche Körperbewegungen umgesetzt werden. Erst in intentionaler Einstellung treten daher gewisse reale Muster hervor. Mit diesem Bezug auf eine Sachgrundlage der Intentionalität mildert D. in seinen Arbeiten ab etwa 1990 seine frühere stark instrumentalistische Sicht ab.

Charakteristisch für D.s Ansatz in der Philosophie des Geistes ist die Zurückweisung eines von ihm als ›Cartesisches Theater‹ bezeichneten Szenariums. Dabei handelt es sich um eine Zentralstelle im Gehirn, an der die Teilprozesse neuronaler Verarbeitung zusammengeführt werden und von der das Verhalten seinen Ausgang nimmt. Im Cartesischen Theater betrachtet das Ich oder das Bewußtsein diese Ergebnisse seiner eigenen inneren Operationen und leitet die zugehörigen Handlungen ein. Dieses Szenarium betrachtet D. als durch die Neurowissenschaften widerlegt, ihm setzt er das Modell ›multipler Entwürfe‹ (multiple drafts) entgegen, das konnektionistische Ansätze verteilter mentaler Verarbeitung (distributed processing) aufgreift und eine dezentralisierte, in mehrere Module gegliederte Organisation mentaler Aktivitäten vorsieht. – Hinsichtlich der ↑Qualia vertritt D. einen eliminativistischen Standpunkt. Danach spielen qualitative Eigenschaften innerer Zustände keine positive Rolle in irgendeiner Erklärung. Qualia sind nicht vortheoretisch gegeben, sondern ein Artefakt fehlgeleiteten Theoretisierens. Folglich bleiben die Schwierigkeiten der begrifflichen Rekonstruktion von Qualia ohne Relevanz für die Tragfähigkeit des ↑Physikalismus.

D. sieht in dem zuerst von C. Darwin skizzierten Mechanismus von Variation und differentieller Reproduktion die Option einer weittragenden Erklärung der Entstehung von Anpassung und Wohlordnung aus dem Chaos, ohne dafür zielgerichtete Eingriffe postulieren zu müssen. Dieser Mechanismus liegt für D. nicht allein der biologischen ↑Evolution zugrunde, sondern bietet die Grundlage für die Ausbildung von Ordnungsmustern auch in vielen anderen Bereichen der Wirklichkeit wie ↑Kosmologie oder ↑Psychologie. Diese Darwinsche Idee bildet die Basis eines wissenschaftlichen Materialismus (↑Materialismus (systematisch)): sie läßt die Entwicklung von Organisation und Bedeutung ohne einen planvollen Schöpfer plausibel erscheinen (↑Physikotheologie).

Werke: Content and Consciousness, London/New York 1969, London/Boston Mass. ²1986, 1996; Brainstorms. Philosophical Essays on Mind and Psychology, Montgomery Vt. 1978, London 1997, Cambridge Mass. 1998; ders./D. R. Hofstadter (eds.), The Mind's I. Fantasies and Reflections on Self and Soul, New York, Hassocks/Brighton 1981 (dt. dies. [eds.], Einsicht ins Ich. Fantasien und Reflexionen über Selbst und Seele, Stuttgart 1986, 1992); Elbow Room. The Varieties of Free Will Worth Wanting, Cambridge Mass., Oxford/New York 1984, Cambridge Mass. 1996 (dt. Ellenbogenfreiheit. Die wünschenswerten Formen von freiem Willen, Frankfurt 1986, ²1994); The Intentional Stance, Cambridge Mass. 1987, 1996; Symposium: The Intentional Stance, Behav. Brain Sci. 11 (1988), 495–546; Consciousness Explained, Boston Mass. 1991, London 1993 (dt. Philosophie des menschlichen Bewußtseins, Hamburg 1994); Self-Portrait, in: S. Guttenplan (ed.), A Companion to the Philosophy of Mind, Oxford 1994, 236–244; Darwin's Dangerous Idea. Evolution and the Meanings of Life, New York 1995, London, New York 1996 (dt. Darwins gefährliches Erbe. Die Evolution und der Sinn des Lebens, Hamburg 1997); Kinds of Minds. Toward an Understanding of Consciousness, New York 1996, 1998; Brainchildren. Essays on Designing Minds, Cambridge Mass. 1998; Freedom Evolves, New York 2003.

Literatur: J. C. Ahouse, The Tragedy of ›a priori‹ Selectionism. D. and Gould on Adaptationism, Biol. Philos. 13 (1998), 359–391; A. Beckermann, Analytische Einführung in die Philosophie des Geistes, Berlin/New York 1999, bes. 293–321, 412–419, ²2001, bes. 305–333, 422–429; P. Bieri, Intentionale Systeme, in: J. Brandstädter (ed.), Struktur und Erfahrung in der psychologischen Forschung, Berlin 1987, 208–252; A. Brook/D. Ross (eds.), D. D., Cambridge 2002; A. Clark, Mindware. An Introduction to the Philosophy of Cognitive Science, New York/

Oxford 2001, bes. 43–61; A. B. Cody, Darwin and D.. Still Two Mysteries, Inquiry 39 (1996), 427–457; B. Cohen, Patterns Lost. Indeterminacy and D.'s Realism about Beliefs, Pac. Philos. Quart. 76 (1995), 17–31; B. Dahlbom (ed.), D. and His Critics. Demystifying Mind, Oxford/Cambridge Mass. 1993, 1995 (mit Bibliographie, 236–243); D. Davies, D.'s Stance on Intentional Realism, South. J. Philos. 33 (1995), 299–312; D. Fisette (ed.), D. C. D. et les stratégies intentionnelles, Montréal 1992; T. Flynn/T. Madigan, A Conversation with D. C. D., Free Inquiry 15 (1995), 19–21; J. Fodor, Deconstructing D.'s Darwin, Mind & Language 11 (1996), 246–262; P. Godfrey-Smith, Maternal Effects. On D. and Darwin's Dangerous Idea, Philos. Sci. 65 (1998), 709–720; D. Hutto, Consciousness Demystified. A Wittgensteinian Critique of D.'s Project, Monist 78 (1995), 464–479; D. Jacquette, The Blue Banana Trick. D. on Jackson's Color Scientist, Theoria 61 (1995), 217–230; B. Johnsen, D. on Qualia and Consciousness. A. Critique, Can. J. Philos. 27 (1997), 47–81; W. Kayzer, ›A Glorious Accident‹. Understanding our Place in the Cosmic Puzzle. Featuring Oliver Sacks, Stephen Jay Gould, D. C. D., Freeman Dyson, Rupert Sheldrake, Stephen Toulmin, New York 1997; R. Kirk, ›The Best Set of Tools‹? D.'s Metaphors on the Mind-Body Problem, Philos. Quart. 43 (1993), 335–343; D. Lumsden, Critical Discussion. D. C. D. ›The Intentional Stance‹, Erkenntnis 39 (1993), 101–109; W. G. Lycan D., REP II (1998), 882–884; G. McCulloch, D.'s Little Grains of Salt, Philos. Quart. 40 (1990), 1–12; N. Newton, D. on Intrinsic Intentionality, Analysis 52 (1992), 18–23; D. Pollard, D., in: S. Brown/D. Collinson/R. Wilkinson (eds.), Biographical Dictionary of Twentieth-Century Philosophers, London/New York 1996, 180–181; S. S. Rakover, Consciousness Explained? A Commentary on D.'s Consciousness Explained, Int. Stud. Philos. 26 (1994), 97–99; I. Ravenscroft, D.'s Combinatorial Explosion Argument against Brains in Vats, Australas. J. Philos. 72 (1994), 233–235; H. Robinson, D. on the Knowledge Argument, Analysis 53 (1993), 174–177; D. Ross, D.'s Conceptual Reform, Behavior Philos. 22 (1994), 41–52; ders./A. Brook/ D. Thompson (eds.), D.'s Philosophy. A Comprehensive Assessment, Cambridge Mass. 2000; M. Slors, Why D. Cannot Explain What it Is to Adopt the Intentional Stance, Philos. Quart. 46 (1996), 93–98; S. P. Stich, D. on Intentional Systems, Philos. Topics 12 (1981), 39–63, Neudr. in: W. G. Lycan (ed.), Mind and Cognition. A Reader, Oxford/Cambridge Mass. 1990, 167–184; M. Tye, Reflections on D. and Consciousness, Philos. Phenom. Res. 53 (1993), 893–898; A. Ward, The Failure of D.'s Representationalism. A Wittgensteinian Resolution, J. Philos. Res. 18 (1993), 285–307; T. Weiss, D., in: J. Nida-Rümelin (ed.), Philosophie der Gegenwart in Einzeldarstellungen, Stuttgart 1991, 135–138, ²1999, (mit E. Özmen) 179–183; J. M. Whitmeyer, On the Relationship between Memes and Genes. A Critique of D., Biol. Philos. 13 (1998), 187–204; W. S. Wilkerson, Real Patterns on Real Problems. Making D. Respectable on Patterns and Beliefs, South. J. Philos. 35 (1997), 557–570. – Symposium: D. C. D.'s Consciousness Explained‹, Inquiry 36 (1993), 3–159; Symposium: D.'s Work, Philos. Topics 22 (1994), 1–503. M. C.

Denotation, im Anschluß an J. S. Mill versteht man unter der D. (extensionalen Bedeutung) eines sprachlichen Ausdrucks die Gegenstände, auf die dieser Ausdruck zutrifft, sei es als ↑Nominator (dann ist die D. der benannte Gegenstand, und die symbolische Bezugnahme entspricht der [singularen] ↑Referenz), sei es als prädikativer Ausdruck (dann besteht die D. aus den einzelnen Gegenständen, denen der prädikative Ausdruck zukommt). Eine andere Auffassung der D. identifiziert diese mit der *Klasse* (↑Klasse (logisch)) der Gegenstände, denen der prädikative Ausdruck zukommt, also mit einer ›abstrakten Entität‹. N. Goodman erweitert die Anwendung des Terminus ›D.‹ auf andere als wortsprachliche Symbole. Danach denotiert z. B. ein Porträt den Porträtierten und die Abbildung eines Hundes einer bestimmten Rasse (z. B. in einem Lexikon) die einzelnen Hunde dieser Rasse.

Literatur: U. Eco, Meaning and Denotation, Synthese 73 (1987), 549–568; N. Goodman, Languages of Art. An Approach to a Theory of Symbols, Indianapolis Ind. 1968, ²1976 (dt. Sprachen der Kunst. Ein Ansatz zu einer Symboltheorie, Frankfurt 1973, Neudr. unter dem Titel: Sprachen der Kunst. Entwurf einer Symboltheorie, Frankfurt 1995); J. S. Mill, A System of Logic, Ratiocinative and Inductive. Being a Connected View of the Principles of Evidence and the Methods of Scientific Investigation, I–II, London 1843, ¹⁰1879, Neuausg. 1884 (repr. London 1970), Neudr. als: Collected Works VII, ed. J. M. Robson, Toronto, London 1973, ²1996 (dt. System der deductiven und inductiven Logik, Braunschweig 1849, ⁴1877, Neudr. als: Gesammelte Werke II, ed. T. Gomperz, Leipzig 1872, ²1884 [repr. Aalen 1968]). G. G.

Deontologie (engl. deontology, von griech. τὸ δέον, das Erforderliche), von J. Bentham eingeführte Bezeichnung für die Lehre von den ↑Pflichten. Bentham sucht in seinem gleichnamigen Werk das Verhältnis zwischen ↑Neigungen und Pflichten zu klären und beide auf der Grundlage des ↑Utilitarismus zu versöhnen. Heute wird jedoch, vor allem im englischen Sprachraum, der Begriff der D. (etwa in der Bezeichnung ›contemporary deontology‹) meist als Kurzbezeichnung für die Theorie der deontologischen ↑Ethik (↑Ethik, deontologische) verwendet. Deren Anhänger wenden sich mit der Betonung der grundlegenden Bedeutung moralischer Pflichten gegen teleologische Theorien, wie sie gerade durch Benthams Utilitarismus exemplarisch repräsentiert werden.

Literatur: J. Bentham, Deontology. Or the Science of Morality [...], I–II, London 1834, mit Untertitel: Together with »A Table of the Springs of Action« and »The Article on Utilitarianism«, in: ders., The Collected Works of Jeremy Bentham IX/2, ed. A. Goldworth, Oxford etc. 1983, 1997, 117–281 (dt. D. oder die Wissenschaft von der Moral, I–II, Leipzig 1834; frz. Déontologie ou science de la morale. Ouvrage posthume, I–II, ed. J. Bowring, Paris, Brüssel 1834 [repr. als Œuvres IV, Aalen 1969]); weitere Literatur: ↑Ethik, deontologische. B. G.

Derrida, Jacques, *15. Juli 1930 El-Biar (Algerien), †Paris 9. Okt. 2004, franz. Philosoph und Literat. 1960 Maître de conférence an der École Normale Supérieure, 1982 Prof. an der Cornell University, 1983 Direktor des Collège International de Philosophie, 1984 Prof. an der École des Hautes Études en Sciences Sociales und 1987 an der

University of California (Irvine). D. formuliert eine Kritik der abendländischen ↑Metaphysik, deren Einheitlichkeit nicht in Frage gestellt und deren Begrifflichkeit als verbindlich für die westlich-europäische Kultur insgesamt angesehen wird. Von ↑Phänomenologie und Strukturalismus (↑Strukturalismus (philosophisch, wissenschaftstheoretisch)) ausgehend stellen D.s Texte in mikrologischen Interpretationen Aporien und Paradoxien der philosophischen Diskurse heraus. Seine Arbeiten zielen durch eine Infragestellung erkenntnistheoretischer, sprachphilosophischer und geschichtsphilosophischer Grundbegriffe auf eine umfassende Transformation der Philosophie.

Die unter der Bezeichnung ›Dekonstruktion‹ (↑Dekonstruktion (Dekonstruktivismus)) weite Beachtung insbes. innerhalb der Literaturwissenschaften findenden Texte D.s diagnostizieren in der abendländischen Tradition einen *Logozentrismus*, der das Sein grundsätzlich als Präsenz denkt. Nach D. begreift dieser Logozentrismus in Form des *Phonozentrismus* in Orientierung am Paradigma der mündlichen Rede die Sprache als Ort der Präsenz von Bedeutung und Wahrheit. Die gesprochene Sprache wird als unmittelbar sinnerfüllt gedacht. Die Schrift erscheint demgegenüber als eine defizitäre Manifestation der Sprache oder als ein nicht vollwertiger Ersatz. Die *Grammatologie* als Wissenschaft von der Schrift zielt auf eine Überwindung dieser *Metaphysik der Präsenz*, indem sie die spezifisch textuellen Weisen der Bedeutungskonstitution als fundamental – auch für die gesprochene Sprache – zu erweisen sucht und damit die traditionelle hierarchische Opposition von gesprochener Sprache und Schriftsprache umkehrt oder außer Kraft setzt. Sinn und Bedeutung sind nach Auffassung D.s nie als außersprachliches Referenzobjekt in Form eines empirisch zugänglichen Einzeldings oder einer Tatsache unmittelbar identifizierbar. Bedeutung ist aber auch nicht durch die Fixierung eines eindeutigen oder präsentierbaren Signifikats – etwa als Verknüpfung reiner Begriffe oder außersprachlicher Ideen – zu denken. Eine phänomenologische oder psychologische Konzeption, in der Bedeutung als der präsente Inhalt eines intentionalen Bewußtseins gedacht wird, entfällt aufgrund interner Inkonsistenzen ebenfalls. Sinn und Bedeutung werden von D. als begrenzte *Abwesenheit*, als *Spur* eines immer schon Entzogenen bestimmt.

Die grundlegende Bedingung von Sprache und Bedeutung bezeichnet D. mit dem Neologismus ›différance‹. In F. de Saussures Konzeption wird die Sprache als ein System differentieller Beziehungen gedacht. Die Bedeutung eines sprachlichen Zeichens ergibt sich demzufolge aus den identifizierbaren Differenzen zu anderen Elementen, aus den Relationen, in denen ein Zeichen zu den anderen Zeichen eines – als prinzipiell abgeschlossenen und invariant gedachten – Systems steht. D.s in der gesprochenen Sprache nicht von ›différence‹ unterscheidbarer Ausdruck ›différance‹ bezeichnet demgegenüber einen nicht fixierbaren Unterschied zwischen isolierbaren Elementen. ›Différance‹ verweist auf einen Prozeß der Bedeutungskonstitution, der sich als eine nicht abschließbare Kette von Verweisungen auf ein Absentes, durch einen beständigen Aufschub beschreiben läßt. D. spezifiziert den prekären Status dieses zentralen Moments seiner Konzeption, indem er die ›différance‹ weder als Wort noch als Begriff einstuft (Die différance, in: Randgänge der Philosophie, Frankfurt/Berlin/Wien 1976, 11) und als ein dem Heideggerschen Begriff der ontologischen Differenz (↑Differenz, ontologische) noch vorgelagertes Undenkbares bezeichnet (»Spur, die nicht mehr zum Horizont des Seins gehört, sondern deren Spiel den Sinn des Seins trägt und säumt: das Spiel der Spur oder der *différance*, die keinen Sinn hat und die nicht ist«, ebd. 30). Durch eine Aneinanderreihung unterschiedlicher Bedeutungsaspekte des Ausdrucks ›différance‹ exemplifiziert D. die Nicht-Definierbarkeit und Nicht-Fixierbarkeit, die als grundlegende Dimension der Sprache behauptet wird.

Der Duktus der Texte des Polygraphen D. ist derjenige einer Bedeutungsvervielfältigung und eines Bedeutungsaufschubs durch ein die akademischen Argumentationsregeln außer acht lassendes Spiel, das den Anspruch erhebt, das Erbe der abendländischen Metaphysik zu übernehmen.

Werke: L'origine de la géométrie d'Edmund Husserl, trad. et introd. par J. D., Paris 1962, ⁴1995 (engl. Edmund Husserl's »Origin of Geometry«. An Introduction, New York 1978, Lincoln Neb. ⁴1989; dt. Husserls Weg in die Geschichte am Leitfaden der Geometrie. Ein Kommentar zur Beilage III der »Krisis«, München 1987); La voix et le phénomène. Introduction au problème du signe dans la phénoménologie de Husserl, Paris 1967, 1993 (engl. Speech and Phenomena and Other Essays on Husserl's Theory of Signs, Evanston Ill. 1973; dt. Die Stimme und das Phänomen. Ein Essay über das Problem des Zeichens in der Philosophie Husserls, Frankfurt 1979, 1988); De la grammatologie, Paris 1967, 1997 (dt. Grammatologie, Frankfurt 1974, ⁷1998; engl. Of Grammatology, Baltimore Md./London 1976, ²1997, 1998); L'écriture et la différence, Paris 1967, 2001 (dt. Die Schrift und die Differenz, Frankfurt 1972, 1994; engl. Writing and Difference, London 1978, 1997); La dissémination, Paris 1972, 2001 (engl. Dissemination, Chicago Ill., London 1981, 1993; dt. Dissemination, Wien 1995); Marges de la philosophie, Paris 1972, 1997 (dt. Randgänge der Philosophie. Frankfurt 1976, Wien ²1998; engl. Margins of Philosophy, Chicago Ill. 1982, ⁵1990); Glas, Paris 1974, ¹⁶1995 (engl. Glas, Lincoln Neb./London 1986, ²1990); Éperons. Les styles de Nietzsche, Paris 1978, 1991 (engl. Spurs. Nietzsche's Styles, Chicago Ill. 1979, 1990); La vérité en peinture, Paris 1978, 1999 (engl. Truth in Painting, Chicago Ill. 1987; dt. Die Wahrheit in der Malerei, Wien 1992); La carte postale. De Socrate à Freud et au-delà, Paris 1980, 1999 (dt. Die Postkarte. Von Sokrates bis an Freud und Jenseits, I–II, Berlin 1982/1987, I, ²1989; engl. The Post Card. From Socrates to Freud and Beyond, Chicago Ill. 1987); D'un ton apocalyptique adopté naguère en philosophie,

Paris 1983 (dt. Apokalypse, Wien 1985, ²2000); Psyché. Inventions de l'autre, Paris 1987, ²1998; De l'esprit. Heidegger et la question, Paris 1987, Nachdr., in: Heidegger et la question [s.u.], 9–143 (dt. Vom Geist. Heidegger und die Frage, Frankfurt 1988, ²1993; engl. Of Spirit. Heidegger and the Question, Chicago Ill. 1989); Limited Inc., Evanston Ill. 1988, 1997 (franz. Limited Inc., Paris 1990; dt. Limited Inc., Wien 2001); Heidegger et la question. »De l'esprit« et autres essais, Paris 1990; Force de loi: Le ›fondement mystique de l'autorité‹/Force of law. The ›mystical foundation of authority‹, Cardozo Law Rev. 11 (1990), 919–1045, separat: Paris 1994 (dt. Gesetzeskraft. Der ›mystische Grund der Autorität‹, Frankfurt 1991, 1998); J. D.. Par Geoffrey Bennington et J. D., Paris 1991 (mit Bibliographie, 327–376) (engl. J. D., London/Chicago Ill. 1993; dt. J. D., Frankfurt 1994, 2001); Spectres de Marx. L'état de la dette, le travail du deuil et la nouvelle Internationale, Paris 1993 (engl. Specters of Marx. The State of the Debt, the Work of Mourning, and the New International, New York/London 1994; dt. Marx' Gespenster. Der verschuldete Staat, die Trauerarbeit und die neue Internationale, Frankfurt 1995); Politiques de l'amitié. Suivi de »L'oreille de Heidegger«, Paris 1994 (dt. Politik der Freundschaft, Frankfurt 2000, 2002). – W. R. Schultz/L. L. B. Fried, J. D.. An Annotated Primary and Secondary Bibliography, New York/London 1992.

Literatur: D. Cornell, The Philosophy of the Limit, New York/London 1992; J. Culler, On Deconstruction. Theory and Criticism after Structuralism, Ithaca N. Y., London 1982, London 1998 (dt. Dekonstruktion. D. und die poststrukturalistische Literaturtheorie, Reinbek b. Hamburg 1988, 1999); A. Cutrofello, D., REP II (1998), 896–901; U. Dreisholtkamp, J. D., München 1999; M. Frank, Was ist Neostrukturalismus?, Frankfurt 1984, 1997 (engl. What is Neostructuralism?, Minneapolis Minn. 1989; franz. Qu'est-ce que le neo-structuralisme?, Paris 1989); H.-G. Gadamer, Destruktion und Dekonstruktion, in: ders., Gesammelte Werke II, Tübingen 1986, 361–372; R. Gasché, The Tain of the Mirror. D. and the Philosophy of Reflection, Cambridge Mass. 1986, ⁴1994; J. Habermas, Der philosophische Diskurs der Moderne, Frankfurt 1985, 1998 (engl. The Philosophical Discourse of Modernity, Boston Mass. 1987, Cambridge 1990); G. H. Hartman, Saving the Text. Literature, D., Philosophy, Baltimore Md./London 1981, 1995; I. Harvey, D. and the Economy of différance, Bloomington Ind. 1986; A. Haverkamp (ed.), Gewalt und Gerechtigkeit. D. – Benjamin, Frankfurt 1994, 1997; C. Howells, D.. Deconstruction from Phenomenology to Ethics, Cambridge/Oxford/Malden Mass. 1999; S. Kofman, Lectures de D., Paris 1984 (dt. D. lesen, Wien 1988, ²2000); E. Laclau, New Reflections on the Revolution of Our Time, London 1990; P. Lacoue-Labarthe/J.-L. Nancy (eds.), Les fins de l'homme. A partir du travail de J. D., Paris 1981; M.-L. Mallet (ed.), Le passage des frontières. Autour du travail de J. D., Paris 1994; D. P. Michelfelder/R. E. Palmer (eds.), Dialogue and Deconstruction. The Gadamer-D. Encounter, Albany N. Y. 1989; C. Norris, D., London, Cambridge Mass. 1987, London 1989; G. Ofrat, Deridah Ha-Yehudi, Jerusalem 1998 (engl. The Jewish D., Syracuse N. Y. 2001); R. Rorty, Philosophy as a Kind of Writing. An Essay on D., New Literary History 10 (1978), 141–160; J. Sallis (ed.), Deconstruction and Philosophy. The Texts of J. D., Chicago Ill. 1987; J. R. Searle, Reiterating the Differences. A Reply to D., Glyph 1 (1977), 198–208; B. Waldenfels, Phänomenologie in Frankreich, Frankfurt 1983, ²1998. D. T.

Desaguliers, John Theophilus, *La Rochelle 12. März 1683, †London 10. März 1744, engl. Naturwissenschaftler hugenottischer Herkunft. 1705 Studium in Christ Church College, Oxford, B. A. 1709, 1710 Lecturer für ›experimentelle Philosophie‹ in Hart Hall, Oxford, als Nachfolger J. Keills, M. A. 1712, Aufnahme in die Royal Society am 29. Juli 1714, nachdem D. im Winter 1713/1714 auf I. Newtons Anregung hin aufgefordert worden war, einige Experimente Newtons zu wiederholen. Spielte eine führende Rolle als Freimaurer.

D.' wissenschaftliche Bedeutung liegt in seinen Arbeiten als Experimentator (Optik, Mechanik, Elektrizitätslehre) und, neben Keill, H. Pemberton und C. Maclaurin, in seiner Rolle als einflußreicher Propagator der Newtonschen Physik im 18. Jh.. Er entwickelte und verbesserte zahlreiche physikalische Geräte, vertrat innerhalb der Newton-Tradition die Annahme einer Dualität der Kräfte (↑Attraktion/Repulsion) und gehörte, etwa neben W. J. 'sGravesande und J. le Rond d'Alembert, zu denjenigen, die in der vis viva-Kontroverse (↑vis viva) um die richtige Definition der Kraft auf den Unterschied der durch mv (Impulssatz) und mv^2 (Energiesatz) definierten Begriffe, ihrerseits noch einmal unterschieden vom Newtonschen Kraftbegriff ($F = ma$), aufmerksam machten. D. veröffentlichte zwischen 1716 und 1742 insgesamt 52 Beiträge in den »Philosophical Transactions« (am bedeutendsten der entsprechende Arbeiten C. Huygens' und Keills fortsetzende Beitrag: Dissertation Concerning the Figure of the Earth, 1726), erhielt dreimal die 1731 eingeführte Copley-Medaille für seine experimentellen Leistungen und übersetzte unter anderem Werke von E. Mariotte (The Motion of Water and Other Fluids. Being a Treatise of Hydrostaticks, London 1718) und 'sGravesande (Mathematical Elements of Natural Philosophy Confirmed by Experiments, or an Introduction to Sir Isaac Newton's Philosophy, London 1720).

Werke: Physico-Mechanical Lectures. Or, An Account of What is Explain'd and Demonstrated in the Course of Mechanical and Experimental Philosophy, London 1717, Woodbridge Conn. 1986 (Mikrofilm); A Course of Mechanical and Experimental Philosophy, London 1720, Woodbridge Conn. 1986 (Mikrofilm); An Experimental Course of Astronomy, London 1725, Woodbridge Conn. 1986 (Mikrofilm); The Newtonian System of the World, the Best Model of Government. An Allegorical Poem, London 1728; A Course of Experimental Philosophy, I–II, London 1734/1744, ³1763, Woodbridge Conn. 1986 (Mikrofilm) (franz. Cours de physique expérimentale, Paris 1751) [anstelle der nicht-autorisierten Ausgabe: A System of Experimental Philosophy. Prov'd by Mechanicks [...] As Performed by J. T. D., ed. P. Dawson, London 1719]; A Dissertation Concerning Electricity, London 1742 (franz. Dissertation sur l'électricité des corps, Bordeaux 1742).

Literatur: P. Boutin, J. T. D.. Un huguenot, philosophe et juriste, en politique, Paris 1999; I. B. Cohen. Franklin and Newton. An Enquiry into Speculative Newtonian Experimental Science and Franklin's Work in Electricity as an Example Thereof, Philadelphia Pa. 1956, Cambridge Mass. 1966, 243–261, 376–384; A. R. Hall, D., DSB IV (1971), 43–46; P. R. Major, The

Physical Researches of J. T. D., Diss. London 1962; J. Torlais, Un Rochelais grandmaître de la franc-maçonnerie et physicien au XVIIIe siècle. Le Révérend J.-T. D., La Rochelle 1937. J. M.

Desargues, Gérard (auch Girard), *Lyon 1591 (getauft am 2. März), †ebd. Okt. 1661, franz. Architekt und Ingenieur, gewann durch seine Pariser Vorlesungen (1626 bis ca. 1630) großes Ansehen als Mathematiker und gehörte 1638 dem Kreis um M. Mersenne an, der eine Studie D.' über Musik publizierte. Nach einem Werk über die Perspektive (1636) schrieb D. eine Abhandlung über die Kegelschnitte, die den ersten wesentlichen Fortschritt in der synthetischen ↑Geometrie seit der Antike brachte. In dieser Schrift begründete D. durch die Einführung der (schon von J. Kepler konzipierten) uneigentlichen Punkte und den Aufbau einer Theorie von Polare und Involution die synthetische projektive Geometrie. Die Vorherrschaft der analytischen Geometrie (↑Geometrie, analytische), eigenwilliger Stil und exzentrische Terminologie sowie eine als provozierend empfundene weitere Schrift über Architektur (1640) verhinderten zunächst jede Wirkung des bahnbrechenden Werkes; es galt als verschollen, bis 1845 eine von dem Geometer L. de La Hire angefertigte handschriftliche Kopie entdeckt wurde. Heute taucht der Name D.' in der geometrischen Terminologie häufig auf. Nach ihm ist der Hauptsatz der projektiven Geometrie benannt, wonach die Schnittpunkte jeder Geraden mit einem System von Kegelschnitten durch vier feste Punkte eine Involution bilden. Der D.sche Satz über Dreiecke, wonach bei zwei perspektiv-liegenden Dreiecken (im Raum oder in der Ebene) die drei Schnittpunkte einander entsprechender Dreieckseiten auf einer Geraden liegen, wurde von J. V. Poncelet zur Grundlage seiner Theorie der homologen Figuren gemacht und hat seine Bedeutung für die moderne Geometrie darin, daß er für eine synthetische projektive Geometrie genau dann gilt, wenn sich diese bereits als analytische Geometrie über einem Körper (↑Körper (mathematisch)) aufbauen läßt. Projektive Ebenen und endliche Geometrien heißen ›D.sch‹ bzw. ›nicht-D.sch‹ je nachdem, ob in ihnen der D.sche Satz über Dreiecke gilt oder nicht.

Werke: Œuvres de D. réunies et analysées par M. Poudra [...], I–II, Paris 1864; L'œuvre mathématique de G. D., ed. R. Taton, Paris 1951, ²1981, 1988, 75–212 (mit Bibliographien, 67–73, 213–224). – Brouillon project d'une atteinte aux événemens des rencontres du cone avec un plan, Paris 1639 (dt. Erster Entwurf eines Versuchs über die Ergebnisse des Zusammentreffens eines Kegels mit einer Ebene, ed. M. Zacharias, Leipzig 1922 [Ostwalds Klassiker der exakten Wissenschaften 197]).
Literatur: M. Chaboud, G. D.. Bourgeois de Lyon, mathématicien, architecte, Lyon 1996; S. Chrzasczewski, D.' Verdienste um die Begründung der projektivischen Geometrie, Arch. Math. Physik, 2. Reihe 16 (1898), 119–149; Colloque G. D. (1991; Paris/Lyon), Actes du colloque G. D. [...], Nantes 1994; J. L. Coolidge, A History of Geometrical Methods, Oxford 1940, New York 1963; N. A. Court, D. and His Strange Theorem, Scr. Math. 20 (1954), 5–13, 155–164; J. Dhombres/J. Sakarovitch (eds.), D. et son temps, Paris 1994; J. V. Field/J. J. Gray, The Geometrical Work of Girard D., New York 1987; J. J. Gray, Projective Geometry, in: I. Grattan-Guinness (ed.), Companion Encyclopedia of the History and Philosophy of the Mathematical Sciences II, London/New York 1994, 897–907, insbes. 899–902; W. M. Ivins, A Note on G. D., Scr. Math. 9 (1943), 33–48; M. Kemp, Geometrical Perspective from Brunelleschi to D.. A Pictorial Means or an Intellectual End?, Proceedings of the British Academy 70 (1984), 89–132; J. Parès, La gnomonique de D. à Pardiès. Essai sur l'évolution d'un art scientifique, 1640–1673, Paris 1988; R. Taton, La vie et l'œuvre de G. D., in: ders., L'œuvre mathématique de G. D., Paris 1951, ²1981, 1988, 9–66; ders., G. D., DSB IV (1971), 46–51; M. Zacharias, D.' Bedeutung für die projektive Geometrie, Dt. Math. 5 (1940), 446–457. C. T.

Descartes, René (latinisiert Renatus Cartesius), *La Haye (Touraine) 31. März 1596, †Stockholm 11. Febr. 1650, franz. Philosoph, Mathematiker und Naturwissenschaftler, Begründer des neuzeitlichen ↑Rationalismus, damit verbunden des erkenntnistheoretischen ↑Subjektivismus und der analytischen Geometrie (↑Geometrie, analytische). Nach dem Besuch der Jesuitenschule in La Flèche (1604–1614) und einem juristischen Studium in Poitiers (1616 Baccalaureat und Lizentiat der Rechte) verbringt D. die Jahre 1618–1625 auf Reisen und (1618–1621) in Kriegsdiensten in den Armeen Moritz von Nassaus und Maximilians von Bayern. Ab 1625 lebt D. in Paris; 1628 geht er (Schwierigkeiten mit der Kirche und der Theologie befürchtend) nach Holland, im September/Oktober 1649 auf Einladung der Königin Christine nach Stockholm, wo er wenige Monate später stirbt. – D.' Bemühungen gelten von Anfang an erkenntnistheoretischen, mathematischen und (wesentlich beeinflußt von I. Beeckman, mit dem er im Winter 1618/1619 zusammentrifft) physikalischen Fragestellungen. Daneben beschäftigt er sich mit biologischen, psychologischen und medizinischen Untersuchungen. Sein erstes physikalisches Hauptwerk »Le monde« bleibt, nachdem D. von der Verurteilung G. Galileis (1633) erfahren hatte, zu Lebzeiten D.' unveröffentlicht (Le monde, ou Le traité de la lumière, et des autres principaux objets des sens, Paris 1664), ebenso die fragmentarische Schrift »Regulae ad directionem ingenii« (um 1628, erschienen 1701) und eine »Inquisitio veritatis per lumen naturale« (um 1647, erschienen 1701). 1637 veröffentlicht D. in Leiden den stark autobiographisch geprägten »Discours de la méthode«, und zwar als erkenntnistheoretische Einleitung in die Abhandlungen »Dioptrique«, »Météores« und »La géométrie«, 1641 in Amsterdam und Paris die »Meditationes de prima philosophia« mit Einwänden unter anderem von A. Arnauld, P. Gassendi, T. Hobbes und M. Mersenne, 1644 in Amsterdam die

»Principia philosophiae«, 1649 in Paris »Les passions de l'âme« (geschrieben 1646 für Elisabeth von der Pfalz). 1662 erscheint aus den bis dahin unveröffentlichten Teilen des Cartesischen Werkes »De homine«.

Seine methodologischen Vorstellungen formuliert D. im »Discours« (II 7–10) in Form allgemeiner Regeln, die das Denken leiten sollen. Demnach ist (1) nur das wahr, was evidentermaßen wahr ist, (2) jedes Problem in seine Teilprobleme zu zerlegen, (3) mit den einfachsten Problemen zu beginnen und hat (4) jede Problemexplikation (damit auch jede Problemlösung) vollständig zu sein. Diese Regel verbindet D. mit grundlegenden Begriffen der Erkenntnistheorie, die vor allem mathematischer und physikalischer Herkunft sind. Das gilt sowohl (in Anwendung der ersten Regel) für D.' Begriff der Wahrheit als reiner, durch ↑Intuition gewonnener ↑Evidenz und klarer distinkter Anschauung – unbezweifelbar wahr ist, was sich clare et distincte (↑klar und deutlich) erkennen läßt – als auch für die fundamentale Unterscheidung zwischen zwei ↑Substanzen, einer ›res extensa‹ (die Außenwelt, konstituiert durch ausgedehnte materielle Körper, deren Größe und Relationen den Gegenstandsbereich von Geometrie und Physik ausmachen) und einer ›res cogitans‹ (die Innenwelt, konstituiert durch das nicht-ausgedehnte immaterielle Bewußtsein, dessen Analyse Gegenstand der Metaphysik ist). Diese Unterscheidung folgt der Reduktion der Körperwelt auf reine Ausdehnung (extensio) in physikalischen Zusammenhängen (↑res cogitans/res extensa). Als unbezweifelbar gilt dabei die am Ende einer kunstvollen methodischen Zweifelsbetrachtung (↑Zweifel) stehende Einsicht ›cogito sum‹ (ich denke, ich bin, ↑cogito ergo sum), die D. in einem zweiten Schritt auf den Satz ›sum res cogitans‹ (ich bin eine denkende Substanz) hin erweitert. Die Selbständigkeit eines Anfangs im Denken scheint damit erwiesen, zusätzlich gesichert über zwei ↑Gottesbeweise, die im System D.' mit dem gesuchten Nachweis, daß Gott nicht täuscht, der Sicherung sogenannter erster Sätze (darunter der ↑Naturgesetze) und der allgemeinen methodischen Regel klarer und distinkter Anschauung dienen. Gegenstände dieser Anschauung sind Ideen (↑Idee (historisch)), nach D. unterschieden in angeborene (ideae innatae), durch Erfahrung erworbene (ideae adventitiae) und künstlich gebildete Ideen (ideae a me ipso factae). Die Annahme angeborener Ideen (↑Idee, angeborene), d. h. einer erfahrungsfreien Anschauungsquelle, sucht erneut die methodologische Unabhängigkeit eines selbstreflexiven Anfangs im reinen Denken (cogitatio) zu sichern und führt von daher zum Begriff angeborener (bzw. ewiger) Wahrheiten, die über Ketten methodisch gewonnener Evidenzen (nicht logisch voneinander abhängiger Sätze) schließlich einer apriorisch (↑a priori) orientierten Erklärung auch erfahrungsbestimmter Vorgänge dienen sollen.

Das mit der fundamentalen Unterscheidung zweier Substanzen (definiert über die Reduktion auf selbstreflexive und mathematische Strukturen) bzw. durch die von Gesichtspunkten einer mechanistischen Physiologie beherrschte Zerlegung des Menschen in eine Gliedermaschine (Œuvres XI, 120) und ein denkendes Wesen entstehende Problem der im Menschen repräsentierten Interaktion zwischen Leib und Seele (↑Leib-Seele-Problem) sucht D. durch die interaktionistische Annahme einer physischen Verbindung über die Zirbeldrüse, dem einzig unpaarigen Organ im Gehirn (Œuvres XI, 180), oder aber durch den Hinweis auf die alltägliche Erfahrung (Brief vom 29. 7. 1648 an Arnauld, Œuvres V, 222) zu lösen. Dies führt wegen der systematischen Inkonsequenz dieser Annahmen später zu alternativen Erklärungsbemühungen im ↑Cartesianismus (Influxionismus [↑influxus physicus], ↑Okkasionalismus, ↑Parallelismus, psychophysischer). Der metaphysische ↑Dualismus der Zwei-Substanzen-Lehre wird im neuzeitlichen Denken, darin dessen (erkenntnistheoretische) Subjektivität begründend, zur Grundlage der Unterscheidung von Subjekt und Objekt im Idealismus (↑Subjekt-Objekt-Problem); auch bildet er die problematische Grundlage für neuere Ansätze in der (philosophisch argumentierenden) Hirnforschung und in der Philosophie des Geistes (↑philosophy of mind). – Im weiteren Rahmen der praktischen Philosophie vertritt D. die Konzeption einer ›provisorischen‹ Moral, d. h. das Postulat der Befolgung überkommener Werte, Normen und Maximen, solange eine abschließende Begründung der Moral in einer Ethik nicht vorliegt. Dies soll auch allgemein in Meinungsdingen (vor deren abschließender Begründung oder Widerlegung) gelten.

In der Physik, deren deduktiver Aufbau (↑Methode, deduktive) ein Hauptziel der Cartesischen Philosophie ist, nimmt die Reduktion des Begriffs der ↑Natur auf den Begriff der ↑Ausdehnung eine Schlüsselstellung ein. Alles Geschehen muß nach D. als Korpuskularbewegung gedeutet werden. Die Identifikation von ↑Raum und ↑Materie schließt die Möglichkeit eines Vakuums (↑Leere, das) aus. Die Korpuskularbewegung, deren Übertragung auf benachbarte Teilchen D. durch (allerdings falsche) ↑Stoßgesetze erklärt, gilt auf Grund eines geschlossenen Kreislaufs als ewig erhalten. Im Mittelpunkt der Physik D.' stehen ↑Erhaltungssätze, darunter das Trägheitsgesetz (↑Trägheit) und die Unveränderlichkeit der (ungerichtet aufgefaßten) Bewegungsgröße. In die Auffassung vom Kreislauf der Korpuskeln fügt sich D.' ↑Wirbeltheorie, die eine Erklärung für die Planetenbewegung geben soll und deren Anerkennung erst im 18. Jh. durch die Gravitationstheorie (↑Gravitation) I. Newtons aufgehoben wird. D. bestreitet in Konsequenz seiner Korpuskulartheorie die Existenz von ↑Atomen, teilt aber mit dem ↑Atomismus die Verpflichtung auf korpuskularmechanische Erklärungen. Bedeutend ist D.' Beitrag zur ↑Optik; er ist Mitentdecker des Brechungsgesetzes, das er zur Erklärung des Regenbogens verwendet und durch Experimente mit wassergefüllten Glaskugeln erhärten kann.

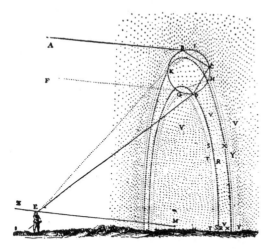

(Skizze zur Beschreibung der Dispersion des Sonnenlichts (aus der Richtung A bzw. F) in den Wassertropfen des Regenbogens. Relativ zum Betrachter E wird rotes Licht im Hauptregenbogen längs der Linie ABCDE (durch Brechung in B, Reflexion in C, Brechung in D) und im Nebenregenbogen längs der Linie FGHIKE (durch Brechung in G, Reflexion in H, Reflexion in I, Brechung in K) erzeugt, Les météores VIII, Œuvres VI, 326)

Von großem wirkungsgeschichtlichen Einfluß sind D.' Leistungen in der Mathematik, vor allem seine Erfindung der analytischen Geometrie. Seit der Antike wurde Geometrie unter anderem als Lehre von Kurven in der Ebene getrieben; ↑Algebra als die Lehre von Gleichungen und ihren Lösungsmethoden erfuhr durch F. Viète und P. de Fermat eine rasche Förderung. D. erkennt jedoch als erster die Leistungsfähigkeit einer Gleichstellung von Geometrie und Algebra, die durch die Darstellung von Punkten durch n-tupel von Zahlen und die Darstellung von Kurven durch Gleichungen erreicht wird. Schon vor D. waren graphische Darstellungen z. B. von Bewegungsabläufen bekannt (Fermat benutzte bereits Koordinatensysteme); die für die moderne Mathematik charakteristische Äquivalenz geometrischer und algebraischer Methoden ist jedoch eine originäre Einsicht D.'. Er klassifiziert die nicht-transzendenten Kurven und trägt wesentliche Einsichten zur Theorie der Gleichungen bei (↑Fundamentalsatz der Algebra, Descartessche Zeichenregel etc.).

Werke: Œuvres, I–XI, ed. V. Cousin, Paris 1824–1826; Œuvres philosophiques, I–IV, ed. A. Garnier, Paris 1834–1835; Œuvres, I–XIII, ed. C. Adam/P. Tannery, Paris 1897–1913, I–XI, 1964–1976, 1996; Œuvres philosophiques, I–III, ed. F. Alquié, Paris 1963–1973, 1992–1996; The Philosophical Writings of D., I–III, ed. J. Cottingham u. a., Cambridge 1981–1991. – Discours de la méthode pour bien conduire sa raison, & chercher la vérité dans les sciences, Leiden 1637, Paris 1657, ^{3}1668, ed. É. Gilson, Paris 1925, 1992 (dt. Von der Methode [franz./dt.], ed. L. Gäbe, Hamburg 1960, ^{2}1997, ed. H. Ostwald, Stuttgart 2001; engl. Discourse on the Method, in: The Philosophical Writings of D. I [s. o.], 111–175); Meditationes de prima philosophia. In qua dei existentia et animae immortalitas demonstratur, Paris 1641, Amsterdam 1642, franz. unter dem Titel: Les méditations métaphysiques, Paris 1647, ^{2}1661, ed. F. Khodoss, Paris 1956, ^{9}1986 (dt. Meditationen über die Grundlagen der Philosophie mit den sämtlichen Einwänden und Erwiderungen, Hamburg 1915 [repr. Hamburg 1994]; Meditationes de prima philosophia/Meditationen über die Grundlagen der Philosophie [lat./dt.], ed. L. Gäbe, Hamburg 1977, ^{3}1992; engl. Meditations in First Philosophy, in: The Philosophical Writings of D. II [s. o.], 111–175); Principia philosophiae, Amsterdam 1644, franz. unter dem Titel: Les principes de la philosophie, Paris 1647, ed. G. Durandin, Paris 1950, ^{8}1993 (dt. Die Prinzipien der Philosophie, ed. A. Buchenau, Leipzig 1908, Hamburg 1992; engl. Principles of Philosophy, in: The Philosophical Writings of D. I [s. o.], 179–291); Les passions de l'âme, Amsterdam 1649, lat. unter dem Titel: Passiones animae, Amsterdam 1650, ed. P. d'Arcy, Paris 1996 (dt. Die Leidenschaften der Seele, Hamburg 1984, ^{2}1996; engl. The Passions of the Soul, in: The Philosophical Writings of D. I [s. o.], 326–404); De homine, Leiden 1662, 1664 (franz. L'homme, Paris 1664; dt. Über den Menschen, ed. K. E. Rothschuh, Heidelberg 1969); Regulae ad directionem ingenii, Amsterdam 1701 (franz. Règles utiles et claires pour la direction de l'esprit en la recherche de la vérité. Traduction selon le lexique cartésien, et annotation conceptuelle, ed. J.-L. Marion, La Haye 1977; dt. Regeln zur Ausrichtung der Erkenntniskraft, ed. L. Gäbe, Hamburg 1972, 1993; engl. Rules for the Direction of the Mind, in: The Philosophical Writings of D. I [s. o.], 9–78). – Correspondance, I–VIII, ed. C. Adam/G. Milhaud, Paris 1936–1963 (dt. Auswahl: Briefe, 1629–1650, ed. M. Bense, Köln 1949). – J. R. Armogathe/J. L. Marion, Index des Regulae ad directionem ingenii de R. D., Rom 1976; P.-A. Cahné, Index du »Discours de la méthode« de R. D., Rom 1977. – V. Chappell/W. Doney (eds.), Twenty-Five Years of D. Scholarship 1960–1984. A Bibliography, New York/London 1987; A. J. Guibert, Bibliographie des œuvres de R. D. publiées au XVIIe siècle, Paris 1976; R. Klibansky, D.. A Selected Bibliography, London 1954; G. Sebba, Bibliographia Cartesiana. A Critical Guide to the D. Literature 1800–1960, The Hague 1964.

Literatur: F. Alquié, D.. L'homme et l'œuvre, Paris 1956, 1980 (dt. D., Stuttgart 1962); F. Bader, Die Ursprünge der Transzendentalphilosophie bei D., I–II, Bonn 1979/1983; A. Baillet, La vie de Monsieur D., I–II, Paris 1691 (repr. Hildesheim/New York 1972); G. Baker/K. J. Morris, D.' Dualism, London/New York 1996; L. J. Beck, The Method of D.. A Study of the Regulae, Oxford 1952; ders., The Metaphysics of D.. A Study of the Meditations, Oxford 1965; A. Beckermann, D.' metaphysischer Beweis für den Dualismus. Analyse und Kritik, Freiburg/München 1986; J. J. Blom, D.. His Moral Philosophy and Psychology, New York 1978; F. Bouillier, Histoire de la philosophie cartésienne, I–II, Paris 1854, ^{3}1868 (repr. Hildesheim 1972, New York 1987); C. B. Boyer, A History of Analytic Geometry, New York 1956, Princeton N. J. 1988; L. Brunschwicg, D. et Pascal. Lecteurs de Montaigne, Neuchâtel 1945, Paris 1995; R. J. Butler (ed.), Cartesian Studies, Oxford 1972; E. Cassirer, D.. Lehre,

Persönlichkeit, Wirkung, Stockholm 1939, Hamburg 1995; M. Carrier/J. Mittelstraß, Geist, Gehirn, Verhalten. Das Leib-Seele-Problem und die Philosophie der Psychologie, Berlin/New York 1989, 17–29 (D. und die Folgen) (engl. [erw.] Mind, Brain, Behavior. The Mind-Body Problem and the Philosophy of Psychology, Berlin/New York 1991, 16–27 [D. and the Aftermath]); H. Caton, The Origin of Subjectivity. An Essay on D., New Haven Conn./London 1973; D. M. Clarke, D.' Philosophy of Science, Manchester/University Park Pa. 1982; J. Collins, D.' Philosophy of Nature, Oxford 1971; J. Cottingham (ed.), The Cambridge Companion to D., Cambridge 1992; ders., D., in: J. Dancy/E. Sosa (eds.), A Companion to Epistemology, Oxford 1994, 93–97; ders. (ed.), D., Oxford 1998; ders., R. D., in: R. Audi (ed.), The Cambridge Dictionary of Philosophy, Cambridge/New York/Melbourne ²1999, 223–227; A. C. Crombie/M. S. Mahoney/T. M. Brown, D., DSB IV (1971), 52–65; E. M. Curley, D. against the Skeptics, Cambridge Mass. 1978, New York 1999; R. Davies, D.. Belief, Scepticism and Virtue, London 2001; E. Denissoff, D.. Premier théoricien de la physique mathématique, Louvain/Paris 1970; D. Des Chene, Physiologia. Natural Philosophy in Late Aristotelian and Cartesian Thought, London/Ithaca N. Y. 1996; W. Doney (ed.), D.. A Collection of Critical Essays, Garden City N. Y. 1967, Notre Dame Ind./London, London/Melbourne 1968; ders. (ed.), Eternal Truths and the Cartesian Circle. A Collection of Studies, New York/London 1987; FM I (1994), 822–828; R. A. Florka, D.'s Metaphysical Reasoning, New York 2001; H. Frankfurt, Demons, Dreamers and Madmen. The Defense of Reason in D.' Meditations, New York/Indianapolis Ind. 1970, New York/London 1987; H. Friedrich, D. und der französische Geist, Leipzig 1937, 1967; L. Gäbe, D.' Selbstkritik. Untersuchungen zur Philosophie des jungen D., Hamburg 1972; D. Garber, D.' Metaphysical Physics, Chicago Ill. 1992; ders., D., REP III (1998), 1–19; ders., D. Embodied. Reading Cartesian Philosophy through Cartesian Science, Cambridge 2001; S. Gaukroger (ed.), D.. Philosophy, Mathematics and Physics, Sussex/Brighton, Totowa N. J. 1980; ders., D.. An Intellectual Biography, Oxford 1995; ders./J. Schuster/J. Sutton (eds.), D.' Natural Philosophy, London 2000; M. Gerten, Wahrheit und Methode bei D., Hamburg 2001; É. Gilson, Index scolastico-cartésien, Paris 1913, 1973; ders., Études sur le rôle de la pensée médiévale dans la formation du système cartésien, Paris 1930, ³1967, ⁵1984; H. Gouhier, La pensée religieuse de D., Paris 1924, ²1972; ders., La pensée métaphysique de D., Paris 1962, ⁴1987; E. Grosholz, Cartesian Method and the Problem of Reduction, Oxford 1991; M. Guéroult, D. selon l'ordre des raisons, I–II, Paris 1953, 1991 (engl. D.' Philosophy Interpreted According to the Order of Reasons, Minneapolis Minn. 1984); I. Hacking, Leibniz and D.. Proof and Eternal Truths, London 1973; O. Hamelin, Le système de D., Paris 1911, New York 1987; H. Heimsoeth, Die Methode der Erkenntnis bei D. und Leibniz, I–II, Gießen 1912/1914; J. Hintikka, Cogito, ergo sum. Inference or Performance, in: W. Doney (ed.), D.. A Collection of Critical Essays [s. o.], 108–139; P. van der Hoeven, D.. Wetenschap en wijsbegeerte, Baarn 1972; M. Hooker (ed.), D.. Critical and Interpretative Essays, Baltimore Md./London 1978 (mit Bibliographie, 299–312); K. Jaspers, D. und die Philosophie, Berlin 1937, 1966; A. Kemmerling, Ideen des Ichs. Studien zu D.' Philosophie, Frankfurt 1996; ders. (ed.), D. nachgedacht, Frankfurt 1996; A. Kenny, D.. A Study of His Philosophy, New York 1968, Bristol 1997; A. Klemmt, D. und die Moral, Meisenheim am Glan 1971; A. Koyré, D. und die Scholastik, Bonn 1893 (repr. Bonn/Darmstadt 1971); ders., Entretiens sur D., Paris/New York 1944; S. Krämer, Berechnende Vernunft. Kalkül und Rationalismus im 17. Jahrhundert, Berlin/New York 1991; K. Laudien, Die Schöpfung der ewigen Wahrheit. Die Bedeutung der philosophischen Gotteslehre bei R. D., Berlin 2001; R. Lauth, D.' Konzeption des Systems der Philosophie, Stuttgart 1998; G. Lewis, L'individualité selon D., Paris 1950; dies., Le problème de l'inconscient et le cartésianisme, Paris 1950, ²1985; dies. [auch unter dem Namen Rodis-Lewis] L'oeuvre de D., I–II, Paris 1971; D. Mahnke, Der Aufbau des philosophischen Wissens nach D., München/Salzburg 1967; J.-L. Marion, Sur l'ontologie grise de D.. Science cartésienne et savoir aristotelicien dans les Regulae, Paris 1975, ²1993; ders., Sur la théologie blanche de D.. Analogie, création des vérités éternelles et fondement, Paris 1981, 1991; ders., Sur le prisme métaphysique de D.. Constitution et limites de l'onto-théo-logie dans la pensée cartésienne, Paris 1986; P. Markie, The Cogito and Its Importance in: J. Cottingham (ed.), The Cambridge Companion to D. [s. o.], 140–173; G. Milhaud, D. savant, Paris 1921; J. Mittelstraß, Neuzeit und Aufklärung. Studien zur Entstehung der neuzeitlichen Wissenschaft und Philosophie, Berlin/New York 1970; ders., The Philosopher's Conception of Mathesis Universalis from D. to Leibniz, Ann. Sci. 36 (1979), 593–610; G. D. J. Moyal (ed.), R. D.. Critical Assessments, I–IV, London/New York 1991; R. H. Popkin, The History of Scepticism from Erasmus to D., Assen 1960, New York 1968, erw. unter dem Titel: The History of Scepticism from Erasmus to Spinoza, Berkeley Calif./London 1979, 1984; J. Prost, Essai sur l'atomisme et l'occasionalisme dans la philosophie cartésienne, Paris 1907; J. Rée, D., London 1974; W. Röd, D.. Die innere Genesis des cartesianischen Systems, München/Basel 1964, unter dem Titel: D.. Die Genese des Cartesianischen Rationalismus, München ³1995; ders., D.' Erste Philosophie. Versuch einer Analyse mit besonderer Berücksichtigung der cartesianischen Methodologie, Bonn 1971, 1987; A. O. Rorty (ed.), Essays on D.' Meditations, Berkeley Calif. 1986; A. I. Sabra, Theories of Light from D. to Newton, London 1967, Cambridge/New York 1981; E. Saisset, Précurseurs et disciples de D., Genf 1969; G. Schmidt, Aufklärung und Metaphysik. Die Neubegründung des Wissens durch D., Tübingen 1965; M. Schneider, Das mechanistische Denken in der Kontroverse. D.' Beitrag zum Geist-Maschine-Problem, Stuttgart 1993; H. Scholz/A. Kratzer/J. E. Hofmann, D., Münster 1951; P. A. Schouls, D. and the Possibility of Science, Ithaca N. Y. 2000; H.-P. Schütt, Substanzen, Subjekte und Personen. Eine Studie zum Cartesianischen Dualismus, Heidelberg 1990; ders., Die Adoption des ›Vaters der modernen Philosophie‹. Studien zu einem Gemeinplatz der Ideengeschichte, Stuttgart 1998; J. F. Scott, The Scientific Work of R. D., London 1952, New York 1987; J. Secada, Cartesian Metaphysiscs. The Late Scholastic Origins of Modern Philosophy, Cambridge 2000; D. L. Sepper, D.'s Imagination. Proportion, Images, and the Activity of Thinking, Berkeley Calif./Los Angeles/London 1996; W. R. Shea, The Magic of Numbers and Motion. The Scientific Career of R. D., Canton Mass. 1991; N. K. Smith, New Studies in the Philosophy of D.. D. as a Pioneer, London 1952, New York 1987; R. Specht, Commercium mentis et corporis. Über Kausalvorstellungen im Cartesianismus, Stuttgart-Bad Cannstatt 1966; ders., R. D. in Selbstzeugnissen und Bilddokumenten, Reinbek b. Hamburg 1966, mit Untertitel: mit Selbstzeugnissen und Bilddokumenten, Hamburg 1986, ⁸1998; ders., D., in: O. Höffe (ed.), Klassiker der Philosophie, I–II, München 1981, ³1994/1995, I, 301–321, 497–501, 530; T. Verbeek, D. and the Dutch. Early Reactions to Cartesian Philosophy, 1637–1650, Carbondale Ill. 1992 (J. Hist. Philos. Monograph Series); T. C. Vinci, Cartesian Truth, New York/Oxford 1998; S. Voss (ed.), Essays on the Philosophy and

Science of R. D., New York/Oxford 1993; J. Vuillemin, Mathématiques et metaphysique chez D., Paris 1960, 1987; C. F. v. Weizsäcker, D. und die neuzeitliche Naturwissenschaft, Hamburg 1958, ²1962; F. L. Will, Induction and Justification. An Investigation of Cartesian Procedure in the Philosophy of Knowledge, Ithaca N. Y./London 1974; B. Williams, D.. The Project of Pure Enquiry, Hassocks (Sussex) 1978 (dt. D.. Das Vorhaben der reinen philosophischen Untersuchung, Königstein 1981, ²1996); M. D. Wilson, D., London 1978, 1999; J. Yolton, Perceptual Aquaintance from D. to Reid, Oxford 1984; ders., Perception and Reality. A History from D. to Kant, Ithaca N. Y. 1996. J. M./P. J.

deskriptiv/präskriptiv, elementare Unterscheidung zur Klassifikation von sprachlichen Äußerungen (↑Sprechakt). D. heißen dabei ↑Äußerungen, deren Performationen (↑Performativum, ↑Performator) konstativ sind; *konstativ* heißen solche Sprechhandlungen, die sich allein aus der Sprechhandlung des Behauptens konstruktiv einführen lassen (zustimmen, bestreiten, berichten, voraussagen usw.). Demgegenüber heißen p. solche Äußerungen, deren Performationen aus *regulativen* Sprachhandlungen, d. h. solchen, die sich unter Rückgriff auf die Sprechhandlung des Aufforderns einführen lassen, gebildet werden (verlangen, gebieten, verbieten, erlauben, empfehlen usw.). Geltungsansprüche, die mit d.en Äußerungen erhoben werden, müssen in *Begründungs*diskursen (↑Begründung) eingelöst werden, Geltungsansprüche von p.en Äußerungen demgegenüber in *Rechtfertigungs*diskursen (↑Rechtfertigung, ↑Diskurs). Präskriptionen, die in ihrem Geltungsanspruch auf einen situativen Kontext bezogen sind (was sich sprachlich in der Verwendung von ↑Indikatoren äußert), heißen ↑*Imperative*, solche, die kontextunabhängig gelten, *Normen*. Kennzeichen für normative Geltung in diesem Sinne ist also die (moralische) Rechtfertigbarkeit in Rechtfertigungsdiskursen; die Äußerung einer Norm präsupponiert (↑Präsupposition) neben dem explizit ausgedrückten Imperativ die Behauptung allgemeiner Zustimmungsfähigkeit (↑Norm (handlungstheoretisch, moralphilosophisch), ↑normativ).

Eine Unterscheidung von Deskriptionen, die derjenigen zwischen Imperativen und Normen entspricht, ist nicht gebräuchlich, weil für Deskriptionen meist der Anspruch auf Kontextunabhängigkeit präsupponiert ist. Für rekonstruktive Zwecke (z. B. mythische Berichte, Dichtung) könnte jedoch eine entsprechende Unterscheidung nützlich sein; daher sei vorgeschlagen, zwischen *fiktiven* und *objektiven* Deskriptionen zu unterscheiden (↑Fiktion). Eine philosophisch-reflexive Explikation von Deskriptionen heiße ↑*theoretisch*, diejenige von Präskriptionen ↑*praktisch*. Gelingt die Begründung von Deskriptionen gegenüber einem Individuum oder einer Gruppe, heißt die Deskription *relativ* begründet; gelingt eine Begründung gegenüber jedermann (bzw. gibt es Kriterien, die die Unterstellung erlauben, sie könne gegenüber jedermann gelingen), heiße sie *absolut* begründet oder *wahr* (↑wahr/das Wahre, ↑Wahrheit). Präskriptionen sollen entsprechend als relativ-gerechtfertigt bzw. als *richtig* ausgezeichnet werden. Gemäß dieser terminologischen Bestimmung hängt das Gelingen von Deskriptionen und Präskriptionen also von der Zustimmungsfähigkeit der Äußerungen ab, durch die sie vollzogen werden (↑Konsens, ↑Wahrheitstheorien). C. F. G.

Deskriptivismus (engl. descriptivism), Kennzeichnung ethischer Theorien (↑Ethik), die sprachliche Äußerungen, mit denen Handlungen als geboten, verboten oder erlaubt (↑Norm (handlungstheoretisch/moralphilosophisch)) oder als gut oder schlecht, erwünscht oder unerwünscht (moralische ↑Urteile) qualifiziert werden, als rein deskriptive (↑deskriptiv/präskriptiv) Gebilde auffassen. Häufig damit verbunden ist die kognitivistische metaethische These (↑Kognitivismus, ↑Metaethik), der zufolge moralische Normen und Urteile im Rückgriff auf unabhängig von menschlichen Unterscheidungs- und Beurteilungsleistungen gegebene moralische Gegenstände oder Sachverhalte zu rechtfertigen sind (moralischer Realismus; ↑Wert (moralisch), ↑Naturalismus (ethisch), ↑Realismus (ontologisch)).

Die Bezeichnung ›D.‹ geht zurück auf R. M. Hare, der sie allerdings in einem engeren Sinn verwendet und ein bedeutungstheoretisches Kriterium formuliert, dem zufolge ethische Theorien als deskriptivistisch zu bezeichnen sind, wenn sie moralische Normen und Urteile mit den Mitteln einer Semantik der ↑Wahrheitsbedingungen zu deuten unternehmen. Nach einer in der Tradition der Philosophie verbreiteten Unterstellung kommen nur solche sprachlichen Gebilde als Relata der Folgerbarkeitsrelation in Frage, die wahr oder falsch sein können (↑wahrheitsfähig/Wahrheitsfähigkeit, ↑Folgerung, ↑Logik). Moralische Normen und Urteile wären danach nur dann argumentationszugänglich, wenn sie – anders als z. B. nach emotivistischer Deutung (↑Emotivismus) – als reine Deskriptionen verstanden würden, die Äußerung ›es ist verboten zu töten‹ etwa im Sinne einer Behauptung über in einer bestimmten Gemeinschaft eingespielte Verhaltensweisen oder ›Anderen in der Not beizustehen ist gut‹ als Beschreibung einer vom Sprecher akzeptierten geistigen Haltung. Hare sieht in dieser Auffassung einen deskriptivistischen Fehlschluß (↑Fehlschluß, deskriptivistischer), bestreitet die Beschränkung argumentativer Rationalität auf wahrheitsfähige sprachliche Gebilde und setzt mit seiner Konzeption eines rationalen ↑Präskriptivismus dem D. die These entgegen, daß moralische Normen und Urteile (wenigstens immer auch) ein präskriptives Moment besitzen und gleichwohl durch rationale Argumentation gerechtfertigt werden können (↑Imperativlogik).

Literatur: B. L. Blose, A Dilemma for Nondescriptivism, J. Philos. 71 (1974), 769–779; T. Chapman, An Argument Against any Form of Nondescriptivism in Ethics, New Scholasticism 48 (1974), 360–364; M. Forrester, An Argument for Descriptivism, J. Philos. 71 (1974), 759–769; R. M. Hare, The Language of Morals, Oxford 1952, ^{9}1992 (dt. Die Sprache der Moral, Frankfurt 1972, 1997); ders., Descriptivism, Proc. Brit. Acad. 49 (1963), 115–134, Neudr. in: ders., Essays on the Moral Concepts, London 1972, 55–75 (dt. D., in G. Grewendorf/G. Meggle [eds.], Seminar: Sprache und Ethik. Zur Entwicklung der Metaethik, Frankfurt 1974, 260–284); ders., A Reductio ad Absurdum of Descriptivism, in: S. G. Shanker (ed.), Philosophy in Britain Today, London, Albany N. Y. 1986, 118–134, Neudr. in: ders., Essays on Ethical Theory, Oxford etc. 1989, 1993, 113–130; ders., Sorting out Ethics, Oxford etc. 1997, 2000; R. L. Holmes, Descriptivism, Supervenience, and Universalizability, J. Philos. 63 (1966), 113–119; G. Kamp, Logik und Deontik, Paderborn 2001, bes. 138–198 (Kap. 3); C. D. Macniven, Strong and Weak Descriptivism in Ethics, Mind 81 (1972), 161–178; T. D. Perry, Moral Reasoning and Truth. An Essay in Philosophy and Jurisprudence, Oxford 1976. G. K.

Determinismus (von lat. determinare, abgrenzen, bestimmen), Bezeichnung für einen naturphilosophischen Standpunkt, demzufolge die ↑Naturgesetze bei vollständig gegebenen ↑Anfangsbedingungen und ↑Randbedingungen die Zeitentwicklung physikalischer Systeme (bei Kontrolle äußerer Einflüsse) eindeutig festlegen. Hinzu tritt der D. als erkenntnistheoretischer Standpunkt, demzufolge die Zeitentwicklung solcher Systeme (bei präziser Messung der einschlägigen Zustandsgrößen) eindeutig vorhergesagt werden kann. Der D. entstand historisch in der klassischen ↑Mechanik und der mit ihr verbundenen ↑Naturphilosophie. In der ↑Wissenschaftstheorie wird der D. im Zusammenhang mit der Relativitätstheorie, der Quantenmechanik und der Wahrscheinlichkeitstheorie diskutiert.

(1) In der klassischen Mechanik ist der Zustand eines Systems S von n Massenpunkten zum Zeitpunkt t_0 bestimmt, wenn für jeden Massenpunkt i mit $1 \leq i \leq n$ die Ortsgröße $x_i(t_0)$ und die Impulsgröße $p(t_0)$ zum Zeitpunkt t_0 gegeben ist. Jeder zukünftige und vergangene Zustand $(x_i(t), p_i(t))$ von S zum Zeitpunkt t ist dann durch die Hamiltonschen Differentialgleichungen

$$\dot{x}_i = \frac{\partial H}{\partial p_i} \quad \text{und} \quad \dot{p}_i = -\frac{\partial H}{\partial x_i}$$

eindeutig festgelegt. Tatsächlich ist jeder Zustand von S aus der Anfangsbedingung $(x_i(t_0), p_i(t_0))$ und den Hamiltonschen Gleichungen als Gesetzeshypothesen deduktiv-nomologisch (↑Erklärung) vorhersehbar. Interpretiert man die Anfangsbedingung als ›Ursache‹ bzw. ›zureichenden Grund‹ und jeden zukünftigen Zustand als ›Wirkung‹, erhält man den Leibnizschen Satz, wonach jeder mechanische Naturzustand durch zureichende Gründe eindeutig bestimmt ist bzw. gleiche Ursachen gleiche Wirkungen erzeugen (↑Grund, Satz vom). Für die faktische Berechnung der Systemzustände müssen jedoch zusätzlich physikalische Meßverfahren der Zustandsgrößen angegeben werden. Dabei geht die klassische Mechanik von der idealisierten Annahme solcher Meßgeräte aus, deren Genauigkeit zur Messung von z. B. x und p beliebig gesteigert werden kann (↑Exaktheit). Erst unter dieser Annahme sind alle Systemzustände von S eindeutig berechenbar und vollständig meßbar. Eine Berechnung der Zustände aller S (d. h. aller mechanischen ›Weltzustände‹) würde allerdings menschliche Fähigkeiten übersteigen und nur von einer übermenschlichen Intelligenz durchführbar sein (↑Laplacescher Dämon). Grenzen der Berechenbarkeit treten insbes. bei chaotischen deterministischen (↑Chaos) Systemen auf. Die Entwicklungstrajektorien im Phasenraum solcher Systeme hängen nämlich empfindlich von geringsten Veränderungen ihrer Anfangsbedingungen ab, sodaß sie bereits nach wenigen Entwicklungsschritten exponentiell auseinanderstreben (›Schmetterlingseffekt‹). Da der Rechenaufwand für ↑Prognosen bereits nach wenigen Entwicklungsschritten exponentiell steigt, sind langfristige Voraussagen für solche Systeme praktisch ausgeschlossen, obwohl ihre Entwicklung mathematisch eindeutig determiniert ist. H. Poincaré entdeckte das deterministische Chaos in der Himmelsmechanik im Rahmen seiner Lösung des ↑Dreikörperproblems. Allgemein heiße ein abgeschlossenes physikalisches System S deterministisch bezüglich einer Klasse K von Zustandsgrößen, wenn (a) jeder frühere oder spätere Systemzustand bezüglich K durch einen Anfangszustand bezüglich K und die Gesetze von S eindeutig bestimmt ist oder (b) jeder solche Zustand bei Voraussetzung beliebiger Meßgenauigkeit eindeutig vorhersagbar ist. Diese Bedingungen werden nicht nur von mechanischen Systemen, sondern auch von elektromagnetischen Feldern und den sie beschreibenden Maxwell–Lorentzschen Gleichungen erfüllt, deren Zustandsgrößen Feldvektoren wie die elektrische und magnetische Feldstärke sind. Auch die Differentialgleichungen der Relativitätstheorie (↑Bewegungsgleichungen (↑Relativitätstheorie, spezielle, ↑Relativitätstheorie, allgemeine)) beschreiben bezüglich ihrer Zustandsgrößen deterministische Systeme. Diese sind nach A. Einstein durch ihre Anfangszustände eindeutig bestimmt.

Demgegenüber wird in der Quantenmechanik (↑Quantentheorie) durch die Heisenbergsche ↑Unschärferelation festgestellt, daß z. B. bei einem einzelnen Elektron nicht mehr alle Zustandsgrößen gleichzeitig bestimmt sind oder gemessen werden können. Insbes. können Ort und Impuls nicht gleichzeitig in einem einzigen Versuch ermittelt werden. Daher liefern die Hamilton-Gleichungen auch falsche Voraussagen über zukünftige Orts- und Impulsgrößen $(x_i(t), p_i(t))$ auf Grund einer Ortsmessung x_i zur Zeit t_0 und einer kurz darauf erfolgten Impulsmessung p_i und fallen als deterministische Gesetze der Quantenmechanik aus. In der Schrödingerschen ↑Wellenmechanik (ähnlich in der Heisenbergschen Matrizenmechanik) ändert man nun den physikalischen Zustandsbegriff und definiert ihn durch die sogenannte Ψ-Funktion, mit der sich für z. B. Orts- und Impulsgrößen (x_i, p_i) nur noch Wahrscheinlichkeitsverteilungen angeben lassen. Dabei läßt sich der Wert der Ψ-Funktion zu einem beliebigen Zeitpunkt t nach der so genannten Schrödinger-Gleichung eindeutig berechnen, wenn nur der Ψ-Wert zu einem Zeitpunkt t_0 gegeben ist. Als Differentialgleichung 1. Ordnung erlaubt die Schrödinger-Gleichung zwar eine eindeutige Berechnung für Ψ-Zustände. Jedoch werden damit nur Wahrscheinlichkeitsverteilungen für z. B. Orts- und Impulsgrößen eindeutig bestimmt, da für alle Orts- und Impulsgrößen im Sinne der Heisenbergschen Unschärferelation prinzipiell keine beliebige Meßgenauigkeit angenommen werden kann. Physikalische Systeme der Quantenmechanik sind also bezüglich z. B. Orts- und Impulsgrößen nicht deterministisch, sondern statistisch.

Der Vorschlag, die Schrödinger-Gleichung als deterministische Gesetzmäßigkeit für Ψ-Zustände zu interpretieren, wurde von R. Carnap mit dem Hinweis kritisiert, daß zu einer deterministischen Gesetzmäßigkeit immer die prinzipielle Möglichkeit der präzisen Voraussage beobachtbarer und meßbarer Zustandsgrößen wie z. B. Ort und Impuls gehöre. Die Annahme, die Zustandsgrößen seien durch sogenannte ›verborgene‹ Parameter (↑Parameter, verborgene) determiniert, wurde durch einen Satz von J. v. Neumann eingeschränkt. Eine von D. Bohm ausgearbeitete Theorie mit solchen zusätzlichen Parametern, die keine Observablen (meßbare Größen) sind, ist zwar mathematisch möglich, die Einführung unbeobachtbarer Größen zur Rettung des D. ist jedoch physikalisch umstritten.

(2) In der ↑Wahrscheinlichkeitstheorie werden deterministische Prozesse (X_t) mit eindeutig bestimmten Folgegliedern als Spezialfälle von stochastischen Prozessen verstanden, bei denen X_t Zufallsvariablen sind, deren Werte nur mit einer durch eine Verteilungsfunktion bestimmten Wahrscheinlichkeit angebbar sind. Stochastische Prozesse gewinnen als mathematische Modelle in der Physik (z. B. radioaktiver Zerfall) und Biologie (z. B. Evolutionsmodelle) zunehmend an Bedeutung. In der Informatik werden bei determinierten Automaten die Ausgabewerte eindeutig durch Eingabe- und Zustandswerte bestimmt, während sie bei stochastischen Automaten mit Wahrscheinlichkeitsmaßen belegt sind.

(3) Das deterministische Modell einer ›Weltmaschine‹ wurde historisch nicht nur in den Naturwissenschaften, sondern auch in der Anthropologie (J. O. de La Mettrie, L'homme machine, Leiden 1748) und in der Staatsphilosophie (T. Hobbes, Leviathan or the Matter, Form and Power of a Commenwealth, Ecclesiastical and Civil, London 1651) diskutiert. Diese Fragen führen auf das zentrale Problem der Willensfreiheit (↑Wille) und sind nach I. Kants 3. Antinomie nur im Bereich der Praktischen Philosophie (↑Philosophie, praktische) zu lösen.

Literatur: D. Bohm, Causality and Chance in Modern Physics, London 1957, 1997; ders., Classical and Non-Classical Concepts in the Quantum Theory. An Answer to Heisenberg's »Physics and Philosophy«, Brit. J. Philos. Sci. 12 (1961/1962), 265–280; W. Büchel, Philosophische Probleme der Physik, Freiburg/Basel/Wien 1965; M. A. Bunge, Foundations of Physics, Berlin/Heidelberg/NewYork 1967; ders. (ed.), Problems in the Foundations of Physics, Berlin/Heidelberg/NewYork 1971; J. Butterfield, Determinism and Indeterminism, REP III (1998), 33–39; R. Carnap, Einführung in die symbolische Logik. Mit besonderer Berücksichtigung ihrer Anwendungen, Wien 1954, ^{4}1973 (engl. Introduction to Symbolic Logic and Its Applications, New York 1958); ders., Philosophical Foundations of Physics. An Introduction to the Philosophy of Science, ed. M. Gardner, New York/London 1966, unter dem Titel: An Introduction to the Philosophy of Science, New York 1995 (dt. Einführung in die Philosophie der Naturwissenschaft, München 1969, Frankfurt 1986); E. Cassirer, D. und Indeterminismus in der modernen Physik. Historische und systematische Studien zum Kausalitätsproblem, Göteburg 1936 (repr. unter dem Titel: Zur modernen Physik, Darmstadt 1957, 1964, 1980, 1994); J. Cushing, Quantum Mechanics. Historical Contingency and the Copenhagen Hegemony, Chicago Ill./London 1994; S. Deligeorges, Déterminisme, Enc. philos. universelle II/1 (1990), 619–623; E. J. Dijksterhuis, De Mechanisering van het Wereldbeeld, Amsterdam 1950, 1998 (dt. Die Mechanisierung des Weltbildes, Berlin/Göttingen/Heidelberg 1956, 1983; engl. The Mechanization of the World Picture, Oxford/London 1961, 1969, mit Untertitel: Pythagoras to Newton, Princeton N. J. 1986); J. Earman, A Primer on Determinism, Dordrecht/Boston Mass. 1986; M. Eigen/R. Winkler, Das Spiel. Naturgesetze steuern den Zufall, München/Zürich 1975, 1990, 1996 (engl. Laws of the Game. How the Principles of Nature Govern Chance, New York 1981, Princeton N. J. 1993); B. Hassenstein, Biologische Kybernetik. Eine elementare Einführung, Heidelberg 1965, ^{5}1977 (engl. Information and Control in the Living Organism. An Elementary Introduction, London 1971); W. Heisenberg, Die physikalischen Prinzipien der Quantentheorie, Leipzig 1930, Mannheim etc. 1958, 1991; H. Hörz, Zum Verhältnis von Kausalität und D., Dt. Z. Philos. 11 (1963), 151–170; ders., D., in: ders. u. a. (eds.), Philosophie und Naturwissenschaften. Wörterbuch zu den philosophischen Fragen der Naturwissenschaften I, Berlin 1991, 188–191; M. Jammer, The Philosophy of Quantum Mechanics. The Interpretations of Quantum Mechanics in Historical Perspective, New York/London 1974; J. Jørgensen, A Note on Determinism, Predictability, and Indeterminism in Atom Physics, Danish Yearbook Philos. 2 (1965), 60–62; G. Koch, Kausalität, D. und Zufall in der wissenschaftlichen Naturbeschreibung, Berlin 1994; H. Korch, Bemerkungen zum Begriff des D., Dt. Z. Philos. 9 (1961), 796–810; R. Kuhlen u. a., D./Indeterminismus, Hist. Wb. Ph. II (1972), 150–158; P. S. Laplace, Essai philosophique sur les probabilités, Paris 1814 (repr. Brüssel 1967), ^{6}1840 (dt. Philosophischer Versuch über die Wahrscheinlichkeit, Leipzig 1886, ed. R. v. Mises, Leipzig 1932 [Ostwald's Klassiker der exakten Wiss. 233] [repr. Frankfurt 1996, 1998]; engl. Philosophical Essay on Probabilities, New York etc. 1902, New York 1951, New York/Heidelberg/Berlin 1995, 1998); K. Mainzer, Modell, Hist. Wb. Ph. VI (1984), 45–50;

W. Marx (ed.), D., Indeterminismus. Philosophische Aspekte physikalischer Theoriebildung, Frankfurt 1990; P. Mittelstaedt, Philosophische Probleme der modernen Physik, Mannheim 1963, Mannheim/Wien/Zürich ⁷1989 (engl. Philosophical Problems of Modern Physics, Dordrecht/Boston Mass. 1965, 1976 [Boston Stud. Philos. Sci. XVIII]); J. Monod, Le hasard et la nécessité. Essai sur la philosophie naturelle de la biologie moderne, Paris 1970 (dt. Zufall und Notwendigkeit. Philosophische Fragen der modernen Biologie, München 1970, 1991, 1996; engl. Chance and Necessity. An Essay on the Natural Philosophy of Modern Biology, New York 1971, London 1997); A. Montefiore, Determinism and Causal Order, Proc. Arist. Soc. 58 (1957/1958), 125–142; E. Nagel, The Structure of Science. Problems in the Logic of Scientific Explanation, London 1961, Indianapolis Ind./ London 1979, bes. 278–285 [The Deterministic Structure of Classical Mechanics]; J. v. Neumann, Mathematische Grundlagen der Quantenmechanik, Berlin 1932, Berlin/Heidelberg/New York 1996 (engl. Mathematical Foundations of Quantum Mechanics, Princeton N. J. 1955, 1996); M. Planck, Die Kausalität in der Natur, in: ders., Vorträge und Erinnerungen, Stuttgart 1949 (repr. Darmstadt 1965, 1983), 250–269; ders., D. und Indeterminismus, in: ders., Vorträge und Erinnerungen [s. o.], 334–349; H. Reichenbach, Philosophic Foundations of Quantum Mechanics, Berkeley Calif./Los Angeles Calif. 1944 (repr. Berkeley Calif./ Los Angeles Calif./London 1982) (dt. Philosophische Grundlagen der Quantenmechanik, Basel 1949, Neudr. in: ders., Ges. Werke V, ed. A. Kamlah/M. Reichenbach, Braunschweig/Wiesbaden 1989, 3–196); U. Röseberg, D. und Physik, Berlin (Ost) 1975; E. Scheibe, Die kontingenten Aussagen in der Physik. Axiomatische Untersuchungen zur Ontologie der klassischen Physik und der Quantentheorie, Frankfurt/Bonn 1964; M. Schlick, Die Kausalität in der gegenwärtigen Physik, Naturwiss. 19 (1931), 145–162, Neudr. in: ders., Gesammelte Aufsätze 1926–1936, Wien 1938 (repr. Hildesheim 1969), 41–82 (engl. Causality in Contemporary Physics, Brit. J. Philos. Sci. 12 [1961/1962], 177–193, 281–298); E. Schrödinger, Was ist ein Naturgesetz?, Naturwiss. 17 (1929), 9–11 (repr. in: ders., Gesammelte Abhandlungen. Collected Papers IV, ed. Österr. Akad. Wiss. Wien, Braunschweig/Wiesbaden 1984, 295–297), Neudr. in: ders., Was ist ein Naturgesetz? Beiträge zum naturwissenschaftlichen Weltbild, München/Wien 1962, ⁵1997, 9–17; P. H. Starke, Abstrakte Automaten, Berlin (Ost) 1969 (engl. Abstract Automata, Amsterdam/London 1972); W. Stegmüller, Probleme und Resultate der Wissenschaftstheorie und Analytischen Philosophie I (Wissenschaftliche Erklärung und Begründung), Berlin/Heidelberg/New York 1969, rev. 1974; G. Stehr, Zum Problem der objektiven Realität im quantenmechanischen Formalismus, Dt. Z. Philos. 9/2 (1961), 2021–2039; K. Steinbuch, Automat und Mensch. Über menschliche und maschinelle Intelligenz, Berlin/Heidelberg/New York 1961, mit Untertitel: Kybernetische Tatsachen und Hypothesen, erw. ²1963, erw. ³1965, mit Untertitel: Auf dem Weg zu einer kybernetischen Anthropologie, erw. ⁴1971; P. Suppes, The Role of Probability in Quantum Mechanics, in: B. Baumrin (ed.), Philosophy of Science. The Delaware Seminar II, New York/London/Sydney 1963, 319–337; R. Taylor, Determinism, Enc. Ph. II (1967), 359–373; H. A. Weismann, Der D. Albert Einsteins, Philos. Nat. 6 (1961), 479–484; A. N. Whitehead, Process and Reality. An Essay in Cosmology, New York 1929, 1979 (dt. Prozeß und Realität. Entwurf einer Kosmologie, Frankfurt 1979, 2001). K. M.

deus sive natura, durch B. Spinoza geprägte Formel für die Gleichsetzung Gottes mit der Natur, und zwar der ↑›natura naturans‹, d. i. dem durch logische und kausale Gesetze als notwendig bestimmten Zusammenhang aller Dinge, durch den diese sowohl begriffen werden können als auch wirklich sind. Die Gleichsetzung gilt nicht für die ›natura naturata‹, d. i. die (als Natur noch nicht vollständig begriffene) Welt kontingenter Erscheinungen. O. S.

deutscher Idealismus, ↑Idealismus, deutscher.

Deutung, im allgemeinen wissenschaftssprachlichen Wortgebrauch häufig (im Sinne eines nicht näher bestimmten Oberbegriffs für andere wissenschaftliche Aufgaben wie Erklärungen, Verstehensleistungen, Interpretationen) die Einordnung eines konkreten Sachverhaltes oder eines bestimmten Ausdrucks oder Textes in allgemeine Zusammenhänge, z. B. (1) die Darstellung eines ↑Sachverhaltes als Fall einer allgemein auftretenden Erscheinung, seine Ableitung aus ↑Naturgesetzen und deren Randbedingungen (↑Erklärung), seine Zuordnung zu ↑Intentionen (die mit seiner Existenz verbunden sind), zu Normen (die mit seiner Hervorbringung oder Erhaltung erfüllt werden sollen), zu Werten (die mit ihm realisiert werden sollen), (2) die Angabe der Gebrauchsregeln eines Wortes oder der Herstellungsregeln eines Textes usw..

Methodisch bedeutsam wird der Begriff der D. vor allem dort, wo versucht wird, über die allgemein angewandten (oder zumindest diskutierten) Verfahren wissenschaftlichen Vorgehens, z. B. kausale Erklärungen (↑Kausalität) und terminologische Interpretationen, hinaus weitere Methoden auszuarbeiten. Solche Ausarbeitungen (›D.stheorien‹) sind im Bereich der ↑Psychoanalyse (im Anschluß an S. Freud) und der verstehenden Sozialwissenschaft (im Anschluß an M. Weber) vorgelegt worden.

In der Psychoanalyse besteht die D. in der Herausarbeitung nicht bewußter Motive des Denkens, Handelns und Empfindens, vor allem auf Grund unbeabsichtigter und unkontrollierter Gedanken, Handlungen oder Empfindungen (z. B. Träume, Fehlleistungen, Krankheitssymptome) mit Hilfe von Assoziationen, die nach bestimmten Regeln hervorgerufen und nach den herauszuarbeitenden Motiven durchforscht werden. In den verstehenden Sozialwissenschaften besteht die D. darin, dem Handeln bestimmte Sinngehalte zuzuordnen, d. h. dieses Handeln als ↑Mittel zu einem ↑Zweck, als Befolgung einer (Interaktions- oder Kommunikations-)↑Regel oder als Realisierung einer (das Tun als eine bestimmte Handlung definierenden) Intention darzustellen. Dabei entsteht das Problem, daß die Zuordnung von Handeln und Sinngehalt das Ergebnis von Überlegungen des Deutenden ist, das sich zwar auf empirische Daten (wie den beobachtbaren Ablauf von Tätigkeiten, die

Antworten der Handelnden über ihre Sinngehalte oder die öffentlich festgelegten Regeln) stützt, aber nicht aus ihnen folgt. Es sind daher immer wieder Versuche unternommen worden, für diese Zuordnung methodische Regeln zu entwickeln, die die D.sbehauptungen der Beliebigkeit des individuellen Nachempfindens entziehen und sie auf eine allgemein überprüfbare Weise einzulösen erlauben.

Literatur: H. Anton, D., Hist. Wb. Ph. II (1972), 157–159; K.-O. Apel, Die Erklären-Verstehen-Kontroverse in transzendentalpragmatischer Sicht, Frankfurt 1979; ders./J. Manninen/R. Tuomela (eds.), Neue Versuche über Erklären und Verstehen, Frankfurt 1978; E. Betti, Teoria generale della interpretazione, I–II, Mailand 1955, ed. G. Crifò, ²1990 (dt. [gekürzt] Allgemeine Auslegungslehre als Methodik der Geisteswissenschaften, Tübingen 1967); O. Breidbach, D.en. Zur philosophischen Dimension der internen Repräsentation, Weilerswist 2001; W. L. Bühl (ed.), Verstehende Soziologie. Grundzüge und Entwicklungstendenzen. Elf Aufsätze, München 1972; W. Hogrebe, Metaphysik und Mantik. Die D.snatur des Menschen (Système orphique de Iéna), Frankfurt 1992; L. Kreiser, D. und Bedeutung. Zur logischen Semantik philosophischer Terminologie, Berlin (Ost) 1986; P. Ricœur, De l'interprétation. Essai sur Freud, Paris 1965, 2001 (dt. Die Interpretation. Ein Versuch über Freud, Frankfurt 1969, 1999); ders., Le conflit des interprétations. Essais d'herméneutique, Paris 1969, 1993 (dt. Der Konflikt der Interpretationen, I–II, München 1973/1974); O. Schwemmer, Theorie der rationalen Erklärung. Zu den methodischen Grundlagen der Kulturwissenschaften, München 1976; H. J. Wendel, Die Grenzen des Naturalismus. Das Phänomen der Erkenntnis zwischen D. und wissenschaftlicher Erklärung, Tübingen 1997; G. H. v. Wright, Explanation and Understanding, London, Ithaca N. Y. 1971, London 1975, Ithaca N. Y. 1993 (dt. Erklären und Verstehen, Frankfurt 1974, Berlin ⁴2000). O. S.

Dewey, John, *Burlington Vt. 20. Okt. 1859, †New York 2. Juni 1952, amerik. Philosoph und Pädagoge; neben C. S. Peirce und W. James wichtigster Vertreter des ↑Pragmatismus. 1882–1886 Studium bei G. S. Morris, 1884 Promotion mit einer Arbeit über die Psychologie bei I. Kant, die D. mit einer Kritik des britischen ↑Empirismus verband. Unter dem Eindruck der experimentellen Psychologie und Physiologie von W. Wundt und H. v. Helmholtz und der ↑Evolutionstheorie von C. R. Darwin entwickelt D. erste Grundzüge einer genetisch-experimentellen Methode, bei der Logik als Instrument schrittweiser Problemlösungen verstanden wird. Nach einer Dozentenzeit in Michigan und Minnesota wird D. 1894 Prof. in Chicago, 1904 an der Columbia University in New York.

Im Einklang mit dem Ansatz des Pragmatismus stellt sich für D. die neuzeitliche Naturwissenschaft als ein Problemlösungsprozeß dar, der das Ideal der Erkenntnis eines unwandelbaren Wesens der Dinge aufgegeben hat (The Quest for Certainty, 1929). An seine Stelle ist mit der experimentellen Methode ein Verfahren der stetigen praktischen Generierung von Erkenntnishindernissen getreten, deren Überwindung durch Ausschaltung falscher Überzeugungen (↑Fallibilismus) zur Gewinnung neuer Einsichten und zur Konstruktion neuer Erkenntnisgegenstände führt (Reconstruction in Philosophy, 1920; Logic, 1938). Der Prozeß der Erfahrung von Neuem, der für D. im Zentrum der Wissenschaftsentwicklung steht, wird von ihm dabei selbst als ein Naturvorgang gedeutet (Experience and Nature, 1925). Zwar existieren die erforschten Naturereignisse unabhängig von Erkenntnisstreben und Experimentalhandeln des Menschen; aber ihre Transformation in Erkenntnisgegenstände greift auf Begriffe und Annahmen zurück, also auf kognitive Werkzeuge (↑Theoriebeladenheit). Die naturalistischen und realistischen Elemente grenzen D.s Theorie der Erkenntnis und Forschung von ↑Idealismus und ↑Konstruktivismus ab.

Die Korrespondenztheorie der Wahrheit (↑Wahrheitstheorien) wird zurückgewiesen und durch die Auffassung von Wahrheit als gerechtfertigter Behauptbarkeit (warranted assertibility) ersetzt. Die Wissenschaft stellt wandelbare Grundlagen für Handlungskompetenzen und Verhaltensgewohnheiten bereit, die sich im menschlichen Leben zu bewähren haben und nicht als endgültige Abbilder der Wirklichkeit aufzufassen sind. D.s ↑Instrumentalismus übte auf die amerikanische Philosophie einen großen Einfluß aus. So finden sich Züge seiner Philosophie auch im physikalischen ↑Operationalismus von P. W. Bridgman und in der mathematischen ↑Heuristik von G. Polya.

Viele Arbeiten D.s sind kulturellen Fragen und Erziehungsproblemen gewidmet. In seiner Pädagogik ging es ihm unter anderem um die Überwindung der Dichotomie von so genanntem höherem theoretischen und niederem anwendungsbezogenen Wissen sowie um die Aufhebung der Trennung von intellektuellen und physisch-motorischen Kompetenzen, die D. zufolge auf der falschen Überzeugung eines Leib-Seele-Dualismus (↑Dualismus, ↑Leib-Seele-Problem) beruht. D. stützt sich im Gefolge Darwins auf eine naturalistische Auffassung des Menschen und rückt die Aufgabe ins Zentrum, die Möglichkeiten des Menschen zur Verbesserung seiner Lebensumstände systematisch zu erkunden. Im Mittelpunkt von D.s Sozialphilosophie stehen die Beiträge zur Theorie der Öffentlichkeit und der demokratischen Organisation der Gesellschaft. D.s pädagogische und schulpolitische Vorschläge (z. B. Einführung von Arbeitsunterricht) wurden in den USA weitgehend realisiert und wirkten auch in Japan, Indien und Lateinamerika.

Werke: The Early Works of J. D. (1882–1898), I–V, ed. J. A. Boydston, Carbondale Ill. etc. 1969–1972, 1975; The Middle Works of J. D. (1899–1924), I–XV, ed. J. A. Boydston, Carbondale Ill. etc. 1976–1983, I–V 1983, VI–X 1985, XI–XV 1988; The Later Works of J. D. (1925–1953), I–XVII, ed. J. A. Boydston,

Carbondale Ill. etc. 1981–1990; J. D.. The Collected Works (1882–1953). Index, ed. A. S. Sharpe, Carbondale Ill. etc. 1991. – Psychology, New York 1887, ³1891, Neudr. in: Early Works II; Leibniz's New Essays Concerning the Human Understanding. A Critical Exposition, Chicago Ill. 1888 (repr. New York 1961), 1902, Neudr. in: Early Works I, 251–435; Outlines of a Critical Theory of Ethics, Ann Arbor Mich. 1891 (repr. New York 1969), Neudr. in: Early Works III, 237–388; The School and Society [...], Chicago Ill. 1899, Chicago Ill., London 1906, rev. Chicago Ill., Cambridge etc. 1915, Neudr. in: Middle Works I, 1–109; The Child and the Curriculum, Chicago Ill. 1902, ferner in: Studies in Logical Theory, Chicago Ill. 1903, Chicago Ill., London ²1909, Neudr. in: Middle Works II, 293–375; (mit J. H. Tufts) Ethics, New York 1908, London 1909, New York 1932, 1961, Neudr. in: Middle Works V; Moral Principles in Education, Boston Mass./New York 1909, Neudr. in: Middle Works IV, 265–291; The Influence of Darwin on Philosophy and Other Essays in Contemporary Thought, New York, London 1910, Bloomington Ind. 1965, unter dem Titel: The Influence of Darwin on Philosophy and Other Essays, Amherst N. Y. 1997; How We Think. A Restatement of the Relation of Reflective Thinking to the Educative Process, Boston Mass., London 1910, rev. New York, London 1933, Chicago Ill. 1971, Neudr. in: Middle Works VI, 177–356 [ohne Untertitel], Mineola N. Y. 1997 (dt. Wie wir denken. Eine Untersuchung über die Beziehung des reflektiven Denkens zum Prozeß der Erziehung, Zürich 1951 [Übers. folgt der ersten Aufl.]); German Philosophy and Politics, New York 1915, rev. 1942, Neudr. in: Middle Works VIII, 135–204 (dt. Deutsche Philosophie und deutsche Politik, Meisenheim am Glan 1954, unter dem Titel: Deutsche Philosophie und deutsche Politik. Essays 1914–1941, Bodenheim 2000); Democracy and Education. An Introduction to the Philosophy of Education, New York 1916, 1966, Neudr. in: Middle Works IX [ohne Untertitel] (dt. Demokratie und Erziehung. Eine Einleitung in die philosophische Pädagogik, Breslau 1930, Braunschweig/Berlin 1949, Weinheim/Basel 1993, 2000); Essays in Experimental Logic, Chicago Ill., Cambridge Mass. etc. 1916, New York 1953; Reconstruction in Philosophy, New York 1920, Boston Mass. 1966, Neudr. in: Middle Works XII, 77–201 (dt. Die Erneuerung der Philosophie, Hamburg 1989); Human Nature and Conduct. An Introduction to Social Psychology, New York 1922, 1957, Neudr. in: Middle Works XIV [ohne Untertitel] (dt. Die menschliche Natur. Ihr Wesen und ihr Verhalten, Stuttgart 1931, ed. R. Horlacher/ J. Oelkers, Zürich 2004); Experience and Nature, Chicago Ill./ London 1925, New York 1958, La Salle Ill. 1965, Neudr. in: Later Works I (dt. Erfahrung und Natur, Frankfurt 1995); The Public and Its Problems, New York 1927, Chicago Ill. 1946, Athens Ohio 1999, Neudr. in: Later Works II, 235–372 (dt. Die Öffentlichkeit und ihre Probleme, Berlin 1996, 2001); Characters and Events. Popular Essays in Social and Political Philosophy, I–II, New York 1929, 1970; The Quest for Certainty. A Study of the Relation of Knowledge and Action, New York 1929, London 1930, Neudr. in: Later Works IV (dt. Die Suche nach Gewißheit. Eine Untersuchung des Verhältnisses von Erkenntnis und Handeln, Frankfurt 1998); Individualism, Old and New, New York 1930, London 1931, New York 1962, Neudr. in: Later Works V, 41–123, Amherst N. Y. 1999; Philosophy and Civilization, New York 1931, Gloucester Mass. 1968 (dt. Philosophie und Zivilisation, Frankfurt 2003); Art as Experience, New York, London 1934, 1958, Neudr. in: Later Works X (dt. Kunst als Erfahrung, Frankfurt 1980, 1995); A Common Faith, New York/London/ New Haven Conn. 1934, Neudr. in: Later Works IX, 1–58; (mit W. H. Kilpatrick) Der Projekt-Plan. Grundlegung und Praxis, Weimar 1935; Logic. The Theory of Inquiry, New York 1938, New York etc. 1964, Neudr. in: Later Works XII (dt. Logik. Die Theorie der Forschung, Frankfurt 2002); Theory of Valuation, Chicago Ill. 1939, 1967 (Int. Enc. Unified Sci. II/4), Neudr. in: Later Works XIII, 189–251; Freedom and Culture, New York 1939, 1963, Neudr. in: Later Works XIII, 63–188 (dt. Mensch oder Masse, Wien 1939, 1956); Problems of Men, New York 1946, 1968; Theory of the Moral Life, New York 1960, 1980; On Experience, Nature, and Freedom, ed. R. J. Bernstein, Indianapolis Ind. 1960; Pädagogische Aufsätze und Abhandlungen (1900–1944), ed. R. Horlacher/J. Oelkers, Zürich 2002. – M. H. Thomas, A Bibliography of J. D., New York 1929, ²1939, unter dem Titel: J. D.. A Centennial Bibliography Chicago Ill. etc. ³1962; J. A. Boydston/R. L. Andresen, J. D.. A Checklist of Translations (1900–1967), Carbondale Ill. etc. 1969; J. A. Boydston (ed.), Guide to the Works of J. D., Carbondale Ill. etc. 1970, 1972; dies./K. Poulos, Checklist of Writings About J. D. 1887–1973, Carbondale Ill. etc. 1974, erw. ²1978 [1887–1977]; dies., J. D.'s Personal and Professional Library. A Checklist, Carbondale Ill. etc. 1982; Bibliography of the Writings of J. D. (1882–1989), in: P. A. Schilpp/L. E. Hahn (eds.), The Philosophy of J. D., La Salle Ill. ³1989, 609–715; B. Levine, Works about J. D., 1886–1995, Carbondale Ill. etc. 1996.

Literatur: T. M. Alexander, J. D.'s Theory of Art, Experience, and Nature. The Horizons of Feeling, Albany N. Y. 1987; R. J. Bernstein, J. D., New York, Atascadero Calif. 1966, 1981; ders., D., Enc. Ph. II (1967), 380–385; S. Bittner, Learning by D.? J. D. und die deutsche Pädagogik 1900–2000, Bad Heilbrunn 2001; J. E. Blewett (ed.), J. D.. His Thought and Influence, New York 1960, Westport Conn. 1973, ²1975; F. Bohnsack, J. D.. Ein pädagogisches Porträt, Weinheim 2004; F. T. Burke, J. D.'s Logical Theory. New Studies and Interpretations, Nashville Tenn. 2002; T. C. Dalton, Becoming J. D.. Dilemmas of a Philosopher and Naturalist, Bloomington Ind. 2002; C. F. Delaney, D., J., in: R. Audi (ed.), The Cambridge Dictionary of Philosophy, Cambridge etc. ²1999, 229–231; G. Deledalle/F. Dachet, D., Enc. philos. universelle III/2 (1992), 2358–2365; G. Dykhuizen, The Life and Mind of J. D., ed. J. A. Boydston, Carbondale Ill. etc. 1973, ²1974; S. Fesmire, J. D. and Moral Imagination. Pragmatism in Ethics, Bloomington Ind. 2003; G. R. Geiger, J. D. in Perspective, New York 1958, Westport Conn. 1974, ²1976; T. Gil, D., in: F. Volpi (ed.), Großes Werklexikon der Philosophie I, Stuttgart 1999, 374–378; P. Ginestier, D., in: D. Huisman (ed.), Dictionnaire des Philosophes I, Paris ²1993, 794–797; J. Gouinlock, D., in: L. C. Becker (ed.), Encyclopedia of Ethics I, New York/London 1992, 259–262; ders., D., REP III (1998), 44–51; K. Hanson, D., in: T. Honderich (ed.), The Oxford Companion to Philosophy, Oxford etc. 1995, 197–198; L. A. Hickman, J. D.'s Pragmatic Technology, Bloomington Ind. 1990, 1992; ders. (ed.), Reading D.. Interpretations for a Postmodern Generation, Bloomington Ind. 1998; A. Honneth, Zwischen Prozeduralismus und Teleologie. Ein ungelöster Konflikt in der Moraltheorie von J. D., Dt. Z. Philos. 47 (1999), 59–74; S. Hook, J. D.. An Intellectual Portrait, New York 1939, Amherst N. Y. 1995; ders. (ed.), J. D.. Philosopher of Science and Freedom. A Symposium, New York 1950, ²1967, Westport Conn. 1976; T. Hoy, The Political Philosophy of J. D.. Towards a Constructive Renewal, Westport Conn./London 1998; P. W. Jackson, J. D. and the Lessons of Art, New Haven Conn./London 1998; ders., J. D. and the Philosopher's Task, New York 2002; H. Joas (ed.), Philosophie der Demokratie. Beiträge zum Werk von J. D., Frankfurt 2000; D. Jörke, Demokratie als Erfahrung. J. D. und die politische Philosophie der Gegenwart, Wiesbaden 2003; F. Kaufmann, J. D.'s Theory of Inquiry, J. Philos. 56 (1959), 826–836; V. Kestenbaum, The Grace and the Severity of the Ideal. J. D. and the Transcendent, Chicago Ill./London 2002; R. Koerrenz, D., RGG II (1999), 779–780; H.-P. Krüger, Prozesse der öffentlichen Untersuchung. Zum Potential einer zweiten Modernisierung in J. D.s »Logic. The Theory of Inquiry«, Dt. Z. Philos. 47 (1999), 75–103; K. Mainzer, J. D.. Instrumentalismus und Naturalismus in der technisch-wissenschaftlichen Welt, in: J. Speck (ed.), Grundprobleme der großen Philosophen. Neuzeit V, Göttingen 1991, 170–209; J. Martin, The Education of J. D.. A Biography, New York etc. 2002; H. P. McDonald, J. D. and Environmental Philosophy, Albany N. Y. 2004; S. Morgenbesser (ed.), D. and His Critics. Essays from the Journal of Philosophy, New York 1977, ²1988; S. Neubert, Erkenntnis, Verhalten und Kommunikation. J. D.s Philosophie des ›experience‹ in interaktionistisch-konstruktivistischer Interpretation, Münster etc. 1998; A. Pasch, D. and the Analytical Philosophers, J. Philos. 56 (1959), 814–826; M.-L. Raters-Mohr, Intensität und Widerstand. Metaphysik, Gesellschaftstheorie und Ästhetik in J. D.s »Art as experience«, Bonn 1994; dies., D., LThK III (1995), 174–175; P. A. Schilpp (ed.), The Philosophy of J. D., Evanston Ill./Chicago Ill. 1939, New York ²1951, (mit L. E. Hahn) La Salle Ill. ³1989 [mit einer Antwort D.s: Experience, Knowledge and Value. A Rejoinder, 515–608, und Bibliographie, 608–715]; M. Suhr, J. D. zur Einführung, Hamburg 1994; R. B. Talisse, On D., Belmont Calif. 2000; H. S. Thayer, The Logic of Pragmatism. An Examination of J. D.'s Logic, New York 1952, 1969; J. E. Tiles (ed.), J. D.. Critical Assessments, I–IV, London/New York 1992; H.-H. Uslucan, Handlung und Erkenntnis. Die pragmatische Perspektive. J. D.s und Jean Piagets Entwicklungspsychologie, Münster etc. 2001; M. G. White, The Origin of D.'s Instrumentalism, New York 1943, 1977; P. M. Zeltner, J. D.'s Aesthetic Philosophy, Amsterdam 1975. K. M./M. C.

Dezimalsystem, auch dekadisches oder Zehnersystem, Bezeichnung für das von den Indern stammende und al-Chwarismi von den Arabern vermittelte, spätestens seit dem Ende des Mittelalters in Europa allgemein gebräuchliche ↑Zahlensystem zur Basis (↑Grundzahl) 10. In ihm werden alle natürlichen ↑Zahlen mit Hilfe von zehn Zahlzeichen (0, 1, 2, ..., 9) als Summe von Zehnerpotenzen dargestellt. Dabei gibt, wie in allen Stellenwertsystemen (Positionssystemen), die Stellung eines Zahlzeichens an, zu welcher Potenz die Basis genommen werden soll. So stehen in einer dekadischen Zahldarstellung ganz rechts die Einer (die Faktoren von $10^0 = 1$), links daneben die Zehner (die Faktoren von $10^1 = 10$), daneben die Hunderter (die Faktoren von $10^2 = 100$) usw.. Ein Ausdruck $a_n a_{n-1} \ldots a_0$ des D.s bezeichnet also die Zahl

$$a_n a_{n-1} \ldots a_0 \Leftrightarrow \sum_{i=0}^{n} a_i \cdot 10^i.$$

Z. B. ist $2107 = 2 \cdot 10^3 + 1 \cdot 10^2 + 0 \cdot 10^1 + 7 \cdot 10^0$.
Da jede natürliche Zahl sich als Summe von Potenzen zu einer beliebigen vorgegebenen Basis schreiben läßt, lassen sich Ausdrücke des D.s in solche eines beliebigen anderen Positionssystems, z. B. des ↑Dualsystems, übersetzen und umgekehrt. Nimmt man noch negative Potenzen von 10 hinzu (die den Stellen hinter dem Komma entsprechen), so kann man auch Brüche im D. darstellen (›Dezimalbrüche‹); z. B. ist

$$1{,}075 = 1 \cdot 10^0 + 0 \cdot 10^{-1} + 7 \cdot 10^{-2} + 5 \cdot 10^{-3} = \tfrac{43}{40}.$$

Allerdings haben nicht alle Brüche eine endliche Entwicklung im D.. Z. B. ergibt sich für $\tfrac{1}{3}$ der (unendliche) periodische Dezimalbruch 0,333..., während dieselbe Zahl im Zahlensystem zur Basis 3 (mit den Grundziffern 0, 1, 2) die endliche Darstellung 0,1 besitzt. Die uneingeschränkte Übersetzbarkeit von Zahldarstellungen verschiedener Positionssysteme gilt also nur für natürliche Zahlen, nicht für Brüche. Zur allgemeinen Untersuchung der Darstellung von Brüchen in Zahlensystemen zur Basis n benötigt man Methoden der ↑Zahlentheorie.

Literatur: D. E. Knuth, The Art of Computer Programming II (Seminumerical Algorithms), Reading Mass. etc. 1969, ³1998 (Chap. 4.1 Positional Number Systems, 195–213) (dt. [gekürzt um Kap. 3] Arithmetik, Berlin etc. 2001 [Kap. 4.1 Stellenwertsysteme, 2–22]). P. S.

Dezisionismus (von lat. decidere, abschneiden, entscheiden; decisio, Abkommen, Entscheidung), Bezeichnung für eine zunächst durch C. Schmitt formulierte systematische Position: Während im *Gesetzesdenken* oder *Normativismus* jedes juristische Urteil, auch das auf die jeweilige konkrete Situation bezogene Urteil, aus den gesetzlich festgelegten Normen (↑Norm (juristisch, sozialwissenschaftlich)) ableitbar sein soll, erfordert nach dem *Entscheidungsdenken* oder *D.* jedes konkrete Urteil eine normativ nicht ableitbare und in diesem Sinne unbegründbare Entscheidung. Zunächst als gegensätzliche Positionen konstruiert, sieht Schmitt später (indem er beide Positionen seinem ›konkreten Ordnungsdenken‹ gegenüberstellt) den Normativismus und D. als sich ergänzende Aspekte des juristischen Positivismus (↑Positivismus (systematisch)). – Im Anschluß und in Auseinandersetzung mit der Schmittschen Konzeption des D. ist dessen Bedeutung verallgemeinert worden, so daß in der neueren Diskussion, vor allem über die Möglichkeit der methodischen Begründung von ↑Handlungen oder Normen (↑Norm (handlungstheoretisch, moralphilosophisch)), unter D. im allgemeinen die Weigerung verstanden wird, bestimmte für das Handeln erforderliche Entscheidungen zu begründen (›praktischer‹ D.), oder aber die Behauptung, daß eine solche ↑Begründung, z. B. wegen der Unüberschaubarkeit der konkreten Handlungsbedingungen oder wegen der Unbegründbarkeit der obersten Normen, ↑Zwecke oder Werte (↑Wert (moralisch)), unmöglich sei (›theoretischer‹ D.).

Literatur: A. Adam, Die Zeit der Entscheidung. Carl Schmitt und die politische Apokalyptik, in: G. C. Tholen/M. O. Scholl (eds.),

Zeit-Zeichen. Aufschübe und Interferenzen zwischen Endzeit und Echtzeit, Weinheim 1990, 97–107; ders., Rekonstruktion des Politischen. Carl Schmitt und die Krise der Staatlichkeit, Weinheim 1992; A. Brodocz, Die politische Theorie des D., Opladen 2002; H. Hofmann, Legitimität gegen Legalität. Der Weg der politischen Philosophie Carl Schmitts, Neuwied/Berlin 1964, Berlin 1977, ³1995; ders., Dezision, D., Hist. Wb. Ph. II (1972), 159–161; C. Graf v. Krockow, Die Entscheidung. Eine Untersuchung über Ernst Jünger, Carl Schmitt, Martin Heidegger, Stuttgart 1958, Frankfurt 1990; K. Löwith, Der okkasionelle D. von C. Schmitt, in: ders., Gesammelte Abhandlungen. Zur Kritik der geschichtlichen Existenz, Stuttgart 1960, 93–126 [zuerst unter dem Pseudonym H. Fiala und unter dem Titel: Politischer D., Int. Z. Theorie des Rechts 9 (1935), 101–123]; H. Lübbe, Theorie und Entscheidung. Studien zum Primat der praktischen Vernunft, Freiburg 1971, 7–31 (Zur Theorie der Entscheidung); ders., Praxis der Philosophie, Praktische Philosophie, Geschichtstheorie, Stuttgart 1978, 61–77 (D. – eine kompromittierte politische Theorie); G. Maschke, Die Zweideutigkeit der ›Entscheidung‹ – Thomas Hobbes und Juan Donoso Cortés im Werk Carl Schmitts, in: H. Quaritsch (ed.), Complexio Oppositorum. Über Carl Schmitt, Berlin 1988, 193–221; C. Schmitt, Politische Theologie. Vier Kapitel zur Lehre von der Souveränität, München 1922, Berlin ⁷1996; C. Schwaabe, Liberalismus und D.. Zur Rehabilitierung eines liberalen D. im Anschluß an Carl Schmitt, Jacques Derrida und Hermann Lübbe, München 2001; ders., Freiheit und Vernunft in der unversöhnten Moderne. Max Webers kritischer D. als Herausforderung des politischen Liberalismus, München 2002. O. S.

dharma (sanskr., tragendes Prinzip, Recht, Gerechtigkeit, soziales und natürliches Gesetz, Tugend; [Lebensführung betreffende] Lehre; Eigenschaft, Merkmal; das Maskulinum ›d.‹ ist zum sprachgeschichtlich älteren Neutrum ›d.n‹ im wesentlichen synonym), Grundbegriff der indischen Geistesgeschichte und Philosophie (↑Philosophie, indische). Bereits im ↑Veda werden die Spekulationen um eine kosmische Ordnung (ṛta, wörtl.: Fügung) zum Begriff des d. im Sinne eines Natur und Gesellschaft bestimmenden Gesetzes und damit der öffentlichen und privaten ›religiösen‹ Pflichten weiterentwickelt. Es ist insbes. das Opferritual, das die für die Aufrechterhaltung der Ordnung oder ihre Wiederherstellung nach einer Störung erforderliche Übereinstimmung des Handelns, Sprechens und Denkens der Menschen mit dem d. sicherstellt. Aus diesem Grund wird d. oft als indisches Äquivalent für *Religion* im Sinne eines jeweils gruppenspezifischen Ensembles von Verhaltenspflichten behandelt.
Unter den ebenfalls zum Veda im weiteren Sinn gehörenden Lehrschriften (↑sūtra) verschiedener Disziplinen nehmen die mit den Regeln der Lebensführung in allen Bereichen, insbes. unter Bezug auf die Kastenzugehörigkeit, befaßten d.-sūtras eine zentrale Rolle ein; sie fallen unter die Disziplin Ritual (kalpa). Unter den Fortentwicklungen dieser Lehrschriften, den d.-śāstras, die zum jüngeren, als Tradition (↑smṛti) und nicht als Offenbarung (↑śruti) geltenden Wissen im ↑Brahmanismus gezählt werden, befindet sich einer der bedeutendsten Texte des alten Indien, das zwischen 200 v. Chr. und 200 n. Chr. entstandene Mānava-d.-śāstra, auch: Manusmṛti, die schon 1796 von William Jones ins Englische übersetzt wurde. Im Zusammenhang der dort unter anderem behandelten Rezitationspflichten wird auch die Rolle der Upanischaden (↑upaniṣad) in der Lebensführung erörtert. Der d. bestimmt das Gesetz der Tatvergeltung (karman), das ↑karma, dem jedes lebendige Wesen im Maße seiner Befolgung des d. unterworfen ist und das seine Erlösung (↑mokṣa) zu einem von Leid (↑duḥkha) freien Leben bestimmt; metonymisch steht ›d.‹ daher auch für Verdienst, entsprechend ›adharma‹ für Schuld, z. B. in den klassischen Systemen des ↑Saṃkhya und des ↑Vaiśeṣika.

In weiter abgeleiteter Bedeutung ist d. eine der sechs Substanzen (↑dravya) im Jainismus (↑Philosophie, jainistische), nämlich das Medium der die Tatvergeltung möglich machenden Bewegung. Im Buddhismus wiederum (↑Philosophie, buddhistische) ist ›d.‹ Terminus für die dem Denkorgan (↑manas) entsprechenden Denkobjekte, was zu einer für den Buddhismus charakteristischen d.-Lehre geführt hat: Die d.s gelten als durch Denken – und damit in der Lehre – erfaßte, deshalb dem Entstehen und zugleich Vergehen unterworfene *Daseinsfaktoren*, deren vom Gesetz der Tatvergeltung regiertes Zusammentreten zu den partikularen Gegenständen der Welt, Dingen ebenso wie Lebewesen und anderen Partikularia, führt. Daher ist das ›Rad des Gesetzes‹, zugleich ›Rad der Lehre‹ (d.-cakra), seit der ersten Lehrrede des Buddha ein Bild für den Weltlauf. Kombinationen von d.s aus den fünf ›Aneignungsgruppen‹ (↑upādāna-skandha) Körper (rūpa), Empfinden (↑vedanā), Mit-Hilfe-der-sechs-Sinne-gliedern-können (↑saṃjñā), Begehrung (↑saṃskāra) und Bewußtsein im Sinne von Reflexionsvermögen (↑vijñāna) ergeben die verschiedenen Menschen, die aus diesem Grunde ebenfalls keine Selbständigkeit, insbes. kein Selbst (↑ātman), beanspruchen können. Wegen des eigenschaftlichen und nicht substantiellen Charakters der Daseinsfaktoren steht in der logischen Literatur seit Dignāga (ca. 460–540) ›d.‹ auch für Eigenschaft; ›dharmin‹ entsprechend für den Träger von Eigenschaften.

Literatur: S. C. Banerji, d.-Sutras. A Study in Their Origin and Development, Kalkutta 1962; P. W. R. Bowlby, The Lotus and the Chariot. A Study of the Root Meaning of d. in the Indian Religious Tradition, London/Ontario 1975; J. A. B. van Buitenen, d. and Mokṣa, Philos. East and West 7 (1957), 33–40, Nachdr. in: Studies in Indian Literature and Philosophy. Collected Articles of J. A. B. van Buitenen, ed. L. Rocher, Delhi 1988; C. Cox, Disputed d.s. Early Buddhist Theories on Existence. An Annotated Translation of the Section of Factors Dissociated from Thought from Saṅghabhadra's [5. Jh.] Nyāyānusāra, Tokyo 1995; A. B. Creel, d. in Hindu Ethics, Kalkutta 1977; J. T. Ergardt, Man and His Destiny. The Release of the Human

Mind. A Study of Citta in Relation to Dhamma in Some Ancient Indian Texts, Leiden 1986; M. K. Gandhi, Hindu d., Ahmedabad 1950, 1958; H. v. Glasenapp, Entwicklungsstufen des indischen Denkens. Untersuchungen über die Philosophie der Brahmanen und Buddhisten, Schriften Königsberger Gelehrten Ges., Geisteswiss. Kl. XV–XVI (1940), 273–441; P. Hacker, Der d.begriff des Neuhinduismus, Z. f. Missionswiss. u. Religionswiss. 42 (1958), 1–15 (repr. in: ders., Kleine Schriften, ed. L. Schmithausen, Wiesbaden 1978, 510–524); ders., d. im Hinduismus, Z. f. Missionswiss. u. Religionswiss. 49 (1965), 93–106 (repr. in: ders., Kleine Schriften [s.o.], 496–509); W. Halbfass, d. im Selbstverständnis des traditionellen und des modernen Hinduismus, in: ders., Indien und Europa. Perspektiven ihrer geistigen Begegnung, Basel/Stuttgart 1981, 358–402 (engl. India and Europe. An Essay in Philosophical Understanding, Albany N. Y. 1988, Delhi 1990); A. Hirakawa, The Meaning of d. and Abhi-d., in: Indianisme et bouddhisme. Mélanges offertes à E. Lamotte, Louvain 1980, 159–175; D. H. H. Ingalls, d. and Moksha, Philos. East and West 7 (1957), 41–48; P. V. Kane, History of d.-sastra. Ancient and Mediaeval Religions and Civil Law, I–VII, Poona 1930–1962, in 5 Bdn. ²1968–1975; B. Kar, The d. in Jainism, Int. Philos. Quart. 26 (1986), 161–168; R. A. May, An Enquiry in der im ↑Yogācāra erreichten endgültigen Form der Drei-Leiber-Lehre ist der d. der allen Buddhas gemeinsame Kern, ›die Lehre [des irdischen Buddha Gautama]‹ und zugleich ›das Gesetz [des Kosmos]‹. Es werden zahlreiche grundsätzlich gleichbedeutende Termini anstelle von ›d.‹ gebraucht, darunter: ↑śūnyatā (= Leerheit), tathatā (= Sosein), dharmatā (= Dharmasein), tathāgatagarbha (= Keim des Vollendeten) (↑Philosophie, buddhistische). Im ↑Tantrayāna wurden Schematisierungen entwickelt, die den in den Sūtras des Mahāyāna auf unterschiedliche Weise auftretenden Zusammenhang des d. mit den nur geistig erfahrbaren, als Lehrer der irdischen und transzendenten Bodhisattvas (= Buddhaanwärter) fungierenden transzendenten Buddhas des sambhogakāya (= Körper der Seligkeit) und den irdischen Buddhas des nirmāṇakāya (= Körper der Wandlung), und zwar unter Einschluß einiger der zahllosen transzendenten Bodhisattvas, durchsichtig machen sollen (H. W. Schumann 1971, 82):

dharmakāya	Sosein (tathatā), apersonal Urbuddha (ādibuddha), personal				
sambhogakāya (transzendente Buddhas)	Vairocana	Akṣobhaya	Ratnasambhava	Amitābha	Amoghasiddhi
nirmāṇakāya (irdische Buddhas)	Krakucchanda	Kanakamuni	Kāśyapa	Gautama	Maitreya
transzendente Bodhisattvas	Samantabhadra	Vairapāṇi	Ratnapāṇi	Avalokiteśvara	Viśvapāṇi

Comparative Jurisprudence. Similarity and Disparity Between d., Li and Nomos, London 1983, unter dem Titel: Law and Society, East and West, d., Li and Nomos, Their Contributions to Thought and Life, Wiesbaden/Stuttgart 1985; K. A. Potter, d. and Mokṣa from a Conversational Point of View, Philos. East and West 8 (1958), 49–54; K. S. Ramaswami Sastri, The d.-sūtras and the d.-śāstras, Tirupati 1952; K. V. Rangaswami Aiyangar, Some Aspects of the Hindu View of Life According to the d.-śāstra, Baroda 1952; T. Skorupski, d., Buddhist d. and d.'s, in: M. Eliade (ed.), The Encyclopedia of Religion IV, New York/London 1987, 1993, 332–338; F. I. T. Stcherbatsky [auch Ščerbatskoj], The Central Conception of Buddhism and the Meaning of the Word d., London 1923, Delhi 1994 (span. d., concepto central del budhismo, Malaga 1994); L. Sternbach, Bibliography on d. and Artha in Ancient and Mediaeval India, Wiesbaden 1973.   K. L.

dharmakāya (sanskr., Dharmakörper), im ↑Mahāyāna-Buddhismus einer der drei allegorisch verstandenen Leiber (kāya), durch die unter den verschiedenen überlieferten und neuentwickelten Auffassungen von den Buddhas eine Ordnung gewonnen werden sollte. In

Literatur: B. Chung, Won Buddhism. A Synthesis of the Moral Systems of Confucianism and Buddhism, J. Chinese Philos. 15 (1988), 425–448; N. Dutt, Doctrine of kāya in Hīnayāna and Mahāyāna, Indian Hist. Quart. (Calcutta) 5 (1929), 518–546; R. L. F. Habito, On the Notion of ›d.‹. A Study in the Buddhist Absolute, J. Dharma 11 (1986), 348–378; H. S. Sakuma, The Classification of the d. Chapter of the Abhisamayālaṃkāra by Indian Commentators, J. Indian Philos. 22 (1994), 259–297; U. Schneider, Der Buddhismus. Eine Einführung, Darmstadt 1980, ⁴1997, 189–192; H. W. Schumann, Buddhismus. Ein Leitfaden durch seine Lehren und Schulen, Darmstadt 1971, 1973.   K. L.

Dharmakīrti, ca. 600–660, südindischer Brahmane, der nach seiner Bekehrung zum Buddhismus zu einem der bedeutendsten buddhistischen Philosophen, nach seinem Tode zum berühmtesten Logiker der zum ↑Yogācāra des Mahāyāna (↑Philosophie, buddhistische) gehörenden logischen Schule des Buddhismus (↑Logik, indische) wurde. Sein Lehrer an der buddhistischen Klosteruniversität Nālandā, an der auch D. später lehrte, war Īśvarasena (ca. 580–640), ein Kommentator der Werke Dignāgas (ca. 460–540), dessen Werk auch von

D. ausführlich kommentiert und gegen Kritiker, selbst gegen Īśvarasena, verteidigt wurde. Einem Glücksfall ist es zu verdanken, daß die Werke D.s beinahe lückenlos, zwar nicht immer in Sanskrit, wohl aber in tibetischer Übersetzung, überliefert sind.
Nach der von E. Frauwallner vorgeschlagenen Rekonstruktion der Reihenfolge von D.s Werken steht am Beginn ein Werk über die Lehre vom Grund, das unter dem irreführenden Titel ›Schluß für sich‹ (svārthānumāna) den letzten drei Kapiteln eines nicht beendeten Kommentars zum systematischen Hauptwerk Dignāgas, dem Pramāṇasamuccaya (= Zusammenstellung der Erkenntnismittel), vorangestellt ist. D. hat später in seinem Hetubindu (= Leitfaden [der Lehre] vom Grund) denselben Stoff noch einmal systematisch kurz zusammengefaßt. Auf diese Weise erklärt sich der unorthodoxe, schon in der indischen Tradition zum Gegenstand von Spekulationen gewordene Aufbau von D.s Kommentar zum Pramāṇasamuccaya, seines mittlerweile auch in Sanskrit zugänglichen Hauptwerks Pramāṇavārttika. Die Untersuchung über die drei Arten von Gründen im 1. Kapitel beantwortet die Frage nach der Allgemeinheit des implikativen Zusammenhangs zwischen Grund (↑hetu) und Folge (sādhya), d. i. der von D. auch als avinābhāva (= nicht-trennbare [Verbindung]) bezeichneten ↑vyāpti. Die vyāpti liegt als eine allgemeine vor (1) in einer begrifflichen Implikation, z. B. Fichte ≺ Baum – es liegt sādhya-svabhāvatva (= Selbstsein der Folge) des hetu vor, d. h., die Folge gehört zur begrifflichen Bestimmung des Grundes –, (2) in einer kausalen Implikation, z. B. Rauch ≺ Feuer – es tritt der Grund als das Bewirkte (kārya) nur der Folge auf –, (3) in einer Implikation aufgrund von ›Nicht-Erfassen‹ (anupalabdhi) – in diesem Fall sind Negationen einbezogen, etwa die ↑Kontraposition: es fehlt der Grund, wenn die Folge nicht auftritt. Diese insbes. auf eine klare Scheidung von Handlungs- und Zeichenhandlungsebene verweisende Dreiteilung mit ihren Konsequenzen für eine Unterscheidung zwischen kausalen und begrifflichen Schlußfolgerungen ist D.s eigene Leistung, mit der er über Dignāga hinausgeht.
Das gilt auch für die in diesem Zusammenhang vorgenommene Ausarbeitung der von Dignāga geschaffenen Bedeutungstheorie mithilfe der ›Lehre von der Sonderung‹ (apohavāda, ↑apoha) – ein Zeichen ›A‹ referiert bei seiner wahrnehmungsbezogenen Verwendung auf etwas nur durch die doppelte Negation ›¬¬A‹ Artikulierbares: die Bedeutung von ›A‹ ist ¬¬A und nicht A – und ebenso für die den Primat praktischer Erkenntnis fundierende Auszeichnung des jeweils Wahrgenommenen durch ›etwas bewirkend‹ (arthakriyā). Das bloß Gedachte bzw. Gesagte verfügt nicht über eine derartige Handlungsrelevanz. Im Hintergrund steht die von Dignāga systematisch fortentwickelte Lehre vom Momentancharakter aller Erscheinungen (kṣaṇikavāda):

Zwischen Entstehen und Vergehen der Daseinsfaktoren (↑dharma) gibt es auch nicht den kleinsten Augenblick von Dauer. Mit dem Erkenntnismittel (↑pramāṇa) Wahrnehmung (↑pratyakṣa) werden die allein wirklichen svalakṣaṇa (= nur als es selbst auftretender Zug) erfaßt, bei denen es keinen Unterschied zwischen Erkenntnis als Verfahren und Erkenntnis als Resultat gibt: Es sind streng singulare, nämlich ›nicht aus Raum und Zeit bestehende‹ (deśa-kāla-ananugata) Vollzüge von Wahrnehmungshandlungen. Ihnen stehen die als Fiktionen geltenden sāmānyalakṣaṇa (= allgemeiner Zug, ↑sāmānya) gegenüber, die sich dem Erkenntnismittel Schlußfolgerung (↑anumāna) verdanken und für die sich ebenfalls die Unterscheidung zwischen Verfahren und Resultat der Erkenntnishandlung nicht machen läßt: Es handelt sich um die Wahrnehmungshandlungen als Schemata, die deshalb als Denkhandlungen zu gelten haben. Handlungen als Schemata sind Denken bzw. Vorstellen (vikalpa), als Vollzüge hingegen sind sie Wahrnehmen.
D. hat dieser Lehre, die als Entwurf einer Ontologie zweier Sorten von Gegenständen, den Universalia und den Singularia, mißverstanden werden kann und wurde, ihren epistemologischen Charakter zurückgegeben – es gibt nur eine Sorte von Gegenständen, die Partikularia, mit denen jedoch (singular) aneignend, d. i. unmittelbar wahrnehmend, und (universal) objektivierend, d. i. mittelbar durch eine Schlußfolgerung, umgegangen werden kann – und sie dabei zugleich verfeinert. Unter Berufung auf die begriffliche Trennung von Handlungsebene und Zeichenhandlungsebene verwandelt D. ein svalakṣaṇa in ein Zwillingspaar von singularen svalakṣaṇa: Das Wahrgenommene als Erkennen und das Wahrnehmen als Wissen um das Erkennen sind Singularia, die stets verbunden miteinander auftreten (sākāravāda, ↑Yogācāra), aber nur das erste ist handlungsrelevant. Aus diesem Grund werden die handlungsrelevanten svalakṣaṇa trotz ihres strikt singularen und nicht partikularen Charakters von D. wieder raumzeitlich verstanden, weil ihre Ansammlungen (sañcaya) den Stoff (rūpa) eines partikularen Gegenstandes (↑artha) bilden, der in einer wahrnehmenden Aneignung, d. i. der Wahrnehmungserkenntnis, durch ein svalakṣaṇa, d. i. einen Wahrnehmungsvollzug, realisiert ist. D. verwendet große argumentative Sorgfalt darauf klarzumachen, daß Ansammlungen im Unterschied zu Ganzheiten (avayavin) noch keine begrifflichen und auch keine relationalen Bestimmungen mit sich führen, die Wahrnehmung allein des Stoffes eines Partikulare – und nur dieser ist Objekt einer Wahrnehmung – daher prädikativ unbestimmt (nirvikalpa) ist. Die Form eines Partikulare hingegen, das Gemeinsame seiner prädikativen Bestimmungen, wird in einer Erkenntnis durch Schlußfolgerung, d. h. in einer Objektivation durch ein sāmānyalakṣaṇa, einer Schematisierung, bloß vorgestellt

und ist nicht real. Es sind aber allein die den svalakṣaṇa als Vollzüge des Wissens um das Erkennen entsprechenden Schemata, die die sāmānyalakṣaṇa bilden. Die den handlungsrelevanten svalakṣaṇa, also den Erkenntnisvollzügen selbst entsprechenden Schemata sind die gewöhnlichen Handlungsschemata. Es gehört zu den wichtigsten Leistungen von D., daß er angesichts der stets mit einer praktischen Erkenntnis durch Verursachung verbundenen theoretischen Erkenntnis, nämlich in Gestalt des Wissens um die Handlungserkenntnis, das sich den daran beteiligten Verstandeskonstruktionen (kalpanā) verdankt, die praktische Erkenntnisfunktion gewöhnlicher Handlungsschemata auf diese Weise herausgestellt hat. Die besondere Rolle praktischer Erkenntnis wird im 2. Kapitel des Pramāṇavārttika unter dem Titel ›Vollendung der Erkenntnismittel‹ (pramāṇasiddhi) sichtbar. Es ist in der Hauptsache ein Kommentar zum Einleitungsvers des Pramāṇasamuccaya, in dem der Buddha von Dignāga als Lehrer einer heilsamen praktischen Erkenntnis angerufen wird, und daher eigentlich nur die Einleitung in das, wohl auch wegen der deutlich ausgesprochenen Enttäuschung über das mangelnde Verständnis seiner Lehre, unvollständig gebliebene Kommentarwerk, von dem im 3. Kapitel die Wahrnehmung und im 4. Kapitel der ›Schluß für andere‹ (parārthānumāna) behandelt werden. Neben einem nur zum 1. Kapitel von D. selbst verfaßten Kommentar (vṛtti) gibt es Kommentare zu den drei übrigen Kapiteln von D.s Schüler Devendrabuddhi; daneben sind noch zahlreiche weitere Kommentare aus späterer Zeit überliefert. Im Pramāṇaviniścaya (= Aufstellung der Erkenntnismittel) hat D. »seine Lehre, die er im Pramāṇavārttikam im Anschluß an Dignāga vorgetragen hatte, zu einer selbständigen zusammenhängenden Darstellung zusammengefaßt« (Frauwallner 1954, 147); ihm folgt der für den Schulgebrauch geschriebene knappe Nyāyabindu (= Leitfaden der Logik). Beide Werke sind in drei Kapitel – Wahrnehmung, Schluß für sich, Schluß für andere – gegliedert und wurden häufig kommentiert; von besonderer Bedeutung sind die Kommentare (ṭīkā) des in Kaśmīr lebenden Dharmottara (ca. 730–780). Zu den Werken D.s gehören ferner: die Santānāntarasiddhi, eine gegen solipsistische Positionen gerichtete Monographie, der Vādanyāya, eine Logik der Debatte, in der insbes. eine Klassifikation der vom System des ↑Nyāya aufgeführten ›Tadelstellen [die zum Verlust einer Debatte führen]‹ (nigrahasthāna) begründet wird, und die Saṃbandhaparīkṣā, ein Nachweis der Nicht-Realität von Relationen, weil ihnen ausschließlich Allgemeinheit zukommt.

Hauptwerke u. Übersetzungen: Tibetan Translation of the Nyāyabindu of D. with the Commentary of Vinītadeva, I–II, ed. L. de la Vallée Poussin, Kalkutta 1907/1913, 1984 (Bibliotheca Indica CLXXI, NS 1179; NS 1374) [Fasc. II mit dem Untertitel: A Treatise on Buddhist Logic; Tibetischer Text]; Beiträge zur Apohalehre I (D.), ed. E. Frauwallner, Wiener Z. f. d. Kunde des Morgenlandes 37 (1930), 259–283 [Tibetischer Text des ersten Kapitels v. Pramāṇavārttika]; Beiträge zur Apohalehre I (D.), übers. E. Frauwallner, Wiener Z. f. d. Kunde des Morgenlandes 39 (1932), 247–285, 40 (1933), 51–94 (repr. in: Kleine Schriften, ed. G. Oberhammer/E. Steinkellner, Wiesbaden 1982, 367–405, 406–449); Pramāṇavārttikam, ed. R. Sānkṛtyāyana, J. Bihar and Orissa Res. Soc. 24 (1938); The Pramāṇavārttikam of D., The First Chapter with the Autocommentary. Text and Critical Notes, ed. R. Gnoli, Rom 1960; The Pramāṇavārttikam of D.. An English Translation of the First Chapter with the Autocommentary and with Elaborate Comments, ed. S. Mookerji/H. Nagasaki, Patna 1964; D.s Pramāṇaviniścayaḥ. 1. Kap.: Pratyakṣam, Einleitung, Text der tibet. Übers., Sanskritfragmente, dt. Übers. T. Vetter, Österr. Akad. Wiss., philos.-hist. Kl., Sitz.ber. 250 (1966) H. 3; E. Steinkellner, D.'s Hetubinduḥ, I–II, Österr. Akad. Wiss., philos.-hist. Kl., Sitz.ber. 252 (1967) H. 4–5 [I Tibet. Text u. rekonstruierter Sanskrit-Text; II Übers. u. Anmerkungen]; Pramāṇavārttika of Acharya D. with the Commentary ›Vṛtti‹ of Acharya Manorathanandin, ed. D. Shastri, Benares 1968; D.'s Pramāṇaviniścayaḥ II, 2. Kap.: Svārthanumānam, Tibet. Text u. Sanskrit-Texte, ed. E. Steinkellner, Österr. Akad. Wiss., philos.-hist. Kl. 287 (1973) H. 4; Der Buddha und seine Lehre in D.'s Pramāṇavārttika. Der Abschnitt über den Buddha und die vier edlen Wahrheiten im Pramāṇasiddhi-Kapitel, übers. T. Vetter, Wien 1984 [Sanskrit-Text mit dt. Übers.]; The Pramāṇavārttikam, with the Commentaries Svopajñavṛtti of the Author and Pramāṇavārttikavṛtti of Manorathanandin, ed. R. C. Pandeya, Delhi etc. 1989; D.'s Vādanyāyaḥ, I–II, übers. M. T. Much, Österr. Akad. Wiss., philos.-hist. Kl., Sitz.ber. 581 (1991) [I Sanskrit-Text; II Übers. mit Anmerkungen]; Vādanyāya of D.. The Logic of Debate, ed. u. übers. P. P. Gokhale, Delhi 1993 [Krit. Ausg.]. – A Short Treatise of Logic (Nyāya-bindu) by D. with Its Commentary (Nyāyabindu-ṭīkā) by Dharmottara, Translation from the Sanscrit Text, ed. T. Stcherbatsky, in: ders., Buddhist Logic II, Leningrad 1930–1931, New York 1970; Establishment of Other Minds. Free Translation of D.'s Santānāntara-siddhi with Vinītadeva's Santānāntara-siddhi-ṭīkā, ed. F. I. T. Stcherbatsky [auch Ščerbatskoj], in: Papers of T. Stcherbatsky, ed. D. Chattopadyaya, Kalkutta 1969, 71–121; H. Kitagawa, A Study of Indian Classical Logic, Tokio 1965 [engl. Übers. v. Santānāntara-siddhi]; Epistemology and Spiritual Authority. The Development of Epistemology and Logic in the Old Nyāya and the Buddhist School of Epistemology, with an Annotated Translation of D.'s Pramāṇavārttika II, Pramāṇasiddhi, VV 1–7, übers. V. A. van Bijlert, Wien 1989; Additional Fragments of Pramāṇaviniścaya, I–II, ed. E. M. Stern, Wiener Z. f. d. Kunde Südasiens u. Archiv f. indische Philos. 35 (1991), 151–168; The Sanskrit Manuscript of D.'s Pramāṇaviniścaya. Report on a Single Folio Fragment from the National Archive Collection, Kathmandu, ed. u. übers. K. Matsudo/E. Steinkellner, Z. f. d. Kunde Südasiens u. Archiv f. indische Philos. 35 (1991), 139–149; D.'s Pramāṇavārttika. An Annotated Translation of the Fourth Chapter (parārthānumāna) I, übers. T. J. F. Tillemans, Österr. Akad. Wiss., philos.-hist. Kl. Sitz.ber. 675 (2000); D.'s Saṃbandhaparīkṣā, tibet. Text, erhaltene Sanskritfragmente und dt. Übers., ed. E. Frauwallner, Wiener Z. f. d. Kunde des Morgenlandes 41 (1934), 261–300.

Literatur: L. S. Bapat, Buddhist Logic. A Fresh Study of D.'s Philosophy, Delhi 1989; V. van Bijlert, Apohavāda in Buddhist Logic, in: M. Dascal/D. Gerhardus/K. Lorenz (eds.), Sprachphilosophie. Ein internationales Handbuch zeitgenössischer

Forschung I, Berlin/New York 1992, 600–609; M. R. Chinchore, Vādanyāya. A Glimpse of Nyāya-Buddhist Controversy, Delhi 1988; dies., D.'s Theory of Hetu-Centricity of Anumāna, Delhi 1989; G. Dreyfus, Can the Fool Lead the Blind? Perception and the Given in D.'s Thought, J. Indian Philos. 24 (1996), 209–229; ders., Recognizing Reality. D.'s Philosophy and Its Tibetan Interpretations, Albany N. Y. 1997; E. Franco, Once Again on D.'s Deviation from Dignāga on ›Pratyakṣabhāsa‹, J. Indian Philos. 14 (1986), 79–97; ders., D. on Compassion and Rebirth, Wien 1997; ders., The Tibetan Translations of Pramāṇavārttika and the Development of Translation Methods from Sanskrit to Tibetan, in: H. Krasser u. a. (eds.), Tibetan Studies I, Österr. Akad. Wiss., philos.-hist. Kl., Denkschriften 256 (1997), 277–288; E. Frauwallner, Beiträge zur Apohalehre I (D.), Zusammenfassung, Wiener Z. f. d. Kunde des Morgenlandes 42 (1935), 93–102 (repr. in: Kleine Schriften, ed. G. Oberhammer/E. Steinkellner [s. o.], 450–459); ders., Die Reihenfolge und Entstehung der Werke D.s, in: Asiatica. Festschrift Friedrich Weller, Leipzig 1954, 142–154 (repr. in: Kleine Schriften, ed. G. Oberhammer/E. Steinkellner [s. o.], 677–689); H. K. Ganguli, Philosophy of Logical Atomism and Logical Positivism in the Light of the Philosophies of Bhartṛhari, D. and Prajñakaragupta, Kalkutta 1963; R. P. Hayes, Introduction to D.'s Theory of Inference as Presented in ›Pramāṇavārttika Svopajñavṛtti‹, J. Indian Philos. 19 (1991), 1–73; T. Iwata, Prasaṅga, Prasaṅgaviparyaya bei D. und seinen Kommentatoren, Wien 1993; S. Katsura, D.'s Theory of Truth, J. Indian Philos. 12 (1984), 215–236; ders. (ed.), D.'s Thought and Its Impact on Indian and Tibetan Philosophy, Proceedings of the 3rd International D. Conference, Hiroshima, Nov. 4–6 1997, Österr. Akad. Wiss., philos.-hist. Kl., Denkschriften 281 (1999); C. Lindtner, Two New Works and a New Date, Acta Orientalia 41 (1980), 27–37; E. Obermiller/F. I. T. Stcherbatsky [auch Sčerbatskoj] (eds.), Indices verborum, Sanscrit-Tibetan and Tibetan-Sanscrit to the Nyāyabindu of D. and the Nyāyabinduṭīkā of Dharmottara, Leningrad 1927–1928, Delhi 1992; S. H. Phillips, D. on Sensation and Causal Efficiency, J. Indian Philos. 15 (1987), 231–259; R. Prasad, D.'s Theory of Inference. Revaluation and Reconstruction, Delhi/Oxford 2002; R. K. Sharma, D. on the Existence of Other Minds, J. Indian Philos. 13 (1985), 55–72; A. Singh, The Heart of Buddhist Philosophy. Diṅnāga and D., Neu Delhi 1984; E. Steinkellner, Die Entwicklung des kṣaṇikatvānumānam bei D., in: G. Oberhammer (ed.), Beiträge zur Geistesgeschichte Indiens. Festschrift f. E. Frauwallner, Wiener Z. f. d. Kunde Südasiens u. Archiv f. indische Philos. 12–13 (1968–1969), 361–377; ders., Wirklichkeit und Begriff bei D., Z. f. d. Kunde Südasiens u. Archiv f. indische Philos. 15 (1971), 179–211; ders., Verse-Index of D.'s Works, Tibetan Version, Wien 1977; ders. (ed.), Studies in the Buddhist Epistemological Tradition, Proceedings of the 2nd International D. Conference, Vienna, June 11–16 1989, Österr. Akad. Wiss., philos.-hist. Kl., Denkschriften 222 (1991); ders./ M. T. Much, Texte der erkenntnistheoretischen Schule des Buddhismus. Systematische Übersicht über die buddhistische Sanskrit-Literatur II, Abh. Akad. Wiss. Göttingen, philol.-hist. Kl., Folge 3, 214 (1995), bes. 23 ff.; T. J. F. Tillemans, Scripture, Logic, Language. Essays on D. and His Tibetan Successors, Boston Mass. 1999; T. Vetter, Erkenntnisprobleme bei D., Österr. Akad. Wiss., philos.-hist. Kl. 245 (1964), H. 2; ders., Das Problem des metaphysischen Beweises in der logisch-erkenntnistheoretischen Periode der indischen Philosophie, Z. d. dt. morgenländischen Ges. 118 (1968), 351–356; C. S. Vyas, Buddhist Theory of Perception with Special Reference to Pramāṇavārttika of D., Neu Delhi 1991. K. L.

Dharmapāla, ca. 530–561, südind. Philosoph des buddhistischen ↑Mahāyāna, Hauptvertreter der logischen Schule des Buddhismus (↑Logik, indische), die den sākāravāda (= Lehre vom Zusammenauftreten von Erkennen und Wissen um das Erkennen, d. i. [des Vollzugs] einer Repräsentation [ākāra] des Erkannten) vertritt. D. gehört damit dem auf Maitreya (ca. 270–350) und Vasubandhu den Jüngeren (ca. 400–480) zurückgehenden Zweig der Sautrāntika-vijñaptimātratā innerhalb der ↑Yogācāra-Schule des Mahāyāna an. Er ist der Sohn eines Ministers aus Kāñcī (d. i. heute Kanchipuram in Tamil Nadu) und lehrte später an der berühmten buddhistischen Klosteruniversität Nālandā südöstlich von Paṭnā. Sein Gegenspieler Sthiramati (ca. 470–550) vertritt an der Klosteruniversität Valabhī auf der Halbinsel Kāṭhiāvār den mit dem sākāravāda konkurrierenden nirākāravāda (= Lehre davon, daß das ein Erkennen begleitende Wissen um das Erkennen kein [Vollzug eines] Repräsentieren[s] des Erkannten [sondern ›nur‹ dessen Schematisierung] ist) des auf Asaṅga (ca. 305–380) und Vasubandhu den Älteren (ca. 320–380) zurückgehenden Yogācāra-Zweiges der Yogācāra-vijñaptimātratā. Beide Kontrahenten, sowohl D. als auch Sthiramati, werden von Bhāvaviveka (ca. 500–570), einem Anhänger der ↑Mādhyamika-Schule des Mahāyāna, bekämpft. Dieser wirft ihnen vor, daß sie mit dem Zugeständnis, daß es sich beim Erkennen selbst um etwas [im Vollzug] Wirkliches statt nur um Wirkliches [schematisch] Repräsentierendes handle, die Lehre von der Leerheit (↑śūnyatā) preisgäben, was D. wiederum begründet zurückweist.

Von besonderer Bedeutung ist der noch heute für die buddhistische Philosophie in Ostasien (↑Philosophie, buddhistische) einflußreiche Kommentar zur Triṃśikā von Vasubandhu d. J., das Vijñaptimātratāsiddhi-śāstra, den D. auf der Grundlage von zehn vorangegangenen indischen Kommentaren verfaßt haben soll, der aber nur in der chinesischen Fassung von Hsüan-tsang (ca. 602–664), einem Enkelschüler D.s, überliefert ist. D. hat die für das Yogācāra charakteristische und vielfältig gegliederte Philosophie des Geistes in diesem Kommentar sowie in seinen anderen, ebenfalls nur in chinesischer Übersetzung zugänglichen Kommentaren – zur Ālambana-parīkṣā von Dignāga (ca. 460–540), zum Catuḥśataka von Āryadeva (ca. 150–230) und zur Viṃśatikā von Vasubandhu d. J. – eigenständig weiterentwickelt und dabei eine vierte, selbstbezügliche Stufe des Bewußtseins (↑vijñāna) eingeführt, die über die drei sonst vertretenen, in einem ständigen Umwandlungsprozeß befindlichen und dem Erkennen jeweils in den Gestalten von Können [Knowing-how], Kennen [Knowing Something/Somebody] und Wissen [Knowing-that] entsprechenden Bewußtseinsstufen des Grundbewußtseins, Subjektbewußtseins und Objektbewußtseins hinausgeht. Dieser Schritt ist in seinen systematischen und wirkungsgeschichtlichen Konsequenzen noch nicht hinreichend erforscht (H. Nakamura 1980, 278).

Texte u. Übersetzungen: Vijñaptimātratāsiddhi. La siddhi de Hsüan-Tsang, I–III, übers. L. de la Vallée Poussin, Paris 1928–1948; Ālambanaparīkṣā, in: Sein als Bewußtsein. Ein Beitrag zur Mahāyāna-Philosophie, übers. M. Schott, Heidelberg 1935, 25–50 [dt. Übers. von D.s Kommentar zur Ālambanaparīkṣā]; Ālambanaparīkṣā and Vṛtti by Dignāga, with the Commentary of D., Restored into Sanskrit from Tibetan and Chinese Versions and Edited with English Translation, Notes, and Extracts of Vinītadeva's Commentary, ed. N. Aiyaswami Sastri, Madras 1942; Vasubandhu's Vijñapti-mātratā-siddhi. With Sthiramati's Commentary, Text with English Translation, ed. K. N. Chatterjee, Benares 1980; The Catuḥśataka of Āryadeva, Chapters XII and XIII. With the Commentaries of D. and Candrakīrti, Introduction, Translation, Sanskrit, Tibetan and Chinese Texts, Notes, I–II, ed. T. J. F. Tillemans, Wien 1990, I, 135–173, II, 131–145; Treatise in Thirty Verses on Mere-Consciousness. A Critical English Translation of Hsüan-tsang's Chinese Version of the Vijñaptimātratātriṃśikā with Notes from D.'s Commentary in Chinese, ed. S. Ganguly, Delhi etc. 1992; D.'s Yogācāra Critique of Bhāvaviveka's Madhyamaka Explanation of Emptiness. The Tenth Chapter of Ta-ch'eng kuang pai-lun shi Commenting on Āryadeva's Catuḥśataka Chapter Sixteen, ed. J. P. Keenan, Lewiston N. Y. 1997.

Literatur: E. Frauwallner, Amalavijñānam und Ālayavijñānam. Ein Beitrag zur Erkenntnislehre des Buddhismus, in: Beiträge zur indischen Philologie und Altertumskunde. W. Schubring zum 70. Geburtstag dargebracht von der deutschen Indologie, Alt- u. Neu-Indische Studien 7 (1951), 148–159 (repr. in: ders., Kleine Schriften, ed. G. Oberhammer/E. Steinkellner, Wiesbaden 1982, 637–648); ders., Die Philosophie des Buddhismus, Berlin 1956, ⁴1992; Y. Kajiyama, Bhāvaviveka, Sthiramati and D., in: G. Oberhammer (ed.), Beiträge zur Geistesgeschichte Indiens, Festschrift für E. Frauwallner, Wiener Z. f. d. Kunde Süd- u. Ostasiens u. Archiv f. ind. Philos. 12–13 (1968), 193–203; I. Kern, The Structure of Consciousness According to Xuanzang, J. Brit. Soc. Phenom. 19 (1988), 282–295; H. Nakamura, Indian Buddhism. A Survey with Bibliographical Notes, Tokio 1980. K. L.

Dharmottara, ca. 730–780, ind. Philosoph des buddhistischen ↑Mahāyāna, tätig in Kaśmīr. D. gilt als der bedeutendste Vertreter der logischen Schule des Buddhismus (↑Logik, indische) nach Dharmakīrti (ca. 600–660) und war besonders in Tibet hochangesehen. Seine Arbeiten sind nur in tibetischer Übersetzung überliefert. Sie gelten vor allem der Verteidigung und Kommentierung der von Dharmakīrti in kanonische Form gebrachten Bedeutungstheorie mithilfe der ›Lehre von der Sonderung‹ (apohavāda) – die Bedeutung eines (prädikativen) Zeichens ›A‹ ist ¬¬A und nicht A – und komplementär dazu der weiteren Ausarbeitung der Lehre vom Augenblickscharakter alles Wirklichen (kṣaṇikavāda): nur ↑Singularia, die ›Gegenstände‹ im Vollzug einer Wahrnehmung mit einem der sechs Sinne, also unter Einschluß des Denksinns (↑manas), sind wirklich und daher einer Benennung entzogen. Der ↑apoha wird behandelt in D.s Apohaprakaraṇa, die Augenblicklichkeit alles Wirklichen in seiner Kṣaṇabhaṅgasiddhi (= Nachweis des [mit seinem Entstehen ohne jeden zeitlichen Abstand verbundenen] Vergehens eines Moments). Des weiteren sind die beiden Kommentare (ṭīkā) zu Werken von Dharmakīrti, dem Pramāṇaviniścaya (= Aufstellung der Erkenntnismittel) und dem Nyāyabindu (= Leitfaden der Logik) von Bedeutung, wie sich insbes. an der Existenz von Subkommentaren zur Nyāyabinduṭīkā ablesen läßt, darunter einer gegen Ende des 8. Jhs. geschriebenen ṭippaṇī des Jaina Mallavādin (↑Philosophie, jainistische), der mit dem als Argumentationstheoretiker bekannten Jaina gleichen Namens aus dem 5. Jh. nicht verwechselt werden darf. Zu den an dieser Stelle sich findenden logischen Leistungen D.s gehört der Nachweis, daß die ↑Kontraposition $\neg B \prec \neg A$ einer ↑Implikation $A \prec B$ eine logische Folge der Implikation $A \prec B$ ist. Überliefert sind noch eine Dharmakīrti verpflichtete Pramāṇaparīkṣā (= Untersuchung der Erkenntnismittel) und eine Paralokasiddhi (= Nachweis der jenseitigen Welt).

Texte u. Übersetzungen: The Nyāyabinduṭīkā of Dharmottarācharya to Which Is Added the Nyāyabindu, ed. P. Peterson, Kalkutta 1889, 1929 (Bibliotheca Indica 128). – Indices verborum, Sanscrit-Tibetan and Tibetan-Sanscrit to the Nyāyabindu of Dharmakīrti and the Nyāyabinduṭīkā of D., ed. E. Obermiller/F. T. Stcherbatsky, Leningrad 1927–1928, Delhi 1992; A Short Treatise of Logic (Nyāya-bindu) by Dharmakīrti with Its Commentary (Nyāya-bindu-ṭīkā) by D.. Translation from the Sanscrit Text, ed. T. Stcherbatsky, in: ders., Buddhist Logic II, Leningrad 1930–1931, New York 1970; Kṣaṇabhaṅgasiddhi, ed. u. übers. E. Frauwallner, Wiener Z. f. d. Kunde des Morgenlandes 42 (1935), 217–258 (repr. in: ders., Kleine Schriften, ed. G. Oberhammer/E. Steinkellner, Wiesbaden 1982, 530–571) [mit tibetischem Text]; Apohaprakaraṇam, in: Beiträge zur Apohalehre II, D., ed. u. übers. E. Frauwallner, Wiener Z. f. d. Kunde des Morgenlandes 44 (1937), 233–287 (repr. in: ders., Kleine Schriften [s. o.], 582–636); D.'s Paralokasiddhi. Nachweis der Wiedergeburt zugleich eine Widerlegung materialistischer Theorien zur Natur der Geistigkeit. Der tibetische Text kritisch herausgegeben und übers. v. E. Steinkellner, Wien 1986; Pramāṇaviniścayaṭīkā, in: D.'s Exkurs zur Definition gültiger Erkenntnis im Pramāṇaviniścaya. Materialien zur Definition gültiger Erkenntnis in der Tradition Dharmakīrtis I. Tibetischer Text, Sanskritmaterialien und Übersetzung, ed. E. Steinkellner/H. Krasser, Österr. Akad. Wiss., philos.-hist. Kl., Sitz.ber. 528, Wien 1989 [Beiträge zur Kultur- und Geistesgeschichte Asiens II); Prāmāṇyaparīkṣā, in: D.'s kurze Untersuchung der Gültigkeit einer Erkenntnis, Laghuprāmāṇyaparīkṣā. Materialien zur Definition gültiger Erkenntnis in der Tradition Dharmakīrtis, II/1–II/2, ed. H. Krasser, Österr. Akad. Wiss., philos.-hist. Kl., Sitz.ber. 578, Wien 1991 [Beiträge zur Kultur- und Geistesgeschichte Asiens VII) [mit tibetischem Text, Sanskritmaterialien u. Übers.]; Saṃyuktābhidharmahṛdaya. Heart of Scholasticism with Miscellaneous Additions, übers. B. Dessein, Delhi etc. 1999.

Literatur: H. Krasser, D.'s Theory of Knowledge in His Laghuprāmāṇyaparīkṣā, J. Indian Philos. 23 (1995), 247–274; H. N. Randle, Indian Logic in the Early Schools. A Study of the Nyāyadarśana in Its Relation to the Early Logic of Other Schools,

London/Allahabad 1930, Neu Delhi 1976; E. Steinkellner, Der Einleitungsvers von D.'s Apohaprakaraṇam, Wiener Z. für die Kunde Süd- und Ostasiens 20 (1976), 123–134. K. L.

dhyāna (sanskr., Betrachtung, Versenkung), spielt als Technik der Meditation schon in den Upanischaden (↑upaniṣad) eine wichtige Rolle; ihr dienen Atemübungen und andere Hilfsmittel. Das d. wird später im System des ↑Yoga innerhalb der klassischen indischen Philosophie (↑Philosophie, indische) die mittlere der drei Meditationsstufen am Ende der achtstufigen Disziplinierung von Körper, Seele und Geist, bei der es nach der vorangegangenen Stufe der Konzentration auf einen Punkt um die Aufhebung der Wahrnehmung durch ein Zum-Stillstand-Bringen der kognitiven und emotiven Prozesse und damit um die Vorbereitung der letzten Stufe des Einswerdens von Subjekt und Objekt in der Sammlung (↑samādhi) geht. Auch die von alten vorbuddhistischen Meditationspraktiken der Asketen beeinflußte und ihrerseits die Meditationsstufen im System des Yoga bestimmende buddhistische d.-Lehre betont die körperlichen und moralischen Vorbedingungen für die in den d.-Zuständen verwirklichte Stärkung des Geistes durch Konzentration und damit einhergehende Aufhebung der sinnlichen Wahrnehmung, der begrifflichen Erkenntnis (↑vijñāna) und der sie leitenden Begehrungen (↑saṃskāra). Dabei ist die Versenkung nur eine der Meditationstechniken, aus denen die Meditationsübungen des letzten Gebotes ›rechte Sammlung‹ auf dem achtgliedrigen Weg [der zur Aufhebung des Leidens führt] bestehen (↑Philosophie, buddhistische). Die Versenkung ist ihrerseits in acht oder neun Tiefenstufen gegliedert, von denen die ersten vier, die dem Erkennen der vier Wahrheiten (vom Leiden, von der Entstehung des Leidens, von der Aufhebung des Leidens und von dem zur Aufhebung des Leidens führenden Weg) und dem Erlangen der vier Unermeßlichkeiten (Güte, Mitleid, Heiterkeit und Gleichmut) dienen, im Yoga ganz ähnlich wiederkehren. Das d. ist schließlich die fünfte der zehn Vollkommenheiten (pāramitā) auf dem Zehnstufenweg eines Bodhisattva, d. i. eines Buddhaanwärters, im ↑Mahāyāna-Buddhismus, aus dessen ↑Yogācāra-Schule sich zwischen 500 und 1300 in China und Japan die bis heute lebendige Meditationsschule des ↑Zen entwickelt hat (jap.: zen, chin.: ch'an, sanskr.: d.).

Literatur: N. Dutt, The Buddhist Meditation, Indian Historical Quart. 11 (Calcutta 1935), 710–740; Swami Nikhilananda, Concentration and Meditation as Methods in Indian Philosophy, in: C. A. Moore (ed.), Essays in East-West Philosophy. An Attempt at World Philosophical Synthesis, Honolulu 1951, 89–102; G. Oberhammer, Strukturen yogischer Meditation. Untersuchungen zur Spiritualität des Yoga, Wien 1977; D. Prithipal, Advaita Vedānta. Action and Contemplation, Varanasi 1969; C. A. F. Rhys Davids, D. in Early Buddhism, Indian Historical Quart. 3 (Calcutta 1927), 689–714. K. L.

diachron/synchron (von griech. διά [hindurch], σύν [mit, zugleich] und χρόνος [Zeit], durch die Zeit gehend bzw. zeitgleich), zentrale Termini des Strukturalismus (↑Strukturalismus (philosophisch, wissenschaftstheoretisch)). Sie treten erstmals in den linguistischen Vorlesungen F. de Saussures (Cours de linguistique générale, postum 1916) auf. De Saussure entwirft hier das Programm einer ›s.en‹ Sprachwissenschaft (↑Linguistik), die sich durch ihre beschreibende Herausarbeitung von Strukturen der ↑Sprache im allgemeinen und von Einzelsprachen bestimmt. Dabei stellt de Saussure diese ›statische‹, auf ›Momentaufnahmen‹ bezogene Forschung der älteren, an der historischen Methode orientierten ›d.en‹ Sprachwissenschaft gegenüber, der es allein um die geschichtliche Entwicklung von Sprachen gegangen sei: Statt der historischen Frage, wie eine Sprache entstanden ist, tritt die systematische Frage nach Struktur und Beschreibung einer Sprache in den Vordergrund.
Die methodologischen Grundgedanken der Unterscheidung von d. und s. wurden in anderen Zweigen des Strukturalismus aufgegriffen. Z. B. sieht C. Lévi-Strauss eine enge Verwandtschaft zwischen der Logik des ›wilden Denkens‹ (pensée sauvage) und jenen Strukturen der Sprache, die sich der unbewußten Artikulation ihrer Sprecher verdanken. Wie die s.e Linguistik diese Strukturen ohne historische Bezüge freilegt, so hat die Anthropologie das wilde Denken als ein geschlossenes System aufzufassen und zu analysieren, dessen Sinn weder in seinen historischen Bedingungen noch in seinen zukünftigen Projektionen, sondern in seiner Gegenwart als System sinnvermittelnden Denkens und Handelns liegt. Diese für andere Bereiche zu variierende Grundposition ist vor allem von an K. Marx orientierten gesellschaftstheoretischen und von auf S. Freud zurückgehenden psychoanalytischen (↑Psychoanalyse) Positionen kritisiert worden.

Literatur: J. Albrecht, Europäischer Strukturalismus. Ein forschungsgeschichtlicher Überblick, Tübingen/Basel 1988, ²2000, bes. 36–43; E. Coseriu, Sincronia, diacronia e historia. El problema del cambio linguistico, Montevideo 1958, Madrid ²1973 (dt. Synchronie, Diachronie und Geschichte. Das Problem des Sprachwandels, München 1974); C. Lévi-Strauss, La pensée sauvage, Paris 1962, 1995 (dt. Das wilde Denken, Frankfurt 1968, ¹⁰1997); F. de Saussure, Cours de linguistique générale, Paris 1916, 1995, ed. R Engler, Wiesbaden 1968 (dt. Grundfragen der allgemeinen Sprachwissenschaft, Berlin/Leipzig 1931, ³2001); G. Schiwy, Der französische Strukturalismus. Mode, Methode, Ideologie, Reinbek b. Hamburg 1969, erw. 1984; A. Schmidt, Geschichte und Struktur. Fragen einer marxistischen Historik, München 1971, ³1977 (engl. History and Structure. An Essay on Hegelian-Marxist and Structuralist Theories of History, Cambridge Mass. 1981). G. W.

Diagnose (von griech. διαγιγνώσκειν, unterscheiden, beurteilen, entscheiden; διαγνώμη, Unterscheidung, Entscheidung), im medizinischen Sprachgebrauch Bezeichnung für die Beurteilung des Zustandes einer Person (zu einer bestimmten Zeit) mit Hilfe eines Krankheitsbegriffs. Für eine solche D. erforderlich sind Forschungsmethoden zur Feststellung von Zuständen, die mit Begriffen aus dem System der Krankheitseinheiten eindeutig unterschieden werden können. Theoretisch problematisch ist die Unterstellung eines Systems disjunkter Krankheitsbegriffe bzw. eindeutig unterschiedener Krankheiten, die der Situations- und Individuenabhängigkeit der zu heilenden Störungen zu wenig Rechnung trägt. Daher wird eine D. oft nur zu einer Beurteilung mit Hilfe der Angabe einer charakteristischen Konstellation von Störungsmerkmalen (eines ›Symptomsyndroms‹) führen. Praktisch problematisch kann der Versuch sein, eine D. vor der durch sie zu begründenden Therapie vollständig oder überhaupt unabhängig von einer Therapie durchzuführen. Es können nämlich sowohl die für die D. erforderlichen Forschungsmethoden als auch die während der D. weiterlaufenden Entwicklungen im allgemeinen den Zustand des Patienten verschlimmern oder im besonderen die Bedingungen für die durch die D. begründete Therapie zum Verschwinden bringen. – Im allgemeinen Sprachgebrauch bezeichnet eine D. die Beurteilung eines konkreten ↑Sachverhalts (der Eigenschaften beliebiger Gegenstände) mit Hilfe von Unterscheidungen eines verfügbaren Klassifikationssystems (↑Klassifikation).

Literatur: C. A. Bowman, Meta-Diagnosis. Towards a Hermeneutical Perspective in Medicine with an Emphasis on Alcoholism, Theoretical Medicine 13 (1992), 265–284; F. Curtius, Von medizinischem Denken und Meinen, Stuttgart 1968; J. Doreszewski/ M. Korab-Laskowska, Hypothetico-Nomological Aspects of Medical Diagnosis, Metamedicine 1 (1980), 177–206; A. R. Feinstein, Clinical Judgment, Baltimore Md. 1967, 1969, Huntington N. Y. 1976; R. Gross, Medizinische Diagnostik. Grundlagen und Praxis, Berlin/Heidelberg/New York 1969; E. W. Kleber, Diagnostik in pädagogischen Handlungsfeldern. Einführung in Bewertung, Beurteilung, D. und Evaluation, Weinheim/München 1992; R. Koch, Die ärztliche D.. Beitrag zur Kenntnis des ärztlichen Denkens, Wiesbaden 1917, ²1920; F. Kudlien, D., Hist. Wb. Ph. II (1972), 162–163; K. Malterud, The (Gendered) Construction of Diagnosis. Interpretation of Medical Signs in Women Patients, Theoretical Medicine and Bioethics 20 (1999), 275–286; J. G. Mazoue, Diagnosis without Doctors, J. Medicine Philos. 15 (1990), 559–579; H. J. G. H. Oosterhuis, Medische d. als reductie, Kennis en methode 11 (1986), 46–58; L. T. Pearcy, Diagnosis as Narrative in Ancient Literature, Amer. J. Philol. 113 (1992), 595–616; K. F. Schaffner, Modeling Medical Diagnosis. Logical and Computer Approaches, Synthese 47 (1981), 163–190; M. W. Wartofsky, Clinical Judgment, Expert Programs, and Cognitive Style. A Counter-Essay in the Logic of Diagnosis, J. Medicine Philos. 11 (1986), 81–92; E. Weber/D. Provijn, A Formal Analysis of Diagnosis and Diagnostic Reasoning, Log. anal. NS 42 (1999), 161–180; C. Whitbeck, What Is Diagnosis? Some Critical Reflections, Metamedicine 2 (1981), 319–330; W. Wieland, D.. Überlegungen zur Medizintheorie, Berlin/New York 1975; H. R. Wulff, Rational Diagnosis and Treatment, J. Medicine Philos. 11 (1986), 123–134. O. S.

Diagonalprinzip, ↑Cantorsches Diagonalverfahren.

Diagonalverfahren, ↑Cantorsches Diagonalverfahren.

Diagramme, logische, im weiteren Sinne alle geometrisch-topologischen Repräsentationen von Relationen zwischen Gegenständen, z. B. Soziogramme, Verlaufsdiagramme, ↑Graphen, die auf die antike Logik zurückgehenden ↑Begriffspyramiden (↑arbor porphyriana) oder bildhafte Darstellungen mentaler Repräsentationen (↑Repräsentation, mentale), die in der Philosophie des Geistes (↑philosophy of mind) sowie in Computerwissenschaft und Künstlicher Intelligenz (↑Intelligenz, künstliche) diskutiert werden. L. D. im engeren Sinne sind solche, in denen das logische Schließen repräsentiert wird.
Die ersten (postum publizierten) l.n D. zur ↑Syllogistik stammen von G. W. Leibniz (Opuscules et fragments inédits de Leibniz, ed. L. Couturat, Paris 1903); sie sind unter anderem durch die ↑ars magna von R. Lullus angeregt. Leibniz verwendet sowohl Kreis- als auch Liniendiagramme. Die unzutreffend ↑›Euler-Diagramme‹ genannten Kreisdiagramme (veröffentlicht 1768) finden sich in wesentlich gleicher Form und mit korrekterer Darstellung ihres logischen Charakters in J. C. Langes »Nucleus logicae Weisianae« (Gießen 1712), der wohl frühesten Publikation von l.n D.n im engeren Sinne. Eine wesentliche Verbesserung der syllogistischen Kreisdiagramme stellen die ↑Venn-Diagramme dar. Daneben gibt es rechteckige Diagramme, speziell für die Behandlung von Problemen, in denen mehr als drei Termini auftreten (A. Marquand, On Logical Diagrams for *n* Terms, Philos. Mag. 12 [1881], 266–270). B. v. Freytag-Löringhoff entwickelte Pfeildiagramme, die sich ebenso wie die klassenlogisch aufgefaßten Venn-Diagramme zur Lösung von Problemen der ↑Junktorenlogik eignen. Bei diesem Übergang von der ↑Klassenlogik zur Junktorenlogik verschwindet jedoch der ›ikonische‹ (C. S. Peirce) Charakter der l.n D., der in der formalen Ähnlichkeit von logischer Struktur und diagrammatischer Repräsentation besteht. Dies ist bei den junktorenlogischen Diagrammen von M. Gardner nicht in solchem Ausmaß der Fall.
Alle genannten l.n D. liefern Veranschaulichungen für das logische Schließen, gestatten also lediglich, in einem Verfahren, das sich nicht quasi-mechanisch handhaben läßt, für vorgelegte Schlüsse deren Gültigkeit zu überprüfen. Dagegen sind die ↑Lambert-Diagramme als ↑Kalkül der Syllogistik intendiert und rekonstruierbar. Entsprechende diagrammatische Alternationen zur üblichen symbolischen Darstellung des logischen Schlusses wurden von S.-J. Shin für die ↑Venn-Diagramme gezeigt. Die ↑›Begriffsschrift‹ von G. Frege, die erste Kalkülisierung der ↑Quantorenlogik, ist nicht ikonisch. Wegen ihrer zweidimensionalen Form kann sie jedoch zu den l.n

D. n gerechnet werden. – In enger Analogie zu l. n D. n steht die Lösung logischer Probleme durch mechanische und elektronische Maschinen.

Literatur: G. Allwein/J. Barwise (eds.), Logical Reasoning with Diagrams, Oxford/New York 1996; B. J. Chandrasekaran/J. Glasgow/N. H. Narayanan (eds.), Diagrammatic Reasoning. Cognitive and Computational Perspectives, Menlo Park Calif. 1995; R. R. Dipert, Logic Machines and Diagrams, REP V (1998), 739–746; B. v. Freytag-Löringhoff, Logik, I–II, Stuttgart etc. 1955/1967, I ^{5}1972; M. Gardner, Logic Machines and Diagrams, New York/Toronto/London 1958, unter dem Titel: Logic Machines, Diagrams and Boolean Algebra, New York ^{2}1968, unter dem Originaltitel Brighton 1983; W. Risse, Die Logik der Neuzeit II (1640–1780), Stuttgart-Bad Cannstatt 1970; S.-J. Shin, The Logical Status of Diagrams, Cambridge 1994; dies., The Iconic Logic of Peirce's Graphs, Cambridge Mass./London 2002; J. Venn, Symbolic Logic, London 1881, ^{2}1894 (repr. New York 1971). G. W.

Dialektik (griech. διαλεκτικὴ ἐπιστήμη, von διαλέγειν, διαλέγεσθαι, sich unterreden, disputieren), in der griechischen Philosophie die der ↑Logik und der ↑Rhetorik verwandte Kunst (und die Lehre von ihr), vorgetragene Meinungen auf ihre Gründe hin im Gespräch zu prüfen. Sowohl bei Platon als auch bei Aristoteles steht die D. dabei im Gegensatz zur sophistischen ↑Eristik (↑Sophistik), der professionell ausgeübten Kunst und Lehre der Überredung zu beliebigen Meinungen. Platon stellt dieser Eristik als der Kunst des argumentationslosen (politisch aber oft wirksamen) Wortstreits mit dem einzigen Ziel, den Beifall der (unkritischen) Menge zu erhalten, die D. als die Bemühung gegenüber, einen einsichtigen Gesprächspartner durch begriffliche Klärungen von den Erscheinungen der Sinnenwelt zu den Ideen zu führen (↑Idee (historisch), ↑Ideenlehre, ↑Elenktik). Die D. im Sinne Platons ist daher weniger kritisch als thetisch: sie ist der Weg, auf dem die Ideen ergründet werden. Sie hat ferner eine Kritik der Eristik nur insofern zu ihrem Gegenstand, als auch die D. von der Diskussion gegensätzlicher Meinungen ausgeht und damit den wahren Gang einer solchen Diskussion gegenüber der Eristik vorführt. Aristoteles hingegen macht die ↑Trugschlüsse der Sophisten zum zentralen Thema der D.. Mit der ↑Topik arbeitet er ein Instrument aus, mit dem die in den sophistischen Syllogismen (↑Syllogistik) verwendeten Termini daraufhin analysiert werden können, ob sie nicht in verschiedener begriffslogischer Bedeutung benutzt werden, z. B. einmal im Sinne eines Gattungsbegriffs (↑Gattung) und einmal im Sinne eines Artbegriffs (↑Art) (genus – species), einmal als ↑proprium und einmal als ↑Akzidens. Modern ausgedrückt läßt sich in der Topik eine systematische Darstellung der allgemeinen Möglichkeiten terminologischer Bestimmungen und der bereits daraus begründbaren Schlüsse sehen. Die D. hat dann die Aufgabe, mit den Mitteln dieser Topik kritisch Argumentationsfehler (↑Argumentation, ↑Argumentationstheorie) aufzudecken und die überkommenen und allgemein übernommenen Meinungen (die ἔνδοξα) auf ihre begrifflichen Zusammenhänge (ihre auf Grund begrifflicher Analyse erforderlichen Prämissen und sich ergebenden Konsequenzen) hin zu beurteilen und dadurch in ihren Gründen verständlich zu machen. Da die D. keine formal-logischen ↑Schlüsse (d. s. Schlüsse allein auf Grund der Aussageformen) untersucht, sondern nur begriffliche Zusammenhänge, ist sie von der Logik im engeren Sinne (d. i. von der formalen Logik, ↑Logik, formale) unterschieden und wird daher von Aristoteles auch in den »Analytica posteriora« bzw. in der »Topik« behandelt (allerdings auch unter dem Gesichtspunkt sogenannter dialektischer Schlüsse, ↑Syllogismus, dialektischer).

Aus den Aristotelischen Normierungen folgt nicht die schon im 12. Jh. auf Grund der Aristoteles-Rezeption nachweisbare und etwa seit dem 16. Jh. wieder aufgenommene (z. B. I. Kant geläufige) Unterscheidung zwischen ↑Analytik als der Lehre von den notwendigen und D. als der Lehre von den (bloß) wahrscheinlichen Schlüssen. Diese Unterscheidung verdankt sich der Vernachlässigung und Umdeutung der Aristotelischen Topik, die bereits bei den Stoikern (↑Stoa) und Epikureern (↑Epikureismus) beginnt und durch M. T. Cicero wirkungsgeschichtlich entscheidend wird. Während jene an Stelle der topischen ↑Begriffslogik Rede- und Disputationstechniken pflegen und in der D. nur noch eine besonders knappe Form des Fragens und Antwortens sehen (dies im Unterschied zur weit ausholenden Rhetorik), rückt dieser die D. zwar wieder in einen *argumentationstheoretischen* (nicht bloß redetechnischen) Zusammenhang, ändert zugleich aber diesen Rahmen sowohl durch die Trennung von D. und Topik als auch durch eine Uminterpretation der Topik selbst. Cicero unterscheidet nämlich die D. als ↑ars iudicandi – als Kunst der methodischen Disputation zur Beurteilung der Eigenschaften der Dinge – von der Topik als der ↑ars inveniendi – der Kunst, passende Argumente für eine vertretene Meinung zu finden. Damit ergibt sich die Alternative, die D. mit der Logik im engeren Sinne zu identifizieren (da durch den Ausfall der topischen Begriffslogik andere methodische Argumentationsmittel nicht mehr zur Verfügung stehen) oder als Topik, nun aber im Sinne Ciceros – wenn auch dem Wortlaut nach Aristoteles folgend –, zu verstehen, d. h. als Hin- und Herreden mit mehr oder weniger durchschlagenden, jedenfalls immer bloß Wahrscheinlichkeiten stützenden Gründen. Beide Möglichkeiten sind bis zur radikalen Umdeutung der D. durch Kant und G. W. F. Hegel präsent geblieben und auf verschiedene Weise verwirklicht worden.

Einen besonderen Beitrag zur Entwicklung der D. hat die ↑Scholastik geleistet. Durch A. M. T. S. Boethius ist ein Teil der begriffslogischen Topik des Aristoteles lebendig gehalten und dadurch die Logik von Anfang an in einem weiteren Verständnis tradiert und differenziert worden. So knüpft Boethius an die Aristotelische Topik an und unterscheidet verschiedene ›loci‹ des Argumentierens. Für die D. sind die ›Maximen‹ (loci maximae propositiones), d. s. die allgemeinen Obersätze und die Regeln eines Schlusses, und die in einem Schluß verwendeten ›Begriffstypen‹ (loci maximarum differentiae propositionum) bedeutsam. Boethius arbeitet dabei auch den Unterschied zwischen formalen Schlußregeln (dirigierenden Maximen) und allgemeinen Prämissen (konstitutiven Maximen) heraus, wobei letztere auf ihre begrifflichen Zusammenhänge hin analysiert werden können. Trotz dieser Fortführung der Aristotelischen Tradition weist Boethius dann der D. im Sinne der Topik Ciceros die Aufgabe der ›inventio‹ zu, der heuristischen Aufstellung und vorläufigen Begründung bestimmter Meinungen, die dann in der wissenschaftlichen Analytik in strengen Demonstrationen zu prüfen sind.

In der Scholastik des 11. und 12. Jhs. gewinnt die D. eine zeitweise heftig umkämpfte Rolle als Argumentationsweise der (natürlichen) ↑Vernunft gegenüber einer Begründung durch Hinweis auf die (göttliche) ↑Offenbarung. Gegen D.er wie Berengar von Tours ist die Vermittlungsformel ↑›credo ut intelligam‹ Anselms von Canterbury gewendet. Gleichwohl bleibt der Autonomieanspruch der D. bestehen, wenn auch auf bestimmte Bereiche des Denkens, wie sie später durch die ›praeambula fidei‹ fixiert werden, beschränkt. Eine eigenständige Erweiterung der D. bzw. der im weiteren Sinne verstandenen Logik stellt die terministische Logik (↑Terminismus) und ↑Suppositionslehre dar, mit der die begriffslogischen Unterscheidungen der Topik in einem differenzierteren Rahmen (zu dem auch quantorenlogische [↑Quantorenlogik] und abstraktionstheoretische [↑abstrakt, ↑Abstraktion] Überlegungen gehören) neu entwickelt werden. Diese auf Wilhelm von Shyreswood und Petrus Hispanus zurückgehende und vor allem durch Wilhelm von Ockham, Nikolaus von Autrecourt und J. Buridan weiterentwickelte Logik ermöglichte eine ↑Metaphysikkritik und verband sich mit den wissenschaftlichen Bemühungen des 14. Jhs.. Mit der schulmäßigen Erstarrung der scholastischen Philosophie verkümmerte auch die Tradition der Suppositionslehre und damit einer genuin scholastischen Topik; eine von der Sache her mögliche Wiederbelebung der D. im Aristotelischen Sinne blieb aus. Statt dessen fiel die D. – inzwischen sowohl mit der (scholastischen) Logik insgesamt identifiziert als auch durch die Interpretationen als ars inveniendi und als Logik des bloß Wahrscheinlichen (↑Wahrscheinlichkeit) belastet – dem allgemeinen, pointiert durch F. Bacon, P. Gassendi und R. Descartes formulierten Verdikt der Neuzeit über die Scholastik zum Opfer.

Die Wiederaufnahme der Rede von der D. durch die Logiker etwa seit dem Ende des 16. Jhs. stellt diese als Lehre vom Erwägen bloß wahrscheinlicher Meinungen der Analytik als Lehre vom strengen wissenschaftlichen Vorgehen bzw. vom logischen Schließen gegenüber. In dieser Bedeutung nimmt auch Kant die Unterscheidung von D. und Analytik zunächst auf, verändert sie dann aber durch die Eingliederung in seine *transzendentalphilosophische* Konzeption radikal und wirkungsgeschichtlich entscheidend (↑Analytik, transzendentale, ↑Dialektik, transzendentale, ↑Transzendentalphilosophie). Diese Veränderung entsteht dadurch, daß Kant die D. nicht mehr im Rahmen der Frage nach der Prüfung oder Begründung bestimmter Erkenntnisse problematisiert, sondern im Rahmen der Frage nach dem (legitimierenden) Grund der Erkenntnis überhaupt. In Verbindung mit seiner Antwort – daß nämlich das (transzendentale) Subjekt (↑Subjekt, transzendentales) der Grund für die Einheit von Gegenständen überhaupt und des Begreifens dieser Gegenstände durch die ↑Kategorien sei, das ↑Ding an sich hingegen als Ursache der Mannigfaltigkeit von Eindrücken postuliert werden müsse – definiert die D. ein bestimmtes Verhältnis zwischen Subjekt und Objekt der Erkenntnis (↑Subjektivismus): zum einen bezeichnet sie jene ↑›Logik des Scheins‹, d. h. jene widersprüchlichen Schlußfolgerungen, in die sich das Subjekt (die reine Vernunft) dann verwickelt, wenn es sich sein Objekt nicht durch ↑Erfahrung geben läßt bzw. sich nicht auf den Bereich der erfahrbaren Objekte beschränkt; zum anderen kann sie als transzendentale D. gerade zum Instrument der Kritik an dieser ›Logik des Scheins‹ entwickelt werden. Damit bleibt die D. ebenso wie die Logik nicht länger ein Teil der Argumentationstheorie, sondern wird zu einem Darstellungsmittel des Subjekt-Objekt-Verhältnisses im Erkenntnisprozeß (↑Subjekt-Objekt-Problem). Diese Konzeption bereitet den Weg dafür, in der D. die Gesetzmäßigkeit oder Struktur dieses Erkenntnisprozesses selbst zu sehen und dies schließlich sogar für alle Entwicklungen von Geschehnissen zu behaupten.

In der Folge der kategorialen Umdeutung der D. von einer Argumentationstheorie zu einer *Entwicklungstheorie* läßt sich auch die Konzeption der D. als einer *Logik der Widersprüche* verstehen: Die im Subjekt-Objekt-Schema formulierte Aufgabe, den Grund der Erkenntnis herauszufinden, läßt sich auch als die Frage danach lesen, wie es dem Subjekt (dem Ich, dem Selbst oder dem Denken) möglich ist, sich ein Objekt (das ›Nicht-Ich‹, das Andere seiner Selbst oder das Sein) in der Erkenntnis so zu eigen, so zu einem Teil von sich selbst zu machen, daß es zu der in der Wahrheitsdefinition (↑Wahrheitstheorien) geforderten Subjekt-Objekt-Identität kommt. Schon diese Frage läßt sich in eine widersprüchliche Formulierung bringen. Die Antworten der idealistischen Philosophie (↑Idealismus, ↑Idealismus, deutscher) auf diese Frage machen das Herstellen von ↑Widersprüchen zur Methode. Für J. G. Fichte ist Erkenntnis ›Entgegensetzung‹: Das ↑›Ich‹ setzt sich das ↑›Nicht-Ich‹ auf verschiedenen Stufen des Erkenntnisprozesses entgegen und bildet über die Reflexion auf diese ›Entgegensetzungen‹ seine Erkenntnis von diesem ›Nicht-Ich‹, d. h., pragmatisch interpretiert, die Erkenntnisse von uns selbst und unserer Welt erlangen wir über die Anerkennung der (prinzipiellen) Widerständigkeit, die sich für unser Handeln und erst in ihm ergibt. Die ›Setzungen‹ des ↑Willens erzeugen durch das Handeln und seine Bedingungen ›Entgegensetzungen‹, deren Anerkennung wiederum eine einen Erkenntnisschritt darstellende ›Setzung‹ des Willens ist. In diesem Sinne läßt sich das Schema des Dreischritts von der These über die Antithese zur Synthese (↑Triade), das Fichte (zunächst noch, ohne von D. zu reden) als erster für die Methode der Wissensbildung benutzt, als die dialektische Struktur der Erkenntnisgenese verstehen.

Während für Fichte die Erkenntnis allein durch Leistungen des Subjekts zustande kommt (die Objekte gewinnen ihre Eigenschaften erst durch das Handeln des Subjekts, als dessen Widerstand) und daher die D. das Gesetz für die Konstruktion von Objekten durch das Subjekt angibt, versucht Hegel die Erkenntnis von einem übersubjektiven Grund her zu verstehen. Wahre Erkenntnis wird nicht dadurch erreicht, daß man von bestimmten Grundentscheidungen, d. h. von bestimmten Grundbegriffen, Grundsätzen oder Grundwerten, damit von einem insoweit bereits ausgebildeten Subjekt der Erkenntnis ausgeht und dann zeigt, wie sich die Objekte im Rahmen dieser Grundentscheidungen darstellen und begreifen lassen. Wahre Erkenntnis wird vielmehr nur über den Verzicht auf sämtliche subjektiven Vor-Entscheidungen erreicht: über die Darstellung der Entwicklung von Begriffen, Urteilen und Zielen, die sich dann ergibt, wenn man diesen Verzicht leistet. Charakteristisch für diese Entwicklung und damit für die D. im Hegelschen Sinne ist, daß Subjekt und Objekt, Denken und Sein zu gleichgewichtigen Instanzen oder Quellen der Erkenntnis werden. D. ist die zur Methode (zur ›Logik‹) stilisierte Anstrengung des denkenden Subjekts, dieser Gleichgewichtigkeit dadurch Rechnung zu tragen, daß es über sich, und d. h. auch über seine Grundentscheidung, hinausgeht und die begreifbare Genese seiner Begriffe, Urteile und Ziele rekonstruiert (↑Hegelsche Logik). Die genetische Relativierung der subjektiven Entscheidungen soll dabei die vor-subjektiven ›Begriffe‹, d. s. die Bestimmungen handlungsleitender Idealvorstellungen, herausarbeiten, als deren Verwirklichungsversuch sich die Situation darstellen läßt, die wir mit unseren ›Begriffen‹ verstehen können. Mit einer solchen Rekonstruktion will Hegel »den Gang der Sache selbst« (Logik I, Sämtl. Werke IV, 52) darstellen. Diese steht dem undialektischen »Raisonnement aus Gründen der äußeren Reflexion«, nämlich der subjektiven Vorentscheidungen, gegenüber als die Reflexion, in der die Natur des Inhalts sich bewegt und durch die zugleich die Bestimmung des Inhalts selbst erst gesetzt und erzeugt wird (a. a. O., 17), d. h., in der auch die Unterscheidungen, in deren Rahmen wir das Handeln, seine Bedingungen und seine Folgen zu verstehen suchen, mit der Untersuchung dieses Handelns, seiner Bedingungen und Folgen, und zwar der jeweiligen ↑Genesen, entwickelt werden. Einerseits werden damit die ›Begriffe‹ durch die Aufarbeitung der historischen Entwicklung, die zu ihrer Bildung geführt hat (aus dem ›Gang der Sache selbst‹), in ihrer Bedeutung geklärt. Andererseits gilt diese historische Entwicklung nur dann als begriffen, wenn sie nicht nur als Folge von Geschehnissen, sondern auch als Entwicklung von ›Begriffen‹, d. h. als die »immanente Entwickelung des Begriffs« (a. a. O., 17), dargestellt wird. Damit bleibt die Hegelsche Erkenntniskonzeption zwar nicht mehr subjektiv, wohl aber idealistisch, insofern die Begreifbarkeit der realen Entwicklung zum Kriterium des sachlichen Gangs erklärt wird. Die bei dieser Entwicklung (sofern sie begreifbar ist) auftretenden ›Widersprüche‹ sind dabei von doppelter Art: zum einen bleibt die prinzipielle Differenz zwischen ›Begriff‹ und ›Wirklichkeit‹, zwischen ›Allgemeinem‹ und ›Besonderem‹, bestehen und erzeugt damit einen Widerspruch zwischen Gewolltem und Gewordenem; zum anderen verändern sich (auf Grund dieses Widerspruchs) die ›Begriffe‹ selbst, der Verwirklichungsversuch stellt einen eigenen Grund für die (Um-)Bildung des ›Begriffs‹, um dessen Verwirklichung es geht, dar – weshalb die ›Begriffe‹ in Hegelscher Terminologie ›nicht sich selber gleich‹ bleiben und ›an sich selbst widersprechend‹ werden.

K. Marx übernimmt das formale Schema der Hegelschen D., kehrt diese aber in der Richtung des Begreifens um. Nicht die ›Begriffe‹ sind der Ausgangspunkt für den ›Gang der Sache selbst‹, sondern die durch die Bedürfnisse und die gesellschaftliche Organisation ihrer Befriedigung bestimmte (gesellschaftliche) Wirklichkeit. Dementsprechend liefert auch nicht die Entwicklung der ›Begriffe‹ das Kriterium für die Erkenntnis der wirklichen Entwicklung, sondern die Erklärbarkeit aus den bestehenden Bedürfnissen und ihrer gesellschaftlich organisierten Befriedigung, aus den Produktionsverhältnissen. Widersprüche entstehen zwischen dem ›Bewußtsein‹, dem jeweiligen ›Begriff‹ von der gesellschaftlichen Wirklichkeit, und dem ›Sein‹, eben dieser gesellschaftlichen Wirklichkeit, weil schon zwischen den Produktivkräften und den Produktionsverhältnissen, d. h. den technischen und sozialen Möglichkeiten zur Produktion und der gesellschaftlichen Regelung der Produktion,

›Widersprüche‹ – im Sinne ungenutzter oder unterdrückter Möglichkeiten – bestehen. Je schärfer diese ›Widersprüche‹ werden, um so eher werden die den Produktivkräften ›widersprechenden‹ Produktionsverhältnisse und das dem gesellschaftlichen ›Sein‹ widersprechende ›Bewußtsein‹ verändert werden können. Mit dieser das Hegelsche Verhältnis von ›Begriff‹ und Wirklichkeit umkehrenden und in diesem Sinne ›realistischen‹ Konzeption von D. wird so ein Verständnis von D. zumindest nahegelegt, nach der die D. eine Gesetzmäßigkeit subjektunabhängiger, gleichsam naturwüchsiger Entwicklungen darstellt. In eben diesem Verständnis stellt F. Engels der von ihm so genannten ›subjektiven D.‹ des Begreifens eine ›objektive D.‹ entgegen, mit der nicht nur die Entwicklungen der gesellschaftlichen Geschichte, sondern auch aller Naturgeschehnisse dargestellt werden sollen. Für die naturalistische D. formuliert Engels drei Hauptgesetze: (1) das »Umschlagen von Quantität in Qualität« und umgekehrt, (2) »Gegenseitiges Durchdringen der polaren Gegensätze und Ineinander-Umschlagen, wenn auf die Spitze getrieben«, (3) »Entwicklung durch den Widerspruch oder Negation der Negation« (MEW XX, 307). Obgleich W. I. Lenin einer solchen ›D. der Natur‹ zurückhaltend gegenübersteht, wird die Engelssche Auffassung der D. im Stalinismus – bis zu den »Linguistik-Briefen« (1950, vgl. J. Stalin, Marxismus und Fragen der Sprachwissenschaft, ed. H. P. Gente, München 1968) – zur herrschenden Lehre. In Italien, Frankreich und Deutschland hingegen wird die Rekonstruktion der Marxschen Konzeption von D. in teilweiser Wiederanknüpfung an die Kantische und Hegelsche Philosophie versucht.

Im deutschen Sprachraum hat insbes. die D.konzeption der von M. Horkheimer und T. W. Adorno begründeten ›kritischen Theorie‹ (↑Theorie, kritische) Beachtung gefunden. Diese Konzeption läßt sich als ein Versuch verstehen, D. sowohl als Entwicklungstheorie als auch als Argumentationstheorie weiterzuführen: aus dem Begreifen der dialektischen Entwicklung der ›Sache‹, d. h. dem ›Widerspruch in der Sache selbst‹, sollen die Argumente für deren Verbesserung, für den ›Widerspruch‹ zum Faktischen, erarbeitet werden. Die ›kritische Theorie‹ beschränkt sich dabei bewußt auf die Analyse gesellschaftlicher Entwicklungen und Zusammenhänge, versucht also nicht, eine D. auch der Natur vorzustellen. Der ›Widerspruch in der Sache selbst‹ entsteht dabei dadurch, daß sich die ↑Institutionen in einem doppelten Sinne gegenüber den Intentionen der Individuen verselbständigen. Zum einen besteht (formal betrachtet) für die Institutionalisierung von Handlungsregeln als solche die Tendenz, daß mit der sanktionierten Regelung des Handelns die Möglichkeit, gemäß den selbst eingesehenen Begründungen zu handeln, und damit die Möglichkeit zur reflektierten Ausbildung persönlicher Identität, zur ›Individuation‹, verstellt wird. Dabei soll die Herstellung der Bedingungen für diese Möglichkeit gerade der Sinn der Institutionalisierung sein. Zum anderen verkehrt sich (material betrachtet) der Sinn mancher Institutionen in der Weise, daß mit ihnen die ↑Zwecke, zu deren Erreichung sie eingerichtet worden sind, nach einer bestimmten (erklärbaren) Entwicklung durch sie selbst verhindert werden. Dieser dialektisch verlaufenden Entwicklung trägt eine dialektische Argumentation dadurch Rechnung, daß zum einen die Aufarbeitung der ›institutionellen Vermittlung‹ nicht nur des Handelns, sondern auch der ↑Intentionen der einzelnen Personen – d. h. die Erklärung der Entwicklung dieses Handelns und seiner Intentionen aus dem Bestehen bestimmter Institutionen, in deren Rahmen die einzelnen ihre Intentionen ausgebildet haben und ihre Handlungen ausführen – gegenüber einem undialektischen Anfang mit der Feststellung individuellen Handelns oder individueller Intentionen gefordert wird. Zum anderen soll die dialektische Argumentation sowohl die Sinnverkehrungen der Institutionen aufdecken, als auch die Bedürfnisse und Möglichkeiten entdecken, die durch die Entwicklung der Institutionen zwar verdeckt worden sind, die aber am Anfang dieser Entwicklung noch deren Grund – und insofern durch ihre Wirksamkeit wirklich – waren: »Dialektische Kritik möchte retten oder herstellen helfen, was der Totalität nicht gehorcht, was ihr widersteht oder was, als Potential einer noch nicht seienden Individuation, erst sich bildet« (T. W. Adorno, Einleitung, in: ders. u. a. [eds.], Der Positivismusstreit in der deutschen Soziologie, Neuwied/Berlin 1969, 19).

Zusammenfassend lassen sich zwei große Entwicklungsabschnitte von Konzeptionen der D. unterscheiden: die Entwicklung der D. als *Argumentationstheorie* und die Entwicklung der D. als *Entwicklungstheorie*. Jeweils am Anfang dieser Entwicklungen steht eine Problemstrukturierung in kritischer Absicht. Gegen die sophistische Überredungstechnik zeigt Platon, daß es in der D. um die gemeinsame Bemühung um Einsicht, um die Führung von ↑Dialogen, geht. Gegen die rationalistische Begriffsmechanik zeigt Kant, daß es in der D. um eine einsichtige Begründung wahrer Erkenntnis durch die Bestimmung des Subjekt-Objekt-Verhältnisses geht. Aristoteles liefert mit der Topik ein methodisch verwendbares Instrument für die D. als die Kunst des argumentierenden Dialogs, das die D. zu einer Argumentationstheorie macht. Hegel gibt mit seiner genetischen ›Logik‹ für die Entwicklung der ↑›Vermittlung‹ von allgemeinem ›Begriff‹ und besonderer Wirklichkeit ein Schema, das das Subjekt-Objekt-Verhältnis als Ergebnis einer (wechselseitig voneinander abhängenden) gemeinsamen Entwicklung theoretisch darzustellen erlaubt. Sowohl der Aristotelischen als auch der Hegelschen Theoretisierung von D. gemeinsam ist, daß mit der D. als (topischer oder ›logischer‹) Methode die allgemeinen, nämlich vor- oder überindividuellen Bestimmungsgründe des Denkens, Wollens und Handelns begriffsanalytisch bzw. begriffshistorisch kritisch geprüft werden sollen. In diesem Sinne ist die D. für Aristoteles und Hegel diejenige Methode des kritischen Denkens, die dort allein zur Verfügung steht, wo wir uns nicht selbst als die autonomen Autoren unserer Überzeugungen und Absichten verstehen können, wo wir nicht mehr nur über von uns Hergestelltes (und durch uns Beherrschtes) reden, sondern auch über uns Überkommenes und von uns Übernommenes, wo wir – in anderer Terminologie – nicht *technische*, sondern *praktisch-politische* Probleme zu lösen haben. Ebenfalls gemeinsam ist der Aristotelischen und Hegelschen Konzeption der D. dann allerdings auch, daß über die Vernachlässigung der jeweiligen Methode, d. i. der Begriffsanalyse und der Begriffsgeschichte, auch die Konzeption der D. methodisch ungeordnet oder schematisch dogmatisiert wurde. Vor allem die an Hegel anknüpfenden Dogmatisierungen von Entwicklungstheorien (mit der Konstatierung von Entwicklungsgesetzen und/oder Entwicklungszielen) hat dazu beigetragen, daß für eine mögliche dritte Konzeption von D., die sich auf F. Schleiermacher zurückführen könnte, zumindest der Titel ›D.‹ weitgehend unbenutzt bleibt. Diese Konzeption bestünde darin, die Methode der begrifflichen ↑Rekonstruktion aus dem Subjekt-Objekt-Schema zu lösen und für die Aufgaben des Dialogs zu reformulieren, die darin bestehen, D. nicht mehr nur als begriffs*analytische*, sondern auch als begriffs*historische* Durcharbeitung von gemeinsamen Problemen und allgemeinen Meinungen über Lösungsmöglichkeiten für diese Probleme aufzufassen.

Literatur: T. W. Adorno, Negative D., Frankfurt 1966, 2000; ders., Ontologie und D. (1960/61), als: Nachgelassene Schriften IV/7, ed. R. Tiedemann, Frankfurt 2002; ders., Vorlesung über negative D.. Fragmente zur Vorlesung 1965/66, als: Nachgelassene Schriften IV/16, ed. R. Tiedemann, Frankfurt 2003; ders. u. a. (eds.), Der Positivismusstreit in der deutschen Soziologie, Neuwied/Berlin 1969, München 1993; A. Arndt, D. und Reflexion. Zur Rekonstruktion des Vernunftbegriffs, Hamburg 1994; M. Bachmann, Die Antinomie logischer Grundsätze. Ein Beitrag zum Verhältnis von Axiomatik und D., Bonn 1998; J. Bartels u. a., Dialectiek als open system, Groningen 1985 (dt. D. als offenes System. Historisch-systematische Untersuchungen zu Widerspiegelung – Wahrheit – Widerspruch, Köln 1986); M. Baum, Die Entstehung der Hegelschen D., Bonn 1986, ²1989; W. Becker, Hegels Begriff der D. und das Prinzip des Idealismus. Zur systematischen Kritik der logischen und der phänomenologischen D., Stuttgart/Berlin/Köln 1969; ders., Idealistische und materialistische D.. Das Verhältnis von ›Herrschaft und Knechtschaft‹ bei Hegel und Marx, Stuttgart/Berlin/Köln 1970, ²1972; ders./W. K. Essler (eds.), Konzepte der D., Frankfurt 1981; A. Beriger, Die Aristotelische D.. Ihre Darstellung in der »Topik« und in den »Sophistischen Widerlegungen« und ihre Anwendung in der »Metaphysik« M1–3, Heidelberg 1989; E. Berti, Contraddizione e dialettica negli antichi e nei moderni, Palermo 1987; U. Beyer, D. bei Nietzsche?, Münster/Hamburg 1990; R. Bhaskar, Dialectic. The Pulse of Freedom, London/New York 1993; G. Bieling, Der Aufbau der D. in der sowjetischen Diskussion der Gegenwart, München 1977; H. Blöhbaum, Strukturen moderner D.. Am Beispiel Naturzustand und Herr- und Knecht-Verhältnis bei Rousseau, Hegel und Marx, Frankfurt/Bern/New York 1988; O. D. Brauer, D. der Zeit. Untersuchungen zu Hegels Metaphysik der Weltgeschichte, Stuttgart-Bad Cannstatt 1982; W. Bröcker, D., Positivismus, Mythologie, Frankfurt 1958; ders., Formale, transzendentale und spekulative Logik, Frankfurt 1962; R. Bubner, D. und Wissenschaft, Frankfurt 1973, 1974; ders., Zur Sache der D., Stuttgart 1980; ders., D. als Topik. Bausteine zu einer lebensweltlichen Theorie der Rationalität, Frankfurt 1990; G. Capone Braga, Dialettica, Enc. filos. II (1982), 877–897; J. Cohn, Theorie der D.. Formenlehre der Philosophie, Leipzig 1923 (repr. Darmstadt 1965); D. Davidson, D. und Dialog. Rede [...] anläßlich der Verleihung des Hegel-Preises 1992, Frankfurt 1993; C. Demmerling/F. Kambartel (eds.), Vernunftkritik nach Hegel. Analytisch-kritische Interpretationen zur D., Frankfurt 1992; A. Diemer, Elementarkurs Philosophie. D., Düsseldorf/Wien 1976; K. Dürr, Die Entwicklung der D. von Plato bis Hegel, Dialectica 1 (1947), 45–62; FM I (1994), 866–877; P. Foulquié, La dialectique, Paris 1949, ⁸1976; M. Frank, Das individuelle Allgemeine. Textstrukturierung und Textinterpretation nach Schleiermacher, Frankfurt 1977, überarb. unter dem Titel: Das individuelle Allgemeine. Textstrukturierung und -interpretation nach Schleiermacher, Frankfurt 1985, ²2001; G. Fuller, Drei Studien zur D.. Theorie der D. I, Aalen 1983; H.-G. Gadamer, »Platos dialektische Ethik« und andere Studien zur platonischen Philosophie, Hamburg 1968; ders., Hegels D.. Fünf hermeneutische Studien, Tübingen 1971, unter dem Titel: Hegels D.. Sechs hermeneutische Studien, ²1980; U. Gneiting, Erfahrung und D.. Die Identität des Bedeutungs- und des Verifikationsproblems als Schlüssel zu einem nicht-idealistischen Verständnis der dialektischen Philosophie, Frankfurt/Bern/New York 1990; R. Gumppenberg, Gegenlicht. Diskurse zur philosophischen D., Wien 1990; G. Gurvitch, Dialectique et sociologie, Paris 1962, 1977 (dt. D. und Soziologie, Neuwied/Berlin 1965); R. Hall, Dialectic, Enc. Ph. II (1967), 385–389; R. Halme, Die Geburt der historischen D., Köln 1985; W. Hanses-Ketteler, Transrationale Denkfiguren bei Hegel. Über den Zusammenhang von Magie und D., Frankfurt/Bern/New York 1990; W. Hartkopf, Studien zur Entwicklung der modernen D.. Die D. in Schellings Ansätzen zu einer Naturphilosophie, Meisenheim am Glan 1972, ferner in: ders., Studien zu Schellings D., Frankfurt 1986, 1–124; ders., Die D. in Schellings Transzendental- und Identitätsphilosophie. Studien zur Entwicklung der modernen D. II, Meisenheim am Glan 1975, ferner in: ders., Studien zu Schellings D., Frankfurt 1986, 125–329; ders., Der Durchbruch der D. in Hegels Denken. Studien zur Entwicklung der modernen D. III, Meisenheim am Glan 1976; ders., D. – Heuristik – Logik. Nachgelassene Studien, ed. H. Baum/W. Hengst/W. Schmied-Kowarzik, Frankfurt 1987; H. Heimsoeth, Transzendentale D.. Ein Kommentar zu Kants »Kritik der reinen Vernunft«, I–IV, Berlin 1966–1971; E. Heintel, Grundriß der D.. Ein Beitrag zu ihrer fundamentalphilosophischen Bedeutung, I–II, Darmstadt 1984; R. Heiss, Wesen und Formen der D., Köln/Berlin 1959; ders., Die großen D.er des 19. Jahrhunderts. Hegel, Kierkegaard, Marx, Köln/Berlin 1963, ²1966; E. Hoffmeister, Die »Logik« in der Geschichte. Zum Problem von materialistischer und idealistischer D., Köln 1980; H. H. Holz, D. und Widerspiegelung, Köln 1983; ders., D., in: H. J. Sandkühler (ed.), Europäische Enzyklopädie zu

Philosophie und Wissenschaften I, Hamburg 1990, 547–568; ders. (ed.), Strukturen der D., Hamburg 1992; ders., Einheit und Widerspruch. Problemgeschichte der D. in der Neuzeit, I–III, Stuttgart/Weimar 1997–1998; ders./D. Losurdo (eds.), D.-Konzepte, Bonn 1996; M. Horkheimer/T. W. Adorno, Philosophische Fragmente, New York 1944, unter dem Titel: D. der Aufklärung. Philosophische Fragmente, Amsterdam ²1947, Frankfurt 1984, 1997, als: T. W. Adorno, Ges. Schriften III, 2002; C. Hubig, D. und Wissenschaftslogik. Eine sprachphilosophisch-handlungstheoretische Analyse, Berlin/New York 1978; I. Hübner, Wissenschaftsbegriff und Theologieverständnis. Eine Untersuchung zu Schleiermachers D., Berlin/New York 1997; F. Jameson, Late Marxism. Adorno, or, The Persistence of the Dialectic, London/New York 1990, 2000 (dt. Spätmarxismus. Adorno, oder Die Beharrlichkeit der D., Hamburg/Berlin 1991); W. Janke, Historische D.. Destruktion dialektischer Grundformen von Kant bis Marx, Berlin/New York 1977; S. Kahlefeld, D. und Sprung in Jacobis Philosophie, Würzburg 2000; P. Kemper, D. und Darstellung. Eine Untersuchung zur spekulativen Methode in Hegels »Wissenschaft der Logik«, Frankfurt 1980; T. Kesselring, Die Produktivität der Antinomie. Hegels D. im Lichte der genetischen Erkenntnistheorie und der formalen Logik, Frankfurt 1984; S.-J. Kim, Der Widerspruch und das Urteil in Platons »Parmenides«. Untersuchungen zur platonischen D., Frankfurt/Bern/New York 1989; H. Kimmerle (ed.), D. heute. Rotterdamer Arbeitspapiere, Bochum 1983; L. Kofler, Geschichte und D.. Zur Methodenlehre der dialektischen Geschichtsbetrachtung, Hamburg 1955, Darmstadt/Neuwied ²1973; P. Kolb, Platons »Sophistes«. Theorie des Logos und D., Würzburg 1997; A. Kosing, D., Ph. Wb. I (1975), 269–276; G. Kröber, D., in: J. Speck (ed.), Handbuch wissenschaftstheoretischer Begriffe I, Göttingen 1980, 140–144; A. Kulenkampff, Antinomie und D.. Zur Funktion des Widerspruchs in der Philosophie, Stuttgart 1970; A. Lecrivain/M. Abou-Divan, Dialectique, Enc. philos. universelle II (1990), 633–640; P. Lorenzen, Szientismus versus D., in: R. Bubner/K. Cramer/R. Wiehl (eds.), Hermeneutik und D.. Aufsätze I (Methode und Wissenschaft. Lebenswelt und Geschichte), Tübingen 1970, 57–72; W. Lütterfelds, Kants D. der Erfahrung. Zur antinomischen Struktur der endlichen Erkenntnis, Meisenheim am Glan 1977; W. Marx, Hegels Theorie logischer Vermittlung. Kritik der dialektischen Begriffskonstruktionen in der »Wissenschaft der Logik«, Stuttgart-Bad Cannstatt 1972; J. McTaggart/E. McTaggart, Studies in the Hegelian Dialectic, Cambridge 1896, ²1922 (repr. New York 1964); M. Merleau-Ponty, Les aventures de la dialectique, Paris 1955, 2000 (dt. Die Abenteuer der D., Frankfurt 1968, 1974); W. Mesch, Ontologie und D. bei Aristoteles, Göttingen 1994; T. Müller, Die Idee einer materialistischen D.. Eine historisch-systematische Untersuchung zum Begriff der materialistischen D. Max Horkheimers, Frankfurt/Berlin/Bern 2001; R. Norman/S. Sayers, Hegel, Marx and Dialectic. A Debate, Brighton/Atlantic Highlands N. J. 1980, Aldershot/Brookfield Vt. 1994; E. Oeser, Die antike D. in der Spätphilosophie Schellings. Ein Beitrag zur Kritik des Hegelschen Systems, Wien/München 1965; C. Perelman (ed.), Dialectics/dialectiques. International Institute of Philosophy. Entretiens in Varna 15–22 September 1972, The Hague 1975; U. Petersen, Die logische Grundlegung der D.. Ein Beitrag zur exakten Begründung der spekulativen Philosophie, München 1980; G. Pfafferott, Politik und D. am Beispiel Platons. Methodische Rechenschaftsleistung und latentes Rechtfertigungsdenken im Aufbau der »Politeia«, Saarbrücken/Kastellaun 1976; O. Pöggeler, D. und Topik, in: R. Bubner/K. Cramer/R. Wiehl (eds.), Hermeneutik und D..

Aufsätze II (Sprache und Logik. Theorie der Auslegung und Probleme der Einzelwissenschaften), Tübingen 1970, 273–310; K. R. Popper, What is Dialectic?, Mind 49 (1940), 403–426, ferner in: ders., Conjectures and Refutations. The Growth of Scientific Knowledge, London 1963, London/New York ⁵1989, 2002, 312–335 (dt. Was ist D.?, in: E. Topitsch [ed.], Logik der Sozialwissenschaften, Köln/Berlin 1966, Köln ⁹1976, 262–290, ferner in: K. R. Popper, Vermutungen und Widerlegungen. Das Wachstum der wissenschaftlichen Erkenntnis II, Tübingen 1997, 451–486); M. Potepa, Schleiermachers hermeneutische D., Kampen 1996; M. Quante, D., in: P. Prechtl/F.-P. Burkard (eds.), Metzler Philosophie Lexikon. Begriffe und Definitionen, Stuttgart/Weimar ²1999, 108–110; H. Radermacher, D., Hb. ph. Grundbegriffe I (1973), 289–309; D. Redlich, Die ›Umkehrung‹ der Hegelschen D.. Programme idealistischer und materialistischer D., Bern/Berlin/Frankfurt 1999; R. Rehn, Sprache und D. in der Aristotelischen Philosophie, Amsterdam/Philadelphia Pa. 2000; E. Renault, Dialectique, in: D. Lecourt (ed.), Dictionnaire d'histoire et philosophie des sciences, Paris 1999, 307–311; M. Riedel (ed.), Hegel und die antike D., Frankfurt 1990; W. Risse/A. Müller/L. Oeing-Hanhoff u. a., D., Hist. Wb. Ph. II (1972), 164–226; J. Ritsert, Kleines Lehrbuch der D., Darmstadt 1997; R. Robinson, Plato's Earlier Dialectic, Ithaca N. Y. 1941, Oxford ²1953, New York/London 1980, Oxford/New York 1984; W. Röd, Dialektische Philosophie der Neuzeit, I–II, München 1974, in einem Bd. ²1986; H. Röttges, D. als Grund der Kritik. Grundlegung einer Neuinterpretation der »Kritik der reinen Vernunft« durch den Nachweis der D. von Bedeutung und Gebrauch als Voraussetzung der Analytik, Königstein 1981; ders., D. und Skeptizismus. Die Rolle des Skeptizismus für Genese, Selbstverständnis und Kritik der D., Frankfurt 1987; A. Sarlemijn, Hegelsche D., Berlin/New York 1971; E. Schäfer, D. und Empirie. Zum Begriff der Erfahrung bei Marx, Bonn 1976; R. Schäfer, Die D. und ihre besonderen Formen in Hegels »Logik«. Entwicklungsgeschichtliche und systematische Untersuchungen, Hamburg 2001; O. Schwemmer, Vom ›Widerspruch in sich selbst‹. Ein Versuch, D. als Methode der Kritischen Theorie zu verstehen, in: J. Mittelstraß/M. Riedel (eds.), Vernünftiges Denken. Studien zur praktischen Philosophie und Wissenschaftstheorie. Wilhelm Kamlah zum Gedächtnis, Berlin/New York 1978, 269–285; W. Senz, Über die Platonische D. und Aristotelische Logik. Ein Vergleich. Zur Notwendigkeit der Konzentration auf das Platonische Denken, Frankfurt/Berlin/Bern 2000; L. Sichirollo, Dialegesthai – D.. Von Homer bis Aristoteles, Hildesheim 1966; R. Simon-Schäfer, D.. Kritik eines Wortgebrauchs, Stuttgart-Bad Cannstatt 1973; ders./H. Seiffert, D., in: H. Seiffert/G. Radnitzky (eds.), Handlexikon zur Wissenschaftstheorie, München 1989, 33–37; L. Simonis, D., in: A. Nünning (ed.), Metzler-Lexikon Literatur- und Kulturtheorie. Ansätze – Personen – Grundbegriffe, Stuttgart/Weimar 1998, 92, ²2001, 111; U. Steinvorth, Eine analytische Interpretation der Marxschen D., Meisenheim am Glan 1977; P. Stekeler-Weithofer, D., EP I (1999), 243–255; P. Stemmer, Platons D.. Die frühen und mittleren Dialoge, Berlin/New York 1992; J. Stenzel, Studien zur Entwicklung der platonischen D. von Sokrates zu Aristoteles. Arete und Diairesis. Mit einem Anhang »Literarische Form und philosophischer Gehalt des platonischen Dialoges«, Breslau 1917, Leipzig/Berlin ²1931 (repr. Darmstadt 1961, 1974); U. Tietz, Ontologie und D.. Heidegger und Adorno über das Sein, das Nichtidentische, die Synthesis und die Kopula, Wien 2003; F. Tomberg, Begreifendes Denken. Studien zur Entwicklung von Materialismus und D., Berlin, Köln 1986; R. Trienes, Das Problem der D. in Platons »Parmenides« unter Berücksichtigung von Hegels Interpretation, Frankfurt/Bern/New York 1989; K. Utz, Die Notwendigkeit des Zufalls. Hegels spekulative D. in der »Wissenschaft der Logik«, Paderborn/München/Wien 2001; H. Vetter, Die Stellung des dialektischen Materialismus zum Prinzip des ausgeschlossenen Widerspruchs, Berlin 1962; W. Viertel, Eine Theorie der D., Königstein 1983; B. Vollmers, Dialektische Variationen. Eine Einführung in die Philosophie von Heraklit, Hegel, Marx und Piaget, Frankfurt/Berlin/Bern 1995; P. Wacker, Der dialektische Mythos. Fragmentarische Dokumentation zur Hermeneutik des trinitarischen Denkmodells, Bern/Frankfurt 1976; D. Wandschneider, Grundzüge einer Theorie der D.. Rekonstruktion und Revision dialektischer Kategorienentwicklung in Hegels »Wissenschaft der Logik«, Stuttgart 1995; ders. (ed.), Das Problem der D., Bonn 1997; J. Weinfeld, Die polare Logik im Verhältnis zu Problemen der Gesellschaftstheorie. Elemente zu einer Kritik der D. als kritischer Logik des Gesellschaftlichen aus der Analyse der Hegelsch-Marxschen dialektischen Tradition sowie anderer vergleichsweise alternativer D.en – Hauptbeispiele: Schleiermacher und Adorno, Frankfurt/Bern/New York 1991; M. Wetzel, D. als Ontologie auf der Basis selbstreflexiver Erkenntniskritik. Neue Grundlegung einer ›Wissenschaft der Erfahrung des Bewußtseins‹ und Prolegomena zu einer D. in systematischer Absicht, Freiburg/München 1986; ders., Prinzip Subjektivität II/2 (Ding und Person, Dingbegegnahme und Kommunikation, D.), Würzburg 2001; H. Williams, Hegel, Heraclitus and Marx's Dialectic, New York/London/Toronto Ont. 1989; P. Wilpert, Aristoteles und die D., Kant-St. 48 (1956/1957), 247–257. – Sondernummern: Phänom. Forsch. 10 (1980) [D. und Genesis in der Phänomenologie]; Dialektik 8 (1984) [Realismus und D. oder Was können wir wissen?]; Dialektik 12 (1986) [Die D. und die Wissenschaften]. O. S.

Dialektik, negative, von T. W. Adorno zur allgemeinen Charakterisierung seines Philosophierens verwendeter Ausdruck, der auch als Titel seines Hauptwerkes (Negative Dialektik, Frankfurt 1966) Verwendung findet. Das Konzept einer n.n D. wird auf mehrfache Weise ausgedrückt. Es expliziert immanente philosophiehistorische moderne Problemstellungen als gesellschaftsbezogenes Korrelat und intendiert Gesellschaftskritik im Medium philosophisch tradierter Sprache.

Die n. D. ist in erster Linie eine begrifflich vollzogene Kritik an der Schließung der Philosophie jeglicher Provenienz zum System. Sie überspringt dabei nicht naiv realistisch den sprachgebundenen Artikulationshorizont, sondern versichert sich einer prinzipiell systemtranszendierenden unbegrifflichen Realität als Korrektiv durch sprachliche Mittel allein. Hierin unterscheidet sie sich von der Kunst, die begriffslose Mittel für die Fixierung transzendierender Realität verwendet. In Adornos Habilitationsschrift (Kierkegaard. Konstruktion des Ästhetischen, Tübingen 1933) wird vor allem S. Kierkegaard (neben L. Feuerbach und K. Marx, a.a.O., 119) mit seiner ›Lehre vom Existieren‹ als ›Realismus ohne Wirklichkeit‹, die »die Identität von Denken und Sein (bestreitet), ohne doch Sein anderswo zu erfragen als im Bereich von Denken selber« (a.a.O., 97), zur Zentralfigur systemkritischer Philosophie. Bereits in dieser frühen Schrift Adornos wird das Hauptthema der n.n D. und die Hauptgegnerschaft gegen G. W. F. Hegels Systemschluß angeschlagen. In der 1944 von Adorno und M. Horkheimer verfaßten »Dialektik der Aufklärung. Philosophische Fragmente« (Amsterdam 1947) wird die wissenschaftskritische Position der ›kritischen Theorie‹ (↑Theorie, kritische), wie sie von Horkheimer vor allem in seinem Aufsatz über »Traditionelle und kritische Theorie« (Z. f. Sozialforschung 6 [1937], 245–294) entwickelt wurde, zur allgemeinen Aufklärungskritik ausgeweitet. Naive Aufklärung ist totalitär. Sie unterdrückt in der ihr eigentümlichen instrumentalistischen (↑Instrumentalismus) Verkürzung des Emanzipationsanspruchs (↑Emanzipation) von Vernunft den Geltungsanspruch von Totalitäten, die sich dem Kriterium der ›Berechenbarkeit und Nützlichkeit‹ entziehen (a.a.O., 16). Ihr Kriterium ist die Machbarkeit, was die Stellung des Subjekts außerhalb der von ihr je vorgefundenen Welt als methodischen Ausgangsort festschreibt. Sein Denken wird auf das berechenbar Machbare reduziert; Vorgefundenheit – und sei es die des Denkens als eines Faktums selbst – tritt nur in dem durch Berechenbarkeit und Nützlichkeit definierten vorgeprägten Raster in den Blick, welches das ›Inkommensurable‹ wegschneidet. Die Identität von Denken und Welt (›Subjekt und Objekt‹) ist nicht die der ›Versöhnung‹, in der beiden Instanzen ihr Recht wird, sondern eine der ›Verdinglichung‹. Zunächst nämlich macht das Denken die Welt sich gleich (›Abstraktion‹ als ›Liquidation‹, a.a.O., 24), um sich dann in die so geordnete Welt bruchlos erkenntnis- und lebensmäßig selbst einzufügen (a.a.O., 38). Die n. D. befindet sich kritisch gebrochen in der Tradition der dialektischen Philosophie (↑Dialektik), und hier liegt auch ihre Nähe zu Hegel, insofern diese Philosophie gewissermaßen per definitionem mit einem nicht-instrumentalisierten Vernunftbegriff die totalisierenden Tendenzen der ↑Aufklärung kritisiert.

Die Dialektik zum Totalitarismus, der die Aufklärung und die tradierte aufklärungskritische Dialektik durch ihre Schließung zum System verfallen, entspricht der gesellschaftlich vollzogenen Reduzierung des Menschen auf das ›Äquivalent‹ (a.a.O., 18). Die entqualifizierte Gleichheit des Menschen in der modernen Tauschgesellschaft ist über den Markt vermittelt, auf dem nicht die konkreten Eigenschaften des Menschen und seiner Produktionen zählen, sondern nur die ›abstrakte‹ vergegenständlichte Arbeit, die den Tauschwert definiert. Die n. D. als Gesellschaftskritik wendet sich gegen die totalisierende Tendenz des ↑Tauschwerts; hier liegt ihre Nähe zu K. Marx (↑Warenfetischismus). Ihre philosophischen Kategorien haben unmittelbar eine gesellschaftskritische Relevanz.

In der »Negativen Dialektik« unterscheidet Adorno die idealistische Dialektik, die durch den ›Vorrang des Subjekts‹ definiert ist (a.a.O., 182ff.), von der n.n D., die materialistisch objektorientiert verfährt. Ihr Interesse geht auf das ›Begriffslose‹, das dem identifizierenden Begriff sich entziehende oder entzogene Heterogene (a.a.O., 17f.). Ihr Ziel ist als festgehaltenes Bewußtsein des Begriffslosen die ›Entzauberung des Begriffs‹. Die »Richtung der Begrifflichkeit zu ändern, sie dem Nichtidentischen zuzukehren, ist das Scharnier n.r D.« (a.a.O., 22). Da sie im Unterschied zur Kunst »über den Begriff durch den Begriff hinauszugelangen« (a.a.O., 25) trachtet, ist sie unhintergehbar paradox. Sie reicht an das Begriffslose niemals heran und versucht doch, sich ihm als dem Heterogenen ohne gewaltsame Reduktion anschmiegend gewachsen zu zeigen. So ist sie ›negativ‹ nur eine Aufgabe in Permanenz, kein bruchlos einlösbares Programm: »Die Utopie der Erkenntnis wäre, das Begriffslose mit Begriffen aufzutun, ohne es ihnen gleichzumachen« (a.a.O., 19). S.B.

Dialektik, transzendentale, in I. Kants »Kritik der reinen Vernunft« neben der transzendentalen Analytik (↑Analytik, transzendentale) Terminus zur Bezeichnung eines der beiden Teile der transzendentalen Logik (↑Logik, transzendentale), in dem die ›natürlichen‹ und ›unvermeidlichen‹ Widersprüche, in die sich die menschliche Vernunft verwickelt, d.h. ihre ›natürliche Dialektik‹ (KrV B 354, 697ff., KpV A 194), kritisch geklärt werden sollen. Diese ›natürliche ↑Dialektik‹ beruht darauf, daß die Vernunft als »das Vermögen der Einheit der Verstandesregeln unter Prinzipien« (KrV B 359) »zu dem bedingten Erkenntnisse des Verstandes das Unbedingte zu finden (sucht), womit die Einheit desselben vollendet wird« (KrV B 364). Dieses Unbedingte ist die »absolute Totalität der Reihe der Bedingungen zu einem gegebenen Bedingten« (KrV B 438f., B 379, KpV A 192). Für die theoretische Vernunft (↑Vernunft, theoretische) entsteht diese ›natürliche Dialektik‹ dadurch, daß die durch die (Verstandes-)Kategorien geordneten objektiven Erkenntnisse über die Bildung einer ›Idee‹ (↑Idee (historisch)) – d.i. eines Begriffs der reinen (nämlich nicht an die Grenzen möglicher Erfahrung sich bindenden) Vernunft, mit dem die objektiven Erkenntnisse als vollständig geordnet und begründet verstanden werden sollen – als Teilerkenntnisse in und Folgeerkenntnisse aus dem Gesamtsystem der Erkenntnisse erscheinen sollen.

Die Ideenbildung schließt an die ↑Kategorien an, insofern deren Gebrauch die Einheit eines Subjekts der Erkenntnis unterstellt und die Einheit von Objekten der Erkenntnis (als ↑Erscheinungen oder als Gegenstände des Denkens überhaupt) erzeugt. Mit den Ideen werden diese (unterstellten oder erzeugten) Verstandeseinheiten umgedeutet: die unterstellte zu einer an sich gegebenen, die jeweils anschauungsbedingt erzeugte zu einer unbedingt für sich bestehenden. Es werden damit (und zwar durchaus ›natürlich‹, weil im Anschluß an die einheitsstiftenden Leistungen der Kategorien, wenn auch übertreibend, weil erfahrungsüberschreitend) eigene Gegenstände für die Erkenntnis geschaffen, die ihrerseits wieder mit den Kategorien zu untersuchen sind: nämlich die ↑Seele als »die absolute (unbedingte) Einheit des denkenden Subjekts«, die ↑Welt als »die absolute Einheit der Reihe der Bedingungen der Erscheinung« und Gott (↑Gott (philosophisch)) als »die absolute Einheit der Bedingung aller Gegenstände des Denkens überhaupt« (KrV B 391). Diesen Gegenständen widmen sich die transzendentale Seelenlehre, die Weltwissenschaft und die Gotteserkenntnis. Dabei kommt es zu dialektischen ↑Fehlschlüssen der reinen Vernunft, die in der t.n D. aufzuklären sind: die psychologischen ↑Paralogismen (nach denen die Seele Substanz, einfach, Person ist, und die Existenz der körperlichen Dinge nur mittelbar erschlossen werden kann), die kosmologischen ↑Antinomien (mit denen sich die Vernunft in eine Antithetik verwickelt zur Frage nach dem Anfang der Welt, der Zusammensetzung der ↑Substanzen in der Welt aus Einfachem, der Möglichkeit einer ↑Kausalität nicht nur nach den Gesetzen der Natur, sondern auch der Freiheit, und der Existenz eines schlechthin notwendigen Wesens als eines Teils oder der Ursache der Welt) und die theologische Annahme des ↑Ideals der reinen Vernunft, d.i. des vollkommensten und notwendig realen ›Urbildes aller Dinge‹ (KrV B 606), die die Vernunft in (Fehl-) Schlüssen, nämlich ihren ↑Gottesbeweisen, zu begründen sucht.

Wie bereits der Titel sagt, ist die »Kritik der reinen Vernunft« hauptsächlich (und in ihrem umfangreichsten Teil) der t.n D. gewidmet, mit der, aufbauend auf der transzendentalen Ästhetik (↑Ästhetik, transzendentale) und der transzendentalen Analytik, die ›endlosen Streitigkeiten‹ auf dem ›Kampfplatz‹ der Metaphysik beendet werden sollen (KrV A VIII). Für die praktische Vernunft (↑Vernunft, praktische) entsteht die Dialektik aus ihrem natürlichen »Hang, wider jene strenge Gesetze der Pflicht« – womöglich gemäß den Wünschen und Neigungen – »zu vernünfteln« (Grundl. Met. Sitten BA 23). Diese Dialektik besteht in der Verbindung von Glückseligkeit (↑Glück (Glückseligkeit)) und ↑Tugend, nach der (so die Antinomie der praktischen Vernunft) »die Begierde nach Glückseligkeit die Bewegursache zu Maximen der Tugend, oder die Maxime der Tugend (…) die wirkende Ursache der Glückseligkeit sein« muß (KpV A 204), welches erstere gegen das Prinzip der ↑Moralität, letztere gegen das Prinzip der Kausalität (in der Sinnenwelt) verstößt. In der intelligiblen Welt hingegen läßt sich der zweite Zusammenhang zwischen Tugend und Glückseligkeit über die Postulate der Unsterblichkeit, der Freiheit und des Daseins Gottes herstellen, wobei der t.n D. die besondere Aufgabe zukommt, die Verwechslung dieser Postulate mit objektiven Erkenntnissen zu verhindern.

Literatur: P. Baumanns, Kants Philosophie der Erkenntnis. Durchgehender Kommentar zu den Hauptkapiteln der »Kritik der reinen Vernunft«, Würzburg 1997, 707–781; V. Bazil, Ideal und Schema. Zu »Anhang zur t.n D.« der »Kritik der reinen Vernunft«, Diss. München 1995; J. F. Bennett, Kant's Dialectic, London/New York 1974, 1990; R. Bittner, Über die Bedeutung der Dialektik Immanuel Kants, Diss. Heidelberg 1970; A. Gideon, Der Begriff Transcendental in Kants Kritik der reinen Vernunft, Diss. Marburg 1903 (repr. Darmstadt 1977); H. Heimsoeth, T. D.. Ein Kommentar zu Kants »Kritik der reinen Vernunft«, I–IV, Berlin 1966–1971; S. Körner, Kant, Harmondsworth 1955, 1984, 105 ff. (dt. Kant, Göttingen 1967, ²1980, 85 ff.); H. Krings, Funktion und Grenzen der ›t.n D.‹ in Kants »Kritik der reinen Vernunft«, in: G. Schönrich/Y. Kato (eds.), Kant in der Diskussion der Moderne, Frankfurt 1996, 225–239; J. B. Lotz, Die transzendentale Methode in Kants »Kritik der reinen Vernunft« und in der Scholastik, in: ders. (ed.), Kant und die Scholastik heute, Pullach 1955, 35–108; J. Mittelstraß, Neuzeit und Aufklärung. Studien zur Entstehung der neuzeitlichen Wissenschaft und Philosophie, Berlin/New York 1970, 528–585 (§ 15 Das Ende der Metaphysik); ders., Über ›transzendental‹, in: E. Schaper/W. Vossenkuhl (eds.), Bedingungen der Möglichkeit. ›Transcendental Arguments‹ und transzendentales Denken, Stuttgart 1984, 158–182 (engl. On ›Transcendental‹, in: R. E. Butts/J. R. Brown [eds.], Constructivism and Science. Essays in Recent German Philosophy, Dordrecht etc. 1989 [Univ. Western Ontario Series Philos. Sci. XLIV], 77–102); K. Röttgers, Dialektik, Hist. Wb. Ph. II (1971), 164–226, bes. 184–189; J. Schmuker, Das Weltproblem in Kants »Kritik der reinen Vernunft«. Kommentar und Strukturanalyse des ersten Buches und des zweiten Hauptstückes des zweiten Buches der t.n D., Bonn 1990; F. Schneider, Kants t. D. oder die Unvernunft in der Vernunft, Tübingen 1999; P. Stekeler-Weithofer, Kants t. D., EP I (1999), 245–247; G. Tonelli, Der historische Ursprung der kantischen Termini ›Analytik‹ und ›Dialektik‹, Arch. Begriffsgesch. 7 (1962), 120–139; weitere Literatur: ↑Dialektik. O. S.

Diallele (von griech. δι' ἀλλήλων, durch einander), auf die stoische Logik (↑Logik, stoische) zurückgehende Bezeichnung für zirkelhafte Verfahren wie Zirkelschluß (↑circulus vitiosus) und Zirkeldefinition (↑Definition, ↑zirkulär/Zirkularität), wobei im ersten Falle eine ↑Konklusion aus ↑Prämissen gezogen wird, von denen mindestens eine zu ihrer Begründung gerade des als Konklusion erhaltenen Satzes bedürfte, im zweiten Falle das Definiens (↑Definition) in offener oder versteckter, z. B. imprädikativer (↑imprädikativ/Imprädikativität) Weise zu seiner eigenen definitorischen Bestimmung auf das Definiendum zurückgreifen muß. Weiter als diese bei Sextus Empiricus als διάλληλος τρόπος belegte Bedeutung ist die des διάλληλος λόγος, mit dem Standardbeispiel: »Wo wohnt Theon? Da, wo Dion wohnt. Und wo wohnt Dion? Da, wo Theon wohnt«. Nicht-terminologisch findet sich die Wendung δι' ἀλλήλων jedoch schon weit früher, nämlich bei Aristoteles (an. pr. B7.59a32–33) für den Beweis zweier Sätze ›durch einander‹, wie er in speziellen Fällen syllogistischer Schlüsse (↑Syllogistik) möglich ist. Dabei wird dieses Beweisverfahren aber weder durch diese Bezeichnung noch durch ihr terminologisches Gegenstück (κύκλῳ, zirkulär) als Beweisfehler hingestellt, da auch ein Äquivalenzbeweis (↑Äquivalenz) beider Sätze intendiert sein kann.

Literatur: C. Ferro, Diallelo, Enc. filos. II (1982), 897–898; Sextus Empiricus, Pyrrhoneion hypotyposeon, als: Opera I, ed. H. Mutschmann, Leipzig 1958, 31 (A 117) (griech./engl. Outlines of Pyrrhonism, als: Sextus Empiricus in Four Volumes I, ed. R. G. Bury, London/Cambridge Mass. 1961, 68–69; dt. Grundriß der pyrrhonischen Skepsis, ed. M. Hossenfelder, Frankfurt 1968, ²1993, 120); C. Walz (ed.), Rhetores graeci [...] VII/1, Stuttgart 1833 (repr. Osnabrück 1968), 383 [anonymes Scholion ›περὶ στάσεων‹]. C. T.

Dialog (von griech. διάλογος, Gespräch), Bezeichnung für eine sprachlich geführte Auseinandersetzung, zwischen zwei oder mehr Personen, charakterisiert durch Rede und Gegenrede in den Gestalten: Frage und Antwort (zum Zwecke der Begriffsklärung), Behauptung und Bestreitung (zum Zwecke der Urteilssicherung), Beweis und Widerlegung (zur Offenlegung der Schlußweisen). In der philosophischen Tradition, die auf die schriftlich niedergelegten Sokratischen D.e Platons zurückgeht, ist ein D. nicht bloß der Darstellung der Personen und ihrer Weltauffassung dienende *Unterhaltung* oder die literarische Fassung solcher Unterhaltungen (etwa im dramatischen D., wo es Handlungsverläufe zu motivieren gilt), auch nicht bloß der gegenseitigen Mitteilung über das, was ist oder sein soll, dienende *Verständigung* oder die politische/pädagogische Fassung solcher Verständigungen (etwa im öffentlichen Meinungsaustausch, z. B. Zeitungs/Rundfunknachrichten und Leser/Hörerreaktionen darauf), sondern der Versuch einer Reflexion auf die Ursachen des durch den Willen zum D. dokumentierten Verlusts ›fragloser‹ Orientierung und damit zugleich auch auf die Möglichkeiten ihrer begründeten Wiederherstellung, also *D.* und *Metadialog* in einem; terminologisch auch als ↑*Diskurs* ausgezeichnet.

In der Geschichte des D.s als einer literarischen Gattung finden sich diese Gesichtspunkte weithin ungetrennt. So entwickelt sich aus dem Platonischen D. seit Aristoteles der insbes. von M. T. Cicero entfaltete *peripatetische* D., dessen Partner jeweils verschiedene Denkpositionen und philosophische Schulen vertreten, und das *Lehrgespräch* aus längeren, nur gelegentlich von Zwischenfragen unterbrochenen Abhandlungen (besonders im Mittelalter). Lukian bedient sich der D.form zur satirischen Zustandsschilderung, ähnlich (mit stärker moralisierenden Zügen) Seneca d. J.. Die D.e der Kirchenväter sind formal an Cicero geschult; ihr Inhalt ist die Auseinandersetzung um das rechte Verständnis der Schrift, ihr Argument das Schriftzitat (Minucius Felix, A. Augustinus, Gregor der Große, Hugo von St. Viktor, P. Abaelard). Die beherrschende volkssprachige D.form des Mittelalters ist das Streitgedicht, ihm verwandt, aber in Sprache und Gedankenführung eigenständig das Gespräch »Der Ackermann und der Tod« des Johannes von Tepl (um 1400). – Die reiche D.literatur der Humanisten (↑Humanismus) knüpft an Cicero (F. Petrarca, G. Galilei, Erasmus von Rotterdam) und Lukian an (P. Aretino). Die europäische ↑Aufklärung bedient sich des D.s als eines Instruments der vernunftbestimmten geistigen Auseinandersetzung (N. Malebranche, D. Diderot, G. Berkeley, D. Hume, F. Galiani, M. Mendelssohn, G. E. Lessing, C. M. Wieland). Auch in der Folgezeit verläuft die Tradition des D.s parallel zur allgemeinen Entwicklung der Literatur- und Geistesgeschichte: neben dem emphatischen Gedankenaustausch des Sturm und Drang steht der gemessenere der Klassik (J. G. Fichte); er wird abgelöst durch die weit ausgreifenden schwärmerischen D.e der ↑Romantik (F. Schlegel, F. W. J. Schelling, K. W. F. Solger). Im 19. Jh. wird der D. seltener, im 20. erfährt er als Einkleidung für den Essay eine gewisse Wiederbelebung in Frankreich (A. Gide, P. Valéry, P. Claudel) und Deutschland (R. Borchardt, P. Ernst, H. v. Hofmannsthal, R. Kassner).

Eine philosophisch-inhaltliche Bedeutung über die literarische Form hinaus erhält der D. in der dialogischen Philosophie (↑Philosophie, dialogische) des 20. Jhs., die auf philosophische Anregungen von J. G. Hamann und F. H. Jacobi, vor allem aber auf die Tradition des jüdischen Denkens zurückgreift (H. Cohen, F. Ebner, F. Rosenzweig, M. Buber, G. Marcel, E. Levinas). Der D. ist demnach eine zwischenmenschliche Beziehung ausgezeichneter Qualität, die durch Anerkennung des Anderen (›Du‹) als Person, Verzicht auf Instrumentalisierung, Ernstnehmen der Freiheit des Anderen ausgezeichnet ist.

Eine Fortentwicklung der konstruktiven Philosophie (↑Philosophie, konstruktive) hat durch Vereinigung des am dialogischen Prinzip orientierten Verfahrens von M. Buber mit dem Verfahren der ↑Sprachspiele des späten L. Wittgenstein bei gleichzeitigem Rückbezug auf die Methodologien des ↑Historismus (W. Dilthey) und des ↑Pragmatismus (C. S. Peirce) zu einer konstruktiven Version dialogischer Philosophie geführt (K. Lorenz), die den D. sowohl als Verfahren als auch als Gegenstand philosophischer Reflexion heranzieht, und zwar nicht beschränkt auf die Ebene sprachlicher Interaktion. Pragmatische *Ich-Rolle* und semiotische (↑Semiotik) *Du-Rolle* im Handeln ebenso wie im Reden – Handlungen (↑singular) vollziehen und (universale) Handlungsbilder erleben, Etwas-Sagen und Etwas-Verstehen (↑Prädikation) – werden als unterschiedliche, aber stets zusammengehörige Gesichtspunkte entwickelt, um sowohl das (praktische) *Erfahrungen-Machen* im (konstruierenden) Zeigen und Sich-Zeigen (im Erleben) als auch das (theoretische) *Erfahrungen-Artikulieren* im (beschreibenden) Sagen und (konstituierenden) Verstehen beim Umgang mit den (partikularen) Gegenständen der Welt, seien sie (konkret auf der Gegenstandsebene oder abstrakt auf der Zeichenebene) ›gegeben‹ oder (konkret durch Handlungen oder abstrakt durch Zeichenhandlungen) ›erzeugt‹, als aufeinander angewiesen und damit gleichrangig begreifen zu können. In der Regel wird jedoch unter D. ausschließlich ein Sprachhandlungszusammenhang verstanden; er ist in der zeitgenössischen Logik und Wissenschaftstheorie als Gegenstand einer ↑Argumentationstheorie neu entdeckt worden. In diesem Zusammenhang wird allerdings zunehmend der von J. Habermas besonders akzentuierte Terminus ↑›Diskurs‹ (meist synonym mit ›D.‹) verwendet.

Beschränkt auf die argumentationstheoretische Behandlung nur der logischen Zusammensetzung von ↑Aussagen aus Teilaussagen erlaubt der D.begriff eine Begründung der formalen Logik (↑Logik, formale) durch die Zurückführung des Begriffs der (formalen) Wahrheit auf die (formale) Gewinnbarkeit in einem D.. In der dialogischen Logik (↑Logik, dialogische) ist ein D. eine Partie eines nach genau festgelegten Spielregeln, den *Argumentationsregeln*, verlaufenden *Dialogspiels* um eine Anfangsaussage, die ↑*These*, das nach endlich vielen Schritten mit Gewinn oder Verlust für je einen der beiden Spieler endet: existiert eine (formale) ↑Gewinnstrategie für (gegen) die These, so ist die These (formal) wahr (falsch).

Literatur: K.-O. Apel/R. Bubner/K. Cramer (eds.), D. als Methode, Göttingen 1972 (Neue H. Philos. 2/3); M. Astroh/D. Gerhardus/G. Heinzmann (eds.), Dialogisches Handeln. Eine Festschrift für Kuno Lorenz, Heidelberg/Berlin/Oxford 1997; E. M. Barth/E. C. W. Krabbe, From Axiom to Dialogue. A Philosophical Study of Logics and Argumentation, Berlin/New York 1982; G. Bauer, Zur Poetik des D.s. Leistung und Formen der Gesprächsführung in der neueren deutschen Literatur, Darmstadt 1969, 1977; A. Bäumer/M. Benedikt (eds.), D.denken – Gesellschaftsethik. Wider die allgegenwärtige Gewalt gesellschaftlicher Vereinnahmung, Wien 1991; M. Buber, Die Schriften über das dialogische Prinzip, Heidelberg 1954, unter dem Titel: Das dialogische Prinzip, Gerlingen [8]1997; B. Casper, Das dialogische Denken. Eine Untersuchung der religionsphilosophischen Bedeutung Franz Rosenzweigs, Ferdinand Ebners und Martin Bubers, Freiburg/Basel/Wien 1967, Freiburg/München 2001; M. Dascal/J. Hintikka/K. Lorenz, Jeux dans le langage. Games in Language. Spiel in der Sprache, in: M. Dascal u. a. (eds.), Sprachphilosophie/Philosophy of Language/La philosophie du langage. Ein internationales Handbuch zeitgenössischer Forschung II, Berlin/New York 1995, 1371–1391; D. Davidson, Dialektik und D., Frankfurt 1993; D. Dubarle, Der D. und die Philosophie des D.s, Int. D.-Zeitschr. I (1968), 3–14; FM I (1994), 877–879; H. Fritzsche, D. und Verständigung. Erwägungen zu einer modernen Verständigungskultur, Dt. Z.

Philos. 38 (1990), 401–410; K. Gaiser, Protreptik und Paränese bei Platon. Untersuchungen zur Form des platonischen D.s, Stuttgart 1959; H. L. Goldschmidt, Philosophie als D., Affoltern 1948; ders., Dialogik. Philosophie auf dem Boden der Neuzeit, Frankfurt 1964; H. Gundert, Der platonische D., Heidelberg 1968; K. Hammacher, Dialektik und D., vornehmlich bei Jacobi und Fichte. Eine methodologische Studie, Fichte-Stud. 14 (1998), 171–194; R. Hirzel, Der D.. Ein literarhistorischer Versuch, I–II, Leipzig 1895 (repr. Hildesheim 1963); W. Hodges, Dialogue Foundations I (A Sceptical Look), Arist. Soc. Suppl. 75 (2001), 17–32; F. Jacques, Dialogiques. Recherches logiques sur le dialogue, Paris 1979 (dt. Über den D.. Eine logische Untersuchung, Berlin/New York 1986); E. C. W. Krabbe, Formal Systems of Dialogue Rules, Synthese 63 (1985), 295–328; ders., Dialogical Logic, REP III (1998), 59–62; ders., Dialogue Foundations II (Dialogue Logic Revisited), Arist. Soc. Suppl. 75 (2001), 33–49; ders./D. N. Walton, Commitment in Dialogue. Basic Concepts of Interpersonal Reasoning, Albany N. Y. 1995; K. Lorenz, Die Wiedervereinigung von theoretischer und praktischer Rationalität in einer dialogischen Philosophie, in: M. Gutmann u. a. (eds.), Kultur-Handlung. Wissenschaft, Weilerswist 2002, 201–215; P. Lorenzen/K. Lorenz, Dialogische Logik, Darmstadt 1978; J. M. Mukařovsky, D. a monolog, in: ders., Kapitoly z české poetiky I, Prag 1941, 145–175 (dt. D. und Monolog, in: ders., Kapitel aus der Poetik, Frankfurt 1967, 108–149); G. Myerson, Reason and Society. Rationality as Dialogue, London 1994; W. H. Pleger, D., EP I (1999), 255–256; S. Rahman/H. Rückert (eds.), New Perspectives in Dialogical Logic, Synthese 127 (2001), 1–263; N. Rescher, Dialectics. A Controversy-Orientated Approach to the Theory of Knowledge, Albany N. Y. 1977; H. Schnädelbach, Reflexion und Diskurs. Fragen einer Logik der Philosophie, Frankfurt 1977; H. H. Schrey, Dialogisches Denken, Darmstadt 1970, ³1991; R.-P. Singh, From Dialogue to Dialectic. Socrates, Kant, Hegel and Marx, Indian Philos. Quart. 27 (2000), 259–273; D. Walton, The Place of Dialogue Theory in Logic, Computer Science and Communication Studies, Synthese 123 (2000), 327–346; R. Wildbolz, Der philosophische D. als literarisches Kunstwerk. Untersuchungen über Solgers »Philosophische Gespräche«, Bern/Stuttgart 1952. K. L.

Dialog, rationaler, nach F. Kambartel ein Dialog, der *unvoreingenommen* (alle Beteiligten sind bereit, ihre Überzeugungen unter den Vorbehalt gemeinsamer Begründungsbemühungen zu stellen), *zwanglos* (die ausgeführten Redehandlungen ziehen keine Sanktionen nach sich) und *nicht persuasiv* (Zustimmungshandlungen erfolgen nicht aufgrund eines Appells an fraglos hingenommene Vororientierungen) ist. Das Gelingen einer ↑Begründung für geäußerte Geltungsansprüche ist an die Durchführung eines r.n D.es gebunden. Entsprechende Unterscheidungen treffen die Termini ›vernünftige Beratung‹ bei P. Lorenzen und O. Schwemmer und ›ideale Sprechsituation‹ bei J. Habermas.

Literatur: J. Habermas, Wahrheitstheorien, in: H. Fahrenbach (ed.), Wirklichkeit und Reflexion. Walter Schulz zum 60. Geburtstag, Pfullingen 1973, 211–265, bes. 252–260; ders., Theorie des kommunikativen Handelns, I–II, Frankfurt 1981, 1995 (engl. The Theory of Communicative Action, I–II, Boston Mass. 1984/1987); ders., Vorstudien und Ergänzungen zur Theorie des kommunikativen Handelns, Frankfurt 1984, 1995; F. Kambartel, Moralisches Argumentieren. Methodische Analysen zur Ethik, in: ders. (ed.), Praktische Philosophie und konstruktive Wissenschaftstheorie, Frankfurt 1974, 54–72; P. Lorenzen, Lehrbuch der konstruktiven Wissenschaftstheorie, Mannheim/Wien/Zürich 1987, bes. 241–254; O. Schwemmer, Philosophie der Praxis. Versuch zur Grundlegung einer Lehre vom moralischen Argumentieren in Verbindung mit einer Interpretation der praktischen Philosophie Kants, Frankfurt 1971, 1980, 106–127. C. F. G.

dialogdefinit/Dialogdefinitheit, Bezeichnung für eine in der dialogischen Logik (↑Logik, dialogische) entwickelte Charakterisierung sprachlicher Ausdrücke als ↑Aussagen, mit der die seit Aristoteles übliche, wenngleich zu enge Charakterisierung durch Wertdefinitheit (↑wertdefinit/Wertdefinitheit) – Aussagen sind entweder wahr oder falsch – verallgemeinert wird. Es gibt nämlich Aussagen, z. B. Ableitbarkeitsaussagen in einem ↑Kalkül mit unentscheidbarem Ableitbarkeitsbegriff (↑unentscheidbar/Unentscheidbarkeit), d. h. einem Kalkül, dessen unableitbare Figuren sich nicht ihrerseits durch einen Kalkül aufzählen lassen, die zwar beweisdefinit (↑beweisdefinit/Beweisdefinitheit) sind, weil von einem Ableitungsversuch in endlich vielen Schritten entschieden werden kann, ob es sich um eine ↑Ableitung und damit einen Beweis für die Ableitbarkeitsaussage handelt oder nicht, ohne aber ebenfalls entscheiden zu können, ob es überhaupt eine Ableitung gibt: der Beweisbegriff ist für solche Aussagen entscheidbar, der Wahrheitsbegriff für sie hingegen nicht; sie sind definit (↑definit/Definitheit), weil beweisdefinit, aber nicht wertdefinit. Im allgemeinen sind ↑Allaussagen $\bigwedge_x A(x)$ über einem unendlichen Gegenstandsbereich relativ zu den Aussagen $A(n)$ nur ↑widerlegungsdefinit – mit einem widerlegenden Beispiel läßt sich die Allaussage falsifizieren – und ↑Existenzaussagen $\bigvee_x A(x)$ entsprechend nur beweisdefinit – mit einem beweisenden Beispiel läßt sich die Existenzaussage verifizieren –, doch gibt es für Aussagen mit mehrfach gemischten ↑Quantoren, z. B. dem Kausalprinzip (↑Kausalität) ›zu jedem Ereignis x gibt es ein Ereignis y derart, daß y die Ursache der Wirkung x ist‹, im allgemeinen weder einen entscheidbaren Beweisbegriff noch einen entscheidbaren Widerlegungsbegriff, selbst wenn Aussagen der Form ›Ereignis n ist Ursache für Ereignis m, die Wirkung‹ entscheidbar wahr oder falsch sein sollten; und doch sind es ersichtlich Aussagen. Sie sollten sich als sinnvoll unabhängig von ihrer Geltung charakterisieren lassen.

Das gelingt mithilfe eines entscheidbaren Dialogbegriffs (↑Dialog). Ein sprachlicher Ausdruck ist eine Aussage, wenn sie d. ist, d. h., wenn für sie ein Dialogspiel mit einem ihren Sinn festlegenden Regelschema erklärt ist, das die folgenden Bedingungen erfüllt: (1) es ist *dialogisch,* d. h. ein Zweipersonenspiel zwischen einem ↑Proponenten *P* und einem ↑Opponenten *O*; (2) es ist *endlich*, d. h., jede Partie besteht aus endlich vielen Zügen; (3) es ist ein *Mattspiel*, d. h., jede Partie endet entscheidbar mit Gewinn oder Verlust für *O* und *P* (= es gibt kein Unentschieden); (4) es ist *offen*, d. h., jeder kennt die vorausgehenden Züge des Kontrahenten (= es gibt keine Zufallszüge). Kann der Proponent einer im behauptenden Modus (↑Behauptung) geäußerten Aussage *A* bei jeder Wahl der Züge des Opponenten – handelt es sich um Aussagen, so stehen sie im selben Modus, und die Zugsequenzen von *O* und von *P* heißen, weil es im Modus der Behauptung um Wahrheit und Falschheit geht, dann auch ↑Argumentationen – den Dialog um *A* gewinnen, verfügt er also über eine Gewinnstrategie für *A*, so ist *A* wahr; verfügt hingegen der Opponent über eine Gewinnstrategie gegen *A*, so ist *A* falsch. Der Bereich der d.en Aussagen ist eine echte Erweiterung des Bereichs der beweisdefiniten oder widerlegungsdefiniten Aussagen, also insbes. der sowohl beweisdefiniten als auch widerlegungsdefiniten, mithin wertdefiniten, nämlich entscheidbar wahren oder falschen Aussagen.

Literatur: M. Dascal/J. Hintikka/K. Lorenz, Jeux dans le langage/ Games in Language/Spiel in der Sprache, in: M. Dascal u. a. (eds.), Sprachphilosophie. Philosophy of Language. La philosophie du langage. Ein internationales Handbuch zeitgenössischer Forschung II, Berlin/New York 1996, 1371–1391, bes. 1383–1387 (Kap. 3.2 Ein spieltheoretischer Begriff von Aussage).   K. L.

Dichotomie (engl. dichotomy, franz. dichotomie, von griech. διχοτομία, Zweiteilung, aus griech. δίχα, ›in zwei‹, und τέμνω, ›ich schneide‹), (1) im logischen Sinne die Einteilung (in der traditionellen Logik [↑Logik, traditionelle] lat. divisio, das seinerseits Übersetzung von griech. διαίρεσις ist, ↑Dihairesis) eines ↑Begriffs bzw. Begriffsumfangs (↑extensional/Extension) in zwei Glieder, z. B. der Metalle in edle und unedle, der Linien in gerade und krumme (= nicht-gerade). Während die Möglichkeit einer *empirischen* D. vom Vorliegen einer natürlichen Gliederung des betreffenden Gegenstandsbereichs abhängt, dafür aber zu positiver Charakterisierung der beiden dichotomen Arten der Gattung und damit zu einer inhaltlich sinnvollen ↑Klassifikation führt (z. B. bei den sich zweigeschlechtlich fortpflanzenden Lebewesen in männliche und weibliche), erfolgt die *logische* D. rein formal durch Angabe eines artbildenden Merkmals (↑Art) und seines kontradiktorischen Gegenteils (↑kontradiktorisch/Kontradiktion) und ist daher nicht von vornherein sinnvoll (z. B. die D. der Menschen in Ornithologen und Nicht-Ornithologen). Logisch setzt die D. das ↑tertium non datur in der Form ›quodlibet ens est aut *A* aut non *A*‹, genauer $\bigwedge_{x}(x \varepsilon P \lor x \varepsilon' P)$, voraus.

Dichotomisch verfährt bereits die Platonische Methode der Dihairesis, die als Klassifikationsprinzip bei Aristoteles (sowohl unter dem Gesichtspunkt der Methodenlehre als auch unter dem der praktischen Brauchbarkeit für empirische Wissenschaften) und in der ↑Stoa ausführlich diskutiert wird. Durch die zentrale Stellung von Porphyrios' »Isagoge« (↑arbor porphyriana) bleibt das Verfahren der D. auch die ganze ↑Scholastik über in der Diskussion. Noch I. Kant hält eine Rechtfertigung der ↑Trichotomien in seiner Kategorientafel durch die Erklärung für erforderlich, daß zwar »alle Einteilung a priori durch Begriffe D. sein muß« (KrV B 110), aber nur, wenn sie ↑analytisch nach dem Satz des Widerspruchs (↑Widerspruch, Satz vom) sei, während man im Falle ↑synthetischer Einteilung von Begriffen ↑a priori notwendigerweise zu Trichotomien gelange. In der methodologischen Diskussion um Wert und Begründung von Klassifikationen findet die D. während des 19. Jhs. vielfach lebhafte Befürworter (z. B. J. Bentham 1816, G. Bentham 1827, W. S. Jevons 1874), später jedoch eher skeptische Gegner (z. B. H. W. B. Joseph 1906). Zumindest für expositorische Zwecke sind jedoch dichotomische Verfahren der Begriffsabgrenzung bis heute in Gebrauch (N. Wiener 1962).

(2) Abgeleitet von dem unter (1) dargelegten Gebrauch ist die Bezeichnung ›dichotome Größen‹ für physikalische Größen mit komplementären Eigenschaften, von denen eine dem betreffenden mikrophysikalischen Objekt genau dann zukommt, wenn ihm die andere fehlt (z. B. positive bzw. negative elektrische Ladung oder andere durch ladungsartige Quantenzahlen beschriebene Eigenschaften). (3) ›D.‹ heißt auch eine Variante des Zenonischen Paradoxons von ↑Achilles und der Schildkröte.

Literatur: C. F. Bachmann. System der Logik. Ein Handbuch zum Selbststudium, Leipzig 1828; G. Bentham, Outline of a New System of Logic, with a Critical Examination of Dr. Whately's »Elements of Logic«, London 1827 (repr. Bristol 1990); J. Bentham, Chrestomathia. Being a Collection of Papers […], London 1817, ed. M. J. Smith, Oxford 1993, bes. 276–319; J. M. Bocheński, Formale Logik, Freiburg/München 1956, ⁵1996, bes. 42–46; F. H. Hager, D., Hist. Wb. Ph. II (1972), 232; W. S. Jevons, The Principles of Science. A Treatise on Logic and Scientific Method, I–II, London 1874, London/New York ²1877 [in 1 Bd.], New York 1958; H. W. B. Joseph, An Introduction to Logic, Oxford 1906, ²1916, 1967, bes. 111–135; N. Wiener, Mathematik. Mein Leben, Düsseldorf/Wien 1962, Frankfurt 1965; T. Ziehen, Lehrbuch der Logik auf positivistischer Grundlage mit Berücksichtigung der Geschichte der Logik, Bonn 1920 (repr. Berlin/New York 1974).   C. T.

dictum de omni et nullo, lat. Kurzformel für eine Schlußregel der ↑Syllogistik: ›quicquid de omni valet, valet etiam de quibusdam et singulis‹ und ›quicquid de nullo valet, nec de quibusdam nec de singulis valet‹ (›was von allen gilt, gilt auch von einigen und einzelnen‹ und ›was von keinem gilt, gilt auch nicht von einigen und von einzelnen‹). In moderner extensionaler Formulierung (↑extensional/Extension) lautet das d. d. o. e. n.: Was von allen zur Klasse eines ↑Prädikators gehörenden Gegenständen ausgesagt werden kann, kann auch von jedem einzelnen Element dieser Klasse ausgesagt werden; und: Was von allen zur Klasse eines Prädikators gehörenden Gegenständen negiert werden muß, muß auch von jedem einzelnen Element dieser Klasse negiert werden. In Zeichen:

$\bigwedge_x (x\varepsilon P \rightarrow x\varepsilon Q) \wedge y\varepsilon P \Rightarrow y\varepsilon Q,$
$\neg \bigvee_x (x\varepsilon P \wedge x\varepsilon Q) \wedge y\varepsilon P \Rightarrow y\varepsilon' Q.$

Die Geschichte des d. d. o. e. n., dessen Formulierung auf Aristoteles zurückgeht (An. pr. A1.24b26), hat eine Fülle irriger Interpretationen erbracht. Unter unzutreffender Berufung auf Aristoteles wird etwa der logische Vorrang der 1. Figur (↑Syllogismus, vollkommener) von C. Wolff (und ihm nachfolgend I. Kant) in der Begründbarkeit ihrer Schlüsse durch das d. d. o. e. n. gesehen (Philosophia rationalis sive logica, in: ders., Ges. Werke III/6, ed. J. École u. a., Hildesheim/New York/Zürich 1980, 74 ff.). Daraus wurde die logische Minderwertigkeit der Syllogismen der übrigen Figuren abgeleitet bzw. überhaupt bezweifelt, daß es sich dabei um logische Gesetze handelt.
Die in der Geschichte der Logik immer wieder vertretene Auffassung, die Gültigkeit *aller* Syllogismen ließe sich mittels des d. d. o. e. n. als einzigen Axioms beweisen, ist ebenfalls unzutreffend. Häufig wurde in einem der formalen Logik unangemessenen realistischen Verständnis (↑Realismus (ontologisch)) von Begriffen und ihrem Art-Gattung-Verhältnis das d. d. o. e. n. als ontologische Begründung des logischen Schließens aufgefaßt, weil hier Seinsgrund und Erkenntnisgrund zusammenfielen (z. B. C. Prantl, F. A. Trendelenburg, N. Hartmann). G. W.

Didaktik (von griech. διδάσκειν, aktiv: lehren, passiv: lernen, medial: aus sich selbst lernen; substantivisch: Lehre, Schule, Unterricht; adjektivisch: lehrbar und anderes mehr, engl. didactics, franz. didactique), im weitesten Sinne die Wissenschaft vom ↑Lehren und Lernen, d. i. der Vermittlung und Aneignung von ↑Lebensformen und ↑Weltbildern an verschiedenen institutionalisierten (↑Institution) Lernorten; wissenschaftsorganisatorisch eine Disziplin der Erziehungswissenschaft, gegliedert in Allgemeine D., Fach- und Bereichs-D.en, D.en der Schulstufen und Schularten (Hochschulen eingeschlossen), im engeren Sinne, im Unterschied zur Methodik als Lehre von den Vermittlungs- und Aneignungsverfahren (z. B. des Einführens, Bekanntmachens, Anleitens, Entdeckens, Einübens, Fragens), die Theorie der Bildungsinhalte (↑Bildung) oder Lehr-Lerngegenstände. Die pragmatische Ordnung, daß ohne die Konstitution und Festlegung (normativer Aspekt) von Lehr-Lerngegenständen eine Reflexion von diesen (sowie auf den Adressaten bezogenen) adäquaten Vermittlungs- und Aneignungsverfahren nicht geleistet werden kann, begründet den sogenannten Primat der D. im engeren Sinne gegenüber der Methodik. Forschungsgegenstand der D. im weiteren Sinne sind alle Aspekte des Vermittelns und Aneignens einschließlich Lernorte, Interaktions- und Kommunikationsdimensionen, Curricula, Lehr-Lernmittel (z. B. sogenannte Unterrichtsmedien) in ihrem Zusammenhang.

D. als Theorie muß unterschieden werden von didaktischer Analyse als einer auf konkrete Lehr-Lernsituationen, z. B. auf Unterricht, bezogenen Reflexion, die von Theoriestücken sowie von Vermittlungs- und Aneignungserfahrung (als einem Wissen im Sinne des Aristotelischen Erfahrungsbegriffs, ↑Erfahrung) Gebrauch macht mit dem Ziel, bestimmte Vermittlungs- und Aneignungssituationen zu gestalten. Konstitution von Lehr-Lerngegenständen (etwa im Rahmen von Lehrplanarbeit) heißt, die Gegenstände des Lehrens und Lernens (den sogenannten Lehr- oder Unterrichtsstoff) aus der Fülle des institutionell (z. B. aus Handwerk, Wissenschaft) zur Verfügung stehenden Könnens und Wissens einschließlich kultureller Grundfertigkeiten wie Lesen, Schreiben, Rechnen das auszuwählen und didaktischen Kriterien (z. B. Exemplarizität ↑Beispiel) entsprechend darzustellen (↑Darstellung (semiotisch)), was Gegenstand von Vermittlungs- und Aneignungsprozessen werden und damit Aufnahme in einem Curriculum finden soll.

Wie ›lehren‹ und ›lernen‹ ist auch das Begriffspaar ›vermitteln‹ und ›aneignen‹ zur Bezeichnung komplexer, in der Regel von zwei oder mehr Handlungspartnern ausgeführter Handlungen nicht symmetrisch (wie etwa ›kaufen‹ – ›verkaufen‹), da man sowohl etwas lernen als auch sich etwas aneignen kann, ohne daß ein anderer es lehrt oder vermittelt. ›Vermitteln‹ und ›aneignen‹ sind dreistellige ↑Prädikatoren, wobei ›jemand eignet sich etwas an‹ die Besonderheit der Selbst-/Rückbezüglichkeit aufweist. Beide Prädikatoren sind als Leistungs- oder Erfolgszeitwörter (G. Ryle) (nicht wie ›lehren‹ und ›lernen‹ als Aufgabenzeitwörter) zu klassifizieren. Sie bezeichnen ↑Handlungen, die jeweils durch die Anwendung bestimmter Methoden ausgezeichnet sind, unter dem Aspekt des durch Lehren und Lernen angestrebten Resultats.

Insofern D. als zum einen empirisch arbeitende (faktische Lehr-Lernsituationen in all ihren Aspekten erforschende), zum anderen Orientierungswissen (praktisches, poietisches und theoretisches Wissen) bereitstellende Sozialwissenschaft die Vermittlung und Aneignung von ↑Kultur (Enkulturation) innerhalb von Institutionen (Lehre, Schule, Hochschule etc.) thematisiert, ist sie auf

Didaktik

Interdisziplinarität angelegt und darauf angewiesen, Erkenntnisse aus zahlreichen wissenschaftlichen einschließlich philosophischen Disziplinen (z. B. Psychologie, Handlungstheorie, Anthropologie, Erkenntnistheorie, Theorie des Geistes, Semiotik) in ihre Theorien einzubeziehen.

Als Lehre vom Lehren und Lernen steht D. in der europäischen Tradition seit der Antike bis in die Neuzeit hinein in enger Beziehung zur ↑Erkenntnistheorie, paradigmatisch etwa bei Sokrates/Platon (↑Mäeutik), so daß Fragen der Vermittlung lange Zeit lediglich im Rahmen von Erkenntnistheorien thematisiert wurden. Der Begriff ›Didactica‹ taucht wohl zum ersten Mal 1613 in einer Besprechung der pädagogischen Reformvorschläge von W. Ratke (1571–1635) auf. Im Unterschied dazu werden Ausdrücke wie ›eruditio didascalia‹ bereits im Mittelalter, z. B. bei Hugo von St. Victor, im Zusammenhang mit Fragen der Vermittlung eines bestimmten Wissenskanons eher unterminologisch verwendet. Die zunehmende Bedeutung des Unterrichtswesens zu Beginn der Neuzeit, zunächst der Universitäten, später auch des allgemeinen Schulwesens, führt, anfangs innerhalb der Philosophie, häufig im Zusammenhang mit Fragen der Systematik und Organisation des Wissens (↑Enzyklopädie), zu einer verstärkten Reflexion auf die Vermittlung dieses Wissens. Erkenntnistheorie und ↑Anthropologie bleiben, auch im Zuge der Etablierung und zunehmenden Verselbständigung von Pädagogik und D. von Beginn des 17. bis Ende des 19. Jhs., die philosophischen Bezugsdisziplinen.

In der ↑Renaissance wird durch den Aufschwung der empirischen Naturwissenschaften der bis dahin an den Universitäten gültige Wissenskanon, im wesentlichen in den artes liberales (↑ars) systematisiert und organisiert, in Frage gestellt. F. Bacon versucht, eine von den menschlichen Fähigkeiten des Gedächtnisses, der Phantasie und der Vernunft bestimmte Ordnung des Wissens und der Wissenschaften zu entwickeln. Diese neue, anthropomorphe Wissensordnung, verbunden mit dem Gesichtspunkt der Nützlichkeit (utilitas) aller Erkenntnis für den Menschen, erfordert ein neues Curriculum, dessen Erstellung vier Prinzipien folgt: (1) Geschichtlichkeit (Wissenschaften werden vom Menschen gemacht; sie verändern sich), (2) Universalität (Berücksichtigung der Vielfalt der Inhalte und Disziplinen), (3) Konzentrizität (Anordnung der Inhalte um einen Mittelpunkt), (4) Muttersprachlichkeit (Verwendung einer natürlichen Sprache [↑Sprache, natürliche] statt der ›toten‹ lateinischen Sprache). Im Laufe des 17. Jhs., einer Zeit geistigen und wirtschaftlichen Umbruchs, rückt das Subjekt zunehmend in den Mittelpunkt des Denkens und Handelns. Die Veränderungen im Welt- und Selbstverständnis sowie die fortschreitende Institutionalisierung der Wissensvermittlung bedingen auch die Entstehung einer neuen ›Lehrkunst‹; mit der Verselbständigung der Wissenschaften und ihrer zunehmenden gesellschaftlichen Bedeutung wandeln sich auch die Erziehungslehren und werden insbes. im 17. Jh. vielfach auf D. reduziert.

Mit den »Aphorismi didactici praecipui« (in: J. Rhenius [ed.], Methodus institutionis nova quadruplex, Leipzig 1617, 1626, 175–178) des sogenannten Weltverbesserers und Unterrichtsreformers Ratke beginnt die Geschichte der D. als wissenschaftliche Disziplin. Zu den zentralen Prinzipien seiner Unterrichtslehre gehören die Muttersprachlichkeit und die Anschaulichkeit (d. h. die Betonung von Erfahrung und Experiment). J. A. Comenius, noch dem mittelalterlichen Weltbild verhaftet, greift unter anderem diese Anregungen Ratkes auf. 1658 veröffentlicht er das erste Curriculum der Neuzeit, ein mit Holzschnitten illustriertes Sprachlehrbuch, den »Orbis sensualium pictus« (Nürnberg 1658), der, als Enzyklopädie verstanden, das Wissenswürdige der damaligen Welt (orbis) nach dem Prinzip der Anschaulichkeit als Erfahrbarkeit durch die Sinne (sensualium) in der Zuordnung von Wort, Sache und Bild (pictus) darstellt. Bereits 1627–1632 entsteht die (erst 1657 in Amsterdam veröffentlichte) »Didactica Magna«, mit der Comenius die D. als Lehre vom Lehren begründet: »Die D. ist die Kunst des Lehrens. Lehren heißt bewirken, daß das, was einer weiß, auch ein anderer wisse« (F. W. Kron, Grundwissen D., ³2000, 63). ›Kunst des Lehrens‹ meint dabei die Lehre (als poietisches Wissen, ↑Poiesis) vom Lehren-Können (im Sinne von ↑Technē). Die von Comenius vertretene und in den Überlegungen zu Curriculum und Methodik umgesetzte Einsicht, daß sich das Lehren an der Natur des Lernenden zu orientieren habe, häufig bezeichnet als pädagogischer Realismus, findet sich bereits bei M. de Montaigne, R. Descartes und Bacon. Orientierung an der ›Natur des Lernenden‹ heißt dabei insbes., diesen als vernunftbegabtes und moralisches Wesen zu begreifen. Maßgebend und damit auch Ziele und Wege (Methoden) vorgebend ist bei Comenius die Ordnung der ↑Schöpfung, so daß Erziehung und Unterricht dieser natürlichen Ordnung folgen können. Die Ordnung der Schöpfung als Ordnungsprinzip wurde von den nachfolgenden Didaktikern durch die Subjektzentrierung ersetzt: Welt und Wissen wurden vom Lernenden und Lehrenden, von den möglichen Zugängen zu Welt und Wissen her geordnet; ihnen wird nur noch die Bedeutung zuerkannt, die sie für den Menschen haben, den Nutzen, den er aus ihnen ziehen kann. Der »Unterricht in den Realien« (K. Helmer, Der Wandel des pädagogischen Denkens im 17. Jahrhundert, 88) wird Gegenstand der D..

Die Ideen der ↑Aufklärung, insbes. die philosophisch-pädagogischen Schriften von G. W. Leibniz, J. Locke und vor allem J.-J. Rousseau, lenken das pädagogisch-didaktische Denken in eine ganzheitliche Richtung, die sich am deutlichsten im Philanthropismus zeigt. Diese wohl stärkste, das Schulwesen und den Unterricht praktisch verändernde Reformbewegung, begründet von J. B. Basedow (1724–1790), strebt eine der Natur des Menschen entsprechende ganzheitliche (Aus-)Bildung aller seiner Kräfte (Vernunft, Wille, Gemüt und Körperkräfte) an. D. bleibt ›Unterrichtslehre‹, beginnt sich aber durch den Gedanken einer ganzheitlichen Erziehung aus der im 17. Jh. erfolgten Verengung zu lösen. J. F. Herbart versucht als erster, die Pädagogik als eigenständige Wissenschaft zu begründen. Seine als wissenschaftstheoretisch zu bezeichnenden Überlegungen zielen darauf, den philosophischen und den empirischen Anteil der Pädagogik zu bestimmen. In diesen Rahmen gehört auch sein Versuch, eine allgemeine D. oder ›allgemeine Unterrichtslehre‹ zu entwickeln, die als erste bildungstheoretische D. bezeichnet werden kann und die seit Mitte des 19. bis zu Beginn des 20. Jhs. Theorie und Praxis des Unterrichts, zum Teil in verfälschter und erstarrter Form, entscheidend beeinflußt. Alles Lehren ist darauf gerichtet, zum Zwecke der sittlichen Bildung der Persönlichkeit eine vielseitige geistige Tätigkeit des Kindes bzw. Jugendlichen in Gang zu setzen. Anthropologisch geht Herbart von der Bildsamkeit des Menschen aus, in der seine Lernfähigkeit begründet liegt. Unterricht, in der richtigen Weise durchgeführt, bildet Intellektualität und Moralität aus und befähigt den Menschen zu verantwortlichem Handeln. Im Rahmen seiner ›Unterrichtslehre‹ entwickelt Herbart das erste Modell für die Planung von Unterricht, das außer den Lehr-Lerngegenständen deren Bezug auf den Lernenden sowie diesen selbst (seinen Entwicklungsstand, seine Erfahrung, seine Vorkenntnisse usw.) thematisiert.

Die gesamtgesellschaftliche (soziologische, politische, wirtschaftliche) Entwicklung im ausgehenden 18. und 19. Jh. verlangen nach weiteren Reformen im Bildungswesen; der zunehmende Regelungsbedarf führt zu verstärkter Institutionalisierung des Unterrichts auf allen Ebenen. Die Entwicklung und Ausdifferenzierung der Wissenschaften, insbes. die Entstehung der modernen Geschichtswissenschaft, verändern erneut das Selbst- und Weltverständnis des Menschen und damit die anthropologischen und erkenntnistheoretischen Voraussetzungen der Erziehungs- und Unterrichtslehren. Die theoretischen Bemühungen um ein adäquates Verständnis von Wissensvermittlung einschließlich ihrer anthropologischen Grundlegung nehmen einen bis dahin nicht gekannten Aufschwung. Der Bildungsbegriff, basierend auf dem Verständnis des Menschen als geschichtlich-gesellschaftlichen Wesens, rückt in den Mittelpunkt pädagogisch-didaktischer Reflexion. ›Bildung‹ wird etwa bei W. v. Humboldt zur zentralen philosophischen Kategorie der Reflexion auf Erziehung und Unterricht.

Erziehungs- und Unterrichtslehren entwickeln sich, nicht zuletzt unter dem Einfluß der wissenschaftstheoretischen Überlegungen W. Diltheys und der Philosophie des ↑Neukantianismus (unter anderen P. Natorp), zu Theorie und Praxis einflußreichen Bildungstheorien, etwa denen von O. Willmann (1839–1920), des Dilthey-Schülers H. Nohl (1879–1960) oder W. Klafki (*1927). Bildung und Unterricht als anerkannte Forschungsgegenstände führen letztendlich zur Begründung von Pädagogik und D. als eigenständigen Hochschuldisziplinen, wobei sich die wissenschaftstheoretische Auseinandersetzung zwischen den Natur- und Geisteswissenschaften von Beginn an, insbes. aber mit dem zunehmenden Verständnis der Sozialwissenschaften als empirisch arbeitender Disziplinen, in der Diskussion um ihren Wissenschaftsstatus und seine Begründung niederschlägt. Auch gegenwärtig gehört der Bildungsbegriff nach wie vor zu den Leitbegriffen didaktischer Theorien. Mit dem Aufschwung der empirischen Sozialwissenschaften sowie der Ausdifferenzierung der Kulturwissenschaften und philosophischen Disziplinen rücken weitere Begriffe ins Zentrum didaktischer Reflexion, von ›Lernen‹ (lerntheoretische D.en) über ›Interaktion‹ (interaktionstheoretische D.en) bis hin zu ›Kommunikation‹, ›Curriculum‹, ›Handlung‹ etc.. Dem jeweiligen Leitbegriff entsprechend erfolgt nicht nur eine theoretische, sondern, vielfach implizit, auch eine wissenschaftstheoretische Schwerpunktsetzung, in der Regel verbunden mit dem Anspruch, die vorliegende Praxis zu erklären (D. als empirische Sozialwissenschaft) oder Handlungsorientierung zu vermitteln.

Literatur: T. Ballauf u. a., Pädagogik. Eine Geschichte der Bildung und Erziehung, I–III, Freiburg/München 1969–1973; H. Blankertz, Theorien und Modelle der D., Weinheim/München 1969, [9]1975, 2000; W. Fischer/D.-J. Löwisch (eds.), Pädagogisches Denken von den Anfängen bis zur Gegenwart, Darmstadt 1989, unter dem Titel: Philosophen als Pädagogen. Wichtige Entwürfe klassischer Denker, [2]1998; K. Helmer, Der Wandel des pädagogischen Denkens im 17. Jahrhundert, in: W. Fischer/D.-J. Löwisch (eds.), Pädagogisches Denken von den Anfängen bis zur Gegenwart [s. o.], 79–92; F. Kambartel, Thesen zur ›didaktischen Rücksichtnahme‹, Z. Didaktik Philos. 1 (1979), 15–17, unter dem Titel: Didaktische Rücksichtnahme, in: D. Volk (ed.), Kritische Stichwörter zum Mathematikunterricht, München 1979, 32–37; W. Klafki, Studien zur Bildungstheorie und D., Weinheim, Basel 1963, erw. 1975; ders., D., Hist. Wb. Ph. II (1972), 234–235; ders., Neue Studien zur Bildungstheorie und D.. Beiträge zur kritisch-konstruktiven D., Weinheim/Basel 1985, mit Untertitel: Zeitgemäße Allgemeinbildung und kritisch-konstruktive D., [2]1991, [4]1994, 1996; S. M. Kledzik, Das Problem einer erziehungswissenschaftlichen Terminologie. Untersuchungen zu ihrer sprachkritischen Grundlegung am Beispiel von ›lernen‹ und ›lehren‹. Diss. Saarbrücken 1980; dies., Der Dialogische Konstruktivismus als Ausgangspunkt und Grundlage methodenbewußten Philosophierens, Z. für Didaktik der Philos. u. Ethik 22 (2000), 103–109; F. W. Kron, Grundwissen D., München/Basel 1993, [3]2000; H.-A. Veraart, Konstruktivismus als methodische Reflexion, Z. für Didaktik der Philos. u. Ethik 23 (2001), 113–121. A. V./S. M. K.

Diderot, Denis, *Langres 5. Okt. 1713, †Paris 31. Juli 1784, franz. Schriftsteller und Philosoph. Sohn eines Messerschmieds, Autodidakt; spielte als Herausgeber und Autor der französischen ↑Enzyklopädie (1751–1780) neben J. le Rond d'Alembert, der jedoch bereits 1758 aus der wissenschaftlichen Redaktion ausschied, eine bedeutende Rolle in der Genese der ↑Aufklärung. Von D. stammen unter den mehr als 5000 Artikeln, für die er selbst verantwortlich zeichnet (davon ca. 3500, zumeist kurze Einträge, in den beiden ersten Bänden), einige der wichtigsten programmatischen Artikel (z. B. ›encyclopédie‹, ›philosophie‹, ›art‹). Eher enzyklopädisch als systematisch war auch sein Denken, ursprünglich stark beeinflußt durch englische Traditionen (A. A. C. Earl of Shaftesbury, J. Locke), später durch den kritischen ↑Skeptizismus P. Bayles und materialistische, über G. L. L. Buffon wirksam werdende Positionen, deren Übernahme zugleich eine deistische Phase (↑Deismus) in seinem Denken ablöst. Neben ästhetischen (z. B. Essais sur la peinture, posthum 1795), literarischen und literaturtheoretischen Schriften (z. B. Les bijoux indiscrets, I–II, 1748; La religieuse, posthum 1796; Rameau's Neffe, posthum 1805; Jakob und sein Herr, I–II, posthum 1792; Discours sur la poésie dramatique, 1758) schrieb D. zahlreiche philosophische Abhandlungen, z. B. die »Pensées philosophiques« (1746, gegen B. Pascal), die (ihm dreieinhalb Monate Haft in Vincennes einbringende) »Lettre sur les aveugles à l'usage de ceux qui voyent« (1749), die »Pensées sur l'interprétation de la nature« (o. O. 1754) und das 1796 postum erschienene »Supplément au »voyage« de Bougainville«; daneben die philosophischen Dialoge »Entretien entre d'Alembert et D.« (posthum 1830) und »La rêve de d'Alembert« (posthum 1830).
Für Katharina II., die er 1773 besuchte, entwarf D. 1775 einen »Plan d'une université pour le gouvernement de Russie«. Als Schriftsteller wie als Denker, der mit seinen Arbeiten wesentlich das aufklärerische Bild des ›philosophe‹ (↑Enzyklopädisten) prägte, darin gleichzeitig den enzyklopädischen Weg zu einzelwissenschaftlichen Studien weisend, übte D. insbes. in Deutschland einen großen Einfluß aus. Sein weniger physikalistisches als biologisches Weltbild, das Formen eines pantheistischen (↑Pantheismus) ↑Naturalismus bzw. Materialismus (↑Materialismus (historisch), ↑Materialismus, französischer) zeigt (die Natur als ein den Gegensatz zwischen belebt und unbelebt aufhebendes System) und verwandte Züge mit Grundgedanken G. W. Leibnizens aufweist (von D. stammt auch der Leibniz-Artikel der »Encyclopédie«), findet eine Fortsetzung in der Naturphilosophie des 19. Jhs.

Werke: Œuvres philosophiques, I–III, Amsterdam 1772, ed. P. Vernière, Paris 1956, 1998; Œuvres, I–XV, Paris 1798; Œuvres complètes, I–XX, ed. J. Assèzat/M. Tourneux, Paris 1875–1877 (repr. Nendeln 1966); Œuvres romanesques, ed. H. Bénac, Paris 1951, 1981; Œuvres esthétiques, ed. P. Vernière, Paris 1959, 1994; Philosophische Schriften, I–II, ed. T. Lücke, Berlin (Ost) 1961, Berlin 1984; Œuvres politiques, ed. P. Vernière, Paris 1963, 1971; Ästhetische Schriften, I–II, ed. F. Bassenge, Berlin (Ost)/Weimar 1967, Berlin 1984; Œuvres complètes. Édition chronologique, ed. R. Lewinter, I–XV, Paris 1969–1973; Œuvres complètes. Édition critique et annotée, I–, ed. H. Dieckmann u. a., Paris 1975 ff. (erschienen Bde I–XXV). – Pensées philosophiques, La Haye [richtig wohl Paris] 1746, krit. ed. R. Niklaus, Genf 1950, krit. ed. R. Niklaus, in: Œuvres complètes. Édition critique et annotée II, Paris 1975, 17–61, separat: Arles 1998 (dt. Philosophische Gedanken, in: Philosophische Schriften I [s. o.], 1–32); Les bijoux indiscrets, I–II, Au Monomotapa [richtig wohl Amsterdam] 1748, krit. ed. J. Macary, in: Œuvres complètes. Édition critique et annotée III, Paris 1978, 31–290, separat: Arles 1995 (dt. Die indiskreten Kleinode, Karlsruhe 1965, Berlin 1997); Lettre sur les aveugles à l'usage de ceux qui voyent, London [richtig wohl Paris] 1749, krit. ed. R. Niklaus, in: Œuvres complètes. Édition critique et annotée IV, Paris 1978, 15–107, separat: Paris 1999 (dt. Brief über die Blinden. Zum Gebrauch für die Sehenden, in: Philosophische Schriften I [s. o.], 49–99); Pensées sur l'interprétation de la nature, o. O. 1754, krit. ed. J. Varloot, in: Œuvres complètes. Édition critique et annotée IX, Paris 1981, 25–111, separat: Paris 1983 (dt. Gedanken zur Interpretation der Natur, in: Philosophische Schriften I [s. o.], 415–471, separat: Leipzig 1965, ³1976); Discours sur la poésie dramatique. A mon monsieur Grimm, in: ders., Le pere de famille. Comédie en cinq actes, et en prose, avec un Discours sur la poésie dramatique, Amsterdam 1758, krit. ed. J. Chouillet/A.-M. Chouillet, in: Œuvres complètes. Édition critique et annotée X, Paris 1980, 323–427 (dt. Von der dramatischen Dichtkunst, in: Ästhetische Schriften II [s. o.], 244–333); Jakob und sein Herr, I–II [nach Originalmanuskript], übers. v. W. C. S. Mylius, Berlin 1792, franz. [nach Originalmanuskript] Jacques le fataliste et son maître, I–II, Paris 1796, krit. ed. J. Proust/J. Undank, in: Œuvres complètes. Édition critique et annotée XXIII, 21–291, separat: Paris 1998 (dt. Jakob und sein Herr, Frankfurt 1961, 1999); Essais sur la peinture, Paris 1795, krit. ed. G. May, in: Œuvres complètes. Édition critique et annotée XIV, Paris 1984, 343–411 (dt. Versuche über die Mahlerei, übers. v. K. F. Cramer, als: Sämtliche Werke von Dionysius D. I, Riga/Leipzig 1797 [eigentl. 1796], unter dem Titel: Versuch über die Malerei, in: Ästhetische Schriften I [s. o.], 635–694]; La religieuse, Paris 1796, krit. ed. J. Parrish, Genf 1962, krit. ed. G. May u. a., in: Œuvres complètes. Édition critique et annotée XI, Paris 1975, 81–294, separat: Paris 2000 (dt. Die Nonne, übers. v. K. F. Cramer, als: Sämtliche Werke von Dionysius D. II, Riga/Leipzig 1797, separat: Berlin 1965, 1995); Supplément au »voyage« de Bougainville, Paris 1796, krit. ed. H. Coulet u. a., in: Œuvres complètes. Édition critique et annotée XII, Paris 1989, 577–647, separat: Paris 1995 (dt. Nachtrag zu Bougainvilles »Reise«, in: Philosophische Schriften II [s. o.], 195–237, separat: Frankfurt 1965, Hamburg 1974); Rameau's Neffe. Ein Dialog [nach Originalmanuskript], übers. v. J. W. v. Goethe, Leipzig 1805, Frankfurt 1996 (franz. [Rückübers.] Le neveu de Rameau, Paris 1821), franz. [nach Originalmanuskript] Le neveu de Rameau, Paris 1891, krit. ed. J. Fabre, Paris 1950, krit. ed. H. Coulet, in: Œuvres complètes. Édition critique et annotée XII, Paris 1989, 33–196, separat: Paris 1993; Entretien entre d'Alembert et D.,

Paris 1830, 1995 (dt. Unterhaltung zwischen d'Alembert et D., in: Philosophische Schriften I [s. o.], 511–523); La Rêve de d'Alembert, Paris 1830, krit. ed. P. Vernière, Paris 1951, krit. ed. G. Dulac, in: Œuvres complètes. Édition critique et annotée XVII, Paris 1987, 87–209, separat: Paris 1987 (dt. Der Traum d'Alemberts, Stuttgart 1923, unter dem Titel: D'Alemberts Traum, Leipzig 1963, ferner in: Philosophische Schriften I [s. o.], 525–572); Salons, I–IV, ed. J. Seznec/J. Adhèmar, Oxford 1957–1967. – Correspondance, I–XVI, ed. G. Roth (ab XIII mit J. Varloot), Paris 1955–1970; Briefe (1742–1781), ed. H. Hinterhäuser, Frankfurt 1984; Briefe an Sophie, ed. H. M. Enzensberger, Frankfurt 1989. – F. A. Spear, Bibliographie de D.. Répertoire analytique international, I–II, Genf 1980/1988; D. Adams, Bibliographie des œuvres de D. D. (1739–1900), I–II, Ferney-Voltaire 2000.

Literatur: W. Anderson, D.'s Dream, Baltimore Md./London 1990; Y. Benot, D.. De l'athéisme à l'anticolonialisme, Paris 1970, 1981; C. Blum, D.. The Virtue of a Philosopher, New York 1974; J.-C. Bourdin, D.. Le matérialisme, Paris 1998; P. Casini, D. ›philosophe‹, Bari 1962; J. Chouillet, La formation des idées esthétiques de D. (1745–1763), Paris 1973; ders. (ed.), Colloque international D. (1713–1784), Paris 1985; ders./ A. Mothu/J.-F. Mattéi, D., Enc. philos. universelle III/1 (1992), 1089–1096; L. G. Crocker, D.'s Chaotic Order. Approach to Synthesis, Princeton N. J./London 1974; R. Darnton, The Business of Enlightenment. A Publishing History of the »Encyclopédie« 1775–1800, Cambridge Mass./London 1979 (dt. Glänzende Geschäfte. Die Verbreitung von D.s »Encyclopedie« oder: Wie verkauft man Wissen mit Gewinn?, Berlin 1993, Frankfurt 1998); H. Dieckmann, Stand und Probleme der D.-Forschung, München 1931; FM I (1994), 883–885; P. France, D., Oxford/New York 1983; P. N. Furbank, D.. A Critical Biography, London 1992, 1993 [mit »Chronology of D.'s Writings«, 476–483]; C. C. Gillispie, D., DSB IV (1971), 84–90; D. H. Gordon/N. L. Torrey, The Censoring of D.'s »Enyclopédie« and the Re-established Text, New York 1947, Nachdr. 1960; S. Goyard-Fabre, D., in: D. Huisman, Dictionnaire des philosophes I, Paris ²1993, 799–808; D. Harth/M. Raether (eds.), D. D. oder die Ambivalenz der Aufklärung, Würzburg 1987; H. Hinterhäuser, Utopie und Wirklichkeit bei D.. Studien zum »Supplément au voyage de Bougainville«, Heidelberg 1957; P. Lepape, D., Paris 1991 (dt. D. D.. Eine Biographie, Frankfurt/New York 1994); A. Lerel, D.s Naturphilosophie, Wien 1950; J.-L. Leutrat, D., Paris 1968; J. Lough, Essays on the Encyclopédie of D. and d'Alembert, London 1968; J. Mayer, D.. Homme de science, Rennes 1959; R. Morin, Les pensées philosophiques de D. devant leurs principaux contradicteurs au XVIIIe siècle, Paris 1975; R. Pomeau, D.. Sa vie, son œuvre, avec un exposé de sa philosophie, Paris 1967; J. Proust, D. et l'Encyclopédie, Paris 1962, 1995; K. Rosenkranz, D.s Leben und Werke, I–II, Leipzig 1866, Aalen 1964; G. Sauerwald, Die Aporie der D.schen Ästhetik (1745–1781). Ein Beitrag zur Untersuchung des Natur- und Kunstschönen als ein Beitrag zur Analyse des neuzeitlichen Wirklichkeitsbegriffs, Frankfurt 1975; J. Schlobach (ed.), D. D., Darmstadt 1992 (mit Bibliographie, 347–360); R. Schwaderer, D., in: F. Volpi (ed.), Großes Werklexikon der Philosophie I, Stuttgart 1999, 378–385; J. Seznec, Essais sur D. et l'antiquité, Oxford 1957; J. v. Stackelberg, D., München/Zürich 1983; G. Stenger, Nature et liberté chez D. après l'Encyclopédie, Paris 1994; A. Strugnell, D.'s Politics. A Study of the Evolution of D.'s Political Thought after the »Encyclopédie«, The Hague 1973; A. Vartanian, D. and Descartes. A Study of Scientific Naturalism in the Enlightenment, Princeton N. J. 1953, Westport Conn. 1975; A. M. Wilson, D.. The Testing Years: 1713–1759, New York 1957;
ders., D., New York/Oxford 1972 (franz. D.. Sa vie et son œuvre, Paris 1982); U. Winter, Der Materialismus bei D., Genf/Paris 1972; R. Wokler, D., REP III (1998), 63–69; R.-R. Wuthenow, D. zur Einführung, Hamburg 1994. J. M.

Dietrich von Freiberg (Theodoricus Teutonicus), *vermutlich Freiberg (Sachsen) um 1250, †um 1310, dt. Naturphilosoph und Mystiker. Nach Eintritt in den Dominikanerorden (Provinz Teutonia) 1275 Lektor in Freiberg, 1275–1277 Studium in Paris, 1280 Lektor des Konvents zu Trier, 1285 Prior von Würzburg, 1293–1296 Provinzialmeister und 1310 Vikar der oberdeutschen Ordensprovinz Teutonia. D. las 1297–1303 in Paris über die Sentenzen des Petrus Lombardus (↑Sentenzenkommentar) und wurde dort vor 1303 Magister der Theologie. 1304 nimmt D. am Generalkapitel seines Ordens in Toulouse teil, wo er vom Ordensgeneral Aymerich von Placentia aufgefordert wird, seine Forschungen über den Regenbogen niederzuschreiben.

Neben wissenschaftlichen Arbeiten stehen philosophische und theologische Schriften, in denen D. bemüht ist, die Grundanschauungen seiner Theosophie und ↑Mystik mit den Begriffen der damaligen theologischen Wissenschaft zu vermitteln. In der Philosophie vertritt D. Elemente der Aristotelischen Tradition, gibt aber Proklos, dessen »Stochaiosis theologicae« er benutzt, A. Augustinus, Pseudo-Dionysios und den neuplatonischen (↑Neuplatonismus) Positionen der Araber den Vorzug. In Übereinstimmung mit Thomas von Aquin bestreitet er die These von der Zusammensetzung der geistigen Substanzen aus Materie und Form (↑Form und Materie) und vertritt die Ansicht, daß der Gedanke einer ewigen Weltschöpfung (↑Ewigkeit der Welt) keinen Widerspruch in sich trägt. Gegen Thomas und seine Anhänger wendet er sich gegen die Annahme eines realen Unterschieds zwischen ›Sosein‹ und ›Dasein‹.

Wissenschaftshistorisch bedeutsam ist die Schrift »De iride et radialibus impressionibus« (nach 1304), die den 1304 in Toulouse erstatteten Bericht über die Entstehung des Regenbogens enthält. Es handelt sich hier um eine im wesentlichen korrekte, auf der geometrischen Optik beruhende qualitative Theorie der Entstehung des Regenbogens. Danach entsteht der innere Regenbogen durch zweimalige Brechung und einmalige Reflexion der Sonnenstrahlen in den einzelnen Regentropfen, während der äußere Regenbogen durch zweimalige Brechung und zweimalige Reflexion entsteht. Nach D.s Theorie sind also optische Vorgänge in einzelnen Regentropfen und nicht, wie bei früheren Theorien, in der gesamten Regenwolke für den Regenbogen verantwortlich; insbes. verursachen verschiedene Gruppen von Regentropfen die verschiedenen Farben des beobachteten Regenbogenspektrums. Mit Hilfe dieser Theorie vermag D. z. B. die Änderung des Regenbogens mit der Änderung der Position des

Beobachters dadurch zu erklären, daß bei verschiedenen Beobachtungspositionen verschiedene Gruppen von Regentropfen für den Regenbogen verantwortlich sind. Auch kann er eine Reihe von Unterschieden, z. B. die Umkehrung der Farbanordnung zwischen äußerem und innerem Regenbogen dadurch begründen, daß bei ersterem eine Reflexion mehr vorliegt. Die Farbentstehung erklärte er in seinem Traktat »De coloribus« nach der peripatetischen Lehre der Kontrarietäten durch Zusammenwirken der Gegensätze ›hell-dunkel‹ und ›begrenzt-unbegrenzt‹. D.s Regenbogentheorie geriet in Vergessenheit und wurde erst von R. Descartes und I. Newton wiederentdeckt.

Werke: Opera omnia, I–IV, ed. K. Flasch, Hamburg 1977–1985 [mit Beiheften]. – De esse et essentia, ed. E. Krebs, Rev. néoscolast. de philos. 18 (1911), 516–536 (franz. La traité ›L'Étant et l'Essence‹ de D. v. F., in: Alain de Libera [ed.], L'être et l'essence. Le vocabulaire médiéval de l'ontologie. Deux traités ›De ente et essentia‹ de Thomas d'Aquin et D. de F., Paris 1996, 163–205); De iride et radialibus impressionibus. Über den Regenbogen und die durch Strahlen erzeugten Eindrücke, ed. J. Würschmidt, Münster 1914 [enthält lat. Text mit dt. Kapitelzusammenfassungen]; De intelligentiis et motoribus celorum, franz. Teilausg. in: P. M. M. Duhem, Le système du monde. Histoire des doctrines cosmologiques de Platon à Copernic III, Paris 1915 (repr. 1958), 383–396; Tractatus de quidditatibus entium, ed. A. Maurer, Med. Stud. 18 (1956), 189–203; Meister D. v. F. über den Ursprung der Kategorien. De origine rerum praedicamentalium, ed. F. Stegmüller, Arch. hist. doctr. litt. moyen-âge 24 (1957), 115–201; De coloribus, de luce et eius origine, de miscibilibus in mixto, de elementis corporum naturalium, in: W. A. Wallace, The Scientific Methodology of Theodoric of F.. A Case Study of the Relationship between Science and Philosophy, Fribourg 1959, 324–376; Tractatus de origine rerum praedicamentalium cap. 5, ed. B. Mojsisch, in: Bochumer Philos. Jb. f. Antike u. Mittelalter 2 (1997), 129–156 (dt. Abhandlung über den Ursprung der kategorial bestimmten Realität Kap. V, übers. v. B. Mojsisch, Bochumer Philos. Jb. f. Antike u. Mittelalter 2 [1997], 157–185).

Literatur: A. C. Crombie, Robert Grosseteste and the Origins of Experimental Science 1100–1700, Oxford 1953 (repr. 1962, 1971), bes. 233–259; K. Flasch, Kennt die mittelalterliche Philosophie die konstitutive Funktion des menschlichen Denkens? Eine Untersuchung zu D. v. F., Kant-St. 63 (1972), 182–206; ders. (ed.), Von Meister Dietrich zu Meister Eckhart, Hamburg 1984; ders., Von Dietrich zu Albert, Frei. Z. Philos. Theol. 32 (1985), 7–26; ders., Procedere ut imago. Das Hervorgehen des Intellekts aus seinem göttlichen Grund bei Meister Dietrich, Meister Eckhart und Berthold von Moosburg, in: K. Ruh (ed.) Abendländische Mystik im Mittelalter, Stuttgart 1986, 125–134; ders., Das philosophische Denken im Mittelalter. Von Augustin zu Machiavelli, Stuttgart 1986, 394–406, ²2000, 450–462; W. Fröhlich, Theodoric of F., in: J. R. Strayer (ed.), Dictionary of the Middle Ages XII, New York 1982, 17–18; J. Halfwassen, Gibt es eine Philosophie der Subjektivität im Mittelalter? Zur Theorie des Intellekts bei Meister Eckhart und D. v. F., Theol. u. Philos. 72 (1997), 337–359; R. Imbach, Metaphysik, Theologie und Politik. Zur Diskussion zwischen Nikolaus von Strassburg und D. v. F. über die Abtrennbarkeit der Akzidentien, Theol. u. Philos. 61 (1986), 359–395; K.-H. Kandler/B. Mojsisch/F.-S. Stammkötter (eds.), D. v. F.. Neue Perspektiven seiner Philosophie, Theologie und Naturwissenschaft (Freiberger Symposion, 10.–13. März 1997), Amsterdam/Philadelphia Pa. 1999; E. Krebs, Meister Dietrich (Theodoricus Teutonicus de Vriberg). Sein Leben, seine Werke, seine Wissenschaft, Münster 1906; N. Largier, Zeit, Zeitlichkeit, Ewigkeit. Ein Aufriß des Zeitproblems bei D. v. F. und Meister Eckhart, Bern etc. 1989, bes. 1–71; A. de Libera, Thierry de F., in: ders., Introduction à la mystique rhénane. D'Albert le Grand à Maître Eckhart, Paris 1984, 163–230; ders., Thierry de Fribourg/D. v. F., Enc. philos. universelle III/1 (1992), 861–863; ders., D. de F., in: D. Huisman (ed.), Dictionnaire des philosophes I, Paris ²1993, 809–810; ders. (ed.), L'être et l'essence. Le vocabulaire médiéval de l'ontologie. Deux traités ›De ente et essentia‹ de Thomas d'Aquin et D. de F., Paris 1996; P. Mazzarella, Metafisica e gnoseologica nel pensiero di Teodorico di Vriberg, Neapel 1967; ders., Il neoplatonismo di Teodorico di Vriberg, Neapel 1972; A. Maurer, The ›De Quidditatibus Entium‹ of D. of F. and Its Criticism of Thomistic Metaphysics, Med. Stud. 18 (1956), 173–188, Neudr. in: ders., Being and Knowing, Studies in Thomas Aquinas and Later Medieval Philosophers, Toronto 1990, 177–202; B. Mojsisch, Die Theorie des Intellekts bei D. v. F., Hamburg 1977 [Beih. I zu Opera omnia]; ders., La psychologie philosophique d'Albert le Grand et la théorie de l'intellect de D. de F.. Essai de comparison, Arch. philos. 43 (1980), 675–693; ders., D. v. F., LMA III (1986), 1033–1036; ders., ›Dynamik der Vernunft‹ bei D. v. F. und Meister Eckhart, in: K. Ruh (ed.), Abendländische Mystik im Mittelalter, Stuttgart 1986, 135–144; ders., D. v. F.. Seine Philosophie im Grundriß, Theol. Literaturzeit. 113 (1988), 871–877; ders., The Theory of Intellectual Construction in Theodoric of F., Bochumer Philos. Jb. f. Antike u. Mittelalter 2 (1997), 69–79; ders., Konstruktive Intellektualität. D. v. F. und seine neue Intellekttheorie, in: J. A. Aertsen/A. Speer (eds.), Geistesleben im 13. Jahrhundert, Berlin 2000, 68–78; M. R. Pagnoni-Sturlese, Per una datazione del ›de Origine‹ di Teodorico di F., Annali dello Scuola Normale Superiore di Pisa 11 (1981), 431–445; F.-X. Putallaz, La connaissance de soi au XIIIe siècle. De Matthieu d'Aquasparta à Thierry de F., Paris 1991, bes. 303–380, 387–388; R. Rieger, D. v. F., RGG II (1999), 849; F. Somerset, D. of F., REP III (1998), 69–71; F. Stegmüller, Meister D. v. F. über die Zeit und das Sein, Arch. hist. doctr. litt. moyen-âge 13 (1942), 153–221; L. Sturlese, D. v. F., in: K. Ruh (ed.), Die deutsche Literatur des Mittelalters. Verfasserlexikon, Berlin/New York 1980, 127–137; ders., Dokumente und Forschungen zu Leben und Werk D.s v. F., Hamburg 1984 (Corpus philosophorum Teutonicorum medii aevi, Beih. 2); W. A. Wallace, Gravitational Motion According to Theodoric of F., Thomist 24 (1961), 327–352, Neudr. in: J. A. Weisheipl (ed.), The Dignity of Science. Studies in the Philosophy of Science Presented to William Humbert Kane, Washington D. C./New York 1961, 191–216; ders., Theodoric of F. on the Structure of Matter, in: Proceedings of the Tenth International Congress of the History of Science. Ithaca 26.8.–2.9. 1962 I, Paris 1964, 591–597; ders., D. v. F., DSB IV (1971), 92–95. P. B.

Differential, Terminus der Mathematik. Hat man in der ↑Infinitesimalrechnung die Differenzierbarkeit und die Ableitung einer ↑Funktion als ↑Grenzwert eines Quotienten eingeführt und diesen formal als D.quotienten $\frac{dy}{dx}$ bzw. $\frac{df(x)}{dx}$ geschrieben, so pflegt man Zähler und Nenner dieses D.quotienten wie Bezeichnungen selbständiger Objekte zu behandeln, indem man als D. einer differenzierbaren Funktion das Produkt ihrer Ableitung mit einem willkürlichen Inkrement der unabhängigen Variablen bezeichnet. Diese Erklärung genügt jedoch nicht den Anforderungen an eine logisch einwandfreie Definition. Eine solche erhält man, wenn man D.e in der folgenden Weise als ↑Funktionale einführt. Es sei K ein einfaches Kurvenstück im Sinne der D.geometrie, x sei Koordinate (↑Geometrie, analytische) von K und f eine Punktfunktion auf K. f heiße nach x differenzierbar, wenn die durch f und x mittels $f = \varphi x$ bestimmte Zahlfunktion φ differenzierbar ist. Die Derivierte von f nach x im Punkt P_0 wird (mit $\xi = x(P)$ oder kurz $\xi = xP$, und $\xi_0 = xP_0$) erklärt durch

$$f'_x(P_0) \leftrightharpoons \lim_{P \to P_0} \frac{fP - fP_0}{xP - xP_0} \leftrightharpoons \lim_{\xi \to \xi_0} \frac{\varphi\xi - \varphi\xi_0}{\xi - \xi_0},$$

so daß mit $x = \psi\bar{x}$ für eine weitere Koordinate $\bar{x}$ zunächst $f'_{\bar{x}} = (\varphi \circ \psi)'\bar{x}$ und nach der Kettenregel $f'_{\bar{x}} = f'_x \cdot x'_{\bar{x}}$ folgt. Der Term $f'_{\bar{x}}$ stellt ein Funktional dar (d.h. eine Funktion, die als Argumente selbst Funktionen, nämlich Koordinaten hat), und dieses durch $df(\bar{x}) \leftrightharpoons f'_{\bar{x}}$ erklärte Funktional heißt *das Differential* df. Da entsprechend $dx(\bar{x}) \leftrightharpoons x'_{\bar{x}}$ gilt, läßt sich jetzt die D.quotientenschreibweise durch die Geltung von $df = f'_x \cdot dx$ begründen, da der Quotient $\dfrac{df}{dx}$ als Funktionenquotient (mit $f'_x = \dfrac{df}{dx}$ und der Bedingung $x'_{\bar{x}}(P) \neq 0$ für alle P) einwandfrei erklärt ist. In analoger Weise läßt sich der Begriff des D.s für Punktfunktionen auf beliebigdimensionalen Raumstücken einführen.

Literatur: P. Lorenzen, D.formen und mehrdimensionale Integrale. I Zur Entmystifizierung der D.e, Math.-phys. Semesterber. 5 (1957), 200–213; ders., D. und Integral. Eine konstruktive Einführung in die klassische Analysis, Frankfurt 1965 (engl. Differential and Integral. A Constructive Introduction to Classical Analysis, Austin Tex. 1971); A. E. Taylor, The Differential. Nineteenth and Twentieth Century Developments, Arch. Hist. Ex. Sci. 12 (1974), 355–383. C. T.

Differentialgeometrie, mathematische Theorie, die nach C. F. Gauß Kurven und Flächen im 3-dimensionalen cartesischen Raum mit Methoden der ↑Infinitesimalrechnung studiert und nach B. Riemann für beliebig-dimensionale Mannigfaltigkeiten verallgemeinert wird. Sie fand nach Gauß bereits Anwendung in Geodäsie und Kartographie und erhielt nach A. Einstein zentrale Bedeutung für die Gravitationstheorie (↑Gravitation), ↑Astronomie und ↑Kosmologie.
(1) Unter einer *parametrisierten Kurve* im n-dimensionalen cartesischen Raum $\mathbb{R}^n$ versteht man eine (beliebig oft) differenzierbare Abbildung $c(t)$ eines offenen Intervalls I der reellen Achse in den $\mathbb{R}^n$. Im Fall $n = 2$ spricht man von *ebenen Kurven*, im Fall $n = 3$ von *Raumkurven*. Durch eine eindeutige, in beiden Richtungen differenzierbare ↑Transformation $t = g(\tau)$ (›Umparametrisierung‹) läßt sich eine parametrisierte Kurve $c(t)$ in eine andere $c(g(\tau)) = \bar{c}(\tau)$ überführen. Faßt man Kurven als durch Polygonzüge approximierbar auf, so hat eine Kurve $c(t)$ über I die *Bogenlänge*

$$s = \int_I |\dot{c}(t)| dt = \int_I \sqrt{\sum_{i=1}^n \left(\frac{dx_i}{dt}\right)^2} dt,$$

falls die $x_i(t)$ die Komponenten von $c(t)$ sind und $\dot{c}(t) \neq 0$ für alle $t \in I$. Der Tangentenvektor eines Kurvenpunktes läßt sich nach G. W. Leibniz durch die 1. Ableitung $\dot{c}(t)$ bestimmen. Für ebene Kurven zeigt sich der Wechsel seiner Richtungen beim Durchlaufen der Kurve, wenn man jeder Kurventangente nach Gauß denjenigen Halbstrahl zuordnet, der vom Kreismittelpunkt eines Einheitskreises in der Kurvenebene parallel der betrachteten Tangente in Durchlaufrichtung der Kurve liegt:

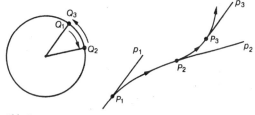

Abb. 1

Die Schnittpunkte Q_j der Parallelen mit dem Einheitskreis (Abb. 1) heißen die Tangentenbilder von P_j. Die auf den Tangenten p_j in P_j senkrecht stehenden Geraden n_j heißen Kurvennormalen. Läßt man einen zu P_1 benachbarten Kurvenpunkt P_2 auf P_1 zulaufen, so besitzt die Folge der Quotienten aus Schnittwinkel $\sphericalangle(p_1, p_2)$ der Tangenten p_1, p_2 bzw. $\sphericalangle(n_1, n_2)$ der Normalen n_1, n_2 und der Entfernung $P_1 P_2$ der Kurvenpunkte (Abb. 2) im allgemeinen einen Grenzwert: die *Krümmung*

$$k = \lim_{P_1 P_2 \to 0} \frac{\sphericalangle(p_1, p_2)}{P_1 P_2} = \lim_{P_1 P_2 \to 0} \frac{\sphericalangle(n_1, n_2)}{P_1 P_2}$$

der Kurve in P_1, die sich wegen $\sphericalangle(n_1, n_2) = \sphericalangle(p_1, p_2) = \sphericalangle Q_1 O Q_2$ (Abb. 2) auch als Grenzwert der Quotienten der Längen eines kleinen Kurvenbogens und seines Tangentenbildes auf dem Gaußschen Einheitskreis auffassen läßt:

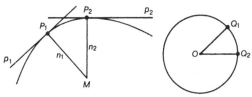

Abb. 2

Die Grenzlage des Normalenschnittpunktes M bestimmt den Krümmungsradius r des sogenannten Krümmungskreises in P_1 mit $k = 1/r$.

Bei Raumkurven bestimmen die unendlich vielen Normalen einer Kurventangente p von P die sogenannte Normalebene N von P. Die Schmiegungsebene S der Kurve in P ist die Grenzlage von Ebenen durch die Tangente p von P und benachbarte Kurvenpunkte, die gegen P laufen. Die Normalebene N, die Schmiegungsebene S und die auf beiden Ebenen senkrecht stehende rektifizierende Ebene R bestimmen die in P senkrecht stehende Tangente p, Hauptnormale h und Biegenormale b (Abb. 3) – das sogenannte begleitende Dreibein der Kurve. Analog zu ebenen Kurven lassen sich nach Gauß nun die Bilder von Tangente, Hauptnormale und Binormale auf einer Einheitskugel studieren. Zur Bestimmung des *Krümmungsradius* r von P gibt man zunächst die Grenzlage einer Folge von Schnittgeraden benachbarter Normalebenen an. Diese sogenannte Krümmungsachse KA in der Normalebene N von P steht senkrecht auf der Hauptnormalen h und bestimmt den Krümmungsradius r des Krümmungskreises in der Schmiegungsebene S von P (Abb. 3). Die Grenzlage einer Kugel durch vier Kurvenpunkte führt zum Begriff der Schmiegungskugel mit Schmiegungskugelmittelpunkt SM.

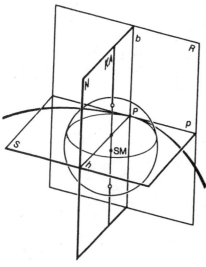

Abb. 3

(2) Unter einem parametrisierten *Flächenstück* oder auch *Fläche* im 3-dimensionalen cartesischen Raum versteht man eine (beliebig oft) differenzierbare und lokal umkehrbare Abbildung eines offenen Gebietes des $\mathbb{R}^2$ in den $\mathbb{R}^3$. Allgemeiner meint man mit ›Fläche‹ häufig eine Teilmenge des $\mathbb{R}^3$, die nur *lokal* durch Flächenstücke

parametrisiert ist, d. h., jeder Punkt einer Fläche hat als Umgebung das Bild eines Flächenstücks. In diesem Sinne ist z. B. die Kugel kein parametrisiertes Flächenstück, jedoch eine Fläche (im allgemeineren Sinne), die durch zwei Flächenstücke parametrisiert werden kann. Das Koordinatennetz auf einer Fläche (im engeren Sinne) $x_i(u_1, u_2)$, das durch die Kurven $u_1 = \text{const.}$ und $u_2 = \text{const.}$ erzeugt wird, heißt ein Gaußsches Koordinatensystem wie z. B. die geographischen Koordinaten

$$x_1 = r \cos \beta \cos \lambda,$$
$$x_2 = r \cos \beta \sin \lambda,$$
$$x_3 = r \sin \beta$$

auf der Kugel des Radius r mit $-\pi \leq \lambda \leq +\pi$ für die Länge und $-\dfrac{\pi}{2} \leq \beta \leq +\dfrac{\pi}{2}$ für die Breite. Kurven auf den Flächen (z. B. Wege auf der krummen Erdoberfläche) $a < t < b$ lassen sich nun durch Flächenkoordinaten $u_1 = u_1(t), u_2 = u_2(t)$ und durch Raumkoordinaten $x_i = x_i(u_1(t), u_2(t))$ beschreiben. Da partielles Differenzieren

$$\frac{dx_i}{dt} = \frac{\partial x_i}{\partial u_1} \frac{du_1}{dt} + \frac{\partial x_i}{\partial u_2} \frac{du_2}{dt}$$

liefert, hat eine solche Kurve die Bogenlänge

$$s = \int_a^b \sqrt{\sum_{i=1}^{3} \left(\frac{dx_i}{dt}\right)^2}\, dt$$

$$= \int_a^b \left(\sum_{i=1}^{3} \left[\left(\frac{\partial x_i}{\partial u_1} \frac{du_1}{dt}\right)^2 + 2 \frac{\partial x_i}{\partial u_1} \frac{\partial x_i}{\partial u_2} \frac{du_1}{dt} \frac{du_2}{dt} + \left(\frac{\partial x_i}{\partial u_2} \frac{du_2}{dt}\right)^2 \right] \right)^{\frac{1}{2}} dt.$$

Vereinbart man nach dem Ricci-Kalkül für griechische Indizes μ, ν Summation über die Indizes der Flächenkoordinaten und für die lateinischen Indizes Summation der Raumkoordinaten, so erhält man die abgekürzte Schreibweise

$$s = \int_a^b \sqrt{g_{\mu\nu} \left(\frac{du_\mu}{dt} \frac{du_\nu}{dt}\right)}\, dt$$

mit den metrischen Koeffizienten

$$g_{\mu\nu} := \frac{\partial x_i}{\partial u_\mu} \frac{\partial x_i}{\partial u_\nu}$$

wobei $g_{\mu\nu} = g_{\mu\nu}(u_1, u_2)$ nur von den Flächenpunkten abhängt und in den $\dfrac{du_\mu}{dt}$ die Richtung der beliebig auswählbaren Flächenkurven zum Ausdruck kommt. Die

Flächenmetrik $ds^2 = g_{\mu\nu}du^\mu du^\nu$ ist eine positiv-definite quadratische Differentialform, auch *erste Fundamentalform* genannt, die erzeugt wird durch das (euklidische) Skalarprodukt in der Tangentialebene des jeweiligen Flächenpunktes. Sie ist gegen eindeutige und in jede Richtung stetig differenzierbare Koordinatentransformationen $\bar{u}_1 = \bar{u}_1(u_1, u_2)$, $\bar{u}_2 = \bar{u}_2(u_1, u_2)$ nach folgenden Gesetzen des Ricci-Kalküls invariant: $ds^2 = \bar{g}_{\mu\nu}d\bar{u}^\mu d\bar{u}^\nu$ mit entsprechend definierten

$$d\bar{u}_\mu = \frac{\partial \bar{u}_\mu}{\partial u_\rho} du_\rho \text{ und } \bar{g}_{\mu\nu},$$

$$g_{\mu\nu} = \bar{g}_{\alpha\beta} \frac{\partial \bar{u}^\alpha}{\partial u_\mu} \frac{\partial \bar{u}^\beta}{\partial u_\nu} \text{ und } g = \bar{g}\left|\frac{\partial \bar{u}_\nu}{\partial u_\mu}\right|^2$$

für die Diskriminante $g = g_{11}g_{22} - g_{12}^2$. Für die Anwendung sind die *längentreuen* (mit Invarianz der Kurvenlänge), *konformen* (mit Invarianz der Winkelgröße) und *flächentreuen* (mit Invarianz der Flächengröße) eineindeutigen (↑eindeutig/Eindeutigkeit) Transformationen hervorzuheben. In der *Kartographie* entsteht z. B. die ebene Merkatorkarte mit den cartesischen Koordinaten y_1, y_2 und der pythagoreischen Metrik $ds_E^2 = dy_1^2 + dy_2^2$ durch eine zwar konforme, aber flächenverzerrende Abbildung $y_1 = r\lambda$, $y_2 = \int_0^\beta \frac{d\beta}{\cos\beta}$ der geographischen Kugelkoordinaten mit der Metrik

$$ds_K^2 = r^2 \cos^2\beta\, d\lambda^2 + r^2 d\beta^2 = \cos^2\beta(dy_1^2 + dy_2^2),$$

während z. B. die Lambert-Karte durch die (bis auf einen Verkleinerungsfaktor) flächentreue Transformation $y_1 = r\lambda$, $y_2 = r\sin\beta$ entsteht.
Längentreue Abbildungen sind zwar stets konform, aber nicht umgekehrt, wie z. B. die konformen, aber nicht längentreuen Ähnlichkeitstransformationen der ↑Euklidischen Geometrie zeigen.
Das Krümmungsverhalten von Flächenstücken studiert man nach Gauß auf einer Einheitskugel, indem man

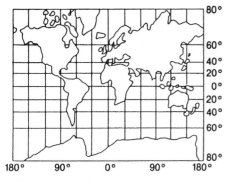

Abb. 4: Merkator-Karte

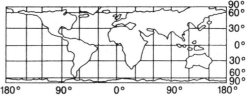

Abb. 5: Lambert-Karte

zunächst zu den auf den Tangentialebenen der Flächenpunkte senkrecht stehenden Normalen die Parallelen durch den Mittelpunkt der Einheitskugel zieht. Die *Gaußsche Krümmung* K eines Flächenpunktes P ist dann der Grenzwert einer Quotientenfolge aus sich um P zusammenziehenden Flächenstücken F und ihren sphärischen Bildern G auf der Einheitskugel, d. h.

$$K = \lim_{F \to 0} \frac{G}{F}$$

(vgl. Abb. 6 und 7).
Da für elliptische Flächenpunkte der Umlaufsinn der Flächenstücke bei der sphärischen Abbildung erhalten bleibt (Abb. 6), liegt positive Krümmung vor, während hyperbolische Flächenpunkte wegen der Umkehrung des Umlaufsinns (Abb. 7) negative Krümmung besitzen:

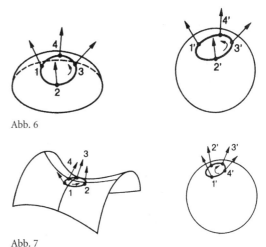

Abb. 6

Abb. 7

K ist gleich dem Produkt der beiden *Hauptkrümmungen* k_1, k_2 in P, wobei k_1, k_2 die größte und die kleinste Krümmung einer Folge von Kurvenkrümmungen in P sind, deren zugehörige Flächenkurven durch eine sich um die Normale in P drehende Ebene aus der Fläche ausgeschnitten werden. Wegen $k_1 = \frac{1}{r_1}$ und $k_2 = \frac{1}{r_2}$ mit den zugehörigen Hauptkrümmungsradien r_1, r_2 ist daher $K = \frac{1}{r_1 r_2}$, also z. B. $K = \frac{1}{r^2}$ für eine Kugel mit Radius r.

Nach dem *Theorema egregium* von Gauß läßt sich die Krümmung K allein durch die metrischen *Koeffizienten* $g_{\mu\nu}$ und ihre Ableitungen bestimmen, d. h., K ist nur von der inneren Geometrie der Fläche und nicht von ihrer Einbettung in den umgebenden Raum abhängig. Daher bleibt bei längentreuen Abbildungen (Verbiegungen der Fläche) die Gaußsche Krümmung der Flächenpunkte erhalten. Die Gesamtkrümmung eines Flächenstücks hängt nach dem *Satz von Gauß und O. Bonnet* in einfacher Weise mit der gesamten Seitenkrümmung ihres Randes zusammen. *Geodätische Linien* als kürzeste bzw. geradeste Verbindungen von Flächenpunkten fanden sowohl in der Geodäsie als auch der Mechanik Anwendung. So formulierten Gauß und H. Hertz ein *mechanisches Prinzip*, nach dem Körper unter dem Einfluß äußerer Kräfte immer den Weg mit geringsten möglichen Abweichungen von der geraden Bewegung nach dem Trägheitsprinzip, also den geradest möglichen Weg, wählen.

(3) Die Resultate der Gaußschen Flächentheorie lassen sich zwanglos auf n-dimensionale Flächen verallgemeinern. Riemann nahm eine weitere Verallgemeinerung vor, indem er die innere Geometrie der 2-dimensionalen Flächen auf solche n-dimensionale differenzierbare Mannigfaltigkeiten erweiterte, deren Metriken nicht mehr durch die Einbettung in einen umgebenden cartesischen Raum und dessen euklidisches Skalarprodukt induziert sind (↑Riemannscher Raum). Hier ist vielmehr ein Maßtensor $g_{\mu\nu}$ für $\mu, \nu = 1, \ldots, n$ vorgegeben, der im 2-dimensionalen Fall die Gaußsche Flächenkrümmung bestimmt. Die *homogenen Riemannschen Mannigfaltigkeiten mit konstanter Krümmung K* ergeben für $K = 0$ die ↑Euklidische Geometrie, für $K < 0$ die hyperbolische und für $K > 0$ die elliptische Geometrie (↑Geometrie, hyperbolische, ↑Geometrie, elliptische) in n-dimensionaler Verallgemeinerung. Einstein interpretierte in seiner relativistischen *Gravitationstheorie* den mathematischen Formalismus einer 4-dimensionalen Riemannschen Mannigfaltigkeit, allerdings ausgestattet mit der nicht mehr positiv-definiten sogenannten Lorentz-Metrik, durch physikalische Größen, wie z.B. den metrischen Tensor $g_{\mu\nu}$ durch ein Gravitationspotential oder das Christoffelsche Drei-Indizes-Symbol $\Gamma^{\lambda}_{\mu\nu}$ durch eine Gravitationskraft, die den Bewegungsverlauf eines Körpers beeinflußt (↑Bewegungsgleichungen). Variable Krümmungstensoren deuten auf inhomogene Gravitationsfelder. Grundlegend für das Verhältnis von Gauß-Riemannscher D. und Einsteinscher Gravitationstheorie ist folgende Analogie: So wie es für ein Gaußsches Koordinatensystem mit der Metrik $g_{\mu\nu}$ lokal (d. h. im unendlich Kleinen) ein cartesisches Koordinatensystem mit pythagoreischer Metrik gibt, so läßt sich für alle Koordinatenpunkte eines Gravitationsfeldes lokal ein Inertialsystem angeben, in dem die Gesetze der speziellen Relativitätstheorie gelten. In der physikalischen *Kosmologie* spielen die Riemannschen Mannigfaltigkeiten mit konstanter Krümmung eine große Rolle, da in einigen Modellen ein isotropes und homogenes Universum vorausgesetzt wird (↑Astronomie).

Literatur: A. D. Alexandrow, Kurven und Flächen, Berlin (Ost) 1959; H. Behnke, Vorlesung über D., Aschendorff [2]1949, Münster [8]1967; W. Blaschke, Über die D. von Gauß, Jahresber. Dt. Math.-ver. 52 (1942), 61–71; M. P. do Carmo, Differential Geometry of Curves and Surfaces, Englewood Cliffs N. J. 1976 (dt. D. von Kurven und Flächen, Wiesbaden 1992, Braunschweig etc. [3]1993 [repr. Braunschweig etc. 1998]); É. Cartan, Les systèmes différentiels extérieurs et leurs applications géométriques, Paris 1945, 1971; A. Goetz, Introduction to Differential Geometry, Reading Mass./Menlo Park Calif./London 1970; D. Gromoll/W. Klingenberg/W. Meyer, Riemannsche Geometrie im Großen, Berlin/Heidelberg/New York 1968, [2]1975; S. Hawking/G. F. R. Ellis, The Large Scale Structure of Space-Time, Cambridge 1973 (repr. Cambridge 1995); M. Hazewinkel (ed.), Encyclopaedia of Mathematics III, Dordrecht/Boston Mass./London 1989, 159–164 (Differential Geometry); S. Helgason, Differential Geometry and Symmetric Spaces, New York/London 1962, unter dem Titel: Differential Geometry, Lie Groups and Symmetric Spaces, San Diego Calif. etc. [7]1995; D. Hilbert/S. Cohn-Vossen, Anschauliche Geometrie, Berlin 1932 (repr. Darmstadt 1973), Berlin/Heidelberg/New York [2]1996 (engl. Geometry and the Imagination, New York 1952 [repr. New York 1983], Providence R. I. [2]1999); K. Itô (ed.), Encyclopedic Dictionary of Mathematics I, Cambridge Mass./London [2]1993, 402–406 (Differential Geometry); W. Klingenberg, Eine Vorlesung über D., Berlin/Heidelberg/New York 1973 (engl. A Course in Differential Geometry, New York/Heidelberg/Berlin 1978); S. Lang, Fundamentals of Differential Geometry, Berlin/Heidelberg/New York 1999; D. Laugwitz, D., Stuttgart 1960, [3]1977; T. Levi-Civita, Der absolute Differentialkalkül und seine Anwendungen in Geometrie und Physik, Berlin 1928; P. Lorenzen, Differential und Integral. Eine konstruktive Einführung in die klassische Analysis, Frankfurt 1965 (engl. Differential and Integral. A Constructive Introduction to Classical Analysis, Austin Tex. 1971); K. Mainzer, Geschichte der Geometrie, Mannheim/Wien/Zürich 1980; J. Naas/H. L. Schmid (eds.), Mathematisches Wörterbuch I. Mit Einbeziehung der theoretischen Physik, Berlin/Stuttgart [3]1965, 323–324; B. O'Neill, Elementary Differential Geometry, New York San Francisco Calif./London 1966, San Diego Calif. etc. [2]1997 (repr. San Diego Calif. etc. 1998); A. Z. Petrow, Prostranstva Čejnéstejna, Moskau 1961 (dt. Einstein-Räume, Berlin [Ost] 1964 [repr. Berlin (Ost) 1985]; engl. Einstein Spaces, Oxford 1969); K. Reich, Die Geschichte der D. von Gauß bis Riemann (1828–1868), Arch. Hist. Ex. Sci. 11 (1973), 273–382; M. Spivak, A Comprehensive Introduction to Differential Geometry I–V, Berkeley Calif. 1970/1975; K. Strubecker, D., I–III, Berlin 1955–1959, [2]1964–1969; P. Vincensini, Differential Geometry in the Nineteenth Century. With Some Reflections on Mathematics in General, Scientia 107 (1972), 661–696; T. J. Willmore, Differential Geometry, in: J. Thewlis (ed.), Encyclopedic Dictionary of Physics. General, Nuclear, Solid State [...] and Related Subjecs II, Oxford/London/New York 1961, 364–366. K. M.

Differentialgleichung (engl. differential equation), ↑Gleichung mit einer für reelle oder komplexe ↑Funktionen stehenden Unbekannten, in der neben ihren Argumenten auch mindestens eine ihrer ↑Ableitungen (↑Infinitesimalrechnung) auftritt. Ist die gesuchte Funktion einstellig, so spricht man von *gewöhnlichen* D.en, weil nur die ›gewöhnlichen‹ Ableitungen nach dem einzigen Argument der Funktion in der D. auftreten können. D.en für mehrstellige Funktionen heißen *partielle D.en*, weil hier partielle Ableitungen nach den verschiedenen Argumenten vorkommen. Eine D. ist von der Ordnung k, falls k die Ordnung der höchsten in der Gleichung auftretenden Ableitung ist. Z.B. ist $y' + 2xy = 0$ eine gewöhnliche D. 1. Ordnung für einstellige Funktionen $y = f(x)$, während

$$\frac{\partial^2 y}{\partial x_1^2} + \frac{\partial^2 y}{\partial x_2^2} + \frac{\partial^2 y}{\partial x_3^2} = 0$$

eine partielle D. 2. Ordnung für dreistellige Funktionen $y = f(x_1, x_2, x_3)$ ist.

Eine (gewöhnliche) D. spezifiziert Funktionen nicht dadurch, daß sie angibt, welche Werte (↑Wert (logisch)) diese für bestimmte Argumente (↑Argument (logisch)) haben müssen, sondern indem sie beschreibt, welche Steigung (↑Infinitesimalrechnung) eine Lösungsfunktion bei einem Argument x haben muß, wenn sie dort einen Wert y annimmt. Dies kann man sich als ein Richtungsfeld veranschaulichen (s. Abb.).

Die Theorie der D.en versucht als Teildisziplin der Mathematik, notwendige und/oder hinreichende Bedingungen für die Lösbarkeit von D.en anzugeben. Die systematische Untersuchung von D.en geht bis ins 17. Jh. auf Arbeiten von I. Newton, G. W. Leibniz, Joh. und Jak. Bernoulli und C. Huygens zurück; sie entwickelte sich in enger Wechselbeziehung mit Problemen der Physik, vor allem der Mechanik. Ein großer Teil der physikalischen ↑Naturgesetze läßt sich in der Sprache der D.en formulieren (z.B. als ↑Bewegungsgleichungen), so daß die Theorie der D.en eines der anwendungsbezogensten Gebiete der Mathematik ist.

Literatur: L. Collatz, D.en für Ingenieure, Hannover 1949, mit Untertitel: Eine Einführung, Stuttgart 1960, unter dem Titel: D.en. Eine Einführung unter besonderer Berücksichtigung der Anwendungen, ³1967, ⁷1990 (engl. Differential Equations. An Introduction with Particular Regard to Applications, Chichester/New York 1986); F. Erwe, Gewöhnliche D.en, Mannheim 1961, Mannheim/Wien/Zürich ²1964, Nachdr. 1989; J. Jost, Partielle D.en. Elliptische (und parabolische) Gleichungen, Berlin etc. 1998; E. Kamke, D.en. Lösungsmethoden und Lösungen, I–II, Leipzig 1930, ²1943/1944, Stuttgart 1983; W. W. Stepanow, Lehrbuch der D.en, Berlin (Ost) 1956, ⁵1982; W. Walter, Gewöhnliche D.en. Eine Einführung, Berlin/Heidelberg/New York 1972, ⁷2000. C. B./P. S.

Differential- und Integralrechnung, ↑Infinitesimalrechnung.

differentia specifica (lat. artbildener Unterschied), Terminus der traditionellen, an Aristoteles anknüpfenden Logik (↑Logik, traditionelle), speziell der traditionellen Definitionslehre (↑Definition), nach der Begriffe durch Angabe (1) eines allgemeineren (Ober-)Begriffs (↑genus proximum) und (2) eines sekundären Merkmals (↑Merkmal), eben der artbestimmenden d. s., bestimmt werden. Beispiel: Ein Hammer ist ein Werkzeug zum Einschlagen von Nägeln. Demnach bezeichnet die d. s. ›zum Einschlagen von Nägeln‹ diejenige Eigenschaft, die die ↑Art (species) ›Hammer‹ im Hinblick auf die anderen Arten (›Schraubenzieher‹ etc.) derselben ↑Gattung (genus) ›Werkzeug‹ auszeichnet und sie relativ zu dieser Gattung eindeutig charakterisiert. Der Ausdruck ›d. s.‹ geht auf A. M. T. S. Boethius zurück, als Übersetzung des Aristotelischen Ausdrucks ›εἰδοποιὸς διαφορά‹ (Top. Z6.143b8 = Arist. Lat. V.1–3, 124.28). Obwohl ›διαφορά‹ (Unterschied) bei Aristoteles meist die d. s. bedeutet, treten bei ihm auch weitere Arten von Differenz auf (Met. E9.1018a12).

Literatur: D. M. Balme, Aristotle's Use of differentiae in Zoology, in: S. Manison (ed.), Aristote et les problèmes de méthode. Communications présentées au Symposium Aristotelicum tenu à Louvain du 24 août au 1ᵉʳ septembre 1960, Paris/Louvain 1961, 195–212, ferner in: J. Barnes/M. Schofield/R. Sorabji (eds.), Articles on Aristotle I (Science), London 1975, 183–193; S. Nacht-Eladi, Aristotle's Doctrine of the d. s. and Maimon's Law of Determinability, in: S. H. Bergmann (ed.), Studies in Philosophy VI, Jerusalem 1960, 222–248 (= Scripta Hierosolymitana 6); E. Stumpf, Dialectic in Ancient and Medieval

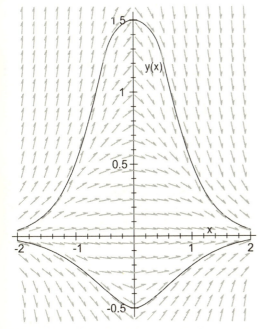

Abb.: Richtungsfeld und zwei Lösungen für $y' + 2xy = 0$.

Logic, in: Boethius's de topicis differentiis, Ithaca N. Y./London 1978, 157–261, bes. 248–261 (Differentia); weitere Literatur: ↑genus proximum. B. B./G. H.

Differentiation, ↑Analysis, ↑Infinitesimalrechnung.

Differenz (mathematisch), das Resultat einer ↑Subtraktion.

Differenz, ontologische, von M. Heidegger verwendeter Terminus zur Bezeichnung der Unterscheidung zwischen Seiendem (↑Seiende, das) und Sein (↑Sein, das). Methodisch entspricht die o. D. dem Unterschied zwischen a posteriori und ↑a priori. Heidegger setzt die Unterscheidung zur Explikation seiner Kritik der abendländischen ↑Metaphysik ein. Die Metaphysik bleibt insofern bloß *ontisch*, als sie nach dem höchsten Seienden, nicht aber nach dem Sein fragt, also die o. D. nicht berücksichtigt.

Literatur: F. Cassinari, Tracce della differenza ontologica. Kant, Hegel, Heidegger, Itinerari filosofici 2 (1992), 51–78; R. S. Corrington, Naturalism, Measure, and the Ontological Difference, South. J. Philos. 23 (1985), 19–32; S. Crowell, Meaning and the Ontological Difference, Tulane Stud. Philos. 32 (1984), 37–44; T. A. Fay, The Ontological Difference in Early Heidegger and Wittgenstein, Kant-St. 82 (1991), 319–328; L. S. Ford, Whitehead and the Ontological Difference, Philos. Today 29 (1985), 148–155; M. Heidegger, Was ist Metaphysik?, Bonn 1929, [3]1931, Frankfurt [4]1943 [mit Nachwort], [5]1949 [mit Einleitung], [15]1998; ders., Vom Wesen des Grundes, Halle 1929, [2]1931, Frankfurt [3]1949, [8]1995; ders., Holzwege, Frankfurt 1950, [7]1994; ders., Identität und Differenz, Pfullingen 1957, [9]1990, Stuttgart [10]1996, [11]1999; W. Herrmann, Die o. D. und ihre spekulative Überwindung, Diss. Freiburg 1974; K. J. Huch, Zum Begriff der ›o.n D.‹, in: ders., Philosophiegeschichtliche Voraussetzungen der Heideggerschen Ontologie, Frankfurt 1967, 21–43; M. C. Hudac, The Ontological Difference and the Pre-Metaphysical Status of the Being of Beings in Plato, Man and World 23 (1990), 191–203; K. Itzkowitz, Reaching beyond Aristotle. A Note on Absolute or Ontological Difference, New Scholasticism 56 (1982), 340–345; J. D. Jones, The Ontological Difference for St. Thomas and Pseudo-Dionysius, Dionysius 4 (1980), 119–132; G. Kovacs, The Ontological Difference in Heidegger's »Grundbegriffe«, Heidegger Stud. 3–4 (1988), 61–74; R. Kühn, Hinweise auf die o. D. bei Martin Heidegger, Diss. Tübingen 1974; J. R. Mensch, Radical Evil and the Ontological Difference between Being and Beings, in: V. Cauchy (ed.), Philosophie et culture. Actes du XVIIe congrès mondial de philosophie (Montréal, 21.–27. 8. 1983) IV, Montréal 1988, 487–492; M. Müller, Existenzphilosophie im geistigen Leben der Gegenwart, Heidelberg 1949, [3]1964, bes. 72–73, unter dem Titel: Existenzphilosophie. Von der Metaphysik zur Metahistorik, Freiburg/München [4]1986, bes. 82–83; G. Nicholson, The Ontological Difference, Amer. Philos. Quart. 33 (1996), 357–374; E. Nicoletti, Morte e differenza ontologica, Aquinas 26 (1983), 215–232; O. Pöggeler, Der Denkweg Martin Heideggers, Pfullingen 1963, [4]1994; A. Rosales, Transzendenz und Differenz. Ein Beitrag zum Problem der o.n D. beim frühen Heidegger, Den Haag 1970; L. A. Sass, Heidegger, Schizophrenia and the Onto- logical Difference, Philos. Psychology 5 (1992), 109–132; R. Schürmann, The Ontological Difference and Political Philosophy, Philos. Phenom. Res. 40 (1979), 99–122; S. Segal, Ontological Difference in »Being and Time«, South African J. Philos. 7 (1988), 234–236; K. W. Stikkers, Value as Ontological Difference, in: J. G. Hart/L. Embree (eds.), Phenomenology of Values and Valuing, Dordrecht/Boston Mass./London 1997, 137–154; L. M. Vail, Heidegger and Ontological Difference, University Park Pa./London 1972; C. J. White, Ontology, the Ontological Difference, and the Unthought, Tulane Stud. Philos. 32 (1984), 95–102; D. A. White, On Historicism and Heidegger's Notion of Ontological Difference, Monist 64 (1981), 518–533. A. G.-S.

Differenz, symmetrische, Terminus aus der Mathematik. Die s. D. $A \triangle B$ zweier Mengen A, B ist die Menge derjenigen Objekte, die Elemente entweder von A oder von B, nicht aber von beiden sind (Abb.).

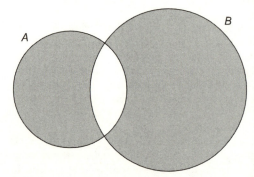

Abb.: Die symmetrische Differenz $A \triangle B$.

Die Menge $A \triangle B$ enthält also diejenigen Objekte, hinsichtlich derer sich A und B unterscheiden. Man kann $A \triangle B$ auf verschiedene Weisen mittels Mengenoperationen (↑Durchschnitt, ↑Vereinigung (mengentheoretisch)) beschreiben:

$$A \triangle B = (A \setminus B) \cup (B \setminus A) = (A \cup B) \setminus (A \cap B).$$

Die Bildung der s.n D. zweier Mengen ist eine ↑Subtraktion im weitesten Sinne. C. B.

Digby, Everard, *Country of Rutland um 1550, †1592, engl. Philosoph. D. studierte und lehrte 1567–1587 in Cambridge (M.A. 1574, Senior Fellow 1585), befaßte sich mit Problemen einer Klassifikation der Wissenschaften und entwickelte eine Theorie der Wahrnehmung, basierend auf der Annahme einer aktualen Korrespondenz von Geist und Materie. Gegen das deduktive Methodenideal (↑Methode, deduktive) der ramistischen Logik (↑Ramismus) trat D. (unter anderem in einer Kontroverse mit dem Cambridger Ramisten W. Temple) für ein ausgeglichenes Verhältnis zwischen deduktiven und induktiven Verfahren (↑Methode, induktive) ein; in die Zeit seiner Logikvorlesungen fällt der Studienbeginn F. Bacons in Cambridge. Auf den Einfluß J. Reuchlins weisen mystisch-kabbalistische und neuplatonische Elemente in seinem Denken.

Werke: Theoria analytica, viam ad monarchiam scientiarum demonstrans, totius philosophiae & reliquarum scientiarum, necnon primorum postremorumque philosophorum mysteria arcanaque dogmata enucleans [...], London 1579; De duplici methodo libri duo, unicam P. Rami methodum refutantes [...], London 1580; De arte natandi libri duo [...], London 1587 (engl. A Short Introduction for to Learne to Swimme, London 1595).

Literatur: S. Butters, E. D.. His Life and Works, Diss. Oxford 1980; N. W. Gilbert, Renaissance Concepts of Method, New York 1960, 200–209; W. S. Howell, Logic and Rhetoric in England. 1500–1700, Princeton N. J. 1956, New York 1961, 194–196; L. Jardine, Francis Bacon. Discovery and the Art of Discourse, Cambridge/London 1974, 59–65; J.-C. Margolin, D. E.. 1550–1592, Enc. philos. universelle III (1992), 499–500.   J. M.

Digby, Kenelm, *Gayhurst 11. Juli 1603, †London 11. Juni 1665, engl. Naturphilosoph. Nach Studium in Oxford (1618–1620) Reisen nach Paris, Angers und Florenz, 1623 geadelt, 1644 Kanzler unter Königin Henrietta Maria (erneut 1660), 1651–1654 Aufenthalt in Frankreich (Bekanntschaft mit T. Hobbes, M. Mersenne und R. Descartes). D. vertritt eine vermittelnde Position zwischen scholastischen Traditionen (beeinflußt durch T. White, Institutionum Peripateticarum libri quinque, Paris 1651) und der entstehenden neuen Physik und Philosophie (P. Gassendi, G. Galilei, Descartes). In seinem Traktat »On Bodies« (1644) diskutiert er ausführlich im begrifflichen Rahmen einer Unterscheidung zwischen ↑Substanz und Quantität die Physik der »Discorsi« (1638) und schließt sich dabei, auf der Grundlage unausgearbeiteter korpuskulartheoretischer Ansätze, der Kritik Descartes' an der Beschränkung Galileis auf eine reine ↑Kinematik an. Sein zweiter Traktat »Of Man's Soul« (1644) verbindet den Cartesischen ↑Dualismus mit den Aristotelischen Kategorien der Wahrnehmung und Erfahrung. Bekannt wurde D. auch als Pflanzenphysiologe (Discourse Concerning the Vegetation of Plants, Vortrag vor der Royal Society am 23. 1. 1661) und als Erfinder eines Mittels zur Wundheilung (›powder of sympathy‹) auf Kupfersulfatbasis.

Werke: A Conference with a Lady about Choyce of Religion, Paris 1638, London 1654; Observations upon Religio Medici, London 1643, ⁶1682; Two Treatises, in the One of Which, the Nature of Bodies; in the Other, the Nature of Mans Soule, is Looked into: in Way of Discovery, of the Immortality of Reasonable Soules, Paris 1644 (repr. Stuttgart-Bad Cannstatt 1970), London 1645, 1658, 1665, 1669 (lat. Teilausg. Demonstratio immortalis animae rationalis, Paris 1651, 1655, Frankfurt 1664); Discours fait en une célèbre assemblée [...] touchant la guérison des playes par la poudre de sympathie, Paris 1658 (engl. A Late Discourse Made in a Solemne Assembly [...] Touching the Cure of Wounds by the Powder of Sympathy, London 1658, ³1660, ⁴1664; dt. Eröffnung unterschiedlicher Heimlichkeiten der Natur, worbey viel Reden von nützlichen Dingen beygefüget, und vornemlich von einem wunderbaren Geheimnüsz in Heilungen der Wunden, ohne Berührung, vermög desz Vitriolii, durch die Sympathiam. Discurszweise gehalten in einer hochansehnlichen Versamlung zu Montpelier, Frankfurt 1664, Frankfurt/Leipzig 1754); A Discourse Concerning the Vegetation of Plants, London 1661 (1669 als Anhang zu »Two Treatises«); Choice and Experimented Receipts in Physick and Chirurgery, London 1668, ²1675; A Choice Collection of Rare Secrets and Experiments in Philosophy, ed. G. Hartman, London 1682 (dt. Ausserlesene, seltzame philosophische Geheimnüsse und chymische Experimente, Hamburg 1684).

Literatur: E. W. Bligh, Sir K. D. and His Venetia, London 1932; M. Boas Hall, D., DSB IV (1971), 95–96; B. J. Dobbs, Studies in the Natural Philosophy of Sir K. D., Ambix. The J. of the Soc. for the Study of Alchemy and Early Chemistry 18 (1971), 1–25, 20 (1973), 143–163; J. Henry, Atomism and Eschatology. Catholicism and Natural Philosophy in the Interregnum, Brit. J. Hist. Sci. 15 (1982), 211–239; D. Krook, John Sergeant and His Circle. A Study of Three Seventeenth-Century English Aristotelians, Leiden/New York/Köln 1993, 25–40 (K. D.. »Two Incomparable Treatises«); R. T. Petersson, Sir K. D.. The Ornament of England. 1603–1665, London 1956; B. Southgate, D., (1603–65), in: A. Pyle (ed.), The Dictionary of Seventeenth-Century British Philosophers I, Bristol/Sterling Va. 2000, 258–261; G. Stolwitzer, D.. 1603–1665, Enc. philos. universelle III (1992), 1096–1097; dies., D.. 1603–1665, Dictionnaire des philosophes I (²1993), 811–812; I. N. Wise, Sir Thomas Browne's Religio Medici and Two Seventeenth Century Critics, Columbia Mo. 1973. – D. Rubin, K. D.. 1603–1665. A Bibliography Based on the Collection of K. Garth Huston, San Francisco Calif. 1991.   J. M.

Digges, Thomas, *in Kent (England) um 1546, †London 24. Aug. 1595, engl. Mathematiker und Astronom. Mathematische Ausbildung durch seinen Vater Leonard Digges und den Mathematiker J. Dee (1527–1608). 1572 und 1584 Mitglied des Parlaments. – In der Astronomie setzt sich D. für das Kopernikanische System ein – »A Perfit Description of the Caelestiall Orbes« (1576), eine Erweiterung des Werkes »Prognostication« seines Vaters, enthält eine teilweise Übersetzung des ersten Buches von »De revolutionibus« (1543) – und vertritt zum ersten Mal die Vorstellung eines unbegrenzten ↑Universums. In der antiken und mittelalterlichen ↑Kosmologie galt das Universum als durch die Sternensphäre begrenzt. D. hält zwar an der Sternenkugel fest, schreibt ihr jedoch eine unendliche Ausdehnung zu, so daß sich die Sterne nunmehr in unterschiedlicher Entfernung von der Sonne (und der Erde) befinden sollen (Abb.). Wie in der Tradition schließt sich auch bei D. an den astronomischen Kosmos der Sitz der Seligen an. Die Sterne bilden weiterhin den Übergang von der natürlichen Welt der Planeten zur übernatürlichen Welt der göttlichen Herrlichkeit und werden entsprechend als ›Hof der himmlischen Engel‹ und als ›Heimstatt der Erwählten‹ bezeichnet.

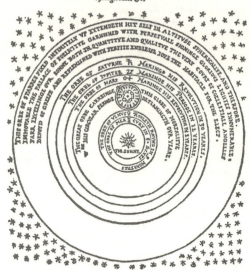

Aus: D.' Beschreibung der Sternenkugel: »This orbe of starres fixed infinitely up extendeth hit self in altitude spherically, and therefore immovable« (G. Wolfschmidt [ed.], Nicolaus Copernicus (1473–1543). Revolutionär wider Willen, Stuttgart 1994, 180).

Durch das Festhalten an der Vorstellung der Sternensphäre bleibt D.' Kosmos hierarchisch gegliedert und behält insbes. – trotz seiner Unendlichkeit – einen Mittelpunkt. Der Schritt zum homogenen Raum unendlicher Erstreckung und damit zum offenen Universum im modernen Sinne wird erst von G. Bruno getan (De l'infinito universo et mondi, Venedig 1584). Sein mathematisches Interesse gilt der Geometrie der ↑Platonischen Körper und Archimedischen Berechnungen (A Mathematical Discourse of Geometrical Solids, 1571). Neben seinen astronomischen und mathematischen Arbeiten befaßt sich D. zeitlebens mit ballistischen Studien (Stratioticos, 1590; Pantometria, 1591).

Werke: A Mathematical Discourse of Geometrical Solids, in: L. Digges, A Geometrical Practise Named Pantometria, London 1571, 1591; Alae seu scalae mathematicae [...], London 1573; A Perfit Description of the Caelestiall Orbes, in: L. Digges, Prognostication Everlastinge, London 1576, 1605 (repr. Amsterdam 1975); An Arithmeticall Militare Treatise Named Stratioticos, London 1579, 1590; Foure Paradoxes, or Political Discourses, London 1604; Nova corpora regularia [...], London 1634.

Literatur: T. Cooper, D., in: L. Stephen/S. Lee (eds.), Dictionary of National Biography V, London 1963/1964, 976–978; J. B. Easton, D., DSB IV (1971), 97–98; A. R. Hall, Ballistics in the Seventeenth Century. A Study in the Relations of Science and War with Reference Principally to England, Cambridge 1952, New York 1969; F. R. Johnson, The Influence of T. D. on the Progress of Modern Astronomy in 16th Century England, Osiris 1 (1936), 390–410; ders., Astronomical Thought in Renaissance England. A Study of the English Scientific Writings from 1500 to 1645, Baltimore Md. 1937, New York 1968, bes. 161–210; ders./ S. V. Larkey, T. D., the Copernican System, and the Idea of the Infinity of the Universe in 1576, Huntington Library Bull. 5 (1934), 69–117; A. Koyré, From the Closed World to the Infinite Universe, Baltimore Md. 1957, 1994, bes. 34–39 (dt. Von der geschlossenen Welt zum unendlichen Universum, Frankfurt 1969, 1980, bes. 42–47); L. D. Patterson, Leonard and T. D.. Biographical Notes, Isis 42 (1951), 120–121; C. A. Ronan, Leonard and T. D., Endeavour 16 (1992), 91–94; H. J. Webb, Elizabethan Military Science. The Books and the Practice, Madison Wisc./Milwaukee Wisc./London 1965, 17–27 u. ö.. J. M.

Dignāga (pāli: Diṅnāga), ca. 460–540, südind. Brahmane aus der Gegend von Kāñcī (heute: Kanchipuram in Tamil Nadu), einer der bedeutendsten buddhistischen Philosophen, der zusammen mit seinem ›Enkelschüler‹ Dharmakīrti (ca. 600–660) die dem ↑Yogācāra zugehörige logische Schule des Buddhismus (↑Logik, indische) entscheidend prägte. Beiden Denkern verdankt diese vor allen anderen ihre Eigenständigkeit und ihr Ansehen. D. wurde vermutlich in Kāñcī buddhistisch erzogen, möglicherweise von einem Anhänger der – weil die Substanzlosigkeit einer empirischen Person (pudgala-nairātmya) nicht anerkannt wird, als häretisch geltenden – Hīnayāna-Sekte der Vātsiputrīya. Unzufrieden mit dieser Lehre zog D. nach Norden, wo ihm eine Lehrzeit bei Vasubandhu dem Jüngeren (ca. 400–480) zugeschrieben wird, dem führenden Vertreter des Sautrāntika-Vijñānavāda, d. i. des primär logisch orientierten Zweiges des Yogācāra neben dem das Yogācāra im engeren Sinne bildenden, vor allem psychologisch orientierten Yogācāra-Vijñānavāda. D. soll sich anschließend in die Einsamkeit der Wälder von Kaliṅga (heute: Orissa) zurückgezogen haben, um nur auf Verlangen Aufgaben an der buddhistischen Klosteruniversität Nālandā zu übernehmen. Die einzige darüber hinaus überlieferte Unterbrechung des Eremitendaseins ist eine Reise in seine südindische Heimat, um dem dort darniederliegenden Klosterleben wieder aufzuhelfen. D.s Stellung in der indischen Philosophie (↑Philosophie, indische) ist entsprechend der seines älteren Zeitgenossen und Gegenspielers Bhartṛhari (ca. 450–510), der zur grammatischen Schule des Hinduismus gehört, durch eine Unabhängigkeit des Denkens charakterisiert, die bei allem späteren Ruhm der Tradierung ihrer Werke nicht förderlich gewesen ist.

Unter den zahlreichen Neuerungen, die auf D. zurückgehen, sind die unter dem Titel einer ›Lehre von der Sonderung‹ (apohavāda) formulierte Bedeutungstheorie (prädikativer) sprachlicher Ausdrücke und die Aufstellung einer zuverlässigen, weil streng formalen, Schlußlehre in der durch einen schwer durchschaubaren Komplex von Verfahren und Überlegungen rund um das Erkenntnismittel (↑pramāṇa) Schlußfolgerung (↑anumāna) charakterisierten Logik seiner Zeit die wichtigsten. Die Schlußlehre mit einer Auszeichnung der (formal) schlüssigen Beziehungen zwischen Grund (↑hetu) und Folge (sādhya) – der Schluß von ›an dieser Stelle ist Rauch [d. i. der Grund] anwesend‹ auf ›an dieser Stelle ist Feuer [d. i. die Folge] anwesend‹ ist (formal) gültig, wenn die ↑Implikation ›wo Rauch anwesend ist, ist Feuer anwesend‹ besteht, unabhängig also von den Orten, an denen Grund und Folge instantiiert sind – wird von D. in einer neungliedrigen Tabelle zusammengefaßt, dem berühmten ↑›Rad der Gründe‹ (hetucakra). Diese der Aristotelischen ↑Syllogistik ebenbürtige, wenngleich in einem eher der stoischen Logik (↑Logik, stoische) vergleichbaren Rahmen entworfene Schlußlehre hat ihm die Bezeichnung ›Aristoteles der buddhistischen Welt‹ eingetragen, wobei seinem Kontrahenten Bhartṛhari, dem D. vieles verdankt – z. B. die Einsicht in den semiotischen Charakter der ↑Relation zwischen einem (partikularen) Bezeichnenden (vācaka) und dem (universalen) Bezeichneten (vācya), die sich daher nicht ›sagen‹ sondern nur ›zeigen‹ läßt –, die Rolle Platons zugewiesen wird (M. Biardeau 1964, 441). Die Lehre vom ↑apoha wiederum, die Dharmakīrti später in ihre Standardform gebracht hat, soll dem folgenden Problem begegnen: Angesichts des allgemeinen Charakters der Implikation (↑vyāpti), den D. erstmals in der indischen Logik als Bedingung für die Schlüssigkeit des zugehörigen Schlusses erkannt hat, müssen die Bedeutungen prädikativer Ausdrücke, soll sich das Erkenntnismittel Schlußfolgerung nicht-trivial anwenden lassen, allgemein sein; auf der anderen Seite treten in dergleichen Anwendungen sowohl Grund als auch Folge ausschließlich instantiiert auf und werden mit dem Erkenntnismittel Wahrnehmung (↑pratyakṣa) erkannt. Die Bereiche des Universalen (↑sāmānya-lakṣaṇa [= allgemeiner Zug]) auf der einen Seite, mit denen das Schlußfolgern zu tun hat, und des Singularen (sva-lakṣaṇa [= nur als es selbst auftretender Zug]) auf der anderen Seite, die das Feld des Wahrnehmens ausmachen – D. hat scharfsinnig erkannt, daß es bei Singularia keinen Unterschied zwischen Wahrnehmungsgegenstand und Wahrnehmungsvollzug gibt und daß es sich dabei darüber hinaus um vorstellungsfreie (nirvikalpa), also prädikativ nicht bestimmte und insofern reine, durch begriffliche Konstruktion (kalpanā) nicht ›verunreinigte‹ Wahrnehmung handelt –, sind hingegen streng getrennt, ungeachtet der vermeintlichen Kopräsenz universaler und singularer Züge an den Partikularia der Alltagserfahrung. Die derart scheinbar miteinander unverträglichen Anforderungen an eine Bedeutungsbestimmung, zumal die Beziehung eines Zeichens zu seiner Bedeutung als Fall der Folgerungsbeziehung auftreten soll, werden mit dem Verfahren des apoha auf ingeniöse Weise gelöst: Die Bedeutung eines Ausdrucks

›A‹ ist das ↑Schema der Verschiedenheiten zu Nicht-A (d. h., A wird bestimmt durch ›Sonderung‹ von allem, was von A verschieden ist). Damit wird (1) gesichert, daß das sonst meist für selbständig gehaltene Erkenntnismittel zuverlässige Mitteilung (↑śabda) ein Spezialfall des Erkenntnismittels Schlußfolgerung (anumāna) ist, und (2) ein wirksames Hilfsmittel gefunden sowohl zur Widerlegung des Universalienrealismus in den meisten Systemen der klassischen indischen Philosophie – vor allem im Nyāya-Vaiśeṣika und in der ↑Mīmāṃsā – als auch zur Verteidigung der Realität allein der (singularen und deshalb nicht benennbaren) Handlungsvollzüge. Dabei sind die gewöhnlichen Partikularia wegen ihres hybriden Charakters, der sie nach buddhistischer Auffassung (↑Philosophie, buddhistische) nur widersprüchlich charakterisierbar sein läßt, bloße Fiktionen.

Die drei unter dem Titel einer parīkṣā (= Untersuchung) ausdrücklich jeweils gegen das ↑Sāṃkhya, das ↑Vaiśeṣika und den ↑Nyāya gerichteten Streitschriften D.s sind nicht erhalten. Unter den 16 übrigen, tibetisch und/oder chinesisch, im originalen Sanskrit hingegen nur sehr fragmentarisch überlieferten Schriften hat E. Frauwallner (1959) eine an inhaltlichen Merkmalen, insbes. den Polemiken gegen konkurrierende philosophische Schulen, sorgfältig begründete Chronologie der wichtigsten Texte vorgelegt. Am Anfang steht die zusammenfassende Darstellung des großen Aṣṭasāhasrikā-prajñāpāramitā-Sūtra (↑Mahāyāna), nämlich der sanskritisch, chinesisch und tibetisch überlieferte Prajñāpāramitā-piṇḍārtha-saṃgraha. In diesem Werk wie auch in zwei kleineren tibetisch überlieferten Werken, der explizit an Bhartṛhari orientierten, die Unwirklichkeit der Zeit nachweisenden Trikālaparīkṣā (= Untersuchung über die drei Zeiten [d. s. ›ist nicht‹ (nāsti), ›ist‹ (asti) und ›entsteht‹ (jāyati)]) und dem Yogāvatāra (= Einführung in den Yoga) folgt D. noch deutlich den älteren Lehren Maitreyas (↑Asaṅga), darunter der Behandlung des sich seiner bewußten Erkennens (↑vijñāna) im Unterschied zum Erkannten (vijñeya) als (allein) wirklich. Die mit einer sorgfältigen Scheidung der Ebenen des Erkennens und des Wissens um das Erkennen einhergehende Einsicht im auch zeitlich den Abschluß bildenden Hauptwerk D.s, dem Pramāṇasamuccaya (= Zusammenstellung der Erkenntnismittel), daß Wirklichkeit allein den (singularen) Handlungs*vollzügen* beliebiger Stufe und an keiner Stelle auch den zugehörigen (universalen) Handlungs*bildern* (ābhāsa) – und dann auch nicht den gewöhnlichen Partikularia, seien sie Gegenstände der Außen- oder der Innenwelt – in einem strengen Sinne zukommt, hat sich noch nicht durchgesetzt. In die Übergangszeit bis zum Beginn der im engeren Sinne logischen Werke D.s gehören wohl der Marmapradīpa (= Leuchte des Geheimnisses), eine D. zugeschriebene Zusammenfassung des in der Sautrāntika-Tradition stehenden Abidharmakośa-bhāṣya seines Lehrers Vasubandhu d. J., desweiteren zwei nur chinesisch überlieferte Texte, in sanskritischer Rekonstruktion: Upādāyaprajñapti-prakaraṇa (= Über bedingte Benennung) und Sāmānya-lakṣaṇa-parīkṣā (= Untersuchung der universalen Züge [im Vaiśeṣika]), und schließlich zwei ausdrücklich mit der ›Unwirklichkeit der Außenwelt‹ befaßte, sowohl tibetisch als auch in mehreren chinesischen Übersetzungen erhaltene Arbeiten, zum einen das wegen seines dem Sautrāntika fernstehenden begrifflichen Rahmens in der Tradition auch anderen Autoren zugeschriebene Hastavāla-prakaraṇa (= Über Rüssel und Schwanz eines Elefanten) mit Selbstkommentar (vṛtti), zum anderen die Ālambana-parīkṣā (= Untersuchung über den [gegenständlichen] Anhaltspunkt [der Erkenntnis]), ebenfalls mit Selbstkommentar. In diesen Werken konzentriert sich D. insbes. auf das Problem, die bereits von Vasubandhu d. J. behandelte Unterscheidung von Gegenständen in ›der Substanz nach existierende‹ (dravyasat) und ›der Benennung nach existierende‹ (prajñaptisat) auf eine begrifflich einwandfreie Grundlage zu stellen. Das Ergebnis dieser Bemühungen ist dank der anschließend erarbeiteten neuen logischen Grundlagen die im Pramāṇasamuccaya an die Stelle der primär gegenstandsorientierten Unterscheidung ›dravyasat-prajñaptisat‹ tretende primär verfahrensorientierte Unterscheidung in singulare und universale Züge des Erkenntnisprozesses, ihn so in Wahrnehmungs- und Schlußfolgerungswissen und nichts sonst gliedernd.

Die erste Fassung des hetucakra findet sich im nur tibetisch überlieferten Hetucakraḍamaru (= Trommel des Rads der Gründe), der auch unter der Bezeichnung ›Hetucakranirṇaya‹ bekannt ist, eine zweite in D.s Nyāyamukha (= Einleitung in die Logik/Dialektik), von dem zwei chinesische Fassungen überliefert sind. Im Pramāṇasamuccaya samt Selbstkommentar (vṛtti) schließlich, einem Text, der bis auf mittlerweile zahlreiche sanskritische Fragmente nur in zwei unzuverlässigen tibetischen Versionen verfügbar ist, wird vom hetucakra bereits selbstverständlich Gebrauch gemacht. Der Pramāṇasamuccaya ist in sechs Kapitel gegliedert, von denen das erste der Wahrnehmung (pratyakṣa), die beiden folgenden der erstmals von D. in den (sachbezogenen) ›Schluß für sich‹ (svārthānumāna) und den (personbezogenen) ›Schluß für andere‹ (parārthānumāna) gegliederten Schußfolgerung (anumāna) gewidmet sind. Dabei wird aus Umfangsgründen der als Artikulation eines ›Schlusses für sich‹ begriffene ›Schluß für andere‹ – sein sachbezogener ›logischer‹ Anteil besteht aus den ersten (oder letzten) drei Gliedern des ›fünfgliedrigen Syllogismus‹ (↑Logik, indische) und heißt seit dem Vādavidhi (= Vorschrift für Disputationen) von Vasubandhu d. J. ›Beweis‹ (sādhana) – ohne das die Schlüssigkeit stützende dritte Beweisglied ›Beispiel‹ (dṛṣṭānta) behandelt; ihm gilt das vierte Kapitel, während sich das sechste Kapitel unter dem Titel ›falscher Einwand‹ (jāti) mit der in einer Disputation einem Beweis korrespondierenden ›Widerlegung‹ (dūṣaṇa) befaßt. Im fünften Kapitel entwickelt D. im Zusammenhang der Unterordnung des Erkenntnismittels zuverlässige Mitteilung unter das Erkenntnismittel Schlußfolgerung seine Bedeutungstheorie mithilfe des apohavāda. Eine systematische Rekonstruktion dieses komplexen, im Zentrum der logischen Schule des Buddhismus stehenden Werkes steht angesichts der durch die Überlieferung bedingten Schwierigkeiten, überhaupt eine zuverlässige Textgestalt zu gewinnen, noch immer vor zahlreichen Problemen.

Werke: The Prāmaṇasamuccayavṛtti of D.. Chapter V, Anyāpoha-parīkṣā. Tibetan Text with Sanskrit Fragments, ed. M. Hattori, Memoirs of the Faculty of Letters, Kyoto University 21 (1982), 103–224. – Hastavālaprakaraṇavṛtti, in: F. W. Thomas/ H. Ui (ed. u. übers.), The Hand Treatise, a Work of Āryadeva, J. Royal Asiatic Soc. (1918), 267–314; H. N. Randle, Fragments from D., London 1926, Delhi etc. 1981; Examen de l'objet de la connaissance (Ālambanaparīkṣā). Textes tibétain et chinois et traduction des stances et du commentaire. Éclaircissements et notes d'après le commentaire tibétain de Vinītadeva, übers. S. Yamaguchi/H. Meyer, J. Asiatique 214 (1929), 1–65; D.'s Ālambanaparīkṣā, Text, Übersetzung und Erläuterungen, ed. u. übers. E. Frauwallner, Wiener Z. f. d. Kunde des Morgenlandes 37 (1930), 174–194 (repr. in: ders., Kleine Schriften, ed. G. Oberhammer/E. Steinkellner, Wiesbaden 1982, 340–360); The Nyāyamukha of D.. The Oldest Buddhist Text of Logic after Chinese and Tibetan Materials, ed. u. übers. G. Tucci, Heidelberg 1930; Hetucakranirṇaya, ed. u. übers. D. C. Chatterjee, Indian Hist. Quart. 9 (1933), 266–272, 511–514; Ālambanaparīkṣā, in: M. Schott (übers.), Sein als Bewußtsein. Ein Beitrag zur Mahāyāna-Philosophie, Heidelberg 1935, 25–50; Minor Sanskrit Texts on the Prajñāpāramitā I (The Prajñāpāramitāpiṇḍārtha of Diṅnāga), ed. G. Tucci, J. Royal Asiatic Soc. (1947), 53–75 [Sanskrit-Text u. tibet. Version mit engl. Übers.]; On Perception, Being the Pratyakṣapariccheda of D.'s Pramāṇasamuccaya from the Sanskrit Fragments and the Tibetan Versions, übers. M. Hattori, Cambridge Mass. 1968; Pramāṇasamuccayaḥ I, v. 36–47, in: E. Frauwallner (ed. u. übers.), Materialien zur ältesten Erkenntnislehre der Karmamīmāṃsā, Österr. Akad. Wiss., philos.-hist. Kl., Sitz.ber. 259/2 (1968), 62–103; Ālambanaparīkṣāvṛtti, übers. F. Tola/C. Dragonetti, Investigation About the (Cognition's) Support, J. Indian Philos. 10 (1982), 105–134; Pramāṇasamuccaya, in: R. Herzberger, Bhartṛhari and the Buddhists. An Essay in the Development of Fifth and Sixth Century Indian Thought, Dordrecht etc. 1986, 145–163, 195–210 (Chap. 2.8–2.11, 2.30–2.36, 5); Pramāṇasamuccaya, in: R. P. Hayes (übers.), D. on the Interpretation of Signs, Dordrecht etc. 1988, 231–308 (Chap. 2, 5).

Literatur: S. R. Bhatt/A. Mehrotra, Buddhist Epistemology, Westport Conn. 2000; M. Biardeau, Théorie de la connaissance et philosophie de la parole dans le brahmanisme classique, Paris 1964; R. S. Y. Chi, Formal Logic I (A Study of D.'s Hetucakra and K'uei-chi's Great Commentary on the Nyāyapraveśa [von Śaṅkarasvāmin]), Delhi etc. 1968, 1989; E. Y. Chinn, The Anti-Abstraction of D. and Berkeley, Philos. East and West 44 (1994), 55–77; E. Frauwallner, Zu den Fragmenten buddhistischer Logiker in Nyāyavārtikkam, Wiener Z. f. d. Kunde des Morgenlandes 40 (1933), 281–301 (repr. in: ders., Kleine Schriften, ed. G. Oberhammer/E. Steinkellner, Wiesbaden 1982, 460–483); ders., D.. Sein Werk und seine Entwicklung, Wiener Z. f. d. Kunde Süd- u. Ostasiens u. Arch. für ind. Philos. 3 (1959), 83–164 (repr. in: ders., Kleine Schriften [s.o.], 759–841); M. Hattori, D.'s Criticism of the Mīmāṃsaka Theory of Perception, J. Indian and Buddhistic Stud. 18 (1961), 711–724; ders., Praśastapāda and D.. A Note on the Development of the Vaiśeṣika Theory of Anumāna, Wiener Z. f. d. Kunde Süd- u. Ostasiens u. Arch. für ind. Philos. 16 (1972), 169–180; R. P. Hayes, D.'s Views on Reasoning (Svārthānumāna), J. Indian Philos. 8 (1980), 219–277; C. H. Ho, How Not to Avoid Speaking. A Free Exposition of D.'s Apoha Doctrine, J. Indian Philos. 24 (1996), 541–562; S. Katsura, D. and Dharmakīrti on Adarśanamātra and Anupalabdhi, Asiat. Stud. 46 (1992), 222–231; A. B. Keith, The Authorship of the Nyāyapraveśa, Indian Hist. Quart. 4 (1928), 14–22; H. Kitagawa, A Study of a Short Philosophical Treatise [d.i. ch'ü-yin-chia-she-lun] Ascribed to D., Sino-Indian Stud. 5 (1957) (= Festschrift Liebenthal), 126–137; ders., A Study of Indian Classical Logic. D.'s System [enthält Übers. der Santānāntarasiddhi von Dharmakīrti unter dem Titel ›A Refutation of Solipsism‹ und eine zusammenfassende Übersetzung der chinesischen Version ch'ü-yin-chia-she-lun von D.s Upādāya-prajñapti-prakaraṇa (= Über bedingte Benennung)], Tokyo 1965; S. Mookerjee, The Buddhist Philosophy of Universal Flux. An Exposition of the Philosophy of Critical Realism as Expounded by the School of D., Kalkutta 1935, Delhi etc. 1997; H. N. Randle, Indian Logic in the Early Schools. A Study of the Nyāyadarśana in Its Relation to the Early Logic of Other Schools, London/Allahabad 1930, Neu Delhi 1976; L. S. Schmithausen, A Further Note on Hetucakra, J. Indian Philos. 27 (1999), 79–82; D. N. Shastri, Critique of Indian Realism. A Study of the Conflict between the Nyāya-Vaiśeṣika and the Buddhist D. School, Agra 1964, unter dem Titel: The Philosophy of the Nyāya-Vaiśeṣika and Its Conflict with the Buddhist D. School. Critique of Indian Realism, Delhi etc. 1976, 1997; M. Siderits, The Madhyamaka Critique of Epistemology, J. Indian Philos. 9 (1981), 121–160; J. Tuske, D. and the Raven Paradox, J. Indian Philos. 26 (1998), 387–403; A. K. Warder, Indian Buddhism, Delhi 1970, 1991. K. L.

Dihairesis (griech. διαίρεσις, Zerlegung), von Platon (Soph. 218b–231e, Polit. 258b–287a, Phileb. 14c–18a) entwickeltes Verfahren der unter- bzw. überordnenden Einteilung von ↑Begriffen zum Zwecke einer durchgängigen, vollständigen, in ihren Abhängigkeiten durchschaubaren ontologischen und logischen begrifflichen Gliederung, die – möglichst durch Zweiteilung (↑Dichotomie) – vom Allgemeinen zum Besonderen oder vom Besonderen zum Allgemeinen führt. Aristoteles erkennt lediglich den heuristischen Wert der D. für Syllogistik, Definition und Worterläuterung an. Für die Stoiker bedeutet D. ›Einteilung der Gattung in die zugehörigen Arten‹; sie unterscheiden (SVF II, 215, 1–10) eine Anti-D. (Einteilung in kontradiktorische Elemente), eine Hypo-D. (nach unten fortgeführte D.) und eine ›Scheidung‹ (μερισμός, Einteilung der Attribute nach zugehörigen Substanzen). – In der Rhetorik versteht man unter D. ein Redeelement, in dem der Aufbau bzw. der weitere Fortgang der Rede skizziert wird, außerdem eine (nicht immer streng logisch angelegte) Aneinanderreihung von Unterbegriffen oder Unteraspekten.

Literatur: F. P. Hager, D., Hist. Wb. Ph. II (1972), 242–244; H. Peters, Dihaerese, Hist. Wb. Rhetorik II (1994), 748–753; G. Schenk, Zur Geschichte der logischen Form I (Einige Entwicklungstendenzen von der Antike bis zum Ausgang des Mittelalters), Berlin 1973, 87–102; J. Stenzel, Zahl und Gestalt bei Platon und Aristoteles, Leipzig 1924, Stuttgart ³1959, J. Szaif, D., LThK III (1995), 229–230. M. G.

Dikaiarchos von Messene, *vor 340 v. Chr., griech. Philosoph und Polyhistor, ↑Peripatetiker, Schüler des Aristoteles und Theophrasts. D. befaßte sich mit Geographie, Kultur-, Literatur- und Verfassungsgeschichte, behauptete die Kugelförmigkeit der Erde, deren Umfang er auf 400000 bzw. 300000 Stadien zu 148 bzw. 198 m berechnete (was ein Minimum von 44400 und ein Maximum von 79200 km ergibt); er argumentierte gegen die ↑Unsterblichkeit der Seele, ferner gegen die Bevorzugung des bios theoretikos (↑vita contemplativa) vor dem tätigen (politischen) Leben. D. schrieb Biographien von Pythagoras und Platon sowie die erste (kritische) Kulturgeschichte Griechenlands (»Bios Hellados«), die er mit dem Goldenen Zeitalter beginnen läßt, dem sich eine Phase des Hirtentums anschließt. In seinem Werk »Tripolitikos« tritt er für eine Mischverfassung ein, die die Vorzüge von Monarchie, Aristokratie und Demokratie vereinigt. In »Über die Zerstörung der Menschen« argumentiert D. für die Annahme, daß die Menschheit weniger durch Naturkatastrophen und wilde Tiere als vielmehr durch den Menschen selbst (gemeint sind unter anderem Krieg und Streit) bedroht werde.

Literatur: H. Flashar, D. v. M., in: ders. (ed.), Die Philosophie der Antike III (Ältere Akademie, Aristoteles – Peripatos), Basel/Stuttgart 1983, 535–539; J.-P. Schneider, Dicéarque de Messine, in: R. Goulet (ed.), Dictionnaire des philosophes antiques II, Paris 1994, 260–764; R. Sharples, D. v. M., DNP III (1997), 564–566; F. Wehrli, Die Schule des Aristoteles I (D.. Texte und Kommentar), Basel 1944, ²1967. M. G.

Dilemma, Bezeichnung für eine logische Schlußform (↑Schluß), bei der in den ↑Prämissen außer zwei Subjunktionsformeln eine Alternative aus zwei Sätzen auftritt. Diese wurden in der Antike als die beiden ›Hörner‹ des D.s bezeichnet und führten zur traditionellen Darstellung des D.s als ›syllogismus cornutus‹ (auch ›complexio‹) mit hypothetischem Obersatz bzw. einer Konjunktion zweier solcher und disjunktivem Untersatz (↑Syllogistik). Da bei derartigen ›bedingten‹ Syllogismen aber rein junktorenlogisch geschlossen wird, unterscheidet man heute schon innerhalb der ↑Junktorenlogik die folgenden vier Formen des D.s, die ›einfach‹ oder ›komplex‹ heißen je nachdem, ob die ↑Konklusion aus einem oder aus zwei Sätzen besteht, und ›konstruktiv‹ oder ›destruktiv‹ je nachdem, ob in der Konklusion die Hintersätze der Wenn-dann-Prämissen bejaht oder aber ihre Vordersätze verneint werden:

(1) einfaches konstruktives D.:
    $A \to C, B \to C, A \vee B \prec C$,
(2) einfaches destruktives D.:
    $A \to B, A \to C, \neg B \vee \neg C \prec \neg A$,
(3) komplexes konstruktives D.:
    $A \to B, C \to D, A \vee C \prec B \vee D$,
(4) komplexes destruktives D.:
    $A \to B, C \to D, \neg B \vee \neg D \prec \neg A \vee \neg C$.

Alle vier Schlußarten gelten sowohl in der klassischen Logik (↑Logik, klassische) als auch in der konstruktiven Logik (↑Logik, konstruktive). Das D., wie das ↑Trilemma und das Tetralemma ein Spezialfall des ↑Polylemmas, wurde zuerst von den griechischen Rhetoren untersucht und als besonders geeignet zur Erzeugung von ↑Trugschlüssen und ↑Paradoxien erkannt. Von daher stammt auch die verbreitete allgemeinere Bedeutung von ›D.‹ als Zwangslage, in der man zwischen zwei gleich unerwünschten Handlungen oder Folgesituationen zu wählen hat (praktisches D., ›Zwickmühle‹) oder jeder unter den alternativen Sätzen einer schon als korrekt anerkannten ↑Adjunktion zu einem ersichtlich falschen oder den Prämissen widersprechenden Satz führt. Die berühmtesten, schon seit der Antike bekannten Beispiele für das D. sind der ›Pseudomenos‹, Kreter oder Lügner (↑Lügner-Paradoxie), der ↑Krokodilschluß und das D. von Euathlos und Protagoras: E. hat mit seinem Lehrer P. vereinbart, den erhaltenen rhetorischen Unterricht nach dem Gewinn seines ersten Prozesses zu bezahlen, umgeht aber die Zahlung, indem er nie einen Prozeß beginnt. Daraufhin verklagt ihn P. selbst in einem Prozeß. Gewinnt nun P., so hat E. verloren, muß also nach Vereinbarung nicht zahlen; verliert P., so braucht E. auf Grund des Urteils nicht zu zahlen. Das D. besteht darin, daß P. so argumentieren kann: Verliert E., muß er auf Grund des Urteils zahlen; gewinnt er aber, muß er auf Grund der Vereinbarung ebenfalls zahlen.

Literatur: G. Kalivoda/H. Peters, D., in: Hist. Wb. Rhetorik II (1994), 753–754; T. de Laguna, The Complex D., J. Philos. 18 (1921), 244–246; G. Nuchelmans, Dilemmatic Arguments. Towards a History of Logic and Rhetoric, Amsterdam/New York/Oxford 1991; C. Prantl, Geschichte der Logik im Abendlande, I–IV, Leipzig 1855–1870 (repr. Graz 1955); W. C. Salmon, Logic, Englewood Cliffs N. J. 1963, [2]1973, bes. 32–34 (dt. Logik, Stuttgart 1983, 2001, bes. 68–71); F. Ueberweg, System der Logik und Geschichte der logischen Lehren, Bonn 1857, [5]1882, bes. 406–413 (§ 123).   C. T.

Dilemma, moralisches, Bezeichnung für eine Handlungssituation, in der mehrere Pflichten (↑Pflicht, ↑Pflichtethik) eines Handelnden miteinander kollidieren und ihn zu einem schwierigen Abwägungsprozeß zwingen. Von einem m.n D. im weiteren Sinne kann man sprechen, wenn die Pflichtenkollision insofern nur eine scheinbare ist, als lediglich ↑Urteilskraft ausgeübt werden muß, um unter Berücksichtung aller relevanten Umstände die moralisch gebotene Handlung bestimmen zu können. Bei einem m.n D. im engeren Sinne ist die Pflichtenkollision jedoch unlösbar bzw. nur auflösbar durch Bezugnahme auf nicht-moralische Erwägungen. Die Debatte über die tatsächliche Existenz solcher m.r D.ta im engeren Sinne hat eine lange philosophische Tradition. In der Schule des ↑Thomismus wird ihre Existenz geleugnet: »Einen wirklichen, in der sittl [sic] Ordnung begründeten Widerstreit der Pflichten kann es nicht geben. Er verstößt gegen die Heiligkeit u [sic] Weisheit Gottes, die einen Menschen nicht zur Sünde nötigen kann« (J. Schuster 1967, 141). Eine entsprechende Auffassung findet sich auch in der Ethik I. Kants: »Ein *Widerstreit der Pflichten* (collisio officiorum s. obligationum) würde das Verhältniß derselben sein, durch welches eine derselben die andere (ganz oder zum Theil) aufhöbe. – Da aber Pflicht und Verbindlichkeit überhaupt Begriffe sind, welche die objective praktische *Nothwendigkeit* gewisser Handlungen ausdrücken, und zwei einander entgegengesetzte Regeln nicht zugleich nothwendig sein können, sondern wenn nach einer derselben zu handeln es Pflicht ist, so ist nach der entgegengesetzten zu handeln nicht allein keine Pflicht, sondern sogar pflichtwidrig: so ist eine *Collision* von *Pflichten* und Verbindlichkeiten gar nicht denkbar (obligationes non colliduntur). Es können aber gar wohl zwei *Gründe* der Verbindlichkeit (rationes obligandi), deren einer aber oder der andere zur Verpflichtung nicht zureichend ist (rationes obligandi non obligantes), in einem Subject und der Regel, die es sich vorschreibt, verbunden sein, da dann der eine nicht Pflicht ist. – Wenn zwei solcher Gründe einander widerstreiten, so sagt die praktische Philosophie nicht: daß die stärkere Verbindlichkeit die Oberhand behalte (fortior obligatio vincit), sondern der stärkere *Verpflichtungsgrund* behält den Platz (fortior obligandi ratio vincit)« (Met. Sitten AB 23–24, Akad.-Ausg. VI, 224).

In der Philosophie der Gegenwart wird diese Lösung Kants unter Verwendung des Begriffs von ›Prima facie‹-Pflichten (W. D. Ross) weiterverfolgt. Demgegenüber halten Kritiker eine solche Versöhnungsstrategie für zu optimistisch. T. Nagel kommt aufgrund seiner Auffassung, daß es Situationen geben kann, in denen man es nicht vermeiden kann, Unrechtes zu tun, zu dem philosophisch relevanten Schluß, daß die von Kant vertretene These, ein Sollen impliziere immer ein Können (vgl. Kant, KpV A 283), aufgegeben werden muß. B. Williams stellt in seiner kritischen Analyse der Kantischen Auffassung ein von Kant vorausgesetztes Agglomerationsprinzip in Frage, nach dem aus ›ich soll *a* tun‹

und ›ich soll *b* tun‹ auf ›ich soll *a* und *b* tun‹ geschlossen werden darf. Nach Williams ist die Anerkennung der Existenz m.r D.ta im engeren Sinne unter anderem deswegen plausibel, weil sie das Phänomen eines Gefühls des Bedauerns oder sogar des Tragischen angesichts der Nichterfüllbarkeit einer Pflicht am angemessensten erfaßt. Wenn man diesem Gefühl philosophisches Gewicht beimißt, hat dies auch Konsequenzen für die allgemeine Beurteilung konkurrierender ethischer Theorien (↑Ethik, ↑Ethik, deontologische, ↑Ethik, teleologische). Eine Theorie, die nur ein einziges Prinzip der Moral annimmt, hat nämlich Schwierigkeiten zu erklären, wie es überhaupt m. D.ta im engeren Sinne geben kann. Ein Handlungsutilitarist (↑Utilitarismus), der moralische Regeln als bloße Faustregeln zur Abschätzung eines zu erwartenden Nutzens betrachtet, könnte allenfalls Sorge darüber entwickeln, ob die einer Entscheidung zugrundeliegende Kalkulation wirklich korrekt durchgeführt wurde.

Literatur: M. Anderheiden, Pluralismus und Pflichtenkollision als Grenze und Aufgabe der Sozialphilosophie, Würzburg 2000; D. Baltzly, Moral Dilemmas Are Not a Local Issue, Philos. 75 (2000), 245–263; R. Chang (ed.), Incommensurability, Incomparability, and Practical Reason, Cambridge Mass./London 1997, 1998; J. P. Day, Moral Dilemmas, Compromise and Compensation, Philos. 66 (1991), 369–375; P. Foot, Moral Realism and Moral Dilemmas, J. Philos. 80 (1983), 379–398; C. W. Gowans (ed.), Moral Dilemmas, New York/Oxford 1987; S. O. Hansson, Should We Avoid Moral Dilemmas?, J. Value Inqu. 32 (1998), 407–416; R. M. Hare, Moral Thinking. Its Levels, Method, and Point, Oxford 1981, 1992 (dt. Moralisches Denken. Seine Ebenen, seine Methode, sein Witz, Frankfurt 1992); W. A. Hart, Nussbaum, Kant, and Conflicts Between Duties, Philos. 73 (1998), 609–618; R. Hursthouse, Fallacies and Moral Dilemmas, Argumentation 9 (1995), 617–632; I. Levi, Hard Choices. Decision Making Under Unresolved Conflict, Cambridge/New York 1986, 1990; A. MacIntyre, Moral Dilemmas, Philos. Phenom. Res. Suppl. 50 (1990), 367–382; R. B. Marcus, Moral Dilemmas and Consistency, J. Philos. 77 (1980), 121–136; T. Nagel, War and Massacre, Philos. Public Affairs 1 (1972), 123–144, Neudr. in: ders., Mortal Questions, Cambridge/London/New York 1979, 53–74 (dt. Massenmord und Krieg, in: ders., Letzte Fragen, Bodenheim b. Mainz 1996, 83–109); ders., The Fragmentation of Value, in: H. T. Engelhardt/D. Callahan (eds.), Knowledge, Value and Belief, Hastings-on-Hudson N. Y. 1977, 279–294, Neudr. in: ders., Mortal Questions [s. o.], 128–141 (dt. Die Fragmentierung des Guten, in: ders., Letzte Fragen [s. o.], 181–199); M. C. Nussbaum, The Fragility of Goodness. Luck and Ethics in Greek Tragedy, Cambridge/New York 1986, ²2001; W. D. Ross, The Right and the Good, Oxford 1930 (repr. 1961), 2002; J. Schuster, Gewissen, in: W. Brugger (ed.), Philosophisches Wörterbuch, Freiburg/Basel/Wien ¹³1967, 140–142; W. Sinnott-Armstrong, Moral Dilemmas, Oxford/New York 1988; R. A. Sorensen, Moral Dilemmas, Thought Experiments, and Conflict Vagueness, Philos. Stud. 63 (1991), 291–308; M. Stocker, Plural and Conflicting Values, Oxford 1989, 1992; P. Unger, Living High and Letting Die. Our Illusion of Innocence, New York/Oxford 1996; G. R. Wark/D. L. Krebs, The Construction of Moral Dilemmas in Everyday Life, J. Moral Education 29 (2000), 5–21; T. B. Weber, Tragic Dilemmas and the Priority of the Moral, J. Ethics 4 (2000), 191–209; D. M. Weinstock, Moral Pluralism, REP VI (1998), 529–531; B. Williams, Ethical Consistency, Proc. Arist. Soc. Suppl. 39 (1965), 103–124, Neudr. in: ders., Problems of the Self. Philosophical Papers 1956–1972, Cambridge 1973, 166–186 (dt. Widerspruchsfreiheit in der Ethik, in: ders., Probleme des Selbst. Philosophische Aufsätze 1956–1972, Stuttgart 1978, 263–296); ders., Conflicts of Values, in: A. Ryan (ed.), The Idea of Freedom. Essays in Honour of Isaiah Berlin, Oxford/New York/Toronto 1979, 221–232, Neudr. in: ders., Moral Luck. Philosophical Papers 1973–1980, Cambridge/London/New York 1981, 71–82 (dt. Konflikte von Werten, in: ders., Moralischer Zufall. Philosophische Aufsätze 1973–1980, Königstein 1984, 82–93); N. Zangwill, Dilemmas and Moral Realism, Utilitas 11 (1999), 71–90. B. G.

Dilthey, Wilhelm, *Biebrich (b. Wiesbaden) 19. Nov. 1833, †Seis (bei Bozen) 1. Okt. 1911, dt. Philosoph. Nach Studium der Geschichte, Altertumswissenschaft, Philosophie und Theologie bei A. Böckh, L. v. Ranke und F. A. Trendelenburg 1864 Habilitation in Berlin, 1866 o. Prof. in Basel, 1868 in Kiel, 1871 in Breslau, 1882–1905 in Berlin, auf dem Lehrstuhl G. W. F. Hegels, als Nachfolger H. Lotzes. D.s Bemühungen gelten dem Aufbau einer ›Erfahrungswissenschaft der geistigen Erscheinungen‹ und deren methodischer Absicherung (Fortsetzung von Ansätzen F. Schleiermachers und G. Droysens). Mit seiner ›Kritik der historischen Vernunft‹ wird er zum Begründer der Erkenntnistheorie der ↑Geisteswissenschaften (eine Bezeichnung, die auf ihn zurückgeht) und einer der Hauptvertreter der hermeneutischen Wissenschaften im Rahmen der von der Romantik beeinflußten ›Historischen Schule‹ (↑Hermeneutik). Im Laufe seiner intensiven historischen Forschungen arbeitet sich D., zunehmend über methodologische Fragestellungen hinausgehend, in Grundlagenprobleme einer geschichtlichen ↑Lebensphilosophie ein.

In seinem (unvollendeten) methodologischen Hauptwerk, der »Einleitung in die Geisteswissenschaften« (1883), bestimmt D. als gemeinsame Basis von Natur- und Geisteswissenschaften den ›Zusammenhang des Lebens‹, der als eine Vorform von E. Husserls Konzept der ↑Lebenswelt gelten darf. Die reflexive Hinwendung zum vorwissenschaftlichen ›Innewerden‹ der Wirklichkeit und seiner selbstverständlichen Weltbezogenheit (↑Intentionalität) führt zu den Realität und Bewußtsein vermittelnden ›Tatsachen des Bewußtseins‹ als elementarer Form von ↑›Wissen‹ und Fundament aller wissenschaftlichen ↑Erkenntnis. D.s ›deskriptive‹ Psychologie des ↑vorwissenschaftlichen Wirklichkeitsbezugs ist von der ↑Phänomenologie Husserls gleichermaßen (kritisch) fortgeführt wie (zuletzt noch) beeinflußt worden.

In späteren Schriften restituiert D. gegenüber einem intellektualistischen Begriff von ↑Erfahrung den ›lebendigen Zusammenhang‹ kognitiver, praktischer und affektiver Wirklichkeitsbezogenheit (↑Praxis) im ↑›Erleben‹, dessen ›Ausdruck‹ Gegenstand des ›Verstehens‹ ist. Das ›höherstufige‹ ↑Verstehen richtet sich nicht allein auf den unmittelbaren Gehalt einer ›Lebensäußerung‹, sondern auf die (impliziten) Bedeutungsbezüge des ›Wirkungszusammenhangs‹, dem sie angehört, bis hinauf zu den ↑›Weltanschauungen‹ und ihrer differenzierenden Betrachtung in der Perspektive des ›historischen Bewußtseins‹ (↑Bewußtsein, historisches). Im Unterschied zu den Naturwissenschaften, in denen unabhängig vom menschlichen Handeln gegebene Ereignisse durch theoretische Entwürfe (↑Hypothesen) systematisiert und *erklärt* werden, muß der Geisteswissenschaftler nach D. seinen Gegenstandsbereich, dessen Teil er selbst ist, die symbolischen Zusammenhänge der gesellschaftlichen und geschichtlichen Wirklichkeit des Menschen, durch Nachvollziehen (›Nacherleben‹) dieser Lebensäußerungen ›von innen‹ *verstehen*. Seinen Objektbereich findet er immer schon als gegliederten, organisierten vor; seine Analyse nimmt ihren Ausgang von den Bedeutungen, die Menschen ihrer Welt gegeben haben, und die sich in Institutionen, Konventionen des Redens und Handelns, geltenden moralischen Wertvorstellungen, Kunstwerken etc. verfestigt haben. Durch das Erleben fremder Sinnformen und die nachfolgende Rekonstruktion ihrer Entstehung gewinnt der Mensch ein Verständnis seiner eigenen ↑Geschichtlichkeit.

Neben der morphologischen Betrachtungsweise der ›vergleichenden‹ Methode, aus der auch D.s Begriff des ›Typischen‹ mit Wirkung sowohl auf die Psychologie (K. Jaspers, E. Spranger) als auch auf die Theorie M. Webers hervorgegangen ist, gilt D. als genuine Methode des Geisteswissenschaftlers seine universelle Verstehenslehre, d.h. das Schließen von einer (überlieferten) Handlung oder einer sonstwie fixierten Lebensäußerung auf einen ›inneren Zustand‹, dessen ›Ausdruck‹ sie ist. Dabei betont D. auch die partielle ›Irrationalität‹ des hermeneutischen Geschäfts, da die optimalen Verstehensleistungen auf einer unableitbaren Kongenialität des Interpreten in der ›Divination‹ beruhen. – Die von D. in aller Schärfe formulierte Dichotomie von Erklären (↑Erklärung) und Verstehen ist bis heute von bleibendem Einfluß sowohl auf die ↑Hermeneutik als auch auf die Selbstverständnisbildung der Human- und Sozialwissenschaften geblieben. Mit seiner Morphologie der rationalen Erziehungssysteme in ihrer historischen Gestaltung hat D. weiterhin die Pädagogik nachhaltig beeinflußt. In der D.-Tradition stehen z.B.: J. Ortega y Gasset, G. Misch, E. Troeltsch, N. Hartmann, M. Heidegger, B. Groethuysen, H. Freyer, M. Frischeisen-Köhler und H.-G. Gadamer.

Werke: Gesammelte Schriften, I–XII, Leipzig/Berlin 1914–1936, fortgeführt Stuttgart/Göttingen 1962 ff., ab XIII Göttingen (bisher 23 Bde) (I Einleitung in die Geisteswissenschaften. Versuch einer Grundlegung für das Studium der Gesellschaft und der Geschichte [franz. ed. L. Sauzin, Introduction à l'étude des sciences humaines. Essai sur le fondement qu'on pourrait donner à l'étude de la société et de l'histoire, Paris 1942; engl. Introduction to the Human Sciences. An Attempt to Lay a Foundation for the Study of Society and History, Selected Works [s. u.] I, separat: Detroit Mich., London 1988], IV Die Jugendgeschichte Hegels und andere Abhandlungen zur Geschichte des Deutschen Idealismus, VII Der Aufbau der geschichtlichen Welt in den Geisteswissenschaften, separat: ed. M. Riedel, Frankfurt 1970, ⁵1997, VIII Weltanschauungslehre. Abhandlungen zur Philosophie der Philosophie [franz. Theorie des conceptions de monde. Essai d'une philosophie de la philosophie, Paris 1946], XIII–XIV Leben Schleiermachers I–II); Selected Works, ed. A. Makkreel/F. Rodi, Princeton N. J. 1985 ff. (bisher Bde I–VI). – Ideen über eine beschreibende und zergliedernde Psychologie, Berlin 1894, ferner in: Gesammelte Schriften [s.o.] V, 139–240 (engl. Descriptive Psychology and Historical Understanding, The Hague 1977); Das Erlebnis und die Dichtung. Lessing, Goethe, Novalis, Hölderlin, Leipzig 1906, ed. R. Rosenberg, Leipzig 1988, ²1991; Von deutscher Dichtung und Musik. Aus den Studien zur Geschichte des deutschen Geistes, Leipzig/Berlin 1933, ed. H. Nohl/G. Misch, Stuttgart ²1957; Grundriß der allgemeinen Geschichte der Philosophie, ed. H.-G. Gadamer, Frankfurt 1949; Texte zur Kritik der historischen Vernunft, ed. H.-U. Lessing, Göttingen 1983 (franz. Critique de la raison historique, Paris 1992; niederl. Kritiek van de historische rede, ed. J. Keulartz, Amsterdam 1994); Das Wesen der Philosophie, Berlin/Leipzig 1907, ed. O. Pöggeler, Hamburg 1984, ed. M. Riedel, Stuttgart 1984; Aufsätze zur Philosophie, ed. M. Marquardt, Hanau; 1986 Écrits d'esthétique, ed. S. Mesure, Paris 1995. – Briefwechsel zwischen W. D. und dem Grafen Paul Yorck von Wartenburg 1877–1897, Halle 1923, (repr. Hildesheim 1974, 1995). – U. Herrmann, Bibliographie W. D.. Quellen und Literatur, Weinheim/Berlin/Basel 1969.

Literatur: C. R. Bambach, Heidegger, D., and the Crisis of Historicism, Ithaca N. Y. 1995; O. F. Bollnow, D.. Eine Einführung in seine Philosophie, Leipzig 1936, Schaffhausen ⁴1980; H. Diwald, W. D.. Erkenntnistheorie und Philosophie der Geschichte, Göttingen 1963; M. Ermarth, W. D.. The Critique of Historical Reason, Chicago Ill./London 1978; F. Fellmann, Symbolischer Pragmatismus. Hermeneutik nach D., Reinbek b. Hamburg 1991; H.-H. Gander, Positivismus als Metaphysik. Voraussetzungen und Grundstrukturen von D.s Grundlegung der Geisteswissenschaften, Freiburg 1988; M. George, Die Geburt der Hermeneutik aus dem Geist der Politik. D.s Begründung der Philosophie als pragmatische Ordnungsmacht der Moderne, Frankfurt am 2002; M. Heinen, Die Konstitution der Ästhetik in W. D.s Philosophie, Bonn 1974; T. Herfurth, D.s Schriften zur Ethik. Der Aufbau der moralischen Welt als Resultat einer Kritik der introspektiven Vernunft, Würzburg 1992; U. Herrmann, Die Pädagogik W. D.s, Göttingen 1971; H.A. Hodges, W. D.. An Introduction, New York 1944, 1969, London 1998; ders., The Philosophy of W. D., London 1952, Westport Conn. 1974, London 1998; A. Homann, D.s Bruch mit der Metaphysik. Die Aufhebung der Hegelschen Philosophie im geschichtlichen Bewußtsein, Freiburg/München 1995; H. Ineichen, Erkenntnistheorie und geschichtlich-gesellschaftliche Welt. D.s Logik der Geisteswissenschaften, Frankfurt 1975; H. Johach, Handelnder Mensch und objektiver Geist. Zur Theorie der Geistes- und Sozialwissenschaften bei W. D., Meisenheim am Glan 1974; M. Jung, D. zur Einführung, Hamburg 1996; J.-C. Kim, Leben und Dasein. Die Bedeutung W. D.s für den Denkweg Martin Heideggers, Würzburg 2001; R. Knüppel, D.s erkenntnistheoretische Logik, München 1991; J. Krakowski/G. Scholtz (eds.), D. und Yorck. Philosophie und Geisteswissenschaften im Zeichen von Geschichtlichkeit und Historismus, Breslau 1996; P. Krausser, Kritik der endlichen Vernunft. W. D.s Revolution der allgemeinen Wissenschafts- und Handlungstheorie, Frankfurt 1968; L. Landgrebe, W. D.s Theorie der Geisteswissenschaften, Halle 1928; H.-U. Lessing, W. D.s Einleitung in die Geisteswissenschaften, Darmstadt 2001; D.-J. Löwisch, W. D.. »Grundlinien eines Systems der Pädagogik« und »Über die Möglichkeit einer allgemeingültigen pädagogischen Wissenschaft«, Darmstadt 2002; R. A. Makkreel, D.. Philosopher of the Human Studies, Princeton N. J. 1975, 1992 (dt. D.. Philosoph der Geisteswissenschaften, Frankfurt 1991); ders., D., REP III (1998), 77–83; G. Matteucci, Immagini della vita. Logica et estetica a partire da D., Bologna 1995; G. Misch, Vom Lebens- und Gedankenkreis W. D.s, Frankfurt 1947; ders., Lebensphilosophie und Phänomenologie. Eine Auseinandersetzung der D.schen Richtung mit Heidegger und Husserl, Bonn 1930, Leipzig/Berlin ²1931, Darmstadt 1975; E. W. Orth (ed.), D. und die Philosophie der Gegenwart. Beiträge von Karl-Otto Apel u.a., Freiburg 1985; J. Owensby, D. and the Narrative of History, Ithaca N. Y./London 1994; F. Pfeffer, Individualität. Ein kritischer Vergleich zwischen W. D. und Paul Natorp, Aachen 1997; T. Plantinga, Historical Understanding in the Thought of W. D., Toronto/Buffalo N. Y. 1980, Lewiston N. Y. 1992; H. P. Rickman, D. Today. A Critical Appraisal of the Contemporary Relevance of His Work, New York/London 1988; J. Rütsche, Das Leben aus der Schrift verstehen. W. D.s Hermeneutik, Bern etc. 1999; S.-N. Son, W. D. und die pädagogische Biographieforschung, Opladen 1997; W. Stegmaier, Philosophie der Fluktuanz. D. und Nietzsche, Göttingen 1992; J. Thielen, W. D. und die Entwicklung des geschichtlichen Denkens in Deutschland im ausgehenden 19. Jahrhundert, Würzburg 1999; C. Zöckler, D. und die Hermeneutik. D.s Begründungen der Hermeneutik als ›Praxiswissenschaft‹ und die Geschichte ihrer Rezeption, Stuttgart 1975. R. W.

Dimension (lat. dimensio, Ausmessung, Berechnung), in der Bedeutung Ausmessung bzw. Ausdehnung des Raumes Terminus der Philosophie, Mathematik, Physik und Physiologie.
(1) Euklid bestimmte die Dreidimensionalität in der *Körperdefinition* seiner »Elemente«, wonach ein Körper ist, ›was Länge, Breite und Tiefe hat‹. Aristoteles suchte in »de coelo« zu beweisen, daß es außer Linie, Fläche und Körper keine weiteren Ausmessungen gibt, da alles vollkommen und daher nach pythagoreischer Auffassung (↑Pythagoreismus) durch die Dreizahl geordnet sei. Weiterhin seien nur die dreidimensionalen Körper nach allen Seiten hin stetig und teilbar. Dieser an der Ausmessung von Körpern orientierte D.sbegriff wird erst in der Neuzeit (seit R. Descartes) durch die Vorstellung verdrängt, daß unter D. die Anzahl der *Koordinaten eines Punktes* zu verstehen sei. G. W. Leibniz begründete die Dreidimensionalität des (euklidischen) Punktraumes durch die Höchstzahl von Geraden, die sich in einem Punkte schneiden und senkrecht aufeinander stehen. Demgegenüber suchte I. Kant (Gedanken von der wahren Schätzung der lebendigen Kräfte, 1747) die Dreidimensionalität des Raumes auf das Newtonsche Gravitationsgesetz (↑Gravitation) zurückzuführen, wonach die Anziehung zweier Massen mit dem Quadrat der Entfernung abnimmt. Ein Raum mit höherer D. müßte nach Kant zu einer höheren Abstandspotenz, also einer anderen Gravitationsformel führen. An die Stelle dieses *physikalischen* Begründungsversuchs tritt allerdings in Kants »Kritik der reinen Vernunft« (1781) die *erkenntnistheoretische* Annahme, wonach die Dreidimensionalität notwendige Voraussetzung unseres Anschauungsraumes (↑Anschauung, ↑Raum) sei. Nachdem bereits J. L. Lagrange den Begriff eines *n*-dimensionalen Raumes verwendet hatte, spricht der Kant-Nachfolger J. F. Herbart in seiner Habilitationsschrift (1802) von der Möglichkeit einer ↑Mannigfaltigkeit mit einer beliebigen D.szahl, die von H. G. Graßmann und B. Riemann mathematisch weiter untersucht wurde. Ein von B. Bolzano 1845 unternommener Versuch, die D. des Raumes aus der ›einfacheren‹ D. der Zeit abzuleiten, blieb ohne Einfluß.
(2) In der *Mathematik* wurde der D.sbegriff in der cartesisch-analytischen Geometrie (↑Geometrie, analytische), in der Graßmannschen ↑Ausdehnungslehre, in der Riemannschen ↑Differentialgeometrie und in der ↑Topologie im Anschluß an L. E. J. Brouwer und H. Poincaré *n*-dimensional verallgemeinert. In Descartes' *analytischer Geometrie* werden euklidische Raumpunkte P durch reelle Zahlentripel (x_1, x_2, x_3) ersetzt. An die Stelle der geometrischen Aussage ›P liegt auf der Ebene E‹ tritt nun die algebraische Aussage ›(x_1, x_2, x_3) erfüllt die lineare Gleichung

$$L(x_1, x_2, x_3) = a_1 x_1 + a_2 x_2 + a_3 x_3 + b = 0\text{‹}$$

mit Konstanten a_i, b. Während die algebraische Lösung von drei Gleichungen

$$L_1(x_1, x_2, x_3) = L_2(x_1, x_2, x_3) = L_3(x_1, x_2, x_3) = 0$$

noch geometrisch-anschaulich als Schnittpunkt dreier Ebenen im 3-dimensionalen Raum gedeutet werden kann,

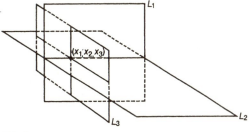

Abb. 1

trifft das für die Auflösung eines Systems von *n* linearen Gleichungen mit *n* Unbekannten nicht mehr zu.
Seit 1844 untersuchten Graßmann und A. Cayley *n*-dimensionale *affine Mannigfaltigkeiten*, die durch Trans-

lationen und Parallelverschiebungen erzeugt werden. In der linearen Algebra führte diese Verallgemeinerung des Raumbegriffs zum Studium n-dimensionaler *Vektorräume*, die heute in Physik und Technik Anwendung finden. Unter der D. eines endlich-dimensionalen Vektorraums V versteht man dabei die maximale Anzahl n von linear unabhängigen ↑Vektoren e_i, die jeden Vektor v von V mit jeweiligen Koordinaten a_i eindeutig in der Form $v = \sum_{i=1}^{n} a_i \cdot e_i$ darstellen. In der *Differentialgeometrie* untersuchte zunächst C. F. Gauß 2-dimensionale krumme Flächen (z. B. Erdoberfläche) im 3-dimensionalen cartesischen Raum als mathematische Modelle seiner geodätischen Vermessungen. Riemann verallgemeinerte die Gaußschen Untersuchungen auf n-dimensionale differenzierbare Mannigfaltigkeiten, deren Metrik nicht mehr durch die Einbettung in einen cartesischen Raum induziert wird.

Um 1900 führten Untersuchungen der Cantorschen ↑*Mengenlehre* zu der Erkenntnis, daß die seit Descartes übliche D.sdefinition durch Koordinaten nicht mehr ausreicht. So kann die Punktmenge M aller Punkte der x-Achse mit rationalen Koordinaten zum einen die D. 1 haben, da sie wie die Gerade selbst überall dicht ist, zum anderen aber auch die D. 0, da zwischen zwei rationalen Punkten aus M immer noch ein nicht zu M gehöriger irrationaler Punkt liegt wie bei einer endlichen Punktmenge. H. Poincaré regte 1913 eine induktive Definition des D.sbegriffs an, die nur von *topologischen Grundbegriffen* (↑Topologie) Gebrauch macht. Die leere Menge (↑Menge, leere) habe die D. -1. Eine Menge M habe die D. 0, wenn M nicht die D. -1 hat (also nicht leer ist) und wenn jeder Punkt von M von beliebig kleinen Gebieten umschlossen werden kann, deren Rand keinen Punkt von M enthält (d.h. deren Rand die Menge M auf einer Menge von der D. -1 schneidet). So hat jede endliche Punktmenge die Eigenschaft, daß jeder Punkt der Menge in beliebig kleinen Gebieten eingeschlossen werden kann, die keinen Punkt der Menge auf ihrem Rand enthalten:

Abb. 2

So kann für die Menge M der rationalen Punkte einer Geraden jeder rationale Punkt zum Mittelpunkt beliebig kleiner Intervalle mit irrationalen (↑irrational (mathematisch)), also nicht zu M gehörigen Endpunkten gemacht werden. Allgemein hat eine Menge M die D. n, wenn sie von keiner geringeren D. ist und wenn jeder Punkt von M in beliebig kleine Gebiete eingeschlossen werden kann, deren Rand die Menge M auf einer Menge von der D. $n-1$ schneidet. Daher kann z. B. keine Punktmenge im 3-dimensionalen Raum eine höhere D. haben als 3, da jeder Punkt des Raumes zum Mittelpunkt einer beliebig kleinen Kugel gemacht werden kann, deren Oberfläche die D. 2 hat. Eine äquivalente topologische D.sdefinition wurde von Brouwer, F. Hausdorff und H. Lebesgue angegeben. Auf Brouwer geht der Beweis zurück, daß Figuren verschiedener D. nicht durch topologische (umkehrbar-eindeutige und stetige) Transformationen ineinander überführt werden können. Die D. erweist sich also mathematisch als *topologische* Invariante, die von der Wahl der Koordinatensysteme unabhängig ist. Der mengentheoretische D.sbegriff erlaubt auch eine Definition der *fraktalen* D. in der *fraktalen Geometrie*, die in der mathematischen ↑Chaostheorie und Computersimulation fraktaler (›gebrochener‹) Ränder und Oberflächen Anwendung findet. Nach B. B. Mandelbrot heißt eine Menge M fraktal, wenn ihre Hausdorff-Dimension keine ganze Zahl ist.

(3) In den *Naturwissenschaften* führte der mathematische D.sbegriff zu zahlreichen Anwendungen. In der *Physiologie* untersuchte z. B. H. v. Helmholtz die D. des Tast- und Sehraumes. Die Mischungen der Farbintensitäten im Farbfeld lassen sich durch die Vektoraddition interpretieren. In der *kinetischen Gastheorie* ordnet man seit L. Boltzmann jedem Bewegungszustand eines aus n Molekülen bestehenden Gases einen Punkt des $6n$-dimensionalen Phasenraumes zu, wobei sich die Zahl 6 durch die jeweils 3 Angaben für Orts- und Geschwindigkeitskomponenten ergeben. In der Quantenmechanik (↑Quantentheorie) beziehen sich die Schrödingerschen Gleichungen (↑Schrödinger-Gleichung) auf einen $3n$-dimensionalen Konfigurationsraum, wobei n die Zahl der miteinander in Wechselwirkung stehenden Partikel des jeweiligen Systems ist (z. B. für das Uranatom rund 280 D.en). Im Minkowski-Raum der Speziellen *Relativitätstheorie* (↑Relativitätstheorie, spezielle) fällt jede Geschwindigkeit kleiner oder gleich der Lichtgeschwindigkeit aus, d. h.:

$$c^2 dt^2 - (dx_1^2 + dx_2^2 + dx_3^2) \geq 0.$$

Wählt man mit H. Minkowski als Zeiteinheit den imaginären Wert $x_4 = \mathrm{i} c\, t$, so erhält man die pythagoreische Abstandsformel für 4 D.en. In der Einsteinschen Gravitationstheorie (↑Relativitätstheorie, allgemeine) wird der mathematische Formalismus einer 4-dimensionalen Riemannschen Mannigfaltigkeit angewendet, in der z. B. der metrische Tensor $g_{\mu\nu}$ als Gravitationspotential interpretiert wird.

Literatur: P. Alexandroff, Über den allgemeinen D.sbegriff und seine Beziehungen zur elementaren geometrischen Anschauung, Math. Ann. 98 (1928), 617–636; O. Becker, Beiträge zur phänomenologischen Begründung der Geometrie und ihrer physikalischen Anwendungen, Jb. Philos. phänomen. Forsch. 6 (1923), 385–560; B. Bolzano, Versuch einer objektiven Begründung der Lehre von den drei D.en des Raumes, Abh. Kgl. Böhm. Ges. Wiss. 5. Folge, Prag 1845, H. 3, 201–215; L. E. J. Brouwer, Beweis der Invarianz der D.enzahl, Math. Ann. 70 (1911), 161–165, ferner in: ders., Collected Works II, ed. H. Freudenthal, Amsterdam/Oxford/New York 1976, 430–434; R. Carnap, Dreidimensionalität des Raumes und Kausalität. Eine Untersuchung über den logischen Zusammenhang zweier Fiktionen, Ann. Philos. philos. Kritik 4 (1924/1925), 105–130; W. J. Duncan, Dimensions, Method of, in: J. Thewlis (ed.), Encyclopedic Dictionary of Physics II, Oxford/London/New York 1961, 415–417; R. Engelking, Teoria wymiaru, Warschau 1977 (engl. Dimension Theory, Amsterdam/Oxford/New York 1978, erw. unter dem Titel: Theory of Dimensions. Finite and Infinite, Lemgo 1995); R. Fleischmann, D., in: H. Franke (ed.), Lexikon der Physik I, Stuttgart ^{3}1969, 275–277; H. G. Grassmann, Die lineale Ausdehnungslehre. Ein neuer Zweig der Mathematik, Leipzig 1844, ^{2}1878 (repr. in: ders., Ges. Werke I/1, Leipzig 1894, 1–319); ders., Die Ausdehnungslehre, vollständig und in strenger Form bearbeitet, Berlin 1862 (repr. in: ders., Ges. Werke I/2, Leipzig 1896); F. Hausdorff, D. und äußeres Maß, Math. Ann. 79 (1919), 157–179; W. Hurewicz/H. Wallmann, Dimension Theory, Princeton N. J. 1941, ^{9}1974; K. Itô (ed.), Encyclopedia of Mathematics, Cambridge Mass./London ^{2}1996, 447–450 (Dimension Theory); M. Jammer, Concepts of Space. The History of Theories of Space in Physics, Cambridge Mass. 1954, New York/London ^{3}1993 (dt. Das Problem des Raumes. Die Entwicklung der Raumtheorien, Darmstadt 1960, ^{2}1980); P. Janich, Euklids Erbe. Ist der Raum dreidimensional?, München 1989 (engl. Euclid's Heritage. Is Space Three-Dimensional?, Dordrecht/Boston Mass./London 1992); R. P. Kroon, Dimensions, in: R. M. Besançon (ed.), The Encyclopedia of Physics, New York ^{3}1985, 298–300; C. Kuratowski/K. Menger, Remarques sur la théorie axiomatique de la dimension, Mh. Math. Phys. 37 (1930), 169–174; K. Mainzer, Geometrie und Raumanschauung. Überlegungen zur Geometriebegründung im Anschluß an L. Nelson, in: P. Schröder (ed.), Vernunft, Erkenntnis, Sittlichkeit. Internationales Philosophisches Symposion aus Anlaß des 50. Todestages von L. Nelson, Hamburg 1979, 197–208; ders., Geschichte der Geometrie, Mannheim/Wien/Zürich 1980; B. B. Mandelbrot, Fractals. Form, Chance, and Dimension, San Francisco Calif. 1977, unter dem Titel: The Fractal Geometry of Nature, San Francisco Calif. 1982, New York 1983 (dt. Die fraktale Geometrie der Natur, Basel/Boston, Berlin 1987, Basel/Boston 1991); K. Menger, D.stheorie, Leipzig/Berlin 1928; K. Nagami, Dimension Theory, New York/London 1970; J.-I. Nagata, Modern Dimension Theory, Groningen 1965 (mit Bibliographie, 249–255), Berlin ^{2}1983 (mit Bibliographie, 245–269); A. R. Pears, Dimension Theory of General Spaces, Cambridge/London/New York 1975; Y. B. Pesin, Dimension Theory in Dynamical Systems. Contemporary Views and Applications, Chicago Ill./London 1997; H. Poincaré, Dernières pensées, Paris 1913, 1963 (dt. Letzte Gedanken, Leipzig 1913; engl. Mathematics and Science. Last Essays, New York 1963); G. Schulz, D., in: H. Hörz/H. Liebscher/R. Löther (eds.), Philosophie und Naturwissenschaften I, Berlin ^{3}1991, 201–203; R. Steiner, Die vierte Dimension. Mathematik und Wirklichkeit. Hörernotizen von Vorträgen über den mehrdimensionalen Raum [...], Dornach 1995; J. W. Stewart, Dimensional Analysis, in: S. P. Parker (ed.), McGraw-Hill Encyclopedia of Physics, New York/San Francisco Calif./Washington D. C. ^{2}1993, 300–302; E. W. Weisstein (ed.), CRC Encyclopedia of Mathematics, Boca Raton Fla./London/New York 1999, 435–436 (Dimension); H. Weyl, Raum Zeit Materie. Vorlesungen über allgemeine Relativitätstheorie, Berlin 1918, Berlin/Heidelberg/New York ^{9}1993 (engl. Space. Time. Matter, London 1922, New York ^{4}1952); G. J. Whitrow, Why Physical Space Has Three Dimensions, Brit. J. Philos. Sci. 6 (1955/1956), 13–31. K. M.

Dimensionsanalyse, ↑Analyse zur Bestimmung der ↑Dimension einer physikalischen Größe. Eine physikalische Größe setzt sich aus dem Produkt eines (reellen) Zahlenwerts und einer physikalischen Einheit zusammen (z. B. 3,5 kg). Eine physikalische Einheit ist entweder eine Grundeinheit oder eine abgeleitete Einheit. Die Wahl der Grundeinheiten ist im Grundsatz willkürlich; eingeführt ist das ›MKJA‹-System, das Meter, Kilogramm, Sekunde und Ampere als Grundeinheiten umfaßt. Grundeinheiten müssen eindeutig und einfach (↑Einfachheitskriterium) reproduzierbar sein. So ist z. B. eine Geschwindigkeits- oder Beschleunigungseinheit nicht ›aufzubewahren‹ wie z. B. ein Meterprototyp und jedenfalls schwerer zu reproduzieren als z. B. Zeiteinheiten durch Uhren. Abgeleitete Einheiten werden durch Definitionsgleichungen aus Grundeinheiten eingeführt z. B. 1 N(ewton) = $1 \text{ m} \cdot \text{kg} \cdot \text{s}^{-2}$. Die Funktion der abgeleiteten Einheit von den jeweiligen Grundeinheiten heißt die *Dimension der abgeleiteten Einheit*. Wählt man z. B. für die mechanischen Grundeinheiten die Variablen l (Länge), t (Zeit), m (Masse), so ergeben sich folgende Dimensionen mechanischer Größen: $l \cdot t^{-1}$ (Geschwindigkeit), $l \cdot t^{-2}$ (Beschleunigung), $m \cdot l \cdot t^{-2}$ (Kraft), $m \cdot l \cdot t^{-1}$ (Impuls) etc.. Um physikalische Größen rechnerisch zu verknüpfen, muß vorher ihre Dimension analysiert werden. Wechselt man das System der Grundeinheiten, so liefert die D. leicht die neuen Werte: Sei z. B. Meter die Längeneinheit (m) und Sekunde die Zeiteinheit (s), dann lautet der Wert der Fallbeschleunigung $9{,}81 \text{ m} \cdot \text{s}^{-2}$. Geht man zu Kilometer als Längeneinheit (1 km = 1000 m) und zur Minute als Zeiteinheit (1 min = 60 s) über, so ist derselbe Wert der Fallbeschleunigung

$$9{,}81 \text{ m} \cdot \text{s}^{-2} = 9{,}81 \cdot \frac{60 \cdot 60}{1000} \text{ km} \cdot \text{min}^{-2}$$
$$= 35{,}316 \text{ km} \cdot \text{min}^{-2}.$$

Historisch wurde die D. von J. B. J. Fourier in seiner »Théorie analytique de la chaleur« (1822) eingeführt.

Literatur: G. I. Barenblatt, Dimensional Analysis, New York/London 1987; P. W. Bridgman, Dimensional Analysis, New Haven Conn. etc. 1922, 1956 (repr. New York 1978) (dt. Theorie der physikalischen D.n, Leipzig/Berlin 1932); R. L. Causey, Derived Measurement, Dimensions, and Dimensional Analysis, Philos. Sci. 36 (1969), 252–270; W. J. Duncan, Physical Similarity and Dimensional Analysis. An Elementary Treatise, London 1959; ders., Dimensions, Method of, in: J. Thewlis (ed.), Encyclopaedic Dictionary of Physics. General, Nuclear [...] and Related Subjects, Oxford/London/New York 1961, 415–417; H. Ebert (ed.), Physikalisches Taschenbuch, Braunschweig 1951, ^{5}1976 (engl. Physics Pocketbook, Edinburgh 1967); R. Fleischmann, D., in: H. Franke (ed.), Lexikon der Physik I, Stuttgart ^{3}1969, 277; J. B. J. Fourier, Théorie analytique de la chaleur, Paris 1822 (repr. Sceaux 1988), Breslau 1883; H. Görtler, D.. Theorie der physikalischen Dimensionen mit Anwendungen, New York/Heidelberg/Berlin 1975; W. Greulich (ed.), Lexikon der Physik in sechs Bänden II, Heidelberg/Berlin 1999, 43 (D.); H. E. Huntley, Dimensional Analysis, London 1952 (repr. New York 1967); H. L. Langhaar, Dimensional Analysis and Theory of Models, New York/London/Sydney 1951 (repr. New York 1980); E. Mach, Die Mechanik in ihrer Entwickelung. Historisch-kritisch dargestellt, Leipzig 1883, ^{9}1933 (repr. Berlin 1988, Darmstadt 1991) (engl. The Science of Mechanics. A Critical and Historical Exposition of Its Principles, Chicago Ill./London 1893, mit Untertitel: The Science of Mechanics. A Critical and Historical Account of Its Development, La Salle Ill. ^{6}1974); F. Schuh, Enzyklopädie Naturwissenschaft und Technik. Medizin und Biologie [...] I, München 1979, 865–866 (D.); L. I. Sedow, Dimensional Analysis, in: M. Hazewinkel (ed.), Encyclopaedia of Mathematics III, Dordrecht/Boston Mass./London 1989, 197–200; C. I. Staicu, Restricted and General Dimensional Analysis, Turnbridge Wells 1982; J. W. Stewart, Dimensional Analysis, in: S. P. Parker (ed.), McGraw-Hill Encyclopedia of Science and Technology V, New York/St. Louis Mo./San Francisco Calif. ^{6}1987, 281–284; J. Wallot, Größengleichungen, Einheiten und Dimensionen, Leipzig 1953, ^{2}1957. K. M.

Ding (engl. thing, franz. chose), im neuzeitlichen philosophischen Sprachgebrauch häufig soviel wie ↑Gegenstand. D. steht also für alles, was sich (sprachlich) artikulieren läßt (z. B. bei C. Wolff [Vernünfftige Gedancken von den Kräften des menschlichen Verstandes (...) I, § 16]: »Alles, was möglich ist, es mag wirklich sein oder nicht, nennen wir ein Ding«), in der Regel jedoch eingeschränkt auf raumzeitlich bestimmte *Partikularia*, die ›Einzeldinge‹ (engl. particulars), derart, daß alle weiteren Gegenstandssorten, wie ↑Ereignisse, ↑Handlungen, ↑Prozesse usw., grundsätzlich nicht eigenständig, sondern als prädikative Bestimmungen von D.en behandelt werden, was die nicht-dinglichen Gegenstände propositional, also als ↑Sachverhalte zu lesen zwingt. Wird jedoch der als Gegenstand eines ↑Urteils ursprünglich der juristischen Sprache angehörende Terminus ↑›Sache‹ anstelle von ›D.‹ verwendet, so stehen, I. Kants Terminologie folgend, Personen als eigenständige Gegenstände, nämlich als ›Subjekte‹, den D.en bzw. Sachen als ›Objekten‹ gegenüber.
Der begriffsgeschichtliche Zusammenhang der Unterscheidung von ↑Objekt und ↑Subjekt mit der von Platon erstmals thematisierten Unterscheidung der D.e von den Handlungen (griech. πρᾶγμα – πρᾶξις, lat. res – actio) ist verwickelt, zumal Platons Unterscheidung zwar die wichtigste, nicht jedoch die einzige und auch keine vollständige Einteilung der (wirklichen) Gegenstände (griech. ὄντα, lat. entia) darstellt. Sie wird von Aristoteles zur bis heute einflußreichen Unterscheidung einer ↑Substanz von ihren ↑Akzidenzen, d. i. einem Zugrundeliegenden (↑Substrat) und den ihm (zufällig) anhaftenden Eigenschaften, verallgemeinert. Der Zusammenhang dieser Unterscheidung mit der grammatischen Unterscheidung von Subjekt und Prädikat als Satzteilen bzw. von Nomen und Verbum als Wortarten dokumentiert die für die tradierte philosophische Terminologie charakteristische Verflechtung ontologischer mit linguistischen Bestimmungen. In einem verbreiteten Sprachgebrauch der Spätscholastik ist ↑res, das Eine-substantielle-Sache-Sein als einer der fünf *modi essendi*, von *ens* (↑Seiende, das), dem Seiend-Sein im allgemeinen, durch das Vorliegen einer begrifflichen Bestimmung unterschieden. Erst mit der von R. Descartes eingeführten Zwei-Substanzen-Lehre durch die Gegenüberstellung von *res extensa* und *res cogitans* (↑res cogitans/res extensa) endet grundsätzlich – eine bedeutende Ausnahme ist G. W. Leibniz – die bis dahin selbstverständliche Überzeugung, daß D.e unter Einschluß der Menschen nur als begrifflich bestimmte auftreten können: Sie bestehen aus Stoff (*materia*) und Form (*forma*), d. s. Körper und Seele im Falle der Lebewesen. Seither versteht man unter einem (wirklichen) D. regelmäßig nur noch den stofflichen Anteil eines Partikulare: D.e sind materielle D.e. Dabei gelten gemeinhin – und das ist eine Erinnerung an die ältere Überzeugung – nicht alle durch Nomina sprachlich artikulierten Gegenstandsbereiche als D.e (z. B. *nicht* die *Stoffe* wie Wasser, Gold, Holz etc.), sondern höchstens solche, die schon aufgrund der Semantik des Nomens in zählbare Individuen gegliedert sind; bei den betreffenden Nomina muß es sich also um ↑Individuativa handeln (z. B. ›Wassertropfen‹, ›Goldstück‹, ›Baum‹, ›Flug‹, ›Schritt‹). Meist wird ›D.‹ auf noch engere Bereiche beschränkt, auf solche nämlich, die nicht von aus verbalen Grundformen abgeleiteten Individuativa artikuliert sind; z. B. sollen Flüge und Schritte (abgeleitet aus ›fliegen‹ bzw. ›schreiten‹) normalerweise nicht als D.e gelten, weil räumliche Bestimmungen nicht konstitutiv, sondern nur akzidentell auftreten, während bei D.en räumliche Bestimmungen konstitutiv und zeitliche akzidentell sind.
Werden D.e als Gegenstände naturwissenschaftlicher (im Unterschied etwa zu sozialwissenschaftlichen) Untersuchungen angesehen, spricht man von ihnen als ↑Körpern. Nun gilt aber auch für D.e, daß sie wie Handlungen der Aufspaltung in ein (allgemeines) ↑Schema und seine das Schema erfüllenden (partikularen) Instanzen, die Einzeldinge bzw. Einzelhandlungen oder Akte, unterliegen: Ein D.[-Bereich] wie etwa Dom ist das *Dingschema* Dom, artikuliert durch ›Dom‹, mit den ein-

zelnen Domen als seinen Instanzen; diese können mithilfe der ↑deiktischen Kennzeichnungen ›ι Dom‹ [gelesen: dieser Dom] grundsätzlich auch benannt werden. Geht man dann zurück auf die Herkunft dieser Aufspaltung aus der dialogischen Polarität des Handlungserwerbs durch Ausführen (Ich-Rolle im Aktualisieren) und Anführen (Du-Rolle im Schematisieren) – der aktualisierende Handlungsvollzug ist ↑singular, das schematisierende Handlungsbild ist universal – und beachtet, daß auch ein D.[-Bereich] wie Dom vor seiner Gliederung in einzelne Dome den Status eines Gegenstands[bereichs] ohne (natürliche) Einheiten, wie z. B. Wasser, hat und (anders als ein ↑Ding an sich) wegen seines Angewiesenseins auf Zugänglichkeit mittels Handlungen als ein Handlungsknoten zu verstehen ist, nämlich als ›das Gemeinsame‹ beliebiger Handlungen des Umgehens mit Dom, so kommen Einheiten dieses Bereichs dadurch zustande, daß eine Gliederung in ↑Zwischenschemata, d. s. Handlungen des Umgehens mit [jeweils] ›diesem Dom‹, vorgenommen wird. Jedes solche Zwischenschema, passend gewählt und verstanden als eine Einheit, ist dann ein einzelner Dom und wird artikuliert durch einen Individuator ›ιQ‹. Natürlich bekommt man bei einer anderen Wahl der Zwischenschemata auch andere Einheiten, etwa feinere, wenn zeitliche Abschnitte eines Domes, z. B. vor einem Umbau, gewählt werden, oder gröbere im Falle von Dom-Ensembles, etwa gleichen Baustils usw.; sogar der Grenzfall völligen Verzichts auf Zwischenschemata, wie etwa im Falle von Wasser, läßt sich einbeziehen. Dann ist das Zwischenschema als Schema, d. h. bei Identifikation ›aller‹ Aktualisierungen des Umgehens mit ›diesem Dom‹ (oder, im Grenzfall: mit Wasser schlechthin), die *Form* von ιQ (in Zeichen: $\sigma(\iota Q)$) im ursprünglichen Sinne von $\varepsilon\tilde{\iota}\delta o\varsigma$. Werden hingegen ›alle‹ Aktualisierungen des Zwischenschemas summiert zu einem Ganzen (im Grenzfall: zum Wasser als dem ganzen Wasser [im Kosmos]), so erhält man den *Stoff* von ιQ (in Zeichen: $\kappa(\iota Q)$) im ursprünglichen Sinne von $\tilde{\upsilon}\lambda\eta$.
Der schematisierende Umgang mit ιQ, der dieses D., und zwar seinen Stoff, in einem offenen Prozeß zum Träger von immer mehr Eigenschaften macht, läßt sich jeweils in einer ↑Prädikation artikulieren: $\iota Q \varepsilon P$ (gelesen: dieses Q ist P), d. h. *von* ιQ wird mithilfe von ›εP‹ *ausgesagt*, daß es Träger der Eigenschaft σP ist. Dabei ist im Zuge des von ιQ etwas Aussagens die ↑Benennung des Stoffes $\kappa(\iota Q)$ in Gestalt von ›ιQ‹ (als bereits vorgenommen) gezeigt, und die in einer Anzeige nur semiotisch, d. h. im Zeichen ›ιQ‹, auftretende Form $\sigma(\iota Q)$ läßt sich als der Durchschnitt ›aller‹ Eigenschaften auch pragmatisch approximieren. Der aktualisierende Umgang mit ιQ wiederum, durch den ebenfalls in einem offenen Prozeß dieses D., und zwar seine Form, mit immer mehr Teilen ausgestattet wird, läßt sich jeweils in einer Ostension artikulieren: $\delta P \iota Q$ (gelesen: dies P [singular!] zugehörig zu diesem Q [partikular!]), d. h. *an* ιQ wird mithilfe von ›δP‹ (↑Demonstrator) das Ganze κP in Gestalt eines P-Teils *angezeigt*. Dabei ist im Zuge des an ιQ etwas Anzeigens die *Teilhabe* an der Form $\sigma(\iota Q)$ in Gestalt von ›ιQ‹ unterstellt, und der in einer Aussage nur semiotisch, d. h. im Zeichen ›ιQ‹, auftretende Stoff $\kappa(\iota Q)$ läßt sich als Vereinigung ›aller‹ P-Teile auch pragmatisch approximieren. Für jedes Partikulare gibt es eine eineindeutige (↑eindeutig/Eindeutigkeit) Beziehung zwischen seiner Außenstruktur in Gestalt seiner Eigenschaften und seiner Binnenstruktur in Gestalt seiner Teile: D.e ebenso wie die nicht-dinglichen Partikularia, z. B. ein ↑Ereignis, haben als Einheiten aus Materie *und* Form zu gelten.

Literatur: K. Lorenz, Elemente der Sprachkritik. Eine Alternative zum Dogmatismus und Skeptizismus in der Analytischen Philosophie, Frankfurt 1970, 1971; ders., On the Relation Between the Position of a Whole into Parts and the Attribution of Properties to an Object, Studia Log. 36 (1977), 351–362; P. F. Strawson, Individuals. An Essay on Descriptive Metaphysics, London 1959, 1984, London/New York 1990, 1999 (dt. Einzelding und logisches Subjekt (Individuals). Ein Beitrag zur deskriptiven Metaphysik, Stuttgart 1972, 1995). K. L.

Ding an sich, im Rahmen der Unterscheidung zwischen ↑Erscheinung und D. a. s. Grundbegriff der Philosophie I. Kants, vorgebildet in der auf den Platonischen Sprachgebrauch von ↑an sich zurückgehenden metaphysischen und erkenntnistheoretischen Tradition (z. B. bei J. Locke, N. Malebranche). In dieser Tradition tritt als D. a. s. der von Bedingungen der ↑Sinnlichkeit oder des ↑Verstandes unberührte Gegenstand auf, wobei methodisch unklar bleibt, welcher Art die Aussagen sein sollen, die sich auf einen solchen Gegenstand beziehen könnten. Auch nach Kant läßt sich ein D. a. s. in dieser Weise nicht *erkennen*, da wir »von keinem Gegenstande als D.e a. s. selbst, sondern nur so fern es Objekt der sinnlichen Anschauung ist, d. i. als Erscheinung, Erkenntnis haben können« (KrV B XXVI). Dagegen kann ein solcher Gegenstand nach Kant *gedacht* werden, und zwar als ›Grund der Erscheinungen‹ (Proleg. § 57), auf den hin Aussagen über Gegenstände in der Sinnlichkeit Objektivität beanspruchen. Damit ist mit ›D. a. s.‹ im Singular und nicht bezogen auf individuelle Gegenstände die Welt gemeint, in der alle Unterscheidungen getroffen werden, ohne daß diese Welt jemals selbst ›Objekt der Erfahrung‹ werden könnte, mit ›D.en a. s.‹, also im Plural, die Annahme, auch für nicht-geometrische Gegenstände lasse sich eine ideale Realisierung, angewendet auf alle Erscheinungen, denken. Der Begriff D. a. s. hat hier eine *methodische*, keine ontologische Bedeutung, unabhängig davon, ob es sinnvoll ist, die Möglichkeit derartiger idealer Realisierungen anzunehmen oder nicht.

Genauer betrachtet überschneiden sich im Begriff des D.es a. s. bei Kant zwei Unterscheidungen (eine *empirische* und eine *transzendentale*): die Unterscheidung zwischen Erscheinung und D. a. s. (KrV B 62, B 313) und die Unterscheidung zwischen ↑Phaenomenon und ↑Noumenon (KrV B 62, B 298). Dem Begriff der Erscheinung in empirischer Bedeutung ist der Begriff des Phaenomenon in transzendentaler Bedeutung zugeordnet (Erscheinungen als ›bloße Vorstellungen‹ [KrV B 521] werden über anschauliche und begriffliche Konstruktionen als Teil einer gesetzmäßig organisierbaren Erfahrung begriffen [KrV A 248 f.]), dem Begriff des D.es a. s. in empirischer Bedeutung der Begriff des Noumenon in transzendentaler Bedeutung (die in empirischer Bedeutung postulierten Korrelate der Erscheinungen werden als Noumena ›im negativen Verstande‹ bestimmt [KrV B 307 f.]). Im Rahmen dieser (terminologisch nicht immer eindeutigen) Zuordnungen lassen sich sowohl der Begriff des Noumenon als auch der Begriff des Phaenomenon als ansatzweise Rekonstruktionen des Begriffs des D.es a. s. auffassen.

Die Kant-Interpretation unterstellt seit F. H. Jacobi in der Regel einen naiven Begriff von D. a. s., d.h., sie faßt Erscheinung und D. a. s. ohne weitere Differenzierung, die mit den Begriffen des Phaenomenon und des Noumenon gegeben ist, als komplementäre Begriffe auf, durch die die alte metaphysische Redeweise von einer ›Welt an sich‹ oder dem ›Seienden an sich‹ aufs neue konserviert wird.

Literatur: E. Adickes, Kant und das D. a. s., Berlin 1924, Hildesheim 1977; H. E. Allison, Kant's Transcendental Idealism. An Interpretation and Defense, New Haven Conn./London 1983; M. Baum, D.e a. s. und Raum bei Kant, in: G. Funke (ed.), Akten des Siebenten Internationalen Kant-Kongresses Kurfürstliches Schloß zu Mainz 1990, II/1, Bonn/Berlin 1991, 63–72; G. Buchdahl, Metaphysics and the Philosophy of Science. The Classical Origins. Descartes to Kant, Oxford 1969, Lanham Md. 1988, bes. 532 ff.; J. N. Findlay, Kant and the Transcendental Object. A Hermeneutic Study, Oxford/London/Glasgow 1981; M. S. Gram, The Transcendental Turn. The Foundation of Kant's Idealism, Gainesville Fla./Tampa Fla. 1984; W. G. Jacobs, Ding/D. a. s., EP I (1999), 258–260; S. Körner, Kant, Harmondsworth 1955, 1984 (dt. Kant, Göttingen 1967, ^{2}1980); G. Martin, I. Kant. Ontologie und Wissenschaftstheorie, Köln 1951, ^{4}1969; J. Mittelstraß, Ding als Erscheinung und D. a. s.. Zur Kritik einer spekulativen Unterscheidung, in: ders./M. Riedel (eds.), Vernünftiges Denken. Studien zur praktischen Philosophie und Wissenschaftstheorie, Berlin/New York 1978, 107–123; G. Prauss, Erscheinung bei Kant. Ein Problem der »Kritik der reinen Vernunft«, Berlin 1971; ders., Kant und das Problem der D.e a. s., Bonn 1974, ^{3}1989; N. Rescher, On the Status of ›Things-In-Themselves‹ in Kant, Synthese 47 (1981), 288–299, rev. in: ders., Essays in the History of Philosophy, Aldershot etc. 1995, 1997, 241–252; C. Seidel, D. a. s., Hist. Wb. Ph. II (1971), 251–255; J. Seifert, Back to ›Things in Themselves‹. A Phenomenological Foundation for Classical Realism, New York/London 1987; G. Shaw, Das Problem des D.es a. s. in der englischen Kantinterpretation, Bonn 1969; F. Tasche, Von der Monade zum D. a. s.. Bemerkungen zur Leibniz-Rezeption Kants, in: A. Heinekamp (ed.), Beiträge zur Wirkungs- und Rezeptionsgeschichte von Gottfried Wilhelm Leibniz, Stuttgart 1986, 198–212; A. Wilmers, Kants D. a. s. – ein unlösbares Problem? Eine Rekonstruktion des kantischen D.es a. s. auf Grund seiner historisch-systematischen Ableitung von Platon, Aristoteles, Locke und Leibniz, Diss. Freiburg 1993. J. M.

Dingler, Hugo, *München 7. Juli 1881, †ebd. 29. Juni 1954, dt. Philosoph und Wissenschaftstheoretiker. Ab 1900 Studium der Mathematik und der Physik an den Universitäten Erlangen, München und Göttingen (1902/1903, unter anderem bei E. Husserl). 1907 Promotion an der TH München, 1907/1908 Assistent ebendort. 1912 Habilitation für Mathematik an der Universität München (Über wohlgeordnete Mengen und zerstreute Mengen im allgemeinen), 1919/1920 Lehrer an der Oberrealschule in Augsburg, 1920–1932 a. o. Prof. für Methodik und die mathematischen Wissenschaften an der Universität München, 1932–1934 o. Prof. für Philosophie, Pädagogik und Psychologie an der TH Darmstadt. Nach seiner Entlassung 1934 (auf Grund von Intrigen, die seine politische Zuverlässigkeit, im Hinblick auf manche spätere Äußerungen grundlos, in Zweifel zogen) ab 1935 Tätigkeit als Lehrbeauftragter an der Universität München (zunächst an der Philosophischen, dann, ab 1940, für Geschichte und Methodik der Naturwissenschaften in der naturwissenschaftlichen Fakultät). 1945 Entlassung auf Weisung der Militärregierung.

Gegenstand des wissenschaftstheoretischen Werkes D.s ist eine methodische ↑Begründung der exakten Wissenschaften (Mathematik, Physik). Diese wird in *konstruktiv-axiomatischen* Theorien (↑konstruktiv/Konstruktivität, ↑Konstruktivismus) gesucht, in deren Rahmen Gegenstände nach Operationsregeln material erzeugt, nicht bloß formal beschrieben werden. Das Problem einer Begründung der jeweiligen Begründungsbasis einer Theorie, d. h. das Problem einer methodischen Sicherung von Anfangsschritten, die einer ›theoretischen‹ Begründung im Sinne ›deduktiver‹ Begründungen (↑Methode, deduktive) nicht zugänglich sind, wird hier durch Rückgriff auf *normierte Handlungen* (vgl. Philosophie der Logik und Arithmetik, 90) einer Lösung zugeführt. Mit diesem Ansatz wird D. zum Begründer eines normativen, von ihm ›Operativismus‹ genannten ↑*Operationalismus*, den er als Vermittlung von Theorie und Empirie in einer durch ideale Forderungen bestimmten Praxis versteht. So werden die geometrischen Grundbegriffe (›Ebene‹, ›parallel‹, ›orthogonal‹ etc.) über Forderungen an das Verfahren einer Realisierung von Grundformen (›geometrischen Ideen‹) bestimmt (↑Ideation), in der Arithmetik die natürlichen Zahlen über die Realisierung von Handlungsanweisungen erzeugt (↑Strichkalkül).

Zentraler Bestandteil einer methodischen Grundlegung der Physik ist nach D. eine *nicht-empirische Theorie der*

↑*Messung* (↑Meßtheorie). Die operative Grundregel, wonach eine Konstruktion nur von solchen Hilfsmitteln Gebrauch machen darf, die selbst bereits konstruiert sind, wird in einem ↑›Prinzip der pragmatischen Ordnung‹ formuliert (Varianten bzw. Spezialisierungen dieses Prinzips: ›Prinzip der Vollbegründung‹, ›Prinzip der kleinsten Einzelschritte‹, ›Prinzip der Eindeutigkeit‹ etc.). In der Rückführung derartiger Prinzipien auf einen (monologischen) ›aktiven Willen‹ wird (verbunden mit der Neigung, Handlungsmaximen zu radikalisieren, was unter anderem zu methodisch nicht mehr einlösbaren Beweislasten führt) der Operationalismus bei D. noch *dezisionistisch* (↑Dezisionismus) ausgelegt; der ↑Dualismus von Wille und Gegebenem bleibt erkenntnistheoretisch fundamental. Im Rahmen der konstruktiven Begründung von Logik und Mathematik und dem Entwurf einer ↑Protophysik durch P. Lorenzen und P. Janich ist der operative Ansatz von dieser idealistischen Bedingung einer älteren Erkenntnistheorie unabhängig geworden (↑Wissenschaftstheorie, konstruktive). Zugleich tritt (von der Konstruktivismus-Kritik in der Regel übersehen) in den Sprach- und Wissenschaftskonstruktionen der an methodische Intentionen D.s anschließenden konstruktiven Wissenschaftstheorie an die Stelle des Begriffs der ›absoluten Sicherheit‹ (Die Methode der Physik, 39) oder der ›absoluten Wissenschaft‹ (Die Grundlagen der Physik, V) bei D. (und des auf diese Bedeutung hin orientierten Programms einer ↑Letztbegründung) der Begriff der weder ›absolute Sicherheit‹ noch Vollständigkeit aller (re-)konstruierten Unterscheidungen und Sätze einer wissenschaftlichen Disziplin beanspruchende, gegenüber Alternativen zu den vorgelegten ›Anfängen‹ offene Begriff der (konstruktiven) ↑Begründung.

Werke: Grundlinien einer Kritik und exakten Theorie der Wissenschaften, insbesondere der mathematischen, München 1907; Grenzen und Ziele der Wissenschaft, Leipzig 1910; Die Grundlagen der angewandten Geometrie. Eine Untersuchung über den Zusammenhang zwischen Theorie und Erfahrung in den exakten Wissenschaften, Leipzig 1911; Über wohlgeordnete Mengen und zerstreute Mengen im allgemeinen, München 1912; Die Grundlagen der Naturphilosophie, Leipzig 1913 (repr. Darmstadt 1967); Über die logischen Paradoxien der Mengenlehre und eine paradoxienfreie Mengendefinition, Jahresber. Dt. Math.ver. 22 (1913), 307–315; Das Prinzip der logischen Unabhängigkeit in der Mathematik. Zugleich als Einführung in die Axiomatik, München 1915; Die Grundlagen der Physik. Synthetische Prinzipien der mathematischen Naturphilosophie, Berlin/Leipzig 1919, ²1923; Die Kultur der Juden. Eine Versöhnung zwischen Religion und Wissenschaft, Leipzig 1919; Über wohlgeordnete Mengen, Math. Ann. 79 (1919), 40–55; Über den Begriff der ›Einfachsheit‹ in der Methodik der Physik und der exakten Wissenschaften, Z. Phys. 3 (1920), 425–436; Kritische Bemerkungen zu den Grundlagen der Relativitätstheorie. Vortrag gehalten auf der 86. Versammlung deutscher Naturforscher und Ärzte, Leipzig 1921; Physik und Hypothese. Versuch einer induktiven Wissenschaftslehre nebst einer kritischen Analyse der Fundamente der Relativitätstheorie, Berlin/Leipzig 1921; Relativitätstheorie und Ökonomieprinzip, Leipzig 1922; Die Grundgedanken der Machschen Philosophie. Mit Erstveröffentlichungen aus seinen wissenschaftlichen Tagebüchern, Leipzig 1924; Der Zusammenbruch der Wissenschaft und der Primat der Philosophie, München 1926, erw. ²1931 [erw. um einen Anhang, 401–432]; Das Experiment. Sein Wesen und seine Geschichte, München 1928; Metaphysik als Wissenschaft vom Letzten, München 1929; Das System. Das philosophisch-rationale Grundproblem und die exakte Methode der Philosophie, München 1930; Philosophie der Logik und Arithmetik, München 1931; Der Glaube an die Weltmaschine und seine Überwindung, Stuttgart 1932; Geschichte der Naturphilosophie, Berlin 1932 (repr. Darmstadt 1967); Die Grundlagen der Geometrie. Ihre Bedeutung für Philosophie, Mathematik, Physik und Technik, Stuttgart 1933; Zur Philosophie des Dritten Reiches, Z. f. Deutschkunde 48 (1934), 609–622; Das Handeln im Sinne des höchsten Zieles. Absolute Ethik, München 1935; Die Methode der Physik, München 1938 (ital. Il metodo della ricerca nelle scienze, Mailand 1953); Von der Tierseele zur Menschenseele. Die Geschichte der geistigen Menschwerdung, Leipzig 1941, ³1943; A Study in Axiomatics, Methodos 1 (1949), 22–33; Grundriß der methodischen Philosophie. Die Lösungen der philosophischen Hauptprobleme, Füssen 1949 (ital. Storia filosofica della scienza, Mailand 1949, ²1979); On Definitions that Contain Themselves as Determinants, Methodos 2 (1950), 296–298; Über die Trennung zwischen Subjekt und Objekt, Methodos 2 (1950), 1–13 [mit engl. Übers. v. E. Glasersfeld, 27–29]; Das physikalische Weltbild, Meisenham am Glan 1951 (Z. philos. Forsch. Beih. IV); Über die Geschichte und das Wesen des Experimentes, München 1952; Zu der Kritik von Silvio Ceccato, Methodos 4 (1952), 291–296 [mit engl. Übers., 297–299]; Die Ergreifung des Wirklichen, ed. W. Krampf, München 1955, Teilausg. (Kap. I–IV) ed. K. Lorenz/J. Mittelstraß, Frankfurt 1969; Aufbau der exakten Fundamentalwissenschaft, ed. P. Lorenzen, München 1964; Aufsätze zur Methodik, ed. U. Weiss, Hamburg 1987. – G. Wolters/P. Schroeder (eds.), Der wissenschaftliche Nachlaß von H. D. (1881–1954). Verzeichnis mit einer Bibliographie der Schriften D.s, Konstanz 1979, 219–240; P. Schroeder-Heister, Bibliographie H. D. (1881–1954), Z. philos. Forsch. 35 (1981), 283–298.

Literatur: Biographische Enzyklopädie deutschsprachiger Philosophen, bearb. B. Jahn, München 2001, 85; E. Carruccio, On the Contradictoriness, According to D.. Of Non-Predicative Definitions, Methodos 2 (1950), 296–298; S. Ceccato, Contra D.. Pro D., Methodos 4 (1952), 223–265 [mit engl. Übers. v. E. Glasersfeld, 266–290]; W. Flach, H. D.s Kritik des Positivismus, in: W. Beierwaltes/W. Schrader (eds.), Weltaspekte der Philosophie, Amsterdam 1972, 53–66; E. Gorn, Die Philosophie H. D.s, Düsseldorf 1960; K. Hübner, Beiträge zur Philosophie der Physik, Philos. Rdsch. Beih. 4 (1963), 27–48 [H. D., Die Ergreifung des Wirklichen; Wilhelm Krampf, H. D.. Gedenkbuch zum 75. Geburtstag]; P. Janich, Die Protophysik der Zeit, Mannheim 1969, rev., mit Untertitel: Konstruktive Begründung und Geschichte der Zeitmessung, Frankfurt 1980 (engl. Protophysics of Time. Constructive Foundation and History of Time Measurement, Dordrecht/Boston Mass./Lancaster Pa. 1985); ders., Zur Protophysik des Raumes, in: G. Böhme (ed.), Protophysik. Für und wider eine konstruktive Wissenschaftstheorie der Physik, Frankfurt 1976, 83–130, ferner unter dem Titel: Die protophysikalische Begründung der Geometrie, in: ders., Das Maß der Dinge [s. u.], 35–72; ders. (ed.), Methodische Philosophie. Beiträge zum Begründungsproblem der exakten Wissenschaften in

Auseinandersetzung mit H. D., Mannheim/Wien/Zürich 1984; ders., H. D., die Protophysik und die spezielle Relativitätstheorie, in: ders. (ed.), Methodische Philosophie [s. o.], 113–127; ders., Das Maß der Dinge. Protophysik von Raum, Zeit und Materie, Frankfurt 1997; H.-J. Köncke, Philosophische Letztbegründung und technische Instrumentalität. Rekonstruktion der Philosophie H. D.s vor dem wissenschaftsgeschichtlichen Hintergrund um 1920, Diss. Hamburg 1998 (Mikrofiche); V. Kraft, D.s ›Methodische Philosophie‹ und der Neopositivismus, Z. philos. Forsch. 8 (1954), 259–266; W. Krampf, Die Philosophie H. D.s, München 1955; ders. (ed.), H. D.. Gedenkbuch zum 75. Geburtstag, München 1956; ders., Über die Philosophie H. D.s, Z. philos. Forsch. 10 (1956), 287–299; ders., Die Möglichkeit einer operativen Begründung der exakten Wissenschaft, Z. philos. Forsch. 25 (1971), 485–499; ders., Das Handeln in der Philosophie H. D.s. Zur 100. Wiederkehr seines Geburtstages am 7. Juli 1981, Z. philos. Forsch. 36 (1982), 90–95; K. Lorenz/J. Mittelstraß, Die methodische Philosophie H. D.s, in: H. D.. Die Ergreifung des Wirklichen. Kap. I–IV, ed. K. Lorenz/J. Mittelstraß, Frankfurt 1969, 7–55; P. Lorenzen, Formale Logik und Arithmetik in D.s methodischer Philosophie, in: W. Krampf (ed.), H. D.. Gedenkbuch [s. o.], 119–130; J. Mittelstraß, Wider den D.-Komplex, in: ders., Die Möglichkeit von Wissenschaft, Frankfurt 1974, 84–105, 230–234; H. Sanborn, D.'s Methodical Philosophy, Methodos 4 (1952), 191–220; F. Scheele, H. D.s philosophisches System als Beispiel des Weltaspektes der S2-Struktur. Eine strukturtypologische Untersuchung, Diss. Marburg 1933; K. E. Schorr, Der Begründungszusammenhang der Konzeption H. D.s, Philos. Nat. 7 (1961/1962), 207–240; H. Wagner, H. D.s Beitrag zur Thematik der Letztbegründung, Kant-St. 47 (1955/1956), 148–167; U. Weiss, H. D.s methodische Philosophie. Eine kritische Rekonstruktion ihres voluntaristisch-pragmatischen Begründungszusammenhangs, Mannheim/Wien/Zürich 1990 [mit Bibliographie, 468–481]; J. Willer, Methodische Philosophie und konstruktive Logik. Bemerkungen zu den Begründungsentwürfen von H. D. und Paul Lorenzen, Kant-St. 64 (1973), 497–508; ders., Relativität und Eindeutigkeit. H. D.s Beitrag zur Begründungsproblematik, Meisenheim am Glan 1973; G. Wolters, Früher Konventionalismus. Der Carnap-D. Briefwechsel, in: P. Janich (ed.), Methodische Philosophie [s. o.], 60–76; K. Zeyer, Die methodische Philosophie H. D.s und der transzendentale Idealismus Immanuel Kants, Zürich/New York 1999. J. M.

Diodoros Kronos, *Iasos in Karien (Kleinasien) um 350 v. Chr., †Alexandrien nach 285 v. Chr., griech. Philosoph, Schüler des Eubulides-Schülers Apollonios, der ebenfalls schon ›Kronos‹ (›alter Narr‹) genannt wurde. Um 310 v. Chr. in Athen ein geschätzter Lehrer der Dialektik, zu dessen Schülern neben seinen fünf Töchtern und namhaften Dialektikern wie Philon auch Epikur, Zenon von Kition und Arkesilaos gehörten, die Gründer der drei hellenistischen Philosophenschulen; etwa 290 v. Chr. wechselte D. nach Alexandrien.

D. ist der prominenteste Vertreter einer Gruppe von Philosophen, die sich um 300 v. Chr. dadurch auszeichneten, daß sie entsprechend dem Aristotelischen Begriff der ↑Dialektik noch mit Hilfe von Ja/Nein-Fragen diskutierten. Ganz gleich, ob diese Gruppe eine eigene Schule bildete, die sogenannte Dialektische Schule (so D. N. Sedley), oder ob sie weiterhin zu den ↑Megarikern gerechnet werden darf (so K. Döring), sie war nicht so sehr durch bestimmte Lehren als vielmehr durch ihr Interesse an der Logik charakterisiert, besonders an der Aussagenlogik (↑Junktorenlogik). In dieser Hinsicht übte sie großen Einfluß auf die frühen Stoiker (↑Stoa) aus. – Zum Begriff der Bewegung erklärt D., man könne nicht sagen, etwas bewege sich, sondern lediglich, es habe sich bewegt. Wegen der scharfen Unterscheidung zwischen Verlaufs- und resultativen Tempora stecken in dieser These Ansätze einer Tempuslogik. Zu seinen Argumenten gehört, daß sich kein Ort und keine Zeit bestimmen lasse, worin Bewegung stattfinden könne. Andere Argumente basieren auf der Annahme teilloser Größen und lassen die These über die Bewegung als einen Beitrag zur Geschichte des ↑Atomismus erscheinen. D. reagiert damit auf ein Argument des Aristoteles, der teillose Größen für bewegungsunfähig hielt und deswegen die Vorstellung eines bewegten teillosen Körpers zurückwies (Phys. Z1.231b21–232a17; 10.240b8–241a6).

In der Bedeutungstheorie vertritt D. die Ansicht, Wörter hätten in Sätzen für die jeweiligen Sprecher immer eine feste Bedeutung, könnten allerdings in verschiedenen Sätzen, aber auch (in gleichen Sätzen) bei verschiedenen Sprechern unterschiedliche Bedeutungen haben. Die damit behauptete Maßgeblichkeit der Sprecherintention unterstreicht D., indem er seine Sklaven mit Konjunktionen benannte (›Aber‹, ›Fürwahr‹ etc.). Im Streit um einen angemessenen Begriff der ↑Implikation hält er im Rahmen einer Analyse von ↑Konditionalsätzen den von seinem Schüler Philon entwickelten Begriff der materialen Implikation nicht für ausreichend; vielmehr sei eine Implikation dann wahr, wenn es weder möglich wahr noch möglich ist, daß sie, falls ihr Vordersatz wahr ist, einen falschen Nachsatz hat. Einen weiteren Begriff der wahren Implikation formuliert erst der Stoiker Chrysippos. Noch weiter reichte der Einfluß von D.s' Thesen über das Mögliche. Möglich ist nach D. das, was entweder wahr ist oder wahr sein wird. Um diese Definition zu rechtfertigen, entwickelt er das so genannte ↑Meisterargument, dessen formale Gültigkeit in der Antike auch bei abweichenden Auffassungen über das Mögliche anerkannt war, ebenso wie seine zentrale Bedeutung für die Frage der Willensfreiheit (↑Wille).

Literatur: S. Bobzien, Chrysippus' Modal Logic and Its Relation to Philo and Diodorus, in: K. Döring/T. Ebert (eds.) Dialektiker und Stoiker. Zur Logik der Stoa und ihrer Vorläufer, Stuttgart 1993, 63–84; J. M. Bocheński, Formale Logik, Freiburg/München 1956, ⁵1996 (engl. A History of Formal Logic, Notre Dame Ind. 1961, New York ²1970); N. Denyer, The Atomism of Diodorus Cronus, Prudentia 13 (1981), 33–45; ders., Diodorus Cronus, REP III (1998), 83–86; K. Döring, Die Megariker. Kommentierte Sammlung der Testimonien, Amsterdam 1972, bes. 28–45, 124–139; ders., Gab es eine Dialektische Schule?, Phronesis 34 (1989), 293–310; ders., Die sogenannten kleinen Sokratiker und ihre

Schulen bei Sextus Empiricus, Elenchos 13 (1992), 81–118; ders., D., DNP III (1997), 587–589; ders., D. K., Philon, Panthoides, in: K. Flashar (ed.), Die Philosophie der Antike II/1 (Sophistik – Sokrates – Sokratik – Mathematik – Medizin), Basel 1998, 221–230; T. Ebert, Dialektiker und frühe Stoiker bei Sextus Empiricus. Untersuchungen zur Entstehung der Aussagenlogik, Göttingen 1991; R. Gaskin, The Sea Battle and the Master Argument. Aristotle and Diodorus Cronus on the Metaphysics of the Future, Berlin/New York 1995; G. Giannantoni, Socratis et Socraticorum Reliquiae, I–IV, Neapel 1990, bes. I, 413–435, IV, 73–81; J. Hintikka, Aristotle and the ›Master Argument‹ of Diodorus, Amer. Philos. Quart. 1 (1964), 101–114; W. Kneale/M. Kneale, The Development of Logic, Oxford 1962; A. A. Long/D. N. Sedley, The Hellenistic Philosophers I (Translations of the Principal Sources, with Philosophical Commentary), Cambridge etc. 1987, bes. 230–236 (§ 38 Modality) (dt. Die hellenistischen Philosophen. Texte und Kommentare, Stuttgart/Weimar 2000, bes. 273–280 [§ 38 Modalität]); R. Muller, Diodoros Cronos, in: R. Goulet (ed.), Dictionnaire des philosophes antiques II, Paris 1994, 779–781; P. Natorp, D., RE V/1 (1903), 705–707; A. N. Prior, Past, Present and Future, Oxford 1967, 1978; P.-M. Schuhl, Le dominateur et les possibles, Paris 1960; D. Sedley, Diodorus Cronus and Hellenistic Philosophy, Proc. Cambridge Philos. Soc. 203 (1977), 74–120; ders., Diodorus Cronus, in: S. Hornblower/ A. Spawforth (eds.), The Oxford Classical Dictionary, Oxford/ New York 1996, 472; ders., Megarian School, REP VII (1998), 279–280; J. Vuillemin, Nécessité ou contingence. L'aporie de Diodore et les systèmes philosophiques, Paris 1984, 1997 (engl. [rev.] Necessity or Contingency. The Master Argument, Stanford Calif. 1996); H. Weidemann, Das sogenannte Meisterargument des D. K. und der Aristotelische Möglichkeitsbegriff, Arch. Gesch. Philos. 69 (1987), 18–53; ders., Zeit und Wahrheit bei Diodor, in: K. Döring/T. Ebert (eds.), Dialektiker und Stoiker [s. o.], 314–324. K. H. H.

Diogenes Laërtios, griech. Philosoph des 2./3. Jhs.. Sein Hauptwerk »Über Leben und Meinungen berühmter Philosophen« (10 Bücher), die einzige erhaltene Geschichte der Philosophie in der Antike, bildet trotz des anekdotischen Charakters der Lebensbeschreibungen, der unkritischen Kompilationen und mancher Fehler und Widersprüche eine wichtige Quelle für die Kenntnis der antiken Philosophie (↑Doxographie). D. beginnt mit den Sieben Weisen; der letzte von ihm genannte Autor ist der Skeptiker Saturninus (IX, 116), ein Schüler des Sextus Empiricus, was eine Datierung des Werkes um die Mitte des 3. Jhs. n. Chr. erlaubt. D. gliedert die Geschichte der Philosophie in eine ›ionische‹ (östliche) und eine ›italische‹ (westliche) Traditionslinie. Er ist bemüht, eine Verbindung von Biographie (βίος) und Lehre (λόγος) herzustellen, legt Wert auf Schulzusammenhänge (Lehrer-Schüler-Verhältnisse), nennt Herkunft und Blütezeit (ἀκμή) der Philosophen und bietet ausführliche Werklisten. Seine Informationen stammen meist aus zweiter Hand; über 200 Quellenautoren, deren Werke nicht mehr erhalten sind, werden namentlich angeführt.

Text: Diogenis Laertii vitae philosophorum, I–II, ed. H. S. Long, Oxford 1964 (dt. Leben und Meinungen berühmter Philosophen, übers. v. O. Apelt, Leipzig 1921, Hamburg ³1990).

Literatur: A. Biedl, Zur Textgeschichte des D. L., Rom 1955 (Studi e Testi 184); B. A. Desbordes, Introduction à Diogène Laërce. Exposition de l'Altertumswissenschaft servant de préliminaires critiques à une lecture de l'œuvre, Utrecht 1990; T. Dorandi, Zu D. L. VII, 176, Philol. 134 (1990), 161; M. Gigante, D. L. storico e cronista dei filosofi antichi, in: Atene e Roma N. S. 18, N. 3–4 (1973), 105–132; K. Janacek, Zur Würdigung des D. L., Helikon 8 (1968), 448–451; J. Mansfeld, D. Laertius on Stoic Philosophy, Elenchos 7 (1986), 295–382; J. Mejer, D. Laertius and His Hellenistic Background, Wiesbaden 1978; ders., D. Laertius and the Transmission of Greek Philosophy, in: W. Haase (ed.), Aufstieg und Niedergang der römischen Welt. Geschichte und Kultur Roms im Spiegel der neueren Forschung II, 36, 5, Berlin/New York 1992, 3556–3602; ders., Diogène Laërce, in: R. Goulet (ed.), Dictionnaire des philosophes antiques II, Paris 1994, 824–833; P. v. der Mühll, Interpretationen biographischer Überlieferung, Mus. Helv. 23 (1966), 234–239; G. Rocca-Serra, Diogène Laërce, Enc. philos. universelle III/1 (1992), 119; D. T. Runia, D. L., DNP III (1997), 601–603; ders., D. Laertius, REP III (1998), 86–87; M. Untersteiner, Posidonio nei placita di Platone secondo Diogene Laerzio III, Brescia 1970. M. G.

Diogenes von Apollonia (am Schwarzen Meer oder auf Kreta), ca. 460–390 v. Chr., griech. Naturphilosoph. D. war in Athen so bekannt, daß Aristophanes ihn und seine Philosophie als Zielscheibe des Spottes in den »Wolken« (227–233; im Jahre 423 aufgeführt) benutzen konnte. Antike Berichte über ein ihm zugeschriebenes Werk mit dem Titel »Über die Natur« sind in der neueren Forschung umstritten. – D. vertritt einen konsequenten, alles durchdringenden ↑Monismus: Um die wechselseitige Interaktion der Dinge in der Welt erklären zu können, nimmt er über den Dingen und den Elementen die (stofflich verstandene) Luft als allem gemeinsame Ursubstanz an, die er als ewig, unsterblich, göttlich, vielwissend und vielgestaltig in ihrer Erscheinungsform charakterisiert. Sie durchdringt alles und fungiert als universelles Prinzip jeglicher Veränderung in der Welt. Dieses Luftprinzip wird mit dem Geist (↑Nus) gleichgesetzt, ist Zentralorgan des Denkens und der Wahrnehmung und hat seinen Sitz im Gehirn, von wo aus es über die Blutbahn in die Einzelorgane gelangen und verschiedene Sinneseindrücke gewinnen und geistig verarbeiten kann. D. scheint als erster die Theorie von der ›schönsten aller Welten‹ (Frg. B 3) vertreten zu haben.

Texte: VS 64.

Literatur: I. Bodnar, D. v. A., DNP III (1997), 596–598; W. Burkert, Orpheus und die Vorsokratiker, Antike u. Abendland 14 (1968), 93–114; A. J. Cappelletti, Los fragmentos de D. de Apolonia, Caracas 1975; H. Diller, Die philosophiegeschichtliche Stellung des D. v. A., Hermes 76 (1941), 359–381, Neudr. in: ders., Kleine Schriften, ed. H.-J. Newiger, München 1971, 162–186; FM I (1994), 899; W. K. C. Guthrie, A History of Greek Philosophy II, Cambridge 1965, 362–381; G. S. Kirk/ J. E. Raven/M. Schofield (eds.), The Presocratic Philosophers. A Critical History with a Selection of Texts, Cambridge 1966,

²1983, 434–452 (dt. Die vorsokratischen Philosophen. Einführung, Texte und Kommentare, Stuttgart/Weimar 1994, 2001, 473–492); A. Laks, Diogène d'Apollonie, Lille 1983; ders., Diogène d'Apollonie, Enc. philos. universelle III/1 (1992), 116; ders., Diogène d'Apollonie, in: R. Goulet (ed.), Dictionnaire des philosophes antiques II, Paris 1994, 801–802; M. Schofield, D. of A., in: S. Hornblower/A. Spawforth (eds.), The Oxford Classical Dictionary, Oxford/New York 1996, 473; ders., D. of A., REP III (1998), 87–89; W. Theiler, Zur Geschichte der teleologischen Naturbetrachtung bis auf Aristoteles, Zürich 1925, Berlin ²1965; J. Zafiropulo, Diogène d'Apollonie, Paris 1956.   M. G.

Diogenes von Seleukeia, *nach 240 v. Chr., †vor 150 v. Chr., auch genannt der ›Babylonier‹, griech. Philosoph der ↑Stoa. Ca. 220 Schüler Chrysipps, folgte Zenon von Tarsos in der Schulleitung, wurde Lehrer des Boëthos von Sidon und des Panaitios, war 156/155 Mitglied der Athener Philosophengesandtschaft nach Rom. Durch Zitate und Auszüge sind von seinen Schriften 10 Werke unterschiedlicher Art zu allen drei Bereichen der Philosophie zu erkennen. An der Generationen übergreifenden Diskussion zwischen der Stoa und der ↑Akademie war er führend beteiligt; in seiner nüchternen Art hat er die stoischen Positionen sorgfältig vertreten, unter dem Eindruck gegnerischer Argumente gelegentlich aber auch weiterentwickelt oder modifiziert. Am nachhaltigsten wirkte D. durch seine Beiträge zur Dialektik (↑Logik, stoische). Dort verschmolz er die Ansätze der verschiedenen Schulrichtungen zu einem umfassenden Regelsystem für die Lehre vom sprachlichen Ausdruck; sein »Lehrbuch über das sprachliche Zeichen« (περὶ τῆς φωνῆς τέχνη), eine Theorie der sprachlichen Zeichen, des Bezeichnens und der sinnvollen Rede, hat mit seinen systematischen Unterscheidungen und Definitionen die weitere Entwicklung der ↑Sprachphilosophie maßgeblich beeinflußt. D. unterscheidet hierin Lautgebilde als bloßen Schall von artikulierten Lauten, die er Ausdruck nennt, und Ausdrücke ohne Bedeutung (wie z. B. ›Blityri‹; βλίτυρι) vom Logos (Wort, Rede) als Bedeutungsträger; weiterhin trifft er eine Differenzierung zwischen dem bloßen Hervorbringen von Lauten und dem semantisch sinnvollen Sagen (λέγειν), für das das Äußern von Sachverhalten (πράγματα), von mit der Sprache gemeinten außersprachlichen Realitäten konstitutiv ist; hier läßt sich die Behauptungstheorie des Aristoteles unmittelbar anschließen (↑Apophansis). Mit seiner Schrift »Über Musik« betritt er für die Philosophie der Stoa Neuland. D. versucht hier, eine erkenntnistheoretische Basis für *ästhetische* Urteile generell sowie für musikalische im Besonderen zu geben. Er geht aus von allen Menschen gemeinsamen Sinneseindrücken (z. B. von Farben oder Tönen) und fragt dann nach der Ursache für die bei den Menschen jeweils verschiedenen Gefühle der Lust bzw. der Unlust; letztere müssen nicht notwendigerweise nur subjektiv sein: sie beruhen nach D. auf der in gewissem Maße ›wissenschaftlichen‹ Zwischenstufe der intellektuellen Beurteilung (z. B. von harmonischer Übereinstimmung oder Disharmonie) durch den Logos, und diese kann auf Grund unterschiedlicher Schulung des Logos bei verschiedenen Menschen zu Differenzen in der Beurteilung führen.

In der Ethik entwickelte D. die stoische These weiter, daß es darauf ankomme, in Übereinstimmung mit der Natur zu leben. Obwohl nach den Stoikern allein Tugend und Laster das Glück bzw. Unglück des Menschen ausmachen, führte D. in die Formulierung des Lebensziels *Dinge* ein, die mit der Natur übereinstimmen oder im Gegensatz zu ihr stehen, also nicht-moralische Werte, die durch auswählende Stellungnahme ermittelt oder zurückgewiesen werden. Die stoische Ziel-Formel gewann durch diese Ergänzung an Praxisnähe und wurde zugleich neuer Kritik ausgesetzt; diese konnte sich nun auf das Verhältnis zwischen dem Glück und den Dingen konzentrieren, die für das Glück doch irrelevant sein sollten.

Texte: SVF III, 210–243; A. A. Long/D. N. Sedley, The Hellenistic Philosophers, I–II, Cambridge etc. 1987 (I Translations of the Principal Sources with Philosophical Commentary, II Greek and Latin Texts with Notes and Bibliography) (dt. [übers. v. Bd. I] Die hellenistischen Philosophen. Texte und Kommentare, Stuttgart/Weimar 2000); K. H. Hülser (ed.), Die Fragmente zur Dialektik der Stoiker. Neue Sammlung der Texte mit deutscher Übersetzung und Kommentaren, I–IV, Stuttgart-Bad Cannstatt 1987/1988.

Literatur: J. Annas, D. of Babylon, in: S. Hornblower/A. Spawforth (eds.), The Oxford Classical Dictionary, London/New York 1996, 474; W. Ax, Laut, Stimme und Sprache. Studien zu drei Grundbegriffen der antiken Sprachtheorie, Göttingen 1986 (Hypomnemata 84); K. Barwick, Remmius Palaemon und die römische Ars grammatica, Leipzig 1922 (repr. Hildesheim 1967), bes. 215–223; J. Brunschwig, Did Diogenes of Babylon Invent the Ontological Argument?, in: ders. (ed.), Papers in Hellenistic Philosophy, Cambridge 1994, 170–189; M. Conche, Diogène de Babylone ou de Séleucie, Enc. philos. universelle III/1 (1992), 116; J.-P. Dumont, Diogène de Babylone et la preuve ontologique, Rev. philos. France étrang. 172 (1982), 389–395; ders., Diogène de Babylone et la déesse raison. La métis des stoïciens, Bull. l'Association G. Budé (1984), 260–278; J.-M. Flamande, Diogène de Séleucie, in: R. Goulet (ed.), Dictionnaire des philosophes antiques II, Paris 1994, 807–812; B. Inwood, D. von Babylon, der Stoiker, DNP III (1997), 600; A. A. Long, Carneades and the Stoic Telos, Phronesis 12 (1967), 59–90; ders. (ed.), Problems in Stoicism, London 1971; M. C. Nussbaum, Poetry and the Passions. Two Stoic Views, in: J. Brunschwig/M. Nussbaum (eds.), Passions and Perceptions, Cambridge 1993, 97–149; D. Obbink/P. A. Vander Waerdt, D. of Babylon. The Stoic Sage in the City of Fools, Greek, Roman and Byzantine Stud. 32 (1991), 355–396; M. Pohlenz, Die Stoa. Geschichte einer geistigen Bewegung I, Göttingen 1948, ⁷1992; J. M. Rist, Stoic Philosophy, Cambridge 1969, 219–221; M. Schäfer, D. als Mittelstoiker, Philol. 91 (1936), 174–196; R. T. Schmidt, Die Grammatik der Stoiker. Einführung, Übersetzung und Bearbeitung v. K. H. Hülser. Mit einer Bibliographie zur stoischen Sprachwissenschaft (Dialektik) v. U. Egli, Braunschweig 1979; D. Sohlberg, Aelius Aristides und D. von Babylon zur Geschichte des rednerischen Ideals, Mus. Helv. 29 (1972), 177–200, 256–277; P. Steinmetz, Die Stoa. D. aus S., in: H. Flashar (ed.), Die Philosophie der Antike. Die Hellenistische Philosophie, Basel 1994, 629–633; G. Striker, Antipater, or the Art of Living, in: dies., Essays of Hellenistic Epistemology and Ethics, Cambridge Mass. 1996, 298–315.   K. H. H./M. G.

Diogenes von Sinope (der ›Kyniker‹), 412/403–324/321 v. Chr., griech. Philosoph, Vertreter des ↑Kynismus. Schüler des Antisthenes, Lehrer des Metrokles und Krates von Theben, bekannt durch zahlreiche Anekdoten (D. in der Tonne). In seinem provokatorisch einfachen und asketischen Leben kritisiert D. Bedürfnisse und sucht ein Beispiel für eine natürliche, unvernünftige Konventionen und gesellschaftliche Zwänge überwindende Lebensführung zu geben. Unter ↑Weisheit versteht D. eher eine praktische Lebenshaltung denn ein intellektuelles Können. Seine in der Folgezeit (z. B. von der ↑Stoa) oft übernommene Telosformel (↑Telos), daß der Mensch ›gemäß der Natur‹ leben müsse, impliziert einen umfassenden Freiheitsbegriff, die Freundschaft aller Menschen miteinander und eine Harmonie zwischen Menschen, Tieren und Göttern. Auf Grund seines nicht von Schamlosigkeit freien Lebensstils wurde ihm die Bezeichnung ›der Hund‹ (κύων) beigelegt, die er mit einem gewissen Stolz akzeptiert haben soll.

Literatur: M. Billerbeck, Die Kyniker in der modernen Forschung, Bochumer Stud. Philos. 15 (1991), 303–317; R. Bracht Branham, D. of S., REP III (1998), 90–91; K. Döring, »Spielereien mit verdecktem Ernst vermischt«. Unterhaltsame Formen literarischer Wissensvermittlung bei D. v. S. und den frühen Kynikern, in: W. Kullmann/J. Althoff (eds.), Vermittlung und Tradierung von Wissen in der griechischen Kunst, Tübingen 1993, 337–352 (ScriptOralia 61); D. R. Dudley, A History of Cynism, London 1937; V. E. Emeljanow, The Letters of D., Diss. Stanford Calif. 1968 (auch: Diss. Abstracts 29 [1968], 1522 A); I. M. Finley, D.. The Cynic Aspects of Antiquity, London 1968, 89–101; K. v. Fritz, Quellenuntersuchungen zu Leben und Philosophie des D., Philol. Suppl. 18 (1926), H. 2; G. Giannantoni, ›D. Sinopeus‹, in: ders., Socratis et Socratiorum Reliquiae, Neapel 1990, 227–501 (Kap. V B); M.-O. Goulet-Cazé, Un syllogisme stoïcien sur la loi dans la doxographie de Diogène le cynique. A propos de Diogène Laërce VI, 72, Rhein. Mus. Philol. 125 (1982), 214–245; dies., Diogène de Sinope, Enc. philos. universelle III/1 (1992), 116–117; dies., Diogène de S., in: R. Goulet (ed.), Dictionnaire des philosophes antiques, Paris 1994, 812–820; dies., D. v. S., DNP III (1997), 598–600; H. Kusch, D. v. S., RAC III (1957), 1063–1075; J. L. Moles, D. the Cynic, in: S. Hornblower/A. Spawforth (eds.), The Oxford Classical Dictionary, Oxford/New York 1996, 473–474; P. Natorp, D. v. S., RE V/1 (1903), 765–773; H. Niehues-Pröbsting, Der Kynismus des D. und der Begriff des Zynismus, München 1979; L. Paquet, Les Cyniques grecs. Fragments et témoinages, Ottawa Ont. 1988, 49–100; E. Sayre, D., Baltimore Md. 1938; ders., The Greek Cynics, Baltimore Md. 1948.   M. G.

Dionysios Areopagites, ↑Pseudo-Dionysios Areopagites.

dionysisch, ↑apollinisch/dionysisch.

Diophantos von Alexandreia, um 250 n. Chr., späthellenistischer Mathematiker. Von den Schriften des D. kennt man derzeit neben einem Werk »Über Polygonalzahlen« (περὶ πολυγόνων ἀρίθμιον) zehn (von dreizehn) Büchern einer »Arithmetik« (’Αριθμητικά). Sechs davon sind in griechischer Sprache erhalten und seit Ende des 16. Jhs. bekannt. Vier weitere Bücher, allerdings nur in arabischer Übersetzung, sind vor einigen Jahrzehnten gefunden worden (vgl. die Textausgabe von J. Sesiano). Die »Arithmetik« ist keine Arithmetik im heutigen Sinne, sondern behandelt bis auf wenige zahlentheoretische Sätze im wesentlichen die numerische Lösung von Problemen mittels algebraischer Gleichungen. Für lineare und quadratische Gleichungen (und einen trivial lösbaren Fall einer kubischen Gleichung) gibt D. originelle und für die weitere Entwicklung der ↑Algebra bedeutende Lösungsmethoden an, die zwar in den meisten Fällen, ähnlich wie in der babylonischen Mathematik, auf das spezielle Problem zugeschnitten sind, sich aber häufig verallgemeinern lassen. Wichtig sind auch seine Methoden der Reduktion des Grades von Gleichungen (bis zum Grad 6) und der Anzahl der Unbekannten (bis zu 10). Die ›Diophantischen Gleichungen‹ $f(x_1, \ldots, x_n) = 0$ mit ganzzahligen Lösungen treten bei D. nicht auf. D. untersucht Gleichungen 2. Grades mit rationalen Lösungen.

Werke: Diophanti Alexandrini opera omnia cum graecis commentariis, I–II, griech. Text u. lat. Übers., ed. P. Tannery, Leipzig 1893/1895, Stuttgart 1974. – Die Arithmetik und die Schrift über die Polygonalzahlen des D. v. A., Übers. G. Wertheim, Leipzig 1890; Arithmetik des D. aus A., Übers. A. Czwalina, Göttingen 1952; Diophante d'Alexandrie, franz. P. ver Eecke, Paris 1959 (engl. in: T. L. Heath, D. of A.. A Study in the History of Greek Algebra, Cambridge 1885, ²1910 [repr. New York 1964], 129–266); J. Sesiano, The Arabic Text of Books IV to VII of Diophantus' ’Αριθμητικά in the Translation of Quṣtā ibn Lūqā, Berlin/Heidelberg/New York 1982 [mit engl. Übers. u. Kommentar].

Literatur: I. G. Basmakova, D. und diophantische Gleichungen, Basel/Stuttgart 1974 (engl. D. and Diophantine Equations, Washington D. C. 1997); M. Folkerts, D., DNP III (1997), 665–667; J. Gow, A Short History of Greek Mathematics, Cambridge 1884 (repr. New York 1968), bes. 100–122; T. L. Heath, D. of A.. A Study in the History of Greek Algebra. With a Supplement Containing an Account of Fermat's Theorems and Problems Connected with Diophantine Analysis and Some Solutions of Diophantine Problems by Euler [mit engl. Übers. der »Arithmetik« und »Polygonalzahlen«], Cambridge 1885, ²1910 (repr. New York 1964); ders., A History of Greek Mathematics II (From Aristarchus to D.), London 1921 (repr. London 1965), New York 1981, bes. 440–517; ders., A Manual of Greek Mathematics, London 1931, New York 1963, bes. 472–507; J. S. Morse, The Reception of D.'s Arithmetic in the Renaissance, Ann Arbor Mich. 1981; R. Rashed, Les travaux perdus de Diophante, I–II, Rev. hist. sci. 27 (1974), 97–122, 28 (1975), 3–30; K. Reich, D., Cardano, Bombelli, Viète. Ein Vergleich ihrer Aufgaben, in: dies., Rechenpfennige. Aufsätze zur Wissenschaftsgeschichte, München 1968, 131–150; J. Sesiano, D., DSB XV, Suppl. I (1978), 118–122; K. Vogel, D., DSB IV (1971), 110–119.   G. W.

Dirac, Paul Adrien Maurice, *Bristol 8. Aug. 1902, †Florida 20. Okt. 1984, engl. Physiker, einer der bedeutendsten theoretischen Physiker der Quantenmechanik (↑Quantentheorie) und Quantenelektrodynamik im 20. Jh.. D. war Sohn Schweizer Auswanderer, studierte zunächst 1918–1921 Elektrotechnik an der Universität Bristol, ab 1923 Physik in Cambridge, 1926 Promotion über ↑Quantentheorie, zu deren führenden Experten D. bereits seit seiner Publikation von 1925 gehörte. 1930 veröffentlichte D. »The Principles of Quantum Mechanics«, eines der ersten und einflußreichsten Lehrbücher der Quantenmechanik. 1930 Mitglied der Royal Society, 1932 Lucasian Chair in Cambridge, den bereits I. Newton innehatte. 1933 Nobelpreis für Physik. Während des 2. Weltkriegs wurde D. zwar mit militärisch ausgerichteter Physik beauftragt, lehnte aber politisches Engagement ab und weigerte sich, am Manhattan-Projekt teilzunehmen. D. war mit einer Tochter des Physiknobelpreisträgers E. Wigner verheiratet, mit dem er eine Vorliebe für mathematische und ästhetische Kriterien in der Physik teilte. Nach der Emeritierung in Cambridge 1969 Übersiedlung nach Florida, wo D. bis zu seinem Tod Mitglied der physikalischen Fakultät der Universität des Staates Florida war.

Nach W. Heisenbergs richtungsweisender Arbeit über Quantenmechanik von 1925, in der Matrizen zur mathematischen Darstellung kanonischer Variablen verwendet wurden, entwickelte D. im Herbst desselben Jahres seine eigene algebraisch elegantere Version. Dazu unterscheidet er zwischen c-Zahlen, die sich wie klassische Größen verhalten (z.B. Masse eines Teilchens), und q-Zahlen, die quantenmechanische Vertauschungsregeln erfüllen und Observablen wie Ort, Energie oder Impuls entsprechen. 1926 hatte E. Schrödinger mit der nach ihm benannten Wellengleichung (↑Schrödinger-Gleichung) eine äquivalente, aber anschaulichere Fassung der Quantenmechanik als die abstrakte Version von Heisenbergs Matrizenmechanik vorgelegt. In der Arbeit »On the Theory of Quantum Mechanics« aus demselben Jahr integrierte D. Schrödingers Wellenmechanik in seine eigene Theorie und schuf damit einen allgemeineren mathematischen Formalismus, der Heisenbergs Matrizen- und Schrödingers Wellenmechanik umfaßte. D.s Transformationstheorie war ein erster Schritt auf der Suche nach einer invarianten Fassung der Quantenmechanik, die schließlich zur Operatorentheorie der Hilbert-Räume (↑Quantentheorie) führte. Eine wichtige Konsequenz von D.s Formalismus war eine neue Form der Quantenstatistik. Danach können zwei nicht unterscheidbare Teilchen durch zwei verschiedene Arten von Wellenfunktionen beschrieben werden, die gegenüber Vertauschung der beiden Teilchen entweder symmetrisch (↑symmetrisch/Symmetrie (naturphilosophisch)) oder antisymmetrisch sind. Im symmetrischen Falle ändert die Wellenfunktion der beiden nicht unterscheidbaren Teilchen bei Vertauschung ihr Vorzeichen nicht, während im antisymmetrischen Falle Vorzeichenänderung eintritt. So werden Elektronen durch antisymmetrische und Photonen durch symmetrische Wellenfunktionen beschrieben. Da E. Fermi das gleiche Verteilungsgesetz für Elektronen früher als D., aber ohne quantenmechanische Ableitung aufgestellt hatte, spricht man heute von der Fermi-Dirac-Statistik. Allgemein genügen Fermionen wie z. B. Elektronen und Protonen der Fermi-Dirac-Statistik, während Bosonen der Bose-Einstein-Statistik entsprechen. Dabei gehen die Bezeichnungen ›Fermionen‹ und ›Bosonen‹ auf D. zurück.

1927 weitete D. die Quantenmechanik erstmals auf das elektromagnetische Feld aus und begründete damit die Quantenelektrodynamik: In der Untersuchung »The Quantum Theory of the Emission and Absorption of Radiation« (1927) berücksichtigte D. die Wechselwirkung eines Atoms mit einem elektromagnetischen Strahlungsfeld, indem er auch das Feld quantisierte. Allerdings traten Divergenzprobleme in der Quantenelektrodynamik auf, da verschiedene physikalische Größen unendlich wurden. Die später verwendeten Renormierungsverfahren zur Vermeidung von Divergenzen wurden von D. als ad-hoc Rechenverfahren abgelehnt, die seinen strengen mathematischen Ansprüchen an eine aus physikalischen Prinzipien ableitbare Theorie nicht genügten. Nachdem A. Einstein in seiner Speziellen Relativitätstheorie (↑Relativitätstheorie, spezielle) Elektrodynamik und Mechanik miteinander vereinigt hatte, stand eine Vereinigung von Spezieller Relativitätstheorie und Quantenmechanik noch aus, um auch Teilchen mit hoher Geschwindigkeit nahe der Lichtgeschwindigkeit berücksichtigen zu können. 1928 fand D. eine Wellengleichung, die ↑Lorentz-Invarianz aufwies und damit der Speziellen Relativitätstheorie genügte. Die D.-Gleichung konnte nicht nur das Wasserstoffspektrum und die Feinstruktur erklären, sondern erlaubte auch, den bisher nur empirisch gerechtfertigten Elektronenspin mathematisch abzuleiten. Eine zunächst paradox wirkende Konsequenz war die Voraussage von Elektronen mit positiver Ladung und negativer Energie bzw. Masse (im Sinne der relativistischen Äquivalenz von Masse und Energie). Als theoretische Erklärung nahm D. ein ›Meer‹ von nicht beobachtbaren Elektronen negativer Energie e^- (›D.-See‹) an. Ein unbesetztes Energieniveau deutete D. als ›Loch‹ im D.-See, dem ein positiv geladenes Antiteilchen e^+ des Elektrons entspricht. Beide Energiezustände vernichten sich unter Aussendung von γ-Strahlung gegenseitig, wenn ein ›Loch‹ von einem üblichen Elektron besetzt wird. Damit hatte D. die Paarvernichtung von Teilchen und Antiteilchen vorausgesagt. Ebenso ließ sich der umgekehrte Prozeß der Teilchen-Antiteilchen-Paarbildung ableiten. In seiner Arbeit »Quantised Singularities in the Electromagnetic Field« (1931) deutete D. die Antielektronen als neue Teilchen mit derselben Masse wie die bekannten Elektronen, aber mit positiver Ladung (›Positronen‹), die 1932 von C. D. Anderson in der Höhenstrahlung entdeckt wurden. Ebenso sagte D. die Existenz von negativ geladenen Antiprotonen und magnetischen Monopolen voraus. Die Antiprotonen wurden erst 1951 entdeckt. Die Monopole konnten bisher noch nicht nachgewiesen werden, obwohl sie eine theoretische Folge aus Quantenmechanik und Spezieller Relativitätstheorie sind und ihre Existenz daher von D. als zwingend angesehen wurde. Neben den Voraussagen einzelner Teilchen besteht das grundlegende Verdienst der D.schen Quantenelektrodynamik darin, daß sie die Teilchen-Antiteilchen-Symmetrie als fundamentale Konsequenz einer Quantenfeldtheorie theoretisch begründet hat.

D.s Forschung war von strengen methodologischen und wissenschaftstheoretischen Prinzipien bestimmt. Entscheidend war für ihn die mathematische Darstellung einer physikalischen Theorie, die sich durch logische Konsistenz, Einfachheit und Eleganz auszeichnen sollte. So äußerte er in seiner Arbeit »Can Equations of Motion Be Used in High-Energy Physics?« (1970), daß eine Theorie von mathematischer Schönheit eher richtig sei als eine unzulängliche, die nur auf ein paar experimentelle Daten passe. D. hat sich deshalb auch an der experimentellen Kernphysik nicht mehr beteiligt, deren Methoden er ohne tiefere theoretische Fundierung als unzulänglich empfand. Für die Interpretationen der Quantenmechanik im Sinne des Realismus (↑Realismus (erkenntnistheoretisch), ↑Realismus (ontologisch)) oder ↑Instrumentalismus interessierte er sich nicht, da mit einem logisch konsistenten und eleganten mathematischen Formalismus alles gesagt sei. Seit Mitte der 1930er Jahre wandte sich D. der ↑Kosmologie zu und suchte in der Tradition von A. Eddington nach zahlentheoretischen Proportionen des Universums mit dimensionslosen Naturkonstanten.

Werke: The Collected Works of P. A. M. D., I–, ed. R. H. Dalitz, Cambridge etc. 1995 ff.. – The Fundamental Equations of Quantum Mechanics, Proc. Royal Soc. A 109 (1925), 642–653; Quantum Mechanics and a Preliminary Investigation of the Hydrogen Atom, Proc. Royal Soc. A 110 (1926), 561–579; On Quantum Algebra, Proc. Cambridge Philos. Soc. 23 (1926), 412–418; On the Theory of Quantum Mechanics, Proc. Royal Soc. A 112 (1926), 661–677; The Physical Interpretation of the Quantum Dynamics, Proc. Royal Soc. A 113 (1926), 621–641; The Quantum Theory of the Emission and Absorption of Radiation, Proc. Royal Soc. A 114 (1927), 243–265; The Quantum Theory of the Electron, Proc. Royal Soc. A 117 (1928), 610–624; Quantum Mechanics of Many-Electron Systems, Proc. Royal Soc. A 123 (1929), 714–733; The Principles of Quantum Mechanics, Oxford 1930, 2000 (dt. Die Prinzipien der Quantenmechanik, Leipzig 1930); Quantised Singularities in the Electromagnetic Field, Proc. Royal Soc. A 133 (1931), 60–72; (mit W. Heisenberg/E. Schrödinger) Die moderne Atomtheorie. Die bei der Entgegennahme des Nobelpreises 1933 in Stockholm gehaltenen Vorträge, Leipzig 1934; A New Basis for Cosmology, Proc. Royal Soc. A 165 (1938), 199–208; Lectures on Quantum Mechanics, New York 1964, Mineola N. Y. 2001; Hamiltonian Methods and Quantum Mechanics, Proc. Royal Irish Acad. A 63 (1964), 49–59; Lectures on Quantum Field Theory, New York 1966; Can Equations of Motion be Used in High-Energy Physics?, Physics Today 23 (April 1970), 29–31; The Development of Quantum Theory. J. R. Oppenheimer Memorial Prize Acceptance Speech, New York 1971; Spinors in Hilbert Space, New York/London 1974; General Theory of Relativity, New York 1975, Princeton N. J. 1996; Recollections of an Exciting Era, in: C. Weiner (ed.), History of Twentieth Century Physics […], New York/London 1977, 109–146; Directions in Physics. Lectures Delivered During a Visit to Australia and New Zealand […], ed. H. Hora/J. R. Shepanski, New York etc. 1978. – H. Kragh, Bibliography of P. A. M. D./General Bibliography, in: ders., D.. A Scientific Biography [s. u.], 304–314, 364–382.

Literatur: A.O. Barut/A. van der Merwe/J.-P. Vigier (eds.), Quantum, Space and Time. The Quest Continues. Studies and Essays in Honour of Louis de Broglie, P. D. and Eugene Wigner, Cambridge etc. 1984, bes. 439–659; I. Belloni, A Note on Fermi's Route to Fermi-Dirac Statistics I, Scientia 113 (1978), 421–430; W. H. Cropper, P. D., in: ders., Great Physicists. The Life and Times of Leading Physicists from Galileo to Hawking, Oxford etc. 2001, 365–375; R. H. Dalitz/R. Peierls, D., Biographical Memoirs of Fellows of the Royal Soc. 32 (1986), 139–185; O. Darrigol, D., DSB XVII, Suppl. II (1990), 224–233; S. J. van Eijndhoven/J. de Graaf, A Mathematical Introduction to D.'s Formalism, Amsterdam etc. 1986; P. Goddard (ed.), P. D.. The Man and His Work, Cambridge etc. 1998, 1999; F. Hund, Geschichte der Quantentheorie, Mannheim 1967, Mannheim/Wien/Zürich ³1984 (engl. The History of Quantum Theory, London, New York 1974); H. Kragh, Methodology and Philosophy of Science in P. D.'s Physics, Roskilde 1979; ders., Cosmo-Physics in the Thirties. Towards a History of D. Cosmology, Hist. Stud. Phys. Sci. 13 (1982), 69–108; ders., D.. A Scientific Biography, Cambridge etc. 1990, 1992; ders., D., in: J. S. Ridgen (ed.), Macmillan Encyclopedia of Physics I, New York etc. 1996, 368–369; ders., Enrico Fermi (1901–1954) und P. A. M. D. (1902–1984), in: K. v. Meyenn (ed.), Die großen Physiker II (Von Maxwell bis Gell-Mann), München 1997, 352–366; B. Krause, D., in: W. Greulich (ed.), Lexikon der Physik in sechs Bänden II, Heidelberg/Berlin 1999, 48–52; B. N. Kursunoglu/E. P. Wigner (eds.), Reminiscences About a Great Physicist. P. A. M. D., Cambridge etc. 1987, 1990; K. Mainzer, Symmetrien der Natur. Ein Handbuch zur Natur- und Wissenschaftsphilosophie, Berlin/New York 1988 (engl. Symmetries of Nature. A Handbook for Philosophy of Nature and Science, Berlin/New York 1996); J. W. McAlister, D. and the Aesthetic Evaluation of Theories, Methodology and Sci. 23 (1990), 87–102; B. V. Medvedev/D. V. Shirkov, P. A. M. D. and the Formation of the Basic Ideas of Quantum Field Theory, Soviet Physics Uspekhi 30 (1987), 791–815; J. Mehra/H. Rechenberg, The Historical Development of Quantum Theory IV, New York/Heidelberg/Berlin 1982, bes. VII–222 (Part I The Fundamental Equations of Quantum Mechanics, 1925–1926); D. F. Moyer, Origins of D.'s Electron, 1925–1928/Evaluations of D.'s Electron, 1928–1932/Vindications of D.'s Electron, 1932–1934, Amer. J. Physics 49 (1981), 944–949, 1055–1062, 1120–1125; J. Schwinger (ed.),

Dirichlet, Johann Peter Gustav Lejeune, *Düren 13. Febr. 1805, †Göttingen 5. Mai 1859, dt. Mathematiker. Sohn einer franz. Emigrantenfamilie, 1822–1827 Hauslehrer in Paris, zugleich Studium bei J. B. J. Fourier und A. M. Legendre, 1827 Dozent in Breslau, 1829 in Berlin, 1831 a. o. Prof., 1839 o. Prof., 1855 auf den Göttinger Lehrstuhl von C. F. Gauß berufen, dessen Interpret und Fortsetzer D. zeitlebens gewesen ist. D.s Arbeiten förderten die ↑Zahlentheorie, und hier vor allem die Lehre von der Primzahlverteilung, durch die Einführung analytischer Methoden, insbes. die heute nach D. benannten Reihen der Form

$$\sum_{n=1}^{\infty} \frac{a_n}{n^s}.$$

Der ›Satz von D.‹ besagt, daß es zu je zwei teilerfremden Grundzahlen a, b unendlich viele Primzahlen der Form $a + bn$ gibt. Weitere wichtige Ergebnisse D.s betreffen die Theorie der bestimmten ↑Integrale, die Reihenlehre und die Potentialtheorie. Bei den Anwendungen der ↑Funktionentheorie in der Hydrodynamik spielt eine zentrale Rolle das ›D.sche Prinzip‹, eine Methode, aus der eindeutigen Lösbarkeit bestimmter Extremalprobleme der ↑Variationsrechnung Existenzsätze innerhalb der geometrischen Funktionentheorie zu erschließen. Für die ganze ↑Analysis bedeutsam wurde D.s Verwendung des Begriffs der ›willkürlichen‹ Zahlfunktionen, an welche keinerlei Darstellbarkeitsforderungen gestellt werden und als deren Prototyp (zu Unrecht) lange die sogenannte D.-Funktion galt, die für rationale Argumente einen festen Wert 0, für irrationale Argumente einen von c verschiedenen Wert 1 haben soll. D. vereinfachte zahlreiche ältere Beweise mathematischer Sätze durch Anwendung des heute nach ihm benannten ›Schubfach-Prinzips‹ (›Pigeonhole Principle‹), nach dem jede Klasseneinteilung K einer m-elementigen ↑Menge M mit weniger als m Klassen (↑Klasse (logisch)) mindestens eine Klasse mit mindestens zwei Elementen enthält. Ist M unendlich und K endlich, so enthält K mindestens eine Klasse mit unendlich vielen Elementen.

Werke: Werke, I–II, ed. L. Kronecker/L. Fuchs, Berlin 1889/1897 (repr., in 1 Bd., New York 1969). – Vorlesungen über Zahlentheorie, ed. R. Dedekind, Braunschweig 1863, ⁴1894 (repr. New York 1968); Untersuchungen über verschiedene Anwendungen der Infinitesimalanalysis auf die Zahlentheorie, ed. R. Haussner, Leipzig 1897 (Ostwalds Klassiker der exakten Wissenschaften 91); Die Darstellung ganz willkürlicher Funktionen durch Sinus- und Cosinusreihen, ed. H. Liebmann, Leipzig 1900 (Ostwalds Klassiker der exakten Wissenschaften 116), 3–34.

Literatur: W. Ahrens, P. G. L. D., Math.-naturwiss. Bl. 2 (1905), 36–39, 51–55; K.-R. Biermann, J. P. G. L. D.. Dokumente für sein Leben und Wirken (Zum 100. Todestag), Berlin 1959 (Abh. Dt. Akad. Wiss. Berlin, Kl. f. Math., Physik, Technik 1959/2); P. L. Butzer, D. and His Role in the Founding of Mathematical Physics, Arch. int. hist. sci. 37 (1987), 49–82; ders./M. Jansen/H. Zilles, Zum bevorstehenden 125. Todestag des Mathematikers J. P. G. L. D. (1805–1859), Mitbegründer der mathematischen Physik im deutschsprachigen Raum, Sudh. Arch. 68 (1984), 1–20; H. Fischer, D.'s Contributions to Mathematical Probability Theory, Hist. Math. 21 (1994), 39–63; H. Koch, D., in: H. Wußing (ed.), Biographien bedeutender Mathematiker, Berlin ⁴1989, 378–386; E. E. Kummer, Gedächtnisrede auf G. P. L.-D., Abh. Königl. Akad. Wiss. Berlin (1860), Berlin 1861, 1–36; H. Minkowski, P. G. L. D. und seine Bedeutung für die heutige Mathematik, Jahresber. dt. Math.-Ver. 14 (1905), 149–163; O. Neumann, D., in: S. Gottwald/H.-J. Ilgauds/K.-H. Schlote (eds.), Lexikon bedeutender Mathematiker, Frankfurt 1990, 127–128; O. Ore, D., DSB IV (1971), 123–127; G. Schubring, The Three Parts of the D. »Nachlass«, Hist. Math. 13 (1986), 52–56; H. Wußing, D., in: Biographische Enzyklopädie deutschsprachiger Philosophen, München 2001, 85–86.   C. T.

Disjunktion (engl. disjunction, von lat. disiungere, trennen) oder ↑Kontrajunktion, auch ↑Bisubtraktion, Bezeichnung für die Zusammensetzung zweier Aussagen mit dem ↑Junktor ›entweder – oder‹ (ausschließendes ›oder‹, Zeichen: ⊢⊣); meist genauer *vollständige D.* (engl. exclusive disjunction) genannt, weil häufig auch die Zusammensetzung mit dem nicht-ausschließenden ›oder‹ (↑Adjunktion) ›D.‹ (engl. inclusive disjunction) heißt. Seltener bezeichnet man auch die logische Zusammensetzung mit ›nicht beide‹ ($\neg(A \wedge B)$, ↑Shefferscher Strich, klassisch äquivalent mit der ↑Negatadjunktion $\neg A \vee \neg B$) als D.. Dem entspricht der mengentheoretische (↑Mengenlehre) Sprachgebrauch: Zwei Mengen M und N heißen *disjunkt* oder elementfremd, wenn ihr ↑Durchschnitt leer ist, also wenn gilt: $\bigwedge_x \neg(x \in M \wedge x \in N)$.   K. L.

Disjunktor, Bezeichnung für den ↑Junktor ›entweder-oder‹ (Zeichen: ⊢⊣) zur Herstellung der ↑Disjunktion zweier ↑Aussagen.   K. L.

Diskontinuität, Eigenschaft physikalischer Mannigfaltigkeiten, die nicht die Eigenschaft der ↑Kontinuität besitzen. Nach Aristoteles ist Kontinuität Voraussetzung jeder ↑Bewegung, ein Gesichtspunkt, der auch in der neuzeitlichen ↑Physik, z. B. von G. W. Leibniz, hervorgehoben wird (›natura non facit saltus‹). Nach I. Kant ist daher auch die Anwendung der Kausalkategorie (↑Kausalität) auf die Erscheinungen mit einer Kontinuität der vorkommenden Ereignisse verbunden. – Mathematisch kommt die Kontinuitätsvoraussetzung der klassischen Physik in der Verwendung stetig-differenzierbarer Differentialgleichungen wie den Hamilton-Gleichungen zur Berechnung von Bewegungszuständen zum Ausdruck (↑Determinismus). Demgegenüber wird in der ↑Quantentheorie von diskontinuierlichen Quantensprüngen ausgegangen. So läuft z. B. der radioaktive

Zerfall des Urans zwar nach einer stetigen Exponentialfunktion der Zeit ab, doch liegen dem Zerfallsprozeß mikrophysikalisch zahllose sprunghafte Veränderungen einzelner radioaktiver Atome zugrunde. In der Signal- und ↑Informationstheorie läßt sich ein kontinuierliches Signal in diskreten Zeitpunkten darstellen. Nach dem Abtasttheorem genügt es nämlich, den Wert der Signalfunktion in diskreten Punkten zu kennen, deren Abstand t der Bedingung $\Delta t < 1/2B$ für die Bandbreite B des Signals (Differenz zwischen der größten und der kleinsten Signalfrequenz) genügt.

Literatur: D. Bohm, Quantum Theory, Englewood Cliffs N. J. 1951, New York ²1952 (repr. New York 1989); W. Heisenberg, Die physikalischen Prinzipien der Quantentheorie, Leipzig 1930, Mannheim 1958 (repr. Mannheim/Wien/Zürich 1986, 1991) (engl. The Physical Principles of the Quantum Theory, New York/Chicago Ill. 1930, New York 1949); A. M. Jaglom/I. M. Jaglom, Wahrscheinlichkeit und Information, Berlin (Ost) 1960, Thun/Frankfurt ⁴1984 (engl. Probability and Information, Dordrecht/Boston Mass./Lancaster 1983); P. Mittelstaedt, Philosophische Probleme der modernen Physik, Mannheim 1963, Mannheim/Wien/Zürich ⁷1989 (engl. Philosophical Problems of Modern Physics, Dordrecht/Boston Mass. 1976 [Bost. Stud. Philos. Sci. XVIII]); E. Ostendorff/K. H. Höcker, Diskontinuum, in: H. Franke (ed.), Lexikon der Physik I, Stuttgart ³1969, 283; U. Röseberg, D., in: H. Hörz/R. Löther, Philosophie und Naturwissenschaften I, Berlin ³1991, 203.   K. M.

diskret (von lat. discernere, trennen, unterscheiden), Terminus der reinen und angewandten Mathematik, in jüngerer Zeit insbes. auch der Informatik. Die Bezeichnung ›d.‹ wird als Gegenbegriff zu ›kontinuierlich‹ gebraucht; entsprechend heißt ein mathematischer Gegenstand d., wenn er mittels der natürlichen Zahlen charakterisiert bzw. studiert werden kann (und kontinuierlich, wenn dafür reelle Zahlen benötigt werden). D.e Strukturen sind Gegenstand der ›d.en Mathematik‹, wozu unter anderem Theorien der Algorithmen (↑Algorithmentheorie) und Berechenbarkeit (↑berechenbar/Berechenbarkeit), Automaten- (↑Automatentheorie) und Graphentheorie, Kombinatorik gehören. Zu den einschlägigen Begriffen gehören: ›d.e ↑Metrik‹ (↑Abstand), ›d.e ↑Topologie‹ und ›d.e Wahrscheinlichkeitsverteilung‹.
In der Topologie heißt ein System $\mathfrak{X}$ von Teilmengen einer Menge X ein ›topologischer Raum‹, wenn zu $\mathfrak{X}$ die leere Menge (↑Menge, leere) und X selbst gehören sowie $\mathfrak{X}$ unter Vereinigung und endlichen Schnitten abgeschlossen ist (d. h., jede Vereinigungsmenge von Mengen aus $\mathfrak{X}$ und jede Schnittmenge von endlich vielen Mengen aus $\mathfrak{X}$ gehören wieder zu $\mathfrak{X}$); $\mathfrak{X}$ ist dann eine ›Topologie für X‹ und die Elemente von $\mathfrak{X}$ werden als ›offen (bezüglich $\mathfrak{X}$)‹ bezeichnet. Die Topologie, in der *alle* Teilmengen von X offen sind, heißt d.; insbes. sind in einer d.en Topologie die einpunktigen Mengen $\{x\}$ offen. Entsprechend heißt in einem topologischen Raum eine Menge M d., wenn zu jedem Punkt $x \in M$ eine offene Menge U existiert, so daß $M \cap U = \{x\}$; die Punkte x einer d.en Menge heißen ›isoliert‹. In der Regel sind d.e Mengen höchstens abzählbar (d. h. endlich oder abzählbar [↑abzählbar/Abzählbarkeit]) und endliche Mengen d.. – Eine im Sinne der ↑Wahrscheinlichkeitstheorie d.e ↑Verteilung liegt vor, wenn die Werte x, die eine Zufallsgröße X mit der Wahrscheinlichkeit $P(X = x)$ annehmen kann, aus einer höchstens abzählbaren Menge S kommen. Mit anderen Worten, die Verteilungsfunktion f ist d., wenn gilt:

$$f(x) = P(X = x), \text{ für alle } x \in S,$$

woraus insbes.

$$\sum_{x \in S} f(x) = 1$$

und

$$\sum_{x \in A} f(x) = P(X \in A), \text{ für alle } A \subseteq S,$$

folgt.
D.e Verteilungen in diesem Sinne sind etwa die Bernoulli- (auch ›Binomial-‹) und die hypergeometrische Verteilung, wie man sie aus (Gedanken-)Experimenten mit Würfeln und Kugeln kennt. In stark anwendungsbezogenen Gebieten, z. B. der Kybernetik, Automatentheorie oder Informatik, betrachtet man oft ausschließlich d.e Bereiche und d.e Funktionen (auf solchen Bereichen), da aus Gründen der technischen Realisierbarkeit statt reeller Zahlen und Funktionen relativ zu diesen d.e Teilbereiche betrachtet werden müssen. Ferner werden in diesen Disziplinen aus isolierten (isolierbaren) Schritten zusammengesetzte Vorgänge (›d.e Systeme‹) bzw. aus isolierten (isolierbaren) Komponenten zusammengesetzte Bauteile als d. bezeichnet (›d.er Aufbau‹ vs. ›integrierte Schaltung‹).

Literatur: P. Billingsley, Probability and Measure, New York 1979, ³1995; W. Feller, An Introduction to Probability Theory and Its Applications, I–II, New York/London 1950/1966, ²1957/1971; T. Ihringer, D.e Mathematik. Eine Einführung in Theorie und Anwendungen, Stuttgart 1994, ohne Untertitel: Lemgo 2002; J. Matousek/J. Nesetril, Invitation to Discrete Mathematics, Oxford/New York 1998 (dt. D.e Mathematik. Eine Entdeckungsreise, Berlin etc. 2002); S. M. Ross, Topics in Finite and Discrete Mathematics, Cambridge/New York 2000.   B. B.

Diskurs (von lat. discurrere, hin- und herlaufen, durchlaufen), in der traditionellen ↑Erkenntnistheorie Bezeichnung für eine geregelte Abfolge kognitiver (im allgemeinen mentaler) Vollzüge. Das durch Durchlaufen einer Reihe von Schritten erzeugte diskursive Wissen wird dabei dem intuitiven Wissen (↑Intuition) gegenübergestellt, das ›auf einen Schlag‹ erlangt wird. Prägend

war für die nachfolgende Entwicklung die an axiomatischen Verfahren (↑System, axiomatisches) orientierte Lehre des Aristoteles, daß der ↑Nus mittels der ↑Epagoge im Einzelnen das Allgemeine erfaßt und somit intuitiv die ersten Prinzipien gewinnt, die dann als Ausgangspunkt für das diskursiv verstandene Beweisen dienen können (an. post. *B*19.99b15 ff.). Durch diese Unterscheidung zweier Erkenntnisquellen und die Annahme erster Einsichten, die ihrerseits nicht durch Folgerungen gewonnen sind, soll im Bereich der ↑Apodeiktik ein infiniter Regreß vermieden werden (an. post. A3.72b5 ff.). Eine ähnliche Unterscheidung wird – unter Aristotelischem Einfluß – bei Thomas von Aquin vorgenommen: Während Engel die Dinge intuitiv (›sine aliquo motu vel discursu‹) erkennen können, ist die menschliche Erkenntnis grundsätzlich diskursiv. Da jedoch ein *discursus* nicht möglich wäre ohne erste Prinzipien, nimmt Thomas für den Menschen zugleich eine »participatio illius simplicis cognitionis quae in substantiis superioribus invenitur« an (De verit. 15, 1). Bei R. Descartes werden weitgehend in Übereinstimmung mit dieser Tradition, allerdings unter Rückgriff auf eine andere Terminologie, ausschließlich zwei zur sicheren Erkenntnis (*scientia*) führende Wege angenommen: die Intuition im Sinne eines »mentis purae et attentae non dubium conceptum« und die ↑Deduktion, durch die »ex quibusdam aliis certo cognitis necessario concluditur« (Regulae ad directionem ingenii III). I. Kant unterscheidet die intuitive Erkenntnis auf der Grundlage der ↑Anschauung von der diskursiven Erkenntnis durch Begriffe. So hat etwa die mathematische Erkenntnis ihre Grundlage in der reinen Anschauung, so daß mathematische Urteile intuitiv sind, während die Philosophie »sich mit *diskursiven* Urteilen *aus bloßen Begriffen* begnügen« muß (Proleg. A 281). Ein Vermögen der intellektuellen Anschauung (↑Anschauung, intellektuelle) wird von Kant ausdrücklich ausgeschlossen, so daß die Erkenntnis »eines jeden, wenigstens des menschlichen Verstandes, eine Erkenntnis durch Begriffe, nicht intuitiv, sondern diskursiv« ist (KrV B 93).
Angesichts der vagen und ambigen Verwendungsweise des Ausdrucks ›D.‹, der traditionell eine ähnliche Bedeutung wie ↑›Methode‹ oder ›Beweis‹ besitzt, im gegenwärtigen ›Poststrukturalismus‹ zudem häufig mit der Wittgensteinschen Sprachspielkonzeption (↑Sprachspiel) verbunden wird, bietet sich eine am Dialogbegriff der ↑Erlanger Schule (↑Dialog, rationaler) orientierte Explikation an, dergemäß unter einem D. eine geregelte Abfolge sprachlicher Handlungen (↑Sprechakt) zwischen zwei Parteien zu verstehen ist, durch die über die Berechtigung eines von einer Partei erhobenen Geltungsanspruches (↑Geltung) befunden werden soll. Ein D. ist somit eine argumentative, der Prüfung von Geltungsansprüchen dienende Redehandlungssequenz

(ähnlich J. Habermas, Wahrheitstheorien, 214; zur sog. ›Diskursethik‹ ↑Universalpragmatik, ↑Tranzendentalpragmatik). Durch diskursive Verfahren zur Überprüfung der Richtigkeit einer Aufforderung oder der Wahrheit einer Behauptung soll (nicht anders als durch die Anwendung wissenschaftlicher Methoden) die Nachvollziehbarkeit für jedermann gesichert werden; im Falle der Berufung auf eine anderen unzugängliche intuitive Einsicht wäre die allgemeine Geltung einer Erkenntnis hingegen nicht garantiert. Fungiert der Ausgang eines D.es als Kriterium für die Berechtigung eines Geltungsanspruches, ist also etwa die Möglichkeit, eine Behauptung gegenüber jedermann zu verteidigen, ein Kriterium für deren Wahrheit, so impliziert dies, daß die Geltung nicht von ›objektiven‹, das menschliche Erkenntnisvermögen möglicherweise transzendierenden Sachverhalten abhängen kann. Die Betonung der Unverzichtbarkeit diskursiver Verfahren für das menschliche Erkennen richtet sich somit gegen korrespondenztheoretische ↑Wahrheitstheorien und generell gegen eine realistische Deutung unserer Redepraxis (↑Realismus, semantischer, ↑Antirealismus). Handelt es sich bei den Redehandlungen, über deren Geltungsanspruch durch den D. entschieden werden soll, um Aufforderungen, hat man es mit *Rechtfertigungs*diskursen (deren formale Pragmatik Gegenstand der ↑Protoethik ist) zu tun; ist die Redehandlung eine Behauptung, liegt ein *Begründungs*diskurs vor (dessen Rekonstruktion die Aufgabe der ↑Protologik darstellt). Wenn die vom Proponenten P aufgestellte Behauptung, daß *p*, vom Opponenten O bezweifelt wird, muß P seine These durch eine Argumentation der Form stützen, daß von *q* gemäß der Regel R zu *p* übergegangen werden darf. Der Opponent O kann einerseits die stützende Proposition *q* bezweifeln, andererseits kann sich der Zweifel auf die Übergangsregel R richten. In Anlehnung an das aus der ↑Argumentationstheorie bekannte Toulmin-Schema kann im ersten Fall von einer *horizontalen*, im zweiten Fall von einer *vertikalen* D.dimension gesprochen werden. Stimmt O schließlich aufgrund der Argumentation von P der Ausgangsthese zu, so ist *p relativ begründet*. Kann erwartet werden, daß sich *p* gegenüber jedermann verteidigen läßt, so ist *p absolut begründet* oder *wahr*.
Begründungsdiskurse können (ebenso wie Rechtfertigungsdiskurse) sowohl in vertikaler als auch in horizontaler Dimension gemäß zwei unterschiedlichen Strategien geführt werden. Ein *reduktiver* D. liegt vor, wenn O – im Falle der horizontalen D.dimension – solange einen Zweifel an den Behauptungen von P äußert, bis es P gelingt, eine Behauptung zu finden, der O zustimmen kann. Dabei ist jedoch ein infiniter Regreß zu befürchten, zu dessen Vermeidung eine der D.parteien den D. abbrechen könnte, ohne daß über den erhobenen Geltungsanspruch Einigkeit erzielt worden wäre. Demge-

genüber hat man es mit einer *produktiven* Begründungs- bzw. Rechtfertigungsrichtung zu tun, wenn die Parteien bezüglich bestimmter Prämissen oder Übergangsregeln ein Einverständnis erzielt haben und *P* die Ausgangsthese im Rückgriff auf diese zu begründen sucht. Um ein produktives Begründen und Rechtfertigen zu ermöglichen und somit das Risiko des Scheiterns eines reduktiven D.es zu vermeiden, müssen jeweilige *prädiskursive Einverständnisse* zur Verfügung stehen. Dabei ist ein Einverständnis jedoch nicht prädiskursiv schlechthin; vielmehr kann das prädiskursive Einverständnis eines D.es in einem anderen D. zum Thema gemacht werden. Zu den zentralen Aufgaben der Philosophie gehört es, durch *Vorschläge* bzw. *Empfehlungen* ein prädiskursives Einverständnis bezüglich einer Behauptung bzw. einer Aufforderung einzuführen und somit die produktive Fundierung von Geltungsansprüchen zu ermöglichen.

Literatur: K.-O. Apel, Transformation der Philosophie, I–II, Frankfurt 1973, 1976, I ⁵1994, II ⁶1999 (engl. Towards a Transformation of Philosophy, London etc. 1980, Milwaukee Wisc. 1998); ders., D. und Verantwortung. Das Problem des Übergangs zur postkonventionellen Moral, Frankfurt 1988, 1997; D. Böhler/H. Gronke, D., Hist. Wb. Rhet. II (1994), 764–819; C. F. Gethmann, Ist Philosophie als Institution nötig?, in: H. Lübbe (ed.), Wozu Philosophie? Stellungnahmen eines Arbeitskreises, Berlin/New York 1978, 287–312; ders., Protologik. Untersuchungen zur formalen Pragmatik von Begründungsdiskursen, Frankfurt 1979; ders., Proto-Ethik. Zur formalen Pragmatik von Rechtfertigungsdiskursen, in: H. Stachowiak/T. Ellwein (eds.), Bedürfnisse, Werte und Normen im Wandel I (Grundlagen, Modelle und Prospektiven), München 1982, 113–143 (engl. Protoethics. Towards a Formal Pragmatics of Justificatory Discourse, in: R. E. Butts/J. R. Brown [eds.], Constructivism and Science. Essays in Recent German Philosophy, Dordrecht/Boston/London 1989, 191–220); ders./R. Hegselmann, Das Problem der Begründung zwischen Dezisionismus und Fundamentalismus, Z. allg. Wiss.theorie 8 (1977), 342–368; ders./G. Siegwart, Sprache, in: E. Martens/H. Schnädelbach (eds.), Philosophie. Ein Grundkurs II, Reinbek b. Hamburg 1991, 549–605; ders./T. Sander, Rechfertigungsdiskurse, in: A. Grunwald/S. Saupe (eds.), Ethik in der Technikgestaltung. Praktische Relevanz und Legitimation, Berlin 1999, 117–151; H. Gronke, D./D.theorie, EP I (1999), 264–271; A. Grunwald, Das prädiskursive Einverständnis. Wissenschaftlicher Wahrheitsbegriff und prozedurale Rechtfertigung, Z. allg. Wiss.theorie 29 (1998), 205–223; J. Habermas, Vorbereitende Bemerkungen zu einer Theorie der kommunikativen Kompetenz, in: ders./N. Luhmann, Theorie der Gesellschaft oder Sozialtechnologie. Was leistet die Systemforschung?, Frankfurt 1971, ¹⁰1990, 101–141; ders., Wahrheitstheorien, in: H. Fahrenbach (ed.), Wirklichkeit und Reflexion. Walter Schulz zum 60. Geburtstag, Pfullingen 1973, 211–265; ders., Theorie des kommunikativen Handelns, I–II, Frankfurt 1981, ⁴1987, 1995 (engl. The Theory of Communicative Action, I–II, Boston Mass. 1984/1987); ders., Vorstudien und Ergänzungen zur Theorie des kommunikativen Handelns, Frankfurt 1984, 1995; ders., Der philosophische D. der Moderne. Zwölf Vorlesungen, Frankfurt 1985, 1988 (engl. The Philosophical Discourse of Modernity. Twelve Lectures, Cambridge Mass. 1987, 1993); ders., Erläuterungen zur D.ethik, Frankfurt 1991; ders., Faktizität und Geltung. Beiträge zur D.theorie des Rechts und des demokratischen Rechtsstaates, Frankfurt 1992, 1998 (engl. Between Facts and Norms. Contributions to a Discourse Theory of Law and Democracy, Cambridge 1996); H.-J. Hohn, Vernunft – Kommunikation – D.. Zu Anspruch und Grenze der Transzendentalpragmatik als Basistheorie der Philosophie, Frei. Z. Philos. Theol. 36 (1989), 93–128; A. Honneth, Kritik der Macht. Reflexionsstufen einer kritischen Gesellschaftstheorie, Frankfurt 1985, ²1994; V. Kal, On Intuition and Discursive Reasoning in Aristotle, Leiden etc. 1988; A. C. Lloyd, Non-Discursive Thought. An Enigma of Greek Philosophy, Proc. Arist. Soc. 70 (1969/70), 261–274; H.-U. Nennen (ed.), D.. Begriff und Realisierung, Würzburg 2000; K. Oehler, Die Lehre vom Noetischen und Dianoetischen Denken bei Platon und Aristoteles. Ein Beitrag zur Erforschung der Geschichte des Bewußtseinsproblems in der Antike, München 1962, Hamburg ²1985; W. Rehg, Insight and Solidarity. A Study in the Discourse Ethics of Jürgen Habermas, Berkeley Calif./Los Angeles Calif./London 1994; H. Scheit, Wahrheit – D. – Demokratie. Studien zur »Konsensustheorie der Wahrheit«, Freiburg 1987; H. Schalk, D.. Zwischen Allerweltswort und philosophischem Begriff, Arch. Begriffsgesch. 40 (1997/1998), 56–104; H. Schnädelbach, Reflexion und D.. Fragen einer Logik der Philosophie, Frankfurt 1977; ders., Dialektik und D., Allg. Z. Philos. 12 (1987), 1–23; A. Ulfig, Protosoziologie und D.theorie, Protosoziologie 1 (1991), 50–59.   C. F. G.

Diskursethik, Bezeichnung für eine Moraltheorie (↑Moralphilosophie, ↑Ethik), die den ↑normativen Kern der Ethik I. Kants mit Mitteln der Sprachpragmatik auszuweisen sucht. Diese seit Ende der 1960er Jahre von J. Habermas und K.-O. Apel entwickelte Theorie ist seither von ihren Urhebern und deren Schülern im Hinblick auf Fragen der angewandten Ethik (Apel, Diskurs und Verantwortung, 1988, 217–246, 247–269; vgl. Apel/Kettner [eds.], Zur Anwendung der D. in Politik, Recht und Wissenschaft, 1992; Niquet/Herrero/Hanke [eds.], D.. Grundlegungen und Anwendungen, 2001) und des Rechts (vgl. Günther, Der Sinn der Angemessenheit, 1988; Habermas, Faktizität und Geltung, 1992; Alexy, Normenbegründung und Normanwendung, 1995) weiterentwickelt worden. Obwohl zwischen den Diskursethikern weder bezüglich dieser Weiterentwicklungen noch bezüglich der genauen Fassung der zentralen Behauptungen Einigkeit besteht (Habermas, Moralbewußtsein und kommunikatives Handeln, 1983, 93–108; ders., Erläuterungen zur D., 1991, 185–199; Apel, Diskurs und Verantwortung, 1988, 110–122; ders., Auseinandersetzungen in Erprobung des transzendentalpragmatischen Ansatzes, 1998, 649–837), lassen sich drei Kernpunkte der Theorie unterscheiden: (1) ein metaethischer (↑Metaethik) ↑›Kognitivismus‹ in der Frage des Sinnes moralischer Aussagen, (2) die Formulierung von formalen Kriterien, die Verfahren zur intersubjektiven Ausweisung von universal gültigen Normen festlegen, (3) eine rekursive Begründung dieser Kriterien im Ausgang von Voraussetzungen, die im Rahmen diskursiver Praktiken ›immer schon‹ akzeptiert seien.

(1) Die D. geht davon aus, daß eine Moraltheorie die universale und kategorische ›Sollgeltung‹ von moralischen Ansprüchen zu erklären habe. Diese Aufgabe lasse sich weder auf nonkognitivistischer noch auf kontraktualistischer Basis erfüllen (↑Gesellschaftsvertrag), da solche Explikationsversuche die Geltungsdimension moralischer Urteile verfehlen. Stattdessen müsse der unbedingte Geltungsanspruch moralischer Behauptungen ›epistemisch‹ verstanden werden. Die Metaethik der D. sei ein ›Kognitivismus‹, aber kein moralischer Realismus, da sich moralische Sätze, anders als Erkenntnissätze, nicht an einer unverfügbaren, hinter unseren Gründen stehenden Welt bewähren müssen. Daher sei moralische ›Richtigkeit‹ ›wahrheits*analog*‹ zu verstehen (Habermas, Moralbewußtsein und kommunikatives Handeln, 1983, 66; ders., Richtigkeit versus Wahrheit, 1999, 279–281). Während die Fallibilität von Begründungen durch die Lücke zwischen Wahrheit und ideal gerechtfertigter Behauptbarkeit zu erklären sei, bestehe in der Moral keine solche Lücke, da der Sinn moralischer Aussagen ›ideal gerechtfertigte Akzeptabilität‹ ist. Die moralische Welt ist nicht vorgegeben, sondern wird entworfen; solche Entwürfe müssen sich an Akzeptabilitätskriterien bemessen.
(2) Das diskursethische *Kriterium* moralischer ›Richtigkeit‹ ist, wie der Kategorische Imperativ (↑Imperativ, kategorischer) Kants, formal, insofern es keine Inhalte, sondern lediglich ein Verfahren festlegt, das die Ermittlung gerechtfertigter Normen ermöglichen soll. Wie die erste Formulierung des Kantischen Kriteriums soll das diskursethische Verfahren die Universalisierbarkeit (↑Universalisierung, ↑Universalität (ethisch)) der zur Debatte stehenden Normen überprüfen lassen. Gegen Kant wendet die D. ein, daß das Verfahren, eine ↑Maxime auf ihre ›Gesetzestauglichkeit‹ zu prüfen, nur dann genuine Universalisierung hervorbrächte, wenn der Anwender des Verfahrens die psychologisch kaum mögliche Fähigkeit besäße, mit allen anderen von der Norm Betroffenen einen vollständigen Rollentausch durchzuführen. Aus diesem Grunde sei ein Verfahren erforderlich, das die Wunsch- bzw. Bedürfnislagen aller Betroffenen direkt und zugleich unparteiisch aufeinander bezieht. Dieses Ziel sei nur durch eine Form der sprachlichen Kommunikation zwischen den Betroffenen unter spezifizierten Bedingungen erreichbar. Das derart geregelte kommunikative Verfahren wird im Laufe der Entwicklung der D. unterschiedlich bestimmt. Ausgehend vom Konzept P. Lorenzens, das Moralprinzip als ein Prinzip der Transsubjektivität (↑transsubjektiv/Transsubjektivität) zu verstehen, das durch eine ›Methode vernünftiger Diskussion‹ zu operationalisieren sei (Lorenzen, Szientismus versus Dialektik, 1970, 69), schlägt Habermas zunächst vor, den Maßstab der Begründung in der Idealisierung ›unbeschränkter und herrschaftsfreier Kommunikation‹ zu lokalisieren (Habermas, Einige Bemerkungen zum Problem der Begründung von Werturteilen, 1972, 98). Eine solche ›ideale Sprechsituation‹ soll garantieren, daß der eigentümlich ›zwanglose Zwang des besseren Arguments‹ zum Zuge kommt.
Die in den frühen 1970er Jahren von Habermas genannten Bedingungen schreiben eine gleiche Verteilung der Chancen vor, die vier von ihm unterschiedenen Typen von Sprechakten (konstative, regulative, repräsentative und kommunikative) zu vollziehen, anspruchsvolle Bedingungen, die die Abwesenheit sowohl externer als auch interner psychologischer Zwänge zu implizieren scheinen (Habermas, Vorbereitende Bemerkungen zu einer Theorie der kommunikativen Kompetenz, 1971, 136–141; ders., Vorstudien und Ergänzungen zur Theorie des kommunikativen Handelns, 1984, 115–122, 174–183). Seither hat Habermas auf verschiedene Weisen die Bedingungen ausgemalt, die eine Form sprachlicher Interaktion als geltungskonstitutiven ↑Diskurs auszeichnen würden. Dabei läßt er die utopischen Konnotationen der Rede von der als ›Vorgriff einer Lebensform‹ gesehenen ›idealen Sprechsituation‹ fallen. Die Ausformulierung expliziter ›Diskursregeln‹ im programmatischen Aufsatz »D. – Notizen zu einem Begründungsprogramm« (1983) bringt aber, entgegen dem Anschein, keine erhöhte Präzisierung, da diese lediglich exemplarischen Charakter haben. Entsprechend hat Habermas die Regeln immer neu formuliert (Erläuterungen zur D., 1991, 132; Eine genealogische Betrachtung zum kognitiven Gehalt der Moral, 1996, 62; Richtigkeit versus Wahrheit, 1999, 298, 306). Die Kernidee dabei bleibt, daß der Diskurs zwischen Personen stattfindet, die mit ›Diskursrechten‹ auf ↑Autonomie und auf Gleichbehandlung ausgestattet sind. Erstere soll durch die Abwesenheit von Zwang und Täuschung, letztere durch die Abwesenheit von Privilegien, sowohl in der Frage der Zulassung zum Diskurs als auch in den Sprecherrollen und zugelassenen Themen innerhalb des Diskurses, garantiert werden. Konstituieren solche Regeln den ›praktischen Diskurs‹, so wird dem programmatischen Aufsatz von 1983 zufolge ›die D. selbst‹ durch Grundsatz ›D‹ zum Ausdruck gebracht, gemäß dem »nur die Normen Geltung beanspruchen dürfen, die die Zustimmung aller Betroffenen als Teilnehmer eines praktischen Diskurses finden (oder finden könnten)« (D. – Notizen zu einem Begründungsprogramm, 103). Dabei soll die relevante Form der ›Zustimmung‹ nicht wie im Kontraktualismus die Akzeptanz einer Vereinbarung zwischen eigeninteressierten Akteuren, sondern eine durch ›Gründe‹ hervorgebrachte ›Einsicht‹ sein. Im durch die gemeinsame Erörterung von Gründen erzielbaren Konsens soll auch die Analogie zur Sicherung der Geltung von Wahrheitsansprüchen liegen (↑Wahrheitstheorien).
(3) Auf die Frage, warum man das Kriterium der Zustimmung unter derart geregelten Bedingungen akzeptieren

sollte, liefert die D. eine rekursive Antwort. Die auf Apel zurückgehende Idee ist, daß das Argumentieren selbst, schon das Aufwerfen der Frage nach der Begründetheit geltender Normen, der ›impliziten‹ Akzeptanz des Kriteriums gleichkommt (Apel, Das Apriori der Kommunikationsgemeinschaft und die Grundlagen der Ethik, 1973, 397–405; ders., Sprechakttheorie und transzendentale Sprachpragmatik zur Frage ethischer Normen 1976, 116–134; ders., Diskurs und Verantwortung, 1988, 352–357). Indem man normative Sätze äußert, setze man notwendigerweise voraus, daß der dabei erhobene Geltungsanspruch der Prüfung durch eine ›unbegrenzte ↑Kommunikationsgemeinschaft‹ standhalten würde. Da diese Voraussetzung ferner die Bedingung der Möglichkeit sinnvoller Rede überhaupt sei, begehe derjenige, der sie bestreitet, einen ›performativen Selbstwiderspruch‹. Apel spricht hier vom ›nichthintergehbaren Apriori der Kommunikationsgemeinschaft‹, zu der alle sprachfähigen Wesen als gleichberechtigte Partner gehören. Diese Argumentationsfigur sieht er als eine ›transzendentalpragmatische‹ (↑Transzendentalpragmatik) Uminterpretation der Kantischen Rede vom ›Faktum der Vernunft‹. Durch sie erhalte die Ethik eine ↑›Letztbegründung‹.

Habermas übernimmt von Apel die rekursive Argumentationsfigur, wendet aber ein, daß der Bezug auf notwendige Argumentationsvoraussetzungen den Skeptiker nicht überzeugen kann, der sich weigert, in Argumentationen einzutreten. Dadurch werde die kognitivistisch verstandene Moral durch eine ›dezisionistische Restproblematik‹ (↑Dezisionismus) unterlaufen. Um dies zu verhindern, bedürfe es Habermas zufolge zusätzlicher Prämissen. Ein früher Vorschlag (Legitimationsprobleme im Spätkapitalismus, 1973, 152–154) stellt die These dar, daß nicht nur das Sprechen, sondern auch das Handeln monologisch unmöglich sei, da der rein instrumentell Handelnde seine eigene Identität gefährde. Später wird dieses Argument zugunsten der Berufung auf zwei kulturelle Gegebenheiten fallengelassen: die universelle ›Alternativlosigkeit‹ von Praktiken der Beratung und der Rechtfertigung sowie das verbreitete intuitive Verständnis von gerechtfertigten Normen als Formen der Regelung des gesellschaftlichen Lebens (Habermas, D. – Notizen zu einem Begründungsprogramm, ²1984, 102–103; ders., Eine genealogische Betrachtung zum kognitiven Gehalt der Moral, 1996, 56–61). In einem trotz wiederholter Klärungsbemühungen dunkel gebliebenen Argumentationsschritt behauptet Habermas, daß diese zusätzlichen Prämissen, zusammen mit den notwendigen Voraussetzungen der Argumentation, eine Ableitung des Universalisierungsgrundsatzes ›U‹ erlauben. ›U‹ benennt die Bedingungen, unter denen eine Einigung unter Argumentationsteilnehmern als die Art von Zustimmung gelten kann, die ›D‹ zufolge für Normgeltung konstitutiv ist. Solche Zustimmung ist gemäß ›U‹ dann gegeben, »wenn die Folgen und Nebenwirkungen, die sich aus einer *allgemeinen* Befolgung der strittigen Norm für die Befriedigung der Interessen eines *jeden Einzelnen* voraussichtlich ergeben, von allen zwanglos akzeptiert werden können« (Habermas, D. – Notizen zu einem Begründungsprogramm, 1983, 103).

Inzwischen haben Habermas und Apel divergierende Konzeptionen vom Status der diskursethischen Begründungsfigur entwickelt. Seit den 1990er Jahren argumentiert Habermas, daß ›D‹ kein spezifisch moralisches Prinzip ist, sondern nur den »Sinn postkonventioneller Begründungsforderungen« expliziert (Faktizität und Geltung, 1992, 138). Damit ist ›D‹ das Produkt einer spezifischen kulturellen Entwicklung. Zu ›U‹, dem eigentlichen Moralprinzip, komme man erst, indem man ›D‹ auf Gründe einer spezifischen Sorte anwendet, nämlich auf solche, die Regelungen im gleichmäßigen Interesse aller erlauben. Erst dieser Schritt verweise auf die formalpragmatischen Voraussetzungen des Argumentierens überhaupt. Geht es stattdessen um Gründe anderer Art – für zweckrationales (↑Zweckrationalität) Handeln (›pragmatische‹), für Handeln in Übereinstimmung mit dem eigenen, kulturspezifischen Selbstverständnis (›ethische‹) oder für die Errichtung rechtlicher Normen (›rechtliche‹) –, so seien andere Prinzipien aus ›D‹ abzuleiten. Situationsspezifische Angemessenheit im moralischen Handeln sei schließlich auch durch die Durchführung von ›Anwendungsdiskursen‹ zu gewährleisten (vgl. Günther, Der Sinn für Angemessenheit. Anwendungsdiskurse in Moral und Recht, 1988; Habermas, Erläuterungen zur D., 1991). Demgegenüber sieht Apel die Entmoralisierung von ›D‹ als die ›Auflösung der D.‹. Er hält daran fest (Auseinandersetzungen in Erprobung des transzendentalpragmatischen Ansatzes, 1998, 733–742), daß transzendentalpragmatische Argumente die Unhintergehbarkeit der *moralischen* Grundnorm nachweisen. Nicht nur rechtliche, sondern auch andere moralische Prinzipien seien von den strikt durch ›U‹ begründbaren ›normgültigen‹ Prinzipien zu unterscheiden. Ob die Befolgung letzterer zumutbar ist, d.h., ob sie ›befolgungsgültig‹ sind, hänge von den sonstigen Bedingungen ab, unter denen zu handeln wäre, insbes. davon, ob erwartet werden kann, daß andere sie befolgen werden. Um diesem Problem Rechnung zu tragen, unterscheidet Apel zwischen dem streng deontologischen (↑Deontologie), ›letztbegründbaren‹ ›Teil A‹ der Ethik und ihrem verantwortungsethischen ›Teil B‹ (Der Ansatz von Apel, 1978, 169–173; Diskurs und Verantwortung, 1988, 134–153). Kern von letzterem sei das ›moralisch-strategische Ergänzungsprinzip‹ ›E‹, das die Realisierung der Bedingungen fordert, unter denen die Befolgung der durch ›U‹ begründbaren Normen zumutbar wäre, d.h., es schreibt die schrittweise, approximative Annäherung an ideale Kommunikationsbedingungen vor.

Literatur: H. Albert/K. O. Apel, Ist eine philosophische Letztbegründung ethischer Normen möglich?, in: K.-O. Apel/D. Böhler/G. Kadelbach (eds.), Funkkolleg. Praktische Philosophie/Ethik: Dialoge II, Frankfurt 1984, 82–122; R. Alexy, Eine Theorie des praktischen Diskurses, in: W. Oelmüller (ed.), Materialien zur Normendiskussion II (Normenbegründung, Normendurchsetzung), Paderborn 1978, 22–58; ders., Normenbegründung und Normanwendung, in: ders., Recht, Vernunft, Diskurs. Studien zur Rechtsphilosophie, Frankfurt 1995, 52–70; K.-O. Apel, Das Apriori der Kommunikationsgemeinschaft und die Grundlagen der Ethik. Zum Problem einer rationalen Begründung der Ethik im Zeitalter der Wissenschaft, in: ders., Transformation der Philosophie II (Das Apriori der Kommunikationsgemeinschaft), Frankfurt 1973, 1999, 358–435 (engl. The ›a priori‹ of the Communication Community and the Foundations of Ethics. The Problem of an Rational Foundation of Ethics in the Scientific Age, in: ders., Towards a Transformation of Philosophy, London etc. 1980, Milwaukee Wisc. 1998, 225–300); ders., Sprechakttheorie und transzendentale Sprachpragmatik zur Frage ethischer Normen, in: ders. (ed.), Sprachpragmatik und Philosophie, Frankfurt 1976, 1982, 10–173, Neudr. in: ders., Auseinandersetzungen in Erprobung des transzendentalpragmatischen Ansatzes [s. u.], 281–411; Das Problem der philosophischen Letztbegründung im Lichte einer transzendentalen Sprachpragmatik. Versuch einer Metakritik des ›kritischen Rationalismus‹, in: B. Kanitschneider (ed.), Sprache und Erkenntnis. Festschrift für Gerhard Frey zum 60. Geburtstag, Innsbruck 1976, 55–82, Neudr. in: ders., Auseinandersetzungen in Erprobung des transzendentalpragmatischen Ansatzes [s. u.], 33–79; ders., Der Ansatz von Apel, in: W. Oelmüller (ed.), Transzendentalphilosophische Normenbegründungen, Paderborn 1978, 160–203; ders., Warum transzendentale Sprachpragmatik? Bemerkungen zu H. Krings »Empirie und Apriori. Zum Verhältnis von Transzendentalphilosophie und Sprachpragmatik«, in: H. M. Baumgartner (ed.), Prinzip Freiheit. Eine Auseinandersetzung um Chancen und Grenzen transzendentalphilosophischen Denkens, Freiburg/München 1979, 13–43, Neudr. in: ders., Auseinandersetzungen in Erprobung des transzendentalpragmatischen Ansatzes [s. u.], 195–220; ders., Types of Rationality Today. The Continuum of Reason between Science and Ethics, in: T. F. Geraets (ed.), Rationality To-Day. La rationalité aujourd'hui, Ottawa 1979, 307–340; ders., Ist die Ethik der idealen Kommunikationsgemeinschaft eine Utopie?, in: W. Vosskamp (ed.), Utopieforschung. Interdisziplinäre Studien zur neuzeitlichen Utopie I, Stuttgart 1982, 325–355; ders., Läßt sich ethische Vernunft von strategischer Zweckrationalität unterscheiden? Zum Problem der Rationalität sozialer Kommunikation und Interaktion, Archivio filos. 51 (1983), 375–434; ders., Ist die philosophische Letztbegründung moralischer Normen auf die reale Praxis anwendbar?, in: ders./D. Böhler/G. Kadelbach (eds.), Funkkolleg. Praktische Philosophie/Ethik: Dialoge II, Frankfurt 1984, 123–146; ders., Das Problem einer philosophischen Theorie der Rationalitätstypen, in: H. Schnädelbach (ed.), Rationalität. Philosophische Beiträge, Frankfurt 1984, 15–31; ders., Grenzen der D.? Versuch einer Zwischenbilanz, Z. philos. Forsch. 40 (1986), 3–31; ders., Diskurs und Verantwortung. Das Problem des Übergangs zur postkonventionellen Moral, Frankfurt 1988, 1997; ders./M. Kettner (eds.), Zur Anwendung der D. in Politik, Recht und Wissenschaft, Frankfurt 1992, 1993; ders./M. Kettner (eds.), Die eine Vernunft und die vielen Rationalitäten, Frankfurt 1996; ders., Auseinandersetzungen in Erprobung des transzendentalpragmatischen Ansatzes, Frankfurt 1998; ders./H. Burckhart (eds.), Prinzip Mitverantwortung. Grundlage für Ethik und Pädagogik, Würzburg 2001; D. Böhler, Rekonstruktive Pragmatik. Von der Bewußtseinsphilosophie zur Kommunikationsreflexion. Neubegründung der praktischen Wissenschaften und Philosophie, Frankfurt 1985; A. Dorschel u. a. (eds.), Transzendentalpragmatik. Ein Symposion für Karl-Otto Apel, Frankfurt 1993; R. Gebauer, Letzte Begründung. Eine Kritik der D. von Jürgen Habermas, München 1993; C. F. Gethmann, Letztbegründung vs. lebensweltliche Fundierung des Wissens und Handelns, in: Forum für Philosophie, Bad Homburg (ed.), Philosophie und Begründung, Frankfurt 1987, 268–302; ders./R. Hegselmann, Das Problem der Begründung zwischen Dezisionismus und Fundamentalismus, Z. allg. Wiss.theorie 7 (1977), 342–368; N. Gottschalk-Mazouz, D.. Theorien, Entwicklungen, Perspektiven, Berlin 2000; P. Gril, Die Möglichkeit praktischer Erkenntnis aus Sicht der Diskurstheorie. Eine Untersuchung zu Jürgen Habermas und Robert Alexy, Berlin 1998; K. Günther, Der Sinn für Angemessenheit. Anwendungsdiskurse in Moral und Recht, Frankfurt 1988 (engl. The Sense of Appropriateness. Application Discourses in Morality and Law, Albany N. Y. 1993); J. Habermas, Nachgeahmte Substantialität, Merkur 24 (1970), 313–327, Neudr. in: ders., Philosophisch-politische Profile, Frankfurt 1971, 200–221, erw. 1981, 1998, 107–126 (engl. Imitation Substantiality, in: ders., Philosophical-Political Profiles, Cambridge Mass./London 1983, 1985, 113–130); ders., Vorbereitende Bemerkungen zu einer Theorie der kommunikativen Kompetenz, in: ders./N. Luhmann, Theorie der Gesellschaft oder Sozialtechnologie. Was leistet die Systemforschung?, Frankfurt 1971, 1990, 101–141; ders., Einige Bemerkungen zum Problem der Begründung von Werturteilen, in: L. Landgrebe (ed.), Philosophie und Wissenschaft. 9. Deutscher Kongreß für Philosophie. Düsseldorf 1969, Meisenheim am Glan 1972, 89–99; ders., Legitimationsprobleme im Spätkapitalismus, Frankfurt 1973, 1996 (engl. Legitimation Crisis, Boston Mass. 1975, Cambridge 1988); ders., Zwei Bemerkungen zum praktischen Diskurs, in: ders., Zur Rekonstruktion des Historischen Materialismus, 1976, 2001, 338–346, Neudr. in: K. Lorenz (ed.), Konstruktionen versus Positionen. Beiträge zur Diskussion um die Konstruktive Wissenschaftstheorie II, Berlin/New York 1979, 107–114; ders., Was heißt Universalpragmatik?, in: K.-O. Apel (ed.), Sprachpragmatik und Philosophie, Frankfurt 1976, 1982, 174–272, Neudr. in: ders., Vorstudien und Ergänzungen [s. u.], 353–440; ders., Theorie des kommunikativen Handelns, I–II, Frankfurt 1981, 1995 (engl. The Theory of Communicative Action, I–II, Boston Mass. 1984/1987); ders., Moralbewußtsein und kommunikatives Handeln, Frankfurt 1983, ²1984, 2001; ders., D. – Notizen zu einem Begründungsprogramm, in: ders., Moralbewußtsein und kommunikatives Handeln [s. o.], 53–125; ders., Vorstudien und Ergänzungen zur Theorie des kommunikativen Handelns, Frankfurt 1984, 1995 (engl. [teilw.] On the Pragmatics of Social Interaction. Preliminary Studies in the Theory of Communicative Action, Cambridge Mass. 2001); ders., Über Moralität und Sittlichkeit – Was macht eine Lebensform rational?, in: H. Schnädelbach (ed.), Rationalität. Philosophische Beiträge, Frankfurt 1984, 218–235; Ein Interview mit der ›New Left Review‹, in: ders., Die Neue Unübersichtlichkeit. Kleine Politische Schriften V, Frankfurt 1985, 1996, 213–257; ders., Erläuterungen zur D., Frankfurt 1991, ³2001; ders., Faktizität und Geltung. Beiträge zur Diskurstheorie des Rechts und des demokratischen Rechtsstaates, Frankfurt 1992, 1998 (engl. Between Facts and Norms. Contributions to a Discourse Theory of Law and Democracy, Cambridge 1996); ders., Reconciliation Through the Public Use of Reason. Remarks on John Rawls's

Political Liberalism, J. Philos. 92 (1995), 109–131 (dt. Versöhnung durch öffentlichen Vernunftgebrauch, in: ders., Die Einbeziehung des Anderen, Frankfurt 1996, 65–127); ders., Eine genealogische Betrachtung zum kognitiven Gehalt der Moral, in: ders., Die Einbeziehung des Anderen [s. o.], 11–64; ders., Richtigkeit versus Wahrheit. Zum Sinn der Sollgeltung moralischer Urteile und Normen, in: ders., Wahrheit und Rechtfertigung, Frankfurt 1999, 271–318; ders., Die Zukunft der menschlichen Natur. Auf dem Weg zu einer liberalen Eugenik?, Frankfurt 2001, erw. 2002; O. Höffe, Ethik und Politik. Grundmodelle und -probleme der praktischen Philosophie, Frankfurt 1979, ⁵2000; A. Honneth, D. und implizites Gerechtigkeitskonzept, in: W. Kuhlmann (ed.), Moralität und Sittlichkeit [s. u.], 183–193; D. Horster, Der Kantische ›methodische Solipsismus‹ und die Theorien von Apel und Habermas, Kant-St. 73 (1982), 463–470; F. Kambartel (ed.), Praktische Philosophie und konstruktive Wissenschaftstheorie, Frankfurt 1974, 1979; M. Kettner, Angewandte Ethik als Politikum, Frankfurt 2000; W. Kuhlmann/D. Böhler (eds.), Kommunikation und Reflexion. Zur Diskussion der Transzendentalpragmatik. Antworten auf Karl-Otto Apel, Frankfurt 1982; ders., Reflexive Letztbegründung. Untersuchungen zur Transzendentalpragmatik, Freiburg/München 1985; ders. (ed.), Moralität und Sittlichkeit. Das Problem Hegels und der D., Frankfurt 1986; ders., Sprachphilosophie, Hermeneutik, Ethik. Studien zur Transzendentalpragmatik, Würzburg 1992; P. Lorenzen, Szientismus versus Dialektik, in: R. Bubner/K. Cramer/R. Wiehl (eds.), Hermeneutik und Dialektik. Aufsätze I (Methode und Wissenschaft, Lebenswelt und Geschichte), Tübingen 1970, 57–72, unter dem Titel: Das Problem des Szientismus, in: L. Landgrebe (ed.), Philosophie und Wissenschaft. 9. Deutscher Kongreß für Philosophie. Düsseldorf 1969, Meisenheim am Glan 1972, 19–34, unter dem ursprünglichen Titel in: M. Riedel (ed.), Rehabilitierung der praktischen Philosophie II (Rezeption, Argumentation, Diskussion), Freiburg 1974, 335–351, ferner in: F. Kambartel (ed.), Praktische Philosophie und konstruktive Wissenschaftstheorie [s. o.], 34–53; C. Lumer, Habermas' D., Z. philos. Forsch. 51 (1997), 42–64; T. McCarthy, The Critical Theory of J. Habermas, Cambridge Mass./London 1978, Cambridge Mass. 1984 (dt. Kritik der Verständigungsverhältnisse. Zur Theorie von Jürgen Habermas, Frankfurt 1980, 1989); M. Niquet, D., EP I (1999), 271–275; ders., Nichthintergehbarkeit und Diskurs. Prolegomena zu einer Diskurstheorie des Transzendentalen, Berlin 1999; ders./F. J. Herrero/M. Hanke (eds.), D.. Grundlegungen und Anwendungen, Würzburg 2001; ders., Moralität und Befolgungsgültigkeit. Prolegomena zu einer realistischen Diskurstheorie der Moral, Würzburg 2002; O. O'Neill, Kommunikative Rationalität und praktische Vernunft, Dt. Z. Philos. 41 (1993), 329–332; K. Ott, Vom Begründen zum Handeln. Aufsätze zur angewandten Ethik, Tübingen 1996; ders., Über den Theoriekern und einige intendierte Anwendungen der D.. Eine strukturalistische Perspektive, Z. philos. Forsch. 52 (1998), 268–291; J. Rawls, Reply to Habermas, J. Philos. 92 (1995), 132–180; W. Reese-Schäfer/K. T. Schuon (eds.), Ethik und Politik. D., Gerechtigkeitstheorie und politische Praxis, Marburg 1991; W. Rehg, Discourse and the Moral Point of View. Deriving a Dialogical Principle of Universalization, Inquiry 34 (1991), 27–48; ders., Insight and Solidarity. A Study in the Discourse Ethics of Jürgen Habermas, Berkeley Calif./Los Angeles Calif./London 1994; R. Rorty, Sind Aussagen universelle Geltungsansprüche?, Dt. Z. Philos. 42 (1994), 975–988; G. Schönrich, Bei Gelegenheit Diskurs. Von den Grenzen der D. und dem Preis der Letztbegründung, Frankfurt 1994; E. Tugendhat, Vorlesungen zur Ethik, Frankfurt 1993, 2001; L. Wingert, Gemeinsinn und Moral. Grundzüge einer intersubjektivistischen Moralkonzeption, Frankfurt 1993; A. Wüstehube, Rationalität und Hermeneutik. D., pragmatischer Idealismus, philosophische Hermeneutik, Würzburg 1998. N. R.

diskursiv/Diskursivität (engl. discursive, franz. discursif), Charakterisierung eines methodisch fortschreitenden Denkens oder Redens, sei es, daß ein Ganzes aus seinen Teilen systematisch geordnet aufgebaut wird, sei es, daß ein Ergebnis unter Beseitigung zunächst hilfsweise herangezogener ↑Annahmen schlußfolgernd gewonnen wird; weitgehend synonym verwendet zu *begrifflich*. ›d.‹ ist antonym zu ›intuitiv‹ im Sinne von ›anschaulich‹ (↑Intuition, ↑Anschauung); daher gilt das Vermögen d.en Denkens als Kennzeichen des ↑Verstandes. K. L.

Diskurstheorie, hauptsächlich von K.-O. Apel und J. Habermas vertretener Ansatz, der im Rahmen einer als ↑Fundamentalphilosophie konzipierten Pragmatik von Diskursen allgemeine Bedingungen sprachlicher Verständigung zu rekonstruieren versucht, um hierdurch philosophische Disziplinen wie die Ethik oder die Wahrheitstheorie (↑Wahrheitstheorien) zu fundieren. Unter einem ↑Diskurs ist dabei nicht eine Redepraxis neben anderen, sondern eine »Metapraxis« zu verstehen, in der Geltungsansprüche, die im normalen Reden zwar stets präsupponiert, aber nicht eigens thematisiert werden, auf ihre Einlösbarkeit überprüft werden. Nach Habermas werden mit kommunikativen Handlungen (↑Sprechakt) vier Geltungsansprüche erhoben, die sich aus den in K. Bühlers Organonmodell angenommenen grundlegenden Sprachfunktionen ergeben und denen spezifische Diskurstypen zugeordnet sind. Der Ausdrucksfunktion entspricht der Anspruch auf *Wahrhaftigkeit* (expressiver Diskurs), der Appellfunktion der auf *Richtigkeit* (praktischer Diskurs) und der Darstellungsfunktion der auf *Wahrheit* (theoretischer Diskurs). Darüber hinaus beansprucht jeder Sprecher unabhängig vom jeweils vorliegenden Redehandlungstyp für seine Äußerungen *Verständlichkeit* (sinn-explikativer Diskurs).

Der Ansatz der D. wird heute in zwei Varianten vertreten. Apel versucht im Rahmen einer ↑Transzendentalpragmatik die klassische bewußtseinsphilosophische Transzendentalphilosophie im Sinne des ›linguistic turn‹ (↑Wende, linguistische) so zu ›transformieren‹, daß nicht mehr Bedingungen der Möglichkeit eines als mentaler Prozeß aufzufassenden Erkennens, sondern solche des Redens erschlossen werden. Von wesentlicher Bedeutung sind dabei Letztbegründungsargumente (↑Retorsion, ↑Letztbegründung), durch die insbes. (und mit Auswirkungen auf ethische Fragestellungen) gezeigt werden soll, daß sich ↑Kommunikation immer schon vor dem Hintergrund einer kontrafaktisch antizipierten idealen ↑Kommunikationsgemeinschaft vollzieht. Demgegenüber vertritt Habermas das schwächere Programm einer ↑Universalpragmatik und faßt die Rekonstruktion auch fundamentaler sprachlicher Regeln als grundsätzlich fallibles (↑Fallibilismus) Unternehmen auf. Steht die Frage nach der Rekonstruktion und Rechtfertigung argumentativer Regeln auf dem Plan, so könne man hierbei nicht in einen ›Metadiskurs‹ eintreten; somit falle das Programm einer *transzendentalen* Sprachpragmatik hinter die Wende zur Sprache zurück. Während Apel im Konsens unter idealen Bedingungen ein allgemeines Kriterium der Wahrheit sieht, geht Habermas in jüngeren Arbeiten von einem ›nicht-epistemischen Wahrheitsbegriff‹ aus, der zwischen Wahrheit und gerechtfertigter Behauptbarkeit strikt unterscheidet. Somit wäre eine Diskurspragmatik letzten Endes nur im Rahmen der praktischen Philosophie (↑Philosophie, praktische) relevant, insofern der Richtigkeit von Normen ein ›rechtfertigungstranszendenter Bezugspunkt‹ (Wahrheit und Rechtfertigung, Frankfurt 1999, 56) fehle.

Literatur: R. Alexy, Probleme der D., Z. philos. Forsch. 43 (1989), 81–93; K.-O. Apel, Transformation der Philosophie, I–II, Frankfurt 1973, 1976 (engl. Towards a Transformation of Philosophy, Teilübers. London 1980, Milwaukee Wisc. 1998); ders, Die Erklären-Verstehen-Kontroverse in transzendentalpragmatischer Sicht, Frankfurt 1979 (engl. Understanding and Explanation. A Transcendental-Pragmatic Perspective, Cambridge Mass. 1984); ders., Diskurs und Verantwortung. Das Problem des Übergangs zur postkonventionellen Moral, Frankfurt 1988, ³1997 (franz. Discussion et responsabilité, I–II, Paris 1996/1998); ders., Auseinandersetzungen in Erprobung des transzendentalpragmatischen Ansatzes, Frankfurt 1998; R. Dreier, Rechtsphilosophie und D.. Bemerkungen zu Jürgen Habermas' »Faktizität und Geltung«, Z. philos. Forsch. 48 (1994), 90–103; P. Gril, Die Möglichkeit praktischer Erkenntnis aus Sicht der D.. Eine Untersuchung zu Jürgen Habermas und Robert Alexy, Berlin 1998; H. Gronke, Diskurs/D., EP I (1999), 264–271; J. Habermas, Vorbereitende Bemerkungen zu einer Theorie der kommunikativen Kompetenz, in: ders./N. Luhmann, Theorie der Gesellschaft oder Sozialtechnologie – Was leistet die Systemforschung?, Frankfurt 1971, ¹⁰1990, 101–141; ders., Wahrheitstheorien, in: H. Fahrenbach (ed.), Wirklichkeit und Reflexion. Walter Schulz zum 60. Geburtstag, Pfullingen 1973, 211–265; ders., Theorie des kommunikativen Handelns, I–II, Frankfurt 1981, 1997 (engl. The Theory of Communicative Action, I–II, Boston Mass., Cambridge 1984–1987); ders., Vorstudien und Ergänzungen zur Theorie des kommunikativen Handelns, Frankfurt 1984, 1995; ders., Der philosophische Diskurs der Moderne. Zwölf Vorlesungen, Frankfurt 1985, ⁶1998 (engl. The Philosophical Discourse of Modernity. Twelve Lectures, Cambridge Mass. 1987, 1990, Cambridge 1995; franz. Le discours philosophique de la modernité. Douze conférences, Paris 1988, 1997); ders., Erläuterungen zur Diskursethik, Frankfurt 1991, ²1992; ders., Faktizität und Geltung. Beiträge zur D. des Rechts und des demokratischen Rechtsstaates, Frankfurt 1992, 1998 (engl. Between Facts and Norms. Contributions to a Discourse Theory of Law and Democracy, Cambridge Mass. 1996); ders., Wahrheit und Rechtfertigung. Philosophische Aufsätze, Frankfurt 1999; D. Howarth/A. J. Norval/Y. Stavrakakis (eds.), Discourse Theory and Political Analysis. Identities, Hegemonies, and Social Change, New York 2000; D. Krohn/B. Neisser/N. Walter (eds.), D. und Sokratisches Gespräch, Frankfurt 1996; M. Niquet, Nichthintergehbarkeit und Diskurs. Prolegomena zu einer D. des Transzendentalen, Berlin 1999; weitere Literatur: ↑Diskurs, ↑Universalpragmatik, ↑Transzendentalpragmatik. C. F. G.

Dispositionsbegriff (engl. dispositional concept), Bezeichnung für die (intensionale) Bedeutung (↑intensional/Intension) solcher ↑Termini, die nicht unmittelbar exemplarisch, d. h. durch ↑Beispiele und Gegenbeispiele, eingeführt werden können (z. B. ›dehnbar‹, ›zerbrechlich‹, oder auch, im zweistelligen Fall, ›härter als‹), sondern ein elementares *Kausalwissen* voraussetzen (z. B.: ein an beiden Enden gezogener Wollfaden wird länger, auf harten Boden geworfenes Glas zerbricht, Diamant ritzt Glas). Der insbes. in der Wissenschaftstheorie des Logischen Empirismus (↑Empirismus, logischer) unternommene Versuch, eine explizite ↑*Definition* der D.e nur mit Hilfe von *Beobachtungsbegriffen*, also exemplarisch durch Wahrnehmungshandlungen einführbaren Termini und deren logischer Zusammensetzung, vorzunehmen, ist gescheitert: Ist B_t ein von der Zeit t abhängiger Beobachtungsprädikat (z. B. Länge des Wollfadens), S_t ein zeitabhängiger Prädikat für die relevanten Situationsumstände (z. B. Zug an den Enden des Wollfadens), so lautet der einfachste Versuch einer expliziten Definition für die Disposition D:

$$D \leftrightharpoons \bigwedge_{t \in T} (S_t \rightarrow B_t)$$

(für das Beispiel: Wenn innerhalb eines Zeitintervalls T der Zug an den Fadenenden eine Verlängerung des Fadens nach sich zieht, soll der Faden ›dehnbar‹ heißen). Auf diese Weise kann für das Vorliegen einer Disposition außerhalb der die jeweils beobachtbaren Folgen zeitigenden Bedingungen kein Kriterium gewonnen werden. Dieser Mangel ist auch nicht auf dem von R. Carnap eingeschlagenen Weg, durch ↑*Reduktionssätze* wenigstens *bedingte Definitionen* (↑Definition) der D.e zu erhalten, behebbar. D wird dann nur unter den Umständen S durch den ↑Prädikator B definiert, also:

$$\bigwedge_{t \in T}(S_t \rightarrow (D \leftrightarrow B_t)),$$

oder auch D und $\neg D$ getrennt durch das *Reduktionspaar*

$$\bigwedge_{t \in T}(S_t \rightarrow (B_t \rightarrow D)),$$
$$\bigwedge_{t \in T}(S'_t \rightarrow (B'_t \rightarrow \neg D)).$$

Für Carnap wurde dieses Resultat der Anlaß, der ↑Beobachtungssprache einer empirischen Wissenschaft eine ↑Theoriesprache an die Seite zu stellen, deren Grundbegriffe nicht sämtlich durch Beobachtungsbegriffe definiert sind, und die D.e als ausschließlich theoretische Begriffe (↑Begriffe, theoretische) zu behandeln. Alternativ dazu wurde, z. B. von N. Goodman, versucht, eine Definition der D.e dadurch zustande zu bringen, daß unter Einsatz der ↑Modallogik die besonderen Eigenschaften der Allgemeinheit einer nicht extensional (↑extensional/Extension), durch die ↑Wahrheitswerte von Implikans und Implikat allein, bestimmten Kausalimplikation untersucht werden oder doch wenigstens eine einwandfreie und befriedigende Analyse des irrealen Konditionalsatzes (z. B.: wenn man einen Wollfaden an beiden Enden zöge, würde er länger) gefunden wird (↑Konditionalsatz, irrealer). Auf diese Weise sind wieder Anknüpfungen an die von C. S. Peirce in seiner *pragmatischen Maxime* für die Bedeutungsbestimmung beliebiger, insbes. dispositionaler Termini niedergelegten methodischen Grundsätze möglich geworden, die es auch erlauben, den im Logischen Empirismus weithin eingeebneten, im Linguistischen Phänomenalismus (↑Phänomenalismus, linguistischer), z. B. von G. Ryle, hingegen durchaus beachteten Unterschied der naturwissenschaftlichen D.e zu den Ausdrücken für seelische Dispositionen (z. B. ›ängstlich‹, ›zornig‹) deutlich wiederherzustellen: Diese Ausdrücke sind im Unterschied zu den übrigen Dispositionsprädikatoren als Metaprädikatoren zu rekonstruieren, mit denen ganze ↑Handlungsschemata (z. B. ›laufen‹, ›grinsen‹) modifiziert werden.

Literatur: R. Carnap, Testability and Meaning, Philos. Sci. 3 (1936), 419–471, 4 (1937), 1–40 (repr. New Haven Conn. 1950, 1954); T. Crane (ed.), Dispositions. A Debate, London/New York 1996; W. K. Essler, Wissenschaftstheorie I (Definition und Reduktion), Freiburg/München 1970, ²1982; ders., Induktive Logik. Grundlagen und Voraussetzungen, Freiburg/München 1970; N. Goodman, Fact, Fiction, and Forecast, London 1954, Cambridge Mass. 1955, Indianapolis Ind./New York/Kansas City Mo. ²1965, Indianapolis Ind./New York ³1973, Cambridge Mass./London ⁴1983 (dt. Tatsache, Fiktion, Voraussage, Frankfurt 1975, 1988); S. M. Kledzik, Das Problem einer erziehungswissenschaftlichen Terminologie. Untersuchungen zu ihrer sprachkritischen Grundlegung am Beispiel von ›lernen‹ und ›lehren‹, Saarbrücken 1980; S. Mumford, Dispositions, Oxford etc. 1998; E. Prior, Dispositions, Aberdeen 1985; N. Rescher, A Theory of Possibility. A Constructivistic and Conceptualistic Account of Possible Individuals and Possible Worlds, Oxford, Pittsburg Pa. 1975; G. Ryle, The Concept of Mind, New York/London, Chicago Ill. 1949, London etc. 2000 (dt. Der Begriff des Geistes, Stuttgart 1969, 1997); E. Sosa (ed.), Causation and Conditionals, London etc. 1975; R. J. Spilsbury, Dispositions and Phenomenalism, Mind N. S. 62 (1953), 339–354; W. Stegmüller, Probleme und Resultate der Wissenschaftstheorie und Analytischen Philosophie II (Theorie und Erfahrung), Berlin/Heidelberg/New York 1970; R. Trapp, Dispositionsprädikate, WL (1978), 120–123; R. Tuomela (ed.), Dispositions, Dordrecht/Boston Mass. 1978 (Synthese Library 113). K. L.

disputatio (lat. disputare, auseinanderschneiden, im einzelnen erwägen, nach allen Seiten erörtern), im rhetorischen (↑Rhetorik, ↑ars) und philosophisch-theologischen Lehrbetrieb der Schulen und Universitäten des Mittelalters eine Übung der Studierenden im Argumentieren nach einem der ↑Topik des Aristoteles entlehnten Schema von Darlegung (propositio), Angriff (obiectio) und Verteidigung (defensio) einer These in Beantwortung einer Fragestellung (quaestio) durch einen ›Proponenten‹ oder ›Defendenten‹ und einen ›Opponenten‹, ›Objizienten‹ oder ›Respondenten‹ und nach den durch die ↑Syllogistik des Aristoteles vorgegebenen Regeln, wobei Vernunft- und Autoritätsargumente ›pro et contra‹ vorzutragen und zu beurteilen sind; auch öffentliches Streitgespräch zwischen Gelehrten verschiedener Konfessionen, etwa zwischen Christen und Juden, Christen und Muslimen oder Katholiken und Protestanten. Als akademische Einrichtung erhielt sich die Disputation als öffentliche Verteidigung von Thesen bei der Promotion zum Doktorat an manchen europäischen Universitäten bis heute.

Literatur: M. Grabmann, Die Geschichte der scholastischen Methode, I–II, Freiburg 1909/1911 (repr. Darmstadt 1961, 1988); H. Marti, Disputation, Hist. Wb. Rhetorik II (1994), 866–880; L. Miller, Disputatio(n), LMA III (1979), 1116–1120; L. M. de Rijk (ed.), Die mittelalterlichen Traktate De modo opponendi et respondendi. Einleitung und Ausgabe der einschlägigen Texte, Münster 1980 (Beitr. Gesch. Philos. Theol. MA, NF 17). R. Wi.

Dissonanz, kognitive, Terminus der kognitiven ↑Psychologie zur Bezeichnung eines inhaltlichen Gegensatzes zwischen Überzeugungen, Werthaltungen und Verhalten. Die von L. Festinger 1957 formulierte Theorie der k.n D. geht von dem Prinzip aus, daß Personen k. D. zu vermeiden suchen. Die Reduktion k.r D. gilt als Motivationszustand (↑Motiv), also als situationsübergreifende Disposition (↑Dispositionsbegriff) zur Herstellung von Einklang zwischen Einstellung und Handeln. Die Theorie der k.n D. ist daher Teil der Motivationstheorie.

Ein empirisch bestätigtes Beispiel für die Wirksamkeit dieses Prozesses ist die D.reduktion bei Nachentscheidungskonflikten. Ist eine Person gehalten, zwischen unterschiedlichen Alternativen von ähnlicher Gesamtattraktivität zu wählen, so entsteht ein Konflikt zwischen verschiedenen Präferenzen. Die so erzeugte k. D. wird nach der Entscheidung durch eine Vergrößerung des wahrgenommenen Attraktivitätsunterschieds zwischen den Alternativen reduziert: das ausgewählte Objekt erscheint deutlich attraktiver. Eine solche Erhöhung der Divergenz zwischen den Alternativen tritt hingegen nicht auf, wenn sich deren Attraktivität von vornherein stark unterscheidet. Unter solchen Umständen besteht nur geringe k. D., so daß keine konsonanzstiftenden Anpassungen erforderlich sind. Das Ausmaß der k.n D. hängt der Theorie zufolge nicht allein von der Intensität des Gegensatzes zwischen Einstellung und Handeln ab, sondern auch von der Verfügbarkeit rechtfertigender Gründe. Gibt es etwa für Verhalten, das den eigenen Überzeugungen widerstreitet, hohe externe Anreize, dann vermindert sich die Tendenz, Überzeugung und Verhalten in Einklang zu bringen. Unter solchen Bedingungen bleibt entsprechend die k. D. eher bestehen. Die empirische Bestätigung dieses Effekts der erzwungenen Einwilligung (*forced compliance*) gelang 1962 J. W. Brehm und A. R. Cohen. Dabei wurde k. D. erzeugt, indem Versuchspersonen zu Verhaltensweisen angehalten wurden, die einen Gegensatz mit ihren eigenen Überzeugungen bildeten. Für ihre Teilnahme am Experiment erhielten diese Belohnungen in unterschiedlicher Höhe. Beobachtet wurde, daß die Versuchspersonen ihre Überzeugungen um so stärker ihren Verhaltensweisen anpaßten, je geringer die Belohnung ausfiel. Dabei ist das Verhalten durch die Versuchsbedingungen fixiert, so daß D.reduktion nur durch die Änderung von Präferenzen oder Überzeugungen erreichbar ist. Hohe äußere Anreize stellen dagegen rechtfertigende Gründe dar und tragen daher zur Verminderung der k.n D. bei; der Anpassungsdruck auf Präferenzen und Überzeugungen wird geringer. Die Theorie der k.n D. führt damit unter anderem auf die Konsequenz, daß die psychologischen Wirkungen mit wachsender Verstärkung absinken und umgekehrt. Es handelt sich dabei um eine Beziehung, die im Gegensatz zu den von B. F. Skinner behaupteten Verhaltensgesetzen steht. Die empirische Bestätigung der Theorie der k.n D. forcierte die kognitive Revolution der 1960er Jahre, also die Ablösung des ↑Behaviorismus durch die kognitive Psychologie.

Literatur: J. W. Brehm/A. R. Cohen, Explorations in Cognitive Dissonance, New York/London 1962, 1965; S. S. Brehm, The Application of Social Psychology to Clinical Practice, New York etc. 1976 (dt. Anwendung der Sozialpsychologie in der klinischen Praxis, Bern/Stuttgart/Wien 1980); L. Festinger, A Theory of Cognitive Dissonance, Stanford Calif. 1957, 1997 (dt. Theorie der k.n D., ed. M. Irle/V. Möntmann, Bern/Stuttgart/Wien 1978); ders., Conflict, Decision, and Dissonance, Stanford Calif. 1964; D. Frey/A. Gaska, Die Theorie der k.n D., in: D. Frey/M. Irle (eds.), Theorien der Sozialpsychologie I (Kognitive Theorien), Bern etc. 1993, ²2001, 275–324; H. Heckhausen, Motivation und Handeln. Lehrbuch der Motivationspsychologie, Berlin 1980, bes. 158–170, ²1989, 2003, bes. 120–131 (engl. Motivation and Action, Berlin etc. 1991, bes. 103–112); B. Schuster/D. Frey, Sozialpsychologische Grundlagen der Klinischen Psychologie, in: N. Birbaumer u. a. (eds.), Enzyklopädie der Psychologie II/1 (Grundlagen der Klinischen Psychologie), Göttingen/Bern/Toronto 1996, 535–584, bes. 556–563; E. E. Smith, The Power of Dissonance Techniques to Change Attitudes, Public Opinion Quart. 25 (1961), 626–639. M. C.

Distanz (von lat. distantia, Abstand, Entfernung), Abstand zweier Punkte. Auf H. v. Helmholtz geht der Gedanke einer *physikalischen* Begründung der Axiome des D.begriffs (↑Abstand) mittels einer Untersuchung des Verfahrens des Messens von D.en zurück. Dabei wird die beim Abtragen von Maßstäben vorausgesetzte Kongruenz (↑kongruent/Kongruenz) von Punktepaaren als Grundbegriff eingeführt. Dieser Grundbegriff hat dann als definiert zu gelten, wenn es gelingt, physikalisch zu definieren, was der als Maßstab vorausgesetzte absolut starre Körper (↑Körper, starrer) bedeutet. In einer konstruktiv begründeten ↑Geometrie werden Kongruenz und Starrheit von Maßstäben über ›Grundformen‹ (eben, gerade, orthogonal) definiert bzw. postuliert, wobei die Grundformen ihrerseits durch Herstellungsanweisungen und ideative (↑Ideation) Redenormen voll bestimmt sind.

Literatur: R. Inhetveen, Die Dinge des dritten Systems …, in: K. Lorenz (ed.), Konstruktionen versus Positionen. Beiträge zur Diskussion um die Konstruktive Wissenschaftstheorie, I–II, Berlin 1979, I, 266–277; P. Janich, Zur Protophysik des Raumes, in: G. Böhme (ed.), Protophysik. Für und wider eine konstruktive Wissenschaftstheorie der Physik, Frankfurt 1976, 83–130; P. Lorenzen, Das Begründungsproblem der Geometrie als Wissenschaft der räumlichen Ordnung, Philos. Nat. 6 (1960/1961), 415–431, Neudr. in: ders., Methodisches Denken, Frankfurt 1968, ³1988, 120–141; weitere Literatur: ↑Abstand. P. J.

distinctio (griech. διαστολή, παραδιαστολή), begriffliche Unterscheidung, aber auch Tätigkeit des Unterscheidens. Die d. gehört als rhetorische Figur zur *elocutio* (↑Rhetorik), also zur adäquaten sprachlichen Darstellung des gegliederten Stoffes, kommt aber auch in Grammatik, Dialektik und biblischer Exegese vor. In der ↑disputatio der scholastischen Methode (↑Scholastik) dient die d. dem Ausschluß von ↑Ambiguitäten durch Unterscheidung verschiedener Bedeutungen desselben Wortes. Vom 12. Jh. an treten ›Distinctiones‹ als eigene Literaturgattung auf. Vermutlich erst im Zusammenhang mit Auseinandersetzungen um die Trinitätslehre wurde zwischen Arten von d.nes unterschieden, insbes. zwischen d. realis, d. rationis (beide mit weiteren Einteilungen) und d. formalis. Eine d. *realis* liegt vor, wenn dem Unterschied im Begriff ein Unterschied in der Sache entspricht. Eine d. *rationis* ist eine nur begriffliche Unterscheidung, in der also die unterschiedenen Begriffe für dieselbe Sache stehen. Eine d. *formalis* (d. intentionalis) wird dort durchgeführt, wo in einer Sache verschiedene formalitates (Wesensbestimmungen, ↑Form) oder quidditates (›Washeiten‹, ↑Quiddität) verwirklicht sind.

Literatur: M. J. Grajewski, The Formal Distinction of Duns Scotus, Washington D. C. 1944; B. Jansen, Beiträge zur geschichtlichen Entwicklung der D. formalis, Z. kathol. Theologie 53 (1929), 317–344, 517–544; R. Macken, Formaldistinktion/Realdistinktion, LMA IV (1989), 645; ders., Les diverses applications de la distinction intentionnelle chez Henri de Gand, in: J. P. Beckmann u. a. (eds.), Sprache und Erkenntnis im Mittelalter, 2. Halbbd., Berlin/New York 1981 (Miscellanea Mediaevalia 13/2), 769–776; O. Muck, d. formalis, d. rationis, d. realis,

Distinktion, Hist. Wb. Ph. II (1972), 270–272; L. Weber, Das Distinktionsverfahren im mittelalterlichen Denken und Kants skeptische Methode, Meisenheim 1976 (Monographien zur philos. Forsch. 147); J. Zappen, D., Hist. Wb. Rhetorik II (1994), 888–891. V. P.

Distribution, deontische, Bezeichnung für ein von G. H. v. Wright 1951 entwickeltes Entscheidungsverfahren für logisch komplexe Aussagen der deontischen Aussagenlogik (↑Logik, deontische). Dem Verfahren liegt der der gemeinsprachlichen Intuition entnommene Gedanke zugrunde, daß (1) Sätze mit deontischen Operatoren (verboten, daß …, geboten, daß …, indifferent, daß …) definitorisch auf Erlaubnissätze zurückgeführt werden können und (2) ein Erlaubnissatz mit adjunktiver Proposition äquivalent der ↑Adjunktion entsprechender Erlaubnissätze ist:

$$E(p \vee q) \asymp E(p) \vee E(q).$$

Da jeder propositionale Teil eines Erlaubnissatzes aufgrund aussagenlogischer Theoreme (allerdings nur im klassischen Kalkül der Aussagenlogik, ↑Junktorenlogik) in eine vollständige adjunktive ↑Normalform salva veritate überführt werden kann, erhält man aus jedem Erlaubnissatz durch d. D. eine Reihe von Adjunktionen von Erlaubnissen. Der ↑Wahrheitswert eines Erlaubnissatzes ist eine Funktion der Wahrheitswerte der Erlaubniskonstituenten des Erlaubnissatzes nach dem Entscheidungsverfahren der aussagenlogischen vollständigen adjunktiven Normalform.

Das Verfahren der d.n D. hat in der weiteren Entwicklung der deontischen Logik keine relevante Rolle mehr gespielt. Im Anschluß an die Entdeckung der Paradoxien der deontischen Logik (↑Chisholmsche Paradoxie, ↑Rosssche Paradoxie) hatte sich die Debatte vor allem auf die Auszeichnung und Rechtfertigbarkeit alternativer Vorschläge zur Kalkülorganisation gerichtet und dabei die für die Bildung von Normalformen vorauszusetzenden deontisch-logischen Verhältnisse problematisiert. Vor allem mit der Einführung quantorenlogisch (↑Quantorenlogik) erweiterter Varianten der deontischen Logik ist es zudem seit Mitte der 1960er Jahre üblich geworden, semantische Entscheidungsverfahren für komplexe deontisch-logische Aussagen nach dem Muster der Mögliche-Welten-Semantik zu bilden (↑Semantik, ↑Welt, mögliche).

Literatur: G. Kamp, Logik und Deontik. Über die sprachlichen Instrumente praktischer Vernunft, Paderborn 2001; G. H. v. Wright, Deontic Logic, Mind 60 (1951), 1–15, Nachdr. in: ders., Logical Studies, London 1957, 2000, 58–74 (dt. Deontische Logik, in: ders., Handlung, Norm und Intention. Untersuchungen zur deontischen Logik, ed. H. Poser, Berlin/New York 1977, 1–17). C. F. G.

distributiv/Distributivität, eine Beziehung zwischen zwei in einer formalen Struktur erklärten zweistelligen Verknüpfungen ⊔ und ⊓ (↑Algebra), die ausgedrückt wird durch die Geltung der beiden folgenden, zueinander dualen (↑dual/Dualität) ›D.sgesetze‹ (in der Mathematik meist als ›Distributivgesetze‹, aber auch als ›distributive Gesetze‹ oder ›Distributionsgesetze‹ bezeichnet):

$$a \sqcup (b \sqcap c) = (a \sqcup b) \sqcap (a \sqcup c),$$
$$a \sqcap (b \sqcup c) = (a \sqcap b) \sqcup (a \sqcap c).$$

Genauer handelt es sich dabei um Gesetze der ›Linksdistributivität‹, bei denen das zuletzt verknüpfte (›heranmultiplizierte‹) Element links steht. Bei Strukturen, in denen nicht auch zugleich die Kommutativitätsgesetze für ⊔ und ⊓ gelten (↑kommutativ/Kommutativität), muß die Geltung der entsprechenden ›Rechtsdistributivität‹

$$(a \sqcap b) \sqcup c = (a \sqcup c) \sqcap (b \sqcup c),$$
$$(a \sqcup b) \sqcap c = (a \sqcap c) \sqcup (b \sqcap c)$$

eigens gefordert werden. Dabei kann für gegebene Verknüpfungen ⊔ und ⊓ durchaus eines der Gesetze eines solchen Paares gelten und das andere nicht. Beispielsweise gilt im Ring der ganzen ↑Zahlen (↑Ring (mathematisch)) für die Verknüpfungen · (↑Multiplikation (mathematisch)) und + (↑Addition (mathematisch)) allgemein $a \cdot (b + c) = a \cdot b + a \cdot c$ und wegen der Kommutativität der Multiplikation auch $(a + b) \cdot c = a \cdot c + b \cdot c$, während $a + (b \cdot c) = (a + b) \cdot (a + c)$ und $(a \cdot b) + c = (a + c) \cdot (b + c)$ nicht gelten (man sagt, die Multiplikation sei d. bezüglich der Addition oder ›über die Addition‹, nicht aber die Addition d. bezüglich der Multiplikation bzw. ›über die Multiplikation‹). Da die Multiplikation kommutativ ist, gilt mit der Linksdistributivität auch die Rechtsdistributivität; in der Elementarmathematik nennt man den Übergang von der linken zur rechten Seite einer solchen Gleichung ›Ausmultiplizieren‹, den von rechts nach links ›Ausklammern‹. Strukturen, in denen die beiden Gesetze der (Links-)D. gelten, heißen d.e Strukturen. Beispiele bilden die ↑Booleschen Verbände und die Mengenverbände (↑Verband). C. T.

Disziplin, wissenschaftliche, Bezeichnung für einen Teilbereich innerhalb der ↑Wissenschaften, der durch Gegenstand, ↑Methode oder ↑Erkenntnisinteresse von anderen Teilbereichen abgrenzbar ist. Die Spezialisierung der Forschung führt zur Ausdifferenzierung von Disziplinen, Fächern, Feldern und Arbeitsgebieten. Bei den heute institutionell (↑Institution) verankerten D.en handelt es sich um historisch gewachsene Organisationsstrukturen, die sich nicht einer ›Natur der Sache‹ verdanken. Zu den

Disziplinarität

w.n D.en im Sinne umfassender Einzelwissenschaften mit paradigmatischen (↑Paradigma) ↑Theorien und Methoden gehören etwa die ↑Biologie und die ↑Soziologie. Die Zoologie kann als Fach innerhalb der Biologie betrachtet werden, das wiederum unterschiedliche Wissenschaftszweige (etwa das Feld der Ornithologie) enthält. Manche Gebiete (wie etwa die Medizin) umfassen verschiedene Fächer, die methodisch unterschiedlichen w.n D.en zugerechnet werden können (vgl. H. Heckhausen 1987). Die institutionelle Ausdifferenzierung der w.n D.en und Fächer ist grundlegend für die akademische Lehrpraxis und die Vergabe akademischer Grade. Ausufernde Spezialisierung kann die Wahrnehmung von Problemstellungen, die nicht in den Rahmen einer einzigen w.n D. fallen, beeinträchtigen (vgl. J. Mittelstraß 1989). Fächerübergreifende, d. h. intradisziplinäre oder sogar interdisziplinäre bzw. transdisziplinäre, Forschung (↑Transdisziplinarität) wirkt dem entgegen.

Literatur: B. Gräfrath/R. Huber/B. Uhlemann, Einheit, Interdisziplinarität, Komplementarität. Orientierungsprobleme der Wissenschaft heute, Berlin/New York 1991; M. Guntau, Der Herausbildungsprozeß moderner w.r D.en und ihre stadiale Entwicklung in der Geschichte, Ber. Wiss.gesch. 10 (1987), 1–13; H. Heckhausen, Interdisziplinäre Forschung zwischen Intra-, Multi- und Chimären-Disziplinarität, in: J. Kocka (ed.), Interdisziplinarität. Praxis – Herausforderung – Ideologie, Frankfurt 1987, 129–145; G. Jüssen/G. Schrimpf, Disciplina, doctrina, Hist. Wb. Ph. II (1972), 256–261; J. T. Klein, Crossing Boundaries. Knowledge, Disciplinarities, and Interdisciplinarities, Charlottesville Va. 1996; J. Kuczynski u. a., Disziplinarität und Interdisziplinarität in der wissenschaftlichen Forschung, Dt. Z. Philos. 31 (1983), 44–71; E. Messer-Davidow/D. R. Shumway/D. J. Sylvan (eds.), Knowledges. Historical and Critical Studies in Disciplinarity, Charlottesville Va. 1993; J. Mittelstraß, Die Stunde der Interdisziplinarität?, in: J. Kocka (ed.), Interdisziplinarität [s. o.], 152–158, Neudr. in: ders., Leonardo-Welt. Über Wissenschaft, Forschung und Verantwortung, Frankfurt 1992, 96–102; ders., Wohin geht die Wissenschaft? Über Disziplinarität, Transdisziplinarität und das Wissen in einer Leibniz-Welt, Konstanzer Blätter f. Hochschulfragen (Sonderheft Symposium: Wird die Wissenschaft unüberschaubar? Das disziplinäre System der Wissenschaft und die Aufgabe der Wissenschaftspolitik) 26 (1989), H. 1–2, 97–115, Neudr. in: ders., Der Flug der Eule. Von der Vernunft der Wissenschaft und der Aufgabe der Philosophie, Frankfurt 1989, 60–88; ders., Interdisziplinarität oder Transdisziplinarität?, in: L. Hieber (ed.), Utopie Wissenschaft. Ein Symposion an der Universität Hannover über die Chancen des Wissenschaftsbetriebs der Zukunft, München/Wien 1993, 17–31, Neudr. in: ders., Die Häuser des Wissens. Wissenschaftstheoretische Studien, Frankfurt 1998, 29–48; W. Stock, Die Entstehung einer w.n D., Acta Analytica 5 (1989), 149–169; P. Weingart, Interdisziplinarität – der paradoxe Diskurs, Ethik und Sozialwissenschaften 8 (1997), 521–528; ders., Interdisziplinarität im Kreuzfeuer. Aus dem Paradox in die Konfusion und zurück, Ethik u. Sozialwissenschaften 8 (1997), 589–597. B. G.

Disziplinarität, Bezeichnung für die disziplinäre Ordnung der Wissenschaften, gegenüber Interdisziplinarität und ↑Transdisziplinarität wissenschaftssystematisch betrachtet die Basisform wissenschaftlicher Arbeit (↑Disziplin, wissenschaftliche). D. bestimmt sich im wesentlichen unter Gesichtspunkten des Gegenstandes, der ↑Methode und des ↑Erkenntnisinteresses und weist in disziplinären Konstitutionszusammenhängen historische Aspekte auf. Fächer im Wissenschaftssystem sind Ausdruck von D. und insofern, unter Spezialisierungserfordernissen, Teile wissenschaftlicher Disziplinen. Interdisziplinarität, Transdisziplinarität und andere Formen wissenschaftlicher Kooperation setzen D. voraus. Während Interdisziplinarität die disziplinären Dinge läßt, wie sie sind, und Kooperation zwischen Disziplinen auf Zeit bedeutet, hebt Transdisziplinarität als Forschungsprinzip problembezogen disziplinäre Engführungen auf und verändert in diesem Sinne auch die D.en.

Literatur: ↑Disziplin, wissenschaftliche, ↑Transdisziplinarität. J. M.

divergent/Divergenz, bei unendlichen Folgen (↑Folge (mathematisch)) und ↑Reihen soviel wie nicht-konvergent (↑konvergent/Konvergenz). Die bei unkritischem Operieren mit divergenten Reihen auftretenden Widersprüche, z. B. die durch unterschiedliche Klammerung entstehende falsche Gleichung

$$0 = (1-1) + (1-1) + \cdots =$$
$$= 1 - 1 + 1 - 1 + \cdots =$$
$$= 1 + (-1+1) + (-1+1) + \cdots = 1,$$

führten im 18. Jh. zur Forderung nach größerer Strenge der mathematischen Begriffsbildung. C. T.

Diversität, ↑verschieden/Verschiedenheit.

Division (mathematisch), Bezeichnung für die zur Multiplikation (↑Multiplikation (mathematisch)) inverse Operation. In der Arithmetik z. B. ist die D. etwa durch

$$\frac{m}{n} = p \Leftrightarrow m = p \cdot n$$

definierbar, wobei stets $n \neq 0$ sein muß. G. W.

DNA, in der ↑Genetik international gebräuchliche Abkürzung für *Desoxyribonucleic Acid* (statt des früher im Deutschen verbreiteten Ausdrucks ›DNS‹), molekularer Träger der Erbinformation von Lebewesen, von O. T. Avery u. a. 1944 als solcher identifiziert. J. D. Watson und F. H. C. Crick gelang 1953 die Strukturaufklärung des DNA-Moleküls als einer doppelsträngigen Helix (›Doppel-Helix‹). Jeder DNA-Strang besteht aus einer Folge der vier Nukleotide Adenin (A), Guanin (G), Cytosin (C) und Thymin (T), die die Basenpaarungen AT und GC bilden. Die Sequenz dieser Basenpaare bestimmt das ↑Genom eines Organismus. Natürlich vorkommende DNA-Moleküle enthalten wenigstens einige tausend Basenpaare (bei Viren), können aber auch bis zu Milliarden von Basenpaaren umfassen (bei Tieren oder beim Menschen). Aktivierte Abschnitte des Genoms werden zunächst in RNA transkribiert und daraufhin – nach Maßgabe des genetischen Codes (↑Code, genetischer) – in Proteine translatiert, die ihrerseits die Eigenschaften der Zelle bestimmen.

Literatur: H. F. Judson, The Eighth Day of Creation. Makers of the Revolution in Biology, New York 1979, Plainview N. Y. ²1996 (dt. Der 8. Tag. Sternstunden der neuen Biologie, Wien/München 1980); R. Knippers, Molekulare Genetik, Stuttgart 1971, ⁸2001; M. Morange, A History of Molecular Biology, Cambridge Mass. 1998, 2000; D. Nelkin/M. S. Lindee, The DNA Mystique. The Gene as a Cultural Icon, New York 1995, 1999; J. D. Watson, A Passion for DNA. Genes, Genomes, and Society, Oxford 2000, 2001. R. Kn.

DN-Erklärung, ↑Erklärung.

docta ignorantia (lat., ›belehrte Unwissenheit‹), in der an A. Augustinus anschließenden ↑Scholastik verwendeter Ausdruck (vgl. Bonaventura, Breviloqu. V, 6, 7; II Sent. 23, 2, 3 ad 6) zur Charakterisierung der gnadenhaften Gotteserkenntnis, deren Bedingung die Loslösung von allen bestimmten Wissensansprüchen der menschlichen Vernunft ist. Bei Nikolaus von Kues rückt die Rede von der d. i. ins Zentrum philosophischer Überlegungen. Mit ihr läßt sich die Erkenntnis der menschlichen Vernunft sowohl als deren eigenständige Leistung als auch als Anerkennung ihrer (ihr grundsätzlich gezogenen) Grenzen verstehen. Diese Erkenntnis ist nach dem Schema der Steigerung darstellbar: Indem man z. B. immer mehr Forschungen anstellt, versucht man zu immer genaueren Darstellungen der ↑Realität zu kommen; indem man die jeweils erreichte ↑Vollkommenheit immer mehr steigert, versucht man die höchste Vollkommenheit zu erreichen. Demgegenüber besteht die d. i. im Verzicht auf eine derartige Erkenntnis durch Steigerung – und dies eben in der Einsicht, daß sie mit komparativen Erkenntnissen nur über ihre eigenen Leistungen reden könnte, nicht aber auch über Gott, der größer ist als sie selbst. Der Verzicht auf komparative Erkenntnis bedeutet den Verlust begrifflicher Unterscheidungsmöglichkeiten. Denn da die Begriffe als die gedanklichen Begrenzungen der Realität gebildet werden, mit denen diese für die (begrenzte) Vernunft (für eine komparative Erkenntnis) faßlich gemacht wird, besteht dieser Verzicht eben auch in der Aufgabe dieser Begrenzungen: die d. i. formuliert sich in der ↑coincidentia oppositorum, der Ineinssetzung gegensätzlicher begrifflicher Bestimmungen, als die auch sie selbst, nämlich als Identität von Belehrtheit und Unwissenheit, erscheint.

Literatur: G. v. Bredow, D. i., Hist. Wb. Ph. II (1972), 273–274; K. Jaspers, Nikolaus Cusanus, München 1964, 1968, München/Zürich 1987; J. Lenz, Die d. i. oder die mystische Gotteserkenntnis des Nikolaus Cusanus in ihren philosophischen Grundlagen, Würzburg 1923; J. Longeway, Nicolas of Cusa and Man's Knowledge of God, Philos. Res. Arch. 13 (1987/1988), 289–313; U. Offermann, Christus – Wahrheit des Denkens. Eine Untersuchung zur Schrift »De d. i.« des Nikolaus von Kues, Münster 1991 (Beitr. Gesch. Philos. Theol. MA NF XXXIII); K. G. Pöppel, Die d. i. des Nicolaus Cusanus als Bildungsprinzip. Eine pädagogische Untersuchung über den Begriff des Wissens und Nichtwissens, Freiburg 1956; J. Ritter, ›D. i.‹. Die Theorie des Nichtwissens bei Nicolaus Cusanus, Leipzig/Berlin 1927; M. Ursic, Paraconsistency and Dialectics as ›coincidentia oppositorum‹ in the Philosophy of Nicholas of Cusa, Log. anal. NS 41 (1998), 203–217; K.-H. Volkmann-Schluck, Nicolaus Cusanus. Die Philosophie im Übergang vom Mittelalter zur Neuzeit, Frankfurt 1957, ³1984, bes. 1–24. O. S.

Dodgson, Charles Lutwidge, ↑Carroll, Lewis.

Dogmatismus (von griech. δόγμα, lat. dogma, Meinung, Lehrsatz, Glaubenssatz), negativ besetzter Terminus der ↑Erkenntniskritik. Dogmen sind allgemeine, zumeist praktische Lehrsätze, die, selbst ohne Begründung, als Grundlage weiteren Begründens dienen. Nach I. Kant sind Dogmen (›Lehrsprüche‹) ›direkt synthetische Sätze aus Begriffen‹, denen im Unterschied zu den auf mögliche Erfahrung bezogenen ›Grundsätzen der reinen Vernunft‹ im theoretischen Gebrauch die ›objektive Gültigkeit‹ mangelt (KrV B 764). Während sich der Begriff des *Dogmas* auf Urteile bezieht, werden Verfahren, die aus apriorischen (↑a priori) Prinzipien beweisen, von Kant ohne negative Bewertung *dogmatisch* genannt. Auch die Erkenntniskritik muß in diesem Sinne dogmatisch vorgehen. Das dogmatische Verfahren mündet jedoch in den D., wenn es von der Vernunft »*ohne vorangehende Kritik ihres eigenen Vermögens*« angewendet wird (KrV B XXXV).

Der konsequenteste D. ist nach J. G. Fichte der ↑Spinozismus. Dieser ist dem immanenten ↑Kritizismus dadurch entgegengesetzt, daß er alle Realität in das Ding setzt (Grundlage der gesamten Wissenschaftslehre, Ausgew. Werke I, 314) und damit, »was im Ich und für das Ich ist, außer dem Ich aufsucht« (Das System der Sittenlehre, Ausgew. Werke II, 568). Fichte behauptet den D. als entgegengesetzte Position zum ›Idealismus‹ und setzt ihn damit dem ›Realismus‹ gleich (Erste Einleitung in die Wissenschaftslehre, Ausgew. Werke III, 10–25). In gleicher Weise verwendet F. W. J. Schelling den Ausdruck ›D.‹ in seinen frühen Schriften (Vom Ich als Prinzip der Philosophie oder über das Unbedingte im menschlichen Wissen, Sämtl. Werke I, I 170–172). G. W. F. Hegel unterscheidet die dogmatische Verstandes- von der dialektischen Vernunftmetaphysik. Erstere ist dogmatisch, weil sie an der abstrakten Entgegensetzung der Verstandesbestimmungen festhält (Sämtl. Werke VIII, 105–107). D. ist nach Hegel, und hierin liegt seine Abwendung vom extremen ↑Idealismus, die subjektivistische Metaphysik in der Fichteschen Prägung ebenso wie die einseitige Fixierung des Objektiven in der herkömmlichen Metaphysik (Glauben und Wissen, Sämtl. Werke I, 431). In der nachidealistischen Philosophie kommt der Begriff des D. in seiner Funktion, philosophische Systeme insgesamt negativ zu charakterisieren, außer Gebrauch. Die häufige Verwendung des Adjektivs ›dogmatisch‹ erfolgt unterminologisch.

Literatur: G. Di Napoli, dogmatismo, Enc. filos. II (1982), 1060–1062; J.-L. Dumas, dogmatisme, Enc. philos. universelle II/1 (1990), 678–679; FM I (1994), 929–930 (Dogmatismo); N. Mader, D., in: H.-J. Sandkühler (ed.), Europäische Enzyklopädie zu Philosophie und Wissenschaften I (1990), 587–592; W. Nieke, D., Hist. Wb. Ph. II (1972), 277–279. S. B.

Dominicus Gundissalinus (auch: Dominicus Gundissalvus, Domingo Gundisalvo oder Gonzáles), zweite Hälfte des 12. Jhs., span. Philosoph und Übersetzer. Um 1150 Archidiakon von Segovia und Cuéllar. D. gehörte der Übersetzerschule von Toledo an, in der arabische und jüdische Literatur ins Lateinische übersetzt wurde. Mitarbeit an Übersetzungen von Werken Avicennas, Algazels, Avicebrons, al-Farabis, al-Kindis und Isaak Israelis. D.' eigene Schriften stehen stark unter dem Eindruck der bei der Übersetzertätigkeit gewonnenen Kenntnisse. D. machte den arabisch-jüdischen ↑Neuplatonismus im Westen bekannt und versuchte eine Synthese mit dem christlichen Neuplatonismus von A. M. T. S. Boethius und A. Augustinus. Seine im wesentlichen an al-Farabi orientierte, vom wissenschaftlichen Lehrbetrieb der ↑Scholastik (↑ars) abweichende Klassifikation der Wissenschaften in ↑Propädeutik (einschließlich Grammatik, Poetik und Rhetorik), Logik und die philosophischen Wissenschaften (mit Physik, Mathematik und Theologie als theoretischen und Politik, Ökonomik und Ethik als praktischen Disziplinen) beeinflußte spätere Autoren wie Michael Scotus, Vinzenz von Beauvais und Thierry von Chartres.

Werke: De processione mundi, in: M. Menéndez y Pelayo, Historia de los heterodoxos españoles I, Madrid 1880, 691–711. – P. Correns, Die dem Boethius fälschlich zugeschriebene Abhandlung des D. Gundisalvi »De unitate«, Beitr. Gesch. Philos. MA I (1891), H. 1, 1–11; G. Bülow, Des D. G. Schrift von der Unsterblichkeit der Seele, Beitr. Gesch. Philos. MA II (1897), H. 3, 1–38; L. Baur, D. G.. De divisione philosophiae, Beitr. Gesch. Philos. MA IV (1903), H. 2–3, 1–142; G. Bülow, Des D. G. Schrift »Von dem Hervorgange der Welt« (De processione mundi), Beitr. Gesch. Philos. MA XXIV (1925), H. 3, 1–56; J. T. Muckle (ed.), The Treatise »De anima« of D. G., Med. Stud. 2 (1940), 23–103; Totok II (1973), 333–335.

Literatur: M. A. Alonso, Notas sobre los traductores toledanos Domingo Gundisalvo y Juan Hispano, Al-Andalus 8 (1943), 155–188; ders., Temas filosóficos medievales (Ibn Däwud y Gundisalvo), Comillas 1959; C. Bäumker, D. G. als philosophischer Schriftsteller, Beitr. Gesch. Philos. MA XXV (1927), 255–275; D. A. Callus, G.'s »De Anima« and the Problem of Substantial Form, New Scholasticism 13 (1939), 338–355; A. H. Chroust, The Definitions of Philosophy in »De divisione philosophiae« of D. G., New Scholasticism 25 (1951), 253–281; F. Dechant, Die theologische Rezeption der ›Artes Liberales‹ und die Entwicklung des Philosophiebegriffs in theologischen Programmschriften des Mittelalters von Alkuin bis Bonaventura, St. Ottilien 1993, bes. 140–181; E. Gilson, History of Christian Philosophy in the Middle Ages, London 1955, bes. 235–239, 652–653; N. M. Haring, Thierry of Chartres and D. G., Med. Stud. 26 (1964), 271–286; J. Jolivet, The Arabic Inheritance, in: P. Dronke (ed.), A History of Twelfth-Century Western Philosophy, Cambridge 1988, 113–148; C. Kren, D. G., DSB V (1972), 591–593; H. Schipperges, D. G., LMA III (1986), 1188–1189. G. W.

Doxa, ↑Meinung.

Doxographie (von griech. δόξα, Meinung, Lehre), antiker Typ der Philosophie- und Wissenschaftsgeschichtsschreibung (↑Philosophiegeschichte, ↑Wissenschaftsgeschichte), in dessen Rahmen ältere Entwicklungen in systematischer und/oder chronologischer Aufarbeitung unter dem Gesichtspunkt des jeweils zeitgenössischen Wissensstandes dargestellt und beurteilt werden. Aristoteles, bei dem als erstem der Bericht über ›Vorläufer‹ (so z. B. schon bei Platon, Demokrit und in der ↑Sophistik) methodisch reflektierte Formen annimmt, versteht seine Systematisierung der älteren Philosophie- und Wissenschaftsgeschichte (im Rahmen und unter dem Gesichtspunkt seiner Ursachen- und Prinzipienlehre) als das Resultat eines ernsthaften Zurateziehens derjenigen, ›die vor uns über die Wahrheit philosophiert haben‹ (Met. A3.983b1–3). Der historische Gang der Reflexion wird in dieser problemorientierten Darstellung zu einer noch von Unklarheiten und Irrtümern belasteten Bewegung auf das eigene Denken hin. In einer bereits stärker auf Sammlung und auswählende Darstellung bedachten Weise tritt D. bei Eudemos von Rhodos und Theophrast von Eresos auf, denen die spätere antike D., so bei den Epikureern (↑Epikureismus) und in der neuen ↑Akademie, im wesentlichen folgt. Auf die D. des Aëtios geht das allein vollständig überlieferte doxographische Werk des Diogenes Laërtios zurück.

Literatur: H. Diels (ed.), Doxographi graeci, Berlin 1879, Nachdr. 1976; Diogenis Laertii vitae philosophorum, I–II, ed. H. S. Long, Oxford 1964, 1966 (dt. Leben und Meinungen berühmter Philosophen, übers. v. O. Apelt, Hamburg 1921, ³1990). – D. E. Hahm, The Ethical Doxography of Arius Didymus, in: W. Haase/H. Temporini (eds.), Aufstieg und Niedergang der römischen Welt II, 36.4, 2935–3055; J. Mansfeld, ›Physikai doxai‹ and ›Problemata physika‹ from Aristotle to Aëtius (and Beyond), in: W. W. Fortenbaugh/D. Gutas (eds.), Theophrastus. His Psychological, Doxographical and Scientific Writings, New Brunswick N. J./London 1992, 63–111; J. Mansfeld/D. T. Runia, Aetiana. The Method and Intellectual Context of a Doxographer I, Leiden/New York/Köln 1997 (mit Bibliographie, 339–366); D. T. Runia, Doxography, REP III (1998), 125–127 (dt. [leicht verändert] D., DNP III [1997], 803–806); ders., Xenophanes or Theophrastus? An Aetian ›Doxographicum‹ on the Sun, in: W. W. Fortenbaugh/D. Gutas (eds.), Theophrastus [s. o.], 112–140. J. M.

dravya (sanskr., Ding, Besitz, Stoff, Substanz), Grundbegriff der klassischen indischen Philosophie (↑Philosophie, indische). Bei den Grammatikern, z. B. im Mahābhāṣya des Patañjali (um 150 v. Chr.), steht d. im Gegensatz zur ↑ākṛti wie Stoff zu Form; es geht darum, wer von beiden, d. oder ākṛti, als principium individuationis (↑Individuation) für das jeweilige Gegenüber fungiert. Ist es das d., der Stoff für eine Form, wie das Gold bei dieser oder jener goldenen Halskette – d. ist dann gleichwertig mit Einzelding (vyakti) – oder ist es die ākṛti, die Form für einen Stoff, wie Kette oder Ring aus demselben Gold? Im System des ↑Vaiśeṣika, das wesentlich durch seine Auseinandersetzungen mit der Schule der Grammatiker um den Begriff des d. geprägt wurde – z. B.: ist das d. vergänglich oder unvergänglich?, hat es als das relativ stabile Substrat, an dem sich Veränderungen abspielen, zu gelten oder ist es nur ein Eigenschaftsbündel (guṇa-saṃdrāva) bzw. etwas aufgrund der sinnlich wahrnehmbaren Eigenschaften nur durch Schlußfolgerung Zugängliches? –, ist d. eine Kategorie (↑padārtha) von unvergänglichen und grundsätzlich atomaren Gegenständen der Objektstufe (↑artha), aus denen, zusammen mit ebenso atomaren und beständigen Gegenständen der beiden Kategorien Eigenschaft (↑guṇa) und Bewegung (↑karma), alle Einzeldinge (vyakti) aufgebaut sind; die Verbindung zwischen d. und guṇa bzw. karma wird dabei durch Inhärenz (↑samavāya) hergestellt. In der schließlich verbindlich gewordenen Fassung des Vaiśeṣika im Padārthadharmasaṃgraha von Praśastapāda (1. Hälfte 6. Jh.) gibt es neun Arten von d., unter denen allein vier (Erde, Wasser, Feuer, Luft) der Materie entsprechen, während Äther (↑ākāśa) als Träger des Tons, Raum (diś) und Zeit (↑kāla) nicht-atomar und alles durchdringend sind. Hinzu kommen die omnipräsenten Seelen (↑ātman) und die atomaren Denkorgane (↑manas). Im Jainismus (↑Philosophie, jainistische) wiederum, der die einen Teilbereich alles Wirklichen (↑tattva) bildenden Erkenntnisgegenstände (artha) in d. und paryāya (= Modus) gliedert, gibt es sechs d. – Lebendiges (jīva), Materielles (↑pudgala), Medium der Bewegung (dharma), Medium der Hemmung (adharma), Raum (ākāśa) und Zeit (kāla) –, die den Bereich der Welt (loka) und der allein aus Raum bestehenden Nicht-Welt (aloka) ausmachen, wobei alle d. bis auf die Zeit, deren Status als unabhängige Substanz streitig blieb, auch als ›Seinsmassen‹ (astikāya) bezeichnet werden.

Literatur: W. Halbfass, On Being and What There Is. Classical Vaiśeṣika and the History of Indian Ontology, Albany N. Y. 1992; F. K. Lalane, The Six d.s of the Jain Philosophy, Bombay 1914; B. K. Matilal, Logic, Language and Reality, Delhi 1985. K. L.

Dreikörperproblem, physikalisches Problem der Wechselwirkung dreier physikalischer Systeme, dessen Lösungsversuche für die mathematische Theorie nicht-linearer ↑Dynamik und die ↑Chaostheorie (↑Chaos, deterministisches) grundlegend waren. In der Himmelsmechanik stellt sich das D. als Problem der Bewegung dreier Himmelskörper unter dem Einfluß ihrer gegenseitigen Massenanziehung auf der Grundlage des Newtonschen Gravitationsgesetzes (↑Gravitation). Allgemein geht es im Mehrkörperproblem um n konstante Massen $m_1, \ldots, m_n$ mit 3-dimensionalen zeitabhängigen Ortsfunktionen $x_1, \ldots, x_n$, die nach dem Gravitationsgesetz wechselwirken und nach dem 2. Newtonschen Mechanikgesetz nicht-lineare Differentialgleichungen 2. Ordnung bilden:

$$m_i \ddot{x}_i = \sum_{\substack{j=1 \\ j \neq i}}^{n} \frac{m_i m_j (x_i - x_j)}{|x_i - x_j|^3} \quad (1 \leq i \leq n).$$

Dabei ist die Bahn $x_i(t)$ für Anfangsort $x_i(0)$ und Anfangsgeschwindigkeit $\dot{x}_i(0)$ zum Zeitpunkt $t = 0$ zu bestimmen. Während J. Bernoulli bereits 1710 das Zweikörperproblem für $n = 2$ (z. B. Bahn eines Planeten) vollständig löste, blieb die Lösung der nicht-linearen Gleichungen für $n \geq 3$ eine mathematische Herausforderung.

Speziell für $n = 3$ ergibt sich das D.. Von J. L. Lagrange wurden zwei exakt lösbare Sonderfälle angegeben: (1) Drei Massen bilden ein gleichseitiges Dreieck und bewegen sich mit gleicher Umlaufzeit auf einander ähnlichen Ellipsen, wobei die Gleichseitigkeit des Dreiecks erhalten bleibt. (2) Drei Massen liegen auf derselben rotierenden Geraden. Die beiden Lagrangeschen Spezialfälle führten zur Untersuchung partikularer oder periodischer Lösungen des D.s, die besonders von H. Poincaré betrachtet wurden. Dieses eingeschränkte D. setzt voraus, daß zwei der Massen m_2 und m_3 klein gegenüber der dritten Masse $m_1 = 1/\alpha$ sind, wobei $m_2 = \alpha_2 m$ und $m_3 = \alpha_3 m$ mit Konstanten a_2, a_3 und $\alpha \to 0$. Für das erweiterte eingeschränkte D. wird $m_3 \approx 0$ angenommen. Dabei bewegen sich m_1 und m_2 auf Kreisen um den gemeinsamen Schwerpunkt. Ist zusätzlich $m_2 << m_1$, so kann für bestimmte Klassen von Bewegungen Stabilität nachgewiesen werden. Das trifft z. B. für das D. von Sonne, Erde und Mond zu. Historisch war das D. ein beliebtes Thema von Wettbewerben europäischer Mathematiker. Der Beitrag von H. Poincaré wurde als Nachweis verstanden, daß das D. nicht allgemein lösbar sei. Tatsächlich zeigte Poincaré keineswegs die prinzipielle Unlösbarkeit des D.s. Er bewies nur, daß es mit einer üblichen Lösungsmethode (d. h. der Bestimmung erster Integrale) nicht lösbar ist.

1991 fand Q. Wang eine konvergierende Potenzreihe, die exakt die Bahn von n Körpern bestimmt. Schwierigkeiten mit Singularitäten, die durch kollidierende Körper und abrupt endende Bahnen entstehen können, vermied er durch Einführung einer variablen Zeit, die um so langsamer läuft, je näher sich die Körper kommen. Auf dieser Zeitskala kollidieren die Körper daher erst in unendlicher Zeit (also niemals), so daß ihre Bahnen im Prinzip berechenbar bleiben. Die praktische Angebbarkeit dieser Lösung wird daher durch die Rechenkapazität von Computern begrenzt. Für das allgemeine D. sind nur numerische Integrationsmethoden anwendbar.

Poincaré erkannte, daß das D. unter bestimmten Bedingungen zu chaotischem Verhalten führen kann. So sind die meisten Bahnen der Planeten, Asteroiden und Kometen im Sonnensystem langfristig instabil. Mit dem Verfahren der Chaoskontrolle können allerdings instabile Bahnen von Satelliten und Raumsonden stabilisiert werden. Das D. gab den Anstoß zur Entwicklung der mathematischen Theorie nicht-linearer und chaotischer Dynamik. Grundlegend wurde das von A. N. Kolmogorov (1954), V. I. Arnold (1963) und J. K. Moser (1967) bewiesene KAM-Theorem. Danach sind Bahnen im Phasenraum der klassischen ↑Mechanik weder vollständig regulär noch vollständig irregulär, sondern hängen empfindlich von den gewählten Anfangsbedingungen ab. Winzige Abweichungen von den Anfangsdaten führen zu völlig verschiedenen Entwicklungsbahnen (›Schmetterlingseffekt‹). Daher können die zukünftigen Entwicklungen in einem chaotischen (Hamiltonschen) System langfristig nicht vorausberechnet werden, obwohl sie mathematisch wohldefiniert und determiniert sind. In diesem Falle liegt deterministisches Chaos vor.

Literatur: R. Abraham/J. E. Marsden, Foundations of Mechanics. A Mathematical Exposition of Classical Mechanics with an Introduction to the Qualitative Theory of Dynamical Systems and Applications to the Three-Body Problem, Reading Mass. etc. 1967, ²1978, 1997; E. P. Aksenov, Three-Body-Problem, in: M. Hazewinkel (ed.), Encyclopaedia of Mathematics IX, Dordrecht/Boston Mass./London 1993, 164–165; J. Barrow-Green, Oscar II's Prize Competition and the Error in Poincaré's Memoir on the Three Body Problem, Arch. Hist. Sci. 48 (1994), 107–131; J. Bernoulli, Opera omnia I, Genf/Lausanne 1742, Hildesheim 1968; M. G. Derrington, Three-Body-Problem, in: J. Thewlis (ed.), Encyclopaedic Dictionary of Physics. General, Nuclear [...] and Related Subjects VII, Oxford/London/New York 1962, 346–349; F. Diacu, The Solution of the N-Body Problem, Math. Intelligencer 18 (1996), 66–70; W. Greulich (ed.), Lexikon der Physik in sechs Bänden II, Heidelberg/Berlin 1999, 90 (D.); Y. Hagihara, Celestial Mechanics V.1– V.2. Topology of the Three-Body-Problem, Tokio 1976; K. Itô (ed.), Encyclopedic Dictionary of Mathematics II, Cambridge Mass./London ²1996, 1585–1588 (Three-Body-Problem); K. Mainzer, Thinking in Complexity. The Complex Dynamics of Matter, Mind, and Mankind, Berlin/Heidelberg/New York 1994, ³1997;

ders., Komplexität in der Natur, Nova Acta Leopoldina NF 76 (1997), Nr. 303, 165–189; J. Naas/H. L. Schmid, Mathematisches Wörterbuch. Mit Einbeziehung der theoretischen Physik I, Berlin/Stuttgart ³1965, 38–391 (D.); H. Poincaré, Les méthodes nouvelles de la mécanique céléste I–III, Paris 1892–1893, 1987 (engl. New Methods of Celestial Mechanics, Washington D. C. 1967, Woodbury N. Y. 1993); F. Schuh, Enzyklopädie Naturwissenschaft und Technik. Medizin und Biologie [...] I, München 1979, 913–914 (D.); C. L. Siegel/J. K. Moser, Vorlesungen über Himmelsmechanik, Berlin 1956 (engl. Lectures on Celestial Mechanics, Berlin/Heidelberg/New York 1971, 1995); K. Stumpff, Himmelsmechanik II. Das D., Berlin (Ost) 1965; Q. Wang, The Global Solution of the N-Body Problem, Celestial Mechanics 50 (1991), 73–88; H. Ziegelmann, Das D. oberhalb der Aufbruchsschwelle, Basel 1976. K. M.

Dreiplattenverfahren, Herstellungsverfahren für ebene Oberflächenstücke an Körpern; im formentheoretischen Begründungsprogramm der ↑Geometrie in der ↑Protophysik eindeutiges, prototypenfreies Realisierungsverfahren zur Bestimmung eines ideativen (↑Ideation) Grundbegriffs ›eben‹. Ebene Oberflächen an Körpern können methodisch primär, d. h. ohne Rückgriff auf andere oder erste Ebenen (Prototypen) hergestellt werden, indem drei (grob vorgeebnete) Platten abwechselnd paarweise bis zur Passung aneinander abgeschliffen werden. Schon im 18. Jh. bei der Einrichtung astronomischer Beobachtungsstationen genutzt, wird das D. heute noch als Kontrollverfahren auf Ebenheit (Touchierverfahren) eingesetzt.

In der Protophysik wird am D. die Möglichkeit einer ↑operativen, lückenlosen und zirkelfreien Begründung der Geometrie (als erste Stufe einer Begründung der rationalen Mechanik) aufgewiesen. Im Gegensatz zu formalistischen axiomatischen Geometrien, die auf eine explizite Definition von Grundbegriffen verzichten, und zu empiristischen Geometrieverständnissen, die auf der (erfahrungsabhängigen) Reproduzierbarkeit von Maßeinheiten aufbauen, bildet das D. die handwerkliche Seite einer formentheoretischen Begründung. (Zum D. für die Ebene kommt ein Dreikeileverfahren für die Orthogonalität und ein Doppelkeilverfahren für die Parallelität als prototypenfrei reproduzierbare Grundformen hinzu.) Das D. ist eindeutig (↑eindeutig/Eindeutigkeit) im Sinne einer (beweisbaren) prototypenfreien ↑Reproduzierbarkeit, d. h., unabhängige Durchführungen des D.s führen zu formgleichen Produkten. Der Satz ›alle Ebenen passen (unabhängig von ihrer Herkunft) aufeinander‹ ist apriorisch gültig im Sinne eines Handlungsfolgewissens (↑Apriorismus).

Die methodisch ausgezeichnete Rolle des D.s für eine operative Begründung der Geometrie ist zuerst von H. Dingler erkannt worden, der auch die historische und die technische Rolle dieser ›Urzeugung‹ geometrischer Formen diskutiert. P. Lorenzen hat zunächst das D. als Veranschaulichung von ↑Homogenitätsprinzipien vorgeschlagen, auf denen ein euklidisches Axiomensystem aufbaut. Später hat Lorenzen im Anschluß an R. Inhetveen statt der Homogenität die freie Klappsymmetrie als Grundrelation vorgeschlagen und mit einem Abgehen vom D. eine strenge Operativität des Ansatzes aufgegeben. – In der an Dingler und die frühe ↑Erlanger Schule anschließenden Weiterentwicklung des Programms hat P. Janich den Eindeutigkeitssatz der Ebenendefinition durch Homogenität aufgestellt und bewiesen (entsprechendes auch für orthogonale Ebenenpaare) und die Euklidizität durch Angabe eines eindeutigen und zirkelfreien Realisierungsverfahrens für die Parallelität (Eindeutigkeitsbeweis [vgl. M. Wille, Das Parallelenproblem in der Protophysik, 2002]) gezeigt. Damit wurde auch der Einwand O. Beckers gegen den (älteren) Ansatz von Lorenzen entkräftet.

Der Übergang vom D. als Anweisung für die Bearbeitung realer Körper zu einer mathematischen Terminologie erfolgt durch ↑Ideation. Das D. ist damit das wichtigste Beispiel einer Antwort auf die Frage, warum Mathematik (hier Geometrie) ›auf die Natur paßt‹: Physikalische Naturerkenntnis durch Messung basiert auf Meßgeräteeigenschaften, die durch Verfahren wie das D. herbeigeführt bzw. kontrolliert werden können.

Literatur: O. Becker, Die Rolle der euklidischen Geometrie in der Protophysik, Philos. Nat. 8 (1964), 49–64; H. Dingler, Die Grundlagen der Geometrie. Ihre Bedeutung für Philosophie, Mathematik, Physik und Technik, Stuttgart 1933; R. Inhetveen, Die Dinge des dritten Systems ..., in: K. Lorenz (ed.), Konstruktionen versus Positionen. Beiträge zur Diskussion um die Konstruktive Wissenschaftstheorie, I–II, Berlin 1979, I, 266–277; ders., Konstruktive Geometrie. Eine formentheoretische Begründung der euklidischen Geometrie, Mannheim/Wien/Zürich 1983; ders., Abschied von den Homogenitätsprinzipien? Paul Lorenzen zum 70. Geburtstag, Philos. Nat. 22 (1985), 132–144; P. Janich, Zur Protophysik des Raumes, in: G. Böhme (ed.), Protophysik. Für und wider eine konstruktive Wissenschaftstheorie der Physik, Frankfurt 1976, 83–130; ders., Die technische Erzwingbarkeit der Euklidizität, in: ders. (ed.), Entwicklungen der methodischen Philosophie, Frankfurt 1992, 68–84; ders., Die Begründung der Geometrie aus der Poiesis, Sitz.ber. Wiss. Ges. J. W. Goethe-Universität Frankfurt 39 (Stuttgart 2001), H. 2, 27–68; ders., Oskar Becker und die Geometriebegründung, in: A. Gethmann-Siefert/J. Mittelstraß (eds.), Die Philosophie und die Wissenschaften. Zum Werk Oskar Beckers, München 2002, 87–108; P. Lorenzen, Das Begründungsproblem der Geometrie als Wissenschaft der räumlichen Ordnung, Philos. Nat. 6 (1960/1961), 415–431; ders., Elementargeometrie. Das Fundament der analytischen Geometrie, Mannheim/Wien/Zürich 1984; M. Wille, Das Parallelenproblem in der Protophysik, Magisterarbeit Marburg 2002. P. J.

Dreistadiengesetz, Bezeichnung für ein deskriptiv-empirisches Entwicklungsprinzip und die Grundannahme der geschichtsphilosophischen ↑Anthropologie der Spätaufklärung, nach dem die natur- und plangemäße Entwicklung der geistigen Fähigkeiten des Menschen bis zu ihrer vollen Entfaltung sowohl phylogenetisch als auch ontogenetisch mit Notwendigkeit drei Stadien unterschiedlichen theoretischen Bewußtseins durchläuft, denen gattungsgeschichtlich unterschiedliche Formen institutioneller Organisiertheit entsprechen.

Bereits 1750 beschreibt A. R. J. Turgot in einer Rede vor der Sorbonne mit dem später von M. J. A. N. de C. Marquis de Condorcet aufgegriffenen Titel »Philosophische Darstellung der allmählichen Fortschritte des menschlichen Geistes« die den Menschen auszeichnende Erfahrungstradierung vermittels der Sprache als das Prinzip der Geschichte seiner gattungsmäßigen Vervollkommnung, die er über die Charakterisierung wissenschaftlicher Grundeinstellungen in drei Abschnitte unterteilt. Er unterscheidet eine asiatische Periode der theologischen ↑Mystik, eine griechische Periode der abstrakten ↑Metaphysik und eine christlich-abendländische Periode der experimentellen Naturwissenschaft, die er als eine auf Werkstättenpraxis bezogene Theorie der Physik begreift. Seine zahlreichen Entwürfe zu einer ↑Universalgeschichte gehen methodisch davon aus, eine Vielzahl deskriptiver Querschnittsanalysen der politischen Geographie zu einer das Problem der chronologischen und topologischen Ungleichzeitigkeit des ↑Fortschritts bei gleicher physiologisch-psychologischer Bedingtheit des Menschen lösenden Langzeittheorie der Entwicklung des Geistes und der ihren Stadien entsprechenden Organisationsformen zusammenzufassen.

Condorcet folgt dem Gedanken der unter dem Gesichtspunkt des linearen geistigen Fortschritts dreigeteilten Gattungsgeschichte und führt das methodische Konzept in seinem »Entwurf einer historischen Darstellung der Fortschritte des menschlichen Geistes« (1794) auf der empirisch-deskriptiven Ebene aus, indem er die Abfolge der Menschheitszustände in zehn als Epochen bezeichneten Querschnitten beschreibt. Auf dieser Grundlage erarbeiten H. de Saint-Simon und sein Schüler A. Comte 1822 im »Plan des travaux scientifiques nécessaires pour réorganiser la société« die erste auf die Wissenschaften bezogene Fassung des D.es, dessen empirische Fundierung Comte in den sechs Bänden seiner »Cours de philosophie positive« unternimmt. Danach entwickeln sich die verschiedenen Erkenntnisgebiete der natürlichen Entwicklung des menschlichen Geistes entsprechend notwendig über drei theoretische Stadien: von einem dem Kindheitszustand analogen theologisch-fiktiven Stadium über ein metaphysisch-abstraktes Übergangsstadium der Kritik zu einem wissenschaftlich-positiven Endstadium. In dem der Sozialphysik gewidmeten Teil der positiven Philosophie (Bde V und VI) erweitert Comte den Anwendungsbereich des D.es. Das theologische, personenfingierende Stadium durchläuft, dem historischen Erfahrungsstand entsprechend, die Stadien vom Fetischismus über den ↑Polytheismus zum ↑Monotheismus und dringt damit bis zum Begriff der voluntaristischen Gesetzmäßigkeit des Kosmos vor. Das abstrakte, entitätenfingierende Stadium ist das autoritätskritische Übergangsstadium von der mystischen zur naturwissenschaftlichen Weltdeutung, die mit naturgesetzlichen (↑Naturgesetz) Erklärungen (und deren Verwendung als ↑Prognose) komplexer Bewegungsvorgänge der Physik einsetzt, um schließlich zu solchen der Sozialphysik, also der ↑Soziologie, zu gelangen. Das historische Auftreten der Disziplinen in der naturnotwendigen Reihenfolge Mathematik, Astronomie, Physik, Chemie, Biologie und Soziologie folgt dem ›enzyklopädischen Gesetz‹. Den drei Stadien theoretischen Bewußtseins entsprechen drei wiederum als ›Epochen‹ bezeichnete gesellschaftliche Organisationsformen: eine theologisch-militärische, eine metaphysisch-juristische und eine wissenschaftlich-industrielle Epoche.

Literatur: F. Brentano, Auguste Comte und die positive Philosophie, Chilianeum NF 2 (1869), H. 7, 15–37, Neudr. in: ders., Die Vier Phasen der Philosophie und ihr augenblicklicher Stand, ed. O. Kraus, Leipzig 1926, Hamburg ²1968, 97–133; A. Comte, Plan des travaux scientifiques nécessaires pour réorganiser la société, Paris 1822, 1970 (dt. Entwurf der wissenschaftlichen Arbeiten, welche für eine Reorganisation der Gesellschaft erforderlich sind, Leipzig 1914, unter dem Titel: Plan der wissenschaftlichen Arbeiten, die für eine Reform der Gesellschaft notwendig sind, München 1973); M. J. A. N. de C. Marquis de Condorcet, Esquisse d'un tableau historique des progrès de l'esprit humain. Ouvrage posthume de Condorcet, Paris 1795 (repr. Hildesheim 1978), Paris 1970, 2001 (engl. Sketch for a Historical Tableau of the Progress of the Human Mind, New York, London 1955; franz./dt. Entwurf einer historischen Darstellung der Fortschritte des menschlichen Geistes, ed. W. Alff, Frankfurt 1963, dt., ed. W. Alff, Frankfurt 1976); H. Dehmel, D., Hist. Wb. Ph. II (1972), 293–295; H. Gouhier, La jeunesse d'Auguste Comte et la formation du Positivisme, I–III, Paris 1933–1941, ²1964–1970; L. Lévy-Bruhl, La philosophie d'Auguste Comte, Paris 1900, ⁴1921 (dt. Die Philosophie Auguste Comte's, Leipzig 1902; engl. The Philosophy of Auguste Comte, London 1903, New York 1973); E. Littré, Auguste Comte et la philosophie positive, Paris 1863 (repr. Westmead/Farnborough 1971); J. S. Mill, Auguste Comte and Positivism, London 1865 (repr. Bristol 1993), ³1882, Neudr. Ann Arbor Mich. 1961 (dt. Auguste Comte und der Positivismus, Leipzig 1874; franz. Auguste Comte et le Positivisme, Paris 1999); M. Scheler, Über die positivistische Geschichtsphilosophie des Wissens (D.), in: ders., Schriften zur Soziologie und Weltanschauungslehre I, Leipzig 1923, 26–40, Bonn ³1986, 27–35; A. R. J. Turgot, Tableau philosophique des progrès successifs de l'esprit humain. Discours prononcé en latin (b) dans les écoles de Sorbonne [...], le 11 décembre 1750, in: ders., Œuvres de Turgot et documents le concernant avec biographie et notes I, ed. G. Schelle, Paris 1913 (repr. Glashütten 1972), 214–235 (dt. Philosophische Darstellung der allmählichen Fortschritte des menschlichen Geistes, in: ders., Über die Fortschritte des menschlichen Geistes, ed. J. Rohbeck/L. Steinbrügge, Frankfurt 1990, 140–163). H. R. G.

Driesch, Hans Adolf Eduard, *Bad Kreuznach 28. Okt. 1867, †Leipzig 16. April 1941, dt. Biologe und Philosoph, Hauptvertreter des Neovitalismus (↑Vitalismus).

Nach Studium 1886–1889 an den Universitäten Freiburg, München und Jena 1889 Promotion in Jena bei E. Haeckel, 1891–1900 Assistent an der Zoologischen Station in Neapel, 1905 Wende zur Philosophie, 1907–1908 Gifford Lecturer in Aberdeen, 1909 Habilitation in Heidelberg für Naturphilosophie (bis 1912 an der Naturwissenschaftlichen, danach an der Philosophischen Fakultät), 1911 Extraordinarius, 1920 Ordinarius in Köln, 1921–1933 Ordinarius in Leipzig. – Ausgehend von seinen experimentellen Untersuchungen nahm D. einen ›Faktor E‹ (↑Entelechie) an, der sowohl die Entwicklung des noch unentwickelten ↑Organismus zu seiner Endgestalt als auch die Restitution der Form bei einem verstümmelten Organismus leite. Diese Entelechie und die ebenfalls an Aristotelische Vorstellungen angelehnte ›entelechiale‹ oder ›Ganzheitskausalität‹ bilden die zentralen Begriffe des D.schen antimaterialistischen (Neo-)Vitalismus. Auch das Problem des menschlichen Handelns sieht D. als organisches Regulationsproblem, also rein biologisch, indem er für jede Handlung neben äußeren Reizen die ›angesammelte‹ Erfahrung des Individuums als seine ›historische Reaktionsbasis‹ als bestimmend annimmt. Später versucht er eine aprioristische Begründung des Vitalismus in dem größeren Rahmen eines in ›Ordnungslehre‹ (eine als Bedeutungslehre verstandene ›Logik‹) und ›Wirklichkeitslehre‹ (eine ›induktive Metaphysik‹) unterteilten Systems der Philosophie. Sehr einflußreich war D. auch als Propagator der ↑Parapsychologie. Eine »H.-D.-Gesellschaft für Philosophie und Parapsychologie« wurde 1947 in Regensburg gegründet.

Werke: Die Biologie als selbständige Grundwissenschaft und das System der Biologie. Ein Beitrag zur Logik der Naturwissenschaften, Leipzig 1893, ²1911; Die organischen Regulationen. Vorbereitung zu einer Theorie des Lebens, Leipzig 1901; Die ›Seele‹ als elementarer Naturfaktor. Studien über die Bewegungen der Organismen, Leipzig 1903; Der Vitalismus als Geschichte und als Lehre, Leipzig 1905, erw. Aufl. des 1. Hauptteils separat unter dem Titel: Geschichte des Vitalismus, Leipzig 1922; The Science and Philosophy of the Organism. The Gifford Lectures Delivered Before the University of Aberdeen in the Year 1907, I–II, London 1908 (von D. selbst ins Deutsche übertr. unter dem Titel: Philosophie des Organischen. Gifford-Vorlesungen, gehalten an der Universität Aberdeen in den Jahren 1907–1908, I–II, Leipzig 1909, ⁴1928 [gekürzt]); Ordnungslehre. Ein System des nichtmetaphysischen Teiles der Philosophie, Jena 1912, ²1923; Die Logik als Aufgabe. Eine Studie über die Beziehung zwischen Phänomenologie und Logik, zugleich eine Einleitung in die Ordnungslehre, Tübingen 1913; Leib und Seele. Eine Prüfung des psycho-physischen Grundproblems, Leipzig 1916, mit Untertitel: Eine Untersuchung über das psychophysische Grundproblem, Leipzig ³1923; Wirklichkeitslehre. Ein metaphysischer Versuch, Leipzig 1917, ³1930; Wissen und Denken. Ein Prolegomenon zu aller Philosophie, Leipzig 1919, ²1922; Mein System und sein Werdegang (Selbstdarstellung), in: R. Schmidt (ed.), Die Philosophie der Gegenwart in Selbststellungen I, Leipzig 1921, ²1923, 49–78; Grundprobleme der

Psychologie. Ihre Krisis in der Gegenwart, Leipzig 1926, ²1929; Die sittliche Tat. Ein moralphilosophischer Versuch, Leipzig 1927; Der Mensch und die Welt, Leipzig 1928, Zürich ²1945 (engl. Man and the Universe, London 1929); Philosophische Forschungswege. Ratschläge und Warnungen, Leipzig 1930; Darstellung des Systems (Selbstdarstellung), in: H. Schwarz (ed.), Deutsche systematische Philosophie nach ihren Gestaltern I, Berlin 1931, 127–190; Parapsychologie. Die Wissenschaft von den okkulten Erscheinungen. Methodik und Theorie, München 1932, Zürich ³1952 (engl. Psychical Research. The Science of the Super-Normal, London 1933, Nachdr. New York 1975); Philosophische Gegenwartsfragen, Leipzig 1933; Lebenserinnerungen. Aufzeichnungen eines Forschers und Denkers in entscheidender Zeit, München/Basel 1951. – Bibliographie [von D. selbst zusammengestellt], Z. philos. Forsch. 1 (1946/1947), 387–397.

Literatur: H. H. Freyhofer, The Vitalism of H. D.. The Success and Decline of a Scientific Theory, Frankfurt/Bern 1982; A. Gehlen, Zur Theorie der Setzung und des setzungshaften Wissens bei D., Leipzig 1927; O. Heinichen, D.s Philosophie. Eine Einführung, Leipzig 1924; E. Heuss, Rationale Biologie und ihre Kritik. Eine Auseinandersetzung mit dem Vitalismus H. D.s, Leipzig 1938; T. Miller, Konstruktion und Begründung. Zur Struktur und Relevanz der Philosophie H. D.s, Hildesheim/Zürich/New York 1991; R. Mocek, Zum Lebenswerk von H. D., Dt. Z. Philos. 12 (1964), 1191–1214; ders., Wilhelm Roux, H. D.. Zur Geschichte der Entwicklungsphysiologie der Tiere, Jena 1974, bes. 112–155; ders., Die werdende Form. Eine Geschichte der kausalen Morphologie, Marburg 1998, bes. 256–332; ders., D., in: Biographische Enzyklopädie deutschsprachiger Philosophen, München 2001, 87–88; J. Oppenheimer, D., DSB IV (1971), 186–189; H. Schneider/W. Schingnitz (eds.), Festschrift H. D. zum 60. Geburtstag, I–II, Leipzig 1927 (I Wissen und Leben, II Ordnung und Wirklichkeit); E. G. Spaulding, D.'s Theory of Vitalism, Philos. Rev. 15 (1906), 518–527; H.-P. Waldrich, Grenzgänger der Wissenschaft, München 1993, bes. 64–94; A. Wenzl (ed.), H. D.. Persönlichkeit und Bedeutung für Biologie und Philosophie von heute, Basel 1951 (mit Bibliographie, 209–221); W. H. Werkmeister, D., Enc. Ph. II (1967), 418–420. C. T.

Dritter Mensch (griech. τρίτος ἄνθρωπος), Bezeichnung für einen Einwand gegen die Trennung der Wirklichkeit in Ideen und Sinnendinge, wie sie die Platonische ↑Ideenlehre (↑Idee (historisch)) vornimmt (↑Chorismos): Wenn ein Einzelding eine bestimmte Eigenschaft auf Grund seiner Teilhabe (↑Methexis) an der entsprechenden Idee hat, dann besteht zwischen Idee und Einzelding eine Ähnlichkeitsrelation (↑ähnlich/Ähnlichkeit), die reziprok ist. Ähnlichkeit zwischen Dingen besteht nun aber der Ideenlehre zufolge in der Teilhabe an einer gemeinsamen Idee. Deshalb erfordert die Ähnlichkeit zwischen einer Eigenschaft eines Sinnendinges und der entsprechenden Idee die Existenz einer weiteren Idee, an der die Eigenschaft des Einzeldinges und die ursprüngliche Idee teilhaben usw.. Aristoteles (Met. A9.990b17, de soph. elench. 22.178b36–179a10) kritisiert diesen Aspekt der Ideenlehre am Beispiel von Einzelmenschen und der Idee ›Mensch‹ und fordert die Existenz des ›D.n M.en‹, wonach der Einwand benannt ist. Platon selbst erwähnt den Einwand am Beispiel der ›Größe‹ im »Parmenides« (132d5–133a). Platons Stellung zu diesem Einwand ist umstritten. – Neuere Lösungsansätze gehen im Anschluß an C. Meinwald von der von M. Frede bemerkten Unterscheidung zweier Arten der ↑Prädikation bei Platon aus, von denen die erste der üblichen Prädikation einer Eigenschaft F von einem Objekt x (x kann ein wahrnehmbares Objekt oder eine Form sein) entspricht, während die zweite eine gewisse ↑Selbstbezüglichkeit aufweist, insofern x hier als eine Form angesetzt wird, in der die von ihr ausgesagte Eigenschaft F enthalten ist (z. B. das Gerechte ist tugendhaft). Bei solchen selbstbezüglichen Prädikationen tritt das Problem des D.n M.en nicht auf.

Literatur: R. E. Allen (ed.), Studies in Plato's ›Metaphysics‹, London/New York 1965, 1968; R. A. Brinkley, Plato's ›Third Man‹ and the Limits of Cognition, Australas. J. Philos. 60 (1982), 152–157; R. J. Butler, The Measure and Weight of the ›Third Man‹, Mind 72 (1963), 62–78; M. Durrant, Meinwald's ›Pros Heauto‹ Analysis of Plato's Apparently Self-Predicational Sentences, Australas. J. Philos. 75 (1997), 383–395; B. Frances, Plato's Response to the ›Third Man‹ Argument in the Paradoxical Exercise of the ›Parmenides‹, Ancient Philos. 16 (1996), 47–64; M. Frede, Prädikation und Existenzaussage. Platons Gebrauch von ›... ist ...‹ und ›... ist nicht ...‹ im Sophistes, Göttingen 1967; M. Hand, Mathematical Structuralism and the ›Third Man‹, Can. J. Philos. 23 (1993), 179–192; D. P. Hunt, How (Not) to Exempt Platonic Forms from ›Parmenides‹' ›Third Man‹, Phronesis 42 (1997), 1–20; K. Lorenz/J. Mittelstraß, Theaitetos fliegt. Zur Theorie wahrer und falscher Sätze bei Platon (Soph. 251d–263d), Arch. Gesch. Philos. 48 (1966), 113–152; W. E. Mann, The Third Man = The Man Who Never Was, Amer. Philos. Quart. 16 (1979), 167–176; C. C. Meinwald, Plato's Parmenides, New York/Oxford 1991; dies., Good-Bye to the Third Man, in: R. Kraut (ed.), The Cambridge Companion to Plato, Cambridge 1992, 365–396; J. M. E. Moravcsik, The ›Third Man‹ Argument and Plato's Theory of Forms, Phronesis 8 (1963), 50–62; F. J. Pelletier/E. N. Zalta, How to Say Goodbye to the ›Third Man‹, Noûs 34 (2000), 165–202; F. R. Pickering, Plato's ›Third Man‹ Arguments, Mind 90 (1981), 263–269; T. Scaltsas, The Logic of the Dilemma of Participation and of the ›Third Man‹ Argument, Apeiron 22 (1989), H. 4, 67–90; ders., A Necessary Falsehood in the ›Third Man‹ Argument, Phronesis 37 (1992), 216–232; P. Schweizer, Self-Predication and the ›Third Man‹, Erkenntnis 40 (1994), 21–42; C. Strang, Plato and the ›Third Man‹, Proc. Arist. Soc. Suppl. 37 (1963), 147–164, Nachdr. in: G. Vlastos (ed.), Plato. A Collection of Critical Essays I (Metaphysics and Epistemology), Garden City N. Y., London, Notre Dame Ind. 1971, 1978, 184–200; N. Strobach, Die logische und die dialogische Form des Argumentes vom ›Dritten Menschen‹ in Platons ›Parmenides‹, Prima Philos. 10 (1997), 165–182; G. Vlastos, The ›Third Man‹ Argument in the ›Parmenides‹, Philos. Rev. 63 (1954), 319–349; ders., Plato's ›Third Man‹ Argument (Parm. 132 A1–B2). Text and Logic, Philos. Quart. 19 (1969), 289–301, rev. in: ders., Platonic Studies, Princeton N. J. 1973, 1981, 342–360; S. Waterlow, The ›Third Man's‹ Contribution to Plato's Paradigmatism, Mind 91 (1982), 339–357. G. W.

Dritte Welt (engl. third world), von K. R. Popper zunächst eingeführter, später in ›Welt 3‹ (engl. World 3) umbenannter Terminus zur Bezeichnung des von ihm im Rahmen seiner interaktionistischen Auffassung des ↑Leib-Seele-Problems postulierten Bereichs der ›objektiven Gedankeninhalte‹. Popper schließt sich damit der Sichtweise des späten G. Frege an, der vom ›dritten Reich‹ spricht (Der Gedanke. Eine logische Untersuchung, 1918). Die Welt 3 tritt neben die Welt 1 der physischen Körper und Ereignisse und die Welt 2 der psychischen Zustände und Prozesse. Alle drei Welten werden als zunächst unabhängig voneinander aufgefaßt; sie sind jeweils im gleichen Sinne real und stehen in Wechselwirkung miteinander.

Die Gegenstände der Welt 3 sind Aussageinhalte (↑Propositionen) und deren logische Beziehungen sowie Problemstellungen. Es handelt sich etwa um theoretische Systeme, die Fragen, die sie aufwerfen, die Argumente, mit denen sie verteidigt oder kritisiert werden, sowie um die Beziehungen der Unverträglichkeit oder Ableitbarkeit zwischen ihnen oder ihren Teilen. Die Größen der Welt 3 sind *abstrakter* und *objektiver* Natur, da sie nicht raumzeitlich lokalisiert und der menschlichen Willkür entzogen sind. Zwar sind die Größen der Welt 3 Menschenwerk, ihnen kommen gleichwohl objektive Eigenschaften zu. Obwohl es sich bei Zahlen um menschliche Erfindungen handelt, werfen sie Probleme auf, die die Absichten und Vorstellungen ihrer Urheber übersteigen. Dagegen sind die Größen der Welt 2 *konkret* und *subjektiv*: sie sind raumzeitlich lokalisiert und bestimmten Personen eigen. Die Welt 1 der physikalischen Objekte umfaßt sowohl die Dinge der alltäglichen Erfahrung als auch die theoretisch gestützten Größen der Wissenschaft (↑Realismus, wissenschaftlicher).

Die Größen der drei Welten stehen in *wechselseitigen Verursachungsbeziehungen* miteinander, die jeweils durch das *Ichbewußtsein* (↑Ich) vermittelt sind. Über den Prozeß des Verstehens kann eine Welt-3-Größe (ein Gedankeninhalt) das Denken einer Person beeinflussen und insofern eine Wirkung auf eine Welt-2-Größe ausüben. Umgekehrt werden Welt-3-Größen wie Theorien oder Argumente durch Welt-2-Größen wie gedankliche Prozesse hervorgebracht und verändert. Insgesamt liegt daher eine Wechselwirkung vor, die über die Mechanismen des Begreifens und Konzipierens vermittelt ist. Eine Wechselwirkung zwischen den Größen von Welt 1 und 2 entsteht bei der Wahrnehmung eines äußeren Gegenstandes oder bei einer Willenshandlung.

Für Popper sind Welt-3-Größen deshalb wirklich, weil sie Wirkungen erzeugen. Auch Welt-2-Größen sind wirklich, da die Welt-3-Größen ihre kausale Wirksamkeit allein durch Vermittlung von Welt-2-Größen entfalten (nämlich über den Prozeß des Verstehens) und wegen dieser kausalen Relevanz ebenfalls real sind. Zudem sind die Größen von Welt 3 und Welt 2 ihrer Natur nach voneinander verschieden. Diese Verschiedenheit besteht (1) wegen der Unterschiedlichkeit der zentralen Bestimmungsmerkmale (objektiv und abstrakt versus subjektiv und konkret) und (2) wegen des Fehlens eines strikt korrelierten Auftretens (ein objektiv bestehender Widerspruch kann unbemerkt bleiben; ein Problem kann dort vermutet werden, wo tatsächlich keines vorliegt). Aus dieser Unterschiedlichkeit der Bestimmungsmerkmale folgt, daß Welt-3-Größen und Welt-2-Größen nicht miteinander identisch sind, so daß für Popper die Wechselwirkung zwischen ihnen eine Verletzung der kausalen Abgeschlossenheit der physischen Welt beinhaltet.

Literatur: H. Bernhard, Was bedeutet Poppers Drei-Welten-Lehre?, Z. philos. Forsch. 41 (1987), 99–117; B. Carr, Popper's Third World, Philos. Quart. 27 (1977), 214–226; R. Church, Popper's ›World 3‹ and the Problem of the Printed Line, Australas. J. Philos. 62 (1984), 378–392; L. J. Cohen, Third World Epistemology, in: G. Currie/A. Musgrave (eds.), Popper and the Human Sciences, Boston Mass. 1985, 1–12; P. K. Feyerabend, Popper's Objective Knowledge, Inquiry 17 (1974), 475–507; G. Frege, Der Gedanke. Eine logische Untersuchung, Beitr. Philos. dt. Idealismus 1 (1918/1919), 58–77, Neudr. in: ders., Logische Untersuchungen, ed. G. Patzig, Göttingen 1966, ⁴1993, 30–53, unter dem Titel: Logische Untersuchungen. Erster Teil: Der Gedanke (1918), in: ders., Kleine Schriften, ed. I. Angelelli, Darmstadt, Hildesheim/New York 1967, Hildesheim/New York 1990, 342–362 (engl. Thoughts, in: Logical Investigations, ed. P. T. Geach, Oxford 1977, 1–30, ferner in: M. Beaney (ed.), The Frege Reader, Oxford/Malden Mass. 1997, 325–345, ferner in: G. Frege, Collected Papers on Mathematics, Logic, and Philosophy, ed. B. McGuinness, Oxford/New York 1984, 351–372); H. Keuth, Realität und Wahrheit. Zur Kritik des kritischen Rationalismus, Tübingen 1978, 174–193; ders., Die Philosophie Karl Poppers, Tübingen 2000, 352–398 (15 Das Leib-Seele Problem und die d. W.); E. D. Klemke, Karl Popper, Objective Knowledge, and the Third World, Philosophia 9 (1979), 45–62; K. R. Popper, Language and the Body-Mind Problem. A Restatement of Interactionism, in: Proceedings of the XIth International Congress of Philosophy VII, Brussels, August 20–26, 1953, Amsterdam 1953, 101–107, Neudr. in: ders., Conjectures and Refutations. The Growth of Scientific Knowledge, London, New York 1963, ²1965, London ³1969, ⁵1989, 1996, 293–298 (dt. Die Sprache und das Leib-Seele Problem. Eine Neudarstellung des Interaktionismus, in: Vermutungen und Widerlegungen. Das Wachstum der wissenschaftlichen Erkenntnis, I–II, Tübingen 1994–1997 [I Vermutungen, II Widerlegungen], II, 425–433); ders., A Note on the Body-Mind Problem. Reply to Professor Wilfrid Sellars, Analysis 15 (1954–1956), 131–135, Neudr. in: ders., Conjectures and Refutations [s. o.], 299–303 (dt. Bemerkungen über das Leib-Seele Problem, in: Vermutungen und Widerlegungen [s. o.] II, 434–440); ders., Of Clouds and Clocks. An Approach to the Problem of Rationality and the Freedom of Man, St. Louis Mo. 1966, Neudr. in: ders., Objective Knowledge. An Evolutionary Approach, Oxford 1972, erw. 1992, 206–255 (dt. Über Wolken und Uhren: in: Objektive Erkenntnis. Ein evolutionärer Entwurf, Hamburg 1973, erw. ⁴1984, 214–267); ders., Epistemology without a Knowing Subject, in: B. van Rootselaar/J. F. Staal (eds.), Logic, Methodology and Philosophy of Science III. Proceedings of the 3ʳᵈ International Congress for Logic, Methodology and Philosophy of Science. Amsterdam 1967, Amsterdam 1968, 333–373, Neudr. in: ders.,

Objective Knowledge [s. o.], 106–152 (dt. Erkenntnistheorie ohne ein erkennendes Subjekt, in: Objektive Erkenntnis [s. o.], 109–157); ders., On the Theory of the Objective Mind, in: L. Gabriel (ed.), Akten des XIV Internationalen Kongresses für Philosophie. Wien, 2.–9. Sept. I, Wien 1968, 25–53, Neudr. in: ders., Objective Knowledge [s. o.], 153–190 (dt. Zur Theorie des objektiven Geistes, in: Objektive Erkenntnis [s. o.], 158–197); ders., Scientific Reduction and the Essential Incompleteness of All Science, in: F. J. Ayala/T. Dobzhansky (eds.), Studies in the Philosophy of Biology. Reduction and Related Problems, London 1974, 259–284 (dt. Wissenschaftliche Reduktion und die essentielle Unvollständigkeit der Wissenschaft, in: K. R. Popper, Alles Leben ist Problemlösen. Über Erkenntnis, Geschichte und Politik, München/Zürich, Darmstadt 1994, München/Zürich [8]1996, 1999, 47–92); ders., Natural Selection and the Emergence of Mind, in: G. Radnitzky/W. W. Bartley III (eds.), Evolutionary Epistemology, Theory of Rationality and Sociology of Knowledge, La Salle Ill. 1987, 1993, 139–155; (mit B. I. B. Lindahl/ P. Århem) A Discussion of the Body-Mind Problem, Theoretical Medicine 14 (1993), 167–180; ders., Knowledge and the Body-Mind Problem. In Defence of Interaction, ed. M. A. Notturno, London/New York 1994, 1996; ders./J. C. Eccles, The Self and Its Brain, Berlin etc. 1977, [2]1985, London etc. 1983, 1990, 36–50 (Chap. P2 The Worlds 1, 2 and 3) (dt. Das Ich und sein Gehirn, München etc. 1977, 2000, 61–77 [Kap. P2 Die Welten 1, 2 und 3]); W. Sellars, A Note on Popper's Argument for Dualism, Analysis 15 (1954–1956), 23–24. M. C.

Drobisch, Moritz Wilhelm, *Leipzig 16. Aug. 1802, †ebd. 30. Sept. 1896, dt. Mathematiker, Logiker und Philosoph. Nach Besuch der Leipziger Nikolaischule und der Fürstenschule St. Augustin in Grimma ab 1820 Studium der Mathematik und der Philosophie an der Universität Leipzig (1820–1824). Ab 1826 o. Prof. der Mathematik in Leipzig, ab 1842 der Philosophie ebendort. D. ist einer der Hauptvertreter der Schule J. F. Herbarts; seine Verdienste liegen vor allem in der ↑Logik und in der ↑Psychologie. Gegenüber einer reinen transzendentalen Logik (↑Logik, transzendentale) verteidigt er eine formale Logik (↑Logik, formale), die nach mathematischer Methode aufgebaut werden und »ihre ersten Anfänge aus Erfahrungsthatsachen schöpfen muß« (Vorrede zur zweiten Auflage, in: Neue Darstellung der Logik, [2]1851, VIII), in den späteren Auflagen gegen die Kritik F. A. Trendelenburgs (vgl. Logische Untersuchungen I, Leipzig [2]1862, 15–35 [Kap. II]). Die Logik ist einerseits »nichts andres als bloßer Formalismus, sie will und soll nichts andres seyn« (Vorwort, in: Neue Darstellung der Logik, Leipzig 1836, VI), andererseits behandelt sie nicht etwa »Formen *ohne* Inhalt [...], sondern nur solche, die von dem *besonderen* Inhalt, der sie erfüllen mag, *unabhängig* sind« (Vorrede zur zweiten Auflage, in: Neue Darstellung der Logik, Leipzig [2]1851, IV). D.s »Neue Darstellung der Logik«, in der 2. und 3. Auflage stark überarbeitet, erlebte fünf Auflagen und darf als ein klassisches Lehrbuch mit eigenständigem Aufbau gelten. In seinem »Logisch-mathematischen Anhang« erkennt D. die Bedeutung des ↑Hauberschen Theorems (Anhang III. Zur Lehre von den Beweisen, § 2: Hauber's Satz von der reinen Umkehrbarkeit allgemein bejahender Sätze) und den Charakter des Prinzips der vollständigen Induktion als allgemeines Rekursionsverfahren (a. a. O., § 3).

In der Psychologie knüpft D. an seinen Lehrer Herbart an, indem er eine Art mathematische oder mathematisierende Psychologie erstrebt, die jedoch im Unterschied zu Herbart nicht mehr als Lehre von den Seelenvermögen, sondern als Lehre von der Analyse der Vorstellungen konzipiert wird. D.s Standpunkt ist differenzierter, als er gewöhnlich dargestellt wird: Die Psychologie beginnt mit der Beschreibung und Klassifikation der geistigen Vorgänge unter Ausscheidung aller Metaphysik. In einem zweiten Schritt wird über die Begründbarkeit einer »mathematischen Theorie des geistigen Lebens« (Empirische Psychologie nach naturwissenschaftlicher Methode, 1842, 33) sowie über mögliche Anknüpfungen an Metaphysik und Erkenntnistheorie befunden. Wie D. mit seiner Forderung nach analysierender Beschreibung unmittelbar wahrgenommener innerer Phänomene Züge der späteren phänomenologischen Methode (↑Phänomenologie) vorwegnimmt, antizipiert er auch Argumente der Frege-Husserlschen Psychologismuskritik (↑Psychologismus), wenn er schon in der Erstauflage der »Neuen Darstellung der Logik« (1836) sagt, die Logik sei »keine Beschreibung des Denkens, wie es wirklich ist, sondern eine Vorschrift, wie es seyn *soll*, keine Naturgeschichte des Denkens, sondern ein Gesetzbuch für dasselbe« (a. a. O., 5–6), und in der zweiten Auflage den Charakter der Logik als einer normativen Wissenschaft durch die Unterscheidung zwischen ›Naturgesetzen‹ und ›Normalgesetzen‹ des Denkens betont. E. Husserl hat in seinen »Logischen Untersuchungen« (I, Halle [4]1928, 36 u. ö.) diesen Beitrag D.s ausdrücklich anerkannt.

Werke: Theoriae analyseos geometricae prolusio, Leipzig 1824; De vera lunae figura observationibus determinanda disquisitio [...], Leipzig 1826; Ad selenographiam mathematicam symbolae, Leipzig 1827; Philologie und Mathematik als Gegenstände des Gymnasialunterrichts betrachtet. Mit besonderer Beziehung auf Sachsens Gelehrtenschulen, Leipzig 1832; Grundzüge der Lehre von den höheren numerischen Gleichungen nach ihren analytischen und geometrischen Eigenschaften. Ein Supplement zu den Lehrbüchern der Algebra und Differentialrechnung, Leipzig 1834; Beiträge zur Orientierung über Herbarts System der Philosophie, Leipzig 1834; Neue Darstellung der Logik nach ihren einfachsten Verhältnissen. Nebst einem logisch-mathematischen Anhange, Leipzig 1836, mit Untertitel: Mit Rücksicht auf Mathematik und Naturwissenschaft, [2]1851, [3]1863 (repr. Hildesheim/Zürich/New York 1998), [4]1875, [5]1887; Quaestionum mathematico-psychologicarum specimen [...], I–V, Leipzig 1836–1839; Grundlehren der Religionsphilosophie, Leipzig 1840; Empirische Psychologie nach naturwissenschaftlicher Methode, Leipzig 1842, Hamburg/Leipzig [2]1898; Erste Grundlehren der mathematischen Psychologie, Leipzig 1850 (repr. Zandvoort 1972); Über musikalische Tonbestimmung und Temperatur, Abh. math.-phys. Cl. königlich-sächsischen Ges. Wiss. 2/4

(1855), 1–120; De philosophia scientiae naturali insita commentatio, Leipzig 1864; Die moralische Statistik und die menschliche Willensfreiheit. Eine Untersuchung, Leipzig 1867 (repr. Ann Arbor Mich./London 1980); Über die Fortbildung der Philosophie durch Herbart. Akademische Vorlesung zur Mitfeier seines hundertjährigen Geburtstags gehalten zu Leipzig am 4. Mai 1876, Leipzig 1876; Kants Dinge an sich und sein Erfahrungsbegriff. Eine Untersuchung, Hamburg/Leipzig 1885.

Literatur: M. Brasch, Leipziger Philosophen. Portraits und Studien aus dem wissenschaftlichen Leben der Gegenwart, Leipzig 1894; M. Heinze, Zum Gedächtnis an M. W. D., Ber. über die Verhandlungen der kgl.-sächsischen Ges. Wiss. Leipzig, math.-phys. Cl. 48 (1896), 695–719; separat als: M. W. D.. Gedächtnisrede, gehalten in der Sitzung der königlich-sächsischen Gesellschaft der Wissenschaften am 5. Dec. 1896, Leipzig 1897; E. Husserl, Logische Untersuchungen I (Prolegomena zur reinen Logik), Halle 1900, ²1913, Tübingen ⁵1968, Neudr. in: ders., Husserliana. Gesammelte Werke XVIII, ed. E. Holenstein, Den Haag 1975 [Text der 1. u. 2. Aufl.] (franz. Recherches logiques I [Prolégomènes à la logique pure], Paris 1959, ²1969, 1994; engl. Logical Investigations I [Prolegomena to Pure Logic. Expression and Meaning. The Ideal Unity of the Species], London/New York 1970, ³2001); A. Menne, D., NDB IV (1959), 127; W. Neubert-Drobisch, M. W. D.. Ein Gelehrtenleben, Leipzig 1902; F. A. Trendelenburg, Logische Untersuchungen I, Leipzig 1840, ²1862, ³1870 (repr. Hildesheim 1964); W. Ziegenfuss, D., in: ders./G. Jung, Philosophen-Lexikon. Handwörterbuch der Philosophie nach Personen I, Berlin 1949, 259–261. C. T.

Droysen, Johann Gustav, *Treptow 6. Juli 1808, †Berlin 19. Juni 1884, dt. Historiker und Geschichtstheoretiker. Während seines Studiums der klassischen Philologie in Berlin nachhaltig beeinflußt durch die Vorlesung »Enzyklopädie und Methodologie der philologischen Wissenschaften« seines Lehrers A. Boeckh und G. W. F. Hegel. Promotion 1831, 1833 Habilitation für das Fach Klassische Philologie, ab 1835 Prof. in Berlin, ab 1840 in Kiel mit starkem politischem Engagement (Wortführer der deutschen Opposition in Schleswig-Holstein gegen Dänemark, Mitwirkung an der nationalstaatlichen Einigung Deutschlands im Rahmen der Revolution von 1848). 1850 Rückzug aus der Tagespolitik, 1851 Prof. in Jena, 1859 erneut in Berlin. – Als Historiker entdeckt D. die weltgeschichtliche Bedeutung des Hellenismus (Geschichte Alexanders des Großen, Berlin 1833; Geschichte des Hellenismus, I–II, Hamburg 1836/1843) und wendet sich parallel zu seinem politischen Engagement der neuzeitlichen Geschichte zu (Vorlesungen über das Zeitalter der Freiheitskriege, I–II, Gotha 1846; Das Leben des Feldmarschalls Grafen Yorck von Wartenburg, I–III, Berlin 1851); sein historiographisches Hauptwerk ist die »Geschichte der preußischen Politik« (I–XIV, Berlin/Leipzig 1855–1886). Mit Hegel deutet D. die Geschichte als Befreiungs- und Bildungsprozeß der Menschheit und sieht darin das die Geschichte einigende Prinzip, das eine Vermittlung der Vergangenheit mit der jeweiligen Gegenwart des Erkennenden erlaubt. Geschichtswissenschaft hat daher einen politischen Charakter, in dem sie zwischen Tradition und Emanzipation zu vermitteln hat. Diese Symbiose von Wissenschaft und Politik bestimmt D.s leitendes Interesse: politische Emanzipation des Bürgertums im Rahmen einer nationalstaatlichen Einigung Deutschlands. Durch seine historiographische Praxis wird er zum Begründer der preußisch-kleindeutschen Schule der Geschichtswissenschaft.

D.s wissenschaftstheoretische Bedeutung wurde begründet durch seine Vorlesungen zur ›Wissenschaftslehre der Geschichte‹ (›Historik‹), die er 1857–1882/1883 unter dem von Boeckh inspirierten Titel »Enzyklopädie und Methodologie der Geschichte« achtzehnmal gehalten hat, (postum) veröffentlicht durch seinen Enkel R. Hübner: Historik. Vorlesungen über Enzyklopädie und Methodologie der Geschichte (München/Berlin 1937). D. selbst gab seinen Hörern nur einen »Grundriß der Historik« (Leipzig 1868) zum besseren Überblick über die Vorlesung in die Hände. Mit der Veröffentlichung der »Historik« wurde D.s Schrift zum klassischen wissenschaftstheoretischen Text der modernen Geschichtswissenschaft und gilt nicht selten als deren bisher bedeutendste Grundlegung. Neben mit der »Historik« ebenfalls verbundenen didaktischen Absichten suchte D. vor allem drei wissenschaftstheoretische Grundlagenfragen der Geschichtswissenschaft zu beantworten: die nach ihrem *Gegenstand*, die nach ihren *Mitteln* und die nach ihren *Zielen*.

Bei seinen wissenschaftstheoretischen Grundlagenüberlegungen geht D. von zwei ›Fundamentalsätzen‹ aus, die eine historische ↑Hermeneutik (↑Verstehen) im Unterschied zur Methodologie des Erklärens (↑Erklärung) in den Naturwissenschaften begründen sollten: (1) Über die Vergangenheiten kann man nur insoweit etwas erfahren, als von ihnen in irgendeiner Weise noch empirisch wahrnehmbare Spuren vorhanden sind. Es geht nicht um die Herstellung von Vergangenheiten (dies ist unmöglich), sondern darum, unsere Vorstellungen über die Vergangenheiten zu begründen, zu berichtigen und zu erweitern. Gegenstand der Geschichtswissenschaft ist nicht die Geschichte, sondern die ἱστορία im Sinne der Erforschung der Geschichte. (2) Die Methode der Geschichtswissenschaft besteht darin, ›forschend zu verstehen‹. Verstehen ist möglich, weil das vorliegende historische Material in der Art seiner Äußerungen uns kongenial ist. Die ›Historik‹ soll ein ›Organon des historischen Denkens und Forschens‹ sein und umfaßt die ›Methodik des historischen Forschens‹, die ›Systematik des historisch Erforschbaren‹ und die ›Topik der Darlegungen des historisch Erforschten‹. Die Gegenstände der *Methodik* sind die Heuristik, die Kritik und die Interpretation. Die *Systematik* bestimmt den Gegenstand der Forschung als ›Kosmos der sittlichen Welt‹. Geschichte als ›das Werden der menschlich-sittlichen Welt‹ wird unterschieden nach den ›Stoffen, an denen sie formt‹, nach den ›Formen, in welchen sie gestaltet‹ (die ›sittlichen Mächte‹), nach den ›Arbeitern, durch welche sie aufbaut‹ und nach den ›Zwecken, die sich in ihrer Bewegung vollziehen‹. Gegenstände der *Topik* sind die ›untersuchende‹, die ›erzählende‹, die ›didaktische‹ und die ›diskursive‹ Darstellung. – Mit seiner ›Historik‹ begründete D. die spezielle Wissenschaftstheorie der Geschichtswissenschaft, in der die Diskussion um ↑Grundlagenkrise und ↑Grundlagenstreit der Geschichtswissenschaft bis heute diskutiert wird, für die sich aber bis heute kein allgemein akzeptierter Titel hat finden lassen, obwohl F. Meinecke schon 1930 einen sprachlich wie sachlich geeigneten Vorschlag unterbreitet hat: *Historiologie*.

Werke: Des Aischylos Werke, I–II, Berlin 1832, ⁴1884, unter dem Titel: Aischylos. Die Tragödien und Fragmente, ed. Walter Nestle, Stuttgart 1939; Geschichte Alexanders des Großen, Berlin 1833, rev. in: ders., Geschichte des Hellenismus I, Gotha 1878, ed. E. Bayer, Tübingen, Basel 1952/1953, Darmstadt 1980, 1998, Neudr. der 1. Aufl., ed. H. Berve, Stuttgart 1931, ³1941, mit Untertitel: Nach dem Text der Erstausgabe 1833, ed. P. König, Zürich 1984, ²1986; Des Aristophanes Werke, I–III, Berlin 1835–1838; Geschichte des Hellenismus, I–II, Hamburg 1836/1843, I–III, Gotha ²1877/1878, Neudr. I–III, ed. E. Bayer, Tübingen, Basel 1952/1953, Darmstadt 1980, 1998; Vorlesungen über das Zeitalter der Freiheitskriege, I–II, Gotha 1846, ²1886; Das Leben des Feldmarschalls Grafen Yorck von Wartenburg, I–III, Berlin 1851/1852, I–II, 1854, Leipzig ¹¹1913, I unter dem Titel: York von Wartenburg. Ein Leben preußischer Pflichterfüllung, Berlin o. J. [ca. 1934], ed. A. Kleine, Essen o. J. [ca. 1996]; Geschichte der preußischen Politik, I–XIV, Berlin/Leipzig 1855–1886; Grundriß der Historik, Leipzig 1868, ³1882, ed. E. Rothacker, Halle ⁴1925, Leipzig 1969, Neudr. der 3. Aufl. in: ders., Historik. Historisch-kritische Ausgabe I, ed. P. Ley, Stuttgart-Bad Cannstatt 1977, 413–488 (engl. Outline of the Principles of History, Boston Mass. 1893); Kleine Schriften zur alten Geschichte, I–II, Leipzig 1893/1894; Politische Schriften, ed. F. Gilbert, München 1933; Historik. Vorlesungen über Enzyklopädie und Methodologie der Geschichte, ed. R. Hübner, München 1937, ⁸1977, unter dem Titel: Historik. Die Vorlesungen von 1857 (Rekonstruktion der ersten vollständigen Fassung der Handschriften), in: ders., Historik. Historisch-kritische Ausgabe I, ed. P. Leyh, Stuttgart-Bad Cannstatt 1977, 1–393; Texte zur Geschichtstheorie. Mit ungedruckten Materialien zur »Historik«, ed. G. Birtsch/J. Rüsen, Göttingen 1972. – Briefwechsel, I–II, ed. R. Hübner, Stuttgart 1929, Osnabrück 1967; Ein tief gegründet Herz. Der Briefwechsel Felix Mendelssohn-Bartholdys mit J. G. D., ed. C. Wehmer, Heidelberg 1959.

Literatur: H. Astholz, Das Problem der ›Geschichte‹ untersucht bei J. G. D., Berlin 1933 (repr. Vaduz 1965); U. Barrelmeyer, Geschichtliche Wirklichkeit als Problem. Untersuchungen zu geschichtstheoretischen Begründungen historischen Wissens bei J. G. D., Georg Simmel und Max Weber, Münster 1997; G. Birtsch, Die Nation als sittliche Idee. Der Nationalstaatsbegriff in Geschichtsschreibung und politischer Gedankenwelt J. G. D.s, Köln/Graz 1964; H. W. Blanke, D., in: L. Boia (ed.), Great Historians of the Modern Age, New York/Westport Conn./London 1991, 274–276; B. Bravo, Philologie, histoire, philosophie de l'histoire. Etude sur J. G. D., historien de l'antiquité, Breslau 1968, Hildesheim/New York 1988; D. Fischer, Die deutsche Geschichtswissenschaft von J. G. D. bis O. Hintze in ihrem Verhältnis zur Soziologie. Grundzüge eines Methodenproblems, Diss. Köln 1966; C. Gaedecke, Geschichte und Revolution bei Niebuhr, D. und Mommsen, Diss. Berlin 1978; T. Gil Gonzáles, Das Handlungskonzept in der »Historik« J. G. D.s, Diss. Münster 1981; O. Hintze, D., ADB XLVIII (1904), 82–114; W. Hock, Liberales Denken im Zeitalter der Paulskirche. D. und die Frankfurter Mitte, Münster 1957; P. Hünermann, Der Durchbruch geschichtlichen Denkens im 19. Jahrhundert. J. G. D., Wilhelm Dilthey, Graf Paul Yorck von Wartenburg. Ihr Weg und ihre Weisung für die Theologie, Freiburg/Basel/Wien 1967; F. Jäger, Bürgerliche Modernisierungskrise und historische Sinnbildung. Kulturgeschichte bei D., Burckhardt und Max Weber, Göttingen 1994; I. Kohlstrunk, Logik und Historie in D.s Geschichtstheorie. Eine Analyse von Genese und Konstitutionsprinzipien seiner »Historik«, Wiesbaden 1980; A. Laks/A. Neschke (ed.), La naissance du paradigme herméneutique. Schleiermacher, Humboldt, Boeckh, D., Lille 1990; C. v. Maltzahn, D. (1808–1886), in: R. vom Bruch/R. A. Müller (eds.), Historikerlexikon. Von der Antike bis zum 20. Jahrhundert, München 1991, 74–76; F. Meinecke, J. G. D.. Sein Briefwechsel und seine Geschichtsschreibung, Hist. Z. 141 (1930), 249–287; C. D. Pflaum, J. G. D.s Historik in ihrer Bedeutung für die moderne Geschichtswissenschaft, Gotha 1907; J. Rüsen, Begriffene Geschichte. Genesis und Begründung der Geschichtstheorie J. G. D.s, Paderborn 1969; ders., J. G. D., in: H.-U. Wehler (ed.), Deutsche Historiker II, Göttingen 1971, 7–23; W. Schiffer, Theorien der Geschichtsschreibung und ihre erzähltheoretische Relevanz: (Danto, Habermas, Baumgartner, D.), Stuttgart 1980; C.-G. Schuppe, Der andere D.. Neue Aspekte seiner Theorie der Geschichtswissenschaft, Stuttgart 1998; R. Southard, Droysen and The Prussian School of History, Lexington Ky. 1995; ders., D., 1808–1884, in: K. Boyd (ed.), Encyclopedia of Historians and Historical Writing I, London/Chicago Ill. 1999, 323–324; K.-H. Spieler, Untersuchungen zu J. G. D.s »Historik«, Berlin 1970; C. Wagner, Die Entwicklung J. G. D.s als Althistoriker, Bonn 1991; H.-J. Weymar, D.s Theorie der historischen Erfahrung, Diss. München 1969. A. V.

dual/Dualität (von lat. dualitas, Zweiheit), Bezeichnung für im einzelnen näher zu charakterisierende Symmetrieeigenschaften eines Gegenstandes, z. B. in der älteren Psychologie die D. des Gehirns auf Grund von Funktionsentsprechungen beider Hirnhemisphären. Im engeren Sprachgebrauch liegt D. innerhalb von Satzsystemen vor, z. B. in der formalen Logik (↑Logik, formale) oder in der Mathematik, wenn durch Vertauschen wohlbestimmter Satzteile wahre Sätze generell wieder in wahre Sätze des Systems überführt werden. E. Schröder hat erstmals 1873 die folgende Symmetrie (↑symmetrisch/Symmetrie (logisch)) in Bezug auf ›wahr‹ und ›falsch‹ als *Dualitätsprinzip* der klassischen ↑Junktorenlogik formuliert: Wird in einem nur mit den ↑Junktoren ›und‹, ›oder‹ und ›nicht‹ zusammengesetzten ↑Aussageschema A überall ›und‹ mit ›oder‹ vertauscht, so heißt das entstehende Aussageschema A^* d. zu A, und es gilt unter anderem: Wenn A logisch wahr [falsch] ist, so ist A^* logisch falsch [wahr]; gilt $A \prec B$ (A impliziert logisch B), so gilt $B^* \prec A^*$. Erneute Dualisierung führt zum Ausgangsaussageschema zurück: $A^{**} = A$.

Neben ∧ (und) und ∨ (oder) sind auch die Junktoren → (wenn-dann) und ⊰ (nicht-sondern), ↔ (genau dann, wenn) und ⊱ (entweder-oder), ← (falls) und ⊰ (aber nicht) sowie ⊻ (weder-noch) und ⊼ (nicht beide) d. zueinander, weil die ↑Wahrheitstafel für einen dieser Junktoren durch Vertauschen von ›wahr‹ mit ›falsch‹ (und zwar sowohl in den Ausgangsspalten als auch in der Endspalte der Wahrheitstafel) in die Wahrheitstafel des zu ihm d.en Junktors übergeht; der ↑Negator ¬ ist dabei d. zu sich selbst, ↑verum und ↑falsum sind d. zueinander. Bei einer Erweiterung der D.sbeziehungen auf die klassische ↑Quantorenlogik sind auch die ↑Quantoren ⋀ (alle) und ⋁ (einige) zueinander d..

D.en spielen auch in der Mathematik eine vielfältige Rolle, und zwar erstmals in der von J. V. Poncelet 1822 entwickelten Grundlegung der projektiven Geometrie: Z. B. sind in der (projektiven, d. h. der um die Gerade der unendlich fernen Punkte erweiterten gewöhnlichen euklidischen) Ebene Punkt und Gerade zueinander d.e Elemente, das Ziehen einer Geraden durch einen Punkt (Relationszeichen: ∈) und die Markierung eines Punktes auf einer Geraden (Relationszeichen: ∋) d.e Operationen, so daß die Dualisierung des wahren Satzes

$$\bigwedge_{P,Q} (P \neq Q \to \bigvee_g (P \in g \land Q \in g))$$

(zu je zwei Punkten P, Q gibt es genau eine Gerade g, auf der beide Punkte liegen) zu dem ebenfalls wahren Satz

$$\bigwedge_{g,h} (g \neq h \to \bigvee_P (g \ni P \land h \ni P))$$

(zu je zwei Geraden g, h gibt es genau einen beiden gemeinsamen Punkt P, ihren Schnittpunkt) führt. Nach L. Couturat war die Entdeckung der projektiven D.en einer der Gründe für die Entwicklung der seit D. Hilbert herrschenden axiomatischen Auffassung der Geometrie: Es kommt für die Wahrheit der Sätze nicht auf die Bedeutung der Grundzeichen an, sondern nur darauf, ob sie logisch aus für wahr erklärten Grundsätzen, den ↑Axiomen, folgen.

In Verallgemeinerung dieser Verhältnisse hat G. G. Granger im Anschluß an J. Cavaillès die D. von Objekt (*objet*) und Verfahren (*opération*) beim Aufbau einer formalen Sprache (↑Sprache, formale, ↑System, formales) zur Darstellung einer wissenschaftlichen Theorie herausgearbeitet.

Literatur: L. Couturat, Les principes des mathématiques. Avec un appendice sur la philosophie des mathématiques de Kant, Paris 1905 (repr. Hildesheim/New York 1965), [2]1979, Paris 1980 (dt. Die philosophischen Prinzipien der Mathematik, Leipzig 1908); G. G. Granger, Pensée formelle et science de l'homme, Paris 1968; ders., Pour la connaissance philosophique, Paris 1988; J. V. Poncelet, Traité des propriétés projectives des figures. Ouvrage utile à ceux qui s'occupent des applications de la géométrie descriptive et d'opérations géométriques sur le terrain, Paris 1822, I–II, [2]1865/1866, Sceaux 1995; E. Schröder, Lehrbuch der Arithmetik und Algebra für Lehrer und Studirende, Leipzig 1873; ders., Der Operationskreis des Logikkalkuls, Leipzig 1877, Nachdr. Darmstadt 1966; A. L. Wigan, A New View of Insanity. The Duality of the Mind Proved by the Structure, Functions and Diseases of the Brain, and by the Phenomena of Mental Derangement, and Shown to be Essential to Moral Responsibility, London 1844, Nachdr. Malibu Calif. 1985. K. L.

Dualismus (von lat. duo, zwei), Bezeichnung für religiöse und erkenntnistheoretisch-metaphysische Lehren, die davon ausgehen, daß die Welt im Ganzen bzw. in Teilen nur durch Rückgang auf zwei (meist gegensätzliche) Prinzipien erklärt werden kann (z. B. Gut/Böse, Geist/Materie, Seele/Leib). In Medizin und Biologie wird der D. auch als neurophysiologische Hypothese über die Beziehung von Gehirn und Bewußtsein diskutiert (↑philosophy of mind).

Prototyp des religiösen D., der sich ansatzweise z. B. auch in altägyptischen Religionen und in den indischen ↑Veda-Schriften findet, ist die Lehre des Persers Zoroaster (um 600 v. Chr.), wonach sich das Reich des Guten und des Wahren (personifiziert im Gott Ahura Mazda) und das Reich des Bösen und des Falschen (personifiziert im Gott Ahriman) unversöhnlich gegenüberstehen, bis am Weltende Ahriman unterliegt. In der ↑Gnosis stehen Gott und Welt einander gegenüber, während die Seele zwar in die Welt eingeschlossen ist, jedoch auf Grund übernatürlichen Wissens (›Gnosis‹) zu Gott gelangen kann. Der ↑Manichäismus (seit etwa 300 n. Chr.) ist der Versuch einer Vermittlung von christlicher Gnostik, Zoroastrismus, Buddhismus und griechischer Philosophie. Das Böse des Zoroastrismus wird mit der Materie identifiziert. Ketzerbewegungen des Mittelalters (z. B. die Katharer) vertreten, häufig in Anlehnung an die Gnosis, dualistische Lehren. Ein philosophischer D. findet sich wohl erstmals in der Lehre der ↑Pythagoreer von der Konstitution der Wirklichkeit aus Gegensatzpaaren. Für die weitere philosophische Entwicklung des D. ist Platons Leib-Seele-D. und seine ↑Ideenlehre bestimmend geworden.

R. Descartes unterscheidet zwischen den materiellen ausgedehnten Körpern (res extensa), deren Größe und Relationen durch die Geometrie und die Physik bestimmt werden, und dem immateriellen, nicht-ausgedehnten und denkenden Bewußtsein des Menschen (res cogitans), das Gegenstand der ↑Metaphysik ist (↑res cogitans/res extensa). Im Sinne einer mechanistischen Physiologie erscheint daher der Mensch einerseits als Gliedermaschine, andererseits als denkendes Wesen, das nach Descartes seinen Körper über die Zirbeldrüse (Epiphyse) im Gehirn durch Befehle seines Willens lenken kann. Physiologische und metaphysische Schwierigkeiten des Cartesischen D. (↑Okkasionalismus), insbes. die Voraussetzung Gottes als Garanten sicherer Erkenntnis, führten Philosophen wie T. Hobbes und J. O. de La Mettrie zu einem mechanistischen ↑Monismus, wonach Mensch, Staat und Natur auf determinierbare Automaten (↑Determinismus) reduzierbar werden, während andere Philosophen wie B. de Spinoza einen pantheistischen (↑Pantheismus) Monismus befürworteten, wonach die ausgedehnten Körper nur noch als Attribute Gottes erscheinen. Demgegenüber geht G. W. Leibniz von unendlich vielen unausgedehnten Substanzen (↑Monaden) aus, die metaphysisch durch verschiedene Bewußtseinsgrade unterschieden sind und, zu Einheiten verbunden, die Unterschiede von toten Körpern, lebenden Organismen, Menschen und Gott erklären sollen. Analog der Cartesischen Entsprechung von ausgedehnten Körpern und metrischen Größen der Geometrie ordnet Leibniz den unausgedehnten Monaden die Punkte im geometrischen Raum zu. Da den Punkten auf Kurven nach dem Differentialkalkül physikalische Kräfte entsprechen können (1. Ableitung der Geschwindigkeit), interpretiert Leibniz die Monaden als Kraftzentren – ein Gedanke, der von I. Kant 1756 in seiner »Monadologia physica« und von dem Physiker R. J. Boscovich 1758 zu einer dynamisch-atomistischen Theorie (↑Dynamismus (physikalisch)) der Materie ausgebaut wird.

In der »Kritik der reinen Vernunft« überwindet Kant den D. von ↑Dingen an sich der Außenwelt und denkendem Bewußtsein durch die Konzeption eines transzendentalen Idealismus (↑Idealismus, transzendentaler), wonach die Körper nur soweit Gegenstand der Erkenntnis sind, als sie nach den Bedingungen unserer Anschauungsformen von Raum und Zeit begriffen werden können (↑Anschauung). Die Rolle der räumlich-zeitlichen Anschauungsformen als Vermittlungsinstanz von physikalischer Außenwelt und Bewußtsein wurde im 19. Jh. Gegenstand physiologischer und psychologischer Untersuchungen (H. v. Helmholtz, E. Mach, W. Wundt u. a.). In der indischen Philosophie (↑Philosophie, indische) vertritt das ↑Saṃkhya einen D. von Materie und Geist. Auch chinesische Philosophen (↑Philosophie, chinesische) haben im Anschluß an die ↑Yin-Yang-Lehre dualistische Auffassungen entwickelt.

Unter dem Einfluß neurophysiologischer Untersuchungen wird die Frage diskutiert, ob Bewußtseinsvorgänge auf physikalisch-chemische Gehirnprozesse reduzierbar sind (z. B. H. Feigls ↑Identitätstheorie), oder ob Gehirn und Bewußtsein als eigenständige Einheiten verstanden werden müssen, deren Interaktion durch Selektions- und Syntheseleistungen des Bewußtseins für die vom Gehirn angebotenen neurologischen Muster der Außenwelt bestimmt ist (J. C. Eccles).

Literatur: G. Baker/K. J. Morris, Descartes' Dualism, London/New York 1996; A. Beckermann, Descartes' metaphysischer Beweis für den D.. Analyse und Kritik, Freiburg/München 1986; N. Block/R. Stalnaker, Conceptual Analysis, Dualism, and the Explanatory Gap, Philos. Rev. 108 (1999), 1–46; M. Carrier/J. Mittelstraß, Geist, Gehirn, Verhalten. Das Leib-Seele-Problem und die Philosophie der Psychologie, Berlin/New York 1989 (engl. [erw.] Mind, Brain, Behavior. The Mind-Body Problem and the Philosophy of Psychology, Berlin/New York 1991); N. Chomsky, Naturalism and Dualism in the Study of Language and Mind, Int. J. Philos. Stud. 2 (1994); 181–209; J. C. Eccles, The Understanding of the Brain. Based on the Thirty-Third Series of Lectures […], New York/London 1973, ²1977 (dt. Das Gehirn des Menschen. Sechs Vorlesungen für Hörer aller Fakultäten, München etc. 1975, ⁶1990); H. Feigl/M. Scriven/G. Maxwell (eds.), Concepts, Theories and the Mind-Body Problem, Minneapolis Minn. 1958 (Minnesota Stud. Philos. Sci. II); FM I (1994), 941–942; P. F. M. Fontaine, The Light and the Dark. A Cultural History of Dualism, I–XV, Amsterdam 1986–2000; T. Van Gelder, Monism, Dualism, Pluralism, Mind and Language 13 (1998), 76–97; J. Hannover, Dualität, D. und Bipolarität. Ein philosophischer Essay, Frankfurt 1991; H. Heimsoeth, Die Methode der Erkenntnis bei Descartes und Leibniz, I–II, Gießen 1912/1914; R. T. Herbert, Dualism/Materialism, Philos. Quart. 48 (1998), 145–158; H.-U. Hoche, Das Leib-Seele-Problem. D., Monismus, Perspektivismus, Philos. Nat. 24 (1987), 218–236; E. W. James, Mind-Body Continuism. Dualities without Dualism, J. Speculative Philos. 5 (1991), 233–255; G. J. Larson/R. S. Bhattacharya (eds.), Encyclopedia of Indian Philosophies IV. Sāṃkhya. A Dualist Tradition in Indian Philosophy, Delhi 1987; A. O. Lovejoy, The Revolt against Dualism. An Inquiry Concerning the Existence of Ideas, La Salle Ill. 1955, New Brunswick N. J. 1996; N. Maxwell, The Mind-Body Problem and Explanatory Dualism, Philos. 75 (2000), 49–71; J. P. McDermot, Dualism in Chinese Thought and Society, in: F. J. Adelmann (ed.), Contemporary Chinese Philosophy, Boston Mass./London 1982, 1–25; W. Nieke, D., Hist. Wb. Ph. II (1971), 297–299; J. O'Leary-Hawthorne/J. K. McDonough, Numbers, Minds, and Bodies. A Fresh Look at Mind-Body Dualism, in: J. E. Tomberlin (ed.), Philos. Perspectives 12 (1998), 349–371; S. Pétremont, Dualism in Philosophy and Religion, DHI II (1973), 38–44; K. R. Popper/J. C. Eccles, The Self and Its Brain. An Argument for Interactionism, Berlin/Heidelberg/New York 1977, London/New York 1984 (dt. Das Ich und sein Gehirn, München/Zürich 1977, ¹⁰1989); H. Putnam, Minds and Machines, in: S. Hook (ed.), Dimensions of Mind. A Symposium, New York/London 1960, 148–179, 1966, 138–164 [Chap. 15]; P. Rohs, Der temporale D., Conceptus 21 (1987), 69–86; D. M. Rosenthal, Two Concepts of Consciousness, Philos. Stud. 49 (1986), 329–359; ders., Dualism, REP III (1998), 133–138; G. Ryle, The Concept of Mind, London/New York/Melbourne 1949 (repr. 1990) (dt. Der Begriff des Geistes, Stuttgart 1969 [repr. 1992]); L. Scheffczyk (ed.), D. versus Dualität. Aspekte neuzeitlicher Weltbetrachtung, Freiburg/München 1990; E. Schrödinger, Mind and Matter, Cambridge 1958 (dt. Geist und Materie, Braunschweig 1959, ³1965); H.-P. Schütt, Substanzen, Subjekte und Personen. Eine Studie zum Cartesischen D., Heidelberg 1990; J. R. Smythies/J. Beloff (eds.), The Case for Dualism, Charlottesville Va. 1989; R. Warner/T. Szubka (eds.), The Mind-Body Problem. A Guide to the Current Debate, Oxford/Cambridge Mass. 1994; R. A. Watson, Dualism, in: R. Audi (ed.), The Cambridge Dictionary of Philosophy, Cambridge/New York/Melbourne 1995, ²1999, 244–245; G. Widengren, Die Religionen Irans, Stuttgart 1965. K. M.

Dualitätsprinzip, ↑dual/Dualität.

Dualsystem, auch dyadisches, Binär- oder Zweiersystem (engl. binary system), das Stellenwertsystem (Positionssystem, ↑Zahlensystem) zur Basis 2. In ihm stellt man die natürlichen Zahlen nicht wie im geläufigen ↑Dezimalsystem als Summe von Zehnerpotenzen, sondern als Summe von Zweierpotenzen dar und benötigt demgemäß nur zwei Ziffern (nämlich 0 und 1) und nicht mehr zehn Ziffern (0, 1, 2, ..., 9) zur Darstellung einer Zahl.

Ein Ausdruck $a_n a_{n-1} \ldots a_0$ des D.s, wobei a_i entweder 0 oder 1 ist für $0 \leq i \leq n$, bezeichnet demnach die Zahl

$$a_n a_{n-1} \ldots a_0 \leftrightharpoons \sum_{i=0}^{n} a_i 2^i.$$

Z. B. bezeichnet 101101 im D. die Zahl $1 \cdot 2^5 + 0 \cdot 2^4 + 1 \cdot 2^3 + 1 \cdot 2^2 + 0 \cdot 2^1 + 1 \cdot 2^0 = 45$ im dekadischen System. Die wechselseitige Übersetzbarkeit von Zahldarstellungen des einen in die eines anderen Systems ist dadurch gewährleistet, daß sich jede natürliche Zahl p als Summe von Potenzen zu einer beliebigen vorgegebenen Basis q schreiben läßt, d. h., es gibt natürliche Zahlen $a_0, \ldots, a_n$ mit $a_i < q$ für $0 \leq i \leq n$, so daß gilt:

$$p = \sum_{i=0}^{n} a_i q^i.$$

Zum praktischen alltäglichen Zahlenrechnen ist das D. nicht geeignet, weil die Darstellungen relativ kleiner Zahlen schon sehr lang werden (siehe Beispiel oben); es findet jedoch in der Computertechnik Anwendung, da dyadische Zahldarstellungen direkt als Ketten ↑binärer minimaler Informationseinheiten (bits) aufgefaßt werden können und deshalb technisch besonders leicht zu realisieren sind. Daneben verwendet man auch Kodierungen von Zahlen, die duale und dezimale Ansätze verbinden, z. B. im BCD-System (›binary coded decimals‹), in dem man Zahlen dezimal darstellt, die an den einzelnen Stellen der Dezimaldarstellung stehenden Ziffern (0, 1, 2, ..., 9) jedoch binär kodiert. Wegen seiner systematischen Einfachheit findet das D. auch in zahlentheoretischen Untersuchungen (↑Zahlentheorie) Verwendung.

Das D. wurde erstmals öffentlich dargestellt von J. de Caramuel Lobkowitz (Mathesis Biceps, Campagna 1670). Breitere Aufmerksamkeit in der mathematischen Welt erhielt es durch die Publikation von G. W. Leibniz (Explication de l'arithmétique binaire, qui se sert des seuls caractères 0 et 1, avec des remarques sur son utilité [...], Math. Schr. VII, 223–227 [Erstveröffentlichung in: Mémoirs de l'Académie Royale des Sciences, Paris 1703]), in der dieser die Durchführung arithmetischer Operationen im D. erläuterte.

Literatur: K. E. Becher, Einführung in das binäre Zahlensystem, Braunschweig 1964; R. H. Bruck, A Survey of Binary Systems, Berlin etc. 1958, ³1971; D. E. Knuth, Arithmetic, in: ders., The Art of Computer Programming II (Seminumerical Algorithms), Reading Mass. etc. 1969, ³1998, 195–537, bes. 195–213 (dt. Arithmetik, Berlin etc. 2001, bes. 2–22); J. Zacher, Die Hauptschriften zur Dyadik von G. W. Leibniz. Ein Beitrag zur Geschichte des binären Zahlensystems, Frankfurt 1973. P. S.

Dubislav, Walter, *Berlin 20. Sept. 1895, †Prag 16. Sept. 1937, dt. Wissenschaftstheoretiker. Studium der Mathematik (unter anderem bei D. Hilbert) und Philosophie, 1928 Privatdozent für Philosophie der Mathematik und Naturwissenschaft an der TH Berlin, dort 1931 a. o. Prof., 1936 Emigration, Mitbegründer der »Gesellschaft für empirische Philosophie« (Berlin). Im Auftrag dieser Gesellschaft (und des »Vereins Ernst Mach«) wurde die Zeitschrift »Erkenntnis«, das Organ des Logischen Empirismus (↑Empirismus, logischer, ↑Neopositivismus), herausgegeben. – Ausgehend von den Arbeiten B. Bolzanos war D. um eine logische und wissenschaftstheoretische Grundlegung von Mathematik und Physik bemüht. Philosophisch stand er dem ↑Wiener Kreis nahe. Eigenständige Arbeiten hat D. vor allem zur Definitionstheorie geliefert. In seiner Monographie »Die Definition«, die zu einem Standardwerk geworden ist, vertritt D. eine formalistische Version der Fregeschen Definitionslehre (↑Definition). Danach sind eigentliche Definitionen lediglich ›Substitutionsvorschriften‹ für Zeichen, d. h. willkürliche Vereinbarungen über den Gebrauch von Zeichen innerhalb eines Kalküls, nach denen sich jedes Zeichen auf gewisse Grundzeichen zurückführen lassen muß. Eine inhaltliche Interpretation (hierin besteht der Unterschied zu G. Freges Definitionslehre) erhalten diese Zeichen erst bei Anwendung eines ↑Kalküls auf einen Objektbereich durch ›Deutungsvorschriften‹ (↑Zuordnungsdefinition, ↑Korrespondenzregel).

Werke: (mit K. W. Clauberg) Systematisches Wörterbuch der Philosophie, Leipzig 1923; Die Fries'sche Lehre von der Begründung. Darstellung und Kritik, Dönitz 1926; Über die Definition, Berlin 1926, unter dem Titel: Die Definition, Leipzig ³1931, Nachdr. Hamburg 1981; Über die sogenannten analytischen und synthetischen Urteile, Berlin 1926; Die Philosophie der Mathematik in der Gegenwart, Berlin 1932; Naturphilosophie, Berlin 1933. G. G.

Du Bois-Reymond, Emil (Heinrich), *Berlin 7. Nov. 1818, †ebd. 26. Dez. 1896, dt. Physiologe, einer der Begründer der Elektrophysiologie, Bruder des Mathematikers Paul Du B.-R.. Nach zunächst unsystematischem Studium in Berlin und Bonn (ab 1838) Studium der Medizin in Berlin; nach einer wissenschaftshistorischen Promotion (1843) Beschäftigung mit elektrischen Erscheinungen an Muskeln und Nerven, die Du B.-R. durch elektrophysikalische Methoden zu messen und zu erklären suchte. Nach anatomischen Studien an elektrischen Fischen gelang ihm nicht nur eine genauere Messung elektrischer Ströme bei Muskelkontraktionen, sondern erstmals auch der Nachweis elektrischer Ströme in Nerven. Voraussetzung dafür war eine konsequente Entwicklung elektrophysikalischer Meßgeräte, die nach dem von M. Faraday 1831 formulierten Induktionsprinzip möglich wurde und die Elektrophysiologie aus dem durch A. Volta und A. L. Galvani eingeleiteten Stadium zufälligen und fehlerhaften Experimentierens auf das Niveau einer physikalisch begründeten Wissenschaft führte. Damit legte Du B.-R. gleichzeitig die Grundlagen für die medizinische Anwendung der Elektrotherapie. – Unter der Protektion von H. v. Helmholtz und A. v. Humboldt wurde Du B.-R. nach seiner Habilitation (1846) Mitglied der Preußischen Akademie der Wissenschaften (1851), zu deren ständigem Sekretär er 1876 gewählt wurde. 1858 übernahm er als Physiologe den Lehrstuhl J. Müllers, gegen dessen vitalistische Überlegungen (↑Vitalismus) er sich bereits als Assistent gewendet hatte, um damit wie Helmholtz einer physikalischen Orientierung in der Physiologie zum Durchbruch zu verhelfen. Du B.-R.s philosophische Überlegungen sind gegen religiöse und naturphilosophisch-spekulative Auffassungen gerichtet und vertreten einen an der Naturwissenschaft orientierten ↑Darwinismus und Materialismus (↑Materialismus (systematisch)). Auf Du B.-R. geht der Begriff des ↑›Welträtsels‹ zurück. Er betonte die zunehmende Bedeutung der Naturwissenschaften in der entstehenden technisch-industriellen Welt, kritisierte allerdings auch einseitige Erklärungsversuche (z. B. von E. Haeckel) hinsichtlich des Verhältnisses von Bewußtsein und Molekularprozessen im Gehirn.

Werke: Untersuchungen über thierische Elektricität, I–II, Berlin 1848/1884 (engl. On Animal Electricity. Being an Abstract of the Discoveries of E. Du B.-R., ed. H. B. Jones, London 1852); Gesammelte Abhandlungen zur allgemeinen Muskel- und Nervenphysik, I–II, Leipzig 1875/1877; Culturgeschichte und Naturwissenschaft. Vortrag gehalten am 24. März 1877 im Verein für wissenschaftliche Vorlesungen zu Köln, Leipzig 1878; Über die Grenzen des Naturerkennens/Die sieben Welträthsel, Leipzig 1882, ³1916 (repr. Berlin 1967); Goethe und kein Ende. Rede bei Antritt des Rektorats der Koeniglichen Friedrich-Wilhelms-Universität zu Berlin am 15. October 1882, Leipzig 1883; Reden, I–II, Leipzig 1886/1887, ed. E. du Bois-Reymond, ²1912; Vorträge über Philosophie und Gesellschaft, ed. S. Wollast, Hamburg 1974; Zwei grosse Naturforscher des 19. Jahrhunderts. Ein Briefwechsel zwischen E. Du B.-R. und Karl Ludwig, ed. E. du Bois-Reymond, Leipzig 1927 (engl. Two Great Scientists of the Nineteenth Century. Correspondence of E. Du B.-R. and Carl Ludwig, ed. P. F. Cranefield, Baltimore Md./London 1981); E. Du B.-R./A. Dohrn, Briefwechsel, ed. C. Groeben/K. Hierholzer, Berlin/Heidelberg/New York 1985; Dokumente einer Freundschaft. Briefwechsel zwischen Hermann von Helmholtz und E. Du B.-R.. 1846–1894, ed. C. Kirsten, Berlin (Ost) 1986; Rudolf Virchow und E. Du B.-R.. Briefe 1864–1894, ed. K. Wenig, Marburg 1995; Briefwechsel zwischen Alexander v. Humboldt und E. Du B.-R., ed. J. Schwarz/K. Wenig, Berlin 1997.

Literatur: H. Boruttau, E. Du B.-R., Wien etc. 1922; H. Brücke/W. Hilger/W. Höflechner (eds.), Ernst Wilhelm v. Brücke. Briefe an E. Du B.-R., I–II, Graz 1978–1981; J. Burkhardt, Zwischen thierischer Elektrizität und Ignorabimus. Eine Untersuchung der grundlegenden und philosophischen Konzeptionen im Lebenswerk des Berliner Physiologen E. Du B.-R. unter Berücksichtigung ihrer historischen Voraussetzungen, Diss. Berlin 1999 (Mikrofiche); F. Herneck, Drei bedeutsame Naturforscher der Berliner Universität. E. Du B.-R., Hermann v. Helmholtz, Emil Fischer, Berlin (Ost) 1989; I. Jahn, Die Anfänge der instrumentellen Elektrobiologie in den Briefen Humboldts an E. Du B.-R., Medizinhist. J.. Int. Vierteljahresschr. Wissenschaftsgesch. 2 (1967), 135–156; G. Mann (ed.), Naturwissen und Erkenntnis im 19. Jahrhundert. E. Du B.-R., Hildesheim 1981; E. Metze, E. Du B.-R.. Sein Wirken und seine Weltanschauung, Bielefeld ³1918; D. N. Robinson, D. B.-R., REP III (1998), 129–131; K. E. Rothschuh, Geschichte der Physiologie, Berlin/Göttingen/Heidelberg 1953, 130–139 (engl. History of Physiology, ed. G. B. Risse, Huntington N. Y. 1973, 220–234); ders., D. B.-R., DSB IV (1971), 200–205; P. W. Ruff, E. Du B.-R., Leipzig 1981; F. Vidoni, Ignorabimus! E. Du B.-R. und die Debatte über die Grenzen wissenschaftlicher Erkenntnis im 19. Jahrhundert, Frankfurt/Bern/New York 1991; T. Weber, E. Du B.-R.. Eine Kritik seiner Weltansicht, Gotha 1885. K. M.

Du Bois-Reymond, Paul (David Gustav), *Berlin 2. Dez. 1831, †Freiburg 7. April 1889, dt. Mathematiker und Bruder des Physiologen Emil Du B.-R.. Ab 1835 Studium der Medizin, Mathematik und Physik in Zürich und Königsberg, 1859 Promotion in Berlin mit der Dissertation »De aequilibrio fluidorum«, anschließend Gymnasiallehrer für Mathematik und Physik; 1865 Priv.-Doz. in Heidelberg, dort Anschluß an den Kreis um R. Bunsen, G. R. Kirchhoff, H. Helmholtz, Beginn der Freundschaft mit H. Weber; ab 1868 a. o. Prof. der Mathematik in Heidelberg; 1870 o. Prof. in Freiburg, 1874 als Nachfolger H. Hankels in Tübingen, 1884 in Berlin (Technische Hochschule in Charlottenburg). Du B.-R. veröffentlichte herausragende Arbeiten zur Theorie der unendlichen ↑Reihen, die er insbes. durch Konvergenzuntersuchungen förderte, und zur Theorie der partiellen ↑Differentialgleichungen und damit zusammenhängender Integrierbarkeitsfragen (↑Infinitesimalrechnung). Zu seinen bedeutenden Ergebnissen gehören der erste Beweis für den Mittelwertsatz für das bestimmte ↑Integral (1868) und das sogenannte Fundamental-Lemma der ↑Variationsrechnung (1879), ferner der Nachweis, daß es – entgegen J. P. G. L. Dirichlet und der vorherrschenden Vermutung seiner Zeit – stetige Funktionen gibt (↑Stetigkeit), die für keinen ihrer Punkte eine konvergente Fourierentwicklung erlauben (1874), und die erste Anwendung des heute sogenannten zweiten ↑Cantorschen Diagonalverfahrens (1875). Auch veröffentlichte er (1872) das erste (auf seinen langjährigen Freund K. Weierstraß zurückgehende) Beispiel einer stetigen, aber nirgends differenzierbaren Funktion, womit eine seinerzeit lebhaft diskutierte Frage beantwortet wurde. Schließlich gehen auf Du B.-R. Bezeichnungen wie ›Extremum‹ oder ›Integralgleichung‹, desgleichen Begriffe wie ›dichte Menge‹ (Du B.-R.: ›pantachisch‹) und der – für den ↑Intuitionismus zentrale und wohl über E. Borel an L. E. J. Brouwer vermittelte Begriff – der freien ↑Wahlfolge zurück. Von gleicher Bedeutung wie seine genannten Beiträge zur Theorie der partiellen Differentialgleichungen und reellen Funktionentheorie ist Du B.-R.s Entwicklung einer eigenständigen Theorie infinitesimaler (unendlich kleiner) Größen, sein ›Infinitärcalcül‹. Er wurde zwar später von G. H. Hardy monographisch aufgenommen (N. Bourbaki, Elemente der Mathematikgeschichte, Göttingen 1971, 236), fand zu Du B.-R.s Lebzeiten jedoch wenig Zuspruch – G. Cantor sprach diesbezüglich vom »infinitären Cholera-Bazillus der Mathematik« (W. Purkert/H. J. Ilgauds, Georg Cantor, Basel/Boston Mass./Stuttgart 1987, 114) –, weil man ihn gegen die ↑Arithmetisierungstendenz der Zeit gerichtet sah.

Philosophisch bedeutsam sind seine »Allgemeine Functionentheorie« (1882) und die aus dem Nachlaß veröffentlichten »Grundlagen der Erkenntnis in den exakten Wissenschaften« (1890). Beiden Werken liegt das Problem von ↑Grenzbegriffen zu Grunde, das sich aufgrund einer empiristischen Vorstellungstheorie ergibt und nach Du B.-R. zu ↑Paradoxien bzw., in explizitem Anschluß an die ›Ignorabimus-These‹ seines Bruders Emil, zu unlösbaren Problemen Anlaß gibt. Alles Erkennen erfolgt nach Du B.-R. durch Bildung von Vorstellungsfolgen: Ein Phänomen (wissenschaftlich) zu erklären, heißt, die mit dem Phänomen verbundene Vorstellung durch eine ununterbrochene Folge von weiteren Vorstellungen auf eine Endvorstellung zurückzuführen, die zum Bestand als unproblematisch empfundener Grundvorstellungen gehört. Nach dem Vorbild mathematischer Zahlfolgen unterscheidet Du B.-R. Vorstellungsfolgen, die – sofern sie überhaupt einen Abschluß in der menschlichen Vorstellungskraft haben – eine gleichartige Grenze haben und solche, deren Grenze eine ungleichartige Vorstellung ist (so wie die Dezimalfolge für √2 keinen Grenzwert in den rationalen Zahlen hat). Seine Behauptung für die naturwissenschaftliche Begriffsbildung ist dann, ausgeführt in den »Grundlagen der Erkenntnis«, daß alle ihre zentralen theoretischen Begriffe wie ›Atom‹, ›starrer Körper‹, ›elastischer Stoß‹ etc. bloße Worte (›Wort-Vorstellungen‹) für den Abschluß von Vorstellungsfolgen mit ungleichartiger Grenze sind, d. h. in diesem Falle, daß ihr Grenzwert nicht länger eine empirische Vorstellung ist. Als Folge ergibt sich, daß der Kraftbegriff unerklärlich, d. h. nicht auf Grundvorstellungen zurückführbar, ist; und zwar gilt dies sowohl für denjenigen, der die Legitimität solcher Grenzvorstellungen leugnet (Du B.-R.: ›Empirist‹), wie für den, der sie, wie Du B.-R. selbst es tut, für unverzichtbar hält (Du B.-R.: ›Idealist‹). Seine »Functionentheorie« ist eine Ausarbeitung des skizzierten erkenntnistheoretischen Programms speziell für die Mathematik und bietet daher über weite Strecken eine philosophische Diskussion über die Grundlagen der Mathematik. In diesem Zusammenhang werden Empirismus und Idealismus (im genannten Sinne) als legitime methodische Einstellungen dargestellt, die für die Mathematik notwendig sind und in ihr auch tatsächlich vertreten werden.

Werke: De aequilibrio fluidorum, Diss. Berlin 1859; Beiträge zur Interpretation der partiellen Differentialgleichungen mit drei Variabeln, Leipzig 1864; Sur la grandeur relative des infinis des fonctions, Annali di matematica pura ed applicata, ser. 2/4 (1870/1871), 338–353; Ueber die Fourierschen Reihen, Nachr. Königl. Ges. Wiss. Göttingen 21 (1873), 571–584; Über asymptotische Werthe, infinitäre Approximationen und infinitäre Auflösungen von Gleichungen, Math. Ann. 8 (1875), 363–414; Die allgemeine Functionentheorie. Erster Teil. Metaphysik und Theorie der mathematischen Grundbegriffe: Größe, Grenze, Argument und Function, Tübingen 1882 (repr. Darmstadt 1968 [mit einem Nachwort von D. Laugwitz]) (franz. Théorie générale des fonctions, Nice 1887, Nachdr. Sceaux 1995); Über die Grundlagen der Erkenntnis in den exakten Wissenschaften. Nach einer hinterlassenen Handschrift, Tübingen 1890 (repr. Darmstadt 1966); Zwei Abhandlungen über unendliche (1871) und trigonometrische Reihen (1874), ed. P. E. B. Jourdain, Leipzig 1913 (Ostwalds Klassiker exakt. Wiss. 185); Abhandlung über die Darstellung der Funktionen durch trigonometrische Reihen (1876), ed. P. E. B. Jourdain, Leipzig 1913 (Ostwalds Klassiker exakt. Wiss. 186).

Literatur: O. Becker, Die Grundlagen der Mathematik in geschichtlicher Entwicklung, Freiburg/München 1954, Frankfurt ⁴1990; G. Fisher, The Infinite and Infinitesimal Quantities of du B.-R. and their Reception, Arch. Hist. Ex. Sci. 24 (1981), 101–163; G. H. Hardy, Orders of Infinity. The ›Infinitärcalcül‹ of P. du B.-R., Cambridge 1910, ²1924, 1954, New York 1971 (Cambridge Tracts in Math. and Math. Phys. XII); B. Kerry, Anzeigen. Du B.-R., P., Allgemeine Functionentheorie. Erster Teil (Metaphysik und Theorie der mathematischen Grundbegriffe: Größe, Grenze, Argument und Function), Vierteljahrsschr. wiss. Philos. 9 (1885), 245–255; L. Kronecker, P. du B.-R., J. reine u. angew. Math. 104 (1889), 352–354; D. C. McCarty, David Hilbert and P. du B.-R.. Limits and Ideals, in: G. Link (ed.), One Hundred Years of Russell's Paradox. Mathematics, Logic, Philosophy, New York 2004, 517–532; L. Nový, Du B.-R., DSB IV (1971), 205–206; A. Pringsheim, A. Irrationalzahlen und Konvergenz unendlicher Prozesse, in: Encyklopädie der Mathematischen Wissenschaften mit Einschluss ihrer Anwendungen I/1, Leipzig 1898–1904, 47–146, bes. 56–58, 83–84; A. Schönflies, Mengenlehre, in: Encyklopädie der Mathematischen Wissenschaften mit Einschluss ihrer Anwendungen I/1, Leipzig 1898–1904, 184–207; N. Stuloff, Du B.-R., NDB 4 (1959), 148; C. v. Voigt, Du B.-R., Sitz.ber. Kgl. Bayer. Akad. Wiss., math.-phys. Kl. 20 (1890), 415–418; K. T. Volkert, Die Krise der Anschauung. Eine Studie zu formalen und heuristischen Verfahren in der Mathematik seit 1850, Göttingen 1986; H. Weber, P. du B.-R., Math. Ann. 35 (1890), 457–462 (mit Bibliographie, 463–469); K. Weierstrass, Briefe an Du B.-R., Acta Math. 39 (1923), 199–225. – Math. Ann. 35 (1890), 463–469 (P. du B.-R.'s literarische Publicationen). – Unveröffentlichtes Manuskript: D. C. McCarty, Problems and Riddles, Hilbert and the du B.-R.s. B. B./G. H.

Duhem, Pierre (Maurice Marie), *Paris 10. Juni 1861, †Cabrespine (Aude) 14. Sept. 1916, franz. Physiker und

Wissenschaftstheoretiker. 1888 Promotion mit einer Arbeit über die Theorie des Magnetismus (nachdem D. bereits 1884 eine durch M. Berthelots Einfluß zu Fall gebrachte Arbeit zur Thermodynamik eingereicht hatte). D. lehrte Physik in Lille (1887–1893), Rennes (1893/ 1894) und als Prof. der theoretischen Physik in Bordeaux (1894–1916). Einen kurz vor seinem Tode an ihn ergangenen Ruf auf den neu eingerichteten Lehrstuhl für Geschichte der Naturwissenschaften am Collège de France schlug er aus. Neben D.s Beiträgen zur Hydrodynamik, Elektrodynamik und insbes. zur klassischen Thermodynamik (im Anschluß an J. W. Gibbs und H. v. Helmholtz) stehen umfangreiche Studien zur Geschichte von Physik und Astronomie, die nach D. ursprünglich dem historischen Beleg seiner wissenschaftstheoretischen Auffassungen dienen sollten, gleichzeitig aber bedeutsame Leistungen im Bereich der Wissenschaftsgeschichtsschreibung darstellen. Sie gehören heute, vor allem im thematischen Rahmen der spätmittelalterlichen Naturwissenschaft (Pionierarbeiten z. B. über J. Buridan, Albert von Sachsen, Nikolaus von Oresme), zu den wissenschaftshistorischen Standardwerken.

Von maßgebender systematischer Bedeutung für die moderne Diskussion über Theorie und Begründung in den Naturwissenschaften sind D.s wissenschaftstheoretische Arbeiten (↑Wissenschaftstheorie). Nach D. ist die physikalische Theorienbildung durch folgende Thesen charakterisierbar: (1) Theorien sind ›freie Schöpfungen des menschlichen Geistes‹; sie lassen sich weder deduktiv (↑Deduktion) noch induktiv (↑Induktion) aus der ↑Erfahrung gewinnen. Der Grund dafür ist die ↑Unterbestimmtheit von Theorien, derzufolge es stets mehrere Möglichkeiten einer theoretischen Erklärung für eine gegebene Menge von Beobachtungen gibt (später von W. V. O. Quine verschärft zur sogenannten D.-Quine-These, ↑experimentum crucis).

(2) An die Stelle des empirischen Beweises tritt die *hypothetisch-deduktive Prüfung* von Theorien (↑Bestätigung), die allerdings erhebliche Spielräume beläßt. Wegen der Unterbestimmtheit ist es ausgeschlossen, eine Theorie eindeutig als bestätigt auszuzeichnen. Darüber hinaus ergeben sich empirisch prüfbare Folgen typischerweise erst aus mehreren theoretischen Hypothesen. So liegen den ↑Meßgeräten bereits physikalische Theorien zugrunde (↑Theoriebeladenheit), weshalb jeder Vergleich zwischen theoretischer Vorhersage und ↑Messung den Rückgriff auf mehrere Hypothesen verlangt. Das Auftreten einer ↑Anomalie zeigt daher nur, daß irgendwo in dem herangezogenen theoretischen Netzwerk ein Fehler liegt, ohne dessen zuverlässige Lokalisierung zu gestatten. Nach dieser *holistischen* (↑Holismus) Auffassung empirischer Prüfungen ist die Widerlegung einzelner Aussagen einer Theorie durch Logik und Erfahrung allein ausgeschlossen.

(3) Da sich die Richtigkeit theoretischer Erklärungen, die sich terminologisch auf die nicht direkt beobachtbaren Aspekte der Wirklichkeit beziehen, folglich der schlüssigen empirischen Beurteilung entzieht, bietet sich eine instrumentalistische (↑Instrumentalismus) Deutung von Theorien an (wobei allerdings mit einer sogenannten ›natürlichen Klassifikation‹ ein realistischer Anspruch [↑Realismus, wissenschaftlicher] verbunden bleibt). Die sachhaltigen Ansprüche von Theorien sind auf ihre ›beschreibenden Teile‹ beschränkt, d. h. auf die in ihnen enthaltenen empirischen ↑Generalisierungen (»Eine physikalische Theorie ist keine Erklärung. Sie ist ein System mathematischer Lehrsätze, die aus einer kleinen Zahl von Prinzipien abgeleitet werden und den Zweck haben, eine zusammengehörige Gruppe experimenteller Gesetze ebenso einfach, wie vollständig und genau darzustellen«, Ziel und Struktur der physikalischen Theorien, 20 f.).

(4) Entscheidende Experimente sind ausgeschlossen. Nach F. Bacon soll ein ↑*experimentum crucis* eine eindeutige Entscheidung zwischen zwei rivalisierenden Hypothesen ermöglichen (Novum Organum II 36). Ergeben sich aus unterschiedlichen theoretischen Annahmen gegensätzliche Folgen für einen beobachtbaren Sachverhalt, kann eine einschlägige Beobachtung geeignet sein, eine der Alternativen zu widerlegen, und dadurch die andere beweisen. Dagegen steht, daß, selbst wenn um des Arguments willen die Widerlegung einer Alternative zugestanden wird, immer noch kein Beweis der anderen vorliegt. Man kann nämlich niemals sicher sein, sämtliche Erklärungsoptionen für das betrachtete Phänomen ausgeschöpft zu haben.

(5) Wegen der begrenzten Tragweite empirischer Prüfungen von Theorien ist der Rückgriff auf nicht-empirische Gesichtspunkte unerläßlich. So fällt die Entscheidung für oder gegen eine Theorie vor dem Hintergrund historischer Gegebenheiten. Z. B. schränkt die Entwicklung einer Disziplin das Spektrum der verfügbaren Erklärungsoptionen weit über den Bereich des abstrakt Denkbaren hinaus ein und begrenzt auf diese Weise die Auswirkungen der Unterbestimmtheit. Ferner ist die Theorienwahl von der Urteilskraft des ›gesunden Menschenverstandes‹ (*bon sens*, ↑sensus bonus) bestimmt. Diese führt in der Regel zu einer vergleichsweise einhelligen Einschätzung der Revisionsbedürftigkeit von Theorien (einschließlich ihrer spezifischen Defizite).

(6) Der damit vertretene ↑Konventionalismus unterscheidet sich von demjenigen H. Poincarés unter anderem dadurch, daß die für konventionalistische Positionen allgemein charakteristische Beliebigkeit von Theorien durch die Historisierung der Theoriebildung partiell wieder aufgehoben wird. Damit ist zugleich Nähe und Unterschied zur Wissenschaftstheorie E. Machs angegeben, die D.s bon sens evolutionistisch

deutet. Nach Mach handelt es sich bei dem Fortschritt der Wissenschaften um eine sich ständig wirkungsvoller ins Bild setzende Zweckrationalität, die Theorien auf Festsetzungen stützt und ihre Geltung an technischer Brauchbarkeit mißt. Ebenso nach D., nur daß dieser, über Mach hinausgehend, die Kontingenz der Festsetzungen von vornherein historisch bestimmt sieht.

D. legt (in Auseinandersetzung mit Poincaré) einen Theoriebegriff für die Physik fest, in dem nahezu alle Unterscheidungen, die für die moderne Analytische Wissenschaftstheorie (↑Wissenschaftstheorie, analytische) maßgebend sind, bereits auftreten. Seine Arbeiten haben einen bedeutenden Einfluß auf die Wissenschaftstheorie des Logischen Empirismus (↑Empirismus, logischer, ↑Wiener Kreis) ausgeübt. Sein Prüfungsholismus und die damit verbundene Behauptung einer fehlenden empirischen Lokalisierbarkeit der theoretischen Gründe für empirische Fehlschläge (›Duhems Problem‹) spielen bis heute in der ↑Bestätigungstheorie (↑Bestätigung) eine wichtige Rolle.

Werke: Le potentiel thermodynamique et ses applications à la mécanique chimique et à l'étude des phénomènes électriques, Paris 1886; Introduction à la mécanique chimique, Paris 1893; La notion de mixte. Essai historique et critique, Rev. de philos. 1 (1900), 69–99, 167–197, 331–357, 430–467, 730–745, unter dem Titel: Le mixte et la combinaison chimique. Essai sur l'évolution d'une idée, Paris 1902, 1985; Les théories electriques de J. Clerk Maxwell. Étude historique et critique, Annales de la société scientifique de Bruxelles 24 (1900), 239–253, 25 (1901), 1–90, 293–417, Neudr. Paris 1902; L'évolution de la mécanique, Rev. générales des sciences pures et appliquées 14 (1903), 63–73, 119–132, 171–190, 247–258, 301–314, 352–365, 416–429, Neudr. Paris 1903, 1992 (dt. Die Wandlungen der Mechanik und der mechanischen Naturerklärung, Leipzig 1912; engl. The Evolution of Mechanics, Alphen aan den Rijn/Germantown Md. 1980); Les origines de la statique, I–II, Rev. des questions scientifiques 54 (1903), 462–516, 55 (1904), 560–596, 56 (1904), 9–66, 394–473, 57 (1905), 96–149, 462–543, 58 (1905), 115–201, 508–558, 59 (1906), 115–148, 383–441, 60 (1905), 65–109, Neudr. Paris 1905/1906 (engl. The Origins of Statics. The Sources of Physical Theory, Dordrecht/Boston Mass./London 1991; La théorie physique. Son objet et sa structure, Rev. de philos. 4 (1904), 387–402, 542–556, 643–671, 5 (1904), 121–160, 241–263, 353–369, 535–562, 712–737, 6 (1905), 25–43, 267–292, 377–399, 519–559, 619–641, Neudr. Paris 1906, erw. unter dem Titel: La théorie physique. Son objet – sa structure, ²1914 (repr. Paris 1981, Frankfurt 1985) [erw. um einen Anhang: Physique de croyant / La valeur de la théorie physique à propos d'un livre récent, 413–509], Nachdr. Paris 1989 (dt. Ziel und Struktur der physikalischen Theorien, Leipzig 1908, Nachdr., ed. L. Schäfer, Hamburg 1978, 1998; engl. The Aim and Structure of Physical Theory, Princeton N. J. 1954, New York 1962, ²1974, Princeton N. J. 1991); Études sur Léonard de Vinci. Ceux qu'il a lus et ceux qui l'ont lu, I–III, Paris 1906–1913, ²1955 [größtenteils zuerst in: Bulletin italien 5 (1905), 6 (1906), 7 (1907), 8 (1908), 9 (1909), 10 (1910), 11 (1911), 12 (1912)]; ΣΩZEIN TA ΦAINOMENA. Essai sur la notion de théorie physique de Platon à Galilée, Annales de philos. chrétienne 156 (1908), 113–139, 277–302, 482–514, 561–592, Neudr. Paris 1908, 1982 (engl. To Save the Phenomena. An Essay on the Idea of Physical Theory from Plato to Galileo, Chicago Ill./London 1969, 1985); Traité d'énergétique ou thermodynamique générale, I–II, Paris 1911, 1997; Le système du monde. Histoire des doctrines cosmologiques de Platon à Copernic, I–X, Paris 1913–1959, Neudr. 1973 (engl. Medieval Cosmology. Theories of Infinity, Place, Time, Void, and the Plurality of Worlds, ed. R. Ariew, Chicago Ill./London 1985, 1990 [mit Bibliographie, 579–582]); La science allemande, Paris 1915 (engl. German Science, La Salle Ill. 1991). – Lettres de P. D. à sa fille Hélène, ed. S. L. Jaki, Paris 1994. – Bibliographie, in: P. D.. Ziel und Struktur der physikalischen Theorien, ed. L. Schäfer [s. o.], XXXV–XLIV; J. F. Stoffel (ed.), P. D. et ses doctorands. Bibliographie de la littérature primaire et secondaire, Louvain-la-Neuve 1996.

Literatur: J. Agassi, D. versus Galileo, Brit. J. Philos. Sci. 8 (1957), 237–248; P. Alexander, D., Enc. Ph. II (1967), 423–425; R. Ariew/P. Barker (eds.), P. D.. Historian and Philosopher of Science, Synthese 83 (1990), H. 2–3; M. Boudot, Le rôle de l'histoire des sciences selon D., Ét. philos. 22 (1967), 421–432; A. Brenner, D.. Science, réalité et apparence. La relation entre philosophie et histoire dans l'œuvre de P. D., Paris 1990; P. Brouzeng, D. 1861–1916. Science et providence, Paris 1987; H. P. Duhem, Un savant français. P. D., Paris 1936; M. Ferrari, Ernst Cassirer und P. D., in: E. Rudolph/B.-O. Küppers (eds.), Kulturkritik nach Ernst Cassirer, Hamburg 1995, 177–196; ders., P. D., in: F. Volpi (ed.), Großes Werklexikon der Philosophie I, Stuttgart 1999, 410–411; M. Fichant, D., in: D. Huisman (ed.), Dictionnaire des philosophes I, Paris ²1993, 854–856; C. Giannoni, Quine, Grünbaum, and the Duhemian Thesis, Noûs 1 (1967), 283–297; B. Ginzburg, D. and Jordanus Neimorarius, Isis 25 (1936), 341–362; W. K. Goosens, D.'s Thesis, Observationality, and Justification, Philos. Sci. 42 (1975), 286–298; A. Grünbaum, The Duhemian Argument, Philos. Sci. 27 (1960), 75–87; S. G. Harding (ed.), Can Theories Be Refuted? Essays on the D.-Quine-Thesis, Dordrecht/Boston Mass./London 1976; D. Howard, D., REP III (1998), 142–147; K. Hübner, D.s historische Wissenschaftstheorie und ihre gegenwärtige Weiterentwicklung, Philos. Nat. 13 (1971), 81–97; P. Humbert, P. D., Paris 1932; S. L. Jaki, Uneasy Genius. The Life and Work of P. D., The Hague/Boston Mass./Lancaster Pa. 1984 [mit Bibliographie, 437–455]; ders., P. D.. Homme de science et de foi, Paris 1991; ders., Scientist and Catholic. An Essay on P. D., Front Royal Va. 1991; ders., D., Enc. philos. universelle III/2 (1992), 2376–2378; G. C. Joy, Instrumentalism. A Duhemian Reply to Popper, The Modern Schoolman 52 (1975), 194–199; P. Loustauneau, D. Physicien, Ét. philos. 22 (1967), 433–438; A. Lowinger, The Methodology of P. D., New York 1941, 1967; R. Maiocchi, Chimica e filosofia, scienza, epistemologia, storia e religione nell'opera di P. D., Florenz 1985; R. N. D. Martin, P. D.. Philosophy and History in the Work of a Believing Physicist, La Salle Ill. 1991; D. G. Miller, D., DSB IV (1971), 225–233; H. W. Paul, P. D.. Science and the Historian's Craft, J. Hist. Ideas 33 (1972), 497–512; E. Picard, La vie et l'œuvre de P. D., Paris 1921, 1922; R. Poirier, L'épistemologie de P. D. et sa valeur actuelle, Ét. philos. 22 (1967), 399–419; L. Schäfer, Darstellung des Konventionalismus und Instrumentalismus bei P. D., in: ders., Erfahrung und Konvention. Zum Theoriebegriff der empirischen Wissenschaften, Stuttgart-Bad Cannstatt 1974, 107–191; ders., D.s Bedeutung für die Entwicklung der Wissenschaftstheorie und ihre gegenwärtigen Probleme, in: P. D.. Ziel und Struktur der physikalischen Theorien, ed. L. Schäfer [s. o.], IX–XXXIV; F. Seaman, In Defense of D., Philos. Sci. 32 (1965), 287–294; J. W. Swanson

On the D.-Thesis, Philos. Sci. 34 (1967), 59–68; G. Wedekind, D., Quine and Grünbaum on Falsification, Philos. Sci. 36 (1969), 375–380; R. M. Yoshida, Five Duhemian Theses, Philos. Sci. 42 (1975), 29–45. J. M./M. C.

Duhem-Quine-These, ↑experimentum crucis, ↑Unterbestimmtheit.

duḥkha (sanskr., pāli dukkha: Plage, Schmerz, Leiden), Grundbegriff der indischen Geistesgeschichte, vor allem im Buddhismus (↑Philosophie, buddhistische). Alles, was dem Kreislauf des Entstehens und Vergehens (↑saṃsāra) unterworfen und damit unbeständig (anitya, pāli anicca) ist, also auch das nur vorübergehend Angenehme, ist d. und deshalb ohne substantiellen Kern (anātman, pāli anatta). Von daher die im Buddhismus schließlich für jeden partikularen Gegenstand, nicht nur die Menschen, verwendeten ›drei Kennzeichen‹ (trilakṣaṇa): Unbeständig, [also] Leiden, [also] Nicht-Selbst. Die Aufhebung des d. in der Erleuchtung (↑bodhi) ist das oberste Ziel. Insbes. sind damit die vier heiligen Wahrheiten des Buddhismus befaßt: vom Leiden (d.), von der Entstehung des Leidens (samudaya), von der Aufhebung des Leidens (nirodha), vom Weg, der zur Aufhebung des Leidens führt (mārga). In der Erleuchtung werden der Kreislauf des Entstehens und Vergehens (saṃsāra) und das Verlöschen (↑nirvāṇa) als ununterschieden und damit leer (↑śūnyatā) erkannt.

Literatur: B. K. Matilal, The Enigma of Buddhism: d. and nirvāṇa, J. of Dharma 2 (Bangalore 1977), 302–306; A. C. S. McDermott, A Comparative Investigation of the Awareness of d., Philos. East and West 27 (Honolulu 1977), 433–448; J. Singh, The Concept of d. in Indian Philosophy, J. of the Ganganatha Jha Res. Institute 2 (Allahabad 1945), 357–369; P. Younger, The Concept of d. and the Indian Religious Traditions, J. Amer. Acad. of Religion 37 (1969), 141–152. K. L.

Dühring, Karl Eugen, *Berlin 12. Jan. 1833, †Nowawes (bei Potsdam) 21. Sept. 1921, dt. Philosoph, Nationalökonom und Wissenschaftshistoriker, neben E. Mach und R. Avenarius einer der bedeutendsten deutschen Positivisten (↑Positivismus (historisch)). Durch ein schließlich zur Erblindung führendes Augenleiden zur Aufgabe seiner Anwaltstätigkeit (1856–1859) gezwungen, habilitierte sich D. 1863 für Philosophie (später auch für Nationalökonomie) und hielt an der Berliner Universität Lehrveranstaltungen, bis ihm wegen seiner heftigen Kritik am zeitgenössischen Universitätswesen 1877 die Lehrbefugnis entzogen wurde. D. publizierte von da an als freier Schriftsteller, auch auf den Gebieten der Mathematik, der Physik (wo er in seiner preisgekrönten »Kritischen Geschichte der allgemeinen Principien der Mechanik« [1873] und in späteren Schriften die Verdienste R. Mayers herausstellte) und der Literaturgeschichte.

Von den erkenntnistheoretischen Frühschriften vertritt bereits die Dissertation das ›Gesetz der bestimmten Anzahl‹, daß jede überhaupt gedachte Anzahl auch endlich sein muß, woraus D. nicht nur die Unmöglichkeit des aktual Unendlichen (↑unendlich/Unendlichkeit), sondern auch die räumliche und zeitliche Endlichkeit der Welt sowie die begrenzte Teilbarkeit der Materie ableitet. Die späteren Schriften zeigen einen prägnanten Materialismus (↑Materialismus (systematisch)), neben dem auf ethischem und sozialphilosophischem Gebiet ein teleologischer (↑Teleologie) ↑Optimismus steht. Dem darwinistischen Kampf ums Dasein wird die Idee einer ›wirklich freien Gesellschaft‹ gegenübergestellt, in der alle Zwangs- und Herrschaftsverhältnisse beseitigt und alle menschlichen Beziehungen gesellschaftsbezogen sind, wobei nach D. ein entscheidender Gesinnungswandel der Menschen freilich nicht erst Folge der Veränderung der ökonomischen Verhältnisse sein kann, sondern mit dieser Hand in Hand gehen und daher schon jetzt ebenso energisch zum Ziel gemacht werden muß. Die Ablehnung dieser Lehren in F. Engels' »Anti-D.« (Herrn E. D.'s Umwälzung der Wissenschaft, Leipzig 1878) als ↑Vulgärmaterialismus und ↑Utopismus geht weniger auf erkenntnistheoretische Differenzen zurück als auf die grundverschiedene Einschätzung G. W. F. Hegels und vor allem auf die provozierende Marxkritik D.s, der die zeitgenössischen sozialistischen Bewegungen ebenso als Hemmnis für eine freiere Gesellschaft ansah wie die christliche und die jüdische Religion, hinsichtlich welcher er sich als den eigentlichen ›Begründer‹ des Antisemitismus bezeichnete. Der Verbreitung von D.s Lehren widmete sich seit 1924 der »D.-Bund«.

Werke: De tempore, spatio, causalitate atque de analysis infinitesimalis logica, Diss. Berlin 1861; Natürliche Dialektik. Neue logische Grundlegungen der Wissenschaft und Philosophie, Berlin 1865 (repr. Frankfurt 1975); Der Werth des Lebens. Eine philosophische Betrachtung, Breslau 1865, unter dem Titel: Der Werth des Lebens. Eine Denkerbetrachtung im Sinne heroischer Lebensauffassung, ed. U. Dühring, Leipzig ^{8}1922; Kritische Grundlegung der Volkswirtschaftslehre, Berlin 1866; Kritische Geschichte der Philosophie von ihren Anfängen bis zur Gegenwart (Gesammtcursus der Philosophie I), Berlin 1869, Leipzig ^{4}1894; Kritische Geschichte der Nationalökonomie und des Socialismus, Berlin 1871, Leipzig ^{4}1900; Kritische Geschichte der allgemeinen Principien der Mechanik. Nebst einer Anleitung zum Studium der mathematischen Wissenschaften, Berlin 1873, Leipzig ^{3}1887 (repr. Wiesbaden 1970); Logik und Wissenschaftstheorie. Denkerisches Gesammtsystem verstandessouveräner Geisteshaltung (Gesammtcursus der Philosophie III), Leipzig 1878, ^{2}1905; Robert Mayer. Der Galilei des 19. Jahrhunderts. Eine Einführung in seine Leistungen und Schicksale, Chemnitz 1880, mit Untertitel: Der Galilei des neunzehnten Jahrhunderts und die Gelehrtenunaten gegen bahnbrechende Wissenschaftsgrößen, I–II, Leipzig 1895, ^{2}1904 (repr. Darmstadt 1972); Sache, Leben und Feinde. Als Hauptwerk und Schlüssel zu seinen sämmtlichen Schriften, Karlsruhe/Leipzig 1882, Leipzig ^{2}1903; Der Ersatz der Religion durch Vollkommeneres und die Ausscheidung alles Judenthums durch den modernen Völkergeist, Karlsruhe/Leipzig 1883, unter dem Titel: Der Ersatz der Religion durch Vollkommeneres und die Abstreifung des Asiatismus, ed. U. Dühring, Leipzig ⁴1928; Wirklichkeitsphilosophie. Phantasmenfreie Naturergründung und gerecht freiheitliche Lebensordnung (Gesammtcursus der Philosophie II), Leipzig 1895.

Literatur: G. Albrecht, E. D.s Wertlehre. Nebst einem Exkurs zur Marxschen Wertlehre, Jena 1914; ders., E. D.. Ein Beitrag zur Geschichte der Sozialwissenschaften, Jena 1927; H. Binder, Das sozialitäre System E. D.s, Jena 1933; H. Druskowitz, E. D.. Eine Studie zu seiner Würdigung, Heidelberg 1889; M. Durissini, D., Enc. filos. II (1982), 1129–1130; S. Posner, Abriss der Philosophie E. D.s., Breslau 1906; H. J. Sandkühler, D., in: B. Lutz (ed.), Metzler Philosophen Lexikon. Von den Vorsokratikern bis zu den Neuen Philosophen, Stuttgart/Weimar ²1995, 229–231; R. Small, Nietzsche, D., and Time, J. Hist. Philos. 28 (1990), 229–250; ders., D., REP IV (1998), 147–149; H. Vaihinger, Hartmann, D. und Lange. Zur Geschichte der deutschen Philosophie im XIX. Jahrhundert. Ein kritischer Essay, Iserlohn 1876; A. Zweig, D., Enc. Ph. II (1967), 425–427. – Biographische Enzyklopädie deutschsprachiger Philosophen, München 2001, 91–92; Sondernummer: J. Economic Stud. 29 (2002), 255–363 (E. D. [1833–1921] and the Freedom of Teaching and Research). C. T.

Dumbleton, John of, *Gloucestershire um 1310, †ca. 1349, engl. Physiker und Philosoph, Angehöriger der ↑Merton School. Fellow of Queens College, Oxford, 1340 und Merton College, Oxford, in den Registern erwähnt 1338/1339, 1344/1345, 1347/1348. D., der nach W. Heytesbury und vor R. Swineshead (Liber calculationum) schrieb, verfaßte um 1340 mit seiner »Summa logicae et philosophiae naturalis« (Teil I: Logik, Teile II–X: Physik, in mehr als 20 Handschriften überliefert) gewissermaßen ein ›Lehrbuch‹ der Merton School. Dabei orientierte er sich in seinen kinematischen Arbeiten sowohl (begrifflich) am ↑Nominalismus Wilhelm von Ockhams als auch (der Darstellung nach) an der ›mathematischen‹ Auffassung der ›Calculatores‹. D. übernimmt T. Bradwardines Verbesserung des Aristotelischen Bewegungsgesetzes und gibt (Summa III, 9–11) einen indirekten Beweis der sogenannten Merton-Regel (↑Merton School).

Werke: The Summa of Logical and Natural Things, in: M. Clagett, The Science of Mechanics in the Middle Ages, Madison Wisc. 1959, 305–325 (lat. Text u. engl. Übers. der »Summa logicae et philosophiae naturalis« Teil III, Kap. 10, 11).

Literatur: A. B. Emden, Biographical Register of the University of Oxford to A. D. 1500 I, Oxford 1957, 603; A. Maier, Das Problem der intensiven Größe, Wien 1939, Nachdr. in: dies., Zwei Grundprobleme der scholastischen Naturphilosophie (Studien zur Naturphilosophie der Spätscholastik II), Rom 1951, 1968, 3–88; dies., Die Impetustheorie der Scholastik, Wien 1940, Nachdr. in: dies., Zwei Grundprobleme der scholastischen Naturphilosophie [s. o.], 113–314; dies., An der Grenze von Scholastik und Naturwissenschaft. Studien zur Naturphilosophie des 14. Jahrhunderts, Essen 1943, Rom ²1952, 1977; dies., Zwischen Philosophie und Mechanik (Studien zur Naturphilosophie der Spätscholastik V), Rom 1958; A. G. Molland, D., DSB VII (1973), 116–117; E. D. Sylla, The Oxford Calculators and the Mathematics of Motion, 1320–1350. Physics and Measurement by Latitudes, New York 1991; J. A. Weisheipl, Early Fourteenth-Century Physics of the ›Merton School‹ with Special Reference to D. and Heytesbury, Diss. Oxford 1956; ders., The Place of J. D. in the Merton School, Isis 50 (1959), 439–454; ders., Ockham and Some Mertonians, Med. Stud. 30 (1968), 163–213; ders., Repertorium Mertonense, Med. Stud. 31 (1969), 174–224, bes. 210–211. J. M.

Dummett, Michael Anthony Eardley, *London 27. Juni 1925, engl. Philosoph. Studium der Philosophie in Oxford, Lehrtätigkeit in Birmingham (1950), Berkeley (1955/1956), Ghana (1958), Stanford (1960–1966), University of Minnesota (1968), Princeton (1970), Rockefeller University (1973), Harvard (1976); ab 1950 Fellow of All Souls College, Oxford, ab 1962 Reader in the Philosophy of Mathematics, ab 1979 Fellow of New College, Wykeham Prof. of Logic (Nachfolger von A. J. Ayer).

D.s philosophische Arbeiten betreffen im wesentlichen die theoretische Philosophie (↑Philosophie, theoretische), und hier insbes. die Philosophie der ↑Logik und der ↑Mathematik, die ↑Sprachphilosophie und die ↑Metaphysik, bei letzterer insbes. die Realismus-Debatte (↑Realismus (erkenntnistheoretisch), ↑Realismus (ontologisch)). D.s zentrale These, die sich durch sein gesamtes Werk zieht, besagt, daß die Sprachphilosophie den Kern der Philosophie darstellt und daß die Lösung aller anderen Probleme der theoretischen Philosophie, insbes. der metaphysischen Probleme, auf der Lösung sprachphilosophischer Probleme beruht (The Logical Basis of Metaphysics, 1991). In diesem Sinne steht D. in der Tradition des späten L. Wittgenstein und der an ihn anschließenden Oxforder Philosophie-Tradition (↑Oxford Philosophy). Allerdings teilt er nicht den bei Wittgenstein und Teilen der ↑Ordinary Language Philosophy vorherrschenden antisystematischen Zugang zur ↑Sprache. Vielmehr hat nach D. die Sprachphilosophie den Gebrauch sprachlicher Ausdrücke in systematisch geordneter Weise zu erklären. D. wendet sich gegen eine holistische Sicht der Sprache (↑Holismus), wonach grundsätzlich nur die Sprache als ganze der sprachphilosophischen, insbes. semantischen Analyse zugänglich ist, eine Auffassung, die z. B. von W. V. O. Quine vertreten wird. Statt dessen plädiert D. für eine von ihm als ›molekular‹ bezeichnete Sichtweise, wonach die Bedeutung eines Ausdrucks grundsätzlich jeweils für sich, in kompositioneller Abhängigkeit vom ↑Kontext, behandelt werden kann.

Diesen Ansatz sieht D. im Prinzip bei G. Frege verwirklicht. Nach D. ist Frege der erste bedeutende Philosoph, der die Philosophie der Sprache zur Grundlage der theoretischen Philosophie macht und gleichzeitig eine systematisch aufgebaute, schrittweise ↑Semantik liefert (oder zumindest intendiert). Seine Auseinandersetzung mit Frege, die D. in seinem maßgeblichen Buch »Frege. Philosophy of Language« (1973) (später ergänzt um »The Interpretation of Frege's Philosophy«, 1981, und »Frege. Philosophy of Mathematics«, 1991) niedergelegt hat, stellt damit nicht nur eine grundlegende Frege-Interpretation, sondern zugleich eine systematische Sprachphilosophie im Anschluß an Frege dar. Mit dem Frege-Buch von 1973 hat D. nach der bis dahin eher spärlichen philosophischen Frege-Diskussion eine bis heute anhaltende, sich in zahlreichen Monographien und Artikeln niederschlagende philosophische Diskussion des Fregeschen Werkes angestoßen. Als Resultat dieser Diskussion kann gelten, daß Frege inzwischen nicht nur als Logiker einen Rang neben Aristoteles und G. W. Leibniz beanspruchen kann, sondern auch als Vertreter der theoretischen Philosophie insgesamt zu den Klassikern gezählt werden muß. Seit D. gehört Frege zu denjenigen Philosophen, in Auseinandersetzung mit denen philosophische Grundpositionen weiterentwickelt werden.

Beim Aufbau einer philosophischen ↑Semantik, für die D. den Ausdruck ›Theorie der ↑Bedeutung‹ oder ›Bedeutungstheorie‹ (›theory of meaning‹) vorschlägt (What Is a Theory of Meaning, I–II, 1975/1976) – ein Ausdruck, der inzwischen terminologisch verwendet wird, unter anderem zur Abgrenzung genuin philosophischer Theorien von andersartigen Konnotationen, die gelegentlich mit ›Semantik‹ verbunden sind –, grenzt sich D. von Frege ab. Während Frege und die meisten anderen modernen semantischen Theorien eine Wahrheitsbedingungen-Semantik (↑Wahrheitsbedingung) vertreten, wonach der Begriff der ↑Wahrheit der Grundbegriff der Semantik ist und die Bedeutung eines Ausdrucks dadurch erklärt wird, welchen Beitrag er zur Wahrheit oder Falschheit von Aussagen liefert, in denen er vorkommt, plädiert D. für eine auf dem Begriff der ↑Rechtfertigung oder des ↑Beweises aufbauende Semantik. Danach ist der Grundbegriff einer Theorie der Bedeutung von Aussagen eine Erklärung dessen, was unter einer Rechtfertigung oder einem Beweis von Aussagen zu verstehen ist. Das Ergebnis ist eine Beweisbedingungen-Semantik, die ausdrücklich an Ansätze des mathematischen ↑Intuitionismus und der intuitionistischen oder konstruktiven Logik (↑Logik, intuitionistische, ↑Logik, konstruktive) anschließt. In seiner Kritik an der klassischen Wahrheitsbedingungen-Semantik und dem damit verbundenen Prinzip des ↑tertium non datur (↑Zweiwertigkeitsprinzip) greift D. die intuitionistische Kritik an diesem Prinzip auf (↑Logik, klassische, ↑Logik, zweiwertige), die insbes. auf dem Vorhandensein von mathematischen Aussagen beruht, die sich nicht entscheiden lassen (↑unentscheidbar/Unentscheidbarkeit). D. weitet diesen Ansatz zu einer allgemeinen semantischen Theorie für die Umgangssprache (↑Alltagssprache) aus.

D.s Ansatz wird auch als ›verifikationistisch‹ bezeichnet, weil er die Verifikationsbedingungen von Aussagen zum Ausgangspunkt nimmt. Allerdings ist er streng vom ↑Verifikationsprinzip des Logischen Empirismus (↑Empirismus, logischer, ↑verifizierbar/Verifizierbarkeit) zu unterscheiden, da D. in viel stärkerem Maße als dieser auf grundsätzliche statt auf faktische Möglichkeit der Verifikation abhebt und da bei D. die Verifikation empirischer ↑Elementaraussagen nur einen Spezialfall eines breiteren Spektrums von Aussagen darstellt, für die ›Verifikation‹ definiert ist. Insbes. unterscheidet D. zwischen direkter und indirekter Verifikation von Aussagen. Direkte Verifikation geschieht durch Verfahren, die sich selbst rechtfertigen, z.B. unmittelbare Beobachtungen oder Bedeutungsregeln für logische Zeichen; indirekte Rechtfertigungen sind solche, die sich mit Hilfe bestimmter Verfahren auf direkte zurückführen lassen, ohne in jedem Falle durch direkte ersetzbar zu sein.

Im Bereich der formalen Logik (↑Logik, formale) und der Semantik der logischen Zeichen (↑Partikel, logische) stellt D.s Ansatz eine *beweistheoretische Semantik* dar, die mit Überlegungen von G. Gentzen zur Bedeutungsfestlegung logischer Zeichen in ↑Kalkülen des natürlichen Schließens verwandt ist (↑Gentzentypkalkül) und insbes. enge Parallelen mit D. Prawitz' Ausarbeitung eines beweistheoretischen Gültigkeitsbegriffs (↑allgemeingültig/Allgemeingültigkeit) aufweist. In jedem Falle handelt es sich um eine erkenntnistheoretische Semantik, in der das (in der Regel implizite) *Wissen* des Sprachbenutzers über die durch Verifikationsregeln festgesetzte Bedeutung logischer und nicht-logischer Zeichen im Mittelpunkt steht. Dieses Wissen manifestiert sich im faktischen Gebrauch sprachlicher Ausdrücke (↑Sprachgebrauch), im Falle logischer Zeichen z.B. in der korrekten Verwendung von deren Einführungsregeln (↑Einführung). Der Wahrheitsbedingungen-Semantik wirft D. vor, daß sie nicht in der Lage ist, die *Kenntnis* der Wahrheitsbedingungen so zu beschreiben, daß sie sich im Sprachgebrauch *manifestiert*.

In neuerer Zeit hat D. anstelle von verifikationistischen Ansätzen, die die Behauptbarkeitsbedingungen von Aussagen als Ausgangspunkt nehmen, auch von ihm ›pragmatistisch‹ genannte bedeutungstheoretische Ansätze als gleichermaßen sinnvoll in den Vordergrund gerückt, die anstelle der ↑*Bedingungen* die ↑*Konsequenzen* von behaupteten Aussagen als grundlegend ansehen. Für die formale Logik sind dies Theorien, bei denen die Beseitigungsregeln (↑Kalkül des natürlichen Schließens) und nicht die Einführungsregeln für logisch zusammengesetzte Aussagen die Basis bilden. In jedem Falle verlangt D., daß es einen *Zentralbegriff* der Bedeutungstheorie (entweder Behauptbarkeitsbedingung oder Behauptungskonsequenz) geben muß, der mit dem jeweils anderen Begriff in Harmonie steht und aus dem sich der Gebrauch der fraglichen Ausdrücke erklären läßt. D.s Gegnerschaft zum klassischen, wahrheitsfunktionalen Ansatz und seine Favorisierung einer dem Intuitionismus verwandten Beweisbarkeitsbedingungen-Konzeption in der Semantik läßt es nur folgerichtig erscheinen, daß er (mit Unterstützung von R. Minio) ein Lehrbuch des Intuitionismus verfaßt hat (Elements of Intuitionism, 1977), das eine der wenigen bisher vorliegenden lehrbuchartigen Darstellungen dieses Ansatzes ist.

Die bedeutungstheoretisch motivierte Ablehnung des tertium non datur hat bei D. die Konsequenz, daß auch der metaphysische Realismus (↑Realismus (erkenntnistheoretisch), ↑Realismus (ontologisch)) nicht haltbar ist. Der Realismus beruht für D. auf der Annahme, daß für jede Aussage an und für sich, d. h. unabhängig von unserem Wissen und unserem Recht, sie zu behaupten, feststeht, ob sie wahr oder falsch ist. Mit dem tertium non datur, gegen das sprachphilosophisch argumentiert wird, fällt auch der Realismus zugunsten einer Position, für die sich der Terminus ›Anti-Realismus‹ eingebürgert hat, ohne daß damit eine positiv bestimmte Qualifikation wie ›Idealismus‹ gemeint ist (↑Realismus, semantischer). D.s Argumentation verknüpft Sprachphilosophie mit Metaphysik: die Ablehnung gewisser logischer Prinzipien führt zur Ablehnung einer metaphysischen Position. Damit hat D. neuartige Argumente in eine klassische metaphysische Debatte gebracht. Logik, Sprachphilosophie und Metaphysik werden grundsätzlich miteinander verknüpft. D.s Standpunkt zum Problem ›Realismus‹ versus ›Anti-Realismus‹ hat die neuere Realismus-Debatte, die unter anderem durch H. Putnam stark beeinflußt worden ist, maßgeblich mitgeprägt. Neuere ›inferentialistische‹ Positionen wie diejenige von R. B. Brandom, die Sprachphilosophie mit Erkenntnistheorie und Metaphysik verknüpfen, haben wesentliche Elemente der Bedeutungstheorie D.s aufgenommen.

Gegenüber der in neuester Zeit in den Vordergrund tretenden Philosophie des Geistes (↑philosophy of mind), die Sprache wieder eher als Ausdruck tiefer liegender mentaler Strukturen und Prozesse auffaßt, hat D. den grundsätzlichen vorgeordneten Charakter der Manifestation sprachlicher Bedeutung im öffentlichen Sprachgebrauch aufrechterhalten und den grundlegenden Charakter der Sprachphilosophie betont. In seiner Auseinandersetzung mit E. Husserl (Ursprünge der analytischen Philosophie, 1988) wirft er diesem vor, einen Rückschritt hinter Frege zu machen, indem er den ↑Sinn eines Ausdrucks unter dem Begriff ↑›Noema‹ auf die subjektive ↑Intention (↑Intentionalität), diesem Ausdruck Sinn zu verleihen, zurückführe und dazu tendiere, in einen subjektiven ↑Idealismus zu verfallen.

D.s Stellungnahmen zu zahlreichen philosophischen Einzelfragen verweisen auf seine allgemeine sprachphilosophische Position. Ein zentrales Beispiel stellt seine Philosophie der ↑Zeit dar, insbes. seine Stellungnahme zur Frage der Realität des Vergangenen. Während D. ursprünglich (The Reality of the Past, 1968/1969) seinen Anti-Realismus auch hier zur Geltung brachte und dazu tendierte, Vergangenes nur durch seine Auswirkungen in der Gegenwart zu interpretieren, hat er neuerdings (Truth and the Past, 2003) seine Auffassung in Richtung auf einen modifizierten Realismus verschoben, indem er empirische Aussagen über Vergangenes nicht mehr in Analogie zu unentscheidbaren mathematischen Aussagen versteht, sondern durch Betonung der Tatsache, daß deren Verifikation im zeit- und raumübergreifenden Kontext einer Sprachgemeinschaft steht, grundsätzlich der Rechtfertigung zugänglich macht.

Neben D.s philosophischen Arbeiten steht als technisch-logische Arbeit im engeren Sinne neben dem Lehrbuch des Intuitionismus die Beschreibung von modallogischen Systemen (↑Modallogik) zwischen S4 und S5 (gemeinsam mit E. J. Lemmon), insbes. des Systems S4.3, dessen charakteristisches Axiom $\triangle(\triangle p \to q) \lor \triangle(\triangle q \to p)$ (zusätzlich zu den Axiomen von S4) lautet. Da dieses Axiom die Konnexität der Erreichbarkeitsrelation ausdrückt, die für die Zeitordnung von besonderem Interesse ist, spielt es in zeitlogischen Interpretationen der Modallogik (↑Logik, temporale) eine wichtige Rolle. Außerphilosophische Arbeiten D.s befassen sich mit dem Tarotspiel (The Game of Tarot, 1980), Wahlverfahren (Voting Procedures, 1984) und dem korrekten Sprachgebrauch (Grammar and Style for Examination Candidates and Others, 1993). Als praktisch-politische Tätigkeit ist D.s jahrzehntelanges anti-rassistisches Engagement für Immigranten und Flüchtlinge hervorzuheben (vgl. On Immigration and Refugees, 2001).

Werke: Nominalism, Philos. Rev. 65 (1956), 491–505; Truth, Proc. Arist. Soc. 59 (1958/1959), 141–162; (mit E. J. Lemmon) Modal Logics between S 4 and S 5, Z. math. Logik u. Grundlagen d. Math. 5 (1959), 250–264; The Philosophical Significance of Gödel's Theorem, Ratio 5 (1963), 140–155 (dt. Die philosophische Bedeutung von Gödels Theorem, Ratio 5 [1963], 124–137); ›Bringing About the Past‹, Philos. Rev. 73 (1964), 338–359; Frege, Enc. Ph. III (1967), 225–237; The Reality of the Past, Proc. Arist. Soc. 69 (1968/1969), 239–258; Frege. Philosophy of Language, London, New York, Worcester 1973, London, Cambridge Mass. ²1981, 1995; The Justification of Deduction, Proc. Brit. Acad. 59 (1973), 201–232; Intuitionistic Mathematics and Logic, I–II, Oxford 1974/1975; The Philosophical Basis of Intuitionistic Logic, in: H. E. Rose/J. C. Shepherdson (eds.), Logic Colloquium '73. Proceedings of the Logic Colloquium Bristol, July 1973, Amsterdam/Oxford/New York 1975, 5–40; Wang's Paradox, Synthese 30 (1975), 301–324; What Is a Theory of Meaning I, in: S. Guttenplan (ed.), Mind and Language. Wolfson College Lectures 1974, Oxford etc. 1975, 1977, 97–138, II in: G. Evans/J. McDowell (eds.), Truth and Meaning. Essays in

Semantics, Oxford etc. 1976, 1977, 67–137; Frege, Teorema 5 (1975), 149–188; (mit Unterstützung v. R. Minio) Elements of Intuitionism, Oxford etc. 1977, 2000; Immigration. Where the Debate Goes Wrong, London 1978, 1981; Truth and Other Enigmas, London, Cambridge Mass. 1978, Cambridge Mass. 1996; What Does the Appeal to Use Do for the Theory of Meaning?, in: A. Margalit (ed.), Meaning and Use. Papers Presented at the Second Jerusalem Philosophical Encounter, April 1976, Dordrecht/Boston Mass./London, Jerusalem 1979, 123–135; Catholicism and the World Order. Some Reflections on the 1978 Reith Lectures, London 1979; Common Sense and Physics, in: G. F. Macdonald (ed.), Perception and Identity. Essays Presented to A. J. Ayer with His Replies to Them, London etc. 1979, 1981, 1–40; (mit Unterstützung v. S. Mann) The Game of Tarot from Ferrara to Salt Lake City, London 1980; Twelfe Tarot Games, London 1980; The Death of Blair Peach. The Supplementary Report of the Unofficial Committee of Enquiry, London 1980; Frege's »Kernsätze zur Logik«, Inquiry 24 (1981), 439–447; The Interpretation of Frege's Philosophy, London, Cambridge Mass. 1981; Objectivity and Reality in Lotze and Frege, Inquiry 25 (1982), 95–114; Wahrheit. 5 philosophische Aufsätze, ed. u. übers. J. Schulte, Stuttgart 1982; Frege and Kant on Geometry, Inquiry 25 (1982), 233–254; Realism, Synthese 52 (1982), 55–112; Könnte es Einhörner geben?, Conceptus 17 (1983), H. 40/41, 5–10; Voting Procedures, Oxford 1984, 1985; Nuclear Warfare, in: N. Blake/K. Pole (eds.), Objections to Nuclear Defence. Philosophers on Deterrence, London etc. 1984, 28–40; The Visconti-Sforza Tarot Cards, New York 1986; The Morality of Deterrence, Can. J. Philos. Suppl. 12 (1986), 11–127; Ursprünge der analytischen Philosophie, Frankfurt 1988, 1992 (engl. Origins of Analytical Philosophy, London 1993, Cambridge Mass. 1994); Reply to »D.'s Dig« by Baker and Hacker, Philos. Quart. 38 (1988), 87–103; More about Thoughts, Notre Dame J. Formal Logic 30 (1989), 1–19; The Logical Basis of Metaphysics, London, Cambridge Mass. 1991, London 1995; Frege and Other Philosophers, Oxford, New York 1991, Oxford 1996; Frege. Philosophy of Mathematics, London, Cambridge Mass. 1991, 1995; The Seas of Language, Oxford, New York 1993, Oxford 1997; Grammar and Style for Examination Candidates and Others, London 1993, 1997; Chairman's Adress. Basic Law V, Proc. Arist. Soc. 94 (1994), 243–251; Bivalence and Vagueness, Theoria 61 (1995), 201–216; Principles of Electoral Reform, Oxford 1997; On Immigration and Refugees, New York 2001; Truth and the Past, J. Philos. 100 (2003), 5–53.

Literatur: O. Arabi, D., in: D. Huisman, Dictionnaire des philosophes I, Paris ²1993, 862–853; G. P. Baker/P. M. S. Hacker, D.'s Frege or Through a Looking-Glass Darkly, Mind 92 (1983), 239–246; J. Bigelow, Skeptical Realism. A Realist's Defense of D., Monist 77 (1994), 3–26; T. Blume/C. Demmerling (eds.), Grundprobleme der analytischen Sprachphilosophie. Von Frege zu D., Paderborn 1998; D. E. Bradshaw, The Non-Logical Basis of Metaphysics, Idealistic Stud. 26 (1996), 1–16; ders., Meaning, Cognition, and the Philosophy of Thought. Vindicating Traditional Ontology, J. Philos. Res. 23 (1998), 51–80; J. L. Brandl/P. Sullivan (eds.), New Essays on the Philosophy of M. D., Amsterdam 1998; R. B. Brandom, Articulating Reasons. An Introduction to Inferentialism, Cambridge Mass./London 2000, 45–77 (Chap. 1 Semantic Inferentialism and Logical Expressivism) (dt. Begründen und Begreifen. Eine Einführung in den Inferentialismus, Frankfurt 2001, 67–104 [Kap. 1 Semantischer Inferentialismus und Logischer Expressivismus]); J. Burgess, D.'s Case for Intuitionism, Hist. and Philos. Log. 5 (1984), 177–194; S. Chakraborti, M. D. on Truth, Indian Philos. Quart. 20 (1993), 1–16; M. Cohen, D. on Assertion, Analysis 36 (1975/1976), 1–5; G. Currie, Interpreting Frege. A Reply to M. D., Inquiry 26 (1983), 345–358; ders., The Analysis of Thoughts, Australas. J. Philos. 63 (1985), 283–298; W. Demopoulos, The Rejection of Truth-Conditional Semantics by Putnam and D., Philos. Top. 13 (1982), 135–154; M. Devitt, Realism and Truth, Oxford etc., Princeton N. J. 1984, Princeton N. J. 1997, bes. 259–291 (Chap. 14 D.'s Antirealism); E. Dölling/J. Dölling, M. D. und die Ursprünge der analytischen Philosophie oder: Philosophie des Gedankens versus Philosophie der Sprache, Dt. Z. Philos. 38 (1990), 751–758; A. Ellis, D., in: S. Brown/D. Collinson/R. Wilkinson (eds.), Biographical Dictionary of 20th-Century Philosophers, London/New York 1996, 204–205; B. Fultner, Of Parts and Wholes. The Molecularist Critique of Semantic Holism, Protosociology 11 (1998), 41–65; M. Q. Gardiner, Semantic Challenges to Realism. D. and Putnam, Toronto 2000; P. T. Geach, D. on Frege. A Review Discussion, Thomist 49 (1985), 116–121; K. Green, D.'s Ought from Is, Dialectica 45 (1991), 67–82; dies., D.. Philosophy of Language, Malden Mass./Cambridge 2001; D. L. Gunson, M. D. and the Theory of Meaning, Manchester 1995, Aldershot 1998; S. Haack, D.'s Justification of Deduction, Mind 91 (1982), 216–239; R. G. Heck (ed.), Language, Thought and Logic. Essays in Honour of M. D., Oxford 1997; W. Hinzen, The Semantic Foundations of Anti-Realism, Berlin 1998; P. I. Kirkham, What D. Says about Truth and Linguistic Competence, Mind 98 (1989), 207–224; E. J. Lowe, D., in: R. Audi (ed.), The Cambridge Dictionary of Philosophy, Cambridge/New York/Melbourne ²1999, 247; C. Macdonald, Psychologism and Proper Names. D. vs. McDowell, Explorations in Knowledge 2 (1985), 13–20; P. Martin-Löf, Truth and Knowability. On the Principles *C* and *K* of M. D., in: H. G. Dales/G. Oliveri (eds.), Truth in Mathematics, Oxford 1998, 105–114; A. Matar, From D.'s Philosophical Perspective, Berlin/New York 1997; V. E. Mayer, D., in: J. Nida-Rümelin (ed.), Philosophie der Gegenwart. In Einzeldarstellungen. Von Adorno bis v. Wright, Stuttgart 1991, 143–149, ²1999, 188–192; J. McDowell, Mathematical Platonism and D.ian Anti-Realism, Dialectica 43 (1989), 173–192; C. McGinn, Truth and Use, in: M. Platts (ed.), Reference, Truth and Reality. Essays on the Philosophy of Language, London/Boston Mass./Henley 1980, 19–40; B. McGuinness/G. Oliveri (eds.), The Philosophy of M. D.. Papers Presented at the First International Philosophy Conference of Mussomeli, Sicily, Sept. 1991, Dordrecht/Boston Mass./London 1994; M. Michael, D.'s Argument against Classical Logic, Philosophia. Philos. Quart. Israel 27 (1999), 359–382; A. Miller, Abstract Singular Reference. A Dilemma for D., South. J. Philos. 29 (1991), 257–269; J. N. Mohanty, D., Frege and Phenomenology, J. Brit. Soc. Phenomenol. 15 (1984), 79–85; A. Oliver, D. and Frege on the Philosophy of Mathematics, Inquiry 37 (1994), 349–392; J. Page, D.'s Mathematical Antirealism, Philos. Stud. 63 (1993), 327–342; J. Passmore, Recent Philosophers. A Supplement to a Hundred Years of Philosophy, La Salle Ill. 1985, bes. 63–86 (Chap. 4 Davidson and D.); F. Pataut, The Antirealist Perspective on Language. An Interview with M. D., Philos. Investigations 19 (1996), 1–33 (dt. Eine antirealistische Sicht von Sprache, Denken, Logik und der Geschichte der analytischen Philosophie. Ein Gespräch mit M. D., Conceptus 30 [1997], 1–36); D. Prawitz, Meaning and Proofs. On the Conflict between Classical and Intuitionistic Logic, Theoria 43 (1977), 2–40; ders., Some Remarks on Verificatio-nistic Theories of Meaning, Synthese 73 (1987), 471–477; H. Putnam, Vagueness and Alternative Logic, Erkenntnis 19 (1983),

297–314; G. Rosen, The Shoals of Language. M. D.. »The Seas of Language«, Mind 104 (1995), 599–609; B. Rössler, Die Theorie des Verstehens in Sprachanalyse und Hermeneutik. Untersuchungen am Beispiel M. D.s und F. D. E. Schleiermachers, Berlin 1990; dies., Von den semantischen Grenzen der Welt, Philos. Rdsch. 41 (1994), 18–28; P. Sayre, The Task of a Theory of Meaning, Metaphilos. 21 (1990), 348–366; M. Schirn, Wahrheitsbedingungen und Verifikation, Z. philos. Forsch. 36 (1982), 378–391; H.-J. Schneider, Syntactic Metaphor. Frege, Wittgenstein and the Limits of a Theory of Meaning, Philos. Investigations 13 (1990), 137–153; N. Shanks, Indeterminacy and Verification, South. J. Philos. 21 (1983), 391–312; S. Shieh, On the Conceptual Foundations of Anti-Realism, Synthese 115 (1998), 33–70; ders., Undecidability in Anti-Realism, Philos. Math. 6 (1998), 324–333; ders., What Anti-Realist Intuitionism Could Not Be, Pacific Philos. Quart. 80 (1999), 77–102; R. J. Stainton, What Assertion Is Not, Philos. Stud. 85 (1997), 57–73; L. Stevenson, Meaning, Assertion and Time, Australas. J. Philos. 66 (1988), 13–25; B. M. Taylor (ed.), M. D.. Contributions to Philosophy, Dordrecht etc. 1987; ders., D., REP III (1998), 149–153; N. Tennant, Anti-Realism and Logic. Truth as Eternal, Oxford 1987, bes. 111–127 (Chap. 11 The D.ian Reductio); N. Vassallo, On D.'s Early Frege and Analytical Philosophy, Dialectica 51 (1997), 171–187; A. Weir, D. on Meaning and Classical Logic, Mind 95 (1986), 465–477; A. M. Weisberger, Haack on D.. A Note, Philos. Stud. 55 (1989), 337–343; B. Weiss, M. D., Chesham, Princeton N. J. 2002; F. Wilson, Critical Notice. M. D. »Origins of Analytical Philosophy«, Can. J. Philos. 27 (1997), 377–406; C. Wright, D. and Revisionism, Philos. Quart. 31 (1981), 47–67; ders., Realism, Meaning and Truth, Oxford etc. 1987, 1995. P. S.

Duns Scotus, Johannes, *wahrscheinlich in Duns in der Grafschaft Berwick (nach anderer Überlieferung bei Maxton in Roxburghshire) 1265 oder 1266, †Köln 8. Nov. 1308, schott. Philosoph und Theologe, ›doctor subtilis‹. 1279/1280 Eintritt in den Franziskanerorden, 1291 Priesterweihe. D. hält die Sentenzenvorlesung in Cambridge, um 1300 in Oxford, ab 1302 (als Bakkalaureus) in Paris, wird 1303 zeitweilig aus Frankreich (mit 70 anderen Dozenten) verbannt, weil er sich im Streit zwischen Philipp dem Schönen und Papst Bonifaz VIII. auf die Seite des Papstes gestellt hatte, liest 1304 wieder in Paris, wird 1305 zum Magister promoviert, erhält 1306–1307 das Amt des Magister regens (d. i. eines Lehrstuhlinhabers), geht 1307 als lector principalis des Franziskanerkonvents nach Köln, wo er 1308 stirbt.

Die Schriften des D. bzw. die Nachschriften seiner Vorlesungen sind nur in einem ungeordneten Zustand überliefert. Die erste Gesamtausgabe seiner Werke (L. Wadding, 1639) enthält außer einer unkritischen Fassung seiner echten Schriften mehrere unechte Schriften, darunter die »Grammatica speculativa« (I, 43–76) (jetzt Thomas von Erfurt zugeschrieben) und »De rerum principio« (III, 1–207) (jetzt Vital du Four zugeschrieben). Für die Echtheit der »Theoremata« sprechen zwar äußere Gründe, gegen sie aber deren Thesen von der Unbeweisbarkeit einiger Sätze, die D. an anderer Stelle bewiesen hat (Ausgangspunkt der Kontroverse das Buch von E. Longpré 1924). Seit 1950 entsteht eine kritische Ausgabe [Editio Vaticana]. Die Hauptwerke des D. sind seine ↑Sentenzenkommentare, die (weniger kommentierend) selbständig spekulativ konzipiert sind. Eine erste Fassung der Sentenzenvorlesung (die »Lectura«) ist erst teilweise veröffentlicht (Editio Vaticana, XVI–XIX), die zweite Fassung (die »Reportationes« oder »Reportata Parisiensia« [Opera Omnia, XI–XII, ed. L. Wadding; vgl. V. Richter, Studien zum literarischen Werk von J. D. S., 1988, 11–16]) liegt in Form von Vorlesungsnachschriften, die teilweise von D. nachgeprüft sind, vor, die dritte Fassung (bekannt als »Opus Oxoniense« [Opera Omnia, V–X, ed. L. Wadding; vgl. V. Richter, Studien zum literarischen Werk von J. D. S., 1988, 11–16] mit dem Kernstück der »Ordinatio« [Editio Vaticana, I–VIII, weitere Bde in Vorbereitung], einer nicht fertiggestellten, aber von D. selbst geschriebenen Ausgabe), die im übrigen nicht die Oxforder Vorlesungen wiedergibt, kann als das entscheidende Werk angesehen werden. Außer seinen Sentenzenkommentaren hat D. Disputationen (ein »Quodlibetum« [God and Creatures (s. u., Werke)] und »Collationes« [Opera Omnia III, ed. L. Wadding, 339–430], die Disputationen enthalten), Aristoteleskommentare (darunter zu den ersten neun Büchern der »Metaphysik« [Quaestiones in Metaphysicam Aristotelis], zu »De anima« [Quaestiones in Aristotelis »De anima«], zur »Kategorienschrift« [kritische Ed. (Editio Vaticana) der Kommentare zu Aristoteles in Vorbereitung]) und (neben der als authentisch umstrittenen Schrift »Theoremata« [kritische Ed. (Editio Vaticana) in Vorbereitung]) den »Tractatus de primo principio« (erste kritische Ed.: M. Müller, 1941; zur Editionsgeschichte vgl. L. Honnefelder, Metaphysik und Ethik bei J. D., 1996, 8–9), ein Kompendium der philosophischen Gotteslehre, geschrieben.

Die Bedeutung des D. liegt eher in seinem (durch einige Grundthesen repräsentierten) Denkstil, in seinen Beweisideen, als in seinen ausgeführten Beweisen oder kanonisierten Texten. Seine Wirkung unterscheidet sich daher auch stark von der anderer scholastischer Autoren (vor allem Thomas von Aquin). Während die geistige Tradition, die sich auf Thomas beruft, im groben als eine Auslegungstradition von Thomas-Texten charakterisiert werden kann (wobei die Thomas-Kommentatoren gerade die originellen Konzeptionen von Thomas wie seinen Seinsbegriff zum schulmäßig erstarrten Lernpensum aufbereiteten), führt die Berufung auf D. zu neuen und weiterführenden Konzeptionen, die zwar durch tradierte Leitideen zusammengehalten werden, im übrigen aber eigenständige Entwicklungen teilweise bereits selbst darstellen, teilweise in Gang setzen (Wilhelm von Ockham). Vom neuzeitlichen Denken her kann man in D. den Denker sehen, der der ↑Metaphysik eine (zumindest der Tendenz nach) sprachkritische In-

terpretation gibt und der die Philosophie der Subjektivität (d. i. das Verständnis des Menschen als eines autonomen und produktiven Subjekts) vorbereitet oder sogar einleitet. Die sprachkritische Seite seines Denkens wird deutlich in seiner Analyse der ewigen ↑Wahrheiten, die er als analytisch-wahre Sätze (↑analytisch), auf Grund der in ihnen verwendeten Termini, interpretiert (Editio Vaticana III, 138–141).
Auch der Seinsbegriff (↑Sein, das) wird sprachkritisch analysiert. D. erklärt ihn (wie nach ihm G. W. F. Hegel) als jenen Begriff, mit dem wir in unserer Rede über Gegenstände zugleich mitteilen, daß wir uns jeder Bestimmung enthalten. Gegen die thomistische Lehre von der Analogie des Seinsbegriffs (↑analogia entis), die bei Thomas von Aquin in Wahrheit eine Lehre von der analogen Verwendung des Seinsbegriffs in verschiedenartigen, weil auf endliche oder unendliche Dinge bezogenen Urteilen ist, besteht D. auf der Univozität (↑univok) des Seinsbegriffs: Ein ↑Begriff ist entweder eindeutig bestimmt oder überhaupt kein bestimmter Begriff. Die Rede von einem analogen Begriff besagt nach D., daß man von verschiedenen, mit demselben Wort benannten Begriffen redet. Aufgabe der Metaphysik ist es, die Prädikationsmöglichkeiten (↑Prädikation) für die existierenden Dinge zu untersuchen, insbes. die ↑transzendentalen Prädikationsmöglichkeiten, d. s. jene, deren Prädikationsbereich so allgemein ist wie der des Seinsbegriffs, also unbegrenzt und daher überkategorial (d. h. weiter als der Prädikationsbereich der ↑Kategorien wie ↑Substanz und ↑Akzidens usw.). D. unterscheidet dabei (Avicenna folgend) ›passiones convertibiles‹, solche Prädikationsmöglichkeiten oder (realistisch formuliert) Seinsattribute, die unmittelbar austauschbar sind mit dem Sein bzw. extensional (↑extensional/Extension) äquivalent (↑Äquivalenz), und ›passiones disjunctae‹, die dies nur als disjunkte Begriffspaare sind. Die ersten ↑Transzendentalien sind die ›klassischen‹, nämlich das ›Eine‹, ›Wahre‹, ›Gute‹. Die zweiten Transzendentalien sind disjunkte Unterscheidungen wie die zwischen ›notwendig‹ und ›kontingent‹ (im Sinne von nicht-notwendig), ›unbegrenzt‹ und ›begrenzt‹.
Zur Bestimmung des Verhältnisses der Transzendentalien und des Seinsbegriffs verwendet D. seine folgenreiche Lehre von der Formalunterscheidung (↑distinctio formalis a parte rei). Diese wird zunächst ausgebildet, um die Verschiedenheit der göttlichen Attribute (und Personen) und die Einfachheit des göttlichen Wesens darzustellen, und dann auch benutzt für die Bestimmung des Verhältnisses der ↑Seele und ihrer Vermögen (vor allem des Willens und des Intellekts). Modern ausgedrückt beantwortet diese Lehre die Frage, worin der Grund für die intensional (↑intensional/Intension) verschiedene Bestimmung extensional äquivalenter Prädikate bzw. Attribute liegt. D. vermeidet sowohl die objektivistische Position, nach der jeder intensionalen ↑Unterscheidung auch ein Unterschied von realen Objekten entspricht, als auch die subjektivistische Position, nach der diese Unterscheidungen lediglich verschiedene, aber beliebig austauschbare Redeweisen über dasselbe bzw. bloße Verstandesunterscheidungen sind. Sein Zwischenweg nimmt einen Unterschied zwar auch auf der Objektseite an, der als solcher aber unerkannt bleibt: Die Unterscheidung hat ihren Grund in einem objektiven Unterschied, obwohl sie diesen nicht darstellt (in der Sprache der ↑Transzendentalphilosophie I. Kants – und im Gegensatz zu deren Grundthese – läßt sich formulieren, daß D. den Grund für Unterscheidungen [und Gleichsetzungen] in Unterschieden [und Einheiten] transzendentaler Objekte (↑Objekt, transzendentales) sieht und diese von den empirischen Objekten unterscheidet. Sein Zwischenweg ließe sich damit als Weg einer transzendentalen Objektivität – im Unterschied und Vergleich zur Kantischen Philosophie einer transzendentalen Subjektivität – interpretieren).
Ziel der Metaphysik ist nach D. die Erkenntnis der Existenz (↑existentia) Gottes, nicht aber auch seines ↑Wesens (↑essentia), über das die Philosophie nichts aussagen kann. Auch hier erreicht D. einen neuen Problemstand, indem er zeigt, daß die vom kontingenten Seienden ausgehenden Beweise (↑Gottesbeweis) ungenügend sind. Abgesehen nämlich von der Unklarheit der dabei benutzten Beweisprinzipien – insbes. des Bewegungsprinzips ›alles, was bewegt wird, wird von einem anderen bewegt‹, ↑omne quod movetur ab alio movetur) hält D. für unklar – erlaube ein solcher Beweis nur einen kontingent wahren Schluß (↑kontingent/Kontingenz), weil schon die ↑Prämissen nur kontingent wahre Existenzaussagen seien. Demgegenüber stellt D. die Aufgabe, Gott als Bedingung für die Möglichkeit der kontingent existierenden Dinge aufzuweisen – und damit einen notwendig wahren Schluß durchzuführen. Er sucht diese Aufgabe zu lösen über Analysen der Möglichkeit des wirkursächlichen Hervorbringens, des zielursächlichen Bestimmens und der bestehenden Ordnung von Vollkommenheiten (jeweils der kontingenten Dinge).
Besondere Bedeutung hat die Lehre des D. von der ↑›haecceitas‹, der ›Diesheit‹, als dem Prinzip der ↑Individuation erhalten (der Ausdruck ›haecceitas‹ wird von D. selbst selten benutzt, bürgert sich aber im ↑Skotismus ein). Entgegen der thomistischen Lehre, daß die spezifische Form durch die Materie individuiert wird (und damit die Individuen als Fälle eines spezifisch Allgemeinen anzusehen sind), weist D. darauf hin, daß Individuen überhaupt nicht in ihrer Konstitution begriffen oder durch Begriffe prädiziert werden können. Sie bilden vielmehr eine jeder ›entitas quidditativa‹, dem begrifflich Denkbaren insgesamt gegenüberstehende ›entitas‹, näm-

lich die dem Denken eigenständig gegenüberstehende ↑Realität der Dinge, die als ›esse alterius rationis‹ ihr Prinzip in sich selbst hat – eben mit der ›Diesheit‹ als der ›ultima actualitas formae‹ oder ›ultima realitas entis‹. Obwohl er selbst kein Subjektivitätsphilosoph ist, bereitet D. mit dieser Konzeption der Individuation der neuzeitlichen Autonomieerklärung des Subjekts (als des ausgezeichneten Individuums) den Weg.

Zu den wegbereitenden Elementen gehört auch der Verzicht des D. auf eine besondere Erleuchtung als einer Bedingung für die Erlangung gewisser Erkenntnis, womit dem individuellen Subjekt sowohl die volle Begründungspflicht für seine Erkenntnisse aufgelastet als auch die Möglichkeit zu deren Einlösung zugetraut werden. Eher restaurativ wirkt demgegenüber die Ethik des D., nach der etwas letztlich allein darum gut ist, weil es gottgewollt ist. Tatsächlich läßt sich diese Konzeption so interpretieren, daß mit ihr nicht eine heteronome Willkürethik vorgetragen wird, sondern die (eher erkenntnistheoretisch als moralisch relevante) Auffassung von der Nicht-Erschließbarkeit des Urteils über die moralische Güte einer bestimmten Handlung in einer konkreten Situation oder auch einer bestimmten Handlungsweise bzw. Handlungsregel. Notwendig gut sind lediglich Handlungen, sofern sie nach praktischen ↑Prinzipien geboten sind, d. h. nach Prinzipien ›nota ex terminis‹ oder nach deren Folgerungen, die sich notwendig aus ihnen ergeben. Ein solches Prinzip gebietet, das ↑Gute zu tun und das Böse zu meiden. Da Gott das höchste Gut ist, folgt aus ihm, daß man Gott lieben und verehren muß, d. h., es folgt die notwendige Güte der ersten Tafel des »Dekalogs«, seiner ersten drei Gebote, die die Pflichten gegen Gott bestimmen. Die zweite Tafel des »Dekalogs« hingegen, mit denen die Pflichten gegen den Nächsten bestimmt werden (also die letzten sieben Gebote), enthält keine notwendigen Gebote im strengen Sinne. Diese Gebote ergeben sich vielmehr aus der Natur der kontingenten Dinge, insbes. des Menschen, die Gott auch hätte anders schaffen können. Daß Gott sie so, wie sie sind, geschaffen hat, ist dem seinem Intellekt folgenden, aber durch diesen nicht schon voll bestimmten guten ↑Willen zu verdanken. In diesem Sinne sind seine der Natur der Dinge Rechnung tragenden Gebote darum gut, weil sie von ihm gewollt sind. Weiterhin ist es so, daß die Gebote der zweiten Tafel des »Dekalogs« (die obersten materialen Normen) nicht ausreichen, um eine Handlung in einer konkreten Situation zu beurteilen. Die jeweils wechselnden Umstände des Handelns erfordern vielmehr ein Urteilsvermögen, das sich zur ›ratio recta‹, zum rechten Urteil bezüglich aller handlungsbestimmenden Umstände, ausbilden soll. Die sittliche Güte einer Handlung liegt darin, daß der Wille dieser ratio recta folgt, wozu er durch die Ausbildung der Tugendhaltung befähigt wird, die in der Neigung besteht, der ratio recta zu folgen. Auch dieses Zusammenspiel von ratio recta und tugendhaftem Willen ist als kontingenter Sachverhalt nur durch Gottes Willen so, wie er ist – und nicht durch eine erschließbare Notwendigkeit. In diesem Sinne läßt sich die Bestimmung des Guten durch seine Gottgewolltheit als die (in einer theologischen Sprache formulierte) Ablehnung gegenüber jeglichem ↑Deduktivismus verstehen, wie er manche späteren rationalistischen Ethikentwürfe kennzeichnen wird.

Werke: Opera omnia, quae hucusque reperiri potuerunt. Collecta, recognita, notis, scholiis, et commentariis illustrata, I–XII, ed. L. Wadding, Lyon 1639 (repr. Hildesheim 1968–1969); Opera omnia. Editio nova, juxta editionem Waddingi XII tomos continentem a Patribus Franciscanis de observantia accurate recognita, I–XXVI, Paris 1891–1895; Opera omnia […]. Studio et cura Commissionis Scotisticae ad fidem codicum [Editio Vaticana], ed. K. Balić, ab 1982 ed. L. Modrić, ab 1993 ed. H. Schalück, Vatikanstadt 1950 ff. (erschienen Bde I–VIII, XVI–XIX); Opera omnia. Editio minor, I–III/2, ed. G. Lauriola, Alberobello (Bari) 1998. – Tractatus de primo principio, ed. M. Müller, Freiburg 1941 [lat.], unter dem Titel: The »De primo principio of John D. S.«. A Revised Text and a Translation, ed. E. Roche, St. Bonaventure/Louvain 1949 [Text lat., Einl. engl.] (dt./lat. Abhandlung über das erste Prinzip [Tractatus de primo principio], ed. u. übers. W. Kluxen, Darmstadt 1974, ³1994); Reason and Revelation. A Question from D. S., ed. N. Micklem, Edinburgh/London/Melbourne 1953 [lat./engl., Text und Interpretation der 1. Quaestio des Prologs zu den »Quaestiones super libro primo sententiarum«]; De Immaculata Conceptione beatae Virginis Mariae ex ordinatione 3, I–II, ed. K. Balić, Rom 1954/1955; Philosophical Writings. A Selection, ed. u. übers. A. B. Wolter, Edinburgh/London/Melbourne 1962, Indianapolis Ind. 1964, Indianapolis Ind./Cambridge ²1987, 1993 [lat./engl.]; God and the Creatures. The Quodlibetal Questions, ed. F. Alluntis/A. B. Wolter, Princeton N. J. 1975, Washington D. C. 1981 [lat./engl.]; De exsistentia Dei eiusque unitate/On the Existence and Unity of God, ed. A. B. Wolter/M. McCord Adams, Franciscan Stud. 42 (1982), 252–321 [lat./engl.]; On the Will and Morality, ed. A. B. Wolter, Washington D. C. 1986 [lat./engl.]; Le principe d'individuation, ed. G. Sondag, Paris 1992 [franz.]; L'image [Ordinatio], ed. G. Sondag, Paris 1993 [franz.]; Contingency and Freedom. Lectura I 39, ed. A. Vos Jaczn u. a., Dordrecht/Boston Mass./London 1994 [lat./engl.]; D. S., Metaphysician, ed. W. A. Frank/A. B. Wolter, West Lafayette Ind. 1995 [lat./engl.]; La théologie comme science pratique (Prologue de la »Lectura«), ed. G. Sondag, Paris 1996 [franz.]; Quaestiones super libros metaphysicorum Aristotelis, I–II, ed. R. Andrews u. a., St. Bonaventure N. Y. 1997 (= Opera philosophica, III–IV [sonst nichts erschienen]) (engl. Questions on the »Metaphysics« of Aristotle, I–II, ed. G. J. Etzkorn/A. B. Wolter, St. Bonaventure N. Y. 1997); A Treatise on Potency and Act. Questions on the »Metaphysics« of Aristotle, Book IX, ed. A. B. Wolter, St. Bonaventure N. Y. 2000 [lat./engl.]; Über die Erkennbarkeit Gottes. Texte zur Philosophie und Theologie, ed. H. Kraml/G. Leibold/V. Richter, Hamburg 2000 [lat./dt.]; Political and Economic Philosophy, ed. A. B. Wolter, St. Bonaventure N. Y. 2001 [lat./engl.]. – O. Schäfer, Bibliographia de vita, operibus et doctrina Johannis Duns Scoti, doctoris subtilis ac Mariani, saec. XIX–XX, Rom 1955; ders., Resenha abreviada da bibliographia escotista mais recente (1954–1966), Rev. port. filos. 23 (1967), 338–363; Totok II (1973), 500–516.

Literatur: M. M. Adams, Universals in the Fourteenth Century, in: N. Kretzmann/A. Kenny/J. Pinborg (eds.), The Cambridge History of Later Medieval Philosophy. From the Rediscovery of Aristotle to the Disintegration of Scholasticism. 1100–1600, Cambridge/London/New York 1982, 1989, 411–439; J. Auer, Die menschliche Willensfreiheit im Lehrsystem von Thomas von Aquin und J. D. S., München 1938; K. Balić, John D. S.. Some Reflections on the Occasion of the Seventh Centenary of His Birth, Rom 1966; T. Barth, Individualität und Allgemeinheit bei J. D. S.. Eine ontologische Untersuchung, Wissenschaft und Weisheit 16 (1953), 122–141, 191–213, 17 (1954), 112–136, 18 (1955), 192–216, 19 (1956), 117–136, 20 (1957), 106–119, 198–220; D. de Basly, Scotus docens. Ou, D. s. enseignant la philosophie, la théologie, la mystique. La construction doctrinale du B. Docteur Subtil, Paris 1934; J. P. Beckmann, Die Relationen der Identität und Gleichheit nach J. D. S.. Untersuchungen zur Ontologie der Beziehungen, Bonn 1967; C. Bérubé, De l'homme à Dieu, selon Duns Scot, Henri de Gand et Olivi, Rom 1983; E. Bettoni, Duns Scoto, Brescia 1946, unter dem Titel: Duns Scoto filosofo, Mailand 1966, 1986 (engl. D. S.. The Basic Principles of His Philosophy, Washington D. C. 1961 [repr. Westport Conn. 1979]); ders., Scoto, Enc. filos. VII (1982), 523–532; J. F. Boler, Charles Peirce and Scholastic Realism. A Study of Peirce's Relation to John D. S., Seattle 1963; B. M. Bonansea, Man and His Approach to God in John D. S., Lanham Md./New York/London 1983; E. P. Bos (ed.), John D. S.. Renewal of Philosophy. Acts of the Third Symposium Organized by the Dutch Society for Medieval Philosophy ›Medium Aevum‹ (May 23 and 24, 1996), Amsterdam/Atlanta Ga. 1998; O. Boulnois, Duns Scot, in: D. Huisman, Dictionnaire des philosophes I, Paris ²1993, 863–871; M. Burger, Personalität im Horizont absoluter Prädestination. Untersuchungen zur Christologie des J. D. S. und ihrer Rezeption in modernen theologischen Ansätzen, Münster 1994; R. Cross, The Physics of D. S.. The Scientific Context of a Theological Vision, Oxford/New York 1998; ders., D. S., New York/Oxford 1999; ders., The Metaphysics of the Incarnation. Thomas Aquinas to D. S., Oxford/New York 2002; W. Dettloff, Die Entwicklung der Akzeptations- und Verdienstlehre von D. S. bis Luther. Mit besonderer Berücksichtigung der Franziskanertheologen, Münster 1963; M. Dreyer, D. S., in: F. Volpi (ed.), Großes Werklexikon der Philosophie I, Stuttgart 1999, 413–416; S. D. Dumont, The »quaestio si est« and the Metaphysical Proof for the Existence of God According to Henry of Ghent and D. S., Franziskan. Stud. 66 (1984), 335–367; ders., The Scientific Character of Theology and the Origin of D. S.' Distinction between Intuitive and Abstract Cognition, Speculum 64 (1989), 579–599; ders., D. S., REP III (1998), 153–170; R. R. Effler, John D. S. and the Principle »omne quod movetur ab alio movetur«, St. Bonaventure N. Y./Löwen/Paderborn 1962; M. Fernández García, Lexicon scholasticum philosophico-theologicum in quo termini, definitiones, distinctiones et effata a B. Joanne Duns Scoto exponuntur, declarantur, Quaracchi 1910 (repr. Hildesheim/New York 1974, Hildesheim/Zürich/New York 1988); J. Finkenzeller, Offenbarung und Theologie nach der Lehre des J. D. Skotus. Eine historische und systematische Untersuchung, Münster 1961; É. Gilson, Jean Duns Scot. Introduction à ses positions fondamentales, Paris 1952 (dt. J. D. S.. Einführung in die Grundgedanken seiner Lehre, Düsseldorf 1959); W. Hoeres, Der Wille als reine Vollkommenheit nach D. S., München 1962; L. Honnefelder, Ens inquantum ens. Der Begriff des Seienden als solchen als Gegenstand der Metaphysik nach der Lehre des J. D. S., Münster 1979, ²1989; ders., D. S./Scotismus, TRE IX (1982), 218–240; ders., Scientia transcendens. Die formale Bestimmung der Seiendheit und Realität in der Metaphysik des Mittelalters und der Neuzeit (D. S. – Suárez – Wolff – Kant – Peirce), Hamburg 1990, bes. 3–199 (Erster Teil: Metaphysik als scientia transcendens. Die Bestimmung der Seiendheit als ›non repugnantia ad esse‹ bei D. S.); ders., D. S., LThK III (1995), 403–406; ders., Metaphysik und Ethik bei J. D. S.. Forschungsergebnisse und -perspektiven. Eine Einführung, in: ders./R. Wood/M. Dreyer (eds.), John D. S. [s. u.], 1–33; ders./R. Wood/M. Dreyer (eds.), John D. S.. Metaphysics and Ethics, Leiden/New York/Köln 1996; M. E. Ingham, Ethics and Freedom. An Historical-Critical Investigation of Scotist Ethical Thought, Lanham Md./New York/London 1989; B. D. Kent, Virtues of the Will. The Transformation of Ethics in the Late Thirteenth Century, Washington D. C. 1995; J. Klein, Intellekt und Wille als die nächsten Quellen der sittlichen Akte nach J. D. S., Franziskan. Stud. 3 (1916), 309–338, 6 (1919), 107–122, 213–234, 295–322, 7 (1920), 118–134, 190–212, 8 (1921), 260–282; G. Leff, D. S., DSB IV (1971), 254–256; E. Longpré, La philosophie du bienheureux D. S., Ét. franciscaines 34 (1922), 433–482, 35 (1923), 26–66, 241–278, 499–531, 582–614, 36 (1924), 29–62, 337–370 (separat Paris 1924); A. G. Manno, Introduzione al pensiero di Giovanni Duns Scoto, Bari 1994; J. Marenbon, Later Medieval Philosophy (1150–1350). An Introduction, London/New York 1987, 1993, 154–169 (Chap. 10 D. S.. Intuition and Memory); M. McCord Adams (ed.), The Philosophical Theology of John D. S., Ithaca N. Y./London 1990; G. Mensching, D. S., in: B. Lutz (ed.), Metzler Philosophen Lexikon. Von den Vorsokratikern bis zu den Neuen Philosophen, Stuttgart/Weimar ²1995, 231–235; R. Messner, Schauendes und begriffliches Erkennen nach D. Skotus. Mit kritischer Gegenüberstellung zur Erkenntnislehre von Kant und Aristoteles, Freiburg 1942; H. Muehlen, Sein und Person nach J. D. S.. Beitrag zur Grundlegung einer Metaphysik der Person, Werl 1954; W. Pannenberg, Die Prädestinationslehre des D. Skotus im Zusammenhang der scholastischen Lehrentwicklung, Göttingen 1954; R. P. Prentice, The Basic Quidditative Metaphysics of D. S. as Seen in His »De primo principio«, Rom 1970; E. K. Rand, Johannes Scottus, München 1906 (repr. Frankfurt 1966); V. Richter, Studien zum literarischen Werk von J. D. S., München 1988; R. Rieger, D. S., RGG II (⁴1999), 1016–1019; J. R. Rosenberg, The Principle of Individuation. A Comparative Study of St. Thomas, S. and Suárez, Diss. Washington D. C. 1950; J. K. Ryan/B. M. Bonansea (eds.), John D. S., 1265–1965, Washington D. C. 1965; B. de Saint-Maurice, Jean D. Scot. Un docteur des temps nouveaux, Montréal 1944, Rennes/Paris ²1953 (dt. J. D. S.. Lehrer unserer Zeit, Paderborn 1956); M. Schmaus, Zur Diskussion über das Problem der Univozität im Umkreis des J. D. Skotus, München 1957 (Bayer. Akad. Wiss., philos.-hist. Kl., Sitz.ber. 4 [1957]); H. Schneider (ed.), J. D. Skotus – Seine Spiritualität und Ethik, Kevelaer 2000; L. Sileo (ed.), Via Scoti. Methodologica ad mentem Joanni Duns Scoti. Atti del congresso scotistico internazionale, Roma, 9–11 marzo 1993, I–II, Rom 1995; J. R. Söder, Kontingenz und Wissen. Die Lehre von den ›futura contingentia‹ bei J. D. S., Münster 1999; G. Stratenwerth, Die Naturrechtslehre des J. D. S., Göttingen 1951; M. Sylwanowicz, Contingent Causality and the Foundation of D. S.' Metaphysics, Leiden/New York/Köln 1996; P. C. Vier, Evidence and Its Function According to John D. S., New York 1951; E. Wéber, Jean Duns Scot, Enc. philos. universelle III (1992), 635–637; H.-J. Werner, Die Ermöglichung des endlichen Seins nach J. D. S., Bern/Frankfurt 1974; E. Wölfel, Seinsstruktur und Trinitätsproblem. Untersuchungen zur Grundlegung der natürlichen Theologie bei J. D. S., Münster 1965; A. B. Wolter, The Transcendentals and Their Function in the Metaphysics of D. S., St. Bonaventure N. Y. 1946; ders., D. S., Enc. Ph. II (1967), 427–436. – De doctrina Ioannis Duns Scoti. Acta congressus scotistici internationalis Oxonii et Edimburgi 11–17 sept. 1966 celebrati, I–IV, Rom 1968; Deus et homo ad mentem Ioannis Duns Scoti. Acta tertii congressus scotistici internationalis Vindobonae, 28 sept. – 2 oct. 1970, Rom 1972; Regnum hominis et regnum Dei. Acta quarti congressus scotistici internationalis Patavii, 24–29 sept. 1976, I–II, Rom 1978; Homo et mundus. Acta quinti congressus scotistici internationalis Salmanticae, 21–26 septembris 1981, Rom 1984. – Sondernummern: Franziskan. Stud. 47 (1965), 120–419; Monist 49 (1965), H. 4; Amer. Catholic Philos. Quart. 67 (1993), H. 1.   O. S.

duplex negatio affirmat (lat., ›die doppelte Verneinung bejaht‹), Bezeichnung sowohl für den in der klassischen ↑Junktorenlogik gültigen Schluß von $\neg\neg A$ auf A als auch für das entsprechende Subjungat $\neg\neg A \rightarrow A$ (↑Stabilitätsprinzip). Die traditionelle Logik (↑Logik, traditionelle) hatte mit der Gleichwertigkeit von doppelter ↑Negation und einfacher Affirmation (↑Aussage, ↑affirmativ) nicht nur die Iteration des ↑Negators, sondern auch negierte ↑Prädikatoren, ↑Quantoren und Modaloperatoren (↑Modallogik) im Blick. Dabei überschreitet sie zumindest in den Beispielen auch den Bereich rein formaler Umformungen, wenn sie z. B. den Satz ›non possum non amare bonum‹ für gleichwertig mit dem Satz ›debes amare bonum‹, den Satz ›nulla virtus non subjacet tentationi‹ für gleichwertig mit dem Satz ›omnis virtus tentationi obnoxia est‹ erklärt (Beispiele aus H. Osterrieder, Logica Critica [...], Augustae Vindelicorum 1760, 126–127). In natürlichen Sprachen (↑Sprache, natürliche) ist die doppelte Verneinung innerhalb eines Satzes gelegentlich gleichwertig mit der einfachen Negation, die dadurch verstärkt und hervorgehoben werden soll. Aus dem Deutschen wurde diese Operation erst seit dem 16. Jh., wohl durch den Einfluß der lateinischen Grammatik, verdrängt.

Literatur: C. Sigwart, Logik I, Tübingen 1873, 155–157, ⁵1924, 199–202 (§ 24 Der Satz der doppelten Verneinung).   C. T.

Durchschnitt, der D. $M_1 \cap M_2$ zweier ↑Mengen M_1 und M_2 ist die Menge derjenigen Elemente, die sowohl zu M_1 als auch zu M_2 gehören:

$$x \in M_1 \cap M_2 \Leftrightarrow x \in M_1 \wedge x \in M_2.$$

Die D.bildung ist eine assoziative Verknüpfung (↑assoziativ/Assoziativität), d. h., es gilt stets $x \cap (y \cap z) = (x \cap y) \cap z$, so daß man dafür einfach $x \cap y \cap z$ schreiben kann. Daher erklärt man allgemeiner den D. $\bigcap_{i=1}^{n} M_i$ endlich vieler Mengen $M_1, \ldots, M_n$ durch

$$x \in \bigcap_{i=1}^{n} M_i \Leftrightarrow \bigwedge_i x \in M_i$$

sowie den D. $\bigcap M_*$ oder $\bigcap_i M_i$ einer durch eine Formel $A(x, i)$ dargestellten (↑Darstellung (logisch-mengentheoretisch)) Folge (↑Folge (mathematisch)) von Mengen $M_* = M_1, M_2, M_3, \ldots$ durch

$$x \in \bigcap M_* \Leftrightarrow \bigwedge_i x \in M_i.$$

Alle konstruktiv gültigen Aussagen über Mengen lassen sich auch ohne Verwendung der Mengensprechweise formulieren; im Falle der D.bildung gilt, wenn $A_i(x)$ jeweils die darstellende Aussageform von M_i ist:

$$n \in M_1 \cap M_2 \leftrightarrow A_1(n) \wedge A_2(n),$$
$$n \in \bigcap_i M_i \leftrightarrow \bigwedge_i A_i(n).$$

In der Mengenalgebra fungiert der D. als ›(Mengen-)Produkt‹, weshalb sich gelegentlich auch noch die ältere Schreibweise ›$M_1 \cdot M_2$‹ statt ›$M_1 \cap M_2$‹ findet. Die Bezeichnung ›D.‹ spielt darauf an, daß bei der Veranschaulichung von Mengen durch zusammenhängende Flächen in der Ebene (z. B. Kreisflächen) der den Flächen gemeinsame Teil den D. der entsprechenden Mengen veranschaulicht (vgl. Abb.).   C. T.

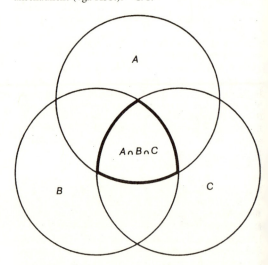

Durkheim, Émile, *Épinal (Vogesen) 15. April 1858, †Paris 15. Nov. 1917, franz. Soziologe. Studium in Paris und Leipzig, 1896 Prof. in Bordeaux (erster soziologischer Lehrstuhl in Frankreich), 1902–1917 an der Sorbonne. – D. verfolgt zwei Ziele: (1) die Fundierung der ↑Soziologie als eigenständiger Wissenschaft, die als solche in praktisch-politischer Absicht (2) den sich in einer Krise befindenden modernen Gesellschaften zur Restitution eines neuen Kollektivbewußtseins verhelfen soll, das Stabilität und Solidarität wiederherzustellen erlaubt.

Beide Ziele konvergieren in D.s Postulat, die sozialen Tatsachen (Rechtsnormen, Moralgebote, kollektive Gewohnheiten etc.) wie Dinge zu behandeln (chosisme). Nur dinghafte Phänomene seien objektiver wissenschaftlicher Erkenntnis zugänglich, und dies um so mehr, »je starrer der Gegenstand ist, auf den sie sich bezieht« (Regeln der soziologischen Methode, 138). Die sozialen Phänomene erfüllen nach D. diese Bedingung, da sie losgelöst von den Zwecken und Motiven der Individuen (vgl. D.s Kritik an naturrechtlichen und utilitaristischen Gesellschaftstheorien in: De la division du travail social, 1893) eine Wirklichkeit sui generis darstellen, die den Individuen äußerlich ist (extériorité) und, an gesellschaftlichen Sanktionen erkennbar, Zwang auf sie ausübt (contrainte). Nicht reduzierbar auf psychische Faktoren können soziale Tatsachen nur durch Soziales erklärt werden: aus sozialstrukturellen Bedingungen einerseits (z.B. dem ›inneren sozialen Milieu‹ [vgl. Les règles de la méthode sociologique, 1895], oder der Anomie, d.h. einem durch Mangel an integrierenden Normen gekennzeichneten Gesellschaftszustand [vgl. Le suicide, 1897]), ihrer Funktion andererseits. Hinsichtlich der Funktion fragt D. dabei (1) nach der Wirkung eines sozialen Tatbestands, (2) »ob zwischen dem betrachteten Tatbestand und den allgemeinen Bedürfnissen des sozialen Organismus eine Korrespondenz besteht« (Regeln, 181). Anders als im späteren ↑Funktionalismus verschmelzen bei D. diese beiden Betrachtungsweisen, indem behauptet wird, die Funktion eines sozialen Phänomens bestehe in der Erzeugung von Wirkungen, die sozial nützlich sind.
Die Funktionalität gesellschaftlicher Institutionen aufzuzeigen bzw. deren mangelhafte Integration zu kritisieren, verbindet D. mit dem Versuch, die überragende Größe und Werthaftigkeit der ↑Gesellschaft nachzuweisen; sie stelle ›eine unendlich reichere und höhere Realität‹ dar als die der Individuen und ihrer Assoziationen. Hypostasiert zum ↑summum bonum, angesichts dessen die Individuen nur eine ›Emanation der Kollektivität‹ seien, kann die Gesellschaft absolute Autorität und Unterwerfung beanspruchen, bietet sie doch der Moral den Gegenstand und der Pflicht den Fixpunkt (Sociologie et philosophie, 1924). Für die Realisierung der durch die Soziologie herausgearbeiteten neuen Moral bedarf es dabei politisch-gesellschaftlicher Veränderungen, die D. zuerst in der Schaffung intermediärer Gruppen sah (De la division du travail social, 1893); später propagierte er eine ›moralische Erziehung‹, die die Individuen zur Anerkennung der Superiorität der Gesellschaft und der Verinnerlichung ihrer moralischen Regeln sozialisieren soll (L'éducation morale, 1925). Als wissenschaftlich begründete laizistische Morallehre soll sie die frühere religiös-dogmatische Erziehung ablösen. Für D. ist dies insofern eine konsequente Entwicklung, als er in der Religion nur den symbolisch chiffrierten Ausdruck gesellschaftlicher Zustände sieht (Les formes élémentaires de la vie religieuse, 1912). – In der modernen Soziologie berufen sich der Strukturalismus (↑Strukturalismus (philosophisch, wissenschaftstheoretisch)) und der ↑Funktionalismus auf D., ferner verschiedene, inzwischen zu eigenen Forschungsbereichen ausdifferenzierte Disziplinen (z. B. Sozialanthropologie, Religions- und Erziehungssoziologie).

Werke: De la division du travail social, Paris 1893, [11]1986, 1991 (engl. The Division of Labor in Society, New York, Glencoe Ill. 1933, New York, Basingstoke 1984, New York 1997; dt. Über die Teilung der sozialen Arbeit, Frankfurt 1977, unter dem Titel: Über soziale Arbeitsteilung. Studie über die Organisation höherer Gesellschaften, Frankfurt 1988, 1999); Les règles de la méthode sociologique, Paris 1895, [20]1981, 1999 (dt. Die Methode der Soziologie, Leipzig 1908, unter dem Titel: Die Regeln der soziologischen Methode, ed. R. König, Neuwied/Darmstadt 1961, [6]1980, Frankfurt 1984, [3]1995, 2002 [mit Bibliographie, 225–237]; engl. The Rules of Sociological Method, ed. G. E. G. Catling, Chicago Ill. 1938, ed. S. Lukes, London/Basingstoke, New York 1982, 1998); Le suicide. Étude de sociologie, Paris 1897, [10]1986, [11]2002 (engl. Suicide. A Study in Sociology, ed. G. Simpson, Glencoe Ill., Chicago Ill. 1951, London 1952, 1970, 2000; dt. Der Selbstmord, Neuwied/Herlin 1973, Frankfurt 1983, [6]1997, [8]2002); Les formes élémentaires de la vie religieuse. Le système totémique en Australie, Paris 1912, [7]1985, 1991 (engl. The Elementary Forms of the Religious Life. A Study in Religious Sociology, London, New York 1915, unter dem Titel: The Elementary Forms of the Religious Life, New York etc. 1995; dt. Die elementaren Formen des religiösen Lebens, Frankfurt 1981, 1994, 1998); Sociologie et philosophie, Paris 1924, 1996, 2002 (engl. Sociology and Philosophy, London 1953, New York 1974; dt. Soziologie und Philosophie, Frankfurt 1967, 1996 [eingel. v. T. W. Adorno, 7–44]); L'éducation morale, Paris 1925, 1992 (dt. Erziehung, Moral und Gesellschaft. Vorlesung an der Sorbonne 1902/1903, Neuwied/Darmstadt 1973, Frankfurt 1984, 1995, 1999; engl. Moral Education. A Study in the Theory and Application of the Sociology of Education, New York 1961, 1973); Le socialisme. Sa définition – ses débuts, la doctrine Saint-Simonienne, Paris 1928, [2]1971, 1992 (engl. Socialism and Saint-Simon, Yellow Springs Ohio 1958, London 1959, New York 1967; unter dem Titel: Socialism, New York/London 1962); L'évolution pédagogique en France, I–II, Paris 1938, [2]1969, 1990 (dt. Die Entwicklung der Pädagogik. Zur Geschichte und Soziologie des gelehrten Unterrichts in Frankreich, Weinheim/Basel 1977; engl. The Evolution of Educational Thought. Lectures on the Formation and Development of Secondary Education in France, London/Boston 1977); Leçons de sociologie. Physique des mœurs et du droit, Paris 1950, [2]1969, 1990, 1997 (engl. Professional Ethics and Civic Morals, London 1957, Westport Conn. 1983, London 1991, [2]1992; dt. Physik der Sitten und des Rechts. Vorlesungen zur Soziologie der Moral, Frankfurt 1991, 1999); Pragmatisme et sociologie, ed. A. Cuvillier, Paris 1955, 1981 (engl. Pragmatism and Sociology, ed. J. B. Allcock, Cambridge etc. 1983); Journal sociologique, ed. J. Duvignaud, Paris 1969 (Aufsätze aus »L'année sociologique«); La science sociale et l'action, ed. J. C. Filloux, Paris 1970, [2]1987; Textes, I–III, ed. V. Karady, Paris 1975; Über Deutschland. Texte aus den Jahren 1887–1915, ed. F. Schultheis/A. Gipper, Konstanz 1995. – Y. Nandan, The D.ian School. A Systematic and Comprehensive Bibliography, Westport Conn./London 1977.

Literatur: J. C. Alexander (ed.), D.ian Sociology. Cultural Studies, Cambridge etc. 1988, 1992; N. J. Allen/W. S. F. Pickering/ W. Watts Miller (eds.), On D.'s Elementary Forms of Religious Life, London/New York 1998; H. Alpert, E. D. and His Sociology, New York 1939 (repr. Aldershot etc. 1993); M. Borlandi, Le suicide. Un siècle après D., Paris 2000; P. Corcuff, La question individualiste. Stirner, Marx, D., Proudhon. Nouvelle visite guidée des classiques politiques, Latresne 2003; P. Cormack, Sociology and Mass Culture. D., Mills and Baudrillard, Toronto etc. 2002; R. Cotterrell, E. D.. Law in a Moral Domain, Edinburgh, Stanford Calif. 1999; M. Emirbayer (ed.), E. D.. Sociologist of Modernity, Malden Mass. 2003; C. E. Gehlke, E. D.'s Contributions to Sociological Theory, New York 1915 (repr. 1968); W. Gephart, Strafe und Verbrechen. Die Theorie E. D.s, Opladen 1990; A. Giddens, Capitalism and Modern Social Theory. An Analysis of the Writings of Marx, D. and Max Weber, Cambridge etc. 1971, 1991, 1996, 2002; ders., D., Hassocks, Glasgow 1978, London 1990; N. He, Reinventing the Wheel. Marx, D. and Comparative Criminology, Lanham Md. etc. 1999; I. Hofmann, Bürgerliches Denken. Zur Soziologie E. D.s, Frankfurt 1973; J. A. Hughes/P. J. Martin/W. W. Sharrock, Understanding Classical Sociology. Marx, Weber, D., London etc. 1995, 1998, 2003; T. A. Idinopulos/B. C. Wilson (eds.), Reappraising D. for the Study and Teaching of Religion Today, Leiden/Boston Mass./Köln 2002; R. A. Jones, E. D.. An Introduction to Four Major Works, Beverly Hills Calif./London/New Delhi 1986, ³1989; ders., The Development of D.'s Social Realism, Cambridge 1999; M. König, Menschenrechte bei D. und Weber. Normative Dimensionen des soziologischen Diskurses der Moderne, Frankfurt/New York 2002; R. König, E. D.: Der Soziologe als Moralist, in: D. Käsler (ed.), Klassiker des soziologischen Denkens I, München 1976, 312–364 (mit Bibliographie, 401–444); ders., E. D. zur Diskussion. Jenseits von Dogmatismus und Skepsis, München/Wien 1978; D. La Capra, E. D.. Sociologist and Philosopher, Ithaca N. Y., London 1972, Chicago Ill. etc. 1985, Aurora Colo. 2001; M. A. Lamanna, E. D. on the Family, Thousand Oaks Calif./London/New Delhi 2002; D. Lockwood, Solidarity and Schism. ›The Problem of Disorder‹ in D.ian and Marxist Sociology, Oxford etc. 1992, 2000; S. Lukes, E. D.. His Life and Work. A Historical and Critical Study, London 1973, Harmondsworth 1992, Stanford Calif. 1999; G. E. Marica, E. D.. Soziologie und Soziologismus, Jena 1932; S. G. Meštrovic, E. D. and the Reformation of Sociology, Totowa N. J. 1988; ders., The Coming ›Fin de Siècle‹. An Application of D.'s Sociology to Modernity and Postmodernism, London/New York 1991, 1992; ders., D. and Postmodern Culture, New York etc. 1992; H.-P. Müller, D., in: D. Käsler, Klassiker der Soziologie I, München 1999, 150–170; R. Münch, Theorie des Handelns. Zur Rekonstruktion der Beiträge von Talcot Parsons, E. D. und Max Weber, Frankfurt 1982, 1988, insbes. 281–426 (Kap. II: Soziale Ordnung und individuelle Autonomie: E. D.), 549–623 (Kap. IV: Zwischen Positivismus, Idealismus und Voluntarismus: Max Weber und E. D.); D. A. Nielsen, Three Faces of God. Society, Religion, and the Categories of Totality in the Philosophy of É. D., Albany N. Y. 1999; R. A. Nisbet, E. D., Englewood Cliffs N. J. 1965 (repr. Westport Conn. 1976); ders., The Sociology of E. D., New York 1974, London 1975; F. Parkin, D., Oxford/New York 1992; W. S. F. Pickering (ed.), D. and Representations, London/New York 2000; ders., D. Today, New York etc. 2002; ders./H. Martins (eds.), Debating D., London/New York 1994, 2001 (mit Bibliographie, 202–211); ders./G. Walford (eds.), D. and Modern Education, London/New York 1998; dies. (eds.), D.'s Suicide. A Century of Research and Debate, London 2000; G. Poggi, D., Oxford/New York 2000; A. W. Rawls, D.'s Epistemology, Cambridge 2003; M. H. Richman, Sacred Revolutions. D. and the Collège de Sociologie, Minneapolis Minn. 2002; W. Schmaus, D.'s Philosophy of Science and the Sociology of Knowledge. Creating an Intellectual Niche, Chicago Ill./London 1994; J. A. Smith/C. Jenks, Images of Community. D., Social Systems and the Sociology of Art, Aldershot etc. 2000; S. Turner (ed.), E. D. Sociologist and Moralist, London/New York 1993, 1997; F. Valjavec, E. D.. Voraussetzungen und Wirkungen, München 1995, ²1996; E. Wallwork, D.. Morality and Milieu, Cambridge Mass. 1972; W. Watts Miller, D.. Morals and Modernity, London, Montreal/Kingston 1996; P. Winch, D., Enc. Ph. II (1967), 437–440; K. H. Wolff (ed.), E. D.. 1858–1917, Columbus Ohio 1960, New York 1979 (mit Bibliographie, 437–445); P.-P. Zalio, D., Paris 2001. – Amer. J. Sociology 63 (1958), 579–664 (Sonderheft: 100 Jahre É. D. – Georg Simmel). M. B.

Dynamik (von griech. δύναμις, Vermögen, Kraft, Möglichkeit), aus dem Aristotelischen ↑Dynamis-Begriff abgeleiteter Begriff, bereits bei J. Philoponos und in der ↑Scholastik auf eine physikalische Lehre von ↑Kräften eingeengt. Der Ausdruck ›D.‹ kommt wohl erstmals bei G. W. Leibniz vor. J. L. Lagrange bestimmt D. im Gegensatz zur ↑Statik als eigenes Teilgebiet der ↑Mechanik durch die Definition, daß die D. die beschleunigenden und verzögernden Kräfte und die von ihnen erzeugten Bewegungen zum Gegenstand habe.

Im modernen analytischen Theorienverständnis (↑Wissenschaftstheorie, analytische) wird (im Rahmen der klassischen Physik) die D. als die grundlegende mechanische Theorie betrachtet, aus der durch Weglassen von Sätzen, in denen die dynamischen Termini im engeren Sinne (Kraft, ↑Impuls, ↑Energie) vorkommen, die ↑Kinematik als Teiltheorie hervorgeht. Die Frage nach der Meßbarkeit der dynamischen Größen legt dagegen bei einem definitorisch zirkelfreien Aufbau der Physik die entgegengesetzte Auffassung nahe, wonach erst eine Kinematik als quantitative Bewegungslehre selbständig bestimmt zur Verfügung stehen muß, damit eine ↑operative Bestimmung der Grundbegriffe der D. gelingen kann. Danach ist es z. B. unzulässig, für Definitionen in der Kinematik (etwa die Definition der gleichförmigen Bewegung zum Zwecke der Zeitmessung) auf den zur D. gehörenden Begriff des ↑Inertialsystems zurückzugreifen.

In der konstruktiven Wissenschaftstheorie (↑Wissenschaftstheorie, konstruktive) sind verschiedene Verfahren einer Erweiterung der Kinematik zur D. vorgeschlagen worden, die sich aus der Verschiedenheit operativer Massendefinitionen (↑Masse) ergeben und nachfolgend verschiedene Interpretationen des Verhältnisses von klassischer und relativistischer Mechanik ergeben.

Literatur: P. Janich, Zur Kritik an der Protophysik, in: G. Böhme (ed.), Protophysik. Für und wider eine konstruktive Wissenschaftstheorie der Physik, Frankfurt 1976, 300–350; ders., Das Maß der Dinge. Protophysik von Raum, Zeit und Materie,

Frankfurt 1997; J. L. Lagrange, Mécanique analytique, Paris 1788 (repr. Paris 1989), Neudr. als: ders., Œuvres XI, ed. J. A. Serret/ G. Darboux, Paris 1888/1889 (repr. Hildesheim 1973) (engl. Analytical Mechanics, ed. A. Boissonnade/V. N. Vagliente, Dordrecht/Boston Mass. 1997 [Boston Stud. Philos. Sci. 191]); G. W. Leibniz, Specimen dynamicum (1695), Math. Schr. VI (1860), 234–254 (dt. [Auszüge] Specimen dynamicum, in: ders., Hauptschriften zur Grundlegung der Philosophie I, ed. E. Cassirer, Leipzig 1904, Hamburg ³1966, 256–272); J. Pfarr (ed.), Protophysik und Relativitätstheorie. Beiträge zur Diskussion über eine konstruktive Wissenschaftstheorie der Physik, Mannheim/Wien/Zürich 1981; W. Schonefeld, Protophysik und Spezielle Relativitätstheorie, Würzburg 1999; J. D. Sneed, The Logical Structure of Mathematical Physics, Dordrecht 1971, ²1979; L. Thorndike, Science and Thought in the Fifteenth Century. Studies in the History of Medicine and Surgery, Natural and Mathematical Science, Philosophy and Politics, New York 1929 (repr. New York/London 1963). P. J.

Dynamis (von griech. δύναμαι, imstande sein [von Personen], bedeuten [von sprachlichen Ausdrücken]; lat. potentia, dt. Potenz), in der Gegenüberstellung zu ↑Energeia (lat. actus, dt. Akt) ein für die philosophische Tradition, insbes. die ↑Scholastik, bis heute zentraler Terminus (↑Akt und Potenz), dessen Bedeutsamkeit sich aus der Rolle als Darstellung eines ↑Reflexionsbegriffs in der Philosophie des Aristoteles herleitet. Er dient dort sowohl zur Klärung der für jeden (partikularen) ↑Gegenstand, sei er ein ↑Ding, ein ↑Ereignis oder anders kategorial bestimmt, charakteristischen ↑Veränderung (μεταβολή) oder ↑Bewegung (κίνησις), als auch zur Klärung, wie es zu einem verläßlichen Wissen von solchen Gegenständen kommen kann. Aristoteles unterscheidet zahlreiche Bedeutungen von ›D.‹ (vgl. Met. Δ12) und konzentriert sich auf zwei, die er terminologisch genauer fixiert:

(1) D. – unter Bezug auf die schon bei Platon (vgl. Soph. 247d) in dieser Rolle auftretenden ↑Kategorien Tun (ποιεῖν) und Leiden (πάσχειν), jedoch noch ohne Bezug auf den Gegenbegriff der Energeia – als *Vermögen* oder *Fähigkeit*, zu tun (wie primär beim Denken) und zu erleiden (wie primär beim Wahrnehmen); z. B. das Warme als (im Unbeseelten sich befindende) aktive D. des Erwärmens (Erwärmenkönnens), die Heilkunst als (im vernünftigen Teil der Seele sich befindende) aktive D. des Krankheit- und Gesundheit-Herbeiführens (Herbeiführenkönnens), das Fette als passive D. des Verbrennens (Verbrennenkönnens). Das dieser D. entgegengesetzte *Unvermögen* (ἀδυναμία) heißt ↑Steresis (lat. privatio, dt. Beraubung). Jede solche D. ist es unter Bezug auf eine *erste D.*, die Aristoteles als »das Prinzip (ἀρχή) der Veränderung in einem anderen (Gegenstand als dem veränderten) oder (in eben diesem Gegenstand, aber insofern als) (er schon zu) einem anderen (geworden ist)« (Met. Δ12.1020a2–4; vgl. 12.1019a19–20, Θ1.1046a10–11, 8.1049b5–7) bestimmt, d. h. als das

Vermögen, eine Veränderung eines anderen Gegenstandes oder seiner selbst zu bewirken.

Über D. als Prinzip der Veränderung hinaus erklärt (2) D. als *Möglichkeit* oder *Ermöglichung* (↑möglich/Möglichkeit), etwas (anderes als etwas/jemand ist) zu sein, im Unterschied zur Wirklichkeit oder Verwirklichung (↑wirklich/Wirklichkeit) (ἐνέργεια); z. B. ein Baumeister als des Bauens Fähiger im Unterschied zum Baumeister als gerade Bauendem oder ein des Denkens Fähiger im Unterschied zu ihm als gerade Denkendem, oder auch der Gesichtssinn (ὄψις) als ›Sehmöglichkeit‹ im Unterschied zum Sehen (ὅρασις) als der ›Sehwirklichkeit‹ (Met. Θ6). Hat, wie beim ersten, aber nicht beim zweiten und dritten Beispiel, die Energeia noch ein von ihr verschiedenes Ziel, z. B. ein ↑Werk (ἔργον), ohne das sie nicht abgeschlossen ist – sie wird dann in der Regel als ↑Entelechie von der Energeia unterschieden und ist keine ↑Handlung im engeren Sinne (πρᾶξις), deren Ziel mit dem Vollzug bereits erreicht ist –, so ist sie als *unvollendete Wirklichkeit* nur eine ›Wirklichkeit des Möglichen‹ und: »Die Wirklichkeit des Möglichen als solche nenne ich Bewegung« (Met. K9.1065b16). Damit sind also, ungeachtet der Schwierigkeit, auch den logischen Gebrauch von ›möglich‹ (δυνατόν) systematisch einzubeziehen, ›ontologische‹ *potentialitas* versus *actualitas* von ›logischer‹ *possibilitas* versus *necessitas* zu unterscheiden, beide Bedeutungen von ›D.‹ miteinander verknüpft, und es läßt sich mit dem begrifflichen Hilfsmittel von D. und Energeia an beliebigen partikularen Gegenständen unterscheiden: ihr ↑*Stoff* (ὕλη) – das ist bei Lebewesen der Körper – als ›mögliches ↑Wesen (οὐσία, ↑Usia)‹, d. h. als das Bestimmtwerdende im Rahmen der Tatsache ›daß der Stoff die Form trägt‹, von ihrer ↑*Form* (εἶδος) – das ist bei Lebewesen ihre ↑Seele (insofern sie tätig ist und damit den ↑Logos, d. i. das Beurteilungsvermögen, als eine ›D. der Seele‹ verwirklicht, vgl. de an. B3.414a29) – als ›wirkliches Wesen‹, d. h. als das Bestimmende in derselben Tatsache (vgl. z. B. de an. B2.414a16–17). Reine D. bzw. ›nur‹ Körper und reine Energeia bzw. ›nur‹ Seele, sind als Prinzipien bloße begriffliche Hilfsmittel und dürfen in keinem Sinne gegenständlich aufgefaßt werden. Dasselbe gilt natürlich auch für die ›erste Materie‹ (↑materia prima), das gänzlich Unbestimmte, und den ›ersten Beweger‹ (↑Beweger, unbewegter), den ↑Nus.

In einer systematischen Rekonstruktion des Aristotelischen Gebrauchs von D. und Energeia läßt sich andererseits eine elementare Redeweise rechtfertigen: Jede Handlung als ↑Handlungsschema ist eine D. – die ›potentielle‹ Handlung –; ihr steht als Energeia oder ›aktuelle‹ Handlung ein das Schema erfüllender Handlungsvollzug (↑Aktualisierung) gegenüber. Aber auch eine logisch höherstufige Redeweise, die den schon von Platon entdeckten und erfundenen dialogischen Charakter des

Logos zu entfalten erlaubt, ist legitimierbar: Wir machen Erfahrungen, indem wir mit Handlungsvollzügen des Umgehens mit Gegenständen diese aneignen, und wir artikulieren Erfahrungen (↑Artikulation), indem wir mit Handlungsbildern des Umgehens mit Gegenständen diese distanzieren. Einerseits geht nämlich die Erfahrung praktisch ihrer Artikulation voraus, d. h., *Ich* versuche, eine von *Du* schon gemachte Erfahrung meinerseits zu verstehen; andererseits folgt die Erfahrung theoretisch ihrer Artikulation nach, d. h., *Ich* versuche, eine von *Du* schon artikulierte Erfahrung meinerseits zu machen. Und um über beide Kompetenzen, das Aneignen im praktischen Umgang und das Distanzieren im theoretischen Umgang (↑Denken), verfügen zu können, muß einerseits das Verfahren der Distanzierung angeeignet werden, d. h. das Erfahrungen-Artikulieren ist zu *verwirklichen*; andererseits muß das Verfahren der Aneignung distanziert werden, d. h. das Erfahrungen-Machen ist zu *ermöglichen*. Das Verfahren der Distanzierung besteht dabei in einer dialogischen Konstruktion *möglicher* Erfahrung (↑Dialog), das Verfahren der Aneignung hingegen in einer phänomenologischen Reduktion derselben Erfahrung als *wirklicher*.

Literatur: M. R. Barnes, The Power of God. ›D.‹ in Gregory of Nyssa's Trinitarian Theology, Washington D. C. 2001; I. Düring, Aristoteles. Darstellung und Interpretation seines Denkens, Heidelberg 1966; H. Flashar, Aristoteles, in: ders. (ed.), Die Philosophie der Antike III (Ältere Akademie. Aristoteles – Peripatos), Basel/Stuttgart 1983, 175–457, bes. 382–383; A. Hügli/P. Lübcke (eds.), Philosophielexikon. Personen und Begriffe der abendländischen Philosophie von der Antike bis zur Gegenwart, Reinbek b. Hamburg 1991, 144 (d./energeia); K. Lorenz, D. und Energeia. Zur Aktualität eines begrifflichen Werkzeugs von Aristoteles, in: T. Buchheim/C. H. Kneepkens/K. Lorenz (eds.), Potentialität und Possibilität. Modalaussagen in der Geschichte der Metaphysik, Stuttgart-Bad Cannstatt 2001, 349–368; G. Plamböck, D., Hist. Wb. Ph. II (1972), 303–304; J. Stallmach, D. und Energeia. Untersuchungen am Werk des Aristoteles zur Problemgeschichte von Möglichkeit und Wirklichkeit, Meisenheim am Glan 1959; M. Suhr, D., in: P. Prechtl/F.-P. Burkard (eds.), Metzler Philosophie Lexikon. Begriffe und Definitionen, Stuttgart/Weimar ²1999, 120–121; C. Termini, Le potenze di Dio. Studio su ›d.‹ in Filone di Alessandria, Rom 2000. K. L.

Dynamismus, nach J. Maréchal Bezeichnung für die strukturelle Tendenz des menschlichen Erkennens und Wollens, über die Beziehung zu ihren Objekten hinaus eine metaphysische Tendenz auf das absolut Wahre bzw. absolut Gute aufzuweisen (↑Metaphysik). In übertragener Bedeutung wird ›D.‹ gelegentlich auch als Bezeichnung für die Philosophie Maréchals und ihm nahestehender Philosophen und Theologen (J. B. Lotz, K. Rahner, E. Coreth, B. J. Lonergan, O. Muck u. a.) verwendet (↑Maréchal-Schule).

Literatur: B. P. Javier, Joseph Maréchal's Metaphysics of Intellectual Dynamism, Modern Schoolman 42 (1965), 375–398; J. Maréchal, Le point de départ de la métaphysique. Leçons sur le développement historique et théorique du problème de la connaissance, I–V, Bruges/Brüssel/Paris 1922–1947, V, Brüssel ²1949, I–III, Brüssel ⁴1964–1965; ders., Le dynamisme intellectuel dans la connaissance objective, Rev. néoscol. philos. 29 (1927), 137–165; E. Wingendorf, Das Dynamische in der menschlichen Erkenntnis. Maréchal, ein neuer Lösungsversuch des erkenntnistheoretischen Grundproblems (der Objektivität unserer Erkenntnis), Bonn 1939. C. F. G.

Dynamismus (physikalisch), wissenschaftstheoretischer Terminus zur Bezeichnung physikalischer und naturphilosophischer Theorien, die alle Naturvorgänge letztlich auf eine ↑Kraft bzw. auf verschiedene Kräfte zurückführen. Im Gegensatz dazu stehen Auffassungen, gelegentlich ›Atomismus‹ bzw. ›Mechanismus‹ genannt, die die Materie oder die geometrische Ausdehnung als systematisch primär ansehen. Die radikalste Auffassung des D. wurde von R. J. Boscovich vertreten. Vorbereitet wurde Boscovichs Theorie durch I. Newtons Auffassung, zwischen den Teilen der Materie wirkten substanzspezifische, kurzreichweitige, ansonsten analog zur ↑Gravitation operierende Kräfte, die für chemische und mikrophysikalische Erscheinungen verantwortlich seien (Opticks, Qu. 31). Von G. W. Leibniz übernimmt Boscovich die Verpflichtung auf die Kontinuität aller Naturprozesse sowie dessen in seiner metaphysischen Interpretation quasi vitalistischen (↑Vitalismus) Kraftbegriff (↑vis viva). Während bei Newton die ↑Masse und bei Leibniz die ↑Undurchdringbarkeit noch primäre Materieeigenschaften sind, versucht Boscovich, diese und andere physikalische Begriffe auf einen einheitlichen Kraftbegriff zu reduzieren. Diese Kraft äußert sich je nach Entfernung der betrachteten unausgedehnten, punktförmigen Kraftzentren (mit Trägheit) als Anziehung oder Abstoßung. So tritt etwa bei den sonst als ›Stoß‹ bezeichneten Kontaktphänomenen vor dem Kontakt eine Repulsionskraft auf, die die graduelle Richtungsänderung der Geschwindigkeit bewirkt und bei weiterer Entfernung sich in Attraktion umkehrt. Auch I. Kant folgt in der Materietheorie einem dynamistischen Ansatz. Materie soll sich aus dem Zusammenspiel anziehender und zurückstoßender Kräfte ergeben, das für Ausdehnung und Härte der Materie verantwortlich ist. Während Kant in der vorkritischen Materietheorie (Monadologia physica [1756], Königsberg 1807) an separierbaren Materieteilen endlicher Größe festhält (den Monaden), akzentuiert er später stärker eine Kontinuumstheorie der Materie, in der jeder Punkt Ursprung von Attraktion und Repulsion ist.

Zwar ist der D. für die Geschichte der Physik bedeutsam, insofern er naive Atomvorstellungen (kleinste harte Materieteilchen mit den Eigenschaften größerer Körper) überwinden half, gleichwohl fand er als Gesamttheorie in der Physik wenig Anhänger (z. B. zeitweise M. Faraday). Dagegen wurde der D., häufig unter dem programmatischen Titel ↑›Attraktion/Repulsion‹, im Anschluß an Kant von der ›romantischen Naturphilosophie‹ (insbes. F. W. J. Schelling) vertreten und ausgebaut. Auch metaphysische Willenstheorien (z. B. A. Schopenhauer, F. Nietzsche) greifen Gedanken des D. auf.

Literatur: R. J. Boscovich, Philosophiae naturalis theoria redacta ad unicam legem virium in natura existentium, Wien 1758, unter dem Titel: Theoria philosophiae naturalis redacta ad unicam legem virium in natura existentium, Venedig ²1763, Zagreb 1974 ([engl./lat.] A Theory of Natural Philosophy, Chicago Ill./London 1922, [engl.] Cambridge Mass. 1966); M. Čapek, Dynamism, Enc. Ph. II (1967), 444–447; M. Carrier, Kants Theorie der Materie und ihre Wirkung auf die zeitgenössische Chemie, Kant-St. 81 (1990), 170–210; A. Hermann, Dynamismus und Atomismus. Die beiden Systeme der Physik in der 1. Hälfte des 19. Jahrhunderts, Erkenntnis 10 (1976), 311–322; M. Jammer, Concepts of Force. A Study in the Foundation of Dynamics, Cambridge Mass. 1957 (repr. [Mikrofilm] Ann Arbor Mich. 1985), 1962, Mineola N. Y. 1999, bes. 158–187 (Kap. 9); H. Linser, Absoluter Dynamismus, das Unteilbare und die Urgrößen, Conceptus 16 (1982), H. 37, 81–91; I. Newton, Opticks or a Treatise of the Reflections, Refractions, Inflections and Colours of Light [...], London 1704 (repr. Brüssel 1966), ⁴1730, London 1931, New York 1952, 1979, Amherst N. Y. 2003 (lat. Optice, sive de reflexionibus, refractionibus, inflexionibus et coloribus lucis, libri tres, London 1706, ²1719, Lausanne/Genf 1740; franz. P. Coste, Traité d'optique. Sur les reflexions, refractions, inflexions, et les couleurs, de la lumière, Amsterdam 1720, Paris ²1722 [repr. Paris 1955]; dt. Sir Newtons Optik oder Abhandlung über Spiegelungen, Brechungen, Beugungen und Farben des Lichts (1704), I–II, ed. W. Abendroth, Leipzig 1898 [Ostwalds Klassiker exakt. Wiss. 96/97], Braunschweig/Wiesbaden 1983, 2001); A. Thackray, Atoms and Powers. An Essay on Newtonian Matter-Theory and the Development of Chemistry, Cambridge Mass. 1970 (repr. Ann Arbor Mich. 1995).   G. W.

E

e (von lat. nego, ich verneine), in der traditionellen ↑Syllogistik Bezeichnung für den Satztyp (die Urteilsform [↑Urteil]) der universell verneinenden Urteile (↑Urteil, negatives, ↑Urteil, universelles) (›kein P ist Q‹): PeQ, seltener auch modallogisch (↑Modallogik) zum Ausdruck der notwendigen Falschheit (↑Quadrat, logisches). In moderner logischer Notation gibt man ›PeQ‹ besser durch das Schema $\bigwedge_x(P(x) \rightarrow \neg Q(x))$ als durch das von der umgangssprachlichen Formulierung ›kein P ist Q‹ nahegelegte Schema $\neg \bigvee_x(P(x) \wedge Q(x))$ wieder, um die Analogie zu universell bejahenden Urteilen ›PaQ‹ (›alle P sind Q‹, symbolisch $\bigwedge_x(P(x) \rightarrow Q(x))$) zu wahren (↑a). Beide Schemata sind nur unter Zugrundelegung der klassischen Logik (↑Logik, klassische) als gleichwertig anzusehen. In der Präfix-Notation J. Łukasiewiczs (↑Notation, logische) bezeichnet ›E‹ den ↑Junktor der Bisubjunktion (↑Äquijunktion, ↑Äquivalenz). P. S.

Ebbinghaus, Julius, *Berlin 9. Nov. 1885, †Marburg 16. Juni 1981, dt. Philosoph. Studium der Philosophie, Physik und Kunstgeschichte an den Universitäten Lausanne, Berlin, Halle und Heidelberg. 1910 Promotion in Heidelberg, nach Teilnahme am Ersten Weltkrieg 1921 Habilitation in Freiburg. 1926 Privatdozent und apl. Prof. in Freiburg, 1930 o. Prof. der Philosophie in Rostock, 1940 (bis zu seiner Emeritierung 1954) in Marburg. In seiner Dissertation über »Kants Philosophie und ihr Verhältnis zum relativen und absoluten Idealismus« (1910) zeichnet E. den Bereich seiner philosophischen Arbeit vor. E. vertritt zunächst Positionen des von K. Fischer und W. Dilthey begründeten Neuhegelianismus (↑Hegelianismus), der sich vornehmlich mit den im Hegelianismus vernachlässigten Problemen der Methode der Philosophie (Dialektik) und der Philosophie des objektiven Geistes (↑Geist, objektiver) beschäftigt. Später wendet sich E. der Philosophie I. Kants, insbes. der Rechts-, Staats- und Sozialphilosophie zu. In kritischer Absetzung vom Marburger Neukantianismus (↑Kantianismus) und von der ↑Existenzphilosophie entwickelte er von diesem Ansatz her Stellungnahmen zu aktuellen Problemen in Politik und Geistesgeschichte.

Werke: Gesammelte Aufsätze, Vorträge und Reden, Darmstadt, Hildesheim 1968 (mit Bibliographie, 335–339); Gesammelte Schriften, I–IV (I Sittlichkeit und Recht. Praktische Philosophie 1929–1954, II Philosophie der Freiheit. Praktische Philosophie 1955–1972, III Interpretation und Kritik. Schriften zur Theoretischen Philosophie und zur Philosophiegeschichte 1924–1972, IV Studien zum Deutschen Idealismus. Schriften 1909–1924), ed. H. Oberer u. a., Bonn 1986–1994. – Kants Philosophie und ihr Verhältnis zum relativen und absoluten Idealismus, Leipzig 1910; Relativer und absoluter Idealismus. Historisch-systematische Untersuchung über den Weg von Kant zu Hegel, Leipzig 1910, Nachdr. in: Gesammelte Schriften IV [s. o.], 3–73; Kants Lehre vom ewigen Frieden und die Kriegsschuldfrage, Tübingen 1929 (Philosophie und Geschichte XXIII), Nachdr. in: Gesammelte Aufsätze [s. o.], 24–57, ferner in: Gesammelte Schriften I [s. o.], 1–34; Über die Fortschritte der Metaphysik, Tübingen 1931 (Philosophie und Geschichte XXXII), Nachdr. in: Gesammelte Schriften III [s. o.], 281–294; Über den Grund der Beschränkung unserer Erkenntnis auf die Attribute des Denkens und der Ausdehnung bei Spinoza, in: Societas Spinozana (ed.), Septimana Spinozana. Acta conventus oecumenici in memoriam Benedicti de Spinoza diei natalis trecentesimi Hagae Comitis habiti, Den Haag 1933, 244–260, Nachdr. in: Gesammelte Aufsätze [s. o.], 194–210; Zu Deutschlands Schicksalswende, Frankfurt 1946, erw. ²1947, Nachdr. in: Gesammelte Schriften I [s. o.], 117–278; Die Atombombe und die Zukunft des Menschen, Stud. Gen. 10 (1957), 144–153, Nachdr. in: Gesammelte Schriften II [s. o.], 35–53; Die Idee des Rechts, Z. philos. Forsch. 12 (1958), 17–42, 515–546, Nachdr. in: Gesammelte Aufsätze [s. o.], 274–331, ferner in: Gesammelte Schriften II [s. o.], 141–198; Die Formeln des Kategorischen Imperativs und die Ableitung inhaltlich bestimmter Pflichten, Filos. 10 (1959), 733–753, Nachdr. in: Gesammelte Aufsätze [s. o.], 140–160, Nachdr. in: Gesammelte Schriften II [s. o.], 209–229; Die Strafen für Tötung eines Menschen nach Prinzipien einer Rechtsphilosophie der Freiheit, Bonn 1968 (Kant-St. Ergh.hefte 94), Nachdr. in: Gesammelte Schriften II [s. o.], 283–380; Traditionsfeindschaft und Traditionsgebundenheit, Wiss. u. Gegenwart. Geisteswiss. Reihe 45 (1969), Nachdr. in: Gesammelte Schriften II [s. o.], 381–405; Wozu Rechtsphilosophie? Ein Fall ihrer Anwendung, Berlin/New York 1972, Nachdr. in: Gesammelte Schriften II [s. o.], 415–442; J. E. (Selbstdarstellung), in: L. J. Pongratz (ed.), Philosophie in Selbstdarstellungen III, Hamburg 1977, 1–59 (mit ausgewählter Bibliographie, 58–59).

Literatur: G. Wolandt, J. E. als philosophischer Schriftsteller. Zu seinem 85. Geburtstag am 9. November 1970, Z. philos. Forsch. 24 (1970), 571–589. A. G.-S.

Eberhard, Johann August, *Halberstadt 31. Aug. 1739, †Halle 6. Jan. 1809, dt. Philosoph. Nach Studium der Theologie in Halle (1756–1759) Hofmeister in Halberstadt. 1768 Prediger am Berliner Arbeitshaus und in Stralow, 1776 Preis der Königlichen Akademie der Wissenschaften für sein Werk »Allgemeine Theorie des Denkens und Erfindens« (1776), 1778 Prof. der Philosophie in Halle. – E. wird der Wolffschen Schule zugerechnet; er vertrat in Lehre und Schrift in popularisierender Weise (↑Popularphilosophie) die Positionen der englischen ↑Aufklärung und G. W. Leibnizens gegen I. Kant, der dieser Kritik mit einer eigenen Schrift begegnete (Ueber eine Entdeckung nach der alle neue Critik der reinen Vernunft durch eine ältere entbehrlich gemacht werden soll, Königsberg 1790). Herausgeber des »Philosophischen Magazins« (I–IV, Halle 1788–1792 [repr. Brüssel 1968 (Aetas Kantiana 63/1–4)]) und des »Philosophischen Archivs« (I–II, Berlin 1792–1795 [repr. Brüssel 1968 (Aetas Kantiana 64/1–1)]); ab 1786 Mitglied der Berliner Akademie. E. behandelte auch ästhetische Fragen (Handbuch der Aesthetik für gebildete Leser aus allen Ständen, I–IV, 1803–1805) und schrieb unter anderem ein deutsches Synonymen-Wörterbuch (Versuch einer allgemeinen teutschen Synonymik, I–VI, 1795–1802).

Werke: Neue Apologie des Socrates, oder Untersuchung der Lehre von der Seligkeit der Heiden, I–II, Berlin/Stettin 1772/1778, I ²1776 (repr. [I 1776, II 1778] Brüssel 1968, Hildesheim 2001), rev., I–II, Frankfurt/Leipzig 1787, ed. M. v. Geismar, Leipzig 1846; Allgemeine Theorie des Denkens und Empfindens. Eine Abhandlung, welche den von der Königlichen Akademie der Wissenschaften in Berlin auf das Jahr 1776 ausgesetzten Preis erhalten hat, Berlin 1776 (repr. Frankfurt 1972, Hildesheim 1984), 1786 (repr. Brüssel 1968, Hildesheim 1984); Von dem Begriffe der Philosophie und ihren Teilen. […], Berlin 1778; Vorbereitung zur natürlichen Theologie, Halle 1781; Sittenlehre der Vernunft, Berlin 1781 (repr. Frankfurt 1971), ²1786; Theorie der schönen Wissenschaften. Zum Gebrauche seiner Vorlesungen, Halle 1783, 1786, unter dem Titel: Theorie der schönen Künste und Wissenschaften. Zum Gebrauche seiner Vorlesungen, 1790; Vermischte Schriften. Erster Theil, Halle 1784; Allgemeine Geschichte der Philosophie. Zum Gebrauch academischer Vorlesungen, Halle 1788, ²1796; Neue vermischte Schriften, Halle 1788; Ueber Staatsverfassungen und ihre Verbesserung. Ein Handbuch für teutsche Bürger und Bürgerinnen aus den gebildeten Ständen […], Berlin 1793–1794 (repr. Kronberg/Ts. 1977, ed. W. Sparn, Hildesheim/New York 2002); Kurzer Abriß der Metaphysik mit Rücksicht auf den gegenwärtigen Zustand der Philosophie, Halle 1794; Versuch einer allgemeinen teutschen Synonymik in einem kritisch-philosophischen Wörterbuche der sinnverwandten Wörter der hochteutschen Mundart, I–VI, Halle 1795–1802, ²1806, rev. u. ed. J. G. E. Maas, 1818–1821, rev. u. ed. J. G. E. Maas/J. G. Gruber, Leipzig 1826–1830, unter dem Titel: Deutsche Synonymik, I–II, rev. u. ed. C. H. Meyer, Leipzig 1852–1853 (repr. Hildesheim/New York 1971); (ed.) Über den Gott des Herrn Prof. Fichte und die Götzen seiner Gegner. […], Halle 1799; Handbuch der Aesthetik für gebildete Leser aus allen Ständen. In Briefen herausgegeben, I–IV, Halle 1803–1805, ²1807–1820 (repr. Frankfurt 1972); Der Geist des Urchristenthums. Ein Handbuch der Geschichte der philosophischen Cultur für gebildete Leser aus allen Ständen in Abendgesprächen, I–III, Halle 1807–1808 (repr. Hildesheim 2002). – The Kant-E.-Controversy […], ed. H. E. Allison, Baltimore Md./London 1973 [Übers. der relevanten Primärtexte Kants u. E.s, mit Einführung des Hrsg., 1–14]; I. Kant. Der Streit mit J. A. E., ed. M. Lauschke/M. Zahn, Hamburg 1998 [Zusammenstellung der relevanten Primärtexte Kants und E.s].

Literatur: H. E. Allison, Lessing and the Enlightenment. His Philosophy of Religion and Its Relation to Eighteenth-Century Thought, Ann Arbor Mich. 1966, bes. 40–42, 86–93; ders., E., REP III (1998), 196; A. Altmann, Eine bisher unbekannte frühe Kritik E.s an Kants Raum- und Zeitlehre, Kant-St. 79 (1988), 329–341; F. C. Beiser, The Fate of Reason. German Philosophy from Kant to Fichte, Cambridge Mass. 1987, 1993, 193–225 (Chap. 7); E. Böhm, Die Auseinandersetzung zwischen I. Kant und J. A. E. über Fragen der Ästhetik und Rhetorik. Eine semiotische Untersuchung. Diss. Stuttgart 1981; G. Draeger, J. A. E.s Psychologie und Aesthetik, Halle 1914; E. O. Ferber, Der philosophische Streit zwischen I. Kant und J. A. E., Diss. Giessen 1884; L. Gäbe, E., NDB IV (1959), 240–241; M. Gawlina, Das Medusenhaupt der Kritik. Die Kontroverse zwischen Immanuel Kant und J. A. E., Berlin/New York 1996; G. Haßler, J. A. E. (1739–1809). Ein streitbarer Geist am Rande der Aufklärung. Mit einer Auswahl von Texten E.s, Halle 2000 (mit Bibliographie, 122–128); K. Lungwitz, Die Religionsphilosophie J. A. E.s, Weida 1910; F. Nicolai, Gedächtnißschrift auf J. A. E., Berlin/Stettin 1810; D. Poncet, E., in: D. Huisman, Dictionnaire des philosophes I, Paris ²1993, 885–886; D. Thouard/H. E. Allison/F.-X. Chenet, E., Enc. philos. universelle III/1 (1992), 1118–1119; M. Zahn, Der historische Kontext der Kant-E.-Kontroverse, in: M. Lauschke/M. Zahn (eds.), I. Kant. Der Streit mit J. A. E., Hamburg 1998, XIII–XL. – Biographische Enzyklopädie deutschsprachiger Philosophen, München 2001, 93–94. J. M.

Ebreo, Leone, ↑Abravanel, Jehuda.

Eckhart (Eckart, Eckehart), genannt Meister Eckhart (Johannes Eckhart), *Hochheim b. Gotha ca. 1260, †Köln Herbst 1327 (oder Avignon vor dem 30. April 1328), dt. Mystiker und Philosoph. Um 1274 Eintritt in das Erfurter Dominikanerkloster, 1277 Studium der Artes liberales (↑ars) in Paris, 1280 Studium der Theologie in Köln, 1302/1303 Magister der Theologie in Paris, 1303–1311 Ordensprovinzial in Sachsen, 1311 Prof. in Paris, 1313 in Straßburg, 1323 in Köln. Wegen Häresieverdacht ab 1326 in Prozesse verwickelt, zunächst mit dem Erzbischof von Köln, dann mit der päpstlichen Kurie in Avignon, 1329 Verurteilung von 28 Sätzen E.s durch eine Bulle Johannes' XXII. (17 Sätze als häretisch, 11 Sätze als häresieverdächtig). Die philosophischen Quellen des Werkes E.s sind die von Albertus Magnus, Thomas von Aquin und dem ↑Neuplatonismus tradierten Gedanken. E.s Hauptinteresse liegt jedoch weniger in genuin philosophischen oder theologischen Überlegungen, sondern darin, seine mystischen Einsichten (↑Mystik) in einer philosophischen und theologischen Sprache darzustellen und zu vertiefen. Dadurch entwickelt er paradoxe und provokative Aussagen, die ihm Schwierigkeiten mit der theologischen Orthodoxie bringen. So gerät E. in den Verdacht des ↑Pantheismus durch seine Formulierungen, daß alle Geschöpfe ein reines Nichts seien und daß es außerhalb Gottes nichts gäbe. Ein weiterer häresieverdächtiger Punkt ist E.s Lehre von der völligen Umwandlung der Seele in der mystischen Vereinigung mit Gott, durch die der Mensch mit dem Sohn Gottes identifiziert wird. In dieser Vereinigung kehrt der Seelengrund, die ›scintilla‹ animae, das ›vünkelin‹ bzw. der ›Seelenfunken‹ (den E. im Unterschied zu anderen Mystikern als ›intelligere‹ bestimmt), zu ihrem wahren Zentrum zurück.

E. selbst hat einige seiner Formulierungen, z. B. die der Identifikation des Menschen mit Gott, als Übertreibungen abgeschwächt. Entscheidend für das Verständnis gerade dieser für die Orthodoxie provokativen Formulierungen ist aber die mit ihnen verfolgte Absicht E.s: In der (glaubensgeleiteten) Konzentration auf die inneren Bewegungen des Geistes, auf das Einsehen der Seele, kehrt sich die Ordnung in der Gegenwärtigkeit und Gewichtung von Erfahrungs- und Denkinhalten um. Die zunächst als unmittelbar gegenwärtige und dadurch als Grund der Erfahrung und des Denkens erscheinende ›Außenwelt‹ der endlichen Dinge erweist sich in dieser verstehenden Verinnerlichung als bloß scheinbare Gegenwart und bloß scheinbarer Grund. Unmittelbar gegenwärtig und das Wissen gründend ist allein Gott, aber dies eben nur für den Grund bzw. ›Funken‹ der Seele. Wenn in der höchsten Einsicht diese Unmittelbarkeit erreicht ist, ist Gott in der Tat alles und die Welt nichts, dann ist der Mensch mit Gott als dem unmittelbar Gegenwärtigen identisch. Diese Formulierungen lassen sich so verstehen als der pointierte Verweis auf das Umschlagen von dem, was Realität (oder auch Rationalität) heißt, in der mystischen Vereinigung durch Einsicht.

Werke: Die deutschen und lateinischen Werke, I–XIV, ed. im Auftrag der Deutschen Forschungsgemeinschaft, Stuttgart 1936–1997; Magistri Eckardi opera latina. Auspiciis Instituti Sanctae Sabinae in Urbe ad codicem fidem edita, Iff., Leipzig 1934 ff. [erschienen: I 1934, II 1935, XIII 1936]; L'œuvre latine de Maître E., Iff., ed. A. de Libera/É. Wéber/É. Zum Brunn, Paris 1984 ff. [erschienen: I 1984, VI 1989]. – Auswahlsammlungen: Schriften und Predigten, I–II, ed. H. Büttner, Jena 1903/1909, 1923; M. E.. Das System seiner religiösen Lehre und Lebensweisheit. Textbuch aus den gedruckten und ungedruckten Quellen, ed. O. Karrer, München 1926; M. E.s Schriften zur Gesellschaftsphilosophie, ed. I. Roloff, Jena 1934 (Die Herdflamme 20); M. E.. A Modern Translation, ed. R. B. Blakney, New York/London 1941, 1977; Deutsche Predigten und Traktate, ed. J. Quint, München 1955, Darmstadt, München ⁶1986, Zürich 1990; Predigten und Schriften, ed. F. Heer, Frankfurt/Hamburg 1956; M. E.. An Introduction to the Study of His Works with an Anthology of His Sermons, ed. J. M. Clark, London/New York 1957, unter dem Titel: M. E.. Selected Treatises and Sermons, ed. J. M. Clark/J. V. Skinner, London 1958, 1994; Von der Geburt der Seele. Ausgewählte Predigten und Traktate, ed. E. K. Pohl, Gütersloh 1959; M. E., ed. D. Mieth, Olten/Freiburg 1979; M. E.. The Essential Sermons, Commentaries, Treatises, and Defense, ed. E. Colledge/B. McGinn, London/New York 1981; Werke, I–II, ed. N. Largier, Frankfurt 1993; M. E.. Traités et sermons, ed. A. de Libera, Paris 1993; Das Buch der göttlichen Tröstung. Von dem edlen Menschen, ed. G. Stachel, München 1996; Gottesgeburt. Mystische Predigten, ed. G. Stachel, München 1999. – N. Largier, Bibliographie zu M. E., Fribourg 1989.

Literatur: K. Albert, M. E.s These vom Sein. Untersuchungen zur Metaphysik des »Opus tripartitum«, Saarbrücken/Kastellaun 1976; ders., Betrachtungen zur Geschichte der Philosophie II (M. E. und die Philosophie des Mittelalters), Dettelbach 1999; J. Ancelet-Hustache, Maître E. et la mystique rhénane, Paris 1956, ²2000 (engl. Master E. and the Rhineland Mystics, New York 1957); R. Backofen, M. E., Stuttgart 1942; E. V. Bracken, M. E. und Fichte, Würzburg 1943; ders., M. E. als Philosoph, Dt. Vierteljahresschr. f. Literaturwiss. u. Geistesgesch. 24 (1950), 32–52; ders., M. E.. Legende und Wirklichkeit. Beiträge zu einem neuen E.bild, Meisenheim am Glan 1972; S. Brembeck, Der Begriff der Bildung bei M. E., Diss. Passau 1998; K. Ceming, Mystik und Ethik bei M. E. und Johann Gottlieb Fichte, Frankfurt/Berlin/Bern 1999; O. Davies, M. E.. Mystical Theologian, London 1991; I. Degenhardt, Studien zum Wandel des E.bildes, Leiden 1967; G. Della Volpe, Il misticismo speculativo di Maestro E. nei suoi rapporti storici, Bologna 1930; ders., E.. O della filosofia mistica, Rom 1952; A. Dempf, M. E.. Eine Einführung in sein Werk, Leipzig 1934, Bonn 1936, Freiburg/Basel/Wien ²1957; M. Egerding, ›Got bekennen‹. Strukturen der Gotteserkenntnis bei M. E.. Interpretation ausgewählter Predigten, Frankfurt/Bern/New York 1984; G. Faggin, M. E. e la mistica tedesca preprotestante, Mailand 1946; ders., E., Enc. filos. II (1982), 1163–1167; H. Fischer, M. E.. Einführung in sein philosophisches Denken, Freiburg/München 1974; K. Flasch (ed.), Von Meister Dietrich zu M. E., Hamburg 1984; FM II (1994), 962–964; W. M. Fues, Mystik als Erkenntnis? Kritische Studien zur M.-E.-Forschung, Bonn 1981; M. de Gandillac/A. de Libera, E., Dictionnaire des philosophes I (²1993), 887–893; E. Grassi, La preminenza della parola metaforica. Heidegger, M. E., Novalis, Modena 1987; A.-M. Haas, M. E. als normative Gestalt geistlichen Lebens, Einsiedeln 1979, Einsiedeln/Freiburg ²1995; ders., E., LThK III (1995), 443–446; B. Hasebrink, Formen inzitativer Rede bei M. E.. Untersuchungen zur literarischen Konzeption der deutschen Predigt, Tübingen 1992; R. Hauke, Trinität und Denken. Die Unterscheidung der Einheit von Gott und Mensch bei M. E., Frankfurt/Bern/New York 1986; T. Heimerl, »Waz mac ich, ob ieman daz niht enverstât?«. Die Rolle der Volkssprache im Prozeß gegen M. E., Göppingen 1996; L. Hödl, Metaphysik und Mystik im Denken des M. E., Z. kath. Theol. 82 (1960), 257–274; K. Jacobi (ed.), M. E.. Lebensstationen, Redesituationen, Berlin 1997; C. F. Kelley, M. E. on Divine Knowledge, New Haven Conn. 1977; U. Kern (ed.), Freiheit und Gelassenheit. M. E. heute, München/Mainz 1980; ders., E., TRE IX (1982), 258–264; ders., Die Anthropologie des M. E., Hamburg 1994; A. Klein, M. E.. La dottrina mistica della giustificazione, Mailand 1978; J. Kopper, Die Metaphysik M. E.s. Eingeleitet durch eine Erörterung der Interpretation, Saarbrücken 1955; O. Langer, Mystische Erfahrung und spirituelle Theologie. Zu M. E.s Auseinandersetzung mit der Frauenfrömmigkeit seiner Zeit, München/Zürich 1987; ders., E., RGG II (⁴1999), 1048–1051; A. Lasson, M. E., der Mystiker. Zur Geschichte der religiösen Spekulation in Deutschland, Berlin 1868 (repr. Aalen 1968, Essen 1983); A. Lexutt, M. E., in: M. Vinzent (ed.), Metzler

Lexikon christlicher Denker, Stuttgart/Weimar 2000, 220–223; A. de Libera, Le problème de l'être chez Maître E.. Logique et métaphysique de l'analogie, Genf/Lausanne/Neuchâtel 1980 (Cahiers de la Rev. théol. philos. 4); ders./R. Sorel, E., Enc. philos. universelle III (1992), 509–510; E. A. Livingstone (ed.), The Oxford Dictionary of the Christian Church, Oxford ³1997, 527; F. Löser, M. E. in Melk. Studien zum Redaktor Lienhart Peuger. Mit einer Edition des Traktats »Von der sel wirdichait vnd aigenschafft« [325–497], Tübingen 1999; V. Lossky, Théologie négative et connaissance de Dieu chez Maître E., Paris 1960, ²1973, 1998; G. Lüben. Die Geburt des Geistes. Das Zeugnis M. E.s, Berlin 1956; M. A. Lücker, M. E. und die devotio moderna, Leiden 1950; R. Manstetten, Esse est deus. M. E.s christologische Versöhnung von Philosophie und Religion und ihre Ursprünge in der Tradition des Abendlandes, Freiburg/München 1993; ders., M. E., in: F. Volpi (ed.), Großes Werklexikon der Philosophie I, Stuttgart 1999, 421–424; B. McGinn, M. E., in: P. E. Szarmach (ed.), An Introduction to the Medieval Mystics of Europe. Fourteen Original Essays, Albany N. Y. 1984, 237–257; ders. (ed.), M. E.. Teacher and Preacher, New York/Mahwah N. J./Toronto Ont. 1986; ders. (ed.), M. E. and the Beguine Mystics. Hadewijch of Brabant, Mechthild of Magdeburg, and Maguerite Porete, New York 1994; ders., The Mystical Thought of M. E.. The Man to Whom God Hid Nothing. Edward Cadbury Lectures 2000–2001, New York 2001; D. Mieth, Die Einheit von vita activa und vita contemplativa in den deutschen Predigten und Traktaten M. E.s und bei Johannes Tauler. Untersuchungen zur Struktur des christlichen Lebens, Regensburg 1969; B. Mojsisch, M. E.. Analogie, Univozität und Einheit, Hamburg 1983; W. Nigg, Das mystische Dreigestirn. M. E., Johannes Tauler, Heinrich Seuse, Zürich/München 1988, Zürich 1990; U. M. Nix/R. Öchslin (eds.), M. E., der Prediger. Festschrift zum E.-Gedenkjahr, Freiburg/Basel/Wien 1960; K. Oltmanns, M. E., Frankfurt 1935, ²1957; H. Piesch, M. E.s Ethik, Luzern 1935, ²1948; P. Reiter, Der Seele Grund. M. E. und die Tradition der Seelenlehre, Würzburg 1993; K. Ruh, M. E.. Theologe, Prediger, Mystiker, München 1985, ²1989; D. Schoeller Reisch, Gottesgeburt und Selbstbewußtsein. Denken der Einheit bei M. E. und G. W. F. Hegel, Hildesheim/Berlin 1992; F.-J. Schweitzer, M. E. und der Laie. Ein antihierarchischer Dialog des 14. Jahrhunderts aus den Niederlanden, Berlin 1997; G. Stachel, M. E.. Beiträge zur Diskussion seiner Mystik, Würzburg 1998; G. Steer/L. Sturlese (ed.), Lectura Eckhardi. Predigten M. E.s von Fachgelehrten gelesen und gedeutet, Stuttgart 1998; G. Stephenson, Gottheit und Gott in der spekulativen Mystik M. E.s. Eine Untersuchung zur Phänomenologie und Typologie der Mystik, Bonn 1954; H. Stirnimann/R. Imbach (eds.), Eckhardus teutonicus, homo doctus et sanctus. Nachweise und Berichte zum Prozeß gegen M. E., Fribourg 1992; L. Sturlese, M. E. Ein Porträt, Regensburg 1993; F. Tobin, M. E.. Thought and Language, Philadelphia Pa. 1986; W. Trusen, Der Prozeß gegen M. E.. Vorgeschichte, Verlauf und Folgen, Paderborn/München/Wien 1988 (Rechts- u. staatswiss. Veröffentl. Görres-Ges. 54); M. Vannini, M. E. e il ›fondo dell'anima‹, Rom 1991; E. Waldschütz, M. E.. Eine philosophische Interpretation der Traktate, Bonn 1978; ders., Denken und Erfahren des Grundes. Zur philosophischen Deutung M. E.s, Wien/Freiburg/Basel 1989; G. Wehr, M. E., Freiburg 1979; ders., M. E. mit Selbstzeugnissen und Bilddokumenten, Reinbek b. Hamburg 1989, ⁵2001; B. Welte, M. E.. Gedanken zu seinen Gedanken, Freiburg/Basel/Wien 1979, ²1992; M. Wilde, Das neue Bild vom Gottesbild. Bild und Theologie bei M. E., Fribourg 2000; N. Winkler, M. E. zur Einführung, Hamburg 1997; E. Wolz-Gottwald, M. E. und die klassischen Upanishaden, Würzburg 1984; ders., M. E. oder der Weg zur Gottesgeburt im Menschen. Eine Hinführung, Gladenbach 1985; É. Zum Brunn (ed.), Voici Maître E., Grenoble 1994; ders./A. de Libera, Maître E.. Métaphysique du verbe et théologie négative, Paris 1984.   O. S.

Eco, Umberto, *Alessandria 5. Jan. 1932, ital. Kulturtheoretiker, Essayist und Schriftsteller. Nach Studium der Philosophie an der Universität Turin 1954 Promotion über die ästhetische Problematik im Werk des Thomas von Aquin. Nach weiteren Studien zur mittelalterlichen Ästhetik Tätigkeit als Universitätsdozent und Publizist. 1971 Lehrbeauftragter an der Universität Bologna, 1975 o. Prof. ebendort. – Im Anschluß an L. Pareysons Ästhetik der existenziellen Formativität, an die ↑Informationstheorie, den ↑Pragmatismus, die analytische ↑Sprachphilosophie (↑Philosophie, analytische), den russischen Formalismus, Strukturalismus (↑Strukturalismus (philosophisch, wissenschaftstheoretisch), ↑Semiologie) und Poststrukturalismus (↑Postmoderne) entwickelt E. seit Ende der 60er Jahre eine ↑Semiotik im Sinne einer allgemeinen Theorie der ↑Kultur unter dem Aspekt der Signifikation und ↑Kommunikation.

Indem E. in der Einheit von Geschlossenheit und Offenheit ästhetischer Formen (↑Form (ästhetisch)), insbes. jener von Werken moderner Kunst, das Moment der Offenheit für mehrere unterschiedliche Weisen ihrer ↑Interpretation, mithin die aktive Rolle der Rezipienten bei ihrer Produktion herausarbeitet, wird er mit »Opera aperta« (1962) zum Vorläufer der Rezeptionsästhetik (↑Rezeptionstheorie). »La struttura assente« (1968), E.s erster, überarbeitet auf deutsch als »Einführung in die Semiotik« (1972) erschienener Ansatz zu einer Gesamtdarstellung des semiotischen Projekts integriert die Ästhetik in dieses und begründet die Offenheit der ästhetischen Botschaft in deren ↑Ambiguität und Autoreflexivität als Folge idiolektaler Abweichung von etablierten kulturellen Codes und Subcodes, während die ideologische Botschaft deren rhetorischer Fixierung diene. Durch ihre Problematisierung wird Semiotik zur gleichermaßen mit Phänomenen der Hoch- und Populärkultur befaßten Ideologiekritik (↑Ideologie), und die ästhetische Botschaft, indem sie ihre Empfänger veranlaßt, »den Code und seine Möglichkeiten neu zu bedenken« (Einführung in die Semiotik, 163), wie E. sich später ausdrückt, »eine Art Summe und Laboratoriumsmodell aller Aspekte der Zeichen-Funktion« (Semiotik. Entwurf einer Theorie der Zeichen, 1987, 347). Überdies verschärft er nun in Orientierung an C. S. Peirces Theorie der unbegrenzten Semiose, worin die Phänomene immer schon – mithin in interpretativen Konventionen – inbegriffen seien, seine Kritik an transkonventionalen (›ontologischen‹) Tendenzen in Semiotiken semantischer Systeme. Ihnen hält er eine Konzeption des verbalen oder nonverbalen, denotierten oder konnotierten Signifikats als kultureller Einheit in semantischen Feldern entgegen und setzt, da er auch das Baummodell (↑arbor porphyriana, ↑Baum (logisch-mathematisch)) nicht als unhintergehbar akzeptiert, das umfassende semantische System einer gegebenen Kultur als vieldimensionales Netz von assoziativen Verbindungen an, das schon aufgrund seiner Komplexität und – weil durch jeden semiotischen Akt, so auch durch jeden Eingriff der semiotischen Kritik bewirkten – Unbeständigkeit stets nur teilweise darstellbar sei. Hieraus bedeute jedes Signifikationssystem – mithin jeder Code – als komplexe Regel zur Korrelation von Elementen syntaktischer mit solchen semantischer Systeme, wodurch Kommunikationsprozesse in deren mannigfachen Modi der Zeichenerzeugung möglich werden – eine konventionell bedingte, prinzipiell veränderliche Auswahl. Dementsprechend stehe die Theorie der Signifikation als operatives Instrument im Dienste der Theorie der Kommunikation. Diese Korrelation zweier Forschungsbereiche stellt E. in seinem theoretischen Hauptwerk »Trattato di semiotica generale« (1975) traditionellen Unterscheidungen wie der ↑Syntaktik und ↑Semantik der ↑Pragmatik entgegen und begründet sie in einer Theorie der Interpretation als Inferenz, d. h. als ↑Deduktion, ↑Induktion oder ↑Abduktion vermöge des umfassenden semantischen Systems, das E. auch als ›Enzyklopädie‹ und ›Labyrinth‹ entwirft (Semiotica e filosofia del linguaggio, 1984).

Seit Ende der 80er Jahre hebt E. in der Einheit von Geschlossenheit und Offenheit ästhetischer Formen eher das erstere Moment hervor und unternimmt eine allgemeine Kritik der Überinterpretation, insbes. der hermetischen (↑hermetisch/Hermetik) Semiose. In diesem Zusammenhang weist er die Konzeption der unbegrenzten Semiose als ›différance‹ (↑Dekonstruktion (Dekonstruktivismus)) samt der dadurch motivierten Aufgabe des Zeichenbegriffs zurück, den E. von »Lector in fabula« (1979) bis »Kant e l'ornitorinco« (1997) auch in Form einer Semiotik der möglichen Welten (↑Welt, mögliche) als Gebilde kultureller Konvention und in diesem Sinne kritischen Ontologie (›Vereinbarungsrealismus‹) des dynamischen Objekts als durch unbegrenzte Semiose ›asymptotisch‹ zu bestimmender Bedingung der Zeichenerzeugung zu begründen sucht.

E.s theoretische Konzeptionen schlagen sich vielfach auch in seinen durch komplizierte intertextuelle Strategien charakterisierten Romanen nieder. Inszeniert »Il nome della rosa« (1980) die interpretatorische Problematik an einem Musterbeispiel detektivischer Rekonstruktion, so »Il pendolo di Foucault« (1988) an einem der Überinterpretation, während »L'isola del giorno prima« (1994) und »Baudolino« (2000) ebenfalls für ihre Deutung als narrative Exemplifikationen von Weisen der Annäherung an das dynamische Objekt und deren Scheitern offen sind.

Werke: Il problema estetico in San Tommaso (1954), Turin 1956, überarb. unter dem Titel: Il problema estetico in Tommaso d'Aquino, Mailand 1970, ²1998 (engl. The Aesthetics of Thomas Aquinas, Cambridge Mass., London 1988, Cambridge Mass. 1994); Sviluppo dell'estetica medievale, in: A. Plebe u. a., Momenti e problemi di storia dell'estetica I (Dall'antichità classica al barocco), Mailand 1959, 1987 (Problemi ed orientamenti critici di lingua e di letteratura italiana V/1), 115–229, überarb. unter dem Titel: Arte e bellezza nell'estetica medievale, Mailand 1987, ⁶1999 (dt. Kunst und Schönheit im Mittelalter, München/Wien 1991, München 1993, ⁵2000, Darmstadt 2002); Opera aperta. Forma e indeterminazione nelle poetiche contemporanee, Mailand 1962, ⁵2000 (dt. Das offene Kunstwerk, Frankfurt 1973, 2002); Apocalittici e integrati. Comunicazioni di massa e teorie della cultura di massa, Mailand 1964, ⁶2001 (dt. [teilw.] Apokalyptiker und Integrierte. Zur kritischen Kritik der Massenkultur, Frankfurt 1984, 1994); La struttura assente. Introduzione alla ricerca semiologica, Mailand 1968, Neuausg. mit Untertitel: La ricerca semiotica e il metodo strutturale, Mailand 1980, ⁵2002; Le forme del contenuto, Mailand 1971; Einführung in die Semiotik, München 1972, ⁹2002 [zu einem Werk vereinte Neufassung von »La struttura assente« und »Le forme del contenuto«]; Segno, Mailand 1973, ²1985 (dt. Zeichen. Einführung in einen Begriff und seine Geschichte, Frankfurt 1977, 2000); Trattato di semiotica generale, Mailand 1975, ¹⁸2002 (engl. A Theory of Semiotics, Bloomington Ind./London, Don Mills Ont. 1976, London/Basingstoke 1977, Bloomington Ind./Indianapolis Ind. 1995; dt. Semiotik. Entwurf einer Theorie der Zeichen, München 1987, ²1991); Lector in fabula. La cooperazione interpretativa nei testi narrativi, Mailand 1979, ⁸2002 (dt. Lector in fabula. Die Mitarbeit der Interpretation in erzählenden Texten, München/Wien 1987, München 1990, ³1998); Il nome della rosa, Mailand 1980, ⁴⁷2001 (dt. Der Name der Rose, München/Wien 1982, München 1986, ²⁶2002); Semiotica e filosofia del linguaggio, Turin 1984, 1997 (engl. Semiotics and the Philosophy of Language, Bloomington Ind./London, London/Basingstoke 1984, Bloomington Ind./London 1986, Houndmills/Basingstoke/London 1997; dt. Semiotik und Philosophie der Sprache, München 1985); Streit der Interpretationen, Konstanz 1987; Il pendolo di Foucault, Mailand 1988, ¹⁹2001 (dt. Das Foucaultsche Pendel, München/Wien 1989, München 1992, ¹⁴2002); I limiti dell'interpretazione, Mailand 1990, ³1999 (dt. Die Grenzen der Interpretation, München/Wien 1992, München 1995, ²1999); (mit R. Rorty/J. Culler/C. Brooke-Rose) Interpretation and Overinterpretation, Cambridge/New York/Oakleigh 1992, 1998 (dt. Zwischen Autor und Text. Interpretation und Überinterpretation, München/Wien 1994, München 1996; ital. Interpretazione e sovrainterpretazione, Mailand 1995, ²2002); La ricerca della lingua perfetta nella cultura europea, Rom/Bari 1993, ³2002 (dt. Die Suche nach der vollkommenen Sprache, München, Frankfurt/Wien 1994, München ³1995, 2002); L'isola del giorno prima, Mailand 1994, ⁸2001 (dt. Die Insel des vorigen Tages, München/Wien 1995, München 1997, ⁸2002); Kant e l'ornitorinco, Mailand 1997, ³2002 (dt. Kant und das Schnabeltier, München/Wien 2000, München 2003); Baudolino, Mailand 2000, ²2003 (dt. Baudolino, München/Wien 2001, 2002).

Literatur: U. Ahlborn-Rizzuto, Im Labyrinth der Zeichen. Zur Textsemiotik U. E.s, Frankfurt/Bern/New York 1990; P. Bondanella, U. E. and the Open Text. Semiotics, Fiction, Popular Culture, Cambridge/New York/Oakleigh 1997; N. Bouchard/V.

Pravadelli (eds.), U.E.'s Alternative. The Politics of Culture and the Ambiguities of Interpretation, New York/Washington D.C./Baltimore Md. 1998; A. Burkhardt/E. Rohse (eds.), U.E.. Zwischen Literatur und Semiotik, Braunschweig 1991; M. Caesar, U.E.. Philosophy, Semiotics and the Work of Fiction, Cambridge/Oxford/Malden Mass. 1999; R. Capozzi (ed.), Reading E.. An Anthology, Bloomington Ind./Indianapolis Ind. 1997; L. Engell, E., in: A. Nünning (ed.), Metzler Lexikon Literatur- und Kulturtheorie. Ansätze – Personen – Grundbegriffe, Stuttgart/Weimar 1998, 106–107, ²2001, 126–128; B. Eriksson, U.E., Kopenhagen 1995; F. Frandsen, U.E. og semiotikken, Århus 2000; B. Freind, E., in: P. Hansom (ed.), Twentieth-Century European Cultural Theorists. First Series, Detroit Mich./San Francisco Calif./London 2001 (Dictionary of Literary Biography 242), 144–153; M. Ganeri, Il ›caso‹ E., Palermo 1991 (mit Bibliographie, 159–216); J.J.E. Gracia/C. Korsmeyer/R. Gasché (eds.), Literary Philosophers. Borges, Calvino, E., New York/London 2002; J. Gritti, U.E., Paris 1991; U. Harendarski/K. Gloy, Vom Zeichenlesen. E. sprachwissenschaftlich kommentiert, Aachen 1996; T. Kindt/H.-H. Müller (eds.), E.s Echos. Das Werk U.E.s. Dimensionen, Rezeptionen, Kritiken, München 2000; T. de Lauretis, U.E., Florenz 1981; P. Magli/G. Manetti/P. Violi (eds.), Semiotica. Storia, teoria, interpretazione. Saggi intorno a U.E., Mailand 1992; D. Mersch, U.E. zur Einführung, Hamburg 1993; F. Musarra u.a. (eds.), E. in fabula. U.E. nelle scienze umane. Atti del convegno internazionale, Leuven (Belgio), 24–27 febbraio 1999, Löwen/Florenz 2002; W. Nöth, Handbuch der Semiotik, Stuttgart/Weimar ²2000, bes. 125–130 (Kap. II/11); J. Petitot/P. Fabbri (eds.), Au nom du sens. Autour de l'œuvre d'U.E., Paris 2000 (Colloque de Cerisy 1996) (mit Bibliographie, 603–633); G.P. Radford, On E., Singapur/South Melbourne/Toronto Ont. 2003; H. Schalk, U.E. und das Problem der Interpretation. Ästhetik, Semiotik, Textpragmatik, Würzburg 2000; D.S. Schiffer, U.E.. Le labyrinthe du monde, Paris 1998; D. Schultze-Seehof, Italienische Literatursemiotik. Von Avalle bis E., Tübingen 2001, 153–178 (Kap. 7); dies./J. Trabant, E., in: F. Volpi (ed.), Großes Werklexikon der Philosophie I, Stuttgart 1999, 424–428; W.E. Tanner/A. Gervasi/K. Mizzel (eds.), Out of Chaos. Semiotics. A Festschrift in Honor of U.E., Arlington Tex. 1991. – Sondernummern: Sub-stance 47 (1985), 1–101; Republika 44, Nr. 9/10 (1988), 1–178; Contemporary Lit. Criticism 60 (1990), 110–126; Zibaldone 33 (2002), 1–140. T.G.

Eddington, Arthur Stanley, *Kendal 28. Dez. 1882, †Cambridge 22. Nov. 1944, engl. Astronom mit bedeutenden Beiträgen zur Astrophysik und Kosmologie. Nach Studium der Mathematik am Trinity College Cambridge 1905 Promotion, 1906 Assistent am königlichen Observatorium in Greenwich, 1913 Prof. und Leiter des Observatoriums in Cambridge. 1914 erschien sein erstes Buch über Sternbewegungen, dem Untersuchungen über den inneren Aufbau der Sterne, ihre Masse-Helligkeitsbeziehung und Pulsationstheorie folgten. Berühmt wurde seine Bestätigung der von A. Einstein vorausgesagten Lichtstrahlkrümmung durch Gravitationsfelder (↑Relativitätstheorie, allgemeine), die E. durch Messungen bei der Sonnenfinsternis am 29. Mai 1919 auf dem Mount-Wilson-Observatorium mit einer Abweichung von 1,90″ belegen konnte. 1924 veranlaßte er W.S. Adams, die Rotverschiebung von Sirius B auf dem Mount-Wilson-Observatorium zu vermessen, die mathematisch aus Einsteins Feldgleichungen folgt. Während nämlich die von Einstein vorausgesagte Rotverschiebung z.B. für die Sonne nur geringfügig war, ließ sie sich für ›Weiße Zwerge‹, d.h. Sterne mit geringem Radius, aber normaler Masse und daher sehr großer Dichte, deutlich nachweisen. E. hatte für Sirius B die Eigenschaften eines ›Weißen Zwerges‹ berechnet.

Neben diesen empirisch-astronomischen Bestätigungen der Relativitätstheorie beschäftigte sich E. auch mit ihren mathematischen Grundlagen (↑Differentialgeometrie). Nachdem A. Friedmann 1922 das kosmologische Modell eines expandierenden Universums auf Grund der Einsteinschen Gravitationsgleichungen ohne kosmologisches Glied vorgeschlagen hatte, wies E. einige Jahre später nach, daß ein statisches Universum nach der Relativitätstheorie instabil wäre. In mehreren kosmologischen Arbeiten, insbes. in seiner nachgelassenen Schrift »Fundamental Theory«, versuchte E. zu zeigen, daß zwischen den Naturkonstanten der relativistischen Kosmologie (der Gravitationskonstanten G, der Lichtgeschwindigkeit c, der Hubbleschen Konstanten H, der mittleren Massendichte ρ_0 des Universums) und den Naturkonstanten der Quantentheorie (dem elektrischen Elementarquantum e, der Masse m_e des Elektrons, der Masse m_p des Protons, dem Planckschen Wirkungsquantum h) konstante Proportionalitätsfaktoren bestehen, die er als dimensionslose Naturkonstanten (↑Dimensionsanalyse) interpretierte. Den Faktor γ, der in allen E.schen Beziehungen auftritt, leitete er aus dem Verhältnis der Gravitationsanziehung und der Coulombschen Anziehung im Wasserstoffatom her:

$$\gamma = \frac{e^2}{G \cdot m_p \cdot m_e} = 2,3 \cdot 10^{39}.$$

Für das Verhältnis der kosmologischen Länge $c \cdot T_0$, die im sphärischen Modell dem ›Weltradius‹ angenähert entspricht, zum klassischen Elektronenradius ergibt sich nach E. die grobe Annäherung

$$2\gamma \approx \frac{c \cdot T_0}{e^2/mc^2} = 4,4 \cdot 10^{40}$$

und für die Zahl von Protonen und Neutronen in seinem kosmologischen Modell die angenäherte Größenordnung

$$\gamma^2 \approx \frac{\rho_0 \cdot c^3 T_0^3}{m_p} = (1,0 \cdot 10^{39})^2.$$

Dieser Ansatz wurde in den 30er Jahren des 20. Jhs. von P.A.M. Dirac und später von P. Jordan weiterentwickelt.

Werke: Stellar Movements and the Structure of the Universe, London 1914; Report on the Relativity Theory of Gravitation, London 1918, 1920; Space, Time and Gravitation. An Outline of the General Relativity Theory, Cambridge 1920 (repr. Cambridge etc. 1966, 1973, 1978, 1987, 1999) (franz. Espace, temps et gravitation. La théorie de la relativité généralisée dans ses grandes lignes; dt. Raum, Zeit und Schwere. Ein Umriß der allgemeinen Relativitätstheorie, Braunschweig 1923); The Mathematical Theory of Relativity, Cambridge 1923, ²1924 (repr. Cambridge 1960, 1965, New York 1975) (dt. Relativitätstheorie in mathematischer Behandlung, Berlin 1925); The Internal Constitution of the Stars, Cambridge/London 1926, New York 1959, Cambridge etc. 1988 (dt. Der innere Aufbau der Sterne, Berlin 1928); Stars and Atoms, New Haven Conn./London/Oxford 1927 (dt. Sterne und Atome, Berlin 1928, Göttingen ⁴1958; franz. Étoiles et atomes, Paris 1930); The Nature of the Physical World, New York/Cambridge/London 1928, 1929, Ann Arbor Mich. 1958, 1968 (dt. Das Weltbild der Physik und ein Versuch seiner philosophischen Deutung, Braunschweig 1931, 1939); The Expanding Universe, Cambridge 1933, Cambridge etc. 1952, 1987 (dt. Dehnt sich das Weltall aus?, Stuttgart etc. 1933); New Pathways in Science, New York/Cambridge 1935, Ann Arbor Mich. 1959 (dt. Die Naturwissenschaft auf neuen Bahnen, Braunschweig 1935); Relativity Theory of Protons and Electrons, New York/Cambridge 1936; The Philosophy of Physical Science, Cambridge etc. 1939, Ann Arbor Mich. 1958, 1978 (dt. Philosophie der Naturwissenschaft, Bern 1949, 1959); Fundamental Theory, ed. E. T. Whittaker, Cambridge 1946, 1953.

Literatur: S. Chandrasekhar, E.. The Most Distinguished Astrophysicist of His Time, Cambridge etc. 1983; H. Dingle, The Sources of E.'s Philosophy, Cambridge 1954 (A. S. E. Memorial Lecture VIII); A. V. Douglas, The Life of A. S. E., London 1956; FM II (1994), 969–970; P. Kerszberg, E., Enc. philos. universelle III/2 (1992), 2385–2387; C. W. Kilmister/B. O. J. Tupper, E.'s Statistical Theory, Oxford 1962; ders., Men of Physics: Sir A. E., Oxford/New York 1966; ders., E.'s Search for a Fundamental Theory. A Key to the Universe, Cambridge etc. 1994; J. Merleau-Ponty, Philosophie et théorie physique chez E., Paris 1965; S. R. Milner, Generalised Electrodynamics and the Structure of Matter, ed. C. W. Kilmister, Sheffield 1963; G. C. Nerlich, E., Enc. Ph. II (1967), 458–460; A. D. Ritchie, Reflections on the Philosophy of Sir A. E., Cambridge 1948 (A. S. E. Memorial Lecture I); N. B. Slater, The Development and Meaning of E.'s ›Fundamental Theory‹. Including a Compilation from E.'s Unpublished Manuscripts, Cambridge 1957; E. T. Whittaker, From Euclid to E.. A Study of Conceptions of the External World, Cambridge 1949, New York 1958, 1979 (dt. Von Euklid zu Eddington. Zur Entwicklung unseres modernen physikalischen Weltbildes, Zürich, Wien etc. 1952); ders., E.'s Principle in the Philosophy of Science, Cambridge 1951 (A. S. E. Memorial Lecture V); J. W. Yolton, The Philosophy of Science of A. S. E., The Hague 1960. K. M.

Edwards, Jonathan, *East Windsor Conn. 5. Okt. 1703, †Princeton N. J. 22. März 1758, amerik. puritanischer Theologe und Philosoph, Begründer der New English Theology. Nach Studium in Yale (1716–1723) Pfarrer in New York (1722) und Northampton Mass. (1729), 1758 Präsident des New Jersey College (später Princeton University). E.' antiarminianische Predigten führten 1734 zur ›großen Erweckung‹ (Great Awakening) (A Treatise Concerning Religious Affections, 1746); seine philosophische Theologie, beeinflußt durch die Erkenntnistheorie J. Lockes, ausgearbeitet in Richtung auf den ↑Idealismus G. Berkeleys, orientiert sich vornehmlich an Problemen von ↑Freiheit und ↑Determinismus (Freedom of the Will, 1754). E. schrieb zeitlebens (in Form von Tagebucheintragungen) an einer Summe der calvinistischen Theologie (A Rational Account of the Main Doctrines of the Christian Religion Attempted).

Werke: The Works of President E., I–VIII, ed. E. Williams/E. Parsons, London 1806–1811, ²1817 (repr. New York 1968); IX–X, Edinburgh 1847 (repr. New York 1968); The Works of President E. with a Memoir of His Life, I–X, ed. S. E. Dwight, New York 1830; The Works of J. E., ed. P. Miller, I–, New Haven Conn. 1957 ff. (erschienen Bde I–XX). – A Treatise Concerning Religious Affections, Boston Mass. 1746; Freedom of the Will, Boston Mass. 1754, ed. A. S. Kaufman/W. E. Frankena, Indianapolis Ind. 1969, New York 1982; Two Dissertations. I Concerning the End for Which God Created the World. II The Nature of True Virtue, Boston Mass. 1755, Edinburgh 1788, daraus separat: The Nature of True Virtue, Ann Arbor Mich. 1960, 1988; J. E.. Representative Selections, with Introduction, Bibliography, and Notes, ed. C. H. Faust/T. H. Johnson, New York/Cincinnati Ohio/Chicago Ill. 1935, New York 1962 (mit Bibliographie, CXIX–CXLII); Puritan Sage. Collected Writings of J. E., ed. V. Ferm, New York 1953; The Philosophy of J. E. from His Private Notebooks, ed. H. G. Townsend, Eugene Or. 1955 (repr. Ann Arbor Mich. 1980); Selected Writings of J. E., ed. H. P. Simonson, New York 1970, ²1978. – T. H. Johnson, The Printed Writings of J. E., 1703–1758. A Bibliography, New York 1940, ²1970.

Literatur: A. O. Aldridge, J. E., New York 1964, 1966; C. Angoff (ed.), J. E.. His Life and Influence. Papers and Discussions by Conrad Sherry and Others, Rutherford N. J. 1975; H. L. Bond, E., TRE IX (1982), 299–301; J. Carse, J. E. and the Visibility of God, New York 1967; L. Chai, J. E. and the Limits of Enlightenment Philosophy, New York 1998; S. H. Daniel, The Philosophy of J. E.. A Study in Divine Semiotics, Bloomington Ind. 1994; R. C. De Prospo, Theism in the Discourse of J. E., Newark Del. 1985; D. J. Elwood, The Philosophical Theology of J. E., New York 1960; N. Fiering, J. E.'s Moral Thought and Its British Context, Chapel Hill N. C. 1981; F. H. Foster, A Genetic History of the New England Theology, Chicago Ill. 1907 (repr. New York 1987), bes. 47–103; W. K. Frankena, Foreword, in: J. E., The Nature of True Virtue, Ann Arbor Mich. 1960, 1988, V–XIII; E. M. Griffin, J. E., Minneapolis Minn. 1971; E. W. Hankamer, Das politische Denken von J. E., Diss. München 1972; G. Hoffmann, Seinsharmonie und Heilsgeschichte bei J. E., Diss. Göttingen 1957; C. A. Holbrook, The Ethics of J. E.. Morality and Aesthetics, Ann Arbor Mich. 1973; L. Howard, Introduction. Young E. and the Problems of His Notes on »The Mind«, in: ders. (ed.), »The Mind« of J. E.. A Reconstructed Text, Berkeley Calif./Los Angeles 1963, 1–24; B. Kuklick, Churchmen and Philosophers. From J. E. to John Dewey, New Haven Conn./London 1985, bes. 5–111 (mit ›Bibliographical Essay‹, 281–302); S. H. Lee, The Philosophical Theology of J. E., Princeton N. J. 1988, 2000; A. A. Maurer, E., Enc. Ph. II (1967), 460–462; P. Miller, J. E., New York 1949, Amherst Mass. 1981; J. Opie, J. E. and the Enlightenment, Lexington Mass. 1969; V. A. Peacock, Problems in the Interpretation of J. E.'s »The Nature of True Virtue«, Lewiston N. Y. 1990; D. P. Rudisill, The Doctrine of the Atonement in J. E. and His Successors, New York 1971; G. Rupp, The ›Idealism‹ of J. E., Harvard Theol. Rev. 62 (1969), 209–226; W. J. Scheick (ed.), Critical Essays on J. E., Boston Mass. 1980;

J. E. Smith, J. E. as Philosophical Theologian, Rev. Met. 30 (1976/1977), 306–324; ders., J. E.. Puritan Preacher, Philosopher, London/Notre Dame Ind. 1992; M. Vetö, La pensée de J. E.. Avec une concordance des différentes éditions, Paris 1987 (mit Bibliographie, 331–333); W. J. Wainwright, E., REP III (1998), 240–245; M. G. White, Science and Sentiment in America. Philosophical Thought from J. E. to John Dewey, London/New York 1972, bes. 30–54; O. E. Winslow, J. E. 1703–1758. A Biography, New York 1940 (repr. New York 1973). J. M.

Ego, transzendentales, von E. Husserl vor allem in den »Cartesianischen Meditationen« mit Blick auf R. Descartes verwendeter Terminus, um die transzendentale Subjektivität (↑Subjektivismus; ↑Subjekt, transzendentales) als absoluten und apodiktisch gewissen Geltungsgrund für alle methodische Philosophie auszuzeichnen (↑Ich). Während Husserl 1901 in den »Logischen Untersuchungen« den Begriff eines reinen Ich noch entschieden ablehnt (vgl. Log. Unters. II/1, Teil V, Kap. 1, §§ 1–8), wird 1913 in den »Ideen zu einer reinen Phänomenologie und phänomenologischen Philosophie I« (vgl. §§ 57, 80) das Ich in der Funktion des Quellpunkts der Aufmerksamkeitsstrahlen eingesetzt: »Das ›Gerichtetsein auf‹, ›Beschäftigtsein mit‹, ›Stellungnehmen zu‹, ›Erfahren‹, ›Leiden von‹ birgt *notwendig* in seinem Wesen dies, daß es eben ein ›von dem Ich dahin‹ oder in umgekehrtem Richtungsstrahl ›zum Ich hin‹ ist – und dieses Ich ist das *reine*, ihm kann keine Reduktion etwas anhaben« (§ 80). Als Kritiker einer solchen Konzeption des t.n E.s sind innerhalb der phänomenologischen Schule J.-P. Sartre (La transcendance de l'ego, 1936) und A. Gurwitsch (A Non-Egological Conception of Consciousness, 1941) hervorgetreten.

Literatur: A. Gurwitsch, A Non-Egological Conception of Consciousness, Philos. Phenom. Res. 1 (1940/1941), 325–338; E. Husserl, Ideen zu einer reinen Phänomenologie und phänomenologischen Philosophie I (1913), Halle 1922, mit Untertitel: Allgemeine Einführung in die Phänomenologie, Tübingen 1993 (engl. Ideas. General Introduction to Pure Phenomenology, London/New York 1931, unter dem Titel: Ideas Pertaining to a Pure Phenomenology and to a Phenomenological Philosophy I, The Hague/London 1980 [Collected Works I]); ders., Cartesianische Meditationen und Pariser Vorträge [1929], ed. S. Strasser, Den Haag 1950, Dordrecht ²1991 (Husserliana I); J.-P. Sartre, La transcendance de l'ego. Esquisse d'une description phénoménologique, Rech. philos. 6 (1936/1937), 85–123 (dt. Die Transzendenz des E.. Versuch einer phänomenologischen Beschreibung (1964), mit Untertitel: Skizze einer phänomenologischen Beschreibung, in: ders., Die Transzendenz des E.. Philosophische Essays 1931–1939, ed. B. Schuppener, erw. u. neu übers., Reinbek b. Hamburg 1982, ³1997, 39–96). C. F. G.

Egoismus (von lat. ego, ich), seit dem 18. Jh. über die franz. Bezeichnungen ›égoisme‹ und ›égoiste‹ gebräuchliche Kennzeichnung einer dem ↑Altruismus entgegengesetzten Haltung, in der die Verfolgung eigener ↑Zwekke vor anderen (gemeinsamen) Zwecken als das zentrale handlungsbestimmende Motiv gesehen wird. I. Kant unterscheidet zwischen einem *logischen*, einem *ästhetischen*, einem *metaphysischen* und einem *moralischen* E.. Der moralische Egoist ist der, »welcher alle Zwecke auf sich selbst einschränkt, der keinen Nutzen worin sieht, als in dem, was ihm nützt, auch wohl als Eudämonist bloß im Nutzen und der eigenen Glückseligkeit, nicht in der Pflichtvorstellung den obersten Bestimmungsgrad seines Willens setzt« (Anthropologie in pragmatischer Hinsicht § 2, Akad.-Ausg. VII, 129). Wo ein E. als Grundhaltung empfohlen wird (M. Stirner), erscheint er somit als eine Variante des ↑Hedonismus und des ↑Eudämonismus, sonst als eine biologische bzw. anthropologische Eigenart (›Selbstsucht‹), die, wie schon von Kant und A. Comte hervorgehoben, durch die ›moralische Triebfeder‹ (A. Schopenhauer) überwunden werden muß.

Literatur: K. Baier, Egoism, in: P. Singer (ed.), A Companion to Ethics, Oxford/Cambridge Mass., 1991, ⁵1997, 197–204; R. Campbell, Self-Love and Self-Respect. A Philosophical Study of Egoism, Ottawa Ont. 1979; W. Dwyer, Criticisms of Egoism, Personalist 56 (1975), 214–227; H.-J. Fuchs, Egotismus, E., Egomismus, Hist. Wb. Ph. II (1972), 315–318; D. P. Gauthier (ed.), Morality and Rational Self-Interest, Englewood Cliffs N. J. 1970; ders., Morals by Agreement, Oxford 1986, ⁴1992; H. Goetz, Ethischer E.. Individuum, Gattung, Gesellschaft, Staat, Essen 1993; T. L. Heck (ed.), Das Prinzip E., Tübingen 1993; J. van Ingen, Why Be Moral? The Egoistic Challenge, New York/Washington D. C./Baltimore Md. 1994; R. Kraut, Egoism and Altruism, REP III (1998), 246–248; A. MacIntyre, Egoism and Altruism, Enc. Ph. II (1967), 462–466; H. Margolis, Selfishness, Altruism, and Rationality. A Theory of Social Choice, Cambridge/London/New York 1982, Chicago Ill. ³1991; G. Mohr, Altruismus/E., EP I (1999), 41–47; J. Österberg, Self and Others. A Study of Ethical Egoism, Dordrecht/Boston Mass./London 1988; J. Narveson, Egoism and Altruism, in: R. Chadwick (ed.), Encyclopedia of Applied Ethics II, San Diego Calif. etc. 1998, 15–20; E. F. Paul/F. D. Miller/J. Paul (eds.), Self-Interest, Cambridge/New York/Melbourne 1997; L. P. Pojman, Ethical Theory. Classical and Contemporary Readings, Belmont Calif./Albany N. Y./Bonn 1989, ³1998; K. Rogers (ed.), Self-Interest. An Anthology of Philosophical Perspectives, New York/London 1997; C. Schultheiss, E., Normen, Rationale Wahl. Jon Elster und das ökonomische Verhaltensmodell, Baden-Baden 1999; R. Schüßler, Kooperation unter rationalen Egoisten. Vier Dilemmata, München 1990, ²1997; R. Shaver, Rational Egoism. A Selective and Critical History, Cambridge/New York/Melbourne 1999; P. Singer, How Are We to Live? Ethics in an Age of Self-Interest, London 1994, Amherst N. Y. 1995, Oxford/New York 1997 (dt. Wie sollen wir leben? Ethik in einer egoistischen Zeit, Erlangen 1996, München 1999); S. Sousedík, Das neulateinische ›Egoitas‹ als philosophischer Terminus, Arch. Begriffsgesch. 26 (1982), 144–146; B. Williams, Problems of the Self, London 1973, 250–265 (Egoism and Altruism) (dt. Probleme des Selbst, Stuttgart 1978, 398–423 [E. und Altruismus]). J. M.

Eidetik, von E. Husserl verwendeter Begriff zur Bezeichnung einer nicht-empirischen (›rationalen‹), phänomenologischen ›Wesenswissenschaft‹ (eidetischer Wissenschaft) in Abgrenzung zur ›Tatsachenwissenschaft‹ (↑Ontologie, ↑Wesensschau, ↑Wesen). Zentraler Inhalt der E. ist die Lehre von der eidetischen Variation (↑Variation, eidetische). – In der Psychologie von E. R. Jaensch (1883–1940) bezeichnet E. die Fähigkeit bestimmter Menschen (sog. ›Eidetiker‹) zur Hervorbringung subjektiver anschaulicher Vorstellungen (sog. ›eidetischer Phänomene‹). Der Eidetiker produziert z. B. einen visuellen Gegenstand aus der Erinnerung und bietet auf dieser Grundlage eine umfassende Beschreibung. Mit E. wird sowohl das visuelle Vermögen als auch die psychologische Schule bezeichnet, die sich mit eidetischen Phänomenen beschäftigt.

Literatur: A. Arduini, Principles of Eidetics. Outline of a Theory, Berlin etc. 1992; FM II (1994), 979–980 (Eidético); E. Husserl, Ideen zu einer reinen Phänomenologie und phänomenologischen Philosophie I, Halle 1913, 1922, mit Untertitel: Allgemeine Einführung in die Phänomenologie, Tübingen 1993 (engl. Ideas. General Introduction to Pure Phenomenology, London, New York 1931, unter dem Titel: Ideas Pertaining to a Pure Phenomenology and to a Phenomenological Philosophy I, The Hague/London 1980 [Collected Works I]), §§ 1–10; E. R. Jaensch, Die E. und die typologische Forschungsmethode [...], Leipzig 1925, ³1933 (engl. Eidetic Imagery and Typological Methods of Investigation [...], London 1930, 1999); W. Traxel, E., Hist. Wb. Ph. II (1972), 329.   C. F. G.

Eidos (griech. εἶδος, Gestalt, Idee), von E. Husserl synonym mit ↑Wesen verwendeter Terminus (↑Universalien). Die Lehre von den eidetischen Strukturen heißt ↑*Eidetik*, die Methode der Erfassung eidetischer Strukturen *eidetische Variation* (↑Variation, eidetische). Zur begrifflichen Bestimmung in der Philosophie Platons ↑Idee (historisch), ↑Ideenlehre; zur definitionstheoretischen Bedeutung (Unterscheidung zwischen genus und species) ↑Art.

Literatur: A. Ferrarin, Husserl on the Ego and Its E. (Cartesian Meditations IV), J. Hist. Philos. 32 (1994), 645–659; FM II (1994), 980; G. Huber, E. und Existenz. Umrisse einer Philosophie der Gegenwärtigkeit, Basel 1995; B. C. Hopkins, On the Paradoxical Inception and Motivation of Transcendental Philosophy in Plato and Husserl, Man and World 24 (1991), 27–47; E. Husserl, Ideen zu einer reinen Phänomenologie und phänomenologischen Philosophie I, Halle 1913, 1922, mit Untertitel: Allgemeine Einführung in die Phänomenologie, Nachdr. Tübingen 1993 (engl. Ideas. General Introduction to Pure Phenomenology, London, New York 1931, unter dem Titel: Ideas Pertaining to a Pure Phenomenology and to a Phenomenological Philosophy I, The Hague/London 1980 [Collected Works I]), §§ 1–10.   C. F. G.

Eigenname (engl. proper name, franz. nom propre), ein kontextunabhängig ausschließlich der ↑Benennung eines ↑Gegenstandes dienender sprachlicher Ausdruck, der in Aussagen über diesen Gegenstand (und gegebenenfalls weiteren Gegenständen) diesen Gegenstand sprachlich vertritt. Ein E. ist also ein ↑Nominator, der weder ↑deiktische noch solche prädikativen Bestandteile enthält, die für die Benennungsfunktion in Anspruch genommen werden. Z. B. sind weder das Demonstrativpronomen ›dieser/e/es‹ noch der grammatisch durchaus zu den E.n zählende Ausdruck ›Eiffelturm‹ noch gar eine deiktische ↑Kennzeichnung wie ›dieser Baum‹ oder ein ↑Indikator wie ›hier‹, obwohl sämtlich Nominatoren, E.n. Wohl aber ist ›Julius Caesar‹ ein E., vorausgesetzt allerdings, man unterschlägt die von dem Nominator ›Julius Caesar‹ zusätzlich indizierte Information, als Personenname zu fungieren. In einer natürlichen Sprache (↑Sprache, natürliche) kommen daher unter den grammatischen E.n – es gibt sie ohnehin in der Regel nur für Personen oder personifizierte Gegenstände sowie für geographische Einheiten – keine E.n im logischen Sinn vor, es sei denn, man verzichtet bei der Beurteilung eines sprachlichen Ausdrucks, ob er als ein logischer E. zu gelten hat oder nicht, auf den globalen Bezug zum Gesamtkorpus einer natürlichen Sprache und berücksichtigt nur die lokal für einen Kreis von Personen geltende, gegebenenfalls sogar ausdrücklich vorgenommene und dabei unter Umständen für eine ganze Gesellschaft – etwa durch eine standesamtliche Urkunde im Fall von Personennamen – institutionalisierte Vereinbarung, den fraglichen Ausdruck als E.n für einen bekannten bzw. aufgrund des E.ns identifizierbaren Gegenstand zu verwenden; er ist dann lokal ein E. auch im logischen Sinn. Die Gegenstände, auf die mit einem E.n Bezug genommen wird, sind traditionell auf konkrete Partikularia, insbes. Individua, beschränkt, so daß etwa der Name eines Buchstabens oder anderer sprachlicher Ausdrücke, die dabei, wie auch die Namen selbst, als ein ↑Schema oder Typ und nicht etwa als ein Vorkommnis (↑type and token) aufzufassen sind, z. B. ›der Buchstabe e‹ (d. i. gleichwertig mit dem Anführungsnamen ›e‹, ↑Anführungszeichen), oder ein Zahlwort bzw. ein ↑Zahlzeichen als Name einer Zahl, üblicherweise nicht als ein E. gelten. Das liegt unter anderem daran, daß in der traditionellen und weitgehend auch in der modernen, durch logische Analyse (↑Analyse, logische) gekennzeichneten ↑Sprachphilosophie sowohl ein E. (lat. nomen proprium), und zwar in der Regel ununterschieden von den übrigen Nominatoren, als auch ein Gattungsname (lat. nomen appellativum, ↑Appellativum) zwar ↑Namen sind – im Englischen durch ›singular term‹ und ›general term‹ unterschieden (bei J. S. Mill noch: ›singular‹ bzw. ›individual names‹ [Individuenname] und ›general names‹ [Allgemeinname]) –, jedoch ein E. nur konkrete, ein Gattungsname hingegen abstrakte Partikularia benenne, eben Genera (↑Gattung) und ↑Spezies als Klassen (↑Klasse (logisch)) und Teilklassen konkreter Partikularia. Es ist aber weder ausgemacht, ob schematisch verstandene sprachliche Ausdrücke, wiederkehrende zeitliche Abschnitte, wie Dienstag, Sommer usw., oder auch

›natürliche Arten‹ (engl. natural kinds), wie Rotkehlchen, Schneeglöckchen usw., nur als Abstrakta (↑Abstraktion) und damit logisch höherstufige Partikularia zu verstehen sind (↑Ding), noch, ob die Charakterisierung der traditionellen Gattungsnamen als Namen ihre sie von E.n bzw. Nominatoren unterscheidende sprachliche Funktion treffend wiedergeben. (Zu einem offenen Problem in diesem Zusammenhang gehört auch, ob, und gegebenenfalls wie, z. B. der E. ›Grün‹ für eine Farbe, d. i. das konkrete Ganze [↑Teil und Ganzes] aller Grün-Instanzen, vom E.n für die betreffende Eigenschaft, also ›Grünsein‹, zu unterscheiden ist.)

Schon Mill hatte die seit G. Frege für grundsätzlich alle (↑autosemantischen) sprachlichen Ausdrücke und Ausdrucksverbindungen eingeführte Unterscheidung von zweierlei ↑Bedeutung (↑Semantik), einer für das weltbezogene Verstehen verantwortlichen extensionalen (d. i. ↑Referenz; bei Frege: Bedeutung$_F$) Bedeutung und einer für das sprachbezogene Verstehen verantwortlichen intensionalen (d. i. ↑Sinn) Bedeutung, durch die nach Frege die Referenz vermittelt ist, in Gestalt der an der Logik der Spätscholastik (Wilhelm von Ockham, J. Buridan) orientierten Unterscheidung zwischen ↑Denotation und ↑Konnotation eines Namens – und nur der Namen – eingeführt. Sie dient bei ihm der Unterscheidung zwischen nicht-konnotativen, d. s. *nur* denotierende, von konnotativen, d. s. *auch* konnotierende, Namen; er stellt fest, daß Allgemeinnamen stets konnotativ sind, weil sie sowohl denotieren als auch konnotieren. Z. B. denotiert ›Schnee‹ jeden (individuellen) Gegenstand direkt, von dem sich Schneesein aussagen läßt, und konnotiert – dank des sprachbezogenen Verstehens von ›Schnee‹ – die bei jedem von ihnen auftretenden Attribute, d. s. seine ↑Eigenschaften, also Schneesein und insbes. Weißsein, indirekt; entsprechend denotiert ›weiß‹ jeden weißen Gegenstand, darunter Schnee, und konnotiert das Attribut Weißsein sowie die von Weißsein (begrifflich) implizierten Attribute. Individuennamen wiederum können sowohl konnotativ sein – Mills Beispiele sind bestimmte Kennzeichnungen –# als auch nicht-konnotativ, und das sind im Falle konkreter Individuen die E.n, während Namen von Abstrakta, z. B. ›Weißsein‹ als Name eines Attributs, zwar auch nicht-konnotativ sind, aber nicht als E.n gelten. Alle Namen denotieren, haben also eine (konkrete oder abstrakte) Referenz, aber nicht alle konnotieren; insbes. haben E.n nur eine Referenz, aber keinen Sinn, entgegen der Auffassung Freges, der im übrigen jedes Zeichen für einen Gegenstand einen E.n nennt, also ›E.‹ gleichwertig mit ›Nominator‹ bzw. ›singular term‹ verwendet, dabei allerdings E.n fiktiver Gegenstände (↑Fiktion), wie z. B. ›Odysseus‹, nur einen Sinn und keine Referenz zubilligt. Desweiteren ist es nach Mill für jeden Namen, auch für einen E.n, konstitutiv, in einer Aussage – und das sind im einfachsten Falle die Subjekt-Prädikat-Aussagen (↑Minimalaussage) der Tradition, wie z. B. ›Schnee ist weiß‹ – auch prädikativ verwendet werden zu können: Namen können noch beide Funktionen, die des Benennens und die des Aussagens (↑Prädikation) mit seinem Spezialfall des Unterscheidens (↑Klassifikator), ausüben, haben also im Sinne einer logischen Grammatik als ↑Artikulatoren zu gelten.

An dieser Stelle vollzog Frege die entscheidende Neuerung gegenüber der traditionellen Logik (↑Logik, traditionelle) und Sprachphilosophie: E.n (Nominatoren, singular terms) bedeuten$_F$ kraft ihrer benennenden Funktion einen Gegenstand, und Allgemeinnamen (↑Prädikatoren, Begriffswörter, general terms) bedeuten$_F$ kraft ihrer prädikativen Funktion einen (seinerseits durch seine prädikative Natur ausgezeichneten) ↑Begriff. Dabei liegt es für eine (geplante oder vorliegende) Aussage in einer natürlichen Sprache (↑Sprache, natürliche) – anders als in einer formalen Sprache (↑Sprache, formale) – nicht fest, wie in logischer Analyse ihr benennender und ihr prädikativer Anteil unter Berücksichtigung der Bedingung, daß benennende und prädikative Funktion einander ausschließen (weil nichts Begriff und Gegenstand, deren Kenntnis das [innere und äußere] Weltwissen ausmachen, zugleich sein kann), voneinander abzugrenzen sind: »Durch den Gedanken [= Sinn einer Aussage] selbst ist noch nicht bestimmt, was als Subjekt aufzufassen ist« (Begriff und Gegenstand, Vierteljahresschr. wiss. Philos. 16 [1892], 199). Neben ihrer Bedeutung$_F$ aber haben sowohl E.n als auch Allgemeinnamen einen Sinn, der von dem jeweiligen Namen ausgedrückt wird und den zu kennen zum Sprachwissen gehört. Dabei ist der Sinn eines E.ns die ›Art des Gegebenseins‹ des von dem Eigennamen vertretenen Gegenstands. So ist etwa der E. selbst, und zwar gleichgültig, ob es sich um einen E.n im logischen Sinn oder um eine, gegebenenfalls versteckte, Kennzeichnung handelt, eine Art des Gegebenseins, die dann, wenn etwa zwei E.n entweder ad hoc oder ständig in Gebrauch sind, und jemand den betreffenden Gegenstand nur unter einem E.n kennt, eine wichtige Rolle spielt. Z. B. enthält für jemanden, der nicht weiß, daß der Abendstern die Venus ist, der eine bloße ↑Identität aussagende Satz »die Venus ist [derselbe Planet wie] der Abendstern« gleichwohl eine Information, weil sie nicht nur etwas (schon innerhalb der Logik der Gleichheit Gültiges) über die Sache sagt, sondern mit der Bezeichnung der Sache deren ↑Gegebenheitsweise zeigt. Zu jedem logischen E.n ›n‹ – insbes. zu jeder ↑Individuenkonstante (↑Konstante) einer formalen Sprache (↑System, formales) – läßt sich ein (metasprachlicher oder objektsprachlicher) Prädikator ›εN‹ definieren durch: $x \varepsilon N \leftrightharpoons x$ ›n‹-heißen bzw. $x \varepsilon N \leftrightharpoons x = n$, so daß der E. ›$n$‹ sich ersetzen läßt durch die bestimmte Kennzeichnung »$\iota_x(x \varepsilon$ ›n‹-heißen)« bzw. ›$\iota_x(x = n)$‹ (in Worten:

derjenige Gegenstand, der die Aussageform »$x \ \varepsilon \ ›n‹$-heißen« bzw. ›$x = n$‹ erfüllt). Da sich in einer formalen Sprache die bestimmten Kennzeichnungen eliminieren lassen, sind auch E.n, also Individuenkonstanten, in einer solchen Sprache entbehrlich.

Dieser logische Zusammenhang zwischen einem E.n und einer bestimmten Kennzeichnung läßt sich auch umgekehrt dazu heranziehen, zu jeder bestimmten Kennzeichnung einen mit ihr referenzgleichen E.n einzuführen, allerdings ohne sicherzustellen, daß verschiedene E.n auch verschiedene Referenz haben. Z. B. lassen sich vereinbaren: der Morgenstern = Venus$_M$ und: der Abendstern = Venus$_A$, ohne dabei wissen zu müssen, daß Venus$_A$ = Venus$_M$ gilt. Dabei können ›Venus$_A$‹ und ›Venus$_M$‹ zunächst auch – so zugleich die historische Entwicklung im Verständnis von Abendstern (Hesperus) und Morgenstern (Phosphorus) logisch rekonstruierend – als zwei E.n je von ›Abendphase‹ und ›Morgenphase‹ der Venus verstanden werden, aus denen die Venus ihrem Stoff nach (↑Ding) durch Summation (der Stoffe) von Venus$_A$ und Venus$_M$ hervorgeht, ganz entsprechend etwa einem ganzen Menschen als aufgebaut z. B. aus den (logischen) Teilen: Jugendphase und Altersphase.

Unabhängig von diesen Zusammenhängen wird gegenwärtig vor allem darüber gestritten, ob bei E.n ihre Referenz über ihren Sinn vermittelt ist, sie also wie bei Frege (und B. Russell) als (versteckte) Kennzeichnungen zu behandeln sind, oder ob E.n ›direkt‹, also wie bei Mill ohne Vermittlung eines Sinns, allein durch (explizite oder implizite) Vereinbarung auf ihren Gegenstand referieren. In dieser Auseinandersetzung zwischen einer *Beschreibungstheorie der Referenz* und einer *Kausaltheorie der Referenz* – so genannt, weil die Vereinbarung sich in einer historischen Ursachenkette auf einen anfänglichen ›Taufakt‹ zurückführen lasse, der logische E.n als ›starre Designatoren‹ (bei S. Kripke: rigid designators) zur Folge habe – bleibt, abgesehen davon, daß es vor allem um eine genaue Bestimmung des Verhältnisses von Sinn und Referenz in der Semantik geht, bisher noch unklar, ob dabei empirisch als E.n bereits anerkannte Ausdrücke untersucht werden, oder ob die logische ↑Genese von E.n bzw. von Nominatoren im allgemeinen und damit die systematische Rekonstruktion des Funktionierens von E.n zur Debatte steht, was ohne eine zugleich vorgenommene logische Rekonstruktion des Gegenstand-Seins, also des Dingbegriffs, unmöglich ist.

Literatur: D. F. Austin, Plantinga's Theory of Proper Names, Notre Dame J. Formal Logic 24 (1983), 115–132; D. Bell, How ›Russellian‹ Was Frege?, Mind 99 (1990), 267–277; D. M. Braun, Proper Names, Cognitive Contents, and Beliefs, Philos. Stud. 62 (1991), 289–305; M. Devitt, Designation, New York 1981; K. S. Donnellan, Proper Names and Identifying Descriptions, Synthese 21 (1970), 335–358, Neudr. in: D. Davidson/G. Harman (eds.), Semantics of Natural Language, Dordrecht 1972, Dordrecht/Boston Mass. ²1977, 356–379; G. Evans, The Varieties of Reference, ed. J. McDowell, Oxford/New York 1982, 1996; G. Forbes, Proper Names, REP VII (1998), 752–757; W. Franzen, Kritisches zu Kripkes Theorie der E.n, Conceptus 18 (1984), 3–19; G. Frege, Über Sinn und Bedeutung, Z. Philos. phil. Kritik 100 (1892), 25–50; P. T. Geach, Reference and Generality. An Examination of Some Medieval and Modern Theories, Ithaca N. Y. 1962, Ithaca N. Y./London ³1980 [Rezension: W. V. Quine, Review of ›Reference and Generality‹, Philos. Rev. 73 (1964), 100–104]; ders., Logic Matters, Oxford, Berkeley Calif. etc. 1972; M. Jubien, Ontology, Modality, and the Fallacy of Reference, Cambridge/New York 1993; D. Kaplan, Words, Proc. Arist. Soc. Suppl. 64 (1990), 93–117; S. P. Kripke, Naming and Necessity, in: D. Davidson/G. Harman (eds.), Semantics of Natural Language, Dordrecht 1972, Dordrecht/Boston Mass. ²1977, 253–355; A. Kuhlenkampff, E. und Kennzeichnungen. Anmerkungen zur sogenannten Frege-Russell-Theorie, in: G. Preyer/F. Siebelt/A. Ulfig (eds.), Language, Mind and Epistemology. On Donald Davidson's Philosophy, Dordrecht/Boston Mass./London 1994, 55–76; H. Lauener, How to Use Proper Names, Grazer Philos. Stud. 49 (1994/1995), 101–119; C. Peacocke, Proper Names, Reference, and Rigid Designation, in: S. Blackburn (ed.), Meaning, Reference, and Necessity. New Studies in Semantics, Cambridge/London/New York 1975, 109–132; M. Pendlebury, Why Proper Names are Rigid Designators, Philos. Phenom. Res. 50 (1990), 519–536; H. Putnam, Synonymy and Analysis of Belief Sentences, Analysis 14 (1954), 114–122; W. V. O. Quine, Word and Object, Cambridge Mass. 1960, 1996 (dt. Wort und Gegenstand, Stuttgart 1980, 1996); F. Recanati, Direct Reference. From Language to Thought, Oxford/Cambridge Mass. 1993, ³1997; B. Russell, On Denoting, Mind 14 (1905), 479–493; ders., Mr. Strawson On Referring, Mind 66 (1957), 385–389; N. U. Salmon, Frege's Puzzle, Cambridge Mass. 1986; H. Schleichert, Identifikation und die Semantik der E.n, Linguist. Ber. 15 (1971), 12–19; J. Schröder, On the Reference of Proper Names, Conceptus 27 (1994), 219–237; S. P. Schwartz (ed.), Naming, Necessity, and Natural Kinds, Ithaca N. Y. 1977; D. S. Schwarz, Naming and Referring. The Semantics and Pragmatics of Singular Terms, Berlin/New York 1979; J. R. Searle, Proper Names, Mind 67 (1958), 166–173; ders., The Problem of Proper Names, in: D. D. Steinberg/L. A. Jakobovits (eds.), Semantics. An Interdisciplinary Reader in Philosophy, Linguistics and Psychology, Cambridge 1971, 134–141; ders., Proper Names and Intentionality, Pacific Philos. Quart. 63 (1982), 205–225; P. F. Strawson, On Referring, Mind 59 (1950), 320–344; R. Wimmer, Zur Theorie der E.n, Linguist. Ber. 17 (1972), 70–75; U. Wolf (ed.), E.n. Dokumentation einer Kontroverse, Frankfurt 1985, ²1993; T. Yagisawa, Proper Names, Erkenntnis 21 (1984), 195–208; P. Ziff, Semantic Analysis, Ithaca N. Y. 1960, 1978. K. L.

Eigenprädikator, im Unterschied zum ↑Apprädikator ein ↑Prädikator, der nur Gegenständen zugesprochen wird, die sich mit Hilfe desjenigen ↑Artikulators, aus dem er durch Abblenden der signifikanten Rolle hervorgegangen ist, ↑deiktisch kennzeichnen lassen (↑Kennzeichnung), d. s. im Deutschen und anderen indogermanischen Sprachen die Substantive. Z. B. erlaubt die ↑Aussage ›dies ε Mensch‹ nach der kennzeichnenden

Umformung in ›dies $P \, \varepsilon$ Mensch‹ mit einem Artikulator P, etwa ›Europäer‹ oder ›stumm‹, stets den Schluß auf ›dieser Mensch $\varepsilon \, P$‹, während ›dies ε laufen‹ sowohl ›dieser Mensch ε laufen‹ als auch ›dieses Laufen ε laufen‹ zu erschließen erlaubt; nur im zweiten Beispiel wird ›laufen‹ in prädikativer Position wie ein E., nämlich als Verbalsubstantiv, verwendet. Da rein sprachlogisch für Artikulatoren wie ›laufen‹ natürlich die grammatischen Unterscheidungen, etwa in finite Verbformen und Verbalsubstantiv, keine Rolle spielen – in allen grammatisch unterschiedenen Fällen handelt es sich grundsätzlich um denselben Artikulator bzw. Prädikator (↑Grammatik, logische) –, ist es angemessener, nicht von E.en und Apprädikatoren zu sprechen, sondern von eigenprädikativer bzw. apprädikativer Verwendung eines Prädikators.

Literatur: K. Lorenz, Sprachtheorie als Teil einer Handlungstheorie. Ein Beitrag zur Einführung linguistischer Grundbegriffe, in: D. Wunderlich (ed.), Wissenschaftstheorie der Linguistik, Kronberg 1976, 250–266; P. Lorenzen, Semantisch normierte Orthosprachen, in: F. Kambartel/J. Mittelstraß (eds.), Zum normativen Fundament der Wissenschaft, Frankfurt 1973, 231–249; ders./O. Schwemmer, Konstruktive Logik, Ethik und Wissenschaftstheorie, Mannheim 1973, 25–41, Mannheim/Wien/Zürich ²1975, 42–56.   K. L.

Eigenschaft (lat. attributum, proprietas, qualitas), Bezeichnung für die einem Gegenstand wesentlich (substantiell) oder zufällig (akzidentell) zukommende Bestimmung, durch die seine Einordnung in eine Klasse von Gegenständen erfolgt. In der philosophischen Tradition wird E. entsprechend dem Wortsinn von ›proprietas‹ als Beschaffenheit, die einem Gegenstand ›zu eigen‹ ist, verstanden. E.en und Beziehungen werden daher noch heute in platonistisch bestimmten Auffassungen der Logik (↑Platonismus (wissenschaftstheoretisch)) als ↑›Attribute‹ bezeichnet. Dabei wird die elementare ↑Prädikation $n \, \varepsilon \, P$ (›n ist P‹), durch die einem Gegenstand n ein Prädikat P zugesprochen wird, und P hier als ↑Apprädikator auftritt, als ›n hat die E. P‹ oder ›n fällt unter den Begriff P‹ gelesen. Z. B. vertritt ›weiß‹ in ›dieses Pferd ist weiß‹ eine E. dieses Pferdes, nicht aber der auf dem Bereich der Pferde verwendbare ↑Klassifikator ›Schimmel‹ in der Prädikation ›dieses Pferd ist ein Schimmel‹ (synonym zu ›dieses Pferd ist ein weißes Pferd‹); wohl aber fällt dieses Pferd sowohl unter den Begriff des Weißen als auch unter den Begriff des Schimmels. Die durch ›P‹ in einer Prädikation $n \, \varepsilon \, P$ vertretenen E.en von n werden von den ↑Merkmalen des Begriffs $|P|$ begrifflich erfaßt. – Als *strukturelle* E.en werden in der Logik ›E.en von E.en‹ bzw. E.en ›zweiter Stufe‹ bezeichnet. Beispiele dafür sind etwa ↑Äquivalenz, Symmetrie (↑symmetrisch/Symmetrie (logisch)), Synonymität (↑synonym/Synonymität) und Transitivität (↑transitiv/Transitivität) zweistelliger Prädikatoren oder Idempotenz (↑idempotent/Idempotenz) zweistelliger Funktoren.

Angesichts des Umstandes, daß der Ausdruck ›Begriff‹ in vielen Kontexten nicht für den Ausdruck ›E.‹ substituiert werden kann und umgekehrt (Beispiele: ›der Mann ohne E.en‹, ›die Begriffe der Physik‹), hat R. Carnap vorgeschlagen, zwischen E.en, dargestellt durch einstellige Prädikatoren, und ↑Relationen, dargestellt durch mehrstellige Prädikatoren, zu unterscheiden und den Ausdruck ›Begriff‹ als gemeinsame Bezeichnung für E.en und Relationen, aber z. B. auch für Individuenbegriffe (↑Eigennamen), zu verwenden. Dieser Vorschlag, der zum Teil von Vertretern der intensionalen Semantik (↑Semantik, intensionale) übernommen wurde, berücksichtigt weder die Differenz zwischen der Verwendung eines Prädikators als Apprädikators oder als Klassifikators, noch wird er der Tatsache gerecht, daß von E.en stets nur bezogen auf einen Gegenstand, der sie trägt, gesprochen werden kann, was für einen ↑Begriff nicht der Fall ist. Der Vorschlag ist deshalb unbefriedigend, zumal er die mangelnde Parallelität der Ausdrücke ›E.‹ und ›Begriff‹ im üblichen Gebrauch nicht zu erklären vermag. An dieser Stelle verhilft die *historische* Einordnung der Ausdrücke ›Begriff‹ und ›E.‹ in ›logische‹ bzw. ›ontologische‹ Traditionen und deren unterschiedliche Unterscheidungsintentionen, die dann ihren Niederschlag in der Wissenschafts- und Umgangssprache (↑Wissenschaftssprache, ↑Alltagssprache) gefunden haben, zu einer systematisch befriedigenderen Einführung von ›E.‹ und ›Begriff‹.

Der Unterscheidung zwischen *wesentlichen* (substantiellen) E.en (Beispiel: Menschen sind vernünftige Wesen) und *zufälligen* (akzidentellen) E.en (Beispiel: Menschen sind sterblich), die selbst nur bezüglich E.en (in den Beispielen: die E. Mensch), nicht bezüglich einzelner Gegenstände zu verstehen ist, entspricht in der philosophischen Tradition die Unterscheidung zwischen primären und sekundären ↑Qualitäten. In der physiktheoretisch orientierten neuzeitlichen Erkenntnistheorie gelten als die primären E.en oder Qualitäten von Körpern z. B. Bewegung, Gestalt, Lage und Größe, als sekundäre E.en oder Qualitäten alle die durch Wahrnehmungsprozesse vermittelten Bestimmungen von Körpern wie Farbe, Temperatur und Geruch. In der neueren Wissenschaftstheorie entsprechen den sogenannten *Dispositionseigenschaften* von Gegenständen, d. h. E.en, deren Prädizierbarkeit z. B. ein bestimmtes Kausal- oder Situationswissen voraussetzt (↑Tendenz, ↑Vermögen), ↑*Dispositionsbegriffe* (z. B. ›lösbar‹, ›zerbrechlich‹, ›erregbar‹).

Literatur: D. M. Armstrong/C. B. Martin/U. T. Place, Dispositions. A Debate, ed. T. Crane, London/New York 1996; G. Bealer, Property, in: R. Audi (ed.), The Cambridge Dictionary of Philosophy, Cambridge/New York/Melbourne 1995, ²1999, 751–752; A. Burks, Dispositional Statements, Philos. Sci. 22 (1955), 175–193; R. Carnap, Meaning and Necessity. A Study in Semantics and Modal Logic, Chicago Ill./Toronto/London 1947, ²1956, 1988, 16–23 (dt. Bedeutung und Notwendigkeit. Eine Studie zur Semantik und modalen Logik, Wien/New York 1972, 21–29); C. Daly, Modality and Acquaintance with Properties, Monist 81 (1998), 44–68; D. H. Mellor/A. Oliver (eds.), Properties, Oxford/New York 1997; S. Mumford, Dispositions, Oxford/New York 1998; A. Nuzzo, Ding/E., EP I (1999), 260–264; W. Stegmüller, Probleme und Resultate der Wissenschaftstheorie und Analytischen Philosophie II/1 (Theorie und Erfahrung, 1. Teilbd.: Begriffsformen, Wissenschaftssprache, empirische Signifikanz und theoretische Begriffe), Berlin/Heidelberg/New York 1970, 1974, 213 ff.; A. I. Ujomov, Dinge, E.en und Relationen, Berlin (Ost) 1965 (russ. Moskau 1963). J. M.

Eigentlichkeit, in M. Heideggers ↑Fundamentalontologie Bezeichnung für diejenige methodische Stufe der Explikation von Subjektivität (Analytik des ↑Daseins), auf der ein strukturell grundlegenderes Verständnis ihres spezifischen Seinsmodus (↑In-der-Welt-sein) entwickelt werden kann. Nachdem als Grundstruktur des alltäglichen In-der-Welt-seins das ›es geht um …‹ (↑Sorge) herausgestellt wurde, wird auf der Stufe der E. gezeigt, daß In-der-Welt-sein *eigentlich* heißt: Sein-zum-Tode (›Vorlaufen‹) und das Gerufen-sein vor diese Tatsache (›Entschlossenheit‹). Durch die E. ist keine Existenzform im anthropologischen oder moralisch-asketischen Sinn ausgedrückt (wodurch sich E. z. B. grundlegend von J.-P. Sartres Begriff der Authentizität unterscheidet). Mit der Betonung, daß die *uneigentliche* Existenz die gewöhnliche Form des Selbstseins ist, also keineswegs einen ›niederen‹ Existenzmodus darstellt, will sich Heidegger vielmehr explizit von der neuzeitlichen Subjektphilosophie absetzen, die die Fundierung des Wissens und Handelns an die Vorstellung vom Subjekt als Thema der Selbstreflexion knüpft. Die Selbstthematisierung der Existenz ist nach Heidegger nur als ein extremer Sonderfall des Daseins zu betrachten, der durch die ausdrückliche Thematisierung des Seins zum Tode repräsentiert wird. Demgegenüber soll der Anfang des methodischen Aufbaus der Fundamentalontologie mit dem Verständnis des Menschen in seiner Alltäglichkeit gemacht werden. Die Forderung, in der E. zu leben, wäre (abgesehen davon, daß sie im Rahmen der Fundamentalontologie nicht gerechtfertigt werden kann) geradezu widersinnig, weil das Dasein dadurch ständig aus seiner Vertrautheit mit der Welt heraustreten müßte.

Literatur: T. W. Adorno, Jargon der E.. Zur deutschen Ideologie, Frankfurt 1964, ¹⁴1997, ferner in: ders., Gesammelte Schriften VI, Frankfurt 1973, ⁵1996, 1997, 413–523; G. Figal, Martin Heidegger. Phänomenologie der Freiheit, Frankfurt 1988, Weinheim/Berlin ³2000, 190–269 (§ 8 E. oder die Negation des Verhaltens); C. F. Gethmann, Verstehen und Auslegung. Das Methodenproblem in der Philosophie Martin Heideggers, Bonn 1974, 265–274 (§ 3.3.6 Die Begründung der Methodenschritte aus der konstitutionstheoretischen Modallehre. Das vollständige Methodenmodell); ders., Die Konzeption des Handelns in »Sein und Zeit«, in: ders., Dasein. Erkennen und Handeln. Heidegger im phänomenologischen Kontext, Berlin/New York 1993, 281–321, insbes. 300–313 (Das Umwillen des Handelns); B. Irlenborn, Die Uneigentlichkeit als Privation der E.? Ein offenes Problem in Heideggers »Sein und Zeit«, Philos. Jb. 106 (1999), 455–464; H. Hoppe, Mitsein und Intersubjektivität. Zum Verhältnis von E. und Gesellschaftlichkeit in Heideggers »Sein und Zeit«, in: F. W. Veauthier (ed.), Martin Heidegger. Denker der Post-Metaphysik. Symposion aus Anlaß seines 100. Geburtstags, Heidelberg 1992, 117–136; T. Rentsch, Heidegger und Wittgenstein. Existential- und Sprachanalysen zu den Grundlagen philosophischer Anthropologie, Stuttgart 1985, 134–154 (E. und Ganzheit); M. E. Zimmerman, Eclipse of the Self. The Development of Heidegger's Concept of Authenticity, Athens Ohio/London 1981, ²1986. C. F. G.

Eigentum, Bezeichnung des ↑Rechts einer natürlichen oder juristischen Person (Rechtssubjekt), mit einer (E. genannten) Sache nach Belieben zu verfahren und andere von jeder Einwirkung auszuschließen, soweit nicht das Gesetz oder Rechte Dritter entgegenstehen (§ 903 BGB). Mit dieser Formulierung knüpft das Bürgerliche Gesetzbuch zu Beginn des 20. Jhs. noch einmal an die privatistisch-individualistische Bestimmung des E.sbegriffs an, die der napoleonische Code Civil ein Jahrhundert früher als eines der wichtigsten Ergebnisse der Französischen Revolution getroffen hatte. Die Ausbildung dieses modernen bürgerlichen E.sbegriffs steht in engem Zusammenhang mit der Durchsetzung des modernen bürgerlichen Verfassungsstaates gegen das feudalistisch-absolutistische Gesellschafts- und Staatsgefüge. Die Diskussion des privaten E.s hinsichtlich Entstehung, Verteilung, Begründung und Schutz erfolgt im Kontext der im 17. Jh. wiederaufgenommenen oppositionellen Naturrechtstheorien (↑Naturrecht), deren Fundament das E. erwerbende Individuum ist. Die naturrechtlichen E.stheorien eliminieren die letzten öffentlich-rechtlichen Elemente, die dem ständestaatlichen E.sbegriff aus seiner mittelalterlichen Verbindung mit dem lehnsrechtlich verstandenen Begriff der Grundherrschaft und der ihr eigenen weitreichenden hoheitlichen und personenrechtlichen Befugnisse innewohnten. Übrig bleibt der bloß sachenrechtliche E.sbegriff als eine wesentliche Voraussetzung der modernen Verkehrsgesellschaft. Aus den wirtschaftlichen und politischen Intentionen der Naturrechtstheorie folgt, daß die Auseinandersetzung mit den Sozialtheorien des E.s, die eine gerechtere Verteilung knapper Güter meist über das Rechtsinstitut des Gemeineigentums anstrebten, nicht im Mittelpunkt ihrer E.stheorien steht. Diese Diskussion wird in den utopischen Entwürfen idealer Gesellschafts- und Staatsverfassungen geführt (↑Utopie). In den Naturrechtstheorien konstituiert sich vielmehr das bürgerliche Subjekt über das private E., an das sich folgerichtig auch der politische Status des Aktivbürgers im gesellschaftsvertraglich verfaßten Staat knüpft (↑Gesellschaftsvertrag).

Gemeinsam gehen die naturrechtlichen E.stheorien davon aus, daß die insofern freien und gleichen Individuen infolge ihres natürlichen Selbsterhaltungstriebs und auf Grund eines auf Selbsterhaltung gerichteten natürlichen Rechts im gesellschafts- und staatslosen Naturzustand durch originären Zugriff faktische Verfügung über sich durch diesen Akt in Sachen verwandelnde Natur erlangen (Okkupationstheorien). Die Theorien unterscheiden sich in ihrer Auffassung darüber, ob die solchermaßen erlangte Verfügung der Zuerstgekommen bereits ein die Einwirkung Dritter moralisch ausschließendes E.srecht entstehen läßt. Einige Theorien konstruieren ein vorstaatliches E.srecht im ↑Naturzustand und begründen es durch Hinweis auf die zur Verwandlung der Natur aufgewandte, wertschöpfende Arbeitsleistung des Individuums (Arbeitstheorien). Einige halten angesichts einer Privatisierung des als ursprünglich angesehenen Gemeineigentums einen die Zustimmung aller voraussetzenden Teilungsvertrag für erforderlich (Vertragstheorien). Andere Naturrechtstheorien betrachten den Staat als einzige und originäre Rechtsquelle (Legaltheorien), benötigen aber zum Nachweis der ↑Legitimität des Staates ihrerseits eine Vertragskonstruktion.

H. Grotius gehört zu den frühesten und einflußreichsten Vertretern der neuen privatrechtlichen Theorie individuellen E.s auf der Grundlage des ersten Zugriffs. Für den Naturzustand geht Grotius von einer communis omnium possessio als der diesem Entwicklungsstadium natürlichen und daher vernünftigen Regelung aus. Nachdem die Menschheit weder bedürfnislos geblieben noch eine christliche Liebesgemeinschaft geworden ist, verlangt ihre Entwicklung eine neue natürlich-vernünftige E.sordnung, die unter dem Gesichtspunkt des größtmöglichen Nutzens nur in der durch das ursprüngliche Gemeineigentum nicht ausgeschlossenen Teilung bestehen konnte. Da Grotius die Zustimmung aller zu diesem Urteil voraussetzt, rekonstruiert er zwei die positive E.sordnung herbeiführende und zugleich rechtfertigende Handlungen: entweder schlossen die Menschen einen ausdrücklichen Teilungsvertrag oder sie billigten durch konkludentes Handeln die Umwandlung der faktischen Aneignung in ein Recht auf E.. Da die vertragsmotivierenden Ziele jedoch zu den Geltungsbedingungen des auf ihre Verwirklichung gerichteten Vertrages gehören, ist eine Anfechtung bei Nichteintritt des Vertragszwecks nach Grotius stets möglich.

Die von J. Locke im Kapitel »Of Property« des »Second Treatise of Government« (1690) entwickelte E.stheorie gehört zu den Arbeitstheorien. Als Eigentümer seines Körpers ist der Mensch auch Eigentümer seiner Arbeitskraft. E. an Boden und beweglichen Sachen entsteht dadurch, daß der bloßen und jedermann zur Verfügung stehenden Natur Arbeit als Eigenes hinzugefügt und durch Vermischung ein Einwirkungen Dritter ausschließendes Recht an der so veränderten Sache begründet wird. Der E.serwerb auf Grund verarbeitenden Zugriffs der Zuerstgekommen hat zunächst eine natürliche Grenze: es darf nur soviel Land angebaut, nur soviel angeeignet werden, wie für den Eigenbedarf erforderlich ist. Diese Schranke fällt, nachdem die Einführung mediatisierter Tauschmittel, Gold und Geld, die für die Beschränkung maßgebende Gefahr der Verderbnis von Nahrungsmitteln beseitigt hat. Das E.srecht entsteht als Naturrecht, dessen Gültigkeit durch die Benachteiligung der Zuspätgekommen und Nachgeborenen nicht berührt wird. Gesellschafts- und Staatsgründungsvertrag werden geschlossen, um den kriegsähnlichen Zustand zu beenden, der sich als Folge der Ungleichverteilung angesichts knapp gewordener Ressourcen eingestellt hat. Die bürgerliche Verfassung dient bei Locke nicht der Bestimmung, sondern nur der Sicherung des durch Verarbeitung einseitig in Besitz Genommenen.

Bei I. Kant rückt die Frage der nicht bloß empirischen, sondern auf Vernunfttitel beruhenden Erwerbung in den Mittelpunkt der Privatrechtslehre. Die ursprüngliche Erwerbung eines äußeren Gegenstandes der Willkür durch einseitigen Willen als Bemächtigung folgt unmittelbar aus dem Erlaubnisgesetz der praktischen Vernunft (↑Vernunft, praktische). Der sich einseitig bemächtigende ↑Wille verstieße jedoch gegen das allgemeine Prinzip des Rechts, wonach eine Handlung nur recht ist, sofern sie mit jedermanns Freiheit der ↑Willkür nach einem allgemeinen Gesetz zusammen bestehen kann, wenn er nicht immer schon Teilwille eines a priori vereinigten absolut gebietenden Willens ist. Nur in der Konformität mit der Idee dieses (in der bürgerlichen Verfassung) notwendig zu vereinigenden Willens aller liegt der Vernunfttitel der ursprünglich provisorischen Erwerbung, da durch einseitigen Willen Dritte nicht zu Verbindlichkeiten gezwungen werden können. Damit wird entsprechend der formalen Lösung des Verteilungsproblems in der Kantischen Rechtslehre bereits der sich bemächtigende Zugriff der Idee nach zu einem Teilungsakt aller durch den Zugriff in ihrem (nicht empirischen, sondern apriorisch gedachten) ursprünglichen Gesamtbesitz Beschränkten (Met. Sitten, Der Rechtslehre Erster Teil. Das Privatrecht, §§ 1–17, Akad.-Ausg. VI, 245–270).

In dem Versuch, ↑Freiheit als Idee des Rechts zu denken, geht G. W. F. Hegel noch über Kant hinaus. In der Wendung zur Persönlichkeitstheorie des E.s fügt er der individualistischen E.slehre insofern ein neues Element hinzu, als er die Freiheit des Menschen im Naturzustand nicht wie die meisten Naturrechtstheoretiker voraussetzungslos unterstellt, sondern im formierenden Zugriff des Individuums auf eine durch es versachlichte Natur erstmals entstehen läßt. Das Privateigentum wird so zur Bedingung der Möglichkeit individueller Freiheit. Der Mensch wird zum Subjekt der Natur, indem er sie in der gestalteten, angeeigneten Sache zu seinem Objekt macht. Daher vollzieht sich die Verwirklichung der persönlichen Freiheit als Entwicklung der persönlichen Einzelheit über das Recht als äußere Sphäre der Freiheit im Rahmen der bürgerlichen Gesellschaft (↑Gesellschaft, bürgerliche). Daraus folgt aber auch, daß die durch ihr Verhältnis zu Sachen für sich selbst und durch ihr Verhältnis zu Sachen als E. für einander bestimmten Individuen sich zunächst als Eigentümer sehen. Das Allgemeine nimmt in der bürgerlichen Gesellschaft die Form des Vertrages an. Obwohl Hegel die zentrifugale Dynamik der persönliche Beziehungen versachlichenden bürgerlichen Gesellschaft deutlich sieht, hält er (im Gegensatz zu K. Marx) an der Institution des Privateigentums als der Bedingung für den Ausgang des Menschen aus dem rohen Naturzustand und für den Fortschritt der Freiheit des Individuums fest. Weil die bürgerliche Gesellschaft nur die abstrakte Person als Eigentümer bindet, hat die Persönlichkeit die Freiheit, zum Subjekt aller außergesellschaftlichen Bereiche zu werden (Rechtsphilos., Erster Teil. Das abstrakte Recht, §§ 34–104).

Den liberalen Theorien, die im Anschluß an angelsächsische Traditionen der politischen Klugheitslehren die ↑Autarkie des Individuums gegenüber dem immer stärkeren ↑Staat der aufkommenden demokratischen Massengesellschaft einzig durch die staatlichem Eingriff entzogene Verfügungsmacht über das Privateigentum gewährleistet sehen, treten im 19. Jh. vor allem empirisch-evolutionistische E.stheorien gegenüber. Schon C.-H. de Saint-Simon und A. Comte betrachten das E.srecht im Rahmen ihrer Sozialphysik nur noch als eine historische und damit veränderliche Form, in der jede Epoche die für sie typische Produktionsweise ordnet. Daraus folgt, daß der Geltungsanspruch des E.srechts jenseits seiner systemischen Positivität als gesetztes Recht von jeder Generation neu nach dem Nutzen beurteilt werden muß, den es für die Gesamtgesellschaft hat. Neue Anstöße erhalten die kulturrelativistisch-deskriptiven E.stheorien durch sozialanthropologische Studien über archaische Gesellschaften (J. J. Bachofen, Das Mutterrecht, Stuttgart 1861) und durch Arbeiten der evolutionistischen Ethnologie über Früh- und Primitivgesellschaften (L. H. Morgan, Ancient Society, or Researches in the Lines of Human Progress from Savagery, through Barbarism to Civilisation, London 1877).

Neben der kritischen Aufnahme der Hegelschen Persönlichkeitstheorie des E.s bilden diese evolutionistischen Studien, nach denen die Universalgeschichte des E.s gesetzmäßig der historischen Entwicklung der Produktionsmittel und der Produktionsverhältnisse folgt, die Grundlage der E.stheorie des historischen Materialismus (↑Materialismus, historischer), wie sie von F. Engels in »Der Ursprung der Familie, des Privateigentums und des Staates« im Anschluß an Lewis H. Morgans Forschungen (MEW XXI–XXV) zusammengefaßt wurde. In der historisch-logischen Analyse der Entwicklung des Kapitalismus behaupten Marx/Engels die wachsende Konzentration des kapitalistischen Privateigentums an Produktionsmitteln, die zu einer entsprechenden Verschärfung des nur durch die sozialistische Revolution zu lösenden Grundwiderspruchs zwischen gesellschaftlicher ↑Arbeit und privater Aneignung führt. Über die vorübergehende Diktatur des Proletariats soll die Vergesellschaftung der Produktionsmittel als Voraussetzung für die Aufhebung der entfremdeten Arbeit erfolgen. Im neuen Gesellschaftseigentum erblicken Marx/Engels die (bei Hegel nicht gegebene) Bedingung für die Selbstverwirklichung des Menschen, der sein individuelles E. findet, indem er durch seine gesellschaftliche Tätigkeit die ihn als Individuum formende Gesellschaft mitformt.

Entgegen den im Manchester-Kapitalismus von Marx und Engels beobachteten Tendenzen hat sich das kapitalistische System insgesamt als wesentlich flexibler erwiesen, so daß fraglich scheint, ob die bloße Privatheit des Produktionsmitteleigentums heute noch als das vordringliche gesellschaftliche Problem zu betrachten ist. Gegen die Dringlichkeit könnte sprechen, daß die Diskussion des E.sinstituts im 20. Jh. weder die theoretische Höhe noch die praktische Ebene erreicht hat, die für die Behandlung der E.sfrage im 18. und 19. Jh. kennzeichnend waren.

Literatur: E. Angehrn, Besitz und E.. Zu einem Problem der politischen Philosophie, Z. philos. Forsch. 43 (1989), 94–110; C. Avila, Ownership. Early Christian Teaching, New York, London 1983; P. Baumann, Zwei Seiten der Kantschen Begründung von E. und Staat, Kant-St. 85 (1994), 147–159; S. J. Benn, Property, Enc. Ph. VI (1967), 491–494; J. Blühdorn, E., TRE IX (1982), 404–460; I. Böbel, E., E.srechte und institutioneller Wandel, Berlin/New York 1988; R. Brandt, E.stheorien von Grotius bis Kant, Stuttgart-Bad Cannstatt 1974; J. Braun, Freiheit, Gleichheit, E.. Grundfragen des Rechts im Lichte der Philosophie J. G. Fichtes, Tübingen 1991; M. Brocker, Kants Besitzlehre. Zur Problematik einer transzendentalphilosophischen Eigentumslehre, Würzburg 1987; ders., Arbeit und E.. Der Paradigmenwechsel in der neuzeitlichen E.theorie, Darmstadt 1992; W. Daeubler/U. Sieling-Wendeling/H. Welkoborsky, E. und Recht. Die Entwicklung des E.sbegriffes im Kapitalismus, Darmstadt/Neuwied 1976; G. Dietze, Zur Verteidigung des E.s, Tübingen 1978; K. Dilger, E., RGG II (1999), 1143–1155; P. Gey, Der Begriff des E.s bei Karl Marx. Zur Kritik des klassischen E.-Paradigmas in der Theorie von Locke, Smith und Hegel, Frankfurt 1981; J. Hahn, Der Begriff des Property bei John Locke. Zu den Grundlagen seiner politischen Philosophie, Frankfurt 1984; D. Hecker, E. als Sachherrschaft. Zur Genese und Kritik eines besonderen Herrschaftsanspruchs, Paderborn 1990; K. Herb/B. Ludwig, Naturzustand, E. und Staat. Immanuel Kants Relativierung des ›Ideal des Hobbes‹, Kant-St. 84 (1993), 283–316; H. Holzhey/G. Kohler (eds.), E. und seine Gründe. Ein philosophischer Beitrag aus Anlaß der schweizerischen Verfassungsdiskussion, Bern/Stuttgart 1983; H.-H. Hoppe, E., Anarchie und Staat. Studien zur Theorie des Kapitalismus, Opladen 1987; G.-K. Kaltenbrunner (ed.), Was gehört mir? Vom Nutzen und Nachteil des E.s, Freiburg/Basel/Wien 1982; R. Kessler/E. Loos (eds.), E.. Freiheit und Fluch. Ökonomische und biblische Einwürfe, Gütersloh 2000; K.

Kühl, E.sordnung als Freiheitsordnung. Zur Aktualität der Kantischen Rechts- und E.slehre, Freiburg/München 1984; A. Künzli, Mein und Dein. Zur Ideengeschichte der E.sfeindschaft, Köln 1986; H. Löffler (ed.), Die Bedeutung des E.s in unserer Gesellschaft, München 1995; C. B. Macpherson, Property. Mainstream and Critical Positions, Toronto/Buffalo N. Y./London 1978; U. Margedant/M. Zimmer, E. und Freiheit. E.stheorien im 17. und 18. Jahrhundert, Idstein 1993; S. R. Munzer, Property, REP VII (1998), 757–761; F. Negro, Das E.. Geschichte und Zukunft. Versuch eines Überblicks, München 1963; H. Rabe, E., Hist. Wb. Ph. II (1972), 339–342; A. Rauscher, Das E.. Persönliches Freiheitsrecht und soziale Ordnungsinstitution, Köln 1982; H. Rittstieg, E. als Verfassungsproblem. Zur Geschichte und Gegenwart des bürgerlichen Verfassungsstaates, Darmstadt 1975, ²1976; ders., E./Besitz, EP I (1999), 276–282; P. Römer, Entstehung, Rechtsform und Funktion des kapitalistischen Privateigentums, Köln 1978; D. Schwab, E., in: O. Brunner/W. Conze/R. Koselleck (eds.), Geschichtliche Grundbegriffe. Historisches Lexikon zur politisch-sozialen Sprache in Deutschland II, Stuttgart 1975, 65–115; J. Schwartländer/D. Willoweit (eds.), Das Recht des Menschen auf E.. Interdisziplinäre Kolloquien: Tübingen 1979–1981, Kehl/Straßburg 1983; H. Siegrist/D. Sugarman (eds.), E. im internationalen Vergleich (18.–20. Jahrhundert), Göttingen 1999; G. Sreenivasan, The Limits of Lockean Rights in Property, New York/Oxford 1995; F. Toennies, Das E., Wien/Leipzig 1926; R. Vierhaus (ed.), E. und Verfassung. Zur E.sdiskussion im ausgehenden 18. Jahrhundert, Göttingen 1972; J. Wiemeyer/W. Schulz, E., LThK III (1995), 530–535; H. F. Wünsche, E. als Grundrecht und Element der Ordnungspolitik, Stuttgart/New York 1984; H. Zeltner, E. und Freiheit. Ein Kapitel Sozialphilosophie, Zürich 1970.   H. R. G.

Eigenvariable (engl. eigenvariable, auch: proper variable), in der ↑Beweistheorie im Anschluß an G. Gentzen Bezeichnung für diejenigen ↑Variablen, auf die sich Variablenbedingungen bei Quantorenregeln beziehen. In ↑Kalkülen des natürlichen Schließens sind dies die Regeln der All-Einführung und Es-gibt-Beseitigung, in ↑Sequenzenkalkülen (↑Quantorenlogik) die Regeln der All-Einführung im ↑Sukzedens und der Es-gibt-Einführung im ↑Antezedens. In beweistheoretischen Untersuchungen verlangen E.n eine besondere Behandlung im Vergleich zu anderen in einer ↑Ableitung vorkommenden freien Variablen, da sie nicht durch beliebige Terme ersetzt werden dürfen. Z. B. fungiert bei Anwendungen des Schemas der All-Einführung im intuitionistischen Sequenzenkalkül:

$$\frac{\varGamma \to A(x)}{\varGamma \to \bigwedge_x A(x),}$$

die Variable x als E., die in $\varGamma$ nicht frei vorkommen darf. Ihre Ersetzung durch einen Term t mit dem Ergebnis:

$$\frac{\varGamma \to A(t)}{\varGamma \to \bigwedge_x A(x)}$$

liefert in der Regel keinen korrekten Ableitungsschritt. In anderer Bedeutung wird ›E.‹ im Kalkülbegriff der operativen Logik P. Lorenzens (↑Kalkül, ↑Logik, operative) Bezeichnung für solche ↑Variablen eines Kalküls K, die nur durch schon in K abgeleitete Zeichenreihen ersetzt werden dürfen. Von E.n unterscheidet Lorenzen ↑*Objektvariable* (H. Hermes spricht, Konnotationen von ›Objekt‹ vermeidend, von ›Fremdvariablen‹), d. h. Variable für die in einem anderen Kalkül K' ableitbaren Aussagen, dessen Grundzeichen (›Atome‹) unter denen von K vorkommen. Spezielle Objektvariable sind die ↑*Aussagenvariablen*, deren ↑Variabilitätsbereich die Aussagen von K sind, d. h. die aus Atomen von K zusammengesetzten Zeichenreihen – aufgefaßt als die in einem Kalkül K' *ableitbaren* (↑ableitbar/Ableitbarkeit) Aussagen, der genau die Aussagen von K erzeugt. Sei z. B. K der Kalkül mit den Atomen |, o und den Regeln

$(R_1) \quad \Rightarrow |\,o,$
$(R_2) \quad |a \Rightarrow a,$

dann ist, falls a E., die Aussage o in K nicht ableitbar. Denn man muß o schon abgeleitet haben, um o für die E. a substituieren und somit die Regel R_2 auf die nach R_1 ableitbare Aussage $|o$ anwenden zu können. Ist a jedoch Aussagenvariable, so ist o in K ableitbar, da o als Aussage von K (und nicht erst als in K abgeleitete Aussage) für a substituiert werden darf.

Literatur: S. R. Buss, An Introduction to Proof Theory, in: ders. (ed.), Handbook of Proof Theory, Amsterdam etc. 1998, 1–78; G. Gentzen, Untersuchungen über das logische Schließen, Math. Z. 39 (1935), 176–210, 405–431 (repr. Darmstadt 1969, 1974), Neudr. in: K. Berka/L. Kreiser (eds.), Logik-Texte. Kommentierte Auswahl zur Geschichte der modernen Logik, Berlin (Ost) 1971, 192–253, erw. ⁴1986, 206–262 (engl. Investigations into Logical Deduction, in: M. E. Szabo [ed.], The Collected Papers of Gerhard Gentzen, Amsterdam/London 1969, 68–131); H. Hermes, Zum Inversionsprinzip der operativen Logik, in: A. Heyting (ed.), Constructivity in Mathematics. Proceedings of the Colloquium Held at Amsterdam 1957, Amsterdam 1959, 62–68; P. Lorenzen, Einführung in die operative Logik und Mathematik, Berlin/Göttingen/Heidelberg 1955, Berlin/Heidelberg/New York ²1969.   P. S.

Eigenwert (engl. intrinsic value bzw. eigenvalue), in der ↑Moralphilosophie, speziell der so genannten ↑Wertphilosophie, Terminus zur Bezeichnung der axiologischen (↑Axiologie) Selbständigkeit der Werte (↑Wert (moralisch)) in einem hierarchisch geordneten Reich der Werte, in der ↑Mathematik Terminus der linearen ↑Algebra.
Sei K ein Körper (↑Körper (mathematisch)), V ein K-Vektorraum (↑Vektor) und f eine ↑Abbildung (↑Funktion) von V in V. Respektiert f die Skalarmultiplikation und die Vektoraddition von V, d. h., gilt für alle $a \in K$ und $v, w \in V$

$f(a \cdot v) = a \cdot f(v),$
$f(v + w) = f(v) + f(w),$

so heißt f eine (K-)*lineare Abbildung* bzw. ein (K-Vektorraum-)↑Homomorphismus von V in V. Existiert zu einem Skalar $e \in K$ ein Vektor $v \in V$ (außer dem Nullvektor, für den das folgende trivialerweise gilt), so daß

$f(v) = e \cdot v,$

d.h., wo f die ›Richtung‹ von v unverändert läßt und v nur um den Faktor e ›streckt‹, dann heißt e ein *E. von f* und v ein *Eigenvektor* von f bezüglich e. Die Vektoren mit der genannten Eigenschaft bilden einen Untervektorraum U_e von V (den *Eigenraum* zu e), also eine ↑Teilmenge, die mit den entsprechenden Einschränkungen von Skalarmultiplikation und Vektoraddition selbst wieder ein K-Vektorraum ist. Die Existenz von E.en erlaubt eine durchsichtige Darstellung (↑Darstellung (logisch-mengentheoretisch)) von f als ↑Matrix bezüglich einer ↑Basis (↑Vektor), die Eigenvektoren von f enthält. Dies erleichtert die Lösung linearer Gleichungssysteme $f(v) = w$.

Literatur: R. Audi, Intrinsic Value and Moral Obligation, South. J. Philos. 35 (1997), 135–154; E. Carlson, The Intrinsic Value of Non-Basic States of Affairs, Philos. Stud. 85 (1997), 95–107; J. Cheney, Intrinsic Value in Environmental Ethics. Beyond Subjectivism and Objectivism, Monist 75 (1992), 227–235; R. M. Chisholm, Defining Intrinsic Value, Analysis 41 (1981), 99–100; ders., Brentano and Intrinsic Value, Cambridge/New York 1986; M. Gorke, Artensterben. Von der ökologischen Theorie zum E. der Natur, Stuttgart 1999; H. Hülsmann, E., Hist. Wb. Ph. II (1972), 342; A. Ingendahl, E. oder Ressource. Der Naturbegriff in der ethischen Diskussion, Aachen 1992; N. M. Lemos, Intrinsic Value. Concept and Warrant, Cambridge/New York 1994; ders., Value, in: R. Audi (ed.), The Cambridge Dictionary of Philosophy, Cambridge 1995, ²1999, 948–949; J. Maurer, Mathemecum. Begriffe, Definitionen, Sätze, Beispiele, Braunschweig/Wiesbaden 1981, unter dem Titel: Vieweg-Mathematik-Lexikon. Begriffe, Definitionen, Sätze, Beispiele für das Grundstudium, Braunschweig/Wiesbaden 1988, ³1995; T. Smith, Intrinsic Value. Look-Say Ethics, J. Value Inquiry 32 (1998), 539–553; D. A. L. Thomas, Hume and Intrinsic Value, Philosophy 65 (1990), 419–437; M. J. Zimmerman, In Defense of the Concept of Intrinsic Value, Can. J. Philos. 29 (1999), 389–409. C. B.

Eimerversuch, von I. Newton 1687 formuliertes Argument für den empirischen Aufweis absoluter Bewegung. Danach sind (trotz des ↑Relativitätsprinzips der klassischen ↑Mechanik) Rotationsbewegungen anhand der mit ihnen verbundenen Trägheitskräfte und damit unabhängig von anderen Bezugskörpern als Bewegungen zu identifizieren. Trägheitskräfte sind entsprechend keine Folge von Relativbewegungen, sondern von Bewegungen gegen den unbeweglichen absoluten Raum (↑Raum, absoluter). Der Aufbau des E.s umfaßt einen wassergefüllten Eimer, der an einem verdrillten Seil aufgehängt ist. Wasser und Eimer befinden sich anfangs in relativer Ruhe, und die flache Wasseroberfläche zeigt das Fehlen von Zentrifugalkräften an. Versetzt das Seil den Eimer in Drehung, so bleibt der Wasserspiegel zunächst flach. Das Wasser rotiert relativ zum Eimer, ohne daß Zentrifugalkräfte aufträten. Mit der Zeit versetzt der Eimer das Wasser in Rotation; dieses bildet eine konkave Oberfläche aus. In diesem dritten Stadium finden sich demnach Zentrifugalkräfte bei relativer Ruhe von Wasser und Eimer. Hält man endlich die Drehung des Eimers an, so rotieren Wasser und Eimer gegeneinander bei anhaltend konkaver Oberfläche. Relative Bewegung geht mit dem Auftreten von Zentrifugalkräften einher. In den vier Phasen des E.s sind damit alle denkbaren Kombinationen von relativem Bewegungszustand und dem Auftreten von Trägheitskräften realisiert: bei relativer Ruhe und bei relativer Bewegung treten Zentrifugalkräfte sowohl auf als auch nicht auf. Trägheitskräfte sind daher kein Ausdruck von Relativbewegungen und müssen folglich als Wirkung der Bewegung gegen eine wahrhaft ruhende Größe, den absoluten Raum, gelten (I. Newton, Philosophiae naturalis principia mathematica. The Third Edition with Variant Readings, I–II, eds. A. Koyré/I. B. Cohen/A. Whitman, Cambridge Mass.).

Nach frühen Einwänden von G. Berkeley 1710 (Prinzipien der menschlichen Erkenntnis, Hamburg 1957, § 110–116) ist Newtons Argument von E. Mach 1883 einflußreich kritisiert worden. Der E. zeigt danach lediglich an, daß *bestimmte* Relativbewegungen, nämlich die Rotation zwischen Wasser und Eimer, keine Trägheitskräfte erzeugen. Der E. begründet aber nicht das Auftreten solcher Kräfte im leeren Raum und ist tatsächlich mit der Deutung verträglich, daß Trägheitskräfte eine Folge von Relativbewegungen gegen die Fixsterne sind (E. Mach, Die Mechanik in ihrer Entwickelung. Historisch-kritisch dargestellt, Leipzig ⁹1933, repr. Darmstadt 1963, 1991, 220–231).

Literatur: J. Barbour/H. Pfister (eds.), Mach's Principle. From Newton's Bucket to Quantum Gravity, Boston Mass./Basel/Berlin 1995; J. Earman, World Enough and Space-Time. Absolute versus Relational Theories of Space and Time, Cambridge Mass./London 1989, ²1992; N. Huggett (ed.), Space from Zeno to Einstein. Classical Readings with a Contemporary Commentary, Cambridge Mass./London 1999; M. Jammer, Concepts of Space. The History of Theories of Space in Physics, Cambridge Mass. 1954, New York ³1993 (dt. Das Problem des Raumes, Darmstadt 1960, ²1980); L. Sklar, Space, Time and Spacetime, Berkeley Calif./Los Angeles/London 1974, ²1977. M. C.

Einbildungskraft, Bezeichnung für das Vermögen bzw. die Fähigkeit, die in der ↑Wahrnehmung des Gegenstandes rezipierten Daten zu einer ↑Vorstellung des Gegenstandes zu synthetisieren und auch unabhängig vom Gegenstand zu reproduzieren. Generell wird die Bestimmung der E. in einer Lehre von der ↑Erfahrung und der

Erfahrung als Quelle der Erkenntnis bedeutsam; speziell wird sie in der Theorie der Künste oder der philosophischen Ästhetik (↑ästhetisch/Ästhetik) (seit dem 18. Jh.) als Vermögen zur Produktion bzw. Rezeption von Kunstwerken gefaßt. Wird die Ästhetik als Teil der Erkenntnislehre bzw. der Theoretischen Philosophie (↑Philosophie, theoretische) entwickelt, vermittelt die E. eine im Geschmacksurteil (↑Geschmack) formulierte Erkenntnis bzw. vermittelt sie Wahrheit durch sinnlich-anschaulich gestaltete Dinge (Bilder). Mit Beginn der Ästhetik des Deutschen Idealismus (↑Idealismus, deutscher) wird die Ästhetik zu einem Teil der Praktischen Philosophie (↑Philosophie, praktische); die E. konstituiert praktische Orientierung durch ↑Symbole menschlichen Selbstbewußtseins bzw. menschlicher Handlungsmöglichkeiten, in denen die menschlichen Vermögen ↑Vernunft und ↑Freiheit im sinnlich-anschaulichen Kunstwerk ersichtlich werden. E. wird zur Grundlage der Konzeption und Produktion von ↑Utopien.

Die ↑Scholastik spricht, ausgehend von Aristotelischen Unterscheidungen, der E. eine Mittlerstellung zwischen Wahrnehmung und Verstand zu. Die Phantasmata, Vorstellungen des Gegenstandes, wie sie die E. aus der Wahrnehmung herauskristallisiert, geben dem ↑intellectus einen ihm adäquaten, weil materiefreien Gegenstand vor. Demgegenüber definiert G. W. Leibniz die E. als Vermögen, Gegenstände rein in der inneren Anschauung zu vergegenwärtigen (facultas imaginandi); D. Hume spricht der E. eine konstitutive Funktion für die Formierung empirischer Erkenntnis zu. I. Kant greift beide Bedeutungen auf und erläutert die zwischen äußerer wie innerer ↑Anschauung und ↑Verstand vermittelnde Funktion der E. durch die Unterscheidung von reproduktiver und produktiver E.: Während die reproduktive E. eine empirisch-psychologisch zu bestimmende Weise der Gegenstandserfassung ist, die nach Gesetzen der Assoziation abläuft, ermöglicht die in dieser vorausgesetzte produktive E. durch die Erfassung der Einheit in der Mannigfaltigkeit der gegenständlichen Anschauung eine Korrelation von Anschauung und Synthesisleistung des reinen Verstandes. J. G. Fichte bestimmt die E. als Quelle der Vorstellung der Realität ›für uns‹; für G. W. F. Hegel gilt die E. als Mitte und Vermittlung zwischen einer vom Gegenstand verursachten und festgelegten Anschauung und der spontanen Geistigkeit des Subjekts.

Mit Beginn der Entwicklung der philosophischen Ästhetik im Anschluß an Leibniz (C. Wolff, A. G. Baumgarten u. a.) gewinnt die E. als unteres Erkenntnisvermögen konstitutive Bedeutung für die Bestimmung des Kunstgegenstandes, d. i. speziell der im Medium des schönen ↑Scheins selbständig hervorgebrachten, nicht nur sinnlich rezipierten Gegenstände. Kant zeigt in seiner Analytik des ↑Schönen, daß die E. die (subjektive) Allgemeinheit der Geschmacksurteile begründet: der Anlaß für ein Geschmacksurteil ist ein als Gefühl der ↑Lust (bzw. Unlust) beurteilter Zustand, der aus einem gelingenden freien Spiel von E. und Verstand resultiert. Ein grundlegender Begriff der Ästhetik (qua Kunstphilosophie) ist E. auch im Deutschen Idealismus. Die E. konstituiert über die Bilder des Gegenstandes eine ›Welt‹. Denn die in der E. präsenten bzw. durch sie gestalteten Bilder des Gegenstandes können unabhängig von der zugrundeliegenden Wahrnehmung in der Phantasie frei zu neuen Anschauungen variiert werden. F. W. J. Schelling bestimmt in seiner ↑Identitätsphilosophie die E. als Prinzip menschlich-künstlerischer wie auch göttlicher Schöpfung. Dadurch gewinnt die E. in der Philosophie der Kunst, i. e. der Synthese von theoretischem und praktischem ↑Idealismus, eine zentrale Stellung (↑Anschauung, intellektuelle). Diese spontane (nicht passive) produktive Funktion der E., die über Kants formale Bestimmung hinausweist, bestimmt Kunstwerke (i. e. Produkte der E.) als Ausdruck des Geistes, der Idee. Obwohl Hegel gegenüber Schelling die Bedeutung der E. auf die Möglichkeit künstlerischer, damit sinnlich-anschaulicher Gestaltung einschränkt und ihr die zentrale Bedeutung in der systematischen Philosophie abspricht, erkennt er der künstlerischen E. (↑Phantasie) die Fähigkeit zur Erschaffung (↑Fiktion) inhaltlicher Welt-Anschauungen zu, die gegenüber der (empirischen) Realität kritische Potenz gewinnen. Auf diese Bedeutung, die die E. in der Philosophie der Kunst gewinnt, rekurriert H. Marcuse, der in der E. die Fähigkeit des Menschen zum Entwurf von Utopien begründet sieht. E. wird zum Vermögen, die entfremdete Weise von Welt- und Gegenstandserfahrung spontan zu überwinden und (vordringlich im ästhetischen Schein als Vorschein der Wahrheit und promesse de bonheur) befreiend zu wirken.

Literatur: K. Barck, Poesie und Imagination. Studien zu ihrer Reflexionsgeschichte zwischen Aufklärung und Moderne, Stuttgart/Weimar 1993; B. Barth, Schellings Philosophie der Kunst. Göttliche Imagination und ästhetische E., Freiburg/München 1991; M. Beyer (ed.), Zum Begriff der Imagination in Dichtung und Dichtungstheorie, Trier 1998; L. Boia, Pour une histoire de l'imaginaire, Paris 1998; E. Brady, Imagination and the Aesthetic Appreciation of Nature, J. Aesthetics Art Criticism 56 (1998), 139–147; E. T. H. Brann, The World of the Imagination. Sum and Substance, Savage Md./Lanham Md./Totowa N. J. 1991; M. W. Bundy, The Theory of Imagination in Classical and Mediaeval Thought, Urbana Ill. 1927 (repr. Folcroft Pa. 1976, Philadelphia Pa., Norwood Pa. 1978); R. Caillois, La pieuvre. Essai sur la logique de l'imaginaire, Paris 1973 (dt. Der Krake. Versuch über die Logik des Imaginativen, München/Wien 1986); E. S. Casey, Imagining. A Phenomenological Study, Bloomington Ind. 1976, ²2000; L. Costa Lima, O controle do imaginário. Razão e imaginação no ocidente, Rio de Janeiro 1984, ²1989 (engl. Control of the Imaginary. Reason and Imagination in Modern Times, Minneapolis Minn. 1988; dt. Die Kontrolle des Imaginären. Vernunft und Imagination in der Moderne, Frankfurt 1990); W. Dilthey, Die E. des Dichters. Bausteine für eine Poetik, Leipzig 1887, Neudr. in: ders., Gesammelte Schriften VI (Die geistige Welt. Einleitung in die Philosophie des Lebens. Zweite Hälfte: Abhandlungen zur Poetik, Ethik und Pädagogik), Leipzig/Berlin 1924, Stuttgart, Göttingen 1978, 103–241; E. Dod, Die Vernünftigkeit der Imagination in Aufklärung und Romantik. Eine komparatistische Studie zu Schillers und Shelleys ästhetischen Theorien in ihrem europäischen Kontext, Tübingen 1985; D. Donoghue, Imagination, Glasgow 1974; G. Dürbeck, E. und Aufklärung. Perspektiven der Philosophie, Anthropologie und Ästhetik um 1750, Tübingen 1998; J. Engell, The Creative Imagination. Enlightenment to Romanticism, Cambridge Mass. 1981; J. Frohschammer, Über die Bedeutung der E. in der Philosophie Kant's und Spinoza's, München 1879; C. Hanewald, Apperzeption und E.. Die Auseinandersetzung mit der theoretischen Philosophie Kants in Fichtes früher Wissenschaftslehre, Berlin/New York 2001; J. V. Harari, Scenarios of the Imaginary. Theorizing the French Enlightenment, Ithaca N. Y. 1987; P. Harpur, The Philosophers' Secret Fire. A History of the Imagination, London etc., Chicago Ill. 2002; M. Heidegger, Kant und das Problem der Metaphysik, Bonn 1929, Neudr. als: ders., Gesamtausgabe III, Frankfurt 1991 (franz. Kant et le problème de la métaphysique, ed. A. de Waelhens/W. Biemel, Paris 1953; engl. Kant and the Problem of Metaphysics, Bloomington Ind. 1965, ^{5}1997); K. Homann, Zum Begriff ›E.‹ nach Kant, Arch. Begriffsgesch. 14 (1970), 266–302; ders., Einbildung, E., Hist. Wb. Ph. II (1972), 346–358; L. Hühn, Das Schweben der E.. Eine frühromantische Metapher in Rücksicht auf Fichte, Fichte Stud. 12 (1997), 127–151; W. R. Irvin, The Game of the Impossible. A Rhetoric of Fantasy, Urbana Ill./Chicago Ill./London 1976; W. Iser, The Aesthetic and the Imaginary, in: D. Carroll (ed.), The States of ›Theory‹. History, Art, and Critical Discourse, New York 1990, Stanford Calif. 1994, 201–220; M. Johnson, Imagination in Moral Judgment, Philos. Phenom. Res. 46 (1985/1986), 265–280; D. Kamper, Zur Geschichte der E., München/Wien 1981, Reinbek b. Hamburg 1990; ders., Zur Soziologie der Imagination, München/Wien 1986; R. Kearney, The Wake of Imagination. Ideas of Creativity in Western Culture, London 1988; D. Köhler, Die E. und das Schematismusproblem. Kant, Fichte, Heidegger, Fichte-Stud. 13 (1997), 19–34; B. Küster, Transzendentale E. und ästhetische Phantasie. Zum Verhältnis von philosophischem Idealismus und Romantik, Königstein 1979; T. de Lauretis/A. Huyssen/K. Woodward (eds.), The Technological Imagination. Theories and Fictions, Madison Wisc. 1980; S. Leśniak, Der Begriff der E. bei Rudolf Kassner, Frankfurt etc. 1999; J. Llewelyn, The Hypocritical Imagination. Between Kant and Levinas, London/New York 2000; J. Mainzer, Die Lehre von der E. in Humes und Kants theoretischer Philosophie, Diss. Heidelberg 1881; H. Marcuse, An Essay on Liberation, Boston Mass., London 1969 (dt. Versuch über die Befreiung, Frankfurt 1969, 1980; franz. Vers la libération, ed. J.-B. Grasset, Paris 1969; ital. Saggio sulla liberazione, Turin 1969, 1980); ders., Die Permanenz der Kunst. Wider eine bestimmte marxistische Ästhetik. Ein Essay, München/Wien 1977, Neudr. in: ders., Schriften IX, Frankfurt 1987, 191–241 (engl. The Aesthetic Dimension. Toward a Critique of Marxist Aesthetics, Boston Mass. 1978, Basingstoke 1990); T. McFarland, Originality and Imagination, Baltimore Md./London 1985; G. Michael, Developing an Explanatory Theory of Imagination and Ethics, Synthesis Philos. 13 (1998), 577–594; H. Mörchen, Die E. bei Kant, Jb. Philos. phänomen. Forsch. 11 (1930), 311–493; ders., Die E. bei Kant, Halle 1930 [Teildr.], Tübingen 1970; L. Nauta/A. J. Vanderjagt (eds.), Between Demonstration and Imagination. Essays in the History of Science and Philosophy Presented to John D. North, Leiden/Boston Mass. 1999; D. V. Nikulin, Matter, Imagination, and Geometry. Ontology, Natural Philosophy, and Mathematics in Plotinus, Proclus, and Descartes, Aldershot/Burlington 2001, 2002; J. O'Leary-Hawthorne, Imagination, REP IV (1998), 705–708; E. Pasini, Mathesis und Phantasie. Die Rolle der E. im Umfeld der Descartesschen »Regulae«, Stud. Leibn. 24 (1992), 160–176; M. Polanyi, Schöpferische E., Z. philos. Forsch. 22 (1968), 53–70; T. G. Rosenmeyer, Φαντασία und E.. Zur Vorgeschichte eines Leitbegriffs der europäischen Ästhetik, Poetica 18 (1986), 197–248; L.-M. Russow, Some Recent Work on Imagination, Amer. Philos. Quart. 15 (1978), 57–66; M. Sakabe, Kant on ›Verstand‹, ›Vernunft‹, and ›E.‹, in: P. J. McCormick (ed.), The Reasons of Art. Artwork and the Transformations of Philosophy, Ottawa Ont. 1985, 250–255; J. Sallis, Force of Imagination. The Sense of the Elemental, Bloomington Ind. 2000; J. P. Sartre, L'imaginaire. Psychologie phénoménologique de l'imagination, Paris 1940, 1998 (engl. The Psychology of Imagination, New York 1948, 1966, Westport Conn., London 1978, London 1995; dt. Das Imaginäre. Phänomenologische Psychologie der E., Reinbek b. Hamburg 1971, 1994); H.-M. Schmidt, Sinnlichkeit und Verstand. Zur philosophischen und poetologischen Begründung von Erfahrung und Urteil in der deutschen Aufklärung (Leibniz, Wolff, Gottsched, Bodmer und Breitinger, Baumgarten), München 1982; G. Schwab, Genesis of the Subject. Imaginary Functions, and Poetic Language, New Literary Hist. 15 (1983/1984), 453–474; R. Scruton, Art and Imagination. A Study in the Philosophy of Mind, London 1974, London etc. ^{2}1982, South Bend Ind. 1998; P. F. Strawson, Imagination and Perception, in: L. Foster/J. W. Swanson (eds.), Experience and Theory, Amherst Mass., London 1970, London 1978, 31–54; S. Vietta, Literarische Phantasie. Theorie und Geschichte. Barock und Aufklärung, Stuttgart 1986; P. Volonté, Husserls Phänomenologie der Imagination. Zur Funktion der Phantasie bei der Konstruktion von Erkenntnis, München/Freiburg 1997; M. Warnock, Imagination, Berkeley Calif., London 1976, Berkeley Calif. 1978, London 1980; G. Watson, Phantasia in Classical Thought, Galway 1988; A. R. White, The Language of Imagination, Oxford/Cambridge Mass. 1990. A. G.-S.

eindeutig/Eindeutigkeit, eine Beschreibung $A(x)$ heißt e., wenn sie auf höchstens einen Gegenstand zutrifft, d. h., wenn gilt:

$$\bigwedge_x \bigwedge_y (A(x) \wedge A(y) \to x = y).$$

Existiert außerdem mindestens ein Gegenstand, auf den $A(x)$ zutrifft, formal: $\bigvee_x A(x)$, so liegt eine ↑Kennzeichnung vor. Eine ↑Zuordnung aZb zwischen einer nicht-leeren Menge A und einer nicht-leeren Menge B liegt vor, wenn manche (eventuell alle) Elemente von A zu manchen (eventuell allen) Elementen von B in einer zweistelligen ↑Relation xZy stehen; sie heißt e., wenn sie jedem Element $a \in A$ höchstens ein Element $b \in B$ (Rechtseindeutigkeit) oder jedes Element $b \in B$ höchstens einem Element $a \in A$ (Linkseindeutigkeit) zuordnet:

$$aZb \wedge aZb' \to b = b' \quad \text{bzw.}$$
$$aZb \wedge a'Zb \to a = a'.$$

Eine sowohl rechts- als auch linkseindeutige Zuordnung heißt umkehrbar e. oder eineindeutig. Da in der üblichen mathematischen Fachsprache die alle Elemente von A erfassenden rechtseindeutigen Zuordnungen (für die also

$$\bigwedge_{a \in A} \bigvee_{b \in B} aZb$$

gilt) auch als ↑Abbildungen bezeichnet werden, nennt man die eineindeutigen Zuordnungen auch umkehrbar e.e oder kurz ›1–1-Abbildungen‹. C. T.

eineindeutig/Eineindeutigkeit, soviel wie umkehrbar eindeutig (↑eindeutig/Eindeutigkeit).

Einfachheitskriterium, Bezeichnung für ein methodologisches Kriterium zur Beurteilung von Gesetzeshypothesen und Theorien, für das im Anschluß an den ↑Wiener Kreis logisch-wahrscheinlichkeitstheoretische Präzisierungen vorgeschlagen wurden. In der griechischen Philosophie gilt Einfachheit als *ontologische Auszeichnung* des wahren Seins, an der sich noch die Ptolemaiische Astronomie und J. Kepler im »Mysterium cosmographicum« (Tübingen 1596, ²1621) bei der Auszeichnung des Kreises und der ↑Platonischen Körper für die Planetenbahnen und Planetenabstände orientierten (↑Astronomie, ↑Rettung der Phänomene). In der neuzeitlichen Physik und Astronomie wird Einfachheit zu einem *methodologisch-komparativen* Begriff, um unterschiedliche Definitionsvorschläge oder Gesetze vergleichen und beurteilen zu können. So zeichnet G. Galilei bei seinen Untersuchungen des freien Falls die Definition der gleichförmig beschleunigten Bewegung als ›allereinfachste‹ aus. In I. Newtons »Principia« (London 1687, ²1713, ³1726) gelten diejenigen Erklärungen als einfach, die mit möglichst wenigen und realen Ursachen auskommen (↑Analyse, ↑Kausalanalyse). J. le Rond d'Alembert fordert im Vorwort zum »Traité de dynamique« (Paris 1743) neben ›Allgemeinheit‹ (généralité) und ›Fruchtbarkeit‹ (fécondité) vor allem ›Einfachheit‹ (simplicité) physikalischer Gesetze. Dabei orientiert er sich *erkenntnistheoretisch* an J. Locke, der ›einfache Vorstellungen‹ (›simple ideas‹, franz. ›idées simples‹) als Bausteine der Erfahrung herausstellt. Physikalisch hebt d'Alembert das nach ihm benannte Prinzip (↑d'Alembertsches Prinzip) als einfach gegenüber anderen Prinzipien der Mechanik hervor, da mit ihm die Probleme der Dynamik auf die einfacheren statischen Gleichgewichtszustände reduziert werden können.
Physiker des 19. Jhs. wie H. Hertz, G. Kirchhoff und E. Mach verstehen Einfachheit als *ökonomische Forderung* an die mathematischen und experimentellen Mittel zur eindeutigen Beschreibung der Natur (↑Denkökonomie). Der Wiener Kreis übernimmt das Machsche Ökonomieprinzip, wenn auch nur als einen ›halb pragmatischen, halb ästhetischen Begriff‹ (M. Schlick). L. Wittgenstein führt das E. auf eine induktive Auffassung der Erfahrung zurück (»Der Vorgang der Induktion besteht darin, daß wir das *einfachste* Gesetz annehmen, das mit unseren Erfahrungen in Einklang zu bringen ist«, Tract. 6.363). Nach H. Reichenbach ist z. B. die Entscheidung für den (praktisch) starren Körper (↑Körper, starrer) als Kongruenzdefinition ein Gebot der Einfachheit für die ↑Naturgesetze; sie ist jedoch eine Frage der Definition und *Konvention* und keineswegs notwendig. Nach Reichenbach besteht der Vorzug des starren Körpers gegenüber einem ›Gummiband‹ in der Einfachheit z. B. des Erhaltungssatzes (↑Erhaltungssätze) der ↑Energie, die sonst in einem abgeschlossenen System vom Zustand des Gummibandes als Maßstab der Längenmessung abhängig wäre. Demgegenüber sind nach H. Dingler die Formen der ↑Euklidischen Geometrie oder der gleichförmigen Bewegung nicht durch Konvention oder ein pragmatisch-ästhetisches E. ausgezeichnet, sondern als eindeutig bestimmte Grundbegriffe der Raum- und Zeitmessung, die *technisch-operational* zu rechtfertigen sind und jeder physikalischen Theoriebildung vorausgehen.

Nach einem Vorschlag von H. Weyl läßt sich der *mathematische Einfachheitsgrad* einer Kurvengleichung durch die Anzahl ihrer frei wählbaren Parameter bestimmen. Ordnet man z. B. dem Kreis mit drei frei wählbaren Parametern in der Ebene die Dimension 3 zu und der Ellipse die Dimension 5, so erweist sich der Kreis als einfacher als die Ellipse, da die Kreisdimension kleiner ist als diejenige der Ellipse in der Ebene. Kurvengleichungen können als Gesetzeshypothesen verwendet werden wie z. B. die Kreishypothese der Ptolemaiischen Planetentheorie T_1 und die Ellipsenhypothese der Keplerschen Planetentheorie T_2. Die betreffenden Parameter sind dann Raum-Zeit-Punkte der Ebene, denen Meß- und Beobachtungsaussagen über Ort und Zeit des Planeten entsprechen. T_1 ist also einfacher als T_2, da die (Parameter-)Dimensionen von T_1 kleiner sind als die von T_2, d. h. $\dim(T_1) < \dim(T_2)$. Da die Kreishypothese bereits durch vier Beobachtungsaussagen (↑Basissätze), die Ellipsenhypothese aber frühestens durch die sechste Beobachtungsaussage in der Ebene falsifiziert werden kann, ist T_1 nach K. R. Popper besser prüfbar bzw. leichter zu falsifizieren als T_2, d. h., der Falsifizierbarkeitsbereich von T_1 ist größer als derjenige von T_2 (↑Falsifikation). Ein hoher Falsifizierbarkeitsbereich impliziert nach Poppers Vorschlag hohe (apriorische) *Unwahrscheinlichkeit*. Daher ist nach Popper eine Theorie um so einfacher, je geringer ihre Anzahl freier Parameter, je größer ihr Falsifizierbarkeitsgrad, je größer ihr empirischer Gehalt (↑Gehalt, empirischer) und je höher ihre apriorische Unwahrscheinlichkeit ist (↑Bewährung). Legt man allerdings den Wahrscheinlichkeitsbegriff von H. Jeffreys und R. Carnap zugrunde (↑Bestätigungsfunktion), so sind die einfacheren Theorien gerade die wahrscheinlicheren. Eine *Arithmetisierung des Einfachheitsbegriffs* über den Wahrscheinlichkeitsbegriff ist jedoch nur von begrenztem Nutzen, da sich keine Idealskala für Einfachheitsgrade auszeichnen läßt.

Literatur: J. le Rond d'Alembert, Traité de dynamique. Dans lequel les loix de l'équilibre [...], Paris 1743 (repr. Brüssel 1967), ^{2}1758 (repr. Sceaux 1990) (dt. Abhandlung über Dynamik, Leipzig 1899 [Nachdr. Ostwalds Klassiker der exakten Wissenschaften 106, Frankfurt ^{2}1997]); R. Carnap, Logical Foundations of Probability, Chicago Ill./London 1950, ^{2}1962 (repr. Chicago Ill./London 1971); H. Dingler, Über den Begriff der ›Einfachstheit‹ in der Methodik der Physik und der exakten Wissenschaften, Z. Phys. 3 (1920), 425–436; ders., Die Ergreifung des Wirklichen. Kap. I–IV, München 1955, Frankfurt 1969; H. Hermes, Zum Einfachheitsprinzip in der Wahrscheinlichkeitsrechnung, Dialectica 12 (1958), 317–331; F. Kaulbach, Einfachheit, einfach/zusammengesetzt, Hist. Wb. Ph. II (1972), 384–388; H. Kiesow, Die Anwendung eines Einfachheitsprinzips auf die Wahrscheinlichkeitstheorie, Arch. math. Log. Grundlagenf. 4 (1958), 27–41; E. Mach, Erkenntnis und Irrtum. Skizzen zur Psychologie der Forschung, Leipzig 1905, ^{5}1926 (repr. Darmstadt 1968, 1991); W. Oberschelp, Über Einfachheitsprinzipien in der Wahrscheinlichkeitstheorie 1, Arch. math. Log. Grundlagenf. 5 (1960/1961), 3–25; K. R. Popper, Logik der Forschung. Zur Erkenntnistheorie der modernen Naturwissenschaft, Wien 1934 (Jahreszahl 1935); H. Reichenbach, Philosophie der Raum-Zeit-Lehre, Berlin/Leipzig 1928; H. Rolston, A Note on Simplicity as a Principle for Evaluating Rival Scientific Theories, Philos. Sci. 43 (1976), 438–440; H. Weyl, Philosophie der Mathematik und Naturwissenschaft, München/Berlin 1927, München ^{7}2000 (engl. Philosophy of Mathematics and Natural Science, Princeton N. J. 1949, New York 1963). K. M.

Einfühlung, sich primär auf das Erfassen der (psychischen) Zustände anderer Personen oder der Ausdrucksqualitäten und Gehalte von Gegenständen (Kunstwerke, Texte) beziehender Begriff, der eine Bedingung für interpersonales ↑Verstehen und Kommunizieren darstellt und in ↑Erkenntnistheorie, ↑Moralphilosophie, Ästhetik (↑ästhetisch/Ästhetik) und ↑Psychologie in diesem Sinne seit dem Ende des 19. Jhs. verwendet wird. Die einschlägige begriffliche Funktion wird allerdings bereits früher von vielen anderen Ausdrücken erfüllt, so in der Konzeption F. D. E. Schleiermachers, der das Verstehen durch eine *divinatorische* Methode bestimmt, durch die man »sich selbst gleichsam in den andern verwandelt [und] das Individuelle unmittelbar aufzufassen sucht« (Hermeneutik und Kritik. Mit einem Anhang sprachphilosophischer Texte Schleiermachers, ed. M. Frank, Frankfurt 1977, ^{6}1995, 169). Generell gilt, daß das Konzept der ↑Individualität in einem engen Zusammenhang mit der E. steht.

Seine eigentliche Bedeutung gewinnt der E.sbegriff mit der psychologischen Wendung der Ästhetik. Nach dem Geltungsverlust der an G. W. F. Hegel orientierten Kunstphilosophie wird E. bei F. T. Vischer, R. Vischer, T. Lipps u. a. zu einem Grundbegriff. Lipps expliziert E. als emotionales Erfassen der Ausdrucksqualitäten von Objekten und als ein allgemeines Prinzip der Gestalt- und Bedeutungswahrnehmung. Klärungsbedarf besteht insbes. hinsichtlich der Frage, ob es sich bei der E. (1) um die Vorstellung von Gefühlen anderer Personen bzw. um die Vorstellung des Objekts als Ausdrucks von Gefühlen oder (2) um die Reproduktion solcher Gefühle oder (3) um ein rational nicht analysierbares unmittelbares gefühlmäßiges Erfassen von Gefühlen handelt. Neben den Einwänden von Seiten der neukantianischen (↑Neukantianismus) Wertphilosophie, E. Cassirers, M. Dessoirs und M. Schelers stellt die Auseinandersetzung der Husserl-Schülerin E. Stein eine fundamentale Kritik der traditionellen Ansätze dar. Stein arbeitet die Differenzen zwischen E. und Mitfühlen, Einsfühlen, Gefühlsübertragung, innerer Wahrnehmung heraus und kritisiert die Explikation der E. durch die Theorien der Nachahmung, der Assoziation und des Analogieschlusses. Sie definiert E. als Erfahrung von fremdem Erleben, von fremdem Bewußtsein überhaupt. Damit wird eine fundamentale epistemologische Dimension der E. herausgestellt, die E. Husserl selbst wiederholt betont hat: »›Die Anderen‹ werden vermöge der Reduktion aus für mich seienden Menschen zu für mich seienden alter-ego's« (Die Krisis der europäischen Wissenschaften und die transzendentale Phänomenologie. Eine Einleitung in die phänomenologische Philosophie, in: ders., Ges. Schriften VIII, ed. E. Ströker, Hamburg 1977, ^{3}1993, 262). Nach Stein ist die E. als gegenwärtiges Erlebnis originär, aber ihr Gehalt ist nicht-originär. Der Zusammenhang dieses E.sbegriffs mit der Tradition ist durch die Betonung der Unmittelbarkeit und Direktheit der E. begründet, die nicht als logische Operation bestimmt ist. In der Gegenwartsdiskussion spielt der Begriff der E. keine zentrale Rolle mehr. An seiner Stelle wird meist – insbes. in der Psychologie und Psychotherapie – der aus dem Angelsächsischen übernommene Ausdruck ›Empathie‹ oder das psychoanalytische Konzept der Identifizierung gebraucht, wobei die systematischen Probleme ungelöst bleiben. Theorien über das Verstehen von Personen verwenden mitunter den Begriff des ›einfühlenden Verstehens‹ und bemühen sich um eine Klärung der Vorgänge des Erfassens fremden Bewußtseins und der psychischen Zustände anderer Personen, die im Rahmen einer Alltagspsychologie angesiedelt werden. Symptomatisch ist W. V. O. Quines Gebrauch des Empathie-Begriffs bei der Bestimmung des Vorgangs der Erfassung psychologischer Zustände: »Empathy figures in most ascriptions of these kinds [propositional attitudes], to subjects other than one-self« (Pursuit of Truth, Cambridge Mass./London ^{2}1992, 68). Das Problem des Verstehens anderer Personen wird in Form einer Debatte zwischen der ›Theorie-Theorie‹ und der ›Simulationstheorie‹ verhandelt. Nach jener hat alltagspychologisches Wissen satzartige (und insofern theoretische) Struktur, nach dieser werden andere durch Nachbildung ihrer psychischen Zustände im eigenen Bewußtsein verstanden – was der E. nahekommt (vgl. R. Gordon 1986, J. Heal 1986, A. I. Goldman 1989, M. Davies/T. Stone 1995, P. Carruthers/P. K. Smith 1996).

Literatur: C. G. Allesch, Geschichte der psychologischen Ästhetik. Untersuchungen zur historischen Entwicklung eines psychologischen Verständnisses ästhetischer Phänomene, Göttingen 1987; ders., E./Empathie, EP I (1999), 285–287; P. Carruthers/ P. K. Smith (eds.), Theories of Theories of Mind, Cambridge/ New York 1996, 1998; E. Cassirer, Das Ausdrucksphänomen als Grundmoment des Wahrnehmungsbewußtseins, in: ders., Philosophie der symbolischen Formen III, Berlin 1929, Darmstadt ²1954, ¹⁰1997, 68–107; M. Davies/T. Stone (eds.), Folk Psychology. The Theory of Mind Debate, Oxford/Cambridge Mass. 1995; M. Dessoir, Ästhetik und allgemeine Kunstwissenschaft. In den Grundzügen dargestellt, Stuttgart 1906, ²1923 (engl. Aesthetics and Theory of Art, Detroit Mich. 1970); O. Ewert, E., Hist. Wb. Ph. II (1972), 396–397; S. L. Feagin, Simulation and Empathy, in: dies., Reading with Feeling. The Aesthetics of Appreciation, Ithaca N. Y./London 1996, 83–112; G. Florival/D. Charles, Empathie (philo. géné./esth.), Enc. philos. universelle II/1 (1990), 774–776; S. Freud, Massenpsychologie und Ich-Analyse, Wien 1921, Neudr. in: ders., Ges. Werke XIII, ed. A. Freud u. a., London 1940, Frankfurt 1999, 71–161, ferner in: ders., Studienausgabe IX, ed. A. Mitscherlich u. a., Frankfurt 1974, ⁸1997, 65–134, separat: Frankfurt 1993; M. Geiger, Über das Wesen und die Bedeutung der E., in: F. Schumann (ed.), Bericht über den IV. Kongreß für experimentelle Psychologie in Innsbruck vom 19. bis 22. April 1910, Leipzig 1911, 29–73; A. I. Goldman, Interpretation Psychologized, Mind and Language 4 (1989), 161–185, Neudr. in: M. Davies/T. Stone (eds.), Folk Psychology [s. o.], 74–99; R. M. Gordon, Folk Psychology as Simulation, Mind and Language 1 (1986), 158–171, Neudr. in: M. Davies/T. Stone (eds.), Folk Psychology [s. o.], 60–73; B. Groethuysen, Das Mitgefühl, Z. Psychol. u. Physiologie der Sinnesorgane 34 (1904), 161–270; J. Heal, Replication and Functionalism, in: J. Butterfield (ed.), Language, Mind and Logic, Cambridge etc. 1986, 135–150, Neudr. in: M. Davies/T. Stone (eds.), Folk Psychology [s. o.], 45–59; dies., Understanding Other Minds from the Inside, in: A. O'Hear (ed.), Current Issues in the Philosophy of Mind, Cambridge etc. 1998, 83–99; T. Lipps, Ästhetische Faktoren der Raumanschauung, Hamburg/ Leipzig 1891; ders., Die geometrisch-optischen Täuschungen (Vorläufige Mitteilungen), Z. Psychol. u. Physiologie der Sinnesorgane 12 (1896), 39–59; ders., Raumästhetik und geometrisch-optische Täuschungen, Leipzig 1897, Neudr. Amsterdam 1966; ders., Ästhetische E., Z. Psychol. u. Physiologie der Sinnesorgane 22 (1900), 415–450; ders., Ästhetik. Psychologie des Schönen und der Kunst, I–II, Hamburg/Leipzig 1903/1906, ²1914/1920; ders., Weiteres zur ›E.‹, Arch. ges. Psychol. 4 (1905), 465–519; W. Oelmüller, Friedrich Theodor Vischer und das Problem der nachhegelschen Ästhetik, Stuttgart 1959; W. Perpeet, E.ästhetik, Hist. Wb. Ph. II (1972), 397–400; W. V. Quine, Pursuit of Truth, Cambridge Mass./London 1990, ²1992, 1993 (dt. Unterwegs zur Wahrheit. Konzise Einleitung in die theoretische Philosophie, Paderborn etc. 1995); M. Scheler, Zur Phänomenologie und Theorie der Sympathiegefühle und von Liebe und Haß. Mit einem Anhang über den Grund zur Annahme der Existenz des fremden Ich, Halle 1913, unter dem Titel: Wesen und Formen der Sympathie, Bonn ²1923, ferner in: Ges. Werke VII, ed. M. S. Frings, Bern/München ⁶1973, 7–258, separat: Bonn 1985, 1999; E. Stein, Zum Problem der E., Halle 1917 (repr. München 1980) (engl. On the Problem of Empathy, The Hague 1964, ²1970, Neudr. in: dies., The Collected Works III, ed. L. Gelber, Washington D. C. ³1989); F. T. Vischer, Kritische Gänge, I–II, Tübingen 1844, mit Untertitel: Neue Folge, I–VI, erw. Stuttgart 1861/1873, ed. R. Vischer, I–VI, Leipzig, München/Berlin/Wien 1914–1922; ders., Ästhetik oder Wissenschaft des Schönen. Zum Gebrauche für Vorlesungen, I–III, Reutlingen/Leipzig 1846–1857, ed. R. Vischer, I–VI, München 1922–1923 (repr. Hildesheim/New York 1975, 1994); R. Vischer, Drei Schriften zum ästhetischen Formproblem, Halle 1927; J. Volkelt, Das ästhetische Bewußtsein. Prinzipienfragen der Ästhetik, München 1920; W. Worringer, Abstraktion und E.. Ein Beitrag zur Stilpsychologie, München 1908, 1981, Amsterdam/Dresden 1996 (engl. Abstraction and Empathy. A Contribution to the Psychology of Style, London 1948, Chicago Ill. 1997). D. T.

Einführung (lat. introductio, engl./franz. introduction), allgemein methodologische Bezeichnung für die Spezifikation der korrekten Verwendung eines Redeteils. Insoweit durch die Angabe der korrekten Verwendung die ↑Bedeutung umrissen wird, fällt die E. eines Ausdrucks mit der Festsetzung seiner Bedeutung zusammen. Nach und auf Basis einer E. steht der jeweilige Ausdruck zur (gegebenenfalls weiteren) Verwendung bereit.

(1) Das Wort ›E.‹ findet in sprachphilosophischen und methodologischen Zusammenhängen in mehrdeutiger Weise Verwendung. Dabei sind insbes. (wenigstens) neun ›benachbarte‹ und in aufklärungsbedürftiger Weise mit dem hier unterstellten Verständnis verwobene Bedeutungen hervorzuheben: (a) die E. eines Gegenstandes im Sinne des Redens über diesen Gegenstand, (b) die E. eines Gegenstandes im Sinne des Postulierens seiner Existenz, (c) die E. eines Untersuchungsbereiches im Sinne der ↑Definition eines entsprechenden ↑Prädikators, (d) die E. eines Ausdrucks im Sinne seiner Durchsetzung in einer Sprachgemeinschaft, (e) die E. eines Ausdrucks im Sinne seiner Erstverwendung, (f) die E. eines Ausdrucks im Sinne des Folgerns gemäß seiner E.regel, (g) die E. im Sinne der Erläuterung bestehender Verwendungsgepflogenheiten, (h) die E. im Sinne der Bereitstellung eines Basisausdrucks, (i) die E. im Sinne des Lehrens der korrekten Verwendung eines Redeteils. Die gelegentlich als ›didactic switch‹ bezeichnete Konfusion zwischen E. und der zuletzt genannten Bedeutung findet sich vornehmlich bei Proponenten gebrauchstheoretischer Bedeutungskonzeptionen, insbes. bei Autoren im Umkreis des späten L. Wittgenstein und bei Vertretern des Konstruktivismus der Erlanger Schule (↑Wissenschaftstheorie, konstruktive). Sie stellt sich vor allem bei Handlungsprädikatoren, bei synthetisch-operationalen Prädikatoren und im Umfeld der sogenannten ostensiven Definition bzw. der exemplarischen Bestimmung ein. – ›E.‹ besitzt nicht nur mehrere ver-

wechslungsgefährdete Bedeutungen, sondern weist auch zahlreiche (zumindest partielle) Synonyme auf, z. B. ›Begriffsbildung‹, ›Definition‹, ›Charakterisierung‹, ›Stipulation‹, ›Vereinbarung‹, ›(Er-)Klärung‹, ›Erläuterung‹, ›Bestimmung‹, ›Normierung‹. Diese Ausdrücke sind ihrerseits teilweise mehrdeutig: (a) Die Wendung ›Begriffsbildung‹ wird in der älteren methodologischen Literatur (fast) durchgehend als Synonym zu ›E.‹ verwendet. Dabei sind ↑Begriffe nicht nur als Bedeutungen von Prädikatoren konzipiert, sondern auch als Bedeutungen von Mitgliedern aller atomaren grammatischen Kategorien. In der wissenschaftstheoretischen Literatur logisch-empirischer Provenienz deckt dieser Titel die E. qualitativer, komparativer und quantitativer Redeteile und umfaßt demzufolge auch Fragen der ↑Metrisierung (vgl. C. G. Hempel, Fundamentals of Concept Formation in Empirical Science, 1952). (b) Auch das Wort ›Definition‹ tritt in vielen methodologischen Texten als Synonym zu ›E.‹ auf. Demgegenüber wird in der zeitgenössischen Literatur die Definition nur als *eine* Art der E. im Sinne der Spezifikation der korrekten Verwendung aufgefaßt (vgl. (3)). Ähnlich unübersichtliche terminologische Befunde ergeben sich bei Wendungen wie ›ostensive E.‹, ›operationale Definition‹, ›Gebrauchsdefinition‹, ›implizite Definition‹, ›Kontextdefinition‹.

(2) Die E. gewinnt ihren überragenden Stellenwert durch den Zusammenhang von ↑Wahrheit und ↑Bedeutung: Der Wahrheitsstatus einer Aussage ergibt sich aus den Bedeutungen ihrer Teilausdrücke nach Maßgabe ihrer Zusammensetzung. Paradigmatische Formulierung findet dieser Zusammenhang in G. Freges Auseinandersetzung mit der formalen Arithmetik. Dort stellt Frege klar, daß es zum Beweis einer Behauptung »gehört, dass die dabei gebrauchten Ausdrücke oder Zeichen einwandfrei eingeführt seien« (Grundgesetze der Arithmetik II, 73, § 60). Damit ist auch klar, daß die Forderung nach E. von Ausdrücken dem Interesse am Wahrheitsstatus der Aussagen geschuldet ist, die die jeweiligen Redeteile zum Teilausdruck haben. Jedem E.svorhaben vorgelagert sind zwei die Grammatik betreffende Fragen: (a) Welcher grammatischen Kategorie soll der einzuführende Ausdruck angehören? Es macht z. B. einen erheblichen Unterschied, ob man einen Prädikator oder einen ↑Funktor einführen will. (b) In eine Sprache welchen grammatischen Zuschnitts soll eingeführt werden? Sprachen erster und höherer Stufe, Sprachen mit/ohne formelbestimmende und termerzeugende ↑Operatoren, Sprachen mit traditionellem, nicht-traditionellem Prädikationskonzept differieren in ihrem E.spotential erheblich.

Kategorial vollständig ist eine E.skonzeption bezüglich eines grammatischen Sprachtyps dann, wenn sie für alle atomaren Ausdruckskategorien dieses Typs Festsetzungsverfahren bereithält. Die mit jeder E. getroffene Verwendungsregulierung ist nicht im Sinne von Beliebigkeit zu verstehen. Die einzelnen E.sakte unterliegen ↑Regeln, die ihrerseits durch Prinzipien der Sprachkonstruktion und Ausdrucke. Rechtfertigung finden. Diese lassen sich in Kern- und Gürtelprinzipien einteilen: (a) Ein erstes Kernprinzip ist negativer Art und postuliert Konsistenz (↑widerspruchsfrei/Widerspruchsfreiheit) bzw. Nicht-Trivialisierbarkeit. Ein zweites Kernprinzip hat positiven Charakter und postuliert materiale Zweckmäßigkeit: Die E.sakte sind so zu halten, daß die jeweils verfolgten Redezwecke erreichbar sind. Die aufgerufenen Redezwecke variieren dabei erheblich zwischen bereichsübergreifenden (z. B. logischen und mathematischen) und bereichsbezogenen Sprachen sowie zwischen den verschiedenen bereichsbezogenen Artikulationsrahmen. (b) Gürtelprinzipien lassen sich in globale und regionale gliedern. Zu den ersteren gehören die (komparativ zu verstehende) Einfachheit im Gebrauch (oder Handlichkeit) und die Einfachheit für die Analyse (oder Überschaubarkeit), die Forderung nach Entscheidbarkeitsmaximierung und das auf sprachinterne E.en bezogene Prinzip der ›Bordmittel‹. Zur zweiten Gruppe zählen Gürtelprinzipien, die Ausdruckstypen, E.sverfahren und E.sanlässe betreffen. Hierzu gehört eine Unabhängigkeitsforderung (↑unabhängig/Unabhängigkeit (logisch)) für die Grundbegriffe, das Erfordernis materialer Adäquatheit bei explikativen E.en und das Prinzip der minimalen Invasion in Revisionssituationen. Die Formulierung, Systematisierung und (im Sinne der Herstellung eines ↑Überlegungsgleichgewichts aufzufassende) Vermittlung dieser Rechtfertigungsprinzipien gilt als Desiderat der E.slehre.

(3) Mit dem Ziel einer provisorischen Kartierung sind vier Gesichtspunkte für Einteilungsformen zu berücksichtigen: Der erste Gesichtspunkt betrifft die Frage, ob ein Ausdruck innerhalb der Sprache, der er angehört, eingeführt wird, oder aber mit Hilfe einer geeigneten Konstruktions- bzw. ↑Metasprache. Zu unterscheiden ist demnach zwischen einer *objekt-* bzw. *konstruktsprachlichen* und einer *meta-* bzw. *konstruktionssprachlichen* E.. Typische Beispiele für metasprachliche E.en sind die Folgerungsregeln (↑Folgerung). Diese erlauben den Übergang von bereits gewonnenen ↑Aussagen zu einer weiteren, dann gefolgerten Aussage. Die E.sleistung bezieht sich auf das jeweils folgerungsanzeigende Wort sowie auf die in den Aussagen vorkommenden (materialen und formalen) Hauptoperatoren. Wenn Sprachen bereits soweit konstruiert sind, daß sie über Redehandlungen verfügen, die ihrerseits E.sleistungen erbringen, können objektsprachliche (↑Objektsprache) Bedeutungsfixierungen stattfinden. Derartige Redehandlungen sind das (objektsprachliche) Definieren und das Bedeutungspostulieren bzw. Setzen-als-Axiom. Jede objektsprachliche E. läßt sich auch metasprachlich durchführen; das Umgekehrte gilt nicht. Der Spielraum für die

objektsprachliche E. wird einerseits durch den grammatischen Zuschnitt, andererseits durch die redehandlungsbezügliche Ausstattung der unterlegten Sprache begrenzt. Jede explizit konstruierte Sprache enthält metasprachlich eingeführte Redeteile. Umgekehrt sind bei Strafe des infiniten Regresses (↑regressus ad infinitum) nicht alle Konstruktionssprachen – und damit nicht alle Sprachen – explizit konstruiert. Die (meisten) Redeteile der ›natürlich gewachsenen‹ Sprache (↑Sprache, natürliche) verdanken sich nicht der förmlichen E., sondern dem (wie auch immer erklärten) informellen Einspielen. Für explizit konstruierte Sprachen liegt daher die Frage nach der Stärke der Konstruktionssprache nahe. Wer etwa das Projekt des Aufbaus einfacher ↑Wissenschaftssprachen unter Heranziehung allein der lebensweltlichen (↑Lebenswelt) Sprache als ›unpräzise‹ kritisiert, hat die Zielvorgabe mißverstanden. Umgekehrt sollte der Umstand, daß die Sprache der Lebenswelt erste Konstruktionssprache ist, nicht zu der Auffassung verleiten, daß sie für alle beliebigen Rede- bzw. Erkenntniszwecke das am besten geeignete Artikulationsmittel darstellt.

Der zweite Gesichtspunkt betrifft die Frage, ob ein Ausdruck in *definitorischer* oder in *nicht-definitorischer* Weise in eine Sprache eingeführt wird. Definitorische E.en fixieren zum einen die gesamte Bedeutung des Ausdrucks, zum anderen aber auch nicht mehr als diese. Sie sind also eliminierbar und konservativ bzw. nichtkreativ. Dabei ist Eliminierbarkeit (↑Elimination) stärker als Konservativität. Dieser Zug sichert seinerseits, daß eine definitorische Spracherweiterung Konsistenz wahrt, falls sie zuvor gegeben ist (↑Definition). Die nicht-definitorischen E.sformen, z. B. das Bedeutungspostulieren, zielen auf die Bereitstellung der Grundbegriffe (der jeweiligen Sprache). Definitorische wie nichtdefinitorische E.en können in den oben angegebenen Grenzen objekt- und metasprachlicher Natur sein.

Der dritte Gesichtspunkt betrifft die Frage, ob die Ausdrucksverwendung an nicht-sprachliche Zubringeroperationen gebunden ist oder nicht; demzufolge sind *operational-synthetische* von *strukturell-analytischen* E.sformen zu unterscheiden. Beispiele für die erste Gruppe sind die Operationalisierungs- bzw. Konstatierungsregeln, die folgendes Schema instantiieren: Wenn man beim Vollzug der nicht-sprachlichen Zubringeroperationen $Z_1, \ldots, Z_n$ bezüglich der Gegenstände $a_1, \ldots, a_n$ zu den und den Ergebnissen gelangt, darf man Aussagen der Form $F(a_1, \ldots, a_n)/\neg F(a_1, \ldots, a_n)$ konstatieren. Insoweit die Ausführung der Zubringeroperationen an die Bedeutung von Geräten gebunden ist, kann man diese Artefakte als *bedeutungsstiftende Geräte* und die etablierten Sinne als *gerätegestiftete Bedeutungen* ansprechen. Erstere müssen mit Blick auf die verfolgten Redezwecke geplant und normgerecht hergestellt werden. Dieses handwerklich-technische Fundament der Bedeutungsverleihung wird insbes. in der konstruktiven Wissenschaftstheorie (↑Prototheorie, ↑Protophysik) thematisiert. Breite erkenntnistheoretische Bedeutung gewinnt die operational-synthetische E. dadurch, daß jeweils Aspekte der unter Titeln wie ›empirische Basis‹, ›Sprache/Erkenntnis/Theorie und Welt/Wirklichkeit/Realität‹ sowie ›Wahrmacher‹ geführten Probleme Bearbeitung finden, indem die Ausführung von Redehandlungen und damit die Verwendung von Worten an den Vollzug nicht-sprachlicher Zubringeroperationen und die dadurch erzwungenen Verläufe gebunden wird. Zugleich wird damit – ohne Rückgriff auf Korrespondenzmetaphern – verstehbar, in welcher Weise Erkenntnisansprüche ›der Wirklichkeit verantwortlich‹ sind. – Da sich mit ↑Konstatierungen nur wenige Aussagen ergeben, ist die synthetisch-operationale Bedeutung durch analytischstrukturelle Anteile zu ergänzen. Die Einteilung der E.sakte in analytisch-strukturelle und synthetisch-operationale ist nicht erschöpfend.

Der vierte Gesichtspunkt betrifft die Frage, ob ein Ausdruck so eingeführt wird, daß schon bestehende Verwendungsgepflogenheiten berücksichtigt werden oder ob dies nicht zutrifft. Im ersten Falle liegt eine *explikative* (↑Explikation), im zweiten Falle eine *novative* E. vor. Bei novativer E. wird entweder ein gänzlich neuer Ausdruck in seiner Bedeutung fixiert oder ein schon verwendeter Ausdruck ohne (oder mit lediglich metaphorischer) Rücksicht auf diese Verwendung. Explikation und Novation liegen quer zu den bisherigen Einteilungen: Sie können objekt- oder metasprachlich erfolgen, definitorische und nicht-definitorische Form annehmen, in analytisch-strukturellen oder synthetisch-operationalen Etablierungsakten Realisierung finden. Da das Explizieren eine an Verwendungsgepflogenheiten rückgebundene Form der E. darstellt, ist es durch eine Erhebung dieser Gepflogenheiten anzubahnen. Im einzelnen umfassen die explikationsvorbereitenden Maßnahmen die Bearbeitung des Ambiguitäts- und Synonymiesyndroms (↑Ambiguität, ↑synonym/Synonymität), die Ermittlung des Explikandums, d. h. die Analyse der Verwendung des Ausdrucks in der ausgezeichneten Bedeutung, und die Erstellung eines Explikationsmaßstabs. Bei den meisten Explikationskandidaten tritt die Bearbeitung der Explikationsgeschichte hinzu. Nach dem eigentlichen E.sakt ist zu prüfen, ob diese dem Maßstab adäquat ist, d. h., ob die maßstäblichen Aussagen mit Hilfe der Explikation erreichbar sind.

(4) Wo immer Worte verwendet werden, drohen oder entstehen (auch solche) Hindernisse, die man durch erfolgreiche E. von Ausdrücken umsteuern bzw. ausräumen kann. Es verwundert daher nicht, daß sich eine mehr oder minder ausgebildete E.spraxis in fast allen Feldern des sprachlichen Vollzugs findet. Da das Einführen selbst scheiternsanfällig ist, wird es seinerseits

zum Gegenstand einer auf Störungsbewältigung angelegten Reflexion. Spuren solcher Bemühungen finden sich in allen Fachwissenschaften und kommen in der diese begleitenden und stützenden philosophischen Tätigkeit zu weiterer Ausbildung. Innerhalb der Philosophie konzentrieren sich insbes. solche Tendenzen auf E.sthemen, die die Wende zur Sprache so deuten, daß (gegebenenfalls neben und nach der Analyse von Verwendungsgepflogenheiten) auch (Wieder- und Neu-) E.en im Rahmen von Sprach(re)konstruktionen zur Bearbeitung philosophischer Probleme unverzichtbar sind. Hierzu zählen insbes. konstruktive Positionen wie etwa der Ansatz von N. Goodman oder das von W. Kamlah und P. Lorenzen initiierte Programm einer ›Vernunftkritik als Sprachkritik‹ der ↑Erlanger Schule. Die Forderung nach E. der verwendeten Worte geriet in den 70er und 80er Jahren des 20. Jhs. im deutschen Sprachraum zum Markenzeichen der an diesem Programm mitwirkenden Autoren. Dabei ist der Umstand, daß der Eintrag ›E.‹ in den Sachindizes der programmatischen und lehrbuchartigen Schriften fast durchgehend fehlt, Anzeige dafür, daß das erwähnte Postulat gerade für dieses Wort nur zögerliche Anwendung fand.

Unter systematischer Rücksicht ist die Philosophie in dreifacher Weise mit der E.sthematik befaßt. Zum ersten entwickelt sie die bereichsübergreifenden Regeln der E.: Es ist ein Gebot der Ökonomie, solche Methoden von einer Disziplin bereitstellen zu lassen. Aufgrund der engen Verbindung zu dem ohnehin unter philosophischem Kuratel stehenden Komplex von Wahrheit und Bedeutung ergibt sich zwanglos eine derartige Delegation. Die Erstellung und Rechtfertigung der E.smethoden umgrenzt zugleich das Feld nachvollziehbarer und verläßlicher Rede. Zum zweiten obliegt es der Philosophie als Logik, die bereichsübergreifenden logischen Partikel (↑Partikel, logische) in ihrer Bedeutung zu fixieren. Die Erledigung dieses Auftrags unterliegt gegenwärtig insoweit Schwierigkeiten, als konkurrierende Angebote mit konkurrierenden Rechtfertigungshintergründen zum Vortrag kommen. Zum dritten hat die Philosophie für die E. ihrer eigenen Redemittel Sorge zu tragen; so können (im Gelingensfall) die philosophietypischen Frageprovisorien in bearbeitbare Fragen überführt und bei Entscheidbarkeit auch definitiv beantwortet werden.

Literatur: R. Carnap, Physikalische Begriffsbildung, Karlsruhe 1926 (repr. Darmstadt 1966); ders., Philosophical Foundations of Physics. An Introduction to the Philosophy of Science, ed. M. Gardner, New York/London 1966, unter dem Titel: An Introduction to the Philosophy of Science, New York ³1995 (dt. E. in die Philosophie der Naturwissenschaft, München 1969, Frankfurt 1986); I. M. Copi, Introduction to Logic, New York 1953, Upper Saddle River N. J./London ¹⁰1998 (dt. E. in die Logik, München 1998); W. Dubislav, Über die Definition, Berlin 1926, ²1927, erw. unter dem Titel: Die Definition, Leipzig ³1931, Hamburg 1981; W. K. Essler, Wissenschaftstheorie I (Definition und Reduktion), Freiburg/München 1970, erw. ²1982; ders./J. Labude/S. Ucsnay, Theorie und Erfahrung. Eine E. in die Wissenschaftstheorie, Freiburg/München 2000; J. H. Fetzer/D. Shatz/G. N. Schlesinger (eds.), Definitions and Definability. Philosophical Perspectives, Dordrecht/Boston Mass./London 1991; K. Foppa, Begriffsbildung, Hist. Wb. Ph. I (1971), 787–788; J. Friedmann, Kritik konstruktivistischer Vernunft. Zum Anfangs- und Begründungsproblem bei der Erlanger Schule, München 1981; G. Gabriel, Definitionen und Interessen. Über die praktischen Grundlagen der Definitionslehre, Stuttgart-Bad Cannstatt 1972; N. Goodman, The Structure of Appearance, Cambridge 1951, Indianapolis Ind. ²1966, Boston Mass. ³1977 (Boston Stud. Philos. Sci. LIII); S. Hahn, Überlegungsgleichgewicht(e). Prüfung einer Rechtfertigungsmetapher, Freiburg/München 2000; C. G. Hempel, Fundamentals of Concept Formation in Empirical Science, Chicago Ill. 1952 (Int. Encyclopedia of Unified Science II/7) (dt. [erw.] Grundzüge der Begriffsbildung in der empirischen Wissenschaft, Düsseldorf 1974); P. Hinst, Logische Propädeutik. Eine E. in die deduktive Methode und logische Sprachanalyse, München 1974; P. Janich, Logisch-pragmatische Propädeutik. Ein Grundkurs im philosophischen Reflektieren, Weilerswist 2001; ders./F. Kambartel/J. Mittelstraß, Wissenschaftstheorie als Wissenschaftskritik, Frankfurt 1974; A. Kamlah, Der Griff der Sprache nach der Natur. Eine Semantik der klassischen Physik, Paderborn 2002; W. Kamlah/P. Lorenzen, Logische Propädeutik. Vorschule des vernünftigen Redens, Mannheim 1967, erw. ²1973, 1990, Stuttgart/Weimar 1996; K. Lorenz, Elemente der Sprachkritik. Eine Alternative zum Dogmatismus und Skeptizismus in der Analytischen Philosophie, Frankfurt/Main 1970, 1971; P. Lorenzen, Methodisches Denken, Frankfurt 1968, 1975, 1988; ders./O. Schwemmer, Konstruktive Logik, Ethik und Wissenschaftstheorie, Mannheim/Wien/Zürich 1973, ²1975; ders., Konstruktive Wissenschaftstheorie, Frankfurt/M. 1974; ders., Lehrbuch der konstruktiven Wissenschaftstheorie, Mannheim/Wien/Zürich 1987, Stuttgart/Weimar 2000; J. Mittelstraß, Das normative Fundament der Sprache, in: ders., Die Möglichkeit von Wissenschaft, Frankfurt 1974, 158–205, 244–252; G. Radnitzky, Definition, in: H. Seiffert/G. Raditzky (eds.), Handlexikon zur Wissenschaftstheorie, München 1989, 1994, 27–32; E.V. Savigny, Grundkurs im wissenschaftlichen Definieren. Übungen zum Selbststudium, München 1970, ⁵1980; ders., Das normative Fundament der Sprache: Ja und Aber, Grazer Philos. Stud. 7 (1976), 141–158; G. Siegwart, Vorfragen zur Wahrheit. Ein Traktat über kognitive Sprachen, München 1997; ders., Begriffsbildung, EP I (1999), 130–144; W. Stegmüller, Probleme und Resultate der Wissenschaftstheorie und Analytischen Philosophie II (Theorie und Erfahrung), Berlin/Heidelberg/New York 1970; ders., Begriffsbildung, in: J. Speck (ed.), Handbuch wissenschaftstheoretischer Begriffe I, Göttingen 1980, 61–69; C. Thiel, Was heißt ›wissenschaftliche Begriffsbildung‹?; in: D. Harth (ed.), Propädeutik der Literaturwissenschaft, München 1973, 95–125; P. Weingartner, Wissenschaftstheorie II/1 (Grundlagenprobleme der Logik und Mathematik), Stuttgart-Bad Cannstatt 1976. – Weitere Literatur: ↑Analytizitätspostulat, ↑Axiom, ↑Definition, ↑Definition, implizite, ↑Explikation, ↑Methode, axiomatische, ↑Operationalismus, ↑Prototheorie. G. Si.

Einführungsregeln (engl. introduction rules), ↑Kalkül des natürlichen Schließens.

Einheit (griech. μονάς, lat. unitas), zusammen mit dem Begriff des *Einen* (griech. ἕν, lat. unum) seit Parmenides in der Geschichte der ↑Metaphysik häufig als Prädikat des ↑Seienden auftretender oder mit dem Begriff des Seienden identifizierter Begriff; in seiner substantiellen eleatischen Bedeutung (↑Eleatismus) diskutiert in Platons »Parmenides« (›das Eine ist‹/›das Eine ist nicht‹). Aristoteles unterscheidet zwischen *akzidenteller* E. (was ›etwas‹ ist, ist gegenüber anderem, und das gilt sowohl für Gegenstände als auch für Eigenschaften von Gegenständen, als ›eines‹ unterscheidbar) und E. *an sich* (substantieller E.), erläutert am Begriff des ↑Kontinuums, des Unzerlegbaren (↑Substrat) und definitionsgleicher Gegenstände (Met. Δ6.1015b16–1017a6). Neben dem Prinzip der unbestimmten Zweiheit tritt E. insbes. als Grundprinzip der Platonischen ↑Ideenzahlenlehre (weitergeführt bei Speusipp und Xenokrates) und der durch sie bestimmten neupythagoreischen (↑Neupythagoreismus) und neuplatonischen (↑Neuplatonismus) Prinzipiendiskussion (insbes. bei Plotin) auf. Während in der scholastischen Theorie der ↑Transzendentalien Aristotelische Traditionen des E.sbegriffs (↑unum) fortgeführt werden (›ens et unum convertuntur‹), unterstreicht die neuzeitliche Erkenntnistheorie vor allem den (ebenfalls schon in der griechischen Philosophie unter der Formel ›eins und alles‹ [↑Vielheit] diskutierten) Gesichtspunkt einer synthetischen E. unterschiedener Mannigfaltigkeiten in einem gegebenen Ganzen. Paradigmata dieser Konzeption sind, in *gegenstandskonstitutiver* Orientierung, G. W. Leibnizens Begriff der ↑Monade (↑Monadentheorie, ↑Aggregat) und, in *erkenntniskonstitutiver* Orientierung, I. Kants Begriff der synthetischen E. der ↑Apperzeption. An neuplatonische Vorstellungen der E. als einer Eigenschaft des Seienden im Ganzen erinnert G. W. F. Hegels Bemerkung, daß »die ganze Philosophie nichts anderes als das Studium der Bestimmungen der E.« ist (Philos. der Religion, Sämtl. Werke XV, 113). Wissenschaftssystematische Bedeutung erhielt die (erkenntnistheoretische) Konzeption der E. in der neueren Philosophie im Begriff der ↑Einheitswissenschaft, d. h. dem im ↑Wiener Kreis vertretenen Programm der Konstruktion einer wissenschaftlichen E.ssprache, die zunächst in der Sprache der Physik gesucht wurde (R. Carnap). Eine ausführliche historische und systematische Kritik des E.sbegriffs im Hinblick auf eine Definition des Begriffs der ↑Anzahl hat G. Frege geliefert (Die Grundlagen der Arithmetik. Eine logisch mathematische Untersuchung über den Begriff der Zahl, Breslau 1884 [repr. Darmstadt/Hildesheim 1961], Kap. III [Meinungen über E. und Eins]).

Literatur: R. S. Brumbaugh, Plato on the One. The Hypotheses in the Parmenides, New Haven Conn. 1961, Port Washington N. Y./London 1973; W. Burkert, Weisheit und Wissenschaft. Studien zu Pythagoras, Philolaos und Platon, Nürnberg 1962 (engl. Lore and Science in Ancient Pythagoreanism, Cambridge Mass. 1972); E. R. Dodds, The Parmenides of Plato and the Origins of the Neoplatonic ›One‹, Class. Quart. 22 (1928), 129–142; K. Flasch, Die Metaphysik des Einen bei Nikolaus von Kues. Problemgeschichtliche Stellung und systematische Bedeutung, Leiden 1973; P. Hadot/K. Flasch/E. Heintel, Eine (das), E., Hist. Wb. Ph. II (1971), 361–384; J. Halfwassen, Eine, das, EP I (1999), 282–285; H. J. Krämer, Der Ursprung der Geistmetaphysik. Untersuchungen zur Geschichte des Platonismus zwischen Platon und Plotin, Amsterdam 1964, ²1967; ders., Die Idee der E. in Platons Timaios, Pers. Philos. Neues Jb. 22 (1996), 287–304; G. Martin, Einleitung in die allgemeine Metaphysik, Köln 1957, Stuttgart ³1965, ⁵1984 (engl. An Introduction to General Metaphysics, London 1961); M. C. Stokes, One and Many in Presocratic Philosophy, Cambridge Mass., Lanham Md. 1971; W. Theiler, E. und unbegrenzte Zweiheit von Plato bis Plotin, in: J. Mau/E. G. Schmidt (eds.), Isonomia. Studien zur Gleichheitsvorstellung im griechischen Denken, Berlin 1964, ²1971, 89–109; H. Titze, E. der Welt als Struktur wirklich gewordener Möglichkeiten, Philos. Nat. 23 (1986), 96–112. J. M.

Einheit der Natur, wissenschaftstheoretischer Programmbegriff, der dazu auffordert, vor allem in der ↑Physik alles Wissen zu einer einzigen Theorie zusammenzufassen. Dem in der Physik vorherrschenden Theorienverständnis nach verläuft die Physikgeschichte in Richtung auf eine Vereinheitlichung von Theorien in dem Sinne, daß ältere Theorien als (häufig quantitativ charakterisierbare) Spezialfälle neuerer Theorien mit umfassenderem Geltungsanspruch angesehen werden können (z. B. Akustik und Thermodynamik als Teiltheorien der Mechanik; Mechanik als Teiltheorie der Elektrodynamik; klassische Physik als Spezialfall der relativistischen) (↑Reduktion, ↑Relationen, intertheoretische). Diese im Begrifflichen sich vollziehende und auf überkommene Erkenntnisideale abgestellte Zusammenfassung allen Wissens, das in Form bestimmte Phänomenbereiche abdeckender, bewährter physikalischer Theorien vorliegt, wird häufig in naturalistischem Sinne (↑Naturalismus) damit begründet, daß es nur eine einzige Natur gebe, so daß alle Naturgesetze in ein einheitliches Theoriengebäude subsumierbar sein müßten. Dem wird im Rahmen einer Naturalismuskritik entgegengehalten, daß (1) die Gegenstände physikalisch-empirischer Forschung eine begriffliche und technische Konstitution voraussetzen, daß (2) Terminologie und Logik physikalischer Theorien Kulturleistungen sind und daß (3) erst technische Zielsetzungen bezüglich des Ausgangs von Experimenten die Unterscheidung zwischen gelungenen und mißlungenen ↑Experimenten (und damit die Geltung singulärer Erfahrungssätze) ermöglichen. Die Metapher von der E. d. N. kann als Ausdruck einer historisch durchgehaltenen Zielsetzung angesehen werden, alle Technik zu einer einheitlichen Theorie zu führen.

Literatur: P. Janich, Physics – Natural Science or Technology?, in: W. Krohn/E. T. Layton/P. Weingart (eds.), The Dynamics of Science and Technology. Social Values, Technical Norms and

Scientific Criteria in the Development of Knowledge, Dordrecht/Boston Mass. 1978, 3–27; H. Plessner, Carl Friedrich von Weizsäckers Studien »Die E. d. N.«, Universitas 26 (1971), 1095–1098; E. Scheibe, Carl Friedrich v. Weizsäcker und die Einheit der Physik, Philos. Nat. 30 (1993), 126–145; C. F. v. Weizsäcker, Die E. d. N.. Studien, München 1971, ²1974; E. O. Wilson, Consilience. The Unity of Knowledge, New York 1998 (dt. Die Einheit des Wissens, Berlin 1998, München 2000). P. J.

Einheitswissenschaft (engl. unified science), Bezeichnung für ein zunächst von Vertretern des ↑Wiener Kreises im Geiste des Logischen Empirismus (↑Empirismus, logischer) in den 30er Jahren des 20. Jhs. entwickeltes Programm eines einheitlichen Aufbaus aller Wissenschaften (↑Wissenschaftstheorie), von der Mathematik und der Physik bis hin zur Psychologie und Soziologie. Das an der erklärenden Kraft (↑Erklärung) einer wissenschaftlichen Theorie orientierte wissenschaftstheoretische Programm der E., das die ↑Einheit der Wissenschaft (engl. unity of science) durch die Entwicklung insbes. einer einheitlichen ↑Wissenschaftssprache sichtbar machen soll, hat das Ziel, die traditionelle Rivalität zwischen einem empiristischen und einem rationalistischen Wissenschaftsaufbau durch die Verknüpfung der modernen logisch-mathematischen Methoden mit experimentell-empirisch erhobenen Daten aufzuheben. Zum Paradigma der E. wurde dabei die am weitesten entwickelte und als Vorbild empfundene Physik, obwohl bereits am Anfang, z. B. von M. Schlick und H. Reichenbach, Zweifel an der Angemessenheit einer einheitlichen, von den Naturwissenschaften abgelesenen ↑Methodologie für alle Wissenschaften geäußert worden waren und gegenwärtig sogar das Votum für eine Uneinheitlichkeit (engl. disunity) der Wissenschaft(en) die Diskussion beherrscht.

Auf O. Neuraths Initiative hin entstand im Zusammenhang des von ihm mit zahlreichen Mitarbeitern 1936 gegründeten ›Unity of Science Institute‹ in Den Haag und der gleichzeitigen Organisation von Internationalen Kongressen für die Einheit der Wissenschaften der Plan einer *International Encyclopedia of Unified Science*, mit der wieder an die Tradition der großen, von D. Diderot und J. le Rond d'Alembert herausgegebenen französischen ›Encyclopédie‹ angeknüpft werden sollte. Von den 26 geplanten Bänden der die E. dokumentierenden ↑Enzyklopädie, die Neurath um eine zehnbändige ›Weltübersicht in Bildern‹ (= Visual bzw. Isotype Thesaurus) ergänzen wollte, sind aufgrund der Wirren des 2. Weltkrieges nur die zwei Einleitungsbände »Foundations of the Unity of Science« in einzelnen Lieferungen seit 1938 zustandegekommen, wobei allerdings fünf für den zweiten Band geplante Beiträge (von F. Enriques, J. Łukasiewicz, A. Naess, L. Rougier und L. Wirth) nie fertiggestellt wurden. So konnten beide Bände erst 1970 zum ersten Mal im Ganzen veröffentlicht werden.

Literatur: A. Bühler, Die Einheit der wissenschaftlichen Methode und Maximen des Verstehens, Z. philos. Forsch. 41 (1987), 633–644; M. Bunge (ed.), The Methodological Unity of Science, Dordrecht/Boston Mass. 1973; R. L. Cansey, Unity of Science, Dordrecht/Boston Mass. 1977; M. Carrier/J. Mittelstraß, Die Einheit der Wissenschaft, in: Akademie der Wissenschaften zu Berlin. Jahrbuch 1988, Berlin/New York 1989, 93–118 (engl. The Unity of Science, Int. Stud. Philos. Sci. 4 [1990], 17–31); N. Cartwright, How the Laws of Physics Lie, Oxford/New York 1983, ⁶1991; J. Dupré, The Disorder of Things. Metaphysical Foundations of the Disunity of Science, Cambridge Mass./London 1993, 1996; J. A. Fodor, Special Sciences. Or: The Disunity of Science as a Working Thesis, Synthese 28 (1974), 97–115 (dt. Einzelwissenschaft. Oder: Eine Alternative zur E. als Arbeitshypothese, in: D. Münch [ed.], Kognitionswissenschaft. Grundlagen, Probleme, Perspektiven, Frankfurt 1992, 134–158); P. Galison/D. J. Stump (eds.), The Disunity of Science. Boundaries, Contexts, and Power, Stanford Calif. 1996; L. G. Leary (ed.), The Unity of Science, Garden City N. Y. 1955; J. Margolis, Science without Unity. Reconciling the Human and Natural Sciences, Oxford/New York 1987; R. McRae, The Problem of the Unity of the Sciences. Bacon to Kant, Toronto 1961; M. Morrison, Unity and the Limits of Science, in: M. Carrier/G. J. Massey/L. Ruetsche (eds.), Science at Century's End. Philosophical Questions on the Progress and Limits of Science, Pittsburgh Pa. 2000, 217–233; dies., Unifying Scientific Theories. Physical Concepts and Mathematical Structures, Cambridge/New York 2000; O. Neurath/R. Carnap/C. Morris (eds.), Foundations of the Unity of Science. Toward an International Encyclopedia of Unified Science, I–II, Chicago Ill./London 1969/1970; P. Oppenheim/H. Putnam, Unity of Science as a Working Hypothesis, in: H. Feigl/M. Scriven/G. Maxwell (eds.), Concepts, Theories, and the Mind-Body Problem, Minneapolis Minn. 1958, ⁴1972, 3–36 (dt. Einheit der Wissenschaft als Arbeitshypothese, in: L. Krüger [ed.], Erkenntnisprobleme der Naturwissenschaften. Texte zur Einführung in die Philosophie der Wissenschaft, Köln/Berlin 1970, 339–371); G. A. Reisch, How Postmodern was Neurath's Idea of Unity of Science?, Stud. Hist. Philos. Sci. 28 (1997), 439–451; W. Saltzer (ed.), Zur Einheit der Naturwissenschaften in Geschichte und Gegenwart, Darmstadt 1990; J. Schulte/B. McGuinness (eds.), E., Frankfurt 1992. K. L.

einige, ein Adjektiv, das im Deutschen, ebenso wie ›manche‹ und in vielen Fällen auch der unbestimmte Artikel ›ein/eine‹, eine logische Partikel (↑Partikel, logische) vertritt, den Manchquantor oder ↑Einsquantor. Fachsprachlich wird ›e.‹ durch ››es existiert/es gibt‹ wiedergegeben, und zwar gefolgt von einem ↑Prädikator, der in der Regel den ↑Variabilitätsbereich für die ↑Aussageform bestimmt, die als Prädikat der quantorenlogisch (↑Quantorenlogik) zusammengesetzten Aussage auftritt. Z. B. ist die mit dem Einsquantor gebildete Aussage ›e./manche Menschen erkranken an Krebs‹ eine ↑Partikularisierung der Aussageform ›$x \; \varepsilon$ an Krebs erkranken‹ – auch einer Aussage ›$n \; \varepsilon$ an Krebs erkranken‹ mit einem ↑Nominator ›n‹ für einen Menschen – in Bezug auf den Gegenstandsbereich (↑Objektbereich) der Menschen; normiert notiert › $\bigvee_{x \, \varepsilon \, \text{Mensch}} x \; \varepsilon$ an Krebs erkranken‹ und gelesen ›es existieren/es gibt Menschen, die an Krebs erkranken‹. K. L.

Einschränkung, als *Einschränkungsprinzip* gelegentlich Bezeichnung für das Abstraktionsprinzip der Cantorschen ↑Mengenlehre. Danach existiert für alle ↑Aussageformen $P(x)$ eine Menge M, so daß alle x genau dann Elemente von M sind, wenn $P(x)$ zutrifft, d.h. $\bigwedge_x (x \in M \leftrightarrow P(x))$. In der traditionellen Logik (↑Logik, traditionelle) wird M als Extension (↑extensional/Extension) des betreffenden Begriffs $P(x)$ aufgefaßt. Allerdings führt dieses Prinzip für die Aussageform $x \notin x$ zu einem Widerspruch (↑Zermelo-Russellsche Antinomie). E.en des Prinzips in verschiedenen axiomatischen Mengenlehren (↑Mengenlehre, axiomatische) bewährten sich zwar in dem Sinne, daß die aus der naiven Mengenlehre bekannten Widersprüche bisher nicht ableitbar sind, doch kann ein prinzipieller ↑Widerspruchsfreiheitsbeweis nach einem von K. Gödel (1931) stammenden Satz der mathematischen Logik (↑Unvollständigkeitssatz) selbst mit Mitteln von der methodischen Stärke der Mengenlehre nicht erbracht werden. In der konstruktiven Mengenlehre (↑Mengenlehre, konstruktive) schließt die E. auf prädikative und induktive Term- und Formelkonstruktionen widerspruchsvolle Mengenbildungen von vornherein aus. Allgemein führt eine Erweiterung des Begriffs $P(x)$ zu einer E. des Begriffsumfangs M. So schränkt die Erweiterung des Begriffs ›x ist Dreieck‹ zu ›x ist gleichseitiges Dreieck‹ den entsprechenden Begriffsumfang geometrischer Figuren ein. Unter einschränkenden Urteilen werden in der traditionellen Logik Urteile der Form ›S ist nicht-P‹ verstanden, d.h., die Negation betrifft das ↑Prädikat und nicht die ↑Kopula. Mengentheoretisch läßt sich ›nicht-P‹ als ↑Komplement von P deuten, z. B. ›der Wal ist ein Nicht-Fisch‹.

Literatur: H.-D. Ebbinghaus/J. Flum/W. Thomas, Einführung in die mathematische Logik, Darmstadt 1978, Heidelberg etc. ⁴1996 (engl. Mathematical Logic, New York/Heidelberg 1984, ²1994); K. Itô (ed.), Encyclopedic Dictionary of Mathematics I, Cambridge Mass./London ²1993, 917–924 (Limit Theorems in Probability Theory); P. Lorenzen, Formale Logik, Berlin 1958, ⁴1970; J. Naas/H. L. Schmid (eds.), Mathematisches Wörterbuch I. Mit Einbeziehung der theoretischen Physik, Berlin/Stuttgart ³1965, 423 (E. einer Abbildung, E. einer Funktion); A. A. Sinowjew, Komplexe Logik. Grundlagen einer logischen Theorie des Wissens, Braunschweig/Basel 1970 [russ. Erstaufl. Moskau 1967, 1970]; A. Tarski, Einführung in die mathematische Logik und in die Methodologie der Mathematik, Wien 1937, unter dem Titel: Einführung in die mathematische Logik, Göttingen ⁵1977; E. W. Weisstein, The CRC Concise Encyclopedia of Mathematics, Boca Raton Fla./London/New York 1999, 1077–1078 (Limit). K. M.

Einsetzung, ↑Ersetzung.

Einsquantor, auch Manchquantor, Existenzquantor (engl. existential quantifier) oder Existenzoperator, das zur Symbolisierung von ↑Existenzaussagen in der Logik benützte Zeichen ›$\vee$‹ – im Falle der Indefinitheit (↑indefinit/Indefinitheit) ›$\mathbb{W}$‹, früher ohne Unterscheidung beider Fälle meist ›$\exists$‹ –, dem stets noch die Angabe seines ↑Variabilitätsbereichs hinzuzufügen ist, unter Umständen stillschweigend durch die Wahl des Index (›n‹ in ›$\vee_n$‹ als Variable für Ziffern zur Darstellung von Grundzahlen, ›M‹ in ›$\mathbb{W}_M$‹ als Variable für Mengenterme), der mit der Leerstelle der Aussageform übereinstimmt, ›über‹ die quantifiziert wird (↑Quantifizierung). C. T.

Einstein, Albert, *Ulm 14. März 1879, †Princeton N. J. 18. April 1955, dt.-amerik. Physiker. Nach Besuch eines Münchner Gymnasiums 1894, ohne Schulabschluß, Übersiedlung nach Italien. Die Möglichkeit, an der ETH ohne Abitur studieren zu können, bewog E. 1895, nach Zürich zu gehen. Nach nicht bestandener Aufnahmeprüfung holte E. das Abitur nach (Kantonsschule Aarau 1895/1896), bevor er sich im Herbst 1896 in Zürich für das Diplomlehrstudium in Physik immatrikulierte. Nach dem Examen (1900) erfolglose Bewerbung um eine Assistentenstelle an der ETH und Hilfslehrertätigkeit (Winterthur, Schaffhausen). Durch die Vermittlung eines Studienfreundes erhielt E. schließlich die Stelle eines ›Experten III. Klasse‹ (Hilfsgutachters) am Eidgenössischen Patentamt in Bern (1902–1909). 1905 Promotion in Zürich (Eine neue Bestimmung der Moleküldimensionen, Bern 1905). 1908 Habilitation, nachdem ein erster Versuch, sich 1907 mit seiner bahnbrechenden Arbeit zur Speziellen Relativitätstheorie (↑Relativitätstheorie, spezielle) in Bern zu habilitieren, gescheitert war.

In die Berner Zeit fallen drei im Band 17 der »Annalen der Physik« veröffentlichte Arbeiten, von denen jede einzelne E. bereits einen bedeutenden Platz in der Geschichte der Physik gesichert hätte. In »Über einen die Erzeugung und Verwandlung des Lichtes betreffenden heuristischen Gesichtspunkt« (a. a. O., 132–148) gab E. der Lehre vom Licht eine neue Gestalt. Während M. Planck die Hypothese von der unstetigen (quantenhaften) Energieabgabe und Energieaufnahme bei Wärmestrahlungsvorgängen aufgestellt hatte, stand die Übertragung dieser Sicht auf das Licht im Widerspruch zur Wellentheorie des Lichtes, die, theoretisch und experimentell gesichert (J. C. Maxwell, H. Hertz), in der ↑Elektrodynamik einen Eckpfeiler der klassischen Physik bildete. E. führte diese Übertragung durch und begründete damit die Lichtquantenvorstellung. Ferner erklärte er den von Hertz 1886 entdeckten so genannten photoelektrischen Effekt, der mit Hilfe der Wellentheorie des Lichts unerklärbar war. E.s Auffassung setzte sich endgültig erst 1923 nach der Entdeckung des so genannten Compton-Effekts (nach dem amerikanischen Physiker A. H. Compton, 1892–1962) durch. Für diese Arbeit erhielt E. 1921 den Nobelpreis für Physik. Auch am weiteren Aufbau der ↑Quantentheorie hatte E. großen Anteil. Er kritisierte in diesem Kontext die standardmäßige ↑Kopenhagener Deutung mit ihrem ↑Komplementaritätsprinzip und beharrte auf einem ↑Determinismus (›Gott würfelt nicht‹), wonach keine grundlegende Theorie der Physik wesentlich statistisch sein dürfe, sowie auf einem Realismus (↑Realismus (erkenntnistheoretisch)), wonach sich individuelle Gegenstände und Vorgänge unabhängig von den Beobachtungsumständen beschreiben lassen müßten.

Die zweite Arbeit von 1905 »Über die von der molekularkinetischen Theorie der Wärme geforderte Bewegung von in ruhenden Flüssigkeiten suspendierten Teilchen« (a. a. O., 549–560) half der auf der Atomvorstellung beruhenden, von L. Boltzmann begründeten statistischen Mechanik zum endgültigen Durchbruch. Für die Atomtheorie waren bis dahin keine völlig überzeugenden experimentellen Nachweise erbracht worden, was unter anderem E. Mach und W. v. Ostwald zu ihrer Ablehnung veranlaßt hatte. E. konnte zeigen, daß die kinetische Wärmetheorie Folgerungen über Schwankungserscheinungen im thermischen Gleichgewichtszustand erlaubt, die sich physikalisch als thermische Bewegung der (mikroskopisch unsichtbaren) Moleküle darstellt. E. stellte die wenig später exakt nachgewiesene Vermutung auf, daß die (mikroskopisch sichtbaren) Bewegungen von Schwebestoffen in Flüssigkeiten (›Brownsche Bewegung‹) die Molekülbewegung sichtbar abbilden. Der damit erbrachte erste schlüssige, wenn auch indirekte Nachweis der Existenz von Atomen überzeugte die letzten Kritiker der Atomtheorie (z. B. v. Ostwald). Die dritte Arbeit von 1905 »Zur Elektrodynamik bewegter Körper« (a. a. O., 891–921) begründet die spezielle Relativitätstheorie (↑Relativitätstheorie, spezielle) und liefert die für die moderne (›relativistische‹) Physik charakteristische Neuauffassung der Begriffe von ↑Raum und ↑Zeit, aus der E. weitere Folgerungen, z. B. die der Äquivalenz von ↑Masse und ↑Energie ($E = m \cdot c^2$) und der Äquivalenz von Energie, träger und schwerer Masse, zog. Zum Ausbau der in diesen Arbeiten behandelten Thematik trugen in der Folgezeit E. selbst und die besten Physiker seiner Zeit bei.

1909 wurde E. a. o. Prof. für theoretische Physik an der Universität Zürich, 1911 o. Prof. in Prag. 1912 Wechsel an die ETH Zürich, die E. jedoch bereits 1914 wieder verließ, um in Berlin als Mitglied der Preußischen Akademie der Wissenschaften die Leitung des neuzugründenden »Kaiser Wilhelm Instituts für Physik« nebst einer Professur (ohne ständige Lehrverpflichtung) an der Universität zu übernehmen. 1916 lieferte E. in seiner Arbeit »Die Grundlage der allgemeinen Relativitätstheorie« (Ann. Phys. 49, 769–822) die erste vollständige Fassung der schon vorher von ihm konzipierten und in Teilen realisierten Allgemeinen Relativitätstheorie (↑Relativitätstheorie, allgemeine), die die Beschränkung der speziellen Relativitätstheorie auf geradlinig-gleichförmig zueinander bewegte Systeme bei Ausschluß der ↑Gravitation aufhebt. – Die weiteren physikalischen Arbeiten E.s behandeln die Entwicklung seiner Theorien und die Folgerungen daraus. Insbes. der Gedanke einer Vermittlung von Gravitation und Elektromagnetismus in einer ›Einheitlichen Feldtheorie‹ hat ihn bis an sein Lebensende beschäftigt.

Ab etwa 1920 war E. auf Grund seiner pazifistischen, demokratisch-sozialistischen Einstellung und seiner jüdischen Herkunft eine Zielscheibe der antidemokratischen und antisemitischen Hetze in der Weimarer Republik. Auch die wissenschaftliche Opposition war zu einem großen Teil politisch und rassistisch motiviert (›jüdische Physik‹). Diese Umstände und die Vorahnung der künftigen Entwicklung veranlaßten E. im Frühjahr 1933, die Rückreise von einer seiner seit 1931 regelmäßigen Gastprofessuren am »Institute for Advanced Study« (Princeton N. J.) in Belgien abzubrechen und nach Princeton zurückzukehren, wo er unverzüglich eine Forschungsprofessur erhielt. In den folgenden Jahren beteiligte sich E. aktiv z. B. am politischen Kampf gegen den Nationalsozialismus, an der Anti-Atombombenbewegung und am Kampf gegen die staatliche Gesinnungsschnüffelei unter Künstlern und Wissenschaftlern in den USA, die insbes. im von Senator McCarthy initiierten »Committee on Un-American Activities« zu einer Hexenjagd auf mutmaßlich andersdenkende Intellektuelle geführt hatte. E.s Stellungnahmen in diesem Zusammenhang (Über den Frieden. Weltordnung oder Weltuntergang, 1975, 543 ff.) dürften an Aktualität wenig verloren haben.

E., der mit Werken insbes. der empiristischen philosophischen Tradition (D. Hume, J. S. Mill, E. Mach, ↑Empirismus) vertraut war und das wechselseitige Aufeinanderangewiesensein von Erkenntnis- bzw. Wissenschaftstheorie und Naturwissenschaft betonte, lehnte es ab, seine eigenen physikalischen Forschungen und Resultate einem philosophischen System zuzuordnen. So finden sich in seinen zahlreichen Äußerungen zu diesem Problemkomplex z. B. platonistische (↑Platonismus), operationalistische (↑Operationalismus), konventionalistische (↑Konventionalismus), empiristische (↑Empirismus) und phänomenalistische (↑Phänomenalismus) Komponenten, die von E. jeweils im wesentlichen als durch die Bedingungen physikalischer Forschung motiviert und begründet angesehen werden. Seinen ursprünglich an Mach orientierten Phänomenalismus gab er in den 1920er Jahren zugunsten des Realismus (↑Realismus (erkenntnistheoretisch)) auf.

Werke: The Collected Papers of A. E., I–VIII, Suppl., I–IV, ed. J. Stachel u. a., Princeton N. J. 1987–2002. – Über das Relativitätsprinzip und die aus demselben gezogenen Folgerungen, Jb. d.

Radioaktivität u. Elektronik 4 (1907), 411–462, Berichtigung hierzu: 5 (1908), 98–99; Entwurf einer verallgemeinerten Relativitätstheorie und eine Theorie der Gravitation. Physikalischer Teil, Z. Math. Phys. 62 (1914), 225–244; Kosmologische Betrachtungen zur allgemeinen Relativitätstheorie, Sitz.ber. Preuß. Akad. Wiss., math.-phys. Kl. 1917/I, 142–152; Über die spezielle und die allgemeine Relativitätstheorie. Gemeinverständlich, Braunschweig 1917, Nachdr. Berlin 2001; Geometrie und Erfahrung. Erweiterte Fassung des Festvortrages an der Preußischen Akademie der Wissenschaften zu Berlin am 27. Januar, Berlin 1921 (franz. La géométrie et l'expérience, Paris 1934); The Meaning of Relativity, London 1922, New York 1996 (dt. Vier Vorlesungen über Relativitätstheorie, gehalten im Mai 1921 an der Universität Princeton, Braunschweig 1922, erw. unter dem Titel: Grundzüge der Relativitätstheorie, [3]1956, Berlin etc. [6]2002); Einheitliche Feldtheorie von Gravitation und Elektrizität, Sitz.ber. Preuß. Akad. Wiss., math.-phys. Kl. 1925, 414–419; Einheitliche Feldtheorie, Sitz.ber. Preuß. Akad. Wiss., math.-phys. Kl. 1929, 2–7; Mein Weltbild, Amsterdam 1934, ed. C. Seelig, Zürich [2]1953, Frankfurt 1991 (engl. The World as I See It, New York 1934); (mit B. Podolsky/N. Rosen) Can Quantum-Mechanical Description of Physical Reality Be Considered Complete?, Phys. Rev. 47 (1935), 777–780; (mit L. Infeld) The Evolution of Physics. The Growth of Ideas from Early Concepts to Relativity and Quanta, New York 1938 (dt. Physik als Abenteuer der Erkenntnis, Leiden 1938, [2]1949, unter dem Titel: Die Evolution der Physik, Wien [3]1950, Hamburg 1998); Quanten-Mechanik und Wirklichkeit, Dialectica 2 (1948), 320–324; Out of My Later Years, New York 1950 (dt. Aus meinen späten Jahren, Stuttgart 1952, [2]1953, 1979); Ideas and Opinions, Based on »Mein Weltbild«, ed. C. Seelig, New York 1954; E. on Peace, ed. O. Nathan/H. Norden, New York 1960 (dt. Über den Frieden. Weltordnung oder Weltuntergang?, ed. O. Nathan/H. Norden, Bern 1975); A. E., the Human Side. New Glimpses from His Archives, ed. H. Dukas/B. Hoffmann, Princeton N.J. 1979. – Warum Krieg? Ein Briefwechsel. A. E. und Sigmund Freud, Paris 1933, Zürich 1996; Lettres à Maurice Solovine. Reproduites en facsimilé et traduites en français [...], Paris 1956 (dt. Briefe an Maurice Solovine. Faksimile – Wiedergabe von Briefen aus den Jahren 1906 bis 1955 mit französischer Übersetzung [...], Berlin 1960; engl. Letters to Solovine, New York 1987); Letters on Wave Mechanics. A. E./E. Schrödinger/M. Planck/H.A. Lorentz, ed. K. Przibram, New York 1967; A.E./A. Sommerfeld, Briefwechsel. Sechzig Briefe aus dem goldenen Zeitalter der modernen Physik, ed. A. Hermann, Basel 1968; A. E., Hedwig und Max Born. Briefwechsel 1916–1955, München 1969 (repr. Frankfurt 1986) (engl. The Born – E. Letters. Correspondence between A. E. and Max and Hedwig Born from 1916 to 1955, London 1971); Briefwechsel von 1935 bis 1954. Friedrich Wilhelm Foerster und A. E., ed. P. Max, Stuttgart 2001. – N. Boni/M. Ross/ D.H. Laurence, A Bibliographical Checklist and Index to the Published Writings of A. E., New York 1960; E. Weil, A. E.. 14th March 1879 (Ulm) – 18th April 1955 (Princeton, N.J.). A Bibliography of His Scientific Papers 1901–1954, London 1960.

Literatur: P.C. Aichelburg/R.U. Sexl (eds.), A. E.. Sein Einfluß auf Physik, Philosophie und Politik, Braunschweig/Wiesbaden 1979 (engl. dies. [eds.], A. E.. His Influence on Physics, Philosophy and Politics, Braunschweig/Wiesbaden 1979); R. Baierlein, Newton to E.. The Trail of Light. An Excursion to the Wave-Particle Duality and the Special Theory of Relativity, Cambridge/New York 1992, Cambridge 2001; N.L. Balazs, A.E., DSB IV (1971), 312–333; J. Bernstein, E., New York 1973, London [2]1991; D. Bodanis, $E = mc^2$. A Biography of the World's Most Famous Equation, London 2000 (dt. Bis E. kam. Die abenteuerliche Suche nach dem Geheimnis der Welt, Stuttgart/München, Darmstadt 2001); R.W. Clark, E.. The Life and Times, New York 1971, London 1973 (dt. A. E.. Leben und Werk, Esslingen 1974, München [9]1991); A. Fine, The Shaky Game. E. Realism and the Quantum Theory, Chicago Ill. etc. 1986, 1996; ders./D. Howard/J.D. Norton, E., REP III (1998), 254–258; A. Fölsing, A. E.. Eine Biographie, Frankfurt 1993 (engl. A. E.. A Biography, New York/London 1997); P. Frank, E.. His Life and Times, New York 1947 (dt. E.. Sein Leben und seine Zeit, München/Leipzig/Freiburg 1949, Braunschweig/ Wiesbaden [2]1979); D. Hattrup, E. und der würfelnde Gott. An den Grenzen des Wissens in Naturwissenschaft und Theologie, Freiburg/Basel/Wien 2001; A. Hermann, E.. Der Weltweise und sein Jahrhundert. Eine Biographie, München 1994, [2]1995; F. Herneck, A. E.. Ein Leben für Wahrheit, Menschlichkeit und Frieden, Berlin 1963, Leipzig [7]1986; B. Hoffmann/H. Dukas, A. E., Creator and Rebel, New York 1972 (dt. A. E.. Schöpfer und Rebell, Frankfurt 1978); D. Howard, E. on Locality and Separability, Stud. Hist. Philos. Sci. 16 (1985), 171–201; ders., Was E. Really a Realist?, Perspectives on Sci. 1 (1993), 204–251; L. Infeld, A. E.. His Work and Its Influence on Our World, New York 1950 (dt. A. E.. Sein Werk und sein Einfluß auf unsere Welt, Wien 1953); P. Jordan, A. E.. Sein Lebenswerk und die Zukunft der Physik, Frauenfeld/Stuttgart 1969; C. Lanczos, The E. Decade (1905–1915), London 1974; A. Miller, A. E.'s Special Theory of Relativity. Emergence (1905) and Early Interpretation (1905–1911), Reading Mass. 1981, New York 1998; A. Pais, ›Raffiniert ist der Herrgott‹. A. E.. Eine wissenschaftliche Biographie, Oxford 1982, Heidelberg/Berlin 2000; ders., E. Lived Here, Oxford 1994 (dt. ›Ich vertraue auf Intuition‹. Der andere A. E., Heidelberg/Berlin/Oxford 1995, 1998); A. Reiser, A. E.. A Biographical Portrait, New York 1930; P.A. Schilpp (ed.), A. E.. Philosopher-Scientist, Evanston Ill. 1949, La Salle Ill. [3]1970, 1995 (dt. A. E. als Philosoph und Naturforscher, Stuttgart 1955, [teilw.] mit Untertitel: Eine Auswahl, Braunschweig/Wiesbaden 1983); C. Seelig, A. E.. Eine dokumentarische Biographie, Zürich 1954; J. Stachel, E. from B to Z, Boston Mass./Basel/ Berlin 2002; J. Wickert, A. E. in Selbstzeugnissen und Bilddokumenten, Reinbek b. Hamburg 1972, 1991 (mit Bibliographie, 146–178). G.W.

Einstein-Podolsky-Rosen-Argument, Bezeichnung für ein 1935 von A. Einstein, B. Podolsky und N. Rosen formuliertes ↑Gedankenexperiment zum Nachweis der *Unvollständigkeit* der ↑Quantentheorie. Das inzwischen experimentell untermauerte Argument wird heute als Widerlegung der Lokalität oder Trennbarkeit quantenmechanischer Zustände aufgefaßt.

Das E.-P.-R.-A. bezieht sich auf Situationen, in denen Teile S_1 und S_2 eines Systems zunächst in ↑Wechselwirkung miteinander stehen, später aber voneinander entfernt sind. Die Korrelationen zwischen den Eigenschaften der Teilsysteme bleiben aufgrund von Erhaltungssätzen auch bei deren räumlicher Trennung bestehen. In D. Bohms Reformulierung des E.-P.-R.-A.s (1951, 614–619; vgl. Jammer 1974, 235) dienen zwei Teilchen mit halbzahligem Spin in einem Zustand mit verschwindendem Gesamtspin als Beispiel. Die einschlägige Zustandsfunktion des Gesamtsystems

$\Psi = 1/\sqrt{2}\,[\psi_+(S_1)\psi_-(S_2) - \psi_-(S_1)\psi_+(S_2)]$ ergibt sich aus der Überlagerung von Zuständen der Teilsysteme, die jeweils mit den Meßergebnissen ›Spin up‹ (ψ_+) oder ›Spin down‹ (ψ_-) verknüpft sind. Nach dem Abklingen der Wechselwirkung zwischen beiden Teilchen kann jede Spinkomponente des einen Teilchens ohne Eingriff in dessen Zustand und allein durch Messung der betreffenden Spinkomponente des anderen bestimmt werden. Unter der Voraussetzung verschwindenden Gesamtspins führt ein Meßresultat an S_1 von ›Spin up‹ in einer gegebenen Richtung für S_2 auf die Eigenschaft ›Spin down‹ in derselben Richtung. Die E.-P.-R.-Arbeit (1935), deren Formulierung auf Podolsky zurückgeht, stützt sich auf (1) das *Realitätskriterium*, daß die zuverlässige Vorhersagbarkeit einer Größe ohne Eingriff in das betreffende System die Existenz eines realen Gegenstücks dieser Größe anzeigt, (2) das *Vollständigkeitskriterium*, daß jedes Element der Wirklichkeit eine Entsprechung in der Theorie finden muß, und (3) auf das *Lokalitätskriterium*, demzufolge bei Fehlen einer Wechselwirkung Eingriffe in eines der Systeme keine Auswirkungen auf das andere haben. Einstein, Podolsky und Rosen heben hervor, daß eine Messung am Teilsystem S_1 dann eine Zustandsfunktion für S_2 liefert, deren Beschaffenheit wesentlich von der Art und Weise der Messung an S_1 abhängt. Der Spin von S_1 läßt sich nämlich in x-, y- oder z-Richtung bestimmen und gibt entsprechend Aufschluß über die jeweils gleichgerichtete Spinkomponente von S_2. Da an S_2 keinerlei Eingriff erfolgt, sind nach dem Realitätskriterium alle drei Komponenten für S_2 als wirklich einzustufen. Zugleich handelt es sich bei unterschiedlich gerichteten Spins wegen der Nicht-Vertauschbarkeit der zugehörigen Operatoren um inkommensurable (↑inkommensurabel/Inkommensurabilität) Eigenschaften, deren gleichzeitige Zuschreibung nach der ↑Unschärferelation ausgeschlossen ist. Daher ist die Quantenmechanik unvollständig.

Das Argument markierte damit einen scharfen Gegensatz zu der vor allem von N. Bohr formulierten ↑Kopenhagener Deutung, derzufolge die Quantenmechanik vollständig ist und die Meßresultate quantenmechanischer Systeme nur in Ausnahmefällen vorab bestehende Zustände wiedergeben. In der Regel wird der Meßwert erst im Meßprozeß erzeugt. Das E.-P.-R.-A. lief auf den Einwand hinaus, eine Messung an S_1 könne schwerlich den Meßwert für das beliebig weit entfernte S_2 fixieren. Bohr (1935) erwiderte mit einer relationalen Konzeption von Quantenzuständen, die eine indirekte, nichtkausale Abhängigkeit der S_2-Zustände von den Meßverfahren und Zustandspräparationen an S_1 vorsah. Gegen den Schluß des E.-P.-R.-A.s auf die Unvollständigkeit der Quantenmechanik richtete Bohr unter anderem die Entgegnung, daß die Annahme der gleichzeitigen Realität der dem System S_2 zugeschriebenen Eigenschaften auch die gleichzeitige Meßbarkeit ihrer Gegenstücke an S_1 verlange. Dies ist jedoch wegen deren vorausgesetzter Inkommensurabilität ausgeschlossen.

Einsteins Darstellung (1936, § 6; 1948; 1949, 84–86 [dt. 1983, 31–32]) setzt etwas andere Akzente. Für Einstein beinhaltet das E.-P.-R.-A. den Schluß von der *Trennbarkeit* und *Lokalität* quantenmechanischer Zustände auf die *Unvollständigkeit* der Quantenmechanik (vgl. Howard 1985). Die Trennbarkeit besagt, daß die Eigenschaften räumlich distanter Objekte unabhängig voneinander bestehen oder nicht bestehen; die Lokalität fügt hinzu, daß Veränderungen solcher Eigenschaften durch höchstens lichtschnelle Wirkungen vonstatten gehen; die Vollständigkeit bringt zum Ausdruck, daß verschiedene Zustandsfunktionen auch verschiedene Sachlagen wiedergeben. In dieser Darstellung setzt das E.-P.-R.-A. nicht an inkommensurablen Größen an: es geht lediglich um die Verschiedenheit, nicht auch um den wechselseitigen Ausschluß der S_2 aufgrund von Messungen an S_1 zugeschriebenen Eigenschaften. Grundlage der simultanen Zuschreibung sämtlicher Eigenschaften zu S_2 ist dann, daß aufgrund der Trennbarkeit und Lokalität der wirkliche Zustand von S_2 unabhängig davon sein muß, was mit S_1 geschieht. Beschriebe ψ_2 den Realzustand von S_2 vollständig, so könnten sich nicht unterschiedliche Eigenschaftszuschreibungen als Folge von Eingriffen in das nach Voraussetzung getrennte S_1 ergeben. Einstein favorisierte eine statistische Interpretation der Quantenmechanik, derzufolge die Zustandsfunktion nicht die Eigenschaften eines Einzelsystems beschreibt, sondern die Eigenschaftsverteilungen von Klassen gleichartiger Systeme. Entsprechend sollte eine genauere Bestimmung von Einzelsystemen durch Angabe zusätzlicher, ›verborgener‹ Parameter (↑Parameter, verborgene) möglich sein. In diesem Rahmen läuft Bohrs Erwiderung darauf hinaus, an der Vollständigkeit auf Kosten der Trennbarkeit oder Lokalität festzuhalten. Während in der Rezeption des E.-P.-R.-A.s anfangs die Unvollständigkeit im Mittelpunkt steht, also die fehlende Eindeutigkeit der quantenmechanischen Beschreibung von nach Voraussetzung isolierten Systemen, rückt vor allem durch die Arbeiten von J. S. Bell (1966) die Verletzung von Lokalität und Trennbarkeit ins Zentrum. In den im E.-P.-R.-A. vorgesehenen Situationen bestehen enge Korrelationen zwischen den Systemzuständen von S_1 und S_2; im Beispiel tritt die Eigenschaft ›Spin up in x-Richtung‹ an S_1 stets gekoppelt mit der Eigenschaft ›Spin down in x-Richtung‹ an S_2 auf. Die ›Bellsche Ungleichung‹ besagt, daß diese ›EPR-Korrelationen‹ zu eng sind, um auf die Festlegung des Gesamtzustands während der Wechselwirkung der Teilsysteme zurückgeführt werden zu können. A. Aspect wies 1982 die Existenz der EPR-Korrelationen empirisch auf, so daß sich das E.-P.-R.-A. von einem Gedankenexperiment in ein wirkliches Experiment verwandelte. Danach ist diesen Korrelationen nicht durch lokal wirksame gemeinsame Verursachung (↑Ursache), also durch lokale verborgene Parameter Rechnung zu tragen. Entsprechend gilt das E.-P.-R.-A. nicht mehr als Stütze für die Unvollständigkeit der Quantenmechanik, sondern spricht (in Anknüpfung an die logische Struktur von Einsteins Darstellung des Arguments) gegen die Lokalität oder die Trennbarkeit quantenmechanischer Zustände. Die von Bohm 1951 vorgeschlagene alternative Fassung der Quantenmechanik sieht trennbare Zustände vor, zwischen denen nicht-lokale Wechselwirkungen bestehen. Die EPR-Korrelationen gehen danach auf überlichtschnell wirkende Einflüsse zurück, die allerdings nicht für die Übertragung von Signalen herangezogen werden können und damit die Geltung der Relativitätstheorie (↑Relativitätstheorie, spezielle) nicht beeinträchtigen. Alternativ werden unter anderem von Bohm (1980) und F. Capra holistische (↑Holismus) Deutungen der EPR-Korrelationen durch die Annahme von ausgedehnten und doch einheitlichen Zuständen verfolgt. Solche Deutungen setzen an der sogenannten *Verschränkung* quantenmechanischer Zustände an, wonach sich diese nicht als Kombination von Beiträgen räumlich getrennter Elemente verstehen lassen. Bei verschränkten Zuständen kommen den Teilen keine einzeln ausweisbaren Eigenschaften zu, und die Verknüpfung zwischen den Aspekten des Gesamtsystems bleibt bei wachsender Entfernung unvermindert. Ein Beispiel ist die angegebene Zustandsfunktion für den Gesamtspin eines Zwei-Teilchen-Systems, deren Nicht-Faktorisierbarkeit die innige Verwobenheit oder fehlende Separierbarkeit der von beiden Teilchen stammenden Beiträge zum Ausdruck bringt. Für diesen *naturphilosophischen Holismus* ist die ungeteilte Ganzheit EPR-korrelierter Größen grundlegend. Das Gesamtsystem läßt sich nicht in unabhängig existierende, miteinander wechselwirkende Bestandteile zerlegen.

Literatur: J. Audretsch/K. Mainzer (eds.), Wieviele Leben hat Schrödingers Katze? Zur Physik und Philosophie der Quantenmechanik, Mannheim/Wien/Zürich 1990, Heidelberg/Berlin/Oxford 1996; K. Baumann/R. U. Sexl (eds.), Die Deutungen der Quantentheorie, Braunschweig/Wiesbaden 1984, ³1987, 1992; J. S. Bell, On the Einstein-Podolsky-Rosen-Paradox, Physics 1 (1964), 195–200, Nachdr. in: ders., Speakable and Unspeakable in Quantum Mechanics. Collected Papers on Quantum Philosophy, Cambridge Mass./New York/Melbourne 1987, 1997, 16–21; ders., On the Problem of Hidden Variables in Quantum Mechanics, Rev. Mod. Phys. 38 (1966), 447–452; M. Beller/A. Fine, Bohr's Response to EPR, in: J. Faye/H. J. Folse (eds.), Niels Bohr and Contemporary Philosophy, Dordrecht/Boston Mass./London 1994, 1–31; D. Bohm, Quantum Theory, Englewood Cliffs N. J. 1951, New York 1989; ders., A Suggested Interpretation of the Quantum Theory in Terms of ›Hidden‹ Variables, Parts I and II, Phys. Rev. 85 (1952), 166–193 (dt. Vorschlag einer Deutung der Quantentheorie durch ›verborge- ne‹ Variable, in: K. Baumann/R. U. Sexl [eds.], Die Deutungen der Quantentheorie [s. o.], 163–192); ders., Wholeness and the Implicate Order, London/Boston Mass./Henley-on-Thames 1980, 1999 (dt. Die implizite Ordnung. Grundlagen eines dynamischen Holismus, München 1985, 1987); ders., Hidden Variables and the Implicate Order, Zygon 50 (1985), 111–124; ders./B. J. Hiley, The Undivided Universe. An Ontological Interpretation of Quantum Theory, London/New York 1993, 1996; N. Bohr, Can Quantum-Mechanical Description of Physical Reality Be Considered Complete?, Phys. Rev. 48 (1935), 696–702 (dt. Kann man die quantenmechanische Beschreibung der physikalischen Wirklichkeit als vollständig betrachten?, in: K. Baumann/R. U. Sexl [eds.], Die Deutungen der Quantentheorie [s. o.], 87–97); ders., On the Notions of Causality and Complementarity, Dialectica 2 (1948), 312–319; J. Butterfield, Bell's Theorem. What It Takes, Brit. J. Philos. Sci. 43 (1992), 41–83; H. Chang/N. Cartwright, Causality and Realism in the EPR Experiment, Erkenntnis 38 (1993), 169–190; J. T. Cushing/A. Fine/S. Goldstein (eds.), Bohmian Mechanics and Quantum Theory. An Appraisal, Dordrecht/Boston Mass./London 1996; R. Deltete/R. Guy, Einstein and EPR, Philos. Sci. 58 (1991), 377–397; A. Einstein, Physik und Realität, J. Franklin Inst. 221 (1936), 313–347, unter dem Titel: Physik und Wirklichkeit, in: ders., Aus meinen späten Jahren, Stuttgart 1952, 63–104, unter dem Titel: Physik und Realität, in: ders., Aus meinen späten Jahren, Stuttgart ⁴1993, 63–106; Quanten-Mechanik und Wirklichkeit, Dialectica 2 (1948), 320–324; ders., Autobiographisches/Autobiographical Notes, in: P. A. Schilpp (ed.), Albert Einstein. Philosopher – Scientist, Evanston Ill., New York 1949, La Salle Ill. ³1970, 1–94 (dt. Albert Einstein als Philosoph und Naturforscher, Stuttgart 1955, Braunschweig/Wiesbaden 1979, 1–35, gekürzt unter dem Titel: Albert Einstein als Philosoph und Naturforscher. Eine Auswahl, Braunschweig/Wiesbaden 1983, 1–35); ders./B. Podolsky/N. Rosen, Can Quantum-Mechanical Description of Physical Reality Be Considered Complete?, Phys. Rev. 47 (1935), 777–780 (dt. Kann man die quantenmechanische Beschreibung der physikalischen Wirklichkeit als vollständig betrachten?, in: K. Baumann/R. U. Sexl [eds.], Die Deutungen der Quantentheorie [s. o.], 80–86); A. Elby, Should We Explain the EPR Correlations Causally?, Philos. Sci. 59 (1992), 16–25; M. Esfeld, Einführung in die Naturphilosophie, Darmstadt 2002; R. A. Healey, Holism and Nonseparability, J. Philos. 88 (1991), 393–421; D. Howard, Einstein on Locality and Separability, Stud. Hist. Philos. Sci. 16 (1985), 171–201; ders., ›Nicht sein kann was nicht sein darf‹ or the Prehistory of EPR, 1909–1935. Einstein's Early Worries about the Quantum Mechanics of Composite Systems, in: A. I. Miller (ed.), Sixty-two Years of Uncertainty. Historical, Philosophical, and Physical Inquiries into the Foundations of Quantum Mechanics, New York/London 1990, 61–111; ders., Space-time and Separability. Problems of Identity and Individuation in Fundamental Physics, in: R. S. Cohen/M. Horne/J. Stachel (eds.), Potentiality, Entanglement and Passion-at-a-Distance. Quantum Mechanical Studies for Abner Shimony II, Dordrecht/Boston Mass./London 1997, 113–141; M. Jammer, The Conceptual Development of Quantum Mechanics, New York/St. Louis Mo./San Francisco Calif. 1966, Los Angeles Calif./Woodbury N. Y. ²1989; ders., The Philosophy of Quantum Mechanics. The Interpretations of Quantum Mechanics in Historical Perspective, New York/London/Sydney 1974, 159–251 (Chap. 6 The Incompleteness Objection and Later Versions of the Complementarity Interpretation), 252–339 (Chap. 7 Hidden Variable Theories); J. P. Jarrett, On the Physical Significance of the Locality Conditions in the Bell

Arguments, Noûs 18 (1984), 569–589; F. M. Kronz, Hidden Locality, Conspiracy and Superluminal Signals, Philos. Sci. 57 (1990), 420–444; A. I. M. Rae, Quantum Physics. Illusion or Reality?, Cambridge/New York 1986, 1996, 28–47 (Chap. 3 What Can be Hidden in a Pair of Photons?), 48–62 (Chap. 4 Wonderful Copenhagen?); M. Redhead, Incompleteness, Nonlocality, and Realism. A Prolegomenon to the Philosophy of Quantum Mechanics, Oxford 1987, 2000; L. Sklar, Philosophy of Physics, Oxford, Boulder Colo. 1992, Oxford 1995, 157–226 (Chap. 4 The Quantum Picture of the World); P. Teller, Relational Holism and Quantum Mechanics, Brit. J. Philos. Sci. 37 (1986), 71–81. M. C.

einstellig/Einstelligkeit, Bezeichnung für die Eigenschaft eines ↑Terms bzw. einer ↑Aussageform, genau eine, eventuell mehrfach auftretende freie ↑Variable zu enthalten. Beispiele: der Term ›$2 + x$‹, die Aussageformen ›$x \, \varepsilon$ grün‹ und ›$\bigwedge_q (p \rightarrow (q \rightarrow p))$‹   C. T.

Einstellung, propositionale (engl. propositional attitude), von B. Russell geprägter, nicht unumstrittener Begriff, der in ↑Sprachphilosophie, ↑Handlungstheorie und Philosophie des Geistes (↑philosophy of mind) zur Bezeichnung der Art einer mentalen Einstellung im Unterschied zum propositionalen (↑Proposition) Gehalt (›daß p‹) dieser Einstellung dient. Neben Überzeugungen, Wünschen und Intentionen als den handlungstheoretisch zentralen Formen p.r E.en werden dazu auch Hoffnung, Furcht, Bedauern und Ähnliches gerechnet, wobei p. E.en sprachlich vornehmlich mit Hilfe eines daß-Satzes erfaßt werden. Die Bezeichnung derartiger E.en als *propositional* ist insofern irreführend, als diese Charakterisierung genau genommen nicht auf die Einstellungen selbst zutrifft, sondern der Bestimmung des Gehalts einer Einstellung im Sinne derjenigen Proposition dient, auf die die Einstellung als eine zwischen Individuen und Propositionen bestehende binäre ↑Relation jeweils gerichtet ist.
Die Diskussion p.r E.en unterscheidet zwischen deren Gehalten einerseits (z. B. überzeugt sein, daß p, versus überzeugt sein, daß q) und der Art der sich in p.n E.en manifestierenden Zustände andererseits, wobei sich insbes. Überzeugtsein (daß p) und Wünschen (daß p) aufgrund der Differenz hinsichtlich ihrer Ausrichtung (Geist auf Welt versus Welt auf Geist) als kategorial verschiedene Prototypen p.r E.en erweisen. Thema der Sprachphilosophie sind p. E.en zum einen aufgrund ihres engen Bezugs zu Propositionen als Satzbedeutungen, zum anderen aufgrund ihrer Verletzung des ↑Extensionalitätsprinzips. Darüber hinaus zentral ist die Frage nach dem ontologischen Status p.r E.en und ihrer Gehalte, wobei p. E.en zumeist als funktionale Zustände aufgefaßt und ihre Gehalte dem zugrundeliegenden Propositionsbegriff entsprechend entweder als Menge möglicher Welten (↑Welt, mögliche), als mengentheoretische oder als syntaktisch strukturierte, satzartige Entitäten verstanden werden. Diskutiert wird ebenfalls die Frage, ob p. E.en inhaltlich stets kausal auf existierende Gegenstände bezogen sind, oder ob sie sich auch (z. B. unter Rekurs auf ›counterfactuals‹) auf nicht-existierende Gegenstände beziehen können. Kritische Ansätze setzen etwa der Gerichtetheit von E.en auf Propositionen adverbialtheoretische Analysen p.r E.en entgegen oder sprechen im Anschluß an W. V. O. Quine Propositionen insgesamt und damit den sich vermeintlich auf diese beziehenden p.n E.en eine explanatorische Relevanz ab.

Literatur: C. A. Anderson/J. Owens (eds.), Propositional Attitudes. The Role of Content in Logic, Language and Mind, Stanford Calif. 1990 (mit Bibliographie, 325–336); M. Anduschus, Zuschreibungen p.r E.en, Paderborn/München/Wien 1998; J. Barwise/J. Perry, Situations and Attitudes, Cambridge Mass. 1983; T. Burge, Belief ›De Re‹, J. Philos. 74 (1977), 338–362; ders., Individualism and the Mental, Midwest Stud. Philos. 4 (1979), 73–121; R. Carnap, Meaning and Necessity, Chicago Ill. 1947, ²1956, 53–64 (§§ 13–15) (dt. Bedeutung und Notwendigkeit. Eine Studie zur Semantik und Modalen Logik, Wien/New York 1972, 66–80 [§§ 13–15]); P. M. Churchland, Eliminative Materialism and the Propositional Attitudes, J. Philos. 78 (1981), 67–90, Neudr. in: A. I. Goldman (ed.), Readings in Philosophy and Cognitive Science, Cambridge Mass./London 1993, 255–270; M. Cresswell, Structured Meanings. The Semantics of Propositional Attitudes, Cambridge Mass. 1985; D. Davidson, On Saying That, Synthese 19 (1968), 130–146, Neudr. in: ders./G. Harman (eds.), Words and Objections. Essays on the Work of W. V. Quine, Dordrecht/Boston Mass. 1969, ²1975, 158–174, Neudr. in: ders., Inquiries into Truth and Interpretation, Oxford 1984, 93–108 (dt. Sagen, daß, in: ders., Wahrheit und Interpretation, Frankfurt 1986, 1990, 141–162); ders., What Is Present to the Mind?, in: J. Brandl/W. Gombocz (eds.), The Mind of Donald Davidson, Amsterdam 1989, 3–18 (dt. Was ist dem Bewußtsein gegenwärtig?, in: ders., Der Mythos des Subjektiven, Frankfurt 1993, 16–39); J. A. Fodor, Propositional Attitudes, Monist 61 (1978), 510–523; G. Frege, Über Sinn und Bedeutung, Z. Philos. phil. Kritik 100 (1892), 25–50, Neudr. in: ders., Funktion, Begriff, Bedeutung, ed. G. Patzig, Göttingen 1962, ⁶1986, 40–65; J. Ginsberg, Propositional and Non-Propositional Attitudes, Edinburgh 1992; P. Grice, Meaning, Philos. Rev. 66 (1957), 377–388; J. Higginbotham, Belief and Logical Form, Mind and Language 6 (1991), 344–369; J. Hintikka, Knowledge and Belief, Ithaca N. Y. 1962; ders., Semantics for Belief, in: J. W. Davis/D. J. Hockney/W. K. Wilson (eds.), Philosophical Logic, Dordrecht 1969, 21–45, Neudr. in: L. Linsky (ed.), Reference and Modality, Oxford/London 1971, 145–167; J. Hornsby, Singular Terms in Contexts of Propositional Attitudes, Mind 86 (1977), 31–48; H. Ineichen, Einstellungssätze. Sprachanalytische Untersuchungen zur Erkenntnis, Wahrheit und Bedeutung, München 1987, bes. Teil I, 31–151, und Teil III, 271–345; D. Kaplan, Quantifying in, in: D. Davidson/G. Harman (eds.), Words and Objections [s. o.], 206–242; Neudr. in: L. Linsky (ed.), Reference and Modality [s. o.], 112–144; ders., Dthat, in: P. Cole (ed.), Syntax and Semantics, New York 1978, 221–243, Neudr. in: P. Yourgram (ed.), Demonstratives, Oxford/New York 1990, 11–33; ders., Opacity, in: L. Hahn/P. Schilpp (eds.), The Philosophy of W. V. Quine, La Salle Ill. 1986, 229–289; W. Künne/A. Newen/M. Anduschus (eds.), Direct Reference, Indexicality, and Propositional Attitudes, Stanford Calif.

1997; W. Lenzen, P. E., in: M. Dascal u. a. (eds.), Sprachphilosophie/Philosophy of Language/La philosophie du langage. Ein internationales Handbuch zeitgenössischer Forschung II, Berlin/New York 1996 (Handbücher zur Sprach- und Kommunikationswissenschaft VII/2), 1175–1187; D. Lewis, Attitudes ›De Dicto‹ and ›De Se‹, Philos. Rev. 88 (1979), 513–543, Neudr. (mit Nachwort) in: ders., Philosophical Papers I, New York/Oxford 1983, 133–159; B. Loar, Mind and Meaning, Cambridge 1981; T. MacKay, On Proper Names in Belief Ascriptions, Philos. Stud. 39 (1981), 287–303; R. C. Moore, Propositional Attitudes and Russellian Propositions, Stanford Calif. 1988; G. Oppy, Propositional Attitudes, REP VII (1998), 779–787; A. N. Prior, Objects of Thought, Oxford 1971; W. V. O. Quine, Quantifiers and Propositional Attitudes, J. Philos. Log. 53 (1956), 177–187, Neudr. in: L. Linsky (ed.), Reference and Modality [s. o.], 101–111; ders., Word and Object, Cambridge Mass. 1960, 1964, bes. 141–156, 191–221 (§§ 30–32, §§ 40–45) (dt. Wort und Gegenstand, Stuttgart 1980, 250–274, 331–382 [§§ 30–32, §§ 40–45]); M. Richard, Propositional Attitudes. An Essay on Thoughts and How We Ascribe Them, Cambridge 1990; ders., Propositional Attitudes, in: B. Hale/C. Wright (eds.), A Companion to the Philosophy of Language, Oxford/Malden Mass. 1997, 197–226 (mit Bibliographie, 221–226); B. Russell, An Inquiry into Meaning and Truth, London 1940, 166–169 (Chap. XII An Analysis of Problems Concerning Propositions); N. Salmon/S. Soames (eds.), Propositions and Attitudes, Oxford/New York 1988; S. Schiffer, Remnants of Meaning, Cambridge Mass./London 1987, bes. 122–138; ders., Belief Ascription, J. Philos. 89 (1992), 499–521; C. Schildknecht, Sense and Self. Perspectives on Nonpropositionality, Paderborn 2002; C. C. Shores, Propositional Attitudes and the Language of Thought, Ann Arbor Mich. 1987; S. Soames, Beyond Singular Propositions?, Can. J. Philos. 5 (1995), 515–549; E. Sosa, Propositional Attitudes ›De Dicto‹ and ›De Re‹, J. Philos. 67 (1970), 883–896; R. Stalnaker, Indexical Belief, Synthese 49 (1981), 129–151; ders., Inquiry, Cambridge Mass. 1984; ders., Semantics for Belief, Philos. Top. 15 (1987), 177–190; K. A. Taylor, Propositional Attitude Statements, REP VII (1998), 771–779; A. Woodfield (ed.), Thought and Object. Essays on Intentionality, Oxford 1982. C. S.

Einzelheit, von G. W. F. Hegel neben ›Allgemeinheit‹ und ›Besonderheit‹ verwendeter Terminus zur Bestimmung der ›konkreten‹ Stufe im jeweiligen dialektischen Entwicklungsgang, den das ›System der Philosophie‹ in seiner Gesamtheit nachzeichnet. Seine Einführung (↑Allgemeinheit) erfolgt in der ›Lehre vom Begriff‹ (Logik II, Sämtl. Werke V, 35–65). S. B.

Eisler, Rudolf, *Wien 7. Jan. 1873, †ebd. 14. Dez. 1926, österr. philosophischer Schriftsteller. 1894 Promotion bei W. Wundt, ab 1899 als Privatgelehrter in Wien. Mitbegründer (1907) der »Soziologischen Gesellschaft«. E. bemühte sich im Anschluß an seinen Lehrer Wundt um eine idealistische Weltanschauung ›auf streng wissenschaftlicher Grundlage‹ (Vorwort zur »Einführung in die Philosophie«). Dabei schlug er den Weg einer ›Synthese von Kritizismus und Evolutionismus‹ ein, die er im Sinne des ↑Voluntarismus ausarbeitete (Der Zweck, 1914). E. vertrat (Leib und Seele, 1906) eine spiritualistische Form des psychophysischen Parallelismus (↑Parallelismus, psychophysischer). Bekannt wurde er vor allem durch seine lexikalischen Werke.

Werke: Wörterbuch der philosophischen Begriffe und Ausdrükke. Quellenmässig bearbeitet, Berlin 1899, unter dem Titel: Wörterbuch der philosophischen Begriffe. Historisch-quellenmässig bearbeitet, I–III, Berlin ⁴1927–1930, völlig neu bearb. Ausg. unter dem Titel: Historisches Wörterbuch der Philosophie, I–XII, ed. J. Ritter u. a., Basel/Stuttgart 1971–2004; Kritische Einführung in die Philosophie, Berlin 1905; Leib und Seele. Darstellung und Kritik der neueren Theorien des Verhältnisses zwischen physischem und psychischem Dasein, Leipzig 1906; Einführung in die Erkenntnistheorie, Leipzig 1907, ²1925; Grundlagen der Philosophie des Geisteslebens, Leipzig 1908; Philosophen-Lexikon. Leben, Werke und Lehren der Denker, Berlin 1912, Neudr. Würzburg 1972, Vaduz 1977; Handwörterbuch der Philosophie, Berlin 1913, ed. R. Müller-Freienfels, Berlin ²1922; Der Zweck. Seine Bedeutung für Natur und Geist, Berlin 1914; Kant-Lexikon. Nachschlagewerk zu Kants sämtlichen Schriften, Briefen und handschriftlichem Nachlaß, Berlin 1930, Nachdr. Hildesheim 1994.

Literatur: FM II (1994), 981–982; E. Selow, E., NDB IV (1959), 421–422; M. Sztern, R. E. und seine Philosophie. Nachruf und Würdigung, Kant-St. 32 (1927), 428–434. G. G.

Eklektizismus (von griech. ἐκλέγειν, auswählen; vgl. Diog. Laërt. I, 21), Bezeichnung einer philosophischen Richtung, in der die eigene Position durch die Übernahme fremder Lehrstücke bestimmt ist. In der Antike galten als Eklektiker z. B. Karneades, Antiochos von Askalon und M. T. Cicero, in der Neuzeit z. B. C. A. Crusius, C. Garve und V. Cousin. In dem von D. Diderot geschriebenen Artikel ›éclectisme‹ der »Encyclopédie« (V [1755], 270–293) wird im Gegensatz zu der etwa seit G. W. F. Hegel (›oberflächliches Aggregat‹, Vorles. Gesch. Philos., Sämtl. Werke XIX, 32) vorherrschenden abwertenden Bedeutung von E. eklektisches Denken mit *aufgeklärtem* Denken gleichgesetzt.

Literatur: M. Albrecht, Eklektik. Eine Begriffsgeschichte mit Hinweisen auf die Philosophie- und Wissenschaftsgeschichte, Stuttgart-Bad Cannstatt 1994; M. Frede, E., DNP III (1997), 937–938; N. Hinske (ed.), Eklektik, Selbstdenken, Mündigkeit, Hamburg 1986; J. Lefranc, Éclectisme, Enc. philos. universelle II/1 (1990), 724. J. M.

Ekphantos von Syrakus, vermutlich 4. Jh. v. Chr., ↑Pythagoreer, setzt in seiner Kosmologie Demokrit und auch Platon voraus. Nach E. besteht die Welt aus atomaren pythagoreischen Monaden unterschiedlicher Größe, Form und Kraft, die sich durch den leeren Raum bewegen, und zwar nicht aufgrund ihres Gewichts oder durch Stöße, sondern dank ihrer Kraft, d. h. ihres ›Intellekts‹ oder ihrer ›Seele‹. Diese wirkt nach einer Vorsehung, welche als die eigentliche Ursache für die Einheit und die Kugelgestalt der Welt betrachtet wird. Zentrum der Welt ist dabei wie üblich die Erde, die sich aber um ihre eigene Achse dreht. Dies alles gilt freilich nicht als Wissen, sondern als Ergebnis unseres *nomos* (Gesetzes, Gutdünkens).

Quellen: VS 51; E., in: H. Thesleff (ed.), The Pythagorean Texts of the Hellenistic Period, Åbo 1965, 78–84.

Literatur: M. Frede, E., DNP III (1997), 941–942; W. K. C. Guthrie, A History of Greek Philosophy I (The Earlier Presocratics and the Pythagoreans), Cambridge 1962, 1992, bes. 323–327. H.-L. N./K. H. H.

Ekstasis (griech. ἔκστασις, Aus-Stand, Heraustreten), in ↑Religion (Mystik) und Philosophie Bezeichnung sowohl für eine menschliche *Grenzerfahrung* (der Grenzen der endlichen Existenz) als auch für deren in sich differenzierte und dennoch einheitliche (einigende) *Struktur*. In der Religionswissenschaft gilt als E. das Erlebnis der Vereinigung mit Gott oder dem Göttlichen. Diese Erlebnisse werden von Erfahrungen des ›Außer-sich-seins‹ begleitet und liegen Schamanismus, Prophetie und ↑Mystik zugrunde. Bedeutung und Wert der E. werden von den Religionen unterschiedlich beurteilt.

In der Philosophie faßt Platon den Zustand der Ideenschau als ekstatisch auf (Phaidr. 249c8–d3). In ihrer Sehnsucht nach Wahrheit geraten die Philosophierenden außer sich und werden in dieser E. von der Menge als wahnsinnig betrachtet. E. ist Voraussetzung von Erkenntnis, da nur Leidenschaft und Enthusiasmus zu wahrem Wissen führen. Im ↑Neuplatonismus greift Plotin diesen Gedanken in seiner Konzeption der E. als Vereinigung mit dem Göttlichen auf, in der Schauender und Geschautes zu Einem werden. In der E. tritt die Seele in ihr eigenes Selbst ein. Der ekstatischen Vereinigung (unio mystica) gehen Stufen der Reinigung vom Irrationalen und Materiellen voraus. Das in der E. Geschaute übersteigt Vernunft und Begriff und ist deshalb nicht mitteilbar. Das Plotinische Verständnis der E. wirkt auf Iamblichos, Proklos und Pseudo-Dionysios Areopagites, der die göttliche Liebe als ekstatisch preist. Die Konzeption der ›extasis‹ findet so Eingang in die christliche Mystik (Bernhard von Clairvaux) und die Lehre von der ›extasis mentis‹ (Meister Eckhart).

M. Heidegger analysiert, vermittelt unter anderem über G. W. F. Schelling, in »Sein und Zeit« (Halle 1927) die ›ekstatische‹ Struktur der lebensweltlichen (↑Lebenswelt) menschlichen Zeiterfahrung: die Aspekte (›Ekstasen‹) der ›Zeitigung der Zeitlichkeit‹, Zukunft, Gegenwart und Vergangenheit (›Gewesenheit‹) sind gleichursprünglich. Sie lassen sich nicht voneinander ableiten und haben einen eigenständigen Sinn. Die herausgehobene fundamentalontologische (↑Fundamentalontologie) Bedeutung der Zeitlichkeit des menschlichen ↑Daseins für die existenziale Analytik Heideggers führt zur grundsätzlichen Charakterisierung des Menschen als ›ekstatischer Existenz‹: Der Mensch ›steht‹ in zeitlich-ekstatischer Form ›aus‹ in die Welt, und diese ekstatische Form strukturiert alle seine Handlungen und Vollzüge. In seinem späteren Denken transformiert Heidegger die Rede von der ›Existenz‹ noch stärker im traditionell-mystischen Sinne in die Rede von der ›Ek-sistenz‹ des Menschen: dieser stehe aus in die ›Offenheit‹ (↑Unverborgenheit) des ›Seins‹.

Literatur: T. Achelis, Die Ekstase in ihrer kulturellen Bedeutung, Berlin 1902; E. Arbman, Ecstasy or Religious Trance. In the Experience of Ecstatics and from the Psychological Point of View, I–III, Uppsala 1963–1970 (I Vision and Ecstasy, II Essence and Forms of Ecstasy, III Ecstasy and Psychopathological States); D. E. Aune, Prophecy in Early Christianity and the Ancient Mediterranean World, Grand Rapids Mich. 1983; C. Barrett, The Language of Ecstasy and the Ecstasy of Language, in: M. Warner (ed.), The Bible as Rhetoric. Studies in Biblical Persuasion and Credibility, London/New York 1990, 205–221 (Chap. 11); P. Beck, Die Ekstase. Ein Beitrag zur Psychologie und Völkerkunde, Leipzig o. J., Bad Sachsa 1906; O. Betz, Entrückung II (Biblische und frühjüdische Zeit), TRE IX (1982), 683–690; W. Bremi u. a., Ekstase, Maß und Askese als Kulturfaktoren (6 akademische Vorträge), Basel 1967; M. Buber, Ekstatische Konfessionen, Berlin o. J., Jena 1909, Heidelberg ⁵1984, bes. Einl. »Ekstase und Bekenntnis«, XXIII–XXXVIII; H. Bürkle, Ekstase (Religionsgeschichtlich), LThK III (1995), 573–574; H. Cancik (ed.), Rausch – Ekstase – Mystik. Grenzformen religiöser Erfahrung, Düsseldorf 1978; W. H. Clark, Chemical Ecstasy. Psychedelic Drugs and Religion, New York 1969 (dt. Chemische Ekstase. Drogen und Religion, Salzburg 1971); C. Clément, La syncope. Philosophie du ravissement, Paris 1990; I. P. Culianu, Psychanodia I. A Survey of the Evidence Concerning the Ascension of the Soul and Its Relevance, Leiden 1983; dies., Expériences de l'extase. Extase, ascension et récit visionnaire de l'hellénisme au Moyen Âge, Paris 1984; C. Drevet, Extase, Enc. philos. universelle II/1 (1990), 934–935; M. Düe, Konzentration und Entrückung. Aus der Geschichte des Verhältnisses von ekstatischer Erfahrung und wissenschaftlicher Begriffsbildung, Heidelberg 1993; M. Eliade, Le chamanisme et les techniques archaïques de l'extase, Paris 1951, ²1968, Nachdr. 1995 (dt. Schamanismus und archaische Ekstasetechnik, Zürich 1957, Frankfurt 1975, ⁸1994; engl. Shamanism. Archaic Techniques of Ecstasy, London, New York 1964, London 1989); P. de Félice, Foules en délire, extases collectives. Essai sur quelques formes inférieures de la mystique, Paris 1947; FM II (1994), 1194–1195 (Éxtasis); G. Fuchs, Ekstase (Spirituell), LThK III (1995), 574–575; L. Gardet, Expériences mystiques en terres non chrétiennes, Paris 1953 (dt. Mystische Erfahrungen in nicht-christlichen Ländern, Colmar 1956); B. Gladigow, Ekstase und Enthusiasmos. Zur Anthropologie und Soziologie ekstatischer Phänomene, in: H. Cancik, [s. o. 1978], 23–40; H. Grabert, Die ekstatischen Erlebnisse der Mystiker und Psychopathen. Eine Gegenüberstellung und ein Vergleich, Stuttgart 1929; F. Graf, Ekstase, DNP III (1997), 950–952; S. Grätzel, Utopie und Ekstase. Vernunftoffenheit in den Humanwissenschaften, St. Augustin 1997; N. G. Holm (ed.), Religious Ecstasy (Based on Papers Read at the Symposium on Religious Ecstasy Held at Åbo, Finland, on the 26ᵗʰ–28ᵗʰ of August 1981), Stockholm 1982; Å. Hultkrantz, The Meaning of Ecstasy in Shamanism, in: H. Wautischer (ed.), Tribal Epistemologies. Essays in the Philosophy of Anthropology, Aldershot etc. 1998, 163–173; W. R. Inge, Ecstasy, ERE V (1912), 157–159; W. Jacobi, Die Ekstase der alttestamentlichen

Propheten, München/Wiesbaden 1920; W. James, The Varieties of Religious Experience. A Study in Human Nature (Being the Gifford Lectures on Natural Religion Delivered at Edinburgh in 1901–1902), New York 1902, Cambridge Mass. 1985 (The Works of William James XV) (dt. Die religiöse Erfahrung in ihrer Mannigfaltigkeit. Materialien und Studien zu einer Psychologie und Pathologie des religiösen Lebens, Leipzig 1907, unter dem Titel: Die Vielfalt religiöser Erfahrung. Eine Studie über die menschliche Natur, Olten/Freiburg 1979, Frankfurt/Leipzig 1997); P. Janet, De l'angoisse à l'extase. Études sur les croyances et les sentiments, I–II, 1926/1928; J. J. Lhermitte, Mystiques et faux mystiques, Paris 1952; A. Müller/P. Heidrich, Ekstase, Hist. Wb. Ph. II (1972), 434–436; R. Ohashi, Schellings Denken und die Ekstase, in: ders., Ekstase und Gelassenheit. Zu Schelling und Heidegger, München 1975, 16–85 (Teil I); ders., Ekstase und Gelassenheit, in: ders., Ekstase und Gelassenheit [s. o.], 150–168 (Teil III); F. Pfister, Ekstase, RAC IV (1959), 944–987; L. S. Rouner, Ecstasy and Epistemology, in: J. Marks/R. T. Ames (eds.), Emotions in Asian Thought. A Dialogue in Comparative Philosophy, Albany N. Y. 1995, 91–107; A. Schimmel, Ekstase, RGG II (1958), 410–412; M. A. Screech, Ecstasy and »The Praise of Folly«, London 1980, unter dem Titel: Erasmus. Ecstasy and »The Praise of Folly«, London etc. 1988 (franz. Érasme. L'extase et l'»Éloge de la folie«, Paris 1991); A. Sharma, Ecstasy, in: M. Eliade (ed.), The Encyclopedia of Religion V, New York/London 1987, 11–17; T. Spoerri (ed.), Beiträge zur Ekstase, Basel/New York 1968; P. Tillich, Systematic Theology I, Chicago Ill. 1951, London 1978, bes. 111–115 (dt. Systematische Theologie I, Stuttgart 1955, Frankfurt ^{8}1984, bes. 135–139); H. Venzlaff, Hermann Broch. Ekstase und Masse. Untersuchungen und Assoziationen zur politischen Mystik des 20. Jahrhunderts, Bonn 1981; H. Wißmann, Ekstase, TRE IX (1982), 488–491; ders., Entrückung I (Religionsgeschichtlich), TRE IX (1982), 680–683. T. R.

Ekthesis (griech. ἔκθεσις, Heraushebung, Herauslösung), (I) Terminus der Aristotelischen Metaphysik und Logik. (1) In der »Metaphysik« (z. B. A9.992b10) bezeichnet Aristoteles mit ›E.‹ die gewöhnlich mit dem Begriff des ↑Chorismos (χωρισμός) charakterisierte Lehre der Platoniker, die Ideen (↑Idee (historisch), ↑Ideenlehre) als Dinge besonderer Art neben die Erscheinungen zu setzen. (2) In der ↑Syllogistik ist die E. neben der Konversion (↑konvers/Konversion) und der reductio ad impossibile (↑reductio ad absurdum) das dritte von Aristoteles genannte Verfahren, Syllogismen auf solche der 1. Figur zurückzuführen (↑Syllogismus, vollkommener), um ihre Gültigkeit zu beweisen. Bei den assertorischen Syllogismen (↑Syllogismus, assertorischer) kann auf E. grundsätzlich verzichtet werden, da die beiden anderen Verfahren ausreichen. In der ↑Modallogik hingegen, und zwar beim Beweis der Modi Baroco und Bocardo mit notwendigen ↑Prämissen und notwendiger ↑Konklusion, ist die E. erforderlich. Der Grundgedanke des E.verfahrens besteht darin, hinsichtlich eines vorliegenden Syllogismus mit partikularer Konklusion einen neuen Terminus (↑Prädikator) anzugeben, mit dessen Hilfe sich die Gültigkeit der Konklusion beweisen läßt. Die Existenz eines solchen Terminus läßt sich durch die beiden folgenden Existenzsätze sichern, deren Formulierung sich auf die extensionale (↑extensional/Extension) Interpretation von Prädikatoren bezieht: (1) Wenn der Terminus A einigen Elementen der Klasse (↑Klasse (logisch)) des Terminus B zukommt, genau dann gibt es einen Terminus N derart, daß die Termini A und B jedem Element der Klasse von N zukommen. (2) Wenn der Terminus A einigen Elementen der Klasse von B nicht zukommt, genau dann gibt es einen Terminus N derart, daß A keinem und B jedem Element der Klasse von N zukommt; in Zeichen:

(1) $BiA \succ\!\!\prec \bigvee_N (NaA \wedge NaB)$,
(2) $BoA \succ\!\!\prec \bigvee_N (NeA \wedge NaB)$.

Effektiv läßt sich ein solcher Existenzbeweis z. B. durch Bildung des logischen Produkts der Klassen von A und B führen (↑Produkt (logisch)): Der ↑Durchschnitt von A und B ist dann genau die Klasse von N. Der Beweis des assertorischen Modus Darapti ($SaP \wedge SaR \prec RiP$) verläuft dann etwa so: Durch Einsetzen von P und R anstelle von A und B erhält man:

(a) $RiP \succ\!\!\prec \bigvee_N (NaP \wedge NaR)$.

Da S und jede nicht-leere Unterklasse von S als jenes N gelten kann, gilt ferner:

(b) $SaP \wedge SaR \prec \bigvee_N (NaP \wedge NaR)$.

Der eigentliche Beweis hat folgende Schritte:

(c) $SaP \wedge SaR \prec \bigvee_N (NaP \wedge NaR)$ (b)
(d) $\bigvee_N (NaP \wedge NaR) \prec RiP$ (wegen a)
(e) $SaP \wedge SaR \prec RiP$ (aus c und d).

(II) Bei Proklos bezeichnet ›E.‹ die für die Lösung einer Aufgabe oder den Beweis eines Lehrsatzes (↑Theorem) geeignete Zusammenstellung der dafür ›gegebenen‹ Informationen (δεδομένα, data, In primum Euclidis elementorum librum commentarii, ed. G. Friedlein, Leipzig 1873, 203–204).

(III) Auch die Verwendung bei J. Jungius ist nicht auf die Syllogistik, sondern auf das mathematische Beweisverfahren (↑Beweis) bezogen: Eine ›ecthetica demonstratio‹ ist ein Beweis, der, obschon singular geführt, allgemeine Geltung (›potentia catholica‹) hat. Paradigmen sind Beweise der Geometrie Euklids, die zwar singular (z. B. ›gegeben sei eine Gerade AB‹) geführt werden, aber wegen der beliebigen Wahl (im Beispiel: der Geraden) allgemein gelten.

Literatur: J. Brunschwig, La proposition particulière et les preuves de non-concluance chez Aristote, Cahiers pour l'analyse 10 (1969), 3–26; G. G. Granger, La théorie aristotélicienne de la science, Paris 1976; H. Kangro, Heuretica (Erfindungskunst) und Begriffskalkül – ist der Inhalt der Leibnizhandschrift Phil. VII C 139r–145r Joachim Jungius zuzuschreiben?, Sudh. Arch. 52 (1968/1969), 48–66, bes. 58–60; J. Łukasiewicz, On Aristotle's Syllogistic. From the Standpoint of Modern Formal Logic, Oxford 1954, ²1963, (franz. La syllogistique d'Aristote dans la perspective de la logique formelle moderne, ed. F. Caujolle-Zaslawsky, Paris 1972); G. Patzig, Die Aristotelische Syllogistik. Logisch-philologische Untersuchungen über das Buch A der »Ersten Analytiken«, Göttingen 1959, ³1969; P. Thom, Ecthesis, Log. anal. 19 (1976), 299–310. G. W.

élan vital (franz., Urkraft), Terminus zur Bezeichnung eines als gerichtet gedachten Evolutionsprozesses der organischen Welt in der neovitalistischen (↑Vitalismus) Theorie der schöpferischen Evolution (↑Evolutionstheorie). H. L. Bergson unterscheidet zwei Dimensionen des Denkens. Die eine geht auf das Relative, Mechanische und Äußere und ist der Bereich des Verstandes, der es mit der Herstellung von künstlichen Objekten, mit Relationen, nicht aber mit den Dingen selbst zu tun hat. Nur auf dieser Ebene akzeptiert Bergson die Evolutionstheorie C. R. Darwins als Beschreibung der Wirklichkeit. Die zweite Dimension geht auf das Absolute, Aktive und Lebendige und ist der Bereich des metaphysischen Denkens. Von dieser Ebene aus ergänzt Bergson vom Standpunkt des Neovitalismus die für unzureichend gehaltene mechanistische Erklärung des Evolutionsprozesses durch die in »L'évolution créatrice« (1907) entwickelte Theorie des é. v..
Darwin hatte den Evolutionsprozeß durch ein die natürliche Auslese zwischen zufällig entstandenen erblichen Varianten beherrschendes Prinzip erklärt, wodurch nur solche Populationen im Kampf ums Dasein überleben, deren Eigenschaften der Umwelt am besten angepaßt sind. Bergson bestreitet die Zufallsgenerierung der Varianten. Um die Funktionsfähigkeit von komplexen Organen über verschiedene Formveränderungen aufrechtzuerhalten, habe eine den Zufall (↑zufällig/Zufall) ausschließende und gerichtete Steuerung voraussetzende koadaptive Variation stattfinden müssen. Darüber hinaus kritisiert Bergson, daß der ↑Darwinismus keine Erklärung für die zunehmende Komplexität der organischen Welt geliefert habe. Bergson meint, eine steuernde, auslesende, treibende Urkraft, élan original, gefunden zu haben, mit der das Leben einsetzt, und die sich als é. v. sowohl phylogenetisch als auch ontogenetisch fortsetzt. Bergson beschreibt diese Kraft als Tendenz zur Einwirkung auf anorganische Materie, zur Verwertung von Energie und zur schöpferischen, freien Gestaltung. Die zunehmende Komplexität erklärt er durch das Gesetz der ↑Entropie, mit dem er seinen sich im Alterungsprozeß manifestierenden biologischen Zeitbegriff fortführt und zu einem ontologischen Evolutionsprinzip ausgestaltet. Die Materie wird damit letztlich zur Erscheinungsform des é. v., der im menschlichen Bewußtsein seine adäquate Erscheinungsform findet. So wird beim späten Bergson der Mensch zum Seinsgrund des irdischen Lebens.

Literatur: H. Bergson, L'évolution créatrice, Paris 1907, 1982 (engl. Creative Evolution, London/New York 1911; dt. Schöpferische Entwicklung, Jena 1912, Zürich 1974); F. Burwick/P. Douglass (eds.), The Crisis in Modernism. Bergson and the Vitalist Controversy, Cambridge/New York 1992; G. Deleuze, Le Bergsonisme, Paris 1966 (engl. Bergsonism, New York 1988; dt. Bergson zur Einführung, Hamburg 1989, ²1997); FM II (1994), 984–985; L. Foisneau, É. v., Enc. philos. universelle II/1 (1990), 766; J. Lombard, Bergson. Création et éducation, Paris 1997; L. Peter, É. v., Mehr-Leben, Mehr-als-Leben. Lebensphilosophische Aspekte bei Henri Bergson und Georg Simmel, Jb. Soziologiegesch. 5 (1994), 7–59; G. Pflug, E. V., Hist. Wb. Ph. II (1972), 437. H. R. G.

Eleatismus, Bezeichnung einer auf der Philosophie des Parmenides von Elea basierenden Position, die (im Gegensatz zum ↑Heraklitismus) von einem absoluten, einheitlichen, unwandelbaren, nicht-empirischen Sein ausgeht, das allein Wahrheit gewährleistet, und diesem die empirische, wandelbare, wahrnehmbare Welt gegenüberstellt, über die nicht gesicherte Erkenntnis, sondern nur trügerische Meinung ($δόξα$, ↑Meinung) möglich sei. Schon Platon (z. B. Soph. 242d) und Aristoteles (z. B. Met. A3.984a31ff.) hatten, allerdings ohne genaue Schulabgrenzung, die im einzelnen nicht einheitlichen und zum Teil sogar widersprüchlichen ›eleatischen Denker‹ als Gruppe zusammengefaßt. Der Ausdruck ›E.‹ wurde jedoch, hauptsächlich als systematisches philosophiehistorisches Charakteristikum verstanden, erstmals von D. Diderot und J. le Rond d'Alembert in der »Encyclopédie« (1751–1780) verwendet, und zwar nicht nur für die eleatischen Philosophen Xenophanes, Parmenides, Melissos und Zenon (›eléatisme métaphysique‹), sondern auch für eine Gruppe von Philosophen (z. B. Leukipp, Demokrit, Protagoras), die im Gegensatz zu den eigentlichen Eleaten die Sinneswahrnehmung (nicht das Denken) als Kriterium der Wahrheit ansehen (›eléatisme physique‹). Außerdem bezeichnet man mit ›E.‹ die Medizinerschule von Elea.

Literatur: P. Albertelli (ed.), Gli Eleati. Testimonianze e frammenti, Bari 1939; I. Bodnár, Eleatische Schule, DNP III (1997), 963–965; G. Calogero, Studien über den E., Rom 1932 (repr. Hildesheim 1971); M. Capasso, Epicureismo ed eleatismo. Secondo contributo alla riconstructione della filosofia presocratica, in: M. Capasso/F. De Martino/P. Rosati (eds.), Studi di filosofia preplatonica, Neapel 1985, 253–309; B. Liebrucks, Platons Entwicklung zur Dialektik. Untersuchungen zum Problem des E., Frankfurt 1949; J. H. M. M. Loenen, Parmenides, Melissus, Gorgias, A Reinterpretation of Eleatic Philosophy, Assen/New York 1959; H.-J. Newiger, Untersuchungen zu Gorgias' Schrift »Über das Nichtseiende«, Berlin 1973; G. E. L. Owen, Eleatic Questions, Class. Quart. 54 (1960), 84–101; ders./S.

Hornblower, Eleatic School, in: S. Hornblower/A. Spawforth (eds.), The Oxford Classical Dictionary, Oxford/New York ³1996, 516; G. Prauss, Platon und der logische E., Berlin 1966; H. Schwabl, Die Eleaten (Forschungsbericht) 1939–1956, Anz. f. d. Altertumswiss. 9 (1956), 129–155, 10 (1957), 195–226; A. Stückelberger/U. Dierse, E., Hist. Wb. Ph. II (1972), 437–439; A. Szabó, Zum Verständnis der Eleaten, Acta antiqua Acad. Sci. Hung. 2 (1953/1954), 243–289; ders., Eleatica, ebd. 3 (1955/1956), 67–102; E. Zeller, Die Philosophie der Griechen in ihrer geschichtlichen Entwicklung I, Tübingen 1844, Leipzig ⁶1920, Nachdr. Hildesheim 1990 (ital. La filosofia dei Greci nel suo sviluppo storico I/3 [Eleati], Florenz 1967). M. G.

Elektrodynamik, als Teilgebiet der ↑Physik die Theorie elektrischer und magnetischer Vorgänge und Zustände. Die E. erfaßt damit auch elektrostatische und magnetostatische Erscheinungen. – Sieht man von qualitativen Experimenten mit geriebenem Bernstein und mit Magnetsteinen sowie von der Verwendung schwacher Batterien zum Galvanisieren durch die Parther in der Antike ab, so beginnt die E. historisch mit Entdeckungen L. Galvanis (1786) und A. Voltas (1799), die eine Erzeugung starker, kontinuierlicher Ströme ermöglichten, sodann mit der Entdeckung des Elektromagnetismus durch H. C. Oersted (1820), der elektrodynamischen Wechselwirkung stromdurchflossener Leiter durch A. M. Ampère (1820), der elektromagnetischen Induktion durch M. Faraday (1831) und der elektromagnetischen Wellen durch H. Hertz (1886). Auf Faraday geht der Begriff des elektrischen oder magnetischen ↑Feldes zurück. Die E. findet ihre erste theoretische Vollendung in den ↑Maxwellschen Gleichungen, die die Gesamtheit der bekannten elektrischen und magnetischen Wirkungen im makroskopischen Bereich erfassen und die theoretische Vorhersage elektromagnetischer Wellen erlaubten. Auch Licht wurde auf der Basis der Maxwellschen Gleichungen als elektromagnetische Welle aufgefaßt. Die Entdeckung der nach H. A. Lorentz benannten Kraft auf Ladungsträger, die in einem Magnetfeld bewegt sind, führte über deren Erklärung durch Äthertheorien (↑Äther), die jedoch physikalisch unbefriedigend blieben, schließlich dazu, daß die E. nicht mehr als eine für bestimmte Sorten von Kräften einschlägige Teiltheorie der Mechanik gesehen und statt dessen die ↑Mechanik theoretisch als Teilgebiet der E. reformuliert wurde. Eine ↑operative Bestimmung der Grundbegriffe der E. verlangt den Rückgriff auf den Kraftbegriff und damit auf die Mechanik. Die Beschreibung elektromagnetischer Erscheinungen ist methodisch erst nach Abschluß einer Mechanik mit Gravitationstheorie (↑Gravitation) möglich. Schon die in der Antike bekannte Anziehung von Wollfäden durch geriebenen Bernstein ist ein besonderes (›elektrisches‹) Phänomen, insofern es vom Normalfall der Bewegung von Körpern schwerer als Luft abweicht. Insbes. sind die zur E. gerechneten Wirkungen und Zustände nur über methodisch primäre mechanische (Kraft-)Messungen meßbar – etwa an Probekörpern bei der Definition der Feldstärke. Damit verläuft ein von Lücken und logischen Zirkeln freier begrifflicher Aufbau der Physik in entgegengesetzte Richtung zur heute üblichen deduktiven Fassung der Theorie.

Literatur: T. Bartelborth, Eine logische Rekonstruktion der klassischen E., Frankfurt 1988; J. T. Cushing, Electrodynamics, REP III (1998), 259–260; J. D. Jackson, Classical Electrodynamics, New York 1962, ³1999 (dt. Klassische E., Berlin/New York 1981, ³2002; franz. Électrodynamique classique, Paris 2001); J. Meya, E. im 19. Jahrhundert. Rekonstruktion ihrer Entwicklung als Konzept einer redlichen Vermittlung, Wiesbaden 1990; A. Sommerfeld, Vorlesungen über theoretische Physik III (E.), Leipzig ⁵1967. P. J.

Element (von lat. elementum, griech. στοιχεῖον, Buchstabe, Laut), Grundbestandteil, sowohl konkret im Sinne von Grundstoff als auch abstrakt im Sinne von Grundlage, seit Aristoteles speziell auch Bezeichnung für die Grundsätze (= ↑Axiome) axiomatisch aufgebauter Wissenschaften; daher Titel der 13 Bücher Euklids (τὰ στοιχεῖα τῆς γεωμετρίας), einem systematischen Lehrgang der Geometrie und Arithmetik. In der ionischen Naturphilosophie (↑Philosophie, ionische) gelten Wasser (Thales) oder Luft (Anaximenes) als die E.e aller Dinge, bei Parmenides sind Feuer und Erde, bei Heraklit Feuer und seine Erscheinungsformen Luft, Wasser, Erde die E.e. Erst Empedokles begründet die von den Stoikern (↑Stoa) später weitergegebene Lehre von der traditionellen Vierzahl der E.e (τέσσαρα πάντων ῥιζώματα [= vier Wurzeln aller (Dinge)]: Feuer, Luft, Wasser, Erde). Platon und Aristoteles fügen den ↑Äther als fünftes E. hinzu. Dabei ist ein E. nach Aristoteles ein kleinster, nicht mehr in Teile derselben Art auflösbarer Bestandteil von etwas Zusammengesetztem; als internes Prinzip ist es von der Ursache (αἴτιον), die extern ist, unterschieden (vgl. Met. Δ3.1014a26–1014b14) (↑Archē). Erst im 17./18. Jh. entwickelt sich auf mancherlei Umwegen (↑Phlogistontheorie) der moderne Begriff des chemischen E.es als eines Stoffes, der mit chemischen Mitteln nicht mehr in andere Stoffe zerlegt werden kann (↑Chemie).

Ein Gegenstand ist grundsätzlich E. nur relativ zu demjenigen Gegenstand, dessen E. er ist. Entsprechend ist die zweistellige (↑zweistellig/Zweistelligkeit) E.-Beziehung zwischen einem Gegenstand und einer Klasse (↑Klasse (logisch)), der er angehört, die Grundrelation der ↑Mengenlehre mit der Folge, daß die E.-Beziehung zwischen Gegenständen besteht, die nicht wie bei der Teil-Ganzes-Beziehung (↑Teil und Ganzes) von gleicher logischer Stufe sind. Gilt eine Aussage $A(n)$ über einen Gegenstand n, so heißt n auch ein E. der ↑Menge $\in_x A(x)$ (in Worten: Menge der x mit $A(x)$; d. h. Menge derjenigen Gegenstände n, welche die ↑Aussageform $A(x)$ oder eine dazu äquivalente Aussageform erfüllen).

Für ›n ist ein E. der Menge M‹ schreibt man ›$n \in M$‹; daher ist $n \in \varepsilon_x A(x)$ äquivalent zu $A(n)$.

Häufig wird die ↑Kopula ›ist‹, die das Zusprechen eines ↑Prädikators in einer ↑Elementaraussage repräsentiert (Symbol: ε), mit der E.-Beziehung (Symbol: $\in$) verwechselt, also etwa ›Sokrates ε Mensch‹ (d. h. Sokrates ist ein Mensch) mit ›Sokrates $\in$ Mensch‹ (d. h. Sokrates ist E. der Klasse der Menschen). Das Wort ›Mensch‹ wird in diesen Fällen zweideutig verwendet, im ersten Falle als Prädikator, im zweiten Falle als ↑Eigenname für die Klasse der Menschen. Die Elementaraussage ›Sokrates $\in$ Mensch‹ wäre also mit dem zweistelligen Prädikator ›$\in$‹ in logischer Normierung wiederzugeben durch: ›Sokrates, Mensch $\varepsilon \in$‹. Ebenso häufig wird die E.-Beziehung im Sinne der Mengenlehre nicht von der Teil-Ganzes-Beziehung unterschieden, bei der ein Gegenstand, z. B. ein Ast, Teil eines größeren Gegenstandes, z. B. eines Baumes, ist, mengentheoretisch der Ast dann als Teilmenge des zugehörigen Baumes, etwa in bezug auf eine ↑Zerlegung des Baumes in Moleküle als seine E.e – hier ist der Baum dann nicht ein Ganzes aus seinen Molekülen, sondern die Menge seiner Moleküle – logisch rekonstruiert werden kann (↑Mereologie).

Literatur: H. Diels, Elementum. Eine Vorarbeit zum griechischen und lateinischen Thesaurus, Leipzig 1899; R. Hooykaas, Het begrip element in zijn historisch-wijsgeerige ontwikkeling, Utrecht 1933; W. Jaeger, The Theology of the Early Greek Philosophers, Oxford 1947, Westport Conn. 1980 (dt. Die Theologie der frühen griechischen Denker, Stuttgart 1953, 1964); A. Lumpe, Der Begriff E. im Altertum, Arch. Begriffsgesch. 7 (1962), 285–293; ders., E., Hist. Wb. Ph. II (1972), 439–441; V. Miano, Elemento, Enc. filos. III (1982), 34–35; W. Schwabe, ›Mischung‹ und ›E.‹ im Griechischen bis Platon. Wort- und begriffsgeschichtliche Untersuchung, insbesondere zur Bedeutungsentwicklung von stoicheion, Bonn 1980 (Arch. Begriffsgesch. Suppl. 3); E. Ströker, Denkwege der Chemie. E.e ihrer Wissenschaftstheorie, Freiburg/München 1967; J. T. Vallance, Elements, in: S. Hornblower/A. Spawforth (eds.), The Oxford Classical Dictionary, Oxford 1996, 519. K. L.

Elementaraussage (engl. *elementary proposition*), unter den ↑Primaussagen, d. s. die logisch einfachen, ohne Beteiligung der logischen Partikeln (↑Partikel, logische) formulierten ↑Aussagen, diejenigen, die sich im unmittelbaren Zusammenhang der Sprachhandlung der ↑Prädikation einführen lassen. Dazu muß, im einfachsten Falle, der Gegenstand, dem in der Prädikation ein ↑Prädikator, d. i. ein Begriffswort, zu- oder abgesprochen wird, durch einen ↑Nominator, d. i. einer ↑Benennung dienender Ausdruck, z. B. ein ↑Eigenname, ein ↑Indikator oder eine ↑Kennzeichnung, sprachlich vertreten werden (mit dem Prädikator wird eine natürlich nicht vollständige, wohl aber disjunkte [prädikative] ↑Unterscheidung der Beispiele von den Gegenbeispielen vollzogen). Dabei dient die affirmative ↑Kopula (Zeichen: ε) der sprachlichen Wiedergabe des Zusprechens, die negative Kopula (Zeichen: ε') der Wiedergabe des Absprechens (↑zusprechen/absprechen). Man erhält so z. B. die (einstelligen) E.n ›Napoleon ε ein Korse‹, ›hier ε' ein öffentlicher Weg‹, ›die Erde ε eine Kugel‹. Mehrstellige E.n ergeben sich, wenn mehrstellige Prädikatoren, d. s. Beziehungswörter, ganzen Systemen von Gegenständen zu- oder abgesprochen werden, z. B. ›drei liegt zwischen der kleinsten Primzahl und fünf‹ (in normierter Schreibweise: ›die kleinste Primzahl, 3, 5 ε zwischen‹).

Es gehört zur Aufgabe der *logischen Analyse* (↑Analyse, logische), Aussagen natürlicher Sprachen (↑Sprache, natürliche) auf ihren Aufbau aus wohlbestimmten E.n hin zu untersuchen, aus der vorliegenden grammatischen Form eine logische Form zu bestimmen (↑Normierung, ↑Grammatik, logische). So ist insbes. die affirmative Kopula in vielen Sprachen häufig durch das Nullmorphem vertreten, also nur durch die Wortstellung markiert; im Deutschen entscheiden bei verbalen Prädikatoren zusätzlich Suffixe darüber, ob eine E., z. B. ›der Vogel singt‹, oder ein (zusammengesetzter) Nominator, z. B. ›der singende Vogel‹, vorliegt. Dabei gehört es auch zu den Aufgaben der logischen Analyse, eine Rekonstruktion der *Wortarten*, der ↑Sprechakte und der *Zusammensetzung* sowohl komplexer Prädikatoren als auch komplexer Nominatoren (z. B. durch ↑Kennzeichnung aus geeigneten Prädikatoren) aus einfachen Bausteinen anzugeben.

Bislang ist der Versuch der Konstruktiven Wissenschaftstheorie (↑Wissenschaftstheorie, konstruktive) umstritten, den Begriff der E. so zu erweitern, daß der Unterschied zwischen apprädikativer (↑Apprädikator) und eigenprädikativer (↑Eigenprädikator) Verwendung eines Prädikators aufgehoben wird, indem man etwa zwischen ›der Vogel singt‹ und ›das Geräusch ε singen‹ im ersten Falle eine eigene *Tatkopula* einführt, also den zusätzlichen Typ einer E. ›der Vogel *tut* singen‹ schafft, um ›singen‹ durchweg als Eigenprädikator zu erhalten: ›tun‹ bleibt logisch ein (zweistelliger) Prädikator entweder mit der traditionellen nominalistischen Analyse

$$\bigvee_x (\text{der Vogel}, x \, \varepsilon \, \text{tun} \wedge x \, \varepsilon \, \text{singen})$$

(in Worten: der Vogel tut etwas, das unter ›singen‹ fällt; ›singen‹ ist Prädikator) oder mit der handlungstheoretischen realistischen Analyse

›der Vogel, singen ε tun‹

(in Worten: der Vogel aktualisiert das Schema Singen; ›singen‹ ist ein ↑Artikulator) für diesen neuen Typ der E..

Literatur: R. Hegselmann, Klassische und konstruktive Theorie des Elementarsatzes, Z. philos. Forsch. 33 (1979), 89–107; P. Janich/F. Kambartel/J. Mittelstraß, Wissenschaftstheorie als Wissenschaftskritik, Frankfurt 1974; S. Körner, Experience and

Theory. An Essay in the Philosophy of Science, London 1966 (dt. Erfahrung und Theorie. Ein wissenschaftstheoretischer Versuch, Frankfurt 1970); P. Lorenzen/O. Schwemmer, Konstruktive Logik, Ethik und Wissenschaftstheorie, Mannheim 1973, ²1975; R. Montague, Universal Grammar, Theoria 36 (1970), 373–398 (dt. Universale Grammatik, Braunschweig 1972). K. L.

elementar-berechenbar, Eigenschaft, die einer n-stelligen ↑Funktion f genau dann zukommt, wenn die ihr entsprechende Relation

$$f(x_1, \ldots, x_n) = y$$

↑elementar-entscheidbar ist. C. T.

elementar-entscheidbar, eine Eigenschaft, die einer Relation R zwischen Ausdrücken eines formalen Systems (↑System, formales) genau dann zukommt, wenn es eine Formel $A(p_1, \ldots, p_n, R)$ gibt, die aus ↑Vorgängergleichungen der $p_1, \ldots, p_n$ und Formeln $q_1, \ldots, q_n \in R$, in denen als Argumente $q_1, \ldots, q_n$ Vorgängersysteme von $p_1, \ldots, p_n$ vorkommen, junktorenlogisch (↑Junktorenlogik) zusammengesetzt ist und die Äquivalenz

$$p_1, \ldots, p_n \in R \leftrightarrow A(p_1, \ldots, p_n, R)$$

erfüllt. C. T.

Elementrelation, eine zweistellige Relation in der ↑Mengenlehre. Hat man mit Hilfe einer ↑Abstraktion durch ↑Aussageformen ›$A(x)$‹ dargestellte ↑Mengen $\in_x A(x)$ eingeführt, so kann man für die durch Eigennamen e aus dem ↑Variabilitätsbereich von ›x‹ bezeichneten Objekte eine E. erklären, indem man e ein ›Element‹ der Menge $\in_x A(x)$ nennt, wenn $A(e)$ gilt; symbolisiert:

$$e \in \in_x A(x) \leftrightharpoons A(e).$$

Wählt man M als Variable für durch Abstraktion eingeführte Mengen, so läßt sich die E. $R(y, \in_x A(x))$ als Relation zwischen Elementen und Mengen kurz als ›$y \in M$‹ schreiben. C. T.

elenchus (griech. ἔλεγχος, Widerlegung), bei Platon die zur Befreiung vom Scheinwissen führende und somit katharische Stelle im Sokratischen Gespräch (vgl. Soph. 230c–e), bei Aristoteles die Widerlegung einer Behauptung im Streitgespräch durch Aufweis ihrer Sinnlosigkeit, aus ihr folgender Absurditäten oder durch einen korrekten Schluß auf die ihr entgegengesetzte Behauptung (↑ignoratio elenchi).

Literatur: K. Ierodiakonou, Widerlegung, DNP XII/2 (2002), 505–506; T. Schirren, Elenchos, Hist. Wb. Rhet. II (1994), 1013–1017; B. Waldenfels, Das sokratische Fragen. Aporie, Elenchos, Anamnesis, Meisenheim am Glan 1961; ders., E., Elenktik, Hist. Wb. Ph. II (1972), 442–443. C. T.

Elenktik (von griech. ἐλέγχειν, prüfen, widerlegen), Kunst der Widerlegung, typisches Moment der Sokratischen Argumentationsmethode: durch Aufdecken von Vorurteilen, Scheinwissen und Widersprüchen wird der Gesprächspartner genötigt, seine Unwissenheit einzugestehen und erneut eine Begründung in Angriff zu nehmen. Aristoteles zählt die E. zu den indirekten Beweisverfahren (↑elenchus).

Literatur: H. H. Benson, The Dissolution of the Problem of the Elenchus, Oxford Stud. Ancient Philos. 13 (1995), 45–112; K. Döring, Sokrates, die Sokratiker und die von ihnen begründeten Traditionen, in: H. Flashar (ed.), Die Philosophie der Antike II/1 (Sophistik, Sokrates, Sokratik, Mathematik, Medizin), Basel 1998, 139–178 (Kap. 2), bes. 155–166; K. Gaiser, Protreptik und Paränese bei Platon. Untersuchungen zur Form des platonischen Dialogs, Stuttgart 1959; G. B. Kerferd, The Sophistic Movement, Cambridge 1981; M. Landmann, E. und Maieutik, Bonn 1950; R. Robinson, Plato's Earlier Dialectic, Ithaca N. Y. 1941, Oxford ²1953; T. Schirren, Elenchos, Hist. Wb. Rhetorik II (1994), 1013–1017; F. Schupp, Zur Geschichte der Beweistopik in der älteren griechischen Gerichtsrede, I–II, Wiener Stud. 45 (1926/1927), 17–28, 173–185; P. Stemmer, Platons Dialektik. Die frühen und mittleren Dialoge, Berlin/New York 1992, bes. 72–250; G. Vlastos, Elenchus and Mathematics. A Turning-Point in Plato's Philosophical Development, Amer. J. Philol. 109 (1988), 362–296, Neudr. in: H. H. Benson (ed.), Essays on the Philosophy of Socrates, Oxford/New York 1992, 137–161; ders., Socrates, Ironist and Moral Philosopher, Cambridge 1991; B. Waldenfels, Das Sokratische Fragen. Aporie, Elenchos, Anamnesis, Meisenheim am Glan 1961; ders., Elenchus, E., Hist. Wb. Ph. II (1972), 442–443. M. G.

Elimination, in der formalen Logik (↑Logik, formale) in verschiedenen Zusammenhängen auftretender Begriff: (1) In adäquaten ↑Definitionen wird die Eliminierbarkeit des Definiendums durch das Definiens gefordert, d. h., für einen Satz A einer Sprache S, der das Definiendum eines Prädikators enthält und einen Satz B von S, den man aus A erhält, indem man das Definiendum jeweils durch das Definiens ersetzt, muß gelten: $A \leftrightarrow B$ (↑definierbar/Definierbarkeit). – (2) In ↑Kalkülen dienen Verfahren zur E. einer Regel R als Nachweis für die Zulässigkeit von R (↑zulässig/Zulässigkeit). – (3) Im ↑Sequenzenkalkül und verwandten Kalkülen (z. B. die Tableaumethoden von R. M. Smullyan, ↑Tableau, logisches) wird die ↑Schnittregel häufig ›*Eliminationstheorem*‹ genannt, weil ein im Vorderglied der Regel auftretender Ausdruck im Hinterglied wegfällt. – (4) In ↑Kalkülen des natürlichen Schließens werden die Regeln zur Beseitigung von Annahmen und logischen Partikeln (↑Partikel, logische) häufig ›*Eliminationsregeln*‹ genannt. – (5) Allgemein spricht man in der formalen Logik von E., wenn irgendwelche Teile eines Systems (z. B. ↑Kennzeichnungen, ↑Quantoren) mit Hilfe anderer Teile so ersetzt werden können, daß entsprechende Ausdrücke logisch äquivalent sind. Von besonderer Bedeutung für metamathematische (↑Metamathematik) Untersuchungen ist hierbei die ↑Quantorenelimination.

Literatur: W. K. Essler, Wissenschaftstheorie I (Definition und Reduktion), Freiburg/München 1970, ²1982; P. Lorenzen, Einführung in die operative Logik und Mathematik, Berlin/Göttingen/Heidelberg 1955, Berlin/Heidelberg/New York ²1969, bes. 21–26; H. M. Nobis, E., Hist. Wb. Ph. II (1972), 443; R. M. Smullyan, First-Order Logic, Berlin/Heidelberg/New York 1968, bes. 110–117. G. W.

eliminierbar/Eliminierbarkeit, ↑Elimination.

Emanation (von lat. emanare, herausfließen, entspringen, griech. ἀπόρροια), im Wortsinn das Ausfließen von Flüssigkeiten, in Philosophie, Theologie und Religion Metapher für das Verhältnis von Ursprung und Entstehendem/Entstandenem, insbes. für das Hervorgehen gradweise geringerer Seinsweisen bzw. Seinsstufen aus einer höheren Wesenheit, speziell Terminus zur Bezeichnung einer Weltentstehungslehre aus göttlichem Ursprung (↑Gnosis, Plotinos). Hauptproblem ist dabei die Frage, ob Gott durch diese E. eine ›Seinsminderung‹ erleide und ob der Unterschied zwischen Gott und Welt trotz E. gewahrt bleibe. E.theorien stehen im Gegensatz zu Schöpfungslehren (↑Schöpfung), die von einer Erschaffung aus dem Nichts (↑creatio ex nihilo) ausgehen, da sie eine das Ausfließen bewirkende Substanz (Gott) als bereits existent voraussetzen und von einem gewissermaßen notwendigen Prozeß der E., nicht von einem willentlichen Schöpfungsakt ausgehen. Sie unterscheiden sich von Theorien der Weltgestaltung, weil sie nicht einen eigenen Weltbaumeister (↑Demiurg) und nicht eine schon vorhandene Weltmaterie annehmen, und sie sind gegenläufig zu Evolutionstheorien, da der Prozeß der Weltgenese nicht einen Fortschritt, sondern einen steten Abstieg bedeutet; außerdem bleibt bei der E. das Ausfluß bewirkende bzw. gewährende Ursprungsprinzip unverändert. – In den Wahrnehmungstheorien bei Empedokles, Demokrit und Platon dient der Begriff der E. dazu, den Vorgang der Wahrnehmung zu erklären (↑Bildchentheorie).

Literatur: H. Dörrie, E.. Ein unphilosophisches Wort im spätantiken Denken, in: ders., Platonica minora (Studia et Testimonia Antiqua), München 1976, 70–88; C. A. Dubray/W. A. Wallace, Emanationism, in: J. P. Whalen/P. A. O'Boyle (eds.), New Catholic Encyclopedia V, San Francisco Calif./Toronto/London 1967, 291–293; FM II (1994), 989–990; W. Hasker, Creation and Conservation, Religious Doctrine of. 3. Creation and E., REP II (1998), 696–697; K. Kremer, E., Hist. Wb. Ph. II (1972), 445–448; A. Meredith, E. in Plotinus and Athanasius, in: E. A. Livingstone (ed.), Studia patristica XVI. Papers Presented to the Seventh International Conference on Patristic Studies Held in Oxford 1975, II, with a Cumulative Index of Contributors to Studia Patristica, Berlin 1985, 319–323; S. Meyer-Schwelling, E., DNP III (1997), 1006; J. Ratzinger, E., RAC IV (1959), 1219–1228; T. P. Roeser, Emanatism and Creation, New Scholasticism 19 (1945), 85–116; M. Roussel, Émanation, Enc. philos. universelle II/1 (1990), 770–771. M. G.

Emanzipation (von lat. emancipatio, Selbständigkeitserklärung, Abtretung), im römischen Recht Bezeichnung für die Entlassung des Sohnes aus der väterlichen Gewalt. Noch in der »Encyclopédie« von D. Diderot und J. le Rond d'Alembert wird der Ausdruck als reiner Rechtsterminus behandelt. Seit der ersten Hälfte des 19. Jhs. inflationiert der Gebrauch und bekommt zunehmend einen aktiven Sinn. ›E.‹ bedeutet jetzt die Selbstbefreiungsleistung, mit der sich Gruppierungen aus tradierten politischen und gesellschaftlichen Zwängen lösen. Im Vordergrund stehen zunächst die Frauen (›E. des Fleisches‹) und die Juden. In den 60er und 70er Jahren des 20. Jhs. wird E. zum Schlagwort einer allgemeinen Protestbewegung; in adjektivischer Wendung (›emanzipatorisch‹) hat es Eingang vor allem in die Erziehungswissenschaften gefunden.
Eine dialektische Theorie der E. findet sich in den Frühschriften von K. Marx (»Alle E. ist Zurückführung der menschlichen Welt, der Verhältnisse, auf den Menschen selbst«, Zur Judenfrage, MEW I, 370). Der in der Zeit des Vormärz gängigen Formel von der ›politischen E.‹ setzt Marx die ›menschliche E.‹ gegenüber. Diese Unterscheidung ist für die Einschätzung der politischen Errungenschaften der bürgerlichen Revolution durch die marxistische politische Theorie folgenreich geworden. Die ›politische E.‹ ist nach Marx auf einen Versuch eines Teils der bürgerlichen Gesellschaft (↑Gesellschaft, bürgerliche), von deren besonderer Situation aus die ›allgemeine E. der Gesellschaft‹ zu vollbringen, zurückzuführen. Sie reicht denn auch nur bis zur E. der Klasse, die diese Revolution trägt (↑Klasse (sozialwissenschaftlich)). Erst dann, wenn das Proletariat als diejenige Klasse der bürgerlichen Gesellschaft, die »keine Klasse der bürgerlichen Gesellschaft ist«, die ›Rolle des Emanzipators‹ übernimmt, kann die ›menschliche E.‹ realisiert werden. Deutschland, das in seiner Philosophie eine Theorie hat, »welche den Menschen für das höchste Wesen des Menschen erklärt«, wird durch das Proletariat diese E. unter Überspringung ihrer nur politischen Form vollbringen (Zur Kritik der Hegelschen Rechtsphilosophie, Einl., MEW I, 388–391).

Literatur: C. Broniak, What is Emancipation for Habermas?, Philos. Today 32 (1988), 195–206; H. Eidam/F. Hermenau/D. Stederoth (eds.), Kritik und Praxis. Zur Problematik menschlicher E., Lüneburg 1999; FM II (1994), 990–991; M. Greiffenhagen, E., Hist. Wb. Ph. II (1972), 448–449; ders. (ed.), E., Hamburg 1973; U. Herrmann, E.. Materialien zur Geschichte eines politisch-sozialen und politisch-pädagogischen Begriffs der Neuzeit, vornehmlich im 19. Jahrhundert, Arch. Begriffsgesch. 18 (1974), 86–143; J. M. Kirsten, From Revolution to

Reconciliation. The Idea of Emancipation in Hegel's Early Writings (1793–1801), South African J. Philos. 7 (1988), 195–212; N. M. Knispel, Kant and Rousseau on the Self-Emancipation of Man, Contemporary Philos. 19 (1997), 11–15; H. J. Sandkühler, Wissen und E., Dt. Z. Philos. 39 (1991), 327–331; W. Schmied-Kowarzik, E., EP I (1999), 298–303; R. Spaemann, Autonomie, Mündigkeit, E.. Zur Ideologisierung von Rechtsbegriffen, in: S. Oppolzer/R. Lassahn (eds.), Erziehungswissenschaft 1971. Zwischen Herkunft und Zukunft der Gesellschaft, Wuppertal/Ratingen 1971, 317–324; R. Zimmermann, Das Problem einer politischen Theorie der E. bei Marx und Habermas, in: E. Angehrn (ed.), Ethik und Marx. Moralkritik und normative Grundlagen der Marxschen Theorie, Königstein 1986.   S. B.

emergent/Emergenz, von G. H. Lewes 1875 als philosophischer Terminus zur Bezeichnung der von J. S. Mill so genannten ›heterogen‹ wirkenden Ursachen eingeführter Ausdruck. Eine Wirkung ist heterogen oder e., wenn sie nicht als ›Summe‹ der an ihrem Zustandekommen beteiligten Kausalfaktoren verstanden werden kann. In gegenwärtiger Terminologie bezieht sich der E.begriff auf das Verhältnis der Eigenschaften von Ganzheiten zu Eigenschaften ihrer Bestandteile bzw. auf den Status der Brückengesetze (↑Brückenprinzip), die diese Eigenschaften miteinander verknüpfen. Eine e.e Ganzheitseigenschaft unterscheidet sich qualitativ von den Eigenschaften der Komponenten und kann aufgrund prinzipieller Beschränkungen nicht angemessen auf diese Komponenteneigenschaften zurückgeführt werden. Anders gesagt ist das zugehörige Brückengesetz aus prinzipiellen Gründen nicht auf übergreifende Naturgesetze reduzierbar (↑Reduktion).
Der *Emergentismus* gewann ab den 1920er Jahren als eine vermittelnde Position zwischen dem ›Mechanizismus‹ (als einer Spielart des Materialismus [↑Materialismus (systematisch)]) und dem ↑Vitalismus (H. Driesch, H. L. Bergson) an Bedeutung. Dieser Emergentismus vertrat die Auffassung, daß lebende Organismen einerseits grundsätzlich verschieden von Maschinen sind, andererseits aber auch nicht von einer besonderen Lebenskraft angetrieben werden. Bei C. D. Broad (The Mind and Its Place in Nature, 1925) wird dieser dritte Weg dahingehend konkretisiert, daß e.e Ganzheitseigenschaften durch die andersartigen Eigenschaften der Komponenten der Sache nach festgelegt, jedoch nicht auf deren Grundlage erklärbar sind. Die so umrissene E.these zeichnet sich durch die folgenden Bestimmungen aus. (1) *Qualitative Verschiedenheit:* Nur solche Eigenschaften von Ganzheiten können e. sein, die sich von den Eigenschaften ihrer Bestandteile wesentlich unterscheiden. (2) *Eigenschaftsdetermination:* Die Eigenschaften der Bestandteile reichen hin, um die betreffende Ganzheitseigenschaft hervorzubringen; diese hängt entsprechend nicht von zusätzlichen Einflußfaktoren ab. (3) *Prinzipielle Erklärungslücke:* Die Ganzheitseigenschaft kann durch die Eigenschaften der Komponenten einschließlich der zwischen ihnen bestehenden Wechselwirkungen nicht erklärt werden. Zwar läßt sich die Verknüpfung zwischen beiden Eigenschaftstypen als ein eigenständiges Brückengesetz formulieren, doch bliebe dieses isoliert und wäre nicht Teil einer übergreifenden Theorie. Die Annahme der Eigenschaftsdetermination teilt der Emergentismus mit dem Mechanizismus, die Behauptung der prinzipiellen Erklärungslücke mit dem Vitalismus, so daß sich insgesamt eine vermittelnde Sicht ergibt. Für Broad sind mentale Eigenschaften wie Sinnesqualitäten oder ↑Qualia, aber auch viele Eigenschaften chemischer Verbindungen in diesem Sinne e.. Die Charakteristika von Wasser unterscheiden sich qualitativ von den Merkmalen ihrer Bestandteile Wasserstoff und Sauerstoff. Das Vorliegen beider Elemente ist unter geeigneten Umständen hinreichend für die Entstehung der Verbindung, doch lassen sich deren Eigenschaften nicht auf die Merkmale der Komponenten zurückführen. Dies ist selbst dann ausgeschlossen, wenn man andere Verbindungen dieser Elemente betrachtet (wie Schwefelwasserstoff oder Stickstoffoxid). In solchen Fällen beinhaltet die chemische Reaktion einen drastischen Eigenschaftswechsel, dem nicht durch Rückgriff auf übergreifende, andere Fälle einschließende ↑Naturgesetze Rechnung getragen werden kann.
Neben diese *synchrone,* auf das Verhältnis gleichzeitig bestehender Eigenschaften gerichtete E.these tritt ein *diachrones* Verständnis von E., das auf das Auftreten wesentlich neuartiger Eigenschaften im Zuge der Entwicklung der anorganischen Natur und der Herausbildung des Lebens abzielt. Nach dieser Behauptung der ›schöpferischen Evolution‹ treten während der Entwicklung des Universums wiederholt qualitativ andersartige Ganzheitseigenschaften hervor, die vor ihrem tatsächlichen Auftreten prinzipiell unvorhersagbar waren.
Synchroner und diachroner Emergentismus bedingen einander wechselseitig. Beide Spielarten bringen eine starke E.these zum Ausdruck, die auf prinzipielle Grenzen von Erklärbarkeit und Reduzierbarkeit abhebt. Daneben tritt eine schwache E.these, die zwar die qualitative Verschiedenheit oder Neuartigkeit von Ganzheitseigenschaften vorsieht und auch an der Eigenschaftsdetermination festhält, aber die grundsätzliche Rückführbarkeit der Ganzheitseigenschaft auf die Eigenschaften und Wechselbeziehungen der Komponenten nicht ausschließt. Ein Beispiel ist das Zusammenwirken von Spule und Kondensator in einem Stromkreis. Deren gemeinsame Wirkung besteht im Auftreten von Oszillationen der Stromstärke und unterscheidet sich damit qualitativ von den isolierten Wirkungen der Komponenten. Zudem ist die geeignete Anordnung der Komponenten hinreichend für die Ausbildung solcher Oszillationen. Doch diese Ganzheitseigenschaft des Stromkreises ist auf der Grundlage übergreifender Gesetzmäßigkeiten auf die

Wechselwirkung der Komponenten zurückführbar und damit nicht im starken Sinne e..

Schwache E. ist ein Komplexitätsphänomen und ohne tiefgreifende philosophische Relevanz. Starke E. sprengt dagegen einen physikalistischen Rahmen und besagt eine geschichtete Anordnung von Eigenschaften, die durch prinzipielle Erklärungslücken getrennt wären. Der mit einem starken Emergentismus verbundene Anti-Reduktionismus (↑Reduktionismus) schließt einen Zugriff physikalischer Basistheorien auf die betreffenden Eigenschaften komplexer Systeme grundsätzlich aus. Solche Eigenschaften hätten als genuin holistisch (↑Holismus) zu gelten.

Die gegenwärtige Diskussion konzentriert sich auf die Philosophie des Geistes (↑philosophy of mind) und auf die Frage, ob zumindest einige mentale Eigenschaften als stark e. relativ zu neuronalen Eigenschaften aufzufassen sind. Danach sollen insbes. Sinnesqualitäten wie Farben oder Klänge als stark e.e Ganzheitseigenschaften der zugrundeliegenden physiologischen Mechanismen gelten. Jene könnten entsprechend grundsätzlich nicht durch die einschlägigen neuronalen Eigenschaften erklärt werden. Sie benötigten ein nicht weiter begründbares Brückengesetz, das das Auftreten bestimmter Qualia unter bestimmten neuronalen Bedingungen festlegt. Gegenposition zum Emergentismus ist der reduktive ↑Physikalismus, der die prinzipielle Erklärbarkeit aller Sachverhalte auf physikalischer Grundlage behauptet.

Die Vorstellung starker E. wird mit der Annahme einer ›Verursachung nach unten‹ (*downward causation*) oder ›*Makrodetermination*‹ in Verbindung gebracht, also eines kausalen Einflusses einer Ganzheit auf ihre Bestandteile (R. Sperry, K. R. Popper). Stark e.e Eigenschaften sind irreduzibel (↑irreduzibel/Irreduzibilität) und wirklich; sie sollten daher auch eigenständige Wirkungen entfalten. Allerdings finden sich keine einschlägigen Beispiele, denen nicht auch durch die Eigenschaften und Wechselwirkungen der Teile Rechnung getragen werden könnte. Ein auf J. Kim zurückgehendes Argument greift umgekehrt auf Verursachung nach unten für eine ↑reductio ad absurdum starker E. zurück: Diese ist mit Verursachung nach unten verbunden und beinhaltet deshalb entweder eine Verletzung der kausalen Abgeschlossenheit der physikalischen Welt oder doppelte Verursachung. Beides ist absurd, und daher ist starke E. ausgeschlossen. Dagegen wird geltend gemacht, daß eine e.e Eigenschaft stets gemeinsam mit ihrer physikalischen Realisierung auftreten könnte, ohne daß die zugehörigen Brückengesetze zwangsläufig physikalisch begründbar wären. Obwohl unter diesen Umständen die e.en Eigenschaften wegen der Nicht-Reduzierbarkeit der Brückengesetze auf physikalischer Grundlage nicht vollständig erklärbar wären, käme ihnen doch keine eigenständige kausale Rolle zu. Dies bedeutete einen Emergentismus ohne Verursachung nach unten (A. Stephan, Armchair Arguments Against Emergentism, 1997). Auch unabhängig von der Frage der Verursachung nach unten ist die Existenz stark e.er Eigenschaften umstritten. Kein einziger Beispielfall für eine solche Eigenschaft ist einhellig akzeptiert.

Literatur: S. Alexander, Space, Time, and Deity, I–II, London 1920, 1927 (repr. als: Collected Works, II–III, Bristol 2000); A. Beckermann, The Perennial Problem of the Reductive Explainability of Phenomenal Consciousness. C. D. Broad on the Explanatory Gap, in: T. Metzinger (ed.), Neural Correlates of Consciousness. Empirical and Conceptual Questions, Cambridge Mass./London 2000, 41–55; ders./H. Flohr/J. Kim (eds.), Emergence or Reduction? Essays on the Prospects of Nonreductive Physicalism, Berlin/New York 1992; C. D. Broad, The Mind and Its Place in Nature, London 1925, 2000, bes. 43–94 (Chap. 2 Mechanism and Its Alternatives); D. Fliedner, Komplexität und E. in Gesellschaft und Natur. Typologie der Systeme und Prozesse, Frankfurt 1999; Hist. Wb. Ph. II (1972), 452; P. Hoyningen-Huene, E. versus Reduktion, in: G. Meggle/U. Wessels (eds.), Analyomen I. Proceedings of the 1st Conference »Perspectives in Analytical Philosophy«, Berlin/New York 1994, 324–332; ders., Zu E., Mikro- und Makrodetermination, in: W. Lübbe (ed.), Kausalität und Zurechnung. Über Verantwortung in komplexen kulturellen Prozessen, Berlin/New York 1994, 165–195; P. Humphreys, How Properties Emerge, Philos. Sci. 64 (1997), 1–17; J. Kim, Psychophysical Laws, in: E. LePore/B. P. McLaughlin (eds.), Actions and Events. Perspectives on the Philosophy of D. Davidson, Oxford 1985, 369–386; ders., ›Downward Causation‹ in Emergentism and Nonreductive Physicalism, in: A. Beckermann/H. Flohr/J. Kim (eds.), Emergence or Reduction? [s. o.], 119–138; ders., The Nonreductivist's Troubles with Mental Causation, in: ders., Supervenience and the Mind. Selected Philosophical Essays, Cambridge 1993, 336–357; ders., Philosophy of Mind, Boulder Colo. 1996 (dt. Philosophie des Geistes, Wien/New York 1998); ders., Supervenience, Emergence, and Realization in the Philosophy of Mind, in: M. Carrier/P. K. Machamer (eds.), Mindscapes. Philosophy, Science, and the Mind, Konstanz, Pittsburgh Pa. 1997, 271–293; W. Krohn/G. Küppers (eds.), E.. Die Entstehung von Ordnung, Organisation und Bedeutung, Frankfurt 1992; J.-J. Matras/G. Chapouthier, Émergence, Enc. philos. universelle II/1 (1990), 771; C. L. Morgan, Emergent Evolution, London 1923, 1927; D. V. Newman, Emergence and Strange Attractors, Philos. Sci. 63 (1996), 245–261; A. Rueger, Robust Supervenience and Emergence, Philos. Sci. 67 (2000), 466–489; A. Stephan, Emergence – A Systematic View on Its Historical Facets, in: A. Beckermann/H. Flohr/J. Kim (eds.), Emergence or Reduction? [s. o.], 25–48; ders., Theorien der E.-Metaphysik oder?, Grazer Philos. Stud. 48 (1994), 105–115; ders., Armchair Arguments Against Emergentism, Erkenntnis 46 (1997), 305–314; ders., E.. Von der Unvorhersagbarkeit zur Selbstorganisation, Dresden/München 1999; ders., E., EP I (1999), 303–305; ders., Emergentism, Irreducibility, and Downward Causation, Grazer Philos. Stud. 65 (2002), 77–93; M. Stöckler, E.. Bausteine für eine Begriffsexplikation, Conceptus 24 (1990), Nr. 63, 7–24; W. I. Thompson (ed.), Gaia 2. Emergence. The New Science of Becoming, Hudson N. Y. 1991; G. Vollmer, Das Ganze und seine Teile. Holismus, E., Erklärung und Reduktion, in: R. Hegselmann/H.-O. Pleitgen (eds.), Modelle sozialer Dynamiken. Ordnung, Chaos und Komplexität, Wien 1996, 187–224. M. C.

Emerson, Ralph Waldo, *Boston 25. Mai 1803, †Concord (b. Boston) 27. April 1882, amerik. Essayist. E. arbeitete nach einem Theologiestudium in Harvard als freier Schriftsteller. Auf Reisen nach Europa lernte er S. T. Coleridge, W. Wordsworth und T. Carlyle kennen. Neben seiner Wirkung als bedeutendster Repräsentant des amerikanischen ›Transzendentalismus‹ (W. E. Channing, T. Parker, H. D. Thoreau, W. Whitman), damit der nicht-kirchlichen literarischen Religiosität, beeinflußte E. unter anderem F. Nietzsche, H. L. Bergson und die amerikanischen Pragmatisten (↑Pragmatismus) W. James und J. Dewey. – E. übertrug die philosophischen Texte der deutschen Idealisten (vor allem F. W. J. Schellings und G. W. F. Hegels, mit dessen Werk er auch durch die Hegel-Schule von St. Louis vertraut wurde, ↑Idealismus, deutscher) in literarische Aperçus und Essays. Neben rousseauistisch-romantischer Kulturkritik an den materiellen Orientierungen der Massengesellschaft steht ein metaphysischer Optimismus, der sich in der Überzeugung einer Reintegration von Geist und Natur innerhalb der Kulturentwicklung äußert (Prinzipien der ›Korrespondenz‹ und ›Kompensation‹).

Werke: The Complete Works, I–XII, ed. E. W. Emerson, New York/Boston Mass./Cambridge Mass. 1903–1904; The Collected Works, ed. R. E. Spiller, I–, Cambridge Mass. 1971– (bisher erschienen Bde I–VI). – Nature, Boston Mass. 1836 (repr. 1985) (dt. Natur, Leipzig 1913, Stuttgart 2001); Essays, I–II, Boston Mass. 1841/1844, Cambridge Mass. 1987 (dt. Essays, Essen 1987); Essays on Representative Men, London 1849, Cambridge Mass. 1996 (dt. Repräsentanten der Menschheit. 7 Essays, Zürich 1982, 1989); English Traits, Boston Mass. 1856, London 1951; The Conduct of Life, Boston Mass. 1860 (repr. Garden City N. Y. 1966) (dt. Lebensführung, Leipzig 1903, Jena ²1905); Society and Solitude, Boston Mass. 1870, 1930 (dt. Gesellschaft und Einsamkeit, Leipzig 1903, Jena ²1907); The Natural History of Intellect, Boston Mass. 1870, 1903; Letters and Social Aims, Boston Mass. 1876, 1903; The Journals, I–X, ed. E. W. Emerson/ W. E. Forbes, New York/Boston Mass./Cambridge Mass. 1909–1914; The Early Lectures of R. W. E., I–II, ed. S. E. Whicher/R. E. Spiller, Cambridge Mass. 1959/1964; The Journals and Miscellaneous Notebooks, I–XVI, ed. H. Gilman/A. R. Ferguson, Cambridge Mass. 1960–1982; The Topical Notebook of R. W. E., I–III, ed. R. H. Orth, Columbia Mo./London 1990–1994. – The Letters of R. W. E., I–VI, ed. R. L. Rusk, New York/London 1939, 1966. – W. G. Cooke (ed.), A Bibliography of R. W. E., New York 1966; J. Myerson, R. W. E.. A Descriptive Bibliography, Pittsburgh Pa. 1982; M. Pütz, R. W. E.. A Bibliography of 20th Century Criticism, Frankfurt/Bern 1986; R. E. Burkholder, R. W. E.. Annotated Bibliography of Criticism 1980–1991, Westport Conn. 1994.

Literatur: G. W. Allen, W. E.. A Biography, New York 1981; E. Baumgarten, Das Vorbild E.s im Werk und Leben Nietzsches, Heidelberg 1957; J. Bishop, E. on the Soul, Cambridge Mass. 1964; H. Bloom (ed.), R. W. E., New York 1985; L. Buell (ed.), R. W. E.. A Collection of Critical Essays, Englewood Cliffs N. J. 1993; K. W. Cameron, E. the Essayist. An Outline of His Philosophical Development through 1836 with Special Emphasis on the Sources and Interpretations of Nature, I–II, Raleigh N. C. 1945, Hartford Conn. 1972; F. I. Carpenter, E. Handbook, New York 1953; G. van Cromphout, E. and the Dialectics of History, Publ. Mod. Lang. Ass. Amer. 91 (1976), 54–65; J. Ellison, E.'s Romantic Style, Princeton N. J. 1984; O. W. Firkins, R. W. E., Boston Mass./New York 1915, Nachdr. Mineola N. Y. 2000; M. Gonnaud, An Uneasy Solitude. Individual and Society in the Work of R. W. E., Princeton N. J. 1987; G. Kateb, E. and Self-Reliance, Thousand Oaks Calif. 1995, Lanham Md. 2002; F. O. Matthiessen, American Renaissance. Art and Expression in the Age of E. and Whitman, New York 1941, London 1964 (dt. Amerikanische Renaissance, Wiesbaden 1948); P. Miller, The Transcendentalists. An Anthology, Cambridge Mass. 1950, 1978; J. Myerson (ed.), A Historical Guide to R. W. E., New York 2000; B. L. Packer, E.'s Fall. A New Interpretation of the Major Essays, New York 1982; H. A. Pochmann, German Culture in America to 1940, Madison Wisc. 1961, Millwood N. Y./London/Nendeln 1982; R. Poirier (ed.), R. W. E., Oxford 1990; J. Porte, The Cambridge Companion to R. W. E., Cambridge 1999; R. D. Richardson Jr., E.. The Mind on Fire. A Biography, Berkeley Calif./London 1995; L. Rohler, R. W. E.. Preacher and Lecturer, Westport Conn./London 1995; F. Stovall (ed.), Eight American Authors. A Review of Research and Criticism, New York 1956, ²1963, bes. 47–99; R. Wagner, Die Kunst des fortschreitenden Denkens. R. W. E.s Ästhetisierung von Selbst und Gemeinschaft, Heidelberg 1999; S. Whicher, Freedom and Fate. An Inner Life of R. W. E., Philadelphia Pa. 1953, ²1971; D. Yannella, R. W. E., Boston Mass. 1982.   R. W.

Emotivismus, Bezeichnung für eine Richtung der skandinavischen und angelsächsischen Sprach- und Wertphilosophie des 20. Jhs., speziell der ↑Ethik und Ästhetik (↑ästhetisch/Ästhetik), als deren Vorläufer die Theorie des ↑moral sense gelten kann. In Abhebung von naturalistischen Auffassungen über die Natur von Werten (↑Wert (moralisch)) bzw. Wertausdrücken und Wertaussagen (↑Naturalismus (ethisch), ↑Metaethik) und von kognitivistischen Auffassungen über die Erkennbarkeit von Werten (↑Kognitivismus, ↑Intuitionismus (ethisch)) und die Begründbarkeit von Werturteilen vertreten die Anhänger des E. (in Skandinavien ab 1910 A. Hägerström, in England zuerst I. A. Richards, später C. D. Broad, W. H. F. Barnes und A. J. Ayer, in den USA vor allem C. L. Stevenson und P. Edwards) folgende Thesen: (1) Wertende Ausdrücke wie ›gut‹, ›schön‹ bezeichnen weder natürliche, etwa empirisch aufweisbare Merkmale von Gegenständen (z. B. von Kunstobjekten oder Handlungen) noch von G. E. Moore so genannte ›nicht-natürliche‹ Merkmale; sie bezeichnen überhaupt nicht, haben keine ›deskriptive‹, sondern eine ›emotive‹ Bedeutung. (2) Wertende Äußerungen sind demgemäß keine Behauptungen oder Feststellungen, die einen ↑Wahrheitswert haben könnten, sondern bringen die individuelle Einstellung des Urteilenden zum fraglichen Gegenstand zum Ausdruck (das im weitesten Sinne ›emotive‹ Element in wertenden Äußerungen). Ein ↑Werturteil ist demnach nicht einmal als (wahre, sofern wahrhaftige) Feststellung eines Sprechers über seine eigene Einstellung zu einem bestimmten Gegenstand anzusehen. (3) (vor allem Stevenson) Werturteile werden geäußert, um den Hörer zu bewegen, die eigene Einstellung zu übernehmen (der ›dynamische‹, ›affektive‹ Charakter von Wertungen); das Vorbringen von angeblichen ›Gründen‹ für ein Urteil dient dem Zweck der Überredung des Hörers (das ↑›persuasive‹ Element in vorgeblichen ›Argumentationen‹ für ein Werturteil). Auch nach Ayer bringen Wertungen nicht nur bestimmte Gefühle zum Ausdruck, sondern sollen solche auch wecken und so zu bestimmten Verhaltensweisen anregen.

Einwände gegen den E.: (1) Die Rede von der ›emotiven Bedeutung‹ in Gegenüberstellung zur deskriptiven (↑deskriptiv/präskriptiv) bzw. konstatierenden (↑Konstatierung) Bedeutung eines sprachlichen Ausdrucks oder eines Urteils legt eine einheitliche Bedeutungskomponente derartiger Äußerungen nahe. Tatsächlich dient solche Rede im E. der Kennzeichnung der Bedeutung so unterschiedlicher Sprechhandlungen wie der Äußerung von Absichten, Bewertungen, Einstellungen, Gefühlen und anderen subjektiven Befindlichkeiten wie etwa Langeweile. (2) Der Charakterisierung emotiver Bedeutungen als ›nicht-kognitiv‹ liegt unter anderem die unzutreffende Überzeugung von der prinzipiellen Unzugänglichkeit von Einstellungen und Bewertungen für Argumentationen zugrunde (↑irrational/Irrationalismus). (3) Die psychologistische Sprachauffassung des E. (↑Psychologismus) gerät in das Dilemma, die emotiven Bestandteile der Sprache einerseits für semantisch relevant und intersubjektiv kommunizierbar zu halten, ihnen aber andererseits ↑Referenzialisierbarkeit und Prädizierbarkeit (↑Prädikation) abzusprechen und ihnen so einen nur subjektiven Status einzuräumen (↑Subjektivismus). Eine den Psychologismus vermeidende, sprachphilosophisch begründete Werttheorie hätte die Werturteilen zugrunde liegende Bedürfnissituation und Normenstruktur des Urteilenden hermeneutisch zu klären – bei künstlerisch verdichteten Äußerungen wäre eine solche Theorie als Hermeneutik der im Kunstwerk implizit artikulierten Bedürfnisse und normativen Orientierungen zu erarbeiten (↑ästhetisch/Ästhetik (endeetisch)) – und die derartigen Werturteilen und Kunsterzeugnissen zugrunde liegenden normativen Überzeugungen einer transsubjektiv (↑transsubjektiv/Transsubjektivität) orientierten Beurteilung zuzuführen.

Literatur: H. D. Aiken, Emotive ›Meanings‹ and Ethical Terms, J. Philos. 41 (1944), 456–470; A. J. Ayer, Language, Truth and Logic, London 1936, London/Harmondsworth 1990, 2001 (dt. Sprache, Wahrheit und Logik, Stuttgart 1970, 1987); W. H. F. Barnes, A Suggestion About Value, Analysis 1 (1933/1934), 45–46; ders., Ethics Without Propositions, Proc. Arist. Soc. Suppl. 22 (1948), 1–30; G. Björnsson, Why Emotivists Love Inconsistency, Philos. Stud. 104 (2001), 81–108; M. Black, Some Questions About Emotive Meaning, Philos. Rev. 57 (1948), 111–126; R. B. Brandt, The Emotive Theory of Ethics, Philos. Rev. 59 (1950), 305–318; ders., Stevenson's Defense of the Emotive Theory, ebd., 535–540; D. Braybrooke, How Are Moral Judgments Connected with Displays of Emotion?, Dialogue 4 (1965/1966), 206–223; D. O. Brink, Emotivism, in: R. Audi (ed.), The Cambridge Dictionary of Philosophy, Cambridge 1995, 223–224, ²1999, 260–261; C. D. Broad, Is ›Goodness‹ a Name of a Simple Non-natural Quality?, Proc. Arist. Soc. 34 (1933/1934), 249–268; R. C. Cross, The Emotive Theory of Ethics. III, Proc. Arist. Soc. Suppl. 22 (1948), 127–140; P. Edwards, The Logic of Moral Discourse, Glencoe Ill. 1955, New York 1965; FM II (1994), 996–997; G. Frege, Sinn und Bedeutung, in: ders., Funktion, Begriff, Bedeutung. Fünf logische Studien, ed. G. Patzig, Göttingen 1962, 2002, 38–63, unter dem Titel: Über Sinn und Bedeutung, ⁷1994, 40–65; G. Gabriel, G. Frege über semantische Eigenschaften der Dichtung, Linguist. Ber. 8 (1970), 10–17; A. Hägerström, Om moraliska föreställningars sanning (Über die Wahrheit moralischer Vorstellungen), Stockholm 1911; ders., Inquiries into the Nature of Law and Morals, Stockholm 1938, Wiesbaden 1953, ed. K. Olivecrona, Stockholm 1953; S. Halldén, Emotive Propositions, Stockholm 1954; W. D. Hudson, Modern Moral Philosophy, Garden City N. Y., London 1970, New York ²1983, 107–154; H. Jack, Moral Judgments and Emotional Displays. A Comment, Dialogue 4 (1965/1966), 536–539; M. G. Kalin, Semantic Analysis and Emotive Ethics, J. Value Inqu. 7 (1973), 29–39; P. Kivy, A Failure of Aesthetic Emotivism, Philos. Stud. 38 (1980), 351–366; F. Koppe, Sprache und Bedürfnis. Zur sprachphilosophischen Grundlage der Geisteswissenschaften, Stuttgart-Bad Cannstatt 1977, 48–79; J. Ladd, Value Judgments, Emotive Meaning, and Attitudes, J. Philos. 46 (1949), 119–128; G. E. Moore, Principia Ethica, Cambridge 1903, ed. T. Baldwin, Cambridge/New York 1993, 1996 (dt. Principia Ethica, Stuttgart 1970, ed. B. Wisser, Stuttgart 1996); C. K. Ogden/I. A. Richards, The Meaning of Meaning. A Study of the Influence of Language Upon Thought and of the Science of Symbolism, London/New York 1923, San Diego Calif. 1989, London 1994 (dt. Die Bedeutung der Bedeutung. Eine Untersuchung über den Einfluß der Sprache auf das Denken und über die Wissenschaft des Symbolismus, Frankfurt 1974); H. J. Paton, The Emotive Theory of Ethics II, Proc. Arist. Soc. Suppl. 22 (1948), 107–126; I. A. Richards, Emotive Meaning Again, Philos. Rev. 57 (1948), 145–157; R. Robinson, The Emotive Theory of Ethics I, Proc. Arist. Soc. Suppl. 22 (1948), 79–106; S. A. Sartis, The Theory of Value and the Rise of Ethical Emotivism, J. Hist. Ideas 43 (1982), 109–128; ders., Ethical Emotivism, Dordrecht/Boston Mass. 1987; W. Sellars/J. Hospers (eds.), Readings in Ethical Theory, New York 1952, 389–440, ²1970, 241–301; M. Smith, Emotivism, REP III (1998), 291–293; C. L. Stevenson, Ethics and Language, New Haven Conn./London 1944, ³1969, New York 1979; ders., Brandt's Questions About Emotive Ethics, Philos. Rev. 59 (1950), 528–534; ders., Interpretation and Evaluation in Aesthetics, in: M. Black (ed.), Philosophical Analysis. A Collection of Essays, Ithaca N. Y. 1950, 341–383, New York 1971, 319–358; ders., Symbolism in the Nonrepresentational Arts, in: P. Henle (ed.), Language, Thought + Culture, Ann Arbor Mich. 1958, 1972, 196–225 (dt. Symbolism in den nichtdarstellenden Künsten, in: P. Henle [ed.], Sprache, Denken, Kultur, Frankfurt 1969, 1975, 264–299); ders., Symbolism in the Representational Arts, ebd., 226–257 (dt. Symbolism in den darstellenden Künsten, ebd., 300–337); ders., Facts and Values. Studies in Ethical Analysis, New Haven Conn./London 1963, Westport Conn. 1975; ders., Ethical Fallibility, in: R. T. De George (ed.), Ethics and Society. Original Essays on Contemporary Moral Problems, Garden City N. Y. 1966, London/Melbourne 1968, 197–217; D. Stoljar, Emotivism and Truth Conditions, Philos.

Stud. 70 (1993), 81–101; A. Stroll, The Emotive Theory of Ethics, Berkeley Calif./Los Angeles 1954; K. S. Swan, Emotivism and Deflationary Truth, Pacific Philos. Quart. 83 (2002), 270–281; N. Unwin, Can Emotivism Sustain a Social Ethic? Ratio 3 (1990), 64–81; J. O. Urmson, The Emotive Theory of Ethics, London 1968, 1971; B. N. Waller, Virtues of Contemporary Emotivism, Erkenntnis 25 (1986), 61–75; C. Wellman, Emotivism and Ethical Objectivity, Amer. Philos. Quart. 5 (1968), 90–99; D. Wiggins, Ayer's Ethical Theory. Emotivism or Subjectivism?, Philos. Suppl. 30 (1991), 181–196; B. Williams, Morality and the Emotions, in: J. Casey (ed.), Morality and Moral Reasoning, London 1971, 1–24. R. Wi.

Empedokles, *Akragas (Agrigent, Girgenti) auf Sizilien um 492 v. Chr., †um 430 v. Chr., griech. Philosoph, Naturforscher, Dichter und Arzt, einer der vielseitigsten und einflußreichsten ↑Vorsokratiker. E. war eine schillernde Figur, um die sich viele Legenden ranken (Diogenes Laërtios VIII 51–77); so soll er als Wahrsager, Magier, Wunderheiler und Totenerwecker aufgetreten sein und seinem Leben durch einen Sprung in den Ätna ein Ende bereitet haben, um auf diese Weise seine eigene Apotheose zu betreiben. Politische Aktivitäten werden von ihm berichtet, speziell, daß er gegen Oligarchie und Tyrannis aufgetreten sei. Er soll zahlreiche Schriften verfaßt haben, darunter politische Abhandlungen und Tragödien; für Aristoteles gilt er als Begründer der ↑Rhetorik. Der größte Teil der Fragmente ist bei Plutarch, Aristoteles und Simplikios erhalten. Aus seinen in epischen Hexametern geschriebenen Hauptwerken »Über die Natur« ($\pi\varepsilon\rho\grave{\iota}\ \varphi\acute{\upsilon}\sigma\varepsilon\omega\varsigma$), eine rationale Theorie der Welterklärung (Kosmogenese), und »Entsühnungen« (bzw. »Reinigungen«: $\kappa\grave{\alpha}\theta\alpha\rho\mu o\acute{\iota}$), orphisch-pythagoreischer Mystizismus, sind etwa 450 Verse erhalten. Wegen seines metaphernreichen und zum Teil dunklen Stils sowie zahlreicher Lücken bzw. Wortreferenzen im Text, die der Ergänzung durch die Interpretation bedürfen, ist ein genaues Verständnis seiner Philosophie kaum möglich; umstritten in der neueren Forschung ist insbes. das Verhältnis der beiden Lehrgedichte zueinander, was sich auf das Verständnis so zentraler Lehrstücke wie die Kosmologie, die Kosmogenese und die Ontologie des E. erheblich auswirkt.

Unumstritten ist, daß E. als der Erfinder der über zwei Jahrtausende gültigen Vier-Elementenlehre (Feuer, Wasser, Erde, Luft) angesehen werden kann, wenn auch der Ausdruck ›Element‹ ($\sigma\tau o\iota\chi\varepsilon\hat{\iota}o\nu$) in den erhaltenen wörtlichen Fragmenten nicht vorkommt, sondern von der Doxographie gewählt wurde, um den von E. selbst gebrauchten poetischen Ausdruck ›Wurzeln‹ ($\rho\iota\zeta\acute{\omega}\mu\alpha\tau\alpha$, B 6) zu ersetzen. E. nimmt in gewisser Weise eine mittlere Position zwischen der Bewegungsphilosophie des Heraklit und der monistisch-statischen Seinslehre des Parmenides ein, indem er die Welt einerseits aus den vier Elementen, die den Raum der Welt vollständig ausfüllen – eine Existenz des Leeren (↑Leere, das) lehnt E. dezidiert ab (B 13, 14) – als unveränderlichen, ewigen Urstoffen bestehen läßt, andererseits aber die dynamischen Prinzipien ›Liebe‹ ($\varphi\iota\lambda\acute{\iota}\alpha$ bzw. $\varphi\iota\lambda\acute{\iota}\eta$ oder $\varphi\iota\lambda\acute{o}\tau\eta\varsigma$) und ›Streit‹ bzw. ›Haß‹ ($\nu\varepsilon\hat{\iota}\kappa o\varsigma$) als Ergänzung hinzufügt, wobei ›Liebe‹ Zusammenhalt und Harmonie, ›Streit‹ Trennung und Zwietracht bewirkt. E. scheint eine reine Urform der Elemente anzunehmen, aus denen durch die Kraft der ›Liebe‹ die empirischen Erscheinungsformen des Feuerhimmels, des Meeres, des Erdreichs und der Luftmassen als homogene Materiekomplexe hervorgehen. Gemäß dem Grundsatz, daß nichts aus nichts entstehen kann (B 12), gibt es für ihn keine ↑creatio ex nihilo, auch kein Entstehen und Vergehen (Untergang) im strikten Sinne; bei Phänomenen, die wir (fälschlich) in dieser Weise bezeichnen, handele es sich in Wirklichkeit nur um ›Mischung und Austausch von gemischten Stoffen‹ (B 8). Durch die verbindende bzw. trennende Wirkung von ›Liebe‹ bzw. ›Streit‹ werden ohne jede ↑Teleologie rein mechanisch auf Grund von zufälligen ›Mischungen‹ die Gegenstände der Welt, auch die Lebewesen, gebildet; dabei überdauern nur die zweckmäßigen Kombinationen, lebensuntüchtige ›Mischwesen‹ gehen im Verlauf dieser Evolution wieder zugrunde. Auch den Magnetismus und chemische Reaktionen erklärt E. als auf ›Liebe‹ und ›Streit‹ beruhende Mischungsvorgänge (B 91, 92; A 87, 89).

Als problematisch und in der Forschung nicht einhellig geklärt muß die Frage angesehen werden, ob ›Liebe‹ und ›Streit‹ empirisch-physisch oder als metaphysische Prinzipien zu verstehen sind; daß sie eine eigene Existenzweise neben den vier Elementen haben sollen, erscheint unzweifelhaft, auch, daß die ›Liebe‹ den Elementen und Dingen inhärent ist, der ›Streit‹ dagegen von außen einwirkt. Die Gesamtkonzeption des Weltganzen läßt sich, wenn man die beiden Hauptwerke des E. als geschlossene Einheit ansieht und demgemäß die Fragmente neu anordnet und deutet, wie folgt als mit mythischen Spekulationen durchsetzte Theo- und Kosmogonie rekonstruieren: Am Anfang des Weltgeschehens, diesem vorgeordnet, scheint ein aktives, alles verbindendes, als strenge Einheit konzipiertes Wesen zu stehen, das E. als einen kugelförmigen Gott ($\Sigma\varphi\alpha\hat{\iota}\rho o\varsigma$, B 27) bezeichnet; diese Kugel wird dann durch ›Streit‹ zerbrochen, es entstehen weitere Göttergenerationen, die vier Elemente (die mit olympischen Göttern assoziiert werden) und schließlich die Dinge der Welt. In diesem Vorgang der Evolution scheint das Übergewicht von ›Liebe‹ und ›Streit‹ abzuwechseln; dabei könnte der ›Liebe‹ eine dominierende Rolle zukommen, und dann wäre dieser Prozeß nicht rein zufällig-mechanisch, sondern in gewissem Maße auch teleologisch zu verstehen. – Die *Menschen* lebten zu Beginn in einem Goldenen Zeitalter der Freundschaft aller Menschen untereinander und zu den Tieren (B 130); es gab daher weder Menschen- noch Tieropfer (B 128). Durch den wachsenden Einfluß des ›Streites‹ kam es im Laufe der Zeit zum gegenwärtigen schlechten Zustand der Welt. Den Menschen und den Dingen ist das Rad der zyklischen Weltvernichtung und Weltneuentstehung, teils als permanent sich vollziehender Prozeß, teils als Weltperiode von 30.000 Jahren verstanden, als Strafe auferlegt.

Das *Denken*, das E. als Funktion des Blutes ansieht, lokalisiert er in die Nähe des Herzens (B 105). Die *Sinneswahrnehmung* kommt nach E. (ähnlich wie später bei Demokrit, ↑Bildchentheorie) dadurch zustande, daß ›Ausflüsse‹ von Objekten durch ›Poren‹ zu den Wahrnehmungsorganen vordringen, wo ›Gleiches durch Gleiches‹ rezipiert wird. Auch die Atmung sowie verschiedene Probleme der Optik und Mechanik sucht E. mit Hilfe dieser Porentheorie zu erklären. Tiere verfügen nach E. auch über Begierde, Empfindung und Verstand. Sein Verbot, Fleisch zu essen und Tiere zu töten, beruht auf der Annahme der Seelenwanderung. Den in Religion und Mythos herrschenden ↑Anthropomorphismus lehnt er entschieden ab. Er erkennt, daß der Mond sein Licht von der Sonne erhält, und gibt als erster eine korrekte Erklärung der Sonnenfinsternis. – E. war ein außerordentlich einflußreicher Denker. Seine Vier-Elementenlehre wurde bald zum Allgemeingut der Naturerklärung, die Seelenwanderungs- und Wiedergeburtslehre findet sich z. B. in Platons »Timaios«; die Theorie vom zyklischen Weltentstehungs- und Weltvernichtungsprozeß wurde von der ↑Stoa wieder aufgenommen.

Werke: VS 31; W. Nestle, Die Vorsokratiker [dt.], Jena 1907, ²1922, 42–47, 138–160; E. Bignone, I poeti filosofici della Grecia: E., studio critico, traduzione e commentario delle testimonianze e dei frammenti, Turin 1916; Y. Battistini (ed.), Trois contemporains. Héraclite, Parménide, E., Paris 1955; J. Bollak, Empédocle, I–IV [griech./franz.], Paris 1965–1969 [mit Kommentar]; W. Capelle, Die Vorsokratiker, Stuttgart 1968, ⁸1973, 181–249; M. R. Wright, Empedocles. The Extant Fragments, Text, Trad., Comm. [griech./engl.], New Haven Conn./London 1981; J. Mansfeld, Die Vorsokratiker II, [griech./dt.], Stuttgart 1986, 56–155 [mit Erläuterungen]; F. J. Weber, Fragmente der Vorsokratiker [Text u. Kommentar], Paderborn etc. 1988, 150–181; A. Martin/O. Primavesi, L'Empédocle de Strasbourg. Introduction, édition et commentaire, with an English Summary, Berlin/New York 1999.

Literatur: R. E. Allen/D. J. Furley (eds.), Studies in Presocratic Philosophy, I–II, London 1970/1975; J. Bollack, E. I (Introduction à l'ancienne physique), Paris 1965, II–III (Les origines), Paris 1969; ders., E., DNP III (1997), 1011–1015; W. K. C. Guthrie, A History of Greek Philosophy II (The Presocratic Tradition from Parmenides to Democritus), London 1969, 122–265; U. Hölscher, Weltzeiten und Lebenszyklus. Eine Nachprüfung der E.-Doxographie, Hermes 93 (1965), 7–33; B. Inwood, Empedocles, in: S. Hornblower/A. Spawforth (eds.) The Oxford Classical Dictionary, Oxford/New York ³1996, 523; C. H. Kahn, Religion and Natural Philosophy in Empedocles' Doctrine of the Soul, Arch. Gesch. Philos. 42 (1960), 3–35, Neudr. in: A. P. D. Mourelatos (ed.), The Pre-Socratics, Garden City N. Y. 1974, 397–425; P. Kingsley, Ancient Philosophy, Mystery and Magic. Empedocles and Pythagorean Tradition, Oxford 1995; G. S. Kirk/J. E. Raven, The Presocratic Philosophers. A Critical History with a Selection of Texts, Cambridge 1957, Cambridge etc. ²1983, 280–321 (dt. Die vorsokratischen Philosophen, Stuttgart/Weimar 1994, 309–353); J. C. Lüth, Die Struktur des Wirklichen im Empedokleischen System »Über die Natur«, Meisenheim 1970; A. P. D. Mourelatos, E., DSB IV (1971), 367–369; D. O'Brien, E.'s Cosmic Cycle. A Reconstruction from the Fragments and Secondary Sources, London 1969 (mit komment. Bibliographie); C. Osborne, Empedocles Recycled, Class. Quart. 37 (1987), 24–52; O. Primavesi, E.. Der Straßburger E.-Papyrus, DNP III (1997), 1015; ders., E., in: K. Brodersen (ed.), Große Gestalten der griechischen Antike. 58 historische Portraits von Homer bis Kleopatra, München 1999, 216–223; K. Reinhardt, E., Orpheus und Physiker, Class. Philol. 45 (1950), 170–179, Neudr. in: H.-G. Gadamer (ed.), Um die Begriffswelt der Vorsokratiker, Darmstadt 1968, 497–511; W. Röd, Geschichte der Philosophie I (Die Philosophie der Antike 1: Von Thales bis Demokrit), München 1976, 146–162; M. Schofield, Empedocles, REP III (1998), 293–298; D. N. Sedley, The Poems of Empedocles and Lucretius, Greek, Roman and Byzantine Stud. 30 (1989), 269–296, Neudr. in: R. E. Allen/D. J. Furley (eds.), Studies in Presocratic Philosophy, London 1975, 221–264; F. Solmsen, Love and Strife in Empedocles' Cosmology, Phronesis 10 (1965), 123–145; A. Traglia, Breve rassegna di studi empedoclei, Atene e Roma 2 (1952), 151–154; J. B. Wilbur/H. J. Allen, The Worlds of the Early Greek Philosophers, New York 1979, 137–167 (III/7 Mediating Systems – The Pluralists); G. Wöhrle, Bemerkungen zur lehrhaften Dichtung zwischen E. und Arat, in: W. Kullmann/J. Althoff/M. Asper (eds.), Gattungen wissenschaftlicher Literatur in der Antike, Tübingen 1998, 279–286; M. R. Wright, E., in: F. Ricken (ed.), Philosophen der Antike I, Stuttgart/Berlin/Köln 1996, 111–128; G. Zuntz, Persephone, Oxford 1971, bes. 181–274. M. G.

Empfindung (lat. sensatio, engl. sensation), umgangssprachlich oft synonym mit ↑Gefühl oder ↑Affekt, in ästhetischen Kontexten oft synonym mit ↑Geschmack, in der neuzeitlichen Erkenntnistheorie meist Bezeichnung für unmittelbar gegebene Sinnesinhalte (↑Sinnesdaten), aber auch für die sinnliche Rezeption dieser Inhalte (das ›Empfinden‹). Je nach Typ der vertretenen Erkenntnistheorie werden E.en bzw. deren Rezeption mehr oder weniger scharf von ›objektiven‹ Gegenständen bzw. deren ↑Wahrnehmung unterschieden. In streng sensualistischen Positionen (↑Sensualismus), z. B. im ↑Empiriokritizismus, fällt Wahrnehmung von Objekten mit der passiven Aufnahme von E.en zusammen. Aber auch in ›gemäßigteren‹ Richtungen, die dem Erkenntnissubjekt bei der Wahrnehmung die Rolle zuerkennen, E.en zu ›ordnen‹ oder zu ›verdeutlichen‹ (z. B. bei G. W. Leibniz, J. Locke, D. Hume und im ↑Phänomenalismus des frühen R. Carnap), besteht keine qualitative, sondern nur eine graduelle Differenz zwischen E.en und ›objektiven‹ Gegenständen. Dagegen unterscheiden z. B. R. Descartes und I. Kant in grundsätzlicher Weise zwischen der ›Innenwelt‹ der E.en und der ›Außenwelt‹ physischer Gegenstände. Bei Descartes sind ›sensationes‹ diejenigen Bewußtseinsinhalte, aus denen man die Existenz äußerer Gegenstände erschließt. Kant meint mit E.en die subjektiven ›Erscheinungen‹ oder ›Anschauungen‹, durch deren begriffliche Deutung objektive Gegenstände (empirische ↑Dinge an sich) allererst erzeugt werden. Dabei bleiben trotz der Erkenntnisleistung des ↑Verstandes E.en bei Kant (im Unterschied zum absoluten Idealismus [↑Idealismus, absoluter] J. G. Fichtes und des frühen F. W. J. Schelling, die beide E.en als vom Subjekt selbst erzeugt auffassen) der ohne subjektives Zutun gegebene Ausgangspunkt von Wahrnehmung und machen insofern ihren *empirischen* Charakter aus (vgl. KrV B 60).

In der Analytischen Philosophie (↑Philosophie, analytische) wird der privilegierte Zugang zu E.en, über die sich das empfindende Subjekt absolut sicher ist, in Frage gestellt, insbes. im Anschluß an L. Wittgensteins Kritik an der Möglichkeit einer ↑Privatsprache. Der methodische Stellenwert von E.en als subjektiven Entitäten im Rahmen menschlicher Kognition wird in der Philosophie des Geistes (↑philosophy of mind) kontrovers diskutiert. Ob man E.en einen eigenständigen ontologischen Status zubilligt, ist unmittelbar verknüpft mit der in der Debatte um das ↑Leib-Seele-Problem eingenommenen Position (etwa Dualismus versus Monismus). Innerhalb der ↑Psychologie sucht die auf G. T. Fechner zurückgehende ↑Psychophysik E.en zu metrisieren, etwa durch Aufstellen von Skalen (↑Meßtheorie) für ihre wahrgenommene Intensität – z. B. Helligkeit (Leuchtdichte) oder Lautstärke (Lautheit) –, die durch psychophysische Gesetze (↑Weber-Fechnersches Gesetz) mit physikalischen Skalen verknüpft werden.

Literatur: R. J. Hirst, Sensa, Enc. Ph. VII (1967), 407–415; P. Mahr, E., EP I (1999), 310–313; R. Piepmeier/O. Neumann, E., Hist. Wb. Ph. II (1972), 456–474. P. S.

Empiriokritizismus, Bezeichnung für eine erkenntnistheoretische Richtung des älteren Positivismus (↑Positivismus (historisch)), die in der Tradition des atomistischen ↑Sensualismus versucht, vermittels einer deskriptiven *Empfindungsanalyse* noch hinter die lebensweltliche Erfahrung körperlicher Dingwahrnehmung zurückzugehen und durch Aufsuchen der sie konstituierenden Empfindungselemente bis zu den unmittelbar gegebenen Sinnesdaten vorzudringen, von denen objektive Wissenschaft auszugehen hat. Der E. wurde durch R. Avenarius (Kritik der reinen Erfahrung, Leipzig 1888–1890) und E. Mach (Beiträge zur Analyse der Empfindungen, Jena 1886) im wesentlichen unabhängig voneinander als formale und allgemeine empirikritische Theorie des menschlichen Erkennens entwickelt.

Für den E. steht fest, daß hinter den relativ beständigen Komplexen lebensweltlicher Körperwahrnehmung irreduzibel einfache *Empfindungselemente* stehen. Als derartige Elemente werden sogenannte psychologische Grundwerte wie Farben, Töne, Wärme, Drücke, Räume und Zeiten unter Zuordnung ihrer zugehörigen Schwankungsmerkmale wie Größe, Relevanz, Richtung genannt. Diese Wahrnehmungsqualitäten, die in der Theorie des E. als *Weltelemente* auftreten, werden nicht als Produkt einer sie konstituierenden Abstraktionsleistung (↑Abstraktion), sondern als die durch bloße wissenschaftliche Aufmerksamkeit aufweisbare ↑Realität betrachtet. Der E. erweist sich insofern als eine vorkritische Theorie, als er zur Konstituierung des vermeintlich Vorsubjektiven immer schon von Subjektivem und damit von der Zutat des Verstandes Gebrauch macht, die er durch die Kritik der reinen Erfahrung gerade hatte eliminieren wollen. Aufgabe der Wissenschaft ist es, die Funktionsbeziehungen zwischen den Elementen zu beschreiben. Aus den Empfindungen und durch deren Zusammenhang sollen auf Grund eines Assoziationsprozesses (↑Assoziationstheorie) die Begriffe entstehen. Dabei bezeichnet Mach die biologischen Bedürfnissen entsprechende Anpassung der Gedanken an die Tatsachen als *Beobachtung,* die Anpassung der Gedanken aneinander als *Theorie.* Das Denken folgt in der Strukturierung der Tatsachen dem organisierenden ›Prinzip des kleinsten Kraftmaßes‹ (↑Denkökonomie). Allerdings ist sich Mach der Künstlichkeit der Empfindungsanalyse bereits bewußt, die damit auf der Grenze zwischen dem ontologischen ↑Psychologismus des älteren Positivismus und dem formal-relationalen Strukturalismus des Logischen Positivismus (↑Empirismus, logischer, ↑Neopositivismus) steht.

Der E. ist eine im wesentlichen auf den deutschsprachigen Raum beschränkte Richtung des Positivismus, der in Österreich H. Gomperz und H. Kleinpeter, in Deutschland J. Petzoldt, M. Verworn und T. Ziehen zuzurechnen sind. In England vertritt K. Pearson (The Grammar of Science, London 1892) ähnliche Gedanken. Als ›Machismus‹ oder ›Empiriomonismus‹ fand der auf das gesellschaftliche Bewußtsein bezogene Immanenzpositivismus als Versuch, den historischen und dialektischen Materialismus (↑Materialismus, dialektischer, ↑Materialismus, historischer) erkenntnistheoretisch zu stützen, in Teilen des russischen Marxismus Verbreitung (A. A. Bogdanov, A. V. Lunacharskii). Die stärker liberale Orientierung dieses russischen E. gewann gegen den eher autoritären Ansatz W. I. Lenins auch an politischem Einfluß, wodurch sich Lenin zu einer Verurteilung des E. als ›subjektivem Idealismus‹ veranlaßt sah (Materializm i Empiriokritizizm, 1909). Der E. ging in die physikalistische Phase der wissenschaftlichen Weltauffassung des ↑Wiener Kreises über.

Literatur: J. M. Aguirre Oraá, Empiriocriticisme, Enc. philos. universelle II/1 (1990), 777; F. Carstanjen, Der E., zugleich eine Erwiderung auf W. Wundts Aufsätze: »Der naive und kritische Realismus« II und III, Vierteljahrsschr. wiss. Philos. 22 (1898), 45–95, 190–214, 267–293, separat: Leipzig 1898; H. Dingler, Die Grundgedanken der Machschen Philosophie. Mit Erstveröffentlichungen aus seinen wissenschaftlichen Tagebüchern, Leipzig 1924; D. Joravsky, Russian Empiriocriticism, REP VIII (1998), 404–409; G. König, E., Hist. Wb. Ph. II (1972), 474–475; W. I. Lenin, Materializm i Empiriokritisizm. Kritičeskie zametki ob odnoj reakcionnoj filosofii, Moskau 1909 (dt. Materialismus und E.. Kritische Bemerkungen über eine reaktionäre Philosophie, Wien 1927, Peking 1976); A. Plebe, Empiriocriticismo, Enc. filos. III (1982), 66–67; H. Schnädelbach, Erfahrung, Begründung und Reflexion. Versuch über den Positivismus, Frankfurt 1971, bes. 29–61. H. R. G.

Empirismus, methodisch häufig an naturwissenschaftlicher Theorie- und Erfahrungspraxis orientierte wissenschaftsphilosophische oder erkenntnistheoretische Position, die im Gegensatz zum ↑Rationalismus die generelle Abhängigkeit des Wissens von der ↑Erfahrung behauptet. Danach nimmt jedes Wissen seinen Anfang bei einer (im ↑Sensualismus oder phänomenalistischen E. gänzlich als begriffsfreier Wahrnehmung eines reinen Gegebenen gedachten) Erfahrung und unterliegt ihrer Kontrolle.

Der heutige Gebrauch des Terminus ›E.‹ geht im wesentlichen auf I. Kant zurück, der sich gelegentlich selbst zur Bewegung des E. zählt und diese von einem Rationalismus abgrenzt, der nach Kants Deutung die transzendente Möglichkeit eines Zugangs zu realen Objekten durch reines Denken ohne ↑Anschauung behauptet. Dagegen bezeichnet Kant in der »Kritik der reinen Vernunft« (B 882, vgl. B 493 ff.) als ›Empiristen‹ Philosophen, welche die von ihm sogenannten ›reinen Vernunfterkenntnisse‹ als ›aus der Erfahrung abgeleitet‹ verstehen, und ordnet Aristoteles und J. Locke so ein. Locke, G. Berkeley und D. Hume gelten als Hauptvertreter eines ›klassischen‹ E., der sich (mit Kant) unter anderem gegen die rationalistische Annahme angeborener Ideen (↑Idee, angeborene) und damit auch gegen R. Descartes wendet. Während der klassische E. aber die Annahme einer begriffsfreien Basis des Wissens in der unmittelbaren ↑Wahrnehmung vertritt, besteht Kant, wie inzwischen auch J. McDowell und R. Brandom betonen, mit Recht darauf, daß schon die Anschauung von objektiven Gegenständen begrifflich verfaßt ist. Mehr noch, jeder mögliche Gegenstand der Anschauung ist über die Möglichkeiten eines Perspektivenwechsels durch transsubjektive und transpräsentische Ordnungsprinzipien der äußeren (räumlichen) und inneren (zeitlichen) Anschauung, den Formen der Anschauung(-surteile) bestimmt und als solcher längst nicht mehr bloßer Gegenstand der (Sinnes-)Empfindung. Nach Untersuchungen von L. Krüger läßt sich aber auch schon der klassische E. wenigstens bei Locke *begriffs*bezogen verstehen, d. h. so, daß auch er nicht auf die rein subjektiven Sinnes-phänomene als alleinige Basis und Fundierung allgemeiner *Sätze*, sondern auch schon auf die alltagspragmatische Erfahrungsbasis unserer *Unterscheidungen* (Locke: ideas) abstellt. Wo Erfahrung als allein durch die Sinne vermittelte Wahrnehmung verstanden wird, nimmt die E. dagegen die spezielle Form des Sensualismus an. Der E. J. S. Mills und einiger Nachfolger glaubt, selbst die mathematischen Sätze induktiv aus der Erfahrung (freilich in einem sehr allgemeinen Sinne) gewinnen zu können. – Vor Kant war von ›E.‹ vor allem in der Medizin die Rede: ›E.‹ heißen dort medizinische Lehren, die sich ganz an den Erfahrungen einzelner ärztlicher Praktiker orientieren, in Abhebung von einer stärker naturwissenschaftlich und theoretisch fundierten Medizin.

Die von Kant gegebene Bestimmung von ›E.‹ ist heute so verändert bzw. verschärft worden, daß nur die generelle Leugnung nicht-empirischer (meist ›apriorisch‹ genannter) Gehalte einer sachhaltigen Wissenschaft oder einzelner Disziplinen als E. gelten kann (E. als Anti-Apriorismus). In der angelsächsischen Tradition ist E. zugleich Gegenbegriff zu einem Realismus (↑Realismus (erkenntnistheoretisch)), d. h. zu einer einfachen Korrespondenztheorie für sprachlich artikulierte Wissens- oder Wahrheitsansprüche (↑Wahrheitstheorien), wie er dies aber auch schon bei Kant war. Der Logische E. (↑Empirismus, logischer) des ↑Wiener Kreises (R. Carnap, O. Neurath, H. Reichenbach u.a.) heißt so, weil er (1) neben den Sätzen empirischer Wissenschaften nur noch Sätze über die ›logische Syntax‹ der Wissenschaftssprachen (›analytisches Apriori‹) als (wissenschaftlich) sinnvoll ansieht und weil er (2) für das empiristische Wissenschaftstheorieprogramm erstmals die Mittel der modernen, weitgehend formalisierten Logik einsetzt und mit diesen Mitteln allein, ganz im Sinne Humes, den Bereich der apriorischen Urteile ausschöpfen möchte. Damit werden alle apriorischen Aussagen mit ↑formal-analytischen Regeln verbaler Inferenz bzw. mit den diese Regeln darstellenden ↑analytischen Sätzen identifiziert. Einwände gegen die verschiedenen Spielarten des E. stützen sich vor allem darauf, daß nicht einmal ein gerechtfertigter methodischer Aufbau der exakten Wissenschaften, insbes. der Physik, ohne ↑a priori begründete ↑synthetische Sätze möglich ist, die nicht alle einfach verbalkonventionelle Sprachregeln sind. Ferner haben sich alle Versuche, eine rein empirische Basis der Wissenschaften in Orientierung an unmittelbar als gegeben vorgestellten, uninterpretierten Sinnesdaten (A. J. Ayer) zu konzipieren (↑Phänomenalismus), als undurchführbar erwiesen, so daß sich die insbes. von K. R. Popper vertretene (aber auch mit Carnaps logischem Aufbau der Welt durchaus kompatible) These von einer holistischen (↑Holismus) Theorieabhängigkeit der komplexen Erfahrungsbasis (↑Theoriesprache) weithin (gerade auch über W. V. O. Quines Kritik am E. und sein radikales Plädoyer für eine Aufhebung der Unterscheidung zwischen apriorischen und aposteriorischen Aussagen) durchgesetzt hat. Andererseits tritt der E. in Quines Idee der Basis jedes empirischen Gehalts (↑Gehalt, empirischer) in physikalisch verursachten Sinneserregungen selbst wieder auf. Ein systematisches Alternativprogramm zur empiristischen Wissenschaftstheorie hat der philosophische ↑Konstruktivismus (↑Wissenschaftstheorie, konstruktive) entwickelt. Er geht davon aus, daß die Grundlage der Wissenschaften in der ↑vorwissenschaftlichen Lebenspraxis zu suchen ist, die nicht schlicht *gegeben* ist, sondern bereits eine von uns aufgebaute pragmatische Ordnung und normative Orientierungen für das wissenschaftliche Vorgehen bereithält.

Literatur: W. P. Alston, Empiricism, REP III (1998), 298–303; W. Balzer, Empirische Theorien. Modelle – Strukturen – Beispiele. Die Grundzüge der modernen Wissenschaftstheorie, Braunschweig/Wiesbaden 1982; ders./M. Heidelberger (eds.), Zur Logik empirischer Theorien, Berlin/New York 1983; A. J. Ayer, Language, Truth, and Logic, London 1936, ²1946, Harmondsworth 1971, 1975, 1983, London etc. 1980, 1990, 2001 (dt. Sprache, Wahrheit und Logik, Stuttgart 1970, 1981, 1987); ders., The Problem of Knowledge, Harmondsworth 1956, 1969, 1980, London etc., New York 1956, 1965, London/New York 1990 (ital. Il problema della conoscenza, Florenz 1967); T. Bartelborth, Holistische Strukturen in Carnaps Konstitutionssystem der Begriffe, Grazer philos. Stud. 57 (1999), 133–150; M. Benedikt, Der philosophische E. I (Theorie), Wien/Freiburg/Basel 1977; R. Brandom, Making It Explicit. Reasoning, Representing, and Discursive Commitment, Cambridge Mass. etc. 1994, 1998 (dt. Expressive Vernunft. Begründung, Repräsentation und diskursive Festlegung, Darmstadt, Frankfurt 2000, 2002); R. Bubner (ed.), Geschichte der Philosophie in Text und Darstellung IV (E.), ed. G. Gawlick, Stuttgart 1980, 1995; D. Deleule, Empirisme, in: D. Lecourt (ed.), Dictionnaire d'histoire et philosophie des sciences, Paris 1999, 340–341; H.-J. Engfer, E. versus Rationalismus? Kritik eines philosophiegeschichtlichen Schemas, Paderborn 1996; ders., E., EP I (1999), 318–322; G. Faggin, Empirismo, Enc. filos. III (1982), 68–84; P. K. Feyerabend, Problems of Empiricism, in: R. G. Colodny (ed.), Beyond the Edge of Certainty. Essays in Contemporary Science and Philosophy, Englewood Cliffs N. J. 1965 (repr. Lanham Md./London 1983), 145–260, Neuausg. als: P. K. Feyerabend, Philosophical Papers II (Problems of Empiricism), Cambridge 1981, 1985 (dt. Ausgewählte Schriften II [Probleme des Empirismus. Schriften zur Theorie der Erklärung der Quantentheorie und der Wissenschaftsgeschichte], Braunschweig/Wiesbaden 1981]; FM II (1994), 999–1002 (Empirismo); D. Garrett/E. Barbanell (eds.), Encyclopedia of Empiricism, Westport Conn. 1997; A. H. Goldman, Empirical Knowledge, Berkeley Calif./Los Angeles Calif. 1988, 1991; N. Goodman, Fact, Fiction, and Forecast, London 1954, Cambridge Mass. ⁴1983 (dt. Tatsache, Fiktion, Voraussage, Frankfurt 1975, 1988); D. W. Hamlyn, Empiricism, Enc. Ph. II (1967), 499–505; W. Hinzen, E., in: B. Lutz (ed.), Metzler Philosophen Lexikon. Von den Vorsokratikern bis zu den Neuen Philosophen, Stuttgart/Weimar ²1995, 131–133; B. Hunter, Empiricism, in: J. Dancy/E. Sosa (eds.), A Companion to Epistemology, Oxford/Cambridge Mass. 1992, 110–115; F. Kambartel, Erfahrung und Struktur. Bausteine zu einer Kritik des E. und Formalismus, Frankfurt 1968, ²1976; P. Kitcher, The Nature of Mathematical Knowledge, Oxford/New York 1983, 1984; L. Krüger, Der Begriff des E.. Erkenntnistheoretische Studien am Beispiel John Lockes, Berlin/New York 1973; A. Lacey, Empiricism, in: T. Honderich (ed.), The Oxford Companion to Philosophy, Oxford/New York 1995, 226–229; J. McDowell, Mind and World, Cambridge Mass. etc. 1994, ²1996, 2000 (dt. Geist und Welt, Paderborn etc. 1998, Frankfurt 2001); J. Mittelstraß, Neuzeit und Aufklärung. Studien zur Entstehung der neuzeitlichen Wissenschaft und Philosophie, Berlin/New York 1970, 397–410; ders., Konvergente Bedingungen neuzeitlicher Erfahrungsbegriffe, in: R. E. Vente (ed.), Erfahrung und Erfahrungswissenschaft, Stuttgart etc. 1974, 142–153; J. Nadal, Empirisme, Enc. philos. universelle II (1990), 778–782; H. Putnam, Reason, Truth and History, Cambridge 1981, 1992 (dt. Vernunft, Wahrheit und Geschichte, Frankfurt 1982, ²1995); W. V. O. Quine, Two Dogmas of Empiricism, Philos. Rev. 60 (1951), 20–43, Nachdr. in: ders., From a Logical Point of View. Nine Logico-Philosophical Essays, Cambridge Mass. 1953, ²1963, 1996, 20–46 (dt. in: J. Sinnreich [ed.], Zur Philosophie der idealen Sprache. Texte von Quine, Tarski, Martin, Hempel und Carnap, München 1972, 167–194, ferner in: W. V. O. Quine, Von einem logischen Standpunkt. Neun logisch-philosophische Essays, Frankfurt/Berlin/Wien 1979, 27–50); M. Schlick, Allgemeine Erkenntnislehre, Berlin 1918, ²1925, Frankfurt 1979 (engl. General Theory of Knowledge, Wien/New York 1974, La Salle Ill. 1985); P. Stekeler-Weithofer, Sinn-Kriterien. Die logischen Grundlagen kritischer Philosophie von Platon bis Wittgenstein. Paderborn 1995, bes. 111–238 (Kap. 5–7); F. Vidoni, E., in: H. J. Sandkühler (ed.), Europäische Enzyklopädie zu Philosophie und Wissenschaften, Hamburg 1990, 686–689; N. P. Wolterstorff, Empiricism, in: R. Audi (ed.), The Cambridge Dictionary of Philosophy, Cambridge/New York/Melbourne ²1999, 262–263; R. S. Woolhouse, A History of Western Philosophy V (The Empiricists), Oxford 1988, 1990; J. W. Yolton, Empiricism, in: H. Burkhardt/B. Smith (eds.), Handbook of Metaphysics and Ontology I, München/Philadelphia Pa./Wien 1991, 238–240. F. K.

Empirismus, logischer, auch: logischer Positivismus, ↑Neopositivismus, die Bezeichnung der mittleren Phase der Analytischen Philosophie (↑Philosophie, analytische), die, ausgehend vom ↑Wiener Kreis (Hauptvertreter: R. Carnap, 1891–1970), in den Jahren 1920 bis 1950 – unterbrochen von der durch die Herrschaft des Nationalsozialismus erzwungenen Emigration vieler ihrer Vertreter in die USA – die moderne ↑Wissenschaftstheorie als Theorie der ↑Wissenschaftssprache oder ↑Wissenschaftslogik entwickelt hat, orientiert vor allem an der Physik (↑Physikalismus) mit dem Ziel des Aufbaus einer ↑Einheitswissenschaft. Eine ursprünglich von Carnap unter dem Einfluß des ↑Empiriokritizismus von E. Mach vertretene Fundierung durch ↑Ähnlichkeitserinnerungen wurde von ihm später aufgegeben (↑Phänomenalismus, ↑Sensualismus).

Diese Entwicklung hat ihren Ursprung zum einen in der Rezeption der modernen Logik (↑Logik, formale), wie sie vor allem in den Forschungen von B. Russell und L. Wittgenstein vorlag und durch die Verbindungen mit den Vertretern der ↑Warschauer Schule intensiviert wurde, zum anderen in der damit verbundenen radikalen Abkehr von der unter Metaphysikverdacht stehenden philosophischen Tradition (↑Scheinproblem). Mit einem empiristischen Sinnkriterium (↑Sinnkriterium, empiristisches, ↑Verifikationsprinzip) sollen dabei unter Einsatz der logischen Analyse (↑Analyse, logische) sprachlicher Ausdrücke (↑Sprachkritik) sinnvolle von sinnlosen Aussagen unterschieden werden können. Die den Auffassungen des l. E. zugrunde liegende, am älteren ↑Empirismus anknüpfende Erkenntnistheorie ist daher und unter dem Einfluß des wissenschaftstheoretischen ↑Konventionalismus H. Poincarés insbes. durch eine Abweisung des von I. Kant begründeten ↑synthetischen Apriori (↑a priori) charakterisiert, so daß noch bis ca. 1970 eine strenge Zweiteilung aller wahren Aussagen in logisch oder ↑analytisch wahre (↑logisch wahr), zu denen auch die Sätze der Mathematik zählen (↑Logizismus), und in empirisch oder synthetisch wahre die Theorie des Aufbaus der Wissenschaften im l. E. beherrscht. Daraus ergibt sich wiederum die grundsätzliche Zweiteilung von Wissenschaftssprachen in eine die empirische Basis artikulierende ↑Beobachtungssprache (↑Protokollsatz) und eine den rationalen Rahmen ausmachende ↑Theoriesprache (↑Zweistufenkonzeption) mit dem bis heute nicht einwandfrei gelösten Problem, die methodische Einheit jeder Erfahrungswissenschaft gleichwohl begreiflich machen zu müssen. – In den letzten Jahrzehnten hat ein Prozeß der Verschmelzung des l. E. mit dem amerikanischen ↑Pragmatismus, insbes. mit dem die strenge Zweiteilung ›analytisch-synthetisch‹ wirkungsvoll zurückweisenden holistischen (↑Holismus) Evolutionismus von W. V. O. Quine, und der Wiederanknüpfung an Positionen der europäischen philosophischen Tradition eingesetzt, mit dem speziell dieser Schwierigkeit begegnet werden soll.

Literatur: Textsammlungen: S. Sarkar (ed.), Science and Philosophy in the Twentieth Century. Basic Works of Logical Empiricism, I–IV, New York 1996 [mit neueren Beiträgen zum l. E., I 342–409, II 337–401, III 361–400]; H. Schleichert (ed.), L. E. – Der Wiener Kreis. Ausgewählte Texte mit einer Einleitung, München 1975; Wiener Kreis, Vienna Circle Collection, Iff., Dordrecht 1973 ff. (bisher 23 Bde). – D. Bell/W. Vossenkuhl (eds.), Wissenschaft und Subjektivität. Der Wiener Kreis und die Philosophie des 20. Jahrhunderts/Science and Subjectivity. The Vienna Circle and Twentieth Century Philosophy, Berlin 1992; G. Bergmann, Metaphysics of Logical Positivism, Madison Wisc. 1954, ²1967 (repr. Westport Conn. 1978); R. Cirera, Carnap and the Vienna Circle. Empiricism and Logical Syntax, Amsterdam 1994; A. Coffa, The Semantic Tradition from Kant to Carnap, Cambridge 1991; H. Feigl, Logical Empiricism, in: D. D. Runes (ed.), Twentieth Century Philosophy. Living Schools of Thought, New York 1943, 1968, 371–416; ders., Selected Bibliography of Logical Empiricism, Rev. int. philos. 4 (1950), 95–102; O. Feldmann, Der Wiener Kreis. Kritik der erkenntnistheoretischen Grundpositionen des l. E., Diss. München 1983; M. Friedman, Logical Positivism, REP V (1998), 789–795; R. Giere, Origins of Logical Empiricism, Minneapolis Minn. 1996; R. Haller, Neopositivismus. Eine historische Einführung in die Philosophie des Wiener Kreises, Darmstadt 1993; O. Hanfling, Logical Positivism, Oxford 1981; R. Hegselmann/U. Czaniera, E., l., EP I (1999), 322–327; E. Hilgendorf (ed.), Wissenschaftlicher Humanismus. Texte zur Moral- und Rechtsphilosophie des frühen l.n E., Freiburg/Berlin/München 1998; J. Jørgensen, The Development of Logical Empiricism, Chicago Ill. 1951 (repr. New York/London 1970); B. Juhos, Formen des Positivismus, Z. allg. Wiss.theorie 2 (1971), 27–62, bes. 41–62 (Teile 4–6); V. Kraft, Der Wiener Kreis. Der Ursprung des Neopositivismus. Ein Kapitel der jüngsten Philosophiegeschichte, Wien 1950, Wien/New York ²1968, ³1997; K. Lorenz, Elemente der Sprachkritik. Eine Alternative zum Dogmatismus und Skeptizismus in der Analytischen Philosophie, Frankfurt 1970; E. Mohn, Der Logische Positivismus. Theorien und politische Praxis seiner Vertreter, Frankfurt/New York 1977; N. Rescher (ed.), The Heritage of Logical Positivism, Lanham Md./New York/London 1985; A. W. Richardson, Carnap's Construction of the World. The Aufbau and the Emergence of Logical Empiricism, Cambridge etc. 1998; F. Stadler, Studien zum Wiener Kreis. Ursprung, Entwicklung und Wirkung des l. E. im Kontext, Frankfurt 1997; ders. (ed.), Phänomenologie und l. E.. Zentenarium Felix Kaufmann, Wien etc. 1995; W. Stegmüller, Hauptströmungen der Gegenwartsphilosophie. Eine kritische Einführung I, Wien etc. 1952, Stuttgart ²1960, ⁷1989, 346–428 (Kap. IX); ders., Probleme und Resultate der Wissenschaftstheorie und Analytischen Philosophie, I–IV, Berlin/Heidelberg/New York 1969–1986, I erw. unter dem Titel: Erklärung – Begründung – Kausalität ²1983, II/2 ²1985; B. Tuschling, Kritik des l. E., Berlin 1983; T. Uebel, Overcoming Logical Positivism from Within, Amsterdam 1992; weitere Literatur: ↑Neopositivismus, ↑Wiener Kreis. K. L.

endlich/Endlichkeit (mathematisch), eine Eigenschaft, die einer ↑Größe (insbes. physikalischer oder geometrischer Art) zukommen kann. Eine solche Größe heißt e., wenn sie bei einer für das ganze Größengebiet erklärten Maßbestimmung ein e.es Maß hat, z. B. eine Strecke (ein durch Strecken gemessener Zeitraum, ein Raumstück, der Kosmos usw.), ein durch eine reelle Zahl oder eine sie begrenzende natürliche Zahl gegebenes e.es Längenmaß. Die E. des Maßes wird ihrerseits mit Hilfe des Begriffs der e.en Menge erklärt.

Die E. wird als Eigenschaft von Größen und Maßen in quantitativen Aussagen erfaßt, die also offen oder versteckt stets eine Zahlangabe enthalten; E.saussagen, die sich nicht auf Größen oder Maße beziehen, beruhen durchweg auf ↑Analogien oder ↑Metaphern. Unzureichend ist auch der Versuch, E.saussagen auf Grund eines alltagssprachlichen (↑Alltagssprache) Gebrauchs als negierte ↑Allaussagen zu rekonstruieren. So ist das Wissen eines Individuums, das ›nicht alles‹ weiß, zwar ersichtlich begrenzt, aber darum nicht notwendigerweise e. im Sinne der Kenntnis von nur e. vielen Sachverhalten, wie ja auch eine Menge natürlicher ↑Zahlen, die nicht alle natürlichen Zahlen umfaßt, darum noch keine e.e Menge zu sein braucht (z. B. die Menge {4, 5, 6, ...}, welche die Zahlen 1, 2 und 3 nicht enthält und doch unendlich ist). Nennt man eine ↑Menge M e., wenn es eine natürliche Zahl n gibt, so daß die Menge {1, 2, ..., n} auf die Elemente von M eindeutig (↑eindeutig/Eindeutigkeit) abgebildet werden können, so ist damit die E. von M im konstruktiven Sinne zureichend charakterisiert. Diese Bestimmtheit geht verloren, wenn man die E. innerhalb axiomatischer Systeme (↑System, axiomatisches) zu erfassen sucht. Dort ergibt sich, wie T. A. Skolem und J. v. Neumann aufgewiesen haben, eine Relativität des E.s- und des Unendlichkeitsbegriffs bezüglich des verwendeten Systems (genauer: bezüglich seiner Ausdrucksmittel). Diese Relativität besteht insbes. bei der in der axiomatischen Mengenlehre (↑Mengenlehre, axiomatische) üblichen Erklärung, eine Menge M sei e., wenn sie nicht unendlich (↑unendlich/Unendlichkeit) sei; unendlich aber heiße eine Menge M, wenn im verwendeten axiomatischen System eine ↑Funktion existiert, d. h. ein die Funktion darstellender ↑Term konstruierbar ist (↑Darstellung (logisch-mengentheoretisch)), welcher die Elemente von M den Elementen einer echten Teilmenge T von M umkehrbar eindeutig zuordnet. Damit kann ein und dieselbe Menge M bezüglich eines axiomatischen Systems S e., bezüglich einer Erweiterung S* von S aber unendlich sein, wenn nämlich S* eine Funktion der genannten Art, d. h. einen entsprechenden in S noch nicht konstruierbaren Term, enthält. Da die modernen axiomatischen Mengenlehren schon von ihrem Instrumentarium her gänzlich auf die Erfassung des Unendlichen ausgerichtet sind, wird der E.sbegriff nur auf komplizierte Weise und in von System zu System sehr verschiedenen Definitionen zugänglich, die sich selbst nur unter Verwendung des starken ↑Auswahlaxioms als gleichwertig erweisen lassen. C. T.

endlich-axiomatisierbar, in der ↑Metamathematik Eigenschaft eines ↑Formalismus F, zu dem es einen Formalismus F_0 gibt, der dieselben Ausdrücke und dieselben ableitbaren Sätze wie F liefert, aber nur endlich viele ↑Axiome enthält. Nach A. Tarski beschränkt man die Forderung häufig auf den nicht-logischen Teil des Axiomensystems, während für den logischen Teil Axiomenschemata (↑System, axiomatisches) zugelassen werden. C. T.

Endlichkeit, in der Philosophiegeschichte in unterschiedlicher Weise bestimmter Ausdruck bzw. in unterschiedlicher Weise formuliertes Problem, wobei stets explizit oder implizit die Frage nach dem ↑Unendlichen im Hintergrund steht. Die begriffliche Fixierung von E. und Unendlichkeit wird dabei häufig zugunsten einer mehr intuitiven Auffassung unterlassen. Davon bilden lediglich die exakten Untersuchungen der Mathematik und der (physikalischen) Kosmologie eine Ausnahme (↑unendlich/Unendlichkeit).

Die griechische ↑Metaphysik und ↑Naturphilosophie ist in wesentlichen Teilen eine Lehre der E. und Begrenzung (πέρας). Die ↑Vorsokratiker, mit Ausnahme des Anaximander (↑Apeiron), nehmen jeweils einen (endlichen) Urstoff (↑Archē) an. Für die ↑Pythagoreer liegt die Struktur der Welt in wohlbestimmten Zahlenverhältnissen verborgen. Auch die Metaphysik des Parmenides versteht das Sein als eine Einheit, die Unendlichkeit ausschließt. Sein Schüler Zenon von Elea sucht die Widersprüchlichkeit des Begriffs des Unendlichen zu zeigen (↑Paradoxien, zenonische). Platon sieht das Wesen der Dinge in ihrer Gestaltung und Vollendung, in ihrer Form (εἶδος, ἰδέα), die Begrenzung impliziert (↑Idee (historisch), ↑Ideenlehre). Aristoteles bringt diesen Gedanken in verwandelter Form in seinen ↑Hylemorphismus ein. Von Aristoteles stammt auch eine erste begriffliche Präzisierung des Unendlichkeitsbegriffs (aktual unendlich/potentiell unendlich) und damit implizit des E.sbegriffs, die bis heute bestimmend ist. Für Platon wie für Aristoteles und andere griechische Denker hat der ↑Kosmos Kugelgestalt. Dies bringt unter anderem den Aspekt seiner E. zum Ausdruck. Der finite Charakter der griechischen Metaphysik wird außer von Anaximander auch von Plotin durchbrochen. Die Vollkommenheit des Urwesens (τὸ πρῶτον) besteht gerade darin, daß es ohne Grenze, Gestalt und Bestimmung ist, während Begrenzung der Dinge ihre Unvollkommenheit ausmacht. Auch die christliche Philosophie des Mittelalters spricht Gott als dem höchsten Seienden (aktuale) Unendlichkeit zu. Die Welt als Geschöpf Gottes ist endlich in Raum und Zeit. Diese Lehre wandelt sich zu Beginn der Neuzeit zunächst bei Nikolaus von Kues, dann in voller Konsequenz bei G. Bruno und anderen pantheistischen (↑Pantheismus) Denkern (z. B. B. de Spinoza). *Erkenntnistheoretisch* spiegelt sich das Verhältnis von E. und Unendlichkeit in der Polarität von diskursivem (↑diskursiv/Diskursivität) und anschauendem Denken wieder, für das das Mittelalter das Begriffspaar ratio – intellectus (↑ratio, ↑intellectus) verwendete. Ratio ist dabei die typisch menschliche Erkenntnisbemühung, während die intellektuale Erkenntnis eine Teilhabe an der nicht-diskursiven Schaukraft der Engel (↑Engellehre) darstellt (Thomas von Aquin, De verit. 15,1). Als ›Rezeptivität‹ und ›Spontaneität‹ (↑spontan/Spontaneität) findet das Begriffspaar intellectus – ratio Eingang in die auf I. Kant fußende Erkenntnistheorie. Intellektuale Anschauung ist dem Menschen nicht gegeben; lediglich sinnliche Anschauung bildet einen Teil des menschlichen Erkennens (KrV B 135). Die Erkenntnistheorie des Deutschen Idealismus (↑Idealismus, deutscher) greift das Problem unter dem Gesichtspunkt (endlichen) Bestimmtwerdens und (unendlicher) Selbstbestimmung wieder auf. J. G. Fichte sieht hier den Prozeß der unendlichen Tätigkeit des ↑Ich, während F. W. J. Schelling eine

›intellektuale‹ Anschauung (↑Anschauung, intellektuelle) postuliert, in der die E. diskursiver Begrifflichkeit aufgehoben ist. G. W. F. Hegel sieht das Endliche sich im Wissensprozeß konstituieren (System Philos. § 386, Sämtl. Werke X, 41–45), vom absoluten Geist (↑Geist, absoluter) in einem Prozeß der Selbstbestimmung und Selbstbeschränkung hervorgebracht.

Anthropologisch gesehen gehört die Erfahrung der E. zu den Grunderfahrungen des Menschen. Sie drückt sich konkret aus in Erfahrungen etwa der Unverfügbarkeit über Situationen des Leidens und Sterben-Müssens. Sah die christliche Philosophie seit dem Mittelalter in diesen E.serfahrungen noch den Reflex der objektiven Seinsordnung bzw. theologisch die Folgen des Sündenfalls, so werden sie etwa seit der Mitte des 19. Jhs. in eigenständiger Thematisierung reflektiert, und zwar zum einen in einer negativen Charakterisierung, in der E. der Ausdruck mangelnder Aufklärung bzw. gesellschaftlicher Unterdrückung und Ausbeutung ist (L. Feuerbach, K. Marx). Zum anderen wird, beeinflußt von S. Kierkegaard, die E. zu einer positiven Kategorie in der ↑Existenzphilosophie. M. Heidegger betont: »Dasein hat nicht ein Ende, an dem es nur aufhört, sondern existiert endlich« (Sein und Zeit, 329 [§ 65]). Diese Auffassung von der E. als einem positiven Grundzug des menschlichen Daseins findet sich auch bei anderen der Existenzphilosophie nahestehenden Denkern (z. B. J.-P. Sartre, P. Claudel).

Das alte naturphilosophische Problem der raumzeitlichen E. des Kosmos wird heute in der (physikalischen) ↑Kosmologie behandelt. Dabei besteht weitgehende Einigkeit über einen zeitlichen Anfang des Universums (›Urknall‹), wogegen die Frage seiner räumlichen Erstreckung umstritten ist (↑unendlich/Unendlichkeit).

Literatur: P. Braun, Vernunft und E.. Eine kritische Auseinandersetzung mit dem Problem der E. des Daseins in der Philosophie Arthur Schopenhauers unter besonderer Berücksichtigung alternativer Reflexionsansätze, Essen 2000; R. C. Feitosa de Oliveira, Das Denken der E. und die E. des Denkens. Untersuchungen zu Hegel und Heidegger, Berlin 1999; N. Fischer, Augustins Philosophie der E.. Zur systematischen Entfaltung seines Denkens aus der Geschichte der Chorismos-Problematik, Bonn 1987; M. S. Kleiner, Im Bann von E. und Einsamkeit? Der Tod in der Existenzphilosophie und der Moderne, Essen 2000; S. Körner, Endlich/unendlich, Hist. Wb. Ph. II (1972), 489–491; O. Marquard, Menschliche E. und Kompensation, Bamberg 1995; ders., Skepsis als Philosophie der E., Bonn 2002; B. Niemeyer (ed.), Philosophie der E.. Festschrift für Erich Christian Schröder zum 65. Geburtstag, Würzburg 1992; R. Romberg/T. Mahlmann, Endlich, Hist. Wb. Ph. II (1972), 481–489; R. Schulz, Naturwissenschaftshermeneutik. Eine Philosophie der E. in historischer, systematischer und angewandter Hinsicht, Diss. Oldenburg 1999; P. Wallau, E. in Heideggers Denken, Essen 2001; weitere Literatur: ↑Unendliche, das; ↑unendlich/Unendlichkeit. G. W.

Endlichkeitssätze, Bezeichnung für eine Reihe logischer ↑Theoreme, die sich als Folgerungen aus der im ↑Vollständigkeitssatz behaupteten ↑Äquivalenz von (syntaktischer) Ableitbarkeit (↑ableitbar/Ableitbarkeit) und (semantischer) ↑Folgerung bzw. von (syntaktischer) Widerspruchsfreiheit (↑widerspruchsfrei/Widerspruchsfreiheit) und (semantischer) Erfüllbarkeit (↑erfüllbar/Erfüllbarkeit) ergeben. Sei $\mathfrak{A}$ eine Menge von Ausdrücken und A ein Ausdruck. Im einzelnen gelten dann folgende Sätze: (1) Endlichkeitssatz für die Ableitbarkeitsbeziehung: $\mathfrak{A} \vdash A$ (A ist aus $\mathfrak{A}$ ableitbar) genau dann, wenn es eine endliche Teilmenge $\mathfrak{A}'$ von $\mathfrak{A}$ gibt mit $\mathfrak{A}' \vdash A$. (2) Endlichkeitssatz für die Folgerungsbeziehung: $\mathfrak{A} \models A$ (A folgt aus $\mathfrak{A}$) genau dann, wenn es eine endliche Teilmenge $\mathfrak{A}'$ von $\mathfrak{A}$ gibt mit $\mathfrak{A}' \models A$. (3) Endlichkeitssatz für die Widerspruchsfreiheit: $\mathfrak{A}$ ist genau dann widerspruchsfrei, wenn jede endliche Teilmenge $\mathfrak{A}'$ von $\mathfrak{A}$ widerspruchsfrei ist. (4) Endlichkeitssatz für die Erfüllbarkeit: $\mathfrak{A}$ ist genau dann erfüllbar, wenn jede endliche Teilmenge $\mathfrak{A}'$ von $\mathfrak{A}$ erfüllbar ist. Insbes. der zuletzt angeführte Satz ist eines der wichtigsten Hilfsmittel in der von A. Tarski und A. Robinson begründeten ↑Metamathematik der Algebra. Gelegentlich werden die E. auch ›Kompaktheitssätze‹ genannt.

Literatur: H. Hermes, Einführung in die mathematische Logik. Klassische Prädikatenlogik, Stuttgart 1963, ⁴1976, 1991. G. W.

Energeia (griech. ἐνέργεια, Tätigkeit, Wirklichkeit; grammatisch das Aktivum; lat. actus, dt. Akt), von Aristoteles in Opposition zu ↑Dynamis (= Möglichkeit; lat. potentia, dt. Potenz) verwendeter Terminus zur begrifflichen Beherrschung des Phänomens der Veränderung von (partikularen) Gegenständen. In dieser Rolle von nachhaltiger Bedeutung in der gesamten philosophischen Tradition bis heute (↑Akt und Potenz, ↑Form und Materie). Hat E. als Tätigkeit im Vollzug und nicht bloß als Anlage noch ein jenseits der Ausübung liegendes Ziel, etwa ein Werk, z. B. das Gebaute beim Bauen, so gilt sie als eine ›unvollendete Wirklichkeit‹ oder bloße ›Wirklichkeit des Möglichen‹ (ἡ τοῦ δυνάμει ... ἐνέργεια, Met. *K*9.1065b15–16), die von Aristoteles dann als Bewegung im Sinne jeder Art von Veränderung bestimmt wird. Häufig allerdings wird von ihm ›vollendete Wirklichkeit‹ oder ↑Entelechie (ἐντελέχεια), bei der das Ziel der E. mit der Ausübung bereits erreicht ist, wie z. B. beim Sehen, von E. im allgemeinen nicht mehr unterschieden. Weitere Differenzierungen betreffen die Unterscheidung von Dynamis und E. einerseits bei Fähigkeiten als Anlagen, etwa dem Vermögen der Wahrnehmung (αἴσθησις), das man – durch Ausbildung der Anlage – ›wirklich‹ besitzen kann oder unausgebildet nur ›der Möglichkeit nach‹, und andererseits bei ausgebildeten Fähigkeiten, etwa dem Vermögen des Wahrnehmens (αἰσθάνεσθαι), das man zwar ständig besitzt, aber nur zuweilen ›wirklich‹ ausübt, zuweilen nicht (de an. *B*5).

In der Sprachtheorie W. v. Humboldts ist ↑Sprache »kein Werk (Ergon), sondern eine Thätigkeit (E.) [sie ist] die sich ewig wiederholende Arbeit des Geistes, den articulirten Laut zum Ausdruck des Gedankens fähig zu machen« (Über die Verschiedenheit des menschlichen Sprachbaues und ihren Einfluß auf die geistige Entwicklung des Menschengeschlechts, in: Werke in fünf Bänden III, ed. A. Flitner/K. Giel, Darmstadt 1963, 418). Sprache sollte deshalb nicht als ein ↑Sprachsystem, sondern allein in Gestalt von ↑Sprachhandlungen, insbes. ↑Sprechakten, betrachtet werden, und das eben nicht als bloßer Ablauf von Ereignissen, sondern als ein dialogisch, in Sprechen und Verstehen, d.i. der ›Arbeit des Geistes‹, verwirklichtes ↑Sprachvermögen.

Literatur: H. Buchner, Dynamis und E. bei Plotin, Diss. München 1970; C.-H. Chen, The Relation Between the Terms »e.« and »entelecheia« in the Philosophy of Aristotle, Class. Quart. 8 (1958), 12–17; E. Fascher, E., RAC V (1962), 4–51; W. v. Humboldt, Über die Verschiedenheit des menschlichen Sprachbaues und ihren Einfluß auf die geistige Entwicklung des Menschengeschlechtes (1835), ed. A. F. Pott/A. Vanicek, Berlin 1936, ²1850 (repr. Hildesheim 1974), ferner in: Ges. Schriften VII, ed. A. Leitzmann, Berlin 1907, 1–344, ed. H. Nette, Darmstadt 1949, ed. D. Di Cesare, Paderborn/München/Wien 1998; L. Jost, Sprache als Werk und wirkende Kraft. Ein Beitrag zur Geschichte und Kritik der energetischen Sprachauffassung seit W. v. Humboldt, Bern 1960; W. Mann, E., DNP III (1997), 1028–1029; H. Miura, Aristotle's Distinction between E. and Kinesis, J. Class. Stud. 45 (1997), 72–83 [in japan. Sprache]; A. Rijksbaron, Aristotle. Verb Meaning and Functional Grammar. Towards a New Typology of States of Affairs. With an Appendix on Aristotle's Distinction between Kinesis and E., Amsterdam 1989; H. Schwarz, E., Hist. Wb. Ph. II (1972), 492–494; J. Stallmach, Dynamis und E.. Untersuchungen am Werk des Aristoteles zur Problemgeschichte von Möglichkeit und Wirklichkeit, Meisenheim am Glan 1959; A. D. Walker, E. and the Spectator in Greek Historiography, Transact. and Proceedings Amer. Philol. Assoc. 123 (1993), 353–377. K. L.

Energie (von griech. ἐνέργεια, Tätigkeit, Wirklichkeit), Terminus der ↑Physik zur Bezeichnung der Fähigkeit von Körpern, Arbeit zu leisten. Der Ausdruck ›E.‹ wurde zuerst von Joh. Bernoulli 1717 zur Bezeichnung des Gleichgewichts virtueller Kräfte angewendet. In seiner gegenwärtigen Bedeutung bürgerte sich der Begriff erst in der 2. Hälfte des 19. Jhs. ein; zuvor wurde der Begriff der Kraft häufig im heutigen Sinne des Begriffs der E. verwendet.

Beginnend mit G. W. Leibniz' Abhandlung »Brevis demonstratio erroris memorabilis Cartesii« (Acta Erud. 5 [1686], 161–163) entspann sich zwischen Cartesianern (↑Cartesianismus) und Leibniz bzw. den Leibnizianern die vis-viva-Kontroverse (↑vis viva) über das rechte Maß der Kraft der Bewegung. Descartes hatte die ›Bewegungsgröße‹, ähnlich dem skalaren Impuls $|mv|$ der klassischen ↑Mechanik, als einem Erhaltungssatz (↑Erhaltungssätze) unterliegend und als Kraftmaß angesehen, Leibniz hielt die ›lebendige Kraft‹ mv^2, analog der späteren kinetischen E., für das Kraftmaß und für einem Erhaltungssatz unterworfen. Die Erhaltung der lebendigen Kraft besagte dabei, daß ein Bewegungsverlust eines Körpers in innere Bewegung seiner Teile übergeht und damit nur ein scheinbarer Verlust ist. D. Bernoulli führte 1738 den Ausdruck ›latente Kraft‹ zur Bezeichnung der zurückgewinnbaren Kraft der Bewegung ein, der späteren potentiellen E.. Der Erhaltungssatz der lebendigen Kraft wird damit zur mechanischen E.-Erhaltung, die 1788 von J. L. Lagrange abgeleitet wurde und die gemeinsame Erhaltung von kinetischer und potentieller E. bedeutet. Die Erweiterung dieses Theorems zum umfassenden E.-Erhaltungssatz ergab sich durch den Einschluß der Wärme. Im Zuge der Aufgabe der Wärmestofftheorie (↑Thermodynamik) wurde Wärme nicht mehr als eine spezifische Substanz aufgefaßt und konnte dadurch leichter an die übrigen Naturkräfte angeschlossen werden. R. Mayer behauptete 1842, daß chemische E., Körperwärme und Muskelarbeit ineinander umwandelbar seien; J. P. Joule ermittelte das mechanische Wärmeäquivalent; A. Colding und H. v. Helmholtz nahmen unter dem Einfluß der ↑Naturphilosophie eine umfassende ›Erhaltung der Kraft‹ an. Die Erhaltung der Gesamtenergie abgeschlossener Systeme wurde in der Folge zum so genannten Ersten Hauptsatz der Thermodynamik.

Die verzögerte Übertragung elektromagnetischer Wirkungen führte zur Einführung einer Feldenergie. Die übertragene E. wurde dabei als im ↑Feld enthalten angenommen. Bei der Formulierung seines Strahlungsgesetzes führte M. Planck 1900 die Annahme einer Quantisierung der E. elektromagnetischer Oszillatoren ein, die von A. Einstein 1905 mit der Annahme von Photonen zu einer Quantisierung der Feldenergie erweitert wurde. Die Spezielle Relativitätstheorie (↑Relativitätstheorie, spezielle) schreibt mit dem Prinzip der Äquivalenz von Masse und E. ($E = mc^2$) der E. wie materiellen Körpern ↑Trägheit zu.

Literatur: H. Breger, Die Natur als arbeitende Maschine. Zur Entstehung des E.begriffs in der Physik 1840–1850, Frankfurt 1982; A. E. Haas, Die Entwicklungsgeschichte des Satzes von der Erhaltung der Kraft, Wien 1909; M. Jammer, Concepts of Force. A Study in the Foundations of Dynamics, Cambridge Mass. 1957, Mineola N. Y. 1999; ders., Energy, Enc. Ph. II (1967), 511–517; ders., E., Hist. Wb. Ph. II (1972), 494–499; E. Mach, Die Geschichte und die Wurzel des Satzes von der Erhaltung der Arbeit, Prag 1872 (repr. Amsterdam 1969); M. Planck, Das Prinzip der Erhaltung der E., Leipzig 1887, ⁵1924; N. Schirra, Die Entwicklung des E.begriffs und seines Erhaltungskonzepts. Eine historische, wissenschaftstheoretische, didaktische Analyse, Frankfurt 1991; D. W. Theobald, The Concept of Energy, London 1966. M. C.

Engellehre (Angelologie, von griech. ἄγγελος, Bote), ein Lehrstück der jüdischen, christlichen und islamischen

Theologie, das mit systematischen Mitteln der aristotelischen und neuplatonischen Metaphysik vornehmlich im Mittelalter entwickelt wird. Die Vorstellung von Engeln als ›guten‹ Mittlern, Boten (z. B. Hermes) und Wesen (in ›böser‹ Form: Dämonen) ›zwischen‹ Gott und den Menschen findet sich in vielen Religionen und Kulturen, in Literatur und Kunst sowie im Alltagsleben der Völker bis in die Gegenwart. In der griechischen ↑Patristik und bei A. Augustinus beginnt eine philosophische Reflexion des Wesens der Engel; diese wird bei Porphyrios, Iamblichos, Proklos und Origines im Rahmen der Stufenontologie des ↑Neuplatonismus weitergeführt und von Pseudo-Dionysios Areopagites zu einer E. ausgeformt, die biblische und platonische Elemente miteinander verbindet. Im Zentrum steht neben der Lehre von den himmlischen Hierarchien die Lehre von der reinen Geistigkeit der Engel. Diese Konzeption greift Thomas von Aquin auf, der sie aristotelisierend als reine unvergängliche Formen zwischen Gott und den materiell-leiblich individuierten Menschen denkt. Da Engel als Boten und Schutzmächte in der christlichen Frömmigkeitspraxis weiterhin eine bedeutende Rolle spielen, versucht auch die reformatorische Theologie (J. Calvin, altprotestantische Orthodoxie) zunächst an die traditionelle kirchliche E. anzuknüpfen. In der ↑Aufklärung wird die E. und die mit ihr verbundene Konzeption einer ›Geisterwelt‹ (mundus intelligibilis) auf der Basis der Metaphysikkritik grundsätzlich kritisiert und abgelehnt, so exemplarisch in I. Kants Kritik an E. Swedenborg (Träume eines Geistersehers, erläutert durch Träume der Metaphysik, Königsberg 1766, 71–72). Das geschichtliche und hermeneutische Bewußtsein fragt nach der Lebensbedeutsamkeit der so verbreiteten Vorstellungen von Engeln und führt so in der Gegenwart zu erneuten Bemühungen um eine E..

In der evangelischen Theologie konzipiert P. Tillich Engel zwar nicht als selbständig existierende Wesen, jedoch als am Seienden partizipierende Strukturen und ›konkret-poetische Symbole der Ideen oder Seinsmächte‹ (Systematische Theologie I, Stuttgart 1956, 300). Auch K. Barth erneuert die E. im expliziten Rückgriff auf Pseudo-Dionysios Areopagites in seiner Dogmatik (Kirchliche Dogmatik III/3, Zürich 1950, 426–623 [§ 51]): Engel sind Schöpfungsmächte, die die Kraft Gottes aktiv in der Welt vermitteln. K. Rahner entwickelt im Kontext der katholischen Dogmatik eine streng christozentrisch und anthropologisch orientierte E.. Die Engel sind ›weltliche‹ Phänomene in der Schöpfung, in Natur und Geschichte, die für die eigentliche, von ihnen unabhängige religiöse Heilswahrheit besonders bedeutsam werden. Ähnlich weist P. L. Berger von seiten der Religionssoziologie ›Spuren der Engel‹ in der Alltagswirklichkeit der modernen Lebenswelt auf: Phänomene der Alltagserfahrung, die als ›Zeichen der Transzendenz‹ über sich hinausweisen und das säkularisierte Bewußtsein ihrerseits relativieren.

Literatur: P. L. Berger, A Rumor of Angels. Modern Society and the Rediscovery of the Supernatural, Garden City N. Y. 1969, New York 1990 (Auf den Spuren der Engel. Die moderne Gesellschaft und die Wiederentdeckung der Transzendenz., Frankfurt 1970, Freiburg/Basel/Wien 2001); M. Görg u. a., E., RGG II (1999), 1279–1290; E. Haag u. a., E., LThK III (1995), 646–655; C. E. Hopkin, The Share of Thomas Aquinas in the Growth of the Witchcraft Delusion, Philadelphia Pa. 1940 (repr. New York 1982); E. Langton, Essentials of Demonology. A Study of Jewish and Christian Doctrine. Its Origin and Development, London 1949, New York 1980; J. Michl, Engel, RAC V (1962), 53–258; H. M. Nobis, E., Hist. Wb. Ph. II (1972), 500–503; K. Pelz, Die E. des hl. Augustinus. Ein Beitrag zur Dogmengeschichte, Münster 1912; E. Peterson, Das Buch von den Engeln. Stellung und Bedeutung der heiligen Engel im Kultus, Leipzig 1935, München 1955 (franz. Le livre des anges, Paris 1954, Genf 1996; engl. The Angels and the Liturgy. The Status and Significance of the Holy Angels in Worship, London, New York 1964); K. Rahner, Angelologie, LThK I (1957), 533–538; M. Schmaus, E. und Dämonen, Wiesbaden 1955; G. Tavard/A. Caquot/J. Michl, Die E., Freiburg 1968 (Handbuch der Dogmengeschichte II/2 b); ders./U. Mann/H. Schwebel, E., V–VII (Kirchengeschichtlich, Dogmatisch, Praktisch-theologisch), TRE IX (1982), 599–615; M. Seemann, Die Engel, in: J. Feiner/M. Löhrer (eds.), Mysterium Salutis. Grundriß heilsschichtlicher Dogmatik II, Einsiedeln/Zürich/Köln 1967, 954–995; H. Vorgrimler, Wiederkehr der Engel? Ein altes Thema neu durchdacht, Kevelaer 1991, 1999; ders./U. Bernauer/T Sternberg, Engel. Erfahrungen göttlicher Nähe. Erfahrungs- und Kunstgeschichte, Kultur- und Religionsgeschichte, Freiburg/Basel/Wien 2001; D. L. Walzel, The Sources of Medieval Demonology, Ann Arbor Mich. 1982. T. R.

Engels, Friedrich, *Barmen 28. Nov. 1820, †London 5. Aug. 1895, dt. Philosoph, Ökonom, Journalist, Mitbegründer des wissenschaftlichen Sozialismus (↑Sozialismus, wissenschaftlicher). 1837–1841 kaufmännische Lehrzeit im elterlichen Betrieb und in Bremen, publizistische Tätigkeit für den Hamburger »Telegraph für Deutschland« (»Briefe aus dem Wuppertal«), 1841–1842 Militärdienst in Berlin. In Berlin kam E. in engen Kontakt zum Linkshegelianismus (↑Hegelianismus) und verfaßte eine radikale Kritik der Philosophie F. W. J. Schellings (Schelling und die Offenbarung, 1842). Nach Gründung der liberalen »Rheinischen Zeitung« wurde er deren Mitarbeiter. 1842 übersiedelte E. nach Manchester, wo er im elterlichen Betrieb arbeitete und sozio-ökonomische Studien trieb, die ihren Niederschlag in zwei Beiträgen für die von A. Ruge und K. Marx herausgegebenen »Deutsch-Französischen Jahrbücher« (1843–1844) fanden (»Umrisse zu einer Kritik der Nationalökonomie«, »Die Lage Englands«).

Seit der Rückkehr aus England (1844) enge Freundschaft mit Marx. Eine erste gemeinsame Arbeit ist die als Auseinandersetzung mit dem Linkshegelianismus angelegte Schrift »Die heilige Familie, oder die Kritik der kritischen Kritik« (1845). In seiner bedeutendsten frühen Schrift über »Die Lage der arbeitenden Klasse in England« (1845) faßt E. seine eigenen Erfahrungen zusammen. Er stellt die Entstehung des modernen Proletariats als die entscheidende geschichtsbildende Kraft der modernen industriellen Entwicklung heraus und prognostiziert die Unausweichlichkeit der sozialen Revolution. 1845–1846 arbeiten E. und Marx in Brüssel an der Niederschrift der erst 1932 in Moskau veröffentlichten »Deutschen Ideologie«, der im Selbstverständigungsprozeß ihrer beiden Autoren eine besondere Bedeutung zukam. Sie enthält in den Anfangspassagen eine erste Grundlegung der materialistisch-historischen dialektischen Theorie (↑Materialismus, historischer). Im Auftrag des »Bundes der Gerechten« verfassen E. und Marx das »Kommunistische Manifest« (Manifest der Kommunistischen Partei, 1848). Nach dem Ausbruch der Revolution von 1848 übersiedelt E. nach Köln und wird Mitarbeiter an der »Neuen Rheinischen Zeitung«. Seine propagandistische Tätigkeit, insbes. aber seine Teilnahme an den badischen Unruhen, zwingen ihn 1850, in das Exil nach Manchester zu gehen. Er widmet sich dort in der Folgezeit vor allem naturwissenschaftlichen und philosophischen Studien und gewinnt durch seine umfangreiche, mehr als vier Jahrzehnte überspannende Korrespondenz einen bestimmenden Einfluß auf die Entwicklung der europäischen und insbes. deutschen Sozialdemokratie. E. unterstützt Marx finanziell durch erhebliche Zuwendungen. 1870 übersiedelt E. nach London und wird Mitglied des Generalrats der Internationalen Arbeiter-Assoziation. Nach dem Tode von Marx (1883) gibt E. den zweiten und den dritten Band von dessen Hauptwerk »Das Kapital. Kritik der politischen Ökonomie« (1885, 1894) heraus.

Um den Einfluß E. Dührings auf die deutsche Sozialdemokratie zurückzudrängen, veröffentlicht E. in der Zeitschrift »Vorwärts« (1877–1878) in Fortsetzungen die Abhandlung »Herrn Eugen Dührings Umwälzung der Wissenschaft« (›Anti-Dühring‹). Neben dieser Schrift, die als das zu seinen Lebzeiten erschienene philosophische Hauptwerk gelten darf, geben die Kompilation dieser Arbeit »Die Entwicklung des Sozialismus von der Utopie zur Wissenschaft« (1882, Erstausg. Socialisme utopique et socialisme scientifique, 1880), die Abhandlung »Ludwig Feuerbach und der Ausgang der klassischen deutschen Philosophie« (Buchausg. 1888) und die aus dem Nachlaß veröffentlichte »Dialektik der Natur« (1925) Auskunft über seine philosophische Position. In antipositivistischer Stoßrichtung nimmt E. unter Berücksichtigung der neueren Entwicklung der Naturwissenschaften in einer erkenntnistheoretisch-realistischen Wendung G. W. F. Hegels dialektische Methodik auf und wird damit zum Begründer des ›dialektischen Materialismus‹ (↑Materialismus, dialektischer). E. konfrontiert die herkömmliche Metaphysik mit der ↑Dialektik, »die die Dinge und ihre begrifflichen Abbilder wesentlich in ihrem Zusammenhang, ihrer Verkettung, ihrer Bewegung, ihrem Entstehn und Vergehn auffaßt« (Die Entwicklung des Sozialismus von der Utopie zur Wissenschaft, MEW XIX, 205) und weitet das dialektische Vorgehen, hierin Hegel folgend, auf die ↑Naturphilosophie aus (»die Natur ist die Probe auf die Dialektik«, ebd.). Im Unterschied zu Hegels absolutem Idealismus (↑Idealismus, absoluter) sucht er in einem materialistisch orientierten Gesamtkonzept eine universal-genetische Systematik, die die Natur- wie die Menschheitsgeschichte gleichermaßen umfaßt. Als Grundgesetze der Dialektik fungieren: »das Gesetz des Umschlagens der Quantität in Qualität und umgekehrt; das Gesetz von der Durchdringung der Gegensätze; das Gesetz von der Negation der Negation« (Dialektik der Natur, MEW XX, 348). 1884 erscheint in Zürich die an L. H. Morgans Untersuchungen zur Urgesellschaft anschließende Schrift »Der Ursprung der Familie, des Privateigenthums und des Staats«, die dem Nachweis der Historizität der Institutionen und deren Abhängigkeit von der jeweiligen gesellschaftlichen Entwicklung gewidmet ist. Sie enthält eine umfassende geschichtsphilosophische Thetik. – An der von E. vertretenen dialektisch-materialistischen philosophischen Position orientieren sich W. I. Lenin in seiner Auseinandersetzung mit dem ↑Empiriokritizismus und im Anschluß an diesen die gesamte Philosophie in den sozialistischen Ländern.

Werke: K. Marx/F. E., Werke. Historisch-kritische Gesamtausgabe, I–XII, ed. D. Rjazanow/V. Adorasky, Frankfurt, Berlin, Moskau 1927–1935 (MEGA); K. Marx/F. E., Werke, I–XXXIX, Erg.Bde I–II, ed. Institut für Marxismus-Leninismus, Berlin (Ost) 1956–1968 (MEW); K. Marx/F. E., Gesamtausgabe, Berlin 1975ff. (MEGA²); K. Marx/F. E., Collected Works, London 1975ff.. – Schelling und die Offenbarung. Kritik des neuesten Reaktionsversuchs gegen die freie Philosophie, Leipzig 1842, Berlin (Ost) 1967 (= MEW Erg.Bd. II, 173–221); Umrisse zu einer Kritik der Nationalökonomie, Deutsch-Französische Jahrbücher 1844, 152–181, Leipzig 1925, Berlin (Ost) 1956 (= MEW I, 499–524) (engl. Outlines of a Critique of Political Economy, Collected Works III [s.o.], 418–443); Die Lage der arbeitenden Klasse in England. Nach eigener Anschauung und authentischen Quellen, Leipzig 1845, Berlin (Ost) 1957 (= MEW II, 225–506) (engl. The Condition of the Working Class in England. From Personal Observation and Authentic Sources, Collected Works IV [s.o.], 295–583); (mit K. Marx) Die heilige Familie oder Kritik der kritischen Kritik. Gegen Bruno Bauer und Consorten, Frankfurt 1845, Berlin (Ost) 1957 (= MEW II, 3–223) (engl. The Holy Family. Or Critique of Critical Criticism. Against Bruno Bauer and Company, Collected Works IV [s.o.], 5–211); (mit K. Marx) Manifest der kommunistischen Partei, London 1848, Berlin (Ost) 1959 (= MEW IV, 459–493) (engl. Manifesto of the Communist Party, Collected Works VI [s.o.], 477–519); (mit K. Marx) Herrn Eugen Dührings Umwälzung der Wissenschaft (Anti-Dühring), Leipzig 1878, Berlin (Ost) 1962 (= MEW XX, 1–303) (engl. Anti-Dühring. Herrn Eugen Dühring's Revolution in Science, Collected Works XXV [s.o.], 5–309); Der Ursprung der Familie, des Privateigentums und des Staates, Stuttgart 1884, Berlin (Ost) 1962 (= MEW XXI, 25–173) (engl. The Origin of the Family, Private Property and the State, in: K. Marx/F. E., Selected Works in One Volume, London 1968, 449–583); Ludwig Feuerbach und der Ausgang der klassischen deutschen Philosophie, Stuttgart 1888, Berlin (Ost) 1962 (= MEW XXI, 259–307) (engl. Ludwig Feuerbach and the Outcome of Classical German Philosophy, London 1934, 1947, unter dem Titel: Ludwig Feuerbach and the End of Classical German Philosophy, in: K. Marx/F. E., Selected Works in One Volume, London 1968, 584–622); Dialektik der Natur, Moskau/Leningrad 1925, Berlin (Ost) 1962 (= MEW XX, 305–568) (engl. Dialectics of Nature, Collected Works [s.o.], 311–587); (mit K. Marx) Die deutsche Ideologie. Kritik der neuesten deutschen Philosophie in ihren Repräsentanten Feuerbach, B. Bauer und Stirner und des deutschen Sozialismus in seinen verschiedenen Propheten, Moskau 1932, Stuttgart 1953, Berlin (Ost) 1958 (= MEW III, 9–530) (engl. The German Ideology. Critique of Modern German Philosophy According to Its Representatives Feuerbach, B. Bauer and Stirner, and of German Socialism According to Its Various Prophets, Collected Works V [s.o.], 19–539). – Der Briefwechsel zwischen F. E. und Karl Marx, 1844–1883, I–IV, ed. A. Bebel/E. Bernstein, Stuttgart 1913; Wilhelm Liebknecht, Briefwechsel mit Karl Marx und F. E., ed. G. Eckert, Den Haag 1963; Eduard Bernsteins Briefwechsel mit F. E., ed. H. Hirsch, Assen 1970. – Marx-E.-Lenin-Stalin-Institut (ed.), Die Erstdrucke der Werke von Marx und E.. Bibliographie der Einzelausgaben, Berlin (Ost) 1955; M. Rubel, Bibliographie des œuvres de Karl Marx avec en appendice un répertoire des œuvres de F. E., Paris 1956, Suppl., Paris 1960; M. Kliem/H. Merbach/R. Sperl, Marx-E.-Verzeichnis. Werke, Schriften, Artikel, Berlin (Ost) 1966; F. Neubauer, Marx-E.. Bibliographie, Boppard 1979; C. L. Eubanks, Karl Marx and F. E.. An Analytical Bibliography, New York/London 1977, ²1984.

Literatur: M. Adler, Marx und E. als Denker, Frankfurt 1972; C. J. Arthur (ed.), E. Today. A Centenary Appreciation, London 1996; S. Bahne, E., in: B. Jahn (ed.), Biographische Enzyklopädie deutschsprachiger Philosophen, München 2001, 102–103; F. Baptiste, Studien zu E.' »Dialektik der Natur«. Materie, Kinetik, Dialektik, Bonn 1971; W. R. Beyer, Das Reinheitspostulat in der Rechtsphilosophie. Gedankenreinheit bei Hegel und E., Köln 1973; J. Bruhat, Karl Marx, F. E.. Essai biographique, Paris 1970; T. Carver, Marx and E.. The Intellectual Relationship, Brighton 1983, ders., F. E.. His Life and Thought, Basingstoke 1989; ders., E., REP III (1998), 309–313; R. S. Cohen, E., DSB XV, Suppl. I (1978), 131–147; A. Cornu, Karl Marx et F. E., leur vie et leur œuvre, I–II, Paris 1955/1958 (dt. Karl Marx und F. E.. Leben und Werk, I–II, Berlin 1954/1962); ders., Die Herausbildung des historischen Materialismus in Marx' »Thesen über Feuerbach«, E.' »Die Lage der arbeitenden Klasse in England« und in »Die deutsche Ideologie« von Marx und E., Berlin 1967; E. Fiorani, F. E. e il materialismo dialettico, Mailand 1971; H. Fleischer, Marx und E.. Die philosophischen Grundlinien ihres Denkens, Freiburg/München 1970, ²1974; H. Gemkow u.a., F. E.. Eine Biographie, Berlin (Ost) 1970, ⁶1988 (engl. Frederick E.. A Biography, Dresden 1972); G. Godels, Marx, E., and the Idea of Exploitation, Nature, Society and Thought 10 (1997), 509–522; H. Hirsch, F. E. in Selbstzeugnissen und Bilddokumenten, Reinbek b. Hamburg 1968, ¹⁰1993; M. Kliem (ed.), F. E.. Dokumente seines Lebens, 1820–1895, Frankfurt 1977; D. Kramer, Reform und Revolution bei Marx und E., Köln 1971; J. Kuczynski, Zum Briefwechsel zwischen E. und Marx, Berlin 1976; A. P. Martinich, E., in: R. Audi (ed.), The Cambridge Dictionary of Philosophy, Cambridge ²1999, 265–266; E. Martz, The Conflict of Science with Marx and E.' Dialectic, Contemporary Philos. 19 (1997), 23–27; G. Mayer, F. E.. Eine Biographie, Berlin 1920, Frankfurt 1975; H. Mehringer/G. Mergner, Debatte um E., I–II, Reinbek b. Hamburg 1973; R. Mondolfo, Il materialismo storico in F. E., Florenz 1973; W. Mönke, »Die heilige Familie«. Zur ersten Gemeinschaftsarbeit von Karl Marx und F. E., Glashütten 1972; H. Pelger (ed.), F. E. 1820–1970. Referate, Diskussionen, Dokumente, Hannover 1971; K. Reiprich, Die philosophisch-naturwissenschaftlichen Arbeiten von Karl Marx und F. E., Berlin 1969; M. Steger (ed.), E. after Marx, Manchester 1999; H. Ullrich, Der junge E.. Eine historisch-biographische Studie seiner weltanschaulichen Entwicklung in den Jahren 1834–1845, I–II, Berlin (Ost) 1961/1966. S. B.

ens, ↑Seiende, das.

ens rationis (lat., Gedankending), philosophischer Terminus für das vom Verstand bewirkte Seiende, in der älteren Tradition das bloß Gedachte, dem kein wirkliches Sein entspricht, in anderen Lesarten die jedem Gedachten als solchem zukommende objektive Realität, die dem Gedanken als Produkt des Denkens eine Seinsweise eigener Art zuspricht. Die spanische ↑Scholastik unterscheidet mit ›effektiven‹, ›subjektiven‹ und ›objektiven‹ entia r. oder Kunstdingen (entia artificiales) drei Weisen der Abhängigkeit der entia r. vom Intellekt. Im effektiven Sinne hängen die entia r. vom Denken des jeweils Denkenden ab; subjektiven entia r. eignet eine wahre und reale Existenz; objektives e. r. heißt das Seiende, dem Existenz zukommt, weil es vom Intellekt betrachtet wird (Commentarii Collegii Conimbricensis in universam Dialecticam Aristotelis, Coloniae 1611, In Praef. Porph. qu. 6, ad 1, p. 150). Diese Unterscheidung wurde in der Schulphilosophie des 17. Jhs. allgemein übernommen und weiter verfeinert. Bei Wilhelm von Ockham findet sich keine einheitliche Auffassung vom e. r.. Im Zusammenhang mit seiner Lehre von Begriffen als realen Qualitäten des Geistes vertritt Ockham die Ansicht, daß alle Sätze und Termini entia r. sind, das e. r. also mit dem ens reale zusammenfällt (Quodlib. V, 21). Zeitweilig unterscheidet er aber das Fingierte, dem nichts Ähnliches in der Außenwelt entspricht, von solchem, das wie die ↑Universalien etwas Entsprechendes im realen Sein hat. Nikolaus von Kues rechnet Zahlen, die durch unsere vergleichende Untersuchung gebildet werden, zu den entia r. (De docta ignorantia I 5.13). In der wohl umfassendsten frühen Darstellung trifft F. Suarez neben der in seiner Zeit üblichen Definition, wonach das e. r. das ist, was nur objektives Sein im Intellekt hat, die Bestimmung, das e. r. sei dasjenige, was vom Verstand als Seiendes gedacht werde, während es gleichwohl in sich keine Seinsheit habe (Disputat. met. 26, 1016, § 6).

R. Descartes' Unterscheidung zwischen der ›objektiven‹ ↑Realität der Ideen (↑Idee (historisch)) und der ›formalen‹ Realität der Dinge selbst wird durch den Gedanken verbunden, daß auch die objektive Realität, also der bewußtseinsimmanente Gegenstand, verursacht wurde, die Ursache aber mindestens ebensoviel formale Realität enthalten müsse wie die Idee objektive Realität (Meditat. III, Oeuvres VII, 40f.). Hiergegen wendet sich B. de Spinoza, indem er den entia r. den Status von Dingen abspricht und sie als Denkweisen (modi cogitandi) bezeichnet (Cogitat. met. I, 1 §§ 1–11). So ist für ihn auch die Zeit nicht eine Bestimmung der Dinge, sondern eine Art, die Dinge zu denken (als Vergleich der Dauer der Dinge) und damit ein e. r. (III, 4 § 4). I. Kant löst das e. r. aus dem universalientheoretischen Kontext (↑Universalienstreit) heraus, indem er es als eine Form des Begriffs ›Nichts‹, nämlich als leeren Begriff ohne Gegenstand bestimmt (KrV B 347f.). Es ist bloße Erdichtung, darf also nicht zu den Möglichkeiten gerechnet werden (KrV B 348), und ist gleichwohl begrifflich möglich, weil widerspruchsfrei (↑widerspruchsfrei/Widerspruchsfreiheit). Kant spricht abwertend auch von ›bloß leeren Gedankendingen‹ (entia rationis ratiocinantis) (KrV B 697), die nur willkürlich gedacht, nicht aber durch die Vernunft als notwendig vorausgesetzt werden (KrV B 394). In der modernen, von der ↑Anschauung gelösten Mathematik wird dieser Begriff (allerdings ohne die von Kant mit diesem verbundenen negativen Konnotationen) übernommen, um mathematische Gegenstände als ›freie Schöpfungen des menschlichen Geistes‹ (R. Dedekind) zu charakterisieren. Insbes. für D. Hilbert sind die Grundobjekte der Geometrie wie Punkte, Linien und Flächen gedachte Dinge (Grundlagen der Geometrie, Leipzig 1899, § 1), die (zumindest im formalen System, ↑System, formales) von jedem inhaltlichen Bezug unabhängig sind, deren Eigenschaften allerdings dem Widerspruchsfreiheitsgebot unterworfen sind. Diese Gegenstände sind Gegenstände unseres Denkens, Gedankendinge (erstmals 1905 von Hilbert so bezeichnet: Über die Grundlagen der Logik und der Arithmetik, in: Verhandlungen des Dritten Internationalen Mathematiker-Kongresses in Heidelberg vom 8. bis 13. August 1904, ed. A. Krazer, Leipzig 1905, 174–185).

Literatur: J.-L. Fernandez, El ›e. r.‹, un caso de objeto puro, Anuario Filosófico 27 (1994), 297–318; ders., Tipologia del ente de razon, Anuario Filosófico 30 (1997), 361–379; T. Kobusch, Sein und Sprache. Historische Grundlegung einer Ontologie der Sprache, Leiden etc. 1987; G. Klima, The Changing Role of ›Entia R.‹ in Mediaeval Semantics and Ontology. A Comparative Study with a Reconstruction, Synthese 96 (1993), 25–58; A. P. Martinich, e. r., in R. Audi (ed.), The Cambridge Dictionary of Philosophy, Cambridge 1999, 266–267; L. Oeing-Hanhoff, Gedankending (e. r.), Hist. Wb. Ph. III (1974), 55–62.   V. P.

Entailment, ↑Logik des ›Entailment‹.

Entäußerung, wie ↑Entfremdung, Übersetzung des lat. alienatio, das der Rechtssprache (Veräußerung von ↑Rechten) entstammt. Unter dem Einfluß naturrechtlicher (↑Naturrecht) arbeitstheoretischer Vorstellungen findet der Ausdruck E. durch J. G. Fichte und G. W. F. Hegel Eingang in die philosophische Sprache. – In den Begriff der E. gehen Konstitutionsmerkmale der Subjektivität ein (↑Subjektivismus). Voraussetzung für die Bestimmung der E. ist die Fassung der Subjektivität als ein Selbstkonstitutionsgefüge. Die ↑transzendentale Ichbestimmung (↑Ich) als Grund aller ↑Synthesis a priori durch I. Kant zeigte die Subjektivität als abstrakt-tätigen Ichpol auf; daß dieses Ich eine Struktur der Selbstsetzung und der Setzung von ↑›Nicht-Ich‹ ist, das es wiederum setzend aufhebt, hat Fichte in einer identitätsphilosophischen (↑Identitätsphilosophie) Wendung gezeigt. Der E. korrespondiert stets deren identitätsbildende Aufhebung. Das Ich ›überträgt‹ Tätigkeit in das Nicht-Ich. Betrachtet man isoliert nur den Aspekt dieser ›Übertragung‹, daß die ins Nicht-Ich übertragene Tätigkeit ihren Ursprung ›ausschließt‹, also eine ›Setzung‹ ›als nicht gesetzt‹ ist, ist von einer E. zu sprechen (Grundlage der gesamten Wissenschaftslehre, Ausgew. Werke I, 350–361). Bei Hegel ist der Ausdruck ›E.‹ nicht durchgängig terminologisch. Gleichwohl ist der mit diesem Ausdruck bezeichnete Sachgehalt bestimmend für seine gesamte Konstitutionslehre. In seinen geistphilosophischen (↑Geist) Konzepten wird der Durchgang des Geistes durch das äußere Dasein seiner selbst zum Schema. In seiner frühen Jenaer Zeit wird die ›Sprache‹, das ›Werkzeug‹ und das ›Gut‹ als Realisat des ›Gedächtnisses‹, der ›Arbeit‹ und der ›Familie‹ als Medium der Selbstvermittlung und der Vermittlung mit Anderen (↑›Anerkennung‹) herausgestellt (Jenaer Systementwürfe I, Ges. Werke VI, 277–326). Ausdrücklich als E. werden in einem doppelten Sinne das durch die ↑Arbeit hervorgebrachte ›Sein‹ (›Dasein‹) und dessen Weggabe (im ›Tausch‹) bestimmt. In der Arbeit »mache (ich) mich *unmittelbar* zum Ding, Form die *Seyn* ist« und schaue mich darin als mein »*unmittelbares Ich*« an. Im Tausch »entäussre ich mich ebenso, *mache es zu einem mir Fremden,* und *erhalte* mich darin; eben darin schaue ich mein *Anerkanntseyn* an; *Seyn* als wissendes [...]« (Jenaer Systementwürfe III, Ges. Werke VIII, 227). Durch E. wird sich das Ich seiner unmittelbar und als fürsichseiend, als ›Person‹ bewußt. In einem engeren juristischen Sinne, und zwar gleichbedeutend mit ›Veräußerung‹, spricht Hegel in der »Philosophie des Rechts« (Sämtl. Werke VII, 121) von E.. K. Marx verwendet den Ausdruck ›E.‹ weitgehend synonym mit ↑Entfremdung. Als wertneutraler Ausdruck für die ›Verwirklichung der Arbeit‹ wird ↑›Vergegenständlichung‹ verwendet. Unter den Bedingungen des ›nationalökonomischen Zustands‹ geht die Vergegenständlichung unmittelbar in die E. (Entfremdung) über (Ökonomisch-philosophische Manuskripte [1844], MEW Erg.bd. I, 511 ff.; vgl. Zur Judenfrage, MEW I, 376).

Literatur: ↑Entfremdung. S. B.

Entdeckungszusammenhang/Begründungszusammenhang (engl. context of discovery/context of justification), von H. Reichenbach (1938) eingeführte Unterscheidung, um die kognitiven Geltungsansprüche einer Wissenschaft von den sozialen und psychischen Umständen ihrer Entdeckung methodisch zu trennen. Die Analytische Wissenschaftstheorie (↑Wissenschaftstheorie, analytische) des Logischen Empirismus (↑Empirismus, logischer) greift damit die Unterscheidung von ↑Genese und ↑Geltung in der traditionellen Erkenntnistheorie auf. Sie darf nicht mit der Unterscheidung von Wissenschaft im Modus von ↑Forschung und im Modus von Darstellung (↑Darstellung, semiotisch) verwechselt werden, die als zeitgenössische Entsprechung der Leibnizschen Unterscheidung zwischen einer ↑ars inveniendi und einer ↑ars iudicandi zu gelten hat. Sowohl das Herstellen historischer E.e, also eines Wissens *per causas*, als auch das Herstellen systematischer B.e, also eines Wissens *per rationes*, erfolgen auf der Ebene der (mit Fragen der auch Geneseprobleme einschließenden Geltungssicherung von Aussagen befaßten) Darstellung und nicht der der (mit Fragen der Sinnbestimmung von Termen befaßten) Forschung. Die Gegenüberstellung von E./B., die darauf beruht, daß die Berechtigung eines Geltungsanspruchs (↑Begründung, ↑Rechtfertigung) niemals durch die Beschreibung der psychosozialen Umstände seiner Entstehung begründet oder widerlegt werden kann, darf gleichwohl nicht dazu verführen, eine platonisierende Interpretation von kognitiven Geltungsansprüchen (↑Universalien, ↑Universalienstreit) vorzunehmen. Eine Begründung bzw. Rechtfertigung kann in methodisch verteidigbarer Weise nämlich nur durch den Nachvollzug (↑Rekonstruktion) derjenigen Schritte ausgeführt werden, die ausgehend von lebensweltlich (↑Lebenswelt) immer schon beherrschten sprachlichen und technischen Handlungen zu dem Geltungsanspruch hingeführt haben. Entsprechend ist zwischen faktischer und normativer Genese von Geltung zu unterscheiden.

Literatur: N. R. Hanson, Patterns of Discovery. An Enquiry into the Conceptual Foundations of Science, Cambridge 1958, 1985 (franz. Modèles de la découverte. Une enquête sur les fondements conceptuels de la science, Paris 2001); G. Jason, The Logic of Scientific Discovery, Bern 1989, bes. 67–70; S. Jung, The Logic of Discovery. An Interrogative Approach to Scientific Inquiry, New York 1996, bes. 7–15; D. Lamb/S. M. Easton, Multiple Discovery. The Pattern of Scientific Progress, Trowbridge 1984, bes. 32–36, 41–43; K. Lorenz, The Concept of Science. Some Remarks on the Methodological Issue ›Construction‹ versus ›Description‹ in the Philosophy of Science, in: P. Bieri/R. P. Horstmann/L. Krüger (eds.), Transcendental Arguments and Science, Dordrecht/Boston Mass./London 1979, 177–190; T. Nickles, Discovery, Logic of, REP III (1998), 99–103; K. R. Popper, Logik der Forschung. Zur Erkenntnistheorie der modernen Naturwissenschaft, Wien 1934 (mit Jahreszahl 1935), erw. ohne Untertitel: Tübingen ^{2}1966, erw. ^{4}1969, erw. ^{10}1994 (engl. The Logic of Scientific Discovery, London/New York 1959, ^{10}1980); H. Reichenbach, Experience and Prediction. An Analysis of the Foundations and the Structure of Knowledge, Chicago Ill./London 1938, 1970, bes. 3–16 (§ 1). C. F. G./K. L.

Entelechie (griech. ἐντελέχεια, ständige Tätigkeit, Wirksamkeit, Verwirklichung), bei Aristoteles häufig mit ↑Energeia (ἐνέργεια) synonym verwendeter Terminus zur Unterscheidung von Wirklichkeit im Sinne des erreichten Telos (Met. Δ24.1023a34) und Möglichkeit im Sinne eines Veränderungsvermögens (↑Dynamis). Als Form verwirklicht sich E. im Stoff, weshalb auch die Seele als die ›erste E. eines organischen Körpers‹ bezeichnet wird (de an. B1.412a27–28). In der ↑Scholastik wird diese Aristotelische Begrifflichkeit in der Lehre von ↑Akt und Potenz weitergeführt, in der Neuzeit von G. W. Leibniz zum Aufbau der ↑Monadentheorie herangezogen (Monaden als ›substantielle Formen‹ oder ›erste E.n‹). Im ↑Vitalismus, besonders bei H. Driesch, tritt der Begriff der E. als ein die Entwicklung des Organismus zu seiner Endgestalt leitender ›außerräumlicher‹ Faktor auf (›Faktor E‹).

Literatur: U. Arnold, Die E.. Systematik bei Platon und Aristoteles, Wien/München 1965 (Überlieferung und Aufgabe 2); G. A. Blair, The Meaning of ›energeia‹ and ›entelecheia‹ in Aristotle, Int. Philos. Quart. 7 (1967), 101–117; ders., ›Energeia‹ and ›entelecheia‹. ›Act‹ in Aristotle, Ottawa Ont. 1992; ders., Aristotle on ›entelecheia‹. A Reply to Daniel Graham, Amer. J. Philol. 114 (1993), 91–97; H. Driesch, The Science and Philosophy of the Organism, I–II, London 1908, Aberdeen 1908/1909, London ^{2}1929 (dt. Philosophie des Organischen, I–II, Leipzig 1909, ^{4}1928 [gekürzt]); I. Düring, Aristoteles. Darstellung und Interpretation seines Denkens, Heidelberg 1966; FM II (1994), 1025–1026 (Entelequia); W. Franzen u. a., E., Hist. Wb. Ph. II (1972), 506–510; G. Giannini, Entelechia, Enc. filos. III (1982), 112–116; A. Mittasch, E., München/Basel 1952, unter dem Titel: E.. Vom Kampf um Verständnis der belebten Natur, Darmstadt 1979; R. Mocek, Die werdende Form. Eine Geschichte der Kausalen Morphologie, Marburg 1998, 325 ff.; R. Yepes, Origen y significado de la entelecheia en Aristoteles, Themata 9 (1992), 361–374; M. Zubiría, E., EP I (1999), 327–328. J. M.

Entfremdung (lat. alienatio, engl. alienation, franz. aliénation), vor allem in der Tradition von G. W. F. Hegel und K. Marx verwendeter philosophischer und sozialwissenschaftlicher Terminus, in vieldeutigem Gebrauch bereits bei den Kirchenvätern, in der ↑Scholastik und ↑Mystik. Der Ausdruck steht hier für die Trennung, aber auch pejorativ für den Abfall von Gott oder positiv für die Abkehr von den irdischen Dingen. Gebräuchlich ist auch ›alienatio mentis‹ zur Bezeichnung von Geistesverwirrung.

J.-J. Rousseau (Contrat social I, 6) verwendet ›aliénation‹ in einem vertragstheoretischen Sinne von (Ent-) Veräußerung. ›Aliénation totale‹ ist die im ↑Gesellschaftsvertrag vorbehaltlos erfolgende vollständige Entäußerung der natürlichen ↑Freiheit eines jeden einzelnen an die Gemeinschaft in einer Realisierung von Gleichheit und individueller bürgerlicher Freiheit (als citoyen) im Verbund mit dem Allgemeinwillen (↑volonté générale). In einem anderen (nicht terminologischen) Sinne konstatiert Rousseau den Sachverhalt der E. von sich selbst (Selbstferne), in der der zivilisierte Mensch (als bourgeois) als gesellschaftliches Wesen faktisch lebt. Er erfährt seine Identität nur jeweils im »Spiegel der Meinung der anderen« (Über den Ursprung der Ungleichheit unter den Menschen, in: ders., Schriften zur Kulturkritik, ed. K. Weigand, Hamburg ²1971, 265, vgl. 221). Der moderne Mensch lebt im »Widerspruch mit sich selbst« (contradiction avec lui-même) (Emil oder über die Erziehung, ed. L. Schmidts, Paderborn 1971, 13). Rousseau vereinigt in seinen Entwürfen und Zustandsdeutungen bereits alle jene Momente, die für die spätere Diskussion um die E. bei Hegel und Marx in unterschiedlicher Gewichtung bedeutsam werden. Die ↑Entäußerung der natürlichen Freiheit zum Zwecke der Realisierung der bürgerlichen Freiheit ist dialektisch als Aufhebung (↑aufheben/Aufhebung) angelegt. Der Verlust der Identität im gesellschaftlichen Leben spiegelt die ↑Dialektik von Allgemeinem und Besonderem. Auch die Unverzichtbarkeit der Erfahrung des Durchganges durch die E. in Hinsicht auf die Realisierung einer vollkommeneren (tugendhaften), weil bewußten Daseinsform des einzelnen findet sich bereits angelegt (Emil, 523).

Bei Hegel ist eine terminologisierte von einer nichtterminologisierten Fassung der E. zu unterscheiden. Zunächst (1) ist E. allgemein (hier tritt der Ausdruck ›E.‹ nur kursorisch auf) ein Moment der Zuständlichkeit, insofern diese nicht nur affirmativ, sondern als Wahrheit prozessual verstanden ist. Sie ist das dialektische Moment des Selbstverlustes im geistigen Selbsterfahrungsgang. So wird etwa die Entwicklung des ↑›Selbstbewußtseins‹ in Hegels ↑»Phänomenologie des Geistes« (1807), und hier vor allem das Verhältnis von ›Herrschaft und Knechtschaft‹ (Sämtl. Werke II, 139–158, ↑Herr und Knecht), als Durchgang durch E.en gefaßt. Die Verlorenheit an die Gegenständlichkeit als ›Bewußtsein‹, die Abhängigkeit von ihr als ›Begierde‹, die Unterwerfung des einen Selbstbewußtseins im ursprünglich auf Komplementarität angelegten Anerkennungsgang (↑Anerkennung) unter das andere Selbstbewußtsein (Herr und Knecht), in der der Selbstverlust seinen Höhepunkt erreicht, und die ›dienende‹ Arbeit für den Herrn und deren ›fremder Sinn‹ (a. a. O., 157) sind konstitutive E.sstufen für die Entwicklung des autonomen Selbstbewußtseins. Hegel geht insofern über Rousseau hinaus, als er die E. jeweils in ihrer starrsten Gestalt zum ausgezeichneten integrativ-strukturellen Identifizierungsort von Geistigkeit werden läßt. Im ›fremden‹ Sinn der ›dienenden‹ Arbeit etwa entfaltet das knechtische Selbstbewußtsein emphatisch seinen ›eigenen Sinn‹. In terminologischer Form (2) bezieht sich der Ausdruck ›E.‹ auf die speziellere Dialektik, die später bei Marx und G. Lukács im Zusammenhang mit dem Phänomen des ↑Warenfetischismus und der ↑Verdinglichung diskutiert wird. Bezeichnet wird hier (Phänom. des Geistes, Sämtl. Werke II, 376–414), daß in einem Stadium der Entwicklung der selbstbewußten Subjektivität die durch individuelle Energie geschaffene ›wirkliche Welt‹ nicht als eigenes Produkt erscheint und die selbstbewußte Subjektivität in der unmittelbaren Gewißheit, es mit der eigenen Substanz zu tun zu haben, sich dieser Wirklichkeit gemäß macht. Die ›wirkliche Welt‹, von Hegel als ›Staatsmacht‹ und ›Reichtum‹ identifiziert (a. a. O., 381 ff.), ist der reinen Subjektivität (↑Subjektivismus) entfremdet. Die Subjektivität entfremdet sich ihrer selbst, indem sie sich ihrem eigenen Produkt als einem fremden ausliefert. Analog dazu entfremdet sie sich auch in der ›Religion‹, als der ›unwirklichen Welt‹ (a. a. O., 406 ff.). Der linkshegelianischen Philosophie (↑Hegelianismus), die sich sachlich um das E.sphänomen konzentriert, werden bereits hier von Hegel ihre Themen als Religions-, Staats- und Ökonomiekritik vorgegeben.

Marx, der in den »Ökonomisch-philosophischen Manuskripten« (1844) die ausgeführteste E.stheorie formuliert, kritisiert, daß Hegel die E. nur als eine des reinen Selbstbewußtseins, als nur gedankliche und im philosophischen Gedanken aufzuhebende E. faßt (MEW Erg. Bd. I [1968], 572). Er konfrontiert das über den philosophischen Gedanken bei Hegel sich konstituierende Selbstbewußtsein im Anschluß an L. Feuerbachs Anthropologie mit dem ›wirklichen‹, ›sinnlichen‹ und ›gegenständlichen‹, durch Natur bestimmten und sich in der Abarbeitung an der Natur bestimmenden bzw. verlierenden Menschen (a. a. O., 577). Die Dialektik der E. um ›Staatsmacht‹, ›Reichtum‹ und ›Religion‹ bei Hegel ist für Marx nur die ›exoterische Gestalt‹ des eigentlich interessierenden Gegensatzes (a. a. O., 572), der sich in der konkreten Arbeit des vergesellschafteten Menschen produziert. Das nicht-gegenständliche Selbstbewußtsein Hegels ist für Marx ein ›Unwesen‹ (a. a. O., 578). Die grundlegende E. ist nach Marx die des Arbeiters von seinem Produkt: daß er Waren und sich selbst darin als Ware produziert; daß er gerade dort, wo Hegel den ›eigenen Sinn‹ der Arbeit als emanzipatorisches Datum hervorhebt, die Knechtschaft in der Reduktion auf seine ›tierischen Funktionen‹ (a. a. O., 514) vollendet. Die Übertragung des Herr-Knecht-Verhältnisses aus Hegels »Phänomenologie des Geistes« auf das Verhältnis des Kapitals zur Arbeit, der unter kapitalistischen Bedingungen nicht aufzuhebende Warencharakter der Arbeitskraft, die ›einem anderen‹ gehört und Selbstverlust des Arbeiters als Menschen (Selbstentfremdung) bedeutet, ist der Schritt von Marx hinter Hegel zurück.

In den späteren Schriften von Marx tritt der Ausdruck ›E.‹ kaum noch auf. Seit der Veröffentlichung der »Ökonomisch-philosophischen Manuskripte« im Jahre 1932 (MEGA I 3, 33–149), teilweise aber auch schon in den 20er Jahren im direkten Rückgriff auf Hegel, ist von soziologisch-psychologischer (M. Horkheimer, E. Fromm, H. Marcuse), theologischer (P. Tillich) und existenzphilosophischer (M. Heidegger) Seite die Diskussion um die E. als Signum unserer Zeit wieder intensiviert worden. Der Rückgriff auf den E.sbegriff dient vor allem nicht-orthodoxen Marxisten (R. Bahro, G. Petrovic, A. Schaff, P. Vranicki) zur Kritik am ›real existierenden Sozialismus‹.

Literatur: I. Fetscher, K. Marx und der Marxismus. Von der Philosophie des Proletariats zur proletarischen Weltanschauung, München 1967, ⁴1985; ders. (ed.), Grundbegriffe des Marxismus. Eine lexikalische Einführung, Hamburg 1976, ²1979; I. Feuerlicht, Alienation. From the Past to the Future, Westport Conn./London 1978; FM I (1994), 105–107; R. Geuss, The Idea of a Critical Theory, Cambridge 1981; J. Israel, Alienation. From Marx to Modern Sociology. A Macrosociological Analysis, Boston Mass. 1971, Atlantic Highlands N.J. 1979 (dt. Der Begriff E.. Makrosoziologische Untersuchung von Marx bis zur Soziologie der Gegenwart, Reinbek b. Hamburg 1972, 1979); J. Knecht, Theorie der E. bei Sartre und Marx, Meisenheim am Glan 1975; P.-J. Labarrière, Aliénation, Enc. philos. universelle II/1 (1990), 62–63; P.C. Ludz, Alienation as a Concept of the Social Sciences. A Trend Report and Bibliography, The Hague 1975; R. Maurer, E., Hb. ph. Grundbegriffe I (1973), 348–360; I. Mészáros, Marx's Theory of Alienation, London 1970, ⁴1986 (dt. Der E.sbegriff bei Marx, München 1973); H. Meyer, Alienation, E. und Selbstverwirklichung, Hildesheim 1984; F. Müller, E.. Zur anthropologischen Begründung der Staatstheorie bei Rousseau, Hegel, Marx, Berlin 1970, ²1985; H. Nicolaus, Hegels Theorie der E., Heidelberg 1995; B. Ollman, Alienation, Cambridge 1976; G. Petrovic, Wider den autoritären Marxismus, Frankfurt 1969; H. Popitz, Der entfremdete Mensch. Zeitkritik und Geschichtsphilosophie des jungen Marx, Basel 1953 (repr. Darmstadt 1980); E. Ritz, E., Hist. Wb. Ph. II (1972), 509–525; R. Ruzicka, Selbstentfremdung und Ideologie. Zum Ideologieproblem bei Hegel und den Junghegelianern, Bonn 1978; R. Schacht, The Future of Alienation, Urbana Ill. 1994; A. Schaff, E. als soziales Phänomen, Wien 1977; B. Schmid, Sittliche Existenz in E.. Eine Untersuchung zur Ethik Jean-Jacques Rousseaus, Düsseldorf 1983; H.H. Schrey (ed.), E., Darmstadt 1975; J.M. Segal, Agency and Alienation. A Theory of Human Presence, Savage Md. 1991, 328–330; A. Trebeß, E. und Ästhetik. Eine begriffsgeschichtliche Studie und eine Analyse der ästhetischen Theorie Wolfgang Heises, Stuttgart 2001; A.W. Wood, Alienation, REP I (1998), 178–181; J. Zimmer, E., EP I (1999), 328–330. S.B.

enthalten/Enthaltensein, in seinem metaphorischen Gebrauch in den ↑Formalwissenschaften, insbes. der Mathematik, doppeldeutig verwendeter ↑Relator. Ein *Objekt e* heißt in einer ↑*Menge M* e., wenn *e* Element von *M* ist, wenn also $e \in M$ gilt. Eine *Menge M* heißt in einer *Menge N* e., symbolisiert ›$M \subseteq N$‹, wenn jedes Element von *M* auch Element von *N* ist, wenn also

$$\bigwedge_x (x \in M \to x \in N)$$

gilt. C.T.

Enthymem (griech. ἐνθύμημα, Erwägung, Gedanke), ein hinsichtlich Inhalt oder Form unvollkommener Syllogismus (↑Syllogistik). Inhaltlich unvollkommen ist das E. bei Aristoteles (Rhet. A1.1354a1 ff.) behandelte E. im Sinne des rhetorischen Syllogismus, bei dem der Argumentierende seinen Gesprächspartner durch den Aufweis wahrscheinlicher ↑Prämissen (über das, was ›in der Regel‹ der Fall ist oder auf Grund von Indizien als gesichert gelten darf) zur Anerkennung eines Schlußsatzes bringen will. Formal unvollkommen ist das E. in dem von der neueren Logik bevorzugten Sinne des unvollständigen Syllogismus, bei dem eine der Prämissen oder die ↑Konklusion unausgesprochen (ἐν θυμῷ) bleibt, weil sie im Kontext der Argumentation stillschweigend als gültig unterstellt werden kann. Je nach dem fehlenden Bestandteil (1. Prämisse, 2. Prämisse oder Konklusion) heißt das E. von 1., 2. oder 3. Art oder Ordnung. Beispielsweise ist der Schluß ›alle Lebewesen brauchen Nahrung, also brauchen alle Menschen Nahrung‹ ein E. der 2. Art in der 1. Figur, da die (in der 1. Figur zweite) Prämisse ›alle Menschen sind Lebewesen‹ als selbstverständlich unterstellt wird. Da die stillschweigende Voraussetzung eines solchen Einverständnisses im Zusammenhang praktischer Argumentationen unentbehrlich ist, behandelt man das E. in der ↑Rhetorik seit alters her als eine der wichtigsten elementaren Argumentationsformen.

Literatur: M. Kraus, E., Hist. Wb. Rhet. II (1994), 1197–1222; H. Schepers, E., Hist. Wb. Ph. II (1972), 528–538; J. Sprute, Die E.theorie der aristotelischen Rhetorik, Göttingen 1982. C.T.

entia non sunt multiplicanda praeter necessitatem, ↑Ockham's razor.

Ent-Ockhamisierung, nach der Lehre des Wilhelm von Ockham sind die ↑Universalien als Termini aufzufassen, die viele individuelle Objekte bezeichnen, aber keine eigenen Gegenstände im Sinne des Realismus (↑Realismus (ontologisch)) oder ↑Platonismus sind (↑Nominalismus). Entsprechend sind die nicht-existierenden Wesen mit dem ›Ockhamschen Rasiermesser‹ (↑Ockham's razor)‹ ›abzuschneiden‹ (entia non sunt multiplicanda praeter necessitatem). Die E. spielt in diesem Sinne in der neuzeitlichen Philosophie der Logik, Sprache und Natur eine große Rolle.

Literatur: J. M. Bocheński, Formale Logik, Freiburg/München 1956, ⁵1996 (engl. A History of Formal Logic, Notre Dame Ind. 1961, New York ²1970); N. Goodman, The Structure of Appearance, Cambridge Mass. 1951, Dordrecht/Boston Mass. ³1977 (Boston Stud. Philos. Sci. LIII); J. Mittelstraß, Remarks on Nominalistic Roots of Modern Science, Organon 4 (1967), 39–46; W. V. O. Quine, Word and Object, Cambridge Mass. 1960, ²1964, 2001 (dt. Wort und Gegenstand. Word and Object, Stuttgart 1980, 1998); W. Stegmüller, Metaphysik – Wissenschaft – Skepsis, Frankfurt/Wien 1954, unter dem Titel: Metaphysik – Skepsis – Wissenschaft, Berlin/Heidelberg/New York ²1969; ders., Das Universalienproblem einst und jetzt, Arch. Philos. 6 (1956), 192–225, 7 (1957), 45–81 (repr. in: ders., Glauben, Wissen und Erkennen. Das Universalienproblem einst und jetzt, Darmstadt 1965, ²1967, 1974, 49–118). K. M.

Entropie, Bezeichnung für ein durch die ›Shannonsche Formel‹

$$H(v) = - \sum_{i=1}^{n} p_i \operatorname{ld} p_i$$

gegebenes Maß der ↑Unbestimmtheit vor einem Versuch v, bei dem n Ergebnisse E_i ($1 \leq i \leq n$) mit den entsprechenden Wahrscheinlichkeiten p_i möglich sind. Der dyadische Logarithmus ld x (= $\log_2 x$) wird dabei nur wegen der Anwendung der Formel in der Nachrichtentechnik Logarithmen mit anderer Basis vorgezogen. Unter kommunikationstheoretischem Aspekt deutet man die E. als Informationsgehalt, nämlich als die durch den Ausgang des Versuchs v gelieferte mittlere Information (↑Informationstheorie). Die Bezeichnung ›E.‹ geht zurück auf die formale Übereinstimmung der Shannonschen Formel mit der von L. Boltzmann aufgestellten statistischen Beziehung $S = k \cdot \log W$ zwischen der E. S eines physikalischen Systems (insbes. eines Gases mit gegebenem Volumen und gegebener Energie) im Sinne der ↑Thermodynamik, die den Grad der ›Nichtumkehrbarkeit‹ eines physikalischen Prozesses mißt, und der thermodynamischen Wahrscheinlichkeit W eines Systemzustandes. R. Clausius formulierte mit Hilfe dieses E.begriffs den von ihm und W. Thomson gefundenen zweiten Hauptsatz der Thermodynamik, der sich auf Grund der Boltzmannschen Beziehung so verstehen läßt, daß sich der Zustand eines abgeschlossenen physikalischen Systems stets einem Zustand maximaler Wahrscheinlichkeit nähert, allgemeiner also Naturvorgänge stets im Sinne zunehmender, niemals abnehmender E. verlaufen, also irreversibel (↑reversibel/Reversibilität) sind (›E.gesetz‹). C. T.

entscheidbar/Entscheidbarkeit (engl. decidable/decidability), eine für ↑Metamathematik und ↑Beweistheorie wichtige Eigenschaft von Ausdrucksmengen. Eine Teilmenge M von $\mathbb{N}$, der natürlichen ↑Zahlen, heißt e. genau dann, wenn es einen ↑Algorithmus (also ein effektives Verfahren, gegeben z. B. durch eine ↑Turing-Maschine) gibt, der für beliebige natürliche Zahlen n in endlicher Zeit eine positive oder negative Antwort auf die Frage liefert, ob n in M liegt. Dies ist genau dann der Fall, wenn sowohl für M als auch für das ↑Komplement $\complement M$ von M Algorithmen existieren, die für beliebiges n gegebenenfalls in endlicher Zeit das Enthaltensein von n in der betreffenden Menge bestätigen, andernfalls jedoch endlos weiterlaufen können; d. h., wenn sowohl M als auch $\complement M$ rekursiv aufzählbar (↑aufzählbar/Aufzählbarkeit) sind. Eine ↑Menge M von Ausdrücken (↑Ausdruck (logisch)), die mit vorgegebenen Ausdrucksmitteln nach gegebenen Regeln gebildet sind, heißt e., wenn sowohl M als auch die Menge $\complement M$ der in der angegebenen Weise gebildeten, aber nicht in M liegenden Wörter in dem Sinne aufzählbar sind, daß ↑Algorithmen $\mathfrak{A}$ und $\mathfrak{A}'$ von der Art existieren, daß ein Ausdruck A genau dann mit Hilfe von $\mathfrak{A}$ bzw. $\mathfrak{A}'$ herstellbar ist, wenn er zu M bzw. $\complement M$ gehört. Nennt man ↑›Entscheidungsverfahren‹ eine ↑Gewinnstrategie, welche erlaubt, die konstruktive Gültigkeit der Allaussage $\bigwedge_w (w \in M \vee \neg w \in M)$ zu zeigen, so präzisiert der definierte E.begriff den Begriff der Gewinnstrategie auf eine Weise, die auch Unentscheidbarkeitsbeweise (↑Unentscheidbarkeitssatz) zu führen erlaubt. Andere Rekonstruktionen des E.sbegriffs, z. B. durch den Begriff der allgemeinen Rekursivität (↑rekursiv/Rekursivität), sind mit der hier angegebenen Definition gleichwertig. Daß alle Vorschläge dem intuitiven E.sbegriff adäquat sind, behauptet die ↑Churchsche These.

Literatur: M. Davis, Computability and Unsolvability, New York/Toronto/London 1958, 1982; ders. (ed.), The Undecidable. Basic Papers on Undecidable Propositions, Unsolvable Problems and Computable Functions, Hewlett N. Y. 1965; K. Gödel, Some Remarks on the Undecidability Results, in: Collected Works II, ed. S. Feferman u. a., New York etc. 1990, 305–306; H. Hermes, Aufzählbarkeit, E., Berechenbarkeit. Einführung in die Theorie der rekursiven Funktionen, Berlin etc. 1961, ³1978 (engl. Enumerability, Decidability, Computability. An Introduction to the Theory of Recursive Functions, Berlin etc. 1965, 1969); P. Lorenzen, Metamathematik, Mannheim 1962, Mannheim/Wien/Zürich ²1980 (franz. Métamathématique, Paris 1967); D. Rödding, Der E.sbegriff in der mathematischen Logik, Stud. Gen. 19 (1966), 516–522; A. Tarski/A. Mostowski/R. M. Robinson, Undecidable Theories, Amsterdam 1953, ³1971. C. T.

Entscheidung (griech. κρίσις, lat. decisio), ethisch-politischer Terminus zur Bestimmung des einer ↑Handlung unmittelbar vorhergehenden Entschlusses bzw. Beschlusses. Insofern Handlungen in einem Horizont vollzogen werden, erfolgt dessen Auflösung durch einen Entschluß bzw. Beschluß (die E.). Während dabei (im Falle entscheidungsbestimmter Handlungen) auf einer ersten Stufe die E. fällt, ob eine Handlung überhaupt vollzogen werden soll, wobei die Unterlassung der Handlung dann selbst als eine Handlung zu deuten ist, mögen auf einer zweiten Stufe Alternativen zwischen verschiedenen bestimmten Handlungen bestehen. Die E. ist dann insofern derjenige intentionale Akt (↑Intentionalität), der für die Ausführung (oder Unterlassung) einer Handlung in letzter Instanz maßgeblich ist. Wie kein Kontinuum vom Reden zum Handeln besteht, so auch keines vom Reden zur E.. Ein Reden jedoch, das zum Zwecke der Handlungsbegründung geführt wird, involviert ein Verständnis von E. und endet (in entscheidungsrelevanten Situationen) selbst in einer E.. Modi der E. sind unter anderem die ›E. zur Ausführung einer Handlung‹, die ›E. zur Unterlassung einer Handlung‹, die ›E. zum Aufschub einer Handlung‹. E.en sind insoweit rational zu nennen, als sie explizit begründet werden oder wenigstens einer ↑Begründung fähig sind. Die Logik der Handlungsbegründung wird in der ↑Entscheidungstheorie erörtert.

Eine philosophische Deutung der E. erfolgt bei S. Kierkegaard. Im zweiten Teil von »Entweder/Oder« (1844) wird die ›Wahl‹ zum Bestimmungsgrund des Persönlichkeitsinhalts. Sie führt in eine verantwortliche, sich der ›Wirklichkeit‹ stellende Lebensführung ein; ihr Aufschub ist mit der Gefahr des Selbstverlustes verbunden. Die Wahl begründet die ›ethische Sphäre‹, in der der ›Ernst‹ die im Spiel der Möglichkeiten verbleibende ›ästhetische Indifferenz‹ ablöst, sie ist ›absolut‹, ihr Gegenstand ist der eigene ↑Wille. In Kierkegaards späterer Lehre von der ↑›Existenz‹ wird der Begriff des ›Sprungs‹ in einer antihegelschen Stoßrichtung bedeutsam. Der Wandel der Persönlichkeit, der stets ein Selbstentwurf durch eine Orientierung an der Ewigkeit ist, verdankt sich einem gesammelten Sprung, der nicht der ›Reflexion‹, sondern der ›Leidenschaft‹ entstammt (Furcht und Zittern, 42 f.). Der Sprung ist »die E. schlechthin ($\kappa\alpha\tau'\ \dot{\varepsilon}\xi o\chi\acute{\eta}\nu$)« (Unwissenschaftliche Nachschrift I, 97). Im ›Existenz-Medium‹ ist die E. etwas, was es bei Strafe des Selbstverlusts und Neuanfangs in Permanenz festzuhalten gilt (Unwissenschaftliche Nachschrift II, 197 f.). Bei Kierkegaard wird die E. so zum Konstituens der ›Subjektivität‹ (↑Subjektivismus) und ihrer ›Wahrheit‹. In ihr wird die ›Ungewißheit‹ des objektiven Wissens ›leidenschaftlich‹ verinnerlicht und angeeignet: als Spannungsverhältnis des ›Glaubens‹ (Unwissenschaftliche Nachschrift I, 194 f.).

Kierkegaards Überlegungen zum Begriff der E. haben sich auf die ↑Existenzphilosophie und die Theologie (K. Barth, F. Gogarten) ausgewirkt; vor allem K. Jaspers schließt unmittelbar an diese Überlegungen an. Im »*Entschluß*, im Dasein ich selbst zu sein«, der unabhängig vom Überlegen in einem ›Sprung‹ vollzogen wird, »wird ergriffen, was auch im Scheitern wahr bleibt«: das ›Selbstsein‹, die eigene ›Freiheit‹. »Erst aus der Gewißheit dieses Ursprungs werden Alternativen entschieden und Fragen beantwortet« (Philosophie II, 181–183). In der politischen Theorie gewinnt der Begriff der E. bei C. Schmitt zentrale Bedeutung (↑Dezisionismus).

Literatur: C. v. Bormann, E., Hist. Wb. Ph. II (1972), 541–544; FM I (1994), 786–788 (Decidir/Decisión); K. Jaspers, Philosophie II (Existenzerhellung), Berlin 1932, München 1994; S. Kierkegaard, Enten-eller. Et livs-fragment II, Kopenhagen 1843, 1997 (dt. Entweder-Oder, Leipzig 1885, München 1998); ders., Frygt og baeven, Kopenhagen 1843, 1994 (dt. Furcht und Zittern, Erlangen 1882, Hamburg 1992); ders., Afsluttende uvidenskabelig efterskrift til de philosophiske smuler, Kopenhagen 1843, ⁴1904 (dt. Abschließende unwissenschaftliche Nachschrift zu den philosophischen Brocken, I–II, Düsseldorf/Köln 1957/1958 [= Gesammelte Werke, 16. Abt.]); G. Kohler, Entschluß und Dezision. Zu einem (oder zwei) Grundbegriff(en) der praktischen und politischen Philosophie, in: ders./H. Kleger (eds.), Diskurs und Dezision. Politische Vernunft in der wissenschaftlich-technischen Zivilisation. Hermann Lübbe in der Diskussion, Wien 1990, 37–60; C. von Krockow, Die E.. Eine Untersuchung über Ernst Jünger, Carl Schmitt, Martin Heidegger, Stuttgart 1958, Frankfurt 1990; H. J. Lehner/G. Meran/J. Möller, De Statu Corruptionis. Zur E.slogik der Amoralität und ihrer eschatologischen Dynamik, Konstanz 1980; H. Lübbe, Zur Theorie der E., in: ders., Theorie und E.. Studien zum Primat der praktischen Vernunft, Freiburg 1971, 7–31; N. Luhmann, Die Paradoxie des Entscheidens, Verwaltungsarchiv 84 (1993), 287–310; G. Maschke, Die Zweideutigkeit der ›E.‹. Thomas Hobbes und Juan Donoso Cortés im Werk Carl Schmitts, in: H. Quaritsch (ed.), Complexio Oppositorum. Über Carl Schmitt, Berlin 1988, 193–221; A. Schramm, Philosophische Studien zum Begriff der E., Diss. Berlin 1940; T. Wirtz, E.. Niklas Luhmann und Carl Schmitt, in: A. Koschorke/C. Vismann (eds.), Widerstände der Systemtheorie. Kulturtheoretische Analysen zum Werk von Niklas Luhmann, Berlin 1999, 175–197; weitere Literatur: ↑Entscheidungstheorie. S. B.

entscheidungsdefinit/Entscheidungsdefinitheit (engl. decision-definite), ältere Bezeichnung der mathematischen Logik (↑Logik, mathematische) für die folgende Vollständigkeitseigenschaft axiomatischer bzw. formaler Systeme (↑System, axiomatisches, ↑System, formales): Für jeden Satz φ in der Sprache des Axiomensystems Σ (bzw. des formalen Systems F) gilt, daß φ oder seine Negation $\neg\varphi$ aus den Axiomen (im semantischen Sinne) folgt (bzw. im formalen System herleitbar ist (↑ableitbar/Ableitbarkeit) ist). Damit bezeichnete E., was heute ›semantische‹ bzw. ›syntaktische‹ Vollständigkeit heißt; kurz:

Σ ist e. (sem. vollst.) gdw.
für alle Sätze $\varphi \in L_\Sigma$: $\Sigma \models \varphi$ oder $\Sigma \models \neg\varphi$,

bzw.

F ist e. (synt. vollst.) gdw.
für alle Sätze $\varphi \in L_F$: $\vdash_F \varphi$ oder $\vdash_F \neg\varphi$.

Vor allem in Zusammenhang mit dem sog. ›Lindenbaum-Lemma‹ (›jede widerspruchsfreie Satzmenge läßt sich zu einer maximal widerspruchsfreien erweitern‹), dem in Vollständigkeitsbeweisen vom Henkin-Typ eine zentrale Rolle zukommt, werden (im Sinne von syntaktischer Vollständigkeit) e.e Satzmengen auch ›negationstreu‹ genannt, oder es wird die verwandte Eigenschaft ›maximal widerspruchsfrei‹ (auch ›maximal konsistent‹ oder ›deduktiv maximal‹) gefordert, woraus die E. unmittelbar folgt (›eine widerspruchsfreie Satzmenge Φ heißt maximal widerspruchsfrei genau dann, wenn jeder Satz, der nicht aus Φ herleitbar ist, zu Φ hinzugefügt Φ widerspruchsvoll machen würde‹, ↑vollständig/Vollständigkeit).

Der Begriff e. (E. Husserl und R. Carnap verwenden stattdessen definit [↑definit/Definitheit]) war in den 30er Jahren des 20. Jhs. der einschlägigen Literatur geläufig; K. Gödel zeigte 1931, daß kein formales System, das widerspruchsfrei (↑widerspruchsfrei/Widerspruchsfreiheit) ist und hinreichend Arithmetik enthält, e. sein kann (↑Unvollständigkeitssatz). D. Hilbert bezeichnete, wie schon H. Behmann (Beiträge zur Algebra der Logik, 166) vor ihm, das mit der E. eng verwandte ↑Entscheidungsproblem als das ›Hauptproblem der mathematischen Logik‹ (vgl. D. Hilbert/W. Ackermann, Grundzüge der theoretischen Logik, Berlin 1928, 77). Während E. konstitutiv für Husserls Philosophie der Mathematik ist, und Carnap (vergeblich) versuchte, E. nachzuweisen, zeigten sich diejenigen, die sich L. E. J. Brouwers Zweifel an D. Hilberts ›Axiom der Lösbarkeit‹ anschlossen, skeptisch gegenüber der Forderung nach E., da ihr Vorliegen die Mathematik in unplausibler Weise trivialisieren würde (A. Tarski, H. Weyl [vgl. H. Weyl, Philosophie der Mathematik und Naturwissenschaft, München/Wien 1966, 2000, 41]).

Literatur: H. Behmann, Beiträge zur Algebra der Logik, insbes. zum Entscheidungsproblem, Math. Ann. 86 (1922), 163–229; L. E. J. Brouwer, Intuitionistische Betrachtungen über den Formalismus, Proc. Koninklijke Nederlandse Akademie van Wetenschappen te Amsterdam, Section of Sciences 31 (1928), 374–379, ferner in: Sitz.ber. Preuß. Akad. Wiss., phys.-math. Kl. 1928, 48–52, Neudr. in: ders., Collected Works I, ed. A. Heyting, Amsterdam/Oxford/New York 1975, 409–414 (engl. [teilw.] Intuitionistic Reflections on Formalism, in: J. van Heijenoort [ed.], From Frege to Gödel. A Source Book in Mathematical Logic, 1879–1931, Cambridge Mass. 1967, ³1977, 490–492); B. Buldt, Vollständigkeit/Unvollständigkeit, Hist. Wb. Ph. XI (2001), 1136–1141; R. Carnap, Untersuchungen zur allgemeinen Axiomatik [1928], ed. T. Bonk/J. Mosterin, Darmstadt 2000; A. A. Fraenkel, Einleitung in die Mengenlehre, Berlin ³1928, Walluf b. Wiesbaden 1972, bes. 347–354 [§ 18.4]; A. Lindenbaum/A. Tarski, Über die Beschränktheit der Ausdrucksmittel deduktiver Theorien, Ergebnisse eines mathematischen Kolloquiums 7 (1934–1935), 15–22, bes. 20–22, Neudr. in: A. Tarski, Collected Papers II, ed. S. G. Givant/R. N. McKenzie, Basel/Boston Mass./Stuttgart, 203–212, bes. 210–212 (engl. On the Limitations of the Means of Expression of Deductive Theories, in: A. Tarski, Logic, Semantics, Metamathematics, Oxford 1956, ed. J.H. Woodger, Indianapolis Ind. ²1983,

384–392, bes. 390–392); R. Schmit, Husserls Philosophie der Mathematik. Platonistische und konstruktivistische Momente in Husserls Mathematikbegriff, Bonn 1981, bes. 67–86. B. B.

Entscheidungsproblem, das von D. Hilbert als Hauptproblem der mathematischen Logik (↑Logik, mathematische) bezeichnete Problem der Auffindung eines ↑Entscheidungsverfahrens, das über die Allgemeingültigkeit (↑allgemeingültig/Allgemeingültigkeit) bzw. Erfüllbarkeit (↑erfüllbar/Erfüllbarkeit) eines beliebigen vorgelegten, quantorenlogisch zusammengesetzten Ausdrucks (↑Quantorenlogik) entscheidet. A. Church bewies 1936, daß das E. in dieser allgemeinen Fassung unlösbar ist und somit die Quantorenlogik 1. Stufe unentscheidbar (↑unentscheidbar/Unentscheidbarkeit) ist. Für verschiedene spezielle Klassen von Ausdrücken, z. B. für die monadische, d. h. nur einstellige Prädikatoren enthaltende, klassische Quantorenlogik sind jedoch Entscheidungsverfahren angegeben worden.

Literatur: W. Ackermann, Solvable Cases of the Decision Problem, Amsterdam 1954, 1962, 1968; E. Börger/E. Grädel/Y. Gurevich, The Classical Decision Problem, Berlin etc. 1997, 2001; A. Church, A Note on the E., J. Symb. Log. 1 (1936), 40–41 [Berichtigung, ebd., 101–102], Nachdr. in: M. Davis (ed.), The Undecidable [s. u.], 110–115; ders., Special Cases of the Decision Problem, Rev. Philos. Louvain 49 (1951), 203–221; ders., Special Cases of the Decision Problem. A Correction, Rev. Philos. Louvain 50 (1952), 270–272; M. Davis (ed.), The Undecidable. Basic Papers on Undecidable Propositions, Unsolvable Problems and Computable Functions, Hewlett N. Y. 1965; B. Dreben/W. D. Goldfarb, The Decision Problem. Solvable Classes of Quantificational Formulas, Reading Mass. 1979; D. Hilbert/P. Bernays, Die Unmöglichkeit einer allgemeinen Lösung des E.s für den Prädikatenkalkül, in: dies., Grundlagen der Mathematik II, Berlin/Heidelberg/New York ²1970, 431–437; H. R. Lewis, Unsolvable Classes of Quantificational Formulas, Reading Mass. 1979; P. Lorenzen, Metamathematik, Mannheim 1962, Mannheim/Wien/Zürich ²1980 (franz. Métamathématique, Paris 1967); R. Parikh, Church's Theorem and the Decision Problem, REP II (1998), 349–351; W. Stegmüller, Unvollständigkeit und Unentscheidbarkeit. Die metamathematischen Resultate von Gödel, Church, Kleene, Rosser und ihre erkenntnistheoretische Bedeutung, Wien/New York 1959, ³1973, bes. 44–57 [Die Unentscheidbarkeit der Quantifikationstheorie (Theorem von Church)]; J. Surányi, Reduktionstheorie des E.s im Prädikatenkalkül der ersten Stufe, Budapest, Berlin 1959; A. Tarski/A. Mostowski/R. M. Robinson, Undecidable Theories, Amsterdam 1953, 1971. C. T.

Entscheidungstheorie (engl. *decision theory*), auch Entscheidungslogik oder Theorie der rationalen Wahl (engl. *rational choice theory*). (1) *Allgemeine Charakterisierung und philosophische Relevanz.* Der Gegenstand der E. ist das vernünftige oder rationale Entscheiden oder Handeln (wobei man mit G. Ryle [1949] ↑Entscheidungen oder Intentionen nicht immer als der Handlung vorausgehende bewußte intentionale Akte verstehen muß). Als rational gilt dabei eine ↑Handlung, mit der der Handelnde seinen Überzeugungen zufolge seine Ziele oder Wünsche optimal befördert. Diese Form der ↑Rationalität wird oft als instrumentelle oder Zweck-Mittel-Rationalität bezeichnet – was aber allenfalls dann angemessen ist, wenn die Rationalität der der Entscheidung zugrunde liegenden Überzeugungen und Wünsche außer Betracht bleibt. Die Kluft zwischen Entscheidung oder Handlungsintention einerseits und Handlung andererseits (↑Akrasie) wird in ihr allerdings nicht thematisiert, da diese Kluft zwar faktisch besteht, rationalerweise aber nicht. Der philosophische Anspruch der E. – nicht in allen Teilen der praktischen Philosophie (↑Philosophie, praktische) anerkannt oder auch nur erkannt – besteht darin, die allgemeinste und präziseste Explikation der *Form* einer praktischen Überlegung, einer Antwort auf die Frage ›was soll ich tun?‹, und damit eine *allgemeine* Theorie der praktischen Rationalität und den Kern einer rationalen ↑Psychologie zu liefern. So grundlegend, wie es die ↑Logik für das Denken im allgemeinen ist, ist die E. für die praktische Überlegung. In dem Maße, in dem die Theorie der praktischen Rationalität für die ↑Moralphilosophie relevant ist, ist es auch die E..

(2) *Geschichte der E.*. Die Entwicklung der E. ist eng mit den Begriffen der ↑Wahrscheinlichkeit und des ↑Nutzens verbunden. Ihre Anfänge, wie die der ↑Wahrscheinlichkeitstheorie, finden sich in der Mitte des 17. Jhs. in der *Logik von Port-Royal* (↑Port Royal, Schule von), bei B. Pascal (*Pascals Wette*) und C. Huygens (mit der ersten Analyse des Prinzips der Maximierung des erwarteten Nutzens) (I. Hacking 1975). Fortschritte sind unter anderem mit G. W. Leibniz, J. und D. Bernoulli und T. Bayes verknüpft. Diese Entwicklungen prägten auch unter anderem J. Butler, D. Hume und J. Bentham und so im weiteren die philosophische ↑Psychologie und die ↑Ökonomie. Innerhalb der Philosophie lebten sie eher marginal vor allem im ↑Utilitarismus fort.

In der Volks- und Betriebswirtschaftslehre hingegen gewannen diese theoretischen Vorstellungen immer größeren Raum, etwa mit der Entwicklung des Begriffs des ↑Grenznutzens durch H. H. Gossen, W. Jevons, C. Menger und L. Walras oder des ordinalen Nutzenbegriffs durch V. Pareto. Die Diskussion, ob der Nutzenbegriff eher ordinal oder eher kardinal zu verstehen ist, wurde durch die Nutzentheorie von J. v. Neumann und O. Morgenstern (1944) überwunden. In dieser Zeit etablierte sich auch die statistische E., durch A. Wald (1950) und L. J. Savage (1954), als ein Teilgebiet der ↑Statistik. Savage hat der E. die Form gegeben, die die Diskussion bis heute prägt.

Dem Nutzenbegriff in der Ökonomie entspricht ungefähr der Motivationsbegriff in der Psychologie. Die E. im engeren, mittlerweile mathematischen Sinne wird aber erst ab ca. 1950 von der mathematischen Psychologie erörtert (D. Davidson u. a. 1957; R. D. Luce 1959; R. D. Luce/P. Suppes 1965). Der Reimport der E. in die Philosophie läßt sich R. C. Jeffrey (1965) zuschreiben, wo sie seitdem intensiv behandelt wird. Heute ist die E. ein interdisziplinäres Unternehmen, das wegen der starken Mathematisierung und der zahlreichen praktischen Anwendungen nach wie vor von der Ökonomie dominiert wird, mit der Philosophie aber eine immer engere Verbindung eingeht.

(3) *Klassifikationen*. Die E. läßt sich sowohl ↑*normativ* als auch *deskriptiv* (↑deskriptiv/präskriptiv) verstehen; sie schreibt einerseits vor, was vernünftigerweise zu tun ist, und läßt sich andererseits zur Beschreibung und Erklärung menschlichen Handelns verwenden. Sie läßt sich ferner *individuell* auf das einzelne Subjekt beziehen; man kann aber auch nach der *kollektiven* Rationalität in Personengruppen fragen. Schließlich hat sie sowohl eine *statische* als auch eine *dynamische* Dimension. Die E. ist hauptsächlich eine normative, individuelle und statische Theorie; dazu (4) – (9). Zu den weiteren Betrachtungsweisen s. (10) – (12).

(4) *Fishburns Grundmodell*. Das Modell von P. C. Fishburn (1964) ist allgemeiner als das historisch wichtigere von Savage (1954). Danach steht ein Subjekt in einer Entscheidungssituation vor der Frage, für welche der möglichen *Handlungen* (Alternativen, Optionen, Strategien) $a_1, ..., a_m$ es sich entscheiden soll. Dafür sind eine Menge möglicher *Sachverhalte* relevant, die vom Subjekt einerseits gewünscht oder abgelehnt, d. h. mehr oder weniger positiv oder negativ bewertet werden, andererseits für mehr oder weniger wahrscheinlich gehalten werden. Hängt diese Wahrscheinlichkeit von den gewählten Handlungen ab, läßt sich der Sachverhalt als mögliche *Folge* der Handlungen bezeichnen, andernfalls als relevanter *Umstand*. Eine *Konsequenz* c_j ist eine maximal konsistente Konjunktion solcher Umstände und Folgen, steht also für eine mögliche Entwicklung der gesamten Situation, soweit sie für die Entscheidung relevant ist. Jede Konsequenz c_j hat für das Subjekt einen bestimmten *subjektiven Wert* oder *Nutzen* $u(c_j)$ und unter der Handlung a_i eine gewisse Eintritts*wahrscheinlichkeit* $p(c_j | a_i)$. Demgemäß hat jede mögliche Handlung a_i einen *bedingten erwarteten Nutzen*

$$Eu(a_i) = \sum_{j=1}^{n} u(c_j) \, p(c_j | a_i).$$

Wie sehr eine Handlung die Wünsche des Subjekts seiner Meinung nach befördert, wird durch ihren erwarteten Nutzen gemessen. Also lautet das Entscheidungskriterium, oft als *Bayessche Regel* bezeichnet (nicht zu verwechseln mit dem ↑Bayesschen Theorem), daß das Subjekt sich rationalerweise für eine Handlung entscheidet, die seinen erwarteten Nutzen maximiert. Für den Fall, daß es mehrere solcher Handlungen gibt, gibt die E.

keine weiteren Anweisungen. Anhand dieses Modells lassen sich alle wichtigen Diskussionen über die E. thematisieren:

(5) *Wahrscheinlichkeiten*. Die Wahrscheinlichkeiten in der Bayesschen Regel lassen sich objektiv oder subjektiv deuten. Im Rahmen einer *objektiven* Deutung wurde zwischen Entscheidungssituationen unter *Sicherheit*, unter *Unsicherheit* und unter *Risiko* differenziert. In Situationen unter Sicherheit sind die Folgen möglicher Handlungen nicht probabilistischer, sondern deterministischer Art und dem Subjekt bekannt; dann reduziert sich die Bayessche Regel auf reine Nutzenmaximierung. In Situationen unter Risiko sind die Handlungsfolgen probabilistischer Art und die objektiven Wahrscheinlichkeiten dem Subjekt bekannt; dann ist der Bayesschen Regel zu folgen. In Situationen unter Unsicherheit weiß das Subjekt nichts über die objektiven Wahrscheinlichkeiten; dann ist die Bayessche Regel nicht anwendbar. Stattdessen wurden verschiedene Entscheidungsregeln erörtert (R. D. Luce/H. Raiffa 1957), etwa die Maximin-Regel ›maximiere den minimalen möglichen Nutzen!‹, die unter anderem auch in J. Rawls' Theorie der ↑Gerechtigkeit (1971) bekannt wurde.

Versteht man die Wahrscheinlichkeiten von vornherein *subjektiv* als diejenigen des Entscheidenden, dann ist diese Dreiteilung nicht einschlägig; irgendeine probabilistische Einschätzung läßt sich dem Subjekt immer unterstellen, und die Bayessche Regel ist immer anwendbar. Es stellt sich dann vielmehr die Frage, ob die Wahrscheinlichkeiten dem Subjekt genau gegeben sind oder aber in Form z. B. von nicht-additiven Wahrscheinlichkeiten, Intervallwahrscheinlichkeiten oder Verteilungen zweiter Stufe, was jeweils zu alternativen Entscheidungsmodellen führt (P. Gärdenfors, N.-E. Sahlin 1988, C. Camerer 1995, R. Diedrich 1999).

(6) *Kausalität*. Daß die Handlungen die Wünsche des Subjekts befördern, drückt ein Kausalverhältnis zwischen Handlungen und den gewünschten Sachverhalten aus (↑Kausalität). In der Bayesschen Regel soll sich das in den bedingten Wahrscheinlichkeiten niederschlagen, darin, daß die Wahrscheinlichkeiten der möglichen Konsequenzen mit den Handlungen variieren. Doch ist umstritten, ob die bedingten Wahrscheinlichkeiten das leisten. Vielleicht drücken sie kein kausales, sondern nur ein Bestätigungsverhältnis aus. Letzteres meint die *evidentielle* E. und hält gleichwohl die Bayessche Regel für eine angemessene Entscheidungsregel (R. C. Jeffrey 1965, E. Eells 1982). Die *kausale* E. verteidigt demgegenüber entweder den kausalen Gehalt der bedingten Wahrscheinlichkeiten (probabilistische Kausalität, W. Spohn 1978) oder sucht sie in der Bayesschen Regel durch Wahrscheinlichkeiten für konditionale Aussagen der Form ›wenn ich a_i täte, so träte c_j ein‹ zu ersetzen (A. Gibbard/W. L. Harper 1978, D. Lewis 1981). In Newcombs Problem (R. Nozick 1969) prallen die verschiedenen Auffassungen paradigmatisch aufeinander. Dieser Punkt ist ein wesentlicher Beitrag der jüngeren philosophischen Diskussion zur E. (S. Campbell/L. Snowden 1985, J. M. Joyce 1999).

(7) *Nutzen*. Auch der Nutzenbegriff ist problematisch. So suggeriert er fälschlicherweise, die E. diene der theoretischen Unterfütterung von ↑Egoismus und Eigennutz. Doch repräsentiert die Nutzenfunktion in der Bayesschen Regel *alle* entscheidungs- oder handlungsrelevanten Bewertungen des Subjekts, ob sie sich nun aus selbstbezogenen, altruistischen, moralischen, ästhetischen oder aus anderen Quellen speisen.

Solange es nur um Glücksspiele geht, liegt es nahe, unter Nutzen einfach die entsprechende Geldmenge zu verstehen. Das St. Petersburger Paradox zeigt, daß diese Gleichung nicht haltbar ist: Man werfe eine Münze so oft wie nötig. Beim ersten Wurf, der Kopf zeigt, gewinnt man, und zwar 2^n Euro, sofern dies der n-te Wurf war. Der Gewinnerwartungswert dieses Spiels beträgt $2 \cdot \frac{1}{2} + 4 \cdot \frac{1}{4} + \ldots = \infty$ Euro. Doch niemand wäre bereit, beliebig viel dafür zu zahlen, daß er dieses Spiel spielen darf. Schon D. Bernoulli (1738) schlug deshalb vor, daß der Nutzen nur logarithmisch und jedenfalls nicht linear mit der Geldmenge wächst.

Bis heute schwankt die Interpretation des Nutzenbegriffs vor allem zwischen zwei Polen. Traditionell, insbes. im ↑Hedonismus und Utilitarismus, stand der Nutzen eines Subjekts für das Maß an ↑Glück, ↑Lust oder Wohlergehen, das ihm bei der Realisierung der jeweiligen Sachverhalte zuteil würde; er ist so an den einen Pol, an die subjektive Befindlichkeit des Handelnden gebunden (die ihrerseits an die anderer Personen gekoppelt sein mag). In den Zeiten des ↑Behaviorismus wurde er aber, gerade in der Ökonomie, am anderen Pol verankert, den Handlungen. Danach zeigt sich der Nutzen oder die Stärke von Wünschen vor allem in Dispositionen (↑Dispositionsbegriff), insbes. zu (hypothetischen) Wahlhandlungen, mit denen direkt ein Gut oder ein Sachverhalt aus einer Menge alternativer Güter oder Sachverhalte ausgewählt wird. Wie zwischen beiden Polen zu vermitteln ist, ist auch in der zeitgenössischen Diskussion ein dunkler Punkt geblieben (A. K. Sen 1980/1981, A. Kusser 1989, dies./W. Spohn 1993, C. Fehige/U. Wessels 1998, E. Millgram 2001).

(8) *Methodologische Fragen*. Die inhaltlichen Deutungsfragen bezüglich des Nutzen- und Wahrscheinlichkeitsbegriffs wurden von dem wissenschaftstheoretischen, die Diskussion in der Mitte des 20. Jhs. beherrschenden Problem überlagert, wie sich die in der Bayesschen Regel auftauchenden Größen messen lassen. Nach Vorwegnahmen durch B. de Finetti (1937) (für subjektive Wahrscheinlichkeiten) und F. Ramsey (1931) (für beide Größen) wurde dieses Problem durch v. Neumann und

Morgenstern (1944) für den Nutzenbegriff und durch Savage (1954) für beide Größen simultan gelöst. Diese sogenannten Metrisierungstheoreme zeigen, daß jeder gewissen Postulaten genügenden Präferenzrelation über einer hinreichend reichen Menge möglicher Alternativen in hinreichend eindeutiger Weise eine Nutzen- und eine Wahrscheinlichkeitsfunktion entsprechen derart, daß die Präferenzen für die Alternativen gerade ihren aus diesen Funktionen berechneten erwarteten Nutzen abbilden (Fishburn 1970). Gemäß der sogenannten Theorie der geoffenbarten Präferenzen (P. A. Samuelson 1947) läßt sich darüber hinaus diese Präferenzrelation aus der Wahl optimaler Elemente aus Wahlmengen rekonstruieren.

Damit scheint eine realistische Auffassung dieser subjektiven Größen hinlänglich fundiert. Auf dem damaligen positivistischen Hintergrund (↑Positivismus (historisch)) war das vorherrschende Verständnis dieser Theoreme jedoch instrumentalistisch: ein rationales Subjekt mit entsprechend strukturierten Präferenzen verhält sich jedenfalls so, als ob es seinen erwarteten Nutzen maximiere; ob diese Größen eine psychische Realität haben, ist unwichtig. Dieser methodologische und auch ontologische Grundlagenstreit ist hier wie im allgemeinen (↑Instrumentalismus, Realismus (↑Realismus (ontologisch)), ↑Begriffe, theoretische) nach wie vor ungeklärt.

(9) *Die normative Diskussion*. Die Bayessche Regel liefert eine *normative* Regel für rationales Entscheiden. Als solche erscheint sie ihrerseits begründungspflichtig: wieso sollte man gerade sie akzeptieren und nicht eine andere Regel? Dafür überhaupt die Möglichkeit einer Antwort aufzuzeigen, war eine weitere Funktion der Metrisierungstheoreme: wenn sich die fraglichen Postulate an Präferenzrelationen – wie Transitivität (↑transitiv/Transitivität) und Vollständigkeit, Savages Sure-Thing-Principle und verwandte Bedingungen – als vernünftig begründen ließen, so auch die Bayessche Regel. Der Fortschritt ist, daß diese Postulate (wie die entsprechenden Postulate an die Wahlen in der Theorie der geoffenbarten Präferenzen) der normativen Diskussion leichter zugänglich sind als die Bayessche Regel selbst. Zwei Arten von normativer Kritik an diesen Postulaten erwiesen sich als besonders hartnäckig: das Allais-Paradox und das Ellsberg-Paradox, die beide auf unterschiedliche Weise nahelegten, daß das Phänomen der Risikoscheu sich in der Standard-E. nicht angemessen erfassen läßt. In der sich daraus ergebenden normativen Diskussion wurden zahlreiche alternative Entscheidungsmodelle entwickelt, insbes. unter dem Schlagwort der ›bounded rationality‹ (zur Kritik und zu Alternativen A. K. Sen 1976/1977; M. Allais/O. Hagen 1979; A. Rapoport 1989; E. F. McClennen 1990; C. Camerer 1995). Die gegenwärtige Diskussionslage ist unübersichtlich und geht fließend in die Diskussion der E. unter empirischer Perspektive (s. u.) über. Die Bayessche Regel hat gleichwohl ihre führende Stellung nicht eingebüßt.

(10) *Dynamische Überlegungen*. Die statische E. betrachtet nur die Entscheidungssituation eines Subjekts zu einem gegebenen Zeitpunkt. Doch entwickelt sich eine solche Situation in der Zeit, und diese Entwicklung kann vom Subjekt bedacht werden. Das führt zu wesentlichen, aber nur teilweise gründlich ausgeloteten Erweiterungen der E.. Insoweit es dabei um die Beschaffung und Verwertung möglicher Informationen geht, ist dieser Punkt in der Standard-E., auch unter dem Titel ›sequentielle E.‹, dadurch berücksichtigt, daß mögliche Handlungen oder Optionen allgemeiner als mögliche *Strategien* (zur Reaktion auf die verschiedenen Entwicklungen der Situation) aufgefaßt werden. Umstrittener ist die Behandlung des Falls, in dem auch die Änderung der Nutzenfunktion oder der Präferenzen des Subjekts zugelassen und mitbedacht wird (R. H. Strotz 1955/1956; J. Elster 1979, 1983). Auch die normative Diskussion wird durch die dynamische Perspektive wesentlich bereichert (E. F. McClennen 1990).

(11) *Kollektive E..* Keiner ist allein auf der Welt. Das hat zu zwei mächtigen theoretischen Entwicklungen geführt, die nicht mehr im engeren Sinne zur E. gezählt werden: Zum einen befaßt sich die ↑Spieltheorie mit dem rationalen Verhalten mehrerer Personen in Situationen, in denen die Konsequenzen vom Verhalten aller abhängen. Diese wurde von v. Neumann/Morgenstern 1944 begründet und hat sich seitdem zu einem verzweigten Theoriegebäude entwickelt, das die gesamten Wirtschaftswissenschaften durchdringt, aber auch von großer rationalitätstheoretischer und moralphilosophischer Bedeutung ist (R. D. Luce/H. Raiffa 1957; R. B. Myerson 1991; M. J. Osborne/A. Rubinstein 1994; S. P. Hargreaves-Heap/Y. Varoufakis 1995; Y. Varoufakis/A. Housego 2001). Das Verhältnis zur E. im engeren Sinne ist nicht wirklich geklärt. Letztere läßt sich einfach als die Theorie der Ein-Personen-Spiele betrachten. Die umgekehrte Subsumption wird unter den Titeln ›Bayesianische Spieltheorie‹ und ›Theorie der Rationalisierbarkeit‹ (R. B. Myerson 1991; M. J. Osborne/A. Rubinstein 1994) verfolgt, aber unterschiedlich eingeschätzt.

Zum anderen ist die in ihrer modernen Form von K. J. Arrow (1951) begründete *Sozialwahltheorie* oder *Gruppen-E.* zu erwähnen (A. K. Sen 1970; P. C. Fishburn 1973; L. Kern/J. Nida-Rümelin 1994), die untersucht, wie sich – etwa gemäß der utilitaristischen Maxime ›maximiere das Gesamtwohl!‹ – individuelle Präferenzen oder Nutzen oder Wohlfahrten zu einer kollektiven Präferenz, Nutzen- oder Wohlfahrtsfunktion aggregieren lassen. Auf der Ebene der Präferenzen ergeben sich dabei Probleme (Arrows Unmöglichkeitstheorem, Sens liberales Paradox), auf der Ebene der Nutzenfunktionen das Problem des interpersonalen Nutzenvergleichs. Siedelt man diese Problemstellungen eher auf moralphilosophischer oder wohlfahrtstheoretischer Ebene an, so spricht man von Sozialwahltheorie. Geht es um die Frage, wie sich eine Gruppe von Personen (eine Regierung, ein Vorstand etc.) verhalten soll, die gemeinsam ein Problem entscheiden wollen und dafür ihre unterschiedlichen Auffassungen des Problems integrieren müssen, so ist eher die Bezeichnung ›Gruppen-E.‹ gebräuchlich.

(12) *Die empirische Perspektive.* Jede Rationalitätstheorie ist nicht bloß eine normative, sondern auch eine empirische Theorie, insofern sie es gestatten sollte, uns de facto als halbwegs rational (oder auch in mancher Hinsicht als systematisch von den Rationalitätsstandards abweichend) zu begreifen (W. Spohn 1993). In dieser Perspektive liefert die E. das unter Philosophen bevorzugte Modell der rationalen oder intentionalen Handlungserklärung (C. G. Hempel 1961/1962). In der normativen Sichtweise wird unterstellt, daß die Wünsche und Überzeugungen dem Subjekt bewußt sind, damit es daraus die optimale Handlung bestimmen kann. In der empirischen Sichtweise ist diese Annahme nicht erforderlich; es ist vorderhand nicht ausgeschlossen, daß die Wünsche und Überzeugungen, die sein Handeln bestimmen, auch unbewußt wirksam sind.

Der Nachweis der Inadäquatheit der Standard-E. als direkt empirisch verstandene ist in der psychologischen und ökonomischen Literatur mittlerweile überwältigend (R. D. Luce/P. Suppes 1965; D. Kahneman u. a. 1982; D. v. Winterfeldt/W. Edwards 1986; A. Rapoport 1989) und die Anzahl alternativer Vorschläge groß (vgl. A. Rubinstein 1998, C. Camerer 1995; R. Diedrich 1999) zu nennen sind unter anderem die Theorie des ›Satisficing‹ von H. A. Simon 1957, die Aspekt-Theorie von A. Tversky 1972, die ›Regret Theory‹ von G. Loomes und R. Sugden 1982, die E. ohne Unabhängigkeitsaxiom von M. Machina 1982 und verschiedene Aufsätze unter dem Titel »Modeling Bounded Rationality« (A. Rubinstein 1998). Die Schlußfolgerung für die Standard-E. ist offen. Sie kann sich auf den normativen Standpunkt zurückziehen; doch können empirische Einwände fließend in normative übergehen. Sie kann sagen, daß niemand ihre starken Idealisierungen als empirisch adäquat behaupten wollte, daß sich aber jede adäquatere Theorie als Fehlertheorie in bezug auf das von der E. vorgegebene normative Ideal darstellen muß. Oder sie kann auf die Analogie der Performanz/Kompetenz-Unterscheidung in der Sprachwissenschaft verweisen, wo die Kompetenztheorie auch nur eine schlechte Annäherung an die sprachliche Performanz liefert, aber gleichwohl empirisch wertvoll ist.

Literatur: M. Allais/O. Hagen (eds.), Expected Utility Hypotheses and the Allais Paradox, Dordrecht/Boston Mass./London 1979; B. Armendt, Decision Theory, Enc. Ph. Suppl. (1996), 121–123; K. J. Arrow, Social Choice and Individual Values, New York/London/Sydney 1951, ²1963, 1966; M. Bacharach/S. Hurley (eds.), Foundations of Decision Theory. Issues and Advances, Oxford/Cambridge Mass. 1991; G. Bamberg/A. G. Coenenberg, Betriebswirtschaftliche Entscheidungslehre, München 1974, ¹⁰2000; T. Bayes, An Essay Towards Solving a Problem in the Doctrine of Chances, Philos. Transact. London Royal Soc. 53 (1763), 370–418; J. Bentham, An Introduction to the Principles of Morals and Legislation 1789, ed. J. H. Burns/H. L. A. Hart, unter dem Titel: Collected Works, London 1970, Oxford/New York 1996; J. O. Berger, Statistical Decision Theory. Foundation, Concepts, and Methods, New York etc. 1980, unter dem Titel: Statistical Decision Theory and Bayesian Analysis ²1985; D. Bernoulli, Specimen theoriae novae de mensura sortis, Commentarii Academiae Scientiarum Imperialis Petropolitanae 5 (1730/1731), 175–192 [Publikation 1738]; J. Bernoulli, Ars conjectandi, Basel 1713, unter dem Titel: Wahrscheinlichkeitsrechnung. Ars conjectandi, Thun/Frankfurt 1999; C. Bicchieri, Decision and Game Theory, REP II (1998), 823–835; J. Butler, The Works of Bishop Butler I–II, ed. J. H. Bernard, London/New York 1900; C. Camerer, Individual Decision Making, in: J. H. Kagel/A. E. Roth (eds.), The Handbook of Experimental Economics, Princeton N. J. 1995, 587–703 [mit Bibliographie, 683–703]; R. Campbell/L. Snowden (eds.), Paradoxes of Rationality and Cooperation. Prisoner's Dilemma and Newcomb's Problem, Vancouver 1985; D. Davidson/P. Suppes/S. Siegel, Decision Making. An Experimental Approach, Stanford Calif./London 1957, Chicago Ill./London 1957, Westport Conn. 1979; R. Diedrich, Entscheidungen bei Ungewißheit, Heidelberg 1999; E. Eells, Rational Decision and Causality, Cambridge etc. 1982; F. Eisenführ/M. Weber, Rationales Entscheiden, Berlin/Heidelberg/New York etc. 1993, ³1999; J. Elster, Ulysses and the Sirens. Studies in Rationality and Irrationality, Cambridge etc. 1979; ders., Sour Grapes. Studies in the Subversion of Rationality, Cambridge etc. 1983, 1987; C. Fehige/U. Wessels (eds.), Preferences, Berlin/New York 1998; F. Ferschl, Nutzen- und E.. Einführung in die Logik der Entscheidungen, Opladen 1975; B. de Finetti, La prévision. Ses lois logiques, ses sources subjectives, Annales de l'Institut Henri Poincaré 7 (1937), 1–68 (engl. Foresight. Its Logical Laws, Its Subjective Sources, in: H. E. Kyburg/H. E. Smokler, Studies in Subjective Probability, New York/London/Sydney 1964, 93–158); P. C. Fishburn, Decision and Value Theory, New York etc. 1964; ders., Utility Theory for Decision Making, New York etc. 1970; ders., The Theory of Social Choice, Princeton N. J. 1973; G. Gäfgen, Theorie der wirtschaftlichen Entscheidung. Untersuchungen zur Logik und ökonomischen Bedeutung des rationalen Handelns, Tübingen 1963, unter dem Titel: Theorie der wirtschaftlichen Entscheidung. Untersuchungen zur Logik und Bedeutung des rationalen Handelns, ³1974 (erw. um Kap. 13–15); P. Gärdenfors/N.-E. Sahlin (eds.), Decision, Probability, and Utility. Selected Readings, Cambridge etc. 1988; A. Gibbard/W. L. Harper, Counterfactuals and Two Kinds of Expected Utility, in: C. A. Hooker u. a. (eds.), Foundations and Applications of Decision Theory I, Dordrecht/Boston Mass. 1978, 125–162; H. H. Gossen, Entwicklung der Gesetze des menschlichen Verkehrs und der daraus fließenden Regeln für menschliches Handeln, Berlin 1854, 1889; I. Hacking, The Emergence of Probability. A Philosophical Study of Early Ideas about Probability, Induction and Statistical Inference, Cambridge etc. 1975, 1998; S. P. Hargreaves Heap/Y. Varoufakis, Game Theory. A Critical Introduction, London/New York 1995, 1997; C. G. Hempel, Rational Action, Proc. and Addresses of the APA 35 (1961/1962), 5–23 (dt. Rationales

Handeln, in: G. Meggle [ed.], Analytische Handlungstheorie I (Handlungsbeschreibungen), Frankfurt 1977, 1985, 388–414); C. A. Hooker/J. J. Leach/E. F. McClennen (eds.), Foundations and Applications of Decision Theory, I–II, Dordrecht/Boston Mass. 1978 (I Theoretical Foundations, II Epistemic and Social Application); D. Hume, An Enquiry Concerning the Principles of Morals, London 1751, Oxford/New York 1998 (dt. Eine Untersuchung über die Prinzipien der Moral, Leipzig 1929, Stuttgart 1999); R. C. Jeffrey, The Logic of Decision, New York/Toronto/London 1965, Chicago Ill./London ²1983, 1990 (dt. Logik der Entscheidung, Wien/München 1967); ders., Decision Theory, in: R. Audi (ed.), The Cambridge Dictionary of Philosophy, Cambridge/New York/Melbourne ²1999, 207–209; W. S. Jevons, The Theory of Political Economy, London 1871, ⁴1911; J. M. Joyce, The Foundations of Causal Decision Theory, Cambridge 1999; D. Kahneman/P. Slovic/A. Tversky (eds.), Judgment under Uncertainty. Heuristics and Biases, Cambridge etc. 1982, 1987; M. Kaplan, Decision Theory as Philosophy, Cambridge/New York/Oakleigh 1996; J. N. Kaufmann, Décision (théorie de la), Enc. philos. universelle II (1990), 556; L. Kern/J. Nida-Rümelin, Logik kollektiver Entscheidungen, München/Wien 1994; W. Krelle, Präferenz- und E., Tübingen 1968; A. Kusser, Dimensionen der Kritik von Wünschen, Frankfurt 1989; dies./W. Spohn, Der Nutzen von Befriedigung. Ein Zirkel in der E., in: J. Nida-Rümelin (ed.), Praktische Rationalität. Grundlagenprobleme und ethische Anwendungen des Rational Choice-Paradigmas, Berlin/New York 1993, 1994, 169–195; F. v. Kutschera, Einführung in die Logik der Normen, Werte und Entscheidungen, Freiburg/München 1973; H. Laux, E., I–II, Berlin/Heidelberg/New York 1982, ⁴1998; D. Lewis, Causal Decision Theory, Australas. J. Philos. 59 (1981) 5–30; G. Loomes/R. Sugden, Regret Theory. An Alternative Theory of Rational Choice under Uncertainty, Economic J. 92 (1982), 805–824, Neudr. in: International Library of Critical Writings in Economics 73 (1996), 30–49; R. D. Luce, Individual Choice Behavior. A Theoretical Analysis, New York, London 1959, Westport Conn. 1979; ders./H. Raiffa, Games and Decisions. Introduction and Critical Survey, New York/London/Sydney 1957, 1989; ders./P. Suppes, Preference, Utility, and Subjective Probability, in: ders./R. R. Bush/E. Galanter (eds.), Handbook of Mathematical Psychology III, New York/London/Sydney 1965, 249–410; M. J. Machina, »Expected Utility« Analysis Without the Independence Axiom, Econometrica 50 (1982), 277–323; E. F. MacClennen, Rationality and Dynamic Choice. Foundational Explorations, Cambridge etc. 1990; C. Menger, Grundsätze der Volkswirtschaftslehre, Wien/Leipzig 1871, ²1923 [teilw. Neudr. in: ders., Gesammelte Werke I, Grundsätze der Volkswirtschaftslehre, Tübingen ²1968]; E. Millgram (ed.), Varieties of Practical Reasoning, Cambridge Mass. 2001; R. B. Myerson, Game Theory. Analysis of Conflict, Cambridge Mass./London 1991; J. Narveson, Decision Theory, in: T. Honderich (ed.), The Oxford Companion to Philosophy, Oxford/New York 1995, 180; J. v. Neumann/O. Morgenstern, Theory of Games and Economic Behavior, New York/London/Sydney 1944, 1990 (dt. Spieltheorie und wirtschaftliches Verhalten, Würzburg 1961, ³1973); J. Nida-Rümelin/T. Schmidt, Rationalität in der praktischen Philosophie. Eine Einführung, Berlin 2000; R. Nozick, Newcomb's Problem and Two Principles of Choice, in: N. Rescher u. a. (eds.), Essays in Honor of Carl G. Hempel. A Tribute on the Occasion of His Sixty-Fifth Birthday, Dordrecht 1969, 114–146; M. J. Osborne/A. Rubinstein, A Course in Game Theory, Cambridge Mass./London 1994, 1995; V. Pareto, Manuale di Economia Politica con una Introduzione alla Scienza Sociale, Mailand 1906 (engl. Manual of Political Economy, New York 1971); J. W. Pratt/H. Raiffa/R. Schlaifer, Introduction to Statistical Decision Theory, New York etc. 1965, Cambridge Mass./London ²1995, 1996; H. Raiffa/R. Schlaifer, Applied Statistical Decision Theory, Boston Mass. 1961, New York etc. 2000; F. P. Ramsey, Truth and Probability, in: R. Braithwaite (ed.), The Foundations of Mathematics and Other Logical Essays, London 1931, 1965, 156–198, Neudr. in: F. P. Ramsey, Foundations. Essays in Philosophy, Logic, Mathematics, and Economics, ed. D. H. Mellor, London 1978, 58–100; A. Rapoport, Decision Theory and Decision Behavior. Normative and Descriptive Approaches, Dordrecht/Boston Mass./London 1989; J. Rawls, A Theory of Justice, Cambridge Mass. 1971, 1999 (dt. Eine Theorie der Gerechtigkeit, Frankfurt 1971, ⁵1995); N. Rescher (ed.), The Logic of Decision and Action, Pittsburgh Pa. 1966, Ann Arbor Mich. etc. 1988; M. D. Resnik, Choices. An Introduction to Decision Theory, Minneapolis Minn./London 1987; A. Rubinstein, Modeling Bounded Rationality, Cambridge Mass./London 1998; G. Ryle, The Concept of Mind, London etc. 1949, 1969; P. A. Samuelson, Foundations of Economic Analysis, Cambridge Mass./London 1947, erw. 1983; L. J. Savage, The Foundations of Statistics, New York 1954, ²1972; F. Schick, Making Choices. A Recasting of Decision Theory, Cambridge/New York/Oakleigh 1997; A. K. Sen, Collective Choice and Social Welfare, San Francisco etc. 1970, Amsterdam/New York/Oxford 1995; ders., Rational Fools. A Critique of the Behavioral Foundations of Economic Theory, Philos. and Public Affairs 6 (1976/1977), 317–344; ders., Plural Utility, Proc. Arist. Soc. 81 (1980/1981), 193–215; H. A. Simon, Models of Man, Social and Rational. Mathematical Essays on Rational Human Behavior in a Social Setting, New York/London 1957, 1987; W. Spohn, Grundlagen der E., Kronberg/Ts. 1978; ders., Wie kann die Theorie der Rationalität normativ und empirisch zugleich sein?, in: L. H. Eckensberger/U. Gähde (eds.), Ethische Norm und empirische Hypothese, Frankfurt 1993, 151–196; W. Stegmüller, Probleme und Resultate der Wissenschaftstheorie und Analytischen Philosophie IV (Personelle und Statistische Wahrscheinlichkeit), 1. Halbbd.: Personelle Wahrscheinlichkeit und Rationale Entscheidung, Berlin/Heidelberg/New York 1973; Studienausg. IV, Teil B, Entscheidungslogik (rationale E.), Berlin/Heidelberg/New York 1973; R. H. Strotz, Myopia and Inconsistency in Dynamic Utility Maximization, Rev. Economic Stud. 23 (1955/1956), 165–180; P. Suppes, Decision Theory, Enc. Ph. II (1969), 310–314; A. Tversky, Elimination by Aspects. A Theory of Choice, Psych. Rev. 79 (1972), 281–299; Y. Varoufakis/A. Housego (eds.), Game Theory. Critical Concepts in the Social Sciences, I–IV, New York 2001; A. Wald, Statistical Decision Functions, New York etc. 1950, Bronx N. Y. ²1971; L. Walras, Eléments d'économie politique pure ou théorie de la richesse sociale, Lausanne 1874/1877, Neudr. in: P. Dockès u. a. (eds.), Oeuvres économiques complètes VIII, Paris 1988 (engl. Elements of Pure Economics or The Theory of Social Wealth, London 1954, 1965); S. R. Watson/Dennis M. Buede, Decision Synthesis. The Principles and Practice of Decision Analysis, Cambridge etc. 1987; D. v. Winterfeldt/W. Edwards, Decision Analysis and Behavioral Research, Cambridge etc. 1986; K. Wöhler, E., Hist. Wb. Ph. II (1972), 544–547. W. S.

Entscheidungsverfahren, jedes System von ↑Regeln, mit dessen Hilfe die Entscheidung eines bestimmten Problems (in Form einer endgültigen Antwort auf eine gestellte Frage) in endlich vielen, nach Regeln des Systems vorgenommenen Schritten gefällt werden kann. Ein bekanntes Beispiel aus der Logik ist das E. für die Allgemeingültigkeit (↑allgemeingültig/Allgemeingültigkeit) bzw. Erfüllbarkeit (↑erfüllbar/Erfüllbarkeit) bzw. Nicht-Erfüllbarkeit einer Formel der klassischen ↑Junktorenlogik mit Hilfe von ↑Wahrheitstafeln.

Literatur: H. Hermes, Aufzählbarkeit, Entscheidbarkeit, Berechenbarkeit. Einführung in die Theorie der rekursiven Funktionen, Berlin etc. 1961, ³1978 (engl. Enumerability, Decidability, Computability. An Introduction to the Theory of Recursive Functions, Berlin etc. 1965, 1969). C. T.

entweder-oder, grammatisch eine Konjunktion zur Verknüpfung zweier Sätze, häufig elliptisch konstruiert, z. B. ›entweder [du machst das] jetzt oder gar nicht‹; logisch ein ↑Junktor, hier der ↑Disjunktor mit der Eigenschaft, daß die ganze ↑Aussage, die (vollständige) ↑Disjunktion (oder Kontrajunktion, ↑Bisubtraktion) genau dann wahr ist, wenn genau eine der beiden Teilaussagen wahr ist. K. L.

Entwicklung (engl. development, franz. développement), im terminologisch bislang wenig fixierten wissenschaftlichen Sprachgebrauch als Übersetzung sowohl von *evolutio* als auch von *explicatio* der lateinischen Tradition zunächst (bis ins 18. Jh.) meist Bezeichnung für das Verfahren der (begrifflichen) Klärung bzw. Auseinandersetzung (↑Explikation) im Nacheinander der Schritte eines (↑komplexen, also ›verwickelten‹) Gedankengangs, dann vermehrt auch im Sinne von ↑Evolution eines beliebigen Gegenstandes, der zeitliche Stadien fortschreitender Entfaltung – einen *Aufbauprozeß* – durchläuft und in der Regel als deren Ganzes (↑Teil und Ganzes) begriffen wird, häufig aber auch bloß als deren (stationäres) Endstadium, sofern ein solches existiert und es sich nicht um einen offenen Prozeß handelt, wie etwa bei der E. der Wirtschaft (einer Region). Das prominenteste Beispiel ist die E. von Lebewesen, Individuen ebenso wie ↑Spezies (↑Art). Im übrigen sind E.en allgegenwärtig; man spricht von der E. eines Gewitters oder des Schulwesens (eines Landes), ebenso von der E. der Zähne oder eines Medikaments, wobei im Falle des Medikaments, wie auch sonst bei (konkreten) Artefakten, die Vorstufen des Endprodukts regelmäßig nicht zu einem (zeitlichen) Bestandteil des Endprodukts gerechnet werden. In der Bedeutung ›Evolution‹ sind E.en der Gegenstand von (sprachlich artikulierten) ↑Geschichten und auch deren wissenschaftlicher oder künstlerischer Behandlung, z. B. in einer ›E.sgeschichte‹ der (Spezies von) Lebewesen oder in einem ›E.sroman‹. In Bezug auf die natürliche E. von Lebewesen hat sich die von E. Haeckel (Generelle Morphologie der Organismen, I–II, Berlin 1866 [repr. Berlin/New York 1988]) vorgenommene begriffliche Unterscheidung zwischen ›Evolution‹ als E. der Spezies oder *Phylogenese* und ›E.‹ als E. der Individuen oder *Ontogenese* in ↑Biologie und ↑Psychologie weitgehend durchgesetzt. Dabei wird ›E.‹ grundsätzlich auf speziestypische E.en eines Individuums unter Ausschluß der mit dem allgemeineren Terminus ›Wachstum‹ (engl. growth) ebenfalls erfaßten individuellen Variationen einer E. beschränkt (so z. B. auch im Falle eines Medikaments oder eines anderen Artefakts).

Von einer E., bei der – ausgenommen im Falle von E.en (konkreter) Artefakte – die zeitlichen Stadien regelmäßig als Teile desselben Gegenstandes aufgefaßt werden, so daß, genauer, eine – nicht mit Selbststeuerung zu verwechselnde – *Selbstentwicklung* dieses Gegenstandes vorliegt, wird meist nicht trennscharf die *Entstehung* oder ↑*Genese* (engl. genesis) eines Gegenstandes unterschieden, bei der man keine zeitliche Phase desselben Gegenstandes vorausgehen läßt, vielmehr höchstens (andersartige) Gegenstände bzw. Situationen identifiziert werden, die als (traditionell: kausale, finale, materiale oder formale) ↑Ursachen für das Entstehen, seinen – seinerseits oft nicht von der Genese unterschiedenen – ›Ursprung‹ (engl. origin), infrage kommen. Auch hier sind Ursachen der Entstehung eines Gegenstandes bzw. Gegenstandstyps (etwa durch Zeugung bzw. durch räumliche Isolation der ursprünglichen Spezies) von Ursachen gegebenenfalls der E. eines Gegenstandes bzw. Gegenstandstyps (etwa durch genetische Ausstattung bzw. durch ↑Mutation) begrifflich zu trennen. Dabei waren schon die für die (wissenschaftsgeschichtliche) E. der modernen biologischen ↑Evolutionstheorie maßgebenden Auseinandersetzungen des 18. Jhs. um die ↑Evolution der Lebewesen geprägt von der begrifflichen Unterscheidung zwischen E. und Entstehung (der Individuen), und zwar in Gestalt des Gegensatzes zwischen Theorien der *Präformation* – die Endphase ist virtuell bereits in der Anfangsphase enthalten (G. W. Leibniz, Princ. nat. grâce, 1714, § 6) – und der *Epigenese* – jede Phase ist als ein Gegenstand eigenen Rechts und als Ursache seines Nachfolgers aufzufassen (C. F. Wolff, Theoria generationis, Halle 1759, § 50) –, allerdings ohne die Abhängigkeit eines solchen Streits von der Klärung der Identitätsbedingungen für Partikularia, seien es Individuen, Spezies oder andere Konkreta oder Abstrakta, zu durchschauen. Bis heute werden daher ›E.‹ und ›Entstehung‹ bzw. ›Genese‹ grundsätzlich gleichbedeutend verwendet, zumal für die besondere Bedeutung von ›E.‹ als Herausbildung eines Ganzen der Ausdruck ›Selbstentwicklung‹ zur Verfügung steht.

Die Philosophie des Deutschen Idealismus (↑Idealismus, deutscher) hingegen ist, weil reflektierend ganzheitlich und damit am internen, d. h. für die Partikularia konstitutiven, Zusammenhang beliebiger Partikularia und dessen (sprachlicher) Artikulation orientiert (↑Holismus), wesentlich mit E.sprozessen als solchen Selbstentwicklungen befaßt, die zugleich Gegenstände und ihre sprachlichen Darstellungen betreffen und daher auch – im Maße ihrer Beeinflußbarkeit – verantwortet werden können, wie sich an einflußreich gewordenen Beispielen ablesen läßt, etwa der ›E. der [natürlichen] Vernunft[anlagen]‹ (I. Kant, Idee zu einer allgemeinen Geschichte in weltbürgerlicher Absicht, 1784, Akad.-Ausg. VIII, 15–31) oder der ›E. des Geistes‹ (G. W. F. Hegel, Enc. phil. Wiss. 1830, § 442). Im Begriff der E. als Gegenstand und Darstellung zugleich betreffender Selbstentwicklung wird die ursprüngliche Zusammengehörigkeit von *explicatio* und *evolutio* wieder hergestellt. Es empfiehlt sich daher, ganz allgemein unter E. als *evolutio* eine faktische oder deskriptive und damit konstatierende Genese (eines Gegenstandes) zu verstehen, unter E. als *explicatio* hingegen eine normative oder logische und damit konstruierende Genese (eines Gegenstandes).

Literatur: F. Ayala/J. Valentine, Evolving. The Theory and Processes of Organic Evolution, Menlo Park Calif. 1979; D. J. Futuyma, Evolutionary Biology, Sunderland Mass. 1979, ³1998 (dt. Evolutionsbiologie, Basel/Boston Mass./Berlin 1990); A. Ibrahim/A.-M. Moulin/B. Badie u. a., Développement, Enc. philos. universelle II (1990), 625–628; R. Milner (ed.), The Encyclopedia of Evolution. Humanity's Search for Its Origins, New York 1990, 1993; M. Ridley, Evolution, Boston Mass./Oxford 1993, Cambridge Mass./Oxford ²1996, 1997; K. Weyand/G. Mühle, E., Hist. Wb. Ph. II (1972), 550–560; weitere Literatur: ↑Art, ↑Evolution, ↑Spezies. K. L.

Entwurf, bei M. Heidegger im Rahmen seiner Analytik des ↑Daseins (↑Fundamentalontologie) die gegenüber allen singulären Akten vorgängige, im ↑Verstehen erschlossene Ausgelegtheit der Welt. E. ist damit hinsichtlich der systematischen Bedeutung der Nachfolgebegriff für den phänomenologischen (↑Phänomenologie) Begriff der Konstitution. Dieser wird jedoch bei Heidegger vermieden, da nach dem Ergebnis der Fundamentalontologie (↑Zeitlichkeit) das Subjekt nicht als autonom Konstitution leistendes, sondern als Sinn hinnehmendes und dadurch bloß Konstitution vollziehendes gedacht werden muß; in Heideggers Terminologie: der E. von Welt, den das Dasein vollzieht, ist zugleich geworfen (↑Geworfenheit). »Der E. ist die existenziale Seinsverfassung des Spielraums des faktischen Seinkönnens« (Sein und Zeit, 145). – In vermeintlicher Rezeption des Heideggerschen Begriffs des E.s hat J.-P. Sartre E. und ↑Situation zu anthropologischen Grundkategorien erklärt, deren dialektische Einheit im Handeln zugleich die Struktur der Freiheit ausmacht. Damit ist in etwa derselbe anthropologische Grundgedanke angezielt, den W. Kamlah mit ›Widerfahrnis‹ und ›Handlung‹ zu erfassen sucht (Philosophische Anthropologie, § 5).

Literatur: C. F. Gethmann, Verstehen und Auslegung. Untersuchungen zum Methodenproblem in der Philosophie Martin Heideggers, Bonn 1974; M. Heidegger, Sein und Zeit, Tübingen ¹⁶1986, §§ 31, 41, 60, 68; W. Kamlah, Philosophische Anthropologie. Sprachkritische Grundlegung und Ethik, Mannheim 1972, 34ff.; J.-P. Sartre, L'être et le néant, Paris 1943, bes. 508–642 (dt. Das Sein und das Nichts, Reinbek b. Hamburg 1994, bes. 753–955). C. F. G.

Entzweiung, zentrale welthistorische Kategorie G. W. F. Hegels in seiner Jenaer Zeit, mit der der Philosophie als eigene Tätigkeit erfordernde Weltzustand charakterisiert wird (»E. ist der Quell *des Bedürfnisses der Philosophie*«, Differenz des Fichteschen und Schellingschen Systems der Philosophie, Sämtl. Werke I, 44). Der Begriff der E. wird dabei in einer für Hegel eigentümlichen Weise mit dem Begriff der ↑Bildung verbunden. E. ist die Isolierung und Fixierung der ›Erscheinung des ↑Absoluten‹ vom ›Absoluten‹, näher des intellektuell autarken, selbstbewußten Menschen gegenüber den integrativen traditionalen Bezügen, in denen die ↑Freiheit des Subjekts und die objektive Welt noch nicht auseinandergetreten sind. Der korrespondierende Begriff zur E. ist der der ›Vereinigung‹, in der die »Gegensätze ihre lebendige Beziehung und Wechselwirkung« haben (a. a. O., 46) (↑Versöhnung). Die Philosophie ist zum einen spontane (↑spontan/Spontaneität) Tätigkeit, zum anderen von der jeweiligen historisch situierten ›Form‹ der E. (a. a. O., 44) abhängig. Sie ist eine auf Wiederherstellung der Vereinigung (›Totalität‹) gerichtete Tätigkeit und tritt als ›Verstand‹ und als ›Vernunft‹ auf. Der Verstand, der sich in Distinktionen aufhält, überwindet die E. nicht, verstärkt vielmehr den entzweienden Effekt auf der Seite der sich isolierenden ›Erscheinung‹. Die ›Vernunft‹ dagegen tritt aus der beschränkenden Sichtweise heraus und setzt durch die Aufdeckung der prozessualhistorischen Dimension die ›absolute‹ E. zu einer ›relativen‹ (a. a. O., 46) herunter: sie zeigt die ›Entgegensetzung‹ als aus einer ›ursprünglichen Identität‹ geworden (›bedingt‹) auf (›ihr Seyn als Produkt‹); sie begreift sie als prozessual offen, ›als ein Produzieren‹, das eine Tendenz zur ›Vereinigung‹ hat. Die extremste Form hat die E. in der Gegenwart mit der Entgegensetzung von ›absoluter Subjektivität‹ (›intellektuelle Welt‹) und ›absoluter Objektivität‹ (›reelle Welt‹) erreicht.

Im späteren Werk Hegels verliert der Begriff der E. seine kategoriale Funktion. In den »Vorlesungen über die Philosophie der Religion« findet er noch einmal eine eingeschränktere Verwendung (Sämtl. Werke XV, 324–417). Ein bedeutungsgleicher Terminus fehlt. Am ehesten entspricht ihm noch der in der »Phänomenologie des Geistes« verwendete Begriff der ↑Entfremdung, der dort ebenfalls im Zusammenschluß mit dem Bildungsbegriff auftritt (Sämtl. Werke II, 372 ff.).

Literatur: J. Ritter, E., entzweien, Hist. Wb. Ph. II (1972), 565–572. S. B.

Enzyklopädie, als wissenschaftssystematischer Terminus und Titel universaler Handbuchliteratur humanistische Rückübersetzung der lateinischen Wendung ›orbis doctrinae‹ (M. F. Quintilian, Vitruv, Plinius d. Ä.), daneben: ›orbis disciplinarum‹ und ›encyclios disciplina‹, ins Griechische (A. Politianus, H. Barbarus). Die dabei ausgangs des 15. Jhs. ›wiederentdeckte‹ griechische Wendung ›ἐγκύκλιος παιδεία‹ (vgl. Strab. I, 1.22; Quint. Inst. orat. I, 10.1; Plin. Hist. nat. praef. § 14; Plut. mor. 2.1135 e) bedeutete ursprünglich nicht (wie in der enzyklopädischen Tradition allgemein angenommen) ›Kreis der Wissenschaften‹, in den zum Zwecke umfassender Bildung und auf dem Wege einer ›handbuchmäßig‹ aufgearbeiteten Sammlung des gesamten Wissens eingeführt werden sollte, sondern die ›chorische‹, im wesentlichen musische Erziehung des Freien. Dieses in der Bildungsbewegung des 5. vorchristlichen Jhs. (↑Sophistik) formulierte Bildungsideal (vgl. die Berichte über den Sophisten Hippias: Plat. Hipp. mai. 285 d; Cic. de or. 3.127) wird bei Platon (im Rahmen der Pädagogik des ↑Höhlengleichnisses) durch den direkten Anschluß an die ›exakten‹ Wissenschaften (Arithmetik, Geometrie, Astronomie, rationale Harmonienlehre) erweitert, führt von daher zum ›propädeutischen‹ Titel ›orbis doctrinae‹ und wird später, nunmehr durchaus im Sinne eines ›Kreises der Wissenschaften‹, in den artes liberales (↑ars) institutionalisiert.

Maßgebend für diese Entwicklung sind das teils in Prosa, teils in Versen verfaßte Werk »De nuptiis Philologiae et Mercurii« (Vicenca 1499, ed. A. Dick, Leipzig 1925 [repr. Stuttgart 1978]; dt. die Hochzeit der Philologie und des Merkur, ed. E. Scherabon Firchow, Hildesheim/Zürich 1999) – die Brautgeschenke Merkurs sind die sieben ›freien Künste‹: Grammatik, Rhetorik, Dialektik, Arithmetik, Geometrie, Astronomie, Musik (Abb. 1) – des Martianus Capella im 5. Jh., die »Institutiones divinarum et saecularium litterarum« (Verbindung der artes liberales mit theologisch-kirchlichen Lehrstücken) F. M. A. Cassiodors (*um 490, †um 580) und die (meist als »Origines« oder »Etymologiae« bezeichneten) »Etymologiarum sive originum libri XX« (ed. F. W. Otto, Leipzig 1833, ed. W. M. Lindsay, I–II, Oxford 1911 [repr. 1962]) – eine in fast 1000 Handschriften überlieferte Ergänzung ›enzyklopädischen‹ Wissens um Disziplinen wie Medizin, Recht, Geschichte und Geographie – Isidors von Sevilla (*um 560, †636).

Diese frühen, später als E.n bezeichneten Werke bilden die Grundlage für die in der mittelalterlichen Tradition insbes. bei Hrabanus Maurus (*780, †856), Hugo von St. Viktor (*um 1096, †1141) und Vinzenz von Beauvais (*zwischen 1180 und 1190, †um 1264) weiter ausgearbeitete Kodifizierung des Wissens. Dabei stehen *klassifikatorische* Fragen alsbald im Vordergrund. Während bei Isidor von Sevilla die Erweiterung der artes liberales

Abb. 1: Die freien Künste als miteinander verflochtene Zweige eines Baumes, dessen Stamm die Philosophie ist (G. Reisch, Margarita philosophica, Basel ⁴1515, II).

rein kompilatorisch erfolgt, unterscheidet Hugo von St. Viktor unter Aristotelischen Orientierungen, die über Porphyrios, A. M. T. S. Boethius und Cassiodor die ›enzyklopädische‹ Tradition erreichen, zwischen theoretischer, praktischer und poietischer (oder ›mechanischer‹) Philosophie sowie Logik (Didascalicon de studio legendi. A Critical Text, ed. C. H. Buttimer, Washington D. C. 1939, lat.-dt. mit Untertitel: Studienbuch, Freiburg etc. 1997; auch: Eruditio didascalica). Theoretische Philosophie umfaßt Theologie, Physik und Mathematik, praktische Philosophie im wesentlichen Ethik und Politik, poietische Philosophie die schon bei Martianus Capella dem Merkur als Gegengabe zugedachten mechanischen Künste; Logik weist über einige zusätzliche Unterscheidungen die Disziplinen des Trivium (Grammatik, Rhetorik, Dialektik) aus. Das »Speculum maius« (Douai 1624 [repr. Graz 1964–1965]) des Vinzenz von Beauvais, die umfassendste, aus etwa 2000 Quellen zusammengestellte E. des Mittelalters, führt bereits in vier Teilen, angeführt von einem theologischen Teil (Speculum naturale), mehr als 20 Disziplinen auf. Seit Hrabanus Maurus (De rerum naturis seu de universo) bleibt die Rangfolge ›göttlicher‹ und ›weltlicher‹ Dinge im Aufbau mittelalterlicher E.n die Regel; sie wird erst bei den Humanisten (z. B. G. Valla, De expetendis et fugiendis rebus opus, I–II, Venedig 1501) zugunsten der weltlichen Dinge wieder verändert (Abb. 2).

Die vor allem in der institutionellen Verbindung mit den artes liberales dokumentierte Bedeutung von ›E.‹ als Darstellung des ›Kreises der Wissenschaften‹ in *geordneter Form* bestimmt die Geschichte der ›E.n‹ genannten Wer-

Abb. 2: Die Ordnung der Wissenschaften im Bilde einer Burg, das an Platonische kosmologische Architekturvorstellungen anschließt und typisch für die Architekturmetaphorik der Renaissance in erkenntnistheoretischen und naturwissenschaftlichen Zusammenhängen ist (R. Record, The Castle of Knowledge, London 1556, Titelblatt).

terschieden, nämlich E. als Repräsentation (1) der artes liberales, (2) aller ›philosophischen‹ Disziplinen (›philosophisch‹ dabei im ursprünglichen, die Wissenschaften einschließenden Sinne), (3) alles dessen, was sich lehren läßt. Der dritte Begriff, den Alsted selbst neben einer früheren Ausarbeitung der beiden ersten Begriffe (Cursus philosophici encyclopaedia, libris XXVII complectens universae philosophiae methodum serie praeceptorum, regularum et commentariorum perpetua, Herborn 1620) vertritt (Encyclopaedia septem tomis distincta [...], I–VII, Herborn 1630 [repr. I–IV, Stuttgart-Bad Cannstatt 1989–1990]), setzt sich in der neuzeitlichen Entwicklung durch, wobei in der Regel zwischen klassifikatorischen Gesichtspunkten im engeren Sinne (Darstellung des Wissens in einem geordneten Zusammenhang, ↑Klassifikation) und dem Gesichtspunkt einer umfassenden ›inhaltlichen‹ Repräsentation des Wissens nicht streng unterschieden wird (Abb. 3).

Ihre eindrucksvollste Manifestation findet der Begriff der E. in dem zuletzt genannten Sinne in der von D. Diderot (bis 1772) und J. le Rond d'Alembert (bis 1758) herausgegebenen »Encyclopédie ou Dictionnaire rai-

Abb. 3: Der Kosmos der Wissenschaften (sapientia) in Sphärenform. Eine Kette verbindet das Universum (des Wissens) mit Gottes Hand. Im Innern der Kugel brennt ein Licht, das die gottähnliche Kraft des menschlichen Geistes symbolisiert (A. Bocchi, Symbolicarum quæstionum, De universo genere, quas serio ludebat, libri quinque, Bologna 1574, Symb. CXXXII).

ke (vornehmlich ausgedrückt in Titeln wie ›Encyclopaedia‹, ›Cyclopaedia‹, ›κυκλοπαιδεία‹) von J. F. Ringelbergius (Lucubrationes, vel potius absolutissima κυκλοπαιδεία, Basel 1538, 1541) und P. Scalichius de Lika (Encyclopaedia seu Orbis disciplinarum, tam sacrarum quam prophanarum [...] Epistemon, Basel 1559) bis ins 19. Jh. und läßt E.n in diesem Sinne zur Grundlage einer *historischen Phänomenologie des Geistes* werden. Diese Bedeutung wird auch terminologisch festgehalten: »›Encyclopaedia‹, ›ἐγκυκλοπαιδεία‹ von ἐγκύκλος, circularis. Ist ein Zusammenbegriff aller Wissenschaften, welche die Alten in eins zusammen brachten, um dadurch die Ordnung, wie sie aufeinander folgten, vorzustellen« (J. H. Zedler, Grosses vollständiges Universal Lexicon aller Wissenschaften und Künste, welche bishero durch menschlichen Verstand und Witz erfunden und verbessert worden [...], I–LXIV, Suppl. I–IV [A-Caq.], Halle/Leipzig 1732–1754 [repr. Graz 1961–1964], VIII [1734], 1138). Zuvor hatte J. A. Alsted zu Beginn der neuzeitlichen Entwicklung zwischen drei E.begriffen un-

sonné des sciences, des arts et des métiers [...]« (I–XXXV, Paris/Neuchâtel/Amsterdam 1751–1780 [repr. Stuttgart-Bad Cannstatt 1966–1967]) (↑Enzyklopädisten) (Abb. 4). Die nunmehr klassische *wissenschaftliche* Rolle der E. (»En effet, le but d'une *Encyclopédie* est de rassembler les connoissances éparses sur la surface de la terre; d'en exposer le système général aux hommes avec qui nous vivons, & de le transmettre aux hommes qui viendront après nous; afin que les travaux des siecles passés n'aient pas été des travaux inutiles pour les siecles qui succéderont«, Diderot, Art. ›encyclopédie‹, Encyclopédie V [1755], 635; Œuvres complètes I–XX, ed. J. Assézat/M. Tourneux, Paris 1875–1877 [repr. Nendeln 1966], XIV, 415) verbindet sich in den Worten Diderots mit einer *pädagogischen* Maßgabe an Herausgeber und Autor einer E. (»Il considérera donc le Monde comme son école, & le Genre humain comme son pupile; & il dictera des leçons qui ne fassent pas perdre aux bons esprits un tems prétieux, & qui ne rebutent point la foule des esprits ordinaires«, ebd. 648; Œuvres complètes XIV, 499) zur Formel ›Aufklärung durch wissenschaftliche Bildung‹. Damit wird nicht nur in der Idee der E. eine *allgemeine Harmonie des wissenschaftlichen und des gebildeten Interesses* vorausgesetzt, sondern die vordringliche Aufgabe einer unter dieser Idee geschriebenen E. darin gesehen, den Bildungsprozeß der bürgerlichen Gesellschaft (↑Gesellschaft, bürgerliche), der sich im 18. und 19. Jh. im öffentlichen Räsonnement zur Geltung bringt, durch eine umfassende Unterrichtung zu fördern. Dies wiederum macht sowohl den Intellektualismus der (zweiten) ↑Aufklärung aus als auch die (neue) praktisch-politische Rolle einer E., nämlich den Versuch einer Transformation gelehrten Fleißes in ein Instrument gesellschaftlicher Erneuerung (M. de Robespierre über die »Encyclopédie«: ›Einleitungskapitel der Revolution‹). Die zeitgenössische Reaktion bestätigt diese ungewöhnliche Rolle einer E.. Ausgelöst durch d'Alemberts Artikel »Genève« im 7. Band, greift die konservative Kritik an C. A. Helvétius, insbes. getragen durch den »Dictionnaire universel françois et latin (Vulgairement appelé Dictionnaire de Trévoux)« (I–III, Trévoux 1704, Paris ³1732, I–VIII, Paris ⁶1771), auch auf die »Encyclopédie« über: Publikationsverbote 1752 und 1759, Zensur der Artikel Diderots nach Abschluß der Korrekturen durch den Verleger A.-F. Le Breton.

In dem ›zusammengesetzten‹ Titel der französischen E. steht, entsprechend den Intentionen der bisherigen enzyklopädischen Tradition, ›encyclopédie‹ für ein *wissenschaftssystematisches*, nämlich *klassifikatorisches* Programm, ›dictionnaire raisonné‹ für das Programm einer universalen Magazinierung des Wissens (»comme *Encyclopédie*, il doit exposer autant qu'il est possible, l'ordre & l'enchaînement des connoissances humaines; comme *Dictionnaire raisonné des Sciences, des Arts & des*

Abb. 4: Titelblatt des ersten Bandes der E. Diderots und d'Alemberts.

Métiers, il doit contenir sur chaque Science & sur chaque Art, soit libéral, soit méchanique, les principes généraux qui en sont la base, & les détails les plus essentiels qui en font le corps & la substance«, d'Alembert, Discours préliminaire, Encyclopédie I [1751], I). Das wissenschaftssystematische Programm, in dessen Rahmen sich ein *ordre encyclopédique* als identisch mit dem *ordre systematique* erweisen soll, wird noch einmal durch die monumentale, von C. J. Panckoucke und H. Agasse veranstaltete Umstellung der »Encyclopédie« Diderots und d'Alemberts auf eine systematische Ordnung unterstrichen (Encyclopédie méthodique ou par ordre des matières, 199 Bde, Paris 1782–1832, darunter 13 Bde über Medizin, 7 Bde über Zoologie), desgleichen durch die von J. S. Ersch und J. G. Gruber herausgegebene, bei einem Stande von 167 Bänden abgebrochene »Allgemeine Encyclopädie der Wissenschaften und Künste in alphabetischer Folge« (Leipzig 1818–1889). Die Zukunft gehört nicht der *wissenschaftlichen* E. im engeren Sinne, sondern dem ›Konversationslexikon‹, das unter Preisgabe der aufklärerischen Fiktion einer allgemeinen Harmonie des wissenschaftlichen und des gebildeten Interesses, gestützt auf die soziologische Konstruktion des *gebildeten Laien*, das wissenschaftssystematische Programm der E. der Vorstellung einer unsystematischen, nur noch alphabetischen Anordnung des (weiterhin unter den Gesichtspunkt seiner vollständigen Repräsentation gestellten) Wissens opfert (K. G. Löbel, F. A. Brockhaus, B. Herder, J. Meyer, H. A. Pierer). Moderne E.n wiederum dienen weniger der Idee einer ›Konversationsgesellschaft‹ als vielmehr der Idee einer *informierten Gesellschaft*, für die sich in einer Welt permanenter Veränderung der Abstand zwischen Forschung und Leben, gemessen an der Fähigkeit des einzelnen, das Alltägliche in seinen theoretischen und technischen Zusammenhängen zu begreifen, ständig vergrößert und die daher nach Veränderungen darstellenden und Veränderungen erklärenden Orientierungshilfen bzw. Informationen sucht. Der Versuch, diesen Informationen erneut einen systematischen Rahmen zu geben (z. B. The New Encyclopaedia Britannica, I–XXX [Propaedia, Macropaedia I–XIX, Micropaedia I–X], Chicago Ill. etc. [15]1974, in 32 Bdn 1998), beschränkt sich in der Regel auf die Bildung thematischer, untereinander systematisch unabhängiger Schwerpunkte.

Zum Teil unmittelbar in die Organisation von E.n eingreifend, zum Teil aber auch weitgehend unabhängig von der Entwicklung dieser universalen, zunehmend nicht mehr auf die Darstellung des wissenschaftlichen Wissens im engeren Sinne beschränkten Handbuchliteratur wird in der philosophischen Tradition die *wissenschaftssystematische* Bedeutung des Begriffs der E. weiter ausgearbeitet. So spielt z. B. in den Bemühungen G. W. Leibnizens um eine ↑lingua universalis, d. h. um einen Formalismus, in dem die Begriffe und Sachverhalte aller Wissenschaften durch die Kombination von Grundzeichen einer ↑Universalsprache ausgedrückt werden können (↑Leibnizsche Charakteristik), der Begriff der E. eine wesentliche Rolle. Dieses Programm, dem bei Leibniz andere Programme, etwa zur Konstruktion einer allgemeinen Gelehrtensprache oder einer rationalen Grammatik (in Fortführung der älteren grammatica speculativa) angeschlossen werden, soll über Definitionslisten (vgl. C. 437–510) und über eine vollständige E., die das gesamte bisherige Wissen einschließt (vgl. E. Bodemann, Die Leibniz-Handschriften der Königlichen öffentlichen Bibliothek zu Hannover, Hannover 1895 [repr. Hildesheim 1966], 97), verwirklicht werden. Universalsprache und E., ihrerseits »more mathematico per *propositiones* accurate et nervose conceptas« aufgebaut (Consilium de Encyclopaedia nova conscribenda methodo inventoria, C. 32), stehen wiederum im Zusammenhang mit der Idee einer ↑scientia generalis bzw. einer ↑mathesis universalis, d. h. dem Aufbau einer alle formalen (a priori begründbaren) Wissenschaften umfassenden ›Einheitswissenschaft‹, die im Kern aus einem einheitlichen begrifflichen Instrumentarium bestehen soll, bis auf einige (terminologisch zudem nicht immer konsistente) ›Inhaltsverzeichnisse‹ bei Leibniz jedoch nicht weiter ausgearbeitet ist.

Leibnizens Vorstellungen werden von I. Kant, wenn auch eher beiläufig, im Rahmen der Konzeption einer Architektonik (↑architektonisch/Architektonik) des Wissens (KrV B 863) bzw. der Wissenschaften (Randbemerkungen zu G. F. Meier, Auszug aus der Vernunftlehre, Halle 1752, [2]1760 [I–III, ed. G. Schenk 1997], Akad.-Ausg. XVI, 199) wieder aufgegriffen. Die Idee einer ›encyclopaedia universalis‹ (a. a. O., 189) erscheint unter Hinweis auf d'Alemberts, ihrerseits auf F. Bacons Systematik beruhende klassifikatorische Bemühungen als das ›inhaltliche‹ Komplement der ›ihrer Natur nach architektonischen‹ Vernunft, insofern diese »alle Erkenntnisse als gehörig zu einem möglichen System« betrachtet (KrV B 502). Eine E. dient daher der Absicht, ›Kenntnissen‹ die Form eines *Systems*, nicht eines ↑Aggregats zu geben (Physische Geographie, Einl. § 2, Akad.-Ausg. IX, 158). Insofern dabei selbst die ↑Transzendentalphilosophie in der Konzeption Kants in diesem Sinne als eine »Architectonische Encyclopädie welcher a priori ihr Formale zum Grunde liegt« bezeichnet wird (Opus postumum I, Akad.-Ausg. XXI, 109), ist es wiederum nur konsequent, daß daraus bei den Kantianern alsbald die Identifikation einer ›formalen‹ oder ›philosophischen‹ E. mit Wissenschaftstheorie (›Wissenschaftskunde‹) schlechthin wird (vgl. W. T. Krug, Versuch einer systematischen E. der Wissenschaften, I–III, Wittenberg/Leipzig 1796–1797 [II, Jena 1797], I, 11, unter dem Titel: Enzyklopädisches Handbuch der wissenschaftlichen Literatur, I–III, Leipzig/Züllichau 1804–1819, I, 7 f.).

In ähnlicher Weise wird in der Philosophie des Deutschen Idealismus (↑Idealismus, deutscher), während zur gleichen Zeit als ›E.n‹ bezeichnete Lehrbücher der Fachwissenschaften und Vorlesungen über E. dieser Wissenschaften im wesentlichen (im Sinne späterer ›Einführungen‹) Überblickswissen zu vermitteln suchen, der *systematische* Charakter des E.begriffs unterstrichen. Nach G. W. F. Hegel ist die Philosophie, sofern jeder ihrer Teile das Ganze des Wissens nach Art eines ›Kreises von Kreisen‹ (Enc. phil. Wiss. [1830] Einl., § 15, Sämtl. Werke VIII, 61) in sich enthält, ›Encyclopädie der philosophischen Wissenschaften‹ (Enc. phil. Wiss. [1817] § 6, Sämtl. Werke VI, 24). Maßgebend bleibt dabei auch für Hegel die Abgrenzung der Begriffe *System* und *Aggregat*, wobei E.n in ihrer historischen Form als universale Handbuchliteratur, trotz der in ihnen wirksamen klassifikatorischen Gesichtspunkte, unter den Begriff des Aggregats fallen: »Die philosophische Encyclopädie unterscheidet sich von einer andern gewöhnlichen Encyclopädie dadurch, daß diese etwa ein

Aggregat der Wissenschaften seyn soll, welche zufälliger und empirischer Weise aufgenommen und worunter auch solche sind, die nur den Namen von Wissenschaften tragen, sonst aber selbst eine bloße Sammlung von Kenntnissen sind« (Enc. phil. Wiss. [1830] Einl., § 16, Sämtl. Werke VIII, 61). Damit fallen bei Hegel, im Unterschied zu der z. B. von d'Alembert vertretenen Konzeption, die ›positiven‹ Wissenschaften aus dem ›philosophischen‹ System der Wissenschaften heraus, womit der philosophische Begriff der E. in Gegensatz zur Entwicklung der enzyklopädischen Handbuchliteratur und zur akademischen Unterrichtspraxis gerät, sofern Vorlesungen über E. die Funktion von Einleitungen erhalten. Die Folge ist eine Trennung der Begriffe *System* und *E.*: das eine ist nunmehr der Idee und Funktion nach *philosophisch* (wissenschaftstheoretisch), die andere *propädeutisch* (↑Propädeutik). Abgesehen von der unter der Idee einer ↑Einheitswissenschaft stehenden Wiederanknüpfung (1) des französischen Positivismus (C.-H. de Saint-Simon, A. Comte, ↑Positivismus (historisch)) an die klassifikatorischen Intentionen der »Encyclopédie« Diderots und d'Alemberts und (2) des Logischen Empirismus (↑Empirismus, logischer) an die logisch-wissenschaftstheoretischen Intentionen Leibnizens (Aufbau einer ›neuen E. des Scientismus‹, O. Neurath, Einheit der Wissenschaft als Aufgabe, Erkenntnis 5 [1935], 22) ist es dabei geblieben.

Auf dem Wege zur modernen E. wandelt sich der ursprünglich auf klassifikatorische bzw. wissenschaftssystematische Gesichtspunkte festgelegte Begriff der E. zum Inbegriff *lexikalischer* Vielfalt. Die Theorie der E., in der sich der philosophische Geist zeitweilig gegen seine Umrüstung auf einen vornehmlich an Gesichtspunkten der Magazinierung des Wissens orientierten enzyklopädischen Geist sperrt, indem er den in der Geschichte der enzyklopädischen Theorie intendierten Begriff der E. gegen deren eigene historische Gestalt wendet, erreicht die enzyklopädische Wirklichkeit nicht mehr. Über dieser hat sich in dem Maße, in dem sich der Zweck ständiger Wissenserweiterung gegenüber dem einer systematischen *Begründung* zunehmend durchzusetzen vermag, längst das ›Netz der alexandrinischen Kultur‹ (F. Nietzsche) zusammengezogen. Die größten aller Bücher, die E.n, sind Monumente dieser Kultur.

Literatur: S. Auroux, Encyclopédie, Enc. philos. universelle II/1 (1990), 782–784; R. Collison, Encyclopaedias. Their History throughout the Ages. A Bibliographical Guide with Extensive Historical Notes to the General Encyclopaedias Issued throughout the World from 350 B. C. to the Present Day, New York/London 1964, ²1966; J. Creech, »Chasing after Advances:« Diderot's Article »Encyclopedia«, Yale French Stud. 63 (1982), 183–197; R. Darnton, L'aventure de l'Encyclopédie, Paris 1982; S. Delorme/R. Taton (eds.), L'»Encyclopédie« et le progrès des sciences et des techniques, Paris 1952; H. Dieckmann, The Concept of Knowledge in the Encyclopédie, in: ders./H. Levin/ H. Motekat, Essays in Comparative Literature, St. Louis Mo. 1961, 73–107, Nachdr. in: ders., Studien zur europäischen Aufklärung, München 1974, 234–257; U. Dierse, E.. Zur Geschichte eines philosophischen und wissenschaftstheoretischen Begriffs, Bonn 1977 (Arch. Begriffsgesch. Suppl. II); ders./H. J. Sandkühler, E., EP I (1999), 339–346; H. Einbinder, The Myth of the Britannica, London, New York 1964, New York 1972; FM II (1994), 1004–1008; M. de Gandillac u. a., La pensée encyclopédique au moyen âge, Neuenburg/Paris 1966; D. H. Gordon/N. L. Torrey, The Censoring of Diderot's Encyclopédie and the Reestablished Text, New York 1947, 1960; J. Haechler, L'Encyclopédie. Les combats et les hommes, Paris 1998; J. v. Hammer-Purgstall, Über die Encyklopädie der Perser, Araber und Türken, Kaiserl. Akad. Wiss. Wien, philos.-hist. Kl., Denkschriften 7 (1856), 205–232, unter dem Titel: Fortsetzung der Auszüge aus Encyklopädischen Werken der Araber, Perser und Türken, 8 (1857), 106–122, 9 (1859), 1–44; J. Henningsen, »E.«. Zur Sprach- und Bedeutungsgeschichte eines pädagogischen Begriffs, Arch. Begriffsgesch. 10 (1966), 271–362; ders., Orbis Doctrinae: Encyclopaedia, Arch. Begriffsgesch. 11 (1967), 241–245; F. A. Kafker (ed.), Notable Encyclopedias of the Late Eighteenth Century. Eleven Successors of the Encyclopédie, Oxford 1994; ders., The Encyclopedists as a Group. A Collective Biography of the Authors of the Encyclopédie, Oxford 1996; H. Kogan, The Great EB. The Story of the Encyclopaedia Britannica, Chicago Ill. 1958; H. Koller, *ΕΓΚΥΚΛΙΟΣ ΠΑΙΔΕΙΑ*, Glotta 34 (1955), 174–189, Nachdr. in: H.-T. Johann, Erziehung und Bildung in der heidnischen und christlichen Antike, Darmstadt 1976, 3–21; E. H. Lehmann, Geschichte des Konversationslexikons, Leipzig 1934; C. Meier (ed.), Die E. im Wandel vom Hochmittelalter bis zur frühen Neuzeit, München 2002; H. J. Mette, *ΕΓΚΥΚΛΙΟΣ ΠΑΙΔΕΙΑ*, Gymnasium 67 (1960), 300–307, Nachdr. in: H.-T. Johann, Erziehung und Bildung in der heidnischen und christlichen Antike [s. o.], 31–41; G. Meyer, Das Konversations-Lexikon, eine Sonderform der E.. Ein Beitrag zur Geschichte der Bildungsverbreitung in Deutschland, Diss. Göttingen 1966; J. Mittelstraß, Bildung und Wissenschaft. E.n in historischer und wissenssoziologischer Betrachtung, Die wissenschaftliche Redaktion 4 (Mannheim 1967), 81–104; ders., Vom Nutzen der E., in: Meyers Enzyklopädisches Lexikon I, Mannheim/Wien/Zürich 1971, IX–XIX; O. Neurath, Erster internationaler Kongress für Einheit der Wissenschaft in Paris 1935, Erkenntnis 5 (1935), 377–406; J. Proust, Diderot et l'Encyclopédie, Paris 1962, ³1995; L. M. de Rijk, *Εγκύκλιος παιδεία*. A Study of Its Original Meaning, Vivarium 3 (1965), 24–93; F. Schalk, Einleitung in die Encyclopädie der französischen Aufklärung, München 1936; ders., E., Hist. Wb. Ph. II (1972), 573–575; E. Schult, Lexikon, E., Wörterbuch in Buchtiteln der Gegenwart, Die wissenschaftliche Redaktion 2 (Mannheim 1966), 7–12; J.-L. Seban, Encyclopedia, in: R. Audi (ed.), The Cambridge Dictionary of Philosophy, Cambridge/New York/Melbourne 1995, ²1999, 264; L. E. Sullivan, Circumscribing Knowledge. Encyclopedias in Historical Perspective, J. Relig. 70 (1990), 315–339; J. Taylor, The Didascalicon of Hugh of St. Victor. A Medieval Guide to the Arts. Trans. from the Latin with an Introd. and Notes, New York/London 1961, Neudr. 1991; R. L. Underbrink, About Encyclopedias, Jacksonville Ill. 1960; F. Venturi, Le origini dell'Enciclopedia, Florenz 1946, Turin ³1977; S. P. Walsh, Anglo-American General Encyclopedias 1703–1967. A Historical Bibliography, New York/London 1968; J. M. Wells (ed.), The Circle of Knowledge. Encyclopaedias Past and Present, Chicago Ill. 1968; B. Wendt, Idee und Entwicklungsgeschichte der enzyklopädischen Literatur. Eine literarisch-bibliographische Studie, Würzburg-Aumühle 1941; W. N. West, Theatres and Encyclopedias in Early Modern Europe, Cambridge 2002, bes. 14–42 (Chap. 1 The Space of the Encyclopedia); A. M. Wilson, Diderot. The Testing Years, 1713–1759, New York 1957, 1972 (erw. um Part 2 The Appeal to Posterity, 1759–1784); ders., Encyclopédie, Enc. Ph. II (1967), 505–508; R. Yeo, Encyclopaedic Visions. Scientific Dictionaries and Enlightenment Culture, Cambridge/New York 2001; G. A. Zischka, Index lexicorum. Bibliographie der lexikalischen Nachschlagewerke, Wien 1959, Neudr. 1980; weitere Literatur zur »Encyclopédie« Diderots und d'Alemberts: ↑Enzyklopädisten.   J. M.

Enzyklopädisten (franz. encyclopédistes), die mehr als 170 namentlich feststellbaren Mitarbeiter der von D. Diderot (bis 1772) und J. le Rond d'Alembert (bis 1758) herausgegebenen »Encyclopédie, ou Dictionnaire raisonné des sciences, des arts et des métiers« (I–XXXV, Paris/Neufchastel/Amsterdam 1751–1780). Im engeren Sinne die im Titelblatt als ›société de gens de lettres‹ (gegründet 1750 unter dem Vorsitz Diderots und d'Alemberts) bezeichneten Träger der mit dieser ↑Enzyklopädie verfolgten aufklärerischen Konzeption (↑Aufklärung), in der (in Abgrenzung zum ›historien‹ und in Ablösung der älteren Orientierung am ›honnête homme‹) das Leitbild des ›philosophe‹ entworfen wird (»Philosopher, c'est donner la raison des choses, ou dumoins la chercher; car tant qu'on se borne à voir & à rapporter ce qu'on voit, on n'est qu'historien«, Diderot, Art. ›philosophie‹, Encyclopédie XII [1765], 512). Nach den Vorstellungen der Herausgeber hat sich in diesem Sinne der *esprit philosophique* (der bei Diderot und Voltaire programmatisch den *esprit critique* in der Konzeption P. Bayles ablösen soll) als *esprit encyclopédique* zu bewähren.

Zu den bedeutendsten E. gehören neben Diderot, der selbst einige der programmatischen Artikel (darunter ›encyclopédie‹ und ›philosophie‹) schrieb, d'Alembert (mathematische, physikalische und wissenschaftstheoretische Beiträge, z. B. ›Cartésianisme‹, ›élémens de science‹), M. J. A. N. C. Marquis de Condorcet (naturwissenschaftliche Beiträge in den Supplementbänden), P. H. T. d'Holbach (naturwissenschaftliche Beiträge), J. F. Marmontel (Beiträge über Literaturkritik), C. de Montesquieu (Teilartikel ›goût‹), F. Quesnay (Beiträge ›fermier‹ und ›grains‹, die zu den Gründungsdokumenten der ↑Physiokratie gehören), J.-J. Rousseau (Beiträge über Musik, ferner ›économie politique‹), A. R. J. Turgot (unter seinen Beiträgen: ›étymologie‹, ›existence‹, ›foire‹ und ›fondation‹) und Voltaire (unter seinen Beiträgen: ›esprit‹ und ›histoire‹). Die Hervorhebung dieser Autoren unter den E. sollte allerdings nicht darüber hinwegtäuschen, daß (von Diderot und d'Alembert abgesehen) ihr tatsächlicher Anteil an der »Encyclopédie« eher gering war (Voltaire z. B. schrieb nur in den Bänden V–VII, von Montesquieu stammt nur ein Teilartikel); der weitaus größte Teil der Artikel wurde von eher unbedeutenden Autoren verfaßt, unter ihnen vor allem L. Chevalier de Jaucourt (1704–1780), der 28 Prozent aller Artikel in den 17 Textbänden, d. i. fast ein Viertel des Gesamttextes, schrieb. Umgekehrt werden im zeitgenössischen Bewußtsein z. B. auch É. B. de Condillac und C. A. Helvétius als Repräsentanten der gleichen Konzeption, wie sie die »Encyclopédie« vertritt, zu den E. gerechnet.

Literatur: D. Diderot/J. le Rond d'Alembert, Encyclopédie, ou Dictionnaire raisonné des sciences, des arts et des métiers, par une société de gens de lettres. Mis en ordre et publié par M. Diderot […] et quant à la partie mathématique, par M. d'Alembert, I–XXXV, Paris/Neufchastel/Amsterdam, Supplément, I–IV, ed. C. J. Panckoucke, Amsterdam 1776–1777 (repr. [sämtl. Bde] Stuttgart 1967, New York 1969, XXII–XXXII, Recueil de planches I–XI [1762–1772], XXXIII, Suite de recueil de planches XII [1777, C. J. Panckoucke], XXXIV–XXXV, Table analytique et raisonné des matières I–II [1780, P. Mouchon]), Paris/Neuchâtel/Amsterdam 1751–1780 (repr. I–XXXV, Stuttgart Bad-Cannstatt 1966–1967) (engl. Denis Diderot's The Encyclopedia. Selections, New York 1967). – A. Cazes, Grimm et les Encyclopédistes, Paris 1933; G. Charlier/R. Morton (eds.), On suite de »L'Encyclopedie« – Le Journal Encyclopedique (1756–1793). Notes, documents et extraits rennis, Bruxelles 1952; J. P. Damiron, Mémoires sur les Encyclopédistes, Paris 1852–1857 (repr. Genf 1968); R. Darnton, The Business of Enlightenment. A Publishing History of the »Encyclopédie« 1775–1800, Cambridge 1979 (dt. Glänzende Geschäfte. Die Verbreitung von Diderots Encyclopedie. Oder Wie verkauft man Wissen mit Gewinn?, Berlin 1993); L. Ducros, Les Encyclopédistes, Paris 1900 (repr. Genf 1967); D. H. Gordon/N. L. Torry, The Censoring of Diderot's »Encyclopédie« and Re-Established Text, New York 1947, 1966; K. Hardesty, The »Supplément« to the »Encyclopédie«, The Hague 1977; S. Jüttner, Schriftzeichen. Die Wende zur Universalliteratur unter Frankreichs E. (1750–1780), Stuttgart 1999; F. A. Kafker, A List of Contributors to Diderot's »Encyclopédie«, French Hist. Stud. 3 (1963/1964), 106–122; ders., The Encyclopedists as a Group. A Collective Biography of the Authors of the »Encyclopédie«, Oxford 1996; ders./S. L. Kafker, The Encyclopedists as Individuals. A Biographical Dictionary of the Authors of the »Encyclopédie«, Oxford 1988 (Stud. on Voltaire and the Eighteenth Century 257); U. Kronauer, E., RGG II (1961), 1343–1344; J. LeGras, Diderot et »l'Encyclopédie«, Amiens 1928 (repr. New York 1972); J. Lough, Essays on the »Encyclopedie« of Diderot and D'Alembert, London 1968; ders., The »Encyclopédie« in Eighteenth Century England and Other Studies, Newcastle 1970; ders., The »Encyclopédie«, London 1971, Genf 1989; ders., The Contributors to the »Encyclopédie«, London 1973; J. H. Mason, Encyclopedists, Eighteenth-Century, REP III (1998), 303–304; J. Mittelstraß, Neuzeit und Aufklärung. Studien zur Entstehung der neuzeitlichen Wissenschaft und Philosophie, Berlin/New York 1970, bes. 90–113; J. V. Morley, Diderot and the Encyclopaedists, I–II, London 1886, London 1891 (repr. Genf 1971), 1921, ²1923 (repr. Ann Arbor Mich. 1971); M. Naumann, Diderots »Enzyklopädie«. Eine Auswahl, Leipzig 2001; A. Opitz, Schriftsteller und Gesellschaft in der Literaturtheorie der französischen E., Frankfurt 1975; H. C. Payne, The ›philosophes‹ and the People, New Haven Conn./London 1976; J. Proust, Diderot et »l'Encyclopédie«, Paris 1962,

²1967, ³1995; ders., L'Encyclopedisme dans le Bas-Languedoc du XVIIIme siècle, Montpellier 1968; M. Roustan, Les philosophes et la société française au XVIIIe siècle, Paris 1911 (repr. Genf 1970); F. Schalk, Einleitung in die »Encyclopädie« der französischen Aufklärung, München 1936; ders., Zur Vorgeschichte der Diderot'schen »Encyklopädie«, Rom. Forsch. 70 (1958), 30–53; R. N. Schwab/W. E. Rex/J. Lough, Inventory of Diderot's »Encyclopédie«, I–VIII, Genf 1971–1982 (Studies on Voltaire and the Eighteenth Century 80, 83, 85, 91–93); A. Selg/R. Wieland (eds.), Die Welt der »Encyclopedie«, Frankfurt 2001; J. Thomas, Le role de Diderot dans »l'Encyclopédie«, Ann. de l'Université de Paris. Num. spécial I (à l'occasion du 22 Centenaire de L'Encyclopédie Française) (1952), 7–25; F. Venturi, Le origini dell' »Enciclopedia«, Rom 1946, Turin ²1963; E. Weis, Geschichtsschreibung und Staatsauffassung in der französischen »Enzyklopädie«, Wiesbaden 1956; A. M. Wilson, »Encyclopédie«, Enc. Ph. II (1967), 505–508; weitere Literatur: ↑Enzyklopädie. J. M.

Epagoge (griech. ἐπαγωγή, Heranführung), häufig irreführend mit ›Induktion‹ übersetzter Aristotelischer Terminus für ein Verfahren, das insbes. die Annahme erster Sätze (↑Axiom) im Rahmen eines sonst deduktiv (syllogistisch) aufgebauten Begründungszusammenhanges begründen soll (Gegensatz ἀπόδειξις, ↑Apodeiktik, ↑Beweis). Bereits ein Einzelfall, an den ›herangeführt‹ wird, genügt zur Einsicht in allgemeine Zusammenhänge (in der Geometrie z. B. der Satz, daß alle rechten Winkel einander gleich sind), wenn dies auf eine methodische Weise, d. h. über exemplarische Bestimmungen solcher Einzelfälle, geschieht. Je nach Gegenstandsbereich (Mathematik, Dialektik, etc.) unterscheidet Aristoteles dabei verschiedene Exaktheitsgrade dieses ›Weges vom Besonderen zum Allgemeinen‹ (Top. A12.105a13–16).

Literatur: K. v. Fritz, Die ἐπαγωγή bei Aristoteles, München 1964 (Sitz.ber. Bayer. Akad. Wiss., philos.-hist. Kl. 1964, H. 3); D. W. Hamlyn, Aristotelian E., Phronesis 21 (1976), 167–184; Y. Lafrance, E., Enc. philos. universelle II/1 (1990), 809–810; P. Ptassek, E., Hist. Wb. Rhetorik II (1994), 1234–1237; W. Schmidt, Theorie der Induktion, die prinzipielle Bedeutung der E. bei Aristoteles, München 1974; H. Zagal Arreguín, Retórica, Inducción y ciencia en Aristoteles. Epistemología de la e., Mexico 1993. J. M.

Epiktet, *Hierapolis (Phrygien) um 50 n. Chr. als Sohn einer Sklavin aus Hierapolis (Phrygien), †Nikopolis (Epirus) zwischen 117 und 138 (in der Regierungszeit Hadrians), griech. Philosoph. E. hörte als Sklave noch zur Zeit Neros den Stoiker Musonius Rufus; nach seiner Freilassung wechselte er zwischen 92 und 94 im Zuge einer allgemeinen Philosophenvertreibung aus Italien durch Domitian nach Nikopolis (an der westgriechischen Küste, Nähe Preveza). Dort gründete er eine Schule und lehrte stoische Philosophie (↑Stoa) oder Lebenskunst. Bücher hat er nicht verfaßt, doch hat einer seiner Schüler, Lucius Flavius Arrianus (ca. 90 bis nach 170 n. Chr.), die Gespräche, die E. im Anschluß an die Vorträge mit den Hörern und Besuchern zu führen pflegte, aufgezeichnet (4 von 8 Büchern sind erhalten); außerdem verfaßte er ein bekanntes Kompendium unter dem Titel »Encheiridion«. Seine auf das praktische Leben bezogene Lehre von der Genügsamkeit und der Unabhängigkeit des Geistes gegenüber Schwierigkeiten des Lebens rückt ihn in die Nähe der späteren Kyniker (↑Kynismus) und der Philosophie L. A. Senecas.

Werke: Epictetae philosophiae monumenta, I–V, ed. J. Schweighäuser, Leipzig 1799–1800 (repr. Hildesheim 1977); Epicteti dissertationes ab Arriani digestae, ed. H. Schenkl, Leipzig 1916, Stuttgart 1965; W. J. Oates (ed.), Stoic and Epicurean Philosophers. The Complete Extant Writings of Epicurus, E., Lucretius, Marcus Aurelius, New York 1957; E.. Vom Kynismus, ed. u. übers., mit einem Kommentar v. M. Billerbeck, Leiden 1978; R. F. Dobbin, Epictetus, Discourses, Book I, Oxford/New York 1998. – W. A. Oldfather, Contributions to a Bibliography of E., Urbana Ill. 1927, Suppl., ed. M. Harman, Urbana Ill. 1952; Totok I (1964), 317–319.

Literatur: E. V. Arnold, Roman Stoicism. Being Lectures on the History of the Stoic Philosophy with Special Reference to Its Development within the Roman Empire, London 1958; M. Billerbeck, The Ideal Cynic from Epictetus to Julian, in: R. Bracht Branham/M.-O. Goulet-Cazé (eds.), The Cynics. The Cynic Movement in Antiquity and Its Legacy, Berkeley Calif./Los Angeles/London 1996, 205–221; J. Bonforte, Epictetus. A Dialogue in Common Sense, New York 1974; A. Bonhöffer, E. und die Stoa. Untersuchungen zur stoischen Philosophie, Stuttgart 1890; ders., Die Ethik des Stoikers Epictet, Stuttgart 1894; R. F. Dobbin, ›Proairesis‹ in Epictetus, Ancient Philos. 11 (1991), 111–135; O. Gigon, E., LAW, 830–831; J. P. Hershbell, The Stoicism of Epictetus. Twentieth Century Perspectives, in: W. Haase (ed.), Aufstieg und Niedergang der Römischen Welt. Geschichte und Kultur Roms im Spiegel der neueren Forschung II, 36, 3, Berlin/New York 1989, 2148–2163; ders., E., in: F. Ricken (ed.), Philosophen der Antike II, Stuttgart/Berlin/Köln 1996, 184–198; dies., Plato and Epictetus. Philosophy and Politics in Ancient Greece and Rome, in: E. G. Schmidt (ed.), Griechenland und Rom. Vergleichende Untersuchungen zu Entwicklungstendenzen und -höhepunkten der antiken Geschichte, Kunst und Literatur, Erlangen/Jena 1996, 476–484; B. Inwood, Epictetus, in: S. Hornblower/A. Spawforth (eds.), The Oxford Classical Dictionary, Oxford/New York ³1996, 532; ders., Epiktetos, Stoischer Philosoph, DNP III (1997), 1123–1125; ders., Epictetus, REP III (1998), 337–339; A. Jagu, La morale d'Epictète et le christianisme, in: W. Haase (ed.), Aufstieg und Niedergang der Römischen Welt [s. o.], 2164–2199; W. Kamlah, Der Ruf des Steuermanns. Die religiöse Verlegenheit dieser Zeit und die Philosophie, Stuttgart 1954, 63–84; P. de Lacy, The Ethics of E., Class. Philol. 38 (1943), 112–125; A. A. Long, Representation and the Self in Stoicism, in: S. Everson (ed.), Psychology, Cambridge 1991, 102–120, Neudr. in: A. A. Long, Stoic Studies, Cambridge 1996, 264–285; G. Rocca-Serra, Épictète, Enc. philos. universelle III/1 (1992), 133; F. Schweingruber, Sokrates und E., Hermes 78 (1943), 52–79; M. Spanneut, E., RAC V, 599–681; J. B. Stockdale, Testing Epictetus' Doctrines in a Laboratory of Human Behaviour, Bull. of the Institute of Class. Stud. of the University of London 40 (1995), 1–13. H.-L. N./K. H. H.

Epikur, *Samos 341 v. Chr., †Athen 270 v. Chr., griech. Philosoph, lehrte in Mytilene (311/310), Lampsakos

(310–307/306) und Athen (ab 307/306), dort in einem Haus mit dem berühmten ›Garten‹ (κῆπος), wo er mit seiner Schule (↑Epikureismus), genannt die ›Philosophen des Gartens‹, in Konkurrenz trat zur ↑Akademie und zum ↑Peripatos. E. soll 300 Buchrollen hinterlassen haben; erhalten sind nur drei Lehrbriefe (über Naturphilosophie, Himmelskunde und Ethik), eine von ihm autorisierte Sammlung von 40 Lehrsätzen und (auf in Herculaneum gefundenen Papyri) große Teile seines Hauptwerkes »Über die Natur« (περὶ φύσεως). – Das Interesse E.s gilt vor allem der praktischen Lebensgestaltung, ihrer rationalen Analyse und pragmatischen Optimierung. Philosophie hat für ihn den Hauptzweck, Hilfen für eine Verbesserung der Lebensführung bereitzustellen, damit der Mensch sein Ziel, das ↑Glück (↑Eudämonismus), erreichen kann. Die Disziplinen der Philosophie (Logik/Erkenntnistheorie, Physik/Naturerklärung und Ethik) sollen diesem Zweck dienen, und dies können sie nach E. nur bzw. hauptsächlich durch die Bereitstellung von Beunruhigung vermeidenden Erkenntnissen, durch tätige theoretische und praktische ›Aufklärung‹ im weitesten Sinne, bis hin zu Ratschlägen für pragmatische ›Seelentherapie‹. Die traditionellen philosophischen Bildungsinhalte haben für E. nur insofern einen Wert, als sie diesen Zielen dienen.

In seiner Erkenntnistheorie nennt E. drei Instanzen für Wahrheit: Wahrnehmungen, Empfindungen (πάθη) und allgemeine Vorbegriffe (προλήψεις, ↑Prolepsis). In der Erklärung der Wahrnehmung schließt er sich der Theorie Demokrits an (↑Bildchentheorie). Die Wahrnehmungseindrücke aller Sinnesorgane gelten als zuverlässig, falsche Wahrnehmungsurteile beruhen auf fehlerhaften Schlüssen. Die mit Wahrnehmungen verbundenen Empfindungen der Lust und der Unlust hält er für verläßlich, weil er sie nicht als bloß subjektive Gefühle, sondern (wie die Wahrnehmungen selbst) als Affektionen durch äußere Realitäten ansieht. Allgemeinvorstellungen, die E. auf mehrfache gleichartige Wahrnehmungen zurückführt, haben einen vorläufigen Wahrheitswert. Auch die Sprache ist für ihn Basis von Vorbegriffen, da er eine innere Korrespondenz von Wörtern und ihren Bedeutungen annimmt; doch räumt er die Möglichkeit von Falschheit bei irrigen semantischen Zuordnungen ein. Hier ergibt sich für die Philosophie die Aufgabe der Korrektur irregeleiteten umgangssprachlichen und philosophischen Wortgebrauchs. Die besondere Problematik der Erkenntnis und Verifikation bei nicht direkt auf Empirie beruhenden Termini (z. B. ›Atom‹) sucht E. durch ein indirektes Beweisverfahren (↑Beweis) zu lösen, das er ›Gegenbestätigung‹ (ἀντιμαρτύρησις) nennt und das darin besteht, für das kontradiktorische (↑kontradiktorisch/Kontradiktion) Gegenteil die Unausweichlichkeit der Nicht-Übereinstimmung mit der empirischen Realität nachzuweisen.

Die Naturphilosophie (›Physik‹) des E. verfolgt vor allem das Ziel, durch Aufklärung über die Zusammenhänge des Naturgeschehens von Furcht vor den Göttern und vor dem Tod zu befreien und so ein Leben in Seelenruhe (↑Ataraxie) zu ermöglichen. E. geht von dem allgemeinen Prinzip aus, daß nichts aus nichts entstehen (↑ex nihilo nihil fit) und nichts zu nichts vergehen kann, woraus die prinzipielle Unveränderlichkeit des Alls folgt. Grundelemente seiner Naturlehre sind die (unwandelbaren, unvergänglichen, unteilbaren und nicht direkt wahrnehmbaren, nur durch logisches Denken erschließbaren) ↑Atome und das ↑Leere, dessen Existenz nicht wahrnehmbar ist, weshalb er es als notwendiges Postulat für die Erklärung von Bewegung legitimieren muß. Die Seele des Menschen besteht nach E. aus Atomen, die über den Körper verteilt sind; sie vergeht mit dem Tod, der keinerlei Bedrohung darstellt, weil er lediglich ein Zustand der Empfindungslosigkeit ist. Götter sind unvergängliche Atomgebilde, die sich nicht um die Welt und die Menschen kümmern, weshalb man sie weder zu fürchten noch zu verehren braucht. Auch E.s Kosmologie steht im Dienst der rationalen Aufklärung und Ataraxiegewinnung. Der ↑Kosmos verdankt seine Entstehung nicht einem Götterwillen und nicht einer ↑Teleologie, sondern der mechanischen Zufälligkeit von Atomkonstellationen; dies gilt auch für die Lebewesen, von denen nur die überlebensfähigen Kombinationen den Evolutionsprozess überdauern.

In der Ethik vertritt E. einen konsequenten ↑Hedonismus. Als höchstes Gut gilt ihm die Lust (ἡδονή), als größtes Übel der Schmerz; einen neutralen Zustand zwischen beiden gibt es nach E. nicht. Lust ist die Freiheit von körperlichen Schmerzen und seelischer Unruhe; mit der Befreiung von Schmerz tritt zugleich das Gefühl der Lust auf. Da Lust als Dauerzustand angestrebt werden soll, rät E., kurzfristige Übel wegen langwährender Lust in Kauf zu nehmen und die Auswahl der zu befriedigenden Bedürfnisse sorgfältig zu treffen. Politische Tätigkeit, für ihn ein Übel, da mit Unlust und Verwirrung verbunden, ist ethisch legitim, sofern sie als vorübergehende und langfristig dem individuellen Glück (etwa durch die Herbeiführung besserer allgemeiner Lebensbedingungen, die auch dem Individuum zugute kommen) dienende Aktivität angesehen werden kann. Die traditionellen ↑Tugenden haben für ihn keinen eigenen Wert; die ↑Freundschaft schätzt er als hohes Gut ein, weil sie dem Bedürfnis nach Sicherheit und Ruhe dient. E. lehnt jeden Überfluß als einem Leben der Ataraxie unzuträglich ab und steht überkommenen Konventionen, sofern sie nicht dem Leben der Lust dienen, ablehnend gegenüber. – Die Lehre E.s fand als Theorie und als Lebensform zu allen Zeiten Anhänger und Kritiker. L. A. Seneca und Q. H. F. Horaz standen dem ↑Epikureismus nahe, Kritiker, insbes. aus den Reihen christlicher Theologen und Philosophen, warfen ihm (zu Unrecht) vor, er vertrete ein Lebensideal der ungehemmten Ausschweifung.

Werke: Opere, ed. G. Arrighetti, Turin 1960 [griech./ital.]; Epicurea, ed. H. Usener, Leipzig 1887 [griech./dt.] (repr. Stuttgart 1966); E.. The Extant Remains, ed. C. Bailey, Oxford 1926 [griech./engl.]; E.. Opere, frammenti, testimonianze, traduzioni, ed. E. Bignone, Bari 1920 [griech./ital.] (repr. Rom 1964, gekürzt Bari 1966); E.. Von der Überwindung der Furcht. Katechismus, Lehrbriefe, Spruchsammlung, Fragmente, ed. O. Gigon, Zürich 1949; Epikuros/E.. Philosoph der Freude, Briefe, Hauptlehrsätze, Spruchsammlung, Fragmente, ed. P. M. Laskowsky, Frankfurt 1988 [griech./dt.].

Literatur: J. Annas, Epicurus on Agency, in: J. Brunschwig/M. C. Nussbaum (eds.), Passions and Perceptions. Studies in Hellenistic Philosophy of Mind, Cambridge 1993, 53–71; G. Arrighetti, Épicure et son école, in: B. Perrain (ed.), Histoire de la philosophie I, Paris 1959, 752–772; D. R. Blickman, Lucretius, Epicurus and Prehistory, Harv. Stud. 92 (1989), 157–191; J. Brunschwig, Épicure, in: D. Huisman (ed.), Dictionnaire des philosophes I, Paris 1984, 940–947; D. Clay, Individual and Community in the First Generation of the Epicurean School, in: Syzetesis. Studi sull'epicureismo greco e latino offerti a Marcello Gigante I, Neapel 1983, 255–279; P. Conway, Epicurus' Theory of Freedom of Action, Prudentia 13 (1981), 81–89; A. Cresson, Épicure. Sa vie, son œuvre, avec un exposé de sa philosophie, Paris ³1958; P. H. De Lacy, E., Enc. Ph. III (1967), 3–5; W. Detel, Aisthesis und Logismos. Zwei Probleme der epikureischen Methodologie, Arch. Gesch. Philos. 57 (1975), 21–35; N. W. DeWitt, Epicurus and His Philosophy, Cleveland Ohio/New York 1967; C. Diano, E. und die Dichter, Bonn 1967; ders., Épicure, la philosophie du plaisir et la societé des amis, Ét. philos. 22 (1967), 173–186; J.-F. Duvernoy, Monde récu et monde à construire: l'›oikeiosis‹ stoicienne et la ›philia‹ d'Épicure, Diotima 25 (1997), 86–89; M. Erler, E., in: H. Flashar (ed.), Die Philosophie der Antike IV/1 (Die Hellenistische Philosophie), Basel 1994, 29–202; ders., E., DNP III (1996), 1130–1140; M. Forschner, Über das Glück des Menschen. Aristoteles, E., Stoa, Thomas von Aquin, Kant, Darmstadt 1993; B. Frischer, The Sculpted Word, Berkeley Calif./Los Angeles/London 1982; D. J. Furley, Epicurus, DSB IV (1971), 381–382; ders., Democritus and Epicurus on Sensible Qualities, in: J. Brunschwig/M. C. Nussbaum (eds.), Passions and Perceptions [s. o.], 72–94; M. Gigante, Das zehnte Buch des Diogenes Laertios: E. und der Epikureismus, in: W. Haase (ed.), Aufstieg und Niedergang der römischen Welt. Geschichte und Kultur Roms im Spiegel der neueren Forschung II, 36, 6, Berlin/New York 1992, 4304–4307; V. Goldschmidt, La doctrine d'Épicure et le droit, Paris 1977; M. Hossenfelder, E., München 1991; D. Konstan, Some Aspects of Epicurean Psychology, Leiden 1973; D. Lemke, Die Theologie. E.s Versuch einer Rekonstruktion, München 1973; A. A. Long, Aisthesis, Prolepsis and Linguistic Theory in Epicurus, Bull. Institute Class. Stud. Univ. London 18 (1971), 114–133; M. Malherbe, La theologie materialiste d'Épicure, Arch. philos. 40 (1977), 363–377; J. Mau, Zum Problem des Infinitesimalen bei den antiken Atomisten, Berlin 1954; P. Merlan, Studies in Epicurus and Aristotle, Wiesbaden 1960; J. Mewaldt, Die geistige Einheit E.s, Halle 1927; P. Mitsis, Epicurus' Ethical Theory. The Pleasures of Invulnerability, Ithaca N. Y./London 1988; ders., Epicurus, in: L. C. Becker/C. B. Becker (eds.), Encyclopedia of Ethics I, New York/London 1992, 320–322; P.-F. Moreau, Épicure et Spinoza: la physique, Arch. philos. 57, 3 (1994), 459–469; J. H. Nichols, Epicurean Political Philosophy, Ithaca N. Y./New York 1976; W. F. Otto, E., Stuttgart 1975; A. Panichas, Epicurus, Boston 1976; R. Philippson, Studien zu E. und den Epikureern, Hildesheim/Zürich/New York 1983; J. M. Rist, Epicurus. An Introduction, New York 1972; ders., E. on Friendship, Class. Philol. 75 (1980), 121–129; W. Schmid, E.s Kritik der platonischen Elementenlehre, Leipzig 1936; D. Sedley, The Proems of Empedocles and Epicurus, Greek, Roman and Byzantine Stud. 30 (1989), 269–296; ders., E. and His Professional Rivals, in: J. Bollack/A. Laks (eds.), Études sur l'épicurisme antique (Cahiers de Philologie I), Paris 1976, 119–159; ders., Epicurus, REP III (1998), 350–351; R. W. Sharples, Carneades and Epicurus on the Atomic Swerve, Bull. Institute Class. Stud. Univ. London 38 (1991/1993), 174–190; G. Striker, E., in: O. Höffe (ed.), Klassiker der Philosophie I, München 1981, 18–114; R. M. Strozier, Epicurus and Hellenistic Philosophy, Lanham Md./New York 1985; A. E. Taylor, E., Freeport N. Y./New York 1969; A. Verlinsky, Ou synoromena pragmata (Epicurus, Epistula ad Herodotum, 76), On Epicurus' Theory of the Emergence of Language, Hyperboreus 1,2 (1994/1995), 46–86; G. Vlastos, Minimal Parts in Epicurean Atomism, Isis 56 (1965), 121–147; A.-J. Voelke, Droit de la nature et nature de droit: Callicles, Épicure, Carneade, Rev. philos. France étrang. 172 (1982), 267–275. M. G.

Epikureismus, Bezeichnung für eine an der Philosophie Epikurs orientierte Lebenshaltung, die nur das persönliche ↑Glück (↑Eudämonismus) des einzelnen als Ideal anerkennt, das durch ↑Ataraxie, vernünftige Einsicht (die Furcht vor den Göttern und vor dem Tod gilt als unvernünftig) und konsequente Orientierung am Prinzip der ›Lust‹ (d. h. nicht zügelloser ↑Hedonismus, sondern Vermeidung all dessen, was langfristig mehr Leid als Lust verursacht) erreicht werden soll. Ein ›Leben der Zurückgezogenheit‹ (λάθε βιώσας) wird als geeignetes Mittel zur Erreichung dieses Glücks angesehen. Der häufig erhobene Vorwurf, der E. predige Ausschweifung und unbeschränkten Sinnengenuß, ist unbegründet. – Die bedeutendsten Anhänger des E. sind in der Antike Metrodoros von Lampsakos, Hermarchos, Philodemos, Lukrez und Horaz; in der Neuzeit wurde der E. z. B. von P. Gassendi, D. Diderot und F. Nietzsche verfochten.

Literatur: J. Annas, Hellenistic Philosophy of Mind, Berkeley Calif./Los Angeles/Oxford 1992, 123–199; E. Asmis, Epicurus' Scientific Method, Ithaca N. Y. 1986; L. Bove, Épicurisme et spinozisme: l'éthique, Arch. philos. 57 (1994), 471–484; J. Brun, L'épicurisme, Paris 1959, ⁴1969; P. De Lacy, Some Recent Publications on Epicurus and Epicureanism, 1937–1954, Class. Weekly 48 (1955), 169–177; ders., Epicureanism and the Epicurean School, Enc. Ph. III (1967), 2–3; T. Dorandi, Epikureische Schule, DNP III (1996), 1126–1130; J. F. Duvernoy, L'épicurisme, et sa tradition antique, Paris 1990; A. J. Festugière, Epicure et ses dieux, Paris 1946; D. J. Furley, Two Studies in the Greek Atomists, Princeton N. J. 1967; J. C. A. Gaskin, Epicureanism, in: T. Honderich (ed.), The Oxford Companion to Philosophy, Oxford/New York 1995, 239–240; M. Gigante, Scetticismo e epicureismo, Per l'avviamento di un discorso storiografico, Rom 1981; ders., Quelques précisions sur le scepticisme et l'épicurisme, in: A.-J. Voelke (ed.), Le scepticisme antique. Perspectives historiques et systématiques. Actes du colloque international sur le scepticisme antique, Genève/Lausanne/Neuchâtel 1990, 69–83; ders., Cinismo e epicureismo, in: M.-O. Goulet-Cazé/R. Goulet (eds.), Le Cynisme ancient et ses prolongements, Actes du colloque international du CNRS, Paris 1993, 159–223; D. K. Glidden, Literatur zum E., Philos. Rdsch. 27 (1980), 224–230; P. M. Huby, Epicureanism and Free Will, DHI II (1973), 134–138; H. Jones, The Epicurean Tradition, London 1989; A. Keim, L'épicurisme, l'ascétisme et la morale utilitaire, Paris 1924; D. Kimmich, Epikureische Aufklärungen: philosophische und poetische Konzepte der Selbstsorge, Darmstadt 1993; A. A. Long, Hellenistic Philosophy, London 1974; ders./D. Sedley, The Hellenistic Philosophers, I–II, Cambridge 1987; J. Morleau, Stoïcisme, épicurisme, tradition hellénique, Paris 1979; A. Müller, E., Hist. Wb. Ph. II (1972), 584–585; R. Philippson, Studien zu Epikur und den Epikureern, im Anschluß an Wolfgang Schmid, Hildesheim/Zürich/New York 1983; P. Preuss, Epicurean Ethics, Katastematic Hedonism, Lewiston/Queenston/Lampeter 1994; G. Rodis-Lewis, Épicure et son école, Paris 1975; W. Schmidt, Epikur, RAC 5 (1960), 681–819; D. Sedley, Epicureanism, REP III (1998), 340–350. M. G.

Epimenides von Kreta, Ende des 7. Jhs. v. Chr., griech. Weiser und Seher, dem Kreis der Sieben Weisen zugeordnet. Berühmt wurde die E. zugeschriebene Antinomie des Lügners ($\psi\varepsilon\upsilon\delta\acute{o}\mu\varepsilon\nu o\varsigma$). Danach behauptet E., daß alle Kreter lügen. Da er selber Kreter ist, kann die Behauptung sowohl wahr als auch falsch sein. Diskutiert wird die Antinomie bei Aristoteles, Theophrast und Chrysipp. Der Logiker Philites von Kos (340–285 v. Chr.) soll an den Bemühungen um die Antinomie des E. gestorben sein (»Wanderer, ich bin Philites, das Argument, das lügende, hat mich getötet, und das tiefe nächtliche Nachdenken«). Paulus erwähnt die Antinomie im Brief an Titus 1,12. In der modernen Logik wird die Antinomie unter dem Namen des E. als Beispiel einer semantischen Antinomie behandelt (↑Lügner-Paradoxie, ↑Antinomien, semantische). B. Russell löst sie typentheoretisch: Danach ist die Behauptung des E. »alle Aussagen 1. Ordnung, die ich bejahe, sind falsch« eine Aussage 2. Ordnung, die er wahr behaupten kann, ohne zugleich eine Aussage 1. Ordnung wahr zu behaupten, so daß also kein Widerspruch entsteht. – Neben seiner Rolle in der Logikgeschichte trug eine Theogonie des 6. Jhs. v. Chr. den Namen des E.. An E. knüpft sich auch die Legende von einem 57jährigen Schlaf und einem überlangen Leben, das J. W. v. Goethe in dem Festspiel »Des E. Erwachen« (Berlin 1815) behandelte.

Werke: VS 3 B 1–26.

Literatur: G. Barone, Epimenide di Creta e le Credenze religiose de' suoi tempi. Studio storico-critico-filologico, Neapel 1880; J. M. Bocheński, Formale Logik, Freiburg/München 1956, ⁵1996 (engl. A History of Formal Logic, Notre Dame Ind. 1961, New York ²1970); G. Colli, E., in: ders., La sapienza greca II, Mailand 1978, 1992, 43–75, 263–273; H. Demoulin, Épiménide de Crète, Brüssel 1901 (repr. New York 1979); O. Kern, De Orphei Epimenidis Pherecydis theagoniis quaestiones criticae, Diss. Berlin 1888; ders., E., RE XI (1907), 173–178; F. Kiechle, E., KP II (1967), 319–320; A. Koyré, Épiménide le menteur (Ensemble et catégorie), Paris 1947, 1993; R. Parker, E., DNP III (1997), 1144; G. Rocca-Serra, Épiménide de Crète, Enc. philos. universelle III/1 (1992), 135; B. Russell, Mathematical Logic as Based on the Theory of Types, Amer. J. Math. 30 (1908), 222–262; K. Schultess, De Epimenide Crete, Bonn 1877. K. M.

Epiphänomenalismus, wohl von J. Ward (in der 10. Auflage [1902] der Encyclopaedia Britannica X, Stichwort ›Psychology‹) eingeführte polemische Bezeichnung für solche Theorien im dualistischen (↑Dualismus) Kontext von Auffassungen über das Verhältnis von Leib und Seele (genauer: Bewußtsein) bzw. des Physischen und Mentalen, die das Bewußtsein bzw. das Mentale als eine Begleiterscheinung (›Epiphänomen‹) physiologischer Prozesse, speziell im Gehirn, verstehen (↑Leib-Seele-Problem), d. h., lediglich das Physische besitzt kausale Kraft und das Mentale ist vollkommen vom Physischen abhängig. Eine umgekehrte Beeinflussung, wie sie der ↑Interaktionismus mit einbezieht, lehnt der E. ab, d. h., das Mentale selbst spielt keine kausale Rolle. Dies bedeutet jedoch nicht, daß der E. eine reduktionistische (↑Reduktionismus) Position darstellt, da die Realität des Mentalen nicht bestritten wird. – Epiphänomenalistische Auffassungen wurden vor allem in der zweiten Hälfte des 19. Jhs. (z. B. von S. Hodgson, L. Büchner, T. H. Huxley, E. Haeckel, modifiziert von F. Brentano) vertreten. Eine im Kern epiphänomenalistische Auffassung wird allerdings auch schon von Simmias in Platons »Phaidon« (85e3–86d4) vorgetragen. Zu dem Problem des E. gehört insbes. die Erklärung intentionalen Handelns. Intentionales Handeln (↑Intentionalität) ist Handeln aus Gründen, was wiederum eine Kausalbeziehung zwischen (mentalen) Gründen und (physischem) Handeln impliziert.

Neuere Versionen des E. (K. Campbell, F. Jackson) verbinden Aspekte des E. mit der Auffassung, daß mentale Zustände physische Zustände sind und als solche eine kausale Rolle spielen, daß sie jedoch über ihre physischen Eigenschaften hinaus nicht-physische, phänomenale Eigenschaften oder ↑Qualia besitzen können, die keine kausale Rolle spielen. – Die systematische Einschätzung des E. hängt unter anderem von der verwendeten Auffassung der ↑Kausalität und vom Stand der Erkenntnisse der Neurophysiologie ab (↑Leib-Seele-Problem, ↑Parallelismus, psychophysischer).

Literatur: P. Bieri, Trying out Epiphenomenalism, Bielefeld 1990; D. Birnbacher, Epiphenomenalism as a Solution to the Ontological Mind-Body Problem, Ratio 1 (1988), 17–32; K. Campbell, Body and Mind, Garden City N. Y. 1970, London 1971, Notre Dame Ind. 1980, ²1984; ders./N. J. Smith, Epiphenomenalism, REP III (1998), 351–354; N. Campbell, Anomalous Monism and the Charge of Epiphenomenalism, Dialectica

52 (1998), 23–39; ders., What Was Huxley's Epiphenomenalism?, Biol. Philos. 16 (2001), 357–375; M. Carrier/J. Mittelstraß, Geist, Gehirn, Verhalten. Das Leib-Seele-Problem und die Philosophie der Psychologie, Berlin/New York 1989, 34–35, 234–235 (engl. [erw.] Mind, Brain, Behavior. The Mind-Body Problem and the Philosophy of Psychology, Berlin/New York 1991, 32–33, 223–225); A. Horowitz, Is there a Problem in Physicalist Epiphenomenalism?, Philos. Phenom. Res. 59 (1999), 421–434; A. Hyslop, Methodological Epiphenomenalism, Australas. J. Philos. 76 (1998), 61–70; F. Jackson, Epiphenomenal Qualia, Philos. Quart 32 (1982), 127–136; U. J. Jensen, Conceptual Epiphenomenalism, Monist 56 (1972), 250–275; M. E. Kalderon, Epiphenomenalism and Content, Philos. Stud. 52 (1987), 71–90; E. R. Kraemer, Imitation-Man and the ›New‹ Epiphenomenalism, Can. J. Philos. 10 (1980), 479–487; J. Lachs, Epiphenomenalism and the Notion of Cause, J. Philos. 60 (1963), 141–146; W. Nieke, Epiphänomen, Hist. Wb. Ph. II (1972), 586–588; D. Robinson, Epiphenomenalism, Laws and Properties, Philos. Stud. 69 (1993), 1–34; M. Scheler, Der Formalismus in der Ethik und die materiale Wertethik, I–II, Jb. Philos. phänomen. Forsch. 1 (1913), 405–565, 2 (1916), 21–478, separat mit Untertitel: Neuer Versuch der Grundlegung eines ethischen Personalismus, Halle 1921, Bern ²1954, Bonn ⁵2000; J. Shaffer, Mind-Body-Problem, Enc. Ph. V (1967), 336–346; R. Welshon, Anomalous Monism and Epiphenomenalism, Pacific Philos. Quart. 80 (1999), 103–120. G. W.

Episteme (griech. ἐπιστήμη, Wissen, Erkenntnis), in der griechischen Philosophie (↑Philosophie, griechische) Bezeichnung für alle theoretischen Formen des ↑Wissens, häufig, aber philosophie- und wissenschaftshistorisch irreführend, mit ›Wissenschaft‹ übersetzt. Den Gegensatz zu E. bilden ↑Meinung (δόξα), Glaube (πίστις, ↑Glaube (philosophisch)) und Kunstfertigkeit (τέχνη, ↑Technē, ↑ars). Weitere begriffliche Differenzierungen sind mit φιλοσοφία (↑Philosophie), einer besonderen Reflexions- und Wissensform, σοφία (↑Sophia), Inbegriff eines umfassenden theoretischen und praktischen Wissens sowie eines vollendeten Könnens, und θεωρία (↑Theoria), Inbegriff eines ›philosophischen‹ und ›theoretischen‹ Wissens, gegeben. Maßgebend für den Begriff des Wissens bzw. der E. in primär ›theoretischer‹ Bedeutung ist nicht die (spätere) Unterscheidung zwischen ↑Philosophie und ↑Wissenschaft, sondern die zwischen E., Philosophia, Sophia und Theoria auf der einen Seite und ›Historia‹ (ἱστορία), der ursprünglich an den Augenzeugenbericht geknüpften, kein ›theoretisches‹ oder ›philosophisches‹ Begründungswissen im engeren Sinne darstellenden Kenntnis. Platon bezeichnet z. B. die Geometrie als eine ›Philosophie‹ (φιλοσοφία, Theait. 143d), Aristoteles Physik und Mathematik sowohl als ›theoretische Philosophien‹ (Met. E1.1026a18–19) als auch jeweils als E. (Met. K7.1064b1–2), d. h. beide Ausdrücke (φιλοσοφία und ἐπιστήμη) werden im wesentlichen synonym verwendet.
Die Analyse der Begriffe des Wissens und des Glaubens, ebenso wie die Analyse deduktiver Systeme mit diesen Begriffen als ›epistemischen ↑Modalitäten‹, erfolgt heute im Rahmen der so genannten *epistemischen Logik* (↑Logik, epistemische, ↑Modallogik). Eine weitere Verwendung des Ausdrucks ›E.‹ tritt in der wissenschaftshistorischen und diskurstheoretischen Konzeption M. P. Foucaults auf (Unterscheidung dreier fundamentaler Formen wissenschaftlicher ›E.‹ von der Renaissance bis zum 20. Jh.). J. M.

Episyllogismus, Bezeichnung für einen einfachen kategorischen Syllogismus (↑Syllogismus, kategorischer), dessen eine ↑Prämisse Schlußsatz eines anderen Syllogismus ist. Da zwei in dieser Weise verknüpfte Syllogismen innerhalb einer Schlußkette (↑Polysyllogismus) auftreten können, darf jedoch ›E.‹ genau genommen nicht als einstelliger ↑Prädikator, sondern nur als (zweistelliger) ↑Relator verwendet werden. Z. B. ist in der Schlußkette

	alle B sind A	
	alle C sind B	
daher:	alle C sind A	⎫
	kein D ist A	⎬ E.
daher:	kein D ist C	⎭

der aus den letzten drei Zeilen bestehende Syllogismus nach dem Modus Camestres E. *in Bezug auf* den aus den ersten drei Zeilen bestehenden Syllogismus nach dem Modus ↑Barbara; dieser heißt in Bezug auf jenen ↑Prosyllogismus. Der Übergang vom Prosyllogismus zum E. heißt ›episyllogistisch‹, ›progressiv‹ oder ›synthetisch‹, eine z. B. von I. Kant auf methodische Schritte nicht formal-logischer Art übertragene Terminologie. C. T.

Epoche (griech. ἐποχή, Anhalten, Zurückhalten), zentraler Terminus der antiken akademischen und pyrrhonischen Skepsis (↑Skeptizismus), später von E. Husserl zur Bezeichnung seines methodischen Vorgehens aufgenommen. In der mittleren ↑Akademie wenden sich Arkesilaos von Pitane und Karneades von Kyrene durch den methodisch begründeten Nachweis jeweils gegenteiliger Positionen gegen das stoische Evidenzkriterium der Wahrheit (↑Katalepsis) und fordern Zurückhaltung (E.) bei der Entscheidung über die Geltungsansprüche, die mit Urteilen verbunden sind. Radikaler lehrt Pyrrhon von Elis die prinzipielle Unhintergehbarkeit der Subjektivität von Meinungen und deshalb eine Enthaltung jeglichen Urteilens zum Zwecke der Erreichung wahrhafter Glückseligkeit (↑Ataraxie).
In der ↑Phänomenologie Husserls stellt E. die Methode dar, mit der die apodiktisch-evidente Basis für den Aufbau der Wissenschaften gewonnen werden soll. Dabei wird die objektive Welt in ihrem transzendenten Seinsanspruch außer Geltung gesetzt. Das Sein der Welt ist nur noch ein ›Geltungsphänomen‹. Das Ergebnis der E.

ist die Enthüllung des reinen transzendentalen Ego (↑Ego, transzendentales). Sie verdankt sich dem radikalen ↑Zweifel, der jedoch im Unterschied zu dem von R. Descartes eingeschlagenen Verfahren die Seinsthesis nur begrenzt ausschaltet, d. h. nicht bis zu einer ›universellen Negation‹ fortschreitet (Ideen, 65, 67). Mit der E. wird die ›natürliche Einstellung‹ verwandelt, der Boden der Wissenschaft vom naiven Weltbezug auf die transzendentale Egoität verschoben. Die E. klammert nicht nur die evidente Welterfahrung ein, sondern auch die Selbsterfahrung und erschließt auf diesem Wege die weltferne »absolute Region einer eigenständigen Subjektivität« (Ideen, 73). Der Begriff der E. wird von Husserl weitgehend synonym mit ›transzendentaler‹ bzw. ›phänomenologischer Reduktion‹ verwendet (↑Reduktion, phänomenologische). Der mit der E. verbundene Weltverlust ist nicht endgültig, jedoch »muß (man) erst die Welt durch $\dot{\epsilon}\pi o\chi\dot{\eta}$ verlieren, um sie in inversaler Selbstbesinnung wiederzugewinnen« (Cartesianische Meditationen, 183).

Literatur: P. Couissin, L'origine et l'évolution de l'epoché, Rev. ét. grecques 42 (1929), 373–397; J. Dugué, Épochè, Enc. philos. universelle II/1 (1990), 816; M. Hossenfelder/U. Claesges, E., Hist. Wb. Ph. II (1972), 594–596; FM II (1994), 1043–1044; J. Howarth, Phenomenology, Epistemic Issues in, REP VII (1998), 343–348; E. Husserl, Erste Philosophie (1923/24) II (Theorie der phänomenologischen Reduktion), ed. R. Boehm, Den Haag 1959 (Husserliana VIII); ders., Cartesianische Meditationen und Pariser Vorträge, ed. S. Strasser, Den Haag 1950 (Husserliana I), bes. 58–65, Hamburg 1995; ders., Ideen zu einer reinen Phänomenologie und phänomenologischen Philosophie I (Allgemeine Einführung in die reine Phänomenologie), ed. W. Biemel, Den Haag 1950 (Husserliana III), bes. 63–74; E. Ströker, Das Problem der E. in der Philosophie Edmund Husserls, Anal. Husserl. I (1971), 170–185. S. B.

Epsilontik, Scherzbezeichnung unbekannter Herkunft für die moderne, die griechischen Buchstaben ›δ‹ und ›ε‹ häufig verwendende Darstellungsweise von Infinitesimalbetrachtungen (↑Infinitesimalrechnung), in denen der ↑Abstand zweier Punkte oder allgemeiner eine ↑Umgebung (›ε-Umgebung‹) eines Punktes beliebig klein wählbar sein soll, was logisch mit Hilfe eines ↑Allquantors ausgedrückt wird. Z. B. heißt eine Folge (↑Folge (mathematisch)) x_* reeller Zahlen konvergent (↑konvergent/Konvergenz) gegen die reelle Zahl g (den ↑›Grenzwert‹ der Folge), wenn es zu jeder reellen Zahl $\epsilon > 0$ eine (von ϵ abhängige) Nummer N gibt, so daß $|g - x_n| < \epsilon$ für alle $n > N$ gilt; in der ›epsilontischen‹ Formulierung:

$$\bigwedge\nolimits_\epsilon \bigvee\nolimits_N \bigwedge\nolimits_n (n > N \to |g - x_n| < \epsilon) \quad \text{C. T.}$$

Erasmus von Rotterdam (seit 1496 genannt Desiderius E.), *Rotterdam 27./28. Okt. 1466/1469, †Basel 17. Juli 1536, niederl. Humanist und Theologe, bedeutendster Vertreter des europäischen ↑Humanismus. 1486/1488 Eintritt in das Augustiner-Chorherrenkloster Steyn bei Gouda, 1492 Priesterweihe, 1493 Sekretär des Bischofs von Cambrai, 1495–1499 Studium am Collège Montaigu in Paris, Abkehr vom scholastischen und monastischen Denken. 1499/1500 Aufenthalt in England, unter dem Einfluß von J. Colets Wendung zu einem biblischtheologisch fundierten Humanismus (Enchiridion militis christiani, 1501/1503); 1500–1505 Aufenthalt in Paris und in den Niederlanden, 1505–1506 erneut in England, 1506–1509 in Italien (1506 Promotion zum Doktor der Theologie in Turin), 1509–1514 erneut in England, 1514–1521 in Basel (1517 von seinen Ordensgelübden entbunden), 1521–1524 in den Niederlanden. E. veröffentlichte die bedeutende Sprichwörtersammlung »Adagiorum collectanea« (Paris 1500, ²1515), 1505 die »Annotationes« des L. Valla zum NT, 1511 in Straßburg das einflußreiche »Encomion moriae« und gab 1516 die erste griechische Ausgabe des NT mit einer Einleitung (»Methodus«, später »Ratio verae theologiae«) in Basel heraus, der 1517–1524 Paraphrasen, zunächst zum Römerbrief, folgten (mit Ausnahme der Apokalypse). Diese Ausgabe wurde zur Grundlage der Bibelübersetzung M. Luthers. 1524 ging E. erneut nach Basel, 1529 nach Freiburg, 1535 wiederum nach Basel. In dieser Zeit galt sein Bemühen aus einem vermittelnden humanistischen Interesse der Abgrenzung zur Reformation, als deren Zeuge in seinem Verhältnis zu Luther er vielfach gesehen wurde. Sein Streit mit Luther über den Willen (De libero arbitrio diatribe, 1524; Luther: De servo arbitrio, 1525) löste die bisherige Verbindung von Humanismus und Reformation; gleichzeitig distanzierte sich E. von der symbolischen Interpretation des Abendmahls. Die Idee eines gebildeten, weltbürgerlichen Christentums vertrug sich nicht mit den herkömmlichen theologischen Kontroversen; mit Ausgaben der Kirchenväter (z. B. Cyprian, 1521; Arnobius, 1522; Ambrosius, 1527; Origenes, 1527; Augustinus, 1527–1529) und Schriften wie »De ecclesiae concordia« (1533) und »Ecclesiastes« (1535) suchte ihr E. zum Durchbruch zu verhelfen. Sein schriftstellerisches Können, das ihn bei allem Gewicht auf historisch-philologische Kritik die Form des Essays und des Aphorismus bevorzugen ließ, trug dabei nicht unerheblich zum Erfolg seiner Bemühungen bei.

E. suchte in seinem an der Bergpredigt, nicht wie im Falle Luthers an Paulus und dessen Lehre von Sünde und Gnade, orientierten Christentum die mit der christlichen Antike beginnende positive Theologie mit dem Gedanken einer natürlichen Theologie (↑theologia naturalis) in einer ›philosophia Christi‹ zu verknüpfen, die in diesem Sinne eine ›patristische‹ Verbindung von kirchlicher Religiosität und weltlicher Vernunft darstellt. Gleichwohl fehlt es der Lehre von E. an begrifflicher

Kontur und systematischem Gewicht. Die Absicht, jenseits der Auseinandersetzungen seiner Zeit das Programm einer spirituellen Einheit des christlichen Denkens zu verwirklichen, erklärt ihre vermeintliche Neutralität und den Umstand, daß sich später noch Vertreter sowohl der liberalen Theologie (E. Troeltsch u. a.) als auch der Anglikanischen Kirche auf ihn zu berufen suchen. E.' philosophische Bedeutung liegt dementsprechend weniger in der systematischen Kraft seines Wollens, als vielmehr in der undogmatischen Weise, in der er diesem im Namen einer vernünftigen, die Grenzen autoritärer Traditionen überwindenden Selbständigkeit Geltung verschafft. Sein Einfluß reicht von den oberdeutschen Reformatoren, der Toleranzbewegung in den Niederlanden (↑Toleranz) und der Anglikanischen Kirche bis in die Naturrechtsschule von Salamanca (↑Salamanca, Schule von) (obgleich seine Werke von der römischen Kirche in der Gegenreformation auf den Index gesetzt wurden). 3000 Briefe dokumentieren seine intensiven Verbindungen mit den zeitgenössischen Repräsentanten des europäischen Denkens.

Werke: Opera omnia, I–IX, ed. B. Rhenanus, Basel 1539–1555, I–XI, ed. J. Clericus, Leiden 1703–1706 (repr. Hildesheim 1961–1962); Erasmi opuscula. A Supplement to the Opera Omnia, ed. W. K. Ferguson, The Hague 1933 (repr. Hildesheim/New York 1978); Ausgewählte Werke [lat.], ed. H. Holborn, München 1933, 1964; Ausgewählte Schriften [lat./dt.], I–VIII, ed. W. Welzig, Darmstadt 1967–1980, 1995; Opera omnia, I–, ed. J. H. Waszink u. a., Amsterdam etc. 1969ff.; Collected Works of E. [engl.], I–, ed. W. K. Ferguson u. a., Toronto 1974ff.. – Adagiorum collectanea, Paris 1500, rev. unter dem Titel: Adagiorum chiliades tres, Venedig ²1508, rev. unter dem Titel: Proverbiorum chiliades, Basel ³1515, rev. unter dem Titel: In omnes adagiorum chiliades epitome, Löwen ⁴1521 (engl. Proverbes or Adagies [sic], London 1539, unter dem Titel: Adages, in: ders., Collected Works [s.o.] XXXI–XXXIII, Toronto 1982–1992; dt. in: Adagia erasmiana [...] rytmis germanicis donata, Plauen 1699); Enchiridion militis christiani, in: ders., Lucubratiunculae aliquot, Antwerpen 1503, unter dem Titel: Enchiridion de milite Christiano, Löwen 1515, unter dem ursprünglichen Titel, Basel 1518 [mit neuem Vorwort] (dt. Enchiridion oder handbüchlin eins Christenlichen und Ritterlichen lebens, Basel 1520, unter dem Titel: Handbüchlein des christlichen Streiters, ed. H. Schiel, Olten/Freiburg 1952; engl. A Booke Called in Latyn Enchiridion and in Englysshe the Manuall of the Christen Knyght, London 1533, unter dem Titel: Enchiridion militis christiani. An English Version, ed. A. M. O'Donnell, Oxford etc. 1981, unter dem Titel: The Handbook of the Christian Soldier, in: ders., Collected Works [s.o.] LXVI, Toronto 1988, 8–127; franz. Enchiridion ou manuel du chevalier chrestien, Paris 1529; ital. Enchiridon per lo soldato christiano, Padua 1542); (ed.) Laurentii Valensis [...] in latinam Novi Testamenti interpretationes adnotationes, Basel 1505; Encomion moriae declamatio, Straßburg 1511, unter dem Titel: Encomium moriae id est Stultitiae laus, Basel 1515 (repr. Basel 1931 [Faks. mit engl. Übers.]), unter dem ursprünglichen Titel, ed. C. H. Miller, in: ders., Opera omnia [s.o.] IV/3, Amsterdam etc. 1979 (dt. Das Theür und Künstlich Büchlin Morie Encomion, das ist: Ein Lob der Thorhait, Ulm 1534, unter dem Titel: Das Lob der Torheit, ed. A. J. Gail, Stuttgart 1952, 1999, Bremen 1966, ed. U. Schultz, Frankfurt 1979, ⁷1992; engl. The Praise of Folie [sic], London 1549, unter dem Titel: The Praise of Folly, in: ders., The Praise of Folly and Other Writings, ed. R. M. Adams, New York/London 1989, 3–88, unter dem Titel: Praise of Folly, ed. A. H. T. Levi, in: ders., Collected Works [s.o.] XXVII, Toronto 1986, 83–153; franz. De la declamation de louenges de follie, Paris 1520, unter dem Titel: Éloge de la folie, Paris 1996; ital. La moria, Venedig 1539, unter dem Titel: Elogio della follia, ed. E. Garin, Rom 1995); De libero arbitrio sive collatio, o. O. o. J. [Basel 1524], ed. R. Strupperich, in: ders., Opera omnia [s.o.] IV/3, Amsterdam etc. 1986 (dt. Vom freien Willen, Göttingen 1940, ⁷1998); Liber de sarcienda ecclesiae concordia [...], Basel 1533, Neudr. in: ders., Opera omnia [s.o.] IV/4–5, Amsterdam etc. 1991 (dt. Von der Kirchen lieblichen Vereinigung [...], Straßburg 1533; engl. E. and the Seamless Coat of Jesus, Lafayette Ind. 1971; franz. Liberté et unité dans l'Eglise, Sherbrooke 1971); The Erasmus Reader, ed. E. Rummel, Toronto 1990 [auf Grundlage der Collected Works (s.o.)]. – Opus epistolarum, Basel etc. 1529; Opus epistolarum [lat.], I–XII, ed. P. S. Allen, Oxford 1906–1958, Oxford/New York 1992; Briefe [dt.], ed. W. Köhler, Leipzig 1938, ed. H. Flitner, erw. Bremen ³1956, Darmstadt 1986 [mit Bibliographie, 576–577]; La correspondance d'Érasme [franz.], I–XII, ed. M. Delcourt, Brüssel 1967–1984. – Bibliotheca Erasmiana. Répertoire des œuvres d'Érasme, I–III, ed. F. van der Haeghen, Gent 1893 (repr. Nieuwkoop 1964); J. Glomski/E. Rummel, Annotated Catalogue of Early Editions of E., Toronto 1994; H. Holeczek, Kurztitelliste, in: ders., E. deutsch, Stuttgart-Bad Cannstatt 1983, 287–303 [Bibliograpie des übersetzten Schrifttums E.']; ders., Literatur, in: ders., E. deutsch [s.o.], 315–331; J.-C. Margolin, Douze années de bibliographie Érasmienne (1950–1961), Paris 1963; ders., Quatorze années de bibliographie Érasmienne (1936–1949), Paris 1969; ders., Neuf années de bibliographie Érasmienne (1962–1970), Paris/Toronto/Buffalo N. Y. 1977; ders., Cinq années de bibliographie Érasmienne (1971–1975), Paris 1997.

Literatur: P. S. Allen, The Age of E., Oxford 1914, New York ²1963; C. Augustijn, E.. Vernieuwer van kerk en theologie, Baarn 1967 (dt. E. der Humanist als Theologe und Kirchenreformer, Leiden 1996); ders., E., TRE X (1982), 1–18; ders., E., Baarn 1986 (dt. E. V. R.. Leben – Werk – Wirkung, München 1986; engl. E.. His Life, Works, and Influence, Toronto/Buffalo N. Y./London 1991); R. H. Bainton, E. of Christendom, New York 1969, Tring 1988 (dt. E.. Reformer zwischen den Fronten, Göttingen 1969, 1972); R. L. De Molen (ed.), Essays on the Works of E., New Haven Conn./London 1978; J. A. Fernàndez, E. on the Just War, J. Hist. Ideas 34 (1973), 209–226; F. Ferrier, Érasme Désiré (E.), 1469?–1536, in: D. Huisman (ed.), Dictionnaire des philosophes I, Paris ²1993, 948–954; FM II (1994), 1045–1046; A. J. Gail, E. V. R. in Selbstzeugnissen und Bilddokumenten, Reinbek b. Hamburg 1974, unter dem Titel: E. V. R.. Mit Selbstzeugnissen und Bilddokumenten, ⁴1984, ⁸1999; G. Gebhardt, Die Stellung des E. V. R. zur römischen Kirche, Marburg 1966; D. Harth, Philologie und praktische Philosophie. Untersuchungen zum Sprach- und Traditionsverständnis des E. V. R., München 1970; O. Herding, E. V. R., LMA III (1986), 2096–2100; M. Hoffmann, Erkenntnis und Verwirklichung der wahren Theologie nach E. V. R., Tübingen 1972; ders., Rhetoric and Theology. The Hermeneutic of Erasmus, Toronto 1994; J. Huizinga, E., Haarlem 1924, 1958 (dt. E., Basel 1928, 1988, unter dem Titel: E.. Europäischer Humanismus, Reinbek b. Hamburg 1958, unter dem Titel: E.. Eine Biographie, Reinbek b. Hamburg ²1993 [Bibliographie 279–284]; engl. E. of R., London/New York 1924, unter dem Titel: E. and the Age of Reformation, Princeton N. J. 1957, 1984, unter dem ursprünglichen Titel: London 1995); L. Jardine, E., Man of Letters. The Construction of Charisma in Print, Princeton N. J. 1993, 1995; E.-W. Kohls, Die Theologie des E., I–II, Basel 1966; ders., Luther oder E.. Luthers Theologie in der Auseinandersetzung mit E., I–II, Basel 1972/1978; B. E. Mansfield, Phoenix of His Age. Interpretations of E. (1550–1750), Toronto/Buffalo N. Y. 1979; ders., Man on His Own. Interpretations of E. (1750–1920), Toronto/Buffalo N. Y. 1992; J.-C. Margolin, Érasme Désiré 1467–1536, Enc. philos. universelle III/1 (1992), 512–514; D. Marsh, E. on the Antithesis of Body and Soul, J. Hist. Ideas 37 (1976), 673–688; J. McConica, E., Oxford etc. 1991; ders., E. (1467?–1536), in: H. J. Hillerbrand (ed.), The Oxford Encyclopedia of the Reformation II, New York/Oxford 1996, 55–59; M. O'Rourke Boyle, E. on Language and Method in Theology, Toronto/Buffalo N. Y. 1977; dies., Rhetoric and Reform. E.' Civil Dispute with Luther, Cambridge Mass./London 1983; R. Padberg, Personaler Humanismus. Das Bildungsverständnis des E. V. R. und seine Bedeutung für die Gegenwart, Paderborn 1964; R. H. Popkin, E. (1466–1536), Enc. Phil. III (1967), 42–44; E. Rummel, E. as a Translator of the Classics, Toronto 1985; dies., E. and His Catholic Critics, I–II, Nieuwkoop 1989; dies., The Humanist-Scholastic Debate in the Renaissance and Reformation, Cambridge Mass./London 1995, 1998; dies., E. (ca. 1466–1536), REP III (1998), 396–401; K. Schlechta, E., Hamburg 1940, 1948; J. K. Sowards, Desiderius E., Boston Ill. 1975; J. D. Tracy, E.. The Growth of a Mind, Genf 1972; ders., The Politics of E.. A Pacifist Intellectual and His Political Milieu, Toronto/Buffalo N. Y. 1978; ders., E. of the Low Countries, Berkeley Calif./Los Angeles/London 1996; U. Volp, E., in: M. Vinzent (ed.), Metzler Lexikon Christlicher Denker, Stuttgart/Weimar 2000, 230–232; P. Walter, Theologie aus dem Geist der Rhetorik. Zur Schriftauslegung des E. V. R., Mainz 1991; ders., E., LThK III (1995), 735–737; ders., E. V. R., in: F. Volpi (ed.), Großes Werklexikon der Philosophie I, Stuttgart 1999, 446–450; J. S. Weiland/W. T. M. Frijhoff (eds.), E. of R.. The Man and the Scholar, Leiden etc. 1988; G. B. Winkler, E. V. R. und die Einleitungsschriften zum Neuen Testament, Münster 1974; ders., E., RGG II (⁴1999), 1380–1384. – E. in English 1 (Toronto 1970) – 15 (1988) [informiert über Collected Works]; E. Studies 1 (1973 ff.); Yearbook [der E. of R. Society] 1 (1981 ff.).   J. M.

Eratosthenes, *Kyrene (heute Schahhat, Libyen) um 276 (oder 284) v. Chr., †Alexandreia um 202 (oder 195) v. Chr., griech. Geograph, Mathematiker, Philologe und Dichter. Schüler von Zenon und Kallimachos, von Ptolemaios III. nach 246 als Leiter der Bibliothek nach Alexandreia berufen, dort auch Prinzenerzieher. – E. bezeichnete sich selbst (erstmals) als ›Philologe‹ (Freund geistiger Betätigung) und befaßte sich grundlegend mit fast allen Gebieten der hellenistischen Gelehrsamkeit (nur in Astronomie und Philosophie scheint er wenig originell gearbeitet zu haben); er schrieb Gedichte, ein Werk über Grammatik und ein Buch über die Alte Komödie (das Textkritik, Autorschaft, Aufführungsdatum und philologische Themen behandelte). In zwei Werken (Χρονογραφίαι und 'Ολυμπιονῖκαι) befaßte er sich als erster Grieche wissenschaftlich mit dem Problem der genauen Datierung historischer Ereignisse; seine Ergebnisse wurden in der Antike allgemein übernommen und gelten zum Teil noch heute (z. B. 776 erste Olympiade, 432/431 Beginn des Peloponnesischen Krieges). In seinem mathematischen Hauptwerk »Platonikos«, das Anklänge an die Kosmologie in Platons »Timaios« erkennen läßt, befaßte sich E. mit Proportionen, Reihen, Musiktheorie, dem ↑›Delischen Problem‹ (Verdoppelung des Würfelvolumens) und erfand ein Verfahren zur Ermittlung von Primzahlen (›Sieb des E.‹). Bekannt wurde E. vor allem durch geographische und mathematische Schriften. Er ist der Begründer der mathematischen Geographie; seine Γεωγραφικά enthalten neben Landkarten und Beschreibungen von Land und Leuten die erste bekannte kartographische Darstellung der Erdoberfläche (mit Hilfe eines Koordinatennetzes von Parallelkreisen und Meridianen) und eine relativ genaue Bestimmung des Erdumfanges. E. stützt sich hier auf den Umstand, daß die Sonne zur Sommersonnenwende in Syene (Assuan) genau im Zenit steht, und stellt fest, daß die Mittagshöhe der Sonne an diesem Tag im nördlicher gelegenen Alexandria um den Winkel $\alpha = 7°\,12'$ von der Senkrechten abweicht. Er setzt voraus, daß die Sonnenstrahlen wegen der großen Entfernung der Sonne parallel einfallen, so daß der Unterschied des Schattenwurfs in Syene und Alexandria allein auf der Krümmung der Erdoberfläche beruht. Bei überdies angenommener Kugelgestalt der Erde gibt der gemessene Winkel α auch den vom Erdzentrum aus bestehenden Winkelabstand zwischen beiden Städten wieder (Gleichheit von Wechselwinkeln an Parallelen), so daß sich deren bekannte Entfernung zum gesuchten Erdumfang wie der Wert des gemessenen Winkels zum Vollkreis verhält. E.' Ergebnis von 252.000 Stadien oder ca. 45.460 km kommt dem heutigen Wert recht nahe.

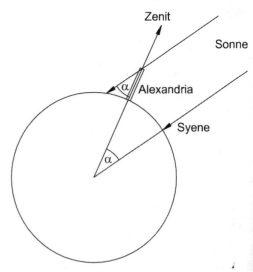

Die Bestimmung des Erdumfangs durch E..

Werke: H. Berger, Die geographischen Fragmente des E., Leipzig 1880 (repr. Amsterdam 1964); G. Bernhardy, Eratosthenica, Berlin 1822; E. Hiller, Eratosthenis carminum reliquiae, Leipzig 1872; F. Jacoby, Fragmenta Graecorum Historicorum II. B, Nr. 241, Berlin 1929 (repr. Leiden 1962), 704–715; C. Robert, E. Catasterismorum reliquiae, Leipzig 1978 (repr. Zürich 1963); A. Rosokoki, Die Erigone des E.. Eine kommentierte Ausgabe der Fragmente, Heidelberg 1995 (Bibliothek klass. Altertumswiss. 94).

Literatur: H. Berger, Geschichte der wissenschaftlichen Erdkunde der Griechen, Leipzig ²1903; E. H. Bunbury, History of Ancient Geography I, London 1879; D. R. Dicks, The Geographical Fragments of Hipparchus, London 1960; ders., E., DSB IV (1971), 388–393; A. Dihle, E. und andere Philologen, in: M. Baumbach/H. Köhler/A. M. Ritter (eds.), Mousopolos stephanos. Festschrift für Herwig Görgemanns, Heidelberg 1998, 86–93 (Bibliothek klass. Altertumswiss. 102); P. M. Fraser, E. of Cyrene, Proc. Brit. Acad. 56 (1970), 175–207; ders., E., in: S. Hornblower/A. Spawforth (eds.), The Oxford Classical Dictionary, Oxford/New York ³1996, 553–554; G. A. Keller, E. und die alexandrinische Sterndichtung, Zürich 1946; G. Knaak, E., RE VI (1907), 358–388; F. Lasserre, E. von Kyrene, LAW (1965), 852–853; R. Pfeiffer, Classical Scholarship from the Beginnings to the End of the Hellenistic Age, Oxford, 1968, 152–170 (dt. Geschichte der klassischen Philologie. Von den Anfängen bis zum Ende des Hellenismus, Reinbek b. Hamburg 1970, 191–212, München ²1978, 191–212); J. U. Powell, Collectanea Alexandrina, Oxford 1925; E. Schwartz, Charakterköpfe aus der Antike: E., Leipzig 1909, Stuttgart ⁴1952; A. Thalamas, La géographie d'E., Versailles 1921; W. Thonke, Die Karte des E. und die Züge Alexanders, Diss. Straßburg 1914; R. Tosi, E. aus Kyrene, DNP IV (1998), 44–47; E. P. Wolfer, E. von Kyrene als Mathematiker und Philosoph, Groningen 1954; F. Zaminer, E.. Seine Musiktheorie, DNP IV (1998), 47. M. G.

erblich (engl. hereditary [property]), in Logik und Mathematik ein Prädikat von Eigenschaften. Eine Eigenschaft P heißt e. bezüglich einer zweistelligen Relation R genau dann, wenn gilt:

$$\bigwedge_{x,y}((Px \wedge xRy) \rightarrow Py),$$

wenn sich also für alle x die Eigenschaft P von x auf alle diejenigen y überträgt (›vererbt‹), zu denen x in der Relation R steht, d. h. die ›R-Nachfolger‹ von x sind. Z. B. ist die auf einem Bereich von Mengen erklärte Eigenschaft ›x ist unendlich‹ e. bezüglich der Relation ›x ist Teilmenge von y‹, da jede Obermenge einer unendlichen Menge wiederum unendlich ist. G. Frege hat 1879 in seiner »Begriffsschrift« erstmals versucht, eine Theorie e.er Eigenschaften formal zu entwickeln (Begriffsschrift, eine der arithmetischen nachgebildete Formelsprache des reinen Denkens, Halle 1879 [repr. in: Begriffsschrift und andere Aufsätze, ed. I. Angelelli, Darmstadt/Hildesheim 1964, Teil III]). Frege benutzt dabei innerhalb einer Logik zweiter Stufe (↑Stufenlogik) den Begriff der Erblichkeit im Rahmen einer Definition der transitiven (↑transitiv/Transitivität) Hülle einer zweistelligen Relation R, d. h. der kleinsten transitiven Relation, die R umfaßt. Im Fregeschen System wird diese Definition Hilfsmittel der logizistischen (↑Logizismus) Ableitung des Induktionsaxioms (↑Induktion, vollständige). Vom modernen Standpunkt liegt mit Freges Definition der transitiven Hülle erstmals die präzise Definition einer Eigenschaft vor, die mit den Mitteln der ↑Prädikatenlogik *erster* Stufe nicht definierbar (↑definierbar/Definierbarkeit) ist. P. S.

Erdmann, Johann Eduard, *Wolmar (Livland) 13. Juni 1805, †Halle 12. Juni 1892, dt. Philosoph. Nach Abschluß eines Theologiestudiums Studium der Philosophie bei G. W. F. Hegel in Berlin, 1834 Habilitation in Philosophie, danach a. o. Prof., ab 1839 o. Prof. der Philosophie in Halle. E. zählt unter den Hegelnachfolgern zu den sogenannten Rechtshegelianern (↑Hegelianismus), die sich vordringlich an Hegels Religions- und Rechtsphilosophie orientieren und auf Hegels mit der Enzyklopädie-Fassung von 1830 vollendetes System zurückgreifen. Wie H. F. W. Hinrichs, C. L. Michelet und E. Kapp schließt sich auch E. Hegels Deutung der Reformation als der religiösen Vorstufe der Revolution (↑Revolution (sozial)) an. Seine politischen Schriften sind liberal-konservativ; E. sieht politische ↑Freiheit nur im Staat garantiert und wendet sich gegen die Revolution von 1848, die durch Rousseauismus und Demokratismus den Staat in Frage stellt und damit zum ↑Terror führen muß. Vorbild für E.s Verständnis von Revolution ist die englische Revolution, die im Rahmen des liberalen Staats alte, verlorene Freiheitsrechte zurückerobert. E.s Staatslehre bereitet die Machtstaatsideologie der Junghegelianer vor. In seinen Schriften zur Philosophiegeschichte entwickelt E. die Idee einer ↑Philosophiegeschichte, die sich selbst zum philosophischen Thema erhebt, eine Philosophie der Philosophiegeschichte wird und so Hegels Ideen zur Philosophie der Geschichte weiterführt.

Werke: Versuch einer wissenschaftlichen Darstellung der Geschichte der neuern Philosophie, I–VI, Riga/Dorpat 1834–1853, Leipzig 1840–1849 (repr., I–VII, ed. H. Glockner, Stuttgart 1931–1934, ²1978–1979 [I–IV: Von Cartesius bis Kant, V–VII: Die Entwicklung der deutschen Spekulationen seit Kant]); Leib und Seele nach ihrem Begriff und ihrem Verhältnis zueinander. Ein Beitrag zur Begründung der philosophischen Anthropologie, Halle 1837, ²1849, Neudr. unter dem Titel: Abhandlung über Leib und Seele. Eine Vorschule zu Hegels Philosophie, Leiden 1902; Vorlesungen über Glauben und Wissen als Einleitung in die Dogmatik und Religionsphilosophie, Berlin 1837; Grundriss der Psychologie. Für Vorlesungen, Leipzig 1840, ⁵1873; Natur oder Schöpfung? Eine Frage an die Naturphilosophie und Religionsphilosophie, Leipzig 1840; Grundriss der Logik und Metaphysik. Für Vorlesungen, Halle 1841, Neudr. mit Untertitel: Eine Einführung in Hegel's Wissenschaft der Logik, Leiden 1901 (engl. Outlines of Logic and Metaphysics, London 1896); Vermischte Aufsätze, Leipzig 1846; Sammlung aller Predigten welche vom Jahre 1846 bis zum Juni 1850 gehalten wurden, Halle

1850; Über Lachen und Weinen, Über die Stellung deutscher Philosophen zum Leben. Zwei Vorträge gehalten im wissenschaftlichen Verein zu Berlin in den Jahren 1848 und 1850, Berlin 1850, Nachdr. Eschborn 1994; Philosophische Vorlesungen über den Staat, Halle 1851, Nachdr. der Seiten 16–76, 188–192, in: H. Lübbe (ed.), Die Hegelsche Rechte. Texte aus den Werken von F. W. Carové, J. E. E. [...] und C. Rössler, Stuttgart-Bad Cannstatt etc. 1962, 220–269 (mit Bibliographie, 322–323); Psychologische Briefe, Leipzig 1852, [7]1896; Über den Naturalismus, seine Macht und seine Widerlegung, Halle 1854; Ernste Spiele. Vorträge, theils neu theils längst vergessen, Berlin 1855, [4]1890; Über Schelling, namentlich seine negative Philosophie, Halle 1857; Vorlesungen über akademisches Leben und Studium, Leipzig 1858; Grundriss der Geschichte der Philosophie, I–II, Berlin 1866 (I Philosophie des Altertums und des Mittelalters, II Philosophie der Neuzeit [mit Anhang: Die Deutsche Philosophie seit Hegels Tode (separat repr., ed. H. Lübbe, Stuttgart-Bad Cannstatt 1964)], stark gekürzt mit Untertitel: Der deutsche Idealismus [Geschichte der Philosophie VI–VII]), ed. B. Erdmann, Berlin [4]1895/1896 (engl. A History of Philosophy, I–III, ed. W. S. Hough, Bristol 1997); Sammlung aller Predigten welche von Januar 1851 bis Juli 1867 gehalten wurden, Halle 1867; Sehr Verschiedenes, je nach Zeit und Ort. Drei Vorträge, Berlin 1871; Philosophie der Neuzeit. Der deutsche Idealismus, Reinbek b. Hamburg 1971 (Geschichte der Philosophie VI–VII) (mit Werkbibliographie, 235).

Literatur: Y. Belaval, L'Aufklärung a contre-lumières, Arch. Philos. 42 (1979), 631–634; S. Bitter, J. E. E.. Kirchliche Predigt und philosophische Spekulation in der Entwicklung eines theologischen Hegelianers, Rheinbach-Merzbach 1994 (mit Werkbibliographie, 285–297); B. Erdmann, J. E. E., Philos. Monatsh. 29 (1893), 219–227 (mit Werkbibliographie, 224–227); H. Glockner, J. E. E., Stuttgart 1932; H.C. King, An Outline of E.'s History of Philosophy. New York 1892; G. Kroeger, Die politische Denkweise des livländischen Hegelianers J. E. E. (1805–1892), Z. f. Ostforschung 7 (1958), 338–373; K. Larenz, Hegelianismus und preußische Staatsidee. Die Staatsphilosophie J. E. E.s und das Hegelbild des 19. Jahrhunderts, Hamburg 1940; H. Lübbe, Politische Philosophie in Deutschland. Studien zu ihrer Geschichte, Basel/Stuttgart 1963, München [2]1974, 76–82; J. W. Meiland, Psychologism in Logic. Husserl's Critique, Inquiry 19 (1976), 325–339; C. L. Michelet, Geschichte der philosophischen Gesellschaft zu Berlin, Der Gedanke. Philos. Z. 1 (1861), 66–68, 172–175; H. J. Schoeps, J. E. E., Neue dt. Bibliothek 4 (1959), 569–570.   A. G.-S.

Ereignis (engl. event, franz. événement), gegenüber der vom Primat der *Dingsprache* maßgeblich geprägten philosophischen Tradition von Aristoteles bis P. F. Strawson, die auf die Aristotelische Auszeichnung der von primären Substantiven insbes. in den indoeuropäischen Sprachen artikulierten Kategorie der ↑Substanz zurückgeht, ist eine *E.-Sprache* eine neuzeitliche Alternative, die von der Aufgabe bestimmt ist, die sprachliche Begriffsbildung vorrangig aus der Welt des Tuns und nicht aus der Welt des Seins herzuleiten. Sie wurde in ihrer Durchführung – vor allem bei E. Cassirer, bevor sie im Anschluß an H. Reichenbach sprachkritisch neu gestellt wurde – maßgeblich von J. G. v. Herder und W. v. Humboldt beeinflußt, und zwar im Zusammenhang von deren Rolle für die Einbettung auch der entstehenden Geistes- und Sozialwissenschaften neben den Naturwissenschaften in die Einheit eines wissenschaftlichen Zugriffs auf die Welt. Auszunehmen ist hier die E.-Sprache des späten M. Heidegger, die weiter einem Vorrang der Welt des Seins verpflichtet bleibt.

Solange allein Einzeldinge (↑Ding) in Anlehnung an die ↑Alltagssprache als Grundbereich der (konkreten) Partikularia gelten, auf die jede Rede über etwas letztlich zurückzubeziehen ist – in einer den letzten Stand der Physik nutzenden ↑Wissenschaftssprache werden andere, nicht notwendig am Dingbegriff orientierte Grundbereiche gewählt (↑Teilchenphysik) –, müssen E.se als Gegenstände logisch höherer Stufe, also mithilfe von Aussagen über Dinge, begrifflich rekonstruiert werden. Das kann auf verschiedene Weise geschehen. Erstens kann man davon ausgehen, daß E.se sprachlich in der Regel von aus Verben V abgeleiteten sekundären Substantiven V' artikuliert sind wie z.B. ›Sturz‹, ›Verrat‹, ›Blitz‹, ›Friedensschluß‹ – diese ↑Artikulatoren werden, wie sonst auch, z.B. zur ↑Kennzeichnung von Einzel-e.sen herangezogen (›der Sturz Napoleons‹, ›der Blitz in Region a zur Zeit b‹ etc.) – sie können daher auf Aussagen über Dinge zurückbezogen werden wie z.B. ›Napoleon stürzt‹, ›dieses Geheimnis wird verraten‹, ›es blitzt‹ [das grammatische Subjekt ›es‹ muß hier als Name für einen raumzeitlichen Bereich gelesen werden], ›England schließt Frieden mit Frankreich‹. Dann lassen sich Einzele.se vom Typ V' (↑type and token), etwa die Instanzen des E.-Schemas Sturz, als diejenigen ↑Tatsachen begreifen, die durch wahre Aussagen mit der zugeordneten Aussageform ›$x \, \varepsilon \, V$‹, etwa ›$x \, \varepsilon$ stürzen‹, dargestellt sind: E.se sind bei dieser begrifflichen ↑Rekonstruktion nichts Selbständiges, sondern finden an oder mit Dingen statt. Weil daher E.se ihrem Typ nach als ↑Aussageschemata, nämlich als (verbale) Prädikate in Aussagesätzen über Dinge, insbes. Personen, auftreten, sind auch ↑Zustände und ↑Handlungen Sonderfälle von E.sen, und es entsteht über den fragwürdigen Status der (ontologischen) Unselbständigkeit von E.sen hinaus das Problem, E.se im engeren Sinne gegenüber Handlungen und Zuständen auszuzeichnen.

In einem zweiten, ursprünglich auch von D. Davidson vertretenen, Ansatz soll die begriffliche Rekonstruktion von E.sen von vornherein deren Verbindung mit Ursache-Wirkungs-Zusammenhängen (↑Ursache, ↑Wirkung) sichtbar machen, was jedenfalls dann zwanglos funktioniert, wenn ein E. seinem Typ nach als eine geeignet zu charakterisierende Klasse von Paaren von Tatsachen erklärt wird: Ein E. ist eine zweistellige ↑Relation auf Tatsachen, die dann besteht, wenn eine (empirische) Veränderung (engl. change) stattfindet, bei der die erste Tatsache – die *Ursache* des E.ses (z.B. ›dieser Baum stürzt‹) – in die zweite Tatsache – ihre *Wirkung*

(z. B. ›dieser Baum liegt‹) – überführt wird. E.se sind begrifflich in Kausalketten (↑Kausalität) eingebettet, deren Glieder Tatsachen sind. Ist die Veränderung (aktiv) herbeigeführt, so liegt eine Handlung vor; ist sie hingegen (passiv) geschehen, so haben wir es mit einem E. im engeren Sinne zu tun. Zustände lassen sich bei diesem Ansatz dadurch auszeichnen, daß erste und zweite Tatsache übereinstimmen, also überhaupt keine Veränderung stattgefunden hat. Gleichwohl zieht auch dieser Ansatz Probleme nach sich, insbes. dasjenige einer drohenden Zirkeldefinition (↑Definition, ↑zirkulär/Zirkularität), wenn der in Anspruch genommene Begriff der ↑Veränderung nicht ohne Rückgriff auf einen E.-Begriff verfügbar sein sollte. Verzichtet man daher auf die Auszeichnung der Dinge als alleinigem Bereich der durch raumzeitliche Grenzen charakterisierten (konkreten) Partikularia und faßt auch E.se als raumzeitlich begrenzte (konkrete) Partikularia auf – diesen Weg ist W. V. O. Quine gegangen, und Davidson hat sich ihm angeschlossen –, so gilt es, in einem dritten Anlauf den Zusammenhang von Dingen und E.sen auf andere Weise als bei den ersten beiden Ansätzen zu bestimmen. Gelten E.se ebenso wie Dinge als eigenständige Partikularia, die durch die Raumzeit, die sie einnehmen – natürlich unter Einschluß von Überlappungen –, eindeutig bestimmt werden können, hat man als erstes ihre kategoriale Differenz anzugeben. Das geschieht dadurch, daß für Dinge nur die räumlichen Bestimmungen (zu einer gegebenen Zeit) und nicht die zeitlichen, etwa Anfang und Ende, zu den sie konstituierenden gehören – *wo* ein Baum sich befindet, gehört wesentlich zu ihm, hingegen ist es akzidentell, *wann* er stirbt –, während für E.se nur die zeitlichen Bestimmungen (an einem gegebenen Ort) und nicht die räumlichen zu den sie konstituierenden gehören – *wann* das Absägen eines Astes von einem Baum stattfindet, ist für das E. wesentlich, *wo* es geschieht, ist akzidentell –, so daß es verständlich wird, warum von einem Dingschema die Existenz (einer Instanz) umgangssprachlich durch Wendungen wie ›ist vorhanden/liegt vor‹, von einem E.-Schema hingegen durch Wendungen wie ›ist geschehen/findet statt‹ ausgesagt wird. Darüber hinaus unterscheidet die klare zeitliche Begrenzung ein E. auch von einem ↑Vorgang bzw. einem ↑Prozeß, der grundsätzlich von Verbalsubstantiven (z. B. ›Stürzen‹ anstelle von ›Sturz‹) artikuliert ist und keine sprachlich klar erkennbare Gliederung in einzelne Einheiten, also einzelne Vorgänge (›dieses Stürzen‹, ›jenes Stürzen‹ etc.), aufweist, obwohl er sich durchaus als ein E., aber unter expliziter Berücksichtigung von dessen (zeitlicher) Binnenstruktur, begreifen läßt.

Der Zusammenhang von Dingen und E.sen kann dann auf folgende Weise geklärt werden. Liegt etwa eine Aussage über ein Ding vor mit einem ↑Prädikator in apprädikativer Verwendung (↑Apprädikator) als Prädikat, z. B. ›dieser Baum blüht‹, so gewinnt man eine in ihrer Bedeutung grundsätzlich gleichwertige, grammatisch jedoch duale (↑dual/Dualität), Aussage über ein E., indem man den Prädikator des ↑Prädikats in eine ↑deiktische Kennzeichnung ›dies Blühen‹ umwandelt – dabei geht die apprädikative Verwendung von ›blühen‹ in eine eigenprädikative über (↑Eigenprädikator) – und den Prädikator ›Baum‹ des Subjekts zum (jetzt apprädikativ verwendeten!) Prädikator des Prädikats der neuen Aussage macht: ›dies Blühen ist »des Baumes«‹, d. h., von einem E. des Blühens wird ausgesagt, daß es zu einem Baum gehört/an einem Baum stattfindet/von einem Baum ›getan‹ bzw. ›verursacht‹ wird (↑Prädikation). Durch erneute Anwendung derselben Konstruktion wird aus dem Satz ›dies Blühen ist des Baumes‹ der E.-Sprache wieder der ursprüngliche Satz ›dieser Baum blüht‹ der Dingsprache. Dieser Zusammenhang ist die Grundlage, ausgehend von E.sen, Dinge auch als (räumlich hinreichend stabile) E.bündel und, ausgehend von Dingen, E.se auch als (hinreichend feine zeitliche) Teile von Dingen zu rekonstruieren. Daher wird in einer an A. N. Whitehead orientierten wissenschaftstheoretischen Terminologie unter der Bezeichnung ›Phänomen‹ (engl. occasion) für das, was an einer Raum-Zeit-Stelle (physikalisch) geschieht, zwischen Ding und E. zunächst nicht unterschieden, vielmehr unter E. ein geeignet charakterisierter Zusammenhang (Nexus) von Phänomenen verstanden: ›E.‹ dient als ↑Klassifikator auf dem Bereich der Raum-Zeit-Stellen. Bereits in den »Principles of Natural Knowledge« (1919), weitergeführt in den »Tarner Lectures« (1919; erschienen als »The Concept of Nature«, 1920) und wiederaufgenommen in den »Gifford Lectures« (1927/1928; erschienen als »Process and Reality«, 1929), hatte Whitehead eine E.-Theorie (eventism) nach diesem Muster aufgebaut und (erlebte) E.se zu Bausteinen der Welt erklärt – »They are chunks in the life of nature« (The Concept of Nature, 185) –, die es unter anderem möglich machen, Subjektivität (↑Subjektivismus) als Perspektivität (↑Perspektivismus) zu rekonstruieren – jeder und jedes sieht die Welt aus seinem Blickwinkel –, was Whitehead ausdrücklich als eine Wiederaufnahme der ↑Monadentheorie von G. W. Leibniz verstanden wissen will.

Literatur: G. Abel, Einzelding- und E.-Ontologie, Z. philos. Forsch. 39 (1985), 157–185; E. Cassirer, Philosophie der symbolischen Formen I (Die Sprache), Berlin 1923, Darmstadt ²1953, ¹⁰1997, Neudr. als: ders., Gesammelte Werke. Hamburger Ausgabe XI, ed. B. Recki, Hamburg, Darmstadt 2001 (engl. The Philosophy of Symbolic Forms I [The Language], London/New Haven Conn. 1953, ¹⁵1985, 1996); D. Davidson, Essays on Actions and Events, Oxford 1980, Oxford/New York ²1982, 1991 (dt. Handlung und E., Frankfurt 1985, 1990; franz. Actions et événements, Paris 1993); R. Greshoff/G. Kneer (eds.), Struktur und E. in theorievergleichender Perspektive. Ein diskursives Buchprojekt, Opladen/Wiesbaden 1999; P. M. S. Hacker, Events and Objects in Space and Time, Mind 91 (1982), 1–19; R. Haller, Urteile und E.se. Studien zur philosophischen Logik und Erkenntnistheorie, Freiburg/Breisgau/München 1982; M. Heidegger, Beiträge zur Philosophie (vom E.), in: ders., Gesamtausg., III. Abt. LXV, ed. F.-W. v. Herrmann, Frankfurt 1989, ²1994; F.-W. v. Herrmann, Wege ins E.. Zu Heideggers »Beiträgen zur Philosophie«, Frankfurt 1994; B. Kienzle (ed.), Zustand und E., Frankfurt 1994; ders., E.ontologie, Logos NF 4 (1997), 243–267; E. LePore/B. P. McLaughlin (eds.), Actions and Events. Perspectives on the Philosophy of Donald Davidson, Oxford/New York 1985, 1988; L. B. Lombard, Events. A Metaphysical Study, London/Boston Mass./Henley 1986; N. A. Luyten (ed.), Struktur und E., I–II, Freiburg/München 1982; P. J. Mackie, E. in: T. Honderich (ed.), The Oxford Companion to Philosophy, Oxford/New York 1995, 253–254; R. M. Martin, Events, Reference, and Logical Form, Washington D. C. 1978, Ann Arbor Mich. 1995; U. Meixner, E. und Substanz. Die Metaphysik von Realität und Realisation, Paderborn/München/Wien etc. 1997; D. H. Mellor, Real Time, Cambridge 1981; ders., REP II (1998), 461–463; P. L. Peterson, Fact Proposition Event, Dordrecht/Boston Mass./London 1997; J.-L. Petit (ed.), L'événement en perspective, Paris 1991; C. A. van Peursen, Feiten, waarden, gebeurtenissen, Hilversum/Amsterdam 1965 (dt. Wirklichkeit als E.. Eine deiktische Ontologie, Freiburg/München 1971); W. V. O. Quine, Theories and Things, Cambridge Mass. 1981 (dt. Theorien und Dinge, Frankfurt 1985); H. Reichenbach, Elements of Symbolic Logic, New York/London 1947, 1966, 1980, bes. 266–274 (§ 48 The Problem of Individuals) (dt. Grundzüge der symbolischen Logik, als: ders., Gesammelte Werke VI, ed. A. Kamlah/M. Reichenbach, Braunschweig/Wiesbaden 1999, bes. 252–259 [§ 48 Das Problem der Individuen]); P. Rohs, Sind Handlungen E.se?, Z. philos. Forsch. 54 (2000), 1–22; D. Sinn, E., Hist. Wb. Ph. II (1972), 608–609; H. Steward, The Ontology of Mind. Events, Processes, and States, Oxford 1997; R. Stoecker, Was sind E.se? Eine Studie zur Analytischen Ontologie, Hawthorne/Berlin/New York 1992; R. Teichmann, Abstract Entities, New York, London etc. 1992; J. E. Tiles, Things that Happen, Aberdeen 1981; N. Unwin, The Individuation of Events, Mind 105 (1996), 315–330; A. N. Whitehead, An Enquiry Concerning the Principles of Natural Knowledge, Cambridge 1919, ²1925, New York 1982; ders., The Concept of Nature, Cambridge 1920, 1993 (dt. Der Begriff der Natur, Weinheim 1990); ders., Process and Reality. An Essay in Cosmology, New York 1929, 1979 (dt. Prozeß und Realität. Entwurf einer Kosmologie, Frankfurt 1979, 1988). K. L.

Ereignislogik, (engl. logic of events), Erweiterung der temporalen Logik (↑Logik, temporale) um solche Ausdrucksbestände, die auch Ereignisse unter dem Aspekt ihrer Abgeschlossenheit oder Nicht-Abgeschlossenheit zu thematisieren und mit Hilfe der temporal-logischen ↑Operatoren zu ordnen erlauben. Der in der Regel semantischen Verwendungsbestimmung der temporal-logischen Operatoren P (›es war der Fall, daß‹), F (›es wird der Fall sein, daß‹), H (›es war stets der Fall, daß‹), G (›es wird stets der Fall sein, daß‹) liegt eine Modellstruktur (↑Modell) zu Grunde, die ihr Ausdruckspotential von vornherein auf die Rede von (Mengen von) Zeitpunkten beschränkt. So nehmen die begrifflichen Bestimmungen ihren Ausgang bei der Charakterisierung einer Menge T als Menge von Zeitpunkten und der Errichtung einer ↑Ordnungsrelation R über T (zumeist gelesen als ›früher‹). Die Bedeutung des Operators P wird nun z. B. (unter Vernachlässigung des Bezugs auf die die ↑Interpretation leistenden Funktionen) bestimmt durch:
PA ist zu einem Zeitpunkt $t \in T$ wahr genau dann, wenn A zu einem Zeitpunkt $t' \in T$ wahr ist und $t'Rt$ (bzw. t' früher t).

In Bestimmungen wie diesen wird dabei mit ›t‹ stets Bezug genommen auf den gegenwärtigen Zeitpunkt bzw. auf den Zeitpunkt des Vollzugs der so mit temporal-logischen Mitteln rekonstruierten ↑Äußerung. Ist etwa die zu t geäußerte Aussage ›Tom *has been* in love with Becky‹ wahr zum Zeitpunkt t, dann deshalb, weil es einen früheren Zeitpunkt t' gegeben hat, zu dem ›Tom *is* in love with Becky‹ wahr gewesen ist. Während die Ausdrucksmöglichkeiten der temporalen Logik für Aussagen, die wie die Beispielaussagen einen ↑Zustand thematisieren, als hinreichend erachtet werden, fordern im Anschluß an A. Galton (The Logic of Aspect, 1984) die Vertreter einer E., daß für die angemessene Einbeziehung auch von ↑Ereignissen Weiterungen vorzunehmen wären: Würde etwa die ein Ereignis (hier: eine Handlung) thematisierende Aussage ›Tom *has been writing* a love letter‹ (= PA^E) nach dem genannten Muster analysiert, wäre PA^E zum Äußerungszeitpunkt t wahr genau dann, wenn A^E zu t' wahr wäre – die angemessene Wiedergabe von A^E wäre mit ›Tom *is writing* a love letter‹ eine Aussage, die ein ausgedehntes, in der Vergangenheit begonnenes und zu t' noch nicht abgeschlossenes Ereignis thematisiert. Demgegenüber wird mit der Aussage ›Tom *has written* a love letter‹ eine ebenfalls nach dem Muster von PA^E zu rekonstruierende Aussage geäußert, die aber neben dem Ereignis und dessen temporaler Verortung auch die Abgeschlossenheit des Ereignisses mitthematisiert.

Insbes. die Morphologie der englischen, spanischen und slawischer Sprachen erlaubt (anders etwa als die der deutschen) neben der temporalen Differenzierung auch die Differenzierung nach solchen in der Linguistik *Aspekt* genannten Kriterien. Um dieser zwar nicht in Bezug auf Zustände, aber für die Rede über Ereignisse relevanten Differenzierung der Aspekte gerecht zu werden, führt Galton die syntaktische Kategorie der *Ereignisradikale* und die *Aspektoperatoren* Prog (Progressiv-Operator), Perf (Perfektiv-Operator), Pros (Prospektiv-Operator) ein. Die Ereignisradikale $E_1, E_2, ..., E_n$ werden dabei bestimmt als geschlossene Ausdrücke eigener Art (weder ↑Term noch ↑Aussage), die einen Ereignistyp thematisieren und hinsichtlich ihrer temporalen Verortung und ihres Aspekts neutral sind (etwa wiederzugeben als ›Tom-WRITE-a-love-letter‹). Das Ergebnis der Anwendung eines der Aspektoperatoren auf ein Ereignisradikal bildet eine geschlossene Aussage der ereignis-

logischen Sprache – solche Aussagen stehen dann in der gebräuchlichen Weise als Operanden sowohl der Junktoren der rahmenbildenden ↑Junktorenlogik als auch der temporal-logischen Operatoren bereit. Unter Zuhilfenahme dieser Ausdrucksmittel kann für Vergangenes zwischen P*A* (›es war der Fall, daß *A*‹ mit ›*A*‹ für eine Zustandsbeschreibung vom Typ ›Tom is in love with Becky‹) und den aspektsensitiven Aussagen P Prog *E* (›ein Ereignis vom Typ *E* war im Gange‹) und Perf *E* (›ein Ereignis vom Typ *E* liegt zurück‹) unterschieden werden. Für Zukünftiges besteht analog die Unterscheidungsmöglichkeit zwischen F*A* (›es wird der Fall sein, daß *A*‹), F Prog *E* (›ein Ereignis vom Typ *E* wird im Gange sein‹) und Pros *E* (›ein Ereignis vom Typ *E* steht bevor‹). Für die – als Zeit*punkt* aufgefaßte – Gegenwart besteht natürlich nicht die Möglichkeit, daß ein zeitlich ausgedehntes Ereignis ›als Ganzes‹ in ihr stattfindet. Daher bestehen hier nur die Unterscheidungsmöglichkeiten zwischen der temporal nicht modifizierten und daher präsentischen Zustandsbeschreibung *A* (›Tom is in love with Becky‹) und der aspektsensitiven Ereignisbeschreibung Prog *E* (›ein Ereignis vom Typ Tom-WRITE-a-love-letter ist im Gange‹).
In »The Logic of Aspect« (1984) konstituiert Galton im Ausgang von der linearen temporalen Logik CL (↑Logik, temporale) durch Hinzufügung der nachfolgenden Axiome zu den Axiomen von CL erste Ansätze zu einer E.:

(E1)   Pros *E* → H Pros *E*,
(E2)   Perf *E* → G Pros *E*,
(E3)   Pros *E* → F Pros *E*,
(E4)   Perf *E* → P Pros *E*.

Später (The Logic of Occurrence, 1987) ergänzt er diese durch weitere Axiome zur sogenannten minimalen E.:

(E5)   Prog *E* → P Pros *E*,
(E6)   Prog *E* → F Perf *E*,
(E7)   Prog *E* → H (Pros *E* ∨ Prog *E*),
(E8)   Prog *E* → G (Perf *E* ∨ Prog *E*),
(E9)   P Pros *E* → (Perf *E* ∨ Prog *E* ∨ Pros *E*).

Eine kanonische E. hat sich indessen noch nicht herausgebildet. Zum Teil stellt die Formulierung auf der Basis nicht-linearer (verzweigter, nicht-deterministischer) temporaler Logiken andere Erfordernisse, zum Teil bieten sich für die Anwendung im Rahmen linguistischer Analysen oder der Computerprogrammierung andere Vorgehensweisen an. Dabei wird etwa auch die Frage nach dem syntaktischen Status der Ereignisradikale und möglichen Alternativen erörtert. Ferner finden sich Vorschläge für Weiterungen, die auch die Gleichzeitigkeit von Ereignissen bzw. das Eintreten eines Ereignisses während des Ablaufens (Im-Gange-Seins) eines anderen zu thematisieren erlauben sowie etwa auch die Kennzeichnung des Beginns und des Endes eines Ereignisses.

Literatur: M. Arsenijevic, Determinism, Indeterminism and the Flow of Time, Erkenntnis 56 (2002), 123–150; N. Belnap, Branching Space-Time, Synthese 92 (1992), 385–434; A. Galton, The Logic of Aspect. An Axiomatic Approach, Oxford 1984; ders., The Logic of Occurrence, in: ders. (ed.), Temporal Logics and their Applications, London etc. 1987, 169–196 (dt. Die Logik des Vorkommens, in: B. Kienzle [ed.], Zustand und Ereignis, Frankfurt 1994, 377–412); M. Gelfond/V. Lifschitz, Representing Actions and Change by Logic Programs, J. Logic Programming 17 (1993), 301–323; B. Kienzle, E., in: ders. (ed.), Zustand und Ereignis, Frankfurt 1994, 413–471; R. Kowalski/M. Sergot, A Logic-Based Calculus of Events, New Generation Computing 4 (1986), 67–95; R. Linz, Grundbegriffe für eine Logik über Ereignisse und Normen. Ein semantischer Ansatz auf der Basis von Petrinetzen, München/Wien 1992; N.-J. Moutafakis, Aristotle's »Metaphysics« (Book Lambda) and the Logic of Events, Monist 65 (1982), 420–436; J. A. Pinto, Occurrences and Narratives as Constraints in the Branching Structure of the Situation Calculus, J. Logic and Computation 8 (1998), 777–808; F. Pirri/R. Reiter, Some Contributions to the Metatheory of the Situation Calculus, J. ACM 45 (1999), 325–361; G. Shafer/P. R. Gillett/R. B. Scherl, The Logic of Events, Ann. Math. and Artificial Intelligence 28 (2000), 315–389.   G. K.

Erfahrung (engl. experience, franz. expérience), in umgangs- und wissenschaftssprachlicher Verwendung Grundbegriff der ↑Erkenntnistheorie, dessen Verhältnis zu den Begriffen ↑Vernunft und ↑Verstand sowie der Möglichkeit eines nicht-empirischen Wissens (↑a priori) historisch den Gegensatz von ↑Empirismus und ↑Rationalismus bestimmt. Wissenschaftstheoretisch im Problemrahmen von ↑Theorie und ↑Begründung Fundierungselement (theoretischer) Sprach- und Wissenschaftskonstruktionen, in einem allgemeineren (z. B. auch dialektische und hermeneutische Konzeptionen der Erkenntnis einschließenden) Sinne zentraler Begriff einer Theorie der Wissensbildung.
In seiner umgangssprachlichen Verwendung bedeutet E. die erworbene Fähigkeit sicherer Orientierung, das Vertrautsein mit bestimmten Handlungs- und Sachzusammenhängen ohne Rekurs auf ein hiervon unabhängiges theoretisches Wissen. In dieser Form tritt E. zum ersten Mal bei Aristoteles auch in einem erkenntnistheoretischen Zusammenhang auf. E. (ἐμπειρία, Empirie) ist verstanden als ein im ↑vorwissenschaftlichen Bereich wurzelndes ›Wissen des Besonderen‹, als ein Vertrautsein mit und ein Beherrschen von ↑Unterscheidungen, die unmittelbar aus der Praxis des Unterscheidens hervorgehen (Met. A1.980b28 ff.; an. post. B19.100a3 ff.). E., bezogen auf die Orientierungsleistung der ↑Prädikation, führt daher auch primär nicht auf *induktive*, sondern auf eine *exemplarische*, sich auf endlich viele ↑Beispiele und Gegenbeispiele ›in der Anschauung‹ stützende Weise zu einem elementaren Wissen, auf das (bei Aristoteles in diesem Zusammenhang als ›Wahrnehmung des Allge-

meinen‹ charakterisiert) auch theoretisches Wissen bezogen bleibt. Bis hin zu T. Hobbes bleibt dieser Begriff der E., den man auch als den *phänomenalen* oder *Aristotelischen* Begriff der E. bezeichnen kann, bewahrt. Bei F. Bacon wird ein *induktiver* Begriff der E. zum ersten Mal methodisch gegen deduktive Methodologien (↑Methode, deduktive) geltend gemacht und zur Gewinnung genereller Sätze herangezogen (↑Methode, induktive, ↑Induktion).

In einem anderen, aber ebenfalls auf naturwissenschaftliche Sätze bezogenen Sinne verbindet sich in der Methodologie der Naturwissenschaften (seit G. Galilei) der Begriff der E. mit dem Begriff des ↑Experiments; im Experiment, d. h. unter den Bedingungen einer technischen Praxis, wird eine ›neue‹ E. instrumental erzeugt. Im Gegensatz zu dem bisher geltenden (Aristotelischen) Begriff der E. wird hier zugleich mit einer Identifikation des (beweistheoretischen) Begriffs des *aposteriorischen* Wissens mit dem (grundlagentheoretischen) Begriff des *empirischen* Wissens (↑a priori, ↑demonstratio propter quid/demonstratio quia) die begriffliche Trennung im engeren Sinne theoretischer (erfahrungsunabhängiger) und im engeren Sinne empirischer (von der beobachtenden und experimentellen E. abhängiger) Elemente für den (begrifflichen und instrumentellen) Aufbau empirischer Wissenschaften konstitutiv. An die Stelle des phänomenalen oder Aristotelischen Begriffs der E. tritt hier ein *instrumentaler* oder *konstruktiver* Begriff. Der konstruktive Charakter der E. wird von I. Kant in einer Theorie der E., die als solche Theorie der Physik ist, hervorgehoben. E.surteile oder ›empirische Erkenntnisse‹ sind nach Kant im Gegensatz zu sogenannten Wahrnehmungsurteilen, deren Geltung auf den Bereich beobachteter Fälle eingeschränkt ist, solche Urteile, die über den Bereich beobachteter Fälle in ↑synthetischer Verallgemeinerung (↑Synthesis) hinausgehen. Die Frage nach den Bedingungen der Möglichkeit der E. führt damit unter Rekurs auf die synthetisch-apriorischen Elemente eines Systems von E.surteilen zu einer rationalen Physik.

Im Gegensatz zu diesem konstruktiven Begriff der E., aber auch im Gegensatz zum ursprünglichen phänomenalen Begriff der E., steht im Rahmen empiristischer Positionen, vom sogenannten klassischen Empirismus bei J. Locke, G. Berkeley und D. Hume bis hin zum logischen Empirismus (↑Empirismus, logischer) bei R. Carnap, H. Reichenbach u. a., ausgezeichnet durch den Einsatz logischer Analysemittel (↑Analyse, logische) und die Beschränkung wissenschaftstheoretischer Aufgaben auf die Analyse empirischer Sätze und der ›logischen Syntax‹ (↑Syntax, logische) der ↑Wissenschaftssprachen, die Annahme einer begriffsfreien Basis des Wissens in der E. im Mittelpunkt erkenntnistheoretischer bzw. wissenschaftstheoretischer Orientierungen (↑Phänomenalismus). Insofern dabei E. auf ein ›empirisch rein Gegebenes‹ (↑Gegebene, das) zurückgeführt werden soll, hat dieser E.sbegriff entweder *sensualistische* (↑Sensualismus) Prämissen (klassischer Empirismus) oder führt wissenschaftssprachlich in eine ↑Zweistufenkonzeption von ↑Beobachtungssprache (↑Protokollsatz) und ↑Theoriesprache. E. tritt damit weder primär als das Resultat unterscheidender Handlungen noch als das Resultat konstruktiver experimenteller Vorkehrungen auf, sondern der gesuchten Konzeption nach als eine unmittelbare Entsprechung von empirisch Gegebenem und ↑Begriff.

Die moderne Empirismuskritik stützt sich, abgesehen vom Auftreten inner-empiristischer Probleme, insbes. der Definierbarkeit theoretischer Begriffe (↑Begriffe, theoretische), einerseits auf die These von der Theorieabhängigkeit (↑Theoriebeladenheit) der E.sbasis (K. R. Popper), andererseits, in Wiederaufnahme Kantischer Intentionen, auf den Nachweis ↑vorwissenschaftlicher, pragmatisch und normativ geordneter Elemente und ihren Fundierungszusammenhang mit Sprach- und Wissenschaftskonstruktionen. Das zuletzt genannte Programm (↑Wissenschaftstheorie, konstruktive) zielt auf eine systematische Begründung auch der empirischen Wissenschaften, eine Begründung, in deren Rahmen der klassische Gegensatz von Empirismus und Rationalismus seine erkenntnistheoretisch im Begriff der E. artikulierte Schärfe verliert. In dem Maße, in dem sich dabei eine vorwissenschaftliche, lebensweltliche Praxis in Begründungs- und Rechtfertigungsbezügen als (apriorischer) Grund einer wissenschaftlichen Praxis erweist (↑Apriori, lebensweltliches), gewinnt auch der Aristotelische Begriff der E. (als E.sbegriff der ↑Lebenswelt) erneut an Bedeutung.

Während sich die wissenschaftstheoretische Diskussion des E.sbegriffs im wesentlichen an Methodenproblemen der empirischen Wissenschaften (ihres Aufbaus und ihrer Geltungsstrukturen, ↑Geltung) orientiert, knüpfen Bemühungen, den Begriff der E. auch im Rahmen einer Theorie der ↑Geisteswissenschaften einzuführen, an G. W. F. Hegels dialektische Theorie der Wissensbildung (↑Dialektik), an die Bildung von ›Bewußtsein‹, ›Selbstbewußtsein‹ und Vernunft an (↑Phänomenologie des Geistes). Abweichend von der erkenntnistheoretischen Tradition faßt Hegel das Verhältnis von Wissen und Gegenstand prozessual als dialektisch sich aufstufende Selbsterfahrung des ↑Geistes; Wissen wird als das Resultat einer *begrifflichen Geschichte* bzw. einer *begrifflichen* E. dargestellt (die »dialektische Bewegung, welche das Bewußtsein an ihm selbst, sowohl an seinem Wissen als an seinem Gegenstande ausübt, insofern ihm der neue wahre Gegenstand daraus entspringt, ist eigentlich dasjenige, was E. genannt wird«, Phänom. des Geistes, Einl., Sämtl. Werke II, 78). Erkenntnis derart als E. mit dem

Gegenstand und mit sich selbst verstanden, hat universellen Charakter. Sie begreift die Konstitution der Welt als genetische Selbstkonstitution des Geistes und ist hierin nach Hegel ›absolutes Wissen‹ (↑Wissen, absolutes). In der hermeneutischen Philosophie (↑Hermeneutik) wird im Rahmen einer (der Konzeption nach wiederum *universellen*) Theorie des ↑Verstehens (M. Heidegger, H.-G. Gadamer) eine über theoretische Antizipationen material nicht einholbare E. des Verstehenden mit sich selbst im Umgang mit dem zu Verstehenden in Anspruch genommen und im Begriff der ästhetischen E. als einer innovativen Praxis gegen die ältere Bindung der Hermeneutik an eine Metaphysik des ↑Schönen und der Werke auf die Theorie der Kunst und deren geschichtliche Manifestationen angewendet (H. R. Jauß). In der These von der Welt als Geschichte nehmen die Begriffe der hermeneutischen und der ästhetischen E. Elemente einer Kritik der ↑Urteilskraft im Sinne Kants auf und schließen von daher den E.sbegriff stärker an *praktische*, auch über eine Ästhetik vermittelte (↑ästhetisch/Ästhetik (endeetisch)) Orientierungen an. Im engeren Sinne erkenntnistheoretisch fundiert ist E. Husserls Begriff der *transzendentalen* E. (Cartesianische Meditationen, 66 ff.), insofern dieser Begriff im Rahmen der methodologischen Konzeption einer phänomenologischen Reduktion (↑Reduktion, phänomenologische) zu den Konstitutionselementen des transzendentalen Ego (↑Ego, transzendentales), d. h. wiederum eines der ›Selbsterfahrung‹ zugänglichen Gegenstandes, gehört. Husserls ebenfalls transzendental bestimmter Begriff der ↑Lebenswelt (Krisis, 105 ff.) und der ↑›vorprädikativen‹ E. (E. und Urteil, 21 ff.) führt eine solche Konzeption der E. im Rahmen einer allgemeinen Theorie der Wissensbildung wieder enger an die Diskussion von Fundierungsverhältnissen in den Wissenschaften im Problemrahmen von Theorie und Begründung heran.

Literatur: R. Bubner/K. Cramer/R. Wiehl (eds.), Metaphysik und E., Göttingen 1991 (Neue H. Philos. 30/31); J. Erpenbeck, E., EP I (1999), 346–353; FM II (1994), 1181–1188; J. Freudiger/A. Graeser/K. Petrus (eds.), Der Begriff der E. in der Philosophie des 20. Jahrhunderts, München 1996; P. L. Heath, Experience, Enc. Ph. III (1967), 156–159; H. Holzhey, Kants E.s-Begriff. Quellengeschichtliche und bedeutungsanalytische Untersuchungen, Basel/Stuttgart 1970; K. Hübner, Theorie und Empirie. Philos. Nat. 10 (1967), 198–210; E. Husserl, Die Krisis der europäischen Wissenschaften und die transzendentale Phänomenologie, Philosophia 1 (Belgrad 1936), 77–176, Hamburg 1996 (Husserliana VI); ders., E. und Urteil. Untersuchungen zur Genealogie der Logik, ed. L. Landgrebe, Hamburg 1948, 1999; ders., Cartesianische Meditationen und Pariser Vorträge, ed. S. Strasser, Den Haag 1950 (Husserliana I), Hamburg 1995; P. Janich, Das Maß der Dinge. Protophysik von Raum, Zeit und Materie, Frankfurt 1997; H. R. Jauß, Ästhetische E. und literarische Hermeneutik I (Versuch im Felde der ästhetischen E.), München 1977, Frankfurt 1991; F. Kambartel, E. und Struktur. Bausteine zu einer Kritik des Empirismus und Formalismus, Frankfurt 1968, ²1976; ders., E., Hist. Wb. Ph. II (1972), 609–617; ders., Wie abhängig ist die Physik von E. und Geschichte? Zur methodischen Ordnung apriorischer und empirischer Elemente in der Naturwissenschaft, in: K. Hübner/A. Menne (eds.), Natur und Geschichte (X. Dt. Kongreß für Philosophie, Kiel 1972), Hamburg 1973, 154–169; ders., Wahrheit und Begründung, Erlangen/Jena 1997; A. S. Kessler/A. Schöpf/C. Wild, E., Hb. ph. Grundbegriffe I (1973), 373–386; S. Körner, Experience and Theory. An Essay in the Philosophy of Science, London 1966, ²1969 (dt. E. und Theorie. Ein wissenschaftstheoretischer Versuch, Frankfurt 1970, 1977); L. Krüger, Der Begriff des Empirismus. Erkenntnistheoretische Studien am Beispiel John Lockes, Berlin/New York 1973; W. G. Lycan, Consciousness and Experience, Cambridge Mass. 1996; J. Mittelstraß, Metaphysik der Natur in der Methodologie der Naturwissenschaften. Zur Rolle phänomenaler (Aristotelischer) und instrumentaler (Galileischer) E.sbegriffe in der Physik, in: K. Hübner/A. Menne (eds.), Natur und Geschichte [s. o.], 63–87; ders., Die Möglichkeit von Wissenschaft, Frankfurt 1974, 56–83, 221–229 (E. und Begründung); ders., Historische Analyse und konstruktive Begründung, in: K. Lorenz (ed.), Konstruktionen versus Positionen. Beiträge zur Diskussion um die Konstruktive Wissenschaftstheorie, I–II, Berlin/New York 1978, II, 256–277; ders., Das lebensweltliche Apriori, in: C. F. Gethmann (ed.), Lebenswelt und Wissenschaft. Studien zum Verhältnis von Phänomenologie und Wissenschaftstheorie, Bonn 1991, 114–142; M. Oakeshott, Experience and Its Modes, Cambridge Mass. 1933, 1994; H. Reichenbach, Experience and Prediction. An Analysis of the Foundations and the Structure of Knowledge, Chicago Ill. 1938, ⁷1970; N. Rescher, Induction. An Essay on the Justification of Inductive Reasoning, Oxford 1980 (dt. Induktion. Zur Rechtfertigung induktiven Schließens, München/Wien 1987); W. Röd, E. und Reflexion. Theorien der E. in transzendentalphilosophischer Sicht, München 1991; H. Saget, Expérience, Enc. philos. universelle II/1 (1990), 924–925; L. Schäfer, E. und Konvention. Zum Theoriebegriff der empirischen Wissenschaften, Stuttgart 1974; H. Schnädelbach, E., Begründung und Reflexion. Versuch über den Positivismus, Frankfurt 1971; ders., E., WL (1978), 140–146; J. J. Valberg, Puzzle of Experience, Oxford 1992; R. E. Vente (ed.), E. und E.swissenschaft. Die Frage des Zusammenhangs wissenschaftlicher und gesellschaftlicher Entwicklung, Stuttgart etc. 1974. J. M.

Erfahrung, ästhetische (engl. aesthetic experience, franz. expérience esthetique), in Ästhetik (↑ästhetisch/Ästhetik) und Kunstphilosophie Oberbegriff für im weitesten Sinne kognitive Tätigkeiten, heute zentriert auf ästhetische Rezeption, deren Vollzug und Kenntnis als deren Resultat, obwohl ›Erfahrung‹ dem Begriff nach *aktives E.en-machen* im Zuge artistisch herstellenden Handelns im Bereich des Selbstgemachten (das Kunstschöne der Tradition) und *passives Erfahrenwerden*, verbunden mit dem Erwerb von ›Kennerschaft‹, anhand von Übungen mit geeigneten Beispielen im Bereich des Von-selbst-Entstandenen (das Naturschöne der Tradition) gleichermaßen zuläßt. Im Begriff der ä.n E. wird seit I. Kant eine Form des ästhetischen Urteils (↑Urteil, ästhetisches) mitgeführt mit sogenannten Wahrheitsästhetiken im Gefolge. Insofern Erkenntnisformen auf Reflexionsprozessen basieren, auf *reflektiertem Kennen* (nicht-propositionales ›Sich-Auskennen-mit‹) auf der vortheoretisch *symptomischen Ebene*, und auf *reflektiertem Erkennen* (propositionales Erkennen, daß ...) auf der theoretisch *symbolischen Ebene* (D. Gerhardus 1999), die als *Zeichenprozesse* (C. Fricke 2001) analysiert werden, verdankt sich ä. E. Zeichenprozessen auf der *symptomischen Ebene*, jeweils mit der Tätigkeit des Bezugnehmens aus Richtung des Gegenstandes begonnen, ohne schon eigenständige Zeichengegenstände zu bilden, und die abhängig vom Bezeichneten auch noch das Bezeichnete pars pro toto gegenwärtig setzen. Unmittelbarkeit ä.r E. (z. B. K. H. Bohrer 1981; R. Bubner 1989) ist nicht darstellbar und deshalb nicht verständlich zu machen, weil wir weder über eine *zeichenfreie Daten-* noch über eine *medienfreie Zeichenbasis* verfügen. Bildet ›exploratives Handeln‹ (D. Gerhardus 1979; K. Buchholz 1998, 144 f.) den Kernbereich aller ä.n E., ist eine Revision des *Verstehensbegriffs* wie etwa bei N. Goodman und C. Z. Elgin (1988) vonnöten, der (1) ein breites Anwendungsspektrum bietet, (2) auf Ebenendurchlässigkeit zielt und (3) an Propositionalität nicht gebunden ist. Mit Blick auf ihre Methoden stellen sich dann allerdings für zeichenverstehende Wissenschaften Fragen nach ihrem Theoriestatus, darunter diejenige, wie die auf symptomischer Ebene vortheoretisch erworbenen ä.n E.en auf der symbolischen Ebene theoretisch zu behandeln sind und wie die daran beteiligte Ebenendurchlässigkeit methodisch zu bewerkstelligen ist.

Für die gegenwärtige Diskussion um den Begriff der ä.en E. ist J. Deweys ästhetisches wie kunstphilosophisches Hauptwerk »Art as Experience« (1934), hervorgegangen aus Vorlesungen, die Dewey 1931 in Harvard hielt, maßgebend. Dewey setzt den ↑Pragmatismus als philosophisches Verfahren ein, um im Anschluß an seine methodisch und thematisch grundlegende Arbeit »Experience and Nature« (1925) die komplexe Leistungsfähigkeit von ›Erfahrung als Kultur‹ (P. Stekeler-Weithofer) auf dem Gebiet der Ästhetik (G. H. Mead 1926) zur Geltung zu bringen. H. R. Jauß übernimmt dabei mit seiner »Kleinen Apologie der ä.n E.« (1972) und »Ä. E. und literarische Hermeneutik« (1977) eine Mittlerrolle zwischen zeichenverstehenden Wissenschaften und (hermeneutischer) Philosophie (↑Erfahrung, ↑Hermeneutik) im Rahmen von ›rezeptionstheoretisch verfeinertem Historismus‹ (M. Fuhrmann 2002) und ›dialogischer Anthropologie‹ (J. Mittelstraß 1992).

Ausgehend vom Wechselspiel zwischen Tun und Leiden stets ins eigene Handeln verstrickter Alltagserfahrungen entwickelt Dewey einen weitgefaßten Erfahrungsbegriff. In dynamischen Bewegungen lassen sich unterschiedliche Erfahrungsprozesse im Zuge von ›Verdichtungen‹ und ›Verdünnungen‹ ausdifferenzieren, weil der handelnd Erfahrung machende ›Akteur‹ gleichzeitig immer auch sein eigener erfahren werdender ›Reaktor‹ ist. So kann Dewey Kunstphilosophie (als spezielle Handlungstheorie) und Ästhetik (als spezielle Wahrnehmungstheorie) aufs engste miteinander verbinden. Andere Zeichen verwendende Tätigkeiten rückt er ebenfalls enger zusammen, allen voran Kunst und Wissenschaft, insofern ›Experimentieren‹ (Dewey) (Erkunden, Erproben, Ausprobieren) zu deren inventiver Grundeinstellung gehört. Zudem wird die Trennung von Alltag und Kunst aufgehoben, da ä. E.en in unterschiedlichsten Erfahrungsbereichen gemacht und erworben werden können, so daß deren überbietungstheoretische Anteile erst relativ zum jeweiligen Erfahrungsgebiet auszumachen sind (z. B. W. Turners pikturale Flußexplorationen in seinem Projekt ›The Rivers of Europe‹ z. B. an Themse, Seine, Loire und Rhein im Gegensatz etwa zu gewerblicher Nutzung oder ökologischen Untersuchungen dieser Flußlandschaften). Im Gegeneinander von Handeln und widerständiger Umgebung sind alle Erfahrungen Erneuerungs- wie auch Alterungsprozessen unterworfen (Historisierung von Erfahrung), da neue Stoffe (Materialien), Techniken und Verfahren (Methoden) einschließlich deren Beurteilung ins Blickfeld rücken, im Bereich ä.r E. insbes. dort, wo im letztlich doch einheitsstiftenden Gegen- und Miteinander artisanaler (handwerklicher) und artistischer (künstlerischer) Handlungsanteile zu perfektionierende Instantiierungen zusammen mit intentiver Schemabildung im Mittelpunkt stehen. Denn künstlerische Darstellungsmedien werden durch Erfindung semiotischer Gliederungen des herangezogenen Stoffes geschaffen (Medienabhängigkeit in der Kunst; Invarianzbildung in der Wissenschaft, ↑Symboltheorie). So bezeichnet Dewey mit ›ä.r E.‹ ein in einem Erfahrungsprozeß sinnvoll gebildetes Ganzes, in welchem Schaffens-, Ergebnis- und Aufnahmeanteile ›durchdringend‹ gegliedert verkörpert werden, sich die tradierte Trias von Produktions-, Werk- und Rezeptionsästhetik (↑Rezeptionstheorie) einverleibend. Diese Auffassung kommt dem nahe, was O. Becker den ›Spitzencharakter des Ästhetischen‹ nennt, weg vom Werkbegriff, hin zum ›ästhetischen Objekt in der Phänomenologie der ä.n E.‹, bei M. Dufrenne etwa einsetzend mit der ›somatischen‹ Erfahrung, die in der Weiterentwicklung des pragmatistischen Ansatzes etwa bei R. Shusterman ausdrücklich thematisiert wird.

Ausgehend vom ↑Spiel als einem Bild für die Einheit von Produktion und Rezeption in der ä.n E. in der Nachfolge von H.-G. Gadamers ↑Hermeneutik analysiert Jauß den Begriff der ä.n E. funktionalistisch und stellt sich somit in die Reihe antiker und mittelalterlicher Autoren, denen funktionslose Kunst fremd ist (B. Kleinmann/R. Schmücker 2001). Sein Vorbild der eigenen drei Funktionsbestimmungen ist die dreigliedrige Standardunterscheidung: (1) ↑*Poiesis* verdankt sich unserem Können als einem selbständigen Wissen (›sich verstehen auf‹), das als *reflexives Kennen* eines Gegenstandes sich im artistischen Schaffen und Gestalten bewähren muß (↑Produktionstheorie); (2) *Aisthesis* wird im Wortsinn wie das (mittel-)lateinische ›cognitio sensitiva‹ verstanden als sinnlich erkennende Wahrnehmung, die bei Jauß nicht auf den bloßen Gebrauch der Sinne zielt, sondern auf dessen ästhetisch-reflexive Form, so daß er zu undifferenzierten Ausweitungen, z. B. ins heutige ästhetische Denken hinein, keinen Anlaß bietet (K. Barck u. a., 1990; W. Welsch 1960; G. Böhme 2001; dagegen M. Seel 1993, 1996); (3) *Katharsis* faßt Jauß als kommunikative Grundeinstellung, die es erlaubt, Normen des Handelns zu vermitteln, den Rezipienten von Alltagsroutinen zu entlasten und Freiheit seines Urteils zu ermöglichen. Aisthesis soll zwischen Poiesis und Katharsis eine Brücke bauen derart, daß das Kunstwerk als *ästhetischer Gegenstand* konstituiert wird. Durch Untersuchungen zur historischen Genese des *ästhetischen Genusses* wird für diese drei Funktionsbestimmungen der Boden bereitet, um den erläuterten Begriff der ä. n E. dann zwischen ›purem Sinnengenuß‹ und ›bloßer Reflexion‹ ansiedeln zu können. Der ›Zusammenhang von selbständigen Funktionen‹ soll als ›Schwebezustand‹ (H. R. Jauß 1999, 89 f.) verstanden werden, womit Jauß sich Deweys Position annähert.

Literatur: K. Barck u. a. (eds.), Aisthesis. Wahrnehmung heute oder Perspektiven einer anderen Ästhetik. Essays, Leipzig 1990, 1998; M. C. Beardsley, Aesthetics. Problems in the Philosophy of Criticism, New York 1958, Indianapolis Ind./Cambridge ²1981; ders., The Aesthetic Point of View. Selected Essays, Ithaca N. Y./London 1982, bes. 77–92, 285–297; O. Becker, Von der Hinfälligkeit des Schönen und der Abenteuerlichkeit des Künstlers. Eine ontologische Untersuchung im ästhetischen Phänomenbereich, in: Festschrift E. Husserl zum 70. Geburtstag gewidmet. Ergänzungsband zum Jahrbuch für Philosophie und phänomenologische Forschung, Halle 1929, 27–52, mit Untertitel: Von der Abenteuerlichkeit des Künstlers und der vorsichtigen Verwegenheit des Philosophen, Berlin 1994, Neudr. in: ders., Dasein und Dawesen. Gesammelte philosophische Aufsätze, Pfullingen 1963, 11–40; G. Böhme, Ästhetik. Vorlesungen über Ästhetik als allgemeine Wahrnehmungslehre, München 2001; K. H. Bohrer, Plötzlichkeit. Zum Augenblick des ästhetischen Scheins, Frankfurt 1981, 1998 (engl. Suddenness. On the Moment of Aesthetic Appearance, New York/Chichester 1994); R. Bubner, Ä. E., Frankfurt 1989; K. Buchholz, Sprachspiel und Semantik, München 1998; L. Buermeyer, The Aesthetic Experience, Merion Pa. 1924; J. Dewey, Experience and Nature, Chicago Ill./London 1925; ders., Art as Experience, New York, London 1934; G. Dickie, Beardsley's Phantom Aesthetic Experience, J. Philos. 62 (1965), 129–136; M. Dufrenne, Phénoménologie de l'expérience esthetique, Paris 1953, ²1967, ³1992 (engl. The Phenomenology of Aesthetic Experience, Evanston Ill. 1973); M. Düwell, Ä. E. und Moral. Zur Bedeutung des Ästhetischen für die Handlungsspielräume des Menschen, Freiburg/München 1999, 2000; U. Engler, Kritik der Erfahrung. Die Bedeutung der ä. n E. in der Philosophie John Deweys, Würzburg 1992; C. Fricke, Zeichenprozeß und ä. E., München 2001; J. Früchtl, Ä. E. und moralisches Urteil. Eine Rehabilitierung, Frankfurt 1996; M. Fuhrmann, Bildung. Europas kulturelle Identität, Stuttgart 2002; H.-G. Gadamer, Ästhetische und religiöse Erfahrung, Nederlands Theol. Tijdschr. 32 (1978), 218–230, Neudr. in: ders., Gesammelte Werke VIII (Ästhetik und Poetik. Kunst als Aussage), Tübingen 1993, 143–155; D. Gerhardus, Ästhetisches Handeln. Skizze in konstruktiver Absicht, in: K. Lorenz (ed.), Konstruktionen versus Positionen. Beiträge zur Diskussion um die Konstruktive Wissenschaftstheorie II (Allgemeine Wissenschaftstheorie), Berlin/New York 1979, 146–183; ders., Semiotische Ästhetik als Reflexion künstlerischer Gegenstandskonstitution, künstlerischer Darstellungsverfahren und ä.r E., Z. Semiotik 5 (1983), 252–255; ders., Sprachphilosophie in der Ästhetik, in: M. Dascal/D. Gerhardus/K. Lorenz u. a. (eds.), Sprachphilosophie/Philosophy of Language/La philosophie du langage. Ein internationales Handbuch zeitgenössischer Forschung II, Berlin/New York 1995, 1519–1528; ders., Die sensuelle Erschließung der Welt. Vom Widerfahrnisphänomen zur symptomischen Erkenntnisform, in: K. Buchholz/S. Rahman/I. Weber (eds.), Wege zur Vernunft. Philosophieren zwischen Tätigkeit und Reflexion, Frankfurt/New York 1999, 107–119; N. Goodman/C. Z. Elgin, Reconceptions in Philosophy and Other Arts and Sciences, London/Indianapolis Ind. 1988, 1989 (dt. Revisionen. Philosophie und andere Künste und Wissenschaften, Frankfurt 1989, 1993; franz. Reconceptions en philosophie. Dans d'autres arts et dans d'autres sciences, Paris 1994); R. Hoppe-Sailer, Rezension zu H. R. Jauß. Ä. E. und literarische Hermeneutik, Kunstchronik 39 (1986), 436–442, Neudr. in: J. Stöhr (ed.), Ä. E. heute, Köln 1996, 42–51; R. Ingarden, Aesthetic Experience and Aesthetic Object, in: ders., Selected Papers in Aesthetics, München/Wien 1985, 107–132; H. R. Jauß, Kleine Apologie der ä. n E.. Mit kunstgeschichtlichen Bemerkungen von Max Imdahl, Konstanz 1972 (ital. Apologia dell'esperienza estetica, Turin 1985), Neudr. in: J. Stöhr (ed.), Ä. E. heute [s. o.], 15–41 (gekürzt); ders., Ä. E. und literarische Hermeneutik I (Versuche im Feld der ä. n E.), München 1977, ohne Untertitel Frankfurt 1982, 1984, 1991, ²1997 (engl. Aesthetic Experience and Literary Hermeneutics, Minneapolis Minn. 1982, 1989); ders., Probleme des Verstehens. Ausgewählte Aufsätze, Stuttgart 1999; A. Kern, Schöne Lust. Eine Theorie der ä.n E. nach Kant, Frankfurt 2000; B. Kleinmann/R. Schmücker (eds.), Wozu Kunst? Die Frage nach ihrer Funktion, Darmstadt 2001; G. Kohler, Geschmacksurteil und ä. E.. Beiträge zur Auslegung von Kants »Kritik der Urteilskraft«, Berlin/New York 1980; J. Kulenkampff, Ä. E.. Oder was von ihr zu halten ist, in: J. Freudiger/A. Graeser/K. Petrus (eds.), Der Begriff der Erfahrung in der Philosophie des 20. Jahrhunderts, München 1996, 178–198; F. v. Kutschera, Ästhetik, Berlin/New York 1988; G. Maag, Ä. Erfahrung, in: K. Barck u. a. (eds.), Ästhetische Grundbegriffe II, Stuttgart/Weimar 2001, 260–275; G. H. Mead, The Nature of Aesthetic Experience, Int. J. Ethics 36 (1926), 382–393 (dt. Das Wesen der ä.n E., in: D. Henrich/W. Iser [eds.], Theorien der Kunst, Frankfurt 1982, 1992, 343–355); C. Menke-Eggers, Die Souveränität der Kunst. Ä. E. nach Adorno und Derrida, Frankfurt 1988, 1991; J. Mittelstraß, Dialogische Anthropologie. Variationen zu einem Thema von Hans Robert Jauß, Merkur 46 (1992), 450–457; U. Müller, Wie ist ästhetisches Argumentieren möglich?, Philos. Jb. 96 (1989), 151–156; J. Nida-Rümelin/M. Betzler (eds.), Ästhetik und Kunstphilosophie. Von der Antike bis zur Gegenwart in Einzeldarstellungen, Stuttgart 1998; W. Oelmüller (ed.), Kolloquium Kunst und Philosophie I (Ä. E.), München/Wien/Zürich 1981; B. Recki, Die Form des Lebens. John Dewey über ä. E., in: Forum für Philosophie Bad Homburg (ed.), Ästhetische Reflexion und kommunikative Vernunft II,

Bad Homburg 1993, 132–150; H. J. Schneider, Die Leibhaftigkeit der ä.n E.. Ein Hinweis auf John Dewey und Francis Bacon, in: F. Koppe (ed.), Perspektiven der Kunstphilosophie. Texte und Diskussionen, Frankfurt 1991, 104–108; U. Schödbauer, Ä. E., in: D. Harth/P. Gebhardt (eds.), Erkenntnis der Literatur. Theorien, Konzepte, Methoden der Literaturwissenschaft, Stuttgart 1982, 1989, 33–55; M. Seel, Was ist ein ästhetisches Argument?, Philos. Jb. 94 (1987), 42–63; ders., Eine Ästhetik der Natur, Frankfurt 1991, 2001; ders., Wider das ästhetische Denken, Akzente 40 (1993), 561–574; ders., Ästhetik und Aisthetik. Über einige Besonderheiten ästhetischer Wahrnehmung. Mit einem Anhang über den Zeitraum der Landschaft, in: ders., Ethisch-ästhetische Studien, Frankfurt 1996, 36–69; R. Shusterman, Beneath Interpretation, in: D. Hiley u. a. (eds.), The Interpretive Turn. Philosophy, Science, Kulture, Ithaca N. Y. 1991, 102–128, Neudr. in: D. Goldblatt/L. B. Brown (eds.), Aesthetics. A Reader in Philosophy of the Arts, Upper Saddle N. J. 1997, 336–243 (gekürzt) (dt. Vor der Interpretation, in: ders., Vor der Interpretation. Sprache und Erfahrung in Hermeneutik, Dekonstruktion und Pragmatismus, Wien 1996, 65–98); ders., die Sorge um den Körper in der heutigen Kultur, in: A. Kuhlmann (ed.), Philosophische Ansichten der Kultur der Moderne, Frankfurt 1994, 1995, 241–277; ders., Am Ende e.r E., Dt. Z. Philos. 45 (1997), 859–878; J. Stöhr (ed.), Ä. E. heute, Köln 1996; W. Tatarkiewicz, A History of Six Ideas. An Essay in Aesthetics, The Hague/Boston Mass./London 1980, bes. 310–338 (Chap. XI The Aesthetic Experience. History of the Concept); D. Townsend, From Shaftesbury to Kant. The Development of the Concept of Aesthetic Experience, J. Hist. Ideas 48 (1987), 287–305; J. O. Urmson, What Makes a Situation Aesthetic?, Proc. Arist. Soc., Suppl. XXXI (1957), 75–92; W. Welsch, Ästhetisches Denken, Stuttgart 1960, ³1993; ders., Rettung durch Halbierung? Zu Richard Shustermans Rehabilitierung ä.r E., Dt. Z. Philos. 47 (1999), 111–126; G. Wohlfart, Der Augenblick. Zeit und ä. E. bei Kant, Hegel, Nietzsche und Heidegger mit einem Exkurs zu Proust, Freiburg/München 1982.   D. G.

erfüllbar/Erfüllbarkeit, Bezeichnung für eine Eigenschaft von ↑Aussageformen. Ein n-Tupel $e_1, \ldots, e_n$ von Ausdrücken erfüllt eine n-stellige Aussageform $A(x_1, \ldots, x_n)$, wenn die durch die entsprechende Einsetzung von $e_1, \ldots, e_n$ für die Variablen $x_1, \ldots, x_n$ entstehende Aussage $A(e_1, \ldots, e_n)$ wahr ist. Z. B. erfüllt das Paar (1; 4) die Aussageform $x < y$. Diese erfüllt ihrerseits als ↑Relator von Grundzahlen die Aussageform $\bigvee_x \bigvee_y R(x, y)$ mit der Variablen R, und jedes beliebige Paar von Aussagen $(p; q)$ erfüllt die Aussageform $(p \rightarrow q) \rightarrow (\neg q \rightarrow \neg p)$, die darum ›allgemeingültig‹ (↑allgemeingültig/Allgemeingültigkeit) heißt. Eine Aussageform $A(x_1, \ldots, x_n)$ heißt ›e.‹, wenn es ein sie erfüllendes n-Tupel $e_1, \ldots, e_n$ gibt.   C. T.

Erhabene, das, metaphysisch das Transzendente (↑transzendent/Transzendenz), den Menschen Erhebende, Erhöhende (Natur, Gott, Kunst); psychologisch-anthropologisch das ↑Gefühl ausgelöst durch die ↑Natur, insofern diese unter dem Aspekt ihrer Unendlichkeit (↑unendlich/Unendlichkeit, ↑Unendliche, das) erfahren wird (das mathematisch E. [I. Kant]), oder durch die Erfahrung der Natur bzw. des Schicksals als Gegensatz zur menschlichen Freiheit, als chaotisch-existenzbedrohende Macht (das dynamisch E. [Kant] bzw. das kontemplativ oder pathetisch E. [F. Schiller]). Metaphysisch wird das E. als Eigenschaft eines Dinges bestimmt, die vermittels sinnlicher Wahrnehmung zur ›plötzlich anschauenden Erkenntnis einer Vollkommenheit‹ (M. Mendelssohn) befähigt; psychologisch-anthropologisch als Auslösung eines Gefühls, in dem Erkenntnis mitschwingt.

In der Ästhetik (↑ästhetisch/Ästhetik) gilt das E. als Komplementärbegriff zum ↑Schönen, und zwar entweder als das diesem Entgegengesetzte oder als höhere Stufe der Schönheit. Die Entgegensetzung von E.m und Schönem ist für den psychologisch-anthropologischen Ansatz der Bestimmung des E.n charakteristisch, die Bestimmung des E.n als höhere Stufe des Schönen für die metaphysische Bestimmung. So begründet z. B. E. Burke durch die Unterscheidung des durch das E. und das Schöne ausgelösten Gefühls (›delight‹ versus ›pleasure‹) die Entgegensetzung von E.m und Schönem. Alternativ findet sich in der deutschen Ästhetiktradition eine Bestimmung des E.n entweder als vollendeter Form des Schönen (J. G. Herder), als einer möglichen Betrachtungsweise (F. W. J. Schelling) oder Version des Schönen (Schiller in der Unterscheidung zwischen ↑Anmut und ↑Würde). In Auseinandersetzung mit der Theorie des ↑moral sense (D. Hume, Burke, H. Home), insbes. unter dem Einfluß von Burkes Schrift über das E. und Schöne, bestimmt Kant das E. aus einer Analyse des durch es hervorgerufenen Gefühls (der Furcht).

Durch die Konfrontation von Natur- und Freiheitserfahrung begründet Kant die empirisch-psychologisch analysierte Wirkung des E.n auf den Menschen durch die Analyse der notwendig mitgesetzten Bedingungen des Urteils über das E.. Kant unterscheidet ›mathematisch‹ und ›dynamisch‹ E.s. Das *mathematisch* E. konstituiert sich durch die Erfahrung der unendlichen Größe in sich mannigfaltiger Naturerscheinungen. In dieser Erfahrung wird die ↑Einbildungskraft genötigt, über den ihr eigenen Bereich (sinnliche Rezeptivität und Produktivität), ferner über Verstandesbegriffe (↑Verstandesbegriffe, reine) hinauszugreifen. Die Einheit der Erfahrung des E.n wird durch eine Vernunftidee, ein ›übersinnliches Substrat‹ konstituiert (hier durch den Begriff unendlicher Größe, des Göttlichen). Die Konfrontation des Menschen mit der Natur als chaotischer, existenzbedrohender Macht löst die Erfahrung des *dynamisch* E.n aus. Der furchtauslösende Eindruck der Bedrohung wird dabei begleitet durch eine Erfahrung der ›Menschheit‹, d. i. Freiheit und Menschenwürde, die gegen die Bedrohung durch Natur oder Schicksal durchgehalten werden soll. Obwohl also der Index für die Beurteilung des E.n das Gefühl bleibt, begründet dieses als ›Geistgefühl‹, d. i.

durch Ideen konstituiertes Gefühl, nicht empirisch-individuelle, sondern subjektiv-allgemeingültige Urteile über das E..

Im Anschluß an Kants Bestimmung des dynamisch E.n entwickelt Schiller, der abweichend von Kant die Ästhetik in den Bereich der praktischen Vernunft (↑Vernunft, praktische) verlegt, in »Über das E.« (1801) eine Differenzierung des dynamisch E.n, das er gegenüber dem theoretisch E.n als das praktisch E. definiert. Schiller unterscheidet das dynamische E. in kontemplativ E.s und das insbes. durch die Kunst erfahrbare pathetische E.. Im Sinne von Kants »Kritik der Urteilskraft« ist das E. nicht nur Element einer Theorie der Naturerfahrung, sondern gehört zu den Grundbegriffen einer Theorie der ↑Kunst, näherhin des Dramas. In der durch die Kunst vermittelten Erfahrung des E.n wird die Idee der Menschheit gegenüber chaotischen Natur-, Schicksals- und Geschichtsmächten durchgehalten. Die beiden Formen des pathetischen E.n in der Kunst, nämlich Darstellung der leidenden Natur und Darstellung der Selbständigkeit im menschlichen Leiden, geben zugleich die Grundgesetze der tragischen Kunst vor.

In der Ästhetik des Deutschen Idealismus (↑Idealismus, deutscher) verliert die Theorie des E.n ihre konstitutive Bedeutung für die Bestimmung der Kunst, sofern das E. als Vollendung oder höchste Stufe der Schönheit bestimmt wird und wie das Schöne als Symbol des Unendlichen oder Göttlichen. Dieser Übergang vom E.n zum Schönen als dem Grundbegriff der Ästhetik bereitet sich bereits in Schillers Kant-Kritik vor. Schiller schreibt dem Schönen wie dem E.n die Beziehung auf die Idee der Unendlichkeit bzw. Freiheit (›Menschheit‹) zu und motiviert dadurch die nachfolgende Ästhetik, die Theorie des E.n entweder nur als Appendix zur Theorie des Schönen zu entfalten oder in beiden keinen Unterschied zu sehen. Im vermeintlichen Anschluß an G. W. F. Hegel findet sich in der Ästhetik der Hegelianer (insbes. bei F. T. Vischer, H. G. Hotho) eine an klassizistischen Konzeptionen (Herder, J. J. Winckelmann) orientierte Überbewertung des Schönen gegenüber dem E.n. Hegel selbst schließt sich in seiner Ästhetik in der Bestimmung des E.n an Kants und Schillers Konzeption an, differenziert die idealistische Bestimmung des Schönen wie E.n als Symbol des Unendlichen bzw. Göttlichen aber durch eine auf die unterschiedlichen Epochen und Kulturen (Herder) bezogene Form der Symbolisation. Wie bei Schiller liegt der Bestimmung des E.n ein Wechsel des ästhetischen Interesses von einer Begründung der Ästhetik als Theorie des Naturschönen zu einer Bestimmung des Kunstschönen zugrunde. Das durch die Kunst vermittelte E. definiert sich (wie das Schöne) durch den Bezug der sinnlich-anschaulichen Erfahrung auf eine metaphysische Idee, das Göttliche oder die Vernunft und Freiheit des Menschen. Für die Künste, die Hegel in der ›symbolischen Kunstform‹ strukturell zusammenfaßt, liefert die Kategorie des E.n die ästhetische Erschließung. Durch die Symbolisation des Göttlichen in einer der Unendlichkeit nicht adäquaten Naturgestalt werden sie zu Künsten des E.n. Die Künste der klassischen Kunstform sind dagegen durch die Symbolisation des Göttlichen in der geistigen Naturgestalt, der schönen Gestalt des Menschen, charakterisiert. In der christlichen Kunst und der Kunst der modernen Welt werden Momente des Schönen und E.n gleichermaßen bedeutsam. Insbes. im Drama sieht Hegel (wie Schiller) eine Kunst des E.n als Darstellung des Scheiterns der Handlung, der Freiheit an schicksalhaften Widerfahrnissen. Das Drama vermittelt in der nicht-schönen Kunst eine Erfahrung des pathetisch E.n.

T. W. Adorno greift in seiner ästhetischen Theorie auf die vor-idealistische Bestimmung der Ästhetik als Theorie des Naturschönen zurück, zugleich aber (implizit) auf die Bestimmung des E.n im Rahmen der Dramentheorie. Die Erfahrung des E.n wird gegenüber der Erfahrung des Schönen vorrangig gewichtet, denn die Erfahrung des E.n ist durch Anerkennung der Nichtmanipulierbarkeit der Natur durch menschliche ↑Freiheit ausgezeichnet. Während die Freiheit des Handelns eine Weltgestaltung im Sinne der Kultur wie der Kunst verursacht, die zur technischen Verfremdung der Natur und zur ↑Entfremdung führt, eröffnet die Erfahrung des E.n eine alternative Erfahrung der Nicht-Entfremdung. Die Theorie des E.n erfüllt deshalb eo ipso die ideologiekritische (↑Ideologie) Intention der ästhetischen Theorie.

Literatur: T. W. Adorno, Ästhetische Theorie, als: ders., Ges. Schriften VII, ed. R. Tiedemann, Frankfurt 1970, separat: Frankfurt 1973 (engl. Aesthetic Theory, London 1984, 1997, ed. R. Hullot-Kentor, Minneapolis Minn. 1996; franz. Théorie esthétique, Paris 1974); A. Ashfield/P. de Bolla (eds.), The Sublime. A Reader in British Eighteenth-Century Aesthetic Theory, Cambridge etc. 1996, 1998; P. de Bolla, The Discourse of the Sublime. Readings in History, Aesthetics and the Subject, Oxford/New York 1989; E. Burke, A Philosophical Enquiry into the Origin of our Ideas of the Sublime and Beautiful, London 1757, Oxford etc., London 1998 (dt. Philosophische Untersuchungen über den Ursprung unsrer Begriffe vom Erhabenen und Schönen, Riga 1773 [repr. Bristol 2001], unter dem Titel: Vom E.n und Schönen, Berlin 1956, unter dem Originaltitel, Hamburg 1980, ²1989); P. Crowther, The Kantian Sublime. From Morality to Art, Oxford 1989, 1991; ders., The Sublime, REP IX (1998), 201–205; M. Deguy u. a. (eds.), Du sublime, Paris 1988; T. Eagleton, The Marxist Sublime, in: ders., The Ideology of the Aesthetic, Oxford/Cambridge Mass. 1990, 196–233; F. Ferguson, Solitude and the Sublime. Romanticism and the Aesthetics of Individuation, New York/London 1992; B. C. Freeman, The Feminine Sublime. Gender and Excess in Women's Fiction, Berkeley Calif./London 1995, 1997; G. W. F. Hegel, Ästhetik, I–II, Berlin 1837–1838, ²1842, ed. F. Bassenge, Berlin (Ost)/Weimar 1955, ²1965, ³1976, Frankfurt 1966, ²1969; ders., Vorlesungen über die Philosophie der Kunst, Berlin 1823. Nachgeschrieben von Heinrich Gustav Hotho, ed. A. Gethmann-Siefert, Hamburg 1998, 2003; J. G. Herder, Kritische Wälder. Oder Betrachtungen, die Wissenschaft und Kunst des Schönen betreffend, I–III, Riga 1769, Neudr. als: ders., Ausgewählte Werke in Einzelausgaben. Schriften zur Literatur II, Berlin 1990; N. Hertz, The End of the Line. Essays on Psychoanalysis and the Sublime, New York 1985 (dt. Das Ende des Weges. Die Psychoanalyse und das E., Frankfurt 2001); W. J. Hipple, The Beautiful, the Sublime, and the Picturesque in Eighteenth-Century British Aesthetic Theory, Carbondale Ill. 1957; R. Homann, E.s und Satirisches. Zur Grundlegung einer Theorie ästhetischer Literatur bei Kant und Schiller, München 1977; S. Hurstel, Zur Entstehung des Problems des E.n in der Ästhetik des 18. Jahrhunderts, J. J. Winckelmann und G. E. Lessing, in: G. Raulet (ed.), Von der Rhetorik zur Ästhetik. Studien zur Entstehung der modernen Ästhetik im 18. Jahrhundert, Rennes 1992, 108–144; I. Kant, Beobachtungen über das Gefühl des Schönen und E.n (1764), Akad.-Ausg. II, 205–256; L. Kerslake, Essays on the Sublime. Analyses of French Writings on the Sublime from Boileau to La Harpe, Bern etc. 2000; J. Kulenkampff (ed.), Materialien zu Kants »Kritik der Urteilskraft«, Frankfurt 1974; J.-I. Kwon, Hegels Bestimmung der Kunst. Die Bedeutung der ›symbolischen Kunstform‹ in Hegels Ästhetik, München 2001; C. Lipperheide, Die Ästhetik des E.n bei Friedrich Nietzsche. Die Verwindung der Metaphysik der Erhabenheit, Würzburg 1999; D. C. Longinus, De sublimitate libellus, ed. B. Weiske, Leipzig 1809 [griech./lat.], ed. O. Jahn/J. Vahlen, Bonn 1867, ²1887, Leipzig ³1905, ed. A. O. Prickard, Oxford 1947, 1961, ed. D. A. Russell, Oxford 1968, 1981, 1990 (engl. On the Sublime, ed. A. O. Prickard, Oxford 1906, London 1926, Westport Conn. 1978, ed. J. A. Arieti/J. M. Crossett, New York/Toronto 1985; dt. Die Schrift vom E.n, ed. R. v. Scheliha, Düsseldorf 1938, ²1970 [griech./dt.]; unter dem Titel: Vom E.n, ed. R. Brandt, Darmstadt 1966, 1983 [griech./dt.]; franz. Du sublime, ed. H. Lebègue, Paris 1939; ital. Del Sublime, ed. A. Rostagni, Mailand 1982 [griech./ital.], ed. C. M. Mazzucchi, Mailand 1992 [griech./ital.], unter dem Titel: Il sublime, ed. G. Lombardo, Palermo 1987, ed. G. Reale, Mailand 1988); J.-F. Lyotard, Lessons on the Analytic of the Sublime, Stanford Calif. 1994; ders., Le sublime et l'avant-garde, in: ders. L'inhumain. Causeries sur le temps, Paris 1988, 101–118; C. Maxwell, The Female Sublime from Milton to Swinburne. Bearing Blindness, Manchester 2001; M. Mendelssohn, Betrachtungen über das E.e und Naive in den schönen Wissenschaften, in: ders., Gesammelte Schriften. Jubiläumsausgabe I, ed. I. Elbogen/J. Guttmann/E. Mittwoch, Berlin 1929, 191–218; S. H. Monk, The Sublime. A Study of Critical Theories in XVIII–Century England, Ann Arbor, Mich. 1960, bes. 38–41; A. Müller/G. Tonelli/R. Homann, Erhaben, das E., Hist. Wb. Ph. II (1972), 624–635; J. Noggle, The Skeptical Sublime. Aesthetic Ideology in Pope and the Tory Satirists, Oxford etc. 2001; K. Pillow, Sublime Understanding. Aesthetic Reflection in Kant and Hegel, Cambridge Mass./London 2000; J. Rosiek, Maintaining the Sublime. Heidegger and Adorno, Bern etc. 2000; J. Rossaint, Das E. und die neuere Ästhetik, Köln 1926; B. Saint Girons, Fiat lux. Une philosophie du sublime, Paris 1993; F. Schiller, Über das E., in: ders., Kleinere prosaische Schriften von Schiller III, ed. S. L. Crusius, Leipzig 1801, 3–43, Neudr. in: Schillers Werke. Nationalausg. XXI (Philos. Schriften II), ed. B. v. Wiese, Weimar 1963, 38–54; J. G. Sulzer, Erhaben, in: ders., Allgemeine Theorie der schönen Künste, in einzelnen, nach alphabetischer Ordnung der Kunstwörter aufeinanderfolgenden Artikeln abgehandelt II, Leipzig 1771, ²1792 (repr. Hildesheim/New York 1967), 97–114; E. Tuveson, Space, Deity, and the ›Natural Sublime‹, Modern Language Quart. 12 (1951), 20–38; K. Viëtor, Die Idee des E.n in der deutschen Literatur, in: ders., Geist und Form. Aufsätze zur deutschen Literaturgeschichte, Bern 1952, 234–266; F. T. Vischer, Über das E. und Komische, Stuttgart 1837 (repr. München 1990–1994 [Mikrofiche]), mit Untertitel: Und andere Texte zur Ästhetik, ed. W. Oelmüller, Frankfurt 1967; W. Weischedel, Rehabilitation des E.n, in: J. Derbolav/F. Nicolin (eds.), Erkenntnis und Verantwortung. Festschrift für Theodor Litt, Düsseldorf 1960, 335–345; A. Wellmer, Adorno, die Moderne und das E., in: F. Koppe (ed.), Perspektiven der Kunstphilosophie. Texte und Diskussionen, Frankfurt 1991, 165–190; W. Welsch, Adornos Ästhetik. Eine implizite Ästhetik des E.n, in: ders., Ästhetisches Denken, Stuttgart 1991, 114–156. A. G.-S.

Erhaltungssätze, Bezeichnung für grundlegende physikalische Gesetze (↑Gesetz (exakte Wissenschaften)), nach denen bestimmte physikalische Größen in abgeschlossenen Systemen bei jeder zeitlichen Zustandsänderung ihren Wert beibehalten. Die physikalischen Ansätze R. Descartes' stellen E. an die Spitze. Für Descartes gründet sich die Beschreibung von ↑Bewegung auf die Erhaltung charakteristischer Größen. Z. B. bleibt bei wechselwirkungsfreier Bewegung die Bewegungsgröße (das Produkt aus der ›Größe‹ eines Körpers und seinem Geschwindigkeitsbetrag) unverändert. Dieses Prinzip der ↑Trägheit wird durch den Grundsatz der Erhaltung der Gesamtbewegung im Universum ergänzt. Im Rahmen der Cartesischen Physik (↑Cartesianismus) nimmt C. Huygens die Erhaltung der vektoriellen Bewegungsgröße an. Nach diesem *Impulssatz* (↑Impuls) bleibt der Gesamtimpuls eines Systems als Folge ausschließlich innerer Wechselwirkungen unverändert. I. Newton leitet den Impulssatz aus seinem dritten Bewegungsgesetz ab, der Gleichheit von Actio und Reactio, und erkennt den Impulssatz als äquivalent mit dem Satz von der *Erhaltung des Schwerpunkts*. Danach kann der Schwerpunkt eines abgeschlossenen Systems nicht durch innere Kräfte verschoben werden. P. d'Arcy verallgemeinerte 1747 das von Newton zur Erklärung der Keplerschen Gesetze benutzte Sektorengesetz und stieß dabei auf den Satz von der *Erhaltung der Flächen*. Legen nämlich zwei Massen m_1, m_2 die entgegengesetzten Wege AB, CD nur auf Grund ihrer Wechselwirkung $m_1 \cdot AB + m_2 \cdot CD = 0$ zurück (vgl. Abb. 1), so gilt auch für die Flächenräume, die von den Radienvektoren eines Punktes O mit den bewegten Massen durchstrichen werden, $m_1 \cdot OAB + m_2 \cdot OCD = 0$. Treten zusätzlich äußere Kräfte auf, wonach die Flächenräume OAE und OCF beschrieben würden, so ergibt die Zusammenwirkung der inneren und äußeren Kräfte in sehr kleinen Zeiten die Flächenräume OAG und OCH. Nach dem Varignonschen Parallelogrammsatz ist also

$$m_1 \cdot OAG + m_2 \cdot OCH =$$
$$= m_1 \cdot OAE + m_2 \cdot OCF + m_1 \cdot OAB + m_2 \cdot OCD$$
$$= m_1 \cdot OAE + m_2 \cdot OCF,$$

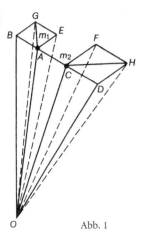

Abb. 1

d. h., die Summe der mit den entsprechenden ↑Massen multiplizierten durchstrichenen Flächenräume wird durch die inneren Kräfte nicht geändert. D. Bernoulli hatte diesen Satz bereits 1745 bei der Behandlung der Bewegungen von Kugeln in drehbaren Röhren als *Drehimpulserhaltungssatz* ausgesprochen.

Nachdem G. Galilei 1637 durch seine auf den freien Fall anzuwendende Beziehung $v^2 \sim h$ eine Vorform des *Energiesatzes* formuliert hatte, gab Huygens 1673 für das Schwerefeld der Erdoberfläche die vollständige Fassung an, die G. W. Leibniz als allgemeinen Satz von der Erhaltung der ›lebendigen Kräfte‹ (conservatio virium vivarum) interpretierte (↑vis viva): Seien nämlich p_i Gewichte, m_i die zugehörigen Massen, h_i die Falltiefen der freien oder verbundenen Massen, v_i die erlangten Geschwindigkeiten, so gilt:

$$\sum_i p_i h_i = \tfrac{1}{2}\sum_i m_i v_i^2.$$

Sind die Anfangsgeschwindigkeiten nicht Null, sondern v_{0i}, so bezieht sich der Satz

$$\sum_i p_i h_i = \tfrac{1}{2}\sum_i m_i(v_i^2 - v_{0i}^2)$$

auf den Zuwachs der ›lebendigen Kraft‹ durch die geleistete Arbeit. Treten anstelle konstanter Kräfte (z. B. Gewichte) veränderliche Kräfte p_i auf, so gilt

$$\sum_i \int p_i\, ds = \tfrac{1}{2}\sum_i m_i(v_i^2 - v_{0i}^2),$$

wobei ds die durch die veränderlichen Kräfte p_i beschriebenen Wegelemente sind. In diesem Sinne benutzte L. Euler 1736 den Energieerhaltungssatz und wendete ihn Bernoulli 1738 in seiner Hydrodynamik an. Nachdem bereits J. R. Mayer 1842 die wechselseitige Umwandelbarkeit von Wärme und Arbeit untersucht hatte, trat H. v. Helmholtz 1847 in seiner Schrift »Über die Erhaltung der Kraft« für eine *Verallgemeinerung des Energiesatzes* der Mechanik ein und prüfte ihn für die Phänomene der Wärme, Elektro-, Magnetostatik und Elektrodynamik. Nach A. Einsteins Spezieller *Relativitätstheorie* (↑Relativitätstheorie, spezielle) fällt der Energieerhaltungssatz mit dem *Massenerhaltungssatz* wegen der Energie-Masse-Beziehung $E = mc^2$ zusammen, wonach ein Massensystem durch Ausstrahlung eines Energiebetrages einen entsprechenden Betrag an Masse verliert.

Die klassischen E. von Energie, Impuls, Schwerpunkt und Drehimpuls gelten aufgrund der ↑Lorentz-Invarianz der entsprechenden Theorien auch in der modernen Physik. Lorentz-invariante Theorien sind insbes. invariant gegenüber einer Verschiebung des Zeitnullpunktes, d. h., sie enthalten die Homogenität der Zeit. Auf Grund eines Satzes von E. Noether muß es in jeder solchen Theorie eine Größe geben, die bei der zeitlichen Veränderung eines physikalischen Objekts oder eines Systems wechselwirkender Objekte erhalten bleibt. Allgemein folgen nach dem Satz von Noether aus der *Invarianz der ↑Naturgesetze* gegenüber einer Transformationsgruppe so viele E., als diese Gruppe unabhängige Parameter besitzt. Insbes. entspricht der Energiesatz der Homogenität der Zeit, der Impulssatz der Homogenität des Raumes und der Drehimpulssatz der Isotropie des Raumes. Die moderne Teilchenphysik kennt zahlreiche weitere E..

Philosophisch stehen die physikalischen E. in engem Zusammenhang mit der Bestimmung des Substanzbegriffs (↑Substanz) (z. B. bei Descartes, Leibniz und Newton). Umstritten ist der erkenntnistheoretische Status von E.n: sie werden zum Teil als ↑a priori gültig aufgefaßt, wie bei E. Meyerson im Gefolge I. Kants, zum Teil als bloß kontingente Behauptungen über die Welt. Für letzteres sprechen die Kontingenz der Raumzeit (und ihrer die E. bestimmenden Symmetrien) in der Allgemeinen Relativitätstheorie (↑Relativitätstheorie, allgemeine) und Beispiele aus der Physikgeschichte, die zeigen, daß Physiker durchaus bereit sind, E. aufzugeben, sofern es die Phänomene erfordern (z. B. die Parität in der Schwachen Wechselwirkung und die Energie in der – heute überholten – BKS-Theorie von N. Bohr, H. Kramers und J. Slater). Dennoch bleibt die Frage, ob die (näherungsweise) Konstanz zumindest einer physikalischen Größe nicht doch eine Bedingung der Möglichkeit der Erkennbarkeit der Welt darstellt (C. F. v. Weizsäcker).

Literatur: N. Bohr/H. Kramers/J. Slater, Über die Quantentheorie der Strahlung, Z. Phys. 24 (1924), 69–87; S. Devons, Conservation Laws in Nuclear Processes, in: J. Thewlis (ed.), Encyclopedic Dictionary of Physics. General, Nuclear, Solid State [...] and Related Subjects II, Oxford/London/New York 1961; Y. Elkana, The Discovery of the Conservation of Energy, London 1974; B. van Fraassen, Laws and Symmetry, Oxford 1989; A. Haas, Die

Entwicklungsgeschichte des Satzes von der Erhaltung der Kraft, Wien 1909 (ital. La storia dello sviluppo del principio di conservazione della forza, Pavia 1990); H. v. Helmholtz, Über die Erhaltung der Kraft. Eine physikalische Abhandlung. Vorgetragen in der Sitzung der physikalischen Gesellschaft zu Berlin am 23. Juli 1847, Berlin 1847, Leipzig 1889 (Ostwalds Klassiker d. exakten Wissenschaften I) (repr. Frankfurt 1996, 1–60); K. Höker, E., in: H. Franke (ed.), Lexikon der Physik I, Stuttgart ³1969, 428; F. Hund, Geschichte der physikalischen Begriffe I (Die Entstehung des mechanischen Naturbildes), Mannheim/Wien/Zürich ²1978 (repr. Heidelberg etc. 1996); M. Jammer, Concepts of Mass in Classical and Modern Physics, Cambridge Mass. 1961 (dt. Der Begriff der Masse in der Physik, Darmstadt 1964, erw. ³1981); E. Mach, Die Mechanik in ihrer Entwickelung. Historisch-kritisch dargestellt, Leipzig 1883, ⁹1933 (repr. Darmstadt 1991); E. Meyerson, Identity and Reality, New York 1962; P. Mittelstaedt, Philosophische Probleme der modernen Physik, Mannheim 1963, Mannheim/Wien/Zürich ⁷1989 (engl. Philosophy of Modern Physics, Dordrecht/Boston Mass. 1976 [Boston Stud. Philos. Sci. XVIII]); E. Noether, Invariante Variationsprobleme, Nachr. Königl. Ges. Wiss. Göttingen, math.-phys. Kl. (1918), 235–257; M. Planck, Das Prinzip der Erhaltung der Energie, Leipzig 1887, ³1913 (repr. Leipzig/Berlin 1921, 1924); M. Redhead, Some Philosophical Aspects of Particle Physics, Stud. Hist. Philos. Sci. 11 (1980), 279–304; J. Rosen, Symmetry Discovered, Cambridge 1975; E. Schmutzer, Symmetrien und E. der Physik, Berlin 1972, ²1979; W. L. Scott, The Conflict between Atomism and Conservation Theory 1644 – 1860, London 1970; D. Serre, Systems of Conservation Laws, I–II, Cambridge 1999/2000; C. F. v. Weizsäcker, Kants ›Erste Analogie der Erfahrung‹ und die E. der Physik, in: H. Delius/G. Patzig (eds.), Argumentationen. Festschrift für Josef König, Göttingen 1964, 256–275, Neudr. in: ders., Die Einheit der Natur. Studien, München 1971 (repr. München 1995), 383–404; M. Wenke, E., in: W. Greulich (ed.), Lexikon der Physik in sechs Bänden II, Heidelberg 1999, 267–268; E. Wigner, Symmetries and Reflections, Bloomington Ind./London 1967. K. M./S. H.

Erinnerung (engl. memory, recollection), in philosophischem Kontext Terminus der ↑Erkenntnistheorie. E. ist für Erkennen (und auch Handeln) insofern zentral, als sie Kontinuität des Wissens und Handeln sowie Bewußtsein der ↑Identität der Person vermittelt. Im wesentlichen sind drei E.sbegriffe wirksam geworden: (1) der an Platons Anamnesislehre (↑Anamnesis) anschließende metaphysische Begriff der E. und (2) der von Aristoteles ausgehende psychologische Begriff der E. sowie (3) der neurophysiologisch-kognitionswissenschaftliche E.sbegriff.

Der *metaphysische* E.sbegriff, der der philosophischen Tradition des ↑Rationalismus von Platon über z. B. A. Augustinus, R. Descartes, G. W. Leibniz, G. W. F. Hegel und F. W. J. Schelling, S. Kierkegaard, E. Husserl und M. Heidegger eigentümlich ist, bestimmt in vielerlei Ausformungen E. als ein Vorherwissen des ↑Allgemeinen, das im ›Wiedererkennen‹ des Besonderen zum Ausdruck kommt. Die Erklärung dieses Phänomens erfolgt in unterschiedlicher Weise: z. B. in der Lehre von den angeborenen Ideen (↑Idee, angeborene), der Lehre von der ↑Seelenwanderung, Hegels Vermittlung von Anamnesis und Entwicklung (›Phänomenologie‹) des Geistes in der E., der Konzeption der E. der ›transzendentalen Vergangenheit‹ des ↑Ich in Schellings Naturphilosophie. Während die ↑Psychoanalyse S. Freuds an Schellings Konzeption anknüpft und durch H. Marcuse eine sozialphilosophische Wendung erhält, versteht sich der E.sbegriff des ↑Historismus (insbes. J. G. Droysen) und derjenige J. Burckhardts und F. Nietzsches aus einer polemischen Absetzung gegen Hegel.

Der *psychologische* E.sbegriff als Repräsentation von ↑Vorstellungen kennzeichnet, von Aristoteles eingeführt, die Tradition des ↑Empirismus und liegt insbes. den einschlägigen Analysen von J. Locke und D. Hume zugrunde. Hier wird meist der aktive Charakter des Bildens von E.en zugunsten eines rezeptiven Modells vernachlässigt. Auch die neueren sprachanalytischen Untersuchungen (↑Sprachanalyse) über die Logik von Sätzen der Form ›ich erinnere mich, daß p‹ (wobei p ein Ereignis ausdrückt) stehen in der Tradition des psychologischen E.sbegriffs, der zugleich derjenige der ↑Alltagssprache und der psychologischen Wissenschaft ist.

Der *neurophysiologisch-kognitionswissenschaftliche* E.sbegriff untersucht die physiologische Basis der E. im Gehirn sowie Schnittstellen zur Psychologie und anderen Disziplinen (z. B. Medizin). Bereits Platon (Theait. 191c–d) verwendet das Bild eines Wachsabdruckes zur Charakterisierung von E.en. Was auch immer neurophysiologische Forschungsergebnisse erbringen mögen, die philosophischen Fragen nach der E. werden dadurch nicht überflüssig. Neurophysiologische Ergebnisse sind – bei aller Bedeutung für die Philosophie – kontingente Tatsachen, welche die philosophisch-begrifflichen Fragen danach, was ›E.‹, ›Gedächtnisspur‹ und dergleichen überhaupt heißen soll, nicht überflüssig machen, sondern methodisch voraussetzen.

Literatur: G. E. M. Anscombe, The Reality of the Past, in: M. Black (ed.), Philosophical Analysis, Ithaca N. Y. 1950, Englewood Cliffs N. J. 1963, New York 1971, 38–59; A. J. Ayer, Statements about the Past, in: ders., Philosophical Essays, London/New York 1954, Westport Conn. 1980, 167–190; ders., The Problem of Knowledge, Harmondsworth 1956, 1990, 149–198; C. v. Bormann, E., Hist. Wb. Ph. II (1972), 636–643; C. D. Broad, The Mind and Its Place in Nature, London 1925, 2000, 221–274; E. S. Casey, Remembering. A Phenomenological Study, Bloomington Ind. 1987; M. Deutscher, Remembering ›Remembering‹, in: J. Heil (ed.), Cause, Mind and Reality. Essays Honoring C. B. Martin, Dordrecht 1989, 53–72; ders., Memory, REP VI (1998), 296–302; C. G. Gross, Brain, Vision, Memory. Tales in the History of Neuroscience, Cambridge Mass. 1998; D. Jähnig, Die Beseitigung der Geschichte durch ›Bildung‹ und ›E.‹, Praxis 7 (1971), 63–72, Nachdr. in: ders., Welt-Geschichte: Kunst-Geschichte. Zum Verhältnis von Vergangenheitserkenntnis und Veränderung, Köln 1975, 29–37; D. Krell, Of Memory, Reminiscence and Writing, Bloomington Ind. 1990; C. Landesman, Philosophical Problems of Memory, J. Philos. 49 (1962),

57–65; C. I. Lewis, An Analysis of Knowledge and Valuation, La Salle Ill. 1946, 1971, 315–362; N. Malcolm, Three Lectures on Memory, in: ders., Knowledge and Certainty. Essays and Lectures, Englewood Cliffs N. J. 1963, Ithaca N. Y. 1975, 187–240; G. E. Moore, Some Main Problems in Philosophy, London 1953, 1978, bes. 234–251; L. Oeing-Hanhoff, Zur Wirkungsgeschichte der platonischen Anamnesislehre, in: Collegium philosophicum. Studien Joachim Ritter zum 60. Geburtstag, Basel 1965, 240–271; G. Ryle, The Concept of Mind, London 1949, Chicago Ill. 1991, bes. 245–279 (dt. Der Begriff des Geistes, Stuttgart 1969, 1997, bes. 335–382); M. Siebel, E., Wahrnehmung, Wissen, Paderborn 2000; S. Shoemaker, Memory, Enc. Ph. V (1967), 265–274; B. Smith, Memory, London/New York 1966, 1978; J. Sutton, Philosophy and Memory Traces, Cambridge 1998; M. Warnock, Memory, London 1987; H. Weinrich, Lethe. Kunst und Kritik des Vergessens, München 1997, ³2000. G. W.

Erinnerung (kulturwissenschaftlich), Bezeichnung für die durch kulturelle (↑Kultur) Praktiken vermittelte, selektive Beibehaltung ausgebildeter, zumindest ausbildungsfähiger Verhältnisse von Individuen oder Gruppen zu sich selbst, zu ihrer Mit- und Umwelt. Selektiv wie jede ↑Erinnerung ist auch die kulturelle insofern, als sie abgesehen von der Beibehaltung einiger Verhältnisse als ausgebildeter zugleich im Vergessen besteht, mithin im Rückfall anderer Verhältnisse in einen schwächer ausgebildeten Zustand. – Vornehmlich in Bezug auf Werke des franz. Soziologen M. Halbwachs (1877–1945) wird die kulturelle E. in den 1980er Jahren zu einem zentralen interdisziplinären Thema der Geistes- und Sozialwissenschaften insbes. in Frankreich und Deutschland. Hierzulande ist die Reflexion zu dieser Problematik häufig durch die nationale Aufgabe motiviert worden, die E. an die nationalsozialistische Vergangenheit angesichts des bald völligen Aussterbens der Zeitzeugen, mithin deren lebendiger E., in angemessener Weise späteren Generationen zu vermitteln, so daß der ethischen Relevanz von E. und ihrem Zusammenhang mit dem ↑Gewissen durch die Frage nach Geschichtsbewußtsein und Geschichtskultur ein hoher Stellenwert zuwächst. Die Ausdrücke ›E.‹ und ›Gedächtnis‹ werden in diesem Kontext – trotz gelegentlicher Unterscheidung des Gedächtnisses etwa als E.skompetenz von der E. als Gedächtnisperformanz – weitgehend synonym verwandt.

Halbwachs begründet in »Les cadres sociaux de la mémoire« (1925) einen sozialpsychologischen Begriff des kollektiven Gedächtnisses insofern, als die individuelle E. jeweils durch eine Vielzahl für soziale Gruppen charakteristischer Bezugsrahmen zur Rekonstruktion von Vergangenheit bedingt sei. Da sich die kollektive E. so in der individuellen manifestiere, übe letztere zugleich für Individuen und Gruppen eine integrative Funktion aus. In »La mémoire collective« (1925–1944) arbeitet Halbwachs die relative Eigenständigkeit der individuellen E. stärker heraus und setzt die plural identitätsstiftende scheinbare Kontinuität kollektiver Gedächtnisse (mithin der ›histoire vécue‹) der singular identitätsneutralen scheinbaren Diskontinuität von Geschichte als Resultat der historischen Forschung (als ›histoire écrite‹) entgegen.

Die neuere kulturwissenschaftliche Diskussion übernimmt die sozialpsychologische Unterscheidung der sozialen von der neuronalen Basis des Gedächtnisses; seine soziale Basis wird im Hinblick insbes. auf die Debatte zum Begriff des ↑Unbewußten (S. Freud, C. G. Jung) als Wechselverhältnis von individuellem und kollektivem Gedächtnis aufgefaßt, mithin die Zwangsalternative von Individual- oder Massenpsychologie ausgeschlossen und die Rede vom kollektiven Gedächtnis weder als rein metaphorisch noch als unsachgemäße Anwendung von individualpsychologischen Begriffen auf soziale Phänomene ausgelegt. Am kollektiven Gedächtnis werden kommunikatives (↑Kommunikation) und kulturelles Gedächtnis als Momente unterschieden. Die symbolische (↑Symbol) Objektivation des Gedächtnisses in Gestalt seiner Verlagerung in körperexterne Medien und Speicher gilt als Kriterium für den Übergang vom kommunikativen zum kulturellen Gedächtnis im engeren Sinne, sei es – abermals im Lichte älterer Theorien – als soziales Bildgedächtnis (A. M. Warburg) oder als insbes. durch Schrift vermittelte ›mémoire extériorisée‹ (A. Leroi-Gourhan in Anspielung auf A. Augustinus' ›memoria exterior‹). Dementsprechend charakterisiert das kulturelle Gedächtnis außer der Identitätskonkretheit, Verbindlichkeit und Reflexivität bezüglich jener durch E. konstituierten Individuen und Gruppen, durch welche diese ihrerseits konstituiert, tradiert und institutionalisiert wird, seine Geformtheit, d. h. feste Objektivation (J. Assmann).

Gleichwohl wird die klare Abgrenzbarkeit von kommunikativem und kulturellem Gedächtnis in Frage gestellt, mithin auch jene von identitätskonkretem Gedächtnis (oder ›histoire vécue‹) und identitätsneutraler Geschichtsschreibung (oder ›histoire écrite‹). In der neueren metahistorischen (↑Historik) Diskussion spielt dieser Gegensatz eine wichtige Rolle. Insbes. diagnostiziert der franz. Historiker P. Nora eine weit fortgeschrittene Auflösung der franz. Nation als Gedächtnisgemeinschaft und seit den 1930er Jahren das Verschwinden einer franz. Geschichtsschreibung als national identitätsstiftender Gedächtnisarbeit; dies vollziehe sich zugunsten wissenschaftlicher Delegitimierung von im Sinne kollektiver Identität erinnerter Geschichte. Dementsprechend wird in dem von ihm edierten Gemeinschaftswerk »Les lieux de mémoire« (I–III/3, 1984–1992) versucht, unter dem Vorzeichen historiographischer Selbstreflexion den Restbestand des franz. Nationalgedächtnisses als einer ›mémoire éclatée‹ noch einmal in Gestalt von dessen symbolischen Objektivationen – ›E.s-‹ oder ›Gedächtnisorten‹ in Anlehnung an den rhetorischen (↑Rhetorik)

Terminus ›loci memoriae‹ – zu topologisieren (↑Topik, ↑Topos). Hierbei sei allerdings auch die Unerschöpflichkeit der durch kulturelle E. konstituierten Symbole zutage getreten. »Les lieux de mémoire« hat analoge Projekte in Italien (M. Isenghi [ed.], I luoghi della memoria, I–III, 1996–1997) und in Deutschland (É. François/H. Schulze [eds.], Deutsche E.sorte, I–III, 2001) angeregt.

Andernorts wird versucht, den Gegensatz von Gedächtnis und Geschichtsschreibung durch seine Verallgemeinerung zu einem Wechselverhältnis von Alltags- oder Funktionsgedächtnis und Speichergedächtnis zu vermitteln. Gruppenbezug, Selektivität, Wertbindung und Zukunftsorientierung als Determinanten der jeweiligen Alltags- oder Funktionsgedächtnisse werden durch die Wissenschaften und die Künste je auf ihre Weise außer Kraft gesetzt. So konstituieren diese ein primär vielfach dysfunktionales Speichergedächtnis, das allerdings gerade dank seiner Differenz zu den jeweiligen Alltags- oder Funktionsgedächtnissen diesen als stabilisierender oder transformativer Hintergrund dient und seinerseits durch sie erst motiviert und orientiert wird (A. Assmann).

Ein wegweisendes Sondergebiet der Forschung zur kulturellen E. befaßt sich mit Geschichte und Theorie der Mnemonik oder Mnemotechnik, die insbes. in die römische Rhetorik (»Rhetorica ad Herennium«, M. T. Cicero, M. F. Quintilianus) zurückreicht. Allgemein kann das Gedächtnis als ›ars‹ vom Gedächtnis überhaupt, d. h. als ›vis‹, zunächst so unterschieden werden, daß es das zu Erinnernde im Sinne einer Reduktion auf Daten dekontextualisiert und diese dann nur hinsichtlich größtmöglicher Effizienz der Speicher- und Abrufmethoden rekontextualisiert. Insofern dabei die situative Bedingtheit der E., mithin deren jeweilige Transformation des Erinnerten, so weit wie möglich außer Kraft gesetzt wird, bedeutet dies den Schritt vom Alltags- oder Funktionsgedächtnis zu einem ›internen‹ Speichergedächtnis. Im Horizont der Geschichte der Gedächtniskunst (F. A. Yates, M. J. Carruthers) erweitert und vervielfältigt sich allerdings deren Bedeutung so sehr, daß etwa intertextuelle Literaturtheorie Mnemoniken als implizite Raster jeder E.sartikulation, d. h. als ›Gedächtnis der Texte‹, konzipiert. In spannungsreicher Nähe zu einem solchen poststrukturalistischen (↑Dekonstruktion (Dekonstruktivismus), ↑Strukturalismus (philosophisch, wissenschaftstheoretisch)) Textkonzept, das Schrift als solche nicht primär von ihrer festen Objektivation als Gedächtnisstütze her bestimmt, sowie in Anlehnung an H.-G. Gadamer (»Sein, das verstanden werden kann, ist Sprache«, Wahrheit und Methode, Tübingen 1960, 450), ist behauptet worden: »Sein, das erinnert werden kann, ist Text« (J. Assmann, Religion und kulturelles Gedächtnis, 2000, 9).

Literatur: J.-P. Antoine, The Art of Memory and Its Relation to the Unconscious, Comparative Civilizations Rev. 18 (1988), 1–21; ders., Six rhapsodies froides sur le lieu, l'image et le souvenir, Paris 2002; P. Antze/M. Lambek (eds.), Tense Past. Cultural Essays in Trauma and Memory, New York/London 1996, bes. 147–254 (Culture as Memorial Practice); A. Assmann, Arbeit am nationalen Gedächtnis. Eine kurze Geschichte der deutschen Bildungsidee, Frankfurt/New York/Paris 1993; dies., E.sräume. Formen und Wandlungen des kulturellen Gedächtnisses, München 1999, 2003; dies./J. Assmann/C. Hardmeier (eds.), Schrift und Gedächtnis. Beiträge zur Archäologie der literarischen Kommunikation, München 1983, ³1998; dies./D. Harth (eds.), Kultur als Lebenswelt und Monument, Frankfurt 1991; dies./D. Harth (eds.), Mnemosyne. Formen und Funktionen der kulturellen E., Frankfurt 1991, 1993; dies./M. Weinberg/M. Windisch (eds.), Medien des Gedächtnisses, Stuttgart/Weimar 1998 (Dt. Vierteljahrsschr. Lit.wiss. Geistesgesch. Sonderh. 72); dies./U. Frevert, Geschichtsvergessenheit – Geschichtsversessenheit. Vom Umgang mit deutschen Vergangenheiten nach 1945, Stuttgart 1999; J. Assmann, Das kulturelle Gedächtnis. Schrift, E. und politische Identität in frühen Hochkulturen, München 1992, ⁴2002; ders., Religion und kulturelles Gedächtnis. Zehn Studien, München 2000; ders./T. Hölscher (eds.), Kultur und Gedächtnis, Frankfurt 1988; M. Augé, Les formes de l'oubli, Paris 1998; M. Bal/J. Crewe/L. Spitzer (eds.), Acts of Memory. Cultural Recall in the Present, Hanover N. H./London 1999; F. Barret-Ducrocq (ed.), Pourquoi se souvenir? Forum international ›Mémoire et histoire‹. Unesco, 25 mars 1998. La Sorbonne, 26 mars 1998, Paris 1999; F. C. Bartlett, Remembering. A Study in Experimental and Social Psychology, Cambridge, New York 1932, Neuausg. Cambridge/New York/Oakleigh (Australien) 1995, bes. 239–314 (Remembering as a Study in Social Psychology); N. Berg/J. Jochimsen/B. Stiegler (eds.), Shoah. Formen der E.. Geschichte, Philosophie, Literatur, Kunst, München 1996; J. J. Berns/W. Neuber (eds.), Ars memorativa. Zur kulturgeschichtlichen Bedeutung der Gedächtniskunst 1400–1750, Tübingen 1993 (Frühe Neuzeit XV); M. Bloch, Mémoire collective, tradition et coutume, Rev. synth. historique 40 (1925), 73–83, ferner in: ders., Histoire et historiens, ed. É. Bloch, Paris 1995, 191–199 (dt. Kollektives Gedächtnis, Tradition und Brauchtum, in: ders., Aus der Werkstatt des Historikers. Zur Theorie und Praxis der Geschichtswissenschaft, Frankfurt/New York/Paris 2000, 241–251); H. Blum, Die antike Mnemotechnik, Hildesheim/New York 1969; P. den Boer/W. Frijhoff (eds.), Lieux de mémoire et identités nationales, Amsterdam 1993; H. Böhme/P. Matussek/L. Müller, Orientierung Kulturwissenschaft. Was sie kann, was sie will, Reinbek b. Hamburg 2000, ²2002, 147–164 (Kap. III/4); L. Bolzoni/P. Corsi (eds.), La cultura della memoria, Bologna 1992; D. Borchmeyer (ed.), »Vom Nutzen und Nachteil der Historie für das Leben«. Nietzsche und die E. in der Moderne, Frankfurt 1996; U. Borsdorf/H. T. Grütter (eds.), Orte der E.. Denkmal, Gedenkstätte, Museum, Frankfurt/New York 1999; V. Borsò/G. Krumeich/B. Witte (eds.), Medialität und Gedächtnis. Interdisziplinäre Beiträge zur kulturellen Verarbeitung europäischer Krisen, Stuttgart/Weimar 2001; P. Burke, History as Social Memory, in: T. Butler (ed.), Memory [s. u.], 97–113 (dt. Geschichte als soziales Gedächtnis, in: A. Assmann/D. Harth [eds.], Mnemosyne [s. o.], 289–304, ferner in: K.-U. Hemken [ed.], Gedächtnisbilder [s. u.], 92–112); T. Butler (ed.), Memory. History, Culture and the Mind, Oxford/New York 1989; M. J. Carruthers, The Book of Memory. A Study of Memory in Medieval Culture, Cambridge/New York/Oakleigh (Australien) 1990, 2001; P. Connerton, How Societies Remember,

Cambridge/New York/Oakleigh (Australien) 1989, 1996; M. Csáky/P. Stachel (eds.), Speicher des Gedächtnisses. Bibliotheken, Museen, Archive, I–II, Wien 2000/2001; J. Derrida, Memoires – for Paul de Man, New York/Guildford 1986, ²1989 (franz. Mémoires – pour Paul de Man, Paris 1988; dt. Mémoires – für Paul de Man, Wien 1988); T. D'haen (ed.), Proceedings of the XVth Congress of the International Comparative Literature Association ›Literature as Cultural Memory‹. Leiden, 16–22 August 1997, I–X, Amsterdam/Atlanta Ga. 2000; D. Diner, Kreisläufe. Nationalsozialismus und Gedächtnis, Berlin 1995; ders., Gedächtniszeiten. Über jüdische und andere Geschichten, München 2003; D. Draaisma, De metaforenmachine. Een geschiedenis van het geheugen, Groningen 1995, ³2003 (dt. Die Metaphernmaschine. Eine Geschichte des Gedächtnisses, Darmstadt 1999); G. Echterhoff/M. Saar (eds.), Kontexte und Kulturen des Erinnerns. Maurice Halbwachs und das Paradigma des kollektiven Gedächtnisses, Konstanz 2002; M. Eliade, Mythologie de la mémoire et de l'oubli, Nouvelle rev. française 11/1 (1963), 597–620, unter dem Titel: Mythologies de la mémoire et de l'oubli, in: ders., Aspects du mythe, Paris 1963, 1997, 145–173 (dt. Mythologie des Gedächtnisses und des Vergessens, in: ders., Mythos und Wirklichkeit, Frankfurt 1988, 114–136); A. Erll, Kollektives Gedächtnis und E.skulturen, in: A. Nünning/V. Nünning (eds.), Konzepte der Kulturwissenschaften. Theoretische Grundlagen – Ansätze – Perspektiven, Stuttgart/Weimar 2003, 156–185 (mit Bibliographie, 181–185); E. Esposito, Soziales Vergessen. Formen und Medien des Gedächtnisses der Gesellschaft, Frankfurt 2002; P. Fara/K. Patterson (eds.), Memory, Cambridge/New York/Oakleigh (Australien) 1998 (bes. R. Sennett, Disturbing Memories, 10–26); J. Fentress/C. Wickham, Social Memory, Oxford/Cambridge Mass. 1992, 1994; E. P. Fischer (ed.), Gedächtnis und E., München/Zürich 1998 (Neue Horizonte 97/98); U. Fleckner (ed.), Die Schatzkammern der Mnemosyne. Ein Lesebuch mit Texten zur Gedächtnistheorie von Platon bis Derrida, Dresden 1995; É. François (ed.), Lieux de mémoire, E.sorte. D'un modèle français à un projet allemand, Berlin 1996 (Les travaux du Centre Marc Bloch VI); ders./H. Schulze (eds.), Deutsche E.sorte, I–III, München 2001, 2003; R. Freudenfeld, Gedächtnis-Zeichen. Mnemologie in der deutschen und französischen Aufklärung, Tübingen 1996; H.-J. Gawoll, Spur. Gedächtnis und Andersheit, Arch. Begriffsgesch. 30 (1986/1987), 44–69, 32 (1989), 269–296; C. Ginzburg, Spurensicherung. Über verborgene Geschichte, Kunst und soziales Gedächtnis, Berlin 1988, München 1988, mit Untertitel: Die Wissenschaft auf der Suche nach sich selbst, Berlin 1995, 2002; S. Goldmann, Statt Totenklage Gedächtnis. Zur Erfindung der Mnemotechnik durch Simonides von Keos, Poetica 21 (1989), 43–66; H. Hajdú, Das mnemotechnische Schrifttum des Mittelalters, Budapest, Wien/Amsterdam/Leipzig 1936 (repr. Amsterdam 1967, Frankfurt 1992); M. Halbwachs, Les cadres sociaux de la mémoire, Paris 1925, ¹1935 (Travaux de »L'année sociologique« IX), Neuausg. Paris 1952, 1994 (dt. Das Gedächtnis und seine sozialen Bedingungen, Berlin/Neuwied 1966, Frankfurt 1985); ders., La topographie légendaire des Évangiles en Terre Sainte. Étude de mémoire collective, Paris 1941, ²1971 (dt. Stätten der Verkündigung im Heiligen Land. Eine Studie zum kollektiven Gedächtnis, Konstanz 2003); ders., La mémoire collective (1925–1944), ed. J.-M. Alexandre, Paris 1950, ²1968, krit. Neuausg., ed. G. Namer, Paris 1997 (dt. Das kollektive Gedächtnis, Stuttgart 1967, Frankfurt 1985, 1991); J. Halpérin/G. Lévitte (eds.), Mémoire et histoire. Données et débats. Actes du XXVe colloque des intellectuels juifs de langue française, Paris 1986; W. Hardtwig, Geschichtskultur und Wissenschaft, München

1990, bes. 224–314; D. Harth (ed.), Die Erfindung des Gedächtnisses, Frankfurt 1991; ders., Das Gedächtnis der Kulturwissenschaften, Dresden/München 1998; A. Haverkamp/R. Lachmann (eds.), Gedächtniskunst. Raum – Bild – Schrift. Studien zur Mnemotechnik, Frankfurt 1991; dies. (eds.), Memoria – Vergessen und Erinnern, München 1993 (Poetik und Hermeneutik XV); R. Heinz, Maurice Halbwachs' Gedächtnisbegriff, Z. philos. Forsch. 23 (1969), 73–85; K.-U. Hemken (ed.), Gedächtnisbilder. Vergessen und Erinnern in der Gegenwartskunst, Leipzig 1996; P. H. Hutton, The Art of Memory Reconceived. From Rhetoric to Psychoanalysis, J. Hist. Ideas 48 (1987), 371–392; ders., History as an Art of Memory, Hanover N. H./London 1993; M. Isenghi (ed.), I luoghi della memoria, I–III, Rom/Bari 1996–1997; P. Joutard, Une passion française. L'histoire, in: A. Burguière/J. Revel (eds.), Histoire de la France IV (Les formes de la culture), Paris 1993, 511–584; R. Kany, Mnemosyne als Programm. Geschichte, E. und die Andacht zum Unbedeutenden im Werk von Usener, Warburg und Benjamin, Tübingen 1987; R. Lachmann, Gedächtnis und Literatur. Intertextualität in der russischen Moderne, Frankfurt 1990; J. Le Goff, Storia e memoria, Turin 1986 (franz. Histoire et mémoire, Paris 1988; dt. Geschichte und Gedächtnis, Frankfurt/New York/Paris 1992, Berlin 1999); A. Leroi-Gourhan, Le geste et la parole II (La mémoire et les rythmes), Paris 1965, 1998 (dt. Hand und Wort. Die Evolution von Technik, Sprache und Kunst, Frankfurt 1980, 2000, 271–498); H. Loewy/B. Moltmann (eds.), Erlebnis – Gedächtnis – Sinn. Authentische und konstruierte E., Frankfurt/New York 1996; D. Middleton/D. Edwards (eds.), Collective Remembering, London/Newbury Park Calif./Neu-Delhi 1990; G. Namer, Mémoire et société, Paris 1987; ders., Halbwachs et la mémoire sociale, Paris/Montréal 2000; L. Niethammer (ed.), Lebenserfahrung und kollektives Gedächtnis. Die Praxis der ›Oral History‹, Frankfurt 1980, 1985; ders., Die postmoderne Herausforderung. Geschichte als Gedächtnis im Zeitalter der Wissenschaft, in: W. Küttler/J. Rüsen/E. Schulin (eds.), Geschichtsdiskurs I (Grundlagen und Methoden der Historiographiegeschichte), Frankfurt 1993, 31–49, ferner in: ders., Deutschland danach [s. u.], 593–607; ders., Deutschland danach. Postfaschistische Gesellschaft und nationales Gedächtnis, ed. U. Herbert/D. van Laak, Bonn 1999, bes. 535–607; ders., Kollektive Identität. Heimliche Quellen einer unheimlichen Konjunktur, Reinbek b. Hamburg 2000, bes. 314–366; P. Nora, Mémoire collective, in: J. Le Goff/R. Chartier/J. Revel (eds.), La Nouvelle Histoire, Paris 1978, 398–401; ders. (ed.), Les lieux de mémoire, I–III/3, Paris 1984–1992, 1997 (engl. [gekürzt] Realms of Memory, I–III, New York/Chichester 1996–1998); ders., Zwischen Geschichte und Gedächtnis, Berlin 1990; G. Oesterle (ed.), Erinnern und Vergessen in der europäischen Romantik, Würzburg 2001; O. G. Oexle (ed.), Memoria als Kultur, Göttingen 1995 (Veröffentl. MPI Gesch. CXXI); D. Peil/M. Schilling/P. Strohschneider (eds.), Erkennen und Erinnern in Kunst und Literatur. Kolloquium Reisensburg, 4.–7. Januar 1996, Tübingen 1998; K. Platt/M. Dabag (eds.), Generation und Gedächtnis. E.en und kollektive Identitäten, Opladen 1995; P. Ricœur, Das Rätsel der Vergangenheit. Erinnern – Vergessen – Verzeihen, Göttingen 1998; ders., La mémoire, l'histoire, l'oubli, Paris 2000, 2003; S. Rieger, Speichern/Merken. Die künstlichen Intelligenzen des Barock, München 1997; P. Rossi, Clavis universalis. Arti mnemoniche e logica combinatoria da Lullo a Leibniz, Mailand/Neapel 1960, mit Untertitel: Arti della memoria e logica combinatoria da Lullo a Leibniz, Bologna ²1983 (engl. Logic and the Art of Memory. The Quest for a Universal Language, London, Chicago Ill. 2000); ders. (ed.), La memoria del sapere. Forme di conservazione e strutture organizzative dall'antichità a oggi, Rom/Bari 1988; ders., Il passato, la memoria, l'oblio. Sei saggi di storia delle idee, Bologna 1991, erw. mit Untertitel: Otto saggi di storia delle idee, ²2001; B. Roy/ P. Zumthor (eds.), Jeux de mémoire. Aspects de la mnémotechnie médiévale, Montréal/Paris 1985; J. Rüsen, Historische Orientierung. Über die Arbeit des Geschichtsbewußtseins, sich in der Zeit zurechtzufinden, Köln/Weimar/Wien 1994, bes. 209–258; K. Schmid (ed.), Gedächtnis, das Gemeinschaft stiftet, München/Zürich 1985; ders./J. Wollasch (eds.), Memoria. Der geschichtliche Zeugniswert des liturgischen Gedenkens im Mittelalter, München 1984 (Münstersche MA-Schr. XLVIII) (bes. F. Ohly, Bemerkungen eines Philologen zur Memoria, 9–68); S. J. Schmidt (ed.), Gedächtnis. Probleme und Perspektiven der interdisziplinären Gedächtnisforschung, Frankfurt 1991, 1996; G. Siegmund, Gedächtnis/E., in: K. Barck u.a. (eds.), Ästhetische Grundbegriffe II, Stuttgart/Weimar 2001, 609–629; G. Smith/ H. M. Emrich (eds.), Vom Nutzen des Vergessens, Berlin 1996; J. Straub u. a., E., Geschichte, Identität, I–IV, Frankfurt 1998; M. Theunissen, Reichweite und Grenzen der E., Tübingen 2001; T. Todorov, Les abus de la mémoire, Paris 1995; G. Treusch-Dieter/W. Pircher/H. Hrachovec (eds.), Denkzettel Antike. Texte zum kulturellen Vergessen, Berlin 1989; M. Verlhac (ed.), Histoire et mémoire, Grenoble 1998; T. Wägenbaur (ed.), The Poetics of Memory, Tübingen 1998; A. M. Warburg, Ausgewählte Schriften und Würdigungen, ed. D. Wuttke, Baden-Baden 1979, ³1992; ders., Der Bilderatlas Mnemosyne (1924–1929), als: Ges. Schriften II/1, ed. M. Warnke, Berlin 2000, ²2003 (bes. Einleitung, 3–6); E. Weber/G. C. Tholen (eds.), Das Vergessen(e). Anamnesen des Undarstellbaren, Wien 1997; M. Weinberg, Das Gedächtnis der Dekonstruktion, in: G. Neumann (ed.), Poststrukturalismus. Herausforderung an die Literaturwissenschaft, Stuttgart/Weimar 1997 (Germanist. Symposien, Berichtsbde XVIII), 23–39; H. Weinrich, Über Sprache, Leib und Gedächtnis, in: H. U. Gumbrecht/K. L. Pfeiffer (eds.), Materialität der Kommunikation, Frankfurt 1988, 80–93; ders., Lethe. Kunst und Kritik des Vergessens, München 1997, ³2000; H. Welzer (ed.), Das soziale Gedächtnis. Geschichte, E., Tradierung, Hamburg 2001; ders., Das kommunikative Gedächtnis. Eine Theorie der E., München 2002; K. Wettengl (ed.), Das Gedächtnis der Kunst. Geschichte und E. in der Kunst der Gegenwart, Ostfildern-Ruit 2000; C. Wischermann (ed.), Die Legitimität der E. und die Geschichtswissenschaft, Stuttgart 1996; ders. (ed.), Vom kollektiven Gedächtnis zur Individualisierung der E., Stuttgart 2002; F. A. Yates, The Art of Memory, London, Chicago Ill. 1966, 2002 (dt. Gedächtnis und Erinnern. Mnemonik von Aristoteles bis Shakespeare, Weinheim/Berlin [Ost] 1990, Berlin ³1994, ⁶2001); Y. H. Yerushalmi, Zakhor. Jewish History and Jewish Memory, Seattle Wash./London 1982, 1996, New York 1989 (dt. Zachor. Erinnere dich! Jüdische Geschichte und jüdisches Gedächtnis, Berlin 1988, 1996); ders. u. a., Usages de l'oubli. Contributions [...] au colloque de Royaumont, Paris 1988. – Schriftenreihen: Cultural Memory in the Present (Stanford Calif., seit 1998); Formen der E. (Göttingen, seit 2000). – Zeitschrift: History and Memory (seit 1989); Sondernummern: Arch. Begriffsgesch. 9 (1964), 13–44; Wiener Slawist. Almanach 16 (1985); Traverses 36 (1986); Communications 49 (1989); Jb. Deutsch als Fremdsprache 17 (1991), 121–274; Österr. Z. Geschichtswiss. 2 (1991), H. 4; Jb. Geschichtsdidaktik 3 (1992); Rev. sci. hum. 252 (1998), 256 (1999); Österr. Z. Geschichtswiss. 13 (2002), H. 1. – N. Pethes/J. Ruchatz (eds.), Gedächtnis und E.. Ein interdisziplinäres Lexikon, Reinbek b. Hamburg 2001. T. G.

Eristik (griech. ἐριστικὴ τέχνη, Kunst des Streitens und Disputierens), vor allem von Platon und Aristoteles verwendete Bezeichnung für den wissenschaftlichen, insbes. den um des Streitens und des vordergründigen Rechthabens willen geführten Meinungsstreit, historisch in erster Linie die von den Sophisten (↑Sophistik) ausgebildete Dialogtechnik, mit der alles bewiesen oder widerlegt werden konnte (häufig bei gerichtlichen Auseinandersetzungen verwendet). Platon setzt an deren Stelle die von Zenon aus Elea entwickelte, vor ihm bereits von den Pythagoreern, dann von Sokrates verwendete, ↑›Dialektik‹ genannte Methode der ↑reductio ad absurdum als gerechtfertigtes Argumentationsverfahren. Aristoteles bewertet die E. negativ und zählt den ›eristischen Syllogismus‹ zu den ↑Trugschlüssen (↑Sophisma). – Eristiker werden die ↑Megariker, die Schüler des Eukleides von Megara (um 400 v. Chr.), genannt. Jedoch zeigt das Beispiel der Megariker, auf die die frühesten Untersuchungen zur formalen Logik (↑Logik, formale) zurückgehen, daß die E. auch ein ernsthaftes Interesse an der Struktur gültigen Beweisens und Widerlegens ausdrückt. M. G.

Eriugena, Johannes Scotus (auch Erigena), *Irland um 810 (daher sein Beiname Eriugena, von Erin, dem alten Namen für Irland; da Irland im 9. Jh. auch Scotia maior hieß, sein zweiter Beiname Scotus), †Frankreich um 877, irischer Philosoph und Theologe, Übersetzer griechischer Schriften des Pseudo-Dionysios, der »Ambigua« des Maximus Confessor (Maximi Confessoris Ambigua ad iohannem iuxta Iohannis Scotti Eriugenae latinam interpretationem, ed. E. Jeauneau, Brepols 1988 [Corpus Christianorum, Series graeca XVIII]) und der Schrift »De hominis opificio« des Gregor von Nyssa ins Lateinische (Le »De imagine« de Grégoire de Nysse. Traduit par Jean Scot Érigène, Rech. théol. anc. et médiévale 32 [1965], 209–262). E. wurde von Karl dem Kahlen nach Paris an die Hofschule berufen, die er um 850 leitete, nahm in »De divina praedestinatione« (CCL L [1978]) zwar unpolemisch Stellung im Streit zwischen Hinkmar von Reims und Gottschalk um die Prädestinationslehre (↑Prädestination), verschärfte dadurch aber gerade die Kontroverse; seine Schrift wurde auf den Konzilien von Valence (855) und Langres (859) verworfen. E.s Hauptwerk »De divisione naturae« (1861), in dem er die neuplatonische (↑Neuplatonismus) Gedankenwelt mit der christlichen Tradition zu verbinden sucht, wurde wahrscheinlich zwischen 862 und 866 verfaßt; 1210 wurde es auf dem Pariser Provinzialkonzil und 1225 von Honorius III. verboten.

Das Verhältnis von ↑Autorität und ↑Vernunft sieht E. unter Berufung auf A. Augustinus so, daß alle Forschung mit dem Glauben an die ↑Offenbarung beginnen müsse, daß aber der Vernunft die Aufgabe zukomme, den Sinn der Offenbarung zu klären. Im Falle eines Widerspruchs zwischen Autorität und Vernunft (der in Prinzipienfragen allerdings ausgeschlossen wird) hat die Vernunft den Vorrang. Die ↑Schöpfung stellt E. mit den Termini der neuplatonischen Emanationslehre (im Anschluß an Pseudo-Dionysios, ↑Emanation) dar, wobei Gott die Substanz aller endlichen Dinge ist. E. unterscheidet zwischen einer affirmativen und einer negativen ↑Theologie: der Mensch kann Gott nur metaphorisch bestimmte Prädikate zusprechen, da Gott für den Menschen in seinem Wesen unerkennbar ist. Darum hebt die negative Theologie die Aussagen der affirmativen Theologie über Gott wieder auf.

Werke: Opera quae supersunt omnia, MPL 122. – De divisione naturae libri quinque, Oxford 1681 (repr. Frankfurt 1964) (dt. Über die Einteilung der Natur, I–II, Leipzig 1870/1874, Hamburg 1994); Annotationes in Marcianum, ed. C. E. Lutz, Cambridge Mass. 1939 (repr. New York 1970); Periphyseon (De divisione naturae) [lat./engl.] I–III, ed. I. P. Sheldon-Williams, Dublin 1968–1981; Commentaire sur l'Evangile de Jean. Introduction, texte critique, traduction, notes et index de E. Jeauneau, Paris 1972; Expositiones in ierarchiam coelestem, ed. J. Barbet, Turnhout 1975; De divina praedestinatione, CCL L (1978) (engl. Treatise on Divine Predestination, Notre Dame Ind. 1998). – I. P. Sheldon-Williams, A Bibliography of the Works of J. S. E., J. Eccles. Hist. 10 (1959), 198–224.

Literatur: C. Albanese, Il pensiero di Giovanni E., Messina 1929; C. Allegro, Giovanni Scoto E., I–II, Rom 1974/1976; W. Beierwaltes, E.. Grundzüge seines Denkens, Frankfurt 1994; H. Bett, J. S. E.. A Study in Mediaeval Philosophy, Cambridge 1925, New York 1964; M. Cappuyns, Jean Scot Érigène, sa vie, son œuvre, sa pensée, Louvain 1933 (repr. Brüssel 1969); D. Carabine, J. S. E., New York/Oxford 2000; D. F. Duclow, Divine Nothingness and Self-Creation in John S. E., J. Relig. 57 (1977), 109–123; E. R. Fairweather, E., Enc. Ph. III (1967), 44–45; P. Kletler, J. E.. Eine Untersuchung über die Entstehung der mittelalterlichen Geistigkeit, Leipzig 1931 (repr. Hildesheim 1971); W.-U. Klünkler, J. S. E.. Denken im Gespräch mit dem Engel, Stuttgart 1988; J. Kreuzer, Gestalten mittelalterlicher Philosophie. Augustinus, E., Eckhart, Tauler, Nikolaus v. Kues, München 2000, bes. 55–81; P. Mazzarella, Il pensiero di Giovanni Scoto E., Padua 1957; D. Moran, The Philosophy of J. S. E.. A Study of Idealism in the Middle Ages, Cambridge 1989; ders., E., REP III (1998), 401–406; J. J. O'Meara, E., Oxford 1988; G. v. Riel/C. Steel/J. McEvoy (eds.), J. S. E.. The Bible and Hermeneutics, Leuven 1996 (Proceedings of the Ninth International Colloquium of the Society for the Promotion of Eriugenian Studies held at Leuven and Louvain-La-Neuve, June 7–10 1995); A. Schneider, Die Erkenntnislehre des J. E. im Rahmen ihrer metaphysischen und anthropologischen Voraussetzungen, I–II, Berlin/Leipzig 1921/1923; G. Schrimpf, Das Werk des J. S. E. im Rahmen des Wissenschaftsverständnisses seiner Zeit. Eine Hinführung zu »Periphyseon«, Münster 1982; P. Vernet, E., Dictionnaire de théologie catholique V (1939), 401–434. – Jean Scot Érigène et l'histoire de la philosophie. Laon, 7–12 juillet 1975, Paris 1977 (Colloques internationaux du Centre national de la recherche scientifique 561). O. S.

Erkenntnis (engl. knowledge, franz. connaissance), ebenso wie ↑Wissen im engeren, philosophischen und wissenschaftlichen Sinne im Unterschied zu den unabgesicherten und häufig subjektiven Orientierungsweisen des *Meinens* (↑Meinung) und des *Glaubens* (↑Glaube (philosophisch)) das *begründete Wissen* eines ↑Sachverhaltes (↑Tatsache). Die philosophische Tradition unterscheidet insbes. (1) zwischen diskursiver (↑diskursiv/Diskursivität) und intuitiver (↑Intuition) bzw. evidenter (↑Evidenz) E., je nachdem, ob es sich um ein methodisch und begrifflich aufgebautes (durch Ableitung, Erklärung, Definition etc. vermitteltes) Wissen oder um ein in diesem Sinne unvermitteltes Wissen (Wissen durch ↑Anschauung) handelt, und (2) (in systematischem Zusammenhang mit der Unterscheidung zwischen Begriff und Anschauung) zwischen einer E. a priori und einer E. a posteriori, wobei nach den Analysen I. Kants auch ›empirische E.‹ nach dem Muster der Physik auf apriorische, nämlich methodische E.orientierungen als Bedingungen ihrer Möglichkeit rekurriert (↑a priori). Der für den Begriff der E. konstitutive Zusammenhang zwischen den (strukturierenden) Leistungen des E.subjekts und den Gegebenheiten des E.objekts bildet historisch gesehen das sogenannte ↑Subjekt-Objekt-Problem. Die Explikation des Begriffs der E. in diesen und anderen Hinsichten erfolgt in der ↑Erkenntnistheorie.

Literatur: H. Krings/H. M. Baumgartner, Erkennen, E., Hist. Wb. Ph. II (1972), 643–662; W. Luther, Wahrheit, Licht und E. in der griechischen Philosophie bis Demokrit, Arch. Begriffsgesch. 10 (1966), 2–240; A. Quinton, Knowledge and Belief, Enc. Ph. IV (1967), 345–352; weitere Literatur: ↑Erkenntnistheorie. J. M.

Erkenntnisfortschritt (engl. growth of knowledge, scientific progress), allgemein die zunehmende quantitative und/oder qualitative Verbesserung menschlicher, insbes. wissenschaftlicher Erkenntnis in der Geschichte der Erkenntnis. In der Geschichte der ↑Wissenschaftstheorie wurde das Problem der Erklärung und Sicherung des E.s erst mit K. R. Poppers »Logik der Forschung« (1934) zu einem erstrangigen Thema, da erst auf Grund der falsifikationistischen Methodologie (↑Deduktivismus, ↑Falsifikation, ↑Rationalismus, kritischer) der Gedanke der Verbesserung einer Theorie durch ↑Bewährung und Wahrheitsannäherung (verisimilitude, ↑Wahrheit) auch auf der Ebene des ›context of justification‹ von Interesse sein konnte (↑Entdeckungszusammenhang/Begründungszusammenhang). Ein Fortschritt ist demnach nur konstatierbar, wenn es allgemeine methodische Kriterien des wissenschaftlichen Erkennens gibt; für Popper ist das entscheidende Kriterium der Grad der Bewährung.

Die Tragweite transparadigmatischer methodischer Kriterien ist durch T. S. Kuhns These der methodischen Inkommensurabilität (↑inkommensurabel/Inkommensurabilität) von Paradigmen (↑Paradigma, ↑Revolution, wissenschaftliche) erschüttert worden. Während Kuhn jedoch noch einen paradigmaintern meßbaren E. für angebbar hält, hat P. K. Feyerabend die Verpflichtung auf methodologische Prinzipien als überhaupt fortschrittsfeindlich inkriminiert (↑Anarchismus, erkenntnistheoretischer). Demgegenüber haben die Popperianer, allen voran I. Lakatos, versucht, die Idee einer transparadigmatischen Methodologie durch einen ›raffinierten‹ Falsifikationismus zu verteidigen. Danach besteht der ↑Fortschritt in der Theorienentwicklung in der progressiven Problemverschiebung von Theorien im Rahmen eines ↑Forschungsprogramms.

Für die gesamte an Popper anschließende Diskussion ist eine ›internalistische‹ Konzeption (↑intern/extern) von E. insofern maßgebend, als ein Fortschritt immer nur als meßbar oder nicht meßbar gemäß den methodischen Prinzipien der wissenschaftlichen Erkenntnis angesehen wird. Betrachtet man Wissenschaften demgegenüber als Unternehmungen des Menschen mit dem Ziel, seine praktischen und technischen Probleme, unterstützt durch geeignete Informationen, zu lösen, dann läßt sich der Fortschritt an der Verbesserung der Instrumentalität der wissenschaftlichen Erkenntnis messen. Eine solche Konzeption von E. käme allerdings gegenüber der neuzeitlichen Wissenschaftsgeschichte zu einer sehr differenzierten Beurteilung hinsichtlich ihres Fortschrittscharakters.

Literatur: R. Breithecker-Amend, Wissenschaftsentwicklung und E.. Zum Erklärungspotential der Wissenschaftssoziologie von R. K. Merton, M. Polanyi und D. de Solla Price, Münster 1992; K. Freisitzer/R. Haller (eds.), Probleme des E.s in den Wissenschaften, Wien 1977; P. Hucklenbroich, Theorie des E.s. Zum Verhältnis von Erfahrung und Methoden in den Naturwissenschaften, Meisenheim am Glan 1978; W. Krohn/E. T. Layton, Jr./P. Weingart (eds.), The Dynamics of Science and Technology. Social Values, Technical Norms and Scientific Criteria in the Development of Knowledge, Dordrecht/Boston Mass. 1978; ders., Probleme des wissenschaftlichen Fortschritts. Eine historische Perspektive, Wien 1979; I. Lakatos, Philosophical Papers I (The Methodology of Scientific Research Programmes), ed. J. Worrall/G. Currie, Cambridge etc. 1978; L. Laudan, Progress and Its Problems. Towards a Theory of Scientific Growth, London/Berkeley Calif. 1977, 1978; ders./A. Musgrave (eds.), Criticism and the Growth of Knowledge, Cambridge 1970 (dt. Kritik und E., Braunschweig 1974); J. Mittelstraß, Prolegomena zu einer konstruktiven Theorie der Wissenschaftsgeschichte, in: ders., Die Möglichkeit von Wissenschaft, Frankfurt 1974, 106–144, 234–244; F. Mühlhölzer, Objektivität und E.. Eine Antwort auf T. S. Kuhn, München 1989; P. Munz, Our Knowledge of the Growth of Knowledge. Popper or Wittgenstein?, London 1985; K. R. Popper, Logik der Forschung. Zur Erkenntnistheorie der modernen Naturwissenschaft, Wien 1934 (mit Jahreszahl 1935), erw., ohne Untertitel, Tübingen ²1966, erw. ⁴1969, erw. ¹⁰1994 (engl. The Logic of Scientific Discovery, London/New York 1959, ¹⁰1980); ders., Truth, Rationality and the Growth of Scientific Knowledge, in: ders., Conjectures and Refutations. The Growth of Scientific Knowledge, London 1963, ⁵1991, 215–250; G. Radnitzky/G. Andersson (eds.), Progress and Rationality in Science, Dordrecht/Boston Mass./London 1978 (dt. Fortschritt und Rationalität der Wissenschaft, Tübingen 1980); F. Rapp/H.-W. Schütt (eds.), Begriffswandel und E. in den Erfahrungswissenschaften, Berlin 1987; N. Rescher, Scientific Progress. A Philosophical Essay on the Economics of Research in Natural Science, Oxford 1978 (dt. Wissenschaftlicher Fortschritt. Eine Studie über die Ökonomie der Forschung, Berlin/New York 1982). – Weltanschauung, Wissenssynthese, E., Jena 1989 (2. Jenaer Arbeitstagung zu philosophischen Aspekten der Einheit naturwissenschaftlicher Erkenntnis 1988).   C. F. G.

Erkenntnisinteresse, Bezeichnung für eine allgemeine Zwecksetzung, die die Konstitution und Ausdifferenzierung des (wissenschaftlich) erkannten Gegenstandes leitet. Die gegenwärtige Verwendung des Begriffes E. ist vor allem durch J. Habermas' Frankfurter Antrittsvorlesung über »Erkenntnis und Interesse« und die spätere Buchfassung gleichen Titels veranlaßt. Habermas wendet sich mit seiner Konzeption des ›erkenntnisleitenden Interesses‹ in erster Linie gegen die phänomenologische (↑Phänomenologie) (historisch schon auf Platon zurückgehende) Idee der ›reinen Theorie‹, des ›uninteressierten Zuschauers‹. Seine kritische Absetzung von E. Husserl trifft dessen epistemologischen Ansatz allerdings nur eingeschränkt, weil die interesselose Erkenntnis für Husserl nur die methodische Einstellung des reflektierenden Philosophen bezeichnet, während für ihn ansonsten außer Frage steht, daß Erkennen nur auf Grund eines E.s (im Sinne eines Willens zu erkennen) möglich ist; Husserl dürfte zudem der erste gewesen sein, der den Terminus ›E.‹ verwendet (»Das E. und seine Auswirkung in den prädikativen Leistungen«, in: E. Husserl, Erfahrung und Urteil, 231–234 [§ 47]).

Habermas' Konzeption geht insofern jedoch weit über Husserl hinaus, als er (in Anlehnung an M. Scheler) zunächst für die verschiedenen Wissenschaftstypen unterschiedliche E.n annimmt, nämlich für die empirisch-analytischen Wissenschaften ein *technisches* E., für die historisch-hermeneutischen Wissenschaften ein *praktisches* E. und für die systematischen Handlungswissenschaften ein *emanzipatorisches* E. (↑Emanzipation). Da zu den Wissenschaften des letzten Typs auch die ↑Philosophie gehört, ist die eigentliche Gegenthese Habermas' zu Husserl dahingehend zu pointieren, daß gerade die philosophische Erkenntnis (als Reflexion) durch ein emanzipatorisches E. ermöglicht und demzufolge auch auf dieses verpflichtet ist. Wegen dieser Bindung haben die systematischen Handlungswissenschaften (neben der Philosophie unter anderem ↑Psychoanalyse und ↑Gesellschaftstheorie) die Aufgabe, die faktischen Ziele wissenschaftlicher Erkenntnis kritisch auf das in ihnen realisierte Interesse an Mündigkeit zu überprüfen. – Während in den philosophischen Schriften Habermas' das E. als quasi-↑transzendentales grundsätzlich universalistisch (↑universal, ↑Universalisierung) verstanden ist, hat die Rezeption dieses Begriffs in den Geistes- und Sozialwissenschaften zu einer Partikularisierung im Sinne von Gruppeninteressen (↑Interesse) geführt.

Literatur: K.-O. Apel, Wissenschaft als Emanzipation? Eine kritische Würdigung der Wissenschaftskonzeption der ›Kritischen Theorie‹, in: ders., Transformation der Philosophie II (Das Apriori der Kommunikationsgemeinschaft), Frankfurt 1973, 1999, 128–154; D. Böhler, Zum Problem des ›emanzipatorischen Interesses‹ in seiner gesellschaftlichen Wahrnehmung, Man and World 3 (1970), H. 2, 26–53; W. Dallmayr (ed.), Materialien zu Habermas' »Erkenntnis und Interesse«, Frankfurt 1974; G. Gabriel, Definitionen und Interessen. Über die praktischen Grundlagen der Definitionslehre, Stuttgart-Bad Cannstatt 1972; V. Gerhardt, Interesse, Hist. Wb. Ph. IV (1976), 479–494; J. Habermas, Erkenntnis und Interesse, in: ders., Technik und Wissenschaft, Frankfurt 1968, [17]2000, 146–168; ders., Erkenntnis und Interesse, Frankfurt 1968, 2000 (engl. Knowledge and Human Interests, Boston Mass. 1971, London 1972, Cambridge 1987); E. Husserl, Erfahrung und Urteil. Untersuchungen zur Genealogie der Logik, ed. L. Landgrebe, Prag 1939, Nachdr. Hamburg 1954, [7]1999 (engl. Experience and Judgement. Investigations in a Genealogy of Logic, Evanston Ill., London 1973); J. Mittelstraß, Das praktische Fundament der Wissenschaft und die Aufgabe der Philosophie, Konstanz 1972, Neudr. in: F. Kambartel/J. Mittelstraß (eds.), Zum normativen Fundament der Wissenschaft, Frankfurt 1973, 1–69; ders., Über Interessen, in: ders. (ed.), Methodologische Probleme einer normativ-kritischen Gesellschaftstheorie, Frankfurt 1975, 126–159 (engl. Interests, in: R. E. Butts/J. R. Brown [eds.], Constructivism and Science. Essays in Recent German Philosophy, Dordrecht/Boston Mass./London 1989 [Univ. Western Ontario Ser. Philos. Sci. 44], 221–239); H.-L. Nastansky, Über die Möglichkeit eines interessenhermeneutischen Einstiegs in praktische Diskurse, in: J. Mittelstraß (ed.), Methodenprobleme der Wissenschaften vom gesellschaftlichen Handeln, Frankfurt 1979, 77–121. C. F. G.

Erkenntniskritik, Bezeichnung für die sich an Intentionen J. Lockes und I. Kants orientierende neuzeitliche Form der ↑Erkenntnistheorie. Im Sinne des Kantischen Begriffs der ↑Kritik (als ↑Propädeutik einer Philosophie der reinen Vernunft) ist E. mit einer transzendentalen Analyse (↑Transzendentalphilosophie) der Bedingungen der Möglichkeit der Erkenntnis, in Kants Worten: dem »Vermögen der Vernunft in Ansehung aller reinen Erkenntnis a priori« (KrV B 869), befaßt. Moderne Formen der E. sind in einem philosophie- und wissenschaftskritischen Rahmen die ↑Sprachkritik und die ↑Wissenschaftskritik. J. M.

Erkenntnistheorie (engl. theory of knowledge, epistemology; franz. théorie de la connaissance, épistémologie), philosophische Grunddisziplin, deren Gegenstand die Behandlung der Frage nach den Bedingungen begründeten Wissens ist. Im modernen Verständnis schließt dies die Frage nach den ↑Methoden ein, wie sich mit dem Anspruch auf ↑Wahrheit behauptete (wissenschaftliche) ↑Aussagen begründen, insbes. beweisen (↑Beweis) oder widerlegen lassen, während in der philosophischen Tradition stattdessen allgemeiner von den Fragen nach der *Entstehung*, dem *Wesen* und den *Grenzen* der ↑Erkenntnis die Rede ist (»die Wissenschaft vom Wesen und den Prinzipien der Erkenntnis, vom [logischen] Ursprung, den Quellen, Bedingungen und Voraussetzungen, vom Umfang, von den Grenzen der Erkenntnis«, R. Eisler, Wb. ph. Begr. I [[4]1927], 389). Wo die Frage nach den Bedingungen begründeten Wissens als nicht abschließend beantwortbar angesehen wird, entwickelt sich ein erkenntnistheoretischer ↑Skeptizismus. Ihren historischen Ursprung haben erkenntnistheoretische Bemühungen in der zuerst von Platon unter der Titelfrage ›was ist Erkenntnis/Wissen ($\dot{\epsilon}\pi\iota\sigma\tau\dot{\eta}\mu\eta$)?‹ (Theait. 145e) diskutierten Unterscheidung zwischen ↑Wissen, Glauben (↑Glaube (philosophisch)) und ↑Meinung sowie in der Aristotelischen Unterscheidung unterschiedlicher Formen des Wissens (Met. A1.980a21–981b13). Platon unterscheidet bereits zwischen einer empiristischen und einer rationalistischen Konzeption der Erkenntnis und verwirft beide Konzeptionen als eine falsch gestellte Alternative, desgleichen die in einem sprachphilosophischen Rahmen (im »Kratylos«) diskutierte Alternative zwischen einer realistischen und einer nominalistischen Konzeption des Wissens, in beiden Fällen auf dem Hintergrund einer ↑Abbildtheorie der Erkenntnis. Diese Konzeptionen mit demselben Hintergrund bestimmen auch die scholastischen (↑Scholastik) Formen der E. (↑Realismus (erkenntnistheoretisch), ↑Nominalismus), später auch die Anfänge der neuzeitlichen Philosophie. Im modernen, weiteren Sinne besteht E. im wesentlichen aus den Teilbereichen ↑Logik, ↑Sprachphilosophie, allgemeiner ↑Wissenschaftstheorie und ↑Hermeneutik (als Theorie des Verstehens). Mit einem Teilaspekt der *Entstehung* der Erkenntnis befaßt sich die (philosophische) Psychologie, die im Gegensatz zur E. im traditionellen Sinne keine Kriterien der Beurteilung von ↑Sachverhalten formuliert, sondern genetisch erklärt (psychologische Formen der E., die in diesem Sinne zwischen Genesis und ↑Geltung der Erkenntnis nicht trennen, z. B. bei J. Locke [Essay I 1, § 2] und J. F. Fries [Vernunftkritik und E. als auf Selbstbeobachtung beruhende Erfahrungswissenschaft]). Die Fragen nach dem *Wesen* und den *Grenzen* der Erkenntnis werden, zugleich bestimmt durch die Kritik des ↑Psychologismus in der E., entweder wissenschaftstheoretisch als Abgrenzungsproblem (↑Abgrenzungskriterium) hinsichtlich wissenschaftlicher und nicht-wissenschaftlicher Sätze - so in K. R. Poppers Konzeption einer ↑Logik der Forschung – oder in Fortsetzung der transzendentalen Analysen I. Kants, bestimmt durch die Frage nach den Bedingungen der Möglichkeit von Erkenntnis, als Fundierungsproblem von Wissenschaftskonstruktionen behandelt (↑Transzendentalphilosophie). In neueren Konzeptionen einer *evolutionären* E. wird hingegen wieder versucht, Fragen der Geltung mit solchen der Genese systematisch zu verknüpfen bzw. jene aus dieser unter Rückgriff auf die ↑Evolutionstheorie (↑Evolution) herzuleiten. Ähnliche Ansätze verfolgt die von J. Piaget begründete *genetische* E. (↑Erkenntnistheorie, genetische).

Die Bezeichnung ›E.‹ für eine selbständige philosophische Disziplin wird etwa gleichzeitig mit der Bezeichnung ›Wissenschaftstheorie‹ (1878, K. E. Dühring) um die Mitte des 19. Jhs. geläufig; nach W. T. Krug ist E. (hier ›Erkenntnislehre‹) die »philosophische Theorie von der menschlichen Erkenntnis überhaupt, die man auch Metaphysik genannt hat« (Allg. Handwörterbuch der philos. Wiss. I, Leipzig 1827, 705 f.). In der Ablösung von ↑Metaphysik durch E. erweist sich dabei der neuzeitliche Charakter dieser Disziplin, die im wesentlichen aus Methodenüberlegungen in den und im Anschluß an die Naturwissenschaften hervorgeht. R. Descartes' und Lockes Bemühungen, die Überlegenheit einer neuen Philosophie aus einem neuen methodischen Bewußtsein zu begründen, sind unmittelbar an Fragen naturwissenschaftlicher Theoriebildung orientiert und bestimmen von daher auch die im neuzeitlichen ↑Rationalismus und ↑Empirismus kontroversen erkenntnistheoretischen Grundpositionen bis hin zu Kant. In dessen transzendentaler Fassung der E., in deren Rahmen erstmals auch die Logik im weiteren Sinne, nämlich in Form einer transzendentalen Logik (↑Logik, transzendentale), eine bedeutende Rolle spielt, erhält die E. ihre moderne, insbes. auf die methodischen Bedingungen von Wissenschaftskonstruktionen gerichtete Orientierung (↑Wissenschaftstheorie).

Als ›Vorläufer‹ der E. als Wissenschaftstheorie kann die ↑Wissenschaftslehre J. G. Fichtes gelten. In einer weitgehend von der Philosophie des Deutschen Idealismus (↑Idealismus, deutscher) beeinflußten Entwicklung rückt vor allem das sogenannte ↑Subjekt-Objekt-Problem immer stärker in den Mittelpunkt. Dieses Problem, d. h. die Frage nach den *erkenntniskonstitutiven* Beziehungen zwischen *Erkenntnissubjekt* und *Erkenntnisobjekt*, bestimmt zwar bereits den Entwurf der E. Descartes' (↑res cogitans/res extensa), führt jetzt aber, indem unter E. nicht mehr nur in erster Linie ↑Methodologie naturwissenschaftlichen Wissens verstanden wird, zu der auch heute noch in vieler Hinsicht erkenntnistheoretisch fundamentalen Unterscheidung zwischen Realismus (↑Realismus (erkenntnistheoretisch)) und ↑Idealismus, desgleichen zu phänomenologischen (↑Phänomenologie), pragmatistischen (↑Pragmatismus) und konstruktivistischen (↑Konstruktivismus, ↑Wissenschaftstheorie, konstruktive) Lösungen des Problems. Zugleich wird unter Berücksichtigung der *historischen* Bedingtheit des Erkennens, auf dem Wege über den ↑Historismus, die E. um eine geisteswissenschaftliche Hermeneutik ergänzt, d. h. wissenschaftstheoretisch um die Unterscheidung von ↑Verstehen und Erklären (↑Erklärung). Die Bedeutung sprachphilosophischer Untersuchungen im Rahmen von E. leitet sich aus dieser Ergänzung her, gilt aber angesichts der sprachlichen Verfaßtheit des Wissens bzw. der Erkenntnis auch für die Begründung des so genannten exakten Wissens (Mathematik, Naturwissenschaft), bei dem bis heute über die Natur der Unterscheidung von (↑analytischem) *Sprachwissen* und (↑synthetischem) *Weltwissen* gestritten wird. Kants Fassung der E. als *Vernunftkritik* (↑Erkenntniskritik) entspricht darin der modernen ↑Sprachkritik, einschließlich der ihr von der modernen (formalen) Logik zur Verfügung gestellten Mittel. Gegenwärtig spielt sich die erkenntnistheoretische Diskussion im Spannungsfeld von ↑Fundamentalismus, Kohärentismus und Reliabilismus ab. Für den Fundamentalismus ist die Auszeichnung einer Grundlage der Erkenntnis (wie Vernunft, Erfahrung oder Handlungsvermögen) charakteristisch, die die Zuverlässigkeit des Wissens verbürgt. Damit ist die Vorstellung eines hierarchisch gegliederten Wissenssystems verbunden, gegen die der Kohärentismus die wechselseitige Stützung von Wissenselementen setzt. Danach ist das System des Wissens durch Konsistenz (↑widerspruchsfrei/Widerspruchsfreiheit) und Kohärenz (↑kohärent/Kohärenz) gekennzeichnet, was insbes. den engen Zusammenhang zwischen Wissenselementen und damit das Fehlen isolierter Elemente in den Mittelpunkt rückt. Dagegen wird der sogenannte Multiplizitätseinwand geltend gemacht: Es gibt eine Mehrzahl unverträglicher Überzeugungssysteme, die diesen Bedingungen genügen, so daß die eindeutige Auszeichnung von Wissen auf diese Weise nicht gelingt.

Gegen die Bestimmung von Wissen als ›wahrer gerechtfertigter Überzeugung‹ (true justified belief) richten sich die auf E. Gettier (1963) zurückgehenden ›Gettier-Probleme‹, bei denen eine richtige Überzeugung auf falsche, aber plausible (und damit gerechtfertigte) Annahmen gestützt wird. Gleichwohl könnte man eine solche Überzeugung nicht als Wissen gelten lassen. Die Gettier-Paradoxien werden als Einwand gegen internalistische, Wissen an Gründe bindende Orientierungen in der E. (wie sie Fundamentalismus und Kohärentismus gleichermaßen kennzeichnen) geltend gemacht. Nach dem Verständnis des Reliabilismus wird Wissen stattdessen durch den Rückgriff auf zuverlässige Methoden und Verfahren konstituiert. In dieser externalistischen Sicht ist Wissen statt durch Gründe und Rechtfertigungen durch Anbindung an seine Ursachen gekennzeichnet. Z. B. ist der Kausalprozeß der Wahrnehmung ein verläßliches Verfahren, das zur Wissensgewinnung geeignet ist (jedenfalls innerhalb eines näher zu bestimmenden Zuverlässigkeitsbereichs). – Der Reliabilismus fügt sich in das Projekt einer naturalisierten E. ein, in der eine normative Orientierung durch eine stärker deskriptive Ausrichtung ersetzt wird. Im Zentrum steht dann nicht mehr die Beschaffenheit guter Gründe für Wissensansprüche, sondern die Auszeichnung von Bedingungen des Wissenserwerbs. Wissen ist danach in erster Linie durch die Kausalgeschichte seiner Gewinnung charakterisiert. Diese kann zwar eine Kette von Gründen umfassen, muß dies aber nicht.

Literatur: R. I. Aaron, Knowing and the Function of Reason, Oxford 1971; R. Ackermann, Theories of Knowledge, New York 1965; J. L. Austin, Philosophical Papers, ed. J. O. Urmson/G. J. Warnock, Oxford 1961, ³1979, 76–116 (Other Minds); R. Audi, A Contemporary Introduction to the Theory of Knowledge, London/New York 1998; A. J. Ayer, The Problem of Knowledge, London 1956, 1990; E. Bauer, Connaissance, Enc. Philos. universelle II/1 (1990), 412–416; P. Baumann, E., Stuttgart/Weimar 2002; E. Brendel/D. Koppelberg, E., Epistemologie, in: G. Strube u. a. (eds.), Wörterbuch der Kognitionswissenschaft, Stuttgart 1996, 151–157; E. Cassirer, Das Erkenntnisproblem in der Philosophie und Wissenschaft der neueren Zeit, I–III, Berlin 1906–1920 (repr. Darmstadt 1974), IV (Von Hegels Tod bis zur Gegenwart [1832–1932]), Zürich 1950, Stuttgart ²1957 (repr. Darmstadt 1973), Neudr. I, Gesammelte Werke, II–III (engl. The Problem of Knowledge. Philosophy, Science and History since Hegel, New Haven Conn./London 1950, ⁶1969); ders., Philosophie der symbolischen Formen, I–III, Berlin 1923–1929 (I Darmstadt ²1953, 1973, II Darmstadt ²1964, 1973, III Darmstadt ²1954, 1975) (engl. The Philosophy of Symbolic Forms, I–IV, New Haven Conn. 1953/1957); R. M. Chisholm, Theory of Knowledge, Englewood Cliffs N. J. 1966, erw. ²1977, ³1989 (dt. E., München 1979); J. Dancy, Introduction to Contemporary Epistemology, Oxford 1985, 1999; ders./E. Sosa (eds.), A Companion to Epistemology, Oxford/Cambridge Mass. 1992, 2000; W. K. Essler, Epistemologie, WL (1978) 133–140; S. Everson (ed.), Epistemology. Companions to Ancient Thought, Cambridge 1990; B. van Fraassen, The False Hopes of Traditional Epistemology, Philos. Phenom. Res. 60 (2000), 253–280; G. Gabriel, Grundprobleme der E.. Von Descartes zu Wittgenstein, Paderborn etc. 1993, ²1998; C. F. Gethmann, E. II, Hist. Wb. Ph. II (1971), 683–690; E. Gettier, Is Justified True Belief Knowledge?, Analysis 23 (1963), 121–123; A. Goldman, Epistemology and Cognition, Cambridge Mass. 1986, ⁵1995; T. Grundmann, Neuere Tendenzen in der Analytischen E., Z. philos. Forsch. 51 (1997), 627–648; G. Gurvitch, Les cadres sociaux de la connaissance, Paris 1966 (engl. The Social Frameworks of Knowledge, Oxford 1971); D. W. Hamlyn, Epistemology, History of, Enc. Ph. II (1967), 8–38; ders., The Theory of Knowledge, London 1971; J. Hintikka, Knowledge and Belief. An Introduction to the Logic of the Two Notions, Ithaca N. Y. 1962, Ithaca N. Y./London 1977; ders., Knowledge and the Known. Historical Perspectives in Epistemology, Dordrecht/Boston Mass. 1974, ²1991; W. Hogrebe, E. ohne Erkenntnis, Z. philos. Forsch. 18 (1984), 545–560; R. Hönigswald, Geschichte der E., Berlin 1933 (repr. Darmstadt 1966, 1976); M. Huemer, Epistemology. Contemporary Readings, London 2002; F. Kaulbach, Philosophie der Beschreibung, Köln/Graz 1968; G. Klaus, Semiotik und E., Berlin 1963, München ⁴1973; P. D. Klein, Epistemology, REP III (1998), 362–365; K. C. Köhnke, Über den Ursprung des Wortes E. – und dessen vermeintliche Synonyme, Arch. Begriffsgesch. 25 (1981), 185–210; F. v. Kutschera, Grundfragen der E., Berlin/New York 1982; K. Lehrer, Knowledge, Oxford 1974, 1978; ders., Theory of Knowledge, London, Boulder Colo./San Francisco Calif. 1990, Boulder Colo./San Francisco Calif. 2000; H. Lenk, Erfassung der Wirklichkeit. Eine interpretationsrealistische E., Würzburg 2000; N. Luhmann/H. Maturana/M. Namiki u. a., Beobachter. Konvergenz der E.n?, München 1990, ²1992; N. Malcolm, Knowledge and Certainty. Essays and Lectures, Englewood Cliffs N. J. 1963, Ithaca N. Y., London 1975; P. K. Moser, Knowledge and Evidence, Cambridge/New York 1989, 1991; ders., Epistemology, in: R. Audi (ed.), The Cambridge Dictionary of Philosophy, Cambridge/New York/Melbourne ²1999, 273–278; A. Musgrave, Common Sense, Science and Skepticism. A Historical Introduction to the Theory of Knowledge, Cambridge 1993 (dt. Alltagswissen, Wissenschaft und Skeptizismus. Eine historische Einführung in die E., Tübingen 1993); G. S. Pappas, Epistemology, History of, REP III (1998), 371–384; R. H. Popkin, The History of Scepticism from Erasmus to Descartes, Assen 1960, Assen, New York 1964, New York 1968, erw. unter dem Titel: The History of Scepticism from Erasmus to Spinoza, Berkeley Calif./London 1979, 1984; K. Popper, Lesebuch, ed. D. Miller, Tübingen 1995, ²1997, bes. 4–116; N. Rescher, The Coherence Theory of Truth, Oxford 1973, Washington D. C. 1982; ders., Methodological Pragmatism. A Systems-Theoretic Approach to the Theory of Knowledge, Oxford 1977; ders., Scientific Realism. A Critical Reappraisal, Dordrecht etc. 1987; ders., A System of Pragmatic Idealism, I–III, Princeton N. J. 1992–1994; J. F. Rosenberg, Three Conversations about Knowing, Indianapolis Ind./Cambridge 2000; G. Ryle, Epistemology, in: J. O. Urmson (ed.), The Concise Encyclopedia of Western Philosophy and Philosophers, London ²1975, 92–97; H. J. Sandkühler, E./Erkenntnis, EP I (1999), 1039–1059; F. Schmitt, Socializing Epistemology. The Social Dimensions of Knowledge, Lanham Md. 1994; N. Schneider, E. im 20. Jahrhundert. Klassische Positionen, Stuttgart 1998; R. K. Shope, The Analysis of Knowing. A Decade of Research, Princeton N. J./Guildford 1983; ders., Gettier Problems, REP IV (1998), 54–59; W. Stegmüller, Metaphysik, Wissenschaft, Skepsis, Frankfurt/Wien 1954, unter dem Titel: Metaphysik, Skepsis, Wissenschaft, Berlin/Heidelberg/New York ²1969; G. Vollmer, Evolutionäre E.. Angeborene Erkenntnisstrukturen im Kontext von Biologie, Psychologie, Linguistik, Philosophie und Wissenschaftstheorie, Stuttgart 1975, ⁷1998; A. D. Woozley, Theory of Knowledge. An Introduction, London 1949, 1976; G. H. v. Wright (ed.), Problèmes de la théorie de la connaissance/Problems in the Theory of Knowledge, Den Haag 1972; P. Ziff, Epistemic Analysis. A Coherence Theory of Knowledge, Dordrecht/Boston Mass./Lancaster Pa. 1984. J. M.

Erkenntnistheorie, anarchistische, ↑Anarchismus, erkenntnistheoretischer.

Erkenntnistheorie, evolutionäre, (1) Bezeichnung für Auffassungen über das menschliche Erkennen, die sich aus der ↑Evolutionstheorie (↑Evolution) herleiten. Nach früheren Ansätzen bei H. Spencer und G. Simmel scheint K. Lorenz eine erste systematische Fassung der e.n E. vorgelegt zu haben, die vor allem von G. Vollmer weiter ausgebaut wurde. Gemeinsam ist den evolutionären Ansätzen die Auffassung, daß die Strukturen des menschlichen Denkapparates in gleicher Weise Evolutionsprodukte sind wie die übrigen Organe. Lorenz setzt dabei an der ↑Transzendentalphilosophie I. Kants an, derzufolge alle Gegenstände der Erkenntnis apriorischen Bedingungen der Möglichkeit von Erfahrung genügen müssen. In seinem Gegenentwurf gesteht Lorenz Kant zwar zu, daß die Struktur der kognitiven Verarbeitung von Wahrnehmungen jeder individuellen Erfahrung vorausgeht, macht aber gegen Kant geltend, daß dieser Verarbeitungsprozeß der evolutionären Veränderung unterworfen ist. Danach sind diese ↑transzendental bestimmten Bedingungen zwar ontogenetisch ↑a priori, phylogenetisch jedoch a posteriori (Lorenz 1941).

Der Grundgedanke der biologischen Bestimmung des kognitiven Apparates wird häufig zu der (umstrittenen) Position erweitert, daß aus ihm eine, eventuell teilweise, ›Übereinstimmung‹ subjektiver Erkenntnisstrukturen mit der physischen und logischen Struktur der Wirklichkeit folge, da sich evolutionär eine Anpassung der Erkenntnisstrukturen an die Wirklichkeit ergebe. Dies impliziert in der Regel einen erkenntnistheoretischen Realismus (↑Realismus (erkenntnistheoretisch)), der als durch das Faktum der Evolution begründet angesehen wird. Diese Annahme ist jedoch insofern ungerechtfertigt, als die evolutionäre Angepaßtheit des Erkenntnisapparates evolutionär zureichende Funktionalität wahrnehmungsbezogener Erkenntnisse verbürgt, nicht aber deren Wahrheit. Während der Grundgedanke, daß auch der Denk- oder Erkenntnisapparat als menschliches Organ ein Evolutionsprodukt ist, unumstritten sein dürfte und auch in der Neurophysiologie und Kognitionswissenschaft verfolgt wird, sind diejenigen Folgerungen aus dieser Einsicht, die faktisches Denken und Erkennen, die ›Übereinstimmung‹ von ›Geist‹ und ›Welt‹ sowie das Verhalten des Menschen (↑Soziobiologie) betreffen, kontrovers. – (2) Vor allem K. R. Popper, S. Toulmin und D. L. Hull haben das evolutionäre Modell der Erkenntnis auf den Prozeß der Wissenschaftsentwicklung übertragen. Dabei wird die Theorienentwicklung nach dem Modell der ↑Mutation und ↑Selektion von Theorien verstanden.

Literatur: W. Callebaut/R. Pinxten (eds.), Evolutionary Epistemology. A Multiparadigm Program, Dordrecht etc. 1987 (mit Bibliographie, 405–431); D. T. Campbell, Evolutionary Epistemology, in: P. A. Schilpp (ed.), The Philosophy of Karl Popper I, La Salle Ill. 1974, 413–463; J. C. Eccles/H. Zeier, Gehirn und Geist, München 1980, Frankfurt 1987; E.-M. Engels, Erkenntnis als Anpassung? Eine Studie zur e.n E., Frankfurt 1989; G. Frey, Möglichkeit und Bedeutung einer e.n E., Z. philos. Forsch. 34 (1980), 1–17; K. Hahlweg/C. A. Hooker (eds.), Issues in Evolutionary Epistemology, Albany N. Y. 1989; C. A. Hooker, Reason, Regulation, and Realism. Toward a Regulatory Systems Theory of Reason and Evolutionary Epistemology, Albany N. Y. 1995 (mit Bibliographie, 387–408); D. L. Hull, Science as a Process. An Evolutionary Account of the Social and Conceptual Development of Science, Chicago Ill. 1988, 1998; ders., Science and Selection. Essays on Biological Evolution and the Philosophy of Science, Cambridge/New York 2001; R. Lewontin, The Evolution of Cognition. Questions We Will Never Answer, in:

D. Scarborough/S. Sternberg (eds.), An Invitation to Cognitive Science IV (Methods, Models, and Conceptual Issues), Cambridge Mass./London 1998, 107–132; K. Lorenz, Kants Lehre vom Apriorischen im Lichte gegenwärtiger Philosophie, Bl. dt. Philos. 15 (1941), 94–125, Neudr. in: ders, Das Wirkungsgefüge der Natur und das Schicksal des Menschen [s. u.], 82–109; ders., Die Rückseite des Spiegels. Versuch einer Naturgeschichte des menschlichen Erkennens, München 1973, 1997 (engl. Behind the Mirror. A Search for a Natural History of Human Knowledge, London 1977, New York 1978); ders., Das Wirkungsgefüge der Natur und das Schicksal des Menschen. Gesammelte Arbeiten, ed. I. Eibl-Eibesfeld, München 1978; K. R. Popper, Objective Knowledge. An Evolutionary Approach, London 1972, Oxford 1992 (dt. Objektive Erkenntnis. Ein evolutionärer Entwurf, Hamburg 1973, ⁴1998); N. Rescher, A Useful Inheritance. Evolutionary Aspects of the Theory of Knowledge, Savage Md. 1990 (dt. Warum sind wir nicht klüger? Der evolutionäre Nutzen von Dummheit und Klugheit, Stuttgart 1994); R. Riedl, Biologie der Erkenntnis. Die stammesgeschichtlichen Grundlagen der Vernunft, Berlin/Hamburg 1980, München 1988; H. Schüling, System und Evolution des menschlichen Erkennens. Ein Handbuch der e.n E., I–V, Hildesheim/New York 1998–2002; R. Spaemann/P. Koslowski/R. Löw, Evolutionstheorie und menschliches Selbstverständnis. Zur philosophischen Kritik eines Paradigmas moderner Wissenschaft, Weinheim 1984; S. Toulmin, Human Understanding I, Oxford, Princeton N. J. 1972 (dt. Menschliches Erkennen I, Frankfurt 1978); G. Vollmer, E. E.. Angeborene Erkenntnisstrukturen im Kontext von Biologie, Psychologie, Linguistik, Philosophie und Erkenntnistheorie, Stuttgart 1975, ⁷1998; ders., Was können wir wissen? I (Die Natur der Erkenntnis. Beiträge zur e.n E.), Stuttgart 1985, ²1988; H.-J. Wendel, E. E. und erkenntnistheoretischer Realismus, Z. philos. Forsch. 44 (1990), 1–27; F. M. Wuketits, Evolutionary Epistemology and Its Implications for Humankind, Albany N. Y. 1990. G. W.

Erkenntnistheorie, genetische, von J. Piaget konzipierte und durch zahlreiche Detailforschungen ausgeführte Disziplin, in der versucht wird, menschliches, besonders wissenschaftliches Erkennen durch seine Sozio- und vor allem Psychogenese zu erklären. Piaget beansprucht für die g. E. ausdrücklich die Bedeutung einer philosophischen Erkenntnisweise, wobei er die Gültigkeit der Unterscheidung von ↑Genese und ↑Geltung, Tatsache und Norm für die Rekonstruktion menschlicher Erkenntnis bestreitet. Demgemäß hält er es z. B. für notwendig, die These des Logischen Empirismus (↑Empirismus, logischer) von der Logik als sprachlicher Realität dadurch empirisch zu überprüfen, daß beobachtet wird, ob bei der Entwicklung des Kleinkindes die Sprachentwicklung vor der Entwicklung logischer Operationen stattfindet. In der neueren deutschen Philosophie hat vor allem J. Habermas versucht, Gesichtspunkte der g.n E. in seine ↑Universalpragmatik einzubeziehen.

Literatur: H. G. Furth, Piaget and Knowledge. Theoretical Foundations, Englewood Cliffs N. J. 1969 (dt. Intelligenz und Erkennen. Die Grundlagen der g.n E. Piagets, Frankfurt 1972, ²1981); B. A. Geber (ed.), Piaget and Knowing. Studies in Genetic Epistemology, London 1977; J. Habermas, Zur Rekonstruktion des historischen Materialismus, Frankfurt 1976, 2002; R. F. Kitchener, Piaget's Theory of Knowledge. Genetic Epistemology and Scientific Reason, New Haven Conn./London 1986; M. Kutzner, Mentale Konstruktion von Begriffen. Eine Untersuchung auf der Grundlage der g.n E. J. Piagets, Diss. Frankfurt 1991; D. Leiser/C. Gilliéron, Cognitive Science and Genetic Epistemology. A Case Study of Understanding, New York/London 1990; F. Maier, Intelligenz als Handlung. Der genetische Ansatz in der Erkenntnistheorie J. Piagets, Basel 1978; T. Mischel (ed.), Cognitive Development and Epistemology, New York 1971, 1980; F. Naumann, Erkenntnis zwischen Abbild und Konstruktion. Evolutionäre Erkenntnistheorie und genetische Epistemologie im Vergleich, Hamburg 1993; J. Piaget, Biologie et connaissance. Essai sur les relations entre les régulations organiques et les processus cognitifs, Paris 1967, 1973 (engl. Biology and Knowledge. An Essay on the Relations between Organic Regulations and Cognitive Processes, Edinburgh/Chicago Ill. 1971; dt. Biologie und Erkenntnis. Über die Beziehungen zwischen organischen Relationen und kognitiven Prozessen, Frankfurt 1974, 1992); ders., L'épistémologie génétique, Paris 1970, ²1972 (dt. Abriß der genetischen Epistemologie, Olten/Freiburg 1974 [mit Bibliographie, 147–168]); ders., Genetic Epistemology, New York/London 1970, ²1972 (dt. Einführung in die g. E., Frankfurt 1973, ⁶1996). C. F. G.

Erklärung (engl. explanation, franz. explication), wissenschaftstheoretischer Terminus. In umgangssprachlicher Verwendung bedeutet E. etwa (1) (zumeist mit besonderen Geltungsansprüchen versehene oder mit bestimmten sozial geregelten Folgen oder Bedingungen verbundene) Mitteilung über das Bestehen eines (besonders bedeutsamen) Sachverhaltes, (2) Erläuterung des Gebrauchs eines Ausdrucks oder des Sinns eines Textes, (3) Deutung der Absichten eines Handelnden, (4) Rückführung des Eintretens eines Ereignisses auf seine Gründe oder Ursachen, (5) Einordnung eines (individuell dargestellten) besonderen Sachverhaltes in allgemeine (z. B. durch Gesetze dargestellte) Zusammenhänge. Eine spezifische Gemeinsamkeit dieser Arten von E.en läßt sich weniger über die Struktur solcher E.en (über ihre logische oder syntaktische Form oder über ihre semantischen Bestimmungen) finden als über deren ↑Pragmatik, d. h. über eine Analyse der Verwendungsweisen von E.en. Eine solche *pragmatische* Gemeinsamkeit besteht darin, daß E.en (verschiedenartige) Darstellungen von ↑Sachverhalten sind, die eine als erforderlich angesehene (und daher zumeist auch eingeforderte) Orientierungsgrundlage bzw. Orientierungshilfe für das Handeln angeben, und zwar nicht nur für das Handeln in einer konkreten Situation, sondern für das Handeln in Situationen eines bestimmten Typs, für bestimmte Handlungs*weisen*. Je nachdem, worin man das Erfordernis und die Möglichkeiten solcher Orientierungen sieht, wird man ein entsprechendes Konzept für die Begründung und die Darstellung der Struktur von E.en entwickeln.

Eine Eingrenzung dieser Aufgabe ist damit gegeben, daß Mitteilungen und (Wort- oder Text-) Erläuterungen im allgemeinen nicht als *wissenschaftliche* E.en gelten. In der philosophischen Tradition lassen sich für die Erfassung der Struktur solcher wissenschaftlichen E.en schematisch vier Konzepte unterscheiden: (1) E. ist eine Rückführung auf das Eigene, d. h. auf das eigene Wahrnehmen oder Denken. (2) E. ist die Unterordnung unter oder die Einordnung in das ↑Allgemeine. (3) E. ist die Darstellung der Entwicklung aus ↑Begriffen. (4) E. ist Darstellung der Entstehungsweise oder der Erzeugungsmöglichkeiten aus wirklichen ↑Zuständen. Diese E.skonzepte sind zumeist jeweils für einen bestimmten Bereich von E.sgegenständen und in bestimmten Verbindungen untereinander entwickelt worden. So sind ›*subjektive*‹, nämlich das wahrnehmende, denkende und erklärende Subjekt zur letzten Instanz erhebende E.skonzepte vor allem für die E. des Handelns, Meinens, Wollens und Empfindens anderer ausgearbeitet worden; dies zumeist in Verbindung mit einem ›idealistischen‹, nämlich die ideale, durch begriffliche Bestimmungen definierte Konstruierbarkeit als Kriterium verwendenden Konzept. Denn insofern (fremde) geistige und seelische Entwicklungen oder Zustände durch ihre Rückführung auf das eigene Wahrnehmen und Denken erklärt werden sollen, scheint die E.sleistung damit erbracht zu sein, daß das Eintreten dieser Zustände oder der Ablauf dieser Entwicklungen so dargestellt werden, wie sie sich das (E.s-)Subjekt darstellen würde, wenn es seine eigenen Entwicklungen oder Zustände wären, nämlich als Ergebnis begrifflich rekonstruierbarer Entwicklungen. Die ›*objektiven*‹, nämlich mit subjektinvariant formulierten allgemeinen Gesetzen oder Regeln als Basis arbeitenden E.skonzepte sind demgegenüber vornehmlich für die E. ›äußerer‹, der intersubjektiv kontrollierbaren Beobachtung zugänglicher ↑Ereignisse entwickelt worden; dies zumeist in Verbindung mit dem ›realistischen‹, nämlich die reale Entstehungsweise oder Herstellbarkeit als Kriterium benutzenden Konzept. Denn das gesetzmäßigen oder geregelten Verläufen unterliegende Geschehen stellt eben die Wirklichkeit dar, die durch begriffliche Entwicklungen zwar reflektiert, nicht aber konstituiert werden kann. Entsprechend dieser Aufteilung der verschiedenen E.skonzepte läßt sich auch die historische Entwicklung interpretieren. Vom (bisherigen) Ende dieser Entwicklung her gesehen lassen sich unterschiedliche Tendenzen feststellen: eine *Objektivierungstendenz*, die sich im wesentlichen ständig nachweisen läßt, und zwei gegenläufige Tendenzen zur *Idealisierung* und *Ent-Idealisierung*, deren Verhältnisse zueinander sich als Phasen der Objektivierung darstellen lassen. Während sich die Objektivierungstendenz auf die Wissenschaftentwicklung bezieht und daher vornehmlich eine Kategorie der ↑Wissenschaftsgeschichte ist, beziehen sich die Tendenzen der Idealisierung und Ent-

Idealisierung auf die Entwicklung der (zumeist in der Philosophie formulierten) Ideen von ↑Wissenschaft und sind daher Kategorien vornehmlich der geistesgeschichtlichen und der wissenschaftsphilosophischen Reflexion. Eine Tendenz zur Objektivierung der wissenschaftlichen E. ist in einem dreifachen Sinne feststellbar: Im Sinne einer Objektivierung (1) der *Orientierung* der wissenschaftlichen E. überhaupt (ihres Sinnes, ihrer Ziele und Aufgaben), (2) der *Kategorien* der wissenschaftlichen E. (ihrer Grundbegriffe) und (3) der *Modelle* der wissenschaftlichen E. (ihrer theoretisch formulierten E.sbeispiele). Im ersten Sinne führt die Objektivierung dazu, daß nicht mehr nur eine subjektive Ordnung der Welt gesucht wird, die darin besteht, daß überhaupt Regelmäßigkeiten bei der Betrachtung der Welt gefunden werden, z. B. bestimmte als regelmäßig ausgezeichnete Zahlenverhältnisse bei der Beschreibung der Planetenbahnen, und das Auffinden (oder Unterstellen) solcher Regelmäßigkeiten als solches die E.sfrage beantwortet. Gesucht wird vielmehr allgemein eine (geordnete) Darstellung der ↑Eigenschaften, insbes. des Verhaltens, von Gegenständen, wie sie sich im Umgang mit diesen Gegenständen ergeben. Die Objektivierung der E.sorientierung knüpft damit überhaupt erst die Beziehung zu subjektunabhängig existierenden Gegenständen und eröffnet damit den Weg zu einer technikorientierten Darstellung von Bewegungen, d. i. zur Dynamik.

Exemplarisch läßt sich die Entwicklung von der arithmetischen Weltordnung der ↑Pythagoreer (↑Pythagoreismus) und der geometrischen der Platoniker (↑Platonismus) zur Bewegungs-E. des Aristoteles für eine solche Tendenz anführen. Eine Objektivierung der E.skategorien ist als eine Entwicklung innerhalb der Dynamik feststellbar, und zwar als eine Entwicklung zur (klassischen) ↑Mechanik. Es werden dabei die subjektiven Kategorien (das sind die Grundbegriffe für die Darstellung der ›subjektiven‹ bzw. intentionalen ›Bewegungen‹, nämlich des menschlichen Handelns) ausgeklammert und nur noch ›objektive‹ Kategorien zugelassen, mit denen intersubjektiv kontrollierbare Beobachtungen und deren theoretische Interpretationen dargestellt werden können. Mit dieser Objektivierung der ↑Kategorien wird die wissenschaftliche E. auf intentionsunabhängige Verläufe (von Geschehnissen) bezogen. Beispiel für diese Objektivierungstendenz ist die Eliminierung von drei der vier Ursachentypen (Endursachen bzw. Ziele [↑Finalismus], ↑Form und Materie), die Aristoteles noch zur E. von Bewegungen (und Veränderungen überhaupt) anführt, in der neuzeitlichen Naturwissenschaft, die lediglich die Wirkursache (↑Kausalität, ↑Ursache) betrachtet. Eine zunehmende Objektivierung der E.smodelle weist dann auch die Entwicklung innerhalb der neuzeitlichen und modernen Mechanik auf. Dabei werden die subjektiven Modelle (im Sinne von lebensweltlich vertrauten oder von zur Interpretation des lebensweltlich relevanten technischen Handelns geeigneten Modellen) durch ›objektive‹ Modelle in dem Sinne ersetzt, daß nicht die Nähe zum lebensweltlichen Handeln oder zu den dieses Handeln interpretierenden Vorstellungen, sondern allein die Eignung für die Formulierung möglichst allgemeiner Theorien zum Konstruktionskriterium der Modelle wird. Die E.sbeispiele werden dann nicht mehr aus der vorfindbaren oder herstellbaren Situation des Subjekts genommen, sondern über theoretische Annahmen konstruiert. In diesem Sinne läßt sich sagen, daß mit der Objektivierung der Modelle die wissenschaftliche E. auf situationsunabhängige Beispiele (von Verläufen) bezogen wird. Exemplarisch für diese Tendenz ist wiederum die Folge der Bewegungs-›Begriffe‹, d. h. eben der Modelle vom Ablauf der zu erklärenden Bewegungen, in der Aristotelischen Dynamik und der klassischen und relativistischen Mechanik. Das Aristotelische Modell (Bewegung gegen einen Widerstand bzw. in einem zähen Medium) gibt die alltägliche Situation wieder, in der z. B. Reibung oder Luftwiderstand zu überwinden sind (heute als hydrodynamisches Modell von Bewegungen einzuordnen). Das Newtonsche Modell (gleichförmig geradlinige Bewegung ohne Widerstand) gibt zwar keine vorfindbare Situation wieder, eignet sich aber zur Interpretation von technisch herstellbaren Situationen, in denen z. B. Reibung und Luftwiderstand möglichst gering gehalten werden (↑Trägheit). Das Einsteinsche Modell (der Lichtgeschwindigkeit angenäherte Bewegung, deren Beschleunigung auch ohne Widerstand an ein Ende kommt) ist zur Interpretation gebrauchstechnisch herstellbarer Situationen (bisher) unnötig und unabhängig davon entwickelt worden.

Die Idealisierungs- und Entidealisierungstendenzen lassen sich als (philosophische) Reflexionen auf die (in den Wissenschaften verwirklichte) Objektivierung der E. verstehen. Z. B. sind die verschiedenen *rationalistischen* Konzeptionen (↑Rationalismus) in der Philosophie als Versuche deutbar, die faktisch eingetretenen Geschehnisse oder die existierenden Dinge und Eigenschaften als *Ergebnisse einer begrifflichen Entwicklung* darzustellen und sie dadurch zu erklären. Das Charakteristikum dieser Versuche ist jeweils die (nach selbstgesetzten Kriterien vollzogene) Rückführung der Geschehnisse, Dinge oder Eigenschaften auf ein einsichtiges Prinzip, wobei die (im Rahmen der jeweiligen Konzeption behauptete und begründete) Einsichtigkeit des Anfangs der begrifflichen Entwicklung das Definiens sowohl für das gewählte Prinzip als auch für die Idealisierungstendenz der jeweiligen Konzeption liefert. Demgegenüber findet sich die Entidealisierungstendenz in den (zumeist in expliziter Gegenposition formulierten) *empiristischen* Konzeptionen der Philosophie (↑Empirismus). Diese erheben nicht die (für bloß scheinbar erklärte) Einsichtigkeit zum E.skriterium, sondern bezeichnen gerade den Verzicht darauf als Kriterium echter E.en, indem sie in einer E. die Angabe einer nur durch äußere Regelmäßigkeiten feststellbaren ›Kraft‹ (H. v. Helmholtz) oder (Wirk-)Ursache für das Eintreten eines Ereignisses sehen. In ihrer konsequenten Weiterführung hat diese Entidealisierungstendenz sogar zur Aufgabe der Kausalrelation in ihrem klassischen Verständnis (↑Kausalität) und zu der (von G. R. v. Kirchhoff 1877 prägnant formulierten) Forderung geführt, E.en (in der Mechanik) als die Aufgabe zu sehen, ›die in der Natur vor sich gehenden Bewegungen vollständig und auf die einfachste Weise zu beschreiben‹ (↑Beschreibung), jede weitere Beurteilung von oder Suche nach verborgenen Kräften oder Ursachen aber zu unterlassen.

Nicht nur nicht inkompatibel, sondern sogar komplementär werden beide Tendenzen, wenn man sie auf verschiedene Schritte der E. bezieht. So bedarf einerseits auch die vollständige und einfachste Beschreibung von Bewegungen der rationalen Normierung dessen, was vollständig und einfacher als anderes ist, und dies zumeist über eine Festlegung dessen, was als Beschreibung zugelassen ist. Andererseits wird sich kein Prinzip als einsichtig bewähren können, das sich nicht zur Interpretation von erfahrenen Ereigniszusammenhängen eignet. Eine komplementäre Verbindung beider Tendenzen erreicht man, wenn man den Gegenstand der Idealisierung in der *Bildung der Grundbegriffe* sieht, die für E.en benötigt werden, und wenn man für die Anwendung dieser Begriffe in E.en eine *empirische Überprüfung* fordert. In diesem Sinne einer komplementären Verbindung von Idealisierung und Empirie lassen sich auch einige historische Konzeptionen der E. verstehen, insbes. die Konzeption I. Kants. Diese kann als der Versuch begriffen werden, sowohl die ↑*Konstitution* von ↑Erfahrung und damit auch von möglichen E.en durch die ↑Kategorien (als den Grundbegriffen jeder möglichen Erfahrung) als auch die *Verläßlichkeit* (bzw. die ›objektive Gültigkeit‹) dieser Konstitution zu erweisen. Insofern die Hervorbringung der Kategorien ↑a priori, d.h. unabhängig von aller Erfahrung, durch das (als Grund der gegenständlichen und begrifflichen Einheit der Erkenntnis, d.i. der Verbindung mannigfaltiger Wahrnehmungen zu Gegenständen und von verschiedenen Gegenständen unter Begriffen, postulierte und daher selbst nicht kategorial darstellbare ↑›transzendentale‹) Erkenntnissubjekt geschieht, ist sie eine rationale Konstruktion oder auch, in anderer Terminologie, eine Idealisierung. Insofern durch die Bereitstellung der Kategorien nur die Bedingungen für *mögliche* Erfahrungen geschaffen werden, findet diese Idealisierung ihren Sinn erst in der empirischen Arbeit. Durch eine begriffliche Konstruktion wird nach dieser Konzeption überhaupt erst die Erfassung der Entwicklungen möglich, die das Eintreten eines bestimmten Ereignisses erklären (↑Transzendentalphilosophie). Und zwar lassen sich mit den Kategorien die Bedingungen dafür formulieren und begründen, die ↑Naturgesetze erfüllen müssen, um als solche Gesetze überhaupt gelten zu können (↑Gesetz (exakte Wissenschaften)). Geleitet von diesem Verständnis der Naturgesetze kann man dann fragen, welche Naturgesetze gelten, und mit diesen das Eintreten von Ereignissen erklären.

In der Folgezeit, vor allem in der modernen ↑Wissenschaftstheorie, ist das von Kant zentral diskutierte Konstitutionsproblem, d.i. das Problem der Ermöglichung von Erfahrung durch Kategorien, weitgehend beiseitegelassen worden. Statt dessen hat man den Sinn von E.en vornehmlich durch eine Präzisierung des letzten Schrittes, der Angabe von Naturgesetzen bei der Darstellung der Entwicklung, die zu den eingetretenen Ereignissen geführt haben, herauszuarbeiten versucht. Auch der zweite Schritt, die Klärung der Bedingungen dafür, daß ein vorgebliches Naturgesetz auch überhaupt ein solches ist, ist unter Umgehung der Konstitutionsproblematik als Frage nach den Adäquatheitsbedingungen (↑adäquat/Adäquatheit) von E.en im Sinne des letzten Schrittes aufgenommen worden, während der dritte Schritt, die Formulierung bestimmter Naturgesetze, zunächst für die Klärung des Sinnes von E.en als irrelevant unbeachtet blieb. In Aufnahme entsprechender Vorschläge J. S. Mills und W. S. Jevons' sowie in Weiterentwicklung der Theorie K. R. Poppers haben C. G. Hempel und P. Oppenheim 1948 den letzten Schritt durch ein Schema der E. präzisiert, das als *HO-Schema* (d.i. Hempel–Oppenheim-Schema, im Englischen meist ›covering-law-model‹) der *deduktiv-nomologischen* E. (der DN-E.) seinen Eingang in die Literatur gefunden hat. Dieses Schema stellt eine E. in der Form einer logischen Ableitung aus singularen Aussagen über ↑Anfangsbedingungen (Antezedensbedingungen) und universellen Gesetzesaussagen dar. Im einfachsten Fall, d.h. für die E. eines Ereignisses $B(N)$ – mit N als Nominatorvariable – mit nur einem Gesetz, läßt sich eine solche E. durch folgendes Schlußschema wiedergeben:

$$\frac{A(N)}{\bigwedge_x(A(x) \rightarrow B(x))}$$
$$B(N)$$

Im Normalfall werden zur E. eines Ereignisses mehrere Gesetze erforderlich sein, so daß Hempel und Oppenheim die DN-E. auf folgende Weise notiert haben:

$$\left.\begin{array}{l}A_1, A_2, \ldots, A_k \quad \text{Anfangsbedingungen}\\ G_1, G_2, \ldots, G_n \quad \text{Gesetze}\end{array}\right\} \text{Explanans}$$
$$\overline{} \quad \text{logische Ableitung}$$
$$E \quad \text{Explanandum}$$

Erklärung

Die Aussagen über die Anfangsbedingungen und die Gesetzesaussagen bilden zusammen das Explanans, aus dem die das zu erklärende Ereignis darstellende Aussage (das Explanandum) logisch abgeleitet werden soll. Zur Unterscheidung echter E.en von bloß scheinbaren E.en haben Hempel und Oppenheim mit ihrem Schema zugleich auch Adäquatheitsbedingungen aufgestellt. Außer der Forderung der formalen Korrektheit der Deduktion des Explanandum aus dem Explanans gehören zu diesen Bedingungen die Forderung, (1) daß das Explanans mindestens ein universelles Gesetz enthalten soll, das für die Deduktion auch wirklich benutzt wird, (2) daß die Gesetze des Explanans empirischen Gehalt (↑Gehalt, empirischer) besitzen, und (3) daß alle Aussagen des Explanans wahr (oder, wie später gefordert: hochbestätigt, ↑Bestätigung) sein sollen.

Diese Forderungen haben eine weite Diskussion ausgelöst. Schwierigkeiten macht vor allem die Unterscheidung zwischen den universellen Gesetzesaussagen und anderen ↑Allaussagen und die Definition dessen, was den empirischen Gehalt einer Aussage ausmacht. Während die erste Schwierigkeit eher ein Streitpunkt der Wissenschaftslogiker als der Wissenschaftler ist, greift die zweite Schwierigkeit unmittelbar in die Wissenschaftsdiskussion selbst ein. Denn die meisten Begriffe der Wissenschaften sind ›theoretische Begriffe‹ (↑Begriffe, theoretische) in dem Sinne, daß sie erst über die Bildung universeller Hypothesensysteme eingeführt worden sind und ihre Verwendung in Behauptungen nicht unmittelbar empirisch überprüfbar ist – weil erst theoriebedingte Interpretationen von empirischen Daten Argumente für oder gegen diese Behauptungen liefern (↑Theoriebeladenheit). Sollen daher aber alle E.en mit solcherart ›theoretischen Begriffen‹ als unechte E.en bezeichnet werden? Diese Frage trifft einen zentralen Streitpunkt zwischen den Vertretern verschiedener Wissenschaftskonzeptionen vor allem in den Geistes- und Sozialwissenschaften, in denen über den Sinn und die Methode empirischer, insbes. experimenteller, Untersuchungen noch keine Einigung besteht. Umstritten ist ferner die unter anderem von Hempel und Oppenheim vertretene Auffassung einer strukturellen Identität von E. und ↑Prognose (›Symmetriethese‹). Der pragmatische Unterschied zwischen beiden besteht darin, daß bei einer E. der im Explanandum dargestellte Sachverhalt sich ereignet hat und nachträglich mit Gesetzen und Anfangsbedingungen in Zusammenhang gebracht wird, während eine Prognose von Gesetzen und Anfangsbedingungen ausgeht und von diesen ein zukünftig eintretender (bzw. mit einer bestimmten Wahrscheinlichkeit eintretender) Sachverhalt abgeleitet wird. Zum Teil ähnliche Probleme ergeben sich im Falle der ↑Retrodiktion. Auch die für eine DN-E. benutzten Gesetze kann man noch einmal erklären und für diese Gesetzes-E. das Schema der nomologischen Deduktion erweitern, indem man allgemeinere Gesetze als die zu erklärenden in das Explanans aufnimmt (↑Reduktion). Für die Fälle, in denen eine E. nach dem DN-Schema nicht vorliegt, wird gefordert, eine solche E. durch Vervollständigung des Explanans herzustellen, oder eine E. nach einem anderen Schema anzugeben, nämlich nach dem Schema der *induktiv-statistischen* E. (IS-E.). Im Unterschied zu den deterministischen (↑Determinismus) Gesetzen einer DN-E. werden im Explanans einer IS-E. statistische Gesetze benutzt, d. h. Gesetze der Form: die statistische ↑Wahrscheinlichkeit p dafür, daß einem Gegenstand mit der Eigenschaft A auch die Eigenschaft B zukommt, ist r; formal: $p(B/A) = r$. Angewendet auf singulare Aussagen über die Bedingung $A(N)$ kann man dann nach diesem Schema mit der logischen (oder induktiven) Wahrscheinlichkeit r auf $B(N)$ schließen:

$p(B(x)/A(x)) = r$ Gesetz mit statistischer Wahrscheinlichkeit ⎱ Explanans
$A(N)$ singulare Aussage ⎰
―――――
$B(N)$ Schluß mit logischer (oder induktiver) Wahrscheinlichkeit Explanandum

Für ein r nahe 1 läßt sich der Schluß als ›praktisch sicherer‹ Schluß interpretieren. Neben den Schwierigkeiten einer wahrscheinlichkeitstheoretischen Interpretation der statistischen, aber vor allem der logischen bzw. induktiven Wahrscheinlichkeit, ergeben sich Probleme für die IS-E. besonders dadurch, daß diese E. nur relativ zu dem jeweils verwendeten Wissen (dem Gesetzes- und Tatsachenwissen) sinnvoll definierbar ist. So läßt sich unter Umständen mit anderen Prämissen als den in einer bestimmten IS-E. angeführten nicht nur mit einer anderen Wahrscheinlichkeit auf dasselbe Explanandum schließen, sondern auch (mit einer bestimmten Wahrscheinlichkeit) die Negation dieses Explanandum erschließen. Es sind daher die Forderung des ›Gesamtdatums‹ (requirement of total evidence) von R. Carnap und, alternativ dazu, die Forderung ›maximaler Spezifität‹ (requirement of maximal specifity) von Hempel erhoben worden, nach denen das gesamte zu einer bestimmten Zeit verfügbare Erfahrungswissen (Carnap) oder das gesamte Wissen, das potentiell relevant ist für die E. eines Explanandum (Hempel), zur Bestimmung von r heranzuziehen ist. Abgesehen von den Schwierigkeiten, diese Forderungen zu erfüllen, lassen sie auch Mehrdeutigkeiten bei der E. zu. In jedem Falle liefern die IS-E.en nicht den eindeutig auf ein bestimmtes Explanandum führenden und durch eine eindeutig qualifizierte Folgerungsmöglichkeit definierten Schluß, den einige Autoren zum Kriterium einer E. im Unterschied zu einer bloßen ›Begründung‹ machen. Daher werden

IS-E.en auch teilweise als bloße Begründungen oder ›Argumente‹ für das Eintreten des Explanandum-Ereignisses, nicht aber als echte E.en angesehen.
Eine besondere Schwierigkeit bietet die E. des menschlichen Handelns und damit auch die E. historischer Entwicklungen (↑Pseudoerklärung). Der Versuch, hier ebenfalls E.en nach dem Schema der DN-E.en zu geben (man spricht hier häufig von ›E.sskizzen‹, da so gut wie nie alle zur Deduktion des Explanandum erforderlichen Gesetze und Anfangsbedingungen verfügbar sind), unterstellt die Existenz von universellen Gesetzen auch für das menschliche Handeln. Wenn auch durch die institutionelle Regelung weiter Bereiche des Handelns (und, wenn es um das Handeln bestimmter Personen geht, durch die Ausbildung von Gewohnheiten) eine Regelmäßigkeit des Handelns erreicht wird, die dieses Handeln als fast gesetzmäßig beschreiben lassen, so bleibt bei solchen Beschreibungen doch zu bedenken, daß diese Regelmäßigkeiten nur relativ zu bestimmten Institutionalisierungen (oder Gewohnheiten) bestehen, die ihrerseits keine unverrückbaren Naturgegebenheiten sind, sondern durch menschliches Handeln herbeigeführt worden sind und auch wieder verändert werden können. Wie bei der IS-E. wäre bei solchen Handlungs-E.en im Sinne der Forderung maximaler Spezifität der institutionelle Rahmen von Handlungsregeln (und, für bestimmte Personen, der individuelle Rahmen von Handlungsgewohnheiten) mit anzugeben, um eine solche Handlungs-E. vollständig zu machen. Abgesehen von der historischen Relativität der Institutionen (und der biographischen Relativität der Gewohnheiten) entsteht ein besonderes Problem für die Handlungs-E. dadurch, daß für sie Deutungen von Handlungszwecken und Situationseinschätzungen erforderlich sind. Denn in vielen Fällen ist Handeln das Verfolgen eines bestimmten Zweckes – sei es, daß durch dieses Handeln eine bestimmte Wirkung herbeigeführt werden soll, sei es, daß mit ihm ein bestimmtes Ideal realisiert sein oder zu realisieren versucht werden soll (↑Zweck) –, oft (auch oder nur) die Befolgung einer ↑Regel, besonders einer Interaktions-Regel, die auf die Handlung einer anderen Person eine bestimmte eigene Handlung als Antwort erlaubt oder fordert.
Sucht man entsprechend diesem Handlungsverständnis zur E. einer Handlung auch die Zwecke des Handelnden oder die Einschätzung der Situation durch den Handelnden zu erfassen, auf die seine Handlung eine Antwort sein sollte, so entstehen spezifische Deutungsprobleme, die in der E. von Naturverläufen und Naturereignissen nicht auftreten (↑Verstehen). Diese Probleme bestehen darin, daß für die Feststellung weder der handlungsleitenden Zwecke noch der regelauswählenden Situationseinschätzung methodisch geregelte Verfahren zur Verfügung stehen. Selbst bei guten Argumenten für eine bestimmte Annahme kommt hier einerseits der Selbstdarstellung des Handelnden, auch wenn sie dieser Annahme widerspricht, ein entscheidendes Gewicht zu, andererseits kann diese Selbstdarstellung wiederum verändert werden. Diese Probleme zwingen zwar nicht dazu, die Schematisierung der DN- und IS-E. fallenzulassen, sie zeigen aber die geringe Relevanz derartiger Schematisierungen für Handlungs-E.en. Denn geht man davon aus, daß ohnehin nur IS-E.en als Handlungs-E.en in Frage kommen, bleibt völlig offen, wie man (über die bloß komparative Beurteilung hinaus, daß eine bestimmte Handlung eher möglich ist als eine andere) eine bestimmte Wahrscheinlichkeit r festlegen kann. Manche Autoren haben daher die Aufgabe der Handlungs-E. umdefiniert: Sie suchen nicht nach den ↑Prämissen, aus denen man die Ausführung einer Handlung logisch oder mit logischer Wahrscheinlichkeit erschließen kann, sondern nach solchen Prämissen, die die Ausführung dieser Handlung als begründet erscheinen lassen würden; sie suchen nicht nach ↑Ursachen, sondern nach ↑Gründen für das Handeln. Unter dem Titel einer *rationalen* oder *intentionalen* E. (↑Intentionalität) sind für solche Handlungsbegründungen Schemata ausgearbeitet worden.
Daß die Angabe von Gründen für eine Handlung überhaupt als eine E. dieser Handlung angesehen werden kann, beruht darauf, daß ›Vernunftgründe‹, nämlich die Gründe, die jemand nach bestem Wissen und Verständnis dafür vorträgt, daß eine Handlung ausgeführt werden soll, auch zu ›Realgründen‹ oder Beweggründen werden können – weil man nämlich die Handelnden (andere und sich selbst) mit Vernunftgründen überzeugen kann. Diese Annahme wiederum ist kein empirisches Gesetz (wie sollte man es auch als wahr nachweisen?), sondern ein ↑Postulat für den Sinn praktischen Argumentierens. Die Theorien der rationalen E. liefern damit kein zusätzliches Schema für E.en neben den beiden Schemata der DN- und IS-E.; sie verändern vielmehr den Sinn von E.en, wenn es um das menschliche Handeln geht. Nicht formale Folgerungsbeziehungen zwischen Beschreibungen (d. s. Gesetzes- und Ereignisaussagen) sollen geklärt werden, sondern rationale Folgerungsbeziehungen (Begründungsbeziehungen) zwischen ↑Deutungen (von Zwecken oder Situationseinschätzungen) und ↑Handlungen: E.en sind dann keine *theoretischen Darstellungen*, sondern Teile *praktischen Argumentierens*. Mit solchen rationalen Handlungs-E.en wird auch die Idealisierungstendenz wieder aufgenommen, wobei die idealisierte Entwicklung des Handelns aus Gründen allerdings weniger der *Darstellung* als vielmehr der *Herstellung* der Realität dienen soll.
Die *Vereinheitlichungstheorie der E.* sieht in der theoretischen Integration wissenschaftlicher Aussagen die wichtigste Leistung von E.en (M. Friedman 1974, P. Kitcher 1981, 1989). In Kitchers Version wird eine qua-

lifizierte E. durch eine möglichst einheitliche theoretische Behandlung von prima facie unterschiedlichen Anwendungsfällen erreicht, die sich ihrerseits in der Verwendung einer möglichst geringen Zahl möglichst gleichförmiger Argumentationsmuster ausdrückt. Wissenschaftliche E.en zeichnen sich durch ihre Vereinheitlichungsleistung aus, die ihrerseits nicht durch deduktive Systematisierung erbracht wird, sondern dadurch, einer möglichst großen Zahl von Phänomenen auf eine möglichst gleichartige Weise Rechnung zu tragen.

Die von W. C. Salmon 1984 formulierte *Prozeßtheorie der Kausalerklärung* verlangt die E. durch Ursachen und setzt an der Identifikation der relevanten Kausalprozesse an. Kausalprozesse sind durch die Fähigkeit zur Übertragung einer ›Markierung‹ bei Fehlen weiterer Eingriffe gekennzeichnet. Bei Kausalprozessen hat ein lokaler äußerer Eingriff überdauernde Veränderungen zur Folge. In Salmons interventionszentriertem Ansatz sind Kausalurteile grundlegender als Gesetze und E.en. Adäquate E.en sind durch den Rückgriff auf Ursachen gekennzeichnet. Für Hempel qualifizieren sich Ereignisse umgekehrt dadurch als Ursachen, daß sie als Randbedingungen in adäquate E.en eingehen.

Für die auf B. van Fraassen zurückgehende *pragmatische Theorie der E.* sind E.en keine Argumente (wie für Hempel), sondern Antworten auf kontextabhängig aufzufassende Warum-Fragen. Solche Warum-Fragen sieht van Fraassen durch drei Aspekte charakterisiert, den Fragegegenstand (*topic of concern*), die Gegensatzklasse (*contrast-class*) und die Fragehinsicht bzw. die E.srelevanz (*explanatory relevance*). Die Antwort darauf besitzt die folgende allgemeine Form: Der Fragegegenstand liegt deshalb vor – im Gegensatz zu den anderen, in der Gegensatzklasse erwähnten Sachverhalten –, weil der Umstand U realisiert ist, wobei U erklärungsrelevant für die Frage ist oder die Fragehinsicht trifft. Obwohl van Fraassen Adäquatheitsbedingungen für E.en angibt, sind solche Antworten letztlich nur kontextabhängig zu beurteilen. Neben derartige generelle Ansätze zur Explikation wissenschaftlicher E.en treten Konzeptionen für E.en in besonderen Sachbereichen, etwa ↑kognitive bzw. psychologische (↑Psychologie) E.en oder Funktionalerklärungen (↑Erklärung, funktionale).

Literatur: K. Acham, Analytische Geschichtsphilosophie. Eine kritische Einführung, Freiburg/München 1974; ders. (ed.), Methodologische Probleme der Sozialwissenschaften, Darmstadt 1978; P. Achinstein, The Nature of Explanation, New York/Oxford 1983, ²1985; H. Albert (ed.), Theorie und Realität. Ausgewählte Aufsätze zur Wissenschaftslehre der Sozialwissenschaften, Tübingen, 1964, ²1972; ders., Probleme der Theoriebildung, in: ders. (ed.), Theorie und Realität [s. o.], 3–70; K.-O. Apel, Die Erklären-Verstehen-Kontroverse in transzendentalpragmatischer Sicht, Frankfurt 1979; ders./R. Manninen/R. Tuomela (eds.), Neue Beiträge zur Erklären-Verstehen-Kontroverse, Frankfurt 1978; A. Beckermann, Gründe und Ursachen. Zum vermeintlich grundsätzlichen Unterschied zwischen mentalen Handlungserklärungen und wissenschaftlich-kausalen E.en, Kronberg 1977; ders. (ed.), Analytische Handlungstheorie II (Handlungserklärung), Frankfurt 1977, ²1985; T. Bodammer, Philosophie der Geisteswissenschaften, Freiburg/München 1987; M. Bunzl, The Context of Explanation, Dordrecht/Boston Mass./London 1993; M. Carrier, Salmon 1 versus Salmon 2. Das Prozeßmodell der Kausalität in seiner Entwicklung, Dialektik (1998/2), 49–70; A. C. Danto, Analytical Philosophy of History, Cambridge Mass. 1965, Neudr. in: ders., Narration and Knowledge, New York 1985, 1–284 (dt. Analytische Philosophie der Geschichte, Frankfurt 1973, 1980, 11–371, 426–465); P. Dowe, Wesley Salmon's Process Theory of Causality and the Conserved Quantity Theory, Philos. Sci. 59 (1992), 195–216; ders., Causality and Conserved Quantities. A Reply to Salmon, Philos. Sci. 62 (1995), 321–333; W. H. Dray, Laws and Explanation in History, London 1957, Oxford 1970, Westport Conn. 1979; ders. (ed.), Philosophical Analysis and History, New York/London 1966, 1971, Westport Conn. 1978; G. Eberlein/W. Kroeber-Riel/W. Leinfellner (eds.), Forschungslogik der Sozialwissenschaften, Düsseldorf 1974; H. Feigl/M. Brodbeck (eds.), Readings in the Philosophy of Science, New York 1953; H. Feigl/G. Maxwell (eds.), Scientific Explanation, Space and Time, Minneapolis Minn. 1962, 1966, 1971; H. Feigl/W. Sellars (eds.), Readings in Philosophical Analysis, New York 1949, Atascadero Calif. 1981; H. Feigl/W. Sellars/K. Lehrer (eds.), New Readings in Philosophical Analysis, New York 1972; B. C. van Fraassen, Salmon on Explanation, J. Philos. 82 (1985), 639–651; M. Friedman, Explanation and Scientific Understanding, J. Philos. 71 (1974), 5–19, Neudr. in: J. C. Pitt (ed.), Theories of Explanation [s. u.], 188–198; M. C. Galavotti, Wesley Salmon on Explanation, Probability and Rationality, in: ders./A. Pagnini (eds.), Experience, Reality, and Scientific Explanation. Essays in Honor of Merrilee and Wesley Salmon, Dordrecht/Boston Mass./London 1999, 39–54; P. Gardiner, The Nature of Historical Explanation, London 1952, Oxford 1968, 1980, Westport Conn. 1985; ders. (ed.), Theories of History. Readings from Classical and Contemporary Sources, New York/London 1959, 1976; A. Grünbaum, Creation as a Pseudo-Explanation in Current Physical Cosmology, in: W. Spohn (ed.), Erkenntnis Orientated. A Centennial Volume for Rudolf Carnap and Hans Reichenbach, Dordrecht/Boston Mass./London 1991, 233–254; C. G. Hempel, Aspects of Scientific Explanation, and Other Essays in the Philosophy of Science, New York 1965, 1970 (dt. teilweise, Aspekte wissenschaftlicher E., Berlin/New York 1977); C. R. Hitchcock, Discussion. Salmon on Explanatory Relevance, Philos. Sci. 62 (1995), 304–320; G. Hon, Explanation. Theoretical Approaches and Applications, Dordrecht 2001; R. R. Kahl (ed.), Studies in Explanation. A Reader in the Philosophy of Science, Englewood Cliffs N. J. 1963; A. Kantorovich, Philosophy of Science. From Justification to Explanation, Brit. J. Philos. Sci. 38 (1988), 469–494; P. Kitcher, Explanatory Unification, Philos. Sci. 48 (1981), 507–531, Neudr. in: J. C. Pitt (ed.), Theories of Explanation [s. u.], 167–187; ders., Two Approaches to Explanation, J. Philos. 82 (1985), 632–639; ders., Explanatory Unification and the Causal Structure of the World, in: ders./W. C. Salmon (eds.), Scientific Explanation [s. u.], 410–505; ders., Explanation, REP III (1998), 520–525; ders./W. C. Salmon, Van Fraassen on Explanation, J. Philos. 84 (1987), 315–330; ders./W. C. Salmon (eds.), Scientific Explanation, Minneapolis Minn. 1989 (Minnesota Stud. Philos. Sci. XIII); N. Koertge, Review Article. Explanation and Its Problems, Brit. J. Philos. Sci. 43 (1992), 85–98; S. Körner (ed.), Explanation. Papers and Discussion, Oxford

1975, New Haven Conn. 1975; L. Magnani, Abduction, Reason, and Science. Processes of Discovery and Explanation, New York 2001; M. May, Kausales Schließen. Eine Untersuchung über kausale E.n und Theorienbildung, Hamburg 1999; T. J. McKay, Reasons, Explanations, and Decisions. Guidelines for Critical Thinking, Belmont Calif. 2000; J. Mittelstraß (ed.), Methodologische Probleme einer normativ-kritischen Gesellschaftstheorie, Frankfurt 1975; ders. (ed.), Methodenprobleme der Wissenschaften vom gesellschaftlichen Handeln, Frankfurt 1979; E. Nagel, The Structure of Science. Problems in the Logic of Scientific Explanation, London/New York 1961, London 1979, 1981, Indianapolis Ind. 1979; F. D. Newman, Explanation by Description. An Essay on Historical Methodology, The Hague/Paris 1968; G. Patzig, Erklären und Verstehen. Bemerkungen zum Verhältnis von Natur- und Geisteswissenschaften, Neue Rdsch. 84 (1973), 392–413, Neudr. in: ders., Tatsachen, Normen, Sätze, Stuttgart 1980, 45–75, ferner in: ders., Gesammelte Schriften IV. Theoretische Philosophie, Göttingen 1996, 117–145; J. C. Pitt (ed.), Theories of Explanation, New York/Oxford 1988; K. R. Popper, Logik der Forschung, Wien 1935, Tübingen [10]1994 (engl. The Logic of Scientific Discovery, New York 1959, London 1959, 1997); N. Psarros, E., EP I (1999), 353–356; S. Psillos, Causation and Explanation, Teddington 2002; P. Railton, Probability, Explanation, and Information, Synthese 48 (1981), 233–256; N. Rescher, Scientific Explanation, New York 1970, Lanham Md. 1983; M. Riedel, Verstehen oder Erklären? Zur Theorie und Geschichte der hermeneutischen Wissenschaften, Stuttgart 1978; C. Roberts, The Logic of Historical Explanation, University Park Pa. 1996; D.-H. Ruben, Explaining Explanation, London/New York 1990, [2]1992; ders. (ed.), Explanation, Oxford/New York/Toronto 1993; W. C. Salmon (ed.), Statistical Explanation and Statistical Relevance, Pittsburgh Pa. 1971; ders., Comets, Pollen and Dreams. Some Reflections on Scientific Explanation, in: R. McLaughlin (ed.), What? Where? When? Why? Essays on Induction, Space and Time, Explanation, Dordrecht/Boston Mass./London 1982, 155–178; ders., Scientific Explanation and the Causal Structure of the World, Princeton N. J. 1984; ders., Four Decades of Scientific Explanation, Minneapolis Minn. 1989, Neudr. in: P. Kitcher/W. C. Salmon (eds.), Scientific Explanation [s. o.], 3–219, [2]1990; ders., Causality Without Counterfactuals, Philos. Sci. 61 (1994), 297–312; ders., Causality and Explanation. A Reply to Two Critiques, Philos. Sci. 64 (1997), 461–477; ders., Causality and Explanation, New York/Oxford 1998; I. Scheffler, The Anatomy of an Inquiry. Philosophical Studies in the Theory of Science, New York 1963, London 1964, Indianapolis Ind. 1981; G. Schurz (ed.), Erklären und Verstehen in der Wissenschaft, München 1988, [2]1990; O. Schwemmer, Theorie der rationalen E.. Zu den methodischen Grundlagen der Kulturwissenschaften, München 1976; W. Stegmüller, Probleme und Resultate der Wissenschaftstheorie und Analytischen Philosophie I (Wissenschaftliche E. und Begründung), Berlin/Heidelberg/New York 1969, [2]1983; E. Topitsch (ed.), Logik der Sozialwissenschaften, Köln 1965, [6]1976, Königstein [12]1993; S. E. Toulmin, Foresight and Understanding. An Enquiry into the Aims of Science, London 1961, Westport Conn. 1961, 1981 (dt. Voraussicht und Verstehen. Ein Versuch über die Ziele der Wissenschaft, Frankfurt 1968, [2]1981); R. Tuomela, Methodological Individualism and Explanation, Philos. Sci. 57 (1990), 133–140; E. Weber, Models of Explication. An Evaluation of Their Fruitfulness, Communication and Cognition 25 (1992), 339–351; J. Woodward, Making Things Happen. A Theory of Causal Explanation, Oxford 2003; G. H. v. Wright, Explanation and Understanding, London/Ithaca N. Y. 1971, Ithaca N. Y. 1993 (dt. Erklären und Verstehen, Frankfurt 1974, [3]1991, Berlin [4]2000). O. S.

Erklärung, funktionale, Terminus der ↑Wissenschaftstheorie zur Bezeichnung einer ↑Erklärung, die auf die Wirkungen eines Objekts oder Prozesses in ein einbettendes System Bezug nimmt. Danach existiert ein Objekt oder Prozeß, weil es bzw. er eine bestimmte Aufgabe erfüllt, oder ein System erbringt eine bestimmte Leistung, weil seine Teile bestimmte Fähigkeiten besitzen. Der relevante Funktionsbegriff enthält zumindest prima facie einen Bezug auf ↑Zwecke der betreffenden Größe oder ↑Ziele des zugehörigen Gesamtsystems. Solche Funktionen werden (technischen und sozial-kulturellen) Artefakten (›es ist die Funktion der Zündkerze, die Benzinverbrennung in Gang zu setzen‹) oder biologischen Entitäten (›es ist die Funktion des Herzens, den Blutkreislauf aufrechtzuerhalten‹) zugeschrieben. Funktionen in diesem Sinne kommen Teilen eines umgreifenden Systems zu und dienen der Herbeiführung oder Aufrechterhaltung eines normalen, zweckmäßigen oder auf andere Weise positiv ausgezeichneten Zustands. Deshalb wird die Anwendbarkeit von f.n E.en auf technische, sozial-kulturelle und biologische Systeme beschränkt; außerhalb dieses Bereichs gelten f. E.en als inadäquat (z. B. ›es ist die Funktion des Sonnenwinds, das Polarlicht zu erzeugen‹).
Der Funktionsbegriff im kognitionswissenschaftlichen Funktionalismus (↑Funktionalismus (kognitionswissenschaftlich)) bezeichnet das kausale Profil einer Größe und schließt daher sämtliche Wirkungen dieser Größe ein. Dagegen soll der hier relevante Funktionsbegriff in der Regel bestimmte kausale Beiträge auszeichnen (und diese entsprechend von den Nebenwirkungen abgrenzen). Funktionen sind spezifische ↑Wirkungen einer Größe im Rahmen eines Gesamtsystems. Eines der Probleme bei der Explikation der f.n E. besteht in der Umgrenzung der relevanten Teilmenge der Kausalbeiträge. So sind Herztöne ebenfalls Wirkungen des Herzschlags, in Übereinstimmung mit der Stabilisierung des Kreislaufs; sie zählen gleichwohl nicht zu dessen Funktionen.
Die frühe Diskussion um die f. E. kreist um deren Rekonstruierbarkeit als besondere Form der deduktiv-nomologischen Erklärung (DN-Erklärung, ↑Erklärung) und konzentriert sich auf die alternativen Ansätze von C. G. Hempel und E. Nagel. Hempel (1959) schlägt das folgende Schlußschema als Rekonstruktion der f.n E. für das Vorhandensein eines Merkmals vor:

(1) Das System S funktioniert unter bestimmten Umständen ordnungsgemäß.
(2) S funktioniert nur dann ordnungsgemäß, wenn eine notwendige Bedingung N erfüllt ist.
(3) Wenn S das Merkmal M besitzt, dann ist N erfüllt.
Schluß: S besitzt M.

Ein Beispiel:
(1) Hempel ist ein Wirbeltier im physiologischen Normalzustand.
(2) Ein Wirbeltier befindet sich nur dann im physiologischen Normalzustand, wenn es einen funktionierenden Blutkreislauf besitzt.
(3) Ein gesundes Herz ist hinreichend für die Aufrechterhaltung eines funktionierenden Blutkreislaufs.
Schluß: Hempel hat ein Herz.

Ein Nachteil dieser Rekonstruktion besteht darin (wie auch von Hempel betont), daß sich die f. E. nicht als logisch gültiger Schluß und damit nicht als adäquate DN-Erklärung ergibt. Statt um eine f. E. im terminologischen Sinne handelt es sich lediglich um eine ›Funktionalanalyse‹. Der Grund für die Fehlschlüssigkeit (↑Fehlschluß) des angegebenen Schemas ist, daß ↑Prämisse (3) das Vorhandensein von M lediglich als hinreichende, nicht auch als notwendige Bedingung für N behauptet (so daß Bejahung des ↑Konsequens vorliegt). Diese für die logische Gültigkeit des Schemas fatale Abschwächung der Prämisse scheint inhaltlich wegen der Möglichkeit *funktionaler Äquivalente* geboten. So sind auch andere Organe für die Aufrechterhaltung des Blutkreislaufs denkbar. Die Verstärkung von (3) dahingehend, daß M notwendig für N ist, scheint daher der Sache nach unzutreffend. Eine entsprechend reformulierte Rekonstruktion der f.n E. ließe diese zwar logisch gültig erscheinen, aber inhaltlich unkorrekt.

Nagel (1961) verteidigt gegen Hempel die logische Verstärkung der Prämisse (3) und entsprechend die Rekonstruktion der f.n E. als logisch gültiges Argument mit dem Hinweis darauf, daß ›Notwendigkeit‹ hier nicht als Ausschluß anderer Denkmöglichkeiten verstanden werden dürfe, sondern als Alternativlosigkeit im tatsächlichen Organisationsmodus. In diesem Sinne können bestimmte Organe für das Erbringen bestimmter organismischer Leistungen unabdingbar sein, so daß Prämisse (3) unter Umständen zutreffend die Notwendigkeit von M für N behaupten kann. In Nagels Rekonstruktion passen sich f. E.en damit in das DN-Schema ein. – In der Rezeption ist das Problem funktionaler Äquivalente überwiegend mit Hempel und gegen Nagel als überzeugender Einwand gegen die Einbettbarkeit von f.n E.en in das DN-Schema aufgefaßt worden.

Die von L. Wright (1973, 1976) formulierte *ätiologische Theorie* rekonstruiert f. E.en (im Unterschied zu Hempel) als adäquat und faßt (in Übereinstimmung mit Hempel) f. E.en als Erklärungen für das Vorhandensein eines Objekts oder Prozesses auf. ›Die Funktion des Objekts O ist F‹ ist danach wie folgt zu explizieren:

(1) F ist Ergebnis des Vorhandenseins von O.
(2) O ist vorhanden, weil es F hervorbringt.

Die erste Klausel besagt, daß das Objekt seine als Funktion bezeichnete Wirkung tatsächlich erzeugt, die zweite, daß diese Wirkung der Grund für die Existenz des Objekts ist.

Kausalerklärungen nehmen auf Mechanismen und physische Ursachen Bezug (›das Herz schlägt, weil sich seine Muskelfasern zyklisch kontrahieren‹), f. E.en schreiben Zwecke zu (›das Herz schlägt, um den Blutkreislauf in Gang zu halten‹). Durch ein solches Aufgreifen von Zwecken wird (zumindest prima facie) die Funktion eines Objekts unter seinen Wirkungen ausgezeichnet. Die ätiologische Theorie bietet eine Grundlage für die Naturalisierung solcher Zwecke durch den Rückgriff auf die Ursachen für die Existenz des betreffenden Objekts. Der Zweck von Artefakten kann durch die Gründe für ihre Herstellung erläutert werden. Im biologischen Bereich bietet der Begriff der Anpassung eine analoge Grundlage. Die Ursache der Ausbildung des Herzens im Prozeß der natürlichen ↑Selektion bestand nämlich darin, daß es den Blutkreislauf zu stabilisieren vermochte, nicht aber darin, daß es Herztöne produzierte. Die Angabe des Entstehungsgrunds des Herzens zeichnet eine seiner Wirkungen als seine Funktion aus; ein zusätzlicher Rückgriff auf Zwecke ist nicht mehr erforderlich.

Eine als zentral geltende Schwierigkeit der ätiologischen Theorie liegt in der Kooptation von Fähigkeiten. Ein Organ oder ein biologisches Merkmal können im Verlauf der ↑Evolution eine nützliche Eigenschaft hinzugewinnen. In diesem Falle stellte der gegenwärtige Nutzen nicht den Entstehungsgrund dar, und die ätiologische Theorie führte auf das Urteil, daß dieser Nutzen eines Organs nicht dessen Funktion ist. Z.B. bringen kurze Flügel keine aerodynamischen Vorteile mit sich; sie entstanden anscheinend zur Verbesserung des Wärmeaustauschs mit der Umgebung. Erst nachdem eine gewisse Schwellengröße überschritten worden war, begann die Flugfähigkeit den weiteren Evolutionsprozeß zu dominieren. Die ätiologische Theorie hätte demnach zu urteilen, daß Wärmeaustausch, nicht Flugfähigkeit die Funktion von Flügeln ist.

In einer modifizierten Lesart der ätiologischen Theorie werden Funktionen als diejenigen Wirkungen aufgefaßt, die für ›Ursprung oder Aufrechterhaltung‹ einer Struktur verantwortlich sind. Schließlich ist auch für die Erhaltung eines Merkmals die natürliche Selektion verantwortlich. Dieser doppelte Bezug auf Existenz und Persistenz erlaubt es, auch diejenigen Wirkungen als Funktionen einzustufen, die einem biologischen Merkmal gegenwärtig einen Selektionsvorteil verschaffen, nicht allein diejenigen, die zu Beginn des Evolutionsprozesses relevant waren. Allerdings geht durch diese Erweiterung die Eindeutigkeit der Funktionsauszeichnung verloren. Zudem verfehlt die ätiologische Theorie (auch mit dieser

Modifikation) die Rekonstruktion von Funktionsverlusten. So entstand der Blinddarm in herbivoren Organismen zur Verbesserung der Zelluloseverdauung und wurde beim Übergang zur fleischlichen Nahrung überflüssig. In ätiologischer Perspektive hat der Blinddarm immer noch die Funktion der Zelluloseverdauung, obwohl diese Wirkung bei Carnivoren nicht mehr relevant (wenn auch weiterhin vorhanden) ist.

Darüber hinaus wird häufig gegen die ätiologische Theorie geltend gemacht, daß Funktionen adäquat zugeschrieben werden können, ohne über irgendeine Kenntnis der zugehörigen Entstehungsgeschichte zu verfügen. Dieser Einwand wird oft am Beispiel W. Harveys vorgetragen, der im 17. Jh. dem Herz zutreffend die Funktion zuschrieb, den Blutkreislauf aufrechtzuerhalten, ohne jedoch irgendeine Vorstellung von Evolution zu haben. In diesem Einwand drückt sich die Auffassung aus, daß Funktionszuschreibungen nichts mit historischen Ursprüngen und Entwicklungen zu tun haben, sondern allein mit gegenwärtigen Beiträgen eines Objekts oder Prozesses zu den Leistungen eines umgreifenden Systems. Diese auf R. Cummins (1975) zurückgehende *Kausalrollentheorie* der Funktionen tritt in der gegenwärtigen Diskussion neben die ätiologische Theorie. Danach ergeben sich f. E.en aus der Analyse von Leistungen und Eigenschaften eines Gesamtsystems. Diese werden auf Fähigkeiten von Systemteilen zurückgeführt und auf diese Weise erklärt. Funktionszuschreibungen besagen, daß die Wirkungen eines Teilsystems kausal zu einer Leistung des Gesamtsystems beitragen. Signifikant sind solche Analysen, bei denen die Fähigkeiten der Teilsysteme weniger komplex und von anderer Art sind als die betrachtete Leistung des Gesamtsystems, und bei denen die Teilsysteme in einer organisierten Wechselbeziehung miteinander stehen (Cummins 1975).

Einwände gegen die Kausalrollentheorie zielen häufig auf die von ihr gelassenen Freiräume bei der Identifikation von Systemen, Teilsystemen und kausalen Rollen. Cummins sieht hier keinerlei Einschränkung vor; in Abhängigkeit von den jeweiligen analytischen Interessen sind die Optionen für Funktionszuschreibungen fast unbegrenzt. Entsprechend lautet das Bedenken, die Kausalrollentheorie versage bei der objektiven Unterscheidung zwischen Funktionen und Nebenwirkungen und könne daher letztlich keinen Grund für die Verwendung des Funktionsbegriffs (neben dem Begriff der Wirkung) angeben (McLaughlin 2001, 119, 122). – Keiner der Ansätze zur Explikation von Funktionen und f.n E.en hat sich bislang eindeutig als überlegen herauskristallisiert. Daher herrscht die Auffassung vor, beide seien als komplementär zu betrachten. Danach handelt es sich bei ätiologischen Funktionen und Kausalrollenfunktionen (oder Wright-Funktionen und Cummins-Funktionen) um verschiedenartige Funktionsbegriffe, die in unterschiedlichen Zusammenhängen einschlägig sind.

Literatur: R. Amundson/G. V. Lauder, Function without Purpose. The Use of Causal-Role Function in Evolutionary Biology, Biology and Philos. 9 (1994), 443–469; A. Ariew/R. Cummins/M. Perlman (eds.), Functions. New Essays in the Philosophy of Psychology and Biology, Oxford, 2002; J. Bigelow/R. Pargetter, Functions, J. Philos. 84 (1987), 181–196; C. Boorse, Wright on Functions, Philos. Rev. 85 (1976), 70–86, Neudr. in: E. Sober (ed.), Conceptual Issues in Evolutionary Biology. An Anthology, Cambridge Mass./London 1984, 369–385; D. J. Buller, Etiological Theories of Function. A Geographical Survey, Biology and Philos. 13 (1998), 505–527; C. Craver, Role Functions, Mechanisms, and Hierarchy, Philos. Sci. 68 (2001), 53–74; R. Cummins, Functional Analysis, J. Philos. 72 (1975), 741–765; P. Godfrey-Smith, Functions. Consensus without Unity, Pacific Philos. Quart. 47 (1993), 196–208; P. Griffiths, Functional Analysis and Proper Function, Brit. J. Philos. Sci. 44 (1993), 409–422; C. G. Hempel, The Logic of Functional Analysis, in: L. Gross (ed.), Symposium on Sociological Theory, New York 1959, 271–307, Neudr. in: ders., Aspects of Scientific Explanation and Other Essays in the Philosophy of Science, New York 1965, 297–330; P. McLaughlin, What Functions Explain. Functional Explanation and Self-Reproducing Systems, Cambridge 2001; R. G. Millikan, Wings, Spoons, Pills and Quills. A Pluralist Theory of Functions, J. Philos. 96 (1999), 191–206; E. Nagel, The Structure of Science. Problems in the Logic of Scientific Explanation, London 1961, ²1979, 401–428 (Chap. 12/I The Structure of Teleological Explanations); ders., Teleology Revisited, J. Philos. 74 (1977), 261–301, Neudr. in: ders., Teleology Revisited and Other Essays in the Philosophy and History of Science, New York 1979, 275–316; K. Neander, Functions as Selected Effects. The Conceptual Analyst's Defense, Philos. Sci. 58 (1991), 168–184; dies., The Teleological Notion of Function, Australas. J. Philos. 89 (1991), 454–468; M. Ratcliffe, The Function of Function, Stud. Hist. Philos. Biological and Biomedical Sci. 31C (2000), 113–133; A. Rosenberg, The Structure of Biological Science, Cambridge 1985, 1989; M. Ruse, The Philosophy of Biology, Atlantic Highlands N. J. 1973, 1983, 174–196 (Chap. 9 The Problem of Teleology); W. C. Salmon, Four Decades of Scientific Explanation, Minneapolis Minn. 1989, bes. 26–32, 111–116; W. Stegmüller, Wissenschaftliche Erklärung und Begründung (Probleme und Resultate der Wissenschaftstheorie und Analytischen Philosophie I), Berlin/Heidelberg/New York 1969, 518–623 (Kap. 7 Teleologie, Funktionalanalyse und Selbstregulation); L. Wright, Functions, Philos. Rev. 82 (1973), 139–168, Neudr. in: E. Sober (ed.), Conceptual Issues in Evolutionary Biology [s. o.], 347–368, ²1994, 27–47; ders., Teleological Explanations. An Etiological Analysis of Goals and Functions, Berkeley Calif./Los Angeles/London 1976. M. C.

Erlanger Programm, Bezeichnung des von F. Klein 1872 in dem Vortrag »Vergleichende Betrachtungen über neuere geometrische Forschungen« entwickelten Vorschlags, die ↑Geometrie als Theorie der Invarianten von Transformationsgruppen zu behandeln (↑Gruppe (mathematisch)). Dieses Programm beruht darauf, daß es geometrische Systeme (›Geometrien‹) gibt, die durch ihre Automorphismengruppe charakterisiert werden können. So sind die in der projektiven, affinen, äquiformen und ↑Euklidischen Geometrie sowie in den ↑nichteuklidischen Geometrien untersuchten Eigenschaften von Figuren gerade diejenigen Eigenschaften, die, wenn sie einer Figur zukommen, auch allen ihren Bildern bei einer projektiven, affinen, äquiformen bzw. Kongruenzabbildung zukommen. Die mit algebraischen Methoden (↑Algebra) zugänglichen Beziehungen zwischen den Untergruppen der allgemeinen Transformationsgruppen erhellen dann zugleich die Beziehungen zwischen den ihnen entsprechenden Geometrien.

Das E. P. hat sich als sehr fruchtbar erwiesen. Daß sich mit ihm jedoch nicht die gesamte Geometrie erfassen läßt, zeigt das Beispiel der Riemannschen Geometrien (↑Differentialgeometrie), da die Riemannschen Mannigfaltigkeiten (↑Riemannscher Raum) die Metrik als Invariante haben, und damit im allgemeinen als Transformation nur die identische Abbildung bleibt, die keine Aussagen über Verhältnisse innerhalb einer solchen Geometrie erlaubt.

Literatur: N. W. Efimow, Vysšaja geometrija, Moskau 1945, ³1953 (dt. Höhere Geometrie, Berlin [Ost] 1960, Nachdr. mit Untertitel: Lehrbuch für Studenten der Mathematik, Physik und aller technischen Fachrichtungen [...], I–II, Braunschweig/Basel 1970; engl. Higher Geometry, Moskau 1980); K.-N. Ihmig, Cassirers Invariantentheorie der Erfahrung und seine Rezeption des E. P.s, Hamburg 1997, bes. 250–350 (IV Das ›E. P.‹ Felix Kleins als Paradigma eines Systems von Invarianten); F. Klein, Vergleichende Betrachtungen über neuere geometrische Forschungen, Erlangen 1872, Nachdr. Math. Ann. 43 (1893), 63–100, ferner in: ders., Gesammelte mathematische Abhandlungen I, ed. R. Fricke/A. Ostrowski, Berlin 1921 (repr. Berlin/Heidelberg/New York 1973), 460–497, ferner in: K. Strubecker (ed.), Geometrie, Darmstadt 1972, 118–155, separat unter dem Titel: Das E. P.. Vergleichende Betrachtungen über neuere geometrische Forschungen, Leipzig 1974, unter dem Titel: Das E. P. (1872). Vergleichende Betrachtungen über neuere geometrische Forschungen, Thun/Frankfurt 1995, 1997 (Ostwalds Klassiker der exakt. Wiss. 253); I. M. Yaglan, Felix Klein and Sophus Lie. Evolution of the Idea of Symmetry in the Nineteenth Century, Boston Mass./Basel 1988, 111–124 (Chap. 7 Felix Klein and His Erlangen Program). C. T.

Erlanger Schule, Bezeichnung für den zunächst in Erlangen von W. Kamlah und P. Lorenzen entwickelten und dann auch in Konstanz und Marburg weitergeführten Ansatz methodischen Philosophierens, bekannt geworden auch unter den Bezeichnungen ↑›Konstruktivismus‹, ›Konstruktive Philosophie‹, ›Konstruktive Wissenschaftstheorie‹ (↑Wissenschaftstheorie, konstruktive). Historisch geht die E. S. auf die ab 1962 intensive Zusammenarbeit zwischen dem vor allem an einer methodisch strengen Behandlung der Grundlagenprobleme der Logik und Mathematik interessierten Lorenzen und dem Heidegger-Schüler Kamlah zurück, aus der als wichtigstes Ergebnis die »Logische Propädeutik« (1967, ²1973) als eine »Vorschule des vernünftigen Redens« bzw. methodischen Denkens hervorgegangen ist.

Während die deutsche Nachkriegsphilosophie weitgehend Traditionen fortsetzt, die sich vor der Mitte der 30er Jahre des 20. Jhs. herausgebildet haben – ↑Phänomenologie, ↑Existenzphilosophie, ↑Hermeneutik, ↑Neukantianismus, Neuhegelianismus (↑Hegelianismus), Kritische Theorie, Kritischer Rationalismus (↑Rationalismus, kritischer), Philosophische ↑Sprachanalyse, Logischer Empirismus (↑Empirismus, logischer) –, greift die konstruktive Philosophie und Wissenschaftstheorie auf die in der analytischen Philosophie (↑Philosophie, analytische) der Carnap-Nachfolge und durch D. Hilbert verdeckte Konstitutionsanalyse abstrakter und mathematischer Redebereiche durch G. Frege zurück und entwickelt die physiktheoretische Methode der ↑Ideation H. Dinglers, den phänomenologisch-operativen Zugang zur Mathematik beim frühen E. Husserl, bei O. Becker und L. E. J. Brouwer, ferner die beweistheoretische ↑Metamathematik G. Gentzens. Methodische Basis ist dabei, daß das Handeln und Reden in der wissenschaftlichen Praxis, ausgehend von elementar möglichen unstrittigen Verständnissen der ↑Lebenswelt (↑vorwissenschaftlich), in schrittweise gewonnenen Einsichten vernünftig rekonstruiert (↑Rekonstruktion) (begriffen) werden kann und soll. In dieser Orientierung haben Kamlah, Lorenzen und deren Schüler K. Lorenz, J. Mittelstraß, C. Thiel, P. Janich, H.-J. Schneider, aber auch F. Kambartel und C.-F. Gethmann vor allem Arbeiten zur Logik, Sprachphilosophie, Wissenschaftstheorie und Wissenschaftsgeschichte, zur ↑Ethik und zur philosophischen ↑Anthropologie vorgelegt.

Literatur: F. Brüggen, Strukturen pädagogischer Handlungstheorie. Dilthey, geisteswissenschaftliche Pädagogik, Mead, Habermas, E. S., Freiburg/München 1980, 264–324 (Kap. 6 Konstruktivismus und Handlungstheorie. Über die Rückführung des Legitimationsproblems zur praktischen Philosophie); J. Friedmann, Kritik konstruktivistischer Vernunft. Zum Anfangs- und Begründungsproblem bei der E. S., München 1981; C. F. Gethmann, Phänomenologie, Lebensphilosophie und Konstruktive Wissenschaftstheorie. Eine historische Skizze zur Vorgeschichte der E. S., in: ders. (ed.), Lebenswelt und Wissenschaft. Studien zum Verhältnis von Phänomenologie und Wissenschaftstheorie, Bonn 1991, 28–77; M. Günther, Die Logik im deutschen Konstruktivismus. Die Rolle formaler Systeme im Wissenschaftsaufbau der Erlanger und Konstanzer Schule, Diss. München 1985; M. Jäger, Die Philosophie des Konstruktivismus auf dem Hintergrund des Konstruktionsbegriffs, Hildesheim etc. 1998; P. Janich/F. Kambartel/J. Mittelstraß, Wissenschaftstheorie als Wissenschaftskritik, Frankfurt 1974; F. Kambartel, Die Aktualität des philosophischen Konstruktivismus, in: C. Thiel (ed.), Akademische Gedenkfeier für Paul Lorenzen am 10. November 1995, Nürnberg 1998, 25–36; ders./J. Mittelstraß (eds.), Zum normativen Fundament der Wissenschaft, Frankfurt 1973; W. Kamlah, Martin Heidegger und die Technik. Ein offener Brief, Dt. Universitätszeitung 9 (1954), H. 11, 10–13, Nachdr. in: ders., Von der Sprache zur Vernunft. Philosophie und Wissenschaft in der neuzeitlichen Profanität, Mannheim/Wien/Zürich 1975, 113–122; K. Lorenz (ed.), Konstruktionen versus Positionen. Beiträge zur Diskussion um die Konstruktive Wissenschaftstheorie, I–II, Berlin/New York 1978; J. Mittelstraß, Erlanger philosophische Schule, RGG II (⁴1999), 1423; ders., Oskar

Becker und Paul Lorenzen oder: die Begegnung zwischen Phänomenologie und Konstruktivismus, in: A. Gethmann-Siefert/ J. Mittelstraß (eds.), Die Philosophie und die Wissenschaften. Zum Werk Oskar Beckers, München 2002, 65–83; ders./ M. Riedel (eds.), Vernünftiges Denken. Studien zur praktischen Philosophie und Wissenschaftstheorie. Wilhelm Kamlah zum Gedächtnis, Berlin/New York 1978; W. Pelz, Die konstruktive Wissenschaftstheorie der E. S., Diss. Frankfurt 1980; C. Thiel, Qué significa ›constructivismo‹?, Teorema 7 (1977), 5–21; ders., Paul Lorenzen (1915–1994), in: ders. (ed.), Akademische Gedenkfeier [s. o.], 13–24; N. Ursua, Ciencia y verdad en la teoria constructivista de la escuela de Erlangen, Teorema 10 (1980), 175–190; G. Wolters (ed.), Jetztzeit und Verdunkelung. Festschrift für Jürgen Mittelstraß zum vierzigsten Geburtstag, Konstanz 1976. – Reden zum Tode von Wilhelm Kamlah, Mannheim/Wien/Zürich 1977.   F. K./P. S.-W.

Erleben, die unmittelbare, unreflektierte, gleichwohl aber bewußte Sich-Selbstgegebenheit, in der ↑Objekt oder ↑Welt und ↑Subjekt oder ↑Ich ungeschieden präsent sind. Das E. ist Grundlage des Zusammenhangs der verschiedenen inner-psychischen Akte sowie der intentionalen (↑Intentionalität) Akte, die auf Gegenstände bzw. den Gegenstandszusammenhang in einer Welt oder auf das andere Ich zielen. Der Inhalt des E.s und die Vollzugsweise E. fallen zusammen. Als philosophischer Terminus wird E. zuerst bei J. G. Fichte gebraucht, der es als reflexionslose Erfülltheit des Subjekts durch einen Inhalt faßt, damit als einen Zustand, der für die Bestimmung des Erkennens eine letztgegebene Voraussetzung ist.
Zentral wird der Begriff in der ↑Lebensphilosophie und in der hermeneutischen Philosophie (↑Hermeneutik), die die Kategorien der Lebensphilosophie in ihre Theorie des geschichtlichen Lebens integriert. W. Dilthey greift in Orientierung an I. Kant den Ansatz der Lebensphilosophie auf und bestimmt die Grundlegungsfunktion des E.s für die Form der Erkenntnis der Kultur- bzw. der von ihm sogenannten ↑Geisteswissenschaften, die er durch die methodische Differenzierung zwischen Erklären (↑Erklärung) und ↑Verstehen vom Paradigma der ↑Naturwissenschaften löst. Dilthey bestimmt das E. als geistiges Phänomen des Lebens, d. i. als das Leben im Modus des ›Zusichselbstgekommenseins‹ in einem geistigen Individuum. In Auseinandersetzung mit dem ↑Hegelianismus (insbes. H. Lotze) und der naturwissenschaftlich orientierten ↑Psychologie entwickelt er eine Theorie des E.s, in der er zunächst E. als ursprüngliche Gegebenheitsweise psychischer Tatsachen in einem lebendigen Beziehungsganzen bestimmt. Zum leitenden Paradigma nicht nur der psychologischen Erschließung, sondern darüber hinaus der Erkenntnis überhaupt wird E. als Gegebenheitsweise nicht nur von Sinnesdaten, sondern der Objekte kultureller Welterschließung wie Kunst (Dichtung), Religion und deren Manifestation (Gestalt) wie Deutungsleistung. Solche Objekte, sofern sie im E. unmittelbar gegeben (konstituiert) oder nachvollziehbar (rezipiert) werden, sind nicht (kausal) erklärbar, sondern müssen in ihrer Bedeutung verstanden werden. ↑Kultur als Einheit von gesellschaftlicher, durch Handeln gestalteter und geschichtlicher Welt wird im E. in symbolischen Zusammenhängen zugänglich. Verstehen ist ›Nacherfahren‹ von Sinnformen; E. und Rekonstruktion der Entstehung eigener wie fremder Sinnformen ermöglicht ein Verstehen der objektiven Manifestationen ›von innen‹. Als Ausdruck jeweils eigener ↑Lebensform ermöglicht das E. daher zugleich eine Erschließung (eigener wie fremder) geschichtlicher Welt sowie ein Verstehen der eigenen ↑Geschichtlichkeit. E. wird zum Fundament des historischen Verstehens und seiner methodischen Erschließung in den Geisteswissenschaften.
Für die Philosophie des ↑Neukantianismus (H. Rickert, P. Natorp) ist ähnlich wie für Fichte E. ein grundlegendes Moment des für die Erkenntnistheorie konstitutiven Subjekt-Objekt-Bezuges (↑Subjekt-Objekt-Problem), nämlich die subjektive Gegebenheitsweise der Erscheinung vor aller Objektivierung. Intentionalität gehört konstitutiv zum E., ein Gedanke, den E. Husserl aufnimmt.
Für den methodischen Ansatz der transzendentalen ↑Phänomenologie ist E. als fundierende Gegebenheitsweise von Objekten zugleich Erschließung ihrer Sinn- wie Sachhaltigkeit. Alle Erlebnisse sind durch ↑Zeitlichkeit konstituierte Gegebenheitsweisen im Bewußtsein, das E. in zwei Modi präsent ist, nämlich im Modus aktueller Zuwendung und im Modus potentieller Erschlossenheit im Sinne eines horizonthaft (↑Horizont) Mitgegebenen. Diltheys Bestimmung des E.s als lebendigen Beziehungsganzen wird in Husserls Bestimmung des ›Erlebnisstroms‹ als Zusammenhang aller intentionalen, zeitlich konstituierten Erlebnisse strukturell wiederholt. Die Einheit des Erlebnisstroms faßt Husserl nicht als Faktum, sondern im Sinne der Kantischen Idee als eine für das E. konstitutive, denknotwendige Voraussetzung. In den »Logischen Untersuchungen« (I–II, Halle 1900/1901) fungiert E., Erlebnis als eine jedem Zweifel entzogene Grundgegebenheit. E. gilt als sichere Basis der transzendentalen Phänomenologie, die über die ↑›Eidetik‹ bzw. Wesenserscheinung Aussagen über Wesen und Wesenszusammenhänge anzielt. In »Formale und transzendentale Logik« (Halle 1929) und im Nachlaßwerk »Erfahrung und Urteil« (Prag 1939, Hamburg 1948) bestimmt Husserl E. als die Grundlage für eine ›intuitive Vergegenwärtigung des Wesens in adäquater Ideation‹, damit zugleich als Grundlage der sprachlichen Konstruktion der Wirklichkeit. Dem E. bzw. Erlebnis kommt nach seiner Präzisierung zum ›reinen Erlebnis‹ Begründungswert für die Erkenntnis zu, weil sich im E. der ›allem Realen vorgeordnete Sinn‹

konstituiert. Husserl bestimmt in der Krisisschrift das ›sich Besinnen des Erkennenden auf sich selbst und sein erkennendes Leben‹ als Quelle aller Erkenntnisleistung und legt die Bedeutung des E.s für die Konstruktion des reinen Begriffs des transzendentalen Ego (↑Ego, transzendentales) und damit für die Fundierung aller Erkenntnis fest. M. Heideggers Kritik am Cartesianismus der Husserlschen Erschließung des E.s als Einheit von cogitationes und cogitata in den »Logischen Untersuchungen« sowie durch die bewußtseinsphilosophische Differenzierung von aktuell-expliziter und inaktual-potentieller Ausrichtung auf Gegenständlichkeit führt in der Hermeneutik (H.-G. Gadamer) zur stärkeren Betonung lebensphilosophischer Elemente und zur Restriktion von kultur- auf geisteswissenschaftliche Erschließung im engeren, d. i. rezeptiv-reproduktiven Sinn, der am Paradigma des Kunst-E.s orientiert ist.

Während die Kritik an der Hermeneutik die Fundierungskapazität und die Möglichkeit methodischer Erschließung des E.s bzw. des E.sbegriffs bezweifelt und zugunsten einer Subjektivitätstheorie aufgibt, wird in der Nachfolge L. Wittgensteins die bewußtseinstheoretische Rekonstruktion durch eine sprachanalytische Rekonstruktion des E.sbegriffs ersetzt (↑philosophy of mind).

Literatur: K. Cramer, E., Erlebnis, Hist. Wb. Ph. II (1972), 702–711; ders., ›Erlebnis‹. Thesen zu Hegels Theorie des Selbstbewußtseins mit Rücksicht auf die Aporien eines Grundbegriffs nachhegelscher Philosophie, Hegel-Stud. Beih. 11 (1974), 537–603; W. Dilthey, Das Erlebnis und die Dichtung. Lessing, Goethe, Novalis, Hölderlin, Leipzig 1905, ed. R. Rosenberg, Leipzig 1988, ²1991; ders., Plan der Fortsetzung zum Aufbau der geschichtlichen Welt in den Geisteswissenschaften I (E., Ausdruck und Verstehen), in: ders., Gesammelte Schriften VII, Stuttgart, Göttingen 1927, ²1958, ⁷1979, 191–251; ders., Die Philosophie des Lebens. Eine Auswahl aus seinen Schriften, ed. H. Nohl, Frankfurt 1946, mit Untertitel: Wilhelm Dilthey. Aus seinen Schriften ausgewählt von Herman Nohl, Stuttgart, Göttingen 1961; T. Friedrich, Bewußtseinsleistung und Struktur. Aspekte einer phänomenologisch-strukturalistischen Theorie des E.s, Würzburg 1999; H.-G. Gadamer, Wahrheit und Methode. Grundzüge einer philosophischen Hermeneutik, Tübingen 1960, ²1965, ⁴1975, erw. unter dem Titel: Hermeneutik I (Wahrheit und Methode. Grundzüge einer philosophischen Hermeneutik), in: ders., Gesammelte Werke I, Tübingen ⁵1986, ⁶1990, 1999 (engl. Truth and Method, London, New York 1975, London ²1989, New York ²1991, 1994; franz. Vérité et méthode. Les grandes lignes d'une herméneutique philosophique, Paris 1976 [unvollst.], 1996 [vollst.]); H. J. Giegel, Die Logik der seelischen Ereignisse. Zu Theorien von L. Wittgenstein und W. Zellers, Frankfurt 1969; M. Landmann, Erkenntnis und Erlebnis. Phänomenologische Studien, Berlin 1951; P. Lersch, Lebensphilosophie der Gegenwart, Berlin 1932; H. Lotze, Metaphysik, Leipzig 1841, bes. 8–11 (§ 4); ders., Geschichte der Ästhetik in Deutschland, München 1868 (repr. New York/London 1965); W. Mansch, Wirklichkeit und Erlebnis. Mit einem Versuch zu einer Theorie des E.s, Wien 1986, 1987; P. Natorp, Allgemeine Psychologie nach kritischer Methode, Tübingen 1912; B. Recki, Ästhetik der Sitten. Die Affinität von ästhetischem Gefühl und praktischer Vernunft bei Kant, Frankfurt 2001; H. Rickert, Die Philosophie des Lebens. Darstellung und Kritik der philosophischen Modeströmungen unserer Zeit, Tübingen 1920, ²1922; F. Schlegel, Philosophie des Lebens […], Wien 1828, Neudr. als: ders., Kritische F. Schlegel Ausg. X, ed. E. Behler/J.-J. Anstett/H. Eichner, München/Paderborn/Wien, Zürich, Darmstadt 1969; M. Schlick, E., Erkennen und Metaphysik, Kant-St. 31 (1926), 146–158, Neudr. in: ders., Gesammelte Aufsätze (1926–1936), Wien 1938 (repr. Hildesheim 1969), 1–17; T. H. Weiße, Über den wissenschaftlichen Anfang der Philosophie, Z. Philos. u. spekulative Theol. 2 (1838), 181–195; U. Wienbruch, Das bewußte E.. Ein systematischer Entwurf, Würzburg 1993.   A. G.-S.

Eros (griech. ἔρως, Liebe, zugleich Liebesgott; lat. Entsprechung: amor bzw. cupido), in der ↑Orphik universales, ursprüngliches, als ↑Demiurg wirkendes Weltprinzip (ähnlich wie φιλία bei Empedokles), das die Einheit und den Zusammenhalt des ↑Kosmos garantiert, der sonst wegen der antagonistischen Kräfte in ihm auseinanderbrechen würde (so auch noch als Bericht in Platons »Symposion«). Systematisch führt Platon (im »Phaidros«) den philosophischen E. als Aspekt oder Teil des ›göttlichen Wahnsinns‹ (μανία), der Gottbesessenheit, ein und charakterisiert ihn als Wegbereiter der Ideenschau (↑Idee (historisch)) und als Schlüsselinstanz der Wahrheitserkenntnis, metaphorisch als Personifikation des von den Fesseln der Sinnlichkeit befreienden Strebens nach dem transzendenten Schönen und letztendlich der Erkenntnis der Idee des Guten. – S. Freud (Jenseits des Lustprinzips, Leipzig/Wien/Zürich 1920) unterscheidet als basale ↑Triebe den ›Lebens-‹ und den ›Destruktions-‹ oder ›Todestrieb‹, auch ›E.‹ und ›Thanatos‹ bzw. ↑›Liebe‹ und ›Haß‹ genannt. In Freuds »Abriß der Psychoanalyse« (o. O. 1940) enthält der Grundtrieb des E. einerseits den Gegensatz von Selbsterhaltungs- und Arterhaltungstrieb, andererseits den von Ichliebe und Objektliebe; die Libido wird nun als ›Kraftäußerung des E.‹ verstanden. In der neueren ↑Psychologie gilt der E., zum Teil in Anknüpfung an sein vor allem in der antiken Lyrik (Sappho, Catull) anzutreffendes Verständnis (H. Schmitz), als emotionale, mit Begeisterung und Faszination verbundene Liebeserfahrung (A. Vetter) bzw. allgemein als ein das gesamte Weltbewußtsein bestimmendes ›Pathos der Lebendigkeit‹ (P. Lersch).

Literatur: G. Boas, Love, Enc. Ph. V (1967), 89–95; B. Ehlers, Eine vorplatonische Bedeutung des sokratischen E.. Der Dialog Aspasia des Sokratikers Aischines, München 1966; E. Fischer, Amor und E.. Eine Untersuchung des Wortfeldes ›Liebe‹ im Lateinischen und Griechischen, Hildesheim 1973; S. Freud, Abriß der Psychoanalyse, Frankfurt/Hamburg 1953; M. Gatzemeier, Die Platonische Liebe, in: H. K. Spinner/F.-R. Hausmann (eds.), E. – Liebe – Leidenschaft. Ringvorlesung der Philosophischen Fakultät der RWTH Aachen im SS 1987, Bonn 1988, 70–92; F. Graf, E., DNP IV (1998), 89–91; L. Klages, Vom kosmogonischen E., Stuttgart ⁵1951; T. Köhler, Das Werk Sigmund

Freuds II (Sexualtheorie, Trieblehre, klinische Theorie und Metapsychologie), Heidelberg 1993, 152–164; H. Kuhn, E. – Philia – Agape, Philos. Rdsch. 2 (1954), 140–160, 4 (1956), 182–192; A. Leibbrand/W. Leibbrand, Formen des E.. Kultur- und Geistesgeschichte der Liebe, I–II, Freiburg 1972; P. Lersch, Vom Wesen der Geschlechter, München/Basel ²1950; A. Lesky, Vom E. der Hellenen, Göttingen 1976; V. Lindström, E. und Agape, RGG II (³1958), 603–605; H. Marcuse, E. und Kultur, Stuttgart 1957; M. Nussbaum, E. and the Wise. Stoic Response to a Cultural Dilemma, Oxford Stud. Ancient Philos. 13 (1995), 231–267; A. Nygren, E. und Agape. Gestaltwandlungen der christlichen Liebe, I–II, Gütersloh 1930/1937, ²1954; R. Rehn, Der entzauberte E.. Symposion, in: T. Kobusch/B. Mojsisch (eds.), Platon. Seine Dialoge in der Sicht neuer Forschungen, Darmstadt 1996, 81–95; J. M. Rist, E. and Psyche. Studies in Plato, Plotinus and Origen, Toronto 1964; A. Rumpff, E. (Eroten) II (in der Kunst), RAC VI (1966), 312–342; H. Schmitz, Die Liebe, Bonn 1993; C. Schneider, E. I (literarisch), RAC VI (1966), 306–312; A. Schöpf, E., LThK III (1995), 822; V. Warnach, Sexus, E. und Agape, Anima 12 (1957), 203–219.   M. G.

Erscheinung (griech. φαινόμενον), seit Platon Bezeichnung für den in der Sinnlichkeit gegebenen Gegenstand (I. Kant: Objekt der sinnlichen Anschauung). Dabei wird unter E. sowohl der vordergründige, scheinhafte Charakter des phänomenalen Erfahrungswissens bzw. die Unzuverlässigkeit dieses Wissens verstanden als auch der Gegensatz zu dem in einem begrifflichen Zusammenhang gegebenen Gegenstand, der selbst eine theoretische Konstruktion ist. Dieser Gegenstand ist gemeint, wenn Platon vom eigentlichen Seienden (↑Ideenlehre), G. W. Leibniz vom phaenomenon bene fundatum (vgl. Brief aus dem Jahre 1705 an B. de Volder, Philos. Schr. II, 276), Kant vom ↑Noumenon und ↑Ding an sich spricht. Entsprechend heißen E.en bei Kant Phaenomena, »so fern sie als Gegenstände nach der Einheit der Kategorien gedacht werden« (KrV A 248 f.). Dem Begriff der E. in *empirischer* Bedeutung ist im Rahmen der Begrifflichkeit Kants der Begriff des ↑Phaenomenon in *transzendentaler* Bedeutung zugeordnet. In der ↑Hegelschen Logik wird E. als ›realer Schein‹ des ↑Wesens definiert (Logik I, Sämtl. Werke IV, 622 ff.).

Literatur: H. Barth, Philosophie der E.. Eine Problemgeschichte, I–II, Basel 1947/1959, ²1966; P. Baumanns, Kants Philosophie der Erkenntnis. Durchgehender Kommentar zu den Hauptkapiteln der »Kritik der reinen Vernunft«, Würzburg 1997, bes. 205–230; H. Herring, E., Hist. Wb. Ph. II (1971), 724–726; J. Mittelstraß, ›Phaenomena bene fundata‹. From ›Saving the Appearances‹ to the Mechanisation of the World-Picture, in: R. R. Bolgar (ed.), Classical Influences on Western Thought A. D. 1650–1870, Cambridge 1979, 39–59; G. Prauss, E. bei Kant. Ein Problem der »Kritik der reinen Vernunft«, Berlin 1971.   J. M.

Ersetzung (engl. replacement), im technischen Sinne der Logik E. eines Ausdrucks X (insbes. einer ↑Variablen v) in einem Ausdruck $A(\ldots, X, \ldots)$ bzw. $A(\ldots, v, \ldots)$ durch einen Ausdruck B, wenn X bzw. v an mindestens einer, eventuell jedoch nicht an jeder Stelle seines freien ↑Vorkommens in $A(\ldots, X, \ldots)$ bzw. $A(\ldots, v, \ldots)$ durch B ersetzt wird. Im Unterschied dazu wird eine *Einsetzung* (auch ↑Substitution) eines Ausdrucks B für eine Variable v in einem diese enthaltenden Ausdruck $A(\ldots, v, \ldots)$ vorgenommen, indem v an *allen* Stellen, an denen es in $A(\ldots, v, \ldots)$ frei (d.h. nicht im Wirkungsbereich eines ↑Quantors, eines Abstraktors [↑Abstraktion] oder eines ↑Kennzeichnungsoperators) vorkommt, durch B ersetzt wird, wodurch $A(\ldots, v, \ldots)$ in $A(\ldots, B, \ldots)$ übergeht. Dabei muß allerdings gesichert sein, daß durch die Einsetzung keine in B frei vorkommende Variable in den Wirkungsbereich eines zugehörigen Quantors gerät (↑Variablenkonfusion). Wird in einem Ausdruck $A(\ldots, v, \ldots)$ für die freie Variable v lediglich eine andere Variable w im erläuterten Sinne eingesetzt, so sagt man, daß der neue Ausdruck $A(\ldots, w, \ldots)$ aus dem alten Ausdruck $A(\ldots, v, \ldots)$ durch *freie* ↑Umbenennung hervorgehe.

Literatur: H. Scholz/G. Hasenjaeger, Grundzüge der mathematischen Logik, Berlin/Göttingen/Heidelberg 1961.   C. T.

Ersetzungsaxiom (engl. axiom [schema] of replacement, axiom [schema] of substitution), auch genauer *Ersetzungsschema*, eines der Axiome des ↑Zermelo-Fraenkelschen Axiomensystems der ↑Mengenlehre. Das E. wurde 1922 unabhängig von A. A. Fraenkel und von T. Skolem formuliert und unter anderem zwecks Ermöglichung transfiniter Induktionen dem Zermeloschen Axiomensystem hinzugefügt. Es besagt, daß es zu jeder ↑Menge M und jeder ↑Funktion $f(x)$ eine Menge $\bar{f}(M)$ gibt, die aus M durch Ersetzung jedes Elements x durch $f(x)$ hervorgeht:

$$\operatorname{Fnc}(f) \to \bigwedge_M \bigvee_N \bigwedge_y$$
$$[y \in N \leftrightarrow \bigvee_x (x \in M \wedge x \in \operatorname{dom} f \wedge y = f(x))].$$

Dabei drückt ›Fnc(f)‹ aus, daß f eine Funktion ist, und ›dom f‹ bezeichnet den Definitionsbereich von f, also die Menge der Argumente x, für die $f(x)$ definiert ist. Will man die Verwendung von Funktionenvariablen vermeiden, so läßt sich (da Funktionen auch durch Relationen vertreten werden können, ↑Funktion) das E. bei einheitlichem Variablentyp für Elemente und Mengen mit Hilfe eines ↑Relators $R(x,y)$ auch als

$$\bigwedge_{u,v,w} [R(u,w) \wedge R(v,w) \to u = v] \to$$
$$\bigwedge_x \bigvee_y \bigwedge_s [s \in y \leftrightarrow \bigvee_t (t \in x \wedge R(s,t))]$$

ausdrücken. In beiden Formulierungen ist, da ›f‹ bzw. ›R‹ als schematischer Buchstabe fungiert, das E. tatsächlich ein Axiomen*schema* (↑System, axiomatisches). Will man es als Axiom im streng terminologischen Sinne formulieren, muß man die Formeln im ersten Falle über f, im zweiten Falle über R indefinit allquantifizieren.

Literatur: E. W. Beth, The Foundations of Mathematics. A Study in the Philosophy of Science, Amsterdam 1959, ²1968; A. A. Fraenkel, Zu den Grundlagen der Cantor-Zermeloschen Mengenlehre, Math. Ann. 86 (1922), 230–237; ders./Y. Bar-Hillel, Foundations of Set Theory, Amsterdam/London 1958, mit A. Levy, ²1973, 1984; T. Skolem, Einige Bemerkungen zur axiomatischen Begründung der Mengenlehre, in: Conférences faites au cinquième congrès des mathématiciens scandinaves, tenu à Helsingfors du 4 au 7 Juillet 1922/Matematikerkongressen i Helsingfors den 4–7 juli 1922, den femte Skandinaviska matematikerkongressen [...], Helsingfors 1923, 217–232, Neudr. in: ders., Selected Works in Logic, ed. J. E. Fenstad, Oslo/Bergen/Tromsö 1970, 137–152 (engl. Some Remarks on Axiomatized Set Theory, in: J. van Heijenoort [ed.], From Frege to Gödel. A Source Book in Mathematical Logic, 1879–1931, Cambridge Mass. 1967, 290–301); P. Suppes, Axiomatic Set Theory, 1960, Princeton N. J. 1960, New York 1972. C. T.

Ersetzungstheorem (engl. replacement theorem, seltener auch: substitution theorem, substitutivity theorem), Satz der formalen Logik (↑Logik, formale) über die Ersetzung von Teilformeln (von Formeln) durch äquivalente Formeln bzw. von Teiltermen (von ↑Formeln oder ↑Termen) durch gleichwertige Terme. Sei C_A eine junktoren- oder quantorenlogische Formel, in der A an einer Stelle als Teilformel vorkommt. C_B sei diejenige Formel, die aus C_A durch ↑Ersetzung dieses ↑Vorkommens von A durch die Formel B entsteht. Sei J ein Kalkül der ↑Junktorenlogik, Q ein Kalkül der ↑Quantorenlogik 1. Stufe. Dann gilt, falls C_A und C_B junktorenlogische Formeln sind:

$A \leftrightarrow B \vdash_J C_A \leftrightarrow C_B.$

Im quantorenlogischen Fall gilt (etwas schwächer, da in A oder B frei vorkommende Variablen in C_A oder C_B gebunden sein können):

wenn $\vdash_Q A \leftrightarrow B$, dann $\vdash_Q C_A \leftrightarrow C_B.$

Für ein System F der Quantorenlogik 1. Stufe mit Identität und Funktionszeichen oder auch der elementaren Arithmetik kann man ein E. für Terme formulieren: Sei C_r eine Formel (u_r ein Term), in der (dem) an einer Stelle der Term r vorkommt. C_s sei diejenige Formel (u_s derjenige Term), die (der) aus C_r (u_r) durch Ersetzung dieses Vorkommens von r durch s entsteht. Dann gilt:

wenn $\vdash_F r = s$, dann
$\vdash_F u_r = u_s$ und $\vdash_F C_r \leftrightarrow C_s.$

Alle angeführten E.e gelten im klassischen und konstruktiven Fall (↑Logik, klassische, ↑Logik, konstruktive). Im klassischen Fall formuliert man sie auch oft semantisch, indem man in den oben angeführten Theoremen ›⊢‹ überall durch den semantischen Folgerungsoperator ›⊨‹ ersetzt.

E.e im beschriebenen oder vergleichbaren Sinne sind für fast alle Logiksysteme gültig. Lediglich in einigen nichtklassischen Logiken (↑Logik, nicht-klassische) gilt das E. nicht, z.B. in manchen so genannten ›nicht-normalen‹ ↑Modallogiken und anderen speziellen intensionalen Systemen (↑Logik, intensionale), z.B. parakonsistenten (↑parakonsistent/Parakonsistenz) Logiken (↑Logik, dialektische).

Literatur: S. C. Kleene, Introduction to Metamathematics, Amsterdam/Groningen 1952, 1996; R. Kleinknecht/E. Wüst, Lehrbuch der elementaren Logik, I–II, München 1976; H. Scholz/G. Hasenjaeger, Grundzüge der mathematischen Logik, Berlin/Göttingen/Heidelberg 1961. P. S.

Erweiterung, in Logik und Metamathematik in verschiedener Weise verwendeter Begriff. Ein ↑*Kalkül K* wird durch Hinzufügen weiterer, absolut oder relativ zulässiger (↑zulässig/Zulässigkeit) Regeln erweitert. Z.B. ist die klassische ↑Junktorenlogik die maximale widerspruchsfreie E. der konstruktiven Junktorenlogik in dem Sinne, daß (wenn beide durch einen ↑Implikationenkalkül gegeben sind) ein ↑Aussageschema A klassisch ↑logisch wahr ist, wenn $\curlyvee \prec A$ ($\curlyvee$ = ↑verum) als Grundimplikation zur konstruktiven Junktorenlogik hinzugenommen werden kann, ohne daß dadurch $\curlyvee \prec \curlywedge$ ($\curlywedge$ = ↑falsum) ableitbar wird. Auch die in manchen Zugängen zur dialogischen Logik (↑Logik, dialogische) von der strengen (↑Logik, strenge) zur effektiven (↑Logik, intuitionistische, ↑Logik, konstruktive) und weiter zur klassischen Logik (↑Logik, klassische) führenden ›Liberalisierungsschritte‹ (P. Lorenzen, Lehrbuch der konstruktiven Wissenschaftstheorie, 1987, 2000, 75) der allgemeinen Dialogregel lassen sich in genaue Entsprechung setzen zu den E.sschritten, die von Tableau- oder ↑Sequenzenkalkülen der strengen Logik zu solchen der effektiven und der klassischen Logik führen. Nennt man eine *Regel R'* E. einer Regel R, wenn sie von gleichen Regelprämissen ausgehend mindestens die gleichen Regelkonklusionen herzuleiten erlaubt wie diese, so lassen sich unter anderem folgende Fassungen des E.sbegriffs für Regeln unterscheiden:

(1) Die Regel R' subsumiert (↑Subordination) die Regel R in dem Sinne, daß R sich aus einer Substitutionsinstanz (↑Substitution) von R' durch Hinzufügung weiterer Prämissen ergibt. Z.B. subsumiert $P(x) \Rightarrow Q(f(x))$ die Regel $S(g(y)), P(h(z, a)) \Rightarrow Q(f(h(z, a)))$.

(2) Die Regel R ist ableitbar (↑ableitbar/Ableitbarkeit) aus R' (in bezug auf einen Kalkül K), wenn R ableitbar ist nach Hinzufügung von R' als Grundregel (zu K). Z.B. ist $P(x) \Rightarrow P(f(f(x)))$ ableitbar aus $P(x) \Rightarrow P(f(x))$ (ohne weitere Grundregeln). Aus Subsumtion folgt immer Ableitbarkeit; die Umkehrung gilt nicht, da z.B. die

Regel $P(x) \Rightarrow P(f(x))$ die Regel $P(x) \Rightarrow P(f(f(x)))$ nicht subsumiert. Ein entsprechender Begriff läßt sich auch für Zulässigkeit statt Ableitbarkeit definieren.
(3) Von einer E. im semantischen Sinne kann man sprechen, wenn sich die Regel R aus der Regel R' logisch folgern läßt, wobei man Regeln als universelle Implikationsformeln (↑Implikation) liest. Subsumtion zieht logische Folgerbarkeit (↑Folgerung) nach sich; es gilt aber nicht die Umkehrung, wie das Beispiel aus (2) zeigt, das zugleich ein Beispiel für logische Folgerbarkeit ist. Der Zusammenhang zwischen Ableitbarkeit und logischer Folgerbarkeit hängt vom verwendeten Vokabular und vom verwendeten Grundkalkül ab.

E.beziehungen zwischen Regeln wurden erstmals von P. Lorenzen detailliert untersucht. In neuerer Zeit haben die auf solchen Beziehungen aufbauenden Ordnungsrelationen zwischen Regeln in logischen Theorien induktiven Schließens (↑Induktion, ↑Schluß, induktiver) besonderes Interesse erfahren, in denen man aus einem durch atomare Aussagen beschriebenen Bereich auf Regelsysteme schließen will, die diesen Bereich zu generieren gestatten, z.B. in der induktiven Logikprogrammierung. In ähnlicher Weise heißt ein arithmetischer ↑Formalismus F' E. eines anderen F, wenn jeder Ausdruck von F auch Ausdruck von F' und jede in F ableitbare Formel auch in F' ableitbar ist. Ist umgekehrt jede in F' ableitbare und auch in F ausdrückbare Formel bereits in F selbst ableitbar (während nicht jeder Ausdruck von F' schon Ausdruck von F ist – andernfalls ist $F = F'$, d.h., es besteht Ausdrucksgleichheit bei höchstens unterschiedlicher Axiomatisierung), so heißt F' eine *konservative* E. von F. Als *endliche* E. eines arithmetischen Formalismus F bezeichnet man eine (nicht notwendig ausdrucksgleiche) E. F', die durch Hinzufügung endlich vieler Formeln zur Menge der Axiome von F entsteht. Diese Unterscheidungen werden in der Theorie der Entscheidbarkeit (↑entscheidbar/Entscheidbarkeit), zum Teil für die wichtigen ↑Unentscheidbarkeitssätze, gebraucht.
Schließlich spricht man von einer E. eines *Bereichs B* von Objekten, zwischen denen ↑Relationen R erklärt sind, zu einem Objektbereich B', wenn eine ↑Abbildung f existiert, die jedem Objekt von B umkehrbar eindeutig ein Objekt von B' zuordnet (womit durch

$$R'(b'_1, \ldots, b'_k) \leftrightharpoons R(b_1, \ldots, b_k)$$

mit $b'_i = f(b_i) \in f(B) \subseteq B'$ für $1 \leq i \leq k$ auch jeder Relation R über B eine Relation R' über $f(B)$ zugeordnet ist), und zu einigen der Relationen R' über $f(B)$ Relationen R^* über B' erklärt werden können, die über $f(B)$ mit R' übereinstimmen:

$$R^*(b'_1, \ldots, b'_k) \leftrightharpoons R'(b'_1, \ldots, b'_k) \text{ für } b'_i \in f(B).$$

Derartige E.en sind auf vielerlei Weise möglich. Ist B ein Ring (↑Ring (mathematisch)), Integritätsbereich oder Körper (↑Körper (mathematisch)), so sind die E.en B' Oberstrukturen dieser algebraischen Strukturen (↑Algebra); von dieser Art sind z.B. die sogenannten Zahlbereichserweiterungen (↑Zahlsystem).

Literatur: K. Lorenz, Arithmetik und Logik als Spiele, Diss. Kiel 1961; P. Lorenzen, Einführung in die operative Logik und Mathematik, Berlin/Göttingen/Heidelberg 1955, Berlin/Heidelberg/New York ²1969; ders., Lehrbuch der konstruktiven Wissenschaftstheorie, Mannheim/Wien/Zürich 1987, Stuttgart/Weimar 2000; ders./K. Lorenz, Dialogische Logik, Darmstadt 1978; S.-H. Nienhuys-Cheng/R. de Wolf, Foundations of Inductive Logic Programming, Berlin etc. 1997. C. T./P. S.

Es, Terminus der ↑Psychoanalyse zur Bezeichnung derjenigen psychischen Instanz, die genetisch die älteste ist, zum unbewußten (↑Unbewußte, das) und daher am schwersten zugänglichen Bereich der Psyche gehört und ausschließlich dem Lustprinzip folgt. Zentrale Bedeutung erlangte der Terminus E., als S. Freud ihn von G. Groddeck in sein Schichtenmodell (E. – Ich – Überich) übernahm. Danach repräsentiert das E. (1) die originären Triebansprüche (↑Eros und Todestrieb), ›unerkannt und unbewußt‹ (Ges. Werke XIII, 251); im Verlaufe der psychischen Entwicklung werden dem E. (2) die Triebinhalte beigefügt, die zunächst vom ↑Ich aufgenommen, dann jedoch auf Grund von Versagungen von den bewußten psychischen Schichten abgewehrt und verdrängt werden; »das Verdrängte fließt mit dem E. zusammen« (ebd., 252). In diesem Prozeß hat Freud die Entstehung der Neurosen erblickt. – In der Regel wird die psychoanalytische Instanzenlehre als Konstrukt betrachtet, das seine Plausibilität im therapeutischen Prozeß erweist, in dem es die Entstehung von Neurosen zu erklären und sie zu heilen erlaubt. Spätere Forschungen beschäftigen sich zum einen mit der kulturellen Formung, die das E. wie die anderen psychischen Instanzen erfährt (revisionistische Psychoanalyse), zum anderen mit biologisch-genetischen Entwicklungs- und Reifungsprozessen, die meist im Zusammenhang mit der Ich- und Identitätsbildung gesehen werden.

Literatur: R. Fetscher, Das Selbst, das E. und das Unbewußte, Psyche 39 (1985), 241–275; ders., Der Aufbau des Selbst, Psyche 39 (1985), 673–707; S. Freud, Das Ich und das E., Wien 1923, Frankfurt 1998 (Neudr. in: ders., Ges. Werke XIII, 237–289, ferner in: ders., Studienausgabe III, 282–325); ders., Neue Folge der Vorlesungen zur Einführung in die Psychoanalyse, Wien 1933, Frankfurt 1999 (Neudr. in: ders., Ges. Werke XV, ferner in: ders., Studienausgabe I, 449–608); G. Groddeck, Das Buch vom E.. Psychoanalytische Briefe an eine Freundin, Wien etc. 1923, ³1934, Wiesbaden 1961, ⁴1978, München 1968, 1972, 1975, ed. H. Siefert, Frankfurt 1979, 1983, 1984, Frankfurt/Berlin 1988 (repr. nach der 4. Aufl. 1978), ⁵1994, Frankfurt/Basel 2003 (engl. The Book of the It. Psychoanalytic Letters to a Friend, New York 1928, London 1935, 1979; franz. Au fond de l'homme, cela, Paris

1963, unter dem Titel: Le livre du ça, Paris 1973, 1992); H. Keller, Der andere Freud. Aus Ich soll E. werden, Hamburg 1996; B. Nitzschke, Zur Herkunft des »E.«. Freud, Groddeck, Nietzsche – Schopenhauer und E. von Hartmann, Psyche 37 (1983), 769–804; ders., Zur Herkunft des »E.« (II). Einsprüche gegen die Fortschreibung einer Legende, Psyche 39 (1985), 1102–1132; ders., Nachtrag zur Debatte um die Herkunft des »E.«, Psyche 41 (1987), 357–359; H. Schiefele, E., Hist. Wb. Ph. II (1972), 739; M. Schnur, Das E. und die Regulationsprinzipien des psychischen Geschehens, Frankfurt 1973, 1984. M. B.

Eschatologie (von griech. ἔσχατον [das Letzte] und λόγος [Lehre], im 17. Jh. gebildeter Begriff der christlichen Dogmatik zur Bezeichnung der Lehre von den letzten Dingen. In einem weiteren Sinne bezeichnet der Begriff die Auffassungen der ↑Religionen und ↑Kosmogonien vom Ende des individuellen Menschen oder der menschlichen Gattung, verbunden mit der Frage nach Sinn und Ziel des Lebens oder der Menschheitsgeschichte. Eschatologische Vorstellungen finden sich bei fast allen Völkern, insbes. als Hoffnung, daß das Leben nicht endgültig endet, sondern daß der Tod – verbunden mit den in Höllentopographien beschriebenen Strafen – Eingang in ein verändertes oder höheres Leben bedeutet. Das Ende der Welt wird oft als Abschluß eines natürlichen Alterungsprozesses oder als Folge einer Naturkatastrophe vorgestellt; geläufig ist auch die Erwartung eines Weltbrandes (↑Stoa: Ekpyrosis), gelegentlich verbunden mit dem Gedanken einer durch das Feuer bewirkten Scheidung der Guten von den Bösen. Aber auch Wasserkatastrophen oder der Kältetod der Welt werden erwartet.
Gegen die mythisch gedeutete Auffassung von Naturkatastrophen formuliert das AT die eschatologische Erwartung im prophetischen Glauben, daß Jahwe als Herr der Welt die mit dem Sündenfall beginnende Unheilsgeschichte zu einem Ende führen wird, das gleichzeitig den Beginn einer paradiesischen Heilszeit markiert. Im Gegensatz zu der nach der Ordnung des ↑Kosmos fragenden griechischen Auffassung vom zyklischen Geschichtsverlauf wird hier ein auf die Zukunft hin offener Geschichtsverlauf sinnbezogen gedeutet. Demgegenüber glaubt Platon, daß über die unsterbliche Seele nach dem Tode Gericht gehalten wird, aber er glaubt nicht an den Sinn einer Gesamtgeschichte. Durch die messianische Erwartung nach der Nathanweissagung (2. Sam. 7), daß die Heilszeit mit Erscheinung des Messias anbricht, ohne schon sichtbar zu sein, erhält der christliche Glaube die Spannung der Parusieverzögerung zwischen der erfüllten E. und ihrer endlichen Erfüllung bei Wiederkehr Christi. Hier ist der Ansatzpunkt chiliastischer (↑Chiliasmus) Vorstellungen von der Verwirklichung eines Tausendjährigen Gottesreiches auf Erden vor dem Weltende und dem Beginn des himmlischen Reiches. Die scholastische E. (Thomas von Aquin, J. Duns Scotus) lehrt die postmortale, beseligende Schau Gottes (↑visio beatifica dei), die mit ästhetischen Kategorien beschrieben wird (↑Schöne, das).
Trotz kirchlichen Verbots entstehen immer wieder chiliastische Bewegungen mit zunehmend sozialem Inhalt. Innerhalb der orthodoxen Theologie wird der chiliastische Gedanke schon bei A. Augustinus, später noch einmal bei Joachim von Fiore spiritualisiert, so daß er in der institutionalisierten Kirche einen politisch ungefährlichen Träger findet. Die allmähliche Ausbildung eines neuzeitlichen Wissenschaftsbegriffs überführt den sozialkritischen Gehalt eschatologischer Hoffnung zunehmend in die säkularisierten Formen zunächst der ↑Utopie (der ↑Renaissance), später der progressiven ↑Geschichtsphilosophie (der ↑Aufklärung). K. Löwith versteht die moderne Geschichtsphilosophie seit der Aufklärung als ↑Säkularisierung der E.. Einen innerkirchlichen Versuch zur Entmythologisierung unternimmt R. Bultmann, der die biblische E. in existentialistischen Begriffen zu fassen sucht, um ihren Grundgedanken dem modernen Menschen theologisch zugänglich zu machen. Marxistische Autoren wie E. Bloch (Das Prinzip Hoffnung, I–III, Berlin 1954–1959, Frankfurt 1998), die Prozeßtheologien von A. N. Whitehead und P. Teilhard de Chardin sowie die ›Theologie der Hoffnung‹ und das ›Reich Gottes‹ von J. Moltmann und W. Pennenberg stellen moderne Rezeptionsformen der traditionellen E. im 20. Jh. dar. Demgegenüber bestreitet H. Blumenberg der ›Säkularisierung‹ von E. und der These von Löwith jedes Recht und vertritt die unableitbare Eigenständigkeit und ›Legitimität der Neuzeit‹ (Frankfurt 1966, ²1988) ohne Rückbezug auf E.. – In der gegenwärtigen Religionsphilosophie lebt E. systematisch auf in der Konzeption des ›eschatologischen Verifikationismus‹ von J. Hick. Theologische Kernaussagen (›Gott existiert‹, ›Jesus ist Gottes Sohn‹) können nicht jetzt verifiziert werden, unterliegen aber einer ›eschatological verification‹, und das macht sie auch hier und jetzt sinnvoll. Das Problem der ↑Theodizee ist nach Hick nur durch E. lösbar.

Literatur: P. Althaus, Die letzten Dinge. Entwurf einer christlichen E., Gütersloh 1922, ¹⁰1970; ders., E., religionsphilosophisch und dogmatisch, RGG II (1958), 680–689; L. J. van den Brom, E., religionsphilosophisch, RGG II (1999), 1574–1775; R. Bultmann, Glauben und Verstehen. Gesammelte Aufsätze I, Tübingen 1933, 1993; S. T. Davis, Risen Indeed. Making Sense of the Resurrection, Grand Rapids Mich. 1993; ders., Eschatology, REP III (1998), 413–417; J.-L. Dumas, E., Enc. philos. universelle II (1990), 835; J. Hick, Faith and Knowledge, Basingstoke/London/Houndsmills 1957, ²1988; ders., Death and Eternal Life, New York 1976, Louisville Ky. 1994; K. Löwith, Meaning in History, Chicago Ill. 1947, 1970 (dt. Weltgeschichte und Heilsgeschehen, Stuttgart 1953, ⁸1990); T. Mahlmann, E., Hist. Wb. Ph. II (1972), 740–743; H. P. Owen, Eschatology, Enc. Ph. III (1967), 48–49; J. Moltmann, Das Kommen Gottes. Christliche E., Gütersloh 1995; W. Pannenberg, Theologie und Reich Gottes, Gütersloh 1971; K. Rahner, E., theologisch-wissenschaftstheoretisch, LThK III (1959), 1094–1098; C. H. Ratschow, E., systematisch-theologisch, TRE X (1982), 334–363; H. Rosenau, E., dogmatisch, RGG II (1999), 1567–1573; G. Sauter, Einführung in die E., Darmstadt 1995; D. Sigel, E., DNP IV (1998), 123–128; J. Taubes, Abendländische E., Bern 1947, München 1991; P. Tillich, E. und Geschichte, in: ders., Ges. Werke VI, ed. R. Albrecht, Stuttgart 1963, 72–82; X. Tilliette, E., EP I (1999), 360–364. H. R. G./T. R.

Eselsbeweis/Eselsbrücke (lat. pons asinorum), Bezeichnungen für methodologische Regeln der mittelalterlichen Logik (↑Logik, mittelalterliche) zur Auffindung von ↑Mittelbegriffen syllogistischer Schlüsse (inventio medii, ↑Syllogistik), die in Merksprüchen und Diagrammen (›Eselsbrücken‹) festgehalten wurden. Aristoteles (an. pr. A5.27a–8.30b) fragt nicht nur nach den Schlußsätzen, die sich aus gegebenen ↑Prämissen ableiten lassen, sondern umgekehrt auch nach den Prämissen, aus denen sich ein gegebener Schlußsatz ableiten läßt.
Es sei ein zu beweisender Schlußsatz gegeben, wonach ein Prädikat A auf ein Subjekt E zutrifft. Aristoteles schlägt vor, zunächst diejenigen Begriffe B bzw. F zusammenzustellen, zu denen A bzw. E gehören, dann diejenigen Begriffe C bzw. G, die zu A bzw. E gehören, schließlich diejenigen Begriffe D bzw. H, die mit A bzw. E unverträglich sind. Zur Bildung der vier möglichen syllogistischen Schlußsätze lassen sich nach Aristoteles sechs Regeln angeben: (1) Für einen allgemein bejahenden Schlußsatz suche man in den Klassen F und C nach einem Mittelbegriff für den Beweis. Diese Regel wird abgekürzt in dem Merkwort ›FeCanA‹, wobei die Reihenfolge der ersten beiden großen Buchstaben die Richtung des Übergangs angibt. Die kleinen Buchstaben ›e‹ und ›a‹ zeigen die Beziehung auf das Subjekt bzw. Prädikat an. Der dritte große Buchstabe weist auf die Art des zu beweisenden Schlußsatzes, wobei ›A‹ für ›affirmo universaliter‹ steht. (2) Für einen partikular bejahenden Schlußsatz suche man in den Klassen C und G bzw. G und B nach einem Mittelbegriff für den Beweis. Die Merkworte für diese beiden Regeln lauten ›CaGetI‹ und ›GeBaII‹ mit denselben Vereinbarungen wie in (1), wobei ›I‹ für ›affirmo partialiter‹ steht. (3) Für einen allgemein verneinenden Satz suche man in den Klassen D und F bzw. H und B nach einem Mittelbegriff für den Beweis. Die Merkworte der beiden Regeln lauten ›DaFenEs‹ und ›HeBarE‹, wobei ›E‹ für ›nego universaliter‹ steht. (4) Für einen partikular verneinenden Satz suche man in den Klassen G und D einen Mittelbegriff für den Beweis. Das Merkwort der Regel lautet ›GeDacO‹ mit ›O‹ für ›nego partialiter‹.
Historisch gehen die angegebenen Merkworte auf T. Bricot (15. Jh.) zurück. Die Bezeichnung ›Eselsbrücke‹ (›pons asinorum‹) stammt von Petrus Tartaretus.

Literatur: R. Audi (ed.), The Cambridge Dictionary of Philosophy, Cambridge/New York/Melbourne 1995, ²1999, 722 (Pons Asinorum); S. Blackburn (ed.), The Oxford Dictionary of Philosophy, Oxford/New York 1994, 292 (Pons Asinorum); J. M. Bocheński, Formale Logik, Freiburg/München 1956, ⁵1996; FM III (1994), 2839–2840 (pons asinorum); H. Schepers, Eselsbrücke, Hist. Wb. Ph. II (1972), 743–745; E. W. Weisstein (ed.), CRC Concise Encyclopedia of Mathematics, Boca Raton Fla./London/New York 1999, 1413 (Pons Asinorum); D. Wells, The Penguin Dictionary of Curious and Interesting Geometry, London/New York/Victoria 1991, 193–194. K. M.

es existiert/es gibt, eine besonders in Logik und Mathematik verbreitete fachsprachliche Wiedergabe einer logischen Partikel (↑Partikel, logische), des ↑Einsquantors oder Manchquantors, der umgangssprachlich durch ›einige‹, ›manche‹, gelegentlich auch durch den unbestimmten Artikel ›ein/eine‹ vertreten wird, und zwar in der Regel gefolgt von einem ↑Prädikator, der oft den ↑Variabilitätsbereich für die als Prädikat auftretende ↑Aussageform anzeigt. Z. B. wird die Aussage ›Meier kennt einen [oder: einige, d.h. ›einen‹ im Sinne von ›*mindestens* einen] Politiker‹ partikularisiert (↑Partikularisierung) aus der Aussageform ›Meier, $x \, \varepsilon$ kennen‹ in Bezug auf den Bereich der Politiker. Fachsprachlich würde die Partikularisierung

$$\bigvee_{x \, \varepsilon \, \text{Politiker}} \text{Meier}, x \, \varepsilon \text{ kennen}$$

gelesen werden als ›es gibt – mindestens – einen [es existiert – mindestens – ein] Politiker derart, daß Meier diesen Politiker kennt‹.
Wird die angeführte umgangssprachliche Aussage in einem Redekontext gemacht, in dem der Variabilitätsbereich der verwendeten ↑Quantoren schon vorgegeben ist (z. B. hier der Bereich der Menschen), also nicht mehr bei jeder ↑Quantifizierung eigens notiert werden muß, ist der auf den unbestimmten Artikel ›einen‹ folgende Prädikator ›Politiker‹ als Teil der Aussageform aufzufassen, die partikularisiert wird, formal:

$$\bigvee_x (x \, \varepsilon \text{ Politiker} \land \text{Meier}, x \, \varepsilon \text{ kennen}). \quad \text{K. L.}$$

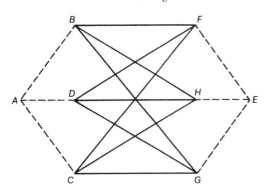

esse, ↑Sein, das.

esse est percipi (lat., Sein ist Wahrgenommenwerden), erkenntnistheoretische Formel G. Berkeleys, die eine Radikalisierung des sensualistischen Ansatzes (↑Sensualismus) von J. Locke zum Ausdruck bringt. Die Identifikation von Sein und Wahrgenommensein folgt aus der Analyse, wonach die Behauptung der Existenz empirischer Gegenstände die Behauptung der Existenz eines Wahrnehmungsdatums ist. Neben diese Formel, die sich allein auf empirische Gegenstände bezieht, tritt bei Berkeley eine adjunktive, ›esse‹ explizit auch auf den Wahrnehmenden beziehende Formel *esse est aut percipere aut percipi* (Sein ist Wahrnehmen oder Wahrgenommenwerden).

Literatur: G. Berkeley, A Treatise Concerning the Principles of Human Knowledge, Dublin 1710, Neudr. in: ders., The Works of George Berkeley, Bishop of Cloyne II, ed. A. A. Luce/T. E. Jessop, London 1949, 19–113 [siehe auch Einführung, ebd., 3–17], separat: Oxford 1998 (dt. Berkeleys Abhandlung über die Prinzipien der menschlichen Erkenntnis, Berlin 1869, unter dem Titel: Eine Abhandlung über die Prinzipien der menschlichen Erkenntnis, ed. A. Klemmt, Hamburg 1957, 1979); A. Kuhlenkampff, E. e. p.. Untersuchungen zur Philosophie George Berkeleys, Basel 2001. J. M.

essentia (lat., Wesen, Washeit, Sosein), zunächst, z. B. bei A. Augustinus, und zwar neben ›substantia‹ (↑Substanz), als Übersetzung des griechischen οὐσία (↑Usia) in die lateinische Philosophie übernommen und in der ↑Scholastik in einer doppelten Bedeutung verwendet: (1) für die durch die ↑Definition festgelegten ↑Eigenschaften der Gegenstände einer bestimmten Art und teilweise auch Gattung (so bei Thomas von Aquin, S. th. I qu. 3 art. 3 c und qu. 29 art. 2 ad 3; vgl. De ente et e. 1 b; 2c–g; 5 d, e; 7 a); (2) für »das, wodurch etwas ist, was es ist«, für das ›Prinzip‹ dieser Eigenschaften oder die ›forma totius‹ (Thomas von Aquin, 1 sent. 23 1.1 c). Bei Thomas findet sich die teilweise synonyme Verwendung von ›e.‹, ›quidditas‹ (↑Quiddität, ›Washeit‹) und ›natura‹. Insbes. die Verwendung von ›quidditas‹ auf der einen und ›natura‹ auf der anderen Seite zeigt dabei, daß die doppelte Definition der e. nicht als Definition verschiedener Dinge verstanden wird; in der e., so wie sie durch die Definition bestimmt wird, erscheint die Natur der definierten Gegenstände. Für Thomas ist dabei allein bedeutsam, daß die e. nicht in den Prinzipien der Individuen, sondern nur in den Prinzipien der ↑Art (species) besteht. Mit der kritischen Thematisierung des Verhältnisses von Definition und ↑Realität wird die zweite Bedeutung der e. weitgehend aufgegeben, so daß (über die Entwicklung des spätscholastischen ↑Nominalismus und des neuzeitlichen ↑Rationalismus in der Philosophie der ↑Aufklärung) die e. in Gegenüberstellung zur ↑existentia eines Gegenstandes nur noch das System der möglichen (ihn im allgemeinen charakterisierenden) Bestimmungen dieses Gegenstandes verbleibt (↑Dasein, ↑Wesen).

In der neuscholastischen Philosophie (↑Neuscholastik) wird eine Harmonisierung der verschiedenen Unterscheidungen von *esse* und *existentia* auf der einen und *e.* und *quidditas* auf der anderen Seite versucht, so daß die e. (im Unterschied zu der durch eine Beschreibung oder Definition angegebenen quidditas eines Gegenstandes) das Prinzip der Eigenschaften des Gegenstandes angibt; und dies in dem Sinne, daß die e. als (passives) Vermögen zur Aufnahme von ↑Sein (d. i. der gegenstandserzeugenden Vollkommenheiten) dieses Sein gegenüber den bestimmten Eigenschaften begrenzt, die den existierenden Gegenständen zukommen (vgl. J. B. Lotz, Ontologia, 1963, 205–207).

Literatur: H. J. Brosch, Der Seinsbegriff bei Boethius mit besonderer Berücksichtigung der Beziehung von Sosein und Dasein, Innsbruck 1931; C. Fabro, Participation et causalité selon S. Thomas d'Aquin, Louvain 1961; E. Gilson, L'être et l'essence, Paris 1948, ²1981; J. B. Lotz, Ontologia, Barcelona etc. 1963; A. MacIntyre, Essence and Existence, Enc. Ph. III (1967), 59–61; G. M. Manser, Das Wesen des Thomismus, Fribourg 1932, ³1949; J. Maritain, Court traité de l'existence et de l'existant, Paris 1947, ²1964 (engl. Existence and the Existent, New York 1948, Lanham Md. 1987); J. Owens, The Number of Terms in the Suarezian Discussion on Essence and Being, Modern Schoolman 34 (1956/1957), 147–191; E. Przywara, Essenz- und Existenz-Philosophie. Tragische Identität oder Distanz der Geduld, Scholastik 14 (1939), 515–544; E. Vollrath, Essenz, e., Hist. Wb. Ph. II (1972), 753–755. O. S.

Essentialismus (von lat. essentia, Wesen, Washeit, Sosein), im 20. Jh. eingeführter Titel zur Kennzeichnung von ↑Thesen, ↑Theorien und ↑Methodologien, die die Rede von ↑Eigenschaft und Notwendigkeit (↑notwendig/Notwendigkeit) mit bestimmten ontologischen Unterstellungen (›ontological commitments‹) verbinden: Eine *These* heißt essentialistisch genau dann, wenn sie einem Gegenstand *a* eine nicht-generelle Eigenschaft *F* zuspricht und dabei *F* implizit oder explizit als eine *notwendige* (synonym: wesentliche, substantielle, essentielle) Eigenschaft von *a* bestimmt, so daß gilt: ›es gibt wenigstens ein *x*: *x* ε notwendigerweise *F*‹. Eine Eigenschaft wird dabei als nicht-generell bezeichnet, wenn sie nicht (wie etwa die Eigenschaft des Mit-sich-selbst-identisch-Seins) jedem *x* zukommt, sondern es wenigstens ein *x* gibt, für das gilt: nicht *x* ε *F*. – Eine *Theorie* heißt essentialistisch genau dann, wenn aus ihr wenigstens eine solche Aussage folgt und sie also wenigstens eine essentialistische These begründet. Die ontologische Position, die mit einer solchen Theorie bezogen wird, ist die des ontologischen oder *metaphysischen* E.. Es lassen sich dabei schwächere und stärkere metaphysische Essentialismen unterscheiden, je nachdem ob eine Theorie für einige, genau einen oder für alle Gegenstände ihres Gegenstandsbereichs wenigstens eine, genau eine oder jede Eigenschaft als notwendig unterstellt. – Eine *Methodologie* schließlich heißt essentialistisch genau dann, wenn ihre Theoriebildungsregeln die Bildung essentialistischer Theorien zulassen (schwacher methodologischer E.) oder gar verlangen (starker methodologischer E.).

Der Ausdruck ›E.‹ wird eingeführt von P. Duhem (ca. 1916) als philosophiehistorischer Terminus zur Bezeichnung scholastisch-theologischer Konzeptionen, die den Dingen eine bereits vor ihrer Schöpfung vorhandene ›existence essentielle‹ zuschreiben. Von dort hat er als Charakterisierung einer jeden Philosophie, die die Essenz (↑essentia) der ↑Existenz (↑existentia, ↑Dasein) vorordnet, Eingang gefunden in die Auseinandersetzung der ↑Neuscholastik mit dem ↑Existentialismus (E. Gilson, E. Przywara). In der angegebenen und heute vorherrschenden Verwendung findet sich der Ausdruck wohl zuerst in K. R. Poppers »The Poverty of Historicism« (Economica 11 [1944], 26–36 [Abschnitt 10]) im Kontext seiner Kritik am realistischen Wissenschaftsverständnis (↑Realismus, wissenschaftlicher, ↑Platonismus (wissenschaftstheoretisch)). Ziel von Poppers (vor allem gegen K. Marx, M. Weber und E. Husserl gerichteter) Kritik, die der Sache nach bereits in seiner »Logik der Forschung« (Wien 1935) formuliert ist, ist entsprechend zunächst ein den metaphysischen E. unterstellender methodologischer E., demzufolge »es das Ziel der Wissenschaft sei, Wesenheiten zu enthüllen und mit Hilfe von Definitionen zu beschreiben« (Die offene Gesellschaft und ihre Feinde I, München/Bern 1957, 60).

Als prototypisch für einen solchen methodologischen und zugleich metaphysischen E. gilt gemeinhin die ↑Metaphysik des Aristoteles – auch wenn die genaue Erschließung seiner Konzeption vor erheblichen hermeneutischen Problemen steht. Sicher kann jedoch der so genannte *Aristotelische* E. (im historischen Sinne eines E. des Aristoteles) als Konsequenz dreier ↑Philosopheme bestimmt werden: (1) seine Klassifikation der ↑Prädikabilien, (2) seine Definitionslehre und (3) seine realistische (↑Realismus (ontologisch)) Deutung der sortalen Prädikatoren: Aristoteles unterscheidet in der Klasse der Prädikabilien disjunkt zwischen ↑Substanz (οὐσία, ↑Usia, ↑essentia, ↑Wesen) und ↑Akzidens (συμβεβηκός) und bestimmt ein Akzidens als etwas, »was sich zwar an etwas findet und mit Wahrheit von ihm ausgesagt werden kann, aber weder notwendig noch in den meisten Fällen« (Met. *E*30.1025a20.25). Das Zusprechen (↑zusprechen/absprechen) der die Akzidenzien bezeichnenden Prädikate kann so zwar zur Beantwortung der Frage beitragen, *wie* etwas ist, nicht aber zur Beantwortung der Frage, *was* etwas ist. Dies soll vielmehr durch die ↑Definition geschehen, also mit Hilfe der Bestimmung eines Gegenstandes durch Angabe der (als eindeutig unterstellten) nächsthöheren Gattung (↑genus proximum) und des artbestimmenden Unterschieds (↑differentia specifica). Sollen aber definitorische Bestimmungen eine Antwort auf die Was-ist-Frage geben, so sind sie nicht lediglich als Nominaldefinitionen (λόγος ὀνοματώδης) aufzufassen, durch die eine Prädikatorenmenge nach Zweckmäßigkeitsgesichtspunkten strukturiert und erweitert werden kann, sondern als Realdefinitionen bzw. ↑Wesensdefinitionen (λόγος τοῦ τί ἐστιν, ↑Definition).

Aus begrifflichen Gründen ist für Aristoteles die Möglichkeit solcher definitorischer Bestimmungen grundsätzlich nicht für die individuellen Gegenstände wie Sokrates oder Dieses-Pferd-Da als Substanzen im ›eigentlichsten, ursprünglichsten und vorzüglichsten Sinne‹ (Cat. 5.2a11) gegeben, sondern nur für Art- und Gattungsbegriffe wie ›ist Mensch‹ oder ›ist Sinnenwesen‹ (Met. *H*15.1040a5). Für alle ↑Universalien dieser Art (und nur für Universalien dieser Art) gibt es genau eine vollständige und korrekte Realdefinition, durch die dasjenige »was sie zu dem macht, was sie sind«, ihr Wesen bzw. ihre Essenz (τὸ τί ἦν εἶναι, Met. *H*4.1030b5) in eindeutiger Weise bestimmt wird. Eine Essenz käme danach gerade genau den Referenzobjekten dieser (realistisch gedeuteten) ↑Allgemeinbegriffe zu. Genauer: Die Essenz einer ↑Art oder ↑Gattung *a* ist dasjenige, was durch das Definiens einer vollständigen und adäquaten Realdefinition von *a* thematisiert wird. Faßt man das durch das Definiens einer solchen Definition Dargestellte als Eigenschaft, so handelt es sich um eine *notwendige Eigenschaft an a* genau dann, wenn die Realdefinition von *a* eine (im korrespondistischen Sinne, ↑Wahrheitstheorien) wahre Aussage ist – solche Eigenschaften sind dann nämlich aus der Komplementmenge der Akzidenzien und also ihrerseits Substanzen (›zweite Substanzen‹, δεύτεραι οὐσίαι, im Sinne der in der Kategorienschrift [Cat. 5.2a11] getroffenen Unterscheidung). Entsprechend geht es Aristoteles nicht nur lediglich um die notwendige Gültigkeit einer Aussage ›*a* ε *F*‹ (Notwendigkeit de dicto, ↑Modus), sondern um die Gültigkeit von ›*a* ε notwendigerweise *F*‹ (Notwendigkeit de re): Die wahre (Aussage einer) Wesensdefinition *erfaßt* mit den notwendigen Eigenschaften das faktische Wesen eines Gegenstandes. Inwieweit Aristoteles die Referenzobjekte der *definierten* Ausdrücke ihrerseits als Essenzen der individuellen Gegenstände (den ersten Substanzen im Sinne der Kategorienschrift) anspricht, ist umstritten und hängt unter anderem von der Antwort auf die hermeneutische Frage ab, inwieweit von einer gleichförmigen Verwendung der einschlägigen Begrifflichkeit in der Kategorienschrift und der Metaphysik ausgegangen werden kann.

Unter alleiniger Berücksichtigung der unterstellten de-re-Notwendigkeit und unabhängig von den Theoriestücken, die das Fundament des Aristotelischen E. *in historisch-hermeneutischer Hinsicht* (E. des Aristoteles) bilden, findet sich die Bezeichnung ›aristotelischer E.‹ *in systematischer Hinsicht* häufig auch ganz generell angewendet auf jegliche Form eines metaphysischen oder methodologischen E., wobei dann freilich diese Unterscheidung eingeebnet und die philosophiehistorische Zuschreibung der Positionen erschwert wird. Dabei zeigt der Blick in die Philosophiegeschichte, daß der metaphysische und der ontologische E. sich auch unabhängig voneinander vertreten lassen: So etwa kann ein (starker) methodologischer Anti-E., der die Bildung essentialistischer Theorien von vornherein ausschließt, mit einem metaphysischen E. einhergehen, indem er die für möglich oder wirklich gehaltenen notwendigen Eigenschaften der Dinge für nicht erkenntniszugänglich erklärt, ohne darum gleich die Möglichkeit von Erkenntnis generell zu leugnen (so etwa die Position J. Lockes oder I. Kants, s. u.). Umgekehrt kann etwa eine erkenntnisskeptische Position einen (starken) metaphysischen Anti-E., demzufolge alles nur kontingenterweise (↑kontingent/Kontingenz) so ist, wie es ist, mit einem starken methodologischen E. verbinden: Besteht Erkenntnis gerade im Erfassen der notwendigen Eigenschaften der Dinge, dann gibt es eben keine Erkenntnis. Gerade dies ist z. B. die Position Wilhelm von Ockhams, der aus der Allmacht Gottes seine These von der prinzipiellen Faktizität bzw. Kontingenz der Welt ableitet und daraus seine Erkenntnisskepsis begründet: Gott hätte (bei Wahrung des Nicht-Widerspruchs-Prinzips) alles auch anders erschaffen können – eine Welterkenntnis im Sinne des Erfassens des *Wesens* der geschaffenen Dinge ist nicht möglich, da alle Dinge letztlich nur kontingenterweise so sind, wie sie sind. Dabei ist freilich umstritten, ob Ockham die Allmacht Gottes lediglich im Sinne einer Glaubensüberzeugung unterstellt oder – im Gefolge der scholastischen Tradition (↑Scholastik) – als wesentliche (notwendige) Eigenschaft Gottes (↑Attribut) ansieht. Wie im Falle Ockhams lassen sich zwar insgesamt bei den Vertretern der nominalistischen Position (↑Nominalismus) im ↑Universalienstreit anti-essentialistische Tendenzen ausmachen, grundsätzlich aber sind auch E. und Nominalismus voneinander unabhängige Positionen – so wie umgekehrt auch das Bestreiten *notwendiger* Teilhabe an den Ideen (↑Methexis) durchaus auch mit dem ontologischen ↑Platonismus verträglich ist – und wurden durchaus gleichzeitig vertreten (etwa in A. Plantingas mereologischem E.).

Gerade mit Blick auf die Substanzenlehre läßt sich im ↑Rationalismus der Neuzeit der ontologische E. als durchgängiges Theoriemerkmal, der methodologische E. als Methodenideal ausmachen. So unterscheidet insbes. R. Descartes zwei Substanzen, die einerseits notwendig ausgedehnt (res extensa), andererseits notwendig erkennend sind (res cogitans, ↑res cogitans/res extensa) – und sucht in der Güte des durch den ontologischen ↑Gottesbeweis als existent aufgewiesenen Gottes einen Garanten für die sichere Erkenntnis. G. W. Leibniz leitet später aus der Gewißheit, daß Gott stets auf die bestmögliche Weise handelt, die These her, daß er *notwendigerweise* unter allen möglichen Welten (↑Welt, mögliche) gerade die ›wirkliche‹ hat schaffen müssen, da allein diese die beste aller möglichen ist (metaphysischer ↑Optimismus, ↑Welt, beste). Leibniz' ↑Monadentheorie stellt entsprechend einen extrem starken metaphysischen E. (›Superessentialismus‹) dar, dem zufolge jeder ↑Monade jede Eigenschaft notwendig zukommt (↑Harmonie, prästabilierte).

Demgegenüber bereitet sich im klassischen ↑Empirismus allmählich eine Abkehr vom methodologischen E. vor, insoweit die Wesenserkenntnis systematisch von dem dem Menschen Erkenntnismöglichen abgekoppelt wird und nicht länger das vorrangige Ziel der Wissenschaft darstellt. So deutet insbes. Locke die durch sortale Namen benannten Arten und Gattungen als Ergebnis einer auf der Grundlage von Beobachtung gebildeten ↑Abstraktion (↑abstrakt) – sie sind ›abstract ideas‹ und mögliche ›nominal essences‹ der körperlichen Einzeldinge. Die davon zu unterscheidenden ›real essences‹ (Essay Concerning Human Understanding, London 1690, III/3, 12, 15, 18) als von menschlichen Unterscheidungsleistungen unabhängige Bestimmungen dessen, was etwas ↑an sich ist, qualifiziert er entsprechend dem empiristischen Methodenverständnis als epistemisch nicht zugänglich und daher als für die Wissenschaft praktisch irrelevant – sie spielen nurmehr die Rolle eines (unerreichbaren) Ideals, dem es sich anzunähern gilt. Noch weiter geht D. Hume, der, ausgehend von der Feststellung, daß die ↑Kausalität selbst kein Gegenstand der ↑Erfahrung, sondern nur eine durch die Beobachtung konstanten Zusammentreffens von Ereignissen angeregte Unterstellung ist, die Rede von der Notwendigkeit im Sinne einer de-re-Modalität grundsätzlich zurückweist und damit auch jedwedem ontologischen E. eine klare Absage erteilt: »necessity is something that exists in the mind, not in objects« (A Treatise of Human Nature I, Oxford 1896, Part III Sect. XIV, 165).

Ganz im Sinne Lockes erklärt später auch Kant das »Realwesen […] d. i. der erste innere Grund alles dessen, was einem gegebenen Dinge nothwendig zukommt« für durch menschliche Vernunft nicht erkennbar (Brief an C. L. Reinhold, 12. Mai 1789, Akad.-Ausg. XI, 36). Die in dieser Formulierung noch anklingende essentialistische These steht dabei außerhalb seiner systematischen Philosophie, die den methodologischen E. konsequent zurückweist und gegenüber dem ontologischen E. neutral ist: Indem Kant in der ↑Transzendentalphilosophie die Leistung des Subjekts für jedwede Erkenntnis und damit die Bedingtheit aller Erkenntnis durch die Formen der ↑Anschauung und durch die Verstandesbegriffe (↑Verstandesbegriffe, reine, ↑Kategorie) aufzeigt, ist in bezug auf das Erkenntniszugängliche Notwendigkeit immer nur als Modalität eines (apodiktischen) ↑Urteils und damit – ganz im Sinne Humes – durchgängig als Modalität de dicto zu deuten. Entsprechend gehört für Kant das »ganze Capitel vom Wesen, Attributen etc. schlechterdings nicht in der Metaphysik […], sondern blos zur Logik« (ebd., ↑Logik, transzendentale).

Während Kant Notwendigkeit auch den ↑synthetischen Urteilen a priori zuspricht, setzt die Analytische Philosophie (↑Philosophie, analytische) – hierin an die Tradition des Empirismus anschließend – die Notwendigkeit eines Urteils mit dessen Analytizität und Apriorizität gleich (↑analytisch, ↑a priori). Notwendigkeit ist damit stets eine (de-dicto-)Eigenschaft, die grammatisch korrekt nur objektsprachlichen (↑Objektsprache) Aussagen nach Maßgabe ihrer begrifflichen Merkmale zugesprochen werden kann. Im Zusammenhang mit der Ausgestaltung quantifizierter ↑Modallogiken werden jedoch ab Anfang der 1940er Jahre Problemstellungen diskutiert, die spätere Vertreter der Analytischen Philosophie (unter anderem R. Barcan-Marcus, B. Brody, K. Fine, S. A. Kripke, M. Loux, Plantinga, H. Putnam und D. Wiggins) bewogen haben, sich von der analytischen ›Doktrin‹ abzuwenden und sich explizit zu einem ontologischen E. zu bekennen: Eine Modallogik, die zwar ›notwendigerweise: es gibt wenigstens ein $x: x \; \varepsilon \; F$‹ bzw.

(1) $\Delta \bigvee_x x \; \varepsilon \; F$,

nicht aber ›es gibt wenigstens ein $x: x \; \varepsilon$ notwendigerweise F‹ bzw.

(2) $\bigvee_x \Delta \; x \; \varepsilon \; F$

zu ihren Formelbeständen zählt, ist durchaus verträglich mit der Deutung des Notwendigkeitsoperators ›Δ‹ im Sinne eines *metasprachlichen Prädikators*, der nichts weiter als die Analytizität einer Aussage feststellt – und von dieser Art waren die ersten seit 1918 entwickelten Ansätze. Das hinter einem solchen metasprachlichen Prädikator ›Δ‹ notierte Gebilde ›$\bigvee_x x \; \varepsilon \; F$‹ wäre dann freilich zu lesen als metasprachlicher ↑Eigenname einer objektsprachlichen Formel der angegebenen Struktur. Expliziert man die ↑autonyme Notation unter Verwendung von ↑Anführungszeichen, wäre (1) entsprechend wiederzugeben als

(3) Δ ›$\bigvee_x x \; \varepsilon \; F$‹.

Demgegenüber müßte eine quantifizierte Modallogik, die auch Gebilde wie (2) zu ihrem Formelbestand zählt, mit einer anderen Deutung verbunden werden: ›Δ‹ kann in (2) nicht als metasprachlicher Prädikator fungieren, da gerade dann, wenn die Ausdrucksverbindung ›$x \; \varepsilon \; F$‹ entsprechend als metasprachlicher Name einer Formel gedeutet würde, die Ausdrucksverbindung

(4) $\bigvee_x \Delta$ ›$x \; \varepsilon \; F$‹

als ganzes keine grammatisch korrekt gebildete ↑Formel darstellte. Der Aufbau einer Modallogik, die auch Aussagen nach Art von (2) zu ihrem Formelbestand zählt, setzt daher die Einführung der Modaloperatoren als objektsprachliche Operatoren voraus. Damit wäre – in Abweichung von der analytischen ›Doktrin‹ – Notwendigkeit nicht mehr nur von Aussagen zu prädizieren (de-dicto-Modalität), sondern auch von den durch Prädikatoren thematisierten Eigenschaften (de-re-Modalität). W. V. O. Quine, auf den diese Beobachtung zurückgeht (Notes on Existence and Necessity [1943], The Problem of Interpreting Modal Logic [1947], Reference and Modality [1953]), sieht damit die Modallogik vor die Alternative gestellt, entweder ein verzichtbares metasprachliches Instrumentarium oder nur unter Inkaufnahme einer ›Rückkehr zum Aristotelischen E.‹ formulierbar zu sein.

Mit der Ausbildung interpretationssemantischer Verfahren (↑Interpretationssemantik) zur Deutung modaler Sprachen (↑Kripke-Semantik) rücken aber gerade solche modalen Gebilde wie (2) ins Zentrum des Interesses und bilden den Ansatzpunkt des so genannten ›neuen E.‹. Deutet man nach Maßgabe solcher Semantiken alethisch-modale Formeln unter Verwendung einer auf mögliche Welten (↑Welt, mögliche) relativierten ↑Wahrheitsfunktion, dann ist in der Metasprache ›$\Delta a \; \varepsilon \; F$‹ gerade dann als wahr zu qualifizieren, wenn ›$a \; \varepsilon \; F$‹ für alle möglichen Welten als wahr erweisbar ist. Als mögliche Welt gilt dabei jede vollständige und widerspruchsfreie Bewertung aller in einer Sprache L kombinatorisch möglichen elementaren Aussagen mit einem der beiden (absoluten) ↑Wahrheitswerte wahr (↑wahr/das Wahre) und ↑falsch. Entsprechend kann die Ausdrucksverbindung

(2) $\bigvee_x \Delta \; x \; \varepsilon \; F$

einer modalen Sprache L_m metasprachlich so gedeutet werden: Es gibt wenigstens einen geschlossenen Term a von L_m, so daß das Ergebnis der ↑Substitution von a für x in ›$x \; \varepsilon \; F$‹ (= ›$a \; \varepsilon \; F$‹) in allen möglichen Welten als wahr erweisbar ist – der Aussage ›$a \; \varepsilon \; F$‹ muß also in allen Bewertungen der Wahrheitswert wahr zugeordnet sein. Deutet man ferner die metasprachliche Wahrheitsrede in realistischer Manier (↑Realismus, semantischer) so, daß ›$a \; \varepsilon \; F$‹ wahr ist genau dann, wenn a (in der ›tatsächlichen‹ Welt) F ist, dann läßt sich die interpretationssprachliche Deutung von (2) informell paraphrasieren als: ›Es gibt etwas (in der ›tatsächlichen‹ Welt), das in allen möglichen Welten F ist‹.

Im Rückgriff auf diese Modellierung kritisiert Kripke (Naming and Necessity, 1980) an der Gleichsetzung von Analytizität, Apriorizität und Notwendigkeit, daß damit die Frage, ob einem bestimmten a nur in dieser Welt, und also nur zufällig, oder in allen möglichen Welten, und damit notwendigerweise, eine Eigenschaft zukomme, daran geknüpft wird, wie a beschrieben ist: Ob jemandem zufällig oder notwendig die Eigenschaft zukommt, unverheiratet zu sein, hängt davon ab, ob er durch den ↑Kennzeichnungsterm ›der attraktivste Junggeselle auf der Kreuzfahrt‹ oder durch ›der Chefsteward‹ thematisiert wird. Für die Deutung modaler Aussagen im Rahmen einer Mögliche-Welten-Semantik sieht Kripke hingegen die Aufgabenstellung, a in allen möglichen Welten eindeutig – und das heißt: unabhängig von seinen möglichen Eigenschaften – zu identifizieren: a hätte ja bei einem anderen Lauf der Welt – in einer anderen möglichen Welt – Portier werden und seine Jugendliebe heiraten können. Gefordert sei danach also ein Kriterium für die Identität von a in allen möglichen Welten (›transworld-identity‹), die nicht unter Rückgriff auf Kennzeichnungsterme erfolgt, die für Kripke lediglich ›accidental designators‹ sind. Da nach realistischer Auffassung in der interpretationssemantischen Deutung mit der Interpretation eines atomaren Terms (↑Nominator) gerade dessen ›Sachbezug‹, seine ↑Referenz festgelegt wird, fungiert der Nominator wie ein so genannter ›starrer Designator‹ (›rigid designator‹): Was immer in einer anderen möglichen Welt dem mit dem Nominator ›a‹ bezeichneten Gegenstand zustößt, es stößt eben dem in der ›tatsächlichen‹ Welt mit ›a‹ bezeichneten Gegenstand zu. Ist ›a‹ gerade derjenige Nominator, dessen Referenzobjekt in der ›tatsächlichen‹ Welt identisch ist mit dem durch ›der attraktivste Junggeselle auf der Kreuzfahrt‹ gekennzeichneten Gegenstand, kann widerspruchsfrei von ›demselben‹ a in einer anderen möglichen Welt w_i gelten, daß er Portier und verheiratet ist – und w_j mag sogar eine Welt sein, in der zwar ein attraktiver Chefsteward existiert, der auch sonst die meisten Eigenschaften hat, die a in der ›tatsächlichen‹ Welt hat, in der aber der mit ›a‹ Bezeichnete selbst nicht existiert, da sich b und c, die in der ›tatsächlichen‹ Welt die Eltern von a sind, in w_j nie begegnet sind, und daher a nie geboren wurde.

In informellen Gedankenexperimenten dieser Art versucht Kripke nun gerade die (kausale) Genese und die stoffliche Substanz (↑Form und Materie) als notwendige Eigenschaften eines mit einem Eigennamen aufgerufenen Gegenstandes auszuweisen: Wird ein Nominator wie ›Victor‹ als neuer starrer Designator in eine Sprache eingeführt, weil durch Geburt ein neuer ›Gegenstand‹ entstanden ist und seine Eltern ihm diesen Namen verleihen (›ursprüngliche Taufe‹), dann ist damit zugleich eine Menge möglicher Welten $\{w_1, \ldots, w_n\}$ umrissen, die untereinander darin gleich sind, daß in ihnen der starre Designator ›Victor‹ stets ein (und dasselbe) Referenzobjekt hat (Victor ›existiert‹ in diesen Welten), die sich aber darin unterscheiden, daß jeweils verschiedene Mengen elementarer Aussagen über Victor als wahr-in-$w_1, \ldots$, wahr-in-w_n bewertet werden (Victor hat jeweils verschiedene ›Schicksale‹ in diesen Welten). Nach Kripke ist aber gerade die Genese (›origin‹) dieses durch ›Victor‹ starr bezeichneten Gegenstandes eine Eigenschaft, die ihm in allen diesen Welten, in denen er existiert, zukommt und mithin – für diese Welten – eine notwendige Eigenschaft: Wie immer das Schicksal Victors auch verlaufen mag, im Moment der Einführung des starren Designators kommt ihm bereits die Eigenschaft zu, gerade aus dieser Samen- und dieser Eizelle hervorgegangen zu sein (Naming and Necessity, 1980, 113 [dt. Name und Notwendigkeit, 1981, 130]). Analog gilt nach Kripke für einen Tisch, der aus einem bestimmten Stück Holz gefertigt ist, daß er nur dann in allen möglichen Welten, in denen er gefertigt wurde und also existiert, eben derselbe Tisch ist, wenn er aus demselben Stück Holz gefertigt ist, so daß das Hergestelltsein aus eben diesem Stück Holz eine notwendige Eigenschaft des Tisches in allen Welten darstellt, in denen er existiert (ebd.). Den Beispielen ist das generelle Verständnis notwendiger Eigenschaften im *modalen* E. Kripkes zu entnehmen: Eine Eigenschaft F ist eine notwendige Eigenschaft von a genau dann, wenn a in der ›tatsächlichen‹ Welt existiert und F in allen möglichen Welten, in denen a existiert, a zukommt.

Im Anschluß an Kripke wird die Frage diskutiert, ob zudem ein jeder Gegenstand, der überhaupt eine notwendige Eigenschaft hat, seine je eigene, individuelle notwendige Eigenschaft hat (im Anschluß an J. Duns Scotus und Leibniz auch ↑haecceitas [›haecceity‹] genannt): Ist F eine notwendige Eigenschaft von a, dann gibt es in keiner möglichen Welt ein x, so daß $a \neq x$ und $x \in F$. Die Erwägung spielt insbes. im Zusammenhang mit dem ebenfalls von Kripke, aber auch von Putnam prominent vertretenen E. in bezug auf so genannte natürliche Arten (↑Art, natürliche) eine Rolle. Danach sollen sortale Termini – ihrerseits als starre Designatoren aufgefaßt – geeignet sein, solche natürlichen Arten in allen möglichen Welten, in denen sie vorkommen, eindeutig als Träger ihrer individuellen notwendigen Eigenschaften zu identifizieren. Diese Eigenschaften werden dabei in der Regel in wissenschaftlichen Bestimmungen gesucht, etwa in der Beschreibung eines Molekülaufbaus in einer chemischen Sprache (›Wasser = H_2O‹) oder in der biochemischen Beschreibung der genetischen Ausstattung einer Säugetierart (szientifischer E.). Solche gerade mit Blick auf die Bestimmtheit eines Lebewesens durch seine genetischen Merkmale angestellten Überlegungen zum E. natürlicher Arten finden sich in jüngerer Zeit vermehrt auch in praktisch-philosophischen Debatten, etwa in bezug auf Rassismus und Sexismus, aber auch im Zusammenhang mit der Frage nach dem moralischen Status eines Embryo. Zwar sind alle Vertreter des neuen E. vom modalen E. inspiriert, doch entwickeln manche ihre essentialistische Position gerade in kritischer Distanzierung zum Möglich-Welten-Ansatz, zumeist verbunden mit einer Rückkehr zu Positionen der Aristotelischen Metaphysik. So entwickelt Wiggins (in Aufnahme von P. F. Strawsons ›deskriptiver Metaphysik‹) seine Konzeption im Ausgang von Überlegungen zu ↑Individuation und ↑Identität, Brody knüpft direkt an die Aristotelische Unterscheidung von ↑Werden als Entstehen und Werden als akzidentieller Veränderung an, während Fine einen definitorischen E. wiederzubeleben versucht.

Literatur: G. Abel, Interpretationswelten. Gegenwartsphilosophie jenseits von E. und Relativismus, Frankfurt 1993; R. Barcan Marcus, Essentialism in Modal Logic, Noûs 1 (1967), 91–96; dies., Essential Attribution, J. Philos. 68 (1971), 187–202; D. Bennett, Essential Properties, J. Philos. 66 (1969), 487–499; B. A. Brody, De re and de dicto. Interpretations of Modal Logic or a Return to an Aristotelian Essentialism, Philosophia 2 (1972), 117–136; ders., Why Settle for Anything Less than Good Old-Fashioned Aristotelian Essentialism, Noûs 7 (1973), 351–365; ders., Abortion and the Sanctity of Human Life. A Philosophical View, Cambridge Mass. 1975; ders., Identity and Essence, Princeton N. J. 1980; R. L. Cartwright, Some Remarks on Essentialism, J. Philos. 65 (1968), 615–626; M. F. Cohen, Wittgenstein's Anti-Essentialism, Australas. J. Philos. 46 (1968), 210–224; S. M. Cohen, Proper Differentiae, the Unity of Definition, and Aristotle's Essentialism, New Scholasticism 55 (1981), 229–240; S. Di Bella, Completeness and Essentialism. Two Seventeenth-Century Debates, Topoi 19 (2000), 123–136; P. Duhem, Le système du monde IV (Histoire des doctrines cosmologiques de Platon à Copernic), Paris 1954, bes. 451–509; J. Dupré, Sex, Gender, and Essence, Midwest. Stud. Philos. 11 (1986), 441–457; B. Ellis, The New Essentialism and the Scientific Image of Mankind, Epistemologia 23 (2000), 189–209; ders., Scientific Essentialism, Cambridge Mass. 2001; ders., The Philosophy of Nature. A Guide to the New Essentialism, Chesham 2002; G. A. T. Elshof, A Defense of Moderate Haecceitism, Grazer Philos. Stud. 60 (2000), 55–74; G. Emery, Essentialism or Personalism in the Treatise on God in Saint Thomas Aquinas?, Thomist 64 (2000), 521–563; K. Fine, Essence and Modality, Philosophical Perspectives 8 (1994), 1–16; ders., The Logic of Essence, J. Philos. Log. 24 (1995), 241–273; ders., The Varieties of Necessity, in: T. S. Gendler/J. Hawthorne (eds.), Conceivability and Possibility, Oxford 2002, 253–281; D. Føllesdal, Referential Opacity and Modal Logic, Oslo 1966, New York 2002; ders., Quine on Modality, Synthese 19 (1969), 147–157; ders., Essentialism and Reference, in: L. E. Hahn/P. A. Schilpp (eds.), The Philosophy of W. V. Quine, La Salle Ill. 1986, 97–113; G. Forbes, The Metaphysics of Modality, Oxford 1985; ders., Essentialism, in: B. Hale/C. Wright (eds.), A Companion to the Philosophy of Language, Oxford 1997, 1999, 515–533; B. C. van Fraassen, Essence and Existence, in: N. Rescher (ed.), Studies in Ontology XII, Oxford 1978, 1–25; P. A. French/T. E. Uehling/H. K. Wettstein (eds.), Studies in Philosophy of Mind, Minneapolis Minn. 1986 (Midwest Stud. Philos. X); D. Fuss, Essentially Speaking. Feminism, Nature and Difference, New York 1990; E. Gilson, L'être et l'essence, Paris 1948, ²1981; P. Gochet, Quine en perspective. Essai de philosophie comparée, Paris 1978, bes. 165–184 (Chap. 8) (dt. Quine zur Diskussion. Ein Versuch vergleichender Philosophie, Frankfurt/Berlin/Wien 1984, bes. 163–182 [Kap. 8]); R.-P. Hägler, Kritik des neuen E.. Logisch-philosophische Untersuchungen über Identität, Modalität und Referenz, Paderborn etc. 1994; G. L. Hallett, Essentialism. A Wittgensteinian Critique, Albany N. Y. 1991; D. L. Hull, The Effect of Essentialism on Taxonomy. Two Thousand Years of Stasis, Brit. J. Philos. Sci. 15 (1965), 314–326 [Part I], 16 (1965), 1–18 [Part II]; S. Kripke, Identity and Necessity, in: M. K. Munitz (ed.), Identity and Individuation, New York 1971, 135–164; ders., Naming and Necessity, in: D. Davidson/G. Harman (eds.), Semantics of Natural Language, Dordrecht 1972, 253–355 (Addenda 763–769), erw. Oxford 1980, 1996 (dt. Name und Notwendigkeit, Frankfurt 1981, 1993); D. K. Lewis, On the Plurality of Worlds, Oxford 1986, 1987; L. Linsky, Reference, Essentialism, and Modality, J. Philos. 66 (1969), 687–700; ders. (ed.), Reference and Modality, London 1971, Oxford 1979; M. T. Liske, Aristoteles und der Aristotelische E.. Individuum, Art, Gattung, Freiburg/München 1985; M. Loux, Identity-Statements and Essentialism, New Scholasticism 44 (1970), 431–439; ders., Substance and Attribute. A Study in Ontology, Dordrecht 1978; ders., Essentialism, in: R. Audi (ed.), The Cambridge Dictionary of Philosophy, Cambridge Mass. ²1999, 281–283; J. L. Mackie, ›De‹ What ›re‹ is ›de re‹ Modality?, J. Philos. 71 (1974), 551–561; P. Mackie, Sortal Concepts and Essential Properties, Philos. Quart. 44 (1994), 311–333; F. Mayer, Essentialism, New York 1952; C. McGinn, On the Necessity of Origin, J. Philos. 73 (1976), 127–135; S. Meikle, Essentialism in the Thought of Karl Marx, London 1985; J. N. Mohanty, Husserl's Transcendental Phenomenology and Essentialism, Rev. Met. 32 (1978), 299–321; ders., Phenomenology. Between Essentialism and Transcendental Philosophy, Evanston Ill. 1997; F. Mondadori, Reference, Essentialism, and Modality in Leibniz's Metaphysics, Stud. Leibn. 5 (1973), 74–101; ders., Understanding Superessentialism, Stud. Leibn. 17 (1985), 162–190; J. M. E. Moravcsik, The Discernibility of Identicals, J. Philos. 73 (1976), 587–598; U. Nortmann, Modale Syllogismen, mögliche Welten, E.. Eine Analyse der aristotelischen Modallogik, Berlin/New York 1996; ders., Warum man Essentialist sein kann. Eine logische Konstruktion im Schnittfeld von Sprache, Ontologie und Naturwissenschaft, Erkenntnis 57 (2002), 1–39; M. C. Nussbaum, Human Functioning and Social Justice. In Defense of Aristotelian Essentialism, Political Theory 20 (1992), 202–246; T. Parsons, Grades of Essentialism in Quantified Modal Logic, Noûs 1 (1967), 181–191; ders., Essentialism and Quantified Modal Logic, Philos. Rev. 78 (1969), 35–52; D. Perler, Essentialism and Direct Realism. Some Late Medieval Perspectives, Topoi 19 (2000), 111–122; A. Plantinga, De Re et de Dicto, Noûs 3 (1969), 235–258; ders., The Nature of Necessity, Oxford 1974; ders., On Mereological Essentialism, Rev. Met. 28 (1974), 468–476; ders., Essence and Essentialism, in: J. Kim/E. Sosa (eds.), A Companion to Metaphysics, Oxford/Cambridge Mass. 1995, 138–140; K. R. Popper, The Poverty of Historicism, Economia 11 (1944), 86–103, 119–137, 12 (1945), 69–89, Neudr. London/Boston Mass. 1957, ³1976, London etc. 1991 (dt. Das Elend des Historizismus, Tübingen 1965, ⁶1987); ders., The Open Society and Its Enemies, I–II, London 1945, ³1957, bes. I, 138–

156 (Kap. 8) (dt. Die offene Gesellschaft und ihre Feinde, I–II, Bern 1957/1958, [7]1992, bes. I, 191–213 [Kap. 8]); ders., Über die Zielsetzung der Erfahrungswissenschaft, Ratio 1 (1957), 24–31; M. S. Price, On the Non-Necessity of Origin, Can. J. Philos. 12 (1982), 33–45; E. Przywara, Essenz- und Existenzphilosophie. Tragische Identität oder Distanz der Geduld, Scholastik 14 (1939), 514–544; H. Putnam, The Meaning of ›Meaning‹, in: K. Gunderson (ed.), Language, Mind, and Knowledge, Minneapolis Minn. 1975 (Minnesota Stud. Philos. Sci. VII), 131–193 (dt. Die Bedeutung von ›Bedeutung‹, Frankfurt 1979, [2]1990); W. V. O. Quine, Notes on Existence and Necessity, J. Philos. 40 (1943), 113–127; ders., The Problem of Interpreting Modal Logic, J. Symb. Log. 12 (1947), 43–48; ders., Reference and Modality, in: ders., From a Logical Point of View. 9 Logico-Philosophical Essays, New York 1953, Cambridge Mass. [2]1964, 139–159 (dt. Referenz und Modalität, in: ders., Von einem logischen Standpunkt. 9 Logisch-philosophische Aufsätze, Frankfurt/Berlin/Wien 1979, 133–152); ders., Three Grades of Modal Involvement, in: ders., The Ways of Paradox and Other Essays, New York 1966, 156–174, Cambridge Mass./London 1976, 158–176; J. Reid, Natural Kind Essentialism, Australas. J. Philos. 80 (2002), 62–74; R. Rorty, Kripke vs. Kant, »Naming and Necessity« by Saul Kripke, London Rev. of Books 17 (1980), 4–5; N. U. Salmon, How Not to Derive Essentialism from the Theory of Reference, J. Philos. 76 (1979), 703–725; ders., Reference and Essence, Princeton N. J. 1981, Oxford 1982; H. Schneider, E., Hist. Wb. Ph. II (1972), 751–753; S. P. Schwartz (ed.), Naming, Necessity and Natural Kinds, Ithaca N. Y. 1977; A. Sidelle, Necessity, Essence, and Individuation. A Defense of Conventionalism, Ithaca N. Y. 1989; M. A. Slote, Metaphysics and Essence, Oxford 1974; C. Smith, Sartre and Merleau-Ponty. The Case for a Modified Essentialism, J. Brit. Soc. Phenomenol. 1 (1970), H. 2, 73–79; S. Soames, Beyond Rigidity. The Unfinished Semantic Agenda of »Naming and Necessity«, Oxford 2002; E. Sosa, The Essentials of Persons, Dialectica 53 (1999), 227–241; R. Stalnaker, Anti-Essentialism, Midwest Stud. Philos. 4 (1979), 343–355; A. Stubblefield, Racial Identity and Non-Essentialism About Race, Social Theory and Practice 21 (1995), 341–368; P. Teller, Essential Properties. Some Problems and Conjectures, J. Philos. 72 (1975), 233–248; P. Thom, The Logic of Essentialism. An Interpretation of Aristotle's Modal Syllogistic, Dordrecht 1996; J. E. Tomberlin, A Correct Account of Essentialism?, Critica 4 (1970), 55–66; ders., Essentialism. Strong and Weak, Metaphilos. 2 (1971), 309–315; ders., Essentialism and Possible Worlds, Philos. Phenom. Res. 35 (1975), 323–340; G. Vision, Essentialism and the Senses of Proper Names, Amer. Philos. Quart. 7 (1970), 321–330; N. P. White, Origins of Aristotle's Essentialism, Rev. Met. 26 (1972), 57–85; D. Wiggins, Essentialism, Continuity and Identity, Synthese 28 (1974), 321–359; ders., Identity, Designation, Essentialism and Physicalism, Philosophia 5 (1975), 1–30; ders., Sameness and Substance, Oxford 1980, unter dem Titel: Sameness and Substance Renewed, Cambridge [2]2001; C. Witt, Substance and Essence in Aristotle. An Interpretation of »Metaphysics« VII–IX, Ithaca N. Y. 1989, 1994; U. Wolf, Notwendigkeit und Möglichkeit bei Aristoteles und heute, München 1979; S. Yablo, Identity, Essence, and Indiscernibility, J. Philos. 84 (1987), 293–314; ders., Cause and Essence, Synthese 93 (1992), 403–449; ders., Essentialism, REP III (1998), 417–422. G. K.

Ethik (von griech. *ἦθος*, Gewohnheit, Sitte, Brauch), zunächst Lehre von der ↑Moral im Sinne der handlungsleitenden *Sitten* und *Gebräuche* (der mores), *Gewohn-* *heiten* und *Institutionen*. Die Ausgangs- und Hauptfrage der E. ist die nach der Möglichkeit einer guten Moral, d. h. einer solchen Moral, nach der wir gut leben, gerecht handeln und vernünftig über unser Handeln und Leben entscheiden oder urteilen können. Die Geschichte der Antworten auf diese Frage hat auch die Fragestellungen der E. (wie man sie auf Grund der Antwortgeschichte noch für sinnvoll halten konnte) aufgefächert und verändert.

Bereits die antike E. von Sokrates bis zur Stoa entfaltet im wesentlichen die verschiedenen ethischen Konzeptionen, die den historischen Gang der E. bestimmen. So versucht Platon die Sokratische Frage nach dem *guten Leben* (↑Leben, gutes), insbes. nach der *Lehrbarkeit der Tugend*, und in diesem Zusammenhang die sinnenüberhobene Einsicht in die *Idee des Guten* (also eine universell gültige Theorie des ↑Guten) zum begründenden Ausgangspunkt für alle Moral zu erheben. Demgegenüber beschränkt Aristoteles den Geltungsbereich des Guten, Gerechten und Vernünftigen auf eine Praxis, wie sie sich in der Polis, im Familienverband und im Umgang einzelner Personen miteinander bewähren soll. Diese Praxis, in der (und für die) sich das Gute, Gerechte und Vernünftige zu bestimmen hat, ist nicht das jeweilige Handeln einzelner Personen in einer konkreten Situation; sie besteht vielmehr in den Handlungsweisen, wie sie sich für eine traditionelle Erhaltung und institutionelle Sicherung als geeignet erweisen. Daß eine Praxis für Tradierung und Institutionalisierung geeignet ist, zeigt sich in der Verständigung über Erfahrungen, die über das Handeln in den bestehenden Traditionen und Institutionen gewonnen werden. Es gibt dabei keinen außerhalb der Praxis liegenden Maßstab und auch kein außerhalb der Praxis liegendes Ziel, die das Gute, Gerechte oder Vernünftige festlegen könnten. Vielmehr sind es allein die (durch Traditionen) Gebildeten und (in Institutionen) Erfahrenen, die in der beratenden und beurteilenden Verständigung über ihre Praxis zur Erkenntnis der ↑Tugenden (d. i. der Prinzipien persönlichen Handelns) kommen können, die Praxis zur *Eupraxia*, zur wohlgelungenen Praxis, machen. In einer solchen wohlgelungenen Praxis verwirklicht sich die ↑Seele gemäß der Tugend und erreicht das höchste Gut, nämlich das Glück, die *Eudaimonia* (↑Eudämonismus), zu dem neben dem Tätigsein auch die Verfügung über äußere Güter gehört.

Mit der Auflösung der Polis verschwindet der Rahmen für diese moralbestimmende Praxis und damit sowohl die Bewährungsinstanz als auch der Anwendungsbereich der Aristotelischen E.. Für beide nach-Aristotelischen Neuansätze der antiken E., für Epikur und die ↑Stoa, wird daher der bildungsfähige Mensch an Stelle des allein verantwortungsfähigen Freien, des Polis-Bürgers, zum Adressaten und Thema der E.. Für Epikur ist dieser

Mensch das Individuum, dem die E. eine Kunstlehre zu einer Lebensführung liefert, die gerade in dem von den Institutionen belassenen Freiraum, und zwar in der Erreichung einer unerschütterlichen Seelenruhe, der ↑Ataraxie, ihre Erfüllung findet. Für die Stoa hingegen ist dieser Mensch das vernunftbegabte Naturwesen, das in der umfassenden Ordnung der Natur als Teil dieser Natur seinen Platz hat, diese Ordnung mit seiner Vernunft erkennen kann und sich ihr gemäß, und zwar sowohl in seinem Verhältnis zu den Institutionen (z. B. als Staatsmann) als auch in seinem persönlichen Leben, einrichten soll. Dieser entindividualisierten Konzeption des Menschen entspricht es, wenn die ↑Apathie im Sinne der Enthaltung von (individuellen) Empfindungen, vor allem der Freude oder der Furcht über einen erwarteten oder eingetretenen Erfolg bzw. Mißerfolg, zur vollkommenen Haltung für das Leben, Handeln und Planen erhoben wird. Damit ist die Entfaltung ethischer Konzeptionen, die in der Geschichte wirksam werden, erreicht.

Liest man die vier Konzeptionen (in einem neuzeitlichen Interesse) daraufhin, welche *Begründungsinstanzen für die Moral* in ihnen angeboten werden, so läßt sich ihre paradigmatische Rolle noch deutlicher zeigen. Für Platon ist es die von der (in der Theorie sich vollendenden) ↑Vernunft beanspruchte – und mit ihrer Übersinnlichkeit legitimierte – *Allgemeinheit* (allgemeine Verläßlichkeit und Verbindlichkeit) für Aristoteles die durch *Traditionen* und *Institutionen* stabilisierte *Gemeinsamkeit* des Handelns (der Praxis), für Epikur die (*innere*) *Gleichheit* des individuellen Lebens, Handelns und Empfindens im Sinne von deren unerschütterlicher *Beständigkeit*, für die Stoa die (*äußere*) *Gleichheit* der Menschen in der und durch ihre *Natur*, die jeweils diese Begründungsinstanz ausmachen.

Mit der allgemeinen Vernunft, der gemeinsamen Praxis, dem sich gleichbleibenden Individuum und der gleichmachenden Natur sind auch für das Mittelalter die für eine Fundierung der Moral verfügbaren Instanzen angegeben. Allerdings werden sie alle als ihrerseits gegründet in Gott (seinem Wissen, Wollen oder Wirken) verstanden (↑Gott (philosophisch)), so daß die Vernunft als vom Glauben geleitete oder vollendete, jedenfalls aber durch Gott in ihren Möglichkeiten bestimmte Vernunft, die Praxis als das Handeln im Rahmen der kirchlichen Traditionen, das Individuum als um die Seligkeit, die Anschauung Gottes (↑visio beatifica dei), bemühtes Individuum und die Natur als ↑Schöpfung und Ordnung Gottes, d. h. als Erscheinung der göttlichen Ordnung, keine eigenständigen Instanzen darstellen. Es ist daher auch verständlich, daß in der ↑Scholastik nur wenige Werke überhaupt als E.en – wie die E. des P. Abaelard (»Ethica seu liber dictus scito te ipsum«) – ausgewiesen werden, systematisch nur als (zum Teil verstreute) Teilüberlegungen in den Werken zur Betrachtung der gesamten göttlichen Ordnung auftreten.

Mit der (allmählichen) Auflösung des theologisch-kirchlichen Rahmens für die ethischen wie auch allgemein die wissenschaftlichen Bemühungen entsteht die Frage nach der Moralbegründung in neuer Weise. Vor allem müssen die verschiedenen Begründungsinstanzen, die ihren Bezug zur göttlichen Ordnung verlieren, neu begriffen und ausgewiesen werden. Die wissenschaftliche Vernunft, in der z. B. R. Descartes auch die Moral gründen möchte, zeigt sich dabei als vordringliche Aufgabe, so daß auch für Descartes zunächst nur eine ›provisorische Moral‹ möglich ist. Für B. de Spinoza besteht die E. zwar in der (›mit geometrischer Methode begründeten‹) Entfaltung der Vernunft, aber diese E. ist als Gesamtdarstellung der durch die Vernunft erschließbaren Wahrheiten eben nur unter anderem eine Moralbegründung, getragen von dem einen Grundgedanken, daß wir uns durch unsere Vernunft von der Knechtschaft durch unsere ↑Affekte befreien sollen, und dies in einer die gesetzmäßige Naturordnung anerkennenden Erkenntnis. In dieser Verwirklichung einer *Vernunftethik* bleibt die E. jedoch zu sehr mit den begrifflichen Festlegungen, den methodischen Vorschriften und inhaltlichen Thesen Spinozas belastet, als daß sie eine allgemein übernehmbare Moralbegründung leisten und so Descartes' Postulat einlösen könnte.

Demgegenüber haben neue Konzeptionen der anderen Begründungsinstanzen eine wirksamere Geschichte. T. Hobbes greift die Praxisinstanz in dem Sinne wieder auf, daß er die Grundunterscheidung von Recht und Unrecht im Rahmen eines Staates bestimmt, der Frieden und Sicherheit gewähren und für den einzelnen die Selbsterhaltung und die Bedürfnisbefriedigung garantieren soll. Für Hobbes gibt es keinen Wesensbegriff des Guten und keine irrtumsfreie Vernunft, die das Gute zu erkennen vermöchte, sondern nur die Erfordernisse einer politischen Praxis, aus denen das Rechte und Unrechte zu erschließen sind. Für die nachfolgenden angelsächsischen Philosophen verschwindet diese politische Ausrichtung des moralisch relevanten Handelns weitgehend. Die Praxis, in der und für die nun das moralische Gute zu bestimmen ist, wird verstanden (und verwirklicht) als die Welt der (bürgerlichen) Konventionen (J. Locke, D. Hume, A. Smith), in deren Rahmen sich das moralische Gefühl oder der ›moralische Sinn‹ (↑moral sense) ausbilden können (F. Hutcheson). In einer gleichsam epikureischen Wende läßt die Entpolitisierung der Praxis deren Träger, nämlich das zur Erhebung geistiger Gefühle (wie sie durch die Konventionen gefördert und geschützt werden) fähige Individuum, letztlich dessen inneres Gleichgewicht, zur Begründungsinstanz aufrücken (H. More, A. A. C. Earl of Shaftesbury). Das sozusagen stoische Pendant zu dieser

Konventionalisierung und *Individualisierung* der Moral findet sich in der Philosophie des ↑*Naturrechts* (P. Melanchthon, H. Grotius, S. Pufendorf). Seine Autorität als Begründungsinstanz erhält das Naturrecht noch bei Melanchthon dadurch, daß es das dem menschlichen Geist eingeprägte göttliche Gesetz ist. Aber schon Grotius löst die Vernunfterkenntnis aus der Natur der Dinge von allen Glaubensmeinungen. Dies ist eine Entwicklung, die sowohl von der Philosophie der deutschen ↑Aufklärung (C. Wolff) als auch von den französischen ↑Enzyklopädisten aufgenommen wird – bis hin zu J. le Rond d'Alemberts Kontrastierung, daß eine Moral ohne Glauben besser sei als ein Glauben ohne Moral.

Die offensichtliche Schwierigkeit eines Rückgangs auf die ›Natur der Dinge‹ besteht darin, die eigene Darstellung eben dieser Natur der Dinge zu begründen. Da die staatliche Ordnung, die bürgerlichen Gewohnheiten und die traditionellen Sitten und Gebräuche als eine ›zweite Natur‹ in manchen ihrer Prinzipien so selbstverständlich geworden sind, daß diese Prinzipien die Natur der Dinge darzustellen scheinen, ist es verständlich, wenn man für die ›äußeren Sitten und Handlungen‹ am ehesten glaubt, naturrechtliche Begründungen anbieten zu können. Ebenso ist es verständlich, daß eine Tendenz entsteht, die Sphäre persönlicher Entscheidungen im nicht geregelten Handeln außerhalb der naturrechtlichen Begründungsmöglichkeiten anzusiedeln und sie z. B. den ›Regeln des Herzens‹ (Pufendorf) zu übertragen. Damit wird für die Probleme bei der Gestaltung des persönlichen Lebens ein von der Vernunft nicht erreichbarer Freiraum offen, in dem vor allem religiöse Prinzipien der Lebensführung (wie die reine Liebe zu Gott und der von ihm geschaffenen Ordnung) bestimmend werden bzw. bleiben können. In der E. des 17. und 18. Jhs. finden sich so nicht nur alle Begründungsinstanzen der antiken E. wieder, sondern dies auch in einer Vermischung, in der sich eine E. im Sinne einer einheitlichen Lehre von der Moral und einer einheitlichen Konzeption praktischen Begründens nicht entwickeln kann. Da das Bedürfnis nach einer solchen E. aber mit den politischen, ökonomischen und sozialen Entwicklungen wächst, wie sie in den bürgerlichen und industriellen Revolutionen kulminieren, läßt sich die Bemühung um eine allgemeine, d. h. alle Lebens- und Handlungsbereiche umfassende, und einheitliche E. als eine Bedingung für die geistige Bewältigung der historischen Entwicklung und damit als besondere Aufgabe für die historische Situation vom ausgehenden 18. bis zur Mitte des 19. Jhs. verstehen.

Nahezu gleichzeitig bieten die E. Kants (Kritik der praktischen Vernunft, Riga 1788) und der ↑Utilitarismus (J. Bentham, An Introduction to the Principles of Morals and Legislation, London 1789) Entwürfe an, die diese Aufgabe lösen sollen. Kants E. unterscheidet sich dabei von allen bisherigen E.konzeptionen dadurch, daß er das Prinzip aller praktischen Begründungen an keine *materiale* Bestimmung des Moralischen bindet – z. B. an eine Idee des Guten (einen Zustand reiner Moralität), an eine vernünftige oder gerechte Praxis, an eine weise Lebensführung oder an eine naturgemäße (oder gottgewollte) Ordnung. Kant zieht in Rechnung, daß alle materialen Bestimmungen des Moralischen die Meinungen oder Neigungen einiger Personen (Gruppen) gegenüber den Meinungen und Neigungen anderer Personen (Gruppen) bevorzugen und bestimmte (praktische, private, politische usw.) Problembereiche ausklammern. Eben diese Reflexion auf die Partialität aller materialen Bestimmungen führt zur Aufstellung eines bloß *formalen* Prinzips. Weil niemandes Meinung (über das Moralische im materialen Sinne) und Neigung ausgezeichnet werden darf, können nur solche Vorschläge als vernünftig gelten, die für jedermann annehmbar sind, die (in der Redeweise Kants) ›als allgemeines Gesetz gelten können‹. Dieses mit dem kategorischen Imperativ (↑Imperativ, kategorischer) formulierte Prinzip definiert eben jene Begründungsmöglichkeit, die sich aus dem Verzicht auf das Begründen über bestimmte Wertungen (d. s. bestimmte Vorstellungen vom Guten, Gerechten und Vernünftigen) ergibt. Es entfällt damit auch der Rahmen einer Theorie (insbes. einer metaphysischen Fundierung des Guten), einer Praxis, individuellen Glücks oder einer allgemeinen Naturordnung. Seine Universalität (↑Universalität (ethisch)) verdankt sich seiner Rahmenlosigkeit. Und weil die traditionellen und institutionellen Rahmen für die Moral tatsächlich zu schwinden beginnen – wenigstens in dem Sinne, daß sie nicht fraglos als moralische Gründe benutzt werden können –, wird die E. Kants zum zentral diskutierten E.entwurf in der bürgerlichen und industriellen Gesellschaft.

Im Unterschied zur E. Kants versucht der Utilitarismus, moralische Begründungen über eine (vernünftige) Einschätzung von *Glücksbedürfnissen* und *Glückseinschätzungen* zu geben. Auch wenn er sich damit in seiner Frühform bei Bentham (mit dessen Festlegung ›einfacher Freuden und Leiden‹ und dem darauf aufbauenden hedonistischen [↑Hedonismus] Kalkül) dem Kantischen Verdikt unterstellt, partielle Glücksbestimmungen für universell auszugeben, erreicht der Utilitarismus mit J. S. Mill doch eine Möglichkeit universell verwendbarer Argumentation, die ihn zur Alternative zur Kantischen E. werden läßt. So bleibt zwar das allgemeine Wohlergehen bzw. das allgemeine Glück (↑Glück (Glückseligkeit)) das oberste Kriterium bei der Beurteilung der Moralität des Handelns, womit auch der Zwang bestehen bleibt, dieses Wohlergehen oder Glück inhaltlich zu bestimmen. Aber Mills Vorschlag, dieses Glück, nämlich das, was einzig um seiner selbst willen erstrebt wird, nicht theoretisch, sondern über das unter einem (übernommenen oder selbstgesetzten) Anspruch stehende Handeln und das (durch die Handelnden selbst gebildete) Verständnis des dabei erreichten oder erreichbaren Glücks zu bestimmen, legt dieses Kriterium des allgemeinen Glücks nicht von vornherein auf bestimmte Glücksvorstellungen fest. Moralische Argumente sind daher in diesem Utilitarismus keine immer und überall benutzbaren Schlüsse (wie sie der kategorische Imperativ Kants ermöglichen soll), sie schließen vielmehr an Interpretationen von Handlungs- und (im allgemeinen) Lebenserfahrungen an, die man unterstellt oder anbieten möchte.

Obwohl häufig kontrovers formuliert, lassen sich die Kantische E. und der Utilitarismus in dieser Interpretation als komplementäre Konzeptionen verstehen. Denn auch der kategorische Imperativ bedarf zu seiner Anwendung einer ›Materie‹, auf die er sich beziehen kann. Für Kant sind dies die ↑Maximen unseres Willens, d. h. die von uns selbst gewählten ↑Grundsätze, aus denen dann, angewendet auf die Situation eines bestimmten Typs, eine bestimmte Handlung als gewollt folgt. Der Utilitarismus wiederum hat zwar das Prinzip der Moralität nicht so prägnant herausgearbeitet, wie Kant dies mit seinem kategorischen Imperativ getan hat (er beläßt es hier im wesentlichen bei der Betonung der Allgemeinheit des Glücks oder Wohlergehens, das zu erstreben sei), dafür versucht er aber, die materialen Willensbestimmungen, also die Glücksvorstellungen, einer kritischen Analyse zu unterwerfen. So könnte eine utilitaristische Erweiterung der Kantischen E. diese stärker an die Interpretationen unserer Handlungs- und Lebenserfahrungen binden und sie damit aus ihrer unvermittelten Gegenüberstellung zur Realität unseres faktischen Wollens lösen. Eine Präzisierung des utilitaristischen Prinzips der Allgemeinheit im Sinne der Kantischen E. könnte demgegenüber die utilitaristischen Argumente auch für die Fragen der ↑Gerechtigkeit, insbes. der gerechten Verteilung von Gütern, verwendbar machen. Tatsächlich zeigen die Versuche zu solchen Vermittlungen von Kantischer E. und Utilitarismus (z. B. J. Rawls) diese Argumentationsinteressen.

Sowohl die Kantische E. als auch der Utilitarismus sind (komplementär verstehbare) ↑normative E.entwürfe, mit denen für die Begründung und Beurteilung des Handelns Argumentationsmethoden angeboten werden sollen. Mit ihren Normierungen setzen sie sich dem Einwand aus, die Welt vom eigenen (vernünftigen) Standpunkt aus belehren zu wollen, obwohl doch dieser eigene Standpunkt das Produkt auch der Institutionen und ihrer Geschichte, also jedenfalls nicht nur einer individuell verfügbaren Vernunft sei. Im Sinne dieses Einwandes unterscheidet G. W. F. Hegel ↑*Moralität* und ↑*Sittlichkeit*. Während die Moralität sich lediglich an dem subjektiven Wollen orientieren kann und als Kriterium der Vernünftigkeit lediglich die Übereinstimmung mit sich selbst zur Verfügung hat, daher in einer (prinzipiell beliebigen) Selbstverwirklichung ihren Sinn findet, besteht die Sittlichkeit in dem Wollen, in der Vernünftigkeit und Selbstverwirklichung, die im Rahmen eines rechtlich geordneten Gemeinwesens ausgebildet werden können (in der Familie, der bürgerlichen Gesellschaft und dem Staat). Das Gute wird so weder über die moralische Haltung des Individuums (etwa gemäß dem kategorischen Imperativ) verwirklicht noch überhaupt durch die um Vernunft bemühten Überlegungen des Individuums bestimmt. Es wird vielmehr als Identität *subjektiven vernünftigen Wollens* und *objektiven Rechts* verwirklicht und bestimmt, d. h. im Rahmen jener Institutionalisierungen, die die Selbstverwirklichung der Subjekte als eine gemeinsame Möglichkeit sichern und daher die bereits eingelebten und tradierten Gemeinsamkeiten des Handelns sowohl als Rahmen für diese gemeinsame Möglichkeit der Selbstverwirklichung erhalten als sich auch auf ihre Förderlichkeit oder Hinderlichkeit für diese Selbstverwirklichung hin begreifen lassen sollen.

Kann man in der Wiederbetonung des institutionellen und traditionellen Rahmens der Sittlichkeit eine Anknüpfung an Aristoteles sehen, so geht Hegel mit dem Begreifen der historischen Entwicklung dieses Rahmens über Aristoteles hinaus. Wo bei Aristoteles die unmittelbare lebensweltliche Handlungserfahrung (der Entscheidungsträger) die Bewährungsprobe für die Traditionen und Institutionen des Handelns leisten soll, arbeitet Hegel die Geschichte dieser Erfahrungen mit auf und entsubjektiviert dadurch diese Erfahrung: es gibt keine individuell verfügbare Instanz mehr, um das Gute zu bestimmen oder zu verwirklichen, auch nicht im Rahmen der über-individuellen Traditionen und ↑Institutionen. Damit scheint Hegels Konzeption der Sittlichkeit einerseits die konsequent durchkonstruierte Antwort auf die Frage nach einer universellen E. zu sein (und nicht in das Dilemma der normativen Entwürfe zu geraten, die die Universalität ihres Geltungsanspruchs über die Beanspruchung einer individuell verfügbaren Vernunft einlösen müssen), andererseits aber auch eine E. im Sinne der Lehre von einer guten Moral unmöglich zu machen. Denn welches Individuum kann die Höhe des Begreifens erreichen, die zur Bestimmung des Guten erforderlich wäre? Der Verweis dieses Begreifens an die kollektive Vernunft (an die Gemeinschaft der Wissenschaftler und die Entwicklung der Wissenschaften) nimmt zwar dem Individuum die Last des Begreifens zum Teil ab, nivelliert zugleich aber auch die vielen und vielfach miteinander unverträglichen ›Begriffe‹ der Institutionen und ihrer Geschichte zu jeweils einer möglichen Bestimmung des Guten neben anderen und neutralisiert sie damit für die Wirklichkeit des Handelns.

Die durch Kant eröffnete Möglichkeit einer universellen E. ohne Rahmeninstanzen, vor allem ohne den Rekurs auf Autorität, Tradition und Institution, scheint damit gerade durch Hegels konsequente Ausarbeitung dieses Anspruchs und seiner Einlösungsmöglichkeiten wieder verschlossen zu werden.

Es ist daher auch verständlich, daß die skeptische Abkehr von dem Versuch einer universellen E. die weitgehend übliche Reaktion auf diese Entwicklung von Kant bis Hegel wurde. Dem widerspricht nicht die Tatsache, daß immer wieder E.en angeboten worden sind. Diese E.en sind zumeist (wenn auch zum Teil entgegen ihrem Selbstverständnis) *partiell*, indem sie unmittelbar, d.h. ohne die von Hegel eingeforderte Reflexion auf den historischen und institutionellen Rahmen des subjektiven Willens und seiner (beanspruchten) Vernunft, bestimmte Instanzen für die Moral restaurieren: z.B. die Einheit von Vernunft und Natur (F. D. E. Schleiermacher), das Mitleid (A. Schopenhauer), die Entscheidung zur eigenen Lebensführung (↑Existenzphilosophie), eine Wertordnung (↑Wertethik), ein moralisches Gefühl oder innere Wahrnehmungen des Guten (F. Brentano), das vor-vernünftige Leben in seiner selbstgestaltenden Macht (↑Lebensphilosophie, F. Nietzsche). Oder es wird die Aufgabe der E. von vornherein partialisiert, indem diese (wie zum Teil im ↑Neukantianismus als ›Logik der Geisteswissenschaften‹ und ›Prinzipienlehre der Philosophie von Recht und Staat‹, H. Cohen) nicht mehr die Moral zum Thema hat, sondern die Grundbegriffe und Grundsätze einer wissenschaftlichen Bemühung um die Darstellung und Erklärung moralisch relevanter Sachverhalte.

Am engsten an Hegels Konzeption anschließend läßt sich die Ersetzung der E. durch eine Geschichtstheorie bei K. Marx verstehen, in der an die Stelle der (objektiven) Vernunft die (objektiven) ↑Interessen und ↑Bedürfnisse der Menschen gesetzt werden und statt der idealen Kraft dieser Vernunft, Leitvorstellung des Handelns zu werden, die reale Macht dieser Interessen und Bedürfnisse in der Geschichte der Institutionen behauptet wird. Die Marxsche Geschichtstheorie hält den Universalitätsanspruch der Hegelschen Konzeption aufrecht, versteht ihn aber als (begründbare) Meinung über den tatsächlichen Verlauf der Geschichte und nicht mehr als Ideal der Vernunft. Insofern fällt dieser Anspruch mit Aufgabe dieser Meinung und führt jedenfalls nicht zu einer E..

Einen Neubeginn der ethischen Diskussion hat die sprachkritische Wende (↑Wende, linguistische) der Philosophie gebracht, die sich im Anschluß an die Entwicklung der formalen Logik (↑Logik, formale) und die begriffliche und logische Analyse (↑Analyse, logische) wissenschaftlicher Theorien (in der ↑Wissenschaftstheorie) und der Umgangssprache (in der ↑Ordinary Language Philosophy) vollzog. Im Vordergrund steht dabei die semantische, begriffs- und aussagenlogische sowie pragmatische (d.h. die Verwendungsabsichten, Verwendungssituationen und Verwendungsweisen herausarbeitende) Analyse der *moralischen* ↑*Argumentationen* (↑Argumentationstheorie). Die in diesem Sinne *analytische* E. läßt sich als eine, zumeist kritische, Theorie praktischer (d.h. auf Handlungen bezogener) Argumentationen verstehen, bei der es nicht darum geht, eine Lehre von der guten Moral zu entwickeln, sondern darum, die in den faktisch vertretenen Morallehren und Moralen verwendeten Argumentationen (semantisch, logisch und pragmatisch) zu analysieren. Durch diese Absicht kann man eine ↑Metaethik, d.h. eine theoretische Bemühung über E.en, definiert sehen, die sich von den normativen E.en im Sinne der Morallehren unterscheidet. Gleichwohl verbinden sich auch mit den verschiedenen metaethischen Analysen bestimmte normativ-ethisch relevante Positionen. Die Skala reicht dabei von der Position des ↑Emotivismus, der eine normative Bedeutung moralischer Urteile für sinnlos hält und statt dessen in diesen Urteilen Mitteilungen über persönliche Gefühle, insbes. des Gefallens und Mißfallens, sehen will, bis hin zum ↑Good Reasons Approach, der zwischen guten und schlechten Gründen, und zwar in Kantischer und utilitaristischer Tradition, normativ unterscheidet. Insgesamt hat die analytische E. zu einer genaueren Ausarbeitung der Argumentationsmöglichkeiten geführt, wie sie auch von den ›klassischen‹ Konzeptionen, vor allem Kants und des Utilitarismus, vorgeschlagen worden sind.

Ein Ergebnis der E.entwicklung ist das Erfordernis, sorgfältig zwischen der Begründung oder Beurteilung einzelner ↑*Handlungen in konkreten Situationen* und der Begründung oder Beurteilung von *Handlungsregeln* (↑Regel) zu unterscheiden. Nur für die Handlungsregeln, nicht aber für die einzelnen Handlungen lassen sich die Begründungen oder Beurteilungen durch eine E., also durch methodische bzw. theoretische Bemühungen zu den moralischen Argumentationsmöglichkeiten, stützen. Die einzelnen Handlungen selbst sind dann (mit den ethisch gestützten Handlungsregeln) von jedermann selbst nach seiner praktisch geschulten ↑Urteilskraft (zu der vor allem eine sichere Einschätzung der jeweils bestehenden Situation und damit die Erkenntnis, welche Regeln denn überhaupt anwendbar sind, gehören) zu begründen und zu beurteilen. Die Regeln selbst können jedoch in verschiedener Weise *allgemein* sein. Zum einen können sie ↑*Maximen* im Kantischen Sinne sein, nämlich nur für bestimmte Personen (bei Kant: für einen selbst) formulierte Vorsätze, in Situationen eines bestimmten Typs in bestimmter Weise zu handeln. Zum anderen können sie für jedermann eine bestimmte Handlungsweise fordern, d.h. als *Normen* (↑Norm (handlungstheoretisch, moralphilosophisch)) formuliert sein. Kants kategorischer Imperativ läßt sich dann verstehen als die Aufforderung, nur solche Maximen als Gründe für sein Handeln zuzulassen, von denen man (nach bestem Wissen und Verständnis) der Meinung ist, daß sie auch als Normen gelten sollten. Der Utilitarismus könnte hinzufügen, daß die Regeln Normen werden können, die auch dann noch Maximen blieben, wenn sie Normen geworden wären.

In Ergänzung zur kritischen Analyse der Metaethik hat sich vor allem die *konstruktive* E. um die Ausarbeitung moralischer Argumentationsmöglichkeiten bemüht, die der Sprachkritik genügen. Ausgehend von den programmatischen Forderungen des ↑Konstruktivismus (↑Wissenschaftstheorie, konstruktive), zum einen die sprachlichen Mittel moralischen Argumentierens vollständig und zirkelfrei ausdrücklich zu vereinbaren, zum anderen jede theoretische Festlegung (jedes Axiom, jede Definition, jede Regel) aus ihrem lebensweltlichen Sinnzusammenhang (↑Lebenswelt, ↑vorwissenschaftlich), nämlich als die Hochstilisierung eines lebensweltlich sinnvollen Handelns, verständlich zu machen, sind in der konstruktiven E. verschiedene Prinzipien und Methoden des moralischen Argumentierens entwickelt worden, die sich als Lösungsversuche für bestimmte Problemtypen ausweisen sollen (↑Protoethik). Besonders detailliert ausgearbeitet ist ein Beratungsmodell (↑Beratung), das der Bewältigung von Konfliktsituationen dienen soll. Für andere Problemtypen – z. B. Orientierungskrisen, in denen etwa die Bewahrung der persönlichen Identität gefährdet ist, oder Diskrepanzen des Handelns und Verstehens, die durch die Unterschiedlichkeit der von den Handelnden befolgten Regelsysteme bedingt sind – liegen Ansätze von Argumentationsmöglichkeiten vor. Gemeinsam ist den Vorschlägen der konstruktiven E. die (Selbst-)Verpflichtung auf und dementsprechende Bemühung um die terminologische Festlegung jedes für die Argumentation verwendeten Wortes (um die ↑Orthosprache) und die ausdrückliche Angabe der Typen von Problemen (Aufgaben und Zielen), deren Lösung (bzw. Erreichung) der jeweils vorgeschlagene Unterscheidungs- oder Argumentationsschritt dienen soll. Mit der ersten Forderung wird der Universalitätsanspruch (↑Universalität (ethisch)) in dem Sinne wieder aufgenommen, daß die E. der allgemein verständliche bzw. für jedermann lernbare und durch jedermann lehrbare Aufbau einer Lehre vom moralischen Argumentieren sein soll; mit der zweiten Forderung wird dieser ›formale‹ (weil auf die Form des Argumentierens bezogene) Universalitätsanspruch ›material‹ (nämlich hinsichtlich seiner Anwendungsmöglichkeiten) beschränkt – und nur durch diese Beschränkung für einlösbar erachtet. Durch die Relativierung der vorgeschlagenen moralischen Argumentationsweisen auf bestimmte Problemtypen wird dabei auch das Erfordernis einer Reflexion auf die historische ↑Genese sowohl dieser Problemtypen als auch der darauf bezogenen Argumentationsweisen deutlich. Denn beide verdanken sich einer Entwicklung, die nicht das Ergebnis allein vernünftiger Überlegungen, sondern eben des historischen Verlaufs der Geschehnisse ist. Insofern die konstruktive E. keine einheitliche Methode für alle praktischen Argumentationen vorlegen will, sondern immer nur auf bestimmte Problemtypen bezogene Argumentationsweisen, ist sie keine bestimmte ethische Theorie, sondern ein Rahmenprogramm zur Ausarbeitung von moralischen Argumentationsmöglichkeiten für verschiedene Problemtypen und Lösungskonzeptionen. – Zu spezielleren E.konzeptionen: ↑Bioethik, ↑Ethik, angewandte, ↑Ethik, deontologische, ↑Ethik, evolutionäre, ↑Ethik, formale, ↑Ethik, materiale, ↑Ethik, medizinische, ↑Ethik, normative, ↑Ethik, ökologische, ↑Ethik, teleologische, ↑Metaethik, ↑Pflichtethik, ↑Wirtschaftsethik.

Literatur: R. Abelson/K. Nielsen, Ethics, History of, Enc. Ph. III (1967), 81–117; E. M. Albert/C. Kluckhohn, A Selected Bibliography on Values, Ethics, and Esthetics in the Behavioral Sciences and Philosophy, 1920–1958, Glencoe Ill. 1959; H. Albert, Kritische Vernunft und menschliche Praxis. Mit einer autobiographischen Einleitung, Stuttgart 1977, 1984; ders., Traktat über rationale Praxis, Tübingen 1978; S. Andersen, Som dig selv. En indføring i etik, Aarhus 1998 (dt. Einführung in die E., Berlin/New York 2000); A. Anzenbacher, Einführung in die E., Düsseldorf 1992, 2001; K.-O. Apel (ed.), Sprachpragmatik und Philosophie, Frankfurt 1976, 1982; ders./H. Burckhart (eds.), Prinzip Mitverantwortung. Grundlage für E. und Pädagogik, Würzburg 2001; S. Auroux u. a., Éthique [...], Enc. philos. universelle II/1 (1990), 870–877; K. Baier, The Moral Point of View. A Rational Basis of Ethics, Ithaca N. Y. 1958, [7]1974 (dt. Der Standpunkt der Moral. Eine rationale Grundlegung der E., Düsseldorf 1974); J. Baker, A Select Bibliography of Moral Philosophy, Oxford 1977; U. Baltzer, Gemeinschaftshandeln. Ontologische Grundlagen einer E. sozialen Handelns, Freiburg/München 1999; P. Baumanns, Kants E.. Die Grundlehre, Würzburg 2000; M. D. Bayles (ed.), Contemporary Utilitarianism, Garden City N. Y. 1968, Gloucester Mass. 1978; L. C. Becker (ed.), Encyclopedia of Ethics, I–II, New York/London 1992; M. Bertrand, Morale/E., in: H. J. Sandkühler (ed.), Europäische Enzyklopädie zu Philosophie und Wissenschaften III, Hamburg 1990, 459–470; D. Birnbacher/N. Hoerster (eds.), Texte zur E., München 1976, [11]2000; S. Blackburn, Being Good. An Introduction to Ethics, Oxford etc. 2001; G. Böhme, E. im Kontext. Über den Umgang mit ernsten Fragen, Frankfurt 1997, 1998 (engl. Ethics in Context. The Art of Dealing with Serious Questions, Malden Mass. 2001); R. B. Brandt, Ethical Theory. The Problems of Normative and Critical Ethics, Englewood Cliffs N. J. 1959; ders., Ethical Relativism, Enc. Ph. III (1967), 75–78; ders., A Theory of the Good and the Right, Oxford 1979, Amherst N. Y. 1998; C. D. Broad, Five Types of Ethical Theory, London/New York 1930, London [6]1951, 2001; R. Bubner, Handlung, Sprache und Vernunft. Grundbegriffe praktischer Philosophie, Frankfurt 1976, 1982; A. J. Bucher, Verantwortlich handeln. E. in Zeiten der Postmoderne, Regensburg 2000; H. Bürkle u. a., E., LThK III (1995), 899–934; M. Canto-Sperber (ed.), Dictionnaire d'éthique et de philosophie morale, Paris 1996, ²1997; J. Carman/M. Juergensmeyer (eds.), A Bibliographic Guide to the Comparative Study of Ethics, Cambridge etc. 1991; R. F. Chadwick (ed.), Encyclopedia of Applied Ethics, I–IV, San Diego etc. 1998; N. Cobabus, Die vielen Gesichter von Moral und E.. Eine kulturphilosophische Studie, Frankfurt 2000; I. Craemer-Ruegenberg, Moralsprache und Moralität. Zu Thesen der sprachanalytischen E.. Diskussion, Kritik, Gegenmodell, Freiburg/München 1975; R. Crisp, Ethics, REP III (1998), 435–437; N. Daniels (ed.), Reading Rawls. Critical Studies on Rawls' »A Theory of Justice«, New York, Oxford 1975, Stanford Calif. ³1989; S. Darwall, Philosophical Ethics, Boulder Colo./Oxford 1998; E.-M. Engels (ed.), Biologie und E., Stuttgart 1999; dies./T. Junker/M. Weingarten (eds.), E. der Biowissenschaften. Geschichte und Theorie. Beiträge zur 6. Jahrestagung der DGGTB in Tübingen 1997, Berlin 1998; C. Fehige/G. Meggle (eds.), Zum moralischen Denken, I–II, Frankfurt 1995; F. Fellmann, Die Angst des E.lehrers vor der Klasse. Ist Moral lehrbar?, Stuttgart 2000; V. Ferm (ed.), Encyclopedia of Morals, New York 1956, 1969; P. Foot (ed.), Theories of Ethics, London etc. 1967, ⁹1990; FM II (1994), 1141–1149; M. Forschner, Gesetz und Freiheit. Zum Problem der Autonomie bei I. Kant, München/Salzburg 1974; W. K. Frankena, Ethics, Englewood Cliffs N. J. 1963, ²1973 (dt. Analytische E.. Eine Einführung, München 1972, ⁵1994); P. A. French/T. E. Uehling, Jr./H. K. Wettstein (eds.), Studies in Ethical Theory, Minneapolis Minn. 1978, 1980; D. P. Gauthier, Practical Reasoning. The Structure and Foundations of Prudential and Moral Arguments and Their Exemplification in Discourse, Oxford 1963, 1966; H. Gensler, Ethics. A Contemporary Introduction, London/New York 1998; P. Gerlitz u. a., E., TRE X (1982), 396–517; R. Ginters, Typen ethischer Argumentation. Zur Begründung sittlicher Normen, Düsseldorf 1976; A. Graeser, Philosophie und E., Düsseldorf 1999; G. Grewendorf/G. Meggle (eds.), Seminar: Sprache und E.. Zur Entwicklung der Metaethik, Frankfurt 1974; J. Hagel, Solidarität und Subsidiarität – Prinzipien einer teleologischen E.? Eine Untersuchung zur normativen Ordnungstheorie, Innsbruck/Wien 1999; W. F. R. Hardie, Aristotle's Ethical Theory, Oxford 1968, ²1980 (repr. 1985); R. M. Hare, The Language of Morals, Oxford 1952, ⁹1992 (dt. Die Sprache der Moral, Frankfurt 1972, 1997); ders., Freedom and Reason, Oxford 1963, 1988 (dt. Freiheit und Vernunft, Düsseldorf 1973, Frankfurt 1983); J. Harrison, Ethical Naturalism/Ethical Objectivism/Ethical Subjectivism, Enc. Ph. III (1967), 69–71, 71–75, 78–81; H. L. A. Hart, Recht und Moral. Drei Aufsätze, ed. N. Hoerster, Göttingen 1971; H. Hastedt/E. Martens (eds.), E.. Ein Grundkurs, Reinbek b. Hamburg 1994, ²1996; M. Hauskeller, Auf der Suche nach dem Guten. Wege und Abwege der E., Zug 1999; O. Höffe, Praktische Philosophie. Das Modell des Aristoteles, München/Salzburg 1971, Berlin ²1996; ders. (ed.), Einführung in die utilitaristische E.. Klassische und zeitgenössische Texte, München 1975, Tübingen ²1992; ders., Strategien der Humanität. Zur E. öffentlicher Entscheidungsprozesse, Freiburg/München 1975, Frankfurt 1985; ders. (ed.), Lexikon der E., München 1977, ³1986, ⁴1992, erw. ⁵1997 (franz. Petit dictionnaire d'ethique, Fribourg 1993); ders., E. und Politik. Grundmodelle und -probleme der praktischen Philosophie, Frankfurt 1979, ⁵2000; ders. (ed.), Lesebuch zur E.. Philosophische Texte von der Antike bis zur Gegenwart, München 1998, ²1999; N. Hoerster, Utilitaristische E. und Verallgemeinerung, Freiburg/München 1971, ²1977; J. Hospers/W. Sellars (eds.), Readings in Ethical Theory, New York 1952, New York, Englewood Cliffs N. J. ²1970; ders., Human Conduct. An Introduction to the Problems of Ethics, New York 1961, mit Untertitel: Problems of Ethics, New York 1972, ²1982, Fort Worth Tex. ³1996; M. Hossenfelder, Der Wille zum Recht und das Streben nach Glück. Grundlegung einer E. des Wollens und Begründung der Menschenrechte, München 2000; E. Howald/A. Dempf/T. Litt, E. des Altertums/E. des Mittelalters/E. der Neuzeit, in: A. Baeumler/M. Schröter (eds.), Handbuch der Philosophie III, München/Berlin 1931, unter dem Titel: Geschichte der E. vom Altertum bis zum Beginn des 20. Jahrhunderts, München/Wien 1978, ²1981; W. D. Hudson (ed.), New Studies in Ethics, I–II, London, New York 1974; T. Irwin, Plato's Moral Theory. The Early and Middle Dialogues, Oxford 1977, Oxford/New York 1979; H. P. Kainz, Ethica dialectica. A Study of Ethical Oppositions, The Hague/Boston Mass./London 1979; F. Kambartel (ed.), Praktische Philosophie und konstruktive Wissenschaftstheorie, Frankfurt 1974, 1979; W. Kamlah, Philosophische Anthropologie. Sprachkritische Grundlegung und E., Mannheim/Wien/Zürich 1972, ³1984; F. Kaulbach, E. und Metaethik. Darstellung und Kritik metaethischer Argumente, Darmstadt 1974; A. Kenny, The Aristotelian Ethics. A Study of the Relationship between the ›Eudemian‹ and ›Nicomachean Ethics‹ of Aristotle, Oxford etc. 1978; W. Korff/L. Beck/P. Mikat (eds.), Lexikon der Bioethik, I–III, Gütersloh 1998; G. Krüger, Philosophie und Moral in der kantischen Kritik, Tübingen 1931, ²1967 (franz. Critique et morale chez Kant, Paris 1961); H. Kuhn, Das Sein und das Gute, München 1962; F. v. Kutschera, Grundlagen der E., Berlin/New York 1982, erw. ²1999; A. Leist, Die gute Handlung. Eine Einführung in die E., Berlin 2000; P. Lorenzen, Theorie der technischen und politischen Vernunft, Stuttgart 1978; ders./O. Schwemmer, Konstruktive Logik, E. und Wissenschaftstheorie, Mannheim/Wien/Zürich 1973, ²1975; D. Lyons, The Forms and Limits of Utilitarianism, Oxford 1965, rev. 1970, rev. 1978; J. L. Mackie, Ethics. Inventing Right and Wrong, Harmondsworth etc. 1977, 1990 (dt. E.. Auf der Suche nach dem Richtigen und Falschen, Stuttgart 1981, mit Untertitel: Die Erfindung des moralisch Richtigen und Falschen, 1983, 2000); J. Maienschein/M. Ruse (eds.), Biology and the Foundation of Ethics, Cambridge etc. 1999; G. Meggle/K. P. Rippe/U. Wessels (eds.), Almanach der Praktischen E.. Forscher, Institutionen, Themen. Eine Bestandsaufnahme, Opladen 1992; D. Mieth (ed.), E. und Wissenschaft in Europa. Die gesellschaftliche, rechtliche und philosophische Debatte, Freiburg/München 2000; G. E. Moore, Principia Ethica, Cambridge 1903, ed. T. Baldwin, Cambridge etc. 1993, 1996 (dt. Principia Ethica, Stuttgart 1970, ed. B. Wisser, erw. 1984, 1996); ders., Ethics, London, New York 1912, London etc. 1966 (dt. Grundprobleme der E., München 1975); M. L. Morgan (ed.), Classics of Moral and Political Theory, Indianapolis Ind. 1992, 2001; M. Moxter, E., RGG II (1999), 1598–1631; M. Müller-Wieland, E. heute. Wege sittlicher Bildung, Hildesheim/Zürich/New York 2001; T. Nagel, The Possibility of Altruism, Oxford 1970 (repr. 1975); Princeton N. J. 1970, 1978 (dt. Die Möglichkeit des Altruismus, Bodenheim 1998); K. Nielsen, Ethics, Problems of, Enc. Ph. III (1967), 117–134; P. H. Nowell-Smith, Ethics, London etc. 1954, Harmondsworth 1969; K. Pahel/M. Schiller (eds.), Readings in Contemporary Ethical Theory, Englewood Cliffs N. J. 1970; H. J. Paton, The Categorical Imperative. A Study in Kant's Moral Philosophy, London/New York 1947, Philadelphia Pa. 1971, 1999 (dt. Der kategorische Imperativ. Eine Untersuchung über Kants Moralphilosophie, Berlin 1962); G. Patzig, E. ohne Metaphysik, Göttingen 1971, erw. ²1983; ders., Grundlagen der E. (= Gesammelte Schriften I), Göttingen 1994; A. Pieper, Sprachanalytische E. und praktische Freiheit. Das Problem der E. als autonomer Wissenschaft, Stuttgart 1973; dies., Pragmatische und ethische Normbegründung. Zum Defizit an ethischer Letztbegründung in zeitgenössischen Beiträgen zur Moralphilosophie, Freiburg/München 1979; dies., Einführung in die E., Tübingen/Basel 1991, ⁴2000; dies. (ed.), Geschichte der neueren E., I–II, Tübingen/Basel 1992; dies., Aufstand des stillgelegten Geschlechts. Einführung in die feministische E., Freiburg/Basel/Wien 1993; dies., Gibt es eine feministische E.?, München 1998; L. P. Pojman (ed.), Ethical Theory. Classical and Contemporary Readings, Belmont Calif. 1989, Belmont Calif. etc. ³1998; G. Prauss (ed.), Kant. Zur Deutung seiner Theorie von Erkennen und Handeln, Köln 1973; H. A. Prichard, Moral Obligation. Essays and Lectures, Oxford etc. 1949, 1971; D. D. Raphael (ed.), British Moralists 1650–1800, I–II, Oxford etc. 1969, Indianapolis Ind. 1991; J. Rawls, A Theory of Justice, Cambridge Mass. 1971, Cambridge Mass., Oxford etc. 2000 (dt. Eine Theorie der Gerechtigkeit, Frankfurt 1975, 2000); ders., Gerechtigkeit als Fairneß, ed. O. Höffe, Freiburg/München 1977; H. Reinalter (ed.), Perspektiven der E., Innsbruck/Wien/München 1999; T. Rentsch/J. Rohbeck (eds.), Anthropologie und E.. Grundfragen der praktischen Philosophie der Gegenwart, Dresden 2000; N. Rescher, Distributive Justice. A Constructive Critique of the Utilitarian Theory of Distribution, Indianapolis Ind./New York/Kansas City Mo. 1966, ohne Untertitel Washington D. C./Lanham Md. 1982; M. Riedel (ed.), Rehabilitierung der praktischen Philosophie, I–II, Freiburg 1972/1974; ders., Norm und Werturteil. Grundprobleme der E., Stuttgart 1979; M. Riedenauer, Orexis und Eupraxia. E.begründung im Streben bei Aristoteles, Würzburg 2000; J. Ritter/R. Romberg/A. Pieper, E., Hist. Wb. Ph. II (1972), 759–809; D. Robinson, Introducing Ethics, New York etc. 1999; J. Rohls, Geschichte der E., Tübingen 1991, erw. ²1999; W. D. Ross, The Right and the Good, Oxford etc. 1930, Indianapolis Ind. 1988; ders., Foundations of Ethics. The Gifford Lectures Delivered in the University of Aberdeen, 1935–36, Oxford etc. 1939 (repr. 1960, 1968); J. K. Roth (ed.), International Encyclopedia of Ethics, London/Chicago Ill. 1995; J. Schmucker, Die Ursprünge der E. Kants in seinen vorkritischen Schriften und Reflexionen, Meisenheim am Glan 1961; O. Schwemmer, Philosophie der Praxis. Versuch zur Grundlegung einer Lehre vom moralischen Argumentieren in Verbindung mit einer Interpretation der praktischen Philosophie Kants, Frankfurt 1971, 1980; M. Seel, Versuch über die Form des Glücks. Studien zur E., Frankfurt 1995, 1999; L. Siep, Anerkennung als Prinzip der praktischen Philosophie. Untersuchungen zu Hegels Jenaer Philosophie des Geistes, Freiburg/München 1979; M. G. Singer, Generalization in Ethics. An Essay in the Logic of Ethics with the Rudiments of a System of Moral Philosophy, New York 1961, 1971 (dt. Verallgemeinerung in der E.. Zur Logik moralischen Argumentierens, Frankfurt 1975); P. Singer (ed.), A Companion to Ethics, Oxford/Cambridge Mass. 1991, 1997; ders., How Are We to Live? Ethics in an Age of Self-Interest, Melbourne 1993, Oxford etc. 1997 (dt. Wie sollen wir leben? E. in einer egoistischen Zeit, Erlangen 1996, München 1999); ders. (ed.), Ethics, Oxford etc. 1994; ders., Rethinking Life and Death. The Collapse of Our Traditional Ethics, Melbourne, New York 1994, Oxford etc./New York 1995 (dt. Leben und Tod. Der Zusammenbruch der traditionellen E., Erlangen 1998); J. J. C. Smart, An Outline of a System of Utilitarian Ethics, Melbourne etc. 1961; C. L. Stevenson, Ethics and Language, New Haven Conn./London 1944, ¹⁴1972, New York 1979; M. Thompson, Ethics, London 1994, 2000; S. Toulmin, An Examination of the Place of Reason in Ethics, Cambridge 1950, 1970, unter dem Titel: The Place of Reason in Ethics, Chicago Ill. 1986; J. O. Urmson, The Emotive Theory of Ethics, London 1968, ²1971; B. Waldenfels/I. Därmann (eds.), Der Anspruch des Anderen. Perspektiven phänomenologischer E., München 1998; G. J. Warnock, The Object of Morality, London 1971, 1976; W. Weischedel, Skeptische E., Frankfurt 1976, 1990; P. Welsen (ed.), E., Freiburg/München 1999; B. Williams, Morality. An Introduction to Ethics, New York etc. 1972, Cambridge etc. 1976, 1993 (dt. Der Begriff der Moral. Eine Einführung in die E., Stuttgart 1978, 1994); ders., Kritik des Utilitarismus, ed. W. R. Köhler, Frankfurt 1979; ders., Ethics and the Limits of Philosophy, Cambridge Mass. etc., London 1985, 1993 (dt. E. und die Grenzen der Philosophie, Hamburg 1999); T. C. Williams, The Concept of the Categorical Imperative. A Study of the Place of the Categorical Imperative in Kant's Ethical Theory, Oxford etc. 1968; J. P. Wils, E., Hist. Wb. Rhet. II (1994), 1468–1507; R. Wimmer, Universalisierung in der E.. Analyse, Kritik und Rekonstruktion ethischer Rationalitätsansprüche, Frankfurt 1980; G. H. v. Wright, The Varieties of Goodness, London, New York 1963, ⁴1972, Bristol 1993. O. S.

Ethik, angewandte (engl. applied ethics), Bezeichnung für diejenigen Themenbereiche der ↑Ethik, die einen unmittelbaren Handlungsbezug zu konkreten und aktuellen Fragen der öffentlichen Diskussion aufweisen. Der Ausdruck ›a. E.‹ konnotiert häufig eine polemische Spitze gegen ein Verständnis von Ethik, das sich ausschließlich oder vorwiegend mit Begründungsfragen ↑normativer Orientierungen befaßt. Diesbezüglich wird in Abgrenzung zur a.n E. zunehmend häufig der Ausdruck ›theoretische Ethik‹ verwendet. In den USA ist eine Ausdifferenzierung und Professionalisierung der a.n E. (z. B. in den Ausbildungsinstitutionen der medizinischen Berufe) aus der philosophischen Ethik heraus zu beobachten, die tendenziell auch in einigen europäischen Staaten platz greift. Seitens der philosophischen Ethik sind diese Entwicklungen kritisch zu kommentieren, weil alle in der a.n E. diskutierten Themen eine manifeste Abhängigkeit zu den klassischen Grundfragen der Ethik (wie der Frage nach dem Ursprung und der Art moralischer Geltung und der Frage nach dem Selbstverständnis des moralisch Handelnden) aufweisen. Hinsichtlich des Begriffs der Anwendung im Zusammenhang der Wendung ›a. E.‹ wäre allerdings die Deutung zurückzuweisen, daß die ›angewandten‹ Fragen durch bloße Subsumtion unter allgemeine ethische Regeln zu klären wären. Weder das Postulat des rechten Maßes (Tugendethik) noch der Kategorische Imperativ (Verpflichtungsethik, ↑Imperativ, kategorischer) noch das Utilitätsprinzip (↑Utilitarismus) oder andere Prinzipien sind hinreichend substantiell, um z. B. die Frage nach dem Lebensrecht des menschlichen Embryos zu entscheiden. Anderseits können die allgemeinen ethischen Prinzipien nicht quasi-induktiv aus den Erörterungen der Probleme der a.n E. abstrahiert werden. Eine gute Näherung bietet demgegenüber eine Lesart im Sinne eines praktischen Syllogismus (↑Syllogismus, praktischer), nach der sich die normativen Aussagen der a.n E. als ↑Konklusionen aus einer ethischen Oberprämisse (propositio major, ↑Syllogistik) von hoher Allgemeinheit und einem konkreten deskriptiven oder präskriptiven Satz (↑deskriptiv/präskriptiv) als Unterprämisse (propositio minor) ergeben.

Fragen, die heute der a.n E. zugeordnet werden, sind in typischer Weise schon von den Klassikern der Ethik seit Platon und Aristoteles behandelt worden. Für die gesteigerte Aufmerksamkeit für Fragen der a.n E. in Abgrenzung zu ethischen Grundlegungsfragen seit der Mitte der 70er Jahre des 20. Jhs. sind drei Einflußfaktoren maßgebend gewesen. So führte die Weiterentwicklung der sozialtheoretischen Fragen, wie sie z. B. im Anschluß an die ↑Frankfurter Schule von K.-O. Apel (↑Transzendentalpragmatik) und J. Habermas (↑Universalpragmatik) oder im Rahmen der ↑Erlanger Schule von P. Lorenzen (↑Konstruktivismus, ↑Proto-Ethik) und ihren jeweiligen Schülern behandelt wurden, zu einer breiten Einbeziehung von Themen der praktischen Politik. Ein anderer Faktor ist in der Herausforderung zu sehen, die viele Philosophen durch die zunehmende Einbeziehung in die praktische Politik und Politikberatung (Habermas, O. Höffe, H. Lübbe, J. Mittelstraß, G. Patzig und andere) erfuhren. Unter dem Erwartungsdruck dieser Aufgabe konnte man sich nicht weiter allein mit Begründungsfragen beschäftigen. Der wichtigste Faktor ist jedoch in der Konjunktur der Fragen der ›applied ethics‹ im angelsächsischen Sprachraum zu sehen, die mit zeitlicher Verzögerung auch in Deutschland aufgegriffen wurden. Spätestens mit der Teilnahme an diesen Diskussionen erhielt auch der bis dahin vor allem im englischen Sprachraum dominante ethische ↑Utilitarismus eine zentrale Bedeutung in der deutschen Diskussion.

Für die Klassifikation der Fragestellungen der a.n E. lassen sich zunächst die Probleme zusammenfassen, die sich aus den Handlungsmöglichkeiten der klassischen Naturwissenschaften und Ingenieurwissenschaften ergeben; sie werden in der (älteren) Ethik technischen Handelns (↑Technik) und im Rahmen der ↑Technikfolgenabschätzung behandelt. Von diesen Fragestellungen sind diejenigen zu unterscheiden, die den Umgang des Menschen mit der Natur (Umwelt, Tiere, Arten und anderes) betreffen; diese Fragestellungen werden unter dem Begriff der Umweltethik bzw. der Ökologischen Ethik (↑Ethik, ökologische) zusammengefaßt. Probleme, die sich aus der Erweiterung der Handlungsmöglichkeiten ergeben, die die medizinischen Disziplinen unter Einschluß der medizinbezogenen Naturwissenschaften eröffnen, werden in der medizinischen Ethik (↑Ethik, medizinische) behandelt. Der Begriff der ↑Bioethik wird oft synonym mit medizinischer Ethik, in anderen Fällen als Oberbegriff für Umweltethik und medizinische Ethik verwendet. Da ein großer Teil der Probleme der a.n E. (keineswegs alle) durch den wissenschaftlichen Fortschritt erzeugt oder verschärft worden sind, werden eine Reihe von Themen der a.n E. auch der ↑Wissenschaftsethik zugeordnet.

Literatur: B. Almond (ed.), Introducing Applied Ethics, Oxford/Cambridge Mass. 1995; dies., Applied Ethics, REP I (1998), 318–325; G. Altner (ed.), Ökologische Theologie. Perspektiven zur Orientierung, Stuttgart 1989; ders., Naturvergessenheit. Grundlagen einer umfassenden Bioethik, Darmstadt 1991, ²1994; E. Amelung (ed.), Ethisches Denken in der Medizin. Ein Lehrbuch, Berlin etc. 1992; K. Bayertz (ed.), Ökologische Ethik, München/Zürich 1988; ders. (ed.), Praktische Philosophie. Grundorientierungen a.r E., Reinbek b. Hamburg 1991, 1994; J. P. Beckmann (ed.), Fragen und Probleme einer medizinischen Ethik, Berlin/New York 1996; H. A. Bedau, Applied Ethics, in: L. C. Becker (ed.), Encyclopedia of Ethics I, New York/London 1992, 49–52; G. C. S. Benson, Applied Ethics, in: J. K. Roth (ed.), International Encyclopedia of Ethics, London/Chicago Ill. 1995, 49–50; D. Birnbacher (ed.), Ökologie und Ethik, Stuttgart 1980, 2001; ders., Verantwortung für zukünftige Generationen, Stuttgart 1988, 1995; G. Böhme/E. Schramm (eds.), Soziale Naturwissenschaft. Wege zu einer Erweiterung der Ökologie, Frankfurt 1985; G. Brudermüller (ed.), A. E. und Medizin, Würzburg 1999; R. F. Chadwick (ed.), Encyclopedia of Applied Ethics, I–IV, San Diego etc. 1998; T. Dare, Applied Ethics, Challenges to, in: R. F. Chadwick (ed.), Encyclopedia of Applied Ethics I [s. o.], 183–190; J. P. DeMarco/R. M. Fox (eds.), New Directions in Ethics. The Challenge of Applied Ethics, New York/London 1986; K.-H. Erdmann (ed.), Perspektiven menschlichen Handelns. Umwelt und Ethik, Berlin etc. 1992, ²1993; G. Frey/H. Zelger (eds.), Der Mensch und die Wissenschaften vom Menschen, I–II, Innsbruck 1983; G. Fuchs (ed.), Mensch und Natur. Auf der Suche nach der verlorenen Einheit, Frankfurt 1989; M. Gatzemeier (ed.), Verantwortung in Wissenschaft und Technik, Mannheim/Wien/Zürich 1989; C. F. Gethmann, Proto-Ethik. Zur formalen Pragmatik von Rechtfertigungskursen, in: T. Ellwein/H. Stachowiak (eds.), Bedürfnisse, Werte und Normen im Wandel I, München 1982, 113–143 (engl. Proto-Ethics. Towards a Formal Pragmatics of Justicatory Discourse, in: R. E. Butts/J. R. Brown [eds.], Constructivism and Science. Essays in Recent German Philosophy, Dordrecht 1989 [Univ. Western Ontario Ser. Philos. Sci. XLIV], 191–220); ders., Heideggers Konzeption des Handelns in »Sein und Zeit«, in: A. Gethmann-Siefert/O. Pöggeler (eds.), Heidegger und die praktische Philosophie, Frankfurt 1988, 140–176; ders./R. Hegselmann, Das Problem der Begründung zwischen Dezisionismus und Fundamentalismus, Z. allg. Wiss.theorie 8 (1977), 342–368; ders./M. Kloepfer, Handeln unter Risiko im Umweltstaat, Berlin etc. 1993; ders./M. Kloepfer/H. G. Nutzinger, Langzeitverantwortung im Umweltstaat, Bonn 1993; U. M. Händel (ed.), Tierschutz. Testfall unserer Menschlichkeit, Frankfurt 1984; W. G. Hardegg/G. Preiser (eds.), Tierversuche und medizinische Ethik. Beiträge zu einem Heidelberger Symposion, Hildesheim 1986; M. Heimbach-Steins (ed.), Naturrecht im ethischen Diskurs, Münster 1990; H. Helmchen/H. Lauter (eds.), Dürfen Ärzte mit Demenzkranken forschen? Analyse des Problemfeldes. Forschungsbedarf und Einwilligungsproblematik, Stuttgart 1995; N. Hoerster, Utilitaristische Ethik und Verallgemeinerung, Freiburg/München 1971, ²1977; O. Höffe, Ethik und Politik. Grundmodelle und -probleme der praktischen Philosophie, Frankfurt 1979, ⁵2000; ders., Kategorische Rechtsprinzipien. Ein Kontrapunkt in der Moderne, Frankfurt 1990, 1995 (engl. Categorical Principles of Law. A Counterpoint to Modernity, University Park Pa. 2002); G. Hohlneicher/E. Raschke (eds.), Leben ohne

Risiko?, Köln 1989; L. Honnefelder, Die ethische Rationalität der Neuzeit, in: A. Hertz u. a. (eds.), Handbuch der christlichen Ethik I, Freiburg/Basel/Wien 1978, 19–45; ders. (ed.), Sittliche Lebensform und praktische Vernunft, Paderborn/München/Wien 1992; ders. (ed.), Natur als Gegenstand der Wissenschaften, Freiburg/München 1992; ders./G. Rager (eds.), Ärztliches Urteilen und Handeln. Zur Grundlegung einer medizinischen Ethik, Frankfurt/Leipzig 1994, 2001; C. Hubig, Technik und Wissenschaftsethik. Ein Leitfaden, Berlin etc. 1993, rev. 1995; F. J. Illhardt, Medizinische Ethik. Ein Arbeitsbuch, Berlin etc. 1985; K.-H. Ilting, Naturrecht und Sittlichkeit. Begriffsgeschichtliche Studien, Stuttgart 1983; H. W. Ingensiep/K. Jax (eds.), Mensch, Umwelt und Philosophie. Interdisziplinäre Beiträge, Bonn 1988; B. Irrgang/J. Klawitter/K. P. Seif (eds.), Wege aus der Umweltkrise […], Frankfurt 1987; H. Jonas, Das Prinzip Verantwortung. Versuch einer Ethik für die technologische Zivilisation, Frankfurt 1979, 2003 (engl. The Imperative of Responsibility. In Search of an Ethics for the Technological Age, Chicago Ill./London 1984; franz. Le principe responsabilité. Une éthique pour la civilisation technologique, Paris 1990, 1998); ders., Technik, Medizin und Ethik. Zur Praxis des Prinzips Verantwortung, Frankfurt 1985, 2000; W. Kamlah, Philosophische Anthropologie. Sprachkritische Grundlegung und Ethik, Mannheim/Wien/Zürich 1972, ^{3}1984; J. Klawitter/R. Kümmel/G. Maier-Rigaud (eds.), Natur und Industriegesellschaft, Berlin etc. 1990; W. Korff, Technik – Ökologie – Ethik, Köln 1982; ders./L. Beck/P. Mikat (eds.), Lexikon der Bioethik, I–III, Gütersloh 1998; D. Lamb, Down the Slippery Slope. Arguing in Applied Ethics, London 1988; H. Lenk (ed.), Wissenschaft und Ethik, Stuttgart 1991; ders., Zwischen Wissenschaft und Ethik, Frankfurt 1992; ders., Einführung in die a. E.. Verantwortlichkeit und Gewissen, Stuttgart/Berlin/Köln 1997; R. Löw, Warum Naturschutz? Philosophische Überlegungen, Köln 1988; ders. (ed.), Bioethik. Philosophisch-theologische Beiträge zu einem brisanten Thema, Köln 1990; ders./R. Schenk (eds.), Natur in der Krise. Philosophische Essays zur Naturtheorie und Bioethik, Hildesheim 1994; H. Lübbe, Der Lebenssinn der Industriegesellschaft. Über die moralische Verfassung der wissenschaftlich-technischen Zivilisation, Berlin 1990, 1994; ders./E. Ströker (eds.), Ökologische Probleme im kulturellen Wandel, München etc. 1986; H. Markl, Natur und Geschichte, München 1983; F. Mathwig, Technikethik – Ethiktechnik. Was leistet a. E.?, Stuttgart/Berlin/Köln 2000; L. May/S. Hoffmann (eds.), Collective Responsibility. Five Decades of Debate in Theoretical and Applied Ethics, Savage Md. 1991; K. M. Meyer-Abich, Wege zum Frieden mit der Natur. Praktische Naturphilosophie für die Umweltpolitik, München 1984, 1986; ders., Wissenschaft für die Zukunft. Holistisches Denken in ökologischer und gesellschaftlicher Verantwortung. München 1988; J. Mittelstraß, Leonardo-Welt. Über Wissenschaft, Forschung und Verantwortung, Frankfurt 1992, 1996; O. Neumaier (ed.), A. E. im Spannungsfeld von Ökologie und Ökonomie, Sankt Augustin 1994; J. Nida-Rümelin, Kritik des Konsequentialismus, München 1993, ^{2}1995; ders., A. E.. Die Bereichsethiken und ihre theoretische Fundierung. Ein Handbuch, Stuttgart 1996; K. Ott, Ökologie und Ethik. Ein Versuch praktischer Philosophie, Tübingen 1993, 1994; ders., Vom Begründen zum Handeln. Aufsätze zur a.n E., Tübingen 1996; G. Patzig, Ethik ohne Metaphysik, Göttingen 1971, ^{2}1983; ders., Ökologische Ethik – innerhalb der Grenzen bloßer Vernunft, Göttingen 1983; A. Pieper/U. Thurnherr (eds.), A. E.. Eine Einführung; München 1998; F. Rapp, Analytische Technikphilosophie, Freiburg/München 1978 (engl. Analytical Philosophy of Technology, Dordrecht/Boston Mass. 1981 [Boston Stud. Philos. Sci. LXIII]); ders. (ed.), Technik und Philosophie, Düsseldorf 1990; ders./P. T. Durbin (eds.), Technikphilosophie in der Diskussion […], Braunschweig 1982; J. Rawls, A Theory of Justice, Cambridge Mass. 1971, Cambridge Mass., Oxford etc. 2000 (dt. Eine Theorie der Gerechtigkeit, Frankfurt 1975, 2000); C. A. Reinhardt (ed.), Sind Tierversuche vertretbar? Beiträge zum Verantwortungsbewußtsein in den biomedizinischen Wissenschaften, Zürich 1990; K. P. Rippe (ed.), A. E. in der pluralistischen Gesellschaft, Freiburg (Schweiz) 1999; D. M. Rosenthal/F. Shehadi (eds.), Applied Ethics and Ethical Theory, Salt Lake City Utah 1988; H.-M. Sass (ed.), Medizin und Ethik, Stuttgart 1989, 1999; ders./H. Viefhues (eds.), Güterabwägung in der Medizin. Ethische und ärztliche Probleme, Berlin etc. 1991; L. Schäfer, Das Bacon-Projekt. Von der Erkenntnis, Nutzung und Schonung der Natur, Frankfurt 1993; M. Scheler, Der Formalismus in der Ethik und die materiale Wertethik. Mit besonderer Berücksichtigung der Ethik Immanuel Kants, Jb. Philos. phänomen. Forsch. 1 (1913), 405–565, 2 (1916), 21–478, separat mit Untertitel: Neuer Versuch der Grundlegung eines ethischen Personalismus, Halle ^{2}1921, ^{3}1927, Neudr. als: ders., Gesammelte Werke II, ed. M. Scheler, Bern ^{4}1954, ed. M. S. Frings, Bonn ^{7}2000 (engl. Formalism in Ethics and Non-Formal Ethics of Values. A New Attempt Toward the Foundation of an Ethical Personalism, Evanston Ill. 1973); H. Schnädelbach, Was ist Neoaristotelismus?, Information Philos. 14 (1986), H. 1, 6–25, erw. in: W. Kuhlmann (ed.), Moralität und Sittlichkeit. Das Problem Hegels und die Diskursethik, Frankfurt 1986, 38–63, ferner. in: ders., Zur Rehabilitierung des animal rationale. Vorträge und Abhandlungen II, Frankfurt 1992, 205–230; O. Schwemmer, Philosophie der Praxis. Versuch zur Grundlegung einer Lehre vom moralischen Argumentieren in Verbindung mit einer Interpretation der praktischen Philosophie Kants, Frankfurt 1971, 1980; ders. (ed.), Über Natur. Philosophische Beiträge zum Naturverständnis, Frankfurt 1987, 1991; E. Schwinger, A. E., Naturrecht, Menschenrechte, München/Wien 2001; P. Singer, Practical Ethics, Cambridge 1979, ^{2}1993, 1999 (dt. Praktische Ethik, Stuttgart 1984, ^{2}1994, 2002); ders. (ed.), Applied Ethics, Oxford etc. 1986; R. Spaemann, Technische Eingriffe in die Natur als Problem der politischen Ethik, Scheidewege 9 (1979), 476–497, Neudr. in: D. Birnbacher (ed.), Ökologie und Ethik [s. o.], 180–206; ders., Glück und Wohlwollen. Versuch über Ethik, Stuttgart 1989, 1998 (engl. Happiness and Benevolence, Notre Dame Ind./London, Edinburgh 2000); K. Steigleder/D. Mieth (eds.), Ethik in den Wissenschaften. Ariadnefaden im technischen Labyrinth?, Tübingen 1990, 1991; E. Ströker (ed.), Ethik der Wissenschaften? Philosophische Fragen, München etc. 1984; G. M. Teutsch, Tierversuche und Tierschutz, München 1983; ders., Lexikon der Umweltethik, Göttingen 1985; ders., Mensch und Tier. Lexikon der Tierschutzethik, Göttingen 1987; U. Thurnherr, A. E. zur Einführung, Hamburg 2000; T. v. Uexküll/W. Wesiack, Theorie der Humanmedizin. Grundlagen ärztlichen Denkens und Handelns, München/Baltimore Md. 1988, ^{3}1998; W. Wieland, Diagnose. Überlegungen zur Medizintheorie, Berlin/New York 1975; ders., Strukturwandel der Medizin und ärztliche Ethik. Philosophische Überlegungen zu den Grundfragen einer praktischen Wissenschaft, Heidelberg 1986; J.-P. Wils/D. Mieth (eds.), Ethik ohne Chance? Erkundungen im technologischen Zeitalter, Tübingen 1989, 1991; E. R. Winkler/J. R. Coombs (eds.), Applied Ethics. A Reader, Oxford/Cambridge Mass 1993; ders., Applied Ethics, Overview, in: R. F. Chadwick (ed.), Encyclopedia of Applied Ethics I [s. o.], 191–196; J.-C. Wolf, Tierethik. Neue Perspektiven für Menschen und Tiere, Freiburg (Schweiz) 1992; U. Wolf, Das Tier in der Moral, Frankfurt 1990. C. F. G.

Ethik, deontologische (von griech. τὸ δέον, das Erforderliche), klassifikatorische Bezeichnung für Varianten der normativen ↑Ethik (↑Ethik, normative), für die die Begriffe der ↑Pflichten und der Rechte (↑Recht (2)) von Individuen grundlegend sind. C. D. Broad führte 1930 diese Bezeichnung ein, um die Ethik I. Kants deutlich von der teleologischen Ethik (↑Ethik, teleologische) H. Sidgwicks sowie einigen anderen Ethiktypen zu unterscheiden. Inzwischen ist es üblich geworden, im Anschluß an W. K. Frankena die Unterscheidung zwischen diesen beiden Typen der Ethik als disjunkt und vollständig zu definieren: »Eine teleologische Theorie behauptet, daß das grundlegende Kriterium dafür, was moralisch richtig, falsch, verpflichtend usw. ist, der außermoralische Wert ist, der geschaffen wird. (…) Deontologische Theorien bestreiten, was teleologische Theorien behaupten« (W. K. Frankena, Analytische Ethik, 1972, 32, 33). Diese rein negative Bestimmung hat jedoch den Nachteil, extrem disparate Theorien als Varianten einer d.n E. bezeichnen zu müssen: Eine Ethik mit dem Grundprinzip ›Tue immer genau das, was Gott befiehlt‹ wäre danach ebenso deontologisch wie eine Ethik mit dem Grundprinzip ›Tue, was dir gerade gefällt‹ oder dem Grundprinzip ›Mache deine Handlungsentscheidung von dem Wurf einer Münze abhängig‹.

Fruchtbarer ist es daher, unter einer d.n E. eine Ethik von (im weiten Sinne) kantischem Typ zu verstehen, die darauf besteht, daß der Zweck nicht die Mittel heiligt (↑Mittel, ↑Zweck, ↑Zweckrationalität), und sich dadurch von dem Konsequentialismus im allgemeinen und dem ↑Utilitarismus im besonderen absetzen will. Zu den Anhängern einer d.n E. im engeren Sinne gehören dann etwa W. D. Ross, J. Rawls, R. Nozick, C. Fried und R. Dworkin. Die von diesen vertretenen Theorien unterscheiden sich jedoch durchaus voneinander. So ist etwa strittig, in welchem Ausmaß eine d. E. zur Bestimmung der gebotenen Handlung überhaupt Konsequenzen in Betracht ziehen darf. Rawls ist diesbezüglich nicht ablehnend: »Man beachte, daß die deontischen [*sic*!] Theorien als nichtteleologische definiert sind, nicht als Theorien, nach denen das Rechte an Institutionen und Handlungen unabhängig von deren Folgen ist. In allen beachtenswerten ethischen Theorien sind die Folgen von Belang dafür, was recht ist. Das Gegenteil wäre einfach unvernünftig, ungereimt« (J. Rawls, Eine Theorie der Gerechtigkeit, 1975, 48). Umgekehrt wird von manchen Kritikern der d.n E. behauptet, eine solche Ethik müsse so lange als inakzeptabel verworfen werden, bis erfolgreich vorgeführt sei, wie man denn auf ↑vernünftigem Wege zur Bestimmung des ›Richtigen‹ gelangen könne, ohne auf ein bestimmtes Gut zu rekurrieren, das es zu maximieren gelte. Im Hintergrund dieser Kritik steht die Überzeugung, daß der Rückgriff auf die ›Schau‹ moralischer Wahrheiten (↑Intuitionismus) inakzeptabel ist, alle Letztbegründungsversuche (↑Letztbegründung, ↑Retorsion) bislang fehlgeschlagen sind und ein Kategorischer Imperativ (↑Imperativ, kategorischer) ohnehin nicht zu spezifischen Handlungsvorschriften gelangen kann, ohne konsequentialistische Überlegungen einzubeziehen.

Zur Verteidigung könnten sich die Anhänger einer d.n E. darauf berufen, daß moralische Intuitionen (im Sinne wohlerwogener Überzeugungen) in einer teleologischen Ethik keinen angemessenen Ausdruck finden. Die auf dieser Grundlage von Einzelfallurteilen abgeleiteten moralischen Regeln müssen dabei nicht in einem falsch verstandenen ↑Rigorismus als ausnahmslos gültig verstanden werden (wie dies der d.n E. oft vorgeworfen wird). Entscheidend ist nur, daß im Falle zweier konfligierender Regeln – Ross spricht hier von ›prima facie duties‹ – der Abwägungsprozeß nicht auf konsequentialistische Erwägungen reduziert werden darf, der Lösungsvorschlag vielmehr vor jedem einzelnen Betroffenen gerechtfertigt werden kann. Weitere verbreitete Kritikpunkte an einigen Varianten einer d.n E. betreffen eine angeblich mentalistische (↑Mentalismus) Bezugnahme auf Gesinnungen (↑Verantwortungsethik) und eine moralisch eventuell problematische Unterscheidung zwischen dem Ausführen einer Handlung und dem Unterlassen der Verhinderung bestimmter Ereignisse und Handlungen (weil einige Anhänger einer d.n E. vor allem die moralische Integrität einer ↑Person betonen und diese dadurch gesichert sehen, daß ›an sich‹ moralisch fragwürdige Handlungen unterlassen werden, ohne dabei eventuell unerwünschte Konsequenzen dieser Unterlassung zu berücksichtigen).

Zwischen d.n E.en und teleologischen Ethiken sind auch Mischformen denkbar. So stehen in Frankenas ›gemischt-deontologischer‹ Ethik die Grundprinzipien der Gerechtigkeit und der Nützlichkeit gleichrangig nebeneinander. N. Rescher und R. W. Trapp haben unterschiedliche Vorschläge ausgearbeitet, um beide Aspekte in einer einzigen entscheidungstheoretischen (↑Entscheidungstheorie) Formel zusammenzufassen. Dabei wird implizit oder explizit eine jeweils unterschiedliche Gewichtung der beiden Prinzipien vorgenommen. In Rawls' Theorie der Gerechtigkeit wird dagegen explizit dem Prinzip der Gerechtigkeit der Vorrang eingeräumt.

Literatur: K. Baier, Ethics. Deontological Theories, in: W. T. Reich (ed.), Encyclopedia of Bioethics I, New York/London 1978, 413–417; C. D. Broad, Five Types of Ethical Theory, London 1930, 2001; S. Darwall (ed.), Deontology, Malden Mass. etc. 2003; N. A. Davis, Contemporary Deontology, in: P. Singer (ed.), A Companion to Ethics, Oxford/Cambridge Mass. 1991, 2003, 205–218; R. Dworkin, Taking Rights Seriously, Cambridge Mass. 1977, erw. ³1981, 2001 (dt. Bürgerrechte ernstgenommen, Frankfurt 1984, 1990; franz. Prendre les droits au sérieux, Paris 1995); W. K. Frankena, Ethics, Englewood Cliffs N. J. 1963, erw. ²1973 (dt. Analytische Ethik, München

1972, 1994); C. Fried, Right and Wrong, Cambridge Mass./ London 1978, 1980; D. McNaughton, Deontological Ethics, REP II (1998), 890–892; T. Nagel, War and Massacre, Philosophy and Public Affairs 1 (1971/1972), 123–144, ferner in: ders., Mortal Questions, Cambridge 1979, 1996, 53–74 (dt. Krieg und Massenmord, in: ders., Über das Leben, die Seele und den Tod, Königstein 1984, 69–90, unter dem Titel: Letzte Fragen, Bodenheim b. Mainz, Darmstadt 1996, 83–109); J. Nida-Rümelin, Kritik des Konsequentialismus, München 1993, ²1995; R. Nozick, Anarchy, State, and Utopia, New York, Oxford 1974, 2002 (dt. Anarchie, Staat, Utopia, München o. J. [1976]); J. Rawls, A Theory of Justice, Cambridge Mass. 1971, 2001 (dt. Eine Theorie der Gerechtigkeit, Frankfurt 1975, 2003); N. Rescher, Distributive Justice. A Constructive Critique of the Utilitarian Theory of Distribution, Indianapolis Ind. 1966 (repr. Washington D. C. 1982); W. D. Ross, The Right and the Good, Oxford 1930, Indianapolis Ind. 1984, ed. P. Stratton-Lake, Oxford etc. 2002; G. Sher, Right Violations and Injustices. Can We Always Avoid Trade-Offs?, Ethics 94 (1983/1984), 212–224; R. W. Trapp, ›Nichtklassischer Utilitarismus‹. Eine Theorie der Gerechtigkeit, Frankfurt 1988. B. G.

Ethik, evolutionäre, Bezeichnung für verschiedenartige Forschungsprogramme und Theorien, durch die die Relevanz soziobiologischer (↑Soziobiologie) Erkenntnisse für die Praktische Philosophie (↑Philosophie, praktische) nachgewiesen werden soll. Das zurückhaltendste Programm einer so genannten e.n E. ist kulturphilosophisch angelegt und widmet sich der ↑Erklärung (↑Genese) menschlicher Sitten und Gebräuche aus biologischer Sicht. Wie inzwischen auch Anhänger einer e.n E. (etwa F. M. Wuketits) zugestehen, sollte diese Art der Beschäftigung mit dem Ethos eigentlich nicht als ↑Ethik bezeichnet werden. Von den weitreichendsten Projekten einer e.n E. (etwa bei E. O. Wilson) wird hingegen der Anspruch vertreten, daß diese die Stelle der traditionellen philosophischen Ethik einnehmen solle. Alle Begriffe einer e.n E. scheitern jedoch – wie schon der historische ↑Sozialdarwinismus – daran, daß der Versuch der Rechtfertigung moralischer Normen (↑Norm (handlungstheoretisch, moralphilosophisch)) durch den bloßen Verweis auf wissenschaftliche Tatsachen einen naturalistischen Fehlschluß (↑Naturalismus (ethisch)) begeht. Interessanter sind Varianten einer e.n E. von mittlerer Reichweite. So sieht M. Ruse in soziobiologischen Erkenntnissen eine Stütze für den metaethischen (↑Metaethik) ↑Skeptizismus, der durch eine desillusionierende Erklärung der Herkunft moralischer Intuitionen bestimmte Formen des metaethischen ↑Kognitivismus in Frage stellt. Verbreitet ist in diesem Zusammenhang die Ansicht (sowohl bei Wilson als auch bei Ruse), eine aufgeklärte Ethik könne – im Anschluß an die Theorie des ↑Gesellschaftsvertrags von T. Hobbes und an die moderne ↑Spieltheorie – moralische Vorschriften nur als zweckrationales (↑Zweckrationalität) Instrument zur Interessenbefriedigung kluger Egoisten (↑Egoismus) akzeptieren. Dabei wird häufig übersehen, daß auch eine solche Handlungsempfehlung einer ↑Rechtfertigung (↑Geltung) bedarf und sich nicht ›natürlicherweise‹ aus einer Position ergibt, die die Möglichkeit solcher Rechtfertigungen gerade bestreitet.

Einzelne Elemente der aus der Spieltheorie abgeleiteten Methoden und Begriffe können durchaus beachtenswerte Hilfsmittel für die Praktische Philosophie bereitstellen. Dabei ist insbes. an das Modell ›evolutionär stabiler Strategien‹ (J. Maynard Smith) zu denken, das es erlaubt, die Stabilität eines sozialen Systems aus einer neuen Perspektive in ihrer Bedeutung zu würdigen. Hier zeichnet sich allerdings auch schon ab, daß soziobiologische Erkenntnisse weniger für die Ethik im engeren Sinne als für die politische Philosophie (↑Philosophie, politische) und die Politikberatung relevant sind. Dies wird noch deutlicher bei der Frage nach den Grenzen des politisch Nötigen und Zumutbaren. Das in diesem Zusammenhang oft herangezogene Beispiel der Fremdenfeindlichkeit, die zum Teil aus einer evolutionstheoretisch erklärbaren, ›natürlichen‹ Nahbereichsorientierung erwächst, setzt die Versuche einer e.n E. oft dem Verdacht einer Parteinahme für reaktionäre politische Positionen aus. Eine wohlverstandene e. E. sucht aber nicht bestimmte politische Ziele biologistisch (↑Biologismus) zu rechtfertigen, sondern weist eher auf bestimmte Hindernisse bei der Durchsetzung wünschenswerter politischer Reformen hin. Dies kann dann etwa (wie bei R. Dawkins) zur Folge haben, daß angesichts großer ›natürlicher‹ Hindernisse gerade verstärkte kulturelle (↑Kultur) Erziehungs- und Reformanstrengungen gefordert werden.

Literatur: L. Arnhart, Darwinian Natural Right. The Biological Ethics of Human Nature, Albany N. Y. 1998; K. Bayertz, Evolution und Ethik. Größe und Grenzen eines philosophischen Forschungsprogramms, in: ders. (ed.), Evolution und Ethik, Stuttgart 1993, 7–36; M. Bradie, The Secret Chain. Evolution and Ethics, Albany N. Y. 1994; S. M. Daecke/C. Bresch (eds.), Gut und Böse in der Evolution. Naturwissenschaftler, Philosophen und Theologen im Disput, Stuttgart 1995; P. Danielson (ed.), Modeling Rationality, Morality, and Evolution, New York/Oxford 1998; R. Dawkins, The Selfish Gene, Oxford/New York 1976, 1990 (dt. Das egoistische Gen, Berlin/Heidelberg/New York 1978, Reinbek b. Hamburg 1996, 2002; franz. Le gène égoïste, Paris 1978, 2003); E.-M. Engels, E. E., in: M. Düwell/C. Hübenthal/M. H. Werner (eds.), Handbuch Ethik, Stuttgart/Weimar 2002, 341–346; P. L. Farber, The Temptations of Evolutionary Ethics, Berkeley Calif. 1994, 1998; H. Flohr/W. Tönnesmann, Selbstverständnis und Grundlagen von Biopolitics, in: dies. (eds.), Politik und Biologie. Beiträge zur Life-Sciences-Orientierung der Sozialwissenschaften, Berlin/Hamburg 1983, 11–30; M. Funken, Die wertlose Natur. Eine Bilanz der Diskussion um eine ›e. E.‹, Philos. Nat. 33 (1996), 119–141; A. Gewirth, How Ethical Is Evolutionary Ethics?, in: M. H. Nitecki/D. V. Nitecki (eds.), Evolutionary Ethics, Albany N. Y. 1993, 241–256; A. Gibbard, Human Evolution and the Sense of Justice, Midwest Stud. Philos. 7 (1982), 31–46; B. Gräfrath, E. E.? Philosophische Programme, Probleme und Perspektiven der Soziobiologie, Berlin/New York 1997; J. P. Hurd (ed.), Investigating the Biological Foundations of Human Morality, Lewiston N. Y. 1996; T. H. Huxley/J. Huxley, Evolution and Ethics. 1893–1943, London 1947, Nachdr. New York 1969; H. Kahane, Contract Ethics. Evolutionary Biology and the Moral Sentiments, Lanham Md./London 1995; P. Kitcher, Vaulting Ambition. Sociobiology and the Quest for Human Nature, Cambridge Mass./London 1985, 1990; H. Kliemt, Der avancierte Affe. Zur Rolle soziobiologischer und philosophischer Theorien über die menschliche Natur, Analyse & Kritik 16 (1994), 3–19; L. Krüger, Ethics According to Nature in the Age of Evolutionary Thinking?, Grazer Philos. Stud. 30 (1987), 25–42; C. J. Lumsden/E. O. Wilson, Genes, Mind, and Culture. The Coevolutionary Process, Cambridge Mass./London 1981; J. L. Mackie, The Law of the Jungle. Moral Alternatives and Principles of Evolution, Philosophy 53 (1978), 455–464; H. Mohr, Natur und Moral. Ethik in der Biologie, Darmstadt 1987, 1995; J. G. Murphy, Evolution, Morality, and the Meaning of Life, Totowa N. J. 1982; T. Nagel, Ethics as an Autonomous Theoretical Subject, in: G. S. Stent (ed.), Morality as a Biological Phenomenon, Berlin 1978, 221–231, mit Untertitel: The Presuppositions of Sociobiological Research, Berkeley Calif./Los Angeles/London 1980, 196–205, ferner unter dem Titel: Ethics without Biology, in: ders., Mortal Questions, Cambridge etc. 1979, 1996, 142–146 (dt. Ethik ohne Biologie, in: ders., Über das Leben, die Seele und den Tod, Königstein 1984, 162–166, ferner in: ders., Letzte Fragen, Bodenheim b. Mainz, Darmstadt 1996, 201–206); G. Patzig, Verhaltensforschung und Ethik, Neue Dt. Hefte 31 (1984), 675–686; L. F. Petrinowich, Human Evolution, Reproduction and Morality, Cambridge Mass. 1998; R. J. Richards, A Defense of Evolutionary Ethics, Biology and Philos. 1 (1986), 265–293; H. Rolston, Genes, Genesis and God. Values and Their Origins in Natural and Human History, Cambridge/New York 1999; M. Ruse, Sociobiology. Sense or Nonsense?, Dordrecht/Boston Mass./Lancaster Pa. 1979, ²1985; ders., Taking Darwin Seriously. A Naturalistic Approach to Philosophy, Oxford/New York 1986, 1989, Amherst N. Y. 1998; ders./E. O. Wilson, Moral Philosophy as Applied Science, Philos. 61 (1986), 173–192; P. Singer, The Expanding Circle. Ethics and Sociobiology, New York 1981, Oxford 1983; J. M. Smith, Evolution and the Theory of Games, Cambridge/New York 1982, 1997; E. Sober, Evolution and Ethics, REP III (1998), 472–476; N. Tennant, Evolutionary v. Evolved Ethics, Philos. 58 (1983), 289–302; P. Thompson, Issues in Evolutionary Ethics, Albany N. Y. 1995; C. Vogel, Gibt es eine natürliche Moral? Oder: wie widernatürlich ist unsere Ethik?, in: H. Meier (ed.), Die Herausforderung der Evolutionsbiologie, München/Zürich 1988, ³1992, 193–219; G. Vollmer, Über die Möglichkeit einer e.n E., Conceptus 20 (1986), H. 49, 51–68; B. Voorzanger, No Norms and No Nature – The Moral Relevance of Evolutionary Biology, Biology and Philos. 2 (1987), 253–270; W. Vossenkuhl, Die Unableitbarkeit der Moral aus der Evolution, in: P. Koslowski/P. Kreuzer/R. Löw (eds.), Die Verführung durch das Machbare. Ethische Konflikte in der modernen Medizin und Biologie, Stuttgart 1983, 141–154; R. Wesson/P. A. Williams (eds.), Evolution and Human Values, Amsterdam/Atlanta Ga. 1995; P. Williams, Evolved Ethics Re-Examined. The Theory of Robert J. Richards, Biology and Philos. 5 (1990), 451–457; E. O. Wilson, On Human Nature, Cambridge Mass./London 1978, London/New York 1995, Cambridge Mass./London 2001 (dt. Biologie als Schicksal. Die soziobiologischen Grundlagen menschlichen Verhaltens, Frankfurt 1978, 1980); R. Wright, The Moral Animal. Evolutionary Psychology and Everyday Life, New York, London 1994, London 1995, 1997 (dt. Diesseits von Gut und Böse. Die biologischen Grundlagen unserer Ethik, München 1996); F. M. Wuketits, Die E. E. und ihre Kritiker. Versuch einer Metakritik, in: W. Lütterfelds/T. Mohrs (eds.), E. E. zwischen Naturalismus und Idealismus. Beiträge zu einer modernen Theorie der Moral, Darmstadt 1993, 208–234; ders., Verdammt zur Unmoral? Zur Naturgeschichte von Gut und Böse, München/Zürich 1993. B. G.

Ethik, formale (engl. formal ethics), von I. Kant in die theoretische ↑Ethik eingeführte Charakterisierung solcher ↑normativer Ethiken (↑Ethik, normative), für deren ↑Prinzipien die normative Geltung ↑a priori, insbes. ohne Bezugnahme auf die Zwecksetzungen der Individuen, begründbar ist: »Praktische Principien sind *formal*, wenn sie von allen subjectiven Zwecken abstrahieren; sie sind aber *material*, wenn sie diese, mithin gewisse Triebfedern zum Grunde legen« (Grundl. Met. Sitten, Akad.-Ausg. I/4, 427). ↑Formale Prinzipien gelten für Kant damit zugleich objektiv (und nicht bloß auf Grund subjektiver oder historisch-kontingenter Bedingungen) und absolut (und nicht bloß relativ auf bestimmte Handlungsumstände und Neigungen des Handelnden); sie sind ↑kategorisch (und ordnen nicht bloß nach Art der hypothetischen Imperative eine Handlung als Mittel einem Zweck zu) und von strenger Allgemeinheit (und gelten nicht bloß für bestimmte Teilklassen der moralischen Subjekte). Das Paradigma eines solchen Prinzips bildet der von Kant selbst formulierte Kategorische Imperativ (↑Imperativ, kategorischer), dessen Formel er allein ›aus dem Begriff‹ eines kategorischen Imperativs herleiten will, dessen faktische Geltung er ›aus dem Begriff‹ des Willens eines vernünftigen Wesens im Sinne eines synthetischen Satzes a priori und damit als Faktum der autonomen praktischen Vernunft aufgewiesen zu haben beansprucht (↑Autonomie, ↑Vernunft, praktische). Da beim Aufweis der normativen Gültigkeit dieses Imperativs nicht auf Eigenschaften der Handelnden (etwa deren Neigungen) oder der Handlung (etwa deren Folgen) rekurriert wird, soll der Kategorische Imperativ Verbindlichkeit für alle ›vernünftigen Wesen‹ mit ›praktisch-unbedingter Notwendigkeit‹ beanspruchen können.

Eine breite Linie der kritischen Auseinandersetzung mit der Ethik Kants setzt gerade an dessen Bemühen an, den Kategorischen Imperativ als ein (im kantischen Sinne) formales Prinzip zu gewinnen, und fordert, den als ›abstrakt‹ und ›lebensfern‹, ›unterbestimmt‹ oder gar ›inhaltslos‹ wahrgenommenen ›bloßen Formalismus‹ durch materiale Bestimmungen zu ergänzen oder zu ersetzen. Seine klassische Formulierung findet dieser Einwand bei G. W. F. Hegel (Phänom. des Geistes, Sämtl. Werke II, 327–334, 459–516), wonach Kant bei dem Versuch, den Kategorischen Imperativ allein aus der praktischen Vernunft zu bestimmen und dabei von allen Neigungen des Handelnden abzusehen, nur deren

Selbstgewißheit zum Kriterium der Moralität habe erheben können. Aus einer solchen ›inhaltlosen Identität‹ (Rechtsphilos., Sämtl. Werke VII, 193–195 [§ 135]) ließe sich jedoch keine oder vielmehr jede beliebige materiale Norm rechtfertigen. Die Kritik der Vertreter der materialen ↑Wertethik (insbes. M. Scheler und N. Hartmann) setzt an bei Kants Unterstellung, die erforderliche apriorische Begründung der Prinzipien und damit deren objektive und absolute Geltung sei nur auf dem Wege der (formalen) Bestimmung allein aus der Vernunft zu gewinnen. Im Ausgang von der Intentionalität der Empfindungen sei in phänomenologischer Fundierung ein von menschlichen Wertungen unabhängiges Reich materialer und objektiver und absolut verbindlicher Werte zu bestimmen, das den Handelnden durch ›Wertfühlen‹ oder Intuition zugänglich wäre. Wie sich bereits in Attributionen wie ›inhaltsarm‹ oder ›lebensfern‹ dokumentiert, ist die Kritik an der f.n E. Kants zum Teil einer semantischen Unschärfe geschuldet: Neben der Verwendung im Sinne der terminologischen Einführung Kants, mit der unterschieden wird zwischen Strategien zum *Aufweis der normativen Verbindlichkeit* ethischer Prinzipien mit Blick auf die dabei herangezogenen Gründe, findet sich in den Debatten das Prädikatorenpaar ›formal‹ und ›material‹ auch verwendet, um die *semantischen Gehalte* der Prinzipien selbst zu charakterisieren: Eine Ethik heißt danach *material*, wenn die von ihr (etwa mit Blick auf spezifische Eigenschaften der Handlung selbst [↑Deontologie]) ausgezeichneten Normen (↑Norm (handlungstheoretisch, moralphilosophisch)) so formuliert sind, daß die Frage nach dem moralischen Status einer Handlung sich bereits durch bloße Subsumption entscheiden läßt (›Jeder Vollzug von Töten ist verboten. Diese Handlung ist ein Vollzug von Töten. Diese Handlung ist verboten‹) oder etwa für die Wahl zwischen Handlungsoptionen eine ↑Axiologie vorgegeben ist. Normformulierungen materialer Ethiken enthalten mithin Konstanten für die (Typen von) Handlungen, die geboten, verboten oder erlaubt sind (im Beispiel: ›Töten‹) bzw. für die zu realisierenden Werte (↑Wert (moralisch)). *Formal* werden hingegen solche Ethiken genannt, die für die Auszeichnung moralischer Handlungen oder moralisch gültiger Normen allgemeine Kriterien formulieren, in denen (Mengen) gültige(r) Normen im Rückgriff auf deren strukturelle Eigenschaften wie z. B. Universalisierbarkeit (↑Universalisierung), innere Konsistenz (↑widerspruchsfrei/Widerspruchsfreiheit) oder Kohärenz (↑kohärent/Kohärenz) bestimmt werden oder die moralische Qualifizierung einer Handlung abhängig gemacht wird vom Bestehen bestimmter Relationen, etwa zwischen den Folgen der Handlung und den Präferenzen oder Zwecksetzungen der Handelnden oder der von der Handlung Betroffenen. Auch nach diesem Kriterium ist der Kategorische Imperativ als formales Prinzip zu charakterisieren, ebenso aber – anders als nach der terminologischen Bestimmung Kants – auch die Goldene Regel (↑Regel, goldene) oder Varianten des (von J. Bentham gerade im Rückgriff auf anthropologische Thesen gerechtfertigten) Utilitätsprinzips (›Wähle in jeder Situation aus dem Spektrum der Handlungsoptionen stets diejenige, die den größten Nutzen für die größte Zahl verwirklicht‹, ↑Utilitarismus). Unabhängig von den gewählten Strategien zum (gegebenenfalls apriorischen und absoluten) *Aufweis der Verbindlichkeit* solcher Prinzipien (einschließlich des Kategorischen Imperativs) wird deren adäquate *Anwendung* zum Zwecke der moralischen Handlungsauszeichnung empirisches Wissen über die handelnden Individuen, die Handlungsumstände und/oder die Erwünschtheit der Handlungsfolgen seitens des Handelnden und der etwaigen anderen Betroffenen voraussetzen. Unter Heranziehung solchen Wissens sind dann aus den (im nicht-kantischen Sinne) formalen Prinzipien materiale Normen zu ermitteln.

Literatur: L. W. Beck, A Commentary on Kant's »Critique of Practical Reason«, Chicago Ill./London 1960, [4]1966, 1996 (dt. Kants »Kritik der Praktischen Vernunft«. Ein Kommentar, München 1974, 1995); M. Forschner, F. E. – Materiale Ethik, in: O. Höffe (ed.), Lexikon der Ethik, München [2]1980, 60, [3]1986, 60–61, [4]1992, 68–69; J. G. Greiner, Formale Gesetzes-Ethik und materiale Wert-Ethik. Eine kritische Untersuchung des Prinzipienproblems in der Ethik, Heidelberg 1932; N. Hartmann, Ethik. Berlin 1926, [4]1962 (engl. Ethics, I–III, London 1932, 2002); B. Herman, The Practice of Moral Judgment. Cambridge Mass. 1993; T. E. Hill Jr., Dignity and Practical Reason in Kant's Moral Theory, Ithaca N. Y. etc. 1992; H. Köhl, Kants Gesinnungsethik, Berlin/New York 1990; O. O'Neill, Constructions of Reason. Explorations of Kant's Practical Philosophy, Cambridge etc. 1989, 1990, bes. 81–162; dies., Kantian Ethics, in: P. Singer (ed.), A Companion to Ethics, Oxford/Cambridge Mass. 1991, 1997, 175–185; G. Patzig, Ethik ohne Metaphysik, Göttingen 1971, [2]1983; W. D. Ross, The Right and the Good, Oxford etc. 1930, Indianapolis Ind. 1988; M. Scheler, Der Formalismus in der Ethik und die materiale Wertethik. Mit besonderer Berücksichtigung der Ethik Immanuel Kants, Jb. Philos. phänomen. Forsch. 1 (1913), 405–565, 2 (1916), 21–478, separat mit Untertitel: Neuer Versuch der Grundlegung eines ethischen Personalismus, Halle [2]1921, [3]1927, Neudr. als: ders., Gesammelte Werke II, ed. M. Scheler, Bern [4]1954, ed. M. S. Frings, Bonn [7]2000 (engl. Formalism in Ethics and Non-Formal Ethics of Values. A New Attempt Toward the Foundation of an Ethical Personalism, Evanston Ill. 1973); J. Schmucker, Der Formalismus und die materialen Zweckprinzipien in der Ethik Kants, in: J. B. Lotz (ed.), Kant und die Scholastik heute, Pullach 1955, 155–205; G. J. Warnock, The Object of Morality, London 1971, 1976, bes. 53–93; weitere Literatur: ↑Ethik, angewandte. G. K.

Ethik, materiale, ↑Wertethik.

Ethik, medizinische, zusammenfassende Bezeichnung für den Teilbereich der ↑Bioethik, der sich denjenigen Problemen der Handlungsorientierung widmet, die sich aus der medizinischen Praxis und der medizinbezogenen Forschung ergeben. Regeln für den moralisch korrekten Vollzug ärztlicher Handlungen, ärztliche (Standes-)Moralen, finden sich bereits in den alten Hochkulturen. Seit der griechischen Antike ist die ärztliche Tätigkeit auch Gegenstand philosophischer Betrachtungen im Sinne einer ethischen Reflexion. Im 20. Jh. läßt sich eine Entwicklung von der Beschäftigung mit den ärztlichen Standesmoralen hin zur Ausbildung einer m.n E., der ethischen Reflexion des komplexen Geflechtes medizinischer Handlungen in Forschung und Praxis, beobachten. Ursächlich hierfür waren das Versagen der traditionellen Standesmoral während der Zeit des Nationalsozialismus und der durch weitreichende medizinisch-technische Entwicklungen und gesellschaftliche Umwälzungen seit den 60er Jahren des 20. Jhs. neu entstandene Orientierungsbedarf.

Die m. E. ist weniger mit der Entwicklung und der Prüfung allgemeiner ethischer ↑Prinzipien (↑Ethik) und Auszeichnungsprozeduren beschäftigt als vielmehr mit der Anwendung dieser Prinzipien und der Gestaltung solcher Prozeduren für spezifische Fragestellungen. Sie stellt somit einen Teilbereich der Angewandten Ethik (↑Ethik, angewandte) dar. Medizinische Praxis und Forschung sind auf vielfältige Weise in betreuerische, wissenschaftliche, ökonomische, politische etc. Handlungszusammenhänge eingebettet. Soll die m. E. als angewandte Ethik zur argumentativen Bewältigung von ↑Konflikten zwischen den unterschiedlichen an der medizinischen Praxis und Forschung beteiligten Akteuren (Arzt, Patient, Versichertengemeinschaft, pharmazeutische Industrie etc.) beitragen, dann sind hierfür vielfach eine Rekonstruktion der einschlägigen Handlungszusammenhänge und eine präzisierende Bestimmung der dafür verwendeten Begrifflichkeiten notwendig. Zu nennen sind hier unter anderem Überlegungen zur Medizin als praktischer ↑Wissenschaft und zu Struktur und Veränderung des Arzt-Patient-Verhältnisses sowie Analysen des Krankheits- und Gesundheitsbegriffes oder der Unterscheidung von Tun und Unterlassen (↑Unterlassung).

Für ihre ↑normativen Grundlagen greift die m.E. in der Regel auf in der ↑Ethik etablierte Konzeptionen zurück, insbes. auf tugendethische (↑Tugend), utilitaristische (↑Utilitarismus) oder kantische Ansätze. Daneben wird aber auch in manchen Konzeptionen der m.n E. ein genuines Herangehen an die spezifischen Fragestellungen gefordert, etwa unter Zurückweisung der ansonsten in der Ethik kaum umstrittenen Universalisierbarkeitsforderung (↑Universalisierung). Fallorientierte Theorien etwa gehen davon aus, daß nur die Untersuchung konkreter Einzelfälle eine adäquate Beurteilung medizinischer Handlungen ermöglicht. Beispielhaft ist hier die sogenannte ›ethics of care‹, die davon ausgeht, daß das emotionale Engagement des ›Ethikers‹ für das jeweils vorliegende moralische Problem bzw. den mit dem Problem konfrontierten Akteur den Kern einer angemessenen m.n E. darstellen müsse.

Für die m. E. zentral sind die Fragen, welche Entitäten (z. B. Embryonen, Neugeborene, Sterbende) aus moralischer Sicht schutzwürdig sind und welche Rechte und Pflichten den solchermaßen ausgezeichneten Entitäten zukommen (sollen). Die Wichtigkeit, die diesen Fragen zugemessen wird, spiegelt sich in der zentralen Stellung, den der Begriff der ↑Autonomie in der m.n E. einnimmt – wobei festzustellen ist, daß der Begriff in sehr unterschiedlicher, häufig unterbestimmter (↑Unterbestimmtheit) Weise verwendet wird. Darüber hinaus wird diskutiert, welche Folgen ein ›Überschreiten‹ von als ›natürlich‹ empfundenen Grenzen zwischen Leben und Tod durch medizinisch-technische Entwicklungen (Reproduktionsmedizin, Sterbehilfe) für das Selbstbild des Menschen und sein Zusammenleben haben könnte (↑Anthropologie, ↑Dammbruchargument). Gemäß einer naheliegenden Einteilung lassen sich die Debattenkreise der m.n E. folgendermaßen gruppieren:

(1) In Debatten wie derjenigen um die moralische Zulässigkeit der Abtreibung (und ihr vorausgehender [genetischer] Diagnostik), der Früh-Euthanasie bei geschädigten Neugeborenen und anderen Fragen am Beginn des Lebens stellt sich die Frage, wann menschliches ↑Leben beginnt und in welchem Ausmaß es geschützt werden sollte. Als Maßstab für die Schutzwürdigkeit menschlichen Lebens werden dabei unter anderem die Gattungszugehörigkeit und bestimmte Fähigkeiten (etwa diejenige ›zu empfinden‹, ›zu leiden‹, ›zu handeln‹) diskutiert. Neben der grundsätzlichen Zulässigkeit derartiger medizinischer Handlungen werden auch mögliche gesellschaftliche Folgen dieser Handlungen wie etwa eugenische Entwicklungen thematisiert.

(2) Hinsichtlich des Endes des Lebens stehen Fragen im Vordergrund, die das Selbstbestimmungsrecht (↑Autonomie) von Patienten betreffen bzw. die Entscheidungsfindung bei solchen Patienten thematisieren, die ihr Selbstbestimmungsrecht nicht (mehr) ausüben können. Zu nennen sind hier etwa Fragen nach der moralischen Akzeptabilität des Therapieabbruchs oder der Sterbehilfe. Auch in diesem Zusammenhang nimmt die Diskussion möglicher moralischer Folgelasten breiten Raum ein – etwa im Zusammenhang mit der Befürchtung, daß medizinische Entscheidungsfindungsprozesse für einen Therapieverzicht oder die Einleitung einer aktiven Sterbehilfe durch Wirtschaftlichkeits-Erwägungen beeinflußt werden könnten.

(3) Verursacht durch strukturelle Probleme der kollektiv organisierten Gesundheitsversorgung hat die Allokation von Ressourcen in der medizinischen Praxis verstärkte Aufmerksamkeit gefunden. Neben Fragen nach dem moralisch geforderten Umfang der medizinischen Ver-

sorgung stehen in diesem Zusammenhang Fragen nach Prozeduren für die Verteilung (↑Gerechtigkeit) medizinischer Leistungen im Vordergrund.

(4) Bedingt durch biologische Besonderheiten des Menschen können die Entwicklung neuartiger medizinischer Behandlungsverfahren und die Überprüfung der präventiven, diagnostischen und therapeutischen Qualität dieser Verfahren nur in Ausnahmefällen ohne *Forschung am Menschen* durchgeführt werden. Als Kriterien für die Abwägung der moralischen Zulässigkeit derartiger Forschungen werden unter anderem die informierte Einwilligung des Probanden in diese Forschung, der Nutzen bzw. Schaden für den Probanden und in gewissen Grenzen auch der Nutzen für diejenigen, die künftig von dieser Forschung profitieren könnten, herangezogen. Problematisch ist die Abwägung in denjenigen Fällen, in denen die Kriterien nur schwer im konkreten Falle mit Inhalt gefüllt werden können – etwa wenn es um die ›informierte Einwilligung‹ (›informed consent‹) bei Demenzkranken oder Kindern geht.

(5) Die Erkenntnisse der modernen *Biowissenschaften* bieten zahlreiche Handlungsoptionen, deren Vielfalt und Folgenreichtum nur schwer abzusehen ist. Zu nennen sind etwa: genetische Diagnostik, Gentherapie oder Embryonenforschung (unter anderem therapeutisches und reproduktives Klonen). Die Brisanz der gesellschaftlichen Debatte um die Anwendung der Ergebnisse der Biowissenschaften beruht vor allem darauf, daß bislang als unumstößlich und ›natürlich‹ geltende Grenzen fallen (reproduktives Klonen), daß die Eingriffsmöglichkeiten gentechnischer Manipulationen für besonders weitgehend gehalten werden (wenn etwa durch eine Keimbahnintervention das Genom aller Nachfahren des Behandelten betroffen ist und dadurch in unklarem Ausmaß die Fähigkeit, ein selbstbestimmtes Leben zu führen eingeschränkt ist (↑Determinismus)) oder daß befürchtet wird, daß als moralisch inakzeptabel eingestufte, gezielte Veränderungen im ›Design‹ des Menschen in zukünftigen Gesellschaften alltägliche Praxis werden könnten (Eugenik). Unabhängig von der moralischen Bewertung dieser Handlungsoptionen ist eine realistische, auf bewährte prognostische Verfahren (↑Prognose) gestützte Einschätzung der Wahrscheinlichkeit des Eintretens solcher Folgeszenarien zu geben. Hier sieht sich die medizinethische Debatte nicht selten dem Vorwurf ausgesetzt, daß auch bei günstiger Entwicklung der biowissenschaftlichen Forschung ein Teil der befürchteten bzw. erhofften Handlungsmöglichkeiten wie etwa die gezielte Veränderung von physischen und psychischen Merkmalen aus medizinisch-technischen Gründen nicht möglich sein wird.

(6) Der Bedarf an gesellschaftlich wirksamen Regulierungen bezüglich der medizinischen Praxis und Forschung hat in den letzten Jahren zu einer verstärkten Untersuchung von Möglichkeiten der Prozeduralisierung, Kodifizierung und Institutionalisierung der m.n E. geführt. Dabei stehen Probleme im Vordergrund, die dadurch entstehen, daß einerseits derartige Prozeduren und Institutionen ohne die umfangreiche Einbeziehung von Experten nicht auskommen können, andererseits die Frage nach einer angemessenen Partizipation von Laien, also die Frage nach der Legitimation dieser Prozeduren und Institutionen, geklärt werden muß.

Literatur: J. S. Ach/M. Quante (eds.), Hirntod und Organverpflanzung. Ethische, medizinische, psychologische und rechtliche Aspekte der Transplantationsmedizin, Stuttgart-Bad Cannstatt 1997, erw. [2]1999; J. S. Ach/M. Anderheiden/M. Quante, Ethik der Organtransplantation, Erlangen 2000; N. Agar, Liberal Eugenics, Public Affairs Quart. 12 (1998), 137–155; C. R. Bartram u. a., Humangenetische Diagnostik. Wissenschaftliche Grundlagen und gesellschaftliche Konsequenzen, Berlin/Heidelberg/New York 2000; R. Baumann-Hölzle, Autonomie und Freiheit in der Medizin-Ethik. Immanuel Kant und Karl Barth, Freiburg/München 1999; H. M. Baumgartner u. a., Menschenwürde und Lebensschutz. Philosophische Aspekte, in: G. Rager (ed.), Beginn, Personalität und Würde des Menschen, Freiburg/München 1997, 1998, 161–242; T. L. Beauchamp/L. Walters (eds.), Contemporary Issues in Bioethics, Belmont Calif. 1978, [4]1995; T. L. Beauchamp/J. F. Childress, Principles of Biomedical Ethics, New York/Oxford, 1979, [5]2001; J. P. Beckmann (ed.), Fragen und Probleme einer m.n E., Berlin/New York 1996; ders. u. a., Xenotransplantation von Zellen, Geweben oder Organen. Wissenschaftliche Entwicklungen und ethisch-rechtliche Implikationen, Berlin/Heidelberg/New York 2000; W. Bender u. a. (eds.), Eingriffe in die menschliche Keimbahn. Naturwissenschaftliche und medizinische Aspekte. Rechtliche und ethische Implikationen, Münster 2000; U. Benzenhöfer, Der gute Tod? Euthanasie und Sterbehilfe in Geschichte und Gegenwart, München 1999; D. Birnbacher, Medizin-Ethik, Hannover 1986; ders., Tun und Unterlassen, Stuttgart 1995; ders. (ed.), Bioethik als Tabu? Toleranz und ihre Grenzen, Münster/Hamburg/London 2000; ders., Selektion von Nachkommen. Ethische Aspekte, in: J. Mittelstraß (ed.), Die Zukunft des Wissens. XVIII. Deutscher Kongress für Philosophie, Konstanz, 4.–8. Oktober 1999. Vorträge und Kolloquien, Berlin 2000, 457–471; A. Bondolfi, Ethisch Denken und moralisch Handeln in der Medizin. Anstösse zur Verständigung, Zürich 2000; K. Braun, Menschenwürde und Biomedizin. Zum philosophischen Diskurs der Bioethik, Frankfurt/New York 2000; F. Breyer/H. Kliemt/F. Thiele (eds.), Rationing in Medicine. Ethical, Legal, and Practical Aspects, Berlin etc. 2001; B. A. Brody, The Ethics of Biomedical Research. An International Perspective, New York etc. 1998; G. Brudermüller (ed.), Angewandte Ethik und Medizin, Würzburg 1999; A. E. Buchanan/D. W. Brock, Deciding for Others. The Ethics of Surrogate Decision Making. Cambridge/New York 1989, 1998; ders. u. a., From Chance to Choice. Genetics and Justice, Cambridge/New York 2000, 2001; R. Chadwick u. a. (eds.), The Ethics of Genetic Screening, Dordrecht/Boston Mass. 1999; E. Chargaff, Wenig Lärm um Viel. Bemerkungen zur genetischen Bastelsucht, in: ders., Unbegreifliches Geheimnis. Wissenschaft als Kampf für und gegen die Natur, Stuttgart 1980, 1988, 144–168; N. Daniels, Just Health Care, Cambridge/New York 1985, 2001; R. S. Downie (ed.), Medical Ethics, Dartmouth etc. 1996; M. Düwell/D. Mieth (eds.), Ethik in der Humangenetik. Die neueren Entwicklungen der genetischen

Frühdiagnostik aus ethischer Perspektive, Tübingen 1998, ²2000; M. Düwell/K. Steigleder (eds.), Bioethik. Eine Einführung, Frankfurt 2002; S. Eich/R. Pasch, Recht und Ethik der modernen Medizin. Auswahlbibliographie (Redaktionsschluß: 04. Mai 2000), Bonn 2000; D. v. Engelhardt, M. E., in: W. Korff/L. Beck/P. Mikat (eds.), Lexikon der Bioethik II, Gütersloh 1998, 647–663; E.-M. Engels (ed.), Biologie und Ethik, Stuttgart 1999; A. Eser/M. v. Lutterotti/P. Sporken (eds.), Lexikon Medizin, Ethik, Recht, Freiburg/Basel/Wien 1989, mit Untertitel: Darf die Medizin, was sie kann? Information und Orientierung, ²1992; R. R. Faden/T. L. Beauchamp, A History and Theory of Informed Consent, New York/Oxford 1986; A. Frewer/R. Winau (eds.), Grundkurs Ethik in der Medizin, I–II, Erlangen/Jena 1997; S. S. Gehlhaar (ed.), Neuere Beiträge zur Ethik von Medizin und moderner Biologie, Cuxhaven/Dartford 1998; B. Gert/C. M. Culver/K. D. Clouser, Bioethics. A Return to Fundamentals, New York etc. 1997; C. F. Gethmann/F. Thiele, Moral Arguments Against the Cloning of Humans, Poiesis and Praxis. Int. J. Ethics of Science and Technology Assessment 1 (2001), 35–46; R. Gillon (ed.), Principles of Health Care Ethics, Chichester etc. 1994, 1996; B. Gordijn/H. ten Have (eds.), Medizinethik und Kultur. Grenzen medizinischen Handelns in Deutschland und den Niederlanden, Stuttgart-Bad Cannstatt 2000; C. Götz, M. E. und katholische Kirche. Die Aussagen des päpstlichen Lehramtes zu Fragen der m.n E. seit dem Zweiten Vatikanum, Münster etc. 2000; S. Graumann, Die somatische Gentherapie. Entwicklung und Anwendung aus ethischer Sicht, Tübingen/Basel 2000; D. Groß (ed.), Zwischen Theorie und Praxis. Traditionelle und aktuelle Fragen zur Ethik in der Medizin, Würzburg 2000; B. Guckes, Das Argument der schiefen Ebene. Schwangerschaftsabbruch, die Tötung Neugeborener und Sterbehilfe in der medizinethischen Diskussion, Stuttgart etc. 1997; J. Habermas, Die Zukunft der menschlichen Natur. Auf dem Weg zu einer liberalen Eugenik?, Frankfurt 2001; H. Haker/D. Beyleveld (eds.), The Ethics of Genetics in Human Procreation, Aldershot 2000; J. Harris, The Value of Life, London/Boston Mass. 1985, 2000 (dt. Der Wert des Lebens. Eine Einführung in die m. E., Berlin 1995); R. Hegselmann/R. Merkel (eds.), Zur Debatte über Euthanasie. Beiträge und Stellungnahmen, Frankfurt 1991, 1992; H. Helmchen/R. Winau (eds.), Versuche mit Menschen in der Medizin, Humanwissenschaft und Politik, Berlin/New York 1986; H. Hepp/G. Brem (eds.), Klonen. Forschung und Ethik im Konflikt. Leopoldina-Meeting vom 26. bis 27. November 1999 in München, Heidelberg 2000; N. Hoerster, Abtreibung im säkularen Staat. Argumente gegen den § 218, Frankfurt 1991, 1995; ders., Neugeborene und das Recht auf Leben, Frankfurt 1995; ders., Sterbehilfe im säkularen Staat, Frankfurt 1998; L. Honnefelder/G. Rager (eds.), Ärztliches Urteilen und Handeln. Zur Grundlegung einer m.n E., Frankfurt/Leipzig 1994, 2001; J. S. Horner, Medical Ethics, History of, in: R. F. Chadwick (ed.), Encyclopedia of Applied Ethics III, San Diego Calif. etc. 1998, 165–175; S. Huber, Kritik der moralischen Vernunft. Peter Singers Thesen zur Euthanasie als Beispiel präferenz-utilitaristischen Philosophierens, Frankfurt etc. 1999; B. Irrgang, Grundriß der m.n E., München/Basel 1995; W. Kahlke/S. Reiter-Theil (eds.), Ethik in der Medizin, Stuttgart 1995; E. W. Keyserlingk, Medical Codes and Oaths, in: R. F. Chadwick (ed.), Encyclopedia of Applied Ethics III, San Diego Calif. etc. 1998, 155–163; W. Kirch/H. Kliemt, Rationierung im Gesundheitswesen, Regensburg 1996, 1997; Kirchenamt der Evangelischen Kirche in Deutschland/Sekretariat der Deutschen Bischofskonferenz (eds.), Gott ist ein Freund des Lebens. Herausforderungen und Aufgaben beim Schutz des Lebens. Gemeinsame Erklärung des Rates der Evangelischen Kirchen in Deutschland und der Deutschen Bischofskonferenz, Trier 1989, Gütersloh 1991; P. Kitcher, The Lives to Come, New York, London 1996, 1997 (dt. Genetik und Ethik. Die Revolution der Humangenetik und ihre Folgen, München 1998); W. Korff/L. Beck/P. Mikat (eds.), Lexikon der Bioethik, I–III, Gütersloh 1998; S. Kühl, Die Internationale der Rassisten. Aufstieg und Niedergang der internationalen Bewegung für Eugenik und Rassenhygiene im 20. Jahrhundert, Frankfurt 1997; A. Kuhlmann, Politik des Lebens, Politik des Sterbens. Biomedizin in der liberalen Demokratie, Berlin 2001; H. Kuhse/P. Singer, Should the Baby Live? The Problem of Handicapped Infants, Oxford/New York 1985, Aldershot 1994 (dt. Muß dieses Kind am Leben bleiben? Das Problem schwerstgeschädigter Neugeborener, Erlangen 1993); dies., The Sanctity-of-Life Doctrine in Medicine. A Critique, Oxford, New York etc. 1987 (dt. Die ›Heiligkeit des Lebens‹ in der Medizin. Eine philosophische Kritik, Erlangen 1994); dies./P. Singer, Individuals, Humans, Persons. Questions of Life and Death, Sankt Augustin 1994 (dt. Individuen, Menschen, Personen. Fragen des Lebens und Sterbens, Sankt Augustin 1999); dies. (eds.), A Companion to Bioethics, Oxford/Malden Mass. 1998; dies. (eds.), Bioethics. An Anthology, Oxford/Malden Mass. 1999; D. Lanzerath, Krankheit und ärztliches Handeln. Zur Funktion des Krankheitsbegriffs in der m.n E., Freiburg/München 2000; P. Lauritzen (ed.), Cloning and the Future of Human Embryo Research, Oxford etc. 2001; A. Leist (ed.), Um Leben und Tod. Moralische Probleme bei Abtreibung, künstlicher Befruchtung, Euthanasie und Selbstmord, Frankfurt 1990, 1992; S. Leone/S. Privitera (ed.), Dizionario di bioetica, Acireale/Bologna 1994; H. Lübbe, Anfang und Ende des Lebens. Normative Aspekte, in: ders. u. a., Anfang und Ende des Lebens als normatives Problem, Stuttgart 1988 (Akad. Wiss. u. Lit. in Mainz, Abh. Geistes- u. Sozialwiss. Kl. 1988/12), 5–26; M. N. Magin (ed.), Ethos und Logos in der Medizin. Das anthropologische Verhältnis von Krankheitsbegriff und m.r E., Freiburg/München 1981; J. A. McClung, Medical Ethics, in: J. K. Roth (ed.), International Encyclopedia of Ethics, London/Chicago Ill. 1995, 538–541; R. Merkel, Frühethanasie. Rechtsethische und strafrechtliche Grundlagen ärztlicher Entscheidungen über Leben und Tod in der Neonatalmedizin, Baden-Baden 2001; D. Mieth, Was wollen wir können? Ethik im Zeitalter der Biotechnik, Freiburg/Basel/Wien 2002; E. Nagel/C. Fuchs (eds.), Rationierung und Rationalisierung im deutschen Gesundheitswesen, Stuttgart/New York 1998; T. Pence, Ethics in Nursing. An Annotated Bibliography, New York 1983, ²1986; O. Riha, Ethik in der Medizin. Eine Einführung, Aachen 1998; W. Ruddick, Medical Ethics, in: L. C. Becker (ed.), Encyclopedia of Ethics II, New York/London 1992, 778–781; H.-M. Sass (ed.), Medizin und Ethik, Stuttgart 1989, 1999; H. Schäfer, M. E., Heidelberg 1983, ²1986; A. J. Schauer/H. L. Schreiber/Z. Ryn (eds.), Ethics in Medicine, Göttingen 2001; B. Schöne-Seifert, Medizinethik, in: J. Nida-Rümelin (ed.), Angewandte Ethik. Die Bereichsethiken und ihre theoretische Fundierung. Ein Handbuch, Stuttgart 1996, 552–648; dies./L. Krüger (eds.), Humangenetik. Ethische Probleme der Beratung, Diagnostik und Forschung, Stuttgart 1993; L. M. Silver, Remaking Eden. Cloning and Beyond in a Brave New World, New York 1997, London 1998, mit Untertitel: Cloning, Genetic Engineering and the Future of Humankind, London 1998, mit Untertitel: How Genetic Engineering and Cloning Will Transform the American Family, New York 1998 (dt. Das geklonte Paradies. Künstliche Zeugung und Lebensdesign im neuen Jahrtausend, München 1998); P. Singer, Rethinking Life and Death.

The Collapse of Our Traditional Ethics, Melbourne 1994, New York 1995 (dt. Leben und Tod. Der Zusammenbruch der traditionellen Ethik, Erlangen 1998); R. Smith, Medical Research, in: J. K. Roth (ed.), International Encyclopedia of Ethics, London/Chicago Ill. 1995, 541–545; J. C. Sournia, Médicale (Éthique), in: M. Canto-Sperber (ed.), Dictionnaire d'éthique et de philosophie morale, Paris ²1997, 947–952; R. Spaemann, Es gibt kein gutes Töten, in: ders./T. Fuchs, Töten oder Sterben Lassen. Worum es in der Euthanasiedebatte wirklich geht, Freiburg/Basel/Wien 1997, 1998, 12–30; B. Städtler-Mach (ed.), Ethik im Gesundheitswesen, Berlin etc. 1999; B. Steinbock (ed.), Killing and Letting Die, Englewood Cliffs N. J. 1980, (mit A. Norcross, eds.) New York ²1994, 1998; R. Stoecker, Der Hirntod. Ein medizinethisches Problem und seine moralphilosophische Transformation, Freiburg/München 1999; G. Stock/J. Campbell (eds.), Engineering the Human Germline. An Exploration of the Science and Ethics of Altering the Genes We Pass to Our Children, New York/Oxford 2000; L. Walters, Bibliography of Bioethics, Iff., Washington D. C., Detroit Mich. 1975 ff. [erscheint jährlich]; W. Wieland, Diagnose. Überlegungen zur Medizintheorie, Berlin/New York 1975; ders., Strukturwandel der Medizin und ärztliche Ethik. Philosophische Überlegungen zu den Grundfragen einer praktischen Wissenschaft, Heidelberg 1986; U. Wiesing (ed.), Ethik in der Medizin. Ein Reader, Stuttgart 2000; J.-P. Wils, Sterben. Zur Ethik der Euthanasie, Paderborn etc. 1999; G. Wolfslast/C. Conrads (eds.), Textsammlung Sterbehilfe, Berlin etc. 2001. – Arzt und Christ. Vierteljahresschr. f. medizinisch-ethische Grundsatzfragen, Ostfildern, Wien 1955–1992, unter dem Titel: Zeitschrift für m. E.. Wissenschaft, Kultur, Religion, Ostfildern 1993 ff.; Journal of Medical Ethics. The Journal of the Society for the Study of Medical Ethics, London 1975 ff.; Bioethics, Oxford 1987 ff.; Ethik in der Medizin. Organ der Akademie für Ethik in der Medizin, Göttingen etc. 1989 ff.; Medizin-Ethik. Jahrbuch des Arbeitskreises Medizinischer Ethik-Kommissionen in der Bundesrepublik Deutschland einschließlich Berlin (West), Stuttgart 1990 ff.; Developing World Bioethics, Oxford 2001 ff.. F. T.

Ethik, normative, seit Mitte des 20. Jhs. Bezeichnung für eine ethische Konzeption (↑Ethik), die sich einerseits gegen eine deskriptive ↑Metaethik, andererseits gegen eine empirisch fundierte Ethik richtet. Die damit implizierten Frontstellungen hängen eng mit der Entwicklung der Kritik der Möglichkeit einer (wissenschaftlichen) Ethik im Rahmen des Logischen Empirismus (↑Empirismus, logischer) zusammen. Nach der Sprachkonzeption von R. Carnap, die J. Jörgensen zu einem die Debatte lange Zeit bestimmenden ›Dilemma‹ verdichtet hat, kann es eine n. E. nicht geben, weil ↑normative Aussagen nicht wahr/falsch sein können; sie sind daher lediglich als subjektive Bekundungen ohne Möglichkeit einer Begründung bzw. Rechtfertigung zu verstehen. Mit der Überwindung dieser rigiden Sprachkonzeption, insbes. durch die durch R. M. Hare, G. H. v. Wright, P. Lorenzen und andere vorgenommene Erweiterung der Rationalitätskonzeption (↑Rationalität) – wonach die Grenzen des rational Ausweisbaren nicht mit der Domäne des Wahren/Falschen zusammenfallen –, ist die mit dem Ausdruck ›n. E.‹ implizierte Kritik gegenstandslos geworden. In der zeitgenössischen Ethikdebatte gilt weithin als anerkannt, daß sowohl die Ethik selbst, als auch die ihre Grundlage bildende Metaethik (die darum besser ↑Protoethik genannt werden sollte) als auch die konkreten Regeln der Handlungsorientierung (↑Ethik, angewandte) ›normativ‹ (↑Norm (handlungstheoretisch, moralphilosophisch)) sind.

Literatur: R. Carnap, Logische Syntax der Sprache, Wien 1934, Wien/New York 1968 (engl. [rev.] The Logical Syntax of Language, London/New York 1937, London 1949, 2000); R. M. Hare, The Language of Morals, Oxford 1952, ⁹1992 (dt. Die Sprache der Moral, Frankfurt 1972, 1997); ders., Practical Inferences, London 1971, London, Berkeley Calif. 1972; R. Hegselmann, Normativität und Rationalität. Zum Problem praktischer Vernunft in der Analytischen Philosophie, Frankfurt/New York 1979; J. Jörgensen, Imperatives and Logic, Erkenntnis 7 (1937/1938), 288–296; G. Kamp, Logik und Deontik. Über die sprachlichen Instrumente praktischer Vernunft, Paderborn 2001; P. Lorenzen/O. Schwemmer, Konstruktive Logik, Ethik und Wissenschaftstheorie, Mannheim/Wien/Zürich 1973, rev. 1975; G. H. v. Wright, Norm and Action. A Logical Inquiry, London 1963, 1977 (dt. Norm und Handlung. Eine logische Untersuchung, Königstein 1979, 1984); ders., Handlung, Norm und Intuition. Untersuchungen zur deontischen Logik, ed. H. Poser, Berlin/New York, 1977; ders., Normen, Werte und Handlungen, Frankfurt 1994; weitere Literatur: ↑Ethik, angewandte, ↑Imperativlogik, ↑Logik, deontische, ↑Protoethik. C. F. G.

Ethik, ökologische (engl. environmental ethics, franz. éthique de l'environnement), Bezeichnung für den Themenbereich der Angewandten Ethik (↑Ethik, angewandte), der die ↑normativen Probleme eines verantwortlichen Umgangs mit der den Menschen umgebenden und ihn in seinen Existenzmöglichkeiten bedingenden Natur umfaßt. Das Adjektiv ›ökologisch‹ ist mißverständlich, weil es sich scheinbar auf die Disziplin ›Ökologie‹ bezieht. Die ↑Ökologie als Teildisziplin der ↑Biologie ist jedoch eine erklärende Naturwissenschaft, die sich mit der Wechselwirkung von Organismen untereinander und mit ihrer Umwelt befaßt (vgl. W. Kuttler [ed.], Handbuch zur Ökologie, ²1995, 233). Der aus dem Englischen übernommene und auch im deutschsprachigen Raum inzwischen verbreitete Ausdruck ›ö. E.‹ spiegelt die im Englischen übliche sprachliche Konfundierung von Gegenstandsbereich und auf diesen bezogener wissenschaftlicher Disziplin (vgl. psychisch/psychologisch, technisch/technologisch) wider. Wenn man nicht zu einem Kunstausdruck wie ›ökische‹ Ethik greifen möchte, sollte man daher besser von ›Umweltethik‹ sprechen.

Anlaß für den Aufstieg der ö.n E. seit Beginn der 1970er Jahre sind die Diskussion über die Grenzen des Wachstums und der damit verbundene Zweifel am Konzept des wirtschaftlichen Wachstums als adäquaten Ausdrucks der Zunahme der Qualität des menschlichen Lebens (↑Lebensqualität). Lebenswissenschaftliche Einsichten in die Überforderung und Erschöpfung natürlicher Ressourcen erfordern nach diesen Diskussionen Handlungsgrenzen, die dort erreicht sind, wo durch die Ausdehnung technisch-ökonomischer Verfügungsmacht über die Natur die natürlichen Ressourcen, die Bedingungen für ein menschenwürdiges Leben sind, für derzeitige und künftige Generationen aufgezehrt werden. In der Entwicklung der menschlichen Zivilisation ist damit eine neue Phase erreicht, insofern der Mensch sein Leben nicht mehr durch ungezielte Expansion in die ihn umgebende Welt hinein sichert, sondern nur noch durch die Setzung und Einhaltung von Standards seine Situation verbessern kann. Solche Standards sind unter Einbeziehung der Lebensinteressen zukünftiger Generationen zu formulieren. Mit der ö.n E. sind daher von Anfang an Gesichtspunkte der Verantwortung für künftige Generationen (Langzeitverantwortung, Nachhaltigkeit) verbunden. Diese Fragestellungen dokumentieren, daß die normativen Grundlagen der ö.n E. durch die Bezugnahme auf allgemein einsichtige Moralprinzipien gerechtfertigt werden müssen, die in der ↑Ethik zu diskutieren sind. Die spezifischen normativen Orientierungen einer Umweltethik müssen dann unter Einbeziehung der funktionalen Existenzbedingungen komplexer Gesellschaften (einschließlich ökonomischer und sozialpolitischer Maximen) gewonnen werden.

Unterhalb der Ebene eines allgemeinen Naturverständnisses und Naturverhältnisses haben sich zwei Problemkreise von der allgemeinen Naturdiskussion abgelöst und weitgehend verselbständigt: die um den Artenschutz (↑Art) und die um Fragen der Tierethik (↑Bioethik).

Literatur: K.-O. Apel, The Ecological Crisis as a Problem for Discourse Ethics, in: A. Øfsti (ed.), Ecology and Ethics [...], Trondheim 1992, 219–260 (dt. [rev.] Die ökologische Krise als Herausforderung für die Diskursethik, in: D. Böhler [ed.], Ethik für die Zukunft. Im Diskurs mit Hans Jonas, München 1994, 369–404); S. J. Armstrong/R. G. Botzler (eds.), Environmental Ethics. Divergence and Convergence, New York etc. 1993, Boston Mass. ²1998; R. Attfield, The Ethics of Environmental Concern, Oxford, New York 1983, Athens Ga./London ²1991; ders., Environmental Ethics. Overview, in: R. F. Chadwick (ed.), Encyclopedia of Applied Ethics II, San Diego Calif. etc. 1998, 73–81; ders./A. Belsey (eds.), Philosophy and the Natural Environment, Cambridge etc. 1994; A. Auer, Umweltethik. Ein theologischer Beitrag zur ökologischen Diskussion, Düsseldorf 1984; C. Belshaw, Environmental Philosophy. Reason, Nature and Human Concern, Chesham 2001; D. Birnbacher (ed.), Ökologie und Ethik, Stuttgart 1980, 2001; ders., ›Natur‹ als Maßstab menschlichen Handelns, Z. philos. Forsch. 45 (1991), 60–76; ders., Mensch und Natur. Grundzüge der ö.n E., in: K. Bayertz (ed.), Praktische Philosophie. Grundorientierungen angewandter Ethik, Reinbek b. Hamburg 1991, 1994, 278–321; ders. (ed.), Ökophilosophie, Stuttgart 1997; ders., ö. E., EP II (1999), 979–981; G. Böhme, Natürlich Natur. Über Natur im Zeitalter ihrer technischen Reproduzierbarkeit, Frankfurt 1992, 1997; A. Brennan (ed.), The Ethics of the Environment, Aldershot 1995; ders., Environmental Ethics, REP III (1998), 333–336; A. Brenner, Ökologie-Ethik, Leipzig 1996; ders., Ökologie-Ethik, in: A. Pieper/U. Thurnherr (eds.), Angewandte Ethik. Eine Einführung, München 1998, 37–55; J. B. Callicott, In Defense of the Land Ethic. Essays in Environmental Philosophy, Albany N. Y. 1989; ders., Environmental Ethics, in: L. C. Becker (ed.), Encyclopedia of Ethics I, New York/London 1992, 311–315; ders., Earth's Insight. A Survey of Ecological Ethics from the Mediterranean Basin to the Australian Outback, Berkeley Calif./Los Angeles/London 1994; ders., Environnement/Éthique de l'environnement, in: M. Canto-Sperber (ed.), Dictionnaire d'éthique et de philosophie morale, Paris ²1997, 498–501; K. Eder, Die Vergesellschaftung der Natur. Studien zur sozialen Evolution der praktischen Vernunft, Frankfurt 1988 (engl. The Social Construction of Nature. A Sociology of Ecological Enlightenment, London 1996); R. Elliot (ed.), Environmental Ethics, Oxford etc. 1995; S. S. Epstein u. a., Environmental Ethics, in: W. T. Reich (ed.), Encyclopedia of Bioethics I, New York/London 1978, 379–399; C. F. Gethmann, Zur Ethik des umsichtigen Naturumgangs, in: P. Janich/C. Rüchardt (eds.), Natürlich, technisch, chemisch. Verhältnisse zur Natur am Beispiel der Chemie, Berlin/New York 1996, 27–46; ders., Umweltstandards. Grundlegungs- und Umsetzungsprobleme, in: P. Janich/P. C. Thieme/N. Psarros (eds.), Chemische Grenzwerte. Eine Standortbestimmung von Chemikern, Juristen, Soziologen und Philosophen, Weinheim 1999, 1–10; ders., Umweltprobleme und Globaler Wandel als Thema der Ethik in Deutschland, Bad Neuenahr-Ahrweiler 1996; E. C. Hargrove, Foundations of Environmental Ethics, Englewood Cliffs N. J. 1989; H.-J. Höhn, Umweltethik, in: W. Korff/L. Beck/P. Mikat (eds.), Lexikon der Bioethik III, Gütersloh 1998, 628–633; L. Honnefelder (ed.), Natur als Gegenstand der Wissenschaften, Freiburg/München 1992; ders., Welche Natur sollen wir schützen?, Gaia 2 (1993), 253–264; M. Huppenbauer, Theologie und Naturethik. Eine schöpfungstheologische Auseinandersetzung mit ethisch-normativen Ansätzen umweltverantwortlichen Handelns, Stuttgart/Berlin/Köln 2000; B. Irrgang, Christliche Umweltethik. Eine Einführung, München etc. 1992; J. R. des Jardins, Environmental Ethics. An Introduction to Environmental Philosophy, Belmont Calif. etc. 1993, ²1997; A. Krebs, Ö. E. I (Grundlagen und Grundbegriffe), in: J. Nida-Rümelin (ed.), Angewandte Ethik. Die Bereichsethiken und ihre Fundierung. Ein Handbuch, Stuttgart 1996, 346–385; dies. (ed.), Naturethik. Grundtexte der gegenwärtigen tier- und ökoethischen Diskussion, Frankfurt 1997; dies., Ethics of Nature. A Map. With a Foreword by Bernard Williams, Berlin/New York 1999; W. Kuttler (ed.), Handbuch zur Ökologie. Mit Beiträgen zahlreicher Fachgelehrter, Berlin 1993, ²1995; A. Leist, Ö. E. II (Gerechtigkeit, Ökonomie, Politik), in: J. Nida-Rümelin (ed.), Angewandte Ethik [s. o.], 386–456; A. Leopold, A Sand County Almanac [...], New York 1949, 1977, 1987 (dt. Am Anfang war die Erde. Plädoyer zur Umweltethik, München, Darmstadt 1992); F. Mathews, Ecological Philosophy, REP III (1998), 197–202; G. Meggle/K. P. Rippe/U. Wessels (eds.), Almanach der Praktischen Ethik. Forscher, Institutionen, Themen. Eine Bestandsaufnahme, Opladen 1992; K. M. Meyer-Abich, Wege zum Frieden mit der Natur, München 1984, 1986; ders., Aufstand für die Natur. Von der Umwelt zur Mitwelt, München 1990 (engl. Revolution for Nature. From the Environment to the Connatural World, London, Denton Tex.); J. Moltmann, Ö. E., TRE XXV (1995), 42–46; R. F. Nash, The Rights of Nature. A History of Environmental Ethics, Madison Wisc./London 1989; J. O'Neill, Ecology, Policy and Politics. Human Well-Being and the Natural

World, London, New York 1993; ders./R. K. Turner/J. J. Batesman, Environmental Ethics and Philosophy, Cheltenham/Northampton Mass. 2001; K. Ott, Ökologie und Ethik. Ein Versuch praktischer Philosophie, Tübingen 1993, ²1994; ders./M. Gorke (eds.), Spektrum der Umweltethik, Marburg 2000; C. Palmer, Environmental Ethics, Santa Barbara Calif./Denver Colo./Oxford 1997; J. Passmore, Man's Responsibility for Nature. Ecological Problems and Western Traditions, London, New York 1974, London ²1980; D. von der Pfordten, Ö. E.. Zur Rechtfertigung menschlichen Verhaltens gegenüber der Natur, Reinbek b. Hamburg 1996; K. Pinkau u. a., Umweltstandards. Grundlagen, Tatsachen und Bewertungen am Beispiel des Strahlenrisikos, Berlin/New York 1992 (Akademie der Wissenschaften zu Berlin, Arbeitsgruppe Umweltstandards, Forschungsbericht II), bes. 1–71; L. P. Pojman (ed.), Environmental Ethics. Readings in Theory and Application, Boston Mass. 1994, Belmont Calif./London ³2001; G. Pretzmann (ed.), Umweltethik. Manifest eines verantwortungsvollen Umgangs mit der Natur, Graz/Stuttgart 2001; K. D. Purdy, Environmental Ethics, in: J. K. Roth (ed.), International Encyclopedia of Ethics, London/Chicago Ill. 1995, 267–270; T. Regan, All that Dwell Therein. Animal Rights and Environmental Ethics, Berkeley Calif./Los Angeles/London 1982; ders. (ed.), Earthbound. New Introductory Essays in Environmental Ethics, Philadelphia Pa. 1984; F. Ricken, Anthropozentrismus oder Biozentrismus? Begründungsprobleme der ö.n E., Theologie u. Philos. 62 (1987), 1–21; H. Rolston III, Philosophy Gone Wild. Essays in Environmental Ethics, Buffalo N. Y. 1986, 1989; ders., Environmental Ethics. Duties to and Values in the Natural World, Philadelphia Pa. 1988; D. Scherer/T. Attig (eds.), Ethics and the Environment, Englewood Cliffs N. J. 1983; L. Siep, Bioethik, in: A. Pieper/U. Thurnherr (eds.), Angewandte Ethik. Eine Einführung, München 1998, 16–36; F. Stähli/F. Gassmann, Umweltethik. Die Wissenschaft führt zurück zur Natur, Aarau/Wien/Köln 2000; J. P. Sterba (ed.), Earth Ethics. Environmental Ethics, Animal Rights, and Practical Applications. Englewood Cliffs N. J. 1995; C. Streffer u. a., Umweltstandards. Kombinierte Expositionen und ihre Auswirkungen auf den Menschen und die Umwelt, Berlin etc. 2000, bes. 1–42; R. Sylvan/D. Bennett, Greening Ethics. From Anthropocentrism to Deep-Green-Theory, Cambridge, Tucson Ariz. 1994; C. Talbot, Deep Ecology, in: R. F. Chadwick (ed.), Encyclopedia of Applied Ethics I, San Diego Calif. etc. 1998, 747–753; P. W. Taylor, Respect for Nature. A Theory of Environmental Ethics, Princeton N. J. 1986, Princeton N. J./Oxford ²1989; G. M. Teutsch, Umweltethik, in: ders. (ed.), Lexikon der Umweltethik, Göttingen, Düsseldorf 1995, 108–117; D. VanDeVeer/C. Pierce (eds.), Environmental Ethics and Policy Book. Philosophy, Ecology, Economics. Belmont Calif. 1994, ²1998, ³2003; V. Vischer, Probleme der Umwelthethik. Individuum versus Institution – zwei Ansatzpunkte der Moral, Frankfurt/New York 1993; M. Vogt, Umwelt/Umweltschutz II (theologisch-ethisch), LThK X (2001), 371–373; W. Vossenkuhl, Ö. E.. Über den moralischen Charakter der Natur, Information Philos. 21 (1993), H. 1, 6–19; S. Wenz, Environmental Ethics Today, Oxford etc. 2001; M. Zimmerman u.a. (eds.), Environmental Philosophy. From Animal Rights to Radical Ecology, Englewood Cliffs N. J. 1993. C. F. G.

Ethik, teleologische (von griech. τέλος, Ziel, Zweck), klassifikatorische Bezeichnung für Varianten der ↑normativen ↑Ethik, für die die moralische Richtigkeit einer Handlung in besonderer oder sogar exklusiver Weise von ihrer Geeignetheit zur Erreichung eines bestimmten ↑Zweckes abhängig ist. C. D. Broad führte 1930 die Unterscheidung zwischen deontologischen (↑Ethik, deontologische) und teleologischen Ethiktypen ein und bestimmte letztere wie folgt: »Teleological theories hold that the rightness or wrongness of an action is always determined by its tendency to produce certain consequences which are intrinsically good or bad« (Five Types of Ethical Theory, 206–207). Die wichtigste teleologische Ethik ist die *utilitaristische* (↑Utilitarismus), die das allgemeine Glück (↑Glück (Glückseligkeit)) als zu maximierendes außermoralisches Gut ansieht. Weitere Unterteilungen ergeben sich aus der spezifischen Bestimmung des angezielten Glücks, das etwa der ↑Hedonismus als ↑Lust versteht. Neben monistischen treten pluralistische Theorien wie diejenige G. E. Moores auf, der auch die Verwirklichung idealer (etwa ästhetischer) Werte zu den anzustrebenden Zwecken rechnet. Der Utilitarismus läßt sich (etwa im Gegensatz zum ↑Egoismus) nicht nur partikularistisch, sondern auch universalistisch (↑Universalität (ethisch)) verstehen. Trotzdem wird ihm oft ein moralisch inakzeptabler *Konsequentialismus* (G. E. M. Anscombe, Modern Moral Philosophy, 1958) vorgeworfen, für den die Zwecke die Mittel heiligen. Andere Formen einer t.n E. sind diesem Einwand nicht ausgesetzt. So läßt sich der ↑Eudämonismus des Aristoteles im Sinne einer Tugendethik (↑Tugend) verstehen, die persönliche Vervollkommnung unabhängig von weiterreichenden Kosten/Nutzen-Kalkulationen für wertvoll hält.

Die Vielfalt und Bandbreite t.r E.en ist ebenso groß wie diejenige deontologischer Ethiken, so daß diese oft als grundlegend betrachtete Unterscheidung zu klassifikatorischen Zwecken kaum hinreichend ist. Auch wenn eine solche Unterscheidung sinnvoll ist, läßt sie sich jedenfalls nicht auf das einfache Kriterium zurückführen, daß die einen die Folgen einer Handlung berücksichtigen, die anderen nicht.

Literatur: G. E. M. Anscombe, Modern Moral Philosophy, Philos. 33 (1958), 1–19, Neudr. in: W. D. Hudson (ed.), The Is-Ought Question. A Collection of Papers on the Central Problem in Moral Philosophy, London 1969, 175–195, ferner in: dies., The Collected Philosophical Papers III, Minneapolis Minn. 1981, 26–42 (dt. Moderne Moralphilosophie, in: G. Grewendorf/G. Meggle [eds.], Seminar: Sprache und Ethik. Zur Entwicklung der Metaethik, Frankfurt 1974, 217–243); K. Baier, Ethics. Teleological Theories, in: W. T. Reich (ed.), Encyclopedia of Bioethics I, New York/London 1978, 417–421; C. D. Broad, Five Types of Ethical Theory, London/New York 1930, London 2001; C. M. Korsgaard, Teleological Ethics, REP IX (1998), 294–295; A. Leist, Die gute Handlung. Eine Einführung in die Ethik, Berlin 2000; R. G. Olsen, Teleological Ethics, Enc. Ph. VIII (1967), 88; G. E. Moore, Principia Ethica, Cambridge 1903, London/New York 1965, ed. T. Baldwin, Cambridge etc. 1993, 1996 (dt. Principia Ethica, Stuttgart 1970, B. Wisser, 1984, 1996); M. Morelli, Teleological Ethics, in: J. K. Roth (ed.), International Encyclopedia of Ethics, London/Chicago Ill. 1995, 860–861; P. Pettit, Consequentialism, in: P. Singer (ed.), A Companion to Ethics, Oxford/Cambridge Mass. 1991, 1997, 230–240; M. Slote, Teleological Ethics, in: L. C. Becker (ed.), Encyclopedia of Ethics II, New York/London 1992, 1235–1238; weitere Literatur: ↑Ethik, deontologische, ↑Utilitarismus. B. G.

Ethik, utilitaristische, ↑Utilitarismus.

Ethnomethodologie, in Anlehnung an die ↑Phänomenologie, insbes. an die Schriften von A. Schütz, und in Entgegensetzung zum Strukturfunktionalismus (↑Funktionalismus) entwickelte soziologische Konzeption, nach der die soziale Realität – d. s. die Regeln des Miteinanderhandelns, die für das Handeln relevanten Situationen, die ↑Rationalität des Handelns, Meinungen über die Regeln, Situationen und die Rationalität des Handelns (wie alle übrigen Bedingungen, Ursachen und Gründe für unser Handeln) – ein Erzeugnis von Sinnzuschreibungen ist. Die E. untersucht die Methoden und deren rationale Ordnung, d. i. die ↑Methodologie, mit denen die Mitglieder einer Gruppe, Gesellschaft oder Kultur ihr alltägliches Handeln und Reden, dessen Bedingungen, Ursachen und Gründe organisieren. Sie untersucht in diesem Sinne den ›ethnischen‹ Einsatz einer Methodologie zur Erzeugung der sozialen Realität.

Auch die traditionelle ↑Soziologie (die nur diese Erzeugnisse, nicht aber die Methoden und die Methodologie der Erzeugung untersucht) gehört für die E. zu den zu untersuchenden Methoden und Methodologien. Es gibt daher keinen Standpunkt außerhalb erzeugter sozialer Realitäten, den die Wissenschaften einnehmen könnten, um die soziale Welt zu objektivieren. Vielmehr sind auch die wissenschaftlichen Bemühungen Teil der ›ethnisch‹ (also von der jeweiligen Gruppe) beherrschten Methoden und Methodologien zur Realitätserzeugung, die wie diese von den in den jeweiligen Situationen geleisteten Sinnzuschreibungen abhängig und in diesem Sinne ›indexikalisch‹, situationskovariant, sind. Die E. ist bemüht, allgemeine Merkmale der Methoden und Methodologien zur Realitätserzeugung herauszufinden: neben deren Indexikalität z. B. deren Reflexivität, die darin besteht, daß eine handlungsbestimmende Sinnzuschreibung (wie die, daß jetzt eine bestimmte Situation besteht, daß eine Tätigkeit die Antwort auf ein bestimmtes Handeln gewesen sei usw.) durch das entsprechende Handeln bestätigt und allgemein für das Handeln der Gruppe stabilisiert wird. Insgesamt weist das Konzept der E. mehrere Differenzierungen auf, die durch ihre Hauptvertreter H. Garfinkel (den Inaugurator des Konzepts), A. Cicourel und, schon eher am Rande der E., E. Goffman charakterisierbar sind.

Literatur: A. V. Cicourel, Cognitive Sociology. Language and Meaning in Social Interaction, Harmondsworth 1973, New York 1974 (franz. La sociologie cognitive, Paris 1974; dt. Sprache in der sozialen Interaktion, München 1975); A. Coulon, L'ethnométhodologie, Paris 1987 (engl. Ethnomethodology, Thousand Oaks Calif. 1995); J. D. Douglas (ed.), Understanding Everyday Life. Toward the Reconstruction of Sociological Knowledge, Chicago Ill. 1970, London 1974; H. Garfinkel, Studies in Ethnomethodology, Englewood Cliffs N. J. 1967, Cambridge 1996; E. Goffman, Frame Analysis. An Essay on the Organization of Experience, New York/Cambridge Mass. 1974, Boston Mass. 1996 (dt. Rahmen-Analyse. Ein Versuch über die Organisation von Alltagserfahrungen, Frankfurt 1977, [5]2000); J. G. Juchem, Kommunikation und Vertrauen. Ein Beitrag zum Problem der Reflexivität in der E., Aachen 1988; H. Mehan/H. Wood, The Reality of Ethnomethodology, New York etc. 1975; W. J. Patzelt, Grundlagen der E.. Theorie, Empirie und politikwissenschaftlicher Nutzen einer Soziologie des Alltags, München 1987; G. Psathas (ed.), Phenomenological Sociology. Issues and Applications, New York 1973; ders., Ethnomethodology as a Phenomenological Approach in the Social Sciences, in: D. Ihde/R. M. Zaner (eds.), Interdisciplinary Phenomenology, The Hague 1977, 73–98; ders., Die Untersuchung von Alltagsstrukturen und das ethnomethodologische Paradigma, in: W. M. Sprondel/R. Grathoff (eds.), Alfred Schütz und die Idee des Alltags in den Sozialwissenschaften, Stuttgart 1979, 178–195; F. Schütze, Sprache soziologisch gesehen, I–II, München 1975; E. Weingarten/F. Sack/J. Schenkein (eds.), E.. Beiträge zu einer Soziologie des Alltagshandelns, Frankfurt 1976, [2]1979. – Alltagswissen, Interaktion und gesellschaftliche Wirklichkeit, I–II, ed. Arbeitsgruppe Bielefelder Soziologen, Reinbek b. Hamburg 1973, [5]1981 (I Symbolischer Interaktionismus und E., II Ethnotheorie und Ethnographie des Sprechens). O. S.

Eubulides von Milet, Mitte des 4. Jhs. v. Chr., griech. Philosoph und Schüler des Eukleides von Megara. E. gilt neben Zenon als Erfinder der ↑Fangschlüsse, so z. B. der ↑Lügner-Paradoxie; er führte die ↑Eristik in die Megarische Schule ein (↑Megariker). E. soll Aristoteles scharf, zum Teil persönlich angegriffen haben und in Bezug auf die Konvertierbarkeit partikularer bzw. universeller und verneinender bzw. bejahender Aussagen eine andere Position als Aristoteles vertreten haben.

Werke: Diog. Laert. II, 108–109.

Literatur: H. Barreau, Eubulide de Milet, in: D. Huisman (ed.), Dictionnaire des philosophes I, Paris 1984, 959–960; J. M. Bocheński, Ancient Formal Logic, Amsterdam 1951; K. Döring, E. aus Milet, DNP IV (1998), 211; ders., Sokrates, die Sokratiker und die von ihnen begründeten Traditionen. E. aus Milet, in: H. Flashar (ed.), Die Philosophie der Antike II/1 (Sophistik. Sokrates. Sokratik. Mathematik. Medizin), Basel 1998, 215–217; G. Giannantoni, Die Philosophenschule der Megariker und Aristoteles, in: K. Döring/T. Ebert (eds.), Dialektiker und Stoiker, Stuttgart 1993, 155–165; W. Kneale/M. Kneale, The Development of Logic, Oxford 1962; J. Moline, Aristotle, E. and the Sorites, Mind 78 (1969), 393–407; D. Sedley, E., in: S. Hornblower/A. Spawforth (eds.), The Oxford Classical Dictionary, Oxford/New York 1996, 563. M. G.

Eucken, Rudolf Christoph, *Aurich (Ostfriesland) 5. Jan. 1846, †Jena 16. Sept. 1926, dt. Philosoph. 1863–1866 Studium der Philosophie, der klassischen Philologie und der alten Geschichte in Göttingen und Berlin. Nach Promotion (1866 über Aristoteles) in Göttingen zunächst Gymnasiallehrer in Husum, Berlin und Frankfurt, 1871 o. Prof. der Philosophie in Basel, ab 1874 in Jena. Nobelpreis für Literatur 1908. – E. nennt seinen nachkantischen ›neuen Idealismus‹ einen ›schöpferischen Aktivismus‹ und gehört als deren populärster Vertreter zur Richtung der ↑Lebensphilosophie. Ethik, Geschichtsphilosophie und Religion vereint E. in seinem Begriff des ›Geisteslebens‹; erst der Eintritt in dieses Leben läßt die eigentlich menschliche Geschichte beginnen. Die ›noologische Methode‹ der Philosophie bettet das Erkennen in die Gesamtheit des Geisteslebens ein, das der ›inneren Erhöhung‹ des Menschen zustrebt.

Werke: Geschichte der philosophischen Terminologie. Im Umriss, Leipzig 1879, Nachdr. Hildesheim 1960, 1964; Über Bilder und Gleichnisse in der Philosophie. Eine Festschrift, Leipzig 1880; Die Philosophie des Thomas von Aquin und die Kultur der Neuzeit, Halle 1886; Die Lebensanschauungen der großen Denker. Eine Entwicklungsgeschichte des Lebensproblems der Menschheit von Platon bis zur Gegenwart, Leipzig 1890, ^{20}1950; Der Wahrheitsgehalt der Religion, Leipzig 1901; Der Sinn und Wert des Lebens, Leipzig 1908; Mensch und Welt. Eine Philosophie des Lebens, Leipzig 1918; Lebenserinnerungen, Leipzig 1920, ^{2}1922; Die geistigen Forderungen der Gegenwart, Berlin 1928.

Literatur: E. Becher, E. und seine Philosophie, Langensalza 1927; E. Boutroux, R. E.s Kampf um einen neuen Idealismus, Leipzig 1911; W. R. Boyce Gibson, R. E.'s Philosophy of Life, London 1906; H. Busche, E., LThk III (1995), 976; U. Dathe, Gottlob Frege und R. E. – Gesprächspartner in der Herausbildung der modernen Logik, Hist. Philos. 16 (1995), 245–255; FM II (1994), 1150–1152; R. J. Haskamp, Spekulativer und phänomenologischer Personalismus. Einflüsse J. G. Fichtes und R. E.s auf Max Schelers Philosophie der Person, Freiburg 1966; E. Hermann, E. and Bergson. Their Significance for Christian Thought, London 1912; B. Jahn (ed.), Biographische Enzyklopädie deutschsprachiger Philosophen, München 2001, 108; T. Kappstein, R. E.. Der Erneuerer des deutschen Idealismus, Berlin 1909; T. Raeber, E., NDB IV (1959), 670–672; M. Wundt, R. E., Rede gehalten bei der E.-Gedächtnisfeier der Universität Jena am 9. Januar 1927, Langensalza 1927.   R. W.

Eudämonismus (von griech. εὐδαιμονία, Glück, Glückseligkeit), philosophische Lehre, nach der das höchste Gut in der Erreichung des privaten Glücks (↑Glück (Glückseligkeit)) des Einzelnen besteht. Gemeinsam ist den verschiedenen Varianten des E., daß sie von bestimmten teleologischen (↑Telos, ↑Teleologie) Annahmen über das Wesen des Menschen, seine Zielbestimmung und sein höchstes Glück ausgehen; Unterschiede in der inhaltlichen Bestimmung dieses Glücks führen zu verschiedenen Ausprägungen des E.: Der *hedonistische* E. (Eudoxos, Epikur, J. Locke, J. Bentham u. a., ↑Hedonismus) sieht in der dauerhaften Lust, der *aretologische* E. (Sokrates, Platon, Aristoteles, Stoa) im tugendhaften Leben, der *ontologische* E. (A. Augustinus, Thomas von Aquin) in einem durch vollständige Bedürfnisbefriedigung erreichbaren Ausgleich menschlicher Defizienz, der *voluntaristische* E. (auch bei Thomas) in der Erfüllung menschlichen Strebens und Wollens das geeignete Mittel zur Erlangung des Glücks. Für den *egoistischen* E. (↑Egoismus) ist das eigene Glück (auch auf Kosten anderer), für den *altruistischen* (↑Altruismus) oder sozialen E. das Glück anderer das oberste Ziel des Handelns. I. Kant lehnt mit seiner Forderung nach ausschließlich an der ↑Pflicht orientiertem moralischen Verhalten jede Form des E. ab.

Literatur: M. Heinze, Der E. in der griechischen Philosophie, Leipzig 1883; W. Himmerich, Eudaimonia. Die Lehre des Plotin von der Selbstverwirklichung des Menschen, Würzburg 1959; O. Höffe, Moral als Preis der Moderne, Frankfurt 1993, 137–150 (Kap. 9: Zur Rehabilitierung einer eudämonistischen Ethik); M. Hossenfelder, Glück, DNP IV (1998), 1101–1103; M. Onfrey, Eudémonisme (mor.), Enc. philos. universelle II/1 (1990), 900–901; H. Reiner, E., Hist. Wb. Ph. II (1972), 819–823; C. C. W. Taylor, Eudaimonia, REP III (1998), 450–452; W. Wolbert, E., LThK III (1995), 978.   M. G.

Eudämonologie (von griech. εὐδαιμονία, Glück), Lehre vom Glück (↑Glück (Glückseligkeit), ↑Aretologie).

Eudemos von Rhodos, 4. Jh. v. Chr., griech. Philosoph und Wissenschaftshistoriker, Schüler des Aristoteles. E. schrieb Bücher zur Physik (ein Lehrbuch im Sinne der Naturphilosophie des Aristoteles), zur Logik (»Analytiken«, die unter anderem hypothetische Syllogismen (↑Syllogismus, hypothetischer) behandelten, und »Über den sprachlichen Ausdruck« [περὶ λέξεως], von Späteren oft zitiert und von Galenos kommentiert), eine Geschichte der Arithmetik, der Geometrie und der Astronomie; die Echtheit der ihm zugeschriebenen Werke »Tiergeschichte«, »Geschichte der Theologie« und »Geschichte von Lindos« ist umstritten. Nur Fragmente sind erhalten. Mit seinen für die Überlieferung frühen wissenschaftlichen Denkens bedeutsamen historischen Schriften wurde E. (neben Menon, der eine Geschichte der Medizin schrieb, und Theophrast, der eine historische Übersicht über die »Lehren der Naturphilosophen« [φυσικῶν δόξαι] verfaßte) zum Begründer der Wissenschaftsgeschichtsschreibung. – Die ↑Syllogistik des Aristoteles erweiterte E. (oder Theophrast; der jeweilige Anteil ist nicht klar auszumachen) um fünf Syllogismen der vierten Figur: Bamalip, Camenes, Dimaris, Fesapo und Fresison (die beiden letzten hatte schon Aristoteles, an. pr. A7.29a23–24, erwähnt).

Werke: L. Spengel (ed.), Eudemi Rhodii peripatetici fragmenta quae supersunt, Berlin 1866, ^{2}1870; F. W. A. Mullach (ed.), Fragmenta philosophorum graecorum III, Paris 1881, 222–292; F. Wehrli (ed.), Die Schule des Aristoteles. Texte und Kommentare VIII, Basel 1955, ^{2}1969.

Literatur: J. M. Bocheński, La logique de Théophraste, Fribourg 1947; ders., Ancient Formal Logic, Amsterdam 1951; I. Bulmer-

Thomas, E., DSB IV (1971), 460–465; W. Burkert, Weisheit und Wissenschaft. Studien zu Pythagoras, Philolaos und Platon, Nürnberg 1962 (engl. Lore and Science in the Ancient Pythagoreanism, Cambridge Mass. 1972); H. B. Gottschalk, Addenda Peripatetica, Phronesis 18 (1973), 98; ders., Did Theophraste Write a Categories?, Philol. 131 (1987), 245–253; ders., E. aus Rhodos, DNP IV (1998), 217–219; T. Heath, A History of Greek Mathematics, Oxford 1921; J. Łukasiewicz, Aristotle's Syllogistic from the Standpoint of Modern Formal Logic, Oxford 1953, ²1957; E. Martini, E., RE VI (1907), 895–901; Y. Rougaute, Eudème de Rhodes, in: D. Huisman (ed.), Dictionnaire des philosophes I, Paris 1984, 964; U. Schoebe, Quaestiones Eudemeae de primo Physicorum libro, Halle 1931; R. W. Sharples, Eudemus, in: S. Hornblower/A. Spawforth (eds.), The Oxford Classical Dictionary, Oxford/New York 1996, 565; P. Tannery, Sur les fragments d'Eudème de Rhodes relatifs à l'histoire des mathématiques, Ann. Fac. des lettres de Bordeaux 4 (1882), 70–76; ders., Le fragment d'Eudème sur la quadrature des lunules, Mém. Soc. sci. phys. et nat. Bordeaux, 2. Sér., 5 (1883), 217–237 (beide Titel in: ders., Mémoires scientifiques I, Toulouse/Paris 1912, 168–177, 339–370); F. Wehrli, E., RE Suppl. XI (1968), 652–658. M. G.

Eudoxos von Knidos, *Knidos (Kleinasien) ca. 391/390 v. Chr., †ebd. ca. 338/337 v. Chr. (manche Forscher nehmen bei gleicher Lebensdauer von 53 Jahren 408 bzw. 400 v. Chr. als Geburtsjahr an), griech. Gelehrter (Astronomie, Geographie, Mathematik, Medizin, Philosophie). E. ist einer der bedeutendsten Gelehrten der Antike; er unternahm zahlreiche Reisen: ca. 368 für 2 Monate nach Athen (Zusammentreffen mit Platon), ca. 365 für 16 Monate nach Ägypten. Um 362 Gründung einer eigenen Schule in Kyzikos am Marmarameer. Um 350 siedelte E. mit seinen Schülern nach Athen über; nach 348 hielt er sich wieder in Knidos auf, wo er der Stadt eine neue Verfassung gab und (vielleicht an einer Medizinschule) lehrte. E. soll auf einer Reise nach Sizilien bei Archytas von Tarent Geometrie und bei dem pythagoreischen Arzt Philistion Medizin studiert haben. Die bedeutendsten Leistungen des E., von dessen Schriften nur Fragmente und indirekte Zeugnisse erhalten sind, liegen in Mathematik, Astronomie und Geographie. Ein großer Teil der Sätze in den Büchern V, VI und XII von Euklids »Elementen« geht auf ihn zurück, ferner scheint E. das axiomatisch-deduktive Beweisverfahren (↑Methode, axiomatische) als zentrales Methodenelement der Mathematik betrachtet zu haben. Seine herausragendsten Leistungen in der Mathematik sind die Einführung des Verfahrens der ↑Exhaustion zur Berechnung von Flächeninhalt und Körpervolumen sowie die ↑Proportionenlehre. Das Exhaustionsverfahren impliziert den modernen Grenzwertbegriff (↑Grenzwert). Mit diesem Verfahren beweist E. unter anderem die (vorher zum Teil bekannten, aber nicht bewiesenen) Sätze, daß sich die Flächen zweier Kreise zueinander verhalten wie Quadrate über ihren Radien und daß, bei gleicher Grundfläche und Höhe, eine Pyramide ein Drittel des Volumens eines Prismas und ein Kegel ein Drittel des Volumens eines Zylinders besitzt.

E.' einflußreichste Leistung besteht, beeinflußt durch kosmologische Spekulationen der ↑Pythagoreer und Platons, im Entwurf eines geometrischen geozentrischen Modells für die Bewegungen von Sonne, Mond und Planeten (↑Geozentrismus), wodurch er die Astronomie in eine deduktiv verfahrende mathematische Wissenschaft umformt. Das Sphärenmodell wurde erstmals von G. V. Schiaparelli mathematisch rekonstruiert. Die kugelförmige Erde bildet dabei den Mittelpunkt eines Systems von 27 konzentrischen Sphären. Die äußerste trägt die Fixsterne, je drei erklären die Bewegungen von Sonne und Mond, die restlichen 20 entfallen zu je 4 auf die (damals bekannten) Planeten. Die Rotationsachsen der sich gleichförmig, aber mit unterschiedlicher Geschwindigkeit bewegenden Sphären sind verschieden orientiert. Die ↑Superposition der einzelnen Bewegungen ermöglicht eine Erklärung der ↑Anomalien der Planetenbewegungen (z. B. der ›Hippopede‹ [Kurve in Form einer liegenden 8] der äußeren Planeten).

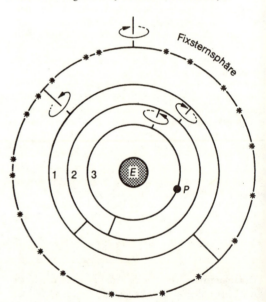

Das System der homozentrischen Sphären zur Erklärung der Bewegung eines Planeten P um die Erde E. Die Drehung der Sphäre 1 liefert die jährliche Planetenbewegung von W nach O, die Drehungen der Sphären 2 und 3 liefern neben den jährlichen Haltepunkten die Rückläufigkeit des Planeten sowie die Veränderung in der Breite.

Dieses Sphärenmodell bestimmt, bei veränderter Deutung der Einzelheiten durch Epizyklen und Exzenter bei Apollonios von Perge und K. Ptolemaios, das geozentrische Weltbild bis N. Kopernikus. Auch Aristoteles übernimmt in modifizierter Weise das Eudoxische Modell und betrachtet es nicht nur als geometrisches Modell, sondern als Ausdruck der realen Verhältnisse, ein Schritt, der von manchen Interpreten bereits E. zugeschrieben wird.

E.' astronomische Leistungen schließen eine Beschreibung des Fixsternhimmels und der Auf- und Untergänge der Fixsterne ein. Im Zusammenhang damit steht sein Kalenderentwurf, der den späteren Julianischen Kalender bestimmt. Zur astronomischen Zeitbestimmung dient E. ein wohl von ihm erfundenes Instrument (ἀράχνη, ›Spinne‹), das später Bestandteil der Astrolabien wurde. – In der Geographie kann E. als Begründer der mathematischen Geographie gelten. Mit der Projektion von Himmelsmeridianen und Breitengraden auf die Erde, die er, wie bereits die Pythagoreer, als Kugel ansieht, gelingt ihm erstmals die absolute Bestimmung von Erdörtern. Ferner liefert E. eine im Altertum gerühmte Erdbeschreibung.

In philosophischen Fragen scheint E. im Gegensatz zu Platon und zur ↑Akademie (insbes. zu Speusippos) zu stehen. Die Annahme, E. sei Mitglied der Akademie gewesen und von Platon während seiner zweiten Sizilienreise zu deren stellvertretendem Leiter bestellt worden, dürfte nicht zutreffen. E. kritisiert die Platonische ↑Ideenlehre, ohne sich jedoch einer ›empiristischen‹, durch Anaxagoras nahegelegten Deutung anzuschließen, und hält die Ideen (↑Idee (historisch)) für unkörperlich. Gleichwohl dürften sie in den Dingen präsent sein. Hauptprinzip der Ethik ist, wie Aristoteles überliefert (Eth. Nic. *A*12.1101b27–32, *K*2.1172b9–28), die Lust (↑Hedonismus). Dies vor allem deswegen, weil sie die Bedingungen eines höchsten Gutes, nämlich begehrt zu werden und selbst nicht Mittel für einen höheren Zweck zu sein, besitzt. Möglicherweise hat E. die Hedone als Prinzip des gesamten ↑Kosmos betrachtet.

Werke: Die Fragmente des E. V. K., ed. F. Lasserre, Berlin 1966.

Literatur: B. Artmann, Über voreuklidische ›Elemente der Raumgeometrie‹ aus der Schule des E., Darmstadt 1987; O. Becker, E.-Studien, I–V (I Eine voreudoxische Proportionenlehre und ihre Spuren bei Aristoteles und Euklid, II Warum haben die Griechen die Existenz der vierten Proportionale angenommen?, III Spuren eines Stetigkeitsaxioms in der Art des Dedekind'schen zur Zeit des E., IV Das Prinzip des ausgeschlossenen Dritten in der griechischen Mathematik, V Die eudoxische Lehre von den Ideen und den Farben), Quellen u. Stud. Gesch. Math., Astron. u. Phys., Abt. B 2 (1933), 311–333, 369–387, Abt. B 3 (1936), 236–244, 370–388, 389–410; ders., Das mathematische Denken der Antike, Göttingen 1957, ²1966, bes. 102–108 (VI Die strenge Begründung der allgemeinen Proportionenlehre durch E.); D. R. Dicks, Early Greek Astronomy to Aristotle, Ithaca N. Y., London 1970, 1985, bes. 151–189; M. Folkerts, E., DNP IV (1998), 223–225; E. Frank, Die Begründung der mathematischen Naturwissenschaft durch E., in: ders., Wissen, Wollen, Glauben. Gesammelte Aufsätze zur Philosophiegeschichte und Existentialphilosophie, ed. L. Edelstein, Zürich/Stuttgart 1955, 134–157; K. v. Fritz, Die Ideenlehre des E. V. K. und ihr Verhältnis zur platonischen Ideenlehre, Philol. 82 (1926/1927), 1–26; J.-L. Gardies, L'héritage épistémologique d'Eudoxe de Cnide. Un essai de reconstruction, Paris 1988; F. Gisinger, Die Erdbeschreibung des E. V. K., Leipzig/Berlin 1921 (repr. Amsterdam 1967); B. R. Goldstein/A. C. Bowen, A New View of Early Greek Astronomy, Isis 74 (1983), 330–340; J. C. B. Gosling/C. C. W. Taylor, The Greeks on Pleasure, Oxford/New York 1982, bes. 255–283 (Chap. 14 Aristotle and Eudoxus); W. K. C. Guthrie, A History of Greek Philosophy V (The Later Plato and the Academy), Cambridge etc. 1978, bes. 447–457; T. L. Heath, A History of Greek Mathematics I (From Thales to Euclid), Oxford etc. 1921 (repr. London 1965, Bristol 1993), New York/London 1981, bes. 321–335; F. Heglmeier, Die homozentrischen Sphären des E. und des Kallippos und der Irrtum des Aristoteles, Diss. Erlangen/Nürnberg 1988; F. Hultsch, E., RE VI/1 (1907), 930–950; G. L. Huxley, Eudoxus of Cnidus, DSB IV (1971), 465–467; H. Karpp, Untersuchungen zur Philosophie des E. V. K., Würzburg-Aumühle 1933; H. Künssberg, Der Astronom, Mathematiker und Geograph E. V. K., I–II, Dinkelsbühl 1888/1890 (I Lebensbeschreibung des E., Überblick über seine astronomische Lehre und geometrische Betrachtung der Hippopede, II Mathematik); F. Lasserre, The Birth of Mathematics in the Age of Plato, London 1964, bes. 85–168 (franz. La naissance des mathématiques à l'époque de Platon, Paris, Fribourg 1990, bes. 127–235); G. Lieberg, Die Lehre von der Lust in den Ethiken des Aristoteles, München 1958, bes. 49–59; J. Mau, E., KP II (1967), 408–410; E. Maula, Studies in Eudoxus' Homocentric Spheres, Helsinki 1974; P. Merlan, The Life of Eudoxus, in: ders., Studies in Epicurus and Aristotle, Wiesbaden 1960, 98–104; J. Mittelstraß, Die Rettung der Phänomene. Ursprung und Geschichte eines antiken Forschungsprinzips, Berlin 1962; E. Neuenschwander, Die ersten vier Bücher der Elemente Euklids. Untersuchungen über den mathematischen Aufbau, die Zitierweise und die Entstehungsgeschichte, Arch. Hist. Ex. Sci. 9 (1973), 325–380; ders., Die stereometrischen Bücher der »Elemente« Euklids. Untersuchungen über den mathematischen Aufbau und die Entstehungsgeschichte, Arch. Hist. Ex. Sci. 14 (1974), 91–125; O. Neugebauer, On the »Hippopede« of Eudoxus, Scr. Math. 19 (1953), 225–229; ders., A History of Ancient Mathematical Astronomy II, Berlin/Heidelberg/New York 1975; R. Philippson, Akademische Verhandlungen über die Lustlehre, Hermes 60 (1925), 444–481; R. C. Riddell, Eudoxan Mathematics and the Eudoxan Spheres, Arch. Hist. Ex. Sci. 20 (1979), 1–19; W. Schadewaldt, E. V. K. und die Lehre vom unbewegten Beweger, zum: in: Satura. Früchte aus der antiken Welt. Otto Weinreich zum 13. März 1951 dargebracht, Baden-Baden 1952, 103–129; G. V. Schiaparelli, Le sfere omocentriche di Eudosso, di Callippo e di Aristotele, Memorie del Reale Istituto Lombardo, Cl. scienze e matematiche 13, ser. 3, 4 (1877), Nachdr. in: ders., Scritti sulla storia del astronomia antiche II, Bologna 1926 (dt. Die homozentrischen Sphären des Eudoxus, Kallippus und des Aristoteles, Leipzig 1877, 101–198); M. Schofield, Eudoxus in the »Parmenides«, Mus. Helv. 30 (1973), 1–19; L. Taub, Eudoxus, REP III (1998), 452–453; B. L. van der Waerden, Erwachende Wissenschaft I (Ägyptische, babylonische und griechische Mathematik), Basel/Stuttgart ²1966, bes. 292–313; H.-J. Waschkies, Von E. zu Aristoteles. Das Fortwirken der Eudoxischen Proportionentheorie in der Aristotelischen Lehre vom Kontinuum, Amsterdam 1977; L. Wright, The Astronomy of Eudoxus. Mathematics or Physics?, Stud. Hist. Philos. Sci. 4 (1973/1974), 165–172. G. W.

Eukleides von Megara, *zwischen 450 und 435 v. Chr., †um 367 v. Chr., griech. Philosoph, Schüler des Sokrates und Begründer der Megarischen Schule (↑Megariker). E. war bei Sokrates' Tod zugegen (Platon, Phaid. 59c) und zog sich danach mit Platon und anderen Sokratesschülern für einige Zeit nach Megara zurück (Diogenes Laërtios III 6). Er schrieb sechs Dialoge. Von seiner Lehre ist wenig bekannt; die früher angenommene Verbindung zum ↑Eleatismus gilt inzwischen als unzutreffend. In der Ethik hat E. offensichtlich die folgenden Grundsätze Platons vertreten: Das Gute ist eine sich in den verschiedenen Tugenden manifestierende Einheit; das rechte Wissen hat notwendig rechtes Handeln zur Folge – Schlechtes tun beruht auf Irrtum; das Schlechte ist nur das Gegenteil vom Guten und besitzt keine eigene Existenz. – Schüler des E., die wegen der häufigen Anwendung der Methode der ↑reductio ad absurdum bei E. ›Dialektiker‹ genannt wurden, sind Diodoros Kronos, Eubulides von Milet und Stilpon von Megara.

Literatur: H. Barreau, Euclide de Mégare, in: D. Huisman (ed.), Dictionnaire des philosophes I, Paris 1984, 963–964; K. Döring, Die Megariker, Amsterdam 1972; ders., E. aus M., DNP IV (1998), 237–238; ders., Sokrates, die Sokratiker und die von ihnen begründeten Traditionen. E. aus M., in: H. Flashar (ed.), Die Philosophie der Antike II/1 (Sophistik. Sokrates. Sokratik. Mathematik. Medizin), Basel 1998, 207–212; S. Makin, Megarian Possibilities, Philos. Stud. 83 (1996), 253–276; C. Mallet, Histoire de l'école de Mégare, Paris 1845; P. Merlan, Minor Socratics (Antisthenes, Aristippus of Cyrene, Eucleides of M.), J. Hist. Philos. 10 (1972), 143–152; P. Natorp, E., RE VI/1 (1907), 1000–1003; G. E. L. Owen, Euclides, in: S. Hornblower/A. Spawforth (eds.), The Oxford Classical Dictionary, Oxford/New York 1996, 564–565; D. Sedley, Megarian School, REP VII (1998), 279–280. M. G.

Euklid, um 295 v. Chr., griech. Mathematiker. Obwohl E. zu den bedeutendsten Mathematikern der Geschichte gehört, ist über seine Biographie nur bekannt, daß er in dem Zeitraum zwischen dem Wirken von Schülern Platons und der Abfassung der Archimedischen Schrift »Über Kugel und Zylinder« (I, 2 zitiert E.) in Alexandrien lehrte. Proklos schreibt E. eine Neigung zum ↑Platonismus zu; manches spricht dafür, daß E. an der Athenischen ↑Akademie, dem zeitgenössischen Zentrum der Mathematik, studierte. Insbes. der Einfluß von Eudoxos und Theaitetos auf die »Elemente« ($\sigma\tau o\iota\chi\varepsilon\tilde{\iota}\alpha$) E.s, die seine Bedeutung und seinen Ruhm in der Mathematikgeschichte begründen, wird so erklärbar. Sorgfältige Analysen, die sich (1) auf Unterschiede in der sprachlichen Formulierung, (2) auf die mathematische Struktur in den »Elementen« selbst und (3) auf sämtliche verfügbaren Quellen zur Vorgeschichte der »Elemente« beziehen, haben gezeigt, daß der lehrsatzmäßige Inhalt dieses Werkes bereits vor E. in wesentlichen Teilen von griechischen Mathematikern, neben Eudoxos und Theaitetos vor allem den ↑Pythagoreern, erarbeitet war. Ferner gab es in der griechischen Mathematik vor E. schon (verlorengegangene) Werke gleichen Titels (Hippokrates von Chios, Leon und Theudios). Die eigentliche Bedeutung der »Elemente« liegt denn auch nicht in der Originalität der mitgeteilten Lehrsätze und Konstruktionen, sondern in ihrer umfassenden, didaktisch geschickten Präsentation der Elementarmathematik, die ermöglicht wird durch einen streng *methodischen* Aufbau, der, antike Nachfolger wie die von Archimedes begründete Alexandrinische Schule ausgenommen, erst wieder in der Mathematik des 19. Jhs. erreicht wird (↑Methode, axiomatische). Ferner bedeutet das von E. eingeführte *geometrische* Verständnis der Mathematik einen (gegenüber dem *arithmetischen* Modell insbes. der Pythagoreer) einschneidenden Wechsel des grundlegenden Paradigmas, auch in mathematischer Physik und Astronomie, als dessen letzte überragende Realisierung I. Newtons »Philosophiae naturalis principia mathematica« (London 1687) angesehen werden können. Die ersten vier der 13 Bücher der »Elemente« betreffen die ebene Geometrie (Planimetrie). Buch I behandelt neben der Präsentation der wichtigsten Methodenelemente insbes. Dreiecke, Quadrate und Parallelogramme (der Terminus ›Parallelogramm‹ [$\pi\alpha\rho\alpha\lambda\lambda\eta\lambda\acute{o}\gamma\rho\alpha\mu\mu o\nu$] und das räumliche Äquivalent ›Parallelflach‹ [$\pi\alpha\rho\alpha\lambda\lambda\eta\lambda\varepsilon\pi\acute{\iota}\pi\varepsilon\delta o\nu$] scheinen von E. zu stammen). Neben neuen ↑Beweisen für bekannte Sätze (etwa solche, die vor E. mit einer speziellen Version der ↑Proportionenlehre bewiesen wurden) dürfte die Einführung des ↑Parallelenaxioms eine entscheidende neue Leistung E.s sein, die für die weitere Entwicklung des Raumbegriffs bestimmend wurde (↑Euklidische Geometrie, ↑Euklidizität). Die ↑Theoreme der Bücher II–IV sind im wesentlichen pythagoreischer Herkunft. Buch II behandelt die Umwandlung von Figuren in andere gleichen Flächeninhalts und verwendet zum Teil Methoden der geometrischen Algebra, insofern einige Sätze die Lösung quadratischer Gleichungen erfordern (z. B. II 5, II 6, II 11, II 14). Buch III behandelt die Kreislehre (einschließlich Sekanten und Tangenten), während Buch IV insbes. ein- und umbeschriebene Kreise um geradlinige Figuren untersucht. Das auf Eudoxos zurückgehende Buch V, aus heutiger Sicht wohl das mathematisch interessanteste, entwickelt die allgemeine Proportionenlehre, die sich von ihrer pythagoreischen Form dadurch unterscheidet, daß auch inkommensurable (↑inkommensurabel/Inkommensurabilität) Größen eingeschlossen sind. Ferner finden sich Formulierungen, die dem ↑Archimedischen Axiom und dem ↑Dedekindschen Schnitt entsprechen. Buch VI untersucht mit den Mitteln der allgemeinen Proportionenlehre ähnliche (↑ähnlich/Ähnlichkeit) Figuren. Die Bücher VII–IX sind arithmetisch. Buch VII entwickelt erneut eine Proportionenlehre, nun aber wieder mit der pythagoreischen Einschränkung auf kommensurable Größen. Enthalten sind ferner Primzahltheorie und Sätze über das kleinste gemeinsame

Vielfache. Buch VIII behandelt hauptsächlich geometrische Reihen, während Buch IX verschiedene Sätze, unter anderem den ↑Fundamentalsatz der (elementaren) Zahlentheorie über die eindeutige Primfaktorzerlegung, beweist. Buch X stellt, wohl auf Theaitetos fußend, eine Theorie der irrationalen Größen (z. B. $\sqrt{2}$) dar, wobei X 1 als theoretische Grundlage der Methode der ↑Exhaustion betrachtet werden kann. Als irrational definiert E. dabei alle Strecken, die mit einer gegebenen Strecke inkommensurabel sind. Die abschließenden drei Bücher XI–XIII behandeln die Geometrie der Körper (Stereometrie). Buch XI läßt auf eine Analyse der Grundlagen der Stereometrie die Lehre von den Parallelflächen folgen, die, ebenso wie das gesamte Buch XII (Exhaustionsbeweise für Volumina), auf Eudoxos zurückgeht. Buch XIII, die Lehre von den regulären Polyedern (↑Platonische Körper), stammt im wesentlichen von Theaitetos und dürfte, als Abschluß der »Elemente«, eine gewisse Nähe E.s zu Platon ausdrücken. Die früher E. gelegentlich noch zugeschriebenen Bücher XIV und XV stammen mutmaßlich von Hypsikles (2. Jh. v. Chr.) und einem Schüler Isidors von Milet (6. Jh.).

Von den antiken Kommentaren (z. B. Heron und Pappos von Alexandreia) ist nur derjenige des Proklos vollständig erhalten. Der Pappossche Kommentar zum 10. Buch existiert noch in arabischer Übersetzung, während Herons Werk verloren ist. Neben die Kommentare treten wohl bereits im Altertum schulgemäße Kurzfassungen oder Erweiterungen und Scholien. Bis ins 19. Jh. beruhten die griechischen Fassungen der »Elemente« auf einer Edition Theons von Alexandreia (4. Jh.). Erst die Auffindung (1808) eines Manuskripts im Vatikan, das eine von Theon angeführte Textänderung nicht enthält, gestattete die Herstellung der bis heute gültigen kritischen Ausgabe (J. L. Heiberg). Das lateinische Mittelalter erhielt vor allem aus arabischen Quellen, in denen die antike mathematisch-astronomische Tradition fortgesetzt wurde, Kenntnis von den »Elementen« (Übersetzungen ins Arabische durch al-Hajjaj und Ishaq ibn Hunayn, die von Adelard von Bath und Hermann von Carinthia bzw. Gerard von Cremona ins Lateinische übertragen wurden). Direkt aus dem Griechischen dürften Teile der »Elemente« von A. M. T. S. Boethius übersetzt worden sein; eine vollständige Übersetzung ist nur von einem unbekannten Autor aus Palermo (um 1160) bekannt. 1482 erster Druck einer (lateinischen) Version (Campanus von Novara) in Venedig, 1533 Druck der ersten griechischen Ausgabe (ed. Simon Grynaeus) in Basel. Die übrigen Werke E.s haben bei weitem nicht die Bedeutung der »Elemente« erreicht. Die »Data« ($\delta\epsilon\delta o\mu\acute{\epsilon}\nu\alpha$), inhaltlich in enger Beziehung zu den ersten sechs Büchern der »Elemente«, sind methodisch dadurch bestimmt, daß sie zeigen, daß durch die Vorgabe bestimmter Größen andere Größen bestimmt werden können. Im Unterschied zum synthetischen Aufbau der »Elemente« verwenden die »Data« das Beweisverfahren der ↑Analyse. – Nur in einer arabischen Übersetzung ist ein Werk »Über Zerlegung von Figuren« ($\pi\epsilon\rho\grave{i}\ \delta\iota\alpha\iota\rho\acute{\epsilon}\sigma\epsilon\omega\nu$) erhalten. Hier wird die Frage behandelt, wie geradlinige Figuren durch eine Gerade gegebener Richtung oder durch einen gegebenen Punkt in zwei Teile mit gegebenem Verhältnis zerlegt werden können. Verloren sind die Schriften »Porismen« ($\pi o\rho\acute{\iota}\sigma\mu\alpha\tau\alpha$), »Über Kegelschnitte« ($\kappa\omega\nu\iota\kappa\acute{\alpha}$), »Über Denkfehler (in der Mathematik)« ($\psi\epsilon\upsilon\delta\acute{\alpha}\rho\iota\alpha$), »Flächen als geometrische Örter (bzw. geometrische Örter auf Flächen)« ($\tau\acute{o}\pi o\iota\ \pi\rho\grave{o}\varsigma\ \epsilon\pi\iota\varphi\alpha\nu\epsilon\acute{\iota}\alpha$). Von den übrigen Werken E.s sind erhalten: »Phainomena« ($\varphi\alpha\iota\nu\acute{o}\mu\epsilon\nu\alpha$), eine auf dem Sphärenmodell beruhende theoretische Astronomie, die den Auf- und Untergang von Sternen erklärt, und eine »Optik« ($\acute{o}\pi\tau\iota\kappa\acute{\alpha}$) als erstes griechisches Werk zur Perspektive. Die »Katoptrik« ($\kappa\alpha\tau o\pi\tau\rho\iota\kappa\acute{\alpha}$), Lehre von den Spiegelbildern, stammt in der erhaltenen Fassung nicht von E. und dürfte eine spätere Kompilation sein. Von den in den »Elementen der Musik« ($\mu o\upsilon\sigma\iota\kappa\grave{\eta}\varsigma\ \sigma\tau o\iota\chi\epsilon\tilde{\iota}\alpha$) unter dem Namen E.s überlieferten beiden Schriften »Einführung in die Harmonielehre« ($\epsilon\acute{\iota}\sigma\alpha\gamma\omega\gamma\grave{\eta}\ \acute{\alpha}\rho\mu o\nu\iota\kappa\acute{\eta}$) und »Einteilung der Tonleiter« ($\kappa\alpha\tau\alpha\tau o\mu\grave{\eta}\ \kappa\alpha\nu\acute{o}\nu o\varsigma$), die sich in ihrer inhaltlichen Konzeption widersprechen, dürfte nur letztere, die auf der pythagoreischen Musiktheorie fußt, von E. stammen.

Werke: Euclidis Opera Omnia, I–VIII u. Suppl., ed. J. L. Heiberg/H. Menge/M. Curtze, Leipzig 1883–1916 [griech./lat.]. – Elementa (Einheitssachtitel): ed. Adelard von Bath/J. Campanus, Venedig 1482 [lat.], ed. S. Grynaeus, Basel 1533 [griech.], I–IV, ed. J. L. Heiberg, Leipzig 1883–1886 [griech./lat.] (= Opera Omnia, I–IV [s. o.], I/1–III/2, ed. R. O. Besthorn/J. L. Heiberg, Kopenhagen 1893–1932 [arab./lat.]), The Translation of the Elements of Euclid from the Arabic into Latin by Hermann of Carinthia (?), I–II, ed. H. L. L. Busard, I Leiden 1968, II Amsterdam 1977 [lat.], I–V/2, ed. E. S. Stamatis, Leipzig 1969–1977 [griech.], The First Latin Translation of Euclid's Elements Commonly Ascribed to Adelard of Bath. Books I–VIII and Books X/36–XV/2, ed. H. L. L. Busard, Toronto 1983 [lat.] (engl. The Thirteen Books of Euclid's Elements, I–III, ed. T. L. Heath, Cambridge etc. 1908, ²1926, New York 1956, Teilausg.: The First Book of Euclidis Elementa, ed. E. J. Dijksterhuis, Leiden 1955; niederl. De Elementen van Euclides, I–II, ed. E. J. Dijksterhuis, Groningen 1929/1930; dt. Die Elemente. Buch 1–13, I–V, ed. C. Thaer, Leipzig 1933–1937 [repr. Darmstadt 1962, 1971, 1973], ⁴2003 [Ostwalds Klassiker exakt. Wiss. 235]; franz. Les Éléments, I–IV, ed. B. Vitrac, Paris 1990–2001; span. Elementos, I–III, ed. M. L. Puertas Castaños, Madrid 1991–1996); Euclidis Optica et Catoptrica, ed. J. Pena, Paris 1557 [griech./lat.]; Optica, Opticorum recensio Theonis, Catoptrica cum scholiis antiquis, ed. J. L. Heiberg, Leipzig 1895 [griech./lat.] (= Opera Omnia VII [s. o.]); The Arabic Version of Euclid's Optics, I–II, ed. E. Kheirandish, New York etc. 1999 [arab./engl.] (franz. L'optique et la catoptrique, ed. P. ver Eecke, Paris 1938, 1959); Phaenomena, ed. J. Auria, Rom 1591; Euclidis Phaenomena et scripta musica, ed. H. Menge, Leipzig 1916 [griech./lat.] (= Opera Omnia VIII [s. o.]) (dt. E.'s Phaenomene, ed. A. Nokk, Freiburg 1850; engl. Euclid's Phaenomena. A Translation and Study of a Hellenistic Treatise in Spherical Astronomy, ed. J. L. Berggren/R. S. D. Thomas, New York etc. 1996); Euclidis Data, ed. C. Hardy, Paris 1625 [griech./lat.]; Data cum commentario Marini et scholiis antiquis, ed. H. Menge, Leipzig 1896 [griech./lat.] (= Opera Omnia VI [s. o.]); The Medieval Latin Translation of the Data of Euclid, ed. S. Ito, Tokyo, Boston Mass./Basel/Stuttgart 1980 [lat.] (dt. Die Data von E., ed. C. Thaer, Berlin/Göttingen/Heidelberg 1962); Euclid's Book on Divisions of Figures. With a Restoration Based on Woepcke's Text and the Practica Geometriae of Leonardo Pisano, ed. R. C. Archibald, Cambridge 1915 [engl.]. – P. Riccardi, Saggio di una bibliografia Euclidea, I–V, Bologna 1887–1893 (repr. Hildesheim/New York 1975); C. Thomas-Sanford, Early Editions of Euclid's ›Elements‹, London 1926; M. Steck, Die geistige Tradition der frühen E.-Ausgaben (Handschriften, Inkunabeln, Editionen des 16. Jahrhunderts), Forsch. u. Fortschritte 31 (1957), 113–117; F. J. Duarte, Bibliografía: Euclides, Arquímedes, Newton, Caracas 1967; G. Kayas, Vingt-trois siècles de tradition Euclidienne. Essay bibliographique, Palaiseau 1977; M. Steck, Bibliographia Euclideana. Die Geisteslinien der Tradition in den Editionen der »Elemente« (Stoikeia) des E. (um 365–300). Handschriften, Inkunabeln, Frühdrucke (16. Jahrhundert). Textkritische Editionen des 17.–20. Jahrhunderts. Editionen der Opera minora (16.–20. Jahrhundert). Mit einem wissenschaftlichen Nachbericht und mit faksimilierten Titelblättern hauptsächlich der Erstausgaben und wichtiger Editionen, ed. M. Folkerts, Hildesheim 1981.

Literatur: B. Artmann, Euclid. The Creation of Mathematics, New York 1999; F. Beckmann, Neue Gesichtspunkte zum 5. Buch E.s, Arch. Hist. Ex. Sci. 4 (1967/68), 1–144; I. Bulmer-Thomas/J. Murdoch, Euclid, DSB IV (1971), 414–459; H. L. L. Busard, Johannes de Tinemue's Redaction of Euclid's »Elements«, the so-called Adelard III Version, Stuttgart 2001; M. Clagett, The Medieval Latin Translations from the Arabic of the »Elements« of Euclid, with Special Emphasis on the Versions of Adelard of Bath, Isis 44 (1953), 16–42; ders., The Science of Mechanics in the Middle Ages, Madison Wisc. 1959, 1961, 1979 (ital. La scienza della meccanica nel Medioevo, Mailand 1972, 1981); P. M. Engelfriet, Euclid in China. The Genesis of the First Chinese Translation of Euclid's »Elements« Book I–VI (Jihe Yuanben; Beijing, 1607) and Its Reception up to 1723, Leiden/Boston Mass./Köln 1998; M. Folkerts/F. Zaminer, E., DNP IV (1998), 238–243; R. Hartshorne, Companion to Euclid. A Course of Geometry, Based on Euclid's »Elements« and Its Modern Descendants, Berkeley Calif. 1997; ders., Geometry. Euclid and Beyond, New York/Berlin/Heidelberg 2000; T. L. Heath, A History of Greek Mathematics I (From Thales to Euclid), Oxford 1921 (repr. 1965), New York 1981, Bristol 1993, bes. 354–446 (XI Euclid); J. L. Heiberg, Litterargeschichtliche Studien über E., Leipzig 1882; ders., Paralipomena zu E., Hermes 38 (1903), 46–74, 161–201, 321–356; F. Hultsch, E., RE XI (1907), 1003–1052; A. P. Juschkewitsch, Istoria matematiki v srednie veka, Moskau 1961 (dt. Geschichte der Mathematik im Mittelalter, Leipzig, Basel 1964, Basel 1965, 1966); W. R. Knorr, The Evolution of the Euclidean »Elements«. A Study of the Theory of Incommensurable Magnitudes and Its Significance for Early Greek Geometry, Dordrecht/Boston Mass./London 1975; ders., On Heiberg's Euclid, Berlin 1997; A. Lejeune, Euclide et Ptolémée. Deux stades de l'optique géométrique grecque, Louvain 1948; J. Mittelstraß, Die Entdeckung der Möglichkeit von Wissenschaft, Arch. Hist. Ex. Sci. 2 (1962–1966), 410–435, ferner in: ders., Die Möglichkeit von Wissenschaft, Frankfurt 1974, 29–55, 209–221; I. Mueller, Philosophy of Mathematics and Deductive Structure in Euclid's »Elements«, Cambridge Mass. 1981; J. E. Murdoch, Euclides Graeco-Latinus. A Hitherto Unknown Medieval Latin Translation of the »Elements« Made Directly from the Greek, Harv. Stud. Class. Philol. 71 (1966), 249–302; W. Narkiewicz, The Development of Prime Number Theory. From Euclid to Hardy and Littlewood, Berlin/Heidelberg 2000; E. Neuenschwander, Die ersten vier Bücher der »Elemente« E.s. Untersuchungen über den mathematischen Aufbau, die Zitierweise und die Entstehungsgeschichte, Arch. Hist. Ex. Sci. 9 (1973), 325–380; ders., Die stereometrischen Bücher der Elemente E.s. Untersuchungen über den mathematischen Aufbau und die Entstehungsgeschichte, Arch. Hist. Ex. Sci. 14 (1974), 91–125; M. Schmitz, E.s Geometrie und ihre mathematiktheoretische Grundlegung in der neuplatonischen Philosophie des Proklos, Würzburg 1997; P. Schreiber, E., Leipzig 1987; A. Seidenberg, Did Euclid's »Elements«, Book I, Develop Geometry Axiomatically?, Arch. Hist. Ex. Sci. 14 (1974), 263–295; Á. Szabó, Anfänge der griechischen Mathematik, München/Wien 1969; C. M. Taisbak, Division and Logos. A Theory of Equivalent Couples and Sets of Integers. Propounded by Euclid in the Arithmetical Books of the »Elements«, Odense 1971; B. L. van der Waerden, De logische grondslagen der Euklidische meetkunde, Groningen 1937. G. W.

Euklidische Geometrie, Bezeichnung für ein auf den Mathematiker Euklid (um 300 v. Chr. in Alexandreia) zurückgehendes System der ↑Geometrie. Seit der Entdeckung ↑nicht-euklidischer Geometrien Anfang des 19. Jhs. stellte sich besonders die Frage nach Begründung und Auszeichnung der E.n G. (↑Euklidizität, ↑Differentialgeometrie).

Im 1. Buch der »Elemente« stellt Euklid drei Gruppen von Sätzen an den Anfang: In den *Definitionen* (ὅροι) werden (allerdings nicht eindeutige) Erklärungen für die Grundbegriffe Punkt, Linie, Gerade, Fläche etc. angegeben. In den *Postulaten* (αἰτήματα) werden Konstruktions- oder Existenzforderungen für Figuren formuliert, darunter das Parallelenpostulat (↑Parallelenaxiom): Wenn zwei Geraden mit einer dritten auf derselben Seite innere Winkel bilden, deren Summe kleiner als ein flacher Winkel ist, so schneiden sie sich bei hinreichender Verlängerung auf dieser Seite (Abb. 1).

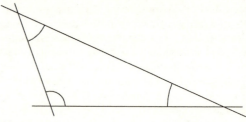

Abb. 1

Eine Ausnahme bildet das 4. Postulat (›alle rechten Winkel sind einander gleich‹), an dem sich für Euklid-Kommentatoren die Frage entzündete, ob Euklid einen Bewegungsbegriff voraussetzt oder nicht. In den *Grund-*

sätzen (κοιναὶ ἔννοιαι, ↑communes conceptiones) faßt Euklid allgemeine Gleichungsaussagen zusammen, die nicht spezifisch geometrischer Natur sind (z. B. ›was demselben Dritten gleich ist, ist untereinander gleich‹). Eine Ausnahme bildet der 4. Grundsatz (›einander Deckendes ist gleich‹), an dem sich wieder die Frage nach der Präsupposition eines Bewegungsbegriffs bei Euklid stellte. Nach Proklos werden die Grundsätze ↑›Axiome‹ genannt, zu denen später auch die Postulate gezählt wurden. Aus diesen Voraussetzungen sind nach Euklid geometrische Konstruktionen durch logische Deduktionen entsprechender Lehrsätze zu rechtfertigen.
Herkunft und Begründung der Euklidischen Axiome bilden seit der Antike zentrale Themen der Philosophie. Während Platon die geometrischen Figuren als eigenständige, den Ideen verwandte Gebilde begreift (↑Ideenlehre), werden sie nach Aristoteles durch Abstraktion aus physischen Körpern gewonnen. Zu Beginn der neuzeitlichen Philosophie gründet R. Descartes die E. G. auf die ›angeborene Idee‹ (↑Idee, angeborene) der ›Ausdehnung‹ von Körpern (res extensa), deren geometrische Verhältnisse durch Zahlenkoordinaten bestimmt werden (↑Dimension). Damit wird die Algebraisierung der Geometrie und die Behandlung physikalischer Probleme durch ↑Bewegungsgleichungen eingeleitet. Nach B. Pascal sind die Sätze der E.n G. durch Intuition und Evidenz verbürgt, während I. Kant die Euklidischen Figuren als apriorische Formen der Raumanschauung auszeichnet. Demgegenüber bezeichnet I. Newton die Geometrie als Teil der allgemeinen ↑*Mechanik*, in der Sätze der Meßkunst bewiesen werden. Nach der Entwicklung nichteuklidischer Theorien, in denen die Negation des Euklidischen Parallelenpostulats gilt, stellt sich die Frage nach der ›physikalisch gültigen‹ Geometrie, die nach C. F. Gauß und H. v. Helmholtz durch empirische Messung zu entscheiden ist.
Dagegen sind die Axiome der mathematischen Geometrie nach D. Hilbert weder erkenntnistheoretisch durch ↑Anschauung noch psychologisch durch ↑Evidenz oder physikalisch durch ↑Messung, sondern durch den Nachweis ihrer *Widerspruchsfreiheit* (↑widerspruchsfrei/Widerspruchsfreiheit) gesichert. An die Stelle von Aussagen über inhaltliche Vorstellungen von Figuren bzw. physikalischen Körpern treten formale ↑Aussageformen, deren ↑Prädikatvariablen P, G, E etc. nur noch die traditionellen Bezeichnungen ›Punkt‹, ›Gerade‹, ›Ebene‹ etc. tragen. So wird z. B. aus dem 1. Euklidischen Postulat, wonach für zwei Punkte eine schneidende Gerade existiert, die Formel

$$\bigwedge_x \bigwedge_y (x \varepsilon P \wedge y \varepsilon P \to \bigvee_z (z \varepsilon G \wedge x, z \varepsilon L \wedge y, z \varepsilon L)),$$

wobei L eine zweistellige Relationenvariable ist, die der traditionellen Inzidenzrelation entspricht (›x liegt auf y‹).

Die Variablen dieser Formeln lassen sich dann nach Hilbert in *mathematischen Modellen* interpretieren, so z. B. in der Arithmetik und Analysis, für die seit R. Dedekind eine geometriefreie Einführung vorliegt (↑Dedekindscher Schnitt). Danach werden Punkte der Ebene durch reelle Zahlenpaare interpretiert; die Inzidenzaussage, wonach ein Punkt auf einer Geraden liegt, wird in die arithmetische Aussage übersetzt, wonach ein Zahlenpaar (x, y) eine lineare Gleichung $ux + vy + w = 0$ erfüllt usw.. Setzt man die Widerspruchsfreiheit von Arithmetik und Analysis voraus, so garantiert diese Interpretation die (relative) Widerspruchsfreiheit der formalen Hilbertschen Geometrie.
Logische *Unabhängigkeitsbeweise* (↑unabhängig/Unabhängigkeit (logisch)) der Euklidischen Axiome führten zu Untersuchungen nicht-euklidischer bzw. in anderer Weise modifizierter Theorien (↑Geometrie, elliptische, ↑Geometrie, hyperbolische, ↑Geometrie, nicht-archimedische, ↑Geometrie, absolute). Identifiziert man die E. G. mit ihrem analytischen Modell, so wird sie zu einem Spezialfall der ↑Differentialgeometrie oder Vektoralgebra. Diese Auffassung vertritt insbes. der sogenannte ↑Bourbaki-Kreis von Mathematikern (Versuch, die Mathematik aus allgemeinen algebraischen, topologischen und Ordnungsstrukturen aufzubauen). Demgegenüber wird in jüngster Zeit von vielen Mathematikern eine Einführung in die Geometrie über die E. G. nicht nur aus didaktischen Gründen gefordert.
Bereits G. Frege hatte gegenüber Hilbert die Rolle der *Raumanschauung* für die Geometrie betont und Hilberts Auffassung der geometrischen Axiome als einer impliziten Definition (↑Definition, implizite) der geometrischen Grundbegriffe kritisiert. H. Dingler versucht eine *technische Begründung* der E.n G., indem er eindeutige (↑eindeutig/Eindeutigkeit) Realisationsverfahren für Euklidische Grundbegriffe, z. B. das ↑Dreiplattenverfahren für die Ebene, starre Körper (↑Körper, starrer) für die Kongruenz, fordert. In dem von P. Lorenzen weiterentwickelten Dinglerschen Ansatz werden Grundbegriffe wie Ebene, Parallelität und Orthogonalität durch ↑Homogenitätsprinzipien bestimmt, die zusammen mit Axiomen für die Inzidenzrelation, Zwischenrelation (von Gauß bereits gefordert und von M. Pasch in die Geometrie eingeführt) und Stetigkeit auf die E. G. führen. Kongruenz wird nun im Unterschied zu Hilbert als aus Parallel- und Spiegelungskongruenz abgeleiteter Begriff eingeführt, womit eine Definition geometrischstarrer Körper als Voraussetzung für physikalische Messungen ermöglicht werden soll.
In neueren Ansätzen wird eine Begründung der E.n G. durch *formentheoretische* Axiome vorgeschlagen, die technisch z. B. durch Gußverfahren für Abdrücke und Kopien von Ton- und Metallkörpern gerechtfertigt werden. Historisch wird dabei ein Gedanke von J. Wallis

berücksichtigt, wonach aus der Annahme von ähnlichen Figuren, die ohne Änderung ihrer Form stetig vergrößert oder verkleinert werden können, das Euklidische Parallelitätspostulat folgt. Gruppentheoretisch kommt darin die ausgezeichnete Stellung der *Ähnlichkeitsgruppe* in der E.n G. zum Ausdruck (↑Euklidizität). Demgegenüber wird nach F. Bachmann zunächst die *Bewegungsgruppe* der absoluten Geometrie durch den *Spiegelungsbegriff* (↑Spiegelung) eingeführt, um dann durch Zusatzforderungen die E. G. (durch Existenz eines Rechtseits) oder eine nicht-euklidische Geometrie zu erhalten.

Literatur: W. S. Anglin, Mathematics. A Concise History and Philosophy, New York/Berlin/Heidelberg 1994, ²1996, bes. 87–94; F. Bachmann, Aufbau der Geometrie aus dem Spiegelungsbegriff, Berlin/Göttingen/Heidelberg 1959, Berlin/Heidelberg/New York ²1973; S. F. Barker, Euclidean Geometry, Enc. Ph. III (1968), 285–290; G. Böhme (ed.), Protophysik. Für und wider eine konstruktive Wissenschaftstheorie der Physik, Frankfurt 1976; C. B. Boyer, A History of Mathematics, New York/London/Sydney 1968, bes. 111–133, New York/Chichester/Brisbane ²1989, bes. 115–136, New York etc. 1991, bes. 100–119; J. Boyer, Histoire des mathématiques, Paris 1900, bes. 23–30; E. Carruccio, Matematica e logica nella storia e nel pensiero contemporaneo, Turin 1958, bes. 65–87 (engl. Mathematics and Logic in History and in Contemporary Thought, London 1964, bes. 76–102]; M. Chasles, Aperçu historique sur l'origine et le développement des méthodes en géométrie. Particulièrement de celles qui se rapportent à la géométrie moderne, Bruxelles 1837, Paris ³1889 [repr. Paris 1989] (dt. Geschichte der Geometrie hauptsächlich mit Bezug auf die neueren Methoden, Halle 1839 [repr. Wiesbaden 1968], Nachdr. 1993); E. Colerus, Von Pythagoras bis Hilbert. Die Epochen der Mathematik und ihre Baumeister, Berlin/Wien/Leipzig 1937, 1951, Augsburg 1990 (franz. De Pythagoras à Hilbert. Les époques de la mathématique et leurs maîtres, Paris 1943); A. Dahan-Dalmedico/J. Peiffer, Une histoire des mathématiques. Routes et dédales, Paris 1986, 2000, bes. 55–64 (dt. Wege und Irrwege. Eine Geschichte der Mathematik, Basel/Boston Mass./Berlin 1994, bes. 49–58, 165–168); Z. P. Dienes/E. W. Golding, Geometry through Transformations II (Geometry of Congruence), Harlow, New York 1967 (dt. E. G., Freiburg etc. 1969, ²1970); H. Dingler, Die Grundlagen der angewandten Geometrie. Eine Untersuchung über den Zusammenhang zwischen Theorie und Erfahrung in den exakten Wissenschaften, Leipzig 1911; W. Dunham, Journey through Genius. The Great Theorems of Mathematics, New York/Chichester/Brisbane 1990, 1991; H. Eves, Great Moments in Mathematics Before 1650, Washington D. C. 1980, 1983, bes. 70–76; R. L. Faber, Foundations of Euclidean and Non-Euclidean Geometries, New York/Basel 1983; A. Filler, Euklidische und nichteuklidische Geometrie, Mannheim/Leipzig/Wien 1993; H. G. Forder, Foundations of Euclidean Geometry, Cambridge/London 1927, New York 1958; K. v. Fritz, Grundprobleme der Geschichte der antiken Wissenschaft, Berlin/New York 1971; M. Geiger, Systematische Axiomatik der e.n G., Augsburg 1924; H. Gericke, Mathematik im Abendland. Von den römischen Feldmessern bis zu Descartes, Berlin/Heidelberg/New York 1990, bes. 276–282, Nachdr. in: H. Gericke, Mathematik in Antike und Orient/Mathematik im Abendland. Von den römischen Feldmessern bis zu Descartes, Wiesbaden 1992, 2003, bes. 276–282; R. L. Goodstein, Euclidean Geometry, in: J. Thewlis (ed.), Encyclopedic Dictionary of Physics III, Oxford/London/New York 1961, 20–23; I. Grattan-Guinness, Euclidean Geometry, in: R. Audi (ed.), The Cambridge Dictionary of Philosophy, Cambridge ²1999, 290–291; J. J. Gray, Euclidean and Non-Euclidean Geometry, in: I. Grattan-Guinness (ed.), Companion Encyclopedia of the History and Philosophy of the Mathematical Sciences II, London/New York 1994, 877–886; ders., Projective Geometry, in: I. Grattan-Guinness (ed.), Companion Encyclopedia of the History and Philosophy of the Mathematical Sciences II [s. o.], 905–907; M. J. Greenberg, Euclidean and Non-Euclidean Geometries. Development and History, San Francisco Calif. 1974, ³1993; G. W. Hessenberg, Grundlagen der Geometrie, ed. W. Schwan, Berlin/New York 1930, (mit J. Diller) erw. Neuausg. ²1967; D. Hilbert, Grundlagen der Geometrie. Mit Supplementen von P. Bernays, Leipzig 1899, Stuttgart ¹⁴1999 [ed. u. mit Anhängen vers. v. M. Toepell] (engl. The Foundations of Geometry, Chicago Ill. 1902, La Salle Ill. ²1971; franz. Les fondements de la géométrie, Paris 1971 [repr. 1997]); K. Itô (ed.), Encyclopedia of Mathematics I, Cambridge Mass./London ²1996, 549–554 [Euclidean Geometry]; P. Janich, Zur Protophysik des Raumes, in: G. Böhme (ed.), Protophysik. Für und wider eine konstruktive Wissenschaftstheorie der Physik [s. o.], 83–130; ders., Das Maß der Dinge. Protophysik von Raum, Zeit und Materie, Frankfurt 1997; H. Karzel/H.-J. Kroll, Geschichte der Geometrie seit Hilbert, Darmstadt 1988, bes. 149–155, 185–189; P. Kelly/G. Matthews, The Non-Euclidean Hyperbolic Plane. Its Structure and Consistency, New York/Heidelberg/Berlin 1981; M. Kline, Mathematical Thought from Ancient to Modern Times, New York 1972, bes. 861–863, 1005–1022, Oxford/New York/Toronto 1990, III, bes. 861–863, 1005–1022; G. Kropp, Vorlesungen über die Geschichte der Mathematik, Mannheim/Zürich 1969, bes. 29–63 [Euklids Elemente und die neuere Geometrie]; ders., Geschichte der Mathematik. Probleme und Gestalten, Heidelberg 1969, Heidelberg/Wiesbaden 1994, bes. 31–36; L. Locher-Ernst, Projektive Geometrie und die Grundlagen der Euklidischen und Polareuklidischen Geometrie. Urphänomene der Geometrie II, Zürich 1940 (repr. Dornach 1980); P. Lorenzen, Das Begründungsproblem der Geometrie als Wissenschaft der räumlichen Ordnung, Philos. Nat. 6 (1960/1961), 415–431; ders., Eine konstruktive Theorie der Formen räumlicher Figuren, Zentralblatt f. Didaktik d. Math. 9 (1977), 95–99; K. Mainzer, Geschichte der Geometrie, Mannheim/Wien/Zürich 1980; ders., Stetigkeit und Vollständigkeit in der Geometrie. Über die logisch-mathematischen Grundlagen und die technisch-operationale Rechtfertigung des Koordinatenbegriffs, in: W. Balzer/A. Kamlah (eds.), Aspekte der physikalischen Begriffsbildung. Theoretische Begriffe und operationale Definitionen, Braunschweig/Wiesbaden 1979, 127–146; H. Meschkowski, Grundlagen der e.n G., Mannheim/Wien/Zürich 1966, ²1974; ders., Problemgeschichte der Mathematik I, Mannheim/Wien/Zürich 1979, ²1984, bes. 63–70; J. Naas/H. L. Schmid, Mathematisches Wörterbuch I, Berlin/Stuttgart ³1965, bes. 139–140 [Axiome der Geometrie]; J. L. Richards, The Philosophy of Geometry to 1900, in: I. Grattan-Guinness (ed.), Companion Encyclopedia of the History and Philosophy of the Mathematical Sciences II [s. o.], 913–919; M. Schmitz, Euklids Geometrie und ihre mathematiktheoretische Grundlegung in der neuplatonischen Philosophie des Proklos, Würzburg 1997; J. G. Schönbeck, Euclidean and Archimedean Traditions in the Middle Ages and the Renaissance, in: I. Grattan-Guinness (ed.), Companion Encyclopedia of the History and Philosophy of the Mathematical Sciences I, London/New York 1994, 173–184; C. J. Scriba/P. Schreiber, 5000 Jahre Geometrie. Geschichte, Kulturen, Menschen, Berlin/Heidelberg/

New York 2000, 2003, bes. 49–65; P. Stäckel/F. Engel, Die Theorie der Parallellinien. Von Euklid bis auf Gauss. Eine Urkundensammlung zur Vorgeschichte der nichteuklidischen Geometrie, Leipzig 1895 (repr. 1968), bes. 1–14; Á. Szabó, Anfänge der griechischen Mathematik, München/Wien/Budapest 1969 (engl. The Beginnings of Greek Mathematics, Budapest, Dordrecht/Boston Mass. 1978; franz. Les débuts des mathématiques grecques, Paris 1977); E. W. Weisstein (ed.), CRC Concise Encyclopedia of Mathematics, Boca Raton Fla./London/New York 1999, 568–569 [Euclidean Geometry].   K. M.

Euklidizität, zusammenfassende Bezeichnung der Kriterien zur mathematischen, physikalischen, technischen und erkenntnistheoretischen Auszeichnung der ↑Euklidischen Geometrie. Seit dem Proklos-Kommentar zu Euklids »Elementen« (In primum Euclidis elementorum librum commentarii, ed. G. Friedlein, Leipzig 1873) galt das *Parallelitätspostulat* (↑Parallelenaxiom) als ein zu beweisender Satz der Euklidischen Geometrie. Im 18. Jh. wurde der Satz, wonach die Winkelsumme im Dreieck 180° ist, als äquivalent zum Parallelenpostulat erwiesen (G. Saccheri, J. H. Lambert). So zeigte Lambert bereits 1766, daß unter der Annahme einer Dreieckswinkelsumme von weniger als 180° eine absolute Länge existiert im Unterschied zur Euklidischen Geometrie. Seit C. F. Gauß trat der Satz, wonach das Krümmungsmaß von Ebene und Raum – hier differentialgeometrisch (↑Differentialgeometrie) aufgefaßt als in den cartesischen Raum eingebettete Flächen – in der Euklidischen Geometrie Null ist, als äquivalente Charakterisierung des Parallelenpostulats hinzu. Während noch für I. Kant die E. des Anschauungsraumes im Sinne eines *erkenntnistheoretischen Apriori* (↑a priori) feststand, stellte sich nach der Einführung ↑nicht-euklidischer Geometrien die Frage, welche Geometrie denn ›physikalisch gültig‹ sei. Gauß wendete in diesem Zusammenhang als erster das Winkelsummenkriterium für Dreiecke an, um durch geodätische Messungen die E. der physikalischen Wirklichkeit zu prüfen. H. Poincaré betonte, daß die Überprüfung der E. des physikalischen Raumes durch Messung nur dann sinnvoll sei, wenn vorher über den zugrundegelegten Maßstab entschieden ist. Die Wahl des Maßstabes (z. B. euklidisch starrer Körper) sei aber Konvention. Meßaussagen gelten dann (wie später noch einmal H. Reichenbach betonte) nur relativ zum Maßstab, der dem geometrischen Kongruenzbegriff zugeordnet ist.

Demgegenüber wurde im Anschluß an H. Dingler die E. der physikalischen ↑Meßgeräte betont, weil sie durch die Herstellungsverfahren für solche Geräte erzwungen werde. Da Meßverfahren für physikalische Begriffsbildungen vorausgesetzt werden, wird die E. der Meßgeräte mit Anspielung auf Kant auch als ›meßtechnisches (meßtheoretisches) Apriori‹ bezeichnet. Der Euklidische Kongruenzbegriff (↑kongruent/Kongruenz), der diesen Meßverfahren zugrundeliegt, wird nicht als geometrischer Grundbegriff wie im Hilbertschen Aufbau aufgefaßt, sondern als abgeleitet aus dem Ähnlichkeits- und Größenbegriff (↑ähnlich/Ähnlichkeit): Zwei Figuren (z. B. Strecken) heißen kongruent, wenn sie ähnlich (›formgleich‹) und größengleich sind. Bereits im 17. Jh. hatte der englische Mathematiker J. Wallis herausgestellt, daß die Annahme von Figuren, die bis auf Ähnlichkeit stetig vergrößert und verkleinert werden können, das Parallelitätspostulat zu einem beweisbaren Satz macht. Gauß zeigte, daß nur in der Euklidischen Geometrie Figuren existieren, die stetig vergrößert und verkleinert werden können, ohne ihre Form zu verändern. Die Auszeichnung von euklidischen Formen als Grundbegriffen läßt sich technisch z. B. durch Gußverfahren für Abdrücke und Kopien von Ton- oder Metallkörpern rechtfertigen. Auch bei diesen technischen Formungsprozessen werden keine Größenmaßstäbe vorausgesetzt. Mit Blick auf Kant kann diese Auszeichnung eines größenunabhängigen Form- bzw. Ähnlichkeitsbegriffs in der Euklidischen Geometrie als ›*formentheoretisches Apriori*‹ aufgefaßt werden, das der Einführung kongruenter (also form- und größengleicher) Figuren und damit der Einführung von Meßverfahren vorausgeht.

Gruppentheoretisch drückt sich dieses E.kriterium nach F. Klein dahingehend aus, daß die Euklidische Geometrie als einzige metrische Geometrie mit konstantem Krümmungsmaß (↑Differentialgeometrie) invariant ist gegen die Gruppe der Ähnlichkeits- und Kongruenztransformationen. Euklidische Figuren können also gegen mehr Transformationen invariant sein als nichteuklidische. K. R. Popper interpretiert diesen Umstand als ↑Einfachheitskriterium der Euklidischen Geometrie, da die Anzahl der frei wählbaren Parameter einer euklidischen Figur, also ihre (Parameter-)Dimension, kleiner sein kann als bei nicht-euklidischen Figuren.

Literatur: O. Becker, Die Grundlagen der Mathematik in geschichtlicher Entwicklung, Freiburg/München 1954, Frankfurt ⁴1990; D. Hilbert, Grundlagen der Geometrie. Mit Supplementen von Dr. P. Bernays, Leipzig 1899, Stuttgart ¹⁴1999 (engl. The Foundations of Geometry, Chicago Ill. 1902, La Salle Ill. ²1971); P. Janich, Zur Protophysik des Raumes, in: G. Böhme (ed.) Protophysik. Für und wider eine konstruktive Wissenschaftstheorie der Physik, Frankfurt 1976, 83–130; F. Kambartel, Wie abhängig ist die Physik von Erfahrung und Geschichte? Zur methodischen Ordnung apriorischer und empirischer Elemente in der Naturwissenschaft, in: K. Hübner/A. Menne (eds.), Natur und Geschichte (X. Dt. Kongreß für Philosophie Kiel 8.–12. Okt. 1972), Hamburg 1973, 154–169; P. Lorenzen, Eine Revision der Einsteinschen Revision, Philos. Nat. 16 (1976), 383–391; ders., Relativistische Mechanik mit klassischer Geometrie und Kinematik, Math. Z. 155 (1977), 1–9; K. Mainzer, Der Raum im Anschluß an Kant, Pers. Philos. Neues Jb. 4 (1978), 161–175; ders., Stetigkeit und Vollständigkeit in der Geometrie. Über die logisch-mathematischen Grundlagen und die technisch-operationale Rechtfertigung des Koordinatenbegriffs, in: W. Balzer/A. Kamlah (eds.), Aspekte der physikalischen Begriffsbildung. Theoretische Begriffe und operationale Definitionen, Braunschweig/Wiesbaden 1979, 127–146; J. Mittelstraß, Erfahrung und Begründung, in: ders., Die Möglichkeit von Wissenschaft, Frankfurt 1974, 56–83, 221–229; K. R. Popper, Logik der Forschung. Zur Erkenntnistheorie der modernen Naturwissenschaft, Wien 1934 (mit Jahreszahl 1935), Tübingen [10]1994; H. Reichenbach, Philosophie der Raum-Zeit-Lehre, Berlin/Leipzig 1928; P. G. Stäckel/F. Engel (eds.), Die Theorie der Parallellinien von Euklid bis auf Gauss. Eine Urkundensammlung zur Vorgeschichte der nichteuklidischen Geometrie, Leipzig 1895 (repr. 1968). K. M.

Euler, Leonhard, *Basel 15. April 1707, †Petersburg 18. Sept. 1783, schweiz. Mathematiker, Schüler Johann Bernoullis, seit 1727 an der Petersburger Akademie der Wissenschaften, wo er 1730 Prof. der Naturlehre und 1733 als Nachfolger Daniel Bernoullis Mitglied der Akademie wurde. Angesichts der nach dem Tode der Zarin Anna Ivanovna zunehmend unsicheren politischen Verhältnisse ging E. 1741 an den Hof Friedrichs II. und wurde 1744 Direktor der mathematischen Klasse der Berliner Akademie der Wissenschaften. 1766 kehrte E. nach Unstimmigkeiten mit Friedrich II. an die Akademie in Petersburg zurück, wo er trotz seiner im gleichen Jahr eintretenden völligen Erblindung noch mehr als die Hälfte seiner über 860 wissenschaftlichen Arbeiten verfaßte.

E. zählt zu den führenden Wissenschaftlern seiner Zeit; Johann I. Bernoulli bezeichnet ihn 1745 als ›mathematicorum princeps‹. Er vertiefte die Grundlagen fast aller mathematischen Disziplinen, begründete durch die Entdeckung des Zusammenhangs zwischen trigonometrischen Funktionen und Exponentialfunktion sowie der Vieldeutigkeit der Logarithmen die komplexe ↑Analysis (↑Funktionentheorie), unabhängig davon die Theorie der bestimmten ↑Integrale und die Variationsrechnung (zuerst: Methodus inveniendi lineas curvas, 1744). E. wandte neue mathematische Verfahren in der mathematischen ↑Astronomie, der Navigationskunde und der Musiktheorie an, wo er Vorarbeiten zur ↑Psychophysik leistete. Vor allem aber wird E. neben J. le Rond d'Alembert zum Begründer der analytischen ↑Mechanik (wo auf den heute nach ihm benannten Gleichungen die gesamte Theorie der Rotationsbewegungen starrer Körper aufgebaut werden kann) und der modernen Hydrostatik und Hydrodynamik. In der »Mechanica sive motus scientia analytice exposita« (1736) ersetzt er I. Newtons Begriff des Körpers durch den des Massepunktes (und gibt im Additamentum II eine exakte Formulierung des ↑Prinzips der kleinsten Wirkung). In »Découverte d'un nouveau principe de la mécanique« (Vortrag gehalten vor der Berliner Akadamie 1750, publiziert 1752) bezeichnet er die Komponentengleichung des allgemeinen Impulssatzes für die Kontinuummechanik als das fundamentale Prinzip der gesamten Mechanik (das für diese Rolle jedoch noch um den von E. 1775 ›nachgelieferten‹ Drehimpulssatz zu ergänzen ist).

In der kombinatorischen Topologie erinnert an E. der ›E.sche Polyedersatz‹, nach dem für die Anzahlen der Ecken, Kanten und Flächen eines konvexen Polyeders stets $e - k + f = 2$ gilt.

Viele nach E. benannte mathematische Termini zeigen noch heute seine Produktivität (z. B. Eulerformeln, Eulersche Integrale, Eulersche Gammafunktion, Eulersche Konstante, Eulersche Winkel, Eulersches Brückenproblem, Euler-Lagrangesche Differentialgleichung). Bedeutenden Einfluß auf den Forschungs- und Unterrichtsstil der Mathematik übte E. durch seine großen, didaktisch neuartigen Lehrwerke »Introductio in analysin infinitorum« (1748), »Institutiones calculi differentialis« (1755) und »Institutiones calculi integralis« (1768–1770) und vor allem durch seine noch heute gedruckte »Vollständige Anleitung zur Algebra« (1770). Im philosophischen Leben fanden E.s »Briefe an eine deutsche Prinzessin über verschiedene Gegenstände aus der Physik und Philosophie« große Verbreitung, die aus dem Privatunterricht für die Töchter des Markgrafen Friedrich Heinrich von Brandenburg-Schwedt entstanden waren. E. wendet sich in diesen Briefen gegen die zeitgenössische, in der Leibniztradition stehende Philosophie C. Wolffs, greift besonders die ↑Monadentheorie an und verteidigt die materialistischen Prinzipien der Cartesischen Physik; auch seine Argumente für die Wellentheorie des Lichts erzielten erst durch diese Schrift ihre Wirkung. Wie einflußreich E.s Auffassungen für den jungen I. Kant waren, ist erst in neuerer Zeit erkannt worden. – Die von der E.-Kommission der Schweizerischen Naturforschenden Gesellschaft herausgegebene Gesamtausgabe der E.schen Werke ist noch unvollendet; unveröffentlichte Materialien betreut unter anderem die Akademie der Wissenschaften in St. Petersburg.

Werke: Opera omnia, Ser. I/1–, ed. F. Rudio u. a., Leipzig etc. 1911 ff. (erschienen Ser. I/1–29 [Opera mathematica], Ser. II/1–31 [Opera mechanica et astronomica], Ser. III/1–12 [Opera physica, Miscellanea], Ser. IVA/1–2, 5–6 [Commercium epistolicum]). – Mechanica sive motus scientia analytice exposita, I–II, Petersburg 1736, ed. P. Stäckel, als: Opera omnia [s. o.] Ser. II/1–2 (dt. L. E.'s Mechanik oder analytische Darstellung der Wissenschaft von der Bewegung, I–III, ed. J. P. Wolfers, Greifswald 1848–1853); Methodus inveniendi lineas curvas, Lausanne/Genf 1744, ed. C. Carathéodory, als: Opera omnia [s. o.] Ser. I/24; Introductio in analysin infinitorum, I–II, Lausanne 1748 (repr. Brüssel 1967), Lyon [2]1797, ed. A. Krazer/F. Rudio/A. Speiser, als: Opera omnia [s. o.] Ser. I/8–9 (franz. Introduction à l'analyse infinitésimale, Straßburg 1786, I–II, Paris 1796–1797 [repr. 1987–1988]; dt. L. E.s Einleitung in die Analysis des Unendlichen, I–III, ed. J. A. C. Michelsen, Berlin 1788–1791, unvollst. unter dem Titel: Einleitung in die Analysis des Unendlichen. Erster Teil I, Berlin 1885 [repr. Berlin/Heidelberg/New

York 1983]; engl. Introduction to Analysis of the Infinite, I–II, New York etc. 1988/1990); Découverte d'un nouveau principe de la mécanique, Hist. de l'acad. royale des sci. et belles lettres, Berlin 6 (1752), 185–217, ed. J. O. Fleckenstein, in: Opera omnia [s.o.] Ser. II/5, 81–108; Institutiones calculi differentialis, cum eius usu in analysi finitorum ac doctrina serierum, I–II, Petersburg 1755, ed. G. Kowalewski, als: Opera omnia [s.o.] Ser. I/10 (dt. L. E.'s Vollständige Anleitung zur Differenzial-Rechnung, I–III u. Suppl., ed. J. A. C. Michelsen, Berlin 1790–1798, Wiesbaden 1981; engl. Foundations of Differential Calculus, New York etc. 2000); Institutiones calculi integralis, I–III, Petersburg 1768–1770, Suppl., 1794, ed. F. Engel/L. Schlesinger, als: Opera omnia [s.o.] Ser. I/11–13 (dt. L. E.'s Vollständige Anleitung zur Integralrechnung, I–IV, Wien 1828–1830); Lettres à une princesse d'Allemagne sur divers sujets de physique et de philosophie, I–III, Petersburg 1768–1772, ed. A. Speiser, als: Opera omnia [s.o.] Ser. III/11–12 (dt. Briefe an eine deutsche Prinzessin über verschiedene Gegenstände aus der Physik und Philosophie, I–III, Leipzig etc. 1769–1773, Nachdr. in einem Bd., ed. A. Speiser, Braunschweig 1986, mit Untertitel: Philosophische Auswahl, ed. G. Kröber, Leipzig 1965, ³1983 [Auswahl]); Vollständige Anleitung zur Algebra, I–II, Petersburg 1770, ed. H. Weber, in: Opera omnia [s.o.] Ser. I/1, 1–498, separat: ed. J. E. Hofmann, Stuttgart 1959 (engl. Elements of Algebra, I–II, London 1797, in einem Bd., ⁵1840 [repr. New York etc. 1972, 1984]); Opera postuma mathematica et physica, I–II, ed. P. H. Fuss, Petersburg 1862 (repr. Nendeln 1969). – G. Eneström, Verzeichnis der Schriften L. E.s, Jahresber. Dt. Math.-ver., Erg.bd. 4 (1910–1913), 1–388; J. J. Burckhardt, Euleriana. Verzeichnis des Schrifttums über L. E., in: L. E. 1707–1783. Beiträge zu Leben und Werk [s.u., Lit.], 511–552.

Literatur: R. Calinger, L. E.. The First St. Petersburg Years (1727–1741), Hist. Math. 23 (1996), 121–166; W. Dunham, E.. The Master of Us All, Washington D. C. 1999 (span. E.. El maestro de todos los matemáticos, Madrid 2001); E. A. Fellmann, L. E., Reinbek b. Hamburg 1995; ders., E., in: Biographische Enzyklopädie deutschsprachiger Philosophen, München 2001, 108–110; R. Fueter, L. E. (1707–1783), Basel 1948, 1968, 1979 (Elemente Math., Beih. 3); E. Hoppe, Die Philosophie L. E.s. Eine systematische Darstellung seiner philosophischen Leistungen, Gotha 1904; E. Knobloch/J. S. Louhivaara/J. Winkler (eds.), Zum Werk L. E.s. Vorträge des E.-Kolloquiums im Mai 1983 in Berlin (Zum Gedenken des 200. Todestages von L. E.), Basel/Boston Mass./Stuttgart 1984; M. A. Lavrent'ev/A. P. Juškevič/A. T. Grigor'jan (eds.), L. Eiler. Sbornik statjei w tschest 250-letija so dnja roshdenija, predstablennych Akademii nauk SSSR [Sammelband der zu Ehren des 250. Geburtstages L. E.s der Akad. Wiss. der UdSSR vorgelegten Abh.], Moskau 1958 [russ. mit dt. Zusammenfassungen]; A. Speiser, L. E. und die deutsche Philosophie, Zürich 1934; O. Spiess, L. E.. Ein Beitrag zur Geistesgeschichte des XVIII. Jahrhunderts, Frauenfeld/Leipzig 1929; R. Thiele, L. E., Leipzig 1982 (mit Bibliographie, 178–185); C. A. Truesdell, Rational Fluid Mechanics, 1687–1765, in: Opera omnia [s.o.] Ser. II/12, VII–CXXV; A. P. Youschkevitch, E., DSB IV (1971), 467–484. – L. E. 1707–1783. Beiträge zu Leben und Werk. Gedenkband des Kantons Basel-Stadt, Basel 1983; L. E.s Wirken an der Berliner Akademie der Wissenschaften 1741–1766. Spezialinventar, Regesten der E.-Dokumente aus dem Zentralen Archiv der Akademie der Wissenschaften der DDR, Berlin (Ost) 1984; Sammelband der zu Ehren des 250. Geburtstages L. E.s der Deutschen Akademie der Wissenschaften zu Berlin vorgelegten Abhandlungen, Berlin (Ost) 1959. C. T.

Euler-Diagramme, Bezeichnung für graphische Darstellungen, in denen die Umfangsverhältnisse (↑Umfang) von Begriffen oder von Mengen durch topologische Beziehungen (Umschließung, Ausschließung, Schnitt) geschlossener Kurven, meist von Kreisen, anschaulich dargestellt werden (↑Diagramme, logische). Beispiele: die ↑Subordination eines Begriffs b unter einen ›höheren‹ Begriff B (als Enthaltensein des Umfangs von b in dem Umfang von B) durch (Abb. 1)

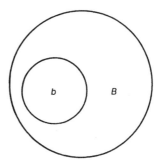

Abb. 1

oder die Existenz eines gemeinsamen Unterbegriffs s dreier Begriffe A, B, C durch (Abb. 2)

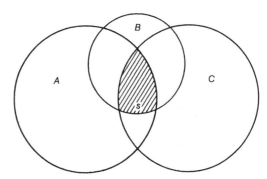

Abb. 2

Die E.-D., deren Name von ihrer Verwendung in L. Eulers »Lettres à une princesse d'Allemagne« (I–III, Petersburg 1768–1774) herrührt, kommen schon in Logikbüchern des 17. Jhs. vor; eine Andeutung findet sich sogar schon in (authentischen?) Werken des R. Lullus.

Literatur: G. Allwein/J. Barwise (eds.), Logical Reasoning with Diagrams, New York etc. 1996; P. Bernhard, E.-D.. Zur Morphologie einer Repräsentationsform in der Logik, Paderborn 2001 (mit Bibliographie, 148–159); C. K. Davenport, The Role of Graphical Methods in the History of Logic, Methodus 4 (1952), 145–164, Neudr. in: W. Krampf (ed.), Hugo Dingler. Gedenkbuch zum 75. Geburtstag, München 1956, 53–70; M. Gardner, Logical Diagrams, Enc. Ph. V (1967), 77–81; ders., Logic Machines and Diagrams, New York 1958, unter dem Titel:

Logic Machines, Diagrams and Boolean Algebra, rev. New York 1968, unter dem Originaltitel: Chicago Ill. ²1982, Brighton 1983; P. Gehring u. a. (eds.), Diagrammatik und Philosophie [...], Amsterdam/Atlanta Ga. 1992. C. T.

Eulersches Brückenproblem, auch Königsberger Brückenproblem, eines der frühesten Probleme der Graphentheorie (↑Graph), dessen Lösung erstmals von L. Euler 1736 vorgeschlagen wurde. Die anschauliche, auf den Danziger Bürgermeister C. L. G. Ehler zurückgehende Fragestellung bestand darin, ob es einen Rundgang durch Königsberg gebe, der jede der sieben Brücken über den Pregel genau einmal benutzt (Abb. 1):

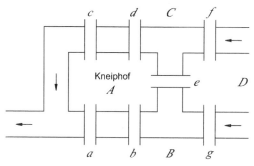

Abb. 1: Lexikon der Mathematik in sechs Bänden II, Heidelberg/Berlin 2001, 323.

Faßt man diese Topographie als Graph auf, läßt sie sich wie folgt visualisieren (Abb. 2),

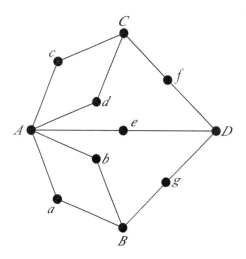

Abb. 2: Graphentheoretische Darstellung des E.n B.s.

wobei die Brücken als Kanten des Graphen auftreten. Die graphentheoretische Fragestellung besteht dann darin, ob es einen geschlossenen Kantenzug gibt, der alle Kanten des Graphen enthält. Ein Graph mit dieser Eigenschaft wird auch Eulersch genannt. Euler schlug 1736 als Charakterisierung solcher Graphen die Eigenschaft vor, daß jede Ecke geraden Grad hat, d. h., daß eine gerade Anzahl von Kanten vorhanden ist, die mit der Ecke inzident sind (anschaulich: jede Ecke hat eine gerade Anzahl benachbarter Ecken). Da dies beim Königsberger Brückenproblem nicht zutrifft (vgl. die Ecken A und D in Abb. 2), ist seine Lösung negativ, d. h., es gibt keine *Eulersche Tour* durch den Graphen. Der vollständige mathematische Beweis von Eulers Charakterisierung wurde 1873 von C. F. B. Hierholzer gegeben.
Während die Frage, ob ein Graph Eulersch ist, mit elementaren Mitteln entscheidbar (↑entscheidbar/Entscheidbarkeit) ist (genauer: in linearer Laufzeit), gehört das dazu duale Problem, einen geschlossenen Weg zu finden, der jede Ecke genau einmal durchläuft (›Hamiltonkreis‹, nach W. R. Hamilton [1805–1865]) zu den algorithmisch schwer lösbaren (genauer: NP-vollständigen) Problemen.

Literatur: D. König, Theorie der endlichen und unendlichen Graphen. Mit einer Abhandlung von L. Euler, ed. H. Sachs, Leipzig 1986; L. Volkmann, Eulerscher Graph, in: Lexikon der Mathematik in sechs Bänden II, Heidelberg/Berlin 2001, 100–102; weitere Literatur: ↑Graph. P. S.

Evans, Gareth, *London 12. Mai 1946, †Oxford 10. Aug. 1980, engl. Philosoph. 1964–1967 zunächst Studium der Geschichte, dann (als Schüler von P. F. Strawson) der Philosophie in Oxford, Lehrtätigkeiten in Harvard, Berkeley, Pittsburgh und Chicago (1968–1969) sowie am MIT und in Mexiko Stadt (1977–1978), ab 1969 Fellow of University College, Oxford, ab 1979 Wilde Reader in Mental Philosophy in Oxford. – Im Mittelpunkt des posthum von J. McDowell herausgegebenen Hauptwerkes »The Varieties of Reference« (1982) sowie der in dem ebenfalls posthum erschienenen Sammelband »Collected Papers« (1985) zusammengefaßten Aufsätze von E. stehen sprachphilosophische, erkenntnistheoretische, metaphysische und die Philosophie des Geistes (↑philosophy of mind) betreffende Themen. Zentral für die ↑Sprachphilosophie von E. ist seine kritische Auseinandersetzung mit neueren Theorien der ↑Referenz (S. Kripke, D. Kaplan, J. Perry), denen zufolge G. Freges Analyse der Bezugnahme singulärer Termini (↑Terminus) auf Gegenstände anhand der Art des Gegebenseins dieser Gegenstände (↑Sinn) aufgrund ihrer Ausrichtung auf ↑Kennzeichnungen die Bedeutung von ↑Eigennamen sowie von indexikalischen und demonstrativen Ausdrücken nicht erfaßt, und die daraus (gemeinsam mit McDowell und C. Peacocke) resultierende Begründung eines neo-Fregeanischen Ansatzes.
Nach E. ist für die ↑Semantik singulärer Termini in Übereinstimmung mit Frege ein Verständnis grundle-

gend, wonach Eigennamen, indexikalische und demonstrative Ausdrücke im Gegensatz zu Kennzeichnungen direkt referentiell (sogenannte Russellsche singuläre Termini) sind, d. h. Bedeutung in Abhängigkeit von der Existenz der Gegenstände haben, auf die sie referieren. In Erweiterung dieser Konzeption der Semantik sprachlicher Ausdrücke auf die Philosophie des Geistes sind (Russellsche) Gedanken abhängig von der Existenz ihrer Gegenstände, wobei diese Abhängigkeit auf der Identifikation (z. B. durch raum-zeitliche Lokalisation) und Unterscheidung der jeweiligen Gegenstände beruht (Russells Prinzip). Dabei beruft sich E. auf die sogenannte Allgemeinheitsbedingung (Generality Constraint) des Denkens, der zufolge der Gedanke, daß ein Gegenstand *a* die Eigenschaft *F* hat, aus der Fähigkeit, etwas als *F*-seiend, und derjenigen, etwas über *a* zu denken, resultiert, wobei letztere nicht notwendigerweise eine deskriptive, aber eine notwendigerweise *a* identifizierende Vorstellung voraussetzt. Zentral für derartige, auf demonstrativer, wiedererkennender oder Selbst-Identifikation beruhende sogenannte informationsbasierte Gedanken ist der im Zusammenhang mit der nicht-deskriptiven Bezugnahme demonstrativer Ausdrücke von E. entwickelte Begriff des nicht-begrifflichen Gehalts, der unter anderem der Erklärung der dem begrifflichen Repertoire gegenüber größeren Feinkörnigkeit informations-, insbes. wahrnehmungsbasierter Zustände dient und in Fortführung dieses Ansatzes zu einer Diskussion im Hinblick auf die Begrifflichkeit (McDowell) bzw. Nicht-Begrifflichkeit (Peacocke) des Gehalts wahrnehmungsgebundener Erfahrungszustände geführt hat. Mit der Analyse der Informationsbasiertheit von Ich-Gedanken thematisieren die Überlegungen von E. zum Gegenstandsbezug von Sprache und Denken Fragen des ↑Selbstbewußtseins, mit der Analyse der Semantik anaphorischer Personalpronomina (insbes. sogenannter E-Typ-Pronomina) Fragen des pronominalen Bezugs. Ebenfalls wegweisenden Charakter besitzt die Arbeit von E. zum Begriff der ↑Vagheit.

Werke: Collected Papers, ed. A. Phillips, Oxford/New York/Toronto 1985. – The Causal Theory of Names. Part I, Proc. Arist. Soc. Suppl. 47 (1973), 187–208, Neudr. in: Collected Papers [s. o.], 1–24; Identity and Predication, J. Philos. 72 (1975), 343–363; Semantic Structure and Logical Form, in: G. E./J. McDowell (eds.), Truth and Meaning. Essays in Semantics, Oxford 1976, 199–222, Neudr. in: Collected Papers [s. o.], 49–75; Pronouns, Quantifiers, and Relative Clauses, Canadian J. Philos. 7 (1977), 467–536, 777–797, Neudr. in: Collected Papers [s. o.], 25–48, 76–175; Can there Be Vague Objects?, Analysis 38 (1978), 208, Neudr. in: Collected Papers [s. o.], 176–177; Reference and Contingency, Monist 62 (1979), 161–189, Neudr. in: Collected Papers [s. o.], 178–213; Things without the Mind, in: Z. van Straaten (ed.), Philosophical Subjects, Oxford 1980, 76–116, Neudr. unter dem Titel: Things without the Mind. A Commentary upon Chapter Two of Strawson's ›Individuals‹, in: Collected Papers [s. o.], 249–290; Understanding Demonstratives, in: H. Parret (ed.), Meaning and Understanding, Berlin/New York 1981, 280–304, Neudr. in: Collected Papers [s. o.], 291–321; Semantic Theory and Tacit Knowledge, in: S. H. Holtzman/C. M. Leich (eds.), Wittgenstein. »To Follow a Rule«, London 1981, 118–137, Neudr. in: Collected Papers [s. o.], 322–342; The Varieties of Reference, ed. J. McDowell, Oxford/New York 1982, 1996; Self-Identification, in: ders., The Varieties of Reference [s. o.], 205–266 (dt. Selbstidentifizierung, in: M. Frank [ed.], Analytische Theorien des Selbstbewußtseins [s. u., Lit.], 500–577).

Literatur: J. E. J. Altham, The Causal Theory of Names II, Proc. Arist. Soc. Suppl. 47 (1973), 209–225; D. Bell, How ›Russellian‹ Was Frege?, Mind 99 (1990), 267–277; J. A. Burgess, Vague Identity. E. Misrepresented, Analysis 49 (1989), 112–119; J. Campbell, Knowledge and Understanding, Philos. Quart. 32 (1982), 17–32; ders., Conceptual Structure, in: C. Travis (ed.), Meaning and Interpretation, Oxford/New York 1986, 159–174; G. Chierchia, Dynamics of Meaning. Anaphora, Presupposition, and the Theory of Grammar, Chicago Ill. 1995; A. Christofidou, First Person. The Demand for Identification-Free Self-Reference, J. Philos. 92 (1995), 223–234; B. J. Copeland, Vague Identity and Fuzzy Logic, J. Philos. 94 (1997), 514–534; T. Crane (ed.), The Contents of Experience. Essays on Perception, Cambridge/New York 1992; J. Dokic, The Dynamics of Deictic Thoughts, Philos. Stud. 82 (1996), 179–204; N. Eilan, Consciousness and the Self, Cambridge Mass. 1998; A. Everett, Qualia and Vagueness, Synthese 106 (1996), 205–226; M. Frank (ed.), Analytische Theorien des Selbstbewußtseins, Frankfurt 1994, 1996; B. Garrett, Vagueness and Identity, Analysis 48 (1988), 130–134; ders., Vagueness, Identity and the World, Log. anal. 34 (1991), 349–358; P. T. Geach, E. on Quantifiers, Can. J. Philos. 8 (1978), 375–379; U. Haas-Spohn, E., in: J. Nida-Rümelin (ed.), Philosophie der Gegenwart in Einzeldarstellungen. Von Adorno bis von Wright, Stuttgart ²1999, 196–201; R. G. Heck, A Note on the Logic of (Higher Order) Vagueness, Analysis 53 (1993), 201–208; ders., That there Might Be Vague Objects. So far as Concerns Logic, Monist 81 (1998), 274–296; I. Heim, The Semantics of Definite and Indefinite Noun Phrases, New York 1987; R. Keefe/P. Smith (eds.), Vagueness. A Reader, Cambridge Mass. 1997; D. Lewis, Vague Identity. E. Misunderstood, Analysis 48 (1988), 128–131; G. McCulloch, A Variety of Reference?, Mind 94 (1985), 569–582; J. McDowell, Singular Thought and the Extent of Inner Space, in: P. Pettit/J. McDowell (eds.), Subject, Thought, and Context, Oxford etc. 1986, 137–168; ders., Peacocke and E. on Demonstrative Content, Mind 99 (1990), 255–266; ders., Mind and World, Cambridge Mass. 1994; ders., E., REP III (1998), 459–471; C. McGinn, Mental Content, Oxford/New York 1989, 1991; S. Neale, Descriptions, Cambridge Mass. 1990; L. O'Brien, E. on Self-Identification, Noûs 29 (1995), 232–247; D. E. Over, Vague Objects and Identity, Analysis 49 (1989), 97–99; C. Peacocke, Sense and Content. Experience, Thought, and their Relations, Oxford/New York 1983, 1999; ders., A Study of Concepts, Cambridge Mass. 1992; ders., Nonconceptual Content Defended, Philos. Phenom. Res. 58 (1998), 381–388; F. Recanati, Direct Reference. From Language to Thought, Oxford 1993; J. Rössler, Einleitung zu ›E. über Selbstidentifikation‹, in: M. Frank (ed.), Analytische Theorien des Selbstbewußtseins [s. o.], 483–499; R. M. Sainsbury, Critical Notice on »The Varieties of Reference«, Mind 94 (1984), 120–142; C. Schildknecht, Sense and Self. Perspectives on Nonpropositionality, Paderborn 2002, 163–192; dies., Anschauungen ohne Begriffe? Zur Nichtbegrifflichkeitsthese von Erfahrung, Dt. Z. Philos. 51 (2003), 459–475; C. Travis, On Constraints of Generality, Proc. Arist. Soc. 94 (1994), 165–188; U. Wolf (ed.), Eigennamen. Dokumentation einer Kontroverse, Frankfurt 1985; T. Wyller, Indexikalische Gedanken. Über den Gegenstandsbezug in der raumzeitlichen Erkenntnis, Freiburg 1994. C. S.

Evidenz (engl. evidence, franz. évidence), in erkenntnistheoretischen Zusammenhängen Bezeichnung für eine Einsicht ohne methodische Vermittlungen. In seiner lateinischen Form (evidentia) gibt der Ausdruck bei M. T. Cicero (synonym mit perspicuitas) den in der ↑Stoa und im ↑Epikureismus terminologisch verwendeten Ausdruck ἐνάργεια (Klarheit, Deutlichkeit) wieder. Seine Bedeutung etwa im Sinne voraussetzungsloser Einsicht oder ›anschauender ↑Gewißheit‹ (I. Kant, KrV B 762) ist in der philosophischen Tradition abhängig von vorausliegenden erkenntnistheoretischen Positionen und entsprechend uneinheitlich. Schwankender terminologischer Gebrauch drückt sich (1) in der Beurteilung der E. entweder als der *subjektiven Form der Wahrheitsanerkennung* (E. als ›Sehen‹ eines Sachverhaltes) oder als der *objektiven Form der Wahrheitsfindung* (E. als ›Sich-zeigen‹ eines Sachverhaltes), (2) in Zuordnungen wie ›metaphysische‹, ›logische‹, ›psychologische‹, ›physische‹ und (erneut) ›subjektive‹ bzw. ›objektive‹ E. aus. Gegensatz (ebenso wie beim Begriff der ↑Intuition) ist in allen Fällen der Begriff der *diskursiven* bzw. begrifflichen, d. h. der methodisch (durch Beweis, Erklärung etc.) fortschreitenden, Einsicht (↑diskursiv/Diskursivität).

In seiner dominanten Bedeutung stellt der Begriff der E. innerhalb der philosophischen Tradition ein ↑Wahrheitskriterium für ›erste‹ Sätze einer Theorie, die sogenannten ↑Axiome, dar (↑Methode, axiomatische), sofern diese nicht konventionalistisch (↑Konventionalismus) gedeutet werden. Der Hinweis auf E. steht hier methodologisch gesehen an Stelle der schon von Aristoteles geforderten Begründung von (›deduktiv‹ nicht mehr begründbaren) Ausgangssätzen (↑Epagoge). Erst D. Hilbert ersetzt in diesem wissenschaftstheoretischen Zusammenhang die Forderung nach E. axiomatischer Anfänge durch die Forderung ihrer Widerspruchsfreiheit (↑widerspruchsfrei/Widerspruchsfreiheit). Erkenntnistheoretische Bedeutung in einem allgemeineren Sinne gewinnt der Begriff der E. vor allem bei R. Descartes. Gegen den Primat diskursiver (logischer) Verfahren werden, terminologisch in den Begriffen der Intuition (intuitio) und der klaren und distinkten Anschauung (clara et distincta perceptio) (↑klar und deutlich), E.en unter dem Grundsatz ›solo lumine rationis et sani sensus‹ (La recherche de la verité par la lumière naturelle, Œuvres X, 521) ausgezeichnet. An die Stelle von Ketten logisch voneinander abhängiger Sätze sollen im Idealfall Ketten von E.en treten (etwa analog der Möglichkeit, elementargeometrische Sätze über Symmetrieeigenschaften zu beweisen).

Nicht mehr nur als Wahrheitskriterium, sondern als *Definiens* der ↑Wahrheit selbst tritt der Begriff der E. bei F. Brentano auf. Wahrheit ist eine Eigenschaft des Vollzugs ›evidenter‹ Urteile, wobei als evident im strikten Sinne nur die apodiktischen Urteile (↑Urteil, apodiktisches), die aus Begriffen einleuchten, und die Urteile der sogenannten inneren Wahrnehmung (z. B. ›ich denke‹) gelten. E. qualifiziert ferner nach Brentano sittliche Stellungnahmen in emotiven Akten (Beurteilungen nach ›richtig‹ und ›unrichtig‹). Auf E. als *Selbstgegebenheit* werden bei E. Husserl alle Weisen phänomenologischer Analyse (↑Phänomenologie) zurückgeführt (»Zu jeder Grundart von Gegenständlichkeiten [...] gehört eine Grundart der ›Erfahrung‹, der E.«, Formale und transzendentale Logik, 169 [Husserliana XVII]). ›Urmodus‹ der E. ist die ↑Wahrnehmung, darin zugleich ›Grundform des Vernunftbewußtseins‹ (Ideen zu einer reinen Phänomenologie und phänomenologischen Philosophie I, 333). Methodisch zentral im Rahmen der Spätphilosophie Husserls sind dabei (1) die Unterscheidung zwischen *adäquater* und *apodiktischer* E. sowie (2) die Fundierung einer *prädikativen* E. durch eine ↑*vorprädikative* (lebensweltliche) E. des Wahrnehmens und der Erfahrung (»Auf die E.en der Erfahrung sollen sich letztlich alle prädikativen E.en gründen«, Erfahrung und Urteil, 38).

Probleme eines methodisch ausgewiesenen E.begriffs knüpfen sich ebenso wie im Falle des Begriffs der Intuition in begründungstheoretischen Kontexten an eine kontrollierbare Berufung auf E. bzw. an das Erfordernis, E.en von Scheinevidenzen zu unterscheiden (»alle Argumente für die E. stellen einen ↑circulus vitiosus dar und alle Argumente gegen sie einen Selbstwiderspruch«, W. Stegmüller, Metaphysik, Wissenschaft, Skepsis, 1954, 102 f., ²1969, 168 f.). Im Sinne eines Postulats der Anerkennung von Argumentationsteilen wird E. jederzeit in Anspruch genommen bzw. in Form hergestellter Zustimmung als gegeben betrachtet. Insofern stellt sich E. ein oder bleibt E. aus; sie kann *erzeugt*, aber nicht *bewiesen* werden. Damit gehört E. zu den *pragmatischen Konstituentien* jeglicher ↑Argumentation (↑Argumentationstheorie) und Einsicht.

Literatur: R. Audi, Self-Evidence, in: J. E. Tomberlin (ed.), Philosophical Perspectives XIII (Epistemology), Oxford etc. 1999, 205–228; F. Brentano, Wahrheit und E. Erkenntnistheoretische Abhandlungen und Briefe, ed. O. Kraus, Leipzig 1930 (repr. Hamburg 1974); J. Chandler/A. I. Davidson/H. Harootunian (eds.), Questions of Evidence. Proof, Practice, and Persuasion Across the Disciplines, Chicago Ill. 1994; R. M. Chisholm, Evidence as Justification, J. Philos. 58 (1961), 739–749; ders./R. Firth, Symposium. The Concept of Empirical Evidence, J. Philos. 53 (1956), 722–739; H. Fackeldey, E., WL 174–178; W. Halbfass/K. Held, E., Hist. Wb. Ph. II (1972), 829–834; FM II (1994), 1156–1158; G. Heffernan, Bedeutung und E. bei Husserl. Das Verhältnis zwischen der Bedeutungs- und der

E.theorie in den »Logischen Untersuchungen« und der »Formalen und transzendentalen Logik«. Ein Vergleich anhand der Identitätsproblematik, Bonn 1983; ders., A Study in the Sedimented Origins of Evidence. Husserl and His Contemporaries Engaged in a Collective Essay in the Phenomenology and Psychology of Epistemic Justification, Husserl-Stud. 16 (1999), 83–181; E. Husserl, Cartesianische Meditationen und Pariser Vorträge, ed. S. Strasser, Den Haag 1950 (Husserliana I), Hamburg 1995; ders., Ideen zu einer reinen Phänomenologie und phänomenologischen Philosophie I (Allgemeine Einführung in die reine Phänomenologie), ed. W. Biemel, Den Haag 1950 (Husserliana III), bes. 333–357 (II Phänomenologie der Vernunft); ders., Formale und transzendentale Logik. Versuch einer Kritik der logischen Vernunft, Halle 1929, Hamburg 1992 (Husserliana XVII); ders., Erfahrung und Urteil. Untersuchungen zur Genealogie der Logik, ed. L. Landgrebe, Hamburg 1948, 1999; J. Jung, E. und Erfahrung. Eine Betrachtung zur Ethik Franz Brentanos, Conceptus 22 (1988), Nr. 55, 43–63; A. Luckner, E., EP I (1999), 364–366; A. Maier, Das Problem der E. in der Philosophie des 14. Jahrhunderts, Scholastik 38 (1963), 183–225; J.-M. Muglioni, Évidence, Enc. philos. universelle II/1 (1990), 907–908; G. Patzig, Kritische Bemerkungen zu Husserls Thesen über das Verhältnis von Wahrheit und E., Neue H. Philos. 1 (1971), 12–32; W. Reimer, Der phänomenologische E.begriff, Kant-St. 23 (1919), 269–301; K. Rosen, E. in Husserls deskriptiver Transzendentalphilosophie, Meisenheim am Glan 1977; D. Rynin, Evidence, Synthese 12 (1960), 6–24; M. Sommer, E. im Augenblick. Eine Phänomenologie der reinen Empfindung, Frankfurt 1987, 1996; W. Stegmüller, Der E.begriff in der formalisierten Logik und Mathematik, Wien. Z. Philos. Psychol. Pädag. 4 (1953), 288–295; ders., Metaphysik, Wissenschaft, Skepsis, Frankfurt/Wien 1954, unter dem Titel: Metaphysik, Skepsis, Wissenschaft, Berlin/Heidelberg/New York 1969; ders., Hauptströmungen der Gegenwartsphilosophie. Eine kritische Einführung I, Wien etc. 1952, Stuttgart [7]1989, 1–48 (Philosophie der E.: Franz Brentano); P. Weiss, First Considerations. An Examination of Philosophical Evidence, Carbondale Ill. 1977; T. Williamson, Scepticism and Evidence, Philos. Phenom. Res. 60 (2000), 613–628; P. Wilpert, Das Problem der Wahrheitssicherung bei Thomas von Aquin. Ein Beitrag zur Geschichte des E.problems, Münster 1931. J. M.

Evidenztheorie, eine von F. Brentano in Auseinandersetzung mit der traditionellen Korrespondenztheorie als Alternative entwickelte ↑Wahrheitstheorie, nach der eine ↑Aussage wahr ist, wenn sie einer evidenten, d. h. einem einleuchtenden und nicht blinden ↑Urteil entstammenden, Aussage gleich ist. K. L.

Evolution (von lat. evolvere, sich aus etwas herauswickeln), in verschiedenen Zusammenhängen zur Bezeichnung kontinuierlicher Entwicklungsprozesse verwendeter Ausdruck. Das Merkmal der Kontinuität oder der Gradualität grenzt dabei die E. politischer und gesellschaftlicher Institutionen von deren Revolution (↑Revolution (sozial)) ab. In den exakten Wissenschaften war der E.begriff lange auf die ↑Biologie beschränkt. Heute spricht man jedoch auch in nicht-biologischen Disziplinen von E., z. B. kosmische, chemische und kulturelle E.. Die wissenschaftstheoretisch-wissenschaftshistorische Diskussion verwendet den E.sbegriff im Zusammenhang mit der Frage der Theorienentwicklung und des ↑Erkenntnisfortschritts (↑Theoriendynamik). In neueren technologischen Überlegungen hat der E.sbegriff bei der Optimierung technischer Systeme seine Nützlichkeit bewiesen. Dabei treffen die Merkmale des biologischen E.sbegriffs häufig nur teilweise bzw. in einem analogen oder metaphorischen Sinne zu.

Der Begriff der *kosmischen* E. wurde in der Folge der Entdeckung der Expansion des ↑Universums durch E. P. Hubble 1929 gebildet. Traditionell hatte dagegen die Vorstellung eines statischen Kosmos vorgeherrscht, in die lediglich die Ausbrüche von Novae oder Supernovae nicht hineinpaßten. Die fortgeschrittenen Beobachtungsmittel der Astronomie verdeutlichten demgegenüber, daß sich das Universum in beständiger Veränderung befindet. Großräumig dominiert dabei die kosmische Expansion. Das Standardmodell der Kosmologie geht von einem ›Urknall‹ (›Big Bang‹) vor knapp 14 Milliarden Jahren aus, bei dem sich das Universum in einem Zustand übergroßer Dichte befand. Die seitdem anhaltende Expansion geht mit wechselnden Geschwindigkeiten vonstatten; wie 1998 entdeckt, verlief sie insbes. in den vorangegangenen etwa 5 Milliarden Jahren beschleunigt (statt verzögert, wie zuvor angenommen). Von der biologischen E. unterscheidet sich die kosmische E. unter anderem dadurch, daß ihre aufeinanderfolgenden Zustände nicht durch den Mechanismus von Variation und ↑Selektion entstanden sind.

Als *chemische* E. wird die abiotische Entstehung von Biopolymeren (Proteine und Nukleinsäuren) mit den für lebende Systeme charakteristischen Eigenschaften (↑Leben) unter den Bedingungen der Früherde verstanden. Nach heutigen Schätzungen erfolgte bei einem angenommenen Erdalter von 4,6 Milliarden Jahren und dem ersten Auftreten von Mikroben vor 3,6–3,7 Milliarden Jahren die chemische E. in einem Zeitraum von ½ bis 1 Milliarde Jahre vor dem ersten Auftreten der Mikroorganismen. Simulationsexperimente unter Bedingungen der Früherde haben bisher abiotische Synthesewege für nahezu alle biologisch wichtigen Verbindungen ergeben. Ferner liegen einige physikalisch-chemische Hypothesen zur Erklärung der chemischen E. vor, ohne daß sich auf Grund von empirischen Fakten bereits eine Auswahl konkurrierender Hypothesen vornehmen ließe. Von besonderem Interesse ist es, daß diese Theorien teilweise versuchen, physikalisch-chemische *Selektionskriterien* für die aufeinanderfolgenden Zustände eines evolvierenden Systems anzugeben.

In der *Biologie* wurde, wohl erstmals bei A. v. Haller (Anmerkungen zu seiner Edition von H. Boerhaave, Praelectiones academicae in proprias institutiones rei medicae V/2, Göttingen 1744, 497) und dann bis ins 19. Jh. der Ausdruck ›E.‹ überwiegend im Rahmen der (embryologischen) ›Präformationstheorie‹ verwendet, die davon ausging, daß die Strukturen des vollendeten Organismus im Ei bzw. im Sperma jeweils schon vorlägen und in der Embryonalentwicklung und in allen späteren Entwicklungsphasen sich lediglich entfalteten. Doch auch in der konkurrierenden ›epigenetischen‹ Theorie tritt ›E.‹ als Terminus auf und dient zur Bezeichnung der Embryonalentwicklung als eines Prozesses der Hervorbringung immer komplexerer Strukturen, ohne daß diese schon en miniature von Anfang an vorgelegen hätten. Die embryologischen Kontroversen waren beim Erscheinen von C. R. Darwins »On the Origin of Species by Means of Natural Selection« (1859) so wenig abgeschlossen, daß Darwin, wohl um irreführende Analogien zur Embryologie zu vermeiden, den Ausdruck ›E.‹ dort nicht verwendet. Der Sache nach geht es ihm um die Entstehung neuer Arten aus alten (Transmutation). In diesem Sinne war ›E.‹ wohl erstmals von C. Lyell (Principles of Geology II, 1832) mit Blick auf die von der Fossilkunde erbrachten Ergebnisse verwendet worden und gehörte um ca. 1870 zum terminologischen Allgemeingut. Häufig ist mit dem E.sbegriff in diesem Zusammenhang (insbes. bei H. Spencer) der Aspekt des Fortschritts zu immer höherer Komplexität verbunden. Dies führte von der engen Verwendung (eingeschränkt auf die Transmutation von Arten) bei Lyell hin zu einer weiten Verwendung als allgemeine Bezeichnung von Entwicklungsprozessen von Lebewesen.

Der E.sbegriff der neueren ›synthetischen‹ ↑Evolutionstheorie hebt zum einen auf die Entstehung von ↑Arten (↑Spezies) ab; neben diesem ›transspezifischen‹ Aspekt sind jedoch zum anderen auch die leicht experimentell und quantitativ studierbaren ›subspezifischen‹, d. h. ohne Artbildung erfolgenden, evolutionären Veränderungen erfaßt. Nach einem Vorschlag von G. L. Stebbins (The Nature of Evolution, 1977, 8), der auch die populationsgenetische Betrachtungsweise der gegenwärtigen Biologie berücksichtigt, soll als E. von Organismen jede Reihe teilweiser bzw. vollständiger und irreversibler Transformationen des genetischen Bestandes von Populationen verstanden werden, die im wesentlichen auf veränderter Interaktion mit der Umwelt beruhen. Im Rahmen der synthetischen E.stheorie ist die Ansicht, die E. führe stets auf komplexere (›höhere‹) Formen, nicht allgemein haltbar. Die häufigsten E.sereignisse bilden die ›adaptiven Radiationen‹ (d. h. die unterschiedlichen Anpassungen an ökologische Nischen durch eine phyletische Linie in einem neu erschlossenen Lebensraum), die im wesentlichen auf der gleichen Komplexitätsebene liegen und sogar Reduktionen der Komplexität von Organismen (z. B. Erblindung von solchen, die Höhlen als ökologische Nischen gewählt haben) zulassen. Dieser weiten Verwendung des E.sbegriffs steht nicht im Wege, daß während des E.sprozesses die wichtigsten Ereignisse einen Gewinn an struktureller Komplexität bedeuten, der häufig zu dauerhafter besserer Anpassung führt (z. B. E. der Eukaryonten [Organismen mit ›echtem‹ Zellkern], vielzelliger Organismen, der Sexualität, der Sinnesorgane der Wirbeltiere, der Warmblütigkeit, des Gehirns und Rückenmarks). Ebensowenig wie zunehmende Komplexität als eine notwendige Folge des E.sprozesses betrachtet werden kann, läßt sich eine Konvergenz (etwa zu P. de Chardins ›Punkt Omega‹) erschließen. Die historische Route der E. ist unbestimmt, und ihre Unbestimmtheit wächst proportional mit den zur Verfügung stehenden Alternativen. Von besonderem Interesse für die Ethik sind die Untersuchungen der ↑Soziobiologie. Hier geht es unter anderem um die Frage, wie und wie weit menschliches Sozialverhalten (↑Verhalten (sich verhalten)) und die ↑Moral ein Produkt des E.sprozesses sind.

Der Mensch ist zum einen ein Produkt der *natürlichen* E., zum anderen hat er eine *kulturelle* E. durchgemacht, die seine natürliche Organismus-Umwelt-Beziehung aufs Stärkste verändert hat. Grundlage der kulturellen E. ist seine Fähigkeit zu lernen. Biologisch gesehen bedeutet Lernen adaptive Verhaltensmodifikationen eines Individuums im Rahmen seiner ererbten Reaktionsnorm und in Abhängigkeit von seinen Erfahrungen. So gesehen läßt sich menschliche ↑Rationalität als Resultat eines phylogenetischen Prozesses verstehen. Die Weitergabe des darin erworbenen Wissens an andere Mitglieder des jeweiligen sozialen Verbandes stiftet die Ausformung von Traditionen. Lernen und Traditionsbildung finden sich ansatzweise auch bereits im Tierreich, insbes. bei den Primaten. Die Sonderstellung des Menschen beruht auf der durch die E. seines Gehirns ermöglichten Perfektionierung dieser Ansätze, insbes. durch die Ausbildung der Symbolsprache und der Schrift. Im Unterschied zur biologischen E. besteht die kulturelle E. in der ›Vererbung erworbener Eigenschaften‹. Da diese Übertragung nicht in der relativ langsamen Generationenfolge abläuft, sondern in der Kommunikation von Erfahrung und Wissen besteht, ist die kulturelle E. von vergleichsweise hoher Geschwindigkeit. Während die biologische E. hauptsächlich in der unterschiedlichen Ausbeutung der ↑Umwelt durch adaptive Radiation und Artenbildung besteht, bleibt der Mensch als biologisches Wesen im wesentlichen gleich. Nicht er paßt sich biologisch der Umwelt an, sondern mit Hilfe von Werkzeugen und der ↑Technik sowie der darauf beruhenden verschiedenen Berufe nutzt und verändert er die Umwelt entsprechend seinen Bedürfnissen. Die Unsicherheit darüber, was ›wirklich‹ ↑Bedürfnisse sind, verbunden mit der Unkenntnis der Folgen menschlicher Veränderungen der Umwelt bzw. deren Unterschätzung oder Verdrängung, wirft schwerwiegende Probleme für das Überleben der Gattung auf.

Im Kontext von Philosophie, Wissenschaftstheorie und Wissenschaftsgeschichte tritt der Begriff der E. hauptsächlich in zweierlei Zusammenhängen auf. Zum einen bei der Frage der Anpassung insbes. des Gehirns und seiner Erkenntnisstrukturen an die ›Struktur der Wirklichkeit‹ im Prozeß der biologischen E. (↑Erkenntnistheorie, evolutionäre). Zum anderen wurden (erstmals wohl durch T. S. Kuhn) evolutionstheoretische Termini in Theorien des wissenschaftlichen ↑Fortschritts eingeführt. So vertritt z. B. S. Toulmin die These, daß die Verwendung von ›E.‹ in ›E. der Naturwissenschaften‹ keineswegs als façon de parler zu verstehen sei. Danach haben die beiden Popperschen Maximen der ›wissenschaftlichen Methode‹, nämlich Freiheit des Entwurfs und Strenge der Kritik, einen evolutionstheoretischen Sinn: Freiheit des Entwurfs vergrößert den verfügbaren Pool von Theorievarianten, während Strenge der Kritik den Grad des selektiven Drucks verstärkt.

In der Technologie hat der Gedanke, daß die biologische E. eine optimale Strategie zur Anpassung der Lebewesen an ihre Umwelt darstellt, dazu geführt, die Prinzipien der biologischen E. (↑Mutation und ↑Selektion) zur Optimierung technischer Systeme heranzuziehen.

Literatur: M. O. Beckner, The Biological Way of Thought, New York 1959, Berkeley Calif. 1968; P. J. Beurton/R. Falk/H.-J. Rheinberger (eds.), The Concept of the Gene in Development and Evolution. Historical and Epistemological Perspectives, Cambridge etc. 2000; H. Boerhaave, Praelectiones academicae in proprias institutiones rei medicae, I–V, ed. A. v. Haller, Göttingen 1739–1744; C. Bresch, Zwischenstufe Leben. E. ohne Ziel?, München/Zürich 1977, Frankfurt 1979, 1983; P. Carruthers/A. Chamberlain, Evolution and the Human Mind, Cambridge etc. 2000; W. S. Cooper, The Evolution of Reason. Logic as a Branch of Biology, Cambridge etc. 2001; C. Darwin, On the Origin of Species by Means of Natural Selection. Or the Preservation of Favoured Races in the Struggle for Life, London 1859, ^{6}1872 (repr. London 1958) (dt. Über die Entstehung der Arten durch natürliche Zuchtwahl oder die Erhaltung der begünstigten Rassen im Kampfe um's Dasein, Stuttgart 1920 [repr. Darmstadt 1988, 1992], Köln 2000); D. J. Depew/B. H. Weber, Evolution at a Crossroad. The New Biology and the New Philosophy of Science, Cambridge Mass. 1985, 1986; H. v. Ditfurth (ed.), E.. Ein Querschnitt der Forschung, Hamburg 1975; T. Dobzhansky, Genetics and the Origin of Species, New York 1937, ^{3}1951, 1969, unter dem Titel: Genetics of the Evolutionary Process, New York/London 1970 (dt. Die genetischen Grundlagen der Artbildung, Jena 1939); ders. u. a., Evolution, San Francisco Calif. 1977; ders./E. Boesiger (eds.), Human Culture. A Moment in Evolution, New York 1983; M. Eigen, Selforganization of Matter and the Evolution of Biological Macromolecules, Naturwiss. 58 (1971), 465–523; ders./R. Winkler, Das Spiel. Naturgesetze steuern den Zufall, München/Zürich 1975, ^{2}1987, ^{3}1990 (engl. Laws of the Game. How the Principles of Nature Govern Chance, New York 1981, Harmondsworth 1983, Princeton N. J. 1993); E. P. Fischer/K. Wiegandt (eds.), E.. Geschichte und Zukunft des Lebens, Frankfurt 2003; T. A. Goudge, The Ascent of Life. A Philosophical Study of the Theory of Evolution, London 1961, Toronto 1967; G. Heberer (ed.), Die E. der Organismen. Ergebnisse und Probleme der Abstammungslehre, Jena 1943, I–II, Stuttgart ^{2}1959, I–III, Stuttgart ^{3}1967–1974; C. Hookway (ed.), Minds, Machines, and Evolution. Philosophical Studies, Cambridge etc. 1984, 1986, 1987; D. L. Hull, Philosophy of Biological Science, Englewood Cliffs N. J. 1974; ders., Science and Selection. Essays on Biological Evolution and the Philosophy of Science, Cambridge etc. 2001; N. Humphrey, A History of the Mind. Evolution and the Birth of Consciousness, New York etc. 1999; R. Jackendoff, Foundations of Language. Brain, Meaning, Grammar, and Evolution, Oxford/New York 2002; E. L. Khalil, Evolution, Order and Complexity, London 1996, 1999, 2001; H. Kuhn, Selbstorganisation molekularer Systeme und die E. des genetischen Apparats, Angewandte Chemie 84 (1972), 838–865; T. S. Kuhn, The Structure of Scientific Revolutions, Chicago Ill. 1962, ^{2}1970, 1996 (dt. Die Struktur wissenschaftlicher Revolutionen, Frankfurt 1967, ^{2}1976, 2001); C. Lyell, Principles of Geology. Being an Attempt to Explain the Former Changes of the Earth's Surface, by Reference to Causes Now in Operation, I–III, London 1830–1833 (repr. Chicago Ill. 1991); J. Maynard Smith, The Theory of Evolution, Harmondsworth 1958, ^{2}1966, ^{3}1975, Cambridge 1993; E. Mayr, Animal Species and Evolution, Cambridge Mass. 1963, 1969, 1973 (dt. Artbegriff und E., Hamburg/Berlin 1967; ital. L'evoluzione delle specie animali, Turin 1970); ders., The Growth of Biological Thought. Diversity, Evolution and Inheritance, Cambridge Mass. 1982 (dt. Die Entwicklung der biologischen Gedankenwelt. Vielfalt, E. und Vererbung, Berlin etc. 1984); J. S. McIntosh (ed.), Naturalism, Evolution, and Intentionality, Calgary Alta. 2001 (Can. J. Philos., Suppl. 27); A. Meyer-Abich, The Historico-Philosophical Background of the Modern Evolution-Biology, Leiden 1964; S. L. Miller/L. E. Orgel, The Origins of Life on the Earth, Englewood Cliffs N. J. 1974; A. I. Oparin, Vozniknovenie i nacal'noe razvitie zizni, Moskau 1966 (engl. Genesis and Evolutionary Development of Life, New York 1968); G. Osche, E.. Grundlagen, Erkenntnisse, Entwicklungen der Abstammungslehre, Freiburg/Basel/Wien 1972, 1979; P. Pomper/D. G. Shaw (eds.), The Return of Science. Evolution, History, and Theory, Lanham Md. 2002; K. R. Popper, Conjectures and Refutations. The Growth of Scientific Knowledge, London 1963, 1989, 2002 (dt. Vermutungen und Widerlegungen. Das Wachstum der wissenschaftlichen Erkenntnis, I–II, Tübingen 1994/1997 [I Vermutungen, II Widerlegungen], in einem Bd.: Tübingen 2000; ital. Congetture e confutazioni. Lo sviluppo della conoscenza scientifica, Bologna 1972, 1992); ders., Objective Knowledge. An Evolutionary Approach, Oxford 1972, 1986, 1994 (dt. Objektive Erkenntnis. Ein evolutionärer Entwurf, Hamburg 1973, 1995, 1998); I. Rechenberg, E.sstrategie. Optimierung technischer Systeme nach den Prinzipien der biologischen E., Stuttgart 1973, unter dem Titel: E.sstrategie '94, Stuttgart-Bad Cannstatt 1994; A. Remane/V. Storch/U. Welsch, E.. Tatsachen und Probleme der Abstammungslehre, München 1973, ^{3}1976, ^{5}1980; M. Ruse, Mystery of Mysteries. Is Evolution a Social Construction?, Cambridge Mass./London 1999, 2001; M. Scriven, Explanation and Prediction in Evolutionary Theory, Science 130 (1959), 477–482; R. Siewing (ed.), E.. Bedingungen, Resultate, Konsequenzen, Stuttgart/New York 1978, ^{2}1982, ^{3}1987; G. G. Simpson, The Major Features of Evolution, New York 1953, 1969; J. J. C. Smart, Philosophy and Scientific Realism, London, New York 1963, 1966, 1971; E. Sober, Evolution and Ethics, REP III (1998), 472–476; G. L. Stebbins, Variation and Evolution in Plants, New York 1950, 1967; ders., The Nature of Evolution, in: T. Dobzhansky u. a., Evolution, San Francisco Calif. 1977, 1–19; W. Stegmüller, Die E. des Wissens. Nichtkumulativer Wissensfortschritt und Theoriendynamik. Zur Theorie von Thomas S. Kuhn, in: ders., Hauptströmungen der Gegenwartsphilosophie. Eine kritische Einführung II, Stuttgart ⁵1975, 483–534; S. Toulmin, The Evolutionary Development of Natural Science, Amer. Scient. 55 (1967), 456–471 (dt. Die evolutionäre Entwicklung der Naturwissenschaft, in: W. Diederich [ed.], Theorien der Wissenschaftsgeschichte. Beiträge zur diachronischen Wissenschaftstheorie, Frankfurt 1974, 249–275); ders., Human Understanding I (General Introduction. The Collective Use and Evolution of Concepts), Oxford 1972 (dt. menschliches Erkennen I [Kritik der kollektiven Vernunft], Frankfurt 1978); G. Vollmer, Evolutionäre Erkenntnistheorie. Angeborene Erkenntnisstrukturen im Kontext von Biologie, Psychologie, Linguistik, Philosophie und Wissenschaftstheorie, Stuttgart/Leipzig 1975, ⁶1994, 2002; D. M. Walsh (ed.), Naturalism, Evolution and Mind. Proceedings of the 1999 Royal Institute of Philosophy Conference, Held in Edinburgh, Cambridge etc. 2001; A. Whiten, Natural Theories of Mind. Evolution, Development and Simulation of Everyday Mindreading, Oxford 1991; W. Zimmermann, Vererbung ›erworbener Eigenschaften‹ und Auslese, Stuttgart 1938, ²1969; ders., E.. Die Geschichte ihrer Probleme und Erkenntnisse, Freiburg/München 1953, 1954; ders., E. und Naturphilosophie, Berlin 1968. G. W.

Evolutionstheorie (auch Deszendenztheorie, Abstammungslehre, engl. theory of evolution), Bezeichnung für Theorien, die auf der Basis der Annahme der Veränderung (Evolution) der ↑Organismen in Bau, Funktion und Verhalten im Laufe der Erdgeschichte den *Verlauf* und die *kausalen Mechanismen* dieser Veränderungen erforschen bzw. Belegmaterial für das *Faktum* der Veränderungen vorlegen. Das Faktum der ↑Evolution ist heute – abgesehen von religiös-fundamentalistischen Kreisen vor allem in den USA – unbestritten. Die Schwerpunkte evolutionstheoretischer Forschung liegen deshalb beim Studium des Verlaufs der Evolution einschließlich der Erstellung von Stammbäumen und insbes. bei der Erforschung der Ursachen evolutionärer Entwicklung (kausale Evolutionsforschung).
Geschichte: Die prinzipielle Möglichkeit der Umwandlung von Organismenarten ist in der Geschichte des Denkens wie auch in der Mythologie immer wieder vertreten worden. Solchen Auffassungen stand der Glaube an die Konstanz der ↑Arten (↑Spezies) gegenüber, der im wesentlichen durch den Schöpfungsbericht des AT (Gen. 1) initiiert und gestützt wurde. Einen bedeutenden indirekten Anstoß zur Entwicklung der E. bildete paradoxerweise die umfangreiche ↑Klassifikation des Tier- und Pflanzenreiches, die C. v. Linné aufstellte und zunächst mit der These von der Konstanz der Arten verband (später näherte Linné sich einer phylogenetischen Auffassung). Die starke Betonung der Konstanz der Arten trug erheblich zur Ausschaltung der Theorie der ↑Urzeugung bei, die der Durchsetzung evolutionärer Gedanken mehr im Wege stand als die direkte Gegenbehauptung von der Konstanz der Arten. Die erste wirkliche E. wurde, nachdem bereits im 18. Jh. Wissenschaftler wie G. L. L. Buffon, P. L. M. de Maupertuis evolutionstheoretische Gedanken entwickelt hatten, von J.-B. de Lamarck vertreten. Lamarck (↑Lamarckismus) ging davon aus, daß Organismen sich auf Grund von Umwelteinflüssen veränderten und diese Veränderungen weitervererbt würden (›Vererbung erworbener Eigenschaften‹). Ein zweiter Hauptpunkt der Lamarckschen E. ist die Überzeugung, daß die Tendenz zu größerer Komplexität eine Eigenschaft des Lebens ist, derzufolge sich komplexere Organismen aus einfacheren entwickeln.
Die moderne E. wurde durch C. R. Darwin begründet. Zu ähnlichen theoretischen Ergebnissen wie Darwin, jedoch ohne die ungeheure Fülle von empirischem Material, das dieser vorweisen konnte, kam zur gleichen Zeit A. R. Wallace. Der Grundgedanke der Darwinschen Theorie besteht darin, die Evolution als ein zweistufiges Phänomen aufzufassen. Der Schlüsselbegriff der ersten Stufe ist die ↑*Mutation*, die im Genpool (↑Gen) einer Population eine gewisse ungerichtete Variation herbeiführt. Zur Variabilität trägt ferner die sexuelle Reproduktion bedeutend bei. Auf einer zweiten Stufe erhält die genetische Variabilität eine Richtung durch die *natürliche* ↑*Selektion*, die zu einer Auslese derjenigen Organismen führt, die der jeweiligen ↑Umwelt am besten angepaßt sind. In längeren Zeiträumen bewirkt dieser Prozeß eine quantitative Begünstigung der bestangepaßten genetischen Strukturen. Ein großer Mangel der ursprünglichen Theorie Darwins bestand darin, daß sie zwar die beiden Hauptphänomene, die genetische Variabilität einer Art und die natürliche Selektion, erfaßte, ihre Mechanismen aber nicht erklären konnte: Darwin, wie auch seinen Zeitgenossen, waren die Vererbungsgesetze G. Mendels (Versuche über Pflanzenhybriden, 1865) unbekannt geblieben. So besaß für ihn die Lamarcksche Idee der Vererbung von phänotypischen Eigenschaften, die durch Gebrauch bzw. Nicht-Gebrauch von Organen entstanden sind, hohe Plausibilität. Vor allem aber konnte er den Einwand von F. Jenkin (The Origin of Species, 1867), daß die damals verbreitete und auch von Darwin akzeptierte Vermischungstheorie der Vererbung jede Wirkung der natürlichen Selektion ausschlösse, nicht widerlegen.
Paradoxerweise führte das Bekanntwerden der Mendelschen Gesetze um 1900 zunächst zu einer Stärkung derjenigen Theorien, die zwar das Phänomen der Evolution akzeptierten, Darwins Selektionstheorie jedoch ablehnten (besonders einflußreich: T. H. Morgan, The Scientific Basis of Evolution, 1932). Der Grund hierfür war, daß diese Biologen keine Feldbiologen waren und ihnen die empirische Evidenz des Phänomens der Selektion in natürlichen Populationen fehlte. Derselbe Umstand ist dafür verantwortlich, daß im wesentlichen individuelle Abstammungsreihen und nicht natürliche Po-

pulationen untersucht wurden. Den entscheidenden Umschwung führte die Entstehung der Populationsgenetik herbei, die eine Anwendung der ↑Genetik auf Untersuchungen zur Variation in Populationen darstellt (S. S. Chetverikov, On Certain Aspects of the Evolutionary Process from the Standpoint of Genetics, 1926; R. A. Fisher, The Genetical Theory of Natural Selection, 1930; J. B. S. Haldane, The Causes of Evolution, 1932; S. Wright, Evolution in Mendelian Populations, 1931). Die populationsgenetische Wende der E. markiert auch ihren gegenwärtigen Standort. Die Entstehung der Molekulargenetik (ab etwa 1950) bedeutete eine erhebliche Erweiterung der Kenntnisse über genetische Mechanismen. Die Struktur der E. wurde dadurch jedoch nicht betroffen. Die gegenwärtig fast allgemein akzeptierte E. wird zur Unterscheidung von anderen zumeist (nach einem Vorschlag von J. S. Huxley, Evolution, 1942) ›synthetische‹ E. genannt. Diese Bezeichnung soll zum einen ausdrücken, daß die moderne E. sämtliche verfügbaren und sinnvoll verwendbaren Kenntnisse aus anderen Teilbereichen der Biologie und aus anderen Wissenschaften (z. B. Geologie, Paläontologie und insbes. Entwicklungsbiologie) in ihre Betrachtungen einbezieht. Zum anderen ist die E. zu einem einheitlichen Gesichtspunkt wissenschaftlicher Untersuchungen in nahezu allen biologischen Teildisziplinen geworden. Darüber hinaus ist die evolutionäre Betrachtungsweise in vielen Varianten und Analogien zahlreichen nichtbiologischen Wissenschaften gemeinsam (↑Evolution). *Wissenschaftstheoretische* Untersuchungen zur ↑Biologie haben sich bislang insbes. mit der E. beschäftigt. Dabei werden im wesentlichen die gleichen Fragestellungen wie in der Wissenschaftstheorie anderer exakter Wissenschaften behandelt: (1) Definitionen von Grundbegriffen wie Evolution, Art (↑Spezies), natürliche ↑Selektion, ›survival of the fittest‹, ↑Homologie. (2) Die Frage, ob es Gesetze der E. gibt und worin Vergleichbarkeit und Unterschied etwa zu Gesetzen der Physik (↑Gesetz (exakte Wissenschaften)) und zu allgemeinen Generalisierungen liegen. (3) Die Frage evolutionstheoretischer ↑Erklärungen, die sich über weite Strecken als Frage nach funktionalen Erklärungen (↑Erklärung, funktionale) verstehen läßt. (4) Das Verhältnis von ↑Theorie und ↑Erfahrung, insbes. am Beispiel des Problems der theoretischen Begriffe (↑Begriffe, theoretische; in evolutionstheoretischen Untersuchungen auf der Basis der Mendelschen Genetik ist ›Gen‹ ein theoretischer Begriff). (5) Das Problem des axiomatisch-deduktiven Charakters der E. (↑System, axiomatisches). (6) Das Verhältnis von ↑Genese und ↑Geltung im Blick auf die Evolution des Mentalen am Beispiel von evolutionärer Erkenntnistheorie (↑Erkenntnistheorie, evolutionäre) bzw. Ethik.
Zu allen diesen Problemen wurden kontroverse Lösungsvorschläge erarbeitet. So bestreitet etwa J. J. C. Smart die Existenz biologischer, insbes. evolutionstheoretischer Gesetze und damit auch den Charakter der E. als einer axiomatischen Theorie (mit anderen Argumenten auch M. O. Beckner und T. A. Goudge). M. Ruse vertritt dagegen die Auffassung, daß sich der theoretische Charakter der E. nicht wesentlich von demjenigen vieler physikalischer Theorien unterscheide. M. B. Williams hat in Fortführung von Ideen J. A. Woodgers ein mathematisches Modell einer Axiomatisierung der E. vorgelegt, das jedoch der Realität der E. insofern widerspricht, als die Genetik keine Erwähnung findet. Ähnlich umstritten ist der Charakter evolutionstheoretischer Erklärungen. W. B. Gallie und ähnlich M. Scriven bezweifeln, daß die Erklärungen der E. die vom Covering-Law-Modell (↑Erklärung) C. G. Hempels geforderte Prognoseeigenschaft haben, die wiederum D. L. Hull nicht ausschließt. Autoren, die Zweifel an der Existenz evolutionstheoretischer Gesetze haben, fordern für die E. einen speziellen Typ von Erklärungen, z. B. ›narrative‹ Erklärungen (Goudge). Andere Autoren erörtern am Beispiel der E. ältere allgemeinphilosophische Probleme wie ↑Teleologie, Zufall (↑zufällig/Zufall) und Notwendigkeit (↑notwendig/Notwendigkeit).

Literatur: K. Bayertz, Darwin und die E., Köln 1982; R. N. Brandon, Concepts and Methods in Evolutionary Biology, Cambridge etc. 1996; N. A. Campbell, Biology, Menlo Park Calif. 1987, ⁴1996 (dt. Biologie, Heidelberg/Berlin/Oxford 1997, 2003); S. S. Chetverikov, On Certain Aspects of the Evolutionary Process from the Standpoint of Modern Genetics, Zhurnal Eksperimental'noi Biologii 2 (1926), 3–54, Neudr. in: Proc. Amer. Philos. Soc. 105 (1961), 167–195, separat: ed. C. D. Mellon, Placitas 1997; R. A. Fisher, The Genetical Theory of Natural Selection, Oxford 1930 (repr. Oxford 1999), New York ²1958; S. J. Gould, Full House. The Spread of Excellence from Plato to Darwin, New York 1996, unter dem Titel: Life's Grandeur. The Spread of Excellence from Plato to Darwin, London 1996, 1997 (franz. L'éventail du vivant. Le mythe du progrès, Paris 1997; dt. Illusion Fortschritt. Die vielfältigen Wege der Evolution, Frankfurt 1998, 2002); M. Gutmann, Die E. und ihr Gegenstand. Beitrag der methodischen Philosophie zu einer konstruktiven Theorie der Evolution, Berlin 1996; J. B. S. Haldane, The Causes of Evolution, London/New York 1932, Ithaca N. Y. 1966, Princeton N. J. 1990, ²1993; D. L. Hull, Philosophy of Biological Science, Englewood Cliffs N. J. 1974; J. S. Huxley, Evolution. The Modern Synthesis, London 1942, ²1963, ³1974; F. Jenkin, The Origin of Species, The North Brit. Rev. 46 (1867), 277–318; W. Lefèvre, Die Entstehung der biologischen E., Frankfurt 1984; E. A. Lloyd, Evolution, Theory of, REP III (1998), 476–483; R. Löther, Der unvollkommene Mensch. Philosophische Anthropologie und biologische E., Berlin 1992; J. Maynard Smith/E. Szathmáry, The Major Transitions in Evolution, Oxford/New York 1995, 1999 (dt. Evolution. Prozesse, Mechanismen, Modelle, Heidelberg/Berlin/Oxford 1996); E. Mayr, Evolution and the Diversity of Life. Selected Essays, Cambridge Mass. etc. 1976 (dt. Evolution und die Vielfalt des Lebens, Berlin etc. 1979); ders., Toward a New Philosophy of Biology, Cambridge Mass. etc. 1988 (dt. Eine neue Philosophie der Biologie, Darmstadt, München/Zürich 1991); G. Mendel, Versuche über Pflanzenhybriden, Verhandl. Naturforsch. Vereins Brünn 4 (1865), 3–47 (repr. separat: London 1994), separat: Leipzig 1901 (Ostwalds Klassiker exakt. Wiss. 121) (repr. Frankfurt 1995); T. H. Morgan, The Scientific Basis of Evolution, New York, London 1932, ²1935; E. Oeser, Die E.. Geschichte, Argumente, Erklärungen, Wien 1974; P. Pomper/D. G. Shaw (eds.), The Return of Science. Evolution, History, and Theory, Lanham Md. 2002; O. Rieppel, Unterwegs zum Anfang. Geschichte und Konsequenzen der E., Zürich 1989; A. Rosenberg, The Structure of Biological Science, Cambridge etc. 1985, 1994; M. Ruse, The Philosophy of Biology, London 1973; E. Sober, The Nature of Selection. Evolutionary Theories in Philosophical Focus, Cambridge Mass. 1985, Chicago Ill./London 1993; ders., Philosophy of Biology, Oxford etc., Boulder Colo. 1993, Boulder Colo. ²2002; ders., Evolutionary Theory and Social Science, REP III (1998), 483–487; R. Spaemann/P. Koslowski/R. Löw (eds.), E. und menschliches Selbstverständnis. Zur philosophischen Kritik eines Paradigmas moderner Wissenschaft, Weinheim 1984; K. Sterelny/P. Griffiths, Sex and Death. An Introduction to Philosophy of Biology, Chicago Ill. etc. 1999; M. Weber, Die Architektur der Synthese. Entstehung und Philosophie der modernen E., Berlin/New York 1998; M. Weingarten, Organismuslehre und E., Hamburg 1992; G. Wolters, The Idea of Progress in Evolutionary Biology. Philosophical Considerations, in: A. Burgen/P. McLaughlin/J. Mittelstraß (eds.), The Idea of Progress, Berlin/New York 1997, 201–217; ders./J. G. Lennox/P. McLaughlin (eds.), Concepts, Theories, and Rationality in the Biological Sciences. The Second Pittsburgh-Konstanz Colloquium in the Philosophy of Science, University of Pittsburgh October 1–4, 1993, Konstanz/Pittsburgh Pa. 1995; S. Wright, Evolution in Mendelian Populations, Genetics 16 (1931), 97–159; F. M. Wuketits, Grundriss der E., Darmstadt 1989; weitere Literatur: ↑Evolution. G. W.

Ewigkeit der Welt, zwischen Philosophie (die in der Regel die E. d. W. annimmt) und Theologie (↑creatio ex nihilo) über Jahrhunderte kontrovers und in verschiedenen Varianten diskutierte These: Mit Ausnahme des ↑Eleatismus gehen die ↑Vorsokratiker von der Ewigkeit des der Welt zugrunde liegenden Urstoffes aus. Nach Platon ist die Welt als ↑Kosmos zwar vom ↑Demiurgen geschaffen, jedoch aus einem ewig vorgegebenen Stoff. Aristoteles vertritt die These von der E. d. W. (als Kosmos) auf Grund der Annahme der Ewigkeit der Materie und der Bewegung, der Unveränderlichkeit des Himmelsgewölbes und der nicht endenden Tätigkeit der Gottheit. Die ↑Stoa nimmt eine zyklische Zerstörung der Welt, aber einen unvergänglichen Urgrund (Pneuma bzw. Feuer) an. Für den ↑Neuplatonismus hat (kritisiert von J. Philoponos) die Welt einen (als ↑Emanation verstandenen) Ursprung, der allerdings nicht in der Zeit liegt. Die arabischen Philosophen al-Kindī, al-Farabi und Avicenna entscheiden sich für die neuplatonische Variante, Algazel und der jüdische Philosoph M. Maimonides für die bereits von den Kirchenvätern (Ausnahme Origenes) vertretene Schöpfungslehre, Averroës (ohne den Neuplatonismus Avicennas und mit Aristotelischen Argumenten) für die These von der E. d. W.. Der lateinische ↑Averroismus schließt sich dieser These an (von der Kirche 1277 verurteilt); die ↑Scholastik wiederum vertritt im Anschluß an A. Augustinus die biblische Lehre von der Erschaffung (im Sinne eines zeitlichen Anfanges) der Welt; Thomas von Aquin läßt die Möglichkeit einer ewigen (nicht zeitlichen) Schöpfung gelten. Nach I. Kant handelt es sich bei den Thesen von der E. d. W. bzw. vom Weltanfang um einen ›transzendentalen ↑Schein‹ (KrV B 543–550 [1. Antinomie]).

Literatur: H. Barreau, Éternité, Enc. philos. universelle II/1 (1990), 868–870; E. Behler, Die E. d. W.. Problemgeschichtliche Untersuchungen zu den Kontroversen um Weltanfang und Weltunendlichkeit in der arabischen und jüdischen Philosophie des Mittelalters, München 1965; ders., E. d. W., Hist. Wb. Ph. II (1972), 844–848; J. Ernst, E. (II, im Verständnis der Schrift), LThK II (1994), 1083; FM II (1994), 1135–1140; N. Kretzmann, The Metaphysics of Creation. Aquinas's Natural Theology in »Summa contra gentiles« II, Oxford/New York 1999, 142–182 (Chap. 5 Could the Created World Have Existed for Ever?); A. Paus, E. (E. Gottes I, religionsgeschichtlich), LThK II (1994), 1082–1083; A. Rohner, Das Schöpfungsproblem bei Moses Maimonides, Albertus Magnus und Thomas von Aquin, Münster 1913 (Beitr. Gesch. Philos. MA XI/5); J. M. M. H. Thijssen, Eternity of the World, Medieval Views of, REP III (1998), 427–430; P. Walter, E. (III, systematisch-theologisch), LThK II (1994), 1083–1084; W. Wieland, Die E. d. W.. Der Streit zwischen Ioannes Philoponus und Simplicius, in: D. Henrich/W. Schulz/G. Gadamer (eds.), Die Gegenwart der Griechen im neueren Denken. Festschrift für H.-G. Gadamer zum 60. Geburtstag, Tübingen 1960, 291–316. M. G.

Exaktheit, im Laufe der Wissenschaftsgeschichte zunächst Bezeichnung für Ziel und Auszeichnung logisch-mathematischer Begriffsbildungen. Die Kritik an unterschiedlichen E.sforderungen führte in einigen Fällen zu nicht-klassischen Theoriebildungen in Logik, Mathematik und Physik.
In der Philosophie unterscheidet bereits Platon die vagen und täuschenden Sinneseindrücke von den exakten und wirklichen Ideen (↑Idee (historisch), ↑Ideenlehre), z. B. den geometrischen Formen. Nach dem Vorbild mathematischer ↑Analyse wird E. bei R. Descartes zur methodischen Voraussetzung evidenter (↑Evidenz, ↑klar und deutlich) und sicherer Erkenntnis. G. W. Leibniz verschärft die E.sforderung für die Mathematik durch das Prinzip der Widerspruchsfreiheit (↑widerspruchsfrei/Widerspruchsfreiheit) und für die Physik durch den Satz vom zureichenden Grund (↑Grund, Satz vom), wonach alle Eigenschaften der Natur eindeutig (↑eindeutig/Eindeutigkeit) bestimmt seien. E. wird daher in der klassischen Physik auf dem Hintergrund einer deterministischen Naturauffassung (↑Determinismus) verstanden, die sich in der eindeutigen Beziehung von ↑Ursache und ↑Wirkung (↑Kausalität) in den klassischen ↑Bewegungsgleichungen ausdrückt. Bereits H. Poincaré und P. Duhem machen jedoch auf prinzipielle Unschärfen aufmerksam, die unter den Voraussetzungen klassischer Physik beim Vergleich von effektiven Meßdaten auftreten. Benutzt man z. B. für den Vergleich zweier

Gewichte eine Waage mit einem Meßfehler $< 10^{-3}$ Gramm und wählt drei Gewichte a, b, c mit einem Gewichtsunterschied $< 10^{-3}$ für (a, b) und (b, c), aber $> 10^{-3}$ für (a, c), dann bleibt die Waage nur in den beiden ersten Fällen im Gleichgewicht, womit das klassische Transitivitätsgesetz (↑transitiv/Transitivität) der Gleichheit $a = b \wedge b = c \rightarrow a = c$ verletzt ist. E. erweist sich hier als mathematische Fiktion einer ›unendlich genauen‹ Waage. In der Quantenmechanik (↑Quantentheorie) führte die Analyse des Meßvorgangs schließlich auf die prinzipielle Unschärfe einer gleichzeitigen Orts- und Impulsmessung (↑Unschärferelation).

Auch die E.sforderung der klassischen Mathematik, wonach die beiden Wahrheitswerte ›wahr‹ (↑wahr/das Wahre) und ↑›falsch‹ immer entscheidbar seien, erwies sich unter der Kritik des Brouwerschen ↑Intuitionismus als fragwürdig. Die Berücksichtigung noch nicht entschiedener Probleme neben effektiv bewiesenen und effektiv widerspruchsvollen Behauptungen erforderte eine nicht-klassische Logik (↑Logik, nicht-klassische), die das ↑tertium non datur aufgibt. Seit der Entwicklung formaler ↑Logikkalküle durch G. Frege, B. Russell und D. Hilbert tritt E. zudem als Forderung nach ↑Formalisierung nicht nur logisch-mathematischer Theorien, sondern auch der Sprache der Philosophie (R. Carnap) auf. Demgegenüber macht L. Wittgenstein auf die Unzulänglichkeit formaler Analysen für natürliche Sprachen (↑Sprache, natürliche) aufmerksam, deren tatsächlicher Gebrauch durch die Regeln von ↑Sprachspielen zu rekonstruieren sei. So stellt sich insbes. der Gebrauch von Wahrnehmungsprädikaten, z. B. Farbprädikaten, als nicht-exakt heraus, da etwa die Behauptung ›$a \, \varepsilon$ blau‹ im Sinne der klassischen Logik (↑Logik, klassische) nicht von vornherein entscheidbar ist, vielmehr auch den Grenzfall betreffen kann, in dem man nicht weiß, ob z. B. a noch blau oder schon grün ist. Daher lassen sich nicht-exakte Prädikate P in einer dreiwertigen Logik (↑Logik, mehrwertige) über einer Beispielsmenge M durch Funktionen φ_P mit Werten 0 (›falsch‹), 1 (›wahr‹) und n (›neutral‹) einführen, wobei für ein Beispiel x aus M definiert wird: $\varphi_P(x) = 1$, falls $x \, \varepsilon \, P$, $\varphi_P(x) = 0$, falls $x \, \varepsilon' \, P$, und $\varphi_P(x) = \mathrm{n}$, falls $x \, \varepsilon \, P$ aufgrund der bisherigen Verwendungsregeln von P noch nicht entschieden werden kann. Logische Verknüpfungsregeln werden wie in der zweiwertigen Logik definiert, wonach z. B. für $a \, \varepsilon \, P$ wahr und $b \, \varepsilon \, Q$ neutral die Konjunktion $a \, \varepsilon \, P \wedge b \, \varepsilon \, Q$ neutral sein soll, da durch nähere Bestimmung der Verwendungsregeln von Q die Behauptung $b \, \varepsilon \, Q$ und damit die ↑Konjunktion sowohl wahr als auch falsch gemacht werden kann, während die ↑Adjunktion in diesem Fall wegen der Wahrheit von $a \, \varepsilon \, P$ bereits wahr ist. Die Negation einer neutralen Behauptung bleibt neutral. Demgegenüber werden exakte Prädikate P durch Funktionen φ_P mit ↑Wahrheitswerten 0 und 1 in der zweiwertigen Logik bestimmt. Faßt man Prädikate extensional (↑extensional/Extension) als ↑Mengen auf, dann erfüllen die mengentheoretischen Verknüpfungen des ↑Durchschnitts, der Vereinigung (↑Vereinigung (mengentheoretisch)) und der Komplementbildung (↑Komplement) für exakte Mengen die Axiome einer ↑Booleschen Algebra, während sie für nicht-exakte Mengen nur eine quasi-Boolesche Algebra bilden, in der z. B. das tertium non datur nicht gilt.

↑Paradoxien entstehen dann, wenn man Prädikate als exakt auffaßt, die sich auf stetige Meßskalen beziehen. Bezieht sich z. B. die Behauptung ›$x \, \varepsilon$ klein‹ auf die Größe $h(x)$ einer Person x, so trifft bei einem sehr kleinen Größenunterschied mit einer Person y mit $0 \leq h(y) - h(x) \leq 10^{-3}$ Meter auch die Behauptung ›$y \, \varepsilon$ klein‹ zu. Durch wiederholte Anwendung dieses Schlusses läßt sich schließlich die Behauptung ›$y \, \varepsilon$ klein‹ für alle Menschen y zeigen. Die Paradoxie löst sich, wenn man für solche Prädikate P eine unendlich-wertige Logik mit einem stetig zu- und abnehmenden Wahrheitsgrad $\varphi_P(x)$ im reellen Intervall $0 \leq \varphi_P(x) \leq 1$ vorsieht. Da nämlich der Wahrheitsgrad im Beispiel von der Größe $h(x)$ abhängt (d. h. $\varphi_P(x) = f(h(x))$ für eine stetige und monoton fallende Funktion f wie z. B. $f(h) = \dfrac{1}{(1 + h)}$), nimmt er mit stetig zunehmender Größe der Personen stetig ab. Die Logik dieser nicht-exakten Prädikate bzw. Mengen (›fuzzy sets‹) findet Anwendung in Entscheidungs- und Optimierungssituationen, wenn man φ_P als Bewertungsfunktion für verschiedene Vorschläge x zur Lösung eines Problems auffaßt, aus denen der beste Vorschlag unter bestimmten Kriterien auszuwählen ist.

Literatur: M. Black, Reasoning with Loose Concepts, Dialogue. Canad. Philos. Rev. 2 (1963), 1–12; H. J. Bos, Redefining Geometrical Exactness. Descartes' Transformation of the Early Modern Concept of Construction, Berlin/Heidelberg/New York 2001; B. Bouchon-Meunier/R. R. Yager/L. A. Zadeh (eds.), Uncertainty in Knowledge Bases. 3rd International Conference on Information Processing and Management of Uncertainty in Knowledge-Based Systems, IPMU '90 Paris, France, July 2–6, 1990 Proceedings, Berlin/Heidelberg/New York 1991; M. Bunge, Treatise on Basic Philosophy II (Semantics II: Interpretation and Truth), Dordrecht/Boston Mass. 1974, 147–153; R. Calinger, A Contextual History of Mathematics to Euler, London/Sydney/Toronto 1999; R. Carnap, Scheinprobleme in der Philosophie. Das Fremdpsychische und der Realismusstreit, Berlin 1928; J. P. Cleave, The Notion of Logical Consequence in the Logic of Inexact Predicates, Z. math. Logik u. Grundlagen d. Math. 20 (1974), 307–324; P. Duhem, La théorie physique, son objet et sa structure, Paris 1906, ²1914 (repr. Paris 1981) (dt. Ziel und Struktur der physikalischen Theorien, Leipzig 1908 [repr. Hamburg 1978, 1998]; engl. The Aim and Structure of Physical Theory, Princeton N. J. 1954 [repr. New York 1962, Princeton N. J. 1991]); J. A. Goguen, The Logic of Inexact Concepts, Synthese 19 (1969), 325–373; J. Klein/H. D. Erlinger (eds.), Wahrheit, Richtigkeit und E., Essen 1986; G. König, Der Begriff des Exakten. Eine bedeutungsdifferenzierende Untersuchung, Meisenheim am Glan 1966; S. Körner, Experience and Theory. An Essay in the Philosophy of Science, London 1966 (dt. Erfahrung und Theorie. Ein wissenschaftstheoretischer Versuch, Frankfurt 1970, 1977); D. Kurz, Akribeia. Das Ideal der E. bei den Griechen bis Aristoteles, Göppingen 1970; K. Mainzer, Formalisierung, Hist. Wb. Ph. II (1972), 964–967; R. W. Trapp, E. in der Philosophie, Z. allg. Wiss.theorie 9 (1978), 307–336; L. A. Zadeh, Fuzzy Sets, Information and Control 8 (1965), 338–353; ders./K.-S. Fu/K. Tanaka (eds.), Fuzzy Sets and Their Application to Cognitive and Decision Processes, New York/San Francisco Calif./London 1975. K. M.

Exemplifikation, Ende der 60er Jahre des 20. Jhs. von N. Goodman in die zeichenphilosophische Diskussion eingeführter Grundbegriff, um eine in Alltag, Kunst und Wissenschaft vielseitig verwendete, aber theoretisch vernachlässigte Zeichengebung (↑Zeichen (semiotisch)) zu erschließen und verständlich zu machen. »Exemplification is possession plus reference« (Goodman 1976, 53). In der Weise exemplifizierender Welterzeugung nimmt Goodman getreu seinem Diktum »the given as taken« (Goodman 1978, 7) Gegenstände in den Wechsel zweier Bezugnahmerichtungen: aus Richtung des Gegenstandes in eine Teil-Ganzes-Relation (↑Teil und Ganzes) der *Probennahme* (›sampling‹) mit zugehöriger Probenpraxis (z. B. Stichprobe bei der Kaffee-Ernte), aus Richtung des Zeichens in eine Einzelnes-Allgemeines-Relation. Zu den exemplifizierenden Zeichen gehört somit ein als Probennahme oder deren Resultat (›sample‹) (Probe, Muster) (z. B. Tapetenmuster) genommener Gegenstand dann, wenn er auf einen Teil der verbalen oder nonverbalen Zeichen, die dieser instantiiert, dazu noch Bezug nimmt. Demnach ist E. aufgrund dieser *Inversion* eine nicht-denotative Zeichengebung unterhalb der ↑*Denotation* und in diesem Sinne nach Goodman ›elementar‹. Die durch Probennahme und Richtungswechsel der Bezugnahme bestimmte *Selektivität* ist verantwortlich dafür, daß es sich bei der E. um die Subrelation der Konverse der Denotation handelt. Die so begrifflich bestimmten Exemplifikatoren gehören zu den *Etiketten* (›label‹), die erst relativ zu einem Symbolsystem (↑Symboltheorie) in Gebrauch zu nehmen sind. In Ermanglung eines bereits eingeführten (z. B. wortsprachlichen) Zeichens auf seiten der Denotation kann auch die jeweilige Probennahme (Probe) selbst als Etikett (z. B. eine Farbpartie) verwendet werden. Die dazu gebrauchten, nicht selten standardisierten Instrumente (vom Probierlöffel bis zum Reagenzglas) kommen dann auch zur Verwendung als *Etikettengestalt* in Frage. Bezüglich eines exemplifizierend verwendeten Etiketts kann bei Beschreibungsvorschlägen allerdings nicht schon auf zur E. selbst herangezogene wortsprachliche Ausdrücke der ›Rede zu‹ zurückgegriffen werden. Von Exemplum (↑Beispiel) ist E. nicht nur durch den Wechsel der Bezugnahmerichtung, sondern ebenso durch das probenmäßige Bezugnehmen als solches zu unterscheiden. Anhand der Probennahme argumentiert Goodman gleichermaßen für das Erkenntnispotential von Kunst *und* Wissenschaft.

E. spielt eine wesentliche Rolle bei der Lösung von Problemen des Verstehens fiktionaler und architektonischer Zeichenverwendung, *piktiv* formeller und informeller Konkreter Kunst (›abstrakter Kunst‹) sowie der Verschränkung von denotierender und exemplifizierender Bezugnahme im traditionell *depiktiv* angelegten Bild. Daß dieses als ›Mischsymbol‹ (D. Gerhardus 1997) zu bestimmen ist, darauf hat zuerst der Kunstwissenschaftler H. Jantzen am Beispiel der Farbengestaltung in der abendländischen Bildkunst unter Verwendung der Ausdrücke ›Eigenwert‹ (exemplifizierend) und ›Darstellungswert‹ (denotierend) hingewiesen, allerdings ohne schon den selbständig darstellenden Charakter des pikturalen Eigenwerts erkannt zu haben (Jantzen 1913). E. wird zudem zum Ausgangspunkt für Metapherntheorie, Ausdruckstheorie und Theorie der Allusion (Anspielung) gemacht.

Literatur: G. Abel, Signe et signification. Réflexions sur un problème fondamental de la théorie des symboles, Philosophia Scientiae 2 (1997), 21–25; J. Ackerman, Worldmaking and Practical Criticism, J. Aesthetics Art Criticism 39 (1981), 249–254; D. Arrell, Exemplification Reconsidered, Brit. J. Aesthetics 30 (1990), 233–243; M. Black, The Structure of Symbol Systems, Linguistic Inquiry 2 (1971), 515–538, Neudr. in: ders., Caveats and Critiques. Philosophical Essays in Language, Logic and Art, Ithaca N. Y./London 1975, 180–215; A. F. Brentlinger, Exemplification of Predicates, Noûs 4 (1970), 285–293; J. Coldron, Peltz on Goodman on Exemplification, J. Aesth. Educ. 16 (1982), 87–94; J. Cometti, Pour l'exemple: Remarques sur la theorie goodmanienne des symboles, Philosophia Scientiae 2 (1997) 1, 37–55; A. Cusmariu, Ryle's Paradox and the Concept of Exemplification, Grazer Philos. Stud. 10 (1980), 65–71; D. Dempster, Exemplification and the Cognitive Value of Art, Philos. Phenom. Res. 49 (1989), 393–412; C. Z. Elgin, With Reference to Reference, Indianapolis Ind./Cambridge Mass. 1983; dies., Relocating Aesthetics. Goodman's Epistemic Turn, Rev. int. philos. 47 (1993), 171–186; G. Ernst, Ästhetik als Teil der Erkenntnistheorie bei Nelson Goodman, Philos. Jb. 107 (2000), 316–340; G. Gabriel, Logik und Rhetorik der Erkenntnis. Zum Verhältnis von wissenschaftlicher und ästhetischer Weltauffassung, Paderborn/München/Wien 1997; ders., Kontinentales Erbe und Analytische Methode. Nelson Goodman und die Tradition, Erkenntnis 52 (2000), 185–198; D. Gerhardus, Zur logisch-systematischen Genese visueller Zeichengebung, in: Arbeitsgruppe Semiotik (ed.), Die Einheit der semiotischen Dimensionen, Tübingen 1978 (Tübinger Beitr. Linguistik 98), 303–318; ders., Die Rolle von Probe und Etikett in Goodmans Theorie der E., in: G. Meggle/U. Wessels (eds.), Analyomen 1. Proceedings of the 1st Conference ›Perspectives in Analytical Philosophy‹, Berlin/New York 1994, 882–891; ders., ›Aber ist es auch in derselben Weise traurig, in der es grau ist?‹. Goodmans Behandlung des Gegenstandes als Teil eines symbolischen Gegenstandes, Dt. Z. Philos. 43 (1995), 731–741; ders., Sprachphilosophie in den nichtwortsprachlichen Künsten, in: M. Dascal/D. Gerhardus/K. Lorenz (eds.), Sprachphilosophie. Ein internationales Handbuch zeitgenössischer Forschung, Berlin/New York 1996, 1567–1585; ders., Das Bild: Ein Mischsymbol. Überlegungen mit Blick auf Goodmans Bildtheorie, Philosophia Scientiae 2 (1997), 119–130; N. Goodman, Languages of Art. An Approach to a Theory of Symbols, Indianapolis Ind. 1968, ²1976, 1992 (dt. Sprachen der Kunst. Ein Ansatz zu einer Symboltheorie, Frankfurt 1973, mit Untertitel: Entwurf einer Symboltheorie, 1995, 1998); ders., Ways of Worldmaking, Indianapolis Ind., Hassocks 1978, Indianapolis Ind. 1988 (dt. Weisen der Welterzeugung, Frankfurt 1984, ⁴1998); ders., Of Mind and Other Matters, Cambridge Mass./London 1984 (dt. Vom Denken und anderen Dingen, Frankfurt 1987); ders./C. Z. Elgin, Reconceptions in Philosophy and Other Arts and Sciences, Indianapolis Ind., London 1988 (dt. Revisionen. Philosophie und andere Künste und Wissenschaften, Frankfurt 1989, 1993; franz. Reconceptions en philosophie. Dans d'autres arts et dans d'autres sciences, Paris 1994); P. M. S. Hacker, Events and the Exemplifications of Properties, Philos. Quart. 31 (1981), 242–247; H. Jantzen, Über Prinzipien der Farbgebung in der Malerei, Kongreß für Ästhetik und allgemeine Kunstwissenschaft, Berlin 1913, Bericht Stuttgart 1914, 322–327, Neudr. unter dem Titel: Über den gotischen Kirchenbau und andere Aufsätze, Berlin 1951, 61–67; M. Lammenranta, Goodman's Semiotic Theory of Art, Can. J. Philos. 22 (1992), 339–352; J. Margolis, What is When, When is What. Two Questions for Nelson Goodman, J. Aesthetics Art Criticism 39 (1981), 266–268; S. Morawski, Expression, J. Aesth. Educ. 8 (1974), 37–56; J. Moreland, Issues and Options in Exemplification, Amer. Philos. Quart. 33 (1996), 133–147; J. Morizot, L'art de la symbolisation, Philosophia Scientiae 2 (1997), 161–178; A. Nagel, ›Or a Blanket‹. Some Comments and Questions on Exemplification, J. Aesthetics Art Criticism 39 (1981), 264–266; F. Orilia, Type-Free Property Theory, Exemplification and Russell's Paradox, Notre Dame J. Formal Logic 32 (1991), 432–447; R. Peltz, Nelson Goodman on Picturing, Describing and Exemplifying, J. Aesth. Educ. 6 (1972), 71–86; P. Pfaff, Die ästhetische Antinomie auf dem gegenwärtigen Stand, Euphorion 4 (1976), 356–373; Z. Radman, Symbolizing and Worldmaking. About Some Aspects of Cassirer's and Goodman's Philosophy, Synthesis Philosophica 3 (1988), 111–122; S. Ross, On Goodman's Query, South. J. Philos. 19 (1981), 375–387; M. Rowlands, Property Exemplification and Proliferation, Analysis 49 (1989), 194–197; I. Scheffler, Symbolic Worlds. Art, Science, Language, Ritual, Cambridge 1997; O. Scholz, Bild, Darstellung, Zeichen. Philosophische Theorien bildhafter Darstellung, Freiburg 1991; J. Sigman, How Dances Signify. Exemplification, Representation, and Ordinary Movement, J. Philos. Research 25 (2000), 489–533; M. Sirridge, The Moral of the Story. Exemplification and the Literary Work, Philos. Stud. 38 (1980), 391–402; F. E. Sparshott, Goodman on Expression, Monist 58 (1974), 187–202; J. Steinbrenner, Kognitivismus in der Ästhetik, Würzburg 1996; V. Taube, Exemplifikatorische Darstellung. Zu den Grundlagen einer kognitiven Ästhetik, Protosoziologie 8/9 (1996), 68–80; D. Thürnau, Gedichtete Versionen der Welt. Nelson Goodmans Semantik fiktionaler Literatur, Paderborn/München/Wien 1994; J. Young, Art, Knowledge, and Exemplification, Brit. J. Aesthetics 39 (1999), 126–137. D. G.

ex falso quodlibet, seit der ↑Scholastik die Bezeichnung für das Implikationsschema: $\lambda \prec A$, d. h., aus einer falschen Aussage (›λ‹ für ↑›falsum‹) darf jede beliebige Aussage (klassisch oder konstruktiv) logisch gefolgert (↑Folgerung) werden. K. L.

Exhaustion (von lat. exhaurire, herausschöpfen, ausschöpfen), schon von Eudoxos und Euklid benutztes, vor allem von Archimedes ausgebautes Verfahren zur Längen-, Flächen- und Volumenberechnung krummliniger Figuren durch Einschluß zwischen um- und einbeschriebene geradlinige Figuren (z. B. Berechnung der Kreisfläche, die zwischen den Flächeninhalten eines um- und eines einbeschriebenen Sechs-, Sieben-, …, n-Ecks liegt). Das E.sverfahren beruht auf dem Satz (Euklid, Elemente X, 1): »Nimmt man von einer Größe (bzw. dem Rest) fortgesetzt mehr als die Hälfte weg, so erhält man nach endlich vielen Schritten einen Rest derselben Art, der kleiner ist als jede beliebig vorgegebene Größe.« Praktisch erlangte das Verfahren wenig Bedeutung, weil es nicht schematisch angewendet werden kann und außerdem jeweils einen zusätzlichen Beweis erfordert. – Analog zur geometrischen E. spricht H. Dingler in der Physik von der E. einer ↑Hypothese bzw. eines Gesetzes (↑Gesetz (exakte Wissenschaften)). Werden Abweichungen (z. B. vom Gesetz der Pendelschwingungen) beobachtet, so wird das Gesetz durch eine Störhypothese (z. B. über die Wärmeausdehnung des Pendels) exhauriert (die reale Pendelschwingung wird durch Temperaturkompensation der ›idealen‹, d. h. der in mathematischer Form hypothetisch behaupteten, angeglichen).
Im Rahmen der ↑Protophysik ist die E. ideativer Normen (↑Ideation) vorgesehen. Für solche Normen (z. B. die ↑Homogenitätsprinzipien der Ebene), deren Eindeutigkeit (↑eindeutig/Eindeutigkeit) bewiesen ist, wird im Falle beobachteter Abweichungen individueller Realisate von den aus dem Realisierungsverfahren zu erwartenden Eigenschaften angenommen, daß Störungen vorliegen. Störhypothesen (z. B. die Annahme, daß mangelnde Passung zweier dem Herstellungsverfahren nach ›ebener‹ Platten auf Temperaturschwankungen beruht) sind zutreffend, wenn sie zur Beseitigung der beobachteten Störung führen. Die E. protophysikalischer Normen durch Störhypothesen unterscheidet sich von der (empirischer) physikalischer Gesetze nur durch den unterschiedlichen Status protophysikalischer und physikalischer Sätze, nicht jedoch darin, daß in beiden Fällen die E. über empirisch zu kontrollierende Hypothesen erfolgt.

Literatur: H. Dingler, Die Methode der Physik, München 1938; G. Frey, E. und Variation, Hist. Wb. Ph. II (1972), 850; P. Janich, Die Protophysik der Zeit, Mannheim 1969, erw. mit Untertitel: Konstruktive Begründung und Geschichte der Zeitmessung, Frankfurt ²1980 (engl. Protophysics of Time. Constructive Foundation and History of Time Measurement, Dordrecht/Boston Mass. 1985 [Boston Stud. Philos. Sci. XXX]); G. Junge, Besonderheiten der griechischen Mathematik. Zweiter Teil. Die E., Jahresber. Dt. Math.ver. 35 (1926), 150–172; E. May, Induktion und E., Methodos 1 (1949), 137–149; A. P. Youschkevitch, Remarques sur la méthode antique d'exhaustion, in: Mélanges Alexandre Koyré I (L'aventure de la science), Paris 1964, 635–653. P. J.

existentia (lat., Dasein, Existenz), als Übersetzung von griech. ὕπαρξις von Marius Victorinus, und zwar meist in Gegenüberstellung zu *substantia* (↑Substanz) (als Übersetzung von οὐσία, ↑Usia), verwendet, wobei sich jedoch keine eindeutige und einheitliche terminologische Bestimmung von e. herausbildet. So kann, in Aufnahme der stoischen Tradition (↑Stoa), e. als *unbestimmtes Sein* verstanden werden, das sich in fortschreitender Weiterbestimmung zur substantia konkretisiert. E. kann aber auch, im theologischen Sprachgebrauch und vor allem zur Darstellung der Trinität, im Unterschied zur substantia als dem unbestimmten Sein das *bestimmte Sein* bezeichnen, in einigen Fällen sogar mit substantia gleichbedeutend auftreten.

Auch in der ↑Scholastik des Früh- und Hochmittelalters entwickelt sich noch kein stabiler Gebrauch für ›e.‹ oder ›existere‹. Das reale Bestehen eines ↑Sachverhaltes (im Unterschied zu seinem bloßen Gedachtwerden) wird ohnehin zumeist durch ›subsistere‹ (↑Subsistenz) wiedergegeben (z. B. bei P. Abaelard, der im ↑Universalienstreit den *modus subsistendi* dem *modus intelligendi* gegenüberstellt). Auch in der seinsmetaphysischen Diskussion über die Prinzipien der seienden Dinge bei Thomas von Aquin wird nicht e., sondern das *esse* (↑Sein, das) der ↑essentia gegenübergestellt. Erst die Thomas-Kommentatoren J. Capreolus, Silvester von Ferrara und T. Cajetan führen ›e.‹ terminologisch ein, und zwar zunächst in der Unterscheidung zwischen ›esse existentiae‹ und ›esse essentiae‹, die als Interpretation der Thomasischen Unterscheidung von ›esse‹ und ›essentia‹ gelesen wird. Doch während bei Thomas mit *esse* (insofern es als das Prinzip der seienden Dinge verstanden wird) die verwirklichte ›Vollkommenheit aller Vollkommenheiten‹ (De pot. 7, 2, 9) gemeint ist, an der die endlichen Dinge nach der Möglichkeit ihrer (spezifischen) essentia teilhaben, wird mit dem *esse existentiae* bzw. mit der *e.* nur noch das Bestehen eines durch das *esse essentiae* bzw. durch die *essentia* bereits hinreichend bestimmten Sachverhaltes oder Gegenstandes bezeichnet. E. ist das Ergebnis des Wirkens einer äußeren Ursache, mit der der essentia zu ihrem (sinnlich wahrnehmbaren) Bestehen verholfen wird.

Stand bei Thomas von Aquin das *esse* als Prinzip der seienden Dinge im Mittelpunkt der ontologischen Überlegungen, so tritt nun die *essentia* an diese Stelle; denn die e. als bloßer Fall einer essentia ist ontologisch irrelevant geworden. Diese Entwicklung wird in der neuzeitlichen Philosophie von R. Descartes über B. Spinoza und G. W. Leibniz bis hin zu C. Wolff weitergeführt und verstärkt. Es wird nämlich nun auch der Grund für die e. eines Dinges in dessen essentia verlegt. Wo die essentia über das Gedachtwerden oder die Definition von Dingen bestimmt wird, kann (wie bei Descartes und Spinoza) das klare und deutliche Begreifen (↑klar und deutlich) zum Grund der e. vorschreiten; wo die essentia als ↑Vollkommenheit (also in Wiederaufnahme des Thomasischen Verständnisses von esse) verstanden wird, läßt sich (wie bei Leibniz) die jeweils größere Vollkommenheit als ›principium existentiae‹ (Leibniz, De rerum originatione radicali, Philos. Schr. VII, 304) ansehen. Bei Wolff hingegen ist die e. überhaupt kein Thema philosophischer Überlegungen mehr. Das ↑Seiende (ens) ist für ihn einfachhin das (über seine Denkbarkeit zu definierende) Mögliche (possibile), und die Philosophie ist die »scientia possibilium, quatenus esse possunt« (Philosophia rationalis sive logica, Discursus prelim. cap. 2 § 29). Erst die erkenntniskritische Philosophie I. Kants bringt mit ihrer Frage nach den Bedingungen der Möglichkeit von ↑Erfahrung die Diskussion um die Verstehbarkeit der e. bzw., wie es nun heißt, des ↑Daseins wieder in Gang: weil nämlich diese Frage zugleich auch die Frage nach den Bedingungen der Möglichkeit für das Dasein der erfahrbaren Gegenstände ist.

Literatur: A. Ermano, Substanz als Existenz. Eine philosophische Auslegung der πρώτη οὐσία, Hildesheim/Zürich/New York 2000; C. Fabro, Dall'essere all'esistente, Brescia 1957, ²1965; E. Gilson, L'être et l'essence, Paris 1948, ²1981; P. Hadot/A. Guggenberger, Existenz, e., Hist. Wb. Ph. II (1972), 854–860; J. Hegyi, Die Bedeutung des Seins bei den klassischen Kommentatoren des heiligen Thomas von Aquin. Areolus, Silvester von Ferrara, Cajetan, Pullach 1959; J. Henriot, Existence, Enc. philos. universelle II (1990), 919–923; G. Huber, Das Sein und das Absolute, Studien zur Geschichte der ontologischen Problematik in der spätantiken Philosophie, Basel 1955; K. Kremer, Die neuplatonische Seinsphilosophie und ihre Wirkung auf Thomas von Aquin, Leiden 1966; J. B. Lotz, Sein und Existenz. Kritische Studien in systematischer Absicht, Freiburg 1965; A. MacIntyre, Essence and Existence, Enc. Ph. III (1967), 59–61; J. Owens, The Doctrine of Being in the Aristotelian Metaphysics – A Study in the Greek Background of Mediaeval Thought, Toronto 1951, ²1957, ³1978. O. S.

Existentialismus, ↑Existenzphilosophie.

Existenz (von lat. existentia, Dasein), seit Marius Victorinus (um 360) Bezeichnung (↑existentia) für die Tatsache, *daß* etwas ist (im Unterschied zur Essenz, die besagt, *was* etwas ist; ↑essentia, ↑Wesen). Eine spezifische Bedeutung gewinnt der Begriff der E. in der neueren Philosophie bei S. Kierkegaard, der E. auf das spezifische, unableitbare und individuelle Leben des Menschen beschränkt. E. steht hier erneut im Gegensatz zur Essenz (›Wesen‹), wodurch zugleich Kierkegaards Protest gegen die ›Wesensphilosophie‹ G. W. F. Hegels umschrieben ist. Kierkegaards Bestimmung des ↑Selbst als eines Verhältnisses, das sich zu sich selbst verhält (und nicht darin aufgeht, zu anderem, dem ↑Absoluten, in einem Verhältnis zu stehen), greift M. Heidegger in seiner Bestimmung der E. ausdrücklich auf: »Das Sein selbst, zu dem das Dasein sich so oder so verhalten kann und immer irgendwie verhält, nennen wir E.« (Sein und Zeit, Halle 1927, Tübingen [17]1993, 12). Die E. bezeichnet, wie Heidegger in »Was ist Metaphysik?« (Bonn 1929, Frankfurt [11]1975) hinzufügt, »eine Weise des Seins, und zwar das Sein desjenigen Seienden, das offen steht für die Offenheit des Seins, in der es steht« (Was ist Metaphysik?, 15). Auch sonst wird der Begriff der E. in dem spezifischen Sinn immer da exponiert verwendet, wo die Individualität und der unaufhebbare Wert des einzelnen gegenüber Totalisierungsversuchen (in Geschichte und Gesellschaft) geltend gemacht werden soll. Die radikalste Fassung hat J.-P. Sartre diesem Gedanken in »L'existentialisme est un humanisme« (Paris 1946 [dt. Ist der Existentialismus ein Humanismus?, Zürich 1947, unter dem Titel: Der Existentialismus ist ein Humanismus, Reinbek b. Hamburg 2000]) verliehen, wo als Existentialismus eine Philosophie bezeichnet wird, die die menschliche E. der Essenz methodisch vorausgehen läßt, d. h., die von der Subjektivität (↑Subjektivismus, ↑Ich) ausgeht: »Was bedeutet hier, daß die E. der Essenz vorausgeht? Es bedeutet, daß der Mensch erst existiert, auf sich trifft, in die Welt eintritt, und sich dann erst definiert« (Der Existentialismus ist ein Humanismus, 149). Während Sartre in seinem frühen Roman »La nausée« (Paris 1943 [dt. Der Ekel, Stuttgart/Hamburg/Baden-Baden 1949]) E. als gleichbedeutend mit Kontingenz, Absurdität und Unableitbarkeit aus einem höheren Prinzip versteht – wobei sowohl der Mensch als auch die nicht-menschlichen Dinge als ›existent‹ angesprochen werden –, bleibt die E. in »L'être et le néant« (Paris 1943) dem Sein des Menschen (Für-sich-sein) im Unterschied zum Sein der Dinge (An-sich-sein) vorbehalten. Sartres Zuordnung von Heidegger, K. Jaspers und G. Marcel zu einem so verstandenen Existentialismus (↑Existenzphilosophie) haben diese mehr oder weniger dementiert.

Literatur: H. Beck, Ek-in-sistenz. Positionen und Transformationen der E.philosophie. Einführung in die Dynamik existentiellen Denkens, Frankfurt 1989; O. F. Bollnow, E.philosophie, Stuttgart 1941, Stuttgart etc. [9]1984; FM II (1994), 1165–1174; B. Frischmann, E./E.philosophie/Existentialismus, EP I (1999), 370–376; P. Hadot/A. Guggenberger, E., existentia, Hist. Wb. Ph. II (1972), 854–860; F. Heinemann, E.philosophie, lebendig oder tot?, Stuttgart/Zürich 1954, Stuttgart etc. [4]1971; C. Hookway, Existence, in: J. Dancy/E. Sosa (eds.), A Companion to Epistemology, Oxford/Cambridge Mass. 1992, 125; G. Huber, Eidos und E.. Umrisse einer Philosophie der Gegenwärtigkeit, Basel 1995; W. Janke, E.philosophie, Berlin/New York 1982; H. Knittermeyer, Die Philosophie der E.. Von der Renaissance bis zur Gegenwart, Wien/Stuttgart, Zürich 1952; E. J. Lowe, Existence, in: T. Honderich (ed.), The Oxford Companion to Philosophy, Oxford/New York 1995, 257; P. Mackie, Existence, REP III (1998), 490–492; A. N. Prior, Existence, Enc. Ph. III (1967), 141–147; T. Seibert, E.philosophie, Stuttgart/Weimar 1997; G. Treiber, Philosophie der E.. Das Entscheidungsproblem bei Kierkegaard, Jaspers, Heidegger, Sartre, Camus. Literarische Erkundungen bei Kundera, Céline, Broch, Musil, Frankfurt etc. 2000; F. Zimmermann, Einführung in die E.philosophie, Darmstadt 1977, [3]1992. C. F. G.

Existenz (logisch), generell synonym zu ↑existentia, speziell in der Logik ein ↑Prädikator 2. Stufe, der von ↑Kennzeichnungen aussagt, daß es genau einen so gekennzeichneten Gegenstand gibt, bzw. von Prädikatoren, daß es einen darunter fallenden Gegenstand gibt (im letzteren Sinne verstand G. Frege den Begriff der E.). Z. B. ist ›das Ungeheuer von Loch Ness existiert‹ (symbolisiert: ›$\iota_x x \, \varepsilon \, U \langle \, \varepsilon \, E$) nach dieser Erklärung synonym zu ›es gibt genau ein Ungeheuer von Loch Ness‹ (symbolisiert: $\bigvee_x x \, \varepsilon \, U$, d. h. $\bigvee_x \bigwedge_y (y \, \varepsilon \, U \leftrightarrow y = x)$) bzw. ›Mondkühe existieren‹ (symbolisiert: ›M‹ $\varepsilon \, E$) synonym zu ›es gibt Mondkühe‹ (symbolisiert: $\bigvee_x x \, \varepsilon \, M$). Das erklärt, warum der ↑Einsquantor oder Manchquantor (↑es existiert/es gibt) zumeist als *Existenzquantor* bezeichnet wird. K. L.

Existenzaussage, auch Existentialaussage, Bezeichnung für eine Aussage, in der behauptet wird, daß es mindestens einen Gegenstand gibt, dem ein bestimmter (d. h. in der Aussage ausdrücklich genannter) ↑Prädikator zukommt bzw. der eine bestimmte ↑Aussageform erfüllt, z. B. ›es gibt (mindestens) eine Zahl, die zugleich Primzahl und gerade ist‹, ›einige Planeten haben mehr als zwei Monde‹, ›manche Berge sind höher als 6000 m‹. Diese verschiedenen sprachlichen Fassungen werden in der Logik einheitlich symbolisiert, indem man – nachdem bei Prädikatoren zunächst mit Hilfe des betreffenden Prädikators und einer Leerstelle für ↑Eigennamen aus dem ihm zugeordneten ↑Variabilitätsbereich die entsprechende einstellige Aussageform gebildet wurde – vor die Aussageform einen ›Existenzquantor‹ $\bigvee$ ‹ (auch ↑›Einsquantor‹ oder ›Manchquantor‹ genannt) schreibt:

$$\bigvee_x (x \varepsilon P) \text{ oder } \bigvee_x A(x)$$

(gleich übliche Schreibweise ›$\exists x (x \varepsilon P)$‹ bzw. ›$\exists x \, A(x)$‹, bei indefiniten (↑indefinit/Indefinitheit) Variabilitätsbereichen › $\mathbb{W}_x A(x)$‹). E.n können wie ↑Elementaraussagen logisch weiter verknüpft werden, z. B.

$$\bigvee_x \bigwedge_y (x \leq y) \rightarrow \neg \bigwedge_x \bigvee_y (y < x).$$

Während die sogenannte klassische Logik (↑Logik, klassische), dem in der Mathematik üblichen Verfahren folgend, als Begründung einer E. auch die Widerlegung der gegenteiligen (d. h. der Nicht-Existenz-)Annahme zuläßt, unterscheidet die konstruktive Logik (↑Logik, konstruktive) scharf zwischen solchen Argumentationen und dem wirklichen (›effektiven‹ oder ›konstruktiven‹) Aufweis eines Gegenstandes der als existent behaupteten

Art und läßt daher nur einen solchen Aufweis bzw. die tatsächliche Benennung eines derartigen Gegenstandes als Begründung einer E. zu (bei den Beispielsätzen oben etwa: ›2‹, ›Uranus‹, ›Mount Everest‹). C. T.

Existenzialien, in M. Heideggers ↑Fundamentalontologie Bezeichnung der Strukturen des menschlichen Weltvollzuges (↑Dasein), die aus dem Phänomenbestand des ↑In-der-Welt-seins zunächst isoliert und dann in ›formalanzeigender‹ Absicht verwendet werden (z. B. ↑Sorge und ↑Zeitlichkeit). E. sind begrifflich abgegrenzt von den ↑Kategorien, die die Strukturen der nicht-menschlichen Gegenstände bezeichnen. In dieser Unterscheidung ist Heideggers Kritik an der traditionellen ↑Ontologie niedergelegt, die den Menschen am Leitfaden von Kategorien, also von Strukturen untermenschlicher Seiender her interpretiert habe. – Das Adjektiv ›existenzial‹ steht in Gegensatz zu ›existenziell‹; während die Strukturen menschlicher ↑Existenz ›existenzial‹ heißen, sind ›existenziell‹ die singularen phänomenalen Erlebnisse und Vorkommnisse des menschlichen Lebens. Die Unterscheidung ›existenzial – existenziell‹ entspricht etwa der von ›phänomenologisch‹ und ›phänomenal‹ bzw. ›apriori‹ und ›aposteriori‹.

Literatur: ↑Fundamentalontologie. C. F. G.

Existenzoperator/Existenzquantor, ↑Einsquantor.

Existenzphilosophie (auch: Existentialphilosophie), Bezeichnung für verschiedene philosophische Richtungen, insbes. in Deutschland, Frankreich und Italien, die auf der Basis einer Analyse der individuellen ↑Existenz primär (theoretisch) ein Konzept menschlicher Selbst- und Weltbestimmung sowie (in praktischer Hinsicht) eine Ethik der individuellen und sozialen Verantwortung entwickeln. Philosophiehistorisch knüpft die E. an die ↑Lebensphilosophie des 19. Jhs. (F. Nietzsche, H. Bergson, W. Dilthey) und an den von S. Kierkegaard gegen die Philosophie des Deutschen Idealismus (↑Idealismus, deutscher) im Sinne der Individualität bestimmten Begriff der Existenz an. In Deutschland gelten als Begründer einer E. K. Jaspers (Existenzerhellung, Berlin 1932) und M. Heidegger (Sein und Zeit, Halle 1927), dessen existenziale Analyse im Sinne einer E. rezipiert und weitergeführt wurde und – wie auch die Philosophie von Jaspers – seit dem Ende der 1920er Jahre großen Einfluß gewann. In der Zeit des Nationalsozialismus wurde die E. in Deutschland nur in einzelnen Versuchen weitergeführt. Für den in den 1940er Jahren durch J.-P. Sartre, S. de Beauvoir und A. Camus sowie die christlichen Existenzphilosophen in Frankreich propagierten Existentialismus ist insbes. die Begründung der Ethik charakteristisch. Diese Form der E. wirkt auf Deutschland und Italien zurück.

Heute lassen sich im wesentlichen drei Richtungen der E. unterscheiden, deren Hauptvertreter (1) Kierkegaard und Jaspers, (2) Heidegger und die an ihn anschließende christliche E. in Deutschland und Frankreich, (3) Sartre und die französischen Existentialisten sind. Während die E. Kierkegaards und Jaspers' entweder explizit christlich orientiert oder für eine christliche Deutung der Existenz offen ist, geht Heidegger von der weltanschaulichen Neutralität der E. aus. Seine existenziale Analyse wird aber durch unterschiedliche christliche Positionen der E. als weltanschaulich affine Bestimmung der endlichen Existenz vereinnahmt. Sartre setzt die von ihm vertretene Form der E. als atheistischen Humanismus explizit von der christlichen Version des französischen Existentialismus ab.

Die für die E. grundlegende Analyse der Existenz als spezifisch menschlichen Seins geht von einer ›Grunderfahrung‹ oder einem ›existentiellen Erlebnis‹ aus: es sind dies bei Kierkegaard die ↑Angst, bei Jaspers das Scheitern des Menschen in den ↑Grenzsituationen, bei Heidegger die ›vorlaufende Entschlossenheit‹ als Ganzheitserfahrung des eigenen Seins in der Erfahrung des ↑Todes, bei Sartre der Ekel (la nausée) und bei A. Camus die Erfahrung der Absurdität (↑absurd/das Absurde). Kierkegaard stellt seine Philosophie der Existenz polemisch gegen den Essentialismus G. W. F. Hegels. Durch ein verantwortliches Erlernen christlichen Handelns entwirft der Einzelne seine Existenz als gläubiges Verhältnis zu Gott. Jaspers greift Kierkegaards Verständnis der Existenz ohne den explizit christlichen Kontext auf. Wie Kierkegaard versteht er Existenz immer nur als mögliche, niemals notwendige Existenz, als den ›Entwurf‹ des Individuums. Jaspers analysiert die Existenz als eine in Form von ›Chiffren‹ manifeste ›Transzendenz‹ in einem ↑›Umgreifenden‹. Diesen Entwurf, mit der Mensch sich zur ↑›Eigentlichkeit‹ seiner Existenz durchringen kann, leistet die Philosophie als ›Existenzerhellung‹. Ohne diese Existenzerhellung verharrt der Mensch im Zustand der ›Uneigentlichkeit‹ der Existenz. Auch durch die philosophische Reflexion läßt sich aber die eigentliche Existenz nicht dauerhaft sichern. Eigentliche Existenz wird nur in den ›Grenzsituationen‹ (Leid, Schuld, Tod) für einen Augenblick als Möglichkeit erfahrbar und ergreifbar. Diese Auffassung von der ›Zeitlichkeit‹ als einer Kette von Augenblicken, die die Möglichkeit des entschiedenen Eingreifens eröffnen, findet sich besonders auch bei Sartre wieder. Zentral für alle Formen der E. ist der Begriff der ↑Entscheidung; in der Entscheidung als dem Ergreifen einer Alternative gewinnt der einzelne für einen Augenblick seine Identität. Jaspers hat sich mit seiner Konzeption der E. von Heideggers ontologischer Analyse der Existenz distanziert, der er – wie Kierkegaard Hegel – einen Essentialismus unterstellt. Dabei mißversteht er einerseits ebenso wie die christlichen Vertreter der E. Heideggers Anliegen im Sinne einer Existenzerhellung, übersieht andererseits die in der Zeitlichkeit begründete Verwandtschaft existentieller Daseinsdeutung mit der ontologischen Analyse der Existenz.

Heidegger wird wegen seines philosophischen Ansatzes in der Analytik des ↑Daseins (↑Daseinsanalyse) häufig der E. bzw. dem Existentialismus zugerechnet. Er selbst versteht seine Philosophie allerdings als Erweiterung der neukantianistischen (↑Neukantianismus) ↑Transzendentalphilosophie im Sinne der transzendentalen ↑Phänomenologie E. Husserls sowie als Weiterführung der Lebensphilosophie und ↑Hermeneutik. D.h., Heidegger greift auf das Dasein, die Existenz des Menschen zurück, um sich kritisch von einer bewußtseinstheoretisch fundierten Bestimmung der Subjektivität, aber auch von der Ausblendung (↑Epochē) lebensweltlich-existentieller Aspekte in Husserls transzendentaler Phänomenologie abzusetzen. In einer Auslegung (phänomenologischen Hermeneutik) der den unterschiedlichen Zugriffen auf die Welt zugrundeliegenden Setzung des Seinssinns bestimmt er diesen als ↑›Zeitlichkeit‹. Die Bestimmung der Zeitlichkeit des Daseins stimmt inhaltlich mit Thesen der E. überein. Während Heidegger die existenziale Analytik als Analyse des Seinkönnens unter das systematische Interesse einer Ontologiebegründung stellt (↑Fundamentalontologie) und von der existentiellen Bestimmung des faktischen Daseins unterscheidet, wird seine mit dieser Unterscheidung verknüpfte, der existenzialen Analyse zugehörige Konzeption der Eigentlichkeit des Daseins im Jaspersschen Sinn mißverstanden und der faktischen Existenz zugeordnet. Von Heidegger beeinflußte Philosophen wie O. F. Bollnow deuten – unter Vernachlässigung des methodischen und ontologischen Interesses – Heideggers Daseinsanalytik als Philosophie der eigentlichen Existenz. Die Rezeption der Heideggerschen Philosophie in den Wissenschaften, insbes. in der Theologie, bestärkt diese Tendenz durch eine Umdeutung der Kategorien der Daseinsanalytik im Sinne der Bestimmung einer eigentlichen, innerweltlich gelingenden, gläubigen Existenz. Der Einfluß der Heideggerschen Philosophie kann daher als existenzphilosophisch charakterisiert werden, nicht so der Ansatz und die Intention seiner philosophischen Daseinsanalytik.

Wie Sartre geht auch Heidegger von dem Grundsatz der E. aus, der Mensch (das Dasein) sei jenes Seiende, »dessen Essenz die Existenz ausmacht« (Sein und Zeit, 233), bzw. – wie Heidegger es in kritischer Absetzung gegen R. Descartes formuliert – die »Substanz des Menschen« sei »die Existenz« (Sein und Zeit, 212, 314). Insbes. diese Behauptung des Vorrangs der Existenz vor der Essenz verleiht der existentialistischen Heidegger-Deutung eine gewisse Plausibilität. Sartre rechnet – ebenso wie eine Reihe deutscher Philosophen – Heidegger daher zum Existentialismus. Wie alle Interpretationen dieser Art verfehlt er das Anliegen Heideggers, d. h., er verwechselt die von Heidegger in ontologisch-existenzialer Absicht entwickelte Charakteristik des Daseins mit einer ontisch-existentiellen Lebensdeutung.

Auch die Notwendigkeit geschichtlicher Selbstbestimmung scheint Heidegger im existenzialen Grundcharakter der Zeitlichkeit des Daseins vorgezeichnet zu haben, denn das Dasein als »Seiendes, dessen Essenz die Existenz ausmacht«, muß, »solange es existiert, seinkönnend je etwas *noch nicht sein*« (Sein und Zeit, 233). Ebenso findet sich bei Heidegger in der Bestimmung des Daseins als »Freiheit zum Tode« (Sein und Zeit, 266) ein Anknüpfungspunkt für die Bestimmung der Absurdität endlicher menschlicher Existenz. Auch Heidegger betont, daß die durch die Erfahrung des Todes ermöglichte »vorlaufende Entschlossenheit« eine »interpretierende Befreiung des Daseins für seine äußerste Existenzmöglichkeit« eröffnet (Sein und Zeit, 303). Der Sinn des ›Interpretierens‹ wird aber verkannt, wenn man ihn als existentielle Aufforderung deutet. Es geht um die ontologische Bestimmung des Sein-Könnens, nicht um das ontische Glücken eines existentiellen Entwurfs. Den Bezug existenzialer Analytik zur Bestimmung der Existenz definiert Heidegger eindeutig in dem Sinne, daß sie zwar Aufschluß über die ›Seinsart‹ des thematisierten Seienden gibt, aber nicht in der Absicht einer Existenzerhellung und Lebensgestaltung durchgeführt wird.

Heidegger geht es in der existenzialen Analytik um eine Grundlage der Bestimmung des ›Sinns von Sein‹, insofern er im Daseinsvollzug offenkundig wird, damit um eine Begründung des Wissens und eine damit verbundene ontologische Fundierung der Wissenschaft (vgl. Sein und Zeit, 312), nicht um den Entwurf einer sinnvollen, geglückten oder absurden Existenz. Dennoch werden die Bestimmungen des Daseins in der E. als Entwurf des eigentlichen, d.h. gebotenen, Existierens übernommen. In der christlichen E. wird die Daseinsbestimmung, die Heidegger strukturell als Einheit von ↑Entwurf und ↑Geworfenheit gefaßt hat, im Sinne eines Angewiesenseins bzw. Getragenseins auf und durch den Anderen (↑Andere, der) umgedeutet. Im atheistischen Existentialismus Sartres oder auch Camus' führt die Bestimmung der Geworfenheit dagegen zur Konzeption der *Absurdität* des Daseins.

In dem Versuch einer Erweiterung der E. wenden E. Levinas (in explizit religiöser Auslegung) oder M. Merleau-Ponty die Analyse der Existentialität auf die Bestimmung der eigentlichen Existenz zurück. Grundlegend ist die Kritik an der Unterbestimmtheit des Mitseins und die Schlußfolgerung, eine Berücksichtigung des Mit-Daseins und die Erweiterung der Existenz zur dialogischen Existenz führe zu einer Konstitution der Selbsterfahrung im Anderen und erlaube es, die Grundphänomene der Sorge und der Zeitlichkeit im Sinne einer Ethik (bzw. einer existentialistischen Anthropologie; Merleau-Ponty) auszulegen. G. Marcel verbindet eine Kritik am ↑Thomismus (i. e. am Essentialismus der traditionellen ↑Metaphysik) mit der existenzphilosophischen Forderung der Verantwortung der eigenen Existenz und des unbedingten Engagements mit der Übernahme christlicher Glaubensinhalte. Diese Möglichkeit eines Rückbezuges der Ergebnisse der existenzialen Analytik des Daseins auf die Existenz (deren Bestimmung und Gestaltung) erörtert Heidegger in »Sein und Zeit« in der Beziehung von Ich und Selbst. Er motiviert sie indirekt im »Humanismusbrief« (Platons Lehre von der Wahrheit. Mit einem Brief über den ›Humanismus‹, Bern 1947, 53–119) durch die Behauptung, daß die Ethik als rationale und zugleich fundierte Organisation des Miteinander-Daseins in der fundamentalontologischen Analytik des Daseins mitgrundgelegt sei.

Die von Sartre (La nausée, Paris 1938; L'être et le néant, Paris 1943), Beauvoir, Camus repräsentierte französische Variante der atheistischen E., der existentialistische Humanismus bzw. Existentialismus, war von Anfang an nicht auf Philosophie begrenzt, sondern dokumentierte sich ebenso in Literatur, Kunst und Film und hatte dadurch einen umfassenden, zum Teil modeartigen Einfluß bis hin zur äußerlichen Lebensgestaltung ihrer Vertreter und Anhänger. Ihr Urheber und bedeutendster Vertreter, Sartre, lehnt die christliche Variante des Existentialismus als Essentialismus ab, da der Schöpfungsgedanke nicht mit der Grundthese des Existentialismus, dem absoluten Vorrang der Existenz vor der Essenz, vereinbar ist. Nur auf der Basis eines Vorrangs der Existenz vor der Essenz kann der Mensch als frei Handelnder, für sein Handeln verantwortlicher und – wegen der Endlichkeit seines Handlungsspielraums – als zur Freiheit verurteilt bestimmt werden. Der Mensch muß den Sinn seiner Existenz selbst setzen; er bestimmt sein eigenes Wesen durch sein Handeln. Durch jede seiner Handlungen determiniert er aber zugleich seine Umwelt und seine Mitmenschen. Er hat daher jede Handlung ihnen gegenüber zu verantworten.

Die Unmöglichkeit eines Rückgriffs auf vorgegebene Werte (↑Wert (moralisch)) oder an sich selbst gute Ziele des Handelns wirft den Menschen auf seine Freiheit und Verantwortung zurück, konstituiert den Existentialismus zugleich als ↑Nihilismus und als im Kern praktische Philosophie in der Einheit von politischer Philosophie und Ethik. In dieser Annahme, daß die einzige Möglichkeit einer Sinngebung der Existenz im verantworteten, totalen (auch politischen) Engagement liege, stimmen Beauvoir und Camus mit Sartre überein. Die Unmöglichkeit der letztbegründeten Absicherung des Handelns und der Handlungsziele führt insbes. Camus zur Bestimmung der Absurdität menschlicher Existenz. – Einflüsse der französischen E. sind bei N. Abbagnano, E. Grassi, L. Pareyson und R. Guardini greifbar. Als Form der E. kann die dialogische Philosophie (F. Ebner, M. Buber, F. Rosenzweig, E. Grisebach) gelten. In Orientierung an Heideggers existenzialer Analyse entwickelt in Deutschland Bollnow eine E., H. Lipps integriert Momente der E. in die Phänomenologie, P. Wust entwirft eine weitgehend eigenständige Konzeption menschlicher Existenz zwischen Ungewißheit und Wagnis. Der Einfluß der E. ist auch in wissenschaftlichen Disziplinen von Bedeutung, so in der Psychologie und in der Psychopathologie (L. Binswanger, H. Kunz, P. Lersch, A. Wellek, W. Keller); in der evangelischen ↑Theologie durch Orientierung an Kierkegaard (K. Barth) bzw. Heidegger (R. Bultmann und F. Gogarten), in der katholischen Theologie durch K. Rahner; in der Literaturkritik (W. Rehm, E. Staiger).

Literatur: N. Abbagnano, Introduzione all'esistenzialismo, Mailand 1942, rev. 1965, 1995, Turin 1947, ³1948 (dt. Philosophie des menschlichen Konflikts. Eine Einführung in den Existentialismus. Mit einem Beitrag von E. Grassi: »Was ist Existentialismus?« [73–124], Hamburg 1957); H. E. Barnes, An Existentialist Ethics, New York 1967, unter dem Titel: Existentialist Ethics, Chicago Ill./London 1978, 1985; W. Barrett, What Is Existentialism?, New York 1964, 1965; J. Beaufret, Introduction aux philosophies de l'existence. De Kierkegaard à Heidegger, Paris 1971; H. Beck, Ek-in-sistenz. Positionen und Transformationen der E.. Einführung in die Dynamik existenziellen Denkens, Frankfurt etc. 1989; L. Binswanger, Daseinsanalyse und Psychotherapie II, Acta Psychopaeutica et Psychosomatica 8 (1960), 251–260; H. J. Blackham, Six Existentialist Thinkers, London/New York 1952, 1997; O. F. Bollnow, E., Stuttgart 1941, Stuttgart etc. ⁷1969, ⁹1984; ders., Deutsche E., Bern 1953; ders., E., RGG II (³1958), 819–823; E. Breisach, Introduction to Modern Existentialism, New York 1962; A. Caracciolo, Esistenzialismo, ermeneutica, nihilismo, Giornale di Metafisica 3 (1981), 3–32; J. Collins, The Existentialists. A Critical Study, Chicago Ill. 1952, 1968, Westport Conn. 1977; D. E. Cooper, Existentialism. A Reconstruction, Oxford/Cambridge Mass. 1990, 1999; ders., Existentialist Ethics, REP III (1998), 502–505; I. Dilman, Existentialist Critiques of Cartesianism, London 1992, Basingstoke, Lanham Md. 1993; J. Ell, Der Existentialismus in seinem Wesen und Werden, Bonn 1955; H. Fahrenbach, E. und Ethik, Frankfurt 1970; P. Foulquié, L'existentialisme, Paris 1948, 1989 (dt. Der Existentialismus, Hamburg 1960; engl. Existentialism, London 1948); B. Frischmann, Existenz/E./Existentialismus, EP I (1999), 370–376; L. Gabriel, E.. Von Kierkegaard bis Sartre, Wien/München 1951, unter dem Titel: E.. Kierkegaard, Jaspers, Heidegger, Sartre. Dialog der Positionen, Wien/München ²1968; V. Gignoux, Cours de philosophie III (La philosophie existentielle), Paris 1950; J. Giles (ed.), French Existentialism. Consciousness, Ethics, and Relations with Others, Amsterdam/Atlanta Ga. 1999; J. Golomb, In Search of Authenticity. From Kierkegaard to Camus, London/New York 1995; M. Grene, Dreadful Freedom. A Critique of Existentialism, Chicago Ill./London 1948, unter dem Titel: Introduction to Existentialism, Chicago Ill./London 1959, 1984, Chicago Ill. 1965; R. Grimsley, Existentialist Thought, Cardiff 1955, ²1960; C. B. Guignon, Existentialism, REP III (1998), 493–502; K. Hartmann, E., Hist. Wb. Ph. II (1972), 862–865; F. Heinemann, E., lebendig oder tot?, Stuttgart 1954, Stuttgart/Berlin/Köln ⁴1971; ders., Jenseits des Existentialismus. Studien zum Gestaltwandel der gegenwärtigen Philosophie, Stuttgart 1957; J. Hommes, Zwiespältiges Dasein. Die existenziale Ontologie von Hegel bis Heidegger, Freiburg 1953; J. Hubbert, Die Existenz denken. E. in religiöser und antireligiöser Deutung, Bochum 1994; W. Janke, E., Berlin/New York 1982; R. Jolivet, Französische E., Bern 1948; W. A. Kaufmann (ed.), Existentialism from Dostoevsky to Sartre, New York 1956, 1959, New York/London 1956, ²1975, London 1957, Cleveland Ohio 1963; ders., From Shakespeare to Existentialism. Studies in Poetry, Religion, and Philosophy, Boston Mass. 1959, ohne Untertitel: Garden City N. Y. 1960, erw. unter dem Titel: From Shakespeare to Existentialism. An Original Study. Essays on Shakespeare and Goethe, Hegel and Kierkegaard, Nietzsche, Rilke, and Freud, Jaspers, Heidegger, and Toynbee, Princeton N. J. 1980; H. Knittermeyer, Die Philosophie der Existenz von der Renaissance bis zur Gegenwart, Wien/Stuttgart 1952; P. Knopp/V. v. Wroblensky (eds.), Existentialismus heute, Berlin 1999; K.-M. Kodalle, E., RGG I (⁴1999), 1814–1815; S. Kruks, Situation and Human Existence. Freedom, Subjectivity and Society, London, Boston Mass. 1990; K. E. Logstrup, Kierkegaards und Heideggers Existentialanalyse und ihr Verhältnis zur Verkündigung, Berlin 1950; J. B. Lotz, Sein und Existenz. Kritische Studien in systematischer Absicht, Freiburg etc. 1965; U. Luck, Heideggers Ausarbeitung der Frage nach dem Sein und die existenzial-analytische Begrifflichkeit in der evangelischen Theologie. Das Problem der ontologischen Konsequenzen der existenzialen Interpretation, Z. Theol. u. Kirche 53 (1956), 230–251; G. Lukács, Existentialismus und Marxismus?, Berlin 1951; A. MacIntyre, Existentialism, Enc. Ph. III (1967), 147–154; J. Macquarrie, Existentialism, London, Philadelphia Pa. 1972, Harmondsworth/London 1973; R. R. May/E. Angel/H. F. Ellenberger (eds.), Existence. A New Dimension in Psychiatry and Psychology, New York 1958, 1976, Northvale N. J. 1994, 1997; W. L. McBride (ed.), Sartre and Existentialism. Philosophy, Politics, Ethics, the Psyche, Literature, and Aesthetics, I–VIII, New York 1997; A. Metzger, Existentialismus und Sozialismus. Der Dialog des Zeitalters, Pfullingen 1968; C. Michalson (ed.), Christianity and the Existentialists, New York 1956; F. R. Molina, Existentialism as Philosophy, Englewood Cliffs N. J. 1962; ders. (ed.), The Sources of Existentialism as Philosophy, Englewood Cliffs N. J. 1969; J. Möller, Existenzialphilosophie und katholische Theologie, Baden-Baden 1952; E. Mounier, Introduction aux existentialismes, Paris 1947, 1973 (dt. Einführung in die E., Bad Salzig/Boppard 1949); M. Müller, E. im geistigen Leben der Gegenwart, Heidelberg 1949, ³1964, unter dem Titel: E.. Von der Metaphysik zur Metahistorik, Freiburg/München ⁴1986; H.-R. Müller-Schwefe, E.. Das Verständnis von Existenz in Philosophie und christlichem Glauben. Eine Begegnung, Göttingen/Zürich 1961, ²1961, 1969; F. A. Olafson, Principles and Persons. An Ethical Interpretation of Existentialism, Baltimore Md./London 1967, 1970; R. G. Olson, An Introduction to Existentialism, New York 1962; L. Pareyson, Studi sull'esistenzialismo, Florenz 1943, 1973; M. Reding, Die E.. Heidegger, Sartre, Gabriel Marcel und Jaspers in kritisch-systematischer Sicht, Düsseldorf 1948, 1949; T, Seibert, E., Stuttgart/Weimar 1997; R. C. Solomon, From Rationalism to Existentialism. The Existentialists and Their Nineteenth-Century Backgrounds, New York/London 1970, 1972, Lanham Md. 1978, 1992, Totowa N. J. 1992; ders. (ed.), Phenomenology and Existentialism, New York/London 1972, Lanham Md. 2001; ders. (ed.), Existentialism, New York 1974; T. L. S. Sprigge, Theories of Existence. A Sequence of Essays on the Fundamental Questions of Philosophy, Harmondsworth/London 1984, 1990; W. Stegmüller, Hauptströmungen der Gegenwartsphilosophie. Eine historisch-kritische Einführung, Wien/Stuttgart, Zürich 1952, erw. unter dem Titel: Hauptströmungen der Gegenwartsphilosophie. Eine kritische Einführung, I–IV, 1, Stuttgart ²1960, ⁷1989, 135–242 (Kap. IV–V); J. Stewart, Existentialism, Enc. Appl. Eth. 2 (1998), 203–218; J. Wahl, Petite histoire de l'existentialisme. Suivie de Kafka et Kierkegaard. Commentaires, Paris 1947 (engl. ohne Anhang: A Short History of Existentialism, New York 1949); ders., La pensée de l'existence, Paris 1951; ders., Les philosophies de l'existence, Paris 1954, ²1959 (engl. Philosophies of Existence. An Introduction to the Basic Thought of Kierkegaard, Heidegger, Jaspers, Marcel, Sartre, London, New York 1969); M. Warnock, Existentialism, London/New York 1970, ²1992, 1997; E. Weigert, Existentialism and Its Relation to Psychotherapy, Psychiatry 12 (1949), 399–412; F. Williams, Existential Ethics, in: L. C. Becker/C. B. Becker (eds.), Encyclopedia of Ethics I, New York/London ²2001, 508–515; I. D. Yalom, Existential Psychotherapy, New York 1980 (dt. Existenzielle Psychotheraphie, Köln 1989); F. Zimmermann, Einführung in die E., Darmstadt 1977, ³1992. A. G.-S./H.-L. N.

Existenzpräsupposition, ↑Kennzeichnung.

Exklusion (auch: Unverträglichkeit), Bezeichnung für die Beziehung zweier Aussagen, bei der aus der Wahrheit der einen folgt, daß die andere nicht ebenfalls wahr ist. In der traditionellen Logik (↑Logik, traditionelle) heißt diese Beziehung ›↑konträrer ↑Gegensatz‹. Das Ergebnis der entsprechenden junktorenlogischen (↑Junktorenlogik) Verknüpfung zweier Aussagen a und b wird meist mit Hilfe des Exklusors oder ↑Shefferschen Strichs als ›$a \mid b$‹ geschrieben und ›a und b sind nicht beide wahr‹ gelesen (›$a \mid b$‹ gilt also auch dann als wahr, wenn a und b beide falsch sind). H. M. Sheffer fand 1913, daß sich in der klassischen Junktorenlogik unter alleiniger Verwendung der E. die übrigen 15 junktorenlogischen Verknüpfungen zweier Aussagen einführen lassen, eine Eigenschaft, die neben der E. nur noch die ↑Injunktion aufweist. Wegen der (klassisch gültigen) ↑Äquivalenz von ›$a \mid b$‹ mit ›$\neg a \vee \neg b$‹, der ↑Adjunktion der Negate von a und b, ist auch der Name ↑›Negatadjunktion‹ für die E. vorgeschlagen worden.

Literatur: P. Henle/H. M. Kallen (eds.), Structure, Method and Meaning. Essays in Honor of Henry M. Sheffer, New York 1951; A. Menne, E., Hist. Wb. Ph. II (1972), 865; H. M. Sheffer, A Set of Five Independent Postulates for Boolean Algebras, with Application to Logical Constants, Transact. Amer. Math. Soc. 14 (1913), 481–488. C. T.

Exklusor, ↑Shefferscher Strich.

ex nihilo nihil fit (lat., aus nichts entsteht nichts), ein bei Melissos, Aristoteles, Lukrez, Thomas von Aquin u. a. auftretender Satz, der meist zur Begründung der These von der ↑Ewigkeit der Welt herangezogen wurde. Logisch läßt sich der Satz auch als eine (mißverständliche)

Formulierung der ↑Implikation ¬a ≺ ¬a oder als ›doppelte‹ Negation des Satzes vom Grunde (↑Grund, Satz vom) verstehen. J. M.

Experiment (lat. experimentum, Versuch, Erfahrungsbeweis), planmäßige Herbeiführung von (meist variablen) Umständen zum Zwecke wissenschaftlicher ↑Beobachtung. Das E. ist das wichtigste Hilfsmittel aller Erfahrungswissenschaften (↑Erfahrung), bei denen sich Experimentierbedingungen künstlich herbeiführen bzw. reproduzieren (↑Reproduzierbarkeit) lassen. Seine epistemische Privilegierung ergibt sich aus der Kontrolle aller Einflußfaktoren und deren systematischer und isolierter Variierbarkeit. Da E.e Eingriffe in die betreffenden Systeme verlangen, ist ihr Einsatz in Disziplinen wie Astronomie, Archäologie, Psychologie und Soziologie Beschränkungen unterworfen. Selbst in Fachwissenschaften, deren Ergebnisse hauptsächlich auf E.en beruhen (z. B. Chemie, Physik), ist keineswegs Erfahrung allein die Quelle des Wissens. Vielmehr erzwingt der Experimentator in planvoller Herstellung von Geräten die gewünschten Bedingungen. Neben diesem (gern mit der Metapher einer Frage an die Natur belegten) aktiven menschlichen Beitrag bedarf es weiterer (zum Teil von Experimentierergebnissen vollständig unabhängiger) Prinzipien zur Interpretation des experimentellen Ergebnisses, so z. B. des Kausalprinzips (↑Kausalität), wonach gleiche Ursachen gleiche Wirkungen haben. Weicht ein tatsächlich beobachtetes Ergebnis von einem erwarteten, einer ↑Hypothese, ab, so stehen prinzipiell zwei Möglichkeiten offen: (1) die Hypothese wird verworfen bzw. abgeändert; (2) es wird eine Störhypothese über zusätzliche, unter den Experimentierbedingungen nicht mitkontrollierte Einflüsse formuliert. Es kann also nur unter der (in der Praxis kaum gemachten) Einschränkung, für ein System von Hypothesen (d. h. eine erfahrungswissenschaftliche Theorie) keine zusätzlichen Störhypothesen zuzulassen, ein ↑experimentum crucis geben.

Im sogenannten ›Neuen Experimentalismus‹ wird dagegen das ›Eigenleben des E.s‹ betont. Danach werden E.e weitgehend unabhängig von höherstufigen Theorien durchgeführt und interpretiert. Ihre Stabilität und anhaltende Relevanz über theoretische Umbrüche hinweg ist das Ergebnis dieser Unabhängigkeit. Zudem wird im Neuen Experimentalismus hervorgehoben, daß die von den Laborwissenschaften untersuchten Phänomene in der freien Natur häufig nicht oder kaum existieren. Die einschlägigen Zustände werden nicht selten überhaupt erst durch den menschlichen Eingriff erzeugt (I. Hacking, Representing and Intervening, 1983; ders., The Self-Vindication of the Laboratory Sciences, 1992). Historisch läßt sich erst etwa ab 1600 von einer wissenschaftlichen Experimentierkunst sprechen. Die Beobachtungen, die von antiken Technikern gemacht wurden, gehörten nach dem damaligen Verständnis in den Bereich des Künstlichen, der von einer Wissenschaft von der Natur streng unterschieden wurde. G. Galilei und E. Torricelli waren wohl die ersten Experimentatoren im modernen Sinne. Galilei und F. Bacon entwickelten mit ihren Ansichten über das Zusammenwirken von Natur und menschlicher Kunst im E. die ersten theoretischen Ansätze. Ein grundsätzlich neues Verständnis des E.s wird weniger durch Präzision und Aufwand moderner Versuchsanordnungen als vielmehr durch zwei neue Komponenten erforderlich: (1) viele Beobachtungen lassen sich nur statistisch durchführen; (2) es findet eine nicht vernachlässigbare Wechselwirkung zwischen Beobachtetem und Beobachtendem statt. In Psychologie und Pharmakologie glaubt man, die Einflüsse der Experimentiersituation auf das Ergebnis beseitigen oder doch berücksichtigen zu können. In der Mikrophysik jedoch stellt die Beobachtung einen derart schweren Eingriff in das beobachtete System dar, daß ein wichtiges Charakteristikum des klassischen E.s, nämlich die prinzipielle Wiederholbarkeit (am selben Objekt), aufgegeben werden mußte.

Literatur: W. G. Cochran/G. M. Cox, Experimental Design, New York 1950, ²1957, 1966; H. Dingler, Das E.. Sein Wesen und seine Geschichte, München 1928; P. Duhem, La théorie physique, son objet, sa structure, Paris 1906, ²1914 (repr. Paris 1981, 1989) (dt. Ziel und Struktur der physikalischen Theorien, Leipzig 1908, ed. L. Schäfer, Hamburg 1978, 1998; engl. The Aim and Structure of Physical Theory, Princeton N. J. 1954, 1991); R. A. Fisher, The Design of Experiments, Edinburgh 1935, ⁸1966, 1971; A. Franklin, Experiment, Right or Wrong, Cambridge 1990; ders., Can that Be Right? Essays on Experiment, Evidence, and Science, Dordrecht/Boston Mass. 1999 (Boston Stud. Philos. Sci. 199); G. Frey, E., Hist. Wb. Ph. II (1972), 868–870; P. Galison, How Experiments End, Chicago Ill./London 1987; D. Gooding/T. Pinch/S. Schaffer (eds.), The Uses of Experiment. Studies in the Natural Sciences, Cambridge 1989, 1993; I. Hacking, Representing and Intervening. Introductory Topics in the Philosophy of Natural Science, Cambridge etc. 1983, 1995 (dt. Einführung in die Philosophie der Naturwissenschaften, Stuttgart 1996); ders., The Self-Vindication of the Laboratory Sciences, in: A. Pickering (ed.), Science as Practice and Culture, Chicago Ill./London 1992, 1994, 29–64; M. Heidelberger/F. Steinle (eds.), Experimental Essays. Versuche zum E., Baden-Baden 1998; M. C. Morrison, Experiment, REP III (1998), 514–518; U. Röseberg/N. Psarros, E., EP I (1999), 376–380. P. J.

Experimentalismus, neuer, Entwicklung in der Wissenschaftsforschung im letzten Viertel des 20. Jhs., die eine verstärkte Zuwendung zum ↑Experiment als dem Grundphänomen der Naturwissenschaft betrifft. In der ↑Wissenschaftsgeschichte ist der n. E. zum Teil das Ergebnis der zunehmenden Professionalisierung des Faches und des daraus folgenden Abschieds von der ausschließlich textorientierten ↑Ideengeschichte, aber auch der zunehmenden Konzentration auf neuere Wissenschaft, insbes. die des 19. und 20. Jhs..

Die Produktion von Texten macht nur einen kleinen Teil der Praxis der modernen Wissenschaft aus. Neue historische Quellenarten wurden erschlossen, wie z. B. Laborprotokolle, Baupläne, Apparate und Räumlichkeiten. In der Wissenschaftsphilosophie unterscheidet sich der n. E. von der Hauptströmung der Analytischen ↑Wissenschaftstheorie (↑Wissenschaftstheorie, analytische) durch die Betonung einer Eigenständigkeit der Experimentalsysteme gegenüber theoretischen Fragestellungen. Das Experiment wird nicht mehr von der Perspektive der Überprüfung *gegebener* Theorien oder Hypothesen betrachtet, sondern als Erfahrungsquelle, die neue Theorien generiert oder ermöglicht. Insofern Experimente nicht darstellen, wie die unberührte Natur ist, sondern wie sie technisch angeeignet werden kann, zeigt der n. E. auch eine starke Tendenz zu pragmatischen Wahrheitsvorstellungen im Gegensatz zu Korrespondenzvorstellungen. Er unterscheidet sich aber auch von dem älteren Experimentalismus der phänomenologischen (↑Phänomenologie), neukantianischen (↑Neukantianismus) oder kulturalistischen Tradition in der Nachfolge von H. Dingler durch seine naturalistische (↑Naturalismus) Grundhaltung. Im n.n E. wird das Experiment nicht mehr primär als Beispiel menschlicher Handlung konzeptualisiert und von den gegebenen, ideellen Handlungszielen her verstanden; die Betonung liegt vielmehr eher auf dem ›Eigenleben‹ der experimentellen Mittel. Das Experimentalsystem sei nicht nur Mittel zu den vom Experimentator gegebenen Zwecken, sondern könne selbst Ziele generieren; insofern es durch seine Kausaleigenschaften auch unvorhergesehene Wirkungen hervorrufen kann, ist es auch ein mögliches Mittel zu noch nicht gewollten Zwecken. Gefundene Wirkungen können nachträglich zu Forschungszielen werden. Daraus erwächst die Tendenz, die Wissenschaftsentwicklung nicht so sehr als (handlungs-)zielgerichtet, sondern als mittelbestimmt aufzufassen.

Literatur: R. Ackermann, The New Experimentalism, Brit. J. Philos. Sci. 40 (1989), 185–190; M. Carrier, New Experimentalism and the Changing Significance of Experiments. On the Shortcomings of an Equipment-Centered Guide to History, in: M. Heidelberger/F. Steinle (eds.), Experimental Essays. Versuche zum Experiment, Baden-Baden 1998, 175–191; H. Dingler, Das Experiment. Sein Wesen und seine Geschichte, München 1928; A. Franklin, The Neglect of Experiment, Cambridge etc. 1986; P. L. Galison, How Experiments End, Chicago Ill./London 1987, 1989 (franz. Ainsi s'achèvent les expériences. La place des expériences dans la physique du XXe siècle, Paris 2002); D. Gooding, Experiment and the Making of Meaning. Human Agency in Scientific Observation and Experiment, Dordrecht/Boston Mass./London 1990; I. Hacking, Representing and Intervening. Introductory Topics in the Philosophy of Natural Science, Cambridge etc. 1983, 1995 (dt. Einführung in die Philosophie der Naturwissenschaften, Stuttgart 1996); ders., The Self-Vindication of the Laboratory Sciences, in: A. Pickering (ed.), Science as Practice and Culture, Chicago Ill./London 1992, 29–64; K. Holzkamp, Wissenschaft als Handlung. Versuch einer neuen Grundlegung der Wissenschaftslehre, Berlin 1968; ders., Sinnliche Erkenntnis. Historischer Ursprung und gesellschaftliche Funktion der Wahrnehmung, Frankfurt 1973, 1986; P. Janich, Grenzen der Naturwissenschaft. Erkennen als Handeln, München 1992; ders., Konstruktivismus und Naturerkenntnis. Auf dem Weg zum Kulturalismus, Frankfurt 1996; H. E. LeGrand (ed.), Experimental Inquiries. Historical, Philosophical and Social Studies of Experimentation in Science, Dordrecht/Boston Mass./London 1990; D. G. Mayo, The New Experimentalism, Topical Hypotheses, and Learning from Error, in: D. Hull/M. Forbes/R. M. Burian (eds.), PSA 1994. Proceedings of the 1994 Biennial Meeting of the Philosophy of Science Association I, East Lansing Mich. 1994, 270–279; dies., Error and the Growth of Experimental Knowledge, Chicago Ill./London 1996; W. J. McKinney, Experimenting on and Experimenting with: Polywater and Experimental Realism, Brit. J. Philos. Sci. 42 (1991), 295–307; P. McLaughlin, Der neue E. in der Wissenschaftstheorie, in: H.-J. Rheinberger/M. Hagner (eds.), Die Experimentalisierung des Lebens. Experimentalsysteme in den biologischen Wissenschaften 1850/1950, Berlin 1993, 207–218; A. Pickering, Constructing Quarks. A Sociological History of Particle Physics, Chicago Ill., Edinburgh 1986, Chicago Ill. etc. 1999; ders., The Mangle of Practice. Time, Agency and Science, Chicago Ill./London 1995; H.-J. Rheinberger, Toward a History of Epistemic Things. Synthesizing Proteins in the Test Tube, Stanford Calif. 1997 (dt. Experimentalsysteme und epistemische Dinge. Eine Geschichte der Proteinsynthese im Reagenzglas, Göttingen 2001, 2002); H. Tetens, Experimentelle Erfahrung. Eine wissenschaftstheoretische Studie über die Rolle des Experiments in der Begriffs- und Theoriebildung der Physik, Hamburg 1987; L. F. Troutner, The Confrontation Between Experimentalism and Existentialism. From Dewey through Heidegger and Beyond, Philos. Education 24 (1968), 186–194; W. P. Warren, Experimentalism Plus, Philos. Phenom. Res. 33 (1972), 149–162. P. M.

Experimentalphilosophie (engl. experimental philosophy, franz. philosophie expérimentale), im 17. Jh. aufkommende Bezeichnung zur Verdeutlichung gewandelter *methodologischer* Orientierungen in der (als Einheit von Philosophie und Wissenschaft aufgefaßten) ↑Philosophie. Im Begriff der E. dokumentiert sich erkenntnistheoretisch ein neuer Begriff der ↑*Erfahrung*, wissenschaftstheoretisch ein neuer Begriff von ↑*Theorie* und ↑*Begründung*. Während in der ↑Scholastik, auch bei ›experimentierenden‹ Naturphilosophen wie R. Grosseteste, Petrus Peregrinus und R. Bacon, am Aristotelischen Begriff der Erfahrung im wesentlichen festgehalten, zwischen ›experientia‹ bzw. ›scientia experientiae‹ und ›experimentum‹ bzw. ›scientia experimentalis‹, auch bei methodischer Auszeichnung einer ›via experientiae‹ in der Naturforschung, erkenntnistheoretisch nicht grundsätzlich unterschieden wird (vgl. Thomas von Aquin, S. th. I, qu. 58, art. 3 ob. 3, I, qu. 117, art. 1 c; 3 sent. 3, qu. 5, art. 1 c, 3 sent. 14, qu. 1, art. 3 c), bildet die neuzeitliche Methodendiskussion einen *induktiven* (F. Bacon) und einen *konstruktiven* Begriff der Erfahrung (G. Galilei) aus und orientiert ihr neues Methodenideal im

Kern an einer Theorie der ↑*Beobachtung* (zur Konstitution der Basis induktiver Argumente) und einer Theorie des ↑*Experiments* (Erfahrung, die sich instrumental bzw. konstruktiv erzwingen läßt). Insofern bringt die Bezeichnung ›E.‹ den methodologischen Unterschied zwischen der ›neuen Wissenschaft‹ (der Physik) und der Aristotelischen ↑Naturphilosophie auf den Begriff (vgl. R. Boyle, Some Considerations Touching the Usefulnesse of Experimental Naturall Philosophy, I–II, Oxford 1663/1671, I ²1664, in: ders., The Works of the Honourable Robert Boyle, II, ed. T. Birch, London ²1772 [repr. Hildesheim 1965–1966, Bristol 1999], 5 ff.).

Als Begründer der E. gilt im Selbstverständnis der neuzeitlichen Philosophie F. Bacon (»the founder of experimental philosophy«, C. Maclaurin, An Account of Sir Isaac Newton's Philosophical Discoveries, London 1748 [repr. New York/London 1968], 56; »le père de la philosophie expérimentale«, Voltaire, Lettre XII [sur le Chancelier Bacon], in: ders., Œuvres complètes XXII, Paris 1879, 118), als ihr bedeutendster Repräsentant I. Newton (»the Newtonian, or only true philosophy in the world«, W. Emerson, The Principles of Mechanics, London ²1758, III). Insofern dabei im Werk Newtons der ↑Empirismus wissenschaftstheoretisch zur dominanten Orientierung wird, steht der Begriff der E. nicht nur für ein allgemeines, Beobachtung und Experiment auszeichnendes Methodenideal, sondern im engeren Sinne auch für das methodologische Programm einer empirischen Fundierung wissenschaftlicher/philosophischer Sätze (»Experimental philosophy proceeds only upon Phenomena & deduces general Propositions from them only by Induction«, Brief Newtons an R. Cotes vom 31. 3. 1713, in: J. Edleston [ed.], Correspondence of Sir Isaac Newton and Professor Cotes, London 1850 [repr. 1969], 156). In den »Principia« ist dieses Programm vor allem mit der vierten ↑regula philosophandi der 3. Auflage (»In philosophia experimentali, proportiones ex phaenomenis per inductionem collectae […]«, London ³1726, 389) und Newtons Hypothesenverdikt der 2. Auflage (»Hypotheses […] in Philosophia Experimentali locum non habent«, London ²1713, 484) formuliert, in J. Lockes Analysen zur Wissensbildung (An Essay Concerning Human Understanding, London 1690, ⁵1706) im Sinne der Annahme einer begriffsfreien Basis des Wissens erkenntnistheoretisch ergänzt.

Gegen die (bei Newton und in der Newton-Rezeption durch die Opposition zu cartesischen Positionen [↑Cartesianismus] motivierte) Identifikation der Philosophie mit E. (im Sinne einer Festlegung auf empirische Fundierungen) unterscheidet G. W. Leibniz zwischen empirischen und nicht-empirischen Formen des Wissens (»Philosophia Theoretica duplex est, Rationalis et Experimentalis […]«, in: L. Couturat [ed.], Opuscules et fragments inédits de Leibniz. Extraits des manuscrits de la Bibliothèque royale de Hanovre, Paris 1903 [repr. Hildesheim 1961], 525) und ordnet der philosophia rationalis z. B. die Logik und die Mechanik, der philosophia experimentalis z. B. die Chemie und die Anatomie zu. Im gleichen Sinne setzt I. Kant »das Rationale dem Empirischen entgegen« (KrV B 863), unterscheidet dabei jedoch zwischen ›Erkenntnis aus reiner Vernunft‹ (Propädeutik und System der reinen Vernunft als ↑Transzendentalphilosophie) und ›Vernunfterkenntnis aus empirischen Prinzipien‹ (KrV B 868), d. h. E. oder ›empirischer Philosophie‹ (ebd.). Physik als *empirische Philosophie* (↑Philosophie, empirische) ist damit im Sinne Kants selbst rationale Erkenntnis (›cognitio ex principiis‹), nur eben Erkenntnis aus ›empirischen‹ Prinzipien. Der ›empirischen Philosophie‹ (als Natur*wissenschaft*) steht im Rahmen dieser begrifflichen Differenzierung von E. derjenige Teil der Naturlehre gegenüber, der nicht Erkenntnis aus (empirischen) Prinzipien, sondern Erkenntnis aus Daten (›cognitio ex datis‹) ist, nach Kant Natur*beschreibung* (systematische Klassifikation von Fakten entsprechend etwa dem Vorgehen von Botanik und Zoologie) und Natur*geschichte* (System von Fakten im Rahmen einer Geschichte der physischen Welt und des Lebens). *Empirisch* im weiteren Sinne ist etwa die Physik, (a) weil sie (als Natur*wissenschaft*) ›aus empirischen Prinzipien‹ erkennt, (b) weil sie (als *historische* Naturlehre) ›aus Daten‹ erkennt (Metaphysische Anfangsgründe der Naturwissenschaft [1786], Akad.-Ausg. IV, 467–468).

Kants Unterscheidungen, auch wenn sie strenggenommen einen Begriff von Naturwissenschaft unterstellen, der noch einmal ›apriorische‹ Grundlagen (↑a priori) vor ›empirischen‹ auszeichnet (ebd., 468), geben im Kern auch das dem Begriff der E. ursprünglich zugrunde liegende Verständnis wieder, insofern sowohl die Cartesische als auch die Newtonsche Lehrbuchtradition terminologisch unterscheiden zwischen *Principia* (z. B. R. Descartes, Principia philosophiae, Amsterdam 1644; I. Newton, Philosophiae naturalis principia mathematica, London 1687) und (im Sinne einer terminologischen Tradition, die wiederum bis in die Antike zurückreicht) *Historia* (z. B. R. Boyle, Experiments and Considerations Touching Colours. […] the Beginning of an Experimental History of Colours, London 1664; J. Priestley, The History and Present State of Electricity. With Original Experiments, I–II, London 1767, ²1769, I–II, ³1775). *Principia-Literatur* entspricht in dieser Form Kants Begriff der empirischen Philosophie (im engeren Sinne), *Historia-Literatur* (d. h. ›Berichte‹ über Daten sammelnde Forschungen) Kants Begriffen der ↑Naturgeschichte und der Naturbeschreibung. Im Begriff der E. werden beide Momente unter methodologischen (in der Newton-Rezeption: empiristischen) Gesichtspunkten zusammengefaßt und als neue Formen der ↑Naturphilosophie von der aristotelisch-scholastischen Naturphilosophie abgegrenzt. Die Beibehaltung der Bezeichnung ›Naturphilosophie‹ (natural philosophy, philosophie naturelle) dokumentiert dabei ebenso wie die Bezeichnung ›E.‹, daß eine entsprechende Ausgrenzung der naturwissenschaftlichen Forschung aus der bislang als Einheit rationaler Orientierungsbemühungen aufgefaßten *philosophischen* Forschung (noch) nicht erfolgt – naturwissenschaftliche Forschung bleibt, jedenfalls terminologisch, bis ins 19. Jh. hinein *empirische Philosophie* (N. Cabeus, Philosophia magnetica, in qua magnetis natura penitus explicatur, et omnium quae hoc lapide cernuntur causae propriae afferuntur, Köln 1629; C. Linné, Philosophia botanica, in qua explicantur fundamenta botanica cum definitionibus partium, exemplis terminorum, observationibus rariorum, adjectis figuris aeneis, Stockholm, Amsterdam 1751; E. Darwin, Phytologia or the Philosophy of Agriculture and Gardening, Dublin, London 1800; J. Dalton, A New System of Chemical Philosophy, I–II, London 1808/1827 [repr. Folkestone 1953]; J. Lamarck, Philosophie zoologique. Ou exposition des considérations relatives à l'histoire naturelle des animaux, I–II, Paris 1809 [repr. Brüssel 1970, dt. Zoologische Philosophie, Leipzig 1873]). Erst im Lichte späterer Entwicklungen, d. h. der Verselbständigung *empirisch-hypothetischer* Methodenideale in einer Theorie der ↑Naturwissenschaften und der dazu (historisch und systematisch) komplementären Verselbständigung *hermeneutischer* Methodenideale in einer Theorie der ↑Geisteswissenschaften, erscheint nachträglich gesehen die Entstehung der E. als Manifestation einer erstmals gegen ›Philosophie‹ durchgesetzten empirischen Rationalität, Wissensbildung in den Wissenschaften und Wissensbildung in der Philosophie als zwei Dinge, die man aus methodischen Gründen nunmehr getrennt zu erledigen hätte (↑Philosophie).

Literatur: H. Blumenberg, Die Legitimität der Neuzeit, Frankfurt 1966, daraus separat [erw.]: Der Prozeß der theoretischen Neugierde, Frankfurt 1973, 1984, Säkularisierung und Selbstbehauptung, Frankfurt 1974, 1983, Aspekte der Epochenschwelle. Cusaner und Nolaner, Frankfurt 1976, 1985, in einem Bd. Frankfurt 1988, 1999 (engl. The Legitimacy of the Modern Age, Cambridge Mass. 1983, 1991); G. Böhme/W. van den Daele/ W. Krohn, Experimentelle Philosophie. Ursprünge autonomer Wissenschaftsentwicklung, Frankfurt 1977; I. B. Cohen, Franklin and Newton. An Inquiry into Speculative Newtonian Experimental Science and Franklin's Work in Electricity as an Example Thereof, Philadelphia Pa. 1956, Cambridge Mass. 1966; A. C. Crombie, Robert Grosseteste and the Origins of Experimental Science (1100–1700), Oxford 1953, 1962, 1971, bes. 61–90, 139–162, 290–319; ders., Styles of Scientific Thinking in the European Tradition. The History of Argument and Explanation Especially in the Mathematical and Biomedical Sciences and Arts, I–III, London 1994, bes. I, 311–680, 719–779, II, 781–1077, 1444–1495 (Chap. IIIa/b The Experimental Argument); F. Kambartel, Erfahrung und Struktur. Bausteine zu einer Kritik des Empirismus und Formalismus, Frankfurt 1968, 1976, bes. 61–86; F. Kaulbach, Philosophie der Beschreibung, Köln/Graz 1968, bes. 30–34, 234–237; ders., Nietzsches Idee einer E., Köln/ Wien 1980; R. Kuhlen/U. Schneider, E., Hist. Wb. Ph. II (1972), 870–875; J. Mittelstraß, Die Galileische Wende. Das historische Schicksal einer methodischen Einsicht, in: L. Landgrebe (ed.), Philosophie und Wissenschaft. IX. Deutscher Kongreß für Philosophie (Düsseldorf 1969), Meisenheim am Glan 1972, 285–318 (engl. The Galilean Revolution. The Historical Fate of a Methodological Insight, Stud. Hist. Philos. Sci. 2 [1972], 297–328). J. M.

experimentum crucis (lat. ›Experiment des Kreuzes‹), entscheidendes Experiment, auf F. Bacons »Novum organon« (London 1620, Buch II § 36) zurückgehender Terminus der ↑Wissenschaftstheorie zur Bezeichnung eines ausschlaggebenden Erfahrungsbefunds, der die Richtigkeit einer Theorie durch Ausschluß der Alternativen außer Zweifel stellt. Bacon spricht von ›Kreuzfällen‹ (instantiae crucis), bei denen sich in Analogie zu Wegkreuzen oder Scheidewegen theoretische Zweifelsfragen zu Alternativen zuspitzen lassen, über die dann durch eine geeignete ↑Beobachtung gerichtet werden kann. Ein e. c. ist geeignet, den Fall abschließend zu entscheiden.

Bacon führt etwa für die Gezeiten die beiden möglichen Ursachen des abwechselnden Anhebens und Absinkens des Wassers vom Grunde her oder dessen seitwärts gerichtete Strömung ein. Der zugehörige Kreuzfall ist, daß bei global übereinstimmenden Zeiten für Ebbe und Flut die zweite Alternative ausschiede und daß folglich allein die Möglichkeit der radial gerichteten Wasserbewegung übrig bliebe. Ein anderes Beispiel betrifft die empirische Entscheidung zwischen der Aristotelischen Ansicht, das Gewicht sei eine Folge des natürlichen Strebens schwerer Körper zum Zentrum des Universums, und der Attraktionstheorie, welche das Gewicht als Wirkung eines Zugs zur Vereinigung von Körpern gleicher Natur auffaßt. Im ersten Falle sollte das Gewicht unabhängig vom Abstand des Körpers zum Mittelpunkt sein, im zweiten hingegen bei Vergrößerung der Entfernung von der Erde absinken. Der zugehörige Kreuzfall läßt sich nach Bacon durch Vergleich des Ganges einer durch Federkraft und durch Gewichte angetriebenen Uhr realisieren. Tatsächlich hängt der Gang einer Penduhr von der Intensität der Gravitationsbeschleunigung ab, während dies bei einer mit einer Spiralfeder (Unruh) operierenden Uhr nicht der Fall ist. Wenn die Attraktionstheorie des Gewichts zutrifft, dann sollte der Gleichgang zweier solcher Uhren beim Aufstieg auf hohe Türme oder beim Abstieg in Bergwerke gestört sein, während beide Uhren auf Aristotelischer Grundlage anhaltend synchron bleiben sollten.

Als e. c. stellt sich Bacon damit eine Situation vor, in der sich aus einer ↑Hypothese h_1 ein Befund e_1 ergibt, während aus der einzig denkbaren Alternativhypothese die abweichende Beobachtung e_2 folgt ($h_1 \Rightarrow e_1$; $h_2 \Rightarrow e_2$). Wird dann etwa e_1 gefunden, dann widerlegt dies h_2 und beweist h_1. Durch ein e. c. kommt man dem empirischen Beweis so nahe, wie dies in der Erfahrungswissenschaft überhaupt denkbar ist.

Der von J. B. Foucault 1851 durchgeführte Vergleich der Lichtgeschwindigkeiten in brechenden Medien galt als e. c. zwischen der Wellen- und der Teilchentheorie des Lichts. Die Teilchentheorie setzte bei der Ableitung des Brechungsgesetzes voraus, daß sich Licht in Körpern höherer optischer Dichte schneller bewegt, während die Wellentheorie umgekehrt die höhere Lichtgeschwindigkeit für Körper geringerer optischer Dichte verlangte. Foucaults Nachweis, daß die Lichtgeschwindigkeit in Wasser kleiner ist als in Luft, wurde als e. c. zugunsten der Wellentheorie betrachtet.

In seiner einflußreichen Analyse der Begrenzungen hypothetisch-deduktiver Prüfungen von Theorien wendet sich P. Duhem 1906 auch gegen die Möglichkeit eines e. c.. Danach scheitert erstens die empirische Widerlegung einer theoretischen Hypothese, und zweitens begründete selbst eine schlüssige Widerlegung nicht die Richtigkeit der alternativen Annahme. Erstens verlangt nämlich die Prüfung einer Hypothese eine Zahl zusätzlicher Annahmen (Beobachtungstheorien, Hilfshypothesen, Hintergrundwissen), so daß das Auftreten einer ↑Anomalie lediglich anzeigt, daß irgendeine oder mindestens eine der herangezogenen Annahmen fehlerhaft ist. Duhems Behauptung ist, daß die Teilchentheorie des Lichts Foucaults Befunden durch Anpassung anderer Teile des theoretischen Geflechts hätte gerecht werden können. Danach ist die Tragweite einer Anomalie für einzelne Hypothesen eines theoretischen Netzwerks nicht durch Logik und Erfahrung allein zu ermitteln. Zweitens scheitert das e. c. selbst bei unterstellter Widerlegung einer Hypothese daran, daß die beiden in Betracht gezogenen Alternativhypothesen niemals beweisbar das Spektrum der Möglichkeiten ausschöpfen (Duhem 1906, Kap. 10, §§ 2–3).

K. R. Popper hält dagegen an einem abgeschwächten Begriff des e. c. zur Bezeichnung einer empirischen Entscheidung zwischen alternativen Theoriensystemen fest. Ein e. c. liegt danach insbes. dann vor, wenn die ↑Bewährung einer Theorie durch die ↑Falsifikation der Alternativen stark gesteigert wird. Läßt etwa der akzeptierte Theorierahmen eine Beobachtung e_1 erwarten, und sagt eine neuartige Theorie den abweichenden Befund e_2 voraus, so erhöht der Aufweis von e_2 den Bewährungsgrad dieser Theorie erheblich. Die Theorie ist durch ein e. c. bewährt worden. Abgeschwächt ist Poppers Konzeption des e. c. in dem Sinne, daß im Gegensatz zu Bacon die Entscheidung zugunsten einer Theorie als stets vorläufig und revidierbar betrachtet wird.

Duhems Behauptung der ↑Unterbestimmtheit der Theorie gegenüber der Erfahrung wurde von W. V. O. Quine unterstrichen und zur *Duhem-Quine-These* verschärft, derzufolge jede beliebige Hypothese angesichts beliebiger Daten aufrechterhalten werden kann – falls man bereit ist, gegebenenfalls drastische Änderungen in anderen Teilen des theoretischen Systems vorzunehmen. Die Glaubwürdigkeit oder Plausibilität dieses alternativen Geflechts von Behauptungen wird dabei nicht gefordert; empirische ↑Äquivalenz reicht für Quine als Grundlage der Unterbestimmtheit hin. Im Gegensatz zu Duhem und Quine sieht A. Grünbaum einen nur begrenzten Spielraum für theoretische Anpassungen und hält an der Möglichkeit von Falsifikationen fest.

In seiner Methodologie wissenschaftlicher ↑Forschungsprogramme geht I. Lakatos mit Duhem von der Unterbestimmtheit von Theorien durch die Erfahrung aus und betont das breite Spektrum von Optionen für die Eingliederung einer Anomalie in einen Theorierahmen oder ein Forschungsprogramm. Ein widriger Erfahrungsbefund wird daher erst im Rückblick als e. c. ausgezeichnet: Nachdem langwierige Auseinandersetzungen zwischen konkurrierenden Forschungsprogrammen zum Abschluß gekommen sind, wird auf weitere Bemühungen zur Erklärung anomaler Beobachtungen verzichtet; diese Anomalien werden dann retrospektiv als entscheidend betrachtet.

Literatur: P. Achinstein, Crucial Experiments, REP II (1998), 735–736; R. Ariew, The Duhem Thesis, Brit. J. Philos. Sci. 35 (1984), 313–325; F. Bacon, Cogitata et visa, London 1612, unter dem Titel: Novum organum scientiarum, London 1620 [= Instauratio magna I] (dt. Neues Organon, ed. S. Maimon, Berlin 1793, unter dem Titel: Neues Organ der Wissenschaften, übers. u. ed. A. T. Brück, Leipzig 1830 [repr. Darmstadt 1990]; unter dem Titel: Das neue Organon (Novum organon), ed. M. Buhr, Berlin 1962); P. Duhem, La thèorie physique, son objet, sa structure, Paris 1906, ²1914 (repr. Paris 1981, 1989) (dt. Ziel und Struktur der physikalischen Theorien, Leipzig 1908, ed. L. Schäfer, Hamburg 1978, 1998; engl. The Aim and Structure of Physical Theory, Princeton N. J. 1954, 1991); D. Gillies, Philosophy of Science in the Twentieth Century. Four Central Themes, Oxford/Cambridge Mass. 1993, bes. 116; A. Grünbaum, The Duhemian Argument, Philos. Sci. 27 (1960), 75–87; ders., Philosophical Problems of Space and Time, New York 1963, Dordrecht/Boston Mass. ²1973, 1974 (Boston Stud. Philos. Sci. XII), bes. 106–151; S. G. Harding (ed.), Can Theories Be Refuted? Essays on the Duhem-Quine Thesis, Dordrecht/Boston Mass. 1976; C. Hoefer/A. Rosenberg, Empirical Equivalence, Underdetermination, and Systems of the World, Philos. Sci. 61 (1994), 592–607; A. Kukla, Laudan, Leplin, Empirical Equivalence and Underdetermination, Analysis 53 (1993), 1–7; I. Lakatos, The Role of Crucial Experiments in Science, Stud. Hist. Philos. Sci. 4 (1973), 309–325; ders., Falsification and the Methodology of Scientific Research Programmes, in: ders., The Methodology of Scientific Research Programmes (Philosophical Papers I), ed. J. Worrall/G. Currie, Cambridge etc. 1978, 8–101 (dt. Falsifikation und die Methodologie wissenschaftlicher Forschungsprogramme, in: ders./A. Musgrave [eds.], Kritik und

Erkenntnisfortschritt, Braunschweig 1974, 89–189, ferner in: ders., Die Methodologie der wissenschaftlichen Forschungsprogramme [Philosophische Schriften I], ed. J. Worrall/G. Currie, Braunschweig/Wiesbaden 1982, 7–107); ders., Anomalies versus ›Crucial Experiments‹. A Rejoinder to Professor Grünbaum, in: ders., Mathematics, Science and Epistemology (Philosophical Papers II), ed. J. Worrall/G. Currie, Cambridge etc. 1978, 1980, 211–223; L. Laudan/J. Leplin, Empirical Equivalence and Underdetermination, J. Philos. 88 (1991), 449–472; K. R. Popper, Logik der Forschung. Zur Erkenntnistheorie der modernen Naturwissenschaft, Wien 1934 (mit Jahreszahl 1935), erw., ohne Untertitel: Tübingen ²1966, erw. ⁴1969, erw. ¹⁰1994 (engl. The Logic of Scientific Discovery, London/New York 1959, ¹⁰1980); ders., The Bucket and the Searchlight. Two Theories of Knowledge, in: ders., Objective Knowledge. An Evolutionary Approach, Oxford 1972, ²1979, 341–361 (dt. Kübelmodell und Scheinwerfermodell. Zwei Theorien der Erkenntnis, in: ders., Objektive Erkenntnis. Ein evolutionärer Entwurf, Hamburg 1973, 369–390, ⁴1984, 1994, 354–375); W. V. O. Quine, Two Dogmas of Empiricism, Philos. Rev. 60 (1951), 20–43, Neudr. in: ders., From a Logical Point of View. 9 Logico-Philosophical Essays, Cambridge Mass. 1953, ²1961, 2001, 20–46 (dt. Zwei Dogmen des Empirismus, in: ders., Von einem logischen Standpunkt. Neun logisch-philosophische Essays, Frankfurt 1979, 27–50, ferner in: J. Sinnreich [ed.], Zur Philosophie der idealen Sprache. Texte von Quine, Tarski, Martin, Hempel und Carnap, München 1971, 167–194); ders./J. S. Ullian, The Web of Belief, New York 1970, ²1978. M. C.

Explanans/Explanandum, ↑Erklärung.

Explikation, Bezeichnung für die Präzisierung der Bedeutung eines Ausdrucks der vorwissenschaftlichen ↑Alltagssprache oder der noch nicht hinreichend präzisen ↑Wissenschaftssprache. Der zu präzisierende Ausdruck heißt ›Explikandum‹, das Ergebnis der vorgenommenen Bedeutungsverschiebung ›Explikat‹. Für den weiteren Aufbau der Wissenschaftssprache wird der Ausdruck dann nur noch im Sinne des Explikats verwendet. Um willkürliche E.en auszuschließen, werden Adäquatheitsforderungen (↑adäquat/Adäquatheit) erhoben. Auf R. Carnap gehen die folgenden vier Forderungen zurück: (1) (extensionale) *Ähnlichkeit* von Explikat und Explikandum, (2) *Exaktheit* im Sinne der Aufnahme des Explikats in eine wissenschaftliche Terminologie, (3) *Fruchtbarkeit* des Explikats für die Aufstellung neuer Gesetze und Lehrsätze, (4) *Einfachheit* (soweit dies die wichtigeren Forderungen (1)–(3) zulassen) des Explikats als auch der Gesetze, die mit seiner Hilfe aufgestellt werden. Als Methode zur ›rationalen Nachkonstruktion von Begriffen aller Erkenntnisgebiete‹ (↑Rekonstruktion) bezeichnet Carnap die E. als ›eine der wichtigsten Aufgaben der Philosophie‹ (Der logische Aufbau der Welt, Hamburg ²1961, Vorwort).

Literatur: R. Carnap, Logical Foundations of Probability, Chicago 1950, ²1962, 1–18; ders./W. Stegmüller, Induktive Logik und Wahrscheinlichkeit, Wien 1959, 12 ff.; J. F. Hanna, An Explication of ›Explication‹, Philos. Sci. 35 (1968), 28–44; G. Küng, The Phenomenological Reduction as *Epoche* and as Explication, Monist 59 (1975/1976), 63–80; T. Pawlowski, Begriffsbildung und Definition, Berlin/New York 1980, 157–198. G. G.

exponibilia, in der mittelalterlichen Logik (↑Logik, mittelalterliche) Bezeichnung für Sprachbestandteile, insbes. Terme und Aussagen (↑Urteile), deren Sinn nicht aus sich heraus verständlich ist, sondern die zur Verdeutlichung ihres Sinnes einer Erläuterung oder Analyse (expositio – Auslegung) bedürfen. Bei Aussagen versteht man unter einer solchen Erläuterung die Angabe einer Konjunktion von Aussagen, die mit den zu erläuternden Aussagen äquivalent ist, aber keine weiteren e. enthält. Zu den e. zählt man vor allem ausschließende (exclusiva, z. B. tantum – nur), ausnehmende (exceptiva, z. B. praeter – außer), wiederholende (reduplicativa, z. B. inquantum – insofern) Terme und die unter ihrer Verwendung gebildeten Aussagen. Da diese Terme alle ↑synkategorematisch sind, ist die Lehre von den e. ein Bestandteil der Lehre von den Synkategoremata.

Da sich mit Hilfe von e., insbes. von exceptiva, paradoxe Aussagen konstruieren lassen, sind e. auch Bestandteil der Literatur zu den Sophismata (↑Sophisma). In der Behandlung der exclusiva wird z. B. das exponibile ›nur der Mensch ist ein Lebewesen‹ durch die Konjunktion der zwei exponentes ›der Mensch ist ein Lebewesen‹ und ›kein Nicht-Mensch ist ein Lebewesen‹ analysiert. Bei den reduplicativa erläutert man z. B. das exponibile ›insofern der Mensch ein Lebewesen ist, hat er Sinne‹ durch die Konjunktion der vier exponentes ›der Mensch hat Sinne‹, ›der Mensch ist ein Lebewesen‹, ›alle Lebewesen haben Sinne‹ und ›falls etwas ein Lebewesen ist, hat es Sinne‹. Zur formallogischen Behandlung greift man dabei auch auf Darstellungsformen wie das logische Quadrat (↑Quadrat, logisches) zurück, das man für die verschiedenen Formen der e. in geeigneter Weise adaptiert, z. B. für die exclusiva wie folgt:

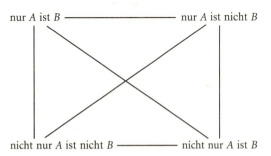

Dabei stellen wie im üblichen logischen Quadrat die senkrechten Linien das Verhältnis der Subalternation (↑subaltern (logisch)), die überkreuzten Linien kontradiktorische Gegensätze (↑kontradiktorisch/Kontradiktion), die obere waagerechte Linie einen ↑konträren und die untere waagerechte Linie einen ↑subkonträren Gegensatz dar. Zur Abkürzung der verwendeten Urteilsformen wurden auch geeignete Merkwörter entwickelt (vgl. E. J. Ashworth, The Doctrine of E., 1973; J. M. Bocheński, Formale Logik, 1956). Ein Beispiel für ein Sophisma ist das exponibile ›jeder Mensch außer Sokrates ist ausgenommen‹ (vgl. N. Kretzmann, Syncategoremata, E., Sophismata, 1982).

Die Diskussion zu den e. hat ihren Niederschlag in allen wichtigen Logiktraktaten des 15. und 16. Jhs. gefunden, unter denen sich zahlreiche direkt den e. gewidmete Abhandlungen befinden (Auflistung bei Ashworth). Die Lehre von den e. gehört zu den Bemühungen, die logische Form (↑Form (logisch)) von Aussagen durch Transformation in äquivalente Aussagen von ›elementarer‹ Form (in der Regel Konjunktionen von kategorischen Aussagen (↑Urteil, kategorisches)) explizit zu machen.

Literatur: R. Andrews, Resoluble, Exponible, and Officiable Terms in the Sophistria of Petrus Olai, MS Uppsala C 599, in: S. Read (ed.), Sophisms in Medieval Logic and Grammar. Acts of the Ninth European Symposium for Medieval Logic and Semantics, Held at St. Andrews, June 1990, Dordrecht/Boston Mass./London 1993, 3–30; E. J. Ashworth, The Doctrine of E. in the Fifteenth and Sixteenth Centuries, Vivarium 11 (1973), 137–167 (mit Bibliographie der Quellen, 166–167); J. M. Bocheński, Formale Logik, Freiburg/München 1956, ⁵2003, 272–275 (Exponible Aussagen); N. Kretzmann, Syncategoremata, E., Sophismata, in: ders./A. Kenny/J. Pinborg (eds.), The Cambridge History of Later Medieval Philosophy. From the Rediscovery of Aristotle to the Disintegration of Scholasticism 1100–1600, Cambridge etc. 1982, 1988, 211–245; M. Yrjönsuuri, Expositio as a Method of Solving Sophisms, in: S. Read (ed.), Sophisms in Medieval Logic and Grammar [s. o.], 202–216.   P. S.

Exportationsregeln (engl. laws of exportation, principles of exportation), ein Typ von Umformungsregeln der formalen Logik (↑Logik, formale), nach denen man bei einem das ↑Antezedens eines Subjungats (↑Subjunktion) bildenden Konjugat (↑Konjunktion) eines von dessen Gliedern ›herausnehmen‹ (›exportieren‹) und dem verbleibenden Subjungat als neues Antezedens voranstellen darf. Dieser ›Exportation‹ genannte Übergang ist ein sogar in der konstruktiven ↑Junktorenlogik gültiger logischer Schluß:

$$A \wedge B \to C \;\prec\; A \to (B \to C)$$

(zu seiner Umkehrung ↑Importationsregeln). Im junktorenlogischen System der ↑»Principia Mathematica« entspricht ihm der als Subjungat formulierte Satz *3 · 3:

$$(p \wedge q \to r) \to (p \to (q \to r)).$$

Diese Schlußweise läßt sich verallgemeinern. In operativen Aufbauten der ↑Konsequenzenlogik (↑Logik, operative) nimmt die allgemeine E. die folgende komplizierte Gestalt als Metametaregel an:

$$A_1, \ldots, A_{m-1} \Rightarrow A_m, \ldots, A_n \Rightarrow A \;\Rightarrow$$
$$A_1, \ldots, A_m \Rightarrow A_{m+1}, \ldots, A_n \Rightarrow A.$$

Die Ersetzung der Subjunktion → durch die strikte Implikation —3 (im Sinne von C. I. Lewis, ↑Implikation, strikte) in den angegebenen junktorenlogischen Formeln liefert nicht einmal mehr klassisch gültige Formeln; in den Lewisschen und anderen, heute als modallogisch bezeichneten Systemen (↑Modallogik) gelten andere, kompliziertere E..

In der neueren Logik-Literatur wird vereinzelt auch die Herausnahme eines Ausdrucks aus dem Wirkungsbereich eines ↑Quantors, dessen ↑Variable nicht frei in dem betreffenden Ausdruck vorkommt, als Exportation bezeichnet, z. B. der Übergang

$$\bigwedge_x (A \wedge B(x)) \;\prec\; A \wedge \bigwedge_x B(x).$$

Die konstruktive Gültigkeit derartiger Übergänge hängt vom Verhältnis des auftretenden Quantors zum auftretenden ↑Junktor ab. Nicht mehr konstruktiv gültig ist z. B. die Implikation, die durch die Ersetzung von ›∧‹ durch ›∨‹ in der angegebenen Formel entsteht.

Literatur: J. Dopp, Notions de logique formelle, Louvain/Paris 1965, ²1967, 1980 (dt. Formale Logik, Zürich/Einsiedeln/Köln 1969); S. C. Kleene, Introduction to Metamathematics, Amsterdam 1952, Groningen/Amsterdam/New York 1991; P. Lorenzen, Einführung in die operative Logik und Mathematik, Berlin/Göttingen/Heidelberg 1955, Berlin/Heidelberg/New York ²1969, bes. 38–55; B. Russell, The Principles of Mathematics, Cambridge 1903, London ²1937, 1992; ders./A. N. Whitehead, Principia Mathematica I, Cambridge 1910, ²1927, 1997 (dt. Principia Mathematica, Wien/Berlin 1984, Frankfurt 1986, ³1994).   C. T.

ex quolibet verum, seit der ↑Scholastik die Bezeichnung für das Implikationsschema: $A \prec \curlyvee$, d. h., aus jeder beliebigen Aussage darf eine wahre Aussage (›⋎‹ für ↑›verum‹) (klassisch oder konstruktiv) logisch gefolgert (↑Folgerung) werden.   K. L.

extensional/Extension, Grundbegriff der logischen Semantik (↑Semantik, logische), eingeführt durch Ausdehnung der Unterscheidung von ↑›Inhalt‹ und ↑›Umfang‹ eines Begriffswortes auf sämtliche Ausdrücke einer formalen Sprache (↑Sprache, formale). Dabei wird jedem solchen Ausdruck eine *Intension* (↑intensional/Intension) und eine *E.* zugeordnet, z. B. einem Begriffswort die von ihm ausgedrückte ↑Eigenschaft als Intension, die Klasse der diese Eigenschaft aufweisenden Gegenstände als E., und einer Aussage ihr ↑Sinn als Intension, ihr ↑Wahrheitswert als E.. G. Freges Vorschlag, einem ↑Nominator außer seiner E., dem von ihm benannten Gegenstand (Freges ›Bedeutung‹), einen Sinn zuzuweisen, hat R. Carnap mit der Annahme von ↑›Individualbegriffen‹ als Intensionen von Nominatoren aufgegriffen. Ein Ausdruck heißt dann e., wenn seine E. durch die E.en seiner Teilausdrücke eindeutig bestimmt ist, so daß ein Ausdruck der gleichen E. entsteht, wenn irgendwelche seiner Teilausdrücke durch andere ersetzt werden, die jeweils die gleiche E. haben wie der ersetzte Ausdruck. Insbes. heißt in der formalen Logik (↑Logik, formale), wo ↑Aussagen als elementare Ausdrücke aufgefaßt werden, eine Aussage e., wenn sie in eine Aussage des gleichen Wahrheitswertes übergeht, sofern man irgendwelche ihrer Teilaussagen durch solche jeweils gleichen Wahrheitswertes ersetzt. Eine formale Sprache, die nur e.e Aussagen enthält, heißt *e.e Sprache*. Nicht-e. sind z. B. Modalaussagen (↑Modallogik); z. B. geht die wahre Aussage ›notwendigerweise gilt, daß Neun gleich Neun ist‹ in die falsche Aussage ›notwendigerweise gilt, daß die Anzahl der Planeten gleich Neun ist‹ über, wenn man im ersten Satz das Wort ›Neun‹ durch das extensionsgleiche ›die Anzahl der Planeten‹ ersetzt – der Wahrheitswert bleibt also nicht erhalten. Die zuerst von Carnap vertretene ↑*Extensionalitätsthese* formuliert die Vermutung, daß alle in einer nicht-e.en Sprache ausdrückbaren Aussagen gleichwertig durch solche einer e.en Sprache ersetzt werden können, die nicht-e.en Sprachen also prinzipiell eliminierbar sind.

Literatur: R. Carnap, Logische Syntax der Sprache, Wien 1934, Wien/New York ²1968 (engl. The Logical Syntax of Language, London 1937, 2000); ders., Meaning and Necessity. A Study in Semantics and Modal Logic, Chicago Ill. 1947, ²1956, 1988 (dt. Bedeutung und Notwendigkeit. Eine Studie zur Semantik und modalen Logik, Wien/New York 1972; franz. Signification et nécessité. Une recherche en sémantique et en logique modale, Paris 1997); ders., Einführung in die symbolische Logik mit besonderer Berücksichtigung ihrer Anwendungen, Wien 1954, ³1968, 1973 (engl. Introduction to Symbolic Logic and Its Applications, New York 1958); W. V. O. Quine, From a Logical Point of View. 9 Logico-Philosophical Essays, Cambridge Mass. 1953, ²1961, 1980, bes. 139–159 (dt. Von einem logischen Standpunkt. Neun logisch-philosophische Essays, Frankfurt/Berlin/Wien 1979, bes. 133–152). C. T.

Extensionalitätsaxiom (engl. *axiom of extensionality*), Terminus zahlreicher Systeme der axiomatischen Mengenlehre (↑Mengenlehre, axiomatische). Die betreffenden Systeme enthalten ein ›E.‹ (oder eine Vielzahl von solchen), welches fordert, daß Mengen ›extensional‹ (↑extensional/Extension) aufzufassen sind, d. h. durch ihre Elemente (die jeweils die ›Extension‹, d. h. den Umfang des die Menge definierenden ↑Begriffs ausmachen) vollständig bestimmt seien. Daraus folgt, daß ↑Mengen gleich sind, wenn sie in allen ihren Elementen übereinstimmen, so daß sich das (bei E. Zermelo auch als ↑Bestimmtheitsaxiom bezeichnete) E. symbolisieren läßt als

(1) $\bigwedge_{M,N}(\bigwedge_x (x \in M \leftrightarrow x \in N) \to M = N)$.

Um die Übereinstimmung dieser Gleichheit (↑Gleichheit (logisch)) mit der üblichen, seit G. W. Leibniz als Übereinstimmung in allen Eigenschaften definierten ↑Identität herzustellen, wird diese häufig definitorisch in der Leibnizschen Weise eingeführt und statt (1) die Formulierung

(2) $\bigwedge_{M,N}(\bigwedge_x((x \in M \wedge M = N) \to x \in N))$

gewählt. Unter Verwendung höherstufiger (und nicht auf die Ausdrucksmittel des axiomatischen Systems beschränkter) ↑Aussageformen $\mathfrak{A}(.)$ kann man dem E. jedoch auch die Form

(3) $\bigwedge_{M,N}((\bigwedge_x(x \in M \leftrightarrow x \in N) \wedge \mathfrak{A}(M)) \to \mathfrak{A}(N))$

geben.

Das E. ist nicht für alle axiomatischen Systeme der Mengenlehre gleich geeignet. Z. B. sind bei einem typentheoretischen Aufbau der Mengenlehre (↑Typentheorien), der Attribute und Klassen als deren ›Extensionen‹ unterscheidet (wobei es extensionsgleiche, selbst aber verschiedene Attribute gibt), Differenzierungen des E.s in E.e der verschiedenen Typen oder Stufen erforderlich, so daß sich mit ›≡‹ als Extensionsgleichheit neben der Identität ›=‹ und mit ›α‹ als Typenindex statt (1) eine Vielzahl von E.en ergibt:

(1_α) $x_\alpha \equiv y_\alpha \to x_\alpha = y_\alpha$,

insbes. mit der Leibnizschen Identitätsdefinition, wenn man die Umfangsgleichheit von einstelligen ↑Prädikatoren durch

$P_\alpha \equiv Q_\alpha \Leftrightarrow \bigwedge_{x_\beta}(P_\alpha x_\beta \leftrightarrow Q_\alpha x_\beta)$

(mit schematischen Buchstaben ›P_α‹, ›Q_α‹ für einstellige Prädikatoren des Typus α, wobei β den Typus der Argumente solcher Prädikatoren anzeigt) definiert, und mit typenmäßig zulässigem ›$\mathfrak{A}(.)$‹:

(3_α) $(P_\alpha \equiv Q_\alpha \wedge \mathfrak{A}(P_\alpha)) \to \mathfrak{A}(Q_\alpha)$.

Diese typentheoretischen E.e ergeben sich anders als (1) nicht trivialerweise durch das Verfahren der Mengenabstraktion als gültig, sondern bedürfen einer eigenen inhaltlichen Rechtfertigung (worin sich die Nicht-Trivialität der ↑Extensionalitätsthese zeigt).

Problematisch ist das E. bei Systemen des v. Neumann-Bernays-Gödel-Typs (›NBG-Mengenlehren‹), wo es zu Schwierigkeiten der inhaltlichen Deutung führt. Nach (1) kann es nämlich nur eine einzige Menge ohne Elemente geben, da für elementlose Mengen das ↑Antezedens von (1) trivial erfüllt ist. Daher kann der ↑Objektbereich von Systemen der Mengenlehre, in denen Individuen im Unterschied zu Mengen und Klassen als elementlose Objekte erklärt werden, nur ein einziges (und überdies von der leeren Menge [↑Menge, leere] verschiedenes) Individuum enthalten. W. V. O. Quine, dem man die ausführlichste Analyse dieses Fragenkreises verdankt, hat als Ausweg vorgeschlagen, Individuen nicht als elementlos anzusehen, sondern als diejenigen Klassen auszuzeichnen, die mit ihrer Einerklasse identisch sind.

Literatur: I. M. Copi, The Theory of Logical Types, London 1971; A. A. Fraenkel/Y. Bar-Hillel/A. Levy, Foundations of Set Theory, Amsterdam/London 1958, ²1973, 1984; R. O. Gandy, On the Axiom of Extensionality. Part I, J. Symb. Log. 21 (1956), 36–48, Part II, J. Symb. Log. 24 (1959), 287–300; W. V. O. Quine, Set Theory and Its Logic, Cambridge Mass. 1963, ²1969, 1980 (dt. Mengenlehre und ihre Logik, Braunschweig 1973, 1978).   C. T.

Extensionalitätsprinzip (engl. extensionality principle), in der ↑Junktorenlogik Bezeichnung für das Prinzip, wonach für den ↑Wahrheitswert zusammengesetzter ↑Aussagen nur die Wahrheitswerte der Teilaussagen maßgeblich sind. In diesem Sinne genügen z. B. klassische zweiwertige und mehrwertige Logiken (↑Logik, zweiwertige, ↑Logik, mehrwertige) dem E., nicht jedoch intensionale Logiken (↑Logik, intensionale) wie die ↑Modallogik.

In der ↑Mengenlehre bedeutet das E., daß ↑Mengen dann identisch sind, wenn sie dieselben Gegenstände enthalten, formal:

(1) $\bigwedge_x (x \in A \leftrightarrow x \in B) \to A = B$.

Bezogen auf ↑Eigenschaften meint das E., daß diese dann identisch sind, wenn sie auf dieselben Gegenstände zutreffen:

(2) $\bigwedge_x (P(x) \leftrightarrow Q(x)) \to P = Q$.

Für ↑Funktionen (z. B. in ↑Typentheorien) besagt das E., daß es für ihre ↑Identität ausreichend ist anzunehmen, daß sie für alle Argumente dieselben Werte (↑Wert (logisch)) haben:

(3) $\bigwedge_x (f(x) = g(x)) \to f = g$.

Häufig formuliert man die Prinzipien (1), (2), (3) schärfer als Bikonditionalaussagen (↑Bikonditional):

(1') $\bigwedge_x (x \in A \leftrightarrow x \in B) \leftrightarrow A = B$,
(2') $\bigwedge_x (P(x) \leftrightarrow Q(x)) \leftrightarrow P = Q$,
(3') $\bigwedge_x (f(x) = g(x)) \leftrightarrow f = g$.

Als sprachphilosophische *Behauptung* ist das E. eine spezielle Form der ↑Extensionalitätsthese, als *Annahme* geht es oft in axiomatische Systeme (↑System, axiomatisches) in Form eines ↑Extensionalitätsaxioms ein.   P. S.

Extensionalitätsthese (engl. extensionality thesis), vor allem von L. Wittgenstein, B. Russell und R. Carnap zeitweilig vertretene These, wonach alle Aussagen extensional (↑extensional/Extension) sind, es also keine intensionalen (↑intensional/Intension) Aussagen gibt. Die E. im Sinne einer *Reduktionsthese* besagt dabei, daß sich die Rede über Intensionen auf die Rede über Extensionen zurückführen läßt, daß also zur logischen Analyse (↑Analyse, logische) von Aussagen der Begriff der Extension hinreichend ist. B. Russell entwickelt im Anschluß an Überlegungen G. Freges (↑Sinn, ↑Bedeutung) eine Theorie der ↑Aussagefunktionen (›propositional functions‹) sowie eine Theorie der Klassen (↑Klasse (logisch)) und ↑Relationen (↑Relationenlogik). Während er in den frühen Schriften, insbes. den »Principles of Mathematics« (1903) und der ersten Auflage der »Principia Mathematica« (1910), ein intensionales Verständnis von Aussagefunktionen zugrundelegt, vertritt er in der zweiten Auflage der »Principia« (vgl. Introduction zur zweiten Auflage und Appendix C: »Truth-Functions and Others«) die E. in der Form, daß eine Funktion nur durch ihre Werte Bestandteil einer Aussage sein kann (»a function can only enter into a proposition through its values«, Appendix C, Einleitungssatz). Diese Auffassung präsentiert Russell im Zusammenhang mit dem Versuch, das ↑Reduzibilitätsaxiom plausibel zu machen. Philosophisch stützt er sich dabei auf L. Wittgensteins Thesen im »Tractatus«, wonach Sätze in anderen Sätzen nur in wahrheitsfunktionalem Kontext vorkommen können (Tract. 5.54 ff.). Sprachphilosophische Untersuchungen zur ↑Modallogik, epistemischen und deontischen Logik (↑Logik, epistemische, ↑Logik, deontische) haben diese These in Frage gestellt. Daher wird häufig versucht, der (z. B. zur Analyse modaler Kontexte) notwendigen Rede von Intensionen durch *Erweiterung* der modelltheoretischen Mittel doch noch einen extensionalen Sinn zu geben (↑Montague-Grammatik).

In einem spezielleren Sinne versteht man die E. ferner als *Identitätsthese*, wonach sich die Identität von Eigenschaften rein extensional beschreiben läßt durch das ↑*Extensionalitätsprinzip*: Eigenschaften sind schon dann als identisch anzusehen, wenn sie denselben Gegenständen zukommen. So spricht man z. B. von der extensionalen Methode der Mathematik, weil diese wesentlichen Gebrauch vom Extensionalitätsprinzip macht. Ebenso stützt sich R. Carnap in seinem Versuch, ein ›Konstitutionssystem der Begriffe‹ anzugeben (Der logische Aufbau der Welt, 1928), auf die E. in diesem Sinne. Neben den beiden genannten Versionen der E. unterscheidet P. Weingartner (1972, 1976) noch zwei weitere: Als *These über den Gegenstandsbereich einer Wissenschaft* besagt die

E., daß sich die Wissenschaft, insbes. die Logik, mit Extensionen, nicht mit Intensionen befaßt bzw. befassen soll. In diesem Sinn vertritt W. V. O. Quine mit seiner Kritik an der Möglichkeit, intensionale Begriffsbildungen sinnvoll einzuführen, die E.. Als *Substitutionsthese* besagt die E., daß Ausdrücke gleicher Extension ↑salva veritate durcheinander substituiert werden dürfen. Gegen alle Formen der E. lassen sich Gegenargumente vorbringen. Einen zur E. umgekehrten Versuch, Extensionen auf Intensionen zurückzuführen, hat Carnap 1947 unternommen (Meaning and Necessity, vgl. W. Stegmüller 1957).

Literatur: R. Carnap, Der logische Aufbau der Welt, Berlin 1928, Hamburg ⁴1974, 1998, bes. 57–63; ders., Logische Syntax der Sprache, Wien 1934, ²1968 (engl. The Logical Syntax of Language, London 1937, 1967); ders., Meaning and Necessity. A Study in Semantics and Modal Logic, Chicago/London 1947, ²1956, 1988 (dt. Bedeutung und Notwendigkeit. Eine Studie zur Semantik und modalen Logik, Wien/New York 1972); W. V. O. Quine, From a Logical Point of View. 9 Logico-Philosophical Essays, Cambridge Mass. 1953, ²1964, 1980 (dt. Von einem logischen Standpunkt. Neun logisch-philosophische Essays, Frankfurt/Berlin/Wien 1979); B. Russell, The Principles of Mathematics, Cambridge 1903, London ²1937, 1993; W. Stegmüller, Das Wahrheitsproblem und die Idee der Semantik. Eine Einführung in die Theorien von A. Tarski und R. Carnap, Wien 1957, ²1968, 1977; P. Weingartner, Die Fraglichkeit der E. und die Probleme einer intensionalen Logik, in: R. Haller (ed.), Jenseits von Sein und Nichtsein. Beiträge zur Meinong-Forschung, Graz 1972, 127–178; ders., Wissenschaftstheorie II/1 (Grundlagenprobleme der Logik und Mathematik), Stuttgart-Bad Cannstatt 1976, bes. 117–170 (Abschn. 3.4 Extension und Intension); A. N. Whitehead/B. Russell, Principia Mathematica I, Cambridge 1910, ²1927, 1963 (dt. Principia Mathematica, Wien/Berlin 1984, Frankfurt 1999). K. M./P. S.

Externalismus, ethischer, Bezeichnung für eine Reihe von verwandten Positionen in der Moralphilosophie und in der Theorie praktischer Rationalität, die durch die Negation von entsprechenden als ›internalistisch‹ bezeichneten Postionen definiert sind. Eine erste Variante ist der E. *moralischer Urteile.* Dieser bestreitet, daß es zum Begriff eines moralischen Urteils gehört, daß die urteilende Person Träger der Motivation ist, den Inhalt des Urteils – d. h. das Gesollte oder für moralisch gut Befundene – herbeizuführen. Die Unterscheidung zwischen moralischem Urteilsinternalismus und Urteilsexternalismus wird im Rahmen der ↑Metaethik getroffen und erlaubt es, weitere Differenzierungen in die Debatte zwischen ↑Kognitivismus und Nonkognitivismus einzuführen. Nonkognitivisten, für die ein moralisches Urteil Ausdruck eines Wunsches oder einer Emotion ist, sind Urteilsinternalisten, insofern sie die auf diese Weise ausgedrückten Einstellungen als motivierend ansehen. Ausschlaggebender Grund für die Entwicklung des metaethischen Nonkognitivismus (zunächst des ↑Emotivismus und des ↑Präskriptivismus) war gerade der handlungsbezogene Charakter der ↑Moral (vgl. R. Carnap, Theoretische Fragen und praktische Entscheidungen, 1934; R. M. Hare, The Language of Morals, 1952; ders., Freedom and Reason, 1963). Demgegenüber bietet die Unterscheidung zwischen Internalismus und E. die Möglichkeit, verschiedene kognitivistische Konzeptionen des moralischen Urteilens zu unterscheiden.

Für Kognitivisten haben moralische Urteile, wie alle Urteile, Behauptungscharakter. Ist ein Kognitivist zugleich Urteilsinternalist, so steht ihm die Möglichkeit zur Verfügung, die in moralischen Urteilen zum Ausdruck gebrachten *Überzeugungen* von Überzeugungen anderer Art zu unterscheiden. Deren besonderer Charakter besteht für ihn darin, daß sie, ohne mit einer ›Pro-Einstellung‹ kombiniert werden zu müssen, zum Handeln motivieren können. Dabei läßt sich der motivationale Bezug moralischer Überzeugungen auf zwei Weisen verstehen: Es könnte sich um Überzeugungen handeln, die eine motivierende *Wirkung* auf die urteilende Person haben. Eine solche Position vertrat im 18. Jh. der Intuitionist R. Price (vgl. A Review of the Principal Questions and Difficulties in Morals, London 1758, ³1787, unter dem Titel: A Review of the Principal Questions in Morals, teilabgedr. in: D. D. Raphael [ed.], British Moralists 1650–1800 II, Oxford 1969, 131–198, insbes. 167). Oder es könnte zur *Voraussetzung* der Wahrnehmung ›moralischer Fakten‹ gehören, mit besonderen Sensibilitäten ausgestattet zu sein, zu denen affektive wie motivationale Komponenten gehören (vgl. J. H. McDowell, Are Moral Requirements Hypothetical Imperatives?, 1978; ders., Virtue and Reason, 1979; ders., Values and Secondary Qualities, 1985; D. Wiggins, Truth, Invention, and the Meaning of Life, 1976; ders., Truth, and Truth as Predicated of Moral Judgments, 1987; ders., A Sensible Subjectivism?, 1987). Vertreter dieser Position, die moralische Sensibilität mit einem Sinn für Humor vergleichen, können sich mit einer gewissen Berechtigung auf die Aristotelische Tugendethik berufen (↑Tugend), da der Aristotelische φρόνιμος (↑Phronesis) nur deswegen zur Erkenntnis des Guten fähig ist, weil er Träger eines bestimmten, eingeübten Habitus des Denkens und Handelns ist (Eth. Nic. B2.1104a 4–9; 1140b 2–6). Indem im urteilsinternalistischen Kognitivismus motivationale Zustände entweder als Folge oder als Voraussetzung moralischen Urteilens gesehen werden, soll ein zentrales Argument für den metaethischen Nonkognitivismus entkräftet werden.

Die Einwände des Urteilsexternalismus gegen alle kognitivistischen wie nonkognitivistischen internalistischen Positionen beruhen auf der These, daß die Vorstellung einer moralisch urteilenden, aber von ihren Urteilen motivational unberührten Person kohärent ist. Dabei wird auf die zwei Figuren des *Willensschwa-*

chen (↑Akrasie) und des *Amoralisten* (↑Amoralismus) verwiesen. Beide fällen moralische Urteile, ohne dadurch motiviert zu sein, entsprechend zu handeln. Dem Willensschwachen fehlt in bestimmten Fällen die motivationale Kraft, dem Amoralisten das Interesse an der Moral überhaupt (vgl. D. O. Brink, Externalist Moral Realism, 1986, 29–31; ders., Moral Realism and the Foundations of Ethics, 1989, 46–50). Urteilsinternalistische Positionen müssen entweder die Echtheit der betreffenden Urteile bestreiten (vgl. R. M. Hare, Freedom and Reason, 1963, 73–87) oder den Bezug zur Motivation so schwach fassen, daß das Fällen eines echten moralischen Urteils keine *aktuelle* Bereitschaft zum entsprechenden moralischen Handeln beinhaltet. Dies ist gewährleistet, wenn lediglich das ↑*kontrafaktische* Motiviertsein der urteilenden Person unter bestimmten Bedingungen als Implikat eines Urteils gesehen wird. Urteilsexternalisten dagegen stützen ihre Position, indem sie urteilsexterne Faktoren anführen, die jemanden dazu bewegen können, normgemäß zu handeln. Neben dem klassischen Vorschlag von J. S. Mill, Sanktionen als den Beweggrund moralischen Handelns zu sehen (vgl. Utilitarianism [1861], in: J. S. Mill, Collected Works X, ed. J. M. Robson, Toronto 1969, 203–259, insbes. 227–233), sind andere ›externe‹ Kandidaten für die Motive moralischen Handelns der Wunsch, eine bestimmte Identität als Mitglied einer moralischen Gemeinschaft aufrechtzuerhalten (vgl. E. Tugendhat, Vorlesungen über Ethik, 1993, 88–97), und der Wunsch, das zu tun, was man als richtig erachtet (G. Nunner-Winkler, Die Entwicklung moralischer Motivation, 1993, 292–297; dies., Von Selbstzwängen zur Selbstbindung (und Nutzenkalkülen), 2000, 221–227; G. Patzig, Moralische Motivation, 1996, 50–55).

Seit P. Foot (Reasons for Action and Desires, 1972) und B. Williams (Internal and External Reasons, 1979) bezeichnen ›Internalismus‹ und ›E.‹ auch Positionen in einer Debatte, deren Gegenstand gegenüber der Diskussion des moralischen Urteilens in zwei Hinsichten verschoben ist. Zum einen wird der relevante Bereich erweitert: Thematisch ist nicht mehr nur Moral, sondern *praktische* ↑*Rationalität* überhaupt. Zum anderen wird der Fokus der Analyse weg vom Urteilen hin zum tatsächlichen ›Gegebensein‹ des Urteilsgegenstandes verlagert. Somit handelt es sich um die Frage, was es heißt, daß jemand ›Gründe hat‹ bzw., daß ›es (für jemanden) Gründe gibt‹, etwas zu tun. Während *Gründeinternalisten* behaupten, daß die Rede von praktischen Gründen nur mit Rückgriff auf motivationale Zustände zu explizieren ist, verneinen dies Externalisten. Dabei lassen sich auch hier sowohl Internalismus als auch E. unterschiedlich stark fassen. Auch hier kann der Bezug zur Motivation als faktischer oder als kontrafaktischer gedacht werden. In der *faktischen* Variante des Gründeinternalismus hat eine Person *P* nur dann einen Grund, Handlung *h* auszuführen, wenn sie Träger eines Wunsches ist, *h* zu tun (vgl. B. Williams, Internal and External Reasons, 1979, 17–21). Im *schwachen kontrafaktischen* Gründeinternalismus hat *P* nur dann einen Grund, *h* zu tun, wenn *P* unter spezifizierbaren Bedingungen Träger einer Pro-Einstellung wäre, *h* zu tun (vgl. S. L. Darwall, Impartial Reason, 1983, 51–52). In einer *starken*, von I. Kant inspirierten Variante des kontrafaktischen Gründeinternalismus hat *P* nur dann einen Grund, *h* zu tun, wenn eine ideal rationale Person motiviert wäre, *h* zu tun (vgl. C. Korsgaard, Skepticism about Practical Reason, 1986, 11). Differenzierungen innerhalb des Gründeexternalismus ergeben sich daraus, welche gründeinternalistische Position verneint wird und welcher Begriff der Verneinung (↑Gegensatz) dabei angewandt wird. Wird die Verneinung ↑konträr verstanden, so sind *keine* Gründe motivationsabhängig; wird sie aber kontradiktorisch (↑kontradiktorisch/Kontradiktion) aufgefaßt, so müssen lediglich *einige* Gründe *nicht* motivationsabhängig sein. Ein solcher schwacher Gründeexternalismus, der etwa moralische Gründe als motivationsunabhängig, prudentielle Gründe dagegen als motivationsabhängig versteht, wäre mit einem Internalismus prudentieller Gründe vereinbar.

Literatur: J. E. J. Altham, The Legacy of Emotivism, in: G. Macdonald/C. Wright (eds.), Fact, Science and Morality. Essays on A. J. Ayer's »Language, Truth and Logic«, Oxford etc. 1986, 1987, 275–288; R. Audi, Internalism and Externalism in Moral Epistemology, Logos 10 (1989), 13–37; S. Blackburn, Spreading the Word. Groundings in the Philosophy of Language, Oxford 1984; ders., Ruling Passions. A Theory of Practical Reasoning, Oxford 1998; D. O. Brink, Externalist Moral Realism, Southern J. Philos. Suppl. 24 (1986), 23–41; ders., Moral Realism and the Foundations of Ethics, Cambridge etc. 1989; J. Broome, Reasons and Motivation, Proc. Arist. Soc. Suppl. 71 (1997), 131–146; C. Brown, Is Hume an Internalist?, J. Hist. Philos. 26 (1988), 69–87; R. Carnap, Theoretische Fragen und praktische Entscheidungen, Natur u. Geist 2 (1934), 257–260, Nachdr. in: H. Schleichert (ed.), Logischer Empirismus – der Wiener Kreis. Ausgewählte Texte mit einer Einleitung, München 1975, 173–176; R. Cohon, Internalism about Reasons for Action, Pacific Philos. Quart. 74 (1993), 265–288; D. Copp, Morality, Normativity and Society, Oxford 1995; J. Dancy, Externalism for Internalists, in: E. Villanueva (ed.), Rationality in Epistemology, Atascadero Calif. 1992 (Philos. Issues II), 93–114; ders., Moral Reasons, Oxford/Cambridge Mass. 1993; ders., Practical Reality, Oxford etc. 2000, 2002; S. L. Darwall, Impartial Reason, Ithaca N. Y. 1983; ders., Autonomist Internalism and the Justification of Morals, Noûs 24 (1990), 257–267; ders., Internalism and Agency, Philos. Perspectives 6 (1992), 155–174; ders., The British Moralists and the Internal Ought. 1640-1740, Cambridge 1995; D. Davidson, How Is Weakness of the Will Possible?, in: ders., Essays on Actions and Events, Oxford etc. 1980, 1991, 21–42 (dt. Wie ist Willensschwäche möglich?, in: ders., Handlung und Ereignis, Frankfurt 1985, 43–72); M. Endreß/N. Roughley (eds.), Anthropologie und Moral. Philosophische und soziologische Perspektiven, Würzburg 2000; W. D. Falk, ›Ought‹

and Motivation, Proc. Arist. Soc. 48 (1947/1948), 111–138; P. Foot, Reasons for Action and Desires, Proc. Arist. Soc. Suppl. 46 (1972), 203–210, ferner in: dies., Virtues and Vices, Berkeley Calif. 1978, 148–156; W. K. Frankena, Obligation and Motivation in Recent Moral Philosophy, in: A. I. Melden (ed.), Essays in Moral Philosophy, Seattle/London 1958, 40–81, Neudr. in: K. E. Goodpaster (ed.), Perspectives on Morality. The Essays of William K. Frankena, Notre Dame Ind./London 1976, 49–73; E. Garrard/D. McNaughton, Mapping Moral Motivation, Ethical Theory and Moral Practice 1 (1998), 45–59; A. Gibbard, Wise Choices, Apt Feelings. A Theory of Normative Judgement, Oxford etc. 1990; P. S. Greenspan, Moral Responses and Moral Theory. Socially-Based Externalist Ethics, J. Ethics 2 (1998), 103–122; R. M. Hare, The Language of Morals, Oxford 1952, ^{9}1992 (dt. Die Sprache der Moral, Frankfurt 1972, 1997); ders., Freedom and Reason, Oxford 1963, 1988 (dt. Freiheit und Vernunft, Düsseldorf 1973, Frankfurt 1983); G. Harman, Moral Relativism Defended, Philos. Rev. 84 (1975), 3–22; C. Korsgaard, Skepticism about Practical Reason, J. Philos. 83 (1986), 5–25; dies., The Sources of Normativity, ed. O. O'Neill, Cambridge etc. 1996, 2002; A. Kusser, Moralische Motivation als Problem des Kognitivismus. Zu den begrifflichen Grundlagen von Gertrud Nunner-Winklers Studie über moralische Motivation, in: M. Endreß/N. Roughley (eds.), Anthropologie und Moral [s. o.], 245–269; J. H. McDowell, Are Moral Requirements Hypothetical Imperatives?, Proc. Arist. Soc. Suppl. 52 (1978), 13–29, Neudr. in: ders., Mind, Value, and Reality, Cambridge Mass./London 1998, 77–94; ders., Virtue and Reason, Monist 62 (1979), 331–350, Neudr. in: ders., Mind, Value, and Reality [s. o.], 50–73; ders., Values and Secondary Qualities, in: T. Honderich (ed.), Morality and Objectivity, London 1985, Neudr. in: ders., Mind, Value, and Reality [s. o.], 131–150; D. McNaughton, Moral Vision. An Introduction to Ethics, Oxford/New York 1988 (dt. Moralisches Sehen. Eine Einführung in die Ethik, Frankfurt/München 2003); A. R. Mele, Motivational Internalism. The Powers and Limits of Practical Reasoning, Philosophia 19 (1989), 417–436; ders., Internalist Moral Cognitivism and Listlessness, Ethics 106 (1996), 727–753; ders., Motivation and Agency, Oxford etc. 2003; A. Miller, An Objection to Smith's Argument for Internalism, Analysis 56 (1996), 169–174; T. Nagel, The Possibility of Altruism, Oxford 1970 (repr. 1975), Princeton N. J. 1970, 1978 (dt. Die Möglichkeit des Altruismus, Bodenheim 1998); G. Nunner-Winkler, Die Entwicklung moralischer Motivation, in: W. Edelstein/G. Nunner-Winkler/G. Noam (eds.), Moral und Person, Frankfurt 1993, 278–303; dies., Von Selbstzwängen zur Selbstbindung (und Nutzenkalkülen), in: M. Endreß/N. Roughley (eds.), Anthropologie und Moral [s. o.], 211–246; D. Parfit, Reasons and Motivation, Proc. Arist. Soc. Suppl. 71 (1997), 99–130; G. Patzig, Moralische Motivation, in: ders./D. Birnbacher/W. C. Zimmerli, Die Rationalität der Moral, Bamberg 1996, 39–55; T. M. Scanlon, What We Owe to Each Other, Cambridge Mass./London 1998; J. Searle, Rationality in Action, Cambridge Mass./London 2001; R. Shafer-Landau, A Defense of Motivational Externalism, Phil. Stud. 97 (2000), 267–291; M. Smith, The Moral Problem, Oxford 1995; ders., Internalism's Wheel, Ratio 8 (1995), 277–302, ferner in: B. Hooker (ed.), Truth in Ethics, Oxford 1995, 69–94; ders., Internal Reasons, Philos. Phenom. Res. 55 (1995), 109–131; ders., The Argument for Internalism. Reply to Miller, Analysis 56 (1996), 175–184; M. Stocker, Desiring the Bad: An Essay in Moral Psychology, J. Philos. 76 (1979), 738–753; C. Strandberg, Aristotle's Internalism in the »Nicomachean Ethics«, J. Value Inq. 34 (2000), 71–87; P. Stratton-Lake, Why Externalism Is not a Problem for Ethical Intuitionists, Proc. Arist. Soc. 99 (1999), 77–90; E. Tugendhat, Vorlesungen über Ethik, Frankfurt 1993, ^{3}1995; J. D. Velleman, Is Motivation Internal to Value?, in: ders., The Possibility of Practical Reason, Oxford etc. 2000, 85–98; D. Wiggins, Truth, Invention, and the Meaning of Life, Proc. Brit. Acad. 62 (1976), 331–378, Neudr. in: ders., Needs, Values, Truth. Essays in the Philosophy of Value, Oxford etc. 1987, ^{3}1998, 87–137; ders., Truth, and Truth as Predicated of Moral Judgments, in: ders., Needs, Values, Truth [s. o.], 139–184; ders., A Sensible Subjectivism?, in: ders., Needs, Values, Truth [s. o.], 185–214; B. Williams, Internal and External Reasons, in: R. Harrison (ed.), Rational Action. Studies in Philosophy and Social Science, Cambridge etc. 1979, 17–28, Neudr. in: ders., Moral Luck. Philosophical Papers 1973–1980, Cambridge etc. 1981, 101–113, bes. 101–105 (dt. Interne und externe Gründe, in: ders., Moralischer Zufall. Philosophische Aufsätze 1973–1980, Königstein 1984, 112–124); ders., Internal Reasons and the Obscurity of Blame, Logos 10 (1989), 1–11; J.-C. Wolf, Moralischer Internalismus. Motivation durch Wünsche versus Motivation durch Überzeugungen, Conceptus 29 (1996), 47–61. N. R.

Extremalprinzipien, Bezeichnung für Sätze der Physik, die physikalische Systeme so beschreiben, daß ein Parameter einen Extremwert (meistens ein Minimum) annimmt. Man unterscheidet *Differential-* und *Integralprinzipien*. Bei Differentialprinzipien wird ein Zustand des Systems mit einem Nachbarzustand verglichen und derjenige als der wirkliche angenommen, bei dem (vor allem mechanische) Größen (wie Geschwindigkeit, Beschleunigung oder Kräfte) einen Extremalwert annehmen. Bei Integralprinzipien dagegen wird ein Parameter über eine bestimmte Zeit oder Wegstrecke integriert und der Extremwert des Integrals als Auszeichnungskriterium des wirklichen Ablaufs angenommen.

Schon in der Antike von Heron bei der Aufstellung des Reflexionsgesetzes der Optik vorweggenommen, wurde ein E. von G. W. Leibniz formuliert, von P. L. M. de Maupertuis als ›Prinzip der kleinsten Wirkung‹ propagiert, von L. Euler und J. L. Lagrange präzisiert und erweitert, eine Entwicklung, die schließlich bei W. R. Hamilton (↑Hamiltonprinzip) ihren Abschluß fand. In der Mechanik bieten E. (außer gewissen Vereinfachungen durch Verwendung generalisierter statt cartesischer ↑Koordinaten) inhaltlich nichts, was über die Newtonschen ↑Bewegungsgleichungen hinausginge. Anders verhält es sich in den Bereichen der Strömungs- und Elastizitätslehre, wo viele Probleme erst durch E. gelöst werden konnten. E. werden in praktisch allen Teilgebieten der modernen ↑Physik angewandt und haben neben der schon in der ↑Optik (Prinzip des schnellsten Durchgangs von Licht durch einen Körper nach P. Fermat) erwiesenen Brauchbarkeit vor allem in Form des Hamiltonprinzips ihre Fruchtbarkeit für Elektrodynamik, Elektronentheorie und ↑Quantentheorie gezeigt.

An die reiche Geschichte der Entwicklung unterschiedlicher Formen von E. schlossen sich Kontroversen um deren Status an. Wo E. nicht nur als heuristische Regeln zur Aufstellung von Bewegungsgleichungen oder ↑Zustandsbeschreibungen verstanden wurden, entbrannte ein Streit darüber, ob die (dort als empirische Gesetze betrachteten) E. eine *kausale* (↑Ursache) oder eine *teleologische* (↑Teleologie) Interpretation erfordern. Nach moderner Auffassung lassen die E. jedoch eine solche Unterscheidung nicht zu. Ungeklärt ist indessen noch, ob diese höchst vielseitig und fruchtbar einzusetzenden E. empirische Sätze sein können, wie dies der Auffassung moderner Physiker entspricht. Zwar hängt die Anwendung eines E.s auf einen konkreten Einzelfall vom tatsächlichen Ablauf in dem betrachteten physikalischen System ab, doch bleibt ein nicht-empirischer, methodischer und damit den Prinzipiencharakter der E. stiftender Entschluß, eine Beschreibungsweise so zu wählen, daß ein ebenfalls zu wählender Parameter im beobachteten Fall ein Extremum annimmt.

Literatur: E. Dühring, Kritische Geschichte der allgemeinen Principien der Mechanik, Berlin 1873, ^{3}1887, 1970; H. v. Helmholtz, Über die physikalische Bedeutung des Princips der kleinsten Wirkung, in: ders., Wissenschaftliche Abhandlungen III, Leipzig 1895, 203–248; ders., Zur Geschichte des Princips der kleinsten Aktion, in: ders., Wissenschaftliche Abhandlungen III [s.o.], 249–263; H. Klein, Die Principien der Mechanik historisch und kritisch dargestellt, Leipzig 1872; A. Kneser, Das Prinzip der kleinsten Wirkung von Leibniz bis zur Gegenwart, Leipzig/Berlin 1928; G. König, E., Hist. Wb. Ph. II (1972), 880–883; C. Lanczos, The Variational Principles of Mechanics, Toronto 1949, ^{4}1970, New York 1986; E. Mach, Die Mechanik, historisch-kritisch dargestellt, Leipzig 1883, ^{9}1933 (repr. Darmstadt 1982, 1988); M. Planck, Das Prinzip der kleinsten Wirkung, in: ders., Vorträge und Erinnerungen, Stuttgart ^{5}1949 (repr. Darmstadt 1965, 1983), 95–105; A. J. W. Sommerfeld, Mechanik, Leipzig 1942, ^{8}1968. P. J.

F

Faber, Jacobus, genannt F. Stapulensis (eigentlich Jacques Lefèvre d'Étaples), *Étaples um 1455, †Nérac 1536, franz. Humanist und Theologe. Nach Reisen in Italien (1492–1500, Bekanntschaft mit M. Ficino und G. Pico della Mirandola) Lehrtätigkeit in Paris, ab 1520 in Meaux, wo er die ›Gruppe von Meaux‹ (Fabristen) mitbegründete. 1525 Flucht nach Straßburg, nachdem seine Bibelkommentare indiziert worden waren; 1526 Prinzenerzieher in Blois, wo F. die Bibel ins Französische übersetzte (La Sainte Bible en français, Antwerpen 1530). – F. vertrat im Sinne der humanistischen Vorstellung einer systematischen Einheit der Philosophie Platons und Aristoteles', beeinflußt insbes. durch Nikolaus von Kues, aristotelische Orientierungen, die er mit Elementen der ↑Mystik und einer praktischen Religiosität verband. Er stand reformatorischen Vorstellungen nahe und beeinflußte insbes. den französischen und schweizerischen Protestantismus, ohne mit der römischen Kirche zu brechen. F. edierte und kommentierte unter anderem Aristoteles (70 bis 80 Editionen), Pseudo-Dionysios Areopagites (1498), Richard von St. Viktor, R. Lullus und besorgte die erste Gesamtausgabe der Werke des Nikolaus von Kues (I–III, Paris 1514). Von ihm stammen ferner eine Ausgabe der »Elemente« Euklids und ein Kommentar zur »Sphaera« J. de Sacroboscos.

Werke: Introductiones in diversos metaphysicorum Aristotelis libros [...], Paris 1493; (ed.) (Dionysios) Theologia vivificans [...], Paris 1498, Venedig 1502, Paris 1515; Compendiaria in Aristotelis ethicen introductio [...], o. O. (Paris) 1501; (Aristoteles) In hoc opere continentur totius philosophiae naturalis paraphrases [...], Paris 1501; (ed.) (Dionysios) Caelestis hierarchia. Ecclesiastica hierarchia. Divina nomina, Mystica theologia. Undecim epistolae, Venedig 1502; (ed.) (Aristoteles) Politicorum libri octo, Paris 1506; Quincuplex psalterium. Gallicum, Romanum, Hebraicum, Vetus, Conciliatu[m], Paris 1509, ²1513 (repr. Genf 1979); Introductio in physicam paraphrasim. Adiectis annotationibus explanata, Straßburg 1514; (ed.) Euclidis geometricorum elementorum libri XV, Paris 1516; Epistole divi Pauli apostoli. Cum commentariis preclarissimi viri Jacobi Fabri Stapuleusi [...], Paris 1517; (ed.) (Idiota, i. e. R. Jordanus) Contemplationes Idiotae. De amore divino. De virgine Maria. De vera patientia. De continuo conflictu carnis et animae, Paris 1519, 1530; Commentarii initiatorii in quatuor Evangelia. In Evangelium secundum Matthaeum. In Evangelium secundum Marcum. In Evangelium secundum Lucam. In Evangelium secundum Joannem, Paris (oder Meaux) 1522, Leiden 1982 [Mikrofiche]; Utilissima introductio Jacobi Stapulensis in libros de anima Aristotelis, Krakau 1522; (ed.) Ἀριστοτέλους περὶ ψυχῆς βιβλία τρία. Aristotelis de anima libri tres. Una cum Jacobi Fabri Stapulensis in eosdem introductione et Themistii commentatiuncula, Basel 1538; Hecatonomiarum Libri. Texte latin des Hécatonomies de Lefèvre d'Étaples, en parallèle avec la traduction latine de Platon par Marsile Ficin, ed. J. Boisset, Paris 1979. – Totok III (1980), 416–417.

Literatur: E. Amann, Lefèvre d'Étaples, in: A. Vacant/E. Mangenot (eds.), Dictionnaire de théologie catholique IX/1, Paris 1926, 132–159; J. Barnaud, J. Lefèvre d'Étaples, Etudes théologiques et religieuses 11 (1936), 3–29, 98–129, 136–159, 203–237; G. Bedouelle, F., TRE X (1982), 781–783; R. Cameron, The Attack on the Biblical Work of Lefèvre d'Étaples, Church Hist. 38 (1969), 9–24; ders., The Charges of Lutheranism Brought against Jacques Lefèvre d'Étaples (1520–1529), Harvard Theol. Rev. 63 (1970), 119–149; E. Garin, Echi italiani di Erasmo e di Lefèvre d'Étaples, Riv. crit. stor. filos. 26 (1971), 88–90; G. Krodel, F., RGG II (1958), 854; E. F. Rice, The Humanist Idea of Christian Antiquity. Lefèvre d'Étaples and His Circle, Stud. Renaissance 9 (1962), 126–160; ders., Humanist Aristotelianism in France. J. Lefèvre d'Étaples and His Circle, in: A. H. T. Levi (ed.), Humanism in France at the End of the Middle Ages and in the Early Renaissance, Manchester 1970, 132–149; C. L. Salley, The Ideals of the Devotio Moderna as Reflected in the Life and Writings of J. Lefèvre d'Étaples, Diss. Lansing Mich. 1953; G. Santinello, »Materia prima« e Lefèvre d'Étaples, Giornale di metafisica 24 (1969), 409–432.   J. M.

Faktizität, in erkenntnistheoretischen Kontexten verwendeter Begriff, dem die klassische, von G. W. Leibniz eingeführte Unterscheidung zwischen ↑Tatsachenwahrheiten und ↑Vernunftwahrheiten (logischen Wahrheiten) zugrunde liegt. Nach dieser Unterscheidung sind Tatsachenwahrheiten kontingente Wahrheiten (↑kontingent/Kontingenz), Vernunftwahrheiten hingegen notwendige Wahrheiten (↑notwendig/Notwendigkeit); sie gelten im Gegensatz zu Tatsachenwahrheiten in allen möglichen Welten (↑Welt, mögliche). Bezogen auf die Wissenschaften spricht der Marburger Neukantianer A. Liebert zu Beginn des 19. Jhs. vom Komplex von F.en und E. Husserl später von der F. der natürlichen Welt, die der Möglichkeit vorangeht. M. Heidegger versteht F. als ↑›Geworfenheit‹, die dem ›Sein-Können‹

als Möglichkeit entgegengesetzt ist. Das Verhältnis von F. und Möglichkeit greift auch J. Habermas in »F. und Geltung« (1992) auf, indem er zwischen gesellschaftlicher F. und ↑kontrafaktischer Geltung unterscheidet. In semantischen (↑Semantik) Theorien kommt Fakten oder ↑Tatsachen die Rolle des Referenten kontingent wahrer Sätze zu. Ohne die Unabhängigkeit von Tatsachen gäbe es lediglich eine einzige Tatsache, die alle kontingenten Aussagen wahr machte. Die Annahme, daß es empirische Tatsachen sind, die ein Urteil wahr machen, ließe sich, wenn es lediglich eine einzige große Tatsache gäbe, nicht verteidigen. Bei N. Goodman stehen Tatsachen eng mit dem Begriff der tatsächlichen Fortsetzung in Verbindung, nicht mit einem Begriff von Tatsächlichkeit oder F., der von einem objektiven Gegebensein der Welt ausgeht. Die Weise der Verwendung eines Prädikats, damit auch die Beschreibung der Welt, ist bei Goodman mit der Gewohnheit oder Praxis einer Begriffsverwendung verbunden, und zwar auch dann, wenn sie auf Tatsächliches bezogen ist und dieser Bezug zum entscheidenden Kriterium für die richtigen induktiven Kategorien wird. Ein Prädikat soll dann tatsächlich fortsetzbar sein, wenn die vorangegangenen tatsächlichen Fortsetzungen besser verankert sind, d. h. auf zahlreichere Fortsetzungen verweisen können, als ein anderes Prädikat.

Literatur: M. C. Altman, Idealism Is the Only Possible Philosophy. Systematicity and the Fichtean Fact of Reason, Idealistic Stud. 31 (2001), 1–30; D. Davidson, Inquiries into Truth and Interpretation, Oxford 1984, ²2001 (dt. Wahrheit und Interpretation, Frankfurt 1986, ²1994); H. Ebeling, Die ideale Sinndimension. Kants ›Faktum der Vernunft‹ und die Basis-Fiktionen des Handelns, Freiburg/München 1982; C. Z. Elgin, The Relativity of Fact and the Objectivity of Value, Harvard Rev. Philos. 6 (1996), 4–15; E.-M. Engelen, Das Feststehende bestimmt das Mögliche. Semantische Untersuchungen zu Möglichkeitsurteilen, Stuttgart 1999; H. Fahrenbach, F., Hist. Wb. Ph. II (1972), 885; D. Ferrer, Der Begriff der Existenz und der Gang der Wissenschaftslehre 1805, Fichte-Stud. 17 (2000), 259–267; G. Gabriel, Kontinentales Erbe und Analytische Methode. Nelson Goodman und die Tradition, Erkenntnis 52 (2000), 185–198; N. Goodman, Fact, Fiction, and Forecast, London 1954, Cambridge Mass./London ⁴1983 (dt. Tatsache, Fiktion, Voraussage, Frankfurt 1975, 1988); J. Habermas, F. und Geltung. Beiträge zur Diskurstheorie des Rechts und des demokratischen Rechtsstaats, Frankfurt 1992, 1998; F. Horvat, Facticité, Enc. philos. universelle II/1 (1990), 942; L. Landgrebe, F. und Individuation. Studien zu den Grundfragen der Phänomenologie, Hamburg 1982; A. Oliver, Facts, REP III (1998), 535–537; K. R. Olson, An Essay on Facts, Stanford Calif. 1987; E. W. Orth, F., EP I (1999), 381–383; M. S. Purviance, The Facticity of Kant's Fact of Reason, Manuscrito 21 (1998), 45–67; F. J. Wetz, Das nackte Daß. Die Frage nach der F., Pfullingen 1990. E.-M. E.

Fallgesetz, Beschreibung der Verhältnisse von Zeit, Raum und Geschwindigkeit bei der gleichförmigen Beschleunigung bzw. beim freien Fall eines schweren Körpers auf der Erdoberfläche unter Absehung von Luftreibung und entfernungsabhängiger Änderung des Schwerkraftfeldes. Bei einer gleichförmigen Beschleunigung (bzw. im freien Fall) wächst die Geschwindigkeit v proportional zur Zeit t, die Fallstrecke s ist proportional zum Quadrat der Zeit und die Endgeschwindigkeit ist proportional zur Quadratwurzel der Fallstrecke. Es gilt also: $v \sim t$, $s \sim t^2$, und $v \sim \sqrt{s}$. Mit der Gravitationsbeschleunigung g lautet das F.: $s = \frac{1}{2}gt^2$. Dieses ergibt sich heute ohne weiteres aus der Konstanz der Gravitationsbeschleunigung, dem Zusammenhang von Kraft und Beschleunigung (↑Bewegungsgleichungen) und dem Begriff der Momentangeschwindigkeit. Die Entdeckung des F.es war allerdings deshalb ein Schlüsselereignis in der Geschichte der Physik, weil sie zur Ausbildung gerade dieser Grundbegriffe der klassischen ↑Mechanik führte.

Aristoteles und die aristotelische Tradition begriffen die Geschwindigkeit als die (endliche) *Strecke*, die in einer bestimmten Zeit durchlaufen wird. Diejenige Bewegung wird schneller genannt, die die gleiche Strecke in weniger Zeit oder eine längere Strecke in derselben Zeit durchläuft. Das Phänomen der Beschleunigung wurde nicht bestritten, aber als randständig angesehen. So wird ein schwerer Körper am Anfang einer Fallbewegung in einem Medium vorübergehend beschleunigt.

Die logisch-mathematischen Mittel, das F. zu formulieren, wurden im 13. und 14. Jh. an den Universitäten in Paris (↑Impetustheorie) und Oxford (↑Merton School) entwickelt: die Lehre von der Quantität der Qualitäten. Die Quantität einer bestimmten Qualität (z. B. der Wärme oder Liebe) in einem Subjekt kann so vorgestellt werden, daß die ›Extension‹ des Subjekts durch eine horizontale Linie repräsentiert wird und die Intensität oder der ›Grad‹ der Qualität an jedem Punkte durch eine vertikale Linie. Die (gesamte) Quantität der Qualität wurde dann durch die Fläche über der Subjektlinie dargestellt. Ein großer, aber nicht sehr warmer Körper (A) könnte genau soviel Wärme haben wie ein kleiner, aber heißer Körper (B), wobei die Wärme in beiden ›gleichförmig‹ verteilt ist. Auch unterschiedliche Verteilungen der Qualität konnten dargestellt werden: die gleichmäßig abnehmende (›gleichförmig ungleichförmige‹) Wärme in einem Körper (C), oder eine beliebige ungleichförmige Verteilung der Qualität (D) (vgl. Abb. 1). Die Ausdehnung bzw. Extension des Subjekts mußte nicht räumlich, sondern konnte auch zeitlich gedacht werden: z. B. eine zeitlich gleichbleibende oder gleichförmig abnehmende Wärme oder Liebe.

Mit diesen begrifflichen Hilfsmitteln konnte eine ungleichförmige Qualität mit einer gleichförmigen verglichen werden. Bei einem Subjekt mit einer gleichförmig ab- oder zunehmenden Qualität ist die Quantität der Qualität gleich der eines Subjekts mit einer gleichförmigen Qualität der *mittleren* Intensität: Quadrat $ABCD$ ist

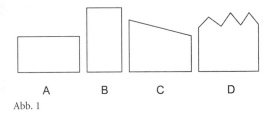
Abb. 1

dem Dreieck BCE flächengleich (vgl. Abb. 2). Nicht nur Liebe und Wärme konnten so dargestellt werden, sondern jede intensive Qualität, z. B. auch die *Geschwindigkeit*, die ebenfalls unterschiedliche Grade der Intensität haben kann. Deshalb kann eine gleichförmig beschleunigte (gleichförmig ungleichförmige) Bewegung mit einer gleichförmigen Bewegung mit dem mittleren Grad der Geschwindigkeit gleichgesetzt werden. Dieser als ›Merton-Regel‹ bezeichnete Zusammenhang wurde am Ende des 16. Jhs. bedeutsam.

drei Viertel der Zeit verbraucht und für die zweite Streckeneinheit ein Viertel. Bei der *doppelten* Zeit oder Strecke entsteht die *vierfache* Gesamtgeschwindigkeit. Es war zunächst nicht unmittelbar ersichtlich, daß diese beiden Ergebnisse unvereinbar sind.

Unter der Annahme, die Fallbewegung eines schweren Körpers sei gleichförmig beschleunigt, könnte mit diesen begrifflichen Mitteln das F. abgeleitet werden. Bei den ersten Versuchen, dokumentiert bei G. Galilei, R. Descartes, I. Beeckmann, T. Harriot und anderen, führte die angenommene Äquivalenz der beiden Verfahren zu Widersprüchen und Mißverständnissen, die erst nach Jahrzehnten aufgeklärt werden konnten. So wurde häufig eine ›richtige‹ Formulierung des F.es durch die Annahme ergänzt, sie sei der ›unrichtigen‹ äquivalent. Auch die Ableitung des F.es bei Galilei (Discorsi, 1638) bleibt unklar hinsichtlich der Deutung der Fläche (vgl. Abb. 3).

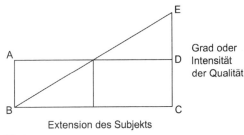
Abb. 2

In dieser Repräsentation der beschleunigten Bewegung ist es zunächst ohne Belang, ob der Grad der Geschwindigkeit proportional zur Zeit oder zum Weg wächst. Wenn man die Fläche als Gesamtgeschwindigkeit deutet, so verhält sich die Quantität der Qualität Geschwindigkeit in der ersten Hälfte des Subjekts zu derjenigen in der zweiten Hälfte wie eins zu drei. Deutet man jetzt die Subjektlinie als Zeit, so liegt ein Viertel der Geschwindigkeit in der ersten Zeiteinheit und drei Viertel in der zweiten. Deutet man die Subjektlinie als Strecke, so liegt ein Viertel der Geschwindigkeit in der ersten Längeneinheit und drei Viertel in der zweiten. Nach den herkömmlichen ›aristotelischen‹ Proportionen gilt, daß bei gleichen *Zeiten* die Strecken den Geschwindigkeiten proportional sind; bei gleichen *Strecken* hingegen sind die Zeiten den Geschwindigkeiten *umgekehrt* proportional:

wenn $t_1 = t_2$, dann $v_1 : v_2 = s_1 : s_2$;
wenn $s_1 = s_2$, dann $v_1 : v_2 = t_2 : t_1$.

Deshalb wird in der ersten Zeiteinheit ein Viertel der Strecke durchgelaufen und in der zweiten Zeiteinheit drei Viertel oder umgekehrt für die erste Streckeneinheit

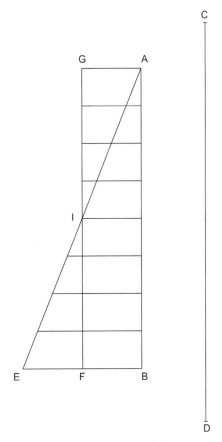

Abb. 3: Galilei behauptet nicht, die Fläche IAG sei IEF gleich, sondern lediglich, jede Linie in IEF entspreche einer in IAG: jeder zusätzliche Grad der Geschwindigkeit in der zweiten Hälfte des Falles entspreche einem fehlenden Grad in der ersten Hälfte (aus: G. Galilei, Le opere VIII, ed. G. Saragat, Florenz 1968, 208).

Und noch nach Galilei wurde der Geschwindigkeitszuwachs manchmal indifferent auf Zeit und Raum bezogen (K. Digby, Two Treatises, 1644) und die Fläche als (Gesamt-)Geschwindigkeit gedeutet (M. Mersenne, Ballistica et acontismologia, 1644, 38: »Gravium cadentium velocitatem in ratione duplicata temporum augeri probatur«; vgl. auch J. M. Marci, De proportione motus, 1639). Das Ergebnis dieser Entwicklung war nicht nur die Festlegung der Zeitproportionalität der Geschwindigkeit, sondern auch ein anderer Begriff der Geschwindigkeit, die nicht mehr als die in einer gegebenen Zeit durchlaufene Strecke konzeptualisiert wurde. Erst 1673 bei C. Huygens findet man eine Ableitung des F.es, die unzweideutig den modernen Geschwindigkeitsbegriff enthält.

Literatur: I. Beeckman, Journal tenu par Isaac Beeckman de 1604 à 1634, Den Haag 1939; M. Clagett (ed.), Nicole Oresme and the Medieval Geometry of Qualities and Motions. A Treatise on the Uniformity and Difformity of Intensities Known as Tractatus de configurationibus qualitatum et motuum, Madison Wisc. 1968; H. L. Crosby Jr., Thomas of Bradwardine, His Tractatus de proportionibus. Its Significance for the Development of Mathematical Physics, Madison Wisc. 1961; P. Damerow u. a., Exploring the Limits of Preclassical Mechanics. A Study of Conceptual Development in Early Modern Science. Free Fall and Compounded Motion in the Work of Descartes, Galileo, and Beeckman, New York 1992, ²2004; R. Descartes, Cogitationes Privatae, Oeuvres de Descartes X, ed. C. Adam/ P. Tannery, Paris 1966; K. Digby, Two Treatises. In the One of which the Nature of Bodies. In the Other the Nature of Mans Soule: is Looked Into. [...], Paris 1644 (repr. Stuttgart-Bad Cannstatt 1970), London ²1645; S. Drake, Galileo at Work. His Scientific Biography, Chicago Ill. 1978; ders., History of Free Fall: Aristotle to Galileo, Toronto 1989; G. Galilei, Discorsi e dimostrazioni matematiche intorno a due nuove scienze, Leiden 1638, Turin 1990 (dt. Unterredungen und mathematische Demonstrationen über zwei neue Wissenszweige, die Mechanik und die Fallgesetze betreffend, I–III, ed. A. v. Oettingen, Leipzig 1890–1904 [Ostwalds Klassiker exakt. Wiss. XI/24–25] [repr. in einem Bd. Darmstadt 1973, Frankfurt 2000]); C. Huygens, Horologium oscillatorium sive de motu pendulorum ad horologia aptato demonstrationes geometricae, Paris 1673 (repr. Brüssel 1966) (dt. Die Pendeluhr, Leipzig 1913 [Ostwalds Klassiker exakt. Wiss. 192]); V. Jullien/A. Charrak, Ce que dit Descartes touchant la chute des graves de 1618 à 1646, étude d'un indicateur de la philosophie naturelle cartésienne, Villeneuve d'Ascq 2002; A. Koyré, Études galiléennes, Paris 1939 (engl. Galileo Studies, Hassocks/Atlantic Highlands N. J. 1978); A. Maier, Die Vorläufer Galileis im 14. Jahrhundert, Rom 1949; J. M. Marci a Kronland, De proportione motus seu Regula sphygmica ad celeritatem et tarditatem pulsuum, Prag 1639 (repr. 1967); M. Mersenne, Traité des mouvemens, et de la cheute des corps pesans [...], Paris 1634; ders., Ballistica et acontismologia, Paris 1644; J. Mittelstraß, Neuzeit und Aufklärung. Studien zur Entstehung der neuzeitlichen Wissenschaft und Philosophie, Berlin 1970; J. Renn/P. Damerow/S. Rieger, Hunting the White Elephant. When and how Did Galileo Discover the Law of Fall, Sci. Context 13 (2000), 299–419; S. Sambursky, The Physical World of the Greeks, London 1956; P. Sarpi, Pensieri naturali, metafisici e matematici, ed. L. Cozzi/L. Sosio, Mailand 1996; M. Schemmel, The English Galileo. Shared Knowledge and Alternative Solutions in Thomas Harriot's Work on Motion, Diss. Berlin 2003; P. Souffrin, Le concept de vitesse d'Aristote à Galilée, Rev. hist. sci. 45 (1992), 231–267; ders., Velocitas totalis. Enquête sur une dénomination pseudo-médiévale, in: S. Caroti/P. Souffrin (eds.), La nouvelle physique du XIVe siècle, Florenz 1997; E. Sylla, Medieval Concepts of the Latitude of Forms. The Oxford Calculators, Arch. hist. doctr. Litt. moyen âge 40 (1973), 223–283. P. M.

Fallibilismus (von lat. fallere, zu Fall bringen), von C. S. Peirce eingeführter Terminus der Erkenntnis- und Wissenschaftstheorie zur Bezeichnung der Auffassung von der Fehlbarkeit aller Tatsachenaussagen. ↑Synthetische Behauptungen lassen sich danach weder schlüssig beweisen noch zwingend widerlegen. Der Begriff des F. wurde von Peirce zur Charakterisierung des ↑Pragmatismus verwendet und von K. R. Popper zur Kennzeichnung des Kritischen Rationalismus (↑Rationalismus, kritischer) übernommen.

Für Peirce und Popper richtet sich der F. sowohl gegen die Auffassung, für Erfahrungswissen lasse sich Gewißheit erreichen, als auch gegen die Ansicht, Erfahrungswissen sei niemals durch gute ↑Gründe zu rechtfertigen. Vielmehr steuert der F. einen mittleren Kurs zwischen ↑Certismus und ↑Relativismus. Für Peirce beruht die ↑Wahrscheinlichkeit synthetischer Aussagen auf der Anwendung von ↑Induktion und ↑Abduktion; beide Methoden können aber keine letzte Sicherheit garantieren. Erforderlich ist daher eine kritische Position, die alle Behauptungen einer anhaltenden Erfahrungskontrolle unterwirft. Popper strebt demgegenüber eine Beschränkung auf deduktive Methoden an und faßt das Verfahren der kritischen Prüfung (↑Prüfung, kritische) als Grundlage der vorläufigen und revidierbaren Beurteilung von Hypothesen auf (↑Bewährung). H. Albert baute die fallibilistische Position durch Rückgriff auf das ↑Münchhausen-Trilemma weiter aus, das die Unzulänglichkeit eines erkenntnistheoretischen Fundamentalismus (↑Fundamentalismus, begründungstheoretischer) aufweisen und damit umgekehrt den F. stützen sollte. Für Popper und Albert steht dabei der Gegensatz von Wahrheit und ↑Gewißheit im Vordergrund. Gewißheit ist nur durch ↑Immunisierung zu erreichen; Gewißheitsstreben gibt folglich den Wahrheitsanspruch preis. Umgekehrt setzt Wahrheitsstreben umfassende Revisionsbereitschaft voraus und beinhaltet damit die Anerkennung des F..

Die Kohärenz des F. wurde im Rahmen der ↑Transzendentalpragmatik infrage gestellt. Danach hebt sich der F. durch Selbstanwendung auf, da auch der F. selbst als fallibel behauptet werden müsse. Dadurch verschwimme der Gehalt des F., und es sei mit ihm letztlich kein Geltungsanspuch mehr verbunden (Kuhlmann 1986). Albert verteidigt die Kohärenz des F. unter anderem mit dem Argument, der F. beziehe sich nicht auf den Inhalt einer Behauptung, sondern auf deren Geltungsgründe, so daß der Behauptungsanspruch des F. nicht durch die Fehlbarkeit dieser Position in Zweifel gezogen werde. Diese Fehlbarkeit wird von Albert ohne weiteres zugestanden: der F. läßt sich durch Aufweis von Beispielen unbezweifelbar wahrer Aussagen erschüttern (Albert 1982).

Literatur: H. Albert, Traktat über kritische Vernunft, Tübingen 1968, erw. ^{5}1991; ders., Münchhausen oder der Zauber der Reflexion, in: ders., Die Wissenschaft und die Fehlbarkeit der Vernunft, Tübingen 1982, 58–94; ders., Die angebliche Paradoxie des konsequenten F. und die Ansprüche der Transzendentalpragmatik, Z. philos. Forsch. 41 (1987), 421–428; K.-O. Apel, Einführung. Der philosophische Hintergrund der Entstehung des Pragmatismus bei Charles Sanders Peirce, in: C. S. Peirce, Schriften I. Zur Entstehung des Pragmatismus, ed. K.-O. Apel, Frankfurt 1967, 11–153 [insbes. Kap. 3.3 F. und transzendentale Deduktion. Die neue ›Theorie der Erkenntnis‹, 75–108]; S. Haack, Fallibilism and Necessity, Synthese 41 (1979), 37–63; R. Heede, F., Hist. Wb. Ph. II (1972), 894–895; W. Kuhlmann, Reflexive Letztbegründung. Untersuchungen zur Transzendentalpragmatik, Freiburg/München 1986; K. Lehrer/K. Kim, The Fallibility Paradox, Philos. Phenom. Res. Suppl. 50 (1990), 99–107 (dt. F.. Ein Paradox, Conceptus 25 [1991], H. 66, 59–68); J. Mittelstraß, Gibt es eine Letztbegründung?, in: P. Janich (ed.), Methodische Philosophie. Beiträge zum Begründungsproblem der exakten Wissenschaften in Auseinandersetzung mit Hugo Dingler, Mannheim/Wien/Zürich 1984, 12–35, ferner in: J. Mittelstraß, Der Flug der Eule. Von der Vernunft der Wissenschaft und der Aufgabe der Philosophie, Frankfurt 1989, 281–312; G. E. Moore, Philosophical Papers, London/New York 1959, ^{2}1963; M. C. Myers, Peirce and Concept of Reality, Philos. Phenom. Res. 44 (1983/1984), 95–101; K. R. Popper, Conjectures and Refutations. The Growth of Scientific Knowledge, London 1963, 2000 (dt. Vermutung und Widerlegung. Das Wachstum der wissenschaftlichen Erkenntnis, I–II, Tübingen 1994–1997, in einem Bd. 2000); G. Radnitzky, Das Problem der Theoriebewertung. Begründungsphilosophischer, skeptischer und fallibilistischer Denkstil in der Wissenschaftstheorie, Z. allg. Wiss.theorie 10 (1979), 67–97; N. Rescher, The Limits of Science, Berkeley Calif./Los Angeles/London 1984, Pittsburgh Pa. 1999 (dt. Die Grenzen der Wissenschaft, Stuttgart 1985); ders., Fallibilism, REP (1998) III, 545–548; ders., Inquiry Dynamics, New Brunswick N. J./London 2000, 27–39 (Chap. 3 Fallibilism and the Pursuit of Truth); G. N. Schlesinger, Possibilities and Fallibilism, Erkenntnis 21 (1984), 263–278; D. Stump, Fallibilism. Naturalism and the Traditional Requirements for Knowledge, Stud. Hist. Philos. Sci. 22 (1991), 99–107; G. F. Toben, Die F.these von Ch. S. Peirce und die Falsifikationsthese von K. R. Popper. Untersuchung ihres Zusammenhangs, Diss. Stuttgart 1977; T. E. Uebel, Neuraths Protokollsätze als Antwort auf Kritik seines F., Conceptus 25 (1991), H. 65, 85–104. H. R. G./M. C.

Fallunterscheidung (engl. proof by cases), Bezeichnung für einen beweistechnischen Kunstgriff, bei dem zum Beweis einer Behauptung B eine der Voraussetzungen $A_1, \ldots, A_k$, etwa A_i, nicht selbst herangezogen wird, sondern ein zu A_i logisch äquivalentes Adjungat $A_{i_1} \vee \ldots \vee A_{i_n}$, dessen Glieder (die die ›Fälle‹ darstellen) jeweils einzeln zusammen mit den übrigen Voraussetzungen den Beweis von B erlauben. Die einfachste Form eines Beweises durch F. ist daher das konstruktive ↑Dilemma

$$A_1 \vee A_2$$
$$A_1 \to B$$
$$A_2 \to B$$
$$\overline{}$$
$$B.$$

Sind mehr als zwei, etwa k ($k > 2$) Fälle zu unterscheiden, so sind k Adjunktionsglieder anzusetzen; es liegt ein ↑Polylemma vor.

Beweise durch F. finden sich vor allem in der Elementarmathematik, z. B. in der Elementargeometrie der Ebene beim Beweis des Satzes über das Verhältnis von Zentriwinkel und Peripheriewinkel, wo man folgende Fälle unterscheidet (φ sei der Peripheriewinkel):

(1) einer der Schenkel von φ geht durch den Kreismittelpunkt,
(2) beide Schenkel von φ liegen auf derselben Seite des Kreismittelpunkts und treffen diesen nicht,
(3) die Schenkel von φ liegen auf verschiedenen Seiten des Kreismittelpunkts und treffen diesen nicht.

Ebenso finden sich indirekte ↑Beweise (↑Beweis, indirekter) mit F. schon bei Euklid (z. B. Elemente I, Satz 12). Auch das sogenannte Wahrheitstafelverfahren (↑Wahrheitstafel) der klassischen ↑Junktorenlogik arbeitet mit einer F., bei der sämtliche Fälle der ↑Belegung der auftretenden ↑Variablen mit ↑Wahrheitswerten aufgesucht werden und zum Erweis der Gesamtformel als ↑Tautologie in jedem einzelnen dieser Fälle an Hand der ›Wahrheitstafeln‹ für die Junktoren gezeigt wird, daß sich als Belegung der Gesamtformel der Wahrheitswert ›wahr‹ (↑wahr/das Wahre) ergibt. Schließlich machen von F.en alle metalogischen (↑Metalogik) Beweise durch ↑Induktion über den Aufbau eines Ausdrucks Gebrauch.

Literatur: R. M. Exner/M. F. Rosskopf, Logic in Elementary Mathematics, New York/Toronto/London 1959. C. T.

falsch, zusammen mit *wahr* (↑wahr/das Wahre) nach herkömmlicher Ansicht eine der beiden charakteristischen Eigenschaften einer ↑Aussage, wenn diese auf ihre ↑Geltung hin untersucht wird. Jedoch sind nur *wertdefinite* (↑wertdefinit/Wertdefinitheit) Aussagen entscheidbar wahr oder f., d. h. ›nicht-wahr‹ impliziert ›f.‹ und ›nicht-f.‹ impliziert ›wahr‹, so daß ›f.‹ und ›nicht-wahr‹ ebenso wie ›wahr‹ und ›nicht-f.‹ gleichwertig sind. Im allgemeinen Fall der bloß *dialogdefiniten* (↑dialogdefinit/Dialogdefinitheit) Aussagen, z. B. bei einer noch unbewiesenen ↑Allaussage, muß streng zwischen wahr und nicht-f. bzw. f. und nicht-wahr, wie es in der dialogischen Logik (↑Logik, dialogische) auseinandergesetzt ist, unterschieden werden: Eine Aussage *A* ist wahr, wenn es im Dialog um sie eine ↑Gewinnstrategie *für A* gibt, d. h., wenn der ↑Proponent *P* für seine Dialogführung über eine Gewinnstrategie verfügt. *A* ist hingegen f., wenn es eine Gewinnstrategie *gegen A* gibt, d. h., wenn der ↑Opponent *O* für seine Dialogführung über eine Gewinnstrategie verfügt. Aus dem Nicht-Verfügen über eine Gewinnstrategie – das ist grundsätzlich nicht dasselbe wie der Nachweis ihrer Nicht-Existenz – seitens eines der beiden Dialogpartner kann im allgemeinen nicht auf das Vorliegen einer Gewinnstrategie beim anderen geschlossen werden. Zwar gelten die beiden Implikationen »›wahr‹ impliziert ›nicht-f.‹« und »›f.‹ impliziert ›nicht-wahr‹«, aber nicht die jeweils konversen (↑konvers/Konversion). Nur fiktiv, unter der Annahme des ↑tertium non datur (oder einer gleichwertigen Annahme, z. B. des ↑Stabilitätsprinzips) auch für dialogdefinite Aussagen, wie generell in der klassischen Logik (↑Logik, klassische), entfällt diese Differenzierung. Bei G. Frege stellt jede f.e Aussage den ↑Wahrheitswert ›das Falsche‹ (in Zeichen: ⊢) dar und bedeutet ihn daher; aus diesem Grund kann eine f.e Aussage mit dem in objektsprachlicher Verwendung als Aussagesymbol (↑Aussageschema) fungierenden ↑falsum (in Zeichen: ⋏) wiedergegeben werden. K. L.

Falsifikation, Terminus der Wissenschaftstheorie K. R. Poppers (↑Rationalismus, kritischer) zur Bezeichnung der Widerlegung einer wissenschaftlichen ↑Allaussage durch ein empirisches Gegenbeispiel. F. und Falsifizierbarkeit zeichnen empirisch-wissenschaftliche Aussagen vor metaphysischen Aussagen (↑Metaphysik) aus. – Für die F. wird die betreffende Allaussage zunächst in einen logisch äquivalenten universellen ›Es-gibt-nicht-Satz‹ umformuliert. Z. B. wird der Energiesatz (›in allen Prozessen bleibt die Gesamtenergie erhalten‹) als Ausschluß eines ↑Perpetuum mobile ausgedrückt (›in keinem Prozeß kann mehr Energie erzeugt werden, als aufgewendet wurde‹). Beobachtungen werden bei Popper durch ↑Basissätze angegeben, die die Gestalt singulärer ›Es-gibt-Sätze‹ annehmen (›an einem bestimmten Ort zu einer bestimmten Zeit liegt ein bestimmtes Ereignis vor‹). Aus einem solchen Basissatz läßt sich eine ›falsifizierende Hypothese‹ ableiten (›es gibt das näher bestimmte Ereignis‹), die mit dem aus der Allaussage abgeleiteten universellen ›Es-gibt-nicht-Satz‹ in Widerspruch stehen kann. Die F. erfolgt daher nicht durch ein singuläres Ereignis, sondern durch eine Klasse von Ereignissen oder einen ›Vorgang‹. Eine Allaussage ist falsifiziert, wenn ein Basissatz anerkannt ist, der mit ihr in der beschriebenen Weise in Gegensatz tritt (K. R. Popper, Logik der Forschung, 1934, ⁹1989, 47–59 [Kap. 4 Falsifizierbarkeit]).

Von der F. ist die *Falsifizierbarkeit* zu unterscheiden, in der Popper ein ↑Abgrenzungskriterium für erfahrungswissenschaftliche Aussagen von ›metaphysischen‹ (nicht jedoch ein ↑Sinnkriterium [↑Sinnkriterium, empiristisches] für solche Aussagen) sieht. Alle erfahrungswissenschaftlichen Aussagen sind demnach per definitionem falsifizierbar, aber selbstverständlich nicht falsifiziert.

Literatur: W. Detel, Zwei Fallstudien zur Prüfung des Falsifikationismus, Z. allg. Wiss.theorie 5 (1974), 226–246; K. J. Düsberg, Sind empirische Theorien falsifizierbar?, Z. allg. Wiss.theorie 10 (1979), 11–27; ders., F./Falsifikationismus, EP I (1999), 383–386; D. Gillies, Philosophy of Science in the Twentieth Century. Four Central Themes, Oxford/Cambridge Mass. 1993, bes. 26–53, 205–230; A. Grünbaum, Can We Ascertain the Falsity of a Scientific Hypothesis?, in: E. Nagel/S. Bromberger/A. Grünbaum (eds.), Observation and Theory in Science, Baltimore Md. 1971, 69–129; ders., Can a Theory Answer More Questions than One of Its Rivals?, Brit. J. Philos. Sci. 27 (1976), 1–23; ders., Is the Method of Bold Conjectures and Attempted Refutations Justifiably the Method of Science?, Brit. J. Philos. Sci. 27 (1976), 105–136; ders., Ad hoc Auxiliary Hypotheses and Falsificationism, Brit. J. Philos. Sci. 27 (1976), 329–362; ders., Is Falsifiability the Touchstone of Scientific Rationality? Karl Popper versus Inductivism, in: R. S. Cohen/P. K. Feyerabend/M. W. Wartofsky (eds.), Essays in Memory of Imre Lakatos, Dordrecht/Boston Mass. 1976 (Boston Stud. Philos. Sci. XXXIX), 213–252; B. Juhos, Die methodologische Symmetrie von Verifikation und F., Z. allg. Wiss.theorie 1 (1970), 41–70; M. Küttner, F., in: H. Seiffert/G. Radnitzky (eds.), Handlexikon zur Wissenschaftstheorie, München 1989, 1992, 80–82; I. Lakatos, Falsification and the Methodology of Scientific Research Programmes, in: ders./A. Musgrave (eds.), Criticism and the Growth of Knowledge. Proceedings of the International Colloquium in the Philosophy of Science, London 1965 IV, Cambridge 1970, 91–195, Nachdr. in: ders., Philosophical Papers I (The Methodology of Scientific Research Programmes), ed. J. Worrall/G. Currie, Cambridge 1978, 8–101 (dt. F. und die Methodologie wissenschaftlicher Forschungsprogramme, in: I. Lakatos/A. Musgrave [eds.], Kritik und Erkenntnisfortschritt. Abhandlungen des Internationalen Kolloquiums über die Philosophie der Wissenschaft, London 1965 IV, Braunschweig 1974, 89–189); J. Leplin, Contextual Falsification and Scientific Methodology, Philos. Sci. 39 (1972), 476–490; H. Oetjens, Sprache, Logik, Wirklichkeit. Der Zusammenhang von Theorie und Erfahrung in K. R. Poppers »Logik der Forschung«, Stuttgart-Bad Cannstatt 1975; K. R. Popper, Logik der Forschung. Zur Erkenntnistheorie der modernen Naturwissenschaft, Wien 1934 (mit Jahreszahl 1935), erw., ohne Untertitel: Tübingen ²1966, ⁴1969, erw. ¹⁰1994 (engl. The Logic of Scientific Discovery, London/New York 1959, ¹⁰1980); ders., Falsifizierbarkeit, zwei Bedeutungen von, in: H. Seiffert/G. Radnitzky (eds.), Handlexikon zur Wissenschaftstheorie [s. o.], 82–86; M. Schmid, Falsifizierbarkeit oder F.?, Z. allg. Wiss.theorie 3 (1972), 85–87. M. C./P. J.

falsifizierbar/Falsifizierbarkeit, ↑Falsifikation.

falsum (lat., das Falsche), Zeichen: ⋏, metasprachlich (↑Metasprache) einer der beiden ↑Wahrheitswerte bei wertdefiniten (↑wertdefinit/Wertdefinitheit) Aussagen, daneben objektsprachlich (↑Objektsprache) eine beliebige ↑falsche Aussage als Ergebnis der Anwendung eines der beiden verschiedenen 0-stelligen ↑Junktoren (↑Junktorenlogik); aus diesem Grund kann statt einer falschen Aussage das als ein spezielles ↑Aussageschema fungierende Aussagesymbol ›⅄‹ gewählt werden. Zugleich ist ›f.‹ Bezeichnung derjenigen identischen ↑Wahrheitsfunktion beliebiger Stellenzahl, die für jede Wahl der Argumente den Wert ›falsch‹ liefert und daher extensional (↑extensional/Extension) mit jeder Kontradiktion (↑kontradiktorisch/Kontradiktion), d. i. eine logisch falsche Aussage, z. B. $A \land \neg A$, äquivalent (↑Äquivalenz) ist. Antonym: ↑verum. K. L.

Familienähnlichkeit (engl. family resemblance), philosophischer Terminus, in dieser Verwendung zuerst bei L. Wittgenstein bedeutsam, möglicherweise angeregt durch A. Schopenhauer, der die »wundersame, unverkennbare Analogie aller Produktionen der Natur, jene F., die sie als Variationen desselben nicht mitgegebenen Themas betrachten läßt«, hervorhebt (Sämtliche Werke I, ed. W. v. Löhneysen, Darmstadt 1961, 228; vgl. I, 153 und 213, ferner II, 490). Eine sprachanalytische Wendung erhält der Ausdruck durch F. Nietzsches Zurückführung der »wunderlichen Familien-Ähnlichkeit alles indischen, griechischen, deutschen Philosophierens« auf die Sprachverwandtschaft (Werke, Krit. Gesamtausg. VI/2, 28), eine Bemerkung, die bei F. Mauthner bereits wieder aufgegriffen wird (Kritik der Sprache I, Leipzig ³1923, 371 f.). Die Metapher der F. dient Wittgenstein in den »Philosophischen Untersuchungen« (§§ 66 ff.) zur Erläuterung seiner Auffassung, daß der rechtmäßige Gebrauch eines Wortes nicht davon abhängig ist, daß die Fälle, für die wir es verwenden, eine (wesentliche) Eigenschaft gemeinsam haben. Die Anwendung eines Ausdrucks wie z. B. ›Spiel‹ sei auch dann geregelt, wenn sich keine Definition angeben lasse; sie sei nur nicht abschließend geregelt und daher für noch nicht bekannte Fälle offen. Eine strenge Begrenzung der Begriffe, wie sie G. Frege gefordert hatte, hält Wittgenstein weder für notwendig noch für wünschenswert (§ 71). Die Beziehung der F. besteht nach Wittgenstein für eine Reihe von Fällen, wenn diese (außer etwa einer einheitlichen Bezeichnung) kein ↑Merkmal gemeinsam haben. Der Zusammenhang läßt sich folgendermaßen illustrieren (nach R. Bambrough):

e	d	c	b	a
(*ABCD*)	(*ABCE*)	(*ABDE*)	(*ACDE*)	(*BCDE*)

Von den fünf Merkmalen *A*, *B*, *C*, *D*, *E* fehlt dem Fall *e* das Merkmal *E*, dem Fall *d* das Merkmal *D* usw., so daß keines der fünf Merkmale allen Fällen *a*, *b*, *c*, *d*, *e* zukommt. Von Fall zu Fall gibt es Übereinstimmung in den Merkmalen; aber kein Merkmal ist durchlaufend. Ausschlaggebend für das Bestehen einer F. zwischen zwei Fällen ist, daß sie in einer Entwicklungslinie der genannten Art stehen. Zwei Fälle für sich betrachtet können nicht familienähnlich sein. Zur F. gehört der Hintergrund der weiteren Fälle, der die ›Familienzugehörigkeit‹ ausmacht und der durch die einheitliche Bezeichnung ausgedrückt wird. Die Bedingung, daß es kein durchlaufendes Merkmal gibt, läßt sich erst für mindestens drei Fälle formulieren.

F. kann auch dann noch bestehen, wenn zwei Fälle überhaupt kein Merkmal mehr gemeinsam haben. Man denke sich zwei in der Entwicklungslinie weit auseinanderliegende Fälle. Bei entsprechender Erweiterung des angegebenen Schemas könnte ein Fall *n* z. B. die Merkmale *CFKM* haben. Er hätte dann mit dem Fall *c* kein Merkmal gemeinsam. Für die Fälle *c* und *n* bestünde F. ohne Ähnlichkeit (im Sinne der Teilgleichheit, ↑ähnlich/Ähnlichkeit). Das bedeutet, daß die Beziehung der F. im Unterschied zur Ähnlichkeit transitiv ist (↑transitiv/Transitivität), weil die Zugehörigkeit zu einer Entwicklungslinie ausschlaggebend ist. Angesichts der komplexen, nicht-linearen Struktur von F.zusammenhängen kann es allerdings fraglich erscheinen, ob eine solche Rekonstruktion als Relation Wittgensteins Intention gerecht wird.

Eine überraschende Parallele zu Wittgensteins Auffassung findet sich in R. Musils Roman »Der Mann ohne Eigenschaften« (Hamburg 1970, 1289), wenn es dort über die Verwandtschaft von »Eß-, Mist-, Ast-, Gewehr-, Weg- und anderen Gabeln« heißt: »Denn sie brauchen nicht einmal untereinander alle ähnlich zu sein, es genügt schon, wenn eins das andere gibt, wenn man von einem zu anderen kommt, wenn nur Nachbarglieder einander ähnlich sind; entferntere sind es dann durch ihre Vermittlung« (dazu S. A. Döring, Logisches und Analytisches Denken, in: dies., Ästhetische Erfahrung als Erkenntnis des Ethischen. Die Kunsttheorie Robert Musils und die analytische Philosophie, Paderborn 1999, 85–93).

Literatur: G. P. Baker/P. M. S. Hacker, Wittgenstein. Understanding and Meaning. An Analytical Commentary on the »Philosophical Investigations«, Oxford 1980, 320–343; R. Bambrough, Universals and Family Resemblances, Proc. Arist. Soc. 61 (1960/1961), 207–222, Nachdr. in: G. Pitcher (ed.), Wittgenstein. »The Philosophical Investigations«, Garden City N. Y., London etc. 1966, 186–204; R. W. Beardsmore, The Theory of Family Resemblances, Philos. Investigations 15 (1992), 131–146; K. Campbell, Family Resemblance Predicates, Amer. Philos. Quart. 2 (1965), 238–244; H. Gert, Family Resemblances and Criteria, Synthese 105 (1995), 177–190; H.-J. Glock, Family Resemblance, in: ders., A Wittgenstein Dictionary, Oxford etc. 1996, 2000, 120–124 (dt. F., in: ders., Wittgenstein-Lexikon, Darmstadt 2000, 107–111); R. Goeres, Die zentrale Konzeption der F. als

Spezifikum des Begriffs, in: ders., Die Entwicklung der Philosophie Ludwig Wittgensteins unter besonderer Berücksichtigung seiner Logikkonzeptionen, Würzburg 2000, 234–300; N. Griffin, Wittgenstein, Universals and Family Resemblances, Can. J. Philos. 3 (1974), 625–651; F. v. Kutschera, Sprachphilosophie, München 1971, bes. 267–279, ²1975, bes. 190–203; B. Rundle, Wittgenstein and Contemporary Philosophy of Language, Oxford/Cambridge Mass. 1990, bes. 40–63; E. V. Savigny, Wittgensteins »Philosophische Untersuchungen«. Ein Kommentar für Leser, Frankfurt 1994, bes. 114–125; H. Wennerberg, The Concept of Family Resemblance in Wittgenstein's Later Philosophy, Theoria 33 (1967), 107–132 (dt. Der Begriff der F. in Wittgensteins Spätphilosophie, in: E. V. Savigny [ed.], Ludwig Wittgenstein. »Philosophische Untersuchungen«, Berlin 1998, 41–69). G. G.

Fangfrage, in der traditionellen ↑Rhetorik Terminus für solche Fragen, bei deren Beantwortung der Befragte zwangsläufig von ihm selbst gar nicht vertretene Behauptungen oder auch Imperative explizit aufstellen oder implizit bestätigen muß. Der bekannteste Typ von F.n ist dadurch gekennzeichnet, daß die Fragen (1) von einer nicht ausdrücklich formulierten Tatsachenbehauptung, einer ›Frage-Voraussetzung‹, ausgehen, ohne die die Frage nicht sinnvoll gestellt werden könnte (↑Präsupposition), (2) durch Festlegung der zulässigen Antworten unter Ausschluß von Rückfragen (insbes. nach den Frage-Voraussetzungen) die Bestätigung dieser Voraussetzungen oder logischer Konsequenzen aus ihnen erzwingen. Beispiele: »Herr Abgeordneter, antworten Sie mit ›ja‹ oder ›nein‹! Haben Sie die an Sie gezahlten Bestechungsgelder zurückgegeben?« oder, mit gleicher Festlegung der zugelassenen Antworten: »Prügeln Sie Ihre Frau immer noch?« Bei genauer Interpretation sind selbst (durchaus geläufige) Fragen der Form »Geben Sie zu, daß A?« F.n, da sie die Gültigkeit der Aussage A unterstellen und den Befragten nur noch zur Bestätigung dieser Gültigkeit in Verbindung mit einer Aussage zu seiner eigenen Glaubwürdigkeit auffordern. Akzeptiert der Befragte selbst (explizit oder implizit) die in der Frage gemachten sachlichen und sprachlichen Voraussetzungen, und wird, wie auch immer er antwortet, ein Widerspruch zu vermeintlich gesicherten Aussagen oder den Frage-Voraussetzungen erzeugt, liegt damit eine zweite Form von F.n vor. Anders als beim ersten Typ ist hier die Fragestellung nicht ›unfair‹, da sie für Rückfragen offen bleibt. F.n dieser Art sind unter anderem brauchbar zum Nachweis von Inkonsistenzen in den Meinungen des Befragten. Von diesem Typ sind z. B. diejenigen Fragen, deren Beantwortung zu semantischen Antinomien (↑Antinomien, semantische) führt. Fragevoraussetzungen bilden hierbei die der Antinomienkonstruktion zugrundeliegenden Definitionen zusammen mit der Annahme ihrer Sinnhaftigkeit.

Literatur: M. Löhner, F., Hist. Wb. Rhetorik III (1996), 212–213; weitere Literatur: ↑Fangschluß, ↑Fehlschluß. G. H.

Fangschluß (↑Sophisma, engl. sophistry), auch ↑Trugschluß, zum Zwecke der Täuschung gebildeter ↑Fehlschluß, dem vor dem Hintergrund einer durch Reden und Debatten bestimmten öffentlichen und politischen Kultur in der Antike große Bedeutung zukam und der dementsprechend auch in der antiken Philosophie (↑Philosophie, antike) eine wesentliche Rolle spielt. Im Zuge der ›Verschriftlichung‹ des Philosophierens verlieren F.e jedoch zunehmend ein über das bloß Historische hinausgehendes systematisches Interesse. Ausnahmen von dieser allgemeinen Tendenz bilden einerseits die mittelalterliche Disputierkunst, andererseits solche F.e, die zu ihrer Aufklärung eine nicht-triviale Theoriebildung benötigen. So verweist der Gehörnte (↑Cornutus) – ›hast du aufgehört, deine Frau zu schlagen?‹ – in diesem Sinne auf die Klasse der sog. ›Präsuppositionsschlüsse‹ (↑Präsupposition), der ↑Sorites – ›wieviele Körner machen einen Haufen?‹ – auf die noch immer aktuelle Vagheitsproblematik (↑Vagheit).

Sofern sich in der Antike Erfolg an rhetorische Kunstfertigkeit und daran band, eigene Interessen rhetorisch geschickt als allgemeine zu verkaufen, konnte dies als Einladung verstanden werden, F.e geschickt zu präparieren und in Reden wirkungsvoll zu plazieren. Diese planende Tücke wird deutlich, wenn Platon einen Sophisten (↑Sophistik) sagen läßt »was immer er antworten wird, Sokrates, ich sage voraus, er wird zuschanden gemacht werden« (Euthyd. 275e); vor diesem Hintergrund läßt sich der ↑Homo-mensura-Satz des Protagoras auch als Teil einer Rednerausbildung verstehen, die vorgibt, mit Worten alles erreichen zu können. Platons sprachphilosophische Erörterungen betreiben daher nicht nur die Entlarvung konkreter F.e, sondern verfolgen auch das Ziel, Annahmen zu widerlegen, die den Sophisten zur theoretischen Fundierung von F.en dienen konnten, so etwa das Lehrstück (formuliert im Anschluß an Parmenides), daß es keine falsche Aussage oder Lüge gäbe (was ein Nicht-Seiendes wäre). Aristoteles widmet den Fehl- und F.en in kritischer Absicht in den »Sophistischen Widerlegungen« (und in der »Topik« als konstruktivem Pendant) eine lehrbuchmäßige Darstellung. ↑Peripatos wie ↑Stoa dienen die zahlreichen überlieferten F.e schließlich bei den Bemühungen um eine verläßliche ↑Argumentationstheorie als lehrreiche Beispiele für Fehlschlüsse, ein Bemühen, das sich im Hoch- und Spätmittelalter in Form der Sophismata-Literatur noch einmal wiederholen wird. Im angelsächsischen Sprachraum setzt mit R. Whateley, mitgetragen von einflußreichen Autoren wie J. Bentham und J. S. Mill, in aufklärerischer Absicht eine Tradition ein, Fehlschlüsse zu analysieren, die sich in Form von (meist) ›Critical Thinking‹ genannten Seminar- und Buchangeboten bis heute durchhält.

Literatur: J. Bentham, The Book of Fallacies, London 1824, unter dem Titel: B.'s Handbook of Political Fallacies, ed. H. A. Larrabee, Baltimore Md. 1952, New York 1971; M. Black, Critical Thinking. An Introduction to Logic and Scientific Method, New York 1946, 1947, Englewood Cliffs N. J. ²1952, 1965; S. Ebbesen, Commentators and Commentaries on Aristotle's »Sophistici Elenchi«. A Study of Post-Aristotelian Ancient and Medieval Writings on Fallacies, I–III, Leiden 1981; W. W. Fearnside/W. B. Holther, Fallacy. The Counterfeit of Argument, Englewood Cliffs N. J. 1959; C. L. Hamblin, Fallacies, London 1970, Newport News Va. 1994, 2004; K. Jacobi (ed.), Argumentationstheorie. Scholastische Forschungen zu den logischen und semantischen Regeln korrekten Folgerns, Leiden/New York 1993; N. Kretzmann, Syncategoremata, exponibilia, sophismata, in: ders./A. Kenny/J. Pinborg (eds.), The Cambridge History of Later Medieval Philosophy. From the Rediscovery of Aristotle to the Disintegration of Scholasticism 1100–1600, Cambridge etc. 1982, 211–245; J. S. Mill, A System of Logic, Ratiocinative and Inductive Logic II, London 1843, Nachdr. in: ders., Collected Works of John Stuart Mill VIII, ed. J. M. Robson, Toronto 1974, bes. 731–830 (dt. System der deduktiven und induktiven Logik III [= Gesammelte Werke IV, ed. T. Gomberz], Leipzig 1884 [repr. Aalen 1968], bes. 109–227); M. Pirie, The Book of Fallacy. A Training Manual for Intellectual Subversives, London 1985; S. Read (ed.), Sophisms in Medieval Logic and Grammar [...], Dordrecht/Boston Mass. 1993; H. Rüdiger, Der Kampf mit dem gesunden Menschenverstand. Klassische Trugschlüsse und F.e, München 1939, unter dem Titel: Sokrates ist nicht Sokrates. Der Kampf mit dem gesunden Menschenverstand. Klassische Trug- und F.e, Zürich etc. 1975, 1993; A. Sidgwick, Fallacies. A View of Logic from the Practical Side, London 1883, ³1901; R. K. Sprague, Plato's Use of Fallacy. A Study of the Euthydemus and some Other Dialogues, London 1962, New York 1963; R. Whateley, Elements of Logic, London 1826, ²1827 (repr. Delmar N. Y. 1975), ⁹1848, bes. 153–227; weitere Literatur: ↑Fehlschluß, ↑Sophisma, ↑Trugschluß. B. B./G. H.

Farabi, al-, Abu Nasr Muhammed ibn Muhammad ibn Tarkhan ibn Awzalagh, auch Alfarabi, Abunazar, Avenasar, lat. Alpharabius, *Wasidsch (Distrikt Farab, Turkestan) um 870, †bei Damaskus um 950, Philosoph, Mathematiker und Musiktheoretiker, einer der bedeutendsten Gelehrten des Islam. F. studierte in Bagdad, Haran (?) und Konstantinopel, lehrte in Bagdad, Aleppo und Damaskus, beeinflußte (selbst beeinflußt von der Aristotelestradition der nestorianischen Christen) den ↑Aristotelismus des Avicenna, Averroës, Maimonides und Albertus Magnus. Er verfaßte arabische Übersetzungen und Kommentare zu Platon und Aristoteles und hatte dadurch maßgeblichen Anteil an der Verbreitung der griechischen Philosophie (insbes. der Logik) im arabisch-islamischen Kulturkreis. Charakteristisch für die Philosophie F.s ist einerseits seine wechselnde Bezugnahme auf Platon (bzw. den ↑Neuplatonismus) oder Aristoteles (man nannte ihn den ›Zweiten Lehrer‹ – nach Aristoteles), andererseits sein Bestreben, durch zahlreiche definitorische Erklärungen und klassifizierende Einteilungen seine Theorien in möglichst präziser und durchschaubarer Form zu präsentieren.

F. kritisiert die Aristotelesinterpretationen Galens und der islamischen Theologen und hält mit Aristoteles (gegen die Kritik des J. Philoponos) am Theorem der ↑Ewigkeit der Welt fest, wobei er die theologische Schöpfungslehre zwar beibehält, die ↑Schöpfung jedoch im neuplatonischen Sinne als vorzeitliche ↑Emanation aus göttlichem Sein deutet, weshalb er in Bezug auf seine theologischen und metaphysischen Schriften bei den Arabern als Begründer des Neuplatonismus gilt. In seiner Weltentstehungstheorie nimmt F. eine erhebliche Erweiterung und Differenzierung der Seinsstufen (↑Hypostasen) gegenüber Plotin vor: An der Spitze steht als Ursprung allen Seins ›das Erste‹, das göttliche Sein (meist nach Art einer negativen Theologie als unteilbar, unkörperlich, undefinierbar charakterisiert), aus dem der ›Erste Intellekt‹, ebenfalls immateriell, durch Emanation hervorgeht. Ihm folgt auf dieselbe Weise der ›Zweite Intellekt‹, der Körperlichkeit und Seele des ›Ersten Himmels‹ hervorbringt, aus dem die Fixsterne (Saturn, Jupiter, Mars, Sonne, Venus, Merkur und Mond) als sieben weitere ›Intellekte‹ entspringen. Der letzte, der ›Zehnte Intellekt‹ schließlich, konzipiert als tätiger Geist, der die Fähigkeit besitzt, Potentialität in Aktualität zu überführen, stellt die Verbindung zwischen der himmlischen und der sublunaren Welt her.

In der *Erkenntnistheorie* (hier orientiert sich F. eher an Aristoteles als an Platon) unterscheidet F. die folgenden geistigen Qualitäten bzw. Funktionen: (1) Weisheit; sie versetzt in die Lage, Gutes von Bösem zu unterscheiden. (2) Allgemeine praktisch-pragmatisch orientierte Vernunft; sie befähigt dazu, die alltäglichen Probleme des Lebens zu bewältigen. (3) Empirisch orientierte Vernunft; sie ist auf Naturerkenntnis gerichtet. (4) Vernunft als ›Gewissen‹. (5) Abstraktionsfähigkeit; sie ist ihrerseits in vier Teilaspekte untergliedert und eine Ursache dafür, daß wir die Formen aller seienden Dinge erkennen können. (6) Die göttliche Vernunft (oder Gott). – In seiner *Wissenschaftsklassifikation*, in der er auf die sonst übliche Unterscheidung in theologische und philosophische Wissenschaften verzichtet, gliedert F. die Wissenschaften in: Sprachtheorie, Logik, Mathematik, Physik, Metaphysik, Politiktheorie, Rechtswissenschaft, (philosophische) Theologie. Diese Bereiche, die jeweils wieder in etliche Teilgebiete zerfallen, bieten eine vollständige enzyklopädische Übersicht über das Wissen seiner Zeit. In seiner *Politiktheorie* (wieder eher an Platon angelehnt) hebt F. als notwendige Qualitäten eines guten Herrschers unter anderem hervor: Vernunft, Rhetorik, Gedächtnis, Wahrheit, Lernbegabtheit und die Fähigkeit, auf materielle Dinge verzichten zu können. Er unterscheidet drei gute und vier schlechte Staats- oder Gesellschaftsformen. Die beste ist charakterisiert durch vollkommene Tugendhaftigkeit und durchgängiges Glück; die schlechten werden beherrscht von Unwissenheit und Zügellosigkeit. Die Seelen der Menschen in den schlechten Staaten fallen der ewigen Verdammnis anheim.

Höchstes Ziel des Staates ist die Glückseligkeit, die Eudaimonie (↑Eudämonismus), die bei F. letztlich in das soteriologisch verstandene ewige Heil einmündet.
F. gilt als der bedeutendste *Musiktheoretiker* der arabischen Welt. Seine musiktheoretische Schrift, vermutlich die umfangreichste arabische Abhandlung über Musik, enthält nicht nur Theoretisches (wie Definitionen, physikalische Tonlehre, Rhythmustheorie), sondern auch empirisch-praktische Erörterungen zu verschiedenen Instrumenten und zur Kompositionslehre. F.s Versuch, das griechische Tonsystem in die arabische Musik einzuführen, scheiterte jedoch. – F. befaßte sich ferner mit Astronomie und Alchemie (deren Wissenschaftlichkeit er bestritt), Physik und Mathematik.

Werke: Alpharabii vetustissimi Aristotelis interpretis opera omnia quae latina lingua conscripta reperiri potuerunt, ed. G. Camerarius, Paris 1638 (repr. Frankfurt 1969) [lat.]; Philosophische Abhandlungen, I–II, ed. F. Dieterici, Leiden 1890/1892 (repr. I, Osnabrück 1982, II, Frankfurt 1976, I–II, Frankfurt 1999 [Islamic Philosophy XII–XIV]) [arab./dt.]; F. Sezgin (ed.), Texts and Studies, I–V, Frankfurt 1999 (Islamic Philosophy VII–XI). – Risāla fī ārā' ahl al-madīna al-fāḍila, unter dem Titel: Der Musterstaat, ed. F. Dieterici, Leiden 1895, 1900 (repr. Leiden 1964, Hildesheim/New York 1985, Frankfurt 1999 [Islamic Philosophy XIV]) [arab./dt.]; unter dem Titel: Idées des habitants de la cité vertueuse, ed. R. P. Jaussen/Y. Karam/J. Chlala, Kairo 1949 [franz.]; ed. A. Nader, Beirut 1959 [arab.]; unter dem Titel: La ciudad ideal, ed. M. Cruz, Madrid 1985 [span.]; unter dem Titel: On the Perfect State, ed. R. Walzer, Oxford 1985 [arab./engl.]; unter dem Titel: Traité des opinions des habitants de la cité idéale, ed. T. Sabri, Paris 1990 (Études musulmanes XXXI) [franz.]; Fu.sū.s al-ḥikām, unter dem Titel: Buch der Ringsteine, ed. M. Horten, Münster 1906 (Beitr. Gesch. Philos. Ma V/3) (repr. Frankfurt 1999 [Islamic Philosophy XV]) [dt.]; ed. M. H. Al Yasin, Bagdad 1976 [arab.]; Risāla fi'l-'aql, unter dem Titel: De intellectu, ed. É. Gilson, in: ders., Les sources gréco-arabes de l'Augustinisme avicennisant, Arch. hist. doctr. litt. moyen-âge 4 (1929), 5–149, bes. 115–141, sowie in dessen separater Ausg.: Les sources gréco-arabes de l'Augustinisme avicennisant. Suivi de: L. Massignon, Notes sur le texte original arabe du »De intellectu« d'al F., Paris 1981, 1986, 108–149 [lat.]; ed. M. Bouyges, Beirut 1938, ²1983 [arab.]; Kitāb al-musīqa al-kabīr, unter dem Titel: Grand traité de la musique, als: R. d'Erlanger (ed.), La musique arabe, I–II, Paris 1930/1935 (repr. 2001) [franz.]; ed. G. A. al-Hasaba/M. A. al-Hifni, Kairo 1967 [arab.]; ed. E. Neubauer, Frankfurt 1998 (Veröffentl. Inst. Gesch. arab.-islam. Wiss., Reihe C = Facsimile Ed. 61) [arab.]; Kitāb iḥṣā' al-'ulūm, ed. U. Amin, Kairo 1931, ³1968 [arab.]; unter dem Titel: Catálogo de las ciencias, ed. A. González Palencia, Madrid 1932, ²1953 [span./lat./arab.]; unter dem Titel: De scientiis, ed. M. A. Alonso, Madrid/Granada 1954 [lat.]; Al-F.'s Arabic-Latin Writings on Music, ed. H. G. Farmer, Glasgow 1934 (repr. New York/London 1965) [arab./engl.]; De Platonis filosofia/Falsafat Aflāṭun, ed. F. Rosenthal/R. Walzer, London 1943 (Corpus Platonicum Medii Aevi, Plato Arabus II) [lat./arab.]; unter dem Titel: The Philosophy of Plato, in: Philosophy of Plato and Aristotle, ed. M. Mahdi, New York 1962, Ithaca N. Y. ²1969, 51–67 [engl.]; Compendium legum Platonius/Talkhīs nawāmis Aflāṭun, ed. F. Gabrieli, London 1952 (Corpus Platonicum Medii Aevi, Plato Arabus III) [lat./arab.]; Fuṣūl fī' t-tauṭi'ah, unter dem Titel: Introductory Sections on Logic, ed. D. M. Dunlop, Islamic Quart. 2 (1955), 267–282 [arab./engl.]; Kitāb īsaghūjī ay al-madkhal, unter dem Titel: Eisagoge, ed. D. M. Dunlop, Islamic Quart. 3 (1956), 118–138 [arab./engl.]; Risāla ṣudira bihā al-kitāb, unter dem Titel: Introductory ›Risālah‹ on Logic, Islamic Quart. 3 (1956), 225–235; Šarḥ kitāb al-maqūlāt li-Ariṣtūṭālīs, unter dem Titel: Paraphrase of the »Categories« of Aristotle, ed. D. M. Dunlop, Islamic Quart. 4 (1958), 169–197, 5 (1959), 21–54 [arab./engl.]; Kitāb al-jam' bayna ra'yay al-ḥakīmayn, Aflāṭun all-llāhī wa Ariṣtūṭālīs, ed. A. Nader, Beirut 1960, unter dem Titel: L'harmonie entre les opinions des deux sages, le divin Platon et Aristote, in: Deux traités philosophiques, ed. D. Mallet, Damaskus 1989, 55–97 [franz.], unter dem Titel: L'harmonie entre les opinions de Platon et d'Aristote, ed. F. Najjar/D. Mallet, Damaskus 1999 [arab./franz.]; Šarḥ kitāb Ariṣtūṭālīs fī al-'ibāra, unter dem Titel: Commentary on Aristotle's »Peri hermeneias« (»De interpretatione«), ed. W. Kutsch/S. Marrow, Beirut 1960, ²1971 [arab.], unter dem Titel: Commentary and Short Treatise on Aristotle's »De interpretatione«, ed. F. W. Zimmermann, London 1981, 1987 [engl.]; Falsafat Ariṣtūṭālīs, ed. M. Mahdi, Beirut 1961 [arab.], unter dem Titel: The Philosophy of Aristotle, in: Philosophy of Plato and Aristotle, ed. ders., New York 1962, Ithaca N. Y. ²1969, 69–130 [engl.]; Fuṣūl al-madanī/Aphorisms of the Statesman, ed. D. M. Dunlop, Cambridge 1961 [arab./engl.]; Kitāb taḥṣīl al-sa'āda, unter dem Titel: The Attainment of Happiness, in: Philosophy of Plato and Aristotle, ed. M. Mahdi, New York 1962, Ithaca N. Y. ²1969, 11–50 [engl.]; ed. J. Al Yasin, Beirut 1981 [arab.]; Kitāb al-qiyās al-ṣagīr, unter dem Titel: Short Commentary on Aristotle's »Prior Analytics«, ed. N. Rescher, Pittsburgh Pa. 1963 [engl.]; Kitāb al-siyāsa al-madaniya, mit Untertitel: The Political Regime, ed. F. Najjar, Beirut 1964 [arab.]; Kitāb al-alfāẓ al-musta'mala fi al-manṭiq, mit Untertitel: Utterances Employed in Logic, ed. M. Mahdi, Beirut 1968 [arab.]; Kitāb al-millah wa nuṣūṣ uḥrā, mit Untertitel: Book of Religion and Related Texts, ed. M. Mahdi, Beirut 1968 [arab.], teilw. unter dem Titel: De la religion, in: Deux traités philosophiques, ed. D. Mallet, Damaskus 1989, 117–145 [franz.]; Kitāb al-ḥurūf, mit Untertitel: Book of Letters, ed. M. Mahdi, Beirut 1969 [arab.]; Deux ouvrages inédits sur la rhétorique, ed. J. Langhade/M. Grignaschi, Beirut 1971 [darin: Kitāb al-ḫaṭāba (Commentaire de la »Rhétorique« d'Aristote), ed. J. Langhade, 30–121 (franz./arab.); Didascalia in rhetoricam Aristotelis, ed. M. Grignaschi, 149–252 (lat.)]; Fuṣūl muntaza'ah, mit Untertitel: Selected Aphorisms, ed. F. Najjar, Beirut 1971 [arab.]; Kitāb al-tanbīh 'alā sabīl al-sa'āda, mit Untertitel: Reminder of the Way of Happiness, ed. J. Al Yasin, Beirut 1985 [arab.]; ed. S. Khalifat, Amman 1987 [arab.]; Kitāb al-burhān, ed. M. Fakhry, Beirut 1987 [arab.]; Risālatan falsafiyatan, ed. J. Al Yasin, Beirut 1987 [arab.]; Bad rasa'il wa-kutub fi 'l-falsafa, ed. F. Sezgin, Frankfurt 1999 (Islamic Philosophy XVI) [arab.]; The Political Writings. Selected Aphorisms and Other Texts, ed. C. E. Butterworth, Ithaca N. Y./London 2001 [engl.]. – N. Rescher, Al-F.. An Annotated Bibliography, Pittsburgh Pa. 1962; ders., The Development of Arabic Logic, Pittsburgh Pa. 1964, 122–128 (Al-F. [Alfarabi. [ca. 873–950]); Totok II (1970), 258–264; F. Olguner, F., Ankara 1987, ²1993.

Literatur: I. Alon, F.'s Funny Flora. Al-Nawabit as Opposition, Arabica 37 (1990), 56–90; R. Arnaldez, L'âme et le monde dans le système philosophique de F., Studia Islamica 43 (1976), 53–63; ders., Pensée et langage dans la philosophie de F. (à propos du Kitāb al-ḥurūf), Studia Islamica 45 (1977), 57–65; ders., F., in: D. Huisman, Dictionnaire des philosophes I, Paris ²1993, 971–975; C. Baffioni/M. Nasti de Vicentis, Il cap. 9 del »De interpretatione« di Aristotele nel commentario di al-F., Neapel/ Rom 1981; H. Bédoret, Les premières traductions tolédanes de philosophie. Œuvres d'Alfarabi, Rev. néoscol. philos. 41 (1938), 80–97; M. A. Bertman, Alfarabi and the Concept of Happiness in Medieval Islamic Philosophy, Islamic Quart. 14 (1970), 122–125; D. L. Black, Logic and Aristotle's »Rhetoric« and »Poetics« in Medieval Arabic Philosophy, Leiden/New York/Kopenhagen 1990; dies., Al-F., in: S. H. Nasr/O. Leaman (eds.), History of Islamic Philosophy, London/New York 1996, 178–197 (Kap. 12); H. Daiber, The Ruler als Philosopher. A New Interpretation of al-F.'s View, Amsterdam/Oxford 1986 (Mededelingen der Koninklijke Nederlandse Akademie van Wetenschappen, afd. letterkunde, N. S. 49.4); H. A. Davidson, Alfarabi, Avicenna, and Averroes, on Intellect. Their Cosmologies, Theories of the Active Intellect, and Theories of Human Intellect, New York/ Oxford 1992; G. Deledalle, La logique arabe et ses sources non-aristotéliciennes. Remarques sur le petit commentaire d'Al-F., Ét. philos. N. S. 24 (1969), 299–318; M. Fakhry, Al-F. and the Reconciliation of Plato and Aristotle, J. Hist. Ideas 26 (1965), 469–478; ders., A History of Islamic Philosophy, New York/ London 1970, bes. 125–143, ²1983, 107–128 (Kap. 4.1); ders., Al-F., Founder of Islamic Neoplatonism. His Life, Works and Influence, Oxford 2002; M. Galston, Politics and Excellence. The Political Philosophy of Alfarabi, Princeton N. J. 1990; É. Gilson, Les sources gréco-arabes de l'Augustinisme avicennisant, Arch. hist. doctr. litt. moyen-âge 4 (1929), 5–149, bes. 27–38 (Kap. II/ 2 Alfarabi [†950]) (repr. in: ders., Les sources gréco-arabes de l'Augustinisme avicennisant. Suivi de: L. Massignon, Notes sur le texte original du »De intellectu« d'al F., Paris 1981, 1986, ferner in: Al-F., Texts and Studies II, ed. F. Sezgin, Frankfurt 1999); F. Haddad, Alfārābī's Views on Logic and Its Relation to Grammar, Islamic Quart. 13 (1969), 192–207; ders., Alfārābī's Theory of Communication, Beirut 1989; A. Hasnawi/H. Hugonnard-Roche/A. Elamrani-Jamal, F., Enc. philos. universelle III (1992), 519–524; S. Kemal, The Poetics of Alfarabi and Avicenna, Leiden/New York/Kopenhagen 1991, überarb. Fassung unter dem Titel: The Philosophical Poetics of Alfarabi, Avicenna and Averroes. The Aristotelian Reception, Richmond 2000; J. Lameer, Al-F. and Aristotelian Syllogistics. Greek Theory and Islamic Practice, Leiden/New York/Köln 1994; J. Langhade, Du Coran à la philosophie. La langue arabe et la formation du vocabulaire philosophique de F., Damaskus 1994; I. Madkour, La place d'al F. dans l'école philosophique musulmane, Paris 1934; M. Mahdi, Alfarabi (ca. 870–950), in: L. Strauss/J. Cropsey (eds.), History of Political Philosophy, Chicago Ill. 1963, 1987, 160–180; ders., Alfarabi on Philosophy and Religion, Philos. Forum 4 (1972/1973), 5–25; ders., Science, Philosophy and Religion in Alfarabi's »Enumeration of the Sciences«, in: J. F. Murdoch/E. D. Sylla (eds.), The Cultural Context of Medieval Learning. Proceedings of the First International Colloquium on Philosophy, Science, and Theology in the Middle Ages, September 1973, Dordrecht/Boston Mass. 1975 (Boston Stud. Philos. Sci. XXVI), 113–147; ders., Remarks on Alfarabi's »Attainment of Happiness«, in: G. F. Hourani (ed.), Essays on Islamic Philosophy and Science, Albany N. Y. 1975, 47–66; ders./O. Wright, F., DSB IV (1971), 523–526; M. Meyerhof, Von Alexandrien nach Bagdad. Ein Beitrag zur Geschichte des philosophischen und medizinischen Unterrichts bei den Arabern, Sitz.ber. Preuss. Akad. Wiss., philos.-hist. Kl. 35 (1930), 389–429; F. Najjar, F.'s Political Philosophy and Schī´ism, Studia Islamica 14 (1961), 57–72; I. R. Netton, Allah Transcendent. Studies in the Structure and Semiotics of Islamic Philosophy, Theology and Cosmology, London/New York 1989, Richmond 1994, 99–148 (Kap. 3); ders., Al-F. and His School, London/New York 1992, Richmond 1999; ders., F., REP III (1998), 554–558; N. Rescher, Studies in the History of Arabic Logic, Pittsburgh Pa. 1963; U. Rudolph, F., in: F. Volpi (ed.), Großes Werklexikon der Philosophie I, Stuttgart 1999, 461–466; D. Salmon, The Mediaeval Translation of Alfarabi's Works, New Scholasticism 13 (1939), 245–261; J. H. J. Schneider, Al-F.s Kommentar zu »De interpretatione« des Aristoteles. Ein Beitrag zur Entwicklung der Sprachphilosophie im Mittelalter, in: I. Craemer-Ruegenberg/A. Speer (eds.), ›Scientia‹ und ›ars‹ im Hoch- und Spätmittelalter, Berlin/New York 1994, 687–738; M. Schramm, Theoretische und praktische Diszipin bei al-F., Z. Gesch. arab.-islam. Wiss. 3 (1986), 1–55; F. Sezgin, Geschichte des arabischen Schrifttums III, Leiden 1970, 298–300, 378, IV, Leiden 1971, 288–289, V, Leiden 1974, 295–296, VI, Leiden 1978, 195–196, IX, Leiden 1984, 233–235; ders. (ed.), Texts and Studies, I–V, Frankfurt 1999 (Islamic Philosophy VII–XI); M. Steinschneider, Al-F. (Alpharabius). Des arabischen Philosophen Leben und Schriften. Mit besonderer Rücksicht auf die Geschichte der griechischen Wissenschaft unter den Arabern [...], St. Petersburg 1869 (repr. Amsterdam 1966, Frankfurt 1999 [Islamic Philosophy VI]); M. Türker, L'importance et l'origine de la métaphysique chez al-F., in: P. Wilpert (ed.), Die Metaphysik im Mittelalter. Ihr Ursprung und ihre Bedeutung. Vorträge des II. internationalen Kongresses für mittelalterliche Philosophie, Köln, 31. August – 6. September 1961, Berlin 1963, 418–427; R. Walzer, Greek into Arabic. Essays on Islamic Philosophy, Oxford 1962, 1963, bes. 18–23; ders., Al F., in: B. Lewis/C. Pellat/J. Schacht (eds.), The Encyclopaedia of Islam II, Leiden/London ²1965, 778–781; ders., Early Islamic Philosophy, in: A. H. Armstrong (ed.), The Cambridge History of Later Greek and Early Medieval Philosophy, Cambridge 1967, Cambridge/New York/ Middle Park Vic. 1980, 641–669, 689–691; ders., Aristotle's Active Intellect ›nous poietikos‹ in Greek and Early Islamic Philosophy, in: Atti del convegno internazionale sul tema ›Plotino e il neoplatonismo in oriente e in occidente‹. Roma, 5–9 ottobre 1970, Rom 1974 (Acc. Naz. Lincei, Problemi attuali di scienza e di cultura 198), 423–436. M. G.

Farghani, al-, ↑Alfraganus.

Fatalismus (von lat. fatalis, ›vom Schicksal [fatum] bestimmt‹), Bezeichnung für eine Haltung, in der die Annahme einer von den Zwecksetzungen des Menschen unabhängigen ›blinden‹ Notwendigkeit (↑notwendig/ Notwendigkeit) alles Geschehens das Handeln bestimmt. In der durch diese Annahme gekennzeichneten ›Fatalität der Handlungen‹ (I. Kant, KpV A 180–181) ist die *praktische Kausalität*, d. h. die Bestimmung des Handelns nach Normen (↑Norm (handlungstheoretisch/ moralphilosophisch)), durch eine *theoretische Kausalität*, d. h. die Charakterisierung des Handelns nach Analogie physischer Notwendigkeit, ersetzt. Diese theoretische ↑Kausalität ist auch als persönliche, nämlich als Kausalität eines höchsten Wesens (z. B. im Islam), gedacht worden. Allen Varianten des F. liegt die Erfahrung einer unüberwindbaren Abhängigkeit eigener Zwecksetzzungen und des Versuchs ihrer Verfolgung von faktisch geltenden Zwecksetzungen und deren zwanghaftem Charakter zugrunde. Philosophisch gewinnt der Begriff des F. insbes. bei F. H. Jacobi, I. Kant (der ihn in einem Atemzug mit Materialismus [↑Materialismus (systematisch)], ↑Atheismus, ↑Idealismus und ↑Skeptizismus nennt, denen durch die kritische Philosophie ›die Wurzel abgeschnitten‹ wird, KrV B XXXIV), J. G. Fichte, A. Schopenhauer und F. Nietzsche an Bedeutung (↑amor fati, ↑Determinismus). Im ›sophismus ignavus‹ (↑Vernunft, faule) bringt die philosophische Tradition den F. auf eine prägnante Formel.

Literatur: E. Craig, Fatalism, REP III (1998), 563–564; H. Eilstein, Life Contemplative, Life Practical. An Essay on Fatalism, Amsterdam 1997 (Poznan Stud. Philos. Sci. and the Humanities 52); C. Hasnoui, Fatalisme, Enc. philos. universelle II/1 (1990), 957–963; M. Heesch, F., RGG III (⁴2000), 48–49; J. Ruhnau, F., Hist. Wb. Ph. II (1971), 913–915; R. Taylor, Fate, in: ders., Metaphysics, Englewood Cliffs N. J. 1963, 54–69, ³1983, 51–62; R. de la Vega, F., in: H. J. Sandkühler (ed.), Europäische Enzyklopädie zu Philosophie und Wissenschaften I, Hamburg 1990, 65–67. J. M.

Faulheit, Bezeichnung für die Neigung zur Untätigkeit, nach I. Kant der »Hang zur Ruhe ohne vorhergehende Arbeit« (Anthropologie § 87, Akad.-Ausg. VII, 276). Insofern sie dem Menschen nach Kant natürlich ist, ist sie Gegenstand der ↑Anthropologie, mit Feigheit zugleich Ursache jener (selbstverschuldeten) Unmündigkeit, gegen die sich ↑Aufklärung zu richten hat (Beantwortung der Frage: Was ist Aufklärung? [1783], Akad.-Ausg. VIII, 35). Kulturtheoretisch und begriffsgeschichtlich steht F. im Gegensatz zum Tätigsein in den Formen von ↑Arbeit und Muße (in deren griechischer Bedeutung als Voraussetzung der ↑Theoria [↑vita comtemplativa]).

Literatur: J. Jung (ed.), Lob der F.. Literaturalmanach 1986, Salzburg/Wien 1986; R. Münster, Auf den Spuren der F., Arch. Begriffsgesch. 40 (1997/1998), 123–141; H. Reiner, F., Hist. Wb. Ph. II (1972), 916–918. J. M.

Fechner, Gustav Theodor, *Groß-Särchen (Niederlausitz) 19. April 1801, †Leipzig 18. Nov. 1887, dt. Physiker, Philosoph und Psychologe. 1817–1822 Studium der Medizin in Leipzig, ab 1834 o. Prof. der Physik in Leipzig (Arbeiten über die Anwendung des Ohmschen Gesetzes auf den inneren Widerstand galvanischer Elemente und über die Theorie der subjektiven Komplementärfarben). Eine psychische Erkrankung, die zu teilweiser Erblindung führte, zwang F. 1839 zur Aufgabe seines Lehrstuhls. Die dramatische Heilung von der Blindheit bei einem Gang durch seinen Garten, bei der F. visionär die Seelen der Pflanzen zu erkennen glaubte, führte zur Vertiefung von panpsychistischen (↑Panpsychismus) Ansichten, die F. bereits in frühen satirischen Schriften unter dem Pseudonym ›Dr. Mises‹ vertreten hatte. Dabei steht einer Kritik des im frühen 19. Jh. verbreiteten Materialismus (›Nachtansicht‹) F.s Lehre von der Allbeseelung (›Tagesansicht‹) gegenüber. Der Versuch, diese zum Teil wirren Theorien wissenschaftlich einzukleiden, machte F. zum Begründer der ↑›Psychophysik‹ als Vorläuferin der experimentellen ↑Psychologie, die vor allem eine experimentelle Sinnesphysiologie ist. Am wichtigsten ist in diesem Zusammenhang das ›F.sche Gesetz‹ (auch ↑›Weber-F.sches Gesetz‹), wonach die (subjektive) Empfindungsstärke proportional ist dem Logarithmus der (physikalisch gemessenen) Reizstärke. Dieses Gesetz ist in mittleren Größenbereichen der Akustik und der Optik gut bestätigt. – Von F. ging über W. Wundt ein starker Einfluß auf die jüngere experimentelle Psychologie aus. In seiner »Vorschule der Aesthetik« (1876) versuchte F., Elemente der Psychophysik zum Aufbau einer experimentellen Ästhetik (↑ästhetisch/Ästhetik) zu nutzen.

Werke: (als Dr. Mises) Stapelia mixta, Leipzig 1824 (repr. Eschborn 1994); Maßbestimmungen über die galvanische Kette, Leipzig 1831; Das Büchlein vom Leben nach dem Tode, Dresden 1836, Schutterwald/Baden 2001 (engl. The Little Book of Life after Death, Boston Mass. 1904); Nanna oder über das Seelenleben der Pflanzen, Leipzig 1848, ⁵1921 (repr. Eschborn 1992); Über die physikalische und philosophische Atomenlehre, Leipzig 1855, ²1864 (repr. Wien 1995); Elemente der Psychophysik, I–II, Leipzig 1860 (repr. Amsterdam 1964), ³1907; Kleine Schriften, Leipzig 1875, ²1913; Vorschule der Aesthetik, I–II, Leipzig 1876, ³1925 (repr. Hildesheim 1978); Die Tagesansicht gegenüber der Nachtansicht, Leipzig 1879, ²1904 (repr. Eschborn 1994); Revision der Hauptpuncte der Psychophysik, Leipzig 1882 (repr. Amsterdam 1965). – I. Altmann, Bibliographie G. T. F., Leipzig 1995.

Literatur: H.-J. Arendt, G. T. F.. Ein deutscher Naturwissenschaftler und Philosoph im 19. Jahrhundert, Frankfurt etc. 1999; M. Heidelberger, Die innere Seite der Natur. G. T. F.s wissenschaftlich-philosophische Weltauffassung, Frankfurt 1993 (mit Bibliographie, 391–448) (engl. Nature from Within. G. T. F. and His Psychophysical Worldview, Pittsburgh Pa. 2004); J. Jaynes, F., DSB IV (1971), 556–559; K. Lasswitz, G. T. F., Stuttgart 1896, ³1910 (repr. Eschborn 1992); P. Lenning, Von der Metaphysik zur Psychophysik. G. T. F. (1801–1887). Eine ergobiographische Studie, Frankfurt etc. 1994; R. Liebe, F.s Metaphysik. Im Umriß dargestellt und beurteilt, Leipzig 1903; D. N. Robinson, F., REP III (1998), 570–572; L. Sprung/H. Sprung, G. T. F.. Wege und Abwege in der Begründung der Psychophysik, Z. Psychol. 186 (1978), 439–454; W. Wundt, G. T. F.. Rede zur Feier seines hundertjährigen Geburtstages Leipzig 1901. P. J.

Feder, Johann Georg Heinrich, *Schornweißach (Bayern) 15. Mai 1740, †Hannover 22. Mai 1821, dt. Philosoph. Nach Studium der Theologie und der Pädagogik 1757–1760 in Erlangen und Tätigkeit als Hauslehrer in Polsingen, 1765 Promotion (mit einer Arbeit über J.-J. Rousseau) und im gleichen Jahr Gymnasialprofessor (für Metaphysik, Moral und Logik) in Coburg, 1767 Universitätsprofessor in Göttingen. 1797 Direktor der Pagenschule (Georgianum) in Hannover und, ab 1802, Leiter der Königlichen Bibliothek ebendort. – F. ist Eklektiker (↑Eklektizismus) und Vertreter der literarisch orientierten ↑Popularphilosophie der deutschen ↑Aufklärung. Philosophische Grundwissenschaft und Schwerpunkt der Arbeiten F.s ist die ↑Psychologie. Alle anderen philosophischen Disziplinen werden auf der Psychologie aufgebaut und durch sie begründet. Seine zusammen mit C. Garve verfaßte Rezension der »Kritik der reinen Vernunft« veranlaßte I. Kant zur Abfassung der »Prolegomena«. – 1788–1791 war F. Mitherausgeber von C. Meiners (gegen Kant gegründeter) »Philosophischer Bibliothek«.

Werke: Grundriß der philosophischen Wissenschaften, nebst der nöthigen Geschichte, Coburg 1767, ²1769; Logik und Metaphysik, nebst der philosophischen Geschichte im Grundrisse, Göttingen 1769, unter dem Titel: Grundsätze der Logik und Metaphysik, ⁸1794 (lat. Institutiones logicae et metaphysicae, Frankfurt 1777, ⁴1797); Lehrbuch der praktischen Philosophie, Göttingen 1770, Frankfurt/Leipzig ⁴1781, unter dem Titel: Grundlehren zur Kenntniss des menschlichen Willens und der natürlichen Gesetze des Rechtsverhaltens, Göttingen ⁵1782, 1789; Untersuchungen über den menschlichen Willen […], I–IV, Göttingen/Lemgo 1779–1793, Linz 1785–1793 (repr. Brüssel 1968 [Aetas Kantiana 72]), Wien 1792–1794; Über Raum und Causalität, zur Prüfung der Kantischen Philosophie, Göttingen 1787 (repr. Brüssel 1968 [Aetas Kantiana 70]); J. G. H. F.'s Leben, Natur und Grundsätze […], ed. K. A. L. Feder, Leipzig 1825 (repr. Brüssel 1970 [Aetas Kantiana 69]) [Autobiographie].

Literatur: R. Brandt, F. und Kant, Kant-St. 80 (1989), 249–264; K. Müller, F., in: W. Killy (ed.), Deutsche Biographische Enzyklopädie (DBE) III, München etc. 1996, 41–42; E. Packaly, J. G. H. F.s Erkenntnistheorie und Metaphysik in ihrer Stellung zum Kritizismus Kants, Leipzig 1906; J. Rachold, Die aufklärerische Vernunft im Spannungsfeld zwischen rationalistisch-metaphysischer und politisch-sozialer Deutung […], Frankfurt 1999, bes. 199–216. – NDB V (1961), 241; K. Röttgers, J. G. H. F.. Beitrag zu einer Verhinderungsgeschichte eines deutschen Empirismus, Kant-St. 75 (1984), 420–441; W. Stietz, J. G. H. F. als Gegner Immanuel Kants, Diss. Rostock 1924; W. C. Zimmerli, »Schwere Rüstung« des Dogmatismus und »anwendbare Eklektik«. J. G. H. F. und die Göttinger Philosophie im ausgehenden 18. Jahrhundert, Stud. Leibn. 15 (1983), 58–71. – Biographische Enzyklopädie deutschsprachiger Philosophen, München 2001, 111–112. R. W.

Fehlschluß (engl. fallacy), in der traditionellen ↑Argumentationstheorie Terminus für unzulässige ↑Schlüsse (Schlußformen). Im einfachsten Falle entstehen F.e durch Verwendung logisch nicht gültiger ↑Implikationen (unzulässiger Übergangsregeln), z. B. bei den folgenden Schlüssen:

(a) von $A \to B$ auf $\neg A \to \neg B$,
(b) von $\bigwedge_x \bigvee_y A(x,y)$ auf $\bigvee_y \bigwedge_x A(x,y)$.

Beispiele: Zu (a): Von »wenn es regnet, ist die Straße naß« läßt sich nicht logisch schließen auf »wenn es nicht regnet, ist die Straße trocken (nicht naß)«, denn sie könnte aus anderen Gründen dennoch naß sein. Zu (b): Aus dem Cantorschen Beweis für die Nicht-Abzählbarkeit der reellen Zahlen (↑abzählbar/Abzählbarkeit, ↑Cantorsches Diagonalverfahren), genauer: dem Beweis des Satzes »Zu jeder Abzählung (also auch zu jeder Darstellungsmethode) reeller Zahlen gibt es eine reelle Zahl, welche nicht in der Abzählung enthalten (mit der betreffenden Methode nicht darstellbar) ist«, wird häufig der folgende Schluß gezogen: »Es gibt (definitiv) nicht darstellbare (in keiner Abzählung enthaltene) reelle Zahlen, d. h. solche, die durch keine Methode darstellbar sind«. Dies ist aber falsch, weil man jede einzelne in einer bestimmten Abzählung nicht enthaltene reelle Zahl ohne weiteres in einer neuen Abzählung unterbringen kann.

F.e dieser Art beruhen teils auf (durch umgangssprachliche Formulierungen begünstigten) Fehlinterpretationen der logischen Partikeln (↑Partikel, logische), insbes. von $\neg$ (↑Negation) und $\to$ (↑Subjunktion) (paradigmatisch hierfür ist die gerade bei gleichzeitigem Auftreten von Negationen häufige Verwechslung von $A \to B$ mit $A \leftarrow B$ oder mit $A \leftrightarrow B$), teils sind sie Folgerungen aus implizit verwendeten Zusatzannahmen (im Beispiel zu (b) etwa der Annahme, es gebe eine abgeschlossene umfassende Darstellungsmethode [Abzählung] für die reellen Zahlen), die den durch die Logik nicht mehr abgedeckten Schluß erst ermöglichen.

Schwieriger ist die Aufdeckung einer zweiten Gruppe von F.en, bei denen zwar korrekte logische Schlußregeln benutzt, nicht aber die Rahmenbedingungen für deren korrekte Anwendung (z. B. die der ↑Kontextinvarianz vorkommender Wörter und Satzteile) beachtet werden. Meist beruhen F.e dieser Art auf der Homonymität (↑homonym/Homonymität) von Wörtern. So entstehen die meisten der aus der Antike bekannten F.e aus der gelegentlich allzu bewußt eingesetzten – in diesem Falle spricht man von ↑Fangschlüssen – Mehrdeutigkeit des Wortes ›ist‹, das je nach Kontext z. B. als ›ε‹ (↑Kopula in ↑Elementaraussagen), als ›∊‹ (mengentheoretischer Elementrelator, ↑Element), als ›⊂‹ (intensionale [↑intensional/Intension] Subsumtion zwischen ↑Prädikatoren [Begriffsinklusion]: $P \subset Q \Leftrightarrow$ die Regel ›$x \varepsilon P \Rightarrow x \varepsilon Q$‹ ist zulässig [↑zulässig/Zulässigkeit]), als ›⊂‹ (mengentheoretischer Inklusionsrelator, ↑Inklusion), als ›=‹ (extensionaler [↑extensional/Extension] Gleichheitsrelator zwischen ↑Eigennamen oder Prädikatoren) oder als ›≡‹ (intensionaler Gleichheits-[›Identitäts‹-]relator zwischen Eigennamen oder Prädikatoren, ↑Identität) oder als kopulative Kurzform für komplexe Sätze mit subjunktiver ›Tiefengrammatik‹ (Beispiel: ›Salz ist scharf [Sa ~ Sch] hat die ↑Tiefengrammatik $\bigwedge_x (x \varepsilon \text{Sa} \to x \varepsilon \text{Sch})$) gelesen werden muß. Soweit die Differenzierung dieser Verwendungen des Wortes ›ist‹ noch innerhalb der Logik vorge-

nommen werden kann, handelt es sich in diesen speziellen Fällen um im weiteren Sinne logische F.e.
Die von Hegel-Epigonen häufig vorgebrachten Beispiele zur ›Widerlegung‹ des Prinzips vom ausgeschlossenen Widerspruch ($\neg(A \wedge \neg A)$) für Aussagen sind etwa von der folgenden Art:

(1) Salz ist scharf (Sa ist Sch)
(2) Salz ist weiß (Sa ist W)
(3) weiß ist nicht scharf (W ist nicht Sch)
aus (2) und (3):
(4) Salz ist nicht scharf (Sa ist nicht Sch).

Dieser ›Widerspruch‹ zwischen (1) und (4) verschwindet, wenn man beachtet, daß in (1) und (2) mit ›ist‹ die komplizierte logische Tiefenstruktur ~, in (3) dagegen die negierte Gleichheit ›≡‹ zwischen Prädikatoren (beiderseitige Begriffsinklusion) gemeint ist, und daß in (3) nicht, wie oft zusätzlich unterstellt wird, ›scharf‹, sondern die Gleichheit negiert wird.

Aus
(2′) Sa ~ W und
(3′) $\neg$(W ≡ Sch) folgt nämlich keineswegs
(4′) $\neg$(Sa ~ Sch), also die Negation von
(1′) (Sa ~ Sch).

Eine dritte Gruppe von F.en entsteht durch Beweisfehler (↑Beweis), bei denen zwar die einzelnen Ableitungsschritte stimmen, die Konklusion aber nicht als bewiesen gelten kann, da die geforderte pragmatische Beweisordnung nicht eingehalten wurde, z. B. ein Zirkelschluß (↑circulus vitiosus) vorliegt. Solche meist komplexen F.e sind im allgemeinen nur durch eine globale Analyse der Beweisstruktur aufzudecken. Schließlich rechnet man zu den F.en auch noch solche Formen des Übergangs von (bekannten) Aussagen zu neuen Aussagen, die auf unbegründeten methodisch-sachlichen Voraussetzungen beruhen (z. B. ↑Analogieschlüsse) und/oder Begründungslücken enthalten.

Literatur: S. M. Engel, With Good Reason. An Introduction to Informal Fallacies, New York 1976, Boston Mass. [6]2000; W. W. Fearnside/W. B. Holther, Fallacy. The Counterfeit of Argument, Englewood Cliffs N. J. 1959; C. L. Hamblin, Fallacies, London 1970, Newport News Va. 1998; H. V. Hansen/R. C. Pinto (eds.), Fallacies. Classical and Contemporary Readings, University Park Pa. 1995; C. Kirwan, Fallacy, in: T. Honderich (ed.), The Oxford Companion to Philosophy, Oxford/New York 1995, 267; J. L. Mackie, Fallacies, Enc. Ph. III (1967), 169–179; R. Perkins, Logic and Mr. Limbaugh. A Dittohead's Guide to Fallacious Reasoning, Chicago, Ill. 1995; C. Prantl, Geschichte der Logik im Abendlande, I–IV, Leipzig 1855–1870 (repr. Berlin, Darmstadt, Graz 1955), Nachdr. Hildesheim/Zürich/New York 1997; D. Walton, A Pragmatic Theory of Fallacy, Tuscaloosa Ala./London 1995; ders., Informal Fallacy, in: R. Audi (ed.), The Cambridge Dictionary of Philosophy, Cambridge etc. 1995, [2]1999, 431–435; ders., Fallacies Arising from Ambiguity, Dordrecht/Boston Mass. 1996; ders., Fallacies, REP III (1998), 544–545; W. K. Wilson, Formal Fallacy, in: R. Audi (ed.), The Cambridge Dictionary of Philosophy, Cambridge etc. 1995, [2]1999, 316–317; J. Woods, Argument, the Logic of the Fallacies, Toronto/New York 1982. G. H.

Fehlschluß, deskriptivistischer (auch deskriptiver F.; engl. descriptive fallacy, descriptivistic fallacy), auf J. L. Austin zurückgehende Bezeichnung für einen methodischen Fehler bei der philosophischen Rekonstruktion sprachlicher ↑Äußerungen, die in der gemeinsprachlichen Praxis (wenigstens unter anderem auch) dem Vollzug nicht-konstativer Redehandlungen (↑Sprechakt) dienen, aber – etwa mit Blick auf die oberflächengrammatische Struktur der geäußerten Texte – (allein) nach dem Muster deskriptiver bzw. konstativer Redehandlungen gedeutet werden. So etwa begeht einen d.n F., wer eine Äußerung der Art ›ich glaube, daß es gleich regnen wird‹ (allein) wie einen Bericht über einen inneren Zustand oder eine Äußerung der Art ›ich bezweifle das‹ (allein) als einen Bericht über ein inneres Ereignis deutet. Ebenso begeht einen d.n F., wer eine Äußerung der Art ›nimm den Schirm mit‹ rekonstruiert durch ›ich verspüre den Wunsch, daß Du den Schirm mitnimmst‹ oder durch ›entweder du nimmst den Schirm mit oder du wirst naß‹. Austin zufolge sind zahlreiche traditionelle philosophische Problemstellungen lediglich Folge d. F.e. Deren Vollzug wird durch die prominente Stellung begünstigt, die die Analyse von ↑Urteil und ↑Aussage in der philosophischen Tradition einnimmt, insbes. aber auch durch die gegen die philosophischen Spekulationen der traditionellen ↑Metaphysik gerichtete Suche nach einem Sinnkriterium, das in der frühen Analytischen Philosophie (↑Philosophie, analytische) die Form eines empiristischen oder verifikationistischen Sinnkriteriums (↑Sinnkriterium, empiristisches) angenommen hat. Austins im Diskussionsumfeld der ↑Ordinary Language Philosophy angestellte redehandlungstheoretischen Untersuchungen, in denen er gerade die geregelte Pluralität sprachlicher Handlungsmöglichkeiten aufzeigen möchte, zielen entsprechend auch auf die Kritik an solchen Problemstellungen, etwa denjenigen, die mit dem ↑Mentalismus in der ↑philosophy of mind und Theorien der ↑Bedeutung oder mit dem ↑Deskriptivismus und dem ↑Emotivismus in der Ethik formuliert sind.

Literatur: J. L. Austin, Other Minds, in: ders., Philosophical Papers, Oxford 1961, [3]1979, 76–116 (dt. Fremdseelisches, in: ders., Wort und Bedeutung. Philosophische Aufsätze, München 1975, 55–103, Neudr. in: ders., Gesammelte philosophische Aufsätze, ed. J. Schulte, Stuttgart 1986, 101–152); ders., How to Do Things With Words, Oxford etc. 1962, [2]1975, 1992 (dt. Zur Theorie der Sprechakte. Stuttgart 1975, [2]1979, 2002); W. G. Werner, Speech Act Theory and the Concept of Sovereignty. A Critique of the Descriptivistic and the Normativistic Fallacy, Hague Yearbook Int. Law 13 (2000), 105–112, rev. 14 (2001), 73–82. G. K.

Fehlschluß, naturalistischer (engl. naturalistic fallacy), ↑Naturalismus (ethisch).

Feigl, Herbert, *Reschenberg (heute Tschechien) 14. Dez. 1902, †Minneapolis 1. Juni 1988, österr.-amerik. Wissenschaftsphilosoph, Mitglied des ↑Wiener Kreises, Vertreter des Logischen Empirismus (↑Empirismus, logischer). Studium der Physik, Mathematik, Psychologie und Philosophie in München und Wien, 1927 Promotion in Wien bei M. Schlick (Zufall und Gesetz, 1927), 1930 Rockefeller Stipendium für die USA, 1931– 1940 Lecturer, Assist. Prof. und Assoc. Prof. Univ. of Iowa, 1940–1971 Prof. für Philosophie Univ. of Minnesota at Minneapolis. 1953 Gründung des Minnesota Center for the Philosophy of Science, das zum Vorbild einer Reihe ähnlicher Institutionen wurde; Edition einer Vielzahl von weit verbreiteten und einflußreichen Anthologien.

F. gehörte zu den Vorreitern des Logischen Empirismus in Amerika. Seine bekanntesten Werke sind der Analyse des ↑Leib-Seele-Problems gewidmet. Die Arbeit »The ›Mental‹ and the ›Physical‹« (1958) enthält eine der kanonischen Formulierungen der Identitätstheorie (↑philosophy of mind). Die Körper-Geist-Identität wird als ↑synthetische, empirisch begründete Identifikation der Gegenstandsbezüge (↑Referenz) einschlägiger psychologischer und neurophysiologischer Begriffe expliziert. Beide Arten von Begriffen beziehen sich übereinstimmend auf Verhaltensweisen oder auf mentale Zustände wie Überzeugungen, Motive oder Wahrnehmungsqualitäten (↑Qualia), die durch ↑Introspektion zugänglich sind. Psychophysische Identitätsaussagen sind wissenschaftsgestützten Identifikationen in anderen Disziplinen vergleichbar (wie der Gleichsetzung der Referenz von ›Kochsalz‹ und ›NaCl‹ oder von ›Licht‹ und ›elektromagnetische Strahlung eines bestimmten Frequenzbereichs‹). F. wendet sich damit von der seinerzeit verbreiteten erkenntnistheoretisch begründeten Körper-Geist-Identifikation im philosophischen ↑Behaviorismus oder ↑Phänomenalismus ab. Die Leib-Seele-Identität beruht stattdessen – wie theoretische Identifikationen generell – auf der Erklärbarkeit von Sachverhalten eines Bereichs durch eine Theorie, die zunächst auf ein Erfahrungsfeld von prima facie anderer Beschaffenheit gerichtet war.

Schwerpunkt der Argumentation bei F., wie generell in der Pionierphase der Identitätstheorie, ist deren Kohärenz. Verteidigt wird in erster Linie die Auffassung, daß psychophysische Identitätsbehauptungen nicht an semantischen oder logischen Irrtümern (wie ↑Kategorienfehlern) scheitern. In den 1960er Jahren richtet sich die Aufmerksamkeit stattdessen auf die konkrete Ausgestaltung der Identitätstheorie zur Typenidentität (der F. selbst zuneigte), Tokenidentität oder zum Funktionalismus (↑philosophy of mind, ↑Funktionalismus (kognitionswissenschaftlich)).

F. zählt zu den Vertretern der ↑Zweistufenkonzeption der ↑Wissenschaftssprache (in den 1950er Jahren vor allem von R. Carnap und C. G. Hempel formuliert). Dabei werden theoretische Begriffe (↑Begriffe, theoretische) von Beobachtungsbegriffen (↑Beobachtungssprache) unterschieden. Jene sind nicht durch diese definierbar, sondern nur durch ↑Korrespondenzregeln mit diesen verknüpft. F.s spezifischer Beitrag besteht in der Anwendung dieser Konzeption auf psychologische (↑Psychologie) Theorien. Auch Begriffe des Behaviorismus, der ↑Psychoanalyse oder der kognitiven Psychologie werden als theoretische Begriffe aufgefaßt. Das Verhältnis solcher psychologischer Theorien zu einer antizipierten Neuropsychologie wird der Beziehung zwischen klassischer ↑Thermodynamik und statistischer Mechanik analog gesetzt.

Im Unterschied zur Hauptströmung des Logischen Empirismus (aber im Einklang mit Schlick) vertritt F. einen wissenschaftlichen Realismus (↑Realismus, wissenschaftlicher) und will theoretische Prinzipien auf hypothetische Entitäten bezogen wissen. Ein Beitrag F.s zur meßtheoretischen ↑Theoriebeladenheit besteht in der Vorstellung, daß sich Korrespondenzregeln (und damit Meßverfahren für theoretische Größen) auf die Prinzipien der zugehörigen Theorie stützen. So erklärt etwa die Thermodynamik (oder die statistische Mechanik), warum ein bestimmtes Verfahren zur Messung der Temperatur geeignet ist und welche Korrekturen gegebenenfalls erforderlich sind. – In seinen Arbeiten zur Erziehung trat F. für einen undogmatischen ›wissenschaftlichen Humanismus‹ ein und rückte Werte wie Klarheit und Objektivität sowie epistemische und moralische Rationalität in den Vordergrund.

Werke: Zufall und Gesetz, Diss. Wien 1927, Neudr. in: R. Haller/ T. Binder (eds.), Zufall und Gesetz. 3 Dissertationen unter Schlick, Amsterdam/Atlanta Ga. 1999, 1–191; Theorie und Erfahrung in der Physik, Karlsruhe 1929; Wahrscheinlichkeit und Erfahrung, Erkenntnis 1 (1930/1931), 249–259 (engl. Probability and Experience, in: Inquiries and Provocations [s. u.], 107–115); (mit A. E. Blumberg) Logical Positivism. A New Movement in European Philosophy, J. Philos. 28 (1931), 281–296; Logical Analysis of the Psycho-Physical Problem, Philos. Sci. 1 (1934), 420–445; Moritz Schlick, Erkenntnis 7 (1939), 393–419; Unity of Science and Unitary Science [1939], in: ders./M. Brodbeck (eds.), Readings in the Philosophy of Science [s. u., Editionen], 382–384; Logical Empiricism, in: D. D. Runes (ed.), Twentieth Century Philosophy, New York 1943, 371–416, Neudr. in: ders./W. Sellars (eds.), Readings in Philosophical Analysis [s. u., Editionen], 3– 26; Operationism and Scientific Method, Psycholog. Rev. 52 (1945), 250–259, Neudr. in: ders./W. Sellars, Readings in Philosophical Analysis [s. u., Editionen], 498–509; Some Remarks on the Meaning of Scientific Explanation, in: ders./W. Sellars, Readings in Philosophical Analysis [s. u., Editionen], 510–514; Naturalism and Humanism. An Essay on some Issues of General Education and a Critique of Current Misconceptions Regarding

Scientific Method and the Scientific Outlook in Philosophy, Amer. Quart. 1 (1949), 135–148, Neudr. unter dem Titel: Scientific Outlook. Naturalism and Humanism, in: ders./M. Brodbeck, Readings in the Philosophy of Science [s. u., Editionen], 8–18, Neudr. in: Inquiries and Provocations [s. u.], 366–377; Existential Hypotheses. Realistic versus Phenomenalistic Interpretations, Philos. Sci. 17 (1950), 35–62; The Mind-Body Problem in the Development of Logical Empiricism, Rev. int. philos. 4 (1950), 64–83; De principiis non disputandum …? On the Meaning and the Limits of Justification, in: M. Black (ed.), Philosophical Analysis. A Collection of Essays, Ithaca N. Y. 1950, Englewood Cliffs N. J. 1963, New York 1971, 113–147; Principles and Problems of Theory Construction in Psychology, in: W. Dennis u. a. (eds.), Current Trends in Psychological Theory, Pittsburgh Pa. 1951, 179–213; Scientific Method without Metaphysical Presuppositions, Philos. Stud. 5 (1954), 17–29; Aims of Education for our Age of Science: Reflections of a Logical Empiricist, in: N. B. Henry (ed.), Modern Philosophies of Education. The 54th Yearbook of the National Society for the Study of Education, Chicago Ill. 1955, 304–341, Neudr. in: Sci. and Education 13 (2004), 121–149; Some Major Issues and Developments in the Philosophy of Science of Logical Empiricism, in: ders./M. Scriven (eds.), The Foundations of Science and the Concepts of Psychology and Psychoanalysis, Minneapolis Minn. 1956, 1976 (Minn. Stud. Philos. Sci. I), 3–37; The ›Orthodox‹ View of Theories: Remarks in Defense as well as in Critique, in: M. Radner/S. Winokur (eds.), Analyses of Theories and Methods of Physics and Psychology, Minneapolis Minn. 1956, 1970 (Minn. Stud. Philos. Sci. IV), 3–16; Other Minds and the Egocentric Predicament, J. Philos. 55 (1958), 978–987; Critique of Intuition According to Scientific Empiricism, Philos. East and West 8 (1958), 1–16; The ›Mental‹ and the ›Physical‹, in: ders./M. Scriven/G. Maxwell (eds.), Concepts, Theories, and the Mind-Body Problem, Minneapolis Minn. 1958, 1972, 370–497, Neudr. als: The ›Mental‹ and the ›Physical‹. The Essay and a Postscript, Minneapolis Minn. 1967; Philosophical Embarrassments of Psychology, Amer. Psychologist 14 (1959), 115–128; Mind-Body, not a Pseudoproblem, in: S. Hook (ed.), Dimensions of Mind. A Symposium, New York 1960, 1966, 33–44, Neudr. in: J. Scher (ed.), Theories of the Mind, New York/London 1962 (1964), 228–245; (mit G. Maxwell) Why Ordinary Language Needs Reforming, J. Philos. 54 (1961), 488–498; The Power of Positivistic Thinking. An Essay on the Quandaries of Transcendence, Proc. Addresses Amer. Philos. Assoc. 36 (1963), 21–42; Physicalism, Unity of Science and Foundation of Psychology, in: P. A. Schilpp (ed.), The Philosophy of Rudolf Carnap, La Salle Ill./London 1963, 1991, 227–267; Logical Positivism after Thirty-Five Years, Philos. Today 8 (1964), 228–245; The Wiener Kreis in America, in: D. Fleming/B. Bailyn (eds.), The Intellectual Migration 1930–1960, Cambridge Mass. 1969, 630–673, Neudr. in: Inquiries and Provocations [s. u.], 57–94; Beyond Peaceful Coexistence, in: R. H. Stuewer (ed.), Historical and Philosophical Perspectives of Science, Minneapolis Minn. 1970 (Minn. Stud. Philos. Sci. V), 3–11; Empiricism at Bay?, in: R. S. Cohen/M. W. Wartofsky (eds.), Methodological and Historical Essays in the Natural and Social Sciences, Dordrecht 1974 (Boston Stud. Philos. Sci XIV), 1–20, Neudr. in: Inquiries and Provocations [s. u.], 269–285; No Pot of Message, in: P. Bertocci (ed.), Mid-Twentieth Century Philosophy: Personal Statements, New York 1974, 120–139, Neudr. in: Inquiries and Provocations [s. u.], 1–20; Induzione e empirismo, ed. M. Pera, Rom 1979; Inquiries and Provocations. Selected Writings 1929–1974, ed. R. S. Cohen, Dordrecht/Boston Mass./London 1981 (mit Bibliographie 439–446).

Editionen: (mit W. Sellars) Readings in Philosophical Analysis, New York 1949, Atascadero Calif. 1981; (mit M. Brodbeck) Readings in the Philosophy of Science, New York 1953, The Foundations of Science and the Concepts of Psychology and Psychoanalysis, Minneapolis Minn. 1956, 1976 (Minn. Stud. Philos. Sci. I); (mit M. Scriven/G. Maxwell) Concepts, Theories, and the Mind-Body Problem, Minneapolis Minn. 1958, 1972 (Minn. Stud. Philos. Sci. II); (mit G. Maxwell) Current Issues in the Philosophy of Science. Symposia of Scientists and Philosophers. Proc. Sect. L Amer. Assoc. Advancement Sci. 1959, New York 1961; (mit G. Maxwell) Scientific Explanation, Space, and Time, Minneapolis Minn. 1962, 1971 (Minn. Stud. Philos. Sci. III); (mit W. Sellars/K. Lehrer) New Readings in Philosophical Analysis, New York 1972.

Würdigungen: P. K. Feyerabend, H. F.. A Biographical Sketch, in: ders./G. Maxwell (eds.), Mind, Matter, and Method. Essays in Philosophy and Science in Honor of H. F. [s. u., Festschrift], 3–13; C. W. Savage, H. F.. 1902–1988, in: A. Fine/J. Leplin (eds.), PSA 1988. Proc. Biennial Meeting Philos. Sci. Assoc. II, East Lansing Mich. 1989, 15–22 (dt. H. F. [1902–1988], J. General Philos. Sci. 21 [1990], 221–230); ders., Obituary for H. F., Erkenntnis 31 (1989), V–IX. *Festschrift:* P. K. Feyerabend/G. Maxwell (eds.), Mind, Matter, and Method. Essays in Philosophy and Science in Honor of H. F., Minneapolis Minn. 1966 (mit Bibliographie bis 1965, 515–518).

Literatur: M. Carrier, The Completeness of Scientific Theories. On the Derivation of Empirical Indicators within a Theoretical Framework: The Case of Physical Geometry, Dordrecht/Boston Mass./London 1994 (Western Ont. Ser. Philos. Sci. LIII), 20–29 (Chap. II/1 Einstein-F. Completeness Introduced); ders./J. Mittelstraß, Geist, Gehirn, Verhalten. Das Leib-Seele-Problem und die Philosophie der Psychologie, Berlin/New York 1989, 38–45 u. ö. (engl. [erw.], Mind, Brain, Behavior. The Mind-Body Problem and the Philosophy of Psychology, Berlin/New York 1991, 35–42 u. ö.); FM II (1994), 1228–1229; B. Gower, F., in: S. Brown/D. Collinson/R. Wilkinson (eds.), Biographical Dictionary of Twentieth-Century Philosophers, London/New York 1996, 228–229; A. Grünbaum, Abelson on F.'s Mind-Body Identity Thesis, Philos. Stud. 23 (1972), 119–121; D. Kading, Concerning Mr. F.'s ›Vindication‹ of Induction, Philos. Sci. 27 (1960), 405–407; K. Kawada, Apropos of F.'s Critique of Intuition, Philos. East and West 12 (1962), 163–173; M. R. Matthews, Reappraising Positivism and Education: The Arguments of Philipp Frank und H. F., Sci. and Education 13 (2004), 7–39; P. T. Raju, F. on Intuition, Philos. East and West, 8 (1959), 149–163; A. G. Ramsperger, On F.'s »Existential Hypotheses«, Philos. Sci. 17 (1950), 182–185; A. Zweig, Some Consequences of Professor F.'s Views on Justification, Philos. Stud. 9 (1958), 67–69. M. C.

Feinhals, Johann Jakob, *Osterode 1. April 1702, †Wolfenbüttel 14. Juni 1769, dt. Theologe, Botaniker und Philosoph. Ab 1720 Studium der Theologie und Philosophie an den Universitäten Dorpat, Helmstedt und Wittenberg, 1723 Ordination, anschließend Tätigkeit als Missionar in Java, wo F. an Malaria erkrankte, 1728 Rückkehr nach Deutschland und Lehrtätigkeit als Prof. der Naturphilosophie an der Universität Köln. Ab 1730 Veröffentlichung seiner in Java begonnenen botanischen Studien, ab 1753 Subbibliothekar an der Herzog-August-Bibliothek in Wolfenbüttel, wo er besonders den botanischen Bestand betreute. F. starb an einem Malariaanfall.

F. gilt als Hauptvertreter der Harzer Mission, die sich zur Aufgabe setzte, ›den Wilden Gott zu bringen‹ (Über die Möglichkeit der Mission I, 1729, 14). Seine ab 1730 festzustellende Abkehr von der Theologie zeigt sich darin, daß naturphilosophische Schriften in den Vordergrund treten (Von der Seele selt-samer Pflantzen und Thiere, I–IV, 1741–1753; Traktat über das Verhältniss von Vulkanausbrüchen und Mondfinsterniss, 1755). Auf einer Reise nach Italien kam F. 1744 nach Konstanz, wo er in eine Wirtshausschlägerei verwickelt und von den damaligen französischen Besatzungstruppen als Spion verhaftet wurde. Seine schlechten Erinnerungen an diesen »impertinent-provocatorischen Vorfall« (Briefe II, 114) führten dazu, daß er dem Konstanzer Stadtsyndikus J. Speth davon abriet, »bey diesen Barbaren« (Briefe II, 115f.) eine Universität zu gründen. Das Original dieses Briefes ist bei den Unruhen der 90er Jahre im Konstanzer Stadtarchiv untergegangen. – Nach F. ist die Natur beseelt von bösen kosmischen Kobolden, die in ihrer Beschreibung an die Leibnizschen ↑Monaden erinnern. Aufgabe des Menschen sei es, durch die Entwicklung einer persönlichen Gutmütigkeit die Macht der bösen Kobolde auszugleichen. Die Verfasserschaft von »Principia rerum naturalium sive novum tentamen phaenomena mundi elementaris philosophice explicandi« (Zug 1735, 1738 im Index librorum prohibitorum), die F. von manchen Interpreten unterstellt wird, scheint zweifelhaft, sicher ist jedoch, daß F. nicht Autor von »Corpus scriptorum eroticorum graecorum I: Parthenii erotica« (Fulda 1755) ist. Erst den Forschungen des 20. Jhs. blieb es vorbehalten, F.' Verhältnis zur Leibnizschen Monadologie näher zu beleuchten, für das Verständnis seines Werkes wichtige Details aus seinem Familienleben auf Java zu ergründen sowie ein bislang unbekanntes poetisches Dokument, ein bedeutendes spätbarockes Sonett, zu entdecken. Man darf im 21. Jh. wohl weitere bemerkenswerte Ergebnisse der F.-Forschung erwarten.

Werke: Javanische Grammatik auf Grund eigener Kenntniss, Amsterdam 1729; Über die Möglichkeit der Mission I, Goslar 1729; Die Orchideen des Bösen, oder über die All-Gegenwart des Teufels, Köln 1731; Von der Seele selt-samer Pflanzen und Thiere, I–IV, Herborn 1741–1753; Gemeinfaßliches System exotischer Pflanzen, I–III, Köln 1742; Traktat über das Verhältniss von Vulkanausbrüchen und Mondfinsterniss, Amsterdam 1755, ²1757 (repr. Peine 1974); Briefe, I–III, ed. F. v. Grummelsberg, Magdeburg 1914–1918.

Literatur: B. Aschenkuchen, Die Harzer Mission, Göttingen 1928, 14–33; P. Borchardt, J. J. F. – Theologe, Philosoph und Bibliothekar. Ein Beitrag zur Geschichte der Universitätsbibliothek Konstanz im 18. Jahrhundert, Bibliothek aktuell. Informationsbl. Mitarbeiter Bibliothek Uni. Konstanz 44 (1981), 32–26; K. D. Dutz, Leibniz und die Linguisten. Der »Fall F.« und einige andere methodologische Befangenheiten, in: ders./S. Gensini (eds.), Im Spiegel des Verstandes. Studien zu Leibniz, Münster 1996, 29–67; F. v. Grummelsberg, J. J. F. als Botaniker und Philosoph, Diss. Helmstedt 1903; R. Hering, Die Lehre vom »wilden Gott« im 18. Jahrhundert. Von der Mission zur Naturphilosophie: der Theologe und Wissenschaftstheoretiker J. J. F. in der Enzyklopädie Philosophie und Wissenschaftstheorie, Auskunft. Z. f. Bibliothek, Archiv und Information in Norddeutschland 24 (2004), H. 4, 495–500; J. Kuczynski, Aus dem Familienleben eines unbekannten Philosophen, Die Weltbühne 31 (1988), 985–986; J. Lafarce, F., un représentant de son temps, Brüssel 1948 (dt. F., ein Vertreter seiner Zeit, Detmold 1951); R. Mocek, Neugier und Nutzen. Fragen an die Wissenschaftsgeschichte, Köln, Berlin 1988, 278; K. Oettinger/H. Weidhase, Eine feste Burg der Wissenschaft. Neue Universität in einer alten Stadt Konstanz am Bodensee, Konstanz 1986, 120–122; T. Verworren, Die Jugendjahre des J. J. F., Arch. protest. Kirchengesch. 114 (1981), 12–19; C. Wälter, F. in Konstanz, Vierteljahrsschr. südbad. Gesch. 23 (1980), 213–234; Westdeutsche Rektorenkonferenz (ed.), Die Internationalität der Universität. Jahresversammlung 1982, Ansprachen und Referate, Zusammenfassung der Plenardiskussionen, Konstanz 3. und 4. Mai 1982, Bonn-Bad Godesberg 1982, 15. P. B.

Feld, als Terminus der Physik die Gesamtheit der Werte einer physikalischen Größe (›F.größe‹), die Raumpunkten zugeordnet werden, ohne daß dort ein materieller Träger vorhanden sein muß. Der F.begriff bildet das Gegenstück zu Fernwirkungstheorien (↑actio in distans), bei denen nur Körper, nicht aber der zwischen ihnen liegende Raum als Träger physikalischer Eigenschaften betrachtet werden. In der Pneumatheorie (↑Pneuma) der ↑Stoa vorweggenommen und in den Ätherhypothesen (↑Äther) zur Erklärung der Gravitation (R. Descartes, C. Huygens) als Nahwirkungstheorie, die ↑Kräfte nur als Druck bzw. Stoß bei unmittelbarer Berührung von Körpern vorsieht, mechanistisch konzipiert, gewinnt die Vorstellung eines F.es in der Hydrodynamik L. Eulers einen physikalisch anschaulichen Inhalt, der – freilich über eine andere, auf die dynamische Substanztheorie (↑Dynamismus (physikalisch)) von R. Boscovich zurückgehende Vermittlung – in M. Faradays F.theorie elektrochemischer, elektrostatischer und diamagnetischer Erscheinungen ihre experimentelle Fruchtbarkeit erweist. F.theorien, die aus F.gleichungen (zur Berechnung der F.größen in einem Punkt des F.es) und einem Bewegungsgesetz (zur Berechnung der Beschleunigung eines Probekörpers in einem Punkt des F.es) bestehen, setzen sich in der Physik mit der Theorie des elektromagnetischen F.es (J. C. Maxwell) und des Gravitationsfeldes (A. Einstein) durch und werden auf weitere Phänomenbereiche ausgedehnt, ohne daß sich bisher eine vereinheitlichte F.theorie, die alle Sorten physikalischer Wirkungen erfassen würde, abzeichnet.

Das radikalisierte Programm der F.theorien setzt an die Stelle des methodisch primären Begriffs des ↑Körpers den des F.es, d. h., Körper werden als Besonderheiten des

F.es, nicht F.er als Wirkungen von Körpern betrachtet. Diesen Wechsel der Grundbegriffe vollzieht die von L. de Broglie und Einstein konzipierte Interpretation von Elementarteilchen als Singularitäten des F.es bzw. als Wellenpakete, die wegen der Zusammensetzung makroskopischer Körper aus geladenen Teilchen die ↑Mechanik (als Theorie der Kräfte und Körperbewegungen) als Teiltheorie der ↑Elektrodynamik erscheinen läßt. Demgegenüber ist jedoch festzuhalten, daß vom antiken Gegensatz zwischen (spekulativer) Atomtheorie (↑Atomismus) und (spekulativer) Pneumatheorie bis zum modernen Gegensatz von Fern- und Nahwirkungstheorien (F.theorien) lediglich eine Alternative von Betrachtungsweisen vorliegt, die den Grundbegriff der jeweils anderen nicht dispensiert. Denn eine Berechnung von F.größen in einem bestimmten Raumpunkt setzt ein Wissen über Quellen des F.es, letztlich also über Lage und physikalischen Zustand von Körpern voraus. Die Verbindung der F.theorien mit der Meßpraxis ist nicht anders als über eine Erzeugung von F.ern mit Hilfe von Körpern oder über einen Nachweis von F.ern durch Kraftwirkungen auf Probekörper möglich. Der physikalisch fruchtbare F.begriff leistet also zwar eine Ablösung mechanistisch verstandener und auf Widersprüche führender Äthertheorien, nicht jedoch eine Ablösung des methodisch primären Begriffs des Körpers. Quantenfeldtheorien führen eine Quantisierung von F.größen ein. Die F.quanten des elektromagnetischen F.es sind die von Einstein 1905 eingeführten Photonen.

Literatur: B. Bertotti, Teilchen und Felder, Phys. Bl. 15 (1959), 289–295; M. B. Hesse, Forces and Fields. The Concept of Action at a Distance in the History of Physics, London/New York 1961, Westport Conn. 1970; dies., Action at a Distance and Field Theory, Enc. Ph. I (1967), 9–15; M. Jammer, F., F.theorie, Hist. Wb. Ph. II (1972), 923–926; S. Parrott, Relativistic Electrodynamics and Differential Geometry, New York/Berlin/Heidelberg 1987; L. P. Williams, M. Faraday and the Evolution of the Concept of the Electric and Magnetic Field, Nature 187 (1960), 730–733; M. Wilson, Field Theory, Classical, REP III (1998), 668–670. P. J.

Fénelon, eigentlich François de Salignac de la Mothe, *Schloß F. (Dordogne) 6. Aug. 1651, †Cambrai 7. Jan. 1715, franz. Theologe und Mystiker, Erzieher der Enkel Ludwigs XIV. und Berater bei den adligen jungen Damen von Saint-Cyr, wo er Mme de Guyon, die Hauptvertreterin des französischen Quietismus, kennenlernte. Ab 1695 Erzbischof von Cambrai. Sein Eintreten für den Quietismus (Explications des maximes des saints sur la vie intérieure, 1697) brachte ihn in Gegensatz zu J. B. Bossuet sowie Papst und König. Einflußreich die aus seiner Erziehertätigkeit in Saint-Cyr und bei Hofe stammenden Werke »Éducation des filles« (1687), »Dialogues des morts composés pour l'éducation d'un prince« (1712) und sein bekanntestes Werk »Les avantures de Télémaque, fils d'Ulysse« (1699). In seinen Auseinandersetzungen mit Protestanten und Jansenisten (↑Jansenismus) sowie N. Malebranche und Bossuet vertritt F. in einer eigenwilligen Verbindung theologischer und philosophischer Traditionen (↑Cartesianismus) Positionen einer toleranten, pädagogisch-literarisch orientierten Humanität.

Werke: Œuvres philosophiques, I–II, Paris 1718, Amsterdam ²1721, 1731 (I Demonstration de l'existence de Dieu, tirée de l'art de la nature, II Demonstration de l'existence de Dieu et de ses attributs, tirée des preuves purement intellectuelles et de l'idée de l'infini mesme); Œuvres de M. François de Salignac de la Mothe F., précepteur des enfants de France, Archevêque – Duc de Cambria, I–IX, Paris 1787–1792; Œuvres de F., I–XXII, Versailles, Paris 1820–1824; Œuvres complètes, I–X, Paris 1851–1852 (repr. Genf 1971); Œuvres, I–II, Paris 1983/1997. – Éducation des filles, Paris 1687, 1937, unter dem Titel: De l'éducation des filles, in: Œuvres I (1983) [s. o.], 89–171 (dt. Von der Erziehung der Töchter, Halle 1698, unter dem Titel: Die Erziehung der Töchter, Lübeck ²1740, unter dem Titel: Über die Erziehung der Mädchen, Paderborn ⁹1956; engl. Instructions for the Education of a Daughter, London 1707, Bristol 1994); Explication des maximes des saints sur la vie intérieure, Paris 1697, 1911, ferner in: Œuvres I (1983) [s. o.], 999–1095 (engl. The Maxims of the Saints Explained, Concerning the Interiour Life, London 1698); Les aventures de Télémaque, fils d'Ulysse, La Haye 1699, Paris 1994, unter dem Titel: Les aventures de Télémaque, in: Œuvres II (1997) [s. o.], 1–326 (engl. The Adventures of Telemachus, the Son of Ulysses, London 1699, Athens Ga. 1997; dt. Die Begebenheiten des Prinzen von Ithaca, oder der seinen Vater Ulysses suchende Telemach, Onolzbach 1727–1739, unter dem Titel: Die Erlebnisse des Telemach, Leipzig 1880, Paderborn 1892); Dialogues des morts composés pour l'éducation d'un prince, Paris 1712, ferner in: Œuvres I (1983) [s. o.], 277–510; Traité de l'existence de dieu, ed. J.-L. Dumas, Paris 1990. – Lettre de F. à Louis XIV, Paris 1825, unter dem Titel: Lettre à Louis XIV, in: Œuvres I (1983) [s. o.], 541–551; Écrits et lettres politiques. Publiés sur les manuscrits autographes, ed. C. Urbain, Paris 1920, Genf/Paris 1981. – Correspondance de F., I–III, Paris 1972, IV–V, Paris 1976.

Literatur: G. v. Brockhusen, F., LThK III (1995), 1231–1232; F.-X. Cuche, Une pensée sociale catholique. Fleury, La Bruyère, F., Paris 1991; A. Delplanque, La pensée de F., d'après ses œuvres morales et spirituelles, Paris 1930; J. Ehni, F., in: A. Hauck (ed.), Realenzyklopädie für protestantische Theologie und Kirche, Leipzig 1899, 32–37; J. L. Goré, L'itinéraire de F.. Humanisme et spiritualité, Paris 1957 (mit Bibliographie, 731–744); H. Gouhier, F. philosophe, Paris 1977; N. Graap, F.. Dialogues des morts composés pour l'éducation d'un prince. Studien zu F.s Totengesprächen im Traditionszusammenhang, Hamburg/London 2001; M. Haillant, Culture et imagination dans les œuvres de F. ›ad usum delphini‹, Paris 1982/1983; V. Kapp, »Télémaque« de F.. La signification d'une œuvre littéraire à la fin du siècle classique, Tübingen 1982; J. Le Brun, F., RGG III (⁴2000), 76–77; D. Leduc-Fayette, F.. Philosophie et spiritualité. Actes du colloque organisé par le Centre d'Étude des Philosophes Français, Sorbonne, 27–28 mai 1994. À la mémoire de Henri Gouhier (1898–1994), Genf 1996; K. D. Little, François de F.. Study of a Personality, New York 1951; E. Mohr, F. und der Staat, Bern/Frankfurt 1971; A. Richardt, F., Ozoir-la-Ferriére 1993; A. Robinet, Gloire et simplicité dans l'utopie fénelonienne,

Rev. sci. philos. théol. 61 (1977), 69–83; R. Spaemann, Reflexion und Spontaneität. Studien über F., Stuttgart 1963, ²1990; F. Varillon, F. et le pur amour, Paris 1957, 1966. – J. M.

Ferguson, Adam, *Logierait (Perthshire) 20. Juni 1723, †St. Andrews 22. Febr. 1816, schott. Historiker und Philosoph, einer der Hauptvertreter der Schottischen Aufklärung des 18. Jhs. (↑Schottische Schule). Studium an der St. Andrews University (M.A. 1742) und an der Divinity Hall, Edinburgh, 1745 Priesterweihe, bis 1754 Feldprediger bei verschiedenen schottischen Regimentern, 1757 als Nachfolger D. Humes Bibliothekar an der Advocates' Library, 1759 Prof. für Naturphilosophie, 1764–1785 für Moralphilosophie in Edinburgh, 1778 Sekretär der (erfolglosen) Kommission für Schlichtungsverhandlungen mit den nordamerikanischen Kolonien, 1785–1796 nominell Prof. der Mathematik in Edinburgh, 1793 Reise auf den Kontinent und Wahl zum Ehrenmitglied der Berliner Akademie der Wissenschaften, ab 1796 zurückgezogenes Leben als Landwirt in Neidpath Castle bei Peebles, von 1800 bis zu seinem Tode in St. Andrews.

In seinem ersten größeren Werk »An Essay on the History of Civil Society« (1767) behandelt F. die Entwicklung der Gesellschaft von der Barbarei zum gesitteten Staat und versucht durch die Beschreibung ihrer Entwicklung Wege aufzuzeigen, die ihren eventuellen künftigen Verfall verhindern können. Hier zeigt sich bereits seine auch später vertretene Ansicht, daß sich die Gesellschaft einem Stadium der Vollkommenheit nähert, das erhalten werden kann. F.s Hauptwerk »Principles of Moral and Political Science« (1792) bietet ein weites Spektrum intellektueller Strömungen, vom ↑Empirismus F. Bacons bis zu teleologischen Implikationen der natürlichen Theologie (↑theologia naturalis), was ihm den Vorwurf der Widersprüchlichkeit eingetragen hat. Dieses Werk kann als seine ›Summa‹ bezeichnet werden: Der Mensch, obwohl völlig frei in seinen Handlungen, wird durch seine Fähigkeit zu einer ständigen (geistigen) Vervollkommnung gebracht, was schließlich zur Einsicht in gesellschaftliche Notwendigkeit führt. Hauptquelle für F.s moralphilosophische Ansichten waren neben Platon und T. Reid vor allem die Stoiker (↑Stoa): Die Liebe zum Menschen, Wertschätzung und Wohlwollen motivieren die Selbsterhaltung und Vervollkommnung des einzelnen. Weisheit, Maßhalten, Gerechtigkeit und Seelenstärke sind die zentralen ↑Tugenden des Menschen.

F. gilt als Mitbegründer der modernen systematischen ↑Soziologie. In seinem »Essay« zeigt er sich als Kritiker der modernen arbeitsteiligen Tauschgesellschaft, die Eigennutz und Korruption fördere und zur Verhärtung der Einbildungskraft führe. Dennoch müsse der Mensch, als gesellschaftliches Wesen, danach trachten, im Rahmen seiner Möglichkeiten Reichtum zu erwerben, da dieser auch den Reichtum des Staates ausmache. Aufgabe der Politiker sei es, den einzelnen vor Betrug und Verbrechen zu schützen.

Werke: Reflections Previous to the Establishment of a Militia, London 1756 (repr. Woodbridge Conn. 1986 [Mikrofilm]); The Morality of Stage-Plays Seriously Considered, Edinburgh 1757 (repr. Woodbridge Conn. 1986 [Mikrofilm]); Analysis of Pneumatics and Moral Philosophy. For the Use of Students in the College of Edinburgh, Edinburgh 1766; An Essay on the History of Civil Society, Edinburgh 1767 (repr. New York 1971, Hildesheim/Zürich/New York 2000), ⁴1773 (repr. Farnborough 1969), ⁷1814, ed. D. Forbes, Edinburgh 1966, ed. F. Oz-Salzberger, Cambridge etc. 1995 (dt. Versuch über die Geschichte der bürgerlichen Gesellschaft, Leipzig 1768, unter dem Titel: Abhandlung über die Geschichte der bürgerlichen Gesellschaft, ed. H. Waentig, Jena 1904, ²1923, unter dem Originaltitel, ed. Z. Batscha/H. Medick, Frankfurt 1986, 1988); Institutes of Moral Philosophy. For the Use of Students in the College of Edinburgh, Edinburgh 1769 (repr. London 1994), ²1773 (repr. New York 1978), erw. ³1785, Basel 1800 (repr. Woodbridge Conn. 1986 [Mikrofilm]) (dt. A. F.s Grundsätze der Moralphilosophie, ed. C. Garve, Leipzig 1772 [repr. in: C. Garve, Gesammelte Werke XI/3. Die kommentierten Übers., ed. K. Wölfel, Hildesheim/Zürich/New York 1986], Leipzig/Frankfurt 1787); The History of the Progress and Termination of the Roman Republic, I–III, London/Edinburgh, Dublin 1783 (repr. Hildesheim/New York 1979) (dt. Geschichte des Fortgangs und Untergangs der Römischen Republik, I–IV, Leipzig 1784–1786); Principles of Moral and Political Science. Being Chiefly a Retrospect of Lectures Delivered in the College of Edinburgh, I–II, Edinburgh 1792 (repr. New York 1978, Woodbridge Conn. 1986 [Mikrofilm], Hildesheim/New York 1994) (dt. Ausführliche Darstellung der Gründe der Moral und Politik, ed. K. Schreiter, Zürich 1796); Essays on the Intellectual Powers, Moral Sentiment, Happiness and National Felicity, Paris 1805; The Unpublished Essays, I–III, ed. W. Philip, Kilberry 1986. – The Correspondence, I–II, ed. V. Merolle, London 1995; Collection of Essays, ed. Y. Amoh, Kyoto 1996.

Literatur: J. W. Allard, F., in: R. Audi (ed.), The Cambridge Dictionary of Philosophy, Cambridge/New York/Melbourne ²1999, 307; T. Benton, A. F. and the Enterprise Culture, in: P. Hulme/L. Jordanova (eds.), The Enlightenment and Its Shadows, London/New York 1990, 101–120; A. Broadie (ed.), The Scottish Enlightenment. An Anthology, Edinburgh 1997; P. Carrive, F. A. (1723–1816), Enc. philos. universelle III/1 (1992), 1139–1141; R. Hamowy, Progress and Commerce in Anglo-American Thought. The Social Philosophy of A. F., Interpretation 14 (1986), 61–87; L. E. Hill, A. F. and Spontaneous Order. The Paradox of Progress and Decline, History Polit. Thought 18 (1997), 677–706; V. Hope, F., in: T. Honderich (ed.), The Oxford Companion to Philosophy, Oxford/New York 1995, 274–275; H. Huth, Soziale und individualistische Auffassung im achtzehnten Jahrhundert, vornehmlich bei Adam Smith und A. F.. Ein Beitrag zur Geschichte der Soziologie, Leipzig 1907, Bad Feilnbach 1990; M. Jack, Corruption and Progress. The Eighteenth-Century Debate, New York 1989; H. H. Jogland, Ursprünge und Grundlagen der Soziologie bei A. F., Berlin 1959; A. Kalyvas/I. Katznelson, A. F. Returns. Liberalism Through a Glass, Darkly, Political Theory, Int. J. Political Philos. 26 (1998), 173–197; D. Kettler, The Social and Political Thought of A. F., Columbus Ohio 1965; ders., History and Theory in F.'s »Essay on the History of Civil Society«. A Reconsideration, Political Theory 5 (1977), 437–460; ders., F., REP III (1998), 630–633; A. M. Kinghorn, F., Enc. Ph. III (1967), 187–188; W. C. Lehmann, A. F. and the Beginning of Modern Sociology, New York 1930; F. Oz-Salzberger, Translating the Enlightenment. Scottish Civic Discourse in Eighteenth-Century Germany, Oxford/New York 1995; D. Raynor, F., in: J. W. Yolton/J. V. Price/J. Stephens (eds.), The Dictionary of Eighteenth-Century British Philosophers I, Bristol/Sterling Va. 1999, 324–328; P. Salvucci, A. F.. Sociologia e filosofia politica, Urbino 1972, 1996; ders., F. e l'analisi della società moderna, Boll. storia della filos. 2 (1974), 45–80; R. B. Sher, A. F. and Adam Smith and the Problem of National Defence, J. Modern Hist. 61 (1989), 240–268. P. B.

Ferio, in der traditionellen ↑Syllogistik Merkwort für das Schlußschema (↑Schluß, den syllogistischen ↑Modus) *MeP*, *SiM* ≺ *SoP* (›kein *M* ist *P*‹ und ›einige *S* sind *M*‹ impliziert ›einige *S* sind nicht *P*‹), in moderner quantorenlogischer (↑Quantorenlogik) Schreibweise:

$$\bigwedge_x (M(x) \to \neg P(x)), \quad \bigvee_x (S(x) \land M(x)) \prec \bigvee_x (S(x) \land \neg P(x)).$$

Es handelt sich um einen der vier Modi vollkommener Syllogismen (↑Syllogismus, vollkommener) der ersten syllogistischen Schlußfigur. P. S.

Fermat, Pierre de, *Beaumont-de-Lomagne ca. 1607/1608, †Castres 12. Jan. 1665, franz. Jurist und Mathematiker. 1623–1626 Studium des Zivilrechts in Orléans, 1627–1630 Anwalt am Parlement de Bordeaux, 1631 Commissaire de la chambre des requêtes am Parlement de Toulouse, 1638 ebendort Conseiller de la chambre des enquêtes, 1652 de la Chambre Criminelle, 1654 de la Grand' Chambre. Mit Unterbrechungen Delegierter an der Chambre de l'Edit de Nantes in Castres. – F. wird wegen seiner glänzenden altphilologischen Kenntnisse und seines besonderen Interesses für die antiken Autoren als Humanist (↑Humanismus) angesehen, nachdem er schon während seines Studiums in Orléans unter den Einfluß der humanistischen Rechtsphilosophie (›humanisme juridique‹) geraten war, die starken Einfluß auf seine richterliche Tätigkeit gewann.

In seinen mathematischen Arbeiten orientierte sich F. methodisch und thematisch an den Werken von F. Vieta, ging aber weit über diesen hinaus. Wie dieser gewann er seine Problemstellungen durch Verallgemeinerung von Fragen, die er in den (Berichten über die) antiken mathematischen Schriften fand, und wie dieser versuchte er sie mit nahezu ausschließlich algebraischen Mitteln (↑Algebra) zu lösen. Bereits während seiner Zeit in Bordeaux erzielte F. erste Ergebnisse in der ↑Infinitesimalrechnung (Theorie der Maxima und Minima) und in der analytischen Geometrie (↑Geometrie, analytische) und damit vor R. Descartes, der allgemein als deren Begründer gilt. Zusammen mit B. Pascal wurde F. zum Begründer der mathematischen ↑Wahrscheinlichkeitstheorie, als beide in einem Briefwechsel 1654 im Rahmen von Überlegungen zu den Gewinnerwartungen bei Glücksspielen das Problem der fairen Verteilung des Einsatzes beim vorzeitigen Abbruch des Spieles lösten. Diese zunächst revolutionären Ergebnisse, wie auch seine Arbeiten zur Differential- und Integralrechnung (↑Infinitesimalrechnung), wurden bald überholt oder gerieten vorzeitig in Vergessenheit, weil sich F. nicht hinreichend um deren Veröffentlichung kümmerte (die Ablehnung, die Descartes gegenüber F. an den Tag legte, mag dabei eine entscheidende Rolle gespielt haben). Eine Ausnahme bildeten in dieser Hinsicht F.s Manuskripte zur ↑Zahlentheorie. Zunächst ebenso unbeachtet wie die übrigen Arbeiten, wurden sie im 18. und 19. Jh. zum Stimulus für die sich herausbildende moderne Zahlentheorie, als deren Begründer F. somit gelten kann.

Mit Physik beschäftigte sich F. nur vorübergehend. Ausgangspunkt war seine Kritik an Descartes' Dioptrik. Die dort vorgenommene rein apriorische (mathematische) Erklärung und Darstellung eines rein empirischen Phänomens (der Brechung des Lichts) hielt F. für methodisch unzulässig und undurchführbar; er selbst ging von anderen Annahmen über die Eigenschaften des Lichts aus als Descartes, kam jedoch zum gleichen Resultat wie dieser. Sowohl F.s Begründung (↑Extremalprinzipien) dieses Resultats (die Lichtbewegung von *A* nach *B* entlang einem Strahl verläuft in kürzestmöglicher Zeit), als auch die der Begründung zugrundeliegende Annahme, Naturvorgänge verliefen immer nach einfachstmöglichen Gesetzen – was als Vorwegnahme des Einfachheitsprinzips für Theorien (↑Einfachheitskriterium) angesehen werden kann –, werden gelegentlich als ↑Fermatsches Prinzip bezeichnet.

F.s Name wird mit zwei Methoden in Verbindung gebracht: (1) die Methode der ›Reduktionsanalyse‹, mit deren Hilfe komplexe Probleme auf einen einfachen Kern gebracht werden sollen; (2) die Beweismethode der ›descente infinie‹ (der unendlichen Abnahme) für Aussagen über dem Bereich der natürlichen Zahlen. Ein Beweis mittels *descente infinie* nutzt das Wohlordnungsprinzip der natürlichen Zahlen (↑Wohlordnung), wonach jede nicht-leere Menge natürlicher Zahlen ein kleinstes Element hat. Er verläuft indirekt. Um zu beweisen, daß eine Aussage $P(n)$ für alle natürlichen Zahlen n gültig ist, wird angenommen, daß es eine natürliche Zahl n_0 gibt, für die $P(n_0)$ nicht gültig ist. Läßt sich zeigen, daß es dann auch ein n_1 mit $n_1 < n_0$ gibt, für das $P(n_1)$ ungültig ist, und läßt sich dieser Prozeß für immer kleinere n_p ohne Abschluß fortsetzen, so ergibt sich nach dem Wohlordnungsprinzip ein Widerspruch; $P(n)$ ist also allgemeingültig (↑allgemeingültig/Allgemeingültigkeit). Die Beweismethode wurde bei einer ganzen Reihe von mathematischen Problemen erfolgreich angewendet.

Zu den von F. als bewiesen behaupteten Sätzen gehört auch das F.sche Theorem (›F.sche Vermutung‹, ›F.s letzter Satz‹, ›der große F.‹, ›F.sches Problem‹), wonach es keine vier natürlichen Zahlen a, b, c, n mit $n > 2$ gibt, für die gilt: $a^n + b^n = c^n$. Erst 1994 gelang es A. Wiles (nach einer verfrühten Ankündigung im Jahr zuvor), F.s Vermutung zu bestätigen, indem er eine 1954 von Y. Taniyama und G. Shimura aufgestellte Behauptung über elliptische Kurven bewies, von der schon früher erkannt worden war, daß sie das F.sche Theorem impliziert.

Werke: Œuvres, I–IV, ed. P. Tannery/C. Henry, Paris 1891–1922. – Einführung in die ebenen und körperlichen Örter, ed. H. Wieleitner, Leipzig 1923 (Ostwalds Klassiker der exakten Wissenschaften 208); Bemerkungen zu Diophant, ed. M. Miller, Leipzig 1932 (Ostwald's Klassiker der exakten Wissenschaften 234); P. de F.s Abhandlungen über Maxima und Minima (1629), ed. M. Miller, Leipzig 1934 (Ostwald's Klassiker der exakten Wissenschaften 238); Auszüge aus den Werken F.s in engl. Übers. in: D. J. Struik (ed.), A Source Book in Mathematics (1200–1800), Cambridge Mass. 1969, Princeton N. J. 1986, 1990, 26–31, 143–150, 219–227; La correspondance de Blaise Pascal et de P. de F.. La géométrie du hasard, ou, le début du calcul des probabilités, ed. P.-J. About/M. Boy, Fontenay 1983.

Literatur: A. D. Aczel, F.'s Last Theorem. Unlocking the Secret of an Ancient Mathematical Problem, New York/London 1996, New York, London 1997 (dt. F.s dunkler Raum. Wie ein großes Problem der Mathematik gelöst wurde, München/Zürich 1999); E. Amar/R. Gay/N. T. Van (eds.), Analyse complexe. Proceedings of the Journées F. – journées SMF, held at Toulouse, May 24–27, 1983, Berlin/New York/Heidelberg 1984; P. Bachmann, Das F.problem in seiner bisherigen Entwicklung, Berlin/Leipzig 1919 (repr. Berlin/New York/Heidelberg 1976); K. Barner, Das Leben F.s, Mitteilungen Dt. Math.ver. (2001), H. 3, 12–26; ders., How Old Did F. Become?, Int. Z. Gesch. u. Ethik d. Naturwiss., Technik u. Medizin 9 (2001), 209–228; C. B. Boyer, The Concepts of the Calculus. A Critical and Historical Discussion of the Derivative and the Integral, New York 1939, unter dem Titel: The History of the Calculus and Its Conceptual Development (The Concepts of the Calculus), New York 1949, ²1959, 1988, 154–165; ders., History of Analytic Geometry, New York, Amsterdam 1956, Princeton N. J. 1988, 74–102 (Chap. V); G. Cornell/J. H. Silverman/G. Stevens (eds.), Modular Forms and F.'s Last Theorem. Record of an Instructional Conference on Number Theory and Arithmetic Geometry Held from August 9 through 18, 1995 at Boston University, Berlin/New York/Heidelberg 1997, ²1998, 2000; J. Davies, P. de F... 1601–1665. Mathematician and Jurist, Bath 1998; L. Degoli, On F.'s Principle of ›descente infinie‹, Int. Log. Rev. 17 (1986), 39–47; H.M. Edwards, F.'s Last Theorem. A Genetic Introduction to Algebraic Number Theory, Berlin/New York/Heidelberg 1977, ²1996, 2000; A. Gonzalez Carloman, Estudio elemental del ultimo teorema de F., El Basilisco 23 (1998), 31–36; J. E. Hofmann, Studien zur Zahlentheorie F.s (Über die Gleichung $x^2 = py^2 + 1$), Abh. Preuss. Akad. Wiss., math.-naturwiss. Kl. 1944, Nr. 7; ders., Über zahlentheoretische Methoden F.s und Eulers. Ihre Zusammenhänge und ihre Bedeutung, Arch. Hist. Ex. Sci. 1 (1960–1962), 122–159; ders., P. F... Ein Pionier der neuen Mathematik, Praxis Math. 7 (1965), 113–119, 171–180, 197–203; J. Itard, P. F., Basel 1950, Stuttgart ²1979; J. Klose, Schnelle Polynomarithmetik zur exakten Lösung des F.-Weber-Problems, Diss. Erlangen/Nürnberg 1993; N. Koblitz (ed.), Number Theory Related to F.'s Last Theorem. Proceedings of the Conference, Boston Mass./Basel/Stuttgart 1982; M. Krizek/F. Luca/L. Somer, 17 Lectures on F. Numbers. From Number Theory to Geometry, Berlin/New York/Heidelberg 2001; M. S. Mahoney, F., DSB IV (1971), 566–576; E. Maula/E. Kasanen, Chez F. A. D. 1637, Philosophica 43 (1989), 127–162; W. Neubauer, Zur Lösung des F.-Problems. Transzendente Hauptsatz-Repräsentanz und Berechnung der reellen Exponentenschranke ($2 < s < 3$) zwischen unendlich vielen und kleinen Lösungen, Konstanz 1993; V. Perlick, Ray Optics, F.'s Principle, and Applications to General Relativity, Berlin/New York/Heidelberg 2000; P. Ribenboim, 13 Lectures on F.'s Last Theorem, Berlin/New York/Heidelberg 1979, 1996; ders., F.'s Last Theorem for Amateurs, Berlin/New York/Heidelberg 1999; C. I. Staicu, Analogy between F.'s Last Theorem and General Dimensional Analysis, Philos. et logique 30 (1986), 109–112; ders., Positive Integral Minimum Numbers. Exponents and Coefficients, Philos. et logique 31 (1987), 162–168; ders., F.'s Last Theorem. A General Dimensional Analysis Problem, Philos. et logique 32 (1988), 163–170; K. Weinrich, Die Lichtbrechung in den Theorien von Descartes und F., Stuttgart 1998; A. Wiles, Modular Elliptic Curves and F.'s Last Theorem, Ann. Math. Ser. 2, 141 (1995), 443–551. K. B./V. P.

Fermatsches Prinzip, das von P. de Fermat formulierte ↑Extremalprinzip der geometrischen Optik, wonach ein Lichtstrahl zwischen zwei (im allgemeinen Fall durch verschiedene Medien getrennten) Punkten des Raumes stets denjenigen Weg nimmt, zu dessen Durchlaufen er eine kürzere Zeit braucht als auf jedem möglichen Nachbarweg.

Literatur: R. Erb, Optik mit Lichtwegen. Das Fermat-Prinzip als Grundlage für das Verstehen der Optik, Bochum/Magdeburg 1994; P. Fermat, Œuvres I, ed. P. Tannery/C. Henry, Paris 1891, bes. 170–172 (Analysis ad refractiones); E. Hoppe, Geschichte der Optik, Leipzig 1926, Wiesbaden 1967; V. Perlick, Ray Optics, Fermat's Principle, and Applications to General Relativity, Berlin/Heidelberg/New York 2000. C. T.

Fermatsches Problem, ↑Fermat, Pierre de.

Feuerbach, Ludwig (Andreas), *Landshut 28. Juli 1804, †Rechenberg (b. Nürnberg) 13. Sept. 1872, dt. Philosoph, Sohn des Juristen A. Feuerbach. 1822 Theologiestudium in Heidelberg bei dem Hegelianer K. Daub, 1824 Übersiedlung nach Berlin und (nach Aufgabe des Theologiestudiums) Studium der Philosophie bei G. W. F. Hegel. Unter dem Einfluß Hegels ist nach F. der Ort des allgemeinen Verbundenseins das entsinnlichende und damit entindividuierende ›Denken‹. Religionskritisch wendet sich F. jedoch schon sehr früh über Hegels ↑Religionsphilosophie hinausgehend gegen die abstrakte Persönlichkeitslehre des Christentums und den individuellen Auferstehungsgedanken. In seiner in Erlangen geschriebenen Dissertation »De ratione una, universali, infinita« (1828) deutet sich bereits die späterhin zentrale Frage des interpersonellen Verhältnisses an. Im Rückgriff auf die deutsche ↑Mystik und G. Bruno bezieht F. eine streng pantheistische (↑Pantheismus)

Position. 1830 erscheinen in Nürnberg anonym die »Gedanken über Tod und Unsterblichkeit aus den Papieren eines Denkers nebst einem Anhang theologisch-satyrischer Xenien herausgegeben von einem seiner Freunde«, in denen F. eine emphatische Diesseitsphilosophie propagiert. Die Entstehung der Religion wird auf eine Projektion des individuierten Menschen zurückgeführt. Darüber hinaus wird in dieser Schrift, die dafür verantwortlich war, daß F. nicht in den bayerischen Staatsdienst überführt wurde, eine Wendung vom einseitigen rationalistischen Konzept einer mitmenschlichen Verallgemeinerung zu einer Liebesphilosophie vollzogen, die die Sinnlichkeit als ausgezeichnetes und unhinterschreitbares Glückskonstituens herausstellt. F. war Privatdozent an der Erlanger Universität. Seine Vorlesungen (1829–1837) waren, neben solchen über Logik und Metaphysik, vorwiegend philosophiehistorischen Themen gewidmet und bildeten die Grundlage für eine Reihe von Veröffentlichungen.

1837 beendet F. seine akademische Tätigkeit und siedelt nach Bruckberg bei Ansbach über, wo er bis 1860 wohnt. Er wird Mitarbeiter an den von A. Ruge und T. Echtermeyer herausgegebenen »Halleschen Jahrbüchern«. In der in dieser Zeitschrift 1839 erschienenen Abhandlung »Zur Kritik der Hegelschen Philosophie« findet die Lösung von der Hegelschen Philosophie ihren Abschluß. In einem ersten Schritt wendet sich F. gegen Hegels Konzept einer absoluten Geistphilosophie (↑Geist), in dem er ein unreflektiertes Element tradierter Theologie sieht. Er bezichtigt Hegel intellektueller und monologistischer Einseitigkeit und kritisiert insbes., daß Hegel die genuinen Ansprüche der Sinnlichkeit nicht berücksichtige und die ↑Unmittelbarkeit nur uneigentlich nehme. Der ›Andere‹ und damit der Mensch als Gattungswesen komme nicht hinreichend zur Geltung; insbes. werde bei Hegel die Bedeutung der Sprache unterschätzt, die nichts anderes sei als die ›Realisation der Gattung‹, die ›Vermittlung des Ich mit dem Du‹. In Auseinandersetzung mit Hegel entwickelt F. positiv seine Anthropologie, die in dem Verhältnis von ›Ich und Du‹, das er ähnlich wie der junge Hegel als ›Liebe‹ definiert, gründet. Sinn und Objektivität wurzeln im Miteinander unter Rückgang auf gemachte sinnliche Erfahrung. Interpersonalität und Sinnlichkeit definieren das ›Wesen des Menschen‹. Die Sexualität tritt bei F. erstmalig ins Zentrum der philosophischen Thematik.

In Bruckberg entstehen F.s umfangreiche Werke, unter denen »Das Wesen des Christentums« (1841) den herausragenden Platz einnimmt. Die Entstehung der ↑Religion einschließlich der christlichen führt F. in einer umfassenden anthropologischen Argumentation auf einen Projektionsvorgang des eigenen ›unendlichen Wesens‹ auf einen in Gedanken produzierten und der eigenen Verfügung entzogenen Gegenstand (Gott) zurück. Mit dieser religionskritischen (↑Religionskritik) Analyse reiht sich F. in den Kontext linkshegelianischer (↑Hegelianismus) Argumentationen ein. Jedoch ist sein Ziel weder die Rückführung von theologischen Aussagen auf deren wissenschaftlich begründbaren Kern (D. F. Strauß) noch eingeschränkt eine Desavouierung christlicher Überlieferung (B. Bauer), sondern eine philosophische Kritik von Religion überhaupt im Rekurs auf eine Wesensbestimmung des Menschen. Das Geheimnis der Theologie ist die Anthropologie; im göttlichen Wesen schaut der Mensch sein eigenes Wesen an. In dem Maße, in dem der Zusammenhang von Religion und Wesen des Menschen durchschaut wird, schreitet der Aufklärungsprozeß der Gattung fort, dessen Ziel die Anthropologisierung der Religion ist. 1848/1849 hält F. auf Einladung von Studenten in Heidelberg Vorlesungen über das Wesen der Religion. 1860 übersiedelt er nach Nürnberg. Seine weiteren Schriften sind Ausführungen und Belegungen seiner in der Auseinandersetzung mit Hegel gewonnenen sensualistisch-materialistischen Position. F. hat einen bestimmenden Einfluß auf die frühen philosophischen Überlegungen von K. Marx und F. Engels.

Werke: L. F.s Sämmtliche Werke, I–X, Leipzig 1846–1866; Sämmtliche Werke, I–X, ed. W. Bolin/F. Jodl, Stuttgart 1903–1911, ed. H.-M. Sass, Stuttgart 1959–1964 (3 Erg.Bde, ed. H.-M. Sass); Werke, I–VI, ed. E. Thies, Frankfurt 1974–1976; Gesammelte Werke, I–XX, ed. W. Schuffenhauer, Berlin (Ost) 1969 ff. [bisher erschienen: I–XII, XVII, XIX]. – Geschichte der neuern Philosophie von Bacon von Verulam bis Benedikt Spinoza, Ansbach 1833, Leipzig 1976, ²1990; Geschichte der neuern Philosophie. Darstellung, Entwicklung und Kritik der Leibnitz'schen Philosophie, Ansbach 1837, Berlin 1969, ³1984; Pierre Bayle nach seinen für die Geschichte der Philosophie und Menschheit interessantesten Momenten dargestellt und gewürdigt, Ansbach 1838, Berlin 1967, ²1989; Über Philosophie und Christentum in Beziehung auf den der Hegelschen Philosophie gemachten Vorwurf der Unchristlichkeit, Mannheim 1839; Das Wesen des Christentums, Leipzig 1841, Stuttgart 1998; Grundsätze der Philosophie der Zukunft, Zürich/Winterthur 1843, ed. G. Schmidt, Frankfurt 1967, ³1983; Das Wesen des Glaubens im Sinne Luthers. Ein Beitrag zum »Wesen des Christentums«, Leipzig 1844 (repr. Darmstadt 1970, 1984); Erläuterungen und Ergänzungen zum Wesen des Christentums, Leipzig 1846, Stuttgart 1903, ²1960; Vorlesungen über das Wesen der Religion. Nebst Zusätzen und Anmerkungen, Leipzig 1851; Anselm Ritter von Feuerbachs Leben und Wirken aus seinen ungedruckten Briefen und Tagebüchern, Vorträgen und Denkschriften veröffentlicht von seinem Sohne L. F., I–II, Leipzig 1852, Berlin 1976, ²1989; Theogonie nach den Quellen des classischen, hebräischen und christlichen Alterthums, Leipzig 1857, Berlin 1969, ³1985; Gottheit, Freiheit und Unsterblichkeit vom Standpunkte der Anthropologie, Leipzig 1866; Vorlesungen über Logik und Metaphysik, ed. C. Ascheri/E. Thies, Darmstadt 1976. – Briefwechsel. 1832 bis 1848, ed. A. Kapp, Leipzig 1876; Ausgewählte Briefe von und an L. F.. Zum Säkulargedächtniss seiner Geburt, I–II, ed. W. Bolin, Leipzig 1904; Briefwechsel, ed. W. Schuffenhauer, Leipzig 1963.

Literatur: A. Alessi, L'ateismo di F.. Fondamenti metafisici, Roma 1975; H.-J. Braun, L. F.s Lehre vom Menschen, Stuttgart-Bad Cannstatt 1971; ders., Die Religionsphilosophie L. F.s. Kritik und Annahme des Religiösen, Stuttgart-Bad Cannstatt 1972; ders. u. a. (eds.), L. F. und die Philosophie der Zukunft, Berlin 1990; ders. (ed.), Solidarität oder Egoismus. Studien zu einer Ethik bei und nach L. F., Berlin 1994; A. Brunvoll, ›Gott ist Mensch‹. Die Luther-Rezeption L. F.s und die Entwicklung seiner Religionskritik, Frankfurt 1996; F. Engels, L. F. und der Ausgang der klassischen deutschen Philosophie, MEW XXI, 259–307; K. Grün, L. F.s philosophische Charakterentwicklung. Sein Briefwechsel und Nachlaß 1820–1850, Leipzig/Heidelberg 1874; L. Hartmann, L. F.s Auseinandersetzung mit dem deutschen Idealismus. Eine Untersuchung der Philosophie F.s in ihrem Verhältnis zum Denken Hegels, Kants und Fichtes, Diss. München 1974; E. van Harvey, F. and the Interpretation of Religion, Cambridge 1995; H. Hüsser, Natur ohne Gott. Aspekte und Probleme von L. F.s Naturverständnis, Würzburg 1993; W. Jaeschke (ed.), Sinnlichkeit und Rationalität. Der Umbruch der Philosophie des 19. Jahrhunderts. L. F., Berlin 1992; ders./F. Tomasoni (eds.), L. F. und die Geschichte der Philosophie, Berlin 1998; F. Jodl, L. F., Stuttgart 1904, ²1921; E. Kamenka, The Philosophy of L. F., London 1970; A. Kohut, L. F.. Sein Leben und seine Werke, Leipzig 1909; K. Löwith, Das Individuum in der Rolle des Mitmenschen, München 1928 (repr. Darmstadt 1962, ²1969); ders., L. F. und der Ausgang der klassischen deutschen Philosophie, Logos 17 (1928), 323–347; ders., Von Hegel zu Nietzsche. Der revolutionäre Bruch im Denken des 19. Jahrhunderts, Zürich 1941, Hamburg 1995; H. Lübbe/H.-M. Sass (eds.), Atheismus in der Diskussion. Kontroversen um L. F., München/Mainz 1975; K. Marx, Thesen über F., MEW III, 5–7; S. Rawidowicz, L. F.s Philosophie. Ursprung und Schicksal, Berlin 1931 (repr. Berlin 1964); H.-M. Sass, L. F. in Selbstzeugnissen und Bilddokumenten, Reinbek b. Hamburg 1978, ⁴1994; ders., F., REP III (1998), 635–640; ders., L. F., in: B. Jahn (ed.), Biographische Enzyklopädie deutschsprachiger Philosophen, München 2001, 112–113; A. Schmidt, Emanzipatorische Sinnlichkeit. L. F.s anthropologischer Materialismus, München 1973, 1988; M. Schmitt, Von der Wirklichkeit der Vernunft zur Vernunft der Sinnlichkeit. Zur Entwicklung der sinnlichen Philosophie in den Frühschriften L. F.s im Ausgang von Johann Gottfried Herder, Göttingen 1999; W. Schuffenhauer, F. und der junge Marx, Zur Entstehungsgeschichte der marxistischen Weltanschauung, Berlin 1965, ²1972; E. Thies (ed.), L. F., Darmstadt 1976; ders., L. F.. Zwischen Universität und Rathaus oder Die Heidelberger Philosophen und die 48er Revolution, Heidelberg 1990; W. Wahl, L. F. und Nietzsche. Die Rehabilitierung der Sinnlichkeit und des Leibes in der deutschen Philosophie des 19. Jahrhunderts, Würzburg 1998; M. W. Wartofsky, F., Cambridge/London/New York 1977; J. Winiger, F.s Weg zum Humanismus. Zur Genesis des anthropologischen Materialismus, München 1979; R. Zecher, Wahrer Mensch und heile Welt. Untersuchungen zur Bestimmung des Menschen und zum Heilsbegriff bei L. F., Stuttgart 1993. S. B.

Feuerbach, Paul Johann Anselm Ritter v., *Hainichen/Jena 14. Nov. 1775, †Frankfurt 29. Mai 1833, dt. Jurist, Rechtsphilosoph und Strafrechtstheoretiker. 1792 Studium der Philosophie (bei K. L. Reinhold) und Jurisprudenz in Jena, 1795 Promotion, 1799 Habilitation, 1801–1804 Professuren in Jena, Kiel und Landshut, 1805 Eintritt in das bayerische Justizdepartment in München (auf F.s Betreiben hin wurde 1806 in Bayern die Folter abgeschafft), 1814 Versetzung an das Appellationsgericht in Bamberg, 1817 Präsident des Appellationsgerichtes in Ansbach. Von F. stammt der Entwurf des seit 1813 in Bayern geltenden Strafgesetzbuches, das für die meisten deutschen Landesgesetzbücher im 19. Jh. Vorbildcharakter hatte.

In seiner 1796 in Altona erschienenen Schrift »Kritik des natürlichen Rechts als Propädeutik zu einer Wissenschaft der natürlichen Rechte« entwickelt F. im Anschluß an I. Kants Unterscheidung von ↑Moralität und ↑Legalität eine genuine Rechtstheorie. Das ↑Naturrecht wird als die Wissenschaft der ›nicht durch den Staat vorhandenen Rechte‹ (30) definiert, die durch die Vernunft ›gegeben‹ und ›erkannt‹ werden (31). Im Unterschied zur Moral, deren Gegenstand die sittlichen Pflichten und das ›Erlaubtsein‹, das ›rechtlich-mögliche‹ (54 f.) ist (›negativ bestimmte Freiheit‹), ist das Naturrecht positiv die Wissenschaft der ›Rechte überhaupt‹ (60) und bestimmt eine eigene Sphäre. Neben dem moralischen Vermögen gibt es das durch Vernunft bestimmte ›juridische Vermögen‹, das um der Erfüllung des ↑Sittengesetzes in der Welt der Erscheinungen willen dem Individuum durch ›Zwang‹ auch gegen andere vernünftige Wesen durchsetzbare Rechte positiv zuspricht (»das Wesen des Rechts [besteht] in einer *Sanktion der Vernunft*«, 261).

Das Recht bezieht sich auf die Ausschaltung von Hindernissen bei der Erfüllung der sittlichen Pflichten in der Sinnenwelt (»Die juridische Vernunft hat die Hindernisse wegzuräumen, welche der Erreichung des höchsten Zwecks entgegenstehen«, 290) und schließt insbes. Gewalt- und Widerstandsrechte ein, deren Ausweitung und Begrenzung gegenüber dem Staat F. in seiner Abhandlung »Anti-Hobbes oder über die Grenzen der höchsten Gewalt und das Zwangsrecht der Bürger gegen den Oberherrn« (1797) entwickelt. Gewissens- und Gedankenfreiheit (143) sind ebenso wie das privatrechtlich definierte Eigentum (271) Güter, die dem Unterwerfungsvertrag entzogen bleiben und bei Verletzung durch die staatliche Gewalt ein Widerstandsrecht begründen. Der Staatsvertrag wird durch seinen Zweck, die Privatzwecke der Bürger zu verallgemeinern, begrenzt. – Seit 1800 wendet sich F. fast ausschließlich der Strafrechtswissenschaft zu, die er begründete. Das Strafrecht wird durch seine Schutzfunktion vor dem straffällig werdenden Individuum bestimmt. Die Strafandrohung dient der Abschreckung, der Vollzug der Strafe der Sicherung des Abschreckungscharakters der Strafandrohung (›Feuerbachsche Theorie‹). Im Strafprozeßrecht fordert F. die völlige Durchsichtigkeit des Verfahrens, von der Anklageerhebung über die Zusammensetzung des Gerichts bis hin zur Öffentlichkeit der Verhandlung. F. gilt als Rechtspositivist (↑Rechtspositivismus), weil er die Gerichtsbarkeit unhintergehbar an das positive Recht bindet. Er formuliert als Grundsatz ›nullum crimen, nulla poena sine lege‹ und stellt sich damit gegen die herrschende Naturrechtslehre seiner Zeit. F. ist einer der ersten Kriminalisten, die bei der Bewertung von Rechtsfällen psychologische Kriterien in Rechnung stellen.

Werke: Kritik des natürlichen Rechts als Propädeutik zu einer Wissenschaft der natürlichen Rechte, Altona 1796 (repr. Darmstadt 1963); Anti-Hobbes oder über die Grenzen der höchsten Gewalt und das Zwangsrecht der Bürger gegen den Oberherrn, Giessen 1797 (repr. Darmstadt 1967); Revision der Grundsätze und Grundbegriffe des positiven peinlichen Rechts, I–II, Erfurt 1799/1800 (repr. Frankfurt 1966); Über die Strafe als Sicherungsmittel vor künftigen Beleidigungen des Verbrechers. Nebst einer näheren Prüfung der Kleinischen Strafrechtstheorie, Chemnitz 1800 (repr. Darmstadt 1970); Lehrbuch des gemeinen in Deutschland gültigen peinlichen Rechts, Giessen 1801 (repr. Aalen 1973); Civilistische Versuche, Giessen 1803; Ueber Philosophie und Empirie in ihrem Verhältnisse zur positiven Rechtswissenschaft, Landshut 1804 (repr. Darmstadt 1969), Baden-Baden 2002; Merkwürdige Criminal-Rechtsfälle, I–II, Giessen 1808/1811; Themis, oder Beiträge zur Gesetzgebung, Landshut 1812; Betrachtungen über das Geschworenengericht, Landshut 1813; Betrachtungen über die Öffentlichkeit und Mündlichkeit der Gerechtigkeitspflege, I–II, Giessen 1821/1825; Aktenmässige Darstellung merkwürdiger Verbrechen, I–II, Giessen 1828/1829, Auswahl unter dem Titel: Merkwürdige Verbrechen in aktenmäßiger Darstellung, ed. R. A. Stemmle, München 1963; Kaspar Hauser. Beispiel eines Verbrechens am Seelenleben des Menschen, Ansbach 1832 (repr. Dornach 1983); Kleine Schriften vermischten Inhalts, Nürnberg 1833 (repr. Goldbach 1999); (mit C. J. A. Mittermaier) Theorie der Erfahrung in der Rechtswissenschaft des 19. Jahrhunderts. Zwei methodische Schriften, ed. K. Lüdersen, Frankfurt 1968.

Literatur: A. Baumgarten, P. J. A. v. F. anläßlich seines 100. Todestages, Schweiz. Z. f. Strafrecht 47 (1933), 293–309; M. A. Cattaneo, A. F., filosofo e giurista liberale, Mailand 1970; L. Feuerbach (ed.), Anselm Ritter von F.s Leben und Wirken. Aus seinen ungedruckten Briefen und Tagebüchern, Vorträgen und Denkschriften, I–II, Leipzig 1852, Berlin 1976, ²1989; W. Gallas, P. J. A. F.s »Kritik des natürlichen Rechts«, Heidelberg 1964; R. Hartmann, P. J. A. F.s politische und strafrechtliche Grundanschauungen, Berlin 1961; E. Kipper, P. J. A. F.. Sein Leben als Denker, Gesetzgeber und Richter, Köln etc. 1969, ²1989; W. Naucke, Kant und die psychologische Zwangstheorie F.s, Hamburg 1962; G. Radbruch, P. J. A. F.. Ein Juristenleben, Wien 1934, Göttingen ³1969; F. Seifert, F. als Kriminalpsychologe, Diss. Freiburg 1976; E. Wolf, Große Rechtsdenker der deutschen Geistesgeschichte, Tübingen 1939, ³1951, bes. 536–583.   S. B.

Feyerabend, Paul Karl, *Wien 13. Jan. 1924, †Zürich 11. Febr. 1994, österr.-amerik. Wissenschaftstheoretiker. Studium des Gesangs und anderer musischer Fächer in Weimar (1946) und der Geschichte, Soziologie, Physik, Astronomie, Philosophie in Wien (1947–1951), 1951 Promotion; 1952–1953 Studium bei K. R. Popper an der London School of Economics; 1955–1958 Lecturer an der University of Bristol; 1958 Visiting Lecturer, 1959 Assoc. Prof., 1962–1990 Full Prof. an der University of California, Berkeley, zeitweise zugleich o. Prof. an der ETH Zürich; Gastprofessuren an zahlreichen Universitäten (darunter Berlin, Kassel, Auckland, Yale). – Die von F. in seinen frühen Arbeiten zur Wissenschafts- und Erkenntnistheorie vertretene wissenschaftstheoretische Position läßt sich als ein liberalisierter Falsifikationismus (↑Falsifikation) bezeichnen. Dabei hat sich F. Poppers Kritik am Logischen Empirismus (↑Empirismus, logischer) angeschlossen und besonders die Bedeutung theoretischer Begriffe (↑Begriffe, theoretische) und metaphysischer Orientierungen in den Wissenschaften unterstrichen. In diese Zeit fällt auch eine intensive Beschäftigung mit den Arbeiten des späten L. Wittgenstein. Nicht zuletzt unter dem Eindruck der von T. S. Kuhn initiierten Hinwendung zur ↑Wissenschaftsgeschichte vergrößert sich zu Beginn der 60er Jahre des 20. Jhs. die Distanz zum Kritischen Rationalismus (↑Rationalismus, kritischer). F. wendet sich nun vor allem gegen die Annahme, daß bei einer Ablösung einer Theorie T durch eine Theorie T' die Bedeutung zentraler Termini beider Theorien konstant bleiben müsse, und damit zugleich gegen die Vorstellung eines kumulativen Wissenszuwachses. Diese These einer möglichen Inkommensurabilität (↑inkommensurabel/Inkommensurabilität) wissenschaftlicher Theorien wendet F. unter anderem auf die Philosophie des Geistes (↑philosophy of mind) an und plädiert dabei für einen eliminativen Materialismus als Lösung des ↑Leib-Seele-Problems: Der Materialismus und die dualistische Sprache des Alltags seien zwar inkommensurabel, der bloße Hinweis auf sprachliche Üblichkeiten könne jedoch nicht gegen die Elimination noologischer Termini (↑Termini, noologische) sprechen, da sich die Üblichkeiten verändern können. Diese wissenschaftstheoretischen Ansätze werden in F.s späteren Arbeiten, vor allem in »Against Method« (1970), radikalisiert. F. wendet sich nun nicht nur gegen den von ihm selbst in seiner Frühphase vertretenen Kritischen Rationalismus, sondern auch gegen Versuche, die Poppersche Position etwa im Sinne einer Methodologie der ↑Forschungsprogramme zu liberalisieren, wie dies von I. Lakatos in Reaktion auf die wissenschaftsgeschichtliche Herausforderung vorgeschlagen wurde. In dieser Phase bestreitet F. den Sinn methodischer Standards überhaupt und entwickelt eine ›anarchistische‹ Erkenntnistheorie (↑Anarchismus, erkenntnistheoretischer), die alle durch methodische Normen erzeugten Denkverbote abzubauen sucht und von den Wissenschaften nur die Kultivierung eines kreativen, immer neue Theorien über die Welt produzierenden Denkens verlangt (↑Proliferationsprinzip).

Ausgangspunkt der F.schen Kritik am ›Methodenzwang‹ sind historische Untersuchungen (vor allem zur ↑Kopernikanischen Wende), die zeigen sollen, daß sich strikte methodische Regeln auf die Entwicklung der Wissenschaft kontraproduktiv ausgewirkt haben; ein ↑Erkenntnisfortschritt sei am ehesten dann zu erwarten, wenn Forscher gegen die anerkannten methodischen Regeln (auch gegen die Konsistenzvorschrift) verstoßen. Dabei kann nach F. noch nicht einmal eine klare Unterscheidung zwischen wissenschaftlichen Theorien einerseits und Mythos oder Kunst andererseits vorgenommen werden. Auf der Basis dieser Einschränkung des Geltungsanspruches wissenschaftlicher Erkenntnisse erhebt F. die Forderung, die Wissenschaften vollständig demokratischer Kontrolle zu unterwerfen.

Werke: Philosophical Papers, I–III, Cambridge etc. 1981/1999 (I Realism, Rationalism and Scientific Method, II Problems of Empiricism, III, ed. J. Preston, Knowledge, Science and Relativism); Ausgewählte Schriften, I–II, Braunschweig/Wiesbaden 1978/1981 (I Der wissenschaftstheoretische Realismus und die Autorität der Wissenschaften, II Probleme des Empirismus. Schriften zur Theorie der Erklärung, der Quantentheorie und der Wissenschaftsgeschichte). – Wittgenstein's Philosophical Investigations, Philos. Rev. 64 (1955), 449–483 (dt. Wittgensteins »Philosophische Untersuchungen«, in: Ausgewählte Schriften II [s.o.], 293–325, erw. in: Philosophical Papers II [s.o.], 99–130; Das Problem der Existenz theoretischer Entitäten, in: E. Topitsch (ed.), Probleme der Wissenschaftstheorie. Festschrift für Viktor Kraft, Wien 1960, 35–72, Neudr. in: Ausgewählte Schriften I [s.o.], 40–73 (engl. The Problem of the Existence of Theoretical Entities, in: Philosophical Papers III [s.o.], 16–49); Knowledge without Foundations, Oberlin Ohio 1961, Neudr. in: Philosophical Papers III [s.o.], 50–77; Explanation, Reduction, and Empiricism, in: H. Feigl/G. Maxwell (eds.), Scientific Explanation, Space, and Time, Minneapolis Minn. 1962, ^{2}1966 (Minnesota Stud. Philos. Sci. III), 28–97, Neudr. in: Philosophical Papers I [s.o.], 44–96 (dt. [gekürzt] Erklärung, Reduktion und Empirismus, in: Ausgewählte Schriften II [s.o.], 73–125); How to Be a Good Empiricist. A Plea for Tolerance in Matters Epistemological, in: B. Baumrin (ed.), Philosophy of Science. The Delaware Seminar II, New York 1963, 3–39, Neudr. in: Philosophical Papers III [s.o.], 78–103 (dt. Wie wird man ein braver Empirist? Ein Aufruf zur Toleranz in der Erkenntnislehre, in: L. Krüger [ed.], Erkenntnisprobleme der Naturwissenschaften. Texte zur Einführung in die Philosophie der Wissenschaft, Köln/Berlin 1970, 302–335); Über konservative Züge in den Wissenschaften, insbesondere in der Quantentheorie, und ihre Beseitigung, in: G. Szczesny (ed.), Club Voltaire. Jahrbuch für kritische Aufklärung, I, München 1963, ^{2}1964, 280–293 (repr. Reinbek b. Hamburg 1969); Materialism and the Mind-Body Problem, Rev. Met. 17 (1963), 49–66, Neudr. in: Philosophical Papers I [s.o.], 161–175 (dt. Der Materialismus und das Leib-Seele-Problem, in: Ausgewählte Schriften II [s.o.], 194–207); Mental Events and the Brain, J. Philos. 60 (1963), 295–296 (dt. Mentale Ereignisse und das Gehirn, in: P. Bieri [ed.], Analytische Philosophie des Geistes, Meisenheim/Königstein 1981, ^{2}1993, 121–122); Problems of Empiricism, in: R. G. Colodny (ed.), Beyond the Edge of Certainty. Essays in Contemporary Science and Philosophy, Englewood Cliffs N. J. 1965, 145–260 (repr. Lanham Md. 1983); Consolations for the Specialist, in: I. Lakatos/A. Musgrave (eds.), Criticism and the Growth of Knowledge. Proceedings of the International Colloquium in the Philosophy of Science, London 1965, Vol. IV, London/New York 1970, ^{8}1980, 197–230, überarb. u. erw. in: Philosophical Papers II [s.o.], 131–167 (dt. Kuhns Struktur wissenschaftlicher Revolutionen – ein Trostbüchlein für Spezialisten?, in: I. Lakatos/A. Musgrave [eds.], Kritik und Erkenntnisfortschritt. Abhandlungen des Internationalen Kolloquiums über die Philosophie der Wissenschaft, London 1965, Bd. IV, Braunschweig 1974, 191–222, überarb. u. erw. als: Kuhns ›Struktur wissenschaftlicher Revolutionen‹. Ein Trostbüchlein für Spezialisten?, in: Ausgewählte Schriften I [s.o.], 153–204); Against Method. Outline of an Anarchistic Theory of Knowledge, in: M. Radner/S. Winokur (eds.), Analyses of Theories and Methods of Physics and Psychology, Minneapolis Minn. 1970, 17–130 (Minnesota Stud. Philos. Sci. IV), erw. Fassung: Atlantic Highlands N. J., London 1975, ^{3}1993 (dt. nochmals erw.: Wider den Methodenzwang. Skizze einer anarchistischen Erkenntnistheorie, Frankfurt 1976, ohne Untertitel ^{2}1983, ^{7}1999); Von der beschränkten Gültigkeit methodologischer Regeln, in: Dialog als Methode. Neue H. Philos. 2/3 (1972), 124–171, Neudr. in: Ausgewählte Schriften I [s.o.], 205–248 (engl. On the Limited Validity of Methodological Rules, in: Philosophical Papers III [s.o.], 138–180); Science in a Free Society, London 1978 (dt. Erkenntnis für freie Menschen, Frankfurt 1979, rev. 1980, 1995); Wissenschaft als Kunst, Frankfurt 1984, 1994; Farewell to Reason, London/New York 1987, 1988 (dt. Irrwege der Vernunft, Frankfurt 1989, 1990); Three Dialogues on Knowledge, Oxford 1991 (dt. [gekürzt] Über Erkenntnis. Zwei Dialoge, Frankfurt 1992); Briefe an einen Freund, ed. H. P. Dürr, Frankfurt 1995; Killing Time. The Autobiography of P. F., Chicago Ill./London 1995 (dt. Zeitverschwendung, Frankfurt 1995, 1997); Briefwechsel mit einem Freund (H. Albert), Frankfurt 1997; The Conquest of Abundance. A Tale of Abstraction Versus the Richness of Being, ed. B. Terpstra, Chicago Ill. 1999. – E. Oberheim, Bibliographie P. F.s, Z. allg. Wiss.-theorie 28 (1997), 211–234; ders., Appendix: The Works of P. F., in: Philosophical Papers III [s.o.], 227–251.

Literatur: G. Andersson, Kritik und Wissenschaftsgeschichte. Kuhns, Lakatos' und F.s Kritik des Kritischen Rationalismus, Tübingen 1988 (engl. Criticism and the History of Science. Kuhn's, Lakatos's and F.'s Criticisms of Critical Rationalism, Leiden/New York/Köln 1994); P. Cortois, Afscheid van een geniaal bordenwasser. P. F. en de vrolijke wetenschapsfilosofie, Tijdschr. Filos. 57 (1995), 91–110; G. Couvalis: F.'s Critique of Foundationalism, Aldershot etc. 1989; H. P. Dürr (ed.), Versuchungen. Aufsätze zur Philosophie P. F.s, I–II, Frankfurt 1980/1981; P. Hoyningen-Huene, P. K. F., Z. allg. Wiss.theorie 28 (1997), 1–18 (engl. P. K. F.. An Obituary, in: J. Preston/G. Munévar/D. Lamb [eds.], The Worst Enemy of Science? [s.u.], 1–15); ders., P. K. F., in: J. Nida-Rümelin (ed.), Philosophie der Gegenwart in Einzeldarstellungen. Von Adorno bis v. Wright, Stuttgart ^{2}1999, 202–206; J. Lauenburg, P. K. F., in: J. Nida-Rümelin (ed.), Philosophie der Gegenwart in Einzeldarstellungen. Von Adorno bis v. Wright, Stuttgart 1991, 152–155; G. Munévar (ed.), Beyond Reason. Essays on the Philosophy of P. F., Dordrecht/Boston Mass. 1991; J. Preston, F.. Philosophy, Science and Society, Cambridge 1997; ders./G. Munévar/D. Lamb (eds.), The Worst Enemy of Science? Essays in Memory of P. F., Oxford etc. 2000; M. Williams, F. (1924–94), REP III (1998), 640–642; S. Yates, F.'s Democratic Relativism, Inquiry 27 (1984), 137–142. C. F. G.

Fibonacci (Leonardo von Pisa), *Pisa um 1170, †Pisa um 1250, ital. Mathematiker. F. war, neben Jordanus de Nemore, der wohl bedeutendste Mathematiker des christlichen Mittelalters; trotzdem sind kaum Quellenzeugnisse erhalten. Der Name ›F.‹ leitet sich wahrscheinlich von der Verfasserangabe ›filio Bonacii‹ (Sohn der

Bonacci-Familie) her, wie sie sich auf vielen seiner Handschriften findet; aus unbekannten Gründen hat er sich selbst ›Leonardo Bigollo‹ (von ›bighellone‹, d. i. ›Faulenzer‹, ›Nichtsnutz‹) genannt, ein Name, der sich auch in offiziellen Dokumenten der Zeit findet. F. erlernt das kaufmännische Rechnen mit indischen (d. h. arabischen) Ziffern und findet dieses allen anderen Rechentraditionen überlegen. Ab 1200 in Pisa Abfassung von Texten zur reinen und angewandten Mathematik. Um 1225, als Friedrich II. in Pisa Hof hält, wird er dem Kaiser vorgestellt, zu dessen Gelehrten er Kontakte pflegte.

Fünf mathematische Werke des F. sind erhalten: »Liber abbaci« (1202, rev. 1228), »Practica geometriae« (1220/1221), »Flos« (1225), ein Brief an Theodorus, den Hofphilosophen Friedrichs, und das »Liber quadratorum« (1225). Weitere Schriften, darunter eine Abhandlung zu Buch X der »Elemente« Euklids sind verloren. Insbes. diejenigen Abschnitte aus dem »Liber abbaci« und der »Practica«, die Anwendungen enthalten und in das Rechnen mit arabischen Ziffern im Dezimalsystem einführten, fanden weite Verbreitung und übten großen Einfluß aus. Auch wenn sich G. Cardano zu euphemistisch ausdrückt, wenn er von F. sagt [Opera X, ed. C. Sponius, Lyon 1663, 118, col. 2], alles Wissen um nicht-griechische Mathematik gehe auf diesen zurück, liegt doch F.s große Bedeutung in seiner Bearbeitung und Weiterentwicklung griechischer und arabischer Quellen, wobei durch Vermittlung letzterer auch indische und chinesische sowie babylonische und ägyptische Aufgabenstellungen und Lösungsmethoden (wieder) im Abendland bekannt werden. Hierdurch hat er wesentlich zur Einführung des Dezimalsystems beigetragen, seine Überlegenheit durch zahlreiche Musterlösungen aufgezeigt und so das angewandte Rechnen (Buchführung, Konversion von Maßen, Gewichten und Währungen, Zinsrechnung, etc.) auf eine neue Grundlage gestellt. Auch die reine Mathematik wurde durch F. wiederbelebt: geometrisches Beweisen im Anschluß an Euklid, Trigonometrie (F.s Gebrauch von ›sinus‹ half der schrittweisen Etablierung dieses Begriffs), zaghafter Gebrauch der Null als Zahl mit ›vollem Bürgerrecht‹. Vor allem die ↑Zahlentheorie macht mit F. (insbes. im »Liber quadratorum«) den größten Entwicklungsschritt zwischen Diophantos von Alexandreia (um 250 n. Chr.) und P. Fermat (Summierung arithmetischer und geometrischer Reihen, Algorithmen zum Auffinden vollkommener Zahlen [↑Zahl, vollkommene] und pythagoreischer Tripel [↑Pythagoreische Zahlen], Teilbarkeitseigenschaften [Chinesischer Restsatz], Lösung von Gleichungen höheren Grades, und vieles andere mehr).

In der Reihe der sog. ›F.-Zahlen‹ 1, 1, 2, 3, 5, 8, 13, 21, 34, 55, ... ist jede die Summe der zwei vorhergehenden, d. h., sie genügen der rekurrenten Beziehung:

$$F_n = F_{n-2} + F_{n-1}, \text{ für } n \geq 3 \text{ und } F_1 = F_2 = 1.$$

Sie wurden von F. im »Liber abbaci« eingeführt, um das Wachstum einer Kaninchenpopulation zu berechnen, faszinieren aber bis heute durch ihr oftmals überraschendes Auftreten in unterschiedlichen mathematischen Kontexten (vgl. etwa R. Honsberger, Mathematical Gems III, 1985; D. Wells, The Penguin Dictionary of Curious and Interesting Numbers, 1986), was zur Gründung einer eigenen Zeitschrift (»F. Quarterly«, 1963 ff., »F. News Letter«, 1964 ff.) geführt hat. So ist etwa der goldene Schnitt (↑Schnitt, goldener) Φ durch die zwei Gleichungen

$$\Phi = \lim_{n \to \infty} \frac{F_n}{F_{n-1}}, \quad \Phi = 1 + \sum_{n=1}^{\infty} \frac{(-1)^{n+1}}{F_n F_{n+1}}$$

mit den F.-Zahlen verbunden; die 45°-Diagonalen im Pascalschen Dreieck ergeben aufsummiert die F.-Zahlen; die Wahrscheinlichkeit, beim Münzwurf in n Versuchen nicht zweimal hintereinander Kopf zu werfen, ist $F_{n+2}/2^n$; die Phyllotaxis, d. h. hier die Drehung zwischen zwei aufeinanderfolgenden Blättern am Stamm, die für jede Pflanze einen charakteristischen Wert hat, läßt sich als Bruch von zwei F.-Zahlen darstellen (sog. ›Gesetz von Ludwig‹, vgl. H. S. M. Coxeter, Introduction to Geometry, 1961). Die heute geläufige Angabe:

$$F_n = \frac{(1 + \sqrt{5})^n - (1 - \sqrt{5})^n}{2^n \sqrt{5}}$$

geht auf J. Binet (1843) zurück. Systematisch werden F.-Zahlen heute in der Regel zusammen mit den sog. ›Lucas-Zahlen‹ behandelt. Bedeutsam für die logisch-mathematische Grundlagenforschung ist, daß die F.-Zahlen das letzte fehlende Glied waren, um die Unlösbarkeit von D. Hilberts zehntem Problem (›Gibt es ein Lösungsverfahren für alle diophantischen Gleichungen?‹) zu zeigen (vgl. Y. V. Matiyasevich, Hilbert's Tenth Problem, 1993).

Werke: Scritti di Leonardo Pisano, I–II, ed. B. Boncompagni, Rom 1857/1862 (Liber abbaci, I, 1–439 [ital. Teilübers. É chasi della terza parte del XV capitolo del Liber abaci nella trascelta a cura di maestro Benedetto, ed. L. Salomone, Siena 1984; engl. F.'s Liber abaci. A Translation into Modern English of Leonardo Pisano's Book of Calculation, New York/Berlin/Heidelberg 2002]; Practica geometriae, II, 1–224 [ital. La pratica di geometria, volgarizzata da Cristofano di Gherardo di Dino cittadino pisano, ed. G. Arrighi, Pisa 1966]; Flos, II, 227–247; Brief an Theodorus, II, 247–252; Liber quadratorum, II, 253–283 [franz. Léonardo de Pise. Le livre des nombres carrés, Brügge/Paris 1952; engl. The Book of Squares. Leonardo Pisano F., Boston Mass. 1987]). – Opuscoli di Leonardo Pisano, ed. B. Boncompagni, Florenz 1852, ²1856.

Literatur: K. T. Atanassov u. a. (eds.), New Visual Perspectives on F. Numbers, River Edge N. J. 2002; M. Bicknell/V. E. Hoggatt Jr. (eds.), A Primer for the F. Numbers, San José Calif. 1972; P. K. Chong, The Life and Work of Leonardo of Pisa, Menemui

Matematica 4 (1982), 60–66; H. S. M. Coxeter, Introduction to Geometry, New York 1961, ²1969, bes. 160–172; R. Franci/L. Toti Rigatelli, Towards a History of Algebra from Leonardo of Pisa to Luca Pacioli, Janus 72 (1985), 17–82; P. Freguglia, La determinazione di π nella »Practica geometriae« del F. in un codice del XV secolo, in: Contributi alla storia della matematica. Scritti in onore di G. Arrighi, Modena 1992, 75–84; J. Gies/F. Gies, Leonard of Pisa and the New Mathematics of the Middle Ages, New York 1969; J. Giesing, Leben und Schriften Leonardos da Pisa. Ein Beitrag zur Geschichte der Arithmetik des 13. Jahrhunderts, Döbeln 1886; E. Giusti, Un ponte sul Mediterraneo. Leonardo Pisano, la scienza araba e la rinascita della matematica in Occidente, Florenz 2002; S. Glushkov, On Approximation Methods of Leonardo F., Hist. Math. 3 (1976), 291–296; T. Hammel Garland, F. Fun. Fascinating Activities with Intriguing Numbers, Palo Alto Calif. 1997; V. E. Hoggatt Jr., F. and Lucas Numbers, Boston Mass. 1969; R. Honsberger, Mathematical Gems III, Washington D. C. 1985, bes. 102–138; A. F. Horadam, F.'s Mathematical Letter to Master Theodorus, F. Quart. 29 (1991), 103–107; H. Lüneburg, F.s aufsteigende Kettenbrüche, ein elegantes Werkzeug mittelalterlicher Rechenkunst, Sudh. Arch. 75 (1991), 129–139; ders., Leonardi Pisani »Liber Abbaci« oder Lesevergnügen eines Mathematikers, Mannheim 1992, ²1993; E. A. Marchisotto, Connections in Mathematics. An Introduction to F. via Pythagoras, F. Quart. 31 (1993), 21–27; Y. V. Matiyasevich, Hilbert's Tenth Problem, Cambridge Mass. 1993; M. Morelli/ M. Tangheroni, Leonardo F.. Il tempo, le opere, l'eredità scientifica, Pisa 1994; A. N. Philippou/A. F. Horadam/G. E. Bergum (eds.), Applications of F. Numbers. Proceedings of the International Conference on F. Numbers and Their Applications, I–VII, Dordrecht/Boston Mass./London 1988–1998; E. Picutti, Il libro dei quadrati di Leonardo Pisano e i problemi di analisi indeterminata nel codice Palatino 577 della Biblioteca Nazionale di Firenze, Physis 21 (Florenz 1979), 195–339; ders., Sui numeri congruo-congruenti di Leonardo Pisano, Physis 23 (Florenz 1981), 141–170; L. A. Radicati di Bronzolo, F. tra arte e scienza, Mailand 2002; R. Rashed, F. et les mathématiques arabes, Micrologus 2 (1994), 145–160; K. Vogel, F., DSB IV (1971), 604–613; D. Wells, The Penguin Dictionary of Curious and Interesting Numbers, Middlesex 1986, bes. 61–67 (dt. Das Lexikon der Zahlen. Nachrichten von $\sqrt{17}$ bis 3↑↑↑3, Frankfurt 1990, bes. 62–69); N. N. Worobjow (Vorob'ev), Cisla F. (russ.), Moskau 1951, 1984 (dt. Die fibonaccischen Zahlen, Berlin 1954, ³1977; engl. F. Numbers, Oxford 1961, Basel 2002). B. B.

Fichte, Immanuel Hermann v., *Jena 18. Juli 1796, †Stuttgart 8. Aug. 1879, dt. Philosoph, Sohn J. G. Fichtes und Herausgeber von dessen Schriften, Vertreter eines (von ihm selbst so genannten) ›spekulativen Theismus‹. 1812–1818 Studium der Philosophie, Philologie und Theologie in Berlin, 1818 Promotion (»De philosophiae novae Platonicae origine«), anschließend Gymnasiallehrer in Saarbrücken und Düsseldorf, 1836 a. o. Prof., 1840 o. Prof. der Philosophie in Bonn, ab 1842 in Tübingen. Ab 1863 lebt F. in Stuttgart als Privatgelehrter und Schriftsteller. 1837 mit C. H. Weiße, C. G. Carus und dem katholischen Theologen A. Günther Gründung der »Zeitschrift für Philosophie und spekulative Theologie«, die (ab 1847 unter dem Titel: Zeitschrift für Philosophie und philosophische Kritik) bis 1918 besteht.

In Anlehnung an und gegen G. W. F. Hegel entwirft F. eine Erkenntnistheorie, an deren Anfang die Lehre vom ↑Bewußtsein als dem ›allein schlechthin Gewissen‹ und dem ›Nichtabstrahierbaren‹ steht (Grundzüge zum Systeme der Philosophie I [Das Erkennen als Selbsterkennen], 1833, IX). Nach Hegelschem Muster wird das Bewußtsein in jeweils dreigeteilten Epochen dargestellt, beginnend mit dem ›beseelten Leib‹, d. h. der bloßen Empfindung und reinen Anschauung, über das Wollen, Vorstellen und Denken bis hin zu der empirischen, reflektierenden und spekulativen Erkenntnis. Diese höchste Erkenntnisstufe besteht im Glauben, im Erkennen der endlichen Dinge, »wie sie in Gott sind« (a. a. O., 299), und der unmittelbaren Einsicht in die Individualität der Wirklichkeit und insbes. Gottes. Neben der Erkenntnistheorie F.s steht eine Ontologie (apriorische Kategorienlehre) und eine spekulative Theologie, das Verhältnis der natürlichen Wirklichkeit zur göttlichen darstellend. Auch in seiner Ethik, seiner Anthropologie und insbes. seiner Seelenlehre ist F. durch seine Theologie bestimmt: »Im Einswerden des menschlich endlichen Willens mit dem göttlichen ist der Ursprung und die Vollendung der Sittlichkeit gefunden« (System der Ethik II, 1853, VIII); die Anthropologie ist die Lehre »vom Wesen des Menschen, nach seiner allgemeinen Weltstellung wie nach seinem Verhältniss zum absoluten Wesen« (Vermischte Schriften zur Philosophie, Theologie und Ethik I, 1869, XV), in der Seelenlehre soll die Verwurzelung des Geistigen im Jenseits gezeigt werden. In diese Schriften nimmt F. zwar auch Ergebnisse der empirischen Wissenschaften seiner Zeit (insbes. der Physiologie und Psychologie) auf, jedoch nur mit dem Ziel, mit ihnen theosophische (↑Theosophie) Vorstellungen abzustützen.

Werke: Beiträge zur Charakteristik der neueren Philosophie, zu Vermittlung ihrer Gegensätze, Sulzbach 1829, unter dem Titel: Beiträge zur Charakteristik der neueren Philosophie. Oder, Kritische Geschichte derselben von Des Cartes und Locke bis auf Hegel, Sulzbach ²1841 (repr. Aalen 1968, 1983); Über Gegensatz, Wendepunkt und Ziel heutiger Philosophie, I–III, Heidelberg 1832–1846 (repr. Aalen 1969); Grundzüge zum Systeme der Philosophie, I–III, Heidelberg 1833–1846; System der Ethik, I–II, Leipzig 1850/1853 (repr. Aalen 1969); Anthropologie. Die Lehre von der menschlichen Seele, neubegründet auf naturwissenschaftlichem Wege für Naturforscher, Seelenärzte und wissenschaftlich Gebildete überhaupt, Leipzig 1856, ³1876; Psychologie. Die Lehre vom bewußten Geiste des Menschen. Oder, Entwickelungsgeschichte des Bewusstseins, begründet auf Anthropologie und innerer Erfahrung, I–II, Leipzig 1864/1873 (repr. Aalen 1970); Vermischte Schriften zur Philosophie, Theologie und Ethik, I–II, Leipzig 1869 (repr., in einem Bd., Aalen 1969); Blütenlese aus seinen Werken, ed. H. Ehret, Rendsburg 1994.

Literatur: H. Beckedorf, Die Ethik I. H. F.s. Ein Beitrag zur Geschichte der neueren Moralphilosophie, Diss. Rostock 1912; P. De Vitiis, I. H. F. interprete dell'idealismo tedesco, Riv. filos. neo-scolastica 67 (1975), 648–664; J. Ebert, Sein und Sollen des Menschen bei I. H. F.. Von spätidealistischer Spekulation zur

Existenz, Würzburg 1938; H. Ehret, I. H. F.. Ein Denker gegen seine Zeit, Stuttgart 1986; R. Halfen, F., in: F. Volpi (ed.), Großes Werklexikon der Philosophie I, Stuttgart 1999, 479–483; K. Hartmann, F., ADB XLVIII (1904), 539–552; H. Herrmann, Die Philosophie I. H. F.s. Ein Beitrag zur Geschichte der nachhegelschen Spekulation, Berlin 1928; S. Koslowski, Idealismus als Fundamentaltheismus. Die Philosophie I. H. F.s zwischen Dialektik, positiver Philosophie, theosophischer Mystik und Esoterik, Wien 1994; R. Mehlich, I. H. F.s Seelenlehre und ihre Beziehung zur Gegenwart, Zürich 1935; D. Najdanović, Die Geschichtsphilosophie I. H. F.s, Berlin 1940; A. Schneider, Personalität und Wirklichkeit. Nachidealistische Schellingrezeption bei I. H. F. und Christian Hermann Weiße, Würzburg 2001; A. Serwe, Die Raum- und Zeitlehre I. H. F.s, Saarbrücken 1959. – Biographische Enzyklopädie deutschsprachiger Philosophen, München 2001, 113–114. O. S.

Fichte, Johann Gottlieb, *Rammenau (Lausitz) 19. Mai 1762, †Berlin 29. Jan. 1814, dt. Philosoph, einer der Hauptvertreter des Deutschen Idealismus (↑Idealismus, deutscher). Sohn eines Bandwirkers, 1780 Student der Theologie in Jena, ab 1784 Hauslehrer an verschiedenen Orten in Sachsen, 1788–1790 Hauslehrer in Zürich, 1791 Bekanntschaft mit der Philosophie I. Kants. 1792 erscheint anonym F.s »Versuch einer Kritik aller Offenbarung«, der zunächst für die allgemein erwartete (1793 unter dem Titel »Die Religion innerhalb der Grenzen der bloßen Vernunft« erschienene) Religionskritik Kants gehalten wird und F. seinen ersten literarischen Ruhm einbringt. 1794 wird F. als Nachfolger K. L. Reinholds an die Universität Jena berufen. Nach Schwierigkeiten zunächst mit den Studentenorden, dann vor allem im sogenannten ↑Atheismusstreit, muß er 1799 Jena verlassen. In Berlin, wo er sich anfänglich dem Romantikerkreis um L. Tieck, F. Schlegel und F. D. E. Schleiermacher anschließt, hält F. Privatvorlesungen. 1805 ein Semester Vorlesungen in (dem damals preußischen) Erlangen, 1806/1807 im Wintersemester in Königsberg. Im Winter 1807/1808 hält F. seine »Reden an die deutsche Nation«, in denen er – die Kraft des deutschen Wesens beschwörend – die geistige Erneuerung durch eine allgemeine Nationalerziehung fordert. 1810 Dekan der philosophischen Fakultät an der neugegründeten Berliner Universität, deren erster gewählter Rektor F. 1811 – allerdings auf Grund seiner rigiden Amtsführung nur bis 1812 – wird.

Die Grundlagen seiner Philosophie entwickelt F. in seinen ↑»Wissenschaftslehren«, von denen er zwischen 1794 und 1813 immer neue Fassungen vorträgt. In Aufnahme der Kantischen Fragestellung nach dem Grund für die Möglichkeit wahrer Erkenntnis sucht F. die Antwort Kants von deren (in seinem Verständnis noch bestehenden) Unstimmigkeiten zu befreien. Die entscheidende Unstimmigkeit sieht F. darin, daß bei Kant das ↑Ding an sich insofern eine eigenständige (d. h. subjektunabhängige) Quelle der Erkenntnis darstellt, als es als Ursache der Mannigfaltigkeit der Wahrnehmungen, des Anschauungsmaterials, postuliert werden muß. Soll die Vernunft aber aus sich selbst praktisch werden können, d. i. frei und daher selbst die alleinige Ursache ihres Wirkens sein können, scheint dieses Postulat (eines Dinges an sich) der Möglichkeit von ↑Freiheit zu widersprechen. F. stellt sich daher die Aufgabe, einsichtig zu machen, wie die Freiheit der Vernunft und die ›Notwendigkeit‹ ihrer Gegenstände sich verbinden lassen bzw. wie die (freie) Vernunft sich ein Objekt erzeugen kann, das sie selbst nicht ist. In diesem Sinne läßt sich F.s Programm als der Versuch verstehen, die Einheit von theoretischer (objektbestimmter) und praktischer (ihr Wirken selbst bestimmender) Vernunft unter dem Primat der praktischen Vernunft zu begreifen (↑Vernunft, praktische, ↑Vernunft, theoretische). Dieser Primat der praktischen Vernunft selbst ist für F. kein Gegenstand theoretisch begründender Überlegungen, sondern die philosophische Darstellung einer sich in dem ihr folgenden Denken und Handeln bestätigenden Grundscheidung: »Was für eine Philosophie man wähle, hängt sonach davon ab, was man für ein Mensch ist« (Erste Einleitung in die Wissenschaftslehre, Sämmtl. Werke [ed. I. H. Fichte] I, 434). Die sich aus dieser Grundscheidung, sein Leben selbst bestimmen und verantworten zu wollen, ergebende Philosophie nennt F. ›Idealismus‹ im Unterschied zum ›Dogmatismus‹, der die philosophische (d. i. erkenntnistheoretische) Interpretation der Gegenhaltung darstelle, nämlich des Sich-bestimmen-lassens durch die Umstände und des Sich-dadurch-aus-der-Verantwortung-ziehens. Besonders in seinen späteren Schriften, systematisch durchgearbeitet vor allem in der »Wissenschaftslehre« von 1804, zieht F. allerdings die Bezeichnung seiner Wissenschaftslehre als ›Realismus‹, der das Sein bewußt werden lasse, gegenüber einem ›Idealismus‹, der allein die Bewußtheit des Seins kläre, vor.

Die Aufgabe, auch die Objekterkenntnis der theoretischen Vernunft, also die Bildung von Erfahrungswissen, als freies Handeln der Vernunft aufzuzeigen, sucht F. grundsätzlich dadurch zu lösen, daß er Prinzipien der Wissensbildung formuliert, durch die Subjekt und Objekt der Erkenntnis in ihrem Verhältnis als Grund und Ursache von Erkenntnis bestimmt werden sollen. Diese Bestimmung arbeitet F. ›dialektisch‹ (er selbst verwendet diesen Terminus nicht) aus, d. h. im Dreischritt von der These über die ↑Antithese zur Synthese (↑Dialektik). In der These wird die Ausgangsposition der praktischen Philosophie, nämlich die Grundentscheidung zur Selbstbestimmung als (erkenntnis-)theoretischer Grundsatz formuliert: »Das Ich setzt ursprünglich schlechthin sein eigenes Sein« (a. a. O. I, 98). Versteht man unter dem ›Sein‹ des ↑Ich dessen ›Bestimmungen‹ – d. s. die Eigenschaften, die dem Erkenntnissubjekt zukommen, insofern es sich als Erkenntnissubjekt vom Erkenntnisobjekt unterscheidet –, so wird mit dieser These behauptet, daß jede ›Bestimmung‹ des Ich, also jede Eigenschaft, durch die es definiert werden kann, Ergebnis seiner Selbstbestimmung, nämlich der als Grundlage des Philosophierens eingeforderten Entscheidung zum selbst bestimmten und verantworteten Handeln, ist. Für die erkenntnistheoretische Fragestellung nach den Gründen und Ursachen wahrer Erkenntnisse ergibt sich damit die These, daß alle Erkenntnisse (die ja insgesamt ›Bestimmungen‹ des Ich bzw., kantisch gesprochen, dessen Vorstellungen sind) durch die das Ich sowohl definierende als auch konstituierende Grundentscheidung begründet und verursacht sind. Dieser These gegenüber wird als die Antithese aufgestellt: »Dem Ich (wird) schlechthin entgegengesetzt ein Nicht-Ich« (a.a.O. I, 104). Diese Antithese formuliert die Ausgangsposition der ›theoretischen‹ Philosophie, nämlich das Bestehen der Objekt-Welt, die von uns weder geschaffen noch verstanden und daher zunächst nur als ↑›Nicht-Ich‹ charakterisierbar ist. Es stellt sich damit das Problem: Wie kann die Erkenntnis von Objekten als Ergebnis der Selbstbestimmung begriffen werden, wenn doch diese Objekte nicht von uns selbst bestimmt sind? Das Programm der Problemlösung, das Begreifen der theoretischen Vernunftleistungen unter dem Primat der praktischen Vernunft, bildet die Synthese: »Ich setze im Ich dem teilbaren Ich ein teilbares Nicht-Ich entgegen« (a.a.O. I, 110). Mit dieser Synthese werden die Eigenschaften der Objekte, deren ›Bestimmungen‹, zu den Grenzen der Selbstbestimmung des Subjekts erklärt. Jede Objektbestimmung ist danach aufzuweisen als Grenze und Widerstand, die sich für ein bestimmtes (geistiges) Handeln des Subjekts ergeben. Auch den Gehalt der Objektbestimmungen, die ›Mannigfaltigkeit der Wahrnehmungen‹, erklärt F. damit als verursacht durch das Subjekt. Denn nur dadurch, daß das Subjekt, das (absolute) Ich, sich in freier Selbstbestimmung dazu bringt, in der Welt, als teilbares Ich, zu handeln, erarbeitet es sich auch die Grenze und den Widerstand seines jeweiligen Handelns. Für sich sind die Grenze und dieser Widerstand bloße ›Negation‹ und damit keine eigene Bestimmtheit, auch nicht als mannigfaltiges Material der Wahrnehmung. Seine Bestimmtheit erhält es allein als Grenze bzw. ›Negation‹ eines bestimmten Handelns: als vom (absoluten) Ich (d.h. durch die freie Grundentscheidung) im Ich (d.h. in dem der Selbstreflexion zugänglichen Bewußtsein) dem teilbaren Ich (d.h. dem in bestimmter Weise in der Welt handelnden Subjekt) entgegengesetztes teilbares Nicht-Ich (d.h. nur als Negation dieses bestimmten Handelns bestimmter Wahrnehmungsgehalt).

Mit dieser Synthese glaubt F. den Kantischen Dualismus von Erkenntnisursache und Erkenntnisgrund überwunden zu haben. Aus ihr entsteht sowohl die Möglichkeit als auch die Aufgabe, nicht nur (wie Kant über die Urteilsformen und ↑Kategorien) die ›Form‹, d.h. die begrifflichen Unterscheidungs- und Gleichsetzungsmöglichkeiten, der Erfahrung, sondern auch deren Inhalt, die Möglichkeiten zur Wahrnehmung von mannigfaltigen Eindrücken, apriorisch (↑a priori) zu begründen. Insofern alle Bestimmtheit der Erfahrung nur die Negation der durch das Ich, das Subjekt, gesetzten jeweiligen (Erkenntnis-)Handlung ist, kann diese Begründung durch eine Analyse der subjektverursachten Erkenntnishandlungen – von der sinnlichen Wahrnehmung bis hin zur begrifflichen Selbsterkenntnis – geleistet werden. Da diese Erkenntnishandlungen in der (richtigen) Bildung von Bewußtsein bestehen und dieses Bewußtsein wiederum nur dadurch analysierbar ist, daß es bewußt gemacht, also zum ↑Selbstbewußtsein wird, kann F. sein Programm auch durch die Forderung charakterisieren, eine »vollständige Deduktion der ganzen Erfahrung aus der Möglichkeit des Selbstbewußtseins« vorzuführen (a.a.O. I, 462; ähnlich I, 447 und II, 407). Diese ›Deduktion‹, die F. selbst von einer ›Demonstration‹ bzw. einem Beweis unterscheidet, ist eine *genetische Rekonstruktion des Bewußtseins* – und damit für F. des Wissens. F. geht von einem bestimmten Wissen aus – z.B. von dem Satz »A ist A« (1794), vom Wissen um die Möglichkeit der vernünftigen Selbstbestimmung durch den Versuch dieser Selbstbestimmung (1797), von einigen geometrischen Sätzen (1801), von der Existenz von »Wahrheit, die allein wahr sei, und alles Andere ausser ihr unbedingt falsch« (Gesamtausg. II/8, 4) – und sucht dazu die Handlungsweisen des Erkenntnissubjekts auf, die sich in einem Programm als die notwendigen Bedingungen dieses Wissens ergeben. Auf diese Weise konstruiert er zu dem faktischen Wissen bzw. Bewußtsein dessen Grund und Ursache hinzu; mit dem doppelten Ergebnis, daß er damit sowohl die Stufen, auf denen sich das Selbstbewußtsein (in F.s Wissenschaftslehre) bildet, als auch die Struktur möglicher Objekterfahrung im Rahmen der F.schen Synthese klärt. Die das mögliche Erfahrungswissen strukturierende Wissenschaftslehre ist damit zugleich »eine pragmatische Geschichte des menschlichen Geistes« (a.a.O. I, 222).

Nachdem F. in den ersten Fassungen seiner »Wissenschaftslehren« auf die Ausarbeitung der Strukturen möglicher Erfahrung den meisten Raum verwendet hat, legt er in den späteren Fassungen (besonders in der Fassung von 1804) immer größeren Wert auf die Begründung seines erkenntnistheoretischen Standpunkts, wie er in der Synthese von 1794 erstmals formuliert ist. Erklärlich ist diese Bemühung sowohl durch das weitgehende Unverständnis, dem sich F. (nicht zuletzt auf Grund der hermetischen Darstellungsweise, derer er sich bedient) mit seinen »Wissenschaftslehren« gegenübersieht, als auch durch sein eigenes Verständnis dieser »Wissenschaftslehren« als der ›wissenschaftlichen‹ Fundierung aller seiner anderen Arbeiten, auch seiner Schriften zur Rechts-, Moral- und Religionsphilosophie. Tatsächlich aber haben diese Schriften auch ohne die Vermittlung der F.schen Erkenntnistheorie ihr Publikum gefunden und eher den Schlüssel zum (allgemeinen) Verständnis der »Wissenschaftslehren« geliefert als umgekehrt.

F.s Sitten- und Rechtslehre läßt sich (wie seine theoretische Philosophie) verstehen als die philosophische Darstellung, Begründung und Erklärung der Vernunftentscheidung zur Selbstbestimmung. Der Mensch, das ›empirische Ich‹, soll sich immer mehr in diese selbständige Vernünftigkeit, die ›Freiheit‹ des ›absoluten Ich‹ einüben: »Ich soll *frei handeln*, damit ich *frei werde*« (a. a. O. IV, 153); »Wer auf Autorität hin handelt, handelt [...] notwendig gewissenlos« (a. a. O. IV, 175). Durch die eigene Bildung zur vernünftigen Selbständigkeit sollen dabei auch die übrigen Mitglieder der Gesellschaft zu größerer Freiheit gebracht werden. Um eine Gemeinschaft freier Wesen zu ermöglichen, ist die Festlegung von Recht notwendig: »jedes freie Wesen [muß] es sich zum Gesetze mache[n], seine Freiheit durch den Begriff der Freiheit aller übrigen einzuschränken« (a. a. O. III, 92). Ausgehend von den Urrechten der freien Person, dem Recht auf leibliche Freiheit und Eigentum, argumentiert F. dafür, daß diese Urrechte nur durch ein Zwangsrecht gegen Unrechttäter garantiert werden können, welches seinerseits zu seiner Legitimation eines freien Vertrages der freien Bürger bedarf. Dieser Vertrag muß in einer bürgerlichen Gesetzgebung verbindlich formuliert sein und durch eine dazu befähigte und befugte Staatsgewalt durchgesetzt werden. Insofern allerdings das Recht nur die Aufgabe hat, die gemeinsame Existenz freier Wesen zu sichern und damit die Erziehung zur ↑Sittlichkeit zu ermöglichen, muß der Staat auf seine eigene Vernichtung ausgehen; denn in einem Zustand erreichter Sittlichkeit wäre die staatliche Zwangsgewalt zur Sicherung der Urrechte eben nicht mehr erforderlich. – Eine eigene Konzeption eines sozialistischen Staates legt F. in seiner Schrift »Der geschlossene Handelsstaat« vor: Dieser Staat regelt sowohl die Verteilung der Arbeit als auch des (vollen) Arbeitsertrags an seine Bürger. Außerdem bestimmt er alle Handelsbeziehungen mit anderen Staaten.

Auch F.s religions- und geschichtsphilosophische Schriften sind Auslegungen der Konzeption vernünftiger Selbständigkeit. Für den religiösen Menschen gilt, daß er moralisch ist, d. h. die vernünftige Freiheit zu erreichen sucht und sich in diesem seinem Versuch in einer ›moralischen Weltordnung‹, für die man den Namen ›Gott‹ setzen kann, geborgen fühlt. In späteren Schriften verwendet F. allerdings bei der Formulierung seiner Religionsphilosophie in immer stärkerem Maße eine die Interpretation erschwerende mystische Bildwelt. Die Geschichte teilt F. in fünf ›Grundepochen‹ ein, in denen die Vernunft sich immer mehr zunächst von dem sie beherrschenden Naturinstinkt löst und dann von den verschiedenen Formen der ↑Autorität befreit.

Werke: Nachgelassene Werke, I–III, ed. I. H. Fichte, Bonn 1834–1835 (repr. Berlin 1962); Sämmtliche Werke, I–VIII, ed. I. H. Fichte, Berlin 1845–1846 (repr. Berlin 1965); Werke. Auswahl in 6 Bänden, ed. F. Medicus, Leipzig 1910–1912 (repr. Darmstadt 1962); Gesamtausgabe der Bayerischen Akademie der Wissenschaften, ed. R. Lauth/H. Jacob, Stuttgart-Bad Cannstatt 1962 ff. (ab 1970 ed. R. Lauth/H. Gliwitzky unter Mitwirkung verschiedener Autoren, Reihe I: Werke, Reihe II: Nachgelassene Schriften, Reihe III: Briefe, Reihe IV: Kollegnachschriften). – Versuch einer Critik aller Offenbarung, Königsberg 1792, Neudr. in: Werke I/1, Stuttgart-Bad Cannstatt 1964, 17–161; Aenesidemus, oder über die Fundamente der von dem Hrn. Prof. Reinhold in Jena gelieferten Elementar-Philosophie nebst einer Vertheidigung des Skeptizismus gegen die Anmassungen der Vernunftkritik [Rezension], in: Allgemeine Literatur-Zeitung, Jena 11.+12. Februar 1794, Neudr. in: Werke I/2, Stuttgart-Bad Cannstatt 1965, 41–67; Ueber den Begriff der Wissenschaftslehre oder der sogenannten Philosophie, als Einladungsschrift zu seinen Vorlesungen über diese Wissenschaft, Weimar 1794, erw. Jena/Leipzig ²1798, Neudr. in: Werke I/2, Stuttgart-Bad Cannstatt 1965, 109–154, Zusätze der 2. Aufl., 159–172; Grundlage der gesamten Wissenschaftslehre als Handschrift für seine Zuhörer, Leipzig 1794–1795, Neudr. in: Werke I/2, Stuttgart-Bad Cannstatt 1965, 251–451; Grundlage des Naturrechts nach Principien der Wissenschaftslehre, Jena/Leipzig 1796, Neudr. in: Werke I/3, Stuttgart-Bad Cannstatt 1966, 313–460; Versuch einer neuen Darstellung der Wissenschaftslehre, in: Philosophisches Journal einer Gesellschaft Teutscher Gelehrten, Jena/Leipzig 1797–1798 [Erste und Zweite Einl. in die Wissenschaftslehre sowie das 1. Kap., mehr nicht erschienen], Neudr. in: Werke I/4, Stuttgart-Bad Cannstatt 1970, 183–281; System der Sittenlehre nach den Principien der Wissenschaftslehre, Jena/Leipzig 1798, Neudr. in: Werke I/5, Stuttgart-Bad Cannstatt 1977, 21–317; Die Bestimmung des Menschen, Berlin 1800, Neudr. in: Werke I/6, Stuttgart-Bad Cannstatt 1981, 189–309; Der geschloßne Handelsstaat. Ein philosophischer Entwurf als Anhang zur Rechtslehre, und Probe einer künftig zu liefernden Politik, Tübingen 1800, Neudr. in: Werke I/7, Stuttgart-Bad Cannstatt 1988, 41–141; Sonnenklarer Bericht an das größere Publikum über das eigentliche Wesen der neuesten Philosophie. Ein Versuch den Leser zum Verstehen zu zwingen, Berlin 1801, Neudr. in: Werke I/7, Stuttgart-Bad Cannstatt 1988, 185–268; Vorlesungen der Wissenschaftslehre. Im Winter 1804, in: Nachgelassene Schriften II/7, Stuttgart-Bad Cannstatt 1989, 66–235; Die Grundzüge des gegenwärtigen Zeitalters, Berlin 1806, Neudr. in: Werke I/8, Stuttgart-Bad Cannstatt 1991, 191–396; Die Anweisung zum seeligen Leben, oder auch die Religionslehre, Berlin 1806, Neudr. in: Werke I/9, Stuttgart-Bad Cannstatt 1995, 47–212; Reden an die Deutsche Nation, Berlin 1808, Hamburg ⁵1978; Transzendentale Logik, ed. F. Medicus, Leipzig 1912 (repr. Darmstadt 1962), ²1922, ed. K. Hammacher u. a. Amsterdam 1999; Wissenschaftslehre nova methodo [Hallesche Nachschrift], in: ders., Kollegnachschriften IV/2, Stuttgart-Bad Cannstatt 1978, 17–267; Wissenschaftslehre nova methodo. Kollegnachschrift K. Chr. Fr. Krause 1798/99, ed. E. Fuchs, Hamburg 1982, ²1994; Züricher Vorlesungen über den Begriff der Wissenschaftslehre, Februar 1794, Nachschrift Lavater. Beilage aus Jens Baggensens Nachlass. Exzerpt aus der Abschrift von F.s Züricher Vorlesungen, ed. E. Fuchs, Neuried 1996. – H. M. Baumgartner/W. G. Jacobs (eds.), J. G. F.-Bibliographie, Stuttgart-Bad Cannstatt 1968; S. Doyé, J. G. F.-Bibliographie (1968–1992/93), Amsterdam/Atlanta Ga. 1993; J. G. F., Verzeichnis des handschriftlichen Nachlasses, Berlin 1962; G. U. Gabel, F.. Ein Verzeichnis westeuropäischer und nordamerikanischer Hochschulschriften 1885–1980, Köln 1985; Totok V (1986), 181–198.

Literatur: A. Abusch, J. G. F. und die Zukunft der Nation, Berlin (Ost) 1962; C. Asmuth (ed.), Sein – Reflexion – Freiheit. Aspekte der Philosophie J. G. F.s, Amsterdam/Philadelphia Pa. 1997; ders., Das Begreifen des Unbegreiflichen. Philosophie und Religion bei J. G. F., Stuttgart-Bad Cannstatt 1998; G. Bader, Mitteilung göttlichen Geistes als Aporie der Religionslehre J. G. F.s, Tübingen 1975; Z. Batscha, Gesellschaft und Staat in der politischen Philosophie F.s, Frankfurt 1970; P. Baumanns, F.s ursprüngliches System. Sein Standort zwischen Kant und Hegel, Stuttgart-Bad Cannstatt 1972; ders., J. G. F.. Kritische Gesamtdarstellung seiner Philosophie, Freiburg/München 1990; ders., F., LThK III (^{3}1995), 1269–1270; J. Beeler-Port, Verklärung des Auges. Konstruktionsanalyse der ersten Wissenschaftslehre J. G. F.s von 1804, Bern/Berlin/Frankfurt 1997; T. Bezzola, Die Rhetorik bei Kant, F. und Hegel. Ein Beitrag zur Philosophiegeschichte der Rhetorik, Tübingen 1993; B. Bourgeois, L'idéalisme de F., Paris 1968, ^{2}1995; ders. (ed.), Le bicentenaire de la doctrine de la science de F.: (1794–1994), Lille 1995; J. Brachtendorf, F.s Lehre vom Sein. Eine kritische Darstellung der Wissenschaftslehren von 1794, 1798/99 und 1812, Paderborn/München/Wien 1995; D. Breazeale, F. (1762–1814), in: R. Audi (ed.), The Cambridge Dictionary of Philosophy, Cambridge/New York/Oakleigh 1995, 264–266; ders., F., REP III (1998), 642–653; ders./T. Rockmore (eds.), F.. Historical Contexts, Contemporary Controversies, Atlantic Highlands N. J. 1994; M. Brüggen, F.s Wissenschaftslehre. Das System in den seit 1801/02 entstandenen Fassungen, Hamburg 1979; M. Buhr, Revolution und Philosophie. Die ursprüngliche Philosophie J. G. F.s und die Französische Revolution, Berlin (Ost) 1965; ders./D. Losurdo, F.. Die Französische Revolution und das Ideal vom ewigen Frieden, Berlin 1991; C. Cesa, J. G. F. e l'idealismo transcendentale, Bologna 1992; ders., Introduzione a F., Rom 1994; J. Drechsler, F.s Lehre vom Bild, Stuttgart 1955; L. Eley, F., Schelling, Hegel. Operative Denkwege im »Deutschen Idealismus«, Neuried 1995; H.C. Engelbrecht, J. G. F.. A Study of His Political Writings with Special Reference to His Nationalism, New York 1933; K. Fischer, Geschichte der neuern Philosophie V. (J. G. F. und seine Vorgänger), Heidelberg 1869, ^{2}1890, als Bd. VI Heidelberg ^{4}1914; I. Frank, Das Gefühl in seiner Funktion für die menschliche Erkenntnis bei Jacobi, F. und Schelling, Berlin 1998; M. Franken, Transzendentale Theorie der Einheit und systematische Universalontologie. Studien zur Kategorienlehre Kants und F.s, Amsterdam/Atlanta Ga. 1993; E. Fuchs (ed.), J. G. F. im Gespräch. Berichte der Zeitgenossen, I–VI, Stuttgart-Bad Cannstatt 1978–1992; ders. (ed.), J. G. F. in zeitgenössischen Rezensionen, Stuttgart-Bad Cannstatt 1995; ders./I. Radrizzani (eds.), Tagung des Internationalen Kooperationsorgans der F.-Forschung in Neapel, Neuried 1996 (1 Der Grundansatz der ersten Wissenschaftslehre F.s, 13–265; 2. Der Stand der F.-Forschung, 267–366.); G. Gamm, Der deutsche Idealismus. Eine Einführung in die Philosophie von F., Hegel und Schelling, Stuttgart 1997; J.-C. Goddard/A. Renaut/J.-L. Vieillard-Baron, F., Enc. philos. universelle III/1 (1992), 1757–1764; P. Grosos,

Système et subjectivité. Étude sur la signification et l'enjeu du concept de système F., Hegel, Schelling, Paris 1996; M. Guéroult, L'évolution et la structure de la Doctrine de la Science chez F., I–II, Paris 1930; G. Gurwitsch, F.s System der konkreten Ethik, Tübingen 1924 (repr. Hildesheim 1984); K. Hammacher (ed.), Der Transzendentale Gedanke. Die gegenwärtige Darstellung der Philosophie F.s, Hamburg 1981; ders., Transzendentale Theorie und Praxis. Zugänge zu F., Amsterdam/Atlanta Ga. 1996; ders./A. Mues (eds.), Erneuerung der Transzendentalphilosophie im Anschluß an Kant und F., Stuttgart-Bad Cannstatt 1979; ders./R. Schottky/W. H. Schrader (eds.), F.-Studien, I–X, Amsterdam/Atlanta Ga. 1990–1997; N. Hartmann, Die Philosophie des Deutschen Idealismus, I–II, Berlin/Leipzig 1923/1929, in 1 Bd. Berlin ^{2}1960, ^{3}1974; H. Heimsoeth, F., München 1923 (repr. Nendeln 1973); D. Henrich, F.s ursprüngliche Einsicht, Frankfurt 1967; R. Hiltscher, Wahrheit und Reflexion. Eine transzendentalphilosophische Studie zum Wahrheitsbegriff bei Kant, dem frühen F. und Hegel, Habil.schr. Dresden 1997; W. Hogrebe (ed.), F.s Wissenschaftslehre 1794. Philosophische Resonanzen, Frankfurt 1995; R.-P. Horstmann, Die Grenzen der Vernunft. Eine Untersuchung zu Zielen und Motiven des Deutschen Idealismus, Frankfurt 1991; L. Hühn, F. und Schelling oder: Über die Grenze des menschlichen Wissens, Stuttgart/Weimar 1994; F. Inciarte, Transzendentale Einbildungskraft. Zu F.s Frühphilosophie im Zusammenhang des transzendentalen Idealismus, Bonn 1970; M. J. Inwood, F., in: T. Honderich (ed.), The Oxford Companion to Philosophy, Oxford/New York 1995, 277–279; W. G. Jacobs, Trieb als zittliches Phänomen. Eine Untersuchung zur Grundlegung der Philosophie nach Kant und F., Bonn 1967; ders., J. G. F. Mit Selbstzeugnissen und Bilddokumenten […], Reinbek b. Hamburg 1984, 1991; W. Jaeschke (ed.), Transzendentalphilosophie und Spekulation. Der Streit um die Gestalt einer ersten Philosophie (1799–1807), I–II, Hamburg 1993; W. Janke, F.. Sein und Reflexion. Grundlagen der kritischen Vernunft, Berlin 1970; ders., F., TRE XI (1983), 157–171; ders., Vom Bilde des Absoluten. Grundzüge der Phänomenologie F.s, Berlin/New York 1993; ders., Entgegensetzungen. Studien zu F.-Konfrontationen von Rousseau bis Kierkegaard, Amsterdam/Atlanta Ga. 1994; H. Jergius, Philosophische Sprache und analytische Sprachkritik. Bemerkungen zu F.s Wissenschaftslehren, Freiburg/München 1975; ders., J. G. F.. Die Theorie des Gewissens, in: J. Speck (ed.), Grundprobleme großer Philosophen. Philosophie der Neuzeit II, Göttingen 1976, ^{3}1988, 71–108; M. Kahlo/E. A. Wolff/R. Zaczyk (eds.), F.s Lehre vom Rechtsverhältnis. Die Deduktion der §§ 1–4 der »Grundlage des Naturrechts« und ihre Stellung in der Rechtsphilosophie, Frankfurt 1992; M. Kessler, »Kritik aller Offenbarung«. Untersuchung zu einem Forschungsprogramm J. G. F.s und zur Entstehung und Wirkung seines »Versuchs« von 1792, Mainz 1986; O.-H. Kim, Ich, Freiheit und Moral. Eine kritische Interpretation der Theorie F.s, Frankfurt/Berlin/Bern 1996; H. Knittermeyer, F., RGG II (^{3}1958), 932–934; R. Kottmann, Leiblichkeit und Wille in F.s »Wissenschaftslehre nova methodo«, Münster 1998; E. Kraus, Der Systemgedanke bei Kant und F., Berlin 1916 (Kant-St. Erg.hefte 37) (repr. Vaduz 1991); R. Kroner, Von Kant bis Hegel, I–II, Tübingen 1921/1924, in 1 Bd. Tübingen ^{2}1961; E. Lask, F.s Idealismus und die Geschichte, I–II, Berlin 1902, Tübingen ^{2}1914; R. Lauth, J. G. F.s Gesamtidee der Philosophie, Philos. Jb. 71 (1964), 253–285; ders., Vernünftige Durchdringung der Wirklichkeit. F. und sein Umkreis, Neuried 1994; X. Léon, F. et son temps, I–III, Paris 1922–1927; W. Lütterfels, F. und Wittgenstein. Der thetische Satz, Stuttgart 1989; M. Maesschalck, Droit et création sociale chez F.. Une philosophie moderne de l'action politique, Louvain-la-Neuve 1996; O. Marquard, Theodizeemotive in F.s früher Wissenschaftslehre, Erlangen/Jena 1994; G. Meier, Schiller und F.. Die Unterscheidung des Menschen von sich selbst als Thema der philosophischen Aufgabe im Denken der Freiheit des Selbstbewußtseins, Frankfurt/Berlin/Bern 1993; J.-P. Mittmann, Das Prinzip der Selbstgewißheit. F. und die Entwicklung der nachkantischen Grundsatzphilosophie, Bodenheim 1993; A. Mues (ed.), Transzendentalphilosophie als System. Die Auseinandersetzungen zwischen 1794 und 1806, Hamburg 1989; F. Neuhouser, F.'s Theory of Subjectivity, Cambridge/New York/Port Chester 1990; P. L. Oesterreich, Das gelehrte Absolute. Metaphysik und Rhetorik bei Kant, F. und Schelling, Darmstadt 1997; T. Papadopoulos, Die Theorie des Eigentums bei J. G. F., München 1993; H. Petzold, Begegnung mit F.. Aus dem Leben eines großen deutschen Philosophen, Waltersdorf 1993; A. Philonenko, Métaphysique et politique chez Kant et F., Paris 1997; K. Pohl, F.s Bildungslehre in seinen Schriften über die Bestimmung des Gelehrten, Meisenheim am Glan 1966; H. Radermacher, F.s Begriff des Absoluten, Frankfurt 1970; I. Radrizzani, Vers la fondation de l'intersubjectivité chez F.. Des principes à la Nova Methodo, Paris 1993; ders. (ed.), F. et la France, Paris 1997; W. Ritzel, F.s Religionsphilosophie, Stuttgart 1956; T. Rockmore, F., Marx and the German Philosophical Tradition, Carbondale Ill. 1980; ders./D. Breazeale (eds.), New Perspectives on F., Atlantic Highlands N. J. 1996; P. Rohs, J. G. F., München 1991; Z. Rokay, J. G. F.s Wissenschaftslehre Nova Methodo und die gedruckten Schriften seiner spät-jenaer Zeit, Diss. Kiel 1996; H. Schelsky, Theorie der Gemeinschaft nach F.s »Naturrecht« von 1796, Berlin 1935; I. Schindler, Reflexion und Bildung in F.s Wissenschaftslehre von 1794, Düsseldorf 1966; D. Schmid, Religion und Christentum in F.s Spätphilosophie 1810–1813, Berlin 1995; H. Schmitz, Die entfremdete Subjektivität. Von F. zu Hegel, Bonn 1992; W. H. Schrader, Empirisches und absolutes Ich. Zur Geschichte des Begriffs Leben in der Philosophie J. G. F.s, Stuttgart-Bad Cannstatt 1972; ders. (ed.), Anfänge und Ursprünge. Zur Vorgeschichte der Jenaer Wissenschaftslehre, Amsterdam/Atlanta Ga. 1997; ders. (ed.), F. im 20. Jahrhundert, Amsterdam/Atlanta Ga. 1997; ders. (ed.), F. und die Romantik. Hölderlin, Schelling, Hegel und die späte Wissenschaftslehre, Amsterdam/Atlanta Ga. 1997; ders. (ed.), Die Grundlage der gesamten Wissenschaftslehre von 1794/95 und der transzendentale Standpunkt, Amsterdam/Atlanta Ga. 1997; ders. (ed.), Materiale Disziplinen der Wissenschaftslehre. Zur Theorie der Gefühle, Amsterdam/Atlanta Ga. 1997; H. Schuffenhauer, Die Pädagogik J. G. F.s, Berlin 1963; K. Schuhmann, Die Grundlage der Wissenschaftslehre in ihrem Umrisse. Zu F.s »Wissenschaftslehren« von 1794 und 1810, Den Haag 1968; G. Schulte, Die Wissenschaftslehre des späten F., Frankfurt 1971; W. Schulz, J. G. F.. Vernunft und Freiheit, Pfullingen 1962; J. Schurr, Gewißheit und Erziehung. Versuch einer Grundlegung der Erziehungslehre F.s nach Prinzipien der Wissenschaftslehre, Ratingen 1965; I. Schüssler, Die Auseinandersetzung von Idealismus und Realismus in F.s Wissenschaftslehre. Grundlage der gesamten Wissenschaftslehre 1794/95. Zweite Darstellung der Wissenschaftslehre 1804, Frankfurt 1972; G. J. Seidel, F.'s Wissenschaftslehre of 1794. A Commentary on Part 1, West Lafayette Ind. 1993; H. Seidel, J. G. F. zur Einführung, Hamburg 1997; L. Siep, Hegels F.kritik und die Wissenschaftslehre von 1804, Freiburg/München 1970; C. M. Stadler, J. G. F.s Grundlegung des ethischen Idealismus oder: Transzendentale Deduktion zwischen Wissen und Wollen, Cuxhaven 1996; ders., Freiheit in Gemeinschaft. Studien zu F.s Jenenser Naturrechtslehre, Cuxhaven 1998; J. Stolzenberg, F.s Begriff der intellektuellen Anschauung. Die Entwicklung in den Wissenschaftslehren von 1793/94 bis 1801/02, Stuttgart 1986; J. P. Surber, Language and German Idealism. F.'s Linguistic Philosophy, Atlantic Highlands N. J. 1996; H. Traub, J. G. F.s Populärphilosophie 1804–1806, Stuttgart-Bad Cannstatt 1992; R. A. Tsanoff, F., Enc. Ph. III (1967), 192–196; H. Verweyen, Recht und Sittlichkeit in J. G. F.s Gesellschaftslehre, Freiburg/München 1975; J.-L. Vieillard-Baron, Qu'est-ce que l'éducation? Montaigne, F. et Lavelle, Paris 1994; M. M. Wayne, Idealism and Objectivity. Understanding F.'s Jena Project, Stanford Calif. 1998; W. Weischedel, Der Aufbruch der Freiheit zur Gemeinschaft. Studien zur Philosophie des jungen F., Leipzig 1939, unter dem Titel: Der frühe F.. Aufbruch der Freiheit zur Gemeinschaft, Stuttgart-Bad Cannstatt ²1973; ders., Der Zwiespalt im Denken F.s, Berlin 1962; J. Widmann, Die Grundstruktur des transzendentalen Wissens nach J. G. F.s Wissenschaftslehre ²1804, Hamburg 1977; W. Wilhelm, Bewußtsein als Erscheinung des Absoluten. Eine Erörterung der Spätphilosophie J. G. F.s, Neuried 1998; R. R. Williams, Recognition. F. and Hegel on the Other, Albany N. Y. 1992; B. Willms, Die totale Freiheit. F.s politische Philosophie, Köln/Opladen 1967; H. Winter, Die theologische und philosophische Auseinandersetzung im Protestantismus mit J. G. F.s Schrift »Versuch einer Kritik aller Offenbarung« von 1792. Kritische Rezeption und zeitgenössische Kontroverse als Vorphase zum sogenannten Atheismusstreit von 1798/99, Frankfurt/Berlin/Bern 1996; F. Wittekind, Religiosität als Bewußtseinsform. F.s Religionsphilosophie 1795–1800, Gütersloh 1993; M. Wundt, J. G. F., Stuttgart 1927 (repr. Stuttgart-Bad Cannstatt 1976); ders., F.-Forschungen, Stuttgart 1929 (repr. Stuttgart-Bad Cannstatt 1976); G. Zöller (ed.), F.'s Transcendental Philosophy. The Original Duplicity of Intelligence and Will, Cambridge/New York 1998. O. S.

Ficino, Marsilio, *Figline 19. Okt. 1433, †Careggi 1. Okt. 1499, ital. Arzt und Philosoph. Nach einem Studium der artes liberales (↑ars) und der Medizin in Florenz, Pisa und Bologna Lehre an der von Cosimo de' Medici 1459 gegründeten ↑Platonischen Akademie (Academia Platonica) in Florenz; 1473 Priesterweihe, 1487 Kanonikus am Dom zu Florenz. – In seinen Harmonisierungsbemühungen zwischen christlicher Offenbarungslehre und Platonischer Philosophie, unter Einschluß Aristotelischer, Augustinischer und hermetischer (↑hermetisch/Hermetik) Lehrstücke, gehört F. zu den bedeutendsten Vertretern der Renaissancephilosophie (↑Renaissance). Der Bemühung um eine ›philosophia quaedam religio‹ dienen vor allem die beiden Hauptwerke »De christiana religione« (1474) und »Theologia Platonica de immortalitate animorum« (1482). Für einen Beweis der ↑Unsterblichkeit der Seele nutzt F. Platonische Argumente gegen den scholastischen ↑Averroismus. Ebenfalls im Dienste von Harmonisierungsbemühungen stehen seine Übersetzungen der Dialoge Platons (1484) und seine Kommentare zu den Dialogen »Timaios«, »Symposion« (mit F.s einflußreicher Theorie einer Platonischen Liebe), »Philebos«, »Phaidros«, »Parmenides«, »Sophistes« und Teilen des Buches VIII der »Politeia« (1496), ferner

Übersetzungen der »Enneaden« Plotins (1492) und Werken aus platonistischer (↑Platonismus, ↑Neuplatonismus) Tradition (Iamblichos, Proklos, Porphyrios u. a.). F.s Überlegungen zur Mittelstellung des Menschen zwischen Gott und Natur und seine poietische (↑Poiesis) Metaphorik in naturphilosophischen Zusammenhängen (die natura universalis [↑Natur] der scholastischen Tradition als ›instrumentum divinitatis‹, Opera II, 1438) gehören, ebenso wie entsprechende Teile des Werkes von G. Pico della Mirandola, in den Kontext der Entstehung der neuzeitlichen Naturwissenschaft (G. Galilei).

Werke: Opera, Basel 1561, I–II, 1576 (repr. I–II, Turin 1959/1962), Pans 1641; Supplementum Ficinianum, I–II, ed P. O. Kristeller, Florenz 1937 (repr. 1973). – De christiana religione, Florenz 1474; Theologia Platonica de immortalitate animorum XVIII libris comprehensa, Florenz 1482, Paris 1559 (repr. Hildesheim 1975), I–III, ed. R. Marcel, Paris 1964–1970; De triplici vita, Florenz 1489, Basel 1490, Venedig 1498 (repr. Hildesheim 1973); De vita libri tres, Venedig 1498 [repr. mit krit. App., Reg. u. Nachwort v. M. Plessner, Hildesheim 1978]. – The Letters of M. F., I–IV, ed. P. O. Kristeller, London 1975–1988, New York 1985; Lettere I. Epistolarum familiarum I, ed. S. Gentile, Florenz 1990; Meditations on the Soul. Selected Letters of M. F., Rochester 1996.

Literatur: M. J. B. Allen, The Platonism of M. F.. A Study of His Phaedrus Commentary, Its Sources and Genesis, Berkeley Calif. 1984; D. Benesch, M. F.s »De triplici vita« (Florenz 1489) in deutschen Bearbeitungen und Übersetzungen, Frankfurt/Bern/Las Vegas Nev. 1977; M. Burkhard, Epistemologie im Humanismus. M. F., Pietro Pomponazzi und Nikolaus von Kues, Frei. Z. Philos. Theol. 42 (1995), 152–171; E. Cassirer, Individuum und Kosmos in der Philosophie der Renaissance, Berlin 1927 (repr. Darmstadt 1963); A. B. Collins, The Secular is Sacred. Platonism and Thomism in M. F.'s Platonic Theology, The Hague 1974; J. A. Devereux, The Object of Love in the Philosophy of M. F., J. Hist. Ideas 30 (1969), 161–170; G. C. Garfagnini (ed.), M. F. e il ritorno di Platone. Studi e documenti, I–II, Florenz 1986; J. Hankins, Plato in the Italian Renaissance, Leiden 1990; ders., The Myth of the Platonic Academy of Florence, Renaissance Quart. 44 (1991), 429–475; ders., F., REP III (1998), 653–659; S. Jayne, John Colet and M. F., Oxford/New York 1963; P. O. Kristeller, The Theory of Immortality in M. F., J. Hist. Ideas 1 (1940), 299–314; ders., The Philosophy of M. F., London/New York 1943 (dt. Die Philosophie des M. F., Frankfurt 1972; ital. Il pensiero filosofico di M. F., Florenz 1953, ²1988); ders., F. and Pomponazzi on the Place of Man in the Universe, J. Hist. Ideas 5 (1944), 220–226; ders., The Scholastic Background of M. F.. With an Edition of Unpublished Texts, Traditio 2 (1944), 257–318; ders., F. and Renaissance Platonism, The Personalist 36 (1955), 238–249; ders., M. F. and His Work after Five Hundred Years, Florenz 1987 (Quaderni di ›Rinascimento‹ VII); E. P. Mahoney, M. F. und der Platonismus der Renaissance, in: T. Kobusch/B. Moijsisch (eds.), Platon in der abendländischen Geistesgeschichte. Neue Forschungen zum Platonismus, Darmstadt 1997, 142–154; R. Marcel, M. F. (1433–1499), Paris 1958; S. Otto, F., LThK III (1995), 1271; J. M. Rist, Plotino, F. e noi stessi. Alcuni riflessi etici, Riv. filos. neo-scolastica 86 (1994), 448–467; M. Schiavone, Problemi filosofici in M. F., Mailand 1957; C. A. Staudenhauer, Galileo, F., and Henry More's Psychathanasia, J. Hist. Ideas 29 (1968), 565–578; A. della Torre, Storia dell'Accademia Platonica di Firenze, Florenz 1902; G. F. Vescovini, L'espressività del cielo di M. F., lo Zodiaco medievale e Plotino, Bochumer Philos. Jb. für Antike und Mittelalter 1 (1996), 111–125; D. P. Walker, Spiritual and Demonic Magic from F. to Campanella, London 1958, ²1975. J. M.

Fideismus (von lat. fides, Glaube), Sammelbezeichnung für (1) eine antirationalistische Glaubensphilosophie, nach der die göttliche Offenbarung ausschließlich Quelle des Glaubens und dieser wegen der behaupteten Erkenntnisunfähigkeit der menschlichen Vernunft das Prinzip der Erkennbarkeit ist. In den erkenntnistheoretischen Grundannahmen ist der F. identisch mit dem als Reaktion gegen ↑Rationalismus und Materialismus (↑Materialismus (historisch)) der antimetaphysischen und antitheologischen Aufklärungsphilosophie entstandenen ↑Traditionalismus. Ein gemäßigter F. behauptet in Weiterentwicklung der Lehre von der doppelten Wahrheit (↑Wahrheit, doppelte) die Unfähigkeit der Vernunft zur Erkenntnis metaphysischer Wahrheit und betrachtet die durch Tradition und Schrift überlieferte und durch Übereinstimmung der Menschen (↑consensus gentium) gesicherte göttliche ↑Offenbarung als ausschließliche Quelle für Sätze der ↑Ethik. Häufig bezieht sich der F. auf I. Kant. Dabei wird jedoch übersehen, daß dessen Unterscheidung ›bloß statutarischer‹ und ›rein moralischer‹ Gesetze (Philosophische Religionslehre nach Pölitz, Akad.-Ausg. XXVIII/2, 2, 1083–1084) in der Absicht erfolgt, die Erkenntnis nur der voluntaristischen (↑Voluntarismus) göttlichen Gesetze von der Offenbarung abhängig, die rein moralische Gesetzgebung Gottes aber der Vernunfterkenntnis zugänglich zu machen. Innerhalb der erkenntnistheoretischen Diskussion des dialektischen Materialismus (↑Materialismus, dialektischer) wird der Begriff des F. häufig verwendet, um nicht-materialistische Positionen als ›Glaubensphilosophie‹ zu diskreditieren.

Der F. tritt (2) als Bezeichnung einer von der reformierten theologischen Fakultät in Paris durch A. Sabatier (Esquisse d'une philosophie de la religion d'après la psychologie et l'histoire, 1897) und E. Ménégoz (Réflexions sur l'Évangile du salut, 1879) zur Annäherung orthodoxer und liberaler Theologie entwickelten relativistischen Religionsphilosophie auf, nach der religiöse Begriffe nicht transzendente Wahrheiten fassen, sondern als bloße Symbole (Symbolfideismus) historische Bemühungen um eine dem jeweiligen Wissenschaftsbegriff korrespondierende Form des religiösen Empfindens sind.

Literatur: W. Bartley, The Retreat to Commitment, London 1964, La Salle ²1984 (dt. Flucht ins Engagement, Tübingen 1987); H. Dahm, F., Hist. Wb. Ph. II (1972), 946–947; J. L. Dumas, Fidéisme, Enc. philos. universelle II/1 (1990), 985–986; FM II (1994), 1264–1265; D. Hanson, Fideism and Hume's Philosophy. Knowledge, Religion and Metaphysics, New York/

Bern 1993; J. Hasenfuss, F., LThK IV (1960), 117–118; E. Ménégoz, Réflexions sur l'Évangile du salut, Paris 1879; A. Sabatier, Esquisse d'une philosophie de la religion d'après la psychologie et l'histoire, Paris 1897, 1969 (dt. Religionsphilosophie auf psychologischer und geschichtlicher Grundlage, Freiburg 1898); C. Santayana, Scepticism and Animal Faith, Introduction to a System of Philosophy, London 1923, New York 1955. H. R. G.

Figur (logisch) (von lat. figura), Terminus der ↑Logik. (1) P. Lorenzen bezeichnet ↑Kalküle als Verfahren der Herstellung von F.en. Die F.en eines Kalküls sind sowohl die Kalkülanfänge als auch die daraus nach den Kalkülregeln gebildeten (›abgeleiteten‹) Konfigurationen. (2) In der traditionellen Logik (↑Logik, traditionelle) werden die vier syllogistischen Schlußschemata ›F.en‹ genannt (↑Syllogistik).

Literatur: P. Lorenzen, Einführung in die operative Logik und Mathematik, Berlin/Heidelberg/New York 1955, ²1969. G. W.

Fiktion, zunächst Bezeichnung einer Aussage, von der nicht gesagt werden kann, daß sie wahr oder falsch ist. Dies ist der Fall, wenn in der Aussage ein ↑Nominator (Eigenname, Kennzeichnung) ohne Referenz (Bedeutung) vorkommt (↑Pseudokennzeichnung). Zulässig sind solche Aussagen als *literarische F.en* (↑Fiktion, literarische). In einem hiervon abweichenden, außerliterarischen Sinne spricht man häufig auch dann von einer F., wenn eine Aussage noch nicht hinreichend überprüft wurde, jedoch prinzipiell wahrheitsfähig (↑wahrheitsfähig/Wahrheitsfähigkeit) ist. So können ↑Hypothesen als F.en gedeutet werden, für die ein Verfahren existiert, das ihre Überprüfung gestattet. Weitere außerliterarische F.en sind dann Beschreibungen gewollter oder in Erwägung gezogener ↑Zustände, z.B. in Form von ↑Antizipationen und ↑Annahmen, desgleichen alle *Vernunftbegriffe* im Sinne I. Kants: diese sind »bloße Ideen, und haben freilich keinen Gegenstand in irgend einer Erfahrung, aber bezeichnen darum doch nicht gedichtete und zugleich dabei für möglich angenommene Gegenstände. Sie sind bloß problematisch gedacht, um, in Beziehung auf sie (als heuristische F.en), regulative Prinzipien des systematischen Verstandesgebrauchs im Felde der Erfahrung zu gründen« (KrV B 799). Im Anschluß an diesen Sprachgebrauch Kants hat H. Vaihinger diesen Begriff der F. in seiner Philosophie des ↑als ob zur Grundlage einer Sonderform idealistischer Erkenntnistheorie genommen. Unterschieden werden von Vaihinger unter anderem abstrakte, schematische, paradigmatische, utopische und typische F.en, ferner juristische und praktische (z.B. Freiheit, Pflicht, Unsterblichkeit). In neueren sprachphilosophisch-logischen Analysen werden F.en speziell unter dem Begriff der kontrafaktischen Aussagen behandelt. Diese haben die Form von *irrealen Konditionalsätzen* (counterfactual conditionals, ↑Konditionalsatz, irrealer), d.h. von wenn-dann-Aussagen mit falscher oder als falsch unterstellter wenn-Aussage. Dies geschieht in wissenschaftstheoretischen Zusammenhängen, z.B. in der Formulierung von Voraussetzungen in indirekten Beweisen (↑reductio ad absurdum), in der Analyse von ↑Dispositionsbegriffen und der Gesetzesartigkeit von Aussagen, in der Absicht, ein ↑Wahrheitskriterium für derartige Aussagen zu formulieren bzw. ↑Wahrheitsbedingungen dieser Aussagen anzugeben (N. Goodman, N. Rescher). Die dabei auftretenden Probleme werden verbreitet mit der Konzeption möglicher Welten (↑Welt, mögliche) behandelt (D. K. Lewis).

Literatur: J. Bennett, Event Causation. The Counterfactual Analysis, in: J. E. Tomberlin (ed.), Philosophical Perspectives I (Metaphysics), Atascadero Calif. 1987, 367–386; C. Betsch, F.en in der Mathematik, Stuttgart 1926; C. Crittenden, Unreality. The Metaphysics of Fictional Objects, Ithaca N.Y./London 1991; G. Currie, The Nature of Fiction, Cambridge 1990; FM II (1994), 1254–1257; G. Gabriel, Definitionen und Interessen. Über die praktischen Grundlagen der Definitionslehre, Stuttgart-Bad Cannstatt 1972, bes. 97–123; ders., F. und Wahrheit. Eine semantische Theorie der Literatur, Stuttgart-Bad Cannstatt 1975, bes. 33–42; ders., Zwischen Logik und Literatur. Erkenntnisformen von Dichtung, Philosophie und Wissenschaft, Stuttgart 1991; ders., Logik und Rhetorik der Erkenntnis. Zum Verhältnis von wissenschaftlicher und ästhetischer Weltauffassung, Paderborn 1997; N. Goodman, The Problem of Counterfactual Conditionals, J. Philos. 44 (1947), 113–128, Neudr. in: ders., Fact, Fiction and Forecast [s.u.], 3–27 (dt. Das Problem der irrealen Bedingungssätze, in: ders., Tatsache, F., Voraussage [s.u.], 17–45); ders., Fact, Fiction, and Forecast, London 1954, Cambridge Mass./London ⁴1983 (dt. Tatsache, F., Voraussage, Frankfurt 1975, 1988); ders., Languages of Art. An Approach to a Theory of Symbols, Indianapolis Ind. 1968, 1997 (dt. Sprachen der Kunst, Frankfurt 1973, 1998); ders., Ways of Worldmaking, Indianapolis Ind. 1978, 1995 (dt. Weisen der Welterzeugung, Frankfurt 1984, 2001); J. F. Halpin, Counterfactual Analysis. Can the Metalinguistic Theory Be Revitalized?, Synthese 81 (1989), 47–62; D. Hausman, Causation and Counterfactual Dependence Reconsidered, Noûs 30 (1996), 55–74; D. Henrich/W. Iser (eds.), Funktionen des Fiktiven, München 1983 (Poetik und Hermeneutik X); R. Howell, Fictional Objects. How They Are and How They Aren't, Poetics 8 (1979), 129–177; ders., Fiction, Semantics of, REP III (1998), 659–663; P. van Inwagen, Creatures of Fiction, Amer. Philos. Quart. 14 (1977), 299–308; W. Iser, Das Fiktive und das Imaginäre, Frankfurt 1991, 2001 (engl. The Fictive and the Imaginary, Baltimore Md. 1993); F. Kroon, Make-Believe and Fictional Reference, J. Aesthetics Art Criticism 52 (1994), 207–214; I. Kvart, The Counterfactual Analysis of Cause, Synthese 127 (2001), 389–427; P. Lamarque, Fictional Entities, REP III (1998), 663–667; ders./S. H. Olson, Truth, Fiction and Literature. A Philosophical Perspective, Oxford 1994; M. Lange, Inductive Confirmation, Counterfactual Conditionals, and Laws of Nature, Philos. Stud. 85 (1997), 1–36; H. Lauener, Die Sprache der F., Erkenntnis 24 (1986), 343–362; D. K. Lewis, Counterfactuals, Oxford/Cambridge Mass. 1973, 2001; ders., Truth in Fiction, Amer. Philos. Quart. 15 (1978), 37–46; P. A. Martinich, A Theory of Fiction, Philos. and Literature 25 (2001), 96–112; T. Parsons, Nonexistent Objects, New Haven Conn. 1980; P. Percival, A Note on Lewis on Counterfactual Dependence in a Chancy World, Analysis 59 (1999), 165–173; S. Predelli, Talk About Fiction, Erkenntnis 46 (1997), 69–77; D. Proudfoot, Fictional Entities, in: D. E. Cooper (ed.), A Companion to Aesthetics, Oxford 1992, 152–154; N. Rescher, Hypothetical Reasoning, Amsterdam 1964; W. Stegmüller, Probleme und Resultate der Wissenschaftstheorie und Analytischen Philosophie I (Wissenschaftliche Erklärung und Begründung), Berlin/Heidelberg/New York 1969, bes. 273–334, 452–466; D. Thürnau, Gedichtete Versionen der Welt, Paderborn 1994; H. Vaihinger, Die Philosophie des Als ob. System der theoretischen, praktischen und religiösen F.en der Menschheit auf Grund eines idealistischen Positivismus, Berlin 1911, Aalen 1986; A. Wagner, F./Fiktionalismus, EP I (1999), 386–388; K. Walton, Mimesis as Make-Believe. Cambridge Mass. 1990; J. Woods, The Logic of Fiction. A Philosophical Sounding of Deviant Logic, The Hague/Paris 1974.   J. M.

Fiktion, literarische, Charakterisierung von Dichtung entsprechend ihren Eigenschaften, *fiktionale* und *literarische* Rede zu sein. L. F.en stellen von jeher eine Herausforderung an die ↑Erkenntnistheorie dar, indem sie (vgl. bereits den fälschlicherweise Platon zugesprochenen Vorwurf der Lüge) Anspruch auf eine nicht-wissenschaftliche Erkenntnisvermittlung erheben. In diesem Zusammenhang sind insbes. die folgenden Fragen zu beantworten: (1) Was unterscheidet fiktionale Rede von anderen Arten der Rede? (2) Was macht fiktionale Rede literarisch? (3) Wie kann literarische fiktionale Rede Erkenntnisse vermitteln?

Im Unterschied zu alltäglicher und wissenschaftlicher Rede sind für fiktionale Rede (↑Fiktion) die Regeln der ↑Referenz und der ↑Denotation aufgehoben, d. h., die verwendeten referenzialisierenden Ausdrücke wie ↑Eigennamen und ↑Kennzeichnungen brauchen keine Referenz zu haben und die verwendeten prädikativen Ausdrücke dürfen auch an grammatischer Subjektstelle leer sein (damit erübrigt es sich insbes., literarische Figuren ontologisch als fiktive Gegenstände [↑Gegenstandstheorie] zu deuten). Darüber hinaus besteht ein Unterschied in illokutionärer Hinsicht. Betrachtet man den ↑Sprechakt des Behauptens und rückt damit vor allem die erzählende Dichtung in den Blick, so läßt sich sagen, daß der die Geschichte präsentierende Sprechakt zwar die Form einer Behauptung hat, ihm die ›behauptende Kraft‹ aber fehlt (vgl. G. Frege, Der Gedanke, in: ders., Kleine Schriften, ed. I. Angelelli, Darmstadt 1967, ²1990, 347). Dies bedeutet zunächst, daß fiktionale Rede keinen Wahrheitsanspruch erhebt, also falsch oder weder wahr noch falsch sein darf, und ferner, daß die für Behauptungen geltenden Regeln der Aufrichtigkeit (der Sprecher muß glauben, daß seine Äußerung wahr ist), der Argumentation (der Sprecher muß die Wahrheit seiner Äußerung verteidigen) und der Konsequenz (der Sprecher muß die Folgerungen aus seinen Äußerungen anerkennen) aufgehoben sind. Angesichts dieser Charakterisierung von fiktionaler Rede stellt sich die Frage, wie literarische fiktionale Rede, d. h. Dichtung, Erkenntnisse vermitteln können soll. Frege und die ihm folgenden Emotivisten (↑Emotivismus) haben ihr denn auch eine andere Funktion zugewiesen, nämlich auf ↑Gefühle und Einstellungen zu wirken.

Die Frage nach dem Erkenntniswert der Dichtung wird meist als Frage nach der Wahrheit der Dichtung verstanden. Obwohl damit eine starke und unnötige Einschränkung hinsichtlich der Möglichkeiten anderer Arten der Erkenntnisvermittlung vorgenommen wird, ist der Wahrheitsanspruch doch der weitestreichende Anspruch und verdient besondere Beachtung. Da ↑›Wahrheit‹ als ›Aussagenwahrheit‹ aufzufassen ist, wurden die Wahrheiten der Dichtung teilweise mit solchen wahren Aussagen identifiziert, die insbes. als allgemeine Reflexionen neben falschen und weder wahren noch falschen Aussagen in Werken der Dichtung vorkommen. Liefe der Wahrheitsanspruch auf nichts anderes hinaus, wäre er eine triviale Angelegenheit. Diese Verkürzung resultiert jedoch aus einem zu einseitigen Bedeutungsbegriff (↑Bedeutung). Was ein Text der Dichtung meint, muß nicht unbedingt in ihm *gesagt* sein oder aus dem Gesagten im logischen Sinne folgen, es kann auch *gezeigt* sein. Der Text kann über sich hinaus weisen, indem die berichteten Vorgänge für etwas anderes stehen. Auf Grund der Fiktionalität verliert das Geschehen den Charakter des Historisch-Singulären und wird zum Besonderen, einen eigenen Sinn aufweisend. Gerade diese Richtungsänderung des Meinens ist es, die aus fiktionaler Rede *literarische* fiktionale Rede macht.

Die traditionelle Formulierung von der Darstellung des ↑Allgemeinen im Besonderen läßt sich hier zwanglos anschließen. Soweit die Dichtung Aussagen macht, das Allgemeine die Form einer Aussage annimmt, kann ihr ein Wahrheitsanspruch zugebilligt werden. Allerdings ist dieser nicht dahingehend zu verstehen, als könne komplexe Dichtung auf eine abstrakte ›Moral von der Geschicht‹ hin festgelegt oder gar durch diese ersetzt werden. Aussagen mögen die Richtung des Verständnisses angeben, sie liefern aber keine ›erschöpfenden Auskünfte‹. Diese Feststellung gilt es vom Wahrheitsanspruch der Dichtung auf deren Erkenntnisanspruch überhaupt auszudehnen, von den Aussagen also auf andere Formen des Allgemeinen: Die durch die Darstellung des Allgemeinen im Besonderen vermittelte Erkenntnis läßt sich zunächst (in der Sprache der erkenntnistheoretischen Tradition von G. W. Leibniz und A. G. Baumgarten ausgedrückt) als anschaulich-klar charakterisieren, im Unterschied zur begrifflich-deutlichen Erkenntnis der Wissenschaften (↑klar und deutlich). Das Verhältnis des Allgemeinen zum Besonderen ist dann weiter als unbestimmt in dem Sinne aufzufassen, daß es nicht abschließend auf den Begriff gebracht werden kann. Es gilt hier, was I. Kant in seiner Definition von

›ästhetischer Idee‹ sagt, daß dieser kein »bestimmter Gedanke, d. i. *Begriff,* adäquat sein kann« (KU § 49). Die Funktion ästhetischer Ideen, die bei Kant in psychologischer Terminologie als Anregung der ↑Einbildungskraft zur Bildung von Nebenvorstellungen bestimmt wird, läßt sich in sprachphilosophischer Reformulierung als die Funktion der kontextuellen Freisetzung von ↑Konnotationen deuten, womit dann nicht nur eine semantische Charakterisierung fiktionaler literarischer Rede, sondern literarischer Rede überhaupt gewonnen ist.

In der gegenwärtigen Diskussion tritt auch die gegenläufige Tendenz auf, das Thema F. aus der Verbindung mit dem ästhetischen Phänomen des Literarischen zu lösen und die Rolle der Einbildungskraft unter der allgemeinen Frage nach der anthropologischen Funktion des Fiktiven zu untersuchen. Damit findet neben der (kognitivistischen) Verteidigung des Erkenntniswertes der Dichtung auch die (emotivistische) Analyse der Entlastungsfunktion und der kathartischen Wirkung von Fiktionen wieder stärkere Berücksichtigung. Neueste Arbeiten (P. Lamarque/S. H. Olsen 1994; M. Sutrop 2000) gehen in die Richtung einer Vermittlung von Erkenntnis- und Katharsis-Funktion.

Literatur: J. Anderegg, Fiktion und Kommunikation. Ein Beitrag zur Theorie der Prosa, Göttingen 1973, ²1977; M. C. Beardsley, Aesthetics. Problems in the Philosophy of Criticism, New York 1958, Indianapolis Ind. ²1981; J. Bruck, Zum Begriff l.r F., Z. germanist. Linguistik 6 (1978), 283–303; L. B. Cebik, Fictional Narrative and Truth. An Epistemic Analysis, Lanham/New York/London 1984; G. Currie, The Nature of Fiction, Cambridge 1990, 1993; G. Gabriel, Fiktion und Wahrheit. Eine semantische Theorie der Literatur, Stuttgart-Bad Cannstatt 1975; ders., Zwischen Logik und Literatur. Erkenntnisformen von Dichtung, Philosophie und Wissenschaft, Stuttgart 1991 (bes. 2–18, 133–146); W. Iser, Das Fiktive und das Imaginäre. Perspektiven literarischer Anthropologie, Frankfurt 1991, 1993 (engl. The Fictive and the Imaginary. Charting Literary Anthropology, Baltimore Md./London 1993); K. Kasics, Literatur und Fiktion. Zur Theorie und Geschichte der literarischen Kommunikation, Heidelberg 1990; I. Klemm, Fiktionale Rede als Problem der sprachanalytischen Philosophie, Königstein 1984; P. Lamarque/S. H. Olsen, Truth, Fiction, and Literature. A Philosophical Perspective, Oxford 1994; P. J. McCormick, Fictions, Philosophies, and the Problems of Poetics, Ithaca N. Y./London 1988; J. H. Petersen, Fiktionalität und Ästhetik. Eine Philosophie der Dichtung, Berlin 1996; J. R. Searle, The Logical Status of Fictional Discourse, New Literary History 6 (1974/1975), 319–332, Neudr. in: ders., Expression and Meaning, Cambridge 1979, 1997, 58–75 (dt. Der logische Status fiktionalen Diskurses, in: ders., Ausdruck und Bedeutung, Frankfurt 1982, 1989, 80–97); M. Sutrop, Fiction and Imagination. The Antropological Function of Literature, Paderborn 2000; D. Thürnau, Gedichtete Versionen der Welt. Nelson Goodmans Semantik fiktionaler Literatur, Paderborn etc. 1994; B. Vogel, Fiktionskulisse. Poetik und Geschichte des Kabaretts, Paderborn etc. 1993. – Poetics. International Review for the Theory of Literature 8 (1979) [Themenbd.]; Poetics. International Review for the Theory of Literature 11 (1982), 271–568. G. G.

Fiktionalismus, Bezeichnung einer in erster Linie antirealistischen Position in der Diskussion über den wissenschaftlichen Realismus (↑Realismus, wissenschaftlicher). Der F. bestreitet die Möglichkeit einer ontologischen (metaphysischen) Deutung wissenschaftlicher Beschreibungen der Welt. Im Sinne des ↑Pragmatismus und des ↑Instrumentalismus wird nicht der Begriff der ↑Wahrheit zur Bewertung von Erkenntnissen und wissenschaftlichen Modellen herangezogen, sondern das Kriterium der ↑Zweckmäßigkeit (für den Menschen). Fiktionen sind danach nützliche Konstruktionen ohne Anspruch auf ↑Referenz in der Wirklichkeit.

Als Begründer eines allgemeinen F., der neben wissenschaftlichen Erkenntnissen auch ästhetische, ethische und religiöse Orientierungen einbezieht, ist H. Vaihinger anzusehen (↑als ob, ↑Fiktion). Vaihinger beruft sich in seiner »Philosophie des Als Ob« (1911, vgl. die »Vorbemerkungen zur Einführung«, Leipzig ⁷1922, XIII–XV) nicht nur auf den Pragmatismus (C. S. Peirce, F. C. S. Schiller), sondern auch auf den ↑Voluntarismus (J. G. Fichte, A. Schopenhauer, F. Nietzsche) und den ↑Biologismus (C. Darwin, E. Mach). – Fiktionalistische Tendenzen finden sich gegenwärtig in der postanalytischen und vor allem in der postmodernen Philosophie (↑Postmoderne). Je nachdem, ob Fingieren (lat. fingere) im Sinne eines konstruktiven ›Machens‹ oder im Sinne eines fälschenden ›Vor-Machens‹ verstanden wird, reichen die Positionen von einem komplementären Pluralismus der Erkenntnisformen (N. Goodman) bis zu einem skeptizistischen Panfiktionalismus (im Gefolge Nietzsches), für den mit der Unterscheidung zwischen Fakten und Fiktionen auch die Wirklichkeit ›verschwindet‹.

Literatur: K. Ceynowa, Zwischen Pragmatismus und F.. Hans Vaihingers ›Philosophie des Als Ob‹, Würzburg 1993; A. Fine, Fictionalism, REP III (1998), 667–668; G. Gabriel, Fact, Fiction and Fictionalism, in: B. F. Scholz (ed.), Mimesis. Studien zur literarischen Repräsentation, Tübingen/Basel 1998, 33–43; R. Hollinger, Two Kinds of Fictionalism, Monist 60 (1977), 556–567; M. Neumann, Fictionalism and Realism, Can. J. Philos. 8 (1978), 533–541; J. D. Sinks, Fictionalism and the Elimination of Theoretical Terms, Philos. Sci. 39 (1972), 285–290; G. J. Stack, Nietzsche's Instrumental Fictionalism, Philos. Today 25 (1981), 317–333. G. G.

Filter, Begriff der ↑Mengenlehre und der ↑Verbandstheorie, der in der Mathematik und in der ↑Modelltheorie Anwendung findet. Ein nicht-leeres System F von Teilmengen einer Menge M heißt F. auf M, wenn gilt: (1) Die leere Menge (↑Menge, leere) gehört nicht zu F, (2) jede Teilmenge von M, die eine Menge aus F umfaßt, gehört zu F, (3) der Durchschnitt endlich vieler Mengen aus F gehört zu F. Anschaulich gesprochen zeichnet F bestimmte Teilmengen von M als ›groß‹ aus. Der F. F heißt *feiner* als der F. F' auf M (bzw. F' *gröber* als F), falls $F' \subset F$. So bilden die Umgebungen eines Punktes x eines topolo-

gischen Raumes (↑Topologie) einen F., den sogenannten *Umgebungsfilter* von *x*. Auf der Menge $\mathbb{N}$ der nicht-negativen ganzen Zahlen bilden die Teilmengen von $\mathbb{N}$, die Komplemente von endlichen Mengen sind, einen F., den sogenannten *Fréchet-Filter*. Den zu einer Folge $(x_n)_{n \in \mathbb{N}}$ von Elementen x_n aus einer Menge *M* gehörigen *Elementarfilter* bilden die Teilmengen von *M*, die alle Glieder x_n der Folge mit Ausnahme von endlich vielen enthalten.
In der *Verbandstheorie* heißt eine Untermenge *F* eines ↑Verbandes $\langle V | \sqcap, \sqcup \rangle$ F. (oder auch duales Ideal oder $\sqcap$-Ideal), falls (1) für *x* und *y* aus *F* auch $x \sqcap y$ aus *F*, (2) für *x* aus *F* und *v* aus *V* auch $x \sqcup v$ aus *F* ist. Ein (von *V* verschiedener) F. *F* heißt *Ultrafilter* (bzw. maximaler F.) des Verbandes *V*, wenn es keinen von *V* verschiedenen F. in *V* gibt, der echte Obermenge von *F* ist. Im Ultrafiltertheorem wird mit Hilfe des ↑Auswahlaxioms gezeigt, daß es zu jedem F. *F* in einem beliebigen ↑Booleschen Verband $\langle A | \sqcap, \sqcup, * \rangle$ einen Ultrafilter gibt, der *F* umfaßt. Anwendungen liefern die Modelltheorie und die Theorie formaler Sprachen (↑Sprache, formale).

Literatur: J. Bell/A. Slomson, Models and Ultraproducts. An Introduction, Amsterdam/London 1969, ³1974; H. Gericke, Theorie der Verbände, Mannheim 1963, ²1967; H. Hermes, Einführung in die Verbandstheorie, Berlin 1955, Berlin/Heidelberg/New York ²1967; V. Malykhin/T. Fofanova, F., in: M. Hazewinkel (ed.), Encyclopaedia of Mathematics IV, Dordrecht/Boston Mass./London 1999, 7; J. Naas/H. Schmid (eds.), Mathematisches Wörterbuch I. Mit Einbeziehung der theoretischen Physik, Berlin/Stuttgart ³1965, 534–535; A. Robinson, Introduction to Model Theory and to the Metamathematics of Algebra, Amsterdam 1963, Amsterdam/London ²1965 (repr. Amsterdam 1986) (ital. Introduzione alla teoria dei modelli e alla metamatematica dell'algebra, Turin 1974); R. Sikorski, Boolean Algebras, Berlin 1960, Berlin/Heidelberg/New York ³1969 (span. Algebras de Boole, Bahía Blanca 1960); E. Weisstein, The CRC Concise Encyclopedia of Mathematics, Boca Raton Fla./London/New York 1999, 637. K. M.

filum cogitandi (auch filum Ariadnaeum), von G. W. Leibniz in Anspielung auf das Wollknäuel Ariadnes, das Theseus aus dem Labyrinth des Minotauros führte, verwendete Charakterisierung für die Leistungsfähigkeit seines ↑Logikkalküls, in dessen Rahmen (dem realisierten Teilstück einer ↑lingua universalis bzw. einer ↑ars characteristica) inhaltliches Schließen die formale Sicherheit rein syntaktischer Umformungen gewinnt (↑Leibnizsche Charakteristik). Im weiteren Sinne eines *methodischen* Vorgehens bei Leibniz Kennzeichnung sowohl für die Kunst des Urteilens oder des Beweisens (↑ars iudicandi) als auch für die Kunst der ↑Forschung (↑ars inveniendi) (Elementa rationis, C. 335; vgl. C. 420 [Entwurf zu einer Enzyklopädieeinleitung] und Brief aus dem Jahre 1677 an J. Gallois, Akad.-Ausg. 2.1, 381). J. M.

Finalisierung, von G. Böhme, W. van den Daele und W. Krohn 1972 eingeführter Begriff, mit dem innerhalb der von T. S. Kuhn entwickelten Theorie der ↑Wissenschaftsgeschichte der Zustand der normalen Wissenschaft (↑Wissenschaft, normale, ↑Paradigma) zugleich als ein solcher ausgezeichnet werden soll, der aufgrund seiner ›theoretischen Reife‹ für die Steuerung durch wissenschaftsexterne (politische) Faktoren zugänglich ist (↑intern/extern). Die Finalisierung ist ein »Prozeß, in dem externe Zwecksetzungen gegenüber der Wissenschaft zum Entwicklungsleitfaden der Theorie werden« (Böhme/van den Daele/Krohn, Die Finalisierung der Wissenschaft, 129). Mit dem Begriff der ›theoretischen Reife‹ einer Wissenschaft berufen sich die Verfechter des Programms der F. vor allem auf W. Heisenbergs Begriff der ›abgeschlossenen Theorie‹. Durch die Konzeption der F. soll sowohl dem von der ↑Wissenschaftstheorie vertretenen Gesichtspunkt der nach Rationalitätsstandards ausgerichteten inneren Selektion des Forschungsprozesses (↑Rationalität) als auch dem von der ↑Wissenschaftssoziologie geltend gemachten Phänomen der Steuerung der Wissenschaft durch soziale Prozesse Rechnung getragen werden. Weniger deutlich wird ein praktisches Interesse der Ausrichtung der Wissenschaft an allgemeinen Orientierungen expliziert. Die F.sthese ist inzwischen durch zahlreiche wissenschaftshistorische Fallstudien expliziert und untermauert worden. In den 70er Jahren des 20. Jhs. wurde in Deutschland eine öffentliche Kontroverse um die F.sthese geführt, wobei die Kritiker insbes. von der Befürchtung einer politischen Indienstnahme der ↑Grundlagenforschung ausgingen (↑Wissenschaftsforschung).

Literatur: G. Böhme/W. v. d. Daele/W. Krohn, Alternativen in der Wissenschaft, Z. Soz. 1 (1972), 302–316; dies., Die F. der Wissenschaft 2 (1973), 128–144; dies., Experimentelle Philosophie. Ursprünge autonomer Wissenschaftsentwicklung, Frankfurt 1977; G. Böhme u. a., Die gesellschaftliche Orientierung des wissenschaftlichen Fortschritts, Frankfurt 1978 (engl. [erw. um Part III] Finalization in Science. The Social Orientation of Scientific Progress, ed. W. Schäfer, Dordrecht/Boston Mass./Lancaster Pa. 1983 [Boston Stud. Philos. Sci. LXXVII]); G. Eberlein/N. Dietrich, Die F. der Wissenschaften. Analyse und Kritik einer forschungspolitischen Theorie, Freiburg/München 1983; C. F. Gethmann, Wissenschaftsforschung? Zur philosophischen Kritik der nach-Kuhnschen Reflexionswissenschaften, in: P. Janich (ed.), Wissenschaftstheorie und Wissenschaftsforschung, München 1981, 9–38; W. Heisenberg, Der Begriff der ›abgeschlossenen Theorie‹ in der modernen Naturwissenschaft, in: ders., Schritte über Grenzen. Gesammelte Reden und Aufsätze, München 1971, 87–94, (um drei Beiträge gekürzt) München/Zürich 1984, ⁷1989, 73–80; K. Hübner u. a. (eds.), Die politische Herausforderung der Wissenschaft. Gegen eine ideologisch verplante Forschung, Hamburg 1976; W. Krohn/W. van den Daele, Science as an Agent of Change. Finalization and Experimental Implementation, Social Science Information 37 (1998), 191–222; P. Weingart, From ›Finalisation‹ to ›Mode 2‹. Old Wine in New Bottles?, Social Science Information 36 (1997), 591–613. – Symposium: »Revisiting the Theory of ›Finalisation in Science‹«; Symposium: »La finalisation en science‹:

une re-lecture du concept«, Social Science Information 36 (1997), 387–468, 591–640, 37 (1998), 191–222. C. F. G.

Finalismus, die an der Aristotelischen Kategorie der ↑causa finalis orientierte Lehre einer durchgängigen ↑Finalität allen Geschehens. Wie die mit der Kategorie der causa finalis arbeitende ↑Teleologie kann F. sowohl *ontologisch* im Sinne einer Lehre von realen Abläufen (Handlungen, Ereignissen, Vorgängen) als auch *methodologisch* im Sinne einer Lehre von den Darstellungs- und Erklärungs- bzw. Deutungsmöglichkeiten von realen Abläufen aufgefaßt werden.

Literatur: P. Baumanns, Das Problem der organischen Zweckmäßigkeit, Bonn 1965; J. Largeault, Finalité, Enc. philos. universelle II/1 (1990), 994; R. Mathes, Evolution und Finalität. Versuch einer philosophischen Deutung, Meisenheim am Glan 1971, bes. 171–155; R. Ruyer, Neo-finalisme, Paris 1952; H. Voigt, Das Gesetz der Finalität, Amsterdam 1961. J. M.

Finalität (von lat. finalis, das Ende betreffend, zweckgerichtet; nach-klass. von finis, Grenze, Ziel, Zweck), im Gegensatz zu ↑Kausalität die Bestimmung eines Geschehens und einer Handlung nicht durch ihre (Wirk-)Ursachen (↑causa), sondern durch ihre ↑Ziele und ↑Zwecke (↑Teleologie). Paradigma der F. ist die planvolle Handlung (bzw. deren teleologische Erklärung über die Angabe der sie leitenden Zwecke). Im Sinne der Aristotelischen Unterscheidung zwischen *causa efficiens* und *causa finalis* kann daher auch unter F. eine ›praktische‹ Kausalität (↑Grund), im Gegensatz zur ›theoretischen‹ Kausalität der Naturvorgänge, verstanden werden. So spricht I. Kant von einer Kausalverbindung nach einem Vernunftbegriff von Zwecken, »in der das Ding, welches einmal als Wirkung bezeichnet ist, dennoch aufwärts den Namen einer Ursache desjenigen Dinges verdient, wovon es die Wirkung ist« (KU, Akad.-Ausg. V, 372 [§ 65]). In diesem Sinne ist der Begriff der F. auch auf physische Vorgänge bezogen worden (Aristoteles, G. W. Leibniz), so vor allem in der Biologie (↑Vitalismus).

Literatur: P. Baumanns, Das Problem der organischen Zweckmäßigkeit, Bonn 1965; N. Hartmann, Teleologisches Denken, Berlin 1951, ²1966; J. Largeault, Finalité, Enc. philos. universelle II/1 (1990), 994; S. Marcucci, Aspetti epistemologici della finalità in Kant, Florenz 1972; R. Mathes, Evolution und F.. Versuch einer philosophischen Deutung, Meisenheim am Glan 1971; P. McLaughlin, What Functions Explain. Functional Explanation and Self-Reproducing Systems, Cambridge/New York 2001; A. Moeslang, F.. Ihre Problematik in der Philosophie Nicolai Hartmanns, Freiburg (Schweiz) 1964; R. Ruyer, Néo-finalisme, Paris 1952; H. Voigt, Das Gesetz der F., Amsterdam 1961. J. M.

Fine, Oronce (Orontius Finaeus), *Briançon 20. Dez. 1494, †Paris 6. Okt. 1555, franz. Astronom, Mathematiker und Kartograph. 1531–1555 Prof. der Mathematik am Collège Royal, Paris. F. gab zahlreiche wissenschaftliche Werke, die zum Lehrbuchbestand seiner Zeit gehörten, heraus, darunter G. Peurbachs »Theoricae planetarum« (Theoricarum novarum textus, Paris 1515, unter dem Titel: Theoricae novae planetarum, Paris 1525, 1534), J. de Sacroboscos »De sphaera« (Mundialis sphere opusculum, Paris 1516, 1524, 1527, 1538), G. Reischs »Margarita philosophica« (Basel 1535, 1583) und R. Bacons »De mirabili potestate artis et naturae«, Paris 1542 (franz. De l'admirable puissance de l'art et de la nature, Paris 1612, 1629). Er selbst schrieb mehrere Traktate über astronomische Instrumente (z. B. Quadrans astrolabicus, 1534; De solaribus horologiis et quadrantibus libri quatuor, 1560), elementare Einführungen in die Astronomie (z. B. La théorique des cielz mouvemens et termes practiques des sept planètes, 1528), ferner über Astrologie (Almanach novum insigniora computi et kalendarii succincte complectens ad longos annos duraturum, 1529; Les canons et documens très amples touchant l'usage et practique des communs Almanachz que l'on nomme Éphémérides, 1543; De duodecim caeli domiciliis et horis inaequalibus libellus, 1553), Arithmetik und Geometrie, insbes. Trigonometrie. Die meisten seiner astronomischen und mathematischen Arbeiten erschienen zuerst 1532 in einem 15 Teile umfassenden Lehrbuch F.s mit dem Titel »Protomathesis«.

Globe céleste: ein von F. konstruierter und 1553 fertiggestellter Himmelsglobus (aus: XIIe congrès international d'histoire des sciences, Paris 1968. Actes X/a [Histoire des instruments scientifiques], Paris 1971, 44).

Werke: Aequatorium planetarum, unico instrumento comprehensum, Paris 1526, ²1538; La théorique des cielz, mouvemens et termes practiques des sept planètes, Paris 1528, 1557, 1558, 1607, 1619; Almanach novum insigniora computi et kalendarii succincte complectens ad longos annos duraturum, Paris 1529; Protomathesis, Paris 1532; Quadrans astrolabicus, Paris 1534; De arithmetica practica, libri IV, Paris 1535, 1542, 1544, 1555; In sex priores libros geometricorum elementorum Euclidis [...] demonstrationes, Paris 1536, 1544, 1551; De mundi sphaera, sive cosmographia, primave astronomiae parte, libri V, Paris 1542, 1551, 1552, 1555 (franz. Le sphère du monde, proprement ditte cosmographie, Paris 1551); De rectis in circuli quadrante subtensis (quos vocant sinus), libri II, Paris 1542, 1550; Les canons et documens très amples touchant l'usage et practique des communs Almanachz que l'on nomme Éphémérides, Paris 1543, 1551, 1556, 1557; Quadratura circuli, Paris 1544, Coimbra 1546, 1573; De universali quadrante sinuumve organo, Paris 1550; De duodecim caeli domiciliis et horis inaequalibus libellus, Paris 1553; In eos quos de mundi sphaera conscripsit libros ac in planetarum theoricas canonum astronomicorum, libri II, Paris 1553; De rebus mathematicis hactenus desideratis, libri IV, Paris 1556; De re et praxi geometrica, libri III, Paris 1556; Liber de geometria practica, sive de practicis longitudinum, planorum et solidorum, Straßburg 1556, 1586 (franz. La practique de géométrie, Paris 1570, 1586); De solaribus horologiis et quadrantibus, libri IV, Paris 1560 (engl. O. F.'s First Book of Solar Horology, ed. P. I. Drinkwater, Shipston-on-Stour 1990). – D. Hillard/E. Poulle, O. F. et l'horloge planétaire de la Bibliothèque Sainte-Geneviève, Bibliothèque d'humanisme et renaissance 33 (1971), 311–351 (mit Bibliographie, 335–349), auch als: D. Hillard/E. Poulle, O. F. et son horloge planétaire [...], Paris 1971; R. P. Ross, O. F.'s Printed Works. Additions to Hillard and Poulle's Bibliography, Bibliothèque d'humanisme et renaissance 36 (1974), 83–85.

Literatur: G. Allard, O. F., in: F.-X. de Feller (ed.), Biographie universelle V, Paris 1834, 120; M. Cantor, Vorlesungen über Geschichte der Mathematik II (von 1200–1668), Leipzig 1900 (repr. New York 1965), 1913, bes. 375–378; M. Destombes, O. F. et son globe céleste de 1553, XIIe congrès international d'histoire des sciences. Actes X/a (Histoire des instruments scientifiques), Paris 1971, 41–50; L. Gallois, De Orontio Finaeo. Gallico geographo, Paris 1890; S. K. Henninger, O. F. and English Textbooks for the Mathematical Sciences, in: D. B. J. Randall/G. Walton (eds.), Studies in the Continental Background of Renaissance English Literature. Essays Presented to John L. Lievsay, Durham N. C. 1977, 171–185; E. Poulle, Les mécanisations de l'astronomie des épicycles, l'horloge d'O. F., Comptes rendus des séances de l'Académie des Inscriptions et Belles-Lettres, Paris 1974, 59–79; ders., O. F., DSB XV, Suppl. I (1978), 153–157; R. P. Ross, Studies on O. F. (1494–1555), Diss. New York 1971; ders., O. F.'s »De sinibus libri II«. The First Printed Trigonometric Treatise of the French Renaissance, Isis 66 (1975), 379–386; E. G. R. Taylor, Tudor Geography 1485–1583, London 1930, bes. 86–87; P. Thomé de Maisonneufve, Un manuscrit briançonnais à enluminures du XVe siècle. Le matutinaire des frères Fine, avec reproduction des miniatures. Notes sur la famille d'O. F., Grenoble 1924; L. Thorndike, A History of Magic and Experimental Science V, New York 1941, bes. 285–286.   J. M.

Finetti, Bruno de, *Innsbruck 13. Juni 1906, †Rom 20. Juli 1985, ital. Mathematiker und Philosoph, einer der wichtigsten Vertreter der subjektiven Interpretation des Wahrscheinlichkeitsbegriffes (↑Wahrscheinlichkeit, ↑Wahrscheinlichkeitstheorie). Nach Schulbesuch in Trient 1923 Ingenieursstudium am Polytechnikum Mailand, 1925 Wechsel zur neu eingerichteten Mathematischen Fakultät an der Universität Mailand, 1927 Abschluß (›laurea‹, über affine Vektorräume), 1927–1931 am von C. Gini geleiteten »Istituto Centrale di Statistica« in Rom, 1930 ›libera docenza‹ (venia legendi) für Analysis (unter anderem bei G. Peano und S. Pincherle) und damit für lange Zeit jüngster ›libero docente‹ (Privatdozent). 1931–1946 Arbeit für die »Assicurazioni Generali di Trieste«, ab 1932 Lehrtätigkeit an der »Scuola di specializzazione in Assicurazioni« in Triest, 1936–1938 an der Universität Padua, 1939 Ruf auf den Lehrstuhl für Finanzmathematik an der Universität Triest, den er unter faschistischer Legislation als Unverheirateter nicht annehmen darf und 1946 deshalb rückwirkend zuerkannt bekommt. 1942–1946 Lehrtätigkeit und 1946–1954 Prof. an der Universität Triest, 1945 Gründungsmitglied des Meinungsforschungsinstituts DOXA, 1951–1952 mit M. Picone am »Istituto nazionale per le applicazioni del calcolo« in Rom, 1954–1981 Prof. an der Universität Rom (zunächst an der Wirtschafts-, ab 1961 an der Mathematisch-Naturwissenschaftlichen Fakultät). Zu einer Zeit, in der die Häufigkeitsinterpretation der Wahrscheinlichkeit vorherrschend und gut zu neueren Entwicklungen in den Wissenschaften zu passen schien, wurden de F.s Arbeiten in den 1920er und 1930er Jahren zunächst kaum beachtet; erst die Autorität von L. J. Savage (The Foundations of Statistics, 1954), der ihn 1950 und 1957 zu Gastprofessuren nach Chicago einlud, brachte de F. breite Anerkennung.

Unter den zahlreichen Veröffentlichungen auf unterschiedlichen Gebieten ragen de F.s technische wie philosophische Arbeiten zur ↑Wahrscheinlichkeitstheorie und ↑Statistik hervor. Am Anfang seiner philosophischen Arbeit steht zeitlich wie systematisch eine radikale ↑Metaphysikkritik, die den Begriff der ↑Wahrheit, die Idee notwendiger Gesetze (↑Gesetz (exakte Wissenschaften)) und eines ↑Determinismus sowie die Annahme ›objektiver Wahrscheinlichkeit‹ ins Reich vorwissenschaftlicher und damit fortschritts- und aufklärungsfeindlicher Mythen zu verbannen sucht (vgl. Probabilismo, 1931). Sein Plädoyer gilt einem streng empiristisch gefaßten (↑Empirismus), anti-realistisch (↑Realismus, semantischer) gehaltenen wissenschaftlichen ↑Pragmatismus, in dessen Zentrum der tätige Mensch steht, dessen bestes Werkzeug für die Gedankenarbeit die Wahrscheinlichkeitsrechnung ist. In ↑Erkenntnistheorie, ↑Entscheidungstheorie und Wahrscheinlichkeitsrechnung führt dies zur Position eines ›subjektiven ↑Bayesianismus‹, den de F. unabhängig von F. P. Ramsey und mathematisch strenger als letzterer entwickelt, in späteren Jahren gemeinsam mit Savage. Dies bedeutet erstens, daß Wahrscheinlichkeit subjektivistisch als personaler Grad des Fürwahrhaltens einer Meinung gefaßt wird; zweitens, daß diese Grade des Fürwahrhaltens als Wettquotienten objektiviert werden und so das von de F. ›Kohärenz‹ genannte Rationalitätskriterium erfüllen, d. h., die Überzeugungsstärken respektieren die (Kolmogoroffschen) Axiome der Wahrscheinlichkeitsrechnung (sog. ›Dutch Book Theorem‹ von de F. und Ramsey); drittens, daß eine Revision von Meinungen, wenn sie als rational gelten soll, vor allem als Konditionalisierung mittels des ↑Bayesschen Theorems erfolgen muß.

Aus seinen eher technisch orientierten Arbeiten sind zwei Themen auch philosophisch unmittelbar relevant; sie verbinden sich mit den Begriffen der Vertauschbarkeit (exchangeability) und der konglomerativen Eigenschaft (conglomerability). *Vertauschbarkeit* wird von de F. als ein klar verständliches, subjektivistisches Pendant zum (für ihn) ›nebulös-metaphysischen‹ Begriff der ›unbekannten objektiven Wahrscheinlichkeit‹ eingeführt (wenn objektive Wahrscheinlichkeiten unbekannte Größen und als solche Gegenstand von wissenschaftlichen Hypothesen sind, muß ›unbekannte Wahrscheinlichkeit‹ ein sinnloser Ausdruck sein). Eine Folge von Zufallsgrößen (z. B. die Folge der Farben von Kugeln, die nacheinander aus einer Urne gezogen werden, welche rote und weiße Kugeln enthält)

$$X_1, X_2, X_3, \ldots, X_n, X_{n+1}, \ldots$$

heißt vertauschbar (manchmal auch ›unbeschränkt teilbar‹) genau dann, wenn für jede endliche Zahl *n* je zwei Teilfolgen $X_{i_1}, X_{i_2}, \ldots, X_{i_n}$ und $X_{j_1}, X_{j_2}, \ldots, X_{j_n}$ die gleiche Wahrscheinlichkeitsverteilung haben. Vertauschbare Wahrscheinlichkeiten lassen sich nun als gewichtete Mischungen von Bernoulli-Verteilungen berechnen; so ist die Wahrscheinlichkeit $\omega_r^{(n)}$, in *n* Versuchen *r*-mal eine weiße Kugel zu ziehen, gegeben durch:

$$\omega_r^{(n)} = \binom{n}{r} \sum_{i=1}^{n} a_i p_i^r (1-p_i)^{n-r},$$

wobei a_i das Gewicht dafür ist, daß – unter den $\binom{n}{r}$ möglichen Bernoulli-Verteilungen $x^r(1-x)^{n-r}$ – die mit dem Parameter p_i die ›richtige‹ ist. De F.s zentrales und zugleich umstrittenes ›Repräsentationstheorem‹ besagt dann, daß sich auch umgekehrt jede Wahrscheinlichkeitsverteilung als geeignete Mischung von Bernoulli-Verteilungen darstellen läßt. Dies eröffnet de F. nicht nur die Möglichkeit, dem Begriff einer ›objektiven Wahrscheinlichkeit‹ einen subjektivistischen Sinn zu geben, sondern darüber hinaus auch induktives Schließen bzw. die Möglichkeit zum Lernen aus Erfahrung zu rekonstruieren.

Der Begriff der *Konglomerabilität* betrifft die Erweiterung von endlicher zu abzählbarer Additivität, d. h. von

$$P\left(\bigcup_{i=1}^{n} A_i\right) = \sum_{i=1}^{n} P(A_i)$$

für endlich viele paarweise unvereinbare Ereignisse $A_1, A_2, \ldots, A_n$ zu

$$P\left(\bigcup_{i \in I} A_i\right) = \sum_{i \in I} P(A_i)$$

für abzählbare Indexmengen *I*. Scheint abzählbare oder σ-Additivität auch aus mathematischen Gründen geboten, um eine maßtheoretische Behandlung der Wahrscheinlichkeitsrechnung zu ermöglichen, so gibt sie doch bei bedingten Wahrscheinlichkeiten zu ↑Paradoxien Anlaß (sog. ›reguläre bedingte Verteilungen‹ können maximal unangemessen sein, vgl. T. Seidenfeld, Remarks on the Theory of Conditional Probability, 2001). So läßt sich z. B. zeigen – was bei bloß endlicher Additivität ausgeschlossen ist –, daß bisweilen unsinnigerweise

$$P\{A : P(A|A) = 0\} = 1$$

gelten muß. Konglomerabilität ist nun die Eigenschaft, daß, wenn eine abzählbare Klasseneinteilung $\{h_i : i = 1, 2, \ldots\}$ (↑Partition), ein Ereignis *E* und eine Konstante *k* gegeben sind und für alle $i \in \mathbb{N}$ gilt:

$$P(E|h_i) < k,$$

$P(E)$ nicht größer als *k* sein kann, d. h., die unbedingte Wahrscheinlichkeit von *E* nicht außerhalb des Bereiches der bedingten Wahrscheinlichkeiten von *E* liegen kann. Während abzählbare Additivität stets konglomerativ ist, läßt sich für jede endliche, aber nicht abzählbar-additive Wahrscheinlichkeit eine Partition angeben, die nicht konglomerativ ist. Damit hat man im Kontext bedingter Wahrscheinlichkeiten – es ist der F.s Verdienst, Untersuchungen in diesem Feld angestoßen zu haben – die Wahl zwischen der Scylla ›Paradoxien‹ und der Charybdis ›Nicht-Konglomerabilität‹.

Werke: Probabilismo. Saggio critico sulla teoria delle probabilità e sul valore della scienza, Logos 14 (Neapel 1931), 163–219, Nachdr. in: ders., La logica dell'incerto [s. u.], 3–70 (franz. La logique de la probabilité, in: Actes du Congrès International de Philosophie Scientifique à Paris 1935 IV, Paris 1936, 1–8; engl. Probabilism, Erkenntnis 31 [1989], 169–223); La prévision. Ses lois logiques, ses sources subjectives, Ann. de l'Institut Henri Poincaré 7 (1937), 1–68 (engl. Foresight. Its Logical Laws, Its Subjective Sources, in: H. E. Kyburg/H. E. Smokler [eds.], Studies in Subjective Probability, New York/London/Sydney 1964, 93–158, Huntington N. Y. ²1980, 53–118); Le vrai et le probable, Dialectica 3 (1949), 78–92; Lezioni di matematica finanziaria, Rom 1956 (franz. Leçons de mathématiques financières, Paris 1969); Lezioni di matematica attuariale, Rom 1957; Matematica logico-intuitiva. Nozioni di matematica complementari e di calcolo differenziale e integrale come introduzione agli studi di scienze economiche, statistiche e attuariali, Rom 1959; (mit F. Minisola) La matematica per le applicazioni economiche, Rom 1961; Probabilità composte e teoria delle decisioni, Rendiconti Matematica e delle sue applicazioni 23 (1964), 128–134 (engl. Conditional Probabilities and Decision Theory in: ders., Probability, Induction and Statistics [s. u.], 13–18); Teoria delle probabilità, Rom 1965, mit Untertitel: Sintesi introduttiva con appendice critica, I–II, Turin 1970 (engl. Theory of Probability. A Critical Introductory Treatment, I–II, London etc., 1974/1975, Chichester etc. 1990; dt. Wahrscheinlichkeitstheorie. Einführende Synthese mit kritischem Anhang, Wien/München 1981); (mit F. Emanuelli) Economia delle assicurazioni, Turin 1967 (Trattato Italiano di economia XVI); Il ›saper vedere‹ in matematica, Turin 1967, 1986 (dt. Die Kunst des Sehens in der Mathematik, Basel/Stuttgart 1974); Probability. Interpretations, in: D. L. Sills (ed.), International Encyclopedia of the Social Sciences XII, New York 1968, 496–505; Un matematico e l'economia, Mailand 1969; Probability, Induction and Statistics. The Art of Guessing, London etc. 1972; Utopia, as a Necessary Presupposition for Every Significant Foundation of Economics, Theory and Decision 5 (1974), 335–342; Probability. Beware of Falsifications! The Text of the ›Farewell Lecture‹ Delivered at the Istituto Matematico G. Castelnuovo, on 29th November 1976, in: A. Aykaç/C. Brumat (eds.), New Developments in the Applications of Bayesian Methods, Amsterdam/New York/Oxford 1977, 347–385; Probability. Interpretations, in: W. H. Kruskal/J. M. Tanur (eds.), International Encyclopedia of Statistics II, London ^{2}1978, 744–754; Scritti (1926–1930). In occasione del 75. compleanno dell'autore, su iniziativa e a cura dei suoi allievi e amici […], Padua 1981; Probability and My Life, in: J. Gani (ed.), The Making of Statisticians, New York etc. 1982, 3–12; La logica dell'incerto, ed. M. Mondadori, Mailand 1989; Scritti (1931–1936), Bologna 1991; Probabilità e induzione/Induction and Probability, ed. P. Monari/D. Cocchi, Bologna 1993; Filosofia della probabilità, ed. A. Mura, Mailand 1995. - Catalogo generale degli scritti di B. de F., in: B. de F., Scritti (1926–1930) [s. o.], 367–388; L. Daboni, B. de F.. Necrologio, Bolletino dell'Unione Matematica Italiana 7 (1987) 283–308; Bibliografia, in: B. de F., La logica dell'incerto [s. o.], 271–288.

Literatur: J. M. Bernardo/A. F. M. Smith, Bayesian Theory, Chichester etc. 1994, 2000, 2001, bes. 86–89; D. M. Cifarelli/E. Regazzini, De F.'s Contribution to Probability and Statistics, Statistical Sci. 11 (1996), 253–282; P. Diaconis, Recent Progress on de F.'s Notion of Exchangeability, in: J. M. Bernardo u. a. (eds.), Bayesian Statistics 3. Proceedings of the Third Valencia International Meeting, June 1–5, 1987, Oxford etc. 1988, 111–125; M. C. Galavotti, Anti-Realism in the Philosophy of Probability. Bruno de F.'s Subjectivism, Erkenntnis 31 (1989), 239–261; dies., The Notion of Subjective Probability in the Work of Ramsey and de F., Theoria 57 (1991), 239–259; D. Gillies, Philosophical Theories of Probability, London/New York 2000; P. K. Goel/A. Zellner (eds.), Bayesian Inference and Decision Techniques. Essays in Honor of B. de F., Amsterdam/New York/Oxford 1986; B. S. Gower, Henri Poincaré and B. de F.. Conventions and Scientific Reasoning, Stud. Hist. Philos. Sci. 28 (1997), 657–679; K. Heilig, Carnap and de F. on Bets and the Probability of Singular Events. The Dutch Book Argument Reconsidered, Brit. J. Philos. Sci. 29 (1978), 325–346; C. Howson/P. Urbach, Scientific Reasoning. The Bayesian Approach, La Salle Ill. 1989, bes. 227–233, Chicago Ill./La Salle Ill. ^{2}1993, bes. 344–351; G. Israel, de F., in: M. Pavan (ed.), Dizionario biografico degli Italiani XXXIII, Rom 1987, 783–786; R. Jeffrey, Reading ›Probabilismo‹, Erkenntnis 31 (1989), 225–237; G. Koch/F. Spizzichino (eds.), Exchangeability in Probability and Statistics. Proceedings of the International Conference on Exchangeability in Probability and Statistics, Rome, 6th–9th April 1981, in Honour of Professor Bruno de F., Amsterdam 1982; H. E. Kyburg/H. E. Smokler (eds.), Studies in Subjective Probability, New York/London/Sydney 1964, Huntington N. Y. ^{2}1980; D. V. Lindley, Obituary: B. de F., 1906–1985, J. Royal Statistical Soc., Ser. A 149 (1986), 252; ders., de F., in: S. Kotz/N. L. Johnson (eds.), Encyclopedia of Statistical Sciences Suppl., New York etc. 1989, 46–47; ders., Foundations, in: G. Wright/P. Ayton (eds.), Subjective Probability, Chichester etc. 1994, 3–15; G. Link, Representation Theorems of the de F. Type for (Partially) Symmetric Probability Measures, in: R. C. Jeffrey (ed.), Studies in Inductive Logic and Probability II, Berkeley Calif./Los Angeles/London 1980, 207–231; P. Milne, B. de F. and the Logic of Conditional Events, Brit. J. Philos. Sci. 48 (1997), 195–232; R. F. Nau, D. F. Was Right. Probability Does Not Exist, Theory and Decision 51 (2001) 89–124; J. v. Plato, D. F.'s Earliest Works on the Foundations of Probability, Erkenntnis 31 (1989), 263–282; ders., D. F.'s Subjective Probabilities, in: ders., Creating Modern Probability. Its Mathematics, Physics and Philosophy in Historical Perspective, Cambridge etc. 1994, 1995, 238–278; E. Regazzini, Probability Theory in Italy between the Two World Wars. A Brief Historical Review, Metron 45 (1987), 5–42; P. Ressel, D. F.-Type Theorems. An Analytical Approach, Ann. Probability 13 (1985), 898–922; L. J. Savage, The Foundations of Statistics, New York 1954, ^{2}1972; T. Seidenfeld, Remarks on the Theory of Conditional Probability. Some Issues of Finite versus Countable Additivity, in: V. F. Hendricks/S. A. Pedersen/K. F. Jørgensen (eds.), Probability Theory. Philosophy, Recent History and Relation to Science, Dordrecht/Boston Mass./London 2001, 167–178; W. Stegmüller, Das Repräsentationstheorem von B. de F., in: ders., Probleme und Resultate der Wissenschaftstheorie und Analytischen Philosophie IV/2 (Personelle und statistische Wahrscheinlichkeit, Teilbd. 2: Statistisches Schließen, Statistische Begründung, Statistische Analyse), Berlin/Heidelberg/New York 1973, 363–401; P. Suppes, Qualitative Theory of Subjective Probability, in: G. Wright/P. Ayton (eds.), Subjective Probability [s. o.], 17–37; R. Viertl (ed.), Probability and Bayesian Statistics, New York/London 1987. – Sonderheft: Erkenntnis 31 (1989), 165–416; weitere Literatur: ↑Bayesianismus, ↑Wahrscheinlichkeit, ↑Wahrscheinlichkeitstheorie. B. B.

finit/Finitismus (von lat. finis, Grenze, engl. finitary [proof]), auf D. Hilbert zurückgehende metamathematische Termini. Hilbert bezieht ›f.‹ auf bestimmte elementare, konstruktive Methoden des Operierens mit konkreten Objekten, genauer: mit Zeichenfiguren, und zwar auf solche Methoden, bei denen jeder Operationsschritt nur an und mit *endlich vielen* Zeichenfiguren geschieht. F. heißt entsprechend die Forderung, nur f.e Methoden oder Beweise als Grundlage der Mathematik anzuerkennen. Im Sinne dieses F. formuliert dann das so genannte ↑Hilbertprogramm die Aufgabe, die Widerspruchsfreiheit (↑widerspruchsfrei/Widerspruchsfreiheit) der problematischeren Methoden der Mathematik unter Benutzung lediglich f.er Methoden zu beweisen. Untersuchungen von K. Gödel führten 1931 zu dem Ergebnis, daß dieses Programm in seiner ursprünglichen Form nicht realisierbar ist (↑Metamathematik). Jedoch gelang es G. Gentzen und P. Lorenzen, Hilberts Intentionen in dem Sinne weiterzuführen, daß die geforderten ↑Widerspruchsfreiheitsbeweise auf allgemeinere *konstruktive*, wenn auch nicht streng f.e Mittel zurückgreifen (↑konstruktiv/Konstruktivität).

Literatur: J. P. van Bendegem, Strict Finitism as a Viable Alternative in the Foundation of Mathematics, Log. Anal. 37 (1994), 23–40; G. Gentzen, Die Widerspruchsfreiheit der reinen Zahlentheorie, Math. Ann. 112 (1936), 493–565 (Sonderausg. [repr.] Darmstadt 1967); K. Gödel, Über formal unentscheidbare Sätze der »Principia Mathematica« und verwandter Systeme I, Mh. Math. Phys. 38 (1931), 173–198, Neudr. [dt./engl.] in: ders., Collected Works I, ed. S. Feferman u. a., New York etc. 1986, 144–195 (engl. On Formally Undecidable Propositions of »Principia Mathematica« and Related Systems I, in: J. van Heijenoort [ed.], From Frege to Gödel. A Source Book in Mathematical Logic. 1879–1931, Cambridge Mass. 1967, 596–616); D. Hilbert, Die Grundlagen der Mathematik, Würzburg 1928; ders./P. Bernays, Grundlagen der Mathematik, I–II, Berlin 1934/1939, Berlin/Heidelberg/New York ²1968/1970; C. F. Kielkopf, Strict Finitism. An Examination of Ludwig Wittgenstein's Remarks on the Foundations of Mathematics, The Hague/Paris 1970; P. Lorenzen, Metamathematik, Mannheim 1962, Mannheim/Wien/Zürich ²1980 (franz. Métamathématique, Paris 1967); M. Marion, Wittgenstein and Finitism, Synthese 105 (1995), 141–176; ders., Wittgenstein, Finitism, and the Foundation of Mathematics, Oxford/New York 1998; S. W. Mitchell, Dummett's Intuitionism Is Not Strict Finitism, Synthese 90 (1992), 437–458; J. Richie, Finitization Procedures and Finite Model Property, Log. Anal. 41 (1998), 155–165; K. Schütte, Beweistheorie, Berlin/Heidelberg/New York 1960 (engl. Proof Theory, ed. J. N. Crossley, Berlin/Heidelberg/New York 1977); J. C. Webb, Mechanism, Mentalism, and Metamathematics. An Essay on Finitism, Dordrecht/Boston Mass. 1980; E. Welti, Die Philosophie des strikten F.. Entwicklungstheoretische und mathematische Untersuchungen über Unendlichkeitsbegriffe in Ideengeschichte und heutiger Mathematik, Bern 1986. F. K.

Fink, Eugen, *Konstanz 11. Dez. 1905, †Freiburg 25. Juli 1975, dt. Philosoph. Studium der Philosophie in Freiburg, 1929 Promotion, 1928–1936 Assistent E. Husserls, 1939 Chargé de Cours Universität Louvain, 1946 Univ.-Doz. an der Universität Freiburg, 1948 o. Prof. ebendort. F. bemühte sich in einer stark von M. Heidegger beeinflußten phänomenologischen Spekulation (↑Phänomenologie), konkrete Fragen und Phänomene wie Spiel, Tod, Erziehung und Gewalt auf dem Hintergrund der abendländischen Philosophie neu zu interpretieren. Mehrere Werke gelten der frühgriechischen Philosophie.

Werke: Beiträge zu einer phänomenologischen Analyse der psychischen Phänomene […], Halle 1930; Die phänomenologische Philosophie Edmund Husserls in der gegenwärtigen Kritik, Kant-St. 38 (1933), 319–383; Oase des Glücks. Gedanken zu einer Ontologie des Spiels, Freiburg/München 1957; Zur ontologischen Frühgeschichte von Raum, Zeit, Bewegung, Den Haag 1957; Sein, Wahrheit, Welt. Vor-Fragen zum Problem des Phänomen-Begriffs, Den Haag 1958; Alles und Nichts. Ein Umweg zur Philosophie, Den Haag 1959; Nietzsches Philosophie, Stuttgart 1960, Stuttgart/Berlin/Köln ⁶1992; Spiel als Weltsymbol, Stuttgart 1960; Metaphysik und Tod, Stuttgart etc. 1969; Metaphysik und Erziehung im Weltverständnis von Plato und Aristoteles, Frankfurt 1970, ²1996; (mit M. Heidegger) Heraklit. Seminar Wintersemester 1966/67, Frankfurt 1970, ²1996; Nähe und Distanz. Phänomenologische Vorträge und Aufsätze, ed. F.-A. Schwarz, Freiburg/München 1976 (franz. Proximité et distance. Essais et conférences phénoménologiques, Grenoble 1994); Hegel. Phänomenologische Interpretationen der »Phänomenologie des Geistes«, ed. J. Holl, Frankfurt 1977; Sein und Mensch. Vom Wesen der ontologischen Erfahrung, ed. E. Schütz/F.-A. Schwarz, Freiburg/München 1977; Grundphänomene des menschlichen Daseins, ed. E. Schütz/F.-A. Schwarz, Freiburg/München 1979, ²1995; Einleitung in die Philosophie, ed. F.-A. Schwarz, Würzburg 1985, 1995; Existenz und Coexistenz. Grundprobleme der menschlichen Gemeinschaft, ed. F.-A. Schwarz, Würzburg 1987; VI. Cartesianische Meditation, I–II, ed. H. Ebeling u. a., Dordrecht/Boston Mass./London 1988 (I engl. Sixth Cartesian Meditation. The Idea of a Transcendental Theory of Method, Bloomington Ind. 1995); Welt und Endlichkeit, ed. F.-A. Schwarz, Würzburg 1990. – F.-W. v. Hermann, Bibliographie E. F., Den Haag 1970.

Literatur: D. Cairns, Conversations with Husserl and F., ed. Husserl-Archives, The Hague 1976; FM II (1994), 1359–1360; T. Franz, Der Mensch und seine Grundphänomene. E. F.s Existentialanthropologie aus der Perspektive der Strukturanthropologie Heinrich Rombachs, Freiburg 1999; H. Meyer-Wolters, Koexistenz und Freiheit. E. F.s Anthropologie und Bildungstheorie, Würzburg 1992; K. Schenk-Mair, Die Kosmologie E. F.s. Einführung in das Denken E. F.s und Explikation des kosmischen Weltbegriffs an den Lebensvollzügen des Schlafens und Wachens, Würzburg 1997; M. Scherbel, Phänomenologie als absolute Wissenschaft. Die systembildende Funktion des Zuschauers in E. F.s VI. Cartesianischer Meditation, Amsterdam/Atlanta Ga. 1999; S. Wirth, Mensch und Welt. Die Anthropo-Kosmologie E. F.s, Mainz 1995. C. F. G.

Fischer, Kuno, *Sandewalde b. Guhrau (Schlesien) 23. Juli 1824, †Heidelberg 5. Juli 1907, vom ↑Idealismus beeinflußter dt. Philosoph und Philosophiehistoriker. Ab 1844 Studium der Philologie in Leipzig, ab 1845 Philosophiestudium bei J. E. Erdmann und Studium der Theologie in Halle. Nach der Promotion mit einer Arbeit »De Platonico Parmenide« (1847) zunächst Hauslehrer in Pforzheim, 1850 Habilitation in Heidelberg, 1853 Entzug der venia legendi wegen pantheistischer (↑Pantheismus) Lehren; 1856 nach seiner Entlassung in Heidelberg zunächst Privatdozent an der Universität Berlin, dann Professor für Philosophie in Jena, 1872 Rückkehr nach Heidelberg und bis 1906 erfolgreiche Lehre ebendort. – In seinem Hauptwerk »Geschichte der neuern Philosophie« (I–IV, 1852–1860) rekonstruiert F. im Sinne der Hegelschen Geschichtsphilosophie historische Positionen von F. Bacon bis A. Schopenhauer als Prozeß der Selbsterkenntnis des menschlichen

Geistes. Seine Abhandlung »Kants Leben und die Grundlagen seiner Lehre« (1860) beeinflußt den ↑Neukantianismus; eine finalistische (↑Finalismus) Begründung evolutionistischer Positionen in seinem System der »Logik und Metaphysik oder Wissenschaftslehre« (1852) soll G. W. F. Hegels ↑Dialektik mit dem Evolutionismus versöhnen; in die weiteren Auflagen dieser Abhandlung integriert F. den Standpunkt I. Kants und des ↑Empirismus. In seiner von Schopenhauer beeinflußten Abhandlung über »Das Verhältnis zwischen Willen und Verstand im Menschen« (1896) entwickelt F. den Unterschied zwischen dem vom Erkennen geleiteten und dem unbewußten Willen sowie eine Unterscheidung zwischen ›Kraft‹ als Wesenselement der Natur und ›Willen‹ als Wesenselement des Menschen. F.s ästhetische Schriften entfernen sich von Hegels systematischer Behandlungsweise (die noch F.s Lehrer F. T. Vischer vertrat) zugunsten philosophischer Fallstudien. »Diotima. Die Idee des Schönen« (1849) definiert die ästhetische Grundhaltung als Spiel im Sinne Kants und J. C. F. Schillers. Es folgen Studien über den Witz, über Poesie und literaturgeschichtliche Abhandlungen, die die Entwicklung der literarhistorischen Methode vorbereiten.

Werke: Kleine Schriften, I–X, Heidelberg 1888–1901; Goethe-Schriften, I–IX, Heidelberg 1890–1904; Philosophische Schriften, I–VI, Heidelberg 1891/1892, 1908/1909; Schiller-Schriften, I–II, Heidelberg 1891/1892. – Diotima. Die Idee des Schönen. Philosophische Briefe, Pforzheim 1849, Leipzig ^{2}1928; De Parmenide Platonico, Stuttgart 1851; Geschichte der neuern Philosophie, I–IV, Stuttgart, Mannheim 1852–1860, I–VIII [Neue Gesamtausg.], Heidelberg 1882–1895, I–X [Jubiläumsausg.], Heidelberg 1897–1904, Nachdr. [aus verschiedenen Ausgaben], I–X, Nendeln 1973 (davon in engl. Sprache: A Commentary on Kant's Critick of the Pure Reason, London 1866 [repr. New York 1992] [übers. nach: Geschichte der neuern Philosophie IV], Descartes and His School, London 1887 [repr. Bristol 1992] [übers. nach: Geschichte der neuern Philosophie I]); Logik und Metaphysik oder Wissenschaftslehre, Stuttgart 1852, unter dem Titel: System der Logik und Metaphysik oder Wissenschaftslehre, Heidelberg ^{2}1865 (repr. Frankfurt 1983), unter Originaltitel, ed. H.-G. Gadamer, Heidelberg 1998; Kants Leben und die Grundlagen seiner Lehre. Drei Vorträge, Mannheim 1860, Heidelberg ^{2}1906; Anti-Trendelenburg. Eine Gegenschrift, Jena, Heidelberg 1870 [vgl. A. Trendelenburg, K. F. und sein Kant (s. u., Lit.)]; Über die Entstehung und die Entwicklungsformen des Witzes, Heidelberg 1871, unter dem Titel: Über den Witz, Heidelberg ^{2}1889 (= Kleine Schriften II [s. o.]), mit Untertitel: Ein philosophischer Essay, Tübingen 1996; Über das Problem der menschlichen Freiheit. Rede zum Geburtstagsfeste des höchstseligen Großherzogs Karl Friedrich von Baden und zur akademischen Preisverteilung am 22.11.1875, Heidelberg 1875, unter dem Titel: Über die menschliche Freiheit. Prorectoratsrede, Heidelberg ^{2}1888, ^{3}1903 (= Kleine Schriften I [s. o.]); G. E. Lessing als Reformator der deutschen Literatur, I–II, Stuttgart 1881, Heidelberg 1904/1905; Kritik der Kantischen Philosophie, München 1883, Heidelberg ^{2}1892 (engl. A Critique of Kant, London 1888); Einleitung in die Geschichte der neueren Philosophie, Heidelberg 1891, ^{7}1924 (= Philos. Schriften I [s. o.]); Das Verhältnis zwischen Willen und Verstand im Menschen, Heidelberg 1896, ^{3}1906 (= Kleine Schriften VI [s. o.]); Goethe und Heidelberg, Heidelberg 1900, ^{11}1969 (= Goethe-Schriften V [s. o.]).

Literatur: F. Austeda, F., Enc. Ph. III (1967), 203–204; ders., F., K., 1824–1907, in: ders., Lexikon der Philosophie, Wien ^{6}1989, 113; B. Bauch, K. F.. Eine Rede, gehalten zur Feier von K. F.s 100. Geburtstag, Jena 1924; H. Falkenheim, K. F. und die litterarhistorische Methode, Berlin 1892; FM II (1994), 1360–1361; E. Hoffmann, K. F.. Rede bei der akademischen Feier seines hundertsten Geburtstages den 23. Juli 1924, Heidelberg 1924; R. Hülsewische, System und Geschichte. Leben und Werke K. F.s, Frankfurt etc. 1989 (mit Bibliographie, 163–191); B. Ogilvie, F., in: D. Huisman, Dictionnaire des philosophes I, Paris ^{2}1993; 1013; C. Rößler, K. F. und die gegenwärtige Stellung der Philosophie im deutschen Geistesleben, Unsere Zeit 1 (1857), 460–470; E. Selow, F., NDB V (1961), 199; A. Trendelenburg, K. F. und sein Kant. Eine Entgegnung, Leipzig 1869; D. Walford, F., in: S. Brown/D. Collinson/R. Wilkinson (eds.), Dictionary of Twentieth-Century Philosophers, London/New York 1996, 236–237; W. Windelband, K. F. und sein Kant. Festschrift der ›Kantstudien‹ zum 50. Doctorjubilaeum K. F.s, Hamburg/Leipzig, Halle 1897; ders. (ed.), Die Philosophie im Beginn des zwanzigsten Jahrhunderts. Festschrift für K. F., Heidelberg 1904/1905; ders., K. F., Heidelberg 1907.   A. G.-S.

Fitneß (engl. fitness), zentraler und mehrdeutiger Begriff der ↑Evolutionstheorie. In der 5. Auflage von »On the Origin of Species by Means of Natural Selection« (London 1859, ^{5}1869) übernimmt C. Darwin von H. Spencer den Ausdruck ›survival of the fittest‹ (Überleben des Tauglichsten) als Umschreibung der natürlichen Auslese. Der Begriff der F., der ursprünglich soviel wie ›Robustheit‹ oder ›Angepaßtheit‹ bedeutete, wird in der Biologie zunehmend in Richtung Überlebens- und Fortpflanzungsfähigkeit präzisiert und mit der Entwicklung der Populationsgenetik im Laufe des 20. Jhs. sogar mit seinem Maß, dem *reproduktiven* Erfolg, identifiziert. Die F. bleibt aber ebensoschwer zu definieren und zu messen wie der Erfolg selbst. Seit der Arbeit von W. D. Hamilton über Verwandtschaftsselektion (›kin selection‹) wird zunehmend anerkannt, daß nicht nur eigene Nachkommen zum einschlägigen Erfolg eines Organismus beitragen, sondern auch diejenigen der Verwandten, je nach Verwandtschaftsgrad. Auch ohne eigene Nachkommen kann ein Organismus eine hohe ›inklusive‹ F. besitzen, wenn z. B. durch sein genetisch bedingtes Verhalten der Fortpflanzungserfolg seiner Geschwister oder anderer Verwandter besonders begünstigt wird (›Altruismus‹). So können sich diejenigen Gene, die er mit Verwandten teilt, stärker vermehren. Der Begriff der F. wird heute nicht nur für den tatsächlichen Erfolg verwendet, sondern auch für den erwarteten Erfolg und für die Ursache des Erfolgs.
In der so genannten synthetischen Theorie der Evolution (z. B. bei T. Dobzhansky) wird F. als Maß des reproduktiven Erfolgs eines Typus (Organismus, Gen) relativ zu dem Erfolg anderer Typen innerhalb einer gegebenen Population bzw. ↑Spezies in Bezug auf eine gegebene

Umwelt oder Klasse von möglichen Umwelten aufgefaßt (vgl. J. Maynard Smith, Evolutionary Genetics, 1989, 38). F. stellt also eine dreistellige Relation der Form, X ist ›fitter‹ als Y in Umwelt u oder Klasse von Umwelten U, dar. Der reproduktive Erfolg wird durch die durchschnittliche Anzahl der Nachkommen bzw. spätere Exemplare des Typus oder durch den Anteil der Gene im Genpool nach einer bestimmten Anzahl von Generationen gemessen. Deshalb werden auch verschiedene ›Maße‹ von F. unterschieden: z. B. Darwinsche F. (Nachkommen der nächsten Generation werden gezählt) oder Malthussche F. (die instantane Veränderungsrate der relativen Genfrenquenzen, die sich auch kontinuierlich ändern kann, wird geschätzt). Da die durchschnittlich erwartete Anzahl der Nachkommen gewöhnlich als Zahl (nicht als Größe) ausgedrückt wird, wird diese Zahl häufig die ›absolute‹ F. genannt – im Unterschied zur ›relativen‹ F., bei der die erwartete Anzahl der Nachkommen einer konkurrierenden Form als Einheit gesetzt wird.

In der Philosophie der Biologie deutet die dominante Richtung die F. als Propensität zum reproduktiven Erfolg im Sinne einer objektiven Einzelfallwahrscheinlichkeit (↑Wahrscheinlichkeit). Andere Ansätze analysieren F. als emergente (↑emergent/Emergenz) Eigenschaft, die auf den empirischen überlebensrelevanten Eigenschaften superveniert (↑supervenient/Supervenienz). Häufig vergleicht man die F. als Erfolgspotential mit der Newtonschen ↑Kraft und sucht sie als Vektorsumme der reproduktionsrelevanten Faktoren zu konzeptualisieren. F. wird auch mit der Intelligenz im Sinne desjenigen, was von Intelligenztests gemessen wird, verglichen. Der Verdacht, daß der Begriff der F. die Biologie in ↑Tautologien verwickelt, wird immer wieder geäußert, da die eigentlich empirische Frage nicht die zu sein scheint, ob die ›fittere‹ von zwei Formen tatsächlich reproduktiv erfolgreicher ist, sondern nur die, ob man wirklich die fittere der beiden Formen richtig identifiziert hat.

Literatur: R. N. Brandon, Adaptation and Environment, Princeton N. J. 1990, 1995; H. C. Byerly/R. E. Michod, Fitness and Evolutionary Explanation, Biology & Philos. 6 (1991), 1–22; J. F. Crow/M. Kimura, An Introduction to Population Genetics Theory, New York/London 1970; C. Darwin, The Origin of Species. A Variorum Text, ed. M. Peckham, Philadelphia Pa. 1959; R. Dawkins, The Extended Phenotype. The Gene as the Unit of Selection, Oxford/San Francisco Calif. 1982, mit Untertitel: The Long Reach of the Gene, Oxford/New York ²1999; T. Dobzhansky, Genetics and the Origin of Species, New York 1937, 1982 (dt. Die genetischen Grundlagen der Artbildung, Jena 1939); J. A. Endler, Natural Selection in the Wild, Princeton N. J. 1986; R. A. Fisher, The Genetical Theory of Natural Selection, Oxford 1930 (repr. Oxford 1999), New York ²1958; W. D. Hamilton, The Genetical Evolution of Social Behaviour, I–II, J. Theoretical Biol. 7 (1964) 1–16, 17–52; E. F. Keller/E. A. Lloyd, Keywords in Evolutionary Biology, Cambridge Mass. 1992, 1994; R. C. Lewontin, The Genetic Basis of Evolutionary Change, New York/London 1974; J. Maynard Smith, Evolutionary Genetics, Oxford 1989, ²1998, 2000; S. K. Mills/J. H. Beatty, The Propensity Interpretation of Fitness, Philos. Sci. 46 (1979), 263–286; A. Rosenberg, The Supervenience of Biological Concepts, Philos. Sci. 45 (1978), 368–386; E. Sober, The Nature of Selection. Evolutionary Theory in Philosophical Focus, Cambridge Mass. 1984, Chicago Ill./London 1993; M. Weber, Fitness Made Physical. The Supervenience of Biological Concepts Revisited, Philos. Sci. 63 (1996), 411–431; G. C. Williams, Adaptation and Natural Selection, Princeton N. J. 1966, 1996. P. M.

Fixpunkt (engl. fixed point, fixpoint), in ↑Mathematik, ↑Logik, ↑Metamathematik und Informatik Bezeichnung für einen Punkt, an dem ein Prozeß sozusagen auf der Stelle tritt. In der Mathematik heißt ein Argument (↑Argument (logisch)) x_0 ein F. einer ↑Funktion f, wenn es gleich seinem eigenen f-Wert (↑Wert (logisch)) ist, d. h., wenn $x_0 = f(x_0)$ gilt. So ist z. B. 1 ein F. von $f(x) = x^2$. Vielerlei ↑Theoreme geben Bedingungen für die Existenz von F.en bei Funktionen unterschiedlichen Typs an. Ferner gibt es diverse Verfahren zur Bestimmung oder Approximation von F.en, etwa durch Iteration.

In der Logik heißt eine ↑Aussage A ein F. eines ↑Prädikats P von Aussagen, wenn A äquivalent (↑Äquivalenz) zu $P(A)$ ist: $A \bowtie P(A)$, wenn also A sich quasi selbst die durch P ausgedrückte Eigenschaft zuspricht (↑Selbstbezüglichkeit). Von besonderem Interesse sind F.e in der Metamathematik: Ist PA eine Formalisierung der Peano-Arithmetik (↑System, axiomatisches, ↑System, formales, ↑Peano-Axiome, ↑Peano-Formalismus), so gibt es nach K. Gödels Diagonallemma zu beliebigen ↑Formeln $\varphi(x)$ F.e, d. s. Aussagen α, die in PA beweisbar äquivalent (↑beweisbar/Beweisbarkeit) zu $\varphi(\ulcorner\alpha\urcorner)$ sind, formal:

$$PA \vdash \alpha \leftrightarrow \varphi(\ulcorner\alpha\urcorner),$$

wo ›$\ulcorner\alpha\urcorner$‹ für eine Zifferndarstellung (↑Ziffer) der Gödelnummer (↑Gödelisierung) von α steht. Eine solche Aussage α spricht also ihrer eigenen Gödelnummer die durch $\varphi(x)$ repräsentierte Eigenschaft von ↑Zahlen zu. Ist diese Eigenschaft die Gödelisierung einer Eigenschaft von Ausdrücken (↑Ausdruck (logisch)) von PA (z. B. Beweisbarkeit), so spricht α sich letztere Eigenschaft mittelbar selbst zu. Z. B. ist der ›Gödel-Satz‹, anhand dessen Gödel die Unvollständigkeit von PA bewies (↑unvollständig/Unvollständigkeit, ↑Unvollständigkeitssatz), ein F. der ↑Negation des gödelisierten Beweisbarkeitsprädikates Bew(x), d. i. eine Aussage γ mit

$$PA \vdash \gamma \leftrightarrow \neg Bew(\ulcorner\gamma\urcorner),$$

die quasi von sich selbst sagt: ›ich bin nicht beweisbar‹ (↑Lügner-Paradoxie; ↑Beweisbarkeitslogik).

In der Theorie induktiver Definitionen (↑Definition, induktive) kann man induktiv definierte Mengen als

F.e monotoner Operatoren charakterisieren. Ist eine induktive Definition etwa durch ein System S von Regeln der Form

$X \Rightarrow a$

über U gegeben mit der Menge $X \subseteq U$ als Prämissen und dem Element $a \in U$ als Konklusion, so kann man den Operator

$\Phi_S: \mathfrak{P}(U) \to \mathfrak{P}(U)$ mit
$\Phi_S(Y) := \{ a \mid X \Rightarrow a$ ist in S für $X \subseteq Y \}$

betrachten. Die durch S induktiv definierte Menge ist dann der kleinste F. fix(Φ_S) von Φ_S, d.h. die kleinste Menge Z mit $\Phi_S(Z) = Z$. Dieser kleinste F. läßt sich beschreiben als Ergebnis der unendlichfachen (genauer: ω-fachen, ↑Ordinalzahl) Iteration des Operators Φ_S, beginnend mit der leeren Menge:

fix(Φ_S) = ...$\Phi_S(\Phi_S(\Phi_S(\emptyset)))$...

Allgemein wird auch in nicht-mengentheoretischen Kontexten, in denen eine geeignete Ordnungsrelation (↑Ordnung) vorliegt, die Existenz von F.en durch den F.satz von B. Knaster und A. Tarski und seine Verallgemeinerungen durch Tarski sichergestellt. In einer einfachen Version besagt er: Jede monotone Funktion auf einem vollständigen ↑Verband hat einen kleinsten und einen größten F.. Genauer: Sei $\langle V, \leq \rangle$ ein vollständiger Verband und f monoton, d.h.

$x \leq y \Rightarrow f(x) \leq f(y)$,

dann gibt es F.e x_0 und y_0 von f, so daß alle weiteren F.e zwischen x_0 und y_0 liegen (die Menge der F.e von f bildet sogar selbst einen vollständigen Verband).
Die F.e werden in der theoretischen Informatik insbes. zur Interpretation von rekursiven Definitionen (↑Definition, rekursive) und rekursiven Abläufen verwendet. Die Lösung rekursiver Gleichungen läßt sich durch F.e charakterisieren. Sei z.B. die Fakultätsfunktion fact (›factorial‹, auch notiert durch nachgestelltes Ausrufezeichen !) wie folgt definiert:

(1) fact(x) = (if x = 0 then 1 else x * fact($x - 1$)).

Die so implizit definierte Funktion kann man als kleinsten F. der explizit definierten Funktion (höherer Stufe)

$F(g) = \lambda x.$(if x = 0 then 1 else x * $g(x - 1)$)

verstehen, da fact = F(fact), d.h.

fact = $\lambda x.$(if x = 0 then 1 else x * fact($x - 1$)),

nur eine andere Schreibweise (unter Verwendung der λ-Notation, ↑Lambda-Kalkül) für (1) ist. F.sätze garantieren also die Lösbarkeit rekursiver Funktionsgleichungen wie (1).
Gleichungen dieser Art treten in der denotationellen Semantik von ↑Programmiersprachen bei der Interpretation rekursiver Konstrukte (Schleifen etc.) auf. Solche semantischen Ansätze sind Anwendungen des maßgeblich auf D. Scott zurückgehenden Programms, die Theorie berechenbarer Funktionen zu Berechenbarkeitsbegriffen für ordnungstheoretisch charakterisierte Strukturen (›Bereiche‹) zu verallgemeinern. In der Theorie der Logikprogrammierung kann man das intendierte Modell eines Logikprogramms (das sog. *kleinste Herbrand-Modell*) als kleinsten F. eines mit dem Programm assoziierten monotonen Operators charakterisieren. Die Theorie der Logikprogrammierung hat damit enge Verbindungen zur Theorie induktiver Definitionen. Insgesamt ist die F.theorie somit ein unentbehrliches Hilfsmittel der Semantik von Programmiersprachen. Größte F.e spielen in Theorien der Koinduktion eine zentrale Rolle, die im Rahmen von Ansätzen zur Erklärung zirkulärer Phänomene, so z.B. auch der ↑Antinomien, verwendet werden.
F.e sind in allen Bereichen signifikant, in denen man es mit unendlichen Hierarchien von Objekten oder Strukturen zu tun hat. Einen wichtigen philosophischen Anwendungsfall bilden Hierarchien sprachlicher Strukturen in philosophischen ↑Wahrheitstheorien (↑Wahrheit). Aus neuerer Zeit sind hier vor allem die an S. Kripke (Outline of a Theory of Truth, 1975) anschließenden und in Auseinandersetzung damit entstandenen Ansätze hervorzuheben. Hier betrachtet man unendliche Hierarchien von Strukturen, bei denen metasprachlich als wahr (↑wahr/das Wahre) bzw. ↑falsch ausgewertete Aussagen einer Sprache auf der nächsten Sprachstufe der Extension eines formalen objektsprachlichen Wahrheits- bzw. Falschheitsprädikats zugeordnet werden. Ein F. ist hier eine Sprachstufe, bei der der Übergang zur ↑Metasprache die Extensionen des Wahrheits- und des Falschheitsprädikates nicht mehr verändert. Die Klassifikation solcher Hierarchien und ihrer F.e dient unter anderem der Beschreibung und Interpretation semantischer Paradoxien (↑Antinomien, semantische).

Literatur: S. Abramsky/A. Jung, Domain Theory, in: S. Abramsky/D. M. Gabbay/T. S. E. Maibaum (eds.), Handbook of Logic in Computer Science III, Oxford 1994, 1–168; J. Barwise/L. Moss, Vicious Circles. On the Mathematics of Non-Wellfounded Phenomena, Stanford Calif. 1996; E. Best, Semantik. Theorie sequentieller und paralleler Programmierung, Braunschweig/Wiesbaden 1995 (engl. Semantics of Sequential and Parallel Programming, London 1996); G. Boolos, The Unprovability of Consistency. An Essay in Modal Logic, Cambridge etc. 1979; ders., The Logic of Provability, Cambridge 1993, 1996; K. Gödel, Über formal unentscheidbare Sätze der Principia Mathematica und verwandter Systeme I, Mh. Math. Phys. 38 (1931), 173–198 (engl. On Formally Undecidable Propositions of »Principia Mathematica« and Related Systems I, in: M. Davis [ed.], The Undecidable. Basic Papers on Undecidable Propositions, Unsolvable Problems and Computable Functions, New York 1965, 5–38), Neudr. [dt./engl.] in: ders., Collected Works I, ed. S. Feferman u. a., New York/Oxford 1986, 144–195; A. Granas/J. Dugundji, Fixed Point Theory, New York etc. 2003; V. Halbach, Axiomatische Wahrheitstheorien, Berlin 1996; V. I. Istrățescu, Fixed Point Theory. An Introduction, Dordrecht/Boston Mass./London 1981, 2002 (Math. and Its Applications VII); S. Kripke, Outline of a Theory of Truth, J. Philos. 72 (1975), 690–716; W. Lloyd, Foundations of Logic Programming, Berlin/Heidelberg/New York 1984, ²1987, erw. 1993; A. Tarski, A Lattice-Theoretical Fixpoint Theorem and Its Applications, Pacific J. Math. 5 (1955), 285–309; R. D. Tennent, Denotational Semantics, in: S. Abramsky/D. M. Gabbay/T. S. E. Maibaum (eds.), Handbook of Logic in Computer Science III [s. o.], 169–322; A. Visser, Semantics and the Liar Paradox, in: D. Gabbay/F. Guenthner (eds.), Handbook of Philosophical Logic IV, Dordrecht/Boston Mass./London 1989, 617–706; G. Winskel, The Formal Semantics of Programming Languages. An Introduction, Cambridge Mass./London 1993, 2001; weitere Literatur: ↑Programmiersprachen, ↑Unvollständigkeitssatz.   C. B./P. S.

Fleck, Ludwik, *Lwów (Lemberg) 11. Juli 1896, †Ness-Ziona (Israel) 5. Juni 1961, poln. Mediziner und Wissenschaftstheoretiker. Nach dem Besuch des Gymnasiums in Lemberg ab 1914 Studium der Medizin an der dortigen Jan-Kazimierz-Universität, 1922 allgemeinmedizinische Promotion, ab 1920 Assistent des bekannten Typhus-Spezialisten R. Weigl. 1923–1941 leitende Tätigkeit in verschiedenen bakteriologischen Labors, auch in einem von ihm selbst gegründeten privaten Institut, und rege wissenschaftliche Publikationstätigkeit. Selbst im jüdischen Ghetto (seit Juli 1941) und später in den KZs Auschwitz und Buchenwald setzte F. unter primitivsten Bedingungen seine Forschungstätigkeit fort – zum Vorteil seiner Mithäftlinge. Nach dem Krieg 1946 Habilitation in Warschau, 1947 a. o. Prof., 1950 o. Prof. und bis 1957 intensive mikrobiologische und serologische Forschungsarbeit in Lublin und Warschau. 1957 Übersiedlung nach Israel.

Neben der Medizin interessierte sich F. schon während seines Studiums für wissenschaftstheoretische Fragen. An der Universität Lemberg hatte er Kontakt zur Twardowski-Schule, die ihrerseits über die Lwów-Warschau-Schule in enger Verbindung zum ↑Wiener Kreis stand. Nach kleineren einschlägigen Arbeiten veröffentlichte F. 1935 die Monographie »Entstehung und Entwicklung einer wissenschaftlichen Tatsache«. Ausgehend von der Medizin mit ihrer typischen Verbindung von theoretischer und therapeutisch-praktischer Zugangsweise skizziert F. das Erkennen, die Wissenschaft und die Realität als von sozialen und historischen Gegebenheiten abhängig. Damit setzt er sich in Gegensatz sowohl zur traditionellen Erkenntnistheorie als auch zum Ansatz des Logischen Empirismus (↑Empirismus, logischer) und nimmt zentrale Gedanken einer kulturwissenschaftlichen, am relationalen Denken ausgerichteten Neuorientierung in der ↑Wissenschaftstheorie vorweg.

F.s philosophische Arbeiten blieben zu seinen Lebzeiten unbeachtet. Von seiner 1935 erschienenen Monographie wurden nur etwa 200 Exemplare verkauft. Sein philosophisches Werk wäre heute vermutlich unbekannt, hätte nicht T. S. Kuhn im Vorwort seines 1962 erschienenen Essays »The Structure of Scientific Revolutions« auf F.s Monographie verwiesen, auf die er über eine Fußnote in H. Reichenbachs »Experience and Prediction« (Chicago Ill. 1938) gestoßen war. Ende der 1970er Jahre wurde die wissenschaftliche Öffentlichkeit auf diese Verbindung und damit auf F.s Werk aufmerksam.

Werke: Zur Krise der ›Wirklichkeit‹, Naturwiss. 17 (1929), 425–430; O obserwacji naukowej i postrzeganiu wogóle, Przegląd Filozoficzny 38 (1935), 57–76 (dt. Über wissenschaftliche Beobachtung und die Wahrnehmung im allgemeinen, in: ders., Erfahrung und Tatsache [s. u.], 59–83; engl. Scientific Observation and Perception in General, in: R. S. Cohen/T. Schnelle [eds.], Cognition and Fact [s. u.], 59–78); Entstehung und Entwicklung einer wissenschaftlichen Tatsache. Einführung in die Lehre von Denkstil und Denkkollektiv, Basel 1935, ed. L. Schäfer/T. Schnelle, Frankfurt 1980, 1993 (engl. The Genesis and Development of a Scientific Fact, ed. T. J. Trenn/R. K. Merton, Chicago Ill./London 1979, 1981); Zagadnienie teorii poznawania, Przegląd Filozoficzny 39 (1936), 3–37 (dt. Das Problem einer Theorie des Erkennens, in: ders., Erfahrung und Tatsache [s. u.], 84–127; engl. The Problem of Epistemology, in: R. S. Cohen/T. Schnelle [eds.], Cognition and Fact [s. u.], 79–112); Problemy naukoznawstwa, Życie Nauki 1 (1946), 322–336 (dt. Wissenschaftstheoretische Probleme, in: ders., Erfahrung und Tatsache [s. u.], 128–146; engl. Problems of the Science of Science, in: R. S. Cohen/T. Schnelle [eds.], Cognition and Fact [s. u.], 113–127); Erfahrung und Tatsache. Gesammelte Aufsätze, ed. L. Schäfer/T. Schnelle, Frankfurt 1983 (engl. L. F.'s Papers on the Philosophy of Science, in: R. S. Cohen/T. Schnelle [eds.], Cognition and Fact [s. u.], 39–158). – T. Schnelle, Vollständige Bibliographie L. F.s, in: ders., L. F., Leben und Denken [s. u.], 330–341, ferner in: L. F., Erfahrung und Tatsache [s. o.], 182–195, ferner in: R. S. Cohen/ders. (eds.), Cognition and Fact [s. u.], 445–457.

Literatur: W. Baldamus, L. F. and the Development of the Sociology of Science, in: P. R. Gleichmann/J. Goudsblom/H. Korte (eds.), Human Figurations. Essays for Norbert Elias, Amsterdam 1977, 135–156 (mit Bibliographie, 153–156); ders., Das exoterische Paradox der Wissenschaftsforschung. Ein Beitrag zur Wissenschaftstheorie L. F.s, Z. allg. Wiss.theorie 10 (1979), 213–233; S. Brorson/H. Andersen, Stabilizing and Changing Phenomenal Worlds. L. F. and Thomas Kuhn on Scientific Literature, Z. allg. Wiss.theorie 32 (2001), 109–129; Z. Cackowski, L. F.'s Epistemology, Dialectics and Humanism 9 (1982), H. 3, 11–24; R. S. Cohen/T. Schnelle (eds.), Cognition and Fact. Materials on L. F., Dordrecht etc. 1986 (Boston Stud. Philos. Sci. 87); A. Dorobinski, Zur Wissenschafts- und Erkenntnisauffassung von L. F., Berlin 1987; E. O. Graf/K. Mutter, Zur Rezeption des Werkes von L. F., Z. philos. Forsch. 54 (2000), 274–288; W. Markiewicz, Lvov as the Cultural and Intellectual Background of L. F.'s Ideas, Dialectics and Humanism 9 (1982),

H. 3, 5–10; A.-M. Moulin, F., Enc. philos. universelle III/2 (1992), 2404–2405; dies., F., in: D. Huisman, Dictionnaire des philosophes I, Paris ²1993, 1014; L. Schäfer/T. Schnelle, L. F.s Begründung der soziologischen Betrachtungsweise in der Wissenschaftstheorie, in: L. F., Entstehung und Entwicklung einer wissenschaftlichen Tatsache [s.o.], Frankfurt 1980, 1993, VII–XLIX; dies., Die Aktualität L. F.s in Wissenschaftssoziologie und Erkenntnistheorie, in: L. F., Erfahrung und Tatsache [s.o.], 9–34; T. Schnelle, L. F., Leben und Denken. Zur Entstehung und Entwicklung des soziologischen Denkstils in der Wissenschaftsphilosophie, Freiburg 1982; W. G. Stock/M. Kobalz, Die Bedeutung L. F.s für die Theorie der Wissenschaftsgeschichte. Vorüberlegungen zu einer Theorie wissenschaftlicher Beachtung, Grazer Philos. Stud. 10 (1980), 105–118; S. Winneke, L. F.. Zur Wirkung eines Wirkungslosen, in: H. Albrecht (ed.), Naturwissenschaft und Technik in der Geschichte. 25 Jahre Lehrstuhl für Geschichte der Naturwissenschaft und Technik am Historischen Institut der Universität Stuttgart, Stuttgart 1993, 357–367; D. Wittich, Eine aufschlußreiche Quelle für das Verständnis der gesellschaftlichen Rolle des Denkens von Thomas S. Kuhn, Dt. Z. Philos. 26 (1978), 105–113; B. Wolniewicz, L. F. and Polish Philosophy, Dialectics and Humanism 9 (1982), H. 3, 25–28.   B. U.

Fludd, Robert, *Milgate House, Bearsted (Kent) 1574, †London 8. Sept. 1637, engl. Mediziner und Philosoph. Nach Studium der Medizin, Chemie und der okkulten Wissenschaften in Frankreich, Deutschland, Spanien und Italien 1598 M. A. St. John's College, Oxford, 1605 M. D. Christ Church, Oxford; schaltete sich in wissenschaftliche Auseinandersetzungen seiner Zeit ein. Nach einer Streitschrift um die Rosenkreuzer Texte (1617) begann F. eine umfangreich angelegte Beschreibung des Mikro- und ↑Makrokosmos, in der er Autoritäten wie Aristoteles und Galen angriff und für ein kosmologisches Weltbild auf biblischen und neuplatonischen (↑Neuplatonismus) Grundlagen warb. Seine makrokosmologische Beschreibung, insbes. seine Meßvorschläge für kosmische Entfernungen, sind nicht frei von pythagoreischer Mystik (↑Pythagoreismus), die von J. Kepler attackiert wurde. Der Mikrokosmos und das Leben auf der Erde werden nach F. durch kosmische Kräfte der Sympathie und der Antipathie beeinflußt. F. unterstützte die Blutkreislauflehre seines Freundes W. Harvey, da er sich davon eine Unterstützung seines kosmologischen Konzepts versprach. Nach der Beschäftigung mit den Elementenlehren von Aristoteles und Paracelsus stellte F. die Rolle von Hitze und Kälte für das Leben heraus und entwickelte ein Thermoskop zur Messung ihrer Wirkung. W. Gilberts Experimente zum Magnetismus wertete F. als Bestätigung der Fernkräfte. Obwohl F.s Arbeiten im Detail von Kepler, M. Mersenne und P. Gassendi kritisiert wurden, unterstützten viele kontinentale und englische Schriftsteller (z. B. J. Webster) sein christlich-neuplatonisches Verständnis des Universums, das bei der Reform der englischen Universitäten von 1654 eine Rolle spielte.

aus: R. Fludd, Utriusque cosmi majoris scilicet et minoris metaphysica, physica atque technica historia I, Oppenheim 1617, 4.

Werke: Apologia compendiaria fraternitatem de Rosea Cruce […], Leiden 1616, unter dem Titel: Tractatus apologeticus integritatem Societatis de Rosea Cruce defendens, ²1617 (dt. Schutzschrift für die Aechtheit der Rosenkreuzergesellschaft […], Leipzig 1782); Tractatus theologo-philosophicus […], Oppenheim 1617; Utriusque cosmi majoris scilicet et minoris metaphysica, physica atque technica historia I/1 (De macrocosmi historia […]), Oppenheim 1617, I/2 (De natura simia seu technica macrocosmi historia […]), 1618, II/1, 1619 (engl. [Auszug] The Origin and Structure of the Cosmos. […], Edinburgh 1982); Veritatis proscenium […] seu demonstratio quaedam analytica, in qua cuilibet comparationis particulae, in appendice quadam a J. Kepplero […], Frankfurt 1621; Monochordum mundi symphoniacum, seu, replicatio Roberti Flud […] ad apologiam […] Johannis Kepleri […], Frankfurt 1622, Nachdr. in: ders., Anatomiae amphitheatrum [s. u.]; Anatomiae amphitheatrum effigie triplici, more et conditione varia designatum […], Frankfurt 1623; Philosophia sacra et vere Christiana seu meteorologica cosmica, Frankfurt 1626; Philosophia Moysaica […], Gouda 1638 (engl. Mosaicall Philosophy. Grounded upon the Essential Truth or Eternal Sapience, London 1659, ed. A. McLean, Edinburgh 1979); R. F. and His Philosophicall Key. Being a Transcription of the Manuscript at Trinity College, Cambridge, ed. A. G. Debus, New York 1979; R. F., ed. W. Huffman, Berkeley Calif. 2001. – Totok III (1980), 486–487.

Literatur: J. B. Craven, Doctor R. F. (Robertus de Fluctibus). The English Rosicrucian, Life and Writings, Kirkwall 1902 (repr. York 1993); A. G. Debus, R. F. and the Circulation of the Blood, J. Hist. Medicine 16 (1961), 374–393; ders., R. F. and the Use of Gilbert's »De magnete« in the Weapon-Salve Controversy, J. Hist. Medicine and Allied Sci. 19 (1964), 389–417; ders., The English Paracelsians, London, New York 1965, New York 1966, bes. 105–136; ders., R. F. and the Chemical Philosophy of the Renaissance, Organon 4 (1967), 119–126; ders., Mathematics and Nature in the Chemical Texts of the Renaissance, Ambix 15 (1968), 1–28; ders., The Chemical Dream of the Renaissance,

Cambridge 1968; ders., F., DSB V (1972), 47–49; S. Gaukroger, F., REP III (1998), 682–684; J. Godwin, R. F.. Hermetic Philosopher and Surveyor of Two Worlds, London, Boulder Colo. 1979, Grand Rapids Mich. 1991; W. H. Huffman, R. F. and the End of the Renaissance, London/New York 1988; S. Hutin, R. F. (1574–1637). Alchimiste et philosophe Rosicrucien, Paris 1971, Brüssel 1994; R. Lenoble, Mersenne ou la naissance du mécanisme, Paris 1943, ²1971; W. Pagel, Religious Motives in the Medical Biology of the Seventeenth Century, Bull. Inst. Hist. Medicine 3 (1935), 97–128, 213–231, 265–312; ders., William Harvey's Biological Ideas. Selected Aspects and Historical Background, Basel/New York 1967; F. S. Taylor, The Origin of the Thermometer, Ann. Sci. 5 (1942), 129–156. K. M.

Fluxion (von lat. fluere/fluxus, fließen/das Fließen), anschaulich-physikalische Bezeichnung I. Newtons für den Differentialquotienten (↑Infinitesimalrechung). Nach Vorarbeiten von I. Barrow werden in frühen Aufzeichnungen Newtons 1664–1666 die ersten Ansätze zur ›Fluxionsrechnung‹ festgehalten. Dabei geht Newton von der geometrisch-physikalischen Vorstellung aus, wonach eine Linie und speziell eine Gerade durch Bewegung (›Fließen‹) eines Punktes erzeugt wird. Allgemein nennt Newton ›gradweise‹ und ›unbegrenzt wachsende‹ Größen ›*Fluente*‹ und bezeichnet sie mit den Buchstaben u, x, y, z. Die Geschwindigkeiten, mit denen die einzelnen Fluenten durch die sie erzeugende Bewegung vermehrt werden, heißen ›*F.en*‹, wobei $\dot{u}, \dot{x}, \dot{y}, \dot{z}$ die F.en der Fluenten u, x, y, z bezeichnen. Die ›unendlich kleinen Größen‹, um welche die ›fließende Größe‹ durch die ›Wachstumsgeschwindigkeit‹ (F.) zu einem bestimmten Augenblick vermehrt wird, heißen ›*Momente*‹.

Es sei nach Newton die F. z. B. der Größe x^n zu finden: In der Zeit, in der x beim Fließen um das Moment o zu $x+o$ wird, wird x^n zu

$$(x+o)^n = x^n + nox^{n-1} + \frac{n^2-n}{2}o^2x^{n-2} + \cdots + no^{n-1}x + o^n.$$

Die Zunahmen von x und x^n um die Momente o bzw.

$$nox^{n-1} + \frac{n^2-n}{2}o^2x^{n-2} + \cdots + no^{n-1}x + o^n$$

verhalten sich nach Newton zueinander wie 1 zu

$$nx^{n-1} + \frac{n^2-n}{2}ox^{n-2} + \cdots + no^{n-2}x + o^{n-1}.$$

Hört die Zunahme auf, verschwinden nach Newton alle mit o verknüpften Größen, d. h., es verhält sich die F. der Größe x zu der F. der Größe x^n wie 1 zu nx^{n-1}. G. Berkeley (The Analyst, 1734) hat gegen diese Argumentation eingewendet, daß die Vorstellung von Verhältnissen unendlich kleiner Größen, insbes. bei iterierter Anwendung (F. der F. der F. etc. einer Fluente), die Einbildungskraft überschreitet und zu widersprüchlichen Konsequenzen führt.

Mathematisch setzte sich daher auch die Leibnizsche Differentialrechnung durch, in der die ›F.‹ einer Größe $y=f(x)$ geometrisch – ausgehend von dem Problem, die Tangente durch einen gegebenen Punkt der durch $y=f(x)$ festgelegten Kurve zu bestimmen – als Grenzwert des Differenzenquotienten, d. h. als *Differentialquotient* dy/dx, eingeführt wird, wobei mit dy und dx die *Differentiale* (›unendlich kleine Strecken‹), also nach Newton die ›Momente‹ bezeichnet werden. Leibnizens Differentialkalkül gibt die Regeln zur Verwendung des Differentialsymbols d an, die jedoch erst nach arithmetischer Präzisierung des Grenzbegriffs (↑Grenzwert) im 19. Jh. endgültig begründet werden konnten (↑Differential). Insbes. in der höheren Differentialrechnung (partielles Differenzieren, Differentialgleichungen etc.) erwies sich Leibnizens kalkülmäßige Einführung der Differentiale gegenüber dem anschaulich-physikalischen Vorgehen Newtons als überlegen. Eine moderne mathematische Rechtfertigung findet das Rechnen mit Momenten und F.en bzw. Differentialen und Differentialquotienten in der ↑Non-Standard-Analysis.

Literatur: O. Becker, Die Grundlagen der Mathematik in geschichtlicher Entwicklung, Freiburg/München 1954, ²1964, Frankfurt 1975, 1990; G. Berkeley, The Analyst. Or a Discourse Addressed to an Infidel Mathematician. By the Author of »The Minute Philosopher«, London 1734, Neudr. in: ders., The Works of George Berkeley. Bishop of Cloyne, ed. A. A. Luce/T. E. Jessop, London etc. 1951, 1964, Nendeln 1979, 65–102 (dt. Der Analytiker, in: ders., Schriften über die Grundlagen der Mathematik und Physik [s. u.], 81–141); ders., Schriften über die Grundlagen der Mathematik und Physik, Frankfurt 1969, 1985; D. M. Jesseph, Berkeley's Philosophy of Mathematics, Chicago Ill./London 1993, bes. 143–295 (Chap. IV–VII); F. Kaulbach, Der philosophische Begriff der Bewegung. Studien zu Aristoteles, Leibniz und Kant, Köln/Graz 1965; G. Kropp, Vorlesungen über Geschichte der Mathematik, Mannheim/Zürich 1969; P. Lorenzen, Differential und Integral. Eine konstruktive Einführung in die klassische Analysis, Frankfurt 1965; K. Mainzer, Das Begründungsproblem des mathematischen Kontinuums in der neuzeitlichen Entwicklung der Grundlagenforschung, Philos. Nat. 16 (1976), 125–137; J. Mittelstraß, Neuzeit und Aufklärung. Studien zur Entstehung der neuzeitlichen Wissenschaft und Philosophie, Berlin/New York 1970, bes. 489–501 (Kap. 14.2); C. Thiel, Grundlagenkrise und Grundlagenstreit. Studie über das normative Fundament der Wissenschaften am Beispiel von Mathematik und Sozialwissenschaft, Meisenheim am Glan 1972. K. M.

Fodor, Jerry Alan, *New York 1935, amerik. Philosoph mit Schwerpunkt in der Philosophie des Geistes (↑philosophy of mind). 1956–1960 Studium der Philosophie an der Univ. Princeton (unter anderem bei H. Putnam); 1960 Ph.D. ebd.; 1961–1986 Prof. für Philosophie am MIT in Cambridge Mass., 1986–1988 Prof. an der City University of New York, ab 1988 Prof. für Philosophie an der Rutgers University, New Brunswick N. J., und Mitglied des Rutgers Center for Cognitive Science.

Als F.s bedeutendste Leistung gilt die Artikulation des von Putnam Anfang der 1960er Jahre entworfenen Funktionalismus und seine Integration in die Kognitionswissenschaft. Dieser kognitionswissenschaftliche Funktionalismus (↑Funktionalismus (kognitionswissenschaftlich)) war als Alternative zu den seinerzeit verbreiteten Positionen des ↑Behaviorismus und der Typenidentität (↑philosophy of mind) konzipiert. Natur und Identität mentaler Zustände sollten sich danach aus ihrem Wechselwirkungsprofil oder ihren kausalen Verknüpfungen mit anderen mentalen Zuständen, Wahrnehmungen und Verhaltensweisen ergeben. F. vertritt damit auf der ontologischen Ebene einen ↑Physikalismus, da besondere mentale und physikalische Zustände miteinander identifiziert werden (›partikulare Identität‹), hält aber auf der methodologischen Ebene an der Selbständigkeit der ↑Psychologie fest. Diese Nicht-Reduzierbarkeit ergibt sich für F. (Putnam folgend) aus der multiplen physikalischen Realisierbarkeit psychologischer Zustände. Der nicht-reduktive Physikalismus galt bis zur Verbreitung der Neuropsychologie in den 1990er Jahren als die Standardposition in der Philosophie des Geistes.

F.s kognitionswissenschaftliche Beiträge gehen vom sog. Computermodell des Geistes aus und verknüpfen im Kern (1) eine syntaktische Theorie mentaler Operationen mit (2) einer repräsentationalen Theorie mentaler Zustände, wobei (3) diesen mentalen Repräsentationen eine propositionale Struktur zugeschrieben wird (↑Repräsentation, mentale). Insgesamt stützen sich danach Verhaltenserklärungen auf psychologische Gesetze, die über mentale Gehalte verallgemeinern, die ihrerseits durch einen im Gehirn realisierten Mechanismus verarbeitet werden, der mit formalen Symbolen satzartiger Beschaffenheit operiert. Dagegen ist für F. die Neurophysiologie nur von geringer Relevanz für die Klärung von Kognition und Verhalten.

Erstens besagt die syntaktische Theorie mentaler Operationen (oder Symbolverarbeitungstheorie), daß die Abfolge mentaler Zustände von Regeln geleitet wird, die allein an den syntaktischen oder formalen Eigenschaften dieser Zustände angreifen. Solche Eigenschaften sind unabhängig davon, für was die Zustände stehen; die betreffenden Regeln nehmen nur auf die Gleichheit oder Verschiedenheit von Zuständen sowie gegebenenfalls auf unterschiedliche Zustandstypen Bezug. Zugleich hält F. zweitens daran fest, daß mentale Zustände ↑Intentionalität, also einen Gehalt besitzen. Verhaltenserklärungen in der Psychologie beruhen auf Verallgemeinerungen über solche intentionalen Zustände. Mentale Repräsentationen führen Gleichartigkeitsklassen von physikalischen Zuständen ein, die sich nicht auf ↑Naturgesetze gründen lassen (wie ›linke Schuhe‹ oder ›zerknitterte Hemden‹); ein solcher Bezug auf ›nicht-nomische‹ Klassen ist für Verhaltenserklärungen unabdingbar. Die Verbindung zwischen repräsentationalen (oder semantischen) und syntaktischen Eigenschaften mentaler Zustände wird (wie beim Computer) durch die Formalitätsbedingung hergestellt, derzufolge die Operationsregeln von solcher Art sind, daß sich alle relevanten inhaltlichen Unterschiede zwischen Zuständen in der Verschiedenheit ihrer syntaktischen Eigenschaften ausdrücken. Auf diese Weise erklärt sich in einer auch physikalistisch akzeptablen Form, daß die kausale Rolle mentaler Zustände von deren intentionalen Eigenschaften beeinflußt sein kann. Drittens sind für F. mentale Repräsentationen von propositionaler oder satzartiger Beschaffenheit, also in einer internen Sprache kodiert (ebenfalls wie beim Computer). Diese Auffassung stützt sich auf die Komplexität, Produktivität und Systematik solcher Repräsentationen. Diese Charakteristika verlangen eine kompositionale Grundlage, wie sie allein von Sprachen bereitgestellt wird. Z. B. läßt sich sprachliche Produktivität nur verstehen, wenn man annimmt, daß neuartige, zuvor nicht gehörte Sätze durch systematische Verknüpfung grundlegender bedeutungstragender Elemente gebildet werden. Die Sprache mentaler Repräsentation kann für F. keine natürliche Sprache (↑Sprache, natürliche) sein, da bereits die Bildung von Begriffen einen Prozeß der Formulierung von ↑Hypothesen beinhaltet, der in einem sprachlichen Medium vollzogen wird. Danach muß man bereits eine Sprache beherrschen, um eine Sprache zu erlernen. Das Medium mentaler Repräsentation ist eine angeborene ›Sprache des Denkens‹ (womit sich F. dem Nativismus N. Chomskys nähert).

F.s Betonung propositionaler Repräsentationen für die Psychosemantik ist sowohl aus neuropsychologischer (P. M. Churchland, P. S. Churchland) wie aus syntaktischer (S. Stich) Sicht kritisiert worden. In der Psychodynamik wird seit den 1980er Jahren die von F. geprägte Symbolverarbeitungstheorie durch den Konnektionismus (↑philosophy of mind) herausgefordert, der auf neuronale Netzwerke statt auf syntaktische Zustände und explizit kodierte Transformationsregeln setzt. F. hält demgegenüber daran fest, daß die Binnenstruktur sog. verteilter Repräsentationen in neuronalen Netzen keine Grundlage für semantische Kompositionalität bereitstellt, also nicht diejenigen grammatischen, inhaltlichen und logischen Beziehungen enthält, die die Voraussetzung der Komplexität, Produktivität und Systematik des menschlichen Sprachverhaltens bilden.

F. faßt mentale Repräsentationen realistisch, anti-holistisch und modular auf. Danach werden intentionale Zustände nicht allein instrumentalistisch (↑Instrumentalismus) zugeschrieben (wie bei D. Dennett), sondern sind in dem betreffenden mentalen System realisiert; die Individuation solcher Zustände ist unabhängig vom psychologischen und physikalischen Kontext möglich, und das mentale System operiert mit voneinander abgegrenzten Teilprozessen (›eingekapselten Modulen‹). Diese Modularitätsthese beinhaltet insbes., daß Wahrnehmung ›kognitiv undurchdringlich‹ ist, was F. zur Zurückweisung perzeptueller ↑Theoriebeladenheit veranlaßt.

Werke: ›What Do We Mean?‹, J. Philos. 57 (1960), 499–506; Projection and Paraphrase in Semantics, Analysis 21 (1961), 73–77; (mit R. B. Freed) Pains, Puns, Persons and Pronouns, Analysis 22 (1961), 6–9; Of Words and Uses, Inquiry 4 (1961), 190–208; (mit R. B. Freed) Some Types of Ambiguous Tokens, Analysis 24 (1963), 19–23; (mit J. J. Katz) The Structure of a Semantic Theory, Indianapolis Ind. 1963; On Knowing What We Would Say, Philos. Rev. 73 (1964), 198–212; (mit J. J. Katz [eds.]) The Structure of Language. Readings in the Philosophy of Language, Englewood Cliffs N. J./London 1964, 1973; (mit C. S. Chihara) Operationalism and Ordinary Language. A Critique of Wittgenstein, Amer. Philos. Quart. 2 (1965), 281–295; Could there Be a Theory of Perception?, J. Philos. 63 (1966), 369–380; Psychological Explanation. An Introduction to the Philosophy of Psychology, New York 1968; Some Reflections on L. S. Vygotsky's »Thought and Language«, Cognition 1 (1972), 83–95; (mit N. J. Block) What Psychological States Are Not, Philos. Rev. 81 (1972), 159–181; Special Sciences. Or the Disunity of Science as a Working Hypothesis, Synthese 28 (1974), 97–115, unter dem Titel: Special Sciences, in: R. Boyd/P. Gasper/J. D. Trout (eds.), The Philosophy of Science, Cambridge Mass./London 1991, 1999, 429–441; (mit G. Bever/M. F. Garrett) The Psychology of Language. An Introduction to Psycholinguistics and Generative Grammar, New York etc. 1974; The Language of Thought, New York, Toronto, Hassocks 1975, Cambridge Mass. 1980; Tom Swift and His Procedural Grandmother, Cognition 6 (1978), 229–247; Computation and Reduction, in: C. W. Savage (ed.), Perception and Cognition. Issues in the Foundations of Psychology, Minneapolis Minn. 1978 (Minn. Stud. Philos. Sci. IX), 229–260; (mit Z. W. Pylyshyn) How Direct Is Visual Perception. Some Reflections on Gibson's »Ecological Approach«, Cambridge Mass. 1981; Representations. Philosophical Essays on the Foundations of Cognitive Science, Cambridge Mass./London, Brighton 1981, 1986; The Mind-Body Problem, Sci. Amer. 244 (1981), 124–132 (dt. Das Leib-Seele Problem, Spektrum Wiss. 3 [1981], 26–37); Cognitive Science and the Twin Earth Problem, Notre Dame J. Formal Logic 23 (1982), 98–118; The Modularity of Mind. An Essay on Faculty Psychology, Cambridge Mass./London 1983, 1996; Semantics. Wisconsin Style, Synthese 59 (1984), 231–250; Observation Reconsidered, Philos. Sci. 51 (1984), 23–43; F.'s Guide to Mental Representation. The Intelligent Auntie's Vade-Mecum, Mind 94 (1985), 76–100; Information and Association, Notre Dame J. Formal Logic 27 (1986), 307–323, Neudr. in: M. Brand/R. M. Harnish (eds.), The Representation of Knowledge and Belief, Tucson Ariz. 1986, 1989, 80–100; Why Paramecia Don't Have Mental Representations, Midwest Stud. Philos. 10 (1986), 3–23; Psychosemantics. The Problem of Meaning in the Philosophy of Mind, Cambridge Mass./London 1987, 1998; A Situated Grandmother? Some Remarks on Proposals by Barwise and Perry in »Situations and Attitudes«, Mind and Language 2 (1987), 64–81; (mit Z. W. Pylyshyn) Connectionism and Cognitive Architecture. A Critical Analysis, Cognition 28 (1988), 3–71; A Reply to Churchland's »Perceptual Plasticity and Theoretical Neutrality«, Philos. Sci. 55 (1988), 188–198; Making Mind Matter More, Philos. Top. 17 (1989), 59–79; A Theory of Content and Other Essays, Cambridge Mass./London 1990, 1994; (mit B. P. McLaughlin) Connectionism and the Problem of Systemactivity. Why Smolenski's Solution Doesn't Work, Cognition 35 (1990), 138–204; Methodological Solipsism Considered as a Research Strategy in Cognitive Psychology, in: R. Boyd/P. Gasper/J. D. Trout (eds.), The Philosophy of Science, Cambridge Mass./London 1991, 651–669; The Dogma that Didn't Bark (A Fragment of a Naturalized Epistemology), Mind 100 (1991), 201–220; (mit E. LePore [eds.]) Holism. A Shopper's Guide, Oxford/Cambridge Mass. 1992, rev. 1992, 1996; (mit E. LePore [eds.]) Holism. A Consumer Update, Amsterdam 1993 (Grazer Philos. Stud. 46); J. A. F., in: S. Guttenplan (ed.), A Companion to the Philosophy of Mind, Oxford/Cambridge Mass. 1994, 292–300; The Elm and the Expert. Mentalese and Its Semantics, Cambridge Mass./London 1994, 1995; (mit anderen) Aggregation of Decomposable Measures with Application to Utility Theory, Theory and Decision. Int. J. for Methods and Models in the Social and Decision Sci. 41 (1996), 59–95; Special Sciences. Still Autonomous after all these Years, Philos. Perspectives 11 (1997), 149–163; Concepts. Where Cognitive Science Went Wrong, Oxford etc. 1998; In Critical Condition. Polemical Essays on Cognitive Science and the Philosophy of Mind, Cambridge Mass./London 1998; (mit E. LePore) All at Sea in Semantic Space. Churchland on Meaning Similarity, J. Philos. 96 (1999), 381–403; The Mind Doesn't Work that Way. The Scope and Limits of Computational Psychology, Cambridge Mass./London 2000.

Literatur: S. Abraham/F. Kiefer, A Theory of Structural Semantics, The Hague/Paris 1966; F. Adams, Narrow Content. F.'s Folly, Mind and Language 5 (1990), 213–229; J. Barwise, Information and Circumstance, Notre Dame J. Formal Logic 27 (1986), 324–338; ders., Unburdening the Language of Thought, Mind and Language 2 (1987), 82–96; ders., Two Replies, Stanford Calif. 1987; ders./J. Perry, Situations and Attitudes, Cambridge Mass./London 1983, Stanford Calif. 1999 (dt. Situationen und Einstellungen. Grundlagen der Situationssemantik, Berlin 1987); M. H. Bickhard/A. Levine, Concepts. Where F. Went Wrong, Philos. Psychology 12 (1999), 5–23; S. Blackburn, F., in: ders., The Oxford Dictionary of Philosophy, Oxford/New York 1994, 141; R. J. Bogdan, Does Semantics Run the Psyche?, Philos. Phenom. Res. 49 (1989), 687–700; D. Braddon-Mitchell, F., in: T. Mautner (ed.), A Dictionary of Philosophy, Oxford/Cambridge Mass. 1996, 152–153; ders./J. Fitzpatrick, Explanation and the Language of Thought, Synthese 83 (1990), 3–29; ders./F. Jackson, The Philosophy of Mind and Cognition, Oxford/Cambridge Mass. 1996, bes. 159–235 (Part III About Content); M. J. Cain, F.'s Attempt to Naturalize Mental Content, Philos. Quart. 49 (1999), 520–526; R. K. Campbell, Nonnomic Properties of Stimuli and Psychological Explanation, Behavior and Philos. 19 (1991), 77–92; M. Carrier/J. Mittelstraß, Geist, Gehirn, Verhalten. Das Leib-Seele-Problem und die Philosophie der Psychologie, Berlin/New York 1989, 61–65 u. ö. (engl. [erw.] Mind, Brain, Behavior. The Mind-Body Problem and the Philosophy of Psychology, Berlin/New York 1991, 58–62 u. ö.); P. Casalegno, The Referential and the Logical Component in F.'s Semantics, Dialectica 52 (1998), 339–363; S. Chakraborti, Semantic Holism ›versus‹ Intentional Realism. An Informational Semanticist's Approach, J. of Indian Council of Philos. Res. 16 (1998), 43–49; D. J. Chalmers, Connectionism and Compositionality. Why F. and Pylyshyn Were Wrong, Philos. Psychology 6 (1993), 305–319; P. M. Churchland, Perceptual Plasticity and Theoretical Neutrality. A Reply to J. F., Philos. Sci. 55 (1988), 167–187; ders., Conceptual Similarity across Sensory and Neural Diversity. The

F./LePore Challenge Answered, J. Philos. 95 (1998), 5–32; F. Cowie, Mad Dog Nativism, Brit. J. Philos. Sci. 49 (1998), 227–252; H.-R. Cram, F.'s Causal Theory of Representation, Philos. Quart. 42 (1992), 56–70; R. Cummins, Meaning and Mental Representation, Cambridge Mass./London 1989, bes. 56–66 (Chap. 5 Covariance II: F.); B. v. Eckardt, F., in: R. Audi (ed.), The Cambridge Dictionary of Philosophy, Cambridge etc. ²1999, 312; T. Eden, J. A. F., in: J. Nida-Rümelin (ed.), Philosophie der Gegenwart in Einzeldarstellungen. Von Adorno bis v. Wright, Stuttgart ²1999, 207–212; F. Egan, Propositional Attitudes and the Language of Thought, Can. J. Philos. 21 (1991), 379–388; M. Fortescue, Why the ›Language of Thought‹ Is Not a Language. Some Inconsistencies of the Computational Analogy of Thought, J. of Pragmatics 3 (1979), 67–80; C. Gauker, Holism without Meaning. A Critical Review of F. and LePore's »Holism. A Shopper's Guide«, Philos. Psychology 6 (1993), 441–449; P. Godfrey-Smith, F., REP III (1998), 684–686; S. Haroutunian-Gordon, Troubles with Wittgenstein?, Educational Philos. and Theory 20 (1988), 7–11; H. Hrachovec, Philosophie ohne Psychologie. Philosophie vermischt mit Psychologie. Philosophie der Psychologie, Philos. Rdsch. 30 (1983), 44–58; P. Jacob, F., in: D. Huisman, Dictionnaire des philosophes I, Paris ²1993, 1017–1018; ders. u.a., F., Enc. philos. universelle IV/2 (1992), 3228; P. N. Johnson-Laird, What's Wrong with Grandma's Guide to Procedural Semantics? Reply to J. F., Cognition 6 (1978), 249–261; W. Kalke, What Is Wrong with F. and Putnam's Functionalism, Noûs 3 (1969), 83–93; J. J. Katz, A Reply to »Projection and Paraphrase in Semantics«, Analysis 22 (1961), 36–41; L. J. Kaye, The Languages of Thought, Philos. Sci. 62 (1995), 92–110; S. Laurence/E. Margolis, Regress Arguments against the Language of Thought, Analysis 57 (1997), 60–66; A. N. Leontiev/A. R. Luria, Some Notes Concerning Dr. F.'s »Reflections on L. S. Vygotsky's ›Thought and Language‹«, Cognition 1 (1972), 311–316; E. LePore, Conditions on Understanding Language, Proc. Arist. Soc. 97 (1997), 41–60; K. Livingston, What F. Means. Some Thoughts on Reading J. F.'s »A Theory of Content and Other Essays«, Philos. Psychology 6 (1993), 289–301; B. Loewer/G. Rey (eds.), Meaning in Mind. F. and His Critics, Oxford/Cambridge Mass. 1991, 1993; W. G. Lycan, A New Lilliputian Argument against Machine Functionalism, Philos. Stud. 35 (1979), 279–287; C. Macdonald/G. Macdonald (eds.), Connectionism. Debates on Psychological Explanation, Oxford/Cambridge Mass. 1995; P. T. Mackenzie, The Psychology of Clever Clowning, Philos. 67 (1992), 103–107; J. Margolis, Behaviorism, Materialism, Mentalism and Skepticism, Philos. Forum 2 (1970), 15–23; M. Martin, Neurophysiological Reduction and Psychological Explanation, Philos. Soc. Sci. 1 (1971), 161–170; L. F. Mucciolo, F. on the Unity of Science, Philos. Forum 3 (1971), 133–137; ders., The Possibility of Type-Materialism, Metaphilos. 5 (1974), 133–150; ders., The Identity Thesis and Neuropsychology, Noûs 8 (1974), 327–342; ders., Neurophysiological Reduction, Psychological Explanation and Neuropsychology, Philos. Soc. Sci. 5 (1975), 451–462; J. Perry, F. and LePore on Holism, Philos. Stud. 73 (1994), 123–138; ders., Broadening the Mind, Philos. Phenom. Res. 58 (1998), 223–231; ders./D. Israel, F. and Psychological Explanations, Stanford Calif. 1991, Neudr. in: B. Loewer/G. Rey (eds.), Meaning in Mind. F. and His Critics, Oxford/Cambridge Mass. 1991, 1993, 165–180; D. E. Pfeifer, The Question of Reference in the Writings of J. A. F. and J. J. Katz, Foundations of Language 2 (1966), 142–150; D. Pollard, F., in: S. Brown/D. Collinson/R. Wilkinson (eds.), Biographical Dictionary of 20th Century Philosophers, London 1996, 240–241; H. Putnam, Comment on F.'s »Cognitive Science and the Twin Earth Problem«, Notre Dame J. Formal Logic 23 (1982), 294–295; C. Radford, Pain and Pain Behavior, Philos. 47 (1972), 189–205; A. Rosenberg/N. J. Mackintosh, On F.'s Distinction between Strong and Weak Equivalence in Machine Simulation, Philos. Sci. 40 (1973), 118–120; M. Rowlands, Connectionism and the Language of Thought, Brit. J. Philos. Sci. 45 (1994), 485–503; B. Shannon, Remarks on the Modularity of Mind, Brit. J. Philos. Sci. 39 (1988), 331–352; ders., F.'s Impasse. A Converse Perspective and a Way Out, J. Theory of Soc. Behaviour 28 (1998), 129–145; S. Shoemaker, Functionalism and Qualia, Philos. Stud. 27 (1975), 291–315; H. Sinclair, Some Comments on F.'s »Reflections on L. S. Vygotsky's ›Thought and Language‹«, Cognition 1 (1972), 317–318; C. W. Slater, Naturalizing Semantics. F. and Dretske on the Content of Psychological States, Ann Arbor Mich. 1990 (Mikrofilm); A. N. Sussman, Mental Entities of Theoretical Entities, Amer. Philos. Quart. 12 (1975), 277–288; P. Tartaglia, Problems in the Construction of a Theory of Natural Language, The Hague/Paris 1972, bes. 148–169 (Chap. 7 Katz and F.'s Semantic Theory of Natural Language); S. Teghrarian, Linguistic Rules and Semantic Interpretation, Amer. Philos. Quart. 11 (1974), 307–315; N. Y. Teng, The Language of Thought and the Embodied Nature of Language Use, Philos. Stud. 94 (1999), 237–251; J. L. Thompson, About Criteria, Ratio 13 (Oxford 1971), 30–43 (dt. Über Kriterien, Ratio 13 [Hamburg 1971], 26–38); E. Villanueva, A Cognitive Solution to a Mind-Body Problem, Ludus Vitalis, J. Philos. of Life Sci. 4 (1996), H. 7, 131–139; L. S. Vygotskij, Myslenie i rec', Moskau 1934, 1956, 1996 (dt. L. S. Wygotski, Denken und Sprechen, ed. J. Helm, Berlin 1964, Frankfurt 1969, rev. 1974, 1993; engl. L. S. Vygotsky, Thought and Language, ed. E. Hanfmann/G. Vakar, Cambridge Mass./London 1962, 1975, ed. [rev.] A. Kozulin, Cambridge Mass./London 1986, 1997, unter dem Titel: Thinking and Speech, in: The Collected Works of L. S. Vygotsky I, ed. R. W. Rieber/A. S. Carton, New York/London 1987, 39–285); C. Wallis, Asymmetric Dependence, Representation and Cognitive Science, South. J. Philos. 33 (1995), 373–401; K. Warmbrod, Theoretical Devices for Marking Semantic Anomalies, Can. J. Philos. 3 (1974), 365–372; T. Winograd, Cognition, Attunement and Modularity, Mind and Language 2 (1987), 97–103 [zur Diskussion zwischen F. und Barwise]. M. C.

Folge (logisch) (engl. conclusion), *Folgesatz*, im logischen Sinne bei ↑Folgerungen synonym zu ↑*Konklusion* verwendeter Terminus. In diesem Zusammenhang spricht man davon, daß bestimmte Prämissen, Bedingungen, Gründe eine bestimmte F. implizieren. Man notiert dies dann häufig auch in Sätzen der Form ›wenn $A_1, A_2, \ldots, A_n$, so B‹, wobei B die F. darstellt. Ein spezieller, z. B. in B. Bolzanos »Wissenschaftslehre« (vgl. dort § 162, ↑Abfolge) leitender Gebrauch schreibt für das Gründe–F.-Verhältnis vor, daß die Gründe *wahre* Sätze sein müssen. Die deutsche Sprache bringt diese zusätzliche Anforderung in der Regel durch ›B, weil $A_1, A_2, \ldots, A_n$‹ zum Ausdruck. – Der häufig synonyme Gebrauch von ›F.‹ und ›Wirkung‹ (engl. effect) ist irreführend. Während die Grund–F.-Relation im allgemeinen einen logischen oder Begründungszusammenhang zwischen Behauptungen, Sätzen oder Aussagen bezeichnet, wird die Ursache–Wirkung-Relation (↑Ursache) zur

Bezeichnung entsprechender Kausalrelationen zwischen Ereignissen und Zuständen verwendet. F. K.

Folge (mathematisch), in der Mathematik eine ↑Funktion, die als Argumente die ↑Grundzahlen hat. Sind die Bilder Zahlen, Punkte oder Funktionen, so spricht man entsprechend von einer *Zahlenfolge*, einer *Punktfolge* und einer *Funktionenfolge*; sind die Bilder selbst F.n, von einer *Doppelfolge*. Schreibt man die darstellenden Terme (↑Darstellung (logisch-mengentheoretisch)) $\mathbf{1}_n T(n)$ von F.n kurz als ›a_*‹, so heißt a_k ›das k-te Glied‹ der F. a_*; z. B. ist 2^k das k-te Glied der F. 2^* ($= \mathbf{1}_n 2^n$).

Die ↑Infinitesimalrechnung der Neuzeit nimmt (Äquivalenzklassen von) F.n von Näherungslösungen für Gleichungen, die im Bereich der rationalen Zahlen keine Lösung haben, als ›neue Zahlen‹ hinzu, da die ›konzentrierten‹ (oder ›Cauchy-‹)F.n, deren Glieder sich von einer hinreichenden Größe der Argumente an einander unbegrenzt nähern (für die also

$$\bigwedge_\varepsilon \bigvee_N \bigwedge_m \bigwedge_n (m > N \wedge n > N \rightarrow |r_m - r_n| < \varepsilon)$$

gilt), die Einführung der ›reellen Zahlen‹ der modernen ↑Analysis durch ↑Abstraktion auf eine zu dem auf Mengen zurückgreifenden Verfahren R. Dedekinds gleichwertige Weise erlauben, so daß der Begriff der F. einer der Grundbegriffe der Analysis wird.

Literatur: P. Lorenzen, Differential und Integral. Eine konstruktive Einführung in die klassische Analysis, Frankfurt 1965 (engl. Differential and Integral. A Constructive Introduction to Classical Analysis, Austin Tex./London 1971). C. T.

Folgerung (lat. consequentia, engl. consequence), zentraler Terminus der ↑Logik. Aus ↑Hypothesen $A_1, \ldots, A_n$ darf man die ↑These A *folgern*, wenn mit der Wahrheit der Hypothesen auch die Wahrheit der These verbürgt ist. Daher heißt sowohl die These eine F. (↑Folge (logisch), ↑Konklusion) aus den Hypothesen (↑Gründen, ↑Prämissen) als auch die Beziehung zwischen den Hypothesen und der These (↑Implikation) die F.s- oder Konsequenzbeziehung. Daneben nennt man auch die Schlußregel, kraft derer von den Hypothesen zu der These übergegangen werden darf, und eine Anwendung der Schlußregel, also einen ↑Schluß, eine F.. Wichtigster Spezialfall der F. und Hauptgegenstand der formalen Logik (↑Logik, formale) ist die *logische F.* (↑Deduktion), die zwischen Hypothesen und These besteht, wenn allein auf Grund der Zusammensetzung mit den logischen Partikeln (↑Partikel, logische) die Wahrheit der Hypothesen die Wahrheit der These nach sich zieht. Aus diesem Grunde kommt man in der formalen Logik allein mit ↑Aussageschemata aus, die bloß die logische Form (↑Form (logisch)) der betrachteten Aussagen wiedergeben; z. B. folgt A logisch aus den beiden Hypothesen $A \vee B$ (A oder B) und $\neg B$ (nicht B). Man unterscheidet dabei einen *syntaktischen* (auf G. Frege und R. Carnap zurückgehenden) F.sbegriff von einem *semantischen* (auf B. Bolzano und A. Tarski zurückgehenden) F.sbegriff, je nachdem ob die Schlußregeln der formalen Logik in kalkülisierter Form (↑Logikkalkül) vorliegen oder nicht: Eine These A folgt logisch im syntaktischen Sinne aus Hypothesen $A_1, \ldots, A_n$ (symbolisiert: $A_1, \ldots, A_n \vdash A$), wenn A auf Grund der Regeln eines Logikkalküls aus $A_1, \ldots, A_n$ abgeleitet werden kann (↑ableitbar/Ableitbarkeit); sie folgt hingegen logisch im semantischen Sinne aus den Hypothesen (symbolisiert: $A_1, \ldots, A_n \models A$), wenn bei jeder Interpretation (↑Interpretationssemantik) der Aussageschemata $A_1, \ldots, A_n$, A, mit der $A_1, \ldots, A_n$ sämtlich in wahre Aussagen überführt werden, auch A zu einer wahren Aussage wird.

Grundsätzlich gibt es auch für anders konzipierte Logiken (↑Logik, nicht-klassische) einen F.sbegriff. Insbes. wird der dialogische Begriff der (logischen) F. (↑Logik, dialogische) durch die Existenz einer (formalen) ↑Gewinnstrategie für die vom ↑Proponenten übernommene These A unter den vom ↑Opponenten übernommenen Hypothesen $A_1, \ldots, A_n$ (symbolisiert: $A_1, \ldots, A_n \prec A$) definiert. Er führt bei geeigneter Wahl der dialogischen Spielregeln zu den Schlußregeln der effektiven Logik (↑Logik, konstruktive) und hat erst dann mit dem semantischen F.sbegriff gleiche Extension, wenn das ↑tertium non datur oder ↑duplex negatio affirmat (↑Stabilitätsprinzip) für alle Teilaussagen der $A_1, \ldots, A_n, A$ zu den Hypothesen hinzugefügt wird.

Weitere wichtige F.sarten sind die ↑*analytische* F. auf Grund von Sprachregelungen – z. B. folgt ›dies ist ein Pferd‹ *analytisch* aus ›dies ist ein Schimmel‹, weil ›Schimmel sind Pferde‹ eine in Kraft befindliche Begriffsbestimmung ist (↑Urteil, analytisches) – und die ↑*synthetische* F. auf Grund von Gegenstandskonstruktionen – z. B. folgt die Induktionsbehauptung (↑Induktion, vollständige) $\bigwedge_x A(x)$ (alle natürlichen Zahlen haben die Eigenschaft A) *arithmetisch* (↑Arithmetik) aus den beiden Induktionsannahmen $A(|)$ (die Zahl | hat die Eigenschaft A) und

$$\bigwedge_x (A(x) \rightarrow A(x|))$$

(mit einer natürlichen Zahl x hat auch die nächstfolgende Zahl $x|$ die Eigenschaft A), weil die natürlichen ↑Zahlen sich durch den ↑Strichkalkül einer Aneinanderfügung (artikuliert durch die Operation der ↑Verkettung) von Strichen oder anderen Grundzeichen (symbolisiert:

$$\Rightarrow |$$
$$n \Rightarrow n|\,)$$

als Repräsentanten des Zählprozesses konstruieren lassen. K. L.

Fonseca, Pedro da, *Cortiçada (Portugal) 1528, †Lissabon 4. Nov. 1599, spätscholastischer Philosoph. 1548 Eintritt in den Jesuitenorden, 1582–1589 Oberer des Ordenshauses in Lissabon, 1589–1592 Visitator der portugiesischen Ordensprovinz. F. lehrte 1557–1561 in Coimbra Philosophie und regte dort die Aristoteleskommentare der ›Coimbrizenser‹ an; seine Schrift »Institutionum dialecticarum libri octo« (1564) war als Lehrbuch der Logik verbreitet; seine »Isagoge philosophica« (1591), im Titel an die »Isagoge« des Porphyrios erinnernd, aber inhaltlich weit über diese hinausgehend, kann als allgemeine Einführung in die Philosophie, insbes. in den Themenkomplex des gesamten ↑Organon, angesehen werden. Wegen seiner (auf den griechischen Originaltexten basierenden) Aristotelesforschungen, die wesentlich zur Erneuerung der ↑Scholastik beitrugen, wurde F. der ›portugiesische Aristoteles‹ genannt.

Werke: Institutionum dialecticarum libri octo, Lissabon 1564, Coimbra ²1574, ³1590, Köln 1586, Venedig 1592 (lat./port. Instituições dialécticas/Institutionum dialecticarum libri octo, I–II, ed. J. Ferreira Gomes, Coimbra 1964); Commentariorum [...] in metaphysicorum Aristotelis Stagiritae libros I, Rom 1577, II, Rom 1589, III, Évora 1604, IV, Lyon 1612, I–III, Lyon 1601–1605, I–IV, Köln 1615–1629 (repr. I–II, Hildesheim 1964); Isagoge philosophica, Lissabon 1591 (lat./port. Isagoge filosófica/Isagoge philosophica, ed. J. Ferreira Gomes, Coimbra 1965). – Totok III (1980), 566–569.

Literatur: E. J. Ashworth, P. F. and Material Implication, Notre Dame J. Formal Logic 9 (1968), 227–228; dies., Language and Logic in the Post-Medieval Period, Dordrecht/Boston Mass. 1974; V. J. Bourke, F., Enc. Ph. III (1967), 208; R. Cenal, P. da F. (1528–1599). Su crítica del texto de la »Metafísica« de Aristóteles, Rev. filos. 2 (1943), 124–146; A. A. Coxito, Metodo e ensino em P. da F. e nos Conimbricenses, Rev. port. filos. 36 (1980), 88–107; ders., P. da F.. A lógica tópica, Rev. port. filos. 38 (1982), 450–459; J. P. Doyle, F., REP III (1998), 688–690; C. A. Ferreira da Silva, Teses fundamentais da gnoseologia de P. da F., Lissabon 1959; ders., Sobre algumas teses fundamentais da metafísica e da psicologia de P. da F. no seu aspecto sistemático, Bonn 1960; J. Ferreira Gomes, P. da F., Sixteenth Century Portuguese Philosopher, Int. Philos. Quart. 6 (1966), 632–644; ders., No quarto centenário das »Instituições dialécticas« de P. da F., Rev. port. filos. 20 (1964), 273–292; FM II (1994), 1372–1373; C. Giacon, La seconda scolastica II. Precedenze teoretiche ai problemi giuridici. Toledo, Pereira, F., Molina, Suarez, Mailand 1946, bes. 31–66; A. M. Martins, F., in: Logos. Enciclopédia luso-brasileira de filosofia II, Lissabon/São Paulo 1990, 656–666; M. B. Pereira, Ser e Pessoa. P. da F. I. O método da filosofia, Coimbra 1967; W. Risse, Die Logik der Neuzeit I, Stuttgart-Bad Cannstatt 1964, bes. 361–372; M. Solana, Historia de la filosofía española III. Época del renacimiento (siglo XVI), Madrid 1940, 339–371 (Kap. 2 El P. de F. y los Conimbricenses); M. Uedelhofen, Die Logik Petrus F.s, Bonn 1916 [mit Beiträgen von A. Dyroff und J. Heckmanns]. – Rev. port. filos. 9 (1953), 354–427. M. G.

Fontenelle, Bernard Le Bovier de, *Rouen 11. Febr. 1657, †Paris 9. Jan. 1757, franz. Schriftsteller und Philosoph, Neffe von P. und T. Corneille. Nach Ausbildung bei den Jesuiten (Collège de Bourbon, ab ca. 1664) und rechtswissenschaftlichem Studium Tätigkeit als Schriftsteller (Psyché, 1679; Aspar, 1680), ab 1687 ständig in Paris. 1697 Mitglied der »Académie des sciences« (ab 1699 als deren Sekretär [secrétaire perpétuel]). F., ein bedeutender Vorläufer der ↑Aufklärung, stand im Literaturstreit der Alten und Modernen (querelle des anciens et des modernes) auf der Seite der Modernen (Digression sur les anciens et les modernes, 1688) und gilt als Begründer des *esprit philosophique,* einer wissenschaftlichen Einstellung, deren Verbreitung sich die französische Enzyklopädie zur Aufgabe machte (↑Enzyklopädisten).

In Physik und ↑Kosmologie verfolgt F. einen moderaten ↑Cartesianismus. Er gesteht I. Newton zwar die empirische Richtigkeit seiner Gravitationstheorie (↑Gravitation) zu (und betreibt die Aufnahme Newtons in die französische Akademie), hält aber an der Unerläßlichkeit einer Kausalerklärung (↑Kausalität) für die Bewegungen der Himmelskörper fest. Die einschlägigen ↑Ursachen können für F. nur mechanischer (↑Mechanismus) Art sein, so daß R. Descartes' ↑Wirbeltheorie die kausale Grundlegung von Newtons Theorie der Gravitationsanziehung bereitstellen soll. Diese lebenslang vertretene Auffassung bringt F. noch in der 1752 (ein Vierteljahrhundert nach Newtons Tod) veröffentlichten »Théorie des tourbillons cartésiens avec des réflexions sur l'attraction« zum Ausdruck. – In seinen einflußreichen »Entretiens sur la pluralité des mondes« (1686) diskutiert F. in einer die wissenschaftspopularisierenden Darstellungen der ↑Aufklärung prägenden Weise die rivalisierenden Weltsysteme von K. Ptolemaios, N. Kopernikus und T. Brahe. Im Anschluß an Vorstellungen G. Brunos von der grenzenlosen Fruchtbarkeit und Lebensfülle des Universums nimmt F. die Existenz einer Vielzahl von Planetensystemen und bewohnten Welten an. Darin kommt im Zuge der Kopernikanischen Revolution in der Astronomie die Absage an den kosmologischen Anthropozentrismus der Vergangenheit zur Geltung. Der Mensch befindet sich nicht im Zentrum einer kleinen, abgeschlossenen Welt. Vielmehr ist die menschliche Zivilisation nur eine unter vielen in einem unendlichen Weltall. Insbes. ist der Mensch nicht die Krone der Schöpfung; andere, fortgeschrittenere Kulturen könnten in den Weiten des Universums existieren.

Werke: Œuvres diverses, I–III, Amsterdam 1701, La Haye 1727; Œuvres, I–VI, Paris 1742; Œuvres, I–VIII, Paris 1790–1792; Œuvres complètes, I–III, ed. G. B. Depping, Paris 1818 (repr. Genf 1968); Œuvres choisies, Paris 1938; Textes choisis, ed. M. Roelens, Paris 1966; Œuvres complètes, I–IX, ed. A. Niderst, Paris 1989–2001. – Nouveaux dialogues des morts, Paris 1683, ed. D. Schier, Chapel Hill N. C. 1974 (dt. Gespräche im Elysium, Leipzig 1948, Hamburg 1989); Entretiens sur la pluralité des mondes, Paris 1686, Nachdr. in: Entretiens sur la pluralité des mondes. Digression sur les anciens et les modernes, ed. R.

Shackleton, Oxford 1955, 51–157, Paris 1991 (engl. Conversations on the Plurality of Worlds, London 1715, Berkeley Calif. 2000; dt. Dialoge über die Mehrheit der Welten, Berlin 1780 [repr. Weinheim 1983]); Poésies pastorales, Paris 1688, Nachdr. in: Œuvres complètes II (1991), 319–379; Digression sur les anciens et les modernes, in: Poésies pastorales [s.o.], 1688, Nachdr. in: Œuvres complètes II (1991), 411–431; Neudr. in: Entretiens sur la pluralité des mondes. Digression sur les anciens et les modernes [s.o.], 159–176; Éléments de la géométrie de l'infini, Paris 1727, Nachdr. 1995 (= Œuvres complètes VIII), Préface separat in: Œuvres complètes VII, 355–373; Théorie des tourbillons cartésiens, avec des réflexions sur l'attraction, Paris 1752, Nachdr. in: Œuvres complètes VII, 375–451; Histoire de l'Académie royale des Sciences depuis son établissement en 1666 jusqu'à 1679, Paris 1733; F.. Histoire des Ajaoiens, ed. H.-G. Funke, Heidelberg 1982 (Studien zur Reiseutopie der Frühaufklärung II) (mit Bibliographie, 168–176); Philosophische Neuigkeiten für Leute von Welt und für Gelehrte. Ausgewählte Schriften, ed. H. Bergmann, Leipzig 1989, ²1991. – Histoire de l'Académie royale des Sciences Paris, 1699–1740. – S. Delorme, Contribution à la bibliographie de F., Rev. hist. sci. applic. 10 (1957), 300–309.

Literatur: F. Bott, L'entremetteur. Esquisses pour un portrait de M. de F., Paris 1991; J.-R. Carré, La philosophie de F., ou le sourire de la raison, Paris 1932 (repr. Genf 1970); J. W. Cosentini, F.'s Art of Dialogue, New York 1952; S. Delorme, F., DSB V (1972), 57–63; O. Fellows, F., Enc. Ph. III (1967), 208–209; F. Grégoire, F.. Une ›philosophie‹ désabusée, Paris 1947; W. Krauß, F. und die ›Republik der Philosophen‹, in: ders., Perspektiven und Probleme. Zur französischen und deutschen Aufklärung und andere Aufsätze, Neuwied 1965, 285–295; ders., F. und die Aufklärung, München 1969; G. Lissa, Cartesianesimo e anticartesianesimo in F., Neapel 1971; ders., F. tra scetticismo e nuova critica, Neapel 1973; L. Maigron, F., l'homme, l'oeuvre, l'influence, Paris 1906 (repr. Genf 1970); L. M. Marsak, B. de F.. The Idea of Science in the French Enlightenment, Philadelphia Pa. 1959 (Transact. Amer. Philos. Soc. NS 49, Part 7); A. Niderst, F. à la recherche de lui-même (1657–1702), Paris 1972 (mit Bibliographie, 619–660); ders., F., Paris 1991; M. Schönfeld, F., REP III (1998), 690–693.   J. M./M. C.

Forberg, Friedrich Karl, *Meuselwitz 30. Aug. 1770, †Hildburghausen 1848, dt. Philosoph. 1792 Privatdozent in Jena, 1797 Konrektor, später Rektor in Saalfeld, 1806 Geheimer Rat in Coburg, 1807 Aufseher der herzoglichen Hofbibliothek. – Beeinflußt durch I. Kant und K. L. Reinhold wandte sich F. der ↑Wissenschaftslehre J. G. Fichtes zu. Die Veröffentlichung seines Aufsatzes »Über die Entwicklung des Begriffes Religion« (1798) in Fichtes »Philosophischem Journal« gab den Anstoß zum ↑Atheismusstreit, der zu Fichtes Entlassung führte. ↑Religion besteht nach F. allein in dem praktischen Glauben an eine moralische Welt und in dem Einsatz für diese Welt. ↑Pflicht (im Sinne Kants) ist nicht der Glaube, *daß* Gott existiert, sondern zu handeln, *als ob* er bzw. eine durch Gott erhaltene moralische Welt (bereits) existierte.

Werke: De aesthetica transcendentali, Diss. Jena 1792; Über die Gründe und Gesetze freier Handlungen, Jena 1795; Apologie seines angeblichen Atheismus, Gotha 1799; Über die Pflichten des Gelehrten, Gotha 1801; Fichte und F.. Die philosophischen Schriften zum Atheismusstreit. Mit F.s Aufsatze: Entwicklung des Begriffs der Religion, ed. F. Medicus, Leipzig 1910.

Literatur: C. Dierksmeier, Fichtes Entlassung. Der Jenaer Atheismusstreit vor 200 Jahren, Krit. Jb. Philos. 4 (1999), 81–100; M. Frank, F. K. F. – Porträt eines vergessenen Kommilitonen des Novalis. Auszug aus einer Vorlesung über »Philosophische Grundlagen der Frühromantik«, Athenäum. Jb. Romantik 6 (1996), 9–46; H. Rickert, Fichtes Atheismusstreit und die kantische Philosophie. Eine Säkularbetrachtung, Berlin 1899; W. Röhr (ed.), Appellation an das Publikum. Dokumente zum Atheismusstreit um Fichte, F., Niethammer (Jena 1798/99), Leipzig 1987, ²1991; A. Wesselsky, F. und Kant. Studien zur Geschichte der Philosophie des Als ob und im Hinblick auf eine Philosophie der Tat, Wien 1913.   H.-L. N.

forcing (von engl. to force, erzwingen), ›Erzwingungsbeziehung‹ bzw. ›Erzwingungsmethode‹, erstmals 1963 von P. J. Cohen in seinem Beweis der Unabhängigkeit (↑unabhängig/Unabhängigkeit (logisch)) der ↑Kontinuumhypothese eingeführter Terminus der ↑Mengenlehre und ↑Modelltheorie. Er bezeichnet eine Relation, die man intuitiv etwa folgendermaßen beschreiben kann: Sei $\mathfrak{M}$ ein ↑Modell einer formalen Sprache (↑Sprache, formale) S, zu deren Vokabular auch Mengenvariable $a, b, c, \ldots$ gehören. Die ↑Variable a werde in $\mathfrak{M}$ durch die Menge A belegt (↑Belegung). P sei eine Bedingung (›f. condition‹), die für endlich viele Gegenstände aus dem Grundbereich von $\mathfrak{M}$ festlegt, ob sie zu A gehören oder nicht. φ sei eine Formel von S, in der a frei vorkommen kann. Dann gilt $P \models \varphi$ (›P forces φ‹, ›P erzwingt φ‹) genau dann, wenn die durch P gegebene endliche Information über A ausreicht, um die Wahrheit von φ in $\mathfrak{M}$ festzustellen. Die exakte induktive Definition (↑Definition, induktive) der f.-Relation hat formale Ähnlichkeiten mit den von S. A. Kripke und E. W. Beth angegebenen semantischen Deutungen der intuitionistischen Logik (↑Beth-Semantik, ↑Kripke-Semantik, ↑Logik, intuitionistische, vgl. A. Grzegorczyk, A Philosophically Plausible Formal Interpretation of Intuitionistic Logic, 1964). Ein Bezug zur klassischen Wahrheitsdefinition, die man als Bewertung aller Aussagen in der Booleschen Algebra (↑Boolescher Verband) der ↑Wahrheitswerte auffassen kann (↑Bewertungssemantik), besteht darin, daß sich die f.-Relation als Bewertung aller Aussagen in der Booleschen Algebra der Bedingungen (›f.-conditions‹) interpretieren läßt.

Für Cohen war die f.-Relation ein wesentliches Hilfsmittel, zu einem abzählbaren Modell der Zermelo-Fraenkelschen Mengenlehre (↑Zermelo-Fraenkelsches Axiomensystem) mit ↑Auswahlaxiom (ZFC) eine Erweiterung zu konstruieren, in der sowohl die Axiome von ZFC als auch die Negation der Kontinuumhypothese gelten. Aus der Existenz eines solchen Modells und der von K. Gödel bewiesenen Konsistenz (↑widerspruchsfrei/Widerspruchsfreiheit) der Kontinuumhypothese mit den ZFC-Axiomen folgt die Unabhängigkeit der Kontinuumhypothese von diesen. – Seit Cohens Entdeckung wird die f.-Relation in der Mengenlehre und der Modelltheorie systematisch genutzt, um die Widerspruchsfreiheit (bzw. Unabhängigkeit) gegebener Hypothesen mit zugrundegelegten axiomatischen Theorien dadurch zu beweisen, daß man Modelle dieser Theorien konstruiert, in denen die fraglichen Hypothesen (bzw. deren Negationen) gelten. Deshalb wird inzwischen ›f.‹ oft in einem allgemeineren Sinne als Methodenbezeichnung für Verfahren verwendet, mit Hilfe der f.-Relation gegebene Modelle axiomatischer Theorien zu neuen Modellen zu erweitern.

Literatur: J. L. Bell, Boolean-Valued Models and Independence Proofs in Set Theory, Oxford 1977, ²1985; J. P. Burgess, F., in: J. Barwise (ed.), Handbook of Mathematical Logic, Amsterdam/New York/Oxford 1977, Amsterdam/London/New York 1993, 403–452; P. J. Cohen, The Independence of the Continuum Hypothesis, I–II, Proc. Nat. Acad. Sci. U.S.A. 50 (1963), 1143–1148, 51 (1964), 105–110; ders., Set Theory and the Continuum Hypothesis, New York/Amsterdam 1966; U. Felgner, Models of ZF-Set Theory, Berlin/Heidelberg/New York 1971; M. C. Fitting, Intuitionistic Logic, Model Theory and F., Amsterdam/London 1969; A. Grzegorczyk, A Philosophically Plausible Formal Interpretation of Intuitionistic Logic, Indagationes Math. 26 (1964), 596–601; T. J. Jech, Lectures in Set Theory with Particular Emphasis on the Method of F., Berlin/Heidelberg/New York 1971; ders., Set Theory, New York 1978, ³2003; R. B. Jensen, Modelle der Mengenlehre. Widerspruchsfreiheit und Unabhängigkeit der Kontinuum-Hypothese und des Auswahlaxioms, Berlin/Heidelberg/New York 1967; A. Kanamori, The Mathematical Development of Set Theory from Cantor to Cohen, Bull. Symb. Log. 2 (1996), 1–71; G. H. Moore, The Origins of F., in: F. R. Drake/J. K. Truss (eds.), Logic Colloquium 1986. Proceedings of the Colloquium Held in Hull, U. K. July 13–19, 1986, Amsterdam/New York/Oxford 1988, 143–173; S. Shelah, Proper F., Berlin/Heidelberg/New York 1982, unter dem Titel: Proper and Improper F., Berlin/Heidelberg/New York, ²1998; J. R. Shoenfield, Mathematical Logic, Reading Mass. etc. 1967, 1973, bes. 282–292; ders., Unramified F., in: D. S. Scott (ed.), Axiomatic Set Theory, Providence R. I. 1971 (Proc. Symposia in Pure Math. XIII/1), 357–381; W. H. Woodin, The Axiom of Determinacy, F. Axioms, and the Nonstationary Ideal, Berlin/New York 1999. P. S.

Form (griech. εἶδος, Aussehen; μορφή, Gestalt; ἰδέα, Idee; lat. forma), zusammen mit ↑Materie (↑Form und Materie) grundlegender Begriff der Philosophiegeschichte, bedeutet zunächst sichtbare Gestalt, Umriß, dann allgemein Beschaffenheit, Wesensbestimmung oder auch Art, Gattung. Platon führt den Begriff der F. im Rahmen der ↑Ideenlehre ein: F.en bzw. Ideen der Geometrie bezeichnen ›ideale‹ geometrische Gegenstände, moralische F.en bzw. Ideen Tugendideale und F.en bzw. Ideen der empirischen Gegenstände Begriffe. Gemeinsam ist den unterschiedlichen Verwendungsweisen des Ausdrucks ›F.‹ (bzw. ›Idee‹), daß F.en nicht empirisch, da die Wirklichkeit übersteigend (transzendent), sind und das Wesen der jeweiligen Gegenstände ausmachen; außerdem nimmt Platon für die F.en eine von der der natürlichen Dinge unterschiedene Existenzart an. Für Aristoteles dagegen sind F.en (verstanden als Ausdruck des ↑Wesens, des ↑Begriffs, des ↑Allgemeinen, der ↑Definition) den Dingen immanent. F. als aktives Prinzip (↑Energeia) und Materie als passives Prinzip (↑Dynamis, ↑Akt und Potenz) konstituieren den Gegenstand; nur der unbewegte Beweger (↑Beweger, unbewegter) und der unsterbliche Seelenteil (νοῦς ἀπαθής), sind reine F.en. Zum Wesen einer Sache erforderliche notwendige Bestimmungen unterscheidet Aristoteles als substantielle F.en von akzidentellen F.en als nicht notwendigen, zusätzlichen Bestimmungen. – Der ↑Neuplatonismus verbindet die Platonische Ideenlehre mit der Hypostasen- und Emanationstheorie (↑Hypostase, ↑Emanation) und schreibt jeder Idee eine F. (das Gemeinsame) und eine Materie (das Eigentümliche) zu.

In der arabischen und jüdischen Philosophie wird die F.theorie des Aristoteles weiter ausgebaut, zum Teil variiert und kontrovers diskutiert: Avicenna, der neben der speziellen Körper-F. eine allen Körpern gemeinsame, ihre Körperlichkeit (corporeitas) konstituierende F. (forma corporalis communis) und eine der Mondsphäre zugeordnete Intelligenz als Ursprung der F.en annimmt, wird von Averroës mit dem Hinweis kritisiert, daß ein Subjekt nicht mehr als eine F. haben könne und der ›erste Beweger‹ Urheber aller F.en sei. Avicebron schreibt der ›forma universalis‹ die Fähigkeit zu, das Wesen (↑essentia) aller endlichen Substanzen zu begründen; seine Annahme, daß die F. ›reines Licht‹ sei, bildet zusammen mit der These Avicennas von der F. der Körperlichkeit die Grundlage für die ↑Lichtmetaphysik von R. Grosseteste.

Das christliche Denken behandelt das F.problem zunächst im Rahmen der Genesisauslegung als Thema der Schöpfungslehre: Für A. Augustinus ist Gott der Schöpfer aller F.en und zugleich deren Urbild; das ›Wort Gottes‹ wird als ›Sitz‹ und F. aller geformten Dinge verstanden. In der Deutung des Platonischen »Timaios« bei Calcidius sind dem ↑Demiurgen nicht F.en, sondern Ideen dieses ›werktätigen Gottes‹ vorgegeben; diese Ideen werden als ›primaria species‹ von den natürlichen F.en der Dinge (›secunda species‹) unterschieden. A. M. T. S. Boëthius bezeichnet nur die Urbilder im göttlichen Intellekt als F.en, die Bestimmung in den Körpern dagegen als Abbilder. J. S. Eriugena unterscheidet eine (immer bleibende) substantielle von einer qualitativen F., die einerseits als Qualitäts- oder Quantitätsbestimmung (z.B. geometrischer Figuren), andererseits als instabile und wechselnde akzidentelle F. der natürlichen Körper verstanden wird. In der ↑Scholastik wird die F.theorie für den Bereich der Meta-

Form (ästhetisch)

physik und Ontologie differenziert und auf Probleme der Theologie angewandt: Thomas von Aquin charakterisiert F.en als unselbständige Prinzipien, die (zusammen mit der Materie) die ↑Substanzen konstituieren, sofern sie substantielle F.en sind; akzidentelle F.en leisten nur weitere Bestimmungen. Neben den ›körperlichen‹ oder ›materiellen‹ F.en gibt es nach Thomas ›geistige‹ oder ›immaterielle‹ F.en, die für sich, d. h. ohne materielles ↑Substrat, existieren können (z. B. Engel, die menschliche Vernunft). J. Duns Scotus spricht sich für die Realität der F.en (bzw. ↑Universalien, ↑Universalienstreit) in den Dingen aus, indem er sie als aktual seiend bezeichnet, und nimmt auch für die Individualität ein F.prinzip (↑haecceitas) an. Mit ihm und gegen Thomas behauptet Wilhelm von Ockham die Singularität der F.en, lehnt jedoch die These von der Realexistenz der Universalien ab. F. Suárez sieht ebenfalls die substantielle F. (neben der Materie), dazu die jeweilige Art der Verbindung von Materie und F. (eine neue metaphysische Entität), als Individuationsprinzip und die menschliche Seele als individuelle Schöpfung Gottes an.

Mit F. Bacon beginnt die Lösung der F.problematik von ontologischen, theologischen und teleologischen Fragestellungen. Bacon versteht F.en als Gesetze und Bestimmungen, die auf Grund von Beobachtung durch ↑Induktion und Verallgemeinerung gewonnen werden. R. Descartes lehnt die Vorstellung substantieller F.en als Ausdruck animistischer (↑Animismus) und anthropomorpher (↑Anthropomorphismus) Naturdeutung ab; T. Hobbes anerkennt nur akzidentelle F.en, G. W. Leibniz hingegen sucht, gegen den Skeptizismus J. Lockes, für den Begriff der F. im Rahmen der Vorstellung einer ›tätigen Kraft‹ (vis activa) und des Postulates einer prästabilierten Harmonie (↑Harmonie, prästabilierte) wieder eine genuin metaphysische Bedeutung zurückzugewinnen. Die Schulphilosophie (C. Wolff, A. G. Baumgarten) unterscheidet im Begriff der F. einen physikalischen Aspekt (F.en nicht als intelligible Entitäten, sondern als wirkende Kräfte), einen metaphysischen Aspekt (F.en als Seinsprinzipien) und einen erkenntnistheoretischen Aspekt (F.en als Bestimmungen wie Art und Gattung). Für I. Kant sind, in völliger Abkehr von der aristotelisch-scholastischen Tradition, F.en ↑Reflexionsbegriffe (Raum und Zeit als F.en der ↑Anschauung, ↑Kategorien als F.en des Denkens). Auch der Sprachgebrauch von F. in der Praktischen Philosophie (und in der Ästhetik) Kants markiert in diesem Sinne den Übergang von einer metaphysischen zu einer logisch-erkenntnistheoretischen Begrifflichkeit. Bei E. Husserl tritt der Ausdruck ›F.‹ im Rahmen einer insbes. auf die logische F. (↑Form (logisch)) von Aussagen bezogenen Theorie der ›kategorialen Anschauung‹ auf.

Literatur: ↑Form und Materie.   M. G.

Form (ästhetisch) (griech. morphē, hylē; lat. forma), Grundbegriff der Ästhetik (↑ästhetisch/Ästhetik) und der Kunsttheorie, insbes. jenes Theorietyps, mit dem hauptsächlich formale Aspekte ästhetischer Gegenstände untersucht werden (z. B. in der literarischen Formanalyse des russischen Formalismus). Dabei sollte im 18. Jh. beginnend mit der Herbartschule die formale Ästhetik, dem Vorbild der formalen Logik (↑Logik, formale) folgend, als ›allgemeine Formwissenschaft‹ (R. Zimmermann, Ästhetik II, 1865) etabliert werden. Entgegen der Auffassung A. G. Baumgartens, des Initiators der Ästhetik als theoretischer philosophischer Disziplin, sollte somit nicht mehr die Ästhetik der Logik, sondern die Logik der Ästhetik zu Hilfe kommen.

F.en im logischen Sinne (↑Form (logisch), ↑formal) werden auf der symbolischen Ebene, F.en im ästhetischen Sinne auf der *symptomischen Ebene* zum Gegenstand gemacht; die einen treten unabhängig vom bezeichneten Gegenstand (Gegenstandsbereich) als eigenständige Zeichen (Zeichengegenstände) auf (↑Zeichen (logisch)), die anderen, von diesem abhängig, als semiotischer Teil des Bezeichneten (↑Zeichen (semiotisch), ↑Symboltheorie) (D. Gerhardus, Die sensuelle Erschließung der Welt, 1999). Demnach stellen sie pars pro toto dar und lassen sich unter die sensuellen Formen einordnen. Sensuelle Formen zum Gegenstand der Ästhetik und nicht lediglich einer (philosophischen) Wahrnehmungstheorie (im Sinne von griech. ›aisthesis‹) zu machen, heißt, diese auch im Modus des Sensuellen zu reflektieren, so daß es im sensuellen Erfahrungsbereich zur Wissensbildung eigenen Rechts, einem als operationale Fertigkeit auftretenden Wissen, kommt, das, Aristoteles folgend, Gegenstand der poietischen Philosophie ist (↑Philosophie, poietische, ↑Erfahrung, ästhetische). Im Modus des Sensuellen reflektierte sensuelle Zeichengegenstände lassen sich demnach als ästhetische F.en bezeichnen, die *künstlerische Kompetenz* (Objektkompetenz zweiter Stufe, ↑Forschung) erfordern, Gliederungs-(kompositionelle, syntaktische) und Aboutness-(bedeutungshafte, semantische [im weitesten Sinne])Aspekte im gleichen Medium (↑Medium (semiotisch)) im Modus des Explorierens miteinander verschränkend. Exploration, verstanden als Herstellen und Darstellen verbindendes *sensuelles Forschen*, schließt Zeichen(er)findung, verstanden als handwerklich-künstlerische (artisanal-artistische) Zeichenbildung mit all ihren technischen Abkömmlingen ein, die Gliederung und Bedeutung eines sensuellen, z. B. visuellen Zeichens (Zeichenzusammenhangs), kotextuell über ›Anschlußstellen‹ (z. B. in Wort- bzw. Satzverläufen eines Gedichts) einführt und verwendet (↑Kotext).

Die von der philosophischen Ästhetik und von mit ästhetischen Fragestellungen befaßten Einzelwissenschaften behauptete besondere Verbindung von ›F.

und Inhalt‹, ›Gehalt und Gestalt‹ (O. F. Walzel) im Kunstwerk, den mixta composita aus Stoff und F. der Tradition nachgebildet, läßt sich als Syndrom von ›formschaffenden Abstraktionstypen‹ der Zeichengegenstände auf der symptomischen Ebene verstehen, insoweit diese etwa sowohl die Lautgestalt der Wortfolge eines Gedichts, dessen gebundene Rede als auch dessen jahreszeitliches Thema und andere Eigenschaften des Herstellens und Darstellens zu umfassen vermag; so auch prägnant in einem Gemäldebild, wenn dort die zur Positionierung von Farbpartien (Farbkomposition) als Mittel verwendete Farbe zugleich zu seinem Gegenstand (Sujet) gemacht wird (↑Stil). Somit spricht man im ästhetisch-künstlerischen Bereich von *Thematisierungsformen* im Sinne *dichter Verschränkung* von F. und Inhalt.

Unter dem den mimetischen Ansatz (z. B. konturierende ›Abformung‹) grundlegend reformierenden ›Zeichenregime‹ des 18. Jhs. kritisiert A. Cozens (1717–1786) die Unmittelbarkeitsthese eines zeichenfreien Zugangs zur Welt anhand einer ›method of blotting‹. Er setzt dabei auf das Herstellen (Vorrang von Poiesis vor Mimesis) von Sichtbarkeitsformen anhand visueller *Zeichengestalten* und weist ihnen eine paradigmatische Rolle zu, um ›natürliche Darstellung‹ durch ›artificial representation‹ abzulösen. Cozens plädiert (A New Method of Assisting the Invention in Drawing Original Compositions of Landscape, 1785) für ein spontanes Erfinden von Ansammlungen sichtbarer Zeichengestalten – ›rude and unmeaning‹ – F.en (= Gestalten), die, als bezeichnende Teile eingesetzt, dann Bezeichnungsfunktion übernehmen können, wenn sie im Hinblick auf das darzustellende landschaftliche Sujet dem Modus der Darstellung zum geeigneten Vergleichsmittel taugen. Nach Cozens läßt sich das schnell große Wirkung erzielende blotting-Verfahren in seiner piktural vorsemantischen Allgemeinheit sogar gattungsübergreifend etwa in der Historienmalerei verwenden.

Die praktische und theoretische Arbeit am ›Problem der F. in der bildenden Kunst‹ (A. v. Hildebrand) ist einerseits beispielhaft für Kontinuität und Modifikation der Frage nach der ästhetischen F. im 19. Jh., andererseits zeigt sie sich bei K. Fiedler als eine Radikalisierung der inventiven Theorie des blottings bei Cozens insofern, als es ihm, ausgehend von der künstlerischen Praxis von H. v. Marees, nicht mehr um Sichtweisen der Welt, sondern um ›reine Sichtbarkeit‹ visueller Zeichengestalten eigenen pikturalen Rechts zu tun ist. Sichtbarkeitsgestaltung gilt ihm dann als gelungen, wenn »einerseits eine Differenz zwischen der reinen Sichtbarkeit eines Bildes und der anhängenden Sichtbarkeit eines Gegenstandes beschrieben« und »andererseits die reine Sichtbarkeit auch von der Sichtbarkeit eines Ornaments abgehoben« (L. Wiesing, Die Sichtbarkeit des Bildes, 164) werden kann.

In Opposition zur normativen Poetik und zur Problemgeschichte (↑Ideengeschichte), die den Gehalt von Dichtung gleich begrifflich fassen oder aus ihr Weltanschauung abstrahieren möchte, schlägt P. Böckmann, ausgehend von der Subjektivierung der F.ensprache im 18. Jh. und im Anschluß an W. Diltheys Dichtungstheorie, dabei ausdrücklich die anthropologische Funktion von Dichtung betonend, eine *F.geschichte der Dichtung* vor, insofern sich Inhalte des ›kulturellen Lebens insgesamt‹ erst bestimmten *sensuellen Auffassungsformen* erschließen und sich deren historische Genese in das Verständnis der geschichtlichen Welt integrieren läßt. Die Erfindung solcher dichterischer Formen, in denen bzw. durch die sich der Mensch seiner selbst vergewissert, deckt W. Preisendanz am Beispiel des Humors als ästhetischer F. dichterischer ↑Einbildungskraft auf. Ebenfalls gegen ideengeschichtliche Ansätze (etwa E. Panofskys) gewendet und statt dessen einen phänomenologischen Ansatz mit methodologischen Resultaten einer semiotischen Bildtheorie (↑Bild (semiotisch)) verbindend, entwickelt M. Imdahl aus dem Zusammenhang von Bildsyntax und Bildsemantik die ›F.evidenz des Bildes‹ als *Präsentationsform* der Figuren zueinander und zum Bildrahmen und die ›Sachevidenz der im Bilde vergegenwärtigten Szene‹, die ohne bildkünstlerische F.evidenz keinen Bestand hat, und liefert zugleich einen Ansatz, das Problem *pikturaler Narration* im künstlerischen Bild zu klären.

Verbunden mit Krisenbewußtsein, Verfeinerung sensuellen Handelns und Entwürfen zur Umgestaltung von Alltagsleben und Kunst, präludiert und reflektiert in Versen wie ›F. ist Wollust‹ (E. Stadler) und ›F. nur ist Glaube und Tat‹ (G. Benn), erweist sich das im Zuge der Stilwende um 1890 entstehende Verständnis ästhetischer F. – die Rede von ›geschlossener F.‹ (H. Wölfflin) durch ›offene F.‹ (U. Eco) ersetzend – als Basis für das Überschreiten von Gattungsschranken und Kanonbildung, um den klassischen Kunstwerkbegriff schließlich zugunsten *sensuell reflektierter Prozesse* (›performative turn‹) unterschiedlichster Art in Performances, Installationen und Neuen Medien grundsätzlich in Frage zu stellen.

Um den die Semiotisierung heutiger Materialien (z. B. Kunststoffe) und die formbildenden Möglichkeiten elektronischer Medien miteinander verschränkenden künstlerischen Anstrengungen in der ästhetischen Reflexion begrifflich zu folgen, sind Ansätze zu einer ästhetischen *Artikulationstheorie* (↑Artikulation), wie die von M. Seel (Versuch über die Artikulation des Kunstwerks, 1993), weiterzuverfolgen.

Literatur: R. Arnheim, Gestaltpsychologie und künstlerische F., in: D. Henrich/W. Iser (eds.), Theorien der Kunst, Frankfurt 1982, [4]1992, 1999, 132–147; N. Batkin/W. Davis, Formalism, in: M. Kelly (ed.), Encyclopedia of Aesthetics II, New York/Oxford 1998, 213–225; C. Bell, Art, London 1914, [2]1949, 1961, New

York 1958, ed. J. B. Bullen, Oxford/New York/Toronto Ont. 1987 (dt. Kunst, Dresden 1922, ³1922); P. Böckmann, F.geschichte der deutschen Dichtung I (Von der Sinnbildsprache zur Ausdruckssprache. Der Wandel der literarischen F.ensprache vom Mittelalter zur Neuzeit), Hamburg 1949, ⁴1973; K. Boehmer, Zur Theorie der offenen F. in der neuen Musik, Darmstadt 1967, ²1988; C. v. Bormann/W. Franzen/A. Krapiec u. a., F. und Materie (Stoff), Hist. Wb. Ph. II (1972), 978–1030; M. Budd, Formalism in Art, REP III (1998), 706–708; A. Cozens, A New Method of Assisting the Invention in Drawing Original Compositions of Landscape, London 1785 (repr. 1977), ed. P. Lavezzari, Treviso 1981, ferner in: A. P. Oppé, Alexander and John Robert Cozens, London 1952, 165–187 (dt. [teilw.] in: W. Busch [ed.], Landschaftsmalerei, Berlin 1997 [Geschichte der klassischen Bildgattungen in Quellentexten und Kommentaren III], 206–213); J. Derrida, La forme et le vouloir-dire, in: ders., Marges de la philosophie, Paris 1972, 1997, 185–207 (dt. Die F. und das Bedeuten, in: ders., Randgänge der Philosophie, Wien 1988, ²1999, 159–174); U. Eco, Opera aperta. Forma e indeterminazione nelle poetiche contemporanee, Mailand 1962, ⁵2000 (dt. Das offene Kunstwerk, Frankfurt 1973, 2002); R. Eldridge, F., in: D. E. Cooper (ed.), A Companion to Aesthetics, Oxford/Cambridge Mass. 1992, 158–162; H. Focillon, Vie des formes, Paris 1934, ⁶1996 (dt. Das Leben der F.en, Bern, München 1954); E. Franz (ed.), Das offene Bild. Aspekte der Moderne in Europa nach 1945. 15. 11. 1992 – 7. 2. 1993 Westfälisches Landesmuseum Münster, 8. 4. – 31. 5. 1993 Museum der bildenden Künste Leipzig, Ostfildern-Ruit 1992; C. Fricke, Kants Theorie der schönen F., in: G. Funke (ed.), Akten des Siebenten Internationalen Kant-Kongresses II/1. Kurfürstliches Schloß zu Mainz 1990, Bonn/Berlin 1991, 623–632; H. Friedmann, Die Welt der F.en. System eines morphologischen Idealismus, München 1925, ²1930, Berlin 1935; R. Fry, Vision and Design, London 1920, ²1923, New York 1924, 1947, Harmondsworth 1937, 1961, ed. J. B. Bullen, London, Minneola N. Y., Don Mills Ont. 1981, 1998 [darin: An Essay in Aesthetics, 12–27, und: Retrospect, 199–211]; D. Gerhardus, Die sensuelle Erschließung der Welt. Vom Widerfahrnisphänomen zur symptomischen Erkenntnisform, in: K. Buchholz/S. Rahman/I. Weber (eds.), Wege zur Vernunft. Philosophieren zwischen Tätigkeit und Reflexion, Frankfurt/New York 1999, 107–119; ders. (ed.), Das entgrenzte Bild, Saarbrücken 2001 [Katalogbuch zur gleichnamigen Wanderausstellung]; G. Giraldi, Forma, in: ders., Dizionario di estetica e di linguistica generale, Mailand 1975, 328–334; M. Hamburger, Das F.-Problem in der neueren deutschen Ästhetik und Kunsttheorie, Heidelberg 1915 (repr. Nendeln [Liechtenstein] 1973); E. Hanslick, Vom Musikalisch-Schönen. Ein Beitrag zur Revision der Ästhetik in der Tonkunst, Leipzig 1854 (repr. Darmstadt 1965, 1991), Wiesbaden ²¹1989, I–II, ed. D. Strauss, Mainz/London/Paris 1990; A. v. Hildebrand, Gesammelte Schriften zur Kunst, ed. H. Bock, Köln/Opladen 1969, Opladen 1988; M. Imdahl, Bildsyntax und Bildsemantik. Zum Centurioblatt im Codex Egberti, in: ders., Zur Kunst der Tradition. Gesammelte Schriften II, ed. G. Winter, Frankfurt 1996, 78–93; ders., Sprache und Bild – Bild und Sprache. Zur Miniatur der Gefangennahme im Codex Egberti, in: ders., Zur Kunst der Tradition [s. o.], 94–103; ders., Über einige narrative Strukturen in den Arenafresken Giottos, in: ders., Zur Kunst der Tradition [s. o.], 180–209; R. Ingarden, Das F.-Inhalt-Problem im literarischen Kunstwerk, Helicon 1 (1939), 51–67, ferner in: ders., Erlebnis, Kunstwerk und Wert. Vorträge zur Ästhetik 1937–1967, Tübingen, Darmstadt 1969, 31–50; A. Jaszi, Ästhetische F. in Zeit und Raum. Ein Versuch, Dt. Vierteljahrsschr. Lit.wiss. Geistesgesch. 29 (1955), 365–389; A. Jorn, Plädoyer für die F.. Entwurf einer Methodologie der Kunst, München 1990; E. Kahler, Untergang und Übergang der epischen Kunstform, Neue Rdsch. 64 (1953), 1–44; F. Kaulbach, Ästhetische Welterkenntnis bei Kant, Würzburg 1984; F. v. Kutschera, Ästhetik, Berlin/New York 1988, ²1998, 166–185 (Kap. 3/1 Formalistische Theorien); N. Luhmann, Zeichen als F., in: D. Baecker (ed.), Probleme der F., Frankfurt 1993, 45–69; ders., Die Paradoxie der F., in: ders., Aufsätze und Reden, ed. O. Jahraus, Stuttgart 2001, 218–242; T. Metscher, F./Inhalt, ästhetischer, in: H. J. Sandkühler (ed.), Europäische Enzyklopädie zu Philosophie und Wissenschaften II, Hamburg 1990, 80–88; T. A. Meyer, F. und Formlosigkeit. Betrachtungen aus Anlaß von Fr. Strichs »Deutsche Klassik und Romantik oder Vollendung und Unendlichkeit«, Dt. Vierteljahrsschr. Lit.wiss. Geistesgesch. 3 (1925), 231–272; R. Odebrecht, F. und Geist. Der Aufstieg des dialektischen Gedankens in Kants Ästhetik, Berlin 1930; H. Pfütze, F., Ursprung und Gegenwart der Kunst, Frankfurt 1999; W. Preisendanz, Humor als dichterische Einbildungskraft. Studien zur Erzählkunst des poetischen Realismus, München 1963, ³1985 (Theorie und Geschichte der Literatur und der Schönen Künste I); H. F. Read, F. in Modern Poetry, London 1932, 1989; ders., The Origins of F. in Art, London 1965; R. Rochlitz, Forme (esth.), Enc. philos. universelle II (1990), 1028; J. Rousset, Forme et signification. Essai sur les structures littéraires de Corneille à Claudel, Paris 1962, 2000; C. Schnaidt, F. – Formalismus, Funktion – Funktionalismus, Zürich 1984; R. Schwinger/H. Nicolai, Innere F. und dichterische Phantasie. Zwei Vorstudien zu einer neuen deutschen Poetik, ed. K. J. Obenauer, München 1935; M. Seel, Versuch über die Artikulation des Kunstwerks, in: Forum für Philosophie Bad Homburg (ed.), Ästhetische Reflexion und kommunikative Vernunft, Bad Homburg 1993, 110–131; K. Städtke, F., in: K. Barck/M. Fontius/D. Schlenstedt u. a. (eds.), Ästhetische Grundbegriffe. Historisches Wörterbuch in sieben Bänden II, Stuttgart/Weimar 2001, 462–494; W. Tatarkiewicz, F. in the History of Aesthetics, DHI II (1973), 216–225; O. F. Walzel, Gehalt und Gestalt im Kunstwerk des Dichters, Berlin-Neubabelsberg 1923, Wildpark-Potsdam 1929 (repr. Darmstadt 1957); O. Weber, Funktion der F.. Architektur und Design im Wandel, Hamburg 1994; L. Wiesing, Die Sichtbarkeit des Bildes. Geschichte und Perspektiven der formalen Ästhetik, Hamburg 1997; H. Wölfflin, Das Erklären von Kunstwerken, Leipzig 1921, Köln ⁶1940 (mit Nachschrift, 39–52), ferner in: ders., Aufsätze. Das Erklären von Kunstwerken, ed. J. Gantner, Stuttgart 1961, 1969, 3–34; R. Zimmermann, Ästhetik II (Allgemeine Ästhetik als Formwissenschaft), Wien 1865 (repr. Hildesheim/New York 1972). – Sondernummer: Kunstforum 152 (2000). D. G.

Form (logisch), Terminus zur Bezeichnung der Art der Zusammensetzung einer ↑Aussage im logischen Sinne aus Elementaraussagen mit Hilfe *logischer Partikeln* (↑Junktoren, ↑Quantoren, ↑Negator, aber auch ↑Kennzeichnungsoperator etc., ↑Partikel, logische). Bei ↑Elementaraussagen zählt man zur (logischen) F. die Stellenzahl der ↑Prädikatoren und die verwendete Kopulasorte (affirmative bzw. negative ↑Kopula). Die traditionelle Logik (↑Logik, traditionelle) spricht statt von logischen F.en von Urteilsformen (↑Urteil). Entsprechendes läßt sich auch für Satzarten, die nicht Aussagesätze sind, z. B. Aufforderungssätze, festlegen.

Die Rede von der F. einer Aussage läßt sich durch ↑Abstraktion präzise einführen: Man betrachtet vollständig (d. h. bis auf Elementaraussagen) analysierte Aussagen im wesentlichen genau dann als *formgleich*, wenn sie sich durch Substitution gleichstelliger Prädikatoren bzw. Nominatorenaustausch (↑Nominator), unter Erhaltung der Gleichheit bzw. Verschiedenheit von Prädikatoren bzw. Nominatoren, ineinander überführen lassen. Abstraktion nach der ↑Äquivalenzrelation ›formgleich‹ liefert dann den Abstraktor ›F.‹. Nennt man die auftretenden Nominatoren und Prädikatoren den *Inhalt* einer Aussage, so ergibt sich zwanglos, daß bei der ›logischen‹ F. einer Aussage von deren Inhalt abgesehen wird.

Die (logische) F. einer Aussage läßt sich durch bestimmte ↑Aussageschemata repräsentieren, z. B. die F. des Satzes ›Arbeit entfremdet‹, analysiert als

›$\bigwedge_x (x \varepsilon$ Arbeitstätigkeit $\rightarrow x \varepsilon$ entfremdend)‹,

durch das quantorenlogische Schema (↑Schema, quantorenlogisches)

›$\bigwedge_x (x \varepsilon P \rightarrow x \varepsilon Q)$‹.

Allgemeiner verwendet man in der Logik den Ausdruck ›F.‹ auch für *Eigenschaften von Satzformen*, die sich durch nicht vollständig zerlegte Aussageschemata wiedergeben lassen. Z. B. hat in dem oben angeführten Allsatz der zwischen den Klammern stehende Ausdruck die durch ›$a \rightarrow b$‹ dargestellte F., wie man sagt (R. Carnap: syntaktische F.). In diesem allgemeineren Sinne hat ein Satz in der Regel entsprechend seinen ›formalen Eigenschaften‹ viele F.en.

Literatur: J. Barwise/R. Cooper, Generalized Quantifiers and Natural Language, Linguistics and Philos. 4 (1981), 159–219; M. Buth, Einführung in die formale Logik unter der besonderen Fragestellung: Was ist Wahrheit allein aufgrund der F.?, Frankfurt 1996; R. Carnap, Logische Syntax der Sprache, Wien 1934, Wien/New York ²1968, bes. 15 (engl. The Logical Syntax of Language, erw. London 1937, 1967, bes. 16–17); J. Corcoran, Logical Form, in: R. Audi (ed.), The Cambridge Dictionary of Philosophy, Cambridge/New York/Oakleigh 1995, 442–443; L. Eley, Philosophie der Logik, Darmstadt 1985, bes. 79–160 (Kap. 6 Der Standort der formalen Logik); G. Englebretsen, Natural Syntax and Sommers' Theory of Logical Form, in: ders. (ed.), The New Syllogistic, New York/Bern/Frankfurt 1987, 245–272 (Chap. 10); J. Etchemendy, The Doctrine of Logic as Form, Linguistics and Philos. 6 (1983), 319–334; G. Evans, Semantic Structure and Logical Form, in: ders./J. McDowell (eds.), Truth and Meaning. Essays in Semantics, Oxford 1976, 199–222; FM II (1994), 1377; M. Giaquinto, Logical Form, Enc. Ph. Suppl. (1996), 312–314; J. Higginbotham, Grammatical Form and Logical Form, Philos. Perspectives 7 (1993), 173–196; ders./R. May, Questions, Quantifiers and Crossing, Linguistic Rev. 1 (1981), 41–80; F. Kambartel, Zur Rede von ›formal‹ und ›F.‹ in sprachanalytischer Absicht, Neue H. Philos. 1 (1971), 51–67, Neudr. in: ders., Theorie und Begründung. Studien zum Philosophie- und Wissenschaftsverständnis, Frankfurt 1976, 122–139; T. Kapitan, Form and Implication, Log. anal. 27 (1984), 15–38; J. Ladrière, Forme [log.], Enc. philos. universelle II/1 (1990), 1027; R. K. Larson/P. Ludlow, Interpreted Logical Forms, Synthese 95 (1993), 305–355; R. May, Logical Form. Its Structure and Derivation, Cambridge Mass./London 1985; ders., Interpreting Logical Form, Linguistics and Philos. 12 (1989), 387–435; T. McCarthy, Logical Form and Radical Interpretation, Notre Dame J. Formal Logic 30 (1989), 401–419; A. Menne, Gestalten der Logik, Stud. Gen. 19 (1966), 160–168, Neudr. in: ders./N. Öffenberger (eds.), Zur modernen Deutung der Aristotelischen Logik II (Formale und nicht-formale Logik bei Aristoteles), Hildesheim/Zürich/New York 1985, 1–9; C. Menzel, Logical Form, REP V (1998), 781–785; J. A. Robinson, Logic: F. and Function. The Mechanization of Deductive Reasoning, Edinburgh 1979; M. Sainsbury, Logical Forms. An Introduction to Philosophical Logic, Oxford/Cambridge Mass. 1991; G. Schenk, Zur Geschichte der logischen F. I (Einige Entwicklungstendenzen von der Antike bis zum Ausgang des Mittelalters), Berlin (Ost) 1973; F. Sommers, The Logic of Natural Language, Oxford 1982, 1984; P. Stekeler-Weithofer, Grundprobleme der Logik. Elemente einer Kritik der formalen Vernunft, Berlin/New York 1986; E. Stenius, F., l.e, Hist. Wb. Ph. II (1972), 975; WbL (1978), 309–311 (logische F.); M. Wilson, Can We Trust Logical Form?, J. Philos. 91 (1994), 519–544; L. Wittgenstein, Tract. 2.18.   F. K.

formal (lat. formalis/formaliter, engl. formal, franz. formel), auf die ↑Form (*forma*) bezogen, nicht auf den ↑Inhalt oder den ↑Stoff (*materia*). Ausgehend von dieser auf Aristoteles zurückgehenden Gegenüberstellung (↑Form und Materie) sind, jenseits einer alltagssprachlichen Verwendung von ›f.‹ im Sinne von ›ausdrücklich‹ oder von ›förmlich‹ und teilweise auch pejorativ im Sinne von ›auf bloß äußeren Schein setzend‹, in der Tradition zahlreiche terminologische Differenzierungen entwickelt worden, die zum Teil miteinander unverträglich sind. Noch heute orientieren sich Vorschläge einer begrifflichen Präzisierung von ›f.‹ weitgehend am besonderen Sprachgebrauch im Bereich der Logik (↑Form (logisch), ↑Formalisierung).

Die ↑Logik als Lehre vom folgerichtigen Denken und Argumentieren heißt f., wenn es nur um solche Schlüsse geht, bei denen die Beziehung der ↑Implikation zwischen den ↑Prämissen und der ↑Konklusion des Schlusses nicht von deren Inhalt, sondern allein von deren als ›logische Form‹ bezeichneten sprachlichen Gestalt und damit der Form ihrer Zusammensetzung mit den logischen Partikeln (↑Partikel, logische) abhängt. Ein ↑Schluß dieser Art bleibt daher gültig, wenn die in den daran beteiligten ↑Aussagen auftretenden ↑Prädikatoren und ↑Nominatoren durch bloße schematische Buchstaben (engl. schematic letters, ↑Variable, schematische) ersetzt und damit die Aussagen in ↑Aussageschemata überführt werden. Die f.e Logik (↑Logik, formale) ist aus diesem Grund derjenige Teil der Logik, der von der Theorie der f.en ↑Wahrheit von Aussagen bzw. der f.en ↑Folgerung von Aussagen auf Aussagen gebildet wird.

Genauer noch spricht man in diesem Falle von f.-*logischer* Geltung und unterscheidet davon schwächere Formen f.er Geltung, bei der nur die Prädikatoren, nicht aber die Nominatoren in den beteiligten Aussagen durch schematische Buchstaben ohne Beeinträchtigung der Geltung ersetzbar sind, z. B. die f.-*arithmetische* Geltung der Induktionsaussage (↑Induktion, vollständige):

$$A(|) \wedge \bigwedge_x . A(x) \rightarrow A(x|) . \rightarrow \bigwedge_x A(x),$$

weil sich die ↑Aussageform ›$A(x)$‹ ohne Folgen für die Geltung durch das entsprechende Aussageformschema ersetzen läßt, wenn dabei der ↑Variabilitätsbereich der ↑Variablen ›x‹ weiterhin der Bereich der ableitbaren Figuren des ↑Strichkalküls bleibt.

Nun ist die Geltung bloßer Aussageschemata herkömmlich definiert durch die inhaltliche Geltung (= materiale Wahrheit) aller (wertdefiniten, ↑wertdefinit/Wertdefinitheit) Aussagen, die die gleiche logische Form wie das Aussageschema haben, mit der Folge, daß ›f. wahr‹ mit ›(klassisch) allgemeingültig‹ (↑allgemeingültig/Allgemeingültigkeit) gleichwertig ist. Deshalb wird auch, abgeschwächt, im Falle genereller materialer ↑Äquivalenz zweier Aussageformen ›$A(x)$‹ und ›$B(x)$‹, also der (materialen) Wahrheit von $\bigwedge_x . A(x) \leftrightarrow B(x)$., gelegentlich von ihrer f.en Äquivalenz gesprochen, obwohl es sich hier nicht um eine f.-*logische* Äquivalenz handelt. Mit dem von der dialogischen Logik (↑Logik, dialogische) zur Verfügung gestellten Geltungsbegriff für dialogdefinite (↑dialogdefinit/Dialogdefinitheit) Aussagen ist es möglich geworden, einen strengeren Begriff f.er *Wahrheit* zu bilden, der sich unmittelbar für Aussageschemata anwenden läßt, ohne den Umweg über eine Rücksetzung der schematischen Buchstaben – Prädikatorsymbole, Nominatorensymbole oder, im Falle der ↑Junktorenlogik, auch nur Aussagesymbole – durch entsprechende sprachliche Ausdrücke. Da die Begriffe der f.en Wahrheit im dialogischen Sinne und der Allgemeingültigkeit im Sinne der ↑Interpretationssemantik im allgemeinen nicht mehr die gleiche Extension (↑extensional/Extension) haben, vielmehr auf dem Bereich der wertdefiniten Aussagen ›(klassisch) allgemeingültig‹ von ›f. wahr‹ im allgemeinen nur impliziert wird, sollte ›logische Wahrheit‹ als Oberbegriff für ›f.(-logisch)e Wahrheit‹ und ›Allgemeingültigkeit‹ verwendet werden. Im übrigen gelten in naheliegender Verallgemeinerung des Sprachgebrauchs auch alle Untersuchungen, die für die (ihrerseits natürlich im allgemeinen inhaltliche und nicht etwa f.e) Geltung ihrer (Meta-)Aussagen nur von der ↑Syntax einer Sprache Gebrauch machen oder die ↑Semantik bzw. die Pragmatik dieser Sprache (↑Sprechakt) ihrerseits nur durch Eigenschaften der Syntax einer geeigneten ↑Metasprache ausdrücken, als f. (↑Sprache, formale).

Das grundsätzlich von Aristoteles bis zum Beginn der Neuzeit herrschende Verständnis der (partikularen) Gegenstände oder Partikularia als *mixta composita* aus Stoff und Form (↑Ding) wurde in der Neuzeit im Zuge der allmählichen Ablösung ontologischer Fragestellungen durch erkenntnistheoretische ebenso grundsätzlich ersetzt durch die Auffassung, daß Partikularia anschaulich (oder sinnlich-empirisch) gegeben und begrifflich (oder geistig-rational) bestimmt sind. Das hatte Folgen für das Verständnis der Opposition ›f. – material‹. Es blieb nämlich ungeklärt, wie sich die durchgehende Polarität von Gegenstand und Zeichen für Gegenstand (↑Darstellung (semiotisch)), die in Antike und Scholastik gegenstandsbezogene oder ›ontologische‹ Verfahren als materiale von darstellungsbezogenen oder ›sprachlogischen‹ Verfahren als f.en zu unterscheiden erlaubte, in der neuzeitlichen Gegenüberstellung von *objektiver* Erkenntnis und *subjektiven* Erkenntnismitteln wiederfinden läßt, gilt doch seit R. Descartes das primäre Untersuchungsinteresse nicht mehr den Gegenständen (*obiecta*), sondern den Vorstellungen (*ideae*), die wir von ihnen haben. War noch bei Thomas von Aquin das, worüber etwas ausgesagt wird, ein *obiectum materialiter acceptum* (d. i. ursprünglich und auch noch heute das ›↑Subjekt‹ der Aussage) und das, was ausgesagt wird, ein *obiectum formaliter acceptum* (d. i. in Vorwegnahme neuzeitlicher Auffassungen bei J. Duns Scotus ein *cogitatum*, ↑Objekt), so erklärt Descartes in merkwürdiger Verschränkung scholastischer und eigener Terminologie (vgl. Meditat. III) eine *idea*, *formaliter* betrachtet, d. h. ihrer logisch-rationalen Rolle nach, zu einer *realitas obiectiva*, während eine *idea*, *materialiter* betrachtet, d. h. ihrer sinnlich-empirischen, also psychischen, Realisierung nach, als eine *realitas formalis* oder subjektive Realität zu gelten hat. Diese terminologische Merkwürdigkeit erlaubt es Descartes jedoch, der Inkonsistenz zu entgehen, die sich aus der umstandslosen, den Wechsel von einer Qualifikation von Gegenständen zu einer Qualifikation von Zugangsweisen (= Zeichen) zu Gegenständen nicht berücksichtigenden Identifizierung einerseits von ›material‹ mit ›sinnlich‹ und andererseits von ›f.‹ mit ›begrifflich‹ ergibt, ist doch im neuzeitlichen Verständnis der Gegensatz ›sinnlich – begrifflich‹ mit der Opposition ›subjektiv – objektiv‹ verbunden und der Gegensatz ›material-f.‹ entgegen dem älteren sprachlogischen Verständnis mit der konversen Opposition ›objektiv – subjektiv‹. Mit der Klärung der terminologischen Differenz im sprachlogischen und erkenntnistheoretischen Gebrauch der Termini ›Subjekt‹ und ›Objekt‹ lassen sich auch die meisten Verwicklungen in der Verwendungsgeschichte von ›f.‹ bzw. ›*formalis*‹ aufklären.   K. L.

formal-analytisch, Terminus der konstruktiven Wissenschaftstheorie (↑Wissenschaftstheorie, konstruktive).

›f.-a.‹ dient zusammen mit ›formal-synthetisch‹ zur Unterscheidung derjenigen ↑a priori wahren Sätze, die nicht allein schon durch Rekurs auf die Regeln der formalen Logik begründbar sind, also nicht ↑logisch wahr sind. Gleichzeitig wird für ihre Begründung keinerlei Kenntnis über besondere Objekte benötigt (↑material-analytisch): Ein Satz ist f.-a. wahr, wenn seine Begründung außer von logischen Regeln zusätzlich noch von Definitionen Gebrauch macht. Definiert man z. B. den Prädikator ›Junggeselle‹ durch:

$x \, \varepsilon$ Junggeselle $\leftrightharpoons x \, \varepsilon$ männlich $\wedge \neg \bigvee_y x, y \, \varepsilon$ verheiratet,

dann ist der Satz ›$x, y \, \varepsilon$ verheiratet $\to x \, \varepsilon'$ Junggeselle‹ f.-a. wahr.

Ein Satz heißt *formal-synthetisch* wahr, wenn zu seiner Begründung neben logischen Regeln noch der Rekurs auf pragmatisch gerechtfertigte symbolische Konstruktionen erforderlich ist. Von dieser Art sind z. B. die Sätze der Arithmetik, weil ihre Beweise auf logischen Regeln und auf symbolische Konstruktionshandlungen mit Zählzeichen rekurrieren.

Literatur: P. Lorenzen/O. Schwemmer, Konstruktive Logik, Ethik und Wissenschaftstheorie, Mannheim/Wien/Zürich 1973, ²1975. G. W.

Formalisierung, die Überführung einer axiomatischen oder konstruktiven Theorie, besonders der Mathematik, in einen ↑Formalismus. Daneben auch verallgemeinert die Erzeugung einer Sprache als Klasse der syntaktisch oder semantisch korrekten Sätze durch einen ↑Kalkül.

Literatur: H. Deku, F.en, Freiburger Z. Philos. Theol. 29 (1982), 46–69; J.-P. Desclés, Formalisation, Enc. philos. universelle II/1 (1990), 1022–1024; F. B. Fitch, The Relation between Natural Languages and Formalized Languages, in: S. Körner (ed.), Philosophy of Logic, Oxford 1976, 183–190 (Diskussion 191–207); FM II (1994), 1381–1383 (Formalización); J. Glöckl, F. und Formalismus, in: D. Henrich/H. Wagner (eds.), Subjektivität und Metaphysik. Festschrift für Wolfgang Cramer, Frankfurt 1966, 144–162; D. Jacquette, Formalization in Philosophical Logic, Monist 77 (1994), 358–375; S. Krämer, Symbolische Maschinen. Die Idee der F. in geschichtlichem Abriß, Darmstadt 1988; J. O'Neill, Worlds without Content. Against Formalism, London/New York 1991, bes. 81–144 (Part III The Formalization of Mathematics); C. Parsons, Formalization, Enc. Ph. V (1967), 191–192. K. L.

Formalismus, in einer allgemeinen, eher abschätzig verwendeten Bedeutung eine Bezeichnung für als (bloß) ↑formal qualifizierte Versionen wissenschaftlicher Disziplinen, wie z. B. die ›formale Logik‹ (↑Logik, formale) oder eine nur die (logischen) Rahmenbedingungen der Moralphilosophie behandelnde, z. B. von M. Scheler bekämpfte, ›formale Ethik‹ (↑Logik, deontische), wie etwa im Anschluß an I. Kants kategorischen Imperativ (↑Imperativ, kategorischer) die ›Universalisierbarkeit‹ (↑Universalisierung) moralischer Imperative (R. M. Hare) oder deren logische Konsistenz (K. Menger), oder auch eine nur auf die einschlägige(n) Begriffsstruktur(en) beschränkte ›formale Soziologie‹ (G. Simmel). Von F. wird auch im Umkreis von strukturalistischen Positionen in der Auseinandersetzung um das Verhältnis von ↑Form (↑Form (ästhetisch)) und ↑Inhalt in Ästhetik (↑ästhetisch/Ästhetik) und Literaturwissenschaft, z. B. schon bei den russischen Formalisten zu Beginn des 20. Jhs., gesprochen.

In der besonderen Bedeutung, die für die mit den Methoden der modernen formalen Logik und Mathematik arbeitende ↑Wissenschaftstheorie, insbes. die mathematische Grundlagenforschung, einschlägig ist, bezeichnet ›F.‹ (1) das Resultat einer ↑Formalisierung bereits axiomatisch oder konstruktiv vorliegender Theorien (↑System, axiomatisches, ↑konstruktiv/Konstruktivität), also deren Überführung in einen besonderen, eine *formale Sprache* (↑Sprache, formale) bildenden ↑Kalkül, und, davon metonymisch abgeleitet, (2) die ursprünglich von D. Hilbert als Alternative zum ↑Intuitionismus L. E. J. Brouwers und zum ↑Logizismus G. Freges und B. Russells begründete Richtung im mathematischen ↑Grundlagenstreit um den logisch einwandfreien, von ↑Antinomien freien Aufbau von ↑Arithmetik und ↑Analysis. Im F. werden die traditionell konstruktiven Theorien dieser mathematischen Disziplinen nach dem Vorbild der axiomatischen ↑Geometrie ihrerseits als axiomatische Theorien analog den axiomatisch dargestellten Strukturen in ↑Algebra und ↑Topologie aufgebaut. Häufig wird dabei zugleich die auf den Logizismus zurückgehende Einbettung der Arithmetik und Analysis in die dann ihrerseits als axiomatische Theorie konzipierte ↑Mengenlehre vollzogen. Zur Rechtfertigung der so gewonnenen axiomatischen Theorie(n) steht im Einklang mit der Überzeugung Hilberts dann nur noch der metamathematisch (↑Metamathematik) zu führende Beweis ihrer Widerspruchsfreiheit zur Verfügung (↑Widerspruchsfreiheitsbeweis). Die Verwendung des zu einem F. führenden Verfahrens der *Formalisierung*, bei dem Sprache als ↑Metasprache sowohl praktisch bei der (Notation der) Herstellung als auch theoretisch bei der Beschreibung, z. B. der Benennung der Zeichen(folgen), eingesetzt wird, ist jedoch nicht beschränkt auf die Vertreter des F. im mathematischen Grundlagenstreit und ihre strukturtheoretisch orientierten Nachfolger (↑Strukturalismus (philosophisch, wissenschaftstheoretisch)), die für die grundsätzlich allein von der axiomatischen Methode beherrschte Praxis der gegenwärtigen Mathematik (besonders in den auf Euklids Vorbild zurückgehenden »Éléments de mathématique« [1939] von ↑Bourbaki, einer Gruppe vor allem französischer Mathematiker) die grundlagentheoretische Rechtfertigung zu geben beanspruchen.

Formalisierungen sind überall dort unentbehrlich, wo metamathematische Fragen, etwa der Widerspruchsfreiheit (↑widerspruchsfrei/Widerspruchsfreiheit) oder der Vollständigkeit (↑vollständig/Vollständigkeit) von Axiomatisierungen ganzer theoretischer Satzsysteme, präzise behandelt werden sollen (↑Metatheorie). Darüber hinaus ist die als eine konstruktive verallgemeinerte Arithmetik auftretende theoretische Behandlung von Formalismen – anstelle des speziellen ↑Strichkalküls im Falle der gewöhnlichen Arithmetik treten Kalküle zur Herstellung wesentlich komplexerer Zeichenfolgen auf – nicht auf solche Kalküle beschränkt, die sich der Formalisierung einer Theorie verdanken, sondern schließen beliebige Kalküle ein, die dann als Formalismen im weiteren Sinn zu verstehen sind. Gerade in der informatisch vorgehenden und deshalb auch konstruktiven Methoden verpflichteten Mathematik spielen sie als Gegenstand und nicht bloß als Mittel der Forschung eine zunehmend wichtigere Rolle (↑Algorithmentheorie).

In einem F. werden zunächst die (logisch normierten) Aussagen der zugrunde liegenden Theorie, etwa der Arithmetik (↑Peano-Formalismus), durch einen Kalkül (der Ausdrucksbestimmungen) erzeugt, anschließend deren ↑Theoreme oder wahre Aussagen – im Falle des Peano-F. allerdings nicht alle solchen (↑unvollständig/Unvollständigkeit) –, zu denen bei einer axiomatischen Theorie die Axiome gehören, durch einen weiteren Kalkül (der Satzbestimmungen), dessen Regeln die rein schematischen und in diesem Sinne ›formalisierten‹ Schlußregeln (↑Schluß) sind. Geht es dabei um die Herstellung nur logisch wahrer Aussagen, so handelt es sich bei dem F. um einen ↑Logikkalkül. In der ↑Linguistik wiederum beschränkt man sich auf Kalküle nur der Ausdrucksbestimmungen zur Erzeugung syntaktisch und/oder semantisch korrekt gebildeter Sätze einer natürlichen Sprache (↑Sprache, natürliche), um so für Grammatiktheorien geeignete (formale) Grammatikmodelle zu gewinnen (↑Grammatik); der F. einer ↑Transformationsgrammatik etwa ist dabei ebenfalls regelmäßig zweistufig gegliedert, zunächst zur Herstellung der (logischen) ↑Tiefenstruktur, dann der (linguistischen) ↑Oberflächenstruktur von Sätzen. Will man betonen, daß in einem F. die Regeln des Kalküls der Satzbestimmungen, also die formalisierten Schlußregeln oder (formalen) ↑Deduktionsregeln zur Ableitung wahrer Aussagen, nur jeweils endlich viele Prämissen enthalten, so spricht man genauer von einem ↑Vollformalismus. Daneben spielen auch ↑Halbformalismen, in denen Deduktionsregeln mit unendlich vielen Prämissen auftreten, eine wichtige Rolle, insbes. in der ↑Beweistheorie.

Durch die Formalisierung bekommt die formalisierte Theorie eine rein syntaktische Fassung, kann also ohne jeden Bezug auf die Bedeutung der logisch elementaren Aussagen ›rein strukturell‹ untersucht werden. Deshalb werden als Bausteine eines F. in der Regel bloße schematische Buchstaben (↑Variable, schematische) für die beteiligten ↑Nominatoren, einschließlich der termbildenden ↑Funktoren, und für die Prädikatoren unter Einschluß der Gleichheit (↑Gleichheit (logisch)) sowie der üblichen weiteren formelbildenden ↑Operatoren, insbes. der logischen Partikeln (↑Partikel, logische), verwendet, so daß anstelle der Aussagen nur noch ↑Aussageschemata auftreten, wie auch schon in den noch ohne formalisierte Schlußregeln und ohne die Ersetzung der logischen Partikeln durch bloße Symbole formulierten axiomatischen Systemen. Erst durch *Interpretation* eines derart verstandenen F., also die Ersetzung der schematischen Buchstaben durch jeweils entsprechende sprachliche Ausdrücke (↑Interpretationssemantik), gewinnt man wieder eine nicht bloß als syntaktisches System (↑Syntaktik) verstandene formale Sprache.

Literatur: P. Benacerraf/H. Putnam (eds.), Philosophy of Mathematics. Selected Readings, Englewood Cliffs N. J., Oxford 1964, Cambridge/New York/Melbourne ²1983; J. T. Bergner, The Origin of Formalism in Social Science, Chicago Ill./London 1981; E. W. Beth, The Foundations of Mathematics. A Study in the Philosophy of Science, Amsterdam 1959, ²1965; ders., Formal Methods. An Introduction to Symbolic Logic and to the Study of Effective Operations in Arithmetic and Logic, Dordrecht, New York 1962; N. Bourbaki, Éléments de mathématique, Paris 1939 ff., ²1951 ff., 1970 ff., zum Teil 3. und 4. Auflagen, bisher 38 Einzelbände (russ. Elementy Matematiki, Moskau 1962 ff.; engl. Elements of Mathematics, Paris 1968 ff., Berlin/Heidelberg/New York 1974 ff., 1989), Auszüge in: Éléments d'histoire des mathematiques, Paris ²1969, ³1984 (russ. Ocerki po istorii matematiki, Moskau 1963; dt. Elemente der Mathematikgeschichte, Göttingen 1971; engl. Elements of the History of Mathematics, Berlin/Heidelberg/New York 1994, 1998); J. Cavaillès, Méthode axiomatique et formalisme. Essai sur le problème du fondement des mathématiques, Paris 1938, 1981; H. B. Curry, Outlines of a Formalist Philosophy of Mathematics, Amsterdam/London 1951, ³1970; D. Dubarle, Logos et formalisation du langage, Paris 1977; P. Finsler, Formale Beweise und die Entscheidbarkeit, Math. Z. 25 (1926), 676–682 (engl. Formal Proofs and Undecidability, in: J. van Heijenoort [ed.], From Frege to Gödel. A Source Book in Mathematical Logic, 1879–1931, Cambridge Mass. 1967, 438–445); FM II (1994), 1379–1381 (Formalismo); Y. Gauthier, Formalisme [math., doct.], Enc. philos. universelle II/1 (1990), 1025–1026; J. Glöckl, Formalisierung und F., in: D. Henrich/H. Wagner (eds.), Subjektivität und Metaphysik. Festschrift für Wolfgang Cramer, Frankfurt 1966, 144–162; G. G. Granger, Langages et épistémologie, Paris 1979; B. Heintz, Die Herrschaft der Regel. Zur Grundlagengeschichte des Computers, Frankfurt/New York 1993, bes. 16–62 (Kap. 1 Zeichensprache versus Intuition. Zur Entwicklung und Durchsetzung der formalistischen Auffassung der Mathematik; S. C. Kleene, Introduction to Metamathematics, Amsterdam 1952, Groningen 1996; S. Körner, The Philosophy of Mathematics. An Introductory Essay, London 1960, New York 1986 (dt. Philosophie der Mathematik. Eine Einführung, München 1968); P. Lorenzen, Metamathematik, Mannheim 1962, ²1980; H. Mehrtens, Moderne – Sprache – Mathematik. Eine Geschichte des Streits um die Grundlagen der Disziplin und des Subjektes formaler Systeme, Frankfurt 1990; A. Michel,

Formalisme [épist. géné.], Enc. philos. universelle II/1 (1990), 1024–1025; J. O'Neill, Worlds without Content. Against Formalism, London/New York 1991; M. Palágyi, Der Streit der Psychologisten und Formalisten in der modernen Logik, Leipzig 1902; R. Rheinwald, Der F. und seine Grenzen. Untersuchungen zur neueren Philosophie der Mathematik, Königstein 1984; W. Stegmüller, Metaphysik, Wissenschaft, Skepsis, Frankfurt etc. 1954, unter dem Titel: Metaphysik, Skepsis, Wissenschaft, Berlin/Heidelberg/New York ²1969; J. Striedter (ed.), Texte der russischen Formalisten, I–II, München 1969/1972. K. L.

formal-synthetisch, ↑formal-analytisch.

Formalwissenschaft, vor allem seit R. Carnaps Aufnahme dieser bis dahin wenig gebräuchlichen Terminologie in Veröffentlichungen des ↑Wiener Kreises Bezeichnung für diejenigen Wissenschaften, deren Satzbestand aus formal-wahren Aussagen besteht, d. h. aus *formal-logischen* Sätzen (Logik), ↑*formal-analytischen* Sätzen (die allein auf Grund ihrer logischen Form und gewisser Definitionen wahr sind) oder *formal-synthetischen* (↑formal-analytisch) Sätzen (Mathematik, in der Auffassung der Konstruktiven Wissenschaftstheorie [↑Wissenschaftstheorie, konstruktive] ohne Geometrie und Kinematik). Die F.en werden dabei den ↑Realwissenschaften (bei Carnap bestehend aus Naturwissenschaften, Geisteswissenschaften und Psychologie) gegenübergestellt und sind daher identisch mit der bei anderen Autoren als ›Idealwissenschaften‹ (auch ›apriorische‹ oder ›reine‹ Wissenschaften) bezeichneten Wissenschaftsgruppe. Der Bezeichnung liegt der Gedanke zugrunde, daß ↑Logik und ↑Mathematik von den Formen oder Strukturen beliebiger (auch material gegebener) Gegenstände handeln. Terminologiegeschichtlich findet sich in diesem Sinne nicht nur die Bezeichnung ›F.en‹, diese zunächst sogar umfassend für »Logik, Grammatik, Mathematik & c.« (J. v. Lichtenfels, Lehrbuch der Logik, 1842, 119), vielmehr treten auch Benennungen auf wie ›formale‹ (oder ›abstrakte‹) Wissenschaften (G. A. Lindner, Einleitung in das Studium der Philosophie, 1866; T. G. Masaryk, Versuch einer concreten Logik, 1887), ›Formenlehre oder Mathematik‹ (die dann die Logik einschließt, so H. Graßmann, Die Wissenschaft der extensiven Größe oder die Ausdehnungslehre, 1844; R. Grassmann, Die Formenlehre oder Mathematik, 1872) und ›formale Gesetzeswissenschaft‹ (R. Hönigswald 1906).

Literatur: R. Carnap, Die physikalische Sprache als Universalsprache der Wissenschaft, Erkenntnis 2 (1931), 432–465; A. Drews, Lehrbuch der Logik, Berlin 1928; H. Graßmann, Die Wissenschaft der extensiven Größe oder die Ausdehnungslehre. Eine neue mathematische Disciplin, dargestellt und durch Anwendungen erläutert. Erster Theil, die lineale Ausdehnungslehre enthaltend, Leipzig 1844, unter dem Titel: Die lineale Ausdehnungslehre. Ein neuer Zweig der Mathematik, dargestellt durch Anwendungen auf die übrigen Zweige der Mathematik, wie auch Statik, Mechanik, die Lehre vom Magnetismus und die Krystallonomie erläutert, Leipzig ²1878, Neudr. in: ders., Gesammelte mathematische und physikalische Schriften I/1, ed. F. Engel u. a., Leipzig 1894 (repr. Stuttgart, New York 1972), 1–383 (franz. La science de la grandeur extensive. La »lineale Ausdehnungslehre«, Paris 1994); R. Grassmann, Die Formenlehre oder Mathematik, Stettin 1872 (repr. Hildesheim 1966), unter dem Titel: Die Formenlehre oder Mathematik in strenger Formelentwicklung, Stettin 1895; R. Hönigswald, Vom allgemeinen System der Wissenschaften. Akademische Antrittsvorlesung, Philos. Wochenschr. Lit.-Z. 4 (1906), 133–145; W. Kamlah/P. Lorenzen, Logische Propädeutik oder Vorschule des vernünftigen Redens, Mannheim/Wien/Zürich 1967, unter dem Titel: Logische Propädeutik. Vorschule des vernünftigen Redens, ²1973, Stuttgart ³1996; J. v. Lichtenfels, Lehrbuch der Logik, Wien 1842; G. A. Lindner, Einleitung in das Studium der Philosophie. Mit Rücksicht auf das Bedürfniß der Gymnasien entworfen, Wien 1866; T. G. Masaryk, Základové konkrétní logiky. Tridení a soustava ved, Prag 1885 (dt. Versuch einer concreten Logik. Classification und Organisation der Wissenschaften, Wien 1887, Neudr. Osnabrück 1970); A. Messer, Einführung in die Erkenntnistheorie, Leipzig 1909, ²1921, ³1927. C. T.

Formel (engl. formula, franz. formule), in Logik und Mathematik Oberterminus für ↑Aussage und ↑Aussageform; entsprechend *Formelschema* Oberterminus für ↑Aussageschema und Aussageformschema, obwohl häufig zwischen F. und Formelschema terminologisch nicht unterschieden wird. In kalkültheoretischen Zusammenhängen, vor allem im englischen Sprachgebrauch, wird ›F.‹ gelegentlich auch allgemeiner im Sinne von ›logischer Ausdruck‹ (↑Ausdruck (logisch)) verwendet. In diesem Falle tritt an die Stelle der spezielleren Bedeutung von F. der Terminus ↑›well-formed formula‹ (abgekürzt: wff). K. L.

Formey, Jean Henri Samuel, *Berlin 31. Mai 1711, †ebd. 8. März 1797, Sekretär und Historiograph der Königlichen Akademie der Wissenschaften in Berlin (1700 als Kurfürstlich Brandenburgische Sozietät der Wissenschaften gegründet). F. entstammt einer französischen Hugenottenfamilie, wird 1731 Prediger der französischen Kolonie in Brandenburg, 1737 Prof. der Rhetorik, 1739 (als Nachfolger M. v. La Crozes) Prof. der Philosophie am französischen Gymnasium in Berlin, am 23. 1. 1744 ordentliches Mitglied der Akademie der Wissenschaften, Anfang 1748 Sekretär der Akademie auf Lebenszeit, 1788 Direktor der Philosophischen Klasse. F. vertrat (zusammen mit J. A. Eberhard) eine stark popularisierende Richtung der Schule C. Wolffs in französischer Sprache (La belle Wolfienne, I–VI, 1741–1753) und schloß sich mit seinem achtbändigen Werk »Abrégé de toutes les sciences à l'usage des enfants« (I–VIII, 1757–1779) dem aufklärerischen Programm einer verständlichen Darstellung der Wissenschaften für jedermann an (↑Popularphilosophie). Sein Einfluß war vor allem institutionell bedingt und wurde zudem durch eine immense Publikationstätigkeit gefördert; systematisch gesehen sind seine Arbeiten eher unbedeutend, häufig oberflächlich (vgl. P. L. M. de Maupertuis' Klage über das niedrige Niveau der Philosophischen Klasse vom Winter 1748/1749 gegenüber Friedrich dem Großen; A. Harnack, Geschichte der Königlich-Preussischen Akademie der Wissenschaften zu Berlin II, 1900, 276 [Nr. 169,2]). F. schrieb unter anderem gegen D. Diderot (Pensées raisonnables opposées aux Pensées philosophiques, 1749) und J.-J. Rousseau (Anti-Émile, 1763) und gehörte von Anfang an zu den Mitarbeitern der von Diderot und J. le Rond d'Alembert herausgegebenen »Encyclopédie« (ca. 100 Artikel, deren Material F. ursprünglich für eine eigene Enzyklopädie gesammelt hatte). F. war Mitherausgeber der »Bibliotheque germanique. Ou, histoire littéraire de l'Allemagne, de la Suisse, et des pays du Nord« (I–L, Amsterdam 1720–1741) und der »Nouvelle Bibliothèque germanique« (I–XXVI, Amsterdam 1746–1760).

Werke: La belle Wolfienne, I–VI, Den Haag 1741–1753 (repr., in 2 Bdn., Hildesheim 1983); Elementa philosophiae seu medulla Wolfiana, Berlin 1746 (repr. Hildesheim 2000); Recherches sur les éléments de la matière, o. O. 1747; La logique des vraisemblances, o. O. 1747 (engl. The Logic of Probabilities, London 1760); Pensées raisonnables opposées aux pensées philosophiques, Berlin 1749; Le philosophe chrétien, ou discours moraux, Leiden 1750, I–III, Leiden ²1752–1755, I–IV, Göttingen/Leiden ³1755–1758 (dt. Der christliche Philosoph, I–III, Frankfurt 1753–1757); Le système du vrai bonheur, Berlin 1750; Histoire de l'Académie Royale des Sciences et Belles Lettres, Berlin 1750, ²1752; Essai sur la perfection, Utrecht 1751; Mélanges philosophiques, I–II, Leiden 1754 (engl. Philosophical Miscellanies on Various Subjects, London 1759); Eloges des académiciens de Berlin, et de divers autres savants, I–II, Berlin 1757; Abrégé de toutes les sciences à l'usage des enfants, I–VIII, Berlin 1757–1779, ⁷1793; Principes du droit de la nature et des gens. Extrait du grand ouvrage latin de M. Wolf, Amsterdam 1758 (repr., in 3 Bdn., Hildesheim 2000); Le philosophe payen, ou pensées de Pline, I–III, Leiden 1759 (dt. Der Heydnische Philosoph, oder Gedanken des Plinius, I–III, Frankfurt/Leipzig 1760–1761); Principes élémentaires des belles-lettres, Berlin 1760, 1763 (repr. Genf 1970); Histoire abrégé de la philosophie, Amsterdam 1760 (dt. Kurzgefaßte Historie der Philosophie, Berlin 1763; engl. A Concise History of Philosophy and Philosophers, London 1766); Principes de morale, deduits de l'usage des facultés de l'entendement humain, I–II, Leiden 1762; Abrégé de l'histoire ecclésiastique, I–II, Amsterdam 1763; Anti-Émile, Berlin 1763; Émile chrétien, I–IV, Berlin 1764; Principes de morale, appliqués aux determinations de la volonté, I–II, Leiden 1765; Choix des mémoires et abrégé de l'histoire de l'Académie de Berlin, I–IV, Berlin/Paris 1767; Dictionnaire instructif, ou l'on trouve les principaux termes des sciences et des arts, I–II, Halle 1767; Abrégé de physique, I–II, Berlin 1770/1772 (dt. Entwurf der Physik, I–II, Berlin 1770–1773).

Literatur: C. Bartholmess, Histoire philosophique de l'Académie de Prusse depuis Leibniz jusqu'à Schelling, particulièrement sous Frédéric le Grand, I–II, Paris 1850/1851; A. Beuchot, F., in: J. F. Michaud (ed.), Biographie universelle ancienne et moderne XIV, Paris 1854, 401–403; M. Fontius, Voltaire vu par cinq correspondants de F., in: C. Mervaud/S. Menant (eds.), Le siècle de Voltaire. Hommage à René Pomeau I, Oxford 1987, 489–498; R. Geißler, F.s critique des philosophes français. Observations sur les rapports entre wolffianisme et Lumières françaises, in: Actes du huitième Congrès International des Lumières I, Oxford 1992, 507–511; ders., F. als Journalist, in: Transactions of the Ninth International Congress on the Enlightenment. Münster 23–29 July 1995 III, Oxford 1996, 1262–1265; A. Harnack, Geschichte der Königlich-Preussischen Akademie der Wissenschaften zu Berlin, I–III, Berlin 1900 (repr. Hildesheim 1970), bes. I/1, 447–450; J. Häseler, Voltaire vu par F. et ses amis, ou éléments d'une histoire de la réception de Voltaire en Prusse, in: U. Kölving/C. Mervaud (eds.), Voltaire et ses combats. Actes du Congrès international, Oxford-Paris 1994 II, Oxford 1997, 969–975; J. Voisine, J. F. (1711–1797). Vulgarisateur de l'Œuvre de Rousseau en Allemagne, in: Mélanges d'histoire littéraire offerts à Daniel Mornet, Paris, 1951, 141–153. J. M.

Form und Materie, grundlegendes Begriffspaar der antiken und mittelalterlichen ↑Naturphilosophie und ↑Metaphysik (bzw. ↑Ontologie) zur Erklärung der Veränderung und des Wesens der Dinge. Die Unterscheidung zwischen einem aktiven, geistigen, belebenden und einem passiven, materiellen, unbelebten Prinzip bei den ↑Vorsokratikern bleibt trotz mancher Affinitäten zu Aristotelischen Überlegungen ebenso ohne nennenswerten Einfluß auf die spätere F.-M.-Theorie wie Platons (Tim. 47eff.) Konzeption einer ›dritten Gattung‹ (neben dem Seienden und dem Werdenden), die als bestimmungs- und gestaltloses ›Worin‹, als ›Ort‹ ($\H{\epsilon}\delta\rho\alpha$) oder ›Raum‹ ($\chi\omega\rho\alpha$) des Werdens, nie aber als M. im Sinne des Aristoteles bezeichnet wird (wenngleich sie als ↑materia prima verstanden werden kann). Erst bei Aristoteles findet sich die für die weitere Philosophiegeschichte maßgebliche begriffliche Fixierung. Dessen Frage nach Art und Anzahl der Prinzipien (↑Archē) der ↑Natur, diese definiert als dasjenige, was einen Ursprung der Bewegung und der Ruhe in sich selbst hat, führt zu einer Erörterung des Phänomens der Bewegung (Veränderung), aus der sich die M.-F.-Theorie ergibt (Phys. A7–9): Eine Analyse der Aussagen über Bewegungsprozesse – für Aristoteles ist Sprache zugleich Ausdruck der Realität, Sprachanalyse also stets auch Sachanalyse – ergibt, daß jegliche Veränderung sich an etwas (dem ›Zugrundeliegenden‹, $\hypokeimenon$, ↑Substrat) vollzieht und zwischen ›Gegensätzen‹ ($\varepsilon\nu\alpha\nu\tau\iota\alpha$) verläuft (der Farbe, der Temperatur, der räumlichen Distanz, der Größe usw.). Das sich Bewegende muß daher vor und nach der Veränderung (mindestens) zwei Bestimmungen aufweisen: eine die Identität des Gegenstandes gewährleistende Grundbestimmung, die auch nach der Veränderung erhalten bleibt, und eine den ›Gegensatz‹ ausdrückende Zusatzbestimmung, die die Art der Veränderung angibt und vor der Veränderung ab-, nach der Veränderung zugesprochen wird (im Beispiel ›aus einem ungebildeten Menschen wird ein gebildeter Mensch‹ ist ›Mensch‹ die Grund-, ›ungebildet‹ bzw. ›gebildet‹ die Zusatzbestimmung). Die vor der Veränderung bestehende, negierte Zusatzbestimmung nennt Aristoteles ›Beraubung‹, Privation (↑Steresis), ihr positives Pendant (nach der Veränderung), F., die durchgängige Grundbestimmung M. (außerdem bezeichnet er die Steresis auch als F. und das aus Steresis und M. bestehende Substrat als M.). Die Prinzipien der Natur sind demnach F. und M. bzw. F., M. und Steresis (↑Hylemorphismus).

Mit diesen Unterscheidungen kann Aristoteles die Parmenideische Aporie lösen, daß es keine Bewegung geben könne, weil sie die Existenz des Nichtseienden voraussetze: Zwar kann aus *schlechthin* Nichtseiendem auch nach Aristoteles nichts entstehen (↑ex nihilo nihil fit), wohl aber aus in *gewisser Hinsicht* Nichtseiendem, d. h. aus der M., die durch Negation einer Zusatzbestimmung (Steresis) gekennzeichnet ist. Allerdings versteht Aristoteles die Steresis nicht als bloße Negation, sondern als Fehlen, als Noch-nicht-Vorhandensein einer Bestimmung, die bei Naturdingen auf Grund einer umfassenden ↑Teleologie, bei Artefakten durch die Absicht des Herstellers vorgegeben ist. Unter teleologischem Aspekt repräsentiert die F. die Wirklichkeit (↑Energeia, ↑Entelechie), die M. die Möglichkeit (↑Dynamis); bei bewegten Dingen sind F., Wirkursache und Ziel identisch (↑causa).

Die für die Geschichte der Philosophie folgenreiche Übertragung der Prinzipien der Natur (der Dinge, insofern sie *bewegt* sind) auf den Bereich der Metaphysik bzw. Ontologie (der Dinge, insofern sie *sind*) führt zu der Frage, ob M. oder F. als ↑Wesen (οὐσία, ↑Usia) begriffen werden können: ›Wesen‹ (verstanden als für sich existierendes Einzelding) ist weder die M., weil sie als bloße Möglichkeit bestimmungslos ist, noch die F., weil sie (im Unterschied zu den Ideen Platons) als Allgemeines und Begriff (λόγος) nicht für sich existieren kann, sondern nur das aus F. und M. Zusammengesetzte (σύνθετον). Wird F. jedoch als ›Wesensbegriff‹ eines Dinges verstanden, der in der Definition (als Realdefinition) ausgedrückt wird, nennt Aristoteles auch die F. ›Wesen‹, allerdings von höherer, ursprünglicher Art (πρώτη οὐσία) mit einer besonderen Existenzform, wie sie z. B. für den ›unbewegten Beweger‹ (↑Beweger, unbewegter) und den unsterblichen Seelenteil (↑Form) angenommen wird. – Als Prinzip der ↑Individuation sieht Aristoteles teils die M., teils die F. an. In der Definitionstheorie nennt er die Gattung (intelligible) M. (ὕλη νοητή), die spezifische Differenz (Art) F..

In der weiteren Tradition überwiegen die metaphysisch-spekulativen Aspekte. Plotin unterscheidet im Bereich der Vielheit der Ideen (deren reale Existenz als gesichert gilt, ↑Idee (historisch)) eine das Gemeinsame ausdrückende F. und eine das Besondere repräsentierende (intelligible) M.; außerdem bezeichnet er in seiner Hierarchie der Seinsqualitäten (↑Hypostase) die M. als nichtseiend (μὴ ὄν), als das Böse und Häßliche bzw. als deren Ursache. A. Augustinus interpretiert den Schöpfungsbericht (Gen. 1,1) mit Hilfe der F.-M.-Unterscheidung: Die Erschaffung der Erde beziehe sich auf die körperliche, die des Himmels (= der Engel) auf die geistige M.; die jeweiligen F.en seien gleichzeitig mit der M. entstanden, als deren vor der Schöpfung liegenden Ursprung Augustinus das ›Wort Gottes‹ (die zweite Person in der Gottheit) ansieht, das ›F. aller geformten Dinge‹, selbst aber nur F., nicht geformte F., sei. – Durch Thomas von Aquin wird der Aristotelische Hylemorphismus vor allem für den Bereich der Metaphysik und Ontologie weiter ausgeführt. Die M.-F.-Theorie zählt seither zum Kern der scholastischen (↑Scholastik) Philosophie und Theologie. In der Hierarchie des Seienden folgen F. und M. nach Gott (esse subsistens) und nach dem allgemeinen Sein (esse commune), an dem sie partizipieren bzw. das sie rezipieren; das Sein selbst stammt nicht aus der F., sondern folgt der F. unmittelbar als ihre Bestimmung und umgreift F. und M.. Reine (geistige, immaterielle) F.en können (im Unterschied zur reinen M., die bloße Potenz ist) für sich existieren, z. B. die Engel, die ohne das Individuationsprinzip der M. jeder für sich eine Spezies bilden (↑Engellehre). Die endlichen Substanzen werden durch F. und M. konstituiert, wobei die (substantielle bzw. intelligible) F. das im Wesensbegriff ausgedrückte Allgemeine repräsentiert (das durch akzidentelle F.en weiter differenziert wird), die M. als das Besondere die Individuation ermöglicht, und zwar nicht als allgemeine M. (denn die ist völlig unbestimmt), sondern als spezifisch bestimmte M. (materia signata bzw. individualis), die zwar selbst nicht erkennbar ist, aber über die sinnliche Anschauung erschlossen werden kann. Die substantielle F. der Lebewesen ist die ↑Seele; die menschliche Seele ist in ihrer Wahrnehmungs- und vegetativen Funktion an M. gebunden, in ihrem immateriellen, geistigen Sein unabhängig von der M. (daher unsterblich) und individuell von Gott zusätzlich ›anerschaffen‹. – In der Definitionstheorie nennt Thomas von Aquin die Gattung M., die spezifische Differenz F., in der Logik den Inhalt M., die logische Form des Schlusses F., in der Erkenntnistheorie die sinnliche Anschauung M. der Erfahrung, deren Begriff F.. – Auch in der Theologie werden wichtige Lehrstücke mit Hilfe der F.-M.-Terminologie formuliert: Die Tugend-, Gnaden- und Sakramentenlehre (z. B. die Transsubstantiation) der Scholastik basieren auf der (thomistischen) Unterscheidung von M. und (substantieller bzw. akzidenteller) F.. – Die neuzeitliche Physik verläßt den aristotelisch-scholastischen Hylemorphismus. Das Theorem von der separaten Existenz der F.en wird weitgehend aufgegeben, der F.-Begriff selbst zum Teil als Gesetz bzw. Gesetzmäßigkeit umgedeutet und M. mit der ›Masse‹ gleichgesetzt. Für I. Kant und G. W. F. Hegel sind F. und M. lediglich ↑Reflexionsbegriffe. N. Hartmann nimmt die ontologische Tradition wieder auf und zählt F. und M. zur ersten Gruppe von zwölf Seinsgegensätzen.

Neuerdings (M. McDonald, J. King-Farlow, J. Espinaco-Virseda, C. v. Bormann u. a.) wird die Frage kontrovers diskutiert, ob die F.-M.-Theorie mit den Mitteln der ↑Sprachanalyse verständlich rekonstruiert werden kann. Dabei kann man den ursprünglichen Kontext der F.-M.-Diskussion bei Aristoteles als unproblematisch ansehen. Das Ergebnis seiner Analyse zum Problem des korrekten Zusprechens von ↑Prädikatoren sich verändernder Naturdinge läßt sich in der heute üblichen Terminologie wie folgt ausdrücken: Behauptungen über Veränderungen erfordern (1) eine ↑Existenzaussage (bzw. ↑Kennzeichnung), d. h. den Nachweis eines Gegenstandes, dem ein und derselbe Prädikator (M.) sowohl vor als auch nach der Veränderung zukommt, (2) den Nachweis, daß diesem Gegenstand zu einem bestimmten Zeitpunkt ein weiterer Prädikator (F.) zukommt, der vorher nicht von ihm ausgesagt werden konnte (Steresis). Substantielle F.en können als unverzichtbare Definitionsmerkmale interpretiert werden, deren Fortfall eine ›Wesensänderung‹ ausdrückt. Auch die Rede von ›Eigenschaften des Seienden als Seienden‹ kann unproblematisch verstanden werden als der Versuch, ↑Prädikatorenregeln zu finden, die für alle (natürlichen) Körper gelten sollen – was Aristoteles und die ihm folgende Tradition in diesem Punkte vor dem Vorwurf bewahren würde, das Wort ›Sein‹ fälschlich als Prädikator zu verwenden. Probleme interpretatorischer und vor allem systematischer Art ergeben sich erst, wenn M., F. und Steresis bzw. Privation nicht lediglich als Unterscheidungen ausdrückende Prädikatoren, sondern als metaphysische bzw. ontologische Seinsprinzipien verstanden werden, denen eine separate Existenzart und eine besondere Wirkungsweise (causa formalis, causa finalis) zugesprochen wird.

Literatur: C. Baeumker, Das Problem der Materie in der griechischen Philosophie. Eine historisch-kritische Untersuchung, Münster 1890 (repr. Frankfurt 1963); H. Beck, Das Individuationsprinzip bei Duns Scotus und Thomas von Aquin, Salzburg. Jb. Philos. 8 (1964), 115–132; P. Bissels, Die sachliche Begründung und philosophiegeschichtliche Stellung der Lehre von der materia spiritualis in der Scholastik, Franziskan. Stud. 38 (1956), 214–295; J. Bobik, Aquinas on Matter and Form and the Elements. A Translation and Interpretation of the »De principii naturae« and the »De mixtione elementorum« of St. Thomas Aquinas, Notre Dame Ind. 1998; R. Bolton/F. A. Lewis (eds.), Form, Matter and Mixture in Aristotle, Oxford 1996; C. v. Bormann u. a., F. u. M., Hist. Wb. Ph. II (1972), 977–1030; E. Cassirer, Substanzbegriff und Funktionsbegriff. Untersuchungen über die Grundlagen der Erkenntniskritik, Berlin 1910, Hamburg, Darmstadt 2000; ders., Philosophie der symbolischen Formen, I–III, Berlin 1923–1929, Darmstadt 1997; B. Cooney, A Hylomorphic Theory of Mind, New York 1991; B. Falkenburg, Die Form der Materie. Zur Metaphysik der Natur bei Kant und Hegel, Frankfurt 1987; H. Flatten, Die »materia primordialis« in der Schule von Chartres, Arch. Gesch. Philos. 40 (1931), 58–65; M. Freytag, Genus/Differentia, Matter/Form, and Levels of Complexity, Dialogos 30 (1995), 31–42; M. Furth, Substance, Form and Psyche. An Aristotelean Metaphysics, Cambridge 1988; J. Gehmann, The Matter-Form Theory of Substance, Ann Arbor Mich. 1976; P. Ghrénassia, Matière, Enc. philos. universelle II/2 (1990), 1566–1574 O. N. Guariglia, Quellenkritische und logische Untersuchungen zur Gegensatzlehre des Aristoteles, Hildesheim 1978; F. P. Hager, Die Materie und das Böse im antiken Platonismus, Mus. Helv. 19 (1962), 73–104; H. Happ, Hyle. Studien zum aristotelischen Materiebegriff, Berlin/New York 1971; E. S. Haring, Substantial Form in Aristotle's Metaphysics Z, Rev. mét. mor. 10 (1956/1957), 308–332, 482–501, 698–713; N. Hartmann, Zur Lehre vom Eidos bei Platon und Aristoteles, Berlin 1941, Neudr. in: ders., Kleinere Schriften II, Berlin 1957, 129–164, ferner in: K. Gaiser (ed.), Das Platonbild. Zehn Beiträge zum Platonverständnis, Hildesheim 1969, 140–175; D. P. Henry, Medieval Philosophy, Enc. Ph. V (1967), 253–254; J. Hersch, L'être et la forme, Neuchâtel 1946; H. Herter, Bewegung der Materie bei Platon, Rhein. Mus. Philol. 100 (1957), 327–347; G. v. Hertling, M. und F. und die Definition der Seele bei Aristoteles, Bonn 1871; W. G. Jacobs, Formal – material, Hb. ph. Grundbegriffe I (1973), 457–465; P. Janich, Das Maß der Dinge. Protophysik von Raum, Zeit und Materie, Frankfurt 1997; H. R. King, Aristotle without prima materia, J. Hist. Ideas 17 (1956), 370–389; J. King-Farlow/J. Espinaco-Virseda, Matter, Form and Logic, Int. Logic Rev./Rass. int. logica II/3 (1971), 93–104; J. Klinger, Das Prinzip der Individuation bei Thomas von Aquin, Münsterschwarzach 1964; J. Klowski, Das Entstehen der Begriffe Substanz und Materie, Arch. Gesch. Philos. 48 (1966), 2–42; E. König, Die Materie, Göttingen 1911; G. Kröber/C. Warnke, Form, Ph. Wb. I (1975), 409–412; A. R. Lacey, Matter and Form in Aristotle, Phronesis 10 (1965), 54–69; M. McDonald, The Philosopher's Use of Analogy, in: A. F. Flew (ed.), Essays on Logic and Language, Oxford 1952, 1993, 80–100; E. McMullin (ed.), The Concept of Matter in Greek and Medieval Philosophy, Notre Dame Ind./Indianapolis Ind. 1965, 1978; D. S. Oderberg (ed.), Form and Matter. Themes in Contemporary Metaphysics, Oxford 1999; E. Papdimitriou, Der M.-F.-Dualismus und die aristotelische Lehre vom Menschen, Philosophia 7 (1977), 305–314; A. v. Pechmann, F./M., EP I (1999), 389–394; A. Rivaud, Le problème du devenir et la notion de la matière dans la philosophie grecque depuis les origines jusqu'à Théophraste, Paris 1905; U. Schöndorfer, Philosophie der Materie, Graz/Wien/Köln 1954; J. D. Schulz, Das Problem der Materie in Platons »Timaios«, Bonn 1966; T. G. Sinnige, Matter and Infinity in the Presocratic Schools and Plato, Assen 1968; C. Vaught, Categories and the Real Order, Monist 66 (1983), 438–449; J. de Vries, Zur aristotelisch-scholastischen Problematik von M. und F., Scholastik 32 (1957), 161–185; ders., Zur Sachproblematik von M. und F., Scholastik 33 (1958), 481–505; E. J. Watkin, A Philosophy of Form, London 1935, 1950; R. Wiehl, Form, Hb. ph. Grundbegriffe I (1973), 442–457; D. C. Williams, Form and Matter, Philos. Rev. 67 (1958), 291–312, 499–521; K. H. Winner, Die dualistische Interpretation des Seienden, aufgezeigt am aristotelischen Verständnis der πρώτη ὕλη, München 1967; J. Yu, Two Conceptions of Hylomorphism in »Metaphysics Zeta-Eta-Omega«, in: C. Taylor (ed.), Oxford Studies in Ancient Philosophy XV, New York 1997, 119–145. M. G.

Forschung (engl. research, scientific discovery), jenseits eines allgemeinen Sprachgebrauchs von ›F.‹, etwa bei der Entgegensetzung von Grundlagenforschung und angewandter F., insbes. im Zusammenhang der normativen Diskussion über F.sförderung und F.sschranken angesichts eines zu erwartenden gesellschaftlichen Nutzens oder Schadens von F., im Kontext von Wissenschaft zusammen mit *Darstellung* (↑Darstellung (semiotisch)) eine der beiden Seiten wissenschaftlicher Tätigkeit, der es um *reflektiertes Erkennen* (von Gegenständen und ihren Zusammenhängen) und damit um ein (begrifflich organisiertes) Weltwissen geht, das über sein Zustandekommen Rechenschaft zu geben vermag. Wissenschaftlicher Tätigkeit steht dabei, jedoch keineswegs trennscharf, die künstlerische Tätigkeit gegenüber, bei der reflektiertes Kennenlernen (von Gegenständen und Gegenstandskomplexen) zu einem (sinnlich organisierten) Weltwissen führt, das sein Zustandekommen vorzuführen vermag.

Im Unterschied zu schlichter *Objektkompetenz* (= knowledge by acquaintance [B. Russell]) oder (vom ›Erleben‹ getragener [M. Schlick]) *Kenntnis*, die sich an gegenstandskonstituierender Beherrschung von Zeichenhandlungen oder (einfachen) ↑Artikulationen von Gegenständen ablesen läßt (man ›weiß‹, worum es sich handelt, wenn z. B. ›Schnee‹ geäußert wird oder es Schneebilder anzusehen gibt, und man ›kann‹ selbst solche oder andere Artikulationen situationsangemessen hervorbringen), ebenso zu schlichter *Metakompetenz* (= knowledge by description [Russell]) oder (vom ›Denken‹ getragener [Schlick]) *Erkenntnis*, die vorliegt, wenn auch über symbolische Artikulationen verfügt wird, also über verbale Zeichenhandlungen (↑Artikulator), die beliebige andere Artikulationen zu vertreten in der Lage sind, so daß eine Äußerung wie etwa ›Schnee‹ *auch* (oder, bei streng begrifflichem Gebrauch, *nur*) gegenstandsbeschreibenden Charakter hat, weil andere (einfache), insbes. sinnliche, Artikulationen von Schnee dabei als bereits verfügbar unterstellt sind, ist wissenschaftliche Kompetenz durch eine *Metakompetenz zweiter Stufe* ausgezeichnet, weil sie durch die Beherrschung von Verfahren zur Gewinnung reflektierter Erkenntnis, also einer Erkenntnis auch über Kennen und Erkennen selbst, charakterisiert ist (demgegenüber ist künstlerische Kompetenz [↑Kunst] als Beherrschung des Kennenlernens auch von Kennen und Erkennen, also ein Zeigen-Können des Kennens (= ↑Poiesis) und ein Zeigen-Können des Erkennens (= ↑Mimesis), wobei der Grad, in dem Mimesis *durch* Poiesis zustandekommt, sich als ein Maß für den künstlerischen Charakter dieses Könnens eignet, eine Objektkompetenz zweiter Stufe).

Das Erkennen des Kennens, bei dem man vom Kennenlernen Rechenschaft zu geben vermag, also über ein ›Sagen-Können‹ des Kennens verfügt, macht (wissenschaftliche) F. aus; sie fundiert deshalb (wissenschaftliche) Darstellung, die komplementär zu F. eine Erkenntnis des Erkennens ist und damit als ein ›Sagen-können‹ des Erkennens auch über Rechtfertigungen der vorgenommenen Beschreibungen verfügt. Der Grad, in dem diese Fundierung der Darstellung durch F. fehlt, kann wiederum seinerseits geradezu als Maß für die in der Darstellung (noch) enthaltene Spekulation (↑spekulativ/Spekulation) gewählt werden. Im F.santeil wissenschaftlicher Tätigkeit wird der Sachbezug der Artikulatoren, also ihre referentielle Funktion, bestimmt. Das läuft auf die mit beliebigen Handlungen, sofern sie die Funktion von ↑Experimenten übernehmen können, zu unternehmende Erforschung von Termzusammenhängen hinaus, die zur Bestimmung von Gegenständen als Trägern ihrer Eigenschaften führen, in wissenschaftstheoretischer Perspektive also zum Aufbau einer referentiellen ↑Semantik: Ein solcher Aufbau konkretisiert sich in der Ausarbeitung der Verfahren zur *Sinnbestimmung* prädikativer Ausdrücke. Auf der anderen Seite steht im Darstellungsanteil wissenschaftlicher Tätigkeit der Personbezug der Artikulatoren infrage, weil es in diesem Falle darum geht, die aussagende Funktion der Artikulatoren zu sichern: Die Verfahren der *Geltungssicherung* von (wissenschaftlichen) ↑Aussagen wiederum konkretisieren sich in argumentativ vorgetragenen Begründungen (↑Beweis). Soll Darstellung auf F. beruhen, so werden im Aussagezusammenhang die bezeichneten (partikularen) Gegenstände beliebiger logischer Stufe jeweils als Invarianten ihrer Eigenschaften nur über die Termzusammenhänge ermittelt, während bei Versuchen einer von F. unabhängigen Darstellung, wie bei den spekulativen Anteilen (wissenschaftlicher) Theorien oder bei bloßer Unterstellung einer referentiellen Semantik, wenn es bei einer streng formalsprachlichen (↑Sprache, formale, ↑Formalisierung) Fassung der Theorie bleibt, Probleme des Sachbezugs einer (wissenschaftlichen) Theorie bzw. des ›ontologischen Status‹ ihres Gegenstands(-bereichs) (↑Ontologie) offenbleiben.

Die Unterscheidung von F. und Darstellung geht zurück auf die beiden Leibnizschen *artes*, ↑ars inveniendi und ↑ars iudicandi, die sich ihrerseits über scholastische Traditionen bis zur (z. B. bei A. M. T. S. Boethius unter diese Begriffe gebrachten) Unterscheidung von ›Topik‹ und ›Analytik‹ in der Aristotelischen Logik zurückverfolgen lassen. Die moderne, von H. Reichenbach vorgenommene Anknüpfung unter den Titeln ↑›Entdeckungszusammenhang/Begründungszusammenhang‹ ist spezieller und bezieht sich in beiden Fällen auf die Geltung von Aussagen, nämlich im Blick auf die Unterscheidung induktiver von deduktiven Verfahren (↑Methode, deduktive, ↑Methode, induktive), gehört also zur

Darstellungskompetenz, ohne die mit der Konstitution der Objektbereiche verbundenen Probleme der F.skompetenz dabei eigens zu thematisieren. Auch die davon deutlich unterschiedene Anknüpfung durch Russell unter den Titeln ›knowledge by acquaintance/knowledge by description‹ ist, abgesehen vom Fehlen der Unterscheidung zwischen Kompetenzen erster und zweiter Stufe, d. s. die lebensweltlichen und künstlerischen bzw. wissenschaftlichen Kompetenzen, durch ihre (dadurch der Reichenbachschen Intention sich nähernde) Vermischung mit der klassischen erkenntnistheoretischen Entgegensetzung von empiristisch-induktiver und rationalistisch-deduktiver ↑Methode noch nicht in der Lage, den Zusammenhang von F. und Darstellung als Problem des Zusammenhangs von wissenschaftlicher Sinnbestimmung und wissenschaftlicher Geltungssicherung bzw. von (partitionsbezogener, ↑Partition) wissenschaftlicher Gegenstandskonstitution und (prädikationsbezogener, ↑Prädikation) wissenschaftlicher Gegenstandsbeschreibung aufzudecken. Es darf nämlich nicht das Verfahren der Darstellung mit der Herstellung von (systematischen = rationalen) Begründungszusammenhängen, dem Wissen *per rationes*, und das Verfahren der F. mit der Herstellung von (historischen = empirischen) Entdeckungszusammenhängen, dem Wissen *per causas*, identifiziert werden, und zwar deshalb nicht, weil Darstellung als Beherrschung von Verfahren der wissenschaftlichen Geltungssicherung auf F. als Beherrschung von Verfahren der wissenschaftlichen Sinnbestimmung angewiesen bleibt (weil andernfalls der Sinnlosigkeitsverdacht gegenüber den Sprachmitteln droht, die erforderliche Korrespondenz von sprachlichem Zeichen und bezeichnetem Gegenstand uneinlösbar bliebe) und ebenso die umgekehrte Abhängigkeit besteht, weil sonst über eine tatsächliche Beherrschung von Verfahren der Sinnbestimmung keine kontrollierbare Verständigung möglich wäre. Hingegen läßt sich im Disput zwischen Analytischer und Konstruktiver Wissenschaftstheorie (↑Wissenschaftstheorie, analytische, ↑Wissenschaftstheorie, konstruktive) durch die Rekonstruktion dieser beiden Positionen jeweils als Theorie von Wissenschaft in Hinsicht auf ihren F.santeil und Theorie von Wissenschaft in Hinsicht auf ihren Darstellungsanteil auf weiterführende Art vermitteln.

Literatur: H. Hermes, Ideen von Leibniz zur Grundlagenforschung. Die ars inveniendi und die ars iudicandi, Stud. Leibn. Suppl. III, Wiesbaden 1969, 92–102; K. Lorenz, The Concept of Science. Some Remarks on the Methodological Issue ›Construction‹ versus ›Description‹ in the Philosophy of Science, in: P. Bieri/R. P. Horstmann/L. Krüger (eds.), Transcendental Arguments and Science. Essays in Epistemology, Dordrecht 1979, 177–190; ders., Sinnliche Erkenntnis als Kunst und begriffliche Erkenntnis als Wissenschaft, in: C. Schildknecht/D. Teichert (eds.), Philosophie in Literatur, Frankfurt 1996, 55–68; J. Mittelstraß, The Philosopher's Conception of Mathesis universalis from Descartes to Leibniz, Ann. Sci. 36 (1979), 593–610; H. Reichenbach, Experience and Prediction. An Analysis of the Foundations and the Structure of Knowledge, Chicago/London 1938, 1970, bes. 3–80 (dt. Erfahrung und Prognose. Eine Analyse der Grundlagen und der Struktur der Erkenntnis, Braunschweig 1983, bes. 1–51); B. Russell, Knowledge by Acquaintance and Knowledge by Description, Proc. Arist. Soc. N. S. 11 (1910/1911), 108–128; H. Wohlrapp, Analytischer versus konstruktiver Wissenschaftsbegriff, in: K. Lorenz (ed.), Konstruktionen versus Positionen. Beiträge zur Diskussion um die konstruktive Wissenschaftstheorie, I–II, Berlin/New York 1979, II, 348–377. K. L.

Forschungsprogramm (engl. research programme), Bezeichnung für einen Komplex von Hypothesen und Regeln, aus deren Befolgung sich eine mehr oder weniger kontinuierliche Entwicklung wissenschaftlicher Theorien ergibt. Der Begriff wurde von I. Lakatos (1968) eingeführt, um die Einsichten der Paradigmentheorie T. S. Kuhns (↑Paradigma) aufzugreifen, ohne die von Kuhn vertretene These der methodischen Inkommensurabilität (↑inkommensurabel/Inkommensurabilität) von Theorien übernehmen zu müssen (↑Revolution, wissenschaftliche). Ein F. erzeugt eine Serie wissenschaftlicher Theorien mit einem gemeinsamen ›harten Kern‹ (hard core) von Hypothesen, der von einem flexiblen ›Schutzgürtel‹ (protective belt) aus Hilfshypothesen umgeben ist. Jedes F. besitzt darüber hinaus eine ↑*Heuristik*, deren negativer Teil die Bestandteile des Kerns gegen Falsifikationen immunisiert (↑Immunisierung) und diese auf den Schutzgürtel umlenkt. Die positive Heuristik hingegen gibt Empfehlungen darüber, wie im Falle einer Prima-facie-Widerlegung (›Anomalie‹) die Randannahmen einer Theorie zu adjustieren sind. Durch derartige Modifikationen entstehen Varianten der ursprünglichen Theorie, ohne daß jedoch der für das F. charakteristische harte Kern verändert wird.

Lakatos' Methodologie der F.e vereinigt Bestandteile mehrerer wissenschaftstheoretischer Positionen. Ausgangspunkt ist ein ›methodologischer Falsifikationismus‹ (↑Falsifikation): Prinzipiell jede wissenschaftliche Aussage ist fallibel; deshalb kann eine ↑Hypothese nie isoliert einem Test ausgesetzt werden (↑experimentum crucis). Wenn ein Experiment eine Gegeninstanz zu einer Hypothese zeitigt, ist vorläufig nur eine inkonsistente Aussagenmenge gewonnen, die neben einer Hypothese aus dem harten Kern und dem Beobachtungssatz auch ↑Anfangsbedingungen, Annahmen über die Meßinstrumente, eine ↑ceteris-paribus-Klausel zum Ausschluß von Störfaktoren und anderes mehr umfaßt. Welches dieser Elemente aufgegeben (als falsifiziert betrachtet) wird, ist Sache der Übereinkunft innerhalb einer wissenschaftlichen Gemeinschaft (↑scientific community, ↑Konventionalismus).

Lakatos vertritt eine ›raffinierte‹ (sophisticated) Version des methodologischen Falsifikationismus, die besagt, daß eine Theorie erst dann verworfen wird, wenn eine Alternative zur Verfügung steht. Hierin (wie in der Einbeziehung der historischen, prozessualen Dimension) besteht eine gewisse Ähnlichkeit zu Kuhns Konzeption der ›Paradigmenwechsel‹. Allerdings versucht Lakatos, über Kuhns Analyse der externen Bedingungen solcher wissenschaftshistorischen Entwicklungen hinauszugehen und ↑Rationalitätskriterien für ihre Beurteilung anzugeben. Was bewertet wird, sind bei Lakatos F.e, also Folgen von Theorien, und nicht (wie z.B. bei K.R. Popper) einzelne Theorien. Daher steht der (komparative) Begriff des wissenschaftlichen ↑*Fortschritts* im Mittelpunkt. Fortschritt kann sowohl – innerhalb eines F.s – in der Erzeugung verbesserter Theorievarianten als auch in der Ablösung des gesamten Programms durch ein überlegenes bestehen. Programmintern stellt eine Theorie einen Fortschritt gegenüber ihrem Vorläufer dar, wenn sie die Prognose neuartiger, zuvor nicht zu erwartender Sachverhalte erlaubt. Das F. heißt dann ›theoretisch progressiv‹. Wenn sich darüber hinaus die neuen Prognosen wenigstens teilweise empirisch bestätigen lassen, ist das F. ›empirisch progressiv‹. Ein F. ›degeneriert‹ dagegen, wenn die Theorie ex post an unerwartete empirische Resultate angepaßt werden muß. Als normative Rationalitätsforderung ergibt sich, daß jede Theoriemodifikation theoretische Progressivität zur Folge haben soll; das Programm insgesamt soll gelegentlich empirisch progressiv sein. Ein degenerierendes F. wird von einem neuen abgelöst, wenn dieses (aufgrund eines anderen harten Kerns) den bisherigen Erfolg des Rivalen erklärt und zugleich stärkere heuristische Kraft besitzt. Die heuristischen Vorzüge eines neuen Programms zeigen sich jedoch erst nach einer gewissen Zeit, so daß die Ablösung nur im historischen Rückblick bewertet werden kann; eine ›Sofortrationalität‹ (instant rationality) gibt es nicht.

Literatur: M. Carrier, Explaining Scientific Progress. Lakatos' Methodological Account of Kuhnian Patterns of Theory Change, in: G. Kampis/L. Kvasz/M. Stöltzner (eds.), Appraising Lakatos. Mathematics, Methodology, and the Man, Dordrecht/Boston Mass./London 2002, 53–71; A.F. Chalmers, What Is This Thing Called Science. An Assessment of the Nature and Status of Science and Its Methods, St. Lucia Queensland 1976, ²1982, ³1999 (dt. Wege der Wissenschaft. Einführung in die Wissenschaftstheorie, ed. N. Bergemann/J. Prümper, Berlin etc. 1986, ed. N. Bergemann/C. Altstötter-Gleich, ⁵2001); U. Gähde/J. Weyer, F., in: H.J. Sandkühler (ed.), Europäische Enzyklopädie zu Philosophie und Wissenschaften II, Hamburg 1990, 93–95; I. Hacking, Imre Lakatos's Philosophy of Science, Brit. J. Philos. Sci. 30 (1979), 381–402; I. Lakatos, Criticism and the Methodology of Scientific Research Programmes, Proc. Arist. Soc. 69 (1968), 149–186; ders., Falsification and the Methodology of Scientific Research Programmes, in: ders./A. Musgrave (eds.), Criticism and the Growth of Knowledge, Cambridge 1970, 91–195, ferner in: ders., Philosophical Papers I (The Methodology of Scientific Research Programmes), ed. J. Worrall/G. Currie, Cambridge etc. 1978, 8–101 (dt. Falsifikation und die Methodologie wissenschaftlicher F.e, in: ders./A. Musgrave [eds.], Kritik und Erkenntnisfortschritt, Braunschweig 1974, 89–189); ders., History of Science and Its Rational Reconstructions, in: R.C. Buck/R.S. Cohen (eds.), PSA 1970. In Memory of Rudolf Carnap, Dordrecht 1971, 91–136 (Boston Stud. Philos. Sci. VIII) (dt. Die Geschichte der Wissenschaft und ihre rationalen Rekonstruktionen, in: ders./A. Musgrave [eds.], Kritik und Erkenntnisfortschritt [s.o.], 271–311); A. Musgrave, Method or Madness? Can the Methodology of Research Programmes Be Rescued from Epistemological Anarchism?, in: R.S. Cohen/P.K. Feyerabend/M.W. Wartofsky (eds.), Essays in Memory of Imre Lakatos, Dordrecht/Boston Mass. 1976, 457–491 (Boston Stud. Philos. Sci. XXXIX); H. Rott, Zur Wissenschaftsphilosophie von Imre Lakatos, Philos. Nat. 31 (1994), 25–62; J. Worrall, The Ways in which the Methodology of Scientific Research Programmes Improves on Popper's Methodology, in: G. Radnitzky/G. Andersson (eds.), Progress and Rationality in Science, Dordrecht/Boston Mass./London 1978, 40–70 (Boston Stud. Philos. Sci. LVIII) (dt. Wie die Methodologie der wissenschaftlichen F.e die Poppersche Methodologie verbessert, in: G. Radnitzky/G. Andersson [eds.], Fortschritt und Rationalität der Wissenschaft, Tübingen 1980, 51–78). C.F.G.

Fortschritt (engl. progress, franz. progrès), Grundbegriff der neuzeitlichen ↑Geschichtsphilosophie und des Geschichtsbewußtseins der bürgerlichen Gesellschaft (↑Gesellschaft, bürgerliche). Systematisch eine zweckbestimmte Veränderung durch menschliches Handeln, insofern dessen Maßstab im Detail das Bessermachen ist. F.e unterscheiden sich daher auch von ↑Entwicklungen im allgemeinen durch das Kriterium zunehmend besser realisierter ↑Zwecke, was nicht ausschließt, daß einige Entwicklungen im Sinne dieses Kriteriums selbst als F.e darstellbar sind.

In der neuzeitlichen Geschichtsphilosophie bedeutet F. primär das in ständig kürzeren Zeiträumen erfolgende quantitative und/oder qualitative Anwachsen eines *theoretischen* Wissens und seiner *technischen* Nutzung. Im Gegensatz zu Kulturverfallstheorien (Anfang mit einem ›goldenen Zeitalter‹) und Kreislauftheorien (die in sich zurücklaufende Geschichte) setzt die Idee des F.s im neuzeitlichen und modernen Sinne die Entdeckung des *historischen Bewußtseins* (↑Bewußtsein, historisches) voraus und tritt dabei als Idee eines unbegrenzten F.s in der Neuzeit an die Stelle der christlichen Geschichtstheologie (↑Chiliasmus, ↑Eschatologie). Ob als ↑Säkularisierung einer ursprünglich christlich-jüdischen Heilserwartung oder als Folge der Entstehung der neuzeitlichen Naturwissenschaften und der durch sie bewirkten fortschreitenden Naturbeherrschung, F. ist der Begriff, unter dem die Neuzeit ihre Vorstellung von Zukunftserwartung formuliert. In der Fassung, die die ↑Aufklärung dem Begriff des F.s gibt, liegt dem die Annahme zugrunde, daß eine freie Entwicklung des Intellekts und eine Steigerung insbes. des naturwissenschaftlichen Wissens von sich aus zu einer Humanisierung der Gesellschaft führen. F. wird insofern mit Aufklärung als einem historischen Prozeß gleichgesetzt. Ziel ist die Überwindung einer veralteten Gesellschaftsordnung und die Bildung einer neuen Ordnung, deren Genese in einer für die Epoche der Aufklärung charakteristischen Weise A. Marquis de Condorcet aufzuzeigen suchte (Esquisse d'un tableau historique des progrès de l'esprit humain, Paris 1795).

Im Laufe des 19. Jhs. verliert der Begriff des F.s allmählich diese ihn mit der Aufklärung verbindende *praktisch-philosophische* Bestimmung; eine Weiterentwicklung der Gattung Mensch wird zunehmend weniger in ihren politisch-moralischen, durch Aufklärung freiwerdenden Fähigkeiten, als vielmehr in den unbegrenzten *technischen* Möglichkeiten der Naturbeherrschung gesehen. Während I. Kant unter F. noch die »Vollziehung eines verborgenen Plans der Natur« auf dem Wege zu einer »vollkommenen Staatsverfassung« verstand (Idee zu einer allgemeinen Geschichte in weltbürgerlicher Absicht, 8. Satz, Akad.-Ausg. VIII, 27) und noch G. W. F. Hegel die Weltgeschichte als »F. im Bewußtsein der Freiheit« (Vorles. Philos. Gesch., Sämtl. Werke XI, 46) bezeichnete, beschränkt sich die F.sgläubigkeit der entstehenden Industriegesellschaft zunehmend auf die materiellen Resultate eines expandierenden technischen Wissens. Die über die Leistungsfähigkeit dieses Wissens erreichte Steigerung des Lebensstandards wird als Maßstab für F. genommen, ein ›F. der Menschheit‹, von dem die Aufklärung in politisch-praktischer Absicht sprach, vielfach lediglich als das Resultat einer sich immer kompromißloser realisierenden Industriekultur gesehen. Der Begriff des F.s verliert damit seine geschichtsphilosophische Bedeutung; als seine Kehrseite erscheint die durch die fortschreitende ›Beherrschung der Natur‹ bewirkte neue ›Beherrschung des Menschen‹ (M. Horkheimer, H. Marcuse).

Bezogen auf quantitative und/oder qualitative Entwicklungen in der *Theoriebildung* hat der Begriff des F.s auch im Rahmen der ↑Wissenschaftstheorie und Theorien der ↑Wissenschaftsgeschichte eine systematische Bedeutung gewonnen. Dabei stehen sich angesichts des Problems, den F.sbegriff im Rahmen der Theorienentwicklung systematisch unabhängig von den Meinungen der Wissenschaftler, also ›objektiv‹, zu formulieren, insbes. die Positionen K. R. Poppers (↑Bewährung, ↑Wahrheitsähnlichkeit) und I. Lakatos' (↑Forschungsprogramm) auf der einen Seite und die Positionen T. S. Kuhns (Inkommensurabilität [↑inkommensurabel/Inkommensurabilität] von ↑Paradigmen) und P. K. Feyerabends auf der anderen Seite (↑Anarchismus, erkenntnistheoretischer) gegenüber (↑Erkenntnisfortschritt, ↑Theoriendynamik). Theorien wissenschaftlichen F.s, die sowohl der Analyse historischer Entwicklungen als auch der Beurteilung wissenschaftlichen Lehrbuchwissens dienen, werden in diesem Zusammenhang vorzugsweise in einer *evolutionstheoretischen* Begrifflichkeit vorgetragen (↑Evolution). Das gilt nicht nur für Positionen wie diejenige Poppers, in deren Rahmen Wissenschaftsgeschichte Paradigma einer F.sgeschichte ist, sondern auch für Positionen wie diejenige Kuhns, in deren Rahmen das evolutionsspezifische Merkmal der Kontinuität hinter dem Merkmal diskontinuierlicher (›revolutionärer‹) Veränderungen zurücktritt (↑Revolution, wissenschaftliche).

Literatur: G. Almeras, Progrès, Enc. philos. universelle II/2 (1990), 2064–2066; G. A. Almond/M. Chodorow/R. H. Pearce (eds.), Progress and Its Discontents, Berkeley Calif./Los Angeles/London 1982; S. Auroux, Progrès (scientifique), Enc. philos. universelle II/2 (1990), 2067; F.-J. Bäumer, F. und Theologie. Philosophische und Theologische Überlegungen zum F.sgedanken, Frankfurt/Bern/New York 1985; E. Bloch, Differenzierungen im Begriff F., Berlin 1956, ²1957 (Sitz.ber. Dt. Akad. Wiss. Berlin, Kl. f. Philos., Geschichte, Staats-, Rechts- u. Wirtschaftswiss. 5 [1955]), Zürich 1970 (Gesamtausg. XIII, Frankfurt 1970, 1985, Frankfurt/Olten/Wien 1986, 118–146) (engl. A Philosophy of the Future, New York 1970); H. Blumenberg, Die Legitimität der Neuzeit, Frankfurt 1966, ³1997 (engl. The Legitimacy of the Modern Age, Cambridge Mass./London 1983; franz. La légitimité des temps modernes, Paris 1999); P. J. Bowler, The Invention of Progress. The Victorians and the Past, Oxford 1989; R. Bronk, Progress and the Invisible Hand. The Philosophy and Economics of Human Advance, London 1998; A. Burgen/P. McLaughlin/J. Mittelstraß (eds.), The Idea of Progress, Berlin/New York 1997; J. B. Bury, The Idea of Progress. An Inquiry Into Its Origin and Growth, London 1920, New York 1987; H. Cancik, F., RGG III (⁴2000), 202–204; M. Carrier/G. J. Massey/L. Ruetsche (eds.), Science at Century's End. Philosophical Questions on the Progress and Limits of Science, Pittsburgh Pa. 2000; R. G. Collingwood, The Idea of History, Oxford 1946, ¹⁰1992, mit Untertitel: With Lectures 1926–1928, Oxford 1993, ²1994 (dt. Philosophie der Geschichte, Stuttgart 1955); J. Delvaille, Essai sur l'histoire de l'idée de progrès jusqu'à la fin du 18. siècle, Paris 1910, Hildesheim/New York 1977; C. Dilworth, Scientific Progress. A Study Concerning the Nature of the Relation Between Successive Scientific Theories, Dordrecht/Boston Mass./London 1981, ²1986 [erw. um 2 Chap.], ³1994 [erw. um weitere 4 Chap.]; E. R. Dodds, Progress in Classical Antiquity, DHI III (1973), 623–633; C. van Doren, The Idea of Progress, New York/Washington D. C./London 1932 (repr. 1955), 1967 (repr. Westport Conn. 1973); C. Frankel, The Idea of Progress, Enc. Ph. VI (1967), 483–487; T. Ganelius (ed.), Progress in Science and Its Social Conditions. Nobel Symposium 58 Held at Lidingö, Sweden, 15–19 August 1983, Oxford etc. 1986; M. Ginsberg, The Idea of Progress. A Reevaluation, London 1953, Westport Conn. 1973; ders., Progress in the Modern Era, DHI III (1973), 633–650; T. Hausmanninger, F. (theologisch-ethisch), LThK III (1995), 1366–1367; R. Holliday, The Science of Human Progress, Oxford etc. 1981; M. Horkheimer/T. W. Adorno, Dialektik der Aufklärung. Philosophische Fragmente, Amsterdam 1947, Frankfurt 1969, 1990 [Ges. Schriften III] (engl. Dialectic of Enlightenment, New York 1972, 1996, London 1973, ²1986; franz. La dialectique de la raison. Fragments philosophiques, Paris 1974, 1983); W. R. Inge, The Idea of Progress, Oxford 1920; H. R. Jauß, Ursprung und Bedeutung der F.sidee in der ›Querelle des Anciens et des Modernes‹, in: H.

Kuhn/F. Wiedmann (eds.), Die Philosophie und die Frage nach dem F., München 1964, 51–72; P. Kitcher, Advancement of Science. Science Without Legend, Objectivity Without Illusions, New York/Oxford 1993, 1995; R. Koselleck, ›F.‹ und ›Niedergang‹ – Nachtrag zur Geschichte zweier Begriffe, in: ders./P. Widmer (eds.), Niedergang. Studien zu einem geschichtlichen Thema, Stuttgart 1980, 214–231; I. Lakatos/A. Musgrave (eds.), Criticism and the Growth of Knowledge. Proceedings of the International Colloquium in the Philosophy of Science (London 1965), Cambridge/London 1970 (repr. Cambridge, Amsterdam 1993, 1995) (dt. Kritik und Erkenntnisfortschritt, Braunschweig 1974); C. Lasch, The True and Only Heaven. Progress and Its Critics, New York/London 1991; L. Laudan, Progress and Its Problems. Towards a Theory of Scientific Growth, Berkeley Calif./Los Angeles, London/Henley 1977, Berkeley Calif. 1978; W. Lienemann (ed.), F.sglaube und Wirklichkeit. Arbeiten zu einer Frage unserer Zeit, München 1983; R. Löw/P. Koslowski/P. Kreuzer (eds.), F. ohne Maß? Eine Ortsbestimmung der wissenschaftlich-technischen Zivilisation, München 1981; K. Löwith, Meaning in History. The Theological Implications of the Philosophy of History, Chicago Ill. 1949, 1970 (dt. Weltgeschichte und Heilsgeschehen. Die theologischen Voraussetzungen der Geschichtsphilosophie, Stuttgart etc. 1953, ⁸1990); H. Lübbe, F. als Orientierungsproblem. Aufklärung in der Gegenwart, Freiburg 1975; ders., Zeit-Verhältnisse. Zur Kulturphilosophie des F.s, Graz/Wien/Köln 1983; C. Meier, Der neuzeitliche F.sbegriff, in: ders., Die Entstehung des Politischen bei den Griechen, Frankfurt 1980, ²1989, 439–443; A. M. Melzer/J. Weinberger/M. R. Zinnman (eds.), History and the Idea of Progress. Symposium on Science, Reason, and Modern Democracy, May 1991, Michigan State University, Ithaca N. Y./London 1995, ²1996; W. Meyer (ed.), Das Problem des F.s heute, Darmstadt 1969; J. Mittelstraß, Neuzeit und Aufklärung. Studien zur Entstehung der neuzeitlichen Wissenschaft und Philosophie, Berlin/New York 1970, 341–374 (§ 10 F. und Utopie); ders., Prolegomena zu einer konstruktiven Theorie der Wissenschaftsgeschichte, in: ders., Die Möglichkeit von Wissenschaft, Frankfurt 1974, 106–144, 234–244; I. Niiniluoto, Is Science Progressive?, Dordrecht/Boston Mass. 1984; R. A. Nisbet, History of the Idea of Progress, New York, London 1980, New Brunswick N. J. 1994, ²1998; M. H. Nitecki, Evolutionary Progress, Chicago Ill./London 1988; A. O'Hear, After Progress. Finding the Old Way Forward, London 1999; N. Petruzzellis, Progresso, Enc. filos. VI (1982), 858–861; M. Pirie, Trial and Error and the Idea of Progress, London/La Salle Ill. 1978; J. C. Pitt (ed.), Change and Progress in Modern Science. Papers Related to and Arising from the Fourth International Conference on History and Philosophy of Science, Blacksburg Virginia, November 1982, Dordrecht/Boston Mass./Lancaster, Hingham Mass. 1985 (Univ. Western Ontario Ser. Philos. Sci. XXVII; K. R. Popper, Conjectures and Refutations. The Growth of Scientific Knowledge, New York 1962, London etc. 1963, ⁵1989 (dt. Vermutungen und Widerlegungen. Das Wachstum der wissenschaftlichen Erkenntnis, Tübingen 1994, 2000); F. Rapp, F.. Entwicklung und Sinngehalt einer philosophischen Idee, Darmstadt 1992; P. Reif, Die Theorie des wissenschaftlichen und politischen F.s – I. Kant, in: ders., Entwicklung und F.. Geschichte als Begründungsproblem, Frankfurt/New York 1984, 94–227; N. Rescher, Scientific Progress. A Philosophical Essay on the Economics of Research in Natural Science, Oxford 1978, Pittsburgh Pa. 1987 (dt. Wissenschaftlicher F.. Eine Studie über die Ökonomie der Forschung, Berlin/New York 1982; franz. Le progrès scientifique. Un essai philosophique sur l'économie de la recherche dans les sciences de la nature, Paris 1993); ders., Unpopular Essays on Technological Progress, Pittsburgh Pa. 1980; J. Ritter, F., Hist. Wb. Ph. II (1971), 1032–1059; J. Rohbeck, Die F.theorie der Aufklärung. Französische und englische Geschichtsphilosophie in der 2. Hälfte des 18. Jahrhunderts, Frankfurt/New York 1987; R. Rorty, The Role of Philosophy in Human Progress, in: ders., Truth and Progress, Cambridge/New York/Oakleigh 1998, Cambridge 1999, 247–350 (dt. F. und Philosophie, in: ders., Wahrheit und F., Frankfurt 2000, 353–504); E. G. Sledziewski, F., in: H.-J. Sandkühler (ed.), Europäische Enzyklopädie zu Philosophie und Wissenschaften II, Hamburg 1990, 95–104; P. J. Smith, Realism and the Progress of Science, Cambridge etc. 1981; W. Stegmüller, Probleme und Resultate der Wissenschaftstheorie und Analytischen Philosophie II/2 (Theorienstrukturen und Theoriendynamik), Berlin/Heidelberg/New York 1973, ²1985 (engl. The Structure and Dynamics of Theories, New York/Heidelberg/Berlin 1976); G. S. Stent, Paradoxes of Progress, San Francisco Calif. 1978; M. Svilar (ed.), Was ist F.?, Bern/Frankfurt/Las Vegas Nev. 1979; C. C. v. Weizsäcker, Zur ökonomischen Theorie des technischen F.s, Berlin 1964, Göttingen 1966; A. G. Wildfeuer, F. (Begriff, Begriffsgeschichte), LThK III (1995), 1365–1366. J. M.

Foucault, Michel, *Poitiers 15. Okt. 1926, †Paris 25. Juni 1984, franz. Philosoph, Psychologe und Sozialhistoriker. 1946–1952 Studium der Philosophie und Psychologie in Paris, ab 1960 a. o. Prof., 1964–1968 o. Prof. der Philosophie in Clermont-Ferrand, 1968–1970 Paris-Vincennes, ab 1970 Prof. für die Geschichte der Denksysteme am Collège de France. Neben seiner akademischen Lehrtätigkeit beteiligte sich F. an den Aktivitäten politischer Gruppen, die für die Verbesserung der sozialen Stellung von Minderheiten eintraten. Die Arbeiten F.s haben drei Schwerpunkte: (1) Archäologie des Wissens, (2) Machttheorie, (3) Konstitutionsweisen von Subjektivität. In seiner Dissertation (Folie et déraison, 1961) und einer Untersuchung über die Entwicklung der klinischen Medizin im 18. und 19. Jh. (Naissance de la clinique, 1963) behandelt F. Fragen der Medizin- und Psychiatriegeschichte.

In einer quasi-transzendentalen Analyse wird das historische a priori des Wissens und seiner Institutionen analysiert. F. vertritt die These, daß sich die neuzeitliche Vernunft durch die Ausgrenzung des Wahnsinns konstituiert. Die Archäologie F.s betrachtet die Wissenssysteme als historische diskursive Formationen, deren Strukturen von variablen und kontingenten Faktoren bestimmt sind. Dem ahistorischen und universalen Verständnis einer einheitlichen, identischen ↑Vernunft, die sich in der Geistesgeschichte in unterschiedlichen Formen manifestiert, stellt F. mit seiner mikrologischen Ideengeschichte ein Modell entgegen, in dem die Wahr-/Falsch-Diskurse durch untergründige Regelsysteme determiniert sind. Die *Archäologie* deckt keinen ahistorischen, invarianten Ursprung, kein gleichbleibendes Prinzip der Wissenschaften und der Philosophie auf, sondern destruiert die vorgebliche Universalität der Vernunft durch eine akribische Deskription der Heterogenität der Wissensproduktion, ihrer verborgenen Regeln und kontingenten historischen Bestimmungsfaktoren. So unterscheidet F. in seiner ›Archäologie der Humanwissenschaften‹ die umfassenden epochenspezifischen Strukturen des Wissens (Les mots et les choses, 1966): ein Wissen der Analogie (Renaissance), ein Wissen der Repräsentation (Klassik) und eine Analytik der Endlichkeit, die sich als historisches Wissen im Zeichen des Menschen konstituiert (19. und 20. Jh.). Die vielzitierte Rede vom *Tod des Subjekts* oder vom *Ende des Menschen* artikuliert die Erwartung, daß die spezifisch epistemische Funktion, die dem Begriff des Menschen innerhalb des humanwissenschaftlichen Diskurses des 19. und 20. Jhs. zukommt, durch eine neue Denkform ersetzt werden wird. »Der Mensch ist eine Erfindung, deren junges Datum die Archäologie unseres Denkens ganz offen zeigt. Vielleicht auch das baldige Ende« (Die Ordnung der Dinge, 1971, 462).

Die Diagnose einer Krise des Begriffs des Menschen oder der Subjektivität (↑Subjektivismus) ist ein Konvergenzpunkt zahlreicher Autoren dieser Zeit, die sich im Sinne einer Humanismuskritik insbes. gegen die einflußreiche Philosophie J.-P. Sartres wenden. Charakteristisch für die Geschichtsauffassung F.s ist der Umstand, daß die Abfolge der unterschiedlichen Wissenssysteme nicht als organische Entwicklung oder teleologischer Prozeß dargestellt wird, sondern als Folge diskontinuierlicher Konfigurationen erscheint, deren Auftreten nicht aus einem übergeordneten rationalen Prinzip abgeleitet werden kann. F.s Nähe zum Strukturalismus (↑Strukturalismus (philosophisch, wissenschaftstheoretisch)) besteht in der Überzeugung, daß (1) die Diskurse durch ein zugrundeliegendes Regelsystem konstituiert sind und (2) die Bedeutung manifester Aussagen oder Inhalte nicht durch eine Analyse dieser als isolierter Einheiten bestimmbar ist, sondern nur aufgrund der Beschreibung ihrer Funktion innerhalb eines strukturellen Feldes zugänglich ist. Dementsprechend zerstört F. die Konzeption einer kontinuierlichen Geistesgeschichte, die sich auf die Rekurrenz bestimmter Themen und Propositionen stützt, indem er diese Gleichförmigkeit als bedeutungsloses Oberflächenphänomen erkennbar macht. Eine Distanzierung von der strukturalen Methode liegt in dem Umstand, daß F. die Regelsysteme nicht als eine invariante Struktur entwirft, sondern mit einer Vielzahl heterogener Strukturen rechnet.

Die spätere, durch F. Nietzsche angeregte *Genealogie* rückt das sozialhistorische und politische Umfeld der Theorieproduktion in den Mittelpunkt. Die diskurstheoretischen (↑Diskurstheorie) Überlegungen F.s diagnostizieren eine fundamentale Interdependenz von Wissen und Macht; sie akzentuieren den Umstand, daß die Produktion von Diskursen sozial kontrolliert und einer Reihe von Selektions- oder Verknappungsprinzipien unterworfen wird. F. problematisiert den Willen zur Wahrheit, gibt dem Diskurs seinen Ereignischarakter zurück und stellt die Souveränität des Signifikanten in Frage (L'ordre du discours, 1971). Die Interdependenz von Wissen/Sprechen und Macht wird in der Arbeit über die neuzeitliche Geschichte der juristischen Disziplinierungs- und Bestrafungsformen in Frankreich (Surveiller et punir, 1975) konkretisiert. Der Machtbegriff F.s zeichnet sich durch eine explizite Ambivalenz aus: einerseits werden Formen der Machtausübung als Unterdrückung kenntlich gemacht, andererseits tritt die Macht als produktives Element hervor, das bestimmte Phänomene überhaupt erst ermöglicht (Histoire de la sexualité I, 1976). – Die späten Arbeiten F.s (L'usage des plaisirs, 1984; Le souci de soi, 1984) betonen Weisen der Subjektkonstitution und Modalitäten des Selbstbezugs mit Blick auf die Antike. Gegen moderne Ethik-Konzeptionen, in denen der Begriff einer universalen Norm (↑Norm (handlungstheoretisch, moralphilosophisch)) zentrale Bedeutung hat, rückt F. die Konzeption der Lebensführung, die in den antiken Texten zugrundegelegt wird, in den Mittelpunkt und betont die Dimension eines freien Selbstverhältnisses, in der das Individuum sein Leben gestaltet. Für F. handelt es sich dabei um eine *Ästhetik der Existenz* (Sexualität und Wahrheit II, 1986, 20). F. stellt mit diesen Studien die für die Antike zentrale Auffassung der Philosophie als Lebensform heraus. Die in den späten Schriften betriebene Hermeneutik des Selbst impliziert nicht den Widerruf der früheren Thesen vom Ende des Menschen, da hier nicht das Selbst als epistemisches Subjekt thematisiert ist, sondern das Individuum als Träger einer bestimmten Lebenstechnik betrachtet wird.

Werke: Dits et écrits, I–IV, ed. D. Defert/E. Ewald, Paris 1994, I–II, ²2001 (dt. Schriften, I–, Frankfurt 2001 –). – Maladie mentale et personnalité, Paris 1954, unter dem Titel: Maladie mentale et psychologie, ²1962, ³2002 (dt. Psychologie und Geisteskrankheit, Frankfurt 1968, 2002); Folie et déraison. Histoire de la folie à l'âge classique, Paris 1961, unter dem Titel: Histoire de la folie à l'âge classique, ²1972, 1974 (dt. Wahnsinn und Gesellschaft. Eine Geschichte des Wahns im Zeitalter der Vernunft, Frankfurt 1969, ¹³1996); Naissance de la clinique. Une archéologie du regard médical, Paris 1963, ⁵1997 (dt. Die Geburt der Klinik. Eine Archäologie des ärztlichen Blicks, München 1973, Frankfurt 1996); Les mots et les choses. Une archéologie des sciences humaines, Paris 1966, 2002 (dt. Die Ordnung der Dinge. Eine Archäologie der Humanwissenschaften, Frankfurt 1971, 2002); L'archéologie du savoir, Paris 1969, 1997 (dt. Archäologie des Wissens, Frankfurt 1973, 2002); L'ordre du discours. Leçon inaugurale au Collège de France prononcée le 2 décembre 1970, Paris 1971, 1994 (dt. Die Ordnung des Diskurses. Inauguralvorlesung am Collège de France, 2. Dezember 1970, München 1974, erw. Frankfurt ¹³1997); Von der Subversion des Wissens, ed. W. Seitter, München 1974, Frankfurt 1979, 1996; Surveiller et punir. La naissance de la prison, Paris 1975, 2002 (dt. Überwachen und Strafen. Die Geburt des Gefängnisses,

Frankfurt 1976, 2003); Histoire de la sexualité I (La volonté du savoir), Paris 1976, 1997 (dt. Sexualität und Wahrheit I [Der Wille zum Wissen], Frankfurt 1977, 2002); Mikrophysik der Macht. Über Strafjustiz, Psychiatrie und Medizin, Berlin 1976; Dispositive der Macht. Über Sexualität, Wissen und Wahrheit, Berlin 1978; Histoire de la sexualité II (L'usage des plaisirs), Paris 1984, 1997 (dt. Sexualität und Wahrheit II [Der Gebrauch der Lüste], Frankfurt 1986, 2002); Histoire de la sexualité III (Le souci de soi), Paris 1984, 2002 (dt. Sexualität und Wahrheit III [Die Sorge um sich], Frankfurt 1986, ⁵1997); Qu'est-ce que la critique? (critique et ›Aufklärung‹). Séance du 27 mai 1978, Bull. soc. fr. philos. 84 (1990), 35–63 (dt. Was ist Kritik?, Berlin 1992); Il faut défendre la société. Cours au Collège de France (1975–1976), ed. M. Bertani/A. Fontana, Paris 1997 (dt. In Verteidigung der Gesellschaft. Vorlesungen am Collège de France [1975–76], Frankfurt 1999, 2002); L'herméneutique du sujet. Cours au Collège de France (1981–1982), ed. F. Gros, Paris 2001. – M. Clark, M. F.. An Annotated Bibliography. Tool Kit for a New Age, New York 1983; J. Lagrange, Les œuvres de M. F., Critique 42 (1986), 942–962.

Literatur: T. J. Armstrong (ed.), M. F.. Philosophical Essays, New York/London/Toronto Ont. 1992; J. Baudrillard, Oublier F., Paris 1977 (dt. Oublier F., München 1978, ²1983); M. Blanchot, M. F. tel que je l'imagine, Paris 1986 (dt. M. F. vorgestellt von Maurice Blanchot, Tübingen 1987); H. Bublitz, F.s Archäologie des kulturellen Unbewußten. Zum Wissensarchiv und Wissensbegehren moderner Gesellschaften, Frankfurt/New York 1999; J. L. Chalumeau, La pensée en France. De Sartre à F., Paris 1974 (Où en est la France?); J. Colombel, M. F.. La clarté de la mort, Paris 1994; D. Daiber, Subjekt – Freiheit – Widerstand. Die Stellung des Subjekts im Denken F.s, Konstanz 1999; E. Dauk, Denken als Ethos und Methode. F. lesen, Berlin 1989; G. Deleuze, F., Paris 1986 (dt. F., Frankfurt 1987, ³1997); H. L. Dreyfus/P. Rabinow, M. F.. Beyond Structuralism and Hermeneutics, Chicago Ill., Brighton 1982, Chicago Ill. ²1996, New York/London 2002 (dt. M. F.. Jenseits von Strukturalismus und Hermeneutik, Frankfurt 1987, Weinheim ²1994); E. Erdmann/R. Forst/A. Honneth (eds.), Ethos der Moderne. F.s Kritik der Aufklärung, Frankfurt/New York 1990; D. Eribon, M. F., Paris 1989, ²1991 (dt. M. F., Frankfurt 1991, ²1991, 1999); ders., M. F. et ses contemporains, Paris 1994 (dt. M. F. und seine Zeitgenossen, München 1998); ders. (ed.), L'infréquentable M. F.. Renouveaux de la pensée critique. Actes du colloque, Centre Georges Pompidou, 21–22 juin 2000, Paris 2001; W. Ernst, M.edium F.oucault. Weimarer Vorlesungen über Archive, Archäologie, Monumente und Medien, Weimar 2000; L. Ferry/A. Renaut (eds.), La pensée soixante-huit. Essai sur l'anti-humanisme contemporain, Paris 1985, ²1988 (dt. Antihumanistisches Denken. Gegen die französischen Meisterphilosophen, München/Wien 1987); H. Fink-Eitel, M. F. zur Einführung, Hamburg 1989, ⁴2002 (engl. F.. An Introduction, Philadelphia Pa. 1992); M. Frank, Was ist Neostrukturalismus?, Frankfurt 1983, 1997, 116–258; A. Guédez, F., Paris 1972; G. Gutting, The Cambridge Companion to F., Cambridge/New York, 1994, 1999; ders., F., REP III (1998), 708–713; J. Habermas, Vernunftkritische Entlarvung der Humanwissenschaften, in: ders., Der philosophische Diskurs der Moderne. Zwölf Vorlesungen, Frankfurt 1985, ⁵1996, 279–312; ders., Aporien einer Machttheorie, in: ders., Der philosophische Diskurs der Moderne [s.o.], 313–343; A. Honneth, Kritik der Macht. Reflexionsstufen einer kritischen Gesellschaftstheorie, Frankfurt 1985, ²1994, 113–224; D. C. Hoy (ed.), F.. A Critical Reader, Oxford/New York 1986, 1998; C. Jäger, Das Ungedachte denken. Entwicklung und Struktur des kategorischen Zusammenhangs in F.s Schriften, München 1994 (mit Bibliographie, 178–206); C. Kammler, M. F.. Eine kritische Analyse seines Werks, Bonn 1986; M. Kelly (ed.), Critique and Power. Recasting the F./Habermas Debate, Cambridge Mass./London 1994, 1998; M. S. Kleiner (ed.), M. F.. Eine Einführung in sein Denken, Frankfurt/New York 2001; A. Kremer-Marietti, F. et l'archéologie du savoir, Paris 1974 (dt. M. F., der Archäologe des Wissens, Frankfurt/Wien 1976); dies., M. F.. Archéologie et généalogie, Paris 1985, ²1985; D. Lecourt, Sur l'archéologie et le savoir (à propos de M. F.), in: ders., Pour une critique de l'épistémologie (Bachelard, Canguilhem, F.), Paris/Montpellier 1972, 1974, 98–133 (dt. Über die Archäologie und das Wissen [über M. F.], in: ders., Kritik der Wissenschaftstheorie. Marxismus und Epistemologie [Bachelard, Canguilhem, F.], Berlin 1975, 77–105); D. Leland, On Reading and Writing the World. F.'s History of Thought, Clio 4 (1975), 225–243; D. Macey, The Lives of M. F., London 1993, unter dem Titel: The Lives of M. F.. A Biography, New York 1994; U. Marti, M. F., München 1988, ²1999; L. McNay, F.. A Critical Introduction, New York, Cambridge/Oxford 1994; J. G. Merquior, F., London 1985, ²1991; J. Miller, The Passion of M. F., London, New York/London/Toronto Ont. 1993, 1994, Cambridge Mass. 2000 (dt. Die Leidenschaft des M. F., Köln 1995); H. Nilson, M. F. and the Games of Truth, Houndmills/Basingstoke/London, New York 1998; M. Payne, Reading Knowledge. An Introduction to Barthes, F. and Althusser, Malden Mass./Oxford 1997, bes. 12–30, 44–63, 80–101; J. Rajchman, M. F.. The Freedom of Philosophy, New York/Guildford 1985; J. Reiter, Der ›endgültige‹ Tod Gottes. Zum Strukturalismus von M. F., Salzb. Jb. Philos. 14 (1970), 111–125; W. Schmid, Auf der Suche nach einer neuen Lebenskunst. Die Frage nach dem Grund und die Neubegründung der Ethik bei F., Frankfurt 1991, ²1992, 2000; P. Sloterdijk, M. F.s strukturale Theorie der Geschichte, Philos. Jb. 79 (1972), 161–198; B. Smart (ed.), M. F.. Critical Assessments, I–III, London/New York 1994, IV–VII, 1995; B. Taureck, M. F., Reinbek b. Hamburg 1997, ²2001. – Arch. philos. 65 (2002); Critique 58 (2002).   D. T.

Fourier, François Marie Charles, *Besançon 7. April 1772, †Paris 10. Okt. 1837, franz. (utopischer) Sozialist. Nach Abschluß der Gymnasialbildung Handlungsreisender im Auftrag des Familienunternehmens. 1793 Teilnahme am Lyoner Aufstand. Nach Verlust des väterlichen Vermögens wechselnde Tätigkeiten im Kaufmannsberuf. 1826 Übersiedlung nach Paris. Die Kritik an der dem Glücksstreben der Menschen feindlichen Zivilisation und an der Unfähigkeit aller bisherigen Philosophie, diesem ›allgemeinen Elend abzuhelfen‹, veranlaßte F., eine soziale Wissenschaft zu konzipieren, die auf exakte Methoden gegründet sein sollte. Der gesamte Kosmos wird F. zufolge durch die Anziehungskraft bestimmt, die sich im sozialen Leben in den Leidenschaften der Menschen darstellt. Armut und Herrschaft, die die vergangenen Epochen der Wildheit, des Patriarchats und der Barbarei sowie die gegenwärtige der Zivilisation definieren, würden unter der Bedingung, daß die Leidenschaften sich frei entfalten könnten, einer harmonischen sozialen Ordnung weichen. Diese herzustellen, ist das Ziel der sich gemäß den ›Serien der Leidenschaften‹

organisierenden autarken Lebensgemeinschaften (familistères) und der phalanstères, einer Art autonomer, agrarisch orientierter Produktions- und Konsumgenossenschaften, die die volle Entfaltung von Reichtum und Genuß allererst ermöglichen. Der minutiösen, zumeist schwer nachvollziehbaren Ausarbeitung von Plänen für deren Errichtung sind F.s Hauptarbeiten gewidmet. Sie sind geleitet von der utopischen Perspektive, die Versöhnung der Menschen mit ihrer sinnlichen Natur und die Umwandlung von Arbeit in Genuß in einer neuen Ära zu erreichen. – Neben seinen Schriften warb die Zeitschrift »La Phalange«, 1832–1840 unter wechselnden Titeln erschienen, für F.s Vorstellungen. Im gleichen Sinne wirkte die »École Sociétaire«, ein Zusammenschluß der Anhänger der Lehre F.s. Später wurde die Genossenschaftsbewegung von F.s Ideen beeinflußt. K. Marx und F. Engels würdigten und kritisierten F. als einen derjenigen utopischen Sozialisten, dessen zur Satire gesteigerte Kritik die »materielle und moralische Misere der bürgerlichen Welt unbarmherzig aufgedeckt« habe (F. Engels, MEW XX, 242).

Werke: Œuvres complètes, I–VI, Paris 1841–1845, I ²1846, VI ²1848, erw. Neuausg., I–XII, ed. S. Debout-Oleszkiewicz, Paris 1966–1968 [I repr. v. ²1846, II–VI repr. v. ¹1841–1845]. – Théorie des quatre mouvements et des destinées générales, Leipzig [eigentlich Lyon] 1808, Paris ²1841 [Œuvres I], ³1846 [Œuvres I], erw. Neuausg., ed. S. Debout, Paris 1967 [mit Bibliographie und Glossar, 355–392] (dt. Theorie der vier Bewegungen und der allgemeinen Bestimmungen, ed. T. W. Adorno, Frankfurt 1966 [mit Einleitung v. E. Lenk, 7–41]); Traité de l'association domestique agricole, I–II, Paris, London 1822, unter dem Titel: Théorie de l'unité universelle, Paris 1841–1843 [Œuvres II–V]; Le nouveau monde industriel et sociétaire [...], Paris 1829, ²1845 [Œuvres VI], ³1848 [Œuvres VI], Neuausg. Paris 1973; Selections from the Works of F., London 1901, unter dem Titel: Design for Utopia. Selected Writings of C. F., New York 1971; Textes choisis, ed. F. Armand/R. Maublanc, in: dies. (eds.), F., I–II, Paris 1937 [I, 209–262 u. II]; Die harmonische Erziehung, ed. W. Apelt, Berlin 1958 [mit Einleitung, 9–38]; Le nouveau monde amoureux, Paris 1967 [Œuvres VII], Paris/Genf 1979; Harmonian Man. Selected Writings of C. F., ed. M. Poster, Garden City N. Y. 1971; Aus der neuen Liebeswelt, ed. D. Guérin/M. Luckow, Berlin 1977, ²1984 [Vorwort v. D. Guérin, 7–36, u. Glossar, 46–52]; Ökonomisch-philosophische Schriften. Eine Textauswahl, ed. L. Zahn, Berlin 1980. – É. Poulat, Les cahiers manuscrits de F.. Étude historique et inventaire raisonné, Paris 1957; G. Del Bo, Il socialismo utopistico I. C. F. e la scuola societaria (1801–1922), Mailand 1957; G. Behrens, F.-Bibliographie, in: ders., Die soziale Utopie des C. F., Diss. Köln 1977, 588–639.

Literatur: F. Armand/R. Maublanc, F., in: dies. (eds.), F. I, Paris 1937, 9–208; C. Barathon, Les folles idées de F., 1980; R. Barthes, Sade/F./Loyola, Paris 1971, 1991, insbes. 81–124 (dt. unter demselben Titel, Frankfurt 1974, 1986, insbes. 89–138; engl. unter demselben Titel, New York 1974, Berkeley Calif. 1989, Baltimore Md. 1997, insbes. 76–120); A. Bebel, C. F.. Sein Leben und seine Theorien, Stuttgart 1888, ⁴1921 (repr. Stuttgart/Berlin/Bonn-Bad Godesberg 1973), ed. J. Höppner, Leipzig, Frankfurt 1978; J. Beecher, C. F.. The Visionary and His World, Berkeley Calif./Los Angeles/London 1986 (mit Bibliographie, 571–585); G. Behrens, Die soziale Utopie des C. F., Diss. Köln 1977 (mit Bibliographie, 588–639); H. Bourgin, F.. Contribution à l'étude du socialisme français, Paris 1905; S. Feldhaus, F., LThK III (1995), 1374–1375; FM II (1994), 1388–1389; F. Kool/W. Krause (eds.), C. F. und die sozietäre Schule in Frankreich, in: dies. (eds.), Die frühen Sozialisten I, Olten/Freiburg 1967, München 1972, 193–250; H. Lefebvre (ed.), Actualité de F. (Colloque d'Arc-et-Senans, septiembre 1975), Paris 1975; E. Lehouck, F., aujourd'hui, Paris 1966; ders., Vie de C. F.. L'homme dans sa vérité, Paris 1978; F. E. Manuel, C. F.. The Burgeoning of Instinct, in: ders., The Prophets of Paris. Turgot, Condorcet, Saint-Simon, F., and Comte, Cambridge Mass. 1962, New York 1965, 195–248; M. Onfray, F., Enc. philos. universelle III/1 (1992), 1772–1773; C. Pellarin, C. F.. Sa vie et sa théorie, Paris 1842, ²1843, erw. ⁵1871 (engl. The Life of C. F., New York 1948); T. Ramm (ed.), C. F., in: ders. (ed.), Der Frühsozialismus. Ausgewählte Quellentexte, Stuttgart 1956, ²1968, 92–179; N. v. Riasanovsky, F., Enc. Ph. III (1967), 215–216; ders., The Teaching of C. F., Berkeley Calif./Los Angeles/London 1969 (mit Bibliographie, 244–251); R. Schérer, C. F., ou la contestation globale, Paris 1970, 1996; E. Silberling, Dictionnaire de sociologie phalanstérienne. Guide des œuvres complètes de C. F., Paris 1911 (repr. Genf/Paris 1984), New York ca. 1960; A. Vergez, F., Paris 1969; W. Wessel, C. F. als Vorläufer der modernen Genossenschaftsbewegung, Diss. Köln 1929; D. Zeldin, The Educational Ideas of C. F. (1772–1837), London 1969 (mit Bibliographie, 155–164). – Rev. int. philos. 16 (1962), 145–279; Topique, revue freudienne 4/5 (1970). M. B.

Fourier, Jean Baptiste Joseph, *Auxerre 21. März 1768, †Paris 16. Mai 1830, franz. Mathematiker und Physiker. 1787–1789 Priesterausbildung an der École Bénédictine in St-Benoit-sur-Loire. Ab 1790 Lehrer an der École Royale Militaire in Auxerre. Nach kurzer Tätigkeit (1794) als Lehrer an der École Normale kam F. 1795 zur Assistenz von G. Monge und J. L. Lagrange an die École Polytechnique. 1798 wurde er Mitarbeiter in der Kulturkommission Napoleons auf dem Ägyptenfeldzug, später Sekretär des neuen Institut d'Égypte. Nach Rückkehr wurde F. 1802 von Napoleon als Präfekt des Departement Isère (Grenoble) für Verwaltungstätigkeiten eingesetzt. Nach der politisch motivierten Ablehnung seiner 1816 erfolgten Nominierung als Mitglied der Académie des Sciences durch Louis XVIII. wurde F. 1817 erneut nominiert und nunmehr aufgenommen. 1822 wurde er Secrétaire perpétuel der Académie, 1827 gewähltes Mitglied der Académie Française.

F. leistete bedeutende Beiträge zur Theorie der Wärmeleitung, deren physikalische Fragestellung er als Randwertproblem bei linearen partiellen ↑Differentialgleichungen formulierte (was die rationale ↑Mechanik über den ihr bei I. Newton gesteckten Bereich erweitert), und entwickelte zur Lösung dieser Gleichungen mathematische Techniken, die heute seinen Namen tragen (z. B. F.sche Integraltransformation, F.sche Integralgleichung, F.-Plancherel-Operator). Die schon von L. Euler und Daniel Bernoulli betriebenen Untersuchungen kleiner Schwingungen elastischer Medien (z. B. einer schwingenden Saite) krönte F. mit seinen Verfahren zur Zerlegung periodischer Schwingungen oder Wellen in eine Grundschwingung (›1. Harmonische‹) und ihre Oberschwingungen (›2., 3., ... Harmonische‹), wobei eine periodische Funktion als Reihe dargestellt wird, deren Glieder Sinus- und Cosinusfunktionen gleicher Periode sind (ein heute als ›harmonische Analyse‹ oder als F.-Analyse bezeichnetes Vorgehen).

Die von F. entdeckte Darstellbarkeit aller den sogenannten Dirichlet-Bedingungen genügenden Funktionen durch F.-Reihen (oder trigonometrische Reihen) leistete dem Wandel des mathematischen Funktionsbegriffs in Richtung auf den Dirichletschen Funktionsbegriff (↑Funktion) Vorschub. F. gilt auch als Vorläufer auf dem Gebiet der mathematischen Grundlagen der linearen Programmierung.

Werke: Œuvres de F., I–II, ed. G. Darboux, Paris 1888/1890 (I Théorie analytique de la chaleur, II Mémoires publiés dans divers recueils). – Theorie de la propagation de la chaleur, in: I. Grattan-Guinness/J. R. Ravetz, Joseph F. (1768–1830) [s. u., Lit.], 30–440, unter dem Titel: Théorie analytique de la chaleur, Paris 1822 (repr. Breslau 1883, Paris/Sceaux 1988), Nachdr. als: Œuvres [s. o.] I (engl. The Analytical Theory of Heat, Cambridge 1878, New York 1955, New York/Mineola N. Y. 2003); dt. Analytische Theorie der Wärme, Berlin 1884); Analyse des équations déterminées, Paris 1831, ed. C. L. M. H. Navier (dt. Die Auflösung der bestimmten Gleichungen, ed. A. Löwy, Leipzig 1902 [Ostwalds Klassiker der exakt. Wiss. 127]).

Literatur: F. Arago, Éloge de Joseph F., Mémoires de l'Académie Royale des Sciences 14 (1838), LXIX–CXXXVIII (engl. J. F., in: F. Arago, Biographies of Distinguished Scientific Men I, Boston Mass. 1859 [repr. Freeport N. Y. 1972], 374–444); J.-J. Champollion-Figeac, F. et Napoléon, l'Egypte et les cent jours. Mémoires et documents inédits, Paris 1844; J. Chazarain (ed.), F. Integral Operators and Partial Differential Equations. Colloque international, Université de Nice 1974, Berlin/Heidelberg/New York 1975; J. Dhombres/J.-B. Robert, Joseph F., 1768–1830. Créateur de la physique-mathématique, Paris 1998; I. Grattan-Guinness, Joseph F.'s Anticipation of Linear Programming, Operational Res. Quart. 21 (1970), 361–364; ders., Convolutions in French Mathematics 1800–1840. From the Calculus and Mechanics to Mathematical Analysis and Mathematical Physics, I–III, Basel/Boston Mass./Berlin 1990, II, 583–632 (Chap. 9 The Entry of F.. Heat Theory and F. Analysis, 1800–1816); ders./J. R. Ravetz, Joseph F. (1768–1830). A Survey of His Life and Work. Based on a Critical Edition of His Monograph on the Propagation of Heat, Presented to the Institut de France in 1807, Cambridge Mass./London 1972 (mit Bibliographie, 491–502); G. Helmberg, Auf den Spuren von Joseph F. (1768–1830), Innsbruck 1996; J. Herivel, Joseph F.. The Man and the Physicist, Oxford 1975; J. R. Ravetz/I. Grattan-Guinness, DSB V (1972), 93–99; J.-B. Robert, La vie et l'œuvre de Joseph F., physicien et mathématicien, Rev. du Palais de la Découverte 17 (1989), 23–43. C. T.

Fourier-Analyse, mathematische Theorie, in deren Zentrum die Darstellung periodischer ↑Funktionen durch trigonometrische Reihen steht, im einfachsten Fall als Fourier-↑Reihe

$$f(x) = \tfrac{1}{2}a_0 + \sum_{n=1}^{\infty} \left[a_n \cos(nx) + b_n \sin(nx)\right].$$

Die F.-A. geht auf Arbeiten von J. B. J. Fourier (Mathematische Theorie der Wärme, 1807 [unveröffentlicht], Théorie analytique de la chaleur, 1822) zurück, in denen Fourier sie im Zusammenhang mit Überlegungen zur Wärmeleitung konzipierte. Wichtige weitere Grundlagen der Theorie, insbes. zur Konvergenz (↑konvergent/Konvergenz) der Summendarstellung, lieferte J. P. G. Dirichlet. In der Theorie der Fourier-Transformation wird die Theorie auf beliebige, nicht notwendigerweise periodische Funktionen erweitert.

Die F.-A. hat zahlreiche Anwendungen in der ↑Physik, aber z. B. auch in Informatik (graphische Datenverarbeitung) und Medizintechnik (z. B. EEG, bildgebende Verfahren). Eine der prominentesten und elementarsten Anwendungen ist die Zerlegung von Schwingungen in die Sinusfunktionen von Grundton und Partialtönen (*Harmonische*), bei der die Amplituden den Koeffizienten der Fourier-Reihendarstellung entsprechen. Die F.-A. ist ein Musterbeispiel für die Interaktion zwischen physikalischer Problembehandlung und mathematischer Theorieentwicklung. Die *harmonische Analysis* ist diejenige mathematische Disziplin, die sich mit Fourier-Entwicklungen und deren abstrakten Verallgemeinerungen beschäftigt.

Literatur: D. S. Broomhead, F.-A., in: Lexikon der Physik in sechs Bänden II, Heidelberg/Berlin 1999, 390–394; R. E. Edwards, Fourier-Series. A Modern Introduction, I–II, New York 1967, 1979; J.-B. Fourier, Theorie de la propagation de la chaleur, in: I. Grattan-Guinness/J. R. Ravetz, Joseph F. (1768–1830). A Survey of His Life and Work. Based on a Critical Edition of His Monograph on the Propagation of Heat, Presented to the Institut de France in 1807, Cambridge Mass./London 1972, 30–440, unter dem Titel: Théorie analytique de la chaleur, Paris 1822 (repr. Breslau 1883), Nachdr. als: Œuvres de Fourier I, ed. G. Darboux, Paris 1888, separat: Sceaux, Paris 1988 (engl. The Analytical Theory of Heat, Cambridge 1878, New York 1955, Mineola N. Y. 2003; dt. Analytische Theorie der Wärme, Berlin 1884); T. W. Körner, Fourier Analysis, Cambridge 1988; M. Reed/B. Simon, Methods of Modern Mathematical Physics II (Fourier Analysis, Self-Adjointness), New York/San Francisco Calif./London 1975, ^{9}1993; C. Schmidt, F.-A., in: Lexikon der Mathematik in sechs Bänden II, Heidelberg/Berlin 2001, 173–175; A. P. Soldatov, Fourier Method, in: M. Hazewinkel, Encyclopaedia of Mathematics IV, Dordrecht/Boston Mass./London 1989; E. M. Stein/G. Weiss, Introduction to Fourier Analysis on Euclidean Spaces, Princeton N. J. 1971 (Princeton Math. Ser. XXXII); A. Vretblad, Fourier Analysis and Its Applications, Berlin/Heidelberg/New York 2003. P. S.

Fraassen, Bastiaan C. van, *5. April 1941 Goes, Niederlande, kanad.-amerik. Wissenschaftstheoretiker, 1966 Promotion an der University of Pittsburgh bei A. Grünbaum mit einer Arbeit über die Grundlagen einer kausalen Theorie der Zeit. 1966–1969 Prof. an der Yale

University, 1969–1982 an der University of Toronto, zugleich 1976–1981 an der University of Southern California, seit 1982 an der Princeton University. In frühen Aufsätzen entwickelte F. die Methode der Supervaluation, Aussagen über nicht-existierende Dinge, die in der freien Logik zugelassen sind, relativ zu einem Modell M zu bewerten. Danach wird Aussagen, in denen singulare Terme ohne Bezug auftreten, ein ↑Wahrheitswert entweder durch Konvention oder durch Ausweitung des Anwendungsbereichs zugeordnet. Man kann dann eine Supervaluation bezogen auf M definieren, wonach eine Aussage wahr ist, wenn sie unter allen Zuordnungen dieser Art wahr ist, falsch, wenn sie unter allen Zuordnungen falsch ist. Andernfalls ist die fragliche Aussage wahrheitswertfrei.

Im Ausgang von einer relationalen Theorie der Raum-Zeit (An Introduction to the Philosophy of Time and Space, 1970), derzufolge Raum und Zeit nicht als eigenständige Gegenstände existieren, entwickelt F. eine empiristische Wissenschaftsauffassung. Ausgangspunkt ist die von ihm maßgeblich geprägte semantische Theorieauffassung (↑Theorieauffassung, semantische), nach der Theorien (1) durch eine Menge von ↑Modellen und (2) durch eine empirische ↑Hypothese charakterisiert sind, derzufolge die Systeme in der Welt sich unter diesen Modellen befinden oder ihnen zumindest ähnlich sind. Eine Theorie ist empirisch angemessen, wenn sie eine empirische Substruktur besitzt, auf die sich die Phänomene abbilden lassen. Dieses Kriterium kommt ohne die Unterscheidung von ↑Beobachtungssprache und theoretischer Sprache (↑Theoriesprache, ↑Zweistufenkonzeption) aus. Der dabei vorausgesetzte Begriff der Beobachtbarkeit muß nach F. durch die Wissenschaften selbst geklärt werden. In »Scientific Image« (1980) vertritt F. den von ihm konzipierten konstruktiven Empirismus, also die These, die Naturwissenschaften zielten darauf ab, empirisch angemessene Theorien zu konstruieren. Eine Theorie akzeptieren, schließt demnach nicht die Überzeugung ein, die Theorie sei in jeder Hinsicht wahr, sondern bloß, sie sei empirisch angemessen. Der konstruktive Empirismus ist also eine nicht-realistische Position (↑Realismus, wissenschaftlicher). Zur Stützung seines konstruktiven Empirismus konzipiert F. eine pragmatische Theorie der ↑Erklärung. Demnach stellen Erklärungen nicht bloß eine Beziehung zwischen der Theorie, auf die in einer Erklärung zurückgegriffen wird, und dem zu erklärenden Ereignis her, sondern darüber hinaus eine Beziehung zum Fragekontext. Ob eine Erklärung eine gute Erklärung ist, hängt unter anderem davon ab, ob plausibel gemacht werden kann, weshalb das zu erklärende Ereignis im Unterschied zu anderen Ereignissen, die der Fragesteller ebenfalls für möglich hielt, eingetreten ist. Wenn in erfolgreichen Erklärungen auf wissenschaftliche Theorien zurückgegriffen wurde, ist das nicht ein Hinweis auf die Wahrheit der Theorie. Vielmehr zeigt sich, daß eine um ihrer empirischen Angemessenheit willen akzeptierte Theorie in der Lage ist, eine Frage zufriedenstellend zu beantworten.

In »Laws and Symmetry« (1989) kritisiert F. die Auffassung, es gebe in der Natur nicht nur Fakten, sondern auch modale Beziehungen zwischen ihnen, die durch ↑Naturgesetze beschrieben würden. Die ↑Modalitäten, die im Zusammenhang mit Gesetzen eine Rolle spielen, faßt F. als Eigenschaften der Modelle auf, nicht als Züge der Welt. Modelle haben im allgemeinen eine reichhaltigere Struktur als das, was beobachtbar ist. Die Erwägung von möglichen und unmöglichen Verhaltensweisen von Systemen und somit der Gesetzescharakter, der mehr als bloße Regelhaftigkeit zum Ausdruck bringt, ist der Teil der Struktur, der über das empirisch Legitimierte hinausgeht. Theorien beschäftigen sich mit Symmetrien (↑symmetrisch/Symmetrie (naturphilosophisch)) und ↑Kontinuitäten in der Natur, nicht mit Universalität oder Notwendigkeit, wie mit dem Naturgesetzbegriff häufig unterstellt. In »Quantum Mechanics. An Empiricist View« (1991) verteidigt F. eine ›modale‹ Interpretation der Quantenmechanik. In »The Empirical Stance« (2002) entwickelt F. einerseits eine zeitgenössische Konzeption des Empirismus und erörtert davon ausgehend das Verhältnis naturwissenschaftlicher und religiöser Überzeugungen.

Werke: An Introduction to the Philosophy of Time and Space, New York 1970, 1985; Formal Semantics and Logic, New York/London 1971; (mit K. Lambert) Derivation and Counterexample. An Introduction to Philosophical Logic, Encino Calif./Belmont Calif. 1972; Essence and Existence, in: N. Rescher (ed.), Studies in Ontology, Oxford 1978 (Amer. Philos. Quarterly Monography Series 12), 1–25; The Scientific Image, Oxford 1980, 1990; Empiricism in the Philosophy of Science, in: P. M. Churchland/C. A. Hooker (eds.), Images of Science [s. u.], 245–308; (mit E. Bencivenga/K. Lambert) Logic, Bivalence and Denotation, Atascadero Calif. 1986, ²1991; Die Pragmatik des Erklärens. Warum-Fragen und ihre Antworten, in: G. Schurz (ed.), Erklären und Verstehen in der Wissenschaft, München 1988, 1990, 31–89; Laws and Symmetry, Oxford 1989 (franz. Lois et symmétrie, Paris 1994); Quantum Mechanics. An Empiricist View, Oxford/New York 1991, 1995 (mit Bibliographie, 502–527, und Index); (ed.) Topics in the Foundation of Statistics, Dordrecht/Boston Mass. 1997; The Empirical Stance, New Haven Conn./London 2002.

Literatur: N. Cartwright, In Defence of ›This Worldly‹ Causality. Comments on v. F.'s »Laws and Symmetry«, Philos. Phenom. Res. 53 (1993), 423–429; P. M. Churchland/C. A. Hooker (eds.), Images of Science. Essays on Realism and Empiricism, With a Reply from B. C. v. F., Chicago Ill./London 1985, 1990; J. Earman, In Defense of Laws. Reflections on B. v. F.'s »Laws and Symmetry«, Philos. Phenom. Res. 53 (1993), 413–419; P. Forrest, Why Most of Us Should be Scientific Realists. A Reply to v. F., Monist 77 (1994), 47–70; J. Foss, On Accepting v. F.'s Image of Science, Philos. Sci. 51 (1984), 79–92; M. Ghins,

B. v. F.: les lois et la symmétrie, Rev. philos. Louvain 95 (1997), 738–754; M. S. Green/C. R. Hitchcock, Reflections on Reflection. V. F. on Belief, Synthese 98 (1994), 297–324; P. Kitcher/W. Salmon, v. F. on Explanation, J. Philos. 84 (1987), 315–330; A. Kukla, The Two Antirealisms of B. v. F., Stud. Hist. Philos. Sci. 26 (1995), 431–454; J. L. Kvanvig, A Critique of v. F.'s Voluntaristic Epistemology, Synthese 98 (1994), 325–348; J. Ladyman u. a., A Defence of v. F.'s Critique of Abductive Inference. Reply to Psillos, Philos. Quart. 47 (1997), 305–321; S. Leeds/R. Healey, A Note on v. F.'s Modal Interpretation of Quantum Mechanics, Philos. Sci. 63 (1996), 91–104; M. Marinov, Inference to the Best Explanation. V. F. and the Case of the ›Fifth Force‹, Int. Stud. Philos. Sci. 3 (1988), 35–50; N. Maxwell, Induction and Scientific Realism. Einstein Versus v. F., Brit. J. Philos Sci. 44 (1993), 61–101, 275–305; A. McMichael, v. F.'s Instrumentalism, Brit. J. Philos. Sci. 36 (1985), 257–272; C. Norris, Ontology According to v. F.. Some Problems with Constructive Empiricism, Metaphilos. 28 (1997), 196–218; J. O'Leary-Hawthorne, What Does v. F.'s Critique of Scientific Realism Show, Monist 77 (1994), 128–145; S. Psillos, On v. F.'s Critique of Abductive Reasoning, Philos. Quart. 46 (1996), 31–47; W. Seager, Ground Truth and Virtual Reality. Hacking vs. v. F., Philos. Sci. 62 (1995), 459–478.   A. H.

Fracastoro, Girolamo, *Verona ca. 1478, †Incaffi (bei Verona) 6. Aug. 1553, ital. Humanist, Arzt, Astronom, Dichter und Naturphilosoph. Studium der Literatur, Mathematik, Astronomie, Philosophie (unter anderem bei P. Pomponazzi) und Medizin an der Universität Padua, wo er nach Abschluß seines Studiums (1502) Logik unterrichtete. Begegnung mit N. Kopernikus, der seit 1501 in Padua studierte. 1545 von Papst Paul III. zum ›medicus conductus et stipendiatus‹ des Konzils von Trient ernannt. Bereits 1555 Errichtung einer F.-Statue in Verona neben der Dantes. F. sieht die Natur als eine autonome (nicht von übernatürlichen Kräften durchwaltete) Realität an, deren regulative Prinzipien der Mensch durch methodische Erfahrung zu seinem eigenen Nutzen zu erkennen vermag. Die Weltordnung denkt sich F. als durch ›Sympathie‹ (und ›Antipathie‹) konstituiert, Kräfte, die auch für die Fernwirkung zwischen Körpern (Planeten) verantwortlich sind. Als Mediziner hat F. Erstaunliches auf dem Gebiet der Epidemiologie geleistet; auf ihn geht die Bezeichnung ›Syphilis‹ für die vorher so genannte ›französische Krankheit‹ zurück.

Werke: Opera omnia, in unum proxime post illius mortem collecta [...], Venedig 1555, ²1574, ³1584, Lyon 1591, Padua 1739. – Syphilidis, sive morbi gallici libri tres, Verona 1530, unter dem Titel: Syphilis, sive morbus gallicus, Rom, Paris 1531, Basel 1536 (engl. Syphilis. Text and Translation, in: G. Eatough, F.'s Syphilis, Introduction, Text, Translation [...], Liverpool 1984, 34–107; dt. Lehrgedicht über die Syphillis, ed. G. Wöhrle, Bamberg 1988, Wiesbaden ²1993); Homocentrica sive de stellis. Ejusdem de causis criticorum dierum per ea quae in nobis sunt, Venedig 1538; De sympathia et antipathia rerum liber unus, Venedig 1546, Leiden 1554 (dt. De Sympathia, in: G. E. Weidmann, De Sympathia et Antipathia liber unus, Zürich 1979, 134–214); De contagione et contagiosis morbis et eorum curatione libri tres, Venedig 1546 (repr. New York/London 1930 [mit engl. Übers.]) (dt. Drei Bücher von den Kontagien, den kontagiösen Krankheiten und deren Behandlung, Leipzig 1910); Naugerius, sive de poetica dialogus, Venedig 1549, Neudr. in: Opera omnia [s. o.], 153–165 (repr. in: G. F., Naugerius. Sive de poetica dialogus, Urbana Ill. 1924, 25–48 [mit engl. Übers.: Navagero. Or a Dialogue on the Art of Poetry, 49–74]); Fracastorius sive de anima dialogus, Verona 1553; Scritti inediti di G. F., ed. F. Pellegrini, Verona 1955. – L. Baumgartner/J. F. Fulton, A Bibliography of the Poem »Syphilis sive morbus gallicus« by G. F., New Haven Conn. 1935.

Literatur: E. Cassirer, Das Erkenntnisproblem in der Philosophie und Wissenschaft der neueren Zeit I, Berlin 1906, New Haven Conn. ²1957, Darmstadt ⁵1972 (repr. 1994); K. Laßwitz, Geschichte der Atomistik vom Mittelalter bis Newton I (Die Erneuerung der Korpuskulartheorie), Hamburg 1890 (repr. 1963); E. di Leo, Scienze ed umanesimo in G. F., Salerno ³1953; F. Pellegrini, F., Triest 1948; E. Peruzzi, La nave di Ermete. La cosmologia di G. F., Florenz 1995; L. Premuda, Da F. al novecento. Mezzo millennio di medicina tra Padova, Trieste e Vienna, Padua 1996; F. Ruths, Das homozentrische Sphärensystem des G. F., Diss. Frankfurt 1978; G. Saitta, Il pensiero italiano nell'Umanesimo e nel Rinascimento II, Bologna 1949, Florenz ²1961; B. Zanobio, F., DSB V (1972), 104–107. – F., in: L. Garzanti (ed.), Enciclopedia Europea V, Mailand 1977, 13.   R. W.

Fraenkel, Adolf Abraham, *München 17. Febr. 1891, †Jerusalem 15. Okt. 1965, dt.-israel. Mathematiker. Nach Studien in München, Marburg, Berlin und Breslau lehrte F. ab 1916 (ab 1922 als Inhaber einer Professur) in Marburg, 1928 in Kiel, 1929–1959 an der Hebrew University, Jerusalem. F.s wissenschaftliches Interesse gilt, nachdem er zunächst einige Arbeiten zur Algebra und Zahlentheorie veröffentlicht hatte, vor allem der ↑Mengenlehre. Ausgehend von einer Kritik an E. Zermelos Axiomensystem von 1908, insbes. an dessen Verwendung des Begriffs der definitiven Eigenschaft, präzisieren und ergänzen unabhängig voneinander F. (1922) und T. A. Skolem (1922/1923) das Zermelosche Axiomensystem; doch obwohl Skolems Form übernommen wird, bürgert sich die Bezeichnung ↑Zermelo-Fraenkelsches Axiomensystem ein (ZF bzw. ZFC, falls das Auswahlaxiom mit hinzugenommen wird). Für dieses System, das F. in einzelnen Aufsätzen um eine Kardinal- und Ordinalzahltheorie ergänzt (↑Arithmetik, transfinite), beweist F. (allerdings unter einer gravierenden Existenzvoraussetzung) die Unabhängigkeit des ↑Auswahlaxioms. – Nachdem K. Gödel 1938 seinen relativen Widerspruchsfreiheitsbeweis für das Auswahlaxiom publizierte, gelang es erst P. J. Cohen 1963 – mit einer eigens dafür ersonnenen Methode (↑forcing) –, die Unabhängigkeit des Auswahlaxioms zu beweisen. Trotz veritabler Konkurrenten (alternative Mengentheorien, Kategorientheorie) gilt ZFC weiterhin als das Standardsystem: Was in ZFC nicht beweisbar ist, kann nicht zum kanonischen Bestand der Mathematik zählen. Neben einigen mathematikgeschichtlichen Schriften und zahlreichen mengentheoretischen Aufsätzen verfaßte F. (zum Teil in Zusammenarbeit mit anderen Autoren) mehrere Standardwerke zur Mengenlehre.

Werke: Einleitung in die Mengenlehre. Eine gemeinverständliche Einführung in das Reich der unendlichen Größen, Berlin 1919, erw., ohne Untertitel, ³1928, Neudr. Walluf b. Wiesbaden 1972, Vaduz 1992; Zu den Grundlagen der Cantor-Zermeloschen Mengenlehre, Math. Ann. 86 (1922), 230–237; Axiomatische Begründung der transfiniten Kardinalzahlen I, Math. Z. 13 (1922), 153–188; Der Begriff ›definit‹ und die Unabhängigkeit des Auswahlaxioms, Sitz.ber. Preuss. Akad. Wiss., phys.-math. Kl. (1922), 253–257 (engl. The Notion ›Definite‹ and the Independence of the Axiom of Choice, in: J. van Heijenoort [ed.], From Frege to Gödel. A Source Book in Mathematical Logic, 1879–1931, Cambridge Mass. 1967, 284–289); Die neueren Ideen zur Grundlegung der Analysis und Mengenlehre, Jahresber. Dt. Math.ver. 33 (1924), 97–103; Untersuchungen über die Grundlagen der Mengenlehre, Math. Z. 22 (1925), 250–273; Der Streit um das Unendliche in der Mathematik, Scientia 38 (1925), 141–152, 209–218; Axiomatische Theorie der geordneten Mengen. Untersuchungen über die Grundlagen der Mengenlehre II, J. reine u. angew. Math. 155 (1926), 129–158; Zehn Vorlesungen über die Grundlegung der Mengenlehre, Leipzig/Berlin 1927 (repr. Darmstadt, Stuttgart 1972); Axiomatische Theorie der Wohlordnung. Untersuchungen über die Grundlagen der Mengenlehre III, J. reine u. angew. Math. 167 (1932), 1–11; Abstract Set Theory, Amsterdam 1953, ⁴1976; Integers and Theory of Numbers, New York 1955; Historical Introduction, in: P. Bernays, Axiomatic Set Theory, Amsterdam 1958, ²1968, New York 1991, 1–35; (mit Y. Bar-Hillel) Foundations of Set Theory, Amsterdam/London 1958, (mit Y. Bar-Hillel/A. Levy) ²1973, 1984; Mengenlehre und Logik, Berlin 1959, ²1968 (engl. Set Theory and Logic, Reading Mass. etc. 1966); Jewish Mathematics & Astronomy, Scr. Math. 25 (1960), 33–47; Lebenskreise. Aus den Erinnerungen eines jüdischen Mathematikers, Stuttgart 1967. – Bibliography of A. A. F., in: Y. Bar-Hillel u. a. (eds.), Essays on the Foundations of Mathematics. Dedicated to A. A. F. on His Seventieth Anniversary, Jerusalem 1961, ²1966, IX–X; Bibliographie der Werke F.s, in: G. H. Müller (ed.) Bibliography of Mathematical Logic V [Set Theory, ed. A. R. Blass], Berlin etc. 1987, 415–416.

Literatur: Y. Bar-Hillel u. a. (eds.), Essays on the Foundations of Mathematics. Dedicated to A. A. F. on His Seventieth Anniversary, Jerusalem 1961, ²1966; G. Kreisel, La prédicativité, Bull. Soc. math. France 88 (1963), 371–391; J. v. Neumann, Über die Definition durch transfinite Induktion und verwandte Fragen der allgemeinen Mengenlehre, Math. Ann. 99 (1928), 373–391 [ebd., A. F.. Zusatz zu vorstehendem Aufsatz von Herrn v. Neumann, 392–393]; B. van Rootselaar, F., DSB V (1972), 107–109; T. Skolem, Einige Bemerkungen zur axiomatischen Begründung der Mengenlehre, in: Conférences faites au cinquième congrès des mathématiciens scandinaves, tenu a Helsingfors du 4 au 7 Juillet 1922, Helsingfors 1923, 217–232 [Alternativtitel: Matematikerkongressen i Helsingfors den 4–7 juli 1922, den femte Skandinaviska matematikerkongressen […], Helsingfors 1923]; Neudr. in: ders., Selected Works in Logic, ed. J. E. Fenstad, Oslo/Bergen/Tromsö 1970, 137–152 (engl. Some Remarks on Axiomatized Set Theory, in: J. van Heijenoort [ed.], From Frege to Gödel. A Source Book in Mathematical Logic, 1879–1931, Cambridge Mass. 1967, 290–301). B. B./G. H.

Frage, Redehandlungstyp (↑Sprechakt), mit dem der Autor einen Adressaten dazu zu bringen versucht, ihm eine durch den propositionalen Gehalt der Redehandlung spezifizierte Information zur Verfügung zu stellen. Zu unterscheiden ist dabei zwischen dem pragmatischen Begriff der F.handlung und dem syntaktischen Begriff des F.satzes: Einerseits können mit F.sätzen verschiedene kommunikative Zwecke verfolgt werden (insbes. im Falle ›unechter‹, etwa rhetorischer oder pädagogischer F.n), andererseits müssen F.handlungen nicht durch die Äußerung von F.sätzen vollzogen werden – gerade explizit performative F.n (›ich frage dich hiermit, … ‹) sind oft keine F.sätze. Das Verhältnis von F.handlungen und F.sätzen, die in natürlichen Sprachen als illokutionäre (↑Sprechakt) Indikatoren für F.handlungen dienen, wurde im Rahmen der Beschäftigung mit ›indirekten Sprechakten‹ thematisiert. Insofern der Zweck einer F. darin besteht, daß der Adressat seinerseits eine Handlung, nämlich eine Redehandlung des Antwortens, vollzieht (wobei sich unterschiedliche Typen von Redehandlungen wie Behauptungen, Vermutungen, Voraussagen, Beteuerungen, Schwüre – aber keineswegs alle – als Antworten eignen), lassen sich F.n als ein besonderer Typ von Aufforderungen, also als exerzitive (J. C. Austin) bzw. direktive (J. R. Searle) Redehandlungen betrachten. Die für den Vollzug einer F. geltende Regel läßt sich im Anschluß an Searle (Sprechakte, 102 f.) so rekonstruieren, daß man nur dann eine F. stellen darf, wenn man die Antwort nicht kennt, es sowohl für einen selbst als auch für den Gefragten nicht offensichtlich ist, daß letzterer ungefragt die Information geben wird (Einleitungsbedingungen), und wenn man die Information wünscht (Aufrichtigkeitsbedingung). Eine logische Analyse von F.n erfolgt in der ↑Interrogativlogik.

Die Wichtigkeit des F.ns für die Philosophie zeigt sich beispielhaft bereits in den Dialogen Platons, in denen Sokrates einerseits versucht, den Gegner durch geschickte Konzessionsfragen auf einen Widerspruch zu führen und ihn so zur Aufgabe seiner ursprünglichen Überzeugung zu bringen, andererseits aber auch das apriorische Wissen eines Dialogpartners ans Licht zu bringen (↑Mäeutik). Entsprechend stellen F.n für die traditionelle ↑Sprachphilosophie den einzigen Redehandlungstyp dar, der – aufgrund seiner Relevanz für das philosophische Disputieren – von der üblichen Konzentration auf die behauptende Rede (↑Apophansis) ausgenommen wurde. So widmet sich Aristoteles wiederholt dem Problem, wie in einer Disputation F.n zu stellen und zu beantworten sind (Top. Θ1–14.155b–164b; Rhet. Γ17.1418b–18.1419b; Soph. E1. A14–17.174a–175a). In der Sprachphilosophie der Stoa werden F.n – aufgrund der Überzeugung, daß die philosophische Disputation durch F. und Antwort (ἐν ἐρωτήσει καὶ ἀποκρίσει) (Diog. Laert. VII 42) zustandekommt – zu einem eigenen Untersuchungsgegenstand innerhalb der Theorie der vollständigen Lekta (↑Lekton). Dort findet sich auch die grundlegende Unterscheidung zwischen Entscheidungsfragen (ἐρώτηα) und Ergänzungsfragen (πύσμα) (Diog. Laert. VII 65–68). Im 20. Jh. gewinnen F.n vor allem in der phänomenologisch-hermeneutischen Tradition größeres Gewicht, wobei der Ausdruck ›F.‹ dort nicht nur im Sinne eines Typs sprachlicher Vollzüge verstanden wird, sondern semantisch in die Nähe von ›Suche‹ oder ›Problem‹ rückt. So bestimmt M. Heidegger im Rahmen einer »Charakteristik der Seinsfrage am Leitfaden der formalen Struktur der F. als solcher« (Sein und Zeit, 8) das Fragen als »erkennendes Suchen des Seienden in seinem Daß- und Sosein« (ebd., 5). Im Anschluß an Heidegger geht H.-G. Gadamer in seiner ↑Hermeneutik von einer »Vorgängigkeit der F. für alles sacherschließende Erkennen und Reden« (Wahrheit und Methode, 345, Ges. Werke I, 369) aus und stellt die Praxis der Textauslegung nach dem Modell des Gespräches dar: Ausgangspunkt des hermeneutischen Prozesses ist eine F., die ein Text an den Rezipienten stellt und ohne die eine Auslegung nicht nötig wäre. Zugleich kann der Text als eine Antwort begriffen werden, wobei dem Interpreten die Aufgabe zukommt, die zugehörige F. zu rekonstruieren.

Literatur: L. Åqvist, A New Approach to the Logical Theory of Interrogatives I [Analysis], Uppsala 1965, mit Untertitel: Analysis and Formalization, Tübingen 1975; N. Belnap/T. Steel, The Logic of Questions and Answers, New Haven Conn./London 1976 [darin: U. Egli/H. Schleichert, Bibliography of the Theory of Questions and Answers, 155–200] (dt. Logik von F. und Antwort, Braunschweig/Wiesbaden 1985 [ohne Bibliographie]); F. S. Cohen, What Is a Question?, Monist 39 (1929), 350–364; R. G. Collingwood, Question and Answer, in: ders., An Autobiography, Oxford etc. 1939, 29–43 (dt. F. und Antwort, in: ders., Denken. Eine Autobiographie, Stuttgart 1955, 30–43); H. G. Gadamer, Wahrheit und Methode. Grundzüge einer philosophischen Hermeneutik, Tübingen 1960, ⁶1990 (Ges. Werke I) (engl. Truth and Method, New York 1988, ²1989); C. L. Hamblin, Questions, Enc. Ph. VII (1967), 49–53; D. Harrah, The Logic of Questions, in: D. Gabbay/F. Guenthner (eds.), Handbook of Philosophical Logic II, Dordrecht/Boston Mass./Lancaster Pa. 1984, 715–764; ders., Questions, REP VIII (1998), 1–3; D. Hartmann, Konstruktive F.logik. Vom Elementarsatz zur Logik von F. und Antwort, Mannheim/Wien/Zürich 1990; M. Heidegger, Sein und Zeit. Erste Hälfte, Jb. Philos. phänomen. Forsch. 8 (1927), 1–438, separat Halle 1927, Tübingen ¹⁷1993; H. Hiż, Questions and Answers, J. Philos. 59 (1962), 253–265; R. A. Hudson, The Meaning of Questions, Language 51 (1975), 1–31; R. Ingarden, Essentiale F.n. Ein Beitrag zu dem Wesensproblem, Jb. Philos. phänomen. Forsch. 7 (1925), 125–304; L. Karttunen, Syntax and Semantics of Questions, Linguistics and Philosophy 1 (1977), 3–44; F. Kiefer (ed.), Questions and Answers, Dordrecht/Boston Mass./Lancaster Pa. 1983; J. E. Llewelyn, What Is a Question?, Australas. J. Philos. 42 (1964), 69–85; F. Löw, Logik der F., Archiv Ges. Psychologie 66 (1928), 357–436; M. Meyer (ed.), Questions and Questioning, Berlin/New York 1988 (mit Bibliographie, 361–375); J. R. Searle, Speech Acts. An Essay in the Philosophy of Language, Cambridge, Oxford 1969 (repr. Cambridge 1970, 1996) (dt. Sprechakte. Ein sprachphilosophischer Essay, Frankfurt 1971, ⁵1992); ders., Conversation, in: ders. u. a., (On) Searle on Conversation, Amsterdam/Philadelphia Pa. 1992, 7–29; F. Waismann, Zur Logik des Fragens, in: ders., Logik, Sprache, Philosophie, Stuttgart 1976, 1985, 565–612; B. Waldenfels, Antwortregister, Frankfurt 1994; ders., Das sokratische Fragen. Aporie, Elenchos, Anamnesis, Meisenheim am Glan 1961; D. Wunderlich, F.sätze und F.n, in: ders., Studien zur Sprechakttheorie, Frankfurt 1976, ³1983, 181–250; K. Zillober, F., Hist. Wb. Ph. II (1972), 1059–1062; weitere Literatur: ↑Interrogativlogik. — C. F. G.

Fraktal (lat. fractum, engl. fractal), geometrische Bezeichnung für eine Menge, deren (Hausdorff-) Dimension keine ganze Zahl (also anschaulich ›gebrochen‹) ist. Die fraktale Geometrie geht zurück auf den aus Polen stammenden Mathematiker B. B. Mandelbrot, der die Frage stellte: »Wie lang ist die Küste Britanniens?« Wenn man ihre Zerklüftungen bis auf die Größe kleinster Strecken verfolgt, scheint ihre Länge endlos zu werden, wobei sich bestimmte Muster der Zerklüftung bei beliebiger Skalierung wiederholen. Ähnliches gilt für geometrische Figuren, die Anfang des 20. Jhs. von dem schwedischen Mathematiker H. v. Koch untersucht wurden. Ein Beispiel einer Kochschen Kurve geht von einer Strecke aus, die in drei gleiche Teilstrecken der Länge 1 zerlegt wird. Die mittlere Teilstrecke wird durch die beiden Seiten eines darauf errichteten gleichseitigen Dreiecks ersetzt (Abb. 1). Dieses Konstruktionsverfahren wird rekursiv (↑rekursiv/Rekursivität) für alle so entstehenden Teilstrecken fortgesetzt. Der Rekursion entspricht geometrisch die Selbstähnlichkeit der Muster, die bei beliebiger Skalierung entstehen. Die Länge der so entstehenden Figur wächst dann mit

$$3 \cdot \frac{4}{3} \cdot \frac{4}{3} \cdot \frac{4}{3} \ldots \text{ ad infinitum.}$$

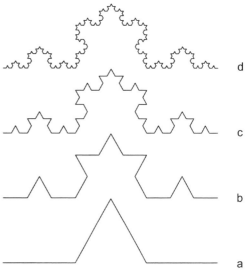

Abb. 1

Mit analogen rekursiven Verfahren lassen sich z. B. Hilbert- und Sierpiński-Kurven konstruieren, die durch fortgesetzte Verschachtelungen immer dichter eine Fläche mit selbstähnlichen Mustern ausfüllen. Anschaulich sind diese F.e ›mehr‹ als Linien, aber ›weniger‹ als Flächen. Der Begriff der fraktalen Dimension läßt sich durch die geometrische Ähnlichkeitsdimension D veranschaulichen: Wird eine begrenzte, ebene Figur gestreckt, also einer Ähnlichkeitstransformation mit Faktor k unterzogen, verändert sich ihr Inhalt um den Faktor k^2. So wird z. B. ein Quadrat, dessen Kanten um den Faktor 3 gestreckt werden, um den Faktor 3^2 gestreckt, da sich in das vergrößerte Quadrat $3^2 = 9$ Quadrate der alten Größe einbetten lassen. Allgemein vervielfacht sich das Maß M eines gegebenen Objekts der Ähnlichkeitsdimension D bei einer entsprechenden Transformation T um das k^D-fache, d. h. $T(M) = k^D \cdot M$. Da die Kochsche Kurve mit Länge L der Teilstrecken (Abb. 1) einer Ähnlichkeitstransformation mit dem Faktor 3 unterzogen wird, folgt $4 \cdot L = T(L) = 3^D \cdot L$. Daher gilt $D = \log 4 / \log 3$, d. h., die Kochsche Kurve hat eine fraktale Dimension von ca. $D = 1.26$, die sich von ihrer topologischen Dimension 1 (↑Dimension) unterscheidet. Mandelbrot wendet diesen Dimensionsbegriff auch auf F.e wie die Cantorsche Menge an: Sie entsteht, wenn aus einer Strecke das mittlere Drittel herausgenommen wird, aus den verbleibenden Strecken wieder das mittlere Drittel ad infinitum. Die Strecke zerfällt dann anschaulich in Staub von Punkten. Obwohl die topologische Punktdimension Null ist, ergibt sich für die fraktale Dimension der Cantorschen Menge $D = \log 2 / \log 3 \approx 0,63$. Mandelbrot wendet dieses F. bei IBM an, um Rauschen und Übertragungsfehler in Telefonleitungen zu beschreiben.

Allgemein nannte Mandelbrot eine Menge X ein F., wenn ihre Hausdorff-Dimension $h(X)$ keine ganze Zahl ist. Anschaulich mißt $h(X)$ die wachsende Anzahl von Mengen mit Durchmesser ε, die für eine Überdeckung von X mit $\varepsilon \to 0$ notwendig sind. Mathematisch heißt das: Für $X \subset \Re^m$ sei $n(\varepsilon)$ die Anzahl der m-dimensionalen Kugeln mit Durchmesser ε, die zur Überdeckung von X notwendig sind. X hat die Hausdorff-Dimension D, wenn die Anzahl $n(\varepsilon)$ mit $n(\varepsilon) \propto \varepsilon^{-D}$ für $\varepsilon \to 0$ wächst. Für die Cantorsche Menge C folgt daraus $h(C) = \log 2 / \log 3$. Eine genaue Definition von $h(X)$ verlangt folgende Voraussetzungen: Sei X Teilmenge eines metrischen Raumes mit Dimension $d > 0$. Die d-dimensionale äußere Metrik $m_d(X)$ erhält man aus dem Infimum

$$m_d(X, \varepsilon) = \inf\{\sum_{i \in I} (\operatorname{diam} S_i)^d\}$$

von allen endlichen Überdeckungen von X durch Mengen S_i mit Durchmesser kleiner als $\varepsilon > 0$, d. h.

$$m_d(X) = \lim_{\varepsilon \to 0} m_d(X, \varepsilon).$$

Abhängig von der Wahl von d kann $m_d(X)$ endlich oder unendlich sein. F. Hausdorff bewies 1919, daß es eine einzige Dimension $d = d^*$ gibt, bei der $m_d(X)$ von unendlicher nach endlicher Größe mit wachsendem d wechselt. Daher wird die Hausdorff-Dimension definiert als das Supremum

$$h(X) = \sup\{d \in \Re_+ | m_d(X) = \infty\}.$$

Um die Iterationsschritte bei der Entstehung von F.en in der Ebene (und nicht nur auf der Linie) zu untersuchen, verwendete Mandelbrot komplexe anstelle von reellen Zahlen. Komplexe Zahlen $z = x + iy$ aus der imaginären Zahl i und reellen Zahlen x und y lassen sich nämlich als Punkte der Gaußschen Zahlenebene darstellen, die von einem cartesischen Koordinatensystem mit dem Realteil $\operatorname{Re}(z) = x$ als x-Achse und dem Imaginärteil $\operatorname{Im}(z) = y$ als y-Achse aufgespannt wird. Rekursionsgleichungen $z_{n+1} = f(z_n)$ entsprechen Iterationsprozesse $z_0 \to z_1 \to z_2 \to \ldots$ von Punktfolgen in der Gaußschen Zahlenebene. Ein Beispiel ist die nach Mandelbrot benannte Funktion $z_{n+1} = z_n^2 + c$ mit einer komplexen Konstanten c. Für $c = 0$ ergibt sich die iterierte Punktfolge $z_0 \to z_0^2 \to z_0^4 \to z_0^8 \to \ldots$, für deren Entwicklung drei Möglichkeiten in Abhängigkeit von der Wahl des Anfangspunkts z_0 unterscheidbar sind: Für sich verkleinernde Zahlen nähert sich die Zahlenfolge Null (↑konvergent/Konvergenz). Null ist ein ↑Fixpunkt und wird als Attraktor (↑Attraktor, seltsamer) der entsprechenden Punktfolge bezeichnet. Alle Punkte mit kleinerem Abstand als 1 von Null werden in diesen Attraktor gezogen bzw. liegen im Attraktorgebiet $A(0)$. Bei sich vergrößernden Zahlen streben Zahlenfolgen ins Unendliche. Alle Punkte mit größerem Abstand als 1 von Null werden in den Attraktor des Unendlichen gezogen bzw. liegen im Attraktorgebiet $A(\infty)$. Die Punkte mit Abstand 1 von Null verharren auf dem Einheitskreis, der als Grenze zwischen den Einzugsgebieten $A(0)$ und $A(\infty)$ der beiden Attraktoren Null und Unendlich bezeichnet wird. Für $c \neq 0$ wie z. B. $c = -0.12375 + 0.56508i$ ist der innere Attraktor aber nicht Null und die Grenze kein Kreis, sondern eine fraktal deformierte geschlossene Linie, die an die Küste einer Insel erinnert. Unendlich ist ein ausgezeichneter Attraktor für alle c der Mandelbrot-Funktion. Die Grenze des Attraktorgebietes $A(\infty)$ für c wird (nach dem französischen Mathematiker G. Julia) als Julia-Menge J_c bezeichnet. In der Computergrafik konnten diese Strukturen erstmals für lange Iterationsprozesse sichtbar gemacht werden. Sie hängen von der Wahl der komplexen Zahl c der Mandelbrot-Funktion ab. Die Mandelbrot-Menge M umfaßt alle Punkte c der komplexen Zahlenebene, deren Punktfolgen nach der Mandelbrot-Funktion nicht nur gegen Unendlich streben. So ist $0 \in M$, da für $c = 0$ Punktfolgen mit $|z_n| < 1$ gegen den Attraktor 0 streben, aber $1 \notin M$, da für $c = 1$ alle Punktfolgen gegen den Attraktor ∞ streben (z.B. $0 \in A(\infty)$ wegen $0 \to 1 \to 2 \to 5 \to 26 \to 677 \to \ldots$). In Abb. 2 sind die Punkte der Mandelbrot-Menge im Fenster $-2.25 < \mathrm{Re}(c) < 0.75$ und $-1.5 < \mathrm{Im}(c) < 1.5$ der Gaußschen Ebene schwarz gefärbt. Man erkennt anschaulich, wie sich in den Knospen des fraktalen Rands die Gestalt der Mandelbrot-Menge (›Apfelmännchen‹) in beliebiger Verkleinerung selbstähnlich wiederholt.

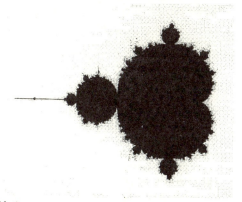

Abb. 2

In der Computergrafik können nur endlich lange Iterationen von Punktfolgen geprüft werden. Ob z.B. eine mit Null startende Punktfolge gegen Unendlich strebt, wird dadurch entschieden, ob sie nach einer bestimmten Schrittzahl eine bestimmte Größe überschritten hat oder nicht. In Computerexperimenten zeigte sich, daß die Julia-Mengen J_c der Mandelbrot-Menge M äußerst fraktale Strukturen haben können. Das ist z.B. der Fall, wenn c im Inneren einer der Knospen auf den Rändern der Mandelbrot-Menge (Abb. 2) liegt. In diesem Falle besteht die Julia-Menge nicht aus einer fraktal deformierten geschlossenen Linie, sondern aus unendlich vielen, die wie winzige Schaumblasen das Grenzgebiet der Attraktoren bilden. 1982 bewiesen A. Douady und J.H. Hubbard, daß alle Julia-Mengen der Mandelbrot-Menge zusammenhängend sind. Eine Julia-Menge J_c als Grenze des Attraktorgebietes $A(\infty)$ ist zusammenhängend, wenn nicht alle Punktfolgen nach der Mandelbrot-Funktion mit c gegen Unendlich streben, d.h. $0 \notin A(\infty)$. Daher ist die Mandelbrot-Menge auch die Menge aller komplexen Zahlen c, deren Julia-Mengen J_c zusammenhängend sind. Die anderen Julia-Mengen zerfallen in den Punktstaub der Cantorschen Menge.

F.e haben grundlegende Bedeutung in der ↑Chaostheorie. Bereits 1845 modellierte P.F. Verhulst das Wachstum von Populationsgrößen x_n zum Zeitpunkt n durch eine reelle Rekursionsgleichung

$$x_{n+1} = f(x_n) = (1+r)x_n - rx_n^2$$

in Abhängigkeit von einem Wachstumsparameter r. Für schwaches Wachstum mit $0 < r < 2$ ist das Wachstum stabil und strebt einen Fixpunkt als Attraktor an. Die Entwicklungskurve der Population hat in diesem Fall die Form einer logistischen Kurve, die zunächst ansteigt, um dann in einen Gleichgewichtszustand überzugehen, der sich nicht mehr verändert. Für $r = 2.3$ wird der Wachstumsprozeß instabil und geht in eine periodische Oszillation zwischen zwei Fixpunkten über. Für $r = 2.5$ springt die Entwicklung in eine stabile Oszillation der Periode 4, dann in immer kürzeren Abständen in periodenverdoppelnde Oszillationen 8, 16, ..., bis die Entwicklung ab $r = 2.570$ nicht mehr periodisch ist. Ab dann führen kleinste Veränderungen der Anfangsgröße x_0 bereits nach wenigen Schritten zu völlig unterschiedlichen nicht-periodischen Entwicklungsmustern, die langfristig nicht vorausberechenbar sind, obwohl sie mathematisch eindeutig determiniert sind. Man spricht daher vom deterministischen Chaos. Sei r_n der Wert des Wachstumsparameters, an dem die Periode 2^n instabil wird und in die Periode 2^{n+1} übergeht (n-te Bifurkation). S. Großmann und S. Thomae bewiesen 1977, daß der Quotient zweier aufeinanderfolgender Intervalle des Wachstumsparameters

$$\delta_n = \frac{r_n - r_{n-1}}{r_{n+1} - r_n}$$

für $n \to \infty$ einer Konstanten $\delta_n \to \delta = 4.669\ldots$ zustrebt. Der amerikanische Physiker M.J. Feigenbaum, nach dem diese Konstante benannt ist, erkannte 1978 ihre Universalität auch für eine große Klasse anderer nicht-linearer Gleichungen. Trägt man die Werte des Wachstumsparameters wie in Abb. 3 auf der Abszisse eines Koordinatensystems ab, so erhält man ein Bifurkationsdiagramm mit periodenverdoppelnden Kaskadenverzweigungen (›Feigenbaum-Szenario‹), an denen die Entwicklungen instabil werden und in Oszillationen mit größerer Periode übergehen. Ab $r = 2.570$ geht die Entwicklung in eine chaotische Punktverteilung über. Abb. 3 zeigt, wie sich in einem Fenster dieses Chaosattraktors bei entsprechender Vergrößerung selbstähnliche Verzweigungsmuster wiederholen. Sie sind fraktale Inseln im (deterministischen) Chaos.

Zwischen dem Bifurkationsbaum der Verhulst-Dynamik und der Mandelbrot-Menge besteht insofern ein Zusammenhang, als Verzweigungen im Bifurkationsbaum neuen Knospen (›Apfelmännchen‹) in der Mandelbrot-Menge entsprechen, wenn c als Parameter für reelle Zahlen aufgefaßt wird. Die komplexe Mandelbrot- und die reelle Verhulst-Gleichung waren der historische Einstieg in die nicht-lineare Dynamik komplexer Sy-

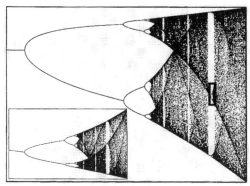

Abb. 3

steme, deren fraktale Attraktoren in mathematischen Modellen vieler Einzelwissenschaften untersucht werden. F.e können ein (nicht hinreichender) Hinweis auf Chaos sein. Die Visualisierung von F.en wurde erst seit den 1980er Jahren durch steigende Rechenleistungen von Computern möglich. Computerexperimente mit F.en tragen aber nicht nur zur Ästhetik mathematischer Strukturen bei, sondern wurden zu einem wichtigen Entdeckungsverfahren für neue mathematische Zusammenhänge. In den Kultur- und Sozialwissenschaften wird häufig in qualitativer Weise von F.en gesprochen, um Verwerfungen und krisenhafte Entwicklungen zu bezeichnen, die an kaskadenhafte Übergänge von Ordnung in Chaos erinnern.

Literatur: R. L. Devaney, Julia Sets and Bifurcation Diagrams for Exponential Maps, Bull. Amer. Math. Soc. NS 11 (1984), 167–171; M. P. Fatou, Sur les équations fonctionnelles, Bull. Soc. Math. France 47 (1919), 161–271, 48 (1920), 33–94, 208–314; M. J. Feigenbaum, Quantitative Universality for a Class of Nonlinear Transformations, J. Statistical Phys. 19 (1978), 25–52; S. Grossmann/S. Thomae, Invariant Distributions and Stationary Correlation Functions of One-Dimensional Discrete Processes, Z. Naturforsch. 32 a (1977), 1353–1363; G. Julia, Mémoire sur l'itération des fonctions rationnelles, J. math. pures et appliqu. VII/4 (1918), 47–245; K. Mainzer, Thinking in Complexity. The Complex Dynamics of Matter, Mind, and Mankind, Berlin etc. 1994, ⁴2003; ders., Chaos, F.e und Philosophie, Information Philos. (1992), H. 2, 22–30; B. B. Mandelbrot, Les objects fractals. Forme, hasard et dimension, Paris 1975 (engl. Fractals. Form, Chance, and Dimension, San Francisco Calif. 1977); ders., The Fractal Geometry of Nature, New York 1977, ³1983 (dt. Die fraktale Geometrie der Natur, Basel 1987); ders., Fractal Aspects of the Iteration of $z \rightarrow \lambda(1-z)$ for Complex λ and z, in: R. H. G. Helleman (ed.), Nonlinear Dynamics, New York 1980 (Ann. New York Acad. Sci. 357), 249–259; H.-O. Peitgen/P. H. Richter, The Mandelbrot Set in a Model for Phase Transitions, in: F. Hirzebruch/J. Schwermer/S. Suter (eds.), Arbeitstagung 1984. Proceedings of the Meeting Held by the Max-Planck-Institut für Mathematik, Bonn June 15–22, 1984, Berlin etc. 1985 (Lecture Notes in Mathematics 1111), 111–134; dies., The Beauty of Fractals. Images of Complex Dynamical Systems, Berlin etc. 1986; C. L. Siegel, Iteration of Analytic Functions, Ann. Math. Ser. 2, 43 (1942), 607–612. K. M.

Frank, Philipp, *Wien 20. März 1884, †Cambridge Mass. 21. Juli 1966, österr.-tschech. Physiker, Mathematiker und Wissenschaftstheoretiker, seit 1907 gemeinsam mit H. Hahn, O. Neurath und R. v. Mises Mitglied des ersten sowie des eigentlichen ↑Wiener Kreises, in Prag zentraler Vertreter des Logischen Empirismus (›Frank-Kreis‹) (↑Empirismus, logischer). Studium der Mathematik und Physik in Wien und Göttingen, unter anderem bei L. Boltzmann, F. Klein und D. Hilbert; 1906 Promotion in Physik bei Boltzmann, 1909 Habilitation in Physik und 1910–1912 Privatdozent an der Universität Wien. 1912 auf Empfehlung von A. Einstein als dessen Nachfolger a. o. Prof., 1917–1938 o. Prof. für Theoretische Physik an der Deutschen Universität Prag, 1938 Emigration in die USA und 1939–1954 Lecturer für Physik und Mathematik an der Harvard University, wo F. als Begründer und Direktor des »Institute for the Unity of Science« 1948–1965 maßgeblichen Anteil an der Fortsetzung des Wiener Enzyklopädie-Programms hatte. Die Studien F.s umfassen eine Vielzahl von Themen der reinen wie der angewandten Mathematik und Physik (unter anderem Hamiltonsche geometrische Optik, Funktionsräume, Schrödingersche Wellenmechanik und Relativitätstheorie), deren prägnantester Ausdruck die gemeinsam mit v. Mises herausgegebene zweibändige Sammlung »Die Differentialgleichungen der Mechanik und Physik« (I–II, 1925/1927) ist.

F.s Hauptinteresse gilt der ↑Wissenschaftstheorie, in deren Rahmen er 1907 die These H. Poincarés von der Konventionalität naturwissenschaftlicher Gesetze der Wissenschaft für eine Analyse des Kausalgesetzes fruchtbar zu machen sucht; der hier vertretene Ansatz bringt F. die Anerkennung Einsteins, dessen Biographie F. 1947 publiziert, sowie die allgemein gegen den Logischen Positivismus (↑Neopositivismus) gerichtete Kritik W. I. Lenins ein und findet seine Weiterentwicklung in der 1932 veröffentlichten Monographie »Das Kausalgesetz und seine Grenzen«. Mit seiner den Ansätzen E. Machs und Poincarés verpflichteten Position eines liberalisierten logischen Positivismus vertritt F. die Vorstellung einer die Kluft zwischen Theorie und Erfahrung überbrückenden antimetaphysischen ↑Einheitswissenschaft unter Berücksichtigung externer, insbes. wissenschaftssoziologischer Kriterien. Kennzeichnend für F.s Programm einer an den Naturwissenschaften orientierten Erkenntnistheorie auf der Basis einer instrumentalistischen (↑Instrumentalismus) Interpretation der theoretischen Dimension wissenschaftlicher Systeme sind dementsprechend ein durch die Einbeziehung pragmatischer Fragestellungen eingeschränkter ↑Konventionalismus und die Anerkennung der Legitimität nicht-kognitiver Elemente im Hinblick auf die Wahl von Theorien.

Werke: (mit R. v. Mises, eds.) Die Differentialgleichungen der Mechanik und Physik, I–II, Braunschweig 1925/1927, erw.

²1930/1935 (repr. New York 1943, 1961) (I Mathematischer Teil, II Physikalischer Teil); Das Kausalgesetz und seine Grenzen, Wien 1932, Neuausg. Frankfurt 1988 (franz. Le principe de causalité et ses limits, Paris 1937; engl. The Law of Causality and Its Limits, Dordrecht 1998); Théorie de la connaissance et physique moderne, Paris 1934; Das Ende der mechanistischen Physik, Wien 1935 (franz. La fin de la physique mécaniste, Paris 1936); Interpretations and Misinterpretations of Modern Physics, Paris 1938; Between Physics and Philosophy, Cambridge Mass. 1941, erw. Neuausg. unter dem Titel: Modern Science and Its Philosophy, Cambridge Mass. 1949 (repr. New York 1975), Neuausg. New York 1955 (ital. La scienza moderna e la sua filosofia, Bologna 1973); Foundations of Physics, Chicago Ill. 1946; Einstein. His Life and Times, New York 1947 (dt. Einstein. Sein Leben und seine Zeit, München/Leipzig/Freiburg 1949 [repr. Braunschweig/Wiesbaden 1979]; franz. Einstein. Sa vie et son temps, Paris 1950, Neuausg. 1991); Relativity, a Richer Truth, London 1948, Neuausg. Boston Mass. 1950 (dt. Wahrheit – relativ oder absolut?, Zürich 1952); (u. a., eds.) Contributions to the Analysis and Synthesis of Knowledge, Boston Mass. 1951; (ed.) The Validation of Scientific Theories, Boston Mass., Toronto 1957, Neuausg. New York 1961; Philosophy of Science. The Link between Science and Philosophy, Englewood Cliffs N. J. 1957, Neuausg. Westport Conn. 1974.

Literatur: R. S. Cohen u. a. (eds.), In Honor of P. F., New York 1965 (Boston Stud. Philos. Sci. II) (mit Bibliographie der Schriften F.s, XXXI–XXXIV); R. Haller, Neopositivismus. Eine historische Einführung in die Philosophie des Wiener Kreises, Darmstadt 1993, bes. 128–149 (§ 9); G. Holton u. a., In Memory of P. F., Philos. Sci. 35 (1968), 1–5; C. W. Kegley, Reflections on P. F.'s Philosophy of Science, Philos. Sci. 26 (1959), 35–40; O. Potter, Note on P. F.'s Interpretation of Science, Brit. J. Philos. Sci. 2 (1951), 58–60; F. J. Rutherford, F.'s Philosophy of Science Revisited, Philos. Sci. 27 (1960), 183–186; T. E. Uebel, Logical Empiricism and the Sociology of Knowledge. The Case of Neurath and F., Philos. Sci. 67 Suppl. (2000), 138–150; ders., P. F.'s History of the Vienna Circle. A Programmatic Retrospective, in: G. L. Hardcastle/A. W. Richardson (eds.), Logical Empiricism in North America, Minneapolis Minn. 2003 (Minn. Stud. Philos. Sci. XVIII), 149–169. C. S.

Frankfurter Schule, Bezeichnung für einen mit dem 1923 gegründeten Frankfurter »Institut für Sozialforschung« verbundenen Kreis von Intellektuellen, Sozialwissenschaftlern und Philosophen, deren theoretische Ansätze für die Marxismus- und Sozialismusdiskussion ebenso wie für die moderne Wissenschafts- und Aufklärungskritik bedeutungsvoll geworden sind. Zur ersten Generation der F. S. zählen insbes. T. W. Adorno, W. Benjamin, E. Fromm, C. Grünberg, M. Horkheimer, L. Löwenthal, H. Marcuse und F. Pollock, ferner F. J. Weil, dessen Vater H. Weil einen Großteil der Geldmittel für das Frankfurter Institut bereitstellte. Hausorgan der F. S. war zunächst das »Archiv für Geschichte des Sozialismus und der Arbeiterbewegung«, später die »Zeitschrift für Sozialforschung«. 1933 mußte das Frankfurter Institut geschlossen werden, seine Mitglieder wanderten großenteils aus. Die Bemühungen um eine institutionelle Kontinuität ihrer Arbeit führten schließlich zu einem »International Institute of Social Research«, angegliedert an die Columbia University in New York.

1950 kehrte das »Institut für Sozialforschung« nach Frankfurt zurück. Seine Direktoren wurden Adorno und Horkheimer, die zugleich Lehrstühle an der Frankfurter Universität innehatten. Die neue F. S. gewann einen weitreichenden Einfluß auf die westdeutsche und europäische sozialwissenschaftliche Theoriediskussion sowie auf die politische und theoretische Orientierung der neuen Linken seit den 1960er Jahren. Zur jüngeren Generation der F. S. zählen H. Becker, O. Negt, C. Offe, A. Schmidt und A. Wellmer, vor allem aber J. Habermas, dessen Ansätze inzwischen eine weitere Phase in der Denkentwicklung dieser Schule eingeleitet haben, fortgesetzt durch A. Honneth und andere. Auch in England und Amerika wird sie seitdem als eine Alternative zum ↑Neopositivismus und zur Analytischen Philosophie und Wissenschaftstheorie (↑Philosophie, analytische) zunehmend ernstgenommen.

Charakteristisch für die F. S. ist eine Verbindung des die demokratischen bürgerlichen Rechts- und Verfassungsstaaten leitenden Vernunftprinzips mit den Grundlagen der von K. Marx geleisteten politisch-ökonomischen Analysen der bürgerlichen Gesellschaft (↑Gesellschaft, bürgerliche). Daraus ergibt sich eine Kritik nicht nur der kapitalistisch strukturierten bürgerlichen Demokratien, sondern auch der totalitären, insbes. bürokratischen, Scheinformen des Sozialismus, die den mit den bürgerlichen Revolutionen in die Welt getretenen Rahmen vernünftiger politischer Praxis verlassen. Wesentliche Bedeutung hat ferner die ↑Wissenschaftskritik der F. S., vor allem in Zusammenhang mit dem neueren ↑Werturteilsstreit in den ↑Sozialwissenschaften, wie er sich seit der Tübinger Soziologentagung 1961 zwischen dem Kritischen Rationalismus (↑Rationalismus, kritischer) und der F. S. entwickelt hat. Schon Horkheimer hatte vor dem Zweiten Weltkrieg der von szientistischen (↑Szientismus) und rein technisch-rationalen Verständnissen wissenschaftlicher Theorie und Empirie geleiteten ›traditionellen Theorie‹ eine ›kritische Theorie‹ gegenübergestellt und so für die Verbindung der F. S. mit dem Etikett ›Kritische Theorie‹ (↑Theorie, kritische) gesorgt. Kritische (Wissenschafts-)Theorie reflektiert den Zusammenhang der Wissenschaftspraxis mit den gesellschaftlichen Bedingungen, in denen sie steht, und erkennt den ↑normativen Charakter wissenschaftlicher Methoden und Aufgaben an. Seit den 1960er Jahren wird die Wissenschaftskritik der F. S. weitgehend von Ansätzen getragen, die Habermas ausgearbeitet hat.

Literatur: C. Albrecht u. a., Die intellektuelle Gründung der Bundesrepublik. Eine Wirkungsgeschichte der F. S., Frankfurt/New York 1999, 2000; H. Apel (ed.), Die Gesellschaftstheorie der F. S.. Materialien zur Kritischen Theorie von Adorno, Horkheimer und Marcuse, Frankfurt/Berlin/München 1980; A. Arato/E. Gebhardt (eds.), The Essential Frankfurt School Reader, Oxford, New York 1978, 1997; A. Berndt u.a. (eds.), F. S. und Kunstgeschichte, Berlin 1992; W. R. Beyer, Die Sünden der F. S.. Ein Beitrag zur Kritik der »Kritischen Theorie«, Frankfurt/Berlin 1971; W. Bialas, Geschichtsphilosophie in kritischer Absicht im Übergang zu einer Teleologie der Apokalypse. Die F. S. und die Geschichte, Frankfurt etc. 1994; ders., Zwischen Kritik der bürgerlichen Ideologie und integralem Marxismus. Zur Rezeption der F. S. in der DDR, Dt. Z. Philos. 43 (1995), 131–142; A. Bogner, Zivilisation und Rationalisierung. Die Zivilisationstheorien Max Webers, Norbert Elias' und der F. S. im Vergleich, Opladen 1989; J. Bohman, Frankfurt School, in: R. Audi (ed.), The Cambridge Dictionary of Philosophy, Cambridge/New York/Melbourne 1995, ²1999, 324–325; S. Buck-Morss, The Origin of Negative Dialectics. Theodor W. Adorno, Walter Benjamin, and the Frankfurt Institute, Hassocks 1977, New York 1979; H.-J. Dahms, Positivismusstreit. Die Auseinandersetzung der F. S. mit dem logischen Positivismus, dem amerikanischen Pragmatismus und dem kritischen Rationalismus, Frankfurt 1994; A. Demirovic, Der nonkonformistische Intellektuelle. Die Entwicklung der Kritischen Theorie zur F. S., Frankfurt 1999; H. Dubiel, Wissenschaftsorganisation und politische Erfahrung, Frankfurt 1978 (engl. Theory and Politics. Studies in the Development of Critical Theory, Cambridge Mass. 1985); ders., Kritische Theorie der Gesellschaft. Eine einführende Rekonstruktion von den Anfängen im Horkheimer-Kreis bis Habermas, Weinheim/München 1988, ³2001; ders., Kulturtheorie der F. S., Frankfurt 1990; P. v. Engeldorp Gastelaars/S. Malaga/O. Preuss (eds.), Critical Theory Today. The Frankfurt School. How Relevant Is It Today?, Rotterdam 1990; FM II (1994), 1286–1288 (Frankfurt [escuela de]); G. Friedman, The Political Philosophy of the Frankfurt School, Ithaca N. Y./London 1981; U. Galeazzi, La scuola di Francoforte. Teoria critica in nome dell'uomo, Rom 1975, ²1978; ders., La teoria critica della scuola di Francoforte. Diagnosi della società contemporanea e dialogo critico con il pensiero moderno, Neapel 2000; M. Gangl, Politische Ökonomie und Kritische Theorie. Ein Beitrag zur theoretischen Entwicklung der F. S., Frankfurt/New York 1987; J. Habermas, Philosophisch-politische Profile, Frankfurt 1971, erw. ³1981, 1998 (bes. 6., 141–150, 8., 180–194); K. Hansen (ed.), F. S. und Liberalismus. Beiträge zum Dialog zwischen kritischer Gesellschaftstheorie und politischem Liberalismus, Baden-Baden 1981; J. H. v. Heiseler/R. Steigerwald/J. Schleifstein (eds.), Die »F. S.« im Lichte des Marxismus. Zur Kritik der Philosophie und Soziologie von Horkheimer, Adorno, Marcuse, Habermas, Frankfurt 1970, ²1974; A. Honneth, Frankfurt School, REP III (1998), 730–737; ders., Rekonstruktive Gesellschaftskritik unter genealogischem Vorbehalt. Zur Idee der Kritik in der F. S., Dt. Z. Philos. 48 (2000), 729–737; ders./A. Jaeggi (eds.), Theorien des historischen Materialismus, I–II, Frankfurt 1977/1980; ders./A. Wellmer, Die F. S. und die Folgen. Referate eines Symposiums der Alexander von Humboldt-Stiftung vom 10.–15. Dezember 1984 in Ludwigsburg, Berlin/New York 1986; M. J. Inwood, Frankfurt School, in: T. Honderich (ed.), The Oxford Companion to Philosophy, Oxford/New York 1995, 290; M. Jay, The Dialectical Imagination. A History of the Frankfurt School and the Institute of Social Research 1923–1950, London, Boston Mass./Toronto 1973, Berkeley Calif./London 1996 (dt. Dialektische Phantasie. Die Geschichte der F. S. und des Instituts für Sozialforschung 1923–1950, Frankfurt 1976, 1991); W. Kraushaar (ed.), F. S. und Studentenbewegung. Von der Flaschenpost zum Molotowcocktail 1946–1995, Frankfurt 1998; W. Kunstmann/E. Sander (eds.), »Kritische Theorie« zwischen Theologie und Evolutionstheorie. Beiträge zur Auseinandersetzung mit der »F. S.«, München 1981; J. Marcus/Z. Tar (eds.), Foundations of the Frankfurt School of Social Research, New Brunswick N. J./London 1984; U. Migdal, Die Frühgeschichte des Frankfurter Instituts für Sozialforschung, Frankfurt/New York 1981; M. Preglau, Wachstumskrise und Gesellschaftstheorie. Krisenanalyse am Beispiel der F. S., Frankfurt/New York 1987; A. Regenbogen, F. S., in: H. J. Sandkühler (ed.), Europäische Enzyklopädie zu Philosophie und Wissenschaften II, Hamburg/Köln 1990, 110–115; G. Schmid Noerr/W. van Reijen (eds.), Grand Hotel Abgrund. Eine Photobiographie der Kritischen Theorie, Hamburg 1988; M. R. Stirk, The Frankfurt School, in: ders., Critical Theory, Politics and Society. An Introduction, London/New York 2000, 14–30; Z. Tar, The Frankfurt School. The Critical Theories of Max Horkheimer and Theodor W. Adorno, New York 1977, 1985; J.-M. Vincent, Francfort (École de), Enc. philos. universelle II (1990), 1032–1033; A. Waschkuhn, Kritische Theorie. Politikbegriffe und Grundprinzipien der F. S., München/Wien 2000; A. Wellmer, Kritische Gesellschaftstheorie und Positivismus, Frankfurt 1969, ⁵1977 (engl. Critical Theory of Society, New York 1971, 1974); R. Wiggershaus, Die F. S.. Geschichte. Theoretische Entwicklung. Politische Bedeutung, München/Wien 1986, ⁵1997 (franz. L'Ecole de Francfort. Histoire. Développement. Signification, Paris 1993; engl. The Frankfurt School. Its History, Theories and Political Significance, Cambridge 1994). – Institut für Sozialforschung an der Johann-Wolfgang-Goethe-Universität Frankfurt am Main. Ein Bericht über die Feier seiner Wiedereröffnung, seine Geschichte und seine Arbeiten, Frankfurt 1952. F. K.

Franklin, Benjamin, *Boston 17. Jan. 1706, †Philadelphia 17. April 1790, amerik. Verleger, Erfinder, Politiker, Wissenschaftler und Diplomat. 1718, nach nur zwei Jahren Schulbildung, wurde das 15. von 18 Kindern des Seifensieders Josiah Franklin seinem Halbbruder James als Lehrling in Schuldknechtschaft in der Druckerei verpflichtet. Bald arbeitete F. weniger als Schriftsetzer denn als Autor und verbreitete unter Decknamen wie Dr. Janus und Mistress Silence Dogood politische Meinungen und allgemeine Lebensweisheiten. Mit 17 Jahren erlangte er seine Freiheit und flüchtete nach Philadelphia. 1724 ging F. für zwei Jahre nach England und erlernte das Druckereihandwerk; dort machte er vermutlich auch seine erste Bekanntschaft mit der Naturwissenschaft. Nach seiner Rückkehr wurde F. schnell zu einem angesehenen und wohlhabenden Verleger von Zeitschriften und Kalendern (»Poor Richard's Almanack« war das meistverkaufte Buch der Kolonien), Erfinder, Geschäftsmann und Bildungspolitiker. Um 1748 zog er sich aus den Geschäften zurück und beschäftigte sich fortan mit Politik und Wissenschaft.

Angeregt durch A. v. Hallers elektrische Versuche führte F. ab 1745 Experimente mit statischer Elektrizität, insbes. zur Analyse der Leidener Flasche (eines frühen Kondensators) durch. Das daraus entstandene Buch »Experiments and Observations on Electricity« (I–II, 1751/1753) machte F. zu einem der führenden Fachleute in Sachen Elektrizität.

In seinem berühmtesten Experiment konstruierte F. einen Drachen aus Seidentuch und Zedernholz und befestigte an seiner Spitze einen zugespitzten Draht. An das untere Ende der Schnur knüpfte er ein Stück Seide, befestigte daran einen Schlüssel und ließ den Drachen im Gewitter steigen. Als die Schnur naß wurde, leitete sie ›das elektrische Feuer‹ zu dem trocken gehaltenen Seidenband mit dem Schlüssel; bei Annäherung des Knöchels an den Schlüssel entstanden Funken in derselben Art und Weise wie man sie von der Leidener Flasche kannte. Damit zeigte F. die elektrische Natur des Blitzes. Die naheliegende technische Anwendung als Blitzableiter wurde umgehend ausgeführt. F.s ökonomische, buchhalterische Einstellung zur Elektrizität prägte die Grundbegrifflichkeit der neuen Elektrizitätslehre. In seinen Experimenten führte er Buch über Plus- und Minus-Elektrizität, das Laden bzw. Entladen des elektrischen Fluidums und die Zirkulation einer bestimmten Quantität desselben durch geeignete elektrische Leiter. 1751 wurde F. in die Pennsylvania Assembly (das Landesparlament) gewählt und übte verschiedene politische Ämter aus. 1757 ging er als diplomatischer Vertreter seiner Kolonie nach London; von seinen folgenden 28 Lebensjahren verbrachte er 25 in Europa. Nach der ersten Dienstzeit von fünf Jahren blieb F. nur zwei Jahre (1762–1764) in Amerika und kehrte 1764 nach London zurück – diesmal als politischer Vertreter mehrerer Kolonien. Sein diplomatischer Erfolg auf dem Londoner politischen Parkett war legendär; die Kunst der anonymen Flugschrift pflegte er auch in England weiter. 1775 ging F. wieder nach Philadelphia und wurde dort zum zweiten Kontinental-Kongreß abgeordnet, wo er die amerikanische Unabhängigkeitserklärung mit unterzeichnete. Seine vierte Europareise führte den 70jährigen F. nach Paris, wo er 1776–1785 den Kongreß der sich nun im Aufstand befindenden Kolonien als Bevollmächtigter vertrat. 1787 vertrat F. Pennsylvania bei der verfassungsgebenden Versammlung.

Werke: The Works of B. F., I–X, ed. J. Sparks, Boston Mass. 1836–1840; The Writings of B. F., I–X, ed. A. H. Smyth, New York/London, 1905–1907, New York 1970; The Papers of B. F., I–XXXVI, ed. L. W. Labaree [I–XIV]/W. B. Willcox [XV–XXVI]/C. A. Lopez [XXVII]/B. B. Oberg [XXVIII–XXXV]/E. R. Cohn [XXXVI], New Haven Conn. 1959–2001. – Experiments and Observations on Electricity, Made at Philadelphia in America, I–II, London 1751/1753, unter dem Titel: New Experiments and Observations on Electricity, Made at Philadelphia in America, in einem Bd. ³1954/1962, unter dem Titel: B. F.'s Experiments, a New Edition of F.'s Experiments and Observations on Electricity, ed. I. B. Cohen, Cambridge Mass. 1941 (dt. Briefe von der Elektrizität, Leipzig 1758, Nachdr. unter dem Titel: Briefe von der Elektrizität, Braunschweig/Wiesbaden 1983); Philosophical and Miscellaneous Papers, ed. E. Bancroft, London 1787; Autobiography [Einheitssachtitel], ed. J. Sparks, London 1850, ed. J. Bigelow, Philadelphia Pa./London 1868, Neudr. New York 1996, ed. L. W. Labaree u. a., New Haven Conn./London 1964, 1967 (dt. Autobiographie [Einheitssachtitel], Stuttgart 1876, München 1983, ²1997); Poor Richard's Almanack, Being the Almanacks of 1733, 1749, 1756, 1757, 1758, Garden City N. Y./New York 1928, unter dem Titel: The Complete Poor Richard Almanacks, I–II, Barre Mass. 1970 (I 1733–1747, II 1748–1758), unter dem Titel: Poor Richard. The Almanacks for the Years 1733–1758, New York 1976. – The Ingenious Dr. F.. Selected Scientific Letters of B. F., ed. N. G. Goodman, Philadelphia Pa. 1931, 1974; B. F.'s Letters to the Press. 1758–1775, ed. V. W. Crane, Chapel Hill N. C. 1950. – H. Stevens, B. F.'s Life and Writings. A Bibliographical Essay on the Stevens' Collection of Books and Manuscripts Relating to Doctor F., London 1881; P. L. Ford, F. Bibliography. A List of Books Written by, or Relating to B. F., New York 1886, Boston Mass. 1977; W. C. Ford, List of the B. F. Papers in the Library of Congress, Washington D. C. 1905; I. M. Hays (ed.), Calendar of the Papers of B. F. in the Library of the American Philosophical Society, I–V, Philadelphia Pa. 1908; C. W. Miller, B. F.'s Philadelphia Printing 1728–1766. A Descriptive Bibliography, Philadelphia Pa. 1974; M. H. Buxbaum, B. F., I–II, Boston Mass. 1983–1988 (I 1721–1906. A Reference Guide, II 1907–1983. A Reference Guide).

Literatur: A. O. Aldridge, B. F. Philosopher and Man, Philadelphia Pa. 1965; D. Anderson, The Radical Enlightenments of B. F., Baltimore Md. 1997; H. W. Brands, The First American. The Life and Times of B. F., New York 2000; M. H. Buxbaum, Critical Essays on B. F., Boston Mass. 1987; J. Campbell, Recovering B. F.. An Exploration of a Life of Science and Service, Chicago Ill. 1999; R. W. Clark, B. F.. A Biography, New York 1983; I. B. Cohen, F., DSB V (1972), 129–139; ders., B. F.'s Science, Cambridge Mass./London 1990; C. van Doren, B. F., New York, 1938, 1991; K. Hanson, F., in: T. Honderich (ed.), The Oxford Companion to Philosophy, Oxford/New York 1995, 290; J. L. Heilbron, Electricity in the 17th and 18th Centuries. A Study of Early Modern Physics, Berkeley Calif. 1979, Mineola N. Y. 1990; N.-S. Huang, B. F. in American Thought and Culture, 1790–1990, Philadelphia Pa. 1994 (mit Bibliographie, 244–263); R. Ketcham, F., Enc. Ph. III (1967), 220–221; R. Middlekauff, B. F. and His Enemies, Berkeley Calif. 1996; M. G. Murphey, F., REP III (1998), 737–738; H. O. Sibum, Physik aus ihrer Geschichte verstehen. Entstehung und Entwicklung naturwissenschaftlicher Denk- und Arbeitsstile in der Elektrizitätsforschung des 18. Jahrhunderts, Wiesbaden 1990; E. Wright, F. of Philadelphia, Cambridge Mass./London 1986. P. M.

Franz von Marchia, *Appignano (Provinz Ascoli Piceno) um 1290, †nach 1344, ital. Theologe (Franziskaner) und Naturphilosoph (›doctor succinctus et praefulgius‹). Studium an der Universität Paris (Magister der Theologie), las wahrscheinlich 1319/1320 in Paris über die Sentenzen des Petrus Lombardus (↑Sentenzenkommentar), um 1324 Lektor im Studium generale der Franziskaner in Avignon, 1327–1332 Provinzialmeister der Ordensprovinz Marca d'Ancona. – F. vertrat im Armutsstreit auf der Seite von Michael von Cesena, Wilhelm von Ockham und Bonagratia von Bergamo die Partei, die für die absolute Armut der Nachfolger Christi und der Kirche eintrat. Da diese Lehre von Papst Johannes XXII. für häretisch erklärt wurde, wurde F. 1328 exkommuniziert. Er folgte Kaiser Ludwig IV. dem

Bayern, wurde 1341 von der Inquisition in Italien verfolgt und widerrief seine Ansichten 1344. In der Physik darf F. als einer der ersten Vertreter der ↑Impetustheorie gelten. Danach wird, ausgeführt im Zusammenhang mit der Frage nach der Kausalität der Sakramente, beim Wurf dem bewegten Körper eine ›zurückgelassene‹ Kraft (vis derelicta) mitgeteilt, die während des Bewegungsvorganges allmählich erlischt. Das Medium ist an der Bewegung beteiligt, jedoch (im Unterschied zur Aristotelischen Vorstellung) nicht als alleiniger Motor. F. übertrug diese Erklärung auch auf die ›natürlichen‹ Bewegungen der Himmelskörper: Die die Himmelssphären in Bewegung haltenden Intelligenzen üben ihre Funktion dadurch aus, daß sie in den Sphären einen impetus wecken, d. h. eine den Sphären inhärierende Kraft, die diese bewegt, ohne daß die primäre Kraft unmittelbar wirkt. – F.' Schriften, die zum größten Teil nur in Handschriften überliefert sind, beeinflußten die Oxforder Franziskaner, besonders Walter Catton und John of Reading.

Werke: In sententias IV/1, in: G. F. Vescovini (ed.), La teoria dell'impeto. Testi latini di filosofia medievale, Turin 1969, 1–21; Auswahl bisher unveröffentlichter Quaestiones zur Himmelslehre, in: N. Schneider, Die Kosmologie des F. de M.. Texte, Quellen und Untersuchungen zur Naturphilosophie des 14. Jahrhunderts, Leiden etc. 1991, 37–80; Francisci d. M. Quodlibet. Cum quaestionibus selectis, ex commentario in librum sententiarum, ed. N. Mariani, Grottaferrata (Rom) 1997 (Spicilegium Bonaventurianum XXIX) (mit Einf., 15–54).

Literatur: M. Clagett, F. de M. »On the Sentences of Peter Lombard«. A ›Reportacio‹ of the Fourth Book, in: ders., The Science of Mechanics in the Middle Ages, Madison Wisc., London 1959, ³1979, 526–531; E. J. Dijksterhuis, De Mechanisering van het Wereldbeeld, Amsterdam 1950, ⁴1998, 198–199 (dt. Die Mechanisierung des Weltbildes, Berlin/Göttingen/Heidelberg 1950, 1956, 203; engl. The Mechanization of the World Picture, Oxford 1961, 180–181, London 1969 [repr., mit Untertitel: Pythagoras to Newton, Princeton N. J. 1986]); FM II (1994), 1390–1391; A. Maier, Zwei Grundprobleme der scholastischen Naturphilosophie. Das Problem der intensiven Größe. Die Impetustheorie, I–II, Rom 1939/1940, in einem Bd. ²1951, ³1968, 161–200; dies., Zwischen Philosophie und Mechanik. Studien zur Naturphilosophie der Spätscholastik, Rom 1958 (repr. Rom 1977), 350–354; A. Pompei, Francesco della Marca, Enc. Filos. III (1982), 759–760; N. Schneider, Franciscus de M. über die Wirklichkeit der Materie (Metaph. VII q. 5). Ein Beitrag zur Naturphilosophie des 14. Jahrhunderts, Franziskan. Stud. 71 (1989), 138–158; ders., Die Kosmologie des F. de M.. Texte, Quellen und Untersuchungen zur Naturphilosophie des 14. Jahrhunderts, Leiden etc. 1991 (mit Einl. u. Kommentar, 3–34, 81–342); A. Teetaert, Pignano (François de-), in: A. Vacant, Dictionnaire de théologie catholique XII/2, Paris 1935, 2104–2109; G. F. Vescovini, Francis of M., DSB V (1972), 113–115; M. Wolff, Geschichte der Impetustheorie. Untersuchungen zum Ursprung der klassischen Mechanik, Frankfurt 1978, 192–198. P. B.

Franz von Meyronnes (Franciscus de Mayronis), *Meyronnes (Provence) um 1288, †Piacenza (Italien) wahrscheinlich 26. Juli 1328, Theologe und Naturphilosoph. F. trat vermutlich in Digne dem Franziskanerorden bei, war Schüler des J. Duns Scotus, las 1320/1321, unmittelbar nach Franz von Marchia, in Paris über die Sentenzen des Petrus Lombardus (↑Sentenzenkommentar) und wurde dort 1323 Magister der Theologie. Seine Disputationen mit P. Roger, dem späteren Papst Klemens VI., wurden schnell bekannt. 1323–1324 Provinzialmeister der Ordensprovinz Provence. 1324 hielt sich F. in Avignon auf und wurde vom Papst zusammen mit dem Dominikanermönch Domenica Grima in die Gascogne geschickt, um einen Konflikt zwischen den Armeen Karls IV. von Frankreich und Edwards III. von England zu verhindern. – Nach F. besteht das Universum um die ruhende Erde aus 14 kreisförmig bewegten Sphären: der himmlischen, der kristallenen, dem Firmament, Saturn, Jupiter, Mars, Sonne, Venus, Merkur, Mond, Feuer, Luft, Wasser und Erde, mit je eigener Zusammensetzung. Die von Gott geschaffene (räumlich endliche) Welt ist nach F. vergänglich, da sie einen Anfang (die ↑Schöpfung) habe und somit auch ein Ende haben müsse. Im Rahmen einer Erklärung der Wurfbewegung vertritt F. Aristotelische Vorstellungen: als motor conjunctus fungiert beim bewegten Körper das Medium, nachdem dieser von der werfenden Kraft getrennt ist. Im Rahmen der scholastischen Kontroverse um den Bewegungsbegriff gehört F. zu den Anhängern der fluxus-formae-Konzeption (Bewegung als ein gegenüber dem bewegten Körper selbständiger Zustand). Philosophisch folgt F. skotistischen (↑Skotismus) Lehren; er ist einer der Hauptvertreter der Mariologie der Franziskanerschule vor dem Konzil von Trient.

Werke: Super primo libro sententiarum, ed. M. Mâzalo, Treviso 1476; In libros sententiarum, quodlibeta, tractatus formalitatum, de primo principio, terminorum theologicalium declarationes, de univocatione, Venedig 1520 (repr. Frankfurt 1966); F. de M.-Pierre Roger. Disputatio (1320–1321), ed. J. Barbet, Paris 1961; De notitia intuitiva, in: G. J. Etzkorn, Franciscus de Mayronis. A Newly Discovered Treatise on Intuitive and Abstractive Cognition, Franciscan. Stud. 54 (1994–1997), 21–50 (mit Einl., 15–20). – F. Claessens, Liste alphabétique des manuscrits de F. de M., La France franciscaine 22 (1939), 57–68.

Literatur: O. Bulnois, François de M., in: E. Huisman, Dictionnaire des philosophes I, Paris ²1993, 136–137; L. Cova, Francesco di M. e Walter Catton nella controversia scolastica sulla ›notitia intuitiva de re non existente‹, Medioevo. Riv. di stor. della filos. medievale 2 (1976), 227–251; FM II (1994), 1391; J. Hause, Francis of M., REP III (1998), 723–725; L. A. Kennedy, Early Fourteenth-Century Franciscans and Divine Absolute Power, Franciscan. Stud. 50 (1990), 197–223; P. W. Lampen, François de M., La France franciscaine 9 (1926), 215–222; P. de Lapparent, L'œuvre politique de François de M.. Ses rapports avec celle de Dante, Arch. hist. doctr. litt. moyen-âge 13 (1940–1942), 5–151; A. Maurer, The Role of Infinity in the Thought of Francis of M., Med. Stud. 33 (1971), 201–227, Neudr. in: ders., Being and Knowing, Studies in Thomas Aquinas and Later Medieval Philosophers, Toronto 1990, 333–359; ders., Francis of M.' Defense of Epistemological Realism, in: ders., Being and Knowing [s.o.], 311–331; A. Pompei, Francesco di M. (de Maironis), Enc. filos. III (1982), 760–761; H. Rossmann, Die Hierarchie der Welt. Gestalt und System des F. v. M. OFM. mit besonderer Berücksichtigung seiner Schöpfungslehre, Werl in Westfalen 1972; ders., Die Quodlibeta und verschiedene sonstige Schriften des F. v. M. OFM., Franziskan. Stud. 54 (1972), 1–76; B. Roth, F. v. M. und der Augustinismus seiner Zeit, Franziskan. Stud. 22 (1935), 44–75; ders., F. v. M. OFM.. Sein Leben, seine Werke, seine Lehre vom Formalunterschied in Gott, Werl in Westfalen 1936; A. Una Juarez, San Agustin en el siglo XIV. El ›Milleloquium veritatis Sancti Augustini‹, Agustin Triunfo de Ancona y Francisco de M., Rev. espanola de teol. 41 (1981), 267–286; G. F. Vescovini, Francis of M., DSB V (1972), 115–117. P. B.

Frege, Friedrich Ludwig Gottlob, *Wismar 8. Nov. 1848, †Bad Kleinen 26. Juli 1925, dt. Mathematiker, Logiker und Philosoph. Nach dem Studium von Mathematik, Physik, Chemie und Philosophie in Jena (1869–1871) und Göttingen dort 1873 Promotion zum Dr. phil. mit einer Dissertation »Über eine geometrische Darstellung der imaginären Gebilde in der Ebene«. 1874 Habilitation für Mathematik in Jena mit einer Habilitationsschrift »Rechnungsmethoden, die sich auf eine Erweiterung des Größenbegriffes gründen«. F. lehrte von da an in Jena, wurde 1879 zum a. o. Prof., 1896 zum Honorarprofessor ernannt und trat 1917 krankheitshalber vom Lehramt zurück. Von seinem wissenschaftlichen Nachlaß und Briefwechsel konnte nur ein Teil über den Zweiten Weltkrieg gerettet und publiziert werden.

F. gilt vielfach als der Begründer der modernen mathematischen Logik (↑Logik, mathematische). In der Tat enthält F.s erste Monographie »Begriffsschrift« (1879) den ersten strengen ↑Logikkalkül im modernen Sinne eines von präzisen Ausdrucksbestimmungen (↑Ausdruck (logisch)) und ↑Deduktionsregeln ausgehenden axiomatischen Aufbaus der klassischen ↑Quantorenlogik (zweiter Stufe mit Identität), in deren Rahmen F. dann die Nachfolgerbeziehung (↑Nachfolger) und die Erblichkeit einer Eigenschaft in einer Reihe (insbes. der natürlichen Zahlenreihe) sowie die Eindeutigkeit (↑eindeutig/Eindeutigkeit) einer ↑Funktion definieren kann. Entscheidend dafür ist die Ersetzung der traditionellen Analyse der ↑Elementaraussage in Subjekt und Prädikat durch die allgemeine Analyse der Aussage in Funktion (d.h. hier: ↑Aussageform) und Argument(e) (↑Argument (logisch)), sowie die daran anknüpfende, von F. geschaffene Möglichkeit zum Ausdruck der Allgemeinheit einer ↑Aussage (und der ↑Existenzaussagen) mit Hilfe von ↑Variablen und ↑Quantoren. Während diese Neuerungen heute zu den Grundausdrucksmitteln formaler Systeme (↑System, formales) gehören, hat sich die von F. gewählte ungewöhnliche, da zweidimensionale logische Symbolik (↑Begriffsschrift) trotz mancher Vorzüge (z.B. dem, eine klammerfreie Notation [↑Klammern] mit größerer Übersichtlichkeit der logischen Struktur zu verbinden, als dies die ebenfalls klammerfreie sogenannte polnische Notation leistet) nicht durchsetzen können.

F. stellt seine Untersuchungen bereits in der »Begriffsschrift« in den Rahmen eines umfassenderen, an Vorstellungen G. W. Leibnizens zu einer characteristica universalis (↑Leibnizsche Charakteristik) anknüpfenden logizistischen Programms (↑Logizismus), nicht nur durch lückenlose Schlußketten in einem voll formalisierten ↑Kalkül die Kontrollierbarkeit mathematischer Beweise zu verbessern, sondern auch die Grundbegriffe der ↑Arithmetik und der ↑Analysis auf rein logische Grundbegriffe und die Grundsätze (↑Axiome) dieser Disziplinen auf rein logische Grundsätze (Axiome) zurückzuführen. Zusätzlich zu dem bereits erbrachten Nachweis für die allgemeine Nachfolgerbeziehung, die es nur mehr auf die Zahlenreihe anzuwenden galt, stellt F. in seinen »Grundlagen der Arithmetik« (1884) nach einer ausführlichen Kritik traditioneller Lehren über ↑Anzahl und Anzahlaussagen eine Definition der Anzahl auf, die ›rein logisch‹ in dem Sinne ist, als sie sich aus der Gleichmächtigkeit (↑Äquivalenz (von Mengen)) von Begriffsumfängen durch das Verfahren der ↑Abstraktion ergibt, eine Methode, die an dieser Stelle erstmals in der Geschichte der Logik und der mathematischen Grundlagenforschung systematisch dargestellt worden ist (ihre vollständige Analyse gelang erst in der zweiten Hälfte des 20. Jhs. P. Lorenzen). Hoffte F. 1884, mit diesen Schriften »wahrscheinlich gemacht zu haben, dass die arithmetischen Gesetze analytische Urteile und folglich a priori« seien, die Arithmetik also »nur eine weiter ausgebildete Logik, jeder arithmetische Satz ein logisches Gesetz, jedoch ein abgeleitetes« (a.a.O., 99), formuliert man das Geleistete heute erkenntnistheoretisch zurückhaltender meist so, daß ein Modell der (kalkülmäßig, z.B. durch ein Axiomensystem, erfaßten) Arithmetik in der Quantorenlogik 2. Stufe konstruiert worden sei. Neben der detaillierten Beschreibung dieses Aufbaus enthält dieses zweite Hauptwerk F.s in seinem erwähnten kritischen Teil Muster logischer Analysen (↑Analyse, logische) sowohl von natürlichem als auch von mathematischem (also wissenschaftsspezifischem) Sprachgebrauch.

Die diesen Untersuchungen zugrunde liegende Überzeugung, daß faktischer ↑Sprachgebrauch der logischen Analyse (↑Analyse, logische) und Kritik nicht nur zugänglich, sondern auch bedürftig sei, ist neben dem (der beabsichtigten Reichweite als auch dem Inhalt nach vielfach mißverstandenen) Grundsatz, »nach der Bedeutung der Wörter« stets »im Satzzusammenhange, nicht in ihrer Vereinzelung« zu fragen (Grundlagen der Arithmetik, 1884, X), sowie der F.schen Analyse nicht-extensionaler (insbes. epistemischer) Kontexte seit 1892 (s.u.)

und der dabei konsequent durchgeführten Unterscheidung von (in heutiger Terminologie) ›use‹ und ›mention‹ (↑use and mention) einer der Gründe, F. als Mitbegründer der Analytischen Philosophie (↑Philosophie, analytische) anzusehen – ungeachtet der Tatsache, daß für die Mehrzahl der neueren Vertreter dieser Richtung der faktische Sprachgebrauch gerade umgekehrt einen Maßstab für die Akzeptabilität logischer Verfahrensweisen und ihrer Anwendungen abgibt.

Eine deutliche Vertiefung und Erweiterung des begrifflichen Instrumentariums und der Argumentationsbasis liefern F.s Schriften nach 1890. In dem Vortrag »Function und Begriff« (1891) verallgemeinert F. den mathematischen Funktionsbegriff durch Zulassung beliebiger Gegenstände als Argumente (von Funktionen 1. Stufe) und als Werte (von Funktionen beliebiger Stufe); insbes. werden ↑Wahrheitswerte als Gegenstände bzw. Sätze als Gegenstandsnamen sowie Begriffe und Beziehungen als ein- bzw. mehrstellige Funktionen aufgefaßt, deren Werte (↑Wert (logisch)) sämtlich Wahrheitswerte sind. Darüber hinaus werden in einer entscheidenden Weiterführung der »Grundlagen« von 1884 jetzt Begriffsumfänge als spezielle ›Wertverläufe‹ von Funktionen (nämlich von Begriffen in der soeben genannten Auffassung als Funktionen) durch Abstraktion eingeführt. Die Wertverläufe $\acute{\varepsilon}\Phi(\varepsilon)$, $\acute{\varepsilon}\Psi(\varepsilon)$ zweier Funktionen $\Phi(\xi)$, $\Psi(\xi)$ heißen dabei gleich, wenn diese generell äquivalent sind im Sinne von

$$\acute{\varepsilon}\Phi(\varepsilon) = \acute{\varepsilon}\Psi(\varepsilon) \leftrightarrows \bigwedge_x(\Phi(x) = \Psi(x)).$$

Sind $\Phi(\xi)$, $\Psi(\xi)$ speziell Begriffe, so erhält man die Gleichheit von Begriffsumfängen (im heutigen Sinne: von ↑Mengen) wobei das Definiens dieser Gleichheit in logischer Notation als

$\bigwedge_x(\Phi(x) \leftrightarrow \Psi(x))$ wiederzugeben ist.

Gewisse ↑Paradoxien der von F. für Funktionen (wegen des Vorkommens von ›Leerstellen‹ für Argumentausdrücke in ihren darstellenden Funktionstermen) als charakteristisch angesehenen ›Ungesättigtheit‹, aus der die notwendige Einschränkung auf ihren prädikativen Gebrauch und die Unmöglichkeit von Aussagen *über* Funktionen und insbes. Begriffe zu folgen scheinen, werden von F. in seinem Aufsatz »Über Begriff und Gegenstand« 1892 behandelt, aber hier ebensowenig wie in allen späteren Versuchen dieser Art (die F. zeitlebens unternommen hat), befriedigend aufgelöst. Zu den philosophisch bedeutendsten Schriften F.s zählt dagegen der ebenfalls 1892 erschienene Aufsatz »Über Sinn und Bedeutung«. Ausgehend von der Frage, worauf der Informationswert (F.: ›Erkenntniswert‹) wahrer Gleichheitsaussagen ›$a = b$‹ (↑Gleichheit (logisch)) im Unterschied zu analytisch wahren Aussagen der Gestalt ›$a = a$‹ beruhe, entwickelt F. hier seine *allgemeine Semantik* (↑Semantik, logische), in der sprachlichen Ausdrücken als (im Unterschied z. B. zu ihrer ›Färbung‹ oder mit ihnen verknüpften subjektiven Assoziationen) logisch relevante Bedeutungsaspekte ↑›Sinn‹ und ↑›Bedeutung‹ (im engeren Sinne) zugeschrieben werden. Bei logischen ↑Eigennamen (einschließlich der ↑Kennzeichnungsterme), ↑Prädikatoren und den auf letztere ihrer Rolle nach zurückführbaren Adjektiven ist der Sinn die ›Weise des Gegebenseins‹ der Bedeutung, die bei logischen Eigennamen der bezeichnete Gegenstand ist, bei Prädikatoren der bezeichnete ↑Begriff (die bezeichnete ↑Eigenschaft) oder die bezeichnete Beziehung, im Unterschied zu deren Umfang (↑extensional/Extension), der zum Prädikator nicht in einer semantischen Beziehung steht. Da F. Sätze als Namen von Wahrheitswerten auffaßt (s. o.), sind diese die Satz*bedeutungen* (im engeren Sinne), während der Satz*sinn* der von einem Satz ausgedrückte ↑›Gedanke‹ ist. Dies gilt jedoch nur in direkter, extensionaler Rede, während in indirekter, in zitierender oder sonstiger nicht-extensionaler Rede (vor allem in Nebensätzen und hier insbes. in epistemischen Kontexten) Verschiebungen der semantischen Komponenten im Verhältnis zu den sie aufweisenden Ausdrücken (nicht jedoch im Verhältnis untereinander) auftreten. Die hierzu erforderliche präzise Trennung von ↑Objektsprache und ↑Metasprache hat F. als notwendig erkannt und in mustergültiger Weise vorgenommen. Diese Untersuchungen, zu denen noch Bemerkungen F.s über die semantische und pragmatische (↑Pragmatik) Analyse von Kontexten der Dichtungssprache kommen, machen den Aufsatz »Über Sinn und Bedeutung« zu einem historisch bedeutsamen ›Urtext der modernen Semantik‹ (J. M. Bartlett), wie sie in unmittelbarer Aufnahme zunächst von R. Carnap (Meaning and Necessity, Chicago Ill./Toronto/London 1947) fortgeführt und insbes. für Modalkontexte ausgearbeitet worden ist. Eine eigenwillige Deutung und Kritik des F.schen Programms einer allgemeinen Bedeutungslehre hat M. Dummett in seinem wichtigen Buch »F.. Philosophy of Language« 1973 geliefert.

Alle der zuletzt genannten Fortschritte finden zusammen mit sie erfassenden Erweiterungen der begriffsschriftlichen Ausdrucksmittel (unter anderem einer eigenen – der ersten überhaupt formal ausgedrückten – Kennzeichnungstheorie) Eingang in F.s drittes und eigentliches Hauptwerk »Grundgesetze der Arithmetik« (I–II, 1893/1903), das die axiomatische Behandlung der um die Identität erweiterten klassischen Quantorenlogik (2. und prinzipiell höherer Stufe, wobei F. mit seiner Stufenhierarchie der Funktionen Grundgedanken der einfachen Typentheorie [↑Typentheorien] vorwegnimmt) vervollkommnet, darüber hinaus aber durch

Einbeziehung der neuen Deutung von Begriff und Begriffsumfang auch eine ↑Mengenlehre in die (entsprechend dem logizistischen Programm breit aufgefaßte) Logik als Bestandteil integriert. Erstmals in der Geschichte der Logik werden hier ausdrücklich (ohne daß dafür schon die moderne Terminologie auftauchte) ein ›semantischer‹ und ein ›syntaktischer‹ (↑Syntax) Aufbau eines formalen Systems einander gegenübergestellt. Dabei steht von den Beziehungen zwischen beiden nicht die Vollständigkeit (↑vollständig/Vollständigkeit) des syntaktischen Aufbaus im heutigen Sinne, sondern eine ›Bedeutungsvollständigkeit‹ im Mittelpunkt, d. h. die Eigenschaft, daß jeder zulässige (↑zulässig/Zulässigkeit) Ausdruck des syntaktischen Aufbaus genau eine Bedeutung im Sinn des semantischen Aufbaus habe (da die syntaktische Ableitbarkeit [↑ableitbar/Ableitbarkeit] zweier Ausdrücke A und $\neg A$ nach F.s semantischer Erklärung der ↑Negation nichts anderes als die Zuordnung sowohl des Wahrheitswertes ›wahr‹ [↑wahr/das Wahre] als auch des Wahrheitswertes ↑›falsch‹ als Bedeutung von ›A‹ wäre, ist ein im F.schen Sinne bedeutungsvollständiges System stets widerspruchsfrei [↑widerspruchsfrei/Widerspruchsfreiheit]). Die Wichtigkeit derartiger Untersuchungen für F.s System ist erst in neuester Zeit erkannt und in Angriff genommen worden. Sie berühren sich aufs engste mit Fragen der Definitionslehre (↑Definition), zu der F. in den »Grundgesetzen« kritische wie auch konstruktive, wenngleich heute zum Teil als extrem betrachtete Beiträge geliefert hat.

Die »Grundgesetze« sollten der Erfüllung des logizistischen Programms dienen und von logischen Grundbegriffen und Axiomen ausgehend die Grundlagen der Arithmetik und der Analysis liefern. Während der 1. Band dies für einen Grundbestand an arithmetischen Sätzen leistet, bricht der 2. Band nach einer ausführlichen Kritik zeitgenössischer Irrationalzahltheorien und ersten Schritten auf die Definition eines größentheoretischen Begriffs der reellen Zahl hin an der Stelle ab, bis zu der F. fortgeschritten war, als ihn 1902 B. Russells Mitteilung der von diesem entdeckten Ableitbarkeit der ↑Zermelo-Russellschen Antinomie (↑Antinomien, logische) in F.s System erreichte. Ein »Nachwort« zum 2. Band enthält eine gründliche Analyse der Antinomie und einen Korrekturvorschlag F.s, der heute als ›F.'s Way Out‹ bezeichnet wird und erst 1939 von S. Leśniewski (unveröffentlicht) sowie 1955 von W. V. O. Quine als ebenfalls unzureichend, da, falls nicht unentbehrliche Voraussetzungen der Logik aufgegeben werden sollen, zu anderen Antinomien führend, erwiesen wurde. Im Anschluß an Arbeiten von G. Boolos, C. Wright u. a. ist in neuerer Zeit vorgeschlagen worden, F.s Grundgesetz V durch das von diesem implizierte ›Humesche Prinzip‹ (›Hume's Principle‹) zu ersetzen, nach dem zwei Begriffen F und G dieselbe Anzahl genau dann zukommt, wenn F und G im F.schen Sinne gleichzahlig sind; mit geringfügigen Modifikationen des Anzahl- und des Gleichzahligkeitsbegriffs läßt sich dann von ›Hume's Principle‹ aus die gesamte Arithmetik innerhalb der (als widerspruchsfrei angenommenen) Logik 2. Stufe aufbauen, ohne auf die Zermelo-Russellsche Antinomie zu stoßen. Die darauf gebaute Idee eines ›Neologizismus‹ darf durchaus Interesse beanspruchen, auch wenn sich seine Verfechter zu Unrecht auf eine angeblich in die gleiche Richtung weisende (in Wahrheit jedoch auf einem schlichten Übersetzungsfehler beruhende) Äußerung F.s berufen.

Von F.s späteren Beiträgen zur Philosophie der Mathematik sind die wichtigsten der Ausbau seiner (schon in den »Grundlagen« begonnenen und im 2. Band der »Grundgesetze« fortgesetzten) Kritik der zeitgenössischen Gestalt eines ›formalistischen‹ (↑Formalismus) Aufbaus der Mathematik und seine Auseinandersetzung mit D. Hilberts Auffassung geometrischer Axiomensysteme als ›impliziter Definitionen‹ (↑Definition, implizite) der in ihnen auftretenden Grundbegriffe (D. Hilbert, Grundlagen der Geometrie, zuerst Leipzig 1899), mit der anschließenden F.schen Klärung der tatsächlichen Leistung von Axiomensystemen als Aussageformen im allgemeinen höherer Stufe, die nicht die in ihnen auftretenden Grundbegriffe, wohl aber eine ↑Struktur definieren. Den wichtigsten späteren Beitrag F.s zur Philosophie der Logik bilden die drei erschienenen Teile seiner »Logischen Untersuchungen« mit ihrer philosophischen Ausarbeitung des Sinnes der logischen Verknüpfungen (ein vierter Teil »Die Allgemeinheit« über die ↑Quantifikation ist Fragment geblieben und erst mit den geretteten Teilen des wissenschaftlichen Nachlasses veröffentlicht worden, der auch frühe Auseinandersetzungen F.s mit der Logik G. Booles enthält), vor allem aber der F.schen Vorstellungen von einem neben der physischen und der psychischen Wirklichkeit anzunehmenden ›Dritten Reich‹ des Objektiv-Nichtwirklichen, die von K. Popper, in Anlehnung an F.s Terminologie als ›World 3‹ bezeichnet, in »Objective Knowledge« (Oxford etc. 1972) mit unwesentlichen Modifikationen wieder vertreten worden ist (↑Dritte Welt).

F.s Einfluß auf die mathematische Grundlagenforschung erfolgte nicht über seine (sehr wenigen) persönlichen Schüler, von denen Carnap der bedeutendste ist, sondern über den Einfluß seiner Schriften und Briefe vor allem auf Russell und auf L. Wittgenstein (Tract.), nachhaltig überhaupt erst durch die der Analytischen Philosophie (↑Philosophie, analytische) zu verdankende ›Wiederentdeckung‹ F.s um die Mitte des 20. Jhs.. Von seinen im Detail oft schwer nachweisbaren Einwirkungen auf die nicht-analytische Philosophie sei die Wirkung seiner scharfen Kritik der zeitgenössischen psychologistischen (↑Psychologismus) Logik auf E. Husserl genannt, der diese Kritik in seinen eigenen »Logischen Untersuchungen« (I, Halle 1900) systematisierte und ihr erst zur Durchsetzung verhalf. Während an F.s Bedeutung auch als Philosoph heute kein ernsthafter Zweifel mehr besteht, ist die Bestimmung seines Ortes in (oder zwischen) der Vielfalt philosophischer Strömungen des 19. Jhs. und seiner Rolle in der Geschichte der Philosophie noch Gegenstand der Diskussion und zum Teil heftig umstritten (z. B. H. D. Sluga 1976 gegen M. Dummett 1967 und 1973).

Werke: Funktion, Begriff, Bedeutung. Fünf logische Studien, ed. G. Patzig, Göttingen 1962, [7]1994, ed. M. Textor 2002; Logische Untersuchungen, ed. G. Patzig, Göttingen 1966, [4]1993 (engl. [gekürzt] Logical Investigations, ed. P. T. Geach, Oxford 1977); Kleine Schriften, ed. I. Angelelli, Darmstadt, Hildesheim/New York 1967, Hildesheim/New York 1990 (engl. [gekürzt] Collected Papers on Mathematics, Logic, and Philosophy, ed. B. McGuinness, Oxford/New York 1984); The F. Reader, ed. M. Beaney, Oxford/Malden Mass. 1997. – Über eine geometrische Darstellung der imaginären Gebilde in der Ebene, Diss. Göttingen 1873, Neudr. in: Kleine Schriften [s. o.], 1–49; Rechnungsmethoden, die sich auf eine Erweiterung des Größenbegriffes gründen, Habilitationsschr. Jena 1874, Neudr. in: Kleine Schriften [s. o.], 50–84; Begriffsschrift, eine der arithmetischen nachgebildete Formelsprache des reinen Denkens, Halle 1879, Neudr. in: ders., Begriffsschrift und andere Aufsätze, ed. I. Angelelli, Darmstadt, Hildesheim/New York 1964, Hildesheim/New York 1998, 1–88, ferner in: K. Berka/L. Kreiser (eds.), Logik-Texte, Berlin (Ost) 1971, 48–106, [4]1986, 82–107 (engl. F. [1879], Begriffsschrift. A Formula Language, Modeled upon that of Arithmetic for Pure Thought, in: J. van Heijenoort [ed.], From Frege to Gödel. A Source Book in Mathematical Logic, 1879–1931, Cambridge Mass. 1967, 1–82, und in: J. van Heijenoort [ed.], F. and Gödel. Two Fundamental Texts in Mathematical Logic, Cambridge Mass. 1970, 5–82); Die Grundlagen der Arithmetik. Eine logisch mathematische Untersuchung über den Begriff der Zahl, Breslau 1884, Neudr. 1934 (repr. Darmstadt, Hildesheim/New York 1961, 1990), ed. C. Thiel, Hamburg 1986 (erw. um »Das Echo der Grundlagen«, 109–142); Stuttgart 1987, Hamburg 1988 (engl. The Foundations of Arithmetic. A Logico-Mathematical Enquiry into the Concept of Number, Oxford 1950, [2]1953, Oxford/New York 1989); Über formale Theorien der Arithmetik, Jenaische Z. Naturwiss. Suppl. 19 (1886), 94–104, Neudr. in: Kleine Schriften [s. o.], 103–111; Function and Begriff, Jena 1891, Neudr. in: ders., Funktion, Begriff, Bedeutung [s. o.], 17–39, 2002, 1–22, ferner in: Kleine Schriften [s. o.], 125–142, ferner in: ders., Zwei Schriften zur Arithmetik, ed. W. Kienzler [s. u.], 1–31 (engl. Function and Concept, in: ders., Translations from the Philosophical Writings of G. F., ed. P. Geach, Oxford 1952, [3]1966, 42–55, ferner in: Collected Papers [s. o.], 137–156, ferner in: The F. Reader [s. o.], 130–148; franz. Fonction et concept, in: ders., Écrits logiques et philosophiques, Paris 1971, 80–101); Über Begriff und Gegenstand, Vierteljahrsschr. wiss. Philos. 16 (1892), 192–205, Neudr. in: Funktion, Begriff, Bedeutung [s. o.], 66–80, ferner in: Kleine Schriften [s. o.], 167–178 (engl. On Concept and Object, in: ders., Translations from the Philosophical Writings of G. F., ed. P. Geach, Oxford 1952, [3]1966, 42–55, ferner in: Collected Papers [s. o.], 182–194, ferner in: The F. Reader [s. o.], 181–193; franz. Concept et objet, in: ders., Écrits logiques et philosophiques, Paris 1971, 127–141); Über Sinn und Bedeutung, Z. Philos. phil. Kritik 100 (1892), 25–50, Neudr. in: ders., Funktion, Begriff, Bedeutung [s. o.], 40–65, ferner in: Kleine Schriften [s. o.], 143–162 (engl. On Sense and Reference, in: ders., Translations from the Philosophical Writings of G. F., ed. P. Geach, Oxford 1952, [3]1966, 56–78, unter dem Titel: On Sinn und Bedeutung, in: The F. Reader [s. o.], 151–171, ferner in: Collected Papers [s. o.], 157–177; franz. Sens et dénotation, in: ders., Écrits logiques et philosophiques, Paris 1971, 102–126); Grundgesetze der Arithmetik. Begriffsschriftlich abgeleitet, I–II, Jena 1893/1903 (repr. Darmstadt, Hildesheim/New York 1962), Hildesheim/New York 1998 (engl. [teilweise] The Basic Laws of Arithmetic. Exposition of the System, ed. M. Furth, Berkeley Calif. 1964); Über die Grundlagen der Geometrie, I–II, Jahresber. Dt. Math.ver. 12 (1903), 319–324, 368–375, I–III [Zweite Serie], Jahresber. Dt. Math.ver. 15 (1906), 293–309, 377–403, 423–430, Neudr. in: Kleine Schriften [s. o.], 262–266, 267–272, 281–323 (engl. On the Foundations of Geometry. Second Series [1906], in: Collected Papers [s. o.], 273–284); Der Gedanke. Eine logische Untersuchung, Beitr. Philos. Dt. Ideal. 1 (1918/1919), 58–77, Neudr. in: ders., Logische Untersuchungen [s. o.], 30–53, unter dem Titel: Logische Untersuchungen. Erster Teil: Der Gedanke (1918), in: Kleine Schriften [s. o.], 342–362 (engl. Thoughts, in: Logical Investigations [s. o.], 1–30, ferner in: The F. Reader [s. o.], 325–345, ferner in: Collected Papers [s. o.], 351–372); Die Verneinung. Eine logische Untersuchung, Beitr. Philos. Dt. Ideal. 1 (1918/1919), 143–157, Neudr. in: ders., Logische Untersuchungen [s. o.], 54–71, unter dem Titel: Logische Untersuchungen. Zweiter Teil: Die Verneinung (1918), in: Kleine Schriften [s. o.], 362–378 (engl. Negation, in: Logical Investigations [s. o.], 31–53, ferner in: The F. Reader [s. o.], 346–361, ferner in: Collected Papers [s. o.], 373–389); Logische Untersuchungen, Dritter Teil: Gedankengefüge, Beitr. Philos. Dt. Ideal. III (1923–1926), 36–51, Neudr. in: Logische Untersuchungen [s. o.], 72–91, unter dem Titel: Logische Untersuchungen, Dritter Teil: Gedankengefüge (1923), in: Kleine Schriften [s. o.], 378–394 (engl. Compound Thoughts [1923–26], in: Collected Papers [s. o.], 390–406); Nachgelassene Schriften, in: ders., Nachgelassene Schriften und Wissenschaftlicher Briefwechsel I, ed. H. Hermes/F. Kambartel/F. Kaulbach, Hamburg 1969, [2]1983 [erw. um einen Anhang »Nachschrift einer Vorlesung und Protokolle mathematischer Vorträge F.s«, 325–388] (engl. Posthumous Writings, ed. H. Hermes/F. Kambartel/F. Kaulbach, Oxford, Chicago Ill. 1979); Schriften zur Logik und Sprachphilosophie. Aus dem Nachlaß, ed. G. Gabriel, Hamburg 1971, Berlin (Ost) 1973 [erw. um »Booles rechnende Logik und die Begriffsschrift«, »Erkenntnisquellen der Mathematik und mathematischen Naturwissenschaften«, »Zahlen und Arithmetik«, »Neuer Versuch der Grundlegung der Arithmetik«, 172–247], Hamburg [3]1990; Zwei Schriften zur Arithmetik, ed. W. Kienzler, Hildesheim/Zürich/New York 1999. – Wissenschaftlicher Briefwechsel, in: ders., Nachgelassene Schriften und Wissenschaftlicher Briefwechsel II, ed. G. Gabriel u.a., Hamburg 1976 (engl. [gekürzt] Philosophical and Mathematical Correspondence, ed. G. Gabriel u.a., Oxford 1980). – Bibliographie [v. G. Gabriel], in: ders., Schriften zur Logik und Sprachphilosophie. Aus dem Nachlaß, ed. G. Gabriel, Hamburg 1971, 187–215, Hamburg [3]1990, 187–205 [kommentiert]; W. Mayer, Bibliographie F.s sowie der Sekundärliteratur bis 1975, in: M. Schirn (ed.), Studien zu F./Studies on F. III, Stuttgart-Bad Cannstatt 1976, 157–197; Bibliographie [v. M. Beaney], in: The F. Reader [s. o.], 389–397.

Literatur: I. Angelelli, Studies on G. F. and Traditional Philosophy, Dordrecht 1967; G. P. Baker/P. M. S. Hacker, F.. Logical Excavations, New York/Oxford 1983, 1984; G. Bar-Elli, The

Sense of Reference. Intentionality in F., Berlin/New York 1996; J. M. Bartlett, Funktion und Gegenstand. Eine Untersuchung in der Logik von G. F., Diss. München 1961; M. Beaney, F.. Making Sense, London 1996; ders., What Is Analytic Philosophy? Recent Work on the History of Analytic Philosophy, Brit. J. Hist. Philos. 6 (1998), 463–472; W. Becker, Die Mitteilbarkeit der Gedanken. Zu Selbstbewußtsein und Intersubjektivität bei F., Z. philos. Forsch. 42 (1988), 274–286; D. Bell, F.'s Theory of Judgement, Oxford 1979; J. L. Bermudez, Psychologism and Psychology, Inquiry 42 (1999), 487–504; B. V. Birjukov, Two Soviet Studies on F., ed. I. Angelelli, Dordrecht 1964; F. Bolck (ed.), »Begriffsschrift«. Jenaer F.-Konferenz. 7.–11. Mai 1979, Jena 1979; G. Boolos, Reading the »Begriffsschrift«, Mind 94 (1985), 331–344; J. Bouveresse, F. critique de Kant, Rev. int. philos. 33 (1979), 739–760; ders., F.. Logic, and the Theory of Knowledge, Monist 65 (1982), 52–67; T. Burge, Sinning against F., Philos. Rev. 88 (1979), 398–432; ders., F. on Sense and Linguistic Meaning, in: D. Bell/N. Cooper (eds.), The Analytic Tradition. Meaning, Thought and Knowledge, Oxford/Cambridge Mass. 1990, 30–60; ders., F. on Knowing the Third Realm, in: W. W. Tait (ed.), Early Analytical Philosophy [s. u.], 1–18; ders., F. on Knowing the Foundation, Mind 107 (1998), 305–347; W. Carl, Sinn und Bedeutung. Studien zu Wittgenstein und F., Königstein 1982; G. Currie, F.. An Introduction to His Philosophy, Brighton/Totowa N. J. 1982; W. Demopoulos (ed.), F.'s Philosophy of Mathematics, Cambridge Mass./London 1995, 1997 [Rezension: B. Hale, F.'s Philosophy of Mathematics, Philos. Quart. 49 (1999), 92–104]; M. Dummett, F., in: Enc. Ph. III (1967), 225–237; ders., F.. Philosophy of Language, London, New York, Worcester 1973, London, Cambridge Mass. ²1981, 1995; ders., F.'s Distinction between Sense and Reference, in: ders., Truth and Other Enigmas, London, Cambridge Mass. 1978, 1994, 116–144 (dt. F.s Unterscheidung zwischen Sinn und Bedeutung, in: ders., Wahrheit. Fünf philosophische Aufsätze, ed. J. Schulte, Stuttgart, 1982, 47–93); ders., Was F. a Philosopher of Language?, Rev. int. philos. 33 (1979), 786–810; ders., The Interpretation of F.'s Philosophy, Cambridge Mass., London 1981; ders., F.. Philosophy of Mathematics, London, Cambridge Mass. 1991, 1995; ders., F. and Other Philosophers, Oxford 1991, 1996; ders., The Seas of Language, Oxford 1993, ³1997; R. Egidi, Ontologia e conoszenza matematica. Un saggio su G. F., Florenz 1963; R. Fabian, Sinn und Bedeutung von Namen und Sätzen. Eine Untersuchung zur Semantik G. F.s, Wien 1975; D. Føllesdal, Husserl und F.. Ein Beitrag zur Beleuchtung der Entstehung der phänomenologischen Philosophie, Oslo 1958 (engl. Husserl and F.. A Contribution to Elucidating the Origins of Phenomenological Philosophy, in: L. Haaparanta [ed.], Mind, Meaning and Mathematics. Essays on the Philosophical Views of Husserl and F., Dordrecht/Boston Mass./London 1994, 3–47); B. Frances, Arguing for F.'s Fundamental Principle, Mind and Language 13 (1998), 341–346; A. Fuhrmann, F.an Sense Overlap, Philos. Quart. 37 (1987), 412–420; G. Gabriel, F. als Neukantianer, Kant-St. 77 (1986), 84–101; ders./W. Kienzler (eds.), F. in Jena. Beiträge zur Spurensicherung, Würzburg 1997; ders./U. Dathe (eds.), G. F.. Werk und Wirkung. Mit den unveröffentlichten Vorschlägen für ein Wahlgesetz von G. F., Paderborn 2000; P. Garavaso, F. and the Analysis of Thoughts, Hist. and Philos. Log. 12 (1991), 195–210; H. Geirsson, Justification and Relative Apriority, Ratio NS 12 (1999), 148–161; D. Greimann, F.s Konzeption der Wahrheit, Hildesheim/Zürich/New York 2003; R. Grossmann, Reflexions on F.'s Philosophy, Evanston Ill. 1969; L. Haaparanta, F.'s Doctrine of Being, Helsinki 1985; dies., F.'s Context Principle, in: J. Hintikka/F. Vandamme (eds.), Logic of Discovery and Logic of Discourse, New York/London 1985, 83–96; dies./J. Hintikka (eds.), F. Synthesized. Essays on the Philosophical and Foundational Work, Dordrecht/Boston Mass./Lancaster Pa. 1986; dies., Mind, Meaning and Mathematics. Essays on the Philosophical Views of Husserl and F., Dordrecht/Boston Mass./London 1994; A. G. R. Heck, F., REP III (1998), 765–778; ders., »Grundgesetze der Arithmetik« I, § 10, Philos. Math. 7 (1999), 258–292; J. van Heijenoort, Sense in F., J. Philos. Log. 6 (1977), 93–102; P. Hinst, Syntaktische und semantische Untersuchungen über F.s »Grundgesetze der Arithmetik«, Diss. München 1965; J. Hintikka, F.'s Hidden Semantics, Rev. int. philos. 33 (1979), 716–722; ders., Semantics. A Revolt against F., in: G. Fløistad (ed.), Contemporary Philosophy. A New Survey, The Hague/Boston Mass./London 1981, 57–82; ders., A Hundred Years Later. The Rise and Fall of F.'s Influence in Language Theory, Synthese 59 (1984), 27–49; E. Holenstein, Die Bedeutung von ›Bedeutung‹ bei F.. Ein philosophischer Essay, Conceptus 17 (1983), Nr. 40/41, 65–74; C. Imbert, Le projet idéographique, Rev. int. philos. 33 (1979), 621–665; F. Jacques, L'idéographie Frégéenne. Un langage libéré des contraintes de l'interlocution, Rev. int. philos. 33 (1979), 694–715; B. Janßen, ›Kants wahre Meinung‹. F.s realistischer Objektivismus und seine Kritik am erkenntnistheoretischen Idealismus, Münster 1996; F. Kambartel, F. und die axiomatische Methode. Zur Kritik mathematikhistorischer Legitimationsversuche der formalistischen Ideologie, in: C. Thiel (ed.), F. und die moderne Grundlagenforschung [s. u.], 77–89, Neudr. in: M. Schirn (ed.), Studien zu F. [s. u.] I, 215–228; A. Kenny, F., Harmondsworth 1995; S. Kimbrough, Anti-Individualism and Fregeanism, Philos. Quart. 48 (1998), 470–482; P. Kitcher, F.'s Epistemology, Philos. Rev. 88 (1979), 235–262; U. Kleemeier, G. F.. Kontext-Prinzip und Ontologie, Freiburg/München 1997; E. D. Klemke (ed.), Essays on F., Urbana Ill./Chicago Ill./London 1968, ²1974; ders., F.'s Philosophy of Logic, Rev. int. philos. 33 (1979), 665–693; E.-H. W. Kluge, The Metaphysics of G. F.. An Essay in Ontological Reconstruction, The Hague/Boston Mass./London 1980; ders., Bolzano and F.. Some Conceptual Parallels, Grazer philos. Stud. 10 (1980), 21–41; ders., F., Leibniz and the Notion of an Ideal Language, Stud. Leibn. 12 (1980), 140–154; T. Korte, F. and His Epigones. A Historical Study of the Role of Sense in G. F.'s Theory of Sense and Reference, Turku 2001; L. Kreiser, G. F.. Leben, Werk, Zeit, Hamburg 2001; ders./H. Metzler, 100 Jahre »Begriffsschrift« G. F.s, Dt. Z. Philos. 27 (1979), 571–586; F. v. Kutschera, F.s Begründung der Analysis, Arch. math. Log. Grundlagenf. 9 (1966), 102–111, Neudr. in: M. Schirn (ed.), Studien zu F. I [s. u.], 301–312; ders., G. F.. Eine Einführung in sein Werk, Berlin/New York 1989; J. Largeault, Logique et philosophie chez F., Paris/Louvain 1970; J. Levine, Acquaintance, Denoting Concepts, and Sense, Philos. Rev. 107 (1998), 415–445; H.-G. Lichtenberg, Urteil und Anzahl. Untersuchungen zu G. F.s philosophischen Bemühungen um eine Begründung der Arithmetik aus der Logik, Frankfurt/Bern/New York 1989; W. M. Martin, Husserl's Relapse? Concerning a Fregean Challenge to Phenomenology, Inquiry 42 (1999), 343–370; I. Max/W. Stelzner (eds.), Logik und Mathematik. F.-Kolloquium Jena 1993, Berlin/New York 1995; V. Mayer, Der Wert der Gedanken. Die Bedeutungstheorie in der philosophischen Logik G. F.s, Frankfurt 1989; dies., G. F., München 1996; R. McIntyre, Husserl and F., J. Philos. 84 (1987), 528–535; R. L. Mendelsohn, F.'s »Begriffsschrift«. Theory of Identity, J. Hist. Philos. 20 (1982), 279–299; W. J. P. Mendonça/P. Stekeler-Weithofer, F. – ein Platonist?, Ratio 29 (1987), 157–169;

N. Milkov, The Latest F., Prima Philos. 12 (1999), 41–48; R. G. Millikan, Perceptual Content and Fregean Myth, Mind 100 (1991), 439–459; J. N. Mohanty, Husserl and F., Bloomington Ind. 1982; K. Nomoto, Why, in 1902, Wasn't F. Prepared to Accept Hume's Principle as the Primitive Law for His Logicist Program?, Ann. Japan Assoc. Philos. Sci. 9 (1996–2000), H. 5, 1–12; M. A. Notturno, F.'s Justificationism. Truth and the Recognition of Authority, Metaphilos. 15 (1984), 210–224; ders., Objectivity, Rationality and the Third Realm: Justification and the Grounds of Psychologism. A Study of F. and Popper, Dordrecht/Boston Mass./Lancaster Pa. 1985; T. Parsons, F.an Theory of Fictional Objects, Topoi 1/2 (1982), 81–87; ders., What Do Quotation Marks Name? F.'s Theories of Quotation and That-Clauses, Philos. Stud. 42 (1982), 315–328; ders., Why F. Should Not Have Said ›The Concept ›Horse‹ Is Not a Concept‹, Hist. and Philos. Quart. 3 (1986), 449–465; G. Patzig, G. F., in: O. Höffe (ed.), Klassiker der Philosophie II, München 1981, ³1995, 251–273; E. Picardi, Assertibility and Truth. A Study of Fregean Themes, Bologna 1981; G. de Pierris, F. and Kant on A Priori Knowledge, Synthese 77 (1988), 285–319; T. C. Potts, ›The Grossest Confusion Possible?‹. F. and the Lambda-Calculus, Rev. int. philos. 33 (1979), 761–785; W. V. O. Quine, F.'s Way Out, Mind 64 (1955), 145–159; M. D. Resnik, F. and the Philosophy of Mathematics, Ithaca N. Y./London 1980; T. Ricketts, Truth Values and Courses-of-Value in F.'s »Grundgesetze«, in: W. W. Tait (ed.), Early Analytical Philosophy [s. u.], 187–211; M. A. Ruffino, Context Principle, Fruitfulness of Logic and the Cognitive Value of Arithmetic in F., Hist. and Philos. Log. 12 (1991), 185–194; ders., The Primacy of Concepts and the Priority of Judgments in F.'s Logic, Grazer Philos. Stud. 56 (1999), 73–90; N. Salmon, F.'s Puzzle, Cambridge Mass./London 1986, Atascadero Calif. 1991; M. Schirn (ed.), Studien zu F./ Studies on F., I–III, Stuttgart-Bad Cannstatt 1976; ders., Begriff und Begriffsumfang. Zu F.s Anzahldefinition in den »Grundlagen der Arithmetik«, Hist. and Philos. Log. 4 (1983), 117–143; ders., Semantische Vollständigkeit, Wertverlaufsnamen und F.s Kontextprinzip, Grazer Philos. Stud. 23 (1985), 79–104; ders., (ed.), F.. Importance and Legacy, Berlin/New York 1996; W. Schüler, Grundlegung der Mathematik in transzendentaler Kritik. F. und Hilbert, Hamburg 1983; P. M. Simons, F.'s Theory of Real Numbers, Hist. and Philos. Log. 8 (1987), 25–44; H. D. Sluga, F. as a Rationalist, in: M. Schirn, Studien zu F. [s. o.] I, 27–47; ders., G. F., London/New York 1980, ²1999; W. Stelzner (ed.), Philosophie und Logik. F.-Kolloquium Jena 1989/1991, Berlin/New York 1993; M. S. Stepanians, F. und Husserl über Urteilen und Denken, Paderborn/München/Wien 1998; ders., G. F. zur Einführung, Hamburg 2001; R. Sternfeld, F.'s Logical Theory, Carbondale Ill./Edwardsville Ill. 1966; ders., F.'s Achievements and Literal Scientific Discourse, Rev. int. philos. 33 (1979), 723–738; M. Strauss, Über Russells Kritik an F.s Unterscheidung zwischen Sinn und Bedeutung, Z. allg. Wiss.theorie 9 (1978), 106–111; R. Stuhlmann-Laeisz, G. F.s »Logische Untersuchungen«. Darstellung und Interpretation, Darmstadt 1995; W. W. Tait (ed.), Early Analytical Philosophy. F., Russell, Wittgenstein. Essays in Honor of Leonard Linsky, Chicago Ill. 1997; ders., F. versus Cantor and Dedekind. On the Concept of Number, in: ders. (ed.), Early Analytical Philosophy [s. o.], 213–248; J. Tappenden, F. on Extending Knowledge and ›Fruitful Concepts‹, Noûs 29 (1995), 427–467; C. Thiel, Sinn und Bedeutung in der Logik G. F.s, Meisenheim am Glan 1965 (engl. Sense and Reference in F.'s Logic, Dordrecht 1968); ders., G. F.. Die Abstraktion, in: J. Speck (ed.), Grundprobleme der großen Philosophen, Göttingen 1972, 9–44, ³1985, 9–46, ferner [gekürzt] in:

M. Schirn, Studien zu F. [s. o.] I, 243–264; ders. (ed.), F. und die moderne Grundlagenforschung. Symposium, gehalten in Bad Homburg im Dezember 1973, Meisenheim am Glan 1975; ders., F. und die Widerspenstigkeit der Sprache, Z. Phonetik, Sprachwiss. u. Kommunikationsforsch. 35 (1982), 620–626; ders., ›Nicht aufs Gerathewohl und aus Neuerungssucht‹. Die Begriffsschrift 1879 und 1893, in: I. Max/W. Stelzner (eds.), Logik und Mathematik [s. o.], 20–37; ders., Der mathematische Hintergrund des Erweiterungsschrittes in F.s »Grundgesetzen der Arithmetik«, in: W. Lenzen (ed.), Das weite Spektrum der analytischen Philosophie. Festschrift für Franz von Kutschera, Berlin/New York 1997, 401–407; ders., ›This Galaxy of Paradox and Obscurity‹. F.s System in heutiger Sicht, in: J. Kulenkampff/ T. Spitzley (eds.), Von der Antike bis zur Gegenwart. Erlanger Streifzüge durch die Geschichte der Philosophie, Erlangen/Jena 2001, 111–127; P. Tichý, The Foundations of F.'s Logic, Berlin/ New York 1988; M. Trinchero, La filosofia dell'aritmetica di G. F., Turin 1967; A. Veraart, Geschichte des wissenschaftlichen Nachlasses G. F.s und seiner Edition. Mit einem Katalog des ursprünglichen Bestands der nachgelassenen Schriften F.s, in: M. Schirn, Studien zu F. [s. o.] I, 49–106; J. D. B. Walker, A Study of F., Oxford 1965; G. Wechsung (ed.), F. Conference 1984. Proceedings of the International Conference Held at Schwerin (GDR), September 10–14, 1984, Berlin (Ost) 1984; J. Weiner, On Concepts, Hints and Horses, Hist. Philos. Quart. 6 (1989), 115–130; dies., Has F. a Philosophy of Language, in: W. W. Tait (ed.), Early Analytical Philosophy [s. o.], 249–272; dies., F., Oxford/New York 1999; S. O. Welding, Schwierigkeiten in F.s Grundlagen der Logik, Kant-St. 68 (1977), 420–445; H. Wettstein, Has Semantics Rested on a Mistake?, J. Philos. 83 (1986), 185–209; M. Wilson, F.. The Royal Road from Geometry, Noûs 26 (1992), 149–180; ders., To Err Is Humean, Philos. Math. 7 (1999), 247–257; C. Wright, F.'s Conception of Numbers as Objects, Aberdeen 1983; ders. (ed.), F.. Tradition and Influence, Oxford/New York 1984, ²1986; ders., Why F. Did Not Deserve His Granum Salis. A Note on the Paradox of ›The Concept Horse‹ and the Ascription of Bedeutung to Predicates, Grazer Philos. Stud. 55 (1998), 239–263. – Notre Dame J. Formal Logic, 28 (1987), 3–168 [Sonderheft zu F.s philosophischer und mathematischer Logik]. C. T.

Freidenker (engl. freethinkers, franz. libres penseurs), im Zuge der theologischen und konfessionellen Kontroversen Ende des 17. Jhs. in England gebildete Bezeichnung für diejenigen, die sich gegen theologische und kirchliche Autorität auf die Selbständigkeit des Denkens in Glaubenssachen beriefen und für Religionsfreiheit eintraten. Die Position der F., die politisch den Whigs nahestanden und sich für Religionsfreiheit einsetzten (↑Toleranz), wurde als eine Radikalisierung des ↑Deismus aufgefaßt, die Bezeichnung ›F.‹ zuerst von W. Molyneux 1697 (in einem Brief vom 6. April an Locke [J. Locke, Works IX, London 1823 (repr. Aalen 1963), 405]) auf J. Toland bezogen (›candid freethinker‹), dessen unter anderem durch Locke (The Reasonableness of Christianity, London 1695) beeinflußtes Werk »Christianity not Mysterious« (Or a Treatise Shewing, that there is nothing in the Gospel Contrary to Reason, nor Above it. And that no Christian Doctrine can be properly call'd a Mystery, London 1696, 1702) eine heftige Auseinandersetzung zwischen Deismus und Orthodoxie ausgelöst hatte. Die Verbreitung dieser Bezeichnung wurde im wesentlichen durch A. Collins (A Discourse of Free-Thinking. Occasion'd by the Rise and Growth of a Sect Call'd Free-Thinkers, London 1713) und durch die Wochenschrift »The Free-Thinker« (1718) gefördert. In Frankreich erhält der Begriff des F.s im Kreise der ↑Enzyklopädisten (D. Diderot, P. H. T. d'Holbach, C. A. Helvétius, Voltaire [›franc-penseur‹]) eine atheistische Bedeutungskomponente (›F.‹ als Bezeichnung einer atheistischen ›Konfession‹); in Deutschland wird er zunächst von I. Kant (›Freigeisterei‹) mit dem »Grundsatz, gar keine Pflicht mehr zu erkennen« ineinsgesetzt (Was heißt: sich im Denken orientieren?, Akad.-Ausg. VIII, 146), später, im Laufe des 19. Jhs., mit der als ›wissenschaftliche Weltanschauung‹ propagierten Vorstellung eines mechanistischen Weltbildes (L. Büchner, E. Haeckel, J. Moleschott, K. Vogt), mit der Religionskritik L. Feuerbachs und D. F. Strauß' sowie mit sozialrevolutionären Bewegungen im Anschluß an K. Marx verbunden. Seit Ende des 19. Jhs. nimmt das F.tum (national wie international) auch feste organisatorische Formen an (z. B. Fédération internationale de la libre pensée, 1880; Deutscher F.-Bund, 1881; Deutscher Monistenbund, 1906; Zentral-Verband der Proletarischen F. Deutschlands, 1908; Kartell freigesinnter Vereinigungen der Schweiz, 1913; Zentralsekretariat der österreichischen F., 1914).

Literatur: A. Bayet, Histoire de la libre-pensée, Paris 1959, ³1970; K. Becker, Freigeistige Bibliographie. Ein Verzeichnis freigeistiger, humanistischer und religionskritischer Literatur, Stuttgart 1973; S. Bertelli (ed.), Il libertinismo in Europa, Mailand/Neapel 1980; S. Berti, At the Roots of Unbelief, J. Hist. Ideas 56 (1995), 555–575; D. Bosco, Metamorfosi del ›libertinage‹. La ›ragione esigente‹ e le sue ragioni, Mailand 1981; ders, Cremonini e le origini del libertinismo, Riv. filos. neo-scolastica 81 (1989), 255–293; M. G. Brown/G. Stein, Freethought in the United States. A Descriptive Bibliography, Westport Conn./London 1978; J. B. Bury, A History of Freedom of Thought, London/New York/Toronto 1913, Westport Conn. ²1975 (dt. Geschichte der Gedankenfreiheit, Berlin 1949; ital. Storia della liberta di pensiero, Mailand 1959, 1979); F. Charles-Daubert, Libertinage et recherche contemporaine, XVIIe Siècle 37 (1985), 409–432; J. E. Courtney, Freethinkers of the 19th Century, London 1920 (repr. Norwood Pa., Philadelphia Pa. 1977); V. Dellagioacoma, Libertini, Enc. filos. V (1982), 77–78; H. Eichberg, Proletarische F.. Über eine alternative Kulturbewegung, die in der Rechristianisierung der Linken unterging, in: A. Lindemann/W. Lindemann, Die proletarische F.bewegung [s. u.], 83–125; ders., F.bewegung, in: T. Meyer (ed.), Lexikon des Sozialismus, Köln 1986, 182–183; K. Feiereis, F., LThK IV (1995), 91–93; G. Gawlick, F., Hist. Wb. Ph. II (1972), 1062–1063; H. Groschopp, Dissidenten. Freidenkerei und Kultur in Deutschland, Berlin 1997; W. Hoops (ed.), Our Rationalist Heritage. An Anthology for Freethinkers, Chicago Ill. 1971; U. Horstmann, Die Geschichte der Gedankenfreiheit in England. Am Beispiel von Antony Collins »A Discourse of Free-Thinking«, Königstein 1980; J.-C. Kaiser, Arbeiterbewegung und organisierte Religionskritik. Proletarische F.verbände in Kaiserreich und Weimarer Republik, Stuttgart 1981; ders., Organisierte Religionskritik im 19. und 20. Jahrhundert, Z. f. Religions- u. Geistesgesch. 37 (1985), 203–215; ders., F., RGG III (2000), 296–299; R. Z. Lauer, Freethinkers, in: New Catholic Encyclopedia VI, San Francisco Calif. etc. 1967, 139–141; H. Ley, Geschichte der Aufklärung und des Atheismus III/2, Berlin (Ost) 1980, 425–597 (Englisches F.tum); A. Lindemann/W. Lindemann, Die proletarische F.bewegung. Geschichte, Theorie, Praxis, Leipzig 1926 (repr., ed. H. Eichberg, Münster 1981); J. Mehlhausen, F., TRE XI (1983), 489–493; G. Minois, Histoire de l'athéisme, Paris 1998, bes. 181–208, 226–228, 453–461 (dt. Geschichte des Atheismus. Von den Anfängen bis zur Gegenwart, Weimar 2000, bes. 194–223, 244–246, 501–514); E. C. Mossner, Deism, Enc. Ph. XI (1967), 326–336; F. Moureau, Libertinage, Enc. philos. universelle II/1 (1990), 1481–1482; T. Nipperdey, Deutsche Geschichte 1866–1918 I (Arbeitswelt und Bürgergeist), München 1990, ³1993, bes. 507–530; R. Pintard, Aspects et contours du libertinage. Les problèmes de l'histoire du libertinage. Notes et réflexions, XVIIe Siècle 32 (1980), 131–161; M. Pott, Radikale Aufklärung und F.. Materialismus und Religionskritik in der deutschen Frühaufklärung, Dt. Z. Philos. 7 (1990), 639–650; M. Reding, Der politische Atheismus, Graz 1957, ²1958; J. M. Robertson, A History of Freethought in the Nineteenth Century, London 1929, 1969; G. Schneider, Der Libertin. Zur Geistes- und Sozialgeschichte des Bürgertums im 16. und 17. Jahrhundert, Stuttgart 1970; F. Sertl, Die F.bewegung in Österreich im zwanzigsten Jahrhundert. Ein Beitrag zur Entwicklungsgeschichte freigeistiger Kulturorganisationen, Wien 1995; F. Simon-Ritz, Die Organisation einer Weltanschauung. Die freigeistige Bewegung im Wilhelminischen Deutschland, Gütersloh 1997; J. S. Spink, French Free-Thought from Gassendi to Voltaire, London 1960 (repr. New York 1969); G. Stein, An Anthology of Atheism and Rationalism, Buffalo N. Y. 1980, 293–351 (The History of Freethought and Atheism); ders. (ed.), The Encyclopedia of Unbelief, I–II, Buffalo N. Y. 1985; ders., The Freethinker/Freethought, in: ders. (ed.), The Encyclopedia of Unbelief [s. o.], 244–247, 247–248; H. D. Strüning, Die Geschichte der deutschen sozialistischen F.bewegung. Eine Skizze, in: J. Kahl/E. Wernig (eds.), F.. Geschichte und Gegenwart, Köln 1981, 9–72; ders., F., in: H. J. Sandkühler (ed.), Europäische Enzyklopädie zu Philosophie und Wissenschaften II, Hamburg 1990, 152–157; J. A. Trinius, Freydenker-Lexicon oder Einleitung in die Geschichte der neueren Freigeister, Leipzig 1759 (repr. Turin 1960); R. Wild, F. in Deutschland, Z. f. Hist. Forsch. 6 (1979), 253–285, Neudr. in: S. Bertelli (ed.), Il libertinismo [s. o.], 81–117; H. Wunderer, F.tum und Arbeiterbewegung. Ein Überblick, Int. wissenschaftliche Korrespondenz zur Geschichte der deutschen Arbeiterbewegung 16 (1980), 1–33. J. M.

Freiheit (engl. freedom, liberty, franz. liberté), Terminus der Praktischen Philosophie (↑Philosophie, praktische) und der politischen Theorie (↑Philosophie, politische). Als solcher ist er vierstellig: ein X (Handlung, Wille, Person) ist, bezogen auf eine bestimmte Lebenssituation S, frei von Y (von äußerem, z. B. sozialem, von innerem, z. B. psychischem Zwang) in Bezug auf Z (die Möglichkeit der Wahl von Zwecken und die Möglichkeit, sie zu verwirklichen, sowie die Möglichkeit der Wahl von Mitteln und die Möglichkeit, sie zur Verwirklichung von Zwecken einzusetzen). Wird das Freisein-von betont, spricht man von ›negativer‹, wird das Freisein-zu betont, von ›positiver F.‹: *Handlungsfreiheit* besagt negativ, daß jemand durch äußere oder innere Faktoren nicht am Vollzug einer beabsichtigten ↑Handlung oder Tätigkeit gehindert wird; sie besagt positiv, daß jemand nach eigenem Belieben in den Ablauf der Dinge eingreift, sei es, daß er einen unbedingten Anfang in einer Reihe von Ereignissen setzt, sei es, daß er eine vorgegebene Abfolge lediglich modifiziert. *Entscheidungs-* oder *Wahlfreiheit* besagt negativ, daß jemand durch äußere oder innere Faktoren nicht am Vollzug einer beabsichtigten ↑Entscheidung oder Wahl zwischen Alternativen (z.B. möglichen ↑Zwecken, ↑Grundsätzen, ↑Maximen, ↑Lebensformen) gehindert wird; sie besagt positiv, daß seine Entscheidungs- oder Wahlsituation von einer Art ist, die ihm möglichst viele wesentliche Alternativen eröffnet, wobei das, was für ihn ›wesentlich‹ ist, von seinen Präferenzen (↑Bedürfnissen, ↑Interessen, ↑Neigungen), Wertungen (↑Wert (moralisch)) oder ↑Zielen und Zwecken abhängt. Dabei ist zu beachten, daß auf Grund von Irrtum, von Irreführung (Manipulation) oder von institutionellen und strukturellen Zwängen die einer Person eigene Wahrnehmung (des Umfangs bzw. des Gegenstandsbereichs) ihrer Wahlfreiheit in Bezug auf angeblich bestehende oder nicht bestehende Alternativen oder in Bezug auf angeblich vorliegende oder nicht vorliegende Situationsmerkmale verfälscht sein kann.

Auf höherer Stufe können auch Präferenzen, Wertungen oder Zielsetzungen ihrerseits Gegenstand einer Entscheidung oder Wahl sein (z.B. im Hinblick auf ihre Vereinbarkeit mit einer bestimmten Lebensform). Wenn unter ↑›Wille‹ die höchste Instanz der – vernünftigen (autonomen) oder unvernünftigen (heteronomen) – Selbstbestimmung (↑Autonomie) einer ↑Person verstanden wird, besagt *Willensfreiheit* das ↑Vermögen einer Person zu solcher Selbstbestimmung (F. des Willens, positiv verstanden). Eine leiblich und welthaft existierende Person wie der Mensch bedarf zur Aktualisierung dieses Vermögens zunächst der Wahl- oder Entscheidungs-, dann auch der Handlungsfreiheit. Wenn unter ›Wille‹ der schon vernünftige Wille verstanden wird, insofern er sich selbst vernünftig bestimmt hat, läßt sich dieser Wille nur noch im negativen Sinne als frei verstehen (nämlich als frei von Heteronomie). Den beiden Verständnissen von ›Wille‹ entspricht ein zweifaches Verständnis von ›Autonomie‹ des Willens.

In dem Maße, in dem F. in einen Zusammenhang mit dem Willensbegriff gebracht wird, wird sie zu einer zentralen *moralphilosophischen* Kategorie (↑Moralphilosophie). Die griechische Tradition fragt nach dem Orientierungsrahmen des institutionell und damit politisch verankerten Menschen. F. ist eine Voraussetzung für den Handelnden und ein zu sicherndes Gut. In der hellenistisch-römischen Welt wird durch die Verinnerlichung des F.sbegriffs, die dessen indeterministischen Charakter offenlegt, die Frage nach der *Verantwortlichkeit* des individuell handelnden Menschen und der *Zurechenbarkeit* (↑Zurechnung) seiner Handlungen und Unterlassungen gestellt. Verinnerlichte F. ist auch nicht mehr nur eine Voraussetzung, die es unter Umständen zu sichern gilt, sondern eine anthropologische Gegebenheit, die in ihrer Konsequenz egalitär ist. Die F.sfrage erweitert sich ferner zur Frage nach der *Gesinnung* (vgl. Epiktet, Diatr. IV, 1) (↑Verantwortungsethik).

In der griechischen Antike ist F. (ἐλευθερία) ein *Rechtsbegriff*. Frei ist der Polisbürger im Unterschied zum Sklaven und zum Barbaren, und frei ist auch die Polis, sofern sie nicht in fremder Botmäßigkeit steht. Zwar findet sich in dem Gegensatzpaar von ἑκών (freiwillig, absichtlich) und ἄκων (unfreiwillig, unabsichtlich) eine Bestimmung für die individuelle Abhängigkeit bzw. Unabhängigkeit des Handelns, bei Sokrates, Platon und Aristoteles unter Aufnahme des ↑Subjektivismus der ↑Sophistik auch deren methodisch vorgenommene Bestimmung als Einsicht in das Vortreffliche, doch wird die F.sbestimmung stets nur im Hinblick auf das politische Handeln des einzelnen als die dem Freien angemessene Tätigkeit getroffen. Die F. als zu sicherndes Gut wird im innenpolitischen Kontext unmittelbar zur Frage nach der richtigen Polisverfassung. Die Demokratie als diejenige Regierungsform, die die größtmögliche F. aller zu realisieren trachtet (Platon, Pol. 557 b; Aristoteles, Polit. *Δ*4.1291b34–38), geht an ihren egalitären Maßstäben, die die Herrschaft der Besten verhindern, zugrunde. Sie entartet zur Anarchie (↑Anarchismus). Platon zieht um der F.ssicherung willen die Konsequenz einer gemischten Verfassungsform, die die F. mit der Ordnung und dem Gesetz verbindet (Nom. 756e–757a). F. ist kein isoliertes Gut für sich; ihre in der Demokratie sich offenbarende aporetische Natur (↑Aporetik) fordert ihre Bindung an das Wissen um das ↑Gute (ἀγαθόν) und die ↑Tugend (ἀρετή), durch die allein F. als ↑Autarkie (αὐτάρκεια) verwirklicht wird. F. erscheint bei Platon geradezu als ein Attribut des Wissens. Hierin folgt ihm Aristoteles nicht, für den das Wissen um die Tugend noch nicht das Wissen um ihre Realisierungsmöglichkeit einschließt (Magna Mor. A1.1182a1–10). Im dritten Buch der »Nikomachischen Ethik« wird als Unterscheidungsmerkmal des Menschen von allen sonstigen Lebewesen sein Entschlußvermögen behandelt. Der Entschluß (προαίρεσις, ↑Prohairesis) ist eine der Unterarten des freiwilligen Tuns (das auch anderen Lebewesen eigentümlich ist) und wird gebildet im Miteinander von vernünftiger Einsicht (διάνοια) und Streben (ὄρεξις). Durch Überlegen (βουλεύεσθαι), das im Rückgriff auf praktische Einsicht (φρόνησις, ↑Phronesis) im konkreten Falle die Richtung auf das Gute sichert, wird der Entschluß bestimmt, der im Streben seine materiale Bestimmtheit hat. Im Entschluß, der als überlegtes Streben definiert wird, wird der Hiatus von Wissen und Handeln überbrückt. Er betrifft die Mittelwahl und realisiert die Persönlichkeit des Menschen, insofern sie durch F. bestimmt ist. Das Entschließen stilisiert sich durch Einübung zu einer Lebensweise (ἕξις), die als charakterologisches Merkmal des autark agierenden Menschen zu gelten hat.

In der hellenistischen Tradition wird die F.sfrage subjektiv gewendet. Im ↑Epikureismus wird ↑Natur zu derjenigen Instanz, die den Menschen lehrt, auch unabhängig von einem verfügbaren Handlungsrahmen dem Lustprinzip (↑Lust) folgend zu leben. Die Voraussetzung dafür ist die freie Verfügung über die lustrealisierenden Strebensinhalte. Ausdrücklich weist Epikur die naturphilosophische Vorstellung einer unausweichlichen Notwendigkeit zurück (Diog. Laert. X, 134). Die ↑Stoa, in ihrer Kosmologie deterministisch, lehrt in der Ethik das Vermögen der freien Zustimmung (συνκατάθεσις), die als richtige näher qualifiziert wird, wenn sie in Übereinstimmung mit dem kosmologisch verstandenen Logos erfolgt. So ist der Stoa in ihrem F.sverständnis die Bindung an das Wissen selbstverständlich; der Inhalt der Willensentscheidung ist letztlich vorgegeben und wird durch teleologische Deutung (↑Teleologie) und Erwägung des Naturgeschehens vermittelt. Die F. ist die Zustimmung zu dem mit Notwendigkeit sich vollziehenden Weltlauf. Das Verhältnis von F. und Notwendigkeit bzw. Vorherbestimmtheit (πρόνοια, ἀνάγκη) bleibt in der stoischen Philosophie damit aporetisch, worauf schon die antike Skepsis (Karneades) aufmerksam macht (↑Skeptizismus).

Plotins Philosophie markiert den Endpunkt der antiken Entwicklung des F.sbegriffs, indem zum einen dessen Übertragung aus der Ethik in die ↑Metaphysik (*metaphysische* F.) vollzogen wird, zum anderen folgenreich der *Autonomiegedanke* zum Tragen kommt. Als frei darf nach Plotin nur ein Wille gelten, der keine externen Bezüge in seinem Bestimmen hat und damit konsequenterweise nichts anderes als sich selbst will. Plotin unterscheidet Freiwilligkeit (ἑκούσιος) als ein zwangfreies und wissendes Tun von freier Verfügung (ἐφ' ἡμῖν) als einem Tun, das in der Macht der Entscheidung steht und dem Befehl des Willens gehorcht (Enn. VI, 8, 1), der seinerseits durch affektionsfreie richtige Vernunft bestimmt ist. Wesen, die handeln, haben keine freie Verfügung, weil ihr Tun zweckbezogen ist. Die Menschen verfügen aus ihrem Willen heraus allein nicht über die Erreichung ihrer Handlungsziele; die freie Verfügung betrifft nur die innerliche Verfassung und damit den Geist (Enn. VI, 8, 5). Freie Verfügung ist das Aufsichselberbestehen des Geistes, die Herrschaft der Tugend über die Seele (»der Geist ist frei auf Grund seiner selbst«, Enn. VI, 8, 7). Nur ein Sein, das sich selbst bewirkt, kann wahrhaft frei sein. Selbstsein (αὐτοουσία) kommt nur dem Einen (τὸ ἕν) zu, nicht dem Menschen, der nur in seiner Innerlichkeit frei ist: »damit ist Es als einziges in Wahrheit frei, weil es auch sich selber nicht als Knecht dient, sondern nur Es selbst ist und wahrhaft Es selbst, wo doch jedes andere Ding sowohl es selbst wie ein anderes ist« (Enn. VI, 8, 21).

Plotins Wirkung bis hin zur idealistischen Philosophie ist groß. Im autonomen F.sbegriff, der in säkularisierter Form geschichtsphilosophisch bei Hegel zum Wesensmerkmal objektiver Geistformen (↑Geist, objektiver) wird, ist eine Identifikation von Geist und Wirklichkeit impliziert, deren aporetische Konsequenzen erst in der nachidealistischen, dem F.spathos entgegenstehenden Philosophie aufgedeckt werden. Die Verankerung der F. in der ↑Innerlichkeit, ihre damit verbundene Entfernung aus einem konkreten Handlungsrahmen und ihre Rückübertragung in eine geschichtlich sich vergeistigende Welt (Hegel) reflektiert nicht hinreichend, daß auch eine unter selbst hervorgebrachten Prinzipien sich realisierende Wirklichkeit im Namen der F. gerade die F. in einer eigentümlichen ›Dialektik‹ aufheben mag. Die dem Autonomiegedanken einsinnig verpflichtete Philosophie findet sich darüber hinaus in einem Gegensatz zu all jenen Traditionen, die die Glücksmöglichkeiten für den Menschen durch die Aufhebung seiner sinnlich-konkreten Verankerung in der Welt beschnitten sehen.

Das christliche Mittelalter vereinigt die philosophischen F.sbestimmungen der Antike mit der Theologie des NT. Über Paulus (Röm. 6, 14–18; 8, 28–30) wird im Verhältnis von F. und ↑Prädestination stoisch-aporetisches Gedankengut tradiert. Die metaphysische F.sdefinition Plotins findet in Anwendung auf Gott fast durchgängig eine Entsprechung. Eine zentrale Stellung kommt A. Augustinus zu (De libero arbitrio). Der Theologisierung des F.sbegriffs entspricht bei ihm eine Entintellektualisierung (Voluntarisierung) des Willensbegriffs. Augustinus strebt einen Ausgleich zwischen der auseinanderstrebenden Begrifflichkeit von F., Vorbestimmtheit, Gnade und Sünde an, verfährt dabei jedoch weniger philosophisch argumentativ als im Rückgriff auf die ↑Offenbarung thetisch. Es ist wesentlich auf seinen Einfluß zurückzuführen, daß die Spannung von individueller F. einerseits, die in der Entscheidung (liberum arbitrium) ihren Ausdruck und in der möglichen Wendung gegen Gott ihre radikalste Konsequenz hat, und göttlich absoluter F. andererseits aufrechterhalten bleibt und nicht zugunsten einer dann zwar konsistenten, jedoch das Bestehen eigenständiger Persönlichkeit folgenreich leugnenden Theologie aufgehoben wird. Augustinus weist der menschlichen F. die Verantwortung für das Entstehen des Bösen zu, während sich das Vermögen zum Guten der Gnade Gottes verdankt. Herausragender Vertreter eines verinnerlicht gefaßten F.sbegriffs ist P. Abaelard, dessen im Anschluß an A. M. T. S. Boethius erfolgende Reintellektualisierung jedoch nicht durchschlägt. Thomas von Aquin (S. th. I qu. 83 art. 1–4) und J. Duns Scotus, die Hauptvertreter der F.slehre der Hochscholastik, unterwerfen die Zweckbestimmung menschlichen Handelns dem Willen Gottes, der allein originäre F. ist. Die Herleitung der F. aus Gott schließt wiederum voluntaristische (↑Voluntarismus) Konsequenzen ein.

Die neuzeitliche Philosophie schließt mit der durchgängigen Reintellektualisierung des Willens und damit der F. unmittelbar an antike Traditionen an. R. Descartes sieht eine Diskrepanz im Verhältnis der uns von Gott verliehenen Fähigkeiten zu wollen und zu erkennen (Meditat. IV, 8–9). Der Wille oder die freie Entscheidung (voluntas sive libertas arbitrii) ist für sich allein betrachtet ›umfassend‹ (amplissimus) und ›vollkommen‹ (perfectus), die Erkenntnis dagegen ist eingeschränkt. ↑Irrtum und Sünde kommen dadurch zustande, daß der Wille auch auf Dinge bezogen wird, in die der Verstand keine Einsicht hat. Die F. der Wahl wird durch Erkenntnis und gegebenenfalls (ganz scholastisch) durch göttliche Gnade orientiert. Sie besteht nicht in der ↑Willkür. Die Forderung, den Willen nur insoweit zu betätigen, als der Verstand eine klare und deutliche Einsicht vermittelt (↑klar und deutlich), bindet die F. einerseits im selbstreflexiven Horizont des Menschen und eröffnet andererseits die Möglichkeit, den Handlungsrahmen im Hinblick auf seine F. verhindernden Gegebenheiten zu beurteilen. T. Hobbes (De cive 15, 7) und J. Locke definieren F. handlungsbezogen als Unabhängigkeit von äußerem Zwang (*liberaler* F.sbegriff) und damit negativ. Locke spricht dem Willen die F. insgesamt ab. Die in diesem Zusammenhang hervorgehobene Entscheidung, welche Handlung positiv ein lustvermittelndes Gut bereitstellt (An Essay Concerning Human Understanding, London 1690 [vgl. Essay II, Chap. 21, § 15]), ist ein intellektueller, ›freier‹ Vorgang. Nicht der Wille ist frei, sondern der vernünftige und tätige Mensch (a.a.O., §§ 16, 21). Der metaphysische Autonomie in Anspruch nehmende F.sbegriff wird von B. Spinoza erneuert. Frei kann nach Spinoza nur ein ›Ding‹ heißen, »das Kraft der Notwendigkeit seiner Natur existiert« (Eth. I, def. 7); insofern ist nur Gott wahrhaft frei. Der durch die ↑Affekte determinierte Mensch kann sich durch Vernunft befreien und so Gott annähern. Nur als freier Mensch handelt er tugendhaft (Eth. IV, prop. 67–73). Eine endgültige Enttheologisierung des F.sbegriffs vollzieht J.-J. Rousseau, allerdings unter Beibehaltung des Autonomiegedankens. In gesellschafts- und kulturkritischen Bezügen wird F. darüber hinaus zum Beurteilungskriterium des Zeitalters. Wille und F. werden unmittelbar identifiziert und als unveräußerliches Wesensmerkmal des Menschen herausgestellt (Contrat social I, 4). Natürliche F. ist die gefährdete Unabhängigkeit des Menschen von seiner eigenen inneren Natur und von fremden Einzelwillen. Der Gemeinwille (↑volonté générale) ist gemeinsame bürgerliche F., in der der einzelne gleichwohl »nur sich selbst gehorcht« (a.a.O., I, 6). Nur indem alle ihre natürliche F. aufgeben, kommt jene bürgerliche F. zustande, in der jeder zugleich unter seinem eigenen Willen (dem Gesetz) lebt. Das Gesetz schließt die Möglichkeit ein, den individuellen Willen zu seiner F. zu zwingen (a.a.O., I, 7). Mit der Übertragung auf einen ›geistigen Gesamtkörper‹ (den Staat) (a.a.O., I, 6) wird der F.sbegriff entindividualisiert und damit seine Übertragung auf geschichtliche Gestaltungen vorbereitet. Auch schon für Rousseau ist die Geschichte ein (wenn auch sehr zweifelhafter) ›Fortschritt im Bewußtsein der F.‹.

Für die französische ↑Aufklärung (Voltaire) bleibt der politische F.sbegriff bestimmend. Die F. wird zwar innerlich verankert und ihrem Nachweis gegen deterministische Positionen große Sorgfalt gewidmet (vgl. D. Diderot, Art. Liberté (morale), Encyclopédie IX [1765], 462–471 [dt. Philosophische Schriften I, Berlin 1961, 305–332]): sie ist das Vermögen, »zu handeln unabhängig von irgendeiner vorausgegangenen Handlung« (Philosophische Schriften I [s.o.], 331). Der Innenraum, aus dem heraus F. wirksam wird, hat jedoch keinen isolierten genuinen Eigenwert; er ist öffentlich orientiert. Eine F., die sich nicht handlungsmäßig äußert, ist als bloße Disposition leer. Hier liegt die Differenz zur deutschen Entwicklung, die wesentlich an Rousseau anschließt und aus dessen zeitkritischen Erörterungen die schon bei ihm angelegte Konsequenz zieht, sich den öffentlichen Belangen in einen bildungsdefinierten Binnenraum zu entziehen.

In I. Kants praktischer Philosophie wird die antik-stoische Verinnerlichung der F. mit dem Autonomiegedanken in einer ↑transzendentalen Wende (↑Transzendentalphilosophie) zur Deckung gebracht. F. wird im Rahmen der Analyse der dritten Antinomie (KrV B 472–479, B 560–586) im ›kosmologischen Verstande‹ als das »Vermögen, einen Zustand *von selbst* anzufangen« (B 561), definiert. Sie ist in diesem Verständnis aber nur eine ›reine transzendentale Idee‹. F. im ›praktischen Verstande‹ ist dagegen »die Unabhängigkeit der Willkür von der *Nötigung* durch Antriebe der Sinnlichkeit« (B 562). Die praktische F. gründet wiederum auf der ›transzendentalen Idee‹ der F., da die Leugnung von deren Möglichkeit die Unmöglichkeit jener einschließen würde. F. im kosmologischen Verstande muß zumindest möglich sein. Wären ↑Erscheinungen und damit die Gegenstände der Erfahrung ›Dinge an sich selbst‹ (↑Ding an sich), wäre F. ›nicht zu retten‹ (B 565); sind sie aber ›bloße Vorstellungen‹, so müssen sie Gründe haben, die nicht Erscheinungen sind, kausalitäts- und zeitenthobene Gründe, die in die Welt der Erscheinungen eingreifen: ›intelligible Ursachen‹ (B 566), eben ›Dinge an sich‹. Ein und dasselbe Wesen kann in seiner Kausalität ›intelligibel‹ nach seiner Handlung und ›sensibel‹ nach seiner Wirkung sein (ebd.). Als intelligible Ursache ist ein solches Wesen frei von den Bedingungen der ↑Sinnlichkeit (ebd.), ist demgemäß aber auch nicht eine inhaltlich bestimmte, zeitlich und kausal geordnete strukturierte innere Welt (B 567–569): »Man würde von ihm ganz richtig sagen, daß es seine Wirkungen in der Sinnenwelt *von selbst* anfange, ohne daß die Handlung *in ihm* selbst anfängt« (B 569). Durch ›bloße ↑Apperzeption‹ erkennt der Mensch sich als Vernunft (B 575–576), und die Vernunft hat in den ›Imperativen‹ (↑Imperativ, kategorischer) Kausalität, die in der empirischen Welt nicht vorkommt und gleichwohl in sie eingreift. Die F. der Vernunft besteht so nach Kant nicht nur darin, daß eine »Unabhängigkeit von empirischen Bedingungen« besteht (B 581), sondern positiv darin, »eine Reihe von Begebenheiten von selbst anzufangen« (B 582). Nur die Beimessung einer Handlung zum ›intelligiblen Charakter‹ erlaubt die Zurechnung von Schuld. »Vernunft, unerachtet aller empirischen Bedingungen der Tat, (ist) völlig frei« (B 583). Der ›Wille‹ ist die Vernunft, insofern sie Kausalität hat, und der Wille ist frei, näherhin autonom, insofern er sich selbst ein Gesetz ist. Der Satz »der Wille ist in allen Handlungen sich selbst ein Gesetz« ist wiederum der ›kategorische Imperativ‹ (Grundl. Met. Sitten AB 98), wonach F. und ›Moralität‹ zur Deckung kommen sollen. Ein Handlungszusammenhang moralischer Personen begründet ein ↑›Reich der F.‹.

An der vermeintlich ausschließlichen Verankerung der F. im moralischen Innenbereich, die in der Sittenlehre Kants zur Unterscheidung von ↑›Moralität‹ und ↑›Legalität‹ führt, wird von G. W. F. Hegel Kritik geübt. Zuvor geben J. G. Fichte und F. W. J. Schelling dem Begriff der F. eine zentrale Stellung im Rahmen einer idealistischen Konstitutionstheorie von Gegenständlichkeit und Welt, die über die Kantischen Intentionen hinausweist. Kants konstitutionstheoretischer Ansatz beschränkt sich auf den Gegenstand möglicher Erfahrung (KrV B 129–169) und betrifft so die Vernunft in ihrem theoretischen und insofern eingeschränkten Gebrauche. Die Sicherung der Einheit des Gegenstandes in der ›ursprünglich-synthetischen Einheit der Apperzeption‹ ist zwar auch von Kant als ein ›Aktus der *Spontaneität*‹ (KrV B 132) näher bestimmt (↑spontan/Spontaneität), das zu synthetisierende Mannigfaltige und die Strukturen der Synthetisierung selbst haben jedoch einen unhintergehbaren Gegebenheitscharakter. Es liegt in der Konsequenz sowohl der Fichteschen Aufhebung der Differenz von Ding an sich und Erscheinung als auch des damit verbundenen Ableitungsgedankens aller Gegebenheit und Struktur aus dem ursprünglichen Konstitutionszentrum (›Ich bin Ich‹) (Grundlage der gesamten Wissenschaftslehre, Ausgew. Werke I, 290–292), daß der F.sbegriff totalisiert wird. Die spontane Selbsthervorbringung des ↑›Ich‹ ist als ursprüngliche ↑›Tathandlung‹ dasselbe wie die F.. Die Hervorbringung des ↑›Nicht-Ich‹ (F. als ›theoretisches Prinzip‹) gründet ebenso wie die praktische Stellung zum ›Nicht-Ich‹ in der F. (Das System der Sittenlehre, Ausgew. Werke II, 462–469). Schellings Transzendentalphilosophie, die unter dem Einfluß Fichtes steht, sieht die ursprüngliche selbsterkennende Tätigkeit des ›Ich‹ ebenfalls als einen Konstitutionsakt (›intellektuelle Anschauung‹, ↑Anschauung, intellektuelle) (System des transzendentalen Idealismus, Sämtl. Werke III, 369). Die auf dem Selbstkonstitutionsakt des ›Ich‹ gründende Philosophie ist emphatische Philosophie der F. (a. a. O. II, 376). Das konstituierte Sein erscheint als ›*aufgehobene F.*‹ (ebd.). Darüber hinaus wird für Schelling das ↑Selbstbewußtsein und damit die F. als ein dialektischer Aufstufungsgang definiert: beide haben eine ›Geschichte‹ (vgl. a. a. O. II, 398–399). Der im Rahmen der Konstitutionstheorie entwickelte ›idealistische‹ F.sbegriff wird in Schellings späterer Schrift »Philosophische Untersuchungen über das Wesen der menschlichen F. und die damit zusammenhängenden Gegenstände« (1809) als bloß ›formell‹ eingestuft. Sie sei erst dann ›lebendiger Begriff‹, wenn man sie als ›Vermögen des Guten und des Bösen‹ bestimme (Sämtl. Werke VII, 352).

Hegel verbindet den Autonomie in Anspruch nehmenden Begriff der F. mit dem der Geschichte. Die geschichtlichen Gestaltungen werden ebenso wie die bestehenden institutionalisierten Lebensformen als Realisierungen des Begriffs der F. rekonstruiert und damit als objektive Geistformen (↑Geist, objektiver) begriffen. In Absetzung von der Tradition spricht Hegel nur unter Bezug auf den ›Willen‹ von F.. Die Konstitution der Natur wird zwar auch geistphilosophisch gefaßt, jedoch nicht als ein Akt der F., sondern als notwendiger Hervorgang aus dem Geist bestimmt. F. ist für Hegel Willensfreiheit und damit an eine besondere Sphäre des Systems der Philosophie, nämlich diejenige, die den geschichtlich tätigen ›allgemeinen‹ Menschen im Blick hat, gebunden. F. ist ihrem Begriffe nach selbstbezüglich; ihr Gegenstand ist sie selbst (»der freie Wille, der den freien Willen will«, Rechtsphilos. § 27, Sämtl. Werke VIII, 62). Geschichte ist für Hegel »Fortschritt im Bewußtsein der F.« (Vorles. Philos. Gesch., Sämtl. Werke IX, 24), das bestehende Leben unter Anwendung des F.sbegriffs als ›Recht‹, genauer als ›abstraktes Recht‹, als ›Moralität‹ und ›Sittlichkeit‹ begreifbar. Hegel vereinigt so im systematischen Aufbau seiner Philosophie der F. verschiedene Traditionen. Leitend bleibt die begriffliche Bestimmung der F. als Autonomie. Daß das individuelle Wollen F. realisieren könne, wird in einer aristotelisierenden Wendung gegen Kant kritisiert: F. ist ein politischer und handlungsbezogener Begriff; ein Wille, der nicht handelt und seine F. nicht an der Welt erarbeitet, ist kein Wille. Konstituiert wird durch die F. die sittliche, geschichtlich sich ausbreitende Welt, die das genuine Außersichsein des Geistes ist. Philosophiegeschichtlich erreicht das F.spathos in Hegels objektiver Geistlehre seinen Höhepunkt. Auch K. Marx scheint ihm noch unmittelbar verpflichtet zu sein, wenn er vom ↑›Reich der F.‹ spricht (MEW XXV, 828). Im Verdinglichungsgedanken (↑Verdinglichung, ↑Warenfetischismus) findet sich jedoch eine eingehende Diskussion des Problems, daß sich der Mensch in bestimmten geschichtlich gewordenen, auf F. zumindest auch zurückführbaren Verhältnissen gleichwohl als ausschließlich unter sachlichen Bezügen stehend erfährt. Diese ›Dialektik der F.‹ macht ebenfalls M. Weber namhaft, wenn er das »Gehäuse jener Hörigkeit der Zukunft« heraufdämmern sieht, das sich auf rationale Akte gründet, die zu ›geronnenem Geist‹ werden, und sich gegen die emanzipativen Intentionen ihrer geschichtlichen Urheber richtet (Ges. politische Schriften, ed. J. Winckelmann, Tübingen ³1971, 332–333).

Für die ↑Existenzphilosophie ist F. im Unterschied zur philosophischen Tradition Signum der Endlichkeit des ↑Daseins; sie ist »noch ein Niederes, das sich selbst vernichten will« (K. Jaspers, Philosophie II, Berlin 1932, 200). Zugleich aber ist F. das zentrale Thema und der entscheidende Ansatzpunkt für die Existenzerhellung. Faßt M. Heidegger in »Sein und Zeit« (Tübingen 1927, ¹⁴1977) F. noch vergleichsweise unterbestimmt als »sich ängstende *F. zum Tode*«, die das illusionsfreie Dasein im »Vorlaufen« (a.a.O., 266) erfährt, so wird in »Vom Wesen des Grundes« (Halle 1929, Frankfurt ⁴1955) F. geradezu zur ontologischen Grundbestimmung des Daseins. Insofern das Dasein als ›Transzendenz‹ (↑transzendent/Transzendenz), d.h. als ›Überstieg zur Welt‹, charakterisiert ist, hält es sich in Distanz zu Zwecken und Werten und ist hierin »Ermöglichung von Bindung und Verbindlichkeit« (a.a.O., 43–44). Als ›*freies* Seinkönnen‹ verfügt es jedoch nicht über sich, es ›zeitigt sich‹ nur als unausweichliche F. und ist ↑›Geworfenheit‹ (a.a.O., 54). Im Anschluß an Heideggers ontologische Daseinsuntersuchung sieht J.-P. Sartre die Subjektivität (das ›Für-sich‹) als durch unhintergehbare F. gestiftet und damit in eine umfassende Verantwortlichkeit mit der Aufforderung zum Engagement gestellt. K. Jaspers sieht im Faktum der Wahl die ›ursprüngliche F.‹, insofern sie über den mit ihrer Unausweichlichkeit erfahrenen Zwang hinaus als Entschluß, »im Dasein ich selbst zu sein« (K. Jaspers, Philosophie II [s.o.], 181), zu interpretieren ist. »Entschluß und Selbstsein sind eines« (ebd.). Durch seine F. ist der Mensch unentrinnbar schuldfähig und immer schon schuldig (a.a.O., 196–197).

Die jüngere philosophische Diskussion der F.sproblematik widmet sich einerseits der ontologisch-metaphysischen Frage nach dem Verhältnis von F. und Determination (↑Freiheit (handlungstheoretisch), ↑Determinismus), andererseits den anthropologischen, rechtsphilosophischen und politologischen Fragen nach den äußeren Bedingungen von F. und von F.srechten (z.B. auf Meinungs- und Glaubensfreiheit) sowie deren Inanspruchnahme und Ausübung im Verhältnis der Individuen zueinander und zum Staat (Bürger- und ↑Menschenrechte). In letzterer Hinsicht bestimmt I. Berlins differenzierende Bewertung von negativer und positiver F. die Debatte (Two Concepts of Liberty, 1958): Um die negative F. handele es sich bei der Beantwortung der Frage, in welchem Bereich ihres Handelns Menschen vor der Intervention durch andere Menschen geschützt sein sollen; um die positive F. gehe es bei der Antwort auf die Frage, ob und wie Menschen (in bestimmten Situationen) wirklich Herren ihrer selbst, ihrer Entscheidungen und Handlungen sein können, frei von Manipulation und Selbsttäuschung. Das Problem der vermeintlichen Selbstbestimmung sei das Einfallstor für Ideologen (↑Ideologie), die zu wissen vorgeben, welches die eigentlichen Bedürfnisse und Interessen von Menschen (auch z.B. an Autonomie) sind, weshalb Berlin die negative F. favorisiert. Außerdem stellt er, in der Tradition des neuzeitlichen Individualismus und Liberalismus stehend und vor allem an J. S. Mills Essay »On Liberty« (1859) anknüpfend, die Abwehr- und Schutzfunktion individueller F.srechte gegenüber dem Staat und einer usurpatorischen Öffentlichkeit oder Tradition heraus. Demgegenüber betont C. Taylor den zentralen Aspekt der (vielgestaltigen) Selbstverwirklichung im Begriff der positiven F., so daß um der Autonomie und der personalen Selbstschätzung willen nicht auf die Unterscheidung zwischen authentischen und nicht-authentischen, wesentlichen und unwesentlichen, moralisch gerechtfertigten und ungerechtfertigten Wünschen, Bedürfnissen und Grundsätzen sowie zwischen unterschiedlichen Graden (der Verwirklichung) positiver F. verzichtet werden könne.

Diese Debatte hat ihre Fortsetzung im Streit zwischen Liberalen und Kommunitaristen gefunden: Während der Liberalismus die F. von äußeren Einschränkungen und die darauf bezogene Schutzfunktion des Staates betont und keine weiteren inhaltlichen Bestimmungen der F. zuläßt, weil sie die F. tendenziell gefährden, hebt der Kommunitarismus hervor, daß eine freie Person ihre F. inhaltlich bestimmen muß, soll ihre F. nicht inhaltsleer und damit nichtig sein, daß diese freie Selbstbestimmung jedoch nicht ohne das Angebot und die Führung kultureller Traditionen und gemeinschaftlicher Lebensformen erfolgen kann. Unter den Philosophen, die die Einführung von negativer und positiver F. als zwei wesentlich verschiedenen Begriffen ablehnen, macht J. Rawls (A Theory of Justice, 1971, 201–205, 1999, 176–180 [dt. Eine Theorie der Gerechtigkeit, 1975, 2003, 229–234]) unter anderem darauf aufmerksam, daß der *Wert* der F., auch wenn sie gesellschaftlich gleich verteilt ist, verschieden ist nach dem Grad oder Ausmaß, in dem Individuen oder Gruppen Fähigkeiten und Mittel besitzen, die eigenen Zwecke in einem bürgerlichen System von F.en zu verwirklichen. Fähigkeiten und Mittel können z. B. aufgrund unterschiedlicher Begabung, unterschiedlicher Ausbildung oder unterschiedlichen materiellen Reichtums divergieren.

Literatur: M. J. Adler, The Idea of Freedom, I–II, Garden City N. Y. 1958/1961 (repr. Westport Conn. 1973, 1976); A. Antweiler, Das Problem der Willensfreiheit, Freiburg 1955; J. Auer, Die menschliche Willensfreiheit im Lehrsystem des Thomas von Aquin und Johannes Duns Scotus, München 1938; K. Baier, Responsibility and Freedom, in: R. T. De George (ed.), Ethics and Society. Original Essays on Contemporary Moral Problems, Garden City N. Y. 1966, London/Melbourne 1968, 49–84; H. M. Baumgartner (ed.), Prinzip F.. Eine Auseinandersetzung um Chancen und Grenzen transzendentalphilosophischen Denkens, Freiburg/München 1979; C. Bay, The Structure of Freedom, Stanford Calif. 1958, New York ²1965, 1968, Stanford Calif. 1978; S. I. Benn, Freedom, Autonomy and the Concept of a Person, Proc. Arist. Soc. 76 (1975/1976), 109–130; ders., A Theory of Freedom, Cambridge Mass. etc. 1988, 1996; I. Berlin, Two Concepts of Liberty [...], Oxford 1958, 1966, Neudr. in: ders., Four Essays on Liberty, Oxford etc. 1969, 1996, 118–172, ferner in: ders., Liberty. Incorporating »Four Essays on Liberty«, ed. H. Hardy, Oxford 2002, 166–217 (dt. Zwei F.sbegriffe, in: ders., F.. Vier Versuche, Frankfurt 1995, 197–256); H. Bielefeldt, Neuzeitliches F.srecht und politische Gerechtigkeit. Perspektiven der Gesellschaftsvertragstheorien, Würzburg 1990; ders., Philosophie der Menschenrechte. Grundlagen eines weltweiten F.sethos, Darmstadt 1998; P. Bieri, Das Handwerk der F.. Über die Entdeckung des eigenen Willens, München, Darmstadt 2001, München, Frankfurt 2002, Frankfurt 2003; J. Bleicken u. a., F., in: O. Brunner/W. Conze/R. Koselleck (eds.), Geschichtliche Grundbegriffe. Historisches Lexikon zur politisch-sozialen Sprache in Deutschland II, Stuttgart 1975, 425–542; E. Bloch, F., ihre Schichtung und ihr Verhältnis zur Wahrheit, in: ders., Gesamtausg. X (Philosophische Aufsätze zur objektiven Phantasie), Frankfurt 1969, 573–598; F. Borden/G. Fels/W. Trutwin (eds.), Das Problem der F., Paderborn 1961, 1975; N. Chomsky, Problems of Knowledge and Freedom, New York/London 1971, London ³1975, New York 2003 (dt. Über Erkenntnis und F.. Vorlesungen zu Ehren von Bertrand Russell, Frankfurt 1973); R. E. Dewey/J. A. Gould (eds.), Freedom. Its History, Nature, and Varieties, New York/London 1970, 1972; J. Feinberg, Freedom and Liberty, REP III (1998), 753–757; J. Fellin, Die Willensfreiheit. Zur Bibliographie des Problems, Graz/Wien/Leipzig 1928; A. Fernàndez, Filosofia de la libertad, I–II, Madrid 1975 (mit Bibliographie, I, 173–189); R. E. Flathman, The Philosophy and Politics of Freedom, Chicago Ill./London 1987; H. Freyer u. a., Das Problem der F. im europäischen Denken von der Antike bis zur Gegenwart, München 1958; A. Gehlen, Theorie der Willensfreiheit und frühe philosophische Schriften, Berlin 1933, Neuwied 1965, bes. 54–238; O. Gigon, Der Begriff der F. in der Antike, Gymnasium 80 (1973), 8–56; H. Gomperz, Das Problem der Willensfreiheit, Jena 1907; J. N. Gray, On Negative and Positive Liberty, Political Stud. 28 (1980), 507–526; S. Hampshire, Thought and Action, London 1959, New York 1960, London 1982, Notre Dame Ind. 1983; ders., Freedom of the Individual, Dunedin (Neuseeland), London 1965, Princeton N. J., London ²1975; ders., »Freedom of Mind« and Other Essays, Princeton N. J. 1971 (repr. Ann Arbor Mich. 1995), Oxford 1972; O. Höffe/A. Pieper (eds.), F. W. J. Schelling. Über das Wesen der menschlichen F., Berlin 1995; J. Hommes, Krise der F.. Hegel – Marx – Heidegger, Regensburg 1958; M. Horkheimer/K. Rahner/C. F. v. Weizsäcker (eds.), Über die F., Stuttgart/Berlin 1965; F. Kambartel, Autonomie, mit Kant betrachtet. Zu den Grundlagen von Handlungstheorie und Moralphilosophie, Pers. Philos.. Neues Jb. 4 (1978), 119–133; W. Keller, Das Problem der Willensfreiheit, Bern/München 1965; A. Kenny, Will, Freedom, and Power, Oxford 1975, New York 1976; K. Kristjánsson, Social Freedom. The Responsibility View, Cambridge/New York 1996; J. N. Lapsley (ed.), The Concept of Willing. Outdated Idea or Essential Key to Man's Future?, New York 1967; G. C. MacCallum, Negative and Positive Freedom, Philos. Rev. 76 (1967), 312–334, Neudr. in: D. Miller, Liberty [s. u.], 100–122; A. Mercier (ed.), F.. Begriff und Bedeutung in Geschichte und Gegenwart, Bern/Frankfurt 1973; J. S. Mill, On Liberty, London 1859, Neudr. in: ders., On Liberty. With the Subjection of Women and Chapters on Socialism, ed. S. Collini, Cambridge etc. 1989, 2003, 1–115; D. Miller (ed.), Liberty, Oxford/New York 1991, 1993; J. Mittelstraß, Der arme Wille. Zur Leidensgeschichte des Willens in der Philosophie, in: H. Heckhausen/P. M. Gallintzer/F. E. Weinert (eds.), Jenseits des Rubikon. Der Wille in den Humanwissenschaften, Berlin etc. 1987, 33–48, ferner in: ders., Der Flug der Eule. Von der Vernunft der Wissenschaft und der Aufgabe der Philosophie, Frankfurt 1989, 142–163; B. Moore, Injustice. The Social Bases of Obedience and Revolt, White Plains N. Y., New York, London 1978 (dt. Ungerechtigkeit. Die sozialen Ursachen von Unterordnung und Widerstand, Frankfurt 1982, 1987); H. Morris (ed.), Freedom and Responsibility. Readings in Philosophy and Law, Stanford Calif. 1961, 1982; N. Nathan, Die F. der Indifferenz, Ratio 18 (1976), 115–120; P. H. Partridge, Freedom, Enc. Ph. III (1967), 221–225; P. Pettit, A Theory of Freedom. From the Psychology to the Politics of Agency, Cambridge Mass., Oxford/New York 2001 (mit Bibliographie, 180–187); M. Pohlenz, Griechische F.. Wesen und Werden eines Lebensideals, Heidelberg 1955 (franz. La Liberté grecque. Nature et Évolution d'un idéal de vie, Paris 1956; engl. Freedom in Greek Life and Thought. The History of an Ideal, Dordrecht 1966); T. Ramelow, Gott, F., Weltenwahl. Der Ursprung des Begriffes der besten aller möglichen Welten in der Metaphysik der Willensfreiheit zwischen Antonio Perez S. J. (1599–1649) und G. W. Leibniz (1646–1716), Leiden/New York/Köln 1997; J. Rawls, A Theory of Justice, Cambridge Mass. 1971, rev. 1999, 2001 (dt. Eine Theorie der Gerechtigkeit, Frankfurt 1975, 2003); J. Raz, The Morality of Freedom, Oxford/New York 1986, Oxford 2001; H. Reghaby, Philosophy and Freedom, New York 1970; M. Sandel, Liberalism and the Limits of Justice, Cambridge Mass. etc. 1982, ²1998; A. Sen, Liberty and Social Choice, J. Philos. 80 (1983), 5–28; ders., Well-Being, Agency and Freedom, J. Philos. 82 (1985), 169–221; J. Simon (ed.), F.. Theoretische und praktische Aspekte des Problems, Freiburg/München 1977; Q. Skinner, Liberty before Liberalism, Cambridge Mass. etc. 1997, 2001 (franz. La liberté avant le libéralisme, Paris 2000; ital. La libertà prima del liberalismo, Turin 2001); J. Splett (ed.), Wie frei ist der Mensch? Zum Dauerkonflikt zwischen F.sidee und Lebenswirklichkeit, Düsseldorf 1980; U. Steinvorth, F.stheorien in der Philosophie der Neuzeit, Darmstadt 1987, ²1994; D. Sturma, F., EP I (1999), 400–407; C. Taylor, What's Wrong with Negative Liberty?, in: A. Ryan (ed.), The Idea of Freedom. Essays in Honour of Sir Isaiah Berlin, Oxford etc. 1979, 175–193, Neudr. in: ders., Philosophy and the Human Sciences. Philosophical Papers II, Cambridge etc. 1985, 1999, 211–229 (dt. Der Irrtum der negativen F., in: ders., Negative F.? Zur Kritik des neuzeitlichen Individualismus, Frankfurt 1988, 1999, 118–144); F. A. Trendelenburg, Notwendigkeit und F. in der griechischen Philosophie. Ein Blick auf den Streit dieser Begriffe, in: ders., Historische Beiträge zur Philosophie II, Berlin 1855 (repr. Darmstadt 1962), 112–187; P. Van Parijs, Real Freedom for All. What (if Anything) Can Justify Capitalism?, Oxford/New York 1995, 1997; B. N. Waller, Freedom Without Responsibility, Philadelphia Pa. 1990; W. Warnach/O. H. Pesch/R. Spaemann, F., Hist. Wb. Ph. II (1972), 1064–1098; R. D. Winfield, Freedom and Modernity, Albany N. Y./New York 1991; J.-C. Wolf, F.. Analyse und Bewertung, Wien 1995. R. Wi./S. B.

Freiheit (handlungstheoretisch), Terminus der Praktischen Philosophie (↑Philosophie, praktische) zur Bezeichnung der Selbstbestimmung (↑Autonomie) menschlicher Handlungen. Dabei wird unterschieden zwischen *Handlungsfreiheit* und *Willensfreiheit* (↑Wille). Handlungsfreiheit besteht bei Abwesenheit von äußerem Zwang. Eine Person ist in ihren ↑Handlungen frei, wenn sie tun kann, was sie will. Für Willensfreiheit ist darüber hinaus die Eigenständigkeit des Entschlusses erforderlich, die verlangt, daß der Wille authentischer Ausdruck der ↑Person und nicht bloßer Spielball äußerer Einflüsse ist. – Im Zentrum der einschlägigen philosophischen Erörterungen steht die Willensfreiheit. In der zweiten Hälfte des 20. Jhs. geht es dabei insbes. um das Verhältnis des lebensweltlichen F.sverständnisses (1) zur psychologisch-biologischen *Verwissenschaftlichung* von Verhaltenserklärungen und (2) zum ↑*Determinismus* oder ↑*Indeterminismus* im Gang der Natur.
(1) Im alltagsweltlichen Verständnis sind freie Handlungen durch die Verfolgung selbstgesetzter ↑Zwecke oder Ziele mit ↑Mitteln, die in einem internen Prozeß der Erwägung ausgewählt werden (↑Zweckrationalität), charakterisiert (↑Handlungstheorie). Dieses Verständnis stand ab etwa 1930 bis zur kognitiven Revolution in der ↑Psychologie der 1960er Jahre in Kontrast zum vorherrschenden ↑*Behaviorismus*. Vor einem empiristischen (↑Empirismus, ↑Empirismus, logischer) Hintergrund wurde die intersubjektive (↑Intersubjektivität) Ermittelbarkeit (↑verifizierbar/Verifizierbarkeit) von internen psychischen Zuständen wie ↑Absichten und ↑Gründen in Zweifel gezogen und die ↑Erklärung von Verhalten (↑Verhalten (sich verhalten)) ausschließlich auf die physischen Umstände der Situation bezogen. In behavioristischem Verständnis sind mentale Zustände als Dispositionen (↑Dispositionsbegriff) aufzufassen, sich unter bestimmten Umständen in bestimmter Weise zu verhalten. Allerdings hat es sich als unmöglich herausgestellt, Verhaltenstypen (wie ›Einhalten einer Verabredung‹ oder ›gewissenhaftes Arbeiten‹) ohne Bezug auf mentale Zustände unzweideutig zu explizieren (↑Explikation). Als philosophisches Substitutionsprogramm gilt der Behaviorismus daher als gescheitert, und als psychologisches Erklärungsprogramm ist er seit der kognitiven Revolution weitgehend aufgegeben.

Ein ähnlicher Ansatz zur Erklärung menschlichen Verhaltens nach naturwissenschaftlichem Vorbild wird in der kognitiven Psychologie verfolgt. Dabei ist ein kausales (↑Kausalität, ↑Ursache), gesetzmäßig (↑Naturgesetz) bestimmtes Verhältnis von Handlungszielen, Überzeugungen und den daraus resultierenden Handlungen vorgesehen. Dem steht der *Interpretivismus* R. G. Collingwoods und P. G. Winchs entgegen, demzufolge die Beziehung zwischen ↑Intention und Handlung logischer Natur ist und sich daher nicht als kontingente Kausalrelation darstellt. Die physische Verhaltensbeschreibung, daß eine Person einer anderen mit einem Messer einen Schnitt beibringt, wird erst durch Bezug auf die Absichten des Handelnden zu einem chirurgischen Eingriff oder einem Mordversuch. Erst durch den Rückgriff auf Intentionen entsteht eine Handlung eines bestimmten Typus; der Handlungstypus ist logisch untrennbar von den Intentionen des Handelnden. In der Sichtweise des Interpretivismus setzt dieser Zusammenhang kausalmechanischen Handlungserklärungen enge Grenzen.

Seit Beginn der 1990er Jahre werden Naturdeterminanten menschlichen Verhaltens stärker im biologischen als im psychologischen Bereich lokalisiert. Einschlägig war zunächst der ›genetische Determinismus‹, der eine massive Eigenschafts- und Verhaltensprägung durch das jeweilige Erbmaterial annahm. Aufgrund der seitdem festgestellten Vielzahl von extragenetischen Einflußfaktoren auch auf die biologische Konstitution des Menschen ist diese Position inzwischen weitgehend verlassen. Stattdessen konzentriert sich die Suche nach naturkausalen Bestimmungsstücken von Handlungen auf neurobiologische Mechanismen der Verhaltenssteuerung. Es ist die Prägung des Verhaltens durch deterministische neuronale Prozesse, die als Fixierung des Verhaltens durch Naturkausalität und als Absage an den mit Willensfreiheit untrennbar verbundenen Optionenspielraum aufgefaßt wird (so etwa W. Prinz).

Gegen ein derartiges naturalistisches Verständnis menschlichen Handelns und die mit einem solchen Verständnis verbundene wissenschaftsgestützte Explikation menschlicher F. richten sich unter anderem G. H. v. Wrights *interventionistische Theorie* der Kausalität und die Konzeption der *Handlungskausalität*. In v. Wrights Denkansatz ist die menschliche Fähigkeit, Handlungen auszuführen oder zu unterlassen, grundlegend für das Verständnis von Ursache-Wirkungsbeziehungen. Kausalität drückt sich nicht primär in der Regelmäßigkeit von Ereignisfolgen, sondern in der Möglichkeit des verändernden Eingriffs aus. Der naturwissenschaftliche Verursachungs- und Gesetzesbegriff ist damit vom Handlungsbegriff abhängig und kann diesen nicht aufheben oder einschränken. Im Ansatz der Handlungskausalität (*agent causality*) werden Personen als Ursachen von Handlungen aufgefaßt. Diese Verursachung durch Personen tritt dabei neben die gewöhnliche Ereigniskausalität. Daher sind es Personen als ganze, nicht biologische Prozesse, die in Personen ablaufen mögen, die die betreffenden Wirkungen erzeugen. – Gemeinsam ist solchen Positionen die Absage an einen ↑Szientismus und die Orientierung des F.sverständnisses an der ↑Lebenswelt. Der Versuch einer Eingliederung menschlicher F. in den Naturlauf wird als grundlegend verfehlt abgewiesen.

(2) Charakteristisch für die Auffassung des Verhältnisses von F. und Determinismus bzw. Indeterminismus sind gegensätzliche Intuitionen, die sich insgesamt zu einem Dilemma zuspitzen, wonach ein universeller Naturdeterminismus F. zugleich ausschließt und ermöglicht. – Einerseits ist der universelle Determinismus ein Ausschlußgrund für Willensfreiheit. Zugrundegelegt wird dabei ein anspruchsvolles Verständnis von Urheberschaft und Zurechenbarkeit (↑Zurechnung) von Handlungen. Unter deterministischen Bedingungen sind Entscheidungen und Handlungen durch die vorangehenden Situationsumstände fixiert und entsprechend gar nicht mehr abhängig von den Motiven und Überlegungen der Handelnden. Inkompatibilistische Positionen setzen die Auffassung dagegen, daß frei handelnde Personen den obwaltenden Umständen nicht einfach ausgeliefert sind. So versteht I. Kant unter »F. im kosmologischen Verstande das Vermögen, einen Zustand *von selbst* anzufangen« (KrV B 561). Spontaneität (↑spontan/Spontaneität) dieser Art ist nur in einer indeterministischen Welt anzutreffen. Andererseits ist der Determinismus auch eine Vorbedingung für Willensfreiheit in dem Sinne, daß eine Person nur als Urheber derjenigen Sachverhalte gelten kann, die sich aus ihren Entscheidungen und Handlungen ergeben haben. In einer indeterministischen Welt können aber Zufallselemente auf allen Stufen des Prozesses der Entscheidungsfindung und Entscheidungsumsetzung eingehen. In diesem Verständnis drückt sich Willensfreiheit nicht in der Durchbrechung der Determinationsverhältnisse durch Zufallselemente aus, sondern in der Determination von Entscheidung und Handlung durch bewußte Zielsetzung und sorgfältige Erwägung. Sprunghaftigkeit und Launenhaftigkeit stellen danach keine Grundlage für die Explikation menschlicher F. bereit.

Der Determinismus wird dabei überwiegend nicht im epistemischen, sondern im ontologischen Sinne verstanden. Auch Deterministen erkennen an, daß einer Person niemals sämtliche Beweggründe und Bestimmungsstücke ihrer Entscheidungen oder Handlungen bekannt sind. Aus dieser Unkenntnis entstammt der Eindruck der Unbestimmtheit von Entscheidungen und Handlungen. Deterministen bestehen dann aber darauf, daß dieser Eindruck trügerisch ist und keiner Offenheit in der Sache entspricht.

In der philosophischen Diskussion der Willensfreiheit werden im wesentlichen drei Positionen zu dieser Streitfrage eingenommen. *Inkompatibilistische* Denkansätze behaupten die Unverträglichkeit von F. und Naturdeterminismus. Diese unterteilen sich in *libertäre* Positionen und in *deterministische* oder ›pessimistische‹ Denkansätze. *Libertarianer* halten den Menschen für frei und behaupten entsprechend einen ontologischen Indeterminismus (den sie in der ↑Quantentheorie auch realisiert sehen). Zu den wichtigsten Vertretern zählen C. S. Peirce, P. Jordan und K. R. Popper. *Deterministen* teilen das F.sverständnis der Libertarianer, gehen aber von einem deterministischen Naturlauf aus und bestreiten entsprechend, daß es freie Entscheidungen oder Handlungen gibt. Zu den bedeutenden traditionellen Vertretern zählt Voltaire; in der Gegenwart gehören zu ihnen die Verfechter der unter (1) genannten biologiezentrierten Interpretation. Letztere stützen sich dafür insbes. auf das Experiment von B. Libet, das nahelegt, daß die bewußte Entscheidung zu einer Handlung erst nach Einleitung der Handlung getroffen wird. Auf dieser Grundlage wird in Frage gestellt, daß menschliche Handlungen auf einem freien Willensentschluß beruhen. *Kompatibilisten* verteidigen hingegen die Ansicht, daß sich menschliche Freiheit auf eine Weise explizieren läßt, die auch unter deterministischen Bedingungen umsetzbar ist. Sie teilen also das deterministische Naturverständnis, zielen aber auf die Formulierung eines F.sbegriffs ab, der auch mit einer antezedenten Festlegung von Entscheidung und Handlung verträglich ist. Diese Sichtweise wird unter anderem von G. W. Leibniz, D. Hume und M. Schlick eingenommen.

Libertarianer vertreten einhellig die Ansicht, daß der Indeterminismus lediglich notwendig, nicht aber hinreichend für das Bestehen von Willensfreiheit ist. Zufälligkeit begründet allein keine F., sondern ist durch zusätzliche Bedingungen zu ergänzen. Über die Beschaffenheit dieser Bedingungen besteht keine Einigkeit. Gegen die libertäre Position werden diese begriffliche Unbestimmtheit und der Sachverhalt geltend gemacht, daß die Untersuchung neuronaler Prozesse bislang keinerlei Indizien für solche angeblich freiheitskonstitutiven Schwankungen zutagegefördert hat.

Die führende Spielart der kompatibilistischen Position geht auf H. G. Frankfurt zurück. Kernstück dieser Konzeption ist eine Hierarchisierung von Zielen oder Wünschen. Ein Wunsch 1. Stufe ist auf die Realisierung bestimmter äußerer Sachverhalte gerichtet, ein Wunsch 2. Stufe hingegen auf Wünsche 1. Stufe. Eine Person handelt frei, wenn ein Wunsch 2. Stufe mit dem zugehörigen Wunsch 1. Stufe übereinstimmt. Wer einen Waldspaziergang unternehmen will und zugleich diesen seinen Wunsch billigt, handelt frei, wenn er sich zu demselben aufmacht. Wer suchthaft zur Zigarette greift, obwohl er eigentlich das Rauchen aufgeben will, handelt unfrei. Ein Bezug auf wirklich bestehende Handlungsalternativen ist für freies Handeln nicht erforderlich (und deshalb handelt es sich um eine kompatibilistische Position). Vielmehr reicht es hin, daß man auch dann nicht anders handeln wollte, wenn man die Wahl hätte (obwohl man sie der Sache nach nicht hat).

Literatur: R. Audi, Action, Intention, and Reason, Ithaca N.Y./London 1993; J. L. Austin, Ifs and Cans, in: ders., Philosophical Papers, ed. J. O. Urmson/G. J. Warnock, London/Oxford/New York 1961, 153–180, ²1970, ³1979, 205–232 (dt. ›Falls‹ und ›Können‹, in: ders., Wort und Bedeutung. Philosophische Aufsätze, München 1975, 213–244); A. J. Ayer, Freedom and Necessity, in: ders., Philosophical Essays, London/New York 1954 (repr. Westport Conn. 1980), 1972, 271–284 (dt. F. und Notwendigkeit, in: R. Wisser [ed.], Sinn und Sein. Ein philosophisches Symposion, Tübingen 1960, 509–520); M. R. Ayers, The Refutation of Determinism. An Essay in Philosophical Logic, London 1968; L. W. Beck, The Actor and the Spectator. Foundations of the Theory of Human Action, New Haven Conn./London 1975, Neuausg. Bristol 1998 (dt. Akteur und Betrachter. Zur Grundlegung der Handlungstheorie, Freiburg/München 1976); A. Beckermann (ed.), Handlungstheorie II (Handlungserklärungen), Frankfurt 1977, 1985 (mit Bibliographie, 435–446); B. Berofsky (ed.), Free Will and Determinism, New York/London 1966, bes. 196–264 (Beiträge von A. I. Melden, D. Davidson, A. C. MacIntyre, M. C. Bradley); ders., Conceptions of Freedom, J. Philos. 67 (1970), 208–220; ders., Determinism, Princeton N. J. 1971, London 1972; ders., Freedom from Necessity. The Metaphysical Basis of Responsibility, London/New York 1987; J. M. Boyle Jr./G. Grisez/O. Tollefsen, Free Choice. A Self-Referential Argument, Notre Dame Ind., London 1976; Z. Cackowski, Freedom and Necessity, Dialectics and Humanism 3 (1976), 87–96; C. A. Campbell, Is ›Freewill‹ a Pseudo-Problem?, Mind N. S. 60 (1951), 441–465, ferner in: ders., In Defence of Free Will with other Philosophical Essays, London/New York 1967, 17–34; J. Canfield, Determinism, Free Will and the Ace Predictor, Mind N. S. 70 (1961), 412–416; M. Carrier, Freiheit und Indeterminismus. Zu den Naturbedingungen menschlicher Freiheit, Facta Philos. 1 (1999), 111–133; I. Carter, A Measure of Freedom, Oxford/New York 1999; R. M. Chisholm, Freedom and Action, in: K. Lehrer (ed.), Freedom and Determinism [s. u.], 11–44 (dt. Freiheit und Handeln, in: G. Meggle [ed.], Handlungstheorie I [Handlungsbeschreibungen], Frankfurt 1977, 1985, 354–387); P. M. Churchland, The Logical Character of Action-Explanations, Philos. Rev. 79 (1970), 214–236 (dt. Der logische Status von Handlungserklärungen, in: A. Beckermann [ed.], Handlungstheorie II [s. o.], 304–331); T. Clark (ed.), The Problem of Freedom, New York 1973; W. Cramer, Kausalität und F., Philos. Perspektiven 5 (1973), 9–28; M. W. Cranston, Freedom. A New Analysis, London/New York 1953, ³1967; D. Davidson, Freedom to Act, in: T. Honderich (ed.), Essays on Freedom on Action, London/Boston Mass. 1973, 1978, 137–156, Neudr. in: ders., Essays on Actions and Events [s. u.], 63–81 (dt. Handlungsfreiheit, in: ders., Handlung und Ereignis [s. u.], 99–124); ders., Essays on Actions and Events, Oxford 1980, 1991, ²2001 (dt. Handlung und Ereignis, Frankfurt 1985, 1990); W. H. Davis, The Freewill Question, The Hague 1971; D. C. Dennett, Elbow Room. The Varieties of Free Will Worth Wanting, Cambridge Mass., Oxford, New York 1984, Cambridge Mass. 1995, Oxford 1996 (dt. Ellenbogenfreiheit. Die wünschenswerten Formen von freiem Willen, Frankfurt 1986, 1994); A. Donagan, Choice. The Essential Element in Human Action, London/New York 1987 (mit Bibliographie, 189–194); R. Double, The Non-Reality of Free Will, New York etc. 1991; ders., Metaphilosophy and Free Will, New York etc. 1996; F. Dretske, The Metaphysics of Freedom, Can. J. Philos. 22 (1992), 1–14; G. Dworkin (ed.), Determinism, Free Will, and Moral Responsibility, Englewood Cliffs N. J. 1970; W. F. Enteman (ed.), The Problem of Free Will. Selected Readings, New York 1967; A. M. Farrer, The Freedom of the Will, London 1958, New York 1960; J. Feinberg, Causing Voluntary Actions, in: W. H. Capitan/D. D. Merrill (eds.), Metaphysics and Explanation, Pittsburgh Pa. 1964, 29–47; A. Fine, Indeterminism and the Problem of the Will, in: J. Earman u. a. (eds.), Philosophical Problems of the Internal and External Worlds. Essays on the Philosophy of Adolf Grünbaum, Pittsburgh Pa./Konstanz 1993, 551–572; J. M. Fischer, The Metaphysics of Free Will. An Essay on Control, Oxford/Cambridge 1994, 1997; ders./M. Ravizza, Responsibility and Control. A Theory of Moral Responsibility, Cambridge etc. 1998, 2000; A. Flew/G. Vesey, Agency and Necessity, Oxford/New York 1987; H. G. Frankfurt, Freedom of the Will and the Concept of a Person, J. Philos. 68 (1971), 5–20, Nachdr. in: G. Watson (ed.), Free Will, Oxford etc. 1982, 1983, 81–95, ²2003, 322–336 (dt. Willensfreiheit und der Begriff der Person, in: P. Bieri [ed.], Analytische Philosophie des Geistes, Königstein 1981, ³1997, 287–302); ders., Three Concepts of Free Action, Proc. Arist. Soc. 49 (1975), 113–125, Neudr. in: ders., The Importance of what We Care about [s. u.], 47–57; ders., The Problem of Action, Amer. Philos. Quart. 15 (1978), 157–162, Neudr. in: ders., The Importance of what We Care about [s. u.], 69–79; ders., The Importance of what We Care about. Philosophical Essays, Cambridge etc. 1988, 1997; ders., Necessity, Volition, and Love, Cambridge etc. 1999, 2003; R. L. Franklin, Freewill and Determinism. A Study of Rival Conceptions of Man, London, New York 1968; C. Ginet, Reasons Explanation of Actions. An Incompatibilist Account, Philos. Perspectives 3 (1989), 17–46, Neudr. in: A. R. Mele (ed.), The Philosophy of Action, Oxford/New York 1997, 106–130, ferner in: T. O'Connor (ed.), Agents, Causes, and Events [s. u.], 69–93; ders., On Action, Cambridge/New York 1990; A. I. Goldman, The Compatibility of Mechanism and Purpose, Philos. Rev. 78 (1969), 468–482; ders., A Theory of Human Action, Englewood Cliffs N. J. 1970, Princeton N. J./Guildford 1976; A. Grünbaum, Free Will and Laws of Human Behavior, Amer. Philos. Quart. 8 (1971), 299–317; J. Habermas, Zur Logik der Sozialwissenschaften. Materialien, Frankfurt 1970, 125–310, erw. ⁵1982, 89–305; R. Hall, Free Will. A Short Bibliography, Philos. Quart. 15 (1965), 179–181; R. Harré/P. F. Secord, The Explanation of Social Behaviour, Oxford 1972, 1976; T. Honderich (ed.), Essays on Freedom of Action, London/Boston Mass. 1973, 1978; ders., The Consequences of Determinism, in: ders., A Theory of Determinism. The Mind, Neuroscience, and Life-Hopes, Oxford etc. 1988, 379–613, Nachdr. als: ders., A Theory of Determinism II (The Consequences of Determinism), Oxford etc. 1990; S. Hook (ed.), Determinism and Freedom in the Age of Modern Science, New York 1958, 1965; ders., The Paradoxes of Freedom, Berkeley Calif. 1962, Westport Conn. 1984; J. Hornsby, Agency and Causal Explanation, in: J. Heil/A. R. Mele (eds.), Mental Causation, Oxford/New York 1993, 161–188, Neudr. in: A. R. Mele (ed.), The Philosophy of Action [s. o.], 283–307; P. Jordan, Quantenphysikalische Bemerkungen zur Biologie und Psychologie, Erkenntnis 4 (1934), 215–252; R. Kane, The Significance of Free Will, Oxford/New York 1996, 1998; J. Kim, Mechanism, Purpose, and Explanatory Exclusion, Philos. Perspectives 3 (1989), 77–108, Neudr. in: A. R. Mele (ed.), The Philosophy of Action [s. o.], 256–282; P. Kitcher/W. C. Salmon, Philosophy of the Social Sciences, in: M. H. Salmon u. a., Introduction to the Philosophy of Science, Englewood Cliffs N. J. 1992, 404–425; dies., Causal Explanations of Behavior, Philos. Sci. 70 (2003), 720–738; P. T. Landsberg/D. A. Evans, Free Will in a Mechanistic Universe?, Brit. J. Philos. Sci. 21 (1970), 343–358; K. Lehrer (ed.), Freedom and Determinism, New York 1966, Atlantic Highlands N. J. 1976, 1982; ders., Self-Trust. A Study of Reason, Knowledge, and Autonomy, Oxford, New York 1997, Oxford 1999; B. Libet, Unconscious Cerebral Initiative and the Role of Conscious Will in Voluntary Action, Behavioral and Brain Sci. 8 (1985), 529–539; ders., The Neural Time Factor in Perception, Volition and Free Will, Rev. mét. mor. 97 (1992), 255–272; ders., Do We Have Free Will?, J. Consciousness Stud. 6 (1999), 47–57; D. Locke, Three Concepts of Free Action I, Proc. Arist. Soc. 49 (1975), 95–112; J. R. Lucas, Minds, Machines and Gödel, Philos. 36 (1961), 112–127; ders., The Freedom of the Will, Oxford 1970; D. M. MacKay, On the Logical Indeterminacy of a Free Choice, Mind N. S. 69 (1960), 31–40; ders., Freedom of Action in a Mechanistic Universe, London 1967, Neudr. in: M. S. Gazzaniga/E. P. Lovejoy (eds.), Good Reading in Psychology, Englewood Cliffs N. J. 1971, 121–138 (dt. [gekürzt] Freiheit des Handelns in einem mechanistischen Universum, in: U. Pothast [ed.], Seminar: Freies Handeln und Determinismus, Frankfurt 1978, 303–321); ders., Choice in a Mechanistic Universe. A Reply to some Critics, Brit. J. Philos. Sci. 22 (1971), 275–285; K. Magill, Freedom and Experience. Self-Determination without Illusions, Basingstoke, New York 1997; N. Malcolm, The Conceivability of Mechanism, Philos. Rev. 77 (1968), 45–72, Neudr. in: G. Watson (ed.), Free Will [s. u.], 127–149 (dt. Ist der Mechanismus vorstellbar?, in: A. Beckermann [ed.], Handlungstheorie II [s. o.], 332–363); J. Manninen/R. Tuomela (eds.), Essays on Explanation and Understanding. Studies in the Foundations of Humanities and Social Sciences, Dordrecht/Boston Mass. 1976; B. Mayo, The Incoherence of Determinism, Philos. 44 (1969), 89–100; H. J. McCann, The Works of Agency. On Human Action, Will and Freedom, Ithaca N. Y. 1998; A. I. Melden, Free Action, London, New York 1961, London 1967 (dt. in Auszügen: Freie Handlungen, in: A. Beckermann [ed.], Handlungstheorie II [s. o.], 120–167); A. R. Mele, Autonomous Agents. From Self-Control to Autonomy, New York etc. 1995, 2001; J. Mittelstraß, Der arme Wille. Zur Leidensgeschichte des Willens in der Philosophie, in: H. Heckhausen/P. M. Gollwitzer/F. E. Weinert (eds.), Jenseits des Rubikon. Der Wille in den Humanwissenschaften, Berlin etc. 1987, 33–48, ferner in: ders., Der Flug der Eule. Von der Vernunft der Wissenschaft und der Aufgabe der Philosophie, Frankfurt 1989, 142–163; S. Morgenbesser/J. Walsh (eds.), Free Will, Englewood Cliffs N. J. 1962; M. Moritz, Indeterminismus, Determinismus und F.sdefinitionen, Arch. Rechts- u. Sozialphilos. 58 (1972), 13–27; T. Nagel, The View from Nowhere, New York/Oxford 1986, bes. 110–137 (VII Freedom) (dt. Der Blick von nirgendwo, Frankfurt 1992, 191–237 (VII F.); T. O'Connor (ed.), Agents, Causes, and Events. Essays on Indeterminism and Free Will, Oxford/New York 1995; H. Ofstad, An Inquiry into the Freedom of Decision, Oslo/London 1961; ders., Recent Work on the Free-Will Problem, Amer. Philos. Quart. 4 (1967), 179–207; D. F. Pears (ed.), Freedom and the Will, London 1963, 1966; T. Pink, The Psychology of Freedom, Cambridge etc. 1996; M. Planck, Vom Wesen der Willensfreiheit, in: ders., Vorträge und Erinnerungen, Darmstadt 1965, 1983, 301–317; U. Pothast (ed.), Seminar: Freies Handeln und Determinismus, Frankfurt 1978, ²1988; ders., Die Unzulänglichkeit der F.sbeweise. Zu einigen Lehrstücken aus der neueren Geschichte von Philosophie und Recht, Frankfurt 1980, 1987; W. Prinz, Explaining Voluntary Action. The Role of Mental Content, in: M. Carrier/P. Machamer (eds.), Mindscapes. Philosophy, Science, and the Mind, Konstanz/Pittsburgh Pa. 1997, 153–175; M. Quante, F., Autonomie und Verantwortung in der neueren analytischen Philosophie, Philos. Literaturanzeiger 51 (1998), 281–309, 387–414; M. H. Salmon, Explanation in the Social Sciences, in: P. Kitcher/W. C. Salmon (eds.), Scientific Explanation, Minneapolis Minn. 1989 (Minnesota Stud. Philos. Sci. XIII), 384–409; H. J. Schneider, Die Asymmetrie der Kausalrelation. Überlegungen zur interventionistischen Theorie G. H. von Wrights, in: J. Mittelstraß/M. Riedel (eds.), Vernünftiges Denken. Studien zur praktischen Philosophie und Wissenschaftstheorie, Berlin/New York 1978, 217–234; G. Seebaß, Freiheit und Determinismus, Z. philos. Forsch. 47 (1993), 1–22, 223–245; ders., When Is an Action Free?, in: G. Holmström-Hintikka/R. Tuomela (eds.), Contemporary Action Theory I (Individual Action), Dordrecht/Boston Mass./London 1997, 219–232; J. J. C. Smart, Gödel's Theorem, Church's Theorem and Mechanism, Synthese 13 (1961), 105–110; M. P. Strasser, Agency, Free Will and Moral Responsibility, Wakefield N. H. 1992; G. Strawson, Freedom and Belief, Oxford/New York 1986, 1991; ders., Free Will, REP III (1998), 743–753; P. F. Strawson, »Freedom and Resentment« and Other Essays, London 1974, 1980; ders., Skepticism and Naturalism. Some Varieties. The Woodbridge Lectures 1983, London 1985, 1987 (dt. Skeptizismus und Naturalismus, Frankfurt 1987, Berlin 2001); C. Swanton, Freedom. A Coherence Theory, Indianapolis Ind./Cambridge Mass. 1992; C. Taylor, How Is Mechanism Conceivable?, in: M. Grene (ed.), Interpretations of Life and Mind. Essays around the Problem of Reduction, London 1971, 38–64, Neudr. in: ders., Philosophical Papers I (Human Agency and Language), Cambridge/New York 1985, 164–186; R. Taylor, Action and Purpose, Englewood Cliffs N. J. 1966 (repr. Atlantic Highlands N. J./Brighton 1980); I. Thalberg, Agent Causality and Reasons for Action, Philosophia 7 (1978), 555–566; P. Van Inwagen, An Essay on Free Will, Oxford etc. 1983, 1998; G. Vesey, Agent and Spectator. The Double-Aspect Theory, in: Royal Institute of Philosophy Lectures I (The Human Agent), London/Melbourne, New York 1968, 139–159; W. Vossenkuhl, Free Agency. A Non-Reductionist Causal Account, Grazer philos. Stud. 14 (1981), 113–132; H. Walter, Die Freiheit des Deterministen. Chaos und Naturphilosophie, Z. philos. Forsch. 50 (1996), 364–385; ders., Authentische Entscheidungen und emotive Neurowissenschaft, Philos. Nat. 34, (1997) 147–174; D. N. Walton, Lehrer on Action, Freedom and Determinism, in: R. J. Bogdan (ed.), Keith Lehrer, Dordrecht/Boston Mass./London 1981, 107–128; J. Watkins, Adolf Grünbaum and the Compatibilist Thesis, in: J. Earman u. a. (eds.), Philosophical Problems of the Internal and External Worlds [s. o.], 573–588;

G. Watson, Free Agency, J. Philos. 72 (1975), 205–220, Neudr. in: J. Christman (ed.), The Inner Citadel. Essays on Individual Autonomy, Oxford/New York 1989, 109–122; ders. (ed.), Free Will, Oxford 1982, ²2003; ders., Free Action and Free Will, Mind N. S. 96 (1987), 145–172 (Überblicksartikel mit Bibliographie, 169–172); B. Welte, Determination und F., Frankfurt 1969; M. G. White, The Question of Free Will. A Holistic View, Princeton N. J. 1993; W. Windelband, Über Willensfreiheit. 12 Vorlesungen, Tübingen 1904, ⁴1923; S. Wolf, Freedom within Reason, New York/Oxford 1990, 1993; G. H. v. Wright, Explanation and Understanding, Ithaca N. Y., London 1971 (dt. Erklären und Verstehen, Frankfurt 1974, Königstein ²1984, Frankfurt ³1991); ders., Causality and Determinism, New York/London 1974; ders., Freedom and Determination, Amsterdam 1980. M. C.

Freud, Sigmund, *Freiburg (Mähren) 6. Mai 1856, †London 23. Sept. 1939, österr. Arzt, Begründer der ↑Psychoanalyse. F. lebte von 1860 bis zu seiner Emigration 1938 in Wien. 1873 Beginn des Medizinstudiums mit Schwerpunkt in Physiologie, Spezialisierung in Neuropathologie, 1884 Entdeckung der analgetischen Eigenschaften des Kokains, 1885 Studienaufenthalt in Paris bei J.-M. Charcot, dessen Verdienst in der näheren Bestimmung des Krankheitsbildes der Hysterie liegt. Charcot behandelte die Hysterie durch Hypnose. Die intensive Erforschung der Hysterie wurde der Ausgangspunkt für die Ausarbeitung der psychoanalytischen Methodik. F. machte gemeinsam mit dem Wiener Nervenarzt J. Breuer (Studien über Hysterie, 1895) die Entdeckung, daß Patienten in hypnotischen Zuständen sich an sonst nicht bewußte Inhalte erinnerten und deren Aufdeckung mit einer therapeutischen Wirkung verbunden war. Ihren theoretischen Niederschlag fand diese Entdeckung in der Ausbildung der ›kathartischen Methode‹ zur Heilung von Hysterien, die davon ausgeht, daß ein hysterisches Symptom durch Konversion dann entsteht, wenn ein stark affektiv besetzter seelischer Vorgang nicht bewußt durch ›Abreaktion‹ oder ›ungehemmte Assoziation‹ verarbeitet, sondern unterdrückt wird. Die Aufdeckung der mit diesem Vorgang verbundenen nicht präsenten Erinnerungen durch die Hypnose führt zum Verschwinden der Symptomatik.

Die Erforschung der Hysterie vermittelte F. eine Einsicht in die grundlegende Bedeutung libidinöser Motive bei der Entstehung seelischer Erkrankungen im allgemeinen. Dabei stellte sich heraus, daß der Versuch, sich an frühere Erfahrungen zu erinnern, viel weniger ergiebig war, als sich ihnen indirekt, durch spontanes Assoziieren, zu nähern. Deshalb ging F. dazu über, die vergessenen auslösenden Ereignisse und die unbewußten Inhalte von vorliegenden seelischen Erkrankungen mit Hilfe der freien Assoziation des Patienten selbst im Anschluß an dessen aktuelle Traumerfahrungen (Die Traumdeutung, 1900) und an Fehlhandlungen (Zur Psychopathologie des Alltagslebens, 1901) ins Bewußtsein zu heben. Diese Analysen zeigten, daß der Patient der Aufdeckung von bestimmten unbewußten Inhalten einen selbst wiederum unbewußten Widerstand entgegensetzt. Dieses Phänomen führte F. zu den Konzepten der ↑Verdrängung aversiver Erfahrungen ins ↑Unbewußte und der Übertragung: Der Patient überträgt im Fortgang der Analyse bestimmte libidinöse Affekte, die dem Erlebnishorizont seiner frühen Kindheit angehören, auf den Therapeuten. Das Auftreten und die Überwindung von ›Widerstand‹ und ›Übertragung‹ wurden im therapeutischen Prozeß zum entscheidenden Kriterium für die Beurteilung des Behandlungsganges und des Erfolges der Therapie. Ätiologisch weitete F. seine Theorie der Bedeutung der frühkindlichen libidinösen Konflikterfahrungen, hier insbes. des sogenannten ›Ödipuskonflikts‹, auf sämtliche neurotische Erkrankungen aus (Drei Abhandlungen zur Sexualtheorie, 1905). Die seelischen Prozesse selbst sah F. zunächst ausschließlich als unter der Leitung des Lustprinzips stehend ablaufen. Nach dem 1. Weltkrieg entwickelte er jedoch aus Anlaß insbes. von Erfahrungen mit masochistischen Krankheitsbildern an bestimmten durch den Krieg ausgelösten seelischen Erkrankungen komplementär zu den Selbsterhaltungstrieben (Eros) seine stark umstrittene Todes- und Destruktionstrieblehre (Jenseits des Lustprinzips, Leipzig/Wien/Zürich 1920).

Als F.s grundlegende Entdeckungen können gelten: (1) Entdeckung der frühkindlichen Sexualität und Erweiterung des Begriffs des Sexuellen: F. stellt einen Entwicklungszusammenhang her zwischen oraler, analer und genitaler Lust, die, bezogen auf unterschiedliche Leibgegenden (›erogene Zonen‹), zu verschiedenen Zeiten der psychophysischen Entwicklung die sexuelle Aufmerksamkeit erregt. Zugleich wird das instinktive Verlangen des Kindes nach Lusterfüllung durch die soziale Umgebung, vor allem durch die Eltern, kontrolliert und diszipliniert. Die Entwicklung des Kindes ist also mehr oder weniger konfliktreich, wobei nicht nur wirkliche Vorkommnisse, sondern auch kindliche Phantasien eine Rolle spielen. (2) Entdeckung wiederkehrender Züge des hysterischen, zwanghaften und depressiven Verhaltens Erwachsener: Statt dieses Verhalten einfach als sinnlos zu bezeichnen, so daß dem Untersuchenden lediglich die Aufgabe bleibt, die physiologischen Bedingungen dieses Verhaltens zu erforschen, behandelte F. neurotisches Verhalten als eine Form menschlichen Handelns, für das es angemessen ist, nach seinem ↑Grund oder ↑Zweck zu fragen. Werden die Zwecke des Neurotikers verstanden, so sieht man, daß sein Verhalten Elemente enthält, die Erfahrungen aus der frühen Kindheit wiederholen oder – in Fällen frühkindlicher Phantasie – zumindest Ausdruck kindlicher Ängste und Befürchtungen sind. Es besteht nach F. somit eine empirische Korrelation zwischen dem Vorkommen bestimmter Erfahrungsweisen in der Kindheit und dem Vorkommen bestimmter Verhaltensweisen im Erwachsenenleben. (3) Entwicklung des Begriffs des Unbewußten: ↑Konflikte und Traumata (z. B. erzwungene Triebversagungen) sind für das Kind mit starken negativen Gefühlen und seelischen Schmerzen verbunden. Es hat deshalb die Neigung, das Denken daran zu vermeiden und die Erinnerung daran zu unterdrücken. F.s psychoanalytische Technik soll den Patienten in die Lage versetzen, seine verdrängten Motive und Gefühle sowie seinen unbewußten Widerstand gegen ihre Aufdeckung wieder bewußt zu machen, die inneren Konflikte erneut zu erleben und sie mit dem Ziel zu bearbeiten, die neurotischen Verhaltensweisen allmählich aufzulösen und dem Verlangen nach Verdrängung und Verleugnung durch eine Haltung der Anerkennung der Wirklichkeit (›Realitätsprinzip‹) den Boden zu entziehen. F.s Entdeckung der Verursachung (↑Kausalität, ↑Ursache) sowohl neurotischen als auch normalen Verhaltens im Erwachsenen durch in früher Kindheit erworbene kausale Dispositionen widerspricht zwar der verbreiteten Überzeugung, menschliches intentionales Verhalten (↑Intention, ↑Intentionalität) sei grundsätzlich von Kausalerklärungen auszunehmen, doch schließen Verursachtsein und ↑Verantwortung einander nicht aus; nur wenn eine Ursache außerhalb der eigenen Kontrolle ist, ist sie der eigenen Verantwortung entzogen. F.s Psychoanalyse ist deshalb der Versuch, das Gebiet vernünftiger Kontrolle und damit der Verantwortung zu erweitern.

Schon früh versuchte F., seine an der Psychoanalyse gewonnene Theorie auch auf die Kulturgeschichte anzuwenden. Wie ontogenetisch der Ödipuskonflikt zur Errichtung eines Über-Ich in der individuellen Psyche führt, so soll phylogenetisch der von F. aus religiösen Dogmen und Ritualen rekonstruierte Urvatermord die Ausbildung von normativen Systemen (Religion, Moral) erklären (Totem und Tabu, 1913). F. führt die Entwicklungen der ↑Kultur auf einen generellen Triebverzicht, d. h. auf die Verdrängung libidinös bestimmter Inhalte und deren anschließende Sublimierung zurück (Das Unbehagen in der Kultur, 1930).

Werke: Gesammelte Schriften, I–XII, ed. A. Freud/O. Rank/A. J. Storfer, Leipzig/Wien/Zürich 1924–1934; Gesammelte Werke. Chronologisch geordnet, I–XVIII, ed. A. Freud, London 1940–1952, erw. um Nachtragsbd. (Texte aus den Jahren 1885–1938), ed. A. Richards, Frankfurt 1987, 1999; The Standard Edition of the Complete Psychological Works of S. F., I–XXIV, ed. J. Strachey, London 1953–1974, 2001; Studienausgabe, I–X u. 1 Erg.bd., ed. A. Mitscherlich/A. Richards/J. Strachey, Frankfurt 1969–1979, 2000. – (mit J. Breuer) Studien über Hysterie, Leipzig/Wien 1895 (repr. Frankfurt 1995), ⁴1922, gekürzt in: Ges. Werke [s. o.] I, 73–312 [ohne Breuers Beiträge], separat (mit J. Breuer): Frankfurt 1970, 2003 (engl. Studies in Hysteria, New York 1909, New York, Boston Mass. 1950, unter dem Titel: Studies on Hysteria, als: Complete Psychological Works [s. o.] II, separat, ed. J. Strachey, New York 1957, London 2004; franz. Etudes sur l'hystérie, Paris 1956, 2002); Die Traumdeutung, Leipzig/Wien 1900 (repr. Frankfurt 1999), ⁸1930, Nachdr. als: Ges. Werke [s. o.] II/III, ferner als: Studienausg. [s. o.] II, separat, ed. D. Simon, Berlin 1990, Frankfurt 2002 (engl. The Interpretation of Dreams, London, New York 1913, ³1931 [repr. New York 1950], Nachdr. als: Complete Psychological Works [s. o.] IV–V, separat: London, New York 1955, Oxford etc. 1999; franz. La science des rêves, Paris 1926, 1950, rev. 1963, unter dem Titel: L'interprétation des rêves, ed. D. Berger, Paris 1967, ed. D. Bourdin, Rosny/Paris 2001); Zur Psychopathologie des Alltagslebens. Über Vergessen, Versprechen, Vergreifen, Aberglaube und Irrtum, Monatsschr. f. Psychiatrie u. Neurologie 10 (1901), H. 1, 1–32, H. 2, 95–143, separat: Berlin 1904, Leipzig/Wien/Zürich ⁶1919, ¹¹1929, Nachdr. als: Ges. Werke [s. o.] IV, separat: London 1947, Frankfurt 1954, 2000 (engl. Psychopathology of Everyday Life, London, New York 1914, London 1938, 1958, mit Untertitel: Forgetting, Slips of the Tongue, Bungled Actions, Superstitions and Errors, als: Complete Psychological Works [s. o.] VI, separat: New York 1965, London 2002; franz. La psychopathologie de la vie quotidienne, Paris 1922, 2001); Der Witz und seine Beziehung zum Unbewußten, Wien/Leipzig 1905, 1921, Nachdr. als: Ges. Werke [s. o.] VI, separat: Frankfurt 1958, ferner in: Studienausg. [s. o.] IV, 13–219, separat: Frankfurt 2004 (engl. Wit and Its Relation to the Unconscious, London 1916 [repr. New York 1993], 1922, unter dem Titel: Jokes and Their Relation to the Unconscious, ed. J. Strachey, London 1960, Nachdr. als: Complete Psychological Works [s. o.] VIII, separat: ed. A. Richards, Harmondsworth/New York 1976, 1991, New York 2003; franz. Le mot d'esprit et ses rapports avec l'inconscient, Paris 1930, 1985, unter dem Titel: Le mot d'esprit et sa relation à l'inconscient, Paris 1988, 1997); Drei Abhandlungen über Sexualtheorie, Leipzig/Wien 1905, ⁵1922, Nachdr. in: Ges. Werke [s. o.] V, 27–145, ferner in: Studienausg. [s. o.] V, 37–145, separat: Frankfurt 1991, 1999 (engl. Three Contributions to the Sexual Theory, New York 1910, unter dem Titel: Three Contributions to the Theory of Sex, ²1916, ⁴1930, unter dem Titel: Three Essays on the Theory of Sexuality, in: Complete Psychological Works [s. o.] VII, 124–243; franz. Trois essais sur la théorie de la sexualité, Paris 1923, 1987); Über Psychoanalyse. Fünf Vorlesungen gehalten zur 20jährigen Gründungsfeier der Clark University in Worcester Mass. September 1909, Leipzig/Wien 1910, Nachdr. in: Ges. Werke [s. o.] VIII, 1–60, separat: Leipzig/Wien ¹¹1951 (engl. The Origin and Development of Psychoanalysis, Amer. J. Psychology 21 [1910], 181–218, Neudr. unter dem Titel: Five Lectures on Psychoanalysis, in: Complete Psychological Works [s. o.] XI, 1–55; franz. Cinq leçons sur la psychanalyse, Paris 1921, 1973, unter dem Titel: Sur la psychanalyse. Cinq conférences, Paris 1991); Totem und Tabu. Einige Übereinstimmungen im Seelenleben der Wilden und der Neurotiker, Leipzig/Wien 1913, Nachdr. als: Ges. Werke [s. o.] IX, ferner in: Studienausg. [s. o.] IX, 287–444, separat: Frankfurt 2002 (engl. Totem and Taboo. Resemblances between the Psychic Lives of Savages and Neurotics, New York 1918, mit Untertitel: Some Points of Agreement between the Mental Lives of Savages and Neurotics, New York, London 1950, Nachdr. in: Complete Psychological Works [s. o.] XIII, 1–162, separat: London 1999, 2001; franz. Totem et tabou. Interprétation par la psychanalyse de la vie sociale des peuples primitifs, Paris 1923, 2001); Vorlesungen zur Einführung in die Psychoanalyse, I–III, Leipzig/Wien 1916–1917, Nachdr. als: Ges. Werke [s. o.] XI, ferner in: Studienausg. [s. o.] I, 37–445, separat: Frankfurt 1991, 2003 (engl. A

General Introduction to Psychoanalysis, New York 1920, unter dem Titel: Introductory Lectures on Psycho-Analysis, als: Complete Psychological Works [s. o.], XV–XVI; franz. Introduction à la psychanalyse, Paris 1922, 2001); Jenseits des Lustprinzips, Leipzig/Wien/Zürich 1920, Nachdr. in: Ges. Werke [s. o.] XIII, 1–69, ferner in: Studienausg. [s. o.] III, 215–272 (engl. Beyond the Pleasure Principle, London/Wien 1922, New York 1924, Nachdr. in: Complete Psychological Works [s. o.] XVIII, 1–64, separat, ed. J. Strachey, New York etc. 1989; franz. Au delà du principe du plaisir, in: ders., Essais de psychanalyse, Paris 1927, 1951, 5–75, 1970, 7–81); Massenpsychologie und Ich-Analyse, Leipzig/Wien/Zürich 1921, ²1923, Nachdr. in: Ges. Werke [s. o.] XIII, 71–161, ferner in: Studienausg. [s. o.] IX, 65–134, separat: Frankfurt 2001 (engl. Group Psychology and the Analysis of the Ego, London/Wien 1922, London, New York 1940, London 1949, Nachdr. in: Complete Psychological Works [s. o.] XVIII, 65–144, separat: New York 1960, 1990; franz. Psychologie collective et analyse du moi, Paris 1924, Nachdr. in: ders., Essais de psychanalyse, Paris 1927, 1951, 76–162, 1970, 83–175); Das Ich und das Es, Leipzig/Zürich/Wien 1923, Nachdr. in: Ges. Werke [s. o.] XIII, 237–289, ferner in: Studienausg. [s. o.] III, 282–325 (engl. The Ego and the Id, London 1927, 1962, Nachdr. in: Complete Psychological Works [s. o.] XIX, 1–66; franz. in: ders., Essais de psychanalyse, Paris 1927, 1951, 163–218, 1970, 177–234); Hemmung, Symptom und Angst, Leipzig/Zürich/Wien 1926, Nachdr. in: Ges. Werke [s. o.] XIV, 113–205, ferner in: Studienausg. [s. o.] VI, 233–308, separat: München 1978, Frankfurt 1997 (engl. Inhibitions, Symptoms and Anxiety, Stamford Conn. 1927, London 1936, unter dem Titel: The Problem of Anxiety, New York 1936, unter dem urspr. Titel: London 1949, Nachdr. in: Complete Psychological Works [s. o.] XX, 75–172; franz. Inhibition, symptôme et angoisse, Paris 1951, 2002); Das Unbehagen in der Kultur, Wien 1930, Nachdr. in: Ges. Werke [s. o.] XIV, 421–506, ferner in: Studienausg. [s. o.] IX, 197–270, separat unter dem Titel: Das Unbehagen in der Kultur und andere kulturtheoretische Schriften, Frankfurt 1994, 2004 (engl. Civilization and Its Discontents, London, New York 1930, New York 1962, Nachdr. in: Complete Psychological Works [s. o.] XXI, 57–145, separat: London 2004); Neue Folge der Vorlesungen zur Einführung in die Psychoanalyse, Wien 1933, Nachdr. als: Ges. Werke [s. o.] XV, ferner in: Studienausg. [s. o.] I, 449–608, separat: Frankfurt 1978, 1998 (engl. New Introductory Lectures on Psycho-Analysis, New York 1933, Nachdr. in: Complete Psychological Works [s. o.] XXII, 1–182, separat: ed. J. Strachey, London 1974; franz. Nouvelles conférences sur la psychanalyse, Paris 1936, 1981). – Aus den Anfängen der Psychoanalyse. Briefe an Wilhelm Fließ. Abhandlungen und Notizen aus den Jahren 1887–1902, ed. M. Bonaparte/A. Freud/E. Kris, London 1950, Frankfurt 1962, rev. unter dem Titel: Briefe an Wilhelm Fließ: 1887–1904, ed. J. M. Masson, Frankfurt 1986, ²1999 (engl. The Origins of Psycho-Analysis. Letters to Wilhelm Fliess. Drafts and Notes, 1887–1902, ed. M. Bonaparte/A. Freud/E. Kris, London 1954, Garden City N. Y. 1957, New York 1977, rev. unter dem Titel: The Complete Letters of S. F. to Wilhelm Fliess. 1887–1904, ed. J. M. Masson, Cambridge Mass. 1985; franz. La naissance de la psychanalyse. Lettres à Wilhelm Fliess. Notes et plans, ed. M. Bonaparte/A. Freud/E. Kris, Paris 1956, ⁸2002); Briefe 1873–1939, ed. E. L. Freud/L. Freud, Frankfurt 1960, ³1980 (engl. Letters of S. F., 1873–1939, ed. E. L. Freud/L. Freud, London 1961, 1970; franz. Correspondance 1873–1939, ed. E. L. Freud/L. Freud, Paris 1966, 1991); S. F. – Oskar Pfister. Briefe 1909 bis 1939, ed. E. L. Freud/H. Meng, Frankfurt 1963, ²1980 (engl. Psychoanalysis and Faith. The Letters of S. F. and Oskar Pfister, London 1963; franz. S. F.. Correspondance avec le pasteur Pfister, 1909–1939, ed. E. L. Freud/H. Meng, Paris 1966); S. F. – Karl Abraham. Briefe 1907 bis 1926, ed. H. C. Abraham/E. L. Freud, Frankfurt 1965, ²1980 (engl. A Psychoanalytic Dialogue. The Letters of S. F. and Karl Abraham, 1907–1926, ed. H. C. Abraham/E. L. Freud, London 1965; franz. S. F. et K. Abraham. Correspondance 1907–1926, ed. H. C. Abraham/E. L. Freud, Paris 1969); S. F. – Lou Andreas Salomé. Briefwechsel, ed. E. Pfeiffer, Frankfurt 1966, ²1980 (franz. Correspondance avec S. F.. 1912–1936. Lou Andreas Salomé, Paris 1970, 1992; engl. S. F. and Lou Andreas Salomé. Letters, London 1972); Brautbriefe. Briefe an Martha Bernays aus den Jahren 1882–1886, ed. E. L. Freud, Frankfurt 1968, 1988; Briefe. S. F.. (Ausw.), ed. M. Mitscherlich-Nielsen, Frankfurt 1972; S. F. – C. G. Jung, Briefwechsel, ed. W. McGuire/W. Sauerländer, Frankfurt, Zürich 1974, gekürzt Frankfurt 1984, 1991. – A. Grinstein, S. F.'s Writings. A Comprehensive Bibliography, New York 1977; S. F.-Konkordanz und -Gesamtbibliographie, ed. I. Meyer-Palmedo, Frankfurt 1975, ³1980, 1982, unter dem Titel: F.-Bibliographie mit Werkkonkordanz, Frankfurt 1989, ²1999; F.-Bibliographien. Selbständige und versteckte Bibliographien und Nachschlagewerke zu Leben und Werk, ed. K. F. Stock/R. Heilinger/M. Stock, Graz 1998.

Literatur: P. Amacher, F., DSB V (1972), 171–181; L. Appignanesi/J. Forrester, F.'s Women, New York, London 1992, rev. London 2000 (dt. Die Frauen S. F.s, München 1994, 2000); P.-L. Assoun, F., la philosophie et les philosophes, Paris 1976, 1995; L. Binswanger, Erinnerungen an S. F., Bern 1956 (engl. S. F.. Reminiscences of a Friendship, New York 1957); R. Boothby, F. as Philosopher. Metapsychology after Lacan, New York 2001; G. Brandell, F. och hans tid, Stockholm 1970 (dt. S. F.. Kind seiner Zeit, München 1976; engl. F.. A Man of His Century, Hassocks 1979); M. Cavell, The Psychoanalytic Mind. From F. to Philosophy, Cambridge Mass. 1993, 1996 (dt. F. und die analytische Philosophie des Geistes, Überlegungen zu einer psychoanalytischen Semantik, Stuttgart 1997); H. S. Decker, F. in Germany. Revolution and Reaction in Science, 1893–1907, New York 1977; E. Erwin, A Final Accounting. Philosophical and Empirical Issues in Freudian Psychology, Cambridge Mass. 1996; R. Fetscher, Grundlinien der Tiefenpsychologie von S. F. und C. G. Jung in vergleichender Darstellung, Stuttgart-Bad Cannstatt 1978; S. Fisher/R. P. Greenberg, The Scientific Credibility of F.'s Theories and Therapy, Hassocks, New York 1977, 1985; dies. (eds.), The Scientific Evaluation of F.'s Theories and Therapy. A Book of Readings, Hassocks, New York 1978; dies. (eds.), F. Scientifically Reappraised. Testing the Theories and Therapy, New York 1996; E. Fromm, S. F.'s Mission. An Analysis of His Personality and Influence, London, New York 1959 (repr. Gloucester Mass. 1978) (dt. S. F.s Sendung, Persönlichkeit, geschichtlicher Standort und Wirkung, Frankfurt 1961, 1967, unter dem Titel: S. F.. Seine Persönlichkeit und seine Wirkung, Frankfurt 1981, München 1995); ders., S. F.s Psychoanalyse. Größe und Grenzen, Frankfurt 1979, München 1990 (engl. Greatness and Limitations of F.'s Thoughts, London, New York 1980, London 1982); P. Gay, F.. A Life of Our Time, London/Melbourne 1988, 1995 (dt. F.. Eine Biographie für unsere Zeit, Frankfurt 1989, 2000; franz. F., une vie, Paris 1991, 2002); A. Grünbaum, The Foundations of Psychoanalysis. A Philosophical Critique, Berkeley Calif. 1984 (dt. Die Grundlagen der Psychoanalyse. Eine philosophische Kritik, Stuttgart 1988); A. L. M. Hesnard, L'œuvre de F. et son importance pour le monde moderne, Paris 1960; W. Hollitscher, S. F.. An Introduction. A Presentation of His Theory, and a Discussion of the

Relationship between Psychoanalysis and Sociology, London, New York 1947, Freeport N. Y. 1970, London/New York 1998; J. Hopkins, F., REP II (1998), 786–794; E. Jones, The Life and Work of S. F., I–III, London, New York 1953–1957, gekürzt Harmondsworth 1981 (dt. Das Leben und Werk von S. F., I–III, Bern/Stuttgart 1960–1962, unter dem Titel: S. F.. Leben und Werk, Frankfurt 1969, München 1984); P. Kitcher, F.'s Dream. A Complete Interdisciplinary Science of Mind, Cambridge Mass. 1992, 1995; W. Köppe, S. F. und Alfred Adler. Vergleichende Einführung in die tiefenpsychologischen Grundlagen, Stuttgart/Berlin/Köln 1977; H.-M. Lohmann, F. zur Einführung, Hamburg 1986, unter dem Titel: S. F. zur Einführung, Hamburg 1989, rev. 1999, 2000; ders., S. F., Reinbek b. Hamburg 1998, 2002; A. MacIntyre, F., Enc. Ph. III (1967), 249–253; O. Mannoni, F. par lui même, Paris 1968 (dt. S. F.. In Selbstzeugnissen und Bilddokumenten, Reinbek b. Hamburg 1971, mit Untertitel: Mit Selbstzeugnissen und Bilddokumenten, Reinbek b. Hamburg 1986, 1996); H. Marcuse, Eros and Civilization. A Philosophical Inquiry into F., Boston Mass. 1955, London/New York 1998 (dt. Eros und Kultur. Ein philosophischer Beitrag zu S. F., Stuttgart 1957, unter dem Titel: Triebstruktur und Gesellschaft. Ein philosophischer Beitrag zu S. F., Frankfurt 1965, 1995; franz. Eros et civilisation. Contribution à F., Paris 1963, 1998); J. Neu (ed.), The Cambridge Companion to F., Cambridge 1991, 1999; ders., F., in: R. Audi (ed.), The Cambridge Dictionary of Philosophy, Cambridge 1995, 331–333; J. B. Pontalis, Après F., Paris 1965, 1993 (dt. Nach F., Frankfurt 1968, 1974); H. W. Puner, F.. His Life and His Mind. A Biography, New York 1947, New Brunswick N. J. 1992; T. Reik, From Thirty Years with F., New York 1940, 1949 (franz. Trente ans avec F.. Lettres inédites de S. F. à Theodor Reik, Brüssel 1975; dt. Dreißig Jahre mit S. F., München 1976); D. Riesman, Individualism Reconsidered. And Other Essays, Glencoe Ill./New York 1954, 1966 (dt. F. und die Psychoanalyse, Frankfurt 1965, ⁵1972); P. Roazen, F.. Political and Social Thought, New York 1968, New Brunswick N. J./London 1999 (dt. Politik und Gesellschaft bei S. F., Frankfurt 1971, 1974); ders., F. and His Followers, New York 1974, 1992 (dt. S. F. und sein Kreis. Eine biographische Geschichte der Psychoanalyse, Bergisch-Gladbach 1976, Gießen 1997); M. Robert, La révolution psychanalytique. La vie et l'œuvre de S. F., I–II, Paris 1964, ²1989, 2002 (engl. The Psychoanalytic Revolution. S. F.'s Life and Achievement, New York 1966; dt. Die Revolution der Psychoanalyse. Leben und Werk von S. F., Frankfurt 1967, 1986); A. Schöpf, S. F., München 1982, unter dem Titel: S. F. und die Philosophie der Gegenwart, Würzburg 1998; M. Schur, F.. Living and Dying, New York 1972 (dt. S. F.. Leben und Sterben, Frankfurt 1973, 2000; franz. La mort dans la vie de F., Paris 1975); H. Selg, S. F. – Genie oder Scharlatan? Eine kritische Einführung in Leben und Werk, Stuttgart etc. 2002; D. Shakow/D. Rapaport, The Influence of F. on American Psychology, New York 1964, Cleveland Ohio/New York 1968; L. Spurling (ed.), S. F.. Critical Assessments, I–IV, London/New York 1989, 1997; F. J. Sulloway, F., Biologist of the Mind. Beyond the Psychoanalytic Legend, New York, London 1979, Cambridge Mass. 1992 (franz. F., biologiste de l'esprit, Paris 1981, 1998; dt. F., Biologe der Seele. Jenseits der psychoanalytischen Legende, Köln 1982); P. Thurschwell, S. F., London 2000, 2001; P. Traverso, ›Psiche è una parola greca …‹. Forme e funzioni della cultura classica nell'opera di F., Genua 2000 (dt. ›Psyche ist ein griechisches Wort …‹. Rezeption und Wirkung der Antike im Werk von S. F., Frankfurt 2003); H. K. Wells, Pavlov and F. II (S. F.. A Pavlovian Critique), New York, London 1960 (dt. S. F.. Kritik auf Grundlage der Erkenntnisse Iwan P. Pavlows, München 1989); E. Wiesenhütter, F. und seine Kritiker, Darmstadt 1974; R. Wilcocks, Mousetraps and the Moon. The Strange Ride of S. F. and the Early Years of Psychoanalysis, Lanham Md. 2000; R. Wollheim/J. Hopkins (eds.), Philosophical Essays on F., Cambridge etc. 1982, 1988. R. Wi./S. B.

Freundschaft (griech. philia, lat. amicitia, engl. friendship, franz. amitié), Bezeichnung für eine Form zwischenmenschlicher Beziehung, die bestimmt ist durch Haltungen und Gefühle des gegenseitigen Verstehens, Vertrauens, Wohlwollens und der gegenseitigen ↑Achtung, Zuneigung, Solidarität und Fürsorge. Dabei wird die Verbindung zum Anderen um seiner selbst willen gesucht; die Beziehung ist symmetrisch, d. h. es ist eine Beziehung zwischen Gleichen. Während Aristoteles noch zwei von den zehn Büchern der »Nikomachischen Ethik« der Tugend der F. und der ↑Liebe widmet, spielt dieses Thema in der modernen Philosophie, unter der Dominanz universalistischer (↑Universalität (ethisch)) und kognitivistischer (↑Kognitivismus) Moraltheorien (↑Ethik), keine nennenswerte Rolle mehr. Erst im Zuge postmoderner Rationalitätskritik (↑Postmoderne) entwickelte sich wieder ein steigendes Interesse am Phänomen der F..

Die neue Diskussion nimmt zumeist Bezug auf das Aristotelische F.smodell – nicht zuletzt deshalb, weil ein bestimmtes, ›sozialdemokratisches‹ Aristoteles-Verständnis gerade als Gegenentwurf zum Modell einer universalistischen ↑Rationalität begriffen wird. In diesem Verständnis ist die in der Polis mit ihren Formen der Bildung, Geselligkeit und militärischer Bündnisse verortete Beziehungsform der F. die sittliche Institution oder der Sinngehalt einer abstrakten ↑Gerechtigkeit. Aristoteles unterscheidet drei Formen der F., je nachdem, ob die Beziehung auf der Lust, dem Nutzen oder auf den moralischen Qualitäten der Partner beruht. Konstitutiv für F. ist nach Aristoteles, daß ein menschliches Wesen für ein anderes etwas Gutes will, daß der Wille gegenseitig ist und kundgetan wird. Soweit es sich bei dem ↑›Guten‹ um nur Angenehmes oder Nützliches handelt, ist die darauf gründende F. kontingent, weil eigeninteressiert oder unstet. Allein von ethischem Wert ist F., die in der Anerkennung des moralischen Gutseins gründet; nur diese meint den Anderen um seiner selbst willen. Aristoteles' Betonung des Anderen als Selbstzweck ist also so zu verstehen, daß der Freund als Träger der Tugend gesehen wird, nicht aber so, daß er als konkrete, nicht austauschbare Einzelperson aufträte. Da der Mensch ein soziales Wesen ist, ist die F. nach Aristoteles Grundbedingung jedes vollkommenen, glückseligen Lebens. Die F., die nur auf der ↑Tugend gründet, in der der Freund wegen seiner Tugend, also in der höchsten Verwirklichung seiner Möglichkeiten geliebt wird, ist als idealtypische Lebensform gemeint, der geliebte Freund als ideales alter ego.

Die aktuelle Diskussion zur Philosophie der F., die das Aristotelische Modell zumeist als Folie benutzt, muß sich vor allem damit auseinandersetzen, daß das Moment der Partikularität von F. in der Moderne den Anderen als konkrete, nicht austauschbare Einzelperson meint und daß die christliche Tradition die Perspektive ›um des Anderen willen‹ als Fürsorge oder Selbstaufopferung auslegt. Im Blick auf den ersten Aspekt wird meist versucht, das partikularistische Moment von F. dadurch mit dem Universalismus der Moral zu versöhnen, daß F. als Medium des moralischen Wachstums, des Erwerbs moralischer ↑Urteilskraft vorgestellt wird. Ansätze, die den Fürsorgeaspekt als Charakteristikum von F. geltend machen und zeigen wollen, daß eine solche Beziehung wegen ihrer Freiwilligkeit, Gegenseitigkeit und Gleichheit moralisch bedeutsam ist, müssen dem Aufrechnen von Eigen- und Fremdinteresse im Sinne einer Tauschbeziehung von vornherein dadurch begegnen, daß sie F. als geteilte Praxis und geteiltes Empfinden herausstellen.

Literatur: N. K. Badhwar, Friendship, REP III (1998), 794–797; K. Blesenkemper/E. Gindele/B. Philipp, Freunde haben, Freunde sein. Didaktische Anregungen und Unterrichtsmaterialien für ›Praktische Philosophie‹, ed. Landesinstitut für Schule und Weiterbildung, Bönen 1999; L. A. Blum, Friendship, Altruism and Morality, London/Boston Mass. 1980 (Kap. 4 dt. F. als moralisches Phänomen, Dt. Z. Philos. 45 [1997], 217–233); D. Cokking/J. Kennett, Friendship and Moral Danger, J. Philos. 97 (2000), 278–296; L. Cotteri (ed.), Il concetto di amicizia nella storia della cultura europea – Der Begriff F. in der Geschichte der Europäischen Kultur, Akten der XXII. Internationalen Tagung deutsch-italienischer Studien, Meran 1995; J. Derrida, Politiques de l'amitié, Paris 1994 (engl. Politics of Friendship, London 1997; dt. Politik der F., Frankfurt 2000); M. Friedman, What are Friends for? Feminist Perspectives on Personal Relationships and Moral Theory, Ithaca N. Y. 1993 (Kap. 7 dt. F. und moralisches Wachstum, Dt. Z. Philos. 45 [1997], 235–248); A. Krebs, F. und Liebe bei Aristoteles und Hugh LaFollette, Dialektik (2000/1), 149–166; A. Müller/A. Nitschke/C. Seidel, F., Hist. Wb. Ph. II (1972), 1105–1114; M. Onfray, Amitié, Enc. philos. universelle II/1 (1990), 72–73; M. Pakaluk (ed.), Other Selves. Philosophers on Friendship, Indianapolis Ind./Cambridge Mass. 1991; R. Sokolowski, Friendship and Moral Action in Aristotle, J. Value Inqu. 35 (2001), 355–369. – Bibliographie: K.-D. Eichler (ed.), Philosophie der F., Leipzig 1999, 242–246. B. U.

Freyer, Hans, *Leipzig 31. Juli 1878, †Wiesbaden 18. Jan. 1969, dt. Philosoph und Soziologe. Prof. für Philosophie in Kiel (1922–1925), Prof. für Soziologie in Leipzig (1925–1948, 1933–1944 auch in Budapest), Münster (1953/1954) und Ankara (1954/1955). Nach kultur- und wirtschaftsphilosophischen Arbeiten, die an der ↑Lebensphilosophie und am Neuhegelianismus (↑Hegelianismus) orientiert waren, unternimmt F. den Versuch einer logischen Grundlegung der Soziologie als ›Wirklichkeitswissenschaft‹ und wird damit zum Begründer einer deutschen soziologischen Schule. Soziale Strukturen sollen als geschichtlich gewachsen und sich ständig wandelnd begriffen werden. Daher dürfen die soziologischen Begriffe keine verallgemeinernden Abstraktionen beinhalten, sondern müssen jeweils konkrete Sozialstrukturen erfassen. In späteren Veröffentlichungen verfolgt F. die weltweite Expansion europäischer Rationalität, die alle natürlich gewachsenen Lebensformen zersetze und sie im Zuge der modernen Industriekultur zu ›sekundären Systemen‹ wandle, in deren Rahmen die Menschen nach ihrer Leistungsfunktion eingepaßt und manipuliert würden (Theorie des gegenwärtigen Zeitalters, 1955). Hauptmerkmale des seit der Neuzeit ablaufenden Rationalisierungsprozesses, der auf eine durchorganisierte und durchtechnisierte Weltgesellschaft hinauslaufe (Schwelle der Zeiten, 1965), sind nach F. ›Machbarkeit der Sachen‹, ›Organisierbarkeit der Arbeit‹, ›Zivilisierbarkeit des Menschen‹ und ›Vollendbarkeit der Geschichte‹.

Werke: Antäus. Grundlegung einer Ethik des bewußten Lebens, Jena 1918, ²1922; Prometheus. Ideen zur Philosophie der Kultur, Jena 1923; Theorie des objektiven Geistes. Eine Einleitung in die Kulturphilosophie, Leipzig/Berlin 1923, ³1934 (repr. Darmstadt 1966, ²1973) (engl. Theory of Objective Mind. An Introduction to the Philosophy of Culture, Athens Ga. 1998); Der Staat, Leipzig 1925, ²1926; Soziologie als Wirklichkeitswissenschaft. Logische Grundlegung des Systems der Soziologie, Leipzig 1930, Nachdr. Stuttgart 1964; Einleitung in die Soziologie, Leipzig 1931; Revolution von rechts, Jena 1931; Pallas Athene. Ethik des politischen Volkes, Jena 1935; Die politische Insel. Eine Geschichte der Utopien von Platon bis zur Gegenwart, Leipzig 1936, Nachdr. Wien, Leipzig 2000; Machiavelli, Leipzig 1938, Weinheim 1986; Weltgeschichte, I–II, Wiesbaden 1948, in 1 Bd. Stuttgart ²1954, Stuttgart, Darmstadt 1969; Theorie des gegenwärtigen Zeitalters, Stuttgart 1955, 1967; Das soziale Ganze und die Freiheit des Einzelnen unter den Bedingungen des industriellen Zeitalters, Göttingen 1957; Über das Dominantwerden technischer Kategorien in der Lebenswelt der industriellen Gesellschaft, Mainz, Wiesbaden 1960, ²1961; Schwelle der Zeiten. Beiträge zur Soziologie der Kultur, Stuttgart 1965; Gedanken zur Industriegesellschaft, Mainz 1970. – D. Willers, Verzeichnis der Schriften von H. F., Darmstadt 1966, ²1973.

Literatur: P. Demo, Herrschaft und Geschichte. Zur politischen Gesellschaftstheorie F.s und Marcuses, Meisenheim am Glan 1973; M. Grimminger, Revolution und Resignation. Sozialphilosophie und die geschichtliche Krise im 20. Jahrhundert bei Max Horkheimer und H. F., Berlin 1997; V. Kruse, Historisch-soziologische Zeitdiagnosen in Westdeutschland nach 1945. Eduard Heimann, Alfred von Martin, H. F., Frankfurt 1994; E. M. Lange, Rezeption und Revision von Themen Hegel'schen Denkens im frühen Werk H. F.s, Diss. Berlin 1971; J. Z. Muller, The Other God that Failed. H. F. and the Deradicalization of German Conservatism, Princeton N. J. 1987; ders., Carl Schmitt, H. F. and the Radical Conservative Critique of Liberal Democracy in the Weimar Republic, Hist. of Political Thought 12 (1991), 695–715; K.-S. Rehberg, H. F. (1887–1960), Arnold Gehlen (1904–1976), Helmut Schelsky (1912–1984), in: D. Kaesler (ed.), Klassiker der Soziologie II (Von Talcott Parsons bis Pierre Bourdieu), München 1999, 2003, 72–104, bes. 74–78; H. Remmers, H. F.. Heros und Industriegesellschaft. Studien zur

Sozialphilosophie, Opladen 1994; G. Schäfer, Wider die Inszenierung des Vergessens. H. F. und die Soziologie in Leipzig 1925–1945, in: H.-J. Dahme/C. Klingemann/M. Neumann (eds.), Jahrbuch für Soziologiegeschichte, Opladen 1990, 121–175; R. P. Sieferle, Die Konservative Revolution. Fünf biographische Skizzen. Paul Lensch, Werner Sombart, Oswald Spengler, Ernst Jünger, H. F., Frankfurt 1995; W. Trautmann, Utopie und Technik. Zum Erscheinungs- und Bedeutungswandel des utopischen Phänomens in der modernen Industriegesellschaft, Berlin 1974; ders., Gegenwart und Zukunft der Industriegesellschaft. Ein Vergleich der soziologischen Theorien H. F.s und Herbert Marcuses, Bochum 1976; E. Üner, Soziologie als ›geistige Bewegung‹. H. F.s System der Soziologie und die ›Leipziger Schule‹, Weinheim 1992; M. Weyembergh (ed.), De thematiek van de vooruitgang in het denken van Duitse conservatieven. Ludwig Klages, Carl Schmitt, H. F. en Arnold Gehlen, Brüssel 1983; K. M. Zimmermann, Die Kulturphilosophie H. F.s, Diss. Münster 1988. A. V.

Frieden (historisch-juristisch), entsprechend der Rahmendefinition von F. als der Abwesenheit von Konflikten (↑Frieden (systematisch)) im Sinne des *griechischen* F.sbegriffs (εἰρήνη) lange Zeit negativ durch den Gegenbegriff (πόλεμος) als zeitweilige Abwesenheit gewaltsamer Auseinandersetzungen bestimmter Begriff. Die *römische pax* betont die erst zu vereinbarende Gewaltlosigkeit, die wie bei den Griechen als Normalzustand betrachtet wird. Von da erfolgt allmählich die weitergehende politisch-soziale Bestimmung des F.sbegriffs als generellen Prinzips einer für Individuum und Gesellschaft wohltätigen Lebensordnung. Ähnlich ist auch der *germanische* F.sbegriff ausschließlich sozial bestimmt als das streitlose Miteinanderleben eng Verbundener oder als Zustand vereinbarter Waffenruhe. Über den in der Benutzung des Wortes ›schalom‹ als Grußformel erkennbaren sozialen Aspekt des Wohlergehens erhielt der *jüdische* F.sbegriff über den Bezug auf die Schöpfungsordnung von vornherein auch eine kosmologische Geltung. Diese bleibt in der als F.sevangelium bezeichneten neutestamentarischen Offenbarung erhalten, während sich die Topographie des F.sreiches dadurch verändert, daß das Herz des dem F.sfürsten nachfolgenden Individuums zum Ort des personalisierten F.s wird.

Der juristisch-soziale Aspekt des römischen und die transzendente Fundierung des jüdisch-christlichen F.sbegriffes verbinden sich in Westrom, das unter Beschränkung auf den gerechten Krieg den auf militärische Stärke gegründeten Völkerfrieden der pax romana zu erhalten sucht. Die Augustinische Verbindung sozialer und christlicher F.sideen wurde für die mittelalterliche Theorie grundlegend. Obwohl der Mensch auf den ewigen F. des jenseitigen Gottesreiches hoffen soll, ist auch im irdischen F. noch das göttliche Schöpfungsgesetz wirksam, so daß seine (notwendig imperfekte) Verwirklichung im Bereich der individuellen Lebensführung sowie im staatlich-politischen Bereich göttlichem Gebot entspricht. Dadurch konnte die F.swahrung zum Prinzip christlicher Herrschaft werden (A. Augustinus, De civitate Dei XIX, 11–20). Der zeitliche F. erhält eine doppelte Einschränkung: (1) er ist irdisch und daher unvollkommen; (2) er ist unvollkommen und daher zeitlich begrenzt. Im Anschluß an Augustinus entwickelt Thomas von Aquin die Unterscheidung zwischen dem ›wahren‹ und dem ›falschen‹ irdischen F. weiter, die praktische Bedeutung zur Unterscheidung des auf Gerechtigkeit zielenden F.s von einem bloßen Gewaltfrieden hatte (S. th. II–II qu. 29).

Mit Beginn der Neuzeit überlagern rationale Überlegungen zur Vernünftigkeit des F.s in und zwischen Gesellschaften in zunehmendem Maße den theologisch-theokratischen F.sbegriff. Es entstehen Pläne für einen den gesamten Erdkreis umfassenden ›ewigen‹ F. im Diesseits. Diese Pläne orientieren sich zunächst noch an der Kaiseridee (Dante Alighieri, De monarchia, o. O. [ca. 1318]), nehmen dann die Form von F.sbündnissen zwischen Staaten mit Schiedsinstanz an (Georg von Podiebrad und Kunstatt, 1462–1464), später die internationaler Staatenorganisation (E. Crucé, Le nouveau cynée. Ou, discours des occasions et moyens d'établir une paix generale et la liberté du commerce par tout le monde, Paris 1623 [repr. Paris 1976] [engl. The New Cyneas, Philadelphia Pa. 1909]). Am stärksten zeigt sich das pazifistische Moment in den utopischen Gesellschafts- und Staatsentwürfen zur Verwirklichung eines auf Gerechtigkeit beruhenden F.s (↑Utopie). Durch die mit der Reformation eingetretene Spaltung in der Einheit aller Christen entstand auch im Bereich des temporalen F.s zwischen Konfessionsstaaten durch die unterschiedliche Auffassung über geltendes Recht als *fundamentum pacis* eine neue Situation. Der vergebliche Versuch, die alte *pax iusta* durch einen als gerecht betrachteten Krieg wieder herzustellen, führte zu dem neuen, für die folgenden Jahrhunderte gültigen Begriff des Staatsfriedens. Den Gedanken der Identität von *status civilis* und *status pacis* führte T. Hobbes konsequent zu Ende (Leviathan, London 1651). Die naturrechtlichen (↑Naturrecht) Vertragstheorien (↑Gesellschaftsvertrag), die den innergesellschaftlichen F. auf eine übereinstimmende Willenserklärung stützten, bemühten sich in bezug auf die Sicherung des F.s zwischen den allein im Naturzustand des stets möglichen Krieges verbliebenen souveränen Staaten um immer differenziertere Definitionen des gerechten Krieges, aus denen sich das Völkerrecht entwickelte (H. Grotius, De jure belli ac pacis libri tres, Paris 1625). Im völkerrechtlichen Vertrag wird der Krieg beendet und der beginnende F. rechtlich beschrieben. Aus der Systematik der das Kriegsrecht einschließenden Souveränitätstheorien konnten die Weltfriedenspläne dieser Epoche nur die Form von Verträgen annehmen.

Die beiden großen Projekte des 18. Jhs. für einen ewigen F. haben analog zur Konstituierung des innergesellschaftlichen F.s die Übereinkunft vertragschließender Staaten zur Grundlage (Abbé C.-I. Castel de Saint-Pierre, Projet pour rendre la paix perpétuelle en Europe, I–III, Utrecht 1713–1717, Paris 1986 [dt. (gekürzt) Der Traktat vom ewigen F., ed. W. Michael, Berlin 1922], und I. Kant, Zum ewigen F.. Ein philosophischer Entwurf, Königsberg 1795). Der an eine richtige innere Ordnung gebundene innere F. wird bei Kant Voraussetzung des zwischenstaatlichen F.s. Voraussetzung des inneren F.s ist die Herstellung von Rechtsverhältnissen in einer vollkommenen bürgerlichen Verfassung, in der die Idee des Rechts verwirklicht ist. Während Kant und die angelsächsische ↑Utilitarismus sowohl den inneren als auch den äußeren F. durch einen republikanischen Verfassungsstaat der besitzenden Wirtschaftsbürger garantiert sahen, den sie dem Eroberungsgeist des ↑Absolutismus entgegensetzten, sah J. G. Fichte bereits den aus einer Binnen- und Außenmarktkonkurrenz resultierenden Antagonismus als historisch-gesellschaftliche Ursache von Kriegen neuer Art (Der geschloßne Handelsstaat, Tübingen 1800). Auch G. W. F. Hegel bemerkte die zentrifugalen Kräfte der bürgerlichen Gesellschaft (↑Gesellschaft, bürgerliche), gab aber im Gegensatz zu Kant dem Existenzrecht des Staates den Vorrang vor einer allgemeinen F.sregelung zwischen Staaten (Rechtsphilos. § 248 [Zusatz], § 324).

Mit dem Vordringen der deskriptiven Gesellschafts- und Staatstheorie im 19. Jh. verflacht der F.sbegriff wieder zu einer negativen Definition, wenn auch F.sgesellschaften gegründet und F.skongresse abgehalten werden, deren Wirken nach der Erfahrung des Ersten Weltkriegs zur Institutionalisierung der F.sidee in internationalen Organisationen führte. Sozialwissenschaftliche Disziplinen untersuchen mit Mitteln der empirischen Sozialforschung (↑Sozialforschung, empirische) die anthropologischen, psychologischen, sozialen und ökonomischen Bedingungen von F. und Friedlosigkeit. Je nach der Bestimmung des F.sbegriffs unterscheidet die F.sforschung zwischen ›Utopisten‹, die einen aus innergesellschaftlicher Befriedigung resultierenden zwischengesellschaftlichen F. als möglich erstreben, und ›Realisten‹, die von einem negativen Staatsfriedensbegriff aus die Erhaltung des Sicherheitssystems für die einzige Möglichkeit halten, einen prekären F.szustand möglichst lange zu erhalten.

Literatur: O. Asbach, Die Zähmung der Leviathane. Die Idee einer Rechtsordnung zwischen Staaten bei Abbé de Saint-Pierre und Jean-Jacques Rousseau, ed. H. Münkler, Berlin 2002; J. Barnes, The Just War, in: N. Kretzmann/A. Kenny/J. Pinborg (eds.), The Cambridge History of Later Medieval Philosophy. From the Rediscovery of Aristotle to the Disintegration of Scholasticism 1100–1600, Cambridge etc. 1982, 771–784; V. Bialas/H.-J. Häßler (eds.), 200 Jahre Kants Entwurf »Zum ewigen F.«. Idee einer globalen F.sordnung, Würzburg 1996; E. Biser, Der Sinn des F.s. Ein theologischer Entwurf, München 1960; K. E. Boulding, Conflict and Defense. A General Theory, New York 1962, 1963 Lanham Md./London 1988; C. Covell, Kant and the Law of Peace. A Study in the Philosophy of International Law and International Relations, London/New York 1998, 2001; E. Dinkler, Eirene. Der urchristliche F.sgedanke, Heidelberg 1973; W.-D. Eberwein/P. Reichel, F.s- und Konfliktforschung. Eine Einführung, München 1976; J. Finnis/J. M. Boyle Jr./G. Grisez, Nuclear Deterrence, Morality and Realism, Oxford etc. 1987, 1989; B. Frankel (ed.), Roots of Realism, London/Portland Or. 1996; W. B. Gallie, Philosophers of Peace and War. Kant, Clausewitz, Marx, Engels and Tolstoy, Cambridge Mass./London/New York 1978, 1989; H. Groten, F.sforschung – Anspruch und Praxis. Studien zur Realisationsmöglichkeit des positiven F.sbegriffs, Baden-Baden 1977; A. Hollerbach/H. Maier (eds.), Christlicher Friede und Weltfriede. Geschichtliche Entwicklung und Gegenwartsprobleme, Paderborn 1971; P. Imbusch/R. Zoll (eds.), F.s- und Konfliktforschung. Eine Einführung mit Quellen, Opladen 1996, ²1999; W. Jansen, Friede, in: O. Brunner/W. Conze/R. Koselleck (eds.), Geschichtliche Grundbegriffe. Historisches Lexikon zur politisch-sozialen Sprache in Deutschland II, Stuttgart 1975, 543–591; J. T. Johnson, The Quest for Peace. Three Moral Traditions in Western Cultural History, Princeton N. J. 1987; K. Kaiser, F.sforschung in der Bundesrepublik. Gegenstand und Aufgaben der F.sforschung, ihre Lage in der Bundesrepublik sowie Möglichkeiten und Probleme ihrer Förderung, Göttingen 1970 (mit Bibliographie, 186–241); J. Kelsay/J. T. Johnson (eds.), Just War and Jihad. Historical and Theoretical Perspectives on War and Peace in Western and Islamic Traditions, New York/Westport Conn./London 1991; E. Krippendorf (ed.), F.sforschung, Köln/Berlin 1968, ⁴1974 (mit Bibliographie, 559–589); C. v. Krockow, Soziologie des F.s. Drei Abhandlungen zur Problematik des Ost-West-Konflikts, Gütersloh 1962 (mit Bibliographie, 207–218); T. Nardin (ed.), The Ethics of War and Peace. Religious and Secular Perspectives, Princeton N. J. 1996, 1998; ders., Philosophy of War and Peace, REP IX (1998), 684–691; ders./D. Mapel (eds.), Traditions of International Ethics, Cambridge/New York/Port Chester 1992, 1996; F. S. Northedge, Peace, War, and Philosophy, Enc. Ph. VI (1967), 63–67; T. L. Pangle/P. J. Ahrensdorf (eds.), Justice Among Nations. On the Moral Basis of Power and Peace, Lawrence Kan. 1999 (mit Bibliographie, 331–344); N. Peach, F. und Krieg, in: H. J. Sandkühler (ed.), Europäische Enzyklopädie zu Philosophie und Wissenschaften II, Hamburg 1990, 186–205; G. Picht/C. Eisenbart (eds.), F. und Völkerrecht, Stuttgart 1973; K. v. Raumer, Ewiger Friede. F.srufe und F.spläne seit der Renaissance, Freiburg/München 1953 (mit Bibliographie, 498–505); J. Reusch, F.sforschung, in: H. J. Sandkühler (ed.), Europäische Enzyklopädie zu Philosophie und Wissenschaften II, Hamburg 1990, 180–186; L. S. Rouner, Religion, Politics, and Peace, Notre Dame Ind. 1999 (Boston Univ. Stud. Philos. Relig. XX); C. v. Rotteck, Friede, in: ders./C. Welcker (eds.), Staats-Lexikon, oder Encyklopädie der Staatswissenschaften VI, Hamburg 1838, 79–87, V, ²1847, 192–197; G. Scharffenorth/W. Huber, Bibliographie zur F.sforschung, Stuttgart, München 1970, unter dem Titel: Neue Bibliographie zur F.sforschung, Stuttgart, München ²1973; M. Scheler, Die Idee des F.s und der Pazifismus, Berlin 1931, Bern/München ²1974 (franz. L'idée de paix et le pacifisme, Paris 1953); H.-J. Schlochauer, Die Idee des ewigen F.s. Ein Überblick über Entwicklung und Gestaltung des F.ssicherungsgedankens auf der Grundlage einer Quellenauswahl, Bonn 1953; D. Senghaas (ed.), Kritische F.sforschung, Frankfurt 1971, 1981; ders., Gewalt – Konflikt – F.. Essays zur F.sforschung, Hamburg 1974; ders. (ed.), Den F. denken. Si vis pacem, para pacem, Frankfurt 1995; A. H. Swinne, Bibliographia Irenica 1500–1970. Internationale Bibliographie zur F.swissenschaft, Hildesheim 1977; R. Tuck, The Rights of War and Peace. Political Thought and the International Order from Grotius to Kant, Oxford etc. 1999, 2002; M. Walzer, Just and Unjust Wars. A Moral Argument with Historical Illustrations, New York 1977, London 1978, Harmondsworth 1980, New York 1992, 2000 (dt. Gibt es den gerechten Krieg?, Stuttgart 1982); C. F. v. Weizsäcker, Der ungesicherte Friede, Göttingen 1969, ²1979; ders., Bedingungen des F.s. Mit der Laudatio von Georg Picht anläßlich der Verleihung des F.spreises des Deutschen Buchhandels 1963 an C. F. v. Weizsäcker, Göttingen 1969, ⁷1981; ders. (ed.), Kriegsfolgen und Kriegsverhütung, München 1971; M. Wight, International Theory. The Three Traditions, ed. G. Wight/B. Porter, New York/London 1992, 1996, London 2002.   H. R. G.

Frieden (systematisch), in einem allgemeinen Sinne Bezeichnung für die Abwesenheit von ↑Konflikten. Von einem (*pragmatisch* verstandenen) *Konflikt* kann genau dort die Rede sein, wo sich das Handeln so orientiert und ordnet, daß faktisch oder prinzipiell Unverträglichkeit der relevanten Handlungsorientierungen vorliegt. Ein pragmatischer Konflikt spielt sich bloß ›innerhalb eines Subjekts‹ oder *individuell* ab, wenn man es mit unverträglichen Handlungsorientierungen (↑Handlung) dieses einen Subjekts zu tun hat. Sonst sei von einem *äußeren* oder *interindividuellen* Konflikt die Rede. Sofern konkretes Handeln, das die offene Austragung eines Konflikts beenden oder vermeiden soll, gelungen ist, möge der Konflikt als *bewältigt* bezeichnet werden. Daß ein Konflikt bewältigt wird, läßt sich nach üblichem Sprachgebrauch auch als die (Wieder-)Herstellung des ›äußeren‹ F.s verstehen. Äußerer F. läßt sich herstellen z. B. auch durch Unterdrückung von Handlungen oder durch Kompromisse, die auf die faktische Möglichkeit der Beteiligten, Kampfhandlungen zu ergreifen, kurz: auf Gewaltverhältnisse, gegründet sind. In diesen Fällen bleiben die unverträglichen Handlungsorientierungen, die dem Konflikt zugrunde liegen, bestehen; nur wird das ihnen entsprechende Handeln eingeschränkt.

Vom äußeren (und inneren) *pragmatischen* F. ist die Gemeinsamkeit in einem vernünftigen Leben (↑Leben, vernünftiges), die gemeinsame vernünftige ↑Lebensform, zu unterscheiden. Sie kann als F. im moralischen Sinne gekennzeichnet werden. Der *moralische* F. ist die gemeinsame Vernünftigkeit der miteinander Lebenden und handelnd aufeinander Angewiesenen. Der moralische (oder *vernünftige*) F. schließt den pragmatischen F. nicht jederzeit ein: die Gemeinsamkeit eines vernünftigen Lebens führt nicht bereits von selbst auch dazu, daß alle pragmatischen Konflikte gelöst sind. Diejenigen, die sich um eine vernünftige Gemeinsamkeit ihres Lebens bemühen, sind weiterhin konkrete Individuen mit bestimmten und unterschiedlichen Biographien, Lebensbedingungen und Handlungsperspektiven, die wiederum Anlaß zu vielerlei pragmatischen Konflikten geben mögen. Weder darf die Überwindung der *Subjektivität* (↑Subjektivismus, ↑transsubjektiv/Transsubjektivität) mit einer Überwindung der *Individualität* verwechselt noch der *Prozeßcharakter* transsubjektiver Orientierung verkannt werden. ↑Vernunft im Sinne einer gemeinsamen Lebensform verpflichtet also lediglich zu einem vernünftigen Umgang mit Konflikten. Wird derjenige als *friedfertig* bezeichnet, der jedenfalls offene Konflikte vermeiden oder beenden möchte, so sind die Vernünftigen zu absoluter Friedfertigkeit nicht einmal untereinander verpflichtet.

In Fällen, in denen eine vernünftige Gemeinsamkeit nicht bereits gesicherte Praxis ist, entsteht für den Vernünftigen das Problem, ob und wie er darin gleichwohl seinen ›*seelischen F.*‹ finden kann, d. h. seine Lebensorientierung nicht als zum Scheitern verurteilt begreifen muß. Die traditionell in den philosophischen Weisheitslehren und den religiösen Reflexionstraditionen verhandelte ›Lösung‹ dieses Problems liegt in einem veränderten praktischen Begreifen der Form des vernünftigen Lebens: als Vernünftige erlangen wir unseren seelischen F., indem wir das ernsthafte Bemühen um eine vernünftige Gemeinsamkeit des Lebens praktisch als die unser Leben im Ganzen beherrschende Orientierung verstehen. Dieses Bemühen ist offenbar selbst dann gelungen, wenn es die Ziele, denen es sich jeweils material verschreibt, nicht erreicht. Insofern bleibt es als Lebensorientierung a priori verträglich auch mit widrigen pragmatischen Umständen. Dagegen verfehlen wir unseren seelischen F., wenn wir die Vernunftorientierung unseres Lebens unrealistisch nicht als einen unendlichen *Weg*, sondern als ein *Ziel* verstehen, das in oder nach unserem Leben zu erreichen ist.

Wo es nicht gelingt, vernunftorientiert den F. mit sich selbst zu machen, hat dies in der Regel Folgen für das Bemühen um den moralischen F. vernünftiger Gemeinsamkeit. Es gibt nämlich andere Weisen, die Unverträglichkeit der Vernunft mit der vorhandenen pragmatischen Realität vermeintlich oder wirklich aufzuheben, z. B. (1) die illusionäre Suche nach einem gesicherten *strategischen* Weg zu vernünftiger Gemeinsamkeit, wobei man annimmt, daß ihn etwa gesellschaftliche Naturwissenschaft liefern könne (z. B. in Gestalt einer ↑Naturgeschichte der Gesellschaft oder von Sozialtechnologien), (2) den *resignativen* Rückfall in egoistische (↑Egoismus) Lebensformen unter Berufung darauf, daß Vernunft zum Scheitern verurteilt ist, (3) den ↑Zynismus, der sich mit der schlichten Resignation nicht begnügt, sondern, an Bestätigungen für das Scheitern der Vernunft interessiert, diese aufsucht oder tätig betreibt.

Ob und wie sich der seelische F. gewinnen oder verlieren läßt, ist daher ein Problem der *Vernunft*weisheit und insofern nicht ›höher als alle Vernunft‹ oder lediglich Gegenstand privater Lebensregeln.

Literatur: R. L. Holmes, On War and Morality, Princeton N. J. 1989; P. Imbusch/R. Zoll (eds.), F.s- und Konfliktforschung. Eine Einführung mit Quellen, Opladen 1996, ²1999; M. Jopp (ed.), Dimensionen des F.s. Theorie, Praxis und Selbstverständnis der F.sforschung, Baden-Baden 1992; W. Kempf, Konfliktlösung und Aggression. Zu den Grundlagen einer psychologischen F.sforschung, Bern/Stuttgart/Wien 1978; D. P. Lackey, The Ethics of War and Peace, Englewood Cliffs N. J. 1989; T. Nardin (ed.), The Ethics of War and Peace. Religious and Secular Perspectives, Princeton N. J. 1996, 1998; ders., Philosophy of War and Peace, REP IX (1998), 684–691; R. Norman, Ethics, Killing and War, Cambridge 1995; F. S. Northedge, Peace, War, and Philosophy, Enc. Ph. VI (1967), 63–67; J. Schwerdtfeger, Begriffsbildung und Theoriestatus in der F.sforschung, Opladen 2001; D. Senghaas (ed.), Den F. denken. Si vis pacem para pacem, Frankfurt 1995. F. K.

Fries, Jakob Friedrich, *Barby (Elbe) 23. Aug. 1773, †Jena 10. Aug. 1843, dt. Philosoph, Physiker und Mathematiker. Nach Schulzeit in der Herrnhuter Erziehungsanstalt und dem theologischen Seminar 1792–1795 ab 1795 zunächst Studium der Rechte in Leipzig, ab 1797 der Philosophie, Physik, Mathematik und Chemie (Stöchiometrie bei A. N. Scherer) in Jena, 1798–1799 Hauslehrer in der Schweiz, 1800 Wiederaufnahme des Studiums in Jena, 1801 Promotion und Habilitation. 1805, zugleich mit G. W. F. Hegel, a. o. Prof. der Philosophie in Jena, im gleichen Jahr o. Prof. der Philosophie in Heidelberg (Beginn der Freundschaft mit F. H. Jacobi), ab 1812 auch der Physik. 1816 o. Prof. in Jena (mit Hegel als seinem Heidelberger Nachfolger). Politische Untersuchungen gegen F. wegen seiner Teilnahme am Wartburgfest (1817) bleiben zunächst folgenlos, doch führen Intrigen im Zusammenhang mit der Ermordung A. v. Kotzebues durch seinen Schüler K. Sand 1819 zur Suspendierung. Ab 1824 darf F. wieder Physik und Mathematik öffentlich lesen, Philosophie erst ab 1838 (mit aufs Haus beschränkten Privatissima ab 1825).

Die Philosophie von F. schließt sich an I. Kants ↑Transzendentalphilosophie als Versuch der Begründung von Erkenntnis und Wissenschaft an. F. lehnt jedoch den spezifisch transzendentalen Charakter des Kantischen Ansatzes ab: Apriorische Vernunftkritik wird durch die Methode der Selbstbeobachtung zu einer anthropologisch-psychologischen Erfahrungswissenschaft, deren wichtigste Aufgabe es ist, Recht und Ethik als in der menschlichen Vernunft begründet nachzuweisen. Im Zusammenhang seiner anthropologischen Vernunftkritik gelangt F. zu einer bemerkenswert klaren Formulierung des später sogenannten ↑›Münchhausen-Trilemmas‹. F. entscheidet sich hier gegen die Alternativen ›Dogmatismus‹ und ›unendlicher Regreß‹ und votiert stattdessen für eine ›psychologistische‹ Begründungsbasis. Dabei werden nach F. nicht Sätze (›mittelbare Erkenntnis‹) aus Sinneswahrnehmungen (›unmittelbare Erkenntnis‹) *gefolgert*, sondern lediglich durch sie *motiviert*. In diesem Kontext ist die Unterscheidung zwischen einem unwillkürlichen ›unteren Gedankenlauf‹, für den neben dem, was Kant unter den Mechanismen und Resultaten der ›blinden‹ oder ›reproduktiven ↑Einbildungskraft‹ faßt, auch ein ›Wahrheitsgefühl‹ charakteristisch ist, und einem der Willkür unterworfenen ›oberen Gedankenlauf‹ wichtig. Modern gesprochen vertritt F. in der Erkenntnistheorie keine fundamentalistische sondern eine kohärentistische Position, zu der in Form des ›unteren Gedankenlaufs‹ eine erkenntniskonstitutive Rolle nicht-propositionalen Wissens gehört.

Zu den wichtigsten Anliegen bzw. Neuerungen F.' gehören eine Fortführung und Ausweitung der mathematischen Naturphilosophie im Geiste Kants und eine Begründung der Wahrheiten im Bereich von Ethik und Recht durch Vernunft und der von Religion und Ästhetik durch das Erkenntnisvermögen der Ahndung. In früher Ablehnung der Fichteschen Wissenschaftslehre und der Schellingschen Naturphilosophie führt F. einerseits Kants mathematische Naturphilosophie fort – im Gegensatz zu Kant unter Einschluß der Chemie (Stöchiometrie) –, andererseits korrigiert er Kants Vernachlässigung induktiver Methoden (↑Methode, induktive), denen F. in seiner theoretischen Philosophie einen Systemplatz einräumt. In diesem Zusammenhang faßt er ›Philosophie der Mathematik‹ erstmals als eigenständige Disziplin und antizipiert neben anderen modernen Positionen auch die Unterscheidung nach ↑Theorie und ↑Metatheorie. Ferner verfaßt er die erste, auch mathematisch auf der Höhe der Zeit stehende philosophische Monographie zur ↑Wahrscheinlichkeitstheorie.

F.' Natur- und Wissenschaftsphilosophie sowie seine Kritik der Wahrscheinlichkeitstheorie finden zwar die explizite Anerkennung von C. F. Gauß, doch bleibt seine Wirkung auf einen kleineren Kreis beschränkt. Erst zur Jahrhundertwende hin setzt eine, zum Teil noch andauernde, rückblickende Würdigung seiner Arbeiten ein. Neben seinen rechts- und staatstheoretischen Arbeiten, die sich mit ihrer Betonung individueller Freiheit und der Forderung nach Beendigung der deutschen Vielstaaterei, repräsentativer Verfassung und Verbot geheimer Bünde zeitgenössisch progressiv-liberal ausnahmen und neben Politikern auch eher konservative Kollegen wie Hegel öffentlich gegen sich aufbrachten, sind vor allem seine religionsphilosophischen Schriften von Bedeutung, insofern sie über den Theologen und Luther-Herausgeber W. M. L. de Wette und später über den Religionsphilosophen R. Otto wirken. – Bedeutende Schüler von F. sind F. Apelt und M. Schleiden, der Begründer der modernen Zytologie. Hauptvertreter der F.schen

Lehre und ihrer Weiterführung ist L. Nelson, der Begründer des sogenannten ›Neufriesianismus‹ (↑Friessche Schule).

Werke: Sämtliche Schriften. Nach der Ausgabe letzter Hand zusammengestellt, eingeleitet und mit einem Fries-Lexikon versehen, I–, ed. G. König/L. Geldsetzer, Aalen 1968 ff. (erschienen Bde I–XXVIII). – Reinhold, Fichte und Schelling, Leipzig 1803; Philosophische Rechtslehre und Kritik aller positiven Gesetzgebung, Jena 1803, Leipzig 1914; System der Philosophie als evidente Wissenschaft aufgestellt, Leipzig 1804; Wissen, Glaube und Ahndung, Jena 1805, Göttingen 1905, ed. L. Nelson 1931 (engl. Knowledge, Belief, and Aesthetic Sense, Köln 1989); Neue Kritik der Vernunft, I–III, Heidelberg 1807, unter dem Titel: Neue oder anthropologische Kritik der Vernunft, I–III, ^{2}1828–1831, Berlin 1935; System der Logik. Ein Handbuch für Lehrer und zum Selbstgebrauch, Heidelberg 1811, ^{3}1837, Leipzig 1914; Von deutscher Philosophie, Art und Kunst. Ein Votum für F. H. Jacobi gegen F. W. J. Schelling, Heidelberg 1812; Entwurf des Systems der theoretischen Physik. Zum Gebrauch bey seinen Vorlesungen, Heidelberg 1813; Julius und Evagoras: oder die neue Republik, Heidelberg 1814, mit Untertitel: Die Schönheit der Seele, I–II, Heidelberg 1822, mit Untertitel: Ein philosophischer Roman, ed. W. Bousset, Göttingen 1910 (engl. Dialogues on Morality and Religion, Oxford 1982); Handbuch der praktischen Philosophie oder der philosophischen Zwecklehre, I–II, Heidelberg 1818/1832; Handbuch der psychischen Anthropologie, oder die Lehre von der Natur des menschlichen Geistes, I–II, Jena 1820/1821, ^{2}1837/1839; Die mathematische Naturphilosophie, nach philosophischer Methode bearbeitet, Heidelberg 1822; System der Metaphysik. Ein Handbuch für Lehrer und zum Selbstgebrauch, Heidelberg 1824; Die Geschichte der Philosophie. Dargestellt nach den Fortschritten ihrer wissenschaftlichen Entwicklung, I–II, Halle 1837/1840; Versuch einer Kritik der Principien der Wahrscheinlichkeitsrechnung, Braunschweig 1842; Politik oder philosophische Staatslehre, ed. E. F. Apelt, Jena 1848. – Bibliographie, Abh. d. F.schen Schule NF 6 (1937), 473–495; T. Glasmacher, F. in: ders., F. – Apelt – Schleiden. Verzeichnis der Primär- und Sekundärliteratur 1798–1988, Köln 1989, 3–83.

Literatur: E. F. Apelt, Die Epochen der Geschichte der Menschheit. Eine historisch-philosophische Skizze II, Jena 1846, 1851; B. Bianco, J. F. F.. Rassegna storica degli studi (1803–1978), Neapel 1980; ders., »Ein Votum für Jacobi gegen Schelling«. F.' Teilnahme am Streit um die göttlichen Dinge, in: W. Jaeschke (ed.), Religionsphilosophie und spekulative Theologie. Der Streit um die göttlichen Dinge (1799–1812), Hamburg 1994, 155–173; W. Bonsiepen, Die Begründung einer Naturphilosophie bei Kant, Schelling, F. und Hegel. Mathematische versus spekulative Naturphilosophie, Frankfurt 1997; W. Dubislav, Die F.'sche Lehre von der Begründung. Darstellung und Kritik, Dömitz 1926; M. Elk, Die Begründung der Religionsphilosophie bei J. F. F., Breslau 1923; T. Elsenhans, F. und Kant. Ein Beitrag zur Geschichte und zur systematischen Grundlegung der Erkenntnistheorie, I–II, Gießen 1906; K. Fischer, Die beiden Kantischen Schulen in Jena, in: ders., Akademische Reden, Stuttgart 1862, 77–102; L. Gäbe, F., NDB V (1961), 608–609; E. Gaede, Die Religionsphilosophie von J. F. F. und Albert Görland, Oschersleben 1935; J. Grape, Die Prinzipien der Ethik bei F. und ihr Verhältnis zu den Kantischen, Diss. Leipzig 1903; C. Grapengiesser, I. Kant's Kritik der Vernunft und deren Fortbildung durch J. F. F.. Mit besonderer Beziehung zu den abweichenden Ansichten des Herrn Prof. Dr. H. Ulrici, Jena 1882; F. Gregory, Die Kritik von J. F. F. an Schellings Naturphilosophie, Sudh. Arch. 67 (1983), 145–157; ders., Kant's Influence on Natural Scientists in the German Romantic Period, in: R. P. W. Visser u. a. (eds.), New Trends in the History of Science, Amsterdam/Atlanta Ga. 1989, 53–66; H. Gronke/T. Meyer/B. Neisser (eds.), Antisemitismus bei Kant und anderen Denkern der Aufklärung, Würzburg 2001; J. Hasenfuß, Die Religionsphilosophie bei J. F. F., Würzburg 1935; M. Hasselblatt, J. F. F.. Seine Philosophie und seine Persönlichkeit. Eine einführende Darstellung, München 1922; E. L. T. Henke, J. F. F.. Aus seinem handschriftlichen Nachlaß dargestellt, Leipzig 1867, ^{2}1937 (mit Bibliographie, 379–399); K. Herrmann, Mathematische Naturphilosophie in der Grundlagendiskussion. J. F. F. und die Wissenschaften, Göttingen 2000; ders./W. Hogrebe (eds.), J. F. F.. Philosoph, Naturwissenschaftler und Mathematiker, Frankfurt 1999; G. Hubmann, Ethische Überzeugung und politisches Handeln. J. F. F. und die deutsche Tradition der Gesinnungsethik, Heidelberg 1997; A. Kastil, J. F. F. Lehre von der unmittelbaren Erkenntnis. Eine Nachprüfung seiner Reform der theoretischen Philosophie Kants, Göttingen 1912, Neudr. in: Abh. d. Fries'schen Schule NF 4 (1918), 1–336; L. Koenigsberger, Zur Erinnerung an J. F. F., Sitzber. Heidelberger Akad. Wiss., math.-naturwiss. Kl. II/A (1911); E. Koppermann, Der Offenbarungsbegriff in der Religionsphilosophie Kants, Fichtes, F.', Leipzig 1916; J. Kraft, Die Methode der Rechtstheorie in der Schule von Kant und F., Berlin 1924; A. H. Leser, Zur Methode der kritischen Erkenntnistheorie mit besonderer Berücksichtigung des Kant-F.'schen Problems, Dresden 1900; W. Mechler, Die Erkenntnislehre bei F.. Aus ihren Grundbegriffen dargestellt und kritisch erörtert, Würzburg 1911 (repr. Würzburg 1970) (Kant-St. 22); L. Nelson, J. F. F. und seine jüngsten Kritiker, Abh. d. Fries'schen Schule NF 1 (1906), 233–319; ders., Die kritische Ethik bei Kant, Schiller und F.. Eine Revision ihrer Prinzipien, Göttingen 1914, Neudr. in: Abh. d. Fries'schen Schule NF 4 (1918), 483–691; H. M. Nobis, F., DSB V (1972), 192–195; R. Otto, Kantisch-F.sche Religionsphilosophie und ihre Anwendung auf die Theologie. Zur Einleitung in die Glaubenslehre für Studenten der Theologie, Tübingen 1909, 1921 (engl. The Philosophy of Religion. Based on Kant and Fries, London 1931 [repr. New York 1970]); P. Petrak, Ethik und Sozialwissenschaft. Der Einfluß der Philosophie J. F. F. auf das Konzept einer normativen Sozialwissenschaft Gerhard Weissers, Regensburg 1999; M. J. Schleiden, J. F. F., der Philosoph, der Naturforscher. Eine biographische Skizze, Westermann's Illustrierte dt. Monatsh. 2 (1857), 264–278; C. Siegel, F.. Fortbildung der Kantischen Naturphilosophie durch J. F. F., in: ders., Geschichte der deutschen Naturphilosophie, Leipzig 1913, 119–130; M. Specht, J. F. F., der Begründer unserer politischen Weltansicht. Reden, gehalten auf dem fünften und sechsten Bundestage des Internationalen Jugend-Bundes 1923 und 1924, Stuttgart 1927; M. Thiel, Methode V/A (J. F. F.), Heidelberg 1991; Z. Torboff, Über die F.'sche Lehre vom Wahrheitsgefühl, Gelnhausen 1929; A. W. Wood, F., REP III (1998), 798–799; M. Wundt, Die Philosophie an der Universität Jena in ihrem geschichtlichen Verlaufe dargestellt, Jena 1932, 198–220. B. B./R. W.

Friessche Schule, Bezeichnung für eine nach J. F. Fries benannte philosophische Schulbildung, bei der die ›alte‹ und die ›Neue‹ F. S. unterschieden werden. Die alte F. S. wurde von ehemaligen Fries-Schülern gebildet und zielte primär darauf ab, die an I. Kant orientierte Philosophie von Fries gegen die dominanten Systeme der Hegelschen oder Schellingschen Philosophie lebendig zu halten und weiterzuentwickeln. Dazu diente die Gründung der Zeitschrift »Abhandlungen der F.n S.« (1847–1849). Als Herausgeber traten neben dem Philosophen und Sachwalter von Fries in Jena, E. F. Apelt, zum Teil bedeutende Fachwissenschaftler der Zeit auf (darunter der Botaniker M. J. Schleiden, der Mathematiker O. X. Schlömilch, der Zoologe E. O. Schmidt); auch der Theologe W. M. L. de Wette zählte zum engeren Kreis der (alten) F.n S.. (vgl. F. Ueberweg, Grundriß der Geschichte der Philosophie IV, ^{12}1924, 155 f., und J. T. Merz, A History of European Thought in the Nineteenth Century I, 1896, 1965, 208 [Anm. 2]).

Gemeinsam war den Mitgliedern der alten F.n S. das Bemühen um die Fortschreibung der Friesschen an Kants kritische Philosophie anschließenden Denkansätze in der ↑Naturphilosophie und der ↑Religionsphilosophie. Hatte Fries in betontem Gegensatz zum Deutschen Idealismus (↑Idealismus, deutscher) das Kantische Programm einer mathematischen Naturphilosophie weitergeführt, so arbeiten Apelt und Schleiden das von Fries skizzierte Programm aus, wie man die apriorisch-mathematische Theorienkonstitution mit empirisch-induktiver Bildung, Bestätigung und Verwerfung von ↑Hypothesen in einem Kantischen Rahmen zusammenbringt. Sie formulierten damit die einzige Kantische Antwort auf den ›Britischen Induktivismus‹ eines W. Whewell und eines J. S. Mill und lieferten in diesem Zusammenhang bedeutende wissenschaftstheoretische Beiträge. Für die Religionsphilosophie ist entscheidend, daß Fries die durch die Trias ›Wissen, Glaube, Ahnung‹ bezeichneten Erkenntnisquellen als gleichberechtigt auffaßte, eine Auffassung, die neben Apelt insbes. durch de Wette aufgenommen und einflußreich ausgearbeitet wurde.

L. Nelson gründete 1903 in Göttingen die Neue F. S., die nach regelmäßigen Treffen der Friesianer 1913 in die Gründung der ›Jakob-Friedrich-Fries-Gesellschaft‹ mündete. Zu den Gründungsmitgliedern der Neuen F.n S. gehörte der als ›Vater der sozialen Marktwirtschaft‹ (ansonsten durch seine Studie zur ↑Lügner-Paradoxie) bekannt gewordene Jurist A. Rüstow; 1905 stieß K. Grelling hinzu. Frühe Mitglieder der Fries-Gesellschaft waren unter anderem der Platon-Forscher O. Apelt (Sohn von E. F. Apelt) und der Mathematiker P. Bernays; D. Hilbert wurde 1917 deren förderndes Mitglied. 1904–1918 gab Nelson, gemeinsam mit dem Mathematiker G. Hessenberg und dem Physiologen K. Kaiser, die »Abhandlungen der Fries'schen Schule, Neue Folge« heraus (später von O. Meyerhof, F. Oppenheimer und M. Specht herausgegeben). Wegen Nelsons sozialistischer Ausrichtung setzte das Jahr 1933 diesen Bestrebungen ein Ende. Zum weiteren Umkreis der Neuen F.n S. muß auch der von Fries und de Wette beeinflußte Religionsphilosoph R. Otto (1869–1937) gezählt werden.

Arbeitsschwerpunkte der Neuen F.n S. waren eine Erneuerung der kritischen Erkenntnistheorie im Anschluß an Fries, die Wissenschaftstheorie – insbes. der Physik und Mathematik – und die Praktische Philosophie (↑Philosophie, praktische). Über J. Kraft vermittelt wirkte Fries auch auf K. R. Popper, dessen später von H. Albert so genanntes ↑Münchhausen-Trilemma Fries entlehnt ist (K. R. Popper, Logik der Forschung, Tübingen ^{10}1994, 60–61 [§ 25]; ders., Grundprobleme der Erkenntnistheorie I, Tübingen ^{2}1994, 81–136 [Kap. V]; vgl. H. Albert, Traktat über kritische Vernunft, Tübingen 1968, 11–15, ^{5}1991, 13–18 [§ 2]). Die Neue F. S. beeinflußte in Fragen der Praktischen Philosophie nicht nur die Programmarbeit der Nachkriegs-SPD, sondern bereitete auch die Aufnahme der Menschenwürde (↑Würde) als höchsten Verfassungswertes vor (H.-M. Baumgartner u. a., Menschenwürde und Lebensschutz. Philosophische Aspekte, in: G. Rager [ed.], Beginn, Personalität und Würde des Menschen, Freiburg/München 1997, 161–242, bes. 180). Schließlich geht die Gründung der Zeitschrift »Ratio« auf Mitglieder der Neuen F.n S. zurück.

Literatur: E. Blenke, Zur Geschichte der Neuen F.n S. und der Jacob Friedrich Fries-Gesellschaft, Arch. Gesch. Philos. 60 (1978), 199–208; K. H. Bloching, Friesianismus (Fries-Schule), Hist. Wb. Ph. II (1972), 1122–1123; T. Glasmacher, Fries – Apelt – Schleiden. Verzeichnis der Primär- und Sekundärliteratur 1798–1988, Köln 1989; V. Peckhaus, Hilbertprogramm und Kritische Philosophie. Das Göttinger Modell interdisziplinärer Zusammenarbeit zwischen Mathematik und Philosophie, Göttingen 1990, bes. 123–195 (Kap. 5); ders., Fries in ›Hilberts Göttingen‹. Die Neue F.S., in: W. Hogrebe/K. Herrmann (eds.), J. F. Fries. Philosoph, Naturwissenschaftler und Mathematiker, Frankfurt etc. 1999, 353–368; M. Specht, J. F. Fries. Der Begründer unserer politischen Weltsicht, Stuttgart 1927; M. Wundt, Das neunzehnte Jahrhundert. Die erste Generation, in: ders., Die Philosophie an der Universität Jena, in ihrem geschichtlichen Verlaufe dargestellt, Jena 1932, 360–382. – Abhandlungen der Fries'schen Schule 1 (1847) – 2 (1849) (repr. Hildesheim 1964), NF 1 (1904–1906) – 6 (1933–1937); weitere Literatur: ↑E. F. Apelt, ↑P. Bernays, ↑J. F. Fries, ↑K. Grelling, ↑G. Hessenberg, ↑L. Nelson. B. B.

Fromm, Erich (Pinchas), *Frankfurt 23. März 1900, †Locarno-Muralto (Schweiz) 18. März 1980, dt.-amerik. Sozialpsychologe und Psychoanalytiker jüdischer Herkunft. 1918/19 Studium zunächst der Rechtswissenschaften in Frankfurt, dann der Soziologie, Psychologie und Philosophie in Heidelberg; 1922 Promotion bei A. Weber zur Soziologie des Diasporajudentums. In der jüdischen Orthodoxie beheimatet und mit dem Chassidismus vertraut (Talmudstudium mit humanistisch-universalistischer Ausrichtung bei Rabbiner S. B. Rabinkow bis 1926 in Heidelberg) lernt F. 1924 die ↑Psychoanalyse S. Freuds durch F. Reichmann kennen, von der er sich analysieren läßt und die er 1926 heiratet.

1927 erste wissenschaftliche Veröffentlichungen zur Psychoanalyse, beeinflußt unter anderem von G. Groddeck und K. Horney; Ausbildung zum Psychoanalytiker in Frankfurt und Berlin; 1930 Eröffnung einer psychoanalytischen Praxis in Berlin. Ab 1929 Mitarbeit, ab 1930 Mitglied des von M. Horkheimer geführten Instituts für Sozialforschung in Frankfurt, zunehmender marxistischer Einfluß (neben Horkheimer L. Löwenthal und H. Marcuse) auf F.s sozialpsychologische Analysen zur Charakterstruktur und seine soziologischen Feldforschungen zur politischen Einstellung von Arbeitern und Angestellten im Rheinland vor der nationalsozialistischen Machtergreifung. 1933 durch Vermittlung von K. Horney Gastvorlesungen in Chicago; F. bleibt in den USA und siedelt 1934 nach New York über, um die Arbeit am Institut für Sozialforschung, das seit 1934 der Columbia University angegliedert ist, wiederaufzunehmen. 1943 Gründung und Leitung des New Yorker Zweigs der von H. S. Sullivan 1936 gegründeten Washington School of Psychiatry. 1949 Übersiedlung nach Mexiko City, dort psychoanalytische Ausbildungs- und Lehrtätigkeit; weiterhin Lehrtätigkeit an amerikanischen Universitäten und Instituten.

F. begründet die psychoanalytische Sozialpsychologie und revidiert damit Freuds Psychoanalyse, indem er ihre Triebtheorie (↑Trieb) und die Lehre vom Ödipuskomplex durch die vom menschlichen Gesellschaftscharakter (social character) ersetzt, der mit den ökonomischen, politischen und kulturellen Verhältnissen einer Gesellschaft in Wechselwirkung steht. Die Nichtbeachtung dieser Wechselseitigkeit in den religiösen und idealistischen Traditionen und individualistischen Orientierungen einerseits, in den materialistischen, vor allem marxistischen Gesellschaftsentwürfen andererseits machen eine wirkliche Reform des Umgangs des Menschen mit sich selbst, mit seinesgleichen sowie mit der belebten und unbelebten Welt unmöglich. Freudsche Kategorien transformierend spricht F. statt von Libido bzw. Lebens- und Todestrieb von Biophilie und Nekrophilie und statt von genitaler und prägenitaler Trieborganisation von produktiver und nicht-produktiver bzw. destruktiver Charakterorientierung, wobei Bio- und Nekrophilie nicht, wie der Lebens- und Todestrieb bei Freud, als gleichursprünglich angesehen werden, vielmehr gilt die Liebe zum Leben, zu Entfaltung und Wachstum als die natürliche Bewegung, die Lust an Tötung und Zerstörung als ein psychopathologisches Phänomen. Als nichtproduktive Verhaltensweisen sind rezeptive, ausbeuterische, hortende und sogenannte ›Marketing‹-Orientierungen anzusehen, letztere charakteristisch für sich am kapitalistischen Marktgeschehen ausrichtende Beziehungsmuster. Der menschliche Gesellschaftscharakter sorgt für die Kontinuität und Kohärenz der Lebenspraxis bestimmter gesellschaftlicher Gruppierungen und bildet den ›Kitt‹, der ihre Mitglieder und eine Gesellschaft im ganzen zusammenhält. Die einer Gruppe, Schicht oder Klasse gemeinsamen Ethosformen halten sie dazu an, in kultureller, politischer, moralischer und religiöser Hinsicht in gleicher Weise zu fühlen, zu denken und zu handeln. Insofern ihnen ihr Gesellschaftscharakter in der Regel verborgen ist, kann er als das Unbewußte der Gesellschaft gedeutet werden, das die Stelle von Freuds individualistisch konzipiertem Unbewußten einnimmt (↑Unbewußte, das).

Werke: Gesamtausgabe, I–XII, ed. R. Funk, I–X, Stuttgart, 1980–1981 (korr. repr. München 1989), XI–XII, Stuttgart 1999; Schriften aus dem Nachlaß, I–VIII, ed. R. Funk, Weinheim/Basel 1989–1992. – Die Entwicklung des Christusdogmas. Eine psychoanalytische Studie zur sozialpsychologischen Funktion der Religion, Imago. Z. f. Anwendung der Psychoanalyse auf die Natur- und Geisteswissenschaften 16 (1930), 305–373, separat Wien 1931, Neudr. in: Gesamtausg. VI, 11–68 (engl. The Dogma of Christ, in: The Dogma of Christ, and Other Essays on Religion, Psychology, and Culture, New York 1963, 1992, 3–91); Escape from Freedom, New York etc. 1941, 1994, unter dem Titel: The Fear of Freedom, London 1942 (dt. Die Furcht vor der Freiheit, Zürich 1945, Neudr. in: Gesamtausg. I, 215–392, München ^{7}1998); Man for Himself. An Inquiry into the Psychology of Ethics, New York 1947, 1990 (dt. Psychoanalyse und Ethik, Zürich/Stuttgart/Konstanz 1954, Neudr. mit Untertitel: Bausteine zu einer humanistischen Charakterologie, in: Gesamtausg. II, 1–157, München ^{5}1995); Psychoanalysis and Religion, New Haven Conn. 1950 (dt. Psychoanalyse und Religion, Zürich/Stuttgart/Konstanz 1966, Neudr. in: Gesamtausg. VI, 227–292, München ^{5}1993); The Forgotten Language. An Introduction to the Understanding of Dreams, Fairy Tales, and Myths, New York 1951 (dt. Märchen, Mythen, Träume. Eine Einführung zum Verständnis von Träumen, Märchen und Mythen, Zürich/Stuttgart/Konstanz 1957, Neudr. in: Gesamtausg. IX, 169–309, Reinbek b. Hamburg 1992); The Sane Society, New York 1955, London 1991 (dt. Der moderne Mensch und seine Zukunft. Eine sozialpsychologische Untersuchung, Frankfurt 1960, unter dem Titel: Wege aus einer kranken Gesellschaft. Eine sozialpsychologische Untersuchung, Frankfurt ^{10}1980, Neudr. in: Gesamtausg. IV, 1–254, München 2003); The Art of Loving, New York 1956, 2000 (dt. Die Kunst des Liebens, Frankfurt/Berlin/Wien 1959, Neudr. in: Gesamtausg. IX, 437–518, München 2001); Sigmund Freud's Mission. An Analysis of His Personality and Influence, London, New York 1959, Magnolia Mass. 1990 (dt. Sigmund Freuds Sendung. Persönlichkeit, geschichtlicher Standort und Wirkung, Frankfurt/Berlin/Wien 1961, unter dem Titel: Sigmund Freud. Seine Persönlichkeit und seine Wirkung, Frankfurt/Berlin/Wien 1981, Neudr. in: Gesamtausg. VIII, 153–221, München 1995); The Heart of Man. Its Genius for Good and Evil, New York 1964 (dt. Das Menschliche in uns. Die Wahl zwischen Gut und Böse, Zürich/Stuttgart/Konstanz 1968, unter dem Titel: Die Seele des Menschen. Ihre Fähigkeit zum Guten und zum Bösen, Stuttgart 1979, Neudr. in: Gesamtausg. II, 159–268, München 1988); You Shall Be as Gods. A Radical Interpretation of the Old Testament and Its Tradition, New York 1966, 1991 (dt. Die Herausforderung Gottes und des Menschen, Zürich/Stuttgart/Konstanz 1970, unter dem Titel: Ihr werdet sein wie Gott. Eine radikale Interpretation des Alten Testaments und seiner Tradition, Reinbek b. Hamburg 1980, Neudr. in: Gesamtausg. VI, 83–226, Hamburg

1994); The Revolution of Hope. Toward a Humanized Technology, New York 1968, 1970 (dt. Die Revolution der Hoffnung. Für eine humanisierte Technik, Stuttgart 1971, Neudr. in: Gesamtausg. IV, 255–377, München ²1991); The Crisis of Psychoanalysis. Essays on Freud, Marx and Social Psychology, Greenwich Conn., New York 1970, New York 1991 (dt. Analytische Sozialpsychologie und Gesellschaftstheorie, Frankfurt 1970, ⁷1982); The Anatomy of Human Destructiveness, New York 1973, 1992 (dt. Anatomie der menschlichen Destruktivität, Stuttgart 1974, Neudr. in: Gesamtausg. VII, 1–398, Reinbek b. Hamburg 1994); To Have or to Be?, New York 1976, London 1992 (dt. Haben oder Sein. Die seelischen Grundlagen einer neuen Gesellschaft, Stuttgart 1976, Neudr. in: Gesamtausg. II, 269–414, München 2001). – R. Funk, Gesamtverzeichnis der Schriften E. F.s, in: Gesamtausg. X, ed. R. Funk, Stuttgart 1981, 373–468, erw. München 1989, 373–479; ders., Nachtrag zum Gesamtverzeichnis der Schriften E. F.s, in: Wissenschaft vom Menschen III. Jahrbuch der Internationalen E.-F.-Gesellschaft, Münster 1992, 171–185; ders., Bibliographie der Literatur über E. F., Tübingen 1988 (Hauptband), Tübingen 1992 (Nachtrag 1), Tübingen 1994 (Nachtrag 2), Tübingen 1997 (Nachtrag 3); G. P. Knapp, Bibliography (E. F.), in: ders., The Art of Living. E. F.'s Life and Works, New York/Bern/Frankfurt 1989, 247–262.

Literatur: B. Bierhoff, E. F.. Analytische Sozialpsychologie und visionäre Gesellschaftskritik, Opladen 1993; D. Burston, The Legacy of E. F., Cambridge Mass. 1991; G.-B. v. Carlsburg/H. Wehr (eds.), E. F.. Wegbereiter einer humanistischen Psychoanalyse und humanen Schule, Lengerich etc. 2004; J. Claßen (ed.), E. F. und die Pädagogik. Gesellschafts-Charakter und Erziehung, Weinheim/Basel 1987; ders. (ed.), E. F. und die Kritische Pädagogik, Weinheim/Basel 1991; ders., E. F.. Erziehung zwischen Haben und Sein, Eitorf 2002; A. Cohen, Love and Hope. F. and Education, New York etc. 1990 (Original hebr.); M. Cortina/M. Maccoby (eds.), A Prophetic Analyst. E. F.'s Contribution to Psychoanalysis, Northvale N. J./London 1996; P. L. Eletti (ed.), Incontro con E. F. (Atti del Simposio Internazionale su E. F.. ›Dalla necrofilia alla biofilia. Linee per una psicoanalisi umanistica‹ Firenze 1986), Florenz 1988; R. I. Evans, Dialogue with E. F., New York 1966, 1981; M. Ferst (ed.), E. F. als Vordenker. »Haben oder Sein« im Zeitalter der ökologischen Krise, Berlin 2002; R. Funk, Mut zum Menschen. E. F.s Denken und Werk, seine humanistische Religion und Ethik, Stuttgart 1978 (engl. E. F.. The Courage to be Human, New York 1982); ders., E. F.. Mit Selbstzeugnissen und Bilddokumenten, Reinbek b. Hamburg 1983, ⁸2001; ders., E. F.. Liebe zum Leben. Eine Bildbiographie, Stuttgart 1999; ders./H. Johach/G. Meyer (eds.), E. F. heute. Zur Aktualität seines Denkens, München 2000; T. M. Gross, Der Mensch zwischen Wachstum und Verfall. Beiträge zu E. F.s humanistischer Charakterlehre, Münster 1992; J. Hardeck, Vernunft und Liebe. Religion im Werk von E. F., Frankfurt/Berlin 1992; D. Hausdorff, E. F., New York 1972; Internationale E.-F.-Gesellschaft (ed.), E. F. und die Kritische Theorie, Münster/Hamburg 1991; H. Johach, Analytische Sozialpsychologie und gesellschaftskritischer Humanismus. Eine Einführung in das Denken E. F.s, Dortmund 1986; M. Kessler/R. Funk (eds.), E. F. und die Frankfurter Schule, Tübingen 1992; G. P. Knapp, E. F., Berlin 1982; ders., The Art of Living. E. F.'s Life and Works, New York/Bern/Frankfurt 1989; B. Landis/E. S. Tauber, In The Name of Life. Essays in the Honor of E. F., New York 1971; S. A. Leavy, E. F. on Psychoanalysis and Ethics, Contemporary Psychoanalysis 30 (1994), 442–445; S. Lundgren, Fight Against Idols. E. F. on Religion, Judaism, and the Bible, Frankfurt/Berlin/Bern 1998; G. Mackenthun, Die Entstehungsgeschichte der ›Analytischen Sozialpsychologie‹ E. F.s 1928–1938. Eine Einführung, Frankfurt 1991; J.-M. Palmier, F., Enc. philos. universelle III/2 (1992), 3243–3244; D. H. Ortmeyer, Revisiting E. F., Int. Forum of Psychoanalysis 7 (1998), 25–33; A. Reif (ed.), E. F.. Materialien zu seinem Werk, Wien/München/Zürich 1978; H. Sieger, Die Logik der Liebe. Von E. F. zur Letztbegründung, Frankfurt/Berlin/Bern 1997; H. Wehr, F. zur Einführung, Hamburg 1990; L. v. Werder (ed.), Der unbekannte F.. Biographische Studien, Frankfurt 1987; R. Wiegand, E. F., in: J. Rattner (ed.), Pioniere der Tiefenpsychologie, Wien/München/Zürich 1979, 111–136.   R. Wi.

Fundamentalismus, Bezeichnung für eine Weltanschauung, die (nach eigener Einschätzung) besonders konsequent auf schon vorhandene, nicht anzuzweifelnde Fundamente zurückgreift. Historisch bedeutsam sind nur religiöse F.en. Sie berufen sich auf längst schon existierende und in der jeweiligen Gesellschaft anerkannte heilige Texte (Bibel, Koran) und Traditionen, die der F. wieder voll zu Geltung bringen und in der Gesellschaft praktisch wirksam machen will. Reformatorische Strömungen innerhalb einer Religion (G. Savonarola, J. Calvin) haben immer fundamentalistische Züge.
Der Terminus ›F.‹ wird erstmals von einer christlichen Strömung in den USA verwendet, die die zwölfbändige Schriftenreihe »The Fundamentals. A Testimony to Truth« (Chicago Ill. 1910–1915 [repr. in 4 Bdn., ed. G. M. Marsden, New York/London 1988]) herausgab. Typisch für diese Bewegung ist die Annahme der Verbalinspiration und absoluten Irrtumslosigkeit der Bibel, deren Text so weit wie möglich wörtlich aufgefaßt wird, z. B. als wahrer historischer Bericht über die Schöpfung. Der F. ist stets anti-modernistisch, gegen eine permissive Gesellschaft, in der die Verhaltensnormen der heiligen Tradition verlorengegangen sind. Aus systematischen Gründen besteht eine Aversion gegen aufklärerische Ideen, gegen die Evolutionslehre (an deren Stelle der ›Kreationismus‹ treten soll – in einigen Staaten der USA wurde die Behandlung der Evolutionslehre im Schulunterricht gesetzlich behindert, ›Affenprozeß‹ von Dayton, 1925), gegen historische oder philologische Analysen der heiligen Texte, gegen eine pluralistische Gesellschaft (↑Pluralismus) und Demokratie.
Die fundamentalistischen Strömungen des späten 20. Jhs. innerhalb des Islam und des Hinduismus sind zugleich Ausdruck großer sozialer Probleme (materielle Not, Arbeitslosigkeit, Perspektivenlosigkeit der Jugend) in den Entwicklungsländern und damit fast zwangsläufig anti-westlich, vor allem anti-amerikanisch, orientiert. Insoweit muß jede bloß ideologische oder theologische Auseinandersetzung mit dem F. wirkungslos bleiben. Aber auch abgesehen davon, daß zuallererst eigentlich ökonomische, gesellschaftliche und politische Probleme gelöst werden müßten, ist eine argumentative Ausein-

andersetzung mit dem F. nicht leicht (H. Schleichert 1997). Der direkte Weg wäre, die Geltung oder zumindest Relevanz der heiligen Fundamente des F. grundsätzlich zu bestreiten. Dieser Weg ist kaum möglich, weil die heiligen Fundamente in der jeweiligen Gesellschaft offiziell anerkannt und geschützt sind. Außerdem würde damit von vornherein die Gesprächsbasis zerstört. Wer nicht an seine heiligen Quellen glaubt, mit dem kann der Fundamentalist nicht diskutieren. Deshalb findet die Auseinandersetzung meist als ›interne‹ Kontroverse über die ›richtige‹ Auslegung der vom F. wie von seinen Gegnern gemeinsam anerkannten heiligen Fundamente statt. Allerdings kann der strikte F. auch die historisch-kritischen Methoden z. B. der Bibelwissenschaft nicht akzeptieren, weil dadurch der heilige Charakter der Bibel relativiert würde. Die möglichen ›internen‹ Argumentationsfiguren sind aus der christlichen Theologie des 20. Jhs. aus den Kontroversen zwischen ›Amtskirchen‹ und den verschiedenen Formen des F. bekannt und alle nicht wirklich konklusiv. Der Vorwurf z. B., der F. würde die heiligen Texte und Traditionen selektiv benützen, trifft sicher zu, läßt sich aber in gleicher Weise immer auch gegen die etablierten Amtskirchen richten. Wenn der F. argumentiert, die etablierte Kirche habe sich im Lauf der Zeit weit von den echten Fundamenten der Religion entfernt und diese verwässert, muß man unter Umständen damit rechnen, daß der F. den historischen Fakten näher kommt als seine Gegner. In diesem Streit gibt es keine objektive Entscheidungsmöglichkeit; deshalb läßt sich die beliebte Unterscheidung zwischen der ›wahren, richtigen‹ Form einer Religion einerseits, ihren ›abwegigen, verfehlten‹ Formen andererseits objektiv kaum aufrechterhalten. Der F. beruht auf einer hermeneutischen Extremposition, ist aber eine mögliche Erscheinungsform jeder altgewordenen Religion.

Insofern in den heiligen Texten auch kriegerische oder sonstige gewalttätige Maßnahmen enthalten sind oder aus ihnen herausgelesen werden können (z. B. Ausrotten der Abtrünnigen oder der Feinde, wie es im AT geboten wird), und insofern eine Religion auch den zivilen Lebensbereich zu bestimmen beansprucht (z. B. in der Rechtssprechung: ungleiche Rechte für Frauen und Männer, harte Körperstrafen, Eingriffe in die Kultur etc.), ist der F. nicht nur eine innerreligiöse Erscheinung, sondern zugleich eine unmittelbare, konkrete Gefahr für jede aufgeklärte Gesellschaft.

Literatur: R. S. Appleby/M. Marty (eds.), Fundamentalisms Comprehended, Chicago Ill. 1995; dies. (eds.), Herausforderung F.. Radikale Christen, Moslems und Juden im Kampf gegen die Moderne, Frankfurt 1996; J. Barr, F., München 1981; C. Choueiri, Islamic Fundamentalism, London 1990; ders., Islam and Fundamentalism, in: R. Eatwell/A. Wright (eds.), Contemporary Political Ideologies, London/New York 1993, ²1999, 255–278; ders., Islamic Fundamentalism, REP V (1998), 9–12; S. G. Cole, The History of Fundamentalism, New York 1931, Westport Conn. 1971; G. W. Dollar, A History of Fundamentalism in America, Greenville Jones 1973; N. F. Furniss, The Fundamentalist Controversy 1918–1931, New Haven Conn. 1954; M. S. Golwalkar, Bunch of Thoughts, Bangalore 1966, erw. ³1996; C. Gremmels, F., Hist. Wb. Ph. II (1972), 1133; W. Joest, F., TRE XI (1983), 732–738; Imam R. al-Khumayni, Islam and Revolution. Writings and Declarations of Imam Khomeini, Berkeley Calif. 1981; M. Kirloskar-Steinbach, Die Auseinandersetzung zwischen Liberalismus, Säkularismus und »tolerantem F.« im gegenwärtigen Indien, Göttingen 2001; S. Macedo, Liberal Civic Education and Religious Fundamentalism. The Case of God vs. John Rawls?, Ethics 105 (1993), 468–496; H. Mandt, Politik im Demokratie. Aufsätze zu ihrer Theorie und Ideengeschichte, Baden-Baden 1998, bes. 172–194 (Kap. 11 Die offene Gesellschaft und die Wurzeln des zeitgenössischen F.); G. M. Marsden, Evangelical and Fundamental Christianity, ER V (1987), 190–197; S. al-Maududi, Ethical Viewpoint of Islam, London 1967; ders., The Moral Foundations of the Islamic Movement, Lahore ³1982; H. Mynarek, Denkverbot. F. in Christentum und Islam, München 1992; W. Reinhard (ed.), Die fundamentalistische Revolution. Partikularistische Bewegungen in der Gegenwart und ihr Umgang mit der Geschichte, Freiburg 1995; M. Riesebrodt, F. als patriarchalische Protestbewegung, Tübingen 1990; W. B. Riley, Inspiration or Evolution?, Cleveland Ohio 1926; H. Schleichert, Wie man mit Fundamentalisten diskutiert, ohne den Verstand zu verlieren. Anleitung zum subversiven Denken, München 1997, 2001; B. Tibi, Der religiöse F. im Übergang zum 21. Jahrhundert, Mannheim/Leipzig 1995. H. S.

Fundamentalismus, begründungstheoretischer (von lat. fundamentum, Grundlage; engl. foundationalism), philosophische Position, dergemäß jede Fundierung, also jede Begründung oder Rechtfertigung, von einer Menge von Aussagen (der ↑›Basis‹) auszugehen hat, die einer Fundierung weder fähig noch bedürftig sind. Der F. stellt demgemäß eine Position bezüglich der Struktur menschlichen Wissens dar, nicht bezüglich der Art der Aussagen, die die Basis bilden. Innerhalb der Philosophiegeschichte sind vor allem empiristische (↑Empirismus) und rationalistische (↑Rationalismus) Varianten des F. zu unterscheiden. Eine fundamentalistische Theorie menschlichen Wissens und Handelns steht nicht nur vor dem Problem, eine Reihe von Aussagen als Basis zu gewinnen; insofern aus der Basis weitere Aussagen gefolgert werden sollen, stellt sich auch ein (zumeist vernachlässigtes) Rechtfertigungsproblem bezüglich der einzusetzenden ↑Logik (Problem des logischen Pluralismus). Da es sich hierbei wiederum um ein Fundierungsproblem handelt, ist der F. zur Annahme gleichfalls basaler logischer Regeln oder Gesetze gezwungen.

Als wichtigster Vertreter des F. in der antiken Philosophie kann Aristoteles gelten, der die spätere Entwicklung vor allem durch die Entwicklung eines für den F. charakteristischen Argumentationsschemas beeinflußt hat, demgemäß Erkenntnis nur dann möglich ist, wenn eine Basis zur Verfügung steht: Da der Versuch, jede Behauptung zu beweisen, in einen infiniten Regreß

(↑regressus ad infinitum) führen würde (an. post. A3.72b5–73a6), muß es neben dem diskursiven Wissen (↑Diskurs) erste ›intuitive‹ (↑Intuition) Einsichten geben, die nicht durch Folgerungen gewonnen sind. Diese ersten Prinzipien werden durch das Verfahren der ἐπαγωγή (↑Epagoge) erkannt und sind somit letzten Endes von der sinnlichen Wahrnehmung (αἴσθησις) abhängig (an. post. A19.100a3–100b5). Demgegenüber entwickelt der antike ↑Skeptizismus explizit gegen den F. gerichtete Argumente. Von besonderer Bedeutung sind in diesem Zusammenhang die fünf zur ἐποχή (↑Epochē) führenden Tropen des Agrippa (Diog. Laert. IX 88–89; Sextus Empiricus, Hypotyposes I 164–177). Drei der Tropen lassen sich dabei als Antizipation des gleichfalls antifundamentalistisch ausgerichteten ↑Münchhausen-Trilemmas verstehen: Gemäß dem Tropus des unendlichen Regresses (ὁ εἰς ἄπειρον ἐκβάλλων) ist eine Fundierung von Geltungsansprüchen unmöglich, weil eine jede Behauptung, auf die zurückgegriffen werde, ihrerseits einer Begründung bedürfe; dem sei nur durch unbegründete Annahmen (Tropus aus der Voraussetzung, ὁ ὑποθετικὸς τρόπος) oder durch Beweiszirkel (Tropus aus der Diallele, ὁ διάλληλος τρόπος) zu entgehen.

Die wohl radikalste Variante des F. liegt in der Philosophie R. Descartes' vor, in der F. und ↑Mentalismus eine nicht nur das Denken der Neuzeit nachhaltig prägende Synthese eingehen (noch Husserls »Cartesianische Meditationen« [1931] stellen einen Versuch dar, im Rahmen eines bewußtseinsphilosophischen Ansatzes die Philosophie zu einer vorurteilsfreien, absolut begründeten Wissenschaft zu machen). Da lediglich das Wissen um die eigenen mentalen Zustände auch dem radikalsten ↑Zweifel entzogen sei, liegt für Descartes das *fundamentum inconcussum* in der Aussage ›ego sum, ego existo‹ (↑cogito ergo sum). Die Existenz eines zweifelnden Ich stellt jedoch eine zu schmale Basis dar, so daß Descartes Gott als Garanten der Sicherheit der Erkenntnis benötigt. Ein Gottesbeweis setzt allerdings voraus, daß bereits über den ›archimedischen Punkt‹ hinausgehende ↑Gewißheiten zur Verfügung stehen. Dieses unter der Bezeichnung ›Cartesischer Zirkel‹ bekannte Problem ist für den gesamten F. charakteristisch: Damit das fundamentalistische Programm Aussicht auf Erfolg haben kann, muß nicht nur eine Basis überhaupt zur Verfügung stehen; vielmehr muß diese auch hinreichend breit sein, um zentrale Wissensbestände fundieren zu können.

In der jüngeren deutschen Debatte zum Begründungsproblem lassen sich im wesentlichen drei Richtungen unterscheiden:

(1) Die vor allem von K.-O. Apel (in abgeschwächter Form einer ↑Universalpragmatik von J. Habermas) vertretene ↑Transzendentalpragmatik läßt sich als eine sprachanalytisch (↑Sprachanalyse) transformierte Variante der klassischen bewußtseinsphilosophischen ↑Transzendentalphilosophie betrachten und ist somit dem F. zuzurechnen. Eine Aussage ist nach Apel genau dann Teil der Basis (›letztbegründet‹), wenn sie nicht ohne performativen Widerspruch negiert und nicht ohne Zirkel abgeleitet werden kann (↑Letztbegründung). Im Gegensatz zum traditionellen F. steht bei Apel jedoch nicht die Begründung von Behauptungen, sondern die Rechtfertigung ethischer Normen im Mittelpunkt des Interesses.

(2) Demgegenüber haben K. R. Popper und H. Albert – unter anderem in Auseinandersetzung mit dem ↑Certismus H. Dinglers – für eine ›kritizistische‹ Position plädiert (↑Rationalismus, kritischer), dergemäß auf den Gedanken einer zureichenden Begründung vollständig zu verzichten ist. Während sich Popper in seiner ↑Logik der Forschung primär gegen den Versuch wendet, empirische Allaussagen durch ↑Induktion (↑Induktivismus) zu fundieren, und statt dessen für eine deduktivistische Methode (↑Deduktivismus) argumentiert, hat vor allem H. Albert (aber auch Popper selbst) die falsifikationistische Wissenschaftstheorie (↑Falsifikation) zu einer allgemeinen Kritik am Begründungsideal ausgebaut: Da gemäß dem Münchhausen-Trilemma der Versuch, alles zu begründen, nur in einen Zirkel, einen infiniten Regreß oder einen dogmatischen Abbruch des Begründungsverfahrens führen kann, laufe der F. darauf hinaus, das Begründungsverfahren durch Rekurs auf ein Dogma abzubrechen. Aufgrund der Fragwürdigkeit des Begründungsprinzip müsse es dementsprechend zugunsten eines Prinzips der kritischen Prüfung (↑Prüfung, kritische) aufgegeben werden. Da jede Erkenntnis grundsätzlich nur vorläufige Geltung beanspruchen kann (↑Fallibilismus), zeichnet sich das wissenschaftliche Vorgehen durch das Aufstellen unbegründeter Hypothesen und den anschließenden Versuch, diese zu falsifizieren, aus.

(3) Der ↑Konstruktivismus (↑Wissenschaftstheorie, konstruktive) der ↑Erlanger Schule läßt sich als ein Versuch betrachten, einen Mittelweg zwischen F. und Skeptizismus zu finden, also den Anspruch auf Fundierung von Geltungsansprüchen aufrechtzuerhalten, ohne dabei von der Existenz letztbegründeter Einsichten auszugehen. Dem fundamentalistischen Programm einer Letztbegründung wird die Idee einer lebensweltlichen (↑Lebenswelt) Fundierung von Geltungsansprüchen entgegengesetzt. Durch einen zwar nicht voraussetzungslosen, aber auch nicht willkürlichen ›Anfang inmitten‹ (vgl. W. Kamlah/P. Lorenzen, Logische Propädeutik, 17) wird der Begründungsregreß zwar an einer bestimmten Stelle abgebrochen, jedoch nicht durch Rekurs auf ein bloßes Dogma. Vielmehr ist es das Ziel, prädiskursive Einverständnisse herzustellen, die es gestatten, innerhalb einer gemeinsamen Argumentationskultur erfolgreich Be-

hauptungen zu begründen oder Aufforderungen zu rechtfertigen. Den entscheidenden theoretischen Anknüpfungspunkt stellt im begründungstheoretischen Programm des Konstruktivismus der Lebensweltbegriff des späten Husserl dar. Sofern unter dem Ausdruck ›Lebenswelt‹ das Ensemble derjenigen operativen und zum Teil diskursiven Evidenzen verstanden wird, die unabhängig von wissenschaftlichen Theorien das jeweilige prädiskursive Einverständnis des (Zusammen-)Lebens bilden, ist im Rückgriff auf diese Evidenzen eine methodisch verfahrende Fundierung menschlichen Wissens und Handelns möglich, die allerdings keinen Anspruch auf *absolute* Geltung erhebt. Um diejenigen Elemente der fundierenden Lebenswelt herauszupräparieren, die nicht bloß okkasionell sind, bietet sich der Rückgriff auf das Schema des Retorsionsargumentes (↑Retorsion) an: Wer etwa bestreitet, daß es Behauptungen und mit diesen gesetzte Geltungsansprüche gibt, verwickelt sich in eine Ungereimtheit (inconcinnitas), weil er zugleich unterstellen muß, daß er und seine Hörer Behauptungen vollziehen und verstehen können. Es wird also durch den Vollzug einer Redehandlung (↑Sprechakt) eine lebensweltliche ↑Präsupposition für das Gelingen dieses Vollzuges bestritten. Insofern die Konstatierung einer Ungereimtheit davon abhängig ist, daß sich ↑Proponent und ↑Opponent über die Präsuppositionen eines Redehandlungstyps einig sind, eignen sich Retorsionsargumente nur dann zur Bereitstellung von Anfängen, wenn beide Diskursparteien einer gemeinsamen Argumentationskultur angehören. Eine Letztbegründung im Sinne des F. ist jedoch auch durch retorsive Argumentationsschemata nicht zu erreichen (↑Fundamentalphilosophie).

In der angelsächsischen Diskussion wird der F. gemeinhin dem Kohärentismus (↑kohärent/Kohärenz, ↑Wahrheitstheorien) gegenübergestellt und auf die Frage bezogen, ob Erfahrungs- oder Beobachtungssätze eine ›Basis‹ im Sinne des F. darstellen können. Sofern diese Frage bejaht wird, kann die entsprechende Position als ›epistemologischer F.‹ bezeichnet werden. Einen für die gegenwärtige Debatte über diese Variante des F. zentralen Ansatzpunkt stellt die im ↑Wiener Kreis geführte Protokollsatzdiskussion dar (↑Protokollsatz). Während R. Carnap (1931) Protokollsätze phänomenalistisch als Äußerungen auffaßt, die eigenpsychische Erlebnisse unmittelbar beschreiben und keiner Bewährung bedürfen, vertritt O. Neurath (1932/1933) in Antizipation Quinescher Ansätze die These, daß sämtliche Sätze der ↑Einheitswissenschaft ein System bilden, in dem auch Protokollsätze ›gestrichen‹ werden können. In eine ähnliche Richtung weist Poppers Konzeption des ↑Basissatzes: Da auch Basissätze theoriebeladen (↑Theoriebeladenheit) sind, können sie zwar zur ↑Falsifikation herangezogen werden; sie sind aber ihrerseits als prinzipiell revidierbare Hypothesen einzustufen.

Zu den wichtigsten Skeptikern bezüglich eines epistemologischen F. gehört W. Sellars, der gegenüber dem empiristischen ›Mythos des Gegebenen‹ darauf hingewiesen hat, daß Wahrnehmungsaussagen ebenso wie andere Sätze in einem ›game of giving and asking for reasons‹ angegriffen und verteidigt werden können. Die Rationalität empirischen Wissens beruhe entsprechend nicht auf der Existenz eines Fundamentes, sondern auf dem Umstand, daß die Naturwissenschaft ein selbstkorrigierendes Unternehmen darstellt, »which can put *any* claim in jeopardy, though not *all* at once« (Empiricism and the Philosophy of Mind, Cambridge 1997, 79). Eng mit dieser These verbunden ist die Abwehr eines semantischen Atomismus, demgemäß elementare Ausdrücke einer Sprache als primäre Bedeutungsträger zu verstehen wären; vielmehr kenne ein Sprecher nur dann etwa den semantischen Gehalt des Ausdrucks ›grün‹, wenn er zumindest mit einem größeren Fragment der jeweiligen Sprache und den inferentiellen Beziehungen zwischen einzelnen Ausdrücken vertraut sei. – In ihrer Verbindung von semantischem und wissenschaftstheoretischem ↑Holismus (Duhem-Quine-These, ↑experimentum crucis) ähnlich gelagert sind die Überlegungen W. V. O. Quines, der an der empiristischen Variante des F. zwei eng miteinander verbundene Dogmen kritisiert: die Unterscheidung ↑analytischer und ↑synthetischer Sätze und den semantischen ↑Reduktionismus in Form des ↑Verifikationsprinzips. Dem Logischen Empirismus (↑Empirismus, logischer) setzt Quine das Bild eines das gesamte Wissen umfassenden Netzes entgegen, in dessen Zentrum die ›analytischen‹ Sätze der Logik und Mathematik und an dessen Rändern ›synthetische‹ Sätze stehen.

Literatur: H. Albert, Traktat über kritische Vernunft, Tübingen 1968, erw. [5]1991; ders., Transzendentale Träumereien. Karl-Otto Apels Sprachspiele und sein hermeneutischer Gott, Hamburg 1975; W. P. Alston, Two Types of Foundationalism, J. Philos. 73 (1976), 165–185 (dt. Zwei Arten von F., in: P. Bieri [ed.], Analytische Philosophie der Erkenntnis, Frankfurt 1987, 1992, Weinheim 1994, [4]1997, 217–238); K.-O. Apel, Transformation der Philosophie, I–II, Frankfurt 1973, 1976, I [5]1994, II [6]1999 (engl. Towards a Transformation of Philosophy, London etc. 1980, Milwaukee Wisc. 1998); R. Audi, Foundationalism, Epistemic Dependence, and Defeasibility, Synthese 55 (1983), 119–139; R. Brandom, Making It Explicit. Reasoning, Representing, and Discursive Commitment, Cambridge Mass./London 1994 (dt. Expressive Vernunft. Begründung, Repräsentation und diskursive Festlegung, Frankfurt 2000); R. Carnap, Die physikalische Sprache als Universalsprache der Wissenschaft, Erkenntnis 2 (1931), 432–465; R. M. Chisholm, A Version of Foundationalism, Midwest Stud. Philos. 5 (1980), 543–564; D. Christie, Contemporary ›Foundationalism‹ and the Death of Epistemology, Metaphilos. 20 (1989), 114–126; J. van Cleve, Foundationalism, Epistemic Principles, and the Cartesian Circle, Philos. Rev. 88 (1979), 55–91; M. Dascal, Pragmatics and Foundationalism, J. of Pragmatics 17 (1992), 455–460; M. R. DePaul, Reflective Equilibrium and Foundationalism, Amer. Philos.

Quart. 23 (1986), 59–69; H. Dingler, Die Ergreifung des Wirklichen, München 1955, unter dem Titel: Die Ergreifung des Wirklichen. Kapitel I–IV, Frankfurt ²1969 (ohne Kap. V, erw. um eine Einleitung: »Die methodische Philosophie Hugo Dinglers« von K. Lorenz/J. Mittelstraß, 7–55); J. B. Freeman, Why Classical Foundationalism Cannot Provide a Proper Account of Premise Acceptability, Inquiry. Critical Thinking Across the Disciplines 15/4 (1996), 17–27; R. A. Fumerton, Foundationalism, Conceptual Regress, and Reliabilism, Analysis 48 (1988), 178–184; C. F. Gethmann, Letztbegründung vs. lebensweltliche Fundierung des Wissens und Handelns, in: Forum für Philosophie Bad Homburg (ed.), Philosophie und Begründung, Frankfurt 1987, 268–302; ders./R. Hegselmann, Das Problem der Begründung zwischen Dezisionismus und F., Z. Allg. Wiss.-theorie 8 (1977), 342–368; R. Haller, Justification and Praxeological Foundationalism, Inquiry 31 (1988), 335–345; R. Harré/D. N. Robinson, What Makes Language Possible? Ethological Foundationalism in Reid and Wittgenstein, Rev. Met. 50 (1997), 483–498; J. Heath, Foundationalism and Practical Reason, Mind 106 (1997), 451–473; O. R. Jones, Foundationalism, in: T. Honderich (ed.), The Oxford Companion to Philosophy, Oxford/New York 1995, 289; W. Kamlah/P. Lorenzen, Logische Propädeutik. Vorschule des vernünftigen Redens, Mannheim 1967, erw. ²1973, 1990, Stuttgart/Weimar 1996; P. Klein, Foundationalism and the Infinite Regress of Reasons, Philos. Phenom. Res. 58 (1998), 919–925; D. Koppelberg, Foundationalism and Coherentism Reconsidered, Erkenntnis 49 (1998), 255–283; J. Margolis, Skepticism, Foundationalism, and Pragmatism, Amer. Philos. Quart. 14 (1977), 119–127; J. Mittelstraß, Wider den Dingler-Komplex, in: ders., Die Möglichkeit von Wissenschaft, Frankfurt 1974, 84–105, 230–234; ders., Gibt es eine Letztbegründung?, in: P. Janich (ed.), Methodische Philosophie. Beiträge zum Begründungsproblem der exakten Wissenschaften in Auseinandersetzung mit Hugo Dingler, Mannheim/Wien/Zürich 1984, 12–35, ferner in: J. Mittelstraß, Der Flug der Eule. Von der Vernunft der Wissenschaft und der Aufgabe der Philosophie, Frankfurt 1989, 281–312; P. K. Moser, Does Foundationalism Rest on a Mistake?, Conceptus 19 (1985), 9–21; ders., Foundationalism, in: R. Audi (ed.), The Cambridge Dictionary of Philosophy, Cambridge etc. ²1999, 321–323; O. Neurath, Protokollsätze, Erkenntnis 3 (1932/1933), 204–214; W. V. O. Quine, From a Logical Point of View. 9 Logico-philosophical Essays, Cambridge Mass. 1953, ²1961, 1980 (dt. Von einem logischen Standpunkt. Neun logisch-philosophische Essays, Frankfurt 1979); ders., Word and Object, Cambridge Mass. 1960, ²1964, ²¹1996 (dt. Wort und Gegenstand (Word and Object), Stuttgart 1980, 1993); N. Rescher, Foundationalism, Coherentism, and the Idea of Cognitive Systematization, J. Philos. 71 (1974), 695–708; W. Sellars, Empiricism and the Philosophy of Mind, in: H. Feigl/M. Scriven (eds.), The Foundations of Science and the Concepts of Psychology and Psychoanalysis, Minneapolis Minn. 1956, ⁷1976 (Minn. Stud. Philos. Sci. I), 253–329, separat Cambridge Mass./London 1997, 2000 (dt. Der Empirismus und die Philosophie des Geistes, Paderborn 1999); S. Shapiro, Foundations without Foundationalism. A Case for Second-Order Logic, Oxford etc. 1991; D. Shatz, Foundationalism, Coherentism, and the Levels Gambit, Synthese 55 (1983), 97–118; E. S. Shirley, Chisholm's Foundationalism and His Theory of Perception, Erkenntnis 27 (1987), 371–378; E. Simpson (ed.), Anti-Foundationalism and Practical Reasoning. Conversations between Hermeneutics and Analysis, Edmonton 1987; B. Singer/T. Rockmore (eds.), Anti-Foundationalism: Old and New, Philadelphia Pa. 1992; E. Sosa, The Foundations of Foundationalism, Noûs 14 (1980), 547–564; ders., Foundationalism, REP III (1998), 718–723; E. Stiffler, A Definition of Foundationalism, Metaphilos. 15 (1984), 16–25; T. Triplett, Recent Work on Foundationalism, Amer. Philos. Quart. 27 (1990), 93–116; T. E. Uebel, Anti-Foundationalism and the Vienna Circle's Revolution in Philosophy, Brit. J. Philos. Sci. 47 (1996), 415–440; F. D. Walters, Gorgias as Philosopher of Being. Epistemic Foundationalism in Sophistic Thought, Philos. Rhet. 27 (1994), 143–155.   C. F. G.

Fundamentalontologie, von M. Heidegger in »Sein und Zeit« (1927) eingeführte Bezeichnung für diejenige Fragestellung, die der ↑Ontologie und damit der Frage nach dem Sinn von ↑Sein aus methodischen Gründen vorausgeht. Da der Sinn von Sein nur als ↑transzendentales Apriori (↑a priori) des menschlichen Lebensvollzuges (↑Daseins) methodisch erfaßt werden kann, muß der Ontologie eine ›Analytik des Daseins‹ als Fundament vorgeordnet werden. Diese ist nicht zu verwechseln mit einer philosophischen ↑Anthropologie, die nach phänomenologischer Konzeption (↑Phänomenologie, E. Husserl), der Heidegger weithin folgt, eine regionale Ontologie ist und methodisch somit der Ontologie erst nachfolgt. Der Aufbau der F. folgt dem Schema, möglichst selbstverständliche lebensweltliche Phänomene (›alltägliches ↑In-der-Welt-sein‹) auf ihre Strukturen (ihr ›Sein‹) hin zu untersuchen, in deren Licht die Ausgangsphänomene methodisch wiederum tiefer analysiert werden können (vgl. Tafel).

Aufbau der Fundamentalontologie

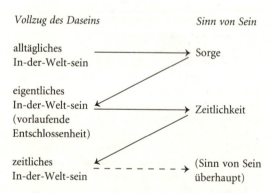

Gemäß dem Konzept der transzendentalen Phänomenologie müssen solche apriorischen Strukturen wiederum zunächst als Phänomene erfahrbar sein, die zu ›formalanzeigenden‹ Strukturbegriffen umgewandelt werden. Mit der Explikation der ↑Zeitlichkeit und des zeitlichen In-der-Welt-seins wird (zunächst ähnlich wie bei Husserl, ↑Bewußtseinsstrom) der äußerste Horizont erreicht, aus dem heraus sich der Sinn von Sein bestimmen lassen soll. Insoweit ist die F. im veröffentlichten Teil von »Sein und Zeit« inhaltlich an ihr Ziel gelangt. Die

Fortsetzung des Programms in Richtung einer allgemeinen Ontologie wird von Heidegger jedoch nicht weiterverfolgt; seine spätere Philosophie geht mit der Konzeption der ↑Seinsgeschichte einen anderen Weg. Ob dieser ebenfalls die F. als Grundlage voraussetzt oder gegen die Konzeption der F. gerichtet ist, ist aus Heideggers Schriften nicht eindeutig entnehmbar.

Philosophiegeschichtlich ist das Programm der F. als Versuch zu werten, die phänomenologische Theorie der Konstitution von ›Objektivität‹ von denjenigen solipsistischen (↑Solipsismus) Konnotationen zu befreien, die Husserl in seinen »Cartesianischen Meditationen« noch erhebliche Schwierigkeiten bereiteten, und die Philosophie methodisch auf die Basis lebensweltlich schon immer anerkannter Orientierungen des Handelns und Redens zu stellen (↑Lebenswelt). Im Gegensatz zur ↑Lebensphilosophie (W. Dilthey) geht es dabei jedoch nicht um die Relativierung philosophischer Einsicht auf diese lebensweltlichen Selbstverständlichkeiten, sondern um die Ausgrenzung situationsinvarianter Strukturen des menschlichen Weltvollzuges. Wissenschaftliche Objektivität (↑objektiv/Objektivität) ist in diesem Sinne ebenfalls als Ergebnis einer konstitutiven Genesis (›ontologische Genesis‹, Sein und Zeit, § 69 b) aus dem lebensweltlich-praktischen Umgang mit Gegenständen heraus zu verstehen. Im Rahmen der F. Heideggers ist somit bereits eine Konzeption von ↑Wissenschaftstheorie vorgezeichnet, die versucht, die Rechtfertigbarkeit wissenschaftlicher Geltungsansprüche als Problem einer Rechtfertigung inmitten einer schon immer vertrauten Welt zu entwickeln (W. Kamlah/P. Lorenzen, Logische Propädeutik, 1967, ²1973, Einl. § 2) (↑Wissenschaftstheorie, konstruktive).

Literatur: K.-O. Apel, Dasein und Erkennen. Eine erkenntnistheoretische Interpretation der Philosophie Martin Heideggers, Diss. Bonn 1949; M. Brelage, Transzendentalphilosophie und konkrete Subjektivität. Eine Studie zur Geschichte der Erkenntnistheorie im 20. Jahrhundert, in: ders., Studien zur Transzendentalphilosophie, Berlin 1965, 72–253; E. Coreth, Heidegger und Kant, in: J. B. Lotz (ed.), Kant und die Scholastik heute, Pullach 1955, 207–255; C. F. Gethmann, Verstehen und Auslegung. Das Methodenproblem in der Philosophie Martin Heideggers, Bonn 1974; ders., Dasein: Erkennen und Handeln. Heidegger im phänomenologischen Kontext, Berlin 1993; M. Heidegger, Sein und Zeit. Erste Hälfte, Jb. Philos. phänomen. Forsch. 8 (1927), 1–438, separat Halle 1927, Tübingen ¹⁸2001; W. Kamlah/P. Lorenzen, Logische Propädeutik oder Vorschule des vernünftigen Redens, Mannheim 1967, erw. unter dem Titel: Logische Propädeutik. Schule des vernünftigen Redens, Mannheim ²1973, Stuttgart/Weimar ³1996; M. Kangrga, ›F.‹ und Zeit, Synthesis Philos. 1 (1986), 33–55; J. Mittelstraß, Martin Heidegger. Diesseits und jenseits von »Sein und Zeit« (1927), in: W. Erhart/H. Jaumann (eds.), Jahrhundertbücher. Große Theorien von Freud bis Luhmann, München 2000, 107–127, 440–442; O. Pöggeler, F. als Gründung der Metaphysik, in: ders., Der Denkweg Martin Heideggers, Pfullingen 1963, (erw. um ein Nachwort) ²1983, (erw. um ein Nachwort) ³1990, (erw. um ein zweites Nachwort) Stuttgart ⁴1994, 46–66 (Kap. 3) (engl. Martin Heidegger's Path of Thinking, Atlantic Highlands N. J. 1987); W. Schulz, Über den philosophiegeschichtlichen Ort Martin Heideggers, Philos. Rdsch. 1 (1953/1954), 65–93, 211–232, Neudr. in: O. Pöggeler (ed.), Heidegger. Perspektiven zur Deutung seines Werks, Köln 1969, Weinheim ³1994, 95–139. C. F. G.

Fundamentalphilosophie, zusammenfassende Bezeichnung derjenigen Überlegungen, die den erkenntnistheoretischen Status, die Methode und die Möglichkeitsbedingungen der ↑Philosophie betreffen. In diesem Sinne taucht der Terminus vor allem in der Philosophie des 19. Jhs. auf, und zwar in einer metaphysischen (↑Metaphysik) und einer transzendentalphilosophischen (↑Transzendentalphilosophie) Akzentuierung (in transzendentalphilosophischer Bedeutung zum ersten Mal bei W. T. Krug). Dabei sind zwei Akzentuierungen der Begriffsverwendung zu unterscheiden: Einerseits wird in einem *metaphysischen* Sinne ›F.‹ als gleichbedeutend mit ›Ontologie‹ bzw. ›Grundwissenschaft‹ vom ↑Seienden verstanden (so bereits in der Schule von C. Wolff bei I. G. Canz). In dieser Bedeutung kommt der Ausdruck in den rationalistisch-metaphysischen Richtungen des 19. Jhs. vor, z. B. bei F. X. Biunde und J. Balmes, der an die thomistische Scholastik (↑Thomismus) anknüpft. Andererseits wird der Begriff ›F.‹ in einem *transzendentalphilosophischen* Sinne gebraucht, so zunächst bei W. T. Krug. der die ›F.‹ als »erste[n] Teil der Philosophie, (...) die Wissenschaft von der Möglichkeit der Philosophie selbst (...) das Organon für alle übrigen Teile der Philosophie« (W. T. Krug, F. oder urwissenschaftliche Grundlehre, Züllichau/Freystadt 1803 [repr. Brüssel 1968 (Aetas Kantiana 156)], 328–329) bestimmt, und bei J. K. Wezel. In dieser und ähnlicher methodischer Bedeutung begegnet der Terminus ›F.‹ in zahlreichen Schriften zum Problem der philosophischen Begründung.

Das zentrale fundamentalphilosophische Thema der gegenwärtigen Philosophie besteht im Problem der ↑Begründung bzw. des ↑Anfangs; gemeint ist damit nicht der objektiv metaphysische Ursprung des Wissens, sondern das Problem des methodischen Anfangs des philosophischen Begründungszusammenhangs. Mit Blick auf G. W. F. Hegel können folgende Positionen unterschieden werden:

(1) Der Standpunkt der ↑Unmittelbarkeit. Die Forderung einer streng begründeten Philosophie, die ihrerseits wieder Grundlage jedes wissenschaftlichen Wissens zu sein hat, verlangt nach R. Descartes die Reduktion aller (bezweifelbaren) wissenschaftlichen und vorwissenschaftlichen ↑Evidenzen. In ihr erweist sich als archimedischer Punkt (fundamentum inconcussum) der Erkenntnis das ›ego sum, ego existo‹ (↑cogito ergo sum), das durch unmittelbare Einsicht (Intuition) als wahr,

d. h. als ↑klar und deutlich (clare et distincte), erkannt wird. Jede weitere Wahrheit ist deduktiv (↑Deduktion) von diesem Fundament her zu begreifen. Der Cartesische Ansatz ist vor allem von J. G. Fichte aufgegriffen worden. Auch für E. Husserl wird in seiner Spätphilosophie der methodische Ansatz der unmittelbaren Selbstgewißheit des cogito das ›Urbild der philosophischen Selbstbesinnung‹.

(2) Der Standpunkt der ↑*Vermittlung*. Gegenüber der apodiktischen Selbstbegründung der Philosophie aus dem Vollzug des Ich-denke haben die ↑Lebensphilosophie und M. Heidegger (gegen Husserl), vor allem aber die hermeneutische Philosophie (↑Hermeneutik), den Einwand erhoben, daß es eine unmittelbare und geschichtslose Selbsterfahrung nicht geben könne. Die Weise der Erkenntnis, die cartesianisch an den Anfang gesetzt wird, ist selbst schon ein fundierter und daher defizienter Modus des menschlichen ↑In-der-Weltseins. Die Begründung philosophischer Aussagen erfolgt nicht von einem ersten, unmittelbar gewissen Prinzip her, sondern in der je neu zu vollziehenden Vermittlung von Einzelaussagen und geschichtlichem (sprachlichem) Erfahrungskontext. Durch diesen hat alle Auslegung bereits eine ›Vorstruktur‹; die Zirkelhaftigkeit ist die Form fundamentalphilosophischen Begründens (↑Zirkel, hermeneutischer). Das bedeutet, daß sich das Problem des Anfangs strenggenommen gar nicht mehr stellen kann.

(3) Der Standpunkt der *Vermittlung von Vermittlung und Unmittelbarkeit*. Dieser findet sich in bezug auf die Fragestellung klassisch dargestellt am Beginn von Hegels »Logik« (Abschnitt »Womit muß der Anfang der Wissenschaft gemacht werden?«): »In neuern Zeiten erst ist das Bewußtsein entstanden, daß es eine Schwierigkeit sey, einen Anfang in der Philosophie zu finden (...). Der Anfang der Philosophie muß entweder ein Vermitteltes oder Unmittelbares seyn, und es ist leicht zu zeigen, daß es weder das Eine noch das Andere seyn könne; somit findet die eine oder die andere Weise des Anfangens ihre Widerlegung« (Logik I, Sämtl. Werke IV, 69). Im Hinblick auf die fundamentalphilosophische Problematik des Anfangs formuliert Hegel das Grundprinzip, »daß es Nichts giebt, nichts im Himmel oder in der Natur oder im Geiste oder wo es sey, was nicht ebenso die Unmittelbarkeit enthält, als die Vermittelung, so daß sich diese beiden Bestimmungen als ungetrennt und untrennbar und jener Gegensatz sich als ein Nichtiges zeigt« (a. a. O., 70–71). Diese formale Bestimmung des Problems (nicht seine Hegelsche Spezifikation, wonach der Anfang das ›reine Sein‹ ist) hat die gegenwärtigen Lösungsversuche vielfach angeregt. W. Kamlah/P. Lorenzen schreiben der ↑Sprache die Funktion zu, eine Vermittlung der Unmittelbarkeit des Anfangs zu leisten (»In gewisser Weise wird sich ein solcher Anfang ›inmitten‹ der Sprache mit dem Versuch, trotz allem ›von Grund auf‹ neu zu beginnen, verbinden müssen und verbinden lassen, so daß die Frage nach dem Anfang als die Frage nach solchem Sowohl-als-auch neu zu stellen ist«, Logische Propädeutik, 1973, 17). Demgemäß erhält die ›Logische Propädeutik‹ den Rang einer F..

(4) Der *anti-fundamentalistische* Standpunkt. Gegen die fundamentalphilosophische Idee der Begründung wendet sich besonders der Kritische Rationalismus (↑Rationalismus, kritischer). Gegen den ›Fundamentalismus‹, den Positivismus (↑Positivismus (historisch), ↑Positivismus (systematisch)), Existenzialismus (↑Existenzphilosophie) und ↑Marxismus auf ihre Weise vertreten, wird erkenntnistheoretisch geltend gemacht, daß der hier gesuchte ›archimedische Punkt‹ der Erkenntnis nur durch willkürlichen Abbruch einer deduktiven Begründungskette erreicht werden kann, wenn man einen unendlichen Regreß oder einen logischen Zirkel vermeiden will (↑Münchhausen-Trilemma). Demgegenüber geht die ›Methodologie der kritischen Prüfung‹ nicht vom Prinzip der zureichenden Begründung aus, sondern vom Prinzip vom ausgeschlossenen Widerspruch (↑Widerspruch, Satz vom).

Literatur: H. Albert, Traktat über kritische Vernunft, Tübingen 1968, erw. ³1975, ⁴1980, erw. ⁵1991; W. P. Alston, Epistemic Justification. Essays in the Theory of Knowledge, Ithaca N. Y./London 1989; ders., Foundationalism, in: J. Dancy/E. Sosa (eds.), A Companion to Epistemology, Oxford/Cambridge Mass. 1992, 144–147; E. Apsalons, Das Problem der Letztbegründung und die Rationalität der Philosophie. Kritischer Rationalismus versus Transzendentalpragmatik. Zum Begründungsstreit in der deutschen Philosophie, Diss. Bremen 1995; T. Attig, Husserl and Descartes on the Foundations of Philosophy, Metaphilos. 11 (1980), 17–35; R. Audi, Foundationalism, Coherentism, and Epistemological Dogmatism, in: J. E. Tomberlin (ed.), Philosophical Perspectives II (Epistemology), Atascadero Calif. 1988, 407–442; T. Bartelborth, Begründungsstrategien. Ein Weg durch die analytische Erkenntnistheorie, Berlin 1996; J. W. Bender (ed.), The Current State of the Coherence Theory. Critical Essays on the Epistemic Theories of Keith Lehrer and Laurence BonJour, with Replies, Dordrecht/Boston Mass. 1989; ders., Coherentism, Enc. Ph. Suppl. (1996), 81–83; P. Bieri/R.-P. Horstmann/L. Krüger (eds.), Transcendental Arguments and Science. Essays in Epistemology, Dordrecht/Boston Mass./London 1979; M. Bondeli, Das Anfangsproblem bei Karl Leonhard Reinhold. Eine systematische und entwicklungsgeschichtliche Untersuchung zur Philosophie Reinholds in der Zeit von 1789 bis 1803, Frankfurt 1995; L. BonJour, The Structure of Empirical Knowledge, Cambridge Mass./London 1985; ders., Knowledge and Justification, Coherence Theory of, REP V (1998), 253–259; M. Brelage, Studien zur Transzendentalphilosophie, Berlin 1965; R. M. Chisholm, The Foundations of Knowing, Brighton, Minneapolis Minn. 1982, Minneapolis Minn. ²1983; E. Coreth, Das fundamentalontologische Problem bei Heidegger und Hegel, Scholastik 29 (1954), 1–23; M. R. DePaul, Coherentism, in: R. Audi (ed.), The Cambridge Dictionary of Philosophy, Cambridge etc. 1995, 133–135; J. H. Fetzer (ed.), Foundations of Philosophy of Science. Recent Developments, New York 1993; J. Friedmann, Kritik konstruktivistischer Vernunft. Zum Anfangs- und Begründungsproblem bei der Erlanger Schule, München 1981; H. F. Fulda, Das Problem einer Einleitung in Hegels Wissenschaft der Logik, Frankfurt 1965, ²1975; ders., Über den spekulativen Anfang, in: D. Henrich/H. Wagner (eds.), Subjektivität und Metaphysik. Festschrift für Wolfgang Cramer, Frankfurt 1966, 109–127; R. Fumerton, Classical Foundationalism, Enc. Ph. Suppl. (1996), 79–80; H.-G. Gadamer, Die Bedeutung des Anfangs, in: ders., Der Anfang der Philosophie, Stuttgart 1996, 9–22; ders., Der hermeneutische Zugang zum Anfang, in: ders., Der Anfang der Philosophie [s. o.], 23–42; G. W. Gerlach, Grundriss der F.. Zum Gebrauch bei Vorlesungen, Halle 1816, ²1825; ders., F.. Die Hauptmomente der Philosophie in encyklopädischer Uebersicht dargestellt I (F.), Halle 1843; C. F. Gethmann, Logische Propädeutik als F.?, Kant-St. 60 (1969), 352–368; ders., F., Hist. Wb. Ph. II (1972), 1134–1135; ders., Letztbegründung vs. lebensweltliche Fundierung des Wissens und Handelns, in: Forum für Philosophie Bad Homburg (ed.), Philosophie und Begründung, Frankfurt 1987, 268–302; ders./R. Hegselmann, Das Problem der Begründung zwischen Dezisionismus und Fundamentalismus, Z. allg. Wiss.theorie 8 (1977), 342–368; H. Glockner, Das Selbstbewußtsein. Eine Einführung in die F., Bonn 1972, 1973; E. Heintel, Die beiden Labyrinthe der Philosophie. Systemtheoretische Betrachtungen zur F. des abendländischen Denkens I, Wien/München 1968; ders., Grundriß der Dialektik. Ein Beitrag zu ihrer fundamentalphilosophischen Bedeutung, I–II, Darmstadt 1984; D. Henrich (ed.), Kant oder Hegel? Über Formen der Begründung in der Philosophie (Stuttgarter Hegel-Kongreß 1981), Stuttgart 1983; R. D. Heslep, Communication as the Absolute Foundation of Philosophy, Educational Theory 48 (1998), 21–32; C. O. Hill, Rethinking Identity and Metaphysics. On the Foundations of Analytic Philosophy, New Haven Conn./London 1997; T. S. Hoffmann/F. Ungler (eds), Aufhebung der Transzendentalphilosophie? Systematische Beiträge zu Würdigung, Fortentwicklung und Kritik des transzendentalen Ansatzes zwischen Kant und Hegel, Würzburg 1994; W. Kamlah/P. Lorenzen, Logische Propädeutik oder Vorschule des vernünftigen Redens, Mannheim 1967, unter dem Titel: Logische Propädeutik. Vorschule des vernünftigen Redens, Mannheim ²1973, Stuttgart/Weimar ³1996 (engl. Logical Propaedeutic. Pre-School of Reasonable Discourse, Lanham Md./London 1984); H.-B. Kim, Die Wesenszüge der Philosophie nach Husserl und seine Formulierung der Anfangsproblematik, in: ders., Der Anfang der Philosophie und die phänomenologische Reduktion als Willensakt, Diss. Wuppertal 1995, 8–31; M. Knaupp, Gewißheit und Gegenwart. Das Selbstbegründungsproblem der Philosophie bei Hegel und Heidegger, Diss. Kassel 1983; H. Krings, Erkennen und Denken. Zur Struktur und Geschichte des transzendentalen Verfahrens in der Philosophie, Philos. Jb. 86 (1979), 1–15; L. Landgrebe, Der Weg der Phänomenologie. Das Problem einer ursprünglichen Erfahrung, Gütersloh 1963, ⁴1971; K. Lehrer, Theory of Knowledge, Boulder Colo. etc., London 1990, Boulder Colo. etc. ²2000; ders., Coherentism, in: J. Dancy/E. Sosa (eds.), A Companion to Epistemology, Oxford/Cambridge Mass. 1992, 67–70; K. Lorenz/J. Mittelstraß, Die Hintergehbarkeit der Sprache, Kant-St. 58 (1967), 187–208; W. Marx (ed.), Zur Selbstbegründung der Philosophie seit Kant, Frankfurt 1987; J. Mittelstraß, Gibt es eine Letztbegründung?, in: P. Janich (ed.), Methodische Philosophie. Beiträge zum Begründungsproblem der exakten Wissenschaften in Auseinandersetzung mit Hugo Dingler, Mannheim/Wien/Zürich 1984, 12–35, ferner in: ders., Der Flug der Eule. Von der Vernunft der Wissenschaft und der Aufgabe der Philosophie, Frankfurt 1989, 281–312; P. K. Moser, Knowledge and Evidence, Cambridge/New York/Oakleigh 1989; ders., Foundationalism, in: R. Audi (ed.), The Cambridge Dictionary of Philosophy, Cambridge etc. 1995, 276–278, ²1999, 321–323; A. Plantinga, Warrant. The Current Debate, Oxford 1993; J. L. Pollock, Contemporary Theories of Knowledge, Totowa N. J. 1986; G. Rametta, Satz und Grund. Der Anfang der Philosophie bei Fichte mit Bezugnahme auf die Werke BWL und GWL, Fichte-Stud. 9 (1997), 127–139; E. Schaper/W. Vossenkuhl (eds.), Bedingungen der Möglichkeit. ›Transcendental Arguments‹ und transzendentales Denken, Stuttgart 1984; K. Schrader-Klebert, Das Problem des Anfangs in Hegels Philosophie, Wien/München 1969; E. Sosa, Foundationalism, REP III (1998), 718–723; M. Stamm (ed.), Philosophie in synthetischer Absicht. Synthesis in Mind, Stuttgart 1998, bes. 133–268 (Kap. II Wissensbegründung und Skepsis/Skepticism and the Question of Knowledge); S. Strasser, Welt im Widerspruch. Gedanken zu einer Phänomenologie als ethischer F., Dordrecht/Boston Mass. 1991; J. F. I. Tafel. Die F. in genetischer Entwickelung, mit besonderer Rücksicht auf die Geschichte jedes einzelnen Problems, Tübingen 1848; H. Tietjen, Fichte und Husserl. Letztbegründung, Subjektivität und praktische Vernunft im transzendentalen Idealismus, Frankfurt 1980; W. Vossenkuhl, Transzendentale Argumentation und transzendentale Argumente. Überlegungen zur Möglichkeit eines transzendentalen Kriteriums, Philos. Jb. 89 (1982), 10–24; H. Wagner, Hegels Lehre vom Anfang der Wissenschaft, Z. philos. Forsch. 23 (1969), 339–348; H. Weinheimer, Rationalität und Begründung. Das Grundlagenproblem in der Philosophie Karl Poppers, Bonn 1986; R. D. Winfield, The Route to Foundation-Free Systematic Philosophy, Philos. Forum 15 (1984), 323–343; ders., Overcoming Foundations. Studies in Systematic Philosophy, New York etc. 1989; weitere Literatur: ↑Letztbegründung, ↑Rationalismus, kritischer, ↑Zirkel, hermeneutischer. C. F. G.

Fundamentalsatz der Algebra, der erstmals von C. F. Gauß streng bewiesene Satz, daß der Bereich $\mathbb{C}$ der komplexen Zahlen in dem Sinne ›algebraisch abgeschlossen‹ ist, daß in ihm jede algebraische Gleichung $P(z) = 0$ positiven Grades mit reellen oder komplexen Koeffizienten lösbar ist, das Polynom $P(z)$ also in $\mathbb{C}$ eine Nullstelle hat. Der Satz ist nur mit funktionentheoretischen Mitteln beweisbar und ist nach der heutigen Abgrenzung der ↑Algebra nicht nur nicht für die Algebra fundamental, er gehört vielmehr überhaupt nicht zu ihr, sondern zur ↑Funktionentheorie der Polynome.

Literatur: C. F. Gauß, Demonstratio nova theorematis omnem functionem algebraicam rationalem integram, unius variabilis in factores reales primi vel secundi gradus resolvi posse, Helmstedt 1799, Göttingen 1816, in: ders., Werke III, ed. Königl. Ges. Wiss. Göttingen, Göttingen 1866, Nachdr. Hildesheim/New York 1973, 1–31; B. L. van der Waerden, Algebra. Unter Benutzung von Vorlesungen von E. Artin und E. Noether I, Berlin etc. 1936, ⁹1993, bes. 251–253 (§§ 80–81) (engl. Algebra. Based in Part on Lectures by E. Artin and E. Noether I, New York 1970, Berlin etc. 1991, bes. 246–248 [11.4–11.5]); E. W. Weisstein, Fundamental Theorem of Algebra, in: ders., CRC Concise Encyclopedia of Mathematics, Boca Raton Fla. etc. 1999, 687. – F. d. A., in: J. Naas/H. L. Schmid (eds.), Mathematisches Wörterbuch mit Einbeziehung der theoretischen Physik I, Berlin, Stuttgart 1972, 567–568. C. T.

Fundamentalsatz der (elementaren) Zahlentheorie, der für die multiplikativen Eigenschaften der Grundzahlen fundamentale Satz der ↑Arithmetik, nach welchem jede natürliche Zahl $a > 1$, abgesehen von der Reihenfolge der Faktoren, eindeutig als Produkt

$$a = p_1 \cdot \ldots \cdot p_k$$

von Primzahlen (↑Zahlentheorie) darstellbar ist (daher auch ›Satz von der eindeutigen Primfaktorzerlegung‹). Diese Darstellbarkeit hat K. Gödel 1931 zur Kodierung von Ausdrücken formaler Systeme (↑System, formales) ausgewertet (↑Gödelisierung).

Literatur: I. M. Winogradow, Elemente der Zahlentheorie, München 1956. — C. T.

fundiert/Fundiertheit, logischer und mathematischer Terminus. Ein *Definitionsschema* (Regelsystem)

$$\begin{cases} A_1 \Rightarrow R(X_{11}, X_{12}, \ldots, X_{1n}) \\ \ldots \ldots \\ \ldots \ldots \\ A_m \Rightarrow R(X_{m1}, X_{m2}, \ldots, X_{mn}) \end{cases}$$

für eine ↑Relation R (in dem die $A_1, \ldots, A_m$ bei jeder Anwendung aus nach diesem ↑Schema schon vorher definierten ↑Aussageformen logisch zusammengesetzt sind) heißt f., wenn es keinen unendlichen Regreß (↑regressus ad infinitum) enthält, also die Herstellung keiner als gültig nachzuweisenden Relationsaussage $R(X_{i1}, \ldots, X_{in})$ einer unendlichen Kette von Regelanwendungen innerhalb dieses Schemas bedarf. Die Formulierung von Bedingungen, die dies garantieren, ist eine Aufgabe der ↑Metamathematik. Innerhalb eines Systems der axiomatischen Mengenlehre (↑Mengenlehre, axiomatische) heißt eine ↑Menge M f., wenn es keine von ihr ausgehende unendliche Vorgängerkette

$$\ldots \in M_3 \in M_2 \in M_1 \in M$$

aus lauter Elementen von M gibt. Insbes. schließt die F. von M aus, daß M Element von sich selbst ist, weil sonst $\ldots \in M \in M \in M$ eine unendliche Vorgängerkette aus M-Elementen wäre. Die ↑Axiome, die dies sichern, heißen *Fundierungs-* oder ↑*Regularitätsaxiome*. Das 1929 nach einer Idee von D. Mirimanoff (1917) durch J. v. Neumann formulierte Fundierungsaxiom wurde 1930 von E. Zermelo seinem bekannten Axiomensystem der abstrakten Mengenlehre hinzugefügt.

Literatur: P. Lorenzen, Einführung in die operative Logik und Mathematik, Berlin/Göttingen/Heidelberg 1955, Berlin/Heidelberg/New York ²1969; W. V. O. Quine, Set Theory and Its Logic, Cambridge Mass. 1963, ²1969, 1980 (dt. Mengenlehre und ihre Logik, Braunschweig 1973, Frankfurt/Berlin/Wien 1978). — C. T.

Fundierungsaxiom, ↑Regularitätsaxiom.

Fung Yu-lan (Feng You-lan), *T'angho (Provinz Honan) 1895, †Peking 1990, chines. Philosophiehistoriker und Philosoph, vertritt ein System in neokonfuzianischer Tradition (↑Konfuzianismus) mit taoistischen (↑Taoismus) und westlichen Elementen. Sein bekanntestes Werk ist eine mehrfach umgearbeitete chinesische Philosophiegeschichte. F. blieb nach der Gründung der Volksrepublik China in seinen akademischen Ämtern und bekennt sich seitdem, nicht immer unangefochten, zum ↑Marxismus-Leninismus.

Werke: Selected Philosophical Writings, Peking 1991. – A History of Chinese Philosophy, Peking, London 1937, als Bd. I, Princeton N. J. ²1952, erw. um Bd. II, Princeton N. J. 1953, I–II, Princeton N. J. 1983, gekürzt unter dem Titel: A Short History of Chinese Philosophy, ed. D. Bodde, New York, 1948, 1997; The Spirit of Chinese Philosophy, London 1947 (repr. Westport Conn. 1970), Boston Mass., London 1962, Boston Mass. 1967; A New Treatise on the Methodology of Metaphysics, Peking 1997; The Hall of Three Pines. An Account of My Life, Honolulu Hawaii 2000 (mit Bibliographie, 375–392).

Literatur: H. L. Boorman/R. C. Howard (eds.), Biographical Dictionary of Republican China, I–V, New York/London 1967–1979, II, 32–37, IV, 188–189; W.-T. Chan, A Source Book in Chinese Philosophy, Princeton N. J. 1963, 1973, 751–762; S.-H. Liu, F., in: R. Audi (ed.), The Cambridge Dictionary of Philosophy, Cambridge/New York/Melbourne ²1999, 336; R. MacLeod, Feng Youlan, Jiang Qing, and the »Twenty-Five Poems on History«, Berkeley Calif. 1983; M. C. Masson, Philosophy and Tradition. The Interpretation of China's Philosophic Past. F. Y.-l. 1939–1949, Taipei/Paris/Hongkong 1985; H.-G. Möller, Die philosophischste Philosophie. Feng Youlans neue Metaphysik, Wiesbaden 2000; D. B. Obenchain (ed.), Feng Youlan. Something Exists. Selected Papers of the International Research Seminar on the Thought of Feng Youlan, J. Chinese Philos. 21 (1994), H. 3 u. 4; Y. Shen Sahlberg, Realizing Transcendence. A Study of Feng Youlan's Philosophy, Stockholm 2000; N. Standaert, The Discovery of the Center through the Periphery. A Preliminary Study of Feng Youlan's »History of Chinese Philosophy«, Philos. East and West 45 (1995), 569–589; W. A. Wycoff, The New Rationalism of F., Diss. Columbia Univ. 1975. — G. N.

Funktion, ursprünglich Bezeichnung der einer Person oder Institution zugeordneten öffentlichen Aufgabe, eines Amtes und seiner Verpflichtungen oder Dienstverrichtungen, heute außerhalb der exakten Wissenschaften synonym mit ›Verrichtung‹ oder ›Tätigkeit‹, ähnlich z. B. in der Physiologie, wenn man Organe als Gebilde versteht, die innerhalb eines übergreifenden Systems einer F. ›dienen‹ oder eine F. ›haben‹. Eine physikalische Erscheinung heißt F. einer anderen, wenn sie von dieser in einer Weise abhängt, die ihr entsprechende Meßwerte von denen der anderen, ausgehend in Form eines ›physikalischen Gesetzes‹, berechenbar macht. F.en im teleologischen (↑Teleologie) Sinne sind die Grundlage von Funktionalerklärungen (↑Erklärung, funktionale) und spielen im Funktionalismus (↑Funktionalismus (kognitionswissenschaftlich)) eine wichtige Rolle.

In der Mathematik – wo man oft auch synonym von ↑›Abbildung‹ spricht – ist die heutige Verwendungsweise von ›F.‹ das Ergebnis einer ständigen Erweiterung des F.sbegriffs, von G. W. Leibnizens Einführung des Ausdrucks ›F.‹ für geometrische Größen, die wie z. B. Tangente oder Subtangente von einem innerhalb eines Koordinatensystems gleitend gedachten Kurvenpunkt abhängen, über L. Eulers ›beliebige Abhängigkeit‹ zweier oder mehrerer mathematischer Größen bis zu J. P. G. L. Dirichlets ›willkürlichen F.en‹, bei denen von der funktionalen Abhängigkeit nicht mehr gefordert wird, daß sie mit vorgegebenen mathematischen Ausdrucksmitteln formulierbar ist. Die moderne konstruktive Mathematik (↑Mathematik, konstruktive) nimmt diese Verallgemeinerung zum Teil als zu weitgehend zurück, indem sie F.en als Abstrakta aus ↑Termen auffaßt und die Darstellbarkeit aller F.en durch Terme fordert (↑Darstellung (logisch-mengentheoretisch)). Sind $S(x)$ und $T(x)$ Terme mit x als Leerstelle für Eigennamen aus einem Grundbereich (z. B. den natürlichen Zahlen), so ist die Beziehung

$$S(x) \sim_x T(x) \rightleftharpoons \bigwedge_y (S(y) = T(y))$$

eine ↑Äquivalenzrelation, so daß man eine ↑Abstraktion vornehmen kann, indem man Aussagen A über alle zu einem gegebenen Term $S(x)$ äquivalenten Terme durch eine Aussage über das ihnen allen entsprechende ›Abstraktum‹ (↑abstrakt), die F. $\imath_x S(x)$, ersetzt:

$$A(\imath_x S(x)) \rightleftharpoons \bigwedge_T (S(x) \sim_x T(x) \rightarrow A(T(x))).$$

In der gegenwärtig meist auf mengentheoretische Grundbegriffe aufgebauten Mathematik ist es üblich, F.en als Zuordnungen von n-tupeln von Objekten (den Argumenten der F. [↑Argument (logisch)]) zu einzelnen Objekten (den Werten der F. [↑Wert (logisch)]) zu definieren. Dies ist möglich, weil eine $(n+1)$-stellige Relation R mit

(1) $\bigwedge_{x_1,\ldots,x_n} \bigvee_y R(y, x_1, \ldots, x_n)$,
(2) $\bigwedge_{x_1,\ldots,x_n, y_1, y_2} (R(y_1, x_1, \ldots, x_n)$
$\wedge R(y_2, x_1, \ldots, x_n) \rightarrow y_1 = y_2)$

auf Grund der zweiten Bedingung linkseindeutig ist und sich somit das eindeutig gekennzeichnete $y (= y_1 = y_2)$ als Wert einer n-stelligen F. $\imath_{x_1,\ldots,x_n} \iota_y R(y, x_1, \ldots, x_n)$ für die Argumente $x_1, \ldots, x_n$, genauer: für das Argument-n-tupel $\langle x_1, \ldots, x_n \rangle$ (oder auch: an der ›Stelle‹ $\langle x_1, \ldots, x_n \rangle$) auffassen läßt. Bei einem konstruktiven Aufbau müssen die Relationen, mit denen man die F.en auf Grund der eineindeutigen (↑eindeutig/Eindeutigkeit) Entsprechung in der gezeigten Weise ›identifizieren‹ kann, ihrerseits durch Abstraktion eingeführt und somit durch Relationsterme $\in_{x_0,\ldots,x_n} R(x_0, \ldots, x_n)$ gegeben sein.

In der Bedingung (2) die Linkseindeutigkeit – statt wie gegenwärtig noch vorwiegend die Rechtseindeutigkeit – der Relation R zu fordern, ist ein 1911 von G. Peano gemachter, von K. Gödel 1940, W. V. O. Quine 1963 und P. Lorenzen 1965 aufgegriffener Vorschlag. Er erlaubt es, in natürlicher Weise z. B. von der ›Quadratfunktion‹ als der Relation $\in_{x,y} (x = y^2)$ von Quadrat zu Wurzel zu sprechen, so wie die ›Vater von‹-F. natürlicherweise als die Relation von Vater zu Kind aufgefaßt wird. Darüber hinaus ergibt sich bei der Verkettung zweier F.en $y = f(\mathfrak{x}) \rightleftharpoons R(y, \mathfrak{x})$ und $y = g(\mathfrak{x}) \rightleftharpoons S(y, \mathfrak{x})$ die verkettete F. $(f \circ g)(\mathfrak{x})$, gelesen meist ›$f$ von g von $\mathfrak{x}$‹, wobei ›$\mathfrak{x}$‹ das Argument-n-tupel $\langle x_1, \ldots, x_n \rangle$ vertritt, als die Verkettung $(R|S)(y, \mathfrak{x})$ der entsprechenden Relationen R und S in dieser, statt in der verkehrten Reihenfolge.

Durch eine Anwendung des ↑Cantorschen Diagonalverfahrens läßt sich zeigen, daß der Bereich der F.en über einem unendlichen Grundbereich durch keine endliche Menge von Konstruktionsvorschriften erfaßbar ist. Dies wird in der klassischen Analysis als ›Überabzählbarkeit‹ (↑überabzählbar/Überabzählbarkeit) des Bereichs der F.en interpretiert, obwohl damit konstruktiv nur die Nicht-Abzählbarkeit und damit Indefinitheit (↑indefinit/Indefinitheit) des Bereichs bewiesen ist. – In der Philosophie hat sich vor allem der ↑Neukantianismus (z. B. B. Bauch, H. Cohen, E. Cassirer) bemüht, den F.sbegriff sowohl für die Erkenntnistheorie als auch für ein philosophisches Verständnis der verschiedenen Kulturbereiche, insbes. der modernen Wissenschaft, nutzbar zu machen.

Literatur: M. W. Battacchi/G. Nirchio, Funzione, Enc. filos. III (1982), 801–803; C. B. Boyer, Proportion, Equation, Function. Three Steps in the Development of a Concept, Scr. Math. 12 (1946), 5–13; FM II (1994), 1405–1409; P. Lorenzen, Differential und Integral. Eine konstruktive Einführung in die klassische Analysis, Frankfurt 1965 (engl. Differential and Integral. A Constructive Introduction to Classical Analysis, Austin Tex./London 1971); N. Luhmann, F., Hist. Wb. Ph. II (1972), 1138–1143; M. Otte, F., mathematische, in: H. J. Sandkühler (ed.), Europäische Enzyklopädie zu Philosophie und Wissenschaften II, Hamburg 1990, 211–214; G. Peano, Matematica. Sulla definizione di funzione, Rendiconti delle sedute della reale Accademia dei Lincei, classe di scienze fisiche, matematiche e naturali 20 (1911), 3–5, Nachdr. in: ders., Opere Scelte I, Rom 1957, 363–365; W. V. O. Quine, Set Theory and Its Logic, Cambridge Mass. 1963, 1969, 1980 (dt. Mengenlehre und ihre Logik, Braunschweig 1973, Frankfurt 1978); B. Samson/W. Detel, Zum Begriff nicht-mathematischer F.en, Analyse & Kritik 24 (2000), 100–129; M. Schramm, Steps towards the Idea of Function. A Comparison between Eastern and Western Science of the Middle Ages, Hist. Sci. 4 (1965), 70–103; C. Thiel, F., Hb. ph. Grundbegriffe I (1973), 510–519; A. P. Youschkevitch, The

Concept of Function up to the Middle of the 19th Century, Arch. Hist. Ex. Sci. 16 (1976/1977), 37–85. C. T.

Funktion, charakteristische, c. F. oder kurz *Charakteristik* einer ↑Teilmenge M einer ↑Menge N heißt die ↑Funktion χ_M auf N, die den Wert 1 für genau diejenigen Argumente annimmt, die Elemente von M sind, und den Wert 0 sonst:

$$\chi_M(x) \leftrightharpoons \begin{cases} 1 & \text{für } x \in M, \\ 0 & \text{für } x \notin M. \end{cases}$$

Entsprechend ist die c. F. einer ↑Relation R erklärt als die Funktion χ_R, die den Wert 1 für genau diejenigen Argumentsysteme $\langle x_1, \ldots, x_n \rangle$ annimmt, deren Glieder in der Relation R stehen, und den Wert 0 sonst. Einen anderen Sinn hat der Ausdruck ›c. F.‹ unter anderem in der ↑Wahrscheinlichkeitstheorie. C. T.

Funktion, rekursive, Bezeichnung für eine zahlentheoretische ↑Funktion (d. h. eine solche, deren sämtliche Argumente und Werte natürliche Zahlen sind), wenn alle ihre Werte für gegebene Argumente entweder direkt angegeben oder aber durch Rückgriff (›Rekursion‹) auf die Werte für ›vorhergehende‹ Argumente berechenbar sind. Dabei kann die Ordnung des Vorhergehens die übliche Ordnung der natürlichen Zahlen nach ihrer Größe oder auch irgendeine andere Ordnung der Argumente (bzw. n-tupel solcher) sein, bei der sich jede Berechnung von Funktionswerten in endlich vielen Schritten ausführen läßt (↑fundiert/Fundiertheit). Dies ist genau dann der Fall, wenn mindestens ein darstellender ↑Term der zu erklärenden Funktion nach einem Rekursionsschema (auch: ↑Induktionsschema) aus Zahlkonstanten und darstellenden Termen gewisser, trivialerweise berechenbarer (↑berechenbar/Berechenbarkeit) Ausgangsfunktionen konstruiert werden kann. Je nach den dabei zugelassenen Operationen und Rekursionsschemata erhält man verschiedene Rekursivitätsbegriffe.

Die ›primitiv-r.n F.en‹ (↑primitiv-rekursiv) sind wie folgt erklärt. Zunächst sind bestimmte Ausgangsfunktionen primitiv-rekursiv: für jedes n aus $\mathbb{N}$ eine n-stellige *Nullfunktion* C_0^n, die überall den Wert 0 hat; die 1-stellige *Nachfolgerfunktion* s, die jeweils m auf $m+1$ abbildet; und für alle n aus $\mathbb{N}$ und alle i mit $1 \le i \le n$ die n-stelligen *Identitätsfunktionen* (auch: Projektionen) I_i^n mit $I_i^n(x_1, \ldots, x_n) = x_i$. Die übrigen primitiv-r.n F.en sind diejenigen Funktionen, die man durch iterierte Anwendung der Operationen der ›Einsetzung‹ (engl. composition) und der ›primitiven Rekursion‹ auf die Ausgangsfunktionen erhalten kann. Sind $H_1, \ldots, H_k$ jeweils n-stellige Funktionen, ist G eine k-stellige Funktion und ergibt sich der Wert der Funktion F bei Argument-n-tupeln $\langle x_1, \ldots, x_n \rangle$ jeweils, indem man zuerst die H_i auf $\langle x_1, \ldots, x_n \rangle$ anwendet und dann G auf die resultierenden k Werte anwendet, ist also jeweils

$$F(x_1, \ldots, x_n) = G(H_1(x_1, \ldots, x_n), \ldots, H_k(x_1, \ldots, x_n)),$$

so geht F aus $H_1, \ldots, H_k$ durch *Einsetzung* in G hervor. Ist g eine 0-stellige Funktion (d. i. eine Konstante) und h eine 2-stellige Funktion, so kann man eine 1-stellige Funktion f definieren, indem man festlegt, daß $f(0) = g$ sein soll und daß sich der Wert von f für Argumente $y > 0$ jeweils durch Anwendung von h auf $y-1$ und den vorigen Wert von f (also $f(y-1)$) ergeben soll, d. h. $f(y+1) = h(y, f(y))$ für alle $y \ge 0$. Die Funktion f geht dann durch eine vereinfachte Form der primitiven Rekursion aus g und h hervor. Nimmt man neben y noch ↑›Parameter‹ $x_1, \ldots, x_n$ als Argumente von f hinzu, so geht f durch primitive Rekursion aus einem n-stelligen g und einem $n+2$-stelligen h hervor, wenn für alle $x_1, \ldots, x_n, y$ gilt:

$$f(x_1, \ldots, x_n, 0) = g(x_1, \ldots, x_n),$$
$$f(x_1, \ldots, x_n, y+1) = h(x_1, \ldots, x_n, y, f(x_1, \ldots, x_n, y)).$$

Die Addition (↑Addition (mathematisch)) z. B. ist eine primitiv-r. F., weil sie durch primitive Rekursion aus I_1^1 und einer dreistelligen primitiv-r.n F. h mit

$$h(x,y,z) = s(I_3^3(x,y,z)) = s(z)$$

erhalten werden kann:

$x + 0 = x = I_1^1(x)$ (also $g = I_1^1$),
$x + (y+1) = (x+y) + 1 = s(x+y) = s(I_3^3(x,y,x+y)) = h(x,y,x+y)$.

(Die Funktion h ist primitiv-rekursiv, weil sie aus I_3^3 durch Einsetzung in s hervorgeht.) Funktionen dieses Typs wurden auf Grund von Ideen J. Herbrands von K. Gödel unter dem Namen ›r. F.en‹ für metamathematische (↑Metamathematik) Zwecke eingeführt. Die Klasse der primitiv-r.n F.en umfaßt jedoch nicht alle im intuitiven Sinne berechenbaren Funktionen. Z. B. ist die von H. Hermes als Vereinfachung einer 1928 von W. Akkermann konstruierten Funktion eingeführte ›Ackermann-Funktion‹, gegeben durch

$$\begin{cases} \varphi(0, y) = y + 1, \\ \varphi(x + 1, 0) = \varphi(x, 1), \\ \varphi(x + 1, y + 1) = \varphi(x, \varphi(x + 1, y)), \end{cases}$$

berechenbar, aber nicht primitiv-rekursiv.
Um auch solche Funktionen rekursiv zu erfassen, definiert man einen auf zahlentheoretische Aussageformen anwendbaren ›Minimalisator‹ oder ›μ-Operator‹ so, daß $\mu_y A(y)$ die kleinste natürliche Zahl y_0 darstellt, für die

$A(y_0)$ gilt, vorausgesetzt, es gibt ein solches y_0 (andernfalls sei $\mu_y A(y)$ undefiniert):

$$\mu_y A(y) \rightleftharpoons \iota_y(A(y) \wedge \bigwedge_x(A(x) \to y \le x)).$$

Die Funktionen, die man erhält, wenn man den Bereich der oben genannten, zu primitiv-r.n F.en führenden Operationen um das neue Schema

$$f(x_1, \ldots, x_n) = \mu_y(g(x_1, \ldots, x_n, y) = 0)$$

für Funktionen g erweitert, welche die Bedingung

$$\bigwedge_{x_1, \ldots, x_n} \bigvee_y g(x_1, \ldots, x_n, y) = 0$$

erfüllen, heißen ›μ-r. F.en‹.

Unabhängig von diesem Zugang kann man auch die zulässigen Definitionsschemata erweitern, indem man mehrere Funktionen zugleich durch ein einziges (endliches) System von Rekursionsgleichungen (Funktionalgleichungen) ›implizit‹ einführt; in diesem Falle ist für die Eindeutigkeit (↑eindeutig/Eindeutigkeit) der Definition und für die Rekursivität (↑rekursiv/Rekursivität) des Konstruktionsverfahrens eigens Sorge zu tragen. Man erhält dann durch ›Lösung‹ dieser Funktionalgleichungen ›allgemein-r. F.en‹.

Die Charakterisierung sowohl der primitiv-rekursiven als auch der allgemein-r.n F.en ist auf verschiedene Weise möglich. Es zeigt sich jedoch, daß jede allgemein-r.e F. auch μ-rekursiv ist und umgekehrt; man bezeichnet die Funktionen dieser untereinander (und außerdem mit der Klasse der Turing-berechenbaren Funktionen) umfangsgleichen Klassen daher einfach als ›r. F.en‹. Daß alle diese miteinander extensional gleichwertigen Begriffsbildungen den intuitiven Begriff der ›Berechenbarkeit‹ erfassen bzw. präzisieren, behauptet die ↑Churchsche These.

Literatur: M. Davis, Computability and Unsolvability, New York/Toronto/London 1958; K. Heidler/H. Hermes/F.-K. Mahn, R. F.en, Mannheim/Wien/Zürich 1977; H. Hermes, Aufzählbarkeit, Entscheidbarkeit, Berechenbarkeit. Einführung in die Theorie der r.n F.en, Berlin/Göttingen/Heidelberg 1961, Berlin/Heidelberg/New York [3]1978 (engl. Enumerability, Decidability, Computability, Berlin/Heidelberg 1965, Berlin/Heidelberg/New York 1969); S. C. Kleene, Introduction to Metamathematics, Amsterdam/Groningen, Princeton N. J. 1952, Groningen/Amsterdam/New York 2000; ders., Recursive Functions and Intuitionistic Mathematics, in: Proceedings of the International Congress of Mathematicians. Cambridge Massachusetts, USA, August 30 – September 6, 1950, Providence R. I. 1952 (repr. Nendeln 1967), 679–685; A. I. Mal'cev, Algoritmy i rekursivnye funkcii, Moskau 1965 (engl. Algorithms and Recursive Functions, Groningen 1970; dt. Algorithmen und r. F.en, Braunschweig, Berlin 1974); R. Péter, Über den Zusammenhang der verschiedenen Begriffe der r.n F., Math. Ann. 110 (1935), 612–632; dies., R. F.en, Budapest 1951, [2]1957 (engl. Recursive Functions, Budapest, New York/London 1967); H. Rogers Jr., Theory of Recursive Functions and Effective Computability, New York etc. 1967, Cambridge Mass./London [3]1992. C. T.

Funktional, in Mathematik und Logik Bezeichnung für ↑Funktionen höherer Stufe, d. h. für solche Funktionen, deren Argumente und Werte selbst wieder Funktionen sein können. F.e über dem Grundbereich der natürlichen Zahlen sind in der ↑Beweistheorie durch die ↑*Funktionalinterpretation* der Zahlentheorie wichtig geworden. Innerhalb der Mathematik werden F.e auf dem Bereich reeller oder komplexer Funktionen mit reellen bzw. komplexen Zahlen als Werten in der F.analysis behandelt; noch allgemeiner versteht man dort unter F.en Abbildungen einer beliebigen Menge (z. B. eines Vektorraumes) in einen Körper (z. B. den Grundkörper des Vektorraumes). Die F.analysis entstand als eigenständige mathematische Disziplin in der zweiten Hälfte des 20. Jhs., indem sie, im Zuge der Axiomatisierungstendenz in der Mathematik, die Gegenstände älterer Disziplinen der angewandten Mathematik, z. B. der Variationsrechnung, der Theorie der Integralgleichungen oder der Approximationstheorie, unter einheitlichen Gesichtspunkten und mit abstrakteren und allgemeineren Methoden behandelte. Sie ist inzwischen zu einem der zentralen Forschungsgebiete der Mathematik geworden und hat zahlreiche Anwendungen in der Physik, vor allem in der Quantenmechanik (↑Quantentheorie).

Literatur: R. E. Edwards, Functional Analysis. Theory and Applications, New York/Chicago Ill./San Francisco Calif. 1965, New York 1995; S. Großmann, F.analysis im Hinblick auf Anwendungen in der Physik […], I–II, Frankfurt 1970, 1972, Wiesbaden 1975/1977, 1988; J. Heine, Topologie und Funktionalanalysis. Grundlagen der abstrakten Analysis mit Anwendungen, München/Wien 2002; H. Heuser, F.analysis, Stuttgart 1975 (mit Bibliographie, 401–408), [3]1992 (mit Bibliographie, 682–696); F. Hirzebruch/W. Scharlau, Einführung in die F.analysis, Mannheim/Wien/Zürich 1971, 1991, Heidelberg/Berlin/Oxford 1996; S. Lang, Analysis II, Reading Mass. 1969, unter dem Titel: Real Analysis, Reading Mass. 1969, [2]1983, unter dem Titel: Real and Functional Analysis, New York/Berlin/Heidelberg [3]1993; P. D. Lax, Functional Analysis, New York 2002; W. Rudin, Functional Analysis, New York etc. 1973, New Delhi 1974, 1990, New York etc. [2]1991; K. Saxe, Beginning Functional Analysis, Berlin/Heidelberg/New York 2002; D. Werner, Funktionalanalysis, Berlin/Heidelberg/New York 1995, [4]2002; P. Zahn, Ein konstruktiver Weg zur Maßtheorie und F.analysis, Darmstadt 1978. P. S.

Funktionalanalyse, ↑Kausalanalyse.

Funktionalinterpretation (engl. functional interpretation), Terminus für eine beweistheoretische Methode (↑Beweistheorie), die nach Vorarbeiten seit 1938 erstmals 1958 von K. Gödel in seinem in der Zeitschrift »Dialectica« publizierten Aufsatz »Über eine bisher noch nicht benutzte Erweiterung des finiten Standpunktes« eingeführt wurde (häufig spricht man auch von der Gödelschen ›Dialectica-Interpretation‹). Gödel skizziert in dieser Abhandlung ein Verfahren, jeder ↑Ableitung im ↑Peano-Formalismus für die elementare intuitionistische ↑Arithmetik Z eine Ableitung in einer anderen Theorie T so zuzuordnen, daß jeder in Z beweisbaren (↑beweisbar/Beweisbarkeit) ↑Formel A eine in T beweisbare Formel A* entspricht. Insbes. ist 0 = 1* identisch mit 0 = 1, so daß jeder Ableitung von 0 = 1 (d. h. eines Widerspruchs) in Z eine Ableitung von 0 = 1 in T entspricht, bzw. umgekehrt, daß sich die Widerspruchsfreiheit (↑widerspruchsfrei/Widerspruchsfreiheit) von T auf Z überträgt; d. h., Z ist relativ konsistent gegenüber T. Bei T handelt es sich dabei um die Theorie der berechenbaren (↑berechenbar/Berechenbarkeit) ↑Funktionale endlichen Typs, d. i. ein quantorenfreies System, das ↑Variablen und ↑Konstanten nicht nur für natürliche Zahlen, sondern auch für zahlentheoretische ↑Funktionen beliebigen (endlichen) Typs (›Funktionale‹) enthält, d. h. für Funktionen, deren Argumente und Werte selbst wieder Funktionen sein können.

Wenn man (wie Gödel) das System T für erkenntnistheoretisch weniger problematisch hält als das arithmetische System Z, dann ist, ganz im Sinne des ↑Hilbertprogramms, mit der F. eine Reduktion bedenklicher Schlußweisen auf unbedenklichere geleistet. Wenn man diese Meinung nicht teilt, ist man wieder auf einen ↑Widerspruchsfreiheitsbeweis für T angewiesen, der ebenso wie der sich direkt auf den Peano-Formalismus beziehende Widerspruchsfreiheitsbeweis von G. Gentzen ein Prinzip der transfiniten Induktion (↑Induktion, transfinite) benötigt. Unabhängig von der erkenntnistheoretischen Relevanz für das Hilbertprogramm liefert die F. ein neuartiges Verfahren der Reduktion formaler Systeme (↑System, formales), das insbes. dazu benutzt wird, den konstruktiven Gehalt eines Beweises im Ausgangssystem durch Angabe eines formalen Terms im resultierenden System explizit zu machen (man spricht von der ›Extraktion‹ konstruktiver Information). Die F. ist damit zu einem der wichtigsten Werkzeuge der modernen Beweistheorie geworden; sie wurde auf viele, über die elementare Zahlentheorie hinausgehende Systeme, insbes. solche der ↑Analysis angewendet.

Literatur: S. Feferman, Gödel's Dialectica Interpretation and Its Two-Way Stretch, in: G. Gottlob/A. Leitsch/D. Mundici (eds.), Computational Logic and Proof Theory, Berlin/Heidelberg/New York 1993, 23–40; ders./J. Avigad, Gödel's Functional (»Dialectica«) Interpretation, in: S. R. Buss (ed.), Handbook of Proof Theory, Amsterdam etc. 1998, 337–405; K. Gödel, Über eine bisher noch nicht benutzte Erweiterung des finiten Standpunktes, Dialectica 12 (1958), 280–287, und in: Logica. Studia Paul Bernays dedicata, Neuchâtel 1959, 76–83 (engl. On a Hitherto Unexploited Extension of the Finitary Standpoint, J. Philos. Log. 9 [1980], 133–142, darin: A Bibliography of Work Resulting from Gödel's Paper, 140–142, dt./engl. in: ders., Collected Works II (Publications 1938–1974), ed. S. Feferman u. a., New York/Oxford 1990, 240–251 (engl. unter dem Titel: On a Hitherto Unutilized Extension of the Finitary Standpoint), Übers. von Gödels Hand (1972) unter dem Titel: On an Extension of Finitary Mathematics Which Has Not yet Been Used, in: ders., Collected Works II (Publications 1938–1974), ed. S. Feferman u. a. [s. o.], 271–280 (Introductory Note: A. S. Troelstra, 217–241); ders., Vortrag bei Zilsel (1938), in: ders., Collected Works III (Unpublished Essays and Lectures), ed. S. Feferman u. a., New York/Oxford 1995, 86–113 (mit engl. Übers.) (Introductory Note: W. Sieg/C. Parsons, 62–85); ders., In What Sense Is Intuitionistic Logic Constructive? (Vortrag Yale 1941), in: ders., Collected Works III (Unpublished Essays and Lectures), ed. S. Feferman u. a. [s. o.], 189–200 (Introductory Note: A. S. Troelstra, 186–189); H. Luckhardt, Extensional Gödel Functional Interpretation. A Consistency Proof of Classical Analysis, Berlin/Heidelberg/New York 1973 (Lecture Notes in Mathematics 306); K. Schütte, Proof Theory, Berlin/Heidelberg/New York 1977, bes. 98–164; J. R. Shoenfield, Mathematical Logic, Reading Mass. etc. 1967, bes. 214–222; C. Spector, Provably Recursive Functionals of Analysis. A Consistency Proof of Analysis by an Extension of Principles Formulated in Current Intuitionistic Mathematics, in: Recursive Function Theory. Proceedings of Symposia in Pure Mathematics V, American Math. Soc., Providence R. I. 1962, 1–27; A. S. Troelstra (ed.), Metamathematical Investigation of Intuitionistic Arithmetic and Analysis, Berlin/Heidelberg/New York 1973 (Lecture Notes in Mathematics 344), bes. 230–249. P. S.

Funktionalismus, Sammelbezeichnung für ein auf makrotheoretische Analysen komplexer ↑Systeme bezogenes Forschungsprogramm empirischer Sozialwissenschaften, in dem das Funktionieren von als strukturierte Ganzheiten betrachteten Systemen nicht durch Aggregation isolierter Kausalerklärungen von Teilaspekten, sondern aus der Interdependenz der auf die ermittelten Strukturelemente bezogenen, für die Bestandserhaltung notwendigen Funktionen erklärt werden soll. Der Ansatz wird daher häufig auch als *strukturell-funktionale Methode* bezeichnet. Er geht konzeptionell auf die organizistische Betrachtungsweise des ↑Sozialdarwinismus, methodisch auf die Ablehnung der als Restmetaphysik betrachteten Kausalanalyse durch den älteren Positivismus (↑Positivismus (historisch)) zurück. Die Popularität der Schriften H. Spencers trug viel zur Verbreitung strukturell-funktionaler Sehweisen bei.

E. Durkheim entwickelte eine Theorie der unter dem Blickwinkel ihres Beitrags zur Erhaltung des gesellschaftlichen Systems im Ganzen untersuchten sozialen Tatsachen. Sie suchte die Funktion von Handlungen unabhängig von der Intention der Handelnden durch ihren objektiven Zweck für die soziale Institution zu bestimmen, ohne für die Objektivität allerdings ein anderes Kriterium als das der dauerhaften Wiederkehr angeben zu können. B. Malinowski übertrug in einem berühmt gewordenen Artikel für die »Encyclopaedia Britannica« die von ihm als ›functionalism‹ bezeichnete Methode auf die ↑Anthropologie, die dadurch, daß sie Kulturphänomene aus der sozialen Struktur der sie hervorbringenden Gesellschaften erklärte, zur Sozialanthropologie wurde. Der methodische Aspekt der funktionalistischen Kulturtheorie wird von A. R. Radcliffe-Brown weiterentwickelt, dessen Kriterien zur Unterscheidung von Struktur- und Funktionsanalyse sich mit dem Parallelkonzept von Position und ↑Rolle in dem von T. Parsons auch so genannten *Struktur-F.* berühren. Von diesen Grundeinheiten ausgehend nennt Parsons drei Problembereiche: (1) die Theorie der Sozialstruktur, (2) die Theorie der Motivation innerhalb von Systemen, (3) die Theorie des sozialen Wandels. Auf hohem Abstraktionsniveau entwirft er ein stabiles, integriertes Systemmodell im Zustand des Gleichgewichts, für das der Funktionenbegriff verschiedene Bereiche von Systembestandsproblemen bezeichnet. Die in Parsons tendenziell statischem Integrationsmodell, wenn auch nur in heuristischer Absicht, als Zielwert vorausgesetzte Gleichgewichtsannahme prädeterminiert die Definition von Dysfunktionalität und läßt sich nur schwer mit einer Theorie des sozialen Wandels vereinbaren. Diese Konsequenz suchen die Konflikttheoretiker (R. Dahrendorf) zu vermeiden, die einen dynamischen Strukturbegriff entwickeln, der strukturelle Widersprüche aufnimmt und die im Integrationsmodell als dysfunktional interpretierten Konflikte als Momente einer auf Dauer gestellten Systemerhaltung durch Systemwandel begreifen.

Die fehlende Bestimmtheit zentraler Begriffe der strukturell-funktionalen Theorie hat immer wieder Einwände hervorgerufen. Kritisiert wurde die krypto-organizistische Interpretation des Systembegriffs ebenso wie seine fehlende empirische Kontrollierbarkeit. Die Kritik des Begriffs des funktionalen Erfordernisses führte zur Entwicklung des Konzepts der funktionalen Äquivalenz, ohne das nur verschobene Problem damit zu lösen. Ergebnis der Untersuchungen C. G. Hempels und E. Nagels zur logischen Struktur der funktionalen Erklärung (↑Erklärung, funktionale) ist, daß ihr nur heuristischer Wert zur Gewinnung empirisch überprüfbarer Hypothesen zugesprochen werden kann. Trotz aller Kritik hat sich der strukturell-funktionale Ansatz, der mehr Forschungsprogramm als methodische Forschung ist, in der Soziologie durchgesetzt.

Literatur: M. W. Battacchi/A. Massucco Costa, Funzionalismo, Enc. filos. III (1982), 799–801; R. Dahrendorf, Struktur und Funktion. Talcott Parsons und die Entwicklung der soziologischen Theorie, in: ders., Pfade aus Utopia. Arbeiten zur Theorie und Methode der Soziologie, München 1967, ³1974, 1986, 213–242; FM II (1994), 1410–1412; M. J. Levy, The Structure of Society, Princeton N. J. 1952, 1971; N. Luhmann, Funktion und Kausalität, Kölner Z. f. Soziologie 14 (1962), 617–644; B. Malinowski, Eine wissenschaftliche Theorie der Kultur und andere Aufsätze, Zürich 1949, Frankfurt ³1988; R. K. Merton, Social Theory and Social Structure. Toward the Codification of Theory and Research, Glencoe Ill. 1949, New York 1968 (dt. Soziologische Theorie und soziale Struktur, Berlin, New York 1995); D. Papineau, Functionalism, REP III, 805–813; T. Parsons, Toward a General Theory of Action, Cambridge Mass. 1951, mit Untertitel: Theoretical Foundations for the Social Sciences, Brunswick N. J. 2001; ders., Structure and Process in Modern Societies, New York 1960, ⁵1967; A. R. Radcliffe-Brown, Structure and Function in Primitive Societies. Essays and Addresses, London 1952, 1965; C. Stange, Teleof. Eine Alternative zum klassischen F. in der Philosophie des Geistes?, Bochum 2000. H. R. G.

Funktionalismus (kognitionswissenschaftlich), von H. Putnam und J. A. Fodor in den 1960er Jahren formulierte Interpretation des Körper-Geist-Verhältnisses (↑Leib-Seele-Problem). Der F. stellt eine Konkretisierung der partikularen ↑Identitätstheorie dar und sieht die Identität von psychologischen (↑Psychologie) und physiologischen Einzelereignissen oder Vorkommnissen (Token, ↑type and token) vor, nicht jedoch von solchen Ereignistypen (↑philosophy of mind). Mentale Zustandstypen werden durch ihre ›kausalen Rollen‹ konstituiert. So ist der Zustand ›Schmerz‹ durch das Bündel seiner Ursachen (also Verletzungen oder Krankheiten) charakterisiert sowie durch das Bestreben, diesen Zustand zu vermeiden. Zustände vom gleichen Typus besitzen das gleiche Wechselwirkungsprofil: ihre Anbindungen an äußere Reize, andere mentale Zustände und Verhaltensweisen stimmen überein.

Der Begriff der Funktion bringt diesen Bezug auf ein Wechselwirkungsprofil zum Ausdruck. Es wird eine bestimmte Leistung angegeben, nicht aber ein Mechanismus spezifiziert, durch den diese Leistung erbracht wird. So werden funktionale Begriffe wie ›Mausefalle‹, ›Ventilheber‹ oder ›Vergaser‹ über die kausalen Rollen der bezeichneten Geräte bestimmt. Funktional beschriebene Zustände können häufig durch eine Mehrzahl verschiedenartiger Mechanismen physikalisch umgesetzt werden (multiple Realisierbarkeit). Entsprechend sind auch funktional charakterisierte mentale Zustände abstrakter Natur, nehmen in physisch unterschiedlichen Systemen (wie Menschen, Tieren, Computern oder Außerirdischen) jeweils verschiedene physische Formen an und sind insbes. mit keiner ihrer Realisierungen identisch. Geist hat nichts mit Stoff zu tun, sondern mit Organisation.

Die früheste Konkretisierung dieses Ansatzes ist der ›Maschinentabellen-F.‹, der funktionale Verknüpfungen durch Bezug auf ↑Turing-Maschinen charakterisiert. Danach sind mentale Zustände auf solche Weise zu beschreiben, daß ihre Veränderungen und Beziehungen durch eine Turing-Maschine erfaßt werden können. Dabei handelt es sich um ein schematisches Berechnungsverfahren (↑Algorithmus), das gegebene Symbolfolgen nach konditionalen Regeln (oder einem Programm) in andere Symbolfolgen transformiert. Das Programm gibt entsprechend das Wechselwirkungsprofil der Symbole wieder. Der Bezug auf ein solches Turing-Programm garantiert wegen der technischen Anspruchslosigkeit der Grundoperationen die multiple Realisierbarkeit der Symboltransformationen und dient zugleich als Nicht-Trivialitätsbedingung, da ansonsten jede mentale Leistung auf eine entsprechende Disposition (↑Dispositionsbegriff) zurückgeführt werden könnte. Turing-Programmierbarkeit setzt die Beschränkung auf formale Eigenschaften der betreffenden Zustände voraus (und entsprechend den Verzicht auf inhaltliche Bestimmungen wie ↑Bedeutung oder Gegenstandsbezug [↑Referenz]).

Kennzeichnend für den F. und seine Weiterführung zur Kognitionswissenschaft (Cognitive Science) ist demnach die Symbolverarbeitungshypothese, der zufolge mentale Operationen auf Transformationen formal bestimmter Zustände nach formalen Regeln beruhen. In der Kognitionswissenschaft wird diese Verpflichtung auf realisierungsübergreifende Algorithmen durch die Zentralstellung des Computermodells zum Ausdruck gebracht. Computer realisieren auf physikalisch andersartige Weise die gleichen abstrakt beschreibbaren Prozesse der Informationsverarbeitung wie das Gehirn, sind aber in ihrem Operationsmodus weit besser durchschaubar als dieses. Die Computerwissenschaft ist daher als Basiswissenschaft der Kognition besser geeignet als die auf eine besondere Realisierung beschränkte Neurophysiologie. Das Denken verhält sich zum Gehirn wie die Software zur Hardware; signifikante Einsichten in die Natur der Intelligenz sind daher ohne Bezug auf die physiologische Umsetzung zu gewinnen.

Gegen Symbolverarbeitungshypothese und Computermodell richtet sich das von J. Searle 1980 entwickelte Gedankenexperiment des ›chinesischen Zimmers‹ (↑chinese room argument). Neuere Fassungen des F. rücken das Computermodell in den Hintergrund und betrachten stattdessen die theoretisch beschriebene Rolle eines mentalen Zustands in einem kognitiven System als zentral. Ein verbreiteter Einwand gegen den F. lautet, daß er Sinnesqualitäten (↑Qualia) nicht adäquat zu erfassen vermag. So sind Farbqualitäten ohne Änderung der Beziehungen zwischen Farben vertauschbar (›invertiertes Spektrum‹), so daß die Qualitäten nicht durch das Wechselwirkungsprofil festgelegt scheinen. Ein neueres Alternativprogramm zum F. ist der Konnektionismus (↑philosophy of mind), der sowohl die formale Beschaffenheit mentaler Operationen als auch deren Steuerung durch explizit kodierte Regeln zurückweist und statt dessen Aktivitätsmuster sog. neuronaler Netze ins Zentrum rückt.

Literatur: W. Bechtel, Philosophy of Mind. An Overview for Cognitive Science, Hillsdale N. J. 1988; ders./J. Mundale, Multiple Realizability Revisited. Linking Cognitive and Neural States, Philos. Sci. 66 (1999), 175–207; A. Beckermann, Analytische Einführung in die Philosophie des Geistes, Berlin 1999, ²2001; M. Carrier/J. Mittelstraß, Geist, Gehirn, Verhalten. Das Leib-Seele-Problem und die Philosophie der Psychologie, Berlin 1989 (engl. [erw.] Mind, Brain, Behavior. The Mind-Body Problem and the Philosophy of Psychology, Berlin/New York 1991, 1995); A. Clark, Mindware. An Introduction to the Philosophy of Cognitive Science, New York/Oxford 2001; T. Crane, Elements of Mind. An Introduction to the Philosophy of Mind, Oxford 2001; B. v. Eckardt, Philosophy of Cognitive Science, Boulder Colo. 1990, 2002; dies., What Is Cognitive Science?, Cambridge Mass./London 1993, 1996; J. A. Fodor, The Language of Thought, New York 1975, Cambridge Mass. 1979; ders., Methodological Solipsism Considered as a Research Strategy in Cognitive Psychology, in: J. Haugeland (ed.), Mind Design. Philosophy, Psychology, Artificial Intelligence, Cambridge Mass./London 1981, 1988, 306–338; ders., The Mind-Body Problem, Sci. Amer. 244 (1981), 124–132 (dt. Das Leib-Seele Problem, Spektrum Wiss. 1981, H. 3, 26–37); ders., Representations. Philosophical Essays on the Foundations of Cognitive Science, Brighton 1981, Cambridge Mass. 1982; ders., Why Paramecia Don't Have Mental Representations, Midwest Stud. Philos. 10 (1985), 3–23; ders., The Mind Doesn't Work that Way. The Scope and Limits of Computational Psychology, Cambridge Mass. 2000, 2001; ders./Z. W. Pylyshyn, Connectionism and Cognitive Architecture. A Critical Analysis, Cognition 28 (1988), 3–71; T. van Gelder, What Might Cognition Be if not Computation?, J. Philos. 92 (1995), 345–381; D. Papineau, Functionalism, REP III (1998), 805–813; H. Putnam, Minds and Machines, in: S. Hook (ed.) Dimensions of Mind. A Symposium, New York/London 1960, 1973, 138–164, Neudr. in: ders., Mind, Language and Reality (Philosophical Papers II), Cambridge etc. 1975, 1997, 362–385; ders., Psychological Predicates, in: W. H. Capitan/D. D. Merrill (eds.), Art, Mind and Religion. Proceedings of the 1965 Oberlin Colloquium in Philosophy, Pittsburgh Pa. 1965, 37–48, Neudr. unter dem Titel: The Nature of Mental States, in: ders., Mind, Language and Reality [s. o.], 429–440; ders., The Mental Life of Some Machines, in: H.-N. Castañeda (ed.), Intentionality, Minds, and Perception. Discussions on Contemporary Philosophy. A Symposium, Detroit Mich. 1967, 1971, 177–200, Neudr. in: ders., Mind, Language and Reality [s. o.], 408–428; Z. W. Pylyshyn, Computation and Cognition. Toward a Foundation for Cognitive Science, Cambridge Mass./London 1984, ²1985, 1989; ders./W. Demopoulos (eds.), Meaning and Cognitive Structure. Issues in the Computational Theory of the Mind, Norwood N. J. 1986; K. Sayre, Cognitive Science and the Problem of Semantic Content, Synthese 70 (1987), 247–269; J. R. Searle, Minds, Brains, and Programs, The Behavioral and Brain Sci. 3 (1980), 417–457; ders., Is the Brain's Mind a Computer Program?, Sci. Amer. 262 (1990), H. 1, 20–25 (dt. Ist der menschliche Geist ein Computerprogramm?, Spektrum Wiss. 1990, H. 3, 40–47); ders., The Rediscovery of the Mind, Cambridge Mass./London 1992, 1994 (dt. Die Wiederentdeckung des Geistes, München 1993, Frankfurt 1996; franz. Le redécouverte de l'esprit, Paris 1995); S. Shoemaker, Functionalism and Qualia, Philos. Stud. 27 (1975), 291–315; ders., The Inverted Spectrum, J. Philos. 79 (1982), 357–381; A. Sloman, The Computer Revolution in Philosophy. Philosophy, Science and Models of the Mind, Hassocks 1978; N. A. Stillings u. a., Cognitive Science. An Introduction, Cambridge Mass./London 1987, ²1995, 1998. M. C.

Funktionentheorie, Theorie der ↑Funktionen mit komplexen Argumenten, die nach ersten Ansätzen von L. Euler vor allem von A.-L. Cauchy, B. Riemann und K. Weierstraß im 19. Jh. entwickelt und heute mit topologischen und algebraischen Methoden zu einer zentralen Theorie der Mathematik ausgebaut wurde, mit Anwendungen z. B. in der komplexen ↑Differentialgeometrie.

Nachdem sich die komplexen Zahlen als notwendig zur Lösung algebraischer Gleichungen erwiesen hatten, schlug insbes. L. Euler vor, auch den Argument- und Wertbereich reeller Funktionen auf komplexe Zahlen (↑Zahlensystem) auszudehnen. So lassen sich *Polynome* und *rationale Funktionen* über komplexen Zahlen fortsetzen, da die Menge $\mathbb{C}$ der komplexen Zahlen einen Körper (↑Körper (mathematisch)) bildet, also für das Rechnen nach den Grundrechenarten abgeschlossen ist (↑abgeschlossen/Abgeschlossenheit). Erste Erfolge der komplexen Fortsetzung boten die *elementaren Funktionen*: So liefern für komplexe Argumente z die Entwicklungen

$$e^z = 1 + z + \frac{z^2}{2!} + \frac{z^3}{3!} + \frac{z^4}{4!} + \cdots,$$
$$\cos z = 1 - \frac{z^2}{2!} + \frac{z^4}{4!} \mp \cdots,$$
$$\sin z = z - \frac{z^3}{3!} + \frac{z^5}{5!} \mp \cdots$$

die für alle z gültige Darstellung

$$\cos z = \frac{1}{2}(e^{iz} + e^{-iz}),$$
$$\sin z = \frac{1}{2i}(e^{iz} - e^{-iz}),$$

die in der reellen ↑Analysis kein Analogon hat. Nachdem einige von J. B. J. Fourier durch Grenzprozesse aus elementaren Funktionen erzeugte Funktionen nicht mehr der Eulerschen Definition genügten, wonach Funktionen durch Rechenausdrücke darstellbar sein sollen, schlug Weierstraß für die sogenannten *analytischen* Funktionen die Darstellbarkeit durch Potenzreihen vor. Die analytischen Funktionen führten Weierstraß zum Begriff der *holomorphen Funktion*, einem zentralen Grundbegriff der F.. Danach heißt eine Funktion f holomorph, wenn ihr Definitionsbereich ein Gebiet, d. h. eine offene (↑abgeschlossen/Abgeschlossenheit) und zusammenhängende Punktmenge $M \subseteq \mathbb{C}$ ist und f um jeden Punkt a aus M in einer passenden Umgebung in einer Potenzreihe

$$\sum_{n=0}^{\infty} b_n (z-a)^n$$

entwickelt werden kann. Gegenüber der Weierstraßschen analytischen F. ging B. Riemann in seiner geometrisch orientierten F. von den Abbildungseigenschaften analytischer Funktionen aus, in denen die enge Beziehung zur Differentialgeometrie (z. B. zur Theorie der konformen Abbildungen) zum Ausdruck kommt. Eine Funktion heißt nach diesem Ansatz holomorph, wenn sie in einem Gebiet differenzierbar ist. Der Beweis der *Äquivalenz* der *geometrischen F.* nach Riemann mit der *analytischen F.* nach Weierstraß gelang erst 1905 durch E. J. B. Goursat und führte zu einer einheitlichen Grundlegung der F.. Weitere zentrale Grundbegriffe sind z. B. Γ-Funktion, Riemannsche Zeta-Funktion, elliptische Funktion und Riemannsche Fläche.

Literatur: L. V. Ahlfors, Complex Analysis. An Introduction to the Theory of Analytic Functions of One Complex Variable, New York/St. Louis Mo./San Francisco Calif. 1953, [3]1979; H. Behnke/F. Sommer, Theorie der analytischen Funktionen einer komplexen Veränderlichen, Berlin/Göttingen/Heidelberg 1955, Berlin/Heidelberg/New York [3]1965, 1976; C. Carathéodory, F., I–II, Basel 1950, Basel/Stuttgart [2]1960/1961 (engl. Theory of Functions of a Complex Variable, I–II, New York 1954, I [2]1964, II [2]1960); H. Cartan, Theorie élémentaire des fonctions analytiques d'une ou plusieurs variables complexes, Paris 1961, [6]1975 (engl. Elementary Theory of Analytic Functions of One or Several Complex Variables, Paris/London 1963, [2]1973, New York 1995; dt. Elementare Theorie der analytischen Funktionen einer oder mehrerer komplexen Veränderlichen, Mannheim 1966); J. B. Conway, Functions of One Complex Variable, New York/Heidelberg/Berlin 1973, [2]1978; ders., Functions of One Complex Variable II, New York/Heidelberg/Berlin 1995; K. Diederich/R. Remmert, F. I, Berlin/Heidelberg/New York 1972; A. Dinghas, Einführung in die Cauchy-Weierstrass'sche F., Mannheim 1968; W. Fischer/I. Lieb, F., Braunschweig/Wiesbaden 1980, [7]1994; E. Freitag/R. Busam, F., Berlin/Heidelberg/ New York 1993, [2]1995; W. Greulich (ed.), Lexikon der Physik in sechs Bänden II, Heidelberg/Berlin 1999, 436–437; A. Hurwitz, Vorlesungen über allgemeine F. und elliptische Funktionen, Berlin 1922 (repr. Berlin/Heidelberg/New York 2000); Berlin/ Göttingen/Heidelberg [4]1964; K. Jänich, Einführung in die F., Berlin etc. 1977, unter dem Titel: F.. Eine Einführung, Berlin etc. [3]1993, Berlin/Heidelberg/New York [5]1999; K. Knopp, F., I–II, Berlin/Leipzig 1913, Berlin [13]1976/1981 (engl. Theory of Functions, I–II, New York 1945, New York/London 1996); E. Landau/D. Gaier, Darstellung und Begründung einiger neuerer Ergebnisse der F., Berlin 1922, Berlin/Heidelberg/New York [3]1986; J. Naas/H. L. Schmid (eds.), Mathematisches Wörterbuch. Mit Einbeziehung der theoretischen Physik I, Berlin/Stuttgart [3]1965, 576–578; T. Needham, Anschauliche F., München 2001; E. Neuenschwander, Riemanns Einführung in die F.. Eine quellenkritische Edition seiner Vorlesungen mit einer Bibliographie zur Wirkungsgeschichte der Riemannschen F., Göttingen 1996 (mit Bibliographie, 131–232); F. Peschl, F. I, Mannheim 1967, Mannheim/Wien/Zürich [2]1983; A. Pfluger, Theorie der Riemannschen Flächen, Berlin/Göttingen/Heidelberg 1957; R. Remmert, F., I–II, Berlin/Heidelberg/New York 1984/1991, I [4]1995, II [2]1995; W. Rudin, Real and Complex Analysis, London/New York/Sydney 1966, [3]1986 (dt. Reelle und komplexe Analysis, München 1999); H.-J. Runckel, Höhere Analysis. F. und gewöhnliche Differentialgleichungen. Ein Kompaktkurs, München/Wien 2000; H. Weyl, Die Idee der Riemannschen Fläche, Leipzig/Berlin 1913 (repr. Stuttgart/Leipzig 1997), Stuttgart [3]1955 (repr. 1964).   K. M.

Funktor, in Logik und Mathematik von R. Carnap eingeführter Ausdruck für einen speziellen ↑Operator, nämlich ein Funktionssymbol, das zusammen mit geeigneten Konstanten als Argumentausdrücken ein *Termschema* bildet, z. B. das zweistellige arithmetische Termschema $f(2, 3)$. Wird das Funktionssymbol durch ein – ebenfalls als F. bezeichnetes – Funktionszeichen ersetzt, z. B. ›f‹ durch ›+‹, erhält man einen ↑Term, z. B. den arithmetischen Additionsterm $+(2, 3)$, d. i. normiert für $(2 + 3)$.

Zuweilen werden auch ↑Prädikatoren zu den F.en gezählt, nämlich wenn die aus Prädikatoren und Variablen bzw. Konstanten gebildeten ↑Formeln syntaktisch wie Terme behandelt werden, ähnlich wie auch Aussageverknüpfungen mit Hilfe der ↑Junktoren (werden sie als Darstellungen von ↑Aussagefunktionen verstanden) Terme sind – dann mit den Junktoren als F.en. Bei dieser uneingeschränkten Verwendung von ›F.‹ geht jedoch der wichtige methodologische Unterschied zwischen Term und Formel verloren: Terme ohne freie Variablen stellen Objekte dar (genannt: der *Wert* (↑Wert, (logisch)) der vom Term dargestellten ↑*Funktion* bei den – im Term vorkommenden – ↑*Argumenten*), haben semantisch also den Status von ↑Nominatoren. Hingegen sind Formeln ohne freie Variablen ↑Aussagen *über* – in der Aussage durch Nominatoren vertretene – Objekte. K. L.

Futurabilien, auch ›Futuribilien‹, ›futura contingentia‹ (von lat. futurus, zukünftig; engl. future contingents, franz. futurs contingents), Bezeichnung für Aussagen über kontingente ↑Sachverhalte (↑kontingent/Kontingenz) in der Zukunft. Das Problem der futura contingentia, wie es Aristoteles (de int. 9) einführte und wie es intensiv im Anschluß an ihn diskutiert wurde, ergibt sich aus den Aporien der Beziehung zwischen der ontologischen Indeterminiertheit (↑Indeterminismus) zukünftiger Sachverhalte und Aussagen über Zukünftiges, die nach dem Bivalenzprinzip der klassischen Logik (↑Logik, klassische) notwendig wahr oder falsch sein müßten. Es stellt sich also die Frage, ob das ↑Zweiwertigkeitsprinzip bzw. das ↑tertium non datur auch für Aussagen wie ›morgen wird entweder eine Seeschlacht stattfinden oder nicht stattfinden‹ gilt. Aristoteles schlägt eine Differenzierung des Notwendigkeitsbegriffs (↑notwendig/Notwendigkeit) vor. Danach darf die *logische* Notwendigkeit, die sich auf die formale Disjunktion bezieht, nicht mit der *ontologischen* Notwendigkeit der Existenz von Sachverhalten identifiziert werden. Letztere ist temporal bedingt; sie trifft also nur auf Sachverhalte zu, die gerade existent sind. Im Mittelalter wurden F. zudem mit dem theologischen Problem der ↑Prädestination in Verbindung gebracht. Es stellte sich die Frage, inwieweit die Kontingenz zukünftiger Sachverhalte mit den Vorstellungen von ↑Allwissenheit und ↑Allmacht Gottes verträglich ist.

In der modernen Logik sind verschiedene Vorschläge zur Behandlung der F. gemacht worden. J. Łukasiewicz hat sie z. B. als Anwendungsfall seiner Vorschläge für modallogische (↑Modallogik), dreiwertige Systeme der Aussagenlogik angesehen (↑Logik, mehrwertige). Danach sind F. weder wahr noch falsch. Sie besitzen einen ›das Falsche‹ (symbolisiert mit ›0‹) und ›das Wahre‹ (symbolisiert mit ›1‹) verbindenden dritten Wahrheitswert ›das Mögliche‹ (symbolisiert mit ›½‹).

Literatur: G. E. M. Anscombe, Aristotle and the Sea Battle, Mind NS 65 (1956), 1–15; L. Baudry, La querelle des futurs contingents (Louvain 1465–1475). Textes inédits, Paris 1950 (engl. The Quarrel over Future Contingents [Louvain 1465–1475]. Unpublished Texts, Dordrecht/Boston Mass./London 1989); A. Becker, Bestreitet Aristoteles die Gültigkeit des ›Tertium non datur‹ für Zukunftsaussagen?, in: Actes du congrès international de philosophie scientifique VI, Paris 1936, 69–74; U. Blau, Die dreiwertige Logik der Sprache. Ihre Syntax, Semantik und Anwendung in der Sprachanalyse, Berlin 1977; P. Boehner, Ockham and the Problem of a Three-Valued Logic, in: ders. (ed.), The »Tractatus de praedestinatione et de praescientia Dei et de futuris contingentibus« of William Ockham. Edited with a Study on the Mediaeval Problem of a Three-Valued Logic, St. Bonaventure N. Y. 1945, 58–88; D. Burrell, Aristotle and ›Future Contingencies‹, Philos. Stud. 13 (Dublin 1964), 37–52; R. J. Butler, Aristotle's Sea Fight and Three-Valued Logic, Philos. Rev. 64 (1955), 264–274; W. L. Craig, The Problem of Divine Foreknowledge and Future Contingents from Aristotle to Suarez, Leiden etc. 1988; D. Frede, Aristoteles und die ›Seeschlacht‹. Das Problem der Contingentia Futura in ›De Interpretatione 9‹, Göttingen 1970; dies., The Sea-Battle Reconsidered. A Defence of the Traditional Interpretation, Oxford Stud. Ancient Philos. 3 (1985), 31–87; R. Gaskin, The Sea Battle and the Master Argument. Aristotle and Diodorus Cronus on the Metaphysics of the Future, Berlin/New York 1995; J.-F. Genest, Prédétermination et liberté créée à Oxford au XIVe siècle. Buckingham contre Bradwardine, avec le texte latin de la Determinatio de contingentia futurorum de Thomas Buckingham, Paris 1992; J. Hintikka, The Once and Future Sea Fight. Aristotle's Discussion of Future Contingents in ›De Interpretatione IX‹, Philos. Rev. 73 (1964), 461–492; J. Łukasiewicz, On Determinism [1922/1923], in: S. McCall (ed.), Polish Logic (1920–1939), Oxford 1967, 19–39, ferner in: ders., Selected Works, ed. L. Borkowski, Amsterdam/London/Warschau 1970, 110–128; ders., Philosophische Bemerkungen zu mehrwertigen Systemen des Aussagenkalküls, Comptes rendus des séances de la Société des Sciences et des Lettres de Varsovie 23 (1930), 51–77 (engl. Philosophical Remarks on Many-Valued Systems of Propositional Logic, in: S. McCall (ed.), Polish Logic [s. o.], 40–65, ferner in: ders., Selected Works [s. o.], 153–178); D. Perler, Prädestination, Zeit und Kontingenz. Philosophisch-historische Untersuchungen zu Wilhelm von Ockhams »Tractatus de praedestinatione et de praescientia Dei respectu futurorum contingentium«, Amsterdam 1988; A. N. Prior, Three-Valued Logic and Future Contingents, Philos. Quart. 3 (1953), 317–326; ders., The Sea-Battle Tomorrow, in: ders., Formal Logic, Oxford 1962, 240–250; N. Rescher, An Interpretation of Aristotle's Doctrine of Future Contingency and Excluded Middle, in: ders., Studies in the History of Arabic Logic, Pittsburgh Pa. 1963, 43–54; ders., Truth and Necessity in Temporal Perspective, in: R. M. Gale (ed.), The Philosophy of Time. A Collection of Essays, New York 1967, London 1968, 183–220; ders., F., Hist. Wb. Ph. II (1972), 1150; G. Ryle, ›Is Was to Be‹, in: ders., Dilemmas, Cambridge

1954, 1994, 15–35 (dt. ›Was sein wird, wird sein‹, in: ders., Begriffskonflikte, Göttingen 1970, 22–48); J. R. Söder, Kontingenz und Wissen. Die Lehre von den ›futura contingentia‹ bei Johannes Duns Scotus, Münster 1999; C. Strang, Aristotle and the Sea Battle, Mind NS 69 (1960), 447–465; R. Taylor, The Problem of Future Contingencies, Philos. Rev. 66 (1957), 1–28; J. Vuillemin, Nécessité ou contingence. L'aporie de Diodore et les systèmes philosophiques, Paris 1984, 1997 (engl. Necessity or Contingency. The Master Argument, Stanford 1996); D. Williams, The Sea Fight Tomorrow, in: P. Henle/H. M. Kallen/S. K. Langer (eds.), Structure, Method, and Meaning. Essays in Honor of Henry M. Sheffer, New York 1951, 282–306. V. P.

Futurologie (von lat. futurum [Zukunft] und griech. λόγος [Lehre]), von O. K. Flechtheim 1943 eingeführte Sammelbezeichnung für alle kritischen Bemühungen, die sich aus verschiedenen Lebensbereichen stellenden Fragen nach Art, Richtung, Geschwindigkeit und Begleitumständen zukünftiger Entwicklungen systematisch-wissenschaftlich zu beantworten. Der Sache nach entsprechen der F. als frühe historische Formen des ubiquitären Bedürfnisses der Menschheit nach Zukunftswissen ↑Eschatologie und ↑Chiliasmus auf makroskopischer Ebene, Prophetien, Auspizien, Haruspizien und Magie auf mikroskopischer Ebene. Mit der allmählichen Ausbildung des an Naturgesetzen orientierten, durch exakte Voraussagen legitimierten neuzeitlichen Wissenschaftsbegriffs verlagert sich die Bemühung um Vorausschau in die Wissenschaften. Für die Voraussage der zukünftigen Entwicklung der Menschheit, so wie sie sich nach dem theoretischen Einblick in den geheimen Plan der Natur darstellt, wird die im 18. Jh. entstehende ↑Geschichtsphilosophie zuständig. Seine moderne Bedeutung hat dem Begriff der wissenschaftlichen Vorausschau P. L. M. de Maupertuis zusammen mit den Mathematikern L. Euler, Jak. und D. Bernoulli gegeben. In seiner »Ars conjectandi« (1713) definiert Jak. Bernoulli die Kunst der Vermutung oder die stochastische Kunst (ars conjectandi sive stochastice) als die Kunst, »so genau als möglich die Wahrscheinlichkeiten der Dinge zu messen und zwar zu dem Zwecke, dass wir bei unseren Urtheilen und Handlungen stets das auswählen und befolgen können, was uns besser, trefflicher, sicherer oder rathsamer erscheint« (Wahrscheinlichkeitsrechnung IV, 1899, 75, 1999, 233). Nach J. le Rond d'Alembert (im »Discours préliminaire« zu der von ihm und D. Diderot herausgegebenen ↑Enzyklopädie, die das gesamte Wissen seiner Zeit enthält) findet das Wissen vom Gegenwärtigen seine Ergänzung durch das Verlangen, neben der Gegenwart auch Vergangenheit und Zukunft zu ergreifen.

Die Wiederaufnahme zukunftsorientierter Forschung steht im Zusammenhang mit der Verwendung militärischer Technologie in Friedenszeiten. Aus der Frage nach der Entwicklung der amerikanischen Luftwaffe nach dem Ende des Zweiten Weltkrieges entwickelt sich die »Rand-Corporation« (Research and Development), die später durch eine große Zahl ähnlicher Institute ergänzt wurde. Meist werden drei Typen zukunftsorientierter wissenschaftlicher Tätigkeit unterschieden: (1) die Zukunfts*forschung*, die Prognosen und Projektionen erstellt; (2) die inhaltliche Zukunfts*planung* und (3) die Zukunfts*philosophie*, die sich mit Fragen der Ethik und des Normenwandels beschäftigt.

Literatur: Jak. Bernoulli, Ars conjectandi. Opus posthumum, Basel 1713 (repr. Brüssel 1968) (dt. Wahrscheinlichkeitsrechnung [Ars conjectandi] [1713], I–IV, ed. R. Hausser, Leipzig 1899 [Ostwalds Klassiker exakt. Wiss. 107/108] [repr., in 1 Bd., Thun/Frankfurt 1999]); O. K. Flechtheim, History and Futurology, Meisenheim am Glan 1966; ders., F.. Der Kampf um die Zukunft, Köln 1970, Bonn 1980; ders., F., Hist. Wb. Ph. II (1972), 1150–1152; B. de Jouvenel, L'art de la conjecture, Monaco 1964 (dt. Die Kunst der Vorausschau, Neuwied/Berlin 1967; engl. The Art of Conjecture, London 1967); R. Jungk/ J. Galtung (eds.), Mankind 2000, Oslo 1969, ²1971; T. Peters, F., TRE XI (1983), 767–773. H. R. G.

Fuzzy Logic (engl. fuzzy logic), soviel wie ›unscharfe Logik‹ (›fuzzy‹ in der Regel unübersetzt verwendet), von L. A. Zadeh 1965 eingeführter logischer Ansatz, der eine Vielzahl logischer, semantischer und mengentheoretischer Systeme umfaßt und im Bereich der elektronischen Steuerung von Geräten und Maschinen angewendet wird. Die logischen Systeme der F. L. lassen sich als verallgemeinerte mehrwertige Logiken (↑Logik, mehrwertige) auffassen, bei denen man das volle kontinuierliche Spektrum der reellen ↑Zahlen zwischen 0 und 1 als Bereich der Wahrheitswerte wählt. Logische Verknüpfungen (↑Junktor, ↑Partikel, logische) werden dementsprechend als ↑Wahrheitsfunktionen auf dem reellen Intervall [0, 1] aufgefaßt. Ein Beispiel sind die Funktionen et_G, vel_G, sub_G und non_G für ↑Konjunktion, ↑Adjunktion, ↑Subjunktion und ↑Negation, die den entsprechenden Definitionen für die mehrwertigen Logiken K. Gödels entsprechen und wie folgt definiert sind:

$$et_G(u,v) = \min\{u,v\};$$
$$vel_G(u,v) = \max\{u,v\};$$
$$sub_G(u,v) = \begin{cases} 1 & \text{falls } u \leq v, \\ v & \text{falls } u > v; \end{cases}$$
$$non_G(u) = \begin{cases} 1 & \text{falls } u = 0, \\ 0 & \text{falls } u > 0. \end{cases}$$

Eine anderes Beispiel sind die den mehrwertigen Logiken J. Łukasiewiczs korrespondierenden Funktionen

$$et_L(u,v) = \max\{0,\ u+v-1\},$$
$$vel_L(u,v) = \min\{1,\ u+v\},$$
$$sub_L(u,v) = \min\{1,\ 1-u+v\},$$
$$non_L(u) = 1-u.$$

Zahlreiche andere Funktionen lassen sich definieren, mathematisch charakterisieren und je nach den intendierten Anwendungen nach geeigneten Kriterien auswählen.

Entsprechend kann man Theorien von Fuzzy-Mengen (↑Menge, ↑Mengenlehre) entwickeln, bei denen die Elementschaftsrelation (↑Element) unscharf ist. Anstelle der Elementschaftsrelation $a \in M$ betrachtet man die charakteristische Funktion μ_M von M, die jedoch anders als die zweiwertige charakteristische Funktion χ_M (↑Funktion, charakteristische) beliebige Werte im Intervall $[0, 1]$ annehmen kann, d. h.

$$\mu_M(a) = t \text{ mit } 0 \leq t \leq 1.$$

Intuitiv bezeichnet dabei $\mu_M(a)$ den Grad, mit dem a Element von M ist oder als Element von M angesehen werden kann. Die Bewertung μ darf dabei nicht mit einem Wahrscheinlichkeitsmaß verwechselt werden (↑Wahrscheinlichkeit), auch wenn sie gewisse Eigenschaften damit gemeinsam hat. Philosophisch könnte man $\mu_M(a)$ als das Maß der Sicherheit oder Bestimmtheit (↑Unbestimmtheit, ↑Vagheit) verstehen, mit der a in M enthalten ist. In der F. L. legt man sich jedoch auf keine solche Interpretation fest, sondern versteht das entwickelte System als Strukturrahmen, in dem sich verschiedenartigste Probleme behandeln lassen.

Ein zentrales Anwendungsgebiet der F. L. ist die Steuerung von Geräten und Maschinen, bei der es darum geht, abhängig von einem zu erreichenden Zielwert und gemessenen Eingangswerten einen Ausgangswert festzulegen. Ein elementares Standardbeispiel ist z. B. die Steuerung einer Klimaanlage durch einen Thermostaten in Abhängigkeit von einer zu erreichenden Zieltemperatur und einer gemessenen Raumtemperatur. Die F. L. leistet dies unter Rückgriff auf *qualitative* Regeln, die sprachlich formuliert und nicht schon als mathematische Funktionen gegeben sind, mit erheblich niedrigerem Implementationsaufwand, als dies traditionelle Verfahren, die auf dynamische Systeme und die Lösung von ↑Differentialgleichungen zurückgreifen, erlauben würden. Es ist gar nicht erforderlich, präzise Differentialgleichungen aufzustellen, was in der Praxis ein großes Problem darstellt, abgesehen von der Komplexität der Lösungsverfahren für solche Gleichungen. Werden z. B. die Regeln

Temperatur_weit_unter_Zieltemperatur ⇒ Starke_Heizung,
Temperatur_nahe_bei_Zieltemperatur ⇒ Schwache_Heizung/Kühlung,
Temperatur_weit_über_Zieltemperatur ⇒ Starke_Kühlung,

angenommen, wobei alle sechs verwendeten Begriffe (›Temperatur_weit_unter_Zieltemperatur‹, ›Starke_Heizung‹ etc.) als Fuzzy-Mengen von Temperaturwerten mit entsprechenden charakteristischen Funktionen gegeben sind, dann lassen sich unter gewissen Voraussetzungen mit Hilfe geeigneter Verfahren der ›Fuzzifikation‹ und ›Defuzzifikation‹ numerische Funktionen f gewinnen, die aus der gemessenen Raumtemperatur die notwendige Heizungs- bzw. Kühlungstemperatur berechnen. Es handelt sich hier also um Methoden, die aus qualitativ gegebenen, durch Regeln über unscharfe Begriffe beschriebenen Hintergrundinformationen scharfe quantitative Funktionen liefern. Auf Fuzzy-Steuerungsmechanismen beruhende Geräte gehören heute zum lebensweltlichen Umfeld.

Die Aura des Terminus ›F. L.‹ (sowohl in bezug auf ›fuzzy‹ als auch in bezug auf ›Logik‹) wird in der Produktwerbung für mit Fuzzy-Steuerungen versehene Geräte systematisch ausgenutzt. Dies hat einerseits dazu geführt, daß der Ausdruck ›F. L.‹ im allgemeinen Bewußtsein präsent ist, andererseits aber auch in gewissen Bereichen einer sich als ›seriös‹ verstehenden mathematischen Logik (↑Logik, mathematische) abwertende Äußerungen über Begriff und Methoden der F. L. zur Folge gehabt.

Literatur: L. Bolc/P. Borowik, Many-Valued Logics , I–II, Berlin/Heidelberg/New York 1992/1998 (I Theoretical Foundations, II Automated Reasoning and Practical Applications); C. Borgelt/H. Timm/R. Kruse, Unsicheres und vages Wissen, in: G. Görz/C.-R. Rollinger/J. Schneeberger (eds.), Handbuch der Künstlichen Intelligenz, München/Wien [3]2000, [4]2003, 291–347; H.-H. Bothe, F. L.. Einführung in Theorie und Anwendungen, Berlin/Heidelberg/New York 1993, [2]1995; S. Gottwald, Fuzzy Sets and F. L.. The Foundations of Application – From a Mathematical Point of View, Braunschweig/Wiesbaden 1993; P. Hájek, F. L. from the Logical Point of View, in: M. Bartošek/J. Staudek/J. Wiedermann (eds.), SOFSEM '95: Theory and Practice of Informatics [...], Berlin/Heidelberg/New York 1995, 31–49; ders., Metamathematics of F. L., Dordrecht/Boston Mass./London 1998, 2001; R. Kruse, Fuzzy-Systeme – Positive Aspekte der Unvollkommenheit, Informatik-Spektrum 19 (1996), 4–11; ders./J. Gebhardt/F. Klawonn, Fuzzy Systeme, Stuttgart 1993, [2]1995; E. H. Mamdani/S. Assilian, An Experiment in Linguistic Synthesis with a F. L. Controller, Int. J. Man-Machine Stud. 7 (1975), 1–13; C. G. Morgan, F. L., REP III (1998), 822–824; H. T. Nguyen/E. A. Walker, A First Course in F. L., Boca Raton Fla./London/New York 1997, [2]2000; V. Novák/I. Perfilieva/J. Mockor, Mathematical Principles of F. L., Dordrecht/Boston Mass./London 1999; M. J. Patyra/D. M. Mlynek (eds.), F. L.. Implementation and Applications, Chichester/New York/Brisbane, Stuttgart/Leipzig 1996; E. Turunen, Mathematics Behind F. L., Heidelberg/New York 1999; R. Yager/L. A. Zadeh (eds.) An Introduction to F. L.. Applications in Intelligent Systems, Dordrecht/Boston Mass./London 1992, 1998; L. A. Zadeh, Fuzzy Sets, Information and Control 8 (1965), 338–353; ders., The Concept of a Linguistic Variable and Its Application to Approximate Reasoning III, Information Sci. 9 (1975), 43–80. P. S.

Das Standardwerk in Neuauflage

Neu in der 2. Auflage:

- Über 600 Artikel mehr
- Ausführliche und aktuelle Literaturhinweise
- Vollständige Werkverzeichnisse auf dem jüngsten Stand
- Jetzt in 8 Bänden

Mittelstraß (Hrsg.)
Enzyklopädie Philosophie und Wissenschaftstheorie
2., überarb. und erw. Auflage 2005. Ca. 4.750 S., 100 s/w Abb., 8 Bände. Geb. mit Schutzumschlag im Schuber, je Band ca. 500–600 Seiten
**Subskriptionspreis bis 30. April 2009:
€ 639,60/CHF 1.024,–**
Ladenpreis ab 1. Mai 2009: € 799,60/CHF 1.280,–
ISBN 3-476-02108-4

Editionsplan:

Band 1: A–B September 2005	Band 5: Mc–Phi September 2007
Band 2: C–F September 2005	Band 6: Phl–Sco September 2008
Band 3: G–J September 2006	Band 7: Se–Unt September 2008
Band 4: K–Ma September 2007	Band 8: Unu–Z April 2009

Jetzt subskribieren. Sie sparen € 160,–

Fax (0711) 2194-119 · info@metzlerverlag.de